동아 초등 새국어사전

| 제6판 |

동아출판

머리말

　이 사전은 1976년 처음 세상에 나온 이래, 개정을 거듭하면서 오랫동안 초등학생들의 사랑을 받아 왔다. 제5판을 펴낸 것이 지난 1998년 초였는데, 이제 다시 새로운 개정판을 내게 되었다. 옥은 갈아야 아름다운 빛이 나듯이 사전도 쉼 없이 갈고닦아 내용을 더욱 알차게 꾸며야 지속적인 생명력을 지니게 된다. 이번 제6판에서 우리는 사전을 처음부터 하나하나 다시 찬찬히 살피면서 그 내용을 더욱 쉽고 올바르고 새롭게 만드는 데 정성을 기울였다. 새로운 낱말을 모아서 수록하고, 기존 낱말의 뜻풀이를 다듬고, 낱말에 딱 들어맞는 예문을 골라서 제시하고, 쓰임이 적은 낱말은 가려 솎아 내거나 하는 데 많은 애를 썼다.

　이 제6판을 준비하면서 특히 힘들인 부분들을 들면 다음과 같다. 첫째, 초등학교 교과서에 나오는 낱말을 보강하여, 4,000여 낱말을 새로 추가하였다. 둘째, 낱말의 뜻풀이를 전면적으로 다시 검토하여 초등학생 눈높이에 맞추어 쉽고 명확한 말로 고쳤다. 초등학생에게 좋은 사전은 무엇보다도 뜻풀이가 쉽고 정확한 사전이어야 한다는 우리의 믿음을 이 사전에 반영하고자 노력하였다. 셋째, 예문을 될 수 있는 대로 많이 보탰다. 넷째, 말의 바른 쓰임을 익히는 데 도움이 되도록 엔담 풀이(박스 기사)를 적잖이 추가하였다. 엔담 풀이는 해당 올림말에 대한 어법 사항, 비슷한 말들의 구별, 재미있고 유익한 참고 사항, 올림말이 생긴 유래 등을 뜻풀이 아래에 네모 박스로 보인 것을 이른다. 다섯째, 책의 크기를 비교적 많이 키우고 본문의 글자, 삽화 등을 시원스럽게 편집하였다.

　우리의 바람은 어린 학생들이 우리의 말과 글에 많은 관심을 가지고 국어사전을 늘 곁에 두고 자주 펴 보게 되었으면 하는 것이다. 이 사전의 간행으로 초등학생들이 국어사전과 더 친하게 되기를, 그리하여 우리 학생들의 언어, 문자 생활이 더욱 풍요로워지기를 바라 마지않는다.

사전 편찬실

일 러 두 기

1. 올림말의 범위
(1) 초등학교 교과서에 나오는 주요 낱말을 골라 실었다. 아울러 교과서에는 나오지 않으나 초등학생으로서 기본적으로 알아 두어야 할 낱말들을 골라 함께 실었다.
(2) 초등학교 교과서에 나오는 중요한 인명·지명·책명·사건명 등을 간추려 실었다.
(3) 일반 언어생활에서 차지하는 중요성을 참작하여 관용구와 속담도 싣되, 관용구는 첫 낱말에 해당하는 올림말 바로 다음에 싣고, 속담은 찾아보기 편리하도록 부록에 모아 실었다.

2. 올림말의 표기
(1) 올림말은 고딕체(굵은 글자체)로 나타내었다.
(2) 말끝이 변하는 말은 기본형으로 바꾸어 싣되, 그 올림말 다음에 변하는 꼴의 대표적인 형태를 보였다.
　〔보기〕 **돕:다** [돕따] … 풀이 …. |활용| 도우니·도와.
　　　　 살:다 … 풀이 …. |활용| 사니·살아.
　　　　 하:얗다 [하야타] … 풀이 …. |활용| 하야니·하얘.
(3) 말끝에 '-하다', '-되다', '-이/-히'가 붙는 말은 따로 올림말로 내세우지 않고 풀이의 맨 끝에 굵은 활자로 그 모습만 보였으며, '-스럽다/-롭다'가 붙는 말은 따로 올림말로 잡았다.
　〔보기〕 **단결**(團結) … 풀이 …. 단결되다. 단결하다.
　　　　 다정(多情) … 풀이 …. 다정하다. 다정히.
　　　　 사랑스럽다 [사랑스럽따] … 풀이 …. 사랑스레.
　　　　 향기롭다(香氣-) [향기롭따] … 풀이 …. 향기로이.

3. 올림말의 차례
(1) 모든 올림말은 한글 맞춤법의 규정에 따라 첫소리[닿소리], 가운뎃소리[홀소리], 끝소리[받침]의 차례로 벌여 놓았다.
　① 첫소리[닿소리]의 차례
　　ㄱ ㄲ ㄴ ㄷ ㄸ ㄹ ㅁ ㅂ ㅃ ㅅ ㅆ ㅇ ㅈ ㅉ ㅊ ㅋ ㅌ ㅍ ㅎ
　② 가운뎃소리[홀소리]의 차례
　　ㅏ ㅐ ㅑ ㅒ ㅓ ㅔ ㅕ ㅖ ㅗ ㅘ ㅙ ㅚ ㅛ ㅜ ㅝ ㅞ ㅟ ㅠ ㅡ ㅢ ㅣ
　③ 끝소리[받침]의 차례
　　ㄱ ㄲ ㄳ ㄴ ㄵ ㄶ ㄷ ㄹ ㄺ ㄻ ㄼ ㄽ ㄾ ㄿ ㅀ ㅁ ㅂ ㅄ ㅅ ㅆ
　　ㅇ ㅈ ㅊ ㅋ ㅌ ㅍ ㅎ
(2) 글자는 같되 뜻이 다른 낱말이 여럿일 경우에는 그 올림말의 오른쪽에 어깨번호(1, 2, 3, …)를 달아 구별하였다.

[보기] 우ː량¹(雨量) … 풀이 ….
　　　 우량²(優良) … 풀이 ….

4. 발음 표기

(1) 올림말 가운데 길게 소리 나는 첫 소리마디에는 그 오른쪽에 ː 표를 달았다.
[보기] 가ː결 / 눈ː사람 / 만ː화책 / 의ː롭다 / 한ː량없다

(2) 올림말 표기와 실제의 발음이 다른 말은, 올림말 다음의 [ ]에 그 바른 발음을 보였다.
[보기] 강바람(江-)[강빠람] / 낱ː말 [난ː말] / 젊ː다 [점ː따]

(3) 올림말이 뒤에 붙는 말에 따라 또는 활용함으로써 발음이 달리 나는 경우는 풀이 끝에 |발음| 약호를 하고 그 실례를 보였다.
[보기] 꽃 [꼳] … 풀이 …. |발음| 꽃이 [꼬치]·꽃도 [꼳또]·꽃만 [꼰만]
　　　 밟ː다 [밥ː따] … 풀이 …. |발음| 밟아 [발바]·밟고 [밥ː꼬]·밟는 [밤ː는]

5. 풀이와 예문

(1) 뜻을 쉽게 바로 알 수 있도록 알맞은 풀이말을 골라 쓰고, 일상생활에 흔히 쓰는 예문을 실었다.

(2) 뜻이 여럿일 경우, ①② … 등 풀이 갈래 번호를 달고, 기본적인 뜻 또는 많이 쓰이는 뜻부터 차례를 좇아 실었다.

(3) 올림말의 이해를 돕기 위하여 풀이 끝에 본 준 비 반 큰 작 센 거 여 높 낮 참 등의 관련어를 보이되, 참고어 등은 다시 올림말로 실어 찾아볼 수 있도록 하였다.

6. 기타 : 엔담 풀이(어법 사항, 비교 풀이, 참고 사항, 어원), 삽화 등.

(1) 말의 바른 쓰임을 익힐 수 있도록, 해당 올림말에 대한 어법 사항, 비슷한 말과의 뜻을 구별할 수 있는 비교 풀이, 재미있고 유익한 참고 사항, 올림말이 생긴 유래나 형태의 변화를 보인 어원 등을 엔담 풀이(박스 기사)로 작성하여 실었다.

(2) 풀이를 보충하기 위해, 다수의 정밀한 컬러 삽화를 해당 올림말의 풀이 옆에 실었다.

이 사전에 쓰인 약호·기호

|활용| 말끝이 변하는 모양을 보일 때	➡ 같은 뜻을 가진 다른 올림말에서 풀이를 보일 때
|발음| 올림말이 뒤에 붙는 말에 따라 발음이 달라질 때	× 잘못된 예문 앞에
|참고| 올림말에 대한 참고 정보	ː 장음 부호
|잘못| 틀린 말 앞에	예 예문
[관용] 관용구	본 본말
	준 준말
	비 같은 말·비슷한말

반 반대말·맞선말
큰 큰말
작 작은말
센 센말
거 거센말
여 여린말
높 높임말
낮 낮춤말
참 참고어

국어사전 찾는 법

1. '일러두기'를 읽어 둔다.
   ▷ 사전의 쓰임과 내용을 안다.
   ▷ 사전에서 쓰인 약호·기호를 안다.

2. 올림말을 찾는 순서를 안다.
   ▷ 첫소리·가운뎃소리·끝소리[받침]의 차례로 찾는다.
   ▷ 첫소리·가운뎃소리·끝소리[받침]의 차례를 안다('일러두기'의 '3. 올림말의 차례' 참조).

   충 ← 첫소리……………… ㅊ(닿소리)
       ← 가운뎃소리………… ㅜ(홀소리)
       ← 끝소리[받침]………… ㅇ(닿소리)

3. 찾고자 하는 말은 반드시 표준어로 찾는다.
   ▷ 잘못 쓰이는 말이나 사투리는 표준어로 바꾸어 찾는다.
   [보기] 개구장이(잘못 쓰이는 말) ☞ 개구쟁이
   [보기] 바구리(사투리) ☞ 바구니

4. 찾고자 하는 말은 반드시 한 낱말이나 기본형으로 찾는다.
   ▷ 한 낱말로 찾는다.
   [보기] 어머니께서, 어머니와, 어머니를, 어머니보다 ☞ 어머니
   ▷ 기본형으로 찾는다.
   [보기] 귀엽고, 귀여운, 귀여워, 귀여우니 ☞ 귀엽다
   [보기] 간다, 갑니다, 갔습니다, 갔다 ☞ 가다

   ☆ '충성'을 찾을 경우 ☆

   ① 먼저 앞 글자인 '충'의 첫소리 'ㅊ'의 위치를 찾는다.
     · ㅇ … ㅈ … ㅉ … ㅊ … ㅋ … ㅌ ·
   ② 첫소리와 가운뎃소리가 합쳐진 '추'의 위치를 찾는다.
     · 초 … 최 … 추 … 취 ·
   ③ '추'에 끝소리[받침]가 합쳐진 '충'의 위치를 찾는다.
     · 춘 … 출 … 춤 … 춥 … 충 ·
   ④ '충'에 이어서 뒤의 글자 '성'도 같은 순서로 찾는다.
     · 충무공 … 충분하다 … 충성 … 충성스럽다 ·

   | 충성 | ⇨ | 충성(忠誠) 임금 또는 나라에 바치는 곧고 지극한 마음. 예국가에 충성을 맹세하다. 충성하다. |

ㄱ

ㄱ 기역. 한글 닿소리의 첫째.

ㄱ자(ㄱ字) [기역짜] ①한글 닿소리 'ㄱ'을 글자로 이르는 말. ②글자 'ㄱ'처럼 생긴 모양. [예]우리 학교 건물은 마치 ㄱ자 같다. ③'가장 쉬운 글자'를 비유하여 이르는 말. [예]낫 놓고 ㄱ자도 모른다.

가ː[1] ①넓이를 가진 장소나 물건의 가장 바깥쪽 부분. [예]냇가/바닷가/운동장 가에 있는 나무. [비]가장자리. [반]가운데. ②어떤 것을 중심으로 한 그 둘레. [예]민아는 입가에 웃음을 띠었다.

가[2] 서양 음계에서 '라'를 가리키는 우리말 음이름. [참]다·라·마·바·사·나.

가ː[3](可) ①어떤 일을 해도 좋다고 허락함. [예]학생 입장 가. [반]불가. ②회의 등에서의 찬성. [예]이 안건은 투표 결과 가 15표, 부 9표로 통과되었다. [반]부. ③성적을 다섯 등급(수·우·미·양·가)으로 매길 때의 맨 아래 등급.

가가호호(家家戶戶) 집집마다. [예]조사 팀은 가가호호 찾아다니며 인구 조사를 했다.

가감(加減) 더하거나 뺌. 또는 보태거나 덜어서 알맞게 함. 가감되다. 가감하다. [예]저 녀석 말은 허풍이 심하니 가감해서 들어라.

가감법(加減法) [가감뻡] 덧셈과 뺄셈을 하는 방법.

가갸날 《우리말이 '가갸거겨…'로 시작되는 데서》 지난날, '한글날'을 이르던 말.

가ː건물(假建物) 임시로 지은 건물.

가ː게 물건을 자그마한 규모로 차려 놓고 파는 집. [예]과일 가게. [비]상점·전방·점포.

가격(價格) 돈으로 나타낸 상품의 값. [예]가격 인상/농산물 가격이 많이 올랐다(내렸다).

가격표(價格表) ①한눈에 죽 훑어볼 수 있게, 파는 물건의 종류별로 값을 적어 놓은 표. [예]우리는 벽에 붙은 가격표를 보고 음식을 시켰다. ②파는 물건의 값을 적어, 그 물건에 매달거나 정해진 자리에 두는 쪽지. [예]가격표가 붙어 있는 옷.

가ː결(可決) 회의에서 제출된 의안을 좋다고 결정함. [반]부결. 가결되다. [예]안건이 만장일치로 가결되었다. 가결하다.

가계¹(家系) [가계/가게] 대대로 이어 오는 한 집안의 계통. [예]큰댁에는 자식이 없어 양자를 들여 가계를 이었다.

가계²(家計) [가계/가게] ①한 집안 살림에서 벌어들이는 것과 쓰는 것의 상태. ②집안 살림을 꾸리는 일. 또는 살림살이의 형편. [예]어머니가 장사를 시작하시면서부터 쪼들리던 가계가 차차 펴졌다.

가계부(家計簿) [가계부/가게부] 집안 살림의 수입과 지출을 적는 장부.

가계비(家計費) [가계비/가게비] 집안 살림에 드는 비용. [비]생활비.

가계 수표(家計手票) 은행에 가계 종합 예금을 든 사람이 발행하는, 액수가 적은 수표.

가곡(歌曲) ①시에 곡을 붙인 노래. 특히, 작곡가가 사람의 목소리로 아름다움을 표현하기 위해 작곡한 독창곡을 이른다. [예]가곡의 왕 슈베르트. ②국악의 한 가지. 시조에 곡을 붙인 노래. 피리·가야금·거문고·해금 등의 반주에 맞추어 부른다.

가공(加工) 원료나 재료에 손을 더 대어 새로운 물건을 만듦. [예]가공 처리된 우유. 가공되다. 가공하다. [예]우리 회사에서는 참치를 가공하여 통조림으로 만든다.

가공 무ː역(加工貿易) 외국에서 수입한 원료로 제품을 만들어 다시 수출하는 일.

가공식품(加工食品) 농산물·수산물·축산물 등을 손질하여 먹기 좋고 보관이 간편하게 만든 식품.

가공업(加工業) 재료나 제품에 손질을 더하여 새로운 물건을 만드는 산업.

가공품(加工品) 가공하여 만든 물건.

가ː공하다(可恐—) 《주로 '가공할'의 꼴로 쓰여》 두려워할 만하다. [예]핵무기는 가공할 파괴력을 가지고 있다.

가ː관(可觀) ①경치 등이 볼만함. [예]금강산은 경치가 참으로 가관이다. ②비웃을 만함. [예]잘난 체하는 꼴이 가관이다.

가ː교(駕轎) 임금이 타던 가마의 한 가지. 말 두 마리가 가마 앞뒤에서 걸고 가게 되어 있다.

〈가교〉

가구¹(家口) ①한집에서 가족을 이루어 함께 사는 사람의 집단. ②한집에서 가족을 이루어 함께 사는 사람의 집단을 셀 때 쓰이는 말. [예]이 집에는 세 가구가 산다. [비]세대.

가구²(家具) 집안 살림에 쓰는 옷장·침대·책상 등의 물건.

가구점(家具店) 가구를 파는 가게.

가극(歌劇) ➡오페라. [예]국립 가극단.

가ː급적(可及的) [가급쩍] 할 수 있는 대로. [예]가급적이면 다시 올게./가급적 빨리 집으로 돌아오너라.

가까스로 애를 써서 힘들게. 또는 아슬아슬하게. [예]소라는 웃음을 가까스로 참았다./우리는 가까스로 제시간에 도착했다. [비]간신히·겨우.

가까워지다 ①시간이나 장소가 가깝게 되다. [예]추석이 가까워지다. ②서로의 사이가 친해지다. [예]동생과 말다툼한 뒤로 더 가까워졌다.

가까이 ①거리가 짧게. [예]고운 달이, 손을 뻗치면 닿을 만큼 가까이 떠 있다. ②사이가 좋게. [예]가까이 지내고 싶은 친구. [반]멀리.

가까이하다 ①친하게 사귀다. [예]새로 전학 온 친구와 가까이하고 싶다. ②좋아하여 즐기다. [예]아버지는 늘 책을 가까이하셨다. [반]멀리하다.

가깝다 [가깝따] ①거리나 시간이 짧다. 예너는 학교가 가까워서 참 좋겠다. ②서로의 사이가 친하다. 예나는 형보다 동생하고 더 가깝게 지낸다. ③촌수가 멀지 않다. 예가까운 친척. ④성질·모양 등이 거의 비슷하다. 예그 사람은 하는 짓이 어린이에 가깝다. 빤멀다. |활용| 가까우니·가까워.

가꾸다 ①식물이 잘 자라도록 보살펴 주다. 예지우는 화단에 꽃을 가꾸었다. ②몸을 예쁘게 꾸미거나 만들다. 예이모는 피부를 아름답게 가꾼다. ③좋게 만들기 위해 잘 보살피다. 예전통문화를 더욱 아끼고 가꾸어 나가자.

가끔 어쩌다가 한 번씩. 얼마쯤씩 사이를 두고. 예힘센 사람이 약한 사람을 괴롭히는 경우를 가끔 본다. 빤이따금·때때로. 빤늘·자주.

가나(Ghana) 서아프리카의 기니 만을 향해 있는 나라. 금·다이아몬드 등의 광물 자원이 많고 카카오를 생산한다. 약 70여 개의 부족이 살고 있으며, 나라말은 영어이다. 수도는 아크라.

가나다순(一順) 낱말을 한글의 '가, 나, 다…' 차례로 늘어놓는 순서. 예국어 사전은 가나다순으로 찾는다.

가난 살림살이가 넉넉하지 못함. 빤부유. 가난하다.

> ::: '가난'과 '빈곤'의 구별 :::
>
> **가난** : 주로, '돈이나 재물 등이 부족한 상태'를 뜻한다. 예가난한 살림살이/절약으로 가난에서 벗어나다.
> **빈곤** : 주로, '어떤 일에 필요한 재료 또는 지식이나 정신적인 것이 부족한 상태'를 뜻한다. 예작품 소재가 빈곤하다./상상력이 빈곤하다.

가난뱅이 '가난한 사람'을 얕잡아 이르는 말. 빤부자.

가내(家內) ①집안의 가족. 예가내 두루 평안하신지요? ②집의 안. 예가내 부업.

가내 공업(家內工業) 집 안에서 하는 규모가 작은 공업.

가내 수공업(家內手工業) 집 안에서 간단한 도구를 이용하여 물건을 만드는 공업.

가냘프다 ①몸이 가늘고 약하다. 예예슬이는 몸매가 가냘프다. ②목소리가 가늘고 약하다. 예가냘픈 신음 소리. 빤가녀리다. 빤억세다. |활용| 가냘프니·가냘파.

가녀리다 몸이나 목소리가 가늘고 약하다. 예소녀는 가녀린 어깨를 떨고 있었다. 빤가냘프다.

가누다 ①몸의 자세를 바르게 하다. 예아직 목을 가누지 못하는 아기. ②기운·정신 등을 가다듬어 차리다.

가느다랗다 [가느다라타] ①아주 가늘다. 예가느다란 철사. ②약하거나 여린 느낌이 있다. 예환자의 가느다란 신음 소리가 들려왔다. 빤굵다랗다. |활용| 가느다라니·가느다래.

가느스레하다 ➡가느스름하다.

가느스름하다 조금 가늘다. 예가느스름하게 뜬 눈. 빤가느스레하다. 가느스름히.

가는귀먹다 [가는귀먹따] 작은 소리를 잘 듣지 못할 정도로 귀가 조금 먹다.

가늘다 ①둘레가 작거나 너비가 좁다. 예개미처럼 가는 허리. ②소리가 낮고 약하거나 움직임이 작다. 예가는 목소리. 빤굵다. |활용| 가느니·가늘어.

가늠 목표나 기준에 맞고 안 맞음을 헤아림. 가늠하다. 예안개가 짙어 앞을 가늠하기 어렵다.

가:능(可能) 할 수 있거나 될 수 있음. 예통화 가능 지역. 빤불가능. 가능하다. 예실현 가능한 계획을 세워라.

가:능성(可能性) [가능썽] 할 수 있거나 될 수 있는 성질.

ㄱ

가다 ①어떤 곳으로 옮아 움직이다. [예]철이는 아빠와 함께 산에 갔다. ②사라져서 보이지 않게 되다. [예]책상 위에 있던 지우개가 어디로 갔지? ③시간이 지나거나 흐르다. [예]봄이 가고 여름이 왔다. ④주름이나 금이 생기다. [예]컵에 금이 가서 물이 샌다. ⑤기계 등이 제대로 움직이다. [예]시계가 가다가 서 버렸다. ⑥사람이 죽다. [예]나라를 위해 싸우다 간 국군 장병들. ⑦이해·짐작 등이 되다. [예]네 말을 듣고 보니 대충 짐작이 간다. ①③[반]오다. |활용| 가거라.

가다듬다 [가다듬따] ①옷·머리의 모양새나 태도를 바르게 하다. [예]나는 흐트러진 머리를 가다듬었다. ②목소리를 잘 내려고 목청을 고르다. [예]승재는 목을 가다듬고 노래를 불렀다. ③정신을 바로 차리다. [예]떨리는 마음을 가다듬다.

가닥 한곳에서 갈려 나간 하나하나의 줄이나 줄기. [예]두 가닥으로 땋은 머리.

가담(加擔) 한편이 되어 힘을 보탬. 가담되다. 가담하다. [예]그는 만주로 가서 독립운동에 가담하였다.

가ː당찮다(可當—) [가당찬타] 조금도 사리에 맞지 않고 엉뚱하다. [예]가당찮은 이야기.

가대(架臺) 물건을 얹기 위해 밑에 받쳐 세운 구조물.

가ː도(街道) ①도시에 있는 큰길. [비]가로. ②도시와 도시 사이를 잇는 큰 도로. [예]경인 가도. ③막힘이 없이 탄탄한 앞날. [예]출세 가도를 달리다.

가동(稼動) 기계 등을 움직여 일하게 함. [예]전기가 나가자 기계가 가동을 멈추었다. 가동되다. 가동하다.

가ː두(街頭) 도시의 길거리. [예]가두판매/가두에 늘어선 시민들.

가두다 사람·짐승 등을 드나들지 못하도록 한곳에 머물러 있게 하다. [예]죄인을 옥에 가두다./개를 우리에 가두다.

가ː두리 양ː식(—養殖) 물에 그물을 치고 그 안에서 물고기를 기르고 번식시키는 일.

가드레일(guardrail) 차가 들어가지 못하게 찻길 가장자리에 쳐 놓은, 쇠로 만든 울타리.

가득 분량이나 수효가 꽉 찬 모양. [예]엄마가 주신 주머니에는 사탕이 가득 들어 있었다. [큰]그득. [센]가뜩. 가득가득.

가득하다 [가드카다] ①분량이나 수효가 꽉 차 있다. [예]할아버지 서재에는 책들이 가득했다. ②냄새나 빛 등이 널리 퍼져 있다. [예]5월이면 뒷산에 아카시아 향기가 가득했다. [큰]그득하다. [센]가뜩하다. 가득히.

가뜩 분량이나 수효가 아주 꽉 찬 모양. [예]엄마는 밥을 가뜩 퍼 주셨다. [큰]그뜩. [여]가득. 가뜩가뜩.

가뜩이나 [가뜨기나] 그러지 않아도 매우. [예]가뜩이나 추운데 비까지 내린다.

가뜬하다 ①물건·차림 등이 가볍다. [예]선주는 가뜬한 옷차림으로 집을 나섰다. ②마음이 편하고 상쾌하다. [예]목욕을 하고 나니 몸이 가뜬하다. [큰]거뜬하다.

가라사대 말씀하시기를. 이르시기를. [예]맹자 가라사대….

가라앉다 [가라안따] ①물이나 공중에 떠 있지 못하고 밑으로 내려앉다. [예]배가 가라앉다. [반]뜨다. ②흥분·괴로움 등이 가시어 안정되다. [예]할아버지의 노여움이 가라앉으셨다. ③시끄럽던 것이 조용해지다. [예]교실에 선생님이 들어오시자 소란이 가라앉았다. ④물결 등이 잠잠해지다. [예]바람이 멈추고 파도가 가라앉았다.

가라앉히다 [가라안치다] 가라앉게 하다. 예불순물을 가라앉히다./마음을 가라앉히다.

가락¹ ①가늘고 길게 도막 낸 물건의 하나하나. 예윷의 가락. ②하나하나의 가락으로 된 물건을 셀 때 쓰이는 말. 예엿 세 가락.

가락² 소리의 길이와 높낮이의 어울림. 예거리의 악사들이 흥겨운 우리 가락을 연주했다. 비멜로디·선율.

가락국(駕洛國) [가락꾹] ➡가야.

가락국수 [가락꾹쑤] 가락을 굵게 만든 국수, 또는 그것을 삶아서 국물을 붓고 요리한 음식. 비우동.

가락 악기(一樂器) 가락을 연주하는 악기. 피아노·바이올린·리코더 등. 참리듬 악기.

가락엿 [가랑녇] 둥글면서 길고 가늘게 만든 엿.

가락지 [가락찌] 손가락에 끼는 두 개의 고리. 예금으로 만든 가락지. 참반지.

〈가락지〉

> **: : : : '가락지'와 '반지'의 구별 : : : :**
>
> **가락지** : 주로 결혼한 여자가 손가락에 끼는 고리로, 반드시 두 개가 한 쌍을 이루어야 한다. 보석 등으로 장식을 하지 않고 그냥 고리로만 된 것을 이른다.
>
> **반지** : 손가락에 끼는 한 짝으로 된 고리로, 남녀의 구분이나 결혼 여부와 상관없이 자유롭게 낄 수 있다. 전통적으로는 가락지에서 한 짝만 끼는 것을 반지라고 했으나, 요즘은 고리 형태의 다양한 장신구를 모두 '반지'라고 이른다.

가락지빵 [가락찌빵] '도넛'의 북한말.

가랑가랑¹ ①물 등이 그릇에 넘칠 듯 말 듯 찬 모양. ②눈에 눈물이 가득 괸 모양. 예엄마의 눈에 눈물이 가랑가랑 맺혔다.

가랑가랑² 자꾸 가랑거리는 소리. 큰가르랑가르랑.

가랑거리다 목구멍에 가래가 끓어 숨쉴 때마다 자꾸 거치적거리는 소리를 내다. 큰가르랑거리다. 비가랑대다.

가랑대다 ➡가랑거리다.

가랑비 가늘게 내리는 비. 이슬비보다 조금 굵다. 비안개비.

가랑이 몸에서 갈라진, 다리의 안쪽 부분. 예가랑이를 벌리다.

　　가랑이(가) 찢어지다 [관용] ①살림살이가 매우 어렵다. ②매우 바쁘거나 하는 일이 힘들다.

가랑잎 [가랑닙] 말라서 저절로 떨어진, 잎이 넓은 나뭇잎. 준갈잎.

가래¹ 한 사람이 삽자루를 잡고 다른 두 사람이 삽자루에 맨 줄을 당겨 흙을 퍼 옮기는 농기구.

가래² 사람의 목구멍에서 토해 내는 누렇고 끈끈한 액체. 비담.

가래떡 둥글고 길게 뽑아 알맞은 길이로 자른 흰떡.

가래질 가래로 흙을 퍼서 던지는 일. 가래질하다.

가래침 가래가 섞인 침. 예가래침을 뱉다.

-가량(假量) 수량을 어림짐작으로 나타낼 때 쓰이는 말. 예서른 살가량 되어 보이는 어른. 비-쯤.

가려내다 ①골라내다. 예불량품을 가려내다. ②잘잘못을 밝히다.

가ː련하다(可憐一) ①가엾고 불쌍하다. 예가련한 처지. ②모습 등이 동정심이 가도록 애틋하다. 가련히.

가렵다 [가렵따] 살가죽을 긁고 싶은 느낌이 있다. 예모기에 물린 종아리가 몹시 가렵다. |활용| 가려우니·가려워.

가려운 데를 긁어 주다[관용] 괴로움이나 불편한 점, 소원 등을 잘 알아서 풀어 주다.

가:령(假令) 가정하여 말하면. 예를 들면. 예가령 내가 대통령이 된다면…. 비이를테면.

가례¹(家禮) 한 집안의 예법.

가례²(嘉禮) 왕위에 오르거나 결혼, 세자의 탄생 등에 하는 예식.

가로¹ ①아래위의 방향에 대하여 좌우의 방향이나 그 길이. 예글씨를 가로로 쓰다. ②옆으로. 좌우로. 반세로.

가로²(街路) 도시의 넓은 길. 예가로 양쪽에 벚꽃이 피어 있다. 비가도.

가로글씨 가로로 쓰는 글씨. 비횡서. 반세로글씨.

가로놓다[가로노타] 가로의 방향이 되게 놓다.

가로놓이다[가로노이다] ①가로의 방향으로 놓이다. ②어려움이 앞에 있어 방해가 되다.

가로눕다[가로눕따] ①가로의 방향으로 눕다. ②물건 등이 누운 것처럼 길게 놓이다. |활용| 가로누우니·가로누워.

가로대 ①가로지른 막대. ②높이뛰기·장대높이뛰기 등에서 두 기둥에 가로질러 놓은 막대.

가로되[가로되/가로뒈] 이르기를. 말하기를. 예옛사람들이 가로되…. 비왈. 높가라사대.

가로등(街路燈) 길거리를 밝히기 위하여 달아 놓은 전등.

가로막(一膜) 포유동물의 가슴과 배 사이에 있는 힘살. 호흡에 중요한 구실을 한다. 비횡격막.

가로막다[가로막따] ①앞을 가로질러 막다. 예고목이 산길을 가로막고 있다. ②어떤 일을 못 하게 방해하다. 예언니가 갑자기 내 말을 가로막았다.

가로막히다[가로마키다] 가로막음을 당하다. 예남과 북이 휴전선으로 가로막혀 있다.

가로맡다[가로맏따] ①남의 일을 대신 맡다. ②남의 일에 참견하다.

가로무늬근(一筋)[가로무니근] 눈이나 혀 등을 움직이는 힘살. 비가로무늬살·횡문근.

가로선(一線) 가로로 그은 선. 비가로줄. 반세로선.

가로세로 ①가로와 세로로. 예바둑판처럼 가로세로 그은 줄. ②이리저리 여러 방향으로. 예일이 가로세로 복잡하게 꼬여 버렸다.

가로수(街路樹) 큰길 양쪽 가에 줄지어 심은 나무.

가로쓰기 글씨를 가로로 쓰는 방식. 반세로쓰기.

가로젓다[가로젇따] 부정하거나 반대하는 뜻으로 고개나 손을 좌우로 흔들다. 예현주는 대답 대신 손을 가로저었다. |활용| 가로저으니·가로저어.

가로 좌:표(一座標) 좌표에서, 가로 방향의 위치를 나타내는 좌표. 비엑스 좌표. 반세로 좌표.

가로줄 가로로 그은 줄. 비가로선. 반세로줄.

가로지르다 ①가로로 건너지르다. 예아버지는 대문에 빗장을 가로질러 잠그셨다. ②가로로 지나가다. 예강이 평야를 가로질러 흐르고 있다. |활용| 가로지르니·가로질러.

가로채다 ①남이 가진 것을 옆에서 빼앗다. 예날치기가 가방을 가로채서 달아났다. ②남이 하는 말을 중간에 끼어들어 못하게 하다. 예동생이 내 말을 중간에서 가로챘다.

가로축(一軸) 좌표에서 가로 방향으로 놓인 축. 비엑스축. 반세로축.

가로획(一劃)[가로획/가로훽] 글자의 가로로 긋는 획. 반세로획.

가루 부스러져 아주 잘게 된 낱알. 예분필 가루. 비분말.

가루받이 [가루바지] ➡ 꽃가루받이.

가루비누 ①가루로 된 비누. ②'합성 세제'를 이르는 말.

가루약(一藥) 가루로 되어 있는 약. 참물약·알약.

가르다 ①쪼개거나 나누다. 예흥부는 톱으로 박을 갈랐다. ②나누어 따로따로 되게 하다. 예아이들은 편을 갈라 농구를 했다. ③물이나 공기를 양 옆으로 열며 빠르게 지나가다. 예모터보트가 물살을 가르며 달렸다. |활용| 가르니·갈라.

가르마 머리털을 양쪽으로 갈라 빗을 때 생기는 금. 예가르마를 타다. |잘못| 가리마.

가르치다 ①지식을 알게 하다. 예선생님은 우리에게 구구단을 가르쳐 주셨다. ②모르는 일을 알게 해 주다. 예네 휴대 전화 번호 좀 가르쳐 줘. |잘못| 가리키다·가르키다.

:::'가르치다'와 '가리키다'의 구별:::

가르치다 : 지식이나 기술·방법 등을 알게 하는 것을 이른다. 예아이들에게 글을 가르치다./준수야, 이 문제 좀 가르쳐(×가리켜) 줄래?
가리키다 : 손가락 등으로 방향이나 대상을 지시하는 것을 이른다. 예손가락으로 서쪽을 가리키다.

가르침 가르쳐 알게 하는 일, 또는 그 내용. 예선조들의 가르침. 비교훈.

가르키다 ① '가르치다'의 잘못. ② '가리키다'의 잘못.

가름 ①따로따로 갈라놓음. ②서로 다름을 구별함. 가름하다. 예골로 승부가 나지 않을 때에는 승부차기로 승패를 가름한다.

가름대 [가름때] 수판의 윗알과 아래알

을 갈라 가로지른 나무.

가리 곡식이나 땔나무 등을 차곡차곡 쌓아 둔 큰 더미.

가리개 ①두 폭으로 만든 병풍. ②어떤 것을 가리는 데 쓰는 물건. 예햇빛 가리개.

가리다¹ 바로 보이거나 통하지 않도록 가로막다. 예가구가 문을 가리고 있다.

가리다² ①여럿 가운데서 골라내다. 예누구 말이 맞는지 가리자. ②어린 아이가 낯선 사람을 알아보고 싫어하다. 예아기가 낯을 가린다. ③어린아이가 똥오줌을 스스로 알아서 누게 되다. 예막냇동생은 아직 똥오줌을 못 가려요.

가리마 '가르마'의 잘못.

가리비 껍데기에 부챗살 모양으로 골이 깊게 파인 바닷조개.

가리키다 ①손이나 말로 무엇이 있는 장소를 알려 주다. 예나는 손가락으로 별을 가리켰다. ②시각 등을 나타내어 알리다. 예시곗바늘이 정각 12시를 가리키고 있었다.

가림막(一幕) 무엇을 가리거나 비·바람 등을 막기 위해 치는 막.

가마¹ 〈가마솥〉의 준말.

가마² 숯이나 질그릇·벽돌 등을 구워 내는 구덩이.

가마³ 머리 위 한가운데에 머리털이 소용돌이 모양으로 된 부분.

가마⁴ 〈가마니〉의 준말.

가:마⁵ 지난날, 탈것의 한 가지. 한 사람이 들어앉고, 두 사람 혹은 네 사람이 메고 다니게 되어 있다.

가마니 곡식·소금 등을 담는, 짚으로 엮어 만든 자루. 준가마.

가마득하다 [가마드카다] 시간이나 거리가 아주 멀어서 아득하다. 예산 위에서 내려다보니 마을이 가마득하게 보였다. 쎈까마득하다. 가마득히.

가마솥 [가마솓] 아주 크고 우묵한 솥. ㉥가마.

가:마 싸움 추석에 하는 민속놀이의 한 가지. 편을 갈라 가마를 맞부딪쳐서 상대편 가마를 먼저 부수거나 빼앗으면 이기는 놀이이다.

〈가마솥〉

가마우지 가마우짓과의 바닷새. 몸빛은 검고 윤이 나며 발가락 사이에 물갈퀴가 있다. 섬이나 바닷가 절벽에 떼 지어 산다.

〈가마우지〉

가:마타기 가마 타는 것을 본떠 만든 어린이의 놀이.

가만 ①건드리거나 상관하지 않고 그냥 그대로. ㉠그 자리에 가만 놓아두어라. ②남의 말이나 행동을 못 하게 할 때 하는 말. ㉠가만, 저 소리 좀 들어 봐. ③〈가만히〉의 준말.

가만가만 아주 조용하게. 살그머니. ㉠나는 발끝으로 가만가만 부엌으로 걸어갔다.

가만두다 건드리거나 상관하지 않고 그대로 두다. ㉠한 번만 더 내 동생 괴롭히면 가만두지 않을 거야.

가만있다 [가마닏따] ①움직이지 않고 그대로 있다. ㉠내가 올 때까지 여기 가만있어. ②남의 일에 상관하지 않고 잠자코 있다. ㉠아무것도 모르면 가만있어.

가만히 ①남몰래 살그머니. ㉠영미는 회의장에서 가만히 빠져나왔다. ②움직이지 않고 말없이. ㉠수미는 가만히 앉아 책을 읽었다. ③여러 방면으로 깊이. ㉠지난 학기를 가만히 되돌아보자. ㉥가만.

가:망(可望) 이룰 수 있을 듯한 희망. ㉠아직은 우리가 이길 가망이 있다.

가:망성(可望性) [가망썽] 가망이 있는 정도나 상태. ㉠가망성이 없다.

가맹(加盟) 어떤 단체에 들어감. ㉠가맹 국가. 가맹되다. 가맹하다.

가:맣다 [가마타] 빛깔이 짙게 검다. ㉠햇볕에 얼굴이 가맣게 탔다. ㉡거멓다. ㉳까맣다. |활용| 가마니·가매.

가:면(假面) ①나무·종이·흙 등으로 사람이나 짐승의 얼굴 모양을 본떠서 만든 것. ㉠민수는 학예회에서 가면을 쓰고 춤을 추었다. ㉡탈. ②'거짓으로 꾸밈'을 비유하여 이르는 말.

가면(을) 벗다[관용] 본마음이나 참모습을 그대로 드러내다.

가면(을) 쓰다[관용] 거짓으로 꾸민 말이나 행동을 하다.

가:면극(假面劇) 연기자가 가면을 쓰고서 하는 연극. ㉡가면희·탈놀이.

〈가면극〉

가:명(假名) 본 이름이 아닌 가짜 이름. ㉡본명·실명.

가무(歌舞) 노래와 춤. 또는 노래하고 춤을 춤. ㉠우리 민족은 예로부터 가무를 즐겼다. 가무하다.

가무대대하다 산뜻한 느낌이 없이 가무스름하다. ㉠가무대대한 얼굴. ㉡거무데데하다. ㉳까무대대하다.

가무레하다 엷게 가무스름하다. ㉡거무레하다. ㉳까무레하다.

가무스레하다 ➡가무스름하다.

가무스름하다 빛깔이 조금 검다. ㉥가뭇하다. ㉡가무스레하다. ㉡거무스름하다. 가무스름히.

가무잡잡하다 [가무잡짜파다] 빛깔이 깨끗한 맛이 없이 가무스름하다. ㉠태현이는 피부가 가무잡잡하다. ㉡거무접접하다. ㈇까무잡잡하다.

가문(家門) ①집안. ㈈그는 양반의 가문에서 태어났다. ②대대로 내려오는 그 집안의 사회적인 지위. ㈈가문이 훌륭하다.

가문비나무 소나뭇과의 늘푸른큰키나무. 잎은 바늘 모양이며, 암수한그루로 여름에 꽃이 핀다. 재목은 건축·펄프 등의 재료로 쓰인다.

가물 ➡가뭄.

가물가물 자꾸 가물거리는 모양. ㈜거물거물. ㈇까물까물.

가물가물하다 ①작은 불빛 등이 꺼질 듯 말 듯 약하다. ㈈가물가물한 촛불. ②멀리 있는 물체가 보일 듯 말 듯 희미하다. ㈈먼바다에 고깃배가 가물가물하게 보인다. ③정신 등이 있는 둥 없는 둥 흐릿하다. ㈈감기약 때문에 정신이 가물가물하다.

가물거리다 ①작은 불빛 등이 약하게 움직이다. ㈈촛불이 바람에 꺼질 듯 가물거렸다. ②멀리 있는 물체가 희미하게 움직이다. ③정신 등이 오락가락하다. ㈑가물대다. ㈜거물거리다.

가물다 오래도록 비가 오지 않아 땅이 메마르게 되다. ㈈날이 가물어서 벼농사를 그르쳤다. |활용| 가무니·가물어.

가물대다 ➡가물거리다.

가물치 가물칫과의 민물고기. 몸길이 30~60 cm.

〈가물치〉

등은 짙은 갈색, 배는 흰색 또는 누런빛을 띤 흰색이고 몸은 둥글고 성질이 사납다. 진흙물에서 살며, 알을 낳을 때는 물가로 옮겨 와서 산다.

가뭄 땅의 물기가 마를 정도로 오랫동안 비가 내리지 않는 날씨. ㈈가뭄이 들다. ㈑가물.

가미(加味) ①음식에 양념 등을 넣어 맛을 냄. ②본래의 것에 다른 것을 더함. 가미되다. 가미하다. ㈈간장에 식초를 가미하여 새콤한 맛을 낸다.

가:발(假髮) 대머리를 감추거나 모양을 내기 위하여 머리에 덧얹어 쓰는 가짜 머리털. ㈈가발을 쓰다.

가방 가죽·천·비닐 등으로 만들어 책·옷 등을 넣어 들거나 메고 다니는 물건. ㈈여행 가방.

가배(嘉俳) 신라 유리왕 때, 음력 7월 16일부터 8월 14일까지 나라 안의 여자들을 궁중에 불러 모아 두 편으로 갈라서 길쌈을 하여 많고 적음을 겨루던 놀이.

가볍다 [가볍따] ①무게가 무겁지 않다. ㈈동생은 나보다 몸무게가 가볍다. ②병이 대단치 않다. ㈈가벼운 상처. ③기분 등이 가뿐하다. ㈈가벼운 발걸음. ㈑무겁다. |활용| 가벼우니·가벼워. 가벼이.

가보¹(家譜) 한 집안의 혈통을 적은 책.

가보²(家寶) 대를 이어 전해 내려오는, 한 집안의 보물.

가:봉¹(假縫) 양복 등을 지을 때, 몸에 잘 맞는지 보려고 대강 꿰매는 바느질. ㈑시침바느질. 가봉하다.

가봉²(Gabon) 아프리카 서쪽에 있는 나라. 1960년 프랑스로부터 독립하였다. 석유·목재·우라늄 등 지하자원이 풍부하다. 수도는 리브르빌.

가:부(可否) ①옳음과 그름. ②찬성과 반대. ㈈우리는 투표로 가부를 결정하였다.

가부좌(跏趺坐) 불교에서, 앉는 법의 한 가지. 오른쪽 발바닥을 왼쪽 넓적다리 위에 얹고, 왼발을 오른쪽 넓적다리 위에 얹는 자세. ㈈가부좌를 틀다. 가부좌하다.

가:분수(假分數) [가분쑤] 분자와 분모가 같거나, 분자가 분모보다 큰 분수. ㈑진분수.

가:불(假拂) 봉급이나 임금을 정해진 날짜 전에 내어 줌. 가불하다.

가뿐하다 ①알맞게 가볍다. 예책가방이 가뿐하다. ②마음에 짐이 되지 않아서 편안하다. 예시험이 끝나고 나니 마음이 가뿐하다. 큰거뿐하다. 가뿐히.

가쁘다 ①숨이 대단히 차다. 예집까지 뛰어왔더니 숨이 가쁘다. ②힘에 겹다. |활용| 가쁘니·가빠.

가사1(家事) 집안 살림살이에 관한 일. 예가사를 돌보다.

가사2(袈裟) 승려가 입는 옷. 장삼 위에, 왼쪽 어깨에서 오른쪽 겨드랑이 밑으로 걸쳐 입는다.

가사3(歌詞) 가곡이나 가요 등의 노래 내용이 되는 글. 예저 선생님은 동요의 가사를 많이 쓰셨다. 비노랫말.

가사 노동(家事勞動) 가정에서 주부가 하는 온갖 일. 요리·세탁·청소 등.

가산1(加算) ①더하기. 덧셈. ②더하여 셈함. 반감산. 가산되다. 가산하다. 예원금에 이자를 가산하다.

가산2(家産) 한 집안의 재산. 예그는 사업에 실패하여 가산을 모두 없앴다.

가산점(加算點) [가산쩜] 시험이나 경쟁 등에서 어떤 조건을 가진 사람에게 더 주는 점수.

가:상1(假象) 있는 것처럼 보이나, 실제로는 없는 거짓 모습.

가:상2(假想) 가정하여 생각함. 가상되다. 가상하다. 예외계인을 만났다고 가상하고 말해 보자.

가:상 공간(假想空間) 컴퓨터로 만들어 내는, 실제가 아닌 공간.

가:상도(假想圖) 어떤 일이 일어나는 모습을 상상하여 그린 그림.

가상하다(嘉尙一) 매우 착하고 기특하다. 예네가 그런 생각을 하다니 참으로 가상하구나. 비갸륵하다. 가상히. 예아버지는 어린 아들의 용기를 가상히 여겼다.

가새표(一標) 틀린 것을 나타낼 때 쓰는 '×'의 이름. 비가위표.

가:석방(假釋放) [가석빵] 갇혀 있는 죄수를 조건을 붙여 풀어 줌. 가석방되다. 가석방하다.

가설1(架設) 다리·철로·전선 등을 건너질러 설치함. 가설되다. 가설하다. 예전화를 가설하다.

가:설2(假設) ①임시로 마련해 둠. 예가설 무대에서 연극을 공연했다. 반상설. ②결론을 끌어내기 위해 내세우는 조건. 가설되다. 가설하다.

가:설3(假說) 어떤 사실을 설명하기 위해 임시로 세운, 아직 증명되지 않은 이론.

가:성(假聲) 성악에서 높고 가늘게 내는 목소리.

가세1(加勢) 힘을 보태거나 거듦. 비가담. 가세하다. 예친구가 가세하여 물에 빠진 어린이를 구했다.

가세2(家勢) 집안 살림살이의 형편. 예가세가 기울다.

가:소롭다(可笑一) [가소롭따] 말하거나 생각할 거리도 못 되어 우습다. 예네 말이 가소로워서 웃음밖에 안 나온다. |활용| 가소로우니·가소로워. 가소로이.

가속(加速) 속도가 빨라짐. 또는 속도를 빠르게 함. 예가속 장치. 반감속. 가속하다.

가속도(加速度) [가속또] 시간이 지날수록 점점 더 빨라지는 속도. 예일이 손에 익어 가속도가 붙었다.

가솔린(gasoline) 석유에서 뽑아낸 기름의 한 가지. 자동차나 비행기 등의 연료로 쓰인다. 비휘발유.

가수(歌手) 노래를 부르는 일을 직업으로 삼는 사람.

가스(gas) ①'기체'를 통틀어 이르는 말. ②연료로 쓰이는 기체. 천연가스 등. |잘못| 까스.

가스관(gas管) 가스를 내보내는 관.

가스 교환(gas交換) 생물체가 필요한 기체를 받아들이고 필요 없는 기체를 밖으로 내보내는 일.

가스레인지(gas range) 가스를 연료로 하는 조리용 기구.

가스총(gas銃) 총알 대신 가스를 세게 내뿜는 총. 예호신용 가스총.

가슴 ①포유동물의 배와 목 사이의 부분. ②곤충의 머리와 배 사이의 부분. ③마음이나 생각. 예친구와 헤어진다고 생각하니 가슴이 아팠다.

가슴에 맺히다관용 한이나 슬픔이 마음에 남아 있다.

가슴을 펴다관용 굽히지 않고 당당하게 행동하다.

가슴이 내려앉다관용 불안하거나 위험을 느껴서 몹시 놀라다.

가슴둘레 가슴과 등을 둘러 잰 길이. 비흉위.

가슴막(一膜) 양쪽 허파를 각각 둘러싸고 있는 두 겹의 얇은 막.

가슴막염(一膜炎) [가슴망념] 가슴막에 생기는 염증. 옆구리가 몹시 아프고 기침과 열이 나며 숨쉬기가 어려워진다.

가슴뼈 가슴의 한복판에 있는 뼈. 비흉골.

가슴속 [가슴쏙] 마음의 속. 예소중한 추억을 가슴속 깊이 간직하다.

가슴앓이 [가스마리] ①혼자 마음속으로 애를 태우는 일. 예어머니는 어릴 때 잃어버린 아들 때문에 늘 가슴앓이를 했다. ②가슴이 가끔씩 쓰리고 아픈 병. 가슴앓이하다.

가슴지느러미 물고기의 가슴 양쪽에 붙은 지느러미.

가습(加濕) 공기가 건조할 때 습기를 보충하는 일.

가습기(加濕器) [가습끼] 실내가 건조할 때 수증기를 내뿜어 습도를 조절하는 전기 기구.

가시 ①식물의 줄기나 잎에 바늘처럼 뾰족하게 돋아난 것. ②물고기의 잔뼈. 예생선 가시. ③남의 마음을 찌르는, 나쁜 뜻을 품은 마음. 예언니는 가끔 가시가 돋친 말을 한다.

가시고기 큰가시고깃과의 민물고기. 몸길이가 7cm가량. 등의 빛깔은 어두운 회색이고 배는 연한 흰색이며, 등지느러미 앞부분에 톱날 같은 가시가 있다.

가:시광선(可視光線) 사람의 눈으로 볼 수 있는 빛.

가시나무 ①가시가 있는 나무. ②참나뭇과의 큰키나무. 잎은 타원형이며 톱니가 있고 앞면은 녹색, 뒷면은 흰색이다. 10월에 도토리 비슷한 열매가 익는다.

〈가시나무②〉

가시넝쿨 땅바닥으로 뻗어 나가거나 다른 물건을 감아 올라가면서 자라는 가시나무의 줄기. 비가시덩굴.

가시다 ①변하여 없어지거나 달라지다. 예아픈 상처가 씻은 듯이 가셨다. ②지저분한 것을 없애어 깨끗하게 하다. 예이를 닦고 물로 입 안을 가시다.

가시덤불 가시나무의 덩굴이 뒤얽혀 있는 수풀.

가시밭길 [가시받낄] ①가시덤불이 뒤얽혀 몹시 험한 길. ②몹시 어렵고 힘든 상황.

가:식(假飾) 말이나 행동을 거짓으로 꾸밈. 예아이들의 해맑은 웃음에는 가식이 없다. 비꾸밈. 가식하다.

가야(伽倻) 낙동강 하류에 있던 고대 부족 국가. 신라 유리왕 때, 김수로왕의 6형제가 각각 세운 여섯 나라를 통틀어 이른다. 신라 진흥왕 때 신라에 합병되었다. 비가락국.

ㄱ

가야금(伽倻琴) 우리나라 대표적인 현악기의 하나. 오동나무 공명관에 기러기발을 세워 열두 줄의 명주 줄을 매고 손가락으로 뜯어 연주한다. [비]가얏고. [참]거문고.

〈가야금〉

가야산(伽倻山) 경상북도와 경상남도 사이에 있는 산. 높이 1,430m. 소백산맥 중의 명산으로 꼽힌다. 해인사·황계 폭포 등 명승고적들이 많아 국립 공원으로 지정되었다.

가업(家業) 대대로 물려받은 직업. [예]가업을 잇다.

가ː없다 [가업따] 헤아릴 수 없다. 끝이 없다. [예]어머니의 가없는 사랑. **가없이.**

가ː연성(可燃性) [가연썽] 불에 타는 성질. [예]가연성 물질.

가열(加熱) ①어떤 물체에 열을 줌. ②열이 더 세게 나도록 함. [반]냉각. **가열되다.** [예]난로가 가열되다. **가열하다.** [예]물을 가열하다.

가ː엽다 [가엽따] ➡가엾다. [예]부모를 잃은 가여운 아이.

가ː엾다 [가엽따] 딱하고 불쌍하다. [비]가엽다. [발음] 가엾어[가엽써]·가엾고[가엽꼬] **가엾이.**

가오리 가오릿과의 바닷물고기. 몸은 넓고 납작한 마름모꼴이며 꼬리가 길다. 주로 바다 밑에서 산다. [참]홍어.

가오리연(一鳶) 가오리처럼 마름모꼴로 만들어 꼬리를 길게 단 연. [비]꼬빡연.

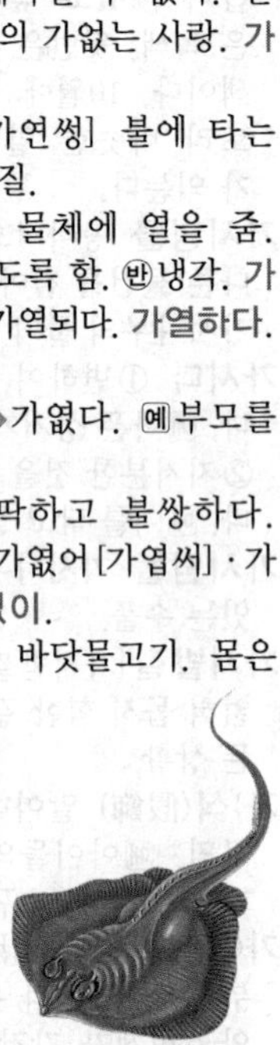

〈가오리〉

가옥(家屋) 사람이 사는 집.

가외(加外) [가외/가웨] 일정한 표준이나 한도보다 더함. [예]가외로 받은 돈.

가요(歌謠) ①민요·동요·유행가 등을 통틀어 이르는 말. ②〈대중가요〉의 준말.

가운[1](家運) 한 집안의 운수. [예]가운이 기울다./이 일에 우리 집안의 가운이 걸려 있다.

가운[2](gown) ①의사·과학자·이발사들이 위생을 위해 입는 옷. ②판사·검사들이 법원에서 입는 옷. ③신부·목사들이 예배 때 입는 옷. ④교수·학생들이 예식 때 입는 옷.

가운데 ①사물이나 공간에서, 한쪽으로 치우치지 않고 양쪽 끝에서 거의 같은 거리가 떨어진 부분. [예]들판 가운데 강이 흐른다. [반]가·모퉁이. ②둘의 사이. [예]세 개 중에서 가운데 있는 것으로 주세요. ③일정한 무리의 안. [예]이 가운데 마음에 드는 게 있니? ④어떤 일이 이루어지는 동안. [예]우리는 여행하는 가운데 여러 가지 어려움을 겪었다.

가운뎃다리 [가운데따리/가운뎉따리] 곤충의 앞다리와 뒷다리의 중간에 있는 다리.

가운뎃소리 [가운데쏘리/가운뎉쏘리] 한 음절의 가운데에 나는 홀소리. '책'에서 'ㅐ' 소리 등. [비]중성.

가운뎃손가락 [가운데쏜까락/가운뎉쏜까락] 다섯 손가락 중에서 한가운데의 가장 긴 손가락. [비]장지·중지.

가위[1] ①종이·옷감·머리털 등을 자르는 기구. ②가위바위보에서, 엄지손가락과 집게손가락(또는 집게손가락과 가운뎃손가락)을 벌려서 내민 것. '보'에는 이기고 '바위'에는 진다. [참]바위·보.

가위[2] ➡추석.

가위눌리다 자다가 무서운 꿈을 꾸었

을 때 벗어나려고 해도 꼼짝할 수 없어 몹시 답답함을 느끼다. 예아이가 밤이면 가끔 가위눌려 헛소리를 하곤 했다.

가위바위보 순서나 승부를 정할 때, 서로 손을 내밀어서 그 손 모양으로 정하는 방법. '가위'가 '보'를 이기고, '바위'는 '가위'를 이기고, '보'는 '바위'를 이긴다.

가위질 ①가위로 종이·옷감 등을 자르거나 오리는 일. ②'신문 기사나 영화 등을 검열하여 그 일부분을 삭제하는 일'을 비유하여 이르는 말. 가위질하다.

가위표(一標) ➡가새표.

가을 한 해의 네 철 가운데 셋째 철. 여름과 겨울 사이의 계절로 입추부터 입동 전까지를 이른다. 준갈.

가을걷이 [가을거지] 가을에 곡식을 거두어들이는 일. 예논에는 가을걷이가 한창이었다. 비추수. 가을걷이하다.

가을날 [가을랄] 가을철의 날. 또는 가을철의 날씨. 예하늘이 높고 푸른 가을날.

가을바람 [가을빠람] 가을에 부는 서늘한 바람. 준갈바람.

가을밤 [가을빰] 가을철의 밤.

가을보리 가을에 씨를 뿌려 이듬해 초여름에 거두는 보리.

가을비 [가을삐] 가을에 내리는 비.

가을뿌림 가을에 씨를 뿌리는 일. 가을뿌림하다.

가을철 가을인 철.

가이드(guide) 관광객을 안내하는 사람.

가:인¹(佳人) 아름다운 여자. 비미인.

가인²(歌人) 노래를 부르거나 짓는 사람. 비가객.

가입(加入) 단체나 조직 등에 들어감. 반탈퇴. 가입되다. 가입하다. 예소년단에 가입한 것을 진심으로 환영합니다.

가입자(加入者) [가입짜] 단체나 조직에 들어간 사람.

가자미 가자밋과의 바닷물고기. 몸이 위아래로 납작하여 타원형에 가깝고, 두 눈은 오른쪽에 몰려 붙어 있다. 바다 밑바닥에서 산다.

〈가자미〉

가:작(佳作) ①잘된 글이나 작품. ②당선으로 인정하기 어려우나 꽤 잘된 작품. 예내 글이 교내 글짓기 대회에서 가작으로 뽑혔다.

가장¹ 여럿 가운데 어느 것보다도 더. 예동물 가운데 원숭이는 사람과 가장 비슷한 동물이다. 비제일.

가장²(家長) ①한 집안의 어른. ②한 가정의 생활을 맡아 하는 사람. 예부모 잃은 소년 가장을 돕자.

가:장³(假裝) ①거짓으로 꾸밈. ②얼굴이나 옷차림을 딴 모습으로 꾸밈. 예가장행렬. 가장하다. 예손님으로 가장하다./인수는 우연을 가장하여 나에게 접근했다.

가:장무도회(假裝舞蹈會) [가장무도회/가장무도훼] 사람들이 갖가지로 가장하고 춤을 추는 모임.

가:장자리 사물의 둘레나 그에 가까운 부분. 예꽃밭 가장자리/책상 가장자리. 비가.

가:재¹ 가잿과의 동물. 몸길이는 3~6cm. 게와 새우의 중간 모양으로, 개울 위쪽 돌 밑에서 살며, 뒷걸음질을 잘한다.

〈가재¹〉

가재²(家財) 집안의 재산이나 물건.

가재도구(家財道具) 살림살이에 쓰는 온갖 물건. 예수해로 가재도구들이 못 쓰게 되었다. 비세간.

가전제품(家電製品) 가정에서 쓰는 전기 기구. 텔레비전·냉장고·세탁기 등.

가정(家庭) 가족이 모여 함께 사는 집단. 예삼촌은 결혼하여 화목한 가정을 꾸리고 싶어 한다.

가정 교ː사(家庭教師) 돈을 받고 남의 집에 가서 그 집 자녀를 가르치는 사람.

가정 교ː육(家庭教育) 가정에서 알게 모르게 집안 어른들로부터 받는 가르침.

가정 법원(家庭法院) 가정 문제·소년 문제 등 가정에 관계되는 사건을 다루는 법원.

가정부(家政婦) 돈을 받고 남의 집안 살림을 돌보아 주는 여자. 참파출부.

가정상비약(家庭常備藥) 집안에서 응급 치료 등에 쓰기 위하여 항상 준비해 두는 약품.

가정생활(家庭生活) 가정을 이루어 그 안에서 하는 생활. 예행복한 가정 생활.

가정의례(家庭儀禮) [가정의례/가정이례] 관례·혼례·상례·제례에 대해 형식을 갖춘 예의.

가정주부(家庭主婦) 한 가정의 살림을 맡아 꾸려 가는 여자. 비주부.

가정집(家庭一) [가정찝] 개인이 살림하는 집.

가정 통신(家庭通信) 학생들을 효율적으로 지도하기 위해 학부모와 교사 간에 서로 주고받는 소식.

가정 학습(家庭學習) 학교에서 배운 것을 집에서 더 하는 학습.

가제(Gaze) ➡거즈.

가져가다 [가저가다] ①한 곳에서 다른 곳으로 옮겨 가다. 예이 의자를 저쪽으로 가져가거라. 빤가져오다. ②어떤 상태로 끌고 가다.

가져오다 [가저오다] ①한 곳에서 다른 곳으로 옮겨 오다. 예숙제 한 것을 가져오너라. 빤가져가다. ②어떤 결과가 생기게 하다. 예끊임없는 노력이 성공을 가져왔다.

가족(家族) 부모와 자식, 형제자매 등의 관계로 맺어져 한 집안에서 같이 생활하는 사람들. 예가족 여행. 비식구.

:::: **'가족'과 '식구'의 구별** ::::

가족 : 부모와 자식, 형제자매, 부부 등 혈연과 혼인 관계 등으로 한 집안을 이룬 사람들의 집단을 뜻한다. 예이번 행사에 여섯 가족이 참가했다.

식구 : 한집에서 밥을 같이 먹으며 사는 사람 하나하나를 뜻한다. 다만, 하숙생처럼 밥을 먹은 값으로 돈을 내는 경우에는 '식구'라고 하지 않는다. 예할머니까지 우리 집은 다섯 식구(×가족)이다.

가족계획(家族計劃) [가족꼐획/가족께획] 자녀의 수와 낳는 간격을 계획적으로 조절하는 일.

가족사진(家族寫眞) [가족싸진] 가족이 함께 모여서 찍은 사진.

가족회의(家族會議) [가조쾨의/가조쿼이] 가족 문제를 의논하기 위한 가족의 모임.

가족 회의록(家族會議錄) [가조쾨의록/가조쿼이록] 가족회의의 진행 과정과 내용 등을 적은 기록.

가죽 ①동물 몸의 껍질을 이룬 질긴 물질. 예호랑이는 죽어서 가죽을 남긴다. ②짐승의 몸의 껍질을 손질하여 부드럽게 한 것. 예가죽 가방.

가죽신 [가죽씬] 가죽으로 만든 신.

가중(加重) 책임·부담·비중 등을 더 무겁게 함. 가중되다. 가중하다.

가증스럽다(可憎—)[가증스럽따] 보기에 얄밉고 괘씸하다. 예나는 태연히 거짓말을 하는 그의 태도가 가증스러웠다. |활용| 가증스러우니·가증스러워.

가지¹ 식물의 원줄기에서 갈라진 작은 줄기. 예앙상한 가지.
　가지(를) 치다 관용 원래의 것에서 다른 갈래가 생기다. 예소문이 가지를 쳐서 크게 부풀었다.

가지² 가짓과의 한해살이풀. 줄기와 잎은 자줏빛이고, 잎은 어긋나며 달걀 모양이다. 잎겨드랑이에서 남색·흰색 등의 꽃이 피고, 여름부터 가을에 걸쳐 자줏빛 열매를 맺는다.

〈가지2〉

가지³ 사물을 종류별로 구별하여 셀 때 쓰는 말. 예두 가지.

가지가지¹ 여러 가지. 여러 종류. 예사람의 성격도 가지가지이다. 준갖가지. 비가지각색·각양각색.

가지가지² 나무의 가지마다. 예감이 가지가지 열렸다.

가지각색(—各色)[가지각쌕] 서로 다른 여러 가지. 예세상에는 인종도 가지각색이다. 비가지가지·각양각색.

가지다 ①손이나 몸에 지니다. 예나는 재미있는 책을 많이 가지고 있다. ②마음속에 두다. 예소년들이여, 꿈을 가져라. ③자기 것이 되게 하다. 예엄마, 이 머리핀 제가 가져도 돼요? 준갖다.

가지런하다 여럿의 끝이 들쭉날쭉하지 않고 고르다. 예섬돌에 신발이 가지런하게 놓여 있다. 가지런히.

가지접(—椄) 접붙이기의 한 가지. 바탕이 되는 나무에 좋은 가지를 붙여 품종을 개량하거나 번식시키는 방법.

가지치기 과일나무의 가지를 잘라 주는 일. 모양을 좋게 하고 웃자람을 막으며 열매가 잘 맺게 하기 위해 한다.

가짓수(—數)[가지쑤/가짇쑤] 여러 가지 수효. 예반찬의 가짓수가 많다.

가짜(假—) ①참이 아닌 것을 참인 체하는 것. 예가짜 대학생. ②거짓으로 꾸며 만든 것. 예가짜 상표. 반진짜.

가차 없이(假借—) 사정을 조금도 보아줌이 없이. 예거짓말을 하면 가차 없이 벌을 주겠다.

가책(呵責) 잘못을 꾸짖어 나무람. 예양심의 가책을 느끼다. 가책되다. 가책하다.

가축(家畜) 집에서 기르는 짐승. 소·말 등. 비집짐승.

가축병원(家畜病院)[가축뼝원] 가축을 치료하는 병원.

가출(家出) 집에서 뛰쳐 나감. 예가출 청소년. 가출하다.

가치(價値) 사물이 가지고 있는 쓸모나 중요성. 예가치가 높다./가치 있는 일을 하자. 비값·값어치.

가치관(價値觀) 사람이 삶이나 사물에 대하여 무엇이 옳고 바람직한가를 판단하는 태도. 예가치관을 바로 세우자.

가친(家親) 남 앞에서 '자기의 아버지'를 높여 이르는 말.

가칭(假稱) 임시로 이름지어 부름, 또는 그 이름. 가칭되다. 가칭하다.

가타부타(可—否—) 옳다거나 그르다거나, 좋다거나 싫다거나. 예내 결정에 부모님은 가타부타 말씀이 없으셨다.

가택(家宅) 사람이 사는 집. 예가택 수색/가택 침입.

가톨릭(Catholic) ①➡가톨릭교. ②가톨릭교회나 신자.

가톨릭교(Catholic敎) 기독교의 한 갈래. 교황을 세계 교회의 우두머리로

받들고 그 다스림 아래에 있다. 旧가
톨릭·구교·천주교. |잘못| 카톨릭교.

가파도(加波島) 제주특별자치도 서귀
포시 대정읍에 딸린 작은 섬. 대정읍
모슬포항에서 5.5km 떨어져 있으며,
김·굴·해삼·전복 등의 해산물의 생
산이 많다.

가파르다 산이나 길이 몹시 비탈지다.
예가파른 고갯길. 旧경사지다·비탈
지다. |활용| 가파르니·가팔라.

가풍(家風) 한 집안에 전해 내려오는
독특한 풍습이나 행동의 기준.

가필(加筆) 글이나 그림 등에 붓을 대
어 일부를 지우거나 보태어 고침. 가
필되다. 가필하다. 예선생님께서 내
글을 가필해 주셨다.

가하다(加一) ①보태거나 더하다. 예
원래 점수에 10점을 가하다. 旧보태
다. 땐감하다. ②어떤 행동을 하거나
다른 것에 작용이 미치게 하다. 예타
격을 가하다./친구는 빌려 간 돈을 빨
리 갚으라고 압력을 가했다.

가해(加害) ①남에게 손해를 끼침. ②남
을 상처 나게 하거나 죽임. 땐피해.
가해하다.

가해자(加害者) 남에게 손해나 상처를
입힌 사람. 땐피해자.

가호(加護) ①보살피고 돌봄. ②신이
보호함. 예신의 가호를 빕니다. 가호
하다.

가:혹하다(苛酷一) [가호카다] 매우 모
질고 독하다. 예나는 외출 금지라는
가혹한 벌을 받았다. 가혹히.

가화만사성(家和萬事成) 집안이 화
목하면 모든 일이 다 잘된다는 말.

가훈(家訓) 조상 대대로 내려오는 그
집안의 가르침.

가:히(可一) ①틀림없이. 정말. 예한글
은 가히 세계에 자랑할 만하다. ②능
히. 충분히. 예네 얼굴만 봐도 그 마
음을 가히 짐작할 수 있다.

각¹(各) 각각의. 따로따로의. 예그들은
각 분야에서 열심히 활동하고 있다.

각²(角) ①모난 귀퉁이. ②한 점에서 그
은 두 직선으로 이루어진 도형. ③〈각
도〉의 준말.

각각(各各) [각깍] 따로따로. 몫몫이.
제각기. 예우리 가족은 각각 떨어져
서 살고 있다. 旧각기.

각계(各界) [각계/각게] 사회의 여러
방면. 예각계의 의견을 듣다.

각계각층(各界各層) [각계각층/각게각
층] 사회 여러 방면과 여러 계층. 예강
연회에는 각계각층의 인사들이 모여
들었다.

각고(刻苦) [각꼬] 고생을 견디며 몹시
애씀. 예화가는 3년의 각고 끝에 작
품을 완성하였다. 각고하다.

각광(脚光) [각꽝] 무대 앞의 아래쪽에
서 배우의 몸을 비추어 주는 불빛.
각광(을) 받다 [관용] 널리 사람들의 칭
찬이나 주목을 받다. 예우리 상품이
세계 시장에서 각광을 받고 있다.

각국(各國) [각꾹] 여러 나라. 각 나라.
예세계 각국.

각기(各其) [각끼] 저마다. 예사람들은
각기 다른 생각을 갖고 있다. 旧각각.

각기둥(角一) [각끼둥] 밑면의 모양은
다각형이고, 옆
면의 모양은
직사각형이나
정사각형인 다
면체.

각기병(脚氣病)
[각끼뼝] 비타
민 비(B)의 부

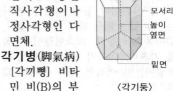

〈각기둥〉

족으로 생기는 병의 한 가지. 다리가
붓고 숨이 가쁘며 몸이 나른한 증세
가 나타난다.

각도(角度) [각또] ①각의 크기. 예삼각
형의 각도. 준각. ②사물을 보거나 생
각하는 방향. 예그 문제는 여러 각도

에서 검토 중이다. [비]시각.

각도기(角度器) [각또기] 각의 크기를 재는 기구.

각료(閣僚) [강뇨] 정부 각 부서의 장관.

각막(角膜) [강막] 눈알의 앞쪽에 볼록하게 나와 있는 투명한 막. 이곳을 통해 빛이 눈으로 들어간다.

각목(角木) [강목] 네모지게 자른 나무.

각박하다(刻薄―) [각빠카다] 성질이 모나고 인정이 없다. [예]흉년이 들어서 그런지 인심이 각박하다. **각박히**.

각별하다(各別―) [각뼐하다] ①대단히 특별하다. ②매우 친절하다. [예]엄마는 찾아온 손님을 각별하게 맞이하셨다. **각별히**. [예]내가 말한 것을 각별히 명심해라.

각본(脚本) [각뽄] ①영화·연극 등의 무대 장치, 배우의 움직임, 대사 등을 적은 글. [비]극본·대본. ②'어떤 일을 위해 미리 꾸며 놓은 계획'을 비유하여 이르는 말. [예]일이 각본대로 잘되어 가고 있다.

각뿔(角―) 밑면은 다각형이고, 평면 밖의 한 점을 공통되는 꼭짓점으로 삼는 여러 삼각형으로 둘러싸인 도형.

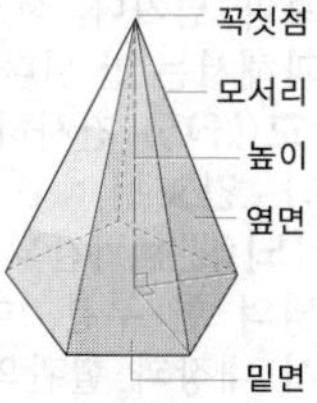

〈각뿔〉

각색(脚色) [각쌕] 시·소설 등을 각본이나 시나리오로 고쳐 쓰는 일. **각색되다**. **각색하다**.

각서(覺書) [각써] ①나라끼리 교환하는 외교 문서의 한 가지. ②어떤 일에 대하여 자기의 태도나 의견 등을 적은 간단한 문서. [예]다시는 거짓말하지 않겠다는 각서를 써라.

각선미(脚線美) [각썬미] 여자의 다리 곡선에서 느껴지는 아름다움. [예]언니는 각선미가 빼어나다.

각설이(却說―) [각써리] 장터나 길거리를 돌아다니면서 타령을 부르며 구걸하는 사람.

각설탕(角―) [각썰탕] 굳게 뭉쳐서 직육면체 모양으로 만든 설탕.

각성(覺醒) [각썽] 잘못을 깨달아서 정신을 차림. **각성되다**. **각성하다**.

각성제(覺醒劑) [각썽제] 신경을 흥분시켜 잠이 오지 않게 하는 약.

각시 [각씨] ①결혼한 지 얼마 되지 않은 색시. [비]새색시. ②조그맣게 만든 여자 인형.

각시놀음 [각씨노름] 여자아이들이 각시 인형을 가지고 노는 놀이. [비]각시놀이·색시놀이. **각시놀음하다**.

각양각색(各樣各色) [가걍각쌕] 여러 가지. [예]각양각색의 물건. [비]가지가지·가지각색.

각오(覺悟) [가고] 앞으로 닥칠 일에 대비하여 미리 마음속으로 단단히 준비함. [예]조국을 위해서라면 죽을 각오가 되어 있다. **각오하다**.

각인(各人) [가긴] 각각의 사람.

각자(各自) [각짜] 저마다 따로따로. 각각의 자신. [예]각자의 역할/도시락은 각자 준비할 것. [비]제각각.

각재(角材) [각째] 통나무를 길고 네모지게 쪼개 놓은 재목.

각저총(角觝塚) [각쩌총] 만주 지안 시 퉁거우에 있는, 고구려 때의 무덤. 무덤 벽에 씨름하는 그림이 그려져 있다.

각종(各種) [각쫑] 여러 가지 종류. 여러 가지. [예]각종 경기.

각지(各地) [각찌] 각 지방. 여러 곳. [예]전국 각지에서 모여든 사람들. [비]각처.

각질(角質) [각찔] 동물의 몸을 보호하는 비늘·털·뿔·손톱·발톱 등을 이루는 물질. [예]곤충은 뼈 대신 세 겹의 각질로 된 껍데기가 있다.

ㄱ

ㄱ

각처(各處) 여러 곳. 모든 곳. 방방곡곡. [비]각지.

각축(角逐) 이기기 위해 서로 맞서서 다툼. [예]두 팀은 우승을 놓고 치열한 각축을 벌였다. **각축하다**.

각층(各層) 각각의 층. 여러 계층.

각하(閣下) [가카] (높은 지위에 있는 사람의 직위 다음에 붙이는 말로) '님, 높으신 분'의 뜻.

각황전(覺皇殿) [가쾅전] 전라남도 구례군 화엄사에 있는 목조 건물. 국보 제67호.

간1 ①음식의 짠맛을 내는 데 쓰이는 재료. 소금·간장 등. ②음식의 짠 정도. [예]간이 맞다./간을 보다.

간ː2(肝) 동물의 내장의 한 가지. 핏속의 해로운 물질을 걸러 내고 쓸개즙을 만들며, 탄수화물을 저장하는 구실을 한다. [비]간장.

간에 기별도 안 가다[관용] 먹은 음식의 양이 매우 적어 먹은 것 같지 않다.

간이 콩알만 해지다[관용] 매우 놀라다.

간3(間) ①한 대상에서 다른 대상까지의 사이. [예]서울과 부산 간 열차. ②'관계'의 뜻을 나타내는 말. [예]부모 자식 간.

'간'과 '-간'의 구별

간(間) : 대상들끼리의 '사이'나 '관계'의 뜻을 나타내는 말. 앞말과 띄어 쓴다. [예]서울과 목포 간의 왕복 운행/사제 간의 예의/부모와 자식 간에도 예의를 지켜야 한다.

※ '국제간, 부부간, 부자간, 형제간'처럼 쓰임이 굳어져 한 단어로 된 경우에는 붙여 쓴다.

-간(間) : 기간을 나타내는 말 뒤에 붙어 '동안'의 뜻을 더하는 말. 앞말과 붙여 쓴다. [예]5년간/이틀간.

-간(間) '동안'의 뜻을 나타내는 말. [예]10여 년간의 노력.

간ː간이(間間—) [간가니] ①시간적으로 드문드문. [예]간간이 들려오는 노랫소리. [비]때때로. ②공간적으로 듬성듬성. 띄엄띄엄. [예]산에 간간이 소나무가 서 있다.

간간하다 음식의 간이 알맞게 짜다. [예]나물이 간간하게 무쳐졌다.

간ː격(間隔) ①시간적으로 떨어진 사이. [예]통학 버스는 집 앞에서 15분 간격으로 출발한다. ②서로 떨어져 있는 거리. [예]장소가 좁으니 간격을 좁혀 앉아 주세요.

간결하다(簡潔—) 간단하고 깔끔하다. [예]간결한 표현/간결한 문장. **간결히**.

간계(奸計) [간계/간게] 간사한 꾀. 간교한 계략.

간ː곡하다(懇曲—) [간고카다] 마음이 간절하고 지극하다. [예]나는 아버지께 간곡하게 말씀드렸다. [비]간절하다. **간곡히**.

간과하다(看過—) 큰 관심 없이 대강 보아 넘기다. [예]작은 잘못이라도 간과해서는 안 된다.

간교(奸巧) 간사하고 교활함. **간교하다**. **간교히**.

간ː뇌(間腦) [간뇌/간눼] 척추동물의 뇌의 한 부분. 대뇌와 소뇌 사이에서 내장과 혈관의 활동을 조절한다. [비]사이골·사이뇌.

간ː니 젖니가 빠진 다음에 나는 이. [참]영구치·젖니.

간단명료하다(簡單明瞭—) [간단명뇨하다] 간단하고 분명하다. [예]간단명료하게 말씀드리겠습니다.

간단하다(簡單—) 사물의 내용 등이 까다롭지 않고 단순하다. [예]조립이 간단한 기계. [비]간략하다. [반]복잡하다. **간단히**. [예]묻는 말에만 간단히 대답해.

간ː담(肝膽) ①간과 쓸개. ②속마음.
 간담이 서늘하다 관용 몹시 놀라서 마음이 섬뜩해지다.

간ː담회(懇談會) [간담회/간담훼] 정답게 서로 이야기하는 모임.

간당간당 ①작은 물체가 매달려 가볍게 자꾸 흔들리는 모양. 예 나뭇잎 하나가 가지 끝에 간당간당 매달려 있다. ②거의 다 써서 얼마 남지 않은 상태. 예 적은 용돈으로 일주일을 간당간당 버렸다. ③목숨이 거의 끊어질 듯 말 듯 한 상태. 예 숨이 간당간당 붙어 있다.

간ː덩이(肝一) [간떵이] '간²'을 속되게 이르는 말.
 간덩이가 붓다 관용 매우 대담하다. 예 간덩이가 부었지. 네가 감히 나한테 덤벼?

간 데 없다 [간데업따] 지금까지 있던 것이 어디로 갔는지 모르게 사라지고 없다. 간데없이. 예 수평선에 아른거리던 돛단배가 간데없이 사라져 버렸다.

간ː도(間島) 북간도·서간도를 포함한 중국 동북부 두만강 유역의 한국인 거주 지역을 이르는 말. 일제 강점기에 일본에 항거하는 한국인이 옮겨 가서 항일 독립운동의 중심지가 된 곳이다.

간드러지다 목소리나 몸놀림이 예쁘고 멋들어지다. 예 누나의 간드러진 웃음소리가 들렸다.

간들간들 자꾸 간들거리는 모양. 예 봄바람이 간들간들 불어온다. 큰 건들건들.

간들거리다 ①작은 물체가 자꾸 이리저리 흔들리다. 예 가을바람에 길가의 코스모스들이 간들거린다. ②바람이 가볍고 보드랍게 불어오다. 비 간들대다. 큰 건들거리다.

간들대다 ➡ 간들거리다.

간디(Gandhi, 1869~1948) 인도의 민족 운동 지도자. 인도 건국에 큰 공을 세워서 '마하트마(위대한 영혼)'라고 불린다. 영국의 식민지 정책에 반대하여, 비폭력·불복종 운동을 벌이는 등 인도의 독립을 위해 힘을 기울였다.

간디스토마(肝distoma) 사람·개·고양이·돼지 등의 간에 기생하는 동물. 몸길이 6~20㎜. 긴 나뭇잎 모양이며, 애벌레는 우렁이·민물고기 등에 붙어 산다.

간략하다(簡略一) [갈랴카다] 간단하고 짤막하다. 예 이 소설의 내용을 간략하게 요약해 봅시다. 간략히.

간만(干滿) 썰물과 밀물. 예 서해안은 간만의 차가 크다.

간ː발(間髮) 아주 잠시. 또는 매우 적음.
 간발의 차 관용 거의 비슷할 정도의 아주 작은 차이. 예 서둘러 갔으나 간발의 차로 기차를 놓치고 말았다.

간밤 지난밤. 예 간밤에 꿈을 꾸었다. 비 어젯밤.

간병(看病) 환자를 보살핌. 비 병구완·간호. 간병하다. 예 엄마는 밤새도록 할머니를 간병하셨다.

간부(幹部) 회사나 단체의 중심이 되는 자리에서 책임을 맡고 지도하는 사람.

간사(奸詐) 평소의 행동이 바르지 못하고 남을 잘 속임. 간사하다. 예 간사한 신하. 간사히.

간사스럽다(奸詐一) [간사스럽따] 간사한 데가 있다. |활용| 간사스러우니·간사스러워. 간사스레.

간ː색(間色) 빨강·노랑·파랑·하양·검정의 다섯 가지 색을 제외한 모든 색. 주황·녹색 등.

간ː석기(一石器) [간석끼] 돌을 갈아서 만든 도구. 신석기 시대에 쓰였으며, 돌칼·돌도끼 등이 있다. 비 마제석기. 참 뗀석기.

간석지(干潟地)[간석찌] 바닷물이 드나드는 개펄.

간선(幹線) 원줄기가 되는 주요한 도로나 철도. 예간선 버스/서부 간선 도로.

간선제(間選制) 간접 선거의 방식으로 뽑는 제도. 옌간접 선거 제도. 뺀직선제.

간섭(干涉) 자기와 직접 관계가 없는 일에 끼어듦. 뺀참견. 간섭하다. 예남의 일에 간섭하지 마라.

간소하다(簡素-) 생활이나 차림새 등이 수수하고 꾸밈이 없다. 예간소한 옷차림. 간소히.

간소화(簡素化) 복잡한 것을 간략하게 함. 복잡한 것이 간략해짐. 간소화되다. 간소화하다.

간수1 물건을 잘 거두어 돌봄. 뺀간직. 간수하다. 예네 물건은 네가 간수해라.

간수2(-水) 습기를 빨아들인 소금에서 녹아 나오는 짜고 쓴 물. 두부를 만들 때 쓴다.

간수3(看守) 지난날, 교도소에서 죄수를 감독하는 '교도관'을 이르던 말.

간식(間食) 끼니와 끼니 사이에 과자나 과일 같은 군음식을 먹는 것, 또는 그 음식. 예간식 시간.

간신(奸臣) 마음이 바르지 못한 나쁜 신하. 뺀충신.

간신배(奸臣輩) 마음이 바르지 못한 신하들의 무리.

간신히(艱辛-) 힘들게 겨우. 예우리는 거친 물살을 헤치며 간신히 강을 건넜다. 뺀가까스로.

간악(奸惡)[가낙] 간사하고 악독함. 간악하다. 예간악한 무리. 간악히.

간악스럽다(奸惡-)[가낙쓰럽따] 간악한 데가 있다. |활용| 간악스러우니·간악스러워. 간악스레.

간암(肝癌)[가남] 간에 생기는 암.

간여(干與)[가녀] 남의 일에 끼어들어 참견함. 뺀관여. 간여하다. 예내일은 내가 알아서 할 테니 간여하지 마.

간염(肝炎)[가념] 간에 생기는 염증.

간유(肝油)[가뉴] 명태·대구 등의 간에서 뽑아낸 기름. 비타민 에이(A)·디(D)가 많이 들어 있다.

간유리(-琉璃)[가뉴리] 유리의 한쪽 면을 갈아 불투명하게 만든 유리.

간유리판(-琉璃板)[가뉴리판] 간유리로 만든 평평한 판.

간의(簡儀)[가늬/가니] 조선 세종 때, 이천·장영실 등이 만든 기계. 하늘의 별자리와 기상 현상을 관찰하고 재는 데 쓰였다.

간이(簡易)[가니] 간단하고 편리함. 예간이 시설/간이 옷장/간이 화장실/간이 축구.

간이식(簡易食)[가니식] 빵·통조림 등과 같이 간편하게 마련해 먹을 수 있는 식품, 또는 그런 식품을 먹는 일.

간이식당(簡易食堂)[가니식땅] 간편한 시설을 갖추고 간단한 음식물을 파는 식당.

간이역(簡易驛)[가니역] 시골 승객의 이용을 위해 설치한 작은 규모의 철도역.

간이 진료소(簡易診療所) 간단한 의료 설비를 갖추고 의사가 환자를 진찰하고 치료해 주는 곳.

간장1(-醬) 음식의 간을 맞추는 데 쓰는, 짠맛이 있는 액체. 소금물에 메주를 담가 만든다. 준장.

간장2(肝腸) ①간과 창자. 예간장이 약해지다. ②마음. 속. 애.

간장(을) 녹이다[관용] 몹시 애가 타다.

간장(을) 태우다[관용] 애를 태우다. 걱정이 되어 안절부절못하다.

간:절하다(懇切—) 바라는 마음이 매우 정성스럽고 절실하다. 예간절한 소망. 町간곡하다. **간절히**. 예철이는 나에게 도와 달라고 간절히 부탁했다.

간:접(間接) 바로 연결되지 않고 중간에 다른 것을 통해 맺어지는 관계. 예간접 효과. 만직접.

간:접 경험(間接經驗) 직접 해 보지 않고 남의 이야기를 듣거나 글을 읽어서 얻는 경험. 예나는 독서를 통해 간접 경험을 얻는다.

간:접 선:거(間接選擧) 선거인이 뽑은 선거 위원에 의한 선거, 또는 그런 제도. 준간선. 만직접 선거.

간:접세(間接稅) [간접쎄] 상품을 파는 사람이 내도록 하되, 실제로는 상품을 사는 사람에게 부담시키는 세금. 만직접세.

간:접적(間接的) [간접쩍] 중간에 다른 것을 통해 맺어지는 것. 만직접적.

간:접 조:명(間接照明) 빛을 천장이나 벽에 비추고 나서, 반사된 빛을 이용하여 밝게 하는 일. 만직접 조명.

간조(干潮) 썰물로 바다 표면의 높이가 가장 낮아지는 상태. 만만조.

간주¹(看做) 그렇게 여김. 그렇다고 봄. **간주되다**. **간주하다**. 예참석하지 않으면 기권으로 간주하겠다.

간:주²(間奏) 반주에 맞추어 노래할 때, 노래의 절과 절 사이에 반주 악기로만 연주하는 부분.

간:주곡(間奏曲) 연극·오페라 등의 막과 막 사이에 연주하는 짧은 음악.

간지럼 무엇이 살에 닿아 간지러운 느낌. 예나는 간지럼을 잘 탄다.

간지럽다 [간지럽따] 무엇이 살에 닿아 가볍게 움직일 때 참을 수 없이 자리자리한 느낌이 있다. 예영진이는 머리가 간지러워 뻑뻑 긁었다. 큰근지럽다. |활용| 간지러우니·간지러워.

간지럽히다 [간지러피다] ➡간질이다. 예나는 누나의 옆구리를 간지럽혔다.

간직 잘 간수하여 둠. 町간수. **간직되다**. **간직하다**. 예선생님의 말씀을 늘 마음속에 간직하겠습니다.

간:질(癎疾) 지난날, '뇌전증'을 이르던 말.

간질간질 자꾸 간지러운 느낌이 드는 모양. 예머리카락이 바람에 날려 얼굴을 간질간질 간지럽힌다. 큰근질근질.

간질이다 [간지리다] 살갗을 건드리거나 문질러 간지럽게 하다. 예꽃향기가 코끝을 간질였다. 町간지럽히다.

간척(干拓) 호수나 바닷가에 둑을 쌓고 그 안의 물을 빼어 농토나 육지로 만드는 일. **간척하다**.

간척 사:업(干拓事業) 간척 공사를 하여 농토나 육지를 만드는 사업.

간척지(干拓地) [간척찌] 간척 공사를 하여 만든 땅.

간:첩(間諜) 적이나 경쟁 상대의 지역에 들어가서 비밀 정보를 알아내어 자기편에게 알려 주는 사람. 예국군은 서해안에 숨어들어 온 간첩을 생포했다. 町스파이·첩자.

간:첩선(間諜船) [간첩썬] 간첩이 타고 있는 배.

간:청(懇請) 간절히 부탁함. **간청하다**. 예친구가 간청하는 바람에 친구네 집에 갔다.

간추리다 ①중요한 점만 따서 간략하게 줄이다. 예나는 읽은 책의 내용을 간추렸다. 町요약하다. ②흐트러진 것을 가지런히 정돈하다. 예형은 신문지를 잘 간추려 묶었다.

간:택(揀擇) 지난날, 왕이나 왕자와 혼인할 사람을 고르던 일. **간택되다**. **간택하다**. 예세자빈을 간택하다.

간파(看破) 남의 뜻을 깊은 데까지 알아차림. **간파되다**. **간파하다**. 예장군은 적의 속셈을 간파했다.

간판(看板) ①가게 이름·상표 이름 등을 써서 밖에 내건 표지. ②극장에서, 제목이나 나오는 사람 등을 장면 그림과 함께 써서 내건 물건. ③'내세울 만한 학벌·직업'을 속되게 이르는 말. 예간판을 따기 위해 대학에 다닌다.

간판을 내리다관용 상점·회사 등이 영업이나 활동을 그만두다.

간편하다(簡便—) 간단하고 편리하다. 예간편한 옷차림/이 제품은 사용이 간편하다. 간편히.

간하다¹ 음식에 짠맛을 내기 위하여 소금이나 간장 등을 넣다. 예국이 너무 싱거워 소금으로 간했다.

간ː하다²(諫—) 임금이나 윗사람에게 잘못을 고치도록 말하다.

간행(刊行) 책·잡지 등을 인쇄하여 펴냄. 비출판. 간행되다. 간행하다. 예이 출판사는 초등학생용 사전을 간행한다.

간ː헐천(間歇泉) 뜨거운 물이나 수증기를 일정한 간격으로 분수처럼 뿜어내는 온천. 화산 활동이 있는 곳에서 많이 볼 수 있다.

간호(看護) 환자나 몸이 약한 노인 등을 보살펴 돌보아 줌. 비간병. 간호하다. 예엄마는 입원한 누나를 하루 종일 간호하셨다.

간호사(看護師) 일정한 자격을 갖추고 병원에서 의사를 도와, 환자를 간호하는 사람.

간호원(看護員) 지난날, '간호사'를 이르던 말.

간ː혹(間或) 이따금. 어쩌다가. 예간혹 남을 괴롭히는 친구가 있다. 비간간이.

갇히다 [가치다] 가둠을 당하다. 예감옥에 갇힌 죄수/갑자기 정전이 되어 엘리베이터에 갇혔다.

갈ː가리 여러 가닥으로 찢어진 모양. 예누나는 편지를 갈가리 찢어 버렸다. 본가리가리. 비갈기갈기.

갈겨쓰다 글씨를 빨리 아무렇게나 막 쓰다. 예글씨를 너무 갈겨써서 알아보기가 힘들다. |활용| 갈겨쓰니·갈겨써.

갈ː고닦다 [갈고닥따] 학문·기술 등을 힘써 배우고 익히다. 예그동안 갈고닦은 실력을 발휘할 때가 되었다.

갈고랑이 끝이 뾰족하고 꼬부라진 물건. 준갈고리.

갈고리 〈갈고랑이〉의 준말.

갈ː기 말이나 사자 등 짐승의 목덜미에 난 긴 털.

갈기갈기 여러 가닥으로 찢어진 모양. 예갈기갈기 찢어진 옷. 비갈가리.

갈기다 ①손이나 채찍 등으로 힘껏 때리다. 예따귀를 갈기다. ②글씨를 아무렇게나 급하게 마구 쓰다.

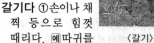

〈갈기〉

갈까마귀 까마귓과의 새. 목과 배만 희고 나머지는 검으며 까마귀보다 작다. 중국 동북 지방·시베리아에 분포하며, 우리나라에서 겨울을 난다.

갈다¹ 이미 있는 것을 다른 것으로 바꾸다. 예민수는 젖은 양말을 새것으로 갈아 신었다. |활용| 가니·갈아.

갈ː다² ①어떤 물체를 다른 물체에 대고 문지르다. 예벼루에 먹을 갈다. ②낫·칼 등의 연장을 문질러서 날이 서게 하다. 예칼을 숫돌에 갈다. ③윗니와 아랫니를 소리가 나게 맞대어 문지르다. 예이를 가장 많이 가는 동물은 상어다. |활용| 가니·갈아.

갈ː다³ ①쟁기 등으로 논밭의 흙을 파서 뒤집다. 예경운기로 밭을 갈다. ②농사짓다. 예밭에 보리를 갈다. |활용| 가니·갈아.

갈대 [갈때] 볏과의 여러해살이풀. 물가나 축축한 곳에서 자란다. 줄기는 곧고 단단하며, 마디가 있고 속은 비어 있다. 잎은 가늘고 길며 끝은 뾰족하며 억세다. 가을에 옅은 자줏빛을 띤 회백색의 꽃이 핀다. 준갈.

갈대밭 [갈때받] 갈대가 많이 난 벌판.

갈대숲 [갈때숩] 갈대가 우거진 숲.

갈댓잎 [갈땐닙] 갈대의 잎.

갈ː돌 [갈똘] 신석기 시대나 청동기 시대에 갈판에 대고 곡식이나 열매 등을 갈 때 쓰던 돌. 참갈판.

갈등(葛藤) [갈뜽] ①의견·주장 등이 서로 같지 않아 일어나는 불편한 관계. 예갈등을 겪다. ②마음속에서 두 가지의 서로 다른 욕구가 충돌하는 상태. 갈등하다.

갈라놓다 [갈라노타] ①사이가 멀어지게 하다. 예어느 누구도 두 사람 사이를 갈라놓을 수 없었다. ②각각 떼어 여럿으로 나누어 놓다. 예귤을 세 개씩 갈라놓았다.

갈라서다 ①서로의 관계를 끊고 따로 되다. 예우리는 뜻이 맞지 않아 갈라섰다. ②둘 이상으로 나뉘어 서다. 예두 편으로 갈라서다.

갈라 쇼(gala show) 어떤 일을 축하하기 위해 벌이는 큰 규모의 공연이나 행사.

갈라지다 ①금이 가거나 쪼개지다. 예가뭄으로 논밭이 갈라졌다. ②서로의 사이가 멀어지다. 예친구 사이가 갈라지다. ③둘 이상으로 나누어지다. 예이곳은 강을 중심으로 행정 구역이 갈라진다.

갈래 둘 이상으로 갈라져 나간 부분이나 가닥.

갈래갈래 여러 가닥으로 갈라지거나 찢어진 모양. 예갈래갈래 해진 옷.

갈래꽃 [갈래꼳] 꽃잎이 서로 떨어져 있는 꽃. 벚꽃·매화 등. 반통꽃.

갈리다¹ 서로 갈라지다. 예저 앞에서 길이 두 갈래로 갈린다.

갈리다² 자리가 바뀌다. 예새 학기가 시작되자 반이 갈렸다.

갈리다³ 문질러 갊을 당하다. 예숫돌에 칼이 갈린다.

갈릴레이(Galilei, 1564~1642) 이탈리아의 천문학자·물리학자·수학자. 망원경을 만들어 천체를 관측하고, 태양의 흑점을 연구하였다. 또한, 천동설의 잘못된 점을 지적하고 지구가 태양의 둘레를 돈다는 지동설을 주장하였다.

갈릴리(Galilee) 팔레스타인의 북쪽에 있는 도시. 중심지는 나사렛. 갈릴리 호수를 중심으로 뻗쳐 있다. 예수가 종교 활동을 한 곳으로, 성서와 관계 있는 유적이 많다.

갈림길 [갈림낄] ①둘 이상으로 갈라지는 길. 예경상도와 충청도의 갈림길. ②어느 하나를 골라야 할 형편이나 사정. 예갈림길에 서다. 비기로.

갈망(渴望) 간절히 바람. 비열망. 갈망하다. 예언니의 병이 하루빨리 낫기를 갈망한다.

갈매기 갈매깃과의 바닷새. 날개 길이 35~38cm. 몸빛은 희고, 등과 날개는 푸른 회색, 부리와 다리는 연두색이다. 발

〈갈매기〉

가락 사이의 물갈퀴로 헤엄을 잘 친다.

갈모(一帽) 지난날, 비가 올 때 갓 위에 쓰던 고깔같이 생긴 모자. 비에 젖지 않게 기름종이로 만들었다.

갈무리 ①물건을 잘 챙겨 간수함. ②일을 처리하여 끝맺음. 비마무리. 갈무리하다.

갈ː바람 [갈빠람] 〈가을바람〉의 준말. 예살랑 부는 갈바람에 오동잎 지네.

갈비 ①➡갈비뼈. ②소의 갈비뼈에 붙은 살을 요리의 재료로 이르는 말. 예갈비를 뜯다. |잘못| 가리.

갈비뼈 가슴을 이루는 좌우 열두 쌍의 뼈. 활처럼 휘어 앞은 가슴뼈에, 뒤는 등뼈에 붙어서 가슴통을 이룬다. 비갈비·늑골.

갈비탕(一湯) 토막 낸 소의 갈비를 물에 넣고 푹 끓인 국. 비갈빗국.

갈빗대 [갈비때/갈빋때] 갈비의 낱낱의 뼈대.

갈빗대가 휘다관용 갈빗대가 휘어질 정도로 일이 힘들다.

갈색(褐色) [갈쌕] 검은빛을 띤 주황색. 비밤색.

갈수(渴水) [갈쑤] 가뭄이 계속되어 물이 마름.

갈수록 [갈쑤록] 점점 더. 더욱더. 예갈수록 그리운 친구.

갈아엎다 [가라업따] 쟁기나 트랙터 등으로 땅을 갈아서 흙을 뒤집어엎다. 예농부가 밭을 갈아엎고 씨를 뿌렸다.

갈아입다 [가라입따] 다른 옷으로 바꾸어 입다. 예나는 목욕을 하고 옷을 갈아입었다.

갈아타다 [가라타다] 타고 가던 것에서 내려 다른 것으로 바꾸어 타다. 예학교까지 가려면 버스를 한 번 갈아타야 한다.

갈'잎 [갈립] ①〈가랑잎〉의 준말. ②〈떡갈잎〉의 준말.

갈증(渴症) [갈쯩] 목이 몹시 말라 물을 마시고 싶은 느낌. 예갈증이 나다./갈증을 해소하다.

갈채(喝采) 크게 소리를 지르거나 박수를 치며 칭찬함. 예관객들은 연주가 끝나자 우레 같은 갈채를 보냈다. 갈채하다.

갈치 갈칫과의 바닷물고기. 몸길이 1.5m가량. 몸빛은 은백색이며, 몸은 가늘고 긴 띠 모양이다. 지느러미와 비늘이 없다.

갈퀴 나뭇잎이나 검불·곡식 등을 긁어 모으는 데 쓰이는 기구. 대쪽이나 철사 등의 끝을 휘고, 부챗살 모양으로 펴서 긴 자루를 달아 만든다. 〈갈퀴〉

갈'판 신석기 시대나 청동기 시대에 곡식이나 열매 등을 갈 때 밑에 받치던 납작한 판. 참갈돌.

갈팡질팡 방향을 잡지 못하고 이리저리 헤매는 모양. 갈팡질팡하다. 예날이 어두워지자 우리는 숲 속에서 길을 잃고 갈팡질팡했다.

갈피 겹치거나 포갠 물건의 한 겹 한 겹의 사이. 예나는 엽서를 수첩 갈피에 끼워 두었다.

갈피를 못 잡다관용 어떤 일에 대해 방향을 잡지 못하고 갈팡질팡하다.

갉다 [각따] 날카롭고 뾰족한 끝으로 바닥이나 거죽을 박박 문지르다. 예쥐가 벽을 갉아 놓았다. |발음| 갉아 [갈가]·갉고 [갈꼬]

갉아먹다 [갈가먹따] 남의 돈이나 물건을 조금씩 빼앗아 가지다. 예백성들의 재물을 갉아먹는 탐관오리. 큰긁어먹다.

감'¹ 감나무의 열매. 덜 익은 것은 푸르고 떫으나, 익으면 붉고 달다. 곶감의 재료로 쓰인다.

감'² ①옷이나 이불 등을 만드는 천. 예이 옷은 구김이 안 가는 감으로 만들었다. ②대상이 되는 도구나 무엇을 만드는 데 필요한 재료. 예땔감/안줏감/놀림감. ③어떤 자격을 갖춘 사람. 예신랑감/사윗감/장군감.

감'³(感) 느낌이나 생각. 예너와 헤어져도 다시 만날 것 같은 감이 든다.

감:각(感覺) ①눈·귀·코·혀·살갗 등으로 받아들이는 느낌. 예발이 얼어서 아무 감각이 없다. ②사물의 가치·변화 등을 알아내는 힘. 예예술적 감각/준호는 유머 감각이 있다.

감:각 기관(感覺器官) 동물의 겉몸에 있으면서 밖에서 오는 자극을 느끼는 기관. 눈·귀·코·혀·살갗 등. ⓒ감각기.

감:각모(感覺毛) [감강모] 포유류나 곤충의 몸에 나서 밖으로부터 오는 자극을 민감하게 받아들이는 털.

감:각적(感覺的) [감각쩍] 감각을 자극하거나 감각에 예민한 것. 예감각적인 표현.

감감무소식(—無消息) 소식이 전혀 없음. 예빌려 간 책을 곧 준다더니 몇 달째 감감무소식이다.

감감하다 ①응답이나 소식이 전혀 없다. 예이사 간 친구로부터 소식이 감감하다. ②어떤 일을 전혀 모르거나 잊어버리고 있다. 센깜깜하다. ③아주 멀어서 아득하다. 감감히.

감:개무량(感慨無量) 마음에 사무치는 느낌이 한이 없음. 감개무량하다. 예오랜만에 고향에 오니 감개무량하다.

감:격(感激) ①매우 고맙게 느낌. 예영민이는 어머니의 사랑에 감격을 했다. ②마음속에 깊이 느껴 움직임. 예사람들은 조국 광복의 감격을 느꼈다. 비감동. 감격하다.

감:격스럽다(感激—) [감격쓰럽따] 마음속에 깊이 느껴 크게 감동이 될 만한 것이 있다. 예감격스러운 장면. |활용| 감격스러우니·감격스러워. 감격스레.

감:광지(感光紙) 사진을 뽑을 때에 쓰는, 빛을 받으면 변화하는 종이.

감:괘(坎卦) 태극기에 그려져 있는 팔괘의 하나. '☵' 모양이며 '물'을 상징한다.

감귤(柑橘) '귤'과 '밀감'을 아울러 이르는 말.

감금(監禁) 사람을 강제로 가둠. 감금되다. 예포로들은 수용소에 감금되었다. 감금하다.

감:기(感氣) 추위에 노출되거나 균의 침입을 받아 생기는 호흡기의 병. 기침과 함께 콧물이 나오며, 몸이 춥고 열이 나는데 머리가 아픈 증세가 나타나기도 한다. 예감기가 들다./감기에 걸리다. 비고뿔.

감기다¹ ①눈이 감아지다. 예졸려서 눈이 저절로 감긴다. ②눈을 감게 하다.

감기다² 머리·몸 등을 물에 담가 씻게 하다. 예언니는 내 머리를 감겨 주었다.

감기다³ ①실·끈·줄 등이 감아지다. 예민수는 얼레에 감긴 실을 천천히 풀었다. ②실·끈·줄 등을 감게 하다.

감:기약(感氣藥) 감기에 걸렸을 때 먹는 약.

감:나무 감나뭇과의 낙엽 지는 큰키나무. 5~6월에 누런색의 꽃이 피고, 가을에 주황색 열매인 '감'이 익는다. 재목은 조각·가구의 재료로 쓰인다.

감:는줄기 나팔꽃같이 스스로 서지 못하고 다른 식물을 감으면서 뻗어 올라가는 덩굴진 줄기. 魯곧은줄기·기는줄기.

감:다¹ [감따] 아래위의 눈시울을 한데 붙이다. 예나는 눈을 감고 기도했다. 맨뜨다.

감:다² [감따] 머리·몸 등을 물에 담가 씻다. 예멱을 감다./지나는 샴푸로 머리를 감았다.

감:다³ [감따] 실·끈·줄 등을 무엇에 말거나 두르다. 예다리에 붕대를 감고 있는 환자.

감당(堪當) 능히 맡아서 익숙하게 해

냄. **감당하다**. 예나는 이 일을 감당해 내기가 어렵다.

감독(監督) ①보살펴 잘못이 없도록 지도함, 또는 그런 일을 맡은 사람. 비감시. ②연극·영화에서, 배우를 지도·관리하는 사람. ③운동 경기에서, 선수의 훈련과 경기를 지도하는 사람. ④공사장에서, 작업을 지휘하는 사람. **감독하다**.

감독관(監督官) [감독꽌] 감독하는 일을 맡은 관리.

감ː돌다 ①분위기·향기 등이 주위에 가득 차다. 예긴박감이 감도는 음악. ②떠나지 않고 머무르다. 예옛 추억이 머릿속에 감돌았다. ③물굽이가 모퉁이를 감아 돌다. 예강물이 산기슭을 감돌아 흐른다. |활용| 감도니·감돌아.

감ː동(感動) 깊이 느끼어 마음이 움직임. 비감격. **감동하다**. 예사람들은 심청의 지극한 효성에 감동했다.

감ː동적(感動的) 감동할 만한 것. 예감동적인 이야기.

감ː량(減量) [감냥] 분량이나 무게를 줄임. 예체중 감량. **감량하다**.

감리교(監理教) [감니교] 개신교의 한 교파. 18세기 초 영국의 웨슬리가 자유와 성결을 내세우며 창시했다.

감ː면(減免) 세금이나 형벌 등을 줄여 주거나 면제해 줌. **감면되다**. **감면하다**. 예소득이 낮은 가정의 자녀에게는 학비를 감면해 줍니다.

감ː명(感銘) 깊이 느끼어 마음에 새김. 예철호는 이순신 전기를 읽고 감명을 받았다. **감명되다**. **감명하다**.

감미롭다(甘味—) [감미롭따] 달콤한 느낌이 있다. 예감미로운 음악/감미로운 꿀맛. |활용| 감미로우니·감미로워.

감방(監房) 교도소에서 죄지은 사람을 가두어 두는 방.

감별(鑑別) 물건의 종류나, 진짜와 가짜를 살펴 가려냄. 예골동품의 감별/병아리 암수의 감별. **감별되다**. **감별하다**.

감ː복(感服) 마음에 깊이 느껴 진실로 복종함. **감복되다**. **감복하다**.

감ː빛 [감삗] 익은 감과 같은 붉은빛.

감ː사¹(感謝) 고마움에 대한 인사. 고맙게 여김. **감사하다**. 예위로해 주셔서 감사합니다. **감사히**.

감사²(監司) ➡관찰사.

감사³(監査) 감독하고 검사함. **감사하다**.

감ː사절(感謝節) 〈추수 감사절〉의 준말.

감ː사패(感謝牌) 공이 있는 사람에게 고맙다는 뜻을 쓰거나 새겨서 주는 나무 판이나 금속판.

감ː상¹(感傷) 사소한 일에도 슬퍼져서 마음이 상함. 예낙엽 지는 소리에도 감상에 젖는 소녀.

감ː상²(感想) 마음에 느끼어 일어나는 생각. 예여행하고 돌아온 감상이 어떻습니까?

감상³(鑑賞) 영화·문학·음악 등 예술 작품을 깊이 맛보고 즐김. 예내 취미는 영화 감상이야. **감상하다**.

감ː상문(感想文) 어떤 사물이나 현상을 보거나 겪고 느낌과 생각을 적은 글.

감ː상적(感傷的) 지나치게 슬퍼하거나 쉽게 기뻐하는 것. 예감상적인 문학소녀.

감색(紺色) 검은빛을 띤 남색.

감ː성(感性) 자극의 변화를 느끼는 성질. 예너는 감성이 풍부하니 시인이 되면 좋겠다.

감ː소(減少) 줄어서 적어짐. 반증가. **감소되다**. **감소하다**. 예올해는 쌀 수확량이 감소했다.

감ː속(減速) 속도를 줄임. 예비나 눈이

올 때는 감속 운행을 해야 한다. 웹가속. 감속하다.

감수¹(甘受) 꾸짖음·모욕·괴로움 등을 불평하지 않고 달게 받아들임. 감수하다. 예일이 잘못되면 어떤 비난도 감수하겠다.

감ː수²(減收) 수입이나 수확이 줄어듦. 예홍수로 인한 농작물의 감수. 웹증수. 감수되다. 감수하다.

감ː수³(減數) ①수를 줄임. ②뺄셈에서 빼려는 수. 5−4=1에서 '4'가 감수이다. ②웹피감수. 감수하다.

감수⁴(監修) 책을 만드는 일을 지도·감독하는 일, 또는 그런 일을 하는 사람. 감수되다. 감수하다.

감ː수성(感受性) [감수썽] 자극을 잘 받아들이고 느끼는 성질. 예사춘기에는 감수성이 예민해진다.

감시(監視) 잘못되는 일이 있을까 주의하여 지켜봄. 예감시가 소홀한 틈을 타 도둑이 도망갔다. 웹감독. 감시되다. 감시하다.

감ː싸다 ①몸이나 물건 등으로 덮어 싸다. 예엄마가 두 팔로 내 허리를 감쌌다. ②흉이나 허물을 덮어 주다. 예실수를 감싸 주다. ③편을 들다. 예엄마는 형만 감싼다.

감싸고 돌다[관용] 불리한 상황에서 벗어나게 해 주려고 편들어서 감싸 주다.

감안(勘案) [가만] 참고하여 생각함. 헤아려서 살핌. 감안되다. 감안하다. 예형은 가난한 집안 사정을 감안하여 대학 진학을 포기했다.

감언(甘言) [가먼] 남의 기분을 맞추려고 듣기 좋게 꾸미는 말. 예감언으로 꾀다./감언에 넘어가다.

감언이설(甘言利說) [가머니설] 듣기 좋은 말과 이로운 조건으로 그럴듯하게 꾸미는 말. 예나는 판매원의 감언이설에 속아 넘어갔다.

감ː염(感染) [가몀] ①병균이 몸 안에 들어와 병이 듦. 예콜레라에 감염이 되다. ②나쁜 버릇이나 다른 풍습이 옮아 물이 듦. 예나쁜 습관에 감염이 되다. 감염되다. 감염하다.

감ː염 경로(感染經路) 전염병을 일으키는 균이 몸 안에 들어올 때까지 지나는 길.

감영(監營) [가명] 조선 시대에, 관찰사가 일을 맡아보던 관청.

감옥(監獄) [가목] '교도소'를 이르는 말. ㉰옥.

감옥살이(監獄一) [가목싸리] ①감옥(교도소)에서 갇혀 지내는 생활. ②'자유를 구속당한 생활'을 비유하여 이르는 말. ㉰옥살이.

감ː원(減員) [가뭔] 어떤 조직에 딸린 사람의 수를 줄임. 웹증원. 감원되다. 감원하다.

감ː은사(感恩寺) [가믄사] 경상북도 경주시 양북면 용당리에 있었던 절. 신라 문무왕 때 왜적을 물리치고자 짓기 시작하였으나 끝내지 못하고, 아들 신문왕이 아버지의 뜻을 이어 나라를 지키는 절로서 완공하였다.

감자 가짓과의 여러해살이풀. 초여름에 흰색 또는 자주색 꽃이 핀다. 땅속의 덩이줄기를 '감자'라 하는데, 녹말이 많아서 널리 식용되고, 알코올의 원료로도 쓰인다.

〈감자(꽃)〉

감자튀김 감자를 썰어서 기름에 튀긴 음식.

감ː전(感電) 전기가 몸에 통하여 충격을 받는 일. 예언니는 다리미를 잘못 다루어 감전 사고를 당했다. 감전되다. 감전하다.

감:점(減點)[감쩜] 점수를 줄임. 또는 줄인 점수. 예그 선수는 체조 경기에서 넘겨져 감점을 당했다. 감점되다. 감점하다.

감:정¹(感情) 사물에 대하여 일어나는 마음이나 느끼는 기분. 기쁨·슬픔·두려움 등. 예감정이 풍부하다./감정을 억누르다.

감:정²(憾情) 원망하거나 언짢게 여기는 마음. 예우리 그동안 섭섭했던 감정을 풀고 화해하자.

감정³(鑑定) 사물의 가치, 좋고 나쁨, 진짜와 가짜 등을 살펴 결정함. 예보석이 진짜인지 가짜인지 감정을 받았다. 감정하다.

감:정적(感情的) 기분에 치우쳐서 생각하거나 행동하는 것. 예감정적으로 일을 처리해서는 안 된다. 반이성적.

감주(甘酒) 엿기름물에 밥을 넣고 삭혀서 끓인 음료. 예잔칫상에는 으레 감주가 오른다. 비단술.

감:지(感知) 마음으로 느끼어 앎. 감지되다. 감지하다. 예진수의 표정만 봐도 무슨 일이 있었는지 감지할 수 있다.

감:지기(感知器) 소리·빛·온도 등을 잘 알아차리는 기계 장치. 예화재 감지기.

감:지덕지(感之德之)[감지덕찌] 보잘것없는 것에도 매우 고맙게 여김. 감지덕지하다. 예그는 가난한 집안 형편에 고등학교를 마친 것만으로도 감지덕지했다.

감쪽같다 [감쪽깐따] 꾸미거나 고친 것을 알아챌 수 없게 표시가 전혀 나지 않다. 감쪽같이. 예언니는 내 거짓말에 감쪽같이 속았다.

감찰(監察) ①감시하고 감독함. ②단체의 행동을 살피고 감독함. 감찰하다.

감:천(感天) 지극한 정성에 하늘이 느끼어 감동함. 예지성이면 감천이라. 감천하다.

감청(紺靑) ①파랑과 남색의 중간색. ②짙고 산뜻한 남빛, 또는 그 물감.

감초(甘草) ①콩과의 여러해살이풀. 잎은 어긋나고 여름에 연보라색 꽃이 핀다. ②감초의 뿌리를 약재로 이르는 말. ③감초가 모든 약을 짓는 데 낀다는 데 <감초①> 서, '어떤 일에나 빠지지 않고 한몫 끼는 사람'을 비유하여 이르는 말.

감:촉(感觸) 어떤 자극이 살갗에 닿거나 만져질 때의 느낌. 예감촉이 좋은 옷감. 비촉감.

감추다 ①물건 등을 찾지 못하게 숨기다. 예해적들은 보물을 동굴 속에 감추어 두었다. ②어떤 사실을 알지 못하게 비밀로 하다. 예나는 웃음을 띠며 슬픈 표정을 감추었다.

감:축(減縮) 양이나 수효를 줄임. 예핵무기 감축. 감축되다. 감축하다.

감:치다 ①바느질감의 맨 가장자리를 올이 풀리지 않도록 안으로 접어서 꿰매다. ②두 헝겊의 가장자리를 마주 대고 실로 감아 꿰매다.

감:칠맛 [감칠맏] 음식을 먹은 뒤에도 혀에 감기듯이 남는 뒷맛. 예오이소박이가 알맞게 익어서 감칠맛이 난다.

감:침질 바늘로 옷감을 감치는 일. 감침질하다.

감:탄(感歎) 마음에 깊이 느끼어 찬탄함. 감탄하다. 예마술사의 신기한 묘기에 모두 감탄했다.

감:탄문(感歎文) 기쁨이나 슬픔 등 감탄의 느낌을 나타내는 문장. '아, 달도 밝구나!' 등의 글.

감ː퇴(減退)[감퇴/감퉤] 체력이나 의욕 등이 줄어 약해짐. 예식욕 감퇴. 밴증진. 감퇴되다. 감퇴하다.

감투 ①지난날, 벼슬하는 사람들이 쓰던, 말총이나 형겊으로 엮어 만든 모자. ②'벼슬'을 비유하여 이르는 말.

〈감투①〉

감투를 쓰다관용 벼슬을 하다.

감ː하다(減一) 어떤 것을 줄이거나 빼다. 예월급을 감하다. 밴가하다.

감ː행(敢行) 어려움을 무릅쓰고 용감하게 일을 함. 감행하다. 예맥아더 장군은 인천 상륙 작전을 감행했다.

감ː화(感化) 좋은 영향을 받아 마음이나 행동이 변화함. 예죄인을 사랑으로써 감화시키다. 감화되다. 감화하다.

감ː회(感懷)[감회/감훼] 마음에 느끼어 일어나는 생각. 예오랜만에 전학 간 친구를 만나니 감회가 새롭다.

감ː흥(感興) 마음에 느끼어 일어나는 즐거운 멋.

감ː히(敢一) ①죄송함과 두려움을 무릅쓰고. 예감히 한 말씀 올리겠습니다. ②분수도 모르고. 주제넘게. 예네 까짓 게 감히 나한테 덤벼?

갑(匣) ①작은 상자. |잘못| 곽. ②작은 상자를 셀 때 쓰이는 말. 예담배 한 갑.

갑갑하다[갑까파다] ①장소가 좁아서 답답하다. 예방이 좁아서 갑갑하다. ②기다리기가 지루하다. ③일이 마음대로 되지 않아 답답하다. 갑갑히.

갑골 문자(甲骨文字) 거북의 등이나 짐승의 뼈에 새긴 중국 고대의 문자.

갑곶진(甲串津)[갑꼳찐] 인천광역시 강화도에서 김포로 들어오는 어귀에 있는 나루. 조선 시대에 외적을 물리치기 위해 대포를 설치했던 곳이다.

갑문(閘門)[감문] 운하 등에서 배가 드나들도록 물의 높낮이를 조절하는 장치.

갑부(甲富)[갑뿌] 첫째가는 부자. 예우리 고장의 갑부.

갑사댕기(甲紗—)[갑싸댕기] 품질이 좋고, 얇고 성긴 비단으로 만든 댕기. 예갑사댕기를 드린 처녀들이 널뛰기를 하고 있다.

갑상샘(甲狀—)[갑쌍샘] 목 앞쪽에 있는, 호르몬을 분비하는 기관. 몸을 자라게 하거나 운동·체온 등을 조절한다.

갑상선(甲狀線)[갑쌍선] 지난날, '갑상샘'을 이르던 말.

갑석(—石)[갑썩] 돌 위에 뚜껑처럼 포개어 얹어 놓은 납작한 돌.

갑신정변(甲申政變)[갑씬정변] 조선 고종 21(1884. 갑신)년, 김옥균·박영효 등의 개화파가 민씨 일파를 몰아내고 새 정부를 세우기 위해 일으킨 정변.

갑오개혁(甲午改革)[가보개혁] 조선 고종 31(1894. 갑오)년, 김홍집 등의 개화파가 권력을 잡은 후, 정치 제도를 서양의 진보적인 방식을 본받아 고친 일. 빈갑오경장.

갑오경장(甲午更張)[가보경장] ➡갑오개혁.

갑옷(甲—)[가봔] 지난날, 몸을 보호하기 위해 입던 옷. 화살·창·칼 등을 막으려고 쇠나 가죽을 덧붙여서 만들었다.

갑인자(甲寅字)[가빈자] 조선 세종 16(1434. 갑인)년에 구리로 만든 활자.

갑자기[갑짜기] 생각할 겨를도 없이 급히. 뜻하지 않게. 예갑자기 비가 쏟아졌다. 빈별안간. 쥰급자기.

갑작스럽다[갑짝쓰럽따] 매우 급하게 일어났거나 이루어진 느낌이 있다.

⑧급작스럽다. |활용| 갑작스러우니·
갑작스러워. 갑작스레.

갑절 [갑쩔] 어떤 수나 양을 두 번 합친
것. 예모임에 참석한 사람들은 평소
의 갑절이나 되었다. 비배. ⑧곱절.

:::::: '갑절'과 '곱절'의 구별 ::::::

갑절 : 어떤 수량을 두 번 합친 것.
두 배의 뜻만 가지고 있으므로, '몇
배'라는 뜻으로는 쓸 수 없다. 단독
으로 쓰이며 수 관련 단어의 꾸밈
을 받을 수 없다. 예올해 쌀 수확량
이 갑절이나 늘었다./×그 옷은 이
옷보다 다섯 갑절이나 비싸다.

곱절 : 어떤 수량을 몇 번이고 합친
것. '세 곱절', '네 곱절' 등과 같이
배수를 세는 단위로 사용되며, '두
배'라는 뜻으로 쓰이기도 한다. 수
관련 단어의 꾸밈을 받을 수 있으
며, 단독으로 쓰일 수도 있다. 예세
곱절/여섯 곱절/물가가 곱절이나
올랐다.

갑판(甲板) 큰 배나 군함 등의 윗부분
을 철판이나 나무 등으로 깐, 넓고 평
평한 바다.

값 [갑] ①사고파는 물건에 매겨진 액
수. 물건을 사고팔 때 주고받는 돈.
예값을 치르다./값이 너무 비싸다.
비가격. ②어떤 사물이나 사실이 지
니고 있는 중요성. 예유관순은 참으로
값이 있는 죽음을 택하였다. ②비가
치. |발음| 값이 [갑씨]·값도 [갑또]·
값만 [감만]

값나가다 [감나가다] 값이 비싸다. 예값
나가는 물건. 비귀하다.

값비싸다 [갑삐싸다] ①물건의 값이
비싸다. 예값비싼 옷. ②어떤 일의 가
치가 크다. 예삼촌은 실패에서 값비
싼 교훈을 얻었다. 비값싸다.

값싸다 [갑싸다] ①물건의 값이 싸다.

값싼 물건. ②어떤 일의 가치가 적
다. 예값싼 동정. 비값비싸다.

값어치 [가버치] 값에 해당하는 분량이
나 정도. 예만 원 값어치 있는 물건.
비가치.

값있다 [가빋따] 많은 가치를 지니고
있다. 예값있는 일/값있는 물건.

값지다 [갑찌다] 값이 많이 나갈 만한
가치가 있다. 예값진 보석/값진 희생.

갓¹ [갇] 지난날, 어른이 된 남자가
머리에 쓰
던, 말총으
로 만든 모
자. |발음| 갓
이 [가시]·갓
도 [갇또]·
갓만 [간만]

〈갓¹〉

갓² [갇] 겨잣과의 두해살이풀. 채소의
한 가지로, 잎은 자줏빛이며 약간 매
운맛이 있고, 씨는 겨자씨처럼 쓴다.
|발음| 갓이 [가시]·갓도 [갇또]·갓만
[간만]

갓³ [갇] 이제 막. 금방. 예갓 태어난 송
아지/갓 잡아 올린 잉어.

갓ː길 [가낄/갇낄] 고속 도로의 양쪽
가장자리 길. 교통사고가 났을 때 견
인차·구급차가 다니거나 고장 난 차
를 세울 수 있다.

갓끈 [갇끈] 갓에 달린 끈.

갓나무 [간나무] 의자 뒷다리 맨 위에
가로질러 댄 나무.

갓난아기 [간나나기] '갓난아이'를 귀
엽게 이르는 말.

갓난아이 [간나나이] 태어난 지 얼마
안 된 아이. ②갓난이·갓난애. 비신
생아.

갓난애 [간나내] 〈갓난아이〉의 준말.

갓난이 [간나니] 〈갓난아이〉의 준말.

갓털 [갇털] 민들레나 버들가지 등의
열매에 붙어 있는, 꽃받침이 솜털같
이 변한 것.

강(江) 넓고 길게 흐르는 내.

　강 건너 불 구경 관용 '자기와는 직접 관계가 없다고 하여 곁에서 보고만 있음'을 이르는 말.

강- '억지의', '호된' 등의 뜻을 나타내는 말. 예강다짐/강추위/강행군.

강가(江—)[강까] 강의 가장자리에 닿아 있는 땅. 비강변.

강감찬(姜邯贊, 948~1031) 고려 초기의 장군. 현종 9(1018)년에 거란의 장수 소배압이 10만 대군을 이끌고 침입해 왔을 때, 귀주에서 큰 승리를 거두었다. 참귀주 대첩.

강강술래 민속놀이의 한 가지. 정월 대보름이나 팔월 한가위에 여자들이 손을 잡고 원을 그려 돌며 '강강술래'를 부르면서 춤을 춘다. 전라도 지방에 전해 내려오는 놀이이다. |잘못| 강강수월래.

〈강강술래〉

강건하다(強健—) 몸이 튼튼하고 굳세다. 예강건한 체력. 강건히.

강경하다(強硬—) 굳세게 버티어 굽히지 않다. 예감독은 심판에게 강경하게 항의했다. 강경히.

강ː구(講究) 이리저리 궁리하여 해결 방법을 찾아냄. 강구되다. 강구하다. 예대책을 강구하다.

강구다 '기울이다'의 북한말.

강국(強國) 힘이 세고 부유한 나라. 비강대국. 반약국.

강권(強權)[강꿘] ①강한 권력. ②국가가 행사할 수 있는 강한 권력. 예강권을 발동하다.

강나루(江—) 배가 강을 건너는, 강가의 일정한 곳.

강남(江南) ①강의 남쪽. ②남쪽의 먼 곳. 원래는 중국 양쯔 강 남쪽을 뜻한다. 예강남 갔던 제비가 돌아왔다. ③서울의 한강 남쪽 지역. 반강북.

강낭콩 콩과의 한해살이풀. 여름에 나비 모양의 흰색이나 보라색 꽃이 핀다. 열매는 노란 갈색 또는 검은색인데, 길쭉한 꼬투리 속에 4~5개의 씨앗이 들어 있다. |참고| 강낭은 '강남(江南)'에서 온 말. |잘못| 강남콩.

〈강낭콩〉

강냉이 ⇒옥수수.

강녕전(康寧殿) 경복궁 안에 있던, 왕이 잠을 자던 집.

강ː단(講壇) 연설이나 강의를 하는 사람이 올라서도록 조금 높게 만든 단.

강ː당(講堂) 강연이나 모임을 할 때, 많은 사람이 들어갈 수 있게 특별히 만든 큰 방.

강대(強大) 세력이 강하고 큼. 반약소. 강대하다. 예강대한 나라. 강대히.

강대국(強大國) 세력이 강하고 큰 나라. 비강국. 반약소국.

강도[1](強度) ①세기나 높은 정도. 예선수들은 강도 높은 훈련을 받았다. ②어떤 물질의 단단한 정도. 예벽돌의 강도.

강ː도[2](強盜) 때리거나 윽박지르는 등 강제적인 방법으로 남의 물건을 빼앗는 도둑, 또는 그런 짓.

강둑(江—)[강뚝] 강의 가장자리를 흙이나 돌로 쌓은 곳. 비둑·제방.

강ː등(降等) 등급이나 계급이 낮아짐. 예1계급 강등이 되다. 반진급·승진. 강등되다. 강등하다.

강력(強力)[강녁] ①힘이 셈. ②약 등의 효과가 강함. 강력하다. 예챔피언에 맞설 만한 강력한 선수/강력한 진통제. 강력히.

강렬하다(強烈─)[강녈하다] 빛이나 힘·의지 등이 아주 강하고 세차다. 예강렬한 햇살/강렬한 눈빛. 강렬히.

강령(綱領)[강녕] ①일을 하는 데 으뜸되는 줄거리. ②정당이나 노동조합 같은 단체의 기본 방침. 예행동 강령.

강:론(講論)[강논] 학문이나 종교 등에 관한 문제를 설명하고 토론함. 강론하다.

강릉(江陵)[강능] 강원도 동해안에 있는 시. 오징어·명태 등의 해산물이 많이 난다. 명승고적으로 이율곡이 태어난 오죽헌과 경포대 등이 있다.

강:매¹(強買) 남의 물건을 억지로 삼. 강매되다. 강매하다.

강:매²(強賣) 남에게 물건을 억지로 팖. 강매되다. 강매하다.

강물(江─) 강에 흐르는 물.

강바닥(江─)[강빠닥] 강의 밑바닥.

강바람(江─)[강빠람] 강에서 불어오는 바람.

강:박 관념(強迫觀念) 아무리 떨쳐 버리려고 애써도 마음속에서 떠나지 않는 불안한 생각. 예나는 1등의 자리를 빼앗기면 안 된다는 강박 관념에 사로잡혀 있다.

강변(江邊) ➡ 강가. 예엄마야 누나야 강변 살자.

강변도로(江邊道路) 강가를 따라 만들어 놓은 큰길.

강북(江北) ①강의 북쪽. ②중국 양쯔 강 북쪽의 땅. ③서울의 한강 북쪽 지역. 반강남.

강:사¹(講士) 강연회 등에서 강연을 맡은 사람.

강:사²(講師) 학교·학원·강습회 등에서 강의를 맡은 사람. 예요리 강사.

강산(江山) ①강과 산. 예십 년이면 강산도 변한다고 한다. ②자연의 경치. 예아름다운 강산. ③나라의 국토. 예삼천리 강산.

강서 대:묘(江西大墓) 평안남도 강서군에 있는 고구려 벽화 고분. 벽에는 청룡·백호·주작·현무, 천장에는 연꽃·산·기린·선녀 등의 그림이 그려져 있다.

강:설(降雪) 눈이 내림. 또는 내린 눈. 강설하다.

강:설량(降雪量) 일정한 곳에 일정한 기간 동안 내린 눈의 양. 참강수량·강우량.

강성하다(強盛─) 세력이 힘차고 왕성하다. 예강성한 세력.

강세(強勢) ①강한 힘이나 기세. 예우리나라는 태권도에서 강세를 보이고 있다. 반약세. ②물가나 주가가 올라가는 기세. ③말할 때 어떤 부분을 강하게 발음하는 일.

강세황(姜世晃, 1713~1791) 조선 후기의 서화가·정치가. 호는 표암. 화가 김홍도의 스승으로 예서와 전서에 뛰어났으며, 사군자와 산수화를 잘 그렸다. 저서에 '표암집', 작품에 '산수도'·'난죽도' 등이 있다.

강소천(姜小泉, 1915~1963) 아동 문학가. '어린이 노래'·'이슬비의 속삭임' 등 동요와, 동화를 썼다. 작품집에는 '호박꽃 초롱'·'꽃신'·'진달래와 철쭉' 등이 있다.

강속구(強速球)[강속꾸] 야구에서, 투수가 던지는 빠르면서 강한 공.

강:수(降水) 비·눈·우박 등으로 땅에 내린 물.

강:수량(降水量) 일정 기간 동안 일정한 곳에 비·눈·우박 등으로 땅에 내린 모든 물의 양. 참강설량·강우량.

강:습(講習) 일정한 기간 동안 여러 사람에게 학문·기술 등을 가르침, 또는 그것을 배우는 일. 예무용 강습. 강습하다.

강:습반(講習班)[강습빤] 강습을 받는 사람들의 모임.

강ː습소(講習所)[강습쏘] 강습을 하는 곳.

강ː습회(講習會)[강스푀/강스퀘] 강습을 하기 위한 모임.

강아지 개의 새끼.

강아지풀 볏과의 한해살이풀. 잎은 가늘고 길며, 여름에 강아지 꼬리 모양의 초록색 꽃이 핀다. 한방에서 약재로 쓰인다.

〈강아지풀〉

강ː압(強壓) ①강한 힘으로 억누름, 또는 그 압력. ②강제로 억누름. 예일제는 강압으로 우리나라를 빼앗았다. 강압되다. 강압하다.

강ː압적(強壓的)[강압쩍] 강제로 억누르는 것. 예아무리 좋은 일이라도 강압적으로 하면 반발하기 쉽다. 비강제적.

강약(強弱) ①셈과 여림. 예소리의 강약. ②강자와 약자.

강어귀(江一) 강이 바다로 흘러 들어가는 곳. 비하구.

강ː연(講演) 미리 정해진 주제에 따라 여러 사람 앞에서 연설함, 또는 그 연설. 강연하다.

강ː연장(講演場) 강연을 하는 곳.

강ː연회(講演會)[강연회/강연훼] 강연을 하기 위한 모임.

강ː요(強要) 억지로 하도록 함. 강요되다. 강요하다. 예자기가 원하지 않는 일을 남에게 강요하지 마라.

강ː우(降雨) 비가 내림. 또는 내린 비. 예인공 강우. 강우하다.

강우규(姜宇奎, 1859~1920) 독립운동가. 30세 때 학교를 설립하여 신학문을 가르쳤으며, 1911년 만주로 건너가 동광 학교를 세워 교육 사업을 하였다. 1919년 일본 총독이 부임할 때,

서울역에서 폭탄을 던졌으나 뜻을 이루지 못했다.

강ː우량(降雨量) 일정한 기간 동안 일정한 곳에 내린 비의 양. 비우량. 참강설량·강수량.

강원도(江原道) 우리나라 중동부에 있는 도. 대부분이 산악 지대이다. 지하자원이 풍부하며, 경치가 빼어난 곳이 많아 설악산·오대산·치악산 등은 국립 공원으로 지정되었다. 도청은 춘천시에 있다.

강원도 민요(江原道民謠) 강원도 지방에 전해오는 민요. 보통, 느리고 구슬픈 느낌이 든다. '강원도 아리랑'·'한오백년'·'정선 아리랑' 등이 있다.

강원도 아리랑(江原道一) 강원도 민요의 한 가지. 산골 처녀가 사랑을 하소연하는 내용으로, 높은 음으로 시작하여 차차 낮아지는 형식이며, 느리고 구슬픈 느낌을 준다.

강ː의(講義)[강의/강이] 글이나 학문 등을 설명하여 가르침. 예역사 강의. 강의하다.

강ː의실(講義室)[강의실/강이실] 강의를 하는 교실.

강인하다(強靭一) 굳세고 끈기가 있다. 예강인한 체력/강인한 정신력. 강인히.

강자(強者) 강한 힘이나 세력을 가진 사람. 예강자라고 해서 약자를 함부로 대해서는 안 된다. 반약자.

강재구(姜在求, 1937~1965) 국군 맹호 부대 장교. 1965년 베트남 전쟁 참가를 앞두고 훈련하던 중 중대원 한가운데로 떨어진 수류탄을 몸으로 덮쳐 부하들을 구하고 죽었다.

강적(強敵) 강한 적. 예우리나라 선수가 강적을 물리치고 우승을 차지했다.

강ː점¹(強占) 남의 땅이나 물건 등을 강제로 차지함. 강점되다. 강점하다.

강점²(強點) [강쩜] 남보다 훨씬 뛰어난 점. 예우리 반의 강점은 협동심이다. 예장점. 閊약점.

강ː점기(強占期) 남의 땅이나 물건 등을 강제로 차지한 기간.

강정 과자의 한 가지. 말린 찹쌀가루에 술을 넣고 반죽하여 썰어 말린 뒤, 기름에 튀겨서 꿀이나 조청을 바르고, 깨·콩가루·잣
〈강정〉
가루 등을 묻혀서 만든다.

강ː제(強制) 강한 힘이나 권력으로 남을 억눌러 원하지 않는 일을 억지로 하게 함. 예강제 동원. 강제되다. 강제하다.

강ː제 노동(強制勞動) 본인의 뜻을 무시하고 권력을 써서 강제로 시키는 노동.

강ː제 노동 수용소(強制勞動收容所) 강제로 노동을 시키기 위하여 사람들을 모아 가두어 두는 곳.

강ː제적(強制的) 힘으로 남을 억눌러 억지로 하게 하는 것. 閊강압적.

강조¹(康兆, ?~1010) 고려 시대의 정치가·장군. 현종 때 요나라 군사 40만 대군이 침입해 오자, 동주(東州)에서 용감하게 싸우다가 잡혀 죽었다.

강조²(強調) ①어떤 부분을 특히 힘주어 주장함. ②음악·그림 등에서, 어떤 부분을 두드러지게 나타냄. 강조되다. 예허리선이 강조된 옷. 강조하다. 예명암을 강조한 그림.

강ː좌(講座) 한 가지 주제에 대한 지식이나 기술을 일정한 기간 동안 가르치는 모임, 또는 그 과목. 예교양 강좌/컴퓨터 강좌.

강주(強酒) 독한 술.

강줄기(江―) [강쭐기] 강물이 뻗어 나간 줄기.

강직하다(剛直―) [강지카다] 마음이 굳세고 정직하다. 예강직한 성품. 강직히.

강진¹(康津) 전라남도 남서 해안에 있는 군. 남쪽 다도해에는 완도군의 여러 섬이 흩어져 있다. 고려 시대에는 고려청자의 유명한 산지였다.

강진²(強震) 벽에 금이 가고 굴뚝이나 흙담 등이 무너질 정도로 강한 지진. 진도 계급 5의 지진. 閊미진.

강철(鋼鐵) ①무쇠를 열처리하여 단단하고 잘 깨지지 않도록 만든 쇠. 기계나 칼날을 만드는 데 쓰인다. ②‘몸과 마음이 단단하고 굳셈’을 비유하여 이르는 말.

강철봉(鋼鐵棒) 강철로 만든 막대기.

강촌(江村) 강가에 있는 마을.

강추위 바람기가 없이 몹시 매운 추위.

강타(強打) ①매우 세게 침. ②매우 심한 손해를 끼침. ③야구·배구 등에서, 타자나 공격수가 공을 세게 침. 강타하다. 예나는 주먹으로 민수의 턱을 강타했다./태풍이 전국을 강타했다.

강ː탈(強奪) 남의 것을 억지로 빼앗음. 강탈되다. 강탈하다. 예일본이 우리의 문화재를 강탈했다.

강태공(姜太公) ‘낚시질을 유난히 좋아하는 사람’을 비유하여 이르는 말.

강토(疆土) 한 나라의 국경 안에 있는 땅. 閊국토·영토.

강ː판¹(降板) 야구에서, 투수가 상대편에게 점수를 많이 내주거나 하여 경기 도중에 투수판에서 내려옴. 강판되다. 강판하다.

강판²(鋼板) 강철로 만든 철판.

강판³(薑板) 채소나 과일 등을 갈거나 즙을 내는 도구. 톱니 모양의 구멍이 많이 뚫려 있다.

강풍(強風) 세차게 부는 바람. 閊미풍.

강:하(降下) ①위에서 아래로 내림. 예 낙하산 강하. ②기온·기압·혈압 등이 내려감. 예기온 강하. 강하하다.

강하다¹(剛一) ①물체가 단단하고 굳다. 예쇠가 너무 강하면 휘어지지 않고 부러진다. ②성격이 굳세고 곧다. 예형의 강한 성격은 할아버지를 닮았다. 환유하다.

강하다²(強一) 기운·세력 등이 억세고 힘이 있다. 예독성이 강한 약품. 환약하다.

강:행(強行) 힘들거나 어려움을 무릅쓰고 억지로 행함. 강행되다. 강행하다. 예비가 오는데도 야외 졸업식을 강행했다.

강:행군(強行軍) ①어려움을 무릅쓰고 하는 힘든 행군. ②짧은 시간 안에 끝내려고 일을 무리하게 함. 예강행군을 해서라도 이번 주 안으로 방학 숙제를 끝내야겠다.

강호¹(江湖) 《강과 호수라는 뜻에서》 ①자연. 시골. ②세상. 일반 사회.

강호²(強豪) 실력이 뛰어남, 또는 그런 사람이나 집단. 예한국 축구팀은 세계의 강호들을 물리치고 4강에 올랐다.

강화¹(強化) 부족한 점을 보충하여 이제까지보다 더 강하게 함. 환약화. 강화되다. 강화하다. 예운동으로 체력을 강화하다.

강:화²(講和) 전쟁을 한 나라끼리 전쟁을 중지하고 조약을 맺어 평화 상태로 되돌아감. 강화하다.

강화 대:교(江華大橋) 인천광역시 강화군 갑곶리와 경기도 김포시 포내리를 잇는 다리.

강화도(江華島) 경기도 강화만과 경기만 사이에 있는 섬. 화문석과 인삼이 유명하며, 감의 명산지이다. 마니산 꼭대기에는 단군 성지가 있으며, 이곳에서 전국 체육 대회의 성화를 얻는다.

강화도 조약(江華島條約) 조선 고종 13(1876. 병자)년 우리나라와 일본 사이에 맺어진 최초의 조약. 이로부터 우리나라는 외국과 왕래하며 무역을 하게 되었다. 환병자수호조약.

〈강화도 조약 내용〉

강화 역사관(江華歷史館) 역사의 고장인 강화도의 여러 가지 유물을 한눈에 볼 수 있게 진열해 놓은 박물관.

강:화 조약(講和條約) 서로 전쟁을 하던 나라끼리 전쟁을 그만두고 평화를 맺는 조약.

강희안(姜希顔, 1418~1465) 조선 초기의 서화가. 호는 인재. 시·그림·글씨에 뛰어났으며, 산수화를 잘 그렸다. 문집으로 '양화소록', 그림으로 '고사관수도'·'산수인물도' 등이 전한다.

갖가지 [갇까지] 〈가지가지¹〉의 준말. 예들판에 갖가지 꽃들이 피어 있다.

갖다 [갇따] 〈가지다〉의 준말. 예직업을 갖다.

갖바치 [갇빠치] 지난날, 가죽으로 신 만드는 일을 직업으로 하던 사람.

갖은 [가즌] 골고루 다 갖춘. 여러 가지의. 예갖은 양념/그는 갖은 고생을 겪으며 자랐다.

갖추다 [갇추다] ①필요한 것을 골고루 지니거나 차려 가지다. 예준비를 갖추다./민주 시민으로서의 조건을 갖추다. ②도리나 절차를 따르다. 예예를 갖추다./형식을 갖추다.

갖춘꽃 [갇춘꼳] 벚꽃이나 무궁화처럼 암술·수술·꽃받침·꽃잎이 모두 있는 꽃. 환안갖춘꽃.

갖춘마디 [갇춘마디] 악보 첫머리에 있는 박자표대로 박자 수가 갖추어진 마디. 환못갖춘마디.

갖춘마침 [갇춘마침] 곡이 완전히 끝났다는 느낌을 주는 마침. 働못갖춘마침.

같다 [갇따] ①서로 다르지 않다. 예두 사람의 나이가 같다. 働다르다. ②추측이나 불확실한 단정을 나타내는 말. 예소나기가 올 것 같다. ③비교하거나 비유하여 비슷하다. 예솜 같은 흰구름. ④'한'의 뜻을 나타내는 말. 예같은 또래의 어린이들. |발음| 같아 [가타] · 같고 [갇꼬]

같이 [가치] ①같은 모양으로. 예지도의 모양과 같이 그려 보자. ②서로 함께. 예형과 같이 학교에 갔다. ③'그 정도로'의 뜻을 나타내는 말. 예낙타 등이 산봉우리같이 솟았다.

같이하다 [가치하다] ①경험이나 생활을 더불어 하다. 예생사를 같이한 전우/일생을 같이하다. ②뜻이나 행동을 동일하게 가지다. 예의견을 같이하다./난 너와 행동을 같이할래. 働함께하다. 働달리하다.

같잖다 [갇짠타] ①하는 짓이 아니꼽고 못마땅하다. 예똑똑한 체하는 꼴이 같잖아서 웃음밖에 안 나온다. ②말할 거리도 못 될 만큼 하찮다. 예현주는 내 말을 듣고 같잖다는 듯이 피식 웃었다.

갚다 [갑따] 남에게 빌리거나 받은 것을 도로 돌려주다. 예빚을 갚다./은혜를 갚다. |발음| 갚아 [가파] · 갚고 [갑꼬]

개¹ 갯과의 동물. 용맹하고 영리하며 냄새를 잘 맡고 귀가 밝다. 사람을 잘 따라 예로부터 가축으로 길러 왔다.

  개 콧구멍으로 알다 관용 상대할 가치도 없는 시시한 것으로 여기다.

개² 윷놀이에서, 윷짝이 두 개는 엎어지고, 두 개는 잦혀진 경우를 이르는 말. 働도¹ · 걸¹ · 윷 · 모².

개³(個) 낱으로 된 물건의 수를 셀 때 쓰는 말. 예감 세 개.

개- '참것이 아닌', '좋은 것이 아닌', '헛된'의 뜻으로 쓰이는 말. 예개살구/개떡/개꿈.

개ː가(凱歌) 승리를 축하하는 노래. 働개선가.

  개가를 부르다 관용 승리하다. 승리의 노래를 부르다.

  개가를 올리다 관용 승리하다. 큰 성과를 거두다.

개ː각(改閣) 내각을 구성하는 국무 위원을 바꿈. 개각하다.

개간¹(開刊) 처음으로 신문·책 등을 펴냄. 개간하다.

개간²(開墾) 버려 둔 거친 땅을 일구어서 논밭을 만듦. 働간척·개척. 개간하다. 예그들은 황무지를 개간하여 옥토로 만들었다.

개ː개인(個個人) 한 사람 한 사람. 예우리 집은 가족 개개인의 의사가 존중되는 편이다.

개경(開京) '개성'의 고려 시대 이름. 고려 태조 왕건이 왕위에 오른 이듬해(919년)에 새 궁궐을 짓고 서울로 정하여 새 왕조를 열었다.

개ː고(改稿) 원고를 고쳐 씀, 또는 그 원고. 개고하다. 예작가는 세 번이나 개고하여 원고 내용을 충실하게 했다.

개골개골 개구리가 자꾸 우는 소리. 倒개굴개굴.

개골산(皆骨山) [개골싼] 겨울철의 '금강산'을 이르는 말. 참봉래산·풍악산.

개ː과천선(改過遷善) 지난날의 잘못을 뉘우치고 착하게 됨. 예비행 청소년에게는 강력한 처벌보다 개과천선의 기회를 주어야 한다. 개과천선하다.

개관¹(開館) ①도서관·박물관·영화관 등을 처음으로 엶. ②'관'(館) 자가 붙은 기관이 그날의 일을 시작함. 働폐관. 개관되다. 개관하다.

개ː관²(槪觀) 전체를 대강 살펴봄. 개관하다.

개교(開校) 새로 학교를 세워 처음으로 수업을 시작함. [반]폐교. 개교되다. 개교하다.

개교기념일(開校紀念日) [개교기녀밀] 학교에서 개교한 것을 기념하는 날.

개구리 개구릿과·청개구릿과 등의 동물을 통틀어 이르는 말. 발가락 사이에 물갈퀴가 있어서 헤엄을 잘 친다. 올챙이는 아가미로 숨을 쉬지만, 개구리는 허파로 숨을 쉰다. 논이나 늪 등에서 산다.

〈개구리〉

개구리밥 개구리밥과의 여러해살이풀. 잎은 물 위에 뜨고 수염 모양의 가는 뿌리는 물속으로 늘어져 있다. 여름에 엷은 녹색의 꽃이 핀다. 늪이나 연못 등에서 자란다.

개구리참외 [개구리차뫼/개구리차뭬] 박과의 한해살이풀. 참외와 비슷하나 줄기에 털이 있다. 겉은 개구리 등처럼 푸른 바탕에 얼룩얼룩한 무늬가 많다.

개구리헤엄 개구리가 헤엄치듯이 팔과 다리를 오므렸다 폈다 하면서 치는 헤엄. [비]평영.

개ː구멍 담이나 울타리 밑에 개가 드나들 만한 크기로 뚫려 있는 구멍이나 통로.

개구쟁이 '지나치게 짓궂은 장난을 하는 아이'를 이르는 말. [예]개구쟁이 동생. [잘못] 개구장이.

개국(開國) ①나라를 새로 세움. [비]건국. ②외국과의 국교를 시작함. ②[반]쇄국. 개국되다. 개국하다.

개굴개굴 개구리가 자꾸 우는 소리. [작]개골개골.

개굴거리다 개구리가 잇달아 울다. [비]개굴대다. [작]개골거리다.

개굴대다 ➡개굴거리다.

개그(gag) 영화·텔레비전 등에서 관객을 웃기려고 하는 말이나 우스갯짓. [비]코미디.

개그맨(gagman) 개그를 직업으로 하는 사람. [비]익살꾼·코미디언.

개근(皆勤) 학교나 직장 등에 하루도 빠짐없이 출석하거나 출근함. [예]연희는 초등학교 6년 동안 개근을 하였다. 개근하다.

개근상(皆勤賞) 개근한 사람에게 주는 상.

개기다 (속되게) 시키는 말을 듣지 않고 버티거나 반항함.

개기 월식(皆既月蝕) 달이 지구의 그림자 안에 완전히 가려 태양의 빛을 전혀 받지 못하는 현상.

개기 일식(皆既日蝕) 달이 해를 가려서 해가 완전히 보이지 않게 되는 현상.

〈개기 일식〉

개ː꿈 별 뜻 없이 어수선하게 꾸는 꿈.

개ː나리 물푸레나뭇과의 낙엽 지는 떨기나무. 이른 봄 잎이 나기 전에 노란 꽃이 먼저 핀다. 관상용으로 정원이나 울타리에 많이 심는다.

개ː념(槪念) 어떤 사물이나 현상에 대한 일반적인 생각이나 지식.

개ː다¹ ①흐리거나 궂은 날씨가 맑게 되다. [예]활짝 갠 날씨. [반]흐리다. ②언짢거나 우울하던 마음이 홀가분해지다. [잘못] 개이다.

개ː다² 덩이진 것이나 가루에 물 등을 넣어 으깨거나 반죽하다. [예]엄마는 가루약을 물에 개어 아이에게 먹였다.

개ː다³ 이부자리·옷 등을 겹치거나 포개어 접다. [예]옷을 잘 개어 놓아라. [비]개키다.

개:떡 밀가루·메밀·보리 싸라기 등을 반죽하여 찐 떡.

개떡 같다[관용] 마음에 들지 않고 하찮다. 예성격이 개떡 같다.

개:똥 ①개의 똥. ②'보잘것없고 천한 것'을 비유하여 이르는 말.

개:똥밭[개똥받] ①땅이 기름진 밭. ②개똥이 많은 더러운 곳.

개:똥벌레 반딧불잇과의 곤충. 몸빛은 등이 검고, 앞가슴은 붉다. 배 끝에 빛을 내는 기관이 있어 날아다니며 빛을 낸다. 물가의 풀숲에 산다. 비반딧불이.

개:똥불 '반딧불'의 방언.

개:똥지빠귀 딱샛과의 새. 편 날개 길이 12~14 cm. 등은 검은 갈색, 배는 흰색, 옆구리는 검은 갈색

〈개똥지빠귀〉

의 얼룩무늬 점이 많다. 낮은 산이나 풀밭 등에서 곤충이나 식물의 씨 등을 먹고 산다. 비티티새.

개:똥참외[개똥차뫼/개똥차뭬] 길가나 들 등에 저절로 자라 열린 참외.

개:량(改良) 품질이나 성능 등의 나쁜 점을 고쳐 좋게 함. 예품종 개량. 비개선. 개량되다. 개량하다.

: : : : '개량'과 '개선'의 구별 : : : :

개량 : 구체적인 사물의 나쁜 점을 고쳐서 좋게 함. 예농기구 개량/사과의 종자를 개량하다.

개선 : 추상적인 사물의 잘못된 점을 고쳐 낫게 함. 예생활 개선/체질 개선/주변 환경을 개선하다.

개:량종(改良種) 지금까지 내려온 농작물이나 가축 등을 개량한 품종. 반재래종.

개:마고원(蓋馬高原) 함경도와 평안도 일대에 걸쳐 있는 고원. 장백산맥·낭림산맥·함경산맥·마천령산맥으로 둘러싸여 있다. 높이 2,500m로 우리나라에서 가장 높고 넓은 고원 지대이다.

개막(開幕) ①막을 열거나 올린다는 뜻으로, 연극·음악회·행사·회의 등을 시작함. 예올림픽 개막 행사. 반폐막. ②'어떤 시대나 상황의 시작'을 비유하여 이르는 말. 예정보화 시대 개막. 개막되다. 개막하다.

개막식(開幕式)[개막씩] 행사나 회의 등의 시작을 알리는 의식. 반폐막식.

개:명¹(改名) 이름을 고침. 또는 고친 이름. 개명하다.

개명²(開明) 사람의 지혜가 열리고 문화가 발달함. 비개화. 개명되다. 개명하다.

개문(開門) 문을 엶. 예개문 발차 금지. 반폐문. 개문하다.

개미¹ 연줄이 끊어지지 않게 하려고, 사기나 유리 가루를 풀에 탄 것.

개미를 먹이다[관용] 유리 가루 등을 풀에 타서 만든 개미를 연줄에 입히다.

개:미² 개밋과의 곤충을 통틀어 이르는 말. 몸빛은 검거나 갈색이며, 머리·가슴·배로 구분되고, 허리가 잘록하다. 땅속이나 썩은 나무 속에 집을 짓고, 여왕개미를 중

〈개미²〉

심으로 질서 있는 집단 생활을 한다.

개:미 떼 같다[관용] 동물이나 사람이 많이 모여 있다.

개:미 새끼 하나 얼씬 못하다[관용] 감시가 심하여 아무도 드나들거나 가까이 갈 수 없다.

개:미귀신(一鬼神) 명주잠자리의 애벌레. 몸길이 1cm가량. 몸빛은 회갈색

이다. 모래밭에 함정을 파고 숨어 있다가 미끄러져 떨어지는 개미 등의 작은 곤충을 큰턱으로 물어 잡아먹는다.

개ː미집 개미들이 땅에 구멍을 파고 모여 사는 곳. [비]개미구멍·개미굴.

개ː미핥기 [개미할끼] 개미핥깃과의 포유동물. 머리가 길고 뾰족하며 이가 없고, 온몸이 털로 덮여 있다. 깊은 숲 속에 살면서 갈고리 모양의 앞 발톱으로 개미집을 파헤쳐 개미를 긴 혀로 핥아 먹는다.

〈개미핥기〉

개바자 갯버들의 가지로 발처럼 엮어 만든 물건.

개발(開發) ①새로운 것을 생각해 내어 실생활에 도움이 되게 함. ②황무지 등을 개간하여 논밭 등으로 만듦. [비]개척. ③겉으로 드러나지 않은 능력을 살려 발달하게 함. **개발되다. 개발하다.**

'개발'과 '계발'의 구별

개발: 새로운 것이나 더 나은 것으로 만든다는 뜻. [예]기술 개발/경제 개발/국토 개발/능력 개발/제품 개발.

계발: 숨어 있는 것을 드러내어 더욱 나아지게 한다는 뜻. [예]재질 계발/지능을 계발하다.

개발권(開發權) [개발꿘] 개발할 수 있는 권리.

개발 도ː상국(開發途上國) 《'후진국'의 고친 이름으로》 선진국에 비해 뒤떨어진 경제 개발을 한창 진행하고 있는 나라. [준]개도국. [비]발전 도상국.

개발 제ː한 구역(開發制限區域) 도시 주변의 자연환경을 보전하기 위해 풀과 나무가 그대로 자라도록 놓아두고 함부로 개발하지 못하게 나라에서 막아 놓은 구역. [비]그린벨트.

개ː밥 개의 먹이.

개방(開放) ①자유로이 드나들 수 있도록 문을 열어 놓음. [예]도서관은 모든 사람에게 개방이 되어 있다. ②못하게 하던 일을 풀어 자유롭게 함. [예]농수산물 수입 개방. [반]폐쇄. **개방되다. 개방하다.**

ㄱ

개방적(開放的) 숨기지 않고 있는 그대로를 남에게 보이는 것. [예]개방적인 성격.

개벽(開闢) ①하늘과 땅이 처음으로 열림. [예]천지개벽. ②'새로운 시대나 상황이 시작됨'을 비유하여 이르는 말. **개벽하다.**

개ː별(個別) 따로따로임. 하나하나 따로인 것. [예]개별 행동/개별 학습.

개봉(開封) ①싸거나 붙인 것을 떼어서 엶. ②새로 만들거나 수입한 영화를 처음으로 상영함. [예]개봉 극장. **개봉되다. 개봉하다.** [예]나는 편지를 개봉하여 읽었다.

개비 ①가늘게 쪼갠 나무토막. ②가늘고 짤막하게 쪼갠 도막을 셀 때 쓰이는 말. [예]담배 한 개비.

개ː살구 개살구나무의 열매.

개ː살구나무 장미과의 낙엽 지는 큰키나무. 산과 들에 저절로 자란다. 살구와 비슷한 열매가 6월에 누렇게 익는데, 맛은 시고 떫다.

개ː선[1](改善) 잘못된 점을 고쳐 잘되게 함. [예]식생활 개선. [반]개악. **개선되다. 개선하다.** [예]체질을 개선하다.

개ː선[2](凱旋) 전쟁이나 경기 등에서 이기고 돌아옴. **개선하다.** [예]우리 선수들이 국제 대회에서 우승하고 개선하였다.

개ː선문(凱旋門) 전쟁에 이긴 일을 기념하거나 개선군을 환영하기 위하여 세운 문.

개:선장군(凱旋將軍) ①전쟁에서 이기고 돌아온 장군. ②'크게 성공한 사람'을 비유하여 이르는 말.

개설(開設) ①어떤 시설을 새로 설치하여 업무를 시작함. ②은행 등에서 새로운 계좌를 마련함. 개설되다. 개설하다. 예지점을 개설하다./영어 강좌를 개설하다.

개:성¹(個性) 사람마다 지닌, 남과 다른 특별한 성질. 예개성이 강한 사람/개성을 살리다.

개성²(開城) 경기도의 북서쪽, 휴전선이북에 있는 도시. 고려의 서울이었으며, 선죽교 등의 유적과 인삼·화문석 등이 유명하다.

개성상인(開城商人) 고려와 조선 시대에 개성을 중심으로 하여 상업 활동을 벌인 상인.

개:수¹(改修) 길·제방·건물 등을 고쳐 닦거나 지음. 예도로 개수 공사. 개수되다. 개수하다.

개:수²(個數) [개쑤] 낱으로 셀 때의 물건의 수. 예연필 2다스의 개수는 24개이다.

개수대(一臺) 부엌에서 먹을거리를 씻거나 설거지를 하도록 되어 있는 대. 보통 조리대와 이어져 있다.

개숫물 [개순물] 음식 그릇을 씻는 물. 설거지를 하는 물.

개시(開始) 어떤 행동이나 일 등을 처음으로 시작함. 예시작. 개시되다. 개시하다. 예신호탄이 울리면 공격을 개시한다.

개:신교(改新敎) 종교 개혁의 결과로 가톨릭에서 갈라져 나온 크리스트교의 여러 파를 통틀어 이르는 말.

개:악(改惡) 좋게 고친다는 것이 오히려 본디보다 더 나빠짐. 빤개선. 개악되다. 개악하다.

개암나무 자작나뭇과의 낙엽 지는 떨기나무. 잎은 둥글납작하고, 열매는 둥글며 가을에 갈색으로 익는데 먹을 수 있다.

개업(開業) 영업을 처음 시작함. 예식당 개업/변호사 개업. 빤폐업. 개업하다.

개:요(槪要) 대강의 요점. 예나는 독서 감상문의 개요를 작성했다. 비개략.

개운하다 ①기분이나 몸이 상쾌하고 가볍다. 예목욕을 하고 나니 개운하다. ②음식 등에서 느끼는 입맛이 산뜻하다. 예콩나물국 맛이 개운하다. 개운히.

개울 골짜기나 들에 흐르는 작은 물줄기. 참시내·도랑.

개울가 [개울까] 개울의 둘레 부근.

개울물 개울에 흐르는 물.

개월(個月) 달의 수를 나타낼 때 쓰이는 말. 예6개월 전. 비달.

개:의(介意) [개의/개이] 언짢은 일 등을 마음에 두어 생각함. 개의하다. 예실수를 했지만 너무 개의치 마라.

개이다 '개다'의 잘못.

개:인(個人) ①단체를 이루는 한 사람. 예사회는 개인이 모여 이루어진다. ②단체의 제약에서 벗어난 한 사람.

개:인기(個人技) 단체로 하는 운동에서, 선수 개인이 저마다 잘하는 기술. 예개인기가 뛰어난 선수.

개:인 자격(個人資格) 어느 단체에 속하지 않은 개인으로서의 신분. 예그는 개인 자격으로 회의에 참석했다.

개:인적(個人的) 개인을 중심으로 한 것. 예나는 개인적인 사정으로 결석했다.

개:인전(個人戰) 탁구나 배드민턴 등의 경기에서 개인끼리 승부를 가리는 시합. 빤단체전.

개:인주의(個人主義) [개인주의/개인주이] ①국가나 사회·단체보다 개인의 가치를 더 존중하는 주의. 빤전체주의. ②다른 사람은 생각하지 않고

자기나 자기 가족만을 생각하는 태도. [비]이기주의.

개:입(介入) 어떤 일에 끼어들어 관계함. 개입되다. 개입하다. [예]나는 너희들 싸움에 개입하고 싶지 않다.

개:작(改作) 고쳐서 새로 짓거나 만듦, 또는 그 작품. 개작되다. 개작하다.

개장(開場) ①사업 등의 업무를 처음 시작함. ②'장' 자가 붙는 사업체가 그날 업무를 시작함. [반]폐장. 개장되다. 개장하다.

개점(開店) ①가게를 내어 영업을 처음 시작함. ②그날의 영업을 하려고 가게의 문을 엶. [예]우리 가게의 개점 시각은 10시다. [반]폐점. 개점하다.

개:정¹(改正) 문서의 내용 등을 바르게 고침. 개정되다. 개정하다. [예]회칙을 개정하다.

개:정²(改定) 현재 있는 제도나 법을 고쳐 다시 정함. [예]한글 맞춤법 개정/헌법 개정. 개정되다. 개정하다.

개정³(開廷) 재판을 시작함. [예]개정 시간에 맞추어 변호사가 들어왔다. [반]폐정. 개정되다. 개정하다.

개:조(改造) 고쳐 다시 만듦. [예]노후 건물 개조/의식의 개조. 개조되다. 개조하다.

개:종(改宗) 믿고 있던 종교를 다른 종교로 바꾸어 믿음. 개종하다.

개:중(個中) 여럿 가운데. 그 가운데. [예]개중에는 크기가 작은 것도 몇 개 섞여 있다.

개:집 개가 사는 작은 집.

개:찰(改札) 승객의 차표를 입구에서 검사함. [예]개찰 시간. [비]개표. 개찰하다.

개척(開拓) ①거친 땅을 일구어서 논밭을 만듦. [예]황무지 개척. [비]개발. ②새로운 분야를 열어 그 부문의 길을 닦음. [예]수출 시장 개척. 개척되다. 개척하다.

개척자(開拓者) [개척짜] 개척한 사람.

개척 정신(開拓精神) 새로운 분야를 열어 생활에 쓸모 있는 것을 만들려는 정신.

개천(-川) 개골창 물이 흘러가도록 길게 판 내.

개천절(開天節) 단군의 고조선 건국을 기념하는 국경일. 10월 3일.

개:체(個體) 독립된 하나하나의 생물. [예]지난겨울 추위 탓으로 유채꽃의 개체 수가 줄었다.

개최(開催) [개최/개췌] 모임이나 행사 등을 엶. 개최되다. 개최하다. [예]우리나라는 1988년에 올림픽 대회를 개최했다.

개최국(開催國) [개최국/개췌국] 어떤 모임이나 행사를 주장하여 여는 나라.

개칙구 [개칙꾸] 제기차기에서 한 발을 들어 땅에 닿지 않게 하면서 제기를 차는 것.

개:칭(改稱) 사물의 이름을 바꾸어 부름. 개칭되다. 개칭하다. [예]조선은 국호를 '대한 제국'으로 개칭하였다.

개:코같다 [개코갇따] 아무 가치도 없다. 개코같이.

개키다 이불이나 옷을 반듯하게 포개어 접다. [예]민희는 잠옷을 개켜서 옷장 안에 넣었다. [비]개다.

개:탄(慨歎) 분하게 여겨 탄식함, 또는 그 탄식. 개탄하다.

개:털 개의 털.

개통(開通) 새로 만든 도로·철도·항로 등이 처음으로 이용할 수 있는 상태로 됨. [예]지하철 9호선 개통. 개통되다. 개통하다.

개펄 바닷가나 강가의 개흙이 깔린 벌. [준]펄.

개:편(改編) ①책 등을 다시 엮어 냄. ②기구나 조직 등을 고쳐 다시 짬. 개편되다. 개편하다. [예]참고서를 개편하다.

개폐(開閉) [개폐/개페] 열거나 닫거나 하는 일. **개폐되다. 개폐하다.**

개ː표¹(改票) 차표나 입장권 등을 입구에서 검사하는 일. [비]개찰. **개표하다.**

개표²(開票) 투표함을 열고 투표의 결과를 조사함. [예]선거 개표 방송. **개표하다.**

개피떡 콩고물이나 팥고물을 넣고 반달 모양으로 빚은 떡.

개학(開學) 학교에서 방학 등으로 한동안 쉬었다가 수업을 다시 시작함. **개학하다.**

개학식(開學式) [개학씩] 방학을 끝내고 개학하는 날에 하는 의식.

개항(開港) 외국과 거래를 하기 위하여 항구를 외국에 개방함. **개항되다. 개항하다.**

개ː헌(改憲) 헌법의 일부 또는 전부를 고침. **개헌되다. 개헌하다.**

개ː헤엄 개가 헤엄치듯이 팔을 앞으로 내밀어 손바닥으로 물을 끌어당기면서 발장구를 치는 헤엄.

개ː혁(改革) ①새롭게 고침. ②정치 체제나 사회 제도 등을 새롭게 고쳐 나감. **개혁되다. 개혁하다.**

개화¹(開化) 사람들의 지식이 깨어 문화가 발전함. [비]개명. **개화되다. 개화하다.**

개화²(開花) ①꽃이 핌. ②'문화의 발달'을 비유하여 이르는 말. **개화되다. 개화하다.**

개화기¹(開化期) 1876년 강화도 조약 체결 이후, 우리나라가 서양 문명의 영향으로 근대적인 사회로 발전하여 가던 시기.

개화기²(開花期) ①꽃이 피는 시기. ②'문화가 한창 발달한 시기'를 비유하여 이르는 말.

개화당(開化黨) ➡ 개화파.

개화사상(開化思想) 낡은 제도나 풍습 등을 없애고, 새롭고 발전된 서양 문물을 받아들이려는 사상.

개화 운ː동(開化運動) 조선 말기에 개화당이 주동이 되어 서양의 새로운 문물을 받아들이려고 벌인 운동.

개화파(開化派) 조선 말기에 낡은 제도를 바꾸고 서양 문물을 수입하여 개화한 나라를 만들자고 주장한 파. [비]개화당·독립당.

개회(開會) [개회/개훼] 회의나 대회 등을 시작함. [반]폐회. **개회되다. 개회하다.**

개회사(開會辭) [개회사/개훼사] 회의나 대회 등을 시작하면서 회장이나 의장이 하는 인사말. [반]폐회사.

개회식(開會式) [개회식/개훼식] 회의나 대회 등을 시작할 때 하는 의식. [반]폐회식.

객(客) 찾아온 사람. [예]낯선 객. [비]손.

객관(客觀) [객꽌] 자기 혼자만의 생각에서 벗어나, 다른 사람의 처지에서 사물을 보거나 생각함. [반]주관.

객관식(客觀式) [객꽌식] 답을 여러 개의 보기 중에서 고르는 시험 방식. [예]객관식 문제. [반]주관식.

객관적(客觀的) [객꽌적] 자기 느낌이나 생각에서 벗어나 대상을 있는 그대로 보는 것. [예]객관적으로 볼 때 네 행동은 옳지 않아. [반]주관적.

객기(客氣) [객끼] 쓸데없이 부리는 용기. [예]형은 오토바이를 타고 객기를 부리다가 사고를 내고 말았다.

객사(客死) [객싸] 고향이나 자기 집을 떠나 낯선 곳에서 죽음. **객사하다.**

객석(客席) [객썩] 연극·영화·운동 경기 등을 구경하는 사람들이 앉는 자리. [비]관람석.

객실(客室) [객씰] ①여관 등에서 손님을 묵게 하는 방. ②집에서 손님을 묵게 하거나 대접하는 방.

객주(客主) [객쭈] 지난날, 먼 데서 온

상인들에게 묵을 곳을 빌려 주던 사람. 물건을 대신 팔아 주거나 물건 살 사람을 소개해 주기도 했다.

객지(客地)[객찌] 자기가 살던 고향을 떠나 임시로 머무르는 곳. 예객지 생활을 하다. 비타향.

객차(客車) 손님을 실어 나르는 철도 차량. 반화차.

객창(客窓) 나그네가 객지에서 묵고 있는 방.

객토(客土) 토질을 개량하기 위하여 성질이 다른 흙을 가져다가 논밭에 넣는 일, 또는 그 흙. 비흙갈이.

객혈(喀血)[개켤] 결핵이나 폐암 등으로 피를 토함, 또는 그 피. 객혈하다.

갠지스 강(Ganges江) 인도 북부를 동서로 가로질러 벵골 만으로 흘러드는 강. 길이 약 2,505km. 힌두교도들이 '성스러운 강'으로 숭배하는 강이다.

갤러리(gallery) 미술품을 전시하고 파는 곳. 비화랑.

갬: 날씨를 나타내는 말의 한 가지. 하늘 전체의 30~70% 정도 구름이 끼어 있는 경우이다.

갯가 [개까/갣까] 바닷물이 드나드는 물가.

갯마을 [갠마을] 갯가에 있는 마을. 비어촌.

갯버들 [개뻐들/갣뻐들] 버드나뭇과의 낙엽 지는 떨기나무. 잎은 톱니 모양이며, 꽃은 이른 봄에 잎보다 먼저 피는데, 비늘로 둘러싸여 있다.

갯벌 [개뻘/갣뻘] 바닷물이 드나드는 모래벌판.

갯지렁이 [개찌렁이/갣찌렁이] 갯지렁잇과의 환형동물. 몸길이 5~12cm. 몸은 가늘고 길며 마디가 있다. 바닷가 진흙 속에 살며 낚싯밥으로 쓰인다.

갱(坑) ①광물을 캐려고 땅속을 파 들어간 곳. ②〈갱도〉의 준말.

갱도(坑道) ①땅속으로 뚫은 길. ②광산에서, 갱 안에 뚫은 길. 쥰갱.

갱목(坑木) 갱이 무너지지 않도록 갱 안에 버티어 대는 통나무.

갱:생(更生) ①거의 죽을 지경에서 다시 살아남. ②죄악의 구렁에서 벗어나 바른 삶을 되찾음. 예그 죄수는 잘못을 뉘우치고 갱생의 길을 찾았다. 갱생되다. 갱생하다.

갱:신(更新) 다시 새로워짐. 다시 새롭게 함. 갱신되다. 갱신하다.

> **∷∷∷ '갱신'과 '경신'의 구별 ∷∷∷**
>
> 　한자 '更'은, '갱'으로 읽으면 '다시'라는 뜻으로, '경'으로 읽으면 '고치다, 바꾸다'라는 뜻으로 쓰인다.
>
> **갱신** : 다시 새롭게 한다는 뜻. 예면허증을 갱신하다./계약 기간을 갱신하다.
>
> **경신** : 고치거나 바꾸어 새롭게 한다는 뜻. 예세계 기록 경신/계약 조건을 경신하다.

갱:지(更紙) 신문지·시험지 등에 쓰는, 면이 거칠고 빛깔이 약간 거무스름한 종이. 비백로지.

갸:륵하다[갸르카다] 하는 일이 착하고 장하다. 예숙희는 갸륵한 일을 해서 표창을 받았다. 비기특하다.

갸름하다 조금 가늘고 긴 듯하다. 예갸름한 얼굴.

갸우뚱갸우뚱 자꾸 갸우뚱거리는 모양. 쥰기우뚱기우뚱. 솅까우뚱까우뚱.

갸우뚱거리다 ①무엇을 생각하느라고개를 자꾸 이쪽저쪽으로 기울이다. 예진희는 이해가 안 간다는 듯 고개를 갸우뚱거렸다. ②물체가 자꾸 좌우로 기울어지다. 비갸우뚱대다. 쥰기우뚱거리다. 솅까우뚱거리다.

갸우뚱대다 ➡갸우뚱거리다.

갸우뚱하다 ①무엇을 생각하느라 고개를 한쪽으로 기울이다. ②물체가 한쪽으로 기울어져 있다. 큰기우뚱하다. 센꺄우뚱하다.

갸웃갸웃 [갸운갸욷] 자꾸 갸웃거리는 모양. 예웬 사람이 갸웃갸웃 안을 들여다본다. 큰기웃기웃. 센꺄웃꺄웃.

갸웃거리다 [갸욷꺼리다] 무엇을 보려고 고개나 몸을 자꾸 이쪽저쪽으로 기울이다. 예영미는 잘 모르겠는지 고개를 갸웃거렸다. 비갸웃대다. 큰기웃거리다. 센꺄웃거리다.

갸웃대다 [갸욷때다] → 갸웃거리다.

갸웃하다 [갸우타다] 고개나 몸이 한쪽으로 조금 기울어져 있다. 큰기웃하다. 센꺄웃하다. 갸웃이.

갹출(醵出) 여러 사람이 같은 목적으로 돈을 나누어 냄. 갹출하다. 예우리가 얼마씩 갹출하여 어머니 생신 선물을 사 드리자.

걔 '그 아이'가 줄어든 말. 예걔는 어디 갔니? 참애·재.

거¹ 〈것〉의 준말. 예가진 거라고는 옷 한 벌이 전부다.

거² ①거기. 예거 누구요? ②그것. 예거 좀 봅시다.

거³ 감탄을 할 때 내는 소리. 예거 이상하다.

거:구(巨軀) 커다란 몸뚱이.

거:국(擧國) 온 나라. 온 국민.

거:국적(擧國的) [거국쩍] 온 국민이 함께 참여하는 것. 예거국적인 행사.

거:금(巨金) 많은 돈. 예아빠는 거금을 들여 집을 사셨다.

거기 ①앞에서 가리킨 그곳. 예거기서 무얼 하니? 준게. ②그곳에. 예가방은 거기 놓아라. 참고기.

거꾸러지다 ①거꾸로 엎어지다. 예민우는 급히 뛰어가다가 돌부리에 걸려 거꾸러졌다. ②싸움에 지다. 참가꾸러지다. 센꺼꾸러지다.

거꾸로 차례나 방향이 반대로 바뀌게. 예동생이 옷을 거꾸로 입었다. 참가꾸로. |잘못| 꺼꾸로.

거나하다 술이 꽤 많이 취해 있다. 예술이 거나하게 취하신 아버지가 노래를 부르면서 들어오셨다.

거느리다 ①손아래에 데리고 있다. 예처자식을 거느리다. ②지휘하여 이끌다. 예장군은 군사들을 거느리고 싸움터로 나갔다.

거:닐다 이리저리 한가로이 걷다. 예우리는 손을 잡고 해변을 거닐었다. |활용| 거니니·거닐어.

거:대(巨大) 사물이 엄청나게 큼. 거대하다. 예거대한 빌딩.

거덜 사업이나 살림이 잘못되어 망하거나 재산이 모두 없어지는 것. 예사업을 무리하게 늘려 집안이 거덜 났다.

거:동(擧動) 몸을 움직이는 짓이나 태도. 예거동이 불편한 사람들. 거동하다.

거:두(巨頭) 어떤 조직이나 분야에서 큰 영향을 끼치거나 중요한 위치에 있는 사람. 예학계의 거두.

거두다 ①심어 가꾼 농작물을 수확하다. 예들녘에서 농부들이 벼를 거두고 있다. ②흩어져 있는 물건을 한데 모으다. 예빨래를 거두다. ③어떤 결과나 성과 등을 얻거나 올리다. 예이순신 장군은 왜군과 싸워 큰 승리를 거두었다. ④말·웃음·생각·숨 등을 멈추어 끝을 내다. 예웃음을 거두다./눈물을 거두다.

거두어들이다 [거두어드리다] ①심어 가꾼 농작물을 거두어 오다. ②흩어져 있는 물건을 한데 모으다. ③좋은 결과를 내다. 준거둬들이다.

거:두절미하다(去頭截尾一) 쓸데없는 말은 빼고 요점만 말하다. 예거두절미하고 용건만 짧게 말씀드릴게요.

거드럭거드럭 [거드럭꺼드럭] 자꾸 거드럭거리는 모양. ㈜가드락가드락. ㈄꺼드럭꺼드럭.

거드럭거리다 [거드럭꺼리다] 거만스럽게 잘난 체하며 자꾸 버릇없이 굴다. ㈁거드럭대다. ㈜가드락거리다. ㈄꺼드럭거리다.

거드럭대다 [거드럭때다] ➡ 거드럭거리다.

거:드름 거만스러운 태도. 예거드름을 부리다./거드름을 피우다.

거:들다 ①남이 하는 일을 도와주다. 예나는 아버지의 일을 거들었다. ②남의 일에 참견하다. 예네가 거들 일이 아니야. |활용| 거드니·거들어.

거들떠보다 눈을 위로 뜨며 아는 체하거나 관심을 가지고 보다.

　거들떠보지도 않다 |관용| ①거만한 태도로 아는 체도 안 하다. 예이모는 콧대가 높아 웬만한 남자는 거들떠보지도 않는다. ②어떤 일에 무관심하다.

거들먹거들먹 [거들먹꺼들먹] 자꾸 거들먹거리는 모양. ㈜가들먹가들먹. ㈄끼들먹꺼들먹.

거들먹거리다 [거들먹꺼리다] 신이 나서 잘난 체하며 함부로 행동하다. ㈁거들먹대다. ㈜가들먹거리다. ㈄꺼들먹거리다.

거들먹대다 [거들먹때다] ➡ 거들먹거리다.

거듭 되풀이하여. 예나는 친구에게 거듭 사과했다. 거듭거듭.

거듭나다 [거듬나다] 지금까지의 태도나 방식을 버리고 새롭게 시작하다. 예지난 잘못을 뉘우치고 새사람으로 거듭나기 바란다.

거듭제곱 [거듭쩨곱] 같은 수나 식을 거듭 곱함, 또는 그 값. 거듭제곱하다.

거듭하다 [거드파다] 어떤 일을 되풀이하다. 예역전에 역전을 거듭한 끝에 우리 팀이 이겼다.

거뜬하다 ①물건 등이 생각보다 가볍고 쓰기에 간편하다. ②기분이나 몸이 상쾌하고 개운하다. 예잠을 푹 잤더니 몸이 거뜬하다. ㈜가뜬하다. 거뜬히.

거란 ➡ 거란족.

거란족(―族) 4세기경 중국 동북 지방에서 일어난 부족. 10세기 초 여러 부족을 통일하고 요나라를 세웠다. 발해를 무너뜨리고 고려에 두 차례나 쳐들어왔으나 패퇴하였다. |참고| 거란은 '글단(契丹)'에서 온 말. ㈁거란.

거:래(去來) ①물건을 사고파는 일. 예상품 거래. ②오고 가는 일. 예형은 외국에 사는 친구와 편지 거래를 한다. 거래되다. 거래하다.

거렁뱅이 '비렁뱅이'의 잘못.

거:론(擧論) 어떤 일을 의논의 주제로 삼기 위하여 말함. 거론되다. 거론하다. 예이 문제는 더 이상 거론하지 말자.

거:룩하다 [거루카다] 위대하고 훌륭하다.

거룻배 [거루빼/거룯빼] 돛이 없는 작은 배.

거류(居留) ①어떤 곳에 임시로 머물러 삶. ②외국에 삶. 예해외 거류 동포. 거류하다.

거류민(居留民) 외국에 사는 사람. 예재미(在美) 거류민.

거류민단(居留民團) 같은 민족이 외국에 살면서 스스로 다스리려고 만든 단체. ㉓민단.

거르다[1] 건더기나 찌꺼기가 섞인 액체를 체 등에 받쳐 액체만 받다. 예술을 체로 거르다. |활용| 거르니·걸러.

거르다[2] 정해진 차례를 빼고 그다음 차례로 건너뛰다. 예점심을 걸렀더니 배가 고프다. |활용| 거르니·걸러.

거름 땅을 걸게 하거나 식물을 잘 자라게 하기 위하여 땅에 뿌리거나 흙에 섞거나 하는 영양 물질. [비]비료.

거름 장치(—裝置) 찌꺼기나 건더기가 있는 액체를 거르기 위하여 설치한 기구.

거름종이 찌꺼기나 건더기가 있는 액체를 거르는 데 쓰는 성긴 종이. [비]여과지.

거름흙 [거름흑] 식물을 잘 자라게 하는 양분이 많은 흙.

거리¹ 사람이나 차가 많이 다니는 길. [본]길거리.

거리² ①무엇을 만드는 데 재료가 되는 것. [예]어머니는 반찬 만들 거리를 사려고 시장에 가셨다. ②어떤 행동의 내용이 될 만한 것. [예]일할 거리를 찾다.

거ː리³(距離) ①서로 떨어진 두 곳 사이의 길이. [예]오늘 먼 거리를 걸었더니 피곤하다. ②두 점을 잇는 직선의 길이. [예]평행선 사이의 거리. ③인간관계에서, 서로 서먹한 사이. [예]거리를 두고 사귀다.

거ː리감(距離感) 사이가 멀어진 느낌. [예]그 친구와는 거리감이 느껴진다.

거리끼다 ①어떤 일이 딴 일에 방해가 되다. [예]일하는 데 거리끼는 것은 모두 치워라. ②마음에 걸려 꺼림칙하다. [예]양심에 거리끼는 일은 하지 않겠다.

거리낌 없ː이 꺼림칙하게 여기거나 어색함이 없다. [예]앞뒤가 맞지 않는 표현을 거리낌 없이 써서는 안 된다.

-거리다 '같은 동작을 잇달아 되풀이함'의 뜻으로 쓰이는 말. [예]갸우뚱거리다./동동거리다. [비]-대다.

거마(車馬) 수레와 말.

거마비(車馬費) 《차나 말을 타는 비용이라는 뜻으로》 '교통비'를 이르는 말.

거ː만(倨慢) 남을 업신여기고 잘난 체하는 데가 있음. [비]교만·오만. [반]겸손. **거만하다**. [예]거만한 태도. **거만히**.

거ː머리 ①거머릿과의 동물. 몸길이 3~4cm. 몸의 양 끝에 빨판이 있어 동물의 살에 붙어서 피를 빨아 먹는다. 논이나 못에 산다. ②'바짝 달라붙어 남을 괴롭히는 사람'을 비유하여 이르는 말.

〈거머리①〉

거머안다 [거머안따] 힘있게 마구 휘몰아 안다. [예]나는 공을 빼앗기지 않으려고 거머안았다.

거머쥐다 ①휘감아 꽉 쥐다. [예]화가 난 사내가 거칠게 내 멱살을 거머쥐었다. ②완전히 제 것으로 만들다. [예]이번 대회에서 우리 학교가 우승컵을 거머쥐게 되었다.

거ː멓다 [거머타] 조금 검다. [작]가맣다. [센]꺼멓다. [활용] 거머니·거메.

거ː목(巨木) ①매우 큰 나무. ②'위대한 인물'을 비유하여 이르는 말. [예]삼촌은 연극계의 거목으로 떠올랐다.

거무스레하다 ➡거무스름하다.

거무스름하다 짙지 않고 조금 검다. [예]거무스름한 피부. [준]거뭇하다. [비]거무스레하다. [작]가무스름하다. [센]꺼무스름하다. **거무스름히**.

거무죽죽하다 [거무죽쭈카다] 우중충하게 거무스름하다. [작]가무족족하다. [센]꺼무죽죽하다.

거무칙칙하다 [거무칙치카다] 윤기가 없이 거무스름하다. [예]옷 색깔이 거무칙칙해서 눈에 잘 띄지 않는다.

거무튀튀하다 빛깔이 고르지 못하고 흐리게 거무스름하다. [예]삼촌의 얼굴은 햇볕에 그을려 거무튀튀했다.

거문고 우리나라 고유의 현악기. 밤나무 판 위에 오동나무의 긴 널을 속이 비게 짜 넣고, 그 위에 여섯 줄을 걸어 술대로 줄을 뜯어서 연주한다. 예거문고를 뜯다(타다). 비현학금.

거ː물(巨物) ①거창한 물건. ②사회적으로 큰 영향력을 가진 뛰어난 인물.

거뭇거뭇 [거묻꺼묻] 군데군데 거무스름한 모양. 좡가뭇가뭇. 셍꺼뭇꺼뭇.

거뭇거뭇하다 [거묻꺼무타다] 군데군데 거무스름하다. 예옷에 거뭇거뭇하게 얼룩이 묻었다. 좡가뭇가뭇하다. 셍꺼뭇꺼뭇하다.

거미 거미목의 동물. 몸길이 5~15mm. 몸빛은 검고 머리와 가슴은 한몸이나, 길둥근 배와 잘록하게 경계를 이루고 있다. 가슴에

〈거미〉

는 양쪽 옆으로 각각 4개의 다리가 붙어 있다. 실을 뽑아서 그물을 치고, 그물에 걸린 곤충을 잡아먹고 산다.

거미줄 거미가 꽁무니에서 뽑아낸 줄, 또는 그 줄로 친 그물.

거미줄(을) 늘이다 관용 범인을 잡기 위해 사방으로 수사를 펴다.

거ː부(拒否) 상대편의 요구나 제안을 승낙하지 않고 물리침. 비거절. 반승인. 거부되다. 거부하다. 예그들은 부당한 대우를 거부했다.

거ː부감(拒否感) 새로운 상황이 벌어지거나 제안이 있을 때, 이를 받아들이지 않으려는 마음. 예거부감이 들다.

거ː부권(拒否權) [거부꿘] ①국회에서 통과가 된 법률안에 대하여 대통령이

거부할 수 있는 권리. ②유엔 안전 보장 이사회의 상임 이사국이 어떤 결의에 대해 거부할 수 있는 권리.

거북 거북목의 동물. 몸은 둥글납작하고 단단한 딱지로 싸여 있다. 머리·꼬리와 네 다리를 등딱

〈거북〉

지 안으로 움츠려 감출 수 있다. 바다 또는 뭍에서 물고기·조개·식물 등을 먹고 산다.

거북선(一船) [거북썬] 조선 임진왜란 때 이순신 장군이 만든, 거북 모양의 쇠로 된 배. 세계 최초의 철갑선이다.

거북이 [거부기] '거북'을 흔히 이르는 말.

거ː북하다 [거부카다] ①몸이나 마음이 편안하지 않다. 예나는 다리를 다쳐서 걷기가 거북했다. ②말이나 행동을 하기 어렵다. 예친구의 청을 거절하기가 거북했다.

거ː사¹(巨事) 매우 거창한 일.

거ː사²(擧事) 큰일을 일으킴. 예거사를 모의하다. 거사하다.

거ː상(巨商) 밑천을 많이 가지고 하는 장사, 또는 그런 장사를 하는 사람.

거세다 매우 거칠고 세차다. 예파도가 거세게 출렁인다.

거센말 뜻은 같으나 말의 느낌을 강하게 하기 위하여 거센소리를 쓰는 말. '감감하다'에 대한 '캄캄하다' 등. 좡여린말·센말.

거센소리 거세게 소리 나는 닿소리. 'ㅊ·ㅋ·ㅌ·ㅍ·ㅎ'이 이에 속한다. 비격음. 좡된소리·예사소리.

거ː수(擧手) 찬성의 표시나 경례의 한 방법으로 손을 위로 듦. 거수하다.

거ː수경례(擧手敬禮) [거수경녜] 오른손을 모아 눈썹 끝 부분이나 모자챙 옆까지 올려서 하는 인사. 준거수례.

거스르다[1] ①자연스러운 상태나 흐름에 반대되는 방향을 취하다. [예]냇물을 거슬러 올라가면 동산이 있다. ②자연의 뜻이나 남의 뜻을 거역하다. [예]내가 부모님의 말씀을 거스른 것은 이번이 처음이다. [활용] 거스르니·거슬러.

거슬러 올라가다[관용] 지금으로부터 과거로 따지어 올라가다.

거스르다[2] 큰돈에서 받을 액수를 덜어 내고 남는 것을 내어 주다. [예]1,000원을 내고 200원을 거슬러 받았다. [활용] 거스르니·거슬러.

거스름돈 [거스름똔] 큰돈에서 받을 것을 덜어 내고 남는 액수를 도로 내어 주는 돈. [준]거스름. [비]우수리.

거슬리다 마음이나 입맛 등에 맞지 않고 벗어나다. [예]그의 예의 없는 행동이 눈에 거슬렸다.

거실(居室) 가족이 모여서 생활하는 방.

거ː액(巨額) 많은 액수의 돈. [예]거액의 수표. [비]거금·큰돈. [반]소액.

거ː역(拒逆) 윗사람의 뜻이나 명령을 어겨 거스름. **거역하다**. [예]그는 왕명을 거역한 죄로 처형당했다.

거울 ①빛의 반사를 이용하여 얼굴이나 몸맵시 등을 비추어 보는 물건. ②모범·표본 또는 경계가 될 만한 사실. [예]어린이는 어른의 거울이다. ②[비]귀감.

거울삼다 [거울삼따] 어떤 일을 본보기나 교훈으로 삼다. [예]지난날을 거울삼아 더욱 열심히 해라.

거위 오릿과의 물새. 부리는 누르며, 목이 길고 이마에 혹이 있다. 발가락 사이에 물갈퀴가 있어 헤엄을 잘 치나 멀리 날지는 못한다.

〈거위〉

거의 [거의/거이] 어느 한도에 매우 가까운 정도로. [예]이 책에는 틀린 글자가 거의 없다. [비]거지반.

거ː인(巨人) ①보통 사람보다 몸이 매우 큰 사람. ②큰 업적을 남긴 사람. [예]경제계의 거인. [반]소인.

거ː장(巨匠) 어떤 전문 분야에서 그 능력이 특히 뛰어난 사람. [예]영화계의 거장.

거저 치르는 값이나 조건이 없이. [예]거저 주는 물건은 받지 않겠습니다.

거적 새끼와 짚으로 엮어서 자리처럼 만든 물건. [예]아이들은 마당에 거적을 깔고 앉았다.

거ː절(拒絕) 남의 요구나 제의를 받아들이지 않고 물리침. [비]거부. [반]승낙. **거절되다**. **거절하다**. [예]은숙이는 내 부탁을 거절했다.

거ː점(據點) [거쩜] 활동의 근거가 되는 곳.

거ː제(巨濟) 경상남도 남해안에 있는 시. 거제도와 주변의 여러 섬으로 이루어져 있으며, 대규모 조선소가 들어서 있다.

거ː제 대ː교(巨濟大橋) 경상남도 거제시와 통영시를 잇는 다리. 남해 명물 중의 하나로, 길이 740m, 폭 10m, 높이 53m이다.

거ː제도(巨濟島) 경상남도 진해만의 앞쪽에 있는 섬. 우리나라에서 제주도 다음으로 큰 섬이다.

거ː족적(擧族的) [거족쩍] 온 겨레가 참가하거나 관계되는 것. [예]거족적인 추모 행사.

거주(居住) 일정한 곳에 자리를 잡고 머물러 삶, 또는 그곳. [예]거주 지역. **거주하다**.

거주민(居住民) 일정한 곳에 자리를 잡고 사는 사람. [예]농촌 지역의 거주민이 크게 줄어들었다. [비]주민.

거죽 물체의 겉 부분. [비]표면. [예]거죽이 너덜너덜한 책.

거:중기(擧重器) 지난날, 무거운 물건을 들어 올리는 데 쓰던 기계. ⓗ기중기.

〈거중기〉

거즈(gauze) 소독하여 의료용으로 쓰는, 부드럽고 성긴 무명베. ⓑ가제.

거:지 남에게 구걸하여 먹고 사는 사람. ⓑ걸인·걸개.

거:지꼴 거지같이 초라한 모양. 예집안이 망해 돈 한 푼 없는 거지꼴이 되었다.

거지반(居之半) 절반 이상. ⓒ거반. ⓑ거의.

거:짓 [거짇] 사실과 다른 것. 사실과 어긋나게 말하거나 꾸미는 일. 예거짓 없는 생활 태도. ⓑ허위. ⓟ진실·참. |발음| 거짓이 [거지시]·거짓도 [거짇또]·거짓만 [거진만]

거:짓되다 [거짇뙤다/거짇뛔다] 사실과 달라 참되지 않다. 예거짓된 정보/그는 거짓된 마음을 버리고 착하게 살리라 마음먹었다.

거:짓말 [거진말] 사실과 다르게 꾸며 하는 말. 예새빨간 거짓말. ⓟ정말·참말. 거짓말하다.

거:짓말쟁이 [거진말쟁이] 거짓말을 잘하는 사람.

거:참 〈그것참〉의 준말. 예거참, 딱하게 되었구나.

거:창하다(巨創一) 사물의 모양이나 규모가 엄청나게 크다. 예거창한 계획. ⓑ거대하다. 거창히.

거처(居處) 한군데 자리 잡고 삶, 또는 그곳. 예여기가 나의 거처이다. ⓑ거소. 거처하다.

거:추장스럽다 [거추장스럽따] ①물건 등이 크거나 무거워 다루기가 거북하다. 예이 옷은 치마폭이 넓어서 걸을 때 거추장스럽다. ②일 등이 성가시고 귀찮다. |활용| 거추장스러우니·거추장스러워. 거추장스레.

거치다 ①어떤 장소를 지나거나 잠깐 들르다. 예나는 서점을 거쳐 집으로 갔다. ②어떤 일을 겪다.

거치적거리다 [거치적꺼리다] 자꾸 여기저기 걸리거나 닿아서 방해가 되다. 예치맛자락이 길어서 거치적거린다. ⓑ거치적대다·걸리적거리다.

거치적대다 [거치적때다] ➡거치적거리다.

거친 말: 난폭하거나 막되고 세련되지 못한 말.

거칠거칠 살갗이나 털이 윤기가 없고 거친 모양.

거칠거칠하다 살갗이나 털이 윤기가 없고 거칠다. 예손등이 거칠거칠해서 로션을 발랐다.

거칠다 ①모래·흙 등의 알갱이가 굵다. ②베나 천의 결이 성기고 굵다. 예거친 삼베. ③살갗이나 판자 등의 겉면이 매끄럽지 않다. 예거친 손. ④하는 일이 차분하거나 꼼꼼하지 못하다. 예삼촌은 운전을 거칠게 한다. ⑤성질·말 등이 거세거나 막되다. 예거친 말씨. ⑥물결·바람·날씨 등이 사납다. 예거친 파도. ⑦손버릇이 나쁘다. |활용| 거치니·거칠어.

거칠어지다 [거치러지다] 거칠게 되다. 예거칠어진 피부.

거칠하다 살갗이나 털이 윤기가 없고 거칠다. ⓒ가칠하다. ⓢ꺼칠하다.

거침없다 [거치멉따] ①중간에 걸리거나 막히는 것이 없다. ②아무 거리낌이 없다. 예남수의 행동은 당당하고 거침없었다. 거침없이. 예나는 묻는 말에 거침없이 대답했다.

거푸 잇달아 거듭. 예목이 몹시 말라서 물을 거푸 세 컵을 마셨다. 거푸거푸.

거푸집 쇠붙이를 녹여서 물건을 만드는 데 바탕으로 쓰이는 틀.

거품 액체 속에 공기가 들어가서 둥글게 부풀어 오른 방울. 예비누 거품.

거:행(擧行) ①어떤 일을 정한 대로 함. ②행사나 의식을 차려 치름. 거행되다. 거행하다. 예결혼식을 거행하다.

걱정 [걱쩡] ①어떤 일로 속을 태우거나 마음을 끓임. 비근심. ②아랫사람의 잘못을 나무라는 말. 예잘못하여 어머니께 걱정을 들었다. 걱정되다. 걱정하다.

걱정거리 [걱쩡꺼리] 걱정이 되는 일.

걱정스럽다 [걱쩡스럽따] ①걱정이 됨직하다. 예너의 장래가 걱정스럽다. ②걱정거리가 있어 보이다. |활용| 걱정스러우니·걱정스러워. 걱정스레.

건(件) 사건이나 안건 등을 세는 말. 예한 건의 교통사고.

건:강(健康) ①몸이 아무 탈 없이 정상적이고 튼튼함. ②의식이나 생각이 바르고 건전함. 건강하다. 예건강한 신체와 건강한 정신. 건강히.

건:강 검:진(健康檢診) 몸의 상태가 어떠한지 병원에 가서 여러 가지 검사를 받는 일.

건:강 관리(健康管理) 건강을 지키기 위하여 보살펴서 다스림.

건:강 기록부(健康記錄簿) 건강 상태를 기록하여 두는 장부.

건:강미(健康美) 사람의 건강한 몸에서 나타나는 아름다움. 예건강미가 넘치다.

건:강식품(健康食品) 사람의 건강에 좋다는 여러 가지 식품을 통틀어 이르는 말. 농약을 쓰지 않고 가꾼 채소나, 버섯·미역·현미 등.

건:강 진:단(健康診斷) 건강한 상태인지 아닌지를 의사가 자세히 검사하는 일.

건곤감리(乾坤坎離) [건곤감니] 태극기의 모서리에 그려진 네 개의 괘. 각각 하늘·땅·물·불을 뜻한다.

건괘(乾卦) 태극기에 그려져 있는 팔괘의 하나. '☰' 모양이며 '하늘'을 상징한다.

건구 온도계(乾球溫度計) 건습구 습도계에 쓰는 한 쌍의 온도계 중에서 수은이 든 둥근 부분을 젖은 헝겊으로 싸지 않은 온도계. 참습구 온도계.

건:국(建國) 새로 나라를 세움. 예고조선의 건국. 비개국. 건국되다. 건국하다.

건:국 신화(建國神話) 나라의 기원에 관한 신화. 대개 신의 조화나 힘으로 나라를 세웠다는 내용의 설화로 되어 있다.

건기(乾期) 〈건조기〉의 준말. 반우기.

건:너 일정한 공간을 사이에 둔 맞은편. 예강 건너 마을.

건:너가다 일정한 공간을 건너서 맞은쪽으로 가다. 예우리는 횡단보도를 건너갔다. 반건너오다.

건:너다 ①길·강·바다 등을 지나 저편으로 가거나 이편으로 오다. 예철호는 강 저편으로 가기 위해 다리를 건넜다. ②끼니·차례 등을 거르다. 예나는 속이 거북해 점심을 건넜다. ③입·사람 등을 통해 전해지다. 예소문은 여러 사람의 입을 건너 전해졌다.

건:너다니다 큰길·강 등을 건너서 왔다 갔다 하다. 예이 다리는 사람들이 많이 건너다닌다.

건:너다보다 ①공간을 사이에 두고 한쪽에서 맞은쪽을 바라보거나 살피다. 예나는 강 맞은편을 건너다보았다. ②남의 것을 탐내어 넘겨다보다.

건:너뛰다 ①맞은편까지 뛰다. 예찬호는 도랑을 건너뛰었다. ②차례를 거르다. 예차례를 건너뛰다. ③중간 단계를 거치지 않고 오르거나 내리다.

건ː너오다 일정한 공간을 건너서 이쪽으로 오다. 예우리는 배를 타고 강을 건너왔다. 맨건너가다.

건ː너지르다 긴 물건을 이쪽에서 저쪽까지 양 끝이 닿도록 가로로 대어 놓다. 예계곡을 건너질러 구름다리를 놓았다. |활용| 건너지르니·건너질러.

건ː너편(一便) 마주 향한 저쪽 편. 맨은편.

건ː넌방(一房) 대청을 사이에 둔, 안방의 맞은편에 있는 방.

건ː널목 ①철로와 도로가 서로 엇갈린 곳. 예철도 건널목. ②강·내·길 등을 건너다니게 된 일정한 곳.

건ː넛마을 [건넌마을] 건너편에 있는 마을.

건ː넛방(一房) [건너빵/건넏빵] 마당을 사이에 두고 건너편에 있는 방.

건ː넛산(一山) [건너싼/건넏싼] 건너편에 있는 산.

건ː넛집 [건너찜/건넏찜] 건너편에 있는 집.

건ː네다 ①건너게 하다. 예강을 건네다./길을 건네다. ②남에게 말을 붙이다. 예나는 친구에게 농담을 건넸다. ③돈·물건 등을 남에게 옮기다. 예계약금을 건네다.

건ː네받다 [건네받따] 물건을 남에게서 옮겨 받다. 예나는 친구에게서 작은 꾸러미 하나를 건네받았다. 맨건네주다.

건ː네주다 ①건너게 해 주다. ②돈·물건 등을 남에게 옮겨 주다. 예나는 준호에게 지우개를 건네주었다. 맨건네받다.

건달(乾達) 하는 일 없이 빈둥빈둥 놀면서 난봉을 부리고 돌아다니는 사람.

건더기 ①국·채소 등의 국물에 잠겨 있는 고기나 채소. ②액체에 있는 풀리지 않은 덩어리. ③내세울 만한 일의 내용. 예이야기할 건더기가 없다.

건데기 ①'건더기'의 잘못. ②'건더기'의 북한말.

건ː드리다 ①손이나 발 등으로 만지거나 대다. 예봉선화는 살짝만 건드려도 씨방이 터진다. ②남의 마음을 상하게 하다. 예자존심을 건드리다. 중건들다.

건들거리다 ①이리저리 가볍게 천천히 흔들리다. 예수양버들 가지가 봄바람에 건들거린다. ②하는 일 없이 빈둥거리다. 예그렇게 건들거리며 돌아다니지만 말고 공부 좀 해라. 맨건들대다.

건들건들 자꾸 건들거리는 모양. 예삼촌은 요즘 다니던 회사를 그만두고 집에서 건들건들 지낸다.

건ː들다 〈건드리다〉의 준말. 예왜 허락도 없이 남의 물건을 건들고 그래?

건들대다 ➡ 건들거리다.

건ː립(建立) [걸립] 건물·탑·동상 등을 만들어 세움. 건립되다. 건립하다. 예회관을 건립하다.

건ː망증(健忘症) [건망쯩] 기억력이 부족하여 잘 잊어버리는 증세. 중건망.

건ː물(建物) 사람이 들어가 살거나 그 밖의 여러 가지 목적으로 지은 집.

건ː반(鍵盤) 피아노·오르간 등의 손으로 치게 된 부분.

건ː반 악기(鍵盤樂器) 피아노나 오르간과 같이 '건반이 있는 악기'를 통틀어 이르는 말.

건방지다 지나치게 잘난 체하여 주제넘은 행동을 하다. 예그는 말하는 게 건방져 보인다.

건배(乾杯) 경사를 축하하거나, 성공이나 건강을 빌며 여럿이 술잔을 들어 마시는 일. 맨축배. 건배하다.

건빵(乾一) 오래 두거나 가지고 다니기 편리하도록 딱딱하게 만든 밀가루 과자의 한 가지.

건사 ①자신의 일을 잘 돌보아 바로잡음. ②잘 간수함. 건사하다. 예혼자 몸도 건사하지 못하면서 남을 도우려 하느냐?/그는 아버지께 물려받은 가보를 잘 건사해 두었다.

건:설(建設) 건물이나 그 밖의 시설물을 만들어 세움. 빤파괴. 건설되다. 건설하다.

건:설적(建設的) [건설쩍] 어떤 일을 잘되게 하려고 하는 것. 빤파괴적.

건:설 회:사(建設會社) 토목·건축 등에 관한 공사를 맡아 하는 회사.

건성¹ ①진심으로 하지 않고 겉으로만 함. 예아이는 건성으로 '네.'하고 말했다. ②속뜻 없이 겉으로만 대강.

건성²(乾性) 건조한 성질.

건수(件數) [건쑤] 사건이 일어난 수. 예해마다 교통사고 건수가 늘어나고 있다.

건습구 습도계(乾濕球濕度計) 물이 증발하는 정도의 차이를 재어, 공기 중의 습도를 알 수 있도록, 건구와 습구 두 개의 수은 온도계를 나란히 장치한 습도계. 준건습계.

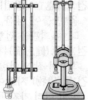

〈건습구 습도계〉

건:실하다(健實一) 건전하고 착실하다. 예연희는 생활 태도가 건실하다. 건실히.

건:아(健兒) [거나] 씩씩하고 굳센 사나이. 예대한의 건아.

건어물(乾魚物) [거너물] 말린 물고기. 준건어.

건어물전(乾魚物廛) [거너물전] 건어물을 파는 가게.

건:의(建議) [거늬/거니] 어떤 문제에 대하여 의견이나 희망 사항을 냄, 또는 그 의견이나 희망 사항. 예건의 사항. 건의되다. 건의하다.

건:의서(建議書) [거늬서/거니서] 건의 내용을 적은 문서. 빤건의문.

건:의함(建議函) [거늬함/거니함] 건의 내용을 적어서 넣게 만든 통이나 상자.

건:장하다(健壯一) 몸이 크고 굳세다. 예건장한 청년. 건장히.

건:재¹(建材) 건축에 쓰이는 재료. 시멘트·모래·벽돌·자갈 등.

건재²(乾材) 한방에서, 아직 조합하여 약으로 만들지 않은 재료.

건:재³(健在) 아무 일 없이 잘 있음. 건재하다.

건:전(健全) ①몸이나 마음이 튼튼하고 온전함. ②조직 등의 활동이나 상태가 건실하고 정상임. 건전하다. 예건전한 회사. 건전히.

건전지(乾電池) 탄소 막대를 양극, 아연을 음극으로 하고, 그 사이에 염화암모늄·이산화망간·탄소 가루 등을 섞어 넣은 전지.

건:조¹(建造) 건물이나 배 등을 세우거나 만듦. 건조되다. 건조하다. 예유조선을 건조하다.

건조²(乾燥) ①습기나 물기가 없는 마른 상태. ②분위기·환경 등이 여유나 윤기 없이 메마름. 건조되다. 건조하다. 예활력이 없는 건조한 생활.

건조기¹(乾燥期) 기후가 건조한 시기. 준건기.

건조기²(乾燥機) 물기를 말리는 기계. 예식기 건조기.

건조 기후(乾燥氣候) 기후 종류의 한 가지. 강우량이 증발량보다 적은 지방의 기후. 연 강수량은 500mm 미만이다.

건조 지대(乾燥地帶) 강우량이 적어서 나무가 잘 자라지 않는 초원이나 사막 지대.

건지다 ①액체 속에 들어 있는 것을 밖으로 집어내다. 예나는 국에서 건더기만 건져 먹었다. ②어려운 경우에 처한 것을 도와 벗어나게 하다.
③사업 등에 댄 자금을 날리지 않고
도로 거두다.

건초(乾草) 베어 말린 풀. ㊤마른풀.

건ː축(建築) 건물을 만드는 일. 또는
그 건물. 건축되다. 건축하다.

건ː축가(建築家)[건축까] 건축 설계,
건축 공사의 감독 등을 전문으로 하
는 사람.

건ː축물(建築物)[건충물] 건축된 구조
물. 가옥·창고 등.

건ː축 양식(建築樣式) 건축물의 모양
이나 짓는 방식.

건ː투(健鬪) 씩씩하게 잘 싸움. 건투
하다.

건ː평(建坪) 건물의 바닥이 차지하는
넓이를 '평'으로 나타낸 숫자. 예건평
50평의 주택.

건포도(乾葡萄) 말린 포도.

걷ː다¹[걷따] 발을 번갈아 떼면서 나아
가다. 예천천히 걸어라. |활용| 걸으
니·걸어.

걷다²[걷따] ①감아서 올리다. 예나는
소매를 걷어 올렸다. ②밑바닥에 깔
리거나 널린 것을 치우다. 예멍석을
걷다. ③늘여 있는 것을 말아 올리거
나 치우다. 예빨래 좀 걷어라. ④물
건·돈 등을 받아들이다. 예회비를
2,000원씩 걷기로 했어. ⑤구름·안개
등이 흩어져서 없어지다.

걷어붙이다[거더부치다] 소매나 바짓
가랑이를 걷어서 올리다. 예우리는
바짓가랑이를 걷어붙이고 강을 건
넜다.

걷어차다[거더차다] ①발길로 세게
차다. 예수영이는 발로 내 엉덩이
를 걷어찼다. ②일방적으로 관계를
끊다.

걷잡다[걷짭따] 잘못 치닫거나 기우는
형세를 바로잡다. 예걷잡을 수 없는
불길.

걷히다[거치다] ①덮였던 구름 등이
없어지다. 예안개가 걷히고 해가 떴
다. ②돈·물건 등이 거두어지다. 예물
건값이 잘 걷혔다.

걸¹ 윷놀이에서, 윷짝이 한 개만 엎어
지고, 나머지 세 개는 모두 잦혀진 경
우를 이르는 말. ㉯도¹·개²·윷·모².

걸² '것을'의 준말. 예친구가 아픈 걸
몰랐다.

걸개(乞丐) ➡거지.

걸걸하다 목소리가 좀 갈라진 듯하면
서 우렁차다. 예걸걸한 목소리.

걸ː다¹ ①물건을 어떤 곳에 걸쳐 놓
다. 예선생님은 벽에 그림을 걸었다.
②문이 열리지 않도록 잠그다. 예자
물쇠를 걸다. ③계약이나 내기의 조
건으로 내놓다. 예범인을 잡는 데 상
금을 걸었다. ④상대편에게 영향이
미치는 행동을 하다. 예나는 민수에
게 싸움을 걸었다. ⑤기계 등이 움직
이게 하다. 예아빠는 차에 시동을 거
셨다. ⑥내걸다. 예태극기를 걸다.
⑦전화기를 돌려 통화가 되게 하다.
예나는 친구에게 전화를 걸었다.
|활용| 거니·걸어.

걸ː다² ①땅이 기름지고 양분이 많다.
예땅이 걸어서 채소가 잘 자란다. ②차
린 음식이 가짓수가 많고 푸짐하다.
③말씨가 거칠고 험하다. 예'욕쟁이
할머니'란 입이 걸어서 붙은 별명이
다. |활용| 거니·걸어.

걸레 더러운 것을 닦거나 훔쳐 내는 데
쓰는 헝겊.

걸레질 걸레로 닦거나 훔치는 일. 걸
레질하다.

걸려들다 ①그물이나 낚시에 걸려 잡
히다. 예그물에 걸려든 것은 금빛 붕
어였다. ②꾐에 빠지다. 예아차, 적의
함정에 걸려들었구나! |활용| 걸려드
니·걸려들어.

걸리다¹ ①어떤 것이 멈추어져 있다.

예생선을 먹다가 목에 가시가 걸렸다. ②그물·낚시·덫 등에 잡히다. 예꿩이 덫에 걸렸다. ③미리 꾸며진 계략 등에 들어가다. 예적의 계략에 걸리다. ④어떤 병이 들다. 예날씨가 추워서인지 동생이 감기에 걸렸다. ⑤시간이 소요되다. 예2km를 걷는 데 40분 걸렸다. ⑥만족스럽지 않아 마음이 편안하지 않다. 예친구들이 비웃는 말이 귀에 걸린다. ⑦해·달 등이 하늘에 떠 있다. 예해가 서산마루에 걸려 있다.

걸리다² 걸음을 걷게 하다. 예아이를 걸리고 가는 아주머니.

걸리버 여행기(Gulliver旅行記) 영국의 작가 스위프트가 지은 풍자 소설. 주인공 걸리버가 항해하는 도중 배가 부서져, 소인국·대인국·섬나라·말나라 등을 떠돌아다니며 이상한 경험을 한다는 이야기이다.

걸리적거리다 [걸리적꺼리다] 자꾸 여기저기 걸리거나 닿아서 방해가 되다. 예엄마 일하는 데 걸리적거리지 말고 저기 가서 놀아라. 비걸리적대다·거치적거리다.

걸리적대다 [걸리적때다] ➡걸리적거리다.

걸림돌 [걸림똘] 《발길에 걸려 걸을 때 방해가 되는 돌이라는 뜻으로》 '무슨 일을 하는 데 있어 방해가 되는 일'을 비유하여 이르는 말. 예게으른 성격이 너의 앞길에 걸림돌이 될 것이다.

걸:맞다 [걸맏따] 분위기와 사정에 자연스럽게 어울릴 만큼 비슷하다. 예모자에 걸맞은 옷차림.

걸머지다 ①줄로 짐을 걸어서 등에 지다. 예나는 배낭을 어깨에 걸머졌다. ②빚을 지다. ③책임 등을 맡아 지다.

걸:상(一床) [걸쌍] 걸터앉을 수 있게 만든 의자.

걸:쇠 [걸쐬/걸쒜] 문을 걸어 잠그기 위하여 문에 다는 'ㄱ'자 모양의 쇠.

걸 스카우트(Girl Scouts) 전 세계적으로 조직되어 있는 소녀들의 수양·교육 단체. 1912년 미국에서 시작되었다. 비소녀단. 반보이 스카우트. |잘못| 걸 스카웃.

걸식(乞食) [걸씩] 음식을 남에게 구걸하여 먹음. 걸식하다.

걸신들리다(乞神一) [걸씬들리다] 굶주려서 음식을 몹시 탐내다. 예영호는 걸신들린 듯이 음식을 먹어 치웠다.

걸어가다 [거러가다] 뛰거나 탈것을 이용하지 않고 걸어서 가다. 예아기가 아장아장 걸어간다.

걸어오다¹ [거러오다] 뛰거나 탈것을 이용하지 않고 걸어서 오다. 예미주는 학교에서 집까지 걸어왔다.

걸어오다² [거러오다] 말이나 수작 등을 상대편에서 먼저 붙여 오다. 예한 친구가 싸움을 걸어왔다.

걸어 잠그다 문이나 서랍을 닫고, 자물쇠 등으로 잠가 열리지 않게 하다. 예나는 무서워서 방문을 걸어 잠갔다.

걸음 [거름] ①걷는 동작. 예동생은 걸음이 느리다. 비발걸음. ②발걸음의 횟수를 셀 때 쓰이는 말. 예한 걸음.

　걸음아 날 살려라[관용] 달아날 때, '다급한 마음으로 발걸음을 바쁘게 움직임'을 이르는 말.

걸음걸이 [거름거리] 걸음을 걷는 모양새. 예힘찬 걸음걸이.

걸음마 [거름마] 어린아이가 처음 걸음을 배울 때의 걸음걸이.

걸인(乞人) [거린] ➡거지.

걸작(傑作) [걸짝] ①매우 뛰어난 작품. 비명작. 반졸작. ②'익살스럽고 시원스런 말이나 행동, 또는 그런 말이나 행동을 하는 사람'을 비꼬아 이르는 말. 예하는 짓이 걸작이네.

걸쭉하다 [걸쭈카다] ①액체가 묽지 않고 꽤 진하다. 예엄마는 단팥죽을 걸쭉하게 쑤어 주셨다. ②말이 거리낌이 없고 험하다. 예걸쭉한 말솜씨.

걸:치다 ①긴 것의 양 끝을 맞닿아 이어지게 하다. 예삼촌은 사다리를 걸치고 지붕으로 올라갔다. ②옷 등을 아무렇게나 입거나 뒤집어쓰다. 예나는 점퍼를 몸에 걸치고 나갔다. ③시간이 어느 시점까지 걸리다. 예16년에 걸쳐 만들어진 작품. ④공간이 어느 범위까지 미치다. 예전국에 걸쳐 번지는 독감.

걸:터앉다 [걸터안따] 궁둥이를 걸치고 앉다. 예우리는 마루에 걸터앉아 이야기를 나누었다.

걸핏하면 [걸피타면] 조금이라도 무슨 일이 있기만 하면 바로. 예너는 왜 걸핏하면 화를 내니?

검:(劍) 무기로 쓰이는, 길고 큰 칼. 예기사들은 검을 마구 휘둘렀다.

： ： ： ： '검'과 '칼'의 구별 ： ： ： ：

검 : 무기나 자기 수양을 위한 도구로 쓰인다. 주로 날이 양쪽으로 있는 것을 이른다. 예박물관에서 조선 시대 장군이 사용하던 검을 보았다./ ×검으로 연필을 깎았다.

칼 : 물건을 베거나 깎거나 써는 데 쓰는 도구로, 학용품·생활용품 등에 두루 쓰인다. 무기로 사용하는 것을 이르기도 한다. 예칼로 참외를 깎다.

검:객(劍客) 검을 잘 쓰는 사람. 🗎검술사.

검:거(檢擧) 수사 기관에서 죄를 지은 사람을 잡아감. 검거되다. 검거하다. 예경찰이 범인을 검거했다.

검:다 [검따] ①빛깔이 숯빛이나 먹빛 같다. 예검은 눈동자. 🗎희다. 🗎감

다. 🗎껌다. ②마음이 정직하지 못하고 엉큼하다. 예검은 속셈.

검댕 연기나 그을음 등이 맺혀서 된 검은 물질.

검:도(劍道) ①검술을 인격 수양의 도(道)로 보고 이르는 말. ②스포츠의 한 가지. 죽도로 상대편을 치거나 찔러서 승부를 겨루는 경기.

〈검도②〉

검둥이 ①털이 검은 개를 귀엽게 이르는 말. ②'살갗이 검은 사람'이나 '흑인'을 속되게 이르는 말. 🗎껌둥이.

검:문(檢問) 경찰관이나 헌병이 사람이나 차를 멈추게 하고 신분을 조사하는 일. 예불심 검문. 검문하다.

검:버섯 [검버섣] 늙은 사람의 살갗에 생기는 거무스름한 점. 예검버섯이 낀 할머니 얼굴.

검불 마른풀·낙엽·지푸라기 등을 통틀어 이르는 말.

검:붉다 [검북따] 검은빛을 띠면서 붉다. 예검붉은 피.

검:사¹(檢事) 죄를 지은 사람을 조사하고 소송하여, 재판을 통하여 벌을 받도록 하는 일을 맡은 공무원.

검:사²(檢査) 옳고 그름, 좋고 나쁨 등을 살펴 검토하거나 조사하여 결정함. 예숙제 검사. 검사되다. 검사하다. 예시력을 검사하다.

검:사원(檢査員) 검사를 하는 사람.

검:산(檢算) 계산의 맞고 안 맞음을 검사함, 또는 그렇게 하는 계산. 검산하다. 예나는 곱셈이 맞았는지 검산했다.

검:색(檢索) ①검사하고 찾아봄. 예인터넷 검색. ②범인이나 죄의 증거물을 찾기 위해 사람이 사는 집을 뒤짐. 검색하다.

검ː색대(檢索臺) [검색때] 공항에서 승객의 소지품이나 짐을 검사하는 곳.
검ː색어(檢索語) [검새거] 인터넷에서 필요한 정보를 찾을 때 입력하는 말.
검ː색 엔진(檢索engine) 인터넷에서 필요한 정보를 찾아 주는 프로그램.
검ː색창(檢索窓) 인터넷에서 필요한 정보를 찾을 때, 찾으려는 말을 입력하는 곳.
검ː소(儉素) 꾸밈이 없이 수수함. [반]사치. **검소하다**. [예]검소한 생활.
검ː술(劍術) ①검을 쓰는 기술. ②죽도로 승부를 겨루는 경기의 한 가지. [비]검도.
검ː약(儉約) [거먁] 낭비하지 않고 검소하며 아껴 씀. [비]절약. **검약하다**. [예]검약한 생활.
검ː역(檢疫) [거멱] 공항이나 항구에서 외국에서 온 사람·물건·동식물에 병균이 있는지 검사함. **검역하다**. [예]수입 농산물을 검역하다.
검ː열(檢閱) [검녈/거멸] ①검사하고 조사하며 봄. [예]장부 검열. ②언론·출판·우편물 등의 내용을 미리 검사해 그 발표를 제한함. **검열되다**. **검열하다**.
검은깨 [거믄깨] 검은 참깨.
검은빛 [거믄빋] 먹의 빛깔과 같은 빛. [비]검은색. [반]흰빛.
검은색(―色) [거믄색] 먹의 빛깔과 같은 색깔. [비]흑색·검은빛. [반]흰색.
검은콩 [거믄콩] 낟알 껍질의 빛깔이 검은빛인 콩. [비]검정콩·흑태.
검ː인(檢印) [거민] 서류나 물건을 검사한 표시로 도장을 찍는 일, 또는 그 도장. **검인하다**.
검정 검은 빛깔. 또는 검은 물감. [반]하양. [센]껌정.
검ː정고시(檢定考試) 어떤 자격을 얻는 데 필요한 지식이나 기술이 있는지를 심사하기 위해 치르는 시험. [준]검정.
검정색(―色) 검은 색깔. [비]흑색.
검정콩 ➡검은콩.
검ː지(―指) ➡집게손가락.
검ː진(檢診) 병이 있는지를 검사하기 위해 하는 진찰. **검진하다**.
검ː찰(檢察) ①검사하여 사정을 밝힘. ②범죄를 조사하여 증거를 수집함. ③〈검찰청〉의 준말. **검찰되다**. **검찰하다**.
검ː찰청(檢察廳) 중앙 행정 기관의 하나. 범죄 수사, 공소 제기 등에 관한 일을 맡아본다. [준]검찰.
검ː출(檢出) 어떤 성분이 있는지 검사하여 찾아냄. **검출되다**. [예]외국에서 수입된 과일에서 농약이 검출되었다. **검출하다**.
검ː침(檢針) 전기·수도·가스 등을 얼마나 사용했는지 알아보려고 계량기 숫자를 조사함. [예]가스 검침. **검침하다**.
검ː토(檢討) 내용을 자세히 살피면서 따져 봄. **검토되다**. **검토하다**. [예]안건을 검토하다.
검ː푸르다 검은빛이 나면서 푸르다. [예]남해의 검푸른 바다. [작]감파르다. |활용| 검푸르니·검푸르러.
겁(怯) 무서워하거나 두려워하는 마음. [예]아이가 겁에 질려 얼굴이 하얘졌다.
겁나다(怯―) [검나다] 무섭고 두려운 마음이 생기다. [예]사나운 개를 보니 겁난다.
겁내다(怯―) [검내다] 무서워하거나 두려워하는 마음을 가지다. [예]나는 물을 겁내서 수영을 못 한다.
겁먹다(怯―) [검먹따] 무서워하는 마음을 가지다. [예]수미가 겁먹은 얼굴로 내 손을 잡았다.
겁보(怯―) [겁뽀] 겁이 많은 사람. [예]내 동생은 무서운 영화를 못 보는 겁보다. [비]겁쟁이.
겁쟁이(怯―) [겁쨍이] 겁이 많은 사람. [비]겁보. |잘못| 겁장이.

겁주다(怯—) [겁쭈다] 무섭거나 두려운 마음이 들도록 만들다. [예]너 나한테 겁주려고 그런 말 하는 거지?

것 [걷] ①사물·현상·존재 등의 이름 대신 쓰이는 말. [예]마실 것을 다오. ②'소유물임'의 뜻으로 쓰이는 말. [예]이 책은 내 것이다. ③'확신·결심·결정'의 뜻으로 쓰이는 말. [예]너는 꼭 성공할 것이다. ④'추측'의 뜻으로 쓰이는 말. [예]지금쯤 제주도에 도착했을 것이다. [준]거. [발음] 것이[거시]·것도[걷또]·것만[건만]

겅중겅중 두 다리를 모아서 위로 자꾸 뛰는 모양. [예]현주는 100점 맞은 시험지를 들고 겅중겅중 뛰면서 집으로 돌아갔다. [센]껑충껑충.

겉 [걷] 밖으로 드러나 보이는 쪽. [비]표면. [반]속. [발음] 겉이[거치]·겉도[걷또]·겉만[건만]

겉껍질 [걷껍찔] 겉에 있는 껍질. [예]밤은 알맹이가 단단한 겉껍질에 싸여 있다. [비]외피. [반]속껍질.

겉넓이 [건널비] 물체 겉면의 넓이. [비]표면적.

겉늙다 [건늑따] ①나이에 비해 더 늙은 티가 나다. ②보람 없이 나이만 헛되이 많이 먹다.

겉대중 [걷때중] 사실을 정확하게 파악하지 않고 겉만 보고 미루어 헤아리는 짐작. **겉대중하다**.

겉돌다 [걷똘다] ①친구끼리 어울리지 못하고 따로 떨어져 밖으로 돌다. [예]전학 온 숙희는 늘 혼자 겉돌았다. ②기계·바퀴 등이 구실을 제대로 못하고 헛돌다. [예]길이 미끄러워 차바퀴가 겉돈다. [활용] 겉도니·겉돌아.

겉멋 [건먿] 실속 없이 겉으로만 멋을 내는 일.

겉면(—面) [건면] 겉으로 드러난 면. [비]표면. [반]내면.

겉모습 [건모습] 겉으로 드러난 모습. [예]사람은 겉모습만 보고는 속마음을 알 수 없다. [비]겉모양·외모.

겉모양(—貌樣) [건모양] 겉으로 나타난 모양. [비]겉모습.

겉보기 [걷뽀기] 겉으로 드러나 보이는 모양새. [예]준혁이는 겉보기와는 달리 건강하다.

겉봉(—封) [걷뽕] ①봉투. 또는 봉투의 거죽. ②편지를 봉투에 넣은 다음 다시 싸서 봉한 종이.

겉불꽃 [걷뿔꼳] 산소와 반응을 하여 완전히 타는, 불꽃의 맨 바깥 부분. 불꽃의 온도가 가장 높은 부분이다. [반]속불꽃.

겉옷 [거돋] 몸의 겉에 입는 옷. [비]외의·웃옷. [반]속옷.

겉장(—張) [걷짱] 책에서 맨 겉에 있는 껍데기. [비]표지. [반]속장.

겉절이 [걷쩌리] 배추나 상추 등을 양념에 바로 무쳐 먹는 반찬.

겉치레 [걷치레] 겉만 보기 좋게 꾸밈. [예]이 물건은 겉치레만 그럴듯하지 실속이 없다.

겉표지(—表紙) [걷표지] 책의 앞뒤 겉장. [참]속표지.

겉흙 [거특] 땅의 맨 위에 있는 흙. [비]표토.

게ː[1] 꽃게·농게·칠게 등의 동물을 통틀어 이르는 말. 몸은 납작하며 등딱지로 덮여 있고, 양옆으로 각각 다섯 개의 발이 있다. 물속에 살며 옆으로 기어 다닌다.

〈게1〉

게[2] ①〈거기〉의 준말. [예]게 누구 없느냐? ②'것이'의 준말. [예]저는 칭찬받을 만한 일을 한 게 없습니다.

게ː거품 ①게가 토하는 거품 모양의 침. ②사람이 몹시 괴롭거나 흥분할 때 입에서 나오는 거품 같은 침.

게걸스럽다 [게걸스럽따] 보기 흉하게 음식을 마구 먹거나 물건을 몹시 탐내는 태도가 있다. [예]음식을 게걸스럽게 먹지 마라. [활용] 게걸스러우니·게걸스러워. **게걸스레**.

게ː걸음 [게거름] 게처럼 옆으로 걷는 걸음.

게다가 ①그런데다가. 또 더하여. [예]동생은 얼굴이 예쁘고 게다가 마음씨도 착하다. ②거기에다가. [예]들고 있지 말고 게다가 놓아라.

게ː딱지 [게딱찌] ①게의 등딱지. ②'집이 아주 허술하고 작음'을 비유하여 이르는 말.

게ː르다 〈게으르다〉의 준말. [활용] 게르니·겔러. [잘못] 겔르다.

게릴라(guerrilla) 작은 규모의 무장 단체가 적의 후방을 뒤흔들어 어지럽히는 전투 방법, 또는 그런 부대. [비]유격대.

게사니 '거위'의 북한말.

게스트(guest) ①모임에 초대받은 손님. ②방송 등에 초대된 특별 출연자.

게슴츠레하다 졸리거나 술에 취해 눈이 거의 감기고 흐리멍덩하다. [예]명희는 졸음이 와서 게슴츠레한 눈으로 엄마를 바라보았다.

게ː시(揭示) 여러 사람에게 알리려고 내붙이거나 내걸어 보게 함, 또는 그 글. **게시되다**. **게시하다**.

게ː시판(揭示板) 여러 사람에게 알리기 위한 글·그림·사진 등을 붙이는 판.

게ː아재비 장구애빗과의 곤충. 몸길이 4cm가량. 몸은 가늘고 길며 옅은 갈색이다. 연못이나 늪에서 산다.

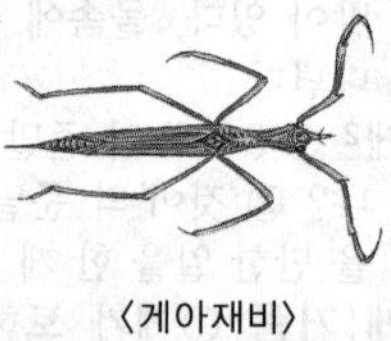

〈게아재비〉

게ː양(揭揚) 높이 겖. **게양되다**. **게양하다**. [예]국기를 게양하다.

게ː양대(揭揚臺) 기 등을 걸기 위하여 높이 만든 대.

게우다 먹은 것을 도로 입 밖으로 내어놓다. [예]나는 멀미가 나서 먹은 것을 다 게웠다.

게으르다 행동이 느리고 일하기 싫어하는 성질과 버릇이 있다. [예]게으른 사람. [준]게르다. [반]부지런하다. [활용] 게으르니·게을러.

게으름 일하기를 싫어하는 성질이나 버릇. [예]게으름 피우지 말고 부지런히 공부해라. [작]개으름.

게으름뱅이 '게으른 사람'을 얕잡아 이르는 말.

게으름쟁이 게으른 사람.

게을리 게으르게.

게을리하다 할 일을 부지런히 하지 않다. [예]나는 공부를 게을리하여 시험에 떨어졌다.

게이머(gamer) 컴퓨터 게임을 직업으로 하는 사람.

게이트볼 나무망치로 공을 쳐서 세 개의 문을 차례로 거쳐 골대에 맞히는 경기. [참고] 게이트볼은 'gate'와 'ball'이 합쳐서 된 말.

게임(game) ①규칙을 정해 놓고 승부를 겨루는 놀이. [비]오락. ②운동 경기.

게임기(game機) 게임을 즐길 수 있게 만든 오락 기구.

게임방(game房) 컴퓨터 게임을 하는 데 필요한 시설을 갖추어 놓은 곳. [비]피시방.

게임 세트 각종 경기에서, 경기의 승부가 끝났음을 이르는 말. [참고] 게임 세트는 'game and set'에서 온 말.

게ː장(—醬) ➡게젓.

게ː재(揭載) 신문·잡지 등에 글이나 그림 등을 실음. **게재되다**. **게재하다**.

게ː젓 [게젇] 끓여 식힌 간장에 산 게를 넣어서 삭힌 후에, 양념을 하여 담근 젓. [비]게장.

겨 벼·보리 등의 곡식을 찧어 벗겨 낸 껍질을 통틀어 이르는 말.

겨냥 ①목표물을 겨눔. ②어떤 물건에 겨누어 정한 치수나 모양. **겨냥하다**. 예참새를 겨냥하여 총을 쏘았다.

겨냥도(一圖) 건물 등의 모양·배치를 알기 쉽게 그린 그림.

겨누다 ①활이나 총 등을 쏠 때 목표물의 방향과 거리를 똑바로 잡다. 예사냥꾼은 사슴을 향해 총을 겨누었다. ②물체의 길이·넓이 등을 알기 위하여, 다른 물체를 마주 대어 보다.

겨드랑이 가슴 양쪽 옆, 어깨 밑의 오목하게 들어간 부분. 준겨드랑.

겨레 한 조상의 피를 이어받은 자손들. 비민족·동포.

겨레말 한 겨레가 같이 쓰는 말. 예한국어는 우리의 겨레말이다.

겨레붙이 [겨레부치] 같은 겨레를 이룬 사람.

겨루기 태권도에서, 기술의 활용과 시간에 아무런 제한 없이 공격법과 방어법을 동시에 단련하는 일. 비대련.

겨루다 서로 승부를 다투다. 예우리는 그동안 닦아 온 실력을 겨루었다.

겨를 바쁜 가운데서 달리 활용할 수 있는 시간. 준결. 비여가·짬.

겨우 ①어렵게 힘들여. 예나는 감기에 걸려서 학교에 겨우 갔다. 비가까스로. ②넉넉하지 못하게. 예한 시간 동안 겨우 요만큼밖에 못 했니? 비고작·기껏. **겨우겨우**.

겨우내 온 겨울 동안. 예봄이 되자 겨우내 얼었던 땅이 녹기 시작했다.

겨우살이[1] [겨우사리] ①겨울 동안 입고 먹고 지낼 옷이나 양식 등. ②겨울을 나는 일. 예겨우살이 준비. 비월동. |잘못| 겨울살이.

겨우살이[2] [겨우사리] 겨우살잇과의 늘푸른떨기나무. 3월에 가지 끝에 노란 꽃이 피고, 열매는 10월에 노랗게

익는다. 참나무·밤나무 등에 기생하여 자란다.

겨울 한 해의 네 철 가운데 넷째 철. 가을과 봄 사이의 계절로 입동부터 입춘 전까지를 이른다.

겨울날 [겨울랄] 겨울철의 날. 겨울철의 날씨.

겨울눈 [겨울룬] 가을에 나서 겨울을 넘기고 그 이듬해 봄에 싹트는 나무눈. 비늘잎으로 싸여 있다. 반여름눈.

겨울 방학(一放學) 겨울에 추울 때 얼마 동안 학교 수업을 쉬는 일.

겨울새 [겨울쌔] 가을에 북쪽에서 날아와 우리나라에서 겨울을 나고, 봄에 다시 북쪽으로 날아가 번식하는 철새. 기러기·청둥오리·백조·두루미 등. 반여름새.

겨울옷 [겨우롣] 겨울철에 입는 따뜻한 옷.

겨울잠 [겨울짬] 곰·개구리·뱀 등과 같은 동물들이 땅속이나 물 밑에서, 활동하지 않고 겨울을 지내는 일. 비동면.

겨울철 겨울인 철. 비동계.

겨자 십자화과의 한두해살이풀. 봄에 십자 모양의 노란 꽃이 핀다. 씨는 맵고도 향기로워 가루로 만들어 양념이나 약재로 쓴다. 잎과 줄기는 채소로서 먹을 수 있다.

격(格) ①환경에 어울리는 분수나 품위. 예격에 어울리는 옷차림. ②'셈·식'의 뜻으로 쓰이는 말. 예굴러 온 돌이 박힌 돌더러 나가라는 격일세.

격납고(格納庫) [경납꼬] 비행장에 두어 비행기를 안전하게 보관하거나 정비하는 건물.

격노(激怒) [경노] 몹시 화를 냄. 비격분. **격노하다**. 예노인은 청년의 무례한 태도에 격노하였다.

격돌(激突) [격똘] 세차게 맞붙어 싸움. **격돌하다**. 예우리나라와 일본 축구팀이 결승전에서 격돌하였다.

격동(激動) [격똥] 급격하게 변함. 격동하다. 예격동하는 세계.

격려(激勵) [경녀] 용기나 힘을 북돋워 힘을 내게 함. 격려되다. 격려하다. 예감독이 선수들을 격려했다.

격렬하다(激烈—) [경녈하다] 몹시 세차다. 예우리는 격렬한 논쟁을 벌였다. 격렬히.

격리(隔離) [경니] ①서로 통하지 못하게 사이를 막거나 떼어 놓음. ②전염병 환자를 일정한 곳에 따로 옮겨 놓음. ③지리적 원인 등으로 생물의 번식 범위가 제한되어 있는 일. 격리되다. 격리하다.

격리 치료(隔離治療) 전염병 환자나, 병원균을 지닌 사람·가축·물건 등을 따로 떼어 두어 병의 전염을 막거나 치료하는 방법.

격몽요결(擊蒙要訣) [경몽뇨결] 조선 시대에, 율곡 이이가 학습을 시작하는 어린이들을 가르치려고 쓴 책.

격문(檄文) [경문] ①널리 사람들의 감정을 부추겨 움직이게 하려고 쓴 글. ②급히 여러 사람에게 알리려고 여러 곳에 보내는 글.

격변(激變) [격뼌] 사회 형편이 갑자기 크게 바뀜. 격변하다. 예세계 정세가 격변하고 있다.

격분[1](激忿) [격뿐] 크게 화를 냄. 예그는 상대 선수의 모욕적인 말에 격분을 누르지 못했다. 빈격노. 격분하다.

격분[2](激憤) [격뿐] 몹시 분개함. 격분하다.

격분[3](激奮) [격뿐] 몹시 흥분함. 격분하다.

격식(格式) [격씩] 격에 어울리는 일정한 방식이나 제도. 예격식을 갖추다./격식에만 얽매이는 것은 좋지 않다.

격심하다(激甚—) [격씸하다] 매우 심하다 예격심한 홍수 피해/허리를 다쳐 통증이 격심하다.

격앙(激昂) [겨강] 감정이나 기운이 거세게 일어남. 격앙되다. 예그는 흥분하여 격앙된 목소리로 소리쳤다. 격앙하다.

격언(格言) [겨건] 이치에 꼭 들어맞아, 인생에 대한 가르침이나 깨우침을 주는 짧은 말. |참고| '시간은 금이다'와 같은 말이 격언이다. 빈금언.

격음(激音) [겨금] ➡거센소리.

격일(隔日) [겨길] 하루씩 거르거나 하루를 거름. 격일하다.

격자(格子) [격짜] 대·나무·실 등의 가느다란 가닥을 가로세로 일정한 간격으로 직각이 되게 짠 물건.

격자무늬(格子—) [격짜무늬] 가로세로의 선이 직각으로 엇갈리는 무늬.

격전(激戰) [격쩐] 매우 세찬 싸움. 예이순신 장군은 한산도 앞

〈격자무늬〉

바다에서 왜군과 격전을 벌였다.

격전지(激戰地) [격쩐지] 격렬하게 싸움이 벌어졌던 곳. 예우리는 6·25 격전지를 견학했다.

격정(激情) [격쩡] 갑작스럽고 세찬 감정. 예은주를 처음 본 순간 나는 격정에 사로잡혔다.

격차(隔差) 수준·품질·수량 등의 차이. 예소득의 격차.

격찬(激讚) 매우 칭찬함. 예하이든은 모차르트에게 위대한 작곡가라는 격찬을 아끼지 않았다. 격찬하다.

격추(擊墜) 총포나 로켓 등으로 적의 비행기 등을 쏘아 떨어뜨림. 격추되다. 격추하다.

격침(擊沈) 적의 배를 공격하여 가라앉힘. 격침되다. 격침하다.

격퇴(擊退) [격퇴/격퉤] 적을 쳐서 물리침. 격퇴되다. 격퇴하다.

격투(格鬪) 맨몸으로 맞붙어 치고받으며 싸움. 격투하다.

격투기(格鬪技) 두 사람이 격투를 벌여 승부를 겨루는 경기. 태권도·권투·유도·레슬링 등.

격파(擊破) ①쳐부숨. ②태권도에서, 벽돌·기왓장 등을 맨손이나 머리로 쳐서 깨뜨림. 격파되다. 격파하다. 예이순신 장군은 한산도에서 왜군을 격파했다.

격하다(激一)[격카다] 감정이나 기운이 거세다. 예나는 격한 감정을 억누르지 못해 친구에게 주먹질을 했다.

겪다[격따] 어려운 일이나 경험이 될 만한 일을 당하여 치르다. 예고통을 겪다. |발음| 겪어[격꺼]·겪고[격꼬]

견고하다(堅固一) 굳세고 튼튼하다. 예견고한 건물. 비공고하다. 견고히.

견디다 ①어려움·괴로움을 참다. 예마음이 아파서 견딜 수가 없다. ②살림살이를 잘 꾸려 나가다. ③상태를 잘 유지하다. 예이 가방은 쇠가죽으로 만든 것이라 오래 견디겠다.

견:문(見聞) ①보고 들음. ②보고 들어서 얻은 지식. 견문하다.

견:물생심(見物生心) 물건을 보면 갖고 싶은 욕심이 생김.

견:본(見本) ①전체 상품의 품질·상태 등을 알아볼 수 있도록 본보기로 보이려고 만든 물건이나 상품. ②무엇을 만들 때의 본보기가 되는 물건. 비샘플.

견:습(見習) ⇒수습.

견:식(見識) 보고 듣는 것과 배워서 얻은 지식. 비식견.

견우 별:(牽牛一) ⇒견우성.

견우성(牽牛星)[겨누성] 칠월 칠석(음력 칠월 칠일)에 오작교 위에서 직녀성과 서로 만난다는 전설이 있는 별. 비견우 별.

견우직녀(牽牛織女)[겨누징녀] 견우성과 직녀성.

견인(牽引)[겨닌] 끌어당김. 견인되다. 견인하다. 예견인차가 와서 고장난 차를 견인해 갔다.

견인차(牽引車)[겨닌차] ①짐을 실은 여러 대의 차량을 끄는 기관차. ②다른 차를 끄는 원동력을 갖추고 있는 자동차. 본견인자동차.

견:적(見積) 어떤 일을 하는 데 드는 비용을 미리 조목조목 계산함. 예견적을 내다.

견제(牽制) 지나치게 세력을 펴거나 자유롭게 행동하지 못하도록 억누름. 견제되다. 견제하다.

견주다 둘 이상의 사물의 질·양 등을 서로 마주 대어 보다. 예친구의 생각을 내 생각과 견주어 보았다.

견직물(絹織物)[견징물] 명주실로 짠, 부드럽고 윤이 나는 천. 비비단.

견:학(見學) 구체적인 지식을 얻기 위하여 실제로 보고 배움. 예박물관 견학. 견학하다.

견:학 기록문(見學記錄文) 어떤 장소를 견학하여, 보고 들은 내용을 사실대로 쓴 글.

견:해(見解) 어떤 사물이나 현상에 대한 의견이나 생각. 예개인적인 견해.

견훤(甄萱, 867~936) 후백제의 초대 왕(재위 900~935). 통일 신라 말기의 혼란한 틈을 타 무진주(광주)를 기반으로 하여 완산주(전주)에서 군사를 일으켜 후백제를 세웠다.

결¹ 나무·돌·살갗 등에서, 켜를 이루면서 짜인 바탕의 상태. 또는 바탕에 나타나 보이는 무늬. 예언니는 피부의 결이 곱다.

결² ①〈겨를〉의 준말. 예너무 바빠서 한눈팔 결이 없다. ②사이. 때. 짬. 예어느 결에 일을 다 마쳤느냐?

결과(結果) ①어떤 까닭으로 말미암아 이루어지는 결말. 예시작이 좋으면 결과도 좋다. 반원인. ②열매를 맺음, 또는 그 열매. 결과하다.

결과물(結果物) 어떤 일을 마친 후에 나타나거나 만들어진 성과. 예좋은 글은 많은 독서와 깊은 사색의 결과물이다.

결구(結球) 양배추 같은 채소의 잎이 여러 겹으로 겹쳐져 둥글게 속이 드는 상태. 예결구배추.

결국(結局) 나중에는. 결말에 가서. 예연장전 끝에 결국 우리 팀이 이겼다. 비드디어·마침내.

결근(缺勤) 일터에 나가야 할 날에 나가지 않고 빠짐. 결근하다.

결단[1](決斷) [결딴] 딱 잘라 결정함. 예옳건 그르건 결단을 내자. 결단하다.

결단[2](結團) [결딴] 단체를 맺어서 이룸. 예결단식을 거행하다. 반해단. 결단하다.

결단력(決斷力) [결딴녁] 일을 망설이지 않고 딱 잘라서 결정할 수 있는 힘. 예지도자에게는 결단력이 필요하다.

결단성(決斷性) [결딴썽] 망설이지 않고 딱 잘라 결정하는 성질.

결단코(決斷—) [결딴코] 딱 잘라 말해서. 절대로. |참고| '결단코' 다음에는 '않다' 등의 부정하는 말이 온다. 예결단코 잘못을 용서하지 않겠다. 비결코.

결렬(決裂) 회담 등에서 의견이 서로 맞지 않아 관계를 끊고 갈라짐. 결렬되다. 예협상이 결렬되다. 결렬하다.

결례(缺禮) 예의에 어긋남, 또는 그러한 행동. 비실례. 결례하다.

결론(結論) 말이나 글에서 끝맺는 부분. 비맺음말. 참서론·본론.

결론짓다(結論—) [결론짇따] 말이나 글을 끝맺다. 결론을 내리다. |활용| 결론지으니·결론지어.

결리다 숨을 쉬거나 움직일 때 몸의 어떤 부분이 당겨 아픔을 느끼다. 예컴퓨터를 오래 했더니 어깨가 결린다.

결막(結膜) 눈꺼풀 안과 눈알의 겉을 싸고 있는 얇은 막.

결막염(結膜炎) [결망념] 결막에 염증이 생겨 발갛게 붓고 눈곱이 끼는 병.

결말(結末) 어떤 일이 마무리되는 끝. 예승부가 좀처럼 결말이 나지 않는다. 비끝장.

결말짓다(結末—) [결말짇따] 끝장이 나도록 하다. 해결이 되도록 만들다. |활용| 결말지으니·결말지어.

결명차(決明茶) 콩과의 한해살이풀. 여름에 노란 꽃이 피고, 길쭉한 꼬투리가 생기는데, 그 속에 든 씨를 '결명자'라 하여 약재로 쓴다.

결박(結縛) 몸이나 손 등을 마음대로 움직이지 못하게 단단히 동여 묶음. 결박되다. 결박하다.

결백(潔白) 마음씨와 행실이 바르고 깨끗하여 허물이 없음. 예결백을 밝히다. 결백하다.

결벽(潔癖) ①유난히 깨끗함을 좋아하는 성질. ②옳지 못한 일을 지나치게 미워하는 성질.

결벽증(潔癖症) [결벽쯩] 지나칠 정도로 깨끗한 것에 마음을 쏟는 증상.

결별(訣別) ①다시 만날 약속이 없는 이별. ②관계나 사귐을 영원히 끊음. 결별하다.

결부(結付) 서로 관련지어 붙임. 예그 일과 나를 결부시키지 마라. 결부되다. 결부하다.

결빙(結氷) 물이 얼어서 얼음이 됨. 반해빙. 결빙되다. 결빙하다.

결사[1](決死) [결싸] 어떤 일을 이루기 위하여 죽음을 각오함. 예결사 반대. 결사하다.

결사[2](結社) [결싸] 여러 사람이 공동의 목적을 이루기 위하여 관계를 맺음, 또는 그 단체. 예비밀 결사. 결사하다.

결사대(決死隊) [결싸대] 어떤 일을 이루기 위해 죽음을 각오한 사람들로 조직된 부대.

결사적(決死的)[결싸적] 죽음을 각오하고 나서는 것.

결산(決算)[결싼] ①계산을 마감함. ②회사 등에서, 일정 기간 동안 들어오고 나간 돈을 계산하는 일. 결산하다.

결산서(決算書)[결싼서] 일정 기간 동안 들어오고 나간 금액을 계산해 적어 놓은 문서.

결석[1](缺席)[결썩] 출석해야 할 자리에 출석하지 않음. ⑪출석. 결석하다.

결석[2](結石)[결썩] 몸 안의 장기 속에 생기는, 돌같이 단단한 물체. 담석·요석 등.

결선(決選)[결썬] 우승자를 가리기 위한 맨 마지막 겨룸. ⑩우리 학교는 전국 대회 결선에 진출했다. ⑪결승. ⑫예선.

결성(結成)[결썽] 모임이나 단체를 이룸. 결성되다. 결성하다. ⑩친선 단체를 결성하다.

결속(結束)[결쏙] 뜻이 같은 사람끼리 하나로 뭉침. ⑩결속을 다지다. 결속되다. 결속하다.

결속력(結束力)[결쏭녁] 뜻이 같은 사람끼리 하나로 뭉치는 힘. ⑩강적과 맞서려면 우리 팀의 결속력을 높여야 한다.

결손(缺損)[결쏜] ①어느 부분이 없거나 잘못되어 완전하지 못함. ②금전상의 손실. ⑩결손 금액.

결손 가정(缺損家庭) 어린이가 있는 가정에서 부모의 한쪽 또는 양쪽이 사망·이혼 등으로 없는 가정.

결승(決勝)[결�씅] ①운동 경기 등에서, 마지막 승자를 결정함. ②〈결승전〉의 준말. 결승하다.

결승 문자(結繩文字) 글자가 없던 시대에, 끈이나 새끼 등으로 매듭을 맺어 기호로 삼은 문자.

결승선(決勝線)[결씅선] 달리기 등에서, 결승을 판가름하는 곳에 치거나 그은 선. ⑪골라인.

결승전(決勝戰)[결씅전] 운동 경기 등에서, 예선 경기를 마친 후 마지막 승부를 판가름하는 경기. ㉜결승.

결승점(決勝點)[결씅쩜] ①육상이나 수영에서 승부가 결정되는 도착 지점. ②승부를 결정짓는 점수.

결식(缺食)[결씩] 살림이 어려워 끼니를 거름. ⑩결식 아동. 결식하다.

결실(結實)[결씰] ①열매를 맺음. ⑩가을은 결실의 계절이다. ②일의 결과가 잘 이루어짐. ⑩노력의 결실을 맺다. 결실하다.

결심(決心)[결씸] 어떻게 하기로 마음을 굳게 정함. ⑪결의. 결심하다. ⑩나는 일찍 자고 일찍 일어나기로 결심했다.

결여(缺如)[겨려] 마땅히 있어야 할 것이 모자라거나 빠져서 없음. 결여되다. 결여하다.

결연(結緣)[겨련] 인연을 맺음. ⑩우리 학교는 외국의 초등학교와 결연을 맺었다. 결연되다. 결연하다.

결연하다(決然—)[겨련하다] 결심이 흔들리지 않을 만큼 굳세다. ⑩창호는 결연하게 불의와 맞섰다.

결원(缺員)[겨뤈] 정한 인원에서 사람이 빠져서 모자람, 또는 그 모자라는 인원. ⑩결원을 보충하다. 결원되다. 결원하다.

결의[1](決意)[겨릐/겨리] 뜻을 정하여 굳게 가짐, 또는 그 뜻. ⑩성공하겠다는 굳은 결의. ⑪결심. 결의하다.

결의[2](決議)[겨릐/겨리] 회의에서, 제의 등에 대해 찬성과 반대를 결정함, 또는 그 결정. 결의되다. 결의하다.

결재(決裁)[결째] 아랫사람이 제출한 안건을 책임자가 헤아려 승인함. 결재하다.

결전(決戰)[결쩐] 승부를 결판내는 싸움. 결전하다.

결점(缺點) [결쩜] 잘못되거나 완전하지 못한 점. 예결점이 없는 사람. 뻔단점·결함·약점.

::::: '결점, 단점, 약점'의 구별 :::::

결점 : 잘못되거나 부족하여 완전하지 못한 점. 사람과 사물에 모두 쓰이며, 주로 완성도에 비추어 부족한 것을 가리키는 경우에 쓰인다. 예이 그림은 결점을 찾을 수 없다.

단점 : 잘못되고 모자라는 점. 사람과 사물에 모두 쓰이며, 완성도와는 상관없이 부정적인 것을 가리키는 경우에 쓰인다. 예그의 단점은 게으른 것이다.

약점 : 능력이 부족하거나 도덕적으로 떳떳하지 못한 점. 사람의 경우에만 쓰인다. 예남의 약점을 들추어내다./×이 옷의 약점은 비싸다는 것이다.

결정¹(決定) [결쩡] 결단을 내려 확정함. 결정되다. 결정하다. 예제비뽑기로 순서를 결정하자.

결정²(結晶) [결쩡] ①원자 배열이 규칙적으로 이루어진 고체. ②노력의 결과로 이루어진 훌륭한 보람. 예수십 년에 걸친 연구의 결정.

결정권(決定權) [결쩡꿘] 의결에서, 찬성과 반대의 수가 같을 때 이를 결정하는 권한.

결정적(決定的) [결쩡적] 일을 확실하게 정할 만큼 중요한 것. 예정수는 결정적인 순간에 골을 넣어 팀에 승리를 가져다주었다.

결정짓다(決定—) [결쩡짇따] 어떻게 하기로 확실하게 정하다. 예형은 아직 어느 대학에 갈지 결정짓지 못했다. |활용| 결정지으니·결정지어.

결정체(結晶體) [결쩡체] ①결정하여 일정한 모양을 이룬 물체. ②노력의 결과로 이루어진 훌륭한 보람.

결정타(決定打) [결쩡타] ①야구나 권투에서, 이기고 지는 것을 가르는 결정적인 타격. 예9회 말 동점 상황에 드디어 결정타가 터졌다. ②어떤 일에 결정적인 영향을 주는 행동이나 말. 예회장의 탈퇴가 우리 모임을 무너뜨리는 결정타가 되었다.

결제(決濟) [결쩨] 거래에서 주어야 할 돈을 줌. 결제하다. 예아빠는 음식값을 카드로 결제하셨다.

결코(決—) 어떤 경우에라도. 절대로. 예남을 결코 미워하지 마라. 뻔결단코.

결탁(結託) 나쁜 일을 꾸미려고 서로 한통속이 됨. 결탁하다. 예기업가와 결탁한 정치인.

결투(決鬪) 원한이나 다툼이 있을 때, 미리 정한 방법으로 승부를 결판내는 일. 결투하다.

결판(決判) 승부나 옳고 그름을 판가름함. 결판하다.

결판나다(決判—) 승부나 옳고 그름의 결정이 나다. 예승부는 이미 결판났다.

결판내다(決判—) 승부나 옳고 그름의 결정을 내다. 예오늘은 꼭 승부를 결판내자.

결핍(缺乏) 있어야 할 것이 없거나 모자람. 예비타민의 결핍. 결핍되다. 결핍하다.

결핍증(缺乏症) [결핍쯩] 있어야 할 것이 없거나 모자라서 일어나는 증세.

결함(缺陷) 부족하거나 완전하지 못하여 흠이 되는 점. 뻔흠·결점.

결합(結合) 둘 이상이 서로 관계를 맺고 하나로 됨. 결합되다. 결합하다. 예한글은 닿소리와 홀소리가 결합하여 글자를 만든다.

결핵(結核) 결핵균의 감염으로 일어나는 전염병. 허파·콩팥·창자 등 내장이나 뼈·관절 등에 감염되며, 뇌막염·복막염 등을 일으킨다.

결행(決行) 굳게 마음먹고 실행함. 결
행되다. 결행하다. 예그는 주위의 반
대를 무릅쓰고 남극 탐험을 결행했다.

결혼(結婚) 남녀가 정식으로 남편과
아내의 관계를 맺음. 凹혼인. 반이혼.
결혼하다.

결혼기념일(結婚紀念日)[결혼기녀밀]
부부가 결혼한 날을 기념하여 해마다
축하하는 날.

결혼반지(結婚半指) 결혼할 때 신랑
과 신부가 주고받는 반지.

결혼식(結婚式) 남녀가 남편과 아내의
관계를 맺는 서약을 하는 의식. 凹혼
례식.

결혼식장(結婚式場)[결혼식짱] 결혼
식을 치르는 장소.

겸(兼) ①'두 가지 이상의 기능을 함께
지님'의 뜻을 나타내는 말. 예이 방은
서재 겸 침실로 쓴다. ②'두 가지 이
상의 행위나 동작을 아울러 함'의 뜻
을 나타내는 말. 예영이는 친구도 볼
겸 구경도 할 겸 해서 서울에 갔다.

겸비(兼備) 두 가지 이상의 좋은 점을
아울러 갖춤. 겸비하다. 예현주는 실
력과 미모를 겸비하고 있다.

겸사겸사(兼事兼事) 한꺼번에 여러
가지 일을 아울러 하는 모양.

겸상(兼床) 두 사람이 한 상에 마주 앉
아 먹게 음식을 차림, 또는 그렇게 차
린 상. 반독상. |잘못|맞상. 겸상하다.

겸손(謙遜) 남을 높이고 자기를 낮추
는 태도가 있음. 반거만·교만. 겸손
하다. 겸손히.

겸양(謙讓)[겨먕] 겸손한 태도로 남에
게 양보함. 예겸양의 미덕. 겸양하다.

겸연쩍다(慊然-)[겨면쩍따] 쑥스럽거
나 미안하여 어색한 느낌이 있다. 예겸
연쩍은 표정.

겸용(兼用)[겨뵹] 한 가지를 여러 가지
일에 씀. 예100볼트와 220볼트 겸용
제품. 겸용되다. 겸용하다.

겸하다(兼一) ①어떤 일 외에 다른 일
을 함께 맡다. 예코치가 선수를 겸하
다. ②두 가지 이상의 것을 함께 지니
다. 예힘과 기술을 겸하다.

겸허(謙虛) 아는 체하거나 잘난 체하
지 않고, 겸손하며 삼가는 태도가 있
음. 겸허하다. 겸허히.

겹 넓고 얇은 물건이 포개진 것. 반홑.

겹겹이[겹껴비] 겹이 거듭된 모양. 여
러 겹으로. 예겹겹이 쳐 놓은 철조망.

겹꽃[겹꼳] 수술이 꽃잎으로 변하여, 꽃
잎이 여러 겹으로 겹쳐 피는 꽃. 반홑꽃.

겹눈[겸눈] 많은 홑눈이 벌집 모양으
로 모여서 이루어진 눈. 곤충이나 갑
각류 등에서 볼 수 있다. 반홑눈.

겹ː다[겹따] ①정도에 지나쳐 해내기
가 힘들다. 예힘에 겨운 일. ②어떤
감정이나 기분에 흠뻑 젖어 있다.
예아이들은 흥에 겨워서 덩실덩실 춤
을 추었다. |활용| 겨우니·겨워.

겹받침[겹빧침] 두 가지 닿소리로 이
루어진 받침. ㄳ·ㄼ·ㅄ 등.

┌─────────────────────────────┐
│ **겹받침의 발음** ┄┄┄┄┄┄┄┄┄┄┄ │
│   │
│ 1. 'ㄳ', 'ㄵ', 'ㄻ·ㄽ·ㄾ', 'ㅄ'은 홀로 │
│   쓰거나 닿소리 앞에서 각각 [ㄱ, │
│   ㄴ, ㄹ, ㅂ]으로 발음.   │
│   • 넋[넉]   • 넋과[넉꽈]   │
│   • 앉다[안따]   • 여덟[여덜]   │
│   • 외곬[외골]   • 핥다[할따]   │
│   • 값[갑]   • 없다[업따]   │
│   ※ 단 '밟-'은 닿소리 앞에서는 [밥] │
│   으로 발음한다.   │
│   • 밟다[밥따]   │
│ 2. 겹받침 뒤에 홀소리가 오면 뒤 음 │
│   절 첫소리로 옮겨 발음하며, 'ㅅ'은 │
│   된소리로 발음.   │
│   • 젊어[절머]   • 읊어[을퍼]   │
│   • 넋이[넉씨]   • 앉아[안자]   │
└─────────────────────────────┘

겹세로줄[겹쎄로줄] 오선(五線) 위에

겹으로 그은 세로줄. |참고| 굵기가 같은 것은 박자나 조가 바뀌는 곳을 표시하고, 오른쪽이 굵은 것은 마침을 표시한다.

겹잎 [겸닙] 아카시아의 잎처럼 잎자루 하나에 여러 개의 작은 잎이 붙어 겹을 이룬 잎.

겹치다 ①여럿이 서로 포개지다. 예이번 추석과 일요일이 겹쳤다. ②여러 가지 일이나 현상 등이 한꺼번에 생기다. 예행운이 겹치다. ③겹으로 해서 접다.

겹홀소리 [겨폴쏘리] 소리를 내는 동안 입술 모양이나 혀의 위치가 처음과 나중이 달라지는 모음. 'ㅑ·ㅕ·ㅛ·ㅠ·ㅒ·ㅖ·ㅘ·ㅙ·ㅝ·ㅢ'의 소리. 비이중 모음.

경¹(更) 하루의 밤을 다섯으로 나눈 시각의 단위를 나타낼 때 쓰는 말. 이경·삼경 등.

경²(京) 십진급수의 한 가지. 조(兆)의 만 배, 해(亥)의 만분의 1. 곧, 10^16.

경³(卿) ①지난날, 임금이 이품 이상의 벼슬아치를 부를 때 이르던 말. 예경은 나를 의심하는 듯하네. ②영국에서, 일정한 직위를 받은 사람을 높여 이르는 말. 예처칠 경.

경⁴(經) 불교의 가르침을 적은 책. 본불경.

경:각심(警覺心) [경각씸] 정신을 가다듬어 미리 조심하는 마음. 예화재에 대한 경각심을 불러일으키다.

경거망동(輕擧妄動) 깊이 생각하지 않고 함부로 행동함. 경거망동하다. 예경거망동하다가는 일을 망칠 수 있으니 조심해라.

경:건하다(敬虔一) 공경하고 삼가는 태도가 있다. 예우리는 경건하게 묵념을 올렸다.

경계¹(境界) [경계/경게] 지역이 갈라지는 자리. 예두 나라의 경계.

경:계²(警戒) [경계/경게] 범죄나 사고 등 좋지 않은 일이 일어나지 않도록 미리 조심함. 경계하다. 예낯선 사람을 경계하라.

경:계망(警戒網) [경계망/경게망] 곳곳에 그물처럼 펼쳐 놓은 경계선.

경계면(境界面) [경계면/경게면] 어떤 곳의 경계를 이루는 곳.

경계선(境界線) [경계선/경게선] 물건이나 지역 등이 맞닿은 자리를 나타내는 선.

경:고(警告) ①조심하라고 알림, 또는 그 말. ②운동 경기에서 반칙을 했을 때, 심판이 일깨우는 주의. 경고하다.

경:고문(警告文) 조심하라고 미리 알려 주는 글.

경공업(輕工業) 섬유·식료품·제지·인쇄·신발 공업 등 일상생활에 쓰이는 여러 가지 물건을 생산해 내는 공업. 반중공업.

경과(經過) ①시간이 지나감. ②어떤 곳이나 단계를 거침. ③시간이 지남에 따라 변화하는 상태. 예수술 후의 경과가 좋다. 경과되다. 예두 시간이 경과되다. 경과하다. 예유효 기간이 경과한 식품.

경관¹(景觀) 산·강 등 자연의 아름다운 모습. 비경치.

경:관²(警官) 〈경찰관〉의 준말.

경국대전(經國大典) [경국때전] 조선 시대에, 정치의 기준이 된 6권 3책의 법전. 세조 때 최항·노사신 등이 왕의 명령을 받아 시작하였고, 성종 7(1476)년에 완성하여 16(1485)년에 간행하였다.

경금속(輕金屬) 비중이 4~5 이하인 비교적 가벼운 쇠붙이. 알루미늄·마그네슘 등. 반중금속.

경기¹(景氣) 거래나 매매가 이루어지는 경제 형편. 예부동산 경기.

경ː기²(競技) ①운동이나 무예 등의 기술을 겨루어 승부를 가리는 일. 囫야구 경기. ②기술의 낮고 못함을 서로 겨루는 일. 囫주산 경기를 벌이다. 비시합. 경기하다.

경기³(驚氣) [경끼] 어린이가 갑자기 정신을 잃고 온몸을 떠는 병.

경기도(京畿道) 우리나라 중서부에 있는 도. 서울을 둘러싸고 있다. 한강을 비롯하여 임진강·안성천 등이 있고, 지형이 평탄하여 농산물의 생산량이 많다. 도청은 수원시에 있다.

경기 민요(京畿民謠) 경기도를 중심으로 불려 온 민요. 방아 타령·군밤 타령·풍년가·한강수 타령 등이 있다.

경ː기장(競技場) 여러 가지 운동 경기를 하는 곳.

경기평야(京畿平野) 한강 하류 및 임진강 하류 지방에 걸쳐 발달한 평야.

경ː남(慶南) 〈경상남도〉의 준말.

경내(境內) 일정한 구역의 안. 囫우리는 불국사 경내를 구경했다.

경ː단(瓊團) 찹쌀·수수 등의 가루를 반죽하여 둥글게 빚은 뒤, 끓는 물에 삶아 건져서 고물을 묻힌 떡.

경당(扃堂) 고구려 때, 각 지방에 두어 평민의 자녀를 가르치던 사립 학교.

경ː대(鏡臺) 거울을 달아 세우고 그 아래에 화장품을 넣어 보관하게 만든 가구.

〈경대〉

경도¹(硬度) ➡군기.

경도²(經度) 지구 위의 위치를 나타내는 좌표의 한 가지. 지구 표면을 동서로 각각 180°로 나누고, 동경 몇 도, 서경 몇 도 등으로 부른다. 반위도.

경도³(傾度) 기울어진 정도. 비경사도.

경동 지괴(傾動地塊) 땅덩이의 어느 한쪽이 솟아올라 가파른 낭떠러지를 이루고, 반대쪽은 완만한 비탈로 된 지형.

경량(輕量) [경냥] 가벼운 무게. 반중량.

경량급(輕量級) [경냥끕] 체급에 따른 운동 경기에서, 가벼운 체급. 반중량급.

경력(經歷) [경녁] 이제까지 거쳐 온 학업·직업 등의 내용. 비이력.

경련(痙攣) [경년] 근육이 갑자기 오므라드는 현상.

경ː례(敬禮) [경녜] 존경하는 뜻을 나타내는 일, 또는 그 동작. 囫국기에 대하여 경례! 경례하다.

경ː로¹(敬老) [경노] 노인을 공경함. 囫경로잔치/경로 우대권. 경로하다.

경로²(經路) [경노] ①지나는 길. 囫연구원은 세균의 감염 경로를 조사했다. ②사람이나 동물 등이 거쳐 가거나 거쳐 온 길. 囫고양이가 달아난 경로를 찾았다.

경ː로당(敬老堂) [경노당] 노인을 공경하는 뜻에서, 노인들이 모여 놀 수 있도록 지어 놓은 집. 비노인정.

경ː로석(敬老席) [경노석] 노인이 앉을 수 있도록 버스 등에 특별히 마련한 좌석.

경륜(經綸) [경뉸] 오랫동안 쌓은 경험에서 얻은 능력.

경리(經理) [경니] 나가고 들어오는 돈을 따져 셈하는 일. 囫경리 장부.

경ː마(競馬) 사람이 탄 말이 일정한 거리를 달려 그 순위를 겨루는 일.

경ː마장(競馬場) 일정한 시설을 갖추어 놓고 경마를 하는 경기장.

경망(輕妄) 말이나 행동이 가볍고 방정맞음. 경망하다. 囫경망한 행동. 경망히.

경망스럽다(輕妄─) [경망스럽따] 말이나 행동이 가볍고 방정맞다. 囫그는 토의 도중에 경망스럽게 웃었다. [활용] 경망스러우니·경망스러워. 경망스레.

경ː매[1](競買) 팔려는 사람이 많을 때, 가장 싸게 팔겠다는 사람에게서 물건을 사는 일. **경매되다. 경매하다.**

경ː매[2](競賣) 사려는 사람이 많을 때, 가장 비싸게 사겠다는 사람에게 물건을 파는 일. **경매되다. 경매하다.**

경멸(輕蔑) 남을 깔보고 업신여김. [예]나는 그에게 경멸에 찬 눈길을 보냈다. **경멸하다.**

경박하다(輕薄－) [경바카다] 말이나 행동이 신중하지 못하고 가볍다. [예]경박한 말씨. **경박히.**

경ː배(敬拜) 존경하는 마음으로 공손히 절함. [예]신하는 앞으로 나아가 왕에게 경배를 올렸다. **경배하다.**

경범(輕犯) 〈경범죄〉의 준말.

경범죄(輕犯罪) [경범쬐/경범쮀] 장난 전화를 걸거나 차비를 내지 않고 차를 타는 것 같은 비교적 가벼운 범죄. [준]경범.

경ː보[1](警報) 위험 또는 재해가 닥쳐올 때, 사람들에게 경계하도록 알리는 일. [예]태풍 경보. **경보하다.**

경ː보[2](競步) 육상 경기의 한 가지. 어느 한쪽 발이 반드시 땅에 닿은 상태로 걸어서 빠르기를 겨루는 경기.

〈경보[2]〉

경ː보기(警報器) 어떤 사고나 재해 등을 소리나 빛 등을 이용하여 알리는 기구. [예]화재 경보기를 울리다.

경ː보음(警報音) 갑작스러운 사고나 위험을 알리는 소리. [예]화재 경보음.

경ː복궁(景福宮) [경복꿍] 조선 태조 4(1395)년에 지은 궁궐. 1592년 임진왜란 때 불탔고, 고종 2(1865)년에서 5(1868)년 사이에 흥선 대원군이 복구하였다. 사적 제117호.

경부 고속 도ː로(京釜高速道路) 서울과 부산 사이를 잇는 고속 도로. 정식 명칭은 '서울 부산 간 고속 국도'. 길이 417.4km. 수도권과 영남 지역 및 인천과 부산의 2대 수출입 항구를 연결하는 국토의 대동맥이다.

경부선(京釜線) 서울과 부산 사이를 잇는 복선 철도. 길이 441.7km. 1905년 1월 1일 개통되었다. 운수 교통량은 전국 철도 중 가장 많다.

경ː북(慶北) 〈경상북도〉의 준말.

경비[1](經費) 어떤 일을 하는 데 필요한 돈. [예]여행 경비.

경ː비[2](警備) 만일에 대비하여 경계하고 지킴. [예]야간 경비. **경비하다.**

경ː비대(警備隊) 경비 임무를 하기 위해 조직된 부대.

경ː비 대원(警備隊員) 경비 업무를 맡은 단체에 속한 사람.

경ː비선(警備船) 바다에서 사고가 생기지 않도록 경비하는 일을 맡은 배.

경ː비원(警備員) 경비의 임무를 맡은 사람. [예]아파트 경비원.

경ː비정(警備艇) 바다나 강을 경비하는 데 쓰는 작고 빠른 군사용 배.

경ː비 초소(警備哨所) 경비 근무를 하기 위한 목적으로 지은 시설.

경ː비함(警備艦) 바다에서 사고가 생기지 않도록 경비하는 일을 맡은 군함.

경비행기(輕飛行機) 스포츠·연락·훈련 등에 쓰이는 작은 비행기.

경사[1](傾斜) 비스듬히 한쪽으로 기울어짐, 또는 그 정도나 상태. [예]경사가 급한 언덕길. [비]기울기.

경ː사[2](慶事) 매우 즐겁고 기쁜 일. [예]우리 집에 경사가 났다.

경사로(傾斜路) 주차장이나 병원 등에 계단 없이 경사지게 만들어 놓은 길. [비]비탈길.

경사면(傾斜面) 경사를 이루고 있는 면. [비]비탈면.

경ː사스럽다(慶事—) [경사스럽따] 어떤 일이 즐겁고 기뻐할 만하다. [예]오늘은 삼촌이 결혼하는 경사스러운 날이다. [활용] 경사스러우니·경사스러워. **경사스레**.

경ː산(慶山) 경상북도 남쪽에 있는 시. 대구 분지의 남동쪽에 자리 잡고 있으며, 섬유 공업 지역으로 발전하고 있다. 1989년 경산읍이 경산시로 승격된 뒤 1995년 1월 1일 경산군을 통합하였다.

경상(輕傷) 조금 다침. 또는 가벼운 상처. [예]경상을 입다. [반]중상.

경ː상남도(慶尙南道) 우리나라 남동쪽 끝에 있는 도. 경인 공업 지대에 이어 우리나라 제2의 공업 지대를 이룬다. 도청은 창원시에 있다. [준]경남.

경ː상도(慶尙道) 경상남도와 경상북도를 아울러 이르는 말.

경ː상북도(慶尙北道) 우리나라 남동부에 있는 도. 태백산·소백산 및 동해에 의하여 주변 지역과 경계되고 있다. 도청은 대구광역시에 있다. [준]경북.

경선1(經線) 지구의 남극과 북극을 세로로 잇는 가상의 선. [비]자오선·날줄. [반]위선.

경ː선2(競選) 여러 후보 가운데 한 사람을 뽑는 선거. [예]대통령 후보 경선.

경성(京城) '서울'을 일제 강점기에 이르던 말.

경성 제ː국 대ː학(京城帝國大學) 1924년 일본이 서울에 설립한 종합 대학. 1945년 8·15광복과 더불어 경성 대학으로 이름을 바꾸었다가 1946년 국립 서울 대학교로 개편되었다.

경솔하다(輕率—) 말이나 행동이 조심성이 없고 가볍다. [예]경솔하게 굴지 마라. **경솔히**.

경수로(輕水爐) 원자력 발전소에서 생기는 높은 열을 물로 식혀 주는 원자로.

경시(輕視) 대수롭지 않게 여김. 가볍게 봄. [반]중시. **경시되다**. **경시하다**. [예]약한 사람을 경시해서는 안 된다.

경ː시대회(競試大會) [경시대회/경시대훼] 수학·과학 등의 학업 실력을 겨루기 위해 여는 대회.

경신(更新) 이제까지 있던 것을 고쳐 새롭게 함. [예]기록 경신. [참]갱신. **경신되다**. **경신하다**.

경악(驚愕) 깜짝 놀라는 것. [예]세계 무역 센터 테러 사건에 온 세계 사람들은 경악을 금치 못했다. **경악하다**.

경ː애(敬愛) 존경하고 사랑함. **경애하다**. [예]경애하는 벗.

경양식(輕洋食) 간단한 서양식 요리.

경ː어(敬語) 상대편에게 존경의 뜻을 나타내기 위하여 사용하는 말. [비]높임말·공대말·존댓말.

경ː연(競演) 개인이나 단체가 모여 연기나 기능 등을 겨룸. [예]합창 경연. **경연하다**.

경연관(經筵官) 지난날, 임금 앞에서 경서와 사서를 가르치던 관리.

경ː연 대ː회(競演大會) 연극·음악·가극·시 등의 재주를 겨루기 위하여 여는 대회.

경영(經營) 이익이 나도록 회사나 사업 등을 계획을 세워 꾸려 나감. **경영되다**. **경영하다**. [예]이모는 음식점을 경영하신다.

경영자(經營者) 회사나 공장 등을 경영하는 사람.

경ː외(敬畏) [경외/경웨] 신이나 어떤 대상을 높이 받들면서 두려워함. [예]도시에서 온 세라를 모두들 부러움과 경외의 눈으로 바라보았다. **경외하다**. [예]하찮은 벌레일지라도 생명을 경외하는 마음으로 해치지 말아야 한다.

경우(境遇) 놓여 있는 형편이나 사정.
예경우에 알맞은 인사말. 비처지.

경우의 수:(境遇─數) 어떤 사건이 일
어날 수 있는 경우의 가짓수. 예동전
을 던질 때 나오는 경우의 수는 앞면
과 뒷면의 두 가지이다.

경:운궁(慶運宮) '덕수궁'의 옛 이름.

경운기(耕耘機) 땅을 갈아 일구는 데
쓰이는 농
업 기계.

경:원(敬遠)
① 공경하
지만 가까
이 하지는

〈경운기〉

않음. ②겉으로는 공경하는 체하며
속으로는 꺼리어 멀리함. 경원하다.
예그들은 서로 경원하는 사이이다.

경원선(京元線) 서울에서 철원·평강
을 거쳐 원산 사이를 잇는 철도. 길이
223.7km. 오늘날에는 국토의 분단
으로 용산에서 신탄리 사이만 운행
된다.

경위(經緯) 어떤 일이 진행되어 온 과
정. 예사건의 경위를 설명해 보아라.

경유1(經由) 거치어 지나감. 경유하
다. 예버스는 대구를 경유하여 부산
으로 갔다.

경유2(輕油) 원유를 끓는점의 차이를
이용하여 분류할 때, 250~350°C에서
얻어지는 기름.

경음(硬音) ➡된소리.

경음악(輕音樂) [경으막] 가벼운 기분
으로 즐길 수 있는 대중음악.

경음악단(輕音樂團) [경으막딴] 경음
악을 연주하기 위하여 조직된 악단.

경:의(敬意) [경의/경이] 존경하는 마
음. 예선생님께 경의를 나타내다.

경의선(京義線) [경의선/경이선] 서울
과 신의주 사이를 잇는 철도. 길이
499.3km. 오늘날에는 국토의 분단으
로 서울에서 도라산 사이만 운행된다.

경이(驚異) 놀라 이상스럽게 여김. 또
는 놀라움. 경이하다.

경이롭다(驚異─) [경이롭따] 놀랍고
이상스럽다. 예경이로운 성과를 올리
다. |활용| 경이로우니·경이로워. 경
이로이.

경인 고속 도:로(京仁高速道路) 서울
과 인천 사이를 잇는 고속 도로. 길이
23.89km.

경인 공업 지역(京仁工業地域) 서
울·인천·부평·안양·수원을 중심으
로 중화학 및 경공업이 발달한 우리
나라의 공업 지역.

경인선(京仁線) 서울과 인천 사이를
잇는 철도. 우리나라 최초의 철도이
다. 길이 27km.

경작(耕作) 논밭을 갈아 농사를 지음.
예경작 지역. 경작하다.

경작지(耕作地) [경작찌] 농사를 짓는
땅. 준경지.

경:쟁(競爭) 서로 앞서거나 이기려고
겨룸. 예강대국들이 서로 경쟁을 벌
이고 있다. 경쟁하다.

경:쟁력(競爭力) [경쟁녁] 경쟁할 수
있는 능력. 예국산품의 해외 경쟁력
을 높이자.

경:쟁률(競爭率) [경쟁뉼] 경쟁의 비율.
예입시의 경쟁률이 10:1을 넘었다.

경:쟁 상대(競爭相對) 같은 목적으로
서로 겨루는 상대.

경:쟁심(競爭心) 경쟁에서 이기려는
마음. 예경쟁심을 불러일으키다.

경:쟁자(競爭者) 서로 경쟁하는 사람.
예그 선수는 많은 경쟁자를 물리치고
우승을 차지했다.

경:적(警笛) 위험을 알리거나 경계를
위하여 울리는 소리. 예자동차 경적
을 울리다.

경전(經典) ①성인의 가르침이나 행
실을 적은 책. ②종교의 교리를 적
은 책.

경:전선(慶全線) 경상남도의 삼랑진과 광주광역시의 송정 사이를 잇는 철도. 길이 308.2km.

경제(經濟) ①인간 생활에 필요한 물건을 생산하고, 소득을 나누어 가지며 소비하는 일. ②비용·시간 등을 적게 들이는 일.

경제 개발 오:개년 계:획(經濟開發五個年計劃) 우리나라의 경제 발전을 위하여, 1962년부터 5년을 한 단위로 하여 세운 경제 개발 계획.

경제 공:황(經濟恐慌) 상품은 많이 생산되는데 소비는 줄어들어, 가격이 크게 떨어지고 실업자가 늘어나 기업이 망하는 등 경제 활동이 큰 혼란에 빠지는 일. 魯공황.

경제력(經濟力) 경제 활동을 할 수 있는 힘. 예나라의 경제력이 강해야 나라의 힘도 강해진다./나는 아직 학생이라서 경제력이 없다.

경제 발전(經濟發展) 사람들의 경제 활동의 성과가 전보다 더 나아짐.

경제 사회 이:사회(經濟社會理事會) 국제 연합의 주요 기관의 하나. 나라 간의 경제·사회·위생·교육 등에 대한 문제를 다룬다.

경제생활(經濟生活) 사람이 살아가는 데 필요한 것을 생산·소비하는 모든 활동.

경제 성장(經濟成長) 국민 소득·국민 총생산 등 국민 경제 규모가 날이 지남에 따라 점점 커지는 일.

경제속도(經濟速度) [경제속또] 자동차·비행기 등이 연료를 가장 적게 써서 가장 먼 거리를 갈 수 있는 속도.

경제적(經濟的) ①경제에 관한 것. 예경제적 자립을 이루다. ②비용이나 노력 등이 더 적게 드는 것. 예입장권을 단체로 구입하면 경제적이다.

경제 정책(經濟政策) 정부나 자치 단체가 경제적 이익을 위하여 일정한 목표를 세우고 실시하는 정책.

경제 활동(經濟活動) 사람이 생활에 필요한 물건을 생산하고, 소득을 나누어 가지며 소비하는 데 따르는 모든 활동.

경:조사(慶弔事) 결혼·출생 등의 기쁜 일과, 죽음 같은 불행한 일.

경:종(警鐘) 잘못될 수 있는 일을 조심하라고 미리 경고해 주는 주의나 충고. **경종을 울리다**[관용] 잘못될 수 있는 일을 미리 경고하여 주의를 주다.

경주¹(傾注) 주의나 힘을 한곳에 기울임. 경주되다. 경주하다. 예태현이는 성적을 올리기 위해 온갖 노력을 경주하였다.

경:주²(慶州) 경상북도 남동부에 있는 시. 신라의 옛 서울로, 불국사·석굴암·첨성대·다보탑·석가탑 등 문화 유적이 많다. 국제적 관광 도시이며, 국립 공원으로 지정되었다.

경:주³(競走) 일정한 거리를 달려 그 빠르기를 겨루는 운동. 예단거리 경주. 경주하다.

경중(輕重) 일의 중요하고 중요하지 않은 정도. 병이나 죄가 가볍고 무거운 정도. 예지은 죄의 경중에 따라 처벌이 달라진다.

경지¹(耕地) 논밭을 갈아 농사를 짓는 땅. 惏경작지.

경지²(境地) ①자신의 연구로 이룩한 독특한 방법이나 세계. 예김정희는 추사체를 만들어 서예의 새로운 경지를 열었다. ②어떠한 단계에 이른 상태. 예삼촌은 끊임없는 연구 결과 최고의 경지에 올랐다.

경지 정:리(耕地整理) 편리하게 농사 짓기 위하여, 농토를 일정한 크기로 반듯하게 고치고 시설을 개량하는 일.

경직(硬直) ①몸이 굳어서 뻣뻣해짐. ②생각이나 태도·분위기 등이 부드럽지 못하고 딱딱해짐. 경직되다.

예경직된 분위기 속에서 회의가 진행되었다.

경:진 대:회(競進大會) 재능이나 실력을 여러 사람과 겨루는 대회. 예세계 발명품 경진 대회.

경질(更迭) 어떤 책임을 맡은 사람을 다른 사람으로 바꿈. 경질되다. 예이번 사건으로 국무총리가 경질되었다. 경질하다.

경:찰(警察) 국민의 생명과 재산을 보호하고 사회의 질서를 바로잡는 일, 또는 그러한 일을 하는 조직이나 사람. (본)경찰관.

경:찰관(警察官) 국민이 안심하고 살 수 있도록 사회 질서를 바로잡는 일을 맡아보는 국가 공무원. (준)경관·경찰.

경:찰서(警察署)[경찰써] 일정한 지역 안의 경찰 사무를 맡아보는 관청.

경:찰청(警察廳) 중앙 행정 기관의 하나. 국민이 편안하고 질서 있는 생활을 할 수 있도록 도와주는 일을 맡아본다.

경:천(敬天) 하늘을 공경함. 예경천사상. 경천하다.

경:천사 십층 석탑(敬天寺十層石塔) 고려 말기에 대리석으로 만든 석탑. 높이 약 13m. 국립 중앙 박물관에 있다. 국보 제 86호. (비)개성 경천사지 십층 석탑.

〈경천사 십층 석탑〉

경첩 돌쩌귀처럼 문짝을 다는 데 쓰는 장식. 쇳조각 두 개를 맞물려서 만든다.

경청(傾聽) 귀를 기울여 주의해 들음. 경청하다. 예아이들은 선생님의 수업을 경청하였다.

〈경첩〉

경추(頸椎) ➡목뼈.

경:축(慶祝) 기쁘고 즐거운 일을 축하함. (비)경하. 경축하다.

경:축식(慶祝式)[경축씩] 기쁘고 즐거운 일을 축하하는 의식.

경:축일(慶祝日)[경추길] 기쁘고 즐거운 일을 축하하는 날. 예경축일 행사.

경춘선(京春線) 서울과 춘천 사이를 잇는 철도. 길이 87.3km.

경치(景致) 산이나 강 등 자연의 아름다운 모습. (비)풍경·경관.

경치다(黥—) 호되게 꾸지람을 듣다. 단단히 벌을 받다. 예그렇게 경치고도 또 불장난을 하니?

경칩(驚蟄) 이십사절기의 하나. 우수와 춘분 사이로, 3월 5일경. 이 무렵에 땅속의 벌레들이 얼음이 풀리고 우레가 울며 비가 오는 데 놀라, 겨울 잠에서 깨어나 꿈틀거린다고 한다. |잘못| 경첩.

경:칭(敬稱) 남을 존경하는 뜻으로 높여 부름, 또는 그렇게 부르는 이름. (비)존칭.

경쾌하다(輕快—) ①마음이 홀가분하고 유쾌하다. ②몸놀림이 가볍고 날래다. 예경쾌한 춤 동작. 경쾌히.

경탄(驚歎) ①몹시 감탄함. ②놀라고 탄식함. 경탄하다. 예관중들은 곡예사의 아찔한 묘기에 경탄하였다.

경:통(鏡筒) 현미경 등의 접안렌즈와 대물렌즈를 연결하는 둥근 통.

경판(經板) 불교나 유교의 가르침을 적은 책을 펴내기 위해 나무에 새긴 판.

경:포대(鏡浦臺) 강원도 강릉시 경포호 북쪽 해안에 있는 누각. 관동 팔경의 하나로, 주변 경치가 아름답다.

경:포호(鏡浦湖) 강원도 강릉시 저동에 있는 호수. 호수 주위의 오래된 소나무 숲과 벚나무로 유명하다.

경:품(景品) ①상품에 곁들여 상품을 사는 손님에게 거저 주는 물건. ②어

떤 모임에 참가한 사람에게 제비를 뽑아 선물로 주는 물건.

경필(硬筆) 털붓에 대하여, 끝이 딱딱한 필기도구를 이르는 말. 펜·연필 등.

경ː하(慶賀) 기쁘고 즐거운 일을 축하함. [비]경축. **경하하다**.

경ː합(競合) 서로 경쟁함. 서로 맞서서 겨룸. [예]반장 선거에서 두 후보가 치열한 경합을 벌였다. **경합하다**.

경향(傾向) 마음이나 형편 등이 어떤 방향으로 기울어서 쏠림.

경험(經驗) 실제로 보고 듣고 겪는 일, 또는 그 과정에서 얻는 지식이나 기능. [비]체험. **경험하다**.

경험담(經驗談) 자기가 실제로 겪은 일에 대한 이야기. [예]아버지는 군대 시절의 경험담을 들려주셨다. [비]체험담.

경ː호(警護) 몸에 위험이 없게 경계하고 보호함. **경호하다**. [예]대통령을 경호하다.

경ː호원(警護員) 다른 사람의 신변의 안전을 돌보는 일을 맡은 사람. [예]대통령 경호원.

경화(硬化) 단단하게 굳어짐. [예]동맥경화증. **경화되다**. **경화하다**.

경황(景況) 흥미를 느낄 수 있는 형편이나 마음의 여유. [예]시험공부를 하느라 나들이할 경황이 없다.

경ː회루(慶會樓) [경회루/경훼루] 경복궁 안 서쪽 연못 한가운데 있는 큰 누각. 지난날, 임금과 신하가 모여 잔치를 하던 곳이다. 국보 제224호.

경ː흥(慶興) 함경북도 북동쪽에 있는 읍. 두만강을 건너 중국, 러시아와 마주하는 국경 도시이다.

경ː희궁(慶熙宮) [경히궁] 조선 광해군 8(1616)년에 지은 궁궐. 건물은 없어지고, 1910년에 경성 중학교가 세워졌다가 경희궁 복원 사업을 할 때 일부가 복원되었다.

곁 [겯] 사람이나 사물에 가까운 곳. [예]수진아, 내 곁으로 가까이 와. [발음] 곁이[겨치]·곁도[겯또]·곁만[견만]

곁가지 [겯까지] 가지에서 곁으로 돋은 작은 가지.

곁눈¹ [견눈] 얼굴은 돌리지 않고 눈알만 돌려서 보는 눈.

곁눈(을) 주다[관용] 곁눈으로 보며 상대편에게 몰래 뜻을 알리다.

곁눈(을) 팔다[관용] 관심을 딴 곳으로 쏟다.

곁눈² [견눈] 식물의 줄기나 가지의 옆쪽에 나는 싹.

곁눈질 [견눈질] 얼굴은 돌리지 않고 눈알만 옆으로 돌려서 보는 짓. [예]나는 곁눈질로 엄마 눈치를 살폈다.

곁들이다 [겯뜨리다] ①주된 음식에 다른 음식을 어울리게 내어놓다. [예]구운 감자를 곁들인 스테이크. ②주로 하는 일 외에 다른 일을 겸하여 하다. [예]준호는 일어서더니 춤을 추며 노래까지 곁들였다.

곁말 [견말] 사물을 바로 말하지 않고 다른 말로 빗대어 하는 말. 총알을 '깜장 콩알'이라 하는 등.

곁뿌리 [겯뿌리] 식물의 원뿌리에서 갈라져 나온 작은 뿌리. [참]원뿌리.

곁순(一筍) [겯쑨] 식물의 원줄기 곁에서 돋아 나오는 순.

계ː¹(契) [계/게] ①예로부터 내려오는 협동 조직의 한 가지. 여러 사람이 일정한 목적으로 돈이나 물건을 모아서 운영한다. 혼인계·상포계 등. ②필요한 돈을 돌려서 쓰기 위한 목적으로 짜여진 조직. [예]계 모임.

계ː²(計) [계/게] 수나 양을 합하여 셈함, 또는 그 수나 양. [본]합계.

계곡(溪谷) [계곡/게곡] 물이 흐르는 골짜기.

계ː관 시인(桂冠詩人) 영국 왕실이 영국의 가장 뛰어난 시인에게 내리는 명예 칭호.

계ː교(計巧) [계ː교/게ː교] 이리저리 생각해 짜낸 꾀. 예적의 계교에 말려들다.

계급(階級) [계급/게급] ①지위의 높고 낮은 등급. 예계급이 한 단계 오르다. ②직업·재산 등이 비슷한 사람들로 이루어지는 집단. 예지식 계급.

계급장(階級章) [계급짱/게급짱] 계급을 나타내는 표.

계ː기¹(契機) [계ː기/게ː기] 어떤 일이 일어나거나 결정되는 근거나 기회. 예이번 일을 계기로 진수와 더욱 친해졌다. 비동기.

계ː기²(計器) [계ː기/게ː기] 무게·길이·면적 등이나 속도·온도·시간 등을 재는 기계나 기구.

계단(階段) [계단/게단] ①⇒층계. ②일을 하는 데 밟아야 할 순서. ②비단계.

계란(鷄卵) [계란/게란] 달걀.

계란말이(鷄卵−) [계란마리/게란마리] 달걀 푼 것을 프라이팬에 부쳐 돌돌 말아 놓은 음식. 비달걀말이.

계ː략(計略) [계ː략/게ː략] 어떤 일을 이루기 위한 꾀나 수단.

계ː량(計量) [계ː량/게ː량] 분량이나 무게 등을 잼. 계량하다.

계ː량기(計量器) [계ː량기/게ː량기] 분량이나 무게 등을 재는 기구.

계량컵(計量cup) 조리할 때 가루나 물 등의 양을 잴 수 있게 눈금이 그려진 컵.

계례(筓禮) [계례/게례] 지난날, 15세 안팎의 여자가, 땋았던 머리를 풀고 머리를 올려 쪽을 찌고 비녀를 꽂던 성인 의식. 계례하다.

계룡산(鷄龍山) [계룡산/게룡산] 충청남도 공주시·논산시와 대전광역시에 걸쳐 있는 산. 높이 845m. 예로부터 한국의 4대 명산 중 하나로 불리었으며, 주변에 백제 유적이 많아 관광지로도 유명하다. 국립 공원으로 지정되었다.

계면쩍다 [계면쩍따/게면쩍따] '겸연쩍다'의 변한말. 예민우는 선생님한테 칭찬을 받자 계면쩍어 씩 웃었다.

계명(階名) [계명/게명] 음계의 이름. 비계이름.

계ː명성(啓明星) [계ː명성/게ː명성] 새벽에 동쪽 하늘에 보이는 금성. 비샛별.

계ː모(繼母) [계ː모/게ː모] 아버지가 새로 맞은 아내. 비의붓어머니.

계ː몽(啓蒙) [계ː몽/게ː몽] ①어린아이나 무지한 사람을 깨우쳐 줌. ②낡은 관습에 젖어 있거나, 바른 지식을 갖지 못한 사람을 깨우쳐 새롭고 바른 지식을 갖도록 함. 계몽되다. 계몽하다.

계ː몽 운ː동(啓蒙運動) 낡은 관습을 깨뜨리고, 이치에 맞는 판단력을 갖게 하려는 운동.

계ː몽 포스터(啓蒙poster) 사람들을 깨우쳐 줄 목적으로 만든 포스터.

계ː미자(癸未字) [계ː미자/게ː미자] 조선 태종 3(1403. 계미)년에 만든 구리 활자. 우리나라 활자 가운데서 그 모양을 알 수 있는 가장 오래된 것이다.

계ː발(啓發) [계ː발/게ː발] 슬기와 재능을 깨우쳐 열어 줌. 예소질 계발. 계발되다. 계발하다.

계백(階伯, ?~660) 백제 말기의 장군. 신라와 당나라의 연합군이 쳐들어오자 결사대 5천 명을 거느리고 황산(충청남도 연산)에서 싸우다가 전사하였다.

계ː보(系譜) [계ː보/게ː보] 한 집안이나 학문·사상 등이 옛날부터 죽 이어져 온 줄기. 예조선 왕실의 계보.

계ː산(計算) [계ː산/게ː산] ①수량을 셈. 비셈. ②약속에 따라 수치를 구해 냄. 계산되다. 계산하다.

계ː산기(計算器) [계ː산기/게ː산기] 각종 계산을 빠르고 정확하게 할 수 있도록 만든 기구나 기계.

계ː산서(計算書) [계산서/게산서] ①물건값의 청구서. ②계산을 밝힌 서류.

계ː산식(計算式) [계산식/게산식] 답을 얻기 위해 일정하게 정해진 계산 방식.

계ː산표(計算表) [계산표/게산표] 계산할 내용을 자세하게 적은 표.

계ː속(繼續) [계속/게속] ①끊이지 않고 이어 나감. ②중단했던 일을 다시 시작하여 해 나감. [비]지속. [반]중단·중지. **계속되다. 계속하다.** [예]나는 피아노 연습을 계속했다.

계ː수나무(桂樹—) [계수나무/게수나무] ①계수나뭇과의 낙엽 지는 큰키나무. 길둥근 잎은 마주나며 나무껍질은 검은 갈색이다. 봄에 빨간 꽃이 피며, 껍질을 계피라 하여 향료나 약재로 쓴다. ②전래 동화에서, 달 속에 있다는 상상의 나무.

계ː승(繼承) [계승/게승] 조상이나 앞 사람의 뒤를 이어받음. [비]승계. **계승되다. 계승하다.**

계ː시(啓示) [계시/게시] 사람의 지혜로는 알 수 없는 일을 신이 가르쳐 알게 함. **계시하다.**

계ː시다 [계시다/게시다] 〈있다〉의 높임말. [예]아버지가 계시는 서울.

'계시다'와 '있으시다'의 구별

계시다 : '있다'의 높임말. 낱말 자체로 높임의 뜻을 나타내는 말이다. 존귀한 인물이 '있는' 것을 직접적으로 높이는 말로 쓴다. [예]어머니께서는 지금 병원에 계신다.

있으시다 : '있다'의 변한 형태. '있다'에 '-으시-'가 붙어 높임의 뜻을 나타내는 말이다. 존귀한 인물과 밀접하게 관계된 대상이 '있는' 것을 간접적으로 높이는 말로 쓴다. [예]선생님께서는 따님이 두 분 있으시다(×계시다).

계ː씨(季氏) [계씨/게씨] 남의 '남동생'을 높여 이르는 말.

계ː약(契約) [계약/게약] 두 사람 이상 사이에 맺는 약속. [예]매매 계약. **계약되다. 계약하다.**

계ː약금(契約金) [계약끔/게약끔] 계약대로 일을 진행시키기 위하여 어느 한쪽이 상대편에게 미리 주는 돈.

계ː약서(契約書) [계약써/게약써] 계약 내용들을 적어 놓은 문서.

계ː엄(戒嚴) [계엄/게엄] 전쟁이나 비상사태가 발생하였을 때, 군대가 어떤 지역을 지키고 다스리는 일.

계ː엄령(戒嚴令) [계엄녕/게엄녕] 국가 원수가 계엄 실시를 선포하는 명령.

계ː열(系列) [계열/게열] 서로 관계있거나 공통되는 것끼리 연결되는 계통이나 조직. [예]학생을 계열별로 모집하다.

계ː영배(戒盈杯) [계영배/게영배] 술을 많이 마시지 않도록 하기 위해 술이 어느 정도 차면 술잔 옆에 난 구멍으로 새게 만든 잔.

계ː율(戒律) [계율/게율] 승려가 지켜야 할 규칙. [비]율법.

계이름(階—) [계이름/게이름] 음악에서, 도·레·미·파·솔·라·시의 양악과 궁·상·각·치·우의 국악 음계 이름. [비]계명.

계ː장(係長) [계장/게장] 관청이나 회사 등에서 한 계(係)를 책임지는 사람. [참]부장·과장.

계ː절(季節) [계절/게절] ①한 해를 날씨에 따라 봄·여름·가을·겨울로 나눈 것 중의 한 철. ②어떤 일을 하는데 알맞은 시절. [예]독서의 계절.

계ː절병(季節病) [계절뼝/게절뼝] 겨울철 감기나 여름철 식중독처럼 계절에 따라 특히 잘 생기는 병.

계ː절풍(季節風) [계절풍/게절풍] 철에 따라 육지와 바다 사이에 생기는 일정한 방향의 바람. [참고] 우리나라에서는 여름에는 남동 계절풍, 겨울에는 북서 계절풍이 불어온다. [비]철바람.

계제(階梯) [계제/게제] 어떤 일을 할 수 있는 형편이나 일을 하기에 좋은 기회. [예]지금은 이것저것 가릴 계제가 아니다.

계:좌(計座) [계좌/게좌] 은행 등에서 예금한 사람의 이름으로 들어오고 나간 돈을 계산하고 기록한 것. [예]계좌 번호.

계:주(繼走) [계주/게주] ➡이어달리기.

계:집 [계집/게집] ①'여자'를 낮추어 이르는 말. ②'아내'를 낮추어 이르는 말.

계:집아이 [계지바이/게지바이] 결혼하지 않은 어린 여자아이. [준]계집애. [비]여아. [반]사내아이.

계:집애 [계지배/게지배] 〈계집아이〉의 준말.

계:책(計策) [계책/게책] 남달리 뛰어난 꾀와 방법.

계:축일기(癸丑日記) [계추길기/게추길기] 조선 광해군 5(1613. 계축)년, 어느 궁녀가 일기체로 쓴 글. 광해군이 어린 동생 영창 대군을 죽일 때, 영창 대군의 어머니 인목 대비가 겪은 일들이 잘 나타나 있다. [비]서궁록.

계:측(計測) [계측/게측] 기계나 기구를 이용하여 부피나 무게·길이·압력 등을 잼. **계측하다**.

계층(階層) [계층/게층] 한 사회에서 직업·재산·교육 수준 등이 비슷한 사람들로 이루어진 집단. [예]상류 계층.

계:통(系統) [계통/게통] ①같은 핏줄을 이은 갈래. ②같은 방향이나 같은 종류에 딸려 있는 것. [예]흰색이나 연하고 은은한 계통의 전통적인 옷.

계:피(桂皮) [계피/게피] 한방에서, '계수나무의 껍질'을 약재로 이르는 말.

계:획(計劃) [계획/게훽] 어떤 일을 시작하기 전에 차례·방법 등을 미리 생각하여 대강 잡아 봄, 또는 그 내용. [예]올 여름 방학에는 수영을 배울 계획이다. **계획되다**. **계획하다**.

계:획성(計劃性) [계획썽/게훽썽] 어떤 일을 미리 계획하여 그 계획에 따라 처리하려는 성질.

계:획안(計劃案) [계회간/게훼간] 계획에 대하여 생각한 것, 또는 그 내용을 적은 서류. [비]계획서.

계:획적(計劃的) [계획쩍/게훽쩍] 미리 계획을 세워서 하는 것. [예]이제부터는 용돈을 계획적으로 써야겠다.

계:획표(計劃表) [계획표/게훽표] 계획을 적은 표. [예]생활 계획표를 짜다.

곗:돈(契一) [계똔/겓똔] 계에 들어서 타거나 내는 돈.

고[1] ①얕잡아 가리키거나, 귀엽게 여기는 뜻으로 가리킬 때 쓰는 말. [예]고 녀석 참 예쁘다. ②범위를 좁히거나, 범위를 확실히 밝히지 않고 가리킬 때 쓰는 말. [예]기껏 고 정도 했느냐? [큰]그.

고:[2](故) '이미 죽은'의 뜻을 나타내는 말. [예]고 김구 선생.

고[3](苦) ①괴로움. [반]낙. ②불교에서, 태어나기 전의 세상에서 저지른 나쁜 일로 말미암아 받는 고통을 이르는 말.

고:가[1](古家) 지은 지 오래된 집. [비]구옥·고옥.

고가[2](高架) 땅 위로 높이 가로질러 걸침. [예]고가 사다리.

고가[3](高價) [고까] 비싼 가격. 가격이 비쌈. [반]저가.

고가 도:로(高架道路) 땅 위에 높게 받침대를 세우고 그 위에 설치한 도로.

고갈(枯渴) 《물이 마른다는 뜻에서》 ①물자나 자금 등이 다 써서 없어짐. ②인정이나 감정 등이 메마름. **고갈되다**. [예]점점 고갈되는 지하자원. **고갈하다**.

고개[1] ①목의 뒤쪽. ②목을 포함한 머리 부분.

고개를 젓다〔관용〕반대의 뜻을 보이다.

고개[2] 산이나 언덕을 넘어 오르내리게 된 비탈진 곳. 예고개를 넘다.

고객(顧客) 상점에 물건을 사러 오는 손님.

고갯길[고개낄/고갣낄] 고개를 오르내리는 길.

고갯마루[고갠마루] 고개의 등성이 부분.

고갯짓[고개찓/고갣찓] 고개를 움직이는 짓. 고갯짓하다.

고갱(Gauguin, 1848~1903) 프랑스의 화가. 남태평양의 타이티 섬에서 원주민의 건강미와 열대 지방의 강렬함을 표현함으로써 현대 회화의 기틀을 마련하였다. 작품으로 '타이티의 여자들'·'황색의 그리스도' 등이 있다.

고갱이 ①식물의 줄기 한가운데에 있는 연한 심. 예배추 고갱이. ②사물의 알짜가 되는 속내.

고것[고걷] ①'그것'을 얕잡아 이르는 말. 예고것이 뭘 알아. ②'그것'을 귀엽게 이르는 말. 예고것 참, 똑똑하게 생겼구나. 준고거. 큰그것.

고견(高見) 훌륭한 의견. 예선생님의 고견을 듣고 싶습니다.

고결하다(高潔―) 고상하고 깨끗하다. 예고결한 인품.

고고하다(孤高―) 세상일에 물들지 않아 인품이 높고 깨끗하다. 예고고한 선비.

고:고학(考古學) 유물이나 유적을 통하여 고대 인류에 관한 일을 연구하는 학문.

고:고학자(考古學者)[고고학짜] 고고학을 연구하는 사람.

고공(高空) 높은 공중. 예고공 낙하. 반저공.

고공비행(高空飛行) 비행기로 높이 15,000~20,000 m의 공중을 나는 일. 반저공비행.

고관(高官) 높은 벼슬자리. 또는 지위가 높은 관리.

고교생(高校生) ➡고등학생.

고구려(高句麗) 우리나라 삼국 시대의 한 나라. 북부여의 주몽이 세웠다는 나라로, 보장왕 때 신라·당나라 연합군에게 망했다. 〔기원전 37~668〕

고:구마 메꽃과의 여러해살이풀. 줄기는 땅 위로 길게 뻗고, 땅속뿌리의 일부가 살이 쪄서 덩이뿌리를 이룬다. 덩이뿌리는 녹말이 많다.

〈고구마(뿌리)〉

고:국(故國) 남의 나라에 가 있는 사람이 '자기 나라'를 이르는 말. 비조국·모국·본국.

:::: '고국, 모국, 조국'의 구별 ::::

모두 조상 때부터 살아온 나라를 가리키지만,

고국 : 주로 해외에 나가 있는 사람이 자기 나라를 가리킬 때 쓰이며, 잠시 나가 있는 경우에도 쓰인다. 예현지 아나운서가 고국에 승전보를 알려 왔다.

모국 : 주로 해외에서 살고 있는 사람이 자기 나라를 가리킬 때 쓰이나, 해외에 잠시 나가 있는 경우에는 쓰이지 않는다. 예이민을 떠난 지 10년 만에 모국을 방문했다.

조국 : 국내에 있는 사람이든 해외에 있는 사람이든 모든 경우에 다 쓰인다. 민족이나 국토의 일부가 떨어지거나 다른 나라에 합쳐졌을 때 그 본디의 나라를 이르기도 한다. 예조국을 그리워하다./조국 통일을 위해 싸우다.

고군분투(孤軍奮鬪) 운동 경기나 싸움에서 남의 도움 없이 혼자 힘으로 싸워 나감. 고군분투하다. 예우리 팀은 고군분투했지만 아쉽게도 졌다.

고궁(古宮) 옛 궁전. 옛날에 임금이 살던 대궐.

고귀하다(高貴一) ①인품이나 지위가 높고 귀하다. 예고귀하신 분. 빤비천하다. ②훌륭하고 귀중하다.

고금(古今) 옛날과 지금을 아울러 이르는 말. 예고금에 다시없을 영웅.

고금도(古今島) 전라남도 완도와 조약도·신지도로 둘러싸여 있는 섬. 연안의 간석지에서는 굴·김·미역 등이 생산된다.

고급(高級) ①품질이 좋음. 정도가 높음. 예고급 옷. ②높은 등급. 높은 계급. 예고급 회화/고급 관리. 빤저급.

고급스럽다(高級一) [고급쓰럽따] 품질이 좋고 값이 비싼 듯하다. 예서영이가 입은 옷은 꽤 고급스러워 보인다. |활용| 고급스러우니·고급스러워.

고급 언어(高級言語) 컴퓨터에서, 사용자가 쉽게 이해하고 쉽게 다루어 쓸 수 있는 프로그래밍 언어.

고기[1] ①식품으로 쓰는 동물의 살. ②〈물고기〉의 준말.

고기[2] 앞에서 가리킨 그곳. 예너 고기에 가 보았니? ❀거기.

고기밥 물고기에게 주는 먹이.

고기압(高氣壓) 주위의 기압보다 높은 기압. 빤저기압.

고기잡이 [고기자비] ①고기를 잡는 일. ②고기를 잡는 사람. ②빤어부. 고기잡이하다.

고기잡이배 [고기자비배] 고기잡이를 하는 배. 빤고깃배·어선.

고깃국 [고기꾹/고긷꾹] 고기를 넣어 끓인 국.

고깃덩어리 [고기떵어리/고긷떵어리] 덩어리로 된 고기.

고깃배 [고기빼/고긷빼] 고기잡이하는 배. 빤어선.

고까신 [고까신] 어린아이들이 신는 알록달록한 예쁜 신. 빤꼬까신. 때때신.

고깔 승려가 머리에 쓰는 세모진 물건. 베 조각을 세모지게 접어서 만든다.

고깝다 [고깝따] 남의 말이나 행동이 섭섭하고 기분이 나쁘다. 예다 너를 위해 한 말이니 고깝게 생각하지 마. |활용| 고까우니·고까워.

고꾸라지다 몸이 앞으로 구부러지면서 쓰러지다. 예산길을 내려오다가 돌부리에 걸려 앞으로 고꾸라졌다.

고난(苦難) 괴로움과 어려움. 빤고초.

고놈 말하는 사람으로부터 조금 떨어져 있는 남자를 귀엽게 또는 얕잡아 이르는 말. ❀그놈.

고뇌(苦惱) [고뇌/고눼] 괴로움과 번뇌. 예고뇌에 찬 얼굴. 빤고민. 고뇌하다.

고누 말판을 그리고 두 편으로 나뉘어 말을 많이 따가나 말 길을 막는 것을 다투는 놀이.

고니 오릿과의 물새. 날개의 길이 50~55cm. 몸빛은 흰색, 부리는 노란색, 다리는 검은색이다. 시베리아 동부에서 번식하며, 겨울에는 우리나라와 일본에 날아온다. 천연기념물로 지정된 철새이다. 빤백조.

〈고니〉

고다 ①뭉그러지도록 푹 삶다. 예뼈와 살코기를 고아 만든 곰국. ②졸아서 진하게 되도록 푹 끓이다. 예엿을 고다.

고단하다 일을 너무 많이 하거나 병이 나서 몸이 나른하다. 예물놀이가 고단했던지 민우는 어느새 잠이 들었다.

고달프다 몹시 지쳐 기운이 없다. 예 생활이 어려워 고달프다. |활용| 고달 프니·고달파.

고대¹ 지금 막. 이제 막. 예삼촌이 고 대 오셨다. 비방금.

고ː대²(古代) ①옛날. 오래전의 시대. ②역사의 시대 구분의 한 가지. 중세 의 앞 시대. |참고| 국사에서 통일 신 라 시대까지가 '고대'에 해당한다. 반근대·근세.

고대³(苦待) 몹시 기다림. 고대하다. 예고대하던 소풍날.

고대광실(高臺廣室) 규모가 굉장히 크고 잘 지은 집.

고ː대 국가(古代國家) ①역사상 처음 으로 나타난 중앙 집권적인 통일 국 가. 우리나라에서는 삼국 시대에 이 루어졌다. ②중세의 앞 시대인 고대 에 이루어져 발전된 국가.

고ː대 문명(古代文明) 옛날 인류가 나 일 강·티그리스 강·유프라테스 강· 인더스 강·황허 강 유역에서 일으킨 문명.

고ː대 소ː설(古代小說) ①옛날 사람이 쓴 소설. ②갑오개혁 이전에 쓰여진 소설.

고ː도¹(古都) 옛 도읍. 예천 년 고도 경주.

고도²(孤島) 육지에서 멀리 떨어져 있 는 섬. 비외딴섬.

고도³(高度) ①항공에서, 공중의 높이. 예비행 고도 3,000m. ②정도가 높음. 예고도의 기술. ③지평면과 우주 공간 의 물체가 이루는 각도. 예태양의 고도.

고독(孤獨) 외로움. 고독하다. 예아버 지가 돌아가신 후 어머니는 고독하게 사셨다.

고동¹ 배나 기차가 신호로 내는 소리. 예뱃고동 소리.

고동²(鼓動) 피가 도는 데 따라 심장이 뛰는 일. 예심장 고동 소리.

고ː동색(古銅色) ①검은빛을 띤 누런 색. ②붉은 갈색.

고동치다(鼓動—) 피가 급격히 돌아서 가슴이 울리거나 뛰다.

고되다 [고되다/고뒈다] 하는 일이 힘 이 들어 고단하다. 예고된 훈련/일이 고되다.

고두밥 몹시 되게 지어져 꼬들꼬들한 밥. 비된밥.

고둥 둘둘 말려 있는 딱딱한 껍데기 속 에 연한 몸이 들어 있는 동물. 물속에 살며, 소라·다슬기 등 종류가 많다.

고드름 지붕이나 담장 등에 물이 흘러 내리다 땅에 떨어 질 사이 없이 얼어 붙어 매달린 얼음.

고드름 장아찌 관용 '말이나 행 동이 싱거운 사 람'을 비유하여 이르는 말.

〈고드름〉

고들빼기 국화과의 두해살이풀. 씀바 귀와 비슷한데 줄기는 곧고 가지를 많이 치며, 씀바귀보다 잎이 넓다. 어 린순은 먹을 수 있다.

고등(高等) 정도나 등급이 높음. 예인간 은 고등 동물이다. 반하등. 고등하다.

고등 교ː육(高等教育) 정도가 높은 교 육. 대학 이상의 교육.

고등 동ː물(高等動物) 몸의 구조나 기 능이 발달한 동물. 흔히 척추동물을 이른다. 반하등 동물.

고등 법원(高等法院) 지방 법원의 위, 대법원의 아래인 법원. 지방 법 원의 판결에 복종하지 않는 사건을 다룬다.

고등 보ː통학교(高等普通學校) 지금 의 중학교와 고등학교의 과정을 함께 가르치던 교육 제도. 1940년에 중학 교로 이름이 바뀌었다. 준고보.

고등어 고등엇과의 바닷물고기. 몸길이는 40~50cm. 몸은 길쭉하며 몸빛은 등 쪽이 녹색 바탕에 검은색 무늬가 있고, 배 쪽은 은백색이다.

〈고등어〉

고등학교(高等學校) [고등학꾜] 중학교 교육을 바탕으로 하여 중등 교육 및 실업 교육을 실시하는 학교.

고등학생(高等學生) [고등학쌩] 고등학교에 다니는 학생. [비]고교생.

고딕(Gothic) ①중세 유럽의 건축 양식의 한 가지. 높고 뾰족한 탑과, 창과 출입구의 위가 뾰족한 것이 특징이다. ②➡고딕체.

고딕체(Gothic體) 활자의 획을 굵게 만든 글자체. [참고] '**학교**'와 같은 글자체가 고딕체이다. [비]고딕.

고라니 사슴과의 동물. 노루의 일종으로 몸길이 90cm가량. 암수 모두 뿔이 없으며 송곳니는 밖으로 나와 있다.

〈고라니〉

고락(苦樂) 괴로움과 즐거움. [예]오늘은 그동안 고락을 함께한 정든 친구들과 헤어지는 날이다.

고란사(皐蘭寺) 충청남도 부여군 부소산 기슭에 있는 절. 서기 450년경 백제 때에 지어졌으며, 절 뒤의 낭떠러지에서는 보기 드문 식물인 고란초가 자란다.

고란초(皐蘭草) 고란초과의 여러해살이풀. 그늘진 바위틈이나 낭떠러지에서 자란다. 잎은 홑잎이며 끝이 뾰족하다. 홀씨주머니가 잎 뒤쪽에 두 줄로 벌여 있다.

고랑 두두룩한 땅과 땅 사이에 길고 좁게 들어간 곳.

'고랑, 두둑, 이랑'의 구별

고랑 : 밭이나 땅의 두 두둑 사이에 길고 좁게 들어간 곳. [예]감자밭 고랑에 물이 고였다.

두둑 : 논이나 밭을 갈아 흙을 조금 높고 길게 이어서 쌓아 놓은 곳. 주로 고랑과 고랑 사이의 두드러진 부분을 이르며, 밭과 밭 사이의 경계를 이루는 언덕을 이르기도 한다. [예]텃밭 두둑에 고구마를 심었다.

이랑 : 갈아 놓은 밭의 한 두둑과 한 고랑을 아울러 이르는 말. [예]우리 밭은 이랑이 아주 길다.

고래¹ 바다에 사는 포유동물의 한 가지. 가끔 물 위에 떠서 허파로 숨을 쉰다. 새끼에게 젖을 먹여 기르는데, 동물 중에서 가장 크게 자란다.

〈고래1〉

고래 등 같다[관용] 집이 높고도 커서 웅장하다. [예]고래 등 같은 기와집에서 살다.

고래² 방의 구들장 밑에 있는 고랑. [본]방고래.

고래고래 화가 나서 목소리를 높여 큰 소리를 지르는 모양. [예]고래고래 소리를 지르다./고래고래 아우성을 치는 사람들.

고래로(古來—) 예로부터 지금까지 내려오면서. [본]자고이래로.

고랭지(高冷地) 해발 600m 이상으로 높고 기온이 낮은 지역.

고랭지 농업(高冷地農業) 높은 지역이나 산간 지역 등 여름에도 서늘한 땅에서 이루어지는 농업. [비]고랭지 농사.

고랭지 채ː소(高冷地菜蔬) 여름철에 높은 산간 지역의 서늘한 기후를 이용하여 가꾸는 채소.

고량주(高粱酒) 수수로 빚은 소주.

고량진미(膏粱珍味) 기름진 고기와 좋은 곡식으로 만든 맛있는 음식.

고려¹(考慮) 관련된 여러 가지 사정을 생각하고 헤아려 봄. 고려되다. 고려하다. 〈예〉상대편의 사정을 고려하여 계획을 세웠다.

고려²(高麗) 우리나라 중세 왕조의 하나. 태봉의 장수 왕건이 궁예를 몰아내고 개성에 세웠다. 공양왕 때 이성계에게 망하여 조선 왕조가 서기까지 34 대 475년을 누렸다. 〔918~1392〕

고려사(高麗史) 조선 세종 때 정인지·김종서 등이 편찬한 고려의 역사책. 총 139 권으로 되어 있다.

고려자기(高麗瓷器) 고려 시대에 만든 도자기. 우리나라 공예 미술에서 가장 뛰어난 예술품 중의 하나로, 빛깔·무늬·모양이 아름답고 품질이 좋아 세계적으로 유명하다.

〈고려자기〉

고려장(高麗葬) 지난날, 늙어서 약한 사람을 무덤 안에 버려 두었다가 죽은 뒤에 장사 지내던 일.

고려족(高麗族) 고려의 민족.

고려청자(高麗靑瓷) 고려 시대에 만들어진 청자. 상감 청자가 유명하다.

고령(高齡) 나이가 많음. 많은 나이.

고령토(高嶺土) 도자기를 만드는 데 쓰이는 흙.

고령화(高齡化) 한 사회에서 노인의 인구 비율이 높아지는 상태로 나타난 것. 고령화되다. 고령화하다.

고로케 쪄서 으깬 감자에 다져서 볶은 고기를 넣고 둥글게 빚은 다음, 튀김 가루를 묻혀서 튀긴 서양 요리. 〈참고〉프랑스 어 'croquette'의 일본식 말.

고루 ①더하고 덜함이나 많고 적음이 없이. 〈예〉전국적으로 비가 고루 내렸다. ②빼놓지 않고 두루. 〈예〉이 가게는 물건을 고루 갖추고 있다.

고루고루 ①여럿이 모두 고르게. 〈예〉이것저것 가리지 말고 고루고루 먹어라. ②빼놓지 않고 두루두루. 〈준〉골고루.

고루하다(固陋—) 낡은 사상이나 풍습에 젖어 고집이 세고 생각이 좁다. 〈예〉고루한 사고방식.

고르다¹ 여럿 중에서 가려서 뽑다. 〈예〉엄마는 시장에서 아이의 옷을 골랐다. |활용|고르니·골라.

고르다² 울퉁불퉁한 것을 평평하게 하다. 〈예〉길바닥을 판판하게 고르다. |활용|고르니·골라.

고르다³ ①크고 작거나 더하고 덜함이 없이 똑같다. 〈예〉글씨를 고르게 써 보자. ②정상적이며 순조롭다. 〈예〉고르지 못한 날씨. |활용|고르니·골라.

고름¹ 곪은 곳에서 생기는 끈끈한 액체. 〈비〉농.

고름² 저고리나 두루마기의 깃을 여미어 매기 위하여 깃 끝과 그 맞은편에 단 헝겊 끈. 〈본〉옷고름.

고리¹ 가늘고 긴 물건을 구부려 둥글게 만든 것. 〈예〉열쇠고리.

고리² ⇒고리짝.

고리다 ①썩은 풀이나 썩은 달걀 등에서 나는 냄새와 같다. ②하는 짓이 옹졸하고 인색하다. 〈참〉구리다.

고리대금(高利貸金) ①이자가 비싼 돈. ②비싼 이자를 받는 돈놀이.

고리짝 가늘고 긴 나뭇조각을 엮어 상자같이 만든 물건. 주로 옷을 넣는 데 쓴다. 〈비〉고리.

고리타분하다 ①사람의 성질이나 행동이 답답하고 따분하다. ②깨끗하지 못한 발 등에서 나는 고약한 냄새와 같다. 〈예〉방에서 고리타분한 냄새가 났다. 고리타분히.

고린내 썩은 달걀이나 씻지 않은 발에서 나는 고약한 냄새.

고릴라(gorilla) 유인원과의 동물. 키는 2m, 몸무게 250kg 정도로 유인원 중 가장 크다. 과실이나 나무뿌리 등을 먹으며 산다. 아프리카의 서부 삼림 지대에 분포한다.

〈고릴라〉

고립(孤立) ①외따로 떨어져 있음. [예]홍수로 고립이 된 마을. ②남과 어울리지 못하고 외톨이가 됨. **고립되다. 고립하다.**

고ː마워하다 고맙게 여기다. [예]지수는 자기를 도와준 친구에게 고마워했다.

고막(鼓膜) 청각 기관의 한 가지. 귓구멍 안쪽에 있는 갓 모양의 둥글고 얇은 막. 이 막이 울려 소리를 듣는다. [비]귀청.

고만 고 정도까지만. [예]이제 고만 놀고 자라. [큰]그만.

고만고만하다 여럿이 다 비슷하다. [예]놀이터에는 고만고만한 아이들이 놀고 있었다.

고ː맙다[고맙따] 도움을 받거나 은혜를 입어 마음이 흐뭇하고 즐겁다. [예]고마우신 선생님. |활용| 고마우니 · 고마워.

'고맙다'와 '감사하다'의 구별

고맙다 : 주로 구체적인 일을 베푼 개인에 대하여 쓰이며, 일상적인 대화에서 많이 쓰인다. [예]숙제를 도와줘서 고마워(×감사해).

감사하다 : 구체적인 일보다는 추상적인 일에, 개인보다는 여러 사람이나 단체에 대하여 잘 쓰인다. [예]스승의 은혜에 감사하는 마음을 가져야 한다./《여러 사람에게》 축하해 주셔서 감사합니다.

고명 모양과 맛을 내기 위해 음식 위에 얹는 양념.

고명딸 아들 많은 집의 외딸.

'고명딸'의 어원

모양과 맛을 내기 위해 음식 위에 얹는 양념을 '고명'이라 하는데, 아들만 있는 집에 양념처럼 딸이 하나 섞여 있다는 데서 생긴 말.

고모(姑母) 아버지의 누나나 여동생.

고모님(姑母—) 아버지의 여자 형제를 높여 이르는 말.

고모부(姑母夫) 고모의 남편.

고모 장지(—障—) 지난날, 한옥의 장지문의 하나.

고ː목¹(古木) 여러 해 자라 키가 더 크지 않을 만큼 오래된 나무. 나이 많은 나무. [비]노목.

고목²(枯木) 말라 죽은 나무.

고무 ①고무나무에서 나온 액체를 굳혀 만든 탄력성이 강한 물질. ②➡고무지우개. |참고| 고무는 'gomme'에서 온 말.

고무공 고무로 만든 공.

고무관(—管) 고무로 만든 대롱. [비]고무파이프.

고무나무 나무의 껍질에 칼자국을 내어 고무의 원료를 얻는 열대 식물을 통틀어 이르는 말.

고무래 곡식을 긁어모으거나 펴거나, 흙을 고르거나, 아궁이의 재를 긁어내는 데 쓰는, 나무로 만든 기구.

〈고무래〉

고무마개 고무로 만든 마개.

고무 밴드(—band) 고리 모양으로 생긴 가는 고무줄.

고무보트(—boat) 속에 공기를 넣어 물 위에 뜨게 한, 고무로 만든 배.
고무신 고무로 만든 신.
고무장갑(—掌甲) 의료용이나 집안일 등에 쓰이는, 고무로 만든 장갑.
고무줄 고무로 만든 줄.
고무줄놀이 [고무줄로리] 고무줄을 가지고 노는 놀이.
고무줄 저울 물체를 끌 때 드는 힘의 크기를 재는 데 쓰는, 고무줄로 만든 장난감 저울.
고무지우개 고무로 만든 지우개. [비]고무.
고무찰흙 [고무찰흑] 찰흙처럼 자유로이 모양을 바꿀 수 있게 만든 고무.
고무찰흙 반대기 고무찰흙을 얄팍하고 둥글넓적하게 만든 조각.
고무총(—銃) 탄력이 강한 고무줄로 만든 장난감 총.
고무판(—板) 고무로 만든 널빤지.
고무풀 아라비아고무를 녹여 만든 풀.
고무풍선(—風船) 고무로 만든 얇은 주머니 속에 공기나 수소 가스를 넣어 부풀린 장난감.
고무호스(—hose) 고무로 만든 호스.
고ː문1(古文) 옛 글.
고문2(拷問) 죄를 지은 혐의가 있는 사람에게 죄를 인정하도록 신체적 고통을 주는 일. [예]그는 고문에 못 이겨 거짓 자백을 했다. **고문하다**.
고문3(顧問) 어떤 분야에 대하여 전문 지식을 갖고, 의견을 물어 올 때 답해 주는 직책, 또는 그 직책을 맡은 사람. [예]고문 변호사.
고ː문서(古文書) 오래된 옛 문서.
고물1 인절미나 경단 등의 겉에 묻히거나 시루떡의 켜 사이에 뿌리는 팥·콩·깨 등의 가루.
고물2 배의 뒤쪽. [비]선미. [반]이물.
고ː물3(古物) ①옛날의 물건. ②낡고 헌 물건. [예]고물 차.
고물고물 조그만 것이 조금씩 느리게 움직이는 모양. [예]새끼 강아지들이 고물고물 어미 품을 파고들었다. [센]꼬물꼬물.
고ː물상(古物商) [고물쌍] 고물을 사고파는 장사, 또는 그 장수.
고ː물 장수(古物—) 고물을 사고파는 장수.
고민(苦悶) 괴로워서 몹시 속을 태움. [예]나는 친구에게 고민을 털어놓았다. [비]고뇌. **고민하다**.
고ː발(告發) 피해자가 아닌 사람이, 남이 죄를 지은 사실을 알려 처벌을 요구하는 일. [참]고소. **고발되다**. **고발하다**.
고배(苦杯) 《쓴 술잔이란 뜻으로》 '쓰라린 경험'을 비유하여 이르는 말. [예]우리 학교 축구 팀은 본선 탈락의 고배를 마셨다.
고ː백(告白) 마음속에 숨긴 것을 털어놓음. **고백하다**. [예]나는 엄마에게 거짓말을 했다고 고백했다.
고ː백 성ː사(告白聖事) 지난날, '고해성사'를 이르던 말.
고ː별(告別) 서로 헤어지게 됨을 알림. [예]고별 인사. **고별하다**.
고ː본(古本) 오래된 책.
고부(姑婦) 시어머니와 며느리를 아울러 이르는 말.
고부간(姑婦間) 시어머니와 며느리 사이. [예]고부간의 갈등.
고부리다 한쪽으로 고부라지게 굽히다. [큰]구부리다. [센]꼬부리다.
고ː분(古墳) 옛 무덤. [예]백제 시대의 고분을 둘러보다.
고분고분 말이나 행동이 공손하고 부드러운 모양. [예]동생은 부모님이 시키는 대로 고분고분 말을 잘 듣는다.
고분고분하다 말이나 행동이 공손하고 부드럽다. **고분고분히**.
고ː분 벽화(古墳壁畫) 옛 무덤의 벽에 그려 놓은 그림.

고비 일이 되어 가는 데 있어서의 가장 중요한 때. 또는 한창 막다른 때. ⎗죽을 고비를 넘기다.

고뿔 감기.

'고뿔'의 어원

'고'는 '코'의, '뿔'은 '불'의 옛말로서, 감기의 증상이 코에 불이 들어 있는 것과 같다는 데서 생긴 말.

고삐 말의 재갈이나 소의 코뚜레에 매어, 몰거나 부릴 때 손에 잡고 끄는 줄.

고ː사¹(考査) 학교에서 학생의 학력을 시험함, 또는 그 시험. ⎗학기말 고사.

고ː사²(告祀) 나쁜 일을 막고 행운을 맞게 해 달라고 신령에게 제사를 지냄, 또는 그 제사. ⎗고사떡/고사를 지내다. 고사하다.

고ː사³(故事) ①옛날부터 전해 내려오는 일. ②옛날부터 전해 내려오는 일을 나타낸 어구.

고사⁴(枯死) 나무나 풀 등이 말라 죽음. 고사하다.

고사리 고사릿과의 여러해살이풀. 산과 들의 양지바른 곳에 난다. 꼬불꼬불 말린 잎이 자라 겹잎이 된다. 어린잎은 나물로 먹는다.

고사하고(姑捨—) 더 말할 것도 없고. ⎗성적이 1등은 고사하고 중간도 못 간다.

고산(高山) 높은 산.

〈고사리〉

고산병(高山病) [고산뼝] 높은 산에 올라갔을 때 산소가 적어 숨 쉬기가 힘들고, 머리가 아프거나 토하거나 귀울림 등이 일어나는 병.

고산 지대(高山地帶) 해발 2,000m 이상의 높은 산악 지대. 떨기나무·풀 등이 자란다.

고상하다(高尙—) 몸가짐이 훌륭하고 인격·학문·취미 등의 정도가 높으며 품위가 있다. ⎗고상한 취미/저분은 말씨가 고상하다. ⎗저속하다.

고샅 [고삳] 시골 마을에 난 좁은 골목길. ⎗고샅길. |발음| 고샅이 [고사치] · 고샅도 [고삳또] · 고샅만 [고산만]

고샅길 [고삳낄] ➡ 고샅.

고생(苦生) 어렵고 괴로운 생활을 함, 또는 그런 생활. ⎗우리는 깊은 산속에서 길을 찾느라 고생을 했다. ⎗고통·고초. 고생하다.

고ː생대(古生代) 원생대와 중생대 사이로, 육상 식물이 나타난 시대. 약 5억 7000만 년 전부터 2억 4000만 년 전까지가 이에 해당한다.

고생문(苦生門) '앞으로 고생하게 될 운명'을 비유하여 이르는 말. ⎗고생문이 열리다.

고생문이 훤하다 ⎙관용⎙ 앞으로 고생할 것이 뻔하다.

고ː생물(古生物) 화석으로 짐작할 수 있는 지질 시대의 생물. 공룡·매머드 등.

고ː생물학자(古生物學者) [고생물학짜] 화석을 통하여 고생물의 구조·분포·진화 등을 연구하는 학자.

고생스럽다(苦生—) [고생스럽따] 고생이 많아 괴롭다. ⎗어머니는 혼자서 고생스럽게 우리를 키우셨다. |활용| 고생스러우니·고생스러워. 고생스레.

고ː서(古書) 아주 오래전에 나온 책. 옛 책. ⎗고서적.

고성¹(固城) 경상남도 남부에 있는 군. 한려 수도의 중심지로, 해안선의 굴곡이 심하고 많은 섬이 흩어져 있다. 무형 문화재로 고성 오광대, 고성 농요 등이 있다.

고성²(高聲) 크고 높은 목소리.

고성능(高性能) 성능이 아주 좋음. 높은 성능. [예]고성능 카메라.

고성방가(高聲放歌) 큰 소리로 시끄럽게 떠들거나 노래를 부르는 짓.

고ː소(告訴) 피해를 입은 사람이 수사 기관에 범죄 사실을 알려 피해를 입힌 사람의 처벌을 요구하는 일. [참]고발. **고소되다. 고소하다.**

'고소'와 '고발'의 구별

고소 : 범죄의 피해자나 고소권자(피해자의 법정 대리인 등)가 범죄 사실을 수사 기관에 신고하는 일.

고발 : 범죄의 피해자나 고소권자가 아닌 제삼자가 범죄 사실을 수사 기관에 신고하는 일.

고소 공ː포증(高所恐怖症) 높은 곳에 올라가면 떨어질 것 같은 생각이 들어 무서워하는 병. [예]나는 고소 공포증이 있어 비행기 타는 것이 무섭다.

고소득(高所得) 소득이 많음. 많은 소득. [반]저소득.

고ː소장(告訴狀) [고소짱] 고소를 하는 사람이 고소의 내용을 적어서 수사 기관에 내는 서류.

고소하다 ①깨소금이나 참기름 같은 맛이나 냄새가 나다. [예]음식 냄새가 고소하게 풍겨 왔다. ②미운 사람이 잘못될 때 기분이 좋고 흐뭇하다. [예]잘난 척하더니 고것 참 고소하다.

고속(高速) 속도가 매우 빠름. [예]고속으로 달리는 철도. [본]고속도. [반]저속.

고속 국도(高速國道) 자동차 교통의 중요한 부분을 이루는, 자동차만이 다닐 수 있는 고속 교통용 국도. 보통 '고속 도로'라고 부른다.

고속 도ː로(高速道路) 자동차가 빠른 속도로 달릴 수 있도록 만들어 놓은, 자동차만이 다니는 도로.

고속버스(高速bus) 고속 도로를 빠른 속도로 안전하게 달릴 수 있도록 만든 버스.

고속버스 터미널(高速bus terminal) 고속버스가 출발하거나 도착하는 장소.

고속 철도(高速鐵道) 전용 노선이 있고, 빠른 속도로 달릴 수 있는 시설을 갖춘 철도.

고수¹(固守) 물건·입장·형세 등을 굳게 지킴. 단단히 지킴. **고수되다. 고수하다.** [예]선두를 고수하다./반대 입장을 고수하다.

고수²(高手) 어떤 분야에서 기술이나 실력이 매우 뛰어난 사람. [예]바둑의 고수/요리에 관한 한 내가 너보다 고수야. [반]하수.

고수³(鼓手) 북이나 장구를 치는 사람.

고수레 굿을 할 때나 들에서 음식을 먹을 때 음식을 조금씩 떼어 던지며 하는 소리, 또는 그렇게 하는 짓. **고수레하다.**

고수머리 ➡곱슬머리.

고수부지(高水敷地) 큰물이 질 때만 물에 잠기는, 물가의 널찍하게 둔덕진 곳. [비]둔치.

고스란하다 줄어들거나 변함이 없이 그대로 온전하다. **고스란히.** [예]그는 부모님 재산을 고스란히 물려받았다.

고슬고슬 밥이 질거나 되지 않고 알맞게 된 모양. [예]밥이 고슬고슬 잘되었구나. [큰]구슬구슬.

고슴도치 고슴도칫과의 동물. 몸길이는 20~30cm. 몸빛은 어두운 갈색이며 주둥이가 길고 꼬리는 짧다. 얼굴·배·꼬리·다리 외에는 짧고 굵은 가시털로 덮여 있다. 곤충이나 지렁이·열매 등을 먹고 산다.

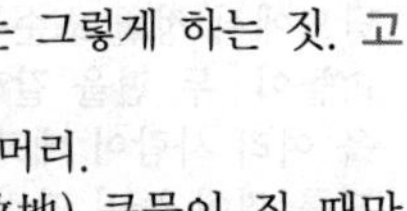

〈고슴도치〉

고승(高僧) ①학문과 덕이 높은 승려. ②지위가 높은 승려.

고ː시¹(考試) ①나라에서 공무원 등을 뽑기 위해 보는 시험. 몐사법 고시/고시에 합격하다. 몐시험. ②지난날, 과거의 성적을 살펴 등수를 정하던 일.

고ː시²(告示) 관청에서 사람들에게 널리 알림. 고시되다. 고시하다.

고ː시 가격(告示價格) 정부에서 정한 가격.

고ː시조(古時調) 옛날 시조. 주로 갑오개혁 이전의 시조를 말한다. 몐옛시조.

고신(孤臣) ①임금의 사랑을 얻지 못하는 신하. ②임금에게서 멀리 떨어져 있는 신하.

고심(苦心) 어려운 일을 해내려고 몹시 애씀. 몐나는 고심 끝에 결정을 내렸다. 고심하다.

고싸움놀이 [고싸움노리] 주로, 전라남도에서 정월 초순부터 행해지는 민속놀이. 두 편을 갈라, 고가 달린 줄을 여러 사람이 메고, 먼저 상대편의 고를 찍어 눌러 땅바닥에 닿게 한 편이 이긴다.

고아(孤兒) 부모가 없는 아이.

고아원(孤兒院) 고아를 맡아서 돌보는 시설. 지금은 '보육원'이라고 한다.

고안(考案) 새로운 방법이나 물건을 연구하여 생각해 냄. 고안되다. 고안하다. 몐신제품을 고안하다.

고안무(高安茂, ?~?) 백제의 학자. 한나라 사람으로 백제 국민이 되어 오경박사가 되었다. 무령왕 15(516)년에 일본으로 건너가 한문을 전하였다.

고압(高壓) ①높은 압력. 몐고압 가스. ②높은 전압. 몐고압 전류. 몐저압.

고압선(高壓線) [고압썬] 고압의 전류를 보내는 전깃줄.

고액(高額) 많은 금액.

고약(膏藥) 종기가 난 곳에 붙이는 끈적끈적한 약.

고ː약하다 [고야카다] ①맛·냄새 등이 비위에 거슬리고 좋지 않다. 몐쓰레기통에서 고약한 냄새가 난다. ②성질·행동·인심 등이 좋지 않다. 몐마음씨가 고약한 놀부.

고ː얀 성질·행동·인심 등이 좋지 않은. 몐고얀 녀석/고얀 사람.

고양(高陽) 경기도 서쪽에 있는 시. 서울의 서북쪽에 있으며 남서쪽으로 한강을 사이에 두고 김포시와 접한다. 서울 근교 농업 지대로서 채소·화초·과수 등이 재배된다.

고양이 고양잇과의 동물. 몸길이 50 cm가량. 몸빛은 흰색·검은색·누런색 등이며 얼룩진 것도 있다. 뒷발이 길어 뛰어오르거나 사뿐히 내려앉기를 잘한다. 발톱이 날카롭고 어두운 곳에서도 물체를 보는 능력이 뛰어나 쥐를 잘 잡는다. 쥰괭이.

〈고양이〉

고양이 낯짝만 하다 관용 '매우 좁음'을 비유하여 이르는 말.

고양이와 개 관용 서로 사이가 아주 나쁜 관계.

고ː어(古語) ①지금은 쓰지 않는 옛날 말. 몐옛말. ②옛사람들이 한 말.

고역(苦役) 몹시 힘들고 괴로운 일. 몐고역을 치르다.

고열(高熱) 높은 열. 높은 체온. 몐고열이 나다. 몐저열.

고온(高溫) 높은 온도. 몐고온 다습한 기후. 몐저온.

고요 잠잠하고 조용한 모양. 몐밤이 되어 마을이 고요에 휩싸였다. 몐정적.

고요하다 ①잠잠하고 조용하다. 몐고요한 밤. ②조용하고 평화롭다. 고요히.

고용¹(雇用) 삯을 주고 사람을 부림.

고용되다. 고용하다. 예건설 회사에서 인부들을 고용했다.

고용²(雇傭) 삯을 받고 남의 일을 해 줌. 고용되다. 고용하다.

고용원(雇傭員) 삯을 받고 남의 일을 해 주는 사람.

고운 말 천하지 않은, 품위를 지닌 아름다운 말. 예고운 말을 씁시다.

고원(高原) 높은 산지에 펼쳐진 넓은 벌판. 예몽골 고원.

고위(高位) 높은 위치나 지위. 예고위 공직자. 빤하위.

고위 간부(高位幹部) 높은 지위에 있는 간부.

고위도(高緯度) 위도가 높은 곳. 곧, 남극이나 북극에 가까운 곳.

고유(固有) 본디부터 지니고 있거나, 어느 사물에만 특별히 있음. 예우리 나라 고유의 민속놀이. 고유하다.

고유문화(固有文化) 어떤 나라나 민족만이 지닌 특별히 다른 문화. 참외래문화.

고유성(固有性)[고유썽] 어떤 사물이나 겨레가 본디부터 가지고 있는 성질.

고유어(固有語) 한 민족이 본래부터 써 온 말. 예'서울'은 고유어로 된 지명이다. 빤토박이말. 참외래어.

고을 ①군을 이루고 있는 지역. ②지난날, 도를 몇으로 나눈 행정 구역. 준골.

고음(高音) 높은 소리. 예고음 가수. 빤저음.

고ː의(故意)[고의/고이] 딴 뜻을 가지고 일부러 하는 생각이나 태도. 예너에게 피해를 준 것은 고의가 아니었어.

고ː의적(故意的)[고의적/고이적] 일부러 하는 것. 예그 선수는 고의적인 반칙을 하여 퇴장당했다.

고ː이 ①곱게. 예고이 자란 소녀. ②정성을 다해. 예귀중품을 고이 간직하다. ③편안히. 예고이 잠든 순국선열.

④그대로 고스란히. 예선아는 친구에게 빌린 책을 고이 돌려주었다. 고이고이.

고이다 ①우묵한 곳에 물 등이 모이다. 예어머니의 눈가에 눈물이 고여 있다. ②밑을 받쳐 안정시키다. 예나는 손으로 턱을 고이고 앉아 있었다. 준괴다.

고ː인(故人) ①세상을 떠난 사람. 예삼가 고인의 명복을 빕니다. ②오래 사귄 벗.

고인돌 선사 시대의 무덤의 한 가지. 두서너 개의 큰 돌을 세우고 그 위에 넓적한 돌을 얹었다. 북방식과 남방식이 있다. 빤지석묘.

〈고인돌〉

고ː자질(告者—) 남의 잘못이나 비밀을 몰래 일러바치거나 헐뜯어 말하는 짓. 예누나는 엄마한테 내가 그릇을 깨뜨렸다고 고자질을 했다. 고자질하다.

고ː자질쟁이(告者—) 남의 잘못이나 비밀을 잘 일러바치는 사람.

고작 기껏하여. 아무리 해도. 예지금까지 한 일이 고작 이것뿐이냐? 빤기껏·겨우.

고장¹ ①사람이 사는 일정한 지방. 예낯선 고장. ②어떤 물건이 많이 나는 곳. 예딸기의 고장.

고ː장²(故障) 기계나 사람의 몸에 갑자기 이상이 생김. 예저 자전거는 고장이 나서 움직이지 않는다.

고저(高低) 높음과 낮음. 예소리의 고저. 빤높낮이.

고저장단(高低長短) 높고 낮음과 길고 짧음.

고ː적(古跡) 지금 남아 있는 옛날 건물이나 시설물, 또는 그런 것이 있었던 터. 예고적 답사. 빤유적.

고적대(鼓笛隊) [고적때] 북과 피리로 이루어진 행진용의 악대.

고:전¹(古典) 후세 사람들의 모범이 될 만한 가치가 있는, 옛날 작품이나 책.

고전²(苦戰) 몹시 고생스럽고 힘든 싸움. 예우리 팀은 강적을 만나 고전을 면치 못했다. 回고투. 고전하다.

고:전극(古典劇) 고전을 주제로 하여 만든 극.

고:전 문학(古典文學) 오늘날에도 높이 평가되는 옛 문학 작품.

고:전 음악(古典音樂) 서양의 전통적인 방법으로 작곡하고 연주하는 음악. 回클래식.

고정(固定) ①일정한 곳이나 상태에서 움직이거나 변하지 않음. 예시선을 한곳에 고정시키다. ②화나 흥분을 가라앉힘. 고정되다. 고정하다. 예할머님, 이제 그만 고정하십시오.

고정 관념(固定觀念) 머릿속에 이미 굳어져 있어 쉽게 바뀌지 않는 생각. 예고정 관념을 깨다.

고정 도르래(固定—) 회전축이 고정되어 이동하지 않는 도르래. 참움직도르래.

고조¹(高祖) ⇒고조할아버지.

고조²(高潮) 감정이나 기운 등이 가장 성하게 된 상태.

고조³(高調) ①사기를 돋움. ②분위기나 감정이 한창 무르익거나 높아짐. 고조되다. 예흥겨운 음악이 흘러나오자 분위기는 더욱 고조되었다. 고조하다.

고:조선(古朝鮮) 우리 민족이 처음으로 세운 부족 국가. 건국 신화에 따르면 단군이 세웠다고 하며, 위치는 기름진 평야가 넓게 펼쳐진 대동강 주변 지역이었다고 한다. [기원전 2333년~기원전 108년]

고조할머니(高祖—) 할아버지의 할머니. 回고조모.

고조할아버지(高祖—) 할아버지의 할아버지. 回고조·고조부.

고졸(高卒) '고등학교 졸업'을 줄여 이르는 말. 예고졸 학력.

고종(高宗, 1852~1919) 조선 제26대 왕(재위 1863~1907). 흥선 대원군의 둘째 아들. 대원군이 물러난 뒤부터 정치를 맡아 하면서, 군사 제도 개혁, 별기군 창설, 대한 제국 탄생 선언 등 제도의 개선에 힘썼다.

고종사촌(姑從四寸) 고모의 아들이나 딸. 준고종. 回내종사촌. 참이종사촌.

고주망태 정신을 차릴 수 없을 정도로 술이 취한 상태, 또는 그런 사람.

고주알미주알 아주 사소한 일까지 속속들이. 예은주는 우리 오빠에 대해 고주알미주알 캐물었다. 回미주알고주알.

고즈넉하다 [고즈너카다] 어떤 곳이 고요하고 평화롭다. 예우리는 사람의 발자취도 없는 고즈넉한 오솔길을 거닐었다.

고증(考證) 옛 책이나 유물을 바탕으로 하여 예전의 일들을 밝힘. 고증되다. 고증하다.

고:지¹(告知) 어떤 사실을 관계 있는 사람에게 알림. 고지하다.

고지²(高地) ①평지보다 높은 땅. 예고지에서 나는 채소. 반저지. ②이루고자 하는 목표. 예5,000억 달러 수출 고지.

고지대(高地帶) 주변의 다른 곳보다 높은 지대. 반저지대.

고:지서(告知書) 관공서에서 어떤 일을 일반 사람들에게 알리는 글. 예납세 고지서.

고지식하다 [고지시카다] 성질이 한 가지 일에만 곧아 융통성이 없다. 예고지식하게 한 가지 방법만 고집하지 마라.

고지혈증(高脂血症) [고지혈쯩] 핏속

에 지방질이 정상보다 많은 증세. 동맥 경화증을 일으킬 수 있다.

고진감래(苦盡甘來)[고진감내] 괴로운 일 뒤에 즐거운 일이 생김.

고질(痼疾) ①고치기 어려운 오래된 병. ②오래되어 고치기 어려운 나쁜 버릇. 예저 학생은 지각하는 것이 고질이 되었다. 비고질병.

고질병(痼疾病)[고질뼝] ➡고질. 예할머니는 비만 오면 고질병인 신경통으로 고생하신다.

고집(固執) 자기의 생각이나 의견을 끝까지 내세움. 예동생은 병원에 안 가겠다고 고집을 부렸다. 고집하다.

고집불통(固執不通)[고집뿔통] 고집이 너무 세서 남의 말을 전혀 듣지 않음, 또는 그런 사람.

고집쟁이(固執一)[고집쨍이] 자기 생각이나 의견만 주장하는 사람. 비고집통이. |잘못| 고집장이.

고찰(考察) 어떤 것을 깊이 생각하고 자세히 연구함. 고찰되다. 고찰하다.

고:참(古參) 어떤 단체·기관·부서 등에 오래전부터 있었던 사람. 예고참 사원. 반신참.

고:철(古鐵) 못 쓰게 된 쇠붙이. 아주 낡고 오래된 쇠. 비헌쇠.

고체(固體) 일정한 모양과 부피를 갖추고 있어 형태가 쉽게 변하지 않는 물체. 참액체·기체.

고체 연료(固體燃料) 고체로 된 연료. 장작·석탄 등.

고쳐먹다[고처먹따] 마음이나 생각을 바꾸다. 예민수는 놀러 나가려다가 마음을 고쳐먹고 책상 앞에 앉았다.

고초(苦楚) 어려움과 괴로움. 예그는 포로로 잡혀가서 갖은 고초를 겪었다. 비고난·고통.

고추 가짓과의 한해살이풀. 꽃은 흰색이며 초록색의 열매는 익어 가면서 차차 빨갛게 변한다. 열매는 매운맛

이 있고 양념으로 많이 쓰인다.

고추 먹은 소리[관용] 못마땅하여 볼 만스러운 투로 하는 말.

고추씨 ①고추의 씨. ②고추 모양으로 생긴 낚시찌.

고추잠자리 잠자릿과의 곤충. 수컷은 몸이 고추와 같이 붉다. 암컷은 누르스름하여 '메밀잠자리'라고도 한다. 초가을에 농촌에서 볼 수 있으며, 우리나라·일본·중국 등에 산다.

〈고추잠자리〉

고추장(一醬) 질게 지은 밥이나 된 죽을 메줏가루에 버무리고 고춧가루와 소금을 넣어 담근 장.

고추짱아 '고추잠자리'의 어린이말.

고춧가루[고추까루/고춛까루] 고추를 말려 찧은 가루.

고춧잎[고춘닙] 고추의 잎사귀. 예고춧잎나물.

고충(苦衷) 괴로운 마음. 예숙희는 자기의 고충을 털어놓았다.

고취(鼓吹) ①용기를 북돋움. 예선생님은 학생들의 사기 고취를 위해 애쓰셨다. ②사상 등을 열렬히 주장하여 널리 알림. 고취되다. 고취하다. 예겨레에게 민족의식을 고취하다.

고층(高層) ①여러 층으로 높이 겹쳐 있는 것. 예고층 빌딩. ②하늘의 높은 곳.

고층 건:물(高層建物) 높게 지은 건물.

고치 ➡누에고치.

고치다 ①잘못된 것을 바로잡다. 예나쁜 버릇은 빨리 고쳐야 한다. ②병을 낫게 하다. 예의사 선생님이 동생의 병을 고쳐 주셨다. ③못 쓰게 된 것을 손질하여 쓸 수 있게 만들다. 예아버

지는 고장 난 라디오를 고치셨다. ④바꾸다. 예이름을 고치다. ⑤모양이나 위치를 바르게 하다. 예나는 비뚤어진 자세를 고쳤다.

고통(苦痛) 몸이나 마음이 괴롭고 아픔. 예심한 고통을 겪다. 삐고초·고생. 뺀쾌락.

고통스럽다(苦痛―)[고통스럽따] 몸이나 마음이 괴롭고 아픈 느낌이 있다. 예목이 부어 말하기가 고통스럽다. |활용| 고통스러우니·고통스러워. 고통스레.

고프다 배 속이 비어 음식을 먹고 싶은 마음이 있다. 예배가 고파서 우는 아기. |활용| 고프니·고파.

고하(高下) 지위나 신분·나이 등의 높고 낮음. 예지위의 고하를 막론하고 법을 어기면 안 됩니다.

고:하다(告―) ①어떤 사실을 윗사람에게 알리다. ②이르다. ③알리다. 말하다. 예민족에게 고하는 글.

고학(苦學) 제 스스로 돈을 벌어 고생하며 배움. 고학하다.

고학년(高學年)[고항년] 높은 학년. 흔히 초등학교 4, 5, 6학년을 이른다. 뺀저학년.

고학생(苦學生)[고학쌩] 제 스스로 돈을 벌어 고생하며 공부하는 학생.

고함(高喊) 크게 외치는 소리.

고함 소리(高喊―) 고함치는 소리.

고함지르다(高喊―) 큰 소리로 부르짖다. |활용| 고함지르니·고함질러.

고함치다(高喊―) 크게 소리치다. 예나는 화가 나서 고함쳤다.

고:해바치다(告―) 어떤 사실을 윗사람에게 말하여 알게 하다. 예선생님께 친구의 잘못을 고해바쳤다. 삐일러바치다.

고:해 성:사(告解聖事) 가톨릭에서, 세례를 받은 신자가 신부 앞에서 죄를 뉘우치고 고백하여 용서받는 일.

고행(苦行) 불교에서, 깨달음을 얻으려고 일부러 자기 몸을 괴롭게 하면서 수행을 쌓는 일. 고행하다.

고향(故鄕) ①자기가 태어나서 자란 곳. ②조상 때부터 대대로 살아온 곳. 삐타향.

고혈압(高血壓)[고혀랍] 혈압이 정상보다 높은 증세. 예고혈압 환자. 뺀저혈압.

고형(固形) 질이 단단하고, 일정한 모양과 부피를 가진 것. 예고형 알코올.

고환(睾丸) ⇒불알.

고흐(Gogh, 1853~1890) 네덜란드의 화가. 주로 노동자·농민 등 서민의 모습과 주변 생활과 풍경을 그림으로 그렸다. 정신병을 일으켜 귀를 자르는 등 고생을 하다 자살하였다. 그의 작품은 20세기 초 입체파 화가들에게 큰 영향을 끼쳤다.

고흥(高興, ?~?) 백제 근초고왕 때의 학자. 375년 백제 최초의 박사가 되어 '서기'를 편찬하였다. 아직기·왕인과 함께 활동한 학자로, 관상술·음양오행설에도 능하였다.

고:희(古稀)[고히] 사람의 나이 '일흔 살'을 이르는 말. 예할아버지께서 고희가 되셨다. 삐칠순.

곡¹(曲) 〈곡조〉의 준말.

곡²(哭) 사람이 죽었을 때나 제사를 지낼 때, 소리 내어 우는 일, 또는 그 울음. 곡하다.

곡괭이[곡꽹이] 한쪽 또는 양쪽으로 길게 날을 내고, 날이 'ㄱ'자 모양으로 굽어지는 부분이나 가운데에 자루를 박은 꽹이. 단단한 땅을 파는 데 쓰인다.

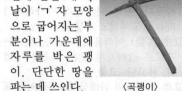
〈곡괭이〉

곡류¹(曲流)[공뉴] 물이 굽이쳐 흘러감, 또는 그 흐름. 곡류하다.

곡류²(穀類)[공뉴] 쌀·보리·밀 등 여러 가지 곡식.

곡마단(曲馬團)[공마단] 신기한 재주를 보여 주고 돈을 받는 단체.

곡면(曲面)[공면] 곡선으로 이루어진 면. 원기둥이나 공의 표면 등. 飯평면.

곡명(曲名)[공명] 노래의 이름. 곡조의 이름.

곡목(曲目)[공목] 연주할 노래의 이름을 적어 놓은 목록.

곡물(穀物)[공물] ➡곡식.

곡사포(曲射砲)[곡싸포] 장애물에 가려 보이지 않는 목표물을 맞히기 위해 포탄을 곡선으로 날아가게 쏘는 대포.

곡선(曲線)[곡썬] 부드럽게 굽은 선. 飯직선.

곡선미(曲線美)[곡썬미] ①건축·그림·조각 등에서 곡선을 써서 나타낸 아름다움. ②사람 몸의 곡선에서 나타나는 아름다움.

곡선 운:동(曲線運動) 물체 등이 곡선을 그리면서 움직이는 운동.

곡성(哭聲)[곡썽] 사람이 죽었을 때 슬퍼하여 크게 우는 소리.

곡식(穀食)[곡씩] 양식이 되는 쌀·보리·콩·조 등을 통틀어 이르는 말. 飯곡물.

곡예(曲藝)[고계] 줄타기·요술같이 손발이나 몸을 놀려서 사람들에게 보여 주는 신기한 재주. 飯서커스.

곡우(穀雨)[고구] 이십사절기의 하나. 청명과 입하 사이로, 4월 20일경. 이 무렵에 곡식이 자라는 데 이로운 비가 내리기 시작한다고 한다.

곡절(曲折)[곡쩔] ①복잡한 사정이나 내용. ⑩저리도 슬프게 우는 것을 보니 무슨 곡절이 있겠지. ②까닭. 이유. ⑩곡절을 알아야 문제를 해결하지.

곡조(曲調)[곡쪼] 음악이나 가사의 가락. ⑩흥겨운 곡조. 준곡.

곡창(穀倉)[곡창] ①곡식을 모아 두는 창고. ②곡식이 많이 나는 곳. ⑩김포평야는 곡창 지대이다.

곡해(曲解)[고캐] 사실과 다르게 잘못 이해함. 飯오해. 곡해되다. 곡해하다. ⑩내 말을 곡해하지 말고 들어 줘.

곤:경(困境) 어려운 처지. 딱한 사정. ⑩우리는 곤경에 빠진 친구를 도와주었다.

곤괘(坤卦) 태극기에 그려져 있는 팔괘의 하나. '☷' 모양이며 '땅'을 상징한다.

곤:궁(困窮) 가난하여 사정이 딱함. 飯빈곤. 곤궁하다. ⑩곤궁한 처지. 곤궁히.

곤돌라(gondola) ①높은 건물의 옥상에 설치하여 짐을 실어 오르내리게 하는 기구. ②이탈리아 베네치아의 운하를 다니는 작은 배. 길고 좁으며 양쪽 끝이 위로 휘어 있다.

곤두박다[곤두박따] 높은 데서 거꾸로 떨어지다.

곤두박이다[곤두바기다] 높은 데서 거꾸로 떨어지게 되다. ⑩준이는 자전거를 타고 가다가 둑 아래로 곤두박였다. |잘못| 곤두박히다.

곤두박질[곤두박찔] 몸을 뒤집어 갑자기 거꾸로 떨어지는 짓. 곤두박질하다.

곤두박질치다[곤두박찔치다] 몸을 뒤집어 거꾸로 내리박히다.

곤두박히다 '곤두박이다'의 잘못.

곤두서다 ①거꾸로 꼿꼿이 서다. ⑩놀라서 머리카락이 곤두서는 듯했다. ②마음이 매우 긴장되다. ⑩너무 시끄러워 신경이 곤두섰다.

곤두세우다 ①거꾸로 꼿꼿이 세우다. ⑩성난 사자는 갈기를 곤두세우고 으르렁거렸다. ②신경을 바짝 긴장시키다. ⑩학생들은 신경을 곤두세우고 선생님 말씀을 들었다.

곤드레만드레 술이나 잠에 몹시 취하여, 정신을 차리지 못하고 몸을 가누지 못하는 모양. 예아빠가 곤드레만드레 취해서 들어오셨다.

곤:란(困難)[골란] ①해결이 어려움. ②살림살이가 매우 가난함. ③괴로움. 곤란하다. 예답변하기 곤란한 질문. 곤란히.

곤:룡포(袞龍袍)[골룡포] 지난날, 임금이 의식 때 입던 정식 옷.

곤봉(棍棒) ①짤막한 몽둥이. ②곤봉 체조에 쓰이는, 길둥근 병 모양의 운동 기구.

곤봉 체조(棍棒體操) 곤봉을 쥐거나 손가락 사이에 끼고 휘두르며 하는 체조.

곤여 만:국 전도(坤輿萬國全圖) 1602년에 선교사로 명나라에 와 있던 이탈리아 사람 마테오 리치가 만든 세계 지도.

곤여 전도 목판(坤輿全圖木版) 조선 철종 11(1860)년에 새긴 세계 지도. 원래 '곤여 전도'는 페르비스트가 만든 것인데, 곤여 전도 목판은 이것을 바탕으로 다시 새긴 것이다.

곤:욕(困辱)[고뇩] 참기 힘든 일이나 심한 모욕. 예곤욕을 치르다.

곤장(棍杖) 지난날, 죄인의 볼기를 치던 도구. 버드나무로 길고 넓적하게 만든 것으로 다섯 종류가 있다.

곤쟁이 새우의 한 가지. 보리새우와 비슷하나 더 작고 몸이 부드럽다.

곤쟁이젓[곤쟁이젇] 곤쟁이로 담근 젓.

곤죽(-粥) ①밥이나 땅이 죽처럼 질어짐. ②피곤하거나 술을 많이 마셔 몸이 축 늘어진 상태. 예진수는 너무나 피곤하여 집에 오자마자 몸이 곤죽이 되어 쓰러졌다.

곤지 전통 혼례에서, 신부가 몸을 꾸밀 때 이마에 찍는 붉은 점.

곤충(昆蟲) 많은 마디로 되어 있고 머리·가슴·배로 나뉘며, 알·애벌레(번데기)·어른벌레의 차례로 한살이를 하는 동물. 파리·모기·잠자리 등. 예곤충 채집을 하다.

곤충기(昆蟲記) 프랑스의 파브르가 곤충의 생활을 관찰하여 기록한 책. 곤충의 습관·생활 모습을 기록한 것으로 불후의 명작으로 꼽는다.

곤충 백과사전(昆蟲百科事典) 곤충에 대해 사전 형식으로 분류·배열하여 해설해 놓은 책.

곤충학자(昆蟲學者)[곤충학짜] 곤충에 대하여 연구하는 사람.

곤:하다(困-) ①힘을 많이 쓰거나 졸음이 오거나 하여, 몸의 기운이 없이 나른하다. 예밤늦도록 책을 읽었더니 곤하다. ②고단하여 든 잠이 깊다. 곤히. 예아기가 곤히 잠자고 있다.

곤:혹스럽다(困惑-)[곤혹쓰럽따] 어떻게 해야 할지 몰라 아주 곤란하다. 예선생님은 아이들의 짓궂은 질문에 곤혹스러운 표정을 지으셨다. |활용| 곤혹스러우니·곤혹스러워. 곤혹스레.

곧 ①즉시. 바로. 오래지 않아서. 예삼촌이 곧 결혼한다. ②즉. 다시 말하자면. 예사람이 곧 하늘이다.

곧다[곧따] ①굽거나 비뚤지 않고 똑바르다. 예곧은 길. ②마음이 바르다. 예병호는 성품이 곧을 뿐만 아니라, 마음씨도 곱다.

곧바로[곧빠로] ①바로 그 즉시에. 예나는 학교를 마치고 곧바로 집으로 갔다. ②곧은 방향으로 똑바로. 예이 길로 곧바로 가면 도서관이 나온다.

곧바르다[곧빠르다] 굽거나 기울지 않고 곧고 바르다. 예곧바른 자세/나는 선을 곧바르게 그었다. |활용| 곧바르니·곧발라.

곧은결[고든결] 결이 곧은 나무를 나

이테와 직각이 되게 켠 면에 나타난 나뭇결.

곧은길 [고든길] 곧게 뻗어 나간 길.

곧은줄기 [고든줄기] 해바라기같이 땅 위에 똑바로 서서 자라는 줄기. [참]감는줄기·기는줄기.

곧이곧대로 [고지곧때로] 꾸밈이나 거짓 없이 사실대로. [예]성희는 선생님께 사실을 곧이곧대로 말했다.

곧이듣다 [고지듣따] 남의 말을 그대로 믿다. [예]내가 그 말을 곧이들을 것 같니? |활용| 곧이들으니·곧이들어.

곧이어 [고디어] 멈추지 않고 바로 이어. [예]번개가 번쩍 하더니 곧이어 천둥이 쳤다.

곧잘 [곧짤] ①제법 잘. [예]승재는 노래를 곧잘 한다. ②가끔 잘. [예]누나와 나는 곧잘 다툰다.

곧장 [곧짱] ①똑바로 곧게. 바로. [예]이 길로 곧장 가시오. ②쉬지 않고 줄곧.

곧추서다 곧게 서다. [예]무서운 이야기를 듣다가 머리카락이 곧추섰다.

곧추세우다 곧게 세우다. [예]아주머니는 아기를 곧추세워 안고 트림을 시키셨다.

골[1] 무엇이 비위에 거슬려 벌컥 내는 성. [예]골을 잘 내는 친구. [비]화.

골ː[2] ①〈골짜기〉의 준말. ②〈고을〉의 준말.

골[3] ①동물의 머리뼈 속에 있으며 온몸의 신경이 모여 있는 곳. [비]뇌·뇌수. ②'머리'를 달리 이르는 말.

골[4](goal) 축구·농구 등에서, 공을 넣으면 득점이 되는 곳. 또는 공을 넣어 득점하는 일.

골 게터(goal getter) 축구·하키 등에서, 득점을 많이 하는 선수.

골격(骨格) ①동물 몸을 받쳐 주는 여러 가지 뼈의 조직. [비]뼈대. ②사물의 주요 부분. [예]건물의 골격을 세우다.

골고루 ①더하고 덜함이 없이 여럿이 모두 고르게. [예]음식을 골고루 먹어라. ②빼놓지 않고 두루두루. [본]고루고루.

골나다 [골라다] 화가 나다. [예]골난 얼굴. [비]성나다·화나다.

골내다 [골래다] 화를 내다. [예]골내지 말고 내 말을 들어 봐. [비]성내다·화내다.

골ː다 잠을 잘 때 드르렁거리는 콧소리를 내다. [예]삼촌이 코를 골면서 잔다. |활용| 고니·골아.

골다공증(骨多孔症) [골다공쯩] 뼈에 구멍이 생기고 뼈가 약해져 잘 부서지는 증상.

골대(goal—) 축구·핸드볼 등에서, 골문 양쪽의 기둥. [예]농구 골대. [비]골포스트.

골동품(骨董品) [골똥품] ①드물고 가치가 있는, 오래된 물건이나 미술품. ②'오래되었지만 가치나 쓸모가 없는 물건이나 사람'을 비유하여 이르는 말.

골똘하다 한 가지 일이나 생각에만 온 힘을 써서 딴 일이나 생각을 할 겨를이 없다. **골똘히**. [예]무슨 생각을 그렇게 골똘히 하고 있니?

골ː라내다 여럿 가운데서 어떤 것을 골라서 집어내다. [예]나는 밥에 든 콩을 골라냈다.

골라인(goal line) ①결승선. ②축구·하키 등에서, 골대의 양쪽에 그어 놓은 선.

골리다 남을 짓궂게 놀려 약이 오르게 하다. [예]내 동생 골리지 말고 사이좋게 놀아.

골머리 '머릿골'을 속되게 이르는 말. [예]어려운 수학 문제를 푸느라 골머리가 아팠다.

골머리(를) 앓다 [관용] 어떻게 해야 할지 몰라 고민하거나 이리저리 생각하다.

골ː목 동네 가운데의 좁은 길. [예]막다른 골목. [비]골목길.

골ː목길 [골목낄] 골목을 따라 난 길. [비]골목.

골ː목대장(一大將) [골목때장] 동네에서 노는 아이들 중의 우두머리.

골몰(汨沒) 한 가지 일에만 온 힘을 쏟음. [비]열중. 골몰하다. [예]형은 오로지 시험공부에만 골몰했다. 골몰히.

골무 바느질할 때 바늘을 눌러 밀기 위하여 손가락 끝에 끼우는, 가죽이나 헝겊으로 만든 물건.

〈골무〉

골문(goal門) 축구·핸드볼 등에서, 골라인 위에 세운 두 기둥과 크로스바 사이를 이르는 말.

골미떡 멥쌀가루를 쪄서 잘 치댄 후 골무 모양으로 만든 떡. [비]골무떡.

골ː바람 [골빠람] 산기슭이나 산골짜기에서 산 위로 부는 바람.

골반(骨盤) 엉덩이 부분에 양쪽으로 퍼져 있는, 사발 모양의 크고 납작한 뼈.

골ː방(一房) 안방이나 건넌방 등 큰방의 뒤쪽에 딸린 작은방.

골백번(一百番) [골백뻔] '여러 번'을 강조하여 이르는 말. [예]같은 말을 골백번 되풀이해도 못 알아듣니?

골병(一病) 겉으로 드러나지 않고, 속으로 깊이 든 병. [예]골병이 들다.

골ː뿌림 ➡줄뿌림.

골수(骨髓) [골쑤] ①뼈의 빈 곳에 차 있는 누른빛이나 붉은빛의 연한 조직. [비]뼛속. ②마음속. [예]골수에 한이 맺히다.

골수에 사무치다[관용] 잊을 수 없을 만큼 마음속에 깊이 박혀 있다.

골 에어리어(goal area) 축구·하키 등에서 골 앞에 네모지게 그은 구역.

골육(骨肉) [고륙] ①형제·부자 등 핏줄이 같은 사람. [예]골육의 정. [비]혈육. ②뼈와 살.

골인 ①경주에서, 결승점에 들어섬. [예]1등으로 골인을 하다. ②축구·하키·농구 등에서, 공이 골에 들어감. [참고] 골인은 'goal'과 'in'이 합쳐서 된 말.

골자(骨子) [골짜] 가장 중요한 부분. [예]딴소리 말고 골자만 말해 보아라. [비]요점.

골재(骨材) [골째] 시멘트와 섞어서 콘크리트를 만드는 모래·자갈 등의 재료.

골절(骨折) [골쩔] 뼈가 부러짐. [예]골절상을 입다. 골절하다.

골조(骨組) [골쪼] 건물 등의 뼈대. 콘크리트·벽돌·철근으로 만든다.

골짜기 두 산 사이에 깊게 패어 들어간 곳. [준]골·골짝.

골짝 〈골짜기〉의 준말.

골치 사람의 '머리'를 속되게 이르는 말.

골치(가) 아프다[관용] 몹시 성가시고 귀찮다.

골칫거리 [골치꺼리/골칟꺼리] 귀찮고 어려운 일이나 사람.

골키퍼(goalkeeper) 축구·하키·핸드볼 등에서, 상대편의 공이 들어가지 못하게 골을 지키는 선수. [준]키퍼.

골킥(goal kick) 축구에서, 상대편 선수가 골라인 밖으로 찬 공을 자기편 지역에 갖다 놓고 차는 일.

골탕 크게 당하는 곤란이나 손해.

골탕을 먹다[관용] 크게 곤란을 받거나 손해를 입다.

골탕을 먹이다[관용] 크게 곤란을 받게 하거나 손해를 입히다.

골ː판지(一板紙) 판지의 한쪽 또는 두 장의 판지 사이에, 골이 진 종이를 붙여 충격을 덜 받게 만든 판지. 물건의 포장용 상자로 많이 쓰인다.

골포스트(goal post) ➡ 골대.
골품제(骨品制) ➡ 골품 제도.
골품 제ː도(骨品制度) 신라 때, 귀족들의 신분 계급을 정한 제도. 성골·진골·육두품·오두품 등이 있었다. [비]골품제.
골프(golf) 골프채로 공을 쳐서 잔디밭에 있는 18개의 구멍에 차례로 넣어 가는 경기.
골프장(golf場) 잔디밭에 언덕·나무·연못 등을 설치하고, 일정한 코스를 마련하여 골프 경기를 하는 곳.
골프채(golf—) 골프를 할 때 공을 치는 채.
곪ː다 [곰따] 상처나 염증에 고름이 생기다. [예]이마에 난 여드름이 곪아서 터졌다. [발음] 곪아[골마]·곪고[곰꼬]
곬 [골] ①한쪽으로 트인 방향이나 길. ②물고기들이 몰려다니는 일정한 길. [발음] 곬이[골씨]·곬도[골또]·곬만[골만]
곯다¹ [골타] ①은근히 속으로 골병이 들다. ②속이 썩거나 물러서 상하다. [예]곯은 달걀/참외가 곯아서 못 먹겠다. [발음] 곯아[고라]·곯고[골코]
곯다² [골타] 음식을 양에 차게 먹지 못하거나 굶다. [예]그는 가난해서 배를 곯고 자랐다. [발음] 곯아 [고라]·곯고[골코]
곯리다¹ [골리다] ①은근히 속으로 골병이 들게 하다. ②속이 썩거나 물러서 상하게 하다.
곯리다² [골리다] 먹는 것이 모자라 늘 배고프게 하다.
곯아떨어지다 [고라떠러지다] 매우 피곤하거나 술에 몹시 취해 깊이 잠들다. [예]순호는 피곤했는지 눕자마자 곯아떨어졌다.
곰ː 곰과의 동물. 몸길이는 1~3m. 온몸이 긴 털로 덮여 있다. 나무에 잘 오르고 굴을 잘 파며, 헤엄을 잘 친다. 산속에 살며 겨울에는 동굴 속에서 겨울잠을 잔다.
곰ː곰 ➡ 곰곰이.
곰ː곰이 [곰고미] 여러 가지 방향으로 깊이 생각하는 모양. [예]민아는 수지가 화를 낸 이유를 곰곰이 생각해 보았다. [비]곰곰. [잘못] 곰곰히.
곰곰히 '곰곰이'의 잘못.
곰ː국 [곰꾹] 소의 뼈와 고기를 진하게 고아서 끓인 국. [비]곰탕.
곰ː돌이 [곰도리] 곰 인형을 이르는 말. 사람이나 사물을 곰에 빗대어 이르기도 한다. [예]곰돌이 인형.
곰두리 제8회 서울 장애인 올림픽 대회의 마스코트.
곰방대 짧은 담뱃대.
곰ː보 얼굴이 얽은 사람을 얕잡아 이르는 말.
곰ː삭다 [곰삭따] ①오래된 옷 등이 삭아서 쉽게 부스러지다. ②젓갈 등이 오래되어 푹 삭다.
곰ː살갑다 [곰살갑따] 성질이 상냥하고 부드럽다. [예]언니는 곰살갑게 굴어 귀염을 받는다. [활용] 곰살가우니·곰살가워.
곰ː살궂다 [곰살굳따] 성질이 상냥하고 눈치가 빠르며 다정하다. [예]곰살궂은 친구.
곰지락곰지락 [곰지락꼼지락] 둔한 몸짓으로 느리게 자꾸 움직이는 모양. [큰]굼지럭굼지럭. [센]꼼지락꼼지락.
곰ː탕(—湯) ➡ 곰국.
곰ː팡이 미생물의 한 가지. 습기 있는 곳에 잘 생기며, 동식물에 유익한 것과 해로운 것이 있다. 홀씨가 바람에 날려서 퍼진다.
곱 ①〈곱절〉의 준말. [예]쌍둥이를 키우면 돈이 곱으로 든다. ②둘 이상의 수나 식을 곱하여 얻은 수 또는 식.
곱ː다¹ [곱따] ①보거나 듣기에 아름답다. [예]고운 꽃. [반]밉다. ②순하고 부드럽다. [예]수진이는 마음씨가 매우 곱다. ③바탕이 보드랍다. [예]고운 피부. ④상하지 않고 온전하다. [예]할머니는 곱게 간직했던 사진을 꺼내 보셨다. ⑤편안하다. [예]아기가 곱게 잠들어 있다. [활용] 고우니·고와.

곱다² [곱따] 추위 때문에 손가락이나 발가락이 차서 잘 움직여지지 않다. [예]손이 곱아 글씨를 못 쓰겠다.

곱다³ [곱따] 한쪽으로 조금 고부라져 있다. [큰]굽다.

곱돌 [곱똘] 윤이 나고 매끈매끈한 돌.

곱빼기 ①음식 두 그릇 몫을 한 그릇에 담은 분량. [예]짜장면 곱빼기. ②두 번 거듭하는 일.

곱사 [곱싸] ①➡곱사등. ②➡곱사등이.

곱사등 [곱싸등] 뼈가 잘 자라지 못하여 등뼈가 고부라져 큰 혹처럼 불쑥 나온 등. [비]곱사.

곱사등이 [곱싸등이] 곱사등인 사람을 얕잡아 이르는 말.

곱셈 [곱쎔] 어떤 수를 곱으로 계산하는 셈법. [비]승산. [반]나눗셈.

곱셈 구구(一九九) 곱셈에 쓰이는 기초 공식. 1에서 9까지의 각 수를 둘씩 곱하여 그 값을 나타낸다. 7×8=56, 9×8=72 등. [비]구구단·구구법.

곱셈 기호(一記號) ➡곱셈표.

곱셈식(一式) [곱쎔식] 곱셈을 나타내는 식. [반]나눗셈식.

곱셈표(一標) [곱쎔표] 곱하기의 기호인 '×'의 이름. [비]곱셈 기호.

곱슬거리다 [곱쓸거리다] 자꾸 꼬불꼬불하게 말리다. [비]곱슬대다.

곱슬곱슬하다 [곱쓸곱쓸하다] 머리털 등이 꼬불꼬불하게 말려 있다. [예]곱슬곱슬한 파마머리.

곱슬대다 [곱쓸대다] ➡곱슬거리다.

곱슬머리 [곱쓸머리] 곱슬곱슬하게 꼬부라진 머리, 또는 그러한 머리를 가진 사람. [비]고수머리.

곱씹다 [곱씹따] 말이나 생각 등을 곰곰이 되풀이하다. [예]나는 친구가 한 말을 곱씹어 보았다. [비]되새기다·되씹다.

곱자 [곱짜] 나무나 쇠로 'ㄱ' 자 모양으로 만든 자.

곱절 [곱쩔] 같은 수량이나 분량을 몇 번 거듭 합치는 일, 또는 그런 셈. [예]그 회사는 직원을 곱절로 늘렸다. [준]곱. [비]배. [참]갑절.

곱집합(一集合) [곱찌팝] 한 집합의 원소를 첫째로 하고, 다른 한 집합의 원소를 둘째로 하는 모든 순서쌍의 집합. [참고] 집합 A와 집합 B의 곱집합은 'A×B'로 나타낸다.

곱창 '소의 작은창자'를 먹을거리로 이르는 말. [예]곱창 전골.

곱하기 [고파기] 곱셈을 하는 일. [반]나누기.

곱하다 [고파다] 어떤 수를 곱절로 셈하다. [반]나누다.

곳 [곧] 어떤 정해진 공간. [예]바람이 부는 곳. [발음] 곳이 [고시]·곳도 [곧또]·곳만 [곤만]

곳간(庫間) [고깐/곧깐] 물건을 넣어 두는 창고. [비]광·창고.

곳곳 [곧꼳] 여러 곳. [예]공원 곳곳에 벤치가 놓여 있다. [비]이곳저곳·여기저기.

공¹ 고무나 가죽 등으로 둥글게 만들어 속에 공기 또는 다른 물건을 넣은 운동 기구.

공²(公) 여러 사람에 관계되는 국가나 사회의 일. [예]공과 사를 구별하다. [반]사.

공³(公) 지난날, 양반이거나 귀족인 남자를 높여 이르던 말. [예]공의 의견을 듣고 싶소.

공⁴(功) 〈공로〉의 준말. [예]나라에 공을 세우다.

공⁵(空) ①속이 텅 빈 것. 아무것도 없는 것. ②아라비아 숫자 '0'을 이르는 말.

공간(空間) ①아무것도 없이 빈 곳. 예좁은 공간도 잘 활용하면 쓸모 있게 바꿀 수 있다. ②어떤 물질이나 물체가 존재할 수 있는 빈 곳. 어떤 일이 일어날 수 있는 자리. 예우주 공간.

공간적(空間的) 공간에 속하거나 관계되는 것.

공갈(恐喝) ①남의 잘못이나 비밀 등을 이용하여 윽박지르거나 무섭게 위협함. ②'거짓말'을 속되게 이르는 말. 공갈하다.

공감(共感) 남의 생각이나 의견·감정에 대하여 자기도 그러하다고 느낌. 또는 그런 감정. 예나도 네 말에 공감이 간다. 공감되다. 공감하다.

공감대(共感帶) 서로 공감하는 부분.

공개(公開) 사람들이 마음대로 보거나 들을 수 있게 숨김없이 널리 보임. 빤비공개. 공개되다. 공개하다.

공개 방송(公開放送) 방송하는 모습을 여러 사람에게 드러내 보이면서 하는 방송.

공개적(公開的) 여러 사람에게 드러내어 알리거나 보이는 것. 예공개적인 토론.

공격(攻擊) ①나아가 적을 침. 예공격 명령. ②운동 경기에서, 상대편을 강하게 밀어붙임. 빤방어·수비. ③남을 몹시 꾸짖거나 반대하고 나섬. 공격하다.

공격권(攻擊權)[공격꿘] 농구나 배구 등의 운동 경기에서 상대를 공격할 수 있는 권리. 예공격권이 주어지다.

공격수(攻擊手)[공격쑤] 운동 경기에서, 주로 공격을 맡고 있는 선수. 빤수비수.

공격적(攻擊的)[공격쩍] 공격하는 태도를 보이는 것. 예공격적인 질문.

공경(恭敬) 남을 대할 때 몸가짐을 공손히 하고 존경함. 공경하다. 예어른을 공경하자.

공고[1](工高) 〈공업 고등학교〉의 준말.

공고[2](公告) 관청이나 공공 단체 등에서, 어떤 일을 사람들에게 널리 알림. 예학생 모집 공고. 빤공포. 공고되다. 공고하다.

공고하다(鞏固一) 굳고 튼튼하다. 빤견고하다. 공고히.

공공(公共) 사회의 여러 사람들에게 관계되는 것. 예공공 기관.

공공건물(公共建物) 여러 사람이 함께 사용하기 위해 지은 건물.

공공 단체(公共團體) 나라의 감독 아래 공공의 업무를 맡아보는 단체.

공공 도서관(公共圖書館) 일반 사회의 여러 사람이나 단체가 이용할 수 있는 도서관.

공공사업(公共事業) 여러 사람의 이익을 위해 하는 사업. 수도·전기 시설 등. 빤공익사업.

공공성(公共性)[공공썽] 여러 사람이나 단체에 골고루 관련되거나 영향을 미치는 성질.

공공시설(公共施設) 여러 사람이 편리하게 이용할 수 있도록 만들어 놓은 시설.

공공연하다(公公然一) 사실이 숨김없이 떳떳하게 드러나 있다. 예공공연한 사실. 공공연히.

공공요금(公共料金)[공공뇨금] 철도·우편·전기·전화·수도 등 공공의 이익을 위한 사업에 물리는 요금.

공공장소(公共場所) 여러 사람이 이용하는 곳.

공공재(公共財) 여러 사람이 이용할 수 있도록 만들어 놓은 물건이나 시설. 도로·공원·도서관 등.

공공질서(公共秩序)[공공질써] 국가나 사회의 구성원 모두가 지켜야 할 질서.

공과(功過) 공로와 잘못. 공과 허물. 예공과를 따지다.

공과금(公課金) 국가나 공공 단체에 내는 돈. 세금·조합비 등. 예공과금이 10% 인상되었다.

공과 대학(工科大學) 공학에 대한 전문적인 교육을 실시하는 대학. 준공대.

공관(公館) ①정부의 높은 관리가 그 지위에 있는 동안 사는 집. 예총리 공관. ②외교에 관한 일을 하기 위해 외국에 설치한 기관. 대사관·공사관 등.

공교롭다(工巧一) [공교롭따] 우연히 뜻밖의 사실과 마주치게 된 것이 매우 이상하다. 예공교롭게도 엄마와 내 생일이 같은 날이다. |활용| 공교로우니·공교로워. 공교로이.

공교육(公教育) 국가가 하는 교육. 삔사교육.

공구(工具) 기계 등을 만들거나 다루는 데 쓰이는 기구.

공군(空軍) 비행기를 사용하여 공중에서의 공격·방어의 책임을 맡은 군대. 參육군·해군.

공권력(公權力) [공꿘녁] 국가가 국민에게 강제로 명령할 수 있는 권력.

공그르기 헝겊을 접어 맞대고 바늘을 양쪽에서 번갈아 넣어, 바느질한 자리의 실밥이 겉으로 나오지 않게 꿰매는 바느질.

〈공그르기〉

공금(公金) ①나라나 공공 단체가 소유한 돈. ②단체나 회사의 돈.

공급(供給) ①필요한 물품 등을 대어 줌. 예수돗물 공급/전기 공급. ②바꾸거나 팔 목적으로 시장에 상품을 내놓음. 삔수요. 공급되다. 공급하다.

공급원(供給源) [공그뭔] 공급이 이루어지는 원천. 예멸치는 칼슘의 공급원이다.

공기[1] 아이들이 밤톨만 한 돌들을 가지고 노는 놀이. 또는 그 돌.

공기 놀리듯 하다[관용] 어떤 일이나 사람을 제멋대로 놀리거나 쉽게 다루다.

공기[2](空氣) 지구를 둘러싸고 있는, 빛깔이나 냄새가 없는 기체. 주로 질소와 산소로 이루어진 혼합 기체이다. 삔대기.

공기[3](空器) 밥을 담아 먹는 데 쓰이는 작은 그릇.

공기놀이 [공기노리] 다섯 개의 돌을 땅바닥에 놓고, 규칙에 따라 집고 위로 던졌다 받고 하는 놀이. 공기놀이하다.

공기뿌리(空氣一) 땅속에 있지 않고 공기 중에 나와 있는 뿌리. 옥수수·풍란의 뿌리 등.

공기업(公企業) 국가나 공공 단체가 경영하는 기업. 철도·우편·수도 등. 삔사기업.

공기 청정기(空氣清淨器) 공기 속의 먼지를 없애는 장치.

공기총(空氣銃) 압축 공기의 힘으로 총알을 쏘아 참새 같은 것을 잡는 데 쓰이는 총.

공기 펌프(空氣pump) 타이어·기구 등에 공기를 빼내거나 넣는 펌프.

공깃돌 [공기똘/공긷똘] 공기놀이를 할 때 쓰는 작고 동그란 돌. 요즘에는 플라스틱 등으로 만든 것을 사용하기도 한다.

공납금(公納金) [공납끔] ①학생이 학교에 정기적으로 내는 돈. ②관공서에 의무적으로 내야 하는 돈.

공놀이 [공노리] 공을 가지고 노는 놀이. 공놀이하다.

공단[1](工團) 〈공업 단지〉의 준말. 예시화 공단.

공단[2](公團) 국가 사업을 위해 세운 단체. 국민 건강 보험 공단 등.

공대(恭待) ①공손히 대접함. ②상대편에게 높임말을 씀. 공대하다. 예윗사람을 공대하다. 반하대.

공대말(恭待一) 공대하는 말. 비경어·높임말·존댓말.

공덕(功德) ①착한 일을 하여 쌓은 덕. 예공덕을 기리다. ②불교에서, 현재 또는 미래에 행복을 가져올 착한 일을 이르는 말. 준덕.

공동(共同) ①두 사람 이상이 일을 같이함. 예공동 작업. ②두 사람 이상이 같은 자격으로 관계를 가짐. 예비용을 공동으로 내다. 비합동. 공동하다.

공동 경비 구역(共同警備區域) 남한과 북한이 공동으로 경비하는 휴전선 부근 지역. 판문점 안에 있으며, 남북 적십자 회담 등이 이곳에서 열렸다.

공동 경작(共同耕作) 두 사람 이상의 농가가 함께 농사를 짓는 일.

공동 기업(共同企業) 두 사람 이상이 공동으로 경영을 하는 기업.

공동묘지(共同墓地) 일정한 곳에, 여러 사람이 공동으로 무덤을 쓸 수 있도록 마련한 묘지.

공동 사회(共同社會) 혈연이나 공동의 목적을 바탕으로 이루어진 사회 집단. 비공동체.

공동생활(共同生活) 두 사람 이상이 한데 모여 서로 도우며 사는 생활.

공동 양식(共同養殖) 여러 가구가 물고기·굴·김 등의 해산물을 공동으로 기르고 번식시키는 일.

공동 우물(共同一) 여러 사람이 같이 쓰기 위하여 땅을 파서 물을 괴게 한 곳.

공동 운명(共同運命) 어떤 상황 아래 흥하고 망함을 함께해야만 하는 운명.

공동체(共同體) ①목적이나 생활을 같이하는 단체. ②➡공동 사회.

공동 판매(共同販賣) ①판매 조합을 통하여 공동으로 하는 판매. ②기업이 스스로 판매하지 않고 공동 판매장을 거쳐 하는 판매. 준공판.

공들다(功一) 어떤 일을 이루기 위하여 정성과 노력이 많이 들다. |활용| 공드니·공들어.

공들이다(功一) [공드리다] 어떤 일을 이루기 위하여 정성과 노력을 많이 들이다.

공란(空欄) [공난] 서류 등에 글자 없이 비워 둔 칸. 예공란에 맞는 답을 적으세요. 비빈칸.

공략(攻略) [공냑] ①적의 영토나 진지를 공격하여 빼앗음. ②적극적으로 어떤 영역을 차지하거나 어떤 사람을 자기편으로 만듦. 공략되다. 공략하다.

공로(功勞) [공노] 어떤 일에 이바지한 노력과 공적. 예교장 선생님은 우리 학교를 발전시킨 공로로 상을 받으셨다. 준공. 비공적·공훈.

공론1(公論) [공논] 여러 사람이 의논함, 또는 그 의논. 예아이들은 머리를 맞대고 공론을 했다. 공론되다. 공론하다.

공론2(空論) [공논] 실제와는 동떨어진 쓸데없는 의논.

공룡(恐龍) [공뇽] 중생대에 살았던 거대한 파충류의 동물을 통틀어 이르는 말.

공리(公利) [공니] 여러 사람의 이익. 반사리.

공리공론(空理空論) [공니공논] 행동이 뒤따르지 않는 쓸데없는 이론.

공립(公立) [공닙] 공공 단체가 세워서 운영하는 일, 또는 그 시설. 예공립 도서관. 반사립.

공립 학교(公立學校) 공공 단체가 설립하여 운영하는 학교. 반사립 학교.

공명1(功名) 공을 세워서 널리 이름을 드러내는 일. 공명하다.

공:명²(共鳴) ①한 물체가 외부의 음파에 자극을 받아 그와 같은 소리를 냄. ②남의 생각이나 행동 등에 강하게 끌려 자기도 그와 같이 따르려 함. 공명하다.

공명선거(公明選擧) 부정이 없는, 공평하고 명백한 선거.

공명정대하다(公明正大一) 사사로움이나 그릇됨이 없이 아주 바르고 떳떳하다. 예이번 선거는 공명정대하게 치러졌다. 공명정대히.

공명하다(公明一) 어느 한쪽으로 치우침이 없이 공정하고 바르다. 예공명한 선거. 공명히.

공모¹(公募) 여러 사람에게 널리 알려 모집함. 예표어 공모. 공모하다. 예독서 감상문을 공모하다.

공:모²(共謀) 두 사람 이상이 함께 좋지 못한 일을 꾀함. 예공모에 가담하다. 공모하다.

공모전(公募展) 공개적으로 모집한 작품의 전시회.

공무(公務) ①개인의 일이 아닌 여러 사람의 일. 예아버지는 공무로 지방에 내려가셨다. ②국가 또는 공공 단체의 일.

공무국(工務國) 대한 제국 때 농상공부에 속하던 관청.

공무원(公務員) 국가나 공공 단체의 일을 맡아보는 사람.

공문(公文) 〈공문서〉의 준말. 예학교에 공문을 보내다.

공문서(公文書) 공공 기관이나 단체 등에서 공식적으로 보내는 문서. 준공문. 반사문서.

공:물(貢物) 지난날, 백성이 나라에 세금으로 바치던 지방의 특산물.

공:물 제:도(貢物制度) 조선 시대에, 자기 고장의 특산물을 세금으로 바치던 제도.

공민왕(恭愍王, 1330~1374) 고려의 제31대 왕(재위 1351~1374). 호는 이재. 변발·호복 등의 풍습을 없애고 원나라 배척 운동을 이끌었으며, 영토의 회복과 제도의 개혁 등에도 힘썼다.

공민학교(公民學校) [공민학꾜] 초등 교육을 받지 못한 사람들에게 초등 교육을 가르치던 학교.

공:박(攻駁) 남의 잘못을 따지면서 몹시 공격함. 공박하다.

공:방(攻防) 적을 치는 일과 막는 일. 공격과 방어. 공방하다.

공:방전(攻防戰) 서로 치고 막고 하는 싸움.

공배수(公倍數) 둘 이상의 수에 공통으로 들어 있는 배수. 반공약수.

공백(空白) 텅 비어 아무것도 없음. 비여백.

공:범(共犯) 두 사람 이상이 서로 짜고 공동으로 죄를 저지름, 또는 그런 사람. 반단독범.

공법(公法) [공뻡] 국가 사이의 관계 또는 국가와 개인의 관계 등 공동의 이익에 관한 사항을 정한 법률. 반사법.

공:변세포(孔邊細胞) 식물의 잎이나 줄기에 있는 구멍을 열고 닫아, 물기가 밖으로 나가는 양을 조절하고 내부를 보호하는 세포.

공병우(公炳禹, 1906~1995) 의사·발명가. 우리나라 최초의 안과 의사로, 우리나라 최초의 한글 타자기를 발명해 평생을 한글 기계화 운동에 앞장섰다.

공보(公報) 관청에서 국민에게 알리는 일. 반사보.

공복¹(公僕) 《국민에게 봉사하는 사람이라는 뜻으로》 '공무원'을 달리 이르는 말.

공복²(空腹) 아무것도 먹지 않아 배 속이 비어 있는 상태. 예이 약은 반드시 공복에 드세요.

공부(工夫) 학문이나 기술을 배우거나 닦음. **공부하다**.

공부방(工夫房) [공부빵] 공부를 하기 위하여 따로 차려 놓은 방.

공비1(公費) 관청이나 공공 단체에서 쓰는 비용. [반]사비.

공ː비2(共匪) 공산당의 유격대.

공사1(工事) 집을 짓거나 다리를 놓거나 둑을 쌓는 등에 관한 일. [예]아파트 건축 공사. **공사하다**.

공사2(公私) 여러 사람을 위한 일과 개인을 위한 일. [예]그분은 공사를 엄격하게 구분하신다.

공사3(公使) 외국에 머무르면서 자기 나라를 대신하여 외교 사무를 맡은 외교관. [참]영사2·대사2.

공사4(公社) 정부에서 국가 사업을 위하여 세운 회사. 한국 전력 공사 등.

공사관(公使館) 공사가 머무르며 사무를 맡아보는 건물.

공사비(工事費) 공사를 하는 데 드는 돈.

공사장(工事場) 공사를 하고 있는 곳. [예]건축 공사장.

공사판(工事—) 공사를 하고 있는 현장.

공산1(公算) 어떤 일이 일어날 수 있는 확실성의 정도. [예]이번에는 합격할 공산이 크다. [비]확률·가망.

공ː산2(共產) ①재산을 공동으로 관리하고 가짐. ②〈공산주의〉의 준말.

공ː산 국가(共產國家) 공산주의를 믿고 받들며 그 주의에 따라 정치를 하는 나라.

공ː산군(共產軍) ①공산주의 국가의 군대. ②공산당으로 조직된 군대.

공ː산권(共產圈) [공산꿘] 제2차 세계 대전 후, 옛 소련의 영향 밑에서 공산주의 정권을 세운 나라들.

공ː산당(共產黨) 공산주의를 받들고 퍼뜨리기 위해 조직한 정당.

공산성(公山城) 충청남도 공주시 산성동에 있는, 돌과 흙으로 쌓은 산성. 백제의 수도 공주를 지키기 위하여 쌓은 것이다.

공ː산주의(共產主義) [공산주의/공산주이] 개인 재산을 없애고, 자본주의를 무너뜨려 가난한 사람들에 의해 혁명을 일으키자는 주의. [준]공산.

공산품(工產品) 공장에서 원료를 가공하여 만들어 내는 여러 가지 물품.

공상(空想) 이루어질 수 없는 헛된 생각. [예]나는 가끔 쓸데없는 공상에 빠지곤 한다. **공상하다**.

공상가(空想家) 늘 헛된 생각을 하는 사람.

공상 과학 소ː설(空想科學小說) 과학적 공상을 바탕으로 상식을 뛰어넘는 세계를 나타낸 소설. [비]과학 소설.

공상 과학 영화(空想科學映畫) 특별한 촬영 기술을 써서 미래나 우주에 관한 상상의 세계를 사실처럼 나타낸 영화.

공ː생(共生) ①서로 같이 살아감. ②서로 다른 종류의 생물이 이익을 주고받으며 한 곳에서 삶. 소라와 말미잘의 관계 등. **공생하다**.

〈공생②〉

공석1(公席) ①사회의 여러 사람들을 위한 일을 하는 자리. ②사회의 여러 사람들을 위한 일로 모인 자리. [반]사석.

공석2(空席) 비어 있는 자리나 직위. [예]회장 자리가 공석으로 남아 있다. [비]빈자리.

공설(公設) 국가나 공공 단체에서 여러 사람을 위하여 만들어 세움. [반]사설. **공설하다**.

공설 운ː동장(公設運動場) 국가나 공공 단체에서 만든 운동장.

공ː세(攻勢) 공격하는 태세나 그 세력. 예집중 공세/질문 공세/공세를 퍼붓다. 世수세.

공소(公訴) 검사가 법원에 재판을 요구하는 일. 공소하다.

공손하다(恭遜—) 예의바르고 겸손하다. 예공손한 말씨/공손한 태도로 대답하다. 世불손하다. 공손히. 예나는 할아버지께 모자를 벗고 공손히 인사했다.

공ː수¹(攻守) 공격과 수비를 아울러 이르는 말. 예야구에서는 스리 아웃이 되면 공수가 바뀐다.

공수²(空輸) 비행기를 이용하여 사람이나 짐을 보냄. 患항공 수송. 공수하다.

공수 부대(空輸部隊) 공중에서 낙하산을 타고 적의 지역에 들어가 작전을 수행하는 부대. 世낙하산 부대.

공수 특전단(空輸特戰團) 공중으로부터 낙하산을 타고 적의 지역에 내려 적과 싸우는 특별한 군대.

공습(空襲) 군용 비행기로 적의 지역을 공중에서 공격하는 일. 공습하다.

공습경보(空襲警報) [공습꼉보] 적의 비행기가 쳐들어 왔음을 알리는 소리.

공시(公示) 어떤 일을 여러 사람에게 널리 알림. 공시되다. 공시하다.

공식(公式) ①국가적으로 또는 사회적으로 인정된 공적인 방식. 예공식 발표/공식 일정. ②계산의 법칙 등을 기호를 써서 나타낸 것. 예곱셈 공식을 외우다.

공식적(公式的) [공식쩍] 국가적으로 규정되었거나 사회적으로 인정된 것. 예공식적으로 발표하다.

공식 행사(公式行事) 국가나 사회가 정했거나 인정한 행사.

공신(功臣) 국가에 공로가 있는 신하. 예일등 공신.

공신력(公信力) [공신녁] 공적인 신뢰를 받을 만한 능력.

공안(公安) 사회의 질서가 편안히 지켜지는 상태.

공약(公約) 사회의 여러 사람에 대한 약속. 예후보자들의 선거 공약. 공약하다.

공약수(公約數) [공약쑤] 둘 이상의 수에 공통되는 약수. 世공배수.

공ː양(供養) ①부처 앞에 음식물을 바침. ②어른이나 부모에게 좋은 음식을 대접하거나 하며 잘 받들어 모심. 공양하다.

공ː양미(供養米) 부처에게 바치는 쌀. 예공양미 삼백 석.

공언(公言) ①여러 사람 앞에서 공개하여 하는 말. ②공식으로 하는 말. 공언되다. 공언하다.

공업(工業) 사람의 힘이나 기계 등 생산 도구를 써서, 원료나 재료를 가공하여 물건을 만들어 내는 산업.

공업 고등학교(工業高等學校) 공업에 관한 지식과 기술을 전문으로 가르치는 실업 고등학교. 춘공고.

공업국(工業國) [공업꾹] 공업이 발달하여 산업의 대부분을 이루는 나라.

공업 단지(工業團地) 국가나 지방 자치 단체가 경계를 지어 가른 토지에 만든 공장 지역. 춘공단.

공업용(工業用) [공엄뇽] 공업에 쓰임. 예공업용 기계.

공업용수(工業用水) [공엄뇽수] 공업제품을 생산하는 과정에 쓰이는 물.

공업 지역(工業地域) 많은 공장이 모여, 공업 생산이 활발한 지역.

공업화(工業化) [공어콰] 산업이 농업이나 광업에서 제조 공업으로 발달해 가는 현상. 공업화되다. 공업화하다.

공연¹(公演) 여러 사람 앞에서 음악·무용·연극 등을 공개하여 보여 줌.

예불이 꺼지고 연극 공연이 시작되었
다. 공연하다.

공:**연2**(共演) 연극·영화 등에 함께 출
연함. 공연하다. 예외국 배우와 공연
하다.

공연스럽다(空然—)[공연스럽따] 까
닭이나 필요가 없어 보이다. 비괜스
럽다. |활용| 공연스러우니·공연스러
워. 공연스레.

공연장(公演場) 연극·영화 등을 공연
하는 장소.

공연하다(空然—) 아무 까닭이나 필요
가 없다. 예별일 아닌데 공연한 걱정
을 했구나. 비괜하다. 공연히.

공영(公營) 관청이나 공공 단체가 사
업을 해 나감. 예공영 기업체. 공영
하다.

공예(工藝) 물건 본래의 기능을 살리
면서 예술적으로 아름답게 만드는 재
주, 또는 그렇게 만든 제품.

공예품(工藝品) 사람의 손으로 예술적
가치가 있게 만들어 일상생활에 쓰는
물건. 가구·도자기 등.

공용1(公用) ①국가나 공공 단체가 쓰
는 돈. ②사회의 여러 사람들을 위한
일. ③여러 사람들을 위해 사용함. 공
용되다. 공용하다.

공:용2(共用) 공동으로 씀. 예공용 물
건. 반전용. 공용되다. 공용하다.

공:용어(共用語) 한 나라에 여러 언어
가 있을 때, 정식 국어로 인정되어 있
는 언어.

공원(公園) 일반 사람들이 자유로이
쉬고 놀고 거닐 수 있도록 시설을 마
련해 놓은 지역. 예시민 공원.

공원묘지(公園墓地) 공원의 기능을
갖춘 집단 묘지.

공유1(公有) 국가나 공공 단체가 가지
고 있는 것. 예공유 재산. 반사유.

공:유2(共有) 두 사람 이상이 한 가지
물건을 공동으로 가짐. 공유하다.

공유지(公有地) 국가나 공공 단체가
가지고 있는 땅. 반사유지.

공이 ①방아 찧는 기구. 방앗공이나 절
굿공이. ②총이나 대포 등에서, 탄환
의 뇌관을 쳐서 폭발하게 하는 장치.

공익(公益) 여러 사람의 이익. 반사익.

공익 광:고(公益廣告) 사회 여러 사람
의 이익을 목적으로 하는 광고. 청소년
범죄 예방 광고·마약 추방 광고 등.

공익 광:고 협의회(公益廣告協議會)
공익 광고를 전문적으로 담당하는 기
구. 학자·언론인·광고인·소비자 단
체 등 사회 여러 층에서 뽑힌 사람들
로 이루어진다.

공익 근:무 요원(公益勤務要員) 군대
에 가는 대신에 국가 기관에서 일하
는 사람.

공익사업(公益事業)[공익싸업] 여러
사람들의 이익을 위해 하는 사업. 철
도·전화·수도 사업 등. 비공공사업.

공인1(公人) 정치가·기업가·연예인처
럼 공적인 일을 하거나 유명한 사람.

공인2(公認) 국가나 공공 단체 또는 여
러 사람들이 인정함. 예공인 기록/태
권도 공인 3단. 공인되다. 공인하다.

공자1(公子) 신분이나 지위가 높은 집
안의 나이 어린 아들.

공:자2(孔子, 기원전 551~기원전 479)
중국 춘추 시대의 사상가·학자·정치
가. 어지러운 세상을 바로잡기 위한
가르침, 곧 유교를 처음으로 폈다. 그
의 말과 행동은 제자들에 의하여 책
'논어'에 정리되어 있다.

공작1(工作) ①물건을 만드는 일. 예공
작 기구/공작 시간. ②어떤 목적을
이루기 위하여 미리 일을 꾸밈. 예남
을 해치려고 공작을 꾸미다. 공작
하다.

공작2(公爵) 서양에서 귀족을 다섯 등
급으로 나눈 것 가운데 첫째 계급.
참남작·백작·자작·후작.

공:작³(孔雀) 꿩과의 새. 꿩과 비슷하나 몸이 크다.  수컷의 꼬리는 길며, 펴면 부채 모양이 되는데 둥글고 무늬가 많

〈공작³(수컷)〉

아 아름답다. 암컷은 그보다 조금 작고 꼬리가 짧다. 인도가 원산으로 물가에서 나무 열매나 벌레를 먹고 산다.

공작 기계(工作機械) 기계를 만들거나 부품을 가공하는 기계.

공작물(工作物) [공장물] 재료를 기계·공구 등으로 다듬거나 조립하여 만든 물건.

공작실(工作室) [공작씰] 간단한 기구 등을 만들 수 있는 시설을 갖추어 놓은 방.

공장(工場) 사람들이 기계를 써서 물건을 만들거나 손질을 하는 시설, 또는 그런 건물.

공장장(工場長) 공장을 지휘·감독하는 책임자.

공장 폐:수(工場廢水) 공장의 물건을 만드는 과정에서 생기는 더러운 물.

공:저(共著) 한 책을 두 사람 이상이 함께 지음, 또는 그 책. 공저하다.

공적¹(公的) [공쩍] 사회적으로 관계되는 것. 여러 사람에 관계되는 것. 예공적인 일. 반사적.

공적²(功績) 쌓아올린 공로. 힘들여서 이룩한 좋은 실적. 예빛나는 공적. 비공로·공훈.

공전¹(工錢) 물품을 만들거나 수리해 준 데 대하여 대가로 치르는 돈.

공전²(公轉) 하나의 우주 공간에 있는 물체가 다른 물체를 일정한 시간마다 되풀이하여 도는 일. 지구가 태양의 둘레를 도는 현상 등. 예달의 공전 주기. 참자전. 공전하다.

공전³(空前) 비교할 만한 것이 전에는 없음. 예공전의 히트/그 영화는 공전의 대성황을 이루었다.

공전⁴(空轉) ①바퀴 등이 헛돎. ②발전함이 없이 일이 헛되이 진행됨. 공전되다. 공전하다.

공정¹(工程) ①일이 되어 가는 정도. ②공장에서 물건을 계획적으로 많이 생산하기 위하여 여러 가지로 나눈 단계의 하나하나.

공정²(公正) 공평하고 올바름. 예공정을 기하다. 반불공정. 공정하다. 예공정한 재판. 공정히.

공정 거:래(公正去來) 독점 거래나 암거래가 아닌 공정한 거래.

공정 거:래 위원회(公正去來委員會) 기업의 시장 독점을 막고 공정한 거래를 하게 하는 정부 기관.

공:제¹(共濟) 힘을 합하여 서로 도움. 공제하다.

공:제²(控除) 받을 금액이나 수량에서 물어야 할 것을 뺌. 예세금 공제. 공제되다. 공제하다.

공:제 조합(共濟組合) 조합원끼리 서로 돕기 위하여, 거두어 모은 자금으로 만든 조합.

공조(工曹) 고려·조선 시대 육조의 하나. 공업에 관한 일을 맡아보던 관청이다.

공:존(共存) 서로 성질이 다른 두 가지 이상의 것이 함께 살아감. 예평화 공존. 공존하다.

공주¹(公主) 왕후가 낳은 임금의 딸. 반왕자.

공주²(公州) 충청남도 동쪽 중앙에 있는 시. 백제의 옛 서울로, 유적·유물이 많다. 계룡산의 갑사·동학사 등의 명승지와 송산리 고분·무령왕릉 등의 백제 고분이 있다.

공주병(公主病) [공주뼝] 여자가 마치 자기가 공주처럼 예쁘고 귀하다고 착각하는 일. 반왕자병.

공중¹(公衆) 사회의 여러 사람. 일반 사람들.

공중²(空中) ①하늘과 땅 사이의 빈 곳. 예공중을 나는 새. ②지구의 표면을 둘러싸고 있는 공간.

공중도덕(公衆道德) 공동생활을 해 나가기 위하여 서로 지켜야 할 도리.

공중목욕탕(公衆沐浴湯) 일반 사람들이 공동으로 이용하는 목욕탕. 준공중탕.

공중위생(公衆衛生) 많은 사람들의 건강을 지키는 일.

공중전화(公衆電話) 일반 사람들이 요금을 내고 필요할 때 쓸 수 있게 사람들이 많이 지나다니는 곳에 설치해 놓은 전화.

공중전화 카드(公衆電話card) 공중전화 〈공중전화〉 를 거는 데 쓰는 카드. 카드용 전화기에 카드를 넣으면 통화를 할 수 있다.

공중제비(空中—) ①양손을 땅에 짚고 두 다리를 공중으로 쳐들어서 반대쪽으로 넘어감. 또는 그런 재주. ②공중에서 거꾸로 나가떨어짐.

공지(公知) 사람들에게 널리 알림. 공지하다.

공지 사:항(公知事項) 사람들에게 널리 알리는 사항.

공직(公職) 국가나 공공 단체에서 하는 공적인 일.

공직자(公職者) [공직짜] 공무원이나 국회 의원처럼 공직에 있는 사람.

공집합(空集合) [공지팝] 원소를 하나도 갖지 않는 집합. |참고| A={2,3}, B={1,4}일 때, A∩B={ }. 곧, 집합 A와 집합 B의 교집합은 원소가 하나도 없는 공집합이다.

공짜(空—) ①거저 얻은 물건. ②거저 얻음. 예공짜 구경. |잘못| 꽁짜.

공:차기 공을 차며 노는 놀이.

공책(空冊) 글씨를 쓰도록 백지로 매어 놓은 책.

공:처가(恐妻家) 아내에게 눌려 지내는 남편.

공청회(公聽會) [공청회/공청훼] 국가나 공공 단체에서 중요한 일을 결정하기 전에, 여러 사람으로부터 의견을 듣기 위해 갖는 모임.

공:치기 공을 치고 받으며 노는 놀이.

공치사¹(功致辭) ①남을 위해서 한 일을 알아 달라며 스스로 자랑함. 예그는 자기가 이 일을 성사시키는 데 큰 역할을 했다며 공치사를 늘어놓았다. ②남의 공을 칭찬함. 공치사하다.

공치사²(空致辭) 빈말로 칭찬함, 또는 그 칭찬의 말. 예그는 뻔한 공치사를 늘어놓았다. 공치사하다.

공터(空—) 집이나 논밭 등이 없는 빈 땅. 예공터에서 아이들이 축구를 하며 놀고 있다. 비빈터·공지.

공:통(共通) 여러 사이에 두루 쓰이거나 관계됨. 예공통의 목적. 공통되다. 공통하다.

공:통분모(共通分母) 분모가 다른 분수들의 분모를 같게 한 것. |참고| 분모들의 최소 공배수가 공통분모가 된다.

공:통적(共通的) 여럿 사이에 공통되는 것.

공:통점(共通點) [공통쩜] 여럿 사이에 서로 닮거나 통하는 점. 반차이점.

공판¹(公判) 법원이 피고인에게 죄가 있고 없음을 판정하는 심판. 예결심 공판. 공판하다.

공:판²(共販) 〈공동 판매〉의 준말.

공:판장(共販場) 물건을 공동으로 판매하는 장소. 예농산물 공판장.

공평(公平) 어느 한쪽으로 치우치지 않고 공정함. 반불공평. 공평하다. 예빵을 동생과 공평하게 나누어 먹었다. 공평히.

공포1(公布) ①널리 알림. [비]공고. ②새로 만든 법이나 조약 등을 국민에게 널리 알림. **공포되다. 공포하다.** [예]헌법을 공포하다.

> **'공포'와 '공표'의 구별**
>
> 두 낱말 모두 '세상에 널리 알린다'는 뜻이 있지만,
>
> **'공포'**는 주로 정부나 공공 단체가 법령이나 조약 등을 국민에게 널리 알리는 경우에 쓰이고, **'공표'**는 개인이나 단체가 많은 사람에게 무엇을 알리는 경우에 쓰인다. **'공표'**는 단지 공개하는 데 목적이 있기 때문에 법적인 효력을 갖지는 않는다. [예]헌법 개정안이 공포되었다./여론 조사 결과를 공표하다./×새로운 선거법이 공표되었다.

공포2(空砲) ①실탄을 넣지 않고 쏨. ②겁을 주려고 공중을 향해 쏘는 총.

공ː포3(恐怖) ①두렵고 무서움. [예]공포 영화/공포에 떨다. ②앞으로 고통이나 벌을 받을 것이라고 생각할 때 일어나는 두려움.

공ː포감(恐怖感) 무섭거나 두려운 느낌.

공ː포심(恐怖心) 무서워하는 마음.

공포탄(空砲彈) 화약은 들어 있고 탄알이 없는 탄약. 흔히, 신호·훈련 등에 쓰인다.

공표(公表) 세상에 널리 알림. **공표되다. 공표하다.**

공학1(工學) 과학을 공업 생산에 이용하여 생산력을 높이기 위한 기술을 연구하는 학문.

공ː학2(共學) 남학생과 여학생이 한 학교에서 함께 배움. [예]남녀 공학. **공학하다.**

공학자(工學者)[공학짜] 공학을 연구하는 사람. [예]로봇 공학자/생명 공학자.

공항(空港) 비행기가 뜨고 내릴 수 있게 여러 가지 시설을 만들어 놓은 곳. [비]비행장.

〈공항〉

공해1(公害) 더러운 공기·물, 시끄러운 소리 등이 사람의 건강이나 환경에 끼치는 해.

공해2(公海) 어느 나라의 권리도 미치지 않아, 모든 나라가 같이 사용할 수 있는 바다. [예]공해에 있는 배. [참]영해.

공해병(公害病)[공해뼝] 더러운 공기·물, 시끄러운 소리 등으로 말미암아 생기는 병.

공허(空虛) ①속이 텅 빔. ②보람·가치·내용 같은 것이 없이 헛됨. **공허하다.** [예]공허한 벌판/공허한 이론.

공허감(空虛感) 텅 빈 듯한 허전한 느낌.

공ː헌(貢獻) 어떤 일을 이루는 데 큰 도움이 됨. [예]그 선생님은 학교 발전에 커다란 공헌을 하셨다. [비]기여·이바지. **공헌하다.**

공ː화국(共和國) 주권이 모든 국민에게 있는 나라.

공ː화제(共和制) 국민이 뽑은 대표의 의사에 따라 주권이 행사되는 정치 형태. [참]군주제.

공활하다(空豁―) 텅 비고 너르다. [예]가을 하늘 공활한데 높고 구름 없이….

공ː황(恐慌) ①놀랍고 두려워서 어찌할 바를 모름. ②〈경제 공황〉의 준말.

공회당(公會堂)[공회당/공훼당] 여러 사람의 모임을 위해서 지은 집.

공훈(功勳) 나라나 사회 등에 드러나게 세운 공로. [비]공적.

공휴일(公休日) 나라나 사회에서 정한 휴일. 국경일이나 일요일 등. [준]공휴. [반]평일.

공:히(共—) 다 같이. 비모두·함께.

곶(串)[곧] 바다 쪽으로 길게 뻗어 있는 육지의 끝 부분. |발음| 곶이 [고지]·곶도 [곧또]·곶만 [곤만]

곶감 [곧깜] 껍질을 벗겨서 말린 감.

과¹(科) ①생물을 분류할 때의 한 단계. '목'의 아래, '속'의 위. ②학과나 전문 분야에 따라 나눈 갈래. 예국문과/치과.

과²(課) ①교과서 등의 내용을 구분하는 단위. 예9과를 복습하다. ②관공서나 회사에 두는 기구의 단위. '국·부'의 아래, '계'의 위.

과:감하다(果敢—) 일을 딱 잘라서 결정하는 성질이 있고 용감하다. 예과감하게 목숨을 바친 용사들. 과감히.

과:객(過客) 지나가는 나그네. 비길손·나그네.

과거¹(科擧) 고려·조선 시대에, 관리를 뽑기 위하여 치르던 시험.

과:거²(過去) ①지나간 때. 비지난날. ②지금까지 지내 온 생활 방식. 예과거를 잊고 새 출발을 하다. 참현재·미래.

과거 시험(科擧試驗) 지난날, 문관과 무관을 뽑을 때 보이던 시험.

과거 제:도(科擧制度) 고려·조선 시대에, 국가가 관리들을 뽑기 위해 실시한 시험 제도.

과:격(過激) 말이나 행동이 지나치게 거칠고 사나움. 반온건. 과격하다. 예과격한 행동. 과격히.

과:꽃 [과꼳] 국화과의 한해살이풀. 초가을에 보라·분홍·흰색 등의 꽃이 핀다. 산간 지역의 추운 곳에 나며, 관상용으로 기른다.

과:녁 활이나 총을 쏠 때 목표로 삼는 물건. 예과녁을 맞히다./화살이 과녁에 명중했다. 비표적.

과:녁판(—板) 과녁으로 세우기 위해 나무 등으로 만든 판.

과:년(過年) 여자 나이가 결혼할 때를 지남. 과년하다. 예과년한 처녀.

과:다(過多) 지나치게 많음. 예출혈 과다. 반과소. 과다하다. 예연료를 과다하게 사용하다. 과다히.

과:단(果斷) 일을 딱 잘라서 결정함. 과단하다.

과:단성(果斷性) [과단썽] 일을 딱 잘라 결정하는 성질. 예현수는 일을 과단성 있게 한다.

과:당(過當) 정도가 보통보다 지나침. 예과당 경쟁을 벌이다. 과당하다.

과:대¹(過大) 지나치게 큼. 반과소. 과대하다. 과대히.

과:대²(誇大) 작은 것을 큰 것처럼 과장함. 예과대 포장. 과대하다.

과:대광고(誇大廣告) 실제보다 과장하여 광고하는 일.

과:대망상(誇大妄想) 자기의 능력·위치 등을 지나치게 높게 평가하여 사실인 것처럼 믿는 일, 또는 그런 생각.

과:대평가(過大評價) [과대평까] 실제보다 높게 평가함. 반과소평가. 과대평가되다. 과대평가하다.

과:도¹(果刀) 과일칼. 예언니는 과도로 사과 껍질을 깎았다.

과:도²(過渡) 새것이나 새로운 단계로 바뀌어 가는 도중.

과:도기(過渡期) ①어떤 단계에서 다른 단계로 옮아가는 시기. ②사회의 질서가 자리 잡히지 않고, 사람들의 마음이 안정되지 못한 시기.

과:도하다(過度—) 정도에 지나치다. 예과도한 운동은 오히려 몸에 좋지 않다. 과도히.

과:로(過勞) 지나치게 일하여 몸이 매우 지침. 과로하다.

과망간산칼륨(過Mangan酸Kalium) 살균제·표백제 등으로 쓰이는, 짙은 자줏빛의 광택이 있는 결정체. 기둥 모양이며 물에 잘 녹는다.

과목(科目) 학문의 구분. 또는 교과를 이루는 단위. [예]내가 가장 좋아하는 과목은 국어이다.
과:묵하다(寡默—) [과무카다] 말수가 적고 침착하다. [예]오빠는 과묵해서 어른스럽다는 말을 자주 듣는다. 과묵히.
과:민(過敏) 신경·감각·감정 등이 지나치게 예민함. [예]과민 반응을 보이다. 과민하다. [예]신경이 과민하다.
과:민 체질(過敏體質) 태어날 때부터 어떤 사람이나 사물에 대해 거부 반응이 두드러지게 나타나는 체질.
과:밀(過密) 인구 등이 한곳에 지나치게 모여 있음. [예]인구 과밀 지역. 과밀하다.
과:반수(過半數) 반이 넘는 수. [예]과반수가 찬성하다.
과:보호(過保護) ➡과잉보호. [예]부모의 과보호 속에서 살아가는 아이들.
과:부(寡婦) 남편이 죽어서 혼자 사는 여자. [비]홀어미·미망인.
과:부족(過不足) 남음과 모자람. [예]개수가 과부족이 없이 딱 들어맞는다.
과:분하다(過分—) 자기의 형편이나 능력에 비하여 분에 넘치게 좋다. [예]저한테는 과분한 칭찬입니다. [비]과하다.
과:불급(過不及) 지나치거나 모자람. 딱 맞지 아니함. 과불급하다.
과:산화수소(過酸化水素) 수소와 산소가 결합하여 만들어진 물질의 한 가지. 색깔과 냄새가 없으며 표백제나 소독제 등으로 쓰인다.
과:산화수소수(過酸化水素水) 과산화수소를 물에 푼 액체. 상처의 소독약으로 쓰인다.
과:세[1](過歲) 묵은해를 보냄. 설을 쇰. 과세하다.
과세[2](課稅) 세금을 매김, 또는 그 세금. 과세하다.
과:소[1](過小) 지나치게 작음. [반]과대. 과소하다. 과소히.
과:소[2](過少) 지나치게 적음. [반]과다. 과소하다. 과소히.
과:소비(過消費) 돈이나 물건 등을 지나치게 많이 씀. [예]과소비를 막아야 한다. 과소비하다.
과:소평가(過小評價) [과소평까] 실제보다 작거나 낮게 평가함. [반]과대평가. 과소평가되다. 과소평가하다.
과:속(過速) 자동차 등이 지나치게 빨리 달려 제한 속도를 넘음, 또는 그 속도. 과속하다.
과:수(果樹) ➡과실나무.
과:수원(果樹園) 과실나무를 기르는 농원. [준]과원.
과:시(誇示) ①자랑하여 보임. ②실제보다 크게 나타내어 보임. 과시하다.
과:식(過食) 지나치게 많이 먹음. [예]과식은 건강에 해롭다. [반]소식. 과식하다.
과:실[1](果實) 먹을 수 있는, 나무의 열매. 주로 재배하는 식물의 열매를 이른다. [비]과일.
과:실[2](過失) 주의하지 않아서 생긴 잘못이나 허물. [예]그는 자신의 과실을 인정했다. [비]과오.
과:실나무(果實—) [과실라무] 과일이 열리는 나무. [비]과수·과일나무.
과:언(過言) 지나친 말. [예]현대인은 광고와 함께 생활한다 해도 과언이 아니다. 과언하다.
과업(課業) ①해야 할 일. [예]민족의 과업. ②정하여 놓은 일 또는 학업.
과:연(果然) 알고 보니 정말. [예]과연 네 말이 옳구나.
과:열(過熱) ①지나치게 뜨겁거나 뜨겁게 함, 또는 그 열. ②경기나 선거 등에서 경쟁이 지나치게 심해짐. [예]과열 경쟁. 과열되다. 과열하다.
과:오(過誤) 잘못이나 실수. [예]창수는

진심으로 자신의 과오를 뉘우쳤다.
비과실.

과외(課外)[과외/과웨] ①정해진 교육
과정 밖. **예**과외 공부. ②〈과외 수업〉
의 준말.

과외 수업(課外授業) 정해진 과정 외
에 하는 수업. **준**과외.

과외 지도(課外指導) 정해진 과정 외
의 학습이나 특별 활동 등을 가르치
는 일.

과외 활동(課外活動) 학교의 정해진
학습 외의 학생들의 활동.

과:욕(過慾) 욕심이 지나침. 또는 지나
친 욕심. **예**과욕을 부리다. 과욕하다.

과:용(過用) 지나치게 많이 씀. **예**약
물 과용으로 부작용이 생겼다. 과용
하다.

과:유불급(過猶不及)《지나친 것은 부
족한 것보다 못하다는 뜻에서》모
든 일은 너무 지나치지 말아야 한다
는 말.

과:음(過飮) 술을 지나치게 많이 마심.
과음하다.

과:인(寡人)《덕이 적은 사람이란 뜻으
로》임금이 자기를 낮추어 이르던
말. **비**짐.

과:인산 석회(過燐酸石灰) 인광석 가
루에 황산을 반응시켜 만드는 화학
비료의 한 가지.

과:일 먹을 수 있는, 과실나무의 열매.
비과실·실과.

과:일나무[과일라무] ➡과실나무.

과:일 바구니 과일을 담는 데 쓰는,
대나 싸리 등으로 둥글게 엮어 만든
그릇.

과:일 주스(―juice) 과일에서 짜낸 즙,
또는 그것으로 만든 액체.

과:일칼 과일을 깎을 때 쓰이는 칼.
비과도.

과:잉(過剩) 필요한 것보다 많아 남음.
예과잉 친절. 과잉되다. 과잉하다.

과:잉보호(過剩保護) 부모가 어린아
이를 지나치게 보호함. **예**과잉보호를
받고 자란 아이는 나약해지기 쉽다.
비과보호. 과잉보호하다.

과자(菓子) 밀가루·쌀가루·설탕·우
유·버터 등의 재료를 써서 만든, 간
식으로 먹는 음식.

과:장¹(誇張) 사실보다 지나치게 부풀
려 나타냄. **예**과장 광고. **비**허풍. 과
장되다. 과장하다. **예**혜진이는 작은
일을 과장해서 말하는 버릇이 있다.

과장²(課長) 관청이나 회사 등에서
한 과(課)를 책임지는 사람. **참**부장·
계장.

과:장법(誇張法)[과장뻡] 어떤 사물을
실제보다 훨씬 더하거나 덜하게 나타
내는 표현 방법. |참고| '보름달보다
큰 지붕 위의 박', '쥐꼬리만 한 월급'
등이 과장법이다.

과:적(過積) 차에 짐을 정해진 기준보
다 많이 실음. **예**과적 차량. 과적되
다. 과적하다.

과:전압(過電壓)[과저납] 정해진 기준
보다 높은 전압.

과:정¹(過程) 일이 되어 가는 형편이나
순서. **예**수업 시간에 쌀이 우리 식탁
에 오르는 과정에 대하여 배웠다.

과정²(課程) 일정한 기간에 배워야 할
과목의 내용과 분량. **예**오늘로 2학년
1학기 과정을 마친다.

과제(課題) 주어진 문제나 맡은 일.
예선생님께서 방학 과제를 많이 내주
셨다. **비**숙제.

과제물(課題物) 과제로서 해야 할
거리.

과:중하다(過重―) ①지나치게 무겁
다. **예**과중한 몸무게. ②힘에 벅차다.
예과중한 책임. 과중히.

과:즙(果汁) 과일에서 짜낸 물. **예**과즙
을 한 컵 마시다.

과:찬(過讚) 지나치게 칭찬함. 또는 그

칭찬. 과찬하다. 예그토록 과찬해 주시니 몸둘 바를 모르겠습니다.

과:채(果菜) 과일과 채소를 아울러 이르는 말.

과:채류(果菜類) 채소 중에서, 열매를 먹는 식물을 통틀어 이르는 말. 토마토·오이 등. 凹열매채소.

과:천(果川) 경기도의 중앙, 서울의 남쪽에 있는 시. 행정 관서와 경마장, 서울 대공원 등이 있다. 농업으로는 원예 농사가 주를 이룬다.

과:체중(過體重) 표준보다 많이 나가는 몸무게. 예과체중인 사람은 다이어트를 하는 게 좋다.

과:태료(過怠料) 법률이나 질서 등을 잘 지키게 할 목적으로, 이를 어긴 사람들에게 벌로 물게 하는 돈.

과테말라(Guatemala) 중앙아메리카의 북부에 있는 나라. 국토가 거의 산지이며 마야 문명의 중심지였다. 바나나·옥수수·커피 등을 주로 생산한다. 수도는 과테말라.

과:포화(過飽和) 용액이 어떤 온도에서, 녹을 수 있는 정도 이상의 물질을 포함하고 있는 상태.

과:하다¹(過一) 정도가 지나치다. 예과한 대접을 받다. 凹과분하다. 과히. 예학교는 우리 집에서 과히 멀지 않다.

과하다²(課一) ①세금 등을 매겨서 내게 하다. ②일이나 책임 등을 맡겨 하게 하다.

과학(科學) 일정한 방법에 의하여, 자연의 이치와 여러 가지 법칙을 연구하는 학문.

과학성(科學性) [과학썽] 과학적으로 정확하거나 이치에 맞는 성질. 예한글의 과학성은 세계적으로 인정받고 있다.

과학 소:설(科學小說) ➡공상 과학 소설.

과학실(科學室) [과학씰] 과학 과목의 실험 실습을 하는 방.

과학자(科學者) [과학짜] 과학을 연구하는 사람.

과학적(科學的) [과학쩍] 과학에서 볼 때, 이치에 맞고 합리적인 것. 凹비과학적.

과학화(科學化) [과하콰] 과학적으로 되거나 되게 함. 예범죄 수사의 과학화. 과학화되다. 과학화하다.

곽 '갑'의 잘못.

곽란(霍亂) [광난] 먹은 음식이 체하여 토하고 설사가 심하게 나는, 갑작스럽게 생기는 위장병.

곽재우(郭再祐, 1552~1617) 조선 선조 때의 의병장. 임진왜란이 일어나자 의병을 일으켰다. 붉은 옷(홍의)을 입고 싸웠다 하여 '홍의 장군'이라고도 불린다.

관¹(冠) 지난날, 관복·예복을 입을 때 머리에 쓰던 모자의 한 가지.

관²(貫) 무게를 잴 때 쓰이는 말. 1관은 3.75kg.

관³(棺) 시체를 넣는 길쭉한 궤.

관⁴(管) 기체나 액체를 보내는 데 쓰이는, 둥글고 길며 속이 빈 물건. 수도관 등.

관가(官家) ①지난날, 관리들이 나랏일을 맡아보던 곳. ②지난날, 고을의 원을 이르던 말.

관:개(灌漑) 농작물이 자라는 데 필요한 물을 논밭에 공급해 주는 일. 관개하다.

관:개 농업(灌漑農業) 관개 시설을 갖추어서 짓는 농사.

〈관개〉

관객(觀客) 연극·영화 등을 구경하는 사람. 凹구경꾼·관람객·관중.

관건(關鍵) 문제를 해결하기 위하여 꼭 있어야 하는 것. 예성공의 관건은 노력이다.

관계(關係) [관계/관게] ①둘 이상이 서로 걸리는 일. 예가족 관계/관계를 맺다. ②어떤 것이 다른 것에 영향을 미치는 일. 예날씨 관계로 소풍이 연기되었다. 관계되다. 관계하다.

관계식(關係式) [관계식/관게식] 여러 대상들 사이의 관계를 나타내는 식. 공식·방정식·부등식 등. 예민수는 대응표를 보고 관계식을 만들었다.

관계없다(關係—) [관계업따/관게업따] ①서로 관계가 없다. 예나는 이 일과 전혀 관계없다. 비상관없다. 반관계있다. ②문제 될 것이 없다. 걱정할 것이 없다. 예우산이 있으니 비가 와도 관계없다. 비상관없다·괜찮다. 관계없이. 예오늘 경기에서 이기면 우리 팀은 남은 경기에 관계없이 8강에 오른다.

관계있다(關係—) [관계읻따/관게읻따] 서로 관계가 있다. 예그 일은 내 숙제와 관계있다. 비상관있다. 반관계없다.

관계자(關係者) [관계자/관게자] 어떤 일에 종사하거나 관계를 가진 사람.

관공서(官公署) 국가나 공공 단체의 사무를 보는 기관. 비관청.

관광(觀光) 다른 지방이나 다른 나라의 경치·풍속 등을 구경함. 비유람. 관광하다.

관광객(觀光客) 관광을 하러 다니는 사람. 비유람객.

관광버스(觀光bus) 관광객을 태우고 다니는 버스.

관광 사:업(觀光事業) 관광에 따르는 친선·문화 교류·외화 벌이 등을 위해 하는 사업.

관광 산:업(觀光産業) 관광 자원을 바탕으로 하는 산업.

관광 안:내소(觀光案內所) 관광객에게 관광지와 관계되는 여러 정보를 알려 주는 곳.

관광 자원(觀光資源) 관광객에게 보일 만한 문화재나 아름다운 자연.

관광지(觀光地) 명승지나 유적지가 많아 관광하기에 알맞은 곳.

관광촌(觀光村) 관광객을 위한 호텔·여관·오락 시설 등이 잘 갖추어진 곳.

관군(官軍) 정부의 군대.

관권(官權) [관꿘] 정부나 관청의 권력.

관기(官妓) 지난날, 관청에 속하여 춤·노래·악기 연주 등을 하던 기생.

관내(管內) 어떤 기관이 책임을 지고 있는 구역의 안. 예관내 소방서.

관념(觀念) 어떤 일에 대한 생각이나 의견.

관노(官奴) 지난날, 관가에서 부리던 노비. 반사노.

관대하다(寬大—) 마음이 너그럽다. 예네 잘못을 관대하게 용서해 주겠다. 관대히.

관덕정(觀德亭) [관덕쩡] 제주특별자치도 제주시 삼도 2동에 있는 정자. 조선 후기에 나무로 지은 것이다.

관동(關東) 강원도의 대관령 동쪽 지방을 이르는 말. 비영동. 반관서.

관동 대:지진(關東大地震) 1923년 9월 1일 일본 간토 지방에서 일어난 대지진. 지진 발생으로 인한 화재로 피해가 심했다. '간토 대지진'을 우리 한자음으로 읽은 이름.

관동 팔경(關東八景) 강원도 동해안에 있는 여덟 군데의 명승지. 곧, 간성의 청간정, 강릉의 경포대, 고성의 삼일포, 삼척의 죽서루, 양양의 낙산사, 통천의 총석정, 울진의 망양정, 평해의 월송정.

관:두다 하던 일이나 하려고 하던 일을 중간에 그치다. 예하기 싫으면 관둬라.

관등놀이(觀燈—)[관등노리] 음력 4월 8일에 하는 민속놀이. 집집마다 등을 달고, 불꽃놀이·등불 행렬 등을 하며 석가모니의 탄생을 기념한다.

관등회(觀燈會)[관등회/관등훼] 음력 4월 8일 부처님 오신 날을 기념하는 행사를 위한 모임.

관람(觀覽)[괄람] 연극·영화·운동 경기 등을 구경함. 예단체 관람. 관람하다. 예나는 아빠와 함께 축구 경기를 관람했다.

관람객(觀覽客)[괄람객] 연극·영화·운동 경기 등을 구경하는 손님. 비관객·관중.

관람료(觀覽料)[괄람뇨] 연극·영화·운동 경기 등을 구경하기 위해 내는 돈.

관람석(觀覽席)[괄람석] 연극·영화·운동 경기 등을 구경하는 자리. 비객석.

관련(關聯)[괄련] 어떤 것과 다른 것이 서로 관계가 있음. 비연관. 관련되다. 예이번 사건과 관련된 사람은 벌을 주겠다. 관련하다.

관련짓다(關聯—)[괄련진따] 어떤 것과 다른 것을 서로 관계를 맺게 하다. 예글의 내용을 자기 경험과 관련지어 이야기해 보자. |활용| 관련지으니·관련지어.

관례¹(冠禮)[괄례] 지난날, 아이가 어른이 될 때 올리던 예식. 남자는 머리를 올려서 상투를 틀고 관(갓)을 씌웠으며, 여자는 쪽을 졌다. 관례하다.

관례²(慣例)[괄례] 전부터 해 내려와서 습관처럼 되어 버린 일. 예관례에 따르다.

관례식(冠禮式)[괄례식] 지난날, 관례를 치르던 예식.

관록(貫祿)[괄록] 중요한 경력이 있어서 생긴 위엄이나 권위. 예그는 학자로서의 관록이 붙었다.

관료(官僚)[괄료] ①같은 관직에 있는 동료. ②정치적 힘을 가진 정부의 관리.

관륵(觀勒, ?~?) 백제의 승려. 무왕 3(602)년 일본에 건너가 천문·지리·역법 등에 관한 기록을 전하고, 제자를 길러 불교를 전파하였다.

관리¹(官吏)[괄리] 관청의 일을 맡아 보는 사람.

관리²(管理)[괄리] ①어떤 일을 맡아서 처리함. 예아파트 관리. ②사람을 지휘·감독함. 예학생 관리. ③물건의 이용·개량 등의 일을 맡아서 함. 예품질 관리. ④건강을 지키도록 보살핌. 예체력 관리. 관리되다. 관리하다.

관리비(管理費)[괄리비] 물건이나 시설 등을 맡아서 관리하는 데 쓰이는 돈.

관리실(管理室)[괄리실] 물건이나 시설 등을 맡아서 관리하는 곳.

관리인(管理人)[괄리인] 관리하는 일을 맡은 사람. 예아파트 관리인. 비관리자.

관리자(管理者)[괄리자] 남의 재산이나 시설 등을 맡아 관리하는 사람. 비관리인.

관리직(管理職)[괄리직] 관청이나 회사 등에서 감독·관리하는 일을 맡아 보는 직위, 또는 그런 사람.

관리청(管理廳)[괄리청] 남의 재산이나 시설 등을 감독·관리하는 관청.

관립(官立)[괄립] 관청에서 세움. 예관립 학교.

관망(觀望) 어떤 일의 형편 등을 뒤로 물러나 바라봄. 관망하다. 예일단 사태를 좀 더 관망해 봅시다.

관모(冠帽) 지난날, 관리가 쓰던 모자.

관목(灌木) 키가 작고 중심 줄기가 분명하지 않으며, 밑동에서 가지가 많이 나는 나무. 진달래·무궁화·찔레나무 등. 비떨기나무. 반교목.

관문(關門) ①어떤 곳을 드나들려면 꼭 지나야 하는 중요한 통로. ②어떤 일을 하려면 꼭 거쳐야 하는 중요한 고비.

관민(官民) 공무원과 민간인. 관청과 민간. 예관민이 힘을 합쳐 도로를 건설했다.

관보(官報) ①정부가 일반 국민에게 알릴 내용을 실어서 펴내는 인쇄물. ②관청에서 보내는 전보. 예관보를 치다.

관복(官服) 관청에서, 관리가 규정에 맞추어 입는 옷.
관복을 벗다관용 공무원직을 그만두다.

관북(關北) 마천령 북쪽 지방, 곧 함경북도를 이르는 말.

관사(官舍) 관리가 살도록 관청에서 지은 집.

관상[1](觀相) 사람의 얼굴을 보고 그 사람의 재수나 운명을 판단하는 일.

관상[2](觀象) 천문이나 기상을 관찰하고 측정함. 관상하다.

관상[3](觀賞) 동식물이나 자연 등을 보고 즐김. 관상하다.

관상대(觀象臺) 지난날, '기상대'를 이르던 말.

관상어(觀賞魚) 보고 즐기기 위하여 기르는 물고기.

관서(關西) 마천령 서쪽 지방, 곧 평안도와 황해도 북부 지역을 이르는 말. 반관동.

관성(慣性) 정지하고 있는 물체는 계속 정지해 있고, 운동하는 물체는 운동을 계속하려고 하는 성질. 예관성의 법칙.

관세(關稅) 외국에서 들여오는 물건에 대하여 세관에서 물리는 세금.

관세음보살(觀世音菩薩) 보살의 하나. 부처 다음가는 성인으로, 괴로울 때 중생이 그의 이름을 외면 구제를 받을 수 있다고 한다. 준관음보살·관음.

관세청(關稅廳) 중앙 행정 기관의 하나. 수출입 물건의 세관 통과, 밀수품 단속, 관세를 물리는 일 등을 맡아본다.

관·솔 송진이 많이 엉긴 소나무의 가지나 옹이.

관·솔불 [관솔뿔] 관솔에 붙인 불. 준솔불.

관습(慣習) 사회에서 오래전부터 지켜 내려와 몸에 익은 질서나 규칙. 예낡은 관습을 타파하다.

> :::: '관습'과 '습관'의 구별 ::::
>
> **관습** : 많은 이들이 오래전부터 해 오던 터라서 사회적으로 굳어진 풍습.
> **습관** : 생활 속에서 되풀이되는 사람의 버릇. 예날마다 예습과 복습을 하는 습관을 기릅시다.

관습법(慣習法) [관습뻡] 사회의 관습이 여러 사람들로부터 법률과 같은 것으로 인정되어 법적인 규칙이 된 것.

관습적(慣習的) [관습쩍] 관습에 따르는 것.

관식(官食) 유치장 등에 갇혀 있는 사람에게 관청에서 주는 음식. 반사식.

관심(關心) 어떤 일에 마음이 끌려서 흥미를 느끼는 일. 예그는 과학에 깊은 관심을 기울였다. 반무관심.

관심거리(關心一) [관심꺼리] ➡관심사. 예요즘 남학생들의 관심거리는 컴퓨터 게임이다.

관심사(關心事) 관심을 끄는 일. 비관심거리.

관아(官衙) [과나] 지난날, 관리들이 모여 일을 보던 곳.

관악(管樂) [과낙] 관악기로 연주하는 음악. 참현악.

관악기(管樂器) [과낙끼] 입으로 불어 관 속의 공기를 떨리게 하여 소리 내는 악기. 피리·클라리넷·오보에·나팔 등. [참]현악기·타악기.

관악산(冠岳山) [과낙싼] 서울특별시 관악구와 경기도 안양·과천의 경계에 있는 산. 높이 629m. 주봉은 연주대이며, 북한산·남한산 등과 함께 서울 분지를 둘러싸고 있다.

관여(關與) [과녀] 어떤 일에 관계하여 참여함. [예]네 일에는 더 이상 관여를 하지 않겠다. [비]간여. **관여하다**. [예]사회사업에 관여하다.

관엽 식물(觀葉植物) 잎사귀의 아름다운 빛깔이나 모양을 보고 즐기기 위해 가꾸는 식물. 고무나무 등.

관용¹(官用) [과뇽] 정부나 관청에서 씀. [예]관용 자동차.

관용²(慣用) [과뇽] 습관이 되어 사람들이 널리 씀. **관용되다**. **관용하다**.

관용³(寬容) [과뇽] 너그럽게 받아들이거나 용서를 함. [예]관용을 베풀다. **관용하다**.

관용어(慣用語) [과뇽어] 일반 사람들이 습관적으로 널리 쓰는 말.

관원(官員) [과눤] 관청에 나가서 나랏일을 하는 사람. [비]관리.

관음굴(觀音窟) [과늠굴] 강원도 삼척시에 있는 석회암 동굴. 천연기념물 제178호.

관음보살(觀音菩薩) [과늠보살] 〈관세음보살〉의 준말.

관인(官印) [과닌] 관청에서 사용하는 공식 도장. [예]행정 서류에 관인을 찍다. [반]사인.

관자놀이(貫子―) [관자노리] 귀의 위, 눈의 옆쪽으로 맥박이 뛰는 부분. 곧, 음식을 씹으면 움직이는 부분.

관장¹(管掌) 일을 맡아서 다룸. **관장하다**. [예]그는 오랫동안 학교의 중요한 행사를 관장해 오고 있다.

관ː장²(灌腸) 대변이 잘 나오게 하거나 영양분을 보충하기 위해 약물을 항문에 넣음. **관장하다**.

관ː장제(灌腸劑) 대변이 잘 나오게 하거나 영양분을 보충하려고 항문에 집어 넣는 약.

관저(官邸) 높은 관리가 살도록 정부에서 빌려 주는 집. [반]사저.

관전(觀戰) 운동 경기나 바둑 등 승부를 겨루는 것을 구경함. **관전하다**. [예]축구 경기를 관전하다.

관절(關節) 뼈와 뼈가 서로 움직일 수 있도록 연결되어 있는 부분. [비]마디·뼈마디.

관절염(關節炎) [관절렴] 관절에 생기는 염증. 붓거나 열이 나거나 아프다.

관점(觀點) [관쩜] 사물을 관찰하거나 살펴볼 때, 그것을 보거나 생각하는 태도나 방향. [비]시각.

관제¹(官制) 국가의 행정 기관에 관한 제도나 규칙. [예]관제를 정비하다.

관제²(管制) 국가나 공항 등에서 필요에 따라 어떤 일을 강제로 통제함. [예]등화관제. **관제하다**.

관제엽서(官製葉書) [관제엽써] 정부에서 만들어 파는 엽서. [반]사제엽서.

관제탑(管制塔) 비행장에서 비행기가 안전하게 뜨거나 내리도록 관리하는 곳.

관중(觀衆) 운동 경기나 공연 등을 보려고 모인 사람들. [비]구경꾼·관객·관람객.

관중석(觀衆席) 관중이 앉는 자리.

관직(官職) 관리로서 나랏일을 맡아 하는 자리.

관찰(觀察) 사물의 움직임이나 있는 그대로의 상태를 자세히 살펴봄. **관찰되다**. **관찰하다**. [예]우리는 꿀벌의 움직임을 관찰했다.

관찰 기록(觀察記錄) 관찰한 것을 차례에 따라서 그대로 적은 글.

관찰 기록문(觀察記錄文) 사물을 관찰한 후, 변화하는 모습을 자세히 기록한 글.

관찰력(觀察力) 사물이나 현상을 자세히 살펴보는 능력.

관찰부(觀察府) 조선 시대에, 관찰사가 일을 보던 관아.

관찰사(觀察使) [관찰싸] 조선 시대에, 각 도에 파견된 지방 관리. 지금의 도지사에 해당된다. 町감사·도백·방백.

관찰 일기(觀察日記) 관찰한 내용을 기록해 나가는 일기.

관창(官昌, 645~660) 신라 무열왕 때의 화랑. 품일 장군의 아들. 16세 때, 백제와의 황산벌 싸움에서 싸우다 포로가 되었는데, 계백은 어린 소년의 용맹에 감탄하여 신라로 되돌려 보냈다. 그러나 다시 적진으로 들어가 싸우다가 포로가 되어 계백 장군에게 잡혀 죽었다.

관:철(貫徹) 자신의 주장이나 계획 등을 처음부터 끝까지 한결같이 밀고 나감. 町지훈이는 옳다고 생각하는 일은 반드시 관철시킨다. 관철되다. 관철하다.

관청(官廳) 나라의 일을 맡아보는 기관. 町관공서.

관측(觀測) ①눈이나 기계로 자연 현상의 변화를 관찰하여 잼. 町기상 관측. ②어떤 상황 등을 잘 관찰하여 장래를 미루어 봄. 町내년에는 경기가 회복될 것이라는 희망적인 관측이 나오고 있다. 관측되다. 관측하다.

관측소(觀測所) [관측쏘] ①천문·기상 등의 자연 현상을 관찰하여 이들의 움직임을 측정하는 곳. ②군대에서, 적의 움직임을 살피고, 목표물을 측정해서 사격을 지휘하는 곳.

관측자(觀測者) [관측짜] 자연 현상이나 목표물을 관찰하여 그 움직임을 재는 사람.

관:통(貫通) 이쪽 끝에서 저쪽 끝까지 꿰뚫어 통함. 관통되다. 관통하다. 町총알이 다리를 관통했다.

관포지교(管鮑之交) 《관중과 포숙의 사귐이라는 뜻에서》 아주 친한 친구 사이의 사귐을 이르는 말.

관하다(關一) 《주로 '관하여'·'관한'의 꼴로 쓰여》 생각하거나 말하는 대상으로 하다. 町로봇에 관한 책/우리 문화에 관하여 이야기해 보자. 町대하다.

관할(管轄) 어떤 권리를 가지고 다스림, 또는 그 권리가 미치는 범위. 町관할 경찰서. 관할하다.

관행(慣行) 이전부터 전해 내려오는 습관에 따라 행해지는 일. 町잘못된 관행은 빨리 고쳐져야 한다.

관헌(官憲) 지난날, 관청이나 관리를 이르던 말.

관현악(管絃樂) [관혀낙] 관악기·현악기·타악기로 연주하는 합주 음악. |참고| 관악기 : 피리·클라리넷 등, 현악기 : 바이올린·첼로 등, 타악기 : 북·탬버린 등.

관현악단(管絃樂團) [관혀낙딴] 관현악을 연주하는 단체. 町오케스트라.

관혼상제(冠婚喪祭) 관례·혼례·상례·제례의 네 가지를 통틀어 이르는 말. 관례는 어른이 될 때 올리는 예식, 혼례는 혼인의 예절, 상례는 상중에 지키는 예절, 제례는 제사의 예절을 뜻한다.

괄괄하다 성질이 드세고 급하다. 町형은 성격이 괄괄한 편이다.

괄목(刮目) 《눈을 비비고 다시 본다는 뜻에서》 크게 발전된 데 놀라 다시 봄. 괄목하다. 町우리나라는 그동안 괄목할 만한 경제 성장을 이루었다.

괄시(恝視) [괄씨] 업신여겨 하찮게 대함. 괄시하다. 町가난하다고 괄시하지 마라.

괄약근(括約筋) [과략끈] 입·항문·요도 등에 있는, 고리 모양의 근육. 오므리거나 벌려서 통로가 열리고 닫히는 것을 조절한다.

괄호(括弧) 다른 것과 구별하기 위하여 낱말이나 문장의 앞뒤에 쓰는 부호. ( )·[ ]·{ } 등. [비]묶음표.

광ː[1] 집안의 살림살이나 그 밖의 물건을 넣어 두는 곳. [비]곳간.

광[2](光) 번지르르하게 빛나는 윤기. [예]아저씨는 구두에 약을 칠하여 광을 냈다. [비]윤·광택.

광개토 대ː왕(廣開土大王, 374~412) 고구려의 제19대 왕(재위 391~412). '호태왕' 또는 '영락 대왕'이라고도 한다. 영토 확장에 힘써서 북쪽으로는 랴오허 강 동쪽까지, 남쪽으로는 한강 이북까지의 넓은 땅을 차지하였다.

광개토 대ː왕릉비(廣開土大王陵碑) 장수왕이, 아버지인 광개토 대왕의 공적을 기념하기 위하여 414년 만주의 국내성에 세운 비석. 높이 약 6m.

광견(狂犬) 미친개.

광견병(狂犬病) [광견뼝] 미친개에게서 볼 수 있는 바이러스성 질병. 개가 이 병에 걸리면 사나워지고 떠돌아다니게 되는데, 물리면 전염되고 생명이 위험하다. [비]공수병.

광경(光景) 눈앞에 벌어진 어떤 장면의 모습이나 상태. [예]신기한 광경/해가 뜨는 광경.

광ː고(廣告) ①상품 등을 널리 선전하는 글이나 그림. [예]텔레비전 광고. ②세상에 널리 알림. **광고하다**.

광ː고 매체(廣告媒體) 광고를 소비자에게 전하기 위한 방법이 되는 것. 신문·텔레비전·포스터·광고지 등.

광ː고문(廣告文) 광고의 내용이 되는 글.

광ː고물(廣告物) 광고하기 위해 만든 종이·간판 등의 물건.

광ː고주(廣告主) 광고를 내는 사람.

광ː고지(廣告紙) 광고하는 글이나 그림 등이 실린 종이.

광ː고탑(廣告塔) 광고하기 위해 탑처럼 높이 만들어 세운 물건.

광ː고판(廣告板) ①광고하는 글이나 그림 등을 붙이는 게시판. ②철도변·도로변·건물 지붕 위 등에 세워 광고하기 위한 간판.

광ː공업(鑛工業) 광업과 공업을 아울러 이르는 말.

광ː구(鑛區) 광물을 캐도록 허가한 구역.

광기(狂氣) [광끼] ①미친 증세. [예]광기를 띤 눈. ②미친 듯이 날뛰는 것. [예]광기를 부리다.

광나다(光—) 빛이나 윤이 나다. [예]나는 아빠 구두를 광나게 닦았다.

광내다(光—) 빛이나 윤이 나게 하다. [예]구두를 광내다.

광년(光年) 빛이 일 년 동안 나아가는 거리의 단위.

광ː대[1] 지난날, 인형극·가면극·줄타기 등으로 재주를 부리던 사람을 통틀어 이르던 말.

〈광대1〉

광ː대[2](廣大) 넓고도 큼. **광대하다**. [예]광대한 대륙. **광대히**.

광ː대놀이 [광대노리] 가면극·판소리 등에서 배우가 하는 연기, 또는 그런 연기를 하는 놀이.

광ː대뼈 양쪽 뺨에 둥글게 튀어나온 뼈. [예]광대뼈가 툭 튀어나온 얼굴.

광도(光度) 빛을 내는 물체의 밝기를 나타내는 정도.

광디스크(光disk) 그림이나 글자 등을 레이저 광선으로 기록하고 다시 재생할 수 있게 만든 둥근 판.

광란(狂亂) [광난] 미쳐서 날뜀. 광란 하다.

광릉(光陵) [광능] 경기도 남양주시에 있는, 조선 세조와 정희 왕후의 능. 사적 제197호.

광:맥(鑛脈) 금·구리·석탄 등의 광물 이 암석의 갈라진 틈에 묻혀 있는 부 분. ㉰맥.

광명¹(光明) ①밝은 빛. ②앞날의 밝은 희망. ③밝고 환함. ③㉰암흑. 광명 하다.

광명²(光明) 경기도 중서부에 있는 시. 중앙에 도덕산이 있고, 동쪽 경계를 따라 안양천이 흐른다. 서쪽을 남북 으로 뻗은 산업 도로가 구로 공업 단 지와 반월 공업 단지를 잇는 산업 도 로로 이용된다.

광:목(廣木) 무명실로 넓게 짠 베.

광무(光武) 조선 고종 때 사용한 연호. 〔1897~1907〕

광:물(鑛物) 땅속에 섞이어 있는 자연 그대로의 무기물. 철·금·은·석탄 등.

광:물성(鑛物性) [광물썽] 광물에서만 볼 수 있는 고유한 성질. ㉱동물성· 식물성.

광:물질(鑛物質) [광물찔] 광물의 성질 을 가진 물질.

광:범위(廣範圍) [광버뮈] 범위가 넓음. 또는 넓은 범위. 광범위하다. ㉦광 범위한 도로망.

광복(光復) 잃었던 나라의 권리를 도 로 찾음. 광복되다. 광복하다.

광복군(光復軍) [광복꾼] 일제 강점기 에, 우리나라의 독립을 위해 일본과 대항한 군대. 1940년 중국의 충칭에 서 조직되었으며, 총사령관에 지청천 이 임명되었다.

광복절(光復節) [광복쩔] 우리나라가 일본의 억압과 지배에서 벗어나 주권 을 도로 찾은 것을 기념하는 국경일. 8월 15일.

광:부(鑛夫) 광산에서 광석을 캐는 사람.

광:산(鑛山) 광석을 캐는 곳.

광:산촌(鑛山村) 지하자원이 많이 나 는 광산 지역에 몰려 있는 마을.

광상곡(狂想曲) 일정한 형식이 없이, 기분에 따라 자유로이 변하는 경쾌한 음악. ㉰카프리치오.

광:석(鑛石) 땅속에서 캐내는 쓸모 있 는 광물.

광선(光線) 빛의 줄기. ㉦태양 광선. ㉰빛살.

광섬유(光纖維) [광서뮤] 빛으로 정보 를 실어 보낼 때, 빛의 통로로 쓰이는 매우 가는 유리 섬유. 주로, 석영 유 리를 재료로 한다.

광:성보(廣城堡) 인천광역시 강화군에 있는 조선 시대의 성. 강화 해협을 지 키는 중요한 방어 시설로, 고려가 몽 고의 침략에 대항하기 위하여 강화로 수도를 옮겨 쌓은 것이다.

광신(狂信) 종교나 사상을 무비판적으 로 믿음. 광신하다.

광신도(狂信徒) 종교를 무비판적으로 믿는 사람.

광:야(曠野) 아득하게 넓은 들. ㉦끝없 는 광야. ㉰벌판.

광양(光陽) 전라남도 남동부에 있는 시. 대부분이 산지로 되어 있고, 하류 에 좁은 평지가 펼쳐진다. 전국적으 로 유명한 밤의 산지이다.

광양만(光陽灣) 전라남도 남해안의 여 수반도와 경상남도의 남해도 사이에 있는 만. 김과 장어의 양식으로 유명 하다.

광양 제:철소(光陽製鐵所) 전라남도 광양시 남부 해안의 간석지 및 섬들 을 메워 세운 제철소.

광:어(廣魚) ➡넙치.

광:업(鑛業) 광물을 캐내거나 제련하 는 사업.

광:역(廣域) 넓은 지역.

광ː역시(廣域市) [광역씨] 특별시 다음가는 행정 구역으로서의 지방 자치 단체. 1995년에 '직할시'를 고친 것으로, 현재 부산·대구·인천·광주·대전·울산의 6개가 있다.

광ː역 자치 단체(廣域自治團體) 지방 자치법에 따른 도 단위의 지방 자치 단체. 특별시·광역시·도의 총 16개로 되어 있다. [참]기초 자치 단체.

광열비(光熱費) 전기·가스·석유·석탄 등 불을 밝히거나 난방을 하는 데 드는 돈.

광원¹(光源) 태양이나 전구·촛불 등 스스로 빛을 내는 물체. [비]발광체.

광ː원²(鑛員) '광부'를 높여 이르는 말.

광음(光陰) 《해와 달이라는 뜻에서》 '시간'·'세월'을 이르는 말.

광ː장(廣場) ①넓은 곳. 도시 안의, 건물이 없이 넓은 빈터. ②'여러 사람이 모이거나 만날 수 있는 자리'를 비유하여 이르는 말. [예]대화의 광장을 마련하다.

광주¹(光州) 전라남도 북부에 있는 광역시. 서울·부산·대구·인천에 이어 국내 다섯 번째의 대도시이며 호남 지방 최대의 도시이다.

광ː주²(廣州) 경기도 중앙부에 있는 시. 교통이 편리하고 서울과 가까워 방직·도자기·음료 등의 제조업과, 근교 농업이 발달하였다.

광주리 대나무나 싸리·버들가지 등으로 엮어 만든 둥근 그릇. [잘못] 광우리.

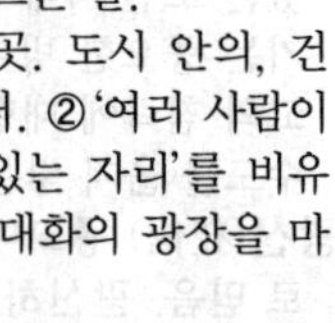
〈광주리〉

광주 학생 항ː일 운ː동(光州學生抗日運動) 1929년 11월 3일, 전라남도 광주에서 펼쳐졌던 학생들의 항일 운동. 일본인 학생이 우리나라 여학생을 놀려 일어난 싸움이 원인이 되었다.

광채(光彩) 눈부시게 번쩍이는 밝은 빛. [예]아이들의 눈에서 광채가 났다.

광택(光澤) 물체의 겉에서 번쩍거리는 빛. [예]나는 광택이 나도록 구두를 닦았다. [비]광·윤.

광 통신(光通信) 텔레비전·전화 등의 신호를 광선에 실어 보내는 통신.

광포하다(狂暴—) 미치광이처럼 행동이 사납고 난폭하다.

광풍¹(光風) ①비가 갠 뒤에 맑은 햇살과 함께 부는 바람. ②화창한 봄날에 부는 상쾌한 바람.

광풍²(狂風) 미친 듯이 휘몰아치는 거센 바람.

광학(光學) 빛의 성질이나 현상에 관하여 연구하는 학문.

광학 현ː미경(光學顯微鏡) 빛을 이용하여 맨눈으로는 볼 수 없는 아주 작은 물체를 확대하여 관찰하는 현미경.

광ː한루(廣寒樓) [광할루] 전라북도 남원에 있는 조선 시대의 누각. 경내에 춘향의 사당이 있다. 보물 제281호.

광합성(光合成) [광합썽] 녹색 식물이 빛을 이용하여 이산화탄소와 수분으로 녹말을 만드는 일. 탄소 동화 작용의 한 형식이다.

광해군(光海君, 1575~1641) 조선 제15대 왕(재위 1608~1623). 선조의 둘째 아들. 영창 대군·임해군을 죽이고 인목 대비를 몰아내어 폭군으로 불리기도 하였으나, 외적의 침략에 대비하여 국방을 튼튼히 하였다.

광ː혜원(廣惠院) [광혜원/광헤원] 조선 고종 22(1885)년에 미국인 선교사 알렌이 세운, 우리나라 최초의 현대식 병원.

광화문(光化門) 경복궁의 남쪽 정문. 조선 태조 4(1395)년에 세워졌는데 임진왜란 때 불탔고, 흥선 대원군의 경복궁 재건으로 옛 모습을 되찾았다. 6·25 전쟁 때 불타서 1969년 콘크리트로 다시 세웠고, 2010년에 제 모습을 찾았다.

광:활하다(廣闊一) 훤하게 너르다. 예광활한 땅 남극 대륙.

괘(卦) 좋은 일과 나쁜 일을 점쳤을 때 나온 결과. 쥰점괘.

괘도(掛圖) 벽에 걸어 놓고 공부하기 위해 보는 그림이나 지도. 비걸그림.

괘씸하다 남이 도리에 벗어나는 말이나 행동을 하여 못마땅하고 밉다. 예은혜도 모르는 괘씸한 녀석 같으니라고!

괘종시계(掛鐘時計) [괘종시계/괘종시게] 벽이나 기둥에 걸어 두는 시계. 비벽시계.

괜:스럽다 [괜스럽따] 까닭이나 필요가 없어 보이다. 예괜스럽게 가슴이 설렌다. 비공연스럽다. |활용| 괜스러우니·괜스러워. 괜스레.

괜찮다 [괜찬타] ①별로 나쁘지 않다. 그 정도면 쓸 만하다. 예괜찮은 컴퓨터. ②문제나 걱정이 될 것이 없다. 예집에 가도 괜찮아요? 비관계없다·무방하다.

괜찮아지다 [괜차나지다] 괜찮게 되다. 예치료를 받으면 곧 괜찮아질 것이다.

괜:하다 까닭이나 필요가 없다. 비공연하다. 괜히. 예괜히 눈물이 난다.

괭이¹ 땅을 파거나 흙을 고르는 데 쓰는 농기구의 한 가지.

괭이² 〈고양이〉의 준말.

〈괭이¹〉

괭:이갈매기 갈매깃과의 물새. 몸길이가 46cm가량. 몸은 희고, 날개와 등은 짙은 회색이며 부리는 노랗다. 울음소리가 고양이와 비슷하다.

괭:이잠 깊이 들지 못하고 자주 깨면서 자는 잠.

괴:기(怪奇) [괴기/궤기] 괴상하고 이상야릇함. 예괴기 영화. 괴기하다.

괴:기 소:설(怪奇小說) 괴상하고 이상야릇한 사건이나 무시무시한 내용을 글감으로 하여 나타낸 소설.

괴나리 [괴나리/궤나리] 〈괴나리봇짐〉의 준말.

괴나리봇짐(一褓一) [괴나리보찜/궤나리볻찜] 걸어서 길을 갈 때 등에 지는, 보자기에 싼 조그만 짐. 쥰괴나리. |잘못| 개나리봇짐.

괴:다 [괴다/궤다] ①우묵한 곳에 물 등이 모이다. 예웅덩이에 빗물이 괴어 있다. ②밑을 받쳐 안정시키다. 예탁자가 기울어져서 한쪽 다리를 나뭇조각으로 괴었다. ③음식을 그릇에 차곡차곡 쌓아 올리다. 쥰고이다.

괴로움 [괴로움/궤로움] ①몸이나 마음이 아프거나 편안하지 못함. ②힘들고 어려움. 쥰괴롬. 빤즐거움.

괴로워하다 [괴로워하다/궤로워하다] 몸이나 마음이 편하지 않아 몹시 힘들어하다. 예아버지는 사업 실패로 몹시 괴로워하셨다. 빤즐거워하다.

괴롭다 [괴롭따/궤롭따] ①몸이나 마음이 편안하지 않다. 예부모님께 거짓말을 하려니 괴롭다. ②힘들고 어렵다. 빤즐겁다. ③성가시다. 귀찮다. |활용| 괴로우니·괴로워. 괴로이.

괴롭히다 [괴로피다/궤로피다] 괴롭게 하다. 예약한 사람을 괴롭히지 마라.

괴:뢰(傀儡) [괴뢰/궤뤠] ①➡꼭두각시. ②남이 부추기는 대로 행동하는 사람.

괴:뢰군(傀儡軍) [괴뢰군/궤뤠군] 남의 앞잡이가 되어 이용당하는 허수아비 군대.

괴:뢰 정부(傀儡政府) 스스로 하지 못하고, 다른 나라가 시키는 대로 움직이는 정부.

괴ː멸(壞滅) [괴멸/궤멸] 모조리 파괴되어 망함. 괴멸되다. 괴멸하다.
괴ː물(怪物) [괴물/궤물] ①괴상하게 생긴 물건. ②괴상한 사람 또는 동물.
괴ː변(怪變) [괴변/궤변] 이상야릇한 일.
괴ː사(壞死) [괴사/궤사] 몸의 일부 조직이나 세포가 죽는 일. **괴사하다**.
괴ː상망측하다(怪常罔測—) [괴상망츠카다/궤상망츠카다] 말할 수 없이 괴상하고 이상하다.
괴ː상하다(怪常—) [괴상하다/궤상하다] 이상야릇하여 알 수 없다. [비]괴이하다. **괴상히**.
괴ː석(怪石) [괴석/궤석] 괴상하게 생긴 돌. 드물고 귀한 돌.
괴ː성(怪聲) [괴성/궤성] 괴상한 소리. [예]괴성을 지르다.
괴수(魁首) [괴수/궤수] 못된 무리의 우두머리. [예]산적의 괴수. [비]수괴.
괴ː이하다(怪異—) [괴이하다/궤이하다] ①이상야릇하다. ②이상야릇하여 알 수 없다. [비]괴상하다. **괴이히**.
괴ː질(怪疾) [괴질/궤질] ①원인을 알 수 없는 이상야릇한 병. ②'콜레라'를 속되게 이르는 말.
괴ː짜(怪—) [괴짜/궤짜] 괴상한 짓을 잘하는 사람. [비]기인.
괴팍스럽다 [괴팍쓰럽따/궤팍쓰럽따] 성질이 괴팍한 데가 있다. [활용] 괴팍스러우니·괴팍스러워. **괴팍스레**.
괴팍하다 [괴파카다/궤파카다] 성질이 까다롭고 별나다. [예]괴팍한 성격. [잘못] 괴퍅하다.
괴ː한(怪漢) [괴한/궤한] 행동이 수상한 남자. [예]괴한이 마을에 침입했다.
괴ː혈병(壞血病) [괴혈뼝/궤혈뼝] 비타민 시(C)의 부족으로 생기는 병. 잇몸이나 피부에서 피가 나고, 기운이 없으며 빈혈을 일으킨다.
굄ː돌 [굄똘/궴똘] 밑을 받쳐 괴는 돌. [비]고임돌.

굉음(轟音) [굉음/궹음] 몹시 요란하게 울리는 소리.
굉장하다(宏壯—) [굉장하다/궹장하다] ①매우 크고 훌륭하다. [예]그 나라는 짧은 시간에 굉장한 발전을 이루었다. ②아주 대단하다. **굉장히**. [예]굉장히 추운 날씨.
교ː가(校歌) 학교의 교육 정신과 이상을 담아 만든, 학교를 상징하는 노래. [예]교가를 부르다.
교각(橋脚) 다리의 몸체를 받치는 기둥.
교감¹(交感) 서로 같은 마음이나 생각을 나누고 있다고 느낌. [예]배우와 관객들이 교감을 나누었다. **교감하다**.
교ː감²(校監) 교장을 도와 학교 일을 감독하는 사람. [참]교장.
교ː과(敎科) 가르치는 과목. [비]교과목.
교ː과목(敎科目) ➡교과.
교ː과서(敎科書) 학교의 각 교육 과정에 맞게 만든 책. [비]교본.
교ː과 활동(敎科活動) 학교에서 배우는 과목을 공부하는 일.
교ː관(敎官) ①군사 교육이나 훈련을 맡아보는 장교. ②교육을 시키는 관리.
교ː권(敎權) [교꿘] 교사가 가지는 권위나 권력.
교ː기(校旗) 학교를 상징하고 대표하는 기.
교ː내(校內) 학교의 안. [예]교내 체육대회. [반]교외.
교ː내 방ː송(校內放送) 학교 안에서 하는 방송.
교ː단(敎壇) 교실에서 선생님이 가르칠 때 올라서는 단.
교대¹(交代) 어떤 일을 서로 차례를 바꾸어 맡음. 교대하다. [예]보초를 두 시간마다 교대했다.
교ː대²(敎大) 〈교육 대학〉의 준말.
교ː도¹(敎徒) 종교를 믿는 사람. [비]신도·신자.

교ː도²(教導) ①가르쳐서 지도함. ②학생의 생활을 지도함. **교도하다**.

교ː도관(矯導官) 교도소에서, 죄를 지은 사람을 감독하는 사람, 또는 그 직책.

교ː도소(矯導所) 죄를 지어 형을 받은 사람을 일정 기간 가두어 죄를 뉘우치게 하기 위해 만든 기관. '형무소'의 바뀐 이름.

교두보(橋頭堡) ①다리를 지키기 위해 쌓은 진지. ②적이 차지하고 있는 해안 등의 한 지역을 빼앗아서 아군의 상륙을 돕는 지점.

교란(攪亂) 뒤흔들어서 어지럽게 함. [예]적진을 교란시키다. **교란되다**. **교란하다**.

교량(橋梁) 강·시내 등을 사람이나 차가 건널 수 있게 만든, 큰 규모의 다리. [비]다리.

교ː련(教鍊) ①가르쳐서 단련시킴. ②전투에 적응하도록 하기 위해 가르치는 기본 훈련. ③지난날, 학생들에게 가르치던 군사 훈련. **교련하다**.

교류(交流) ①문화나 사상 등이 서로 섞여서 왕래함. ②일정한 시간마다 번갈아 반대 방향으로 흐르는 전류. ②[반]직류. **교류되다**. **교류하다**.

교ː리(教理) 종교에서 가르치는 이치나 원리.

교만(驕慢) 잘난 체하며 뽐내고 버릇이 없음. [예]교만을 부리다. [비]거만. [반]겸손. **교만하다**. [예]교만한 태도.

교ː목¹(校木) 학교를 상징하는 나무.

교목²(喬木) 키가 크고, 하나의 굵은 원줄기를 가지고 있으며, 위쪽에서 가지가 퍼지는 나무. 소나무·전나무 등. [비]큰키나무. [반]관목.

교묘하다(巧妙―) ①솜씨·재치가 있고 약삭빠르다. [예]교묘한 수단. ②매우 잘되고 묘하다. [예]교묘한 예술 작품. **교묘히**.

교ː무(教務) ①학교의 수업에 관한 사무. ②종교적인 사무.

교ː무실(教務室) 학교 수업에 필요한 사무를 맡아보는 곳.

교ː문(校門) 학교의 정문.
교문을 나서다(나오다) [관용] 학교를 졸업하다.

교미(交尾) 동물의 암컷과 수컷이 새끼나 알을 낳기 위해 짝을 지음. [비]짝짓기. **교미하다**.

교민(僑民) 외국에서 살고 있는 겨레. [예]해외 교민.

교배(交配) 새로운 종을 얻기 위해 생물의 암수를 인공적으로 수정 또는 수분시키는 일. **교배하다**.

교ː복(校服) 학교에서 정한 규칙에 따라 학생들이 입는 옷.

교ː본(教本) 무엇을 배울 때 기본적인 내용을 적은 책. 교재로 쓰는 책. [예]피아노 교본.

교부(交付) 학교나 관청에서 물건이나 서류를 내줌. [예]원서 교부. **교부되다**. **교부하다**.

교ː사¹(校舍) 학교의 건물.

교ː사²(教師) 유치원이나 학교에서, 정해진 자격을 가지고 학생에게 공부를 가르치거나 돌보는 사람. [예]국어 교사. [비]교원·선생.

교ː생(教生) 초등학교·중학교·고등학교에 가서 학생을 가르치는 실습을 하는 학생. [예]교생 실습.

교섭(交涉) 어떤 일을 이루기 위해 서로 만나 의논함. [예]교섭 단체. **교섭되다**. **교섭하다**.

교ː세(教勢) 종교의 세력, 또는 그 형세.

교ː수(教授) ①대학에서 전문적인 학문을 가르치는 사람. ②대학에서 급수가 가장 높은 교원. ③조선 시대에, 유학을 가르치던 벼슬아치. ④학문 등을 가르침. **교수하다**.

교수형(絞首刑) 목을 매어 죽이는 형벌. 예교수형에 처하다.

교습(敎習) 가르쳐서 익히게 함. 예피아노 교습. 교습하다.

교시¹(校時) 학교의 수업 시간의 단위. 예3교시는 국어 시간이다.

교시²(敎示) 지식이나 방법 등을 가르쳐서 보임. 또는 그 내용. 교시되다. 교시하다.

교신(交信) 우편·전신·전화 등으로 통신을 주고받음. 예전화 교신. 교신하다.

교실(敎室) 학교에서 수업을 하는 데 쓰이는 방.

교안(敎案) 가르치는 데 필요한 내용을 몇 단계로 나누어 짠 자료. 비학습 지도안.

교양(敎養) 학문·지식을 바탕으로 하여 닦은 마음이나 행동. 예교양 있는 사람.

교양서적(敎養書籍) 교양을 쌓는 데 도움이 되는 책.

교양인(敎養人) 교양이 있는 사람.

교역(交易) 주로, 나라 사이에 물건을 사고파는 일. 비무역·통상. 교역되다. 교역하다.

교열(校閱) 원고나 문서의 글을 살펴 잘못된 곳을 바로잡음. 교열하다.

교외¹(郊外) [교외/교웨] 도시 주변의, 들이나 논밭이 많은 곳. 예교외로 소풍을 가다. 비야외.

교외²(校外) [교외/교웨] 학교의 밖. 예교외 활동. 반교내.

교우¹(交友) 벗과 사귐. 또는 사귀는 벗. 예수정이는 교우 관계가 좋다. 교우하다.

교우²(校友) 같은 학교를 다녔거나 다니는 벗.

교우이신(交友以信) 세속 오계의 하나. 믿음으로 친구를 사귀라는 말. 참세속 오계.

교원(敎員) 학교에서 학생을 가르치는 사람. 비교사·선생.

교육(敎育) 지식이나 기술을 가르치며 인격과 체력을 기름. 교육되다. 교육하다.

교육감(敎育監) [교육깜] 특별시·광역시 및 각 도의 교육청 사무를 종합하여 처리하는 공무원.

교육 기관(敎育機關) 교육에 관한 일을 맡아 하는 기관.

교육 대학(敎育大學) 초등학교 교사를 길러 내는 것을 목적으로 하는 대학. 준교대.

교육 방송(敎育放送) 라디오나 텔레비전을 통하여 실시하는 시청각 교육의 한 가지.

교육 보험(敎育保險) 자녀가 자라서 상급 학교에 가게 되었을 때를 대비해서 드는 보험.

교육부(敎育部) 중앙 행정 기관의 하나. 국민의 교육과 교육 정책, 국가 인적 자원 개발, 학문에 관련된 일을 맡아본다.

교육비(敎育費) [교육삐] 교육을 받거나 시키는 데 드는 돈.

교육세(敎育稅) [교육쎄] 의무 교육을 하는 데 필요한 비용을 거둘 목적으로 물리는 세금.

교육열(敎育熱) [교융녈] 교육에 대한 열성. 예우리나라는 자식에 대한 교육열이 높다.

교육자(敎育者) [교육짜] 교육에 종사하는 사람. 비교육가. 반피교육자.

교육장¹(敎育長) [교육짱] 시·군·구의 교육 업무를 맡아보는 책임자.

교육장²(敎育場) [교육짱] ①가르치는 곳. 예민주주의 역사의 산 교육장. ②교육 시설을 갖추어 놓은 장소.

교육적(敎育的) [교육쩍] 지식이나 기술을 가르치며 인격과 체력을 길러 주는 것. 예교육적 환경.

교:육청(敎育廳) 특별시·광역시 및 각 도에 설치되어 교육과 학예에 관한 일을 맡아보는 관청.

교:인(敎人) 종교를 믿는 사람.

교자상(交子床) [교자쌍] 여러 사람이 함께 음식을 먹을 수 있도록 만든, 직사각형의 큰 상.

교:장(校長) 초등학교·중학교·고등학교에서 학교의 교육과 사무를 관리·감독하고, 밖으로는 학교를 대표하는 사람. ❀학교장. ❀교감.

교:재(敎材) 교육이나 학습에 필요한 책 등의 재료. ⓔ학습 교재.

교:재원(敎材園) 교육상 참고가 되는 동식물 등을 기르거나 가꾸어 학생들의 학습에 도움이 되게 하는 곳.

교전(交戰) 서로 군대를 이끌고 전투를 함. ⓔ밤새 적과 치열한 교전을 벌였다. 교전하다.

교:정¹(校正) 교정지와 원고를 대조하여 잘못된 것을 바로잡음. ⓔ원고 교정. 교정하다.

교:정²(校庭) 학교의 운동장.

교:정³(矯正) 좋지 않은 버릇이나 잘못된 점을 바로잡아 고침. 교정하다.

교:정 기호(校正記號) 잘못된 글을 바로잡을 때 사용하는 기호.

교제(交際) 사람과 사람이 서로 사귐. ⓔ남녀 교제/교제를 끊다. 교제하다.

교:주(敎主) 종교 단체의 최고 책임자.

교주도(交州道) 고려 시대에, 전국을 5도 양계로 나눈 것 중의 한 도. |참고|고려 시대의 5도는 '서해도·교주도·양광도·경상도·전라도'이다.

교:지(校誌) 학생들이 학교 안에서 만드는 잡지.

교:직(敎職) ①학교에서 학생을 가르치는 일. ②교회에서 교인을 지도하는 일.

교:직원(敎職員) [교지권] 학교의 교사와 사무 직원.

교:직자(敎職者) [교직짜] 학생을 가르

치는 일을 하는 사람.

교집합(交集合) [교지팝] 두 집합에 공통으로 속하는 원소 전체로 이루어진 집합. 집합 A와 집합 B의 교집합은 'A∩B'로 나타낸다.

〈교집합〉

교차(交叉) 가로세로로 엇갈림. 교차되다. 교차하다. ⓔ교차하는 도로.

교차로(交叉路) 도로끼리, 또는 도로와 선로가 서로 만나 엇갈린 길.

교차점(交叉點) [교차쩜] 도로나 선로 등이 '十' 자로 만나는 곳.

교착(膠着) 진행되던 일이 더 나아가지 못하고 멈추어 있음. ⓔ회담이 교착 상태에 빠지다. 교착되다. 교착하다.

교체(交替) 자리나 역할 등을 다른 사람이나 다른 것과 바꿈. ⓔ선수 교체. 교체되다. 교체하다.

교:칙(校則) 학생이 지켜야 할 학교의 규칙. ⓔ교칙을 어기다.

교:탁(敎卓) 가르칠 때 책 등을 놓는, 교단 앞의 탁자.

교:탁보(敎卓褓) [교탁뽀] 교탁 위에 덮는, 네모지게 만든 천.

교태전(交泰殿) 경복궁 안에 있던, 왕비가 자던 집.

교통(交通) ①사람이나 차·배 등이 서로 오고 가는 일. ⓔ교통이 마비되다. ②사람이나 물건을 실어 나르는 일.

교통경찰(交通警察) 교통 안전과 교통질서 유지를 임무로 하는 경찰. ❀교통순경.

교통 기관(交通機關) 교통에 이용되는 도로·철도 등의 시설과 자동차·비행기·기차 등의 운수 기관.

교통난(交通難) 차가 모자라거나 도로가 붐비어 통행이 잘 이루어지지 않는 일.

교통량(交通量)[교통냥] 일정한 도로에서, 일정한 시간에 오고 가는 차량이나 사람의 수량.

교통로(交通路)[교통노] 교통에 이용되는 길. 곧, 사람·차·배·비행기 등이 다니는 길.

교통망(交通網) 여러 교통로가 그물처럼 이리저리 뻗어 있는 상태.

교통 법규(交通法規) 사람이나 차가 길을 오고 갈 때 지켜야 할 규칙.

교통비(交通費) 교통 기관을 이용하는 데 드는 돈.

교통사고(交通事故) 차와 차가 부딪치거나 차가 사람을 치거나 하는 사고.

교통수단(交通手段) 사람을 태우거나 짐을 실어 나르는 데 쓰는 탈것. 자동차·열차·배·비행기 등. 예버스와 지하철은 중요한 교통수단이다.

교통순경(交通巡警) 거리에서 교통질서를 바로잡고 교통 정리를 담당하는 순경. 비교통경찰.

교통 신호(交通信號) 교차로나 건널목 등에 마련해 둔 빨간불·녹색불 등의 신호.

교통안전(交通安全) 교통질서와 법규를 잘 지켜 사고를 미리 막는 일.

교통안전 표지(交通安全標識) 교통의 안전에 필요한 주의·규제·지시 등을 표시하는 표지판과, 길바닥에 표시한 기호·문자·선 등의 표지.

교통지옥(交通地獄) '도로가 붐비어 통행이 대단히 어려움'을 지옥에 비유하여 이르는 말.

교통질서(交通秩序)[교통찔써] 교통의 흐름이 잘되게 하기 위하여 지켜야 할 차례나 규칙.

교통편(交通便) 어떤 장소를 오고 갈 때 이용하는 차나 배·비행기 등.

교통 표지판(交通標識板) 교통의 안전에 필요한 주의·지시·안내 등을 그림이나 글로 표시한 판.

교편(敎鞭) 학생을 가르칠 때 교사가 쓰는 회초리.
교편(을) 잡다관용 선생님이 되어 학생을 가르치다.

교포(僑胞) 외국에서 살고 있는 동포.

> ::::: '교포'와 '동포'의 구별 :::::
>
> **교포** : 같은 겨레로서 다른 나라에 나가 사는 사람. 예해외 교포.
> **동포** : 같은 핏줄을 이어받은 모든 사람. 예고국에 계신 동포 여러분, 안녕하십니까?

교향곡(交響曲) 관현악을 위하여 만들어진 규모가 큰 악곡. 보통 4악장으로 이루어진다. 비심포니.

교향악(交響樂) 관현악을 위하여 만들어진 음악을 통틀어 이르는 말.

교향악단(交響樂團)[교향악딴] 교향곡을 연주하려고 모인 연주가의 단체. 비심포니 오케스트라.

교화[1](校花) 학교를 상징하는 꽃.

교화[2](敎化) 교양이나 도덕 등을 가르쳐서 좋은 방향으로 이끎. 교화되다. 교화하다.

교환(交換) ①서로 바꿈. 예불량품은 새것으로 교환을 해 준다. ②서로 주고 받음. 예선물 교환. 교환되다. 교환하다.

교환원(交換員)[교화눤] 전화를 거는 사람에게 상대편의 전화선을 연결해 주는 일을 하는 사람. 逊전화 교환원.

교활하다(狡猾—) 간사하고 꾀가 많다. 예교활한 웃음.

교황(敎皇) 가톨릭교의 가장 높은 성직자. 逊로마 교황.

교회(敎會)[교회/교훼] 종교의 믿음을 가르치고 예배나 미사를 보는 건물, 또는 그 조직. 비예배당.

교회당(敎會堂)[교회당/교훼당] 기독교에서, 예배나 미사를 보는 건물.

교ː훈¹(校訓) 학교의 교육 목표를 간단히 나타낸 말.

교ː훈²(教訓) 앞으로의 행동, 생활에 도움이 되거나 따를 만한 가르침. 예실패를 교훈으로 삼다. 비가르침. 교훈하다.

구¹(九) 아홉.

구²(句) 시조 등의 한 도막.

구³(區) 특별시·광역시 및 인구 50만 이상이 되는 시의 아래에 두는 행정 구역의 한 가지.

구⁴(球) ①공처럼 둥글게 생긴 물체. ②한 점에서 같은 거리에 있는 모든 점을 이을 때 이루어지는 둥근 입체.

〈구⁴〉

구간(區間) 일정한 두 지점의 사이. 예서울역에서 시청까지의 구간.

구ː강(口腔) 입안, 곧 입에서 목구멍에 이르는 부분. 예구강 위생.

구걸(求乞) 남에게 돈이나 곡식 등을 거저 달라고 빎. 구걸하다. 예밥을 구걸하는 거지들.

구겨지다 구김살이 생기다. 예구겨진 돈/옷이 구겨지다.

구ː경 어떤 곳 또는 어떤 일을 보고 즐김. 예야구 구경. 비관람. 구경하다.

구ː경거리 [구경꺼리] 구경할 만한 것.

구ː경꾼 구경하는 사람.

구ː관(舊官) 앞서 그 자리에 있었던 관리.

구관조(九官鳥) 찌르레깃과의 새. 몸빛은 검고, 눈 아래에 노란 띠가 있으며 날개에 흰무늬가 있다. 사람의 말이나 동물의 울음소리를 잘 흉내내어 애완용으로 기른다.

〈구관조〉

구ː교(舊教) 개신교에 대하여 가톨릭교를 이르는 말. 반신교.

구구 비둘기나 닭이 우는 소리.

구구단(九九段) ➡곱셈 구구.

구구법(九九法) [구구뻡] ➡곱셈 구구.

구구표(九九表) 곱셈 구구의 공식을 차례대로 적은 표.

구ː국(救國) 나라를 위태로운 형편에서 구함. 예항일 구국 운동. 반매국. 구국하다.

구근(球根) ➡알뿌리.

구금(拘禁) 죄를 저질렀거나 저질렀다고 의심되는 사람을 구치소나 교도소에 가두는 일. 구금되다. 구금하다.

구ː급(救急) ①위급한 상태에 있는 사람을 구함. ②위급한 병에 걸린 사람이나 부상당한 사람에게 응급 치료를 함. 구급하다.

구ː급법(救急法) [구급뻡] 위급한 환자나 부상당한 사람을 우선 급한 고비를 넘기기 위해 간단히 치료하는 방법.

구ː급약(救急藥) [구금냑] 위급한 환자나 부상당한 사람을 치료하는 데 필요한 약.

구ː급차(救急車) 위급한 환자나 부상당한 사람을 빠르게 병원으로 실어 나르는 차. 비앰뷸런스.

구기(球技) 공을 사용하는 운동 경기. 야구·축구·농구·배구 등.

구기다 ①비비어 구김살이 생기게 하다. 예진수는 종이를 구겨서 쓰레기통에 버렸다. ②구김살이 생기다. 좨고기다. 쎈꾸기다.

구기자(枸杞子) 구기자나무의 열매. 말려서 차를 끓여 마시거나 약으로 쓴다.

구김 〈구김살〉의 준말. 예구김이 안 가는 옷.

구김살 [구김쌀] ①구겨서 생긴 금. ②마음속이나 표정에 나타나는 어두운 모습. 예구김살이 없는 아이. 준구김.

구내(構內) 큰 건물이나 시설 등의 안쪽. 예박물관 구내.

구단(球團) 프로 야구나 프로 축구 등 공을 가지고 하는 경기를 사업으로 하는 단체.

구:대륙(舊大陸) 콜럼버스가 아메리카 대륙을 발견하기 이전부터 알려져 있던 대륙. 곧, 아시아·유럽·아프리카 대륙. 逊신대륙.

구더기 파리의 애벌레.

구덕 제주도에서 여자들이 물건을 담아 가지고 다니는 대바구니.

구덩이 땅이 움푹하게 파인 곳. 逊구렁. |잘못|구뎅이.

구뎅이 ①'구덩이'의 잘못. ②'구덩이'의 북한말.

구도(構圖) 작품의 아름다운 효과를 얻기 위하여, 전체적으로 조화되게 배치하는 요령.

구독(購讀) 책·신문·잡지 등을 사서 읽음. 구독하다.

구독료(購讀料)[구동뇨] 책·신문·잡지 등을 정기적으로 받아 보기 위하여 내는 돈.

구독률(購讀率)[구동뉼] 책·신문 등을 받아 보는 비율.

구두[1] 가죽·비닐 등으로 만든 서양식 신. 逊양화.

구:두[2](口頭) 마주 대하여 입으로 하는 말. 예구두 계약.

구두닦이[구두다끼] 구두 닦는 일을 직업으로 하는 사람.

구두쇠[구두쇠/구두쉐] 돈이나 물건을 지나치게 아끼는 사람.

구두점(句讀點)[구두쩜] ①마침표와 쉼표. ②문장 부호를 통틀어 이르는 말.

구두창 구두 밑바닥에 대는 창.

구둣방(一房)[구두빵/구둗빵] 구두를 만들어 팔거나 고쳐 주는 가게. 逊양화점.

구들 밑으로 골을 내어 방을 덥히게 만든 방바닥. 邑방구들. 逊온돌.

구들장[구들짱] 방고래를 덮어 방바닥을 만드는 넓고 얇은 돌. |잘못|방돌.

구렁 움푹 패어 들어간 땅. 逊구덩이.

구렁이 ①뱀과의 동물. 몸길이 150~180cm. 몸통이 굵고 몸빛은 누른빛을 띤 붉은색이며, 동작이 매우 느리다. 쥐나 작은 새 등을 잡아먹고 산다. ②'마음이 음흉하거나 능글맞은 사람'을 비유하여 이르는 말.

구렁텅이 ①험하고 깊게 움푹 파인 땅. ②'한번 빠지면 벗어나기 어려운 환경'을 비유하여 이르는 말. 예절망의 구렁텅이/파멸의 구렁텅이.

구레나룻[구레나룯] 귀밑에서 턱까지 잇달아 난 수염. |잘못|구렛나룻.

구:령(口令) 여러 사람의 움직임을 한결같게 하기 위하여 하는 호령. 차려·열중쉬어 등. 구령하다.

구례[1](求禮) 전라남도 북동부에 있는 군. 산악 지대로 지리산 국립 공원에 포함되어 있다. 노고단과 화엄사·천은사 등의 절이 있다.

구:례[2](舊禮) 예로부터 내려오는 예절의 법칙.

구로 공단(九老工團) 서울특별시 구로구 구로동과 금천구 가리봉동에 걸쳐 있던 공업 단지. 수출 산업을 키우기 위해 만들어졌으며, 주로 옷·장난감·인형·전자 제품 등을 생산하였다.

구룡폭포(九龍瀑布) 강원도 고성군 금강산에 있는 폭포. 길이 50m. 금강산에 있는 폭포 가운데 가장 크다.

구류(拘留) 죄지은 사람을 하루에서 30일까지의 기간 동안 가두는 형벌.

구르다[1] 데굴데굴 돌며 옮아가다. 예그는 발을 헛디뎌 언덕 아래로 굴렀다. |활용| 구르니·굴러.

구:르다[2] 바닥이 울리도록 발을 들었다가 힘주어 내리밟다. 예아빠가 피

자를 사 오자 아이들은 발을 구르며 좋아했다. |활용| 구르니·굴러.

구름 공기 속의 수분이 작은 물방울이나 얼음 알갱이 상태로 떠 있는 것.
　구름(을) 잡다관용 확실하지 않고 근거도 없는 행동을 하려고 하다.

여러 가지 구름	
• 꽃구름	• 눈구름
• 먹구름	• 먹장구름
• 뭉게구름	• 비구름
• 비늘구름	• 새털구름
• 소나기구름	• 실구름
• 안개구름	• 양떼구름

구름다리 길이나 건물 등의 위를 건너질러 지나다니게 만든 다리.

구름바다 바다처럼 넓게 깔린 구름.

구름사다리 ①아주 높은 사다리. ②매달려 오고 가도록, 사다리를 엎어 놓은 모양으로 만든 놀이 기구.

구름송이 구름 덩이. 예언덕 너머에 구름송이가 뭉게뭉게 피어오른다.

구름판(一板) 멀리뛰기 같은 뜀뛰기 운동을 할 때, 발을 굴러서 뛰는 판.

구릉(丘陵) 산보다는 낮고 그다지 가파르지 않은 땅. 비언덕.

구릉지(丘陵地) 높이 200~600 m의 완만한 경사면과 골짜기가 있는 지역.

구리¹ 가공하기 쉽고 잘 펴지는, 연한 금속 원소. 색깔이 붉고 윤이 나며 은 다음으로 열과 전기가 잘 통한다.

구리²(九里) 경기도 중부에 있는 시. 서울과 가까워 일찍이 도시화된 지역이다. 서쪽과 남쪽으로 한강이 흐른다. 명승고적으로는 동구릉이 유명하다.

구리다 ①똥이나 방귀 냄새와 같다. 예구린 냄새. ②행동이 떳떳하지 못하고 의심스럽다. 예나를 피하는 걸 보니 뭔가 구린 데가 있는 모양이다.

┄┄┄'구리다'와 '고리다'의 구별┄┄┄

구리다 : 똥이나 방귀 냄새와 같다. 사람에 대해서 쓰일 때에는, 행동이 떳떳하지 못하고 의심스럽다. 예구린(×고린) 방귀 냄새/그는 무언가 구린(×고린) 데가 있는지 내 눈치를 슬금슬금 본다.

고리다 : 썩은 풀이나 썩은 달걀 등에서 나는 냄새와 같다. 사람에 대해서 쓰일 때에는, 하는 짓이 옹졸하고 인색하다. 예발에서 고린(×구린) 냄새가 난다./어찌나 고리게(×구리게) 구는지 돈 몇 푼 쓰는 데 벌벌 떤다.

구리선(一線) ➡구리줄.

구리줄 가는 구리철사로 만든 전선. 비구리선·동선.

구리판(一板) 구리로 만든 판.

구린내 똥이나 방귀에서 나는 고약한 냄새.

구릿빛 [구리삗/구릳삗] 구리의 빛깔과 같은 검붉은 빛깔. 예방학 동안에 얼굴이 구릿빛으로 그을린 아이들.

구매(購買) 물건을 사들임. 비구입. 만판매. 구매하다.

구멍 파내거나 뚫어진 자리.
　구멍(이) 나다관용 중간에 까탈이 생겨 일이 잘못되다.

구멍가게 조그맣게 차린 가게.

구멍수 어려운 고비를 뚫고 나갈 만한 수단이나 도리.

구면(舊面) 전에 만난 적이 있어 서로 아는 관계. 예성희와는 지난 여름 방학 때 만나 이미 구면이다. 만초면.

구명(究明) 이치나 원인 등을 깊이 연구하여 밝힘. 비규명. 구명되다. 구명하다. 예사고의 원인을 구명하다.

구명대(救命帶) 물에 빠져도 몸이 뜨도록 허리에 두르는 띠.

구명보트(救命boat) ➡구명정.

구ː명정(救命艇) 큰 배에 싣고 다니면서 사고가 났을 때 사람의 목숨을 구하는 데 쓰는 보트. [비]구명보트.

구명조끼(救命—) 배나 비행기 등의 사고로 물에 빠졌을 때 입는 조끼. 속에 공기 등이 들어 있어 입으면 물에 뜬다.

구ː미¹(口味) 먹고 싶은 마음. [예]봄에는 산나물이 구미를 돋운다. [비]입맛.
구미가 돌다[관용] 흥미가 생기다.
구미(를) 돋우다[관용] 흥미를 느끼게 하다.

구미²(龜尾) 경상북도 서남부에 있는 시. 경부 고속 도로와 경부선 철도가 통과하여 전국 도시와 잘 연결된다. 구미 공업 단지가 있어 전기·전자·섬유 산업이 발달하였다.

구미호(九尾狐) 옛이야기에 나오는, 꼬리가 아홉 개 달린 천년 묵은 여우. 사람을 홀린다고 한다.

구민(區民) 한 구(區)에 사는 사람.

구민 회ː관(區民會館) 한 구(區) 안에 있는 사람들이 강연을 듣거나, 취미 활동, 교육, 발표회 등을 할 수 있도록 만들어 놓은 건물.

구박(驅迫) 일부러 못 견디게 괴롭힘. **구박하다**.

구별(區別) ①종류별로 따로따로 갈라서 놓음. ②차별을 둠. [예]아들딸 구별 말고 하나만 낳아 잘 기르자. [비]구분. **구별되다**. **구별하다**. [예]동식물을 구별하다.

구보(驅步) 군대나 집단이 함께 뛰어감. **구보하다**.

구부(球部) 어떤 물체에서 둥글게 생긴 부분. [예]온도계의 구부.

구부러지다 한쪽으로 굽게 되다. [예]구부러진 길. [작]고부라지다. [센]꾸부러지다.

구부리다 한쪽으로 굽게 하다. [예]등을 구부리고 앉지 마라. [비]굽히다. [작]고부리다. [센]꾸부리다.

구부정하다 조금 휘어지거나 구부러져 있다. [작]고부장하다. [센]꾸부정하다.

구분(區分) 따로따로 갈라서 나눔. [예]시대 구분. [비]구별. **구분되다**. **구분하다**.

> **'구분'과 '구별'의 구별**
>
> 전체를 어떤 기준에 따라 나눌 때, **'구분'**은 공통점이 있는 것끼리 나누는 경우에 쓰이고, **'구별'**은 차이점을 기준으로 하여 나누는 경우에 쓰인다. [예]생물은 동물과 식물로 구분할 수 있다./옆집 쌍둥이는 너무 닮아 구별이 안 된다.

구불거리다 길 등이 이리저리 자꾸 구부러지다. [비]구불대다. [작]고불거리다. [센]꾸불거리다.

구불구불 자꾸 구불거리는 모양. [작]고불고불. [센]꾸불꾸불.

구불구불하다 이리저리 구부러져 있다. [예]구불구불한 산길. [작]고불고불하다. [센]꾸불꾸불하다.

구불대다 ➡구불거리다.

구비(具備) 필요한 것을 빠짐없이 다 갖춤. **구비되다**. **구비하다**. [예]서류를 구비하다.

구사일생(九死一生) [구사일쌩] 죽을 고비를 여러 차례 겪고 겨우 살아남.

구상(構想) ①어떤 일의 내용이나 크기, 이루는 방법 등에 대해서 생각함. [예]사업 구상. ②예술 작품을 만들어 낼 때, 내용·표현·형식 등의 짜임을 생각함. [예]소설의 구상. **구상하다**.

구상도(構想圖) 생각을 짜낸 그림.

구색(具色) 물건 등을 골고루 갖춤.
구색(을) 맞추다[관용] 여러 가지 물건을 골고루 갖추다.

구서(驅鼠) 쥐를 잡아서 없앰. 구서하다.

구석 ①모퉁이의 안쪽. 예책상을 한쪽 구석에 놓다. ②밖에 드러나지 않고 한쪽으로 치우친 곳. 예시골 구석.

구석구석 [구석꾸석] 구석마다. 이 구석 저 구석. 예경기장 구석구석의 모습.

구:석기(舊石器) [구석끼] 구석기 시대에 사람들이 만들어 쓰던, 돌로 만든 기구.

구:석기 시대(舊石器時代) 돌이나 뼈·뿔 등을 이용하여 기구를 만들어 쓰던, 석기 시대 중 앞부분에 해당하는 시대. ⑱신석기 시대.

구석지다 [구석찌다] ①한쪽 구석으로 치우치다. 예구석진 골방. ②멀리 떨어져서 외지다. 예구석진 산골 마을.

구:설(口舌) 남을 시비하거나 헐뜯는 말. 예남의 구설에 오르다.

구:설수(口舌數) [구설쑤] 남의 시비나 헐뜯음을 들을 운수.

구성(構成) ①몇 개의 부분이나 요소를 얽어서 하나로 만드는 일. 예구성 성분. ②예술 작품에서, 여러 요소를 합하여 전체적으로 통일시키는 일. 예소설 구성의 3요소. 구성되다. 구성하다.

구성미(構成美) 꾸며서 나타내는 아름다움. 예석굴암의 구성미는 매우 뛰어나다.

구성비(構成比) 전체에서 각 부분이 차지하는 비율.

구성원(構成員) 어떤 조직을 이루고 있는 사람. 예가족 구성원. ⑱성원.

구성지다 자연스럽고 구수하며 멋지다. 예그 가수의 목소리는 참으로 구성지다.

구:세군(救世軍) 기독교의 한 파. 군대와 같은 조직을 갖추고, 사람들에게 종교를 전파하고 사회사업 등의 활동을 한다.

구:세대(舊世代) 이전의 세대. 나이 든 낡은 세대. ⑱신세대.

구:세주(救世主) ①인류를 죄에서 구해 주는 '예수'를 이르는 말. ⑱구주. ②이 세상의 모든 생물들을 고통에서 구해 주는 '석가모니'를 이르는 말.

구:소련(舊蘇聯) 지금은 없어진 옛 소련을 이르는 말.

구속(拘束) ①자기 마음대로 못 하게 얽어맴. 예아무 구속이 없는 자유로운 분위기. ⑱속박. ②죄지은 사람을 가두어 둠. 구속되다. 구속하다.

구속력(拘束力) [구송녁] 어떤 일을 강제로 못 하게 하는 힘.

구수하다 ①맛이나 냄새가 비위에 맞아 좋다. 예된장찌개 맛이 구수하다. ②마음을 끄는 은근한 맛이 있다. 예구수한 옛날이야기. ㉫고소하다. 구수히.

구:술(口述) 말로 이야기함. ⑱구연. 구술하다.

구:술시험(口述試驗) 시험관의 물음에 말로써 대답하는 시험. ⑱구두시험.

구슬 ①사기나 유리 등을 이용하여 눈깔사탕만 한 크기로 둥글게 만든 아이들의 장난감. ②보석이나 진주 등으로 둥글게 만든 물건.

구슬땀 구슬같이 방울방울 맺힌 땀. 힘들게 일하느라고 흘리는 땀. 예구슬땀을 흘리며 일하는 농부들.

구슬리다 남을 그럴듯한 말로 꾀어 마음이 움직이도록 하다. 예나는 동생을 살살 구슬려 방 청소를 시켰다.

구슬비 풀잎 등에 구슬처럼 맺히는 '이슬비'를 아름답게 나타내는 말.

구슬치기 아이들이 장난감 구슬을 가지고 서로 맞히며 노는 놀이.

구슬프다 마음이 처량하고 슬프다. 예구슬픈 노랫소리. |활용| 구슬프니·구슬퍼.

구슬피 구슬프게. 예비가 오니 청개구리가 구슬피 운다.

구:습(舊習) 예로부터 내려오는 낡은 풍속과 습관.

구:시가지(舊市街地) 예전부터 도시의 큰 거리를 이루었던 곳. 맨신시가지.

구:시대(舊時代) 예전의 낡은 시대.

구시렁거리다 못마땅하여 듣기 싫은 소리를 자꾸 하다. 예영수는 뭔가 불만이 있는 듯 혼자 구시렁거렸다. 맨구시렁대다.

구시렁대다 ➡구시렁거리다.

구:식(舊式) ①예전의 방식. ②케케묵어 시대에 뒤떨어짐, 또는 그런 것. 맨신식.

구실¹ 마땅히 해야 할 일. 맡아서 해야 할 일. 예학생으로서의 구실을 다해라. 맨역할.

구:실²(口實) 핑계로 삼을 조건이나 변명할 거리. 예나는 아프다는 구실을 대고 모임에 나가지 않았다. 맨핑계.

구심력(求心力) [구심녁] 원운동을 하는 물체를 달아나지 못하도록 중심 쪽으로 잡아당기는 힘. 맨원심력.

구십(九十) 아흔.

구애¹(求愛) 이성에게 자기의 사랑을 받아 달라고 함. 예구애를 받아들이다. 구애하다.

구애²(拘礙) 마음에 거리낌. 예시간에 구애받지 말고 오너라. 구애되다. 구애하다.

구:약(舊約) 〈구약 성서〉의 준말.

구:약 성서(舊約聖書) 기독교 성전의 한 가지. 예수 탄생 이전부터 이스라엘 민족의 역사와 하느님의 계시 등을 모은 책. 준구약. 맨신약 성서.

구:어(口語) 음성으로 나타내는 말. 일상 대화에서 쓰는 말. 맨문어.

구역(區域) 갈라놓은 경계 안. 예상수원 보호 구역.

구역질(嘔逆—) [구역찔] 속이 메스꺼워 토하려고 하는 짓. 구역질하다.

구:연(口演) 동화 등을 여러 사람 앞에서 말로써 연기하는 일. 맨구술. 구연되다. 구연하다.

구연산(枸櫞酸) 귤·레몬 등의 과일 속에 들어 있는, 신맛이 나는 물질. 청량음료·약 등에 쓰인다.

구완 아프거나 아이를 낳은 사람을 돌보아 주는 일. |참고| 구완은 '구환(救患)'에서 온 말. 구완하다.

구운몽(九雲夢) 조선 숙종 때 김만중이 지은 한글 소설. 주인공 성진이 부귀영화를 누리다가 깨어 보니 헛된 꿈이었다는 내용이다.

구:원(救援) ①위험하거나 어려운 일을 당한 사람을 구해 줌. 예물에 빠진 사람이 구원을 청했다. ②기독교에서, 사람을 죄와 고통과 죽음에서 구해 주는 일. 구원되다. 구원하다.

구월(九月) 한 해의 아홉째 달.

구월산(九月山) [구월싼] 황해도 은율과 신천 사이에 있는 산. 단군에 관한 많은 이야기가 전해 오는 곳이며, 6·25 전쟁 때 반공 의용군이 북한 공산군에 맞서 싸움을 벌인 곳이기도 하다.

구유 말과 소의 먹이를 담아 주는 큰 그릇. 나무토막이나 돌을 움푹하게 파서 만든다.

구:음(口音) 거문고·가야금·피리·장구 등의 악기에서 나는 음을 입으로 흉내 내는 소리.

구이 고기나 생선에 양념을 하여 불에 구운 음식.

구인(求人) 필요한 사람을 구함. 예구인 광고를 내다. 구인하다.

〈구이〉

구입(購入) 돈을 주고 물건을 사들임. 맨구매. 맨판매. 구입하다. 예필요한 옷을 구입하다.

구장(球場) 축구·야구 등의 경기를 하는 운동장. 예축구 대회를 치를 구장을 건설했다.

구재 학당(九齋學堂) 고려 시대에, 최충이 개성에 세워 제자들을 가르치던 사립 학교. 9개의 반으로 나누어 교육을 시켰다.

구:전(口傳) 옛날이야기나 노래가 글이 아니라 말로 전해 내려옴. 예구전 설화. 구전되다. 구전하다.

구:전 민요(口傳民謠) 말로 전해 내려오는 민요.

구절(句節) 한 토막의 말이나 글. 예동시 한 구절. |잘못| 귀절.

구절초(九節草) 국화과의 여러해살이풀. 가을에 흰색이나 붉은색의 꽃이 줄기 끝에 핀다. 한방에서 약재로 쓰며, 관상용으로도 재배한다.

〈구절초〉

구접스럽다 [구접쓰럽따] 지저분하고 더럽다. |활용| 구접스러우니·구접스러워. 구접스레.

구:정(舊正) '음력설'을 '신정'에 상대하여 이르는 말로, 음력 1월 1일. 빤신정.

구정물 설거지나 빨래 등을 하여 더러워진 물.

구:제¹(救濟) 자연재해나 사회적인 피해를 당하여 어려운 처지에 있는 사람을 도와줌. 빠구호. 구제되다. 구제하다. 예집 잃은 사람을 구제하다.

구제²(驅除) 해충 등을 몰아내어 없앰. 구제하다.

구:제역(口蹄疫) 소나 돼지 등이 잘 걸리는 전염병. 주로 입 안의 점막이나 발톱 사이의 피부에 물집이 생겨 짓무른다. 예구제역으로 많은 가축들이 쓰러져 죽었다.

구:조¹(救助) 위험한 상태에 있는 사람을 도와서 구해 줌. 예인명 구조. 구조되다. 구조하다.

구조²(構造) 물건이나 조직 등에서, 전체를 이루고 있는 부분들의 서로 짜인 관계. 예기계의 구조. 빠얼개.

구:조대¹(救助袋) 불이 났을 때 건물 안에 있는 사람들을 구하는 데 쓰이는, 밑이 트인 긴 자루.

구:조대²(救助隊) 위험한 상태에 있는 사람을 구해 주는 사람들로 이루어진 무리. 예119 구조대.

구:조 대원(救助隊員) 위험한 상태에 있는 사람을 구해 주는 사람.

구조물(構造物) 건물·다리·터널같이 인공적으로 만든 큰 물건.

구:조선(救助船) 바다에서 사고를 당한 사람이나 배를 구해 주는 배.

구:조 작업(救助作業) 위험한 상태에 있는 사람을 구해 주는 작업.

구조화(構造化) 체계를 세워 전체를 통일성 있게 함. 구조화되다. 구조화하다.

구:좌(口座) ➡계좌.

구:주¹(救主) ➡구세주.

구주²(歐洲) 유럽. 몬구라파주.

구직(求職) 일자리를 구함. 예구직 광고. 구직하다.

구질구질하다 ①어떤 상태나 하는 짓 등이 더럽고 지저분하다. 예구질구질한 옷차림. ②비나 눈이 내려 더럽고 지저분하다. 예구질구질한 날씨.

구:차하다(苟且―) ①살림이 매우 가난하다. ②말이나 행동이 떳떳하거나 의젓하지 못하다. 예그는 구차한 변명을 늘어놓았다.

구청(區廳) 구(區)의 행정 사무를 맡아보는 관청. 예부천시 원미 구청.

구체적(具體的) 어떤 사물이 뚜렷한 모양을 갖추고 있는 것. 예구체적인 모습. 빤추상적.

구축¹(構築) ①진지 등을 쌓아 올려 만듦. ②체제나 체계 등의 바탕을 닦아 세움. 예데이터베이스 구축. 구축되다. 구축하다.

구축²(驅逐) 어떤 세력 등을 몰아서 쫓아냄. 구축되다. 구축하다. 예허례허식을 구축하다.

구:출(救出) 위험한 상태에서 구해 냄. 구출되다. 구출하다. 예경찰은 은행 강도에게 인질로 붙잡힌 사람들을 구출했다.

구충(驅蟲) 약품 등을 사용하여 기생충·해충 등을 없앰. 구충하다.

구충제(驅蟲劑) ①몸 안의 기생충 등을 없애는 데 쓰는 약. 예구충제를 먹다. 비구충약. ②농작물 등의 해충을 없애는 데 쓰는 약.

구치소(拘置所) 법을 어긴 사람을 판결이 내려질 때까지 가두어 두는 곳.

구타(毆打) 사람을 함부로 때림. 구타하다.

구:태(舊態) 예전 그대로의 모습. 예구태에서 벗어나다.

구태여 일부러 애써. 예구태여 나를 피하지 마라. 비굳이.

구:태의연하다(舊態依然一) [구태의연하다/구태이연하다] 변하거나 발전하지 못하고 옛 모습 그대로이다. 예구태의연한 사고방식.

구텐베르크(Gutenberg, 1398?~1468) 독일의 활판 인쇄술의 발명자. 금속 활자를 만들고 인쇄기를 발명하여 1455년경에 '구텐베르크 성서'를 출판하였다.

구토(嘔吐) 먹은 음식물을 토함. 구토하다.

구판장(購販場) 조합 등에서 생활용품 등을 공동으로 사서 싸게 파는 곳.

구하다¹(求一) ①필요한 것을 찾거나 얻다. 예필요한 책을 구하다./일자리를 구하다. ②상대편이 어떻게 해 주기를 바라다. 예선생님께 양해를 구하다.

구:하다²(救一) 어렵거나 위험한 일에서 벗어나도록 도와주다. 예삼촌은 차에 치일 뻔한 아이를 구했다.

구:한말(舊韓末) 조선 말기부터 대한 제국까지의 시기.

구현(具現) 어떤 내용이 구체적인 모습으로 나타나게 함. 예세계 평화의 구현. 구현되다. 예정의가 구현되다. 구현하다.

구형¹(求刑) 검사가 죄지은 사람에게 줄 벌을 판사에게 요구함. 구형되다. 구형하다. 예검사는 피고에게 징역 5년을 구형하였다.

구형²(球形) 공같이 둥근 모양.

구:형³(舊型) 기계 등의 모양이나 기능이 낡고 오래된 것. 예구형 냉장고. 반신형.

구:호¹(口號) 어떤 요구나 주장 등을 나타내기 위하여 외치는 짤막한 말이나 글. 예구호를 내걸다.

구:호²(救護) 어려움을 당한 사람이나 병자·부상자 등을 도와서 보호함. 예수재민 구호. 비구제. 구호하다.

구:호물자(救護物資) [구호물짜] 어려움을 당한 사람을 도와주기 위하여 여러 사람이 거두어 마련한 물건.

구:호소(救護所) 어려운 일을 당한 사람을 도와주는 일을 맡아보는 곳.

구:호품(救護品) 어려움을 당한 사람을 돕기 위한 물품.

구혼(求婚) ①결혼을 청함. 비청혼. ②결혼 상대자를 구함. 예구혼 광고. 구혼하다.

구:황 작물(救荒作物) 흉년이 들었을 때, 곡식 대신 가꾸어 먹는 농작물. 감자·메밀 등.

구획(區劃) [구획/구훽] 땅이나 장소 등을 경계를 지어 가름. 구획되다. 구획하다.

국 ①고기·채소·생선 등에 물을 부어 끓인 음식. ②〈국물〉의 준말.

국가¹(國家) [국까] 일정한 영토와 일정한 사람들로 이루어져, 주권에 의해 다스려지는 사회 집단. [참고] 국가를 이루는 세 가지 요소는 '영토·국민·주권'이다. [비]나라.

국가²(國歌) [국까] 나라를 상징하며 대표하는 것으로, 나라에서 정한 노래.

국가 보ː훈처(國家報勳處) 중앙 행정 기관의 하나. 국가 유공자와 그 유족의 보훈, 제대 군인의 지원 등에 관한 일을 맡아본다.

국가시험(國家試驗) [국까시험] 일정한 자격이나 지위를 주기 위하여 나라에서 실시하는 시험. [비]국가 고시.

국가 안전 보ː장 회ː의(國家安全保障會議) 대통령의 자문 기관의 하나. 국가의 안전 보장에 관계되는 정책 수립에 관한 자문을 맡아본다.

국가 재정(國家財政) 국가가 필요한 재산을 관리하고 사용하는 일.

국가적(國家的) [국까적] 국가에 관련되거나 국가 전체가 하는 것. [예]국가적 행사.

국가 정보원(國家情報院) 중앙 행정 기관의 하나. 국가의 안전 보장에 관련되는 정보·수사 등에 관한 일을 맡아본다.

국거리 [국꺼리] 국을 끓이는 재료. 고기·생선·채소 등.

국경(國境) [국꼉] 나라와 나라 사이의 경계. [예]국경을 넘다.

국경선(國境線) [국꼉선] 나라와 나라 사이의 경계선.

국경 수비대(國境守備隊) 나라의 경계를 지키기 위하여 배치된 군대.

국경일(國慶日) [국꼉일] 나라의 경사를 축하하기 위하여, 법으로 정하여 온 국민이 기념하는 날. 삼일절·광복절·개천절 등.

국경 지대(國境地帶) 나라와 나라 사이의 경계에 있는 지역.

국고(國庫) [국꼬] 나라의 돈을 관리하는 곳. 또는 나라의 돈.

국교¹(國交) [국꾜] 나라와 나라 사이의 외교 관계. [예]국교를 맺다.

국교²(國敎) [국꾜] 나라에서 특별히 정하여, 온 국민이 믿도록 하는 종교. [예]신라는 불교를 국교로 삼았다.

국교 수립(國交樹立) 나라와 나라 사이에 국교를 맺는 일.

국군(國軍) [국꾼] ①나라의 군대. ②우리나라의 군대.

국궁(國弓) [국꿍] 우리나라의 활. 또는 그 활을 쏘는 기술. [참]양궁.

국권(國權) [국꿘] 나라의 주권.

국권 상실(國權喪失) 나라의 주권을 잃어버림.

국권 회복(國權回復) 잃었던 나라의 주권을 되찾음.

국그릇 [국끄릇] 국을 담는 그릇.

국기¹(國技) [국끼] 한 나라가 특별히 가지고 있는 전통적인 기술. 우리나라의 씨름이나 태권도 등.

국기²(國旗) [국끼] 한 나라를 상징하는 기. 우리나라의 태극기, 미국의 성조기 등.

국기 게ː양대(國旗揭揚臺) 국기를 높이 걸기 위해 만들어 놓은 대.

국기함(國旗函) [국끼함] 국기를 보관하는 상자.

국난(國難) [궁난] 나라의 위태로움과 어려움. [예]국난을 극복하다.

국내(國內) [궁내] 나라의 안. [예]국내 우편. [반]국외.

국내산(國內產) [궁내산] 우리나라에서 생산함. 또는 그 물건. [예]국내산 쇠고기. [비]국산. [반]수입산.

국내선(國內線) [궁내선] 한 나라 안으로만 연결되어 있는 철도·항공·통신 등의 노선. [예]국내선 여객기. [반]국제선.

국내성(國內城) [궁내성] 고구려가 두 번째 서울로 삼았던 곳. 지금의 중국 만주 지린 성 지안 지방에 있었다고 전해진다.

국내외(國內外) [궁내외/궁내웨] 나라의 안과 밖.

국내 우편(國內郵便) 보내고 받는 사람이 다 국내에 있는 우편. [반]국제 우편.

국도(國道) [국또] 나라에서 직접 관리하는 중요한 도로. [반]지방도.

국력(國力) [궁녁] 나라의 경제나 군사 부문에서의 힘.

국론(國論) [궁논] 국민의 공통된 의견. [예]국론 통일.

국립(國立) [궁닙] 나라에서 세움. [예]국립 대학/국립 박물관. [반]사립.

국립 경ː주 박물관(國立慶州博物館) 경상북도 경주시에 있는 국립 박물관. 선사 시대부터 통일 신라 시대까지의 귀중한 유물이 전시되어 있다.

국립 경ː찰(國立警察) 나라에서 세우고, 나라의 비용으로 유지하는 경찰.

국립 공원(國立公園) 나라에서, 규모가 크고 경치가 아름다운 지역을 정하여 관리하는 공원. [예]설악산 국립 공원.

국립 공주 박물관(國立公州博物館) 충청남도 공주시에 있는 국립 박물관. 백제 문화재를 중심으로 전시하고 있는데, 무령왕릉에서 나온 유물이 대부분을 이룬다.

국립묘지(國立墓地) [궁닙묘지] 나라를 위하여 훌륭한 일을 하다 돌아가신 분들이 묻힌, 나라에서 관리하는 묘지.

국립 민속 박물관(國立民俗博物館) 서울특별시 경복궁 안에 있는 민속 박물관. 조상들의 귀중한 민속 자료와 유물이 전시되어 있다.

국립 박물관(國立博物館) 나라에서 세워, 역사·예술 등의 자료와 문화재를 모아 보관하고 전시하여, 교육과 연구에 도움이 되게 만든 시설.

국립 부여 박물관(國立扶餘博物館) 충청남도 부여군에 있는 국립 박물관. 선사 시대와 백제의 유물과, 불상·공예품 등이 전시되어 있다.

국립 중앙 도서관(國立中央圖書館) 서울특별시 서초구에 있는 국립 도서관. 나라 안팎의 많은 책과 자료를 모아 사람들이 이용하게 함으로써, 사회 교육에 이바지하고 있다.

국립 현ː대 미ː술관(國立現代美術館) 경기도 과천시에 있는 국립 미술관. 현대 미술 작품의 보존·전시 및 외국과의 교류 등을 위해 세웠다.

국면(局面) [궁면] 일이 되어 가는 형편. [예]새로운 국면으로 접어들다.

국명(國名) [궁명] 나라의 이름. [비]국호.

국모(國母) [궁모] 임금의 아내나 어머니.

국무(國務) [궁무] 나랏일에 관한 사무. [예]국무 수행.

국무 위원(國務委員) 국무 회의를 구성하는 공무원. [참]국무 회의.

국무총리(國務總理) [궁무총니] 대통령을 도와 행정 각부의 장관을 지휘·감독하는 사람. [준]총리.

국무 회ː의(國務會議) 대통령·국무총리·국무 위원으로 구성되는, 나라의 중요 정책을 논의하는 회의.

국문(國文) [궁문] 《나라의 글자라는 뜻에서》 '한글'을 달리 이르는 말.

국문 연ː구소(國文硏究所) 조선 융희 원년(1907) 7월, 학부(學部) 안에 설치하였던 한글 연구 기관. 주시경·지석영 등이 참여하였다.

국문학(國文學) [궁문학] ①그 나라의 문학. ②우리나라 고유의 문학, 또는 그것을 연구하는 학문.

국물 [궁물] 국·찌개 등의 음식에서 건더기를 빼고 남은 물. 예찌개 국물. ㉡국. |잘못| 말국·멀국.

　국물도 없다〔관용〕 아무 이득도 없다.

국민(國民) [궁민] 한 나라 안에서 살며, 그 나라에 속해 있는 사람들. 田백성.

국민가요(國民歌謠) [궁민가요] 국민 모두가 널리 부를 수 있게 지은 노래.

국민 교ː육(國民敎育) 국민의 수준을 높이기 위해 나라에서 실시하는 교육.

국민 교ː육 헌ː장(國民敎育憲章) 우리나라 국민 교육의 방향과 목표를 밝힌 글. 1968년 12월 5일에 선포되었다.

국민복(國民服) [궁민복] 일제 강점기에 남자들에게 입게 했던, 군복 비슷한 옷.

국민성(國民性) [궁민썽] 한 나라의 국민에게 공통된 특별한 성질.

국민 소ː득(國民所得) 한 나라의 국민 전체가 일 년 동안 벌어들인 것을 돈으로 계산한 액수.

국민연금(國民年金) [궁민년금] 사회 보장 제도의 한 가지. 국민들이 매월 돈을 내고, 일할 능력이 없는 노인이 되었을 때 받게 되는 돈.

국민운동(國民運動) [궁미눈동] 국민의 일부 또는 전체가, 어떤 일을 이룩하기 위하여 힘을 합쳐서 하는 활동.

국민의례(國民儀禮) [궁미늬례/궁미니례] 국민으로서 갖추어 해야 할 예의. 애국가 제창·순국선열에 대한 묵념 등.

국민장(國民葬) [궁민장] 나라와 사회에 큰 공을 세우고 죽은 사람에게, 국민 전체의 이름으로 베푸는 장례.

국민정신(國民精神) [궁민정신] 그 나라 국민의 공통된 고유한 정신.

국민 투표(國民投票) 나라의 중요한 일이 있을 때, 국민이 참가하여 결정하는 투표.

국민학교(國民學校) [궁민학꾜] 지난날, '초등학교'를 이르던 말.

국밥 [국빱] 국에 만 밥. 예쇠고기 국밥.

국방(國防) [국빵] 외부에서 쳐들어오는 적으로부터 나라를 지킴.

국방부(國防部) [국빵부] 외적으로부터 나라를 지키는 일과 군사에 관한 일을 맡아보는 중앙 행정 기관.

국방비(國防費) [국빵비] 국방에 필요한 비용.

국번(局番) [국뻔] 전화번호의 국명을 나타내는 번호. 720-1234에서 앞자리에 있는 720을 말한다.

국법(國法) [국뻡] 나라의 법률.

국보(國寶) [국뽀] 나라의 보배. 특히, 가치가 높아 나라에서 보호·관리하는 문화재.

> ː ː ː ː **'국보'와 '보물'의 구별** ː ː ː ː
>
> **국보** : 보물로 지정된 것 중에서 특히 학술적으로 연구할 가치가 높고 예술적으로 우수하여 따로 지정한 문화재.
>
> **보물** : 유형 문화재 중에서 보존해야 할 가치가 높고 중요한 것으로 정부에서 문화재 위원회의 의견을 들어 지정한 문화재.

국보급(國寶級) [국뽀끕] 나라의 국보로 지명할 만한 정도로 가치가 있는 것. 예국보급 문화재.

국부(國父) [국뿌] ①임금. ②나라를 세우는 데 큰 공이 있어 국민으로부터 존경을 받는 사람.

국비(國費) [국삐] 나라에서 내는 경비. 예국비 유학.

국빈(國賓) [국삔] 나라의 귀한 손님으로 대접받는 외국인.

국사¹(國史) [국싸] ①나라의 역사. ②우리나라의 역사.

국사²(國事) [국싸] 나라 전체에 관계되는 중대한 일.

국사³(國師) [국싸] ①한 나라의 스승. ②지난날, 덕이 높은 승려에게 주던 최고의 벼슬.

국사 편찬 위원회(國史編纂委員會) 나라의 역사를 수집·정리하여 책을 펴내기 위해 전문가들로 이루어진 모임.

국산(國産) [국싼] ①자기 나라에서 생산함. ②〈국산품〉의 준말. 반외국산.

국산품(國産品) [국싼품] 자기 나라에서 만든 물건. 예국산품을 애용합시다. 준국산. 반외래품.

국새(國璽) [국쌔] ①나라를 대표하는 도장. ②임금의 도장. 비옥새.

국세(國稅) [국쎄] 국가의 비용에 쓰려고 국민으로부터 거두어들이는 세금. 소득세·상속세 등.

국세청(國稅廳) [국쎄청] 중앙 행정 기관의 하나. 세금을 매기고 거두어들이는 일, 나라 재산의 관리 등의 일을 맡아본다.

국수 [국쑤] 밀가루나 메밀가루를 반죽하여 얇게 밀어 가늘게 썰거나, 틀에 넣어 만든 음식.

　국수(를) 먹다[관용] '결혼식을 올리다'의 뜻으로 이르는 말.

국수주의(國粹主義) [국쑤주의/국쑤주이] 자기 나라의 문화만이 뛰어나다고 믿고, 다른 나라의 문화를 지나치게 멀리하는 태도.

국시(國是) [국씨] 나라의 이념이나 기본 방침. 예프랑스의 국시는 자유·평등·박애이다.

국악(國樂) [구각] ①그 나라 고유의 음악. ②우리나라 고유의 음악.

국악기(國樂器) [구각끼] 국악을 연주하는 악기. 거문고·가야금·피리·장구 등.

국어(國語) [구거] ①자기 나라 말. ②우리나라 말. '한국어'를 우리나라 사람이 이르는 말이다.

국어 문법(國語文法) ①국어의 말소리·문장·낱말 등에 관한 일정한 규칙. 준국문법. ②1910년에 주시경이 지은 국어 문법책.

국어사전(國語辭典) [구거사전] 국어의 낱말을 모아서 일정한 차례로 엮어 싣고, 낱낱이 그 발음·뜻·쓰임 등에 대하여 풀이해 놓은 책.

국어학(國語學) [구거학] 국어를 연구하는 학문.

국어학자(國語學者) [구거학짜] 국어를 연구하는 학자.

국영(國營) [구경] 나라에서 경영함. 예국영 방송국. 국영하다.

국왕(國王) [구광] 한 나라의 임금.

국외(國外) [구괴/구궤] 한 나라의 영토 밖. 비해외. 반국내.

국위(國威) [구귀] 나라의 위력이나 권위. 예국위를 선양하다.

국유(國有) [구규] 나라의 것. 예국유 철도. 반사유.

국유 재산(國有財産) 나라가 가지고 있는 재산. 반사유 재산.

국유지(國有地) [구규지] 나라가 가지고 있는 땅. 반사유지.

국익(國益) [구긱] 나라의 이익.

국자 [국짜] 긴 자루가 달린, 국을 뜨는 기구.

국자감(國子監) [국짜감] 고려 시대에, 유학을 가르치던 학교. 오늘날의 국립 대학과 같은 교육 기관이다.

국장(國葬) [국짱] ①나라에 큰 공을 세운 사람이 죽었을 때 나라에서 지내는 장례. ②왕족의 장례. 예명성 황후의 국장. 국장하다.

〈국자〉

국적(國籍) [국쩍] ①그 나라 국민으로서의 신분과 자격. ②배나 비행기 등이 어느 나라에 속함을 이르는 말. [예]미국 국적의 비행기.

국정[1](國定) [국쩡] 나라에서 정함. [예]국정 국어 교과서.

국정[2](國政) [국쩡] 나라를 다스리는 일. [예]국정을 논의하다.

국정 감사(國政監査) 국회가 정부에서 한 일에 대하여 감독하고 살피는 일.

국정 교ː과서(國定教科書) 교육 과학 기술부에서 펴낸 교과서.

국제(國際) [국쩨] ①나라와 나라 사이의 관계. [예]국제 정세. ②세계 여러 나라에 공통되는 것. [예]국제 규격에 맞춘 제품.

국제 경ː기(國際競技) 두 나라 이상이 겨루는 경기.

국제 경ː쟁력(國際競爭力) 국제 시장에서, 한 나라의 산업이나 기업이 경쟁에서 뒤지지 않을 만한 힘이나 능력.

국제공항(國際空港) [국쩨공항] 나라와 나라 사이를 오고 가는 비행기가 뜨고 내릴 수 있도록 정부에서 지정한 공항. [예]인천 국제공항.

국제기구(國際機構) [국쩨기구] 나라와 나라 또는 세계의 여러 나라가 관계하는 기구.

국제 무ː역(國際貿易) 여러 나라나 국민 사이에 이루어지는 무역.

국제 민간 항ː공 기구(國際民間航空機構) 나라와 나라 사이의 민간 항공의 안전과 발달을 위해 만들어진 국제 연합의 전문 기구. 본부는 캐나다의 몬트리올에 있다.

국제 박람회(國際博覽會) 여러 나라의 문화 및 산업을 전시하고 서로의 이해와 교류를 목적으로 개최하는 박람회. 만국 박람회·세계 박람회·국제 종합 박람회 등의 여러 가지 명칭이 있다.

국제법(國際法) [국쩨뻡] 나라와 나라 사이의 합의에 따라 나라 사이의 관계를 규정짓는 법. [반]국내법.

국제 분쟁(國際紛爭) 나라와 나라 사이에 권리나 이익에 관한 의견 충돌로 일어나는 다툼. [예]국제 분쟁을 평화적으로 해결하다.

국제 비ː정부 기구(國際非政府機構) 정치·경제·환경·인권·여성 등의 문제를 해결하기 위해 정부끼리가 아닌 민간단체가 서로 협력하여 만든 국제 단체. 그린피스·국경 없는 의사회 등. [비]엔지오(NGO).

국제 사법 재판소(國際司法裁判所) 나라 사이의 다툼을 해결하기 위해 만들어진 국제 연합의 기구. 본부는 네덜란드의 헤이그에 있다.

국제 사ː회(國際社會) 여러 나라가 서로 오고 가면서 도움을 주고받으며 공동생활을 해 나가는 사회.

국제선(國際線) [국쩨선] 나라와 나라 사이를 오가는 비행기·배·철도 등의 길. [반]국내선.

국제 수지(國際收支) 한 나라가 일 년 동안 다른 여러 나라와 거래하며 주고받은 금액의 총액, 또는 차이가 나는 액수.

국제 연맹(國際聯盟) 제1차 세계 대전 후, 세계 평화와 협력을 위해 만들어진 기구. 1920년에 세워졌고, 1946년에 없어졌다.

국제 연합(國際聯合) 제2차 세계 대전 후, 세계의 평화와 복지 향상을 위해 만들어진 국제기구. 본부는 미국의 뉴욕에 있다. [비]유엔(UN).

국제 연합 교ː육 과학 문화 기구(國際聯合教育科學文化機構) 교육·과학·문화를 통해 세계 평화를 이룩하기 위해 만들어진 국제 연합의 전문 기구. 본부는 프랑스의 파리에 있다. [비]유네스코(UNESCO).

국제 연합군(國際聯合軍) 세계 평화를 지키기 위해 만들어진 국제 연합의 군대. [비]유엔군(UN軍).

국제 연합 본부(國際聯合本部) 국제 연합의 본부. 미국의 뉴욕에 있다. [비]유엔 본부.

국제 연합 사ː무총장(國際聯合事務總長) 국제 연합을 지휘·총괄하는 사람, 또는 그런 직위. [비]유엔 사무총장.

국제 연합 식량 농업 기구(國際聯合食糧農業機構) 세계 각국의 식량과 농업 문제 해결과, 생활 향상을 위해 만들어진 국제 연합의 전문 기구. 본부는 이탈리아의 로마에 있다. [비]에프에이오(FAO).

국제 연합 아동 기금(國際聯合兒童基金) 어린이들의 보건과 이익을 위해 만들어진 국제 연합의 특별 기구. 본부는 미국의 뉴욕에 있다. [비]유니세프(UNICEF)·유엔 아동 기금.

국제 연합 안전 보ː장 이ː사회(國際聯合安全保障理事會) 세계 평화와 안전의 유지를 위해 만들어진 국제 연합의 주요 기구. [준]안전 보장 이사회·안보리. [비]유엔 안전 보장 이사회.

국제 연합 총ː회(國際聯合總會) 국제 연합에 가입한 전체 회원국으로 구성되어 일 년에 한 번 9월에 열리는 국제 연합의 최고 기구. [비]유엔 총회.

국제 연합 헌ː장(國際聯合憲章) 국제 연합의 근본적인 조직 및 활동의 원칙을 정한 기본법.

국제 올림픽 위원회(國際Olympic委員會) 국제 올림픽 경기에 대한 일을 맡아보는 단체. [비]아이오시(IOC).

국제 우편(國際郵便) 나라와 나라 사이에 오가는 우편물. [반]국내 우편.

국제 원자력 기구(國際原子力機構) 원자력을 평화적으로 이용하기 위해 만들어진 국제 연합의 기구. [비]아이에이이에이(IAEA).

국제적(國際的) [국쩨적] 나라와 나라 사이에 관계되는 것. [비]세계적.

국제 적십자(國際赤十字) 1864년에 만들어진 적십자의 국제기구. 전쟁에서 부상당한 군인이나 불행한 사람을 돕는 역할을 한다. 본부는 스위스의 제네바에 있다. [비]아이아르시(IRC).

국제 통화 기금(國際通貨基金) 나라 사이의 금융 문제를 다루며, 국제 무역의 증진을 목적으로 하는 국제 연합의 전문 기구. 본부는 미국의 워싱턴에 있다. [비]아이엠에프(IMF).

국제항(國際港) [국쩨항] 외국 배가 많이 드나드는 큰 항구.

국제 협력(國際協力) ①나라 사이에 관계되는 일을 여러 나라가 협력하는 일. ②경제·문화·기술 등에 관한 일을 나라 사이에 서로 협력하는 일.

국제화(國際化) [국쩨화] 국제적으로 되거나 되게 함. **국제화되다**. **국제화하다**.

국제회의(國際會議) [국쩨회의/국쩨훼이] 나라 사이의 이해 사항을 토의·결정하기 위하여 여러 나라의 대표자가 모여서 여는 회의.

국조¹(國祖) [국쪼] 나라를 처음으로 세운 사람.

국조²(國鳥) [국쪼] 그 나라의 상징으로 정한 새. [참고] 우리나라는 까치, 미국은 흰머리독수리, 일본은 꿩이 국조이다.

국채(國債) 나라에서 부족한 자금을 마련하기 위하여 지는 빚, 또는 그것을 나타낸 채권. [비]공채.

국채 보ː상 운ː동(國債補償運動) 1907년, 일본으로부터 빌려 쓴 빚을 갚기 위하여 전국적으로 펼쳤던 모금 운동.

국책(國策) 어떤 목적을 위해 세운 나

라의 정책. 예국책 사업.

국토(國土) 나라의 땅, 곧 나라의 주권이 미치는 곳. 비영토·강토.

국토 교통부(國土交通部) 중앙 행정 기관의 하나. 국토 자원의 관리와 항만 등에 관한 일을 맡아본다.

국토방위(國土防衛) 적의 침공으로부터 국토를 지킴.

국토 분단(國土分斷) 전쟁 등으로 국토가 둘로 갈라짐.

국토 종합 개발 계¦획(國土綜合開發計劃) 국가가 국토를 종합적으로 개발·이용하기 위해 세운 계획.

국판(菊判) 책의 판형의 한 가지. 국판 전지를 열여섯 겹으로 접은 것으로, 가로 152mm, 세로 218mm의 크기이다.

국학¹(國學) [구칵] 자기 나라 고유의 민속·문화 등을 연구하는 학문. 국어·국사·국문학 등.

국학²(國學) [구칵] ①신라 때, 교육을 맡아보던 기관. ②고려 시대에, '국자감'의 고친 이름. ③조선 시대에, '성균관'을 이르던 말.

국학자(國學者) [구칵짜] 자기 나라 고유의 민속·문화 등을 연구하는 사람.

국한(局限) [구칸] 범위를 일정한 부분으로 제한하여 정함. **국한되다.** **국한하다.**

국한문(國漢文) [구칸문] ①한글과 한자를 아울러 이르는 말. ②한글과 한자가 섞인 글.

국한문 혼¦용(國漢文混用) 한글과 한자를 섞어서 글을 씀.

국호(國號) [구코] 나라의 이름. 예우리나라의 국호는 대한민국이다. 비국명.

국화¹(國花) [구콰] 나라의 상징으로 삼아, 국민이 사랑하고 귀중히 여기는 꽃. ¦참고¦우리나라는 무궁화, 영국은 장미, 일본은 벚꽃이 국화이다. 비나라꽃.

국화²(菊花) [구콰] 국화과의 여러해살이풀. 향기가 좋고 예쁘며, 종류가 많아 꽃의 빛깔이나 모양도 여러 가지이다. 관상용으로 널리 가꾼다.

〈국화²〉

국화꽃(菊花-) [구콰꼳] 국화의 꽃.

국화빵(菊花-) [구콰빵] ①국화꽃 모양의 판에 묽은 밀가루 반죽을 붓고 팥을 넣어 구운 빵. ②'얼굴이 닮은 사람'을 비유하여 이르는 말. 예어쩜, 아들이 아빠와 국화빵이네.

국회(國會) [구쾨/구퀘] 국민이 뽑은 국회 의원으로 조직되어, 나랏일을 의논하는 기관.

국회 의사당(國會議事堂) 국회의 회의가 열리는 건물. 서울특별시 영등포구 여의도에 있다.

국회 의원(國會議員) 국민을 대표하여 국회에서 나라의 일을 결정하거나 법률을 정하는 사람.

군¹(君) 아랫사람이나 친구를 부를 때, 성이나 이름 다음에 쓰는 말. 예김승재 군. 쌓양.

군²(軍) 〈군대〉의 준말.

군³(郡) 지방 행정 구역의 하나. 도나 광역시에 딸리며, 읍 또는 면을 거느린다.

군가(軍歌) 군인의 사기를 높이기 위해 부르는 노래.

군¦것질 [군걷찔] 끼니 외에 떡·과일·과자 등의 음식물을 먹는 일. 비주전부리. **군것질하다.**

군경(軍警) 군대와 경찰을 아울러 이르는 말.

군계일학(群鷄一鶴) [군계일학/군게일학] 《닭의 무리 속에 있는 한 마리의 학이라는 뜻으로》 '평범한 여러 사람 가운데의 뛰어난 한 사람'을 비유하여 이르는 말.

군ː고구마 불에 구워 익힌 고구마.
군관(軍官) 군에서 군사 일을 맡아보는 관리.
군기(軍紀) 군대의 규율과 질서. [예]군기를 잡다.
군기감(軍器監) 고려·조선 시대에 무기 만드는 일을 맡아보던 관청.
군ː내 김치나 젓갈 등이 맛이 변하여 나는 좋지 않은 냄새. [예]군내 나는 묵은 김치.
군대(軍隊) 일정한 질서 아래 조직된 군인의 집단. [비]군.
군ː더더기 쓸데없이 덧붙는 것. [예]군더더기 없는 문장.
군데 낱낱의 곳. [예]아픈 곳이 한두 군데가 아니다.
군데군데 여러 군데. 이곳저곳. 여기저기. [예]길 옆에 군데군데 들국화가 피어 있다.
군도(群島) 무리를 이루고 있는 많은 섬.
군란(軍亂) [굴란] 군대가 일으키는 난리. [비]병란.
군량(軍糧) [굴량] 군대의 양식.
군량미(軍糧米) [굴량미] 군대의 양식으로 쓰는 쌀.
군ː말 쓸데없는 말. [비]군소리. **군말하다**.
군무1(軍務) 군인으로서의 일. [예]군무에 힘쓰다.
군무2(群舞) 여러 사람이 함께 추는 춤. **군무하다**.
군무원(軍務員) 군인이 아니면서 군대의 업무에 종사하는 공무원.
군민1(軍民) 군인과 민간인을 아울러 이르는 말.
군ː민2(郡民) 행정 구역의 하나인 군에 사는 사람.
군ː밤 불에 구워서 익힌 밤.
군ː밤 타ː령 경기 민요의 한 가지. 가락이 재미있게 변화하여 매우 활기찬 느낌을 주는 노래이다.
군법(軍法) [군뻡] ①군대의 규칙. ②군대의 규칙을 어기는 군인을 다스리기 위하여 만든 법률.
군법 회ː의(軍法會議) 지난날, '군사 법원'을 이르던 말.
군복(軍服) 군인이 입는 옷.
군ː불 음식을 만들기 위한 것이 아니라 방을 덥히려고 아궁이에 때는 불.
군비1(軍備) 전쟁을 치르기 위하여 갖춘 군사 시설이나 장비.
군비2(軍費) 군대를 유지하거나 전쟁을 치르는 데 드는 비용. [비]군사비.
군사1(軍士) 군대에서 계급이 낮은 군인. [비]병사·군병·군졸.
군사2(軍事) 군대·전쟁 등에 관한 일.
군사력(軍事力) 군대의 병력·장비·경제력 등 전쟁을 해낼 수 있는 능력.
군사 법원(軍事法院) 군인과 군무원의 범죄 등을 재판하는 법원.
군사부일체(君師父一體) 임금과 스승과 아버지의 은혜는 다 같다는 말.
군사 분계선(軍事分界線) 전쟁을 한 양쪽의 협의에 따라 군사 활동을 제한하는 경계선.
군사비(軍事費) 군대에서 쓰는 비용. [비]군비.
군사 우편(軍事郵便) 군인이나 군무원과 주고받는 우편.
군사 재판(軍事裁判) 군사 법원에서 하는 재판.
군사적(軍事的) 군사에 관계되는 것.
군사 정전 위원회(軍事停戰委員會) 1953년 6·25 전쟁의 휴전 협정에 의하여, 그 협정의 실시를 감독하고 어긴 사건을 토의하기 위해 설치한 기구.
군산(群山) 전라북도 북서부에 있는 시. 금강과 만경강 하구에 넓은 평야가 있다. 1980년 외항 건설 후, 중국과의 교역이 활발해졌다.

군ː살 운동이 부족하거나 음식물을 지나치게 많이 먹어 군더더기처럼 찐 살. 예군살을 빼다.

군ː소리 하지 않아도 좋을 쓸데없는 말. 비군말. 군소리하다.

군수¹(軍需) 군대에서 필요한 물건이나 재산. 예군수 물자.

군ː수²(郡守) 군(郡)의 행정을 책임지는 사람.

군수품(軍需品) 군대에서 필요한 물품. 비군수 물자.

군신(君臣) 임금과 신하를 아울러 이르는 말.

군신유의(君臣有義)[군신뉴의/군신뉴이] 오륜의 하나. 임금과 신하의 도리는 의리에 있음.

군악(軍樂)[구낙] 군대에서, 행사를 하거나 군인의 사기를 높이기 위해 연주하는 음악.

군악대(軍樂隊)[구낙때] 군악 연주를 위하여 조직된 부대.

군역(軍役)[구녁] ①지난날, 백성이 나라에 치르던 육체 노동의 한 가지. ②군인으로서 병역의 의무를 치름.

군영(軍營)[구녕] 군대가 머물러 있는 곳. 비진영.

군용(軍用)[구뇽] 군사 목적에 쓰임, 또는 그렇게 쓰이는 물건. 예군용 담요.

군위(軍威)[구뉘] 경상북도 중앙에 있는 군. 군위읍과 효령면에 경상북도 최대의 농공 단지가 있다. 사과와 마늘이 많이 생산된다.

군의관(軍醫官)[구늬관/구니관] 다치거나 병든 군인의 진찰·치료 등의 일을 맡아보는 장교. 준군의.

군인(軍人)[구닌] 육군·해군·공군의 장교·부사관·병사를 통틀어 이르는 말.

군자(君子) 학식이 뛰어나고 행실이 어질며 품위를 갖춘 사람. 예성인군자.

군자란(君子蘭) 수선화과의 여러해살이풀. 두꺼운 잎이 나란히 나며, 밑동은 비늘줄기와 비슷하다. 5~6월에 꽃줄기 끝에 깔때기 모양의 붉은색 꽃이 핀다. 관상용으로 기른다.

〈군자란〉

군장(君長) 원시 부족 사회에서 관리·군인 등의 위에 있던 최고 지배자.

군정(軍政) 전쟁이나 사변 때, 군대에서 임시로 맡아 하는 정치. 반민정.

군졸(軍卒) ➡군사¹.

군주(君主) 임금. 왕.

군주국(君主國) 나라의 주권이 임금에게 있는 나라. 비왕국. 반공화국.

군주제(君主制) 왕이 나라를 다스리는 정치 형태. 반공화제.

군중(群衆) 한곳에 모인 많은 사람. 예시청 광장에 수많은 군중이 모였다. 비대중.

군중 심리(群衆心理) 많은 사람이 모였을 때, 쉽게 흥분하거나 판단력을 잃고 다른 사람의 말과 행동에 따라 움직이는 충동적인 마음의 상태.

군집(群集) 사람이나 동물 등이 떼를 지어 모임. 군집하다.

군창(軍倉) 군대의 식량 등을 보관하던 창고.

군ː청(郡廳) 군(郡)의 행정을 맡아보는 관청. 준군.

군청색(群靑色) 선명하고 짙은 남색.

군축(軍縮) 전쟁을 하기 위해 갖춘 군사 시설이나 무기 등을 줄이는 일. 예군축 회담. 본군비 축소. 군축하다.

군ː침 무엇을 먹고 싶을 때 입 안에 도는 침.

군침(을) 삼키다관용 ①음식이 먹고 싶어 입맛을 다시다. ②가치 있는 물건을 보고 가지고 싶은 마음이 생긴다.

군침(이) 돌다 [관용] ①음식을 먹고 싶은 생각이 나다. ②이익이나 가치 있는 물건을 보고 가지고 싶은 마음이 생기다.

군포1(軍布) 조선 시대에, 병역을 면제해 주는 대신에 나라에서 받아들이던 삼베나 무명.

군포2(軍浦) 경기도 중부에 있는 시. 서울과 가깝고 교통이 편리하여 군포 공업 단지에 많은 공장이 들어서고 있으며, 산본 신도시의 개발에 따라 대형 상업 도시로 발전하고 있다.

군함(軍艦) 해군의 배 중에서, 전투에 쓰는 큰 배. [비]전함.

군항(軍港) 해군 군함의 활동 지역으로서 특수 시설을 해 놓은 항구.

군ː현제(郡縣制) 지난날, 지방에 군과 현을 설치하고 중앙 정부에서 보낸 관리에 의해 그 지방의 행정을 맡아 보게 하던 제도.

군화(軍靴) 전투하는 데 편리하도록 만든, 군인의 구두.

굳건하다 [굳껀하다] 굳세고 튼튼하며 씩씩하다. [예]굳건한 우리 국군. **굳건히**.

굳기 [굳끼] 물체의 단단함의 정도. [비]경도.

굳기름 [굳끼름] ➡지방2.

굳다 [굳따] ①단단하다. [예]굳은 떡. ②뜻이 흔들리거나 바뀌지 않다. [예]굳은 맹세/신념이 굳다. ③오그라들어서 뻣뻣해지다. [예]너무 추워서 온몸이 굳어 버렸다. ④버릇이 되다. [예]굳어 버린 습관. ⑤표정이 딱딱하다. [예]굳은 얼굴.

굳세다 [굳쎄다] ①힘차고 튼튼하다. [예]굳센 팔. ②뜻한 바를 굽히지 않고 나아가는 힘이 있다. [예]굳세게 살아라.

굳어지다 [구더지다] 굳게 되다. [예]콘크리트가 굳어지다./내가 부탁을 거절하자 은미의 표정이 굳어졌다.

굳은살 [구든살] 손바닥이나 발바닥의 두껍고 단단한 살.

굳이 [구지] ①단단한 마음으로 굳게. [예]벼슬을 굳이 사양하다. ②애써서 일부러. [예]잘못을 굳이 따지다. [비]구태여.

굳히다 [구치다] 굳게 만들다. 굳게 하다. [예]찰흙을 굳히다./결심을 굳히다.

굴1 굴과의 조개. 바닷물에 잠긴 바위에 붙어서 사는데 비타민 · 글리코겐 등이 많다.

〈굴1〉

굴ː2(窟) ①땅이나 바위가 깊숙이 패어 들어간 곳. ②산이나 땅 밑을 뚫어 만든 길. [참]터널. ③짐승들이 사는 구멍. [예]호랑이 굴.

굴거리나무 대극과의 늘푸른 큰키나무. 잎은 길둥글고, 가지 끝에 모여 어긋난다. 5~6월에 녹색 꽃이 피고 열매는 검은 자줏빛으로 익는다. 잎과 줄기의 껍질은 한방에서 약재로 쓰인다.

굴건(屈巾) 상주가 두건 위에 덧쓰는 건. [예]굴건제복.

굴곡(屈曲) 이리저리 굽어 꺾임. [예]굴곡이 많은 산길. **굴곡하다**.

굴광성(屈光性) [굴광썽] 빛이 닿는 방향 또는 그 반대 방향으로 굽는 식물의 성질. [참]굴지성.

굴ː다 '그러하게 행동하거나 대하다'의 뜻으로 쓰이는 말. [예]얄밉게 굴다./어른에게 버릇없이 굴지 마라. |활용| 구니 · 굴어.

굴ː다리(窟―) [굴따리] 굴로 된 길 위에 가로 건너지른 다리. [참]구름다리.

굴ː대 [굴때] 바퀴의 한가운데에 뚫린 구멍에 끼우는 긴 나무나 쇠. [비]축.

굴ː뚝 불을 땔 때 연기가 빠져나가도록 만든 장치. [비]연돌.

굴뚝 같다[관용] 무엇을 하고 싶은 생각이 간절하다.

굴:러가다 구르며 앞으로 나아가다. 예수레의 바퀴가 굴러간다.

굴:러다니다 ①구르며 왔다 갔다 하다. 예구슬이 방바닥에 굴러다닌다. ②정한 곳 없이 이리저리 자리를 옮겨 다니다.

굴러떨어지다[굴러떠러지다] 위에서 아래로 구르면서 떨어지다. 예진수는 자다가 침대에서 굴러떨어졌다.

굴렁대[굴렁때] 손에 쥐고 굴렁쇠를 밀어서 굴리는, 철사나 막대기.

굴렁쇠[굴렁쇠/굴렁쉐] 굴렁대로 뒤를 밀어서 굴리는, 둥근 테 모양의 쇠로 된 장난감.

굴레 ①소·말의 목에서 고삐에 걸쳐 얽어맨 줄. ②'얽매임'을 비유하여 이르는 말.

〈굴레①〉

굴레(를) 벗다[관용] 구속에서 벗어나 자유롭게 되다.

굴레(를) 쓰다[관용] 일에 얽매여 구속을 받게 되다.

굴:리다 ①굴러가도록 하다. 예나는 눈덩이를 굴려서 눈사람을 만들었다. ②함부로 내버려 두다. 예소중한 책을 함부로 굴리다니. ③돈놀이를 하다. ④차를 운전하며 다니다. 예자가용을 굴리다.

굴복(屈服) 힘이 모자라서 주장이나 뜻을 굽히고 복종함. 굴복되다. 굴복하다.

굴비 소금에 절여 통째로 말린 조기. 예영광 굴비.

굴삭기(掘削機)[굴싹끼] ➡굴착기.

굴욕(屈辱)[구룍] 남에게 업신여김을 받는 부끄러움. 예굴욕을 당하다./굴욕을 참고 견디다.

굴욕적(屈辱的)[구룍쩍] 남에게 업신여김을 당하는 것. 예굴욕적으로 느끼다.

굴절(屈折)[굴쩔] ①휘어서 꺾임. ②빛이나 소리가 나아갈 때 경계면에서 진행의 방향이 바뀜. 굴절되다. 굴절하다.

〈굴절②〉

굴절 망:원경(屈折望遠鏡) 천체 망원경의 한 가지. 렌즈와 프리즘을 통하는 빛의 굴절만을 이용하여 만든 망원경.

굴절형(屈折形)[굴쩔형] 휘어서 꺾인 형태. 예굴절형 버스.

굴젓[굴쩓] 생굴로 담근 젓.

굴지(屈指)[굴찌] ①손가락을 꼽아 헤아림. ②여럿 중에서 손가락을 꼽아 헤아릴 만큼 뛰어남. 예국내 굴지의 명승지. 굴지하다.

굴지성(屈地性)[굴찌썽] 중력이 작용하는 방향인 땅속이나, 그 반대의 방향인 땅 위로 자라는 식물의 성질. 참굴광성.

굴착기(掘鑿機)[굴착끼] 땅을 파내거나 바위 등을 뚫는 데 쓰는 기계를 통틀어 이르는 말. 비굴삭기.

굴참나무 참나뭇과의 낙엽 지는 큰키나무. 잎은 길둥글며 어긋난다. 5월경에 누런 꽃이 피고, 열매는 10월경에 익으며 먹을 수 있다. 나무껍질은 코르크의 원료로 쓰인다.

〈굴착기〉

굴하다(屈一) 큰 힘이나 어려운 일 앞에서 뜻을 굽히다. 예그는 거듭되는 실패에도 굴하지 않았다.

굵기 [굴끼] 굵은 정도. 몌굵기가 일정한 철근.

굵:다 [국따] ①길면서도 둘레가 크다. 몌아빠는 팔이 굵다. ②낱알 등이 보통의 것보다 크다. 몌굵은 감자/밤알이 굵다. ③목소리의 음이 낮으면서 크다. 몌굵은 목소리. ①③밴가늘다. ②밴잘다. |발음| 굵어 [굴거] · 굵고 [굴꼬]

:::: '**굵다**'와 '**두껍다**'의 구별 ::::

굵다 : 길쭉한 물체의 둘레가 크다는 뜻이다. 넓적한 물체에 대해서는 잘 쓰이지 않는다. 몌손가락이 굵다./굵은 막대기.
두껍다 : 넓이를 가진 물체의 두께가 보통의 정도보다 크다는 뜻이다. 길이가 긴 물체에 대해서는 잘 쓰이지 않는다. 몌이 소설책은 참 두껍다.

굵:다랗다 [국따라타] 매우 굵다. 몌굵다란 나뭇가지. 밴가느다랗다. |활용| 굵다라니 · 굵다래.

굵어지다 [굴거지다] 점점 굵게 되다. 몌사춘기가 되면 목소리가 점점 굵어진다.

굵직하다 [국찌카다] 꽤 굵다. 몌엄마가 굵직한 고구마를 사 오셨다. 굵직이.

굶기다 [굼기다] 굶게 하다. 몌아이가 설사를 해서 한 끼를 굶겼다.

굶:다 [굼따] 먹지 못하거나 먹지 않다. 몌나는 입맛이 없어서 점심을 굶었다. |발음| 굶어 [굴머] · 굶고 [굼꼬]

굶:주리다 [굼주리다] ①먹을 것이 없어 배를 곯다. 몌굶주린 사자. ②매우 부족함을 느끼다. 몌부모의 사랑에 굶주린 아이.

굶:주림 [굼주림] 굶주리는 일. 밴기아 · 기근.

굼:뜨다 동작이 답답할 만큼 느리다.

몌형은 살이 쪄서 동작이 굼떴다. |활용| 굼뜨니 · 굼떠.

굼:벵이 ①매미의 애벌레. ②'동작이 몹시 느리고 미련한 사람'을 비유하여 이르는 말.

굼실굼실 벌레 같은 것이 느릿느릿 자꾸 움직이는 모양. 몌송충이가 굼실굼실 기어다니고 있다.

굼지럭거리다 [굼지럭꺼리다] 둔한 몸짓으로 느리게 자꾸 움직이다. 밴굼지럭대다. 쫜곰지락거리다. 쎈꿈지럭거리다.

굼지럭굼지럭 [굼지럭꿈지럭] 둔한 몸짓으로 느리게 자꾸 움직이는 모양. 쫜곰지락곰지락. 쎈꿈지럭꿈지럭.

굼지럭대다 [굼지럭때다] ➡ 굼지럭거리다.

굽 ①말 · 소 등의 발톱. 밴발굽. ②구두의 밑바닥 뒤에 붙어 있는 부분. 몌굽 높은 구두. ③그릇 등의 밑바닥 받침.

굽:다¹ [굽따] ①불에 익히거나 약간 타게 하다. 몌고기 굽는 냄새/김을 굽다. ②도자기나 벽돌 등을 만들 때 가마에 넣고 불을 때다. 몌도자기를 굽다. ③나무를 태워 숯을 만들다. 몌숯을 굽다. |활용| 구우니 · 구워.

굽다² [굽따] 한쪽으로 휘어지다. 몌할머니는 요즘 허리가 많이 굽으셨다. 쫜곱다.

굽도 젖도 할 수 없다 |관용| 어떻게 해 볼 방법이 없다.

굽신거리다 [굽씬거리다] ➡ 굽실거리다.

굽실 [굽씰] ①남의 비위를 맞추려고 비굴하게 행동하는 모양. ②머리나 허리를 한 번 구부리는 모양. 쫜곱실. 쎈꿉실. 굽실굽실.

굽실거리다 [굽씰거리다] ①남의 비위를 맞추려고 자꾸 비굴하게 행동하다. ②머리나 허리를 자꾸 구부리다. 밴굽신거리다. 굽실대다. 쫜곱실거리다. 쎈꿉실거리다.

굽실대다 [굽씰대다] ➡ 굽실거리다.

굽어보다 [구버보다] ①몸을 굽혀서 아래를 내려다보다. 예찬호는 언덕 위에서 마을을 굽어보았다. ②아랫사람을 도우려고 사정을 살피다.

굽이 [구비] 휘어서 구부러진 곳. 예강물이 굽이를 돌며 흐른다.

굽이굽이 [구비구비] ①길이나 물줄기 등이 꾸불꾸불 굽어 나간 모양. 예강물이 굽이굽이 감돌아 흐르고 있다. ㉵곱이곱이. ②굽이마다. 예지리산 굽이굽이 자욱한 안개.

굽이치다 [구비치다] 물이 힘차게 흘러 굽이를 만들다. 예굽이치는 파도.

굽히다 [구피다] ①굽게 하다. 예팔을 굽히다. ㉯구부리다. ②희망이나 뜻을 꺾다. 예준호는 자기주장을 끝까지 굽히지 않았다. ㉰펴다.

굿 [굳] 무당이 음식을 차려 놓고 노래하고 춤추며 귀신에게 정성을 드리는 일. |발음| 굿이 [구시] · 굿도 [굳또] · 굿만 [군만]. 굿하다.

굿거리 [굳꺼리] 무당이 굿할 때에 치는 9박자의 장단.

굿거리장단 [굳꺼리장단] 풍물놀이에 쓰이는 느린 4박자의 장단.

굿판 [굳판] 굿이 벌어진 판.

궁¹(弓) 활.

궁²(宮) 임금이 사는 큰 집. ㉯궁궐·궁전·궐·대궐.

궁겁다 '궁금하다'의 북한말.

궁궐(宮闕) 임금이 자리 잡고 사는 집. ㉯궁·궁전·대궐.

궁극적(窮極的) [궁극쩍] 어떤 일이 마지막에 이르는 것. 예궁극적 목표.

궁금증(一症) [궁금쯩] 궁금하여 답답한 마음. 예궁금증을 풀다./이제야 모든 궁금증이 풀렸다.

궁금하다 어찌 되었는지 몰라 마음이 답답하다. 예이사 간 친구 소식이 궁금하다. 궁금히.

궁녀(宮女) 궁궐에서 임금을 모시는 시녀.

궁도(弓道) ①활을 쏘는 무술. 예궁도 대회. ②활을 쏘는 기술을 닦음, 또는 그 도리.

궁둥이 앉으면 바닥에 닿는 엉덩이의 아랫부분.

궁둥이가 무겁다 [관용] 동작이 느려 한자리에 오래 앉아 있는 성질이 있다.

'궁둥이, 엉덩이, 방둥이'의 구별

궁둥이 : 앉을 때 바닥에 닿는 부분.
엉덩이 : 살이 볼록한, 궁둥이의 윗부분.
방둥이 : 길짐승의 엉덩이.
• 둔부 : 궁둥이와 엉덩이를 아울러 이르는 말.
• 볼기 : 엉덩이와 같은 뜻으로 쓰이는 말.

궁리(窮理) [궁니] ①좋은 방법을 찾으려고 깊이 생각함. 예이제는 살아갈 궁리를 해야지. ②이치를 깊이 연구함. 궁리하다.

궁사(弓師) 활을 잘 쏘는 사람.

궁상(窮狀) 얼굴이나 차림새가 꾀죄죄하고 초라한 모습. 예궁상 좀 떨지 마라.

궁상맞다(窮狀一) [궁상맏따] 꾀죄죄하고 초라하다. 예궁상맞은 얼굴.

궁색하다(窮塞一) [궁새카다] ①아주 가난하다. 예궁색한 살림살이. ②말이나 행동의 근거가 부족하다. 예궁색한 변명. 궁색히.

궁성(宮城) 궁궐을 둘러싸고 있는 성벽.

궁수(弓手) 지난날, 활을 쏘던 군사.

궁술(弓術) 활 쏘는 기술.

궁여지책(窮餘之策) 막다른 처지에서 생각다 못해 내는 꾀. 예진수는 궁여지책으로 선생님께 거짓말을 해서 위기를 면했다.

궁예(弓裔, ?~918) 후고구려를 세운 왕(재위 901~918). 고구려의 부흥을 내세우며 후고구려를 세웠다. 그러나 백성을 괴롭히는 등 폭군 생활을 하다, 왕건이 왕위에 오르자 도망가다가 백성에게 잡혀 죽었다.

궁전(宮殿) 임금이 자리 잡고 사는 집. 圓궁·궁궐·궐·대궐.

궁정(宮庭) 궁궐 안의 마당.

궁조(宮調) 국악 음계의 한 가지. 궁음으로 시작하여 궁음으로 끝나는 음계. 아리랑·풍년가 등.

궁중(宮中) 대궐 안. 圓궁중 문학. 圓궐내·궁내.

궁중 무:용(宮中舞踊) 궁중에서 잔치나 의식 때 추던 춤.

궁중 음악(宮中音樂) 궁중에서 연주되던 음악. 圓궁정악.

궁지(窮地) 살아갈 길이 어렵거나, 매우 어려운 일을 당한 처지. 圓궁지에 몰리다.

궁체(宮體) 조선 시대에, 궁녀들이 쓰던 부드럽고 단정한 한글 글씨체.

궁체 정:자(宮體正字) 궁체로 글자를 바르게 또박또박 쓴 글자.

궁터(宮一) 궁전이 있던 자리.

궁핍하다(窮乏一)[궁피파다] 몹시 가난하다. 圓궁핍한 생활을 하다. 궁핍히.

궁하다(窮一) ①살림살이가 가난하다. ②벗어날 방법이 없게 막히다.

궁합(宮合) 결혼할 남자와 여자가 서로 잘 맞는지 미리 알아보는 점. 圓궁합을 보다./궁합이 좋다.

궂다[굳따] ①날씨가 나쁘다. 圓궂은 날씨가 일주일 내내 계속되었다. ②언짢고 거칠다. 圓나는 궂은 심부름을 도맡아 했다. |발음| 궂은[구즌]·궂고[굳꼬]

궂은비[구즌비] 날씨가 흐려 어둠침침하면서 오랫동안 내리는 비.

궂은일[구즌닐] ①언짢고 거친 일. 圓어머니는 집안의 궂은일을 마다하지 않으셨다. ②사람이 죽은 데 관계되는 일, 곧 시체를 치우거나 장례를 치르는 일.

권(卷) ①책의 수효를 셀 때 쓰이는 말. 圓동화책 한 권. ②전집 등 여러 책으로 된 책의 차례를 나타내는 말. 圓제2권에 있는 내용.

권:고(勸告) 남에게 무슨 일을 하도록 타이르며 권함. 圓아빠는 의사의 권고로 담배를 끊으셨다. 圓권유. 圓만류. 권고하다.

권:농(勸農) 농사를 권하여 힘쓰게 함. 권농하다.

권:농일(勸農日) 농민의 수고를 위로하고 농업 생산량을 높일 것을 다짐하는 날.

권력(權力)[궐력] 남을 다스려 강제로 복종시키는 힘. 圓권력 다툼/권력을 쥐다.

권리(權利)[궐리] ①어떤 일을 자기 마음대로 할 수 있는 자격. 圓너는 그런 충고를 할 권리가 없다. ②어떤 이익을 자기를 위해 주장할 수 있는 법률상의 힘. 圓의무.

권말(卷末) 책의 맨 끝. 圓권말 부록. 圓권두.

권모술수(權謀術數)[권모술쑤] 어떤 목적을 이루기 위해서 수단이나 방법을 가리지 않는 온갖 꾀.

권:법(拳法)[권뻡] 주먹으로 치거나 발로 차거나 하는 기술을 주로 하는 무술.

권:선(勸善) 착한 일을 하도록 권장함. 권선하다.

권:선징악(勸善懲惡) 착한 일을 권하여 힘쓰게 하고, 나쁜 일을 뉘우치도록 주의를 주고 나무람.

권세(權勢) 아주 큰 권력.

권수(卷數)[권쑤] 책의 수효.

권위(權威)[궈뉘] ①절대적인 것으로 남을 복종시키는 힘. 예황제의 권위. ②어떤 분야에서 남이 믿을 만한 뛰어난 지식이나 기술, 또는 힘. 예권위 있는 의사.

권위자(權威者)[궈뉘자] 어떤 분야에 대한 지식이나 기술이 뛰어나 널리 인정받는 사람.

권:유(勸誘)[궈뉴] 어떤 좋은 일을 하도록 권함. 예친구의 권유로 이 책을 읽기 시작했다. 비권고. 권유하다.

권:유문(勸誘文)[궈뉴문] 어떤 일을 하자고 권하는 문장.

권율(權慄, 1537~1599) 조선 선조 때의 장군. 시호는 충장. 임진왜란 때 행주산성 싸움에서 큰 승리를 거두었다. 참행주 대첩.

권익(權益)[궈닉] 권리와 그에 따르는 이익. 예권익 보호.

권:장(勸奬) 권하여 힘쓰도록 북돋워 줌. 권장하다. 예저축을 권장하다./학생들에게 독서를 권장하다.

권:장량(勸奬量)[권장냥] 적당하다고 생각되어 권하는 양. 예일일(하루) 권장량.

권철(權轍, 1503~1578) 조선 중기의 학자·정치가. 호는 쌍취헌. 권율의 아버지. 경상도·전라도 관찰사를 거쳐 영의정의 벼슬까지 지냈다.

권:총(拳銃) 한 손으로 다룰 수 있게 만든 작은 총.

권:태(倦怠) ①어떤 일이나 상태에 마음이 없어져 생기는 게으름이나 싫증. ②몸과 마음이 피로하여 나른함.

권:태기(倦怠期) 부부가 결혼한 뒤 어느 정도 시간이 지나 싫증을 느끼는 시기.

권:태롭다(倦怠一)[권태롭따] 어떤 일에 싫증이 나거나 몸과 마음이 나른해져서 게으른 데가 있다. |활용| 권태로우니·권태로워. 권태로이.

권:토중래(捲土重來)[권토중내] 《흙 먼지를 말아 일으키며 다시 온다는 뜻으로》 어떤 일에 실패한 뒤에 힘을 가다듬어 다시 시작함. 권토중래하다.

권:투(拳鬪) 링 위에서 두 사람이 글러브를 낀 주먹으로 상대편을 쳐서 승부를 겨루는 경기. 예권투 선수. 비복싱.

권:하다(勸一) ①남에게 어떤 일을 하거나 힘쓰도록 말하다. 예착한 일을 하라고 권하다. ②음식을 먹으라고 말하다. 예손님에게 음식을 권하다.

권한(權限) 그 사람의 판단으로 처리할 수 있는 범위.

궐(闕) 임금이 사는 큰 집. 비궁·궁궐·궁전·대궐.

궐기(蹶起) 《벌떡 일어난다는 뜻으로》 어떤 일을 하려고 굳게 마음먹고 힘차게 일어남. 예궐기 대회. 궐기하다. 예자유를 위해 궐기하다.

궤:¹(軌) ①두 수레바퀴 사이의 간격. 또는 수레바퀴 자국. ②어떤 일이 거쳐 지나가는 길.

궤를 같이하다[관용] 어떤 일의 계획이나 방향에 대한 생각 등이 같다.

궤:²(櫃) 나무로 상자처럼 만든 그릇. 쌀궤·돈궤·책궤 등. 비궤짝.

궤:도(軌道) ①기차나 전차 등이 달릴 수 있게 만들어 놓은 길. ②물체가 일정하게 운동할 때 지나는 길. ③어떤 일이 정상적으로 진행되어 가는 길.

궤도에서 벗어나다[관용] 말과 행동이 도리에 어긋나다.

궤도에 오르다[관용] 어떤 일이 잘 진행되기 시작하다.

궤:도차(軌道車) 궤도 위를 운전하여 다니는 차. 기차·전차 등.

궤:멸(潰滅) 조직이나 기구 등이 무너져서 완전히 없어짐. 궤멸되다. 궤멸하다.

궤:변(詭辯) ①이치에 맞지 않는 말로 그럴듯하게 둘러대는 말. ②얼른 보기에는 옳은 것 같지만 거짓인 논리.

궤:짝(櫃—) '궤'를 흔히 이르는 말. 예사과 궤짝.

귀 얼굴의 좌우에 있어 소리를 듣고, 몸의 균형을 유지하는 일을 맡아보는 기관.
　귀가 가렵다관용 누가 나에 대한 말을 하는 것 같다.
　귀가 뚫리다관용 말을 알아듣게 되다.
　귀가 솔깃하다관용 듣기에 그럴듯하여 마음이 쏠리다.
　귀를 기울이다관용 남이 하는 말을 주의 깊게 잘 듣다.
　귀를 의심하다관용 잘못 들은 것이 아닌가 하여 믿지 못하다.
　귀에 익다관용 여러 번 들어서 목소리나 말씨를 쉽게 알아들을 수 있다. 예어디서 귀에 익은 소리가 난다.

귀:가(歸家) 집으로 돌아오거나 돌아감. 예귀가 시간. 귀가하다.

귀감(龜鑑) 본받을 만한 모범. 예심청의 효행은 많은 사람들에게 귀감이 된다. 凹본보기.

귀걸이[귀거리] ①➡귀마개. ②➡귀고리.

귀:결(歸結) 의논이나 행동 등이 어떤 결론에 이름, 또는 그 결론. 귀결되다. 귀결하다.

귀:경(歸京) 서울로 돌아가거나 돌아옴. 예귀경 차량. 귀경하다.

귀고리 귓불에 다는 장식품. 凹귀걸이. |잘못| 귀엣고리.

귀:공자(貴公子) ①귀한 집안에서 태어난 남자. 귀족의 아들. ②용모가 뛰어나고 품위가 있는 남자.

귀:관(貴官) ①군대 등에서, 상급자가 하급자를 부르는 말. ②상대편이 관리일 때, 그를 높여 부르는 말.

귀:국¹(貴國) 상대편의 나라를 높여 이르는 말.

귀:국²(歸國) 외국에 있던 사람이 자기 나라로 돌아가거나 돌아옴. 凹환국. 귀국하다.

귀:금속(貴金屬) 잘 변하지 않고 귀하며, 광택이 아름다운 금속. 백금·금·은 등.

귀:농(歸農) 다른 일을 하던 사람이 농사를 지으려고 농촌으로 돌아감. 예귀농 인구가 늘고 있다. 귀농하다.

귀담아듣다[귀다마듣따] 주의하여 잘 듣다. 예진아는 선생님의 말씀을 잘 귀담아들었다. |활용| 귀담아들으니·귀담아들어.

귀동냥 남들이 하는 말을 얻어들어서 앎. 예할머니는 귀동냥으로 한글을 배우셨다고 한다. 귀동냥하다.

귀뚜라미 귀뚜라밋과의 곤충. 몸의 길이는 1.5~2cm. 몸빛은 검은 갈색이며 얼룩점이 많다. 어둡고 습기가 많은 곳에 산다. 늦여름부터 가을에 걸쳐 풀밭에 나타나는데, 수컷은 날개를 비벼 소리를 낸다. 凹귀뚜리.

〈귀뚜라미〉

귀뚤귀뚤 귀뚜라미가 우는 소리.

귀띔[귀띰] 어떤 일을 상대편이 알아들을 수 있도록 슬그머니 말해 줌. 예진수가 받고 싶은 생일 선물을 친구에게 귀띔을 해 주었다. |잘못| 귀뜸·귀띰. 귀띔하다.

귀:로(歸路) 여행 등을 마치고 돌아가거나 돌아오는 길. 예귀로에 오르다.

귀:리 볏과의 두해살이풀. 줄기는 보리와 비슷하고 봄에 이삭 모양의 꽃이 핀다. 열매는 알코올과 과자의 원료나, 가축의 먹이로 쓰인다.

귀마개 ①시끄러운 소리가 들리지 않게 하거나, 물이 들어가지 않게 귓구멍을 막는 물건. ②추위에 얼지 않도록 귀를 싸는 물건. ②圓귀걸이.

귀머거리 귀가 어두워 소리를 듣지 못하는 사람을 얕잡아 이르는 말.

귀먹다 [귀먹따] ①듣는 능력이 나빠져서 소리를 듣지 못하게 되다. 圓귀먹은 할머니. ②남의 말을 알아듣지 못하다.

귀밑 [귀믿] 뺨에서 귀에 가까운 부분.

귀밑머리 [귀민머리] ①이마 한가운데를 중심으로, 좌우로 갈라 귀 뒤로 넘겨 땋은 머리. ②귀밑 가까이에 난 머리털.

  귀밑머리를 풀다관용 《처녀 때 땋았던 귀밑머리를 푼다는 뜻으로》 여자가 결혼함을 이르는 말.

귀밝이술 [귀발기술] 음력 정월 보름날 새벽에 마시는 술. 이 술을 마시면 한 해 동안 귓병이 생기지 않고 좋은 소식을 듣게 된다고 한다. 圓이명주.

귀:부인(貴婦人) 신분이 높은 부인. 상류층의 부인.

귀:빈(貴賓) 귀한 손님.

귀:빈석(貴賓席) 경기장이나 극장 등에 특별히 마련해 놓은 좋은 자리.

귀빠지다 '태어나다'를 속되게 이르는 말. 圓오늘은 동생이 귀빠진 날이다.

귀:성(歸省) 《고향으로 가 어버이께 인사드린다는 뜻으로》 타향에 있다가 부모를 뵈러 고향에 돌아오거나, 고향으로 돌아감. 圓귀향. 귀성하다.

귀:성열차(歸省列車) [귀성녈차] 명절 같은 때에 고향으로 돌아가는 사람들을 위하여 특별히 운행하는 열차.

귀:소(歸巢) 동물이 먼 곳에 갔다가도, 살던 집이나 둥지로 돌아감.

귀:소 본능(歸巢本能) 동물이 먼 곳에 갔다가도, 살던 집이나 둥지로 돌아가는 성질. 꿀벌·개미·비둘기·제비 등에서 볼 수 있다. 圓귀소성.

귀:속(歸屬) 재산·권리·땅 등이 어떤 사람·단체·나라 등에 속함. 귀속되다. 圓그 땅은 학교에 귀속되어 있다. 귀속하다.

귀:순(歸順) 적이었던 사람이 스스로 돌아서서 복종함. 圓귀순 용사. 귀순하다.

귀:순병(歸順兵) 귀순하여 온 병사.

귀:신(鬼神) ①사람이 죽은 뒤에 남는다고 하는 넋. 圓귀신에게 홀리다. ②'어떤 일에 재주가 많은 사람'을 비유하여 이르는 말. 圓삼촌은 기계를 다루는 데는 귀신이다.

  귀신도 모르다관용 귀신도 모를 만큼 감쪽같다.

귀:신같다(鬼神一) [귀신간따] 어떤 일을 하는 솜씨나 알아맞히는 실력이 대단히 뛰어나다.

귀얄 물감이나 풀 또는 옻을 칠할 때 쓰는 솔의 한 가지.

귀양 지난날, 죄를 지은 사람을 고향이 아닌 먼 곳으로 보내 일정 기간 살게 하던 벌. |참고| 귀양은 '귀향(歸鄕)'에서 온 말. 귀양하다.

귀양길 [귀양낄] 죄를 지은 사람이 귀양을 가는 길.

귀양살이 [귀양사리] 죄를 지은 사람이 귀양을 가서 사는 일. 귀양살이하다.

귀양지(一地) 죄를 지은 사람이 귀양살이하는 곳.

귀엣말 [귀엔말] 귓속말. 圓귀엣말로 소곤거리다. 귀엣말하다.

귀:여워하다 귀엽게 여기다. 圓할머니는 동생을 무척 귀여워하신다.

귀:염 사랑하여 귀엽게 여기는 마음. 圓개는 사람들의 귀염을 받는다.

귀:염둥이 아주 귀여운 아이. 또는 귀염을 받는 아이.

귀:염성(一性) [귀염썽] 귀염을 받을 만한 바탕이나 성질. 圓귀염성 있는 말투.

귀:엽다 [귀엽따] 보기에 귀염성이 있어 사랑스럽다. 예노란 병아리들이 귀엽다. |활용| 귀여우니·귀여워.

귀영자(一纓子) 지난날, 벼슬아치의 갓끈을 다는 데 쓰이던 S 자 모양의 고리.

귀울림 귓병 등으로, 귓속에서 어떤 소리가 잇달아 울리는 것처럼 느껴지는 일. 비이명.

귀:의(歸依) [귀의/귀이] 불교에서, 부처를 믿고 그 가르침에 따르는 일. 예불도에 귀의를 하다. 귀의하다.

귀이개 귓구멍 속에 낀 때를 파내는 기구. |잘못| 귀개.

귀:인(貴人) 신분이나 지위가 높은 사람. 반천인.

귀:재(鬼才) 세상에 드물게 뛰어난 재주, 또는 그런 재주를 가진 사람.

귀절(句節) '구절'의 잘못.

귀제비 제빗과의 여름 철새. 몸길이 19cm가량. 제비보다 날개와 꽁지가 더 길며 집단으로 둥지를 짓는다.

귀:족(貴族) 사회의 신분이나 지위가 높은 계급, 또는 그런 계급에 속한 사람. 예귀족 출신. 반평민.

귀:족적(貴族的) [귀족쩍] 귀족다운 것. 귀족에서 볼 수 있는 것. 반평민적.

귀주 대:첩(龜州大捷) 고려 현종 10(1019)년에 강감찬 장군이, 침략한 거란 군사를 맞아 귀주에서 크게 물리친 싸움.

귀주머니 아래의 양쪽에 뾰족한 귀가 나오게 만든 주머니. 한복의 허리에 차고 다닌다.

귀:중품(貴重品) 귀중한 물품. 예귀중품 보관소.

귀:중하다(貴重一) 귀하고도 중요하다. 예귀중한 문화유산. 귀중히.

귀:지 귓구멍 속에 낀 때. 예귀지를 파다.

귀찮다 [귀찬타] 마음에 싫고 성가시다. 예동생이 자꾸 귀찮게 군다. |잘못| 귀치않다.

귀:천(貴賤) 신분이 귀하거나 천한 일. 또는 높은 사람과 낮은 사람. 예직업에는 귀천이 없다.

귀청 ➡고막. 예비행기 소리에 귀청이 떨어질 것 같다.

귀퉁이 ①귀의 언저리. ②물건의 쑥 내민 부분. ③사물의 구석진 곳. 예부엌 귀퉁이. ③비모퉁이.

귀틀집 [귀틀찝] 굵은 통나무를 '井' 자 모양으로 귀를 맞추어 층층이 얹고 틈을 흙으로 메워서 지은 집.

귀:하(貴下) ①편지 등에서, 상대편을 높여, 그의 이름 밑에 쓰는 말. 예박준택 귀하. ②상대편을 높여, 그의 이름 대신 부르는 말. 예귀하의 의견을 듣고 싶습니다.

귀:하다(貴一) ①신분이나 지위가 높다. 예귀한 집 아들. 반천하다. ②존중할 만하다. 예집에 귀한 손님이 오셨다. ③드물어 구하기 어렵다. 예귀한 보석. ③반흔하다. 귀히.

귀:항(歸港) 배가 떠났던 항구로 다시 돌아가거나 돌아옴. 귀항하다.

귀:향(歸鄕) 고향으로 돌아가거나 돌아옴. 예명절을 맞아 귀향을 하다. 비귀성. 귀향하다.

귀:화(歸化) 다른 나라의 국적을 얻어 그 나라의 국민이 됨. 귀화하다. 예그는 한국에 귀화한 영국인이다.

귀:환(歸還) 본래 있던 곳으로 되돌아오거나 되돌아감. 예포로 귀환. 귀환하다. 예우주선이 무사히 귀환했다.

귓가 [귀까/귇까] 귀의 가장자리. 예귓가에 입을 대고 속삭이다. 비귓전.

귓구멍 [귀꾸멍/귇꾸멍] 귀의 밖에서 귀청까지 통한 구멍.

귓등 [귀뜽/귇뜽] 귓바퀴의 바깥쪽 부분. **귓등으로 듣다** |관용| 듣고도 들은 체만 체 하다.

귓바퀴 [귀빠퀴/귇빠퀴] 겉귀의 드러난 부분. 준귀.

귓밥 [귀빱/귄빱] ①➡ 귓불. ②'귀지'의 방언.

귓병(一病) [귀뼝/귄뼝] '귀에 생기는 병'을 통틀어 이르는 말.

귓볼 '귓불'의 잘못.

귓불 [귀뿔/귄뿔] 귓바퀴의 아래쪽으로 조금 늘어진 살. [비]귓밥. [잘못] 귓볼.

귓속 [귀쏙/귄쏙] 귀의 안쪽.

귓속말 [귀쏭말/귄쏭말] 남의 귀 가까이에 입을 대고 소곤소곤하는 말. [비]귀엣말. **귓속말하다**.

귓전 [귀쩐/귄쩐] 귓바퀴의 가장자리. 귀 가까이. [예]귓전을 스치는 바람 소리. [비]귓가.

귓전으로 듣다[관용] 주의를 기울이지 않고 대강 듣다.

귓전을 울리다[관용] 가까이서 소리 나는 것처럼 들려오다.

규격(規格) 제품이나 재료의 모양·크기·품질 등에 대하여 정해진 표준.

규격 봉투(規格封套) 모양·크기 등이 일정한 표준에 맞게 만들어진 봉투.

규명(糾明) 자세히 따져서 드러나지 않은 사실을 밝힘. [비]구명. **규명되다**. **규명하다**. [예]실패의 원인을 규명하다.

규모(規模) 사물의 구조나 모양의 크기와 범위. [예]우리는 규모가 큰 공장을 견학했다.

규방(閨房) 부녀자가 자리 잡고 사는 방.

규범(規範) ①사물의 본보기. [예]규범을 보여 주다. ②판단·평가 등의 기준이 되는 것. [예]생활의 규범.

규수(閨秀) ①'결혼하지 않은 남의 집 처녀'를 점잖게 이르는 말. ②학문이나 예술에 뛰어난 여자. [예]규수 작가.

규암(硅岩) 석영으로 이루어진 희고 단단한 돌. 유리나 도자기를 만드는 데 쓰인다.

규약(規約) 서로 의논하여 정한 규칙. [예]규약 위반.

규율(規律) 단체 생활을 하는 데 지켜야 할 행동의 본보기. [예]규율이 엄하다. [비]기율.

규장각(奎章閣) 조선 시대에, 왕의 글·그림·문서 등을 보관하던 관청. 조선 정조 때 창덕궁에 설치되었으며, 학문 연구, 서적 편찬 등의 일도 맡아보았다.

규정(規定) 어떤 일을 규칙으로 정함, 또는 그 정해진 규칙. [예]맞춤법 규정. **규정되다**. **규정하다**.

규제(規制) 어떤 규칙을 정하여 제한함, 또는 그 규칙. [예]교통 규제. **규제되다**. **규제하다**.

규제 표지(規制標識) 자동차나 보행자에게 해서는 안 된다고 제한하거나 금지하는 표지. 빨간색으로 그려져 있다.

규칙(規則) 여러 사람이 다같이 지키기로 정해 놓은 질서나 표준. [예]교통 규칙/경기 규칙.

규칙적(規則的) [규칙쩍] 일정한 규칙을 따르는 것. [예]규칙적인 생활. [반]불규칙적.

규탄(糾彈) 사회의 여러 사람이 책임이나 죄 등을 엄하게 따지고 나무람. [예]부정 선거 규탄 집회. **규탄되다**. **규탄하다**.

규합(糾合) 어떤 목적을 이루기 위해 많은 사람을 한데 끌어모음. **규합되다**. **규합하다**.

균(菌) 〈세균〉·〈병균〉의 준말.

균등(均等) 수량이나 상태 등이 차별 없이 고름. [예]기회 균등. [반]차등. **균등하다**. **균등히**.

균사(菌絲) 곰팡이나 버섯 등의 몸을 이루는 실 모양의 세포. 흰색으로 엽록소가 없다.

균역법(均役法) [규녁뻡] 조선 영조 26(1750)년, 백성의 부담을 줄이기 위해 정하였던 세금 제도. 군포를 베 두

필에서 한 필로 줄이고 부족한 것은 어업세·선박세 등에서 보충하였다.

균열(龜裂)[규녈] ①거북의 등딱지 모양으로 갈라짐, 또는 그렇게 갈라진 금이나 틈. ②사람 사이가 멀어짐. 예요즈음 두 사람 사이에 균열이 생겼다. 균열되다. 균열하다.

균일(均一)[규닐] 금액이나 수량 등이 모두 똑같음. 예값은 1,000원 균일입니다. 균일하다.

균형(均衡) 어느 한쪽으로 기울거나 치우치지 않고 고름. 예균형 잡힌 몸매/균형을 유지하다. 반불균형.

균형 잡기(均衡—) 몸의 균형을 바로잡는 일, 또는 그런 운동.

귤(橘) ①귤나무의 열매. 둥글납작한 과일로 빛깔은 주황색이며, 맛은 새콤달콤하다. ②귤·유자·밀감 등을 통틀어 이르는 말.

〈귤①〉

귤나무(橘—)[귤라무] 운향과의 늘푸른큰키나무. 잎은 달걀 모양이며 초여름에 흰색의 꽃이 핀다. 우리나라에서는 제주도에서 많이 재배한다.

귤색(橘色)[귤쌕] 주황과 노란색의 중간색으로, 잘 익은 귤껍질과 같은 빛깔. 비오렌지색.

그¹ ①〈그이〉의 준말. 예그에게서 전화를 받았다. ②〈그것〉의 준말. 예그와 같은 물건이 귀하다.

그² ①자기로부터 조금 떨어져 있는 물건을 가리키는 말. 예그 장난감 대단히 멋있구나. ②이미 말한 것이나 알고 있는 것을 가리키는 말. 예그 노래 여러 번 들었지? ③확실하지 않거나 밝히고 싶지 않은 일 등을 말할 때 쓰는 말. 예그 얼마 전에 있었던 일.

그간(一間) 그동안. 그사이. 예민수는 그간 모아 둔 돈을 모두 저축하였다.

그거 〈그것〉의 준말. 예그거 참 좋은 생각이구나.

그것 [그걷] ①말하는 사람이 상대편 가까이 있는 물건을 가리키는 말. 예그것도 이리 가져오너라. ②이미 말한 것이나 알고 있는 것을 가리키는 말. 예그것은 나도 안다. ③'그 사람'을 얕잡아 이르는 말. 예그것이 할 수 있을까? 준그·그거. 짱고것.

그것참 [그걷참] 매우 딱하거나 어이가 없거나 뜻밖에 일이 잘되었을 때 내는 소리. 예그것참, 고맙기도 해라. 준거참.

그게 '그것이'가 줄어든 말. 예그게 사실일까? 짱고게.

그곳 [그곧] ①듣는 사람으로부터 아주 가까운 곳을 가리키는 말. 예그곳에 가방을 내려놓아라. ②이미 말한 곳을 가리키는 말. 예지난번에 만났던 그곳으로 와.

그길로 ①어떤 곳에 도착한 다음 바로. ②어떤 일이 있은 다음 곧. 예친구의 사고 소식을 듣고 그길로 병원으로 갔다.

그까짓 [그까짇] 겨우 그 정도의. 예그까짓 게 뭐가 무서워요. 준그깟. 짱고까짓.

그깟 [그깓] 〈그까짓〉의 준말. 예그깟 일로 화를 내다니. 짱고깟.

그끄저께 그저께의 전날. 사흘 전의 날. 준그끄제.

그끄제 〈그끄저께〉의 준말.

그나마 그것마저도. 예한 벌밖에 없는 옷이 그나마 닳아서 떨어졌다.

그나저나 〈그러나저러나〉의 준말.

그날 앞에서 말한 날. 예어제 미용실에 갔는데 하필 그날이 휴일이지 뭐야.

그날그날 나날. 매일. 하루하루. 예일기는 그날그날 써야 한다.

그냥 그 모양 그대로. 예현수는 씩 한 번 웃고 그냥 가 버렸다.

그냥저냥 되어 가는 대로 적당히. 그저 그렇게.

그네 높이 맨 두 줄의 아래쪽 끝에 밑신개를 걸쳐 놓고 올라타서 앞뒤로 움직이게 만든 시설, 또는 그 놀이.

그네뛰기 그네에 올라타고 몸을 움직여 앞뒤로 왔다 갔다 하며 노는 놀이.

그넷줄 [그네쭐/그넫쭐] 그네의 늘어뜨린 줄.

그녀(一女) 그 여자.

그놈 자기로부터 조금 떨어져 있는 남자를 귀엽게 또는 욕되게 이르는 말.

그늘 ①빛이 가리어져 어두워진 상태, 또는 그 자리. 예나무 그늘에서 잠깐 쉬자. 비응달. ②겉으로 잘 드러나지 않는 환경. 예그늘에서 사는 사람들. ③어느 사람이 영향을 미치는 힘. 예그는 스승의 그늘에 가려 빛을 못 보았다. ④불행·걱정이 있어 흐려진 분위기나 표정. 예얼굴에 그늘이 지다.

그늘지다 ①빛이 직접 들지 않아 그늘이 생기다. 예그늘진 곳에서 잘 자라는 풀. ②불행이나 걱정이 있어 마음이나 표정이 흐려지다. 예그늘진 얼굴.

그다지 ①그렇게까지. 그러하도록. 예공부하는 게 그다지 힘들더냐? ②별로. 예지금은 그다지 먹고 싶지 않다.

그대 ①편지글 등에서, '너'라는 뜻으로 상대편을 대접하여 이르는 말. ②연인 사이에 서로를 정답게 이르는 말.

그대로 ①고치거나 변하지 않고 전에 있던 것과 같이. 예동생은 꼼짝도 않고 그대로 앉아 있었다. ②그냥. 예연희는 나를 못 본 채 그대로 지나갔다. 환고대로.

그동안 어느 때부터 어느 때까지의 동안. 예선생님, 그동안 안녕하셨어요? 비그간·그사이.

그득 그릇 등에 넘칠 듯이 차 있는 모양. 예컵에 물을 그득 따랐다. 환가득. 쎈그뜩. 그득그득.

그득하다 [그드카다] ①분량이나 수효가 한도에 차 있다. 환가득하다. ②배속이 소화가 안 되어 더부룩하다. 쎈그뜩하다. 그득히.

그들 그 사람들.

그때 그 당시. 전에 말한 때. 예그때 도와줘서 정말 고마웠어.

그때그때 일이 생기는 때마다. 예모르는 것이 있으면 그때그때 물어봐.

그라운드(ground) 야구나 축구 등의 야외 경기를 하는 운동장.

그래[1] '그리하여', '그러하여'가 줄어든 말.

　그래 봤자관용 아무리 그렇게 한다고 해도.

그래[2] ①친구나 아랫사람에게 대답하는 말. 예그래, 알았다. ②'아 글쎄'의 뜻으로 쓰이는 말. 예그래, 그것도 몰라?

그래그래 상대편의 말이 자기의 생각과 같을 때 만족스럽게 하는 말. 예그래그래, 네 말이 옳아.

그래도 그렇게 해도. 그리하여도. 예잘못을 저질렀구나. 그래도 나는 너를 믿겠다. 환고래도.

그래서 그렇게 해서. 그리하여서. 예배가 아팠다. 그래서 학교에 결석을 했다. 환고래서.

그래프(graph) 수나 양의 크기를 한눈에 알아볼 수 있도록 막대·꺾은선·점·원·띠·그림 등으로 나타낸 표.

그래픽(graphic) 그림이나 사진을 이용하여 만든 인쇄물.

그래픽 디자인(graphic design) 포스터나 그림, 광고나 표지 등의 디자인.

그랜드 캐니언(Grand Canyon) 미국 남서부 애리조나 주의 북부에 있는 큰 골짜기. 웅장한 절벽과 갖가지 색깔의 바위가 아름다운 경치를 이루고 있다.

그램(gram) 무게 단위의 한 가지. 1그램은 4℃의 물 1cm^3의 무게와 같다. 기호는 'g'.

그러게 ①자신의 말이 옳았음을 강조할 때 쓰는 말. [예]그러게 내가 뭐랬어? ②상대편의 말에 찬성하는 뜻을 나타낼 때 쓰는 말. [예]"요즘 날씨 너무 좋지 않니?" "그러게 말이야."

그러그러하다 특별히 말할 만한 거리가 없이 그저 평범하다. [예]그러그러한 하루하루를 보내고 있다.

그러께 지난해의 바로 전 해. [예]민수는 그러께 초등학교에 입학했다. [비]재작년 · 지지난해.

그러나 그러하나. 그러하지만. [예]어머니는 몸이 약하시다. 그러나 나는 건강하다.

그러나저러나 그것은 그렇다 치고. 지금까지의 이야기를 다른 데로 돌릴 때 쓴다. [예]그러나저러나 이제부터 무엇을 하지? [준]그나저나.

그러니 그러하니. [예]사정이 그러니 내가 어쩌겠느냐?

그러니까 ①그렇기 때문에. [예]오늘도 늦게 일어났구나. 그러니까 늘 지각이지. ②'그리하니까' 또는 '그러하니까'가 줄어든 말. [예]네가 자꾸 울고 그러니까 애들이 놀리지.

그러다 그러다가. 그렇게 하다. [예]맨날 놀기만 하는구나. 그러다 시험에 떨어질까 걱정이다. [작]고러다.

그러면 그리하면. 그렇다고 하면. 그렇게 하면. [예]열심히 노력해라. 그러면 성공할 것이다. [준]그럼.

그러므로 그러하므로. 그렇게 하므로. 그런 까닭으로. [예]그는 죄를 지었다. 그러므로 벌을 받아야 한다.

그러안다 [그러안따] 두 팔로 끌어당겨 안다. [예]나는 엄마 목을 꼭 그러안았다.

그러자 그렇게 하자. 그러하자. [예]친구에게 사과했다. 그러자 기분이 후련했다.

그러쥐다 손가락으로 끌어당겨 쥐다. [예]화가 난 그는 친구의 멱살을 그러쥐었다.

그러하다 〈그렇다〉의 본말. [작]고러하다.

그럭저럭 [그럭쩌럭] 되어 가는 대로. 뚜렷하게 이렇다 할 만한 것 없이. [예]날씨가 조금 덥기는 하지만 그럭저럭 견딜 만하다.

그런 그와 같은. [예]그런 일이라면 내가 도와주겠다.

그런대로 만족스럽지는 않지만 그러한 정도로. [예]힘은 들지만 그런대로 보람은 있어요.

그런데 ①그러한 형편인데. [예]공부를 하고 있었어. 그런데 밖에서 나를 부르는 소리가 들리는 거야. ②'그러한데'가 줄어든 말. [예]그 친구 버릇이 그런데 고치기가 쉽지 않을 거야. [준]근데.

그럴듯하다 [그럴뜨타다] ①제법 그렇다고 여길 만하다. [예]네 말을 듣고 보니 과연 그럴듯하다. ②제법 훌륭하다. [예]작품이 그럴듯하다. [비]그럴싸하다.

그럴싸하다 ➡그럴듯하다. [예]그럴싸한 변명.

그럼 ①〈그러면〉의 준말. [예]같이 가자. 그럼 내가 떡볶이 사 줄게. ②그러하다는 생각을 나타내는 말. [예]그럼, 그렇지. [작]고럼.

그렁그렁 눈에 눈물이 가득 괸 모양. [예]어머니 눈에는 눈물이 그렁그렁 고여 있었다.

그렇게 [그러케] 그러하게. 그러한 정도로까지. [예]너무 그렇게 애쓰지 마라. [작]고렇게.

그렇고말고 [그러코말고] 말할 것도 없이. 그러하고말고. [예]그렇고말고, 네 말이 백 번 옳다.

그렇다 [그러타] ①상태 · 모양 · 성질 등이 그와 같다. [예]왜 그렇게 생각하니? ②별다른 일이 없다. [예]그냥 그

렇게 지내다. 똅그러하다. |활용| 그
러니·그래.

그렇지 [그러치] 그렇고말고. 뗴그렇
지, 그렇게 하는 거야.

그렇지만 [그러치만] 그렇기는 하지
만. 뗴영수는 운동에 뛰어나다. 그렇
지만 공부는 잘하지 못한다.

그루 식물, 특히 나무를 셀 때 쓰이는
말. 뗴사과나무 한 그루.

그루갈이 [그루가리] 한 경작지에서
한 해에 두 차례 다른 작물을 짓는
일. 삐이모작. 그루갈이하다.

그루터기 풀이나 나무 등을 베어 내고
남은 아랫부분. 뗴나그네는 소나무
그루터기에 앉아 잠시 쉬었다 가기로
했다.

그룬트비(Grundtvig, 1783~1872) 덴
마크의 시인·사회사업가·농민 교육
자. 덴마크 농촌 부흥을 위해 노력하
여 세계적인 농업국 건설의 기초를
마련하였다. 그 공으로 덴마크의 국
부로 존경을 받고 있다.

그룹(group) ①여럿이 같은 목적으로
모이는 모임. ②종합 상사를 중심으
로 이루어진 기업의 집단.

그르다 ①옳지 못하다. 뗴누가 옳고
누가 그른지 밝혀 보자. ②이루어질
가능성이 없다. 뗴저 선수는 우승하
기는 글렀다. |활용| 그르니·글러.

그르렁거리다 목구멍에 가래가 걸려
숨을 쉴 때마다 거친 소리가 자꾸 나
다. 삐그르렁대다.

그르렁대다 ➡그르렁거리다.

그르치다 잘못하여 일을 그릇되게 하
다. 뗴홍수가 나서 올해 벼농사를 그
르쳤다.

그릇[1] [그륻] ①물건을 담는 기구를 통
틀어 이르는 말. ②사람의 능력이나
도량. 뗴광용이는 그릇이 매우 큰 사
람이다. |발음| 그릇이 [그르시]·그릇
도 [그륻또]·그릇만 [그른만]

그릇[2] [그륻] 그르게. 틀리게. 뗴그릇
판단하다.

그릇되다 [그륻뙤다/그륻뛔다] 올바르
지 않게 되다. 뗴그릇된 생각을 버려
라. 삐잘못되다.

그리[1] 그곳으로. 그쪽으로. 뗴산토끼가
그리 도망갔다.

그리[2] ①그러하게까지. 뗴그리 배가
고팠느냐? ②그다지. 뗴그리 가고 싶
지 않다.

그리고 ((‘그리하여·또·및·와’의 뜻으
로 쓰여)) 낱말이나 문장을 이어 주는
구실을 하는 말. 뗴나는 집에 돌아와
서 공부를 했다. 그리고 운동도 했다.

그리그(Grieg, 1843~1907) 노르웨이의
작곡가. 국민 음악의 틀을 완성하였
으며, 작품에는 ‘페르 귄트 모음곡’·
‘피아노 협주곡’ 등이 있다.

그리니치 천문대(Greenwich天文臺)
영국의 런던 그리니치에 있던 천문
대. 이곳을 지나는 0도의 경선을 본
초 자오선이라 하며, 태양이 이곳을
지날 때를 정오로 하여 세계의 표준
시로 정하고 있다. 1990년 천문대 본
부를 케임브리지로 옮겼다.

그리다[1] 사랑하는 마음으로 간절히 생
각하다. 뗴헤어진 친구를 그리다.

그ː리다[2] ①사물의 모양을 선이나 빛
깔 등으로 나타내다. 뗴동생이 색
연필로 그림을 그렸다. ②사물의
모양·생각·감정을 말이나 글을 통
해 나타내다. 뗴전원생활을 그린
소설.

그리스(Greece) 남부 유럽의 발칸 반
도에 있는 나라. 반도의 본토와 그 주
변에 흩어진 섬들로 이루어져 있다.
고대 그리스 문명의 발상지이다. 수
도는 아테네.

그리스도 ((‘구세주’라는 뜻으로)) ‘예
수’를 이르는 말. |참고| 그리스도는
‘Kristos’에서 온 말. 삐기독·메시아.

그리스도교(一敎) ➡기독교.

그리스 신화(Greece神話) 지난날, 그리스 민족에 의하여 만들어진 신에 대한 이야기. 유럽의 문학과 미술에 큰 영향을 주었다.

그리움 그리워하는 마음.

그리워지다 그리워하는 마음이 생기다.

그리워하다 그리는 마음을 가지다. 예진아는 멀리 외국에 계신 아빠를 그리워한다.

그리하다 그렇게 하다. 예네가 그리하면 동생이 무엇을 배우겠니?

그리하여 그렇게 하여. 예그리하여 두 사람은 친구가 되었다.

그린란드(Greenland) 대서양과 북극해 사이에 있는, 세계에서 가장 큰 섬.

그린벨트(greenbelt) ➡개발 제한 구역.

그린피스(Green Peace) 핵실험 반대 및 자연 보호 운동을 목적으로 1970년 캐나다에서 조직된 국제기구.

그릴(grill) ①고기나 생선을 굽는 석쇠. ②즉석에서 구운 고기 등을 파는 서양식 식당.

그:림 사람이나 물체의 모습 또는 자연의 경치 등을 그려서 나타낸 것. 🕮회화.

　그림의 떡관용 '아무리 마음에 들어도 실지로 이용할 수 없거나 차지할 수 없는 것'을 비유하여 이르는 말.

그림그래프(一graph) 수나 양을 그림으로 나타낸 그래프.

그림 동:화(Grimm童話) 독일에서 오랫동안 전해져 내려온 민간 설화를 그림 형제가 편집한 민화집.

그:림물감[그림물깜] 색소 등을 섞어 만든, 그림을 그릴 때 쓰이는 재료. 🕭물감.

그:림 연:극(一演劇) 이야기의 장면을 여러 장의 그림으로 그려 한 장씩 보이며 설명하는 극. 🕮극화.

그:림엽서(一葉書)[그림녑써] 사진 또는 그림을 뒷면에 인쇄한 우편엽서.

그:림일기(一日記)[그리밀기] 보고 듣고 생각하고 느끼고 겪은 일 등을 그림과 글로 나타낸 일기.

그:림자 ①물체에 빛이 비쳐 그 반대쪽에 나타나게 되는 거무스름한 모습. ②얼굴에 나타난 근심 등의 표정.

　그림자도 없다관용 자취를 감추어 흔적도 없다.

　그림자를 감추다관용 자취를 감추어 나타나지 않다.

그:림자놀이 [그림자노리] 사람이나 짐승 모양으로 만든 것에 등불을 비추어 벽에 그 그림자가 나타나게 하는 놀이.

그:림자밟기 [그림자밥끼] 술래가 된 사람이 다른 사람을 쫓아다니면서 그의 그림자를 밟는 어린이들의 놀이.

그:림장(一張)[그림짱] 그림을 그린 종이. 종이에 그린 그림.

그:림지도(一地圖)[그림찌도] 한눈에 알아보기 쉽게 그림으로 간단하게 그린 지도.

그:림책(一冊) 어린이들을 위하여 그림으로 꾸민 책.

그:림판(一板) 그림을 붙이는 판.

그림 형제(Grimm兄弟, 1785~1863, 1786~1859) 독일의 언어학자·작가 형제. 언어학에서 큰 공을 남겼으며, '그림 동화'를 만들어 세계적으로 명성을 높였다. 주요 작품으로는 '독일 문법'·'독일 영웅 전설' 등이 있다.

그립다 [그립따] 그리는 마음이 간절하다. 예고향이 그립다./어릴 때 같이 놀던 친구들이 그립다. |활용| 그리우니·그리워.

그만 ①그 정도까지만. 예그만 먹어라. ②그대로 곧장. 예공을 받으려다 그만 놓쳤다. ③'그만 멈추어라'의 뜻으로 쓰이는 말. 예자, 이제 그만.

그만두다 ①하던 일을 중간에서 그치다. 예힘들어서 새벽 달리기를 그만

두었다. ②하려고 하던 일을 안 하다. 예눈이 와서 체육 대회를 그만두었다. ㉵고만두다.

그만이다 [그마니다] ①마지막이다. 그것으로 끝이다. 예내가 여기를 떠나면 그만이다. ②더 이상 바랄 것 없이 좋다. 예튀김과 떡볶이는 아이들 간식으로 그만이다.

그만저만 그저 그만한 정도로. 예오늘은 이쯤에서 그만저만 끝내자.

그만저만하다 그저 그만하다. 예할머니의 병세가 그만저만하다.

그만큼 그만한 정도로. 예그만큼 혼났으면 정신을 차렸겠지. ㉵그만치.

그만하다 ①정도나 수량이 그것만 하다. 예내가 철호를 응원한 데는 그만한 이유가 있어. ②그 정도에 그치고 더 심하지 않다. 예상처가 그만해서 다행이다. ㉵고만하다.

그물 새나 물고기 등을 잡기 위하여 노끈이나 실로 얽어 만든 기구.

그물망(一網) 그물처럼 생긴 망. 예모기가 들어오지 못하게 창문에 그물망을 쳤다.

그물맥(一脈) 그물처럼 얽혀 있는 잎맥. 국화 등 쌍떡잎식물의 잎에서 볼 수 있다.

그물추(一錘) 그물이 물속에 쉽게 가라앉도록 그물 끝에 매다는 돌이나 쇠붙이.

그믐 〈그믐날〉의 준말. ㉵초하루.

그믐날 음력으로 그달의 맨 마지막 날. ㉵그믐. ㉵말일. ㉵초하룻날.

그믐달 [그믐딸] 음력으로 매월 마지막 날 무렵에 뜨는 달. 달의 왼쪽 부분이 칼날같이 보인다. ㉵초승달.

〈그믐달〉

그믐밤 [그믐빰] 음력으로 그달의 맨 마지막 날 밤. 달이 보이지 않고 깜깜하다.

그분 '그 사람'을 높여 이르는 말.

그사이 어느 때부터 어느 때까지의 동안. 예그사이를 못 참고 가 버리다니. ㉵그새. ㉵그간·그동안.

그새 〈그사이〉의 준말. 예그새 키가 많이 컸구나.

그스르다 ①'그슬리다'의 잘못. ②'그을리다'의 잘못.

그슬다 불에 겉만 약간 타게 하다. |활용| 그스니·그슬어.

그슬리다¹ 그슬음을 당하다. 예햇볕에 그슬린 얼굴.

그슬리다² 그슬게 하다. 예고기를 불에 그슬리다.

> **∷∷∷'그슬리다'와 '그을리다'의 구별∷∷∷**
>
> **그슬리다** : 주로 사람이나 짐승의 털이 불에 닿거나 하여 조금 타는 것을 뜻한다. 예촛불에 눈썹을 그슬렸다.
>
> **그을리다** : 햇볕을 오래 쬐어 살갗이 검게 되거나, 연기 등에 쐬어 검은 물질이 묻는 것을 뜻한다. 예민수는 해수욕장에 다녀왔는지 얼굴이 까맣게 그을렸다./불은 꺼졌지만 벽이 그을려서 새까맣게 되었다.

그야 그것이야. 더 말할 것도 없이. 예그야 너의 것이지.

그야말로 ①참으로. 예사고 현장은 그야말로 생지옥이다. ②그것이야말로. 예공부라면 그야말로 내가 1등이지.

그윽하다 [그으카다] ①깊숙하고 조용한 느낌이 들다. ②뜻이나 생각이 깊다. 예어머니의 그윽한 사랑. ③은근하다. 예장미꽃 향기가 그윽하다. 그윽이.

그을다 햇볕이나 연기 같은 것에 오랫동안 쐬어 빛이 검게 되다. 예햇볕에 얼굴이 검게 그을었다. |활용| 그으니·그을어.

그을리다[1] 그을음을 당하다. 예피부가 그을리다.

그을리다[2] 그을게 하다. 예햇볕에 피부를 그을리다.

그을음 [그으름] 연기나 먼지 등이 엉겨 벽이나 천장 등에 검게 낀 것.

그이 그 사람. 준그.

그저 ①그대로 계속. 예민수는 아무 말 없이 그저 나를 바라보고만 있었다. ②아무 생각 없이. 예그저 해 본 말이야.

그저께 어제의 전날. 준그제.

그전(一前) ①얼마 되지 않은 지난날. 예그전 담임 선생님. ②매우 오래된 지난날. 예그전에는 여기가 과수원이었다.

그제 〈그저께〉의 준말.

그제야 그때에 이르러서야 비로소. 예아이들은 선생님의 설명을 듣고 그제야 이해했다.

그중(一中) 여럿 가운데. 예그중에 난 돈가스가 제일 좋다.

그즈음 그 무렵. 예그즈음에 네 동생이 태어났지.

그지없다 [그지업따] ①끝이 없다. 한이 없다. 예어버이의 사랑은 그지없다. ②이루 다 말할 수 없다. 예경치가 아름답기 그지없다. 그지없이.

그쪽 ①듣는 사람에게 가까운 쪽. 예너는 그쪽에 앉아라. ②말하는 사람과 듣는 사람이 이미 알고 있는 곳이나 사람을 가리키는 말. 예한 시간 후에 그쪽에서 만나자./우리의 비밀을 그쪽에서 어떻게 알았을까?

그쯤 그만한 정도로. 예그쯤 서서 공을 던져라.

그치다 움직임이 멈추다. 또는 멈추게 하다. 예이제 비가 그쳤다./아이가 울음을 그쳤다.

그토록 그렇게까지. 그러하도록. 예네가 그토록 이해심이 많은 줄 몰랐다.

그해 과거의 어느 해. 예그해의 겨울은 유난히 추웠다./그해에 우리 집은 서울로 이사를 했다.

극[1](極) ①자석에서 자력이 가장 센 양쪽 끝. 예자석은 다른 극끼리는 끌어당긴다. ②지구의 남극과 북극. ③정도가 더할 수 없는 막다른 지경. 예사치가 극에 달하다.

극[2](劇) ①연극이나 극본 등을 통틀어 이르는 말. ②〈연극〉의 준말.

극관(極冠) [극꽌] 화성의 두 극 부근에 보이는 흰 부분. 얼음과 눈으로 덮여 있다.

극광(極光) [극꽝] ➡오로라.

극구(極口) [극꾸] 온갖 말을 다해. 예민수는 잘못을 사과하지 않고 극구 변명했다.

극기(克己) [극끼] 자기의 욕망·충동·감정 등을 의지로 눌러 이김. 극기하다.

극기 훈:련(克己訓鍊) 극기 능력을 키우기 위해 힘들고 고되게 하는 운동.

극단[1](極端) [극딴] ①맨 끝. ②어느 한 쪽으로 치우침. 예생각이 극단으로 흐르다. ③길이나 일의 진행이 끝에 이르러 더 나아갈 수 없는 상태.

극단[2](劇團) [극딴] 연극을 공연하기 위하여 만든 단체.

극단적(極端的) [극딴적] 극단의 상태에 이른 것. 예극단적인 생각을 버려라.

극대(極大) [극때] 더 이상 큰 것이 없을 정도로 매우 큼. 빤극소. 극대하다.

극대화(極大化) [극때화] 아주 커짐. 또는 아주 크게 함. 극대화되다. 극대화하다.

극도(極度) [극또] 더할 수 없이 심한 정도. 예극도의 피로.

극동(極東) [극똥] 아시아 대륙의 가장 동쪽에 있는 지역. 우리나라·중국·일본 등을 이른다. 빤근동.

극락(極樂)[긍낙] 불교에서, 아무 걱정이 없고 즐거움만 있으며, 아미타불이 살고 있다는 곳. 휜극락정토. 비천당. 반지옥.

극락전(極樂殿)[긍낙쩐] 아미타불을 모셔 둔 법당.

극렬(極烈)[긍녈] 지극히 심함. 극렬하다. 예선수들은 심판에게 극렬한 항의를 했다. 극렬히.

극명하다(克明一)[긍명하다] 매우 분명하다. 예양 팀의 실력 차이가 극명하게 드러났다. 극명히.

극복(克服)[극뽁] 어렵고 힘든 일을 이겨냄. 극복되다. 극복하다. 예그는 온갖 어려움을 극복했다.

극본(劇本)[극뽄] 연극이나 방송극을 할 수 있도록 나오는 사람의 말·행동 등을 적은 글. 비각본.

극비(極秘)[극삐] 더없이 중요한 비밀. 휜극비밀.

극비 문서(極秘文書) 더없이 중요한 비밀을 적어서 나타낸 글.

극빈(極貧)[극삔] 몹시 가난함. 예극빈 가정. 극빈하다.

극빈자(極貧者)[극삔자] 몹시 가난한 사람.

극성(極盛)[극썽] ①어떤 일에 매우 적극적이거나 억척스러운 성질. ②성질이나 행동이 몹시 드셈. 예여름이 되니 파리 떼가 극성이다.

극성스럽다(極盛一)[극썽스럽따] 무슨 일에 매우 적극적이고 억척스러운 데가 있다. |활용| 극성스러우니·극성스러워. 극성스레.

극소수(極少數)[극쏘수] 매우 적은 수. 예이 책을 읽은 사람은 극소수에 불과하다.

극심하다(極甚一)[극씸하다] 매우 심하다. 예홍수로 극심한 피해를 입었다. 극심히.

극악무도하다(極惡無道一)[그강무도하다] 더없이 악하고 도덕심이 없다. 예극악무도한 범행을 저지르다.

극악하다(極惡一)[그가카다] 몹시 악하다. 지독히 나쁘다.

극약(劇藥)[그갹] 독약보다는 약하나, 용법이나 분량을 어기면 생명에 위험을 주는 약. 웬독약.

극언(極言)[그건] 극단적으로 말함, 또는 그런 말. 예극언을 퍼붓다. 극언하다.

극음악(劇音樂)[그그막] 오페라처럼 대사·줄거리·무대 장치 등을 곁들이는 음악.

극작(劇作)[극짝] 영화·연극 등의 각본을 씀. 극작하다.

극작가(劇作家)[극짝까] 영화·연극 등의 각본을 쓰는 일을 직업으로 하는 사람.

극장(劇場)[극짱] 영화·연극·무용 등을 감상할 수 있도록 무대와 좌석 등 여러 가지 시설을 갖춘 곳. 비영화관.

극적(劇的)[극쩍] 연극을 보는 것처럼 감격적이고 인상적인 것. 예극적인 구출/극적으로 만나다.

극지방(極地方)[극찌방] 지구의 남극 지방과 북극 지방.

극진하다(極盡一)[극찐하다] 정성이 그 이상 더할 수 없을 정도로 대단하다. 예극진한 효성. 극진히.

극찬(極讚) 몹시 칭찬함, 또는 그 칭찬. 예선생님께서 내 글을 보시고 극찬을 하셨다. 극찬하다.

극치(極致) 그 이상 더 높이 이를 수 없을 만한, 최고의 상태. 예아름다움의 극치를 보이다.

극한(極限)[그칸] 더 이상 나아갈 수 없는 한계. 예극한 상황.

극형(極刑)[그경] 《가장 무거운 형벌이라는 뜻으로》 '사형'을 이르는 말.

극화(劇畫)[그콰] ①⇒그림 연극. ②이야기를 글과 그림으로 엮어 놓은 것.

극히(極―) [그키] 매우. 대단히. 몹시. [예]극히 작은 물건.

근(斤) 저울로 다는 무게의 단위. 고기 한 근은 600g이고, 채소나 과일의 한 근은 375g이다. [예]쇠고기 한 근.

근ː간1(近間) ①요사이. 요즈음. [예]근간에는 그를 전혀 못 보았다. ②앞으로 가까운 때. [예]근간에 한번 찾아뵙겠습니다.

근간2(根幹) ①뿌리와 줄기. ②사물의 가장 중요한 부분.

근거(根據) ①의견 등의 이유가 되는 것. [예]주장을 내세울 때는 근거를 들어라. [비]의거. ②생활의 터전. **근거하다**.

근ː거리(近距離) 가까운 거리. [반]원거리.

근거지(根據地) 활동의 터전으로 삼는 곳. [예]장보고는 청해진을 근거지로 활동했다. [비]본거지.

근ː검(勤儉) 부지런하고 검소함. **근검하다**. [예]근검한 생활.

근ː교(近郊) 도시에서 가까운 지역. [예]서울 근교.

근ː교 농업(近郊農業) 도시 사람들에게 공급할 목적으로, 대도시 주변에서 신선한 채소나 과일 등을 재배하는 농업.

근ː근이(僅僅―) [근그니] 겨우. 가까스로. 간신히. [예]적은 월급으로 근근이 살아간다.

근ː년(近年) 요 몇 해 사이. [예]근년에 없었던 무더위가 찾아왔다.

근대1 명아줏과의 두해살이풀. 잎은 길둥글고, 초여름에 황록색의 꽃이 핀다. 밭에 심는 채소로, 잎과 줄기는 국을 끓이거나 나물로 먹는다.

근ː대2(近代) ①지나간 지가 얼마 되지 않은 가까운 시대. ②역사의 시대 구분의 한 가지. 중세와 현대의 중간 시대. [참고] 국사에서는 조선 후기가 '근대'에 해당된다. [참]고대·근세

근ː대 국가(近代國家) 중세 봉건 국가와 근세 절대주의 국가가 무너진 후 이루어진 국가. 민족 통일·자유·평등 등의 특징을 가진다.

근ː대식(近代式) 문예 부흥 이후 현대에 이르는 시기의 방식이나 형식. [예]근대식 건축물.

근ː대 오ː종 경ː기(近代五種競技) 올림픽 경기 종목의 한 가지. 승마·펜싱·사격·수영·달리기의 다섯 종목을 한 사람이 하루에 한 종목씩 하여, 얻은 총점으로 승부를 겨루는 경기.

근ː대적(近代的) 근대의 특징이 될 만한 성질을 띤 것.

근ː대화(近代化) 선진 문명에 뒤떨어지지 않게, 낡고 뒤떨어진 것을 새롭게 바꿈. [예]산업의 근대화. **근대화되다**. **근대화하다**.

근데 〈그런데〉의 준말. [예]근데 지금 몇 시니?

근ː동(近東) 유럽에 가까운 동방의 여러 나라가 있는 지역. 터키·레바논·요르단·이스라엘·사우디아라비아 등을 포함하는 지역. [참]극동.

근ː래(近來) [글래] 요즈음. 요사이. [예]근래에 생긴 일.

근력(筋力) [글력] ①근육의 힘. [예]찬호는 요즈음 근력을 기르는 운동을 하고 있다. ②일을 해내는 힘. [예]할아버지는 연세에 비해 근력이 좋으시다. ②[비]기력.

근ː로(勤勞) [글로] 부지런히 일함. **근로하다**.

근ː로자(勤勞者) [글로자] 근로를 하여 얻은 소득으로 생활하는 사람. [비]노동자.

근맥(筋脈) 근육과 혈관.

근ː면(勤勉) 아주 부지런함. 부지런히 힘씀. **근면하다**. [예]근면한 사람. **근면히**.

근:면가(勤勉家) 항상 부지런히 힘써 일하는 사람.

근멸(根滅) 뿌리째 없애 버림. **근멸되다. 근멸하다.** [예]해충을 근멸하다.

근:무(勤務) ①직장에 나가 일을 맡아 봄. [예]삼촌은 컴퓨터 회사에서 근무를 한다. ②경비나 보초 등의 일을 맡아 함. [예]초소에서 근무를 하는 아저씨. **근무하다.**

근:무 태만(勤務怠慢) 맡은 일을 충실하게 하지 않음.

근:방(近方) 가까운 곳. [예]놀이터 근방에서 친구를 만났다. [비]근처.

근본(根本) ①풀과 나무의 뿌리. ②사물이 생긴 바탕. [예]근본 원리/근본 원인. [비]기본·기초. ③자라 온 환경이나 경력. [예]근본이 좋은 사람.

근본적(根本的) 사물이 생긴 바탕이 되는 것. [예]근본적인 문제.

근본정신(根本精神) 본바탕이 되는 정신. [예]민주주의의 근본정신은 자유와 평화다.

근:사하다(近似—) ①수치나 상태 등이 기준에 가깝거나 비슷하다. ②매우 그럴듯하다. 아주 좋다. [예]연꽃 무늬 벽돌이 근사하다.

근:삿값(近似—) [근사깝/근삳깝] 어떤 수치 대신 사용하는, 그 수치에 아주 가까운 수치. [참]참값.

근성(根性) ①뿌리 깊이 박힌 나쁜 성질. ②일을 끝까지 해내려고 하는 끈질긴 성질. [예]승부 근성이 강한 선수.

근:세(近世) ①지나간 지 얼마 안 되는 세상. ②역사의 시대 구분의 한 가지. 중세와 근대의 중간 시대. [참고] 국사에서는 조선 전기가 '근세'에 해당된다. [참]고대·근대.

근:소하다(僅少—) 얼마 되지 않을 만큼 아주 적다. [예]우리 팀은 근소한 점수 차이로 우승을 놓쳤다.

근:속(勤續) 한 직장에서 오래 일을 함. [예]20년 근속. **근속하다.**

근:시(近視) 빛이 망막 앞에 상을 맺어, 가까운 데 것은 잘 보이나 먼 데 것은 잘 보이지 않는 눈. [본]근시안. [반]원시.

근:신(謹愼) ①말과 행동을 삼가고 조심함. ②잘못을 반성하고 행동을 조심하라는 뜻으로 내리는 벌. **근신하다.**

근심 마음이 놓이지 않아 애를 태움. [예]어머니의 얼굴에는 근심이 가득했다. [비]걱정·염려. **근심하다.** [예]아무 일도 없을 테니 너무 근심하지 마세요.

근심스럽다 [근심스럽따] 근심이 되어 마음이 편안하지 않다. [예]근심스러운 표정. [활용] 근심스러우니·근심스러워. **근심스레.**

근:엄하다(謹嚴—) [그넘하다] 매우 점잖고 엄하다. [예]근엄한 표정을 지으시는 선생님. **근엄히.**

근원(根源) [그눤] 어떤 일이 생겨나는 본바탕.

근:위(近衛) [그뉘] 왕을 가까이에서 보호함, 또는 그런 병사나 부대. **근위하다.**

근:위대(近衛隊) [그뉘대] 궁궐을 지키고 왕실의 행사를 맡아보는 군대.

근:위병(近衛兵) [그뉘병] 왕을 가까이에서 보호하고, 궁궐을 지키는 병사.

근육(筋肉) [그뉵] 몸의 연한 부분을 이루고 있는 힘줄과 살. [비]힘살.

근육질(筋肉質) [그뉵찔] 군살 없이 근육이 잘 발달된 몸. [예]근육질의 건강한 청년.

근절(根絶) 어떤 일이 다시 일어나지 못하도록 뿌리째 없애 버림. **근절되다. 근절하다.** [예]부정부패를 근절하다.

근:정전(勤政殿) 경복궁 안에 있는 건물. 조선 시대에 임금의 즉위식이나 큰 예식을 치르던 곳이다. 국보 제 223호.

근지구력(筋持久力) 일정한 힘으로 오랫동안 버틸 수 있는 능력.

근지럽다 [근지럽따] ①조금 가려운 느낌이 있다. 예머리를 안 감았더니 근지럽다. ②어떤 일을 하고 싶어 참기 어렵다. 예정숙이는 말을 하고 싶어서 입이 근지러웠다. ㉜간지럽다. |활용| 근지러우니·근지러워.

근질거리다 ①근지러운 느낌이 자꾸 들다. ②어떤 일을 자꾸 몹시 하고 싶어 하다. ㊂근질대다.

근질근질 자꾸 근질거리는 모양. 예목욕을 안 했더니 몸이 근질근질 가려웠다. ㉜간질간질.

근질근질하다 ①자꾸 또는 매우 근지럽다. ②어떤 일을 몹시 하고 싶어 참기가 어렵다. 예나는 컴퓨터 게임이 하고 싶어서 손이 근질근질했다.

근질대다 ➡ 근질거리다.

근:처(近處) 가까운 곳. 예학교 근처. ㊂근방·부근.

근:초고왕(近肖古王, ?~375) 백제의 제13대 왕(재위 346~375). 백제의 힘을 가장 널리 떨친 왕으로 고구려의 평양성까지 공격하여 강력한 고대 국가를 이루었다.

근:하신년(謹賀新年) 《삼가 새해를 축하한다는 뜻으로》 새해의 복을 비는 인사말.

근:해(近海) 육지에서 가까운 바다. ㊀원해·원양.

근:황(近況) 요즈음의 형편.

글 ①생각이나 느낌을 글자로 표현한 것. 예글을 읽다./글을 쓴다. ②학문. 학문으로 얻은 지식.

글감 [글깜] 글을 쓸 때 내용이 되는 재료. ㊂소재.

글공부(一工夫) [글꽁부] 글을 익히거나 배움. 예글공부를 게을리하지 마라. 글공부하다.

글귀(一句) [글뀌] 글의 한 도막. ㊂문구.

글꼴 글자의 모양새. ㊂서체.

글눈 [글룬] 글을 보고 깨달아 아는 능력. 예글눈이 밝다.

글동무 [글똥무] 같은 곳에서 함께 공부하는 동무.

글라디올러스(gladiolus) 붓꽃과의 여러해살이풀. 둥근 모양의 뿌리에서 잎이 나오며 여름에 깔때기 모양의 꽃이 핀다. 남아프리카 원산으로, 종류가 많다.

〈글라디올러스〉

글라이더(glider) 엔진이나 프로펠러가 없이 공기의 흐름을 이용하여 나는, 간단한 비행기. ㊂활공기.

글러브(glove) 권투나 야구를 할 때 손에 끼는 가죽 장갑.

글리세롤(glycerol) 동식물의 기름에서 만들어지는, 단맛과 끈기가 있는 액체. 알코올의 한 종류로 약품·화장품 등의 원료로 쓰인다. ㊂글리세린.

글리세린(glycerin) ➡ 글리세롤.

글말 글에서 쓰이는 말. '하오'·'하나이다' 등. ㊂문어. ㊀입말.

글 모음 동요·동시·줄글 등을 모으는 일, 또는 그것을 모아서 엮은 책.

글방(一房) [글빵] 글(한문)을 가르치는 곳. ㊂서당·학당.

글벗 [글뻗] 글을 같이 익히는 친구.

글썽거리다 눈물이 그득하게 고여 흘러내릴 듯하다. 예누나는 합격했다는 말에 너무 기뻐서 눈물까지 글썽거렸다. ㊂글썽대다. ㉜갈쌍거리다.

글썽글썽 자꾸 글썽거리는 모양. ㉜갈쌍갈쌍.

글썽대다 ➡ 글썽거리다.

글썽이다 눈에 눈물이 흘러내릴 듯이 그득하게 고이다. ㉜갈쌍이다.

글쎄 ①남의 물음 등에 확실하게 대답할 수 없을 때 쓰는 말. 예글쎄, 그래도 될까? ②자기의 말을 다시 고집하거나 강조할 때 쓰는 말. 예글쎄, 내 말이 맞다니까.

글쓰기 생각·느낌·사실 등을 글로 써서 표현하는 일. 좥글짓기.

글쓴이 [글쓰니] 글을 쓴 사람. 예작품의 글쓴이. 비작자·저자·지은이.

글씨 ①글자. 예글씨를 쓰다. ②써 놓은 글자의 모양. 예예쁘게 쓴 글씨. ③글자를 쓰는 법, 또는 그런 일. 예글씨 연습.

글씨꼴 쓴 글자의 모양새.

글씨본(一本) 글씨 연습을 할 때, 보고 쓰도록 만든 책.

글씨체(一體) ①써 놓은 글씨의 양식. 명조체·고딕체·궁체 등. 비서체. ②글씨를 쓰는 법을 알려 주기 위해 쓴 본보기.

글월 [그뤌] ①글이나 문장. ②지난날, '편지'를 이르던 말. 예선생님께 글월을 올립니다.

글자(一字) [글짜] 사람의 말을 눈으로 볼 수 있게 나타낸 기호. 한글·한자 등. 비문자.

글자체(一字體) [글짜체] 글자의 모양.

글자판(一字板) [글짜판] 컴퓨터 등에서, 낱낱의 글자를 늘어놓은 판. 비문자판·자판·키보드.

글재주 [글째주] 글을 깨달아 알거나 짓는 재주.

글짓기 [글짇끼] 사실·생각·느낌 등을 글로 나타내는 일. 비작문.

글투(一套) 쓰는 이에 따라 다르게 나타나는, 글의 표현상의 특징.

글피 모레의 다음 날.

긁다 [극따] ①손톱이나 뾰족한 물건 등으로 문지르다. 예머리를 긁다. ②갈퀴 등으로 거두어 모으다. 예낙엽을 긁다. ③수단·방법을 가리지 않고 돈을 모으다. 예백성의 재물을 긁어 들이다. ④남의 기분을 건드려 자극하다. 예제발 엄마 속을 긁지 마라. |발음| 긁어 [글거]·긁고 [글꼬]

긁어모으다 [글거모으다] ①긁어서 한데 모이게 하다. ②수단·방법을 가리지 않고 재물을 모아들이다.

긁적거리다 [극쩍꺼리다] ①머리 등을 잇달아 자꾸 긁다. ②글씨 등을 되는 대로 손을 놀려 쓰다. 비긁적대다. 좩갉작거리다.

긁적긁적 [극쩍끅쩍] 자꾸 긁적거리는 모양. 좩갉작갉작.

긁적대다 [극쩍때다] ➡긁적거리다.

긁적이다 [극쩌기다] ①손톱이나 뾰족한 물건 등으로 거죽을 문지르다. 예소녀의 말에 소년은 머리만 긁적였다. ②되는대로 글이나 그림을 마구 쓰거나 그리다.

긁히다 [글키다] 긁음을 당하다. 예손이 가시에 긁혔다. 좩갉히다.

금[1] ①긋거나 접거나 한 자리. 예연필로 금을 그었다. ②갈라지지 않고 터지기만 한 자리.

　금이 가다관용 사람끼리 사이가 멀어지다. 예우정에 금이 가다.

금[2](金) 〈금요일〉의 준말.

금[3](金) 금속의 한 가지. 황색의 아름다운 광택을 내는데, 쉽게 늘이고 펼 수 있다. 귀금속 중에서도 소중히 여겨지며 화폐나 장식품 등에 쓰인다.

금가락지(金一) [금가락찌] 금으로 만든 가락지. 비금반지.

금가루(金一) [금까루] 황금의 가루. 비금싸라기.

금ː강(錦江) 전라북도 장수군에서 시작하여 충청남도 공주·부여·장항을 거쳐 군산만으로 흐르는 강. 길이 397.79km.

금강산(金剛山) 강원도의 북부에 있는 유명한 산. 높이 1,638m. 묘한 바위가 많으며, 일만 이천이나 되는 봉우리의 곳곳에 폭포·못·절이 있어 경치가 매우 아름답다. ㉓봉래산·개골산·풍악산.

금강석(金剛石) 보석의 한 가지. 광물 중에서 가장 단단하다. 색이 없고 투명하며 아름다운 광택이 난다. ㉑다이아몬드.

금강전도(金剛全圖) 조선 후기에, 화가 정선이 금강산을 소재로 그린 그림. 국보 제217호.

금고(金庫) 돈이나 귀중품·중요 서류 등을 안전하게 보관하는 데 쓰는, 쇠로 된 상자.

금관(金冠) 금으로 만들거나 꾸민 관. ㉠신라 금관.

금관가야(金官伽倻) 경상남도 김해 부근에 있던 원시 부족 국가. 6가야의 하나로, 수로왕이 세웠으며, 6세기에 신라에 합쳐졌다.

금관 악기(金管樂器) 쇠붙이로 만든 관악기. 입으로 숨을 불어 넣어 입술의 진동으로 소리를 낸다. 트럼펫·트럼본 등. ㉓목관 악기.

금광(金鑛) ①금이 들어 있는 광석. ②금을 캐내는 광산.

금괴(金塊)[금괴/금궤] 금덩어리. 금덩이.

금궤(金櫃) 금으로 장식하여 만든 상자.

금귀고리(金―) 금으로 만든, 귓불에 다는 장식품.

금:기(禁忌) 마음에 꺼려 하지 않거나 피함. 해서는 안 됨. ㉠금기 사항. ㉑터부.

금:기담(禁忌談) 신앙이나 관습 등으로 인해, 꺼려 금하거나 피하는 내용의 이야기.

금나라(金―) 여진족의 추장 아구다가 요나라를 멸망시키고 세운 나라. 만주와 중국 북부 지역의 넓은 땅을 차지했으나, 몽골 제국에 망하였다. 〔1115~1234〕

금:낭화(錦囊花) 현호색과의 여러해살이풀. 전체가 흰빛이 도는 녹색이다. 5~6월에 분홍색 꽃이 피는데, 네 잎이 모여 주머니 같은 모양을 이룬다. 관상용으로 심는다.

금년(今年) 올해.

금니(金―) 금으로 만들거나 금을 씌운 이.

금당(金堂) 절에서 부처를 모신, 중심이 되는 건물을 이르는 말. ㉑대웅전.

금당 벽화(金堂壁畫) 고구려 영양왕 때의 승려 담징이 일본 호류 사 금당에 그린 벽화.

금덩어리(金―)[금떵어리] 황금의 덩어리. ㉑금괴·금덩이.

금덩이(金―)[금떵이] 황금의 덩이. ㉑금괴·금덩어리.

금도끼(金―) 금으로 만든 도끼.

금도끼 은도끼(金―銀―) ‘이솝 이야기’에 나오는 이야기. 한 남자가 나무를 베다가 도끼를 강물에 빠뜨렸다. 신이 금도끼와 은도끼를 건져 주었으나 자기 것이 아니라고 거절했다. 신은 그의 정직함을 칭찬하여 세 개의 도끼를 모두 주었다. 이를 흉내 낸 정직하지 못한 사람은 실패했다는 내용이다.

금돈(金―) 금으로 만든 돈. ㉑금화.

금동(金銅) 금으로 도금하거나 금박을 입힌 구리. ㉠금동 불상.

금동 미륵보살 반:가 사유상(金銅彌勒菩薩半跏思惟像) 구리로 만들어 도금한, 삼국 시대의 불상. 오른발을 왼쪽 다리 위에 걸친 채 명상하는 모습을 하고 있다.

금동불(金銅佛) 금으로 도금한 청동 불상.

금력(金力)[금녁] 사람을 움직이는 돈의 힘.

금리(金利)[금니] 빌려 준 돈이나 예금 등에 붙는 이자.

금메달(金medal) ①금으로 만들거나 금도금을 한 메달. ②각종 운동 경기나 기능 대회 같은 데서 우승한 사람에게 주는 황금빛 메달. ⫸은메달·동메달.

금명간(今明間) 오늘이나 내일 사이. 예금명간 합격자 발표가 있을 예정입니다.

금ː물(禁物) 해서는 안 될 일. 예지나친 욕심은 금물이다.

금물결(金一)[금물껼] 햇빛을 받아서 금빛으로 반짝이는 물결.

금박(金箔) 금이나 금빛 나는 재료를 종이처럼 아주 얇게 만든 물건. 예금박 글자/금박을 입히다.

금반지(金半指) 금으로 만든 반지. 비금가락지.

금발(金髮) 금빛처럼 누런 머리털. 예금발 미인.

금방(今方) 이제 곧. 지금 막. 예금방 밥을 먹었는데 또 배가 고프네. 비방금. 금방금방.

금붕어(金一) 잉엇과의 민물고기. 붕어의 변한 종류로, 원산지는 중국이다. 종류가 많고 빛깔과 모양이 아름다워 관상용으로 기른다.

〈금붕어〉

금붙이(金一)[금부치] 금으로 만든 물건을 통틀어 이르는 말.

금비(金肥)《돈을 주고 사서 쓰는 비료라는 뜻으로》'화학 비료'를 이르는 말.

금빛(金一)[금삗] 황금과 같이 누른 빛깔. 예금빛으로 물든 가을 들판. 비금색.

금ː산(錦山) 충청남도 남동부에 있는 군. 대둔산 국립 공원, 칠백의총, 인삼과 약초 시장, 십이폭포 등 관광 자원

이 풍부하다. 인삼과 당귀 등 100여 가지의 약초가 재배된다.

금산사(金山寺) 전라북도 김제시 금산면에 있는 절. 백제 법왕 1(599)년에 세워졌다고 전한다.

금ː산 위성 통신 지구국(錦山衛星通信地球局)

〈금산 위성 통신 지구국〉

1970년 충청남도 금산에 세워진 통신 시설. 공중의 위성과 전파를 주고받아 우리나라와 외국 사이에 통신 및 텔레비전 중계를 할 수 있도록 설치되었다.

금상(金賞) 상의 등급을 금·은·동으로 구분하였을 때, 일 등에 해당하는 상. ⫸은상·동상.

금ː상첨화(錦上添花)《비단 위에 꽃을 보탠다는 뜻으로》좋은 일에 또 좋은 일이 더해짐.

금색(金色) 황금과 같은 누런색. 예금색 실. 비금빛.

금성(金星) 태양계 여덟 행성의 하나. 지구의 바로 안쪽에서 태양의 주위를 돈다. 초저녁 서쪽 하늘에 보이면 개밥바라기·태백성, 새벽에 동쪽 하늘에 보이면 샛별·계명성 등으로 불린다.

금세 지금 바로. 금방. 곧바로. 예소문이 금세 온 동네에 퍼졌다.

금속(金屬) 광택이 나고, 잘 펴지고 늘어나며 열과 전기를 잘 통하는 물질. 철·금·구리 등. 비쇠붙이.

금속성(金屬性)[금속썽] ①쇠붙이가 지니는 특유의 성질. ②쇠붙이와 닮은 성질.

금속판(金屬版) 금속으로 만든 판.

금속 화ː폐(金屬貨幣) 금·은·구리 등 금속으로 만든 돈.

금속 활자(金屬活字) 구리·납 등 금속으로 만든 활자.

금수¹(禽獸) 날짐승과 길짐승. 곧, 모든 짐승.

금ː수²(禁輸) 수입이나 수출을 못 하게 함. 금수하다.

금ː수강산(錦繡江山) ①'아름다운 자연'을 이르는 말. ②'우리나라'를 비유하여 이르는 말.

금시(今時) 바로 지금. 예금시라도 비가 쏟아질 것 같은 날씨이다.

금시초문(今始初聞) 이제야 비로소 처음으로 들음. 예그런 이야기는 금시초문이다.

금ː식(禁食) 정해진 규칙을 지키거나 어떤 결심을 나타내기 위해서 얼마 동안 음식물을 먹지 않음. 비단식. 금식하다.

금실 부부 사이의 사랑. 예금실 좋은 부부. |참고| 금실은 '금슬(琴瑟)'에서 온 말.

금싸라기(金一) ①금의 부스러기. 비금가루. ②'귀하고 드문 것'을 비유하여 이르는 말. 예금싸라기 땅.

금액(金額) [그맥] 돈의 액수.

금언(金言) [그먼] 생활의 본보기가 될 만한 귀중한 내용의 짧은 글.

┌┈┈┈ **'금언, 격언, 명언'의 구별** ┈┈┈┐

금언 : 생활의 본보기로 삼을 만한 귀중한 내용의 짤막한 글귀. 누가 처음으로 썼는지가 분명하지 않다.

격언 : 속담처럼 이치에 꼭 맞아 교훈이 될 만한 짧은 말.

명언 : 어떤 사물의 이치에 딱 들어맞는 훌륭하고도 유명한 말. 흔히, 누가 그 말을 처음 썼는지를 알 수 있다.

└┈┈┈┈┈┈┈┈┈┈┈┈┈┈┈┈┈┈┘

금ː연(禁煙) [그변] ①담배를 끊음. 예금연을 결심하다. ②담배를 못 피우게 함. 예금연 구역. 금연하다.

금오산(金烏山) [그모산] 경상북도 구미시·김천시·칠곡군의 경계에 있는 산. 높이 976m. 임진왜란 때에는 산성을 쌓아 왜적을 막았다고 한다. 고려 말의 학자 길재를 추모하는 금오서원이 있다.

금오신화(金鰲新話) [그모신화] 조선 전기에, 매월당 김시습이 지은 우리나라 최초의 한문 소설.

금와왕(金蛙王, ?~?) 동부여의 왕. 부여 왕 해부루가 아들이 없어 제사를 지냈더니 큰 돌 안에서 금빛 개구리 모양의 아이가 나왔는데 아이의 이름을 '금와'라 하였다고 한다. 금와는 해부루의 뒤를 이어 왕이 되었다.

금요일(金曜日) [그묘일] 칠요일의 하나. 일요일로부터 여섯째 되는 날. 준금.

금ː욕(禁慾) [그뵥] 욕구나 욕망을 억누르고 없앰. 금욕하다.

금융(金融) [금늉/그뮹] 여유 있는 돈을 모아서 자금을 필요로 하는 사람에게 돌려 주는 일.

금융 기관(金融機關) 돈을 맡기거나 빌려 주는 일을 전문으로 하는 기관. 은행·보험 회사·협동 조합 등.

금은(金銀) [그븐] 금과 은을 아울러 이르는 말.

금은방(金銀房) [그븐빵] 금이나 은을 가공하거나 파는 가게.

금은보화(金銀寶貨) [그븐보화] 금·은·옥·진주 등 귀중한 물건. 비금은보배.

금ː의환향(錦衣還鄕) [그믜환향/그미환향] 《비단옷을 입고 고향에 돌아온다는 뜻으로》'성공하여 고향으로 돌아옴'을 이르는 말. 금의환향하다.

금일(今日) [그밀] 오늘. 예금일 야구 경기가 있다.

금일봉(金一封) [그밀봉] 금액을 밝히지 않고 종이에 싸서 주는 돈.

금자탑(金字塔) '후세에까지 빛날 훌륭한 업적'을 비유하여 이르는 말.

예금자탑을 쌓다./한글은 우리 민족이 세운 찬란한 문화의 금자탑이다.

금잔디(金一) 볏과의 여러해살이풀. 잎의 길이 2~5cm. 뿌리줄기는 가로 뻗으며, 잎 가장자리에 털이 나 있다.

금잔화(金盞花) 국화과의 한해살이풀. 여름에 붉은빛이 도는 노란 꽃이 핀다. 관상용으로 기르며, 한방에서 약재로 쓴다. 뗏금송화.

금전(金錢) ①쇠붙이로 만든 돈. ②돈. 예금전 거래.

금전 출납부(金錢出納簿) 돈이 들어오고 나간 것을 적어 두는 장부.

금제(金製) 금으로 만듦, 또는 그런 물건.

금주¹(今週) 이번 주일.

금:**주**²(禁酒) ①술을 끊음. ②술을 못 마시게 함. 금주하다.

금:**주령**(禁酒令) 술을 못 마시게 하는 명령.

금:**줄**(禁一)[금쭐] 아이가 태어났을 때, 나쁜 일이 생기는 것을 막는다는 뜻으로 문에 매 놓는 줄.

금:**지**(禁止) 하지 못하게 함. 예출입 금지. 금지되다. 금지하다.

금:**지령**(禁止令) 어떤 일을 못 하게 하는 법이나 명령. 예출국 금지령을 내리다.

금지옥엽(金枝玉葉)[금지오겹] 《황금으로 된 나뭇가지와 옥으로 된 잎이라는 뜻으로》 '귀한 자손'을 이르는 말. 예외동딸인 민희는 금지옥엽으로 자랐다.

금테(金一) 금으로 만들거나 금으로 도금한 테. 예금테 안경.

금품(金品) 돈과 물품. 예수재민에게 금품을 보내다.

금:**하다**(禁一) ①못 하게 하다. 예외출을 금하다. ②참다. 억누르다. 예슬픔을 금할 길이 없다.

금화(金貨) 금으로 만든 돈.

금:**화조**(錦華鳥) 참새목의 새. 날개 길이 5.5cm가량으로 참새보다 작다. 수컷은 목에서 가슴에 걸쳐 희고 검은 줄무늬가 있다. 오스트레일리아 원산으로, 세계 각 지역에서 널리 기른다.

〈금화조〉

금환식(金環蝕) 달이 태양의 가운데만을 가려 태양의 둘레가 고리 모양으로 보이는 현상. 뗏금환 일식.

〈금환식〉

급격하다(急激一)[급껴카다] 급하고 세차다. 갑작스럽다. 예과학 기술이 급격하게 발달하고 있다. 급격히.

급급하다(汲汲一)[급끄파다] 한 가지 일에만 정신을 쏟아 다른 일을 할 여유가 없다. 예형은 잘못을 하고도 반성하기는커녕 변명하기에 급급했다.

급기야(及其也)[급끼야] 마침내. 필경에는. 예급기야 두 사람은 다투고 말았다.

급등(急騰)[급뜽] 물가 등이 갑자기 오름. 예농산물 가격의 급등. 뗏폭등. 뺀급락. 급등하다.

급락(急落)[금낙] 물가 등이 갑자기 떨어짐. 예주가 급락. 뗏폭락. 뺀급등. 급락하다.

급료(給料)[금뇨] 일한 대가로 주는 돈. 월급 등. 뗏급여.

급류(急流)[금뉴] 급히 흐르는 물, 또는 그 흐름. 뵌급류수. 급류하다.

급박하다(急迫一)[급빠카다] 곧 무슨 일이 벌어질 듯이 매우 급하다. 예상황이 급박하게 돌아가고 있다.

급변(急變)[급뼌] 갑자기 변하거나 달라짐. 급변하다. 예급변하는 국제 환경.

급사(急死)[급싸] 갑자기 죽음. 급사하다.

급선무(急先務)[급썬무] 가장 먼저 서둘러 해야 할 일. 예합창 대회에 나가려면 무슨 노래를 부를지 정하는 게 급선무이다.

급성(急性)[급썽] 병 등이 갑자기 일어나거나 급히 나빠지는 성질. 예급성 맹장염. 빤만성.

급소(急所)[급쏘] 몸 가운데 조금만 다쳐도 목숨이 위험한 자리. 예그 남자는 급소를 맞고 쓰러졌다.

급속(急速)[급쏙] ①매우 급함. ②매우 빠름. 급속하다. 예급속한 발전/이 도시는 최근에 인구가 급속하게 늘었다. 급속히.

급속도(急速度)[급속또] 매우 빠른 속도.

급수(給水)[급쑤] 물을 공급함, 또는 그 물. 급수하다.

급수차(給水車)[급쑤차] 가물거나 물 공급이 끊겼을 때 물을 실어 나르는, 물탱크를 설치한 차.

급습(急襲)[급씁] 갑자기 습격함. 비기습·습격. 급습되다. 급습하다.

급식(給食)[급씩] 학교나 공장·군대 등에서 음식을 주는 일, 또는 그 음식. 예학교 급식. 급식하다.

급식비(給食費)[급씩삐] 주로 학교에서, 끼니 음식을 마련해 주는 데 드는 비용.

급식소(給食所)[급씩쏘] 식사로 먹을 음식을 주는 곳. 예사람들이 급식소 앞에 줄을 서 있다.

급식실(給食室)[급씩씰] 학교·병원 등에서 음식을 만들고 나누어 주는 방.

급우(級友)[그부] 같은 학급에서 배우는 친구.

급유(給油)[그뷰] 비행기·배·자동차 등에 연료를 넣음. 급유하다.

급작스럽다[급짝쓰럽따] 생각할 겨를도 없이 매우 급하다. 예급작스러운 사고. 砂갑작스럽다. |활용| 급작스러우니·급작스러워.

급제(及第)[급쩨] ①과거에 합격하던 일. 빤낙방·낙제. ②시험이나 검사 등에 합격함. ②빤낙제. 급제되다. 급제하다.

급증(急增)[급쯩] 갑자기 늘어남. 예인구의 급증으로 식량난이 심각하다. 빤급감. 급증하다.

급진(急進)[급찐] ①앞으로 급히 나아감. ②목적을 급히 이루기 위해 변화를 서두름. 예급진 세력. 빤점진. 급진하다.

급진적(急進的)[급찐적] ①변화나 발전이 급하게 이루어지는 것. ②목적을 이루기 위해 급하게 행동을 하는 것. 빤점진적.

급커브(急curve) 도로 등이 매우 급하게 굽은 부분. 예급커브 길.

급하다(急一)[그파다] ①일을 너무 서두르는 경향이 있다. 예선아는 약속 시간에 늦을까 봐 급하게 밥을 먹었다. ②사정이 몹시 딱하다. 예먹고살기 급하다. ③참고 기다리기가 답답하다. 예급한 마음. ③병의 상태가 위태롭다. 예급한 고비는 넘겼으니 안심하세요. ④기울기가 가파르다. 예경사가 급한 언덕길. 급히.

급행(急行)[그팽] ①급하게 감. ②〈급행열차〉의 준말. 빤완행. 급행하다.

급행열차(急行列車)[그팽녈차] 큰 정거장에서만 서며 빨리 달리는 열차. 준급행·급행차. 빤완행열차.

급행차(急行車)[그팽차] 〈급행열차〉의 준말.

급훈(級訓)[그푼] 학급의 교육 목표로 정한 교훈.

긋:다¹[귿따] ①줄을 치거나 금을 그리다. 예운동장에 흰 줄을 그어 놓았다.

②불을 켜기 위하여 성냥을 대고 당기다. ③범위 등을 분명히 정하다. [예]책임의 한계를 명확히 긋다. |활용| 그으니·그어.

긋:다[2] [귿따] ①비가 잠깐 멈추다. [예]비가 긋기를 기다리다. ②잠시 비를 피하여 그치기를 기다리다. [예]원두막에서 비를 긋다. |활용| 그으니·그어.

긍:정(肯定) 어떤 사실이나 생각 등을 그러하다고 인정함. [예]나는 어머니 말씀에 긍정을 했다. [반]부정. **긍정하다**.

긍:정적(肯定的) 어떤 사실이나 생각 등을 그러하다고 인정하는 것. [반]부정적.

긍:지(矜持) 재주나 능력 등에 자신이 있어서 스스로 가지는 자랑하는 마음. [예]야구 선수로서의 긍지를 가져라. [참]자부심.

기[1](氣) ①숨을 쉴 때 나오는 기운. [예]기가 통하다. ②활동의 근원이 되는 힘. 원기·생기·용기 등. [예]기가 넘치다./기가 부족하다.

기(가) 차다[관용] 하도 눈꼴사납고 어이가 없어 말이 나오지 않다.

기(를) 쓰다[관용] 있는 힘을 다하다. [예]나는 기를 쓰고 공부했다.

기[2](旗) 어떤 뜻을 나타내려고, 종이·헝겊 등에 특별한 그림을 그리거나 빛깔을 넣거나 하여 만든 것. 국기·응원기 등.

기각(棄却) 법원이 소송을 받아들이지 않음. **기각되다**. **기각하다**. [예]항소를 기각하다.

기간(期間) 어느 일정한 시기에서 다른 일정한 시기까지의 사이. [예]머무는 기간.

기간산업(基幹産業) [기간사넙] 한 나라의 산업이 발달하는 데 기초가 되는 중요한 산업. 철강·전력·석유 산업 등.

기강(紀綱) 으뜸이 되는 중요한 규율과 질서. [예]기강 확립/기강을 바로잡다.

기개(氣槪) 어떤 어려움에도 굽히지 않는 강한 의지. [예]대한 남아의 기개. [비]기상.

기겁(氣怯) 갑자기 매우 놀라거나 겁에 질려 숨이 막히는 듯이 다급한 소리를 지름. [예]동생이 커다란 개를 보고 기겁을 하여 도망쳤다. **기겁하다**.

기계(機械) [기계/기게] 동력으로 움직여서 일정한 일을 하게 만든 장치.

기계 공업(機械工業) 기계의 힘을 이용하여 물건을 생산하는 공업. [반]수공업.

기계 문명(機械文明) 기계의 발달에 따라서 생겨난 문명.

기계 체조(器械體操) 철봉·평행봉·뜀틀·링·평균대 등의 운동 기구를 사용하여 하는 체조. [반]맨손 체조.

기계톱(機械—) [기계톱/기게톱] 기계의 힘으로 톱날을 움직이게 된 톱. 둥근톱·띠톱 등.

기계화(機械化) [기계화/기게화] 사람이나 동물이 하는 일을 기계가 대신함. [예]농업의 기계화. **기계화되다**. **기계화하다**.

기고(寄稿) 부탁을 받고 신문·잡지 등에 실을 원고를 써서 보냄, 또는 그 원고. [비]투고. **기고하다**.

기고만장하다(氣高萬丈—) 일이 뜻대로 잘되어 우쭐하고 기세가 대단하다. [예]욱이는 엄마가 자기편을 들자 기고만장하여 형을 노려보았다.

기공[1](氣孔) ①곤충 몸뚱이 옆에 있는 숨구멍. ②식물의 잎이나 줄기의 겉면에 있는 작은 구멍. 공기 중의 이산화탄소를 빨아들이고 산소와 수분을 밖으로 내보내는

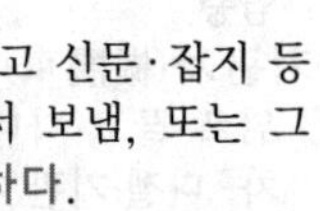

〈기공1②〉

역할을 한다.

기공²(起工) 공사를 시작함. 비착공. 반준공. 기공되다. 예다음 주에 기공될 아파트. 기공하다.

기관¹(氣管) ①숨 쉴 때 공기의 통로가 되는 관으로, 척추동물의 목에서 폐까지 이어지는 부분. 비숨통. ②곤충·거미 등의 호흡기의 일부.

기관²(器官) 생물체를 이루는 한 부분. 몇 개의 조직으로 이루어져, 일정한 모양을 갖추고 운동·감각·영양 등의 기능을 맡는다. 예호흡 기관.

기관³(機關) ①열·전기·증기 등을 운동에 필요한 힘으로 바꾸는 기계 장치. 비엔진. ②어떤 일을 이루기 위하여 설치된 조직. 예연구 기관.

기관사(機關士) 기차·비행기·배 등의 기관을 맡아보는 사람. 비기관수.

기관실(機關室) ①공장 등에서, 주요 기관을 설치해 둔 방. ②기차·비행기·배 등에서 추진 기관이 있는 방.

기관지(氣管支) 기관의 아래쪽에서 두 갈래로 갈라져 좌우 폐에 이어지는 부분.

기관지염(氣管支炎) 기관지에 생기는 염증.

기관차(機關車) 객차나 화차를 철도 위로 끌고 다니게 된 차. 전기 기관차·디젤 기관차 등.

기관총(機關銃) 방아쇠를 당기고 있으면 자동으로 총알이 재어지면서 연속으로 쏘아지는 총.

기괴하다(奇怪—) [기괴하다/기궤하다] 겉모양이나 분위기가 괴상하고 기이하다. 예기괴한 사건/기괴한 풍경.

기교(技巧) 어떤 일을 처리하거나 무엇을 만드는 기술이나 솜씨.

기구¹(氣球) 수소·헬륨 등 공기보다 가벼운 기체를 넣어 공중에 띄우는, 큰 공 모양의 물건.

기구²(器具) ①살림살이나 그릇·연장 등을 통틀어 이르는 말. ②짜임이나 다루기가 간단한 기계나 도구.

기구³(機構) ①하나의 조직을 이루고 있는 구조적인 체계. ②기계의 내부 구조.

기구하다(崎嶇—) 세상살이가 어렵고 고단하다. 예기구한 운명.

기권(棄權) [기꿘] 자기가 가지고 있는 투표·참가 등의 권리를 스스로 버리고 행사하지 않음. 예안건이 찬성 5명, 기권 10명으로 부결되었다. 기권하다.

기근(飢饉) ①흉년으로 식량이 모자라 굶주리는 상태. 예가뭄으로 기근이 들다. 비굶주림·기아. ②'필요한 물자가 크게 부족한 현상'을 비유하여 이르는 말.

기금(基金) 어떤 일을 위하여 모아서 준비해 놓은 돈. 예장학 기금.

기기(機器) '기계'와 '기구'를 통틀어 이르는 말. 예컴퓨터 기기.

기기묘묘하다(奇奇妙妙—) 매우 이상하고 묘하다.

기껍다 [기껍따] 마음속으로 매우 기쁘다. |활용| 기꺼우니·기꺼워. 기꺼이. 예나는 친구의 충고를 기꺼이 받아들였다.

기ː껏 [기껃] 힘이 미치는 데까지. 예기껏 도와준다는 것이 일을 그르치게 만들었다. 비겨우·고작.

기ː껏해야 [기꺼태야] 아무리 한다고 해야.

기ː나길다 《주로 '기나긴'의 꼴로 쓰여》 매우 길다. 예기나긴 세월 자식을 위해 고생하시는 어머니.

기내(機內) 비행기의 안. 예기내 방송/기내 식사.

기내식(機內食) 비행기 안에서 먹을 수 있도록 제공되는 간단한 식사와 음료수.

기네스북(Guinness Book) 영국의 맥주 회사 기네스 사가 세계 최고 기록만을 모아 해마다 펴내는 책. 영국의 놀리스 형제가 처음 시작하여 지금은 세계적으로 인기 있는 책 가운데 하나가 되었다.

기념(紀念) ①뒷날 어떤 일을 되새길 자료로 삼음. 또는 그 물건. 예출판 기념 행사. ②지난 일을 되새겨 기억을 새롭게 함. 기념되다. 기념하다.

기념관(紀念館) 뜻깊은 사적이나 사건을 기념하기 위하여 지은 집. 예독립 기념관.

기념물(紀念物) ①국가나 공공 단체에서 특히 보존할 가치가 있는 물건. 예천연기념물로 정한 동물. ②➡기념품.

기념비(紀念碑) 어떤 일을 기념하기 위하여 세운 비.

기념사진(紀念寫眞) 어떤 일을 오랫동안 잊지 않고 기억하기 위하여 찍는 사진. 예입학 기념사진.

기념식(紀念式) 어떤 일을 오래도록 잊지 않기 위하여 일정한 날에 베푸는 식. 예광복절 기념식을 거행하다.

기념일(紀念日)[기녀밀] 어떤 일을 오래도록 잊지 않기 위해 정한 날. 예회사 창립 기념일.

기념 잔치(紀念—) 경사스러운 일을 기념하기 위하여 음식을 차려 놓고 여러 사람을 청하여 즐기는 일.

기념탑(紀念塔) 어떤 일을 길이 기념하기 위해 세운 탑.

기념품(紀念品) 어떤 일을 기념하기 위해 주고받는 물건. 예기념품 증정. 비기념물.

기념행사(紀念行事) 어떤 일을 기념하기 위해 하는 행사.

기는줄기 고구마같이 땅 위로 기어서 뻗는 줄기. 반감는줄기·곧은줄기.

기능¹(技能) 기술적인 재능이나 능력. 예기능이 뛰어난 사람. 비기량.

기능²(機能) ①어떤 사물의 하나하나에 갖추어져 있는 작용이나 능력. 예심장의 기능. ②어떤 단체가 그 권리 안에서 할 수 있는 역할.

기능공(技能工) ①기술적으로 숙달된 능력 또는 재능을 가진 사람. ②기능계의 기술 자격을 얻은 사람.

기니 만(Guinea灣) 아프리카 중부 서쪽 해안의 감비아에서 앙골라에 이르는 지역의 해안.

기다 ①몸을 엎드리거나 배를 바닥에 대고 손발을 놀려 앞으로 나아가다. 예아기가 방바닥을 기어 다닌다. ②남에게 눌리어 기를 펴지 못하다.

기:다랗다[기다라타] 생각한 것보다 매우 길다. 예기다란 몽둥이. |활용| 기다라니·기다래. |잘못| 길다랗다.

기다리다 사람이나 때 등이 오기를 바라다. 예자기 차례를 기다리다./빈 택시가 손님을 기다리고 있다.

기단¹(氣團) 기온과 습도 등의 상태가 같은 성질을 가지고 수평으로 넓게 퍼져 있는 공기 덩어리.

기단²(基壇) 건물이나 비석 등의 기초가 되는 밑받침.

기대(期待) 어떤 일이 이루어지기를 바라고 기다리는 마음. 예기대에 못 미치는 성적. 기대되다. 예앞날이 기대되는 젊은이. 기대하다.

기대감(期待感) 앞으로 올 일을 예상하여 바라고 기다리는 마음.

기:대다 ①몸이나 물건을 다른 것에 비스듬히 대다. 예우산을 접어 벽에 기대어 놓았다. ②남의 도움에 의지하다. 예동생이 형님에게 기대어 살다.

기:대서다 벽 등에 몸을 기대어 비스듬히 서다. 예나는 창가에 기대서서 밖을 내다보았다.

기도¹(企圖) 일을 꾸며 내려고 꾀함. 기도되다. 기도하다. 예그는 탈출을 기도했다.

기도²(祈禱) 소원이 이루어지기를 신에게 비는 일. 例엄마는 가족의 건강을 위해 기도를 하셨다. 凹기원. 기도하다.

기도³(氣道) 동물이 숨을 쉴 때 공기가 폐에 드나드는 통로.

기도문(祈禱文) ①기도의 내용을 적은 글. ②기도할 때 외는 글.

기독교(基督教)[기독꾜] 세계 3대 종교의 하나. 예수 그리스도가 창시한 종교. 하느님을 믿고 그의 사랑에 따름으로써 영혼의 구원을 얻는 것을 목적으로 한다. 凹그리스도교·크리스트교·예수교.

기독교 여자 청년회(基督教女子青年會) 기독교의 믿음을 중심으로 하는 국제 여성 운동 단체. 凹와이더블유시에이(YWCA).

기독교 청년회(基督教青年會) 기독교의 믿음에 기초를 두고, 인격 향상과 봉사를 통한 사회 활동을 목적으로 하는 국제 단체. 凹와이엠시에이(YMCA).

기동¹(起動) 몸을 일으켜 움직임. 例기동을 못하는 환자/기동이 불편하다. 기동하다.

기동²(機動) 상황에 따라 재빠르게 하는 행동. 例신문사의 기동 취재반/기동 타격대.

기동대(機動隊) 전략에 따라 재빠르게 행동하는 군대나 경찰 부대.

기동력(機動力)[기동녁] 상황에 따라 재빠르게 행동할 수 있는 능력.

기동성(機動性)[기동썽] 상황에 따라 재빠르게 행동할 수 있는 특성.

기둥 ①집이나 물건을 받치거나 버티는 나무. ②집안이나 단체에서 '가장 중요한 사람'을 비유하여 이르는 말. 例청소년은 나라의 기둥이다.

기라성(綺羅星) 《밤하늘에 반짝이는 수많은 별이라는 뜻으로》 '지위가 높거나 훌륭한 사람들'을 비유하여 이르는 말. 例기라성 같은 선배들/인기 스타들이 기라성처럼 늘어서 있다.

기량(技倆) 사람의 기술적인 재주나 솜씨. 凹기능.

기러기 오릿과의 물새. 몸빛은 등 쪽이 갈색, 부리와 다리는 황색이며 목이 길고 다리가 짧다. 가을에 우리나라에 와서 봄에 북쪽으로 가는 철새로, 강·바다 등에서 산다.

〈기러기〉

기러기 한평생관용 정처 없이 떠돌아다니는 고생스러운 인생.

기력(氣力) 일을 맡아서 해낼 수 있는 정신과 육체의 힘. 凹근력.

기로(岐路) ➡갈림길. 例우리는 늘 선택의 기로에 서 있다.

기록(記錄) ①사실을 뒤에 남기려고 적음, 또는 그런 글. 例관찰 기록. 凹기재. ②운동 경기 등의 성적. 例최고 기록을 세우다. ③그림·소리·자료 등의 정보를 뒤에 다시 이용하려고 보관하는 일. 기록되다. 기록하다.

기록문(記錄文)[기롱문] 보고 듣고 겪은 일이나 관찰·조사한 일을 사실대로 적은 글.

기록부(記錄簿)[기록뿌] 어떤 내용을 적어 놓은 책 또는 서류.

기록실(記錄室)[기록씰] 남길 필요가 있는 내용을 적는 일을 하는 방.

기록장(記錄帳)[기록짱] 남길 필요가 있는 내용을 적어 놓는 공책.

기뢰(機雷)[기뢰/기뤠] 적의 배를 부수기 위해 물속이나 물 위에 설치한 폭탄.

기류(氣流) ①공기의 흐름. 주로 높은 공중의 바람이나, 올라가거나 내려가는 공기의 흐름을 이른다. ②비행기 등이 공중에서 일으키는 바람.

기르다 ①동식물을 보살펴서 자라게 하다. [예]개를 기르다. ②몸이나 정신을 닦아 강하게 하다. [예]체력을 기르다. ③인재를 가르쳐 내다. [예]제자를 길러 내다. ④머리털 등을 자라게 내버려 두다. [예]수염을 기르신 할아버지. ⑤기술·버릇 등을 익숙하게 익히다. [예]저축하는 습관을 기르자. |활용| 기르니·길러.

'기르다'와 '키우다'의 구별

기르다 : 자라게 하는 대상이, '길이'와 관련된 경우에 쓰인다. [예]아이를 기르다./화초를 기르다./×몸집을 기르다.

키우다 : 자라게 하는 대상이, '부피'나 '양'과 관련된 경우에 쓰인다. [예]아이를 키우다./몸집을 키우다./×수염을 키우다.

기름 ①물보다 가볍고, 미끈미끈하며 불에 잘 타는 액체. 동물성 기름·식물성 기름·광물성 기름 등으로 나뉜다. ②'석유'를 달리 이르는 말. [예]차에 기름을 넣다. ③동물의 지방.

기름걸레 ①기름을 묻혀서 닦는 걸레. ②기름을 닦아 내는 걸레.

기름기(—氣) [기름끼] ①기름덩이가 많은 고기. [예]나는 기름기가 많은 고기는 싫어한다. ②'넉넉하고 윤기가 흐르는 기운'을 비유하여 이르는 말. [예]기름기가 좌르르 흐르는 얼굴.

기름나물 산형과의 여러해살이풀. 여름에 흰색 꽃이 피며, 길둥근 열매를 맺는다. 양지바른 산기슭에서 자란다.

기름때 기름이 묻은 곳에 먼지가 앉아서 된 끈끈한 때.

기름띠 흘러나온 기름이 강이나 바닷물 위에 띠처럼 떠 있는 것.

기름종이 기름을 먹여 물에 젖지 않게 한 종이. [비]유지.

기름지다 ①기름기가 많다. [예]기름진 음식. ②땅에 영양분이 많다. [예]기름진 평야.

기름크림(—cream) '콜드크림'의 북한말.

기리다 좋은 점이나 잘하는 일을 칭찬하여 말하다. 찬사를 드리다. [예]한글을 만드신 세종 대왕의 업적을 기리다.

기린(麒麟) 기린과의 동물. 포유동물 가운데 키가 가장 커서 6 m나 되며 목이 길다. 몸빛은 누런 흰색 바탕에 검은 갈색의 얼룩점이 있고, 한 쌍의 짧은 뿔이 있다. 초원이나 숲에서 산다.

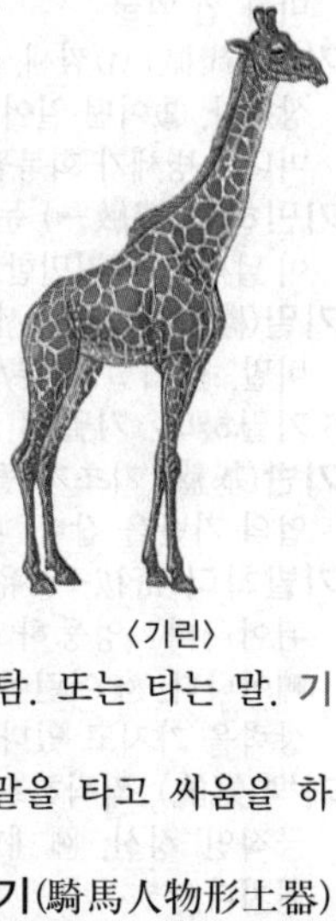
〈기린〉

기립(起立) 일어섬. [예]기립 박수. **기립하다**.

기마(騎馬) 말을 탐. 또는 타는 말. **기마하다**.

기마병(騎馬兵) 말을 타고 싸움을 하는 병사. [준]기병.

기마 인물형 토기(騎馬人物形土器) 5세기 무렵에 만들어진 가야 시대의 토기. 나팔 모양의 접시 위에 직사각형의 판을 설치하고 그 위에 말 탄 사람의 상을 올려놓았으며, 말의 엉덩이 부분에 두 개의 뿔잔을 놓았다.

기마전(騎馬戰) 말을 타고 하는 싸움을 본뜬 놀이.

기막히다(氣—) [기마키다] ①너무 엄청나 숨을 못 쉴 정도로 어이가 없다. [예]기막힌 죽음을 당하다. ②매우 훌륭하거나 정도가 높다. [예]음식 맛이 기막히다./기막히게 좋은 생각이 떠올랐다.

기만(欺瞞) 남을 그럴듯하게 속여 넘김. 예그는 믿었던 친구에게 기만을 당했다. 기만하다.

기묘하다(奇妙—) 이상야릇하고 묘하다. 예기묘한 옷차림. 비기이하다. 기묘히.

기물(器物) 살림살이에 쓰는 여러 가지 그릇.

기미[1] 병이나 심한 괴로움 등으로 얼굴에 생기는 거무스름한 얼룩점. 예기미가 낀 얼굴.

기미[2](幾微) ①낌새. 눈치. 예기미가 이상하다. ②어떤 일이 일어날 기운. 예할머니의 병세가 회복될 기미가 보였다.

기민하다(機敏—) 눈치가 빠르고 행동이 날쌔다. 예기민한 동작. 비민첩하다.

기밀(機密) 드러내서는 안 될 중요한 비밀. 예기밀 서류/기밀을 누설하다. 기밀하다. 기밀히.

기반(基盤) 기초가 될 만한 바탕. 예사업의 기반을 잡다. 비틀·토대.

기발하다(奇拔—) 유달리 재치가 있고 뛰어나다. 엉뚱하고 이상할 정도로 빼어나다. 예어린아이들은 기발한 상상력을 가지고 있다.

기백(氣魄) 씩씩하고 굳센 성질과 적극적인 정신. 예대한 남아의 기백을 떨치다.

기법(技法) [기뻡] 기교를 부리는 방법. 예창작 기법. 비수법.

기별(奇別) 소식을 전하여 알려 줌. 또는 소식을 적은 종이. 예전학 간 친구에게서 아직 아무런 기별이 없다. 기별하다.

기병[1](起兵) 군사를 일으킴.

기병[2](騎兵) 말을 타고 싸우는 병사. 비기마병.

기본(基本) 사물·현상·이론 등의 가장 중요한 밑바탕. 예기본 실력을 쌓다. 비근본·기초.

기본권(基本權) [기본꿘] 인간으로서 마땅히 누려야 할 기본적 권리. |참고| 신체·언론·종교의 자유 및 근로의 권리 등으로, 헌법에 보장되어 있다.

기본적(基本的) 기본이 되는 성질을 가진 것. 예국민의 기본적 의무.

기본형(基本形) ①어떤 낱말이 여러 모양으로 바뀌기 이전의 기본 형태. |참고| '먹으니'·'먹어' 등으로 쓰이는 이 낱말의 기본형은 '먹다'이다. 비으뜸꼴. ②변화하는 것의 본디 모양.

기부(寄附) 어떤 일에 도움을 줄 목적으로 돈이나 물건을 내놓음. 비기증. 기부하다. 예학교에 장학금을 기부하다.

기부금(寄附金) 어떤 일에 도움을 줄 목적으로 내놓는 돈.

기분(氣分) ①마음에 생기는 유쾌·불쾌·우울 등의 감정. 예예쁜 옷을 입으니 기분이 좋다. ②분위기. 예명절 기분이 난다.

기뻐하다 기쁘게 여기다. 예형은 합격 전화를 받고 뛸 듯이 기뻐했다. 반슬퍼하다.

기쁘다 마음에 즐거운 느낌이 있다. 예나는 휴대 전화를 선물로 받고 무척 기뻤다. 반슬프다. |활용| 기쁘니·기뻐.

┌─────────────────────────┐
│ : : : '기쁘다'와 '즐겁다'의 구별 : : : │

기쁘다 : 바라던 일이 이루어져 기분이 좋게 되는 것을 뜻한다. 주로 어떤 사실에 대한 마음의 반응을 나타낸다. 경험의 측면보다 판단의 측면이 강조된다. 예동생이 생겨서 기쁘다.

즐겁다 : 움직임이나 활동 자체가 주는 만족감 때문에 기분이 좋게 되는 것을 뜻한다. 판단의 측면보다 경험의 측면이 강조된다. 예나는 운동장에서 즐겁게 뛰어놀았다.
└─────────────────────────┘

기쁨 마음이 즐거움. 기쁜 느낌. 예기쁨은 나누면 배가 된다. 반슬픔.

기사[1](技士) ①자동차 등을 운전하는 사람. 예버스 기사. 비운전사. ②시험을 통하여 인정되는 기술 자격 등급의 한 가지.

기사[2](技師) 관청이나 회사에서 전문적인 기술을 필요로 하는 일을 맡아 보는 사람.

기사[3](記事) ①사실을 적음, 또는 그 글. ②신문이나 잡지에 실린 글.

기사[4](棋士) 바둑을 직업으로 삼아 두는 사람.

기사[5](騎士) ①말을 타고 싸우는 무사. ②중세 유럽의 무사 계급을 이르는 말.

기삿거리(記事—) [기사꺼리/기삳꺼리] 신문이나 잡지에 실릴 만한, 중요하거나 흥미 있는 글감.

기상[1](氣象) 비·눈·바람·구름 등 대기 속에서 일어나는 현상. 예기상 예보. 비기후.

기상[2](氣像) 사람이 타고난 씩씩하고 굳센 정신, 또는 그것이 겉으로 드러난 모습. 예늠름한 기상. 비기개.

기상[3](起牀) 잠자리에서 일어남. 예기상 시간. 반취침. 기상하다. 예아침 5시에 기상하다.

기상 관측(氣象觀測) 대기 중에서 일어나는 현상을 알기 위하여 기압·기온·습도·바람 등의 기상 요소를 재는 일.

기상나팔(起牀喇叭) 아침에 일어나야 할 시각을 알리기 위하여 부는 나팔.

기상대(氣象臺) 기상을 관측하거나 조사·연구·통보하는 기관. '관상대'의 고친 이름.

기상 이변(氣象異變) 보통 과거 30년 동안의 기상에 비하여 매우 다른 기상 현상.

기상청(氣象廳) 중앙 행정 기관의 하나. 기상 예보 및 자연 현상으로 인한 재해 현상의 관측 등에 관한 일을 맡아본다.

기색(氣色) 얼굴에 나타난 마음속의 생각이나 감정 등. 예피곤한 기색이 보이다.

기생[1](妓生) 지난날, 잔치나 술자리에 나가 노래·춤 등으로 흥을 돋우는 일을 직업으로 하던 여자.

기생[2](寄生) ①생물이 다른 생물에 붙거나 몸속에 들어가 양분을 얻어 살아가는 일. ②스스로의 힘으로 생활하지 않고 남에게 기대어 살아가는 일. 기생하다.

기생충(寄生蟲) ①다른 생물에 붙어서 양분을 빨아 먹고 사는 동물. 회충·요충 등. ②'자기는 일하지 않고 남에게 기대어 사는 사람'을 얕잡아 이르는 말.

기선[1](汽船) 증기 기관의 힘으로 움직이는 배.

기선[2](機先) ①어떤 일을 일으키려는 그 직전. ②어떤 일이 일어나려는 그 직전.

　기선을 잡다(관용) 상대가 행동하기 전에 행동하여 상대의 계획이나 기세를 꺾다.

기성(旣成) 어떤 사물이 이미 되어 있거나 만들어져 있음. 이미 그렇게 되어 있음.

기성복(旣成服) 맞춤에 의한 것이 아니고, 일정한 기준 치수에 맞추어 미리 만들어 놓고 파는 옷. 반맞춤옷.

기성세대(旣成世代) 현재 그 사회의 중심으로 자리 잡고 있는 세대. |참고| 기성세대는 '낡은 세대', '나이 든 세대'라는 뜻으로도 쓰인다. 참신세대.

기성회(期成會) [기성회/기성훼] 어떤 일을 이루고자 뜻을 같이하는 사람들이 만든 모임.

기세(氣勢) ①기운차게 뻗치는 상태. 예당당한 기세/기세를 떨치다. ②남이 보기에 두려워할 만한 힘. 예현수는 당장이라도 나에게 달려들 기세였다.

기소(起訴) ①법원에 재판을 신청함. ②형사 사건에서 검사가 법원에 재판을 신청함. ②밴불기소. 기소되다. 기소하다.

기수¹(奇數) 홀수. 밴우수.

기수²(基數) 수를 나타내는 기본이 되는 수. 십진법에서는 0에서 9까지의 정수를 이른다. 밴서수.

기수³(旗手) ①군대나 단체 등의 행진에서, 앞에서 기를 가지고 신호를 하는 사람. ②'어떤 단체의 대표로서 앞장서는 사람'을 비유하여 이르는 말. 예평화 운동의 기수.

기수⁴(機首) 비행기의 앞머리. 예조종사는 기수를 서쪽으로 돌렸다.

기수⁵(騎手) 말을 타는 사람, 특히 경마에서 말을 타는 사람.

기수법(記數法) [기수뻡] 수를 숫자로 나타내는 방법.

기숙(寄宿) 잠시 남의 집에서 먹고 자고 함. 기숙하다.

기숙사(寄宿舍) [기숙싸] 학교나 회사 등에서, 학생이나 사원들을 위해 공동 시설을 해 놓은 집.

기술(技術) ①어떤 일을 정확하고 능률적으로 해내는 솜씨. 예씨름의 기술. ②지식을 생산 등에 이용할 수 있는 방법.

기술자(技術者) [기술짜] ①기술을 가진 사람. ②기술에 관한 전문적 지식을 가지고 있는 사람.

기술적(技術的) [기술쩍] ①기술에 관계되는 것. 예기술적인 어려움은 없다. ②어떤 일을 요령 있게 하는 것. 예수비 선수를 기술적으로 제치다.

기슭 [기슥] 비탈진 곳의 아랫부분. 예지리산 기슭에 자리 잡은 마을. |발음| 기슭이 [기슬기] · 기슭도 [기슥또] · 기슭만 [기승만]

기습(奇襲) 몰래 움직여 갑자기 공격함. 예적의 기습 공격. 밴급습 · 습격. 기습하다.

기승(氣勝) 기운 · 힘 등이 누그러들지 않음, 또는 그 기운이나 힘. 예마지막 늦더위가 기승을 부린다.

기아(飢餓) 굶주림. 예기아에 허덕이는 난민을 구하자. 밴기근.

기악(器樂) 악기로 연주하는 음악. 밴성악.

기악곡(器樂曲) [기악꼭] 기악 연주를 하기 위해 만들어진 악곡.

기악 합주(器樂合奏) 여러 가지 악기를 각각 맡아서 여럿이 함께 연주하는 일.

기암(奇岩) 이상야릇하고 묘하게 생긴 바위.

기암괴석(奇岩怪石) [기암괴석/기암궤석] 이상야릇하고 묘하게 생긴 바위와 괴상하게 생긴 돌.

기암절벽(奇岩絕壁) 이상야릇하고 묘하게 생긴 바위와 깎아지른 듯한 낭떠러지.

기압(氣壓) 지구를 둘러싼 공기가 지구를 누르는 힘.

기압계(氣壓計) [기압계/기압께] 지구를 둘러싼 공기의 압력을 재는 장치.

기압골(氣壓一) [기압꼴] 고기압과 고기압 사이에 가늘고 길게 뻗은 저기압 구역. 기압골이 다가오면 대체로 날씨가 흐려진다.

기압 배치(氣壓配置) 대기의 움직임에 의한 고기압과 저기압의 분포 상태.

기약(期約) 때를 정하여 약속함. 기약하다. 예다시 만날 날을 기약합시다.

기약 분수(既約分數) 분모와 분자의

공약수가 1뿐인 분수. 즉, 더 약분할 수 없는 분수.

기어(gear) 톱니바퀴. 또는 몇 개의 톱니바퀴로 이루어져 기계의 힘을 전달하는 장치.

기어가다 [기어가다/기여가다] ①기어서 앞으로 나아가다. 예벌레가 풀밭을 기어간다. ②자동차 등이 매우 천천히 가다. 예눈이 와서 차들이 기어가고 있다.

기어 나오다 기어서 밖으로 나오다. 예땅속에서 기어 나오는 벌레.

기어 다니다 기어서 지나가고 지나오고 하다. 예아기가 방 안에서 기어 다닌다.

기어들다 [기어들다/기여들다] ①몰래 슬그머니 들어가거나 들어오다. 예나는 식구들의 눈을 피해 집 안으로 기어들었다. ②움츠려 들어가다. 예민수는 기어드는 목소리로 대답했다. |활용| 기어드니·기어들어.

기어 오다 기어서 이리로 오다.

기어오르다 [기어오르다/기여오르다] ①기어서 높은 곳으로 가다. 예절벽을 기어오르다. ②웃어른이 너그럽게 대해 주는 것을 이용해 버릇없이 굴다. |활용| 기어오르니·기어올라.

기어이(期於一) ①꼭. 반드시. 예이번에는 기어이 우승을 하고 말겠다. ②마침내. 예그렇게 말렸는데도 기어이 갔단 말이야? 예기어코.

기어코(期於一) 기어이. 예네가 기어코 일을 저지르고 말았구나.

기억(記憶) 지난 일을 잊지 않거나 도로 생각해 냄, 또는 그 내용. 예동무들과 시냇가에서 놀던 기억이 난다. 기억되다. 기억하다.

기억력(記憶力) [기엉녁] 기억하는 능력. 예우리 누나는 기억력이 좋다.

기억 상실(記憶喪失) 자기와 관계 깊은 어떤 사실이나 지난 일을 생각하지 못하게 되는 일.

기억 용량(記憶容量) 컴퓨터의 기억 장치가 기억할 수 있는 정보의 양.

기억 장치(記憶裝置) 컴퓨터의, 수나 명령 등을 기억하는 부분.

기업(企業) 돈을 벌 목적으로 사업을 경영하는 일, 또는 그 사업.

기업가(企業家) [기업까] 기업에 자본을 대고 그 기업을 경영하는 사람. 예기업인.

기업인(企業人) [기어빈] ➡기업가.

기업체(企業體) 돈을 벌 목적으로 사업을 경영하는 단체.

기여(寄與) 남에게 도움이 되도록 이바지함. 예공헌·이바지. 기여되다. 기여하다.

기여도(寄與度) 남에게 도움이 되는 정도. 예기여도가 높다.

기역 한글 닿소리 'ㄱ'의 이름.

기염(氣焰) 의견 등에 나타나는 굉장한 기운.

기염을 토하다 [관용] 대단한 기세로 큰소리를 치다.

기예(技藝) 미술·공예 등에 관한 기술. 예기예를 닦다.

기온(氣溫) 대기의 온도. 보통 지면으로부터 1.5m 높이에 있는 공기의 온도를 이른다.

기와 찰흙·시멘트 등을 일정한 모양으로 굳히고 구워 낸, 지붕을 이는 데 쓰는 물건.

기와지붕 기와를 이은 지붕.

기와집 지붕을 기와로 인 집.

기왓장(一張) [기와짱/기완짱] 기와의 낱장.

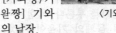
〈기와집〉

기왕(既往) ①이미. 벌써. 그렇게 된 바에. 예기왕 발길을 옮겼으니 가야지. 예이왕. ②지나간 때. 과거.

기왕이면(既往—) 이미 그렇게 된 바에는. 예기왕이면 예쁜 그릇에 담으면 좋잖아. 비이왕이면.

기왕지사(既往之事) 이미 지나간 일. 예기왕지사니 미안하게 생각하지 마.

기용(起用) 능력 있는 사람을 중요한 자리에 뽑아 올려 씀. 비등용. 기용되다. 기용하다.

기우[1](杞憂) 《기(杞)나라 사람이 하늘이 내려앉을까 걱정했다는 이야기에서》 '쓸데없는 걱정'을 이르는 말. 예운동회 날 비가 올 것 같다는 생각은 기우에 지나지 않았다.

기우[2](祈雨) 날이 가물 때 비가 오기를 빎. 기우하다.

기우뚱거리다 ①무엇을 생각하느라 고개를 자꾸 이쪽저쪽으로 기울이다. 예영미는 이상하다는 듯이 고개를 기우뚱거렸다. ②물체가 자꾸 좌우로 기울어지다. 예파도에 배가 기우뚱거린다. 비기우뚱대다. 좌갸우뚱거리다. 센끼우뚱거리다.

기우뚱대다 ➡기우뚱거리다.

기우뚱하다 ①무엇을 생각하느라 고개를 한쪽으로 기울이다. ②물체가 한쪽으로 기울어져 있다. 예거실에 액자가 기우뚱하게 걸려 있다. 좌갸우뚱하다. 센끼우뚱하다.

기우제(祈雨祭) 날이 가물 때 비가 오기를 비는 제사.

기운 ①생물이 살아 움직이는 힘. 예할머니는 이제 기운을 되찾으셨다. ②느낄 수는 있으나 볼 수는 없는 현상. 예따뜻한 기운이 남아 있는 고구마. ③기미. 예감기 기운이 있다.

기운차다 기운이 세차다. 예군인들이 기운차게 군가를 부른다. 비힘차다.

기울기 어떤 물체의 기울어진 정도. 예빗면의 기울기. 비경사.

기울다 ①한쪽으로 비스듬하게 되거나 내려앉다. 예파도로 배가 한쪽으

로 기울었다. 좌갸울다. 센끼울다. ②형편이 불리해지다. 예나라 운명이 기울다. ③생각이나 상황이 한쪽으로 쏠리다. 예회의 결과 의견이 찬성 쪽으로 기울었다. ④해나 달이 저물다. 예해가 서산으로 기울다. |활용| 기우니·기울어.

기울어지다 [기우러지다] 한쪽으로 기울게 되다. 예배가 오른쪽으로 기울어졌다. 좌갸울어지다. 센끼울어지다.

기울이다 [기우리다] ①기울게 하다. 예잔을 기울이다. 좌갸울이다. 센끼울이다. ②주의·힘·정성 등을 한곳으로 모으다. 예연구에 힘을 기울이다./나는 귀를 기울이고 바이올린 소리를 들었다.

기웃거리다 [기운꺼리다] 무엇을 보려고 고개나 몸을 자꾸 이쪽저쪽으로 기울이다. 예왜 남의 방을 기웃거리는 거야? 비기웃대다. 좌갸웃거리다. 센끼웃거리다.

기웃기웃 [기운기운] 자꾸 기웃거리는 모양. 예웬 낯선 사람이 기웃기웃 우리 집을 들여다본다. 좌갸웃갸웃. 센끼웃끼웃.

기웃대다 [기운때다] ➡기웃거리다.

기웃하다 [기우타다] 고개나 몸이 한쪽으로 조금 기울어져 있다. 좌갸웃하다. 센끼웃하다. 기웃이.

기원[1](祈願) 바라는 일이 이루어지기를 빎. 비기도. 기원하다. 예어린이 여러분의 건강을 진심으로 기원합니다.

기원[2](紀元) ①역사의 햇수를 세는 기준이 되는 해. |참고| 기원 이전은 '기원전 몇 년'으로, 기원 이후는 '서기 몇 년'으로 나타낸다. ②나라를 세운 첫해. 예단군기원.

기원[3](起源) 어떤 일이 생긴 근원. 예인류의 기원. 비발상.

기원전(紀元前) 예수 탄생의 해가 시작되기 이전. 예기원전 5세기. 반기원후.

기원후(紀元後) 예수가 태어난 해 이후. 예기원후 2세기. 반기원전.

기이하다(奇異—) 보통과 달리 이상야릇하다. 유별나고 이상하다. 비기묘하다.

기인¹(奇人) 기이한 사람. 성격·말·행동이 별난 사람. 비괴짜.

기인²(起因) 무슨 일을 일으키는 원인이 됨, 또는 그 원인. 기인되다. 기인하다.

기일¹(忌日) 사람이 죽은 날. 비제삿날·명일.

기일²(期日) 어떤 일을 하도록 미리 정해 놓은 날.

> **: : : : '기일²'과 '기한'의 구별 : : : :**
>
> 기일 : '미리 정해진 또는 정해 놓은 바로 그날'만을 가리킬 때 쓴다. 예시험 기일/재판 기일.
> 기한 : '어느 때로부터 앞으로 다가올 어느 때까지의 동안'을 가리킬 때 쓴다. 예유통 기한/접수 기한.

기입(記入) 어떤 내용을 적어 넣음. 비기재. 기입되다. 기입하다.

기입장(記入帳) [기입짱] 어떤 내용을 적어 넣는 공책. 예용돈 기입장.

기자(記者) 신문사·잡지사·방송국 등에서, 기사를 모으거나 쓰는 사람. 예취재 기자.

기자단(記者團) 기사를 모으는 지역이나 부서가 같은 기자들로 이루어진 단체.

기자 회견(記者會見) 어떤 일이나 현상에 대하여 신문·방송 등의 대중 매체를 통하여 일반 사람들에게 그 내용을 알리려고 기자들을 불러 모아 여는 모임.

기장¹ 볏과의 한해살이풀. 식용 작물의 한 가지로 밭에 심는다. 열매는 가을에 익는데, 엷은 노란색이며 좁쌀보다는 알갱이가 굵다.

기장²(機長) 항공기 승무원 중의 최고 책임자.

기재(記載) 적어 넣음. 문서에 기록하여 실음. 예기재 사항을 모두 적었다. 비기입.

기저귀 젖먹이의 대소변을 받아 내기 위하여 채우는 헝겊이나 종이. 예기저귀를 갈다.

기적¹(汽笛) 기차나 배 등의 신호 장치, 또는 그것으로 내는 소리. 예기적을 울리며 배가 출발했다./기차가 기적 소리와 함께 떠나갔다.

기적²(奇跡) ①상식으로는 도저히 생각할 수 없는 이상야릇한 일. 예기적이 일어나다. ②기독교에서, 사람의 힘으로는 이룰 수 없는 일을 이루어 냄.

기절(氣絶) 한때 정신을 잃고 숨이 막힘. 예나는 너무나 놀라서 기절을 할 뻔했다. 비졸도·혼절. 기절하다.

기점(起點) [기쩜] 어떤 것이 시작되는 곳. 예이번 마라톤 대회는 여의도를 기점으로 한다./경부선의 기점은 서울역이다. 비출발점. 반종점.

기정사실(旣定事實) 이미 정해진 일. 예우리 대표 팀의 월드컵 본선 진출은 기정사실이다.

기제사(忌祭祀) 해마다 사람이 죽은 날에 지내는 제사. 비기제.

기존(旣存) 이전부터 있음. 이미 되어 있음. 예기존 시설을 이용하다. 기존하다.

기죽다(氣—) [기죽따] 기세가 꺾여 약해지다. 예성적이 떨어졌다고 기죽지 말고 힘내라.

기준(基準) 기본이 되는 표준. 예합격의 기준을 세우다.

기준량(基準量)[기준냥] 두 개의 수량을 비율을 써서 비교할 때 기준이 되는 양.

기준 점(基準點)[기준쩜] 계산·측정 등을 할 때의 기준이 되는 점. 예기준점을 잡다.

기준표(基準表) 일정한 부분에서의 기준을 보여 주는 도표나 일람표. 예열차 운임의 기준표.

기중기(起重機) 무거운 물건을 들어올리거나 내리거나 이동시키는 기계.

기증(寄贈) 물건을 선물이나 기념으로 줌. 凹기부. 기증되다. 기증하다. 예그는 자신의 모교에 책을 기증하였다.

기지¹(基地) 부대나 탐험대 등이 활동의 터전으로 삼는 곳. 예남극 세종 기지.

기지²(機智) 그때그때의 상황에 따라 재빠르게 나타내는 재치. 예속담에서 선조들의 기지를 엿볼 수 있다.

기지개 피곤할 때 몸을 쭉 펴고 팔다리를 뻗는 짓. 기지개하다.

기진맥진(氣盡脈盡) 힘이 다하고 맥이 풀림. 기진맥진하다.

기질(氣質) ①개인의 감정적인 성질. 다혈질·신경질 등. ②개인이나 집단의 특별한 성질. 예함경도 기질.

기차(汽車) ①사람이나 짐을 실어 나르는 철도 차량을 끄는 차. ②열차.

기차놀이(汽車—)[기차노리] 여럿이 한 줄로 서서 앞사람의 어깨나 허리를 잡고 기차 소리를 흉내 내며 다니는 놀이.

기차다(氣—) '말할 수 없을 만큼 좋거나 훌륭하다'를 속되게 이르는 말. 예이 떡볶이, 기차게 맛있다!

기차역(汽車驛) 기차가 도착하거나 떠나는 역.

기차표(汽車票) 기차를 탈 수 있는 표. 凹승차권.

기착(寄着) 목적지로 가는 도중 어떤 곳에 닿거나 들름. 예귀국하는 길에 홍콩에 잠시 기착을 할 예정이다. 기착하다.

기찻길(汽車—)[기차낄/기찬낄] 기차가 달리게 만들어 놓은 철길. 凹철로.

기척 누가 있는 줄을 알 만한 소리나 기색. 예사람이 오는 기척이 났다./집 안에서는 아무런 기척이 없다.

기체¹(氣體) 공기·산소 등과 같이 일정한 모양과 부피가 없고 자유로이 움직이는 물질. 凹고체·액체.

기체²(機體) 비행기의 몸통. 또는 비행기 엔진 이외의 부분.

기초(基礎) ①사물이 이루어지는 바탕. 예사회생활의 기초는 행복한 가정에 있다. 凹근본·기본. ②집이나 다리·둑 등의 무게를 받치기 위해 만든 밑받침. 예기초 공사.

기초 과학(基礎科學) 공학이나 기술의 기초가 되는 과학. 수학·물리학·화학·생물학 등.

기초 식품군(基礎食品群) 단백질·탄수화물·지방·비타민·무기질 등 매일 필요로 하는 영양소를 각각 함유한 다섯 종류의 식품군.

기초 자치 단체(基礎自治團體) 지방 자치법에 따른 시·군·구의 지방 자치 단체. 凹광역 자치 단체.

기초 작업(基礎作業) 어떤 일을 하는 데 있어서 맨 먼저 해야 할 바탕이 되는 일.

기치(旗幟) 《깃발이라는 뜻으로》 어떤 목적을 위해 내세우는 태도나 주장. 예그는 '어린이 작가'라는 기치를 내걸고 열심히 글을 썼다.

기침 ①감기에 걸렸을 때, 목의 자극으로 생겨 갑자기 터져 나오는 숨소리. 예민수는 콜록콜록 기침을 했다. ②가래를 뱉어 내려고 하거나 인기척을 낼 때, 갑자기 터져 나오게 하는 숨소리. 예할아버지는 '어험' 하고 기침 소리를 내며 들어오셨다. 기침하다.

기타1(其他) 그 밖. 그 밖의 또 다른 것. [예]취미가 운동인 어린이 20명, 독서인 어린이 25명, 기타 5명이다.

기타2(guitar) 표주박 모양의 공명 상자에 자루를 달고 여섯 줄을 벌리어 맨 현악기. 왼손 손가락으로 줄을 누르고, 오른손 손가락으로 줄을 튕겨 연주한다. [예]기타를 치다.

〈기타2〉

기탁(寄託) 돈이나 재산을 좋은 일에 써 달라고 어떤 기관에 맡김. **기탁하다**. [예]그는 모교에 장학금을 기탁했다.

기탄(忌憚) 꺼림 또는 어려워함. **기탄하다**.

기탄없다(忌憚—) [기타넙따] 거리낌이 없다. [예]기탄없는 대화를 나누다.

기탄잘리(Gitanjali) 인도의 시인 타고르의 시집. 강한 믿음을 바탕으로 한 경건하고 감미로운 시가 실려 있으며, 한용운 등에게 영향을 준 작품이다. 타고르는 이 작품으로 노벨 문학상을 받았다.

기특하다(奇特—) [기트카다] 말이나 행동이 대견하고 훌륭하여 귀염성이 있다. [예]네가 그런 말을 하다니 기특하구나. **기특히**.

기틀 어떤 일의 가장 중요한 계기. [비]기반·토대.

기판(基板) 여러 가지 전기 장치들을 달 수 있게 전기 회로가 갖추어져 있는 판.

기포(氣泡) 액체나 고체 속에 공기 등이 들어가 거품처럼 둥그렇게 되어 있는 것. [예]사이다를 컵에 따르면 기포가 생긴다.

기포 발생기(氣泡發生器) 어항 등에 기포를 생기게 하는 기구.

기폭(旗幅) 깃발. 또는 깃발의 너비.

기표(記票) 투표용지에 표시를 하거나 써넣음. **기표하다**.

기표소(記票所) 투표장에서, 투표용지에 표시를 하거나 써넣도록 특별히 마련한 곳.

기품(氣品) 사람의 모습이나 태도, 또는 작품 등에서 느껴지는 고상한 느낌. [예]기품 있는 몸가짐.

기풍(氣風) 어떤 사회나 단체의 사람들이 공통으로 가지고 있는 전통적인 성질. [예]학교의 기풍.

기피(忌避) 싫은 일이나 손해가 되는 일 등을 꺼리고 피함. **기피하다**. [예]은주는 나와 대화하기를 기피한다.

기필코(期必—) 반드시. 꼭. 틀림없이. [예]찬호는 의지가 굳으니 기필코 성공할 것이다.

기하(幾何) 〈기하학〉의 준말.

기하다(期—) ①날짜를 정하여 어떤 행동의 기회로 삼다. [예]백성들은 3월 1일을 기하여 만세 운동을 벌였다. ②기대한 대로 이루어지기를 바라거나 그렇게 되도록 하려고 하다. [예]조상들은 묏자리를 정할 때 신중을 기했다.

기하학(幾何學) 점·선·면·입체 등의 도형과 공간의 성질을 연구하는 수학의 한 갈래. [준]기하.

기한(期限) 미리 정해 놓은 때. [예]유통기한이 지난 식품은 몸에 해롭다. [비]시한.

기합(氣合) ①정신을 모아 어떤 일을 하는 기세, 또는 그런 기세를 올리기 위하여 지르는 소리. [예]기합 소리/기합을 넣다. ②단체 생활에서 잘못을 꾸짖거나 벌을 주는 일. [예]단체 기합/기합을 받다.

기행1(奇行) 기묘하고 이상한 행동.

기행2(紀行) ➡기행문.

기행문(紀行文) 여행 중에 보고 들은 사실이나 느낀 일을 적은 글. [비]기행.

기행 일기(紀行日記) 여행 중에 보고 듣고 느낀 일을 적은 일기.

기형(畸形) 생물의 생김새 등이 정상이 아닌 이상한 모양.

기형아(畸形兒) 기형인 아이, 곧 몸의 모양이 정상이 아닌 아이.

기호¹(記號) ①어떤 뜻을 나타내기 위해 사용하는 문자나 부호. 예발음 기호. ②뜻·숫자·문자 등을 글로 써서 나타내기 위하여 쓰는 부호. +, −, ∴ 등.

기호²(嗜好) 즐기고 좋아함. 예기호 식품/친구 사이에서 서로의 기호를 알기 위해서는 대화가 필요하다. 기호하다.

기호³(畿湖) 우리나라 서쪽 중앙부 지역. 경기도와 황해도 남부, 충청도를 이른다.

기호품(嗜好品) 영양분을 얻기 위해서가 아니라 향기·맛·자극을 즐기기 위한 식품. 술·담배·차·커피 등.

기혼(旣婚) 이미 결혼함. 반미혼. 기혼하다.

기화(氣化) 액체가 증발하여 기체가 됨. 참승화·액화. 기화되다. 기화하다.

기회(機會) [기회/기훼] 어떤 일을 하기에 가장 알맞고 좋은 때. 예누구에게나 성공할 수 있는 기회가 찾아온다. 비찬스.

기회균등(機會均等) [기회균등/기훼균등] 누구에게나 기회를 고루 주는 일. 예교육의 기회균등.

기획(企劃) [기획/기훼] 어떤 일을 꾸며 계획함. 예기획 상품. 기획하다. 예새로운 사업을 기획하다.

기후(氣候) ①어떤 지역에서 여러 해에 걸쳐 나타난 기온·비·눈 등의 평균 상태. 예따뜻한 기후. 비기상. ②일 년의 이십사절기와 칠십이후를 통틀어 이르는 말. |참고| '기'는 15

일, '후'는 5일을 뜻한다.

기후대(氣候帶) 지구 상의 육지를 위도나 기후의 차이에 따라 크게 나눈 지대. 기후의 차이에 따라 열대·온대·한대 등으로 나눌 수 있다.

기후도(氣候圖) 어떤 지역의 매년 평균적으로 되풀이되는 기온·강수량·바람 등을 나타낸 지도.

기후형(氣候型) 세계 각지의 기후를 공통되는 성질에 따라 나눈 것. 대륙성 기후, 해양성 기후, 사막 기후, 온대 기후, 열대 기후 등.

긴가민가하다 그런지 그렇지 않은지 분명하지 않다. 예동생 생일이 내일인지 모레인지 긴가민가했다.

긴급(緊急) 일이 아주 중대하고도 급함. 예긴급 뉴스/긴급 사태. 긴급하다. 긴급히. 예가스 폭발 사고가 나서 주민들이 긴급히 대피했다.

긴: 긴 길고 긴. 기나긴. 예긴긴 세월/긴긴 겨울밤.

긴:날 《해가 떠서 질 때까지의 동안이 매우 길다는 뜻에서》 '여름날'을 이르는 말.

긴:밤 《밤이 낮보다 훨씬 길다는 뜻에서》 '겨울밤'을 이르는 말.

긴:해 《해가 떠서 질 때까지의 기간이 매우 길다는 뜻에서》 '여름날의 해'를 이르는 말.

긴:말 길게 늘어놓는 말. 예긴말 말고 얼른 요점이나 말해라. 비긴소리. 긴말하다.

긴밀하다(緊密—) 관계가 매우 가깝다. 비밀접하다. 긴밀히. 예긴밀히 연락을 취하다.

긴:바늘 시계에서 분을 가리키는 바늘. 반짧은바늘.

긴박(緊迫) 사정이 아주 다급하고 절박함. 긴박하다. 긴박히.

긴박감(緊迫感) [긴박깜] 아주 다급하고 절박한 느낌.

긴:소리 ①길게 내는 소리. 凹장음. 쁀 짧은소리. ②긴말.

긴소리 발음 원칙

홀소리의 길이를 구별하여 발음하되, 낱말의 첫 음절에서만 긴소리를 인정하고 그 이하의 음절은 모두 짧게 발음함을 원칙으로 한다.
- 눈보라[눈:보라]/첫눈[천눈]
- 말씨[말:씨]/참말[참말]
- 많다[만:타]/수많이[수마니]
- 밤[밤:]/알밤[알밤]

긴요하다(緊要ー)[기뇨하다] 매우 중요하다. 凹요긴하다. 긴요히.

긴장(緊張) ①마음을 가다듬어 정신을 바짝 차림. 圀시험이 끝난 후 긴장이 풀리면서 졸음이 쏟아졌다. ②근육 등이 오그라들거나 흥분 상태가 계속됨. 쁀이완. 긴장되다. 긴장하다.

긴장감(緊張感) 마음이 안 놓이고 정신이 바짝 차려지는 느낌.

긴축(緊縮) ①바짝 줄임. ②소비를 줄임. 圀긴축 정책을 펴다. 긴축되다. 긴축하다.

긴:파람 길게 부는 휘파람.

긴:팔 길게 만든 옷소매, 또는 그런 옷. 圀긴팔 셔츠.

긴하다(緊ー) 꼭 소용이 되다. 긴히. 圀너에게 긴히 할 말이 있어.

긷:다 [긷따] 우물·샘 등에서 두레박 등으로 물을 떠올려 그릇에 담다, 또는 그 물을 나르다. 圀샘물을 길어 오너라. |활용| 길으니·길어.

길¹ ①사람·동물·자동차 등이 다닐 수 있도록 만들어진 곳. 圀넓은 길/길을 닦다. 凹도로. ②도중. 圀나는 집으로 오는 길에 가게에 들렀다. ③시간이나 공간을 거치는 과정. 圀우리 민족이 걸어온 길. ④방법이나 수단. 圀강아지가 어디로 갔는지 찾을 길이 없

다. ⑤여행의 일정. 圀미국 유학길에 오르다.

길이 열리다관용 문제를 해결할 방법이 생겨나다. 운수가 트이다.

'길'과 '도로'의 구별

길 : 사람이나 차·동물·배·항공기 등이 다닐 수 있게 만들어진 곳. 육지는 물론 바다·공중에도 있을 수 있다. 圀차로 가는 길이 배로 가는 길보다 멀다.

도로 : 사람이나 차가 다닐 수 있게 만든 곳. 반드시 육지에만 있을 수 있다. 육지의 비교적 넓은 길을 가리키며, 사람들이 자주 다녀서 작게 난 길은 '도로'라고 하지 않는다. 圀버스가 새로 난 도로를 달렸다./ ×바다에 도로가 만들어졌다.

길² ①익숙해진 솜씨. ②짐승을 잘 가르쳐 부리기 좋게 된 버릇. 圀길을 들인 새. ③잘 손질하여 생기는 윤기.

길:³ 사람의 키 정도의 길이. 한 길은 여덟 자 또는 열 자로, 약 2.4m 또는 3m이다. 圀열 길 물속은 알아도 한 길 사람의 속은 모른다.

길가 [길까] 길의 양쪽 가장자리. 圀길가에 코스모스가 피어 있다. 凹길섶.

길거리 [길꺼리] 사람이나 차가 많이 다니는 길. 준거리.

길괘(吉卦) 좋은 괘. 경사스러운 괘. 쁀흉괘.

길:길이 [길끼리] ①아주 높이. 圀길길이 쌓인 나뭇단. ②화가 나서 펄펄 뛰는 모양. 圀길길이 날뛰다.

길나다 [길라다] ①버릇처럼 되어 익숙해지다. ②윤기가 나거나 쓰기 좋게 되다.

길놀이 [길로리] 농악대나 탈꾼들이 탈춤놀이를 하기 전에 놀이마당까지 가면서 벌이는 놀이.

길눈 [길룬] 한 번 가 본 길을 잘 익혀 두는 눈썰미.

　길눈이 밝다 관용 한 번 가 본 길을 잘 찾아갈 수 있을 만큼 눈썰미가 좋다.

길:다 ①한쪽 끝에서 다른 쪽 끝까지의 사이가 멀다. 예수희는 다리가 매우 길다. ②시간이 오래다. 예여름에는 낮이 길다. 반짧다. |활용|기니·길어.

길다랗다 '기다랗다'의 잘못.

길들다 ①물건이 잘 손질되어 윤기가 나거나 쓰기 좋게 되다. ②짐승을 잘 가르쳐서 부리기 쉽게 되다. 예길든 송아지. ③서투르던 솜씨가 익숙해지다. |활용|길드니·길들어.

길들이다 [길드리다] ①물건을 잘 손질하여 윤기가 나게 하거나 쓰기 좋게 만들다. 예길들인 가위. ②짐승을 잘 가르쳐서 부리기 쉽게 만들다. ③일이 손에 익게 하다.

길라잡이 [길라자비] 〈길잡이〉의 본딧말.

길마 짐을 실으려고 소의 등에 안장처럼 얹는 도구.

길모퉁이 길이 구부러지거나 꺾여 돌아간 곳. 예길모퉁이를 돌면 우체국이 나온다.

길목 ①큰길에서 좁은 길로 들어가는 곳의 첫머리. 예시장 길목. ②길의 중요한 통로가 되는 곳. 예길목을 지키다.

길몽(吉夢) 좋은 일이 생길 조짐이 보이는 꿈. 반흉몽.

길버트(Gilbert, 1544~1603) 영국의 의사·물리학자. 나침반이 남북으로 향하는 이유를 들어, 지구가 하나의 자석임을 밝히는 등 자기의 연구에 많은 공을 세웠다. '자기학의 아버지'라고 불린다.

길섶 [길썹] 길의 가장자리. 예길섶에 핀 코스모스. 반길가.

길손 [길쏜] 먼 길을 가는 나그네.

길쌈 지난날, 집에서 목화나 삼·모시 등으로 천을 짜던 일. 길쌈하다.

길쌈놀이 [길쌈노리] 마을의 여자들이 한데 모여 베틀로 천을 짜는 모습을 본뜬 놀이.

〈길쌈하는 모습〉

길이[1] [기리] ①어떤 물건의 한쪽 끝에서 다른 한쪽 끝까지의 거리. 예강의 길이. ②어떤 때로부터 다른 때까지의 동안. 예낮의 길이가 짧아지다.

길이[2] [기리] 긴 세월이 지나도록. 오래오래. 예전통을 길이 빛내자. 길이길이. 예선생님의 은혜를 길이길이 간직하겠어요.

길일(吉日) [기릴] 길한 날. 중요한 행사를 하기에 좋다고 생각되는 날. 예길일을 택하여 이사를 했다.

길잡이 [길자비] ①앞에 나서서 길을 안내하는 사람. 예길잡이도 없이 떠나다. 본길라잡이. ②앞으로 나아갈 길의 목표가 되는 사물. 예학습의 길잡이. |잘못|길앞잡이.

길재(吉再, 1353~1419) 고려 말의 유학자. 호는 야은. 우왕 말에 성균관의 박사가 되어 선비들을 가르쳤다. 고려가 망하고 조선이 들어섰을 때, 이성계가 벼슬을 주려고 하였으나 두 임금을 섬길 수 없다며 거절하였다.

길조[1](吉兆) [길쪼] 좋은 일이 있을 조짐. 반흉조.

길조[2](吉鳥) [길쪼] 사람들에게 어떤 좋은 일이 생길 것을 미리 알려 준다는 새. 까치·황새 등. 반흉조.

길주(吉州) [길쭈] 함경북도 남서부에 있는 군. 길주평야의 중심지에 있으며 농산물의 생산량이 많다.

길죽하다 '길쭉하다'의 잘못.

길짐승 [길찜승] 뱀·도마뱀 등과 같이 기어 다니는 짐승을 통틀어 이르는 말. [반]날짐승.

길쭉길쭉 [길쭉낄쭉] 모두가 다 길쭉한 모양. [예]무를 길쭉길쭉 썰었다. [작]갈쭉갈쭉.

길쭉하다 [길쭈카다] 길이가 좀 길다. [예]얼굴이 길쭉하게 생긴 친구. [작]갈쭉하다. [반]짤막하다.

길하다(吉—) 운이 좋거나, 좋은 일이 있을 것 같다. [예]어젯밤에 길한 꿈을 꾸었다. [반]흉하다.

길흉(吉凶) 경사스러운 일과 흉한 일. 좋은 일과 나쁜 일.

길흉사(吉凶事) 결혼·환갑 등의 좋은 일과 죽음·병 등의 나쁜 일을 아울러 이르는 말.

길흉화복(吉凶禍福) 좋은 일과 나쁜 일, 행복한 일과 불행한 일을 아울러 이르는 말.

김ː1 ①액체가 열을 받아서 변한 기체. [예]김이 모락모락 나는 호빵. ②수증기가 찬 물체에 닿아서 엉긴 작은 물방울. [예]안경알에 김이 끼어 앞이 안 보인다.

김ː2 논밭에 난 잡초. [예]김을 매다.

김ː3 홍조식물의 바닷말. 자줏빛 또는 붉은 자줏빛으로 종이처럼 얇다. 바닷물 속의 바위 등에 이끼처럼 붙어서 자라는데, 식용으로 널리 양식한다. [비]해태.

김4 《'-은/는 김에'의 꼴로 쓰여》 '어떤 일을 기회로 삼아서'라는 뜻을 나타내는 말. [예]이왕 온 김에 구경이나 하고 가자.

김광섭(金珖燮, 1905~1977) 시인. 호는 이산. '해외 문학'과 '문예 월간'을 통해 문학 활동을 시작하였다. 일제 강점기에, 창씨개명을 반대하다가 감옥살이를 하였다. 시집 '성북동 비둘기' 등을 남겼다.

김구(金九, 1876~1949) 독립운동가·정치가. 호는 백범. 동학 농민 운동을 지휘하다가 일본군에게 쫓겨 만주에서 의병이 되었다. 3·1 운동 후, 중국 상하이에서 임시 정부를 세우는 데 참여하는 등, 독립운동에 일생을 바쳤다. 저서에 '백범일지'가 있다.

김ː구이 김에 참기름이나 들기름을 바르고, 소금을 뿌려 구운 음식.

김기수(金綺秀, 1832~?) 조선 시대의 정치가. 호는 창산. 강화도 조약이 맺어지자 수신사로 일본에 다녀왔다. 이때, 일본에서 보고 들은 것을 '일동기유'·'수신사일기' 등의 작품으로 남겼다.

김대건(金大建, 1822~1846) 우리나라 최초의 천주교 신부. 세례명은 안드레아. 1836년 프랑스 신부에게서 세례를 받고 중국에서 신학과 서양 학문을 배웠다. 선교 활동을 하다가 잡혀 25세로 순교하였다.

김대성(金大城, 700~774) 신라 경덕왕 때의 정치가. 불국사와 석불사(지금의 석굴암)를 세웠다고 전한다.

김덕령(金德齡, 1567~1596) 임진왜란 때의 의병장. 시호는 충장. 권율 장군 아래에서 의병장 곽재우와 협력하여 여러 차례 왜병을 무찌르는 공을 세웠다.

김동인(金東仁, 1900~1951) 소설가. 호는 금동. 1919년 우리나라 최초의 문학 동인지 '창조'를 펴냈다. 간결하고 현대적인 문체로 '배따라기'·'감자'·'운현궁의 봄' 등의 소설을 남겼다.

김만중(金萬重, 1637~1692) 조선 숙종 때의 정치가·소설가. 호는 서포. 남해로 귀양 가서 어머니를 위로하려고 순 한글 소설 '구운몽'을 썼다. 작품으로 '서포만필'·'사씨남정기' 등이 있다.

김:매기 논이나 밭에 난 잡초를 뽑는 일. 삐제초. 김매기하다.

김:발 [김빨] ①김을 기를 때, 김의 홀씨가 붙어 자랄 수 있도록 바닷물에 담가 놓는 발. ②김밥을 마는 데 쓰는 발.

김:밥 김 위에 밥을 펴 놓고 그 위에 단무지·시금치·당근·달걀 등을 놓고 말아 싼 음식.

김병연(金炳淵, 1807~1863) 조선 후기의 방랑 시인. 호는 난고. 김삿갓. 할아버지 김익순이 홍경래의 난 때 항복한 것을 부끄럽게 여겨 삿갓을 쓰고 떠돌아다니며 세상을 풍자하는 시를 많이 지었다.

김부식(金富軾, 1075~1151) 고려 인종 때의 학자·정치가. 호는 뇌천. 1145년 삼국 시대의 역사를 기록한 것으로, 우리나라 최초의 역사책인 '삼국사기'를 엮었다.

김:빠지다 ①음식의 본디 맛이 없어지다. 예김빠진 사이다. ②흥미나 하고 싶은 마음이 없어지다. 예김빠진 행사.

김상헌(金尙憲, 1570~1652) 조선 인조 때의 학자·정치가. 호는 청음. 병자호란 때 청나라와 끝까지 싸우기를 주장하다가, 반대파의 주장에 몰려 청나라에 끌려가서 3년 동안 고생을 겪었다.

김생(金生, 711~?) 신라 성덕왕 때의 명필가. 일생을 서예 활동에 바쳤으며, 예서·행서·초서에 뛰어났다. 당시 송나라에서도 왕희지보다 훌륭한 명필로 이름이 났다.

김소월(金素月, 1902~1934) 시인. 본명은 정식. '개벽'지에 '금잔디'·'엄마야 누나야'·'진달래꽃' 등의 주옥같은 작품을 발표하였다. 한국의 전통적인 한을 노래한 시인이라고 평가받고 있다.

김수로(金首露, ?~199) 가야의 시조(재위 42~199). 김해 김씨의 시조. 하늘에서 여섯 개의 알이 든, 금으로 된 그릇이 내려왔는데 그 여섯 개의 알이 사람으로 변하였고, 그중의 한 사람이 김수로라는 이야기가 전한다. 삐수로왕.

김시습(金時習, 1435~1493) 조선 전기의 학자. 호는 매월당. 생육신의 한 사람. 어릴 때부터 시에 뛰어나 세종 대왕의 사랑을 받았다. 금오산에서 최초의 한문 소설 '금오신화'를 지었다.

김억(金億, 1896~?) 시인. 호는 안서. 베를렌·보들레르 등의 시를 번역하여 우리나라 최초의 번역 시집 '오뇌의 무도'를 펴냈다. 6·25전쟁 때 납북되었다.

김영랑(金永郎, 1903~1950) 시인. 본명은 윤식. 1930년 '시 문학' 동인에 참가하고, 이어 '모란이 피기까지는' 등의 서정시를 발표하였다. 잘 다듬어진 언어로 섬세하고 영롱한 서정을 표현한 시인으로 일컬어지고 있다.

김옥균(金玉均, 1851~1894) 조선 후기의 정치가. 호는 고균. 일본의 앞선 문물을 받아들이자는 개화사상을 부르짖고 갑신정변을 일으켜 신정부를 수립했으나, 3일 만에 실패하자 일본으로 망명, 다시 중국으로 건너갔다가 홍종우에게 암살되었다.

김유신(金庾信, 595~673) 신라의 장군. 15세 때 화랑이 되었다. 백제와 고구려를 멸망시킨 후 당나라 군사를 몰아내는 데 힘써 삼국 통일의 기틀을 다졌으며, 싸움터에서 후퇴한 아들 원술의 목을 베라고 할 정도로 군인 정신이 강했다.

김유정(金裕貞, 1908~1937) 소설가. 1935년 소설 '소낙비'·'노다지'를 통

하여 소설가가 되었다. '동백꽃'을 비롯하여 '금 따는 콩밭'·'봄봄' 등 그의 작품 대부분은 농촌을 무대로 한 것이다.

김윤식(金允植, 1835~1922) 조선 후기의 정치가·학자. 호는 운양. 1881년 영선사로 청나라 톈진에 갔다가 임오군란이 일어나자 귀국하였다. 1884년 갑신정변이 일어나자, 위안스카이의 원군으로 김옥균 일당을 몰아냈다.

김윤후(金允侯, ?~?) 고려 고종 때의 승려 장군. 1232년 몽고 침입 때 몽고 장군 살리타를 처인성(지금의 경기도 용인)에서 죽이고, 몽고군을 물리쳤다. 2차 몽고 침입 때도 70일 동안의 전투 끝에 몽고를 물리쳤다.

김인문(金仁問, 629~694) 신라의 장군·외교가. 당나라에 가서 나당 연합군을 조직하는 데 성공했고, 660년 당나라의 소정방과 연합하여 백제를, 668년 당나라와 연합하여 고구려를 멸망시켰다.

김장 겨울부터 봄까지 먹기 위해 배추김치·깍두기·동치미 등을 입동 전후에 한꺼번에 담가 두는 일, 또는 그 음식. 김장하다.

김장 김치 김장철에 담근 김치. 김장으로 담근 김치.

김장밭 [김장받] 배추·무 등의 김장거리를 심어 가꾸는 밭.

김정호(金正浩, ?~?) 조선 후기의 지리학자. 호는 고산자. 30여 년 동안 우리나라 방방곡곡을 걸어 다니며 직접 땅 모양을 조사하여 '청구도'를 완성하였고, 1861년에 '대동여지도'를 완성하였다.

김정희(金正喜, 1786~1856) 조선 후기의 서예가·금석학자·정치가. 호는 추사·완당. 실용적인 학문을 주장하였으며, 서예 분야에서는 '추사체'라

는 독특한 서체를 완성시켰다. 작품에 '묵죽도'·'묵란도' 등이 있다.

김제(金堤) 전라북도 서쪽에 있는 시. 대부분의 지역이 평야이다. 관광지로는 금산사·모악산 등, 사적지로는 저수지인 벽골제가 있다.

김종서(金宗瑞, 1382~1453) 조선 세종 때의 정치가·장군. 호는 절재. 여진족을 무찌르고, 북동 6진을 개척하여 두만강을 국경으로 하는 데 공을 세웠다. 왕위를 노리던 수양 대군에게 죽임을 당했다.

김좌진(金佐鎭, 1889~1930) 독립운동가·장군. 호는 백야. 1920년 청산리 싸움에서 이범석과 함께 일본군 2개 사단을 무찔러 독립군 사상 최대의 승리를 거두었다.

김창숙(金昌淑, 1879~1962) 유학자·독립운동가·정치가. 1905년 을사조약이 체결되자 이완용을 비롯한 을사오적을 비난하는 상소를 올렸으며, 이 사건으로 감옥살이를 했다. 3·1 운동 후, 독립 자금 모금, 독립운동지 발행 등 독립을 위해 힘썼다.

김천(金泉) 경상북도 남서쪽에 있는 시. 경부선 철도가 지나고, 경북선 철도의 출발지이며 경부 고속 도로가 뻗어 있는 교통의 요지이다. 개령 평야와 금릉평야는 곡창 지대를 이룬다.

김천일(金千鎰, 1537~1593) 조선 선조 때의 의병장. 임진왜란 때, 전라도 나주에서 의병을 일으켜 양화진에서 크게 이겼으나, 진주 싸움에서 패하여 성이 함락되자 남강에 빠져 자결하였다.

김천택(金天澤, ?~?) 조선 영조 때의 작가·가객. 호는 남파. 창에 뛰어났고 시조도 잘 지어 '해동가요'에 57수를 남겼고, 시가집 '청구영언'을 펴냈다.

김춘추(金春秋, 602~661) 신라 29대 왕(재위 654~661). 태종 무열왕. 삼국 통일을 이룩하는 기반을 닦았다. 진덕 여왕의 뒤를 이어 왕이 된 후, 김유신 등에게 군사를 주어 당나라와 힘을 합하여 백제를 멸망시켰다.

김치 배추·무 등을 소금에 절인 후, 고춧가루·파·마늘·생강 등 여러 가지 양념을 넣고 담근 반찬.

김치냉장고(一冷藏庫) 김치를 보관하는 냉장고.

김치볶음밥 [김치보끔밥] 밥에 김치를 썰어 넣고, 기름에 볶아 만든 음식.

김치전(一煎) 배추김치를 썰어 넣고 부친 전.

김치찌개 김치를 넣고 끓인 찌개.

김칫국 [김치꾹/김친꾹] ①김치의 국물. ②김치를 넣고 끓인 국.

김포(金浦) 경기도 북서쪽에 있는 시. 김포평야에서 나는 김포 쌀이 유명하다. 관광지로는 문수산성·장릉·약사암 등이 있다.

김포 국제공항(金浦國際空港) 서울 강서구에 있는 국제공항. 1948년 준공되어, 1958년 국제공항으로 지정되었다.

김포평야(金浦平野) 한강 하류의 김포시·고양시·파주시에 걸쳐 있는 평야. 땅이 기름져서 주요 쌀 경작 지대를 이루며, 특히 김포 쌀은 질이 좋기로 유명하다.

김해(金海) 경상남도 낙동강의 서쪽에 있는 시. 평야가 넓으며, 가야의 문화 중심지로 고인돌·김수로왕릉 등 문화재가 많다. 철과 고령토가 많이 생산된다.

김해평야(金海平野) 경상남도 김해를 중심으로 한 낙동강 하류의 평야. 곡창 지대로 평야의 대부분은 벼농사 지대이나 북부에서는 과수, 중남부에서는 채소 재배지로 이용되고 있다.

김홍도(金弘道, 1745~?) 조선 후기의 화가. 호는 단원. 산수화·인물화·풍속화에 뛰어났다. 조선 시대 3대 화가 중의 한 사람으로 불리며, 대표작으로 '서당'·'씨름'·'소림명월도' 등을 들 수 있다.

김황원(金黃元, 1045~1117) 고려 시대의 정치가·시인. 고시(古詩)로 크게 이름을 떨쳤다. 마음이 깨끗하고 재물에 욕심이 없어, 권력에 아부하지 않았다.

깁:다 [깁따] 구멍이 나거나 찢어진 곳에 헝겊 등을 대고 때우거나 그대로 꿰매다. 예엄마가 구멍 난 양말을 기워 주셨다. |활용| 기우니·기워.

> :::: '깁다'와 '꿰매다'의 구별 ::::
>
> **깁다** : 터진 곳에 다른 조각을 대거나 그대로 꿰매는 것을 뜻한다. 주로 천·가죽의 경우에 쓰인다. 예구멍 난 양말을 깁다.
>
> **꿰매다** : 찢어지거나 터진 부분을 실·철사 등으로 얼기설기 엮어 떨어지지 않게 하는 것을 뜻한다. 천·가죽이 아닌 것에도 쓰인다. 예양말을 꿰매다./병원에서 팔에 난 상처를 꿰맸다./철조망을 철사로 꿰매다.

깁스(Gips) ➡ 석고 붕대. 예나는 부러진 팔에 깁스를 했다.

깃¹ [긴] 새의 날개에 달린 털. |발음| 깃이 [기시]·깃도 [긷또]·깃만 [긴만].

깃² [긴] 저고리 등의 목에 둘러대어 앞으로 여미게 된 부분. 비옷깃. |발음| 깃이 [기시]·깃도 [긷또]·깃만 [긴만].

깃대(旗一) [기때/긷때] 기를 달아매는 긴 막대기. 예깃대를 세우다.

깃대종(旗一種) [기때종/긷때종] 한 지역의 대표가 되는 동식물. 예우리 고장의 깃대종은 하늘다람쥐이다.

깃들다 [긷뜰다] 느낌·생각·정성 등이 들어 있다. 예정성이 깃든 선물/조상의 얼이 깃든 문화. |활용| 깃드니·깃들어.

깃들이다 [긷뜨리다] ①짐승이 보금자리를 만들어서 그 안에 들어 산다. 예까치가 미루나무에 깃들였다. ②그 안에 머물러 살다, 또는 자리를 잡다.

깃발(旗—) [기빨/긷빨] 기의 바탕이 되는 넓적한 헝겊이나 종이 부분.

깃봉(旗—) [기뽕/긷뽕] 깃대 끝에 있는 연꽃 모양의 봉.

깃털 [긷털] 새의 털과 짐승의 털.

깊다 [깁따] ①겉에서 안까지, 또는 위에서 밑까지의 사이가 멀다. 예깊은 바다. ②수준·정도가 높다. 예삼촌은 천문에 관심이 깊다. ③침착하고 신중하다. 예민수는 생각이 깊은 친구다. ④정이나 사귐이 가깝고 두텁다. 예형제의 우애가 깊다. ⑤어떤 상태가 오래되어 정도가 더하다. 예밤이 깊었으니 그만 자라. ①~④땐 얕다. |발음| 깊어 [기퍼]·깊고 [깁꼬]

깊숙하다 [깁쑤카다] 깊고 으슥하다. 예깊숙한 골짜기. 깊숙이.

깊이¹ [기피] ①겉에서 속까지의 길이. 예수영장의 깊이가 얼마나 되나요? ②사람이나 사물이 가진 무게. 예깊이 있는 친구.

깊이² [기피] ①깊게. 깊도록. 예구덩이를 깊이 파다. ②자세히. 잘. 예깊이 생각해서 결정해라.

ㄲ 쌍기역. 'ㄱ'의 된소리.

까까머리 머리털을 박박 깎은 머리, 또는 그런 사람. 예까까머리 동생.

까끌까끌 빳빳한 털 등이 자꾸 살에 닿아서 따끔거리는 모양. 예아빠의 턱수염이 까끌까끌 따가웠다.

까놓다 [까노타] ((까서 속에 있는 것을 드러내어 놓는다는 뜻으로)) 속마음이나 비밀을 숨김없이 다 말하다. 예까

놓고 말해서 난 너를 좋아하지 않아.

까다 ①알을 품어서 새끼가 태어나게 하다. 예어미닭이 병아리를 깠다. ②겉을 싸고 있는 것을 벗겨 내다. 예밤송이를 까다.

:::: '까다'와 '벗기다'의 구별 ::::

까다 : 속에 있는 것이 드러나도록 껍질을 깨뜨리거나 없애는 것을 뜻한다. 딱딱한 껍질인 경우에 많이 쓰인다. 예호두를 까다(×벗기다)./병아리가 알을 까고(×벗기고) 나왔다.

벗기다 : 속에 있는 것이 드러나도록 껍질을 밖에서 없애는 것을 뜻한다. 부드러운 껍질인 경우에 주로 쓰인다. 예귤껍질을 벗기다./양파의 껍질을 벗기다.

까다롭다 [까다롭따] ①복잡하고 어렵다. 예까다로운 문제. 땐수월하다. ②성미가 너그럽지 못하다. 예까다로운 성격. |활용| 까다로우니·까다로워. |잘못| 까닭스럽다. 까다로이.

까닥 고개를 살짝 숙였다가 드는 모양. 큰끄덕. 쎈까딱. 까닥까닥.

까닥거리다 [까닥꺼리다] 자꾸 고개를 살짝 숙였다가 들다. 비까닥대다. 큰끄덕거리다. 쎈까딱거리다.

까닥대다 [까닥때다] → 까닥거리다.

까닥이다 [까다기다] 고개를 가볍게 위아래로 움직이다. 예소희는 알았다며 고개를 까닥였다. 큰끄덕이다. 쎈까딱이다.

까닭 [까닥] ①어떤 일이 일어난 원인이나 이유. 예언니는 까닭 없이 나를 미워한다. ②속셈. 예무슨 까닭으로 동화책을 보냈을까? |발음| 까닭이 [까달기]·까닭도 [까닥또]·까닭만 [까당만]

까딱없다 [까따겁따] 조금도 변함이

없이 온전하다. 예홍수에도 까딱없는 제방. 鲁끄떡없다. 까딱없이.

까딱하다 [까따카다] 한 번 조금 움직이다. 예나는 손끝도 까딱하지 않았다.

까딱하면 [까따카면] 조금이라도 실수하면. 또는 자칫하면. 예까딱하면 벼랑 아래로 굴러떨어지니 조심해라. 鲁하마터면.

까라지다 기운이 풀어져 축 늘어지다. 예밤을 새웠더니 몸이 까라진다.

까르르 여자나 아이들이 자지러지게 웃는 소리, 또는 그 모양.

까마귀 까마귓과의 새. 날개 길이 35cm가량. 몸빛이 검고 광택이 있다. 가을에서 겨울에 걸쳐 떼 지어 집 근처나 산과 들에 나타나 곡식이나 해충을 잡아먹고 산다.

〈까마귀〉

까마득하다 [까마드카다] 시간이나 거리가 아주 멀어 아득하다. 예까마득한 옛날. 예가마득하다. 까마득히. 예까마득히 높은 건물.

까막눈 [까망눈] ①글을 전혀 모르는 사람의 눈. ②〈까막눈이〉의 준말. |잘못| 맹눈.

까막눈이 [까망누니] ①글을 전혀 모르는 사람. ②어떤 부분에 대해서 무식한 사람. 鲁까막눈.

까:맣다¹ [까마타] 아주 검다. 예까만 눈동자/얼굴이 까마면 좀 어때. 鲁하얗다. 鲁꺼멓다. 예가맣다. |활용| 까마니·까매.

까:맣다² [까마타] 아득해서 생각이 미치기 어렵다. 예까맣게 모르다./오래 전의 일이라서 까맣게 잊어버렸다. |활용| 까마니·까매.

까:매지다 까맣게 되다. 예하얗던 얼굴이 까매졌다. 鲁하얘지다. 鲁꺼메지다. 예가매지다.

까먹다 [까먹따] ①껍데기나 껍질을 벗기고 속에 든 알맹이나 살을 먹다. 예땅콩을 까먹다./귤을 까먹다. ②잊어버리다. 예구구단 공식을 까먹다./준비물을 까먹고 안 가지고 갔다. ③재산을 보람 없이 써 버리다. 예그는 부모에게서 물려받은 재산을 다 까먹었다.

까무라치다 '까무러치다'의 잘못.

까무러치다 한때 정신을 잃고 죽은 상태처럼 되다. 예가무러치다. |잘못| 까무라치다.

까무룩 정신이 갑자기 흐려지는 모양. 예책을 읽다가 까무룩 잠이 들었다.

까무잡잡하다 [까무잡짜파다] 얼굴 빛깔이 깨끗하지 않고 검다. 예삼촌은 얼굴이 까무잡잡하다. 예가무잡잡하다.

까물거리다 ①희미한 불빛이 사라질 듯 말 듯 비치다. ②멀리 있는 물건이 보일 듯 말 듯 움직이다. ③정신이 희미하여 의식이 있는 듯 만 듯 하다. 鲁까물대다. 鲁꺼물거리다. 예가물거리다.

까물까물 자꾸 까물거리는 모양. 예가물가물.

까물대다 ➡ 까물거리다.

까발리다 ①껍데기를 벌려 젖히고 속에 든 것을 드러내다. ②비밀 등을 속속들이 들추어내다. 예동생은 우리가 한 일을 엄마에게 다 까발렸다.

까부르다 곡식 등을 키에 담아 키 끝을 위아래로 흔들어서 섞여 있는 겨·티 등을 날려 보내다. 예콩을 까불러서 검불을 날려 보내다. 鲁까불다. |활용| 까부르니·까불러.

까부수다 치거나 때리거나 하여 부수다. 예커다란 바위를 까부수다.

까불다 ①말이나 행동이 차분하지 않고 가볍거나 방정맞게 행동하다. 예동생이 어른들 앞에서 까불다가 혼났다. ②〈까부르다〉의 준말. |활용| 까부니·까불어.

까슬까슬하다 거죽이 매끄럽지 않고 거칠다. 큰꺼슬꺼슬하다. 여가슬가슬하다. |잘못| 까실까실하다.

까실까실하다 '까슬까슬하다'의 잘못.

까옥까옥 까마귀가 자꾸 우는 소리.

까지다 ①껍질 등이 벗겨지다. 예넘어져서 무릎이 까졌다. ②머리털이 없어 살갗이 드러나다.

까짓 [까짇] 〈까짓것〉의 준말. 예까짓, 어려운 일도 아닌데 내가 하지 뭐.

까짓것 [까짇걷] ①별것 아닌 것. ②별것 아니라는 뜻으로, 무엇을 포기하거나 용기를 낼 때 하는 말. 예까짓 것, 오늘 못 하면 내일 하자. 준까짓.

까ː치 까마귓과의 새. 날개 길이 20~22cm, 꽁지 길이 24cm가량. 머리와 등은 광택이 있는 검은

〈까치〉

빛이고 허리에는 하얀 띠가 있다. 높은 나뭇가지 위에 둥지를 틀고 살며, 해충을 잡아먹는다.

까ː치발 발뒤꿈치를 든 발. 예나는 까치발을 들어야 버스 손잡이에 겨우 닿는다.

까ː치밥 늦가을에 감을 딸 때, 까치 같은 날짐승이 먹으라고 따지 않고 몇 개 남겨 두는 감.

까ː치집 ①까치의 둥지. ②'헝클어진 머리 모양'을 비유하여 이르는 말. 예까치집 머리를 하고 어디를 나가니?

까칠까칠하다 살갗 등이 매우 거칠고 윤기가 없다. 큰꺼칠꺼칠하다. 여가칠가칠하다.

까칠하다 살갗 등이 거칠고 윤기가 없다. 예까칠한 얼굴. 큰꺼칠하다. 여가칠하다.

까탈 억지 트집을 잡아 까다롭게 구는 일. 예동생은 신발이 마음에 안 든다며 까탈을 부렸다.

까투리 꿩의 암컷. 빤장끼.

깍 까마귀나 까치의 우는 소리. 깍깍.

깍깍거리다 [깍깍꺼리다] 까마귀나 까치가 자꾸 깍깍 소리를 내다. 삐깍깍대다.

깍깍대다 [깍깍때다] ➡깍깍거리다.

깍두기 [깍뚜기] ①김치의 한 가지. 무를 모나게 썰어서 소금에 절이고, 여러 가지 양념을 넣어 버무려 담근다. ②'어느 쪽에도 끼지 못하는 사람이나 그런 처지'를 비유하여 이르는 말. |잘못| 깍뚜기.

깍둑깍둑 [깍뚝깍뚝] 무같이 조금 단단한 것을 작고 고르지 않게 자꾸 써는 모양. 예무를 깍둑깍둑 썰어서 담근 김치가 깍두기다.

깍듯하다 [깍뜨타다] 예절 바르고 극진하다. 깍듯이. 예나는 어른들께 깍듯이 인사를 드렸다.

깍뚜기 '깍두기'의 잘못.

깍쟁이 [깍쨍이] ①자기 것을 몹시 아껴 남을 위해서는 쓰지 않는 사람. 삐구두쇠. ②쌀쌀맞고 새침한 여자.

깍지¹ [깍찌] 콩 등의 알맹이를 까낸 꼬투리.

깍지² [깍찌] ①열 손가락을 서로 엇갈리게 바짝 끼운 상태. ②활을 쏠 때, 엄지손가락의 아랫마디에 끼는, 뿔로 만든 기구.

깍지(를) 끼다 관용 두 손의 열 손가락을 서로 엇갈리게 바짝 끼다.

깎다 [깍따] ①칼 등으로 얇게 베어 내다. 예사과를 깎다./연필을 깎다. ②털이나 풀 등을 잘라 내거나 밀어서 없애다. 예잔디를 깎다./머리를 깎다.

③수량·값 등을 줄이다. 예물건값을 깎다. |발음| 깎아[까까]·깎고[각꼬]

깎다 : 비교적 단단한 물체의 일부를 떼어 내는 것을 뜻하는데, 같은 동작을 반복하는 의미가 포함된다. 예연필을 깎다./돌을 깎고 다듬다.
베다 : 연한 물체에 상처를 내거나 일부를 떼어 내는 것을 뜻하는데, 꼭 같은 동작을 반복해야 하는 것은 아니다. 또한, '깎을 때'와 달리 '벨 때'는 반드시 칼이나 칼 모양의 도구가 사용되어야 한다. 예낫으로 갈대를 베다./한칼에 목을 베다.

깎아지르다 [까까지르다] 반듯하게 깎아 바로 세우다. 예깎아지른 듯한 절벽과 울창한 숲. |활용| 깎아지르니·깎아질러.

깎이다 [까끼다] 깎음을 당하다. 예연필이 잘 깎이지 않는다.

깐깐하다 행동이나 성질이 까다로워 사근사근한 맛이 없다. 예깐깐하게 따지고 들다. 깐깐히.

깐보다 '깔보다'의 방언.

깐죽거리다 [깐죽꺼리다] 쓸데없는 말을 얄밉고 짓궂게 자꾸 지껄이다. 비깐죽대다.

깐죽대다 [깐죽때다] ➡깐죽거리다.

깔개 '앉거나 누울 자리에 까는 물건'을 통틀어 이르는 말.

깔깔 못 참을 듯이 큰 목소리로 웃는 소리. 큰껄껄.

깔깔거리다 되바라진 목소리로 못 참을 듯이 자꾸 웃다. 비깔깔대다. 큰껄껄거리다.

깔깔대다 ➡깔깔거리다.

깔깔하다 ①살갗에 닿는 느낌이 부드럽지 못하고 까칠까칠하다. 예깔깔한 모시옷. 큰껄껄하다. ②혓바닥이 깔끄럽고 입맛이 없다. 예입이 깔깔해서 밥을 못 먹겠어요.

깔끄럽다 [깔끄럽따] ①까끄라기 등이 몸에 붙어서 살이 따끔거리다. 예까끄라기가 들어갔는지 등이 깔끄럽다. ②부드럽지 않고 깔깔하다. 큰껄끄럽다. |활용| 깔끄러우니·깔끄러워.

깔끔하다 깨끗하고 매끈하다. 예깔끔한 옷차림/쓰레기를 깔끔하게 처리했다. 깔끔히.

깔다 ①바닥에 펴 놓다. 예돗자리를 깔고 앉아 점심을 먹었다. ②무엇을 밑에 두고 그 위에 몸을 얹다. 예방석을 깔고 앉다. ③눈을 아래로 내리뜨다. |활용| 까니·깔아.

깔때기 병 등에 액체를 부어 넣는 데 쓰이는 나팔 모양의 기구.

깔리다 ①깖을 당하다. 예잔디가 깔린 축구장. ②널리 퍼져 있다. 흩어지다. 예자욱이 깔린 안개.

깔보다 남을 만만하게 생각하고 얕잡아 보다. 예가난하다고 깔보면 안 된다. 비얕보다.

깔아뭉개다 [까라뭉개다] ①세게 눌러 뭉개다. 예이불을 깔아뭉개다. ②어떤 사실을 숨기고 알리지 않거나 질질 끌다. ③상대편을 꼼짝하지 못하게 억누르다. 예아랫사람을 깔아뭉개다.

깜깜하다 ①까맣게 보일 만큼 매우 어둡다. 예깜깜한 밤. 큰껌껌하다. ②전혀 알지 못하다. 예컴퓨터에는 깜깜한 사람.

깜박 ①불빛 등이 잠깐 어두워졌다 밝아지는 모양. ②눈을 잠깐 감았다가 뜨는 모양. 큰껌벅·끔벅. 예민주는 눈을 깜박 떴다 감았다. ③정신·기억 등이 갑자기 흐려지는 모양. 예친구와 한 약속을 깜박 잊었다. 센깜빡. 깜박깜박.

깜박거리다 [깜박꺼리다] ①불빛 등이 자꾸 어두워졌다 밝아졌다 하다. ②눈을 자꾸 감았다 떴다 하다. 예나는 한쪽 눈을 감박거리며 준호에게 신호를 보냈다. ③정신·기억 등이 자꾸 흐려지다. 回감박대다. 團껌벅거리다·끔벅거리다. 웹깜빡거리다.

감박대다 [감박때다] ➡감박거리다.

감박이다 [감바기다] ①불빛 등이 어두워졌다 밝아졌다 하다. ②눈을 감았다 떴다 하다. 團껌벅이다·끔벅이다. 웹깜빡이다.

감박하다 [감바카다] ①어떤 것을 기억하지 못하거나 주의를 기울이지 못하다. 예준비물을 감박하고 못 챙겼다. ②불빛 등이 잠깐 어두워졌다 밝아지다. ③눈을 잠깐 감았다가 뜨다. 예눈 감박할 사이에 떡볶이 한 접시가 없어졌다. 團껌벅하다·끔벅하다. 웹깜빡하다.

감부기 감부깃병에 걸려 까맣게 된 밀이나 보리의 이삭.

감부기불 살아 있기는 하나, 불꽃이 없이 거의 꺼져 들어가는 불.

감부깃병(一病) [감부기뼝/감부긷뼝] 보리나 조·옥수수 등의 이삭이 까맣게 변하는 병.

감빡 〈감박〉의 센말. 예선아는 누워 있다가 감빡 잠이 들었다. 團끔빡. 감빡감빡.

감빡거리다 [감빡꺼리다] 〈감박거리다〉의 센말. 예새가 눈만 감빡거릴 뿐 먹을 생각을 않는다. 回감빡대다. 團끔빡거리다.

감빡대다 [감빡때다] ➡감빡거리다.

감빡하다 [감빠카다] 〈감박하다〉의 센말. 團끔빡하다.

감장 석탄의 빛깔같이 밝고 짙은 검은빛. 예감장 고무신.

감짝[1] 눈을 잠깐 감았다가 뜨는 모양. 團끔쩍. 웹깜작. 감짝감짝.

감짝[2] 갑자기 놀라는 모양. 예뱀을 보고 감짝 놀랐다. 團끔쩍. 감짝감짝.

감짝거리다[1] [감짝꺼리다] 눈을 자꾸 감았다 떴다 하다. 回감짝대다. 團끔쩍거리다. 웹깜작거리다.

감짝거리다[2] [감짝꺼리다] 갑자기 자꾸 놀라다. 回감짝대다. 團끔쩍거리다.

감짝대다[1] [감짝때다] ➡감짝거리다[1].

감짝대다[2] [감짝때다] ➡감짝거리다[2].

감찍스럽다 [감찍쓰럽따] 보기에 감찍하다. |활용| 감찍스러우니·감찍스러워. 감찍스레.

감찍하다 [감찌카다] 나이에 비하여 매우 영리하고 귀엽다. 예어린아이의 하는 짓이 매우 감찍하다. 감찍이.

깝신거리다 [깝씬거리다] 몸가짐이나 행동이 의젓하지 못하고 자꾸 까불다. 回깝신대다. 團껍신거리다.

깝신깝신 [깝씬깝씬] 자꾸 깝신거리는 모양. 團껍신껍신.

깝신대다 [깝씬대다] ➡깝신거리다.

깝죽거리다 [깝쭉꺼리다] 남 앞에서 방정맞게 까불며 잘난 체하다. 回깝죽대다. 團껍죽거리다.

깝죽대다 [깝쭉때다] ➡깝죽거리다.

깡 〈깡다구〉의 준말. 예나는 힘들어도 깡으로 버텼다.

깡그리 하나도 남기지 않고 모조리. 예도둑이 들어서 돼지 저금통까지 깡그리 훔쳐 갔다.

깡다구 '악착같이 버티어 내는 오기'를 속되게 이르는 말. 예깡다구가 세다./깡다구를 부리다. 준깡.

깡마르다 몸이 살이 없이 매우 마르다. 예깡마른 몸집. |활용| 깡마르니·깡말라.

깡충 짧은 다리로 힘 있게 솟구쳐 뛰는 모양. 團껑충. |잘못| 깡총. 깡충깡충.

깡충거리다 짧은 다리로 힘 있게 자꾸 솟구쳐 뛰다. 回깡충대다. 團껑충거리다.

깡충대다 ➡깡충거리다.

깡통(一筒) ①'통조림통'을 흔히 이르

는 말. ②'아는 것이 없이 머리가 텅 빈 사람'을 놀리어 이르는 말.

깡패(-牌) 폭력을 쓰면서 남에게 나쁜 짓을 하고 다니는 사람, 또는 그 무리. 비불량배.

깨 '참깨·들깨'를 통틀어 이르는 말.

　깨가 쏟아지다 관용 아기자기한 재미와 정이 무르익은 상태를 이르는 말.

깨금발 한 발을 들고 다른 한 발로 섬, 또는 그런 자세. 비깨끼발. |잘못| 깨끔발.

깨끗하다 [깨끄타다] ①때나 먼지가 없다. 예나는 방을 깨끗하게 청소했다. ②공기나 물이 흐리지 않고 맑다. 예깨끗한 시냇물. ③올바르고 떳떳하다. 예경기에는 졌지만 깨끗한 승부였다. ④아무것도 남은 것 없이 말끔하다. 예밥 한 그릇을 깨끗하게 비웠다. ①②반더럽다. 깨끗이. 예몸을 깨끗이 씻어라.

깨:다¹ ①잠·꿈·술기운·약기운 등에서 벗어나 정신이 맑아지다. 예아침 일찍 잠이 깨었다. ②지혜가 열리다. 예머리가 깬 사람.

깨다² ①부서지게 하다. 예설거지를 하다가 유리컵을 깼다. ②약속·계획 등을 취소하다. 예약속을 깨다. ③일을 중간에서 못 이루게 하다. 예흥을 깨다. ④부딪쳐 상처가 나게 하다. 예무릎을 깨다. ⑤일정한 정도를 뛰어넘다. 예세계 기록을 깨다.

깨:다³ ①알을 까게 하다. ②알이 깜을 당하다. 예알에서 깬 병아리.

깨닫다 [깨닫따] ①생각하여 알게 되다. 예진리를 깨닫다. ②전에는 모르던 사실을 알게 되다. 예뒤늦게 잘못을 깨닫다. ③느껴서 알게 되다. 예기회가 왔음을 깨닫다. |활용| 깨달으니·깨달아.

깨달음 [깨다름] 생각하고 궁리하다 알게 되는 것. 예깨달음을 얻다.

깨뜨리다 깨지게 하다. 예아이들이 야구를 하다가 옆집 창문을 깨뜨렸다. 비깨트리다.

깨물다 ①이로 물어 깨지게 하다. 예호두를 힘껏 깨물다. ②아랫니와 윗니를 맞붙여 힘껏 물다. |활용| 깨무니·깨물어.

깨소금 참깨를 볶아 소금을 치고 빻아서 만든 양념.

　깨소금 맛 관용 《개소금처럼 고소한 맛이라는 뜻으로》 '얄밉던 사람이 잘못되었을 때에 느끼는 통쾌함'을 비유하여 이르는 말.

깨알 깨의 낱알. 예깨알 같은 글씨.

깨어나다 [깨어나다/깨여나다] ①잠·꿈 등에서 정상적인 의식 상태로 돌아오다. 예꿈에서 깨어나다. ②약품 등에 취한 상태에서 맑은 정신으로 되돌아오다. 예마취에서 깨어나다. ③까무러쳤다가 다시 살아나다. 예기절했다 깨어나다.

깨우다 잠에서 깨게 하다. 예엄마가 늦잠 자는 동생을 깨우셨다. 반재우다.

깨우치다 깨닫도록 가르쳐 주다. 예잘못을 깨우치다.

깨:지다 ①부딪쳐 쪼개지거나 상처가 나다. 예그릇이 깨지다. ②약속·계획 등이 이루어지지 못하고 틀어지다. 예이모의 결혼 약속이 깨졌다. ③실력의 일정한 정도가 넘어서다. 예세계 기록이 깨지다. 본깨어지다.

깨치다 모르던 것을 알게 되다. 예한글을 깨치다.

깨트리다 ➡깨뜨리다. 예꽃병을 깨트리다.

깻묵 [깬묵] 깨·콩·고추씨 등에서 기름을 짜고 남은 찌꺼기. 물고기의 먹이나 화초의 거름 등으로 쓰인다.

깻잎 [깬닙] ①깨의 잎사귀. ②'들깻잎'을 식품으로 이르는 말.

꺼:내다 ①밖으로 끌어서 내다. 예냉장고에서 우유를 꺼내다. ②이야기 등을 시작하다. 예말을 꺼내다.

꺼뜨리다 ①잘못하여 불을 꺼지게 하다. 예연탄불을 꺼뜨리다. ②잘못하여 기계 등의 동력이 끊어지게 하다. 예시동을 꺼뜨리다. 비꺼트리다.

꺼:리다 피하거나 싫어하다. 예형은 사람들 앞에서 말하는 것을 꺼린다.

꺼림칙하다 [꺼림치카다] 한 일이 뉘우쳐져서 마음이 썩 편하지 못하다. 예민수는 엄마에게 거짓말한 것이 꺼림칙했다. 비께름칙하다.

꺼:멓다 [꺼머타] 매우 검다. 예꺼먼 연기. 반허옇다. 작까맣다. 여거멓다. |활용| 꺼머니·꺼메.

꺼:벙이 야무지지 않고 조금 모자란 듯한 사람.

꺼:벙하다 야무지지 않고 조금 모자란 듯하다. 예꺼벙한 얼굴/꺼벙하게 생기다.

꺼지다 ①불·거품 같은 것이 사라져 없어지다. 예바람에 촛불이 꺼졌다. ②땅바닥이나 얼음 등의 표면이 갈라져 내려앉다. 예땅이 꺼지다. ③속이 비거나 곯아서 겉이 우묵하게 들어가다. 예며칠 앓더니 눈이 푹 꺼졌구나.

꺼칠꺼칠하다 살갗 등이 몹시 거칠고 윤기가 없다. 예겨울이 되니 피부가 꺼칠꺼칠하다. 작까칠까칠하다. 여거칠거칠하다.

꺼칠하다 살갗 등이 거칠고 윤기가 없다. 예꺼칠한 얼굴. 작까칠하다. 여거칠하다.

꺼트리다 ➡꺼뜨리다.

꺼풀 거죽을 싸고 있는 껍질의 켜. 예꺼풀을 벗기다.

꺾꽂이 [꺽꼬지] 식물의 가지나 뿌리·잎 등을 잘라 땅에 꽂아, 뿌리를 내리게 해서 새 묘목을 만드는 일. 꺾꽂이하다.

꺾다 [꺽따] ①휘어서 부러뜨리다. 예꽃을 꺾다. ②마음을 굽히다. 예뜻을 꺾다./고집을 꺾다. ③방향을 옆으로 틀다. 예핸들을 오른쪽으로 꺾다. ④몸을 구부리다. 예허리를 꺾어 인사하다. ⑤기운·말 등을 억눌러 못하게 하다. 예아이의 기를 꺾다. ⑥운동 경기에서 이기다. 예우리 팀은 상대편을 꺾고 우승하였다. |발음| 꺾어 [꺼꺼]·꺾고 [꺽꼬]

꺾쇠 [꺽쐬/꺽쒜] 양쪽 끝을 꺾고 구부려서 'ㄷ' 자 모양으로 만든 쇠토막. 잇댄 두 개의 나무 등을 벌어지지 못하게 하는 데 쓴다.

꺾은선 (-線) [꺼끈선] 몇 개의 점을 차례차례 선분으로 이어서 이루어진 선.

꺾은선 그래프 (-線graph) 막대그래프의 끝을 꺾은선으로 연결한 그래프.

꺾이다 [꺼끼다] ①꺾음을 당하다. 예꺾인 가지. ②기세나 기운 등이 약해지다. 예태풍의 기세가 한풀 꺾였다.

껄껄 우렁찬 목소리로 시원스럽게 웃는 소리, 또는 그 모양. 예아버지께서 껄껄 웃으신다. 작깔깔.

껄껄거리다 시원스럽고 우렁차게 자꾸 웃다. 비껄껄대다. 작깔깔거리다.

껄껄대다 ➡껄껄거리다.

껄껄하다 ①살갗에 닿는 느낌이 부드럽지 못하고 꺼칠꺼칠하다. 예껄껄한 아버지의 손. ②성질이 거세어 부드럽지 못하다. 작깔깔하다.

껄끄럽다 [껄끄럽따] ①까끄라기 등이 몸에 붙어서 살이 뜨끔거리다. 예티끌이 들어갔는지 눈이 껄끄럽다. ②부드럽지 않고 껄껄하다. 작깔끄럽다. |활용| 껄끄러우니·껄끄러워.

껄렁하다 말이나 행동이 들떠 믿음직스럽지 못하다. 예껄렁한 말투.

껌 고무에 설탕·박하 등의 향료를 넣

어 만든, 씹는 과자. |참고| 껌은 'gum'에서 온 말. 예껌을 뱉다./껌을 질겅질겅 씹다.

껌껌하다 몹시 어둡다. 예방 안이 껌껌해서 아무것도 안 보인다.

껌벅거리다 [껌벅꺼리다] ①불빛 등이 자꾸 어두워졌다 밝아졌다 하다. ②눈을 자꾸 감았다 떴다 하다. 비껌벅대다. 쫀깜박거리다. 센껌뻑거리다.

껌벅대다 [껌벅때다] ➡껌벅거리다.

껌벅이다 [껌버기다] ①불빛 등이 어두워졌다 밝아졌다 하다. ②눈을 감았다 떴다 하다. 쫀깜박이다. 센껌뻑이다.

껌뻑껌뻑 ①불빛 등이 자꾸 어두워졌다 밝아졌다 하는 모양. ②눈을 자꾸 감았다 떴다 하는 모양. 쫀깜빡깜빡. 여껌벅껌벅.

껍데기 [껍떼기] ①호두·조개 등의 겉을 싸고 있는 단단한 물질. 반알맹이. ②속에 든 것을 빼내고 겉에 남은 물건. 예이불 껍데기.

> :::: '껍데기'와 '껍질'의 구별 ::::
>
> **껍데기** : 안에 있는 물질과 잘 떨어지며, 좀 두껍고 메마르며 딱딱한 거죽. 예호두 껍데기를 깨다.
> **껍질** : 안에 있는 물질과 잘 떨어지지 않으며, 두께가 얇고 부드러운 거죽. 예나무껍질/배 껍질을 벗기다.

껍죽거리다 [껍쭉꺼리다] 남 앞에서 방정맞게 함부로 까불며 잘난 체하다. 비껍죽대다. 쫀갑죽거리다.

껍죽껍죽 [껍쭉껍쭉] 자꾸 껍죽거리는 모양. 쫀갑죽갑죽.

껍죽대다 [껍쭉때다] ➡껍죽거리다.

껍질 [껍찔] 물체의 겉을 싸고 있는, 딱딱하지 않은 물질.

껍질눈 [껍찔룬] 식물 줄기의 단단한 부분이나 과일의 껍질 등에 있는 작

은 구멍. 공기의 통로가 된다.

껑충 긴 다리로 힘 있게 솟구쳐 뛰는 모양. 쫀깡충. 껑충껑충. 예눈이 오자 아이들이 좋아서 껑충껑충 뛴다.

껑충거리다 긴 다리로 힘 있게 자꾸 솟구쳐 뛰다. 비껑충대다. 쫀깡충거리다.

껑충대다 ➡껑충거리다.

께름직하다 '께름칙하다'의 잘못.

께름칙하다 [께름치카다] 한 일이 뉘우쳐져서 마음이 썩 편안하지 못하다. 비꺼림칙하다. |잘못| 께름직하다.

껴안다 [껴안따] 두 팔로 감싸서 품에 안다. 예전학 간 친구를 만나 껴안고 기뻐했다.

껴입다 [껴입따] 옷을 입은 위에 또 겹쳐 입다. 예추울까 봐 옷을 잔뜩 껴입었더니 덥다.

꼬깃꼬깃 [꼬긷꼬긷] 구김살이 생기게 자꾸 구기는 모양. 예꼬깃꼬깃 접은 돈. 큰꾸깃꾸깃.

꼬까신 '고까신'의 다른 표기. 비고까신·때때신.

꼬꼬댁 암탉이 놀랐거나 알을 낳은 뒤에 우는 소리.

꼬끼오 수탉의 울음소리. 준꼬꾜.

꼬다 ①여러 가닥을 한 줄이 되도록 비비다. 예새끼를 꼬다. ②몸이나 팔·다리 등을 바로 하지 못하고 뒤틀다. 예다리를 꼬고 앉다. ③〈비꼬다〉의 준말.

꼬드기다 남을 꾀어 무슨 일을 하도록 부추기다. 예나는 동생을 꼬드겨 아빠한테 놀이공원에 가자고 말하게 했다.

꼬락서니 [꼬락써니] '꼴'을 속되게 이르는 말.

꼬르르 '꼬르륵'의 잘못.

꼬르륵 ①사람의 배 속이 끓어오를 때 나는 소리. 예배가 고픈지 꼬르륵 소리가 난다. ②액체가 작은 구멍으로

빠져나갈 때 나는 소리. [큰]꾸르륵. [잘못] 꼬르르, 꼬르륵꼬르륵.

꼬르륵거리다 [꼬르륵꺼리다] 자꾸 꼬르륵 소리가 나다. [예]배 속에서 꼬르륵거리다. [비]꼬르륵대다. [큰]꾸르륵거리다.

꼬르륵대다 [꼬르륵때다] ➡꼬르륵거리다.

꼬리 동물의 꽁무니나 몸통의 뒤 끝에 가늘고 길게 내민 부분. [예]뱀 꼬리/강아지 꼬리. [참]꽁지.

꼬리(가) 길다[관용] ①못된 짓을 오래 하다. ②'문을 꼭 닫지 않고 드나드는 사람'을 나무라는 말.

꼬리(를) 감추다[관용] 자취를 감추다.

꼬리(를) 달다[관용] 더 보태어 말하거나 어떤 조건을 달다.

꼬리(를) 물다[관용] 서로 잇달려 끝이 없이 계속되다.

꼬리(를) 밟히다[관용] 몰래 나쁜 짓을 하다가 남에게 들키다.

꼬리(를) 잇다[관용] 연이어 계속되다.

꼬리(를) 치다[관용] 남에게 아양을 떨다.

> **'꼬리'와 '꽁지'의 구별**
>
> **꼬리** : 호랑이·사자 같은 네발짐승의 꽁무니에 길게 내민 것을 가리킨다. 물고기에서는 몸 끝 부분의 지느러미를 가리킨다. [예]강아지 꼬리/생선 꼬리.
>
> **꽁지** : 주로 새의 꽁무니에 붙은 깃을 가리킨다. [예]꿩의 꽁지.

꼬리연(一鳶) 꼬리가 달린 연.

꼬리지느러미 물고기의 몸 뒤 끝에 있는 지느러미.

꼬리표(一票) 받은 사람과 보내는 사람의 주소·이름 등을 적어서 짐에 달아매는 쪽지.

꼬마 ①'어린아이'를 귀엽게 이르는 말. ②조그만 것. 소형. [예]꼬마 자동차가 달린다. ③〈꼬마둥이〉의 준말.

꼬마둥이 키나 몸집이 작은 사람. [준]꼬마.

꼬마전구(一電球) 손전등이나 크리스마스트리 등에 쓰이는 작은 전구.

꼬막 껍데기에 부챗살 모양의 도드라진 줄이 나 있는 작은 조개. 모래 진흙 속에 사는데, 요리에 많이 쓰인다.

꼬맹이 '꼬마'를 얕잡아 이르는 말.

꼬무락거리다 [꼬무락꺼리다] 몸의 한 부분을 매우 조금씩 느리게 자꾸 움직이다. [예]일은 하지 않고 손가락만 꼬무락거린다. [비]꼬무락대다. [큰]꾸무럭거리다. [여]고무락거리다.

꼬무락꼬무락 자꾸 꼬무락거리는 모양. [큰]꾸무럭꾸무럭. [여]고무락고무락.

꼬무락대다 [꼬무락때다] ➡꼬무락거리다.

꼬물거리다 몸을 조금씩 느리게 자꾸 움직이다. [예]송충이가 꼬물거리면서 기어가고 있다. [비]꼬물대다. [큰]꾸물거리다.

꼬물꼬물 자꾸 꼬물거리는 모양. [예]배추벌레가 꼬물꼬물 기어간다. [큰]꾸물꾸물. [여]고물고물.

꼬물대다 ➡꼬물거리다.

꼬박1 그대로 끝끝내 기다리거나, 밤을 새우는 모양. [예]밤을 꼬박 새우다. [센]꼬빡.

꼬박2 졸거나 절을 할 때, 머리나 몸을 앞으로 숙였다가 드는 모양. [큰]꾸벅. [센]꼬빡. 꼬박꼬박.

꼬박거리다 [꼬박꺼리다] 머리나 몸을 자꾸 앞으로 숙였다가 들다. [비]꼬박대다. [큰]꾸벅거리다. [센]꼬빡거리다.

꼬박대다 [꼬박때다] ➡꼬박거리다.

꼬부랑 꼬불꼬불하게 휘어짐을 뜻하는 말. [예]꼬부랑 할머니/꼬부랑 고개.

꼬부리다 한쪽으로 휘어 굽게 하다. 예허리를 꼬부리다. 큰구부리다.

꼬불거리다 길·고개 등이 이리저리 꼬부라지다. 비꼬불대다. 큰꾸불거리다. 여고불거리다.

꼬불꼬불 이리저리 꼬부라져 있는 모양. 예고갯길이 꼬불꼬불 이어져 있다. 큰꾸불꾸불. 여고불고불.

꼬불대다 ➡꼬불거리다.

꼬시다 '꾀다'를 속되게 이르는 말.

꼬이다 ①꼼을 당하다. 예줄이 꼬이다. ②일이 제대로 풀리지 않고 뒤틀리다. 예하는 일마다 꼬인다.

꼬장꼬장하다 성격이 곧고 결백하여 남의 말을 잘 듣지 않는 경향이 있다. 예꼬장꼬장한 성품.

꼬질꼬질하다 옷이나 몸에 때가 많아 몹시 지저분하다. 예꼬질꼬질한 양말.

꼬집다 [꼬집따] ①손가락이나 손톱으로 살을 집어 뜯거나 비틀다. ②약점이나 비밀 등을 비꼬아 말하다.

꼬창이 '꼬챙이'의 잘못.

꼬챙이 나무·대·쇠붙이 등의 가늘고 긴 막대기. |잘못| 꼬창이.

꼬치 꼬챙이에 꿴 음식물. 예닭 꼬치.

꼬치꼬치 자꾸 하나하나 따지며 물어보는 모양. 참미주알고주알.

꼬투리 ①콩과 식물의 열매를 싸고 있는 껍질. 예강낭콩 꼬투리. ②말이나 사실 등의 실마리. 예말의 꼬투리를 물고 늘어져 싸움이 일어났다.

꼭 ①강하게 힘을 주거나 누르거나 죄는 모양. 예손을 꼭 잡다. ②애써서 참거나 견디는 모양. ③깊숙이 숨거나 틀어박힌 모양. 예방에 꼭 처박혀 있다. 큰꾹. ④반드시. 틀림없이. 예약속을 꼭 지켜라. 꼭꼭.

꼭대기 [꼭때기] ①맨 위쪽. ②여럿 중의 우두머리.

꼭두각시 [꼭뚜각씨] ①여러 가지 이상한 탈을 씌운 인형. 비괴뢰. ②'남이 시키는 대로 따라 하는 사람'을 비유하여 이르는 말. |잘못| 꼭둑각시.

꼭두각시놀음 [꼭뚜각씨노름] ①무대 위의 인형들을 뒤에서 조종하여 진행시키는 인형극의 한 가지. ②남이 시키는 대로 따라 움직이는 일.

〈꼭두각시놀음①〉

꼭두새벽 [꼭뚜새벽] 아주 이른 새벽. 예꼭두새벽부터 무슨 일로 전화했니? 비첫새벽.

꼭지 [꼭찌] ①나무의 잎이나 열매를 붙어 있게 하는 줄기. 예배 꼭지. ②그릇 뚜껑의 손잡이. 예주전자 꼭지.

꼭지각 (一角) [꼭찌각] 이등변 삼각형의 두 등변 사이의 각.

꼭지쇠 [꼭찌쇠/꼭찌쉐] 전구의 소켓에 끼워 넣는 금속 부분.

꼭지연 (一鳶) [꼭찌연] 연의 이마에 둥근 달 모양의 색종이를 붙인 연.

꼭짓점 (一點) [꼭찌쩜/꼭찓쩜] 각을 이루는 두 직선이 만나는 점.

꼴¹ 사물의 생김새나 됨됨이.

꼴² 마소에 먹이는 풀. 비목초.

꼴깍 ①물 같은 액체가 목구멍이나 좁은 구멍으로 한꺼번에 넘어갈 때 나는 소리. 예고기 굽는 냄새에 침이 꼴깍 넘어갔다. 비꼴딱. 큰꿀꺽. ②'사람이 순간적으로 숨을 거두는 모양'을 속되게 이르는 말. 예숨이 꼴깍 넘어가다.

꼴등 (一等) [꼴뜽] 등수의 맨 끝. 비꼴찌.

꼴딱 ①음식물을 목구멍으로 단번에 삼키는 소리, 또는 그 모양. 큰꿀떡. ②해가 완전히 지는 모양. ③아무것도 먹지 않고 굶는 모양. 꼴딱꼴딱.

꼴딱거리다 [꼴딱꺼리다] 음식물을 목

구멍으로 단번에 삼키는 소리를 자꾸 내다. [비]꼴딱대다. [큰]꿀떡거리다.
꼴딱대다 [꼴딱때다] ➜꼴딱거리다.
꼴뚜기 꼴뚜깃과의 바다 동물. 몸빛은 회색을 띤 붉은 갈색이며, 몸길이는 20 cm가량. 몸통에 도톨도톨한 혹이 솟아 있고 열 개의 다리가 있다.

〈꼴뚜기〉

꼴불견(—不見) 하는 짓이나 겉모습이 눈에 거슬려 차마 볼 수 없음. [예]예식장에 찢어진 청바지 차림으로 가는 것은 꼴불견이다.
꼴사납다 [꼴사납따] 생김새나 됨됨이가 보기 흉하다. **|활용|** 꼴사나우니·꼴사나워.
꼴찌 맨 끝 차례. [예]중간고사 성적이 꼴찌에서 세 번째다. [비]꼴등.
꼼꼼이 '꼼꼼히'의 잘못.
꼼꼼하다 빈틈이 없이 자세하고 찬찬하다. [예]꼼꼼한 성격/꼼꼼하게 집을 짓다. **꼼꼼히**. [예]나는 시험 문제를 꼼꼼히 읽어 보았다.
꼼지락거리다 [꼼지락꺼리다] 매우 둔한 몸짓으로 느리게 자꾸 움직이다. [비]꼼지락대다. [큰]꿈지럭거리다.
꼼지락꼼지락 자꾸 꼼지락거리는 모양. [예]아기가 발가락을 꼼지락꼼지락 움직이고 있다. [큰]꿈지럭꿈지럭. [여]곰지락곰지락.
꼼지락대다 [꼼지락때다] ➜꼼지락거리다.
꼼짝 약하고 느리게 움직이는 모양. [예]꼼짝 않고 있는 다람쥐. [큰]꿈쩍. [여]곰작·꼼작.
　꼼짝 못하다 [관용] 힘에 눌려 기를 펴지 못하다.
꼼짝달싹 [꼼짝딸싹] 《주로 '못하다'·'않다'·'말다' 등과 함께 쓰여》 몸이 아주 조금 움직이거나 들리는 모양. [예]하루 종일 비가 와서 꼼짝달싹 않고 집에만 있었다. [비]옴짝달싹. **꼼짝달싹하다**.
꼼짝없다 [꼼짜겁따] ①조금도 움직이는 기색이 없다. ②어떻게 해 볼 방법이 없다. [큰]꿈쩍없다. **꼼짝없이**. [예]이젠 꼼짝없이 죽었구나!
꼼짝하다 [꼼짜카다] ①약하고 느리게 움직이다. [큰]꿈쩍하다. [여]곰작하다·꼼작하다.
꼽다 [꼽따] ①수를 셈하려고 손가락을 하나씩 고부리다. ②사람 등이 어떠하다고 가리켜 정하다.
꼽추 등이 굽고 큰 혹 같은 것이 불룩 튀어나온 사람을 얕잡아 이르는 말.
꼽히다 [꼬피다] 꼽음을 당하다. [예]첫 손가락에 꼽히다./우리 팀은 우승 후보로 꼽히고 있다.
꼿꼿하다 [꼳꼬타다] ①휘거나 굽은 데가 없이 똑바로 곧다. [예]소나무 한 그루가 꼿꼿하게 서 있다. ②마음이나 뜻이 곧고 굳세다. [큰]꿋꿋하다. **꼿꼿이**. [예]고개를 꼿꼿이 들다.
꽁꽁 ①물체가 단단히 언 모양. [예]꽁꽁 얼어붙은 강물. ②단단히 죄어서 묶는 모양. [예]짐을 꽁꽁 묶었다.
꽁무니 ①짐승이나 새의 등마루뼈의 아래 끝 부분. ②엉덩이를 중심으로 한 몸의 뒷부분. ③사물의 맨 뒤. [예]꽁무니를 따라가다. ③[비]뒤꽁무니.
　꽁무니(를) 빼다 [관용] 슬그머니 물러서거나 달아나다. [예]쥐는 고양이를 만나면 무서워 꽁무니를 뺀다.
꽁보리밥 쌀은 섞지 않고 보리로만 지은 밥.
꽁숫줄 [꽁수쭐/꽁숟쭐] 연의 아랫부분 한가운데에 맨 실. 위의 두 줄과 합쳐져 연줄에 이어진다.
꽁지 새의 꽁무니에 달린 깃. [비]꽁지깃. [참]꼬리.
꽁지깃 [꽁지긷] ➜꽁지.

꽁짜 '공짜'의 잘못.

꽁초 피우다 남은 담배 도막. ⓑ담배꽁초.

꽁치 꽁칫과의 바닷물고기. 몸길이는 30 cm가량. 몸통이 납작하고 길며, 주둥  〈꽁치〉 이는 아래턱이 길고 뾰족하다. 몸빛은 등 쪽이 검은 청색, 배 쪽이 흰색이다. 찬물에 사는 물고기로, 일본과 우리나라 등에 분포한다.

꽁!하다 ①못마땅하게 여겨 말이 없다. 예진아는 속으로만 꽁하니 입을 다물고 있다. ②마음이 좁아 잊지 않고 속으로 언짢게 여기다. 예사내 녀석이 그만한 일로 꽁해서 그래.

꽂다 [꼳따] ①넘어지지 않게 박아 세우거나 찔러 넣다. 예나는 동화책을 책꽂이에 꽂았다. ②꼭 끼워져 있게 하다. 예머리에 비녀를 꽂다. |발음| 꽂아 [꼬자]·꽂고 [꼳꼬]

꽂히다 [꼬치다] 꽂음을 당하다. 예책꽂이에 나란히 꽂힌 책/꽃병에 꽂혀 있는 장미.

꽃 [꼳] 식물의 번식 기관. 꽃받침·꽃잎·암술·수술로 이루어지며, 열매를 맺고 씨를 만든다. |발음| 꽃이 [꼬치]·꽃도 [꼳또]·꽃만 [꼰만]

꽃가루 [꼳까루] 식물의 수술 꽃밥 속에 들어 있는 가루 모양의 물질. ⓑ화분.

꽃가루받이 [꼳까루바지] 수술의 꽃가루가 암술머리에 붙어서 열매를 맺는 현상. ⓑ가루받이·수분.

꽃게 [꼳께] 꽃겟과의 게. 몸길이 7 cm가량. 등딱지는 옆으로 퍼진 마름모꼴이며, 집게발이 강하다. 얕은 바다의 모래땅에 모  〈꽃게〉

여 살며, 밤에 활동한다.

꽃구름 [꼳꾸름] 여러 가지 빛깔을 띤 아름다운 구름.

꽃길 [꼳낄] 꽃이 아름답게 피어 있는 길.

꽃꽂이 [꼳꼬지] 화초나 나무의 가지를 꽃병에 꽂아 자연미를 나타내는 일. 꽃꽂이하다.

꽃나무 [꼰나무] ①꽃이 피는 풀과 나무. ②'화초'를 두루 이르는 말.

꽃놀이 [꼰노리] 꽃이 피는 봄철에 여럿이 산이나 들에 나가서 즐기는 일. 꽃놀이하다.

꽃눈 [꼰눈] 자라서 꽃이 될 눈. ⓟ잎눈.

꽃다발 [꼳따발] 꽃을 모아 만든 다발.

꽃다지¹ [꼳따지] 가지·호박 등의 맨 처음 열린 열매.

꽃다지² [꼳따지] 십자화과의 두해살이풀. 들이나 밭에 나는데, 잎과 줄기에는 짧은 털이 빽빽하게 나 있고, 봄에 노란 꽃이 핀다. 어린잎은 먹을 수 있다.

꽃답다 [꼳땁따] 꽃처럼 아름답다. 예꽃다운 처녀/꽃다운 나이. |활용| 꽃다우니·꽃다워.

꽃대 [꼳때] 꽃이 달리는 가지나 줄기.

꽃동산 [꼳똥산] 아름다운 꽃이 많이 피어 있는 동산.

꽃말 [꼰말] 꽃의 특징에 따라 상징적인 의미를 붙인 말.

여러 가지 꽃말

- 붓꽃: 존경
- 국화: 성실
- 방울꽃: 행복
- 나리: 순결
- 매화: 고결
- 해바라기: 존경
- 할미꽃: 추억
- 수선화: 금지
- 모란: 부귀
- 라일락: 우정
- 클로버: 행운

꽃망울 [꼰망울] 아직 피지 않은, 어린 꽃봉오리. [준]망울.

꽃며느리밥풀 [꼰며느리밥풀] 현삼과의 한해살이풀. 줄기는 검은색이며, 잎은 마주나고 달걀 모양이다. 8~9월경에 붉은 보라색의 꽃이 핀다.

꽃모종 [꼰모종] 옮겨 심기 위하여 기르는 꽃나무의 모종.

꽃목걸이 [꼰목꺼리] 꽃으로 곱게 엮어서 만든 목걸이.

꽃무늬 [꼰무니] 꽃 모양의 무늬. [예]꽃무늬 원피스. [비]화문.

꽃물 [꼰물] ①꽃을 물감으로 하여 들이는 물. [예]누나는 손톱에 봉숭아 꽃물을 들였다. ②부끄럽거나 흥분하여 불그레해진 얼굴빛.

꽃바구니 [꼳빠구니] 꽃이나 꽃가지를 담아 놓은 바구니.

꽃반지(—半指) [꼳빤지] 꽃으로 만든 반지.

꽃받침 [꼳빧침] 꽃을 보호하는 기관의 한 가지. 꽃잎을 받치고 있는 부분으로 보통 녹색이나 갈색이다.

꽃밥 [꼳빱] 식물의 수술 끝에 붙은 꽃가루와 그것을 싸고 있는 주머니를 통틀어 이르는 말.

꽃밭 [꼳빧] 꽃이 많이 피어 있는 곳. 꽃을 많이 심은 곳. [비]화단·화원.

꽃병(—甁) [꼳뼝] 꽃을 꽂는 병. [비]화병.

꽃봉오리 [꼳뽕오리] ①망울만 맺히고 아직 피지 않은 꽃. [준]꽃봉·봉오리. ②'앞날이 기대되는 희망찬 젊은 세대'를 비유하여 이르는 말.

꽃사슴 [꼳싸슴] 몸에 흰 점이 박힌 예쁘고 귀여운 사슴.

꽃삽 [꼳삽] 꽃나무를 옮겨 심거나 가꾸는 데 쓰이는 조그만 삽.

꽃샘바람 [꼳쌤바람] 이른 봄, 꽃이 필 무렵에 부는 쌀쌀한 바람.

꽃샘추위 [꼳쌤추위] 이른 봄, 꽃이 필 무렵의 추위.

꽃송이 [꼳쏭이] 꽃자루 위로 붙은 꽃 전부를 이르는 말. [예]빨간 장미 꽃송이.

꽃술 [꼳쑬] 꽃 안에 있는 생식 기관. 암꽃술과 수꽃술이 있다.

꽃 시ː장(—市場) 꽃을 파는 시장. [예]새벽 꽃 시장.

꽃식물(—植物) [꼳씽물] 꽃이 피어서 열매를 맺고 씨를 만들어 번식하는 식물. 해바라기·봉숭아·소나무·벼 등. [비]종자식물. [반]민꽃식물.

꽃신 [꼳씬] 꽃무늬나 여러 가지 빛깔로 곱게 꾸민 신. 주로 어린아이나 여자들이 신는다.

꽃씨 [꼳씨] 꽃나무의 씨앗.

꽃잎 [꼰닙] 꽃을 이루고 있는 낱낱의 조각.

꽃전(—煎) [꼳쩐] ①찹쌀가루를 반죽하여 꽃 모양으로 만들어 지진 떡. ②찹쌀가루를 반죽하여 진달래·국화 등의 꽃잎을 붙여서 기름에 지진 떡. [비]화전.

꽃집 [꼳찝] 꽃을 파는 가게. [비]화원.

꽃창포(—菖蒲) [꼳창포] 붓꽃과의 여러해살이풀. 잎은 칼 모양이며, 여름에 잎 사이에서 줄기가 나와 자줏빛 꽃이 핀다. 들에 절로 나며, 관상용으로도 심는다.

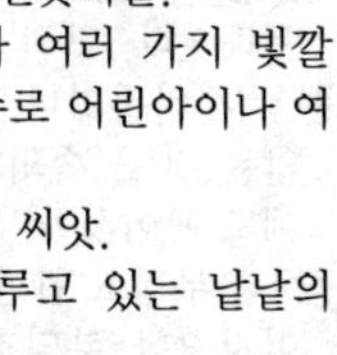
〈꽃창포〉

꽃피다 [꼳피다] 가장 성한 상태가 되다. [예]조선 영조·정조 때 평민 문학이 꽃피었다.

꽃피우다 [꼳피우다] 꽃피게 하다. 한창 성하게 하다. [예]화려한 문화를 꽃피웠던 백제.

꽈르릉 폭발물 등이 터지거나 천둥이 치며 요란하게 울리는 소리.

꽈ː리 ①가짓과의 여러해살이풀. 잎은 한 군데에 두 잎씩 나고, 여름에 황백색 꽃이 피며, 둥근 열매가 붉게 익는다. ②꽈리 열매 속을 긁어내고, 입 안에 넣어 소리 나게 한 것.

꽈:배기 밀가루 등을 반죽하여 엿가락처럼 가늘게 만들고, 두 가닥으로 꼬아서 기름에 튀긴 과자.

꽉 ①힘을 들여 누르거나 묶거나 쥐는 모양. 예손잡이를 꽉 잡다. ②가득히 찬 모양. 예목욕탕이 수증기로 꽉 찼다. ③순간적으로 아주 막히는 모양. 예갑자기 숨이 꽉 막히며 정신이 아득해졌다. 꽉꽉.

꽝¹ '제비뽑기나 추첨 등에서 뽑히지 않는 것'을 속되게 이르는 말. 예이번에도 꽝이잖아!

꽝² ①무겁고 단단한 물건이 바닥에 떨어지거나 부딪칠 때 요란하게 나는 소리. 예나는 화가 나서 문을 꽝 닫고 나갔다. ②총을 쏘거나 폭발물이 터질 때 나는 소리. ㉮쾅. 꽝꽝.

꽝꽝 매우 단단하게 얼거나 굳어지는 모양. 예날씨가 어찌나 추운지 수돗물이 꽝꽝 얼어붙었다.

꽝꽝거리다 자꾸 꽝꽝 소리가 나다. 또는 꽝꽝 소리를 내다. ㉯꽝꽝대다. ㉮쾅쾅거리다.

꽝꽝대다 ➡꽝꽝거리다.

꽤 생각한 것보다 더 많이. 매우. 예여기서 집까지 가려면 시간이 꽤 걸린다.

꽥 남을 놀라게 할 때나 화가 났을 때, 갑자기 목청을 높여 지르는 소리. 예우리들이 너무 떠들자 선생님이 소리를 꽥 지르셨다. 꽥꽥.

꽹과리 놋쇠로 만든 농악기의 한 가지. 모양은 징과 같으나 그보다 훨씬 작고 소리가 높게 난다.

꾀 [꾀/꿰] 일을 매우 잘 꾸며 내는 교묘한 생각이나 수단. 예도망갈 꾀를 내다.

〈꽹과리〉

꾀꼬리 [꾀꼬리/꿰꼬리] 까마귓과의 새. 날개 길이 15cm가량. 몸빛은 노란색이고 눈에서 뒷머리까지 검은 띠가 있으며, 울음소리가 매우 아름답다.

〈꾀꼬리〉

꾀꼴 [꾀꼴/꿰꼴] 꾀꼬리가 우는 소리. 꾀꼴꾀꼴.

꾀:다¹ [꾀다/꿰다] 벌레 등이 모여들어 뒤끓다. 예음식물에 파리가 꾀다.

꾀:다² [꾀다/꿰다] 그럴듯한 말로 자기 생각에 따르게 하다.

꾀돌이 [꾀도리/꿰도리] 꾀가 많은 아이를 귀엽게 이르는 말.

꾀병(一病) [꾀병/꿰병] 거짓으로 아픈 체하는 짓. 예동생은 학교에 가기 싫어서 꾀병을 부렸다.

꾀보 [꾀보/꿰보] 꾀가 많은 사람. 꾀만 부리는 사람.

꾀부리다 [꾀부리다/꿰부리다] 다른 일을 핑계 삼아 어려운 일이나 책임을 살살 피하다. 예앞으로는 꾀부리지 않고 열심히 공부할 생각이다.

꾀죄죄하다 [꾀죄죄하다/꿰줴줴하다] 차림새가 몹시 지저분하고 궁상스럽다. 예꾀죄죄한 옷차림.

꾀하다 [꾀하다/꿰하다] 어떤 일을 이루려고 계획하거나 힘을 쓰다. 예친구들과 단합을 꾀하다. ㉯도모하다.

꾐: [꾐/뀀] 남을 속이거나 부추기는 일. 예나쁜 친구의 꾐에 빠지다.

꾸기다 ①비벼서 구김살이 생기게 하다. 예종이를 꾸겨서 휴지통에 버렸다. ②구김살이 생기다. 예옷이 꾸기지 않게 잘 걸어 놓아라. ㉰구기다.

꾸다¹ 잠을 자면서 꿈을 보다. 예꿈을 꾸다.

꾸다² 남의 것을 뒤에 갚기로 하고 가져오다. 예친구에게서 돈을 꾸다.

∷∷∷ '꾸다'와 '빌리다'의 구별 ∷∷∷

'**꾸다**'는 돈·곡식 등과 같이 쓰거나 먹어서 없어지는 것이어서 본래의 것을 그대로 돌려주기 어려운 것에 쓰이고, '**빌리다**'는 사용한 후에 본래의 것을 그대로 돌려줄 수 있는 물건에 주로 쓰인다. 다만, '돈'은 '**빌리다**'로도 쓸 수 있다. 예쌀을 꾸다./책을 빌리다./친척 집에서 돈을 꾸어(빌려) 왔다.

꾸덕꾸덕 물기 있는 것의 거죽이 마르거나 얼어서 꽤 굳어진 상태.

-꾸러기 '어떤 버릇이 많거나 그 일을 잘 일으키는 사람'의 뜻을 나타내는 말. 예잠꾸러기/말썽꾸러기.

꾸러미 ①꾸리어 뭉치거나 싼 물건. 예열쇠 꾸러미. ②물건의 꾸러미를 셀 때 쓰는 말. 예달걀 한 꾸러미.

꾸리다 ①짐 등을 싸서 묶다. 예배낭을 꾸리다. ②일을 알뜰히 처리하다. 예살림을 잘 꾸려 나가다.

꾸물거리다 몸을 느리게 자꾸 움직이다. ⓑ꾸물대다. ㉝꼬물거리다.

꾸물꾸물 자꾸 꾸물거리는 모양. 예송충이가 꾸물꾸물 기어가고 있다. ㉝꼬물꼬물.

꾸물대다 ➡꾸물거리다.

꾸미는 말: 임자말이나 풀이말 앞에서 그 말의 뜻이나 내용을 자세히 설명하는 구실을 하는 말.

꾸미는 말

- 고운 옷을 입었다.
  '고운'은 '옷'이라는 임자말을 꾸미는 말이다.
- 자동차가 빨리 달린다.
  '빨리'는 '달린다'라는 풀이말을 꾸미는 말이다.

꾸미다 ①모양이 잘 나게 만들거나 쓸모 있게 차려 갖추다. 예얼굴을 예쁘게 꾸미다. ②사실인 것처럼 거짓으로 둘러대다. 예꾸며 낸 이야기. ③어떤 일을 짜고 꾀하다. 예음모를 꾸미다. ④글 등을 지어 만들다.

꾸밈 ①겉모양을 보기 좋게 만듦. 예꾸밈이 없는 옷차림. ②겉으로만 사실인 것처럼 나타냄. 예솔직하고 꾸밈이 없는 태도. ⓑ가식.

꾸밈새 꾸민 모양새.

꾸밈없다 [꾸미멉따] 말이나 행동이 거짓 없이 참되고 순수하다. 예꾸밈없는 태도. 꾸밈없이.

꾸벅 졸거나 절을 할 때, 머리나 몸을 앞으로 숙였다가 드는 모양. ㉝꼬박. ⓼꾸뻑. 꾸벅꾸벅.

꾸벅거리다 [꾸벅꺼리다] 졸거나 절을 할 때, 머리나 몸을 자꾸 앞으로 숙였다가 들다. ⓑ꾸벅대다. ㉝꼬박거리다. ⓼꾸뻑거리다.

꾸벅대다 [꾸벅때다] ➡꾸벅거리다.

꾸벅이다 [꾸버기다] 졸거나 절을 할 때, 머리나 몸을 앞으로 숙였다가 들다. 예희수는 어른을 만날 때마다 머리를 꾸벅이며 인사를 한다.

꾸부리다 한쪽으로 휘어 굽게 하다. 예나는 꾸부리고 앉아 아빠 구두를 닦았다.

꾸부정하다 매우 구부러져 있다. 예허리가 꾸부정한 할머니.

꾸불거리다 길·고개 등이 이리저리 꾸부러지다. ⓑ꾸불대다. ㉝꼬불거리다. ⓐ고불거리다.

꾸불꾸불 이리저리 꾸부러져 있는 모양. ㉝꼬불꼬불. ⓐ구불구불.

꾸불대다 ➡꾸불거리다.

꾸뻑꾸뻑 졸거나 절을 할 때, 머리나 몸을 자꾸 앞으로 숙였다가 드는 모양. 예그는 은혜를 잊지 않겠다며 꾸뻑꾸뻑 절을 했다.

꾸역꾸역 ①한군데로 많은 사람들이 잇따라 몰려가거나 들어오는 모양. 예지하철에서 내린 사람들이 출구로 꾸역꾸역 밀려 나갔다. ②음식 등을 한꺼번에 입에 많이 넣고 잇따라 씹는 모양. 예나는 먹기 싫은 밥을 꾸역꾸역 먹었다.

꾸준하다 변함없이 부지런하고 끈기 있다. 예운동은 꾸준하게 해야 효과가 있다. 꾸준히.

꾸중 ➡꾸지람.

꾸지람 아랫사람의 잘못을 꾸짖음, 또는 그 말. 예동생은 반찬 투정을 하다가 엄마한테 꾸지람을 들었다. 비꾸중. 반칭찬. 꾸지람하다.

꾸짖다 [꾸짇따] 주로 아랫사람의 잘못에 대하여 엄하게 나무라다. 예아버지가 집에 늦게 들어온 누나를 꾸짖으셨다. |발음| 꾸짖어 [꾸지저] · 꾸짖고 [꾸짇꼬]

꾹 ①애써 괴로움을 참는 모양. 예명희는 눈물이 날 것 같았지만 꾹 참았다. ②단단히 힘을 주거나 누르는 모양. 예옆구리를 꾹 찌르다. ③깊숙이 숨거나 틀어박히는 모양. 예방에 꾹 틀어박히다. 잔꼭. 꾹꾹.

-꾼 ①'어떤 일을 직업적·습관적으로 하는 사람'의 뜻으로 쓰이는 말. 예장난꾼/장사꾼. ②'어떤 자리에 모인 사람'의 뜻으로 쓰이는 말. 예일꾼/구경꾼/세배꾼.

꿀 꿀벌이 꽃에서 따다가 먹이로 벌집 속에 저장해 두는 달콤한 액체. 비벌꿀.

꿀꺽 ①물 같은 액체가 목구멍이나 좁은 구멍으로 한꺼번에 많이 넘어갈 때 나는 소리. 예나는 김이 모락모락 나는 만두를 보고 침을 꿀꺽 삼켰다. ②분한 마음을 억지로 참는 모양. 잔꼴깍. 꿀꺽꿀꺽.

꿀꺽거리다 [꿀꺽꺼리다] 물 같은 액체가 목구멍이나 좁은 구멍으로 한꺼번에 많이 넘어가는 소리를 자꾸 내다. 비꿀꺽대다. 잔꼴깍거리다.

꿀꺽대다 [꿀꺽때다] ➡꿀꺽거리다.

꿀꿀 돼지가 내는 소리.

꿀꿀거리다 돼지가 잇달아 자꾸 꿀꿀 소리를 내다. 비꿀꿀대다.

꿀꿀대다 ➡꿀꿀거리다.

꿀단지 [꿀딴지] 꿀을 담아 두는 단지.

꿀돼지 [꿀꽤지] '먹는 것에 욕심이 많은 사람'을 비유하여 이르는 말.

꿀떡¹ ①떡가루를 꿀물로 내려서 밥·대추·잣 등을 켜마다 넣어 찐 떡. ②꿀을 섞어서 만든 떡.

꿀떡² ①음식물 등을 목구멍으로 단번에 삼키는 소리, 또는 그 모양. 잔꼴딱. 꿀떡꿀떡.

꿀떡거리다 [꿀떡꺼리다] 음식물 등을 목구멍으로 단번에 삼키는 소리를 자꾸 내다. 비꿀떡대다. 잔꼴딱거리다.

꿀떡대다 [꿀떡때다] ➡꿀떡거리다.

꿀리다 힘이나 능력이 남에게 눌리다. 예우리 선수들은 어디에 내놓아도 꿀릴 것이 없다.

꿀맛 [꿀맏] 꿀의 맛. 또는 꿀처럼 단맛. 예참외가 아주 꿀맛이다.

꿀물 꿀을 탄 물.

꿀밤 《귀엽다는 표시로, 혹은 장난의 뜻으로》 주먹으로 가볍게 머리를 때리는 짓. 예동생이 까불다가 형에게 꿀밤을 맞았다. 비알밤.

꿀벌 꿀벌과의 곤충. 몸길이 1~1.5 cm. 한 마리의 여왕벌을 중심으로 수백 마리의 수벌과 5, 6만 마리의 일벌이 한 집단을 이룬다. 몸에 독침이 있고, 벌집에 꿀을 모아 먹이로 한다. 비밀봉.

꿀샘 꽃이나 잎 등에서 단물을 만들어 내는 기관.

꿇다 [꿀타] 무릎을 구부려 바닥에 대

다. 예무릎을 꿇다. |발음| 꿇어 [꾸러] · 꿇고 [꿀코]

꿇어앉다 [꾸러안따] 무릎을 꿇고 앉다. 예우리는 지각한 벌로 복도에 꿇어앉아 있었다.

꿈 ①잠자는 동안에 실지로 보고 느끼듯 머리에 그려지는 여러 가지 모습. ②덧없는 바람이나 희망. 예헛된 꿈. ③마음속의 바람이나 이상. 예나의 꿈은 야구 선수이다.
꿈에도 없다관용 전혀 없다.

> :::: **'꿈'과 '이상'의 구별** ::::
>
> 앞날에 그렇게 되기를 바라는 점에서는 같은 뜻으로 쓰이나, '꿈'은 바라는 바를 막연히 얻으려는 기대 심리가 크게 작용하는 것에 주로 쓰이고, '이상'은 바라는 바를 이루려는 실천 의지가 강하게 작용하는 것에 주로 쓰인다. 예꿈 많은 어린 시절/꿈이 크면 실망도 큰 법이다./젊은이여, 이상을 높게 가져라./이상은 높게, 포부는 크게!

꿈같다 [꿈갇따] ①일이 하도 이상하여 현실이 아닌 것 같다. 예전교 1등은 나에게는 꿈같은 소리다. ②세월이 매우 빠르다. 꿈같이.

꿈결 [꿈껼] 꿈을 꾸고 있는 동안. 예꿈결에 누가 부르는 소리가 들렸다.

꿈꾸다 ①자는 사이에 꿈이 보이다. ②어떤 일이 그렇게 되기를 바라다. 예우승을 꿈꾸다.

꿈나라 ①꿈속의 세계. ②이루어질 수 없는 환상의 세계.
꿈나라로 가다관용 '잠이 깊이 들다' · '곤히 잠이 들다'를 비유하여 이르는 말.

꿈나무 '과학 · 예술 · 운동 등에 소질이나 재능이 있는 아이'를 비유하여 이르는 말.

꿈속 [꿈쏙] ①꿈을 꾸는 동안. 예돌아가신 할머니가 어젯밤 꿈속에 나타나셨다. ②현실과 다른 상상 속의 세계.

꿈자리 꿈에 나타난 일이나 내용. 예꿈자리가 사납다./꿈자리가 뒤숭숭하다.

꿈지럭거리다 [꿈지럭꺼리다] 매우 둔한 몸짓으로 느리게 자꾸 움직이다. 예그렇게 꿈지럭거리다가는 지각하겠다. 비꿈지럭대다. 좌꼼지락거리다.

꿈지럭꿈지럭 자꾸 꿈지럭거리는 모양. 좌꼼지락꼼지락. 여굼지럭굼지럭.

꿈지럭대다 [꿈지럭때다] ➡ 꿈지럭거리다.

꿈쩍 둔한 몸을 느리고 크게 움직이는 모양. 좌꼼짝. 꿈쩍꿈쩍.

꿈쩍거리다 [꿈쩍꺼리다] 둔한 몸을 느리고 크게 자꾸 움직이다. 비꿈쩍대다. 좌꼼짝거리다. 여굼적거리다.

꿈쩍대다 [꿈쩍때다] ➡ 꿈쩍거리다.

꿈쩍하다 [꿈쩌카다] 둔한 몸을 느리고 크게 움직이다. 좌꼼짝하다.

꿈틀 몸의 한 부분을 구부리거나 비틀며 움직이는 모양. 좌꼼틀. 여굼틀. 꿈틀꿈틀.

꿈틀거리다 몸의 한 부분을 구부리거나 비틀며 자꾸 움직이다. 예지렁이가 꿈틀거린다. 비꿈틀대다. 좌꼼틀거리다. 여굼틀거리다.

꿈틀대다 ➡ 꿈틀거리다.

꿈틀하다 몸의 한 부분이 구부러지거나 비틀리며 움직이다. 좌꼼틀하다. 여굼틀하다.

꿋꿋하다 [꾿꾿타다] 마음이나 뜻이 바르고도 굳세다. 예그는 어려운 환경 속에서도 꿋꿋하게 자랐다. 좌꼿꼿하다. **꿋꿋이.** 예영수는 어떤 어려움도 꿋꿋이 이겨 냈다.

꿍꽝 단단하고 큰 물건이 서로 부딪칠 때 나는 소리.

꿍꿍이 겉으로는 드러내지 않고 속으로만 우물쭈물하는 속셈. 예은숙이가 무슨 꿍꿍이를 꾸미고 있는 걸까?

꿍꿍이속 남에게 숨기고 어떤 일을 꾸며 도무지 모를 속셈. 예무슨 꿍꿍이속인지 알 수가 없다.

꿩 꿩과의 새. 몸빛은 검은 점이 있는 붉은 갈색인데, 수컷은 목의 위쪽에 녹색·빨간색·검은색의 털이 차례로 나 있다. 수컷은 '장끼', 암컷은 '까투리'라고 한다.

〈꿩(장끼)〉

꿩덫 [꿩덛] 꿩을 잡기 위하여 놓는 도구.

꿰:다 ①구멍으로 실이나 끈을 이쪽에서 저쪽으로 나가게 하다. 예실을 바늘에 꿰다. ②꼬챙이 등으로 찔러서 꽂다. 예곶감을 꼬챙이에 꿰다. ③옷을 입거나 신을 신다.

꿰:뚫다 [꿰뚤타] ①이쪽에서 저쪽까지 꿰어서 뚫다. 예화살이 과녁을 꿰뚫었다. ②일을 속속들이 잘 알다. 예선생님은 어떻게 내 마음을 꿰뚫고 계실까?

꿰:매다 해지거나 뚫어진 자리를 깁거나 얽어매다. 예이마의 상처를 꿰매다.

뀌:다 방귀를 몸 밖으로 내보내다. 예방귀를 뽕 뀌다.

끄나풀 길지 않은 끈의 도막.

끄다 ①타는 불을 못 타게 하다. 예촛불을 끄다. 반피우다. ②전깃불·라디오 등에 전기가 통하지 않게 스위치를 돌리다. 예전등을 끄다. 반켜다. |활용| 끄니·꺼.

끄덕 고개를 조금 깊게 숙였다가 드는 모양. 좌까닥. 센끄떡. 끄덕끄덕.

끄덕거리다 [끄덕꺼리다] 고개를 위아래로 자꾸 움직이다. 예수정이는 이해가 간다는 듯 고개를 끄덕거렸다. 비끄덕대다. 좌까닥거리다. 센끄떡거리다.

끄덕대다 [끄덕때다] ➡끄덕거리다.

끄덕이다 [끄더기다] 고개를 위아래로 움직이다. 예현빈이는 대답 대신 고개를 끄덕였다. 좌까닥이다. 센끄떡이다.

끄떡 고개를 조금 깊게 숙였다가 드는 모양. 좌까딱. 여끄덕. 끄떡끄떡. 예태현이는 책상 앞에 앉아서 끄떡끄떡 졸았다.

끄떡없다 [끄떠겁따] 아무 변화나 탈이 없이 든든하고 온전하다. 예이 배는 태풍이 불어도 끄떡없다. 좌까딱없다. 끄떡없이.

끄떡이다 [끄떠기다] 고개를 위아래로 움직이다. 예아주머니는 말없이 고개만 끄떡였다. 좌까딱이다. 여끄덕이다.

끄떡하다 [끄떠카다] 고개를 조금 깊게 숙였다가 들다. 좌까딱하다.

끄르다 맺은 것이나 맨 것을 풀다. 예짐을 끄르다. |활용| 끄르니·끌러.

끄적거리다 [끄적꺼리다] 글씨를 아무렇게나 쓰다. 예진희는 수첩에 뭔가를 끄적거렸다. 비끄적대다·끼적거리다.

끄적대다 [끄적때다] ➡끄적거리다.

끄:집다 [끄집따] 끌어서 집다. 집어서 끌다.

끄:집어내다 [끄지버내다] ①속에 든 것을 밖으로 끌어내다. 예나는 가방에서 책과 필통을 끄집어냈다. ②지난 일 등을 다시 들추어내어 이야기하다. 예아빠가 어렸을 적 이야기를 끄집어내셨다.

끄트머리 맨 끝이 되는 부분. 예나는 줄의 맨 끄트머리에 섰다.

끈 주로 물건을 매거나 꿰거나 묶는 데 쓰는 가늘고 긴 물건. 예운동화 끈을 매다.

'끈'과 '줄'의 구별

끈 : 물건을 매거나 꿰거나 하는 데 쓰는 가늘고 긴 물건. 또는 가방·신·옷 등에 붙어서 잡아매거나 손잡이로 쓰는 물건. 종이·천·실·가죽·비닐 등과 같은 섬유질 물질을 재료로 한 것을 주로 이른다. 예운동화를 신고 끈을(×줄을) 단단히 묶었다.

줄 : 물건과 물건 사이를 잇거나 무엇을 묶거나 하는 데 쓰는 가늘고 긴 물건. '끈'과 달리 재료에 특별한 제약이 없으며, 금속성 물질을 재료로 한 것을 '줄'이라고 한다. 예빨래를 줄에(×끈에) 널다./철사 줄(×끈).

끈기(一氣) ①참을성이 있어 끝까지 견디어 나가는 성질. 비인내심·참을성. ②질기고 차진 기운. 예끈기 있는 찹쌀.

끈끈막(一膜) ➡점막.

끈끈이 [끈끄니] 파리나 쥐 등을 잡는 데 쓰는 끈끈한 물질.

끈끈이주걱 [끈끄니주걱] 끈끈이주걱과의 여러해살이풀. 줄기는 6~30cm. 잎은 주걱 모양인데, 끈끈한 액체를 내어 벌레를 잡는다. 여름에 줄기 끝에 흰 꽃이 핀다. 들판의 습지에서 자란다.

끈끈하다 끈기가 많아 진득진득하다. 예끈끈한 풀.

끈덕지다 [끈덕찌다] 끈기가 있어 꾸준하고 억세다. 예끈덕지게 조르다.

끈적거리다 [끈적꺼리다] 끈끈한 것이 자꾸 들러붙어 잘 떨어지지 않다. 예운동을 했더니 땀이 나서 몸이 끈적거렸다. 비끈적대다.

끈적끈적 자꾸 끈적거리는 모양. 작깐작깐작.

끈적끈적하다 [끈적끈저카다] 자꾸 척척 들러붙을 만큼 끈끈하다.

끈적대다 [끈적때다] ➡끈적거리다.

끈질기다 끈덕지고 질기다. 예동생은 같이 놀자고 끈질기게 졸라 댔다. 작깐질기다.

끊기다 [끈키다] 끊음을 당하다. 예줄이 끊기다./연락이 끊기다.

끊다 [끈타] ①길게 이어진 것을 따로따로 떨어지게 하다. 예고무줄을 끊다. ②이어 오던 관계나 하던 일을 그만두다. 예말을 끊다. ③차표나 수표 등을 사거나 발행하다. 예기차표를 끊다. ④옷감 등을 사다. 예치맛감을 끊다. ⑤연락을 막다. 예통신을 끊다. ⑥목숨을 없애다. |발음| 끊어 [끄너]·끊고 [끈코]

끊어지다 [끄너지다] 끊은 상태로 되다. 예전화가 끊어지다./서로의 왕래가 끊어지다.

끊음표 [끄늠표] (一標) 한 음표씩 끊어서 연주함을 나타내는 기호. 비스타카토.

끊이다 [끄니다] 계속 이어지던 것이 끊어지게 되다. 예관객이 끊이지 않고 밀려든다.

끊임없다 [끄니멉따] 늘 잇대어 끊이지 않다. 예끊임없는 노력. 끊임없이. 예끊임없이 밀려오는 파도.

끌 나무에 구멍을 파거나 깎고 다듬는 데 쓰이는 연장.

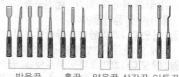

박음끌 홈끌 얇은끌 삼각끌 인두끌

〈끌〉

끌끌 마음에 못마땅하여 혀를 차는 소

리. 예그는 내 말을 듣고 어이가 없다는 듯이 혀를 끌끌 찼다.

끌:다 ①바닥에 닿은 채 자리를 옮기도록 잡아당기다. 예자전거를 끌고 가다. ②마소나 수레 등을 움직이게 하다. ③관심을 쏠리게 하거나, 사람들이 모여들게 하다. 예사람들의 흥미를 끌다. ④시간이나 일을 미루다. 예빚 갚을 날짜를 끌다. ⑤옷자락 등을 바닥에 스치게 하다. 예바지를 질질 끌고 다니다. ⑥차를 운전하다. 예자가용을 끌다. |활용| 끄니·끌어.

끌:려가다 억지로 상대편 쪽으로 딸려 가다. 예도살장에 끌려가는 소.

끌:려오다 남이 시키는 대로 억지로 따라오다. 예나는 친구에 의해 이곳에 끌려왔다.

끌:리다 끎을 당하다. 예마음이 끌리다.

끌:어가다 [끄러가다] ①사람이나 동물을 강제로 데리고 가거나 붙잡아 가다. 예범인을 경찰서로 끌어가다. ②어떤 일이나 이야기를 자기가 바라는 쪽으로 이끌다.

끌:어내다 [끄러내다] 끌어서 밖으로 나오게 하다. 예교실에 있는 책상을 복도로 끌어내었다.

끌:어내리다 [끄러내리다] 높은 수준이나 지위에서 내려오게 하다. 땐끌어올리다.

끌:어당기다 [끄러당기다] 끌어서 앞으로 당기다. 예의자를 끌어당겨 앉아라.

끌:어들이다 [끄러드리다] 남을 어떤 일에 관계하게 하다. 예친구를 자기 동아리에 끌어들이다.

끌:어안다 [끄러안따] 끌어당겨서 가슴에 안다. 예곰 인형을 끌어안다.

끌:어오다 [끄러오다] ①무엇을 끌어서 가져오다. 예나는 의자를 창문 쪽으로 끌어왔다. ②사람이나 동물을 강제로 데리고 오거나 붙잡아 오다.

③물·전기 등을 어느 곳에 이르도록 연장하여 오다. 예전기를 끌어오다./아랫마을에서 물을 끌어오다.

끌:어올리다 [끄러올리다] 이끌어서 높은 수준이나 지위에 오르게 하다. 예성적을 끌어올리다. 땐끌어내리다.

끓는점(一點) [끌른쩜] 액체가 끓기 시작하는 온도. 땐비등점.

끓다 [끌타] ①액체가 뜨거워져 부글부글 솟아오르다. 예물이 끓다. ②화가 나서 속이 타는 듯하다. 예속이 부글부글 끓다. ③가래가 목구멍에 붙어서 숨을 쉴 때마다 소리가 나다. ④벌레 등이 많이 모여 우글우글하다. 예파리가 끓다. ⑤매우 흥분한 상태로 되다. 예피가 끓다. |발음| 끓어 [끄러]·끓고 [끌코]

끓어오르다 [끄러오르다] ①물이 끓어서 솟아오르다. 예주전자의 물이 끓어올랐다. ②감정이 강하게 솟아오르다. 예분노가 끓어오르다. |활용| 끓어오르니·끓어올라.

끓이다 [끄리다] ①끓게 하다. 예찌개를 끓이다. ②걱정을 지나치게 하며 속을 태우다. 예하찮은 일로 속을 끓이지 마.

끔벅거리다 [끔벅꺼리다] 눈을 자꾸 감았다 떴다 하다. 예소가 눈을 끔벅거린다. 町끔벅대다. 쫜깜박거리다.

끔벅끔벅 자꾸 끔벅거리는 모양. 쫜깜박깜박.

끔벅대다 [끔벅때다] ➡끔벅거리다.

끔벅이다 [끔버기다] 눈을 감았다 떴다 하다. 쫜깜박이다.

끔쩍¹ 큰 눈을 잠깐 감았다 곧 뜨는 모양. 쫜깜짝. 예끔적. 끔쩍끔쩍.

끔쩍² 갑자기 놀라는 모양. 쫜깜짝. 끔쩍끔쩍.

끔쩍거리다¹ [끔쩍꺼리다] 큰 눈을 자꾸 세게 감았다 떴다 하다. 町끔쩍대다. 쫜깜짝거리다.

끔쩍거리다²[끔쩍꺼리다] 자꾸 갑자기 놀라다. 回끔쩍대다. 웹깜짝거리다.

끔쩍대다¹[끔쩍때다] ➡ 끔쩍거리다¹.

끔쩍대다²[끔쩍때다] ➡ 끔쩍거리다².

끔찍스럽다[끔찍쓰럽따] 보기에 끔찍하다. 끔찍한 데가 있다. 回끔찍스러운 사고. |활용| 끔찍스러우니·끔찍스러워. 끔찍스레.

끔찍하다[끔찌카다] ①차마 볼 수 없을 정도로 몹시 참혹하다. 回끔찍한 범죄. ②정성과 성의가 대단하다. 回농부는 땅을 끔찍하게 사랑했다. 끔찍이. 回할머니는 나를 끔찍이 예뻐하셨다.

끙 몹시 아프거나 힘드는 일에 시달릴 때 내는 소리. 끙끙. 回끙끙 앓다.

끙끙거리다 자꾸 끙 소리를 내다. 回삼촌은 끙끙거리며 이삿짐을 날랐다. 回끙끙대다.

끙끙대다 ➡ 끙끙거리다.

끝 [끋] ①시간·공간 등에서, 마지막이 되는 곳. 回처음과 끝. ②서 있는 물건의 꼭대기. 回장대 끝에 앉은 고추잠자리. ③어떤 일의 종말. 回시험도 끝이 났다. ④어떤 일의 결과. 回시작보다 끝이 좋다. ⑤어떤 일이 있은 바로 그 다음. 回오랜 연구 끝에 발명한 약. ⑥차례 중의 마지막. 回맨 끝에 입장하다. |발음| 끝이 [끄치]·끝도 [끋또]·끝만 [끈만]

끝각(-角)[끋깍] 도형에서 양쪽 끝에 있는 각.

끝끝내[끋끈내] 마지막에 이르기까지. 回경호는 끝끝내 자기주장을 굽히지 않았다. 준끝내.

끝나다[끈나다] ①일이 다 이루어지다. 回드디어 작업이 끝났다. ②시간적·공간적으로 마지막이 되다. 回방학이 끝나다.

끝내[끈내] ①맨 나중까지. 回현수는 금방 온다고 해 놓고 끝내 오지 않았다. 준끝끝내. ②드디어. 마침내. 回소망을 끝내 이루다.

끝내다[끈내다] ①일을 끝나게 하다. 回숙제를 다 끝냈다. ②운동 경기 등에서, 승부를 마무리지어 이기다. 回마지막 한 골로 시합을 끝냈다. 回끝마치다.

끝마치다[끈마치다] 일을 끝내어 마치다. 回약속한 날짜에 공사를 끝마쳤다. 回끝내다.

끝말잇기[끈말릳끼] 한 사람이 한 낱말을 말하면, 다음 사람이 그 말의 끝 음절을 첫소리로 하는 낱말을 불러 이어 가는 낱말 놀이.

끝매듭[끈매듭] 끝 부분의 매듭. 回끝매듭을 짓다.

끝맺다[끈맫따] 일을 끝내어 마무리를 짓다. 回두 나라는 전쟁을 끝맺었다.

끝물[끈물] 과일·채소·해산물 등의 맨 나중에 나오는 차례. 回끝물 수박. 回만물.

끝소리[끋쏘리] 한 음절의 맨 나중에 나는 닿소리. '책'에서 'ㄱ' 소리 등. 回종성·받침·받침소리.

끝없다[끄덥따] 한이 없다. 그지없다. 回끝없는 어머니의 사랑. 끝없이. 回높은 산이 끝없이 이어져 있다.

끝인사(-人事)[끄딘사] 마지막 인사. 回첫인사.

끝자리[끋짜리] 이어진 여러 개의 숫자·문자·기호 등에서 마지막에 오는 자리. 123의 끝자리는 3이다.

끝장[끋짱] ①일의 맨 마지막. 回결말. ②실패·죽음 등을 이르는 말.

끝장나다[끋짱나다] 어떤 일이 아주 끝나 버리다. 回경기는 초반에 끝장났다.

끝장내다[끋짱내다] 어떤 일을 아주 끝내 버리다.

끼¹ '끼니'를 셀 때 쓰이는 말. 回하루 세 끼를 꼬박 먹다.

끼² '연예에 대한 재능이나 소질'을 속되게 이르는 말. 예끼가 있다./끼가 많다. |참고| 끼는 '기(氣)'에서 온 말.

끼니 아침·점심·저녁 등 정해진 때에 밥을 먹는 일, 또는 그 밥. 예끼니를 잇지 못할 정도로 가난한 집.

끼:다¹ ①안개나 연기·김 같은 것이 서려 가리다. 예안개가 자욱이 끼다. ②때나 먼지 등이 묻다. 예옷에 때가 끼다. ③이끼나 녹 등이 생겨 엉기다. 예이끼 낀 바위. ④얼굴이나 목소리에 어떤 표정이 어리다. 예얼굴에 수심이 가득 끼다.

끼다² ①끌어안거나 겨드랑이 밑에 팔이나 손을 넣어 죄다. 예팔짱을 끼다. ②손가락 등에 꿰거나 꽂다. 예장갑을 끼다. ③〈끼이다〉의 준말. 예틈에 몸이 끼다. ④곁에 두거나 가까이하다. 예한강을 끼고 있는 곳.

끼룩끼룩 기러기나 갈매기가 우는 소리.

-끼리 '둘 이상이 함께 패를 지음'의 뜻으로 쓰이는 말. 예우리끼리/형제끼리.

끼리끼리 여럿이 무리를 지어 따로따로. 예아이들은 끼리끼리 어울려 다닌다.

끼어들다 [끼어들다/끼여들다] ①자기와 관계없는 일에 간섭하며 나서다. 예친구가 말하는 도중 끼어들지 마라. ②여럿 가운데 함께 끼이다. 예행진 대열에 끼어들다. |활용| 끼어드니·끼어들어.

끼얹다 [끼언따] 물·가루 등을 흩어지게 뿌리다. 예등에 찬물을 끼얹다.

끼우다 ①벌어진 사이에 꽂다. 예단풍잎을 책갈피에 끼우다. ②물체의 끝부분에 씌워서 꽂다. 예호스를 끼우다. ③여럿 사이에 들어가게 하다. 예수희도 우리 모임에 끼워 주자.

끼이다 ①틈에 박히다. 예문틈에 옷자락이 끼였다. ②여럿 속에 섞여 들다.

예형들 사이에 끼인 동생. 준끼다.

끼익 자동차 등이 갑자기 멈출 때 나는 소리.

끼인각(一角) 두 직선 사이에 낀 각.

끼적거리다¹ [끼적꺼리다] 글씨를 아무렇게나 쓰다. 비끼적대다·끄적거리다.

끼적거리다² [끼적꺼리다] 먹기 싫은 음식을 억지로 느리게 먹다. 비끼적대다·깨지락거리다.

끼적대다¹ [끼적때다] ➡끼적거리다¹.

끼적대다² [끼적때다] ➡끼적거리다².

끼치다 ①남에게 손해나 괴로움을 주다. 예이웃에게 불편을 끼치다. ②후세에 무엇을 남게 하다. 예자손에게 끼친 공이 크다. ③남에게 은혜를 베풀어 주다. 예자연이 우리에게 끼치는 혜택. ④살갗에 소름이 돋다. 예맹수를 보니 소름이 끼친다.

끽소리 [끽쏘리] 《주로 '없다'·'못하다'와 함께 쓰여》 반항하는 태도나 괴로움을 참을 때 내는 소리를 이르는 말. 예나는 끽소리도 못하고 언니를 따라갔다.

낄낄거리다 웃음을 억지로 참으면서 입 속으로 소리를 내며 자꾸 웃다. 예찬호는 만화책을 보면서 낄낄거렸다. 비낄낄대다.

낄낄대다 ➡낄낄거리다.

낌새 어떤 일의 야릇한 눈치. 어떤 일의 되어 가는 형편. 예낌새가 이상하다./아무런 낌새도 채지 못했다. 비기미·징후.

낑 ①매우 아프거나 힘이 들거나 하여 안간힘을 쓸 때 내는 소리. ②강아지가 거북할 때 내는 소리. 낑낑.

낑낑거리다 자꾸 낑낑 소리를 내다. 예어미를 떠나온 강아지가 낑낑거리고 있다. 비낑낑대다. 큰깽깽거리다. 과킹킹거리다.

낑낑대다 ➡낑낑거리다.

ㄴ 니은. 한글 닿소리의 둘째.

나¹ 서양 음계에서 '시'를 가리키는 우리말 음이름. ⓐ다·라·마·바·사·가.

나² ①자기. 자기 자신. ⓑ자아. ②말하는 사람이 '자기' 스스로를 가리켜 이르는 말. ②ⓔ너. ⓛ저.

나가다 ①안에서 밖으로, 뒤에서 앞으로, 속에서 겉으로 가다. ⓔ방에서 마당으로 나가다. ②있던 데서 물러나다(떠나다). ⓔ경민이는 축구부에서 나갔다. ③출근·출석·참가를 하다. ⓔ진수는 전교 어린이 회의에 나가 의견을 발표했다. ④상품 등이 팔리다. ⓔ여름철에는 팥빙수가 잘 나간다. ⑤써서 없어지다. ⓔ이달에는 생활비가 많이 나갔다. ⑥정전되다. ⓔ한밤중에 갑자기 전기가 나가서 고생했다. ⑦값이나 무게 등이 어느 정도에 이르다. ⓔ삼촌은 몸무게가 100kg이나 나간다.

나가떨어지다 [나가떠러지다] ①뒤로 물러나면서 세게 넘어지다. ⓔ순호는 내 발길질 한 방에 나가떨어졌다. ②몹시 지치거나 술에 취하여 쓰러져 일어나지 못하다. ⓔ아이들은 고된 훈련에 지쳤는지 모두 나가떨어졌다.

나각(螺角) 지난날 군대에서 쓰던, 소라 껍데기로 만든 악기. 길이 40cm가량인 소라고등의 뾰족한 끝에 구멍을 뚫고 입으로 불어 소리를 낸다.

나귀 ➡당나귀.

나그네 집을 떠나 여행 중에 있거나 다른 곳에 잠시 머무르고 있는 사람. ⓑ길손.

나그네새 추운 북쪽에서 따뜻한 남쪽으로 겨울을 나러 가는 도중 봄·가을 두 차례 한 지방에 잠시 머무는 철새. 도요새·물떼새 등. ⓐ철새.

나긋나긋하다 [나근나그타다] 남을 대하는 태도가 상냥하고 부드럽다. ⓔ나긋나긋한 말씨. 나긋나긋이.

나긋하다 [나그타다] 살갗에 닿는 느낌이 부드럽고 연하다.

나꿔채다 '낚아채다'의 잘못.

나날 계속되는 하루하루의 날. ⓔ바쁜 나날을 보낸다.

나날이 [나나리] ①날마다. ②날로. 예 나날이 새로워지는 우리 고장.

나누기 나눗셈을 하는 일. 반곱하기. 나누기하다.

나누다 ①하나로 되어 있는 것을 둘 이상으로 갈라놓다. 예사과 한 개를 세 쪽으로 나누다. 반합치다·합하다. ②여러 가지가 섞인 것을 성질이나 종류에 따라 분류하다. 예생물은 크게 동물과 식물로 나눌 수 있다. ③여러 몫으로 갈라 앞앞이 분배하다. 예이익금을 모두에게 똑같이 나누었다. 비분배하다. ④인사나 대화를 하다. 예서로 반갑게 인사를 나누다. ⑤즐거움이나 고통을 함께 겪다. 예친구들과 즐거움을 함께 나누었다. ⑥나눗셈을 하다. 예35를 7로 나누면 5이다. ⑥반곱하다.

나누어떨어지다 [나누어떠러지다] 나눗셈에서, 나머지가 없이 나누어지다. 예4는 2로 나누어떨어진다.

나누어지다 ①하나가 둘 이상의 것으로 되다. 예전쟁으로 국토가 둘로 나누어졌다. ②서로 구별이 생기다. 예의견이 셋으로 나누어지다.

나누이다 나누어지다. 준나뉘다.

나눗셈 [나눋셈] 어떤 수를 다른 수로 나누는 셈법. 반곱셈.

나눗셈식(一式) [나눋셈식] 나눗셈을 나타내는 식. 반곱셈식.

나뉘다 〈나누이다〉의 준말. 예우리는 청군과 백군으로 나뉘어 열심히 응원을 했다.

나다¹ ①일이나 현상이 생기다. 발생하다. 예화재가 나다. ②태어나다. 예나는 서울에서 나고 자랐다. ③감정·심리 등에 어떤 변화가 일어나다. 예화가 나다. ④생산되다. 예우리 고장에서는 사과가 많이 난다. ⑤결과나 결말이 지다. 예결국은 동생의 거짓말이 탄로가 나고 말았다. ⑥동안을 지

내다. 예시골에서 여름을 나다.

나다² 어떤 동작이나 일이 끝남을 나타내는 말. 예숙제를 다 하고 나서 친구와 놀러 나갔다.

나다니다 집이나 묵던 곳에서 나와 여기저기를 돌아다니다. 예그렇게 늦은 시간까지 나다녀서는 안 된다.

나돌다 ①말이나 소문 등이 널리 여러 사람에게 퍼지다. 예헛소문이 나돌다. ②여기저기 눈에 띄다. 예어린이들 사이에 불량 만화가 나돌고 있다. |활용| 나도니·나돌아.

나동그라지다 뒤로 물러가면서 넘어져 도그르르 구르다. 예승재는 배를 한 대 맞더니 힘없이 나동그라졌다.

나뒹굴다 ①이리저리 마구 뒹굴다. 예마당에서 강아지와 고양이가 함께 나뒹굴고 있다. ②아무렇게나 여기저기 어지럽게 널려 있다. 예길바닥에 나뒹구는 낙엽들. |활용| 나뒹구니·나뒹굴어.

나들이 [나드리] 가벼운 볼일로 집을 나가서 이웃이나 다른 곳에 갔다가 오는 일. 예나들이를 하기에 좋은 날씨. 비외출. 나들이하다.

나라 한 국토에서 주권을 가지고 살아가는 사람들의 조직, 또는 그 땅. 예나라를 세우다./나라를 다스리다. 비국가.

나라 글자(一字) 그 나라의 국어를 적는 데 쓰이는 글자.

나라꽃 [나라꼳] 한 나라의 상징으로, 그 나라 사람이 가장 사랑하고 아끼는 꽃. 비국화.

나라님 《나라의 임자라는 뜻으로》 '임금'을 이르는 말.

나라말 한 나라의 국민이 쓰는 말. 비국어.

나란하다 여럿이 줄지어 있는 모양이 들쑥날쑥하지 않고 가지런하다. 예신

발장에 신발들이 나란하다. 나란히.
예진호와 민수가 어깨를 나란히 하고
걸어간다.

나랏일 [나란닐] 나라에 관한 일. 또는
나라의 정치에 관한 일.

나래¹ 논밭을 반반하게 고르는 데 쓰이
는 농기구.

나래² '날개'의
시적인 말.

나루 강가나 바
닷가에서, 배
가 닿고 떠나
는 곳. 비선
착장.

〈나래¹〉

나루터 나룻배가 닿고 떠나는 곳.

나룻배 [나루빼/나룯빼] 나루 사이를
오가며
사람이
나 물건
을 실어
나르는
작은 배.

〈나룻배〉

나르다 사람이나 물건을 손에 들거나
무엇에 싣거나 하여 다른 곳으로 옮
기다. 예이삿짐을 나르다. 비운반하
다. |활용| 나르니·날라.

나른하다 몸이 피곤하여 기운이 없다.
예봄이라서 그런지 몸이 나른하다.
나른히.

나름 '됨됨이나 하기에 달림'의 뜻을
나타내는 말. 예귀염을 받고 못 받고
는 제 할 나름이다.

나리¹ ①지난날, 신분이나 지위가 높
은 사람을 높여 부르던 말. ②지난날,
하인이 남자 주인을 높여 부르던 말.
|잘못| 나으리.

나리² ①백합과의 여러해살이풀. 높이
는 1.5m가량. 여름에 주홍색 바탕에
검은 자주색 점이 있는 꽃이 아래를
향해 핀다. 산과 들에 자란다. 비참나
리. ②➡백합.

나리꽃 [나리꼳] 나리의 꽃. 꽃잎이 뒤
로 말려 있다. 비백합꽃.

나리옷 '드레스'의 북한말.

나막신 [나막씬] 앞뒤에 높은 굽이 있
어 진 땅에서 신게 된, 나무를 파서
만든 신.

나머지 ①일정한 수량을 채우고 남은
수량. 예이 돈으로 책을 사고 나머지
는 네가 써라. ②아직 마치지 않은 부
분. 예나머지 이야기는 내일 학교에
서 하자. ③'결국'의 뜻을 나타내는
말. 예심하게 다툰 나머지 둘의 사이
가 벌어졌다. ④나눗셈에서, 나누어
떨어지지 않고 남은 수. 예13을 4로
나누면 나머지는 1이다.

나무 ①줄기와 가지에 목질 부분이 발
달된 여러해살이 식물을 통틀어 이르
는 말. ②건축·가구 등의 재료로 쓰
기 위하여 손질한 재목. 예나무 책상.

나무껍질 [나무껍찔] 나무의 줄기나
가지를 덮고 있는 딱딱한 거죽.

나무꾼 땔나무를 하는 사람. |잘못| 나
뭇군.

나무늘보 나무늘봇과의 동물. 털이 길
고 거칠며 발가
락에는 갈고리발
톱이 있다. 주로
열대 우림의 나
무 위에서 사는
데, 동작이 매우
느리고 나무에
매달려 나뭇잎·
열매 등을 따 먹
는다.

〈나무늘보〉

나무라다 ①잘못을 꾸짖어 알아듣게
말하다. 예어머니는 버릇없이 구는
아이를 나무랐다. 비꾸짖다. ②흠이
나 부족한 점을 들어 말하다. 예소라
는 어느 한 곳 나무랄 데 없는 아이
다. |잘못| 나무래다.

나무뿌리 나무의 뿌리. 땅속에 묻혀

물과 양분을 빨아올리며, 줄기가 쓰러지지 않게 지탱해 준다.

나무아미타불(南無阿彌陀佛) ① '아미타불에게 돌아가 의지한다'는 뜻으로, 염불할 때 외는 말. ②'공들인 일이 헛되이 됨'을 이르는 말. 예십년공부 나무아미타불 되지 않게 잘해.

나무젓가락 [나무저까락/나무젇까락] 나무로 만든 젓가락.

나무줄기 나무의 뿌리 위로 벋어서, 가지를 치고 잎이 돋아나게 하는 굵은 부분.

나무토막 잘라지거나 부러져 생긴 나무의 동강이.

나무하다 산에 가서 땔나무를 마련하다. 예산에 나무하러 가다.

나문재 명아줏과의 한해살이풀. 줄기 높이는 1m가량. 가늘고 긴 잎이 줄기에 빽빽하게 나며, 여름에 황록색 꽃이 핀다. 어린잎은 먹는다. 바닷가 모래땅에서 자란다.

나물 먹을 수 있는 풀이나 나뭇잎, 또는 그것을 무친 반찬. 예나물을 캐다.

나물국 [나물꾹] 나물을 넣고 끓인 국.

나물밥 나물을 섞어 넣고 지은 밥.

나뭇가지 [나무까지/나묻까지] 나무의 가지.

나뭇결 [나무껼/나묻껼] 세로로 자른 나무의 표면에, 나이테로 말미암아 나타나는 무늬.

나뭇등걸 [나무뜽걸/나묻뜽걸] 나무를 베어 내고 남은 밑동. 예나그네는 잠시 나뭇등걸에 걸터앉았다.

나뭇잎 [나문닙] 나무의 줄기나 가지에 달린 잎.

나뭇조각 [나무쪼각/나묻쪼각] 나무를 잘게 쪼갠 조각.

나박김치 [나박낌치] 김치의 한 가지. 무를 얇고 네모지게 썰어 소금에 절인 뒤에, 고추·파·마늘·미나리 등을 넣고 국물을 부어서 담근 김치.

나발 우리나라 옛 관악기의 한 가지. 놋쇠로 긴 대롱처럼 만드는데, 부는 쪽은 가늘고 끝 부분은 퍼진 모양이다. 지난날, 군대에서 신호용으로 많이 쓰였다. 참나팔.

〈나발〉

나방 나비와 비슷하게 생긴 곤충의 한 가지. 몸통이 나비보다 굵고, 앉을 때에 날개를 수평으로 펴는 것이 다르다. 주로, 밤에 날아다니며 농작물이나 나무에 해를 끼친다.

나ː병(癩病) ➡ 문둥병. 예나병 환자.

나부끼다 연기나 천·종이 등이 바람을 받아 날리듯이 흔들리다. 예바람에 나부끼는 깃발. 비펄럭이다.

나부랭이 ①종이나 헝겊·지푸라기 등의 작은 조각. 예헝겊 나부랭이. ②어떤 사물을 하찮게 여겨 이르는 말. 예헌 옷 나부랭이. 비너부렁이.

나불거리다 입을 가볍게 함부로 자꾸 놀리다. 예하라는 일은 안 하고 나불거리고만 있다. 비나불대다.

나불대다 ➡ 나불거리다.

나붙다 [나붇따] 눈에 잘 띄는 곳에 붙다. 예담장에 벽보가 나붙다.

나비[1] 옷감이나 종이 같은 것의 너비. 비폭.

나비[2] '고양이'를 부를 때 쓰는 말. 예나비야, 이리 온.

나비[3] 나방과 비슷하게 생긴 곤충의 한 가지. 나방보다 작으며, 머리에는 한 쌍의 더듬이와 두 개의 겹눈이 있다. 날개는 빛깔이 아름다우며, 꽃의 꿀이나 나무의 액을 빨아 먹고 산다.

나비넥타이(―necktie) 날개를 펴고 있는 나비 모양으로 매듭을 지은 넥타이.

나비매듭 실이나 끈으로 날개를 편 나비 모양이 되게 만든 매듭.

나비잠 갓난아이가 두 팔을 머리 위로 벌리고 자는 잠.

나빠지다 나쁘게 되다. 예눈이 자꾸 나빠져서 큰일이다.

나쁘다 ①좋지 않다. 예기분이 나쁘다./머리가 나쁘다. ②옳지 않다. 예나쁜 짓. ③해롭다. 예기름진 음식은 건강에 나쁘다. |활용| 나쁘니·나빠.

나사(螺絲) 물건을 죄는 데 쓰이는, 소라 껍데기 모양으로 빙빙 비틀려 고랑이 진 물건.

〈나사〉

나사말(螺絲—) 자라풀과의 여러해살이풀. 잎의 길이는 30~70cm. 가는 선 모양의 잎이 뿌리에서 무더기로 나며 8~9월에 꽃이 핀다. 흔히 열대어의 수초로 쓴다. 연못·냇물 등에서 자란다.

나사못(螺絲—) [나사몯] 표면이 소라 껍데기 모양으로 고랑이 지고 대가리에 홈이 파인 못.

나서다 ①앞이나 옆이나 밖으로 나와 서다. 예찬성하는 사람은 앞으로 나서세요. ②간섭하거나 참견하다. 예네가 나설 일이 아니야. ③어떤 일에 관계하거나, 어떤 직업을 가지다. 예이번 선거에는 네 명의 후보가 나섰다.

나석주(羅錫疇, 1892~1926) 독립운동가. 3·1 운동 후에 중국으로 망명하여 의열단에서 활동하였다. 1926년 한국인의 토지를 빼앗는 데에 앞장섰던 동양 척식 주식 회사에 폭탄을 던지고 자결하였다.

나선(螺旋) 소라 껍데기처럼 빙빙 감아올린 모양, 또는 그런 모양의 물건. 예나선 계단.

나선균(螺旋菌) 소라 껍데기처럼 빙빙 감아올린 모양을 한 세균. 매독 등의 병을 일으킨다.

나선 은하(螺旋銀河) 공 모양의 중심부와 그 주위에 나선 모양의 팔이 감겨진 것처럼 보이는 은하. 안드로메다 은하 등.

나선형(螺旋形) 소라 껍데기처럼 빙빙 감아올린 모양. 예나선형 계단.

나성(羅城) 성 밖에 겹으로 둘러쌓은 성. 비외성.

나아가다 ①앞을 향하여 가다. 예병사들은 용감히 나아가 적을 무찔렀다. ②일이 좋은 방향으로 진행되다. 예병이 나아가서 다행이야. ③높은 자리, 또는 넓은 곳을 향하여 가다. 예학교를 졸업하고 사회로 나아가다.

나아가서 그뿐만 아니라. 예올림픽에서 메달을 따는 것은 개인의 영광이자, 나아가서 나라의 자랑이기도 하다.

나아지다 이전보다 나은 상태로 되다. 예성적이 나아지다./형편이 차츰 나아지고 있다. 비좋아지다.

나앉다 [나안따] 안에서 밖으로 또는 앉은 자리에서 조금 옮겨 앉다. 예조금만 더 앞으로 나앉아라.

나약하다(懦弱—) [나야카다] 마음이 굳세지 못하고 약하다. 예그는 나약해서 힘든 일을 견디지 못한다. 나약히.

나열(羅列) 죽 벌여 놓음. 죽 벌여 있음. 나열되다. 예'찾아보기'에는 책 속의 중요한 낱말들이 나열되어 있다. 나열하다.

나오다 ①안에서 밖으로, 속에서 겉으로, 뒤에서 앞으로 오거나 나타나다. 예누구, 나한테 도전할 사람이 있으면 나와. 반들어가다. ②어떤 느낌이 일어나서 말을 하거나 표정·행동 등이 겉으로 드러나다. 예하도 기가 막혀 말이 안 나온다. ③생리 작용으로 말미암아 어떤 현상이 생겨나다. 예감기에 걸려 콧물이 나온다. ④몸의 일부가 쑥 불거지거나 내밀다. 예이마가 나온 사람을 짱구라고 한다. ⑤무엇을 하기 위해 어떤 곳으로 오다. 예학교에 일찍 나오니 기분이 아주 상쾌하다. ⑥있던 곳을 벗어나거나 하던 일을 그만두고 떠나다. 예나, 어제 검도부에서 나왔어. ⑦정해진 학업 과정을 거치거나 마치다. 예너는 어느 초등학교를 나왔니? ⑧상품 등이 새로 만들어져서 나타나다. 예다음 달에 더 좋은 컴퓨터가 나온다더라. ⑨소설이나 영화 등에 나타나서 활동하다. 예이 영화에 나온 사람들.

나왕(羅王) 용뇌향과의 늘푸른큰키나무, 또는 그 재목. 인도·자바·필리핀 등지에 자라며, 재목은 빛깔이 곱고 가공하기가 쉬워 가구·장식재 등으로 널리 쓰인다.

나운규(羅雲奎, 1902~1937) 영화감독·배우. 호는 춘사. 한국 영화의 선구자로, 우리 민족의 슬픔과 고통을 영화 속에 담았다. 작품으로는 '아리랑'·'벙어리 삼룡이' 등이 있다.

나위 (('-을 나위 없다'의 꼴로 쓰여)) '틈'·'여지'·'필요성' 등을 뜻함. 예이 길은 산책하기에는 더할 나위 없이 좋다.

나으리 '나리¹'의 잘못.

나이 사람이나 동식물이 나서 자란 햇수. 예나이가 어리다./나이가 적다./내 여동생의 나이는 일곱 살이다. 비연령. 높연세·춘추.

　나이가 아깝다 관용 말이나 하는 짓이 그 나이에 걸맞지 않게 유치하다.

　나이(가) 차다 관용 알맞은 나이에 이르다. 특히, 시집갈 때가 되다.

　나이(를) 먹다 관용 나이가 많아지다.

'나이'를 나타내는 말

- **약관**(弱冠): 《예기(禮記)에 나오는 말로》 스무 살이 되면 관례를 치르고 어른이 된다는 뜻에서, 20세를 이르는 말.
- **이립**(而立): 《논어(論語)에 나오는 말로》 공자(孔子)가 서른 살에 삶에 대한 뚜렷한 생각을 가지게 되었다는 데서, '30세'를 이르는 말.
- **불혹**(不惑): 《논어에 나오는 말로》 공자가 마흔 살부터 세상일에 마음이 흔들리지 않게 되었다는 데서, '40세'를 이르는 말.
- **지천명**(知天命): 《논어에 나오는 말로》 공자가 쉰 살에 하늘의 뜻이 무엇인지를 알게 되었다는 데서, '50세'를 이르는 말.
- **이순**(耳順): 《논어에 나오는 말로》 공자가 예순 살부터 듣는 대로 다 이해하게 되었다는 데서, '60세'를 이르는 말.
- **고희**(古稀): 《두보(杜甫)의 시에 나오는 말로》 일흔 살까지 살기는 예로부터 드물다는 데서, '70세'를 이르는 말.

나이지리아(Nigeria) 아프리카 대륙의 서부, 기니 만에 면한 나라. 야자유·바나나·코코아 등이 많이 나며, 석유 수출국이기도 하다. 수도는 아부자.

나이테 나무줄기를 가로로 자른 면에 보이는 둥근 테. 자라는 동안 물관부가 두꺼워져서 생기는데, 해마다 하나씩 생기므로 그 나무의 나이를 알 수 있다.

〈나이테〉

나이팅게일(Nightingale, 1820~1910) 영국의 간호사. 크림 전쟁에서 부상당한 군인을 헌신적으로 간호하여, 적십자 운동의 계기를 만들었다.

나이프(knife) 서양 음식을 먹을 때 쓰는 작은 칼.

나일 강(Nile江) 아프리카 동북부 적도 부근에서 시작하여 지중해로 흘러드는 세계에서 가장 긴 강. 길이 6,693km.

나일론(nylon) 인조 섬유의 한 가지. 가볍고 질기며 부드러우나, 물기를 빨아들이는 힘은 약하다. 옷감·양말·낚싯줄 등을 만드는 데 쓰인다.

나자빠지다 ①섰던 자리에서 뒤로 물러나면서 넘어지다. [예]뒤로 벌렁 나자빠지다. ②하기로 한 일을 안 하고 배짱을 부리며 버티다.

나전(螺鈿) 광채가 나는 자개 조각을 여러 가지 모양으로 박아 넣거나 붙여 꾸미는 공예 기법.

나전 칠기(螺鈿漆器) 옻칠을 하고 광채가 나는 자개 조각을 박아 넣거나 붙인 나무 그릇.

나절 ①하루 낮의 절반쯤 되는 동안. ②낮의 어느 무렵이나 동안. [예]아침나절만 일하고 다들 집으로 돌아갔다.

나졸(邏卒) 조선 시대에 포도청에 딸려 순찰과 죄인을 잡아들이는 일을 하던 병졸.

나주(羅州) 전라남도 중서부 나주평야의 중앙에 있는 시. 농업 생산이 많으며, 특히 배의 명산지로 유명하다.

나주평야(羅州平野) 전라남도 나주를 중심으로 하여 광주와 함평 일대에 걸쳐 있는 평야. 쌀·보리 농업 외에 과일 재배도 많이 한다.

나:중 ①얼마가 지난 뒤. [예]오늘은 바쁘니까 나중에 만나자. ②시간이나 순서에 있어서 먼저의 일을 한 다음. [예]방은 나중에 정리하고 나가 놀자. ②[반]먼저.

나지막하다 [나지마카다] 높이나 소리 등이 조금 낮은 듯하다. [예]나지막한 초가집/나지막한 목소리. [잘못] 나즈막하다. **나지막이**.

나직하다 [나지카다] 높이나 소리 등이 조금 낮다. [예]나직한 담. **나직이**. [예]나직이 속삭이다.

나:체(裸體) 벌거벗은 몸. [비]맨몸·알몸.

나침반(羅針盤) 방위판 위에서 자석으로 된 바늘이 돌아 방위를 알 수 있도록 만든 기구. 항공·항해 등에 쓰인다.

나타나다 ①보이지 않던 것이 보이게 되다. [예]하늘에는 별들이 하나둘 나타나고 있었다. ②감추어졌거나 숨었던 것이 겉으로 드러나다. [예]그 사람은 속마음을 감추지 못해 얼굴에 그대로 나타나더라. ③없던 것이 생겨나다. [예]올해 들어 처음으로 콜레라 환자가 나타났다.

나타내다 나타나게 하다. [예]느낌을 글로 나타내다.

나타냄표(一標) 연주에서, 낱낱의 음이나 음절의 강약, 음량의 변화 등을 지시하는 기호.

나:태(懶怠) 게으르고 느림. [비]게으름. **나태하다**. [예]나태한 생활.

나토(NATO) ➡북대서양 조약 기구.

나트륨(Natrium) 은백색의 연한 금속 원소. 바닷물에 많이 들어 있으며, 동물의 몸 안에서 생리 작용에 중요한 구실을 한다.

나팔(喇叭) ①쇠붙이로 만든 관악기의 한 가지. 군대에서 행진할 때 많이 쓰인다. ②끝이 나팔꽃 모양으로 된 금관 악기를 두루 이르는 말.

나팔관(喇叭管) 난자를 자궁으로 보내는 나팔 모양의 관. [비]난관.

나팔꽃(喇叭—) [나팔꼳] 메꽃과의 한해살이 덩굴풀. 아침에 나팔 모양의 붉은색이나 흰색 꽃이 피었다가 낮에는 서서히 오므라든다.

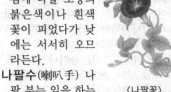

〈나팔꽃〉

나팔수(喇叭手) 나팔 부는 일을 하는 사람.

나폴레옹(Napoléon, 1769~1821) 프랑스의 황제. 프랑스 혁명에 참가하여 공을 세워 24세에 장군이 되었다. 1804년 황제가 된 뒤, 유럽 대륙을 정복하였다. 그러나 1812년 러시아 정복에 실패하는 등 여러 전쟁에 잇달아 졌으며, 결국 세인트헬레나 섬으로 쫓겨나 그곳에서 죽었다.

나폴리(Napoli) 이탈리아 반도의 남부 서해안에 있는 항구 도시. 풍경이 아름답고 기후가 좋아 세계적인 관광 도시로 꼽힌다.

나풀거리다 자꾸 바람에 가볍게 나부끼다. [비]나풀대다. [큰]너풀거리다.

나풀나풀 [나풀라풀] 자꾸 나풀거리는 모양. [예]나비가 나풀나풀 춤을 춥니다. [큰]너풀너풀.

나풀대다 ➡나풀거리다.

나프탈렌(naphthalene) 냄새가 독특하여 방충제로 많이 쓰이는 물질.

나환자(癩患者) 살이 썩고 눈썹이 빠지는 '나병'이라는 전염병에 걸린 사람. [비]나병자.

나흗날 [나흔날] 그달의 넷째 날. [본]초나흗날. [준]나흘.

나흘 ①네 날. ②〈나흗날〉의 준말.

낙(樂) 즐거움. 재미. [예]할머니는 손자 돌보는 낙으로 하루하루를 보내신다. [반]고.

낙관[1](落款) [낙꽌] 글씨나 그림을 완성한 뒤에 호나 이름을 쓰고 도장을 찍는 일, 또는 그 이름이나 도장.

낙관[2](樂觀) [낙꽌] ①인생과 세상일을 희망적으로 봄. ②일이 잘될 것으로 생각함. [반]비관. **낙관하다**.

낙농업(酪農業) [낭농업] 젖소·양·염소 등을 길러 젖을 짜거나, 그 젖으로 버터·치즈 등을 만드는 농업.

낙담(落膽) [낙땀] 일이 뜻대로 되지 않아 기운이 풀림. [비]낙망·낙심. **낙담하다**. [예]시험에 떨어졌다고 낙담하지 마라.

낙도(落島) [낙또] 육지에서 멀리 떨어진 섬. [비]외딴섬.

낙동강(洛東江) [낙똥강] 남한에서 가장 긴 강. 태백산의 황지에서 시작하여 경상도를 거쳐 남해로 흘러든다. 길이 506.17 km.

낙망(落望) [낭망] 바라던 일이 뜻대로 되지 않아 실망함. [비]낙담·낙심. **낙망하다**.

낙방(落榜) [낙빵] ①과거에 떨어짐. [비]낙제. [반]급제. ②시험에 떨어짐. [비]불합격. [반]합격. **낙방되다**. **낙방하다**.

낙산사(洛山寺) [낙싼사] 강원도 양양군 오봉산에 있는 절. 신라 문무왕 때 의상 대사가 세웠다고 한다. 관동팔경의 하나로, 고려 시대에 만들어진 관음상이 있다.

낙상(落傷) [낙쌍] 떨어지거나 넘어져 다침, 또는 그때 입은 상처. [예]할아버지께서 밤길에 낙상을 당하셨다. **낙상하다**.

낙서(落書) [낙써] 장난으로 아무 데나 글자를 쓰거나 그림을 그림. [예]낙서 금지. **낙서하다**.

낙석(落石) [낙썩] 산 위나 벼랑에서 돌이 굴러떨어짐, 또는 그 돌. [예]낙석 주의!

낙선(落選) [낙썬] ①선거에서 떨어짐. [반]당선. ②대회 등에서 뽑히지 않음. [반]당선·입선. **낙선되다**. **낙선하다**.

낙성대(落星垈) [낙썽대] 서울특별시 관악구 봉천동에 있는 강감찬 장군의 출생지.

낙성식(落成式) [낙썽식] 건축물의 공사를 끝낸 것을 기념하는 의식.

낙숫물(落水-) [낙쑨물] 처마에서 떨어지는 물. 빗물이나 눈이 녹은 물 등.

낙승(樂勝) [낙쑹] 운동 경기 등에서 쉽게 이김. 예낙승을 거두다./이번 경기는 우리 편의 낙승으로 끝났다. 낙승하다.

낙심(落心) [낙씸] 바라던 일을 이루지 못하여 기운이 빠지고 마음이 상함. 예형은 시험에 떨어져서 크게 낙심을 했다. 비낙담·낙망. 낙심되다. 낙심하다.

낙엽(落葉) [나겹] ①나뭇잎이 떨어짐. ②말라서 떨어진 나뭇잎. 예낙엽이 지다.

낙엽송(落葉松) [나겹쏭] 소나뭇과의 낙엽 지는 큰키나무. 잎은 바늘 모양이며, 5월쯤에 암꽃과 수꽃이 한 나무에 핀다. 나무는 건축·펄프·선박 등의 재료로 쓰인다.

낙엽수(落葉樹) [나겹쑤] 겨울에 잎이 떨어졌다가 봄에 새잎이 나는 나무를 통틀어 이르는 말. 비갈잎나무. 반상록수.

낙오(落伍) [나고] ①대오에서 떨어져 뒤로 처짐. ②집단이나 경쟁 상대 등을 따라가지 못하고 뒤로 처짐. 예경쟁 사회에서 낙오를 하지 않으려면 열심히 노력하는 수밖에 없다. 낙오되다. 낙오하다.

낙오자(落伍者) [나고자] 낙오된 사람. 예한 사람의 낙오자도 없이 모두 정상에 도착해야 한다.

낙원(樂園) [나권] 아무런 근심이나 부족함이 없이 살 수 있는 즐거운 곳. 예어린이들의 낙원. 비파라다이스.

낙인(烙印) [나긴] ①불에 달구어 찍는, 쇠붙이로 만든 도장. 예소의 엉덩이에 낙인을 찍다. ②한번 붙으면 씻기 어려운 '불명예스러운 이름이나 평가'를 비유하여 이르는 말. 예그는 거짓말쟁이로 낙인이 찍혀서 마을 사람들에게 따돌림을 당했다.

낙제(落第) [낙쩨] ①과거에 떨어짐. 비낙방. 반급제. ②시험이나 검사 등에 떨어짐. 반급제. ③성적이 나빠 진급하지 못하고 그대로 남게 되는 일. 예낙제 점수/낙제를 면하다. 낙제되다. 낙제하다.

낙조(落照) [낙쪼] 저녁에 지는 햇빛. 예낙조에 물든 바다. 비석양.

낙지 [낙찌] 문어과의 동물. 몸통과 다리 사이에 머리가 있으며, 여덟 개의 다리에는 많은 빨판이 있다. 위험을 느끼면 먹물을 뿜고 달아난다.

〈낙지〉

낙차(落差) 높은 곳에서 낮은 곳으로 떨어지는 물의 높낮이 차이. 주로 수력 발전에 이용한다.

낙천적(樂天的) 모든 일을 밝고 희망적으로 생각하는 것. 예낙천적인 성격. 반염세적.

낙타(駱駝) 낙타과의 동물. 키 2m가량. 등에 지방을 저장해 두는 큰 혹이 하나 또는 두 개가 있다. 사막 지대에서 사람이 타거나 짐을 나르는 데 쓰인다.

낙태(落胎) ①배 속에 있는 아이를 인공적으로 떼어 내어 없앰. 예낙태 수술. ②배 속에 있는 아이가 달이 차기 전에 죽어서 나옴. ②비유산. 낙태하다.

낙하(落下) [나카] 높은 곳에서 떨어짐. 예낙하 훈련. 낙하하다.

낙하산(落下傘)[나카산] 비행 중인 항공기에서 사람이나 물건을 안전하게 땅 위로 내리는 데 쓰이는 우산 모양의 기구.

〈낙하산〉

낙하산 부대(落下傘部隊) ➡ 공수 부대.

낙화암(落花岩)[나콰암] 충청남도 부여군 부소산에 있는 바위. 백제가 망할 때 삼천 명의 궁녀가 절개를 지키기 위해 이 바위 위에서 몸을 던져 죽었다고 한다.

낙후(落後)[나쿠] 문화·기술·생활 등의 수준이 뒤떨어짐. 예낙후 시설. 낙후되다. 낙후하다.

낚다[낙따] 낚시로 물고기를 잡다. 예우리는 강에서 물고기를 낚아 구워 먹었다. |발음| 낚아[나까]·낚고[낙꼬]·낚는[낭는]

낚시[낙씨] ①물고기를 잡는 데 쓰는, 작은 쇠갈고리. 바늘처럼 뾰족한 끝에 미끼를 달아 쓴다. 예낚시에 물고기가 걸렸다. ②〈낚시질〉의 준말. 예아빠는 낚시를 가셨다. 낚시하다.

낚시꾼[낙씨꾼] 낚시질하는 사람.

낚시질[낙씨질] 낚시로 물고기를 낚는 일. ㉠낚시. 낚시질하다.

낚시터[낙씨터] 낚시질하는 곳.

낚싯대[낙씨때/낙씯때] 낚싯줄을 매어 쓰는 가늘고 긴 대. ㉠낚대.

낚싯바늘[낙씨빠늘/낙씯빠늘] '낚시'를 흔히 이르는 말.

낚싯줄[낙씨쭐/낙씯쭐] 낚시를 매단 가는 줄.

낚아채다[나까채다] 고기를 낚듯이 잡아채다. 예청년들이 지나가던 아주머니의 손가방을 낚아채 달아났다.

난:1(亂) 〈난리〉의 준말. 예난을 일으키다.

난2(欄) 신문이나 잡지 등의 지면에서, 기사를 싣기 위하여 선으로 둘러놓은 부분.

> **'난' 인가 '란' 인가**
>
> 한자 '欄(난/란)'은 낱말의 첫머리에 올 때에는 '난'으로 적고, 다른 말에 붙어서 쓰일 때에는 '란'으로 적는다.
> 예 • 난외/다음 난에 알맞은 말을 찾아 쓰시오.
> • 공란/답란/독자 투고란.
> 다만, 다른 말에 붙어서 쓰이더라도 순우리말이나 외래어 뒤에 붙어 쓰일 경우에는 '난'으로 적는다. 예 어린이난/스포츠난.

난:3(蘭) 〈난초〉의 준말. 예난을 기르다./난을 치다.

난간(欄干) 계단·다리 등의 가장자리에 나무나 쇠로 가로세로 세워 놓은 살.

난:감하다(難堪—) 이럴 수도 없고 저럴 수도 없어 처지가 딱하다. 예선생님은 뜻밖의 질문에 난감한 표정을 지으셨다. 비난처하다.

난:관1(卵管) ➡ 나팔관.

난관2(難關) 일을 해 나가기 어려운 고비. 예모든 난관을 극복하고 일을 성공적으로 끝냈다.

난:국(亂局) 일이 어지럽게 벌어진 상황. 예난국을 수습하다.

난:대(暖帶) ➡ 아열대.

난:데없다[난데업따] 별안간 나타나 어디서 나왔는지 알 수 없다. 난데없이. 예난데없이 하늘에서 우렁찬 소리가 들려왔다.

난:도질(亂刀—) 칼로 마구 베거나 찌르는 것. 난도질하다.

난:동(亂動) 질서를 어지럽히며 함부로 난폭하게 행동하는 일. 예난동을 부리다. 난동하다.

난ː로(暖爐) [날로] 석유·석탄·가스·전기 등을 이용하여 방 안을 따뜻하게 하는 기구.
난ː롯불(暖爐—) [날로뿔/날롣뿔] 난로에 피워 놓은 불.
난ː류(暖流) [날류] 적도에서 극지방으로 흐르는 따뜻한 해류. [반]한류.
난ː류성 어류(暖流性魚類) 따뜻한 온도의 물에 잘 적응하는 물고기를 통틀어 이르는 말. 고등어·상어·정어리 등.
난ː리(亂離) [날리] ①전쟁이나 재난 등으로 세상이 어지러워지는 일. [예]6·25 전쟁과 같은 난리는 다시 있어서는 안 되겠다. [준]난. ②사고나 다툼 등으로 질서가 없고 소란스러운 상태. [예]지금쯤 내가 없어져서 난리가 났을걸.
난ː립(亂立) [날립] 질서 없이 늘어서거나 여기저기서 마구 나섬. [예]무허가 건물의 난립/후보자의 난립. **난립하다**.
난ː무(亂舞) '함부로 나서서 마구 날뜀'을 비유하여 이르는 말. **난무하다**. [예]이상한 소문이 난무하다.
난민(難民) 재난이나 전쟁을 당하여 집을 잃고 고생하는 사람. [예]난민 수용소.
난ː방(暖房) 난로·보일러 등으로 방이나 건물 안을 따뜻하게 하는 일. [반]냉방.
난ː방기(暖房機) 실내의 온도를 높여 따뜻하게 하는 장치.
난ː방 장치(暖房裝置) 방이나 건물 안을 따뜻하게 하기 위한 온갖 장치. 난로·히터·보일러 등.
난봉 말이나 행동에 거짓이 많고, 술·여자·노름에 빠져 행실이 바르지 못함. [예]난봉을 부리다.
난ː사(亂射) 총·활 등을 겨냥하지 않고 아무 곳에나 마구 쏨. **난사하다**. [예]기관총을 난사하다.
난ː색(難色) 부탁이나 요구 등을 들어주기 어려워 곤란해하는 기색. [예]돈을 빌려 달랬더니 친구가 난색을 보였다.
난ː생(卵生) 동물의 새끼가 알로 태어나 어미의 몸 밖에서 자라는 일. 새·물고기·곤충·뱀 등에서 볼 수 있음. [반]태생.
난ː생처음(—生—) 세상에 태어난 후 처음. [예]선아는 여름 방학에 난생처음으로 비행기를 타 봤다.
난ː세포(卵細胞) ➡ 난자.
난ː소(卵巢) 암컷의 생식 기관의 한 부분. 난자를 만들고 호르몬을 내보낸다. [비]알집.
난ː시(亂視) 각막이 고르지 않아 물체를 명확하게 볼 수 없는 상태, 또는 그런 눈.
난이도(難易度) [나니도] 시험 문제나 기술 등의 어렵고 쉬운 정도. [예]난이도가 높은 문제.
난ː입(亂入) [나닙] 여러 사람이 함부로 몰려 들어감. **난입하다**. [예]불량배들이 건물 안으로 난입했다.
난ː자(卵子) 암컷의 생식 세포. 모양이 둥글며, 정자와 만나 결합하면 배 속에서 아기가 생긴다. [비]난세포. [반]정자.
난장이 '난쟁이'의 잘못.
난ː장판(亂場—) 여러 사람이 뒤섞여 마구 떠들어 대거나 뒤엉켜 뒤죽박죽이 된 곳, 또는 그런 상태.
난쟁이 키가 몹시 작은 사람을 얕잡아 이르는 말. [반]키다리. [잘못] 난장이.
난ː전(亂廛) ①허가 없이 길게 함부로 벌여 놓은 가게. [비]노점. ②조선 시대에, 육의전에서 파는 물건을 몰래 팔던 가게.
난점(難點) [난쩜] 해결하거나 처리하기 어려운 점.

난제(難題) 해결하기 어려운 문제.

난:중일기(亂中日記) 이순신 장군이 임진왜란 중에 쓴 일기. 현재 충청남도 아산시 현충사에 보관되어 있다. 국보 제76호.

난:처하다(難處—) 이러지도 못하고 저러지도 못하여 처지가 딱하다. 예진아는 두 사람 사이에서 누구의 말을 따라야 할지 난처했다. 剛난감하다.

난청(難聽) ①귀에 이상이 생겨 잘 듣지 못하는 상태. ②라디오나 텔레비전 방송이 잘 들리지 않는 일. 예난청 지역.

난초(蘭草) 난초과의 여러해살이풀을 통틀어 이르는 말. 관상용으로 많이 기르는데, 꽃은 향기가 좋다. 嶐난.

난치(難治) 병이 낫기 어려움.

난치병(難治病)[난치뼝] 낫거나 고치기 어려운 병.

난:타(亂打) 마구 치거나 때림. 난타하다. 예권투 선수가 상대 선수의 얼굴을 난타했다.

난:투극(亂鬪劇) 서로 뒤섞여 치고받으며 싸우는 소동. 예양쪽 응원단 사이에 난투극이 벌어졌다.

난파(難破) 항해하던 배가 폭풍우나 암초를 만나 부서지거나 뒤집힘. 난파되다. 예배가 암초에 걸려 난파되었다. 난파하다.

난파선(難破船) 폭풍우나 암초를 만나 부서지거나 뒤집힌 배.

난:폭(亂暴) 행동이 몹시 거칠고 사나움. 예난폭 운전. 난폭하다.

난항(難航) '일이 순조롭게 진행되지 않음'을 비유하여 이르는 말. 예협상이 난항을 거듭하고 있다.

난해하다(難解—) 이해하기 어렵다. 예난해한 작품.

난형난제(難兄難弟)《누구를 형이라 하고 누구를 아우라 해야 할지 분간

하기 어렵다는 뜻으로》 둘이 비슷하여 낫고 못함을 정하기 어려움을 이르는 말.

낟 곡식의 알.

::::: **'낟, 낫, 낮, 낯, 낱'의 구별** :::::

낟 : 곡식의 알. 예낟가리/낟알.

낫 : 풀·곡식 등을 베는 연장. 예낫을 갈다./잘 드는 낫.

낮 : 해가 떠서 질 때까지의 동안. 예낮이 밤보다 길다./낮에 나온 반달.

낯 : 얼굴. 예낯을 붉히다./낯부터 씻고 밥을 먹어라.

낱 : 셀 수 있는 물건의 하나하나. 예낱개로도 판다./낱으로 사는 것보다 통으로 사는 게 더 싸다.

낟:가리[낟까리] 낟알이 붙은 볏단이나 보릿단을 쌓은 더미.

낟:알[나달] 껍질을 벗기지 않은 곡식의 알맹이.

::::: **'낟알'과 '낱알'의 구별** :::::

낟알 : 껍질을 벗기지 않은 곡식의 알. 보리나 벼 등의 곡식에만 쓰이며, 이삭에 매달려 있던 상태 그대로의 곡식의 알을 가리킨다. 예보리 낟알.

낱알 : 하나하나 따로따로인 알. 사탕이나 달걀 등처럼 알이라고 할 수 있는 모든 것을 가리킬 때 쓰일 수 있으며, 알이 낱개인 상태로 있는 것을 가리킨다. 예옥수수의 낱알을 하나하나 뜯어내었다.

날[1] ①하루 동안. 예집을 떠난 지 벌써 여러 날이 지났다. ②하루의 낮 동안. 예날이 저물다. ③날씨. 예날이 좋아 소풍 가기에는 딱 좋다. ④날짜. 예날을 잡다.

날이면 날마다[관용] 하루도 빠짐없이

매일. 예아들을 멀리 보내 놓고 날이 면 날마다 걱정하시는 어머니.

날² 칼이나 가위 등의 가장 얇고 날카로운 부분. 예무뎌진 칼날을 숫돌에 갈다.

날- 익지 않았거나 가공하지 않은 물건임을 나타내는 말. 예날고기/날달걀/날가죽.

날강도(一强盜) 아주 뻔뻔스럽고 악독한 강도. 예이 날강도 같은 놈.

날개 ①새나 곤충의 가슴 양옆에 달려, 나는 데 쓰는 기관. ②공중에 잘 뜨게 하기 위하여, 비행기의 양쪽 옆에 길고 넓적하게 만들어 단 부분. ③선풍기·환풍기 등에 달려 있는 바람개비 모양의 장치.

  날개(가) 돋친 듯〔관용〕 '상품이 매우 잘 팔리는 것'을 비유하여 이르는 말.

날갯죽지 [날개쭉지/날갣쭉찌] 새의 날개가 몸에 붙어 있는 부분.

날갯짓 [날개찓/날갣찓] 새가 날개를 펴서 위아래로 움직이는 짓.

날것 [날걷] 고기나 채소 등의 익히거나 말리지 않은 것. 비생것.

날고기 익히거나 말리지 않은 고기. 비생고기.

날다 ①공중에 떠서 움직이다. 예제비가 낮게 날면 곧 비가 온단다. ②눈에 안 보일 만큼 빨리 움직이다. 예도둑은 휙 날아서 담을 넘었다. |활용| 나니·날아.

날다람쥐 [날따람쥐] 다람쥣과의 동물. 다람쥐와 비슷하며, 등은 회색이나 갈색이고 배는 희다. 옆구리의 살갗이 늘어나서 네 다리를 뻗으면 날개처럼 되어 나무에서 나무로 날아다닌다. 나무순이나 열매 등을 먹고 산다.

날달걀 익히지 않은 달걀.

날뛰다 ①날 듯이 껑충껑충 뛰다. 예기뻐 날뛰다./놀란 얼룩말들이 사납게 날뛰었다. ②함부로 행동하거나 거칠게 덤비다. 예폭력배가 날뛰다.

날라리 ➡태평소.

날래다 나는 듯이 빠르다. 예찬호는 몸이 날래서 따라가기 힘들다. 비날쌔다.

날:렵하다 [날려파다] 재빠르고 날래다. 예승우는 날아오는 공을 날렵하게 피했다.

날로¹ 날이 갈수록 더욱. 예산업이 날로 발전하다. 비나날이.

날로² 날것 그대로. 예오이를 날로 먹다. 비생으로.

날름 ①혀를 얼른 내밀었다가 들이는 모양. ②무엇을 얼른 받아먹는 모양. 예원숭이가 과자를 날름 받아먹었다. ③무엇을 얼른 집어 가지는 모양.

날름거리다 혀를 자꾸 얼른 내밀었다 들였다 하다. 예뱀이 혀를 날름거리며 기어 다닌다. 비날름대다.

날름대다 ➡날름거리다.

날리다¹ ①공중에 낢을 당하다. 예봄이면 꽃가루가 많이 날린다. ②바람에 흔들리다. 예만국기가 바람에 펄펄 날린다.

날리다² ①공중으로 날게 하다. 예아이들이 연을 날리고 있다. ②새 등을 놓아주다. 예사육사가 비둘기를 날려 주었다. ③재물 등을 없애 버리다. 예아저씨는 도박으로 장사 밑천을 모두 날렸다.

날리다³ 이름을 떨치다. 예저 사람도 한때는 이름을 날리던 가수였다.

날림 정성을 들이지 않고 아무렇게나 하는 일, 또는 그렇게 만든 물건. 예날림 공사.

날마다 하루도 빠짐없이. 예나는 날마다 운동을 한다. 비매일.

날밤¹ 잠을 자지 않고 꼬박 새우는 밤.

날밤² 익히거나 말리거나 하지 않은 밤. 비생률·생밤.

날벌레 [날뻘레] 날아다니는 벌레.

날벼락 ①맑은 날씨에 치는 벼락. ②'뜻밖에 당하는 불행한 일'을 비유하여 이르는 말. 예그렇게 건강하던 사람이 암이라니, 이게 웬 날벼락이냐?

날수(一數)[날쑤] 날의 수. 비일수.

날숨 [날쑴] 내쉬는 숨. 반들숨.

날실 천을 짤 때 세로 방향으로 놓인 실. 반씨실.

날쌔다 매우 빠르다. 예토끼는 날쌔게 뛰어서 달아났다. 비날래다.

날씨 그날그날의 기온·습도·바람·구름·눈·비 등이 나타나는 상태. 예맑은 날씨/날씨가 좋다. 비일기.

날씬하다 몸이 가늘고 호리호리하여 맵시가 있다. 예날씬한 몸매. 큰늘씬하다.

날아가다 [나라가다] ①날아서 가다. 예기러기 떼가 날아가다./하늘을 날아가는 비행기. 반날아오다. ②눈에 안 보일 만큼 빨리 움직이다. 예총알이 날아가다. ③붙어 있던 것이 떨어져 나가다. 예널어 놓은 빨래가 날아가 버렸다. ④가지고 있던 재물이 없어지다. 예집이고 땅이고 다 날아가 버렸다.

날아다니다 [나라다니다] 날아서 이리저리 다니다. 예나비가 춤추듯이 날아다닌다.

날아들다 [나라들다] 날아서 안으로 들어오다. 예새가 둥지로 날아들다. |활용| 날아드니·날아들어.

날아오다 [나라오다] ①날아서 오다. 예꽃밭에 벌과 나비가 많이 날아왔다. 반날아가다. ②뜻하지 않은 소식이 전해지다. 예전보가 날아오다.

날아오르다 [나라오르다] 날아서 위로 높이 오르다. 예비둘기 떼가 하늘로 날아올랐다. |활용| 날아오르니·날아올라.

날인(捺印)[나린] 도장을 찍음. 예서류에 날인을 하다. 날인하다.

날조(捏造)[날쪼] 사실이 아닌 것을 사실인 것처럼 거짓으로 꾸밈. 날조되다. 날조하다. 예사건을 날조하다.

날줄 [날쭐] ➡경선.

날짐승 [날찜승] 날아다니는 짐승, 곧 새 종류를 통틀어 이르는 말. 반길짐승.

날짜 ①어떤 일을 하는 데 걸리는 날의 수. 예소포를 받는 데 날짜가 많이 걸렸다. ②무엇을 하려고 정한 날. 예시험 날짜가 잡혔다. 비날.

날치 날칫과의 바닷물고기. 몸길이 35cm가량. 몸빛은 등이 검은빛을 띠는 파란색, 배는 흰색이다. 긴 가슴지느러미를 날개처럼 펴서 바다 위를 2~3m 날아오른다. 따뜻한 물에서 산다.

〈날치〉

날치기 남의 물건을 재빨리 빼앗아 달아나는 짓, 또는 그렇게 하는 사람. 날치기하다.

날카롭다 [날카롭따] ①끝이 뾰족하거나 날이 서 있다. 예날카로운 칼. ②눈빛이 매섭다. 예날카로운 시선. ③자극에 대한 반응이 지나치게 민감하다. 예시끄러운 소리는 신경을 날카롭게 한다. 반무디다. |활용| 날카로우니·날카로워. 날카로이.

날품팔이 [날품파리] 그날그날 돈을 받고 일을 함, 또는 그런 일을 하는 사람.

낡다 [낙따] ①물건이 오래되어 헐고 너절하다. 예낡은 옷. ②시대에 뒤떨어진 상태가 되다. 예낡은 사고방식. |발음| 낡아 [날가]·낡고 [날꼬]

남¹ ①자기 외의 다른 사람. 예소희는 남을 위해 봉사하는 정신이 강하다.

비타인. 반자신. ②아무런 관계가 없는 사람. 예너하고 내가 남이니?

남²(男) 남자. 반여.

남³(南) 남쪽. 반북.

남경(南京) 고려 시대의 사경의 하나. 지금의 서울.

남국(南國) 남쪽에 있는 나라. 반북국.

남궁억(南宮檍, 1863~1939) 독립운동가·교육자·언론인. 호는 한서. 1895년 탑골 공원을 세웠고, 1910년부터 배화 학당 교사가 되어 학생들에게 국사를 가르치며 독립 정신을 불어넣어 주었다. 1918년 강원도 홍천의 보리울에 교회와 학교를 세웠다.

남극(南極) ①지구의 남쪽 끝 지방. ②남쪽을 가리키는 자석의 끝. 비에스극. 반북극.

남극권(南極圈) [남극꿘] 남극을 중심으로 한, 남위 66°33′ 이남의 지역. 반북극권.

남극 대ː륙(南極大陸) 남극을 중심으로 하는 대륙. 대부분이 두꺼운 얼음으로 덮여 있으며, 바다표범이나 펭귄 등의 동물이 살고 있다.

남극해(南極海) [남그캐] 남극 대륙을 둘러싸고 있는 바다. 비남빙양.

남기다 ①다 없애지 않고 나머지가 있게 하다. 예밥을 남기다. ②남아 있게 하다. 예나는 집에 동생을 남겨 두고 놀이터로 갔다. ③뒷사람에게 전하거나 물려주다. 예후세에 이름을 남기다. ④이익이 나게 하다. 예이익을 적게 남기고 많이 파는 편이 낫다.

남김없이 [남기멉씨] 하나도 남기지 않고 모두. 예우리는 그동안 갈고닦은 실력을 남김없이 발휘했다. 비모조리·죄다.

남남 남과 남. 서로 관계가 없는 사람 사이. 예본디는 남남이었지만 이제는 한집안 식구가 되었다.

남녀(男女) 남자와 여자.

남녀 공ː학(男女共學) 남학생과 여학생이 같은 학교에서 함께 공부하는 일, 또는 그런 학교.

남녀노소(男女老少) 남자와 여자, 늙은이와 젊은이. 곧, 모든 사람. 예남녀노소가 함께 즐길 수 있는 노래.

남녀칠세부동석(男女七歲不同席) [남녀칠쎄부동석] 《남자와 여자는 일곱 살이면 한자리에 같이 앉지 않는다는 뜻으로》 남녀의 구별과 예의를 엄하게 해야 한다는 유교의 가르침.

남녀평등(男女平等) 남성과 여성이 법률적 권리와 사회적 대우에서 차별이 없이 같음.

남녘(南一) [남녁] 남쪽. 예남녘 하늘. 비남방. 반북녘.

남ː다 [남따] ①다 쓰지 않거나 일정한 수준에 이르지 않아 나머지가 있게 되다. 예아직 할 일이 많이 남았다. 반모자라다. ②따로 처져 있다. 예나는 식구들과 함께 외가에 가지 않고 혼자 집에 남았다. ③뒤에까지 전하다. 예기억에 남는 여행. ④이익을 보다. 예많이 남는 장사.

남다르다 다른 사람과 유난히 다르다. 예미란이는 음악에 남다른 재주가 있다. |활용| 남다르니·남달라.

남단(南端) 남쪽 끝. 반북단.

남달리 다른 사람과 다르게. 예명수는 어려서부터 남달리 탐구심이 강했다.

남대문(南大門) ➡숭례문.

남대문 시ː장(南大門市場) 서울특별시 중구 남대문의 동쪽에 있는 우리나라에서 가장 큰 종합 시장.

남동(南東) 남쪽과 동쪽 사이의 방향 또는 방위. 비동남.

남동생(男一) 남자 동생. 반여동생.

남동쪽(南東一) 남쪽과 동쪽 사이의 방향. 비동남쪽.

남동풍(南東風) 남동쪽에서 북서쪽으로 부는 바람. 비동남풍.

남:루하다(襤褸—)[남누하다] 옷이 때가 묻고 해져서 너절하다. 예남루한 옷차림.

남매(男妹) 오빠와 여동생. 또는 누나와 남동생. 예다정한 남매. 비오누이.

남모르다 남이 알지 못하다. 예남모르는 비밀. |활용| 남모르니·남몰라.

남몰래 남이 모르게. 예남몰래 흘리는 눈물.

남바위 지난날, 추위를 막기 위해 쓰던 모자. 겉의 아래 가장자리에 털가죽을 대었으며, 앞은 이마를 덮고 뒤는 목과 등을 덮는다.

〈남바위〉

남반구(南半球) 지구의 적도에서 남쪽 부분. 빤북반구.

남:발(濫發) ①화폐나 어음·증명서 등을 함부로 발행함. 예지폐의 남발. ②어떤 말이나 행동을 자꾸 함부로 함. 남발되다. 남발하다. 예선거 공약을 남발하다.

남방(南方) ①남쪽. 비남녘. ②남쪽 지방. 예우리나라 남방에서만 자라는 식물. 빤북방.

남부(南部) 어떤 지역에서 남쪽 부분. 예오늘 밤 남부 지방에 많은 비가 오겠습니다. 빤북부.

남부끄럽다[남부끄럽따] 창피하여 남을 대하기가 부끄럽다. 예남부끄러운 행동. |활용| 남부끄러우니·남부끄러워. 남부끄러이.

남부럽다[남부럽따] 남의 좋은 점이나 훌륭한 점이 부럽다. 예현정이는 어렸을 때에는 남부럽지 않게 살았다. |활용| 남부러우니·남부러워.

남북(南北) 남쪽과 북쪽. 예남북으로 길게 뻗은 다리.

남북 적십자 회:담(南北赤十字會談)

남북 간의 이산가족 찾기를 위해 남한과 북한의 적십자사 사이에서 이루어지는 회담. 1971년 대한 적십자사의 제의로 시작되었으며, 1985년에 제8차 회담으로 이산가족의 만남이 이루어졌다.

남북 전:쟁(南北戰爭) 1861년부터 1865년까지 미국의 북부와 남부가 벌인 전쟁. 북부는 노예 제도의 폐지를 주장한 반면, 남부는 이를 반대한 것이 원인이 되었다. 북부의 승리로 끝나 노예 제도는 폐지되었다.

남북한(南北韓)[남부칸] 남한과 북한을 아울러 이르는 말.

남비 '냄비'의 잘못.

남빙양(南氷洋)[남빙냥] ➡남극해.

남빛(藍—)[남삗] 짙은 푸른빛. 비남색·쪽빛.

남사당(男—) 지난날, 무리를 지어 이곳저곳으로 떠돌아다니면서 노래·춤·곡예를 보여 주고 돈을 벌던 남자. 참사당[1].

남사당놀이(男—)[남사당노리] 남사당패가 관객 앞에서 풍물·버나(대접돌리기)·살판(공중제비)·어름(줄타기)·덧뵈기(탈놀음)·덜미(꼭두각시놀음)의 여섯 가지 놀이를 차례로 펼쳐 보이는 일.

남사당패(男—牌) 남사당의 무리.

남사스럽다[남사스럽따] 남에게 놀림과 비웃음을 받을 만하다. 비남우세스럽다. |활용| 남사스러우니·남사스러워. 남사스레.

남산(南山) 서울특별시 중구와 용산구 사이에 있는 산. 높이 262 m. 본이름은 '목멱산'이다. 시민 공원으로 조성되었으며, 산꼭대기에는 서울 타워가 있다.

남새 채소.

남색(藍色) 파랑과 보라의 중간색. 비남빛·쪽빛.

남생이 남생잇과의 동물. 길이 18cm 가량. 거북과 비슷하나 작으며, 등딱지는 진한 갈색이고 물갈퀴  〈남생이〉 가 있다. 여름에 모래 속에 구멍을 파고 알을 낳는다. 냇가나 늪에서 물고기·조개 등을 잡아먹고 산다.

남서(南西) 남쪽과 서쪽 사이의 방향 또는 방위. 비서남.

남서쪽(南西一) 남쪽과 서쪽 사이의 방향. 비서남쪽.

남서풍(南西風) 남서쪽에서 북동쪽으로 부는 바람. 비서남풍.

남성(男性) 남자, 특히 성인 남자를 이르는 말. 반여성.

남아(男兒) [나마] ①사내아이. 예남아 선호 사상. 반여아. ②남자다운 남자. 예대한 남아의 용기를 보여 주자.

남아돌다 [나마돌다] 아주 넉넉하여 나머지가 많이 있게 되다. 예풍년이라 쌀이 남아돈다./요즘 시간이 남아돈다. |활용| 남아도니·남아돌아.

남아메리카(南America) 육대주의 하나. 파나마 지협에 의하여 북아메리카와 구분되는 대륙으로, 브라질·아르헨티나·칠레·콜롬비아 등의 나라가 있다.

남아프리카 공:화국(南Africa共和國) 아프리카 대륙의 남쪽 끝에 있는 나라. 오랜 세월 동안 인종 차별 정책을 펴 왔다. 금·다이아몬드 등의 광물이 많이 난다. 수도는 프리토리아.

남양(南洋) [나먕] 태평양의 적도를 중심으로 하여 그 남북에 걸친 섬이 많은 지역, 또는 그 지역의 바다.

남:용(濫用) [나뮹] 함부로 씀. 남용되다. 남용하다. 예약을 남용하다.

남우세스럽다 [나무세스럽따] ⇒남사스럽다.

남원(南原) [나뤈] 전라북도 남동부에 있는 시. 전라북도·전라남도·경상남도의 3도가 접하는 지역으로, 광한루·오작교 등의 명승지가 있다.

남위(南緯) [나뮈] 적도로부터 남극에 이르기까지의 위도. 적도가 0°이고, 남극이 90°이다. 반북위.

남자(男子) ①남성인 사람. 예남자 친구. 반여자. ②남성다운 사내. 예남자가 그까짓 일에 우니?

남자답다(男子一) [남자답따] 남자로서 갖출 만한 씩씩하고 믿음직한 성격이나 모습이 있다. 예좀 남자답게 행동할 수 없니? |활용| 남자다우니·남자다워.

남작(男爵) 서양에서 귀족을 다섯 등급으로 나눈 것 가운데 다섯째 계급. 참공작·백작·자작·후작.

남장(男裝) 여자가 남자처럼 차림, 또는 그런 차림새. 반여장. 남장하다.

남정네(男丁一) 여자들이 '남자 어른'을 속되게 이르는 말. 참아낙네.

남존여비(男尊女卑) [남존녀비] 남자는 높고 귀하며, 여자는 낮고 천하다고 여기는 일.

남중(南中) 태양이나 달 같은 천체가 자오선의 남쪽을 지나는 일. 남중하다.

남중 고도(南中高度) 천체가 정남쪽에 왔을 때의 높이. 태양의 남중 고도는 하지 때 가장 높고, 동지 때 가장 낮다.

남짓 [남짇] 분량·수효·무게 등이 '어떤 기준보다 조금 더 됨'을 뜻하는 말. 예한 시간 남짓 산을 올라갔다.

남짓하다 [남지타다] 분량·수효·무게 등이 어떤 기준보다 조금 많다. 예1m 남짓한 키. 남짓이.

남쪽(南一) 해가 돋는 쪽을 향하여 오른쪽이 되는 방향. 비남·남녘·남방. 반북쪽.

ㄴ

남촌(南村) 남쪽에 있는 마을. [반]북촌.
남침(南侵) 북쪽에서 남쪽을 침략함. [반]북침. **남침하다**.
남태평양(南太平洋) [남태평냥] 태평양의 남반부, 적도 이남의 부분.
남파(南派) 임무를 주어 남쪽으로 보냄. [예]남파 간첩. **남파하다**.
남편(男便) 결혼한 남자를 그 아내에 대하여 이르는 말. [반]아내.
남풍(南風) 남쪽에서 북쪽으로 부는 바람. [반]북풍.
남하(南下) 군대나 기상 현상 등이 남쪽으로 내려감. [반]북상. **남하하다**. [예]청나라의 대군이 남하하다./장마 전선이 남하하다.
남학생(男學生) [남학쌩] 남자 학생. [반]여학생.
남한(南韓) 남북으로 나누어진 후의 한국의 남쪽 지역. [반]북한.
남한강(南漢江) 한강의 한 줄기. 길이 375km. 강원도의 오대산에서 시작하여 충청북도를 거쳐 경기도 양주에서 북한강과 합하여 흐른다. [참]북한강.
남한산성(南漢山城) 경기도 광주시 중부면 산성리 남한산에 있는 조선 시대의 산성. 인조 2(1624)년에 지어졌으며, 병자호란 때 항복을 한 곳이다. 사적 제57호.
남해(南海) ①남쪽에 있는 바다. ②우리나라 남쪽에 있는 바다.
남해 고속 도로(南海高速道路) 부산과 전라남도 순천을 잇는 고속 도로. 길이는 169.3km로, 1973년에 준공되었다.
남해 대교(南海大橋) 경상남도 남해군과 하동군을 잇는 다리. 우리나라 최초의 현수교로, 1973년에 준공되었다.
남해안(南海岸) ①남쪽에 있는 해안. ②우리나라의 남쪽에 있는 해안.
남향(南向) 남쪽을 향함. [반]북향. **남향하다**.
남향집(南向一) [남향찝] 대청이 남쪽을 향해 있는 집. [예]남향집이라 그런지 볕이 잘 든다.
납 푸르스름한 잿빛의 금속 원소. 무겁고 연하며, 열에 잘 녹아 퓨즈나 땜납 등에 쓰인다.
납골당(納骨堂) [납꼴땅] 죽은 사람을 화장하여 그 뼈를 모셔 두는 집. 화장하고 남은 뼈를 빻아 단지에 넣어서 모신다.
납득(納得) [납뜩] 남의 말이나 행동을 잘 알아차려 이해함. [예]현수를 납득시켜서 데려오너라. **납득되다**. **납득하다**.
납땜 금이 가거나 뚫어진 쇠붙이를 납으로 때우는 일. **납땜하다**.
납량(納涼) [남냥] 여름에 더위를 피하여 서늘함을 맛봄. [예]납량 특집 드라마.
납부(納付) [납뿌] 세금이나 공과금·수업료 등을 냄. [예]재산세 납부의 달. [비]납입. **납부되다**. **납부하다**.
납부금(納付金) [납뿌금] 세금이나 공과금·수업료 등으로 내는 돈. [비]납입금.
납세(納稅) [납쎄] 세금을 냄. [예]납세 고지서. **납세하다**.
납입(納入) [나빕] ➡납부.
납입금(納入金) [나빕끔] ➡납부금.
납작코 [납짝코] 콧날이 우뚝하게 서지 않고 납작하게 주저앉은 코.
납작하다 [납짜카다] 두께가 얇으면서 판판하다. [예]뒤통수가 납작하다. [큰]넓적하다. **납작이**.
납치(拉致) 사람이나 비행기 등을 강제로 끌고 감. [예]비행기 납치 사건. **납치되다**. **납치하다**.
납품(納品) 주문받은 물품을 주문한 곳(사람)에 가져다 줌. [예]납품 기일.

납품하다. 예학교에 우유를 납품
하다.

낫 [낟] 풀·곡식·나뭇가지 등을 베는
데 쓰는, 'ㄱ'자 모양의 농기구.
|발음| 낫이 [나시] · 낫도 [낟또] · 낫만
[난만]

낫:다¹ [낟따] 병이나 상처가 없어지다.
예푹 쉬었더니 감기가 다 나았다.
|활용| 나으니 · 나아.

낫:다² [낟따] 서로 견주어 좋은 점이
더하다. 예둘 중에서 이것이 더 나아
보인다. |활용| 나으니 · 나아.

낭군(郎君) 지난날, 젊은 아내가 '남
편'을 정답게 이르던 말.

낭도(郎徒) 신라 때, 화랑의 무리. 비화
랑도.

낭:독(朗讀) 글을 소리 내어 읽음. 예시
낭독. 비낭송. 반묵독. 낭독되다. 낭
독하다.

낭떠러지 깎아지른 듯이 급하게 솟았
거나 비탈진 곳. 비벼랑 · 절벽.

낭:랑하다(朗朗一) [낭낭하다] 소리가
매우 맑고 또랑또랑하다. 예정아는
낭랑한 목소리로 책을 읽었다. 낭
랑히.

낭:만(浪漫) 자유롭고 즐거운 기분이
나 달콤한 분위기.

낭:만적(浪漫的) 자유롭고 즐거운 기
분이나 달콤한 분위기가 있는 것.
예낭만적인 사람.

낭:보(朗報) 기쁜 소식. 예우리 선수가
우승을 했다는 낭보가 전해졌다. 반
비보.

낭:비(浪費) 돈·시간·물건 등을 헛되
이 씀. 예에너지 낭비. 비허비. 반절
약. 낭비되다. 낭비하다.

낭:송(朗誦) 소리 내어 글을 읽거나
욈. 비낭독. 낭송하다. 예운율을 살
려 시를 낭송하여 봅시다.

낭자(娘子) 지난날, '처녀'를 높여 이르
던 말.

낭:자하다(狼藉一) 피 등이 여기저기
흩어지거나 얼룩져 있어 어지럽다.
예바닥에 핏자국이 낭자하다.

낭:패(狼狽) 실패나 사고를 당하여 딱
한 처지가 됨. 예돈을 몽땅 잃어버렸
으니 집으로 돌아갈 일이 낭패로구나.

낮 [낟] ①해가 뜰 때부터 질 때까지의
동안. 반밤. ②〈한낮〉의 준말. |발음|
낮이 [나지] · 낮도 [낟또] · 낮만 [난만]

낮다 [낟따] ①아래에서 위로 향한 길
이가 짧다. 예낮은 산. ②소리나 강도
등이 약하다. 예낮은 목소리. ③지위
나 수준 등이 떨어져 있다. 예문화 수
준이 낮은 민족. ④온도나 습도 등이
높지 않다. 예낮은 온도. 반높다.
|발음| 낮아 [나자] · 낮고 [낟꼬]

낮아지다 [나자지다] 낮게 되다. 예물
의 온도가 차차 낮아지고 있다. 반높
아지다.

낮은음자리표(一音一標) [나즈븜자리
표] 낮은음을
적은 보표임
을 나타내는
기호. '𝄢'로
표시한다. 반
높은음자리표

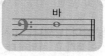

〈낮은음자리표〉

낮잠 [낟짬] 낮에 자는 잠. 예낮잠을 달
게 자다. 반밤잠.

낮잡다 [낟짭따] ①실제의 값보다 낮게
치다. ②남을 만만히 여겨 낮추어 대
하다. 예정수를 낮잡아 보다가는 큰
코다치지.

낮추다 [낟추다] ①낮게 하다. 예몸을
낮추다./온도를 낮추다. ②낮게 대접
하는 말을 쓰다. 예말씀을 낮추시지
요. 반높이다.

낮춤말 [낟춤말] 낮추어 쓰는 말. '하
게' · '해라' 등. 반높임말.

낯 [낟] ①얼굴. 예낯을 씻다. ②남을
대할 만한 체면. 예앞으로 그 어른을
무슨 낯으로 대하나? |발음| 낯이 [나

치] · 낯도 [낟또] · 낯만 [난만]

낯 : 눈·코·입 등이 있는 얼굴의 바 닥. 사람에게만 쓰이며, 비하의 느 낌이 있어서 윗사람에게는 사용할 수 없다. 예낯을 깨끗이 씻어라.

얼굴 : 눈·코·입 등이 있는 머리의 앞면. 사람과 비슷한 동물에게도 쓰 일 수 있으며, 윗사람과 아랫사람에 게 모두 사용할 수 있다. 예원숭이 의 얼굴(×낯)/이모는 얼굴에 로션 을 발랐다.

낯가림 [낟까림] 어린아이가 낯선 사람 을 보고 울거나 싫어함. 예낯가림이 심한 아기. 낯가림하다.

낯모르다 [난모르다] 누구인 줄 모르 다. 예낯모르는 사람. |활용| 낯모르 니 · 낯몰라.

낯빛 [낟삗] 얼굴의 빛깔. 비안색 · 얼 굴빛.

낯설다 [낟썰다] ①서로 알지 못하여 어색하고 서먹하다. 예낯선 사람들. ②눈에 익지 않다. 예낯선 차가 집 앞 에 서 있다. 반낯익다. |활용| 낯서 니 · 낯설어.

낯익다 [난닉따] 여러 번 보아서 서먹 하지 않다. 예낯익은 얼굴. 반낯설다.

낯짝 [낟짝] '낯'을 속되게 이르는 말.

낱 [낟] 셀 수 있는 물건의 하나하나. 예낱으로 사니까 비싸다. |발음| 낱이 [나치] · 낱도 [낟또] · 낱만 [난만]

낱개(一個) [낟깨] 여럿 가운데의 한 개 한 개. 예낱개로도 팝니다.

낱권(一卷) [낟꿘] 한 벌로 된 책의 한 권 한 권. 예전집을 낱권으로도 판다.

낱낱 [난낟] 여럿 가운데의 하나하나. 예낱낱의 잎.

낱낱이 [난나치] 하나하나마다. 예네 가 저지른 죄를 낱낱이 아뢰어라.

낱눈 [난눈] 곤충류 등의 겹눈을 이루 는 하나하나의 단위가 되는 눈.

낱말 [난말] 문법상의 일정한 뜻과 구 실을 가지는, 말의 가장 작은 단위. 홀로 쓸 수 있다. 비단어.

낱말밭 [난말받] 뜻이 서로 관계가 깊 은 낱말들의 집합.

낱알 [나달] 하나하나 따로따로인 알.

낱자(一字) [낟짜] 하나하나의 글자. ㄱ · ㄴ · ㅏ, a · b · c 등.

낱장(一張) [낟짱] 종이 등의 한 장 한 장.

낳다 [나타] ①사람이나 동물이 아이· 새끼·알을 몸 밖으로 내놓다. 예나를 낳고 길러 주신 부모님. ②어떤 결과 가 나타나게 하다. 예사랑은 더 큰 사 랑을 낳는다. |발음| 낳아 [나아] · 낳 고 [나코] · 낳는 [난는]

내[1] 시내보다는 크고, 강보다는 조금 작은 물줄기. 비개천.

내[2] 〈냄새〉의 준말.

내[3] ①'가' 앞에서 쓰이는, '나'를 가리 키는 말. 예내가 갈게. ②'나의'가 줄 어든 말. 예내 생각대로 하겠어.

내[4](內) 일정한 범위의 안. 예구역 내/ 일주일 내. 반외.

내가다 안에서 밖으로 가져가다. 예밥 상을 내가다.

내각[1](內角) 수학에서, 서로 만나는 두 직선의 안쪽의 각. 예삼각형의 내 각의 합은 180도이다.

내각[2](內閣) 국가의 행정을 맡아보는 행정 중심 기관. 국무총리를 비롯한 여러 장관으로 조직된다.

내걸다 ①밖에 내어 걸다. 예간판을 내걸다. ②어떤 목표 등을 내놓다. 예일본은 학술 조사라는 이름을 내 걸고 우리의 문화재를 빼앗아 갔다. ③희생을 무릅쓰다. 예나라의 독립을 위해 목숨을 내걸고 싸우다. |활용| 내 거니 · 내걸어.

내:과(內科) [내꽈] 의학의 한 분과. 몸 안에 생긴 병을 수술하지 않고 치료한다. 웹외과.

내관(來館) 박물관·도서관 등의 기관에 옴. 내관하다.

내:구성(耐久性) [내구썽] 물질이 변하지 않고 오래 견디는 성질.

내:기 돈을 걸거나 어떤 약속 아래 이기고 짐을 겨루는 일. 예우리는 누가 더 빨리 달리는지 내기를 했다. 내기하다.

내:내 처음부터 끝까지. 예나는 수업시간 내내 졸았다. 웹줄곧.

내년(來年) 올해의 다음 해. 웹명년. 웹작년.

내:놓다 [내노타] ①밖으로 꺼내어 놓다. 예짐을 마당에 내놓다. ②가지고 있던 것을 내주다. 예자리를 내놓다. ③의견이나 문제 등을 제시하다. 예각자 자신들의 의견을 내놓았다. ④팔려는 뜻을 널리 알리다. 예집을 내놓다. ⑤(('내놓고'의 꼴로만 쓰여)) 드러내 보이다. 예내 글은 내놓고 자랑할 것이 못 된다.

내:다 ①돈이나 물건을 주거나 바치다. 예벌금을 내다. ②제기하거나 제출하다. 예신청서를 내다. ③음식을 대접하다. 예점심을 내다. ④살림이나 가게 등을 새로 차리다. 예동네에 새로 약국을 냈다. ⑤밖(겉)으로 나가게 하다. 예이삿짐을 밖으로 내다. ⑥생기거나 일어나게 하다. 예소리를 내다./나무에 상처를 내다. ⑦밖으로 드러나게 하다. 예소문을 내다. ⑧어떤 상태로 되게 하다. 예결말을 내다. ⑨책·잡지·신문 등을 발행하다. 예아버지께서 시집을 내셨다.

내:다보다 ①안에서 밖을 보다. 예창문을 열고 내다보니 비가 오고 있었다. 웹들여다보다. ②앞일을 미리 헤아리다. 예10년을 내다보고 세운 계획.

내:다보이다 밖에 있는 것이 안에서 보이다. 예차창 밖으로 내다보이는 시골 풍경. 웹들여다보이다.

내:닫다 [내닫따] 갑자기 힘차게 뛰어나가다. 웹내달리다. |활용| 내달으니·내달아.

내:달리다 힘차게 달리다. 예아이들은 하얀 눈밭을 내달렸다. 웹내닫다.

내:던지다 ①아무렇게나 힘껏 던지다. 예나는 집에 오자마자 가방을 내던지고 밖으로 나갔다. ②버리고 돌아보지 않다. 예그는 직장을 내던지고 시골로 내려갔다.

내:동댕이치다 아무렇게나 힘껏 내던지다. 예막냇동생은 장난감을 바닥에 내동댕이치며 떼를 썼다.

내:두르다 이리저리 함부로 휘두르다. 예고개를 내두르다. |활용| 내두르니·내둘러.

내:디디다 ①발을 앞으로 옮겨 놓다. 예발을 사뿐사뿐 내디디다. ②어떤 일을 시작하다. 예밝은 미래를 향한 발걸음을 힘차게 내디디다. 줍내딛다.

내:딛다 [내딛따] 〈내디디다〉의 준말. 예길이 미끄러워 발을 조심스럽게 내딛었다.

내:란(內亂) 나라 안에서 정권을 차지할 목적으로 벌어지는 큰 싸움.

내려가다 ①높은 데서 낮은 데로, 위에서 아래로 가다. 예산을 내려가다. ②서울에서 지방으로 가다. 예고향으로 내려가 농사를 짓다. ③값이나 수치가 떨어지다. 예과일값이 많이 내려갔다. ④온도가 떨어지다. 예기온이 갑자기 영하로 내려갔다. 웹올라가다.

내려놓다 [내려노타] 위에 있는 것을 내려서 아래에 놓다. 예나는 메고 있던 책가방을 내려놓았다. 웹올려놓다.

내려다보다 위에서 아래를 향하여 보다. 예할아버지는 바위에 걸터앉아 마을을 내려다보셨다. 반올려다보다.

내려다보이다 아래쪽에 보이다. 예내 방에서는 거리가 훤히 내려다보인다.

내려본각(一角) 높은 곳에서 낮은 곳을 내려다볼 때, 내려다보는 방향이 수평면과 이루는 각. 반올려본각.

내려서다 높은 데서 낮은 데로 옮아 서다. 예버스에서 내려서다. 반올라서다.

내려앉다 [내려안따] ①새·비행기 등이 아래로 내려와서 앉다. 예비행기가 활주로에 내려앉았다. ②건물·땅·다리 등이 무너져 내리다. 예폭설에 지붕이 폭삭 내려앉았다.

내려오다 ①높은 데서 낮은 데로, 위에서 아래로 오다. 예어서 옥상에서 내려와라. ②서울에서 지방으로 오다. 예수희는 몸이 아파서 시골로 내려와 쉬고 있다. ③지난날부터 계속되거나 전해 오다. 예조상 대대로 내려온 전통. ①②반올라오다.

내려지다 ①위에 있던 것이 아래로 옮겨지다. 예트럭의 짐이 다 내려졌다. ②명령이나 지시가 아래로 전해지다. 예출동 명령이 내려지다.

내려치다 아래로 향하여 힘껏 때리거나 치다. 예사범은 벽돌을 주먹으로 내려쳤다.

내력(來歷) 어떤 사물이 지나온 자취. 예우리 고장의 내력을 알아보자.

내로라하다 스스로 잘난 체하고 뽐내다. 예전국의 내로라하는 장사들이 다 모였다.

내:륙(內陸) 바다에서 멀리 떨어진 육지. 예내륙 지방.

내리깔다 시선을 아래로 보내다. 예영미는 다소곳이 눈을 내리깔고 있었다. |활용| 내리까니·내리깔아.

내리꽂다 [내리꼳따] 아래로 향하여 힘차게 꽂다. 예창을 바닥에 내리꽂다./김 선수는 공을 강한 스파이크로 코트에 내리꽂았다.

내리누르다 위에서 아래로 누르다. 예목을 내리누르다. |활용| 내리누르니·내리눌러.

내리다 ①높은 데서 낮은 데로 옮겨 놓다. 예트럭에서 짐을 내리다. ②타고 있던 것에서 밖으로 나오다. 예버스에서 내리다. 반오르다. ③비·눈·이슬 등이 오다. 예간밤에 함박눈이 내렸다. ④윗사람이 아랫사람에게 상이나 벌을 주다. 예착한 일을 한 어린이에게 큰 상을 내리겠어요. ⑤결말을 짓다. 예자, 이제 결론을 내립시다.

내리뜨다 눈을 아래로 향하여 뜨다. 반치뜨다. |활용| 내리뜨니·내리떠.

내리막 아래로 내려가게 되어 있는 비탈. 반오르막.

내리막길 [내리막낄] 내리막으로 된 길. 반오르막길.

내리사랑 자식에 대한 부모의 사랑. 반치사랑.

내리쬐다 [내리쬐다/내리쮀다] 볕이 세차게 내리비치다. 예햇볕이 뜨겁게 내리쬐는 바닷가.

내리치다 아래로 향하여 힘껏 치거나 때리다.

내림표(一標) 음악에서, 반음을 내리라는 기호 'b'의 이름. 비플랫. 반올림표.

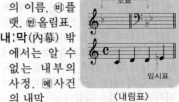
〈내림표〉

내:막(內幕) 밖에서는 알 수 없는 내부의 사정. 예사건의 내막.

내:면(內面) ①안쪽. 안쪽을 향한 면. 비안면. 반겉면. ②사람의 마음속. 심리나 정신에 관한 면. 예주인공의 내면 묘사가 뛰어난 소설.

내:**몰다** ①밖으로 쫓아내다. 예목동은 양들을 풀밭으로 내몰았다. ②앞으로 급하게 달려가도록 몰다. 예차를 급히 내몰아 간신히 제시간에 닿았다. |활용| 내모니 · 내몰아.

내:**무**(內務) 나라 안의 정치에 관한 일. 맨외무.

내물왕(奈勿王, ?~402) 신라의 제17대 왕(재위 356~402). 고대 국가 체계를 갖추고 왕권을 강화했으며, 이 무렵에 한자가 처음 사용된 것으로 알려져 있다.

내:**밀다** 앞으로 또는 밖으로 내보내다. 예눈 감고 손 내밀어 봐. |활용| 내미니 · 내밀어.

내:**방**(來訪) 만나러 찾아오는 것.

내:**뱉다** [내밷따] ①입 밖으로 뱉어 내다. 예길바닥에 침을 내뱉다. ②내키지 않거나 못마땅한 태도로 말을 불쑥 해 버리다. 예심한 말을 내뱉다.

내:**버리다** ①필요 없게 된 것을 아주 버리다. 예쓸 만한 물건을 내버리는 사람들이 많다. ②상관하지 않거나 돌보지 않다. 예아이가 혼자 놀도록 내버려 두었다. 비방치하다.

내:**보내다** ①밖으로 나가게 하다. 예나는 시끄럽게 떠드는 동생을 내보내고 조용히 공부했다. ②일하던 곳이나 살던 곳에서 아주 나가게 하다. 예회사가 어려워서 직원들을 내보냈다.

내보이다 속에 들어 있는 것을 꺼내어 보이다. 예학생증을 내보이다.

내:**복**(內服) 겉옷의 속에 입는 옷. 특히, 겨울에 입는 소매나 가랑이가 긴 속옷. 비내의.

내:**복약**(內服藥) [내봉냑] 먹어서 병을 치료하는 약. 알약 · 물약 · 가루약 등.

내:**부**(內部) ①물체의 안쪽 부분. 예내부 수리 중. ②어떤 조직이나 단체의 안. 예회사 내부의 문제. 맨외부.

내:**분**(內紛) 한 나라나 집단 안에서 일어나는 다툼. 예나라가 내분으로 갈라졌다.

내비게이션(navigation) 자동차를 운전할 때, 찾고자 하는 위치의 지도를 보여 주거나 지름길을 알려 주는 장치.

내:**비치다** ①빛이 밖으로 비치다. 예문틈으로 방 안의 불빛이 내비쳤다. ②속마음을 겉으로 드러내다. 예승재가 어제 야구부를 그만둘 뜻을 내비치더라.

내:**빈**(來賓) 모임에 초대를 받고 온 손님.

내:**빼다** '달아나다'를 속되게 이르는 말.

내:**뿜다** [내뿜따] 밖으로 세게 뿜다. 예자동차에서 내뿜는 연기 때문에 공기가 더러워진다.

내:**색**(一色) 속마음이나 감정 등을 얼굴에 드러냄. 예영미가 내색을 하지는 않아도 무척 힘든 것 같다. 내색하다.

내:**생**(來生) 불교에서 이르는 삼생의 하나. 죽은 뒤의 세상. 비후생. 반전생.

내:**성**(內城) 이중으로 쌓은 성에서, 안쪽에 있는 성. 반외성.

내:**성적**(內省的) 겉으로 드러내지 않고 속으로만 생각하는 것. 예내성적인 성격. 반외향적.

내:**세**(來世) 죽은 뒤에 영혼이 다시 태어나 산다는 미래의 세상. 반전세 · 현세.

내:**세우다** ①앞으로 나와 서게 하다. 예반장을 맨 앞줄에 내세우다. ②어떤 일을 하도록 나서게 하다. 예우리는 명훈이를 반 대표로 내세웠다. ③내놓고 자랑하거나 높이 평가하다. 예실용성을 내세운 신제품. ④의견 등을 내놓거나 주장하다. 예모두 자기 주장만 내세우면 어떻게 되겠니?

내소사(來蘇寺) 전라북도 부안군 진서면 석포리에 있는 절. 선덕 여왕

2(633)년에 신라의 승려 혜구가 지었다고 한다. 인조 2(1633)년에 지어진 대웅전은 조선 중기 사찰 건축의 대표적 작품으로 꼽힌다.

내:숭 겉으로는 순해 보이나 속은 엉큼함. [예]나는 준호를 좋아하면서도 싫다고 내숭을 떨었다.

내:쉬다 숨을 밖으로 내보내다. [예]한숨을 내쉬다. [반]들이쉬다.

내:시(內侍) 고려·조선 시대에, 궁중에서 임금의 시중을 들던 벼슬아치. 모두 거세된 사람이었다. [비]환관.

내:시경(內視鏡) 긴 관을 목구멍 등으로 밀어 넣어 몸 안을 관찰할 수 있게 만든 기구. [예]내시경 검사.

내:심(內心) 속마음. [예]큰소리는 쳤어도 내심으로는 무척 겁이 났다.

내:야(內野) 야구장에서, 본루·일루·이루·삼루를 이은 사각형의 안. [반]외야.

내:역(內譯) 돈이나 물품의 내용. [예]공사비의 내역.

내:오다 안에서 밖으로 가져오다. [예]손님이 오셨으니 과일과 음료수 좀 내오너라.

내:왕(來往) ①사람이나 차가 오고 가고 함. [예]사람들의 내왕이 빈번한 거리. ②서로 사귀어 오고 가고 함. [예]이웃과 내왕을 끊다. [비]왕래. **내왕하다**.

내:외(內外) [내외/내웨] ①안과 밖. ②아내와 남편. [예]주인 내외. [비]부부. ③《수량·시간 등을 나타내는 말에 이어 쓰여》 '그에 가까움'을 뜻하는 말. [예]한 시간 내외. ③[비]안팎.

내:용(內容) ①글이나 말 등에 나타나 있는 사항. [예]편지의 내용. ②어떤 일의 줄거리가 되는 것. [예]사건의 내용은 다음과 같다. [반]형식.

내:용물(內容物) 속에 든 물건. [예]소포의 내용물을 확인해 봐.

내음 코로 맡을 수 있는 향기롭거나 나쁘지 않은 기운. [예]봄 내음/바다 내음/향기로운 꽃 내음.

내:의(內衣) [내의/내이] 속옷. [비]내복.

내일(來日) ①오늘의 바로 다음 날. [반]어제. ②'미래'를 비유하여 이르는 말.

'내일'과 '명일'의 구별

내일 : '오늘의 다음 날'이라는 기본적인 뜻 이외에 '앞날' 또는 '먼훗날'의 뜻을 나타낸다. [예]내일 정오에 만나자./우리나라의 내일을 이끌어 갈 청소년 여러분.

명일 : '오늘의 다음 날'이라는 기본적인 뜻만을 나타낸다. [예]숙제는 명일까지 낼 것/×명일이 촉망되는 젊은이.

내일모레(來日—) ①모레. ②어떤 때가 가까이 닥쳐 있음을 이르는 말. [예]시험이 내일모레인데 공부 안 하니? [준]낼모레.

내:장¹(內藏) 안에 가지고 있음. **내장되다**. **내장하다**. [예]플래시를 내장한 카메라.

내:장²(內臟) 동물의 가슴과 배 속에 있는 기관을 통틀어 이르는 말. 호흡기·소화기·비뇨기 등.

내:장산(內藏山) 전라북도 정읍시에 있는 산. 최고봉은 신선봉으로, 높이는 763m이다. 단풍이 특히 유명하며, 산허리에는 내장사가 있다.

내:적(內的) [내쩍] ①사물의 내부에 관한 것. [예]내적 원인. ②정신이나 마음의 작용에 관한 것. [예]이 소설은 주인공의 내적 갈등이 잘 묘사되어 있다. [반]외적.

내:전(內戰) 한 나라 안에서 같은 국민끼리 벌이는 전쟁. [예]내전을 치르다.

내:젓다 [내젇따] ①손을 앞이나 밖으로 내어서 휘두르다. [예]친구는 나에

게 말도 꺼내지 말라는 듯이 손을 내 저었다. ②고개를 좌우로 흔들다. 예 미숙이는 싫다고 말하며 고개를 내저 었다. |활용| 내저으니·내저어.

내:정¹(內定) 어떤 일을 정식 발표가 나기 전에 이미 내부적으로 정함. 예박 선생님이 우리 반 담임 선생님 으로 내정이 되어 있다. 내정되다. 내정하다.

내:정²(內政) 국내의 정치. 예내정 간섭.

내:조(內助) 아내가 남편을 도움. 예제 가 성공하기까지 내조의 힘이 컸습니 다. 내조하다.

내:종사촌(內從四寸) 고모의 아들이 나 딸. 비고종사촌.

내:주(來週) 다음 주. 예내주의 생활 목표.

내:주다 ①가지고 있던 것을 남에게 넘겨주다. 예챔피언 벨트를 내주다. ②속에 든 것을 꺼내어 주다. 예금고 에서 돈을 내주다. ③차지하고 있던 자리를 남에게 넘겨주다. 예사장 자 리를 동생에게 내주었다.

내:지(乃至)《수량을 나타내는 말 사이 에 쓰여》'얼마에서 얼마까지'의 뜻을 나타냄. 예앞으로 3시간 내지 5시간 을 더 가야 합니다.

내:쫓기다 [내쫃끼다] 내쫓음을 당하 다. 예부잣집에 구걸하러 온 거지가 대문 밖으로 내쫓겼다.

내:쫓다 [내쫃따] 있던 자리에서 억지 로 내보내다. 예놀부는 흥부를 빈손 으로 내쫓았다.

내:처 ①하는 김에 다. 예내 방 청소를 하는 김에 내처 동생 방까지 해 주었 다. ②한결같이 계속하여. 예잠이 계 속 쏟아져 점심때가 될 때까지 내처 잠을 잤다.

내:치다 내쫓거나 물리치다. 예저자를 당장 내쳐라!

내:친김 《주로 '내친김에'의 꼴로 쓰 여》이왕 일을 시작한 때. 예내친김에 청소까지 다 했다.

내:키다 하고 싶은 마음이 나다. 예왠 지 이번 일은 내키지 않는다.

내:통(內通) 적과 몰래 손잡음. 내통되 다. 내통하다.

내:팽개치다 ①힘껏 던져 버리다. 예 나는 책가방을 내팽개치고 밖으로 달 려 나갔다. ②하던 일에서 손을 떼어 버리다. 예하던 공부는 내팽개치고 놀기만 한다.

내:포(內包) 어떤 내용이나 뜻을 포함 함. 내포되다. 내포하다.

내:한(來韓) 외국 사람이 한국에 옴. 예외국 인기 가수의 내한 공연. 비방 한. 내한하다.

내:항(內項) 비례식에서, 안쪽에 있는 두 항. 반외항.

내:행성(內行星) 태양계에서 태양과 지구 사이에 있는 행성. 수성·금성 등이 있다. 반외행성.

내후년(來後年) 후년의 다음 해. 비후 후년.

내:훈(內訓) 성종의 어머니 소혜 왕후 가 성종 6(1457)년에 부녀자의 교육 을 위해 만든 책. 전체 3권으로 되어 있으며, 한글로 표기되어 있다.

낼:모레 〈내일모레〉의 준말.

냄내다 '배웅하다'의 북한말.

냄비 음식을 끓이거나 삶는 데 쓰는, 뚜껑과 손잡이가 달려 있는 그릇. |잘못| 남비.

냄:새 코로 맡을 수 있는 온갖 기운. 예구수한 냄새/반찬 냄새. 준내.

냅다 [냅따] 몹시 빠르고 세차게. 예냅 다 뛰어나가다.

냅킨(napkin) 음식을 먹을 때 쓰는 헝 겊이나 종이. 주로 서양 음식을 먹을 때, 옷을 더럽히지 않게 무릎 위에 펴 놓거나, 입이나 손을 닦는다.

냇:가 [내까/낻까] 냇물의 가장자리에 가까운 땅.

냇:둑 [내뚝/낻뚝] 냇가에 쌓은 둑.

냇:물 [낸물] 내에 흐르는 물.

냇:바닥 [내빠닥/낻빠닥] 내의 바닥.

냉:가슴(冷―) 겉으로 드러내지 못하고 혼자서 속으로만 끙끙대고 하는 걱정. 예냉가슴을 앓다.

냉:각(冷却) 식어서 차게 됨. 또는 식혀서 차게 함. 예냉각 장치. 냉각되다. 냉각하다.

냉:국(冷―) [냉꾹] 찬물에 오이나 미역 등을 넣고 간장과 식초로 간을 맞춘 국. 예미역 냉국.

냉:기(冷氣) 찬 기운. 찬 공기. 예냉기가 돌다. 빤온기.

냉:담(冷淡) ①무슨 일에 흥미나 관심을 보이지 않음. ②동정심이 없고 쌀쌀함. 냉담하다. 예관객들은 냉담한 반응을 보였다./그 사람은 돈을 꾸어 달라는 친구의 부탁을 냉담하게 거절했다. 냉담히.

냉:대1(冷待) 푸대접. 냉대하다.

냉:대2(冷帶) ➡아한대.

냉:동(冷凍) 생선이나 고기 등을 상하지 않게 저장하기 위하여 얼림. 예냉동 시설/냉동식품. 빤냉장. 냉동되다. 냉동하다.

냉:동고(冷凍庫) 생선이나 고기 등을 얼려서 보관하기 위한 상자 모양의 장치.

냉:동실(冷凍室) 냉장고에서 식품을 얼려서 보관하는 곳. 빤냉장실.

냉:랭하다(冷冷―) [냉냉하다] ①온도가 낮아서 쌀쌀하게 차다. 예불을 때지 않아서 방바닥이 냉랭하다. ②태도가 몹시 쌀쌀하다. 예냉랭한 말투.

냉:면(冷麵) 삶은 국수를 냉국이나 동치밋국 같은 것에 말거나, 고추장에 비빈 음식.

냉:방(冷房) ①불을 때지 않아서 차게 된 방. ②더위를 막기 위하여 방 안의 온도를 바깥 공기의 온도보다 낮추는 일. 예냉방 장치. ②빤난방.

냉:방병(冷房病) [냉방뼝] 냉방이 된 방과 바깥 공기의 온도 차가 심하여 몸이 잘 적응하지 못할 때 일어나는 병. 가벼운 감기나 몸살 등의 증상을 보인다.

냉:소(冷笑) 쌀쌀한 태도로 비웃음. 냉소하다.

냉:수(冷水) 찬물. 빤온수.

냉:엄하다(冷嚴―) 냉정하고 엄격하다. 예냉엄한 현실.

냉:이 십자화과의 두해살이풀. 들이나 밭에 흔히 나는데, 잎은 뿌리에서 무더기로 난다. 어린 잎과 뿌리는 먹을 수 있다.

냉:이꽃 [냉이꼳] 냉이의 꽃.

냉:장(冷藏) 음식물 등을 신선하게 보관하거나 차게 하기 위하여 낮은 온도에서 저장함. 빤냉동. 냉장하다.

〈냉이〉

냉:장고(冷藏庫) 음식물을 얼리거나 차게 보관하기 위한 상자 모양의 장치.

냉:장실(冷藏室) 냉장고에서, 식품을 낮은 온도에서 보관하는 곳. 빤냉동실.

냉:전(冷戰) 무력을 사용하여 싸우고 있지는 않으나, 서로 적으로 대하고 있는 국가 간의 대립 상태. 빤열전.

냉:정(冷靜) 감정에 따라 움직이지 않고 차분함. 예냉정을 되찾다. 냉정하다.

냉:정하다(冷情―) 인정이 없고 쌀쌀하다. 예누나는 내 부탁을 냉정하게 거절했다. 빤냉담하다. 냉정히.

냉:차(冷茶) 얼음을 넣어 차게 만든 찻물.

냉:채(冷菜) 해파리·전복·닭고기 등에 오이·배추 등을 채 썰어 섞고 차게 해서 먹는 음식. 예오이 냉채.

냉:철하다(冷徹—) 감정에 치우치지 않고 침착하며 생각이 분명하고 날카롭다. 예냉철한 판단. 냉철히.

냉큼 망설이지 않고 가볍게 빨리 움직이는 모양. 예냉큼 받아먹다./냉큼 대답하지 못해? 큰닝큼. 냉큼냉큼.

냉:탕(冷湯) 목욕탕 안에 찬물을 채워 놓은 곳. 반온탕.

냉:해(冷害) 농작물이 자라는 여름철에 기온이 낮거나 햇빛이 부족하여 입는 피해.

냉:혈 동:물(冷血動物) ➡ 찬피 동물.

냉:혹하다(冷酷—)[냉호카다] 인정이 없고 몹시 모질다. 예그는 냉혹한 사람이라 친구가 없다. 냉혹히.

냠냠 음식을 맛있게 먹는 소리, 또는 그 모양.

냥(兩) 지난날, 돈의 단위의 한 가지. 한 냥은 열 돈, 곧 엽전 100푼에 해당한다. 예돈 열 냥.

너¹ 손아랫사람이나 친한 사이에, 말을 듣는 사람을 가리키는 말. 반나.

너:² 《'근·되·말·홉' 등의 단위를 나타내는 말 앞에서》 '넷'을 뜻하는 말. 예고기 너 근/쌀 너 되/술 너 말/금 너 돈. 참녁.

너구리 갯과의 동물. 여우보다 작은데, 주둥이는 뾰족하고 네 다리와 꼬리는 짧다. 산과 들에서 살며, 털은 붓의 재료로 쓰인다.

〈너구리〉

너그럽다[너그럽따] 마음이 넓고 남을 헤아리는 아량이 있다. 예선생님은 아이들의 실수를 너그럽게 용서해

주셨다. |활용| 너그러우니·너그러워. 너그러이.

너끈하다 무엇을 하는 데에 부족함이 없이 넉넉하다. 예그 돈이면 일주일용돈으로 너끈하다. 너끈히. 예너라면 그 일을 너끈히 해낼 수 있을 거야.

너나없이[너나업씨] 너나 나나 가릴 것 없이 모두. 예농사철이라 너나없이 바쁘다.

너댓 '네댓'의 잘못.

너덜거리다 종이나 헝겊이 여러 가락으로 늘어져 자꾸 흔들리다. 예나는 그리스 신화를 책장이 너덜거리도록 읽었다. 비너덜대다.

너덜너덜[너덜러덜] 자꾸 너덜거리는 모양.

너덜너덜하다[너덜러덜하다] 여러 가닥이 자꾸 흔들리며 늘어져 있다. 예오래된 옷이라서 소매가 너덜너덜하게 낡았다.

너덜대다 ➡ 너덜거리다.

너도나도 서로 뒤지거나 빠지지 않으려고 모두. 예한때 쫄바지가 유행하자 너도나도 입고 다녔다.

너럭바위[너럭빠위] 넓고 평평하게 생긴 바위.

너르다 사방으로 두루 넓다. 예너른 마당/너른 들판. 반솔다. |활용| 너르니·널러.

너머 높거나 넓은 것의 저쪽.

:::: '너머'와 '넘어'의 구별 ::::

너머 : '산이나 고개, 언덕, 담 등 높은 곳의 저쪽'의 뜻. 예저 산 너머에는 누가 살고 있을까?/해가 서산 너머로 지다.

넘어 : ('넘다'의 활용형으로) '이쪽에서 저쪽으로 높은 것의 위를 지나서'의 뜻. 예장에 가려면 저 고개를 넘어 십 리는 더 가야 한다.

너무 일정한 정도나 한계를 훨씬 넘어선 상태로. 예너무 좋다./너무 반갑다. 너무너무. 예큰언니 옷이라서 나에게는 너무너무 크다.

너무나 '너무'의 힘줌말. 예소녀의 모습이 너무나 아름다웠다.

너무하다 정도에 지나치게 심하다. 예하나도 남기지 않고 다 먹다니 정말 너무해.

너부데데하다 얼굴이 둥글고 옆으로 퍼져서 넓은 듯하다. 예납작한 코에 너부데데한 얼굴.

너비 물건의 가로의 길이. 예강의 너비. 비폭. 참넓이.

너스레 수다스럽게 떠벌려 늘어놓는 말. 예너스레를 떨다.

너와 지붕을 이는 데 쓰는, 소나무 토막을 기와처럼 쪼개어 만든 널빤지.

너와집 소나무 토막을 기와처럼 쪼개어 지붕을 덮은 집.

〈너와집〉

너울거리다 ① 나뭇잎이나 풀잎 등이 부드럽게 나부끼다. 예너울거리는 파도. ②춤추듯이 팔이나 날개를 펴서 크고 부드럽게 움직이다. 비너울대다. 참나울거리다.

너울너울 [너울러울] 자꾸 너울거리는 모양. 예노랑나비가 너울너울 춤을 춥니다. 참나울나울.

너울대다 ➡너울거리다.

너저분하다 여기저기 널려 있어 지저분하다. 예집 안이 정리되지 않아 너저분했다.

너절하다 ①허름하고 지저분하다. 예너절한 옷차림/방이 너절하다. ②보잘것없고 시시하다. 예너절한 변명을 늘어놓다. 너절히.

너털웃음 [너터루슴] 소리를 크게 내어 시원하게 웃는 웃음. 예아빠는 화를 내기는커녕 너털웃음을 웃으셨다.

너트(nut) 볼트에 끼워서 기계 부품 등을 움직이지 않게 죄는 데 쓰이는, 쇠로 만든 공구. 비암나사. 참볼트[1].

너풀거리다 자꾸 바람에 가볍게 나부끼다. 비너풀대다. 참나풀거리다.

너풀대다 ➡너풀거리다.

너희 [너히] '너'의 여럿을 이르는 말. 예너희는 어디 가니?

넉 《'냥·되·섬·자' 등의 단위를 나타내는 말 앞에서》 '넷'을 뜻하는 말. 예금 넉 냥/보리 넉 되/벼 넉 섬/비단 넉 자. 참너.

넉가래 [넉까래] 곡식이나 눈 등을 한곳에 밀어 모으는 데 쓰는 기구. 넓적한 나무 판에 긴 자루가 달렸다.

넉넉하다 [넝너카다] ①크기·수량·시간 등이 어떤 기준에 차고도 남음이 있다. 예국물이 넉넉하도록 물을 부어라. ②살림에 여유가 있다. 예생활이 넉넉한 편이다. 넉넉히.

넉두리 '넋두리'의 잘못.

넉살 [넉쌀] 부끄러워하지 않고 비위 좋게 구는 짓. 예현수의 넉살에 모두들 웃었다.

넋 [넉] ①사람의 몸속에 깃들어 있어 정신을 다스린다고 생각되는 것. 예죽은 왕의 넋을 위로하기 위하여 절을 지었다. 비혼·혼백. ②정신이나 마음. 예동생은 장난감 자동차에 넋이 빠져 있다. ②비얼. |발음| 넋이 [넉씨]·넋도[넉또]·넋만[넝만]

넋(을) 잃다 관용 제정신을 잃다. 예사람들은 마술사의 묘기를 넋을 잃고 쳐다보았다.

넋(이) 나가다 관용 몹시 혼이 나서 정신을 잃다.

넋두리 [넉뚜리] 억울한 일이나 불만을 길게 늘어놓으며 하소연하는 말.

예아주머니는 한숨을 내쉬며 넋두리를 늘어놓으셨다. 비푸념. |잘못| 넉두리.

넌더리 몹시 질려서 지긋지긋하게 느껴지는 생각. 예약이라면 이제 넌더리가 난다.

넌지시 드러나지 않게 가만히. 예미란이가 넌지시 시험 결과를 알려 주었다.

널¹ ①〈널빤지〉의 준말. ②널뛰기에 쓰는 널빤지. 비널판.

널² '너를'이 줄어든 말. 예널 어찌 잊을 수 있겠니?

널:다 말리거나 바람을 쐬려고 펼쳐 놓다. 예빨래를 널다./고추를 널다. |활용| 너니·널어.

널따랗다 [널따라타] 꽤 넓다. 예널따랗게 펼쳐진 벌판. 반좁다랗다. |활용| 널따라니·널따래. |잘못| 넓다랗다.

널:뛰기 긴 널빤지의 한가운데를 짚단이나 가마니 같은 것으로 받쳐 놓고, 양쪽 끝에 한 사람씩 올라서서 번갈아 뛰어오르는 민속놀이. 주로, 설날·단오·추석에 여자들이 한다.

널리 ①너르게. 범위가 넓게. 예삼국 시대 이전부터 널리 행해져 온 놀이. ②너그럽게. 예널리 용서해 주십시오.

널리다 ①넒을 당하다. 예빨랫줄에 널린 옷. ②물건이 여기저기 흩어져 있다. 예글감은 우리 주위에 얼마든지 널려 있다.

널브러지다 ①물건이 지저분하게 널려 있다. 예방바닥에 옷들이 널브러져 있다. ②몸에 힘이 빠져 축 늘어지다.

널:빤지 판판하고 넓게 켠 나뭇조각. 준널. 비널판·널판자.

널어놓다 [너러노타] 죽 널어서 벌여 놓다. 예엄마는 빨래를 빨아 줄에 널어놓으셨다.

널찍하다 [널찌카다] 꽤 넓다. 예마당이 널찍해서 아이들이 놀기에 좋다. 널찍이.

널:판(一板) ①→널빤지. ②→널¹.

넓다 [널따] ①평면의 면적이 크다. 예우리는 넓은 집으로 이사했다. ②너비가 크다. 예넓은 길. ③마음 쓰는 것이 크고 너그럽다. 예영란이는 마음이 넓다. ④범위가 크다. 예친구를 넓게 사귀다. 반좁다. |발음| 넓어 [널버]·넓고 [널꼬]

넓다랗다 '널따랗다'의 잘못.

넓이 [널비] 넓은 정도. 예삼각형의 넓이를 구하시오. 비면적.

> :::: '넓이, 너비, 나비'의 구별 ::::
>
> **넓이** : (가로의 길이와 세로의 길이 사이의) 면적. 예교실의 넓이와 교무실의 넓이를 비교해 보자.
> **너비** : 물건의 가로만 잰 길이. 예이 강의 너비는 50m나 된다.
> **나비** : (옷감·종이 등의) 너비. 예한복 깃의 나비.

넓이뛰기 [널비뛰기] 지난날, '멀리뛰기'를 이르던 말.

넓적다리 [넙쩍따리] 무릎 위쪽의 다리. |잘못| 넙적다리.

넓적다리뼈 [넙쩍따리뼈] 넓적다리를 이루는 뼈.

넓적부리도요 [넙쩍뿌리도요] 도욧과의 새. 몸길이가 17cm가량. 계절에 따라 색이 변하는데, 여름에는 노란 갈색이나 붉은 갈색을 띠고, 겨울에는 회색을 띤다. 부리 끝은 넓적하고 게를 주로 먹는다.

넓적하다 [넙쩌카다] 판판하고 얇으면서 꽤 넓다. 예넓적한 돌. 바납작하다. |잘못| 넙적하다. 넓적이.

넓히다 [널피다] 넓게 하다. 예길을 넓히다. 반좁히다.

넘겨다보다 ➡ 넘어다보다.

넘겨주다 물건·권리·책임·일 등을 남에게 주거나 맡기다. 예앞사람한테서 받은 바통을 뒷사람에게 넘겨주었다.

넘기다 ①낮은 데서 높은 데로 넘어가게 하다. 예공을 받아 넘기다. ②쓰러뜨리다. 예안다리걸기로 상대 선수를 넘기다. ③종잇장·책장 등을 젖히다. 예사전을 한 장씩 넘기면서 낱말을 찾았다. ④권리·책임·일 등을 맡기다. 예도둑을 경찰에 넘기다. ⑤어려움에서 벗어나다. 예죽을 고비를 여러 번 넘겼다. ⑥음식물이나 침을 넘어가게 하다. 예약을 간신히 넘겼다.

넘ː나들다 ①어떤 경계를 넘어갔다 넘어왔다 하다. 예아무도 건너지 못하는 휴전선을 작은 새는 자유롭게 넘나들었다. ②서로 왔다 갔다 하다. 예옆집과는 서로 넘나들며 지낸다. |활용| 넘나드니·넘나들어.

넘나물 원추리의 잎과 꽃으로 무쳐 먹는 나물.

넘ː다 [넘따] ①수량이나 정도가 한계를 지나다. 예모인 사람이 백 명도 넘는다. ②일정한 곳에 가득 차고 나머지가 밖으로 나오다. 예밥솥의 물이 넘다. ③높은 데를 지나가다. 예고개를 넘어 할머니 댁에 갔다. ④시간이 지나가다. 예기다린 지 한 시간도 넘었다. ⑤어떤 경계를 지나다. 예국경을 넘다.

넘버(number) 번호나 차례, 또는 그 숫자. 예자동차 넘버/등 뒤에 넘버를 단 선수들.

넘ː보다 ①남을 업신여겨 얕보다. 예상대편이 우리 편을 넘보고 도전해 왔다. ②〈넘어다보다〉의 준말. 예북방 오랑캐들이 우리나라를 자주 넘보았다.

넘실거리다 물이 물결을 이루며 너울거리다. 예파도가 넘실거리는 바다.

비넘실대다. 좐남실거리다.

넘실넘실 [넘실럼실] 자꾸 넘실거리는 모양. 좐남실남실.

넘실대다 ➡ 넘실거리다.

넘어가다 [너머가다] ①서 있던 것이 한쪽으로 쓰러지다. 예태풍으로 전봇대가 넘어가다. ②높은 데나 어떤 경계를 지나서 가다. 예고개를 넘어가다. ③권리·책임·일 등이 다른 사람에게 옮아가다. 예집이 빚쟁이한테 넘어갔다. ④해나 달이 지다. 예해가 서산으로 넘어갔다. ⑤음식이나 침이 목구멍을 지나가다. 예밥이 넘어가다. ⑥다음 차례로 옮아가다. 예다음 단원으로 넘어가다. ⑦속임수나 꾐에 빠지다. 예제 꾀에 제가 넘어갔군.

넘어다보다 [너머다보다] ①고개를 들어 가려진 물건 위로 저편을 보다. 예이웃집 마당을 넘어다보다. ②남의 것을 탐내어 마음에 두다. 예준호는 절대로 남의 물건을 넘어다보지 않는다. 준넘보다. 비넘겨다보다.

넘어뜨리다 [너머뜨리다] '넘어지게 하다'의 힘줌말. 예나는 수영이를 다리를 걸어 넘어뜨렸다. 비넘어트리다.

넘어서다 [너머서다] ①높은 데를 넘어서 지나다. 예이 고개를 넘어서면 바다가 보인다. ②어떤 수준이나 한계를 넘어서 지나다. 예성적이 예상을 넘어서다.

넘어오다 [너머오다] ①서 있던 것이 이쪽으로 쓰러지다. 예쌓아 놓은 벽돌이 우리 쪽으로 넘어왔다. ②높은 데나 어떤 경계를 지나서 오다. 예도둑이 담을 넘어왔다. ③권리·책임·일 등이 이쪽으로 옮아오다. 예서브권이 우리 팀에 넘어왔다. ④먹은 것이 입으로 도로 나오다. 예삼킨 약이 넘어오다. ⑤다음 차례로 바뀌어 옮아오다. 예차례가 나한테 넘어왔다.

넘어지다 [너머지다] 바닥에 쓰러지다. 예얼음판에 미끄러져 넘어졌다.

넘어트리다 [너머트리다] ➡ 넘어뜨리다.

넘ː치다 ①가득 차서 밖으로 흘러나오다. 예장마로 강물이 넘쳤다. ②어떤 기준에 지나다. 예분수에 넘치는 생활. ③어떤 감정이 거세게 일어나다. 예기쁨이 넘치는 가정.

넙적하다 '넓적하다'의 잘못.

넙죽 [넙쭉] ①망설이지 않고 선뜻 행동하는 모양. ②몸을 바닥에 대며 얼른 엎드리는 모양. 예하인은 용서해 달라며 바닥에 넙죽 엎드렸다.

넙치 넙칫과의 바닷물고기. 몸은 긴둥근꼴이며 넓적하고, 눈은 두 개가 모두 왼쪽 머리에 쏠려 있다. 비광어.

〈넙치〉

넝마 낡고 해어져서 입지 못하게 된 옷이나 이불 등을 이르는 말.

넝쿨 ➡ 덩굴.

넣ː다 [너타] ①속으로 들여보내다. 예주머니에 손을 넣다. ②어떤 테두리 안에 포함시키다. 예나도 그 일에 넣어 줘. ③은행에 돈을 맡기다. 예설날에 받은 세뱃돈을 통장에 넣어 두었다. 비예금하다. ④힘을 들이다. 예어깨에 힘을 넣다. |발음| 넣어 [너어]·넣고 [너코]·넣는 [넌는]

네¹ '너'가 '가' 앞에서 쓰이는 형태. 예네가 가거라.

네ː² 《단위를 나타내는 말 앞에서》 '넷'을 뜻하는 말. 예동화책 네 권/네 시간.

네³ 윗사람의 부름·물음·부탁·명령 등에 대답하거나 되묻는 말. 예네, 제가 가겠습니다./네, 벌써 떠났습니까? |잘못| 녜.

네⁴ '너의'가 줄어든 말. 예네 동생/네 말이 옳다.

-네 어떤 집안이나 가족임을 나타내는 말. 예영수네/아저씨네.

네ː거리 길이 한곳에서 네 방향으로 갈라진 곳, 또는 그런 길. 예광화문 네거리. 비십자로·사거리.

네ː댓 [네댇] 넷이나 다섯가량의. 예네 댓 명. |잘못| 너댓.

네덜란드 (Netherlands) 유럽의 북서부에 있는 나라. 간척지가 많고, 국토의 4분의 1이 바다보다 낮다. 낙농업과 튤립 등의 원예 농업이 발달하였다. 수도는 암스테르담.

네루 (Nehru, 1889~1964) 인도의 정치가. 간디의 영향을 받아 인도의 독립을 위한 투쟁 활동을 시작하였다. 인도가 독립한 뒤, 수상을 지냈다.

네ː모 네 개의 모. 비사각.

네ː모꼴 ➡ 사각형.

네ː모나다 모양이 네모로 되어 있다. 예네모난 얼굴.

네ː모지다 모양이 네모로 되어 있다. 예네모진 손수건.

네ː발짐승 발이 넷인 짐승. 소·돼지·개·토끼 등.

네온사인 (neon sign) 네온 가스를 넣은 유리관에 전기를 통하게 하여 글자나 무늬 등을 나타내는 장치. 광고나 장식으로 널리 쓰인다.

네ː제곱 같은 수를 네 번 곱함, 또는 그렇게 하여 얻은 수. 네제곱하다.

네트 (net) 테니스·탁구·배구·배드민턴 등에서, 코트의 한가운데에 가로 치는 그물.

네트워크 (network) ①➡ 방송망. ②여러 대의 컴퓨터를 연결하여 서로 정보나 자료를 주고받을 수 있게 한 조직이나 체계.

네티즌 (netizen) 인터넷 공간에서 정보나 의견을 주고받으며 활동하는 사람. [참고] 네티즌은 'network'와 'citizen'이 합쳐서 된 말. [비]누리꾼.

네티켓(netiquette) 인터넷을 하는 사람들이 지켜야 할 예절. [참고] 네티켓은 'network'와 'etiquette'이 합쳐서 된 말. [예]네티켓을 지키자.

네팔(Nepal) 히말라야 산맥의 남쪽에 있는 작은 왕국. 국토는 동서로 길며, 에베레스트 산이 있다. 국민의 대부분이 힌두교를 믿는다. 수도는 카트만두.

네펜테스(nepenthes) 벌레잡이풀과의 덩굴풀. 잎은 긴둥근꼴이며, 검은 자주색 꽃이 핀다. 덩굴손 끝에 달린 주머니 모양의 통 주위에 꿀샘이 있어 벌레들을 끌어들이는데, 벌레가 통 속으로 떨어지면그 속의 소화액에 의해 소화·흡수된다. [비]벌레잡이풀.

넥타이(necktie) 양복을 입을 때, 와이셔츠 깃 속으로 둘러서 매는 가늘고 긴 천. [준]타이.

넷ː[넫] 셋에 하나를 더한 수. [비]사. [참]너²·넉·네². [발음] 넷이[네시]·넷도[넫또]·넷만[넨만]

넷ː째[넫째] 셋째의 다음. [잘못] 네째.

녀석 ①'남자'를 낮추어 또는 욕으로 이르는 말. [예]나쁜 녀석 같으니라고. ②'남자아이'를 귀엽게 이르는 말. [예]고 녀석 참 귀엽게 생겼군.

년¹ '여자'를 낮추어 이르는 말. [반]놈.

년²(年) ①'해¹'를 셀 때 쓰이는 말. [예]십 년. ②해의 차례를 나타내는 단위. [예]2002년 월드컵 대회.

년도(年度) 《해를 뜻하는 말 뒤에 쓰여》 일정한 기간으로서의 어느 한 해. [예]2012년도 졸업생.

년생(年生) ①《학년을 뜻하는 말 뒤에 쓰여》 어떤 학년의 학생. [예]여고 2년생. ②《태어난 해를 뜻하는 말 뒤에 쓰여》 그해에 태어난 사람. [예]2012년생.

녘[녁] 어떤 때의 무렵. [예]아침 녘/동틀 녘. [발음] 녘이[녀키]·녘도[녁또]·녘만[녕만]

노(櫓) 배를 젓는 기구. 길고 단단한 나무의 아래쪽을 얇게 다듬어서 만든다. [예]노를 젓다.

노고(勞苦) 힘들여 수고하며 애씀. [예]부모님의 노고에 보답하다.

노ː고단(老姑壇) 전라남도 구례군 산동면과 토지면의 경계에 있는 산. 높이 1,507m. 지리산 3대 봉의 하나로, 신라 때에는 이곳에 제단을 만들어 산신제를 지냈다.

노고지리 '종다리'의 옛말.

노곤하다(勞困―) 매우 피곤하다. [예]어제 등산을 했더니 몸이 노곤하고 다리가 아프다.

노골적(露骨的)[노골쩍] 있는 그대로 숨김없이 드러내는 것. [예]영수는 불만을 노골적으로 드러냈다.

노ː기(怒氣) 성난 얼굴빛. 또는 성난 기세. [예]노기 띤 얼굴.

노끈 실·삼·종이 등을 가늘게 비비거나 꼬아서 만든 줄.

노ː년(老年) 늙은 나이. [예]노년에 접어든 할머니. [비]만년.

노ː닐다 한가하게 이리저리 다니며 놀다. [예]호수에서 한가로이 노니는 오리 떼. [활용] 노니니·노닐어.

노다지 ①금 등 캐려고 하는 광물이 마구 쏟아져 나오는 광맥. ②한군데에서 많은 이익이 나오는 곳, 또는 그런 일.

노닥거리다[노닥꺼리다] 조금 수다스럽게 재미있는 말을 자꾸 늘어놓다. [예]지금 한가하게 너랑 노닥거릴 시간이 없다. [비]노닥대다.

노닥대다[노닥때다] ➡노닥거리다.

노동(勞動) 사람이 살아가는 데에 필요한 돈이나 물건을 얻기 위하여 몸이나 머리를 써서 일함. 노동하다.

노동력(勞動力) [노동녁] 노동할 수 있는 사람의 힘.

노동법(勞動法) [노동뻡] 근로자의 인간다운 생활을 목적으로 하는 법률을 통틀어 이르는 말. 근로 기준법·노동 조합법 등.

노동부(勞動部) 지난날, 노동에 관한 일을 맡아보던 중앙 행정 기관.

노동요(勞動謠) 민요의 한 가지. 일을 즐겁고 능률적으로 하기 위하여 부르는 노래.

노동자(勞動者) 일을 하고 받은 돈으로 살아가는 사람. [비]근로자.

노동조합(勞動組合) 노동자가 노동 조건을 좋게 하고, 경제적·사회적 지위를 높이기 위해 조직하는 단체. [준]노조.

노ː들나루 [노들라루] 지난날, 서울 노량진에 있었던 나루의 이름.

노란색(—色) 노란 색깔. [예]노란색 개나리. [비]노랑. [큰]누런색.

노랑 삼원색의 하나. 개나리꽃과 같은 빛깔, 또는 그런 빛깔의 물감. [비]노란색. [큰]누렁.

노랑지빠귀 딱샛과의 새. 몸길이 약 23 cm로, 개똥지빠귀와 비슷하게 생겼다. 우리나라에서 흔히 볼 수 있는 겨울 철새이다.

노ː랗다 [노라타] 빛깔이 개나리꽃이나 호박꽃과 같다. [예]노란 은행잎. [큰]누렇다. [활용] 노라니·노래.

노래 가사에 가락을 붙여 부르는 것, 또는그 가사. **노래하다**.

노래방(—房) 방음이 된 방에서, 화면에 나오는 가사를 보며 음악 반주에 맞추어 노래를 부르도록 꾸며 놓은 업소.

노ː래지다 노랗게 되다. [예]황달에 걸리면 얼굴과 눈이 노래진다. [큰]누레지다.

노래하다 ①노래를 부르다. ②어떤 생각이나 느낌을 시나 노래로 나타내다. [예]이 시는 자연의 아름다움을 노래하고 있다.

노랫가락 [노래까락/노랟까락] 노래의 곡조.

노랫말 [노랜말] 노래의 내용이 되는 글. [비]가사.

노랫소리 [노래쏘리/노랟쏘리] 노래를 부르는 소리.

노략질(擄掠—) [노략찔] 떼를 지어 돌아다니며 사람을 해치거나 재물을 마구 빼앗아 감. **노략질하다**.

노량진(鷺梁津) 서울특별시 동작구에 있는 지명. 예로부터 한강의 나루로 발달해 왔으며, 1899년 경인선이 이곳에서 제물포까지 개통되었다. 수산물·청과물의 도매 시장과 사육신묘 등이 있다.

노량 해ː전(露梁海戰) 선조 31(1598)년에 경상남도 노량 앞바다에서 이순신 장군이 왜군을 크게 이긴 해전. 장군은 이 해전에서 쫓겨가는 왜군을 공격하다 전사하였다.

노려보다 매서운 눈빛으로 계속 바라보다. [예]그는 내 말에 화가 났는지 나를 한참 노려보았다. [비]쏘아보다.

노력(努力) 어떤 일을 이루기 위해 힘을 다하여 애씀, 또는 그 힘. [예]발전하기 위해서는 끊임없는 노력이 필요하다. **노력하다**.

노ː련하다(老鍊—) 많은 경험을 쌓아 그 일에 아주 익숙하고 솜씨가 있다. [예]저 기수는 말을 다루는 솜씨가 아주 노련하다. [비]노숙하다.

노ː령(老齡) 늙은 나이.

노령산맥(蘆嶺山脈) 소백산맥의 중부 추풍령에서 갈라져 나온 산맥. 평균 높이가 가장 낮은 노년기 산맥이다. 산맥의 서부에는 호남평야가, 북쪽에는 무주 구천동 계곡과 내장산 등이 있다.

노ː론(老論) 조선 시대, 사색당파의 하나. 숙종 때 송시열을 중심으로 한 서인에서 갈라져 나왔다. [반]소론.

노루 사슴과의 동물. 뿔은 수컷에만 있는데 세 개의 가지로 되어 있고, 꼬리는 흔적만 있다. 겁이 많아 잘 놀라며 빨리 뛴다.

〈노루〉

노루발 ①재봉틀에서, 바늘이 오르내릴 때 바느질감을 눌러 주는 두 갈래로 갈라진 부품. ②한쪽은 뭉뚝하여 못을 박는 데 쓰고, 다른 한쪽은 둘로 갈라져 있어 못을 빼는 데 쓰는 연장. ②[비]노루발장도리.

노루오줌 범의귓과의 여러해살이풀. 줄기는 곧게 선 모양이며, 붉은 자줏빛의 꽃이 여름에 핀다. 어린순은 나물로 먹고 식물 전체를 약으로 사용한다.

노르다 황금이나 놋쇠의 빛깔과 같다. [큰]누르다. |활용| 노르니·노르러.

노르스레하다 ➡노르스름하다.

노르스름하다 산뜻하고 옅게 노르다. [예]노르스름하게 구워진 붕어빵. [비]노르스레하다. [큰]누르스름하다.

노르웨이(Norway) 유럽의 북부, 스칸디나비아 반도에 있는 나라. 국토의 대부분이 산지이며, 해안은 피오르를 이루고 있다. 임업·어업 등이 발달하였으며, 사회 보장 제도가 잘되어 있다. 수도는 오슬로.

노른자 〈노른자위〉의 준말. [예]달걀 노른자.

노른자위 ①알의 흰자위에 둘러싸인 둥글고 노란 부분. [준]노른자. [비]난황. [반]흰자위. ②'사물의 가장 중요한 부분'을 비유하여 이르는 말. [예]노른자위 땅.

노름 돈이나 재물을 걸고 화투·트럼프·마작 등으로 서로 내기를 하는 일. [비]도박. **노름하다**.

노릇[노륻] ①'직업이나 직책'을 속되게 이르는 말. [예]선생 노릇. ②마땅히 해야 할 구실. [예]아버지 노릇. ③어떤 일의 딱한 처지나 형편. [예]그 책임을 내가 다 지다니 참으로 원통한 노릇이다. |발음| 노릇이[노르시]·노릇도[노륻또]·노릇만[노른만]

노릇노릇[노른노륻] 군데군데 노르스름한 모양. [예]빵이 노릇노릇 잘 구워졌다. [큰]누릇누릇.

노릇노릇하다[노른노르타다] 군데군데 노르스름하다. [예]새우튀김이 노릇노릇하게 잘 튀겨졌다. [큰]누릇누릇하다.

노리개 ①여자 한복 저고리의 고름이나 치마허리 등에 장식으로 다는 물건. ②재미로 가지고 노는 물건.

노리다 어떤 목적을 이루기 위해 벼르다. [예]우리 학교는 이번 대회의 우승을 노리고 있다.

노린내 염소·여우·노래기 등에서 나는 고약한 냄새.

노ː망(老妄) 늙어서 정신이 흐려지고 말이나 행동이 이상해짐. [예]노망이 난 할머니. [비]망령. **노망하다**.

노ː면(路面) 길의 표면. [예]비가 와서 노면이 미끄럽다. [비]길바닥.

노ː모(老母) 늙은 어머니.

노ː발대발(怒發大發) 크게 화를 냄. **노발대발하다**. [예]아버지는 내 성적표를 보시더니 노발대발하셨다.

노벨(Nobel, 1833~1896) 스웨덴의 발명가·화학자. 다이너마이트를 발명하였고, 자신의 유산을 기증하여 노벨상을 만들었다.

노벨상(Nobel賞) 노벨의 유언에 따라, 인류를 위해 크게 공헌한 사람이나 단체에 주는 상. 해마다 물리학·화학·생리학 및 의학·문학·경제학·평화의 여섯 부문에 상을 준다.

노!병(老兵) ①늙은 병사. ②군대나 전쟁에 경험이 많은 병사.

노!부모(老父母) 늙은 부모.

노!부부(老夫婦) 늙은 부부.

노비(奴婢) 지난날, 남자 종과 여자 종을 아울러 이르던 말. 🔟종.

노비안검법(奴婢按檢法) [노비안검뻡] 고려 광종 7(956)년에, 양민이었다가 노비가 된 사람을 해방시켜 주기 위해 만든 법.

노사(勞使) 노동자와 사용자, 곧 일을 하는 사람과 일을 시키는 사람. 🔟노사 분규.

노상¹ 같은 모양으로 줄곧. 언제나 늘. 🔟미진이는 노상 엄살만 부린다. 🔟늘·항상.

노!상²(路上) 길 위. 길바닥. 🔟노상에서 강도를 만나다.

노새 수나귀와 암말 사이에서 태어난 집짐승. 당나귀와 닮았으며, 무거운 짐과 먼 길에 잘 견딘다. 성질은 온순하고 병에 잘 걸리지 않으나, 새끼를 낳지 못한다.

노!선(路線) 버스·기차·비행기 등이 정해 놓고 다니도록 되어 있는 길. 🔟버스 노선/지하철 노선.

노!소(老少) 늙은이와 젊은이.

노!송(老松) 늙은 소나무.

노!쇠(老衰) [노쇠/노쉐] 늙어서 몸이 약해지고 기운이 없음. 노쇠하다.

노숙(露宿) 길이나 공원 같은 한데서 밤을 지냄. 노숙하다.

노숙자(露宿者) [노숙짜] 길이나 공원 등에서 한뎃잠을 자며 생활하는 사람.

노!숙하다(老熟—) [노수카다] 오랫동안 경험을 쌓아 아주 익숙하다. 🔟노숙한 솜씨. 🔟노련하다.

노!승(老僧) 나이가 많은 승려.

노심초사(勞心焦思) 애를 쓰며 속을 태움. 노심초사하다. 🔟어머니는 하나밖에 없는 자식이 잘못되지 않을까 노심초사하셨다.

노!약자(老弱者) [노약짜] 늙은이와 어린이와 아픈 사람. 🔟노약자 보호석.

노!여움 노여운 감정. 🔟아버지의 노여움이 언제나 풀리실지 모르겠다. 🔟노염. 🔟화.

노!여워하다 노엽게 여기다.

노!역(老役) 연극·영화에서, 노인의 역할.

노!염 〈노여움〉의 준말.

노!엽다 [노엽따] 화가 날 만큼 섭섭하고 분하다. 🔟그만한 일로 너무 노여워 마세요. |활용| 노여우니·노여워.

노예(奴隷) 지난날, 다른 사람을 주인으로 섬기며 시키는 대로 일을 하고, 물건처럼 사고 팔리던 사람.

노을 해가 뜨거나 질 때, 하늘이 붉게 물드는 일. 🔟저녁노을. 🔟놀.

노을빛 [노을삗] 노을이 질 때 생기는 불그스름한 빛.

노이로제(Neurose) 불안·우울·두려움 등으로 일어나는 정신적 병증을 통틀어 이르는 말. 히스테리·신경 쇠약 등.

노!익장(老益壯) [노익짱] 나이는 들었으나 기력은 더욱 좋아짐.

노!인(老人) 나이가 들어 늙은 사람. 🔟늙은이.

노!인장(老人丈) '노인'을 높여 이르는 말.

노!인정(老人亭) 노인들이 모여 쉬고 놀 수 있도록 지어 놓은 집이나 방. 🔟경로당.

노임(勞賃) 일한 값으로 받는 돈. 🔟품삯.

노!자(路資) 먼 길을 오가는 데 드는 돈. 🔟여비.

노:장¹(老長) ①나이가 많고 덕이 높은 승려. ②봉산 탈춤·양주 별산대놀이 등에서 승려의 역을 맡은 인물.

노:장²(老將) ①늙은 장군. ②어떤 분야에서 '많은 경험을 쌓아 노련한 사람'을 비유하여 이르는 말. 예노장 선수.

〈노장¹②〉

노:장춤(老長—) 봉산 탈춤 등에서 노장이 나와 추는 춤. 대사 없이 몸짓과 춤으로만 소무에게 유혹을 받아 파계하는 장면을 표현한다.

노:적가리(露積—)[노적까리] 들이나 밭에 쌓아 둔 곡식 더미.

노점(露店) 길바닥에 벌여 놓은 작은 가게. 예노점 상인. 베난전.

노:정(路程) ①어떤 지점에서 목적지까지의 거리, 또는 목적지까지 걸리는 시간. ②여행의 경로나 일정.

노조(勞組) 〈노동조합〉의 준말.

노:처녀(老處女) 결혼할 시기를 넘긴, 나이 많은 처녀. 베올드미스. 빤노총각.

노천(露天) 지붕 같은 것으로 가리지 않은 한데. 예노천극장.

노:총각(老總角) 결혼할 시기를 넘긴, 나이 많은 총각. 빤노처녀.

노출(露出) 겉으로 드러남. 또는 겉으로 드러냄. 예햇빛에 피부를 노출시키다./노출이 심한 옷. 노출되다. 노출하다.

노:친(老親) 늙은 부모.

노크(knock) 남의 방에 들어가기 전에 문을 가볍게 두드림. 노크하다.

노트(note) ①공책. ②어떤 일을 잊지 않도록 적어 둠. 노트하다. 예수업 내용을 공책에 노트하다.

노트북(notebook) 〈노트북 컴퓨터〉의 준말.

노트북 컴퓨터(notebook computer) 가지고 다닐 수 있도록 공책 크기 정도로 작고 가볍게 만든 컴퓨터. 준노트북.

노:파(老婆) 늙은 여자.

노:파심(老婆心) 남의 일에 대하여 지나치게 염려하는 마음. 예노파심에서 하는 말인데 비밀 꼭 지켜 줘.

노:폐물(老廢物)[노폐물/노페물] 생물의 몸 안에 들어온 물질 중 필요한 것을 흡수하고 남은 찌꺼기.

노:하다(怒—) 어른이 화를 내다. 예할아버지가 크게 노하셨다.

노:화(老化) 나이가 많아짐에 따라 신체적·정신적 기능이 약해짐. 예노화 방지. 노화되다. 노화하다.

노:환(老患) 늙고 쇠약해서 생긴 병을 높여 이르는 말.

노:후¹(老朽) 오래되거나 낡아서 쓸모가 없음. 노후하다.

노:후²(老後) 늙은 뒤. 예노후 생활.

녹¹(祿) 〈녹봉〉의 준말.

녹²(綠) 산화 작용으로 쇠붙이의 표면에 생기는 물질. 보통, 그 부분이 물러진다. 예녹이 슬다.

녹다[녹따] ①단단한 물체가 높은 온도에서 액체가 되거나 물러지다. 예얼음이 다 녹았다. ②물질이 액체 속에서 풀려 섞이다. 예소금이나 설탕은 물에 잘 녹는다. ③추위에 언 몸이 풀리다. 예방에 들어오니 몸이 좀 녹는 것 같다. ①③빤얼다.

녹다운(knockdown) 권투에서, 공격을 당한 선수가 바닥에 쓰러지는 일.

녹두(綠豆)[녹뚜] 콩과의 한해살이풀. 밭에 심는 재배 식물인데 모양이 팥과 비슷하다. 여름에 노란색 꽃이 피며, 열매는 긴 꼬투리로 열린다.

녹두꽃(綠豆—)[녹뚜꼳] 녹두의 꽃.

녹두밭(綠豆—)[녹뚜받] 녹두를 심은 밭.

녹두 장군(綠豆將軍) 조선 고종 때의 동학 농민 운동의 지도자인 ‘전봉준’의 별명.

녹말(綠末)[농말] ①감자·고구마·녹두를 갈아서 가라앉힌 앙금을 말린 가루. ②식물의 씨·열매·뿌리·줄기 등에 들어 있는 탄수화물. 비녹말가루·전분.

녹말가루(綠末—)[농말까루] ➡녹말.

녹봉(祿俸)[녹뽕] 벼슬아치에게 봉급으로 주던 쌀·보리·돈·명주 등을 통틀어 이르는 말. 준녹. 비봉록.

녹색(綠色)[녹쌕] 파랑과 노랑의 중간색.

녹색 식물(綠色植物) 엽록소를 가지고 있어, 잎이 녹색인 식물.

녹슬다(綠—)[녹쓸다] ①쇠붙이의 표면에 녹이 생기다. 예녹슨 칼. ②어떤 상태나 기능 등이 무디어지다. 예머리가 녹슬다. |활용| 녹스니·녹슬어. |잘못| 녹쓸다.

녹십자(綠十字)[녹씹짜] 녹색으로 ‘十’ 자 모양을 나타낸 표시. 재해로부터 안전을 상징한다.

녹아내리다[노가내리다] 녹아서 밑으로 처지다. 예고드름이 녹아내리다.

녹용(鹿茸)[노굥] 사슴의 새로 돋은 연한 뿔. 한방에서 보약으로 쓰인다.

녹음[1](綠陰)[노금] 푸른 잎이 우거진 숲, 또는 그 숲의 그늘. 예녹음이 짙은 계절.

녹음[2](錄音)[노금] 소리를 다시 들을 수 있도록 기계로 기록함, 또는 그렇게 한 소리. 녹음되다. 녹음하다.

녹음기(錄音器)[노금기] 녹음하는 기계. 비카세트.

녹음테이프(錄音tape) 소리를 기록하는 자기 테이프.

녹이다[노기다] 녹게 하다. 예난롯불에 언 손을 녹이다.

녹지(綠地)[녹찌] 풀과 나무가 푸르게 자란 땅.

녹지대(綠地帶)[녹찌대] 자연환경을 보전하거나 공해를 막기 위해 도시 안이나 그 주변에 풀이나 나무를 일부러 심어 놓은 곳.

녹진녹진[녹찐녹찐] 물기가 약간 있어 촉촉하면서 끈끈한 모양. 큰눅진눅진.

녹차(綠茶) 푸른빛이 그대로 나도록 말린 부드러운 찻잎, 또는 그것을 끓인 차. 왕홍차.

녹초 아주 맥이 풀려 늘어진 상태. 예너무 지쳐서 모두 녹초가 되었다.

녹화[1](綠化)[노콰] 산이나 들에 나무를 심어 푸르게 함. 녹화되다. 녹화하다.

녹화[2](錄畫)[노콰] 텔레비전의 장면을 나중에 다시 볼 수 있도록 비디오카메라 같은 기계를 이용하여 기록해 둠. 녹화되다. 녹화하다.

녹황색(綠黃色)[노쾅색] 녹색을 띤 누런색. 예녹황색 채소.

논 물을 대어 벼를 심어 가꾸는 땅. 예논에서 모내기를 하다. 왕밭.

논개(論介, ?~1593) 조선 선조 때의 기생. 임진왜란 때 진주성을 함락시킨 일본 장수들이 촉석루에서 잔치를 벌이자, 술에 취한 장수를 껴안고 남강에 떨어져 함께 죽었다.

논거(論據) 주장이나 이론의 근거. 예논거를 제시하다.

논고[1](論告) 법정에서, 검사가 피고의 범죄 사실을 밝히고 형벌을 요구함. 논고하다.

논고[2](論考) 고증하여 밝힘. 예고려사 논고. 논고하다.

논길[논낄] 논 사이에 난 길.

논농사(—農事) 논에 짓는 농사. 왕밭농사.

논두렁[논뚜렁] 물이 괴어 있도록 논의 가장자리에 흙으로 둘러막은 둑. 비논둑.

ㄴ

논둑 [논뚝] 논의 가장자리에 높고 길게 쌓아 올린 둑. [비]논두렁.
논란 [놀란] 여럿이 서로 다른 주장을 하며 다툼. [참고] 논란은 '논난(論難)'에서 온 말. **논란하다**.
논리(論理) [놀리] 생각하거나 말하거나 글을 쓸 때, 내용을 이치에 맞게 끌고 나가는 과정이나 원리. [예]논리에 맞지 않는 말.
논리적(論理的) [놀리적] 생각하는 방법이나 이야기의 줄거리 등이 이치에 맞는 것. [예]논리적으로 생각하다.
논문(論文) 어떤 문제에 대하여 연구한 결과를 체계적으로 적은 글. [예]학위 논문.
논바닥 [논빠닥] 논의 바닥.
논박(論駁) 상대의 의견이나 주장에 대하여 잘못된 점을 조리 있게 지적하며 따짐. **논박되다**. **논박하다**.
논밭 [논받] 논과 밭. [비]전답.
논벌 [논뻘] 논으로 이루어진 넓고 평평한 땅.
논법(論法) [논뻡] 말이나 생각을 논리적으로 전개해 나가는 방법.
논산평야(論山平野) 충청남도와 충청북도를 동서로 흐르는 금강 유역에 발달한 평야. 주요 곡창 지대이다.
논설(論說) 〈논설문〉의 준말.
논설문(論說文) 어떤 문제에 대하여 자기의 의견이나 주장을 조리 있게 적은 글. [준]논설.
논설위원(論說委員) 신문사나 방송사 등에서, 중요한 사회 문제를 논하거나 그 기관의 입장을 밝히는 해설을 쓰는 사람.
논술(論述) 어떤 문제에 대하여 자신의 의견을 글로 조리 있게 적음. [예]논술 시험. **논술하다**.
논어(論語) [노너] 사서의 하나. 공자가 자신의 제자와 당시 사람들과 묻고 답한 것을 모아서 엮은 책이다.
논의(論議) [노늬/노니] 어떤 문제에 대하여 서로 의견을 말하며 토의함. [예]앞으로의 계획에 대해 논의를 해 보자. [비]의논. **논의되다**. **논의하다**.
논일 [논닐] 논에서 하는 농사일. [참]밭일. **논일하다**.
논쟁(論爭) 서로 다른 의견을 가진 사람들이, 각각 자기의 주장을 내세우며 다툼. **논쟁되다**. **논쟁하다**.
논제(論題) 토론·논의 등의 주제나 제목. [예]오늘 열릴 회의의 논제는 '자연 보호'입니다.
논증(論證) 어떤 주장이나 의견의 옳고 그름을 이유를 들어 밝힘. **논증되다**. **논증하다**.
논평(論評) 어떤 사건이나 작품 등의 내용에 대하여 자기 생각을 말함, 또는 그런 글. **논평하다**.
논하다(論—) ①자기의 의견이나 사물의 이치 등을 조리 있게 말하다. [예]문학과 인생을 논하다. ②서로 옳고 그름을 따져 말하다. [예]그 문제에 대해서는 더 이상 논하지 말자.
놀ː 〈노을〉의 준말.
놀ː고먹다 [놀고먹따] 일하지 않고 놀면서 지내다. [예]삼촌은 2년째 놀고먹고 있다.
놀ː다 ①놀이를 하거나 하여 즐겁게 지내다. [예]친구들과 공을 차면서 놀았다. ②직업이 없이 지내다. [예]젊은 사람이 빈둥빈둥 놀고 지낸다. ③일을 하다가 일정한 동안을 쉬다. [예]그는 일 년 동안 하루도 놀지 않고 일했다. ④물자나 시설 등이 쓰이지 않고 있다. [예]놀고 있는 땅. ⑤어떤 놀이를 하여 승부를 겨루다. [예]윷을 놀다. ⑥이리저리 돌아다니다. [예]어항에서 물고기가 논다. ⑦어떤 구경거리가 되는 재주를 부리다. [예]굿을 놀다. [활용] 노니·놀아.
놀ː라다 ①갑자기 뜻밖의 일을 당하여

무서움을 느끼거나 가슴이 두근거리다. 예갑작스러운 천둥 소리에 깜짝 놀랐다. ②신기한 것이나 훌륭한 것을 보고 크게 감동하다. 예조국의 눈부신 발전에 놀라지 않을 수 없었다.

놀ː람 교향곡(一交響曲) 하이든의 교향곡 제94번 지(G)장조를 흔히 이르는 말.

놀ː랍다 [놀랍따] ①놀랄 만하다. 예오늘 학교에서 놀라운 소식을 들었다. ②몹시 장하고 갸륵하다. 예네 효성이 놀랍구나. |활용| 놀라우니·놀라워.

놀ː래다 놀라게 하다. 예나는 살금살금 다가가 성희를 놀래 주었다.

놀리다 ①놀게 하다. 예종업원들을 하루 놀리다. ②몸의 한 부분을 이리저리 움직이다. 예동생은 종이비행기를 접느라 부지런히 손을 놀리고 있다. ③빈정거리다. 조롱하다.

놀림 놀리는 짓. 조롱하는 일. 예나는 꼬마라고 놀림을 받았다.

놀림감 [놀림깜] 놀림을 당하는 사람.

놀림 동ː요(一童謠) 전래 동요의 한 종류. 사람이나 동물을 놀리면서 부르는 노래.

놀부(『흥부전』에 나오는 놀부처럼) '심술이 사납고 마음씨가 고약한 사람'을 비유하여 이르는 말.

놀아나다 ①속아서 어리석게 행동하다. ②이성과 건전하지 않게 어울리다.

놀음 [노름] 〈놀음놀이〉의 준말. 놀음하다.

놀음놀이 [노름노리] 모여서 즐겁게 노는 일. 준놀음·놀이. 놀음놀이하다.

놀이 [노리] ①노는 일. 예놀이에 정신이 팔리다. 비유희. ②〈놀이놀음〉의 준말. 놀이하다.

놀이공원(一公園) [노리공원] 돌아다니면서 구경하거나 놀 수 있게 여러 가지 놀이 기구를 갖추어 놓은 곳. 비

놀이동산.

놀이동산 [노리동산] ➡놀이공원.

놀이 동ː요(一童謠) 전래 동요의 한 종류. 놀이를 진행하거나 흥을 돋우기 위해 부르는 노래.

놀이마당 [노리마당] 판소리·춤·탈놀이 등을 하며 노는 자리, 또는 그런 일.

놀이방(一房) [노리방] 돈을 받고 주로 어린아이들을 맡아서 돌보아 주는 곳. 참유치원.

놀이터 [노리터] 아이들이 놀이를 하는 곳. 예어린이 놀이터.

놀이판 [노리판] 놀이를 하는 자리.

놀잇감 놀이 또는 아동 교육 현장에서 활용되는 물건이나 재료.

놈 ①'남자'를 낮추어 이르는 말. 예비겁한 놈. 반년. ②'남자아이'를 귀엽게 이르는 말. 예고놈 참 귀엽기도 하지.

놋 [논] 〈놋쇠〉의 준말. |발음| 놋이 [노시]·놋도 [논또]·놋만 [논만]

놋그릇 [논끄른] 놋쇠로 만든 그릇. 비유기.

놋다리밟기 [녿따리밥끼] 경상북도 안동·의성 등지에서 대보름날 밤에 여자들이 하는 놀이. 서로 앞사람의 허리를 붙잡고 늘어서서 허리를 구부리면, 그 위로 한 소녀가 올라가 노래에 맞추어 등을 밟고 지나간다.

〈놋다리밟기〉

놋쇠 [논쐬/논쒜] 구리와 아연을 섞어서 만든 쇠붙이. 예로부터 그릇이나 장식품을 만드는 데 많이 쓰였다.

농ː1(弄) ①실없는 장난. ②〈농담1〉의 준말. 농하다.

농2(籠) 옷 등을 넣어 두는 상자 모양의 자그마한 가구. 흔히 두세 개를 포

ㄴ

개어 놓고 쓴다. [비]장롱. [참]장.
농가(農家) 농사를 지어 살림을 꾸려 가는 집.
농가월령가(農家月令歌) 조선 헌종 때 정학유가 지었다는 노래. 농가에서 해야 할 일을 달의 순서에 따라 읊고, 철에 따른 풍속과 지켜야 할 범절을 노래한 내용이다.
농:간(弄奸) 간사한 꾀를 써서 남을 속이거나 남의 일을 그르치게 함, 또는 그런 짓. [예]사기꾼의 농간에 넘어가다. **농간하다**.
농게(籠—) 달랑겟과의 게. 몸빛은 푸른빛인데, 수컷의 집게발은 붉은빛이다. 바닷가 진흙 속에 구멍을 파고 산다.
농경(農耕) 논밭을 갈아 농사를 지음. [예]농경 위주의 촌락 사회.
농경지(農耕地) 농사를 짓는 땅. [예]농경지 정리. [비]농지·농토.
농공(農工) 농업과 공업.
농구1(農具) 농사를 짓는 데 쓰이는 기구. [비]농기구.
농구2(籠球) 운동 경기의 한 가지. 다섯 사람씩 두 편으로 나뉘어 상대편의 바스켓에 공을 던져 넣어 득점을 겨루는 경기.
농구공(籠球—) 농구를 할 때에 쓰는 공.
농구대(籠球臺) 농구를 할 때, 공을 던져 넣는 바스켓이 달린 대.
농구장(籠球場) 농구 경기에 필요한 시설이 갖추어진 곳.
농군(農軍) ➡농민.
농기계(農機械) [농기계/농기게] 농사를 짓는 데 쓰이는 기계.
농기구(農器具) 농사일에 쓰이는 기구. [비]농구.
농:담1(弄談) 실없이 하는 우스갯소리. 장난으로 하는 말. [준]농. [반]진담. **농담하다**.
농담2(濃淡) 빛깔이나 맛 등의 짙고 옅은 정도.
농도(濃度) ①액체 등의 짙은 정도. [예]소금물의 농도. ②빛깔의 짙은 정도.
농락(籠絡) [농낙] 남을 교묘한 꾀로 속여 제 마음대로 이용함. **농락되다**. **농락하다**.
농림 축산 식품부(農林畜産食品部) 중앙 행정 기관의 하나. 농업·임업·축산업과 식량의 유통과 관련된 일을 맡아본다.
농민(農民) 농사짓는 일을 직업으로 하는 사람. [비]농군.
농번기(農繁期) 농사일이 한창 바쁜 시기. [반]농한기.
농법(農法)[농뻡] 농사를 짓는 방법.
농부(農夫) 농사짓는 남자. [비]농사꾼.
농부가(農夫歌) 농부들이 즐겨 부르는, 농사일이나 농촌 생활을 내용으로 한 노래.
농사(農事) ①논밭에 곡식·채소·과일 등을 심어 가꾸는 일. ②'자식을 낳아 기르는 일'을 비유하여 이르는 말. [예]저 집은 자식 농사를 잘 지었다. **농사하다**.
농사꾼(農事—) ➡농부.
농사일(農事—) 농사짓는 일.
농사직설(農事直說) [농사직썰] 조선 세종 11(1429)년에 만들어진, 농사 기술을 해설한 책. 정초·변효문 등이 왕명을 받아 각도 농부들의 경험담을 토대로 만들었다.
농사짓다(農事—) [농사진따] 농사를 직업으로 삼다. [활용] 농사지으니·농사지어.
농사철(農事—) 농사를 짓는 시기.
농산물(農産物) 농사를 지어 생산한 물건. 곡식·채소·과일 등.
농성(籠城) 어떤 목적을 이루기 위하여 한자리에 줄곧 머물며 버팀. [예]단식 농성. **농성하다**.

농수산(農水産) ➡농수산업.
농수산물(農水產物) 농산물과 수산물을 아울러 이르는 말.
농수산업(農水產業) [농수사넙] 농업과 수산업. [비]농수산.
농아(聾啞) 듣지 못하고 말하지 못하는 장애가 있는 사람. [예]농아 학교.
농악(農樂) 농촌에서 명절 때나 함께 일을 할 때 연주하는 민속 음악. 꽹과리·징·북·장구·나발 등을 불거나 친다. [비]풍물놀이.
농악대(農樂隊) [농악때] 농악을 연주하는 사람들의 무리.
농악무(農樂舞) [농앙무] 농악에 맞추어 추는 우리나라 고유의 춤.
농약(農藥) 농작물에 해로운 벌레·잡초 등을 없애는 데 쓰는 약품.
농어 농엇과의 바닷물고기. 몸이 가늘고 길며, 주둥이가 크다. 봄과 여름에는 민물에서, 가을과 겨울에는 바다에서 산다.

〈농어〉

농어민(農漁民) 농민과 어민.
농어촌(農漁村) 농촌과 어촌.
농업(農業) 땅을 이용하여 식량 등 생활에 필요한 농작물을 심고 가꾸는 산업.
농업 박물관(農業博物館) 우리나라 농업이 발전해 온 역사를 알아볼 수 있도록 유물·자료·농기구·운반 도구 등을 전시한 박물관. 서울특별시 중구 충정로 1가에 있다.
농업용수(農業用水) [농엄농수] 농사짓는 데 필요한 물. [비]관개용수.
농업 협동조합(農業協同組合) 농산물 생산에 힘쓰며 농촌의 생활과 농민의 지위를 높이려고, 같은 지역의 농민들이 조직한 조합. [준]농협.
농요(農謠) 농부들이 농사일을 하면서 부르는 노래. 주로 농사에 관한 내용이 들어 있다.
농원(農園) 채소·화초·과실나무 등을 심어 가꾸는 농장.
농자천하지대본(農者天下之大本) '농업은 이 세상의 가장 으뜸이 되는 근본'이라는 뜻.
농작물(農作物) [농장물] 논밭에서 나는 곡식이나 채소 등의 재배 식물. [준]작물.
농장(農場) 농사지을 땅과 농사에 필요한 시설을 갖추고 농작물을 가꾸거나 가축을 기르는 곳. [예]사슴 농장.
농지(農地) 농사를 짓는 데 쓰이는 땅. [비]농경지·농토.
농촌(農村) 농사짓는 사람들이 모여 사는 시골 마을.
농촌 진:흥청(農村振興廳) 중앙 행정 기관의 하나. 농촌의 발전을 위한 실험 연구 및 농업인의 지도·양성 등에 관한 일을 맡아본다.
농축(濃縮) 액체를 진하게 바짝 졸임. **농축되다. 농축하다.**
농토(農土) 농사를 짓는 데 쓰이는 땅. [비]농경지·농지.
농한기(農閑期) 농사일이 그리 바쁘지 않은 시기. [반]농번기.
농협(農協) 〈농업 협동조합〉의 준말.
농후하다(濃厚―) 어떤 일이 일어날 가능성이 높다. [예]그 지역은 지진이 일어날 가능성이 농후하다.
높낮이 [놈나지] 높음과 낮음. [예]바닥이 높낮이가 없이 고르다.
높다 [놉따] ①아래에서 위로 향한 길이가 길다. [예]높은 산. ②지위나 수준 등이 보통보다 뛰어나 있다. [예]신분이 높다. ③소리나 강도 등이 강하다. [예]높은 목소리. ④온도나 습도 등의 숫자가 크다. [예]올해 여름은 작년보다 기온이 높다. [반]낮다. [발음] 높아[노파]·높고[놉꼬]

높다랗다 [놉따라타] 썩 높다. 예높다란 탑. |활용| 높다라니·높다래.

높새바람 [놉쌔바람] '북동풍'을 달리이르는 말. 봄부터 초여름에 걸쳐 태백산맥을 넘어 대관령 서쪽으로 부는덥고 건조한 바람으로 농작물에 피해를 준다.

높아지다 [노파지다] 높게 되다. 예목소리가 높아지다. 빤낮아지다.

높은음자리표(一音一標) [노픈음자리표] 높은음을 적은 보표임을 나타내는 기호. '𝄞'로 표시한다. 빤낮은음자리표.

〈높은음자리표〉

높이 [노피] ①높은 정도. 예나무의 높이. ②높게. 예하늘 높이 나는 새.

높이다 [노피다] ①높게 하다. 예담을높이다./온도를 높이다. ②상대편을 존경하여 대하다. 예말을 높이다. 빤낮추다.

높이뛰기 [노피뛰기] 뜀뛰기 운동의한 가지. 일정한 거리를 달리다가 공중에 가로질러 놓은 막대를 뛰어넘어그 높이를 겨루는 경기.

높임말 [노핌말] 사람이나 사물을 높여서 이르는 말. '선생님·드시다·진지·말씀'은 '선생·먹다·밥·말'의 높임말이다. 빤경어·공대말·존댓말.빤낮춤말.

높직하다 [놉찌카다] 높은 듯하다. 예높직하게 걸려 있는 액자. 높직이.

놓다 [노타] ①일정한 자리에 두다. 예바닥에 가방을 놓아라. ②잡은 것을 손에서 떨어지게 하다. 예줄을 잡은 손을 놓다. ③하던 일을 그만두다. 예일손을 놓다. ④기계나 도구 등을 설치하다. 예집에 전화를 놓다. ⑤긴장이나 걱정 등을 풀어 없애다. 예제가 다알아서 할 테니 염려 놓으세요. ⑥무늬나 수를 새기다. 예손수건에 수를놓다. ⑦돈을 받고 집을 빌려 주다.예전세를 놓다. ⑧어떤 동작을 끝내거나 끝난 상태가 계속됨을 나타내는말. 예영수증을 받아 놓다. |발음| 놓아 [노아]·놓고 [노코]·놓는 [논는]

놓아두다 [노아두다] 건드리지 않고그대로 두다. 예완전히 마를 때까지만지지 말고 그냥 놓아두어라.

놓아주다 [노아주다] 잡히거나 갇힌것을 풀어 주다. 예잡은 고기를 놓아주었다.

놓이다 [노이다] ①얹히어 있다. 예책상 위에 놓인 책. ②안심이 되다. 예무사하다니 이제야 마음이 놓이는구나.③놓음을 당하다. 예마을 앞에 다리가 새로 놓였다.

놓치다 [논치다] ①잡거나 얻은 것을도로 잃다. 예다 잡은 고기를 놓쳤다.②때나 기회를 그냥 보내다. 예기차를 놓치다.

뇌(腦) [뇌/눼] 머리뼈에 싸여 있으며,온몸의 신경을 지배하는 부분. 대뇌·간뇌·중뇌·소뇌·연수로 구분된다. 빤골·두뇌.

뇌관(雷管) [뇌관/눼관] 폭발물의 화약을 터뜨릴 때 불을 일으키는 장치.

뇌까리다 [뇌까리다/눼까리다] 아무렇게나 되는대로 마구 지껄이다.

뇌리(腦裏) [뇌리/눼리] 생각하는 머릿속. 예문득 좋은 생각이 뇌리를 스쳤다.

뇌물(賂物) [뇌물/눼물] 어떤 직위에있는 사람에게 잘 보아 달라는 뜻으로 주는 옳지 않은 돈이나 물건.

뇌성 마비(腦性痲痺) 태어날 때부터뇌에 이상이 있어서 몸을 마음대로움직이지 못하는 병.

뇌신경(腦神經) [뇌신경/눼신경] 뇌에서 나오는 12쌍의 신경. 머리·얼굴·귀·코·눈·입 등에 퍼져 있으며, 운동이나 감각을 맡고 있다.

뇌염(腦炎)[뇌염/눼염] 뇌에 염증이 생겨 일어나는 병을 통틀어 이르는 말. 고열·두통·경련 등의 증세가 나타난다.

뇌전증(腦電症)[뇌전쯩/눼전쯩] 갑자기 몸을 떨면서 정신을 잃고 쓰러지는 병.

뇌종양(腦腫瘍)[뇌종양/눼종양] 뇌에 혹이 생기는 병. 두통·구토·경련·마비·시력 장애 등의 증세가 나타난다.

뇌진탕(腦震蕩)[뇌진탕/눼진탕] 머리를 세게 부딪히거나 얻어맞아 잠시 정신을 잃는 일.

누:¹(累) 남의 잘못으로 인하여 받는 피해나 괴로움. 예누를 끼쳐서 죄송합니다.

누²(壘) 야구에서, 내야의 네 귀퉁이에 놓인 방석 모양의 물건. 町베이스.

누각(樓閣) 사방이 탁 트이게 문과 벽이 없이 높이 지은 집.

누:계(累計)[누계/누게] 부분부분의 합계를 차례차례 더함. 또는 그렇게 해서 나온 합계. 누계되다. 누계하다.

누구 ①그 사람이 어떤 사람인지 모를 때 의문의 뜻을 나타내는 말. 예너는 누구니? ②이름을 집어 말할 수 없는 어떤 사람을 두루 이르는 말. 예이곳은 누구도 들어올 수 없다. 준뉘.

누구누구 '누구'의 복수. 예소풍은 누구누구 갈 거니?

누그러뜨리다 누그러지게 하다. 예나는 화난 마음을 누그러뜨리고 말했다. 町누그러트리다.

누그러지다 정도가 심하던 것이 부드러워지거나 덜하여지다. 예추위가 많이 누그러졌다.

누그러트리다 ➡누그러뜨리다.

누:나 남자의 손위 여자 형제. 높누님. 참누이.

누:누이(累累—) 여러 번. 여러 차례. 예이 점에 대해서는 그동안 내가 누누이 강조했다. 町누차.

누:님 〈누나〉의 높임말.

누다 똥이나 오줌을 몸 밖으로 내보내다. 町싸다.

누더기 누덕누덕 기운 헌 옷.

누덕누덕[누덩누덕] 여기저기 해진 곳을 깁고 덧붙인 모양.

누:락(漏落) 마땅히 포함되어야 할 것이 기록에서 빠짐. 누락되다. 누락하다.

누런색(一色) 누런 색깔. 町황색. 참노란색.

누렁 누런 빛깔이나 물감. 참노랑.

누렁소 털빛이 누런 소.

누렁이 ①누런 빛깔의 물건. ②털빛이 누런 개.

누:렇다[누러타] 빛깔이 익은 벼와 같다. 참노랗다. |활용| 누러니·누레.

누:레지다 누렇게 되다. 참노래지다.

누룩 밀을 굵게 갈아 반죽하여 덩이를 만들어 띄운 것. 술을 빚는 재료로 쓰인다.

누룽지 솥 바닥에 눌어붙은 밥. 참눌은밥.

누르께하다 곱지도 짙지도 않게 누르스름하다.

누:르다¹ ①위나 옆에서 힘주어 밀다. 예피아노 건반을 누르다./초인종을 누르다. ②무거운 것을 얹어 놓다. 예서류를 책으로 눌러 덮다. ③감정이 일어나지 못하게 하다. 예설레는 마음을 누를 수가 없었다. ④경쟁이나 경기 등에서 상대를 이기다. 예상대 팀을 누르고 우승하다. ⑤계속 머물다. 예형님 댁에 눌러 지내다. |활용| 누르니·눌러.

누르다² 황금이나 놋쇠의 빛깔과 같다. 참노르다. |활용| 누르니·누르러.

누르스레하다 ➡누르스름하다.

누르스름하다 옅게 누르다. [비]누르스레하다. [작]노르스름하다.

누름단추 손가락으로 눌러 종을 울리거나 기계를 작동시키는 장치. [준]단추. [비]버튼.

누릇누릇 [누른누름] 군데군데 누르스름한 모양. [예]들판에는 보리가 누릇누릇 익어 가고 있었다. [작]노릇노릇.

누리 '세상'을 예스럽게 이르는 말. [예]눈이 와서 온 누리가 하얗다.

누리꾼 ➡네티즌.

누리다 기쁨이나 즐거움 등을 마음껏 즐기거나 맛보다. [예]자유를 누리다.

누리집 ➡홈페이지.

누린내 ①짐승의 고기에서 나는 기름기의 냄새. ②짐승의 털이 불에 타는 냄새.

누ː명(陋名) 억울하게 뒤집어쓴 죄나 허물. [예]누명을 벗다./억울하게 도둑이라는 누명을 썼다. [비]오명.

누비다 ①천을 포개 놓고 죽죽 줄이 지게 박다. [예]이불을 누비다. ②이리저리 마음껏 활동을 하며 다니다. [예]저 사람은 지구 곳곳을 누비고 다닌다.

누ː설(漏泄) ①기체나 액체가 샘, 또는 새게 함. [예]가스 누설. ②비밀이 새어 나감, 또는 새어 나가게 함. [예]기밀 누설. 누설되다. 누설하다.

누ː수(漏水) 물이 샘, 또는 그 물.

누에 누에나방의 애벌레. 뽕을 먹고 살며, 네 번의 잠을 자는 동안 네 번 탈바꿈한 뒤에 고치를 짓고, 그 고치 안에서 번데기가 되었다가, 다시 나방이 되어 고치를 뚫고 나와 알을 낳은 뒤 죽는다.

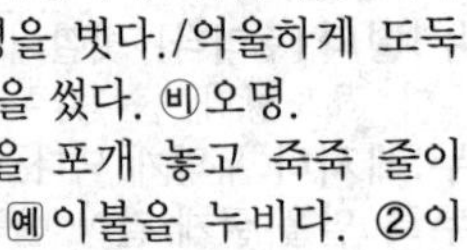

〈누에〉

누에고치 누에가 실을 토하여 제 몸을 둘러싸서 만든 둥글고 길쭉한 모양의 집. 명주실을 뽑아내는 원료가 된다. [비]고치.

누에나방 누에나방과의 곤충. 몸빛은 잿빛을 띤 흰색이다. 입이 없어서 먹이를 먹을 수 없으므로 알을 낳은 뒤에 곧 죽는다. 애벌레는 '누에'라고 한다.

〈누에나방〉

누에치기 누에를 기르는 일. [비]양잠.

누이 남자의 여자 형제. [참]누나.

누이다 눕게 하다. [예]엄마는 잠든 아기를 요 위에 누였다. [준]뉘다. [비]눕히다.

누이동생 자기보다 나이가 아래인 누이. [비]여동생.

누ː적(累積) 포개져 쌓임, 또는 포개어 쌓음. 누적되다. [예]피로가 누적되어 병이 났다. 누적하다.

누ː전(漏電) 전기가 전깃줄 밖으로 새어 나감, 또는 그 전류. [예]누전으로 인한 화재. 누전되다. 누전하다.

누ː진(累進) 수량이나 가격이 많아짐에 따라 그에 대한 비율이 높아짐. 누진하다.

누ː차(累次) 여러 차례. [예]민수는 전학 간 친구에게 누차 편지를 보냈다. [비]누누이·수차.

누ː추하다(陋醜—) 《좁고 추하다는 뜻으로》 집이나 방이 보잘것없이 초라하다. 보통, 자기 집을 겸손하게 이를 때 쓰는 말이다. [예]누추한 이곳까지 웬일이십니까?

누ː출(漏出) 기체나 액체 등이 밖으로 새어 나옴. [예]방사능 누출 사고. 누출되다. 누출하다.

눅눅하다 [눙누카다] ①물기나 기름기가 섞여 좀 물렁물렁하고 부드럽다. [예]튀김이 눅눅하다. ②축축한 기운이 있다.

눅진눅진 [눅찐눅찐] 물기가 있어 매우 축축하면서 끈끈한 모양. [작]녹진녹진.

눈[1] ①물체를 보는 기관. ②물체를 볼 수 있는 능력. [예]나는 눈이 나빠 안경을 낀다. [비]시력. ③사물을 보고 옳고 그름이나 좋고 나쁨 등을 가려내는 능력. [예]눈이 너무 높다. ④바라보는 눈길. [예]눈이 마주치다.

눈 깜짝할 사이[관용] '아주 짧은 동안'이라는 뜻. [예]눈 깜짝할 사이에 사라지고 없었다.

눈 밖에 나다[관용] 신임을 얻지 못하고 미움을 받게 되다.

눈에 거슬리다[관용] 하는 짓이나 모양이 마음에 들지 않다.

눈에 넣어도 아프지 않다[관용] 주로 아들딸이나 손자·손녀가 몹시 귀여움을 나타낼 때 하는 말.

눈에 밟히다[관용] (딱한 모습 등이) 잊으려고 해도 자꾸 눈에 선하게 나타나다.

눈에 불을 켜다[관용] 온 정신을 집중시키고 관심을 기울이다. [예]눈에 불을 켜고 공부를 하다.

눈에 선하다[관용] 잊히지 않고, 눈에 환히 보이는 것 같다.

눈에 차다[관용] 마음에 들어 흡족하다.

눈에 흙이 들어가다[관용] 죽다. 죽어서 땅에 묻히다. [예]내 눈에 흙이 들어가기 전에는 허락할 수 없다.

눈을 감다[관용] ①죽다. ②보고도 못 본 체하다.

눈을 붙이다[관용] 잠깐 동안 잠을 자다.

눈이 높다[관용] 사물의 좋고 나쁨을 가려내는 능력이 뛰어나다.

눈이 빠지도록 기다리다[관용] 몹시 애태우며 오래 기다리다.

눈[2] 〈눈금〉의 준말.

눈ː[3] 기온이 0℃ 이하일 때, 대기 중의 수증기가 얼어서 땅에 내리는 흰 결정체.

눈[4] 초목의 줄기·가지·잎겨드랑이 등에서 새잎이나 꽃가지 등의 싹이 되어 돋아날 자리.

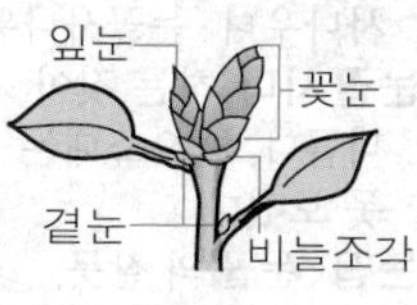

〈눈[4]〉

눈가 [눈까] 눈의 가장자리. [예]눈가에 눈물이 어리다.

눈가리개 잠잘 때나 눈병이 났을 때 쓰는, 눈을 가리게 만든 물건.

눈가림 겉만 꾸며 남의 눈을 속이는 짓. [예]눈가림으로 하는 일. **눈가림하다**.

눈곱 [눈꼽] 눈에서 나오는 진득진득한 것, 또는 그것이 말라붙은 것. [예]눈곱이 끼다. [잘못]눈꼽.

눈곱만하다 [눈꼽만하다] 매우 작거나 적다.

눈구멍 [눈꾸멍] ①눈알이 박힌 구멍. ②'눈[1]'을 속되게 이르는 말.

눈금 [눈끔] 저울·자 등에 수나 양을 헤아리게 새긴 금. [예]온도계의 눈금. [준]눈.

눈금실린더 (←cylinder) 액체의 양을 재는 기구. 유리로 된 원통에 눈금이 새겨져 있다. [비]메스실린더.

눈길[1] [눈낄] 눈으로 보는 방향. 눈이 가는 곳. [예]많은 학생들에게 일일이 눈길을 주시는 선생님. [비]시선.

눈길(을) 끌다[관용] 여러 사람이 그쪽을 바라보게 하다. 관심이 가게 하다. [예]전시회에서 가장 눈길을 끄는 작품.

눈ː길[2] [눈낄] 눈이 쌓인 길.

눈깔 '눈[1]'을 속되게 이르는 말.

눈꺼풀 눈알을 덮어 위아래로 움직이는 살갗.

눈꼬리 눈의 귀 쪽으로 가늘게 좁혀진

부분. 예눈꼬리가 위로 올라가다. ⓑ눈초리.

눈꼴사납다 [눈꼴사납따] 태도나 행동이 아니꼬워 보기 싫다. |활용| 눈꼴사나우니·눈꼴사나워.

눈꼴시다 하는 짓이 거슬려 보기에 아니꼽다. 예으스대는 꼴이 눈꼴시어서 못 보겠다.

눈꼽 '눈곱'의 잘못.

눈꽃 [눈꼳] 꽃이 핀 것같이 나뭇가지 위에 얹혀 있는 눈.

눈높이 [눈노피] ①바닥에서 사람의 눈까지의 높이. ②어떤 사물을 보거나 파악하는 수준.

눈대중 [눈때중] 크기나 수량 등을 눈으로 대강 어림잡아 헤아리는 일. 예눈대중으로도 이것이 가벼울 것 같다. ⓑ눈짐작. 눈대중하다.

눈독(一毒) [눈똑] 욕심을 내어 눈여겨보는 일.

　눈독(을) 들이다 |관용| 욕심이 나서 잔뜩 눈여겨보다. 예친구의 장난감에 눈독을 들이다.

눈동자(一瞳子) [눈똥자] 눈알의 한가운데에 있는, 빛이 들어가는 작은 구멍. 예까만 눈동자. ⓑ동공.

눈두덩 [눈뚜덩] 눈언저리의 두두룩한 곳.

눈두덩이 ➡눈두덩.

눈뜨다 ①잠에서 깨다. 예내일은 눈뜨자마자 출발한다. ②알지 못하던 것을 깨달아 알게 되다. 예뒤늦게 공부에 눈뜨다. |활용| 눈뜨니·눈떠.

눈망울 ①눈알 앞쪽의 두두룩한 부분. 눈동자가 있는 곳. ②눈알.

눈매 눈의 생긴 모양새. 예날카로운 눈매.

눈멀다 ①눈이 보이지 않게 되다. ②어떤 일에 온전히 마음이 쏠려 그것에만 정신을 쏟다. 예사랑에 눈멀다. |활용| 눈머니·눈멀어.

눈물1 ①눈알 위쪽에 있는 눈물샘에서 나오는 투명한 액체. 자극이나 감동을 받으면 흘러나온다. 예눈물을 흘리다. ②'동정'이나 '인정'을 비유하여 이르는 말. 예피도 눈물도 없는 사람.

　눈물이 앞을 가리다 |관용| 몹시 슬퍼서 눈물이 자꾸 흐르다.

눈ː물2 눈이 녹은 물.

눈물겹다 [눈물겹따] 눈물이 날 만큼 가엾고 애처롭다. 예불쌍한 사람들의 눈물겨운 이야기. |활용| 눈물겨우니·눈물겨워.

눈물샘 [눈물쌤] 눈물을 내보내는 기관. 눈구멍의 바깥 위쪽에 있는데, 눈물을 조금씩 내보내어 눈을 적신다.

눈물짓다 [눈물짇따] 눈물을 흘리다. |활용| 눈물지으니·눈물지어.

눈ː발 [눈빨] 내리는 눈의 가닥. 예눈발이 날리다./눈발이 굵어지다.

눈병(一病) [눈뼝] 눈에 생긴 병. ⓑ안질.

눈ː보라 바람에 불리어 휘몰아치는 눈. 예눈보라가 몰아치는 들판.

눈부시다 ①빛이 세어 바로 보기 어렵다. 예눈부신 햇살. ②빛이 황홀하다. 예결혼식을 올리는 이모는 눈부시게 아름다웠다. ③활동이나 업적 등이 매우 훌륭하다. 예눈부신 경제 성장.

눈ː비 눈과 비.

눈빛1 [눈삗] ①마음이 눈에 나타나는 기색. 예화가 난 눈빛. ②눈이 내쏘는 기운.

눈ː빛2 [눈삗] 눈의 빛깔.

눈ː사람 [눈싸람] 눈을 뭉쳐서 사람 모양으로 만든 것.

눈ː사태(一沙汰) 산비탈 같은 데 쌓인 눈이 한꺼번에 세차게 무너져 내리는 일.

눈살 [눈쌀] 두 눈썹 사이에 있는 주름.

　눈살(을) 찌푸리다 |관용| 못마땅하여 두 눈썹 사이를 찡그리다. 예사람들의 눈살을 찌푸리게 하는 옷차림.

눈속임 [눈소김] 남의 눈을 속이는 짓. 예마술은 눈속임이다.

눈ː송이 [눈쏭이] 꽃송이처럼 내리는 눈. 예하늘에서 내리는 하얀 눈송이.

눈시울 [눈씨울] 속눈썹이 난 눈의 가장자리. 예눈시울이 뜨거워지다.

눈싸움¹ 서로 마주보며, 오랫동안 눈을 깜짝이지 않기를 겨루는 일. 눈싸움하다.

눈ː싸움² 눈을 뭉쳐서 서로 던져 맞히는 놀이. 눈싸움하다.

눈ː썰매 눈 위에서 타는 썰매. 특히, 눈썰매장에서 쓸 수 있게 플라스틱으로 만든 것을 이른다.

눈ː썰매장(一場) 눈 위에서 썰매를 탈 수 있도록 산이나 언덕의 비탈에 시설을 해 놓은 곳.

눈썰미 한두 번 보고도 곧 그것을 해낼 수 있는 재주. 예선희는 눈썰미가 있어 금방 배울 거야.

눈썹 눈두덩 위에 가로로 길게 모여 난 짧은 털.

　눈썹도 까딱하지 않다[관용] 놀라기는커녕 아주 태연하다.

눈알 [누날] 눈구멍 안에 있는 공 모양의 기관. 비안구.

눈앞 [누납] ①눈으로 볼 수 있는 아주 가까운 곳. 예바닷가 마을이 눈앞에 들어왔다. ②매우 가까운 앞날. 예죽음을 눈앞에 둔 노인/시험이 눈앞에 다가왔다.

　눈앞이 캄캄하다[관용] 어찌할 바를 모르다.

눈약(一藥) [눈냑] 눈병의 치료에 쓰는 약. 비안약.

눈엣가시 [누네까시/누넫까시] 몹시 미워 늘 눈에 거슬리는 사람.

눈여겨보다 [눈녀겨보다] 주의하여 잘 살펴보다. 예나는 무용 선생님의 동작 하나하나를 눈여겨보았다.

눈요기(一療飢) [눈뇨기] 먹고 싶거나 갖고 싶은 것을 보는 것만으로 어느 정도 만족하는 일. 예주말에 백화점에 가서 사지는 않고 눈요기만 했다. 눈요기하다.

눈웃음 [누누슴] 소리 없이 눈으로만 웃는 웃음.

눈인사(一人事) [누닌사] 눈짓으로 가볍게 하는 인사. 예그 아이와는 잘 아는 사이가 아니어서 눈인사만 주고받았다. 눈인사하다.

눈자루 [눈짜루] 게·새우·갯가재 등의 동물에서 끝에 눈이 달려 있는 긴 막대 모양의 부분. 자유로이 움직일 수 있다.

눈자위 [눈짜위] 눈알의 흰 부분.

눈짐작 [눈찜작] ➡눈대중.

눈짓 [눈찓] 눈으로 어떤 뜻을 나타내 보이는 짓. 눈짓하다.

눈초리 ①➡눈꼬리. ②바라보는 눈길, 또는 그때의 눈 모양. 예겁에 질린 듯한 눈초리.

눈총 못마땅하거나 미워하는 마음으로 쏘아보는 눈길. 예남의 눈총을 받다.

눈치 ①남의 마음이나 일의 낌새를 알아챌 수 있는 힘. 예눈치가 빠르다. ②겉으로 드러나는 어떤 태도. 예할머니께서는 못마땅한 눈치셨다.

　눈치(를) 보다[관용] 남의 마음이나 일의 낌새를 눈치로 살피다.

눈치채다 남의 마음의 움직임을 눈치로 알아채다. 예아무도 나의 실수를 눈치채지 못했다.

눈치코치 '눈치'의 힘줌말. 예나라고 눈치코치도 모를까.

눈칫밥 [눈치빱/눈칟빱] 눈치를 보아가며 얻어먹는 밥. 예친척 집에 얹혀 눈칫밥을 얻어먹고 있다.

눈코 눈과 코.

　눈코 뜰 새 없다[관용] 몹시 바쁘다. 예눈코 뜰 새 없이 바쁘다 보니 네 생일도 잊었구나.

눋ː다 [눈따] 누런빛이 나도록 조금 타다. 예밥이 눋어 누룽지가 되었다./다림질을 잘못해서 옷이 눋었다. |활용| 눌으니·눌어.

눌ː러쓰다 ①모자를 푹 내려 쓰다. ②글씨를 힘주어 쓰다. 예볼펜을 너무 눌러쓰면 종이가 찢어진다.

눌ː러앉다 [눌러안따] 같은 장소에 계속 머무르다. 예명수는 내 방에 계속 눌러앉아 있으려고 했다.

눌ː리다 누름을 당하다. 예나는 늘 형에게 눌려 지낸다.

눌변(訥辯) 더듬거리는 말솜씨. 빤능변·달변.

눌은밥 [누른밥] 솥 바닥의 누룽지에 물을 부어 불려서 긁은 밥. 참누룽지.

눕ː다 [눕따] ①등이나 옆구리를 바닥에 대고 몸을 길게 펴다. 예침대에 눕다. ②병으로 일어나지 못하다. 예이모는 벌써 한 달이나 병원에 누워 있다. |활용| 누우니·누워.

눕히다 [누피다] 눕게 하다. 예아이를 침대에 눕혔다. 빤누이다.

뉘¹ 쌀 속에 섞여 있는, 겉껍질이 벗겨지지 않은 벼의 낟알.

뉘² '누구'에 '이다'의 어간이 붙어 줄어든 말. 예당신은 뉘시오?

뉘ː다 〈누이다〉의 준말. 예환자를 자리에 뉘었다.

뉘앙스(nuance) 소리·의미·감정·언어 등의 미세한 차이.

뉘엿뉘엿 [뉘연뉘엳] 해가 산이나 지평선 너머로 조금씩 넘어가는 모양. 예해가 서산으로 뉘엿뉘엿 넘어간다.

뉘우치다 자기 잘못을 깨닫고 마음속으로 스스로 꾸짖다. 예나는 그동안의 잘못을 뉘우치고 용서를 빌었다. 빤반성하다·후회하다.

뉘우침 뉘우치는 일. 자기 잘못을 스스로 깨닫는 일.

뉴델리(New Delhi) 인도의 수도. 인도 북부 야무나 강 서쪽에 있다. 정치·외교의 중심지로, 근대적·서구적인 모습을 갖춘 도시이다.

뉴딜(New Deal) 1933년에 미국의 루스벨트 대통령이 실시한, 불황을 극복하기 위한 경제 정책.

뉴스(news) ①신문·방송 등에서 전해 주는 나라 안팎의 최신 소식. ②아직 일반에 알려지지 않은 새로운 소식.

뉴욕(New York) 미국 뉴욕 주에 있는 항구 도시. 미국 최대의 도시로, 상업·금융·무역의 중심지이다. 다양한 인종의 주민이 살고 있으며, 국제 연합 본부가 있다. 항구에는 자유의 여신상이 서 있다.

뉴질랜드(New Zealand) 남태평양에 있는 섬나라. 양모·낙농품·육류의 생산과 수출이 경제의 대부분을 차지한다. 수도는 웰링턴.

뉴턴(Newton, 1642~1727) 영국의 물리학자·천문학자·수학자. '만유인력의 법칙'을 발견하여 물리학에 큰 업적을 남겼다. 근대 이론 과학의 선구자로 일컬어진다.

느글느글하다 [느글르글하다] 먹은 것이 소화되지 않아 토할 듯이 속이 메스껍다. 예기름진 음식을 많이 먹어서 속이 느글느글하다.

느긋하다 [느그타다] 마음에 여유가 있고 넉넉하다. 예형은 내일이 시험인데도 느긋하게 자고 있었다. 느긋이.

느끼다 ①몸의 감각을 통하여 자극을 알아차리다. 예고통을 느끼다./추위를 느끼다. ②어떤 감정이 우러나다. 예기쁨을 느끼다. ③마음속으로 무엇을 깨닫거나 어떤 생각을 가지다. 예책임감을 느끼다.

느끼하다 음식이 개운하지 않고 비위에 안 맞을 만큼 기름기가 많다. 예이 음식은 느끼해서 싫다.

느낌 느낀 일. 또는 느끼는 일. 예산뜻한 느낌을 주는 옷.

느낌표(一標) 느낌·부르짖음·놀람·분노·강조 등의 감정을 나타낼 때, 그 말 다음에 쓰는 부호인 '!'의 이름.

느닷없다 [느다덥따] 뜻밖이고 갑작스럽다. 예진영이는 느닷없는 질문에 말문이 막혔다. 느닷없이.

느리다 ①움직임이나 일을 해내는 속도가 더디다. 예그렇게 느린 걸음으로는 제시간에 못 갈걸. 빤빠르다. ②목소리가 늘어져 길다. 예느린 목소리. ③성질이 야무지지 못하고 순하다. 예언니는 성미가 느려서 답답할 때가 많다.

느림보 '동작이 느린 사람'을 별명으로 이르는 말.

느릿느릿 [느린느린] 동작이 느리고 굼뜬 모양. 예느릿느릿 걸어가는 황소.

느물거리다 능글능글한 태도로 끈덕지게 굴다. 비느물대다.

느물느물 [느물르물] 자꾸 느물거리는 모양.

느물대다 ➡느물거리다.

느슨하다 ①잡아맨 줄이나 끈 등이 늘어나서 헐겁다. 예멜빵이 너무 느슨하구나. ②마음이나 태도가 긴장됨이 없다. 예요즘 기강이 많이 느슨해졌다. 느슨히.

느지막하다 [느지마카다] 꽤 늦다. 느지막이. 예저녁까지 먹고 느지막이 집에 들어왔다.

느직하다 [느지카다] 좀 늦다. 느직이. 예느직이 일어난다.

느타리버섯 [느타리버섣] 느타릿과의 버섯. 조개껍데기 비슷하게 생겼으며, 빛깔은 옅은 갈색이다. 가을에 숲속 나무의 썩은 부분에 많이 나며, 먹는 버섯이다.

느티나무 느릅나뭇과의 낙엽 지는 큰키나무. 그늘이 넓어 집 근처나 길가 같은 데 흔히 심는다.

늑골(肋骨) [늑꼴] ➡갈비뼈.

늑대 [늑때] 갯과의 동물. 개와 비슷하나, 다리가 길고 굵다. 성질이 사나워 사람이나 가축을 해치기도 한다. 우리나라의 특산종이다.

늑막(肋膜) [능막] 지난날, '가슴막'을 이르던 말.

늑막염(肋膜炎) [능망념] 지난날, '가슴막염'을 이르던 말.

늑목(肋木) [능목] 체조 기구의 한 가지. 몇 개의 기둥을 세우고, 기둥과 기둥 사이에 여러 개의 등근 막대를 가로로 끼워 놓은 것. 매달려서 이동하기도 하고 턱걸이를 하기도 한다.

〈늑목〉

늑장 [늑짱] 느릿느릿 꾸물거리는 태도나 행동. 예늑장 부리지 말고 서둘러라. 비늦장.

는개 안개처럼 보이면서 이슬비보다 가늘게 내리는 비.

늘 계속하여 언제나. 예내가 늘 사용하는 물건. 비노상·밤낮·항상. 빤가끔. |잘못| 늘상.

늘그막 늙어 가는 무렵. 예늘그막에 얻은 자식. |잘못| 늙으막.

늘다 ①수효나 분량이 본디보다 커지거나 많아지다. 예식구가 늘다./몸무게가 늘다. ②학문이나 재능 등이 더 나아지다. 예실력이 늘다./요리 솜씨가 많이 늘었구나. ③기간이 본디보다 길어지다. 예한국인의 평균 수명이 많이 늘었다. 빤줄다. |활용| 느니·늘어.

늘리다 본디보다 크거나 많게 하다.

> :::: '늘리다'와 '늘이다'의 구별 ::::
>
> **늘리다** : 본래 물체에 다른 것을 더하여 이전 것을 크게 하거나 많게 하는 것을 뜻한다. 예가게를 늘리다./학생 수를 늘리다.
>
> **늘이다** : 물체 자체를 잡아당겨 그 길이를 늘어나게 하는 것을 뜻한다. 흔히 '엿가락을 두 손으로 당겨 늘리다.'와 같이 잘못 쓰는 일이 있는데, 이때는 '늘이다'로 쓰는 것이 맞다. 예고무줄을 늘이다.

늘상(一常) '늘'의 잘못.

늘씬하다 몸이 가늘고 키가 커서 맵시가 있다. 예몸매가 늘씬한 아가씨. 짝날씬하다. 늘씬히.

늘어나다 [느러나다] ①본디보다 커지거나 많아지다. 예수출이 늘어나다. ②본디보다 더 길어지다. 예고무줄이 늘어나다. 반줄어들다.

늘어놓다 [느러노타] ①줄을 지어 벌여 놓거나 여기저기에 벌여 놓다. 예가게에 물건을 늘어놓다. ②말을 수다스럽게 많이 하다. 예잔소리를 늘어놓다.

늘어뜨리다 [느러뜨리다] 물건의 한쪽 끝을 아래로 처지게 하다. 예가지를 늘어뜨린 아카시아. 비늘어트리다.

늘어서다 [느러서다] 줄을 지어 서다. 예한 줄로 늘어서서 사진을 찍다.

늘어지다 [느러지다] ①물체가 늘어나서 길게 되다. 예줄이 늘어지다. ②아래로 길게 처지거나 매달리다. 예늘어진 버들가지. ③기운이 없어 몸을 가누지 못하다. 예몸이 축 늘어지다. ④몸과 마음이 아주 편해지다. 예팔자가 늘어졌군.

늘어트리다 [느러트리다] ⇒늘어뜨리다.

늘이다 [느리다] 본디보다 더 길게 하다. 예고무줄을 늘이다./엿가락을 늘이다. 반줄이다.

늘임봉(一棒) [느림봉] 타고 오르내리게 만든 틀에다 철봉을 세운 운동 기구.

늘임표(一標) [느림표] 악보에서, 음표나 쉼표의 위나 아래에 붙어서 본래 박자보다 2~3배로 늘여 연주하라는 기호. '⌢'로 표시한다.

늘푸른나무 나뭇잎이 가을이나 겨울에도 떨어지지 않는, 사철 푸른 나무. 비상록수.

늘푸른떨기나무 사철 내내 잎이 푸르며, 키가 작고 원줄기가 분명하지 않은 나무. 사철나무 등. 비상록 관목.

늘푸른큰키나무 사철 내내 잎이 푸르며, 줄기가 곧고 굵으며 높이 자라는 나무. 소나무·전나무 등. 비상록 교목.

늙다 [늑따] ①나이를 많이 먹다. 예늙은 말. ②나이가 한창때를 지나 기력이 차차 약해지다. 예어느새 이렇게 늙었다. ③식물이 한창때를 지나다. 예늙은 오이. |발음| 늙어 [늘거] · 늙고 [늘꼬] · 늙는 [능는]

늙수그레하다 [늑쑤그레하다] 꽤 늙어 보이다.

늙으막 '늘그막'의 잘못.

늙은이 [늘그니] 늙은 사람. 나이가 많은 사람. 비노인. 반젊은이.

> '늙은이'의 쓰임
>
> 스스로를 가리켜 말할 때에는 자신을 낮추거나 홀하게 이르는 뜻이 되나, 남이 말할 때에는 얕잡거나 욕하는 뜻이 된다. 예우리 같은 늙은이가 뭘 알겠나./정신없는 늙은이 같으니라고.

늠:름하다(凜凜一) [늠늠하다] 의젓하고 당당하다. 예국가 대표 선수들의 늠름한 모습. 늠름히.

능(陵) 임금이나 왕후의 무덤.

능가(凌駕) 능력이나 수준 등이 남을 앞지름. 능가하다. 예어른을 능가하는 힘을 가진 아이.

능구렁이 ①뱀과의 동물. 동작이 느리고 독이 없다. 주로 논이나 연못 근처에서 살며, 개구리·쥐 등을 잡아먹는다. ②'성질이 음흉한 사람'을 비유하여 이르는 말.

능글능글 [능글릉글] 엉큼하고 능청스러운 모양. 예능글능글 웃기만 한다.

능글능글하다 [능글릉글하다] 엉큼하고 능청스럽다. 예능글능글한 얼굴.

능글맞다 [능글맏따] 하는 짓이 엉큼하고 능청스러운 데가 있다.

능금 능금나무의 열매. 사과와 비슷하나 크기가 훨씬 작다.

능동적(能動的) 남이 시켜서가 아니라 스스로 나서서 하는 것. 반수동적.

능란하다(能爛—) [능난하다] 익숙하고 솜씨가 있다. 예능란한 말솜씨.

능력(能力) [능녁] 어떤 일을 해낼 수 있는 힘. 예자신의 능력을 발휘하다.

능률(能率) [능뉼] 일정한 시간에 해낼 수 있는 일의 분량, 또는 비율. 예더워서 그런지 능률이 많이 떨어진다.

능률적(能率的) [능뉼쩍] 능률이 많이 오르는 것. 예능률적으로 공부하다.

능멸(凌蔑) 업신여겨 깔봄. 능멸하다. 예네가 감히 나를 능멸하려 드느냐?

능사(能事) 잘하는 일. 예무조건 목소리만 높이는 것이 능사가 아니다.

능선(稜線) 산등성이를 따라 봉우리에서 봉우리로 이어진 선.

능수(能手) 일에 썩 익숙한 솜씨, 또는 그런 사람.

능수능란하다(能手能爛—) [능수능난하다] 어떤 일에 익숙하고 솜씨가 좋다. 예형은 축구공을 능수능란하게 다룬다.

능수버들 버드나뭇과의 낙엽 지는 큰 키나무. 높이는 20m가량이며, 잎은 좁고 양끝이 뾰족하다. 우리나라의 특산 식물로, 가지를 길게 드리워 가로수로 많이 심는다. 참수양버들.

능숙하다(能熟—) [능수카다] 막히거나 서투른 데가 없이 익숙하다. 예삼촌은 기계 다루는 솜씨가 능숙하다. 반미숙하다. 능숙히.

능지처참(陵遲處斬) 지난날, 임금이나 나라에 큰 죄를 저지른 경우, 머리·몸·팔·다리를 잘라서 죽이던 형벌. 능지처참하다.

능청 마음속은 엉큼하면서 겉으로는 천연스럽게 꾸미는 태도. 예형은 알면서도 모른다고 능청을 떨었다.

능청맞다 [능청맏따] 마음속은 엉큼하면서 겉으로는 천연스럽다.

능청스럽다 [능청스럽따] 마음속은 엉큼하면서 겉으로는 천연스럽게 꾸미는 데가 있다. 예그는 거짓말을 능청스럽게 늘어놓았다. |활용| 능청스러우니·능청스러워. 능청스레.

능통하다(能通—) 어떤 일에 환히 통하다. 예영어 회화에 능통하다.

능하다(能—) 서투른 데가 없이 익숙하게 잘하다. 예수학에 능하다. 능히. 예이 일은 어린아이라도 능히 해낼 수 있다.

늦가을 [늗까을] 가을이 다 갈 무렵. 비만추. 반초가을.

늦겨울 [늗껴울] 겨울이 다 갈 무렵. 반초겨울.

늦깎이 [늗까끼] ①나이가 들어서 승려가 된 사람. ②보통 사람보다 늦게 배움이나 수련의 길에 들어선 사람. [예]늦깎이 대학생.

늦다 [늗따] ①기준이 되는 때나 시각에 뒤져 있다. [예]약속 시간에 늦었다. [반]빠르다. ②시간이 많이 지나 있다. [예]밤이 늦도록 글을 읽다. [반]이르다. [발음] 늦어 [느저]·늦고 [늗꼬]

늦더위 [늗떠위] 늦여름의 더위. 가을철까지 끄는 더위.

늦되다 [늗뙤다/늗뛔다] ①열매나 곡식 등이 제철보다 늦게 익다. [예]콩이 늦되다. ②나이에 비하여 철이 늦게 들다. [예]아이가 좀 늦된 편이다.

늦둥이 [늗뚱이] 늙어서 낳은 자식.

늦벼 [늗뼈] 제철보다 늦게 익는 벼. [반]올벼.

늦봄 [늗뽐] 봄이 다 갈 무렵. [반]초봄.

늦여름 [는녀름] 여름이 다 갈 무렵. [반]초여름.

늦잠 [늗짬] 아침 늦게까지 자는 잠. [비]아침잠.

늦장 [늗짱] ➡늑장.

늦추다 [늗추다] ①시간이나 기일을 뒤로 미루다. [예]출발 시간을 늦추다. ②느슨하게 하다. [예]고삐를 늦추다.

늦추위 [늗추위] 겨울이 다 지나갈 무렵의 추위.

늪 [늡] 땅바닥이 우묵하게 들어가고 늘 물이 괴어 있는 곳. 진흙 바닥이고 물속 식물이 많이 자란다. [발음] 늪이 [느피]·늪도 [늡또]·늪만 [늠만]

늴리리 [닐리리] 퉁소·피리·나발 등 관악기의 소리를 흉내 낸 소리.

늴리리야 [닐리리야] 경기 민요의 한 가지. 후렴이 '늴리리야'로 되어 있다. [잘못] 닐리리야.

닁큼 [닝큼] 망설이지 않고 단번에 빨리 움직이는 모양. [예]닁큼 따라오너라. [작]냉큼. 닁큼닁큼.

니 '너[1]'의 방언.

니글거리다 먹은 것이 소화되지 않아 토할 듯이 속이 자꾸 울렁거리다. [예]계속 느끼한 음식만 먹었더니 속이 니글거린다. [비]니글대다.

니글대다 ➡니글거리다.

니스 칠감의 한 가지. 투명한 액체로, 가구나 방바닥 등에 바르면 윤기가 난다.

니은 한글 닿소리 'ㄴ'의 이름.

니켈(nickel) 은백색의 금속 원소. 합금을 만들거나 쇠붙이에 도금을 하는 재료로 쓰인다.

니코틴(nicotine) 담배에 들어 있는 성분. 독성이 강하여 신경을 흥분시키거나 마비시킨다.

니크롬(nichrome) 니켈과 크롬을 주로 한 합금.

니크롬선(nichrome線) 니켈과 크롬의 합금으로 만든 금속선. 높은 온도에 견딜 수 있어 전기풍로·전기다리미 등에서 열을 내는 물체로 쓰인다.

니트(knit) 뜨개질하여 만든 옷이나 옷감.

니트웨어(knit wear) 뜨개질하여 만든 옷을 통틀어 이르는 말.

니퍼(nipper) 공구의 한 가지. 펜치와 비슷하게 생겼으며, 전선이나 철사를 자를 때 쓴다.

〈니퍼〉

닐리리야 '늴리리야'의 잘못.

님 《사람의 성이나 이름 뒤에 쓰여》 그 사람을 높여 이르는 말. [예]주시경 님.

-님 《남의 이름이나 호칭 뒤에 붙어》 높임의 뜻을 나타내는 말. [예]임금님/선생님/부모님.

닢 [닙] 엽전·동전·가마니 등을 셀 때 쓰이는 말. [예]동전 한 닢. [발음] 닢이 [니피]·닢도 [닙또]·닢만 [님만]

ㄷ

ㄷ 디귿. 한글 닿소리의 셋째.

다¹ 서양 음계에서 '도'를 가리키는 우리말 음이름. [참]라·마·바·사·가·나.

다² ①남김없이 모두. [예]남은 것은 네가 다 먹어라. [비]모조리·몽땅·전부. ②거의. 대부분. [예]용돈이 다 떨어져 간다. ③어떤 것이든지. [예]나는 둘 다 좋다.

다가가다 더 가까이 옮겨 가다. [예]수희는 나비를 향해 살금살금 다가갔다.

다가서다 더 가까이 옮겨 서다. [예]나는 현우에게 한 걸음 다가섰다.

다가앉다 [다가안따] 더 가까이 옮겨 앉다. [예]수진이는 영수 곁으로 바짝 다가앉았다.

다가오다 ①더 가까이 옮겨 오다. [예]이리 다가오렴. ②어떤 때가 가깝게 닥쳐오다. [예]시험 날짜가 점점 다가온다.

다각도로(多角度─) [다각또로] 여러 방면으로. [예]다각도로 검토하다. [비]여러모로.

다각형(多角形) [다가켱] 셋 이상의 선으로 둘러싸인 평면 도형. 삼각형·사각형 등. [비]다변형.

다감하다(多感─) 감정이 풍부하여 어떤 일에 감동하기 쉽다. [예]다감하고 정이 많으신 선생님.

다과(茶菓) 차와 과자. [예]손님에게 다과를 대접하다.

다과상(茶菓床) [다과쌍] 차와 과자를 차려 놓은 상.

다과회(茶菓會) [다과회/다과훼] 차와 과자 등을 차려 놓고 벌이는 간단한 모임.

다그치다 어떤 일이 빨리 이루어지도록 바싹 죄거나 몰아치다. [예]엄마가 화난 목소리로 다그쳐 물으셨다.

다급하다(多急─) [다그파다] 바싹 닥쳐서 몹시 급하다. [예]다급한 일이 벌어졌다. **다급히**.

다기(茶器) 차를 끓여 마시는 데에 쓰는 여러 가지 그릇.

다녀가다 어떤 곳에 왔다가 가다. [예]방금 전에 친구가 다녀갔다.

다녀오다 어떤 곳에 갔다가 돌아오다. 예학교에 다녀오겠습니다./식구들과 제주도 여행을 다녀왔다.

다년간(多年間) 여러 해 동안. 예다년간 쌓아 온 실력을 발휘하다./다년간의 노력으로 시험에 합격했다.

다년생(多年生) ➡여러해살이①.

다뉴브 강(Danube江) 독일의 바덴에서 시작하여 오스트리아·헝가리 등을 거쳐 흑해로 흘러 들어가는 강. 길이 2,850km. 유럽의 주요 교통로로 이용된다. 비도나우 강.

다니다 ①직장이나 학교에 늘 나가다. 예나는 초등학교에 다닌다. ②지나가고 지나오고 하다. 예사람이 많이 다니는 큰길. ③어떤 곳에 들르다. 예집에 올 때 시장에 다녀서 오너라.

다다르다 ①목적한 곳에 이르러 닿다. 예우리는 2시간 만에 산꼭대기에 다다랐다. ②어떤 기준이나 한계에 이르다. 예선수들의 체력이 한계에 다다랐다. |활용| 다다르니·다다라.

다다익선(多多益善) [다다익썬] 많으면 많을수록 더욱 좋음. 예다다익선이니 많이만 가져와라.

다닥다닥 [다닥따닥] 작은 것들이 한 곳에 많이 붙어 있거나 몰려 있는 모양. 예한옥이 다닥다닥 붙어 있던 동네가 아파트 단지로 변했다. 큰더덕더덕. 센따닥따닥.

다달이 [다다리] 달마다. 예적금을 다달이 붓다. 비매달. |잘못| 달달이.

다도(茶道) 차를 끓여 손님에게 권하거나 마실 때의 예절.

다도해(多島海) 많은 섬이 흩어져 있는 바다. 우리나라에서는 남서 해안에 있는 바다를 가리킨다.

다도해 해상 국립 공원(多島海海上國立公園) 전라남도 여수 돌산도에서 홍도에 이르는 해안과 섬들을 중심으로 하여 지정된 국립 공원.

다독(多讀) 책을 많이 읽음. 참정독. 다독하다.

다독거리다 [다독꺼리다] 어린아이를 재우거나 달랠 때 가볍게 가만가만으로 잇따라 두드리다. 예우는 아이를 다독거려 잠을 재웠다. 비다독대다.

다독다독 [다독따독] 자꾸 다독거리는 모양.

다독대다 [다독때다] ➡다독거리다.

다독상(多讀賞) [다독쌍] 책을 많이 읽은 사람에게 주는 상.

다듬다 [다듬따] ①맵시가 나게 매만지다. 예머리를 다듬다. ②채소 등의 못쓸 부분을 가려서 떼어 내다. 예엄마는 열무를 다듬고 계셨다. ③거친 면이나 바닥을 고르게 만들다. 예길을 다듬는 공사. ④글을 잘 짜이게 고치다. 예원고를 다듬다.

다듬이 [다드미] 〈다듬이질〉의 준말.

다듬이질 [다드미질] 옷감 등의 구김살을 펴거나 반드럽게 하기 위하여 방망이로 두드리는 일. 준다듬이. 다듬이질하다.

다듬잇돌 [다드미똘/다드민똘] 다듬이질할 때 밑에 받치는 돌.

다듬잇방망이 [다드미빵망이/다드민빵망이] 다듬이질할 때 쓰는 두 개의 나무 방망이.

〈다듬잇방망이〉

다락 부엌 천장과 지붕 사이의 공간에 이 층처럼 만들어 물건을 넣어 두는 곳.

다락방(一房) [다락빵] 다락처럼 만들어 꾸민 방.

다람쥐 다람쥣과의 동물. 쥐와 비슷한데, 등에 검은 줄무늬가 있다. 나무를 잘 기어오르며, 도토리·밤 등을 즐겨 먹는다.

〈다람쥐〉

다랑논 비탈진 산골짜기에 층층으로 되어 있는 좁고 긴 논.

다랑어(一魚) ➡참치.

다래 산에서 자라는 다래나무의 열매. 모양은 대추 비슷하고 가을에 누런 풀색으로 익는다. 맛이 달아 먹거나 약으로 쓴다.

다래끼 눈시울에 생기는 작은 부스럼.

다량(多量) 분량이 많음. 또는 많은 분량. [반]소량.

다루다 ①어떤 일을 맡아서 처리하다. [예]무역 업무를 다루는 부서. ②기계나 기구를 사용하다. [예]진수는 악기를 잘 다룬다. ③사람이나 짐승을 부리어 따르게 하다. [예]그는 아랫사람을 잘 다룬다.

다르다 ①같지 않다. [예]내 생각은 좀 달라. [반]같다. ②예사롭지 않은 점이 있다. [예]역시 전문가라 보는 눈이 다르군. [활용] 다르니·달라.

'다르다'와 '틀리다'의 구별

다르다 : 비교되는 두 대상이 같지 않다. 또는 보통의 것보다 두드러진 데가 있다. [예]너와 나는 성격이 다르다./그는 이름난 기술자라 역시 다르다.

틀리다 : 사실·계산·정답 등이 그르거나 잘못되다. [예]답이 틀리다./대사를 하나도 안 틀리다.

다른 어떤 것 이외의. [예]다른 사람들/편식하지 말고 다른 것도 먹어라. [비]딴.

다름없다 [다르멉따] 비교해 보아 다른 점이 없다. [예]우리는 형제나 다름없는 친구 사이이다. **다름없이**.

다리[1] ①사람이나 동물의 몸통 아래에 붙어 몸을 받치며, 서거나 걷거나 뛰거나 하는 기능을 가진 부분. [예]학처럼 긴 다리. ②물건의 아래쪽에 붙어 그 물건이 바닥에 닿지 않게 하거나 높게 하기 위하여 받치거나 버티어 놓은 부분. [예]책상 다리. ③안경의 테에 붙어서 귀에 걸게 된 부분. [예]다리가 부러진 안경.

다리(를) 뻗고 자다[관용] 걱정이 없어져서 마음 편히 자다.

다리[2] 강·개천·길·골짜기 또는 바다의 좁은 목 등에, 건너다닐 수 있도록 높게 가로질러 놓은 시설. [예]다리를 건너다./다리를 세우다. [비]교량.

다리(를) 놓다[관용] 둘의 사이에 관련을 지어 주다.

다리다 옷이나 천의 구김살을 펴려고 다리미로 문지르다. [예]엄마는 언니의 교복을 다려 주셨다.

'다리다'와 '달이다'의 구별

다리다 : 옷의 구김을 펴는 것을 이른다. [예]바지를 다리다.

달이다 : 한약이나 간장 등을 끓여 진하게 하는 것을 이른다. [예]한약을 달이다.

다리매 '각선미'의 북한말.

다리미 옷이나 천의 구김살을 펴는 데 쓰는 도구. 쇠붙이로 바닥을 매끄럽게 만들어, 뜨겁게 달구어 쓴다. [예]다리미로 바지를 다리다.

다리미질 다리미로 옷이나 천을 문질러 구김살을 펴는 일. [준]다림질. **다리미질하다**.

다리밟기 [다리밥끼] 지난날, 정월 보름날 밤에 그해의 재앙을 피한다 하여 다리를 밟던 풍속. [비]답교놀이.

다리뼈 다리를 이루고 있는 뼈. 넓적다리뼈·정강이뼈·종아리뼈로 이루어진다.

다리품 길을 걷는 데 들이는 노력이나 수고. [예]다리품을 팔다.

다림질 〈다리미질〉의 준말. **다림질하다**.

다릿병(一病)[다리뼝/다릳뼝] 다리가 아픈 병.

다만 ①'오직 그뿐'의 뜻을 나타내는 말. 예다만 너를 보고 싶을 뿐이다. 비단지·오로지. ②앞의 말을 받아서 반대·예외·조건 등이 있음을 말할 때 말머리에 쓰는 말. 예집에 가도 좋다. 다만, 청소는 다 해 놓아야 한다.

다면체(多面體) 넷 이상의 평면으로 둘러싸인 입체.

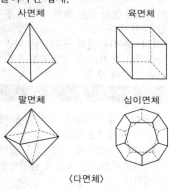

사면체   육면체

팔면체   십이면체

〈다면체〉

다모작(多毛作) 같은 논밭에서 한 해에 세 번 이상 종류가 다른 농작물을 지어 거두는 일. 참일모작·이모작.

다목적 댐(多目的dam) 수력 발전·농업용수·공업용수·상수도 용수·홍수 방지 등 여러 가지 목적으로 이용되도록 만든 댐.

다묵장어(一長魚)[다묵짱어] 칠성장어과의 민물고기. 몸길이 10cm가량. 뱀장어와 비슷하게 생겼으며, 등은 어두운 청색이고 배는 흰색이다. 다른 물고기에 붙어 살다가 알을 낳은 후에 죽는다. 먹을 수 없다.

다문화(多文化) 여러 민족이나 인종이 어우러져 여러 가지 언어·풍습·생활 양식이 나타나는 문화. 예현재 우리나라는 다문화 가정이 많아지고 있다.

다물다 입이 벌어지지 않게 윗입술과 아랫입술을 마주 꼭 대다. 예좋아서 벌어진 입을 다물지 못하더라. |활용| 다무니·다물어.

다반사(茶飯事)《차를 마시고 밥을 먹는 일이라는 뜻으로》'흔히 있는 일'을 이르는 말. 예동생은 실수를 다반사로 한다.

다발¹ 꽃·채소·돈 등의 묶음을 셀 때 쓰이는 말. 예장미꽃 한 다발.

다발²(多發) 많이 발생함. 예교통사고 다발 지역. 다발하다.

다방(茶房) 사람들이 만나 이야기를 나누거나 쉴 수 있도록 꾸며 놓고, 차나 음료수를 파는 곳. 비다실.

다방면(多方面) 여러 방면. 여러 분야. 예준호는 다방면에 재주가 많다.

다보탑(多寶塔) 경상북도 경주시 불국사에 있는 통일 신라 시대의 석탑. 불국사 대웅전 앞에 석가탑과 마주 보고 서 있으며, 화려하고 아름답다. 국보 제20호.

다복(多福) 복이 많음. 또는 많은 복. 다복하다. 예다복한 가정.

다복솔[다복쏠] 가지가 탐스럽고 소복하게 많이 퍼진 어린 소나무.

다부지다 ①벅찬 일을 해낼 만큼 굳세고 야무지다. ②생김새가 단단하고 힘이 있다. 예찬호는 몸집은 작아도 다부져 보인다.

다북쑥 〈쑥¹〉의 본말.

다분하다(多分一) 가능성이나 비율 등이 꽤 많다. 예소희는 배우가 될 소질이 다분하다. 다분히. 예우리 편이 이길 가능성이 다분히 있다.

다비드(David, 1748~1825) 프랑스의 화가. 나폴레옹의 업적을 기념하는 그림을 그렸다. 대표작으로 '나폴레옹 대관식'·'호라티우스의 맹세' 등이 있다.

다사다난(多事多難) 여러 가지로 일도 많고 어려움도 많음. 다사다난하다. 예다사다난했던 한 해.

다색(多色) 여러 가지 빛깔. [반]단색.
다섯 [다섣] 넷에 하나를 더한 수. [비]오. [발음] 다섯이 [다서시] · 다섯도 [다섣또] · 다섯만 [다선만]
다섯째 [다섣째] 넷째의 다음.
다세대 주ː택(多世帶住宅) 여러 세대가 함께 살 수 있도록 지어진, 4층 이하의 건물.
다세포(多細胞) 한 생물이 여러 개의 세포로 이루어짐. [반]단세포.
다소(多少) ①분량이나 정도의 많음과 적음. ②어느 정도. [예]할아버지는 다소 누그러진 표정으로 말씀하셨다. [비]조금 · 약간.
다소간(多少間) 많든 적든 얼마간. [예]다소간의 의견 차이는 있을 수 있다.
다소곳하다 [다소고타다] ①고개를 좀 숙이고 말이 없다. ②성질이나 태도가 온순하다. **다소곳이**. [예]연희는 다소곳이 앉아 있었다.
다수(多數) 수효가 많음. 또는 많은 수효. [예]다수의 의견. [반]소수.
다수결(多數決) 회의에서 많은 사람의 의견을 좇아 안건을 결정하는 일. [예]다수결의 원칙/다수결로 정하자.
다스 물건 열두 개를 한 묶음으로 세는 말. [참고] 다스는 'dozen'에서 온 말. [예]연필 한 다스.
다스리다 ①나라 · 사회 · 집안 등의 일을 보살펴 관리하거나 처리하다. [예]나라를 잘 다스리다. ②어지러운 사태를 바로잡아 가라앉히다. [예]군사를 보내 난리를 다스리다. ③죄를 물어 벌을 주다. [예]죄인을 엄하게 다스리다.
다슬기 다슬깃과의 민물 고둥. 하천이나 연못의 돌에 붙어 살며, 껍데기는 나사 모양이다. 삶아서 살을 먹는다. [비]대사리.

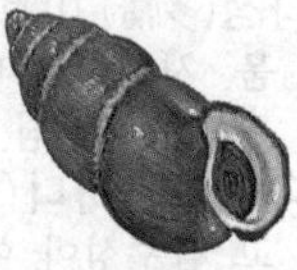
〈다슬기〉

다시 ①되풀이하여 또. [예]꺼진 불도 다시 보자. ②새로이. [예]수정해서 다시 만들어 오너라. ③전과 같이. [예]봄은 다시 왔건만. ④다음에 또. [예]이 문제는 내일 다시 이야기하자. ⑤하다가 그친 것을 또 잇대어. [예]중단했던 공사를 다시 시작하다.
다시금 '다시'의 힘줌말. [예]'스승의 날'을 맞이하여 선생님의 은혜에 다시금 감사드립니다.
다시다 아무것도 먹지 않으면서 음식을 먹는 것처럼 입을 열었다 닫았다 하다. [예]갈비 냄새가 풍기자 나도 모르게 입맛을 다셨다.
다시마 다시맛과의 바닷말. 황갈색이나 흑갈색으로 넓은 띠 모양이며, 먹거나 공업용으로 쓰인다.

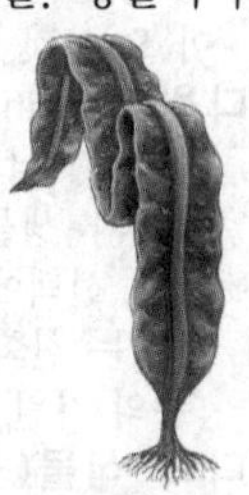
〈다시마〉

다시없다 [다시업따] 그보다 더 나을 것이 없다. **다시없이**. [예]다시없이 좋은 기회를 놓쳤다.
다식(茶食) 우리나라 고유 과자의 한 가지. 녹말 · 콩 · 검은깨 등의 가루를 꿀이나 엿에 반죽하여 다식판에 찍어 낸다.
다식판(茶食板) 다식을 찍어 내는 나무로 만든 틀.

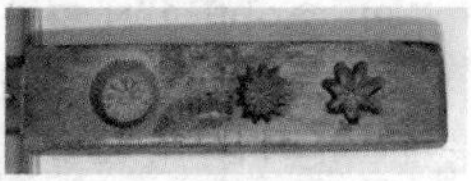
〈다식판〉

다신교(多神教) 많은 신을 인정하고 믿는 종교의 한 형태.
다양성(多樣性) [다양썽] 모양 · 색깔 · 내용 등이 여러 가지로 많은 특성. [예]문화의 다양성.
다양하다(多樣—) 모양 · 색깔 · 내용 등이 여러 가지로 많다. [예]다양한 색깔.
다ː오¹ '달다³'의 명령형. [예]물 좀 다오.
다ː오² 상대편에게 그 일을 해 줄 것을

요구하거나 바라는 뜻을 나타내는 말. 예날 좀 도와 다오.

다용도(多用途) 여러 가지 쓰임새. 예다용도 가구/다용도 선반.

다우(多雨) 비가 많이 내림. 또는 많이 내리는 비. 예열대 다우 기후.

다운(down) ①권투에서, 상대 선수의 주먹을 맞고 쓰러지는 일. 예홍 선수는 여러 번 다운을 당했지만 결국 승리를 거두었다. ②컴퓨터에 문제가 생겨서 정상적으로 작동하지 않는 상태. 예컴퓨터가 자주 다운이 된다. 다운되다.

다운로드(download) 인터넷이나 컴퓨터 통신을 통해 파일이나 자료를 받아 오는 것. 비내려받기. 반업로드.

다윈(Darwin, 1809~1882) 영국의 생물학자. 남반구 각지를 여행하면서 화석과 생물을 연구하여, 1858년에 자연 선택에 의해 새로운 종이 생겨난다는 진화론을 주장하였다. 저서에 '종의 기원' 등이 있다.

다육 식물(多肉植物) 잎이나 줄기에 수분이 많은 식물. 햇빛이 잘 들고 물이 잘 빠지는 곳에서 자라며, 건조한 곳에서도 잘 견딘다. 선인장·꿩의비름 등.

다음 ①어떤 차례의 바로 뒤. 예다음 주일. ②어떤 일이 끝난 뒤. 예숙제를 끝낸 다음에 나가 놀아라. ③일정한 시간이 지난 뒤. 예다음에 또 만나자. ④글이나 말에서, 앞으로 쓰거나 말할 내용을 가리키는 말. 예다음을 소리 나는 대로 써 보자. 준담.

다음날 정해지지 않은 미래의 어느 날. 예지금은 바쁘니까 다음날 다시 만나 이야기하자. 비뒷날·훗날.

다음번(一番)[다음뻔] 다음에 오는 차례. 또는 다른 기회.

다의어(多義語)[다의어/다이어] 두 가지 이상의 뜻을 가진 낱말.

다이너마이트(dynamite) 큰 건물을 부수거나 바위 같은 것을 깨뜨리는 데에 쓰는 폭약. 1866년 스웨덴의 화학자인 노벨이 처음으로 만들었다.

다이빙(diving) 높은 곳에서 몸을 날려 물속으로 뛰어드는 일. 또는 그런 일을 겨루는 경기. 다이빙하다.

다이아 〈다이아몬드〉의 준말.

다이아몬드(diamond) ➡ 금강석.

다이어트(diet) 몸무게를 줄이거나 건강을 위해 음식의 양이나 종류를 조절함. 예이모는 다이어트 중이라 저녁밥을 안 먹는다. 다이어트하다.

다이얼(dial) ①지난날, 전화기에 달린 둥근 숫자판. ②라디오의 주파수를 맞추는 손잡이.

다이오드(diode) 양극과 음극이 있어 전류를 한 방향으로만 흐르게 하는 장치. 주로 교류를 직류로 바꾸는 일을 한다.

다이옥신(dioxine) 플라스틱이나 쓰레기를 태울 때 생기는 물질. 독성이 강하여 암을 일으키거나 기형아를 낳는 원인이 된다.

다잡다[다잡따] ①단단히 붙들어 잡다. ②들뜨거나 어지러운 마음을 가라앉혀 바로잡다. 예마음을 다잡고 공부하다.

다장조(一長調)[다장쪼] '다' 음을 으뜸음으로 한 장조.

다재다능하다(多才多能一) 재주와 능력이 여러 가지로 많다. 예지훈이는 다재다능하여 노래나 그림이나 운동까지 못하는 게 없다.

다정(多情) ①정이 많음. ②매우 정다움. 사귐이 두터움. 다정하다. 예다정하신 선생님. 다정히.

다정다감하다(多情多感一) 정이 많고 감수성이 예민하여 감동하기 쉽다. 예다정다감한 친구.

다정스럽다(多情一) [다정스럽따] 보기에 다정한 태도가 있다. |활용| 다정스러우니·다정스러워. 다정스레. 예다정스레 웃다.

다지다 ①누르거나 밟거나 쳐서 단단하게 하다. 예길을 다지다. ②마음을 굳게 가다듬다. 예결의를 다지다. ③고기나 채소 등을 칼질하여 잘게 만들다. 예쇠고기를 다지다./마늘을 다져 국에 넣다.

다짐 ①마음을 굳게 가다듬음. 예반드시 이기겠다고 다짐을 하는 선수들. ②이미 한 일이나 앞으로 할 일이 틀림없음을 조건 붙여 말함. 예다짐을 받고 돈을 빌려 주었다. 다짐하다.

다짜고짜 앞뒤 사정이나 옳고 그름을 가리지 않고 단박에. 예형은 날 보자마자 다짜고짜 소리를 질렀다. 🔁덮어놓고·무턱대고.

다채롭다(多彩一) [다채롭따] 여러 가지 빛깔·모양·종류 등이 한데 어우러져 다양하고 화려하다. 예다채로운 축하 행사. |활용| 다채로우니·다채로워. 다채로이.

다치다 ①부딪치거나 맞거나 하여 몸에 상처를 입다. 예할머니가 넘어져서 허리를 다치셨다. ②마음이 상하다. 예친구의 마음이 다치지 않게 조심해서 말해라.

다카마쓰 고ː분(Takamatsu古墳) 일본 나라 현 아스카 촌에 있는 옛 무덤.

다큐멘터리(documentary) 역사적 사건이나 동물의 생태 등을 현장에서 찍어 만든 영화. 또는 역사적 사건을 사실에 가깝게 그려 낸 방송 드라마. 예곤충의 세계를 그린 자연 다큐멘터리. |잘못| 다큐멘타리.

다투다 ①서로 따지며 싸우다. 예사소한 일로 친구랑 다투었다. ②서로 자기가 이기려고 맞서 애를 쓰다. 예실력을 다투다.

:::: **'다투다'와 '싸우다'의 구별** ::::

둘 다 상대편을 이기려고 하는 행동을 가리키나, **'다투다'**는 말로 하는 것만을 가리키고, **'싸우다'**는 말·무기·힘 등으로 하는 것을 모두 포함한다. 또한 **'다투다'**는 사람인 경우에 주로 쓰이고, **'싸우다'**는 사람이 아닌 경우에도 자연스럽게 쓰인다. 예사소한 문제로 친구와 다투다./적군과 아군은 총과 칼로 싸웠다(×다퉜다)./사자와 호랑이가 싸운다(×다툰다).

다툼 서로 다투는 일. 예세력 다툼. 다툼하다.

다ː하다 ①있던 것이 없어져서 더는 남아 있지 않거나 이어지지 않게 되다. 예힘이 다하다./벌써 방학이 다해 간다. ②마음이나 힘, 또는 필요한 물자 등을 다 쏟거나 들이다. 예선수들은 최선을 다해 싸웠다.

다행(多幸) 뜻밖에 일이 잘되어 좋음. 예크게 다치지 않은 게 다행이다. 다행하다. 다행히.

다행스럽다(多幸一) [다행스럽따] 다행한 데가 있다. 예큰 사고가 났지만 다행스럽게도 사망자는 한 명도 없다고 한다. |활용| 다행스러우니·다행스러워. 다행스레.

다혈질(多血質) [다혈찔] 쾌활하고 활동적이나 성급하고 인내력이 부족한 기질.

다홍(一紅) 짙은 붉은빛. 🔁다홍빛.

다홍빛(一紅一) [다홍삗] ➡다홍.

다홍치마(一紅一) 다홍빛 치마. 🔁홍상·홍치마.

닥나무 [당나무] 뽕나뭇과의 낙엽 지는 떨기나무. 산기슭이나 밭둑에 절로 난다. 나무껍질은 창호지의 원료가 되고, 열매는 한방에서 약재로 쓴다.

닥달 '닦달'의 잘못.

닥지닥지 [닥찌닥찌] 먼지나 때 같은 것이 두껍게 많이 끼거나 묻어 있는 모양. @덕지덕지.

닥쳐오다 [닥처오다] 어떤 일이나 때가 가까이 다가오다. @시험이 사흘 앞으로 닥쳐왔다.

닥치다¹ 어떤 때나 사물이 가까이 다다르다. @그는 자기에게 닥칠 위험을 알면서도 일을 계속했다.

닥치는 대로관용 이것저것 가릴 것 없이. 함부로. @그들은 나무를 닥치는 대로 베어 버렸다.

닥치다² 《주로 명령문에 쓰여》 입을 다물다. @입 좀 닥치고 있어.

닦다 [닥따] ①문지르거나 훔치거나 하여 깨끗이 하다. @유리창을 닦다. ②문질러서 윤기를 내다. @구두를 반짝반짝하게 닦다. ③평평하게 골라서 다지다. @산길을 닦아 도로를 만들었다. ④힘써 배워 익히다. @열심히 학문을 닦다. |발음| 닦아 [다까]·닦고 [닥꼬]·닦는 [당는]

닦달 [닥딸] 몹시 다그치며 나무람. |잘못| 닥달. 닦달하다. @아이들을 너무 닦달하지 마세요.

닦이다 [다끼다] 닦음을 당하다. @깨끗이 닦인 유리창.

단:¹ 짚·땔나무·채소 등의 묶음을 셀 때 쓰이는 말. @파 한 단.

단:² 〈옷단〉의 준말. @치마의 터진 단을 꿰맸다.

단:³(但) '다만'이라는 뜻으로, 앞에 말한 사실에 대한 조건이나 예외를 덧붙임을 나타내는 말. @친구 집에 가도 좋다. 단, 일찍 돌아오너라.

단⁴(段) ①바둑·태권도·유도·검도 등의 등급, 또는 그것을 세는 단위. @태권도 3단. ②계단·사다리 등의 하나하나의 층, 또는 그것을 세는 단위. @형은 계단을 한 번에 두 단씩 뛰어 내려갔다. ③구구단에서, 1에서 9까지의 곱셈 구구의 각 단계를 나타내는 말. @구구단의 7단을 외워 보자.

단⁵(單) '겨우', '단지'의 뜻을 나타내는 말. @기회는 단 한 번뿐이다.

단⁶(壇) ①제사를 지내기 위해 흙이나 돌로 쌓아 올린 터. ②높게 만든 자리. @선생님께서 단 위에 올라가 말씀하셨다.

단가(單價) [단까] 낱개의 값.

단감 단감나무의 열매. 단단하며 맛이 달다.

단:거리(短距離) 짧은 거리. @단거리 달리기. @장거리.

단:검(短劍) 양날로 된 짧은 칼. @장검.

> :::: '단검'과 '단도'의 구별 ::::
>
> **단검**: 양쪽이 모두 날로 된 짧은 칼.
> **단도**: 한쪽은 날, 다른 한쪽은 등으로 된 짧은 칼.

단것 [단걷] 사탕이나 과자처럼 맛이 단 음식.

단결(團結) 한마음 한뜻으로 여러 사람이 한데 뭉침. @우리 팀은 단결이 잘된다. @단합. 단결되다. 단결하다.

단계(段階) [단계/단게] 일의 차례를 따라 나아가는 과정. @마무리 단계/몇 단계를 거치다.

단골 늘 정해 두고 거래하는 관계, 또는 그런 사람. @저 손님은 우리 가게 단골이시다.

단군(檀君) 우리 겨레의 시조로 받드는 임금. 기원전 2333년에 고조선을 세웠다고 한다. @단군왕검.

단군왕검(檀君王儉) [단구냉검] ➡단군.

단:기¹(短期) 짧은 기간. @단기 강습. @장기.

단기²(檀紀) 단군이 나라를 세워 왕위

에 오른 해인 기원전 2333년을 원년으로 잡은 우리나라의 기원. ㊟서기.

단ː기간(短期間) 짧은 시간 동안. 짧은 기간. ㉠공사를 단기간에 끝냈다. ㉥장기간.

단ː김에 [단기메] 좋은 기회가 지나가기 전에. ㉠쇠뿔도 단김에 빼라는데, 시간 끌지 말고 결정하자.

단꿈 달콤한 꿈. 행복한 꿈. ㉠그들은 지금 신혼의 단꿈에 젖어 있다.

단ː념(斷念) 품었던 생각을 끊어 버림. ㉥체념. **단념하다**. ㉠갑자기 집안에 일이 생겨서 가족 여행을 단념했다.

'단념'과 '체념'의 구별

단념: 피치 못할 사정으로, 마지못하여 잊어버리는 일. ㉠형은 가정 형편으로 진학을 단념했다.

체념: 이루어질 가능성이 없어서 그만두거나 잊어버리는 일. ㉠야구 선수가 되려는 꿈은 체념한 지 오래다.

단단하다 ①무르지 않고 굳다. ㉠단단한 바위. ②속이 배서 야무지다. ㉠단단하게 속이 찬 배추. ③약하지 않고 굳세다. ㉠작지만 단단한 몸. ④느슨하지 않고 되게 죄어져 있다. ㉠짐을 단단하게 묶어라. ⑤허술하지 않고 미덥다. ㉠문단속을 단단하게 하다. ㊔든든하다. **단단히**. ㉠단단히 주의를 주어라.

단ː도(短刀) 한쪽에만 날이 있는 짧은 칼. ㉥장도. ㊟단검.

단독(單獨) ①혼자. ㉠단독으로 일을 처리하다. ②단 하나. ㉠단독 우승. ㉥단일.

단독 주ː택(單獨住宅) 한 채씩 따로 지은 집.

단돈 《돈의 액수를 나타내는 말 앞에 쓰여》 '많지 않은 돈' 또는 '아주 적은 돈'이라는 뜻을 강조하는 말. ㉠단돈 100원도 없다.

단ː두대(斷頭臺) 죄인의 목을 자르는 형틀.

단둘 단 두 사람. ㉠동생과 단둘이 집에 남았다.

단락(段落) [달락] ①일을 일단 끝내는 매듭. 일이 다 된 끝. ㉠단락을 짓다. ②긴 글에서 내용상으로 일단 끊어지는, 하나하나의 짧은 이야기 토막. ㉠다음 단락을 읽고 물음에 답하시오.

단란하다(團欒—) [달란하다] 가족 등 가까운 사람들이 한곳에 모여 화목하고 즐겁다. ㉠단란한 가정.

단련(鍛鍊) [달련] ①쇠붙이를 불에 달구어 단단하게 함. ②수련 등을 통해 몸과 마음을 굳세게 함. ㉠방학 동안 체력 단련에 힘쓸 계획이다. **단련되다**. **단련하다**.

단막극(單幕劇) [단막끅] 하나의 막으로 되어 있는 연극.

단맛 [단맏] 꿀이나 사탕을 먹을 때 느끼는 맛.

단ː면(斷面) ①물체의 잘린 면. ②사물 현상의 부분적인 상태. ㉠사회의 한 단면을 드러낸 사건.

단ː면도(斷面圖) 물체를 평면으로 자른 것처럼 가정하여 그 내부 구조를 그린 그림.

단ː명(短命) 목숨이 짧음. 또는 짧은 목숨. **단명하다**.

단무지 무로 담그는 일본식 짠지.

단ː문(短文) 짧은 글. ㉥장문.

단물 ①➡민물. ㉥짠물. ②단맛이 나는 물. ③칼슘·마그네슘 등의 광물질이 거의 들어 있지 않아 부드러운 물. 빨래나 공업용수로 알맞다. ③㉥센물.

단박 《주로 '단박에'의 꼴로 쓰여》 그 자리에서 바로. ㉠선생님은 은수의 재능을 단박에 알아보셨다. |잘못| 담박.

ㄷ

단ː발(短髮) 짧은 머리털. [반]장발.
단ː발령(斷髮令) 조선 고종 32(1895)년에 백성들에게 상투를 없애고 머리를 짧게 깎도록 한 명령.
단ː발머리(斷髮―) 앞머리는 눈썹 위에서 자르고, 뒷머리는 목덜미 언저리에까지 내리도록 자른 여자의 머리, 또는 그런 머리 모양.
단ː백질(蛋白質) [단백찔] 생물의 몸을 구성하는 주요 물질. 힘살·머리털·손톱의 주성분이며, 고기·우유·콩 등에 많이 들어 있다. 탄수화물·지방과 더불어 3대 영양소로 불린다.
단번에(單番―) [단버네] 단 한 번에. 즉시로. [예]단번에 이기다./효력이 단번에 나타나다.
단벌(單―) 오직 그것뿐인 한 벌의 옷. [예]단벌 신사.
단복(團服) 같은 단체에 속한 사람들끼리 색깔과 모양을 같게 하여 입는 옷.
단비 꼭 필요할 때 알맞게 오는 비. [예]오랜 가뭄 끝에 단비가 내렸다.
단상(壇上) 교단 등의 단 위. [예]단상에 오르다. [반]단하.
단색(單色) 한 가지 빛깔. [반]다색.
단ː서1(但書) 본문 다음에 덧붙여, 본문의 내용에 대한 조건이나 예외 등을 밝혀 적은 글. [예]단서를 달다./단서를 붙이다.
단서2(端緖) 어떤 사건이나 문제를 푸는 데 도움이 되는 사실. [예]경찰은 사건의 단서를 잡았다. [비]실마리.
단선(單線) 선이 하나인 것.
단세포(單細胞) 그것만으로 한 생물체를 이루는 단 하나의 세포. [예]단세포 생물. [반]다세포.
단ː소(短簫) 국악기의 한 가지. 대로 만든 관악기로, 퉁소보다 좀 짧고 가늘며, 구멍은 앞에 넷, 뒤에 하나가 있다.
단속(團束) ①주의를 기울여 단단히 다잡거나 살핌. [예]자기 전에 대문 단속을 꼭 해라. ②법률·규칙·명령 등을 어기지 않게 통제함. [예]범죄 단속을 철저히 하다. **단속되다**. **단속하다**.
단수1(單數) 문법에서, 하나의 사람이나 사물을 나타내는 말. [반]복수.
단ː수2(斷水) 수돗물의 공급이 끊어짐, 또는 공급을 끊음. [예]내일 단수가 된다고 하여 물을 받아 놓았다. **단수되다**. **단수하다**.
단순(單純) ①복잡하지 않고 간단함. [예]단순 작업. ②순진하고 어수룩함. [반]복잡. **단순하다**. [예]꾸밈이 없는 단순한 성격/대상의 특징을 살려 단순하게 그려 보자. **단순히**.
단술 ➡감주.
단숨에(單―) [단수메] 쉬거나 그치지 않고 곧장. [예]현주는 너무나 기뻐서 단숨에 집으로 달려갔다.
단ː시간(短時間) 짧은 시간. [예]일을 단시간 내에 끝내다. [반]장시간.
단ː시일(短時日) 짧은 시일.
단식1(單式) 〈단식 경기〉의 준말. [반]복식.
단ː식2(斷食) 건강이나 자기 뜻을 주장하기 위해 일정 기간 동안 음식을 먹지 않음. [예]단식 투쟁. [비]금식. **단식하다**.
단식 경ː기(單式競技) 테니스·탁구·배드민턴 등에서, 일대일로 겨루는 경기. [준]단식. [반]복식 경기.
단신1(單身) 혼자의 몸. [비]홀몸.
단ː신2(短身) 짧은 키. 키가 작은 사람. [반]장신.
단심(丹心) 정성스러운 마음. [비]충심.
단심가(丹心歌) 고려 말에, 정몽주가 지은 시조. 이방원의 '하여가'에 답한 것으로, 임금에 대한 충성을 읊은 내용이다.

단아하다(端雅—)[다나하다] 단정하고 아담하다. 예한복을 입은 단아한 모습.

단양(丹陽)[다냥] 충청북도의 북쪽에 있는 군. 시멘트 공업이 발달하였으며, 단양 팔경·고수굴 등의 명승지가 있다.

단양 팔경(丹陽八景) 충청북도 단양군에 있는 여덟 곳의 명승지. 상선암·중선암·하선암·구담봉·옥순봉·도담 삼봉·석문·사인암을 이른다.

단어(單語)[다너] ➡ 낱말.

단:언(斷言)[다넌] 딱 잘라서 말함. 예내 말이 틀림없다고 단언을 할 수 있다. 단언하다.

단역(端役)[다녁] 영화나 연극의 출연자 가운데서 중요하지 않은 간단한 배역, 또는 그런 역을 맡은 배우. 반주역.

단:연(斷然)[다년] 두드러지게. 뚜렷하게. 예농구 실력이라면 민수가 단연 앞선다.

단:연코(斷然—)[다년코] '단연'의 힘줌말. 예단연코 그런 일은 없다.

단:열재(斷熱材)[다녈째] 열이 다른 데로 옮겨지지 않도록 막는 데 쓰는 재료. 석면·유리 섬유·스티로폼 등.

단오(端午)[다노] 우리나라 명절의 하나인 음력 5월 5일. 여자는 창포물에 머리를 감고 그네를 뛰며, 남자는 씨름을 하며 노는 풍습이 있다. 비단옷날·수릿날.

단옷날(端午—)[다논날] ➡ 단오.

단원[1](單元)[다눤] 어떤 주제를 중심으로 묶은 학습 단위. 예읽기 단원과 쓰기 단원.

단원[2](團員)[다눤] 어떤 단체에 속한 사람. 예합창단 단원.

단위(單位)[다뉘] ①길이·넓이·무게·양·시간 등을 재는 데 기초가 되는 기준. m·g·L·초 등. ②어떤 조직을 이루는 데 기본이 되는 한 동아리. 예가족 단위의 관광객이 많다.

여러 가지 '단위'

• **곡식·액체** : 가마, 말, 되, 홉
• **실오리·실뭉당이** : 꾸리, 님, 바람, 올, 잎, 타래, 테, 토리
• **금·은·돈·약재** : 냥, 닢, 돈, 쌈, 푼
• **짚·땔나무** : 가리, 강다리, 단, 뭇, 전, 조짐
• **묶음·덩어리** : 갓, 거리, 동, 두름, 뭇, 손, 쌈, 접, 죽, 켤레, 쾌, 톳
• **특정 물품** : 톳(김), 쾌(북어), 축(오징어), 가리(삼), 채(인삼), 뭇(생선), 모(두부/묵), 기(무덤)

단위계(單位系)[다뉘계/다뉘게] 미터·그램·초·암페어 등의 기본 단위와 이를 바탕으로 만들어진 단위의 모임.

단위길이(單位—)[다뉘기리] 길이의 일정한 기준. cm·m·km 등으로 표시한다.

단위 분수(單位分數) 분자가 1인 분수. 1/2, 1/3 등.

단:음(短音)[다늠] 짧게 나는 소리. 비짧은소리. 반장음.

단:음계(短音階)[다늠계/다늠게] 둘째와 셋째, 다섯째와 여섯째 음 사이는 반음, 그 밖의 음은 온음으로 이루어진 음계. 대체로 슬픔이나 감상적인 느낌을 나타낸다. 반장음계.

단일(單一)[다닐] ①단 하나로 되어 있음. 예단일 후보. 비단독. ②다른 것이 섞이지 않고 순수함. 예단일 성분. 단일하다.

단일 민족(單一民族) 단일한 인종으로 나라를 이룬 민족. 예단일 민족 국가.

단일어(單一語)[다니러] 바탕이 되는 말로만 되어 있어서 더 이상 쪼갤 수 없는 낱말. 집·꽃·바다·하늘 등. 凾복합어.

단자(端子) 전기 기계나 기구 등에서 전력을 끌어들이거나 내보내는 데 쓰는 회로의 끝 부분.

단잠 아주 달게 깊이 자는 잠. 凾단잠을 깨우다.

단장[1](丹粧) ①화장을 하고 머리나 옷차림 등을 매만져서 맵시 있게 꾸밈. 凾곱게 단장을 한 신부. ②손을 대어 산뜻하게 꾸밈. 凾새로 단장을 한 집. 단장되다. 단장하다.

단:장[2](短杖) 손잡이가 꼬부라진 짧은 지팡이.

단장[3](團長) '단' 자가 붙은 단체의 우두머리. 凾소년단 단장.

단적(端的)[단쩍] 간단하고 분명한 것. 凾네가 지금 떨고 있는 것은 거짓말을 하고 있다는 단적인 증거이다.

단:전(斷電) 전기의 공급이 끊어짐, 또는 공급을 끊음. 凾갑자기 벼락이 떨어지더니 온 동네가 단전이 되었다. 단전되다. 단전하다.

단:절(斷絕) 어떤 관계나 교류를 끊음. 단절되다. 凾남북 대화가 단절되다. 단절하다.

단:점(短點)[단쩜] 모자라거나 흠이 되는 점. 凾디자인은 좋으나 실용성이 부족한 것이 이 제품의 단점이다. 凾결점·약점. 凾장점.

단:정(斷定) 딱 잘라서 판단하고 결정함. 凾한 가지만 보고 그가 나쁜 사람이라고 단정을 할 수는 없다. 단정되다. 단정하다.

단정하다(端正─) 모습이나 몸가짐이 얌전하고 깔끔하다. 凾현이는 옷을 단정하게 입고 학교에 갔다. 단정히.

단:조(短調)[단쪼] 단음계로 된 곡조. 凾장조.

단조롭다(單調─)[단조롭따] 변화가 없어서 새로운 맛이 없다. 凾매일 똑같은 단조로운 생활. |활용| 단조로우니·단조로워. 단조로이.

단지[1] 목이 짧고 배가 부른, 작은 항아리. 凾고추장 단지.

〈단지[1]〉

단:지[2](但只) 다만. 한갓. 凾단지 여자라는 이유만으로 차별해서는 안 된다.

단지[3](團地) 주택이나 공장 등 같은 종류의 건물들이 집단을 이루고 있는 곳. 凾아파트 단지/공업 단지.

단짝(單─) 서로 뜻이 맞아서 늘 함께 어울리는 사이, 또는 그런 친구.

단청(丹靑) 궁궐이나 절 같은 옛날 건물의 벽·기둥·천장 등에 여러 가지 빛깔로 그림이나 무늬를 그리는 일, 또는 그 그림이나 무늬. 단청하다.

단체(團體) 같은 목적을 가진 사람들의 모임. 凾단체 생활. 凾집단.

단체 경:기(團體競技) 단체를 이루어 승부를 가리는 경기. 축구·농구·야구 등. 凾개인 경기.

단체전(團體戰) 단체끼리 승부를 가리는 경기. 凾개인전.

단추 ①옷자락이나 주머니 등의 여미는 부분에 달아 구멍에 넣어 걸리게 만든 물건. ②〈누름단추〉의 준말. 凾나는 엘리베이터 앞에서 올라가는 표시의 단추를 눌렀다.

단:축(短縮) 짧게 줄임. 또는 짧게 줆. 凾단축 수업. 凾연장. 단축되다. 단축하다.

단출하다 ①식구가 많지 않아 홀가분하다. 凾단출한 살림. ②옷차림 등이 간편하다. 단출히.

단층[1](單層) 단 하나의 층.

단ː층[2](斷層) 지구 내부의 움직이는 힘의 영향을 받아서 지층이 아래위로 어긋나 층을 이룬 현상, 또는 그런 지형.

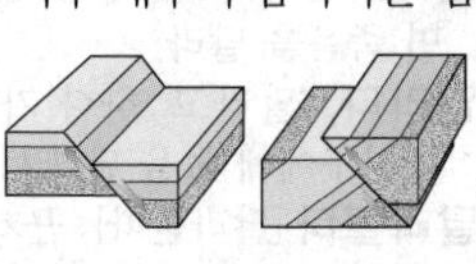

〈단층2〉

단칸(單―) 단 한 칸.

단칸방(單―房) [단칸빵] 단 한 칸뿐인 방.

단칼(單―) 《주로 '단칼로'·'단칼에'의 꼴로 쓰여》 꼭 한 번 휘두르는 칼. [예]장수는 적장의 목을 단칼에 베어 버렸다.

단판(單―) 한 번으로 승부를 결정하는 판.

단팥죽(―粥) [단팓쭉] 팥을 삶아 으깨어 설탕을 넣고 달게 만든 음식. 찹쌀로 만든 새알심을 넣기도 한다.

단ː편(短篇) ①소설·영화 등에서, 길이가 짧은 작품. ②〈단편 소설〉의 준말. [반]장편.

단ː편 소ː설(短篇小說) 짧은 분량 속에 하나의 주제를 간결하게 표현한 소설. [준]단편. [반]장편 소설.

단풍(丹楓) ①〈단풍나무〉의 준말. ②가을에 나뭇잎이 붉거나 누렇게 변하는 현상, 또는 그 잎.

단풍나무(丹楓―) 단풍나뭇과의 낙엽 지는 큰키나무. 잎은 손바닥 모양으로 깊게 갈라져 있으며, 가을에 빨갛게 단풍이 든다. [준]단풍.

단풍잎(丹楓―) [단풍닙] ①단풍나무의 잎. ②단풍이 든 나뭇잎.

단합(團合) 여러 사람이 한데 뭉침. [예]단합 대회/우리 반은 단합이 잘된다. [비]단결. **단합되다. 단합하다.**

단ː행(斷行) 반대나 위험 등을 무릅쓰고 그대로 실행함. **단행하다.** [예]그들은 부모님의 반대를 무릅쓰고 결혼식을 단행했다.

단ː호하다(斷乎―) 결심한 것을 실행하는 태도가 딱 끊은 듯이 엄격하다. [예]단호한 조처를 취하다. **단호히.** [예]그는 내 부탁을 단호히 거절했다.

닫다[1] [닫따] 빨리 뛰어가다. [비]달리다. |활용| 달으니·달아.

닫다[2] [닫따] ①열린 것을 도로 제자리로 가게 하다. [예]쌀쌀하니 창문을 닫아라. ②일을 한동안 하지 않거나 그만두다. [예]가게를 닫다. [반]열다.

닫히다 [다치다] 닫음을 당하다. [예]문이 바람에 닫혔다. [반]열리다.

달 ①지구의 위성. 지구에서 가장 가까운 거리에 있는 천체로, 약 27.32일을 주기로 지구 둘레를 돈다. 햇빛을 받아 밤에 밝은 빛을 낸다. [예]둥근 달. ②일 년을 열둘로 나눈 하나를 단위로 하는 기간. [예]언니는 다음 달에 초등학교를 졸업한다. ③30일(또는 31일)을 한 단위로 셀 때 쓰이는 말. [예]친구를 한 달 만에 만났다.

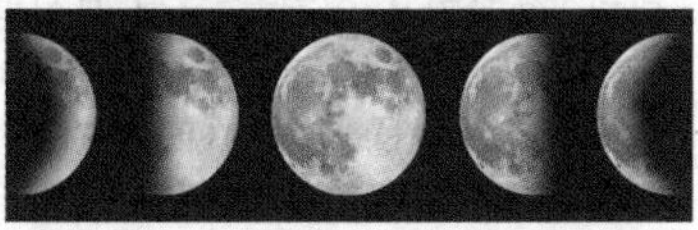

〈달①〉

달갑다 [달갑따] 마음에 들어 흡족하다. [예]달갑지 않은 손님. |활용| 달가우니·달가워.

달개비 닭의장풀과의 한해살이풀. 습한 땅에 저절로 나며, 여름에 하늘색 꽃이 핀다. 한방에서는 잎의 즙을 내어 약으로 쓴다. [비]닭의장풀.

달걀 닭이 낳은 알. [비]계란.

달거리 ➡월경.

달구다 불에 대어 뜨겁게 하다. [예]쇠를 달구어 연장을 만들다.

달구지 소나 말이 끄는 짐수레.

달그락거리다 [달그락꺼리다] 작고 단단한 물건이 서로 부딪치는 소리가 자꾸 나다, 또는 그런 소리를 자꾸 내다. 예화가 난 언니가 그릇을 달그락거리며 설거지를 한다. 🔵달그락대다. 🔴덜그럭거리다.

달그락달그락 [달그락딸그락] 자꾸 달그락거리는 소리. 🔴덜그럭덜그럭.

달그락대다 [달그락때다] ➡달그락거리다.

달나라 [달라라] 달을 지구와 같은 하나의 세계로 여겨 이르는 말.

달님 [달림] 달을 사람처럼 생각하여 높여 이르는 말. 🔵별님·해님.

달:다¹ ①쇠나 돌이 열을 받아 몹시 뜨거워지다. 예시뻘겋게 단 쇠. ②열이 나거나 부끄러워서 몸이나 얼굴이 뜨거워지다. 예지수는 너무 부끄러워서 얼굴이 화끈 달았다. ③뜻대로 되지 않거나 불안하여 몹시 조급해지다. 예수진이는 애가 달아 어쩔 줄을 몰랐다. |활용| 다니·달아.

달다² ①물건을 일정한 곳에 걸거나 매어 놓다. 예국경일에는 태극기를 단다. ②물건을 일정한 곳에 붙이다. 예가슴에 이름표를 달다. ③말이나 글에 설명 등을 덧붙이다. 예자세한 해설을 달다. ④장부에 셈할 것을 적다. 예오늘 음식값은 장부에 달아 놓으세요. ⑤저울로 무게를 헤아리다. 예몸무게를 달다. |활용| 다니·달아.

달:다³ 남에게 무엇을 주기를 청하다. 예내 책을 돌려 다오. |참고| '달라'·'다오'로만 쓰인다.

달다⁴ ①맛이 꿀이나 설탕과 같다. 예수박이 달다. ②음식이 맛있다. |활용| 다니·달아.

달달 춥거나 두려워서 몸을 떠는 모양. 🔴털털.

달동네 (−洞−) [달똥네] 산등성이나 산비탈 같은 높은 곳에 가난한 사람들이 모여 사는 동네.

달떡 달 모양으로 둥글게 만든 흰떡. 🔵월병.

달:라 '달다³'의 명령형. 예자유가 아니면 죽음을 달라.

달라다 '달라고 하다'가 줄어든 말. 예친구에게 물을 달래서 마셨다.

달라붙다 [달라붇따] 끈기 있게 착 붙다. 예껌이 신발에 달라붙어 안 떨어진다. 🔴들러붙다.

달라지다 변하여 전과 다르게 되다. 예도시의 거리가 몇 달 사이에 몰라보게 달라졌다.

달랑 ①작은 방울 등이 흔들려 가볍게 울리는 소리. 🔵딸랑. ②작은 물건이 매달려 있는 모양. ③여럿 가운데서 하나만 남아 있는 모양. 예모두 떠나고 달랑 혼자 남았다. 🔴덜렁. 달랑달랑.

달랑거리다 작은 방울 등이 흔들려 가볍게 울리는 소리가 자꾸 나다. 🔵달랑대다. 🔴덜렁거리다.

달랑달랑하다 돈·식량 등이 거의 다 떨어져 없어질 지경에 있다.

달랑대다 ➡달랑거리다.

달래 백합과의 여러해살이풀. 들에 저절로 나는데, 땅속에 흰 비늘줄기가 있고, 잎은 가늘고 긴 대롱 모양이다. 양념으로 쓰거나 나물로 먹는다.

달래다 ①분노·슬픔·흥분 등을 가라앉게 하다. 예외로움을 달래다. ②기분이 좋아지게 구슬리거나 좋은 말로 타이르다. 예야단치지 말고 잘 달래어라.

달러 (dollar) 미국의 화폐 단위. 1달러는 100센트. 🔵불. |잘못| 달라.

달려가다 달음질하여 빨리 가다. 예버스를 타려고 달려가다. 🔵달려오다.

달려들다 와락 대들다. 별안간 덤비다. 예개가 갑자기 나한테 달려들다. |활용| 달려드니·달려들어.

달려오다 달음질하여 빨리 오다. 예수업 시간에 늦을까 봐 달려왔다. 🔵달려가다.

달력(—曆) 한 해 동안의 날짜 · 요일 · 절기 · 행사일 등을 적어 놓은 것. 비캘린더.

달리 다르게. 예저는 형과는 달리 키가 작습니다.

달리기 정해진 거리를 누가 빨리 달리는지 겨루는 일. 비경주. 달리기하다.

달리다¹ ①무엇에 걸려 아래로 처지게 되다. 예처마 끝에 달린 고드름. ②몸통에 딸린 것이 붙어 있다. 예날개 달린 천사. ③열매나 이슬 등이 맺혀서 붙어 있다. 예풀잎에 달린 이슬. ④어떤 관계에 좌우되다. 예나라의 운명은 청소년의 교육에 달려 있다.

달리다² ①힘에 부치다. 예힘이 달려서 더는 못 뛰겠다. ②뒤를 잇대지 못할 정도로 모자라다. 예물건이 달려서 못 팔고 있다.

달리다³ ①다리를 움직여 빨리 가다. 예우리는 결승점을 향해 힘껏 달렸다. ②자동차 · 기차 등이 빨리 움직이다.

달리아(dahlia) 국화과의 여러해살이풀. 굵은 덩이뿌리로 번식하며, 초여름부터 늦가을에 걸쳐 원가지와 줄기 끝에 국화 모양의 꽃이 핀다.

달리하다 ①다른 조건에 처하다. 예운명을 달리하다./나는 당신과 생각을 달리한다. ②다른 수단 · 방법으로 하다. 예빠르기를 달리하여 노래를 불러 봅시다. 반같이하다.

달린옷 '원피스'의 북한말.

달맞이 [달마지] 음력 정월 보름날 저녁에 산이나 들에 나가 달이 뜨기를 기다려 맞이하는 일. 달을 보고 소원을 빌거나 달빛에 따라 그해 농사를 점치기도 한다. 비달마중. 달맞이하다.

달맞이꽃 [달마지꼳] 바늘꽃과의 두해살이풀. 높이는 80~100cm. 잎은 가늘고 길며 끝이 뾰족하다. 여름에 노란 꽃이 밤에만 핀다. 칠레 원산으로 각지에서 재배한다.

달무리 달 둘레에 둥그렇게 생기는 구름같이 보이는 허연 테. 예달무리가 서다. 참햇무리.

달밤 [달빰] 달이 뜬 밤.

달변(達辯) 막히는 데 없이 말을 술술 잘함, 또는 그런 말. 예형은 달변으로 나를 설득하였다. 비능변. 반눌변.

달변가(達辯家) 말을 막힘이 없이 술술 잘하는 사람.

달보드레하다 약간 달다. 큰들부드레하다.

달빛 [달삗] 달에서 비쳐 오는 빛. 비월광.

달성(達成) [달썽] 뜻한 것을 이룸. 달성되다. 달성하다. 예목표를 달성하다.

달싹거리다 [달싹꺼리다] 가벼운 물건이 살짝 들렸다 가라앉았다 하다. 예물이 끓자 주전자 뚜껑이 달싹거렸다. 비달싹대다. 큰들썩거리다.

달싹달싹 [달싹딸싹] 자꾸 달싹거리는 모양. 큰들썩들썩.

달싹대다 [달싹때다] ➡달싹거리다.

달아나다 [다라나다] 빨리 내달아 도망치다. 예남자아이들은 여자아이들의 고무줄을 끊고 달아났다.

달아오르다 [다라오르다] ①쇠붙이 등의 물체가 몹시 뜨거워지다. 예난로가 뻘겋게 달아올랐다. ②얼굴 등이 화끈해지다. 예나는 너무 부끄러워서 얼굴이 달아오르고 가슴이 뛰었다. |활용| 달아오르니 · 달아올라.

달음박질 [다름박찔] 급히 뛰어 달려감. 예종이 울리자 우리는 교실을 향해 달음박질을 쳤다. 준달음질. 달음박질하다.

달음질 [다름질] 〈달음박질〉의 준말. 달음질하다.

달음질치다 [다름질치다] 힘있게 달음질하다.

달이다 [다리다] ①끓여서 진하게 만들다. 예간장을 달이다. ②끓여서 우러나게 하다. 예보약을 달이다.

달인(達人) [다린] 학문이나 기술·재주 등이 아주 뛰어난 수준에 이른 사람.

달집 [달찝] 음력 정월 보름날 저녁에 달맞이할 때, 불을 질러 밝게 하려고 집 모양으로 쌓은 나무 무더기.

달짝지근하다 [달짝찌근하다] 약간 단맛이 있다. ⓔ들쩍지근하다.

달캉달캉 기계 등이 움직이다가 갑자기 멈추거나 세게 자꾸 부딪칠 때 나는 소리. ⓔ덜컹덜컹.

달콤하다 ①맛이 알맞게 달다. 예달콤한 사탕. ⓔ달큼하다. ②아기자기하게 마음을 사로잡는 느낌이 있다. 예달콤한 말로 속삭이다. ③편안하고 포근하다. 예모처럼 달콤한 휴가를 즐겼다./달콤한 낮잠에 빠지다. 달콤히.

달큼하다 맛이 꽤 달다. ⓦ달콤하다.

달팽이 달팽잇과의 동물. 나선형의 껍데기를 지고 다니며, 머리에는 두 쌍의 더듬이가 있는데 그 끝에 밝음과 어둠을 알아내는 눈이 있다. 이끼나 어린잎 등을 먹는다.

〈달팽이〉

달포 한 달이 조금 넘는 동안. 예그는 떠난 지 달포가 되도록 소식이 없었다.

달필(達筆) 글씨를 잘 쓰는 일, 또는 그런 글씨. ⓟ악필.

달하다(達一) ①일정한 정도나 양에 이르다. 예수만에 달하는 관람객. ②일정한 곳에, 또는 어떤 상태에 다다르다. 예목적지에 달하다.

닭 [닥] 꿩과의 새. 가축의 하나로, 머리에 붉은 볏이 있고, 날개가 짧아 잘 날지 못한다. 알과 고기를 얻기 위해 기른다. |발음| 닭이 [달기] · 닭도 [닥또] · 닭만 [당만]

〈닭〉

닭고기 [닥꼬기] 닭의 살코기.

닭살 [닥쌀] ①닭의 살가죽처럼 오톨도톨한 살갗. ②'소름'을 속되게 이르는 말. 예닭살이 돋다.

닭싸움 [닥싸움] ①싸움닭끼리 싸우게 하여 승부를 가리는 구경거리. ②한쪽 다리를 들어 올려 손으로 잡고 다른 쪽 다리로 뛰면서 상대편을 밀어 넘어뜨리는 놀이.

닭장(一欌) [닥짱] 닭을 가두어 두는 장. ⓑ닭의장.

닭튀김 [닥튀김] 통닭이나 토막 낸 닭고기를 기름에 튀긴 요리.

닮'다 [담따] ①비슷하게 생기다. 예너는 아버지를 많이 닮았구나. ②어떤 것을 본떠서 그와 같아지다. 예나쁜 친구를 사귀더니 곧 그 애를 닮아 간다. |발음| 닮아 [달마] · 닮고 [담꼬] · 닮는 [담는]

닮은꼴 [달믄꼴] ①크기만 다르고 모양이 같은 둘 이상의 도형. ②모습 등이 판에 박은 듯이 서로 비슷한 것.

닮음 [달믐] 두 다각형의 대응되는 각의 크기나 변의 길이의 비가 같은 일.

닮음비(一比) [달믐비] 닮은 두 도형에서 대응하는 변의 길이의 비.

닳다 [달타] 오래 써서 낡아지거나 줄어들다. 예구두가 다 닳았다. |발음| 닳아 [다라] · 닳고 [달코] · 닳는 [달른]

닳아빠지다 [다라빠지다] 여러 가지 일을 많이 겪어 몹시 약다.

담[1] 집의 둘레나 일정한 공간을 막기 위하여, 흙·돌·벽돌 등으로 쌓아 올린 것. 逬담장.

:::::: '**담**[1]'**과** '**벽**'**의 구별** ::::::

담 : 집의 둘레나 일정한 공간을 둘러 막기 위하여 흙·벽돌 등으로 쌓아 올린 것. 주로 집과 같은 건물에서 일정한 거리를 두고 그 주위를 막아서 다른 건물이나 외부의 길과 구분을 하는 것을 가리킨다. 건물 내부에서 공간 등을 나누기 위해 쌓은 것을 가리키기는 힘들다. 例담을 높이 쌓다./담이 낮아 옆집 창문이 보인다.

벽 : 집이나 방 등을 둘러막기 위해 흙·벽돌 등으로 쌓아 올린 것. 건물 자체에서 공간 등을 나누기 위해 쌓은 것을 주로 가리킨다. 例거실 벽에 못을 박다./집 벽에 칠을 새로 했다.

담[2] 〈다음〉의 준말. 例담은 지희 네 차례다.

담[3](痰) ①➡가래[2]. ②몸에서 나오는 어떤 물질이 한 부분에 뭉쳐 있어서 아픈 병. 例옆구리에 담이 들다.

담[4](膽) ①➡쓸개. ②➡담력.
　담이 크다[관용] 겁이 없고 용감하다.

담그다 ①액체 속에 집어넣다. 例시냇물에 발을 담그다. ②술·김치·간장 등을 만들 때, 익거나 삭게 하려고 재료를 버무려 그릇에 넣다. 例김치 담그는 방법을 배우다. |활용| 담그니·담가.

담금질 쇠를 불에 달구었다가 찬물 속에 담그는 일. 담금질하다.

담기다 ①담음을 당하다. 例정성이 가득 담긴 선물. ②담금을 당하다. 例김치가 맛있게 담겼다.

담:**낭**(膽囊) ➡쓸개.

담:**다**[담따] ①그릇 등에 넣다. 例물을 병에 담다. ②생각 등을 글이나 그림으로 나타내다. 例조국에 대한 뜨거운 사랑을 담은 소설.

담:**담하다**(淡淡一) 욕심이나 거리낌이 없어 마음이 편안하다. 例담담한 목소리. 담담히.

담당(擔當) 어떤 일을 맡음. 例담당 의사. 담당하다.

담당자(擔當者) 어떤 일을 맡은 사람.

담:**대하다**(膽大一) 겁이 없고 용감하다. 담대히.

담:**력**(膽力)[담녁] 겁이 없고 용감한 기운. 例담력을 기르다. 逬담.

담박 '단박'의 잘못.

담:**배** ①가짓과의 한해살이풀. 남아메리카 원산으로, 길둥근 잎은 매우 크며 니코틴 성분이 들어 있다. ②담뱃잎을 말려서 가공한 기호품.

담:**배꽁초** 담배를 피우다 남은 작은 도막. 㽷꽁초.

담:**백하다**(淡白一)[담배카다] ①음식이 느끼하지 않고 산뜻하다. 例담백한 맛. ②욕심이 없고 마음이 깨끗하다. 例솔직하고 담백한 성격.

담:**뱃대**[담배때/담밷때] 썬 담배를 피우는 데 쓰는 기구.

담:**뱃불**[담배뿔/담밷뿔] 담배에 붙은 불. 또는 담배에 붙일 불.

담벼락[담뼈락] 담 또는 담의 겉으로 드러난 부분. |잘못| 담벽.

담벽(一壁) '담벼락'의 잘못.

담보(擔保) 돈을 빌리는 사람이, 빌린 돈을 못 갚을 때 마음대로 처분해도 좋다는 약속으로 맡기는 물건. 逬저당.

담비 족제빗과의 동물. 다리는 짧고 발은 검은데, 날카로운 발톱이 있다. 낮에는

〈담비〉

나무 구멍이나 바위틈에서 자고 밤에 많이 활동한다.

담뿍 넘칠 정도로 가득하거나 소복한 모양. 예사랑이 담뿍 담긴 편지/그릇에 밥을 담뿍 담다. ㉰듬뿍. 담뿍담뿍.

담소(談笑) 웃으며 이야기함. 예담소를 나누다. 담소하다.

담ː수(淡水) ➡민물.

담ː수어(淡水魚) ➡민물고기.

담ː수화(淡水化) 바닷물이 소금기가 줄어 민물이 됨, 또는 그렇게 만듦. 담수화하다.

담양(潭陽) [다먕] 전라남도 북부에 있는 군. 전국에서 가장 넓은 대나무밭이 있어 죽세공품으로 매우 유명하다.

담ː요(毯—) [담뇨] 털 같은 것으로 굵게 짜거나 두껍게 눌러서 만든 요. ㉥모포.

담임(擔任) [다밈] 주로 학교에서, 한 학급이나 학년 등을 책임지고 맡아 봄, 또는 그 사람. 담임하다.

담임 선생님(擔任先生—) 한 반의 학생들을 맡아 지도하는 선생님.

담장(—牆) ➡담¹.

담쟁이 〈담쟁이덩굴〉의 준말.

담쟁이덩굴 포도과의 낙엽 지는 덩굴 식물. 덩굴손으로 담이나 벼랑 등에 달라붙어 덩굴을 뻗는다. ㉰담쟁이.

담징(曇徵, 579~631) 고구려의 승려·화가. 610년에 일본으로 건너가 그림 및 맷돌·종이·먹 등의 제조 방법을 전해 주고, 호류 사의 금당에 벽화를 그렸다.

담판(談判) 옳고 그름을 가리거나 결말을 짓기 위하여 함께 의논하고 결정함. 예누가 옳은지 이 자리에서 담판을 짓자. 담판하다.

담화(談話) ①서로 이야기를 주고받음, 또는 그 이야기. 예담화를 나누다. ②정부의 높은 관리가 국민들에게 어떤 문제에 대한 자신의 생각이나 태도를 공식적으로 밝히는 말. 예대통령의 특별 담화. 담화하다.

담화문(談話文) 정부의 높은 관리가 국민들에게 어떤 문제에 대한 자신의 생각이나 태도를 공식적으로 발표하는 글.

답(答) ①〈대답〉의 준말. 예질문에 답을 하다. ②〈해답〉의 준말. 예답을 모르다. 답하다.

답글(答—) [답끌] 인터넷에 오른 질문에 대해 답변하는 글.

-답다 [답따] 앞말이 지닌 성질이나 특성을 가지고 있다는 뜻을 나타내는 말. 예꽃답다. |활용| -다우니 · -다워.

> ::: '-답다, -롭다, -스럽다'의 구별 :::
>
> **-답다** : 앞말이 지니는 성질이나 특성을 강조하며, 주로 긍정적인 뜻을 나타내는 말에 붙어 쓰인다. 예꽃다운 시절/학생은 학생답게/사나이답다.
>
> **-롭다** : 구체적인 대상을 가리키거나 받침 있는 말에는 쓰이지 않고, 느낌이나 실체가 없는 사물을 나타내는 말에 붙어 쓰인다. 예번거롭다/슬기롭다/향기롭다.
>
> **-스럽다** : 앞말이 지니는 성질이나 특성을 갖추고 있다는 느낌을 나타낼 때나 어떤 기준에 미치지 못함을 아쉬워할 때에 쓰인다. 예다정스럽다/어른스럽다/후회스럽다.

답답하다 [답따파다] ①걱정 등으로 애가 타고 갑갑하다. 예소식을 알 수 없어 답답하구나. ②숨을 쉬기가 어렵다. 예방 안이 답답하니 창문을 열어라. ③사람됨이 너무 고지식하다. 예일을 답답하게 하는군. ④공간이 비좁아 시원스럽지 못하다. 예방이 좁아서 답답하다. 답답히.

답례(答禮) [답녜] 남의 인사에 답하여 인사를 함. [예]나는 친구의 초대에 답례를 하는 뜻으로 선물을 준비했다. **답례하다**.

답배(答拜) [답빼] 절을 받고 답례로 절을 함, 또는 그 절. **답배하다**.

답변(答辯) [답뼌] 물음에 대하여 밝혀 대답함, 또는 그 대답. **답변하다**.

답사¹(答辭) [답싸] 식장에서, 축사나 환영사·환송사 등에 대한 답례로 하는 말. [예]졸업생 대표의 답사. [반]송사. **답사하다**.

답사²(踏査) [답싸] 실지로 현장에 가서 보고 조사함. **답사하다**. [예]고적을 답사하는 여행.

답습(踏襲) [답씁] 옛날부터 해 오던 것을 더 좋게 고치지 않고 그대로 따름. **답습하다**. [예]과거의 잘못을 답습하다.

답안(答案) [다반] 시험 문제에 대한 해답, 또는 그것을 쓴 종이.

답안지(答案紙) [다반지] 시험 문제의 해답을 쓰는 종이. [비]답지.

답장(答狀) [답짱] 받은 편지에 답하여 보내는 편지. **답장하다**.

답지(答紙) [답찌] ➡답안지.

답하다(答—) [다파다] 물음에 대답을 하다. [비]대답하다.

닷 [닫] 《양의 단위를 나타내는 말 앞에 쓰여》 '다섯'의 뜻을 나타내는 말. [예]쌀 닷 되/금 닷 돈.

닷새 [닫쌔] ①다섯 날. ②그달의 다섯째 날. ②[본]초닷샛날.

당¹(糖) 물에 잘 녹으며 단맛이 있는 탄수화물.

당²(黨) 〈정당〉의 준말.

당고모(堂姑母) 아버지의 사촌 누이.

당구(撞球) 네모난 대 위에 흰 공과 붉은 공을 놓고, 긴 막대기로 쳐서 맞혀 승부를 가리는 실내 오락.

당국(當局) 어떤 일을 직접 맡아서 하는 정부 부서나 공공 기관. [예]정부 당국/보건 당국.

당근 산형과의 두해살이풀. 밭에 재배하는 채소의 한 가지로, 잎은 깃 모양이다. 굵고 긴 원뿔 모양의 뿌리는 주홍색이며, 맛이 달고 향긋하다. [비]홍당무.

당기다 ①마음이 무엇에 끌려 움직이다. ②먹고 싶은 마음이 생기다. [예]입맛이 당기다. ③끌어서 가까이 오게 하다. [예]의자를 당겨 앉다. ④날짜 등을 앞으로 옮기다. [예]출발을 며칠 당겼다. ⑤'댕기다'의 잘못.

당김음(—音) [당기믐] 한 마디 안에서 센박과 여린박의 위치가 바뀌는 음.

당나귀(唐—) 말과의 동물. 말과 비슷하나 몸이 좀 작고 머리에는 긴 털이 없다. 체력이 강하고 병에 잘 걸리지 않아 부리기에 알맞다. [비]나귀.

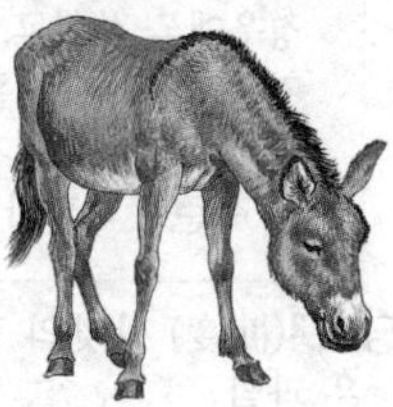

〈당나귀〉

당나라(唐—) 중국의 옛 왕조의 하나. 이연이 수나라를 멸망시키고 지금의 시안에 도읍하고 세웠다. 중앙 집권 체제를 확립하였고, 문화가 크게 발달하여 주변의 여러 나라에 많은 영향을 끼쳤다. 〔618~907〕

당년(當年) ①바로 그 해. ②그 해의 나이. [예]당년 18세의 어린 신부.

당뇨(糖尿) 당분이 많이 섞여 나오는 오줌.

당뇨병(糖尿病) [당뇨뼝] 핏속에 포도당이 많아져서 당뇨가 오랫동안 계속되는 병.

당당하다(堂堂—) ①모습이 의젓하고 번듯하다. [예]체격이 당당한 청년. ②거리낌이 없이 떳떳하다. [예]지더라도 당당하게 싸워라. ③위세 등이 대단하다. 예세도가 당당하던 집안. 당당히.

당대(當代) ①어떤 사람이 살던 그 시대. 예당대 최고의 명필 한석봉. ②지금 이 시대. ③사람의 한평생. 예당대에 망하다.

당도¹(當到) 어떤 곳에 닿아서 이름. 당도하다. 예목적지에 당도하다.

> :::: '당도¹'와 '도달'의 구별 ::::
>
> **당도** : 어떤 구체적인 장소에 다다른 경우에만 쓰인다. '도착'과 거의 같은 경우에 쓰일 수 있다. 예목적지에 당도하다./×최고 수준에 당도하다.
>
> **도달** : 어떤 구체적인 장소에 다다른 경우에도 쓰이고, 일정한 수준이나 기준 등에 다다른 경우에도 쓰일 수 있다. 예목적지에 도달하다./최고 수준에 도달하다.

당도²(糖度) 단맛의 정도. 예당도가 높은 과일.

당:돌하다(唐突一) 꺼리거나 어려워함이 없이 주제넘은 데가 있다. 예그는 꼬마의 당돌한 질문에 순간 당황했다. 당돌히.

당면¹(唐麵) 감자나 고구마의 녹말로 만든 국수. 잡채 등의 재료가 된다.

당면²(當面) 일이 바로 눈앞에 닥침. 예당면 문제. 당면하다.

당번(當番) 어떤 일을 맡는 차례가 됨, 또는 그 사람. 예청소 당번. 반비번.

당부(當付) 어찌하라고 말로 단단히 부탁함, 또는 그 부탁. 예엄마는 차조심 하라고 당부를 하셨다. 당부하다.

당분(糖分) 단맛이 있는 성분.

당분간(當分間) 앞으로 얼마 동안. 예아침 운동은 당분간 쉴 생각이다.

당사(當社) 이 회사.

당사국(當事國) 국제간의 사건 등에 직접 관계가 있거나 관계한 나라.

당사자(當事者) 어떤 일에 직접 관계가 있거나 관계한 사람. 비본인. 반제삼자.

당산(堂山) 마을을 지켜 주는 신령이 있다는 마을 근처의 산이나 언덕.

당산나무(堂山一) 마을을 지켜 주는 신령으로 모셔 제사를 지내 주는 나무. 비당나무.

당선(當選) ①선거에서 뽑힘. 예당선 소감. ②심사에서 뽑힘. 반낙선. 당선되다. 당선하다.

당선인(當選人)[당서닌] 선거나 심사에서 뽑힌 사람. 예대통령 당선인. 비당선자.

당선자(當選者) ➡당선인.

당수(黨首) 당의 우두머리.

당숙(堂叔) 아버지의 사촌 형제.

당시(當時) 어떤 일이 생긴 바로 그때. 예8·15 당시.

당신(當身) ①자기보다 낮거나 비슷한 상대편을 이르는 말. ②그 자리에 없는 웃어른을 높여 이르는 말. ③부부 사이에 서로 상대편을 이르는 말.

당실거리다 팔다리를 자꾸 가볍고 흥겹게 놀리며 춤을 추다. 비당실대다. 큰덩실거리다.

당실당실 자꾸 당실거리는 모양. 큰덩실덩실.

당실대다 ➡당실거리다.

당연하다(當然一) 일의 앞뒤 사정으로 보아 그렇게 되어야 옳다. 비마땅하다. 당연히. 예자식으로서 당연히 해야 할 일.

당원(黨員) 정당에 든 사람.

당일(當日) 바로 그 날. 예사건 당일. 비즉일.

당일치기(當日一) 일이 벌어진 그 날 하루에 다 끝냄. 예당일치기로 부산에 다녀오다./시험공부를 당일치기로 하다. 당일치기하다.

당장(當場) 바로 그 자리에서 곧. 예당장 여기를 떠나라.

당쟁(黨爭) 당파를 이루어 서로 싸우던 일.

당직(當直) 근무하는 곳에서 숙직이나 일직 등의 당번이 됨, 또는 그 사람. 당직하다.

당집(堂一)[당찝] 신을 모셔 놓고 위하는 집.

당차다 나이나 몸집에 비해 마음이나 행동이 야무지다. 예진수는 덩치는 작아도 아주 당차다.

당찮다(當一)[당찬타] 말이나 행동이 옳지 않다. 예당찮은 소리는 하지도 마라.

당첨(當籤) 제비뽑기나 추첨에 뽑힘. 예복권 당첨 발표. 당첨되다. 당첨하다.

당초(當初) 일의 맨 처음. 예당초의 계획을 바꿔 오늘 출발했다. 비애초.

당초무늬(唐草一)[당초무니] 덩굴 식물이 뻗어 나가는 모양의 무늬. 비덩굴무늬.

당파(黨派) 정치적 목적이 같은 사람들끼리 갈라져 나와 이룬 집단. 예당파 싸움.

당하다(當一) ①좋지 않은 일을 겪다. 예사고를 당하다. ②능히 이겨 내다. 예우리 반에서는 힘으로 동혁이를 당해 낼 아이가 아무도 없다.

-당하다(當一) 동작을 나타내는 말에 붙어, 그 말이 입음꼴이 되게 하는 말. 예체포당하다./무시당하다./거절당하다.

당혹스럽다(當惑一)[당혹쓰럽따] 갑자기 어떤 일을 당하여 어찌할 바를 몰라 난처하다. 예당혹스러운 질문. |활용| 당혹스러우니·당혹스러워.

당황(唐慌) 다급하여 어찌할 바를 모름. 당황하다. 예급할수록 당황하지 말고 침착하게 생각하라.

닻[닫] 배를 한곳에 머물러 있게 하기 위하여 밧줄이나 쇠줄에 매어 물에 던지는, 갈고리가 달린 기구. |발음| 닻이 [다치]·닻도 [닫또]·닻만 [단만]

〈닻〉

닿다[다타] ①사이에 빈 틈이 없게 붙다. 예이 옷감은 피부에 닿는 느낌이 참 좋다. ②목적지에 이르다. 예제주도에 닿으려면 아직 멀었다. ③어떤 곳이나 정도에까지 미치다. 예힘닿는 데까지 도와줄게. |발음| 닿아 [다아]·닿고 [다코]·닿는 [단는]

닿소리[다쏘리] 사람이 날숨으로 소리를 낼 때, 공기가 목 안 또는 입 안에서 막히면서 나는 소리. ㄱ, ㄲ, ㄴ, ㄷ, ㄸ, ㄹ, ㅁ, ㅂ, ㅃ, ㅅ, ㅆ, ㅇ, ㅈ, ㅉ, ㅊ, ㅋ, ㅌ, ㅍ, ㅎ 등. 비자음. 반홀소리.

대[1] ①식물의 줄기. 예대나무는 대가 곧게 자란다. ②가늘고 긴 막대기 같은 것을 통틀어 이르는 말. ③마음 씀씀이나 의지. 예대가 세다.

대[2] 볏과의 늘푸른큰키나무. 줄기는 속이 비고 곧으며 마디가 있고, 잎은 가늘고 뻣뻣하다. 나무는 건축 재료 등으로 쓰이고, 어린순은 먹는다.

대[3] ①담배를 피우는 횟수를 셀 때 쓰이는 말. 예담배를 한 대 피우다. ②주사나 침을 맞는 횟수를 셀 때 쓰이는 말. 예엉덩이에 주사를 한 대 맞았다. ③때리는 횟수를 셀 때 쓰이는 말. 예꿀밤 한 대/곤장 열 대.

대[4](代) 이어져 내려오는 한집안의 계통, 또는 그것을 셀 때 쓰는 말. 예대를 잇다.

대[5](對) ①사물과 사물의 대비나 대립을 나타낼 때 쓰는 말. 예우리 학교 대 이웃 학교의 축구 경기. ②비·비율·득점의 비 등을 나타내는 말. 예우리 팀은 2대 1로 간신히 이겼다.

대⁶(臺) 사방을 볼 수 있게 높이 쌓아 만든 곳.

대⁷(臺) 자동차·비행기·기계 등을 셀 때 쓰이는 단위. 예자동차 한 대.

대ː가¹(大家) 학문이나 예술 분야에서 뛰어나 권위를 인정받는 사람. 예음악의 대가.

대ː가²(代價) [대까] 어떤 일을 함으로써 생기는 희생이나 손해, 또는 그 것으로 하여 얻어진 결과. 예승리의 대가.

대가리 ①사람의 '머리'를 속되게 이르는 말. 예돌대가리. ②동물의 머리. 예돼지 대가리. ③길쭉하게 생긴 물건의 앞이나 윗부분. 예콩나물 대가리.

대ː가족(大家族) ①식구가 많은 가족. 반소가족. ②조부모·부모·형제 및 그 배우자와 자녀가 한집에 모여 사는 가족. 예대가족 제도. 참핵가족.

대ː각 국사(大覺國師) '의천'의 시호.

대ː각선(對角線) [대각썬] 다각형에서, 서로 이웃하지 않는 두 꼭짓점을 잇는 직선.

대간(臺諫) 지난날, '사헌부와 사간원의 벼슬'을 통틀어 이르던 말.

대ː감(大監) 조선 시대에, 정이품 이상의 벼슬아치를 높여 이르던 말. 예대감마님.

대ː강(大綱) 일의 중요한 부분만 간단히. 예그 일이라면 나도 대강 알고 있다. 비대충.

대ː강대강(大綱大綱) 여러 가지를 다 중요한 부분만 간단히. 예비가 올 것 같으니 대강대강 치우고 얼른 가자. 비대충대충.

대ː개(大槪) ①거의 모두. 예대개 만족해한다. 비대부분. ②그저 웬만한 정도로. 예나는 그 영화를 안 보았지만 내용은 대개 안다.

대걸레 긴 자루가 달린 걸레.

대게 물맞이겟과의 게. 몸길이 22cm가량. 등딱지는 둥근 세모꼴이며, 몸통에서 뻗어 나간 다리가 대나무처럼 생겨서 '대게'라고 부른다. 우리나라에서 나는 게 가운데 가장 크며 맛이 좋다.

대견스럽다 [대견스럽따] 보기에 흡족하고 자랑스럽다. |활용| 대견스러우니·대견스러워. 대견스레.

대견하다 마음에 흡족하고 자랑스럽다. 예혼자 힘으로 공부했다니 참 대견하구나. 대견히.

대ː결(對決) 서로 맞서서 이기고 짐 또는 옳고 그름을 결정함. 예실력 대결. 대결하다.

대ː경실색(大驚失色) [대경실쌕] 몹시 놀라 얼굴빛이 하얗게 변함. 예동생이 차에 치었다는 말에 어머니는 대경실색을 하셨다. 대경실색하다.

대ː공(對空) 땅에서 공중의 목표물을 상대함. 예대공 사격/대공 미사일.

대ː공원(大公園) 규모가 큰 공원. 예어린이 대공원.

대ː관람차(大觀覽車) [대괄람차] 바퀴 모양의 둘레에 두세 명이 앉을 수 있는 작은 공간을 여러 개 만들어 먼 곳을 바라볼 수 있게 한, 커다란 회전식 놀이 기구.

대ː관령(大關嶺) [대괄령] 강원도 강릉시와 평창군의 경계에 있는 고개. 높이 832m. 고랭지 채소 및 씨감자의 주산지이다.

대ː관식(戴冠式) 유럽에서, 임금이 왕관을 쓰고 왕위에 올랐음을 널리 알리는 의식.

대ː관절(大關節) 여러 말 할 것 없이 요점만 말하건대. 예대관절 어찌 된 일이냐? 비대체·도대체.

대ː괄호(大括弧) 묶음표 안의 말이 바깥 말과 음이 다를 때나, 묶음표 안에 또 묶음표가 있을 때 바깥 묶음표로 쓰는 괄호 '〔 〕'의 이름.

대:교(大橋) 큰 다리.

대구¹(大口) 대구과의 바닷물고기. 몸 길이는 70~75cm. 몸은 넓적하고 입 과 머리가 크다. 몸빛은 잿빛을 띤 연 한 갈색에 배는 흰색이다. 고기는 먹 고 간은 간유의 원료로 쓴다.

대구²(大邱) 경상북도 남부에 있는 광 역시. 섬유 공업과 기계 공업이 발달 하였으며, 국내 최대의 사과 산지로 도 유명하다.

대:국¹(大國) 국토가 넓고 국력이 강한 나라. 빤소국.

대:국²(對局) 마주 보고 앉아 바둑이나 장기를 둠. 대국하다.

대:군¹(大君) 임금의 정식 부인이 낳은 아들. 예수양 대군.

대:군²(大軍) 병사의 수가 많은 군대.

대굴대굴 작고 단단한 물건이 잇달 아 굴러가는 모양. 예구슬이 대굴 대굴 굴러간다. 囹데굴데굴. 셴때굴 때굴.

대:권(大權) [대꿘] 나라를 다스리는 권 한. 예대권을 잡다.

대:권 항:로(大圈航路) 지구 위의 두 곳을 연결하는 가장 짧은 거리로 비 행기가 다니는 길.

대:궐(大闕) ➡궁궐.

대:규모(大規模) 일의 범위가 넓고 큰 규모. 예대규모 공사. 빤소규모.

대:금¹(大쪽) 우리나라 고유의 피리의 한 가지. 대나무에 13개의 구멍을 뚫 어 만든다.

대:금²(代金) 물건의 값으로 치르는 돈. 예신문 대금.

대:기¹(大氣) 지구를 둘러싸고 있는 기 체. 빤공기.

대:기²(待機) 때나 기회를 기다림. 예출 동 대기. 대기하다.

대:기권(大氣圈) [대기꿘] 지구를 둘러 싸고 있는 대기의 층.

대:기실(待機室) 대기하는 사람이 기

다리도록 만든 방.

대:기업(大企業) 자본금이나 종업원 수 등의 규모가 큰 기업. 빤중소기업.

대:기 오:염(大氣汚染) 먼지·매연·일 산화탄소 등에 의해 공기가 더러워진 상태.

대:기표(待期票) 어떤 일을 보거나 입 장하려고 기다리는 사람들에게 순서 를 알려 주기 위해 미리 나누어 주는 번호표.

대:길(大吉) 운이 아주 좋음. 매우 길 함. 예입춘대길. 대길하다.

대꼬챙이 대나무를 깎아 만든 꼬챙이.

대:꾸 〈말대꾸〉의 준말. 예영미는 묻 는 말에 아무 대꾸도 하지 않았다. 대 꾸하다.

대나무 '대²'를 나무로 이르는 말.

대:낮 [대낟] 환하게 밝은 낮.

대:뇌(大腦) [대뇌/대눼] 뇌의 한 부분. 좌우 한 쌍을 이루고 있으며, 생각· 기억·판단 등의 정신 작용을 맡아본 다. 빤큰골.

대님 한복의 바짓가랑이 끝을 접어서 발목을 졸라매는 끈.

대:다¹ ①무엇을 어떤 것에 닿게 하다. 예그림에 함부로 손을 대지 말 것! ② 어떤 사실을 드러내어 말하거나 숨김 없이 밝히다. 예어서 바른 대로 대라. ③돈이나 물건 등을 마련하여 주다. 예학비를 대다. ④탈것을 어떤 곳에 세우거나 머물게 하다. 예차를 댈 곳 이 없다. ⑤어떤 도구를 써서 일을 하 다. 예자를 바르게 대고 줄을 그어라. ⑥이유나 구실을 들어 보이다. 예터 무니없는 핑계를 대다. ⑦어떤 행동 을 거리낌 없이 마구 하다. 예놀러 가 자고 하루 종일 성화를 댄다. ⑧서로 견주어 보다. 예키를 대어 보다. ⑨어 떤 곳에 물이 들어가게 하다. 예모내 기를 하기 위해 논에 물을 대다. ⑩무 엇을 겨누거나 향하다. 예같은 동포

의 가슴에 총부리를 대다니…. ⑪정한 시간에 가 닿거나 맞추다. [예]약속 시간에 대려고 뛰어왔다.

대ː다² 어떤 동작의 정도가 심하게 계속됨을 나타내는 말. [예]진수의 우스갯소리에 모두 킥킥 웃어 댔다.

-대다 ➡-거리다.

대ː다수(大多數) ①거의 모두. [예]대다수가 찬성하다. [비]대부분. ②대단히 많은 수.

대ː단원(大團圓) [대다눤] ①일의 맨 끝. [비]대미. ②영화·연극 등에서, 사건의 얽힌 실마리를 풀어 결말을 짓는 마지막 장면.

대단원의 막을 내리다[관용] 행사나 사건 등이 끝나다. [예]전국 체전이 대단원의 막을 내렸다.

대ː단하다 ①썩 중요하다. [예]그다지 대단한 일도 아닌데 법석을 떤다. ②아주 심하다. [예]처음에는 노염이 대단하셨다./할머니 병세가 대단치 않으니 걱정하지 마라. ③매우 뛰어나다. [예]대단한 인물. ④몹시 크거나 많다. [예]인기가 대단하다. **대단히.** [예]대단히 감사합니다.

대ː담(對談) 어떤 일에 대하여 서로 이야기를 주고받음, 또는 그 이야기. **대담하다.**

대ː담하다(大膽—) 무엇을 하는 데 겁내거나 하지 않고 용감하다. [예]대담하게 맞서다. **대담히.**

대ː답(對答) ①묻거나 청하는 말을 듣고 그것에 대한 생각을 말로 나타내는 일. [예]선생님이 물어보시면 뭐라고 대답을 하지? [반]물음. ②부르는 말을 듣고, 그 말을 들었다는 뜻을 나타내는 말. [예]아무리 불러도 대답이 없다. [준]답. **대답하다.**

대ː대¹(大隊) 군대 단위의 하나. 연대의 아래, 중대의 위로 보통 4개 중대로 이루어진다.

대ː대²(代代) 거듭되는 여러 세대. [예]집안 대대의 가풍.

대ː대로(代代—) 여러 대를 죽 이어서. [예]조상 대대로 물려받은 땅.

대ː대손손(代代孫孫) 오래도록 내려오는 여러 대. [예]대대손손 영화를 누리다. [비]자손만대·자자손손.

대ː대적(大大的) 범위나 규모가 매우 큰 것. [예]대대적 환영/대대적인 공사를 벌이다.

대ː도시(大都市) 지역이 넓고 인구가 많으며, 대체로 정치적·경제적·문화적 활동의 중심이 되는 도시. [반]소도시.

대ː독(代讀) 축사나 기념사 등을 대신 읽음. **대독하다.** [예]국무총리가 대통령의 축사를 대독하였다.

대ː동강(大同江) 개마고원의 남쪽 끝인 낭림산맥에서 시작하여 평안도 지방을 거쳐 황해로 흘러 들어가는 강. 길이 439 km.

대ː동맥(大動脈) ①심장의 좌심실에서 나와 온몸에 피를 내보내는 동맥의 원줄기. [반]대정맥. ②'한 나라 교통의 가장 중요한 도로나 철로'를 비유하여 이르는 말. [예]경부 고속 도로는 이 땅의 대동맥이다.

대ː동문(大同門) 평양시의 동쪽에 있는 성문. 대동강을 건너 남으로 통하는 평양성의 성문 가운데서도 가장 중요한 문이었으며, 조선 전기의 건축 형식과 구조를 잘 보여 주는 대표적인 건축물이다.

대ː동법(大同法) [대동뻡] 조선 중기 이후에 세금으로 내던 특산물을 쌀로 통일하여 내게 하던 제도.

대ː동소이하다(大同小異—) 큰 차이 없이 거의 같다. [예]나도 네 생각과 대동소이하다.

대ː동여지도(大東輿地圖) 조선 후기 김정호가 만든 우리나라 지도. 김정호가 27년 동안 전국 방방곡곡을 돌아다니며 직접 측정하여 만든 지도로, 그 정확도는 현재의 지도와 큰 차이가 없다. 보물 제850호.

대들다 요구하거나 반항하느라고 맞서서 덤비다. 예동생이 형에게 대들어서야 되겠니? |활용| 대드니·대들어.

대들보(大—)[대들뽀] ①한옥에서, 두 기둥 사이를 가로질러 얹는 큰 나무. ②'한 나라나 집안을 이끌어 가는 중요한 사람'을 비유하여 이르는 말. 예넌 우리 집안의 대들보라는 사실을 잊지 마라.

대:등(對等) 낮고 못함이 없이 서로 비슷함. 대등하다. 예도전자는 챔피언을 상대로 대등한 경기를 펼쳤다.

대뜸 이것저것 생각할 것 없이 그 자리에서 곧. 예형은 나를 보자마자 대뜸 화부터 냈다.

대:란(大亂) 큰 난리. 또는 크게 어지러움. 예교통 대란.

대:략(大略) ①대강의 줄거리. 예대략의 내용. ②대충 줄거리만 추려서. ③대충 어림잡아서. 예집에서 학교까지는 대략 30분 걸린다.

대:량(大量) 많은 분량. 예대량 생산. 땐소량.

┌─────────────────────────────┐
│ ∷∷∷ '**대량**'과 '**다량**'의 구별 ∷∷∷ │
│   │
│ **대량** : 한 종류를 가리키거나 셀 수   │
│ 있는 사물의 양을 나타낼 때에 쓰   │
│ 인다. 예물건을 대량으로 사면 싸   │
│ 다./자동차를 대량으로 수출하다.   │
│ **다량** : 여러 종류를 가리키거나 사물   │
│ 의 양을 셀 수 없을 경우에 쓰인다.   │
│ 예시금치에는 다량의 비타민이 들   │
│ 어 있다./농산물을 다량으로 수입   │
│ 하다.   │
└─────────────────────────────┘

대:련(對鍊) 태권도·유도 등에서 두 사람이 서로 겨루어 공격과 방어의 기술을 연습함. 삐겨루기. 대련하다.

대:령¹(大領) 국군 계급의 하나. 중령의 위, 준장의 아래. 魯중령·소령.

대:령²(待令) ①명령을 기다림. ②미리 갖추어 놓고 기다림. 대령하다. 예대감마님, 소인 여기 대령했사옵니다./어서 가마를 대령하렷다.

대:례(大禮) 혼인을 치르는 큰 예식.

대로¹ ①앞말이 뜻하는 그 모양과 같이. 예본 대로 느낀 대로 글을 적어 보세요./배운 대로 해라. ②어떤 일이 일어나는 그때마다. 예주는 대로 받아먹다.

대:로²(大路) 폭이 넓은 길. 삐큰길. 땐소로.

대롱 ①통으로 된 가는 대의 토막. ②통으로 된 대의 토막처럼 생긴 가느다란 관을 통틀어 이르는 말.

대롱거리다 작은 물건이 매달려 늘어진 채 자꾸 가볍게 흔들리다. 삐대롱대다.

대롱대다 ➡대롱거리다.

대롱대롱 자꾸 대롱거리는 모양. 예풀잎에 대롱대롱 매달려 있는 이슬.

대:류(對流) 액체나 기체가 열을 받으면 위로 올라가고 식으면 아래로 내려오는 현상.

대:류 상자(對流箱子) 공기가 열을 받으면 위로 올라가고 식으면 아래로 내려오는 현상을 관찰하는 상자.

대:륙(大陸) 바다로 둘러싸인 지구 위의 커다란 육지. 예아프리카 대륙.

대:륙붕(大陸棚)[대륙뿡] 대륙이나 큰 섬 주변을 둘러싸고 있는, 깊이 약 200 m까지의 가파르지 않은 바다 밑의 땅.

대:륙성 기후(大陸性氣候) 대륙의 영향을 크게 받는 기후. 여름과 겨울, 낮과 밤의 온도 차가 크며, 맑은 날이 많고 비가 적게 온다.

대:리(代理) 남의 일을 대신 처리함, 또는 그런 사람. 예대리 운전. 대리하다.

대:리석(大理石) 석회암이 높은 열과 압력을 받아 변한 돌. 흰색을 띠는 것은 건축이나 조각용 재료로 널리 쓰인다. 囲대리암.

대:리암(大理岩) ➡대리석.

대:리점(代理店) 어떤 회사의 상품을 맡아서 팔아 주는 가게. 예자동차 대리점.

대:립(對立) 서로 맞서거나 버팀. 예의견 대립/노사 간의 대립. 囲대치. 대립되다. 대립하다.

대:마도(對馬島) ➡쓰시마 섬.

대:마초(大麻草) 환각제로 쓰이는, 삼의 이삭이나 잎, 또는 그것을 담배처럼 피우도록 만든 것.

대만(臺灣) ➡타이완.

대말타기 '죽마놀이'의 북한말.

대:망(待望) 기다리고 바람. 예대망의 새해가 밝아 왔다. 대망하다.

대:머리 머리털이 빠져 벗어진 머리, 또는 그런 사람.

대:면(對面) 얼굴을 마주 보고 대함. 예첫 대면. 대면하다. 예직접 대면하고 말하겠다.

대:명사(代名詞) 어떤 사람이나 사물의 대표적인 특색을 나타내는 말. 예'놀부' 하면 심술쟁이의 대명사지.

대목 ①이야기나 글 등의 특정한 부분. 또는 일의 어떤 부분. 예판소리 춘향가의 한 대목. ②설이나 추석 등의 명절을 앞두고 물건이 많이 팔리는 시기.

대:못(大一)[대몯] 굵고 긴 못. 囲큰못.

대:문(大門) 큰 문. 집의 정문. 예누군가 대문을 두드렸다.

대:문자(大文字)[대문짜] 서양 글자에서, 큰 체로 된 글자. A, B, C 등. 囲소문자.

대물렌즈(對物lens) 현미경·망원경 등에서, 물체에 가까운 쪽의 렌즈. 囲접안렌즈.

대:물림(代一) 사물이나 가업을 자손에게 물려줌, 또는 그런 물건. 대물림하다.

대:미(大尾) 일의 맨 마지막. 예불꽃놀이가 축제의 대미를 장식했다. 囲대단원.

대바구니 대로 엮어 만든 바구니.

대바늘 대로 가늘고 길게 만든 바늘. 양 끝이 뾰족하며 뜨개질하는 데 쓴다.

〈대바구니〉

대번에[대버네] 서슴지 않고 단숨에. 한 번에 곧. 예대번에 눈치채다./대번에 알아보다.

대:범하다(大汎一) 까다롭거나 잘게 굴지 않고 너그럽다. 예대범한 성격. 대범히.

대:법원(大法院)[대버뷘] 우리나라의 최고 법원. 어떤 사건에 대한 재판을 최종적으로 판결한다.

대:법원장(大法院長)[대버뷘장] 대법원의 우두머리.

대:변¹(大便) 사람의 똥. 예대변을 보다. 瓲소변.

사람의 '똥'을 점잖게 이르는 말로, 누구의 것인지 모를 정도로 오래되었거나 변소 등의 일정한 장소 밖에다 눈 것은 '대변'이라 하지 않는다. 또한, 함께 어울려 쓰이는 말도 '보다'가 고작이다. 예대변 보러 가셨습니다./×바지에 대변을 쌌다./×길가에다 누가 대변을 누었지?

대:**변²**(代辯) 어떤 사람이나 단체를 대신하여, 그 의견이나 태도를 밝혀 말함. 대변하다.

대:**변³**(對邊) 다각형에서, 한 변이나 각에 마주 대하고 있는 변.

대:**변인**(代辯人) [대벼닌] 어떤 사람이나 단체를 대신하여 그 의견이나 태도를 밝혀 말하는 사람.

대:**보다** 서로 견주어 보다. 예길고 짧은 것은 대보아야 안다.

대:**보름**(大一) 〈대보름날〉의 준말.

대:**보름날**(大一) 음력 정월 보름날을 명절로 이르는 말. 땅콩·호두 등의 부럼과 오곡밥을 먹으며, 달맞이·쥐불놀이 등을 한다. 준대보름.

대**본**(臺本) 연극의 상연이나 영화 제작 등에 기본이 되는 글. 비각본.

대:**부**(貸付) ①이자와 기한을 정하고 돈을 꾸어 줌. 비대출. ②어떤 물건을 돌려받기로 하고 남에게 빌려 주어 쓰게 함. 대부되다. 대부하다.

대:**부분**(大部分) 거의 다. 예마을 주민 대부분이 농사를 짓는다. 비대개·대다수.

대**분수**(帶分數) [대분쑤] 정수와 진분수의 합으로 된 수. $3\frac{1}{2}$ 등.

대:**비¹**(對比) ①서로 맞대어 비교함. ②물체의 특성을 강조하기 위해 서로 다른 색이나 모양을 나란히 놓는 일. 대비되다. 대비하다.

대:**비²**(對備) 앞으로 있을 어떤 일에 대응하여 미리 준비함. 대비하다. 예장군은 적군의 침입에 대비하여 군사를 훈련시켰다.

대:**사¹**(大事) 크고 중요한 일. 비큰일.

대:**사²**(大使) 다른 나라에 가 있으면서 자기 나라를 대표하여 외교를 맡아보며, 자기 나라의 국민을 보호·감독하는 으뜸 외교관. 참공사³·영사².

대:**사³**(大師) '고승'을 높여 이르는 말. 예서산 대사.

대**사⁴**(臺詞) 배우가 무대 위에서 하는 말.

대:**사관**(大使館) 대사가 파견된 나라에서 공적인 일을 보는 집. 참영사관.

대사리 ➡다슬기.

대:**사헌**(大司憲) 조선 시대에, 사헌부의 으뜸 벼슬.

대:**상¹**(大賞) 경연 대회 등에서, 가장 우수한 사람이나 단체에게 주는 상.

대**상²**(隊商) 사막 지방에서 낙타나 말에 짐을 싣고 떼를 지어 먼 곳을 다니면서 장사하는 상인. 비카라반.

대:**상³**(對象) 어떤 일의 상대나 목표가 되는 것. 예연구 대상.

대:**서**(大暑) 이십사절기의 하나. 소서와 입추 사이로, 7월 23일경. 일 년 중에서 이 무렵이 가장 덥다고 한다.

대:**서양**(大西洋) 오대양의 하나. 유럽 및 아프리카 대륙과 남·북아메리카 대륙 사이에 있는, 태평양 다음으로 큰 바다.

대:**서특필**(大書特筆) 《뚜렷이 드러나게 큰 글자로 쓴다는 뜻으로》 신문 등에서 어떤 사건을 크게 다룸을 이르는 말. 예신기록 수립을 대서특필로 보도하다. 대서특필하다.

대:**설**(大雪) 이십사절기의 하나. 소설과 동지 사이로, 12월 7일경. 이 무렵에 눈이 가장 많이 내린다고 한다.

대:**성**(大成) 크게 이룸. 크게 성공함. 대성하다.

대:**성공**(大成功) 큰 성공. 예이만하면 대성공이다.

대:**성전**(大成殿) 공자의 위패를 모신 건물.

대:**성통곡**(大聲痛哭) 큰 소리로 몹시 슬프게 욺. 대성통곡하다.

대:**성 학교**(大成學校) 1908년에 안창호가 평양에 세운 학교. 민족정신을 불어넣는 데 중점을 두어 가르쳤다.

대:세(大勢) 어떤 일이 되어 가는 결정적인 형편이나 상태. 예대세가 기울다.

대:소(大小) 크고 작음. 큰 것과 작은 것.

대:소변(大小便) 사람의 똥과 오줌. 예대소변을 가리다.

대:소사(大小事) 크고 작은 일. 예집안의 대소사.

대:수[1](大事) 중요한 일. 대단한 일. |참고| 대수는 '대사(大事)'에서 온 말. 예싸움 잘하는 것이 대수냐?

대수[2](臺數) [대쑤] 자동차·기계 등의 수. 예자동차 대수.

대:수롭다 [대수롭따] 대단하다. 중요하다. |참고| 흔히, 부정·의문을 나타내는 말과 어울려 쓰인다. 예대수롭지 않은 일. |활용| 대수로우니·대수로워. 대수로이.

대:승(大勝) 싸움이나 경기에서 크게 이김. 예대승을 거두다. 凹대첩. 凹대패. 대승하다.

대:식가(大食家) [대식까] 음식을 보통 사람보다 많이 먹는 사람.

대:신[1](大臣) 조선 시대에, 영의정·좌의정·우의정을 통틀어 이르던 말. 凹정승.

대:신[2](代身) ①남의 일을 자기가 맡음. 예회장 대신으로 회의에 참석하다. ②다른 것으로 바꿈. 예꿩 대신에 닭. 대신하다.

대:안(代案) 어떤 일을 대신하는 다른 안. 예대안을 내놓다.

대안렌즈(對眼lens) ➡ 접안렌즈.

대야 주로 손발이나 얼굴을 씻을 때 쓰는, 둥글고 넓적한 그릇.

대:양(大洋) 넓고 큰 바다. 특히, 태평양·대서양·인도양·북극해·남극해를 이른다. 예5대양 6대주. 凹대해.

대:어(大魚) 큰 물고기.

대:여(貸與) 물건·건물·돈 등을 빌려 줌. 예책 대여. 대여하다.

대여 : 건물·물건·돈 등을 빌려 주는 것. 건물과 같이 움직일 수 없는 것을 빌려 주는 경우에도 쓰인다. 예학자금 대여(대출)/아파트 대여 (×대출).

대출 : 물건·돈 등을 빌려 주는 것. 건물과 같이 움직일 수 없는 것에는 사용할 수 없으며, 주로 돈이나 책 등에 많이 쓰인다. 예은행에서 대출을 받다./도서 대출(대여).

대:여섯 [대여섣] 다섯이나 여섯. 예대여섯 사람.

대:역(代役) 연극·영화 등에서, 어떤 배우의 역할을 다른 사람이 대신 맡아 하는 일, 또는 그런 사람. 凾스턴트맨. 대역하다.

대열(隊列) 사람이나 자동차 등이 늘어서서 이룬 줄.

대:왕(大王) 훌륭하고 업적이 뛰어난 임금을 높여 이르는 말. 예세종 대왕.

대:왕암(大王岩) 경상북도 경주시 양북면 봉길리 앞바다에 있는 신라 문무왕의 바닷속 능. 사적 제158호. 凹문무 대왕릉.

대:외(對外) [대외/대웨] 외부 또는 외국에 대한 것. 예대외 활동/대외 무역.

대:용(代用) 다른 것의 대신으로 씀, 또는 그 물건. 예대용 식품. 대용하다.

대:우(待遇) ①예의를 갖추어 대함. 예특별 대우. ②직장에서 받는 보수의 수준이나 직위. 예그 정도면 대우가 좋은 편이다. 대우하다.

대:웅전(大雄殿) 절에서, 주되는 불상을 모신 법당.

대원(隊員) 어떤 집단이나 부대를 이루고 있는 사람. 예구조대 대원.

대:원군(大院君) 직계 자손이 아닌 왕족이 왕위를 이어받았을 때, 그 임금의 친아버지에게 내리던 벼슬. 예홍선 대원군.

대:위(大尉) 국군 계급의 하나. 중위의 위, 소령의 아래. 참중위·소위¹.

대:응(對應) ①맞서서 서로 응함. ②어떤 일이나 상황에 알맞은 태도나 행동을 취함. ③합동이나 닮은꼴인 두 도형의 같은 자리에서 짝을 이루는 요소끼리의 관계. ④두 집합 '가'와 '나'에서 '가'의 원소 각각에 대하여 '나'의 원소가 정해질 때, 두 집합의 각 원소끼리 짝을 이루는 관계. 대응되다. 대응하다.

대:응각(對應角) 두 도형이 합동이거나 닮은꼴일 때, 서로 대응하는 자리에 있는 각.

대:응변(對應邊) 두 도형이 합동이거나 닮은꼴일 때, 서로 대응하는 자리에 있는 변.

대:응점(對應點) [대응쩜] 두 도형이 합동이거나 닮은꼴일 때, 서로 대응하는 자리에 있는 점.

대:의(大義) [대의/대이] 사람으로서 마땅히 지켜야 할 도리.

대:의명분(大義名分) [대의명분/대이명분] 사람으로서 마땅히 지켜야 하는 도리와 본분.

대:의원(代議員) [대의원/대이원] 정당이나 단체의 대표로 뽑혀, 회의에 참가하는 사람.

대:인(大人) ①어른. 성인. 예입장료가 대인은 5,000원입니다. 반소인. ②말과 행실이 바르고 점잖은 사람.

대입¹(大入) '대학교 입학'이 줄어든 말. 예대입 시험.

대:입²(代入) ①다른 것을 대신 넣음. ②수학에서, 식에 들어 있는 문자 대신 일정한 수를 바꿔 넣는 일. 대입되다. 대입하다.

대:자보(大字報) 큰 글자로 써서 벽이나 게시판에 붙인 글.

대:자연(大自然) 위대한 자연. 예대자연의 신비.

대:작(大作) ①내용이나 규모가 큰 작품이나 제작. ②뛰어난 작품.

대:장¹(大將) ①국군 계급의 하나. 중장의 위, 원수의 아래. 참소장²·중장¹. ②한 무리의 우두머리. ③어떤 일을 잘하거나 몹시 즐기는 사람을 이르는 말. 예거짓말 대장.

대:장²(大腸) ➡큰창자.

대장³(隊長) 한 대(隊)를 지휘하는 사람. 예소방대 대장.

대장⁴(臺帳) ①근거가 되도록 어떤 사항을 기록한 장부. ②상업상의 모든 계산을 기록한 장부. 예출납 대장.

대:장간(一間) [대장깐] 쇠를 달구어 온갖 연장을 만들어 내는 곳.

대:장경(大藏經) 불경을 모두 모아 엮은 책.

대:장공(大將一) 여럿이 두 팀으로 나뉘어 가운데에 각 팀의 대장을 세운 다음, 자기 팀의 대장에게 먼저 공을 잡게 하여 승부를 겨루는 경기. 비캡틴 볼.

대:장균(大腸菌) 사람이나 동물의 큰창자 안에 사는, 막대 모양의 세균.

대:장부(大丈夫) 건장하고 씩씩한 사나이. 준장부. 반졸장부.

대:장장이 대장간에서 쇠를 달구어 온갖 연장을 만드는 일을 직업으로 하는 사람.

대:장정(大長程) 아주 먼 길을 감. 예북극 탐험의 대장정.

대저울 눈금이 표시된 저울대 끝에, 물건을 걸거나 얹을 고리나 접시가 달려 있는 저울.

〈대저울〉

대:적(對敵) ①적을 마주 대함. ②서로 맞서 겨룸. 대적하다. 예그 누구도 감히 너와는 대적하지 못하리.

대전¹(大田) 우리나라의 중앙부에 있는 광역시. 호남선과 경부선이 갈리는 곳으로, 교통의 요지이다. 엑스포 과학 공원·대청 댐·유성 온천·계룡산 등이 있다.

대:전²(大戰) 여러 나라가 넓은 지역에 걸쳐 벌이는 큰 전쟁. 예제2차 세계 대전.

대:절(貸切) 자동차 등을 돈을 내고 일정 기간 동안 통째로 빌림. 대절하다. 예우리는 버스를 대절하여 수학여행을 갔다.

대:접¹ 위가 넓고 높이가 낮으며 뚜껑이 없는 그릇. 국이나 숭늉 등을 담는 데 쓰인다.

대:접²(待接) ①음식을 차려 손님을 맞이함. 예식사 대접. 비접대. ②마땅한 예로써 대함. 예인간다운 대접을 받다. 대접하다.

대:정맥(大靜脈) 몸 안에 흩어져 있는 작은 정맥의 피를 모아서 심장의 우심방으로 보내는 큰 정맥. 반대동맥.

대:조(對照) ①둘을 맞대어 봄. 예원고 대조. ②서로 달라서 대비가 됨. 예우리 형제는 여러 면에서 대조가 된다. 대조되다. 대조하다.

대조영(大祚榮, ?~719) 발해의 시조(재위 698~719). 시호는 고왕. 고구려 유민과 말갈족을 모아 '진'이라는 나라를 세우고, 713년에 나라 이름을 '발해'로 바꾸었다.

대졸(大卒) '대학교 졸업'이 줄어든 말. 예대졸 사원.

대:종교(大倧敎) 단군을 받드는, 우리나라 고유의 종교.

대중¹ ①대강으로 하는 짐작. 또는 겉만 보고 어림잡아 짐작함. ②표준이나 기준. 대중하다. 예수확량을 대중할 수가 없다.

대:중²(大衆) 신분의 구별이 없이 한 사회를 이루는 대부분의 사람.

대:중가요(大衆歌謠) 대중이 즐겨 부르는 노래. 준가요.

대:중교통(大衆交通) 대중이 함께 이용할 수 있는 교통수단. 버스·지하철 등.

대:중 매체(大衆媒體) 대량의 정보나 지식을 많은 사람에게 전달하는 매체. 신문·잡지·라디오·영화·텔레비전 등. 비매스 미디어.

대:중문화(大衆文化) 대중에 의해 만들어진 문화.

대중없다 [대중업따] ①짐작을 할 수가 없다. ②정해 놓은 기준이 없다.

대:중음악(大衆音樂) [대중으막] 대중이 듣고 즐길 수 있는 음악.

대:지¹(大地) 대자연의 넓고 큰 땅. 예광활한 대지.

대지²(垈地) 집터가 되는 땅.

대:지진(大地震) 큰 지진.

대:질(對質) 서로 엇갈린 말을 하는 두 사람을 한자리에 마주 앉혀 말하게 함. 예대질 심문. 대질하다.

대쪽 ①대를 쪼갠 조각. ②'곧은 성미나 절개'를 비유하여 이르는 말. 예대쪽 같은 성품.

대:책(對策) 어떤 일에 대응할 수 있는 방법. 예수해 대책/대책을 세우다.

대:처(對處) 어떤 일에 대하여 적당한 조치를 취함. 대처하다.

대:첩(大捷) 전쟁 등에서 크게 이김. 비대승·대승리. 대첩하다.

대:청(大廳) 한옥에서, 안방과 건넌방 사이에 있는 큰 마루. 비대청마루.

대:청마루(大廳─) ➡대청.

대:청봉(大靑峯) 설악산의 가장 높은 봉우리. 높이는 1,708m.

대:청소(大淸掃) 대규모로 하는 청소. 대청소하다.

대:체¹(大體) 요점만 말한다면. 예이게 대체 무슨 일이냐? 비대관절·도대체.

대:체²(代替) 다른 것으로 바꿈. 예대체 자원. 대체되다. 대체하다.

대:체로(大體一) 일반적으로. 대충. 예대체로 건강은 좋다.

대:추 대추나무의 열매.

대:추나무 갈매나뭇과의 낙엽 지는 큰키나무. 가지에는 무딘 가시가 있으며, 가을에 열매인 대추가 붉게 익는다.

대:출(貸出) 돈이나 물건 등을 빌려줌. 예도서 대출/은행에서 대출을 받다. 비대부. 대출하다.

대충 ①어림잡아. 예대충 열 명 정도을 것이다. ②건성으로. 예대충 치우고 가자. 비대강. 대충대충.

대:취타(大吹打) 관악기와 타악기를 대규모로 갖춘 군악. 임금이 성 밖으로 행차할 때나 군대가 행진할 때 연주하였다.

대:치¹(代置) 다른 것으로 바꾸어 놓음. 대치되다. 대치하다. 예부족한 노동력을 기계로 대치하다.

대:치²(對峙) 서로 마주 대하여 버팀. 비대립. 대치되다. 대치하다.

대:칭(對稱) 점·선·면, 또는 이것들로된 도형이 어떤 기준이 되는 점·선·면을 중심으로 서로 맞서는 자리에 놓이는 경우.

대:칭축(對稱軸) 두 도형이 한 직선을 사이에 두고 대칭을 이룰 때의 그 직선.

대:타(代打) 야구에서, 정식 타자를 대신하여 공을 치는 사람.

대:통령(大統領)[대통녕] 공화국의 최고 지도자로서 외국에 대해 국가를 대표하는 사람.

대:파(大破) ①크게 부서지거나 깨짐. ②크게 이김. 대파되다. 대파하다. 예상대 팀을 큰 점수 차로 대파하다.

대:판(大一) 크게. 예대판 싸우다.

대:패¹ 나무를 곱게 밀어 깎는 연장.

대:패²(大敗) 싸움이나 경기에서 크게 짐. 반대승. 대패하다.

대:평원(大平原) 매우 넓고 평평한 들판.

대:포(大砲) 화약의 힘으로 포탄을 멀리 쏘는 무기. 준포.

〈대패¹〉

대:포알(大砲一) 대포의 탄알.

대:폭(大幅) 큰 폭으로. 썩 많이. 예책값이 대폭 올랐다. 반소폭.

대:표(代表) ①어떤 단체나 조직을 대신하여 그 뜻이나 성질을 외부에 나타냄. ②〈대표자〉의 준말. 예민수는 학교 대표로 전국 씨름 대회에 나갔다. ③전체를 표시할 만한 한 가지 사물, 또는 한 부분. 대표하다. 예조선 시대 목조 건축을 대표하는 남대문/정치가란 국민을 대표하여 나랏일을 보는 사람이다.

대:표단(代表團) 어떤 단체나 조직을 대표하는 사람들로 구성된 무리.

대:표자(代表者) 여러 사람을 대표하는 사람. 준대표.

대:표작(代表作) 어느 작가의 여러 작품 중에서, 그 작가의 능력이 가장 두드러지고 높이 평가되는 작품.

대:표적(代表的) 어느 한 분야나 집단에서 무엇을 대표할 만한 것. 예우리나라의 대표적인 민속놀이.

대:풍(大豊) → 대풍년.

대:풍년(大豊年) 농사가 아주 잘되어 수확이 많은 해. 비대풍.

대:피(待避) 위험한 일이 생겼을 때, 안전한 곳으로 피함. 대피하다.

대:피소(待避所) 위험을 잠시 피할 수 있도록 만들어 놓은 곳. 예지하 대피소.

대:하다(對一) ①대상으로 하다. 예우주 과학에 대한 흥미. ②관계하다. 예질문에 대한 명쾌한 답변. ③소재로 삼다. 예김치에 대한 글. ④향하다. 예나는 은미에 대하여 좋은 인상을 가지고 있다. ⑤마주보다. 예아직도 진수와는 얼굴을 대하기가 어색하다. ⑥상대하다. 예주희는 누구에게나 친절하게 대한다.

대:하소설(大河小說) 사람들의 일생이나 가족의 역사 등을 오랜 세월에 걸쳐 그려 내는 긴 장편 소설.

대:학¹(大學) ①〈대학교〉의 준말. ②한 대학교 안에서 같은 계열에 속하는 학과를 모아 짠 조직. 예사범 대학.

대:학²(大學) 사서의 하나. 공자의 가르침을 정통으로 나타낸 유교의 경전.

대:학교(大學校) [대학꾜] 초등학교·중학교·고등학교에 이어지는 학교 교육의 마지막 단계인 최고 교육 기관. 준대학.

대:학생(大學生) [대학쌩] 대학교에 다니는 학생.

대:학원(大學院) [대하권] 대학을 졸업한 사람이 한층 더 높은 수준의 학문을 연구하는 기관.

대:학자(大學者) [대학짜] 학식이 아주 뛰어난 학자.

대:한¹(大寒) 이십사절기의 하나. 소한과 입춘 사이로, 1월 20일경. 일 년 중에서 이 무렵이 가장 춥다고 한다.

대:한²(大韓) ①〈대한 제국〉의 준말. ②〈대한민국〉의 준말.

대:한문(大漢門) 서울특별시 중구 정동에 있는 덕수궁의 정문.

대:한민국(大韓民國) 우리나라의 이름. 준대한·한국.

대:한민국 임시 정부(大韓民國臨時政府) 1919년 4월에 중국 상하이에서 우리나라의 광복을 위해 임시로 조직한 정부. 비상해 임시 정부.

대:한제:국(大韓帝國) 조선 고종 34(1897)년부터 순종 4(1910)년 나라의 주권을 일본에 빼앗길 때까지의 우리나라의 이름. 준대한.

대:합(大蛤) 백합과의 조개. 길이 8.5cm가량. 조가비는 둥근 세모꼴로 매끄러우며, 회색빛을 띤 흰색에 붉은 갈색의 세로무늬가 있다. 바닷가의 진흙땅에 살며 맛이 좋다.

대:합실(待合室) [대합씰] 역·터미널·공항·부두 등에서 손님이 기다리며 쉴 수 있도록 마련한 방.

대:항(對抗) 서로 맞서서 버티거나 겨룸. 예학급 대항 축구 경기에서 우리 반이 우승을 차지했다. 대항하다.

대:해(大海) 넓고 큰 바다. 비대양.

대:행(代行) 남을 대신하여 행함. 예대행 회사. 대행하다. 예업무를 대행하다.

대:형¹(大形) 덩치가 큼.

대:형²(大型) 같은 종류의 사물 중에서 규모가 큰 것. 예대형 자동차. 반소형.

대형³(隊形) 여러 사람이 줄지어 늘어선 모양.

대:화(對話) 서로 마주 대하여 이야기함. 예남북 대화. 대화하다.

대:화글(對話一) 서로 주고받는 말을 나타낸 글.

대:화법(對話法) [대화뻡] 대화하는 방법.

대:회(大會) [대회/대훼] ①많은 사람이 모여 벌이는 행사. 예국민 대회. ②실력이나 기술 등을 겨루기 위한 모임. 예전국 어린이 글짓기 대회.

댁(宅) ①남의 '집(가정)'을 높여 이르는 말. 예선생님 댁. ②잘 모르는 상대를 높여 부르는 말. 예댁은 누구요?

댐(dam) 전기를 일으키거나 물을 이용하려고, 바다나 강을 가로질러 막아 쌓은 큰 둑. 예다목적 댐.

댑싸리 명아줏과의 한해살이풀. 가늘고 긴 잎은 끝이 뾰족하며, 여름에 연한 녹색의 꽃이 핀다. 줄기로는 빗자루를 만들고, 씨는 약으로 쓰인다.

댓: [댇] 다섯가량. 예아이들 댓 명. |발음| 댓이 [대시] · 댓도 [댇또] · 댓만 [댄만]

댓글(對─) [대끌/댇끌] 인터넷에 오른 글에 대해 짧게 답하여 올리는 글. 예댓글을 달다. |잘못| 덧글.

댓돌(臺─) [대똘/댇똘] ①한옥에서, 처마 밑 낙숫물이 떨어지는 안쪽으로 조금 높게 돌려 가며 놓은 돌. ②➡섬돌.

댓살 [대쌀/댇쌀] 대나무를 가늘게 쪼갠 조각.

댓잎 [댄닙] 대나무의 잎.

댕강 물체가 한 번에 잘려 나가는 모양. 예언니는 긴 머리를 댕강 잘라 버렸다. ㉑뎅겅.

댕기 여자의 길게 땋은 머리 끝에 드리는 헝겊이나 끈.

댕기다 불을 옮겨 붙이다. 예케이크에 초를 꽂고 불을 댕겼다. |잘못| 당기다.

더 ①어떤 수준보다 심하게. 예여기가 더 깊다. ②보다 많게. 예더 먹어라. ③그 이상 계속하여. 예10분만 더 기다려 보자. ①②⨯덜.

더구나 〈더군다나〉의 준말.

더군다나 그 위에 한층 더. 예어려운 형편에 더군다나 병까지 생겼다. ㉑더구나.

더더구나 〈더더군다나〉의 준말. 예학생이라면 더더구나 그럴 수 없지.

더더군다나 '더군다나'의 힘줌말. ㉑더더구나.

더더욱 '더욱'의 힘줌말.

더덕 초롱꽃과의 여러해살이풀. 뿌리는 도라지처럼 굵은데, 먹기도 하고 약재로도 쓰인다.

더덕더덕 [더덕떠덕] 작은 것들이 보기 흉하게 잇달아 들러붙거나 몰려 있는 모양. ㉑다닥다닥.

더듬거리다 ①손으로 자꾸 더듬다. ②말을 자꾸 더듬다. 예수영이는 더듬거리며 간신히 자기소개를 했다. ㉑더듬대다. ㉑다듬거리다.

더듬다 [더듬따] ①잘 보이지 않는 곳에서 손으로 이것저것을 만지다. 예나는 여기저기를 더듬어 간신히 성냥을 찾았다. ②기억이나 생각을 애써 되살리려 하다. 예옛 추억을 더듬다. ③말하는 것이나 글 읽는 것이 술술 내려가지 못하다. 예말을 더듬다.

더듬대다 ➡더듬거리다.

더듬더듬 자꾸 더듬거리는 모양. ㉑다듬다듬.

더듬이 [더드미] 거미 이외의 절지동물의 머리에 뿔처럼 나 있는 감각 기관. 냄새를 맡고, 먹이를 찾거나 적을 막는 구실을 한다. ㉑촉각.

더디 늦게. 느리게. 예혼자 있으려니까 시간이 더디 간다.

더디다 늦다. 느리다. 예불이 약한지 찌개가 더디게 끓는다.

더러 ①얼마만큼. 예그중에는 더러 불량품이 섞여 있다. ②이따금. 예친구는 더러 약속을 어기곤 했다.

더:러움 더러워지는 일.

더:러워지다 ①더럽게 되다. 예강물이 더러워져 고기들이 많이 죽었다. ②명예 등을 잃다.

더럭 문득 심하게. 갑자기 아주. 예밤에 혼자 집을 보려니 더럭 겁이 났다.

더:럽다 [더럽따] ①때가 묻어 깨끗하지 못하다. 예더러운 옷. ㉑깨끗하다. ②천하고 추하다. ③아니꼽고 못마땅하다. 예에이, 더럽고 치사하다. |활용| 더러우니 · 더러워.

더:럽히다 [더러피다] 더럽게 하다. 예옷을 더럽히다.

더미 많은 물건이 한데 모여 쌓인 큰 덩어리. ⓔ쓰레기 더미.

더벅거리다 [더벅꺼리다] 힘없이 느릿느릿 걸어가다. ⓑ더벅대다.

더벅대다 [더벅때다] ➡더벅거리다.

더벅더벅 [더벅떠벅] 자꾸 더벅거리는 모양.

더벅머리 [더벙머리] 더부룩하게 흩어진 머리털.

더부룩하다 [더부루카다] ①풀이 우거져서 수북하다. ②수염이나 머리털이 어지럽게 많다. ③소화가 잘 안 되어 배 속이 시원하지 않다. ⓔ속이 더부룩해서 밥 생각이 없다. 더부룩이.

더부살이 [더부사리] 남의 집에서 지내면서 일을 해 주고 삯을 받는 일. 더부살이하다.

더불다 《'더불어'의 꼴로 쓰여》 '함께하다'·'같이하다'의 뜻을 나타내는 말. ⓔ이웃과 더불어 사는 기쁨.

더블 베이스(double bass) ➡콘트라베이스.

더없다 [더업따] 더할 나위가 없다. 더없이. ⓔ더없이 기쁜 일.

더욱 지금보다 정도가 더하게. ⓔ얼굴이 더욱 예뻐졌다.

더욱더 [더욱떠] '더욱'의 힘줌말. ⓔ눈보라가 더욱더 세차게 몰아친다.

더욱이 [더우기] 그 위에 더욱. 게다가. ⓔ상욱이는 공부도 잘하지만 운동은 더욱이 잘한다. |잘못| 더우기.

더운물 따뜻하게 데운 물. ⓑ온수. ⓑ찬물.

더운피 동:물(一動物) ➡항온 동물.

더위 여름철의 더운 기운. ⓑ추위.

더위(를) 먹다 관용 여름철에 더위 때문에 병이 생기다.

더하기 덧셈을 하는 일. ⓑ빼기. 더하기하다.

더하다 ①한쪽이 다른 쪽보다 심하다. ⓔ어제보다 더한 강추위. ⓑ덜하다.

②덧셈을 하다. ⓔ둘에 셋을 더하면 다섯이 된다. ⓑ빼다.

덕(德) ①바르고 너그러운 도덕적 성품. ⓔ덕이 높은 분. ②은혜나 덕택. ⓔ염려해 주신 덕으로 잘 지내고 있습니다. ⓑ덕분·덕택. ③〈공덕〉의 준말. ⓔ덕을 쌓다.

덕(을) 보다 관용 남에게서 이익이나 도움을 받다.

덕담(德談) [덕땀] 새해를 맞아 상대편에게 잘되기를 비는 말이나 인사. ⓑ악담. 덕담하다.

덕망(德望) [덩망] 덕이 높아서 사람들로부터 받는 존경. ⓔ덕망 높은 학자.

덕목(德目) [덩목] 도덕의 내용을 분류한 명목.

덕분(德分) [덕뿐] 고마움을 베풀어 준 보람. ⓔ국군 아저씨들 덕분에 우리가 편히 지낸다. ⓑ덕택.

덕석몰이 [덕썽모리] 강강술래의 한 부분. "몰자 몰자 덕석을 몰자." 하는 대목을 번갈아 부르면서 차례로 명석을 말듯이 겹겹이 돌아 들어가는 놀이.

덕수궁(德壽宮) [덕쑤궁] 서울특별시 중구 정동에 있는 조선 시대의 궁궐. 조선 말, 고종이 살았던 곳이다. 사적 제124호.

덕장 [덕짱] 물고기 등을 말리려고 널·막대기 등을 나뭇가지나 기둥 사이에 얹어 만든 선반. ⓔ황태 덕장.

덕지덕지 [덕찌덕찌] 먼지나 때 같은 것이 두껍게 많이 끼거나 묻어 있는 모양. ⓒ닥지닥지.

덕택(德澤) 베풀어 준 은혜나 도움. ⓔ걱정해 주신 덕택으로 일이 잘 해결되었습니다. ⓑ덕분.

덕행(德行) [더캥] 어질고 착한 행실.

던지다 ①물건을 손으로 멀리 날려 보내다. ⓔ공을 힘껏 던지다. ②자기 몸을 떨어지게 하거나 뛰어들다. ⓔ심청이 인당수에 몸을 던졌다. ③어떤 목적을 위하여 자기 목숨을 아낌없이 내놓다. 예그는 나라를 구하는 일에 목숨을 던졌다.

덜: ①어떤 기준보다 약하게. 예오늘은 어제보다 덜 춥다. ②보다 적게. 예밥을 덜 먹다. ③불충분하거나 불완전하게. 예덜 익은 감. ①②빤더.

덜거덕거리다 [덜거덕꺼리다] 단단한 물건이 서로 부딪치는 소리가 자꾸 나다. 예창문이 세찬 바람에 덜거덕거린다. 비덜거덕대다.

덜거덕대다 [덜거덕때다] ➡덜거덕거리다.

덜그럭거리다 [덜그럭꺼리다] 크고 단단한 물건이 서로 부딪치는 소리가 자꾸 나다, 또는 그런 소리를 자꾸 내다. 비덜그럭대다. 쪽달그락거리다.

덜그럭대다 [덜그럭때다] ➡덜그럭거리다.

덜그럭덜그럭 [덜그럭떨그럭] 자꾸 덜그럭거리는 소리. 쪽달그락달그락.

덜:다 일정한 수량이나 정도에서 얼마를 줄이다. 예밥을 덜다. |활용| 더니·덜어.

덜덜 ①춥거나 두려워서 몸을 몹시 떠는 모양. 예너무 추워 몸이 덜덜 떨린다. 쪽달달. ②큰 바퀴 등이 단단한 바닥 위를 구르며 흔들리는 소리. 예경운기가 덜덜 소리를 내며 간다.

덜렁 ①여럿 가운데서 하나만 남아 있는 모양. 예큰 집에 나 혼자 덜렁 남았다. 쪽달랑. ②몹시 놀라서 가슴이 뜨끔하게 울리는 모양. 예가슴이 덜렁 내려앉다.

덜렁거리다 ①큰 방울 등이 흔들려 가볍게 울리는 소리가 자꾸 나다. 쪽달랑거리다. ②자꾸 침착하지 못하게 행동하다. 예너는 덜렁거려서 탈이다. 비덜렁대다.

덜렁대다 ➡덜렁거리다.

덜렁이 '덜렁거리는 사람'을 홀하게 이르는 말.

덜미 목의 뒷부분.

덜미가 잡히다 [관용] 나쁜 일을 꾸미다가 들키다.

덜컥 몹시 놀라거나 무서울 때 가슴이 내려앉는 듯한 모양. 예깜깜한 골목에 들어서자 겁이 덜컥 났다. 덜컥덜컥.

덜컹 기계 등이 움직이다가 갑자기 멈추거나 세게 부딪칠 때 나는 소리. 쪽달강. 덜컹덜컹.

덜컹거리다 기계 등이 움직이다가 갑자기 멈추거나 세게 부딪치는 소리가 자꾸 나다, 또는 그런 소리를 자꾸 내다. 비덜컹대다. 쪽달강거리다.

덜컹대다 ➡덜컹거리다.

덜:하다 비교하여 보아 심하지 않거나 약하다. 예주사를 맞으니 기침이 좀 덜한 것 같다./추위가 작년보다 덜하다. 빤더하다.

덤: 물건을 팔 때, 제 값어치 외에 조금 더 얹어 주는 물건.

덤덤하다 ①아무 표정도 나타내지 않고 묵묵하다. 예민수는 덤덤한 표정으로 나를 바라보기만 했다. ②제맛이 나지 않고 몹시 싱겁다. 덤덤히.

덤벙거리다 침착하지 못하고 자꾸 함부로 서두르다. 비덤벙대다. 쪽담방거리다.

덤벙대다 ➡덤벙거리다.

덤벙이 침착하지 못하고 마구 서두르는 사람. 비덤벙꾼.

덤벼들다 함부로 달려들다. |활용| 덤벼드니·덤벼들어.

덤불 엉클어진 얕은 수풀.

덤비다 ①마구 대들다. 싸움을 걸다. 예자, 모두 덤벼! ②어떤 일에 적극적으로 뛰어들다. ③서두르다. 예덤비기만 한다고 일이 되니?

덤터기 남에게서 억지로 떠맡게 되는 책임이나 누명. |잘못| 덤테기.

덤프트럭(dump truck) 짐칸을 뒤쪽으로 기울여서 실은 짐을 한꺼번에 내릴 수 있도록 만든 트럭.

〈덤프트럭〉

덤핑(dumping) 상품을 제값보다 훨씬 더 싸게 파는 일. 예덤핑 판매.

덥:다 [덥따] ①기온이 높다. 예요즘 날씨가 너무 덥다. 반춥다. ②온도가 높다. 예더운 음식. 반차다. |활용| 더우니·더워.

> :::'덥다, 따뜻하다, 뜨겁다'의 구별:::
>
> 기온이나 몸에 느끼는 온도에 대하여 쓰일 때, '**덥다**'는 땀이 날 정도의 온도 상태를, '**따뜻하다**'는 땀이 나지 않을 정도의 기분 좋은 온도 상태를 뜻한다. '**뜨겁다**'는 오래 있으면 델 만큼 온도가 높아 견디기 어려운 상태를 뜻한다. 예더운 여름 날씨/햇살이 따뜻하다./방이 너무 뜨겁다.

덥석 [덥썩] 왈칵 달려들어 닁큼 움켜잡거나 무는 모양. 예어머니는 내 손을 덥석 잡고 우셨다. 좬답삭. 덥석덥석.

덥적덥적 [덥쩍떱쩍] ①무슨 일에나 자꾸 나서거나 참견하는 모양. ②남에게 자꾸 붙임성 있게 구는 모양. 예미영이는 아무에게나 덥적덥적 말을 잘 붙이고 금방 친해진다.

덥히다 [더피다] 덥게 하다. 예보일러를 틀어 방을 덥혔다. 반데우다.

덧- [덛] '거듭' 또는 '덧붙임'의 뜻을 나타내는 말. 예덧니/덧버선/덧나다.

덧글 '댓글'의 잘못.

덧나다 [던나다] ①상처나 병이 잘못되어 더 나빠지다. ②덧붙거나 제자리를 벗어나서 나다. 예이가 덧나다.

덧니 [던니] 이가 난 줄의 곁으로 겹으로 난 이.

덧대다 [덛때다] 댄 것 위에 포개어 대다. 예무릎 부분에 가죽을 덧댄 바지.

덧문(―門) [던문] 원래의 문짝 겉쪽에 덧다는 문.

덧버선 [덛뻐선] ①버선 위에 겹쳐 신는 큰 버선. ②양말 위에 덧신거나 맨발에 신는, 목 없는 물건.

덧붙다 [덛뿓따] ①있는 것 위에 겹쳐붙다. 예광고지가 벽에 몇 겹씩 덧붙어 있다. ②군더더기로 딸려 있다. 예친척 집에 덧붙어 살다.

덧붙이다 [덛뿌치다] ①덧붙게 하다. 예벽에 새 도배지를 덧붙여 발랐다. ②앞서 한 말에 더 보태어 말하다. 예마지막으로 한마디만 덧붙일게.

덧셈 [덛쎔] 둘 이상의 수나 식을 합하는 셈. 반뺄셈. 덧셈하다.

덧셈식(―式) [덛쎔식] 덧셈을 나타내는 식. 반뺄셈식.

덧신 [덛씬] 신 위에 덧신는 신.

덧없다 [더덥따] ①세월의 흐름이 허무하게 빠르다. 예덧없는 세월. ②허전하고 아쉽다. 예덧없는 인생. 덧없이.

덧입다 [던닙따] 옷을 입은 위에 겹쳐 입다. 예날씨가 추워 셔츠에 스웨터를 덧입고 점퍼를 걸쳤다.

덧칠(―漆) [덛칠] 칠한 데에 겹쳐 칠하는 칠. 덧칠하다.

덩굴 길게 벋어 나가 다른 물건에 감기기도 하고 땅바닥에 퍼지기도 하는 식물의 줄기. 비넝쿨. |잘못| 덩쿨.

덩굴손 포도·나팔꽃 등과 같이, 잎이나 가지가 실처럼 변하여 다른 물체에 감겨서 줄기를 지탱하게 하는 가는 덩굴.

덩굴 식물(―植物) 덩굴이 지고 줄기가 다른 물체에 감기거나, 또는 덩굴손 등으로 다른 물체에 붙어 올라가는 식물. 나팔꽃·담쟁이덩굴 등.

덩굴풀 덩굴이 뻗는 풀.

덩그렇다 [덩그러타] ①홀로 우뚝 솟아 있다. 예밤하늘에 보름달이 덩그렇게 떠 있다. ②넓은 안이 텅 비어 쓸쓸하다. 예덩그렇게 큰 집에 어린아이가 혼자 남았다. |활용| 덩그러니·덩그레.

덩달다 《주로 '덩달아'·'덩달아서'의 꼴로 쓰여》 영문도 모르면서 남이 하니까 따라서 하다. 예내가 웃으니까 동생도 덩달아 웃었다.

덩더꿍 북이나 장구를 흥겹게 두드리는 소리. 덩더꿍덩더꿍.

덩더쿵 '덩더꿍'의 잘못.

덩실거리다 팔다리를 자꾸 크고 흥겹게 놀리며 춤을 추다. 逊덩실대다. 卧당실거리다.

덩실대다 ➡덩실거리다.

덩실덩실 자꾸 덩실거리는 모양. 예마을 사람들은 농악대의 장단에 맞춰 덩실덩실 춤을 추었다. 卧당실당실.

덩어리 크게 뭉쳐진 것, 또는 그것을 세는 말. 예메주 한 덩어리. 逊덩이.

덩이 작게 뭉쳐진 것, 또는 그것을 세는 말. 예주먹밥 한 덩이. 逊덩어리.

덩이뿌리 양분이 저장되어 있는, 덩이 모양의 뿌리. 고구마·무 등.

덩치 몸집의 크기. 예덩치가 큰 사람. 逊몸집·체구.

덩쿨 '덩굴'의 잘못.

덩크 슛 (dunk shoot) 농구에서, 점프하여 링 위에서 공을 내리꽂듯이 넣는 슛.

덫 [덛] 짐승을 꾀어 잡는 기구. 여기에 짐승의 목이나 다리가 걸리면 꽉 죄어져 못 빠져나가게 되어 있다. |발음| 덫이 [더치]·덫도 [덛또]·덫만 [던만]

덮개 [덥깨] 덮는 물건. 예선풍기 덮개. 逊뚜껑.

덮다 [덥따] ①뚜껑을 씌우다. 예솥뚜껑을 덮다. ②가려 드러나지 않게 하다. 예밥상을 상보로 덮어 놓았다. ③펼친 책을 다시 닫다. 예읽던 책을 덮고 생각에 잠겼다. ④일정한 공간을 빈틈없이 꽉 채우다. 예하늘을 덮은 먹구름. ⑤잘못이나 비밀 등을 모르는 체하거나 감추다. 예잘못을 덮어 주다. |발음| 덮어 [더퍼]·덮고 [덥꼬]·덮는 [덤는]

덮어놓고 [더퍼노코] 사정이나 형편을 따지지 않고. 예덮어놓고 화만 내지 말고 이유를 말해라. 逊다짜고짜·무조건.

덮어쓰다 [더퍼쓰다] ①머리 위까지 덮다. 예이불을 덮어쓰고 잤다. ②억울한 누명을 쓰다. |활용| 덮어쓰니·덮어써.

덮이다 [더피다] 덮음을 당하다. 예온 천지가 눈으로 덮였다. |잘못| 덮히다.

덮치다 [덥치다] ①위에서 덮어 누르다. 예해일이 마을을 덮쳤다. ②여러 가지 일이 한꺼번에 닥치다. 예엎친 데 덮치다. ③갑자기 또는 뜻밖에 들이닥치다. 예경찰이 숨어 있던 범인들을 덮쳤다.

덮히다 '덮이다'의 잘못.

데 ①곳. 예당장 갈 데가 없다. ②경우. 처지. 예배 아픈 데 먹는 약. ③일. 것. 예빨리 달리는 데는 나를 이기지 못할걸.

데구루루 단단한 물건이 딱딱한 바닥에서 구르는 소리, 또는 그 모양. 예동전이 바닥에 떨어져 데구루루 굴렀다. 卧떼구루루. |잘못| 데구르르.

데구르르 '데구루루'의 잘못.

데굴데굴 크고 단단한 물건이 계속 구르는 모양. 예공이 데굴데굴 굴러간다./나는 배가 너무 아파 방바닥을 데굴데굴 굴렀다. 卧대굴대굴. 卧떼굴떼굴.

데:다 ①뜨거운 것에 닿아 살이 상하다. 예끓는 물에 손을 데었다. ②어떤 일에 몹시 놀라거나 고통을 겪어 진저리가 나다.

데려가다 함께 거느리고 가다. 예나는 동생을 수영장에 데려갔다. 빵데려오다.

데려오다 함께 거느리고 오다. 예친구를 집에 데려오다. 빵데려가다.

데리다 (('데리고'·'데리러'·'데려'의 꼴로만 쓰여)) 아랫사람이나 동물 등을 자기 몸 가까이 있게 하다. 예동생 잘 데리고 놀아라.

데릴사위 [데릴싸위] 지난날, 처가에서 데리고 살던 사위. 빵민며느리.

데면데면하다 사람을 대하는 태도가 별로 친하지 않고 관심이 없는 듯하다. 예평소 데면데면하던 지훈이가 먼저 말을 걸어왔다.

데모(demo) 많은 사람이 길거리나 사람이 많이 다니는 곳에 모여, 머리띠를 두르거나 플래카드를 내걸거나 구호를 외치면서 자기들의 주장을 내세우는 일. 빵시위.

데뷔(début) 문단이나 연예계에 처음 나타나는 일. 예삼촌은 영화계에 감독으로 데뷔를 하였다. |잘못| 데뷰. 데뷔하다.

데생(dessin) ➡소묘.

데시리터(deciliter) 부피 단위의 한 가지. 1데시리터는 1리터의 10분의 1이다. 기호는 'dl'.

데시미터(decimeter) 길이 단위의 한 가지. 1데시미터는 1미터의 10분의 1이다. 기호는 'dm'.

데우다 찬 것에 열을 가하여 따뜻하게 하다.

데이터(data) ①이론을 세우는 데 기초가 되는 사실이나 자료. ②컴퓨터가 처리할 수 있도록 기호와 숫자로 나타낸 자료.

데이터베이스(database) 많은 사람들이 공동으로 사용할 수 있도록, 컴퓨터로 처리 가능한 상태로 데이터를 모아 놓은 것.

데이트(date) 남녀가 서로 사귀려고 만남, 또는 그 약속. 데이트하다.

데ː치다 끓는 물에 잠깐 넣어 슬쩍 익히다. 예시금치를 데치다./미나리를 데치다.

데칼코마니(décalcomanie) 종이 위에 그림물감을 두껍게 칠하고 반으로 접거나 다른 종이를 덮어 찍어서 양쪽에 똑같은 무늬를 만드는 방법.

덴마크(Denmark) 유럽 서북부의 유틀란트 반도 및 그에 딸린 여러 섬들로 이루어진 나라. 낙농업이 특히 발달하였으며, 사회 보장 제도가 잘되어 있다. 수도는 코펜하겐.

뎅겅 물체가 한 번에 잘려 나가는 모양. 예죄수의 목을 뎅겅 치다. 좽댕강. 뎅겅뎅겅.

도¹ 윷가락을 던져서 네 짝 중 하나만 잦혀진 경우. 뺑개²·걸¹·윷·모².

도ː²(度) ①각도의 단위. 1도는 직각의 90분의 1이다. ②온도의 단위. 예섭씨 5도. ③지구의 경도와 위도의 단위.

도ː³(道) ①마땅히 지켜야 할 도리. ②종교상으로 근본이 되는 뜻. 예도를 깨닫다.

도ː⁴(道) 지방 행정 구역의 하나. 시·군을 거느린다.

도⁵(do) 장음계의 첫째 음, 또는 단음계의 셋째 음의 계이름.

도가니 ①단단한 흙이나 흑연 등으로 우묵하게 만들어 쇠붙이를 녹이는 데 쓰이는 그릇. ②'흥분이나 감격 등으로 들끓고 있는 상태'를 비유하여 이르는 말. 예열광의 도가니/관중들은 흥분의 도가니에 빠져들었다.

도감(圖鑑) 실물 대신 볼 수 있게 그림이나 사진을 모아 설명한 책. 예곤충도감.

도공(陶工) 자기나 질그릇을 만드는

것을 직업으로 하는 사람. [비]옹기장이.

도ː교(道教) 중국의 민족 종교. 노자·장자의 사상, 불교적 의식, 여러 신과 신화 등으로 이루어졌다.

도ː구(道具) 어떤 일을 할 때에 쓰이는 연장. [예]청소 도구.

도굴(盜掘) 고분 등을 몰래 파헤쳐 그 속의 물건을 훔치는 일. 도굴되다. 도굴하다.

도ː금(鍍金) 금속의 겉에 금이나 은 등의 금속을 얇게 입히는 일. 도금하다.

도기(陶器) ➡오지그릇.

도깨비 잡된 귀신의 한 가지. 사람의 모습을 하고 있으며, 이상한 힘과 재주를 가지고 사람을 호리기도 하고, 짓궂은 장난을 많이 한다고 한다.

도깨비감투 옛날이야기에 나오는, 머리에 쓰면 자기 몸이 다른 사람의 눈에 보이지 않는다는 감투.

도깨비바늘 국화과의 한해살이풀. 열매에 빳빳한 털처럼 여러 가닥으로 짧게 갈라진 가시가 있어서 아무 데나 잘 붙는다.

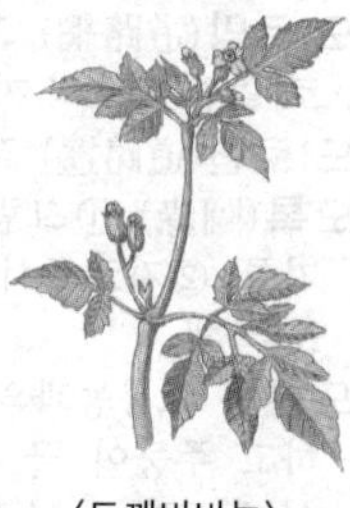
〈도깨비바늘〉

도깨비방망이 도깨비가 가지고 있다는 요술 방망이. 이것을 두들기기만 하면 원하는 것은 무엇이든지 나온다고 한다.

도깨비불 어두운 밤에 무덤이나 축축한 곳에서 번쩍이는 푸른빛의 불꽃.

도꼬마리 국화과의 한해살이풀. 온몸에 거친 털이 많으며, 잎은 삼각형으로 가장자리에 톱니가 있다. 열매에 갈고리 모양의 가시가 있어서 아무 데나 잘 붙는다.

도ː끼 나무를 찍거나 패는 연장의 한 가지.

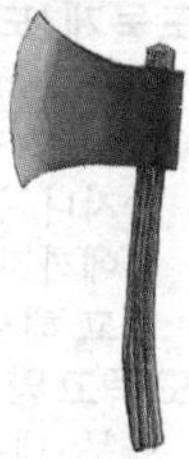
〈도끼〉

도ː끼눈 '분하거나 미워서 사납게 쏘아보는 눈'을 비유하여 이르는 말. [예]도끼눈을 뜨고 노려보다.

도나우 강(Donau江) ➡다뉴브 강.

도난(盜難) 돈이나 물건을 도둑맞는 일. [예]도난 사고.

도넛(doughnut) 밀가루를 반죽하여 둥글거나 고리 모양으로 만들어 기름에 튀긴 빵. [잘못] 도너츠·도나쓰.

도다이 사(Todai寺) 일본 나라 시에 있는 절 이름. 금당은 에도 시대에 다시 지어진 것으로, 세계 최대의 목조 건물이다.

도닥거리다 [도닥꺼리다] 손으로 가볍게 자꾸 두드리다. [예]나는 아기를 안고 등을 도닥거려 주었다. [비]도닥대다. [센]토닥거리다.

도닥대다 [도닥때다] ➡도닥거리다.

도ː달(到達) 정한 곳이나 어떤 수준에 다다름. [비]도착. 도달되다. 도달하다. [예]목적지에 도달하다.

도대체(都大體) 대체. 대관절. [예]내 책을 가져간 사람이 도대체 누구야?

도ː덕(道德) 사람으로서 마땅히 지켜야 할 바른 도리와 행동.

도ː덕성(道德性) [도덕썽] 도덕적 행동이 나타나게 하는 성품.

도ː도하다 몹시 잘난 체하여 거만하다. [예]도도한 여자.

도돌이표(-標) [도도리표] 악곡의 줄임표의 한 가지. 악곡의 어떤 부분을 두 번 되풀이하여 연주하거나 노래하라는 뜻을 나타내는 표. 기호는 '𝄆'·'𝄇'.

도둑 남의 물건을 훔치는 짓, 또는 그런 짓을 하는 사람. [예]도둑을 맞다./도둑이 들다. [비]도적.

ㄷ

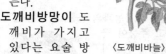

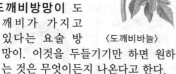

도둑게 [도둑께] 바위겟과의 게. 몸길이 3.4cm가량. 등딱지는 사각형이며, 어두운 청록색이다. 바닷가 근처의 습지나 논밭에 사는데, 우물가나 부엌에까지 들어가 음식물을 훔쳐 먹는다고 해서 '도둑게'라고 불린다.

도둑고양이 [도둑꼬양이] 주인 없이 아무 데나 돌아다니며 음식을 훔쳐 먹는 고양이.

도둑놈 [도둥놈] '도둑'을 욕으로 이르는 말.

도둑맞다 [도둥맏따] 도둑질을 당하다. 예가보를 도둑맞다.

도둑질 [도둑찔] 남의 물건을 훔치는 짓. 圓도적질. 도둑질하다.

도드라지다 ①가운데가 쏙 나와 볼록하다. 예도드라진 이마. ②눈에 띄게 또렷하다. 圙두드러지다.

도라지 초롱꽃과의 여러해살이풀. 산이나 들에 저절로 난다. 잎은 긴 달걀 모양이며, 여름에 종 모양의 푸른 자줏빛 꽃이 핀다. 뿌리는 먹기도 하고 약으로도 쓰인다.

〈도라지〉

도라지 타:령 경기 민요의 한 가지. 조선 후기에 생긴 노래로, 리듬이 경쾌하고 부드럽다.

도란도란 몇 사람이 낮은 목소리로 정답게 이야기하는 소리. 또는 그 모양. 예아빠와 엄마가 도란도란 이야기를 나누는 소리가 들려왔다. 圙두런두런.

도랑 폭이 좁은 작은 개울.

도:래¹(到來) 어떤 시기나 기회가 닥쳐 옴. 도래하다. 예이 땅에 평화가 도래하다.

도래²(渡來) 문물이나 철새 등이 다른 나라에서 바다를 건너 전해지거나 옴. 도래하다. 예철새들이 한강에 도래하여 겨울을 난다.

도래샘 빙 돌아서 흐르는 샘물. 圓도래샘물.

도래지(渡來地) 철새가 날아와서 일정 기간 동안 머무는 곳. 圓철새 도래지.

도:량(度量) 너그러운 마음과 깊은 생각. 예도량이 넓은 사람. 圓아량.

도:량형기(度量衡器) 길이·부피·무게 등을 재는 기구. 자·되·저울 등.

도려내다 빙 돌려서 베거나 파내다. 예사과의 썩은 부분을 도려내고 먹었다.

도련님 ①〈도령〉의 높임말. ②형수가 결혼하지 않은 시동생을 높여 이르는 말. 圝서방님.

도:령 지난날, 양반 집안의 결혼하지 않은 남자를 이르던 말. 圝도련님.

도로¹ ①또다시. 예삼촌은 그만둔 공부를 도로 시작했다. ②되돌아서서. 예학교에 가다가 도로 집으로 왔다. ③먼저대로. 본래와 같이. 예책을 다 봤으면 제자리에 도로 갖다 놓아라.

도:로²(道路) 사람이나 차들이 다니는 큰길. 예자동차 전용 도로. 圓길.

도:로망(道路網) 그물처럼 여러 갈래로 얽힌 도로의 짜임새.

도:로변(道路邊) 길가.

도록(圖錄) ①그림이나 사진을 넣은 기록. ②자료로서의 그림이나 사진을 모은 책.

도롱뇽 도롱뇽과의 동물. 머리는 납작하고 주둥이 끝이 둥글며 눈이 튀어나왔다. 몸통의 피부는 매끈하며, 개울이나 못에서 지렁이 등을 잡아먹고 산다.

〈도롱뇽〉

도롱이 지난날, 짚이나 띠 등으로 엮어 어깨에 걸쳐 두르던 비옷.

도료(塗料) 물건의 겉에 칠하여 썩지 않게 하거나 색을 입히는 물질. 니스·페인트 등. 圓칠감.

도루(盜壘) 야구에서, 주자가 수비 선수의 허점을 틈타 다음 누로 달려가는 일. 도루하다.

도륙(屠戮) 사람이나 짐승을 무참하게 마구 죽임. 비도살. 도륙되다. 도륙하다.

도르래 높은 곳에 매단 바퀴에 줄을 걸고 물건을 달아 잡아당겨 오르내리기 쉽게 만든 장치. |잘못| 도르레.

도르래 바퀴 줄을 둘러 감아 걸 수 있도록 테의 가운데에 빙 둘러서 홈을 판 바퀴.

도:리(道理) ①사람이 마땅히 지켜야 할 바른 길. ②마땅한 방법이나 길. 예그 상황에서는 어쩔 도리가 없었다.

도리깨 재래식 농기구의 한 가지. 긴 막대기 끝에 두세 개의 가는 나뭇가지를 잡아매고 휘둘러 가며 곡식을 두드려 낟알을 턴다.

도리도리 어린아이에게 도리질을 시킬 때 하는 말. 예도리도리 짝짜꿍.

도리어 추측이나 생각·기대와는 반대되거나 다르게. 예돕는다는 것이 도리어 폐를 끼치고 말았군요.

도리질 ①어린아이가 어른이 시키는 대로 머리를 좌우로 흔드는 재롱. ②싫다거나 아니라는 뜻으로 머리를 좌우로 흔드는 짓. 도리질하다.

도마 칼로 요리 재료를 썰거나 다질 때 밑에 받치는 판. 두꺼운 나무토막이나 플라스틱 등으로 만든다.

도마뱀 도마뱀과의 동물을 통틀어 이르는 말. 온몸이 비늘로 덮여 있고 네 다리가 발달하였으며, 적에게 잡히면 스스로 꼬리를 끊고 도망간다.

〈도마뱀〉

도마질 도마 위에 요리할 재료를 놓고 식칼로 썰거나 다지는 일. 도마질하다.

도막 짧게 잘라진 동강. 참토막.

도망(逃亡) 몰래 피하거나 쫓기어 달아남. 비도주. 도망하다.

도망가다(逃亡—) 잡히지 않으려고 달아나다. 비도망치다.

도망치다(逃亡—) 몰래 피하거나 달아나다. 예도둑이 담을 넘어 도망쳤다. 비도망가다.

도맡다[도맏따] 모든 책임을 혼자 맡다. 예엄마는 집안일을 도맡아 하신다.

도매(都賣) 물건을 낱개로 팔지 않고 한데 몰아서 넘겨 파는 일. 반소매. 도매하다.

도매상(都賣商) 물건을 도매로 파는 장사, 또는 그런 가게나 장수. 반소매상.

도매 시:장(都賣市場) 물건을 도매로 파는 가게가 모여 이루어진 시장. 반소매 시장.

도면(圖面) 토목·건축·기계·토지 등의 구조나 설계 등을 제도기를 써서 세밀하게 그린 그림.

도모(圖謀) 어떤 일을 이루려고 대책과 방법을 세움. 도모되다. 도모하다. 예친목을 도모하기 위한 모임.

도무지 ①아무리 해도. 예무슨 영문인지 도무지 모르겠다. ②이러고 저러고 간에. 예그런 말은 도무지 들어 본 적이 없다. ③생각해 볼 바도 없이. 예도무지 인정이라고는 없는 사람. 비도통.

도:미 도밋과의 바닷물고기를 통틀어 이르는 말. 몸은 길둥글고 납작하며 대부분 붉은빛을 띤다. 바다 밑에서 살며, 맛이 좋다. 준돔.

도미노(domino) ①상아로 만든 28장의 서양 골패, 또는 그것을 가지고 하는 놀이. ②도미노 팻말이 연이어 넘어지듯이, 어떤 현상이 이웃 지역으로 영향을 미치는 일.

도:민(道民) 어떤 도에 사는 사람. 예경기도 도민.

도박(賭博) 돈이나 재물을 걸고 따먹기를 다투는 짓. 비노름. 도박하다.

도발(挑發) 남을 자극하여 일을 일으킴. 예전쟁 도발. 도발되다. 도발하다.

도배(塗褙) 종이로 벽 등을 바르는 일. 도배하다.

도배지(塗褙紙) 도배하는 데 쓰는 종이.

도벽(盜癖) 남의 물건을 훔치는 버릇.

도보(徒步) 걸어감. 예집에서 학교까지 도보로 5분 걸린다. 도보하다.

도:복(道服) 태권도·유도·검도 등을 할 때 입는 옷.

도:봉산(道峯山) 서울특별시 도봉구와 의정부시의 경계에 있는 산. 높이 740 m. 북한산과 함께 서울 근교에서 유명한 산으로, 산 전체가 큰 바위로 이루어져 있다.

도:사(道士) ①도를 닦는 사람. 비도인. ②'어떤 일에 능숙한 사람'을 비유하여 이르는 말.

도사리다 ①팔다리를 모으고 긴장하여 몸을 웅크리다. 예먹이를 노리면서 잔뜩 도사리고 있는 표범. ②긴 물건을 빙빙 돌려서 둥글게 포개어 감다. ③마음을 죄어 다잡다. 예마음을 도사려 먹다.

도:산(倒産) 재산을 모두 잃고 망함. 비파산. 도산되다. 도산하다.

도산 서원(陶山書院) 경상북도 안동시 도산면에 있는 서원. 조선 선조 7(1574)년에 이황의 학문과 덕행을 기리는 유생들이 중심이 되어 세웠다. 사적 제170호.

도살[1](屠殺) ①사람이나 짐승을 마구 죽임. 비도륙. ②소·돼지 등의 가축을 잡아 죽임. 도살되다. 도살하다.

도살[2](盜殺) ①남몰래 사람을 죽임.

비암살. ②가축을 허가 없이 몰래 잡음. 도살되다. 도살하다.

도서[1](島嶼) 바다에 있는 크고 작은 여러 섬.

도서[2](圖書) '책'을 달리 이르는 말. 예도서 목록.

도서관(圖書館) 온갖 종류의 책과 자료를 모아 보관하고 사람들이 볼 수 있도록 한 시설.

도서실(圖書室) 책이나 출판물 등을 모아 두고 보게 하는 방.

도성(都城) ①⇒도읍. ②도읍을 둘러싼 성.

도:수(度數) [도쑤] ①거듭되는 횟수. ②각도·온도 등의 크기를 나타내는 수. 예도수가 높은 안경. ③통계 자료에서, 각 계급에 대한 자료의 수.

도:수 분포표(度數分布表) 어떤 자료를 계급에 대한 도수로 나타낸 표.

도:술(道術) 도를 닦아 여러 가지 신기한 일을 일으키는 술법.

도스(DOS) 컴퓨터에서 사용자의 명령을 전달하고 그 결과를 사용자에게 보여 주는 프로그램.

도시(都市) 일정한 지역의 정치·경제·문화의 중심지이며, 사람이 많이 사는 지역. 비도회지. 반시골·촌·촌락.

도시가스(都市gas) 관을 통하여 가정이나 공장에 공급되는 연료 가스.

도시 국가(都市國家) 도시가 정치적으로 독립하여 이룬 작은 규모의 국가. 고대 그리스의 아테네나 스파르타 등.

도시락 간편하게 가지고 다닐 수 있도록 만든 음식 그릇, 또는 그 그릇에 담긴 음식.

도시민(都市民) 도시에 사는 사람. 비도시인.

도심지(都心地) 도시의 중심부를 이루는 지역.

도안(圖案) 미술·공예 작품을 만들 때, 그 모양이나 빛깔·배치 등에 관한 것을 그림으로 나타낸 것. **도안하다**.

도야(陶冶) 훌륭한 인격을 갖추려고 몸과 마음을 닦음. [예]인격 도야. **도야되다**. **도야하다**.

도약(跳躍) ①몸을 날려 위로 뛰어오름. ② '더 높은 단계로 발전하는 것'을 비유하여 이르는 말. [예]선진국으로 도약을 하다. **도약하다**.

도예(陶藝) 도자기를 만드는 예술.

도와주다 남을 위하여 애써 주다. [예]가난한 사람을 도와주다.

도ː외시(度外視) [도외시/도웨시] 중요하게 생각하지 않아 소홀히 하거나 무시함. **도외시되다**. **도외시하다**. [예]현실을 도외시하다.

도요새 도욧과의 새를 통틀어 이르는 말. 다리와 부리와 날개가 길고 꽁지는 짧다. 습한 곳에서 산다.

도요토미 히데요시(Toyotomi Hideyoshi, 1537~1598) 일본의 장군·정치가. 일본을 통일한 뒤, 조선을 침략하여 임진왜란을 일으켰으나 실패하였다.

도우미 남에게 봉사하는 사람. 또는 어떤 일을 거들어 주기 위해 채용된 사람.

도움 남을 돕는 일.

도움닫기 [도움닫끼] 멀리뛰기·높이뛰기·세단뛰기 등에서, 탄력을 얻기 위하여 발구름판까지 달려가는 일.

도움말 무엇을 배우거나 깨우치는 데 도움이 되는 말. [비]조언.

도읍(都邑) 지난날, '서울'을 이르던 말. [비]도성.

도읍지(都邑地) [도읍찌] 지난날, 한 나라의 도읍이 되는 곳.

도읍하다(都邑―) [도으파다] 어느 곳을 도읍으로 정하다.

도ː의(道義) [도의/도이] 사람이 마땅히 행해야 할 도리와 이로운 일.

도ː의회(道議會) 도민이 뽑은 도 의원으로 구성되어 있는 기관.

도ː입(導入) 기술·방법·물자 등을 끌어 들임. **도입되다**. **도입하다**.

도자기(陶瓷器) 질흙으로 빚어서 높은 온도로 구워 낸 그릇.

도ː장¹(道場) 무예를 익히는 곳. [예]태권도 도장.

도장²(圖章) 나무·뿔·고무 등에 개인이나 단체의 이름을 새긴 물건. [비]인장.

도장밥(圖章―) [도장빱] 도장을 찍을 때 묻혀 쓰는 붉은빛의 재료. [비]인주.

도ː저히(到底―) '아무리 하여도'·'아무리 애써도'의 뜻을 나타내는 말. [예]문제가 너무 어려워 도저히 풀 수가 없다.

도적(盜賊) ➡도둑.

도전(挑戰) ①싸움을 걺. [예]누가 나한테 도전을 하겠다는 거야? ②어려운 일에 용감하게 뛰어듦. [예]신기록 도전. **도전하다**.

도정(搗精) 기계로 곡식을 찧어 껍질을 벗기고 먹기 좋게 함. **도정하다**. [예]벼를 도정하다.

도주(逃走) ➡도망.

도ː중(途中) ①길을 가는 중간. [예]학교에 가는 도중에 친구를 만났다. ②어떤 일을 하는 때나 그 중간. [예]항해 도중 배가 고장 났다.

도ː중하차(途中下車) 《차를 타고 가다가 목적지에 닿기 전에 내린다는 뜻으로》 '어떤 일을 하다가 끝내지 못하고 중간에 그만둠'을 비유하여 이르는 말. **도중하차하다**.

도ː지다 나았거나 나아 가던 병이나 상처가 다시 덧나다. [예]찬바람을 쐬어 감기가 도졌다.

도ː지사(道知事) 도의 행정을 맡아보는 우두머리. [준]지사.

도:**착**(到着) 목적한 곳에 다다름. 예도착 시간/도착 지점. 비도달. 반출발. 도착되다. 도착하다.

도:**착점**(到着點) [도착쩜] ①도착한 지점. ②최후에 도달한 결과. 비도달점. 반출발점.

도:**처**(到處) 가는 곳. 곳곳. 예도처에 미술관이 있는 도시.

도**청**¹(盜聽) 장치를 이용하여 남의 이야기를 몰래 엿들음. 예도청 장치. 도청되다. 도청하다.

도:**청**²(道廳) 도의 행정을 맡아보는 관청.

도:**체**(導體) 열이나 전기가 잘 통하는 물체. 반부도체.

도**축**(屠畜) 고기를 얻으려고 가축을 잡아 죽임. 도축하다.

도:**출**(導出) 어떤 생각이나 판단, 결론 등을 이끌어 냄. 도출되다. 도출하다.

도**취**(陶醉) 무엇에 홀린 듯이 열중하거나 기분이 좋아짐. 도취되다. 도취하다.

도:**치**(倒置) 차례나 위치 등을 서로 뒤바꿈. 도치되다. 도치하다.

도**쿄**(Tokyo) 일본의 수도. 간토 지방의 남부, 도쿄 만에 면해 있다. 일본의 정치·경제·문화·교통의 중심지이다. 비동경.

도**쿠가와 이에야스**(Tokugawa Ieyasu, 1543~1616) 일본 에도 막부의 초대 장군. 도요토미 히데요시가 죽자, 1603년 에도에 막부를 세우고 천하 통일을 완성하였다. 여러 가지 정책을 수행하여 일본 근세 봉건제 사회를 확립하였다.

도**탄**(塗炭) 《진흙 구렁에 빠지고 숯불에 탄다는 뜻으로》 생활이 몹시 어렵고 비참한 상태에 있음을 이르는 말. 예도탄에 빠진 백성들.

도**태**(淘汰) ①생물이 환경이나 조건에 적응하지 못해 사라져 없어짐. 예공룡은 빙하기에 도태가 되었다. ②경쟁에 진 사람이나 집단이 밀려남. 도태되다. 도태하다.

도**토리** 떡갈나무를 비롯한 졸참나무·갈참나무 등 참나뭇과의 나무에 열리는 열매를 통틀어 이르는 말.

〈도토리〉

도**토리묵** 도토리로 만든 묵.

도**톰하다** 조금 두껍다. 예도톰한 입술. 큰두툼하다.

도**통**¹(都統) 《주로 부정을 나타내는 말과 함께 쓰여》 아주 조금도. 예무슨 말인지 도통 알아들을 수가 없다. 비도무지.

도:**통**²(道通) 사물의 깊은 이치를 깨달아 훤히 통함. 도통하다.

도**투락댕기** [도투락땡기] 어린 여자아이가 땋은 머리끝에 다는 자줏빛 댕기.

도:**포**(道袍) 지난날, 선비들이 평상시에 입던 겉옷. 길이가 길고 소매는 넓으며, 뒤에는 딴 폭의 헝겊을 덧대었다.

도**표**(圖表) 그림으로 나타낸 표.

도**피**(逃避) 도망하여 피함. 도피하다.

도**합**(都合) 모두 합해서. 예우리 반 학생 수는 도합 삼십 명이다.

도**해**(圖解) 글의 내용을 그림으로 설명함. 또는 그림으로 된 설명. 도해하다.

도**형**(圖形) ①그림의 모양이나 형태. ②면·선·점 등이 모여서 이루어진 꼴. 사각형·원·구 등.

도**형판**(圖形板) 도형을 만드는 데 쓰는, 종이·나무·플라스틱 등의 조각. 떼었다 붙였다 하면서 여러 가지 도형을 만들 수 있다.

도**화**(圖畫) ①도면과 그림. ②그림 그리기.

도화서(圖畫署) 조선 시대에, 그림에 관한 일을 맡아보던 관청.

도화선(導火線) ①폭약이 터지도록 불을 붙이는 심지. ②'사건을 일으키게 하는 직접적 원인'을 비유하여 이르는 말.

도화지(圖畫紙) 그림을 그리는 데 쓰는 종이.

도회지(都會地) [도회지/도훼지] 사람이 많이 살고 번화한 곳. [비]도시. [반]시골·촌.

독[1] 키가 크고 배가 약간 부른, 큰 오지그릇이나 질그릇. [예]김장독. [참]항아리.

독 안에 든 쥐[관용] '피할 수 없는 궁지에 처해 있음'을 비유하여 이르는 말.

독[2](毒) ①건강이나 생명을 해치는 나쁜 성분. [예]독이 있는 풀. ②〈해독[1]〉·〈독기〉·〈독약〉의 준말.

독감(毒感) [독깜] 아주 독한 감기.

독극물(毒劇物) [독끙물] 사람이나 동물의 생명을 위험하게 할 만큼 독성이 강한 물질.

독기(毒氣) [독끼] ①독의 성분이나 기운. [준]독. ②사납고 모진 기운.

독도(獨島) [독또] 경상북도 울릉군 울릉읍 독도리에 딸린 섬. 바위로 이루어진 화산섬으로, 한류와 난류가 만나는 곳이어서 많은 어족이 모여든다.

독립(獨立) [동닙] ①다른 것에 딸리거나 기대지 않음. ②한 나라가 완전한 주권을 가짐. ③따로 갈라져 나와 홀로 섬. **독립되다. 독립하다.**

독립국(獨立國) [동닙꾹] 외국 세력의 간섭을 받지 않는 국가적 주권을 가진 나라.

독립 국가 연합(獨立國家聯合) 1991년에 소련이 붕괴하면서 소련을 구성한 11개 공화국이 새로이 만든 연합 국가.

독립군(獨立軍) [동닙꾼] 나라의 독립을 위하여 싸우는 군대.

독립 기념관(獨立紀念館) 충청남도 천안시 목천읍에 있는 민족 기념관. 우리 민족의 수난과 독립을 위해 일제와 싸운 역사적 사실과 관련된 사료 및 유물을 전시하고 있다.

독립문(獨立門) [동님문] 광무 원년(1897)에 독립 협회가 우리나라의 독립을 선언하기 위하여 세운 문. 사적 제32호.

독립 선언서(獨立宣言書) 1919년 삼일 운동 때에 우리나라의 독립을 선포한 문서.

독립신문(獨立新聞) [동닙씬문] 건양 원년(1896)에 독립 협회의 서재필과 윤치호가 창간한, 우리나라 최초의 한글 신문.

독립심(獨立心) [동닙씸] 남에게 의지하지 않고 살아가려는 마음. [예]독립심이 강한 아이.

독립운동(獨立運動) [동니분동] 나라의 독립을 이루기 위한 활동.

독립 협회(獨立協會) 건양 원년(1896)에 조직된 정치·사회 단체. 서재필·이상재·윤치호 등이 중심이 되어 우리나라의 독립과 민족 자립을 위한 운동을 펼칠 목적으로 세웠다.

독무대(獨舞臺) [동무대] 여러 사람 중에서 혼자만이 눈에 띄게 활약하는 상태. [예]이번 농구 시합은 현우의 독무대였다.

독물(毒物) [동물] 독성이 있는 물질.

독방(獨房) [독빵] ①혼자서 쓰는 방. ②교도소·구치소에서 한 사람만 가두는 방.

독배(毒杯) [독빼] 독약이 든 잔.

독백(獨白) [독빽] ①혼자서 중얼거림. ②연극에서, 배우가 상대자 없이 혼자서 말함, 또는 그 말. **독백하다.**

독버섯(毒一) [독뻐섣] 독이 있는 버섯.

독보적(獨步的)[독뽀적] 어떤 분야에서 남이 따를 수 없을 정도로 뛰어난 것. 예독보적인 존재.

독불장군(獨不將軍)[독뿔장군] 남의 의견은 무시하고 자기 혼자 모든 일을 처리하는 사람.

독사(毒蛇)[독싸] 이빨을 통하여 독이 들어 있는 액체를 분비하는 뱀. 살무사·코브라 등.

독사진(獨寫眞)[독싸진] 혼자서 찍은 사진.

독살(毒殺)[독쌀] 독약을 먹이거나 독을 써서 죽임. 독살되다. 독살하다.

독상(獨床)[독쌍] 혼자 먹게 차린 음식상. 빤겸상.

독서(讀書)[독써] 책을 읽음. 예독서 감상문. 독서하다.

독서실(讀書室)[독써실] 혼자 공부를 할 수 있도록 꾸며 놓은 방이나 업소.

독선(獨善)[독썬] 자기 혼자만이 옳다고 믿고 행동하는 일.

독설(毒舌)[독썰] 남을 심하게 비난하는 악독스러운 말. 예독설을 퍼붓다.

독성(毒性)[독썽] 독이 있는 성분.

독소(毒素)[독쏘] ①생물에서 생기는 독성이 강한 물질. ②해롭거나 나쁜 요소.

독수리(禿—)[독쑤리] 수릿과의 새. 날개 길이가 1m를 훨씬 넘는 사나운 새 이다. 빠르게 날며 날카로운 부리와 발톱으로 작은 동물을 잡아먹는다.

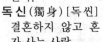

독신(獨身)[독씬] 결혼하지 않고 혼자 사는 사람.

〈독수리〉

독실하다(篤實—)[독씰하다] 종교에 대한 믿음이 두텁고 성실하다. 예독실한 가톨릭 신자.

독약(毒藥)[도갹] 독성이 있는 약. 독성이 강해 적은 양으로도 생명을 해칠 수 있다. 준독. 짧극약.

독일(獨逸)[도길] 유럽 중부에 있는 나라. 제2차 세계 대전 이후 동독과 서독으로 분단되어 있다가 1990년 독일 연방 공화국으로 통일되었다. 수도는 베를린. 삐도이칠란트.

독일어(獨逸語)[도기러] 독일을 비롯한 오스트리아·스위스·벨기에 등의 나라에서 쓰는 말. 준독어.

독자[1](獨子)[독짜] 외아들.

독자[2](讀者)[독짜] 책·신문·잡지 등의 글을 읽는 사람.

독자적(獨自的)[독짜적] ①혼자서 하는 것. 자신의 힘으로 하는 것. 예독자적인 행동/독자적으로 사업을 경영하다. ②혼자만의 독특한 것. 예추사 김정희의 독자적인 서체.

독재(獨裁)[독째] ①특정한 개인·단체·계급 등이 어떤 분야에서 권력을 차지하고 모든 일을 단독으로 처리하는 일. ②〈독재 정치〉의 준말. 빤민주. 독재하다.

독재자(獨裁者)[독째자] 절대 권력을 쥐고 독재 정치를 하는 사람.

독재 정치(獨裁政治) 국가의 권력을 한 사람이 쥐고 마음대로 다스리는 정치. 준독재.

독점(獨占)[독쩜] 어떤 물건·권리·이익을 혼자서 모두 가짐. 빤독차지. 독점되다. 독점하다.

독종(毒種)[독쫑] 성질이 매우 독한 사람.

독주[1](獨走)[독쭈] 달리기 등에서, 남을 앞질러 홀로 달림. 독주하다.

독주[2](獨奏)[독쭈] 혼자서 악기를 연주함, 또는 그 연주. 짧중주·합주. 독주하다.

독주곡(獨奏曲)[독쭈곡] 혼자서 연주할 수 있도록 작곡한 곡.

독지가(篤志家) [독찌가] 사회적으로 좋은 일에 돈이나 재물을 내놓아 도움을 주는 사람.

독차지(獨—) 혼자서 다 차지함. [비]독점. 독차지하다.

독창(獨唱) 혼자서 노래함. 또는 혼자 부르는 노래. [참]합창·중창. 독창하다.

독창성(獨創性) [독창썽] 자기 혼자의 힘으로 생각해 내거나 만들어 내는 성질.

독창적(獨創的) 자기 혼자의 힘으로 생각해 내거나 만들어 내는 것.

독창회(獨唱會) [독창회/독창훼] 한 사람이 노래를 부르는 음악회.

독촉(督促) 어떤 일이나 행동을 빨리 하도록 몹시 재촉함. 독촉되다. 독촉하다.

독충(毒蟲) 독이 있는 벌레.

독침(毒針) ①독을 바른 바늘이나 침. ②벌·전갈 등의 배 끝에 있는, 독을 내쏘는 바늘 같은 기관.

독특하다(獨特—) [독트카다] 특별히 다르거나 뛰어나다. [예]독특한 향기가 나는 꽃. 독특히.

독파(讀破) 많은 양의 책을 처음부터 끝까지 다 읽음. 독파하다. [예]세계위인 전집을 독파하다.

독하다(毒—) [도카다] ①독기가 있다. ②마음이 모질고 잔인하다. ③참고 견디는 힘이 굳세다. [예]마음을 독하게 먹다. ④맛이나 냄새 등이 지나치게 진하다. [예]독한 술.

독학(獨學) [도칵] 스승이 없이, 또는 학교에 다니지 않고 혼자 힘으로 공부함. 독학하다.

독해(讀解) [도캐] 글을 읽어 뜻을 이해함. 독해하다.

독후감(讀後感) [도쿠감] 책을 읽고 난 뒤의 느낌, 또는 그 느낌을 적은 글.

돈ː[1] ①물건값이나 일한 값으로 주고받는, 금속이나 종이로 만든 물건. [비]화폐. ②재물이나 재산. [예]돈이 많은 부자.

돈ː[2] 금·은 같은 귀금속이나 한약재 등의 무게를 재는 단위. 1돈은 1냥의 10분의 1, 1푼의 10배이다. [예]금 한 돈.

돈가스 빵가루를 묻힌 돼지고기를 기름에 튀긴 음식. [참고] 돈가스는 'pork cutlet'에서 온 말.

돈ː내기 돈을 걸고 하는 내기. 돈내기하다.

돈ː놀이 [돈노리] 남에게 돈을 빌려 주고 이자를 받는 것을 업으로 삼는 일. 돈놀이하다.

돈독하다(敦篤—) [돈도카다] 정이 깊고 두텁다. [예]형제간의 우애가 돈독하다. 돈독히.

돈ː방석(—方席) [돈빵석] 《돈을 방석 삼아 깔고 앉는다는 뜻으로》 '돈을 아주 많이 가지고 있음'을 비유하여 이르는 말. [예]돈방석에 앉다.

돈ː벌이 [돈뻐리] 돈을 버는 일. [예]돈벌이가 시원찮다. 돈벌이하다.

돈육(豚肉) [도뉵] 돼지고기.

돈의문(敦義門) [도늬문/도니문] 서울특별시 종로구 신문로 2가에 있던, 조선 시대의 서쪽 성문. 1915년 일제의 도시 계획에 따른 도로 확장 공사로 인해 헐려서 없어졌다. [비]서대문.

돈ː저냐 곱게 다진 돼지고기와 두부·채소를 섞어 동글납작하게 빚어서 밀가루와 달걀을 씌워 지진 음식. [비]동그랑땡.

돈ː주머니 [돈쭈머니] ①돈을 넣는 주머니. ②'돈이 나올 곳'을 비유하여 이르는 말.

돈키호테(Don Quixote) 에스파냐의 작가 세르반테스의 풍자 소설. 기사도 이야기를 너무 열심히 읽은 나머지 정신이 이상해진 주인공 돈키호테가 하인 산초 판사와 기사 수업을 떠나 여러 가지 우습고 이상한 모험을 겪는다는 이야기이다.

돈구다 [돈꾸다] 안경의 도수 등을 더 높게 하다.

> **····· '돋구다'와 '돋우다'의 구별 ·····**
>
> **돋구다** : 안경의 도수 등을 더 높게 하다. 간혹 '흥미를 돋구다.', '입맛을 돋구다.'와 같이 쓰는 경우가 있는데 이는 잘못된 것이다. '흥미를 돋우다.', '입맛을 돋우다.'로 써야 한다. 예안경의 도수를 돋구다.
>
> **돋우다** : 기세·흥미·입맛 등을 더 높아지게 하다. 또는 수준·정도를 더 높이다. '안경의 도수를 더 높게 하는 것'을 제외하고, 흔히 사용하는 대부분의 경우에 '돋우다'를 쓰는 것이 맞다. 예흥미를 돋우다./화를 돋우다./입맛을 돋우다.

돋다 [돋따] ①하늘에 솟아오르다. 예해가 돋다. ②처음으로 생겨 나오다. 예싹이 돋다. ③겉으로 도도록하게 내밀다. 예소름이 돋을 정도로 무서운 영화.

돋보기 [돋뽀기] ①가까운 곳이 잘 보이지 않는 눈에 쓰는, 볼록렌즈로 만든 안경. 흔히 노인들이 쓴다. ②➡확대경.

돋보이다 [돋뽀이다] 실제보다 더 낫게 보이다. 예새 옷을 입으니 한결 돋보인다.

돋아나다 [도다나다] ①싹이 밖으로 나오다. 예새싹이 파릇파릇 돋아나다. ②종기 같은 것이 생기다. 예얼굴에 여드름이 돋아나다.

돋우다 [도두다] ①위로 높아지게 하다. 예땅을 돋우다. ②부추기다. 예고수는 '얼쑤' 하면서 흥을 돋웠다. ③남을 건드려 화가 나게 하다. 예자꾸 내

신경을 돋우지 마라. ④입맛이 돌게 하다. 예식욕을 돋우는 봄나물.

돋을새김 [도들새김] 조각에서, 모양이나 무늬가 도드라지게 새기는 일. 비부조.

돋치다 돋아서 내밀다. 예가시 돋친 고슴도치.

돌¹ ①어린아이가 태어난 뒤 처음 돌아오는 생일. 예오늘은 조카 돌이다. ②특정한 날이 해마다 돌아올 때, 그 횟수를 셀 때 쓰이는 말. 예개교 70돌 기념 행사. |잘못| 돐.

돌² ①바위보다는 작고 모래보다는 큰 단단한 덩어리. ②➡석재. 예돌로 지은 건물.

> **'돌²' 의 크기에 따른 이름**
>
> • **바위** : 부피가 아주 큰 돌. 바윗돌.
> • **돌덩이** : 바위보다 작고 돌멩이보다 조금 큰 돌. 돌덩어리.
> • **돌멩이** : 돌덩이보다 작고 자갈보다 큰 돌.
> • **자갈** : 자잘한 돌멩이.
> • **모래** : 잘게 부스러진 돌 부스러기.

돌- 품질이 낮거나 야생의 것임을 나타내는 말. 예돌미나리/돌배.

돌개바람 ➡회오리바람.

돌격(突擊) 적진으로 거침없이 나아가 침. 비돌진. 돌격하다.

돌계단(─階段) [돌꼐단/돌께단] 돌로 된 계단.

돌고래 돌고랫과의 포유동물. 몸길이 4m가량. 아래위 양턱에 이빨이 많이 나 있다. 머리가 좋고, 물속에서 서로 소리를 주고받을 수 있다.

〈돌고래〉

돌:기둥 돌로 된 기둥.

돌나물 [돌라물] 돌나물과의 여러해살이풀. 줄기는 땅 위로 기어서 뻗으며 마디마다 뿌리가 난다. 어린잎과 줄기는 나물로 먹고, 잎의 즙은 해독제로 쓰인다.

돌나물김치 [돌라물김치] 돌나물로 담근 김치.

돌:다 ①축을 중심으로 원을 그리며 움직이다. 예팽이가 돌다. ②다른 쪽으로 방향을 바꾸다. 예다음 네거리에서 왼쪽으로 도세요. ③전염병이나 소문 등이 퍼지다. 예요즘 독감이 돌고 있다. ④지혜가 제대로 발휘되다. 예머리가 잘 도는 학생. ⑤정신이 이상해지다. 예머리가 돈 사람. ⑥현기증이 나다. 예눈이 핑핑 돈다. |활용| 도니·돌아.

돌:다리¹ 돌로 놓은 다리.

돌다리² [돌따리] 도랑에 놓은 조그만 다리.

돌:담 돌로 쌓은 담.

돌:덩이 [돌떵이] 돌멩이보다 크고 바위보다 작은 돌.

돌:도끼 돌로 만든 도끼.

돌돌 작은 물건을 여러 겹으로 가볍게 감거나 마는 모양. 흰둘둘.

돌려나기잎 [돌려나기입] 식물 줄기의 한 마디에 세 개 이상의 잎이 붙어 있는 잎. 참마주나기잎·어긋나기잎.

〈돌도끼〉

돌려놓다 [돌려노타] ①방향을 다른 쪽으로 바꾸어 놓다. 예책상을 창문 쪽으로 돌려놓았다. ②생각이나 일의 상태를 바꾸어 놓다. 예밥을 안 먹겠다는 동생의 마음을 돌려놓았다.

돌려받다 [돌려받따] 빌려 주었거나 빼앗겼던 것을 다시 받다. 예친구에게 빌려 준 책을 돌려받았다. 빤돌려주다.

돌려보내다 본래 있던 곳으로 도로 보내다. 예잘못 배달된 물건을 돌려보냈다.

돌려주다 빌리거나 빼앗은 것을 주인에게 도로 주다. 예친구에게 빌린 책을 돌려주었다. 빤돌려받다.

돌려차기 태권도의 발기술의 한 가지. 앞차기와 같이 발을 들어 올려 벌리면서, 안쪽으로 반원을 그리며 발꿈치로 차는 동작.

돌리다¹ ①돌게 하다. 예나사를 돌리다. ②방향을 바꾸게 하다. 예고개를 돌리다. ③기계나 공장 등을 제대로 움직이게 하다. 예세탁기를 돌리다. ④관심이나 시선을 다른 데로 쏠리게 하다. 예사람들의 관심을 다른 데로 돌려라.

돌리다² ①고루 나누어 주다. 예이웃집에 돌떡을 돌렸다. ②배달하다. 예형은 새벽마다 신문을 돌린다. ③책임이나 공로를 남에게 넘기다. 예자기의 잘못을 남의 탓으로 돌리지 마라.

돌림 노래 같은 노래를 각 성부가 같은 간격을 두고 따라 부르는 합창.

돌림병 (一病) [돌림뼝] 어떤 지역에 널리 퍼져 여러 사람이 잇따라 돌아가며 앓게 되는 병. 빠유행병.

돌맹이 '돌멩이'의 잘못.

돌:멩이 돌덩이보다는 작고 자갈보다는 큰 돌. |잘못| 돌맹이.

돌:무더기 돌멩이가 쌓인 무더기.

돌:무덤 돌을 쌓아 올려 만든 무덤. 돌무지무덤·고인돌 등. 빠석총.

돌:무지무덤 구덩이를 파거나 구덩이 없이 시체를 놓고 그 위에 돌을 쌓아 만든 무덤.

돌발 (突發) 어떤 일이 뜻밖에 갑자기 일어남. 예돌발 사고. 돌발하다.

돌배 돌배나무의 열매.

돌배나무 장미과의 낙엽 지는 큰키나무. 봄에 흰 꽃이 피고, 가을에 둥근 열매가 익는다. 나무는 기구를 만드는 재료로 널리 쓰인다.

돌변(突變) 갑작스레 변함. 돌변하다.

돌:보다 관심을 가지고 보살피다. 예환자를 돌보는 의사.

돌:부리 [돌뿌리] 돌멩이의 뾰족 내민 부분.

돌:부처 돌로 만든 불상. 비석불.

돌:산(一山) 바위나 돌이 많은 산.

돌:섬 돌이 많은 섬.

돌아가다 [도라가다] ①계속 돌며 움직이다. 예선풍기가 돌아가다. ②본디 있던 자리로, 또는 오던 길을 되돌아 다시 가다. 예집으로 돌아가서 밥을 먹고 오자. 반돌아오다. ③멀리 돌아서 가다. 예버스가 돌아가는 바람에 시간이 많이 걸렸다. ④〈죽다〉의 높임말. 예오늘은 돌아가신 할아버지의 제삿날이다. ⑤어떤 상태로 되어 가다. 예회사 돌아가는 꼴이 말이 아니다. ⑥어떤 결과로 끝나다. 예축구 시합은 우리 학교의 승리로 돌아갔다. ⑦기계가 움직여 일을 하다. 예기계 돌아가는 소리가 시끄럽다.

돌아눕다 [도라눕따] 누운 채로 몸을 돌려 반대쪽으로 향하다. 예벽 쪽으로 돌아눕다. |활용| 돌아누우니·돌아누워.

돌아다니다 [도라다니다] 이리저리 여러 곳으로 다니다. 예나는 동생을 찾으러 온 동네를 돌아다녔다.

돌아다보다 [도라다보다] '돌아보다'의 힘줌말. 예지난날을 돌아다보다./그는 뒤도 돌아다보지 않고 가 버렸다.

돌아보다 [도라보다] ①고개를 뒤로 돌려서 보다. 예친구가 부르는 소리에 뒤를 돌아보았다. ②지난 일을 다시 머리에 떠올리다. 예지난 1년을

돌아보니 내게는 참으로 힘든 한 해였다.

돌아서다 [도라서다] ①뒤로 향하여 서다. 예영미는 가다가 돌아서서 손을 흔들었다. ②관계를 끊고 멀리하다. 예친구끼리 그만한 일로 돌아서다니. ③생각이나 태도가 바뀌다.

돌아앉다 [도라안따] 방향을 고쳐 앉다.

돌아오다 [도라오다] ①떠났던 자리로 다시 오다. 예수학여행을 떠났던 형이 돌아왔다. 반돌아가다. ②차례가 되거나 차지가 되다. 예벌써 내가 나갈 차례가 돌아왔다.

돌연(突然) [도련] 갑자기. 별안간. 예친구가 돌연 전학을 갔다.

돌연변이(突然變異) [도련벼니] 조상에게 없던 새로운 특징이 갑자기 자손에게 나타나는 일.

돌연하다(突然一) [도련하다] 갑작스럽다. 예돌연한 사고. 돌연히.

돌이키다 [도리키다] ①몸이나 고개를 돌리다. 예발길을 돌이키다. ②지난 일을 되돌아보다. 예그때를 돌이켜 생각해 보니 참으로 행복한 나날이었다. ③본디의 모습으로 돌아가다. 예돌이킬 수 없는 실수. ④마음을 고쳐 달리 생각하다. 예나는 생각을 돌이켜 동생을 용서하기로 했다.

돌입(突入) [도립] 세찬 기세로 갑자기 뛰어듦. 돌입하다. 예적진을 향해 돌입하다.

돌잔치 첫돌이 되는 날에 하는 잔치.

돌잡이 [돌자비] ①첫돌에 실·돈·쌀·책·국수 등을 상 위에 차려 놓고, 아이에게 마음대로 잡게 하는 일. ②첫돌이 된 아이, 또는 그만한 시기의 아이. 돌잡이하다.

돌진(突進) [돌찐] 거침없이 곧장 나아감. 비돌격. 돌진하다. 예나는 공을 가지고 골문을 향해 돌진했다.

돌:쩌귀 문짝을 문설주에 달아 여닫는 데 쓰는 두 개의 쇠붙이. 하나(암짝)는 문설주에, 다른 하나(수짝)는 문짝에 박아 맞추어 꽂는다.

〈돌쩌귀〉

돌출(突出) ①별안간 튀어나옴. 예돌출 행동. ②밖으로 쑥 불거짐. 예돌출 부위. 돌출되다. 돌출하다.

돌:층계(一層階) [돌층계/돌층게] 돌로 쌓아 만든 층계.

돌:치기 손바닥만 한 납작한 돌을 세워 놓고 얼마쯤 떨어진 곳에서 돌을 던져 맞히거나 발로 돌을 차서 맞혀 넘어뜨리는 놀이. 비비사치기. 돌치기하다.

돌:칼 석기 시대에 쓰던, 돌로 만든 칼. 비석도.

돌:탑(一塔) 돌로 쌓은 탑. 비석탑.

돌파(突破) ①쳐들어가 깨뜨림. 예정면 돌파. ②일정한 기준이나 기록 등을 넘어섬. ③어려움을 단숨에 헤치고 나아가 극복함. 돌파되다. 돌파하다.

돌파구(突破口) ①적진이나 상대의 수비를 뚫고 지나갈 수 있는 통로나 목. ②어려운 문제 등을 해결하는 실마리. 예해결의 돌파구가 열리다.

돌:팔매 멀리 날려서 던지는 돌멩이.

돌:팔매질 돌멩이를 멀리 던지는 짓. 돌팔매질하다.

돌:팔이 [돌파리] 여기저기 떠돌아다니며 점을 치거나 기술 또는 물건을 파는 사람. 예돌팔이 의사.

돌풍(突風) ①갑자기 세차게 부는 바람. ②'갑작스럽게 많은 관심을 모으거나 큰 영향을 미치는 일'을 비유하여 이르는 말. 예시장에서 돌풍을 일으킬 신제품.

돌:하르방 《돌로 만든 할아버지라는 뜻으로》 제주도 사람들이 마을을 지켜 준다고 믿는, 돌을 깎아 만든 형상.

〈돌하르방〉

돔(dome) 반구 모양으로 된 지붕.

돕:다 [돕따] ①남을 위하여 힘쓰다. 예어머니를 도와서 대청소를 했다. ②남을 위험이나 괴로움에서 벗어나게 하다. 예수재민을 돕기 위해 돈을 모았다. ③몸의 기운을 좋아지게 하다. 예소화를 돕는 약. |활용| 도우니·도와.

돗자리 [돋짜리] 왕골이나 골풀의 줄기를 잘게 쪼개서 짠 자리.

동¹(東) 동쪽. 해가 돋는 방향. 반서.

동²(洞) 지방 행정 구역의 하나. 시·읍·구의 아래.

동³(棟) 건물의 수를 세거나 차례를 나타내는 단위. 예세 동짜리 아파트/친구가 우리 아파트 7동에 산다.

동감(同感) 남과 같게 생각하거나 느낌. 예나도 네 생각과 동감이야. 동감하다.

동갑(同甲) 같은 나이. 예동갑 친구.

동강 긴 것을 작고 짤막하게 자른 그 도막. 예연필 동강.

동강이 동강 난 물건.

동거(同居) 한집에서 같이 삶. 반별거. 동거하다.

동검(銅劍) 구리나 청동으로 만든 칼. 청동기 시대의 대표적인 유물이다.

동격(同格) [동격] 같은 자격이나 지위. 예고대 이집트의 왕은 신과 동격이었다.

동:결(凍結) ①물이 얼어붙음. ②물가·임금 등을 올리거나 자금의 이동을 금지함. 예등록금 동결/공공요금 동결. 동결되다. 동결하다.

동경[1](東京) ①고려 시대의 4경의 하나. 지금의 경주. ②➡도쿄.

동경[2](東經) 영국의 그리니치 천문대 자리를 0도로 하여 동쪽으로 180도까지 사이의 경도. [반]서경.

동:경[3](憧憬) 마음에 두고 애틋하게 생각하며 그리워함. **동경하다**.

동:계(冬季) [동계/동게] 겨울철. [예]동계 올림픽. [비]동기. [반]하계.

동고비 동고빗과의 새. 몸길이 9~19cm. 몸은 검은 회색이고 가슴과 배는 누런색이다. 부리는 굵고 길며, 꽁지는 짧고 밤색 점이 있다. 숲이나 바위가 많은 곳에서 사는 텃새이다.

동:공(瞳孔) 눈동자. [예]어두운 곳에서는 동공이 커진다.

동관(銅冠) 구리로 만든 관.

동:구(洞口) 동네 어귀. [예]할머니는 동구 밖까지 우리를 마중하러 나오셨다.

동국(東國) ①동쪽의 나라. ②지난날, '우리나라'를 중국에 대하여 이르던 말.

동국정운(東國正韻) [동국쩡운] 조선 세종 때, 신숙주·성삼문 등이 만든 책. 우리나라의 한자음을 새로운 체계에 따라 정리하였다. 전 6권.

동국통감(東國通鑑) 조선 성종 때, 서거정 등이 만든 역사책. 신라의 시조 박혁거세로부터 고려 공양왕에 이르기까지의 1,400년 동안의 역사를 기록하였다. 56권 28책.

동국통보(東國通寶) 고려 숙종 때에 만든 엽전의 한 가지.

동:굴(洞窟) 자연적으로 생긴 넓고 깊은 큰 굴.

동궁(東宮) '세자' 또는 '세자가 거처하는 궁전'을 달리 이르는 말.

동궐(東闕) ➡창덕궁.

동그라미 ①동그란 모양의 것. [비]원. ②〈동그라미표〉의 준말.

동그라미표(一標) 맞거나 옳다는 표시로 동그랗게 그리거나 찍어서 나타내는 표. [준]동그라미.

동그랑땡 '돈저냐'를 달리 이르는 말.

동그랗다 [동그라타] 아주 동글다. [예]동그란 얼굴. [큰]둥그렇다. |활용| 동그라니·동그래.

동그래지다 동그랗게 되다. [예]민주는 놀라서 눈이 동그래졌다. [큰]둥그래지다.

동그스름하다 조금 동글다. [예]동그스름한 얼굴. [큰]둥그스름하다.

동글다 모양이 공과 같다. [큰]둥글다. |활용| 동그니·동글어.

동글동글 여럿이 모두 동근 모양. [큰]둥글둥글. [센]똥글똥글.

동글동글하다 여럿이 모두 동글다. [예]동글동글한 방울토마토.

동급(同級) ①같은 등급. ②같은 학급이나 학년.

동급생(同級生) [동급쌩] 같은 학급이나 학년의 학생.

동:기[1](冬期) 겨울의 시기. [비]동계. [반]하기.

동기[2](同氣) '형제자매'를 통틀어 이르는 말.

동기[3](同期) 같은 해에 같은 학교나 회사에 들어간 사람. [예]대학 동기/입사 동기.

동:기[4](動機) ①어떤 일을 하게 된 이유나 원인. [비]계기. ②음악에서, 악곡의 가장 작은 단위.

동기간(同氣間) 형제자매 사이.

동나다 ①늘 쓰던 물건이 다 써서 없어지다. ②상품이 다 팔리다. [예]할인 판매를 하는 그 가게의 물건은 이미 동났다.

동남(東南) ①동쪽과 남쪽. ②동쪽과 남쪽의 사이인 방향. [비]남동.

동남아(東南亞) [동나마] 〈동남아시아〉의 준말. [예]동남아 여행.

동남아시아(東南Asia) 아시아 동남부 지역. 미얀마·타이·말레이시아·베트남·인도네시아·필리핀 등의 나라가 있다. [준]동남아.

동ː냥 ①승려가 집집이 다니며 곡식 등을 시주받아 모으는 일. ②거지가 돌아다니며 돈이나 물건을 달라고 비는 일. **동냥하다.**

'동냥'의 어원

놋쇠로 만든 방울을 뜻하는 '동령(銅鈴)'의 변한말. 전에는 승려가 시주를 받기 위해 이 집 저 집의 문 앞에서 이 동령을 흔들었다는 데서 생긴 말.

동ː네(洞一) 자기가 사는 집의 근처. [비]마을.

'동네'와 '마을'의 구별

동네 : 여러 사람이 집을 짓고 모여 사는 곳. 사람을 중심으로 하는 개념이며, 도시 지역에 대해서도 사용할 수 있다.

마을 : 여러 집이 한 동아리를 이루어 모여 있는 곳. 집을 중심으로 하는 개념이며, 도시 지역에 대해서는 사용할 수 없다.

동ː네방네(洞一坊一) 온 동네. 또는 이 동네 저 동네. [예]아주머니는 동네방네 떠들고 다니면서 소문을 퍼뜨렸다.

동ː네북(洞一) '이 사람 저 사람에게서 비난을 받거나, 여러 사람의 분풀이의 대상이 되는 사람'을 비유하여 이르는 말.

동ː녀(童女) 여자아이.

동녘(東一) [동녁] 동쪽. [비]동방. [반]서녘.

동대문(東大門) ➡흥인지문.

동댕이치다 ①힘껏 내던지다. ②하던 일을 팽개치듯 그만두다.

동독(東獨) 제2차 세계 대전 후, 독일의 동부 지역에 있었던 공산주의 국가. 1990년 서독과 통합되어 독일이 되었다. 수도는 동베를린.

동동 ①매우 춥거나 안타까울 때 발을 자꾸 구르는 모양. [예]발을 동동 구르며 친구를 기다렸다. ②작은 물건이 떠서 가볍게 움직이는 모양. [예]하늘에 동동 떠가는 조각구름. ②[큰]둥둥.

동동거리다 춥거나 안타까워 발을 자꾸 구르다. [비]동동대다.

동동대다 ➡동동거리다.

동동주(一酒) 청주를 떠내지 않아 밥알이 그대로 동동 떠 있는 채로인 술.

동등하다(同等一) 가치·처지·등급 등이 같다. [예]이곳에서는 누구나 동등하게 대우를 받는다.

동떨어지다 [동떠러지다] 거리나 관계가 서로 멀리 떨어지다. [예]회의 내용과 동떨어진 말은 꺼내지도 마라.

동ː란(動亂) [동난] 전쟁·폭동 등이 일어나 세상이 몹시 어지러워지는 일.

동ː력(動力) [동녁] 전력·수력·풍력 등으로 기계를 움직이게 하는 힘.

동ː력원(動力源) [동녀권] 수력·전력·화력·원자력·풍력 등과 같이 동력의 근원이 되는 에너지.

동ː력 자원(動力資源) 동력을 일으키는 자원. 수력·석탄·석유 등.

동료(同僚) [동뇨] 같은 직장에서 함께 일하는 사람. [예]직장 동료.

동률(同率) [동뉼] 같은 비율. 같은 비례. [예]우리 팀은 상대 팀과 2승 2패로 동률을 이루었다.

동ː맥(動脈) 심장에서 나오는 피를 몸의 각 부분으로 보내는 핏줄. [반]정맥.

동맹(同盟) 둘 이상의 나라나 단체가 같은 목적을 이루기 위하여 힘을 합치기로 약속함, 또는 그 조직체. [예]군사 동맹/동맹 파업. **동맹하다.**

동맹국(同盟國) 동맹을 맺은 나라.
동메달(銅medal) 각종 운동 경기나 기능 대회 같은 데서 3등을 한 사람에게 주어지는, 구리로 만든 메달. [참]금메달·은메달.
동:면(冬眠) ➡겨울잠.
동명왕(東明王, 기원전 58~기원전 19) 고구려의 시조(재위 기원전 37~기원전 19). 이름은 주몽. 천제의 아들 해모수와 하백의 딸 유화 사이에서 태어났다. 기원전 37년에 졸본에 나라를 세우고 국호를 고구려라 하였다. [비]동명 성왕.
동명이인(同名異人) 이름은 같으나 서로 다른 사람.
동몽선습(童蒙先習) 조선 중종 때, 박세무가 쓴 어린이 학습서. '천자문'을 익힌 어린이들이 '소학'을 배우기 전에 공부하는 교과서로서, 사람이 지켜야 할 다섯 가지 도리인 오륜 및 우리나라와 중국의 역사가 실려 있다.
동무 늘 친하게 어울리거나 함께 노는 사람. [비]벗·친구.
동문(同門) 한 스승에게서 같이 배운 제자. 또는 같은 학교를 나온 사람. [비]동창.
동문서답(東問西答) 《동쪽을 묻는데 서쪽을 대답한다는 뜻으로》 묻는 말과는 전혀 관계가 없는 엉뚱한 대답을 이르는 말. **동문서답하다**.
동:물(動物) 생물을 크게 둘로 나눈 것의 하나. 길짐승·날짐승·물고기·벌레·사람 등을 통틀어 이르는 말. [반]식물.
동:물도감(動物圖鑑) 여러 종류의 동물을 그림이나 사진으로 나타내고, 이에 설명을 곁들인 책.
동:물성(動物性) [동물썽] ①동물에서만 볼 수 있는 고유한 성질. ②동물체로부터 얻어지는 것. [예]동물성 식품. [참]광물성·식물성.
동:물원(動物園) [동무뤈] 온갖 동물을 먹여 기르면서 연구하는 한편, 사람들에게 구경시키는 곳. [반]식물원.
동:물의 사:육제(動物—謝肉祭) 프랑스의 작곡가 생상스의 관현악 모음곡. 기지와 해학이 넘치는 14곡으로 이루어져 있으며, 특히 '백조'가 유명하다.
동반(同伴) 함께 감. [예]부부 동반 모임. **동반되다**. **동반하다**.
동방¹(東方) ①동쪽. [비]동녘. ②동쪽 지방. [반]서방.
동방²(東邦) 중국에 대하여 '우리나라'를 이르는 말.
동방예의지국(東邦禮儀之國) [동방녜의지국/동방녜이지국] 《예의를 잘 지키는 동쪽의 나라라는 뜻으로》 지난날, 중국에서 '우리나라'를 이르던 말.
동백(冬柏) 동백나무나 그 열매.
동백나무(冬柏—) [동뱅나무] 차나뭇과의 늘푸른큰키나무. 따뜻한 지방의 산이나 바닷가에 많이 자란다. 이른 봄에 가지 끝에 붉은 꽃이 피고, 열매의 씨에서 기름을 짠다.
동:복(冬服) 겨울철에 입는 옷. [반]하복.
동봉(同封) 같이 넣어 함께 봉함. [예]사진 동봉. **동봉되다**. **동봉하다**.
동부(東部) 어떤 지역의 동쪽 부분. [반]서부.
동북(東北) 동쪽과 북쪽 사이의 방향 또는 방위.
동분서주(東奔西走) 《동쪽으로 뛰고 서쪽으로 뛴다는 뜻으로》 여기저기 몹시 바쁘게 돌아다님을 이르는 말. **동분서주하다**.
동:사(凍死) 얼어 죽음. **동사하다**.
동:사무소(洞事務所) 동의 행정 사무를 맡아보는 곳.
동산¹ 마을 부근에 있는 자그마한 산. [예]동산에 오르다.

동ː산²(動產) 모양이나 성질을 바꾸지 않고 옮길 수 있는 재물. 돈·증권·보석 등. [반]부동산.

동ː상¹(凍傷) 심한 추위로 피부가 얼어서 상하는 일, 또는 그런 상처.

동상²(銅像) 구리로 만든 사람이나 동물의 형상. [예]충무공의 동상.

동상³(銅賞) 상의 등급을 금·은·동으로 구분하였을 때의 3등상. [참]금상·은상.

동생 아우와 손아랫누이를 통틀어 이르는 말. [참고]동생은 '同生'에서 온 말. [비]아우. [반]언니·형.

동서¹(同壻) 형제의 아내끼리나 자매의 남편끼리의 관계, 또는 그런 관계의 사람끼리 서로를 이르는 말.

동서²(東西) ①동쪽과 서쪽. ②동양과 서양.

동서고금(東西古今) 《동양과 서양, 옛날과 지금이라는 뜻으로》 사람이 살아온 모든 시대와 모든 곳을 이르는 말. [예]동서고금을 막론하고 여성이라면 모두 아름다워지고 싶어 할 것이다.

동서남북(東西南北) 동쪽과 서쪽과 남쪽과 북쪽, 곧 사방.

동석(同席) 자리를 같이함. 또는 같은 자리. **동석하다**.

동ː선(動線) 어떤 일을 할 때, 몸이 주로 움직이는 거리와 방향을 나타내는 선. [예]동선을 줄이는 가구 배치.

동성(同性) ①남녀·암수의 같은 성. [반]이성. ②같은 성질.

동성동본(同姓同本) 성과 본관이 같음.

동승(同乘) 차·배·비행기 등에 함께 탐. **동승하다**.

동시¹(同時) 같은 때나 시기. [예]전교생이 동시에 한자리에 모였다.

동ː시²(童詩) ①동심의 세계를 표현한 시. ②어린이가 지은 시.

동ː식물(動植物) [동싱물] 동물과 식물.

동ː심(童心) 어린이의 마음. 또는 어린이의 마음처럼 순진한 마음.

동아리 취미나 뜻이 같은 사람들의 모임. [예]나는 사물놀이 동아리에 가입하였다. [비]서클.

동아줄 튼튼하고 굵게 꼰 줄.

동안¹ 어느 때로부터 어느 때까지의 시간적 사이. [예]방학 동안 잘 지냈니?

동ː안²(童顏) ①어린아이의 얼굴. ②나이 든 사람의 어린아이와 같은 얼굴.

동양(東洋) 유럽 대륙의 동쪽에 있는 아시아 여러 나라를 통틀어 이르는 말. 한국·중국·일본·인도 등. [반]서양.

동양 척식 주식회사(東洋拓殖株式會社) 1908년 일본이 우리나라의 토지와 자원을 빼앗을 목적으로 세운 회사.

동양화(東洋畫) 중국·한국·일본 등 동양에서 발달해 온 그림. 주로, 먹을 사용하여 화선지나 비단에 산수화나 사군자 등을 그린다. [반]서양화.

동업(同業) ①같은 종류의 직업이나 영업. ②사업이나 장사를 함께함. **동업하다**.

동여매다 줄이나 헝겊 등으로 감아 묶어 흩어지거나 움직이지 못하게 하다.

동ː영상(動映像) [동녕상] 컴퓨터·사진기·전화기 등의 화면에 영화처럼 움직이는 상태로 나타나는 영상.

동예(東濊) 1세기 초, 지금의 함경남도와 강원도 북부 지역에 있던 부족 국가. 해마다 10월에 무천이라는 추수 감사제를 지냈다. 광개토 대왕 때 고구려에 합쳐졌다.

동ː요¹(動搖) ①물체가 움직이고 흔들림. ②불안한 상태에 빠짐. **동요되다**. **동요하다**.

동ː요²(童謠) ①어린이들이 즐겨 부르는 노래. ②어린이를 위하여 지은 노래.
동ː원(動員) 어떤 일을 위하여 사람이나 물건을 한곳으로 모음. **동원되다. 동원하다.**
동음이의어(同音異義語) [동으미의어/동으미이어] 글자의 음은 같으나 뜻이 다른 낱말.
동의¹(同意) [동의/동이] ①같은 뜻. ②의견을 같이함. 또는 같은 의견. ②[비]찬동·찬성. **동의하다.**
동ː의²(動議) [동의/동이] 회의 중에 토의할 안건을 냄, 또는 그 안건.
동의보감(東醫寶鑑) [동의보감/동이보감] 조선 선조 때, 허준이 만든 의학책.
동이 질그릇의 한 가지. 양옆에 손잡이가 달려 있으며 모양이 둥글고 아가리가 넓다. 흔히 물 긷는 데에 쓰인다.
동이다 줄이나 헝겊 등으로 감거나 두르거나 하여 묶다. [예]머리를 수건으로 질끈 동이다.
동이연(—鳶) 연의 한 가지. 머리나 허리에 띠를 둘러 동여맨 것처럼 만든 연.
동일(同一) 다른 데가 없이 똑같음. [예]동일 상품. **동일하다.** [예]내 생각도 네 생각과 동일하다.
동ː자(童子) 나이 어린 남자아이.
동ː작(動作) 무슨 일을 하려고 몸을 움직이는 일, 또는 그 몸놀림. [예]동작이 빠르다.
동ː장(洞長) 동에 관한 사무를 맡아보는 책임자.
동ː장군(冬將軍) 《겨울 장군이라는 뜻으로》 '겨울의 매서운 추위'를 비유하여 이르는 말.
동전(銅錢) 구리로 만든 돈.
동ː절기(冬節期) 겨울철 기간. [반]하절기.
동점(同點) [동쩜] 같은 점수.
동정¹ 한복의 저고리 깃 위에 덧대는, 흰색의 가늘고 긴 헝겊.
동정²(同情) 남의 불행이나 슬픔 등을 자기 일처럼 생각하여 가슴 아파하고 위로함. [예]동정을 베풀다. **동정하다.**
동ː정³(動靜) 어떤 일이 벌어지고 있는 낌새나 상태. [예]적의 동정을 살피다. [비]동태·동향.
동정심(同情心) 동정하는 마음. [예]동정심에서 너를 돕는 건 아니야.
동조(同調) 남의 의견이나 주장을 옳게 여겨 따름. **동조하다.** [예]나는 은주의 의견에 동조했다.
동족(同族) 같은 겨레.
동족상잔(同族相殘) [동족쌍잔] 같은 겨레끼리 서로 싸우고 죽임. [예]6·25 전쟁은 동족상잔의 비극이었다.
동종(銅鐘) ①구리로 만든 종. ②절에서 쓰는, 구리로 만든 범종.
동지¹(冬至) ①이십사절기의 하나. 대설과 소한 사이로, 12월 22일경. 한 해 중에서 밤이 가장 긴 날이다. [반]하지. ②〈동짓달〉의 준말.
동지²(同志) 목적이나 뜻을 서로 같이하는 사람.
동진강(東津江) 전라북도의 남부를 흐르는 강. 길이 51.03km. 정읍시 풍방산에서 시작하여 서해로 흘러 들어간다.
동질성(同質性) [동질썽] 같은 성질이나 특성.
동짓날(冬至—) [동진날] 동지가 되는 날.
동짓달(冬至—) [동지딸/동짇딸] '음력 십일월'을 달리 이르는 말. [준]동지.
동쪽(東—) 해가 떠오르는 쪽. [비]동·동녘·동방. [반]서쪽.
동참(同參) 함께 참여하거나 참가함. **동참하다.** [예]불우 이웃 돕기에 동참합시다.

동창1(同窓) ①같은 학교나 같은 스승 밑에서 공부한 관계. [비]동문. ②〈동창생〉의 준말. [예]초등학교 동창.
동창2(東窓) 동쪽으로 난 창.
동창생(同窓生) 같은 학교를 졸업한 사람. [준]동창.
동창회(同窓會) [동창회/동창훼] 같은 학교를 졸업한 사람들의 모임.
동채싸움 ➡차전놀이.
동체(胴體) 물체의 중심을 이루는 부분. 특히, 비행기의 날개와 꼬리를 제외한 중심 부분.
동ː치미 김치의 한 가지. 소금에 통째로 절인 무에 끓여서 식힌 소금물을 많이 부어 심심하게 담근다.
동ː태1(凍太) 겨울에 잡아 얼린 명태.
동ː태2(動態) 움직이거나 변해 가는 상태. [비]동정·동향.
동트다 새벽이 되어 동쪽 하늘이 밝아지다. [예]우리는 동틀 무렵에 출발했다. |활용| 동트니·동터.
동ː티 건드리지 말아야 할 것을 잘못 건드려서 생긴 걱정이나 불행. [예]동티가 나다.
동ː파(凍破) 수도관이 얼어서 터짐. **동파되다. 동파하다.**
동판(銅版) 구리판에 그림이나 글자를 새긴 인쇄용 원판.
동판화(銅版畫) 구리판에 새긴 그림. 또는 구리판으로 인쇄한 그림.
동편(東便) 동쪽 편. [반]서편.
동포(同胞) 같은 겨레. 같은 민족. [예]해외 동포. [참]교포.
동포애(同胞愛) 동포끼리 서로 아끼고 사랑하는 마음.
동풍(東風) 동쪽에서 불어오는 바람. [비]샛바람. [반]서풍.
동학(東學) 조선 말기, 최제우가 일으킨 민족 종교. '사람이 곧 하늘'이라는 사상을 기본 교리로 삼았다. 뒤에 '천도교'로 이름을 바꾸었다.
동학군(東學軍) [동학꾼] 동학당의 군사. 전봉준이 조직하여 관군과 싸운 군대로서, 대부분은 농민이었다.
동학 농민 운ː동(東學農民運動) 조선 고종 31(1894)년에 전라도 고부군에서 시작된, 동학을 따르는 농민들이 일으킨 농민 운동.
동학당(東學黨) [동학땅] 1860년 최제우가 일으킨, 동학을 따르고 서학을 반대한 집단.
동해(東海) ①동쪽에 있는 바다. ②우리나라 동쪽의 바다.
동해안(東海岸) ①동쪽에 있는 해안. ②우리나라 동쪽에 있는 해안.
동행(同行) 길을 같이 감. 또는 같이 가는 사람. **동행하다.**
동향1(同鄕) 같은 고향.
동ː향2(動向) 사람의 마음이나 어떤 사물의 정세·상태 등의 움직임. 또는 그것들이 움직여 가는 방향. [예]경제 동향/적의 동향을 살피다. [비]동정·동태.
동헌(東軒) 지난날, 고을의 수령이 공적인 일을 처리하던 집.
동형(同形) 같은 모양.
동호회(同好會) [동호회/동호훼] 취미가 같은 사람들이 함께 즐기는 모임. [예]축구 동호회.
동화1(同化) ①다른 사물이나 현상을 닮아서 그 성질이 같아짐. ②생물이 몸 밖에서 얻은 물질을 자기 몸에 알맞게 바꾸는 일. **동화되다. 동화하다.**
동ː화2(童話) 어린이에게 들려주거나 읽히기 위하여 지은 이야기.
동ː화집(童話集) 동화를 모아 엮은 책. [예]그림 동화집. [비]동화책.
동ː화책(童話冊) 동화가 실린 책. [비]동화집.
돛 [돋] 바람을 받아 배를 가게 하기 위하여, 배 위에 세운 기둥에 높게 펼쳐

매단 넓은 천. |발음| 돛이[도치]·돛도[돋또]·돛만[돈만]

돛단배 [돋딴배] 돛을 단 배. [비]범선.

돛대 [돋때] 돛단배에서, 돛을 다는 높은 기둥.

〈돛단배〉

돼ː지 ①멧돼짓과의 동물. 몸이 뚱뚱하며 다리와 꼬리가 짧다. 고기 맛이 좋아 여러 가지로 가공된다. ②'욕심이 많거나 많이 먹는 사람'을 비유하여 이르는 말. ③'뚱뚱한 사람'을 놀림조로 이르는 말.

〈돼지①〉

돼ː지고기 음식으로서의 돼지의 고기. [비]돈육·제육.

돼ː지비계 [돼지비계/퇘지비계] 돼지의 가죽과 살 사이에 있는 기름기로 된 층.

돼ː지코 돼지의 코처럼 앞에서 볼 때 콧구멍이 보이는 코를 놀리는 말.

되 [되/뒈] ①곡식·액체·가루 등의 분량을 재는 네모난 나무 그릇. ②곡식·가루·액체 등의 분량을 헤아리는 단위. 1되는 1말의 10분의 1, 1홉의 10배이다. [예]쌀 한 되.

〈되①〉

되ː게 [되게/뒈게] 매우. 몹시. [예]되게 덥네./되게 혼났다.

되뇌다 [되뇌다/뒈눼다] 같은 말을 되풀이하다.

되는대로 [되는대로/뒈는대로] 아무렇게나. 마구. [예]되는대로 살다.

되다[1] [되다/뒈다] ①이루어지다. [예]다 된 밥/일이 제대로 되었다. ②어떤 것으로 변하거나 이루어지다. [예]얼음이 녹아 물이 되었다. ③어떤 상태로 이루어지다. [예]깊이 사랑하게 된 사람. ④어떤 때가 오다. [예]어느덧 봄이 되었다. ⑤어떤 수량에 달하다. [예]쓴 돈이 무려 10만 원이나 된다. ⑥나이 등을 먹다. [예]올해로 열두 살이 되었다. ⑦어떤 관계에 있다. [예]아저씨뻘 되는 분. ⑧소용에 닿다. [예]먹으면 몸에 약이 되는 풀. ⑨어떤 결과를 가져오다. [예]지금까지 한 일이 모두 헛수고가 되고 말았다.

되ː다[2] [되다/뒈다] 말이나 되 등으로 양을 헤아리다. [예]쌀이 몇 되나 되는지 되어 보렴.

되ː다[3] [되다/뒈다] ①물기가 적어 빡빡하다. [예]밥이 너무 되다. [반]질다·묽다. ②힘에 겹다. [예]일이 너무 되다.

-되다 [되다/뒈다] ①어떤 말에 붙어, 어떤 동작이나 작용이 저절로 또는 다른 것에 의해 이루어짐을 나타내는 말. [예]사건이 해결되다./도로가 건설되다. ②어떤 말이나 어떤 말의 바탕을 이루는 부분에 붙어, 그 말이 어떤 상태나 성질을 띠고 있음을 나타내는 말. [예]거짓되다./참되다./그릇되다.

되도록 [되도록/뒈도록] 될 수 있는 대로. 가능한 한. [예]되도록 책을 많이 읽어라.

되돌다 [되돌다/뒈돌다] 향하던 곳에서 반대쪽으로 방향을 바꾸다. [예]나는 학원에 가던 길을 되돌아 집으로 왔다. |활용| 되도니·되돌아.

되돌리다 [되돌리다/뒈돌리다] ①향하던 곳과 반대되는 쪽으로 가게 하다. [예]두고 온 것이 있어서 걸음을 학교 쪽으로 되돌렸다. ②어떤 일을 본디의 상태가 되게 하다. [예]이미 엎질러진 물이니 되돌릴 수도 없다.

되돌아가다 [되도라가다/뒈도라가다] 출발했던 곳으로 다시 돌아가다.

예준비물을 두고 나와 집으로 되돌아 갔다.

되돌아보다 [되도라보다/뒈도라보다] ①본 것을 다시 돌아보다. ②지난 일을 다시 생각해 보다.

되돌아오다 [되도라오다/뒈도라오다] 먼저 있던 곳으로 도로 돌아오다. 예가던 길을 되돌아오다.

되:레 [되레/뒈레] 〈도리어〉의 준말. 예잘못한 게 누군데 네가 되레 화를 내?

되묻다 [되묻따/뒈묻따] 물음에 답하지 않고 도리어 묻다. 예순호는 그 말이 정말이냐고 오히려 나한테 되묻더라. |활용| 되물으니 · 되물어.

되바라지다 [되바라지다/뒈바라지다] 지나치게 똑똑하다. 예되바라진 요즘 아이들.

되받아치다 [되바다치다/뒈바다치다] 남의 행동이나 말에 양보하지 않고 대들다.

되살다 [되살다/뒈살다] ①도로 살아나다. ②잊고 있던 감정 · 기억 등이 다시 생기다. |활용| 되사니 · 되살아.

되살리다 [되살리다/뒈살리다] 되살게 하다. 예여행을 다녀온 기억을 되살려 글을 써 봅시다.

되살아나다 [되사라나다/뒈사라나다] ①죽어 가던 것이 다시 살아나다. 예 봄이 되자 새싹들이 되살아났다. ②잊었던 일이 다시 생각나다. 예이 노래를 들으니 어릴 때 흥얼거렸던 기억이 되살아난다.

되새기다 [되새기다/뒈새기다] ①소나 염소 등이 먹은 것을 다시 입 안에 내어 씹다. ②어떤 일을 골똘하게 자꾸 생각하다. 예선생님의 말씀을 되새겨 보았다. 町되씹다.

되새김질 [되새김질/뒈새김질] 소나 염소 등이 한번 삼킨 먹이를 다시 입으로 되올려 씹는 짓. 되새김질하다.

되씹다 [되씹따/뒈씹따] ①씹었던 것을 다시 씹다. ②어떤 일을 자꾸 되풀이하여 말하다. 町곱씹다. ③다시 떠올려 생각하다. 町되새기다.

되지못하다 [되지모타다/뒈지모타다] 옳지 못하거나 예의가 없다. 예그는 되지못하게 동네 어른한테 대들기 시작했다.

되직하다 [되지카다/뒈지카다] 묽지 않고 조금 되다. 예할머니는 팥죽을 되직하게 쑤셨다. 되직이.

되짚다 [되집따/뒈집따] ①다시 짚다. ②다시 살펴거나 반성하다. 예되짚어 생각해 보니 네 말이 맞는 것 같아. ③(주로 '되짚어'의 꼴로 쓰여) '곧 되돌아서' 또는 '곧 되돌려서'의 뜻을 나타내는 말. 예나는 갔던 길을 되짚어 돌아왔다.

되찾다 [되찬따/뒈찬따] 다시 찾다. 예빼앗긴 나라를 되찾기 위하여 애쓰신 분들.

되치기 [되치기/뒈치기] 유도나 씨름에서, 상대편의 공격을 막다가 공격해 오는 그 힘을 역이용하여 되받아치는 기술.

되풀이 [되푸리/뒈푸리] 같은 말이나 행동을 거듭함. 예똑같은 실수를 되풀이를 해서는 안 되지. 되풀이되다. 되풀이하다.

된:밥 [된밥/뒌밥] 물기를 적게 하여 꼬들꼬들하게 지은 밥. 町고두밥. 町진밥.

된:서리 [된서리/뒌서리] 늦가을에 아주 되게 내린 서리. 町무서리.

된:소리 [된소리/뒌소리] 닿소리의 한 갈래. 날숨으로 거의 닫힌 목청을 떨어 울려서 내는 소리. 'ㄲ · ㄸ · ㅃ · ㅆ · ㅉ'이 이에 딸린다. 町경음. 참거센소리 · 예사소리.

된:장(-醬) [된장/뒌장] 메주에 소금물을 부어 좀 되게 만들어 삭힌 것.

된ː장국(─醬─) [된장꾹/뒌장꾹] 된장을 풀어 넣고 끓인 국. [비]토장국.

된ː장찌개(─醬─) [된장찌개/뒌장찌개] 된장을 풀어 넣고 끓인 찌개. [비]토장찌개.

된ː통 [된통/뒌통] 아주 심하게. [예]거짓말했다가 엄마한테 된통 혼났다. [비]되게.

됨됨이 [됨되미/뒘뒈미] 사람이 타고난 바탕이나 인격. [예]말은 곧 그 사람의 됨됨이를 보여 준다.

두ː ⟪일부 단위를 나타내는 말 앞에 쓰여⟫ 수량이 둘임을 나타내는 말. [예]두 살/두 마리/두 개.

두각(頭角) '여럿 가운데 특히 뛰어난 재능'을 비유하여 이르는 말. [예]선희는 글짓기에 두각을 나타냈다.

두개골(頭蓋骨) ➡ 머리뼈.

두건(頭巾) 상을 당한 남자가 머리에 쓰는, 베로 만든 모자.

두견새(杜鵑─) 두견과의 새. 뻐꾸기와 비슷하나 좀 작다. 숲 속에 홀로 사는 여름새로, 다른 새의 둥지에 알을 낳아 다른 새에게 기르게 한다. [비]두견이.

〈두견새〉

두견이(杜鵑─) [두겨니] ➡ 두견새.

두고두고 ①오랜 시간을 두고 여러 번에 걸쳐서. [예]두고두고 잔소리를 한다. ②오래도록. 영원히. [예]이 은혜를 두고두고 잊지 않을게.

두근거리다 매우 놀라거나 겁이 나서 가슴이 자꾸 뛰다. [예]얼마나 놀랐던지 지금도 가슴이 두근거린다. [비]두근대다. [작]도근거리다.

두근대다 ➡ 두근거리다.

두근두근 자꾸 두근거리는 모양. [작]도근도근.

두꺼비 두꺼빗과의 동물. 개구리와 비슷하나 더 크며 피부가 우툴두툴하다. 습한 곳의 돌이나 풀 밑에 살며 저녁에 나와 벌레를 잡아먹는다.

〈두꺼비〉

두꺼비집 지나치게 센 전류가 흐르면 저절로 전류가 끊어지게 된 장치. [비]안전기.

두껍다 [두껍따] 두께가 크다. [예]두꺼운 책. [반]얇다. |활용| 두꺼우니·두꺼워.

> **'두껍다'와 '두텁다'의 구별**
>
> **두껍다** : 주로 구체적인 형태를 가진 물체의 두께를 나타낼 때 쓰인다. [예]두꺼운 책/이불이 두껍다(×두텁다).
>
> **두텁다** : 우정·인정·정의 등과 같은 감정의 깊이를 나타낼 때 쓰인다. 흔히 '두터운 옷'과 같이 잘못 쓰는 일이 있는데, '두꺼운 옷'으로 쓰는 것이 맞다. [예]두터운 우정.

두께 물건의 두꺼운 정도.

두뇌(頭腦) [두뇌/두눼] ①➡ 뇌. ②사물을 판단하는 슬기 또는 지혜. [예]두뇌 회전이 빠르다. [비]머리.

두다 ①일정한 곳에 있게 하다. [예]서랍에 지갑을 두고 왔나 봐. ②일정한 상태로 있게 하다. [예]손대지 말고 그대로 두어라. ③사람을 부리거나 거느리다. [예]그 박사는 조수를 두고 실험한다. ④사이에 끼우거나 넣거나 섞다. [예]엄마는 콩을 두어 밥을 지으셨다. ⑤⟪'두고'의 꼴로 쓰여⟫ 다루는 대상으로 하다. [예]우리는 그 문제를 두고 여러 시간 토론했다. ⑥시간적·공간적 거리나 간격을 남겨 놓거나 걸치다. 몐이 일은 여유를 두고 생각해 보자. ⑦떼어 놓거나 미루어 놓다. 몐그는 아내와 자식을 두고 혼자 떠났다. ⑧바둑이나 장기 등의 놀이를 하다. 몐준호는 바둑을 잘 두는 편이다.

두더지 두더짓과의 동물. 몸은 둥글고 통통하며 다리가 짧고 발바닥이 유난히 넓다. 뾰족한  〈두더지〉 주둥이와 넓은 발로 땅을 파고 들어가 산다.

두:도막 형식(一形式) 한 곡이 두 개의 큰악절로 이루어진 형식.

두둑 밭과 밭 사이의 경계를 이루는, 가운데가 솟아서 불룩하게 된 언덕.

두둑하다 [두두카다] ①매우 두껍다. 몐추워서 옷을 두둑하게 껴입었다. ②넉넉하고 풍부하다. 몐진수는 배짱이 두둑하다. 두둑이. 몐설날에 새뱃돈을 두둑이 받았다.

두둔(斗頓) 편들어서 감싸 줌. 몐아이를 자꾸 두둔을 하면 버릇만 나빠진다. 두둔하다.

두둥실 물 위나 공중에 가볍게 떠오르거나 떠 있는 모양. 몐하늘에 두둥실 떠가는 구름. ㉙도둥실.

두드러기 약이나 음식을 잘못 먹거나 환경이 바뀌어 생기는 피부병의 한 가지. 피부가 붉게 부르트며 몹시 가렵다.

두드러지다 눈에 띄게 뚜렷하다. 몐성적이 두드러지게 좋아졌다. ㉙도드라지다.

두드리다 소리가 나게 여러 번 치거나 때리다. 몐문을 두드리는 소리.

두들기다 마구 치거나 때리다. 몐깡패에게 두들겨 맞다.

두런거리다 몇 사람이 낮은 목소리로 이야기를 나누다. 몡두런대다. ㉙도란거리다.

두런대다 ⇒두런거리다.

두런두런 자꾸 두런거리는 소리, 또는 그 모양. ㉙도란도란.

두렁 논이나 밭 사이의 작은 둑.

두레 농촌에서, 농사일이 바쁜 철에 서로 도와서 공동으로 일을 하기 위해 만든 조직.

두레박 줄을 길게 매어 우물물을 퍼올리는 데 쓰는 그릇. 몡타래박.  〈두레박〉

두려움 두려운 느낌.

두려워하다 꺼려하거나 무서워하는 마음을 갖다. 몐아이들은 어둠을 두려워한다.

두렵다 [두렵따] ①마음에 꺼려 무섭다. ②일이 잘못될까 봐 염려스럽다. 몐시험에 또 떨어질까 봐 두렵다. |활용| 두려우니·두려워.

두루 ①빠짐없이 골고루. 몐삼촌은 여러 분야에 두루 능통하다. ②널리. 일반적으로. 몐이 칼은 여러 용도로 두루 쓰인다. 두루두루.

두루마기 전통 한복의 한 가지. 옷자락이 무릎까지 내려오며, 나들이할 때 외투처럼 맨 겉에 입는다.

〈두루마기〉

겉섶 · 동정 · 깃 · 옷고름 · 소맷부리 · 길 · 무

두루마리 종이를 가로로 길게 이어서 둥글게 만 물건. 몐두루마리 화장지.

두루뭉술하다 ①모나지도 않고 아주 둥글지도 않다. 몐얼굴이 두루뭉술하다. ②말이나 행동이 분명하지 못하다. 예그렇게 두루뭉술하게 대답하지 말고 분명하게 말해라.

두루미 두루밋과의 새. 목과 다리와 부리가 긴 것이 특징이다. 온몸이 흰색인데, 머리 꼭대기는 붉고, 날개깃의 끝은 검은색이다. 천연기념물 제202호. 비학.

〈두루미〉

두르다 ①둘레를 돌려 감거나 휘감아 싸다. 예언니는 앞치마를 두르고 설거지를 한다. ②프라이팬 등에 기름을 고르게 바르다. |활용|두르니·둘러.

두름 ①조기 등의 물고기를 한 줄에 열 마리씩 두 줄로 엮은 것. ②조기 등의 물고기를 한 줄에 열 마리씩 두 줄로 엮은 것을 세는 단위. 예굴비 한 두름.

두릅 두릅나무의 어린순. 살짝 데쳐서 먹는다.

두리둥실 물 위나 공중에 가볍게 떠서 움직이는 모양. 예두둥실 두리둥실 배 떠나가네.

두리뭉실하다 ①특별히 모나지도 않고 아주 둥글지도 않다. ②말이나 태도가 분명하지 못하다.

두리번거리다 어리둥절하여 자꾸 이쪽저쪽을 돌아보다. 예나는 사람들 틈에서 친구를 찾으려고 두리번거렸다. 비두리번대다. 황도리반거리다.

두리번대다 ➡두리번거리다.

두리번두리번 자꾸 두리번거리는 모양. 황도리반도리반.

두만강(豆滿江) 한반도의 북동부, 중국의 둥베이 및 러시아의 연해주와의 국경을 흐르는 강. 길이 521 km. 백두산에서 시작하여 동해로 흘러든다.

두:말 이랬다저랬다 하는 말. 두말하다.
  두말 말고관용 여러 말 하지 말고. 예두말 말고 조금만 더 기다려라.
  두말할 나위(가) 없다관용 너무나도 뻔한 일이므로 다른 설명을 더 보탤 필요가 없다.

두:말없이 [두마럽씨] 이러니저러니 여러 말 할 것 없이.

두메 도시에서 멀리 떨어진 곳. 비벽지.

두메산골 (一山一)[두메산꼴] 도시에서 멀리 떨어진 산골.

두목(頭目) 주로, 좋지 못한 무리의 우두머리. 예깡패 두목. 비두령.

두:발제기 두 발로 번갈아 가며 차는 제기.

두부(豆腐) 콩으로 만든 식품의 한 가지. 물에 불린 콩을 갈아서 짜낸 콩물을 익힌 다음 간수를 넣어 엉기게 하여 만든다.

두서(頭緖) 일의 차례나 갈피.

두서너 수량이 둘이나 셋 또는 넷임을 나타내는 말. 예이 바위는 두서너 사람의 힘으로는 들 수 없다.

두서없다(頭緖一)[두서업따] 이랬다저랬다 하여 갈피를 잡을 수 없다. 예두서없는 말을 지껄이다. 두서없이.

두세 수량이 둘이나 셋임을 나타내는 말. 예두세 명/두세 개.

두셋 [두셑] 둘이나 셋. 예두셋이 한꺼번에 달려든다. 비이삼.

두어 수량이 둘가량임을 나타내는 말. 예두어 사람.

두엄 짚·풀·똥·오줌 등을 썩혀서 만든 거름. 비퇴비.

두엇 [두얻] 둘가량. 예학생 두엇이 걸어오고 있다. |발음| 두엇이[두어시]·두엇도[두얻또]·두엇만[두언만]

두유(豆乳) 불린 콩을 간 다음 물을 붓고 끓인 것을 걸러 낸 우유 같은 액체.

두절(杜絕) 교통이나 통신이 막히거나 끊어짐. **두절되다. 두절하다.**
두째 '둘째'의 잘못.
두침(頭枕) 주검을 눕힐 때 머리를 괴는 일. [비]머리고임.
두텁다 [두텁따] 인정이나 사랑이 깊다. [예]부모님의 두터운 사랑. [작]도탑다. [참]두껍다. [활용] 두터우니·두터워. **두터이.**
두통(頭痛) 머리가 아픈 증세.
두툼하다 꽤 두껍다. [예]두툼한 입술. [작]도톰하다. **두툼히.** [예]밖이 추우니 옷을 두툼히 입고 나가라.
두피(頭皮) 머리를 덮고 있는 피부. [예]두피 마사지.
두ː해살이풀 [두해사리풀] 싹이 트고, 자라고, 꽃이 피고, 열매를 맺은 뒤 죽기까지 1년 이상 2년 이내의 시간이 걸리는 풀 종류의 식물. 보리·무 등. [참]한해살이풀·여러해살이풀.
둑 홍수를 막거나 물을 가두어 두기 위하여 둘레를 돌·흙 등으로 높이 막아 쌓은 언덕. [비]강둑·제방.
둑길 [둑낄] 둑 위로 난 길.
둔ː각(鈍角) 90° 보다는 크고 180° 보다는 작은 각. [반]예각.
둔ː각 삼각형(鈍角三角形) 세 각 가운데서 하나가 둔각인 삼각형.

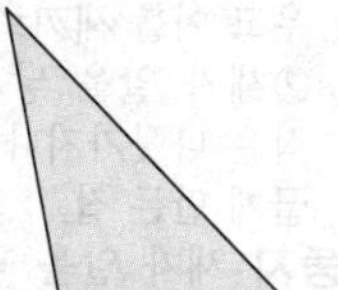

〈둔각 삼각형〉

둔ː감하다(鈍感―) 감각이나 감정이 무디다. [예]유행에 둔감하다.
둔ː갑(遁甲) 술법을 써서 자기 몸을 다른 것으로 바꿈. [예]천년 묵은 여우가 사람으로 둔갑을 했다. **둔갑하다.**
둔덕 가운데가 솟아 불룩하게 언덕진 곳.
둔ː재(鈍才) 둔하고 재주가 없는 사람. [반]수재·천재.
둔치 큰물이 질 때만 물에 잠기는, 물가의 언덕. [예]한강 둔치.
둔ː하다(鈍―) ①행동이 느리고 무겁다. [예]살이 많이 쪄서 몸이 둔하다. ②깨우침이 늦고 재주가 모자라다. [예]둔한 머리. ③감정이나 느낌이 날카롭지 못하다. [예]신경이 둔하다.
둔ː화(鈍化) 느리고 무디어짐. [예]경제 성장률의 둔화. **둔화되다.** [예]선수의 움직임이 둔화되다. **둔화하다.**
둘ː 하나에 하나를 더한 수. '하나'의 다음 수. [비]이. [참]두.
둘도 없다 [관용] ①오직 그것뿐이고 더는 없다. [예]둘도 없는 목숨. ②가장 귀중하다. [예]둘도 없는 친구.
둘둘 종이·자리·멍석 등 넓은 것을 여러 겹으로 감거나 마는 모양. [작]돌돌.
둘러놓다 [둘러노타] ①둥글게 벌여 놓다. [예]우리는 의자를 빙 둘러놓고 앉아서 토의를 했다. ②방향을 바꾸어 놓다.
둘러대다 그럴듯한 말로 꾸며 대다. [예]나는 약속 시간에 늦은 이유를 적당히 둘러대었다.
둘러보다 이모저모 골고루 살펴보다. [예]사방을 둘러보다./임금님은 평복 차림으로 궁궐 밖을 둘러보았다.
둘러서다 여럿이 둥글게 서다. [예]많은 사람들이 빙 둘러서서 연설을 듣고 있다. [작]돌라서다.
둘러싸다 둥글게 에워싸다. [예]산이 병풍처럼 둘러싸고 있는 마을. [작]돌라싸다.
둘러싸이다 둘러쌈을 당하다. [예]우리나라는 3면이 바다로 둘러싸여 있다.
둘러쓰다 머리에 두르거나 온몸을 덮어 가리다. [예]진아는 소리가 새어 나가지 않게 이불을 둘러쓰고 울었다. [활용] 둘러쓰니·둘러써.
둘러앉다 [둘러안따] 여러 사람이 가

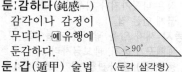

운데를 향해 둥글게 앉다. 📵식구들이 모두 식탁에 둘러앉아 저녁을 맛있게 먹었다. 🔄돌라앉다.

둘레 ①사물의 바깥 언저리. ②사물이나 도형의 가장자리를 따라 한 바퀴 돈 길이. 📵운동장 둘레를 재다.

둘레둘레 사방을 이리저리 둘러보는 모양. 📵도둑은 집 주위에 누가 없는지 둘레둘레 살폈다.

둘:째 첫째의 다음.

'둘째'와 '두째'의 구별

전에는 차례를 나타낼 경우와 수량을 나타낼 경우를 구별하여 적었지만, 지금은 이들을 구분하지 않고 모두 '둘째'로만 적는다. 📵오늘은 둘째 오빠의 생일날이다./사과를 벌써 둘째 먹는다.

다만, 차례를 나타내는 말로, 앞에 다른 수가 올 경우에는 받침 'ㄹ'이 탈락하는 언어 현실을 살려 '두째'로 적는다. 📵열두째/스물두째/서른두째.

둘:째가다 최고에 버금가다.

둘째가라면 서럽다관용 모두가 인정하는 첫째다.

둥 '무슨 일을 하는 듯도 하고 하지 않는 듯도 함'이라는 뜻을 나타내는 말. 📵민수가 무슨 말을 할 둥 말 둥 하면서 망설이고 있다.

둥개다 일을 감당하지 못하고 쩔쩔매다.

둥개둥개 아기를 안거나 쳐들고 달랠 때 내는 소리.

둥그렇다 [둥그러타] 뚜렷하고 크게 둥글다. 📵눈을 둥그렇게 뜨다. 🔄동그랗다. |활용|둥그러니 · 둥그레.

둥그레지다 둥그렇게 되다. 📵동생은 깜짝 놀라 눈이 둥그레졌다. 🔄동그래지다.

둥그스레하다 ➡둥그스름하다.

둥그스름하다 모나지 않고 조금 둥글다. 📵둥그스름한 얼굴. 🔄둥그스레하다. 🔄동그스름하다.

둥근기둥 ①둘레를 둥그렇게 깎아 만든 기둥. ②➡원기둥.

둥근달 음력 보름쯤에 둥그렇게 된 달. 🔄만월 · 보름달.

둥글넓적하다 [둥글럽쩌카다] 모양이 둥글면서 넓적하다. 📵둥글넓적한 피자.

둥글다 ①모양이 원과 같거나 비슷하다. 📵우리는 손을 잡고 둥글게 돌며 춤을 추었다. 🔄동글다. ②성격이 모가 없이 원만하다. 📵성격이 둥근 사람. |활용|둥그니 · 둥글어.

둥글둥글 ①여럿이 모두 둥근 모양. 🔄동글동글. ②성격이 모가 없이 원만한 모양.

둥둥¹ 큰북 등을 잇따라 두드리는 소리. 📵북소리가 둥둥 울려왔다.

둥둥² 큰 물건이 떠서 움직이는 모양. 📵하늘 높이 둥둥 떠가는 구름. 🔄동동.

둥실 큰 물건이 가볍게 떠 있는 모양. 📵보름달이 둥실 떠 있다. 🔄동실. 둥실둥실.

둥우리 ①기둥과 칸살 등을 나무로 세우고 이를 새끼로 얽어 만든 닭의 집. ②새가 알을 낳거나 깃들이기 위해 작은 나뭇가지나 지푸라기 등으로 둥글게 만든 집.

둥지 새가 알을 낳거나 깃들이는 곳. 📵뻐꾸기 둥지. 🔄보금자리.

둥지(를) 틀다관용 새가 보금자리를 만들다.

둥치 큰 나무의 밑동.

뒤: ①정면의 반대쪽. 📵집 뒤에 심은 나무. ②나중. 📵한 시간 뒤에 보자. ③차례에서 다음. 📵너는 나보다 한참 뒤야. ④어떤 일이 끝난 다음. 📵견학을 하고 난 뒤 감상문을 쓴다. ⑤어

떤 일의 감춰진 부분. 예그 사람의 뒤를 캐다. ⑥앞선 것의 다음을 잇는 것. 예아빠가 할아버지의 뒤를 이어 빵집을 하신다. ⑦어떤 일을 잘해 나가도록 돌보아 주는 일. 예형이 뒤를 대 주어서 간신히 졸업했다. ⑧감정적인 문제의 남은 처리. 예그는 화를 잘 내지만 뒤는 없는 사람이다. ⑨'똥'을 점잖게 이르는 말. 예나는 뒤가 급해서 화장실로 뛰어갔다. ①~③回앞.

뒤가 구리다[관용] 숨겨 둔 잘못이 있어 깨끗하거나 떳떳하지 못하다.

뒤를 밟다[관용] 남의 행동을 살피려고 슬그머니 뒤를 쫓아가다. 미행하다.

뒤:구르기 매트에서 몸을 뒤로 구르는 동작. 🔵앞구르기.

뒤꼍[뒤꼍] 집 뒤에 있는 뜰이나 마당.

뒤:꿈치〈발뒤꿈치〉의 준말.

뒤:끝[뒤끝] ①일의 맨 나중. 예시작도 중요하지만 뒤끝을 잘 맺어야 한다. ②좋지 않은 감정이 뒤에도 계속 남아 있는 것. 예이모는 화를 잘 내지만 뒤끝은 없다.

뒤:늦다[뒤는따] 제때가 지나 아주 늦다. 예뒤늦게 사고 소식을 들었다.

뒤덮다[뒤덥따] ①뒤집어쓰듯이 덮다. 예온 세상을 뒤덮은 하얀 눈. ②일정한 지역이나 공간을 누비거나 휩싸듯이 덮다. 예만세 시위 행렬이 온 서울 거리를 뒤덮었다.

뒤덮이다[뒤더피다] 뒤덮음을 당하다. 예구름으로 뒤덮인 하늘.

뒤:돌아보다[뒤도라보다] ①뒤쪽을 돌아보다. ②지난 일을 돌이켜 생각해 보다. 예어린 시절을 뒤돌아보다.

뒤:돌아서다[뒤도라서다] 뒤로 돌아서다. 예친구가 부르는 소리를 듣고 뒤돌아섰다.

뒤:따라가다 뒤를 따라가다. 예너 먼저 가. 나도 곧 뒤따라갈게. 回뒤따라오다.

뒤:따라오다 뒤를 따라오다. 예나를 뒤따라오너라. 回뒤따라가다.

뒤:따르다 ①뒤를 따르거나 좇다. 예내가 밖으로 나가자 동생도 뒤따라 나왔다. ②어떤 일에 딸려 나타나거나 같이하다. 예말만 앞세우고 실천이 뒤따르지 않는 사람. |활용| 뒤따르니·뒤따라.

뒤:떨어지다[뒤떠러지다] ①뒤에 떨어져 남다. ②뒤로 사이가 벌어져 있다. 예나는 구경하느라 엄마보다 조금 뒤떨어져서 걸었다. ③남이나 다른 것보다 수준이 못하다. 예수학이 다른 과목에 비해 많이 뒤떨어진다. ④시대나 유행의 흐름에 맞지 않다. 예시대에 뒤떨어진 생각. ⑤처지다. 예신문이 텔레비전에 비해 신속하게 전달하는 기능은 뒤떨어진다. ②~⑤回뒤지다. ②~⑤回앞서다.

뒤뚱거리다 물체가 중심을 잃고 이쪽저쪽으로 자꾸 기울어지다. 回뒤뚱대다. 🔵되뚱거리다.

뒤뚱대다 ➡ 뒤뚱거리다.

뒤뚱뒤뚱 자꾸 뒤뚱거리는 모양. 🔵되뚱되뚱.

뒤뜰 집 뒤에 있는 뜰. 回뒷마당. 回앞뜰.

뒤란 집 뒤에 있는 울타리의 안.

뒤룩뒤룩[뒤룩뛰룩] 군살이 처지도록 살이 몹시 찐 모양. 예돼지처럼 뒤룩뒤룩 살만 쪘다.

뒤바꾸다 뒤집어 바꾸다. 예책을 뒤바꿔 놓지 말고 제자리에 꽂아라.

뒤바뀌다 반대로 바꾸어지다. 예우리들의 순서가 뒤바뀌었다.

뒤범벅 함부로 뒤섞인 상태. 예동생은 눈물과 콧물이 뒤범벅이 되어 울고 있었다.

뒤섞다[뒤석따] 사람이나 물건을 한데 마구 섞다. 예콘크리트는 시멘트와 모래와 자갈을 뒤섞어 만든다.

뒤섞이다 [뒤서끼다] 뒤섞음을 당하다. 예미진이는 뒤섞인 신발들을 정리했다.

뒤숭숭하다 ①정신이 산란하다. 예마음이 뒤숭숭하여 공부가 잘 안 된다. ②일이나 물건이 이리저리 흩어지고 얽혀 있다. 예세상이 뒤숭숭하다.

뒤엉키다 마구 엉키다. 예서로 뒤엉켜 싸우다.

뒤엎다 [뒤업따] 뒤집어서 엎다. 예밥상을 뒤엎다.

뒤웅박 쪼개지 않고 구멍만 뚫어 속을 파낸 박.

뒤웅스럽다 [뒤웅스럽따] 뒤웅박처럼 생겨 보기에 어리석고 둔하다. |활용| 뒤웅스러우니·뒤웅스러워. 뒤웅스레.

〈뒤웅박〉

뒤:잇다 [뒤읻따] 어떤 일의 뒤에 끊어지지 않고 곧바로 이어지다. 예뒤이어 졸업생 대표의 답사가 있겠습니다. |활용| 뒤이으니·뒤이어.

뒤적거리다 [뒤적꺼리다] 무엇을 이리저리 들추며 자꾸 찾다. 예책을 뒤적거리며 시간을 보냈다. 비뒤적대다.

뒤적대다 [뒤적때다] ➡뒤적거리다.

뒤적뒤적 [뒤적뒤적] 자꾸 뒤적거리는 모양.

뒤적이다 [뒤저기다] 무엇을 이리저리 들추며 찾다. 예책상 서랍을 뒤적이다.

뒤주 지난날, 쌀 등의 곡식을 담아 두던, 나무로 만든 궤짝.

뒤죽박죽 [뒤죽빡쭉] 여럿이 차례 없이 함부로 뒤섞여 엉망인 모양. 예이삿짐 때문에 집 안이 뒤죽박죽이다.

뒤:지다1 뒤떨어지다. 예이제는 우리 제품도 외국 것에 조금도 뒤지지 않는다.

뒤:지다2 무엇을 찾으려고 들추거나 헤치다. 예호주머니를 뒤지다.

뒤집기 [뒤집끼] ①씨름 기술의 한 가지. 몸을 젖혀 상대를 어깨 뒤로 넘기는 기술. ②'지고 있다가 이기는 기세로 바꾸는 것'을 비유하여 이르는 말. 예우리 편이 막판 뒤집기로 승리했다.

뒤집다 [뒤집따] ①안이 겉으로 드러나고, 겉은 속으로 들어가게 하다. 예옷을 뒤집어 입다. ②일의 순서 등을 뒤바꾸다. 예등수를 뒤집어 발표하다. ③윗면이나 위쪽을 아래로 하거나 거꾸로 되게 하다. 예손바닥을 뒤집다. ④체제나 학설 등을 뒤엎다. 예종전의 이론을 뒤집는 논문. ⑤법석거리며 야단이 나게 하다. 예학교를 발칵 뒤집어 놓은 사건.

뒤집어쓰다 [뒤지버쓰다] ①몸이 보이지 않게 덮다. 예이불을 푹 뒤집어쓰다. ②남의 허물을 대신 맡다. 예죄를 뒤집어쓰다. ③액체나 가루 등을 온몸에 받다. 예청소를 하다가 먼지를 뒤집어썼다. |활용| 뒤집어쓰니·뒤집어써.

뒤집어씌우다 [뒤지버씨우다] 뒤집어쓰게 하다. 예자기 잘못을 남에게 뒤집어씌우다….

뒤집히다 [뒤지피다] 뒤집음을 당하다. 예유조선이 뒤집혀서 기름이 바다로 흘렀다.

뒤:쪽 뒤의 방향. 비후방. 반앞쪽.

뒤:쫓다 [뒤쫃따] 뒤를 따라 쫓다. 예경찰이 달아나는 범인을 뒤쫓았다.

뒤:쫓아 가다 ①뒤따라가다. ②뒤따라 쫓아가다.

뒤:쫓아 오다 ①뒤따라오다. ②뒤따라 쫓아오다.

뒤:차기 태권도에서, 뒤에 있는 상대편을 발의 옆 부분이나 뒤꿈치로 차는 동작.

뒤:처리(一處理) 일이 벌어진 뒤나 끝난 뒤끝을 처리하는 일. 뒤처리하다.

뒤:처지다 ①(다른 사람보다) 뒤에 좀 떨어지거나 남겨지다. ②(다른 사람보다) 수준이 좀 떨어지다.

뒤척거리다 [뒤척꺼리다] ①물건이나 책 등을 거칠게 자꾸 들추며 뒤지다. ②잠이 안 오든가 하여 누운 몸을 자꾸 이리저리 굴리다. 🔟뒤척대다.

뒤척대다 [뒤척때다] ➡뒤척거리다.

뒤척뒤척 [뒤척뛰척] 자꾸 뒤척거리는 모양.

뒤척이다 [뒤처기다] ①물건이나 책 등을 거칠게 들추며 뒤지다. ②누운 몸을 이리저리 굴리다. 🔟밤새도록 뒤척이다 새벽이 되어서야 잠들었다.

뒤:축 신이나 양말 등의 발뒤꿈치가 닿는 부분.

뒤:치다꺼리 ①일이 끝난 뒤에 남은 일을 정리하는 일. ②뒤에서 보살피고 도와주는 일. 🔟어머니는 우리들 뒤치다꺼리에 바쁘시다. 🔟뒷바라지. 뒤치다꺼리하다.

뒤:탈(一頉) 어떤 일 뒤에 생기는 근심이나 걱정.

뒤:통수 머리의 뒤쪽. 🔟뒤통수를 긁다. |잘못| 뒷통수.

뒤틀다 ①꼬아서 비틀다. 🔟배가 너무 아파 온몸을 뒤틀며 괴로워했다. ②일이 바로 되지 못하게 하다. |활용| 뒤트니 · 뒤틀어.

뒤틀리다 ①꼬여서 비틀어지다. 🔟수업이 지루해서 몸이 뒤틀린다. ②일이 제대로 되어 나가지 못하다. 🔟잘되어 가던 일이 중간에서 뒤틀렸다. ③감정 등이 사납게 비틀어지다. 🔟심사가 뒤틀리다.

뒤:판(一板) 물건의 뒤쪽에 있는 판. 🔟앞판.

뒤:편(一便) 뒤에 있는 쪽. |잘못| 뒷편.

뒤:표지(一表紙) 책의 뒷면 표지. 🔟앞표지.

뒤:풀이 [뒤푸리] 정식 행사가 끝난 뒤에 참여한 사람들이 친목을 위해 따로 모이는 일. 뒤풀이하다.

뒤흔들다 ①마구 흔들다. 🔟자는 사람을 뒤흔들어 깨웠다. ②큰 영향을 미치게 하다. 🔟세계를 뒤흔들어 놓은 사건. |활용| 뒤흔드니 · 뒤흔들어.

뒷:간(一間) [뒤깐/뒫깐] 대소변을 보게 만들어 놓은 곳. 🔟변소 · 화장실.

'**뒷간**'의 쓰임

집의 본채와 떨어져 있는 재래식 변소를 가리키는데, 오줌만 누게 되어 있는 곳을 '뒷간'이라고는 하지 않는다. 똥 또는 똥오줌을 함께 눌 수 있는 곳을 이를 경우에만 쓴다. 🔟뒷간에 일 보러 갔다./×부엌과 뒷간이 붙어 있다.

뒷:걸음 [뒤꺼름/뒫꺼름] ①뒤로 걷는 걸음. ②이전보다 뒤떨어지거나 못하게 됨. ②🔟퇴보.

뒷:걸음질 [뒤꺼름질/뒫꺼름질] 뒤로 걸음을 걷는 일. 뒷걸음질하다.

뒷:걸음치다 [뒤꺼름치다/뒫꺼름치다] ①뒤로 물러서다. ②본디보다 못하게 되거나 뒤떨어지다.

뒷:골목 [뒤꼴목/뒫꼴목] 큰길을 벗어나 있는 골목.

뒷:길 [뒤낄/뒫낄] 집이나 마을의 뒤에 난 길.

뒷:날 [뒨날] 앞으로 다가올 날. 🔟뒷날을 약속하고 헤어졌다. 🔟훗날 · 후일.

뒷:날개 [뒨날개] ①곤충의 두 쌍의 날개 중에서 뒷가슴마디에 달린 날개. 🔟앞날개. ②비행기의 꼬리 날개.

뒷:다리 [뒤따리/뒫따리] ①짐승의 몸 뒤쪽에 붙은 다리. ②두 다리를 앞뒤로 벌렸을 때 뒤에 놓인 다리. 🔟앞다리.

뒷:덜미 [뒤떨미/뒫떨미] 양 어깻죽지 사이로, 목덜미보다 아래쪽.
뒷:동산 [뒤똥산/뒫똥산] 집이나 마을 뒤에 있는 동산. [반]앞동산.
뒷:마당 [뒨마당] 집 뒤에 있는 마당. [비]뒤뜰. [반]앞마당.
뒷:마을 [뒨마을] 뒤쪽에 있는 마을. [반]앞마을.
뒷:말 [뒨말] ①계속되는 이야기의 뒤를 잇는 말. [예]뒷말을 재촉하다. ②일이 다 끝난 뒤에 이러쿵저러쿵 트집을 잡는 말. [예]뒷말이 많다. [비]뒷소리. **뒷말하다**.
뒷:맛 [뒨맏] ①음식을 먹은 뒤에 느끼는 맛. [예]뒷맛이 개운하다. ②일을 끝마친 뒤의 느낌. [예]결과가 좋지 않아 뒷맛이 씁쓸하다.
뒷:면(一面) [뒨면] 뒤쪽 면. [반]앞면.
뒷:모습 [뒨모습] 뒤에서 본 모습. [반]앞모습.
뒷목 '목덜미'의 방언.
뒷:문(一門) [뒨문] 뒤나 옆으로 난 문. [비]후문. [반]앞문.
뒷:바라지 [뒤빠라지/뒫빠라지] 뒤에서 보살피며 도와주는 일. [예]자식들을 헌신적으로 뒷바라지를 하시는 부모님. **뒷바라지하다**.
뒷:받침 [뒤빧침/뒫빧침] 뒤에서 받쳐 주는 일, 또는 그런 사람이나 물건. **뒷받침하다**. [예]주장을 뒷받침해 줄 근거를 찾다.
뒷:발 [뒤빨/뒫빨] ①네발짐승의 뒤에 달린 두 발. ②두 발을 앞뒤로 벌렸을 때, 뒤에 놓인 발. [반]앞발.
뒷:벽(一壁) [뒤뼉/뒫뼉] 뒤쪽에 있는 벽. [예]교실 뒷벽.
뒷:부분(一部分) [뒤뿌분/뒫뿌분] 뒤쪽의 부분. [예]차의 뒷부분/이야기의 뒷부분. [반]앞부분.
뒷:북치다 [뒤뿍치다/뒫뿍치다] 어떤 일이 이미 끝난 뒤에 뒤늦게 쓸데없이 수선을 피우다.
뒷:산(一山) [뒤싼/뒫싼] 집이나 마을의 뒤쪽에 있는 산. [반]앞산.
뒷:소리 [뒤쏘리/뒫쏘리] ①일이 다 끝난 뒤에 쓸데없이 하는 말. [예]잘했느니 못했느니 뒷소리가 많다. [비]뒷말. ②➡받는소리. **뒷소리하다**.
뒷:이야기 [뒨니야기] ①계속되는 이야기의 뒷부분. ②어떤 일이 있은 뒤에 나오는 이야기.
뒷:일 [뒨닐] 뒷날에 생기는 일. [비]후사·훗일.
뒷:자락 [뒤짜락/뒫짜락] 옷의 등 뒤에 늘어져 있는 자락.
뒷:자리 [뒤짜리/뒫짜리] 뒤쪽에 있는 자리. [반]앞자리.
뒷:전 [뒤쩐/뒫쩐] ①뒤쪽이 되는 자리. [예]뒷전에서 구경하다. ②덜 중요하다고 생각하여 뒤로 미루게 된 순서. [예]공부는 뒷전이고 놀기에 바쁘다.
뒷:정리(一整理) [뒤쩡니/뒫쩡니] 일의 끝을 바로잡아 마무리 짓는 일. [비]뒷마무리. **뒷정리하다**.
뒷:조사(一調査) [뒤쪼사/뒫쪼사] 은밀히 조사함, 또는 그 조사. **뒷조사하다**.
뒷:줄 [뒤쭐/뒫쭐] 뒤쪽의 줄. [예]나는 키가 커서 뒷줄에 섰다. [반]앞줄.
뒷:짐 [뒤찜/뒫찜] 두 손을 허리 뒤로 돌려 마주 잡는 일. [예]할아버지는 뒷짐을 지고 서 계셨다.
뒷:집 [뒤찝/뒫찝] 뒤쪽에 있는 집. [반]앞집.
뒷편(一便) '뒤편'의 잘못.
뒹굴다 ①누워서 몸을 이리저리 구르다. ②여기저기 어지럽게 널려 구르다. [예]거리에 뒹구는 낙엽. [활용] 뒹구니·뒹굴어. [잘못] 딩굴다.
뒹굴뒹굴 ①누워서 자꾸 이리저리 구르는 모양. ②하는 일 없이 빈둥빈둥 노는 모양. [예]방학이라고 뒹굴뒹굴 놀지만 말고 운동도 하고 책도 좀 읽어라.

듀엣(duet) ①이중주. ②이중창. 예듀엣으로 노래를 부르다. 참트리오.

드나들다 거듭 들어갔다 나갔다 하다. 예짐을 실은 배들이 쉴 새 없이 드나드는 항구. |활용|드나드니·드나들어.

드날리다 이름이나 명성을 세상에 널리 알리다. 예그는 글씨로 이름을 크게 드날렸다. 비떨치다.

드넓다 [드널따] 활짝 틔어서 아주 넓다. 예드넓은 벌판.

드높다 [드놉따] 매우 높다. 예드높은 가을 하늘.

드높이다 [드노피다] 드높게 하다. 예군사들의 사기를 드높이다.

드디어 마침내. 결국. 예드디어 약속한 날이 다가왔다.

드라마(drama) 텔레비전 등에서 방송되는 극.

드라이(dry) ①건조기 등으로 머리를 말리거나 손질하는 일. ②〈드라이클리닝〉의 준말. 예세탁소에 드라이 맡긴 양복을 찾아왔다. 드라이하다.

드라이버(driver) 나사못을 돌려서 박거나 빼는 공구.

드라이브(drive) ①경치를 구경하거나 재미를 위해 자동차를 타고 돌아다니는 일. ②컴퓨터에서, 디스크를 넣어 정보를 입력시키거나 출력시키는 작동 장치. 드라이브하다.

드라이아이스(dry ice) 이산화탄소를 압축하여 만든 흰색의 고체. 식료품 등을 얼리는 데 쓴다.

드라이어(drier) 젖은 머리를 말리는 전기 기구. 비헤어드라이어.

드라이클리닝(dry cleaning) 물 대신 화학 약품으로 때를 빼는 세탁 방법. 준드라이.

드라큘라(Dracula) 밤에만 돌아다니며 사람의 피를 빨아 먹는다는, 상상의 귀신.

드러나다 ①가려져 안 보이던 것이 나타나 보이게 되다. 예구름이 걷히자 산봉우리가 드러났다. ②알려지지 않던 것이 알려지게 되다. 예비밀이 드러나다.

드러내다 드러나게 하다. 예차마 드러내 놓고 말할 수 없는 이야기.

드러눕다 [드러눕따] 편한 자세로 눕다. 예풀밭에 드러누워 하늘을 보았다. |활용|드러누우니·드러누워.

드럼(drum) ①서양 음악 연주에 쓰이는 '북'을 통틀어 이르는 말. ②〈드럼통〉의 준말.

드럼통(drum桶) 두꺼운 철판으로 만든, 원기둥 모양의 큰 통. 준드럼.

드렁칡 [드렁칙] 언덕진 곳을 따라 벋은 칡덩굴.

드레스(dress) 여성 의복의 한 가지. 원피스 모양으로, 특히 파티나 결혼식 등에 입는다.

드르렁드르렁 크고 요란하게 코를 자꾸 고는 소리. 예아버지는 자리에 눕자마자 코를 드르렁드르렁 고셨다.

드르륵 ①방문 등을 거침없이 열 때에 나는 소리. ②총 등을 잇달아 쏘는 소리. 드르륵드르륵.

드르륵거리다 [드르륵꺼리다] 잇달아 드르륵 소리가 나다. 비드르륵대다.

드르륵대다 [드르륵때다] ➡ 드르륵거리다

드르릉 코를 고는 소리. 드르릉드르릉.

드르릉거리다 잇달아 드르릉 소리가 나다. 예형은 몹시 피곤했던지 코를 심하게 드르릉거린다. 비드르릉대다.

드르릉대다 ➡ 드르릉거리다.

드리다[1] ①〈주다〉의 높임말. 예부모님께 선물을 드렸다. ②신이나 부처에게 정성을 바치다. 예예배를 드리다./불공을 드리다. ③인사 등을 여쭙다. 예어른들께 큰절을 드렸다. ①②비바치다.

드리다² 땋은 머리 끝에 댕기를 달다. 📋머리에 빨간 댕기를 드리다.

드리우다 물체를 위에서 아래로 처져 늘어지게 하다. 📋강에 낚싯대를 드리우고 앉아 있다.

드릴(drill) 끝에 송곳날을 단, 구멍 뚫는 공구.

드문드문 ①시간적으로 잦지 않고 동안이 꽤 뜨게. 📋할머니 댁에 자주 가지는 못해도 전화는 드문드문 드린다. ②공간적으로 배지 않고 꽤 뜨게. 📋콩이 드문드문 섞인 쌀밥. 🄑듬성듬성. 🄒뜨문뜨문.

드물다 ①잦지 않다. 📋사람이 드물게 다니는 길. 🄑잦다. ②배지 않다. 📋드물게 심은 나무. ③흔하지 않다. 📋요즘에 보기 드문 효자. 🄑흔하다. |활용| 드무니·드물어.

드세다 기세나 고집이 몹시 세다. 📋워낙 드센 아이라 키우기가 힘들다.

득 ①단단한 물체를 거칠게 긁는 소리, 또는 그 모양. ②거칠고 딱딱한 바닥에 금이나 줄을 세차고 길게 긋는 소리, 또는 그 모양. 득득.

득남(得男)[등남] 아들을 낳음. 득남하다.

득달같이 [득딸가치] 잠시도 시간을 늦추지 않고. 📋그는 부모님의 사고 소식을 듣고 득달같이 달려왔다.

득실거리다 [득씰거리다] 사람이나 동물이 좁은 곳에 많이 모여 자꾸 움직이다. 🄒득실대다.

득실대다 [득씰대다] ➡득실거리다.

득음(得音)[드금] 국악에서, 노래나 연주 소리가 썩 아름다운 지경에 이름. 득음하다.

득점(得點)[득쩜] 점수를 얻음, 또는 그 점수. 📋최고 득점. 🄑실점. 득점하다.

득표(得票) 투표에서, 찬성의 표를 얻음, 또는 그 얻은 표수. 득표하다.

든든하다 ①무르지 않고 아주 굳다. ②속이 차서 야무지고 실속이 있다. 📋장사 밑천이 든든하다. ③약하지 않고 굳세다. ④마음이 허전하지 않고 미덥다. 📋형이 곁에 있어서 한결 마음이 든든했다. ⑤음식을 먹어 배가 부르다. 📋속이 든든하니까 힘이 난다. 🄐단단하다. 든든히.

듣고부르기 [듣꼬부르기] 다른 사람이 하는 노래나 악기 소리를 듣고 따라 부르는 일. 🄑보고부르기.

듣기 [듣끼] ①남의 말을 올바르게 알아듣고 이해하는 일. ②초등학교에서, 말을 듣고 이해하는 것을 공부하는 과목. 🄗말하기·쓰기·읽기.

듣다¹[듣따] ①귀를 통하여 소리를 느끼다. 📋친구들의 응원 소리를 듣고 더욱 힘이 났다. ②칭찬이나 꾸중을 받다. 📋영미는 선생님한테서 칭찬을 들었다. ③이르거나 시키는 말에 잘 따르다. 📋나는 형의 말을 잘 듣는다. |활용| 들으니·들어.

듣다²[듣따] 약 등이 효과를 나타내다. 📋기침에 잘 듣는 약. |활용| 들으니·들어.

듣다³[듣따] 액체가 방울져 떨어지다. 📋낙숫물 듣는 소리. |활용| 들으니·들어.

들 ①평평하고 넓게 트인 땅. ②논밭으로 된 넓은 땅. 📋들에 나가 일하는 농부. 🄑벌·벌판·평야.

들¹개 [들깨] 주인이 없이 제멋대로 돌아다니는 개.

들것 [들껃] 천 등으로 길게 만들어 앞뒤에서 들게 된 기구. 환자나 물건을 운반하는 데 쓴다.

들고일어나다 [들고이러나다] 어떤 일에 여럿이 반대하고 나서다.

들¹국화(―菊花)[들구콰] 산이나 들에 저절로 자라는 국화 종류의 꽃을 통틀어 이르는 말.

들기름 들깨를 볶거나, 또는 그대로 짜서 낸 기름.

들¦길 [들낄] 들에 난 길.

들깨 꿀풀과의 한해살이풀. 잎은 반찬으로 먹고, 씨는 짜서 들기름을 내거나 볶아서 양념으로도 쓴다.

들¦꽃 [들꼳] 들에 피는 꽃.

들끓다 [들끌타] 한곳에 여럿이 많이 모여 우글거리다. [예]사람들로 들끓는 해수욕장.

들¦녘 [들력] 들이 있는 곳.

들¦놀이 [들로리] 들에 나가서 노는 놀이. [비]야유회. **들놀이하다**.

들다¹ ①안이나 속으로 가거나 오다. [예]잠자리에 들기 전에 꼭 이를 닦아라. ②안에 담기거나 섞이다. [예]보석이 든 상자. ③돈이나 노력·시간 등이 필요하거나 쓰이다. [예]돈이 많이 드는 취미. ④볕이나 불길이 어디에 미치다. [예]햇볕이 잘 드는 남향집. ⑤몸에 병이 생기다. [예]동생은 뛰어놀다가 넘어져서 무릎에 멍이 들었다. ⑥나이가 제법 많거나 꽤 많아지다. [예]나이가 들수록 단것이 좋아진다. ⑦마음에 차거나 맞다. [예]선물은 마음에 드니? ⑧돈을 모으거나 불리려고 맡겨 두다. [예]적금을 들다. ⑨기상 현상이 생기다. [예]심한 가뭄이 들었다. ⑩어떤 상태가 이루어지거나 알맞게 되다. [예]풍년이 들다. ⑪어떤 상태에서 본디대로 돌아오다. [예]진수가 이제야 정신이 드는 모양이다. ⑫느낌이나 생각 등이 일어나다. [예]이 일은 그가 한 짓이라는 생각이 들었다. ⑬범위에 포함되거나 해당하다. [예]우리 팀은 간신히 4강에 들었다. ⑭잠에 빠지다. [예]선아는 한번 잠이 들면 누가 업어 가도 모른다. ⑮남을 위해 무엇을 하다. [예]손님의 시중을 들다. ⑯(('-려고' 꼴 뒤에서)) '꾀하거나 이루려고 하다'의 뜻을 나타냄. [예]싸우려고 들다. [활용] 드니·들어.

들다² 칼이나 낫 등의 날이 날카로워 물건을 잘 베다. [예]가위가 잘 든다. [활용] 드니·들어.

들다³ ①놓여 있던 것을 집어 위로 올리다. [예]책을 들어 나르다. ②손에 가지다. [예]손에 든 가방. ③위로 치켜 올리다. [예]나는 두 팔을 들고 기지개를 켰다. ④어떤 사실이나 증거·보기를 끌어대거나 내세우다. [예]예를 들어 설명하다. [활용] 드니·들어.

들다⁴ 〈먹다〉의 높임말. [예]할아버지, 진지 드세요. [활용] 드니·들어.

들들 ①콩이나 깨 등을 갈거나 휘저으면서 볶는 모양. [예]콩을 맷돌에 들들 갈다. ②사람을 마구 들볶는 모양. [예]장난감을 사 달라고 아이가 엄마를 들들 볶는다.

들뜨다 ①떨어져 틈이 생기다. [예]비가 새서 벽지가 들떴다. ②마음이 차분히 가라앉지 않고 어수선하다. [예]수진이는 소풍 가는 날 아침 일찍부터 마음이 들떠 있었다. [활용] 들뜨니·들떠.

들락거리다 [들락꺼리다] 자꾸 들어왔다 나갔다 하다. [예]배탈이 나서 화장실을 들락거렸다. [비]들락대다·들랑거리다.

들락날락 [들랑날락] 자꾸 들어왔다 나갔다 하는 모양.

들락날락하다 [들랑날라카다] 자꾸 들어왔다 나갔다 하다. [예]들락날락하지 말고 공부 좀 해라!

들락대다 [들락때다] ➡들락거리다.

들러리 ①서양식 결혼식에서, 신랑·신부의 입장을 도와주고, 옆에 서는 사람. ②'남의 주변에서 실속 없이 그를 도와 잘되게 하는 사람'을 얕잡아 이르는 말.

들러붙다 [들러붇따] ①끈기 있게 바짝 붙다. [예]껌이 신발 바닥에 들러붙었다. ②썩 끈질기게 덤벼들다. ③가까이 붙어 떨어지지 않다. 예강아지는 나한테만 들러붙어 귀찮게 한다. ④한곳에만 꼭 붙박여 있다. ㉘달라붙다.

들려오다 소리나 소문 등이 들리다. 예어디선가 노랫소리가 들려왔다.

들려주다 소리나 말을 듣게 해 주다. 예할머니가 옛날이야기를 들려주셨다.

들르다 지나는 길에 잠깐 거치다. 예약국에 들러 파스 좀 사 와라. |활용| 들르니·들러.

들리다¹ 소리를 듣게 되다. 예먼 데서 천둥 소리가 들린다.

들리다² 듦을 당하다. 예그 큰 몸이 번쩍 들리더라.

들머리 어느 곳으로 들어가는 첫머리. 또는 어떤 일이 처음 시작되는 무렵. 예장승은 흔히 마을 들머리에서 있다.

들먹이다 [들머기다] ①어깨나 엉덩이를 들었다 놓았다 하다. 예동생은 어깨를 들먹이며 울고 있었다. ②남의 일을 들추어 말하다. 예아무 상관도 없는 나를 왜 들먹여?

들배지기 씨름 기술의 한 가지. 상대편을 껴안아 들어 올리면서, 자기 몸을 슬쩍 돌려 넘어뜨리는 기술.

들보 [들뽀] 건물에서, 칸과 칸 사이의 두 기둥 위를 건너지른 나무.

들볶다 [들복따] 잇달아 쉬지 않고 무엇을 독촉하거나 잔소리를 하며 못살게 굴다. 예동생이 같이 놀아 달라고 나를 들볶았다.

들볶이다 [들보끼다] 들볶음을 당하다. 예휴일이면 아빠는 놀러 가자는 아이들에게 들볶인다.

들ː소 [들쏘] 북아메리카·아프리카·유럽 등에 있는, '야생의 소'를 통틀어 이르는 말.

들숨 [들쑴] 안으로 들이쉬는 숨. ㉘날숨.

들썩거리다 [들썩꺼리다] ①좀 가벼운 물건이 자꾸 들렸다 가라앉았다 하다. 예이불 좀 들썩거리지 마. ②마음이 자꾸 들떠서 움직이다. ③어깨나 궁둥이를 자꾸 위아래로 움직이다. 예어깨를 들썩거리며 춤추다. ㉙들썩대다. ㉘달싹거리다.

들썩대다 [들썩때다] ➡들썩거리다.

들썩들썩 [들썩뜰썩] 자꾸 들썩거리는 모양. ㉘달싹달싹.

들썩이다 [들써기다] ①좀 가벼운 물건이 들렸다 가라앉았다 하다. ②마음이 들떠서 움직이다. ③어깨나 궁둥이를 위아래로 움직이다. ㉘달싹이다.

들쑥날쑥 [들쑹날쑥] 들어가기도 하고 나오기도 하여 고르지 못한 모양. 예동생은 이가 들쑥날쑥 제멋대로 났다. ㉙들쭉날쭉.

들어가다 [드러가다] ①안이나 속으로 가다. 예교실로 들어가다. ②단체의 구성원이 되다. 예삼촌은 무역 회사에 들어갔다. ③어떤 범위 안에 포함되다. 예사람도 동물에 들어간다. ④돈이나 노력 등이 쓰여지다. 예밑천이 많이 들어가는 장사. ⑤우묵하게 꺼지다. 예공부하느라 힘들었는지 눈이 쑥 들어갔구나. ⑥새로운 상황이 시작되다. 예지금부터 토론에 들어가겠습니다. ⑦구멍이나 사이에 끼이다. 예주먹이 들어갈 만한 구멍. ①②㉘나오다.

들어내다 [드러내다] 물건을 들어서 밖으로 옮기다. 예이삿짐을 밖으로 들어내다.

들어맞다 [드러맏따] 틀리지 않고 꼭 맞다. 예내 예상대로 들어맞았다.

들어서다 [드러서다] ①밖에서 안으로 옮겨 서다. 예대문을 들어서면 바로 현관이다. ②안쪽으로 다가서다. ③들어차다. 자리 잡다. [예]이곳에 곧 아파트 단지가 들어선다. ④어떤 상태나 시기가 시작되다. [예]어느덧 21세기에 들어섰다. ⑤정부·왕조·기관 등이 처음 세워지다. [예]고려가 망하고 조선 왕조가 들어섰다.

들어오다 [드러오다] ①밖에서 안쪽으로 오다. [예]집에 일찍 들어오렴. [반]나가다. ②어떤 단체의 구성원이 되다. [예]우리 야구부에 새로 들어온 민수를 소개합니다. ③이해가 되다. [예]선생님의 설명이 머리에 쏙쏙 들어온다. ④수입이 생기다. [예]이자가 매달 꼬박꼬박 들어온다.

들어 올리다 무거운 것을 들어서 더 높은 곳으로 올리다.

들어주다 [드러주다] 부탁이나 요구를 받아들이다. [예]나는 친구의 부탁을 들어주었다.

들여다보다 [드려다보다] ①밖에서 안을 보다. [예]교실 안을 들여다보다. [반]내다보다. ②가까이에서 자세히 보다. [예]책을 들여다보느라 시간 가는 줄 몰랐다. ③속마음을 헤아리다. [예]선생님은 학생들의 생각을 다 들여다보고 계신다.

들여다보이다 [드려다보이다] 속의 것이 눈에 뜨이다. [예]열린 대문 사이로 마당이 들여다보였다. [반]내다보이다.

들여쓰기 [드려쓰기] 새로운 문단을 시작할 때, 왼쪽 끝에서 일정한 간격을 띄어 오른쪽으로 들여서 쓰는 일.

들여오다 [드려오다] 밖에서 안으로 가져오다. [예]밥상을 방 안에 들여오너라.

-들이 [드리] '그만한 양을 담을 수 있는 그릇'임을 뜻하는 말. [예]한 말들이/2리터들이.

들이다 [드리다] ①안으로 들게 하다. [예]친구를 방에 들이다. ②돈이나 힘을 쓰다. [예]밤새 정성 들여 달인 약. ③습관으로 굳어지게 하다. [예]일찍 일어나는 습관을 들여라. ④물감을 옮겨 배게 하다. [예]언니는 손톱에 봉숭아 물을 들였다.

들이닥치다 [드리닥치다] 갑자기 닥치다. [예]경찰들이 집 안으로 들이닥쳤다.

들이대다 [드리대다] 바짝 가까이 가져다 대다. [예]증거물을 들이대다./강도는 칼을 들이대며 위협했다.

들이마시다 [드리마시다] 공기나 물 등을 몸 안으로 빨아들이다. [예]수미는 아침의 맑은 공기를 들이마셨다.

들이밀다 [드리밀다] 밖에서 안쪽으로 밀어 넣다. [준]디밀다. **|활용|** 들이미니·들이밀어.

들이쉬다 [드리쉬다] 숨을 안으로 빨아들이다. [예]숨을 깊이 들이쉬다. [반]내쉬다.

들이치다 [드리치다] 비나 눈이 안으로 세게 뿌려 치다. [예]창문을 열자 비가 방 안으로 들이쳤다.

들이켜다 [드리켜다] 세게 들이마시다. [예]나는 목이 말라 물을 벌컥벌컥 들이켰다. **|잘못|** 들이키다.

들이키다 '들이켜다'의 잘못.

들ː일 [들릴] 들에서 하는 일. **들일하다**.

들입다 [드립따] 마구 무리하게. [예]들입다 먹어 대더니 탈이 났구나.

들ː장미(-薔薇) [들짱미] 들에 저절로 피는 장미.

들장지(-障-) [들짱지] 들어 올려서 열게 된 장지(창문).

들ː쥐 [들쮜] 들에 사는 쥐를 통틀어 이르는 말. 농작물과 묘목에 해를 끼친다.

들ː짐승 [들찜승] 들에서 사는 짐승.

들쭉날쭉 [들쭝날쭉] 멋대로 조금씩 더 들어가기도 하고 나오기도 하여 고르지 못한 모양. [비]들쑥날쑥.

들쭉날쭉하다 [들쭝날쭈카다] 멋대로 조금씩 더 들어가기도 하고 나오기도 하여 고르지 않다. 예들쭉날쭉한 해안선.

들창문(―窓門) 벽의 위쪽에 작게 만든 창. 비들창.

들창코(―窓―) 코끝이 위로 들려서 콧구멍이 보이는 코.

들추다 ①속에 있는 것을 뒤지느라고 헤치다. 예우리는 돌을 들추어 가재를 잡았다. ②드러나지 않은 사실을 일부러 드러나게 하다. 예가슴 아픈 지난 일을 들추어 봐야 무슨 소용이 있겠니?

들추어내다 들추어서 나오게 하다. 예남의 잘못을 들추어내다.

들치다 물건의 한쪽 끝을 쳐들다. 예이불을 들치다.

들키다 숨겨 몰래 하였던 일이 남의 눈에 뜨여 알려지게 되다. 예언니 옷을 몰래 입고 나가려다가 언니한테 들켰다.

들통[1] 감추어 놓았던 일이 몽땅 드러나는 것. 예동생은 금방 들통이 날 거짓말을 한다.

들통[2](―桶) 들고 다닐 수 있게 손잡이가 달린 커다란 통.

들통나다 비밀이나 잘못된 일 따위가 드러나다.

들판 들을 이룬 벌판.

듬뿍 ①그릇에 그득하고 수북한 모양. 예밥그릇에 밥을 듬뿍 담았다. ②풀이나 먹물 등을 넉넉히 칠하거나 묻히는 모양. 환담뿍. 듬뿍듬뿍.

듬성듬성 꽤 성기거나 드물게 있는 모양. 예마당에 나무를 듬성듬성 심었다. 비드문드문.

듬직하다 [듬지카다] 든든하고 믿음직하다. 예우리는 듬직한 사람을 대표자로 내세웠다.

듯 [듣] 〈듯이〉의 준말.

듯이 [드시] 그와 같이. 예형은 늘 자기가 최고인 듯이 뽐낸다. 준듯.

듯하다 [드타다] '것 같다'의 뜻을 나타내는 말. 예문제가 좀 어려운 듯하다.

등[1] ①사람이나 동물의 몸통에서 뒤쪽이나 위로 향한 쪽, 곧 가슴이나 배의 반대쪽. ②물건의 뒤쪽. 또는 바닥의 반대쪽.

  등(을) 돌리다[관용] ①외면하다. ②관계나 교제를 끊다. ③배신하거나 배척하다.

등[2](等) ①《숫자와 함께 쓰여》 그 말이 나타내는 서열 또는 등급을 뜻하는 말. 예일 등/3등. ②앞에 늘어놓은 것들과 같은, 여러 가지. 예추석이나 설·단오 등을 명절이라고 한다. ②비따위.

등[3](燈) 불을 켜서 어두운 곳을 밝히는 기구.

등[4](藤) 〈등나무〉의 준말.

등겨 벼의 껍질.

등고선(等高線) 지도에서, 같은 높이에 있는 지점들을 이은 곡선.

등골[1] [등꼴] 등의 한가운데 길게 고랑이 진 곳.

  등골(이) 오싹하다[관용] 매우 무서워 으스스 추워지거나 등골에 소름이 끼치는 것 같다.

등골[2] [등꼴] ①⇒등골뼈. ②⇒척수.

  등골(이) 빠지다[관용] 온갖 고생을 다하다.

등골뼈 [등꼴뼈] 척추동물의 등마루를 이루는 뼈. 비등골·등뼈.

등과(登科) 과거에 급제함. 등과하다.

등교(登校) 학교에 감. 반하교. 등교하다.

등교길(登校―) '등굣길'의 잘못.

등굣길(登校―) [등교낄/등굗낄] 학교에 가는 길. 반하굣길. |잘못| 등교길.

등극(登極) 임금의 자리에 오름. 비즉위. 등극하다.

등:급(等級) 값·품질·신분 등의 높고 낮음이나 좋고 나쁨의 차를 여러 층으로 나눈 급수. 也등위.

등기(登記) 보내는 사람에게 보냈다는 증명서를 주고, 받는 사람에게서 받았다는 확인을 받아 두는 특수 우편. 본등기 우편.

등나무(藤一) 콩과의 낙엽 지는 덩굴 식물. 산이나 들에 저절로 나는데, 정원에 심기도 한다. 줄기는 오른쪽으로 감으면서 벋고, 초여름에 연보랏빛 꽃이 핀다. 준등.

등단(登壇) ①연단이나 교단 등에 오름. ②어떤 사회 분야에 처음으로 나타남. 예그는 신춘문예 당선으로 문단에 등단을 했다. 등단하다.

등대(燈臺) 밤중에 뱃길을 안전하게 안내하도록 바닷가나 섬에 세워 등불을 켜 놓은, 탑 모양의 건물.

등대지기(燈臺一) 등대를 지키는 사람.

등덜미[등떨미] 등의 윗부분.

등:등(等等) '앞에 늘어놓은 것 외에도 더 있음'의 뜻을 나타내는 말. 예과자·빵·떡 등등 먹을 것이 많다.

등등하다(騰騰一) 기세가 상대의 기를 누를 만큼 높다. 예시험 결과가 좋다고 기세가 아주 등등하구나.

등딱지[등딱찌] 게나 거북 등의 등을 덮고 있는 단단한 껍데기.

등락(騰落)[등낙] 물가 등이 오르고 내림. 등락하다.

등록(登錄)[등녹] 허가나 자격을 얻기 위해 관청이나 단체의 문서에 이름을 올리는 일. 예주민 등록. 등록되다. 등록하다.

등록금(登錄金)[등녹끔] 대학생이 입학할 때, 또는 매학기 초에 등록하면서 내는 돈.

등록비(登錄費)[등녹삐] 등록할 때 내는 돈.

등마루 등골뼈가 있는 두두룩한 자리.

등목 바닥에 엎드린 사람의 허리 위에서부터 목까지를 물로 씻어 주는 일. 也목물. 등목하다.

등반(登攀) 매우 높거나 험한 산을 오름. 예암벽 등반. 등반하다.

등받이[등바지] 의자에 앉을 때 등이 닿는 부분.

등배 등과 배.

등배 운:동(一運動) 등과 배를 튼튼하게 하기 위해 다리를 벌리고 서서 허리를 굽혔다 젖혔다 하는 맨손 체조.

등본(謄本) 문서의 원본 내용을 그대로 베끼거나 복사한 서류. 예주민 등록 등본. 참초본.

등:분(等分) 수나 양을 똑같은 분량이 되게 둘 또는 그 이상으로 갈라 나눔. 등분되다. 등분하다.

등불(燈一)[등뿔] ①등에 켠 불. ②⇒ 등잔불.

등뼈 ⇒ 등골뼈.

등산(登山) 산에 오름. 예등산을 하기에 좋은 날씨구나. 也하산. 등산하다.

등산 : 운동·취미·탐험 등을 목적으로 산에 오르는 일. 산을 오르는 모든 행위를 등산이라고 할 수 있다. 예도봉산으로 등산을 가다./×암벽을 등산하다.

등반 : 험한 산이나 높은 곳의 정상에 이르기 위하여 기어 올라가는 일. 산이 아닌 다른 것일 수도 있으나, 반드시 정상에 오르려고 하는 경우에만 쓰인다. 예암벽 등반에 나서다.

등산로(登山路)[등산노] 등산하는 길.

등산복(登山服) 등산할 때 입는 옷.

등성이 〈산등성이〉의 준말.

등:속(等速) 속도가 같음. 또는 같은 속도.

등:수(等數) [등쑤] 등급이나 순위를 정하여 차례대로 매긴 번호. 囲석차.

등:식(等式) 두 수나 식이 서로 같음을 등호 '='를 써서 나타내는 식. 囲부등식.

등:신(等神) '어리석은 사람'을 얕잡아 이르는 말.

등심 소의 등골뼈에 붙은 살코기.

등쌀 몹시 귀찮게 구는 짓. 예엄마는 아이들 등쌀에 쉴 틈이 없었다.

등어리 '등'의 방언.

등용(登用) 인재를 뽑아 씀. 예지방 출신들을 고루 등용을 하다. 囲기용. 등용되다. 등용하다.

등용문(登龍門) 《잉어가 용문을 오르면 용이 된다는 뜻으로》 '출세하기 위해 반드시 거쳐야 할 과정이나 시험'을 비유하여 이르는 말.

등유(燈油) 등불을 켜거나 난로를 피우는 데 쓰는 기름. 囲석유.

등잔(燈盞) 기름을 담아 등불을 켜게 만든 기구.

등잔불(燈盞─) [등잔뿔] 등잔에 켠 불. 囲등불.

등장(登場) ①무대 위에 나타남. ②소설·연극·영화 등에 어떤 인물로 나타남. 예진아는 이 연극에서 공주로 등장을 한다. ③새로운 제품이 세상에 나옴. 등장하다.

등장인물(登場人物) 연극·영화·소설 등에 나오는 인물.

등정(登頂) 산 등의 꼭대기에 오름. 예에베레스트 산 등정에 나서다. 등정하다.

등줄기 [등쭐기] 등골뼈를 따라 두두룩하게 줄이 진 부분. 예등줄기가 서늘하다.

등:지(等地) 《땅 이름 다음에 쓰여》 '그 곳을 포함한 여러 곳들'의 뜻을 나타내는 말. 예진수는 여름 방학 때에 경주·부산 등지로 여행을 다녀왔다.

등지느러미 물고기의 등에 있는 지느러미.

등지다 ①무엇에 등을 기대어 의지하다. 예선주는 벽을 등지고 섰다. ②무엇을 뒤에 두다. 예산을 등지고 있는 마을. ③관계를 끊고 멀리하거나 떠나다. 예그들은 고향을 등지고 도시로 떠났다.

등짐 [등찜] 등에 진 짐.

등짐장수 [등찜장수] 등에 물건을 지고 팔러 다니는 장수.

등판(登板) 야구에서, 투수가 경기를 하려고 투수 자리에 서는 일. 등판하다.

등피(燈皮) 바람을 가리고 불빛을 밝게 하기 위하여 남포등에 씌우는 유리로 만든 물건.

등하교(登下校) 학교에 가는 일과 수업을 마치고 학교에서 돌아오는 일. 등하교하다.

등:한시(等閑視) 소홀하게 여김. 등한시되다. 등한시하다. 예네가 운동선수라고 해서 공부를 등한시해서는 안 된다.

등:한하다(等閑─) 소홀하게 여기다. 등한히. 예그동안 공부를 등한히 했으니 지금부터 열심히 해야겠다.

등허리 ①등의 허리 쪽 부분. ②등과 허리를 아울러 이르는 말.

등:호(等號) 두 식이나 수가 서로 같음을 나타내는 기호. '='로 나타내며, 식에서 '같다'로 읽는다. 囲부등호.

디귿 한글 닿소리 'ㄷ'의 이름. |발음| 디귿이 [디그시] · 디귿도 [디귿또] · 디귿만 [디근만]

디디다 ①발로 어떤 것 위에 올라서서 누르거나 밟다. 예길이 미끄러워 발을 조심조심 디뎠다. ②어느 지점에 발길이 닿다. 歠딛다.

디딜방아[디딜빵아] 발로 디디며 곡식을 찧게 되어 있는 방아.

〈디딜방아〉

디딤돌[디딤똘] 마루 아래나 마당에 놓아 디디고 오르내릴 수 있게 한 돌.

디ː밀다 〈들이밀다〉의 준말. [활용] 디미니 · 디밀어.

디스켓(diskette) 컴퓨터의 자료를 기록하거나 저장하는 데 쓰는, 자성을 띤 플라스틱 원반. 크기가 작아 개인용 컴퓨터에 널리 쓰인다.

디스코(disco) 경쾌한 음악에 맞추어 자유롭게 추는 춤.

디스크(disk) ①소리나 영상, 정보 등을 담는 둥글고 납작한 플라스틱 판. [비]음반. ②등뼈나 목뼈 마디 사이에 있는 물렁뼈가 밀려 나와 허리나 목이 아픈 병. [예]디스크 환자.

디자이너(designer) 디자인을 전문적으로 하는 사람.

디자인(design) 옷 · 상품 · 건축 등의 설계나 도안. [예]실내 디자인. **디자인하다**.

디저트(dessert) 양식을 먹은 뒤에 나오는 과자나 과일 등의 음식. [비]후식.

디젤(Diesel) 원유나 콜타르를 분류하여 얻은 경유.

디젤 기관차(Diesel機關車) 독일의 기술자 디젤이 1897년에 발명한 기관차. 경유 발전기가 내는 힘으로 움직인다.

디즈니랜드(Disneyland) 미국의 만화 영화 제작으로 유명한 디즈니가 1955년에 로스앤젤레스 교외에 설립한 어린이 놀이공원.

디지탈(digital) '디지털'의 잘못.

디지털(digital) 정보를 숫자로 나타내는 방식. [예]디지털시계. [참]아날로그. [잘못] 디지탈.

디프테리아(diphtheria) 전염병의 한 가지. 어린이가 많이 걸리는 병으로, 목과 코를 중심으로 감염된다.

디프테리아균(diphtheria菌) 디프테리아를 일으키는 세균.

딛다[딛따] 〈디디다〉의 준말. [예]발판을 딛고 올라서다.

딩굴다 '뒹굴다'의 잘못.

딩동댕 초인종이나 실로폰 등이 맑게 울리는 소리.

ㄸ 쌍디귿. 'ㄷ'의 된소리.

따갑다[따갑따] ①몹시 더운 느낌이 있다. [예]따가운 햇살. [큰]뜨겁다. ②찌르는 듯이 아픈 느낌이 있다. [예]벌에 쏘인 자리가 아직도 따갑다. ③눈길이나 충고 등이 매우 날카롭다. [예]따가운 눈총. [활용] 따가우니 · 따가워.

따개비 따개빗과의 동물. 몸은 삿갓같이 생긴 회색의 딱딱한 껍데기로 덮여 있다. 바닷가의 바위에 떼 지어 붙어 산다.

따ː귀 〈뺨따귀〉의 준말.

따끈따끈 매우 따뜻한 느낌. [큰]뜨끈뜨끈.

따끈따끈하다 매우 따뜻하다. [예]따끈따끈한 붕어빵. [큰]뜨끈뜨끈하다.

따끈하다 좀 따뜻한 느낌이 있다. [예]따끈한 보리차. [큰]뜨끈하다. **따끈히**.

따끔거리다 찔리거나 꼬집히는 것처럼 아픈 느낌이 자꾸 들다. [예]벌에 쏘인 자리가 따끔거린다. [비]따끔대다. [큰]뜨끔거리다.

따끔대다 ➡따끔거리다.

따끔따끔 자꾸 따끔거리는 모양. [큰]뜨끔뜨끔.

따끔하다 찔리거나 꼬집히는 듯이 아프다. [예]가시에 찔린 손가락이 따끔하다. [큰]뜨끔하다. **따끔히**.

따내다 점수나 자격을 얻어 내다.

따님 남을 높여 그의 '딸'을 이르는 말. [반]아드님.

따다 ①달렸거나 붙었거나 돋은 것을 잡아떼다. [예]고추를 따다./바위에서 굴을 따다. ②찔러서 터뜨리다. [예]종기를 따다. ③붙었거나 막힌 것을 뜯거나 트다. [예]병마개를 따다. ④어떤 글이나 사실에서 필요한 부분을 골라 뽑아 쓰다. [예]요점만 따서 적다. ⑤노름이나 내기 등에서 이겨 돈이나 물건을 손에 넣다. ⑥자격이나 점수 등을 얻거나 받다. [예]자격증을 따다.

따닥따닥 작은 것이 한곳에 많이 붙어 있거나 몰려 있는 모양. [예]바위에 따개비가 따닥따닥 붙어 있다. [여]다닥다닥.

따돌리다 ①밉거나 싫은 사람을 멀리하거나 떼 내어 관계를 못 하게 하다. [예]반 아이들이 모두 나만 따돌린다. ②찾아오거나 뒤따르는 사람을 슬쩍 떼어 버리다. [예]공격수가 수비수를 따돌리고 골문 앞에 다다랐다.

따뜻하다 [따뜨타다] ①기분 좋을 만큼 알맞게 덥다. [예]날씨가 제법 따뜻하군. [큰]뜨뜻하다. ②오고 가는 정이 부드럽고 포근하다. [예]따뜻한 인사. [반]차다. **따뜻이**.

따라 《시간을 나타내는 말에 붙어》 '여느 때와 달리 별나게'의 뜻을 나타내는 말. [예]오늘따라 비가 많이 온다.

따라가다 ①남의 뒤에서, 그가 가는 대로 가다. [예]나는 엄마 뒤를 따라갔다. ②남이 하는 행동이나 시키는 것을 그대로 실행하다. [예]다수의 의견을 따라가다.

따라나서다 남이 가는 대로 같이 나서다.

따라다니다 쫓아서 다니거나 붙어 다니다. [예]강아지가 내 뒤를 따라다닌다.

따라붙다 [따라붇따] 앞선 것을 쫓아가서 바싹 뒤따르다. [예]형사는 범인의 뒤를 따라붙어 미행을 했다.

따라서 '그러므로', '그렇기 때문에'의 뜻을 나타내는 말. [예]값이 싸니, 따라서 찾는 손님도 많다.

따라오다 ①남의 뒤를 쫓아서 오다. [예]가는 길을 잘 모르면 내 뒤를 따라와. ②남이 하는 행동을 그대로 하다. [예]형이 잘하면 동생은 저절로 따라오게 되어 있다.

따라잡다 [따라잡따] 뒤따라가던 것이 앞서간 것이 있는 데까지 이르다. [예]지민이가 앞서 달리던 영수를 따라잡았다.

따로 ①한데 섞이거나 어울리지 않고 떨어져서. [예]따로 놀다. ②보통과는 다르게. 딴 갈래로. [예]나도 따로 할 일이 있다.

따로따로 저마다 따로. [예]따로따로 포장된 물건.

따르다[1] ①남의 뒤에서, 그가 가는 대로 같이 가다. [예]모두 나를 따르라. ②앞선 것을 좇아 비슷한 수준에 이르다. [예]삼촌의 태권도 실력은 아무도 따를 수 없다. ③남을 좋아하여 가까이 붙좇다. [예]개는 사람을 잘 따르는 동물이다. ④어떤 것을 본떠서 그대로 하다. [예]유행을 따르다. ⑤아울러 이루어지거나 함께 나아가다. [예]자유에는 항상 책임이 따른다. ⑥결정되거나 시키는 것을 그대로 실행하다. [예]심판의 판정에 따라야지. ⑦어떤 것을 저마다 근거로 삼다. [예]학자에 따라 의견이 다르다. [활용] 따르니·따라.

따르다[2] 그릇을 기울여 안에 들어 있는 액체를 흐르게 하다. [예]컵에 물을 가득 따랐다. [활용] 따르니·따라.

따르릉 전화기나 자전거 등의 작은 종이 울리는 소리. **따르릉따르릉**.

따름 '그뿐'의 뜻을 나타내는 말. [예]오직 최선을 다할 따름이다.

따먹다 [따먹따] 바둑·장기·구슬치기 등에서 상대편의 말이나 돈을 얻다. [예]나는 친구의 구슬을 다 따먹었다.

따발총(-銃) '옛 소련에서 만든, 어깨나 허리에 대고 쏘는 짤막한 총'을 속되게 이르는 말.

탄창이 따발('똬리'의 함경도 방언)처럼 생겼다 해서 비롯된 말.

따분하다 싫증나고 지겹다. 예따분한 이야기. 따분히.

따사롭다 [따사롭따] 따사한 느낌이 있다. 예따사로운 봄볕. |활용| 따사로우니 · 따사로워.

따사하다 알맞게 따뜻하다. 흰따스하다.

따스하다 알맞게 따뜻하다. 예따스한 봄날. 흰따사하다.

따오기 저어샛과의 새. 몸은 희며 부리는 검고 밑으로 구붓하다. 산골의 무논이나 연못에 사는데, '따옥따옥' 하며 운다. 천연기념물 제198호.

〈따오기〉

따옴표(-標) 대화나 남의 말, 마음속으로 한 말 등을 나타낼 때 쓰는 부호. 큰따옴표(" ") · 작은따옴표(' ') · 겹낫표(『 』) · 낫표(「 」)가 있다.

따위 ①보기를 들어서, 그 보기가 대표하는 종류임을 나타내는 말. 예쌀 · 보리 · 밀 따위가 곡식이다. 비등. ②사람 · 사물 · 정도 등을 비웃거나 얕잡아 이르는 말. 예너 따위가 알기는 뭘 알아?

따지다 ①옳고 그름을 밝혀 가리다. 예잘잘못을 따지다. ②샅샅이 캐묻다. ③구체적으로 낱낱이 셈하다. 예방학이 며칠 남았는지 따져 보았다. ④차근차근 헤아려 검토하다. 예잘 따져 보고 시작해라.

딱¹ ①단단하고 가벼운 물건이 서로 부딪치는 소리. 예손뼉을 딱 치다. ②가늘고 단단한 것이 부러지면서 나는 소리. 예나뭇가지가 딱 부러졌다. 흰뚝. 딱딱.

딱² ①무엇이 단단히 달라붙는 모양. 예껌이 방바닥에 딱 달라붙었다. ②순간적으로 아주 막혀 버리는 모양. 예나는 너무 놀라 말문이 딱 막혔다. ③계속되는 것이 갑자기 그치는 모양. 예아기가 울음을 딱 그쳤다. ④정확히 잘 들어맞는 모양. 예그의 예언이 딱 맞아떨어졌다. ⑤활짝 바라지거나 크게 벌리는 모양. 예딱 바라진 어깨. ⑥버티는 자세가 굳센 모양. 예그는 딱 버티고 서서 길을 막았다.

딱³ ①단호하게. 예절대 안 된다고 딱 잘라 말했다. ②아주. 예벌레라면 딱 질색이다. ③그뿐. 예딱 한 시간만 더 잘게.

딱따구리 딱따구릿과의 새를 통틀어 이르는 말. 까마귀와 비슷하며, 부리가 송곳처럼 곧고 뾰족하여 나무를 쪼아 구멍을 내고, 그 속의 벌레를 잡아먹는다.

〈딱따구리〉

딱딱거리다 [딱딱꺼리다] 딱딱한 말투로 자꾸 따지거나 나무라는 듯이 말하다. 예그는 딱딱거리며 불친절하게 말했다. 비딱딱대다.

딱딱대다 [딱딱때다] ➡딱딱거리다.

딱딱하다 [딱따카다] ①물렁물렁하지 않고 굳어서 단단하다. 예딱딱하게 굳은 떡. ②태도나 분위기 등이 부드러운 맛이 없이 사납고 거세다. 예저 아저씨는 인상이 딱딱해 보인다.

딱정벌레 [딱쩡벌레] 딱정벌렛과의 곤충. 몸은 광택이 나며, 양쪽에 겉날개가 붙어 있다. 밤에 다른 곤충을 잡아먹고 산다.

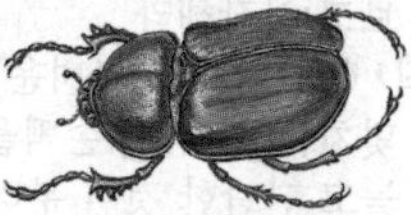
〈딱정벌레〉

딱지[1] [딱찌] ①헌데나 상한 자리에 피나 진물이 말라붙어 생기는 껍질. [예]상처에 딱지가 앉았다. ②게·소라·거북 등의 몸을 싸고 있는, 뼈처럼 단단한 껍데기.

딱지[2](―紙) [딱찌] ①무엇의 표로 쓰는 종잇조각을 두루 이르는 말. [예]우표 딱지. ②두꺼운 종이에 그림을 그리거나 글씨를 써서 만든 장난감. [예]딱지를 치다. ③'좋지 않은 평가나 인정'을 속되게 이르는 말. [예]그는 친구들 사이에서 지각 대장이라는 딱지가 붙었다. ④'퇴짜'를 속되게 이르는 말. [예]삼촌은 여자에게 딱지를 맞았다.

딱지치기(―紙―) [딱찌치기] 딱지를 땅바닥에 놓고 서로 번갈아 가며 치다가 상대편 딱지가 뒤집히면 따먹는 아이들 놀이. **딱지치기하다**.

딱총(―銃) ①불놀이에 쓰이는 기구의 한 가지. 화약을 종이나 대통 같은 것의 속에 다져 놓고, 그 끝에 심지를 달아 불을 댕겨서 터지게 만든다. ②화약을 터뜨려 큰 소리가 나도록 만든 장난감 총.

딱친구(―親舊) '단짝 친구'의 북한말.

딱하다 [따카다] ①사정이나 형편이 가엾고 애처롭다. [예]이야기를 들어 보니 사정이 딱하더라. ②처리하기가 어려워서 안타깝다. [예]이러지도 저러지도 못하고 참 딱하게 됐다. **딱히**.

딱히 [따키] 분명하게 꼭 집어서. [예]딱히 갈 곳도 없다.

딴 다른. [예]딴 나라의 풍습.

딴것 [딴건] 다른 것. [예]그것 말고 딴 것을 주세요.

딴딴하다 무르지 않고 매우 굳다. [예]형은 운동을 많이 하여 근육이 딴딴하다. [여]단단하다. **딴딴히**.

딴마음 ①다른 것을 생각하는 마음. [예]공부할 때는 딴마음을 먹지 마라. ②등지거나 저버릴 생각을 가진 마음. [예]딴마음을 품다.

딴말 아무 관계도 없는 말. [예]진수는 딴말만 늘어놓다 갔다. **딴말하다**.

딴사람 몰라보게 달라진 사람.

딴전 어떤 일과 아무 관련도 없는 말이나 행동을 하는 것. [예]나는 묻는 말에 대답하지 않고 딴전을 피웠다. [비]딴청.

딴지 《주로 '걸다, 놓다'와 함께 쓰여》 일이 순순히 진행되지 못하도록 방해하는 것.

딴청 어떤 일과 아무 관련도 없는 말이나 짓을 하는 것. [예]딴청 부리지 마라. [비]딴전.

딴판 아주 다른 모양. [예]듣던 것하고는 영 딴판인데.

딸 여자로 태어난 자식. [반]아들.

'딸'을 가리키는 말

- **규수** : 혼기에 이른 '남의 집 딸'을 점잖게 이르는 말.
- **따님** : 남을 높여 '그의 딸'을 이르는 말.
- **딸년** : 남 앞에서 '자기의 딸'을 낮추어 이르는 말.
- **딸아이** : '자기의 딸'이나 '남의 딸'을 예사롭게 이르는 말.
- **딸자식** : 남 앞에서 '자기의 딸'을 점잖게 낮추어 이르는 말.
- **여식** : 남 앞에서 '자기의 딸'을 점잖게 낮추어 이르는 말.
- **영애** : '지위가 높은 사람의 딸'을 점잖게 이르는 말.

딸:기 장미과의 여러해살이풀. 5~6월에 흰 꽃이 피고, 꽃턱이 발달한 열매는 둥글거나 길둥글며 붉게 익는다.

딸:기코 코끝이 딸기처럼 빨갛게 된 코.

딸깍 작고 단단한 물건이 서로 세게 부딪치는 소리.

딸꾹질 [딸꾹찔] 숨 쉬는 일을 돕는 근육이 갑자기 떨리면서 목구멍에서 이상한 소리가 나는 현상. 딸꾹질하다.

딸랑 작은 방울 등이 흔들려 가볍게 울리는 소리. ⓤ떨렁. ⓔ달랑. 딸랑딸랑.

딸리다¹ ①매이거나 붙어 있다. ⓔ딸린 식구. ②속하다. ⓔ유네스코에 딸린 세계 문화유산 위원회.

딸리다² 누구를 따라가게 하다. ⓔ엄마는 목욕탕에 가는 아빠에게 나를 딸려 보내셨다.

딸림화음(一和音) 딸림음 위에 구성된 삼화음. 장조에서는 '솔'·'시'·'레', 단조에서는 '미'·'솔'·'시'의 화음을 이른다. ⓠ버금딸림화음·으뜸화음.

딸아이 [따라이] ①남 앞에서 자기의 '딸'을 이르는 말. ②딸로 태어난 아이. ⓙ딸애. ⓤ아들아이.

딸애 [따래] 〈딸아이〉의 준말.

땀¹ 사람이나 동물의 살가죽에서 나오는 짭짤한 액체. 주로, 체온을 조절하는 일을 한다.

여러 가지의 '땀¹'

- **곁땀** : 겨드랑이에서 나는 땀.
- **구슬땀** : 구슬처럼 방울방울 맺힌 땀.
- **비지땀** : 힘든 일을 할 때 쏟아지듯이 나는 땀.
- **식은땀** : 덥지도 않은데 몸이 쇠약하거나 긴장을 하여 나는 땀.
- **진땀** : 애를 많이 쓰거나 딱한 일을 당하여 힘들어할 때 나는 땀.

땀² 바느질할 때에 실을 꿴 바늘로 한 번 뜬 자국.

땀구멍 [땀꾸멍] 땀이 몸 밖으로 나오도록 살갗에 난 구멍.

땀띠 땀을 너무 많이 흘려 피부가 자극되어 생기는 좁쌀알 모양의 종기.

땀방울 [땀빵울] 물방울처럼 맺혀 있는 땀.

땀샘 땀을 만들어 몸 밖으로 내보내는 세포 조직.

땅¹ ①바다를 제외한 지구의 겉면. ⓤ육지. ②영토. ⓔ만주는 본디 우리 땅이다. ③'논밭'을 두루 이르는 말. ⓔ그는 땅을 갈아 먹고사는 농부였다. ④곳. 지방. ⓔ강원도 땅에는 감자가 많이 난다. ⑤흙이나 토양. ⓔ기름진 땅.

땅에 떨어지다〔관용〕 권위·명성·가격 등이 회복하기 힘들 정도로 나빠지다.

땅² ①쇠망치 같은 것으로 철판 등을 세게 두드렸을 때와 같이 울려 나는 소리. ②총을 쏠 때 나는 소리. 땅땅.

땅값 [땅깝] 땅의 값.

땅거미 해가 진 뒤, 컴컴해질 때까지의 조금 어둑한 동안. ⓔ땅거미가 내릴 무렵.

땅굴(一窟) [땅꿀] ①땅속으로 뚫린 굴. ②땅을 파서 굴과 같이 만든 큰 구덩이.

땅꼬마 '키가 몹시 작은 사람'을 놀림조로 이르는 말.

땅꾼 뱀을 잡아 파는 사람.

땅덩이 [땅떵이] 《땅의 큰 덩이라는 뜻으로》 국토·대륙·지구 등을 이르는 말.

땅따먹기 [땅따먹끼] ➡ 땅뺏기.

땅딸보 '키가 작고 옆으로 딱 바라진 사람'을 얕잡아 이르는 말.

땅바닥 [땅빠닥] ①땅의 거죽. ⓤ지면. ②땅의 맨바닥. ⓔ땅바닥에 주저앉다.

땅벌 [땅뻘] '땅속에 집을 짓고 사는 벌'을 통틀어 이르는 말.
땅볼(←ball) 축구나 야구 경기에서, 땅 위로 굴러가도록 차거나 친 공.
땅뺏기 [땅뺃끼] 아이들 놀이의 한 가지. 말을 퉁겨 금을 그어 가며 상대편 땅을 빼앗아 가는 놀이. [비]땅따먹기·땅재먹기.
땅속 [땅쏙] 땅 밑.
땅속줄기 [땅쏙쭐기] 땅속에 묻혀 있는 식물의 줄기. 감자·양파·백합 등이 이에 딸린다.
땅재먹기 [땅재먹끼] ➡땅뺏기.
땅콩 콩과의 한해살이풀. 여름에 나비 모양의 노란 꽃이 피고, 열매는 씨방이 땅속에서 자라 꼬투리로 맺는다. 길둥근 씨에는 지방과 단백질이 많으며 맛이 좋다.
땋다 [따타] 머리나 실 등을 셋 이상의 가닥으로 갈라 서로 어긋나게 엮어 한 가닥으로 하다. [예]진아는 머리를 길게 땋아 늘이고 다닌다. [발음] 땋아[따아]·땋고[따코]·땋는[딴는]
때1 ①시간의 어떤 점이나 부분. [예]아무 때나 오너라. ②좋은 기회나 운수. [예]때를 기다리다. ③끼니. 또는 끼니를 먹는 시간. [예]때를 거르다. ④어떤 경우. [예]생각날 때가 있겠지. ⑤시대. [예]신라 때의 보물.
때2 ①옷이나 물건에 묻은 더러운 것. ②피부의 분비물과 먼지 등이 섞여 앉은 것. [예]때를 밀다. ③순수하지 못하고 속된 것.
때굴때굴 작고 단단한 물건이 잇달아 굴러가는 모양. [여]대굴대굴.
때깔 눈에 선뜻 보이는 모습이나 빛깔. [예]할머니는 때깔 고운 한복 차림이셨다.
때늦다 [때늗따] ①정한 시간보다 늦다. [예]때늦은 점심. ②알맞은 시기가 지나다. [예]그 일을 시작하기에 때늦은 감이 있다. ③제철보다 늦다. [예]때늦은 과일.
때다 아궁이에 불을 지피어 타게 하다. [예]아궁이에 장작을 때다.
때때로 때에 따라 가끔. [예]때때로 전학 간 친구 생각이 난다. [비]가끔·간간이·이따금.
때때옷 [때때옫] 알록달록한 빛깔로 곱게 지은 어린아이의 옷. [비]꼬까옷.
때려치우다 '그만두다'를 속되게 이르는 말. [예]그렇게 공부할 거면 때려치워라.
때로 경우에 따라서. [예]나는 때로 지각을 한다.
때리다 ①손이나 손에 든 물건으로 치다. [예]회초리로 종아리를 때리다. ②세차게 치다. [예]뱃전을 때리는 파도. ③다른 사람의 잘못을 말이나 글로 날카롭게 비판하다. ④심한 충격을 주다. [예]영화의 마지막 장면이 가슴을 때렸다.
때마침 그때에 마침. 제때에 알맞게. [예]밖에 나가려는데 때마침 비가 그쳤다.
때맞추다 [때맏추다] 시기에 알맞도록 하다. [예]너한테 가려던 참인데 때맞춰 잘 왔다.
때문 앞말이 어떤 일의 원인이나 까닭이 됨을 나타내는 말. [예]너 때문에 우리 반이 시합에서 졌어.
때우다 ①뚫리거나 깨진 곳을 다른 조각으로 대어 막다. ②간단한 음식으로 끼니를 넘기다. [예]점심을 빵으로 때웠다. ③어떤 일을 다른 수단을 써서 간단히 해치우다. [예]고마움을 말로 때우다.
때죽나무 [때중나무] 때죽나뭇과의 낙엽 지는 큰키나무. 높이 10m가량. 잎은 달걀 모양이고, 늦봄에 흰 꽃이 늘어져 핀다. 씨는 기름을 짜고, 목재는 기구를 만든다. 산기슭이나 산 중턱의 양지바른 곳에 난다.

땔:감 [땔깜] 불을 때는 데 쓰이는 온갖 물건. [비]연료.
땔:나무 [땔라무] 땔감이 되는 나무.
땜:납 납과 주석의 합금. 불에 잘 녹으므로 땜질하는 데 쓰인다.
땜:장이 쇠붙이에 땜질하는 일을 직업으로 하는 사람.
땜:질 깨어지거나 뚫어진 곳을 때워 고치는 일. [예]오래된 아파트라 벽도 여기저기 땜질을 했다. [본]때움질. **땜질하다**.
땟국 [때꾹/땐꾹] 꾀죄죄하게 묻은 때. [예]땟국이 줄줄 흐르는 속옷.
땡 작은 종 등을 칠 때 나는 소리.
땡감 덜 익어서 맛이 떫은 감.
땡볕 [땡볃] 따갑게 내리쬐는 햇볕. [비]뙤약볕.
떠가다 하늘이나 물 위를 떠서 가다. [예]하늘을 떠가는 흰 구름.
떠나가다 ①있던 곳을 떠나서 다른 곳으로 옮겨 가다. [예]항구를 떠나가는 배. ②주위가 떠서 나갈 만큼 소리가 크고 요란하다. [예]우리는 운동장이 떠나갈 듯이 큰 소리로 응원했다.
떠나다 ①자리를 옮기려고 뜨다. [예]정든 고향을 떠나다. ②목적지를 향하여 가다. [예]그는 서울로 떠났다. ③어떤 일과 관계를 끊다. [예]이모는 결혼하여 부모님 곁을 떠났다. ④사라지다. [예]그 일은 이미 내 기억에서 떠났어. ⑤'죽다'를 점잖게 이르는 말. [예]할아버지는 일흔의 나이로 세상을 떠나셨다.
떠내다 ①퍼서 내다. [예]국물을 조금 떠내서 맛보아라. ②물 위에 떠 있는 것을 건져 내다. [예]찌개에서 거품을 떠내다. ③떼어 내다. 도려내다. [예]생선회를 떠내다.
떠내려가다 물 위에 떠서 내려가다. [예]낙엽이 물 위에 떠내려갔다.
떠넘기다 자기가 할 일이나 책임을 남에게 억지로 넘기다.
떠다니다 하늘이나 물 위를 떠서 다니다. [예]하늘을 떠다니는 비행기.
떠다밀다 세게 밀다. [비]떠밀다. [활용] 떠다미니·떠다밀어.
떠돌다 ①물 위나 공중에 떠서 이리저리 움직이다. [예]하늘에 떠도는 구름. ②떠돌아다니다. ③소문이 퍼져 여러 사람의 입에 오르내리다. [예]그가 곧 돌아올 거라는 소문이 떠돌고 있다. [활용] 떠도니·떠돌아.
떠돌아다니다 [떠도라다니다] 정한 곳 없이 이곳저곳을 옮겨 다니다.
떠돌이 [떠도리] 떠돌아다니는 사람.
떠:들다 ①시끄럽게 큰 소리로 말하다. [예]떠들며 장난을 치는 아이들. ②소문이 크게 나다. [활용] 떠드니·떠들어.
떠들썩하다 [떠들써카다] ①여럿이 떠들어서 시끄럽다. [예]아이들이 떠드는 소리로 교실 안이 떠들썩했다. ②소문이 퍼져서 왁자하다.
떠듬거리다 말을 자꾸 더듬다. [비]떠듬대다. [여]더듬거리다.
떠듬대다 ➡떠듬거리다.
떠듬떠듬 자꾸 떠듬거리는 모양. [예]책을 떠듬떠듬 읽다. [여]더듬더듬.
떠맡기다 [떠맏끼다] 자기가 할 일을 억지로 남에게 넘기다. [예]숙제를 친구에게 떠맡기고 놀다 왔다.
떠맡다 [떠맏따] 남이 할 일을 온통 자기가 맡다.
떠메다 무거운 짐 등을 쳐들어서 어깨에 메다.
떠밀다 힘을 들여 밀어내다. [예]뒤에서 누군가가 떠미는 바람에 넘어졌다. [비]떠다밀다. [활용] 떠미니·떠밀어.
떠밀리다 떠밂을 당하다. [예]나는 사람들에게 떠밀려 넘어졌다.
떠받다 [떠받따] 뿔이나 머리로 세게 밀어서 부딪치다. [예]소가 사람을 떠받았다.

떠받들다 [떠받뜰다] ①번쩍 쳐들어 위로 올리다. ②공경하여 섬기다. [예]부모님을 잘 떠받들다. [활용] 떠받드니·떠받들어.

떠받치다 쓰러지거나 주저앉지 않도록 밑에서 위로 받쳐 버티다. [예]기둥이 지붕을 떠받치고 있다.

떠벌리다 이야기를 부풀려서 수다스럽게 지껄이다.

떠보다 남의 속마음을 넌지시 알아보다. [예]나는 슬쩍 친구의 마음을 떠보았다.

떠안다 [떠안따] 일이나 책임을 온통 맡다.

떠오르다 ①뜨거나 솟아서 위로 오르다. [예]서쪽 하늘에 무지개가 떠올랐다. ②생각·기억 등이 나다. [예]문득 좋은 생각이 떠올랐다. [활용] 떠오르니·떠올라.

떠올리다 떠오르게 하다. [예]어릴 때의 일을 기억에 떠올리다./얼굴에 미소를 떠올리다.

떡¹ 곡식 가루를 반죽하여 쪄서 만든 음식을 통틀어 이르는 말. 흰떡·시루떡·송편·인절미 등.

떡² ①활짝 바라지거나 벌어진 모양. [예]떡 벌어진 밤송이/은주는 너무 좋아 입이 떡 벌어졌다. ②버티는 자세가 굳센 모양. [예]교문 앞에 선생님이 떡 버티고 서 계셨다. [작]딱.

떡가래 [떡까래] 가래떡의 낱개. [예]떡가래가 굵다.

떡갈나무 [떡깔라무] 참나뭇과의 낙엽 지는 큰키나무. 열매인 도토리는 먹을 수 있으며, 나무는 질이 단단하여 쓰이는 곳이 많다.

떡갈잎 [떡깔립] 떡갈나무의 잎. [준]갈잎.

떡고물 [떡꼬물] 떡의 겉에 묻히는 고물.

떡국 [떡꾹] 가래떡을 얄팍하고 비스듬하게 썰어 맑은장국에 넣고 끓인 음식.

떡메 [떵메] 인절미나 흰떡을 만들기 위하여 찐 쌀을 치는 데 쓰는 큰 방망이.

떡밥 [떡빱] 낚시 미끼의 한 가지. 쌀겨에 콩가루나 번데기 가루를 섞어 반죽하여 작게 뭉쳐서 만든다.

떡방아 [떡빵아] 떡쌀을 찧는 방아.

떡보 [떡뽀] '떡을 매우 좋아하여 많이 먹는 사람'을 놀림조로 이르는 말.

떡볶이 [떡뽀끼] 가래떡을 적당한 길이로 잘라 쇠고기와 여러 가지 채소를 섞고 갖은 양념을 하여 볶은 음식. [잘못] 떡볶기.

떡살 [떡쌀] 떡을 눌러 여러 가지 무늬를 찍어 내는 데 쓰는 판.

〈떡살〉

떡쌀 떡을 만드는 데 쓸 쌀.

떡잎 [떵닙] 씨앗에서 처음 싹터 나오는 잎.

떨구다 ①떨어뜨리다. ②고개나 눈길 등을 아래로 떨어지게 하다. [예]엄마한테 꾸중을 들은 동생이 고개를 떨구고 앉아 있다.

떨기 ①풀·꽃·나무의 여러 줄기가 하나로 뭉쳐 더부룩한 무더기. ②무더기가 된 꽃이나 풀 등을 세는 단위. [예]한 떨기 장미.

떨기나무 나무의 키가 작고, 원줄기가 분명하지 않으며 밑동에서 가지를 많이 치는 나무. 무궁화·진달래·앵두나무 등. [비]관목.

떨ː다¹ ①물체가 빠르게 조금씩 흔들리다. [예]나뭇잎이 바람에 떨고 있다. ②무서워하거나 겁내다. [예]떨지 마. 이젠 괜찮아. ③지나치게 아껴서 돈 쓰는 것을 겁내다. [예]저 사람은 단돈 백 원에도 벌벌 떤다. ④춥거나 흥분한 일로 몸을 잘게 흔들다. [예]너무 추워서 몸을 오들오들 떨었다. ⑤소리의 진동이 고르지 않게 울려 나오다. [예]목소리를 떨다. ⑥경망스러운 짓을 자꾸 하다. [예]방정을 떨다. [활용] 떠니 · 떨어.

떨ː다[2] ①달리거나 붙은 것을 떨어지게 하다. [예]솔로 옷의 먼지를 떨다. ②팔다 남은 물건을 한꺼번에 팔아 버리거나 사다. [활용] 떠니 · 떨어.

> **'떨다[2]'와 '털다'의 구별**
>
> **떨다** : 어떤 물건에 달려 있거나 붙어 있는 것을 쳐서 떨어지게 하다. 먼지 · 담뱃재 같은 것이 '떨다'의 대상이 된다. [예]옷에 묻은 먼지를 떨다.
>
> **털다** : 어떤 물건을 흔들거나 치거나 하여 그것에 달려 있거나 붙어 있는 것이 떨어지게 하다. 옷 · 담뱃대 같은 것이 '털다'의 대상이 된다. [예]먼지가 묻은 옷을 털다.

떨떠름하다 ①떫은맛이 있다. [예]떨떠름한 땡감. ②마음이 썩 달갑지 않다. [예]떨떠름한 표정을 짓다.

떨리다[1] 몸이 빠르게 흔들리다. [예]감기로 온몸이 덜덜 떨린다.

떨리다[2] 떨어짐을 당하다. [예]먼지가 잘 떨린다.

떨림판(一板) ➡ 진동판.

떨어뜨리다 [떠러뜨리다] 떨어지게 하다. [예]참기름을 두세 방울 떨어뜨리세요. [비]떨어트리다.

떨어지다 [떠러지다] ①위에서 아래로 내려지다. [예]비행기가 떨어지는 사고가 났다. ②붙은 것의 사이가 갈라지다. [예]벽보가 바람에 다 떨어졌다. ③헤어지다. [예]나는 동생과 떨어져 지낸다. ④돈 등이 흘러서 빠지다. [예]길에 떨어진 돈을 줍다. ⑤이익이 나다. [예]본전을 빼고도 10만 원이나 떨어졌다. ⑥값이 내리다. [예]요즘 집값이 많이 떨어졌다. ⑦물건이 해어지다. [예]이런 신발은 쉽게 떨어진다. ⑧쓰던 물품이나 돈의 뒤가 달리다. [예]먹을 물이 떨어져서 고생했다. ⑨현재의 수준보다 낮아지다. [예]성적이 자꾸 떨어져서 큰일이다. ⑩명예나 가치 등이 낮아지거나 없어지다. [예]체면이 땅에 떨어졌다. ⑪좋지 못한 상태에 빠지다. [예]악의 구렁텅이에 떨어졌다. ⑫시험 · 선거 등에서 뽑히지 못하다. [예]형이 입학시험에 떨어졌다. ⑬수준 · 정도 등이 감소하다. [예]속력이 계속 떨어지고 있다. ⑭나눗셈에서, 나머지 없이 나누어지다. ⑮일정한 거리를 두다. [예]10리나 떨어진 마을. ⑯지시 · 명령 등이 내려지다. [예]긴급 명령이 떨어졌다.

떨어트리다 [떠러트리다] ➡ 떨어뜨리다.

떨이 [떠리] 팔다가 조금 남은 물건을 다 떨어서 싸게 파는 일, 또는 그 물건. **떨이하다**.

떨치다 ①위세나 이름 등이 널리 알려지다, 또는 알려지게 하다. [예]우리의 국력을 사방에 떨친 올림픽 대회. [비]드날리다. ②세게 흔들어서 떨어지게 하다. [예]붙잡는 손을 떨치고 나섰다.

떨켜 낙엽이 질 무렵, 잎자루와 가지가 붙은 곳에 생기는 특수한 세포층.

떫ː다 [떨따] ①덜 익은 감의 맛과 같다. [예]감이 덜 익었는지 맛이 조금 떫다. ②하는 짓이나 말이 덜되고 못마땅하다. [발음] 떫어 [떨버] · 떫고 [떨꼬] · 떫은 [떨븐]

떳떳하다 [떧떠타다] 굽힐 것이 없이 당당하다. [예]네가 잘못한 게 없다면 떳떳하게 말해라. **떳떳이**.

떵떵거리다 큰 재산이나 세력으로 근심 없이 큰소리를 치며 살다. [예]대대로 떵떵거리던 집안. [비]떵떵대다.

떵떵대다 ➡떵떵거리다.

떼¹ 목적이나 행동을 같이하는 무리. 예벌 떼/떼로 몰려다니다. 비무리.

떼² 이치에 맞지 않은 요구. 예아이가 장난감을 사 달라고 마구 떼를 쓴다. 비억지.

떼거리 '떼¹'를 속되게 이르는 말.

떼구루루 단단한 물건이 딱딱한 바닥에서 구르는 소리, 또는 그 모양. 예데구루루.

떼굴떼굴 크고 단단한 물건이 계속 구르는 모양. 예축구공이 떼굴떼굴 굴러간다. 은때굴때굴. 예데굴데굴.

떼:다 ①붙어 있는 것을 떨어지게 하다. 예벽에 붙은 것을 모두 떼어 내라. 반붙이다. ②함께 있는 둘 사이를 갈라놓다. 예새끼 고양이를 어미한테서 떼어 기르다. ③봉한 것을 뜯어서 열다. 예편지 봉투를 떼어 보다. ④걸음을 옮겨 놓다. 예발걸음을 떼다. ⑤말을 하려고 입을 열다. 예영미가 무슨 일이 있는지 영 입을 떼지 않는다. ⑥전체에서 한 부분을 덜어 내다. 예나는 용돈에서 반을 떼어 저축한다. ⑦먹던 것을 못 먹게 하다. 예젖을 떼다. ⑧배우던 것을 끝내다. 예한 달 만에 천자문을 떼다. ⑨문서를 만들어 주거나 받다. 예주민 등록 등본을 떼다.

떼돈 갑자기 많이 생긴 돈. 예떼돈을 벌다.

떼쓰다 자기 요구만을 억지로 주장하다. 예네가 아무리 떼써도 소용없다. |활용| 떼쓰니·떼써.

떼이다 빌려 준 것을 못 받게 되다. 예친구에게 돈을 떼였다.

떼쟁이 떼를 잘 쓰는 사람.

떼죽음 [떼주금] 떼로 한꺼번에 죽는 일.

뗀:석기(一石器) [뗀석끼] 돌을 깨서 만든 도구. 구석기 시대에 쓰였으며, 돌칼·돌도끼 등이 있다. 비타제 석기. 반간석기.

뗏목(一木) [뗀목] 통나무를 가지런히 엮어서 물에 띄워 사람이나 물건 등을 실어 나를 수 있게 만든 것.

또 ①어떤 행동이나 사실이 거듭됨을 나타내는 말. 예같은 곳에서 또 사고가 났다. ②그래도. 예어린애라면 또 모르겠다. ③그 위에 다시 더. 예그는 작가이자 또 화가이다.

또각또각 구두를 신고 단단한 바닥을 급히 걸어가는 소리, 또는 그 모양.

또는 '혹은'·'아니면'의 뜻을 나타내는 말. 예기차 또는 고속버스를 타고 가거라.

또다시 거듭하여 다시. 예이미 한 일을 또다시 하라니.

또랑또랑 조금도 흐리지 않고 아주 밝고 똑똑한 모양.

또랑또랑하다 조금도 흐리지 않고 아주 밝고 똑똑하다. 예현주는 또랑또랑한 목소리로 책을 읽었다.

또래 나이가 같거나 비슷한 무리. 예또래 집단/아이들은 같은 또래끼리 모여 논다.

또렷하다 [또려타다] 흐리지 않고 매우 분명하다. 예또렷한 목소리. 큰뚜렷하다. 또렷이.

또박또박¹ 말이나 글씨 등이 흐리터분하지 않고 조리 있고 또렷한 모양. 예준호는 글씨를 또박또박 썼다.

또박또박² 반듯하고 다부지게 걷는 걸음의 또렷한 발자국 소리, 또는 그 모양. 큰뚜벅뚜벅.

또한 ①역시. 마찬가지로. 예나 또한 네 말에 찬성한다. ②그 위에 더. 예돈도 생기고 또한 명예도 얻는 일.

똑¹ ①좀 작은 것이 떨어지는 소리, 또는 그 모양. ②단단한 것이 쉽게 부러지면서 나는 소리, 또는 그 모양. 예연필심이 똑 부러졌다. ③단단한 것을 가볍게 한 번 두드릴 때 나는 소리. 囹뚝. 똑똑. 예문을 똑똑 두드리고 들어가다.

똑² ①계속되던 것이 갑자기 그치는 모양. 예소식이 똑 끊어졌다. ②거침없이 따거나 떼는 모양. 囹뚝. 똑똑. 예꽃잎을 똑똑 따다.

똑³ 조금도 틀림이 없이. 예얼굴이 제 아버지와 똑 닮았다.

똑같다 [똑깐따] 조금도 다른 데가 없다. 예똑같은 모양의 신발. 똑같이. 예서로 똑같이 나누어 가져라.

똑딱 ①단단한 물건을 가볍게 두드리는 소리. ②시곗바늘이 돌아가는 소리나 단추를 맞추어 채우는 소리. 똑딱똑딱. 예똑딱똑딱 시계 소리가 난다.

똑똑하다 [똑또카다] ①흐리지 않아 또렷하고 환하게 알 수 있다. 예안경을 쓰니 칠판 글씨가 똑똑하게 보인다. ②사리에 밝고 야무지다. 예똑똑한 아이. 똑똑히.

똑바로 [똑빠로] ①어느 쪽으로도 기울지 않고 곧게. 예이 길로 똑바로 가십시오. ②틀림없이 바르게. 예똑바로 말해라.

똑바르다 [똑빠르다] 어느 쪽으로도 기울지 않고 곧다. 예똑바르게 앉다.
|활용| 똑바르니·똑발라.

똘똘 ①작은 물건을 여러 겹으로 단단히 감거나 마는 모양. 囹뚤뚤. 예돌돌. ②여럿이 뜻을 모아 뭉치는 모양.

똘똘이 [똘또리] 똑똑하고 영리한 아이.

똘똘하다 매우 똑똑하고 영리하다. 예똘똘한 아이.

똥 사람이나 동물이 먹은 음식물을 소화하여 똥구멍으로 내보내는 찌꺼기.

똥값 [똥깝] '터무니없이 싼 값'을 속되게 이르는 말.

똥개 [똥깨] '별로 가치 없는 잡종의 개'를 흔히 이르는 말.

똥구멍 [똥꾸멍] 똥을 몸 밖으로 내보내는 구멍. 囘항문.

똥글똥글 여럿이 모두 동근 모양. 囝동글동글.

똥똥하다 작은 키에 살이 쪄서 몸이 옆으로 퍼지고 굵다. 囹뚱뚱하다.

똥배 [똥빼] 똥똥하게 나온 배.

똥오줌 똥과 오줌을 아울러 이르는 말.

똥차(一車) ①똥오줌을 실어 나르는 차. ②'낡은 차'를 속되게 이르는 말.

똬ː리 짐을 머리에 일 때 짐 밑에 받치는 고리 모양의 물건. 짚이나 헝겊을 틀어서 만든다.

〈똬리〉

뙈ː기 ①일정하게 나누어진 논밭의 구획. ②일정하게 나누어진 논밭의 구획을 세는 단위. 예밭 한 뙈기.

뙤약볕 [뙤약뼏/뛔약뼏] 여름에 몹시 뜨겁게 내리쬐는 볕. 囘땡볕.

뚜껑 그릇이나 상자의 아가리를 덮는 물건. 예냄비 뚜껑. 囘덮개.

뚜렷하다 [뚜려타다] 흐리지 않고 아주 분명하다. 예우리나라는 사계절이 뚜렷한 편이다. 囹또렷하다. 뚜렷이.

뚜벅뚜벅 자신 있고 무게 있게 걷는 걸음의 뚜렷한 발자국 소리, 또는 그 모양. 囹또박또박.

뚝¹ ①좀 큰 것이 떨어지는 소리, 또는 그 모양. ②굵고 단단한 것이 단번에 부러지면서 나는 소리, 또는 그 모양. 예나뭇가지가 뚝 부러졌다. ③단단한 것을 한 번 두드릴 때 나는 둔한 소리. 囹딱·똑. 뚝뚝.

뚝² ①계속되던 것이 갑자기 그치는 모양. 예울음을 뚝 그치다. ②거침없이 따거나 떼는 모양. ③거리·순위·성적 등이 두드러지게 떨어지는 모양. 예작년에 비해 성적이 뚝 떨어졌다. 囹똑. 뚝뚝.

뚝딱 ①단단한 물건을 마구 세게 두드릴 때 나는 소리. ②일을 거침없이 시원스럽게 해치우는 모양. 예밥 한 그릇을 뚝딱 해치웠다. ㉳똑딱. 뚝딱뚝딱.

뚝딱거리다 [뚝딱꺼리다] 자꾸 뚝딱뚝딱 소리가 나다. 예큰형이 개집을 만든다며 아까부터 뚝딱거리고 있다. ㊂뚝딱대다. ㉳똑딱거리다.

뚝딱대다 [뚝딱때다] ➡뚝딱거리다.

뚝배기 [뚝빼기] 찌개를 끓이거나 설렁탕 등을 담을 때 쓰는 오지그릇.

뚝 섬 [뚝썸] 서울특별시 성동구 성수동 한강가에 있는 유원지.

〈뚝배기〉

뚝심 [뚝씸] ①굳세게 버티거나 감당해 내는 육체적인 힘. ②좀 미련하게 불뚝 내는 힘.

똘똘 큰 물건을 여러 겹으로 단단히 감거나 마는 모양. 예동생이 이불을 똘똘 말고 잔다. ㉳뚤뚤. ㉲둘둘.

뚫다 [뚤타] ①구멍을 내다. 예구멍을 뚫어 끈을 꿰다. ②막힌 것을 통하게 하다. 예터널을 뚫다. ③장애물을 헤치다. 예적의 포위망을 뚫다. ④사람의 마음이나 미래의 사실을 알다. 예남의 마음을 뚫어 보는 눈. |발음| 뚫어 [뚜러]·뚫고[뚤코]·뚫는[뚤른]

뚫리다 [뚤리다] 뚫어지다. 예마침내 도시로 길이 뚫렸다.

뚫어지다 [뚜러지다] ①구멍이나 틈이 생기다. 예뚫어진 양말을 깁다. ②길이 통하여지다. ③시선을 한군데에 모아 자세히 보다. 예민수는 뭔가를 뚫어지게 보고 있었다.

뚱기다 ①악기의 줄을 세게 당겼다가 놓아 소리가 나게 하다. 예거문고를 뚱기다. ②슬쩍 귀띔해 주다.

뚱딴지 '행동이나 생각이 너무 엉뚱한 사람'을 놀림조로 이르는 말. 예무슨 뚱딴지 같은 소리야?

뚱뚱보 뚱뚱한 사람. ㉤뚱보.

뚱뚱하다 살이 쪄서 몸이 옆으로 퍼지고 굵다. ㉳똥똥하다.

뚱보 〈뚱뚱보〉의 준말.

뚱:하다 못마땅하여 시무룩하다. 예동생이 선생님께 꾸중을 들었는지 뚱한 얼굴을 하고 있다.

뛰놀다 ①이리저리 뛰어다니면서 놀다. 예아이들이 놀이터에서 뛰놀고 있다. ㊂뛰어놀다. ②맥박 등이 세게 뛰다. |활용| 뛰노니·뛰놀아.

뛰다 ①힘껏 달리다. 예복도에서는 뛰지 맙시다. ②몸을 솟구쳐 위로 오르다. 예높이 뛰다. ③값 등이 갑자기 크게 오르다. 예우윳값이 자꾸 뛴다. ④맥박 등이 크게 발딱거리거나 두근거리다. 예운동을 하면 심장이 빠르게 뛴다. ⑤그네나 널을 타거나 올라서서 놀다. 예단옷날에는 그네를 뛴다. ⑥차례나 사이를 거르다. 예두 악장을 뛰고 끝 악장을 연주했다.

뛰어가기 [뛰어가기/뛰여가기] 한꺼번에 3도 이상 떨어진 음정으로 움직이는 가락의 형태. 힘찬 느낌이 있는 반면 딱딱하고 노래하기 힘들다.

뛰어가다 [뛰어가다/뛰여가다] 빨리 달려서 가다. ㊤뛰어오다.

뛰어나가다 [뛰어나가다/뛰여나가다] 빨리 달려서 나가다. 예아이들은 쉬는 시간에 운동장에 뛰어나가 놀았다.

뛰어나다 [뛰어나다/뛰여나다] 다른 것보다 훨씬 낫다. 예남보다 뛰어난 두뇌.

뛰어나오다 [뛰어나오다/뛰여나오다] 빨리 달려서 나오다.

뛰어내리다 [뛰어내리다/뛰여내리다] ①몸을 솟구쳐 높은 데서 아래로 내리다. ②비탈진 길이나 통로를 뛰어서 빨리 내려가다. [예]계단을 뛰어내려 가다. [반]뛰어오르다.

뛰어넘다 [뛰어넘따/뛰여넘따] ①높은 것을 넘다. [예]담을 뛰어넘다. ②순서를 거르고 나아가다. [예]고등학교 과정을 뛰어넘고 곧장 대학에 들어간 천재 소년.

뛰어놀다 [뛰어놀다/뛰여놀다] 이리저리 뛰어다니면서 놀다. [예]운동장에서 뛰어노는 아이들. [비]뛰놀다. |활용| 뛰어노니·뛰어놀아.

뛰어다니다 [뛰어다니다/뛰여다니다] ①뛰거나 내달리며 이리저리 돌아다니다. ②이리저리 바삐 다니다.

뛰어들다 [뛰어들다/뛰여들다] 높은 데서 물속으로 몸을 던지다. [예]우리는 바다를 보자 물속으로 뛰어들었다. |활용| 뛰어드니·뛰어들어.

뛰어오다 [뛰어오다/뛰여오다] 빨리 달려서 오다. [반]뛰어가다.

뛰어오르다 [뛰어오르다/뛰여오르다] ①몸을 솟구쳐 높은 곳으로 오르다. ②비탈진 길이나 통로를 뛰어서 빨리 올라가다. [반]뛰어내리다. ③값이나 지위 등이 갑자기 많이 오르다. [예]이사 철이 되면 집값이 뛰어오른다. |활용| 뛰어오르니·뛰어올라.

뛰쳐나가다 [뛰처나가다] 박차고 뛰어나가다. [예]집을 뛰쳐나간 자식.

뛰쳐나오다 [뛰처나오다] 박차고 뛰어나오다. [예]불이 나자 사람들이 집 밖으로 뛰쳐나왔다.

뜀 ①두 발을 모으고 뛰어 앞으로 나아가는 일. ②몸을 솟구쳐 높은 데에 오르거나 넘는 일. ③빨리 뛰는 일.

뜀뛰기 서 있는 자리에서 몸을 위로 솟구쳐 뛰는 일.

뜀박질 [뜀박찔] 뛰어 달리는 일. **뜀박질하다**.

뜀틀 기계 체조 용구의 한 가지. 나무틀을 여러 개 포개 놓고 맨 위에 가죽이나 헝겊을 씌운 것으로, 달려와서 두 손으로 짚고 뛰어넘는다.

뜀틀 운ː동(—運動) 기계 체조의 한 가지. 두 손으로 뜀틀을 짚고 뛰어넘는다.

〈뜀틀 운동〉

뜨개질 털실 등으로 양말이나 옷·장갑·목도리 등을 뜨는 일. **뜨개질하다**.

뜨거워지다 뜨겁게 되다.

뜨겁다 [뜨겁따] ①온도가 몹시 높다. [예]뜨거운 국. [반]차갑다. [작]따갑다. ②감정이 열정적으로 달아 있다. [예]뜨거운 사랑. |활용| 뜨거우니·뜨거워.

뜨끈뜨끈 매우 뜨뜻한 느낌. [작]따끈따끈.

뜨끈뜨끈하다 매우 뜨뜻하다. [예]방이 뜨끈뜨끈하다. [작]따끈따끈하다.

뜨끈하다 좀 뜨뜻하다. [예]뜨끈한 숭늉. [작]따끈하다. **뜨끈히**.

뜨끔하다 ①찔리거나 데거나 하여 쑤시듯이 아프다. ②갑자기 마음에 강한 자극을 받아 찔리거나 켕기는 느낌이 있다. [예]어머니의 말씀에 가슴이 뜨끔했다. [작]따끔하다. **뜨끔히**.

뜨내기 자리 잡고 사는 곳이 일정하지 않아 떠돌아다니는 사람.

뜨다¹ ①물 표면에 있다. [예]호수에 떠 있는 작은 배. [반]가라앉다. ②공중으로 솟아오르거나 공중에 머물러 있다. [예]비행기가 뜨다. ③달·해 등이 솟아오르다. [예]보름달이 뜨다. [반]지다. ④틈이나 공간이 생기다. [예]벽지가 떠서 쿨렁쿨렁하다. |활용| 뜨니·떠.

뜨다² ①메주·누룩 등이 발효하다. ②얼굴에 병색이 누렇게 나타나다. [예]얼굴이 붓고 누렇게 떴다. |활용| 뜨니·떠.

뜨다³ ①비우다. 예회의 시간에 잠시 자리를 떴다. ②거처를 멀리 옮기다. 예고향을 뜨다. ③죽어서 세상을 떠나다. 예세상을 뜨다. |활용| 뜨니 · 떠.

뜨다⁴ ①퍼내거나 푸다. 예바가지로 물을 떠 마시다. ②밥그릇에 숟가락질을 하며 먹다. 예한 술 더 떠라. ③고기를 얇게 저미다. 예포를 떠서 부친 명태전. |활용| 뜨니 · 떠.

뜨다⁵ 감은 눈을 열다. 예눈을 번쩍 뜨다. 반감다. |활용| 뜨니 · 떠.

뜨다⁶ ①실 · 끈 등으로 짜거나 엮다. 예털실로 장갑을 뜨다. ②한 땀 한 땀 바느질을 하다. |활용| 뜨니 · 떠.

뜨다⁷ 똑같은 것을 그리거나 박아 내기 위하여 본을 만들다. 예본을 뜨다. |활용| 뜨니 · 떠.

뜨다⁸ 병을 치료하기 위해, 약쑥을 작게 뭉쳐 살갗에 놓고 불을 붙여 태우다. 예할머니는 허리에 뜸을 뜨셨다. |활용| 뜨니 · 떠.

뜨다⁹ ①말이나 행동이 느리다. 예동작이 뜨다. ②발육이 더디다. 예돌이 지나도 못 서다니 자라는 것이 뜨구나. |활용| 뜨니 · 떠.

뜨뜻하다 [뜨뜨타다] 뜨겁지 않을 만큼 알맞게 덥다. 예뜨뜻한 방. 참따뜻하다. 뜨뜻이.

뜨락 ➡뜰.

-뜨리다 어떤 동작을 힘주어 나타내는 구실을 하는 말. 예넘어뜨리다./떨어뜨리다. 비-트리다.

뜨악하다 [뜨아카다] 선뜻 내키지 않아 꺼림칙하고 싫다. 예뜨악한 표정을 짓다.

뜨이다 ①감았던 눈이 열리거나 막혔던 귀가 뚫리는 것 같다. 예귀가 번쩍 뜨이는 반가운 소식. ②눈에 보이다. 예요즘은 귀고리를 한 남자들이 눈에 많이 뜨인다. 준띄다.

뜬구름 하늘에 떠다니는 구름.

뜬구름(을) 잡다 관용 헛된 꿈을 꾸다.

뜬금없다 [뜬그멉따] 갑작스럽고 엉뚱하다. 예뜬금없는 소리. 비느닷없다. 뜬금없이.

뜬눈 밤에 잠을 자지 못한 눈. 예밀린 숙제를 하느라 뜬눈으로 밤을 새웠다.

뜬소문(一所聞) 이 사람 저 사람 입에 오르내리며 근거 없이 떠도는 소문. 비루머 · 유언비어 · 헛소문.

뜯기다 [뜯끼다] ①뜯음을 당하다. ②모기 등에 물리다. 예밤새 모기한테 뜯기다. ③돈이나 물건을 빼앗기다. 예불량배에게 용돈을 다 뜯기다.

뜯다 [뜯따] ①붙어 있는 것을 떼어 내다. 예상표를 뜯다. ②봉투 등을 찢거나 헐어서 열다. 예편지를 뜯어서 보다. ③모기 등이 물다. ④현악기의 줄을 뚱겨 소리를 내다. 예가야금을 뜯다. ⑤풀이나 나물을 채취하다. 예젖소들이 풀을 뜯고 있는 한가로운 풍경.

뜯어내다 [뜨더내다] ①붙어 있는 것을 떼어 내다. 예벽에서 벽지를 뜯어내다. ②전체에서 일부분을 조각조각 떼어 내다. ③조르거나 위협하여 돈이나 물건을 얻어 내다. 예돈을 뜯어내다.

뜯어말리다 [뜨더말리다] 맞붙어 싸우는 것을 떼어서 싸우지 못하게 하다. 예싸움을 뜯어말리다.

뜯어먹다 [뜨더먹따] 남의 돈이나 물건을 졸라서 얻거나 억지로 빼앗아 가지다.

뜯어보다 [뜨더보다] ①붙어 있는 것을 뜯고 속의 것을 꺼내 보다. 예편지를 뜯어보다. ②이리저리 자세히 살펴보다. 예아무리 뜯어보아도 닮은 데가 없다.

뜰 집의 앞뒤에 가까이 딸려 있는 빈 터. [비]뜨락.

'뜰'과 '마당'의 구별

뜰 : 주로 단독 주택에서, 집의 앞뒤로 가까이 딸려 있는 닦이지 않은 땅. 꽃과 나무를 가꾸기도 하고, 채소 등을 심기도 하는 곳이다. [예]뜰에(×마당에) 상추를 심다.

마당 : 주로 단독 주택에서, 집의 앞뒤에 평평하게 닦아 놓은 땅. 사람이 모여 놀 수 있을 만한 넓이의 빈 공간이다. [예]마당을(×뜰을) 쓸다.

뜰채 물고기를 건져 올리는, 그물이 달린 도구.

뜸[1] 무엇을 찌거나 삶은 다음 얼마 동안 그대로 두어 저절로 속속들이 푹 익게 하는 일. [예]뜸을 들이다.

뜸[2] 한방에서, 약쑥을 작게 뭉쳐 살갗에 놓고 불을 붙여 뜨겁게 하는 치료 방법. [예]허리에 뜸을 뜨다.

뜸부기 뜸부깃과의 새. 몸길이 36cm 가량. 몸빛은 잿빛 또는 갈색이고 다리와 부리가 길다. 호수나 강가의 갈대숲이나 논에서 살며 '뜸북뜸북' 하고 운다. 우리나라에서는 흔한 여름새이다.

〈뜸부기〉

뜸ː하다 잦거나 심하던 것이 한동안 그치고 있다. [예]늦은 밤이어서 지나가는 차들도 뜸하다.

뜻 [뜯] ①무엇을 이루려고 속으로 다져 먹은 마음. [예]뜻을 이루다. ②말이나 글의 의미. [예]글의 뜻이 잘 통하지 않는다. ③가치나 중요성. [예]선생님의 말씀에 담긴 깊은 뜻을 헤아리다. |발음| 뜻이[뜨시]·뜻도[뜯또]·뜻만[뜬만]

뜻을 받들다[관용] 윗사람의 뜻을 헤아려 그대로 따르다.

뜻(이) 맞다[관용] 서로 마음이 통하다. [예]뜻이 맞는 친구.

뜻글자(一字)[뜯끌짜] 글자 하나하나가 일정한 뜻을 나타내는 글자. 한자 등. [비]표의 문자. [반]소리글자.

뜻깊다 [뜯낍따] 중요성이나 가치가 크다. [예]오늘은 참으로 뜻깊은 하루였다.

뜻밖 [뜯빡] 생각이나 예상을 전혀 하지 못함. [예]뜻밖의 일이라 모두 당황했다.

뜻밖에 [뜯빠께] 생각·기대·예상과 다르게. [예]일이 뜻밖에 잘돼 나간다.

뜻있다 [뜨딛따] ①의미가 있다. [예]뜻있는 웃음. ②중요성이나 가치나 보람이 있다. [예]뜻있는 일을 위해 돈을 모으다./오늘 하루도 뜻있게 보내라.

뜻풀이 [뜯푸리] 말이나 글이 가지고 있는 뜻을 알기 쉽게 풀어서 밝힘. 뜻풀이하다.

뜻하다 [뜨타다] ①어떤 뜻을 마음에 품다. [예]뜻한 바가 있다. ②말이나 글이 어떤 뜻을 나타내다. [예]이 글이 무엇을 뜻하는지 모르겠다. ③미리 헤아리다. [예]진수는 뜻하지 않은 질문을 받고 머뭇거렸다.

띄ː다[1] [띠다] 〈뜨이다〉의 준말. [예]눈에 잘 띄는 곳에 두어라.

띄다[2] [띠다] 〈띄우다[2]〉의 준말. [예]한 칸 띄어서 써라.

띄어쓰기 [띠어쓰기/띠여쓰기] 글을 쓸 때, 각 단어를 띄어서 쓰는 일. 띄어쓰기하다.

띄엄띄엄 [띠엄띠엄] ①사이가 가깝지 않고 드물게 있는 모양. [예]집들이 띄엄띄엄 있는 마을. [비]드문드문. ②계속 이어지지 않고 약간 사이를 두고 하는 모양. [예]나는 생각해 가면서 띄엄띄엄 말했다.

띄우다[1] [띠우다] 편지를 부치거나 보내다. [예]엽서를 띄우다.

띄우다² [띠우다] ①물 위나 공중에 뜨게 하다. 예배를 띄우다. ②연을 날리다. ③메주 등을 뜨게 하다. 예누룩을 띄우다. ④사이가 뜨게 하다. 예책상 사이를 좀 띄워라. ④준띄다.

띠¹ ①너비가 좁고 기다란 물건을 통틀어 이르는 말. ②〈허리띠〉의 준말.

띠² 태어난 해를 십이지의 동물 이름으로 말할 때의 난 해. 쥐띠·소띠·범띠·토끼띠·용띠 등.

띠²와 십이지			
쥐띠	자생	말띠	오생
소띠	축생	양띠	미생
범띠	인생	원숭이띠	신생
토끼띠	묘생	닭띠	유생
용띠	진생	개띠	술생
뱀띠	사생	돼지띠	해생

띠³ 볏과의 여러해살이풀. 줄기 높이는 30~80cm가량. 어린 꽃이삭은 먹을 수 있고, 뿌리는 약으로 쓴다.

띠그래프(─graph) 띠 모양으로 그린 그래프. 전체에 대한 각 부분이 차지하는 비율을 길이로 나누어 나타낸다.

띠;다 ①띠를 감거나 두르다. ②용무나 사명을 가지다. 예중대한 임무를 띠고 출발하다. ③어떤 빛깔을 조금 가지다. 예붉은빛을 띤 저녁노을. ④표정이나 감정이 겉으로 좀 드러나다. 예미소를 띤 얼굴.

띠배 바다에서 나는 띠로 엮어 만든 배.

띠씨름 씨름의 한 가지. 샅바 대신에 허리에 띠를 매어, 서로 그것을 잡고 한다.

띵하다 ①머리가 울리듯 아프다. ②정신이 흐릿하다. 예잠을 설쳤더니 골이 띵하다.

ㄹ

ㄹ 리을. 한글 닿소리의 넷째.

라¹ 서양 음계에서 '레'를 가리키는 우리말 음이름. [참]다·마·바·사·가·나.

라²(la) 장음계의 여섯째 음, 또는 단음계의 첫째 음의 계이름.

라데츠키 행진곡(Radetzky行進曲) 오스트리아의 작곡가 요한 슈트라우스 1세가 1848년에 작곡한 행진곡.

라듐(radium) 방사성 원소의 한 가지. 은백색의 금속으로, 물리 화학 실험과 의료 등에 쓰인다. 프랑스의 퀴리 부부가 우라늄 광석에서 발견하였다.

라디에이터(radiator) 증기나 온수의 열로 공기를 따뜻하게 하는 장치. [비]방열기.

라디오(radio) 방송국에서 보낸 전파를 받아 음성으로 바꿔 주는 기계 장치. [예]라디오를 틀다.

라디오 방:송(radio放送) 라디오로 뉴스·음악·오락·드라마 등을 내보내는 방송.

라마교(lama教) 티베트를 중심으로 발전한 불교의 한 파. 만주·몽골·네팔 등에 퍼져 있으며, 최고 지배자를 '달라이 라마'라고 한다.

라면 기름에 튀겨서 말린 국수에 양념 봉지를 따로 넣어 간단하게 조리할 수 있도록 만든 즉석식품.

라오스(Laos) 인도차이나 반도의 중앙부에 있는 사회주의 국가. 국민의 대부분이 벼농사를 지으며, 주석이 많이 난다. 수도는 비엔티안.

라운드(round) ①권투에서, 경기의 한 회. 1라운드는 3분간이다. ②골프에서, 각 홀을 한 바퀴 도는 일.

라이벌(rival) 서로 경쟁하는 사람. [예]그들은 서로 라이벌 관계이다. [비]맞수.

라이브(live) 미리 녹음하거나 녹화한 것이 아니라 그 자리에서 직접 행해지는 연주와 공연·방송. [예]라이브 무대.

라이터(lighter) 담뱃불을 붙이는 데 쓰이는 작은 기구.

라이트(light) ①조명 또는 조명등. 몐 무대 위에서 라이트를 받다. ②자동차의 앞뒤에 달려 있는 등.

라이트 형제(Wright兄弟) 미국의 비행기 제작자 형제. 1903년에 세계 최초로 동력 비행기를 조종하였다.

라이트 훅(right hook) 권투에서, 오른쪽 팔꿈치를 구부려 옆으로 치는 일. 맨레프트 훅.

라인(line) 경기장의 경계를 나타내기 위하여 그은 선. 몐라인을 벗어나는 공.

라인 강(Rhein江) 중부 유럽 최대의 강. 길이 1,319km. 알프스 산지에서 시작하여, 스위스·오스트리아·독일·프랑스·네덜란드 등 여러 나라를 거쳐 북해로 흘러든다.

라일락(lilac) 물푸레나뭇과의 낙엽 지는 떨기나무. 달걀 모양의 잎이 마주 나고, 초여름에 연보라나 흰빛의 꽃이 피는데 매우 향기롭다.

라임(lime) 운향과의 늘푸른떨기나무. 추위에 매우 약하다. 누른빛의 열매는 익기 전에 따는데, 물이 많으며 매우 시고 향기가 있다.

라켓(racket) 테니스나 배드민턴 등에서, 공을 치는 채.

라켓볼(racket ball) 벽을 둘러친 실내 코트에서, 테니스 라켓보다 좀 작은 라켓으로 고무공을 벽면에 대고 치는 운동.

라틴(Latin) 라틴 어나 라틴 계통에 딸린 것임을 나타내는 말. 몐라틴 음악/라틴 문학.

라틴 아메리카(Latin America) 아메리카에서 예전에 에스파냐·포르투갈의 지배를 받았던 지역을 통틀어 이르는 말. 북아메리카 남부로부터 남아메리카에 걸쳐 있으며, 멕시코·브라질·아르헨티나 등이 이에 속한다. 맨중남미.

라틴 어(Latin語) 인도게르만 어족의 하나로, 고대 로마에서 사용하던 언어. 지금은 쓰이지 않으나, 프랑스 어·이탈리아 어 등의 근원이 되었다.

라파엘로(Raffaello, 1483~1520) 이탈리아의 화가·건축가. 특히 아름답고 온화한 성모를 많이 그렸으며, 레오나르도 다빈치·미켈란젤로와 함께 르네상스 미술을 완성하였다. 대표작으로 '시스티나의 성모'·'아테네 학당' 등이 있다.

랑데부(rendez-vous) ①은밀히 만나는 일. 특히 남녀 간의 만남을 이른다. 맨밀회. ②인공위성이나 우주선이 우주 공간에서 만나는 일. |잘못| 랑데뷰.

램프(lamp) ①석유를 원료로 하는 서양식 등잔. 심지의 둘레에 둥근 유리를 씌운 것이다. 맨남포등. ②알코올 등을 연료로 하는 가열 장치.

〈램프①〉

랩¹(rap) 강렬한 리듬에 맞춰 가사를 읊듯이 노래하는 대중음악. 맨랩뮤직.

랩²(wrap) 식료품을 포장할 때 쓰는 얇은 막.

랩송(rap song) 강렬한 리듬에 맞춰 가사를 읊듯이 하는 노래.

랭킹(ranking) 어떤 분야나 부문에서의 등수. 몐헤비급 세계 랭킹 1위.

랴오둥 반ː도(Liaodong半島) 중국 랴오닝 성 남부, 황해와 보하이 해를 가르는 반도. 주변에 많은 섬들이 흩어져 있으며, 해안선의 드나듦이 심하다. 중국의 주요 중공업 도시의 하나인 다롄이 있다. 맨요동반도.

량(輛) 기차나 전철의 칸을 세는 단위. 몐6량짜리 지하철.

러닝셔츠 윗몸에 입는, 소매가 없거나 반팔인 속옷. [참고] 러닝셔츠는 'running'과 'shirts'가 합쳐서 된 말. [잘못] 런닝셔츠.

러시아(Russia) 극동에서 동부 유럽에 걸쳐 있는 나라. 1992년에 소련이 무너지면서 완전한 독립 국가가 되었다. 국토가 매우 넓어 거의 모든 종류의 자원이 난다. 수도는 모스크바. [비] 러시아 연방.

러시아 어(Russia語) 러시아 사람들이 쓰는 언어.

러시아 연방(Russia聯邦) ➡ 러시아.

러시아워(rush hour) 출퇴근이나 통학 등으로 교통이 혼잡한 시간. [예] 러시아워에는 차가 많이 막힌다.

러일 전쟁(一日戰爭) 1904년부터 1905년까지 한반도와 만주를 지배하려고 러시아와 일본 사이에 일어난 전쟁.

럭비(Rugby) 각각 15명으로 이루어진 두 팀이 길둥근 공을 손이나 발로 자유롭게 다루면서 상대편의 골에 찍거나 차 넘겨 득점을 겨루는 경기. [비] 럭비 풋볼.

럭비공(Rugby—) 럭비 경기에 쓰이는 공.

럭비 풋볼(Rugby football) ➡ 럭비.

럭스(lux) 빛의 밝기를 나타내는 단위. 기호는 'lx'.

런던(London) 영국의 수도. 잉글랜드 남동부 템스 강 기슭에 있는 항구 도시이다. 영국의 정치·경제·문화·교통의 중심지일 뿐만 아니라, 뉴욕·상하이·도쿄와 더불어 세계 최대 도시의 하나이다.

레(re) 장음계의 둘째 음, 또는 단음계의 넷째 음의 계이름.

레몬(lemon) 운향과의 늘푸른떨기나무. 잎은 길둥글고 가장자리에 톱니가 있으며, 5~10월에 꽃이 핀다. 열매는 길둥글고 노랗게 익는데, 신맛이 나고 냄새가 좋다.

레 미제라블(Les Misérables) 프랑스의 빅토르 위고가 지은 장편 소설. 주인공 장 발장의 파란만장한 일생을 그린, 낭만주의 문학의 대표작이다.

레미콘(remicon) 트럭에 장치된 콘크리트 혼합기. 재료를 굳지 않게 개면서 필요한 곳으로 날라다 준다.

〈레미콘〉

레버(lever) 지렛대.

레벨(level) 지위·품질 등의 수준. [예] 레벨이 높은 강의를 듣다.

레스토랑(restaurant) 서양 요리를 파는 음식점.

레슨(lesson) 개인 지도. [예] 피아노 레슨을 받다.

레슬링(wrestling) 두 사람의 경기자가 매트 위에서 맨손으로 맞붙어 상대편의 양 어깨를 바닥에 1초 동안 닿게 함으로써 승부를 결정짓는 운동. 경기자의 몸무게에 따라 체급이 나뉜다.

레오나르도 다빈치(Leonardo da Vinci, 1452~1519) 르네상스 시대의 이탈리아를 대표하는 천재적 미술가·건축가·조각가. 대표작으로 '모나리자'·'최후의 만찬' 등의 그림이 있다.

레이다(radar) 전파를 발사하여 그 반사파를 받아 목표물의 위치를 알아내는 장치.

레이더(radar) ➡ 레이다.

레이스[1](lace) 실을 코바늘로 떠서 여러 가지 구멍 뚫린 무늬를 나타내어 천처럼 만든 서양식 수예품.

레이스²(race) 사람이나 자동차 등의 달리기 경주.

레이저(laser) 전자파를 이용하여 빛을 증폭시키는 장치. 레이더·광통신·의료 등에 응용된다.

레인(lane) 육상이나 수영 등에서 각 선수가 달리거나 나아가도록 정해진 길.

레일(rail) 기차나 전차 등을 달리게 하기 위해 땅 위에 까는 가늘고 긴 쇠붙이. [비]선로.

ㄹ

레저(leisure) 여가를 이용한 놀이나 오락. [예]레저 생활.

레코드(record) 음반. [예]레코드 판매량이 크게 줄었다.

레크리에이션(recreation) 피로를 풀고 새로운 힘을 얻기 위해 함께 모여 가벼운 운동과 놀이를 하는 일.

레퍼토리(repertory) 연주가나 극단 등이 언제라도 연주 또는 상연할 수 있도록 마련한 곡목이나 작품.

레프트 훅(left hook) 권투에서, 왼쪽 팔꿈치를 구부려 옆으로 치는 일. [반]라이트 훅.

렌즈(lens) 유리나 수정 같은 것의 면을 둥그렇게 만들어 빛을 모으거나 흩어지게 하는 것. 볼록 렌즈와 오목 렌즈로 나뉜다.

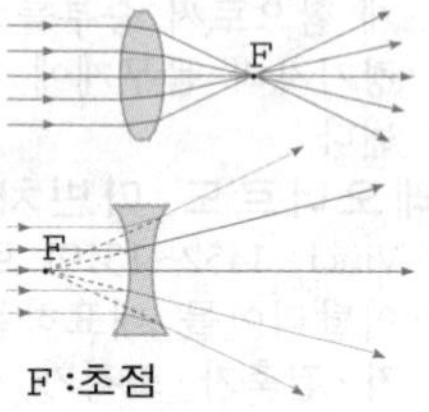

〈렌즈〉

렘브란트(Rembrandt, 1606~1669) 네덜란드의 화가. 화려한 붓놀림과 풍부한 색채, 뛰어난 명암의 배합이 특징이다. 작품으로는 '야경'·'자화상' 등이 있다.

로고(logo) 회사 이름이나 상품의 이름 등을 독특한 글자체를 쓰거나 디자인하여 나타낸 것.

로그아웃(log-out) 컴퓨터나 인터넷을 사용하고 난 후, 컴퓨터에 사용을 끝내겠다는 신호를 보내고 나오는 일. [반]로그인. **로그아웃하다.**

로그인(log-in) 사용자가 컴퓨터나 인터넷에 들어가기 위해 자신의 아이디와 비밀번호를 입력하는 일. [반]로그아웃. **로그인하다.**

로댕(Rodin, 1840~1917) 프랑스의 조각가. 근대 조각의 시조로 일컬어진다. 대표작으로 '생각하는 사람'·'지옥의 문' 등이 있다.

로렐라이(Lorelei) 라인 강의 기슭에 있는 큰 바위. 그 위에서 물의 요정이 노래를 불러 뱃사람을 물속으로 꾀어 들인다는 전설이 있다.

로마(Roma) ①이탈리아의 수도. 테베레 강 하류에 면해 있으며, 로마 제국의 유적이 많아 세계적인 관광지로 유명하다. 시내에는 바티칸 시국이 있다. ②➡로마 제국.

로마 숫!자(Roma數字) 고대 로마 시대에 만든 숫자. Ⅰ·Ⅱ·Ⅲ·Ⅳ·Ⅴ 등. [참]아라비아 숫자.

로마자(Roma字) 라틴 어를 적기 위해 고대 로마 시대에 만들어진 글자. 현재 미국·영국을 비롯하여 유럽 등지에서 널리 쓰이고 있다.

로마 제!국(Roma帝國) 서양의 고대 최대의 제국. 이탈리아 반도에서 일어난 라틴 인의 도시 국가로, 이탈리아 반도 및 지중해 전체를 지배하였다. [비]로마.

로봇(robot) 사람의 모습과 비슷하게 만들어, 사람의 행동이나 작업 등을 자동적으로 할 수 있게 만든 기계 장치. [비]인조인간. [잘못]로보트.

로비(lobby) 호텔이나 극장 등 사람들이 많이 드나드는 건물에서, 정문으로 이어지는 통로를 겸한 넓은 공간.

로빈슨 크루소(Robinson Crusoe) 영국의 다니엘 디포가 쓴 장편 소설. 주인공 로빈슨 크루소가 난파되어 28년 동안이나 무인도에서 홀로 생활하는 이야기를 그린 내용이다.

로션(lotion) 살갗을 부드럽고 촉촉하게 해 주는 액체 상태의 화장품.

로스앤젤레스(Los Angeles) 미국 서부 캘리포니아 주 남부의 태평양에 면한 도시. 미국을 대표하는 도시의 하나로, 석유 공업·우주 항공 산업·영화 산업 등이 발달하였다. 우리나라 교포가 많이 살고 있다.

로시니(Rossini, 1792~1868) 이탈리아의 작곡가. 이탈리아 오페라의 전통을 빛낸 작곡가로 인정받는다. 작품으로는 '세비야의 이발사' 등이 있다.

로열티(royalty) 남의 특허권·상표권·저작권 등을 사용하는 값으로 내는 돈.

로켓(rocket) 연료를 태워서 생기는 가스를 내뿜어 그 반동으로 앞으로 나아가게 만든 장치, 또는 그런 장치로 된 비행체. |잘못|로케트.

로키 산맥(Rocky山脈) 북아메리카 대륙 서부에 있는 큰 산맥. 길이 4,500km. 멕시코 중부에서 시작하여 캐나다를 가로질러 멀리 알래스카까지 이른다.

로터리(rotary) 큰 거리의 교차점 중앙에 만들어 놓은 둥근 지대.

로프(rope) 섬유나 철사를 꼬아 만든 굵은 밧줄.

롤러(roller) 회전하는 원통형의 물건. 땅의 표면을 다지거나 금속을 펴거나 인쇄를 할 때 쓴다.

롤러스케이트(roller skate) 바닥에 네 개의 작은 바퀴가 달린 구두를 신고 아스팔트나 콘크리트 바닥 위에서 타고 달리는 운동 기구.

롤러코스터(roller coaster) 경사진 레일의 미끄럼틀에 기차 모형을 끌어 올렸다가 급속도로 내려가게 만들어진 놀이 기구.

-롭다 [롭따] '그러함', 또는 '그럴 만함'의 뜻을 나타내는 말. 예슬기롭다/향기롭다/새롭다. |활용| -로우니·-로워.

루마니아(Rumania) 유럽의 남동부에 있는 나라. 주요 산업은 농업과 축산업이며, 석유를 수출한다. 1965년에 사회주의 공화국이 되었으나, 1989년 공산 독재 정권이 무너졌다. 수도는 부쿠레슈티.

루머(rumor) 터무니없는 소문. 田뜬소문·유언비어·헛소문.

루브르 박물관(Louvre博物館) 프랑스의 파리에 있는 세계 최대 규모의 박물관. 레오나르도 다빈치의 '모나리자', 밀로의 '비너스' 등 세계적으로 유명한 미술 작품이 많이 전시되어 있다.

루비(ruby) 보석의 한 가지. 단단하고 붉은빛을 띠며 투명하다. 田홍보석·홍옥.

루소(Rousseau, 1712~1778) 프랑스의 사상가·소설가. '사회 계약론'과 '에밀' 등의 저서를 통해 프랑스 혁명에 많은 영향을 주었다.

루스벨트(Roosevelt, 1882~1945) 미국의 제32대 대통령(재임 1933~1945). 경제 공황을 극복하기 위하여 '뉴딜 정책'을 폈으며, 제2차 세계 대전이 일어나자 처칠·스탈린과 함께 연합군을 이끌었다. 소아마비의 장애를 딛고 대통령에 네 번이나 당선되었다.

루터(Luther, 1483~1546) 독일의 종교 개혁자·신학자. 1517년 로마 교황청이 면죄부를 팔자 이에 대한 항의서 95개조를 발표하여 종교 개혁을 일으켰다. 신약 성서의 독일어 번역을 완성하기도 하였다.

룩셈부르크(Luxemburg) 유럽 중부에 있는 나라. 베네룩스 3국 가운데 하나이다. 주요 산업은 광공업이며, 밀·보리·감자·사탕무·포도주를 생산한다. 수도는 룩셈부르크.

뤼순(Lüshun) 중국 랴오닝 성, 랴오둥 반도 남쪽 끝에 있는 군항 도시.

르네상스(Renaissance) ((‘재생’·‘부활’의 뜻으로)) 14~16세기에 이탈리아에서 일어나 전 유럽에 퍼진 예술과 학문상의 혁신 운동. 인간성의 존중과 고전 문화의 부흥이 주된 내용이다. 쀌문예 부흥.

르누아르(Renoir, 1841~1919) 프랑스의 화가. 인상파의 한 사람으로서 눈부시게 빛나는 색조로 그림을 그렸다. 대표작으로 ‘목욕하는 여인들’ 등이 있다.

르완다(Rwanda) 아프리카 동남부에 있는 나라. 국민의 대부분이 농업에 종사하며, 커피가 주산물이다. 계속되는 내란으로 대학살이 여러 차례 있었다. 수도는 키갈리.

리¹(里) 우리나라의 거리의 단위. 1리는 약 393m.

리²(理) ((‘있다’·‘없다’와 함께 쓰여)) ‘까닭’이나 ‘이치’의 뜻을 나타내는 말. 쀌그럴 리가 없다.

리³(釐) 비율을 나타내는 단위. 1리는 전체 수량의 1,000분의 1로, 1푼의 10분의 1이다. 쀌3할 6푼 5리. 쀍할·푼.

리그전(league戰) 경기에 참가한 개인이나 팀이 적어도 한 번은 다른 모든 선수나 팀과 겨루게 되어 있는 경기 방식. 쀍토너먼트.

리더(leader) 조직이나 단체 등에서 앞장서서 여러 사람을 이끌어 가는 사람. 쀌지도자.

리더십(leadership) 무리를 다스리거나 이끌어 가는 지도자로서의 능력. 쀌리더십이 있는 사람.

리드(lead) ①앞장서서 남을 이끎. ②운동 경기 등에서, 상대보다 점수가 앞섬. 리드하다.

리듬(rhythm) 음악의 3요소의 하나. 음의 장단과 강약이 일정한 규칙에 따라 되풀이되는 것. 쀌리듬에 맞추어 춤을 추다.

리듬 악기(rhythm樂器) 리듬에 대한 느낌을 기르기 위한 악기. 캐스터네츠·탬버린·트라이앵글·작은북 등.

리듬 체조(rhythm體操) 공·홀라후프·로프·리본·곤봉 등을 다루면서 음악에 맞추어 연기하는 여자 체조 경기.

리모컨 텔레비전·비디오·에어컨 등의 전자 제품을 멀리서 조종할 수 있게 하는 장치. |참고| 리모컨은 ‘remote conrol’에서 온 말.

리바운드(rebound) 농구에서, 슛한 공이 바스켓에 들어가지 않고 튀어나오는 일.

리본(ribbon) 무엇을 묶거나 꾸미는 데 쓰이는 좁다란 헝겊. 쀌빨간 리본을 맨 소녀.

리본 체조(ribbon體操) 리듬 체조의 한 가지. 손잡이가 달린 리본을 흔들거나 던지면서 음악에 맞추어 연기한다.

〈리본 체조〉

리비아(Libya) 북아프리카에 있는 나라. 세계적인 석유 수출국으로, 국토의 대부분이 사하라 사막의 일부인 리비아 사막으로 덮여 있다. 수도는 트리폴리.

리스트(list) 목록. 명단.

리시브(receive) 테니스나 탁구·배구 등에서, 상대편에서 넘어온 공을 받아넘기는 일. 町서브.

리아스식 해안(rias式海岸) 톱날 모양으로 복잡하게 들쭉날쭉한 해안.

리어카 쇠파이프로 만든, 바퀴가 둘 달린 작은 손수레. |참고| 리어카는 'rear'와 'car'가 합쳐져 된 말.

리을 한글 닿소리 'ㄹ'의 이름.

리조트(resort) 재미있게 놀거나 편안히 쉴 수 있는 시설을 갖춘 곳.

리케차(rickettsia) 세균보다 작고 바이러스보다 큰 미생물을 통틀어 이르는 말.

리코더(recorder) 목관 악기의 한 가지. 옛날 플루트의 일종으로, 세로로 잡고 부는데 음색은 부드럽고 소박하다.

리콜(recall) 상품에 문제가 있을 때, 생산 기업이 공개적으로 그 상품을 거두어들여 점검·교환·수리해 주는 제도.

리터(liter) 부피를 잴 때 쓰이는 말. 기호는 'L' 또는 'ℓ'.

리튬(lithium) 은백색의 광택이 있는 알칼리 금속 원소. 금속 중에서 가장 가벼우며, 건전지·합금 재료 등으로 쓴다.

리트머스(litmus) 리트머스이끼에서 짜낸 자줏빛 색소의 한 가지. 염기에서는 푸른빛으로, 산에서는 붉은빛으로 변한다.

리트머스이끼(litmus—) 이끼의 한 가지. 몸 안에 들어 있는 색소에서 리트머스액을 뽑아낸다.

리트머스 종이(litmus—) 리트머스 수용액에 적시어 물들인 종이. 산성이나 염기성의 반응을 시험하는 데 쓰인다. 푸른빛과 붉은빛의 두 가지가 있다. 町리트머스 시험지.

리포터(reporter) 신문이나 방송 프로그램·잡지 등의 탐방 기자.

리포트(report) ①조사·연구 등의 결과에 대한 보고서. ②대학에서 학생이 과제로 제출하는 짧은 논문. |잘못| 레포트.

리폼(reform) 낡고 오래된 것을 새롭게 고침. 리폼하다. 예유행이 지난 옷을 리폼하다.

리프트(lift) 스키장이나 관광지에서, 낮은 곳으로부터 높은 곳으로 사람을 실어 나르는, 의자처럼 생긴 탈것.

리플 인터넷상에서, 한 사람이 게시판에 올린 글에 대해 다른 사람이 대답의 형식으로 올리는 글을 이르는 말. |참고| 리플은 'reply'에서 온 말. 예리플을 달다.

리허설(rehearsal) 연극·무용·방송 등에서, 공연을 하기 전에 실제처럼 하는 연습.

린드(Lind, 1716~1794) 영국의 의사. 괴혈병이 퍼져 많은 희생자가 난 해병대에 라임 과즙을 주어 괴혈병 치료에 크게 공헌하였다.

린스(rinse) 머리를 헹굴 때, 비누의 알칼리 성분을 없애고 머리털에 윤기를 주기 위하여 사용하는 세제.

릴레이(relay) 〈릴레이 경주〉의 준말.

릴레이 경주(relay競走) ➡ 이어달리기.

림보(limbo) 중앙아메리카에서 발생한 곡예 댄스. 춤을 추면서 몸을 뒤로 젖힌 채 낮고 길게 놓인 막대 밑을 통과하기도 한다.

림프(lymph) 척추동물의 조직 사이에 차 있는, 색깔이 없는 액체. 몸 안을 돌면서 영양소와 면역 항체를 나른다.

립스틱(lipstick) 여자들이 화장할 때 입술에 바르는, 손가락만 한 막대 모양의 화장품. 町루주.

립싱크(lip sync) 텔레비전이나 영화 등에서, 화면에 나오는 배우나 가수의 입술 움직임과 음성을 일치시키는 일.

링(ring) ①고리 모양의 물건. ②정사각형으로 된 권투 경기장.

링거(Ringer) 중환자나 피를 많이 흘리는 사람에게 혈액 대신 넣어 주는 액체. 영국의 의사 링거가 만들었다. |잘못| 링겔.

링컨(Lincoln, 1809~1865) 미국의 제16대 대통령(재임 1861~1865). 남북 전쟁에서 승리함으로써 노예 해방을 선언하였다. 게티즈버그에서 한 연설에서 '국민의, 국민에 의한, 국민을 위한 정부'라는 유명한 말을 남겼다.

링크(rink) 스케이트나 롤러스케이트를 타는 실내 스케이트장.

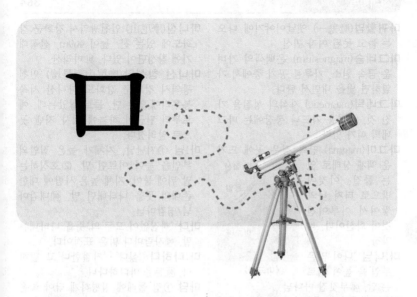

ㅁ 미음. 한글 닿소리의 다섯째.

마¹ 맛과의 여러해살이 덩굴풀. 줄기는 덩굴져 벋고, 여름에 푸르스름한 꽃이 핀다. 덩이뿌리는 먹을 수 있다.

마² 서양 음계에서 '미'를 가리키는 우리말 음이름. 魯다·라·바·사·가·나.

마³(碼) 주로 옷감의 길이를 재는 단위. 한 마는 91.44cm이다. 예옷감 한 마. 町야드.

마⁴(魔) ①일이 잘되지 않게 방해하는 못된 귀신의 힘. 예마가 끼었는지 하는 일마다 실패한다. ②나쁜 일이 자주 일어나는 곳이나 때를 이르는 말. 예마의 삼각 지대. ③넘기 어려운 장벽. 예그는 마라톤에서 마의 2시간 5분 벽을 깼다.

마가린(margarine) 주로 식물 기름에 우유·색소·향료·소금 등을 넣어서 버터와 비슷한 맛을 낸 식품.

마가을 '늦가을'의 북한말.

마감 ①일을 잘 다루어 끝을 맺음. 町마무리. ②정해 놓은 기한이 차서 다루기를 끝마침, 또는 그때. 예원서 마감. 마감되다. 마감하다. 예신청서 접수를 마감하다.

마개 그릇 등의 아가리를 막아서 속의 것을 못 나오게 하는 물건. 예코르크 마개/마개를 따다.

마고자 한복 저고리 위에 덧입는 옷. 저고리와 비슷하나 깃과 동정이 없으며, 섶을 여미지 않고 두 자락을 맞대어 단추를 끼우게 되어 있다. 图마괘자.

마구 앞뒤를 가림이 없이 함부로. 예마구 대들다. 㽷막. 町되는대로·함부로. 마구마구.

마:구간(馬廐間) [마구깐] 말을 기르는 곳. 㽷마구·말간.

마구리 길쭉한 물건이나 상자 등의 양쪽 머리의 면. 예베개 마구리.

마구리판 나무토막의 양쪽 머리의 면을 직각이 되도록 깎는 틀.

마구잡이 [마구자비] 앞뒤를 헤아리지 않고 닥치는 대로 함부로 하는 짓. 예주먹을 마구잡이로 휘두르다.

마귀(魔鬼) 요사스럽고 못된 귀신.

마귀할멈(魔鬼−) 옛날이야기에 나오는 늙고 못된 여자 귀신.

마그네슘(magnesium) 은백색의 가벼운 금속 원소. 가루를 공기 중에서 가열하면 빛을 내면서 탄다.

마그네틱(magnetic) 자석의 성질을 가진 것. 예신용 카드나 통장에는 마그네틱 띠가 있다.

마그마(magma) 땅속 깊은 곳에 뜨거운 액체 상태로 있는 물질. 이것이 밖으로 터져 나와 쌓여서 이루어진 것이 화산이다. 비암장.

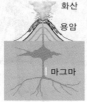
〈마그마〉

마ː나님 '나이 많은 부인'을 높여 이르는 말. 예부잣집 마나님.

마냥 ①이전과 다름없이 사뭇. 예어린 시절이 마냥 그립다. ②흐뭇하도록. 예동생은 마냥 즐거운 표정이다. ③느긋한 마음으로 천천히. 예우리는 철길을 따라 마냥 걸었다.

마네(Manet, 1832~1883) 프랑스의 화가. 인상주의의 아버지로 불리며, 활기 있고 밝은 풍경을 그렸다. 작품으로 '풀밭 위의 식사'·'피리 부는 아이' 등이 있다.

마네킹(mannequin) 옷 가게 등에서 진열장에 세워 놓고 옷이나 장신구 등을 입히거나 거는, 사람 모양의 인형.

마녀(魔女) ①괴상한 힘을 가지고 있다고 전해지는 여자. ②'악독한 여자'를 비유하여 이르는 말.

마ː누라 '아내'를 허물없이 부르는 말.

마늘 백합과의 여러해살이풀. 땅속의 둥근 비늘줄기 속에 독특한 냄새와 맛을 내는 대여섯 쪽의 작은 비늘줄기가 들어 있다. 양념과 반찬에 널리 쓰인다.

마니산(摩尼山) 인천광역시 강화군 강화도에 있는 산. 높이 469m. 산꼭대기에 참성단이 있다. 비마리산.

마니산 참성단(摩尼山塹星壇) 인천광역시 강화군 강화도 마니산 서쪽 봉우리에 있는 단. 돌로 쌓았는데, 예로부터 단군이 하늘에 제사 지낸 곳으로 알려졌다.

마ː님 ①지난날, 지체가 높은 집안의 부인을 높여 이르던 말. ②호칭하는 말 뒤에 붙어, 지체 높은 사람에 대한 존대의 뜻을 나타내던 말. 예대감마님/영감마님.

마다 '빠짐없이 모두'의 뜻을 나타내는 말. 예사람마다 밝은 표정이다.

마ː다하다 '싫다'·'거절한다'고 말하다. 예돈을 마다하다니.

마당 ①집 둘레에 평평하게 닦아 놓은 빈 땅. 働뜰. ②어떤 일을 하는 자리. 처소. 예씨름 마당. ③어떤 일이 벌어진 판. 예일이 이렇게 된 마당에 무엇을 주저하겠니?

마당놀이 [마당노리] 일 년 중 그때그때에 따라 마당에서 벌이는 민속놀이.

마당발 ①볼이 넓은 발. ②'여기저기 아는 사람이 많은 사람'을 비유하여 이르는 말.

마당비 마당을 쓰는 비.

마당질 곡식의 이삭을 떨어내어 낟알을 거두는 일. 타작하는 일. 비탈곡·타작. 마당질하다.

마ː등령(馬等嶺) 강원도 인제군과 속초시 사이에 있는 고개. 말의 등처럼 생겼다 하여 붙여진 이름이다.

마디 ①나무줄기에 가지나 잎이 붙은 자리. ②동물의 뼈와 뼈가 맞닿은 자리. 비관절. ③노래나 말 등의 한 도막. 예미안하다는 말 한두 마디만 하면 풀릴 텐데. ④길쭉한 물체에서, 사이를 두고 고리처럼 도드라지거나 잘록한 곳.

마디다 닳거나 없어지는 동안이 오래다. 예연필심이 마디게 닳다. 빤헤프다.

마디마디 모든 마디. 또는 마디마다. 예봄이 되자 나무의 마디마디에 새싹이 움텄다.

마땅찮다 [마땅찬타] 마음에 들지 않다. 예마땅찮은 표정을 짓다.

마땅하다 ①어떤 조건에 알맞아 잘 어울리다. 예친구에게 줄 마땅한 선물이 없다. ②그렇게 되는 것이 옳다. 예죄인은 벌을 받는 것이 마땅하다. 빤당연하다. 마땅히. 예학생이라면 마땅히 지켜야 할 일.

마뜩찮다 [마뜩짠타] 마음에 들 만하지 않다. 예마뜩잖은 표정을 짓다.

마라난타 (摩羅難陀, ?~?) 백제에 처음으로 불교를 전하였다는 인도의 승려.

마'라도 (馬羅島) 제주도에서 남쪽으로 11km 정도 떨어져 있는, 우리나라에서 가장 남쪽에 있는 섬. 면적은 0.3 km².

마라카스 (maracas) 라틴 아메리카 음악에서 쓰는 리듬 악기. 야자과의 마라카 열매를 말려서 만든다.

마라톤 (marathon) 육상 경기의 한 종목. 42.195 km를 달리는 장거리 경주이다. 빤마라톤 경주.

마'력¹ (馬力) 말 한 마리의 힘에 해당하는 큰 기계의 힘의 세기를 나타내는 말. 기호는 'HP'.

마력² (魔力) ①사람으로서는 할 수 없는 상상을 초월한 이상한 힘. ②남의 마음을 사로잡는 야릇한 힘. 예마력을 지닌 웅변.

마련¹ 일이나 물건을 이리저리 준비하거나 계획을 세움. 예여비 마련을 해야 여행을 떠나지. 빤준비. 마련되다. 마련하다.

마련² 그렇게 되도록 되어 있음. 예비밀이란 새어 나가게 마련이다.

마련그림 마름질을 하기 위해 그린 그림. 빤설계도.

마렵다 [마렵따] 오줌이나 똥을 누고 싶은 느낌이 있다. 예오줌이 마렵다. |활용| 마려우니 · 마려워.

마루¹ 지붕이나 산에 길게 등성이가 진 곳.

마루² 집채 안에 땅바닥보다 높게 널빤지를 평평하게 깔아 놓은 곳. 예마루에 걸터앉다.

마루 운'동 (一運動) 체조 경기의 한 가지. 12m²의 깔개 위에서 맨손 체조 · 뜀뛰기 · 공중제비 등을 율동적인 동작으로 연기해 보이는 운동.

〈마루 운동〉

마룩 '국물'의 북한말.

마룻바닥 [마루빠닥/마룬빠닥] 마루의 바닥.

마르다¹ ①물 또는 물기가 날아가 없어지다. 예날씨가 좋아 빨래가 잘 마른다. 빤젖다. ②입이나 목에 물기가 적어져서 갈증이 나다. 예목이 몹시 말라서 물을 많이 마셨다. ③살이 빠지다. 예몸이 자꾸 말라 간다. |활용| 마르니 · 말라.

마르다² 옷감 등을 치수에 맞추어 베고 자르다. 예어머니는 천을 말라 식탁보를 만드셨다. |활용| 마르니 · 말라.

마르코니 (Marconi, 1874~1937) 이탈리아의 전기 기술자 · 발명가. 1895년에 무선 전신 장치를 발명하였고, 1909년에 노벨 물리학상을 받았다.

마르코 폴로 (Marco Polo, 1254~1324) 이탈리아의 여행가. 아버지를 따라 여행을 떠나 중국에 17년간 머무르면서 아시아와 인도의 통상을 맡았다. 후에 제노바 싸움으로 감옥에 갇혀 있을 때, 자신이 중국에서 경험했던 것을 '동방견문록'이라는 책으로 펴냈다.

마른걸레 물에 적시지 않은 걸레. [반]진걸레·물걸레.

마른기침 가래가 나오지 않는 기침.

마른반찬(一飯饌) 건어물이나 김 등 마른 재료로 만든 반찬. [반]진반찬.

마른번개 맑게 갠 하늘에서 치는 번개.

마른안주(一按酒) [마르난주] 물기가 없는 안주.

마른자리 축축하지 않은 자리. [예]진자리 마른자리 갈아 뉘다.

마른천둥 맑게 갠 하늘에서 치는 천둥.

마른침 애가 타거나 몹시 긴장했을 때 자기도 모르게 삼키는 적은 양의 침.

마른하늘 비나 눈이 오지 않는 맑게 갠 하늘.

마른행주 물에 적시지 않은 행주. [반]진행주.

마름 지난날, 지주를 대신하여 소작 농지를 관리하던 사람.

마름모 네 변의 길이가 같고 대각선의 길이가 다른 사각형.

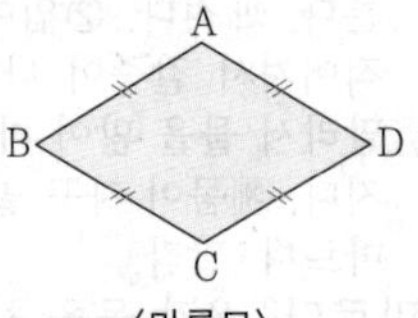

〈마름모〉

마름질 옷감이나 목재 등을 치수에 맞추어 자르고 베는 일. [비]재단. 마름질하다.

마리 짐승이나 물고기의 수를 셀 때 쓰이는 말. [예]금붕어 세 마리.

마리산(摩利山) → 마니산.

마ː마¹(媽媽) '천연두'를 달리 이르는 말.

마ː마²(媽媽) ①지난날, 임금과 그 가족들의 칭호 뒤에 붙여 쓰던 말. [예]상감마마. ②지난날, 벼슬아치의 첩을 높여 이르던 말.

마멸(磨滅) 갈려서 닳아 없어짐. 마멸되다. 마멸하다.

마모(磨耗) 마찰되는 부분이 닳아서 작아지거나 없어짐. [예]기계의 마모가 심하다. 마모되다. 마모하다.

마무리 어떤 일을 정리하여 끝을 맺음. [예]사건이 깨끗이 마무리가 되었다. [비]마감. 마무리되다. 마무리하다.

마방진(魔方陣) 가로, 세로 또는 대각선으로 늘어놓은 숫자의 합이 모두 같게 되도록 자연수를 펼쳐 놓은 것.

마법(魔法) 마력으로 이상야릇한 일을 하는 술법. [예]마술사의 마법의 힘. [비]마술.

마법사(魔法師) [마법싸] 마법을 부리는 사람. [비]마술사·요술쟁이.

마ː부(馬夫) 말을 부려 마차를 모는 사람. [비]마차꾼.

마ː분지(馬糞紙) ①짚을 원료로 하여 만든, 빛이 누렇고 품질이 낮은 종이. ②→판지.

마비(痲痺) ①몸의 감각이 없지거나 몸을 움직일 수 없게 되는 일. [예]갑자기 다리에 마비가 와서 못 움직이겠다. ②본래의 기능을 잃어 구실을 제대로 못하게 됨. 마비되다. [예]신경이 마비되다./사고가 나서 교통이 마비되었다.

마사이 족(Masai族) 아프리카 동부 케냐와 탄자니아 경계의 초원에 사는 흑인종. 남자는 15세를 전후하여 할례를 받은 다음 전사가 된다.

마사지(massage) 피부에 탄력을 주거나 근육의 피로를 풀기 위해 손으로 문지르는 일. [비]안마. [잘못]맛사지. 마사지하다.

마ː산(馬山) 경상남도 진해만에 있던 시. 항구 도시로 수산 및 농산물의 집산지이다. 마산 수출 자유 지역이 설정되면서 각종 섬유 공업과 경공업이 크게 발달하였다. 2010년에 창원시에 통합되었다.

마소 말과 소. 凷우마.

마수¹ 맨 처음 팔리는 것으로 미루어 예측하는 그날의 장사 운수. 예마수가 좋다.

마수²(魔手) 《악마의 손이라는 뜻으로》 '남을 나쁜 길로 꾀거나 불행에 빠뜨리려고 꾸미는 못된 꾀'를 비유하여 이르는 말. 예침략의 마수를 뻗치다.

마술¹(馬術) 말을 타고 부리는 온갖 재주.

마술²(魔術) 사람의 눈을 속여 이상한 일을 해 보이는 재주. 凷마법·요술.

:::: '**마술²**'과 '**요술**'의 구별 ::::

마술 : 재빠른 손놀림이나 특수한 장치, 속임수 등을 써서 신기한 현상을 만들어 내는 재주.
요술 : 주로 동화와 같은 상상의 세계에서 초자연적 능력으로 신비한 현상을 나타내 보이는 기술.

마술사(魔術師)[마술싸] 마술을 전문으로 하는 사람. 凷마법사·요술쟁이.

마술피리(魔術一) 모차르트가 작곡한 2막의 오페라. 젊은 왕자가 요술 피리를 가지고 밤의 여왕의 딸을 구하러 가는 내용이다.

마스코트(mascot) 행운의 신. 행운을 가져다준다고 믿어 간직하는 작은 완구나 동물.

마스크(mask) 병균이나 먼지 등을 막기 위하여 입과 코를 가리는 물건. 凷입마개.

마스터(master) 어떤 기술이나 내용을 완전히 다 배움. 마스터하다. 예영어 회화를 마스터하다.

마시다 ①물 등의 액체를 목구멍으로 삼키다. 예차를 마시다./물을 단숨에 마시다. ②공기 등을 들이쉬다. 예맑은 공기를 마시다.

마시멜로(marshmallow) 젤라틴·달걀 흰자·설탕·시럽 등을 섞어 거품을 낸 다음 굳힌, 달콤하고 말랑말랑한 과자.

마실 '마을'의 방언.

마애불(磨崖佛) 벼랑 같은 자연의 암벽에 새긴 불상. 인도에서 발생하여 중국과 우리나라에 퍼지고 일본에도 전해졌다.

마약(痲藥) 마취 작용을 하며, 습관이 드는 성질이 있어서 여러 번 쓰면 중독 증상을 나타내는 약물. 아편 등.

마약 중독(痲藥中毒) 마약을 계속 써서 일어나는 중독.

마왕(魔王) 마귀의 우두머리.

마요네즈(mayonnaise) 샐러드용 소스의 한 가지. 달걀노른자에다 식물성 기름·식초·소금 등을 섞어 만든다.

마우나로아 산(Mauna Loa 山) 미국 하와이 섬의 대부분을 차지하는 화산. 중앙 화구에서 용암을 분출한 흔적은 없지만, 산허리에는 용암을 분출한 화구가 몇 개 있다.

마우스(mouse) 컴퓨터의 입력 장치의 한 가지. 손으로 잡고서 컴퓨터 화면에 나타나는 커서(깜빡이)를 움직이는 데 쓰는, 작은 상자 모양의 기구.

마운드(mound) 야구에서, 투수가 공을 던지기 위하여 서는 곳. 다른 부분보다 조금 높게 되어 있다.

마운령 순수비(摩雲嶺巡狩碑) 함경남도 이원군 마운령에 있는 비석. 신라 24 대 진흥왕이 영토를 확장하고 영내를 돌아본 뒤에 세운 순수비이다.

마을 ①주로 시골에서 여러 집이 모여 사는 곳. 凷동네·촌락. ②이웃에 놀러 다니는 일. 예마을을 가다./마을을 다니다.

마을꾼 이웃에 놀러 다니기를 좋아하는 사람.

마을문고(一文庫) 마을에 마련해 놓은 작은 도서관.

마을버스(一bus) 정기 노선 버스가 다니지 않는 곳에 사는 주민들의 편리를 위해 운행하는 버스.

마을 회ː관(一會館) 마을 사람들의 모임을 위하여 지어 놓은 집.

마음 ①사람의 몸에 깃들어서 생각하거나 느끼거나 깨닫는 등의 정신 활동을 하는 것, 또는 그 바탕이 되는 것. 예마음의 양식이 되는 책. ②거짓 없는 생각. 예마음을 터놓고 이야기하다. ③기분이나 느낌. 예홀가분한 마음. ④어떤 것에 대해 속으로 꾀한 뜻. 예마음을 고쳐먹다. ⑤심정이나 사랑하는 정. 예손님을 반가운 마음으로 맞이하다. ⑥성의나 정성. 예마음을 다하다. 倉맘. 悔몸.

마음에 걸리다[관용] 꺼림칙하여 마음이 놓이지 않다. 안심이 안 되다. 예동생을 집에 두고 온 게 마음에 걸린다.

마음에 들다[관용] 마음이나 성미에 맞다.

마음(을) 졸이다[관용] 마음에 조바심이 나다. 예형은 마음을 졸이며 발표를 기다렸다.

마음이 내키다[관용] 하고 싶은 마음이 들다. 예마음이 내키거든 한번 찾아오렴.

마음가짐 마음을 쓰는 태도. 예마음가짐을 바르게 하다. 倉맘가짐.

마음결[마음껼] 마음의 바탕. 예마음결이 비단 같다.

마음껏[마음껃] 마음에 차도록. 마음대로 실컷. 예마음껏 즐기다. 倉맘껏.

마음대로 하고 싶은 대로. 생각나는 대로. 예마음대로 행동하다. 倉맘대로.

마음먹다[마음먹따] 하고 싶은 생각을 가지다. 예나는 내일부터 일찍 일어나야겠다고 마음먹었다. 倉맘먹다.

마음보[마음뽀] 마음을 쓰는 됨됨이. 예마음보가 아주 고약하다. 倉맘보. 悔심보.

마음속[마음쏙] 드러내지 않은 마음의 속. 倉맘속. 悔가슴속.

마음씨 마음을 쓰는 태도. 마음이 움직이는 바탕. 예고운 마음씨. 倉맘씨.

마이너스(minus) ①뺄셈의 기호인 '−'의 이름. ②전기의 음극. ③부족함이나 손해, 불이익이 되는 것. 悔플러스.

마ː이동풍(馬耳東風) 《말의 귀에 동풍이 불어도 말은 아랑곳하지 않는다는 뜻으로》 남의 말을 귀담아듣지 않고 흘려버림을 이르는 말.

마ː이산(馬耳山) 전라북도 진안군에 있는 산. 두 개의 봉우리가 말 귀 모양으로 생겼다. 높이는 수마이산이 679.9m, 암마이산이 686m. 산중에는 작은 바윗돌과 자갈 등으로 쌓은 80여 개의 탑사가 있다. 1979년에 도립 공원으로 지정되었다.

마ː이신(mycin) 몸속에 있는 균을 죽이거나 균이 번식하지 못하게 막는 약. 倧스트렙토마이신. 悔항생제.

마이크(mike) 소리가 크게 들리게 하는 장치. 倧마이크로폰.

마인드맵(mind map) 마음속에 지도를 그리듯이 줄거리를 이해하며 생각을 정리하는 방법.

마일(mile) 주로 영국이나 미국에서 거리를 잴 때 쓰이는 말. 1마일은 약 1.6km이다.

마저 ①남김없이 모두. 마지막까지 다. 예하던 일은 마저 해야지. ②'까지도'·'까지 모두'의 뜻을 나타내는 말. 예너마저 나를 배반하다니.

마ː적(馬賊) 지난날, 말을 타고 다니던 도둑의 무리.

마제 석기(磨製石器) ➡ 간석기.

마젤란(Magellan, 1480?~1521) 포르

투갈의 탐험가. 스페인을 출발하여 남아메리카를 항해하면서 마젤란 해협을 발견하고 태평양을 횡단하였다. 필리핀에서 살해당했지만, 그의 부하가 항해를 계속하여 1522년 세계 최초로 세계 일주에 성공했다.

마주 상대와 정면으로. 예얼굴을 마주 보고 앉다./손을 마주 잡다.

마주나기 잎이 줄기의 마디마다 두 개씩 마주 붙어 나는 일.

마주나기잎[마주나기입] 줄기의 마디마다 두 개의 잎이 마주 보고 나는 잎. 참돌려나기잎·어긋나기잎.

마주나다 줄기의 마디마다 잎이 두 개씩 마주 붙어 나다.

마주치다 ①마주 부딪치다. 예자동차끼리 마주치다. ②뜻밖에 만나다. 예원수와 외나무다리에서 마주치다. ③눈길이 서로 닿다. 예두 사람의 시선이 서로 마주쳤다.

마주하다 마주 대하다. 상대하다. 예우리는 서로 얼굴을 마주하고 앉았다.

마중 오는 사람을 맞으러 나감. 예마중을 나가다. 땐배웅·전송. 마중하다.

마지기 《한 말의 씨를 뿌릴 만한 땅이라는 뜻으로》 논밭의 넓이를 나타낼 때 쓰이는 말. 논은 150~300 평, 밭은 100 평가량을 한 마지기로 친다.

마지막 일이나 차례의 맨 나중. 비최종·최후. 땐처음.

마지막 수업(一授業) 프랑스의 소설가 알퐁스 도데가 지은 소설. 전쟁에 져서 프로이센의 영토가 된 알자스 지방의 어느 초등학교에서, 모국어인 프랑스 말로는 마지막 수업을 하는 광경을 그린 작품이다.

마ː지못하다[마지모타다] 마음이 내키지는 않으나 그렇게 하지 않을 수 없다. 예하도 조르기에 마지못해 허락을 했다.

마ː지않다[마지안타] 진심으로 그렇

게 함을 힘주어 말할 때 쓰는 말. 예도와주기를 바라 마지않는다. 본마지아니하다.

마ː차(馬車) 말이 끄는 수레. 예마차꾼.

마ː차부자리(馬車夫一) 별자리의 한가지. 오리온자리의 북쪽에 있는, 오각형 모양의 별자리. 비마부좌.

마찬가지 비교되는 것이 서로 같음. 예힘들기는 너나 나나 마찬가지다.

마찰(摩擦) ①무엇에 대고 문지름. ②의견이나 뜻이 맞지 않아 서로 충돌함. 마찰되다. 마찰하다.

마찰 전ː기(摩擦電氣) 서로 다른 두 물체의 마찰에 의하여 일어나는 전기. 양전기와 음전기가 있다.

마천루(摩天樓)[마철루] 《하늘에 닿을 듯한 집이라는 뜻으로》 아주 높은 고층 건물을 이르는 말.

마추픽추(Machu Picchu) 페루 남부 안데스 산맥에 있는, 잉카 문명의 유적.

마취(痲醉) 수술할 때 아픔을 느끼지 않게 하려고 약을 써서 얼마 동안 정신이나 감각을 잃게 함. 예마취에서 깨어나다. 마취되다. 마취하다.

마치¹ 못을 박거나 무엇을 두드리는 데 쓰는 작은 망치.

: : : '마치¹, 망치, 장도리'의 구별 : : :

마치 : 못을 박거나 무엇을 두드리는 데 쓰는 연장. 예마치로 못을 박다.

망치 : 단단한 물건이나 불에 달군 쇠를 두드리는 데 쓰는, 쇠로 만든 연장. 모양은 마치와 비슷하나 훨씬 크며 자루가 길고 무겁다. 예벽을 망치로 허물다./×거실 벽에 망치로 못을 박았다.

장도리 : 못을 박거나 빼는 데 쓰는 연장. 주로 한쪽은 못을 박게 되어 있고, 다른 한쪽은 못을 빼게 되어 있다. 예장도리로 못을 빼다.

마치² 거의 비슷하게. 영락없이. [예]하늘이 마치 호수와 같다. [비]흡사.

마치다 하던 일을 끝내다. 마무리하다. [예]수업을 마치다.

마침 ①어떤 경우나 기회에 꼭 알맞게. [예]마침 잘 왔다. ②우연히. [예]막 대문을 나서는데 마침 친구가 찾아왔다.

마침꼴 악곡 등을 마침에 있어서, 그 과정을 이루는 음 진행의 정해진 형식. [예]마침꼴 합창/마침꼴 화음.

마침내 마지막에 이르러. [예]마침내 작품이 완성되었다. [비]결국·드디어.

마침표(一標) ①문장의 끝맺음을 나타내는 문장 부호 '.'의 이름. [비]온점. ②음악에서, 악곡의 끝을 나타내는 표. [비]종지부.

마카오(Macao) 중국 광둥 성 남부, 주장 강 어귀에 있는 특별 행정구. 관광 산업이 성하며 주민의 대부분이 중국 사람이다.

마크(mark) ①어떤 것을 상징하여 나타낸 도안이나 상표. [예]태극 마크/재활용 마크. ②축구나 농구 등에서, 상대편의 공격을 가까이에서 막는 일. [예]일대일 마크. **마크하다**

마트(mart) 할인된 가격에 물건을 파는 큰 규모의 상점.

마파람 뱃사람들이 '남쪽에서 불어오는 바람'을 이르는 말.

마ː패(馬牌) 조선 시대에, 관리가 나랏일로 지방에 나갈 때 역에서 말을 빌려 쓰는 증명으로 쓰던, 구리로 만든 둥근 패. [참고] 암행어사는 이를 인장으로 사용하였고, 출두 때에는 역졸이 이것을 들고 '암행어사 출두'를 외쳤다.

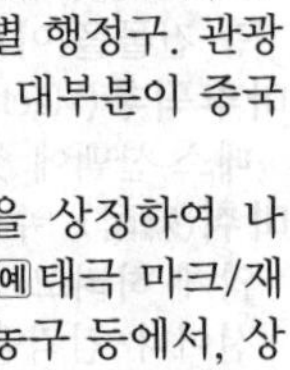
〈마패〉

마포(麻浦) 서울특별시의 한 구. 한강을 끼고 영등포구·서대문구·용산구에 각각 접해 있다.

마포 나루(麻浦—) 마포구의 한강변에 있었던 나루. 한강의 대표적인 나루터로, 경기도의 농산물과 황해도의 수산물 집산지로 유명했다.

마하(Mach) 비행기나 미사일 등의 속도를 잴 때 쓰는 말. 1마하는 초속 약 340m이다. 기호는 'M'.

마ː한(馬韓) 삼한의 하나. 기원전 3~4세기경에 지금의 경기도·충청도·전라도에 걸쳐 54개의 부족 국가로 이루어졌던 나라로, 농업을 주로 하는 부락 공동체였다. 뒤에 백제에 합쳐졌다.

마해송(馬海松, 1905~1966) 아동 문학가. 본명은 상규. 색동회 동인으로 어린이를 위한 문학 활동을 해 왔으며, 어린이 헌장의 초안을 썼다. 작품으로 '모래알 고금'·'토끼와 원숭이'·'멍멍 나그네' 등이 있다.

마호메트(Mahomet, 570?~632) 이슬람교의 창시자. 메카 교외의 히라 언덕에서 알라의 계시를 받고, 이것의 전파에 힘썼다.

마흔 열의 네 곱절. [비]사십.

막¹ 바로 지금. 바로 그때. [예]아기가 지금 막 잠이 들었다.

막² ①〈마구〉의 준말. [예]막 덤벼들다. ②걷잡을 수 없이. [예]슬픈 영화를 보고 눈물이 막 쏟아졌다.

막³(幕) ①칸을 치거나 공간을 가리는 데 쓰이는 넓은 천. [예]막을 둘러치다. ②연극 등에서, 무대를 가리는 넓은 천. [예]막을 올리다. ③연극에서, 막을 올리고부터 내릴 때까지의 한 장면. [예]이 연극은 3막 2장으로 구성되어 있다.

막을 내리다[관용] 무대 공연이나 어떤 행사를 마치다. [예]전국 체전은 성황리에 막을 내렸다.

막이 오르다[관용] 무대 공연이나 어

떤 행사가 시작되다. 예올림픽의 막이 오르다.

막⁴(膜) 생물체의 모든 기관을 싸고 있거나 경계를 이루는 얇은 꺼풀.

막간(幕間)[막깐] ①연극에서, 한 막이 끝나고 다음 막이 시작되기까지의 동안. ②어떤 일이 잠시 멈추거나 쉬는 동안. 예막간을 이용해 안내 말씀을 드리겠습니다.

막강하다(莫強一)[막깡하다] 더할 수 없이 강하다. 예막강한 전력/막강한 군사력.

막걸리[막껄리] 우리나라 고유의 술. 주로, 쌀로 빚어서 맑은술을 떠내지 않고 그대로 걸러 낸 술. 빛깔이 희뿌옇고 탁하며 맛이 텁텁하다. 비탁주.

막국수[막꾹쑤] 메밀로 가락을 굵게 뽑아 만든 거무스름한 국수, 또는 그것을 찬 국물에 넣은 음식.

막기[막끼] 태권도의 손 기술의 한 가지. 손으로 상대편의 공격을 막는 기술. 막는 자리에 따라 아래 막기·몸통막기·얼굴 막기·옆 막기 등으로 나뉜다.

막내[망내] 형제자매 중에서 맨 마지막으로 태어난 사람. 비맏이.

막내둥이[망내둥이] '막내'를 귀엽게 이르는 말.

막내딸[망내딸] 맨 마지막으로 낳은 딸. 비맏딸.

막내아들[망내아들] 맨 마지막으로 낳은 아들. 비맏아들.

막노동(一勞動)[망노동] 아무 일이나 닥치는 대로 하는 육체노동. 비막일. 막노동하다.

막다[막따] ①통하지 못하게 하다. 예길을 막고 서다. ②가리거나 둘러싸다. 예산이 마을 북쪽을 막고 서 있다. ③하는 것을 미리 잘라서 못하게 하다. 예남의 말을 막지 마라. ④맞서 버티다. 예적의 공격을 막다. ⑤무엇

이 미치지 못하게 하다. 예추위를 막다. ⑥어떤 일이 일어나지 못하게 하다. 예홍수의 피해를 미리 막다.

막다르다[막따르다] ((주로 '막다른'의 꼴로 쓰여)) 가다가 앞이 막혀 더 나아갈 수가 없다. 예막다른 길.

막다른 골목[관용] '더는 어찌할 수 없는 지경'을 비유하여 이르는 말.

막대[막때] 〈막대기〉의 준말.

막대그래프(一graph) 막대의 길이로 수나 양의 크기를 나타낸 그래프. 비히스토그램.

막대기[막때기] 가늘고 긴 나무나 대의 도막. 준막대.

막대자석(一磁石)[막때자석] 막대 모양으로 생긴 자석. 한끝은 북극, 다른 끝은 남극이다.

막대하다(莫大一)[막때하다] 매우 크거나 많다. 말할 수 없이 많다. 예홍수로 막대한 피해를 입었다.

막돌[막똘] 아무렇게나 생겨 쓸모없는 돌.

막되다[막뙤다/막뛔다] 말이나 행동이 버릇없고 거칠다. 예막된 사람/막되게 굴다.

막둥이[막뚱이] 형제자매 가운데서 맨 마지막에 태어난 아이. |잘못| 막동이.

막론하다(莫論一)[망논하다] 따져 말할 나위도 없다. 예어느 누구를 막론하고 복도에서 뛰어다녀서는 안 된다.

막막하다¹(寞寞一)[망마카다] ①고요하고 쓸쓸하다. 예막막한 산촌의 밤. ②의지할 데 없이 외롭다. 예막막한 처지. ③꽉 막힌 듯이 답답하다. 예귀가 막막하다. 막막히.

막막하다²(漠漠一)[망마카다] 끝없이 넓고 아득하다. 예막막하게 펼쳐진 사막. 막막히.

막말[망말] 함부로 지껄이는 말. 속되게 마구잡이로 하는 말. 예화가 좀

났다고 그렇게 막말을 하니? 막말하다.

막무가내(莫無可奈) [망무가내] 고집이 세어서 도무지 융통성이 없음. 어찌할 수 없음. 예따라오지 말라고 해도 막무가내로 말을 듣지 않는다.

막바지 [막빠지] 일의 끝 무렵. 예일이 막바지에 이르다.

막벌이 [막뻐리] 막일을 하여 돈을 버는 일. 막벌이하다.

막사(幕舍) [막싸] ①천막·판자 등으로 임시로 간단하게 지은 집. 예피난민 막사. ②군인들이 머무를 수 있도록 만든 건물.

막상 [막쌍] 어떤 일에 부닥쳐서 실지로. 예막상 얼굴을 대하고 보니 할 말이 없다. 비정작.

막상막하(莫上莫下) [막쌍마카] 낫고 못하고를 가리기 어려울 만큼 서로 차이가 거의 없음. 예양 팀의 실력이 막상막하이다.

막새기와 [막쌔기와] 한쪽 끝에 둥근 모양 또는 반달 모양의 무늬가 새겨진 장식이 붙어 있는 기와. 기와지붕의 처마 끝에 놓는 다. 비막새.

〈막새기와〉

막심하다(莫甚—) [막씸하다] 대단히 심하다. 예홍수로 피해가 막심하다.

막아서다 [마가서다] 앞을 가로막고 서다. 예길을 막아서다.

막연하다(漠然—) [마견하다] ①아득하다. 예근거를 찾을 길이 막연하다. ②똑똑하지 못하고 어렴풋하다. 예막연한 불안감을 떨칠 수가 없다. 막연히. 예막연히 기다리다.

막일 [망닐] ①닥치는 대로 하는 육체노동. 비막노동. ②대수롭지 않은 일. 막일하다.

막자 [막짜] 알약을 갈아서 가루로 만들 때 쓰는, 사기로 만든 작은 방망이. 참막자사발.

막자사발(—沙鉢) [막짜사발] 알약을 갈아서 가루로 만들 때 쓰는, 사기로 만든 그릇. 참막자.

막중하다(莫重—) [막쭝하다] 매우 중요하다. 더할 수 없이 소중하다. 예막중한 임무. 막중히.

막차(—車) 그날 마지막으로 떠나거나 들어오는 차. 반첫차.

막판 ①마지막 판. 예막판에 와서 방해를 놓으면 어떡하니? ②일이 아무렇게나 마구 되어 가는 판.

막히다 [마키다] 막음을 당하다. 예막힌 하수관을 뚫다.

만¹ 동안이 얼마 계속되었음을 나타내는 말. 예3년 만에 만나다./이게 얼마 만인가?

만² ①사물을 한정하여 이르는 말. 예나만 가겠다. ②정도를 비교하는 뜻을 나타내는 말. 예내 것은 네 것만 못해.

만³(萬) 천의 열 곱절.
만에 하나 관용 아주 매우 드묾을 이르는 말. 예만에 하나라도 규칙을 어길 때에는 엄한 벌을 받을 것이다.

만⁴(滿) 동안을 나타내는 말 앞에서, 돌이 꽉 찼음을 뜻하는 말. 예동생은 올해 만 열 살이 되었다.

만⁵(灣) 바다의 일부가 육지로 쑥 들어간 곳. 예아산만.

만개(滿開) 꽃이 활짝 핌. 비만발. 만개하다.

만경강(萬頃江) 전라북도 완주군에서 시작하여, 호남평야의 중심부를 지나 서해로 흐르는 강. 길이 80.86km.

만경대(萬景臺) 북한산의 한 봉우리. 높이 799.5m.

만경창파(萬頃蒼波) 《만 이랑의 푸른 물결이라는 뜻으로》 한없이 넓은 바다.

만:고(萬古) ①아주 오랜 세월. 예만고의 진리. ②세상에 비길 데가 없음. 예만고의 영웅.

만:국(萬國) 세계 모든 나라. 여러 나라. 예만국 박람회.

만:국기(萬國旗)[만국끼] 세계 여러 나라의 국기.

만:국 우편 연합(萬國郵便聯合) 국제 우편 업무의 발전과 우편물 교환을 위한, 국제 연합의 전문 기구. 본부는 스위스의 베른에 있다.

만기(滿期) 정한 기한이 다 참, 또는 그 기한. 예적금이 만기가 되다. 만기되다.

만끽하다(滿喫―)[만끼카다] ①마음껏 먹고 마시다. ②충분히 만족할 만큼 즐기다. 예승리의 기쁨을 만끽하다.

만나다 ①어떤 곳에서 남과 얼굴을 마주 대하다. 예길에서 친구를 만났다. ②어떤 인연으로 관계를 맺게 되다. 예좋은 친구를 만나다. ③무엇이 마주 닿다. 예바다와 하늘이 만나는 수평선. ④어떤 일을 겪게 되다. 예배가 바다에서 풍랑을 만났다.

만:날(萬―) 날마다 계속해서. 언제나. 예공부는 하지 않고 만날 놀기만 해서야 되겠니? 비맨날.

만남 만나는 일. 예만남의 광장. 반이별.

만:년(萬年) '언제나 변함없이 같은 상태'임을 이르는 말. 예만년 꼴찌.

만:년설(萬年雪) 높은 산이나 추운 지방에서 언제나 녹지 않고 쌓여 있는 눈.

만:년필(萬年筆) 글씨를 쓸 때 펜대 속에 들어 있는 잉크가 펜촉으로 흘러나오도록 만든 휴대용 펜.

만:능(萬能) ①온갖 일에 두루 능통함. 예만능선수. ②온갖 것을 다 할 수 있음. 예과학 만능의 시대.

만:담(漫談) 이야기꾼이 여러 사람 앞에서 세상의 일 등을 익살스럽게 꼬집어 하는 이야기. 예만담가. 만담하다.

만:당(滿堂) 강당 등 넓은 방에 사람이 가득 참, 또는 그 사람들. 예만당의 관객들.

만:대(萬代) 여러 대에 걸친 오랜 세월. 예이름을 만대에 빛내다.

만돌린(mandolin) 현악기의 한 가지. 비파와 비슷하며, 몸통의 뒷면이 바가지 모양으로 볼록하다. 네 쌍의 줄을 픽으로 퉁겨서 연주한다.

〈만돌린〉

만두(饅頭) 밀가루를 반죽하여 얇게 민 다음, 고기나 야채 등을 다져 만든 소를 넣고 둥글게 빚어서 삶거나 찌거나 튀긴 음식.

〈만두〉

만두소(饅頭―) 만두 속에 넣는 재료. 고기·두부·숙주나물·김치 등을 다져서 양념하여 한데 버무려 만든다.

만두피(饅頭皮) 만두의 거죽이 되는, 밀가루를 반죽하여 만든 얇은 반대기.

만들다 ①원료나 재료를 써서 어떤 물건을 이루다. 예자동차를 만들다. ②시간과 노력을 들여서 무엇을 이루어 내다. 예훌륭한 인재로 만들다. ③무슨 일을 일으키거나 꾸미다. 예재는 공연한 일거리만 만드네! ④규칙이나 법 등을 정하다. 예규칙을 만들다. ⑤책·영화·음악 등을 새로 짓다. 예교과서를 만들다. ⑥앞에 나온 말의 동작이나 상태가 이루어지게 하다. 예상대를 꼼짝 못하게 만들다.

|활용| 만드니·만들어.

만료(滿了)[말료] 정해진 기한이 끝남. 만료되다. 예임기가 만료되다. 만료하다.

만:루(滿壘)[말루] 야구에서, 1·2·3루에 모두 주자가 나가 있는 상태. 예만루 홈런.

만류(挽留)[말류] 붙들고 못 하게 말림. 예만류를 뿌리치다. 逊권고. 만류하다. 예떠나는 것을 만류하다.

만:리변성(萬里邊城)[말리변성] 멀리 떨어진 국경 부근의 성.

만:리장성(萬里長城)[말리장성] 중국 북쪽 내몽고와의 경계에 쌓은 성벽. 길이 2,700km. |참고| 중국 북쪽을 방어하기 위하여 쌓았는데, 진시황 때에 완성되었다.

만:만세(萬萬歲) '만세'를 한층 더 강조하는 말.

만만찮다[만만찬타] 손쉽게 다룰 수 없다. 그렇게 쉽지 않다. 예만만찮은 일/만만찮은 상대.

만만하다[1] 손쉽게 다룰 만하다. 예그는 만만하게 볼 상대가 아니다. 만만히.

만만하다[2](滿滿—) 모자라거나 부족함이 없이 아주 넉넉하다. 예자신이 만만하다. 만만히.

만:면(滿面) 온 얼굴. 예만면에 웃음을 띠다.

만:면하다(滿面—) 얼굴에 가득하다. 예기쁜 기색이 만면하다.

만목(蔓木) 덩굴로 뻗어 나가는 나무. 칡·등나무 등.

만:무하다(萬無—) 절대로 없다. 전혀 없다. 예그럴 리가 만무하다.

만:물(萬物) 세상에 있는 모든 것. 예우주 만물/인간은 만물의 영장이다. 逊만유.

만:물상[1](萬物相)[만물쌍] 금강산에 있는, 갖가지 모양을 한 바위산을 이르는 말. 逊만물초.

만:물상[2](萬物商)[만물쌍] 일상생활에 필요한 여러 가지 물건을 파는 장사, 또는 그런 가게.

만:민(萬民) 모든 백성. 모든 사람.

만:민 공:동회(萬民共同會) 1898년 독립 협회 주최로 서울에서 열린 민중 대회.

만:반(萬般) 모든 일. 모든 것. 예만반의 준비를 다하다.

만:발(滿發) 많은 꽃이 한꺼번에 활짝 핌. 逊만개. 만발하다. 예산에는 진달래가 만발해 있다.

> **:::: '만발'과 '만개'의 구별 ::::**
>
> 꽃이 한꺼번에 활짝 핀다는 뜻은 같으나,
> **만발**은 여러 가지 꽃이 여기저기에서 한꺼번에 활짝 핀다는 뜻으로,
> **만개**는 눈에 보이는 한 가지 꽃 전체가 한꺼번에 활짝 핀다는 뜻으로 쓰인다.
> 예온 산에 수를 놓듯이 만발한 야생화/만개한 개나리가 담장 너머로 수줍은 듯 고개를 내밀고 있다.

만:방(萬邦) 세계의 모든 나라. 예세계 만방에 알림.

만:백성(萬百姓)[만백썽] 모든 백성.

만:병통치(萬病通治) 한 가지 약이 온갖 병을 다 고침.

만:병통치약(萬病通治藥) ①온갖 병을 고치는 데 쓰는 약. ②'여러 가지 경우에 두루 효력을 나타내는 어떤 대책'을 비유하여 이르는 말.

만:분지일(萬分之一) 《만으로 나눈 것의 하나라는 뜻으로》 매우 적거나 작은 경우를 이르는 말.

만:사(萬事) 온갖 일. 모든 일. 예만사가 귀찮다.

만:사형통(萬事亨通) 모든 일이 바라는 대로 잘 이루어짐. 만사형통하다. 예새해에는 만사형통하시길 빕니다.

만삭(滿朔) 아이 낳을 달이 다 참. [예]만삭의 몸으로 힘든 일을 하다니…. [비]만월.

만:석꾼(萬石—) 곡식 만 석가량을 거두어들일 만한 논밭을 가진 대단한 부자.

만:선(滿船) 사람·고기·짐 등을 배에 가득 실음, 또는 그렇게 실은 배. **만선하다**.

만성(慢性) ①병의 증세가 오래 끄는 성질. [예]만성 위장병. [반]급성. ②버릇이 되다시피 하여 쉽사리 고쳐지지 않는 상태나 성질.

만:세(萬歲) ①오랜 세월. ②'오래도록 삶' 또는 '영원히 살아 번영함'을 뜻하는 말. ③축복하는 뜻으로 또는 승리를 기뻐하는 뜻으로 외치는 소리. [예]대한 독립 만세!

만:수무강(萬壽無疆) 한없이 오래 삶. 윗사람의 건강을 빌 때 쓰는 말이다. [예]선생님의 만수무강을 빕니다. **만수무강하다**.

만수산(萬壽山) 개성 북쪽에 있는 '송악산'의 딴 이름.

만:신창(滿身瘡) 온몸에 퍼진 부스럼.

만:신창이(滿身瘡痍) 온몸이 성한 데 없이 상처투성이임. [예]계단에서 굴러 떨어져 만신창이가 되었다.

만:약(萬若) [마냑] ①아주 드물게 있는 일, 또는 그런 일이 있을 경우. [예]선생님, 만약 내일 비가 와도 소풍 가나요? ②어쩌다가. 혹시. 자칫. [예]만약 우리가 공룡이 사는 시대에 살았다면 어떻게 되었을까? [비]만일.

만용(蠻勇) [마뇽] 앞뒤 가리지 않고 함부로 부리는 용기.

만:우절(萬愚節) [마누절] 서양 풍습에서, 가벼운 거짓말로 남을 속이며 즐기는 날. 4월 1일.

만원(滿員) [마눤] 정한 인원이 다 참. [예]만원 버스.

만:월(滿月) [마눨] 둥글게 꽉 찬 달. [비]보름달.

만:월대(滿月臺) [마눨때] 개성 송악산 남쪽 기슭에 있는 고려의 왕궁 터.

만:유인력(萬有引力) [마뉴일력] 우주에 있는 모든 물체 사이에서 일어나는 서로 잡아당기는 힘.

만:인(萬人) [마닌] 모든 사람. [예]만인이 받드는 지도자.

만:인 의:총(萬人義塚) 정유재란 때 남원성을 지키다가 죽은 지사들의 무덤. 전라북도 남원시에 있다.

만:일(萬一) [마닐] 아주 드물게 있는 일, 또는 그런 일이 있을 경우. [예]만일에 대비하다./만일 용돈이 부족하면 전화해. [비]만약.

만:장일치(滿場一致) 그 자리에 있는 모든 사람의 의견이 완전히 같음. [예]만장일치로 통과되다./만장일치로 회장을 선출하다.

만:전(萬全) 조금도 허술한 데가 없음. 아주 완전함. [예]사고 예방에 만전을 기하다.

만점(滿點) [만쩜] ①정해진 점수에 꽉 찬 점수. [예]시험에서 만점을 받았다. ②결점이나 부족한 데가 없이 아주 만족할 만한 상태. [예]사람됨이 그 정도면 만점이지.

만:조(滿潮) 밀물로 해면이 가장 높아진 상태. [반]간조.

만족(滿足) 마음에 흐뭇하여 모자람이 없음. [예]이 정도면 만족이다. [반]불만·불만족. **만족하다**. [예]만족한 표정을 짓다.

만족감(滿足感) [만족깜] 만족하게 여기는 느낌.

만족스럽다(滿足—) [만족쓰럽따] 만족할 만한 데가 있다. [예]나는 시험 결과가 매우 만족스러웠다. [반]불만스럽다·불만족스럽다. [활용] 만족스러우니·만족스러워. **만족스레**.

만주(滿洲) 압록강과 두만강 북쪽에 있는 중국의 넓은 땅. 중국 '동북 지방'의 이전 이름.

만주 사:변(滿洲事變) 1931년, 일본 관동군이 만주를 침략한 전쟁.

만주족(滿洲族) 중국 만주에 살던 민족. 역사적으로 숙신·읍루·말갈·여진이 여기에 속하며, 청나라를 세웠다.

만지다 ①손으로 여기저기 누르거나 주무르다. 예아픈 다리를 만지다. ②다루거나 손질하다. 예머리를 만지다.

만지작거리다 [만지작꺼리다] 무엇을 가볍게 자꾸 만지다. 예승우는 주머니 속의 구슬을 만지작거렸다. 비만지작대다.

만지작대다 [만지작때다] ➡ 만지작거리다.

만지작만지작 [만지장만지작] 자꾸 만지작거리는 모양.

만질만질하다 살갗에 닿는 느낌이 연하고 보드랍다. 예만질만질한 피부.

만:찬(晩餐) 손님을 초대하여 함께 먹는 저녁 식사.

만:찬회(晩餐會) [만찬회/만찬훼] 여러 사람을 초대하여 저녁 식사를 함께 먹는 모임.

만:천하(滿天下) 온 천하. 온 세상. 예비리 사실이 만천하에 알려지다.

만치 ➡ 만큼.

만큼 ①그와 같은 정도나 한도. 예먹을 만큼 먹었다. ②정도가 거의 비슷함. 예나도 너만큼 할 수 있어. 비만치.

만:파식적(萬波息笛) [만파식쩍] 신라 때의 전설상의 피리. 이것을 불면 온갖 소원이 이루어지므로 국보로 삼았다고 한다. |참고| 문무왕이 죽어서 된 해룡과 김유신이 죽어서 된 천신이 합심하여 용을 시켜서 보낸 대나무로 만들었다고 한다.

만:평(漫評) 일정한 형식이나 체계 없이 생각나는 대로 하는 비평. 예시사 만평.

만하다 '거의 그 정도에 미치어 있음'을 뜻하는 말. 예읽을 만한 책/처음 만든 음식치고는 먹을 만하다.

만행(蠻行) 도리에 벗어난 잔인한 짓. 예만행을 저지르다.

만:화(漫畫) 어떤 줄거리가 있는 이야기를 연속된 그림과 대화로 엮은 것.

만:화가(漫畫家) 만화를 그리는 것을 직업으로 하는 사람.

만:화경(萬華鏡) 속에 몇 개의 거울과 색유리 조각들을 넣고 원통으로 둘러싼 장난감. 이것을 돌리면서 들여다보면 여러 가지로 변하는 아름다운 무늬가 대칭으로 나타난다.

만:화 영화(漫畫映畫) 만화로 꾸며진 영화.

만:화책(漫畫冊) 내용이 만화로 꾸며져 있는 책.

만회(挽回) [만회/만훼] 잃거나 뒤떨어진 것을 바로잡아 처음 상태로 되돌림. 예우리 팀은 실점 후 만회를 하기 위해 마지막까지 싸웠다. 만회되다. 만회하다.

많:다 [만타] ①수효나 분량이 어떤 기준을 넘다. 예인원이 많다. ②정도가 일정한 수준을 넘다. 예많은 시간이 필요하다. 반적다. |발음| 많아 [마나]·많고 [만코]

많:아지다 [마나지다] 많게 되다. 예강물이 깨끗해지니 물고기가 많아졌다.

많:이 [마니] 수효·분량·정도 등이 일정한 기준보다 넘게. 예밥을 너무 많이 먹었다./지금 출발하면 많이 늦지는 않을 거야.

맏- 형제자매 등의 친족 관계에서, 손위로서 첫째임을 뜻하는 말. 예맏아들/맏손자. 참맏이.

맏딸 맏이가 되는 딸. 비장녀·큰딸. 반막내딸.

맏며느리 [만며느리] 맏아들의 아내.
ⓑ큰며느리.

맏물 [만물] 그해에 맨 먼저 나온 과일
이나 곡식 또는 해산물. ⓟ끝물.

맏손자(-孫子) [맏쏜자] 맏이가 되는
손자. ⓑ장손·큰손자.

맏아들 [마다들] 맏이가 되는 아들.
ⓑ장남·큰아들. ⓟ막내아들.

맏이 [마지] 형제자매 가운데서 맨 먼
저 태어난 사람. ⓟ막내. ⓗ맏-.

맏형(-兄) [마텽] 맏이가 되는 형. ⓑ장
형·큰형.

말:1 생각이나 느낌을 나타내기 위해
내는 사람의 목소리, 또는 그것을 적
은 글자. ⑩다른 말로 표현하다. ⓑ언
어. ⓗ말씀.

　말을 놓다 [관용] 존댓말을 쓰지 않고
낮추어 말하다. ⑩서로 말을 놓고 지
내다.

　말을 붙이다 [관용] 남에게 말을 건네
다. ⑩저 아저씨는 인상이 험해서 말
을 붙이기가 어렵다.

　말이 아니다 [관용] 무어라고 말할 수
없을 만큼 처지가 딱하다. ⑩체면이
말이 아니다.

말2 ①곡식이나 액체 등의 분량을 재는
그릇. ②곡식이나
액체 등의 분량
을 헤아리는 단
위. 1말은 1되의
10배이다. ⑩쌀
한 말을 사다.

〈말②①〉

말3 말과의 동물.
달리기에 알
맞도록 네 다
리와 목이 길
다. 목에는
갈기가 있고,
발굽은 하나
이다. 사람이
타거나 짐을 운반하는 데 쓰인다.

〈말3〉

'말3'과 '소'의 나이 세는 말

- **하릅** : 한 살　　・**두습** : 두 살
- **사릅** : 세 살　　・**나릅** : 네 살
- **다습** : 다섯 살　・**여습** : 여섯 살
- **이릅** : 일곱 살　・**여듭** : 여덟 살
- **아습** : 아홉 살　・**담불** : 열 살

말4 ①'마(馬)' 자가 새겨진 장기짝.
②윷이나 고누 등의 놀이에서 말판
위에 올려놓고 규칙에 따라 옮기는
물건.

말5(末) 어떤 기간의 '끝'이나 '끝 무렵'
의 뜻을 나타내는 말. ⑩학기 말. ⓟ초.

말갈족(靺鞨族) 오늘날의 만주족. 예
로부터 숙신·읍루 등으로 불렸고, 고
려 이후로는 여진·야인으로 불렸다.
조선 시대에는 청나라를 세워 중국을
지배하기도 했다.

말:**갛다** [말가타] ①흐림이 없이 맑다.
⑩하늘이 말갛게 개었다. ②국물 등
이 진하지 않고 매우 묽다. ⑩말간 국
물. ⓠ멀겋다. |활용| 말가니·말개.

말거머리 거머릿과의 환형동물. 등에
는 세로로 다섯 개의 검은 줄이 있다.
논이나 늪 등지에 살며 조개류를 잡
아먹지만, 턱이 약해 사람의 피는 빨
지 못한다.

말고삐 말의 굴레에 매어서 말을 끄
는 줄.

말괄량이 말이나 하는 짓이 지나치게
활달하여 여성답지 않은 여자.

말구유 말의 먹이를 담아 주는
그릇.

말굽 말의 발끝에 있는 두껍고
단단한 발톱. ⓑ말발굽.

말굽자석(-磁石) [말굽짜석]
말굽 모양으로 만든 자석. 양
극이 서로 가까이 있기 때문
에 자력이 오래 지속된다.

〈말굽〉

말:귀 [말뀌] ①말이 뜻하는 내용. 예말귀를 못 알아듣고 자꾸 엉뚱한 대답을 한다. ②남의 말을 알아듣는 능력. 예말귀가 어둡다.

말기(末期) 어떤 시대나 기간의 끝이 되는 시기. 예조선 말기. 비말엽. 반초기.

말:꼬리 말의 끝 부분. 예말꼬리를 흐리다. 비말끝. 참말머리·말허리.

말꼬리(를) 잡다관용 남이 한 말에서 잘못된 부분을 트집 잡다.

말:꼬투리 트집을 잡힐 만한 말의 한 부분. 예괜히 말꼬투리 잡지 마라.

말끄러미 눈을 똑바로 뜨고 가만히 한곳만 바라보는 모양. 예엄마는 내 얼굴을 말끄러미 바라보셨다. 큰물끄러미.

말끔하다 늘어놓은 것이 없이 환하고 깨끗하다. 예나는 방을 말끔하게 청소했다. 말끔히. 예거울을 말끔히 닦았다.

말:끝 [말끋] 어떤 말을 마무리 짓는 뒤끝. 비말꼬리. 반말머리.

말끝을 흐리다관용 분명하게 말하지 않고 얼버무리다.

말냉이 [말랭이] 십자화과의 두해살이풀. 5월에 흰 꽃이 피는데, 어린 싹은 먹을 수 있다. 낮은 지대의 밭이나 들에서 자란다.

말년(末年) [말련] ①어떤 시기의 마지막 무렵. 예제대 말년. ②인생의 끝무렵. 비초년.

말:놀이 [말로리] 말을 잇거나 지어서 재미있게 노는 놀이. 말놀이하다.

말다[1] 둥글게 감다. 예돗자리를 말다./김밥을 말다. |활용| 마니·말아.

말다[2] 물이나 국물에 밥·국수 등을 넣어 풀다. 예밥을 국에 말아 먹었다. |활용| 마니·말아.

말:다[3] ①하던 일을 그만두다. 예낭비를 말아야지. ②'그것이 아님'을

뜻함. 예그것 말고 이것으로 하자. ③'-고' 뒤에 쓰여, 그 동작이 이루어진다는 뜻을 나타냄. 예결국 떠나고 말았다. |활용| 마니·말아.

말:다툼 말로 다투는 일. 비말싸움·입씨름·언쟁. 말다툼하다.

말단(末端) [말딴] ①맨 끝 부분. ②조직에서 가장 낮은 지위. 예말단 사원.

말:대꾸 남이 한 말을 받아 거슬리게 말을 함, 또는 그 말. 예말끝마다 말대꾸를 한다. 준대꾸. 참말대답. 말대꾸하다.

말:대답(一對答) 윗사람의 말에 거슬리게 말을 함, 또는 그 대답. 예어디서 꼬박꼬박 말대답이냐! 참말대꾸. 말대답하다.

말:더듬이 [말더드미] 말을 더듬는 사람.

말:동무 [말똥무] 친구 삼아 이야기를 나누는 상대. 비말벗·말상대.

말똥구리 풍뎅잇과의 곤충. 몸길이 18 mm가량. 여름철에 짐승의 똥을 굴려 굴속에 가져가서 저장하고, 애벌레의 먹이로 하며 그 속에 알을 낳는 습성이 있다. 비쇠똥구리.

말똥말똥 ①정신이 또렷한 모양. ②눈동자가 맑고 생기가 있는 모양. 예아기가 눈을 말똥말똥 뜨고 누워 있다. ③눈을 크게 뜨고 말끄러미 바라보는 모양. 예나는 선생님의 얼굴을 말똥말똥 바라보았다. 큰멀뚱멀뚱.

말뚝 무엇을 받치거나 푯말로 하기 위하여 땅에 박아 세우는 기둥 모양의 막대. 예나무 말뚝.

말뚝을 박다관용 어떤 지위에 오랫동안 머무르다.

말뚝이 [말뚜기] ①탈춤에 나오는 인물의 하나. 하인으로서, 양반들의 무능과 부패를 고발하는 역을 한다. ②탈춤에서 말뚝이로 나오는 인물이 쓰는 탈.

말:뜻 [말뜯] 말에 담긴 뜻. 예말뜻을 이해하다.

말라깽이 '몸이 몹시 여윈 사람'을 놀림조로 이르는 말.

말라리아(malaria) 말라리아 균을 가진 모기가 옮기는 전염병. 일정한 시간 간격으로 높은 열이 나는 것이 특징이다. 🖽학질.

말라붙다 [말라붇따] 물기가 바싹 마르거나 졸아서 엉겨붙거나 들러붙다. 예가뭄으로 강이 말라붙었다.

말라카 해ː협(Malacca海峽) 지난날, '믈라카 해협'을 이르던 말.

말랑거리다 야들야들하게 보드랍고 무르다. 🖽말랑대다. ❷물렁거리다.

말랑대다 ➡ 말랑거리다.

말랑말랑 몹시 또는 여기저기가 야들야들하게 보드랍고 무른 모양. ❷물렁물렁.

말랑말랑하다 몹시 또는 여기저기가 야들야들하게 보드랍고 무르다. 예말랑말랑한 인절미. ❷물렁물렁하다.

말레이 반ː도(Malay半島) 인도차이나 반도로부터 남쪽으로 뻗은 좁고 긴 반도. 기후는 덥고 비가 많이 온다.

말레이시아(Malaysia) 말레이 반도 남부와 보르네오 섬 북부에 걸쳐 있는 나라. 고무가 많이 나며, 주석·석유·목재 등의 천연자원이 풍부하다. 수도는 쿠알라룸푸르.

말려들다 ①종이나 천 등이 감기어 안으로 들어가다. 예돌아가는 기계에 옷자락이 말려들었다. ②자기가 원하지 않는 일에 관계되거나 끌려 들어가다. 예남의 싸움에 말려들다. |활용| 말려드니·말려들어.

말로(末路) ①삶의 끝 부분. 예인생의 말로. ②망해 가는 마지막 길. 예독재자의 말로.

말리다¹ ①두르르 감기다. 예둘둘 말린 신문지. ②말게 하다.

말리다² 하고자 하는 일을 못하게 하다. 예싸움을 말리다.

말리다³ 젖은 것이나 물기를 마르게 하다. 예비에 젖은 옷을 말리다.

말ː 맞추기 앞뒤 말이 자연스럽게 뜻이 이어지도록 말을 맞추는 놀이.

말매미 매밋과의 곤충. 매미 종류 중 가장 크다. 몸빛은 검고 광택이 난다. 애벌레로 땅속에서 몇 해를 지낸 뒤 여름철에 나와서 1~2주일 살다가 죽는다.

말ː머리 ①말의 첫 부분. 🖽말끝. ❸말허리·말꼬리. ②이야기의 방향. 예민수는 내 기색을 살피더니 슬쩍 말머리를 돌렸다.

말먹이 [말머기] 말에게 먹이는 꼴이나 곡식.

말ː모이 주시경 등이 1910년경에 조선 광문회에서 편찬하다 끝내지 못한, 우리나라 최초의 국어사전.

말ː문(－門) 말을 하기 위하여 여는 입. 예말문을 닫다.

말문을 열다 관용 입을 떼어 말을 하기 시작하다. 예진규는 침착하게 말문을 열었다.

말문이 막히다 관용 하려고 하던 말이 나오지 않게 되다. 예나는 어이가 없어 말문이 막혔다.

말미 일에 매인 사람이 다른 일로 말미암아 얻는 겨를. 예그는 며칠만 말미를 달라고 사정했다. 🖽휴가.

말미암다 [말미암따] 원인이나 까닭이 되다. 예홍수로 말미암아 피해를 입었다.

말미잘 해변말미잘목과 꽃말미잘목의 자포동물을 통틀어 이르는 말. 원기둥 모양의 몸 끝에 마치 꽃처럼 열리는 촉수가 있고, 그것으로 먹이를 잡아먹는다. 바닷가의 바위틈이나 모래에 묻혀 산다.

〈말미잘〉

말ː발 [말빨] 말이 먹혀 들어가는 정도. 말의 권위. 예말발이 세다.

　말발이 서다 관용 말이 잘 먹혀 들어가다.

말발굽 [말발꿉] 말의 발굽. 비말굽.

말밭 [말받] 윷놀이나 장기 등에서 말이 다니는 길.

말ː버릇 [말뻐륻] 늘 써서 버릇이 된 말투. 예말버릇을 고치다.

말벌 말벌과의 곤충. 가슴에 긴 털이 많고, 독침이 있다. 과실·벌꿀 등에 해를 끼치며 해충도 잡아먹는다.

말ː벗 [말뻗] 서로 이야기를 주고받을 만한 친구. 비말동무·말상대.

말복(末伏) 삼복의 마지막 복날. 중복 다음 열흘이 지나 드는 복날로, 가장 더운 날씨가 끝나 가는 때이다. 참초복·중복¹.

말ː본 ➡ 문법.

말살(抹殺) [말쌀] 있는 사물을 모두 없애 버림. 예일제의 문화 말살 정책. 말살되다. 말살하다.

말세(末世) [말쎄] 정치·도덕·풍속 등이 어지러워져서 망해 가는 세상.

말소(抹消) [말쏘] 적혀 있는 사실을 지워서 없앰. 예등기의 말소. 말소되다. 말소하다. 예기록을 말소하다.

말ː소리 [말쏘리] 말하는 소리. 예귀에 익은 말소리/말소리를 낮추다. 비음성.

말ː솜씨 [말쏨씨] 말하는 솜씨. 예타고난 말솜씨. 비말재주·언변.

말ː수(一數) [말쑤] 말하는 횟수. 예말수가 적다.

말ː싸움 말로 옳고 그름을 가리며 싸우는 일. 비말다툼. 말싸움하다.

말ː썽 문제를 일으키는 말이나 행동. 예그는 가는 곳마다 말썽을 부린다.

말ː썽거리 [말썽꺼리] 말썽이 될 만한 일.

말ː썽꾸러기 '말썽꾼'을 얕잡아 이르는 말.

말ː썽꾼 걸핏하면 말썽을 일으키는 사람.

말쑥하다 [말쑤카다] 모양이 말끔하고 깨끗하다. 예말쑥한 옷차림. 큰멀쑥하다. 말쑥히.

말ː씀 ①웃어른의 말. 예부모님 말씀을 따르다. ②웃어른에게 하는 말. 예저도 한 말씀 드리겠습니다. 놀말. 말씀하다.

말ː씨 ①어떤 말에서 느껴지는 독특한 가락. 예함경도 말씨. ②말하는 버릇이나 태도. 예공손한 말씨.

말ː없이 [마럽씨] 아무 말도 하지 않고. 예나는 말없이 듣고만 있었다.

말엽(末葉) [마렵] 어떤 시대를 셋으로 나눌 때, 그 마지막 무렵. 예19세기 말엽. 비말기. 참초엽·중엽.

말일(末日) [마릴] 그달의 마지막 날. 비그믐. 참초하루.

말ː장난 실속이 없는 쓸데없는 말을 그럴듯하게 늘어놓음. 말장난하다.

말ː재간(一才幹) [말째간] 말재주. 예진수는 나이가 어린데도 말재간이 여간 아니다.

말ː재주 [말째주] 말을 잘하는 재주. 비말솜씨·말재간·언변·화술.

말ː조심(一操心) 말이 잘못되지 않도록 조심하는 일. 말조심하다.

말ː주머니 [말쭈머니] '말할 거리를 많이 가지고 있는 것'을 비유하여 이르는 말.

말ː주변 [말쭈변] 말을 막힘없이 잘 둘러대는 재주. 예말주변이 좋다(없다).

말죽거리 [말쭉꺼리] 서울특별시 서초구 양재동 양재역 사거리 일대의 옛 지명. 조선 시대에 서울과 지방을 오가는 사람들이 이곳에서 말에게 죽을 끓여 먹였다 해서 비롯된 이름이다.

말ː줄임표(一標) [말쭈림표] ➡ 줄임표.

말ː질 이러니저러니 하며 말로 다투는 짓. 예친구 사이에 말질을 한다. 말질하다.

말짱하다 ①흠이나 탈이 없이 온전하다. 예말짱한 구두를 버리다니. ②전혀 터무니없다. 예말짱한 거짓말을 한다. 큰멀쩡하다. 말짱히.

말ː참견(一參見) 남들이 이야기할 때 옆에서 끼어들어 말하는 일. 예남의 일에 웬 말참견이니? 말참견하다.

말채 〈말채찍〉의 준말.

말채찍 말을 다룰 때 사용하는 채찍. 준말채.

말초 신경(末梢神經) 피부·근육·감각 기관 등 온몸에 퍼져 있으면서 중추 신경계와 이어지는 신경.

말초 신경계(末梢神經系) 신경 중추로부터 갈라져 온몸에 퍼져 있는 신경계.

말총 말의 갈기나 꼬리의 털.

말타기 ①말을 타는 일. ②여럿이 편을 갈라 한편이 허리를 앞으로 구부린 채 말의 등 모양으로 이으면, 다른 편이 그 위에 올라타며 노는 놀이. 말타기하다.

말ː투(一套) 말하는 사람의 생각이나 느낌이 나타나는 말의 가락. 예자신만만한 말투. 비어투.

말티고개 충청북도 속리산에 있는 고개 이름.

말판 윷·고누 등에서, 말이 가는 길을 그린 판.

말판(을) 쓰다관용 윷놀이 등에서 말판에 말을 놓다.

말ː풍선(一風船) 만화에서, 주고받는 대사를 써넣은 풍선 모양의 그림.

말ː하기 ①자기의 생각이나 느낌 등을 말로 나타내는 일. ②초등학교에서, 말로 표현하는 법을 배우는 과목. 참듣기·쓰기·읽기.

말ː하다 ①느낌과 생각을 말로 나타내다. 예소감을 말하다. ②어떠한 사실을 남에게 알리다. ③평가하여 이르다. 예그의 사람됨을 좋게 말하다.

④부탁하다. 예그곳 사정을 알려 달라고 말하다. 높말씀하다.

말할 수 없이관용 말로 어떻다고 나타낼 수 없을 만큼.

말ː하자면 알기 쉽게 다른 말로 바꾸자면. 예소문이란 말하자면 구르는 눈덩이 같은 것이다. 비이를테면.

말ː허리 하고 있는 말의 중간. 참말꼬리·말머리.

말허리를 끊다관용 남이 하는 말을 중간에서 끊다.

맑다 [막따] ①다른 것이 섞이거나 흐리지 않고 깨끗하다. 예맑은 물. ②정신이 또렷하다. 예나는 맑은 정신으로 책을 읽었다. ③날씨가 흐리지 않다. 예맑은 하늘. ④소리가 탁하지 않고 트이다. 예맑은 새소리. ⑤마음이 깨끗하고 순진하다. 예티 없이 맑은 아이들의 마음. 반흐리다. |발음| 맑아 [말가]·맑고 [말꼬]

맑디맑다 [막띠막따] 더할 나위 없이 맑다. 예맑디맑은 가을 하늘.

맑은장국(一醬一) [말근장꾹] 간장이나 소금으로 간하여 국물을 맑게 끓인 국. 준장국.

맑음 [말금] 날씨를 나타내는 말의 한 가지. 구름이나 안개가 끼지 않아 맑은 것.

맘ː 〈마음〉의 준말.

맘ː껏 [맘껃] 〈마음껏〉의 준말.

맘ː대로 〈마음대로〉의 준말.

맘마 젖먹이의 '밥'을 이르는 말. 예아가, 맘마 먹자.

맘ː먹다 [맘먹따] 〈마음먹다〉의 준말.

맘ː보 [맘뽀] 〈마음보〉의 준말.

맘ː속 [맘쏙] 〈마음속〉의 준말.

맘ː씨 〈마음씨〉의 준말.

맙소사 [맙쏘사] 어처구니없거나 기막힌 일을 당했을 때 내는 소리. 예하느님 맙소사.

맛¹ [맏] ①음식물 등이 혀에 닿을 때 일

어나는 느낌. 예어디 맛 좀 볼까? ②어
떤 일을 몸소 겪음으로써 비로소 알게
되는 느낌. 예패배의 쓰디쓴 맛. |발음|
맛이 [마시]·맛도 [맏또]·맛만 [만만]

맛(을) 들이다관용 좋아하거나 즐기
다. 예공부에 맛을 들이다.

맛(을) 붙이다관용 재미를 붙이다.
예나는 요즘 자전거 타는 데 맛을 붙
였다.

맛(이) 들다관용 좋아지거나 즐거워
지다.

맛²[맏] 가리맛조갯과와 죽합과의 조
개를 통틀어 이르는 말. |발음|맛이
[마시]·맛도 [맏또]·맛만 [만만]

맛깔[맏깔] 음식 맛의 성질.

맛깔스럽다[맏깔스럽따] 음식이 입에
당길 만큼 맛이 있다. 예김치가 참 맛
깔스럽다. |활용| 맛깔스러우니·맛깔
스러워. 맛깔스레.

맛나다[만나다] 맛이 좋다. 예맛난 음
식. 비맛있다.

맛보기[맏뽀기] 맛만 보기 위해 조금
먹어 보는 음식.

맛보다[맏뽀다] ①음식의 맛이 어떠한
지 조금 먹어 보다. 예찌개를 맛보다.
②몸소 겪어 느끼다. 예여행의 즐거
움을 맛보다.

맛사지(massage) '마사지'의 잘못.

맛살[맏쌀] 가리맛이나 긴맛의 속살.

맛소금[맏쏘금] 화학 조미료 등을 섞
은 조리용 소금.

맛없다[마덥따] 음식의 맛이 좋지 않
다. 반맛있다.

맛있다[마딛따/마싣따] 맛이 썩 좋다.
예맛있는 피자. 비맛나다. 반맛없다.

맛조개[맏쪼개] 죽합과의 바닷조개.
껍데기 모양은 둘로 쪼갠 대통 같다.

망¹ 가는 새끼를 그물처럼 얽어 만든
큰 망태기.

망²(望) 멀리서 바라보아 남의 동정을
살피는 일. 예숨어서 망을 보다.

망³(網) 그물처럼 얽어 만들어서, 가려
두거나 치거나 하는 물건. 예창문에
망을 치다.

망가뜨리다 망가지게 하다. 예동생이
새로 산 장난감을 망가뜨렸다. 비망
가트리다.

망가지다 물건이 찌그러지거나 부서
져 못 쓰게 되다. 예망가진 책상을 고
치다. 비망그러지다.

망가트리다 ➡ 망가뜨리다.

망²각(忘却) 어떤 사실을 잊어버림. 망
각되다. 망각하다. 예학생 신분을 망
각하다.

망간(Mangan) 금속 원소의 한 가지.
은백색의 윤이 나며, 합금의 재료나
건전지 등에 쓰인다.

망건(網巾) 상투를 튼 사람이 머리에
두르는 그물 모양의 물건. 머리카락
이 흩어지지 않도록 한다.

망고(mango) 옻나뭇과의 늘푸른큰키
나무. 열대 식물로, 열매는 둥근 모양
이며 황록색으로 익는데 맛이 좋다.

망국(亡國) ①나라를 망침. ②망한 나
라. 예망국의 설움.

망그러지다 찌그러져서 못 쓰게 되다.
예망그러진 장난감을 치우다. 비망가
지다.

망극하다(罔極一)[망그카다] 임금이
나 어버이의 은혜가 워낙 커서 갚을
길이 없다. 예성은이 망극하나이다.

망나니 ①지난날, 사형을 집행할 때
죄인의 목을 베던 사람. ②'언행이 막
된 몹쓸 사람'을 비유하여 이르는 말.
예망나니 짓만 하고 다닌다.

망년회(忘年會)[망년회/망년훼] 연말
에 그해의 온갖 괴로웠던 일들을 잊
자는 뜻에서 베푸는 모임. 비송년회.

망²대(望臺) 망을 보기 위하여 높게 세
운 대. 비망루.

망돌 '맷돌'의 북한말.

망²두석(望頭石) ➡ 망주석.

망:둑어 [망두거] 망둑엇과의 바닷물고기. 바닷가 모래땅이나 개펄에 사는데, 배지느러미는 빨판처럼 되어 있다. 비망둥어·망둥이.  〈망둑어〉

망:둥이 ➡망둑어.

망라(網羅) [망나] 《물고기나 새를 잡는 그물이라는 뜻으로》 널리 빠짐없이 모음. 망라되다. 망라하다. 예이번 시험은 전 교과를 망라하여 출제된다.

망령¹(亡靈) [망녕] 죽은 사람의 혼.

망:령²(妄靈) [망녕] 늙거나 정신이 흐려져 이상한 말과 행동을 하는 상태. 예망령이 난 노인/망령이 들다. 비노망.

망:령되다(妄靈－) [망녕뙤다/망녕뛔다] 늙거나 정신이 흐려져 말이나 행동이 정상적인 상태를 벗어나 있다. 망령되이.

망:루(望樓) [망누] 적이나 주위를 살피기 위하여 높게 세워 놓은 건물. 비망대.

망막(網膜) 눈알의 가장 안쪽에 있는 막. 바깥의 빛이 이 막에서 형체를 맺는다. 비그물막.

망망대해(茫茫大海) 아득히 넓고 끝없이 펼쳐진 바다.

망망하다(茫茫－) 넓고 멀어 아득하다. 예망망한 바다. 망망히.

망명(亡命) 정치적인 이유 등으로, 자기 나라에 있지 못하고 남의 나라로 몸을 피하는 일. 예망명 정부. 망명하다.

망:발(妄發) 망령이나 실수로 그릇된 말이나 행동을 함, 또는 그런 말이나 행동. 망발하다.

망:보다(望－) 상대편의 동정을 알기 위하여 멀리서 몰래 살피다.

망:부석(望夫石) 아내가 멀리 떠난 남편을 기다리다가 죽어서 화석이 되었다는 전설상의 돌. |참고| 신라 때 박제상의 아내가 치술령에 올라가 통곡하다가 그대로 굳어서 되었다는 바위가 유명하다.

망사(網紗) 그물같이 성기게 짠 천.

망:상(妄想) 있지도 않은 사실을 상상하여 마치 사실인 것처럼 굳게 믿음, 또는 그런 생각. 예헛된 망상을 버려라. 망상하다.

망설이다 [망서리다] 머뭇거리고 뜻을 결정하지 못하다. 예나는 용돈으로 군것질을 할까 말까 망설였다. 비주저하다.

망설임 [망서림] 머뭇거리고 뜻을 결정하지 못함. 예순호는 아무 망설임 없이 우리의 의견에 동의했다.

망신(亡身) 말이나 행동을 잘못하여 자기의 명예나 체면 등을 떨어뜨림. 예친구들 앞에서 망신을 당했다.

망신스럽다(亡身－) [망신스럽따] 망신이 될 만하다. 예망신스러운 꼴을 당하다. |활용| 망신스러우니·망신스러워. 망신스레.

망아지 말의 새끼.

망:언(妄言) 이치나 도리에 어긋나게 말함, 또는 그 말. 망언하다.

망연자실하다(茫然自失－) 멍하니 정신을 잃다. 예아주머니는 입원비가 든 지갑을 잃어버리고 망연자실하였다.

망울 ①작고 둥글게 엉겨 굳어진 덩이. ②〈꽃망울〉의 준말. 비몽우리. 큰멍울.

망울망울 ①망울이 잘고 동글동글하게 엉겨 있는 모양. ②망울마다. 큰멍울멍울.

망:원경(望遠鏡) 멀리 있는 물체를 가까이에서 보는 것처럼 크고 선명하게 보이도록 만든 장치.

망ː원 렌즈(望遠 lens) 먼 곳에 있는 물체를 확대하여 찍기 위해 초점 거리를 길게 만든 렌즈.

망정 《'-니(기에) 망정이지'의 꼴로 쓰여》 '다행이거나 잘된 일'의 뜻을 나타내는 말. 예미리 알았기에 망정이지 큰일 날 뻔했네.

망종(芒種) 이십사절기의 하나. 소만과 하지 사이로, 6월 6일경. 보리는 익어서 먹게 되고 볏모는 자라서 심을 때이다.

망ː주석(望柱石) 무덤 앞에 세우는, 여덟 모로 깎은 한 쌍의 돌기둥. 비망두석.

망중한(忙中閑) 바쁜 가운데의 한가한 때.

망초 국화과의 두해살이풀. 몸 전체에 거친 털이 있고, 7~9월에 엷은 녹색 꽃이 핀다.

망측하다(罔測─) [망츠카다] 정상적 상태에서 벗어나 너무나 어이가 없거나 차마 볼 수가 없다. 예망측한 옷차림/아이고, 망측해라! 망측히.

망치 단단한 물건이나 달군 쇠를 두드리는 데 쓰이는 연장.

망치다 ①집안·나라 등을 망하게 하다. 예남의 사업을 망쳐 놓다./집안을 망치다. ②그르쳐서 아주 잘못되게 하다. 예신세를 망치다.

망치질 망치로 무엇을 박거나 두드리는 일. 망치질하다.

망태(網─) 〈망태기〉의 준말.

망태기(網─) 가는 새끼나 노로 엮어 만든 물건. 풀이나 물건을 담아 들거나 어깨에 메고 다니는 데에 쓰인다. 준망태.

〈망태기〉

망토(manteau) 소매가 없이 어깨로부터 내리 걸치는 외투.

망하다(亡─) 개인·집안·조직 등이 제구실을 하지 못하고 결딴나서 없어지다. 끝장이 나다. 예나라가 망하다./회사가 망하다. 반흥하다.

망ː향(望鄕) 고향을 그리워하며 생각함. 예망향가. 망향하다.

맞-[맏] ①'마주'의 뜻을 나타내는 말. 예맞대결. ②'걸맞은 상대'임을 나타내는 말. 예맞먹다.

맞걸다[맏껄다] 양쪽에 걸칠 수 있도록 마주 걸다. 예빨랫줄을 맞걸어 매다. |활용| 맞거니·맞걸어.

맞겨루다[맏껴루다] 마주 상대하여 승부를 다투다.

맞그네[맏끄네] 둘이 서로 마주 보고 뛰는 그네.

맞다¹[맏따] ①틀림이 없다. 예답이 맞다. ②사실과 같거나 알맞다. 예실정에 맞는 계획. 반틀리다. |발음| 맞아[마자]·맞고[맏꼬]·맞는[만는]

맞다²[맏따] ①한쪽이 다른 것에 꼭 알맞다. 예신이 발에 꼭 맞다. ②상태나 정도가 잘 어울리다. 조화되다. 예새 옷이 몸에 잘 맞는다. ③일치하다. 예의견이 맞다. |발음| 맞아[마자]·맞고[맏꼬]·맞는[만는]

맞다³[맏따] ①오는 사람을 기다려 받아들이다. 예손님을 맞다. ②시간이 흘러 어떤 때나 상태가 됨을 겪거나 대하다. 예광복을 맞다. ③식구를 새로 받아들이다. 예나무꾼은 착하고 예쁜 여자를 아내로 맞았다. |발음| 맞아[마자]·맞고[맏꼬]·맞는[만는]

맞다⁴[맏따] ①떨어지거나 날아온 것을 몸에 받다. 예비를 맞다. ②때림을 당하다. 예매를 맞다. ③주사 등의 찌름을 당하다. 예주사를 맞다. ④어떠한 처지를 겪다. 예퇴짜를 맞다. ⑤평가나 승낙을 받다. 예만점을 맞다. |발음| 맞아[마자]·맞고[맏꼬]·맞는[만는]

맞다[맏따] ①던지거나 쏜 물건이 목표물에 가 닿다. 예화살이 과녁에 맞다. ②어떤 일이 헤아리던 대로 되다. 예예언이 그대로 맞았다. |발음| 맞아[마자]·맞고[맏꼬]·맞는[만는]

맞단추[맏딴추] 암단추와 수단추를 맞추어 채우는 단추. 비똑딱단추.

맞당기다[맏땅기다] 양쪽에서 마주 잡아당기다. 예뱃줄을 맞당기다.

맞닿다[맏따타] 마주 닿다. 예하늘과 수면이 맞닿은 곳.

맞대결(一對決)[맏때결] 양편이 서로 맞서 대결하는 것. 맞대결하다.

맞대다[맏때다] ①마주 대다. 예책상을 맞대고 앉다. ②마주 대하다. 예이마를 맞대고 의논하다. ③바로 대하다. 예맞대 놓고 비난하다.

맞대면(一對面)[맏때면] 서로 얼굴을 마주 보고 만남. 맞대면하다.

맞돈[맏똔] 물건을 살 때, 물건값으로 그 자리에서 바로 치르는 돈. 비현금.

맞두다[맏뚜다] 장기나 바둑 등을 접어주지 않고 서로 같은 자격으로 두다.

맞들다[맏뜰다] ①두 사람이 마주 물건을 들다. ②힘을 합하다. 예백지장도 맞들면 낫다. |활용| 맞드니·맞들어.

맞먹다[만먹다] 수량·정도 등이 서로 엇비슷하다. 예두 선수의 실력이 맞먹는다.

맞물다[만물다] 양쪽에서 마주 물다. |활용| 맞무니·맞물어.

맞물리다[만물리다] ①맞물림을 당하다. 예톱니바퀴가 맞물려 돌아간다. ②맞물게 하다. 예수도관을 맞물려 잇다.

맞바꾸다[맏빠꾸다] 물건과 물건을 서로 바꾸다.

맞바람[맏빠람] ①맞은편에서 불어오는 바람. ②양편에서 불어오는 바람.

맞받다[맏빧따] ①정면으로 받다. 예배가 바람을 맞받는다. ②노래·말·공격 등을 바로 호응하여 받다. 예민수는 질문을 재치 있게 맞받아 처리했다. ③마주 들이받다. 예차량끼리 맞받은 사고.

맞벌이[맏뻐리] 부부가 모두 직업을 가지고 돈을 버는 일. 예맞벌이 부부. 맞벌이하다.

맞부딪치다[맏뿌딛치다] 마주 부딪치다.

맞불[맏뿔] 불이 타는 맞은편에서 마주 놓는 불. 예소방관들은 맞불을 놓아 산불의 불길을 잡았다.

맞붙다[맏뿓따] ①마주 닿아서 붙다. 예두 쪽이 맞붙은 밤톨. ②내기나 싸움에서, 마주 붙다. 예맞붙어 싸우다.

맞붙잡다[맏뿓짭따] 마주 붙잡다.

맞상대(一相對)[맏쌍대] 마주 상대함, 또는 그런 상대. 맞상대하다.

맞서다[맏써다] ①서로 마주 대하여 서다. 예맞서서 인사하다. 반돌아서다. ②굽히지 않고 마주 겨루다. 예일본 경찰에 당당하게 맞서다.

맞선[맏썬] 남녀가 결혼을 위하여 당사자끼리 서로 만나 보는 일.

맞수(一手)[맏쑤] 재주나 힘이 서로 비슷비슷한 상대. 비라이벌·호적수.

맞아들이다[마자드리다] ①찾아온 사람을 맞이하여 집 안으로 들게 하다. 예손님을 방 안으로 맞아들이다. ②가족이나 동료 등으로 삼다. 예며느리를 맞아들이다.

맞아떨어지다[마자떠러지다] 셈이 어떤 기준에 꼭 맞아, 남거나 모자람이 없이 되다.

맞은쪽[마즌쪽] 마주 보이는 쪽. 비맞은편.

맞은편(一便)[마즌편] ①상대가 되는 편. 또는 상대자. ②마주 보이는 편. 비맞은쪽.

맞이하다 [마지하다] ①오는 사람을 맞아들이다. 예손님을 맞이하다. ②어떤 날이나 때를 맞다. 예새해를 맞이하다. ③가족이나 동료로 받아들이다. 예마음씨 고운 여자를 아내로 맞이하다.

맞잡다 [맏짭따] 서로 마주 잡다. 예우리는 손을 맞잡고 기뻐했다.

맞장구 [맏짱구] 남의 말에 대하여 그렇다고 덩달아 같이 말하는 일.

맞장구치다 [맏짱구치다] 남의 말에 동조하여 같은 말을 하거나 부추기거나 하다.

맞절 [맏쩔] 마주 하는 절. 맞절하다.

맞추다 [맏추다] ①틀리거나 어긋남이 없게 하다. 예박자를 맞추다. ②어떤 것을 무엇에 꼭 맞도록 하다. 예시계를 맞추다. ③미리 부탁하여 만들게 하거나 사기로 약속하다. 예옷을 맞추다. ④마음이나 정도에 맞게 하다. 예비위를 맞추다./간을 맞추다. ⑤마주 대다. 예입을 맞추다. ⑥'맞히다'의 잘못.

> **∷∷∷ '맞추다'와 '맞히다'의 구별 ∷∷∷**
>
> '답을 **맞추다**'는 시험을 본 후에 자신의 답을 정답이나 다른 사람의 답과 비교하여 맞았는지 틀렸는지 확인하는 것을 이르고, '답을 **맞히다**'는 어떤 문제나 물음에 대하여 정답을 대는 것을 이른다. 예시험이 끝나자 아이들은 서로 답을 맞추어(×맞히어)보느라 바쁘다./퀴즈의 답을 맞히다(×맞추다).

맞춤 [맏춤] 맞추어 만든 물건. 예맞춤 복/맞춤 구두.

맞춤법(-法) [맏춤뻡] 글자를 일정한 규칙에 맞추어 쓰는 방법. 예맞춤법에 맞게 쓰다. 비철자법.

맞히다¹ [마치다] 물음에 옳은 답을 대다. 예답을 맞히다. 참맞추다.

맞히다² [마치다] ①목표에 맞게 하다. 예화살을 과녁에 맞히다. ②눈·비 등을 맞게 하다.

맡기다 [맏끼다] ①어떤 일을 부탁하거나 책임지게 하다. 예아이를 맡기다. ②물건을 간수하게 하다. 예짐을 맡기다. ③헤아려 처리하도록 남에게 떠넘기다. 예그 일은 이 아이에게 맡깁시다.

맡다¹ [맏따] ①어떤 일이나 책임을 넘겨받다. 예집안 살림을 혼자서 맡게 되다. ②주문·증명·허락 등을 받거나 얻다. 예허락을 맡다. |발음| 맡아 [마타]·맡고 [맏꼬]·맡는 [만는]

맡다² [맏따] ①냄새를 코로 느끼다. 예꽃향기를 맡다. ②어떤 일의 낌새를 눈치 채다. |발음| 맡아 [마타]·맡고 [맏꼬]·맡는 [만는]

맡아보다 [마타보다] 어떤 일을 맡아서 하다. 예나는 우리 모임의 총무 일을 맡아보고 있다.

매¹ 사람이나 짐승을 때리는 막대기·몽둥이·회초리 등을 통틀어 이르는 말. 예매를 맞다.

매¹² 맷과의 모든 새. 부리와 발톱은 갈고리 모양이며 날쌔게 난다. 마을 부근의 하늘을 높이 돌다가, 급강하하여 새나 병아리 등을 채어 간다. 길들여서 꿩 사냥에 이용하기도 한다.

〈매²〉

매³ 양이나 염소 등의 울음소리. 매매.

매¹⁴(每) 각각의. 하나하나의 모든. 예야구장은 매 경기마다 사람들로 꽉 찼다.

-매 '맵시'나 '모양'을 뜻하는 말. 예눈매/옷매/몸매.

매:갈이 [매가리] 벼를 매통에 갈아 왕겨는 벗기고 속겨는 벗기지 않은 쌀을 만드는 일. 매갈이하다.

매개(媒介) ①둘 사이에 들어 서로의 관계를 맺어 줌. ②전염병 등을 옮김. 예말라리아는 모기를 매개로 하여 전염된다. 매개하다.

매개체(媒介體) ①둘 사이에서 어떤 일을 맺어 주는 것. ②병원균이나 기생 생물을 옮기는 중간 숙주와 같은 생물이나 무생물.

매:국(賣國) 자기 이익을 위하여 자기 나라의 주권이나 이익을 남의 나라에 팔아먹는 일. 예매국 행위. 매국하다.

매:국노(賣國奴) [매궁노] 자기 이익을 위하여 자기 나라를 팔아먹는 사람.

매기다 값·등수·차례 등을 따져서 정하다. 예시험지에 점수를 매기다.

매끄럽다 [매끄럽따] 물건의 겉면이 거칠지 않고 반들반들하다. 예마룻바닥이 아주 매끄럽다. 큰미끄럽다. |활용| 매끄러우니·매끄러워.

매끈거리다 흠이나 거친 데가 없이 부드럽고 반들반들하다. 비매끈대다. 큰미끈거리다.

매끈대다 ➡매끈거리다.

매끈매끈 자꾸 매끈거리는 모양. 예피부가 매끈매끈 윤기가 있다. 큰미끈미끈.

매끈하다 매끄러울 정도로 흠이나 거친 데가 없이 부드럽고 반들하다. 예매끈한 살결. 큰미끈하다. 매끈히.

매끌매끌 몹시 매끄러운 모양. 큰미끌미끌.

매너(manner) 어떤 행동이나 일에 대한 태도나 몸가짐. 예저 사람은 매너가 참 좋다.

매:년(每年) 해마다. 예매년 풍년이 든다. 비매해.

매니저(manager) 연예인·운동선수 등의 섭외나 일정 등을 관리하는 사람.

매니큐어(manicure) 손톱이나 발톱을 아름답게 꾸미는 화장품.

매:다¹ ①끈 등의 끝과 끝을 엇걸어서 마디를 지어 맺다. 예넥타이를 매다. ②빳줄 등을 공중에 가로 걸어 놓거나 드리워 있게 하다. 예마당에 빨랫줄을 매다. ③동물을 끈 같은 것으로 무엇에 잇대어 묶다. 예말뚝에 염소를 매다. ④어떤 물건을 줄·끈 등으로 묶어서 만들다. 예책을 매다. ⑤허리띠나 벨트 등을 몸에 다소 조이는 상태로 두르다. 예안전벨트를 매다.

매:다² 식물이 잘 자랄 수 있도록 그 사이에 난 잡초 등을 뽑다. 예김을 매다.

매:달(每一) 달마다. 다달이. 예철수네 학교는 매달 쪽지 시험을 치른다. 비매월.

매:달다 묶어서 드리우거나 걸다. 예고양이 목에 방울을 매달다. |활용| 매다니·매달아.

매:달리다 ①무엇을 붙들고 아래로 늘어지다. 예아이들이 철봉에 매달려 논다. ②무엇에 몸과 마음을 기대다. 예그에게는 다섯 식구가 매달려 산다. ③무엇에 몸과 마음이 쏠려 있거나 얽매이다. 예농사일에 매달려서 쉴 겨를이 없다. ④매닮을 당하다. 예전깃줄에 연이 매달려 있다.

매:도(罵倒) 몹시 욕하며 몰아세움. 예아이들이 그를 불량 학생이라고 매도를 하였다. 매도하다.

매듭 ①끈이나 실 등을 매어 마디를 이룬 것. 예매듭을 짓다./매듭을 풀다. ②일의 어려운 고비나 부분. 예일의 매듭이 풀리자 그다음은 순조롭게 되어 나갔다. ③일 사이에 짓는 구별이나 마무리. 예모든 일마다 매듭을 분명히 짓고 넘어가다. ④끈이나 실로 엇걸어 마디를 짓거나 고를 내어 여러 가지 무늬를 만드는 일, 또는 그렇게 만든 장식품.

매듭짓다[매듭짇따] ①끈·실 등을 매어 마디를 만들다. 몌나는 단추를 달고 실을 매듭지었다. ②어떤 일을 마무리하다. 몌다음 회의 때에는 이 일을 매듭짓자. |활용| 매듭지으니·매듭지어.

매력(魅力) 사람의 마음을 사로잡는 야릇한 힘. 몌매력 있는 웃음을 짓다.

매료(魅了) 사람의 마음을 홀리어 사로잡음. 매료되다. 몌영화의 주인공에게 매료되다. 매료하다.

매립(埋立) 낮은 땅이나 강·바다를 흙이나 돌 등으로 메워 돋우는 일. 매립되다. 매립하다. 몌쓰레기를 매립하다.

매립장(埋立場)[매립짱] 흙·돌·쓰레기 등을 땅속에 파묻는 곳. 몌쓰레기 매립장.

매만지다 잘 가다듬어 손질하다. 몌머리를 매만지다.

매매(賣買) 물건을 팔고 사는 일. 몌자동차 매매 센터. 매매되다. 매매하다. 몌집을 매매하다.

매머드(mammoth) ①4만 년 전부터 1만 년 전까지 살았던 코끼리. 몸이 매우 크고 털로 덮여 있으며, 굽은 엄니가 있다. ②'거대한 것'의 뜻으로 쓰이는 말. 몌매머드 도시.

〈매머드①〉

매몰(埋沒) 보이지 않게 파묻거나 파묻힘. 매몰되다. 몌산사태로 집이 매몰되었다. 매몰하다.

매몰차다 인정이 없이 아주 독하고 쌀쌀하다. 몌언니는 내 부탁을 매몰차게 거절했다.

매무새 옷이나 머리를 매만져 손질한 모양새.

매무시 옷을 입을 때, 매고 여미고 하며 매만지는 일. 몌삼촌은 새로 산 양복의 매무시에 신경을 썼다. 매무시하다.

매ː미 매밋과의 곤충. 두 쌍의 투명한 날개와 두 개의 겹눈, 대롱 모양의 긴 주둥이를 가졌다. 수컷은 배 쪽에 소리를 내는 기관이 있어 여름에 맑은 소리로 운다.

매ː미채 매미 등의 곤충을 잡는 데 쓰는 채. 긴 막대 끝에 그물주머니가 달려 있다.

매ː번(每番) 번번이. 몌시합에서 매번 우승하다. 回매양.

매복(埋伏) 적군·도둑 등을 기습하거나 잡기 위하여 길목에 몰래 숨어서 기다림. 몌범인은 매복을 하고 있던 경찰에게 붙잡혔다. 매복하다.

매부(妹夫) 손위 누이나 손아래 누이의 남편.

매ː부리코 매의 부리같이 코끝이 아래로 굽은 코, 또는 그런 코를 가진 사람.

매ː사(每事) ①모든 일. 몌매사를 신중히 생각하다. ②일마다.

매ː상(賣上) 하루 또는 어느 기간 동안 물건을 판 돈의 총액. 몌매상이 오르다.

매설(埋設) 수도관·전선·지뢰 등을 땅속에 파묻어 설치함. 몌수도관 매설 공사. 매설되다. 매설하다.

매섭다[매섭따] ①남이 겁을 낼 만큼 성질이나 됨됨이가 매몰차고 사납다. 몌눈초리가 매섭다. ②추위나 바람이 매우 심하다. 몌겨울바람이 매섭게 분다. 回무섭다. |활용| 매서우니·매서워.

매ː수(買收) ①물건을 사들임. ②금품이나 어떠한 수단으로 남을 꾀어 제 편을 만듦. 몌반대파를 돈으로 매수를 하다. 매수되다. 매수하다.

매스 게임(mass game) 많은 사람이 함께 하는 체조나 무용.

〈매스 게임〉

매스껍다 [매스껍따] ①토할 것같이 속이 울렁거리는 느낌이 있다. 예차를 오래 탔더니 멀미가 나서 속이 매스껍다. ②하는 짓이 눈에 거슬려 아니꼽다. 图메스껍다. |활용| 매스꺼우니·매스꺼워.

매스 미디어(mass media) ➡ 대중 매체.

매스컴 신문·방송·텔레비전 등을 통하여 지식이나 정보를 전달하는 일. 또는 그 기관. |참고| 매스컴은 'mass communication'에서 온 말.

매슥거리다 [매슥꺼리다] 매스꺼운 느낌이 자꾸 일어나다. 비매슥대다. 图메슥거리다.

매슥대다 [매슥때다] ➡ 매슥거리다.

매슥매슥 [매승매슥] 자꾸 매슥거리는 모양. 图메슥메슥.

매ː시(每時) 〈매시간〉의 준말.

매ː시간(每時間) 시간마다. 예우리는 매시간 그림자의 움직임을 관찰하여 기록했다. 준매시.

매실(梅實) 매실나무의 열매.

매실 나무(梅實一) [매실라무] 장미과의 낙엽 지는 큰키나무. 이른 봄에 흰색 또는 연분홍

〈매실〉

색 꽃이 잎보다 먼저 핀다. 열매는 '매실'이라고 하며, 약으로 쓰기도 하고 술을 담그기도 한다. 비매화·매화나무.

매양 언제나. 늘. 예선아는 매양 웃는 얼굴이다. 비매번·번번이.

매연(煤煙) 연료를 태웠을 때 생기는 그을음과 연기. 예자동차 매연으로 인한 대기 오염이 심각하다.

매우 보통 정도를 훨씬 넘게. 예날씨가 매우 덥다. 비대단히·무척.

매운맛 [매운맏] 고추를 먹었을 때처럼 혀가 얼얼한 맛.

매운탕(一湯) 고추장이나 고춧가루를 풀고 생선과 채소를 넣어 맵게 끓인 찌개.

매ː월(每月) 달마다. 다달이. 예초등학교 친구들과 매월 모임을 갖기로 했다. 비매달.

매이다 ①맴을 당하다. 예나는 운동화 끈이 잘 매여 있는지 살펴보았다. ②사람이나 조직에 딸려 자유롭지 못한 처지에 놓이다. 예집안일에 매이다.

매ː일(每日) 그날그날. 날마다. 예수진이는 매일 일기를 쓴다. 매일매일.

매일반(一一般) 마찬가지. 예어느 일이나 힘들기는 매일반이지. 비매한가지.

매ː일신문(每日新聞) 1898년 1월 26일에 창간된 우리나라 최초의 일간신문. 순 한글로 쓰여졌다.

매ː입(買入) 물건 등을 사들임. 빤매출. 매입되다. 매입하다. 예매입한 땅.

매장¹(埋葬) ①시체나 유골을 땅에 묻음. ②어떤 사람을 사회적으로 활동하지 못하게 함. 매장되다. 매장하다.

매장²(埋藏) 광물·석유·가스 등이 땅속에 묻혀 있음. 매장되다. 예땅속에 매장되어 있는 석탄. 매장하다.

매ː장³(賣場) 물건을 파는 곳. 예백화점의 신발 매장.

매장량(埋藏量) [매장냥] 광물·석유·가스 등이 땅속에 묻혀 있는 양.

매ː점(賣店) 역·학교·회사 등에서 물건을 파는 작은 가게. 예학교 매점.

매ː점 매ː석(買占賣惜) 물건값이 오를 것을 예상하고 큰 이익을 얻기 위해 물건을 몰아서 사 두고 되도록 팔지 않으려 하는 일. 예고추를 매점 매석을 하다. 凹사재기.

매정스럽다 [매정스럽따] 얄미울 정도로 인정이 없는 듯하다. |활용| 매정스러우니·매정스러워. 매정스레.

매정하다 얄미울 정도로 인정이 없다. 예매정한 사람.

매제(妹弟) 누이동생의 남편. 㘚매형.

매ː주(每週) 주마다. 예삼촌은 매주 산에 오른다.

매ː지구름 비를 머금은 채 조각조각 흩어져 있는 검은 구름. 예갑자기 매지구름이 몰려오더니 굵은 빗방울이 떨어지기 시작했다.

매직펜 뭉툭한 심에 유성 잉크를 넣어 굵은 글씨를 쓰는 필기도구. |참고| 매직펜은 'magic'과 'pen'이 합쳐서 된 말.

매ː진[1](賣盡) 입장권이나 차표가 모두 팔림. 예영화를 보러 갔는데 표가 매진이 되었다. 매진되다. 매진하다.

매ː진[2](邁進) 힘차게 나아감. 매진하다. 예학업에 매진하다.

매질 매로 때리는 짓. 매질하다.

매체(媒體) 어떤 사실을 전달하는 수단이 되는 것. 예광고 매체.

매ː초(每秒) 1초마다. 예풍속이 매초 15m이다.

매ː출(賣出) 물건을 파는 일. 예작년보다 매출이 늘었다. 凹매입. 매출하다.

매캐하다 연기나 곰팡이 냄새가 조금 맵고 싸하다. 예장작이 타는 매캐한 냄새가 코를 찌른다.

매콤하다 약간 맵다. 예찌개 국물이 매콤하다.

매통 벼를 넣고 갈아서 겉겨를 벗겨 내는 기구. 통나무를 잘라 맷돌같이 위아래 두 짝으로 만든다.

매트(mat) ①체조·유도·레슬링 등을 할 때, 충격을 줄이기 위하여 바닥에 까는 푹신한 깔개. ②신발의 흙을 떨거나 물기를 닦아 내기 위하여 건물의 출입구나 욕실 앞에 두는 깔개.

매트리스(mattress) 스프링이나 스펀지 등을 넣어 푹신하게 만든 직사각형의 물건. 침대용 요로 사용된다.

매ː표구(賣票口) 표를 파는 조그마한 창구.

매ː표소(賣票所) 표를 파는 곳. 예극장 매표소.

매한가지 결국 같음. 예잘못하기는 너나 나나 매한가지다. 凹매일반.

매형(妹兄) 누나의 남편. 㘚매제.

매혹(魅惑) 매력으로 사람의 마음을 사로잡음. 매혹되다. 매혹하다.

매혹적(魅惑的)[매혹쩍] 사람의 마음을 사로잡는 힘이 있는 것. 예매혹적인 여자.

매화(梅花) ①매화나무의 꽃. ②➡매실나무.

매화나무(梅花一) ➡매실나무.

매ː회(每回)[매회/매훼] 각 회마다. 예매회 안타를 치다.

맥(脈) ①〈맥박〉의 준말. 예맥을 짚어 보다./맥이 빠르다. ②〈맥락〉의 준말. 예맥이 통하는 이야기. ③기운이나 힘. 예맥이 풀리다. ④풍수지리에서 이르는, 지세에 정기가 흐른다는 줄기. 예맥을 끊어 놓다.

맥(을) 못 추다[관용] 기운이나 힘을 못 쓰다. 예힘깨나 쓴다던 아이들도 형 앞에서는 맥을 못 추었다.

맥(이) 빠지다[관용] 긴장이 풀려 힘이 없어지다.

맥놀이(脈一)[맹노리] 진동수가 조금 다른 두 소리가 간섭을 일으켜 세어졌다 약해졌다 하는 일.

맥락(脈絡)[맹낙] 사물이 서로 이어져 있는 관계나 연관. 예맥락이 통하지 않는 글. [준]맥.

맥박(脈搏) [맥빡] 심장의 운동에 따라 일어나는 동맥의 주기적인 움직임. [예]맥박이 뛰다./맥박이 빠르다. [준]맥.

맥아더(MacArthur, 1880~1964) 미국의 군인. 육군 원수. 6·25 전쟁 때 유엔군 총사령관으로 인천 상륙 작전을 지휘하여 공산군을 물리쳤다.

맥없다(脈—) [매겁따] 기운이 없다. **맥없이**. [예]맥없이 쓰러지다.

맥주(麥酒) [맥쭈] 엿기름에 홉을 섞어 발효시켜 만든 술. 따를 때 거품이 나며 쓴맛이 있다.

맨:1 제일. 가장. [예]맨 꼭대기/맨 나중에 오다.

맨2 온통. [예]온 산이 맨 철쭉뿐이다.

맨- '다른 것을 더하지 않은'·'그것만'의 뜻을 나타내는 말. [예]맨주먹/맨살.

맨:날 ➡만날.

맨눈 안경이나 망원경·현미경 등을 이용하지 않고 보는 눈. [비]육안.

맨드라미 비름과의 한해살이풀. 7~8월에 닭의 볏처럼 생긴 꽃이 빨강·노랑·하양 등의 빛깔로 핀다.

맨땅 아무것도 깔지 않은 땅.

맨몸 ①옷을 입지 않은 발가벗은 몸. ②아무것도 지니지 않은 몸. [비]나체·알몸.

맨몸뚱이 '맨몸'을 속되게 이르는 말.

맨발 아무것도 신지 않은 발. [예]맨발로 달려 나가다.

맨밥 반찬이 없는 밥.

맨살 아무것도 입거나 걸치지 않아 그대로 드러난 살.

맨션(mansion) 《'대저택'·'고급 주택'이라는 뜻으로》 대형 고급 아파트.

맨손 ①장갑 등을 끼지 않은 손. [예]맨손으로 눈을 뭉쳤다. ②'돈이나 물건을 가지지 않은 상태'를 비유하여 이르는 말. [예]친구 생일인데 어떻게 맨손으로 가니?

맨손 체조(—體操) 기구를 이용하지 않고, 몸을 고루 움직여서 바른 몸을 가질 수 있게 하는 운동. [반]기계 체조.

맨송맨송 ①술을 마신 뒤에도 취하지 않아 정신이 또렷한 모양. ②할 일이 없어서 심심하고 멋쩍은 모양. [예]방학 동안 하는 일 없이 맨송맨송 보냈다. [비]맨숭맨숭. [큰]민숭민숭.

맨송맨송하다 ①술을 마신 뒤에도 취하지 않아 정신이 또렷하다. ②할 일이 없어서 심심하고 멋쩍다. [비]맨숭맨숭하다·맹숭맹숭하다. [큰]민숭민숭하다.

맨숭맨숭 ➡맨송맨송.

맨숭맨숭하다 ➡맨송맨송하다.

맨입 [맨닙] 아무것도 먹지 않은 입.

맨주먹 아무것도 가지지 않은 빈 주먹.

맨해튼(Manhattan) 미국 뉴욕 시 중심부에 있는 섬. 금융·상업의 중심지이며, 국제 연합 본부·엠파이어스테이트 빌딩 등이 있다.

맨홀(manhole) 땅속에 묻은 수도관·하수관 등을 검사하거나 청소할 때 드나들도록 만든 구멍.

맴: 제자리에서 뱅글뱅글 도는 짓. [본]매암.

맴:돌다 제자리에서 뱅글뱅글 돌다. [예]잠자리가 가지 끝에서 맴돌고 있다. [본]매암돌다. [활용] 맴도니·맴돌아.

맴매 젖먹이에게 '매'를 일러 주는 말. [예]차돌아, 맴매 가져와! **맴매하다**. [예]엄마 말 안 들으면 맴매할 거야.

맴맴 매미가 우는 소리.

맵다 [맵따] ①고추나 마늘과 같이 맛이 알알하다. [예]작은 고추가 맵다. ②연기 등이 눈이나 코를 자극하여 아리다. [예]매운 담배 연기. ③몹시 춥다. [예]겨울바람이 맵다. [활용] 매우니·매워.

ㅁ

맵시 [맵씨] 곱게 매만진 모양새. 예맵시 있는 옷차림.

맷돌 [매똘/맫똘] 곡식을 갈아 가루를 만드는 데 쓰는 돌로 된 기구.

맷집 [매찝/맫찝] 매를 맞고도 견딜 만한 몸집. 예맷집이 좋다.

〈맷돌〉

맹:견(猛犬) 몹시 사나운 개.

맹:공격(猛攻擊) 맹렬히 공격함, 또는 그런 공격. 준맹공. 맹공격하다.

맹:꽁이 ①맹꽁잇과의 동물. 개구리와 비슷한데 몸집이 뚱뚱하며 물갈퀴가 없다. 날이 흐리거나 비가 올 때 '맹꽁맹꽁' 하고 소리를 내며 운다. ②'야무지지 못하고 답답한 사람'을 놀림조로 이르는 말.

〈맹꽁이①〉

맹:랑하다(孟浪一) [맹낭하다] ①생각보다 똘똘하거나 까다로워 허술히 볼 수 없다. 예맹랑한 아이. ②생각과는 달리 매우 허망하다. 예맹랑한 소문이 떠돌다. 맹랑히.

맹:렬하다(猛烈一) [맹녈하다] 기세가 몹시 세차다. 예맹렬한 반격을 가하다. 맹렬히.

맹맹하다 코가 막혀서 말을 할 때 콧소리가 나면서 갑갑하다. 예감기가 걸려서 코가 맹맹하다.

맹목적(盲目的) [맹목쩍] 아무 분간 없이 무턱대고 행동하는 것.

맹물 ①아무것도 타지 않은 맑은 물. ②'하는 짓이 싱겁고 야무지지 못한 사람'을 비유하여 이르는 말.

맹사성(孟思誠, 1360~1438) 조선 세종 때의 학자·정치가. 호는 고불. 우의정·좌의정을 지냈으며, 글도 잘 짓고, 음악에도 매우 밝았다. 작품으로 '강호사시가'가 있다.

맹세 목표나 약속을 꼭 지키겠다고 굳게 다짐함, 또는 그 다짐. |참고| 맹세는 '맹서(盟誓)'에서 온 말. 예국기에 대한 맹세. 맹세하다.

맹세코 굳게 다짐하건대. 예맹세코 비밀을 지키겠다.

맹:수(猛獸) 사자나 호랑이같이 아주 무섭고 사나운 짐승. 비야수.

맹숭맹숭하다 ①술을 마신 뒤에도 취하지 않아 정신이 또렷하다. ②할 일이 없어서 심심하고 멋쩍다. 비맹송맹송하다.

맹신(盲信) 옳고 그름의 분별이 없이 덮어놓고 믿음. 맹신하다. 예종말론을 맹신하다.

맹아[1](盲兒) 앞을 못 보는 아이.

맹아[2](盲啞) 시각 장애인과 언어 장애인을 아울러 이르는 말.

맹아 학교(盲啞學校) 시각 장애인·청각 장애인·언어 장애인들에게 특수 교육을 베푸는 학교.

맹:연습(猛練習) [맹년습] 아주 열심히 하는 연습. 맹연습하다.

맹:위(猛威) 몹시 사나운 기세. 예태풍이 맹위를 떨치고 있다.

맹인(盲人) 앞을 보지 못하는 사람. 눈이 먼 사람. 시각 장애인. 비소경·봉사·장님.

맹:자[1](孟子, 기원전 372~기원전 289) 중국 전국 시대의 학자·사상가. 사람은 본디 착하다는 '성선설'을 주장하였다.

맹:자[2](孟子) 사서의 하나. 맹자의 제자들이 맹자의 가르침을 기록한 유교 경전이다.

맹장[1](盲腸) 작은창자와 큰창자의 경계 부분에 달려 있는, 길이 6cm가량의 주머니 모양의 창자. 비막창자.

맹:장[2](猛將) 날래고 용감한 장수.

맹장염(盲腸炎) [맹장념] 맹장에 염증이 생겨 오른쪽 아랫배가 몹시 아픈 병. [비]충수염.

맹종(盲從) 옳고 그름을 가리지 않고 남이 시키는 대로 무턱대고 따름. **맹종하다**.

맹추 '총기가 없고 흐리멍텅한 사람'을 얕잡아 이르는 말. [큰]멍추.

맹탕(—湯) 맹물처럼 아주 싱거운 국.

맹ː호(猛虎) 사나운 호랑이.

맹ː활약(猛活躍) [맹화략] 눈부실 정도로 뛰어난 활약. **맹활약하다**.

맺다 [맫따] ①끈·실 등을 얽어 매듭을 만들다. [반]풀다. ②서로 어떤 인연이나 관계를 가지다. [예]국교를 맺다. ③열매가 생기다. [예]탐스러운 열매를 맺다. ④일을 끝내다. |발음| 맺어[매저]·맺고[맫꼬]·맺는[맨는]

맺히다 [매치다] ①꽃망울·열매·물방울 등이 달리다. [예]꽃잎에 이슬이 맺히다. ②끈·실 등이 얽혀 매듭이 지다. [예]매듭이 맺히다. ③마음속에 잊히지 않고 깊이 남다. [예]한이 맺히다.

머금다 [머금따] ①입 속에 넣고 삼키지 않은 채로 있다. [예]나는 물 한 모금을 머금었다가 훅 내뿜었다. ②생각을 품다. ③눈에 눈물이 괴다. ④감정을 조금 나타내다. [예]미소를 머금다.

머ː나멀다 《주로 '머나먼'의 꼴로 쓰여》 아주 멀다. [예]머나먼 길을 떠나다. |활용| 머나머니·머나멀어.

머루 포도과의 낙엽 지는 덩굴나무. 산에서 저절로 자라며, 열매는 빛깔이 검고 포도보다 맛이 시다.

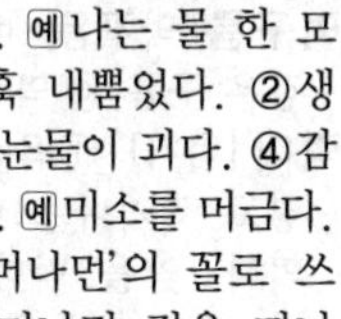
〈머루〉

머리 ①사람이나 동물의 목 위의 부분. ②사물을 슬기롭게 판단하는 능력. [예]머리가 좋다. ③물체의 꼭대기. [예]언제나 흰 눈을 머리에 이고 있는 산. ④물건의 앞부분. [예]배의 머리 부분. ⑤단체의 우두머리. [예]그는 우리 모임의 머리 노릇을 하고 있다.

머리를 굴리다[관용] 이리저리 좋은 수를 생각하거나 고민하다.

머리를 모으다[관용] 의논하기 위하여 가까이 모이다. 지혜를 합치다.

머리를 숙이다[관용] ①공경의 뜻을 나타내다. ②굴복하다.

머리를 싸매다[관용] 단단히 각오하고 덤비다. [예]머리를 싸매고 공부하다.

머리를 쥐어짜다[관용] 애를 써서 궁리하다. 지혜를 짜내다.

머리글자(—字) [머리글짜] 한 낱말의 첫머리에 나오는 글자. [비]이니셜.

머리꼭지 [머리꼭찌] 머리의 맨 위 가운데 부분. [비]정수리.

머리끝 [머리끋] 머리의 끝.

머리띠 머리에 두르거나 매는 띠.

머리말 책의 첫머리에 그 책에 대하여 간단히 쓴 글. [비]서문.

머리맡 [머리맏] 누운 사람의 머리 쪽, 또는 그 언저리. [예]시계를 머리맡에 두다.

머리빗 [머리빋] 머리털을 빗는 데 쓰는 도구. [비]빗.

머리뼈 사람이나 짐승의 머리를 이루는 뼈. [비]두개골.

머리숱 [머리숟] 머리털의 수량. [예]머리숱이 많다(적다).

머리채 길게 늘어뜨린 머리털.

머리카락 머리털의 낱개. [준]머리칼.

머리칼 〈머리카락〉의 준말.

머리털 머리에 난 털. [비]두발.

머리통 ①머리의 둘레. [예]머리통이 크다. ②'머리'를 속되게 이르는 말.

머리핀(—pin) 여자의 머리에 꽂는 핀.

머릿결 [머리껼/머릳껼] 머리카락의 질이나 상태. [예]머릿결이 부드럽다.

머릿돌 [머리똘/머릳똘] 건축 공사에서

ㅁ

주춧돌을 놓을 때, 건물을 지은 사람의 이름과 날짜 등을 새겨서 일정한 곳에 앉히는 돌.

머릿살 [머리쌀/머릳쌀] '머리' 또는 '머리의 속'을 속되게 이르는 말.

머릿속[머리쏙/머릳쏙] 상상이나 생각이 이루어지는 머리의 안.

머릿수건(一手巾) [머리쑤건/머릳쑤건] 음식을 만들 때 머리카락이 떨어지지 않도록 머리에 쓰는 수건.

머무르다 ①나아가다 멈추다. 예기차가 간이역에 잠시 머물렀다. ②어디에 일시적으로 묵다. 예그는 서울에 있는 이틀 동안 호텔에서 머물렀다. ③어떤 범위나 수준에 그치다. 예우리 팀은 우승을 목표로 했으나 준우승에 머무르고 말았다. ㉣머물다. |활용| 머무르니·머물러.

머무적거리다[머무적꺼리다] 〈머뭇거리다〉의 본말.

머물다 〈머무르다〉의 준말.

머뭇거리다 [머묻꺼리다] 무슨 일이나 말을 시원스럽게 하지 못하고 망설이다. 예그렇게 머뭇거리지 말고 빨리 말해 봐라. ㉧머무적거리다. ㈎머뭇대다.

머뭇대다 [머묻때다] ⇒ 머뭇거리다.

머뭇머뭇 [머묻머묻] 자꾸 머뭇거리는 모양. 예나는 머뭇머뭇 망설이다가 입을 열었다.

머슴 지난날, 잘사는 농삿집에 고용되어 일을 해 주고 품삯을 받는 남자를 이르던 말.

머슴살이 [머슴사리] 머슴 노릇을 하는 일. 머슴살이하다.

머슴애 [머스매] ①머슴살이를 하는 아이. ②'남자아이'를 낮추어 이르는 말.

머쓱하다 [머쓰카다] ①멋없이 키만 크다. ②무안을 당하거나 흥이 꺾여 기가 죽어 있다. 머쓱히.

머위 국화과의 여러해살이풀. 산의 습한 땅에 저절로 나기도 하고 밭에 가꾸기도 한다. 잎은 심장 모양이고 털이 있으며, 여름에 흰색 꽃이 핀다. 잎은 연하여 데쳐 먹거나 약으로 쓴다.

머지않다 [머지안타] 《주로 '머지않아'의 꼴로 쓰여》 시간이 오래되지 않다. 예머지않아 해가 솟을 것이다.

> **: : '머지않다'와 '멀지 않다'의 구별 : :**
>
> **머지않다** : 시간이 오래되지 않다.
> 예이제 머지않아 중학생이 된다.
> **멀지 않다** : 거리가 떨어지지 않다.
> 예학교가 멀지 않아 좋겠다.

머플러(muffler) 추위를 막거나 멋을 내기 위하여 목에 두르는 천. ㈎목도리.

먹 ①벼루에 물을 붓고 갈아서 먹물을 만드는 재료. ②〈먹물〉의 준말.

먹거리[먹꺼리] 사람이 살아가기 위하여 먹는 온갖 것. ㈎먹을거리.

먹고살다[먹꼬살다] 생활을 해 나가다. 예그 사람은 품팔이로 하루하루 먹고산다. |활용| 먹고사니·먹고살아.

먹구름 [먹꾸름] 비나 눈이 내릴 듯한 검은 구름. 예먹구름이 낀 하늘.

먹다 [먹따] ①음식·약 등을 입 안에 넣고 씹거나 그대로 삼키다. 예밥을 먹다./약을 먹다. ㉧자시다·잡수시다. ②나이가 들다. 예세 살 먹은 아이. ③연기 등을 들이마시다. 예담배를 먹다. ④생각이나 느낌을 품다. 예겁을 먹다. ⑤꾸지람이나 욕을 듣다. ⑥상대편에게 득점을 하게 하다. 예두 골을 먹다. ⑦들리지 않게 되다. 예귀가 먹다. ⑧벌레가 갉거나 하여 헐어 들어가다. 예벌레 먹은 사과.

먹먹하다[멍머카다] 갑자기 귀가 먹은 듯이 잘 들리지 않다. 예시끄러운 음악 소리에 귀가 먹먹했다. |잘못| 멍멍하다. 먹먹히.

먹물[멍물] 먹을 갈아서 만든 검은 물. [준]먹.
먹보[먹뽀] '밥을 많이 먹는 사람'을 놀림조로 이르는 말. [비]밥보.
먹색(—色)[먹쌕] 먹물의 빛깔과 같은 검은색. [비]먹빛·묵색.
먹성(—性)[먹썽] 음식을 먹는 습성이나 분량. [예]먹성이 좋다.
먹솜[먹쏨] 먹물에 담근 솜.
먹을거리[머글꺼리] 먹을 수 있거나 먹을 만한 음식 또는 식품. [비]먹거리.
먹음직스럽다[머금직쓰럽따] 보기에 먹음직하다. [활용] 먹음직스러우니·먹음직스러워. **먹음직스레**.
먹음직하다[머금지카다] 음식이 보기에 맛이 있을 듯하다. [예]빨간 사과가 먹음직하다.
먹이[머기] 동물의 먹을거리. 또는 가축에게 먹이는 풀이나 곡식. [예]새가 새끼에게 먹이를 물어다 주었다.
먹이 그물 둘 이상의 먹이 사슬이 그물처럼 복잡하게 얽혀 있는 상태.
먹이다[머기다] ①음식을 먹게 하다. [예]아기에게 젖을 먹이다. ②물감·풀·물 등이 스며들게 하다. [예]옷에 풀을 먹이다. ③가축을 기르다. [예]소를 먹이다.
먹이 사슬 초식 동물을 육식 동물이, 그 육식 동물을 다른 육식 동물이 잡아먹는 것과 같이, 생물이 먹이를 중심으로 사슬 모양으로 이어져 있는 관계. [비]먹이 연쇄.
먹이 연쇄(—連鎖) ➡먹이 사슬.
먹이통(—桶)[머기통] 먹이를 담아 두는 통.
먹이 피라미드(—pyramid) 먹이 사슬에 의해 이루어지는 생물의 수와 양을 나타내는 피라미드 모양의 관계. 위로 올라갈수록 수가 줄어든다.
먹잇감[머기깜/머긷깜] 동물의 먹이가 되는 것.
먹장구름[먹짱구름] 먹빛같이 시커먼 구름.
먹중[먹쭝] ①산대놀이나 탈춤에 나오는 인물의 하나, 또는 그 인물이 쓰는 탈. ②먹장삼을 입은 승려.
먹지(—紙)[먹찌] 한쪽 또는 양쪽 면에 검은 칠을 한 얇은 종이. 종이 사이에 끼우고 눌러쓰면 똑같이 찍힌다.
먹치마 검은 치마를 입은 것같이 아래쪽을 검은 빛깔로 꾸민 연.
먹칠(—漆) ①먹으로 칠함. 또는 먹처럼 검은 칠. ②'명예·체면 등을 더럽히는 짓'을 비유하여 이르는 말. [예]더 이상 부모 얼굴에 먹칠을 하지 마라. **먹칠하다**.
먹황새[머쾅새] 황샛과의 새. 몸길이 96cm가량으로 황새보다 조금 작다. 부리와 다리는 붉은빛을 띤 누런색이고, 몸 아랫면은 흰색, 나머지는 구릿빛 광택이 있는 검은색이다. 높은 나무 위에 집을 짓고 산다. 천연기념물 제200호.
먹히다[머키다] ①먹게 되다. [예]점심을 짜게 먹었는지 물이 자꾸 먹힌다. ②먹음을 당하다. [예]토끼가 호랑이에게 먹혔다. ③상대편에게 잘 받아들여지다. [예]신세대에게 잘 먹히는 광고.
먼:동 날이 밝아 올 무렵의 동쪽 하늘. [예]먼동이 트다.
먼:바다 ①육지에서 멀리 떨어진 바다. ②기상 예보에서, 한반도를 중심으로 하여 육지에서 동해는 20km, 서해와 남해는 40km 밖의 바다를 이르는 말. [반]앞바다.
먼:발치 조금 멀리 떨어져 있는 곳. [예]먼발치에서 바라보다.
먼저 시간이나 차례 등이 앞서서. [예]나 먼저 갈게. [비]미리. [반]나중.
먼지 가루처럼 날리거나 쌓이는 작고 가벼운 티끌. [예]옷의 먼지를 떨다.

ㅁ

먼지떨이[먼지떠리] 먼지를 떨어 내는 기구.

먼지잼 비가 겨우 먼지나 날리지 않을 정도로 조금 옴.

멀거니 아무 생각 없이 멍청하게. 예나는 멀거니 창밖을 바라보고 있었다. 비멍하니·우두커니.

멀ː겋다[멀거타] ①국물 등이 진하지 않고 매우 맑다. 예멀건 국. 逊말갛다. ②눈에 생기가 없다. |활용| 멀거니·멀게.

멀ː다¹ 눈이 보이지 않게 되거나 귀가 들리지 않게 되다. |활용| 머니·멀어.

멀ː다² ①거리가 많이 떨어져 있다. 예집에서 학교까지는 매우 멀다. ②시간이 지나는 동안이 오래 걸리다. 예먼 옛날. ③사이가 친근하지 않다. 예사이가 먼 친구. ④소리가 또렷하지 않고 약하다. 예전화 소리가 멀다. 빤가깝다. |활용| 머니·멀어.

멀뚱거리다 눈을 멀거니 뜨고 정신없이 있거나 물끄러미 바라보다. 비멀뚱대다. 逊말뚱거리다.

멀뚱대다 ➡멀뚱거리다.

멀뚱멀뚱 자꾸 멀뚱거리는 모양. 逊말뚱말뚱.

멀ː리 많이 떨어져서 사이가 가깝지 않게. 예앞날을 멀리 내다보다. 빤가까이.

멀ː리뛰기 뜀뛰기 경기의 한 가지. 일정한 거리를 도움닫기하여 발구름판에서 한 발로 멀리 뛰어, 그 뛴 거리로 승패를 겨루는 경기. '넓이뛰기'의 바뀐 이름.

〈멀리뛰기〉

멀ː리하다 ①멀리 떨어져 있게 하다. ②피하거나 관계를 끊다. 예돈을 멀리하다. 빤가까이하다.

멀미 자동차·배·비행기 등을 탔을 때 일어나는 메스껍고 어지러운 증세. 예멀미가 나다. 멀미하다.

멀쑥하다[멀쑤카다] ①모양이 훤하고 깨끗하다. 逊말쑥하다. ②키가 멋없이 훌쭉하게 크다. 멀쑥이.

멀쩡하다 ①흠이 없이 온전하다. 예떨어뜨린 안경이 멀쩡하다. ②몸에 탈이 없이 성하다. 예멀쩡한 정신. 逊말짱하다. 멀쩡히.

멀찌감치 거리가 좀 멀게. 좀 멀리 떨어져서. 예멀찌감치 도망가다.

멀찍하다[멀찌카다] 거리가 좀 멀다. 멀찍이. 예멀찍이 서서 구경하다.

멀티미디어(multimedia) 컴퓨터를 이용하여 문자·소리·그림 등의 여러 가지를 복합적으로 만든 장치나 기술.

멈추다 ①계속되던 움직임이나 동작이 그치다. 예차가 신호등 앞에서 멈추었다. ②비나 눈이 그치다. ③하던 일이나 동작을 그치다. 예걸음을 멈추다./일손을 멈추다.

멈칫[멈칟] 하던 일이나 움직임을 갑자기 멈추는 모양.

멈칫거리다[멈칟꺼리다] 하던 일이나 동작을 자꾸 멈추다. 비멈칫대다.

멈칫대다[멈칟때다] ➡멈칫거리다.

멈칫멈칫[멈칟멈칟] 자꾸 멈칫거리는 모양.

멋[먿] ①태도나 차림새 등에서 풍기는 세련된 모습이나 태도. ②격에 어울리게 운치 있는 맛. 예멋이 있는 표현. |발음| 멋이[머시]·멋도[먿또]·멋만[먼만]

멋대로[먿때로] 하고 싶은 대로. 예멋대로 행동하다. 비마음대로.

멋들어지다[먿뜨러지다] 보기에 아주 멋이 있다.

멋모르다[먼모르다] 일의 까닭이나 속사정을 알지 못하다. 예산에 멋모르

고 따라갔다가 힘들어서 울며 내려왔다. |활용| 멋모르니·멋몰라.

멋스럽다[먼쓰럽따] 멋진 데가 있다. 예멋스럽게 맨 스카프. |활용| 멋스러우니·멋스러워.

멋없다[머덥따] 격에 맞지 않고 싱겁다. 맨멋있다. 멋없이. 예저 청년은 멋없이 키만 크다.

멋있다[머딛따/머싣따] 아주 말쑥하고 아름답다. 예멋있는 사람/멋있는 그림. 맨멋없다.

멋쟁이[먼쨍이] 멋있거나 멋을 잘 부리는 사람. |잘못| 멋장이.

멋지다[먿찌다] 아주 멋이 있다. 예옷차림이 멋지다.

멋쩍다[먿쩍따] ①하는 짓이나 모양이 격에 어울리지 않다. 예진수는 어쩔 줄을 몰라서 멋쩍게 웃었다. ②쑥스럽고 어색하다. 예멋쩍은 표정.

멍 무엇에 부딪히거나 맞아서 피부 속에 퍼렇게 맺힌 피.

멍게 멍겟과의 동물. 크기는 주먹만 하며 껍데기에 젖꼭지 같은 돌기가 많다. 해초 뿌리 같은 것이 있어 바위에 붙어 산다. 맨우렁쉥이.

〈멍게〉

멍군 장기에서, 장군을 받아 막는 수. 참장군². 〈멍게〉

멍들다 어떤 일로 마음의 상처를 입다. |활용| 멍드니·멍들어.

멍멍 개가 짖는 소리.

멍멍이 '개'를 가리키는 어린이 말. 맨멍멍개.

멍멍하다 ①얼이 빠진 듯 어리둥절하다. ②'먹먹하다'의 잘못.

멍석 짚 같은 것을 엮어서 만든 큰 자리. 예멍석을 깔다.

멍석말이[멍성마리] 지난날, 권세 있는 집안에서 사사로이 가하던 벌. 사람을 멍석에 둘둘 말아 몽둥이로 쳤다.

멍에 수레나 쟁기를 끌게 하기 위하여 소나 말의 목에 가로로 얹는 구 부러진 나무 막대기.

〈멍에〉

멍에를 메다[관용] '자유로이 활동할 수 없게 어떤 일에 얽매이다'를 비유하여 이르는 말.

멍울 우유나 풀 등에 생기는 작고 둥글게 엉겨 굳어진 덩이. 좐망울.

멍청이 '멍청한 사람'을 얕잡아 이르는 말. 맨멍텅구리.

멍청하다 ①똑똑하지 못하고 어리석다. ②무디고 어리벙벙하다. 예멍청하게 서 있지 말고 이리 와서 앉아. 멍청히.

멍텅구리 똑똑하지 못한 사람. 맨멍청이.

멍ː하니 정신이 나간 것처럼 멍청하게. 예멍하니 앉아 있다. 맨멀거니·우두커니.

멍ː하다 정신이 나간 듯하다. 예멍한 눈으로 허공만 바라본다.

멎다[먿따] ①계속되던 움직임이나 현상이 멈추어지다. ②눈·비 등이 그치다. 맨멈추다. |발음| 멎어[머저]·멎고[먿꼬]·멎는[먼는]

메¹ 무엇을 치거나 박을 때 쓰는, 나무나 쇠로 만든 방망이.

메² 제사상에 올리는 밥.

메³ '산'을 예스럽게 이르는 말. 예태산이 높다 하되 하늘 아래 메이로다.

메가폰(megaphone) 목소리가 멀리까지 들리도록 입에 대고 말하는, 나팔 모양의 기구. 참확성기.

메ː기 메깃과의 민물고기. 입이 매우 크고 몸에 비늘이 없어 미끈미끈하며, 네 개의

〈메기〉

긴 수염이 있다. 시내나 늪에 산다.

메기는소리 민요를 부를 때 한 사람이 앞서 부르는 소리. [비]앞소리. [반]받는소리.

메기다 노래나 소리를 주고받을 때, 한편이 먼저 부르다.

메꽃 [메꼳] 메꽃과의 여러해살이풀. 여름에 나팔 모양의 엷은 붉은색 꽃이 핀다. 뿌리줄기와 어린잎은 먹을 수 있다.

〈메꽃〉

메꾸다 ①시간을 적당히 또는 그럭저럭 보내다. ②부족하거나 모자라는 것을 채우다. ③빈 곳을 채우다. [예]구덩이를 메꾸다. [비]메우다.

메남 강(Menam 江) 타이의 중부를 흐르는, 타이에서 가장 큰 강. 편리한 수운, 넓은 벼농사 지역 등으로 타이의 경제 및 문화의 대동맥을 이루고 있다. 길이 1,200 km.

메뉴(menu) 음식점에서, 파는 음식의 이름과 값을 적은 표. [비]차림표.

메:다¹ 구멍 등이 막히다. [예]하수도 구멍이 메다./목이 메다. |잘못| 메이다.

메:다² 물건을 어깨 위에 얹다. [예]가방을 메다.

메달(medal) 칭찬하거나 어떤 일을 기념하기 위하여, 보통 동그랗고 납작한 쇠붙이에 여러 모양을 새겨서 주는 패.

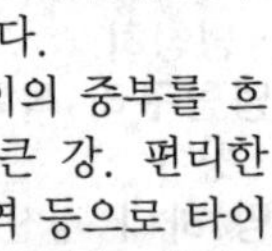
〈메달〉

메달리스트(medalist) 경기 등에서, 메달을 받은 사람.

메들리(medley) 여러 노래의 일부를 조금씩 이어서 연주하거나 부르는 일, 또는 그런 곡. [비]접속곡.

메떡 차지지 않은 곡식으로 만든 떡. [반]찰떡.

메뚜기 메뚜깃과의 곤충. 몸빛은 황록색이고, 날개는 엷은 갈색이다. 뒷다리가 길어서 잘 뛴다.

메롱 '그럴 줄 몰랐지' 하는 뜻으로, 혀를 쏙 내밀며 하는 어린이 말. [예]메롱, 약 오르지.

메리야스 면이나 털실 등으로 짠 천, 또는 그렇게 짠 옷 종류. 속옷·장갑·양말 등에 이용된다. |참고| 메리야스는 'medias'에서 온 말.

메마르다 ①땅이 물기가 없고 기름지지 않다. [예]메마른 땅을 옥토로 만들다. ②인정이 없거나 생활에 정서가 없다. [예]메마른 사회. |활용| 메마르니·메말라.

메모(memo) 잊지 않도록 요점을 간략히 적어 두는 일, 또는 그렇게 적은 글. **메모하다**.

메모리(memory) ⟪기억이라는 뜻으로⟫ 컴퓨터에서, 자료·명령·수치 등을 기억하는 장치, 또는 거기에 들어갈 수 있는 자료의 양. [예]메모리가 부족하다.

메밀 마디풀과의 한해살이풀. 밭에 심어 가꾼다. 가을철에 흰 꽃이 피고, 뾰족하고 세모진 열매가 열리는데, 가루를 내어 국수·묵 등을 만들어 먹는다.

메밀국수 [메밀국쑤] 메밀가루로 만든 국수.

메밀꽃 [메밀꼳] 메밀의 꽃.

메밀묵 메밀로 만든 묵.

메스(mes) 수술이나 해부를 하는 데 쓰는 칼.

메스껍다 [메스껍따] ①토할 것같이 속이 몹시 울렁거리는 느낌이 있다. [예]차멀미로 속이 메스껍다. ②하는 짓이 몹시 아니꼽다. [예]부자라고 거들먹거리는 꼴이 메스껍다. [작]매스껍다. |활용| 메스꺼우니·메스꺼워.

메스실린더 ➡눈금실린더. |참고| 메스실린더는 'measuring cylinder'에서 온 말.

메슥거리다 [메슥꺼리다] 메스꺼운 느낌이 자꾸 나다. 旧메슥대다. ㉑매슥거리다.

메슥대다 [메슥때다] ➡ 메슥거리다.

메슥메슥 [메승메슥] 자꾸 메슥거리는 모양. ㉑매슥매슥.

메시아(Messiah) ①구약 성경에서, 초인간적인 능력을 지닌 이스라엘의 통치자를 이르는 말. ②기독교에서, '예수 그리스도'를 구세주로서 이르는 말.

메시지(message) 어떤 사실을 알리거나 내세우거나 하기 위해 전하는 말.

메신저(messenger) ①메시지나 물품 등을 전달하는 사람. ②인터넷을 통해 메시지나 자료를 바로 주고받을 수 있는 프로그램.

메아리 소리가 산이나 골짜기에 부딪혀 되울려 오는 현상, 또는 그 소리.

메어치다 [메어치다/메여치다] 어깨 위로 휘둘러서 땅에 힘있게 내리치다. ㉑메치다.

메우다 구멍이나 빈 곳을 채우다. 예웅덩이를 돌로 메우다. 旧메꾸다.

메이다 '메다¹'의 잘못.

메일(mail) 인터넷을 통해 컴퓨터로 주고받는 글. 旧이메일·전자 우편.

메조소프라노(mezzo-soprano) 여자 목소리에서 소프라노보다 낮고 알토보다 높은 소리, 또는 그 음넓이의 가수.

메조 포르테(mezzo forte) 악보에서, 셈여림을 나타내는 말. '조금 세게'의 뜻. 기호는 mf.

메조 피아노(mezzo piano) 악보에서, 셈여림을 나타내는 말. '조금 여리게'의 뜻. 기호는 mp.

메주 콩을 삶아 찧은 다음, 덩이를 지어서 띄워 말린 것. 장을 담그는 원료이다.

〈메주〉

메주콩 메주를 만드는 데 쓰는 콩.

메추라기 꿩과의 새. 몸이 통통하고 꼬리가 짧다. 농경지 부근의 풀밭에서 흔히 볼 수 있는 겨울새이다. ㉣메추리.

메ː치다 〈메어치다〉의 준말.

메카(Mecca) 사우디아라비아에 있는 홍해 연안의 도시. 이슬람교의 교조 마호메트가 태어난 곳으로, 이슬람교 최고의 성지이다.

메탄가스(methane gas) 불을 붙이면 파란 불꽃을 내면서 타는, 색깔과 냄새가 없는 기체. 도시가스 등의 원료로 쓰인다. 旧메탄.

메트로놈(metronome) 흔들리는 추의 원리를 응용하여 1분 동안의 박자 수를 헤아리는 기계.

멕시코(Mexico) 미국 남쪽 중앙아메리카에 있는 나라. 은이 많이 난다. 수도는 멕시코시티.

〈메트로놈〉

멕시코 만(Mexico 灣) 멕시코 동쪽에 있는, 대서양에 딸린 바다. 풍부한 유전 지대이고, 새우 어장으로도 유명하다.

멘스 ➡ 월경. |참고| 멘스는 'menstruation'에서 온 말.

멜라닌(melanin) 동물의 몸 거죽에 있는 흑갈색의 색소. 이것의 양에 따라 피부와 머리카락의 색깔이 결정된다.

멜로디(melody) 음악의 가락.

멜로디언(melodion) 피아노나 오르간과 같은 건반 악기. 입으로 바람을 불어 넣으며 건반을 눌러 소리를 낸다.

멜론(melon) 박과의 한해살이풀. 참외의 한 품종으로, 열매는 둥글거나 길둥근 모양이며 향기와 맛이 좋다.

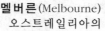
〈멜론〉

멜버른(Melbourne) 오스트레일리아의

남동부에 있는 항구 도시. 중화학 공업 도시이며, 오스트레일리아 제2의 무역항이기도 하다.

멜:빵 ①짐을 걸어 어깨에 둘러메는 끈. 예멜빵을 늦추다. ②바지 등이 흘러내리지 않도록 어깨에 걸치는 끈.

멤버(member) 단체를 이루는 한 사람.

멥쌀 메벼를 찧은, 차지지 않은 쌀. 밴찹쌀.

멧돼지 [메퉤지/멛퉤지] 멧돼짓과의 짐승. 돼지의 원종으로 털은 검은색 또는 검은 갈색이다. 주둥이가 길고 목이 짧으며 날카로운 송곳니가 위로 솟아 있다. 삔산돼지.

〈멧돼지〉

멧부리 [메뿌리/멛뿌리] 산등성이나 산봉우리의 가장 높은 꼭대기.

멧새 [메째/멛쌔] ①되샛과의 새. 참새와 비슷한데, 등은 밤색에 검은 세로무늬가 있고, 배는 연한 붉은 갈색이다. 우는 소리가 매우 곱

〈멧새①〉

다. 야산이나 숲 속에서 잡초 씨나 벌레를 먹고 산다. ②'산새'를 예스럽게 이르는 말.

며느리 아들의 아내.

며칠날 [며친날] 〈며칠〉의 본말.

며칠 ①그달의 몇째 날. 예오늘이 며칠이지? 본며친날. ②몇 날. 예며칠 후에 만나자. |잘못| 몇일.

멱¹ 목의 앞쪽. 예멱을 따서 닭을 잡다.

멱:² 〈미역¹〉의 준말. 예멱을 감다.

멱살 [멱쌀] 목 아래에 여민 옷깃. 예멱살을 잡다.

면:¹(面) 지방 행정 구역의 하나. 몇 개의 이(里)로 구성되며, 군에 딸려 있다.

면:²(面) ①겉으로 드러나 있는 평평한 바닥. ②도형의 한 요소. 선의 이동으로 이루어진, 넓이가 있는 도형. ③어떤 분야나 부분. 예좋은 면을 발견하다. ④신문이나 책 등의 각 쪽. 예신문 1면에 실린 기사.

면³(綿) 솜 또는 무명.

면:⁴(麵) 밀가루나 메밀가루를 반죽하여 가늘게 뺀 것, 또는 그것을 삶아 만든 음식. 예끓는 물에 면과 수프를 넣고 3분 후에 드세요.

면:담(面談) 서로 만나서 이야기함. 면담하다.

면:도(面刀) 얼굴에 난 잔털이나 수염을 깎는 일. 면도하다.

면:도칼(面刀─) 얼굴에 난 잔털이나 수염을 깎는 데 쓰는 칼.

면면하다(綿綿─) 끊어지지 않고 죽 이어져 있다. 면면히. 예면면히 이어 온 전통.

면:모(面貌) 사람이나 사물의 겉모습. 예새로운 면모를 갖추다.

면:목(面目) ①남을 대하는 체면. 예면목이 안 서다. 삔낯·체면. ②사물의 겉모습. 또는 일의 모양이나 상태. 예면목을 새롭게 하다.

면목(이) 없다 |관용| 부끄러워 남을 대할 낯이 없다. 예실수를 거듭하여 면목 없게 되었다.

면밀하다(綿密─) 자세하고 꼼꼼하여 빈틈이 없다. 삔치밀하다. 면밀히. 예면밀히 관찰하다.

면:박(面駁) 얼굴을 마주하여 꾸짖거나 창피를 줌. 예면박을 주다(당하다). 면박하다.

면발(麵─)[면빨] 국수의 가락. 예면발이 가늘다./면발이 쫄깃쫄깃하다. 삔국숫발.

면봉(綿棒) 끝에 솜을 말아 붙인 가느다란 막대. 흔히, 귀를 후비거나 약을 바를 때 쓴다.

면:사무소(面事務所) 면의 행정 사무를 맡아보는 곳.

면:사포(面紗布) 결혼식 때 신부가 머리에 쓰는 흰 천.

면:섬유(綿纖維)[면서뮤] 목화에서 얻은 실로 짠 섬유.

면:세(免稅) 세금을 면제함. 예면세 대상. 면세되다. 면세하다.

면양(緬羊)[며냥] ➡양[1].

면:역(免疫)[며녁] ①몸 안에 병균이나 독이 들어와도 병이 나지 않을 만한 저항력을 갖는 일. ②같은 일이 되풀이됨에 따라 습관화되는 현상. 예매 맞는 일에는 면역이 되었다. 면역되다.

면:장(面長) 면(面)의 행정을 책임지는 사람.

면장갑(綿掌匣) 무명실로 짠 장갑. 비목장갑.

면:재 구성(面材構成) 판지·베니어판·플라스틱 등 면을 재료로 사용하여 꾸민 구성.

면:적(面積) ➡넓이.

면:전(面前) 보고 있는 앞. 예면전에서 꾸짖다.

면:접(面接) ①서로 대면하여 만나 봄. ②〈면접시험〉의 준말. 면접하다.

면:접시험(面接試驗)[면접씨험] 직접 만나 보고 인품이나 실력 등을 알아보는 일. 준면접.

면:제(免除) 책임이나 의무를 지우지 않음. 예수업료 면제. 면제되다. 예병역에서 면제되다. 면제하다.

면직(綿織) 〈면직물〉의 준말.

면직물(綿織物)[면징물] 무명실로 짠 천. 준면직.

면:책(免責) 책임을 벗어남. 예국회의원의 면책 특권. 면책되다. 면책하다.

면포(綿布) 목화의 솜에서 뽑은 실로 짠 베. 비무명.

면:하다(免-) ①책임이나 의무를 지지 않게 되다. 예책임을 면하다. ②어떤 일을 당하지 않게 되다. 예화를 면하다. ③어떤 고비를 벗어나다. 예위험을 면하다.

면:허(免許) ①국가 기관에서 영업 등을 할 수 있도록 허가하는 일. ②국가나 특정 기관에서 어떤 기술에 대한 자격을 인정하는 일. 예운전면허.

면:허증(免許證)[면허쯩] 면허의 내용이나 사실을 적어서 내주는 문서.

면화(綿花) ➡목화.

면:회(面會)[면회/면훼] 직접 얼굴을 대하여 만남. 예면회 사절. 면회하다.

멸공(滅共) 공산주의 또는 공산주의자를 멸망시킴. 예멸공 통일. 멸공하다.

멸구 멸굿과의 곤충. 농작물의 해충으로 식물의 줄기 속에 있는 즙을 빨아먹는다. 비벼멸구.

멸균(滅菌) 세균을 죽여 없앰. 예멸균 우유. 비살균. 멸균되다. 멸균하다.

멸망(滅亡) 망하여 없어짐. 예고구려의 멸망. 멸망되다. 멸망하다.

멸시(蔑視)[멸씨] 남을 업신여김. 몹시 낮추어 봄. 반존경. 멸시하다.

멸악산맥(滅惡山脈)[며락싼맥] 낭림산맥의 남부에서 장산곶까지 뻗어 황해도를 남북으로 크게 나누는 산맥. 구월산·멸악산·장수산 등의 명산이 있다.

멸종(滅種)[멸쫑] 생물의 한 종류가 아주 없어짐. 또는 생물의 한 종류를 아주 없앰. 예공룡은 오래전에 멸종이 되었다. 멸종되다. 멸종하다.

멸치 멸칫과의 바닷물고기. 몸길이 13 cm가량. 몸은 길고 원통 모양이다. 우리나

〈멸치〉

라 연해에서 많이 난다. 말리거나 젓을 만들어 먹는다.

멸하다(滅一) 쳐부수어 없애다. 예삼족을 멸하다.

명[1](名) 사람의 수효를 셀 때 쓰이는 말. 예8명/두 명.

명[2](命) ①목숨. 예명이 길다./명이 짧다. ②〈명령〉의 준말. 예명을 내리다.

명견(名犬) 이름난 개. 또는 훌륭한 개.

명경대(明鏡臺) 저승길의 입구에 있다는 거울. 그 앞을 지나는 사람이 생전에 행한 착한 일과 악한 일을 사실과 똑같이 보여 준다고 한다.

명곡(名曲) 유명한 악곡. 뛰어나게 잘된 악곡. 예명곡 감상.

명관(名官) 이름난 관리. 뛰어난 관리.

명궁(名弓) ①활을 잘 쏘기로 이름난 사람. ②이름난 활. 유서 깊은 활.

명나라(明一) 중국의 옛 왕조의 하나. 원나라와 청나라 사이의 왕조로, 주원장이 세웠다. 〔1368~1644〕

명년(明年) 올해의 다음 해. 비내년. 반작년.

명단(名單) 어떤 일에 관계된 사람들의 이름을 적은 표.

명답(名答) 꼭 알맞은 대답. 매우 잘한 대답.

명당(明堂) ①아주 좋은 묏자리나 집터. 예명당에 산소를 쓰다. ②'썩 좋은 장소나 지위'를 비유하여 이르는 말. 예이곳은 음식점을 내기에 명당이다.

명도(明度) 빛의 밝고 어두운 정도.

명도 대비(明度對比) 밝기가 다른 두 색을 이웃해 놓았을 때 밝은 색은 더 밝게, 어두운 색은 더 어둡게 보이는 현상.

명동(明洞) 서울특별시 중구에 있는 동. 서울의 대표적인 번화가로 상업과 금융의 중심지이다. 우리나라에서 가장 큰 성당인 명동 성당이 있다.

명란(明卵) [명난] 명태의 알. 예명란젓.

명랑하다(明朗一) [명낭하다] 마음에 걱정이 없이 밝고 활발하다. 예명랑한 성격. 비쾌활하다. 명랑히.

명량 대첩(鳴梁大捷) 조선 선조 30(1597)년에 이순신 장군이 이끄는 수군이 명량 해협에서 왜군을 크게 이긴 싸움.

명령(命令) [명녕] 윗사람이 아랫사람에게 시킴. 또는 그 말이나 내용. 예명령에 복종하다. 준명.

명령문(命令文) [명녕문] 남에게 시키거나 어떻게 하기를 바라는 뜻을 나타내는 글. '빨리 자'. · '심부름 다녀오너라.' 등.

명료하다(明瞭一) [명뇨하다] 분명하고 똑똑하다. 예명료한 사실.

명륜당(明倫堂) [명뉸당] 성균관 안에 있으며 유학을 가르치던 곳.

명마(名馬) 이름이 널리 알려진 훌륭한 말. 비준마.

명망(名望) 널리 알려진 이름과 덕. 예명망이 높은 학자.

명맥(命脈) 전통 등의 맥이 끊어지지 않고 이어지는 것. 예전통문화의 명맥을 이어 가다.

명명(命名) 사람·물건 등에 이름을 지어 붙임. 예새로운 배의 명명식을 갖다. 명명되다. 명명하다.

명목(名目) ①겉으로 내세우는 이름. 예명목뿐인 사장. ②겉으로 내세우는 이유나 구실. 예이 돈은 불우 이웃을 돕는다는 명목으로 받은 것이다.

명문[1](名文) 매우 잘 지은 글. 이름난 글.

명문[2](名門) ①문벌이 좋은 집안. 비명가. ②전통과 역사가 있는 유명한 학교.

명물(名物) ①그 지방의 이름난 생산품이나 특별한 물건. 명산물. 예인삼은 금산의 명물이다./파리의 명물인 에펠탑. ②남다른 특징이 있어 이름이 나 있는 사람. 예우리 반의 명물.

명배우(名俳優) 훌륭한 연기로 이름난 배우.

명백하다(明白—)[명배카다] 분명하고 뚜렷하다. 예명백한 사실. 명백히.

명복(冥福) 죽은 뒤에 저승에서 받는 복. 예고인의 명복을 빌다.

명부(名簿) 어떤 일에 관련된 사람의 이름·주소·직업 등을 적어 놓은 장부.

명분(名分) ①사람이 도덕적으로 지켜야 할 도리. ②겉으로 내세우는 구실. 예명분을 내세우다.

명사(名士) 사회에서 이름난 사람. 명성이 널리 알려진 사람. 예이번 행사에는 각계의 명사들이 다 참석했다.

명산(名山) 이름난 산.

명산지(名産地) 이름난 산물이 나는 땅, 또는 그 지방.

명상(冥想) 고요한 가운데 눈을 감고 깊이 생각함. 예명상에 잠기다. 명상하다.

명상곡(冥想曲) 생각에 잠기는 듯한 기분을 주는 작은 규모의 악곡.

명색(名色) 실속 없이 그럴듯하게 불리는 이름. 예명색이 손님인데 설거지를 시킬 수야 없지.
  명색이 좋다[관용] 실속 없이 이름만 듣기 좋다. 예명색이 좋아 여행이지 고생만 실컷 했다.

명석하다(明晳—)[명서카다] 생각하고 판단함이 분명하고 똑똑하다. 예명석한 두뇌.

명성(名聲) 세상에 널리 알려져 있는 좋은 평판.

명성 황후(明成皇后, 1851~1895) 조선 고종의 비. 성은 민(閔). 흥선 대원군의 집정을 물리치고 고종이 직접 정치를 맡게 하였다. 1895년에 일본 자객들에게 경복궁에서 죽임을 당했다. 비민비.

명세서(明細書) 하나하나의 내용을 자세히 적은 문서. 예지출 명세서.

명소(名所) 아름다운 경치나 유적 등으로 이름난 곳. 예관광 명소.

명수(名手) 어떤 방면에 통달하여 뛰어난 솜씨를 가진 사람. 예양궁의 명수. 비명인.

명승(名勝) 훌륭하고 이름난 경치.

명승고적(名勝古跡) 뛰어난 경치와 역사적인 유적.

명승지(名勝地) 경치가 좋기로 이름난 곳.

명시(明示) 분명하게 가리킴. 명시되다. 명시하다.

명실공히(名實共—) 겉으로나 실제의 내용에 있어서나 다 같이. 예지성이는 명실공히 우리 학교를 대표하는 축구 선수이다.

명실상부하다(名實相符—) 이름과 실제의 내용이 서로 꼭 맞는 데가 있다. 예브라질은 명실상부한 축구 강국이다.

명심(銘心) 마음속에 깊이 새겨 둠. 명심하다. 예선생님 말씀을 깊이 명심하겠습니다.

명심보감(明心寶鑑) 고려 충렬왕 때 추적이 어린이들에게 바른 생활을 가르치기 위해, 중국의 옛 책에서 보배로운 말과 글을 모아 엮은 책.

명아주 명아줏과의 한해살이풀. 떡잎은 붉고, 꽃은 누런 녹색으로 이삭 모양으로 핀다. 잎은 먹을 수 있으며, 약의 재료로도 쓴다.

〈명아주〉

명암(明暗) ①밝음과 어두움. 예명암이 분명하다. ②'기쁨과 슬픔', '행복과 불행'을 비유하여 이르는 말.

명언(名言) ①사리에 들어맞는 훌륭한 말. 예베이컨은 '아는 것이 힘이다.'라는 명언을 남겼다. ②유명한 말.

명예(名譽) 세상에서 훌륭하다고 일컬어지는 이름. 예학교의 명예를 걸고 싸우다. 비영예·명성. 반불명예.

명예롭다(名譽—)[명예롭따] 명예로 여길 만하다. 예명예로운 죽음. |활용| 명예로우니·명예로워.

명예 훼손(名譽毀損) 다른 사람의 명예를 더럽히거나 떨어뜨리는 일.

명왕성(冥王星) 태양계에 속하는 별의 하나. 원래 태양계의 아홉 행성 중 하나였으나, 2006년 행성의 지위를 잃었다.

명월(明月) ①밝은 달. ②보름달. 특히, 음력 8월의 보름달.

명의(名醫)[명의/명이] 병을 잘 고치는 이름난 의사.

명인(名人) 어떤 기술이나 예술에 뛰어나 유명한 사람. 예가야금의 명인/판소리의 명인.

명일(明日) 오늘의 다음 날. 비내일.

명작(名作) 훌륭한 작품. 유명한 작품. 비걸작.

명장[1](名匠) 기술이 뛰어나 이름난 기술자.

명장[2](名將) 뛰어난 장군. 이름난 장수.

명절(名節) 전통적으로 해마다 온 겨레가 지키어 즐기거나 기념하는 날. 설·대보름날·추석 등.

명주(明紬) 명주실로 무늬 없이 짠 천.

명주실(明紬—) 누에고치에서 뽑은 실.

명주잠자리(明紬—) 명주잠자릿과의 곤충. 몸길이 3.5cm가량. 머리는 검은빛, 가슴은 어두운 갈색, 가슴 아래쪽은 노란색이다. 애벌레는 '개미귀신'이라고 한다.

명:중(命中) 겨냥한 곳에 바로 맞음. 또는 바로 맞힘. 비적중. 명중되다. 명중하다. 예화살이 과녁에 명중하였다.

명찰(名札) ⇒이름표.

명창(名唱) 우리나라의 전통 노래를 뛰어나게 잘 부르는 사람. 예판소리의 명창.

명철하다(明哲—) 총명하고 사리에 밝다. 지혜가 뛰어나다. 명철히.

명:치 사람 몸에 있는 급소의 하나. 가슴뼈 아래 한가운데의 오목하게 들어간 곳이다.

명칭(名稱) 사람이나 사물을 부르는 이름.

명쾌하다(明快—) 말이나 글의 조리가 분명하여 시원스럽다. 예명쾌하게 대답하다. 명쾌히.

명태(明太) 대구과의 바닷물고기. 몸 길이는 40~60cm. 홀쭉하고 길며, 등은 푸른 갈색, 배는 은빛을 띤 흰색이다. 우리나라의 주요 수산 자원의 하나이다.

〈명태〉

'명태'를 달리 이르는 말

- **강태** : 강원도 바닷가에서 잡히는 명태.
- **건명태** : ➡ 북어.
- **더덕북어** : 얼리고 말리기를 되풀이하여 살이 부풀고 더덕처럼 마른 명태. 비황태.
- **동태** : 겨울에 잡아 얼린 명태.
- **막물태** : 맨 끝물에 잡힌 명태.
- **북어** : 말린 명태. 비건명태.
- **생태** : 말리거나 얼리지 않은, 잡은 그대로의 명태.
- **선태** : 갓 잡은 싱싱한 명태.
- **황태** : ➡ 더덕북어.

명품(名品) ①뛰어난 물건이나 작품. 예명품을 감상하다. ②이름난 상품. 예명품 가방.

명필(名筆) 글씨를 썩 잘 써서 이름난 사람. 또는 썩 잘 쓴 글씨.

명：하다(命―) ①명령하다. 예선생님은 학생들에게 뛰어가라고 명하셨다. ②임명하다.

명함(名銜) 자기의 이름·주소·직장·직위·전화번호 등을 적은 종이쪽.

명화(名畫) 썩 잘되어 이름난 그림이나 영화.

명확하다(明確―)[명화카다] 분명하고 틀림이 없다. 예명확한 대답. 명확히.

몇 [면] ①얼마만큼의 수. ②확실하지 않은 수를 물을 때 쓰는 말. 예올해 나이가 몇이?｜발음｜몇이[며치]·몇도[면또]·몇만[면만]

몇몇 [면면] 두엇 좀 남짓한, 또는 얼마 안 되는 수를 막연히 이르는 말. 예몇몇 사람만 찬성하다.

모¹ 옮겨 심기 위하여 가꾸어 기른 벼의 싹. 예모를 내다.

　모를 찌다[관용] 모내기를 하려고 모판에서 모를 뽑다.

모² 윷놀이에서, 윷짝 네 개가 다 엎어진 경우를 이르는 말. 다섯 자리를 갈 수 있다. 참도¹·개²·걸¹·윷.

모³ ①물건의 거죽으로 튀어나온 뾰족한 끝. 예모가 난 돌. ②사물을 보는 측면이나 각도. 예여러 모로 생각하다.

모⁴ 두부나 묵을 네모지게 잘라 놓은 덩이, 또는 그것을 셀 때 쓰는 말. 예두부 한 모.

모⁵(毛) 양의 털을 깎아 만든 섬유.

모：⁶(某) ①《주로 사람의 성 뒤에 쓰여》 '아무개'의 뜻을 나타내는 말. 예김 모. ②'아무'·'어떤'의 뜻을 나타내는 말. 예모 초등학교.

모가지 '목'을 속되게 이르는 말.

모：계(母系)[모계/모게] 어머니 쪽의 계통. 예모계 사회. 반부계.

모골(毛骨) 털과 뼈를 아울러 이르는 말. 예모골이 오싹하다.

모공(毛孔) 털이 나는 작은 구멍. 비털구멍.

모：과 모과나무의 열매. 큰 배와 비슷하나 거죽이 좀 울퉁불퉁하다. 설탕에 절여 먹거나, 한방에서 약재로 쓰인다. ｜참고｜모과는 '목과(木瓜)'에서 온 말.

모：과나무 장미과의 낙엽 지는 큰키나무. 열매는 '모과'로, 가을에 누렇게 익는다.

모：교(母校) 자기가 졸업한 학교.

모：국(母國) 특히 외국에 있으면서, 자기가 태어난 나라를 이르는 말. 예재일 교포의 모국 방문. 비고국·본국·조국.

모：국어(母國語)[모구거] 자기 나라의 말. 반외국어.

모금¹ 물이나 공기를 한 번 머금은 분량. 예물 한 모금.

모금²(募金) 어떤 일을 도와줄 목적으로 여러 사람으로부터 돈을 모음. 예불우 이웃 돕기 모금. 모금되다. 모금하다.

모금함(募金函) 모금할 때 돈을 넣는 상자.

모：기 모깃과의 곤충을 통틀어 이르는 말. 몸은 머리·가슴·배의 세 부분으로 이루어져 있다. 여름철에 암컷은 사람이나 가축의 피를 빨아 먹고, 수컷은 식물의 즙을 빨아 먹는다.

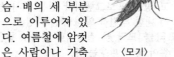
〈모기〉

모：기장(―帳) 모기를 막기 위해 치는 장막. 매우 성기게 짠 얇은 천으로 만든다. 예모기장을 치다.

모：기향(―香) 모기를 쫓거나 죽이기 위하여 피우는 향. 제충국을 원료로 하여 막대나 나선 모양으로 만든다.

모：깃불 [모기뿔/모긴뿔] 모기를 쫓기 위하여 풀 등으로 연기가 나게 피우는 불.

모나다 ①모가 나 있다. 예모난 돌.

②성격이나 행동이 원만하지 못하고 까다롭다. 예모난 성격.

모나무 ➡묘목.

모내기 모를 못자리에서 논으로 옮겨 심는 일. 비모심기·이앙. 모내기하다.

모네(Monet, 1840~1926) 프랑스의 화가. 인상파의 개척자로서 1874년에 출품한 '해돋이 인상'이라는 작품의 제목에서 인상파라는 이름이 생겨났다. 작품으로 '수련'·'소풍' 등이 있다.

모:녀(母女) 어머니와 딸.

모노드라마(monodrama) 한 사람의 배우가 모든 배역을 혼자 맡아 하는 연극. 비독백극.

모노레일(monorail) 하나의 레일로 된 철도.

모눈 모눈종이에 나타나 있는 하나하나의 사각형.

모눈종이 일정한 간격을 두고 서로 직각으로 엇갈린 여러 개의 가로줄과 세로줄을 그린 종이. 비방안지.

모니터(monitor) ①컴퓨터에서, 글자나 그림을 화면에 나타내 주는 장치. ②방송국이나 신문사 등의 부탁을 받고 방송 프로그램이나 신문 기사 등에 대한 의견을 알려 주는 사람.

모닥불 [모닥뿔] 검불이나 잎나무 등을 쌓아 놓고 피우는 불.

모데라토(moderato) 악보에서, 빠르기를 지시하는 말. '보통 빠르게'의 뜻.

모델(model) ①모형. 본보기. 예모델 하우스. ②그림을 그리거나 글을 쓸 때 본보기로 삼는 물건이나 사람. ③패션모델.

모:독(冒瀆) 말이나 행동으로 욕되게 함. 모독하다. 예신을 모독하다./인격을 모독하다.

모두 있는 대로 빠짐없이 다. 예모두 얼마입니까? 비전부.

모둠 초·중등학교에서, 효율적인 학습을 위하여 학생들을 대여섯 명 내외로 묶은 모임. 예모둠 학습/모둠 토의.

모둠발 뛰는 동작을 하려고 두 발을 가지런히 모은 발.

모둠원(一員)[모두뭔] 모둠을 이루고 있는 사람.

모둠장(一長) 모둠의 책임자.

모:든 전부의. 예모든 사람.

모듬살이 [모듬사리] 여럿이 어울려 살아가는 공동생활.

모락모락 [모랑모락] 김이나 연기 등이 조금씩 피어오르는 모양. 흰무럭무럭.

모란 작약과의 낙엽 지는 떨기나무. 꽃송이가 크고 아름다워 뜰에 심어 가꾼다. 종류에 따라 분홍·연분홍·흰색 꽃이 핀다. |참고| 모란은 '목단(牡丹)'에서 온 말.

모란꽃 [모란꼳] 모란의 꽃.

모래 잘게 부스러진 돌의 부스러기.

모래 가마니 모래를 넣어 만든 가마니.

모래땅 모래로 이루어진 땅.

모래 모판(一板) 꺾꽂이 순의 뿌리가 쉽게 내리게 하기 위해 모래로 만든 모판.

모래밭 [모래받] 모래가 넓게 깔려 있는 곳. 참백사장.

모래벌판 모래가 덮여 있는 벌판.

모래사장(一沙場) 강가나 바닷가에 있는 모래벌판. 비모래톱.

모래성(一城) 모래로 성처럼 쌓은 것.

모래시계(一時計) [모래시계/모래시게] 가운데가 잘록하게 대롱 모양으로 된 그릇에 모래를 넣고, 그 모래가 대롱으로 조금씩 떨어지게 하여 시간을 재는 장치.

모래알 모래의 낱 알갱이.

모래주머니 ①모래를 넣 〈모래시계〉

은 주머니. ②새의 소화기의 한 가지. 먹이를 으깨어 부수는 일을 한다. 곡식을 먹는 새에게만 있다.

모래톱 ➡ 모래사장.

모래판 모래가 많이 깔린 곳.

모래펄 모래가 덮인 개펄.

모래흙 [모래흑] 모래가 많이 섞인 흙. 보통, 80% 이상이 모래로 된 흙을 말한다.

모랫길 [모래낄/모랟낄] 모래가 깔려 있는 길.

모략(謀略) 남을 해치려고 쓰는 꾀, 또는 그 일. 예중상모략. 모략하다.

모:레 내일의 다음 날.

모:로 ①모난 쪽으로. 대각선으로. 예모로 자르다. ②옆으로. 예모로 눕다.

모로코(Morocco) 아프리카 서북부에 있는 나라. 한때 프랑스와 에스파냐에 속해 있다가 독립하였다. 목축업과 농업이 발달하였다. 수도는 라바트.

모:루 대장간에서 불린 쇠를 올려놓고 두드릴 때, 받침으로 쓰는 쇳덩이.

〈모루〉

모:르다 ①알지 못하다. 예나는 그 애를 모른다. ②깨닫거나 이해하지 못하다. 예이 글은 그 뜻을 잘 모르겠다. ③경험을 하지 못하다. 예실패를 모르는 사람. ④기억하지 못하다. 예어제 안 온 사람이 누구였는지 잘 모르겠다. 빤알다. |활용| 모르니·몰라.

모르타르(mortar) 시멘트와 모래를 섞어서 물에 갠 것. 벽돌·블록 등을 맞붙이는 데 쓰인다.

모름지기 마땅히. 응당. 예학생은 모름지기 공부를 열심히 해야 한다.

모리셔스(Mauritius) 인도양 서남부, 마다가스카르 섬의 동쪽에 있는 나라. 고원과 산지로 이루어진 화산섬이며, 사탕수수·향료·담배 등이 난다. 주민은 인도인이 많다. 수도는 포트루이스.

모면(謀免) 어려운 상황이나 책임·죄 등에서 꾀를 쓰거나 운이 좋아서 벗어남. 모면하다. 예위기를 모면하다.

모:멸(侮蔑) 업신여기고 깔봄. 예모멸에 찬 눈길. 모멸하다.

모:멸감(侮蔑感) 업신여김과 깔봄을 당한다는 느낌.

모반(謀反) 나라나 임금을 배반하여 군사를 일으킴. 모반하다.

모발(毛髮) 사람의 머리털.

모방(模倣) 다른 것을 본뜸. 흉내를 냄. 빤창조. 모방하다. 예남의 작품을 모방하다.

모범(模範) 본받아 배울 만한 본보기. 예모범 학생.

모범생(模範生) 학업과 품행이 뛰어나서 다른 학생들이 본받을 만한 학생.

모범적(模範的) 본받아 배울 만한 것.

모빌(mobile) 《'움직이는 조각'이라는 뜻으로》 가는 철사나 실에 금속판이나 나뭇조각을 여러 개 매달아 균형의 아름다움을 나타낸 것.

〈모빌〉

모사¹(模寫) 무엇을 흉내 내어 그대로 나타냄. 예성대모사. 모사하다.

모사²(謀士) 계책을 세우는 사람. 또는 계책에 능한 사람.

모사 전:송기(模寫電送機) 멀리 떨어져 있는 사람과 편지나 서류 등을 바로 주고받을 수 있는 기계. 전화로도 사용할 수 있다. 빤팩시밀리.

모색(摸索) 어떤 일을 해결할 수 있는 방법이나 실마리를 더듬어 찾음. 모색하다. 예새로운 방법을 모색해 보자.

모서리 물건의 모가 진 가장자리. 예책상 모서리.

모ː선¹(母船) 어떤 작업의 중심체가 되는 배. 특히, 원양 어업에서 딸려 있는 여러 배들을 거느리고, 물자의 보급과 어획량의 처리 등을 맡아 하는 큰 배.

모ː선²(母線) 원뿔의 꼭지점과 밑면인 원둘레의 한 점을 이은 선분.

모ː성(母性) 여성이 어머니로서 지니는 본능적인 성질. 빤부성.

모ː성애(母性愛) 자식에 대한 어머니의 본능적인 사랑. 빤부성애.

모세(Moses, ?~?) 이스라엘의 예언자이며 지도자. 노예로 있던 이스라엘 민족을 이집트로부터 해방시켰다.

모세 혈관(毛細血管) 동맥과 정맥을 이으며 조직 속에 그물 모양으로 퍼져 있는 가는 혈관. |참고| 이 혈관을 통해 조직에 양분과 산소를 공급하고 이산화탄소와 불필요한 물질을 심장으로 옮긴다. 빤실핏줄.

모순(矛盾) 말이나 행동이 서로 앞뒤가 맞지 않음. 모순되다.

모스(Morse, 1791~1872) 미국의 발명가. 전신기와 모스 부호를 발명하였다.

모스 부ː호(Morse符號) 미국의 발명가 모스가 만든 전신 부호. 점(짧은소리)과 선(긴소리)을 여러 가지로 섞어 글자를 나타내는 것.

모스크바(Moskva) 러시아의 수도. 모스크바 강의 기슭에 있으며, 러시아의 정치·경제·문화의 중심지이다. 크렘린 궁전과 붉은 광장이 유명하다.

모스크바 삼상 회ː의(Moskva三相會議) 1945년 12월 모스크바에서 열린 미국·영국·소련의 외상 회의. 이 회의에서 한국의 신탁 통치 문제가 논의되었다.

모습 사람·자연·사물 등의 생긴 모양. 예친구의 모습이 눈에 어린다. 빤모양.

모시 모시풀의 껍질에서 뽑은 실로 짠 옷감. 충청남도 한산에서 나는 모시가 희고 곱기로 유명하다.

모ː시다 ①윗사람을 받들며 가까이에서 시중들거나 함께 살다. 예부모님을 모시고 살다. ②윗사람을 안내하여 목적지로 가거나 오게 하다. 예선생님을 댁까지 모셔다 드렸다. ③제사 등을 지내다.

모시옷[모시온] 모시로 지은 옷.

모시조개 백합과의 조개. 길이 3cm가량의 둥근 모양으로, 껍데기는 갈색이고 가장자리는 자주색이다. 해안의 개펄 속에 산다.

모시풀 쐐기풀과의 여러해살이풀. 여름에 누런색의 꽃이 핀다. 껍질의 섬유는 모시의 원료가 된다.

모식도(模式圖) [모식또] 사물의 구조·진행·조직 등을 도식적으로 그린 그림.

모심기[모심끼] 벼의 모를 못자리에서 옮겨 심는 일. 빤모내기·이앙. 모심기하다.

모양(模樣) ①사람이나 물건의 생김새. 빤모습. ②차림새 등을 곱게 꾸민 것. 예언니는 모양을 잔뜩 부리고 외출했다. ③어떤 일의 형편이나 상태.

모양이 사납다[관용] 보기 흉하다.

모양내다(模樣—) 꾸미어 맵시를 내다. 예이모는 잔뜩 모양내고 선보러 갔다.

모양새(模樣—) ①모양의 됨됨이. ②체면이나 꼴.

모양자(模樣—) 삼각형·원·별 등의 모양을 새긴 자.

모여들다 여럿이 한곳을 향하여 오다. |활용| 모여드니·모여들어.

모:욕(侮辱) 깔보고 욕보임. 예모욕감. 모욕하다.

모:월(某月) 아무 달. 예모월 모일 모시에 여기서 만나자. 참모일.

모:유(母乳) 어머니의 젖. 예아기에게 모유를 먹이다.

모으다 ①흩어진 것을 한곳에 합쳐 놓다. 예휴지를 주워 모으다. ②한곳으로 오게 하다. 모집하다. 예회원을 모으다. ③돈이나 재물을 쌓아 두다. 예용돈을 모으다. |활용| 모으니·모아.

모:음(母音) ➡홀소리.

모음곡(一曲) 기악곡의 한 형식. 몇 개의 곡을 모아서 하나의 곡으로 만든 악곡.

모:음자(母音字)[모:음짜] 모음을 나타내는 글자. 만자음자.

모음집(一集) 같은 종류의 글이나 그림 등을 여러 개 모아 엮은 책. 예동요 모음집.

모의[1](模擬)[모의/모이] 실제와 비슷한 형식과 내용으로 연습 삼아 해 봄. 예모의고사. 모의하다.

모의[2](謀議)[모의/모이] 좋지 않은 일을 몰래 꾀하고 의논함. 모의하다.

모의재판(模擬裁判)[모의재판/모이재판] 학교 같은 데서, 실제의 재판을 본떠서 그 과정을 연습 삼아 해 보는 일.

모이 닭이나 날짐승의 먹이.

모이다 ①여럿이 한곳으로 오다. 예청중이 모이다. 만흩어지다. ②돈이나 재물이 쌓이다. 예용돈이 꽤 모였다.

모이주머니 새의 소화기의 한 가지. 먹은 것을 잠시 저장해 두었다가 조금씩 위로 보내는 일을 한다.

모이통(一桶) 모이를 넣어 두는 통.

모:일(某日) 아무 날. 참모월.

〈모이주머니〉

모임 여러 사람이 어떤 목적을 가지고 때와 곳을 정하여 모이는 일.

모:자[1](母子) 어머니와 아들.

모자[2](帽子) 추위나 햇빛 등을 막고 모양을 내기 위하여, 머리에 쓰는 물건.

모:자라다 ①어떤 기준이나 정도에 미치지 못하다. 예개수가 모자라다. 만남다. ②지능이 정상적인 사람에 미치지 못하다.

모자반 모자반과의 바닷말. 줄기는 1m 이상 자라며 바위에 붙어 산다. 말려서 먹거나 비료로 쓴다.

모자이크(mosaic) 미술에서, 여러 가지 빛깔의 돌이나 유리·조가비 등의 조각을 박거나 붙여서 도안이나 그림으로 나타낸 장식물. 또는 그런 기법. 모자이크하다.

모잠비크(Mozambique) 아프리카 대륙 남동부에 있는 나라. 면화·사탕수수·땅콩 등을 주로 재배한다. 포르투갈 지배하에서 1975년에 독립하였다. 수도는 마푸투.

모:정(母情) 자식에 대한 어머니의 정.

모조(模造) 본떠서 만듦. 또는 그 물품. 모조하다.

모조리 하나도 빠짐없이 모두. 예모조리 잡다. 비전부.

모조지(模造紙) 품질이 좋고 질기며 윤택이 나는 종이.

모조품(模造品) 모방하여 만든 물건. 만진품.

모종(一種) 옮겨 심기 위해 씨앗을 뿌려 가꾼 어린 식물. 또는 그것을 옮겨 심는 일. 모종하다.

모종삽(一種一) 모종을 옮겨 심을 때 쓰는 작은 삽.

모지다 ①모양이 둥글지 않고 모가 나 있다. ②성격이 모난 데가 있다.

모직(毛織) 털실로 짠 옷감.

모:질다 ①기세 등이 매섭고 거세다. 예모진 바람이 분다. ②차마 못할 짓

을 함부로 하는 성질이 있다. 例모진 고문을 받다. ③힘든 일을 능히 참고 견딜 만큼 억세다. |활용|모지니·모질어.

모집(募集) 조건에 맞는 사람이나 사물을 모음. 例합창단원 모집. 모집되다. 모집하다.

모쪼록 바라건대. 부디. 例모쪼록 건강하길 바란다. 비아무쪼록.

모찌기 모판에서 모를 뽑아 한 다발씩 묶어 놓는 일. 모찌기하다.

모차르트(Mozart, 1756~1791) 오스트리아의 고전파 음악가. 13세에 오페라를 작곡하여 음악의 천재로 불린다. 작품에는 '피가로의 결혼'·'돈 조반니'·'마술피리' 등이 있다.

모처럼 ①벼르고 별러서 처음으로. 가까스로. 例모처럼 맞춰 입은 옷이 작다. ②아주 오래간만에. 例모처럼 친구를 만났다.

모ː체(母體) ①아이나 새끼를 가진 어미의 몸. ②현재 형태의 근본이 되는 것.

모ː친(母親) '어머니'를 정중하게 이르는 말. 반부친.

모카신(moccasin) 한 장의 가죽으로 뒤축이 없게 만든 구두. 본래 미국 인디언들이 신던 것으로, 사슴 등의 부드러운 가죽으로 만든다.

모ː태(母胎) ①어머니의 태 안. ②사물이 생기거나 발전하는 데 바탕이 된 토대.

모터(motor) 전기나 석유의 힘으로 동력을 일으키는 기계. 비발동기.

모터보트(motorboat) 모터의 힘으로 움직이는 보트.

모퉁이 ①구부러지거나 꺾여져 돌아간 자리. ②구석진 곳이나 가장자리. 例운동장 한 모퉁이. 비귀퉁이. 반가운데.

모판(一板) 들어가 손질하기 편리하게

못자리 사이를 떼어 직사각형으로 다듬어 놓은 구역.

모포(毛布) ➡담요.

모피(毛皮) ➡털가죽. 例모피 코트.

모함(謀陷) 꾀를 써서 남을 어려운 처지에 빠드림. 모함하다.

모ː험(冒險) 위험을 무릅쓰고 어떤 일을 함. 또는 그 일. 모험하다.

모ː험심(冒險心) 모험을 즐기는 마음. 모험에 도전하기를 좋아하는 마음.

모형(模型) 실물을 본떠서 만든 물건. 例거북선의 모형.

모형관(模型館) 실물과 똑같이 만든 모형을 전시해 놓은 집.

모형도(模型圖) 모형을 그린 그림.

모형 비행기(模型飛行機) 실물을 본떠서 만든 장난감 비행기.

모호하다(模糊一) 말이나 태도가 분명하지 않다. 흐릿하다. 例모호한 태도를 취하다.

목¹ ①머리와 몸통을 잇는 잘록한 부분. ②〈목구멍〉의 준말. ③다른 곳으로는 빠져나갈 수 없는, 중요한 통로의 좁은 곳. 例목을 지키다.

목을 놓아 울다관용 큰 소리로 울다.

목이 마르게관용 몹시 애타게.

목이 빠지게 기다리다관용 몹시 안타깝게 기다리다. 例나는 생일이 돌아오기를 목이 빠지게 기다렸다.

목이 타다관용 물이 몹시 마시고 싶다.

목²(木) 〈목요일〉의 준말.

목각(木刻) [목깍] 그림이나 글씨 등을 나무에 새기는 일. 또는 나무를 깎아 만든 물건. 例목각 인형.

목거리 [목꺼리] 목이 붓고 아픈 병.

목걸이 [목꺼리] 보석 등을 줄에 꿰어 목에 거는 장식품.

목격(目擊) [목꺽] 일이 벌어진 광경을 눈으로 직접 봄. 목격되다. 목격하다.

목격자(目擊者)[목격짜] 일이 벌어진 광경을 눈으로 직접 본 사람.

목공(木工)[목꽁] 나무를 다루어 물건을 만드는 일, 또는 그런 일을 직업으로 하는 사람. 비목수.

목공소(木工所)[목꽁소] 나무로 가구·창문 등을 만드는 곳.

목공예(木工藝)[목꽁예] 나무를 가공한 공예품, 또는 그 기술. 예목공예품.

목관 악기(木管樂器) 나무로 만든 관악기. |참고|전에는 나무로 만들었던 플루트·클라리넷·오보에 등과 같은 관악기도 이에 포함된다. 참금관 악기.

목구멍[목꾸멍] 입 안에서 목으로 통하는 구멍. 준목.

목구멍에 풀칠하다[관용] 굶지 않을 정도로 겨우 살아가다.

목기(木器)[목끼] 나무로 만든 그릇.

목덜미[목떨미] 목의 뒷부분. 예목덜미를 잡히다.

목도리[목또리] 추위를 막거나 모양을 내기 위해 목에 두르는 물건. 비머플러.

목도장(木圖章)[목또장] 나무로 만든 도장.

목돈[목똔] 액수가 큰 돈. 또는 한목 모아 내거나 들이는 돈. 예저축하여 목돈을 마련하다.

목동(牧童)[목똥] 말·소·염소 같은 가축에게 풀을 먹이며 돌보는 아이. 참카우보이.

목련(木蓮)[몽년] 목련과의 낙엽 지는 큰키나무. 봄에 크고 향기 있는 흰 꽃이 잎보다 먼저 핀다.

목련꽃(木蓮―)[몽년꼳] 목련의 꽃.

목례(目禮)[몽네] 눈짓으로 가볍게 하는 인사. 비눈인사. 목례하다.

목록(目錄)[몽녹] 어떤 물품의 이름을 일정한 순서로 적은 것. 예도서 목록.

목마(木馬)[몽마] 어린이들이 타고 놀 수 있게 나무로 만든 장난감 말.

목마르다[몽마르다] ①물이 먹고 싶다. ②무엇을 몹시 바라는 상태에 있다. 예비를 목마르게 기다리다. |활용|목마르니·목말라.

목말[몽말] 남의 어깨 위에 두 다리를 벌리고 올라타는 일. 예목말 타다./목말을 태우다.

목멱산(木覓山)[몽멱싼] 서울에 있는 '남산'의 옛 이름.

목민심서(牧民心書)[몽민심서] 조선 순조 때 정약용이 지은 책. 지방 관리들의 바른 도리를 가르치려고 실례를 들어 설명하였다. 48권 16책.

목발(木―)[목빨] 다리가 불편한 사람이 겨드랑이에 끼고 걷는 지팡이.

목뼈 목에 있는 일곱 개의 뼈. 머리와 몸통을 이어 준다. 비경추.

목사(牧師)[목싸] 개신교에서, 교회를 맡아 다스리고 신자들의 신앙생활을 지도하는 사람. 비목자.

목석(木石)[목썩] ①나무와 돌. ②'감정이 무디고 무뚝뚝한 사람'을 비유하여 이르는 말. 예목석 같은 사람.

목선(木船)[목썬] 나무로 만든 배.

목성(木星)[목썽] 태양에서 다섯째로 가까운 행성. 태양계에 있는 여덟 행성 가운데서 가장 크다.

목소리[목쏘리] ①사람의 목구멍으로 내는 소리. ②'의견'이나 '주장'을 비유하여 이르는 말. 예소비자의 목소리.

목수(木手)[목쑤] 나무를 다루어 집을 짓거나 물건을 만드는 일을 직업으로 하는 사람. 비목공.

목숨[목쑴] 사람이나 동물이 살아 있기 위한 힘의 바탕이 되는 것. 예목숨을 구하다. 비명·생명.

목숨을 거두다[관용] 숨이 끊어져 죽다.

목어(木魚) [모거] 불교에서, 나무를 잉어 모양으로 만들어 매달고 불공을 드릴 때 두드려서 소리를 내는 기구.

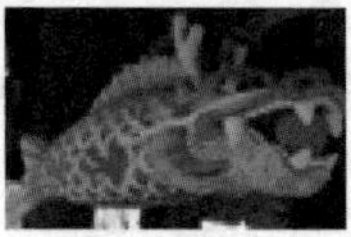
〈목어〉

목요일(木曜日) [모교일] 칠요일의 하나. 일요일로부터 다섯째 날. [준]목.

목욕(沐浴) [모굑] 온몸을 씻는 일. **목욕하다**.

목욕탕(沐浴湯) [모굑탕] 목욕을 할 수 있도록 설비를 갖추어 놓은 곳. [준]욕탕.

목 운ː동(一運動) 머리와 목을 움직여 하는, 맨손 체조의 한 가지.

목일신(睦一信, 1913~1986) 동요 작가. 주요 작품으로 동시 '누가 누가 잠자나'·'은구슬 금구슬' 등이 있다.

목자(牧者) [목짜] ①양을 치는 사람. [비]양치기. ②가톨릭에서 '사제'를, 개신교에서 '목사'를 이르는 말.

목장(牧場) [목짱] 소·말·양 등을 놓아기르는 산이나 들판 같은 곳.

목장갑(木掌匣) [목짱갑] ➡면장갑.

목재(木材) [목째] 건축이나 가구를 만드는 데 쓰이는 나무로 된 재료. [비]재목.

목적(目的) [목쩍] 이루거나 도달하려고 하는 일이나 방향. [비]목표. **목적하다**.

'목적'과 '목표'의 구별

목적 : 의지를 가지고 이루거나 도달하려고 하는 것을 이르는데, 그 범위가 넓어 구체적인 것보다는 포괄적인 의미를 갖는 것에 주로 쓰인다. [예]배움의 목적은 올바른 삶을 사는 데에 있다.

목표 : 행동을 통하여 이루거나 도달하려는 것을 이르는데, 그 대상이나 결과가 구체적일 경우에 주로 쓰인다. [예] 올해의 목표는 우승이다.

목적지(目的地) [목쩍찌] 목적으로 삼는 곳.

목전(目前) [목쩐] ①눈앞. ②지금 당장. [예]목전의 이익만 생각하지 마라.

목젖 [목쩟] 목구멍의 위로부터 아래로 내민 둥그스름한 살.

목제(木製) [목쩨] 나무를 재료로 하여 만듦, 또는 그 물건. [예]목제품/목제 가구.

목조(木造) [목쪼] 나무로 지음, 또는 그 건축물. [예]목조 건물.

목조 건ː축(木造建築) 뼈대가 주로 나무로 된 건축물.

목직하다 [목찌카다] 작은 물건이 보기보다 무겁다. [큰]묵직하다. **목직히**.

목질(木質) [목찔] ①목재로서의 나무의 질. ②나무줄기 안쪽의 단단한 부분.

목차(目次) 책 등에서 내용의 항목이나 제목을 차례로 늘어놓은 것. [비]차례.

목청 ①소리를 내는 기관. [비]성대. ②목에서 울려 나오는 소리.

목청껏 [목청껃] 소리를 지를 수 있는 데까지. [예]목청껏 만세를 외치다.

목초(牧草) 소·말·양 등의 가축에게 먹이는 풀. [예]목초지. [비]꼴.

목축(牧畜) 소·말·양·돼지 등의 가축을 기르는 일. **목축하다**.

목축업(牧畜業) [목추겁] 가축을 기르는 산업.

목축지(牧畜地) [목축찌] 가축을 놓아 기르는 일정한 땅이나 장소. [비]방목지.

목침(木枕) 나무로 만든 베개.

목탁(木鐸) 절에서 염불할 때 치는 기구. 둥그스름하게 다듬은 나무로, 속이 비어 있고 고리 모양의 손잡이가 달려 있다.

목탄(木炭) ①➡숯. ②밑그림을 그릴 때 쓰이는 버드나무나 오동나무 등으로 만든 숯. 선이 굵고 잘 지워진다.

목탑(木塔) 나무로 만든 탑.

목판(木版) 나무에 글자나 그림을 새긴 인쇄용 판. 예목판 인쇄/목판 활자.

목판화(木版畫) 목판에 새겨서 찍은 그림.

목포(木浦) 전라남도 남서쪽에 있는 항구 도시. 각종 해산물과 호남평야의 농산물 집산지이다. 유달산과 삼학도가 유명하다.

목표(目標) 이루거나 도달하려는 대상이 되는 것. 예학습 목표. 비목적. 목표하다.

목표물(目標物) 목표로 하는 물건.

목화(木花)[모콰] 아욱과의 한해살이풀. 가을에 누런 꽃이 피며, 씨에 붙은 하얀 솜은 실이나 옷감의 원료가 된다. 고려 공민왕 때 문익점이 들여왔다. 비면화.

목화씨(木花一)[모콰씨] 목화의 씨앗.

몫 [목] ①여럿으로 나누어 가지는 각 부분. 예이것은 네 몫이다. ②나누어 떨어지는 나눗셈의 수. 예6 나누기 2의 몫은 3이다. |발음| 몫이 [목씨] · 몫도 [목또] · 몫만 [몽만]

몬드리안(Mondriaan, 1872~1944) 네덜란드의 화가. 기하학적 추상화의 선구자로 신조형주의를 제창하였다. 작품으로 '햇빛 속의 풍차' · '빨간 나무' · '브로드웨이 부기우기' 등이 있다.

몰골 볼품없는 얼굴 꼴이나 모양새. 예몰골이 말이 아니다.

몰:다 ①채로 치거나 소리 지르며 짐승을 나아가게 하다. 예소를 몰다. ②차 · 배 · 비행기 같은 탈것을 운전하다. 예나는 신 나게 자전거를 몰고 다녔다. ③남을 나쁘게 인정하여 다루다. 예사람들은 그를 도둑으로 몰았다. |활용| 모니 · 몰아.

몰두(沒頭)[몰뚜] 한 가지 일에만 온정신을 기울임. 몰두하다.

몰:라보다 ①알 만한 사람이나 사물을 보고도 모르다. 예순이가 몰라보게 자랐구나. ②윗사람을 소홀히 대하거나 무례하게 굴다. 예선배를 몰라보고 함부로 대했다.

몰:라주다 알아주지 않다. 예남의 속을 조금도 몰라준다. 반알아주다.

몰락(沒落) ①번영하던 것이 쇠하여 보잘것없이 됨. ②멸망하여 없어짐. 몰락되다. 몰락하다. 예몰락한 양반/몰락한 왕조.

몰:래 남이 모르도록 가만히. 예몰래 숨다.

몰려가다 여럿이 떼 지어 가다. 예아이들이 우르르 운동장으로 몰려갔다.

몰려나오다 여럿이 떼 지어 나오다. 예수업이 끝나자 학생들이 교문 밖으로 몰려나왔다.

몰려다니다 여럿이 떼 지어 다니다. 예친구들끼리 몰려다니다.

몰려들다 여럿이 떼 지어 모이다. 예경기장에 몰려든 관중들. |활용| 몰려드니 · 몰려들어.

몰려오다 ①여럿이 떼 지어 밀려오다. 예적군이 까맣게 몰려온다. ②잠이나 피로가 한꺼번에 밀려오다. 예배가 부르자 잠이 몰려왔다.

몰리다 ①몲을 당하다. 예궁지에 몰리다./범인으로 몰리다. ②일이 한꺼번에 밀리다. 예시험이랑 숙제랑 한꺼번에 몰려 있다. ③여럿이 한꺼번에 모이다. 예점심시간에는 손님이 한꺼번에 몰린다.

몰매 여러 사람이 한꺼번에 덤비어 때리는 매. 예몰매를 맞다. 비물매 · 뭇매.

몰사(沒死)[몰싸] 모조리 죽음. 예비행기 추락으로 탑승객이 몰사를 했다. 몰사하다.

몰살(沒殺)[몰쌀] 모조리 죽임. 몰살되다. 몰살하다.

몰상식(沒常識) [몰쌍식] 상식에 벗어나고 사리에 어두움. 몰상식하다. 예몰상식한 행동.

몰수(沒收) [몰쑤] 법을 어겼거나 잘못을 저지른 사람의 재산이나 물건, 권리를 나라에서 빼앗음. 몰수되다. 몰수하다.

몰아내다 [모라내다] 몰아서 밖으로 나가게 하거나 쫓아내다. 예침략자를 몰아내다.

몰아넣다 [모라너타] ①몰아서 안으로 들어가게 하다. 예돼지를 우리에 몰아넣었다. ②어떤 처지나 상태에 빠지게 하다. 예상대편을 궁지에 몰아넣다.

몰아붙이다 [모라부치다] ①한쪽으로 모두 밀어붙이다. ②잘잘못을 따져 호되게 꾸짖다.

몰아세우다 [모라세우다] 마구 나무라다.

몰아쉬다 [모라쉬다] 숨을 한꺼번에 모아 쉬다. 예가쁜 숨을 몰아쉬다.

몰아주다 [모라주다] 여러 번에 나누어 줄 것을 한꺼번에 주다. 예엄마는 두 달치 용돈을 몰아주셨다.

몰아치다 [모라치다] ①한꺼번에 세게 닥치다. 예눈보라가 몰아치다. ②한꺼번에 급히 하다. 예닷새에 할 일을 몰아쳐서 사흘에 하다.

몰이 [모리] 짐승이나 물고기를 잡을 때 한곳으로 몰아넣는 일.

몰이꾼 [모리꾼] 사냥할 때 짐승을 모는 사람.

몰인정(沒人情) [모린정] 인정이 전혀 없음. 몰인정하다.

몰입(沒入) [모립] 어떤 일에 깊이 파고들거나 빠짐. 예공부에 몰입을 하다. 몰입하다.

몰지각(沒知覺) 올바르게 판단할 능력이 없음. 몰지각하다. 예몰지각한 행동을 삼가라.

몸 사람이나 동물의 머리에서 발까지, 또는 거기에 딸린 모든 것. 비신체. 반마음.

몸에 배다관용 아주 익숙해지다.

몸(을) 바치다관용 ①어떤 일을 위하여 목숨을 희생하다. 예나라를 위해 몸 바친 사람들. ②몸을 아끼지 않고 희생적으로 일하다.

몸(이) 나다관용 몸에 살이 올라 뚱뚱해지다.

몸가짐 몸을 움직이거나 거두는 품. 예단정한 몸가짐.

몸값 [몸깝] ①팔려 온 몸의 값. ②인질로 잡은 사람을 풀어 주는 대신에 요구하는 돈. 예유괴범이 몸값을 요구하다. ③사람의 가치를 돈에 빗대어 이르는 말. 예선수들의 몸값이 올랐다.

몸놀림 몸의 움직임. 예몸놀림이 가볍다. 몸놀림하다.

몸단장(一丹粧) 몸의 차림새를 잘 매만져서 맵시 있게 꾸밈. 비몸치장. 몸단장하다.

몸담다 [몸담따] 어떤 직업이나 분야를 생활의 근거로 하다. 예아버지는 건설 회사에 몸담고 계신다.

몸뚱이 사람·짐승의 몸의 덩치. 예몸뚱이가 작다.

몸매 몸의 생긴 모양새. 예날씬한 몸매/몸매가 가늘다.

몸무게 몸의 무게. 비체중.

몸부림 ①울거나 떼를 쓰거나 할 때 온몸을 마구 흔들고 부딪는 일. ②잠잘 때 이리저리 뒹굴며 자는 일. 몸부림하다.

몸부림치다 이리저리 함부로 몸부림하다. 예슬픈 소식을 듣고 몸부림치다.

몸빛 [몸삗] 몸의 색깔.

몸살 몸이 몹시 피로하여 팔다리가 쑤시고 오슬오슬 추운 증세. 예몸살이 나다.

몸서리 몹시 무섭거나 싫어서 몸이 떨리는 일.

몸서리나다 → 몸서리치다.

몸서리치다 몹시 몸서리를 내다. 围몸서리나다.

몸소 자기 몸으로 직접. 예몸소 실천하다. 围손수·친히.

몸속[몸쏙] 사람이나 동물의 몸의 속. 예몸속의 병균.

몸싸움 서로 몸을 부딪쳐 싸우는 일. 예데모대와 경찰이 몸싸움을 벌였다. 몸싸움하다.

몸져눕다[몸저눕따] 병 등으로 몸을 가누지 못하여 드러눕다. |활용| 몸져누우니·몸져누워.

몸조리(—調理) 허약해진 몸을 회복하기 위하여 몸을 잘 돌보는 일. 몸조리하다.

몸조심(—操心) ①건강을 위하여 몸을 함부로 쓰지 않음. ②실수가 없도록 말이나 행동을 삼감. 몸조심하다.

몸종[몸쫑] 지난날, 양반집 여자 가까이에서 잔심부름을 하던 여자 종.

몸집[몸찝] 몸의 부피. 예몸집이 크다. 围덩치·체구.

몸짓[몸찓] 어떤 뜻을 나타내기 위한 몸의 움직임이나 놀림. 예몸짓으로 말하다. 몸짓하다.

몸차림 옷이나 신·모자 등으로 몸을 꾸밈, 또는 그 모양새. 围몸치장. 몸차림하다.

몸체(—體) 물체나 구조물의 몸이 되는 부분.

몸치장(—治粧) 장신구 등으로 잘 매만져서 몸을 맵시 있게 꾸밈. 围몸단장·몸차림. 몸치장하다.

몸통 가슴·배·등으로 이루어진 몸의 중심 부분.

몹:시[몹씨] 더할 수 없이 심하게. 예몹시 힘든 일/올 여름은 몹시 덥다. 围대단히·매우.

몹:쓸 못되고 고약한. 예몹쓸 사람/몹쓸 병에 걸리다.

못¹[몯] 나무 등에 박기 위해 끝을 뾰족하게 만든 가느다란 물건. 대못·나무못·쇠못 등이 있다. |발음| 못이[모시]·못도[몯또]·못만[몬만]

못(을) 박다〔관용〕①남의 마음에 상처를 입히다. 예부모 가슴에 못 박는 자식. ②단정적으로 말하다.

못(이) 박히다〔관용〕원통한 생각이 마음속에 깊이 맺히다.

못²[몯] 손바닥이나 발바닥의 살갗이 딱딱해진 자리. 예손바닥에 못이 박이다. 围굳은살. |발음| 못이[모시]·못도[몯또]·못만[몬만]

못³[몯] 넓고 깊게 팬 땅에 늘 물이 괴어 있는 곳. 围연못. |발음| 못이[모시]·못도[몯또]·못만[몬만]

못⁴[몯] 동작에 대한 금지나 불가능 등의 부정을 뜻하는 말. 예더는 못 참겠다.

못가[몯까] 못의 가장자리.

못:갖춘마디[몯깓춘마디] 악보의 첫머리에 있는 박자표대로 되어 있지 않은 마디. 뻰갖춘마디.

못:갖춘마침[몯깓춘마침] 곡이 완전히 끝났다는 느낌을 주지 않는 마침. 뻰갖춘마침.

못:나다[몬나다] ①생김새가 잘나거나 예쁘지 않다. 예못난 얼굴. 围못생기다. ②사람됨이 똑똑하지 못하고 남보다 처지다. 뻰잘나다.

못:난이[몬나니] '못나고 어리석은 사람'을 얕잡아 이르는 말.

못:내[몬내] ①잊지 못하고 늘. 예10년이 지나도록 못내 그리워하다. ②그지없이. 예못내 기뻐하다.

못:다[몯따] '다하지 못함'을 나타내는 말. 예못다 한 이야기.

못:되다[몯뙤다/몯뛔다] ①성질이나 하는 짓이 악하거나 고약하다. 예못된 장난/못된 버릇. ②성공적이 아니다. 예농사가 못되어 걱정이다.

못:마땅하다 [몬마땅하다] 마음에 들지 않아 좋지 않다. 예못마땅하게 여기다. 못마땅히.

못뽑이 [몯뽀비] 못을 뽑는 데 쓰는 연장. 노루발장도리·방울집게 등.

못:살다 [몯쌀다] ①가난하게 살다. 맨잘살다. ②견디지 못하다. 예동생을 못살게 굴면 되니? |활용| 못사니·못살아.

못:생기다 [몯쌩기다] 생김새가 잘나지 못하다. 예못생긴 얼굴. 맨잘생기다.

못:쓰다 [몯쓰다] ①어떤 행동을 하는 것이 바람직하거나 옳지 않다. 예그렇게 장난하면 못써. ②건강 상태가 나빠지다. 예얼굴이 못쓰게 상하다. |활용| 못쓰니·못써.

못자리 [모짜리/몯짜리] 볍씨를 뿌려 모를 기르는 곳. 맨묘판.

못줄 [모쭐/몯쭐] 모를 심을 때 간격을 맞추기 위하여 가로로 치는 줄.

〈못자리〉

못:지않다 [몯찌안타] 무엇에 뒤지지 않은 상태에 있다. 예조금만 연습하면 너도 누구 못지않게 잘할 수 있어.

못:하다 [모타다] ①일정한 수준에 못 미치거나 할 능력이 없다. 예노래를 못하다. 맨잘하다. ②양이나 정도가 다른 것보다 작거나 낮다. 예형이 아우만 못하다. ③정도나 상태가 미칠 수가 없다. 예아름답지 못하다.

몽고(蒙古) ➡몽골.

몽고반(蒙古班) 지난날, '몽고점'을 이르던 말.

몽고점(蒙古點) 갓난아이의 엉덩이에서 등에 걸쳐 나타나는 푸른 점. 몽고 인종에게서 흔히 발견되므로 붙여진 이름이다. '몽고반'의 바뀐 이름.

몽고 제:국(蒙古帝國) 13세기 초 칭기즈 칸이 세운, 몽고 민족 지배하의 제국.

몽골(Mongol) 아시아의 중앙 내륙에 있는 나라. 목축업이 발달하였다. 수도는 울란바토르. 맨몽고.

몽골 족(Mongol族) 중국 북부와 동북부, 시베리아 남부에 걸쳐 사는 유목 민족. 맨몽고족.

몽:금포(夢金浦) 황해도 장연군 장산곶 서쪽에 있는 항구. 어업이 성하고, 일대의 모래 언덕과 더불어 해수욕장으로 유명하다.

몽니 심술궂게 욕심 부리는 성질. 예몽니를 부리다./몽니가 사납다.

몽당연필(一鉛筆) [몽당년필] 다 써서 거의 못 쓰게 된 짧은 연필 도막.

몽둥이 조금 굵직하고 긴 막대기. 예몽둥이찜질.

> **:::: '몽둥이'와 '방망이'의 구별 ::::**
>
> **몽둥이** : 조금 굵고 긴 막대기. 일부러 깎거나 다듬지 않은 자연 상태의 것으로, 주로 사람이나 가축을 때리는 데에 쓴다. 예몽둥이로 때리다.
>
> **방망이** : 둥그스름하고 길게 깎아 만든 도구. 일부러 깎거나 다듬어 만들며, 무엇을 치거나 두드리거나 다듬는 데 쓰는 등 실용적인 용도가 있다. 예방망이(×몽둥이)로 밀가루 반죽을 밀다.

몽땅 ①있는 대로 죄다. 예돈을 몽땅 잃다. ②대번에 작게 잘리거나 끊어지는 모양. 흰뭉떵.

몽롱하다(朦朧一) [몽농하다] ①무엇이 흐릿하고 희미하다. ②정신이 뚜렷하지 않고 희미하다.

몽:상(夢想) ①꿈속의 생각. ②꿈같이 허황한 생각을 함, 또는 그 생각. 예몽상에 잠기다. 몽상하다.

몽실몽실 살지고 기름져 보드라운 느낌을 주는 모양. 흽뭉실뭉실.

몽ː유병(夢遊病)[몽유뼝] 잠을 자다가 자신도 모르게 일어나 어떤 행동을 하다가 다시 잠을 자는 병적인 증세.

몽ː정(夢精) 남자가 자다가 성적인 쾌감을 얻는 꿈을 꾸면서 정액이 나오는 일. 몽정하다.

몽ː촌 토성(夢村土城) 서울특별시 송파구에 있는 백제 초기의 토성 터.

몽타주(montage) ①영화 등에서 따로따로 찍은 사진을 적당히 짜 맞추어 새로운 사진을 만드는 방법. ②흔히 범죄 수사에서, 목격자의 말에 따라 범인의 얼굴 윤곽과 눈·코·입 등의 모양을 짜 맞추어 만든 사진.

뫼ː[1] [뫼/뭬] 사람의 무덤. 흲묘.

뫼[2] '산'의 방언.

뫼시다 '모시다'의 옛말.

뫼ː자리 [뫼짜리/뭬짜리] 뫼를 쓸 자리. 또는 뫼를 쓴 자리.

묘(墓) 사람의 무덤. 옜묘를 쓰다. 흲뫼. 쵐산소[1].

묘ː기(妙技) 교묘한 기술이나 재주. 옜묘기를 보이다./묘기를 부리다.

묘ː목(苗木) 옮겨 심기 위하여 가꾼 어린나무. 흲모나무.

묘ː미(妙味) 색다르고 신기한 느낌. 옜낚시의 묘미.

묘ː비(墓碑) 무덤 앞에 세우는 비석. 죽은 사람의 이름, 신분, 업적, 자손의 이름 등을 새긴다. 흲묘석.

묘ː사(描寫) 그림이나 글에서, 어떤 일이나 마음의 상태 등을 그대로 그려 냄. 옜인물 묘사/심리 묘사. 묘사되다. 묘사하다.

묘ː소(墓所) ➡산소[1].

묘ː수(妙手) ①뛰어난 솜씨나 교묘한 재주. ②바둑·장기에서의 절묘한 수.

묘ː안(妙案) 아주 뛰어난 생각. 옜묘안이 떠오르다.

묘ː약(妙藥) ①신통하게 잘 듣는 약. ②어떤 문제를 해결하는 데 매우 효과적인 것.

묘ː역(墓域) 묘소로 정한 구역.

묘연하다(杳然ー) 소식이나 행방 등이 알 길이 없다. 옜소식이 묘연하다. 묘연히.

묘ː지(墓地) 무덤이 있는 땅.

묘ː지기(墓ー) 남의 산소를 지키고 보살피는 사람.

묘ː책(妙策) 매우 좋은 꾀. 옜묘책이 떠오르다.

묘ː판(苗板) 묘목을 심어 기르는 곳. 흲못자리.

묘ː하다(妙ー) 내용이나 생김새 등이 색다르고 신기하다. 옜묘한 이야기.

묘ː향산(妙香山) 평안북도 영변에 있는 산. 높이 1,909 m. 한국 4대 명산의 하나로, 단군이 하늘에서 내려왔다는 전설이 있다.

무ː[1] 십자화과의 한해살이풀 또는 두해살이풀. 채소의 한 가지로, 줄기는 60~100 cm이다. 잎과 뿌리는 먹고 씨는 한방에서 약재로 쓰인다.

〈무[1]〉

무[2](無) ①없음. 존재하지 않음. 옜무에서 유를 창조하다. 삔유. ②운동 경기에서, 비긴 횟수를 세는 말. 옜1승 1무 1패.

무가당(無加糖) 단것을 넣지 않음. 옜무가당 오렌지 주스.

무가치하다(無價値ー) 아무런 가치가 없다. 옜무가치한 노력.

〈묘비〉

무감각(無感覺) 감각이 마비되어 아무 느낌이 없음. 무감각하다. 囫무감각한 사람/무감각한 표정.

무겁다 [무겁따] ①무게가 많이 나가다. 囫짐이 무겁다. ②정도가 심하거나 크다. 囫무거운 벌을 받다. ③힘이 빠져 움직이기 힘들다. 囫발걸음이 무겁다. ④책임 등이 크거나 중대하다. 囫맡은 책임이 무겁다. 凾가볍다. |활용| 무거우니·무거워.

무게 ①물건의 무거운 정도. 囫몸의 무게. 凾중량. ②침착하고 의젓한 정도. 囫무게 있는 말을 하다.

무게 중심(一中心) 물체를 바늘이나 송곳 같은 것으로 받쳤을 때, 어느 한쪽으로도 기울지 않게 되는 점. 凾중심.

무계획(無計劃) [무계획/무게획] 앞으로 할 일에 대하여 미리 정해 놓은 것이 없음. 무계획하다.

무고하다(無故一) 아무 탈 없이 편안하다. 凾무사하다. 무고히.

무:공(武功) 군인으로서 세운 공로. 凾무훈.

무공해(無公害) 사람이나 자연환경에 해를 주지 않음. 囫무공해 채소.

무공해 식품(無公害食品) 화학 비료나 농약을 사용하지 않고 생산한 농축산물.

무:공 훈장(武功勳章) 뚜렷한 무공을 세운 군인에게 주는 훈장.

무:과(武科) 고려·조선 시대에, 무관을 뽑던 시험. 凾문과.

무:관(武官) ①무과 출신의 벼슬아치. ②군대의 일을 맡아보는 관리. 凾문관.

무관심(無關心) 관심이 없음. 무관심하다. 囫무관심한 표정.

무관하다(無關一) 관계가 없다. 囫나는 그 일과는 무관하다.

무교(無敎) 믿는 종교가 없음.

무구 정광 대:다라니경(無垢淨光大陀羅尼經) 신라 경덕왕 10(751)년에 간행된, 세계에서 가장 오래된 목판 인쇄물. 경주 불국사 석가탑에서 발견되었다. 국보 제126-6호.

무국적자(無國籍者) [무국쩍짜] 어느 나라의 국적도 가지지 않은 사람.

무궁(無窮) 끝이 없음. 무궁하다. 囫조국의 무궁한 발전을 빌다.

무궁무진(無窮無盡) 끝도 없고 한도 없음. 매우 많음. 무궁무진하다. 囫무궁무진한 지하자원.

무궁화(無窮花) 아욱과의 낙엽 지는 떨기나무. 키는 3 m 가량. 여름부터 가을까지 보랏빛·분홍빛·흰빛 등의 꽃이 핀다. 우리나라의 국화이다.

〈무궁화(꽃)〉

무궁화 위성(無窮花衛星) 우리나라 최초의 인공위성. 위성 통신·방송 서비스 등을 제공한다.

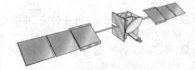
〈무궁화 위성의 모형도〉

무:기¹(武器) 적을 치거나 막는 데 쓰이는 온갖 도구. 囫공격 무기. 凾병기.

무기²(無期) 〈무기한〉의 준말. 囫무기 연기.

무기력(無氣力) 어떤 일을 할 기운과 힘이 없음. 무기력하다. 囫무기력한 경기.

무기명(無記名) 이름을 적지 않음. 囫무기명 투표.

무기물(無機物) 물·공기·광물과 같이 생명이 없는 물질, 또는 이들을 원료로 하여 인공적으로 만든 물질. 凾유기물.

무기수(無期囚) 무기 징역을 선고받고 감옥에 있는 죄수.
무기 염류(無機鹽類) 에너지를 내지 않지만, 몸의 조직을 만드는 데 필요한 물질. 염화나트륨·황산아연·질산칼슘 등.
무기질(無機質) 뼈·이·체액·피 등에 포함되어 있는 칼슘·인·철·요오드 등을 통틀어 이르는 말. 생체 유지에 꼭 필요한 영양소이다. [반]유기질.
무기 징역(無期懲役) 죽을 때까지 교도소에 가두어 두는 형벌.
무기한(無期限) 정해진 기한이 없음. [예]시험을 무기한 연기하다. [준]무기.
무:김치 무로 담근 김치.
무난하다(無難—) ⟪어려울 것이 없다는 뜻으로⟫ 말썽이나 흠잡을 것이 없다. [예]무난하게 일을 처리하다. **무난히**.
무남독녀(無男獨女) [무남동녀] 아들이 없는 집안의 외동딸. [예]무남독녀로 태어나다.
무너뜨리다 무너지게 하다. [예]애써 만든 모래성을 동생이 무너뜨렸다. [비]무너트리다.
무너지다 ①높이 쌓거나 포갠 물건 등이 허물어지다. [예]담이 무너지다. ②계획이나 희망 등이 이루어지지 못하고 깨지다. [예]기대가 무너지다. ③제도나 질서가 유지되지 못하고 파괴되다. [예]사회 질서가 무너지다.
무너트리다 ➡무너뜨리다.
무논 ①물이 늘 있는 논. ②물을 쉽게 댈 수 있는 논.
무능(無能) ①재능이 없음. ②〈무능력〉의 준말. [반]유능. **무능하다**. [예]무능한 사람.
무능력(無能力) [무능녁] 일을 처리할 만한 능력이 없음. [준]무능. **무능력하다**. [예]무능력한 지휘관.
무늬 [무니] ①물건의 거죽에 나타난 어룽진 모양. ②옷감·벽지·조각 등에 장식으로 꾸미는 여러 가지 모양. [예]무늬를 놓다. [비]문양.
무:단[1](武斷) 무력으로 억눌러 다스리는 일. [예]무단 독재 정치.
무단[2](無斷) 미리 연락을 하거나 허락을 받지 않고 마음대로 행동하는 일. [예]무단결석/무단 횡단.
무:당 귀신을 섬기면서 사람의 앞날을 점치고 굿을 하는 여자.
무:당벌레 무당벌렛과의 곤충. 몸길이 7mm 가량. 몸은 둥근 바가지 모양이며 겉날개는 붉은 바탕에 검은 점무늬가 있다. 진딧물을 잡아먹는다.

〈무당벌레〉

무:대(舞臺) ①노래·춤·연극 등을 공연하기 위하여 관람석 앞에 좀 높게 만들어 놓은 단. [예]무대 장치. ②재능이나 역량을 시험해 보거나 발휘할 수 있는 활동 분야. [예]세계를 무대로 활동하다.
무더기 한곳에 수북이 쌓인 물건 더미. [예]진달래꽃이 무더기로 피어 있다.
무더위 찌는 듯한 더위.
무던하다 ①정도가 어지간하다. [예]남에게 지지 않으려고 무던하게 애를 썼다. ②마음씨가 까다롭지 않고 너그럽다. **무던히**.
무덤 죽은 사람을 묻어 놓은 곳. [비]분묘. [높]산소.

'무덤'과 '묘지'의 구별

무덤 : 죽은 사람을 묻어 놓은 곳을 이른다. [예]흙을 둥글게 쌓아 무덤을 만들다.
묘지 : 무덤을 포함하여 그 근처의 땅을 이른다. [예]묘지 둘레에 나무를 심다.

무덤덤하다 아무 느낌이 없이 예사롭다. [예]형은 아무렇지도 않은 듯이 무덤덤하게 말했다.
무덥다 [무덥따] 습도와 온도가 매우 높아 찌는 듯이 덥다. [예]무더운 여름철. [활용] 무더우니·무더워.
무ː도(武道) ①무술하는 사람이 마땅히 지켜야 할 도리. [반]문도. ②무예와 무술을 아울러 이르는 말.
무ː도회(舞蹈會) [무도회/무도훼] 여러 사람이 모여서 춤을 추는 모임.
무ː동(舞童) ①지난날, 나라 잔치 때 춤을 추고 노래를 부르던 아이. ②남사당놀이 등에서, 남의 어깨 위에 올라가 춤을 추거나 재주를 부리는 소년.
무등 '목말'의 방언.
무등산(無等山) 광주광역시와 화순군·담양군 사이에 있는 산. 영산강이 시작하는 곳으로, 작설차와 수박이 유명하다. 높이 1,187m.
무디다 ①끝이나 날이 날카롭지 않다. [예]칼날이 무디어 잘 안 든다. ②느끼고 깨닫는 힘이 약하다. [예]감각이 무디다. [반]날카롭다.
무뚝뚝하다 [무뚝뚜카다] 말이나 짓이 상냥하지 못하고 아기자기한 맛이 없다. [예]무뚝뚝한 말투. 무뚝뚝히.
무량수전(無量壽殿) 무량수불인 아미타불을 모신 법당. 특히, 법주사와 부석사의 것이 유명하다.
무럭무럭 [무렁무럭] ①힘차게 자라는 모양. [예]무럭무럭 자라는 어린이. ②김이나 연기 등이 많이 피어오르는 모양. [작]모락모락.
무려(無慮) '자그마치'·'엄청나게도'의 뜻을 나타내는 말. [예]무려 10만 명이나 되는 군대.
무ː력(武力) 군사상의 힘. [예]무력 충돌/무력을 사용하다.
무력하다(無力—) [무려카다] ①힘이나 세력이 없다. ②능력이나 활동할 힘이 없다. [예]무력한 사람.
무렵 어떤 일이 벌어지거나 일어나려는 시간에 가까운 때. [예]해 질 무렵/메밀꽃 필 무렵.
무ː령왕(武寧王, 462~523) 백제의 제25대 왕(재위 501~523). 혼란스러웠던 백제를 안정시키고, 성을 쌓아 외적의 침입에 대비하였다.
무ː령왕릉(武寧王陵) [무령왕능] 충청남도 공주에 있는, 백제 무령왕과 그 왕비의 무덤. 금관 등 많은 유물이 나왔다.
무ː령왕비 베개(武寧王妃—) 무령왕릉에서 발견된, 왕비 주검의 머리를 받쳐 놓았던 받침대. 국보 제164호.
무례(無禮) 예의가 없음. [예]저의 무례를 용서해 주십시오. 무례하다. 무례히.
무뢰한(無賴漢)[무뢰한/무뤠한] 하는 일 없이 돌아다니면서 나쁜 짓을 하는 사람.
무료¹(無料) 값을 받지 않거나 치르지 않음. [예]무료 입장. [반]유료.
무료²(無聊) 흥미가 없어 지루하고 심심함. 무료하다. [예]무료한 나날을 보내다. 무료히.
무르녹다 [무르녹따] 과일이나 삶은 음식이 익을 대로 익어 흐무러지다.
무르다¹ 굳은 것이 익어 물렁물렁하게 되다. [예]시금치를 너무 무르게 삶았다. [활용] 무르니·물러.
무르다² 산 물건을 도로 주고 돈을 되찾다. [예]어제 산 옷에 흠이 있어 물렀다. [활용] 무르니·물러.
무르다³ ①바탕이 단단하지 않다. ②의지나 힘이 여리고 약하다. [예]마음이 무른 친구. [활용] 무르니·물러.
무르익다 [무르익따] ①과일이나 곡식이 익을 대로 푹 익다. [예]오곡백과가 무르익는 가을. ②때가 차서 아주 알맞은 때에 이르다. 예봄이 무르익다.

무른고약(一膏藥) '연고'의 북한말.

무릅쓰다 어렵고 힘든 일을 참고 견디다. 예소방대원이 위험을 무릅쓰고 불길 속의 어린이를 구해 냈다. |활용| 무릅쓰니·무릅써.

무릇[무름] 대체로 보아. 예무릇 사람이란 성실해야 하느니라. 回대저.

무릎[무릅] 넓적다리와 정강이 사이에 앞쪽으로 둥글게 튀어나온 부분. 예무릎을 꿇고 기도하다. |발음| 무릎이 [무르피]·무릎도[무릅또]·무릎만 [무름만]

　무릎(을) 꿇다관용 굴복하거나 항복하다.

무릎뼈[무릅뼈] 무릎 앞 한가운데 있는, 종지 모양의 오목한 뼈.

무리[1] 사람이나 동물이 함께 모여 있는 것. 예반란군의 무리/철새들이 무리를 지어 날아간다. 回패.

무리[2](無理) ①이치에 맞지 않음. 예네가 화를 내는 것도 무리가 아니지. ②힘든 일을 억지로 우겨서 함. 예아픈 몸으로 무리를 하지 말고 쉬세요. 무리하다.

무리하다(無理一) 이치에 맞지 않거나 정도가 지나치다. 예무리한 요구.

무마(撫摩)《손으로 어루만진다는 뜻으로》사건 등을 정식으로 해결하지 않고 어루만져 달래거나 어물어물 덮어 버림. 예그 일은 치료비를 물어 주는 것으로 무마가 되었다. 무마되다. 무마하다.

무ː말랭이 반찬거리로 쓰려고 잘게 썰어서 말린 무, 또는 그것으로 만든 반찬.

무명[1] 목화의 솜에서 뽑아낸 실로 짠 천. 回면포.

무명[2](無名) 이름이 널리 알려져 있지 않음. 예무명 용사/무명 작가. 凹유명.

무명실 목화의 솜을 뽑아서 만든 실. 回면사.

무명옷[무명옫] 무명으로 지은 옷.

무명지(無名指)《이름이 없는 손가락이라는 뜻으로》'약손가락'을 이르는 말.

무모하다(無謀一) 앞뒤를 잘 따져 깊이 생각하는 슬기가 없다. 예무모한 행동.

무미건조하다(無味乾燥一)《맛이 없고 메마르다는 뜻으로》글이나 생활이 딱딱하고 재미가 없다. 예무미건조한 일상생활.

무방비(無防備) 적에 대한 방어 시설과 경비가 없음. 예무방비 상태. 무방비하다.

무방하다(無妨一) 지장이 없다. 거리낄 것이 없이 괜찮다. 예남이 들어도 무방한 이야기/이제 집으로 돌아가도 무방하다. 回괜찮다.

무법(無法) ①법이나 질서가 없음. ②도리에 어긋나고 난폭함. 무법하다.

무법자(無法者)[무법짜] 법을 무시하거나 거칠고 험한 짓을 하는 사람.

무병(無病) 병이 없이 건강함.

무병장수(無病長壽) 병에 걸리지 않고 오래 삶. 무병장수하다. 예우리는 할아버지께서 무병장수하시기를 빌었다.

무보수(無報酬) 일에 대한 대가가 없는 것. 예무보수로 일하는 자원봉사자.

무분별하다(無分別一) 사물의 옳고 그름을 분간할 능력이 없다. 예무분별한 행동.

무ː사(武士) 지난날, 무술을 익혀 그 방면에서 일하던 사람. 예무사도. 回무인. 凹문사.

무사태평(無事太平) ①아무 탈 없이 편안함. ②어떤 일이든지 편하게 생각해서 아무 걱정이 없음. 예내일이

시험인데도 무사태평이다. 📵천하태
평. 무사태평하다.

무사하다(無事一) 아무 탈이 없다.
📵무고하다. 무사히. 📗우리는 아빠
가 무사히 돌아오시기를 빌었다.

무ː산 되다(霧散一)[무산되다/무산뒈
다] 안개가 걷히면서 흩어지듯이, 일
이 이루어지지 못하여 없었던 일처
럼 되다. 📗모처럼의 계획이 무산되
었다.

무상[1](無常) 모든 것이 덧없음. 📗인생
의 무상을 느끼다. 무상하다.

무상[2](無償) 값이나 삯을 받거나 주지
않음. 📗무상 원조.

무색(無色) 아무 빛깔이 없음. 📗무색
투명한 유리. 📵유색.

무색무취(無色無臭)[무생무취] 아무
빛깔과 냄새가 없음. 📗물은 무색무
취의 액체이다.

무색하다(無色一)[무새카다] ①겸연
쩍고 부끄럽다. 📗나는 사람들 앞에
서 넘어지자 무색해서 얼굴이 빨개졌
다. ②본래의 특색을 잃어 보잘것없
다. 📗화가가 무색할 정도로 뛰어난
그림 솜씨.

무생물(無生物) 생명이 없는 물건.
돌·물·흙 등. 📵생물.

무서리 늦가을에 처음 내리는 묽은 서
리. 📵된서리.

무서움 무서워하는 느낌. 📗무서움을
타다. 📣무섬.

무서워지다 무서운 느낌이 들다.

무서워하다 무섭게 여기다. 📗동생은
주사 맞기를 무서워한다.

무선(無線) ①통신이나 방송을 전선
없이 전파로 주고받음. 📵유선. ②〈무
선 전신〉의 준말. ③〈무선 전화〉의
준말.

무선 전ː신(無線電信) 전선을 쓰지 않
고 전파를 이용해서 하는 통신. 📣무
선·무전.

무선 전ː화(無線電話) 전선 없이 전파
를 이용하는 전화. 국제 전화 등에 쓰
인다. 📣무선·무전. 📵유선 전화.

무섬 〈무서움〉의 준말.

무섬증(一症)[무섬쯩] 무서워하는 버
릇, 또는 그런 현상. 📗무섬증이 생
기다.

무섭다[무섭따] ①위험이나 위협을 느
껴 마음이 불안하다. 📗나는 뱀이 무
섭다. ②두려움이나 놀라움을 느낄
만큼 대단하다. 📗차가 무서운 속도
로 달렸다. ③정도가 매우 심하다.
📗비가 무섭게 퍼붓는다. |활용|무서
우니·무서워.

무성 영화(無聲映畫) 소리 없이 영상
만으로 된 영화. 📵발성 영화.

무성의(無誠意)[무성의/무성이] 성의
가 없음. 📵성의. 무성의하다. 📗묻
는 말에 무성의하게 대답하다.

무ː성하다(茂盛一) 풀이나 나무가 우
거지다. 📗잡초가 무성하다. 무성히.

무소 ➡ 코뿔소.

무소륵스키(Musorgsky, 1839~1881)
러시아의 작곡가. 러시아 국민악파 5
인조의 한 사람으로, 프랑스 인상파
음악에 영향을 주었다. 작품으로는
'전람회의 그림'·'보리스 고두노프'
등이 있다.

무소속(無所屬) 어느 단체에도 딸린
데가 없음.

무소식(無消息) 소식이 없음.

무ː속(巫俗) 무당과 관련된 풍속.

무쇠[무쇠/무쉐] ①솥 같은 것을 만드
는 재료가 되는 쇠. 빛이 검고 바탕이
연하다. ②'강하고 굳센 것'을 비유하
여 이르는 말. 📗무쇠 다리.

무수하다(無數一) 셀 수 없이 많다.
📗밤하늘의 무수한 별들. 무수히.

무ː술(武術) 무사가 갖추어야 할 여러
기술. 검술·궁술·창술·승마술 등.
📵무예.

무슨 ①무엇인지 모르는 일이나 물건 등을 물을 때, 그것을 가리키는 말. 예무슨 일로 왔니? ②굳이 특정한 사물을 가리키지 않을 때 이르는 말. 예무슨 수를 쓰긴 써야겠다. ③못마 땅하거나 반대의 뜻을 강조하는 말. 예무슨 날씨가 이렇게 덥지?

무슨 뾰족한 수 있나관용 아무런 신 통한 방법이 없다.

무승부(無勝負) 경기 등에서 승부가 나지 않고 비기는 것.

무시(無視) ①중요하게 생각하지 않 음. 예남의 의견을 무시를 하다. ②사 람을 업신여김. 예무시를 당하다. 무 시되다. 무시하다.

무시무시하다 두려움에 떨게 하는 무 서운 기운이 있다. 예무시무시한 괴물.

무시험(無試驗) 시험을 치르지 않음. 예무시험 입학 제도.

무식(無識) 배우지 못해 아는 것이 없 음. 비무지. 반유식. 무식하다. 예무 식한 사람.

무식쟁이(無識一)[무식쨍이] '무식한 사람'을 낮추어 이르는 말.

무:신(武臣) 신하 가운데 무관인 사람. 반문신.

무신경하다(無神經一) ①감각이 둔하 다. ②관심이나 반응이 없다. 예아빠 는 집안일에 무신경하십니다.

무심결(無心一)[무심결] 아무 생각이 없거나 깨닫지 못하는 사이. 예무심 결에 한 말을 트집 잡지 마세요.

무심코(無心一) 뜻하지 않게. 아무 생 각 없이. 예무심코 한 말에 친구가 상 처를 입었다.

무심하다(無心一) ①아무 생각이 없 다. 예무심한 표정으로 하늘만 쳐다 보다. ②마음을 두거나 걱정함이 없 다. 예네 일이 아니라고 그렇게 무심 할 수 있니? 무심히.

무:씨 무의 씨앗.

무:안1(務安) 전라남도의 남서쪽에 있 는 군. 도시 근교 농업이 성하다.

무안2(無顏) 부끄럽거나 창피하여 얼굴 을 들 수 없음. 예무안을 주다./여러 사람 앞에서 무안을 당하다. 무안하 다. 예무안해서 고개를 들지 못하다.

무어 ①〈무엇〉의 준말. 예그건 무어 냐? ②남의 말에 대하여 무슨 소리 냐고 되묻거나 놀람을 나타내는 말. 예무어, 그게 사실이야? 준뭐.

무언(無言) 말이 없음. 예무언의 저항/ 무언의 약속.

무언극(無言劇) 말은 하지 않고 몸짓 과 표정만으로 표현하는 연극. 비팬 터마임.

무얼 '무엇을'이 줄어든 말. 예무얼 그 렇게 찾고 있니?

무엄하다(無嚴一) 조심하거나 어려워 함이 없다. 예네 이놈, 무엄하구나!

무엇[무얻] ①모르는 사실이나 대상을 물을 때, 그 사실이나 대상을 가리키 는 말. 예그게 무엇이냐? ②확실히 모르거나 꼭 집을 수 없는 대상을 가 리키는 말. 예얼굴에 자꾸 무엇이 생 긴다. 준무어·뭣. |발음| 무엇이[무 어시]·무엇도[무얻또]·무엇만[무 언만]

무엇하다[무어타다] ①어떤 일에 이용 하거나 목적으로 하다. 예그거 사서 무엇하게? ②어떤 일을 하기 거북하 다. 예내가 직접 말하기는 좀 무엇하 다. 준뭐하다·뭣하다.

무:역(貿易) 나라와 나라 사이에 상품 을 사고파는 일. 예무역 회사. 비교 역·통상. 무역하다.

무:역권(貿易權)[무역꿘] 다른 나라와 무역을 할 수 있는 권리.

무:역상(貿易商)[무역쌍] 외국과 무역을 하는 장사, 또는 그런 일을 하는 사람.

무:역선(貿易船)[무역썬] 외국과 무역 을 하기 위해 물건을 실어 나르는 배.

무ː역항(貿易港)[무여캉] 다른 나라의 배가 드나들면서 무역을 할 수 있도록 상품의 수출입을 허가한 항구.

무연탄(無煙炭) 탈 때 연기가 나지 않는 석탄. 검고 금속 광택이 나며 단단하다.

무ː열왕(武烈王) ➡ 태종 무열왕.

무영탑(無影塔) '불국사 3층 석탑'의 다른 이름.

무ː예(武藝) 활·창·칼 등의 무술에 관한 재주. 🖲무술.

무ː왕[1](武王, ?~641) 백제의 제30대 왕(재위 600~641). 중국 수나라·당나라와 가까이 지내고 일본에 문화를 전하는 등 국력을 길렀으나, 말년에는 사치와 유흥에 빠져 백제가 멸망하는 원인을 만들었다. 향가 '서동요'를 지었다고 한다. 🖲서동.

무ː왕[2](武王, ?~737) 발해의 제2대 왕(재위 719~737). 일본과 국교를 열고 국력을 키워, 크게 세력을 떨쳤다.

무용[1](無用) 쓸모가 없음. 🖲유용. 무용하다. 🖲무용한 물건.

무ː용[2](舞踊) 음악에 맞춰 몸을 움직이면서 감정과 의지를 나타내는 예술. 🖲무용단/민속 무용. 🖲춤.

::::: **'무용'과 '춤'의 구별** :::::

무용 : 음악에 맞추어 율동적인 동작으로 감정과 의지를 표현하는 예술. 주로 전문적으로 교육을 받아서 하는 경우를 이른다. 🖲한국 고전 무용을 전공하다./×소풍 가서 친구들과 무용을 하며 놀았다.

춤 : 장단에 맞추거나 흥에 겨워 팔다리와 몸을 율동적으로 움직여 뛰노는 동작. 전문적인 경우를 포함해서, 몸을 율동적으로 움직이는 경우라면 언제든지 쓰일 수 있다. 🖲무용수가 음악에 맞추어 춤을 추었다.

무ː용담(武勇談) 싸움에서 용감하게 활약하여 공을 세운 이야기.

무ː용수(舞踊手) 극단 등에서 춤추는 역할을 맡아서 하는 사람.

무용지물(無用之物) 아무짝에도 쓸모 없는 물건이나 사람.

무ː용총(舞踊塚) 중국 만주 지린 성에 있는, 고구려 때의 무덤. 널방 벽에 있는, 남녀 14명이 춤추는 벽화가 유명하다.

무위도식(無爲徒食) 아무 하는 일 없이 먹고 놀기만 함. 무위도식하다.

무의미(無意味)[무의미/무이미] ①아무 뜻이 없음. ②아무런 가치나 의의가 없음. 무의미하다.

무의식(無意識)[무의식/무이식] 자기가 한 행동이나 말을 스스로 느끼지 못하는 상태. 🖲무의식중에 한 말.

무의식적(無意識的)[무의식쩍/무이식쩍] 자기가 한 행동이나 말을 스스로 느끼지 못하는 것. 🖲무의식적인 행동.

무의촌(無醫村)[무의촌/무이촌] 의사나 의료 시설이 없는 곳.

무익하다(無益—)[무이카다] 이롭거나 도움이 될 만한 것이 없다. 🖲담배는 몸에 무익하다. 🖲유익하다.

무ː인[1](武人) 무예를 닦은 사람. 🖲무사. 🖲문인.

무인[2](無人) 사람이 없음. 🖲무인 우주선/무인 판매대. 🖲유인.

무인도(無人島) 사람이 살지 않는 섬.

무일푼(無一—) 가진 돈이 한 푼도 없음.

무자격(無資格) 자격이 없음. 🖲무자격 의사.

무자비하다(無慈悲—)《자비심이 없다는 뜻으로》 사정없이 냉혹하다. 🖲무자비하게 때리다.

무자위 물을 높은 곳으로 퍼 올리는 데 쓰는 농기구.

무작정(無酌定)[무작쩡] 어떻게 하겠다고 정한 것이 없이. 예무작정 서울로 올라오다. 비무턱대고.

무장¹ 갈수록 더.

무:장²(武裝) 전투를 위한 장비를 갖춤, 또는 그 장비. 예무장 군인/완전 무장. 무장되다. 무장하다.

무:장간첩(武裝間諜) 전투에 필요한 장비를 갖춘 간첩.

무적(無敵) 매우 강하여 겨룰 만한 적이 없음. 예무적함대/천하무적의 장사.

무전¹(無電) ①〈무선 전신〉의 준말. ②〈무선 전화〉의 준말. 빤유선.

무전²(無錢) 돈이 없음. 예무전으로 여행하다.

무전기(無電機) 무선 전신이나 무선 전화용 기계.

무전여행(無錢旅行)[무전녀행] 여행에 드는 돈이 없이 길을 떠나 얻어먹으면서 다니는 여행.

무절제하다(無節制—)[무절쩨하다] 절제함이 없다. 예무절제한 생활.

무정(無情) 인정이나 동정심이 없음. 남의 사정에 아랑곳하지 않음. 무정하다. 예무정한 사람/무정한 세월. 무정히.

무제(無題) 제목이 없음. 흔히 시나 그림에서 제목을 붙이기 어려운 경우에 제목 대신에 쓴다.

무제한(無制限) 정해진 범위나 한도가 없음. 예무제한의 능력.

무조건(無條件)[무조껀] 조건을 따지지 않고. 예무조건 항복. 비덮어놓고.

무조건 반:사(無條件反射) 자극에 대한 본능적인 반응. 음식을 씹으면 침이 나오는 것 등. 비조건 반사.

무좀 주로 발가락 사이나 발바닥에 작은 물집이 생기거나 살갗이 갈라지는 피부병.

무죄(無罪)[무죄/무줴] 잘못이나 죄가 없음. 예무죄 석방. 빤유죄.

무:주(茂朱) 전라북도의 북동쪽에 있는 군. 종이와 직물이 많이 난다. 명승지로 구천동·덕유산 등이 있다.

무:주 구천동(茂朱九千洞) 전라북도 무주군에 있는 명승지. 9,000굽이를 헤아린다는 계곡이 덕유산 국립 공원의 중심부를 이루고 있다.

무중력(無重力)[무중녁] 중력이 없음. 예무중력 상태.

무지¹ 아주 대단히. 예나는 축구를 무지 좋아한다. 비엄청.

무:지²(拇指) ➡ 엄지손가락.

무지³(無知) 아는 것이나 지식이 없음. 비무식. 무지하다. 예나는 컴퓨터에 대해 무지하다.

무지개 비가 그쳤을 때, 해의 반대쪽 하늘에 반원 모양으로 나타나는 일곱 빛깔의 줄. 공중에 떠 있는 물방울들에 햇빛이 반사된 현상이다. 예무지개가 뜨다.

무지막지하다(無知莫知—)[무지막찌하다] 매우 무지하고 우악스럽다. 예무지막지한 소리.

무지무지하다 놀랄 만큼 엄청나고 대단하다. 예무지무지하게 힘이 센 사람.

무지하다 아주 대단하다. 예날씨가 무지하게 덥다.

무직(無職) 일정한 직업이 없음.

무진장(無盡藏) 한없이 많음. 예책이 무진장 많다. 비무한량. 무진장하다.

무질서(無秩序)[무질써] 질서가 없음. 무질서하다. 예무질서한 생활/사회가 무질서하다.

무찌르다 적을 쳐서 없애다. 예적군을 무찌르다. |활용| 무찌르니·무찔러.

무차별(無差別) 가리지 않고 마구잡이임. 예무차별 공격.

무참하다(無慘—) 비할 수 없이 끔찍하고 참혹하다. 예무참하게 죽다. 무참히.

무채색(無彩色) 명도의 차이는 있으나 색상과 채도가 없는 색. 흰색·검은색·회색 등. 반유채색.

무책임(無責任)[무채김] ①책임이 없음. ②책임감이 없음. 예무책임한 행동. 무책임하다.

무척 다른 것보다 훨씬. 보통 상태보다 대단히. 예무척 착한 사람/무척 좋아하다. 비매우·몹시.

무척추동물(無脊椎動物) 등뼈가 없는 동물을 통틀어 이르는 말. 곤충·거미·지렁이 등. 반척추동물.

무ː청 무의 잎과 잎줄기.

무ː추 무와 배추를 유전 공학으로 결합한, 뿌리는 무이고 잎은 배추인 식물.

무치다 나물에 양념을 넣고 골고루 버무리다. 예산나물을 무쳐 먹다.

무침 말린 생선·해초·채소 등을 양념하여 무친 반찬. 예콩나물무침/시금치무침.

무턱대고 [무턱때고] 잘 따져 보지 않고 마구. 예엄마는 무턱대고 동생을 나무라셨다. 비다짜고짜·무작정.

무통장(無通帳) 은행에서 통장이 없이 돈을 넣거나 빼는 일. 예무통장 거래.

무표정(無表情) 아무 표정이 없음. 무표정하다. 예무표정한 얼굴로 말하다.

무학 대ː사(無學大師, 1327~1405) 고려 말기·조선 초기의 승려. 태조 이성계의 스승으로, 조선의 도읍을 한양으로 옮기는 데 영향을 끼쳤다.

무한(無限) 수량이나 정도에 제한이나 한계가 없음. 반유한. 무한하다. 예무한한 가능성/무한한 사랑. 무한히.

무한궤도(無限軌道) 앞뒤 차바퀴의 둘레를 띠 모양의 벨트로 이어 걸어 놓은 장치. 탱크나 불도저 등에 사용한다.

무한대(無限大) 한없이 큼. 예무한대의 우주.

무한정(無限定) 한정이 없음. 예무한정 기다릴 수는 없다.

무해(無害) 해로움이 없음. 반유해. 무해하다. 예인체에 무해하다.

무허가(無許可) 허가를 받지 않음. 예무허가 건물/무허가 영업/무허가 판잣집.

무형(無形) 형체가 없음. 예무형의 재산. 반유형.

무형 문화재(無形文化財) 형체가 없는 문화재. 연극·무용·음악·공예 기술 등. 반유형 문화재. 참문화재.

무화과(無花果) ①무화과나무의 열매. ②〈무화과나무〉의 준말.

무화과나무(無花果—) 뽕나뭇과의 낙엽 지는 떨기나무. 잎은 손바닥 모양으로 깊게 갈라져 있고, 봄부터 여름에 걸쳐 꽃이 핀다. 열매는 달걀 모양인데, 맛이 좋다. 준무화과.

무효(無效) 효과나 효력이 없음. 예당선을 무효로 하다./계약을 무효로 처리하다. 반유효. 무효하다.

무ː희(舞姬)[무히] 춤추는 일을 직업으로 하는 여자.

묵 메밀이나 녹두·도토리 등의 앙금을 되게 쑤어 굳힌 음식.

묵과(默過)[묵꽈] 잘못을 알고도 모르는 체 넘겨 버림. 묵과되다. 묵과하다. 예네 잘못을 도저히 묵과할 수 없다.

묵념(默念)[뭉념] 죽은 사람을 추모하기 위해 눈을 감고 머리를 숙여 마음속으로 빎. 예순국선열에 대한 묵념을 올리다. 묵념하다.

묵다¹[묵따] ①일정 기간이 지나 오래되다. 예오백 년 묵은 은행나무. ②논밭이 쓰이지 않고 그냥 버려지다. 예여러 해 묵은 비탈밭.

묵다²[묵따] 일정한 곳에 나그네로 머무르다. 예우리는 여관에서 며칠 묵었다.

묵독(默讀)[묵똑] 소리를 내지 않고 글을 읽음. [반]낭독. **묵독하다.**

묵묵부답(默默不答)[뭉묵뿌답] 입을 다문 채 아무 대답도 하지 않음. [예]어떤 질문에도 묵묵부답이다. **묵묵부답하다.**

묵묵하다(默默—)[뭉무카다] 아무 말 없이 잠잠하다. **묵묵히.** [예]묵묵히 일만 한다.

묵비권(默祕權)[묵삐꿘] 피고나 피의자가 자기에게 불리한 말을 하지 않아도 되는 권리. [예]묵비권을 행사하다.

묵사발(—沙鉢)[묵싸발] ①묵을 담은 사발. ②'심한 타격을 받아 사물이 몹시 망가진 상태'를 이르는 말. [예]얼굴이 묵사발이 되다.

묵살(默殺)[묵쌀] 남의 말이나 의견을 듣고도 못 들은 척함. **묵살되다. 묵살하다.**

묵상(默想)[묵쌍] 말없이 마음속으로 생각함. **묵상하다.**

묵은쌀[무근쌀] 그해에 난 것이 아닌, 오래된 쌀. [반]햅쌀.

묵은해[무근해] 새해에 대하여 '지난해'를 이르는 말. [반]새해.

묵인(默認)[무긴] 모르는 체하고 슬며시 인정함. **묵인되다. 묵인하다.**

묵직하다[묵찌카다] ①어떤 물건이 보기보다 꽤 무겁다. [예]묵직한 저금통. [작]목직하다. ②점잖고 무게가 있다. [예]묵직한 목소리. **묵직이.**

묵호자(墨胡子, ?~?) 고구려의 승려. 신라에 처음 불교를 전하고, 영흥사를 세웠다.

묵화(墨畫)[무콰] 먹으로 그린 동양화. [비]수묵화.

묵히다[무키다] 쓰지 않고 그냥 묵게 하다. [예]밭을 묵히다.

묶다[묵따] ①끈이나 줄로 잡아매다. [예]운동화 끈을 묶다. [반]풀다. ②손이나 몸을 마음대로 움직이지 못하게 얽어매다. [예]범인을 묶다. ③한군데로 모아 합치다. [예]선생님은 학생들의 글을 묶어 문집을 내셨다.

묶음[무끔] 한데 모아서 묶어 놓은 것, 또는 그 덩어리.

묶음표(—標)[무끔표] 다른 것과 구별하기 위해 낱말이나 숫자 또는 문장의 앞뒤를 막는 부호. ( )·〔 〕·{ } 등. [비]괄호.

묶이다[무끼다] 묶음을 당하다. [예]손발이 꽁꽁 묶이다.

문(門) 드나들거나 여닫게 만든 시설. 창문·대문·방문 등. [예]문을 잠그다.

문(을) 닫다[관용] ①하루의 영업을 마치다. ②장사나 사업을 그만두다.

문(을) 열다[관용] ①하루의 영업을 시작하다. ②장사나 사업을 시작하다.

문간(門間)[문깐] 대문이 있는 곳.

문간방(門間房)[문깐빵] 대문의 바로 옆에 있는 작은 방. [비]행랑.

문갑(文匣) 문서나 문구 등을 넣어 두는, 높이가 낮고 가로로 긴 가구.

문건(文件)[문껀] 공적인 문서나 서류.

문경(聞慶) 경상북도 북서부에 있는 시. 쌀·보리·고치·잎담배 등의 농산물과 무연탄·석회석 등이 생산된다.

문경 새ː재(聞慶—) 경상북도 문경시와 충청북도 괴산군 사이에 있는 고개. 높이 642m.

문고(文庫) ①여러 사람이 읽을 수 있도록 책을 모아서 놓아 둔 곳. [비]서고. ②널리 보급하기 위해 값이 싸고 가지고 다니기 편하도록 작게 만든 책.

문고리(門—)[문꼬리] 문을 여닫거나 잠그는 데 쓰는 쇠로 만든 고리.

문과(文科) 조선 시대에, 문관을 뽑던 과거 시험. [반]무과.

문관(文官) ①문과 출신의 벼슬아치.

②군인이 아니면서 군대의 행정 사무를 보는 관리. [반]무관.

문교부(文教部) 지난날, 교육, 과학, 교과서 편찬 등의 일을 맡아보던 중앙 행정 기관.

문구[1](文句) [문꾸] 글의 구절. [비]글귀.

문구[2](文具) 〈문방구〉의 준말.

문구멍(門—) [문꾸멍] 문에 바른 종이가 뚫려 난 구멍.

문구점(文具店) 학용품과 사무용품 등을 파는 가게. [비]문방구·문방구점.

문단[1](文段) 내용상으로 일단 끊어지는, 문장의 단락. [예]앞뒤 문단/문단을 나누다.

문단[2](文壇) 글을 쓰는 작가들의 사회. [예]문단에 데뷔하다.

문단속(門團束) 사고가 없도록 문을 단단히 닫아 잠그는 일. 문단속하다.

문ː답(問答) 물음과 대답. 또는 서로 묻고 대답함. [예]경제에 대해 문답을 하다. 문답하다.

문둥병(—病) [문둥뼝] 살이 썩고 눈썹이 빠지며, 얼굴과 손발이 흉하게 일그러지는 '나병'을 낮추어 이르는 말.

문둥이 '나환자'를 얕잡아 이르는 말.

문드러지다 썩거나 물러서 힘없이 처져 떨어지다. [예]썩어 문드러진 호박.

문득 [문뜩] 생각이나 느낌이 갑자기 떠오르는 모양. [예]문득 좋은 방법이 생각났다. [센]문뜩.

문뜩 생각이나 느낌이 갑자기 떠오르는 모양. [여]문득.

문ː란(紊亂) [물란] 도덕·질서·규칙 등이 어지러움. [예]풍기 문란. 문란하다.

문루(門樓) [물루] 성문 등에 높이 세운 다락집.

문맥(文脈) 서로 이어져 있는 문장의 앞뒤 관계. [예]문맥이 통하다./문맥을 파악하다.

문맹(文盲) 배우지 못하여 글을 읽지도 쓰지도 못함, 또는 그런 사람. [예]문맹 타파.

문맹률(文盲率)[문맹뉼] 배우지 못하여 글을 읽지도 쓰지도 못하는 사람의 비율.

문맹 퇴ː치(文盲退治) 글을 모르는 사람을 가르쳐서 글을 읽을 수 있도록 하는 일. [예]문맹 퇴치 운동.

문명(文明) 사람의 지혜가 깨어 기술적·물질적인 생활이 풍부하고 편리해진 상태. [예]고대 문명. [비]문화. [반]미개·야만.

'문명'과 '문화'의 구별

사람의 지혜가 깨어 생활이 편리해지고 살기가 좋아진 상태를 나타내는 뜻은 같으나,

문명은 생활, 특히 의식주를 위한 기술이 개선된 상태를 이를 때에 쓰이고,

문화는 배우고 익히고 이룩한 정신적·물질적인 모든 성과, 즉 학문·예술·도덕·종교 등을 이를 때에 쓰인다.

문명인(文明人) 문명이 발달한 사회에서 사는 사람. [반]야만인·미개인.

문무(文武) 학문과 무예. 곧, 글을 읽는 일과 말 타고 활 쏘는 일을 통틀어 가리키는 말. [예]문무를 함께 갖추다.

문무백관(文武百官) [문무백꽌] 모든 문관과 무관. 모든 관원.

문무왕(文武王, ?~681) 신라의 제30대 왕(재위 661~681). 김유신과 함께 삼국을 통일하고, 중국 당나라 문화를 수입하였다. 죽은 후 유언에 따라 동해의 대왕암에 묻혔다.

문물(文物) 학문·예술·정치·경제·법률·종교 등 문화의 산물. [예]서양의 문물.

문바람(門ー)[문빠람] 문이나 문틈으로 들어오는 바람.

문밖(門ー)[문박] 문의 바깥쪽. 예문밖으로 나가다.

문발(門ー)[문빨] 문에 치는 발. 예문발을 올리다.

문방구(文房具) ①공부를 하거나 사무를 보는 데 필요한 도구. 종이·공책·연필·볼펜·지우개 등. 준문구. ②공부를 하거나 사무를 보는 데 필요한 도구를 파는 가게. 비문구점.

문방구점(文房具店) 문방구를 파는 가게. 비문구점.

문방사우(文房四友) 《서재에 꼭 있어야 할 네 벗이라는 뜻으로》 글씨를 쓰는 데 필요한 종이·붓·벼루·먹의 네 가지를 이르는 말.

문벌(門閥) 대대로 내려오는 그 집안의 신분과 지위. 예문벌이 좋다. 비가문·가세.

문법(文法)[문뻡] ①문장을 지을 때의 규칙. ②말의 구성이나 사용법에서의 규칙을 체계화한 법칙. ②비말본.

문:병(問病) 아픈 사람을 찾아보고 위로함. 예친구에게 문병을 가다. 비병문안. 문병하다.

문사(文士) ①지난날, 학문으로 인정을 받고 높이 된 선비. ②글 쓰는 일을 전문적으로 하거나 시문을 잘 짓는 사람. 반무사.

문살(門ー)[문쌀] 문짝의 뼈대를 이루는 나무오리나 대오리.

문:상(問喪) 상을 당한 사람을 찾아가 함께 슬퍼하고 위로함. 비조문·조상. 문상하다.

문서(文書) 사실이나 약속 등과 같은 필요한 사항을 글로 적은 종이. 예비밀 문서/외교 문서. 비서류.

문설주(門ー柱)[문설쭈] 문짝을 끼워 달기 위하여 문의 양쪽에 세운 기둥. 준설주.

문신[1](文臣) 신하 가운데 문관인 사람. 반무신.

문신[2](文身) 살갗을 바늘로 찔러 먹물이나 물감으로 글씨·그림·무늬 등을 새김, 또는 그렇게 새긴 것. 예몸에 문신을 새기다. 문신하다.

문:안(問安)[무난] 웃어른께 안부를 여쭘. 예시골 할머니께 문안을 드리다. 문안하다.

문양(文樣)[무냥] 주로 건물이나 공예품 등의 무늬. 예태극 문양.

문어[1](文魚)[무너] 문어과의 동물. 몸 길이는 발끝까지 3m가량이다. 몸통은 공과 같이 둥글고, 여덟 개의 발이 있다.

〈문어[1]〉

문어[2](文語)[무너] 글에서 쓰이는 말. 비글말. 반구어.

문예(文藝)[무녜] ①문학과 예술. ②시·소설·희곡·수필과 같이 말과 글로 표현한 예술 작품을 통틀어 이르는 말.

문예 부:흥(文藝復興) ➡르네상스.

문예 작품(文藝作品) 문학예술에 속하는 작품. 시·소설·희곡 등.

문외한(門外漢)[무뇌한/무눼한] 어떤 일에 대한 전문적인 지식이 없는 사람.

문:의(問議)[무늬/무니] 물어서 의논함. 예문의 사항/전화 문의. 문의하다.

문익점(文益漸, 1329~1398) 고려 공민왕 때의 선비. 중국 원나라에 사신으로 갔다가 목화씨를 얻어 붓대 속에 감추어 가지고 와 우리나라에 처음으로 목화를 퍼뜨렸다.

문인(文人)[무닌] ①소설가·시인·평론가처럼 문학적인 글을 쓰는 사람. ②지난날, 학문으로 인정을 받고 높이 된 사람. 반무인.

문일평(文一平, 1888~1936) 사학자·언론인. 호는 호암. 조선일보사에서 편집 고문으로 논설을 담당하는 한편, 국사 연구에도 많은 노력을 기울였다. 저서에 '호암전집' 등이 있다.

문자¹(文字) 예로부터 전해 내려오는, 한자로 된 어려운 글귀.

문자²(文字)[문짜] 말이나 소리를 눈으로 볼 수 있도록 적어 나타낸 기호. ⓑ글자.

문자 그대로[관용] 조금도 과장 없이 그대로.

문자판(文字板)[문짜판] 컴퓨터·시계·계량기 등에서 글자나 숫자, 기호가 그려진 판. ⓑ글자판.

문장(文章) 어떤 생각이나 느낌을 줄거리를 세워 글로 나타낸 것. 예문장을 만들다.

문장 부호(文章符號) 문장의 뜻을 돕거나 알아보기 쉽게 하기 위하여 쓰이는 여러 가지 부호. 물음표(?)·느낌표(!)·쉼표(,)·쌍점(:) 등.

문전성시(門前成市)《문 앞이 시장을 이룬다는 뜻으로》찾아오는 사람이 많음을 이르는 말.

문:제(問題) ①해답을 요구하는 물음. 예시험 문제/문제를 내다. ②연구하거나 해결해야 할 일. 예환경 문제. ③해결하기 어렵거나 난처한 일.

문:제아(問題兒) 성격·행동 등이 보통의 아이들과 뚜렷이 달라 특별한 교육과 지도가 필요한 아이.

문:제없다(問題一)[문제업따] 문제 삼을 정도가 아니다. 걱정거리가 못되다. 예우승은 문제없다. 문제없이.

문:제점(問題點)[문제쩜] 어떤 일의 문제가 되는 점.

문:제지(問題紙) 시험 문제가 적혀 있는 종이.

문:제집(問題集) 학습 내용에 대한 문제들을 모아 엮은 책.

문조(文鳥) 참샛과의 새. 참새와 비슷한데 부리가 크고 둥글게 솟아 있다. 벼 등의 농작물을 크게 해친다. 애완용으로 기른다.

〈문조〉

문주란(文珠蘭) 수선화과의 늘푸른 여러해살이풀. 높이 30~50 cm. 곧게 자라며, 7~9월에 흰꽃이 핀다. 제주도의 토끼섬에 많다. 천연기념물 제19호.

〈문주란〉

문중(門中) 성과 본이 같은 가까운 집안.

문지기(門一) ①성이나 큰 집의 문을 지키는 일을 하는 사람. ⓐ수문장. ②'골키퍼'의 북한말.

문지르다 무엇을 서로 대고 이리저리 밀거나 비비다. 예나는 걸레로 마룻바닥을 문질렀다. |활용| 문지르니·문질러.

문지방(門地枋)[문찌방] 드나드는 문에서 양쪽 문기둥 아래에 가로로 댄 나무.

문진¹(文鎭) 책장이나 종이가 바람에 날리지 않도록 누르는 물건. ⓑ서진.

문:진²(問診) 진찰의 기초로 삼기 위하여 의사가 환자에게 병에 대하여 묻는 일. 문진하다.

문집(文集) 시나 기타 여러 종류의 글을 한데 모아 엮은 책. 예학급 문집.

문짝(門一) 문틀이나 창틀에 끼워 여닫게 된, 문이나 창의 한 짝.

문:책(問責) 일의 책임을 물어 꾸짖음. 문책하다.

문체(文體) ①문장의 독특한 표현 형식. 구어체·문어체·논문체·일기체 등. ②지은이의 개성이나 사상이 나타나 있는 문장의 특색.

문초(問招) 지난날, 죄인에게 범죄 사실을 캐어 물음. 문초하다.

문턱(門―) ①문지방의 윗부분. ②어떤 일이 '아주 가까이 왔음'을 이르는 말. 예봄이 문턱에 왔다.

문턱이 높다[관용] 만나기가 어렵다. 상대하기가 힘들다.

문턱이 닳도록 드나들다[관용] 자주 찾아가거나 드나들다.

문틀(門―) 문짝을 끼울 수 있도록 만든 틀.

문틈(門―) 닫힌 문의 틈바구니. 예문틈으로 내다보다.

문패(門牌) 집주인의 이름·주소 등을 적어 대문에 다는 패.

문풍지(門風紙) 문틈으로 새어 들어오는 바람을 막기 위하여 문짝 가를 돌아가며 바르는 종이.

문필가(文筆家) 글을 쓰는 일을 직업으로 하는 사람.

문하(門下) 가르침을 받는 스승의 아래.

문하생(門下生) 스승에게서 가르침을 받는 제자.

문하시중(門下侍中) 고려 시대에, 나라의 정치를 도맡아 보살피던 으뜸 벼슬, 또는 그 벼슬아치.

문학(文學) 사람의 감정·사상을 상상의 힘을 빌려 글로써 나타내는 예술, 또는 그 작품. 예문학 전집.

문학가(文學家)[문학까] 문학 작품을 쓰는 이름난 사람.

문학관(文學館)[문학관] 한 작가의 일생에 관한 글이나 문학 작품과 관계된 것을 전시해 놓은 곳.

문학상(文學賞)[문학쌍] 훌륭한 문학 작품을 썼거나 문학 분야에 큰 공을 세운 사람에게 주는 상. 예노벨 문학상.

문학 작품(文學作品) 시·소설·수필·희곡 등의 문학에 속하는 예술 작품.

문ː항(問項) 시험이나 설문에서 각각의 문제.

문헌(文獻) 옛날의 제도·문물을 공부하거나 학문 연구에 참고가 되는 기록이나 책. 예조선 시대의 문헌을 뒤지다.

문호¹(文豪) 뛰어난 문학 작품을 많이 써서 널리 알려진 사람. 예러시아의 문호 톨스토이.

문호²(門戶) '외부와 교류하기 위한 통로나 수단'을 비유하여 이르는 말. 예문호를 개방하다.

문호 개방(門戶開放) 외국에 대하여 자기 나라의 시장을 널리 개방함으로써 무역이나 경제 활동을 자유롭게 하는 것.

문화(文化) 사람이 사회를 이루어 살아가면서 이룩한 정신적·물질적인 성과. 학문·예술·도덕·종교 등을 모두 포함한다. 예정신문화/대중문화/문화 유적지. 빤문명.

문화권(文化圈)[문화꿘] 공통된 특징을 갖는 문화의 세력권 안에 있는 지역.

문화 민족(文化民族) 언어와 문자를 가지고 문화생활을 누리는 민족.

문화생활(文化生活) 높은 문화를 누리는 생활.

문화 수준(文化水準) 문화생활을 나타내는 정도. 예문화 수준이 높다.

문화 시ː설(文化施設) 문화를 향상·발달시키는 데 필요한 시설. 도서관·학교·극장·박물관 등.

문화어(文化語) 북한의 표준어. 평양말을 중심으로 하여 문법·어휘·철자법 등을 엄격하게 규범화하였다.

우리말	문화어
가끔	가담가담
가사, 살림	집안거두매
가위바위보	가위주먹

각선미	다리매	민속놀이	민간오락
거짓말	꽝포	벼락부자	갑작부자
건널목	건늠길	보조개	오목샘
건달	날총각	볶음밥	기름밥
건망증	잊음증	볼펜	원주필
계단논	다락논	빙수	단얼음
골키퍼	문지기	빨리	날래
구성	엮음새	산책로	거님길
국물	마룩	상추	부루
궁리	둥냥	새어머니	후어머니
귀빈석	주석단	생떼	강매
그늘	능쪽	생활필수품	인민소모품
꽁보리밥	강보리밥	수력	물힘
낙숫물	처마물	수화	손가락말
냉수욕	찬물미역	야간 경기	등불게임
냉차	찬단물	양배추	가두배추
노크	손기척	예방	미리막이
녹색 식물	풀색식물	우울증	슬픔증
논문	론문	인도	걸음길
누룽지	가마치	잠수부	무감이
단비	꿀비	잡곡밥	얼럭밥
단짝	짝친구	장화	비신
달걀	닭알	접영	나비헤엄
댓돌	구팡돌	젤리	단묵
도넛	가락지빵	좁쌀	새알꼽재기
도시락	곽밥	주스	과일단물
돌풍	갑작바람	주차장	차마당
드라이클리닝	화학세탁	징검다리	다리돌
드레스	나리옷	참견	간참
들락날락	날면들면	초등학교	인민학교
들창코	발딱코	출입문	나들문
등장	나오기	칼국수	칼제비국
떠들어 대다	고아대다	코치	지도원
라디오	라지오	투수	넣는사람
리본	댕기	트랙터	뜨락또르
마스크	얼굴가리개	파마머리	뽁음머리
모자이크	쪽무이그림	표준어	문화어
뭉게구름	더미구름	프리 킥	벌차기
뮤지컬	가무이야기	헬리콥터	직승기
미숙아	달못찬아이	화장실	위생실

문화원(文化院) 특정 지역이나 국가의 문화를 직접 접할 수 있도록 마련한 기관. 예프랑스 문화원.

문화유산(文化遺產) 다음 세대에게 물려줄 만한 가치가 있는 민족 및 인류 사회의 모든 문화.

문화인(文化人) 높은 문화생활을 누리고 있거나 문화적 교양이 있는 사람. 예문화인으로서의 긍지를 갖자. 빤야만인.

문화재(文化財) 문화적 가치를 지니고 있는 역사적 유물. 유형 문화재·무형 문화재·천연기념물·민속자료 등이 있다.

문화재청(文化財廳) 중앙 행정 기관의 하나. 문화재의 보존·관리 및 활용 등에 관한 일을 맡아본다.

문화 정치(文化政治) 무력을 쓰지 않고 교화로써 다스리는 정치.

문화 체육 관광부(文化體育觀光部) 중앙 행정 기관의 하나. 문화·예술·방송·체육·청소년·출판·관광에 관한 일을 맡아본다.

묻다¹[묻따] 물·가루 등이 들러붙다. 예운동화에 흙이 묻다.

묻다²[묻따] 땅이나 다른 물건 속에 물건을 넣어 덮어 감추다. 예쓰레기를 땅에 묻다.

묻ː다³[묻따] 모르거나 궁금한 것을 알려고 대답을 구하다. 예가는 길을 묻다. |활용| 물으니·물어.

묻어가다[무더가다] 함께 따라가거나 딸려 가다. 예나도 너희들 틈에 묻어 갈 수 없을까? 빤묻어오다.

묻어오다[무더오다] 함께 따라오거나 딸려 오다. 예이삿짐을 옮길 때 남의 물건이 묻어왔다. 빤묻어가다.

묻히다¹[무치다] 묻음을 당하다. 예팥고물을 묻힌 시루떡.

묻히다²[무치다] ①묻게 하다. 예할아버지가 묻히신 묘. ②어떤 상태나 환

경에 휩싸이다. 예어둠에 묻힌 밤. ③어떤 곳에 틀어박히다. 예시골 촌구석에 묻혀 살다.

물¹ 자연계에 강·호수·바다·지하수 등의 형태로 널리 분포하는 액체. 순수한 것은 색·맛·냄새가 없고 투명하다.

　물 쓰듯[관용] 돈이나 물건을 헤프게 쓰는 모양.

물² 물감이 물건에 묻어서 드러나는 빛깔. 예옷에 붉은 물이 들었다.

물³ 생선의 싱싱한 정도. 예물이 좋은 고등어.

물가¹[물까] 바다·강·호수·못 등의 가장자리.

물가²(物價)[물까] 물건의 값. 상품의 시장 가격. 예물가가 오르다.

물갈이¹[물가리] ①수영장이나 수족관 등의 물을 가는 일. ②'기관이나 조직의 구성원이나 간부들을 꽤 큰 규모로 바꾸는 일'을 비유하여 이르는 말. 물갈이하다.

물갈이²[물가리] 논에 물을 대고 가는 일. 물갈이하다.

물갈퀴 오리·기러기·개구리 등의 발가락 사이에 있는 얇은 막. 헤엄칠 때 지느러미 구실을 한다.

물감[물깜] ①천이나 가죽에 빛깔을 물들이는 물질. 빤염료. ②〈그림물감〉의 준말. 예물감통.

물개[물깨] 물갯과의 바다짐승. 몸은 길둥글며, 네 다리는 물고기의 지느러미 모양인데 그것으로 헤엄도 치고 걷기도 한다. 빤바닷개.

〈물개〉

물거름 액체로 된 거름.

물거미 ①물거밋과의 거미. 몸길이 1.2cm가량. 몸빛은 갈색이며 몸은 작

고 다리만 긴데, 물 위에 떠다닌다. ②물 위에 떠다니는 거미와 비슷하게 생긴 소금쟁이·게아재비 등의 벌레를 이르는 말.

물거품 ①물에 생기는 거품. 웹포말. ②'노력이 헛되게 된 상태'를 비유하여 이르는 말. 예모든 계획이 물거품이 되었다. 웹수포.

물건(物件) ①일정한 모양을 가지고 있는 모든 것. ②사고파는 물품.

물걸레 물에 적셔서 쓰는 걸레. 웹진걸레. 웹마른걸레.

물결 [물껼] ①바람 등으로 물의 표면에 높낮이가 생겨 움직이는 결. 웹파도. ②물결처럼 움직이거나 밀어닥치는 모양. 예태극기의 물결.

물결무늬 [물껼무니] 물결 모양의 무늬.

물결선(一線)[물껼썬] 물결처럼 구불구불한 선.

물결치다 [물껼치다] 물결을 이루어 자꾸 움직이다. 예바닷물이 거세게 물결친다.

물고기 [물꼬기] 물에서 살며, 아가미와 지느러미가 있는 척추동물. 훈고기.

물고기의 새끼 이름

- **간자미** : 가오리의 새끼
- **고도리** : 고등어의 새끼
- **껄떼기** : 농어의 새끼
- **노가리** : 명태의 새끼
- **동어** : 숭어의 새끼
- **마래미** : 방어의 새끼
- **모롱이** : 웅어의 새끼
- **모쟁이** : 숭어의 새끼
- **설치** : 괴도라치의 새끼
- **전어사리** : 전어의 새끼
- **팽팽이** : 열목어의 새끼
- **풀치** : 갈치의 새끼

물고기자리 [물꼬기자리] 별자리의 한

가지. 가을에 남쪽 하늘에 보인다.

물관(一管) 식물의 뿌리에서 빨아올린 수분이나 양분을 줄기와 잎으로 보내는 대롱 모양의 조직.

물구나무서기 두 손으로 바닥을 짚고 몸을 거꾸로 세우는 일.

물굽이 [물꾸비] 바다나 강의 물이 구부러져 흐르는 곳.

물귀신(一鬼神)[물뀌신] ①물속에 있다는 귀신. ②'자기가 궁지에 빠졌을 때 남까지 끌고 들어가는 사람'을 비유하여 이르는 말.

물기(一氣)[물끼] 축축한 물의 기운. 예흙에 물기가 많다. 웹수분.

물기둥 [물끼둥] 기둥처럼 내리쏟아지거나 솟구쳐 뻗치는 굵은 물줄기.

물길 [물낄] ①배가 다니는 길. 웹뱃길. ②물이 흐르거나 물을 보내는 통로. 웹수로.

물김치 열무나 배추로 국물이 많게 담근 김치.

물꼬 ①논에 물이 넘어 흐르게 만들어 놓은 좁은 통로. ②'어떤 일의 시작'을 비유하여 이르는 말. 예남북 교류의 물꼬를 트다.

물끄러미 아무 생각 없이 우두커니 한 곳만 바라보는 모양. 예물끄러미 먼 산만 바라본다. 좌말끄러미.

물난리(一亂離)[물랄리] ①큰물이 져서 생긴 난리. ②가뭄 등으로 먹을 물이 모자라거나 없어서 겪는 소동.

물놀이 [물로리] 물가에서 하는 놀이. 물에서 노는 일. 물놀이하다.

물다¹ ①위와 아래의 이나 입술이나 부리 등으로 마주 눌러 집다. 예아기가 젖병을 물다. ②짐승 등이 이빨로 마주 눌러 상처를 내다. 예개가 사람을 물었다. ③입 안에 넣어 두다. 예사탕을 입에 물다. ④벌레가 주둥이 끝으로 살을 찌르다. 예모기가 물다. |활용| 무니·물어.

물고 늘어지다[관용] ①어떤 일을 끈질기게 붙잡고 놓지 않다. ②꼬투리나 말끝을 잡아 자꾸 캐묻거나 덤비다.

물다² ①마땅히 내거나 주어야 할 것을 치르다. 예벌금을 물다./세금을 물다. ②남에게 입힌 손해를 갚다. 예깨뜨린 유리창 값을 물어 주다. 비변상하다. |활용| 무니·물어.

물대기 농사짓는 데 필요한 물을 인공적으로 논밭에 댐.

물독 [물똑] 물을 담아 두는 독.

물동이 [물똥이] 물을 긷는 데 쓰는 질그릇. 예머리에 물동이를 이다.

물들다 ①빛깔이 옮아서 묻거나 배다. 예빨갛게 물든 단풍잎. ②사상·행동·버릇 등이 영향을 받아 닮다.

〈물동이〉

예나쁜 습관에 물들다. |활용| 물드니·물들어.

물들이다 [물드리다] 물들게 하다. 예언니는 봉숭아 꽃잎으로 손톱을 빨갛게 물들였다.

물때¹ ①아침저녁으로 바닷물이 드나드는 때. ②밀물이 들어오는 때.

물때² 물에 있는 더러운 것들이 다른 데에 옮아서 끼는 때.

물량(物量) 물건의 분량. 예물량을 확보하다.

물러가다 ①뒷걸음쳐 가다. ②차지하던 곳을 내놓고 떠나다. 예적군이 물러가다. ③닥쳐온 것이 떠나가다. 예더위가 물러가다.

물러나다 ①있던 자리에서 뒤나 옆으로 몸을 옮기다. 예뒤로 한 발자국씩만 물러나세요. ②하던 일이나 자리를 내놓고 나오다. 예장관직에서 물러나다.

물러서다 ①뒤나 옆으로 비켜서다. 예한 걸음 뒤로 물러서다. ②맞서서 버티던 일을 그만두다. 예절대 이대로 물러서지 않겠다.

물렁거리다 매우 부드럽고 무른 느낌이 나다. 비물렁대다. ㉯말랑거리다.

물렁대다 → 물렁거리다.

물렁물렁 매우 부드럽고 무른 모양. ㉯말랑말랑.

물렁물렁하다 매우 부드럽고 무르다. 예감이 물렁물렁하게 잘 익었다. ㉯말랑말랑하다.

물렁뼈 척추동물의 뼈 중에서 비교적 연한 뼈. 뼈와 뼈가 이어지는 곳이나 귀·코 등에 있다. 비연골.

물렁하다 ①매우 부드럽고 무르다. 예물렁한 찹쌀떡. ②성질이 맺힌 데가 없이 무르고 약하다. ㉯말랑하다.

물레 지난날, 솜이나 털을 자아서 실을 만들던 기구.

물레방아 물이 떨어지는 힘으로 바퀴를 돌려 곡식을 찧는 방아. ㉯물방아.

〈물레〉

물려받다 [물려받따] 재물·지위·기술 등을 윗사람이나 남에게서 이어받다. 예부모의 재산을 물려받다. ㉯물려주다.

물려주다 재물·지위·기술 같은 것을 자손이나 남에게 이어 주다. 예왕위를 세자에게 물려주다. ㉯물려받다.

물론(勿論) 말할 것도 없이. 예민수는 공부는 물론 운동도 잘한다.

물류(物流) 물품을 빠르고 효율적으로 원하는 곳에 때를 맞추어 보낼 수 있도록 하는 경제 활동. 예물류 창고.

물리(物理) ①모든 사물의 이치. ②〈물리학〉의 준말.

물리다¹ 아주 싫증이 나다. 예밥은 매일 먹어도 물리지 않는다.

물리다² ①묾을 당하다. 예개에게 물리다. ②물게 하다. 예아기에게 젖을 물리다.

물리다³ ①바둑이나 장기에서, 이미 둔 수를 취소하다. 예바둑 한 수를 물리다. ②기한을 뒤로 더 멀게 하다. 예약속 날짜를 뒤로 물리다. ③밥상 등을 들어서 밖으로 내다. 예저녁상을 물리다.

물리다⁴ 물게 하다. 예벌금을 물리다.

물리치다 ①적을 쳐서 물러나게 하다. 예적군을 물리치다. ②거절하여 받지 않다. 예유혹을 물리치다.

물리 치료(物理治療) 약을 쓰지 않고 열이나 전기·빛·공기·물 등의 물리적 작용을 이용하여 치료를 하는 방법. 呵물리 요법.

물리학(物理學) 자연 과학의 한 부문. 물질의 성질·운동·현상 등을 연구하는 학문. 준물리.

물림 가지고 있던 것을 남에게 물려주거나 남이 물려받는 일.

물마 비가 많이 와서 미처 빠지지 못하고 땅 위에 넘치는 물.

물만두(一饅頭) 물에 삶은 만두.

물맛 [물맏] 먹는 물의 맛.

물망초(勿忘草) 지칫과의 여러해살이 풀. 전체에 털이 많고, 뿌리에서 잎이 모여난다. 봄과 여름에 남색의 작은 꽃이 피며, 관상용으로 널리 가꾼다.

물매¹ 여럿이 한꺼번에 덤벼 때리는 매. 예물매를 맞다. 비몰매·뭇매.

물매² 밤 등을 따기 위하여 던지는 몽둥이.

물매암이 '물맴이'의 잘못.

물매질 ①여럿이 한꺼번에 덤벼 때리는 짓. ②밤 등을 물매로 따는 일. 물매질하다.

물맴이 [물매미] 물맴잇과의 곤충. 물방개와 비슷하고, 등과 배에 각각 두 쌍의 눈이 있으며, 물 위를 도는 버릇

이 있다. |잘못| 물매암이.

물물 교환(物物交換) 돈을 사용하지 않고 직접 물건과 물건을 서로 바꾸는 일.

물미끄럼틀 주로 수영장에 있는, 물이 흐르는 미끄럼틀.

물밀듯이 물결이 밀려오듯이 연달아 많이 몰려오는 모양. 예물밀듯이 몰려오는 적군.

물바다 홍수로 말미암아 '넓은 지역에 물이 든 상태'를 비유하여 이르는 말. 예온 마을이 물바다가 되었다.

물받이 [물바지] 처마 끝에 달아서 빗물을 받아 어느 한쪽으로 흘러내리게 하는 물건. 함석 등으로 만든다.

물방개 물방갯과의 곤충. 몸길이 3.5~4cm. 몸은 길둥글고 황록색이다. 뒷다리는 헤엄치기에 적당하다.

〈물방개〉

물방아 긴 통나무의 한쪽을 파내어 물받이를 만들고 다른 한쪽에 공이를 달아, 물받이에 물이 차고 비워짐에 따라 공이를 오르내리며 찧게 된 방아. 呵물레방아.

물방앗간(一間) [물방아깐/물방앗깐] 물방아로 곡식을 찧는 시설을 해 놓은 집.

물방울 [물빵울] 떨어지거나 맺힌 물의 작은 덩이. 예잎에 물방울이 맺히다.

물범 물범과의 동물. 몸길이 1.5~2m. 물개와 비슷하게 생겼으나, 머리가 둥글고 귓바퀴가 없으며 온몸에 억센 털이 나 있다. 물속에서는 지느러미처럼 생긴 뒷다리로 헤엄을 치고, 땅 위에서는 앞다리로 기어 다닌다. 천연기념물 제331호. 비바다표범.

물벼락 갑자기 뒤집어쓰게 되는 물. 예물벼락을 맞다. 비물세례.

물벼룩 물벼룩과의 동물. 몸길이 1.2~

2.5mm. 벼룩과 비슷하게 생겼다. 민물에 살며, 다섯 쌍의 다리로 뛰는 듯이 헤엄쳐 다닌다.

물병(一瓶)[물뼝] 물을 넣어 두는 병.

물보라 물결이 바위 등에 부딪쳐 안개 모양으로 흩어지는 잔 물방울.

물불《물과 불이란 뜻으로》 '고난이나 위험'을 비유하여 이르는 말.
　물불을 가리지 않다관용 어떠한 고난이나 위험도 무릅쓰다.

물빛[물삗] ①물의 빛깔. ②물의 빛깔과 같은 연한 파란빛. 비물색.

물뿌리개 화초나 채소 등에 물을 뿌리는 기구.

물산(物産)[물싼] 그 지방에서 나는 물건.

물산 장:려 운:동(物産奬勵運動) 일제 강점기에 우리 민족이 펼친 경제 자립 운동. 국산품 애용, 민족 기업의 육성 등을 목표로 하였다.

물살[물쌀] 물이 흐르는 힘이나 속도. 예물살이 빠르다.

물새[물쌔] 물에서 살거나 물과 밀접한 관계가 있는 새를 통틀어 이르는 말. 참산새.

물색(物色)[물쌕] 어떤 기준에 맞는 사람이나 물건을 고름. 물색하다. 예후보자를 물색하다.

물샐틈없다[물샐트멉따] 조금도 빈틈이 없다. 물샐틈없이. 예물샐틈없이 경계하다.

물소[물쏘] 솟과의 동물. 소와 비슷한데 머리에 활 모양의 굽은 뿔이 있다. 호수나 강 주변에 무리 지어 산다.

〈물소〉

물소리[물쏘리] 물이 흐르거나 부딪쳐 나는 소리.

물속[물쏙] 물의 가운데. 비수중.

물수건(一手巾)[물쑤껀] 음식점 등에서 손을 닦도록 내놓는, 소독한 젖은 수건.

물수레 ①길에서 먼지가 나지 않게 물을 뿌리는 수레. ②물을 싣고 다니는 수레.

물수리[물쑤리] 수릿과의 새. 몸길이 51~58cm. 등은 어두운 갈색, 머리와 배는 흰색이다. 부리는 길고 갈고리 모양이며, 발가락은 크고 날카롭다. 강이나 바다에서 물고기를 잡아먹고 산다.

물수세미[물쑤세미] 개미탑과의 여러해살이풀. 연못이나 늪에서 무리 지어 자라는데, 줄기가 물 밑 진흙으로도 뻗고 물 위로도 뜬다. 8월에 물 위로 나온 줄기 끝에 연노란 꽃이 핀다.

물시계(一時計)[물씨계/물씨게] 지난날, 물을 이용하여 시간을 재던 시계.

〈물시계〉

물심양면(物心兩面)[물씸냥면] 물질적인 것과 정신적인 것의 두 면. 예물심양면으로 돕다.

물씬 냄새나 연기 등이 많이 풍기거나 솟아오르는 모양. 예아빠한테서 술냄새가 물씬 풍겼다.

물안개[무란개] 강·호수·바다 등에서 비 오듯이 많이 끼는 안개.

물안경(一眼鏡)[무란경] 물속에서 볼 수 있도록 만든 안경 모양의 물건.

물약(一藥)[물략] 액체로 된 약. 참가루약·알약.

물어내다[무러내다] 남에게 입힌 손해를 돈이나 물건으로 갚다. 예깨뜨린 유리창 값을 물어내다.

물어뜯다[무러뜯따] 이나 부리로 물어서 뜯다. 예나는 손톱을 물어뜯는 버릇이 있다.

물오르다[무로르다] ①봄에 나무에 물기가 스며 오르다. 예물오른 나뭇가지. ②사람이나 동물의 상태가 좋아지다. 예물오른 싱싱한 생선. |활용| 물오르니·물올라.

물오리[무로리] 오릿과의 겨울새. 만이나 연못 등지에 사는데 집오리보다 좀 작다. 비청둥오리.

물오징어[무로징어] 말리지 않은 오징어.

물옥잠(一玉簪)[무록짬] 물옥잠과의 한해살이풀. 잎은 심장 모양인데 반들반들하고, 여름에 자줏빛 또는 흰빛의 꽃이 핀다. 늪·못·물가에 자란다.

물욕(物慾)[무룍] 돈이나 물건을 탐내는 욕심.

물웅덩이[무룽덩이] 물이 괴어 있는 웅덩이.

물음[무름] 묻는 일. 또는 묻는 말. 예물음에 답하다. 비질문. 반대답.

물음표(一標)[무름표] 물음이나 의심을 나타낼 때에, 그 말의 끝에 쓰는 부호인 '?'의 이름.

물의(物議)[무리/무리] 어떤 사람에 대해 많은 사람이 이러쿵저러쿵 비판하는 일. 예물의를 일으키다.

물이끼[무리끼] 물이낏과의 이끼. 물속이나 습한 곳, 그늘진 바위 위에 자라며, 줄기는 곧게 서고 엷은 녹색을 띤다. 식물을 먼 곳으로 옮길 때 그 뿌리를 보호하기 위하여 감싸는 데에 쓰인다.

물자(物資)[물짜] 경제나 생활에 필요한 물건이나 재료.

물장구 헤엄칠 때에 발로 물 위를 연거푸 치는 일. 예아이들이 냇가에서 물장구를 치며 놀고 있다.

물장군(一將軍) 물장군과의 곤충. 물에 사는 곤충 중 가장 크다. 몸은 납작하고, 개구리·물고기 등을 잡아 피를 빨아 먹고 산다.

물장난 물에서 놀거나 물에서 하는 장난. 물장난하다.

물적(物的)[물쩍] 물질에 관한 것. 예물적 자원/물적 증거. 반심적.

물정(物情)[물쩡] 세상의 인심이나 사정. 예세상 물정에 어둡다.

물줄기[물쭐기] ①내나 강 등의 물이 흐르는 줄기. ②물이 좁은 구멍 같은 데서 내뻗치며 이루는 줄.

물증(物證)[물쯩] 범죄의 증거가 되는 물건. 범행에 사용한 흉기, 훔친 물건 등. 본물적 증거. 반심증.

물질(物質)[물찔] 물건을 이루는 본바탕. 반정신.

물질대사(物質代謝)[물찔대사] 생명을 유지하기 위하여 생물이 필요한 것을 섭취하고 필요하지 않은 것은 몸 밖으로 내보내는 일. 비신진대사.

물질 만능주의(物質萬能主義) 물질, 특히 돈이면 무엇이든지 다 할 수 있다는 태도나 생각.

물질문명(物質文明)[물찔문명] 물질을 바탕으로 이루어진 문명. 반정신문명.

물질적(物質的)[물찔쩍] 물질에 관한 것. 예물질적으로 여유가 있는 생활. 반정신적.

물집[물찝] 살가죽이 부르터 그 속에 물이 잡힌 것.

물체(物體) 물질이 모여서 일정한 모양을 이루고 있는 것. 예이상한 비행물체.

물총(一銃) 물을 넣어 쏘는 장난감 총.

물총새(一銃一) 물총샛과의 새. 몸길이 17 cm가량. 등은 녹색을 띤 하늘색, 배는 밤색이고 부리가 길다. 강가의 나뭇가지에 앉아 있다가 물고기를

〈물총새〉

발견하면 총알처럼 날쌔게 물속으로 들어가 잡아먹는다.

물컵(一cup) 물을 마실 때 쓰는 컵.

물컹하다 너무 익거나 곪아서 뭉그러질 정도로 물렁하다. [예]물컹한 홍시.

물탱크(一tank) 물을 담아 넣어 두는 큰 통.

물통(一桶) 물을 담는 통.

물풀 물속이나 물가에서 자라는 풀. [비]수초.

물품(物品) 쓸모 있는 물건이나 제품.

물휴지(一休紙) 물기가 있는 축축한 휴지. [비]물티슈.

물힘 '수력(水力)'의 북한말.

묽다 [묵따] 죽이나 반죽 등에 물기가 너무 많다. [예]죽이 묽다. [반]되다. [발음] 묽어[물거] · 묽고[물꼬]

뭇1 [묻] 장작이나 채소 등의 묶음을 셀 때 쓰이는 말. [예]장작 한 뭇. [발음] 뭇이[무시] · 뭇도[묻또] · 뭇만[문만]

뭇2 [묻] 수효가 많음을 뜻하는 말. [예]뭇 사건이 일어나다.

뭇매 [문매] 여러 사람이 한꺼번에 덤비어 때리는 매. [예]뭇매를 때리다. [비]몰매 · 물매.

뭇사람 [묻싸람] 여러 사람.

뭉개다 문질러 으깨거나 짓이기다. [예]밥알을 밟아 뭉개다.

뭉게구름 아래는 평평하고 꼭대기는 산봉우리처럼 둥글게 치솟은 구름. [비]적운 · 솜구름.

뭉게뭉게 구름이나 연기 같은 것이 계속 피어오르는 모양. [작]몽개몽개.

뭉뚝 굵직한 것이 끝이 아주 짧고 무딘 모양. [작]몽똑. 뭉뚝뭉뚝.

뭉뚝하다 [뭉뚜카다] 굵직한 것이 끝이 아주 짧고 무디다. [예]뭉뚝한 손가락. [작]몽똑하다. [거]뭉툭하다.

뭉뚱그리다 ①되는대로 대강 뭉쳐 싸다. [예]짐을 뭉뚱그리다. ②여러 사실을 하나로 다루다. [예]뭉뚱그려 말하다.

뭉치 한데 뚤뚤 뭉치거나 말린 덩이. [예]돈뭉치/솜뭉치.

뭉치다 ①한 덩어리가 되게 하다. [예]눈을 뭉치다. ②하나로 단결하다. [예]온 국민이 한마음으로 뭉치다.

뭉클하다 북받치는 감정으로 가슴이 갑자기 꽉 차는 듯하다. [예]가슴 뭉클한 이야기. [작]몽클하다.

뭉텅 한 부분이 한 번에 큼직하게 잘리거나 끊어지는 모양. [예]나는 빵을 뭉텅 잘라 동생에게 주었다.

뭉텅이 한데 뭉친 큰 덩이.

뭉툭하다 [뭉투카다] 굵직한 것이 끝이 아주 짧고 무디다. [예]뭉툭한 연필. [작]몽톡하다. [여]뭉뚝하다.

뭍 [묻] 육지. 땅. [예]뭍사람/뭍에 오르다. [반]바다. [발음] 뭍이[무치] · 뭍도[묻또] · 뭍만[문만]

뭐ː ①〈무어〉의 준말. [예]그것이 뭐냐? ②〈무어〉의 준말. [예]뭐, 그게 정말이니?

뭐니 뭐니 해도[관용] '이러니저러니 해도'의 뜻으로, 다음 말을 강조할 때 쓰는 말. [예]뭐니 뭐니 해도 건강이 제일이지.

뭐ː하다 〈무엇하다〉의 준말. [예]그냥 달라기가 좀 뭐하다.

뭘 '무엇을'이 줄어든 말. [예]너는 여름 방학 동안 뭘 했니?

뭣ː[뭗] 〈무엇〉의 준말. [예]네 말이 뭣을 뜻하는지 모르겠어. [발음] 뭣이[뭐시] · 뭣도[뭗또] · 뭣만[뭔만]

뭣ː하다[뭐타다] 〈무엇하다〉의 준말. [예]나 혼자 가기엔 좀 뭣하다.

뮤지컬(musical) 음악 · 노래 · 무용을 결합시킨 연극이나 영화.

믈라카 해ː협(Melaka海峽) 말레이 반도와 수마트라 섬 사이에 있는 해협. 남중국해와 인도양의 안다만 해를 잇는, 동서 교통의 길목이다. '말라카 해협'의 고친이름.

미¹(美) ①아름다움. 예자연의 미/우리 나라 고유의 미를 추구하다. ②성적을 다섯 등급(수·우·미·양·가)으로 매길 때 셋째 등급.

미²(mi) 장음계의 셋째 음, 또는 단음 계의 다섯째 음의 계이름.

미각(味覺) 혀로 맛을 느끼는 감각.

미간(眉間) 〈양미간〉의 준말. 예미간 을 찡그리다.

미:개(未開) 문명이 발달하지 못한 상 태. 凹야만. 吵문명. 미개하다.

미:개인(未開人) 문명의 혜택을 받지 못하여 문화와 생활 수준이 낮은 사 람. 凹야만인·원시인. 吵문명인.

미:개척지(未開拓地)[미개척찌] 아직 개척되지 않은 땅.

미:결(未決) 아직 결정하지 않음. 예미 결 서류. 미결되다. 미결하다.

미:관(美觀) 아름답고 훌륭한 경치.

미국(美國) 북아메리카에 있는 나라. 50개의 주와 하나의 특별구로 이루어 진 연방 공화국이다. 철강·자동차· 컴퓨터·반도체 등의 산업이 발달되 어 있다. 수도는 워싱턴.

미군(美軍) ①미국의 군대. ②미국의 군인.

미:궁(迷宮) ①한번 들어가면 나오는 길을 쉽게 찾을 수 없도록 된 곳. ② '일이 복잡하게 얽혀서 쉽게 해결하 지 못하는 것'을 비유하여 이르는 말. 예미궁에 빠진 사건.

미꾸라지 미꾸릿과의 민물고기. 몸길 이 10cm가 량. 몸은 가 늘고 길며 매우 미끄럽 다. 논이나 늪의 진흙 속에 산다. 凹추어.

〈미꾸라지〉

미끄러뜨리다 미끄러지게 하다. 凹미 끄러트리다.

미끄러지다 ①미끄러운 곳에서 밀려 나거나 넘어지다. 예얼음판에서 미끄 러지다. ②시험에서 떨어지다.

미끄러트리다 ➡미끄러뜨리다.

미끄럼 얼음판이나 미끄럼틀 등에서 미끄러지는 놀이. 예놀이터에서 미끄 럼을 타며 놀았다.

미끄럼틀 아이들이 앉아서 미끄러져 내려올 수 있도록 비스듬하게 만든 놀이 시설. 凹미끄럼대.

미끄럽다[미끄럽따] 거침없이 저절로 밀려 나갈 만큼 반드럽다. 예눈이 얼 어 길이 미끄럽다. |활용| 미끄러우 니·미끄러워.

미끈거리다 미끄럽고 반드러워서 자 꾸 밀려 나가다. 예미꾸라지가 미끈 거려 손으로 잡기가 어렵다. 凹미끈 대다.

미끈대다 ➡미끈거리다.

미끈액(一液)[미끈액] 뼈마디의 뼈와 뼈 사이에 들어 있는 미끈미끈한 액 체. 마디의 운동을 부드럽게 한다.

미끈하다 ①미끄러울 정도로 흠이나 거침새가 없다. ②생김새가 보기에 훤칠하고 말쑥하다. 예미끈하게 생긴 소년. 쪽매끈하다. 미끈히.

미끌미끌 몹시 미끄러운 모양. 쪽매끌 매끌.

미끼 ①낚싯바늘에 꿰는, 물고기의 밥. 凹낚싯밥. ②남을 꾀어 들이는 물건 이나 수단. 예과자를 미끼로 삼아 동 생에게 심부름을 시켰다.

미나리 산형과의 여러해살이풀. 습한 땅이나 무논에 자란다. 잎은 깃 모양이고, 여름 에 희고 작은 꽃 이 모여 핀다. 독특한 향기가 있고, 잎과 줄기 는 먹는다.

〈미나리〉

미:남(美男) 얼굴

이 잘생긴 남자. 逬미남자. 뗸추남.

미:납(未納) 내야 할 돈을 아직 내지 못함. 뗸완납. 미납되다. 미납하다. ⑩세금을 미납하다.

미네랄(mineral) 칼륨·나트륨·철·인·칼슘 등의 무기질 영양소.

미:녀(美女) 얼굴이 아름다운 여자. 뗴미인. 뗸추녀.

미뉴에트(minuet) 프랑스에서 생겨난, 4분의 3박자 또는 8분의 3박자의 우아하고 약간 빠른 춤곡.

미늘 낚시 끝의 안쪽에 있는, 가시랭이 모양의 작은 갈고리. 물고기가 물면 빠지지 못하게 만들었다.

미니(mini) '소형'의 뜻으로 쓰이는 말. ⑩미니 자동차.

미니스커트(miniskirt) 치마 끝이 무릎 위까지 쑥 올라오는, 짧은 치마.

미:닫이 [미다지] 옆으로 밀어 여닫는 문. 뗺여닫이.

미:달(未達) 어떤 한도나 표준에 이르지 못함. 뗸초과. 미달되다. ⑩입학 정원에 미달되다. 미달하다.

미:담(美談) 장하고 착한 행동에 대한 아름다운 이야기.

미:대(美大) '미술 대학'을 줄여 이르는 말.

미:덕(美德) 칭찬받을 만큼 아름다운 행동. ⑩양보의 미덕.

미덥다 [미덥따] 믿음성이 있다. ⑩미더운 사람. |활용| 미더우니·미더워.

미라(mirra) 사람의 시체가 바짝 말라 원래 상태에 가까운 모습으로 있는 것. |잘못| 미이라.

미:래(未來) 현재를 기준하여 아직 오지 않은 때. 뗴장래. 뗺과거·현재.

미:래상(未來像) 미래의 모습. ⑩우리나라의 밝은 미래상.

미량(微量) 아주 적은 양.

미:려하다(美麗―) 아름답고 곱다. ⑩문장이 미려하다.

미:련(未練) 생각을 딱 끊을 수 없음, 또는 그런 생각. ⑩미련을 버리다.

미련스럽다 [미련스럽따] 어리석고 둔한 데가 있다. |활용| 미련스러우니·미련스러워. 미련스레.

미련퉁이 '몹시 미련한 사람'을 얕잡아 이르는 말. 뗴미련쟁이.

미련하다 어리석고 둔하다. ⑩미련한 사람.

미:로(迷路) 한번 들어가면 드나드는 곳이나 방향을 알 수 없게 된 곳.

미루나무 버드나뭇과의 낙엽 지는 큰 키나무. 줄기가 곧고 키가 커서 가로수로 많이 심는다. 뗴포플러. |잘못| 미류나무.

미루다 ①일을 나중으로 밀어 넘기다. ⑩오늘 할 일을 내일로 미루지 마라. ②이미 아는 것으로 다른 것을 비추어서 생각하다. ⑩하나를 미루어 둘을 안다.

미류나무(美柳―) '미루나무'의 잘못.

미륵(彌勒) ①〈미륵보살〉의 준말. ②돌부처. ⑩은진 미륵.

미륵보살(彌勒菩薩) [미륵뽀살] 도솔천에 살며 56억 7천만 년 뒤에 미륵불로 나타나서 중생을 건진다는 보살. 쥰미륵.

미륵사지 석탑(彌勒寺址石塔) 전라북도 익산의 미륵사 터에 있는, 백제 무왕 때의 석탑. 우리나라 석탑 가운데 가장 오래되었다. 국보 제11호.

미리 어떤 일이 생기거나 벌어지기 전에 앞서서. ⑩자기 전에 준비물을 미리 챙겨 놓았다.

미리내 '은하수'의 방언.

미리막이 '예방'의 북한말.

미리미리 '미리'를 강조한 말. ⑩숙제는 미리미리 해 두어야지.

미리 보기 컴퓨터에서 작성한 글이나 그림을 인쇄하기 전에 미리 확인할 수 있도록 보여 주는 기능.

미:만(未滿) 정한 수나 정도에 차지 못함. 예12세 미만의 어린이.

'미만'의 쓰임

앞에 오는 수량을 포함하지 않고 헤아리거나 셈할 때에 쓴다. '20세 미만은 참가할 수 없다'라고 하면, 19세까지는 참가할 수 없고, 20세부터 참가할 수 있다는 뜻이다. 함이하.

미:망인(未亡人) 남편이 죽고 홀로 된 여자. 비과부.

미:모(美貌) 아름다운 얼굴.

미모사(mimosa) 콩과의 한해살이풀. 줄기에 잔털과 가시가 있으며, 여름에 연분홍 꽃이 핀다. 잎을 건드리면 곧 오므라들어 아래로 늘어진다.

미묘하다(微妙−) 섬세하고 야릇하여 뭐라고 딱 잘라 말할 수 없다. 예미묘한 변화가 생기다. 미묘히.

미:문(未聞) 아직 듣지 못함. 예전대미문의 사건.

미물(微物) ①작고 보잘것없는 물건. ②벌레 등의 작은 동물. ③'변변치 못한 사람'을 낮추어 이르는 말. 예제 앞가림도 못하는 미물에 지나지 않습니다.

미미하다(微微−) 보잘것없이 작거나 희미하다. 예미미한 존재.

미:비(未備) 아직 다 갖추지 못한 상태에 있음. 반완비. 미비하다. 예미비한 자료/시설이 미비하다.

미사(missa) 가톨릭교회에서 행하는 최대의 예배 의식. 예수의 최후의 만찬을 본떠서 한다.

미사일(missile) 로켓이나 제트 엔진으로 날아가는 장거리 포탄. 대륙간 탄도 미사일 등이 있다. 비유도탄.

미:상(未詳) 확실하게 알려지지 않음. 예작자 미상의 작품.

미색(米色) 쌀의 빛깔과 같이 아주 연한 노란색.

미생물(微生物) 세균·짚신벌레·원충 등과 같이 현미경으로만 볼 수 있는 아주 작은 생물.

미선(尾扇) ①지난날, 대궐 잔치 때 쓰던 기구의 한 가지. 부채와 같으나 자루가 길다. ②대오리의 한끝을 가늘게 쪼개어 둥글게 펴고 그것을 실로 엮어 종이를 바른 부채.

미선나무 물푸레나뭇과의 낙엽 지는 떨기나무. 가지는 자줏빛이 돌며 끝이 아래로 처진다. 꽃은 전해에 맺혔다가 봄에 잎보다 먼저 핀다. 충청북도 군자산 기슭에 자라는 우리나라 특산종이다.

미:성년자(未成年者) 아직 성년이 되지 않은 사람.

미세기 두 짝을 한편으로 밀어 겹쳐서 여닫는 문이나 창.

미세하다(微細−) 매우 가늘고 작다. 예미세한 가루.

미소(微笑) 소리를 내지 않고 빙긋이 웃는 웃음. 예입가에 미소를 띠다.

미소 공:동 위원회(美蘇共同委員會) 1946년 서울에서, 미국과 소련의 대표가 한국의 신탁 통치와 독립 문제를 토의하기 위해 조직한 위원회.

미:수(未遂) 어떤 일을 시도하였으나 다 이루지 못함. 예살인 미수.

미:숙하다(未熟−)[미수카다] 일에 아직 익숙하지 못하여 서투르다. 반능숙하다.

미:술(美術) 눈으로 볼 수 있도록 일정한 공간에 아름다움을 표현하는 예술. 그림·건축·조각 등. 예미술전람회.

미:술가(美術家) 그림이나 조각 등 미술품을 전문적으로 창작하는 사람.

미:술관(美術館) 미술품을 전시하여 사람들이 구경할 수 있도록 만든 시설.

미:술사(美術史)[미술싸] 미술의 역사, 또는 그것을 연구하는 학문.

미:술품(美術品) 그림·조각·공예 등의 미술 작품.

미숫가루 [미수까루/미숟까루] 찹쌀·멥쌀·보리쌀 등을 볶아서 매에 갈아 고운 체로 친 가루.

미스¹(miss) 운동 경기에서 저지르는 실수. 예서브 미스.

미스²(Miss) 결혼하지 않은 여자의 성 앞에 붙어, '양'의 뜻을 나타내는 말. 예미스 김.

미스터(mister, Mr.) 남자의 성 앞에 붙어, '군'·'씨' 등의 뜻을 나타내는 말. 예미스터 김.

미시령(彌矢嶺) 강원도 인제군과 고성군 사이에 있는 고개. 높이 825.7m.

미시시피 강(Mississippi江) 미국 중앙부의 남쪽으로 흐르는, 세계에서 세 번째로 긴 강. 길이 6,238km.

미식축구(美式蹴球)[미식축꾸] 미국에서 발달한 럭비와 비슷한 경기. 각각 11명으로 이루어진 두 팀이 길쭉한 공을 손이나 발로 다루어 상대편의 진지에 찍거나 차 넘겨 득점을 겨룬다.

미:신(迷信) 과학적 근거가 없는 것을 맹목적으로 믿는 것. 예미신을 타파하다.

미:심쩍다(未審一)[미심쩍따] 일이 분명하지 못하여 의심스럽다. 예미심쩍은 부분이 있으면 질문을 하세요.

미아(迷兒) 길을 잃고 헤매는 아이.

미아보호소(迷兒保護所) 길을 잃은 아이를 보호하여 부모를 찾아주는 곳.

미안하다(未安一) 남에게 폐를 끼쳐 마음이 편하지 못하고 거북하다. 예약속 시간에 늦어서 미안하다. 웹죄송하다. 미안히.

미약하다(微弱一)[미야카다] 미미하고 약하다. 보잘것없다. 예미약하나마 나도 도울게.

미얀마(Myanmar) 인도차이나 반도 서쪽에 있는 나라. 중앙 평원에서는 쌀 농사가 성하다. 1989년 6월까지는 '버마'라고 하였다. 수도는 네피도.

미얄 산대놀이·봉산 탈춤 등에 쓰이는 여자 탈, 또는 그 탈을 쓰고 춤추는 사람.

미어지다 [미어지다/미여지다] ①가득 차서 터질 듯하다. 예볼이 미어지게 밥을 퍼 넣었다. ②가슴이 찢어지는 듯이 심한 고통이나 슬픔을 느끼다. |잘못| 미이다.

미어터지다[미어터지다/미여터지다] ①꽉 차서 곧 터질 듯한 상태가 되다. 예출근 시간에는 지하철 안이 미어터진다. ②심한 고통이나 슬픔으로 가슴이 터질 듯이 매우 괴롭다.

미역¹ 냇물이나 강물에 들어가 몸을 씻거나 노는 일. 예미역을 감다. 廖멱.

미역² 갈조식물 미역과의 한해살이 바닷말. 해안의 바위에 붙어 자란다. 칼슘이 많아 아기를 낳은 여자에게 좋다.

〈미역2〉

미역국 [미역꾹] 미역을 넣어 끓인 국.

미역국을 먹다[관용] '시험에 떨어지다'를 속되게 이르는 말.

미열(微熱) 건강한 몸의 체온보다 조금 높은 열.

미:완성(未完成) 끝을 다 맺지 못함. 예미완성 교향곡. 廖미완. 웹완성. 미완성되다. 미완성하다.

미:용(美容) 머리나 얼굴 모습을 아름답게 매만지는 일. 예미용 체조.

미:용사(美容師) 머리나 얼굴 모습을 아름답게 매만져 주는 일을 직업으로 하는 사람.

미:용실(美容室) 머리나 얼굴 모습을 아름답게 매만져 주는 일을 영업으로 하는 집. 웹미장원.

미움 밉게 여기는 마음. 예미움을 사다 (받다).

미워지다 미운 생각을 가지게 되다.

미워하다 밉게 여기다. 예죄는 미워해도 사람을 미워해서는 안 된다.

미음¹ 한글의 닿소리 'ㅁ'의 이름.

미음²(米飮) 쌀이나 좁쌀을 푹 끓여 체에 걸러 낸 음식.

미이라(mirra) '미라'의 잘못.

미ː인(美人) 얼굴이 아름다운 여자. 예미인 대회. 빠미녀.

미ː장원(美粧院) ➡미용실.

미장이 건축 공사에서, 벽이나 천장, 바닥에 흙·회반죽 등을 바르는 일을 직업으로 하는 사람. 빠미장공.

미적미적[미정미적] 해야 할 일을 하지 않고 미루면서 망설이는 모양.

미적지근하다[미적찌근하다] ①따뜻한 기가 조금 있는 듯하다. 예국이 덜데워졌는지 미적지근하다. ②태도나 행동이 소극적이고 흐리멍덩하다. 예미적지근한 태도를 보이다.

미ː정(未定) 아직 정해지지 않음. 예소풍 날짜는 미정이다. 빠기정.

미제(美製) 미국에서 만든 물건. 예미제 초콜릿.

미주알고주알 아주 사소한 일까지 속속들이. 예미주알고주알 캐묻다. 빠고주알미주알.

미ː지(未知) 아직 알지 못함. 예미지의 세계를 동경하다.

미지근하다 ①조금 따뜻한 기가 있는 듯하다. 예미지근한 물. ②태도나 행동이 소극적이다. 예반응이 미지근하다. 미지근히.

미ː지수(未知數) ①방정식에서, 구하려고 하는 수. ②장래가 어떻게 될지 알지 못하는 일.

미ː지항(未知項) 모르는 수가 들어 있는 항.

미진(微震) 가만히 있는 사람이나 지진에 민감한 사람만이 느낄 수 있는 정도의 약한 지진. 진도 계급 1의 지진. 빠강진.

미ː진하다(未盡—) 아직 충분하지 못하다. 예미진한 부분.

미처 아직 거기까지 미치도록. 뒤에 '모르다'·'못하다' 등의 부정하는 말이 따른다. 예그 사실을 미처 몰랐다.

미천하다(微賤—) 신분이나 사회적 지위가 보잘것없고 천하다. 예미천한 신분.

미치광이 미친 사람.

미치다¹ ①정신에 이상이 생겨 말과 하는 짓이 이상하다. ②어떤 일에 지나치게 열중하다. 예노름에 미치다.

미치다² ①일정한 곳에 가 닿거나 이르다. 예선반이 높아 손이 미치지 않는다./생각이 거기까지 미치지 못하다. ②영향을 끼치다. 예날씨가 우리 생활에 미치는 영향.

미켈란젤로(Michelangelo, 1475~1564) 이탈리아의 화가·조각가·건축가. 레오나르도 다빈치, 라파엘로와 더불어 르네상스 시대의 대표적인 미술가의 한 사람이다. 대표작으로 '다비드'·'모세'·'최후의 심판' 등이 있다.

미터(meter) 길이를 잴 때 쓰이는 말. 1미터는 100센티미터이다. 기호는 'm'.

미터법(meter法) 길이는 미터, 무게는 킬로그램, 부피는 리터를 기본 단위로 하는 측정 방법.

미투리 삼·노 등으로 짚신처럼 삼은 신. 흔히, 신날을 여섯 개로 한다.

미팅(meeting) 남녀 학생들이 교제를 목적으로 여럿이서 가지는 모임.

〈미투리〉

미풍(微風) 솔솔 부는 약한 바람. [비]세풍. [반]강풍.
미:풍양속(美風良俗)[미풍냥속] 아름답고 좋은 풍속.
미:해결(未解決) 아직 해결되지 못함. 미해결되다. 미해결하다.
미행(尾行) 남의 행동을 감시하기 위해 몰래 뒤를 따라다님. 미행하다. [예]범인을 미행하다.
미혹(迷惑) 마음이 흐려서 무엇에 홀림. 미혹되다. 미혹하다.
미:혼(未婚) 아직 결혼하지 않음. [예]미혼 여성. [반]기혼.
미:화(美化) 아름답고 보기 좋게 꾸미는 일. [예]환경 미화. 미화되다. 미화하다.
미:화부(美化部) 교실이나 학교 안팎을 깨끗하고 아름답게 꾸미는 일을 맡은 부서.
미:화원(美化員) 거리·공공건물·학교·병원·사무실·아파트 등을 청소하는 사람.
미:흡하다(未洽—)[미흐파다] 마음에 흡족하지 못하다. [예]결과가 다소 미흡하다.
믹서(mixer) 과일·채소·곡식을 잘게 갈아 주스 등을 만드는 데 쓰는 전기 기구.
민가(民家) 일반 백성들이 사는 집. [참]관가.
민간(民間) ①일반 백성들의 사회. [예]민간 설화. ②관청이나 군대에 속하지 않은 일반 사람들의 사회. [예]민간 방송.
민간 신:앙(民間信仰) 예로부터 민간에 전해 오는 신앙.
민간오락(民間娛樂) '민속놀이'의 북한말.
민간 외:교(民間外交) 민간인끼리 예술이나 스포츠 등을 통하여 친선 관계를 이루는 외교.
민간요법(民間療法)[민간뇨뻡] 민간에서 예로부터 전해 내려오는 치료법. 민간약·침술 등.
민간인(民間人)[민가닌] 관리나 군인이 아닌 일반 사람.
민감성(敏感性)[민감썽] 느낌이나 반응이 날카롭고 빠른 성질. [예]민감성 피부.
민감하다(敏感—) 느낌이나 반응이 날카롭고 빠르다. 감각이 예민하다. [예]민감한 반응.
민권(民權)[민꿘] 국민의 권리. 정치에 참여할 수 있는 권리나 신체와 재산 등을 보호받을 권리 등.
민권주의(民權主義)[민꿘주의/민꿘주이] ①국민의 권리를 높이는 것을 목적으로 하는 주의. ②참정권을 국민에게 평등하게 주자는 주의.
민꽃식물(—植物)[민꼳씽물] 꽃이 피지 않고 홀씨로 번식하는 식물. 버섯·고사리·솔이끼·미역 등. [비]포자식물. [반]꽃식물.
민단(民團) 〈거류민단〉의 준말.
민담(民譚) 예로부터 민간에 전해 내려오는 이야기. [비]민간 설화.
민둥산(—山) 나무가 없어 흙이 드러난 산. [비]벌거숭이산.
민들레 국화과의 여러해살이풀. 봄에 꽃자루 하나가 나와 그 끝에 노란 꽃이 핀다. 씨앗이 하얀 털에 붙어서 바람에 날려 번식한다.

〈민들레〉

민란(民亂)[밀란] 지난날, 포악한 정치 등에 대항하여 백성들이 일으킨 폭동이나 난리.
민망스럽다(憫惘—)[민망스럽따] 얼굴을 들고 대하기에 부끄러운 데가 있다. [활용] 민망스러우니·민망스러워. 민망스레.

민망하다(憫惘—) 남의 사정이 딱하여 미안하고 안쓰럽다. 예언니가 엄마에게 꾸중 듣는 것을 보기가 민망했다.

민며느리 지난날, 장차 며느리를 삼으려고 미리 데려다 기르는 여자아이. 빤데릴사위.

민무늬[민무니] 아무 무늬가 없음. 예민무늬 토기.

민물 강이나 호수 등의 짜지 않은 물. 빤단물·담수. 빤바닷물·짠물.

민물고기[민물꼬기] 민물에서 사는 물고기. 빤담수어. 빤바닷물고기.

민박(民泊) 여행할 때 숙박업소가 아닌 일반 가정집에서 묵음, 또는 그런 집. 민박하다.

민방위(民防衛) 적의 공격이나 재난으로 인한 피해를 막기 위하여 민간인이 펴는 방어 활동. 예민방위 훈련.

민법(民法)[민뻡] 개인이나 사회생활에 관한 법률.

민비(閔妃) ➡ 명성 황후.

민사 재판(民事裁判) 개인 사이의 분쟁에 관해서 법원이 하는 재판. 빤형사 재판.

민생(民生) 일반 국민의 생활. 예민생 안정/민생 치안.

민생고(民生苦) 일반 국민이 가난 때문에 겪는 괴로움.

민선(民選) 국민이 직접 뽑음. 예민선 대통령/민선 의원. 빤관선·국선.

민속(民俗) 일반 백성들의 풍속·습관·신앙·문화 등을 통틀어 이르는 말. 예민속 신앙/민속 음악.

민속놀이(民俗—)[민송노리] 각 지방의 풍속과 생활의 모습이 나타나 있는 놀이. 단오의 그네뛰기, 추석의 씨름 등.

민속 무:용(民俗舞踊) 각 지방의 생활과 풍속을 내용으로 민간에 전해 오는 춤. 강강술래·봉산 탈춤 등.

민속 박물관(民俗博物館) 조상들의 생활 양식·풍속과 이에 사용된 도구나 자료를 모아 전시한 박물관.

민속자료(民俗資料)[민속짜료] 조상들이 생활해 온 모습을 알 수 있는 자료.

민속촌(民俗村) 민간에 전해 오는 풍속·산업·예술 등을 옛 모습대로 보존하여 일반에게 구경시키는 마을.

민속춤(民俗—) 민간에서 발생하여 전해 내려오는 춤. 서민의 소박한 감정을 솔직히 표현하고 있다.

민숭민숭 ①털이 날 자리에 털이 없어 번번한 모양. ②산에 나무나 풀이 없는 모양. ③술을 마신 뒤에도 취하지 않아 정신이 뚜렷한 모양. ㉮맨송맨송.

민숭민숭하다 ①털이 날 자리에 털이 없어 번번하다. ②산에 나무나 풀이 없다. ③술을 마신 뒤에도 취하지 않아 정신이 뚜렷하다. ㉮맨송맨송하다.

민심(民心) 백성들의 마음. 예민심이 천심이다.

민영(民營)[미녕] 민간인이 경영함. 예민영 방송. 빤국영.

민영익(閔泳翊, 1860~1914) 조선 고종 때의 문신. 명성 황후의 친정 조카로 민씨 세도 정치의 중심인물이었다. 행서를 잘 썼고, 난초를 그리는 묵화에 능하였다.

민영환(閔泳煥, 1861~1905) 조선 고종 때의 문신. 시호는 충정공. 1905년 을사조약이 체결되었을 때, 이를 반대하다 뜻을 이루지 못하자 유서를 남기고 자결하였다.

민요(民謠)[미뇨] 민중 속에서 자연적으로 생겨나 오랫동안 전해 내려오는 노래. 민중의 생활 감정이 소박하게 담겨 있다. '아리랑'·'도라지 타령' 등.

민요풍(民謠風)[미뇨풍] 민요의 가락이나 내용을 담은 형식. 예민요풍의 노래.

민원(民願)[미뤈] 주민이 행정 기관에 대하여 처리해 주기를 요구하는 일. 예민원 서류.

민원실(民願室)[미눤실] 민원 사무를 처리하는 곳.
민의(民意)[미늬/미니] 국민의 뜻.
민정1(民政) ①민간인이 하는 정치. [반]군정. ②국민의 편안한 생활과 행복의 증진을 꾀하는 정치.
민정2(民情) 국민들이 살아가는 형편. [예]민정을 살피다.
민족(民族) 같은 지역에서 오랫동안 함께 살면서 언어나 풍속 등을 같이하는 사람의 무리. [예]단일 민족. [비]겨레.
민족 국가(民族國家) 하나의 민족으로 이루어진 국가.
민족성(民族性)[민족썽] 그 민족만의 독특한 성질. [예]단결성이 강한 민족성.
민족 운ː동(民族運動) 민족의 통일이나 독립을 이룩하여, 마땅히 누려야 할 권리를 되찾기 위하여 하는 운동.
민족의식(民族意識)[민조긔식/민조기식] 같은 민족에 속한다는 깨달음. 민족이 단결하여 잘 지키고 발전시켜야 한다는 생각.
민족 자결주의(民族自決主義) 각 민족은 다른 나라의 간섭을 받지 않고, 자기 민족의 일은 스스로 결정하게 해야 한다는 주장. [참고] 제1차 세계 대전 직후인 1918년, 미국의 윌슨 대통령이 제창하였다.
민족적(民族的)[민족쩍] 온 민족이 관계되거나 포함되는 것. [예]민족적 화합.
민족정신(民族精神)[민족쩡신] ①어떤 민족이 이상으로 하는 정신. ②한 민족을 결속시키는 공통의 정신.
민족주의(民族主義)[민족쭈의/민족쭈이] 민족의식을 바탕으로 하여, 민족의 통일과 독립·발전을 최고 목표로 삼는 주의.
민족혼(民族魂)[민조콘] 그 민족만이 지니고 있는 고유한 정신.
민주(民主) ①주권이 국민에게 있음. ②〈민주주의〉의 준말.
민주 공ː화국(民主共和國) 주권이 국민에게 있는 나라.
민주 국가(民主國家) 민주주의 정치를 하는 나라.
민주적(民主的) 민주주의를 따르거나 그 정신에 맞는 것.
민주 정치(民主政治) 민주주의를 기본으로 하여 행하는 정치. [반]독재 정치·군주 정치.
민주주의(民主主義)[민주주의/민주주이] 주권이 국민에게 있고 국민을 위하여 정치를 하는 제도, 또는 그런 정치를 지향하는 사상. [준]민주. [반]전제주의.
민주화(民主化) 체제나 사고방식이 민주적으로 되어 가는 것. **민주화되다. 민주화하다.**
민중(民衆) 국가나 사회를 이루고 있는 보통 사람들.
민첩성(敏捷成)[민첩썽] 재빠르고 날랜 성질.
민첩하다(敏捷—)[민처파다] 재빠르고 날래다. **민첩히.**
민폐(民弊)[민폐/민페] 관리나 군대가 민간에 끼치는 피해.
민화(民畫) 지난날, 민간의 전설·민속·서민 생활 등을 소재로 그린 그림. 소박하고 익살스러운 것이 특징이다.

〈민화〉

민활하다(敏活—) 날쌔고 활발하다. **민활히.**
믿기다[믿끼다] 믿어지다. [예]네 말이 믿기지 않는다.
믿다[믿따] ①그렇게 여겨 의심하지 않다. [예]친구의 말을 믿다. ②종교나 미신을 받들고 따르다. [예]하느님을 믿다. ③마음을 붙이고 든든하게 여기다. [예]형은 실력을 믿고 공부를 하지 않는다. 回불신하다.

믿음 [미듬] ①믿는 마음. 예주위 사람의 믿음을 저버리다. ②신앙. 예하느님에 대한 믿음.

믿음직스럽다 [미듬직쓰럽따] 믿음직한 데가 있다. |활용| 믿음직스러우니·믿음직스러워. 믿음직스레.

믿음직하다 [미듬지카다] 꽤 믿을 만하다. 예믿음직한 친구.

밀 볏과의 한해살이(봄밀) 또는 두해살이(가을밀) 재배 식물. 전 세계에서 중요한 농산물로 재배하며, 열매는 빻아 밀가루를 만든다.

〈밀〉

밀 가루 [밀까루] 밀을 빻아 만든 가루. 여러 가지 음식의 재료로 쓰인다.

밀감(蜜柑) 귤나무의 열매. 回귤.

밀고(密告) 남몰래 넌지시 일러바침. 밀고하다.

밀기울 [밀끼울] 밀을 빻아 체로 가루를 내고 남은 찌끼. 곧, 밀 껍질이 많이 섞인 것.

밀ː다 ①힘을 주어 앞으로 나가게 하다. 예유모차를 밀다. ②바닥이나 거죽을 문질러 깎거나 닦아 내다. 예대패로 통나무를 밀다. ③추대하거나 추천하다. 예철수를 반장으로 밀어 주다. ④반죽을 얇게 펴다. 예만두피를 밀다. ⑤표면에 붙은 것이 떨어지도록 문지르다. 예때를 밀다. |활용| 미니·밀어.

밀담(密談) [밀땀] 남몰래 이야기함, 또는 그 이야기. 예밀담을 나누다. 밀담하다.

밀도(密度) [밀또] 빽빽한 정도. 예서울은 인구 밀도가 높다.

밀랍(蜜蠟) 꿀벌이 벌집을 만들기 위하여 몸에서 내보내는 물질.

밀레(Millet, 1814~1875) 프랑스의 화가. 경건한 신앙심과 농민에 대한 애정으로 농촌의 풍경과 생활 모습을 많이 그렸다. 작품으로 '이삭 줍기'·'만종'·'씨 뿌리는 사람들' 등이 있다.

밀려가다 ①바람 등의 힘에 떼밀려서 가다. 예바람에 밀려가는 돛단배. ②여럿이 한꺼번에 떼를 지어 가다. 예학생들이 강당으로 밀려갔다. 回밀려오다.

밀려나다 ①떼밂을 당하여 어느 위치에서 다른 쪽으로 밀리다. 예밖으로 밀려나다. ②어떤 자리에서 쫓겨나다. 예회장 자리에서 밀려나다.

밀려들다 여럿이 한목에 몰아닥치다. 예밀려드는 외국 문화. |활용| 밀려드니·밀려들어.

밀려오다 ①바람 등의 힘에 떼밀려서 오다. 예큰 파도가 밀려온다. ②떼를 지어 한꺼번에 몰려서 오다. 예점심 시간이 되자 손님들이 식당으로 밀려왔다. 回밀려가다.

밀렵꾼(密獵—) 허가를 받지 않고 몰래 사냥을 하는 사람.

밀리그램(milligram) 질량을 잴 때 쓰이는 말. 1밀리그램은 1그램의 1,000분의 1이다. 기호는 'mg'.

밀리다[1] 미처 다 처리하지 못하여 일이나 물건이 쌓이다. 예숙제가 밀리다.

밀리다[2] 밂을 당하다. 예인파에 밀리다.

밀리리터(milliliter) 부피를 잴 때 쓰이는 말. 1밀리리터는 1리터의 1,000분의 1이다. 기호는 'mL'.

밀리미터(millimeter) 길이를 잴 때 쓰이는 말. 1밀리미터는 1미터의 1,000분의 1이다. 기호는 'mm'.

밀림(密林) 큰 나무들이 빽빽하게 들어선 수풀.

밀매(密賣) 거래가 금지된 물건을 몰래 팖. 예마약 밀매. 밀매되다. 밀매하다.

밀모(密謀) 주로 나쁜 일을 몰래 의논하여 꾀함. 밀모하다.

밀물 일정한 시각에 밀려 들어오는 바닷물. 하루에 두 번씩 밀려 들어온다. [반]썰물.

밀반죽 밀가루의 반죽.

밀ː방망이 반죽을 밀어서 얇게 펴는 데 쓰는 방망이.

밀봉1(密封) 다른 사람이 보지 못하도록 단단히 봉함. **밀봉되다. 밀봉하다.** [예]밀봉한 서류.

밀봉2(蜜蜂) ➡꿀벌.

밀사(密使) [밀싸] 비밀히 보내는 사신. [예]밀사를 파견하다.

밀수(密輸) [밀쑤] 법을 어기고 몰래 하는 수입과 수출. **밀수되다. 밀수하다.**

밀실(密室) [밀씰] 아무나 함부로 드나들지 못하게 하고 비밀히 쓰는 방.

밀양(密陽) [미량] 경상남도 동북부에 있는 시. 논농사가 활발하고, 섬유·도자기 등의 공업도 발달해 있다.

밀양 아리랑(密陽—) 아리랑 민요의 한 가지. [참고] 밀양 부사의 외딸인 아랑이 정절을 지키다 억울하게 죽은 것을 슬퍼하여 부른 곡이라 한다.

밀어내다 [미러내다] 어떤 지위나 자리에서 물러나게 하다. [예]그는 선배를 밀어내고 학교 대표 선수가 되었다.

밀어닥치다 [미러닥치다] 어떤 사람이나 일이 한꺼번에 몰려 다다르다.

밀어붙이다 [미러부치다] ①밀어서 한쪽 구석에 붙어 있게 하다. [예]책상들을 구석 쪽으로 밀어붙이고 바닥을 닦았다. ②틈이나 여유를 주지 않고 계속 몰아붙이다. [예]우리는 상대편을 계속 밀어붙여 승리하였다.

밀접하다(密接—) [밀쩌파다] 사이가 아주 가깝다. [예]밀접한 관계. **밀접히.**

밀정(密偵) [밀쩡] 몰래 남의 사정을 살핌, 또는 그 사람. [비]스파이.

밀집(密集) [밀찝] 빽빽하게 모임. [예]밀집 방어. **밀집되다.** [예]주택이 밀집된 지역. **밀집하다.**

밀짚 [밀찝] 밀의 이삭을 떨어낸 줄기.

밀짚모자(—帽子) [밀찜모자] 밀짚이나 보릿짚으로 만든 여름 모자.

〈밀짚모자〉

밀착(密着) 빈틈없이 탄탄히 달라붙음. [예]밀착 수비. **밀착되다.** [예]두 사람의 관계가 밀착되어 있다. **밀착하다.**

밀ː치다 힘껏 밀다. [예]사람들을 밀치고 도망가다.

밀크셰이크(milk shake) 우유에 달걀·설탕·향료·얼음 등을 넣어 만든 음료수.

밀크캐러멜 우유를 섞어 만든 캐러멜. [참고] 밀크캐러멜은 'milk'와 'caramel'이 합쳐서 된 말.

밀턴(Milton, 1608~1674) 영국의 시인. 서사시인 '실낙원'·'복낙원' 등의 작품이 있다.

밀폐(密閉) [밀폐/밀페] 틈이 없이 꼭 막거나 닫음. [예]밀폐 용기. **밀폐되다. 밀폐하다.**

밀항(密航) 법적인 절차를 어기거나 요금을 내지 않고 배나 항공기를 타고 몰래 외국에 나감. [예]밀항선. **밀항하다.**

밀회(密會) [밀회/밀훼] 비밀히 모이거나 만남, 또는 그 모임. **밀회하다.**

밉다 [밉따] ①얼굴이나 생김새가 볼품이 없다. [예]밉게 생긴 얼굴. [반]예쁘다·곱다. ②하는 짓이나 말이 마음에 거슬려 싫다. [예]미운 짓만 골라 한다. ②[비]싫다. [활용] 미우니·미워.

밉살스럽다 [밉쌀스럽따] 몹시 미움을 받을 만한 데가 있다. [활용] 밉살스러우니·밉살스러워. **밉살스레.**

밉상(—相) [밉쌍] 밉게 생긴 얼굴. 또는 미운 짓을 하는 사람. [예]걔는 어쩜 저렇게 얄미운 말만 골라 하는지 정 말 밉상이야.

밋밋하다 [민미타다] ①생김새가 미끈 하게 곧고 길다. ②경사나 굴곡 등 이 심하지 않고 평평하고 미끈하다. 예산세가 밋밋하다. ③모양 등이 두 드러진 데가 없이 평범하다. ㉪맷맷 하다. 밋밋이.

밍크(mink) 족제빗과의 동물. 족제비 와 비슷하나 좀 더 크다. 털빛은 윤기 있는 갈색이고 꼬리 끝은 거무스름하 다. 털가죽은 고급 외투에 쓰인다.

및 [믿] 그리고. 그 밖에. 또. 예사회· 경제 및 문화의 발달 과정.

밑 [믿] ①사물의 아래나 아래쪽. 예나 무 밑. ②지위·조직·계통 등에서 낮 은 자리. 예동생은 나보다 두 살 밑이 다. ③어떤 대상의 지배·보호·영향 등을 받는 처지. 예형은 할머니 밑에 서 자랐다. |발음| 밑이 [미치]·밑도 [믿또]·밑만 [민만]

밑각(一角) [믿깍] 도형의 밑변과 만나 서 이루는 각.

밑거름 [믿꺼름] ①농작물의 씨를 뿌리 거나 모종하기 전에 주는 거름. ㉲웃 거름. ②어떤 일을 이루는 데 바탕이 되는 것. 예조국 근대화의 밑거름.

밑그림 [믿끄림] ①색칠을 하기 전에 모양을 대강 그린 그림. ②수를 놓는 데 쓰려고 종이나 헝겊에 그린 그림.

밑금 [믿끔] ➡밑줄.

밑넓이 [민널비] 입체 도형에서 밑면의 넓이. ㉟밑면적.

밑돌다 [믿똘다] 어느 기준에 못 미치 다. 예학급 평균에 밑도는 점수. ㉲웃 돌다. |활용| 밑도니·밑돌아.

밑동 [믿똥] ①긴 물건의 맨 아랫부분. ②채소 등의 굵게 살진 뿌리 부분. 예배추의 밑동. ③나무줄기에서 뿌리 에 가까운 부분. |잘못| 밑둥.

밑둥치 [믿뚱치] 나무의 뿌리에 가까운

맨 밑부분.

밑들다 [믿뜰다] 무나 감자 등의 뿌리 가 땅속에서 굵게 자라다. |활용| 밑 드니·밑들어.

밑면(一面) [민면] 물체의 밑부분을 이 루는 평면.

밑면적(一面積) [민면적] ➡밑넓이.

밑바닥 [믿빠닥] ①그릇 등의 바닥이 되는 밑부분. ②'사회의 최하층'을 비 유하여 이르는 말. 예밑바닥 생활.

밑바탕 [믿빠탕] ①사물의 근본을 이루 고 있는 바탕. ②사람의 타고난 근본 바탕.

밑반찬(一飯饌) [믿빤찬] 오래 두고 언 제나 손쉽게 꺼내 먹을 수 있도록 만 든 반찬. 장아찌·콩자반·젓갈 등.

밑받침 [믿빧침] ①밑에 받치는 물건. ②어떤 일의 토대를 이루는 것. 예향 토 발전의 밑받침이 되다.

밑변(一邊) [믿뼌] 삼각형·사다리꼴 등 의 밑바닥을 이루고 있는 변.

밑부분(一部分) [믿뿌분] 물체의 아래 쪽 부분.

밑실 [믿씰] 재봉틀의 북에 감은 실.

밑씨 [믿씨] 꽃의 암술에 있는 기관. 수 정한 뒤에 자라서 씨가 된다.

밑줄 [믿쭐] 드러냄표의 하나인 '＿'의 이름. 가로쓰기의 글귀 아래에 긋는 줄. 예중요한 부분에 밑줄을 그으시 오. ㉯밑금.

밑지다 [믿찌다] 들인 밑천보다 얻는 것 이 적어 손해를 보다. 예밑지고 팔다.

밑지는 장사 [관용] 이익은커녕 손해 보는 일.

밑져야 본전이다 [관용] 일이 잘못되 어도 손해 볼 것은 없다는 말.

밑창 [믿창] 신의 바닥 밑에 붙이는 창.

밑천 [믿천] 장사나 사업의 기초가 되 는 돈이나 물건. 예장사 밑천.

밑판(一板) [믿판] 밑에 대는 판이나 밑 이 되는 판.

ㅂ

ㅂ 비읍. 한글 닿소리의 여섯째. |발음| ㅂ이 [비으비] · ㅂ도 [비읍또] · ㅂ만 [비음만]

바¹ 서양 음계에서 '파'를 가리키는 우리말 음이름. ⚌다 · 라 · 마 · 사 · 가 · 나.

바² ①알맞은 방법. 예어찌할 바를 모르겠다. ②앞에서 말한 그것. 예그게 내가 바라던 바이다.

바가지 ①박을 타서 만든 그릇. ②액체나 가루를 푸거나 담는 데 쓰이는 그릇의 한 가지. ③요금이나 물건값이 정해진 값보다 터무니없이 비쌈.
　바가지를 긁다[관용] 아내가 남편에게 불평이나 불만을 늘어놓다.
　바가지(를) 쓰다[관용] 남의 속임수에 걸리어 억울하게 많은 돈을 치르다.

바구니 대나 싸리로 둥글고 속이 깊게 만든 그릇.

바그너(Wagner, 1813~1883) 독일의 작곡가. 독일 낭만파를 대표하는 작곡가로, 새로운 형식의 악극을 창시하였다. 주요 작품으로는 '탄호이저' · '니벨룽겐의 반지' · '트리스탄과 이졸데' 등이 있다.

바글바글 사람 · 짐승 · 벌레가 한곳에 빼곡히 모여 자꾸 움직이는 모양.

바글바글하다 사람 · 짐승 · 벌레가 한곳에 빼곡히 모여 자꾸 움직이다. 예놀이공원에 사람들이 바글바글하다.

바깥 [바깓] 집이나 건물의 밖. 예바깥으로 나가다. 逬밖. 唥안. |발음| 바깥이 [바까치] · 바깥도 [바깓또] · 바깥만 [바깐만]

바깥세상(一世上) [바깓쎄상] ①자기가 사는 집이나 지역, 나라 밖의 세상. ②어디에 갇혀 있거나 틀어박혀 있는 사람이 보기에, 보통 사람들이 사는 세상. 예스님은 바깥세상에는 관심이 없었다.

바깥양반(一兩班) [바깓냥반] 부부 가운데 남편을 이르는 말. 逬바깥주인.

바깥일 [바깐닐] ①집 밖에서 하는 일. ②집 밖에서 일어나는 일.

바깥주인(一主人) [바깓쭈인] 집안의 남자 주인. 逬바깥양반. 唥안주인.

바깥쪽 [바깓쪽] 바깥으로 나온 쪽. [반]안쪽.

바깥채 [바깓채] 한 집 안에 두 채 이상의 집이 있을 때, 바깥쪽에 있는 집. [반]안채.

바꾸다 ①어떤 물건을 주고 그 대신 다른 물건을 받다. [예]나는 은행에서 지폐를 동전으로 바꿨다. ②원래 있던 것을 다른 상태로 또는 다른 것으로 되게 하다. [예]머리 모양을 바꾸려고 한다. ③이제까지의 것을 버리고 다른 것으로 갈다. [예]옷을 바꾸어 입고 나오다. ④전화기를 다른 사람에게 주다. [예]여보세요, 어머니 좀 바꾸어 줄래?

ㅂ

바뀌다 ①어떤 것이 다른 것을 대신하게 되다. [예]네 가방과 내 가방이 바뀌었어. ②원래의 것에서 변하거나 달라지다. [예]생각이 바뀌다.

바나나(banana) 파초과의 여러해살이 풀. 열대나 아열대 지방에서 재배된다. 초승달 모양의 열매는 노랗게 익는데, 맛과 향기가 좋다.

바느질 바늘과 실로 옷 등을 짓거나 꿰매거나 하는 일. **바느질하다**.

바늘 ①한끝이 뾰족한, 가늘고 긴 물건을 통틀어 이르는 말. ②옷 등을 짓거나 기울 때 쓰이는, 끝이 뾰족하고 가는 쇠붙이. ③뜨개질할 때에 실을 뜨는 도구. ④시계·나침반 등의 숫자나 눈금을 가리키는 것.

바늘구멍 사진기(一寫眞機) 렌즈를 쓰지 않고 작은 구멍을 이용하여 촬영하게 된 사진기.

바늘귀 [바늘뀌] 실을 꿸 수 있도록 바늘 머리에 뚫어 놓은 구멍.

바늘방석(一方席) '마음이 불편해서 앉아 있기 힘든 자리'를 비유하여 이르는 말. [예]거짓말이 언제 들통 날지 몰라 바늘방석에 앉은 기분이다. [비]가시방석.

바닐라(vanilla) 난초과의 여러해살이 덩굴풀. 오이처럼 생긴 열매를 발효시켜 '바닐린'이라는 향료를 만든다.

바다 ①지구 위에서, 육지 이외의 부분으로 소금물이 괴어 있는 곳. 지구 겉넓이의 약 4분의 3을 차지한다. [비]해양. [반]뭍·육지. ②'액체가 많음'을 비유하여 이르는 말. [예]눈물바다.

바다거북 바다거북과의 동물. 등딱지는 심장 모양이고 푸른색이나 갈색이며, 따뜻한 지방의 얕은 바다에 산다.

바다사자(一獅子) 물갯과의 동물. 물개와 비슷하게 생겼으나, 몸집이 훨씬 크다. 몸빛은 붉은 갈색이고 털이 없으며, 우는 소리가 사자와 비슷하다. 북태평양에 많이 산다.

〈바다사자〉

바다제비 슴샛과의 새. 날개와 꽁지 끝이 제비와 비슷하다. 바닷가에서 물고기를 잡아먹고 사는 여름새이다.

바다표범(一豹一) 물범과의 동물. 물개와 비슷하게 생겼으며, 몸빛은 회색이다. 네 발은 지느러미 모양인데, 뭍에서는 기어 다닌다. [비]물범.

〈바다표범〉

바닥 ①서거나 앉거나 물건을 놓을 수 있는 평평한 곳. [예]짐은 바닥에 내려놓으세요. ②물체의 밑부분. [예]숟가락으로 밥그릇의 바닥을 긁는다.

바닥나다 [바당나다] 돈이나 물건을 다 써 버려서 남은 것이 없게 되다. [예]이번 달 용돈이 벌써 바닥났다.

바닷가 [바다까/바닫까] 바닷물과 땅이 서로 닿는 곳, 또는 그 근처의 땅.

[예]우리는 바닷가에서 헤엄치며 놀았다. [비]해안가.

바닷가재 [바다까재/바닫까재] 주로 서양 요리에 쓰이는 커다란 새우 종류. 육지와 가까운 바다 밑에 산다. [비]로브스터.

바닷말 [바단말] 바다에서 나는 식물을 통틀어 이르는 말. [비]해조.

바닷물 [바단물] 바다의 짠물. [비]해수. [반]민물.

바닷물고기 [바단물꼬기] 바다에서 사는 물고기. [반]민물고기.

바닷바람 [바다빠람/바닫빠람] 바다에서 뭍으로 부는 바람. [비]해풍.

바닷새 [바다쌔/바닫쌔] 바닷가나 바다에서 사는 새를 두루 이르는 말. [비]해조.

바닷속 [바다쏙/바닫쏙] 바다의 수면 아래.

바둑 가로세로 각각 열아홉 줄이 그어져 있는 판 위에, 두 사람이 흰 돌과 검은 돌을 번갈아 두어서 에워싼 집의 크기로 승부를 겨루는 놀이.

바둑돌 [바둑똘] 바둑을 두는 데 쓰는 돌. 검은 돌과 흰 돌이 있다. [비]바둑알.

바둑무늬 [바둥무니] 두 가지 빛깔의 점이 알록알록 엇바뀌어 놓인 무늬.

바둑알 [바두갈] ➡바둑돌.

바둑이 [바두기] 털에 검은 점과 흰 점이 바둑무늬처럼 뒤섞여 있는 개.

바둑판(一板) 바둑을 두는 데 쓰는 네모난 판.

바둥거리다 ①몸집이 작은 사람이나 동물이 팔과 다리를 내저으며 몸을 자꾸 움직이다. ②괴로운 처지에서 벗어나려고 애를 쓰다. [비]바둥대다. [큰]버둥거리다. [작]바동거리다.

바둥대다 ➡바둥거리다.

바둥바둥 자꾸 바둥거리는 모양. [큰]버둥버둥. [작]바동바동.

바득바득 [바득빠득] 굳이 우기는 모양. [예]동생은 자기 말이 옳다고 바득바득 우긴다. [큰]부득부득. [센]빠득빠득.

바들바들 춥거나 무서워서 몸을 가늘게 자꾸 떠는 모양. [예]아이가 구석에서 바들바들 떨고 있다. [큰]부들부들.

바라다 생각한 대로 이루어지기를 원하다. [예]우리 모두 조국 통일을 바라고 있다.

바라보다 ①바로 향하여 보다. [예]선생님은 멀리 있는 산들을 바라보고 계신다. ②끼어들지 않고 옆에서 보고만 있다. [예]일단은 상황을 바라보기만 해라. ③바라는 대로 이루어지기를 그리며 보다. [예]아들이 성공하기만을 바라보고 살아오신 어머니. ④어떤 나이에 이를 날을 가까이 두고 있다. [예]할아버지는 어느덧 일흔을 바라보신다.

바람1 ①기압의 변화로 일어나는 공기의 움직임. [예]바람이 불다. ②공이나 풍선 같은 빈 곳에 들어 있는 공기. [예]바람이 빠진 풍선. ③마음이 끌려 들뜬 상태.

바람2 어떻게 되기를 바라는 마음. [예]통일은 우리 겨레 모두의 한결같은 바람이다. [잘못] 바램.

바람3 ①(('바람에'의 꼴로 쓰여)) '원인'이나 '근거'를 뜻하는 말. [예]급히 나오는 바람에 준비물을 잊었다. ②(('바람으로'의 꼴로 쓰여)) 으레 갖추어야 할 것을 제대로 갖추지 아니한 차림새임을 뜻하는 말. [예]할머니는 버선 바람으로 달려나와 나를 반겼다.

바람개비 바람의 힘으로 뱅글뱅글 돌게 만든 장난감. [비]팔랑개비.

바람결 [바람껼] ①일정한 방향으로 흐르는 공기의 움직임.

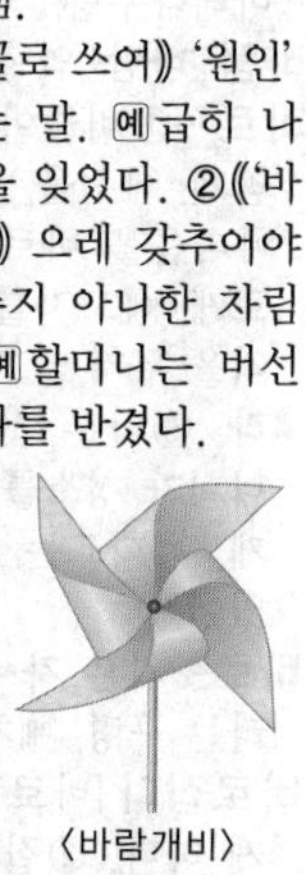
〈바람개비〉

ㅂ

②꼭 집어 말할 수는 없으나 들은 적은 있는 경우를 이르는 말. 예바람결에 들은 소문.

바람구멍 [바람꾸멍] 공기가 드나들도록 뚫어 놓은 구멍.

바람둥이 이성을 자주 바꾸어 가며 사귀는 사람.

바람막이 [바람마기] 바람을 막는 일. 또는 그런 물건.

바람맞다 [바람맏따] 만나기로 한 상대가 나오지 않아 허탕을 치다. 예나는 친구를 한 시간이나 기다렸는데 결국 바람맞았다.

바람직하다 [바람지카다] 좋거나 옳다고 여길 만하다. 예바람직한 방법을 찾다.

바:랑 승려가 등에 지고 다니는 자루 모양의 큰 주머니.

바:래다¹ ①본디의 빛깔이 옅어지거나 윤기가 없어지다. 예빛깔이 바랜 낡은 옷. ②볕에 쬐거나 하여 빛깔을 희게 하다.

바래다² 떠나는 사람을 배웅하거나 그 자리에서 바라보면서 보내다.

바래다주다 떠나는 사람을 어디까지 같이 가 주다. 예친구를 정류장까지 바래다주렴.

바램 '바람²'의 잘못.

바로¹ ①비뚤어지거나 굽은 데 없이 곧게. 예선을 바로 긋다. ②올바르게. 예마음을 바로 가지다. ③제대로 바르게. 예모자를 바로 써라. ④시간 간격을 두지 않고 곧. 예지금 바로 떠나라. ⑤다른 것이 아니라 곧. 예바로 너희가 청소를 해야 돼. ⑥아주 가깝게. 예학교는 정류장 바로 앞에 있어.

바로² 기본 자세(차려 자세)로 돌아가라는 구령. 예차려! 경례! 바로!

바로잡다 [바로잡따] ①굽은 것을 곧게 하다. ②잘못되거나 그릇된 것을 고치거나 바르게 하다. 예국회에서 새 법을 만들어 질서를 바로잡았다.

바르다¹ ①종이나 헝겊 등에 풀칠을 하여 다른 물체에 붙이다. 예아버지는 벽에 벽지를 바르셨다. ②액체나 가루 등을 다른 물체에 묻히다. 예누나는 김에 참기름을 발라서 구웠다. |활용| 바르니·발라.

바르다² ①껍질을 벗겨 속에 든 알맹이를 집어내다. 예알밤을 바르다. ②고기나 생선에서 뼈·살·가시 등을 골라내다. 예할머니가 생선 살을 발라 주셨다. |활용| 바르니·발라.

바르다³ ①비뚤어지거나 굽지 않고 곧다. 예글씨를 바르게 써 봅시다. ②도리나 사리에 맞아 어긋남이 없다. 예너는 예의가 참 바르구나. ③사실과 다른 것이 없다. 예아는 대로 바르게 말해라. ④햇볕이 잘 비치다. 예볕이 바른 남향집. |활용| 바르니·발라.

바른 오른. 오른쪽의.

바른대로 사실 그대로. 예어서 바른대로 말해.

바른말 사리에 맞는 말.

바른손 오른손.

바른쪽 오른쪽.

바리 소나 말 등의 등에 잔뜩 실은 짐을 세는 말. 예나무 한 바리.

바리바리 짐을 잔뜩 싸거나 실은 모양. 예할머니는 먹을 것을 바리바리 싸 주셨다.

바리톤(baritone) 남자 목소리에서 테너보다 낮고 베이스보다 높은 목소리, 또는 그 음넓이의 가수. 참베이스·테너.

바베큐(barbecue) '바비큐'의 잘못.

바:보 어리석고 멍청한 사람.

바비큐(barbecue) 돼지·소 등을 통째로 꿰어 직접 불에 굽는 요리. 주로 야외 파티용 요리에 쓰인다. |잘못| 바베큐.

바쁘다 ①해야 할 일이 많아서 쉴 겨를이 없다. 예나는 너무 바빠서 모임에 가지 못했다. ②몹시 급하다. 예갑자기 바쁜 일이 생겼다. |활용| 바쁘니·바빠.

바삐 몹시 급하게. 예나는 바삐 나오느라 우산을 깜빡했다.

바삭 ①잘 마른 가랑잎 등을 밟을 때나는 소리, 또는 그 모양. ②비교적 작은 것이 산산이 부서지거나 깨어지는 소리, 또는 그 모양. 큰버석. 바삭바삭.

바삭거리다 [바삭꺼리다] ①잘 마른 가랑잎 등을 밟는 소리가 자꾸 나다. ②비교적 작은 것이 산산이 부서지거나 깨어지는 소리가 자꾸 나다. 비바삭대다. 큰버석거리다.

바삭대다 [바삭때다] ➡바삭거리다.

바삭바삭하다 [바삭빠사카다] 잘 부스러질 정도로 물기가 아주 없다. 예과자가 바삭바삭하다.

바삭하다 [바사카다] 잘 부스러질 정도로 물기가 없다. 예튀김이 바삭하게 튀겨졌다.

바셀린(vaseline) 석유에서 얻는, 색깔이 없거나 연한 노란색의 연고. 주로살이 데거나 트거나 했을 때 바른다.

바소 한방에서, 곪은 데를 째는 데 쓰는 날이 있는 기구.

바순(bassoon) 관현악에 많이 쓰이는 목관 악기의 한 가지. 목관 악기 가운데서 가장 낮은 음을 낸다. 비파곳.

바스락 마른 잎이나 얇은 종이 등을 밟거나 건드리거나 뒤적일 때 나는 소리. 큰버스럭. 바스락바스락.

바스락거리다 [바스락꺼리다] 마른 잎이나 얇은 종이 등을 밟거나 건드리거나 뒤적이는 소리가 자꾸 나다. 비바스락대다. 큰버스럭거리다.

바스락대다 [바스락때다] ➡바스락거리다.

바싹 ①물기가 아주 없이 마르거나 타버린 모양. 예약이 바싹 졸았다. ②아주 가까이 다가가는 모양. 예이리 바싹 다가서라. ③몹시 긴장하는 모양. 예정신을 바싹 차리고 내 말을 잘 들어라. ④몸이 아주 마른 모양. 예이모는 오랜 병으로 몸이 바싹 야위었다. 바싹바싹.

바야흐로 ①이제 한창. 예때는 바야흐로 책 읽기에 좋은 가을이다. ②이제막. 예바야흐로 해가 솟으려 한다.

바위 ①부피가 아주 큰 돌. 비암석. ②가위바위보에서 주먹을 내민 것. '가위'에는 이기고, '보'에는 진다. 참가위·보3.

바위게 바위겟과의 게. 등딱지는 네모꼴이며, 집게다리는 좌우 대칭인데 억세게 생겼다. 물이 맑은 해변의 암초 지대에 산다.

바위산(一山) 바위만 많고 흙이 없어 풀과 나무가 자라지 못하는 산.

바위섬 바위가 많은 섬. 또는 바위로 이루어진 섬.

바위틈 ①바위의 갈라진 틈. ②바위와 바위의 틈.

바이 아주 완전히. 예내 그 사람을 바이 모르는 바는 아니다.

바이러스(virus) ①보통의 현미경으로는 볼 수 없을 정도의 미생물. 유행성 감기나 천연두 같은 병을 일으킨다. ②컴퓨터를 고장 나게 만들거나 저장된 정보를 지우는 나쁜 프로그램.

바이런(Byron, 1788~1824) 영국의 낭만파 시인. 서정성과 풍자성이 있는 시들로 근대 유럽 문학의 발전에 공헌하였다. 주요 작품으로는 '차일드 해럴드의 편력'·'돈 후안' 등이 있다.

바이샤(Vaiśya) 고대 인도 카스트의 셋째 계급. 농·공·상업에 종사하던 서민 계급을 이른다.

바이올린(violin) 대표적인 현악기의 한 가지. 가운데가 잘록하게 들어간 몸통에 네 줄을 매고 활로 줄을 문질러 소리를 낸다. 음역이 넓고 음색이 화려하여 독주·실내악·관현악 등에 널리 쓰인다.

〈바이올린〉

바이킹(Viking) 8세기에서 11세기에, 유럽의 여러 해안을 약탈하던 북방 노르만 족.

바인더(binder) 서류·신문·잡지 등을 한데 모아 꽂는 물건.

바자회(bazar會) 남을 돕거나 뜻있는 일에 쓸 돈을 마련하려고 벌이는 일시적인 전시품 판매장. [비]바자.

바지 두 다리를 따로 넣어서 아랫도리에 입는 옷. [반]저고리.

바지락 백합과의 조개. 껍데기에 줄무늬가 있는 작은 조개로, 바닷가 갯벌이나 모래 속에 산다.

바지랑대[바지랑때] 빨랫줄을 받치려고 세워 두는 긴 막대기.

바지런하다 할 일을 미루지 않고 열심히 하며 꾸준하다. [큰]부지런하다. **바지런히.**

바지춤 바지의 허리 부분을 접어 여민 사이.

바짝 ①물기가 졸아들거나 아주 마르는 모양. [예]빨래가 바짝 말랐다. ②몹시 달라붙는 모양. [예]동생이 턱 밑까지 바짝 다가섰다. ③매우 긴장하는 모양. [예]정신을 바짝 차리자. ④몸이 몹시 마른 모양. [예]형은 몸이 바짝 말랐다. [비]바싹. [큰]버쩍. **바짝바짝.**

바치다 ①신이나 웃어른께 드리다. [예]제물을 바치다. ②자기의 정성이나 힘·목숨 등을 남을 위해서 아낌없이 내놓다. [예]선생님은 사회 복지 사업에 일생을 바치셨다.

바캉스(vacance) 주로 여름에 산·바다·강 등으로 가서 더위를 피하거나 쉬는 일.

바코드(bar code) 상품에 대한 정보를 컴퓨터로 처리하기 위해 상품의 겉에 표시한 검고 흰 막대 무늬.

바퀴 ①축을 중심으로 돌거나 구르게 만든, 둥근 테 모양의 물건. ②어떤 곳을 원을 그리며 빙 도는 횟수를 세는 말. [예]우리는 걸어서 운동장을 한 바퀴 돌았다.

바퀴벌레 바큇과의 곤충. 몸은 길둥글고 납작하며, 몸빛은 누런 갈색이다. 음식물과 의복에 해를 끼친다. [준]바퀴.

〈바퀴벌레〉

바큇자국 [바퀴짜국/바퀸짜국] 수레나 자동차 등의 바퀴가 지나간 자국.

바탕 ①무엇을 이루는 근본이나 틀. [예]이 영화는 실화를 바탕으로 만들었다. ②사람의 타고난 성질이나 체질. [예]바탕이 선량한 사람. ③천이나 물체의 바닥, 또는 그 빛깔. [예]노란 바탕에 녹색 무늬가 있는 천.

바탕 화ː면(—畫面) 컴퓨터를 켰을 때 모니터에 처음 나타나는 화면.

바투 ①두 대상이나 물체의 사이가 썩 가깝게. [예]바투 다가앉다. ②길이나 시간이 아주 짧게. [예]날짜를 바투 잡다./나는 머리를 바투 깎았다.

바티칸 시ː국(Vatican市國) 이탈리아의 로마 시 안에 있는 나라. 세계에서 가장 작은 독립국으로, 교황을 국가 원수로 한다.

바흐(Bach, 1685~1750) 독일의 작곡가. 교회 음악에 관심을 보였으며, 바로크 음악을 완성하고 고전파 음악의 기틀을 마련하여 '음악의 아버지'로 불린다. 주요 작품으로는 '마태 수난곡'·'브란덴부르크 협주곡' 등이 있다.

박¹ 박과의 한해살이 덩굴풀. 여름에 흰 꽃이 피며, 열매는 크고 둥글다. 열매 속은 나물로 먹고, 거죽은 삶아 말려 바가지를 만든다.

〈박¹〉

박²(拍) 국악기의 한 가지. 나무로 만든 타악기로서, 풍류나 춤을 시작할 때와 마칠 때, 또는 곡조의 박자를 고르는 데 쓰인다.

박³(拍) 〈박자〉의 준말.

박⁴(泊) 여행지에서 묵는 밤의 수를 세는 말. 예2박 3일.

박꽃 [박꼳] 박의 꽃.

박다 [박따] ①어떤 물건을 다른 물체에 꽂거나 끼우다. 예벽에 못을 박다. ②어디에 세게 부딪치다. 예영수는 쓰러지면서 벽에 머리를 박았다. ③식물이 뿌리를 내리다. ④사진이나 인쇄물을 찍다. 예회사에서 신입 사원의 명함을 박아 주었다. ⑤틀이나 판으로 눌러서 찍다. 예다식을 판에 박다. ⑥촘촘히 눌러 꿰매다. 예재봉틀로 치맛단을 박다.

박달나무 [박딸라무] 자작나뭇과의 낙엽 지는 큰키나무. 껍질은 검은 회색이며 봄에 갈색 꽃이 이삭 모양으로 핀다. 나무의 질이 단단하여 목제품의 재료로 쓰인다.

박대(薄待) [박때] ➡푸대접.

박동(搏動) [박똥] 심장이 제 기능대로 뛰는 것. 예환자의 심장 박동이 빨라졌다. 박동하다.

박두(迫頭) [박뚜] 기일이나 시간이 가까이 닥쳐옴. 예기대하시라, 개봉 박두! 박두하다.

박람회(博覽會) [방남회/방남훼] 산업이나 기술 등의 발전을 위하여 농업·공업·상업 등에 관한 물건을 모아 여러 사람들에게 보이는 모임.

박력(迫力) [방녁] 강하게 일을 밀고 나가는 힘. 예박력 있는 사나이.

박멸(撲滅) [방멸] 모조리 잡아 없앰. 박멸되다. 박멸하다. 예해충을 박멸하다.

박목월(朴木月, 1916~1978) 시인. 조지훈·박두진과 함께 청록파 시인으로 활약하였고, 민요풍의 향토색 짙은 서정시를 주로 썼다. 시집으로 '청록집'·'산도화' 등이 있고, 시로는 '나그네'·'산새알 물새알' 등이 있다.

박문수(朴文秀, 1691~1756) 조선 영조 때의 문신. 여러 차례 암행어사로 지방에 나가 활약한 이야기가 전한다.

박물관(博物館) [방물관] 역사·민속·산업·과학·예술 등에 관한 자료를 널리 수집, 보관하고 전시하여 사회 교육과 학술 연구에 도움이 되게 만든 시설.

박박 [박빡] ①무엇을 세게 긁거나 문지르는 소리, 또는 그 모양. 예나는 누룽지를 먹으려고 숟가락으로 냄비를 박박 긁었다. ②천이나 종이를 자꾸 찢는 소리, 또는 그 모양. 예동희는 편지를 읽자마자 박박 찢어 버렸다. ③머리나 수염을 아주 짧게 깎은 모양. 예군대 가는 삼촌이 머리를 박박 깎았다. ④자꾸 기를 쓰고 우기는 모양. 예동생이 말도 안 되는 걸로 박박 우긴다. 囹벅벅. 셴빡빡.

박사(博士) [박싸] ①대학에서 주는 가장 높은 단계의 학위, 또는 그 학위를 가진 사람. 젵석사·학사. ②'어느 분야에 대해 깊이 잘 아는 사람'을 비유하여 이르는 말. 예자동차 박사 재민이는 자동차라면 모르는 게 없다.

박살 [박쌀] 산산이 부서짐. 예유리병이 떨어져서 박살이 났다.

박수(拍手) [박쑤] 환영·축하·격려·

찬성 등의 뜻으로 손뼉을 여러 번 치는 일. 예귀한 손님을 박수로 맞이합시다.

박수갈채(拍手喝采)[박쑤갈채] 손뼉을 치고 소리를 지르며 축하하고 반기는 일. 예사람들은 대상 수상자에게 박수갈채를 보냈다.

박스(box) 상자.

박식하다(博識—)[박씨카다] 널리 보고 들어서 아는 것이 많다. 예고전 음악에 박식한 사람.

박애(博愛)[바개] 많은 사람을 차별 없이 두루 사랑함. 예박애 정신.

박약하다(薄弱—)[바갸카다] 의지나 체력 등이 굳세지 못하다. 예의지가 박약한 아이.

박연¹(朴堧, 1378~1458) 조선 세종 때의 음악가. 조정의 조회 때에 사용하던 향악을 없애고 아악으로 바꾸게 하여 궁중 음악을 정리하였다. 고구려의 왕산악, 신라의 우륵과 함께 우리나라 3대 악성으로 불린다.

박연²(朴淵, 1595~?) 조선 인조 때에 귀화한 네덜란드 사람. 일본으로 가던 중 표류하다 제주도에 상륙하였다. 훈련도감에서 일하면서 대포의 제작법과 사용 방법을 지도하였다. 본래 이름은 '벨테브레이'.

박영효(朴泳孝, 1861~1939) 조선 말기의 정치가. 정치적 혁신을 부르짖어 김옥균과 함께 개화당을 조직하여 갑신정변을 일으켰다. 이후 일본의 벼슬을 받는 등 친일 활동을 하였다.

박은식(朴殷植, 1859~1925) 독립운동가. 3·1 운동 후에 중국으로 망명하여 '독립신문'의 주필과 임시 정부의 국무총리·대통령을 지냈다. 주요 저서로는 '한국 통사' 등이 있다.

박음질[바금질] 바느질에서, 실을 겹치게 하면서 튼튼하게 꿰매는 일. 박음질하다.

박이다[바기다] ①오랜 버릇이나 생각 등이 몸에 깊이 배다. 예매일 운동하는 버릇이 몸에 박여 거를 수 없다. ②손바닥이나 발바닥 등에 굳은살이 생기다. 예발뒤꿈치에 굳은살이 박였다.

박인로(朴仁老, 1561~1642) 조선 선조 때의 무신·시인. 호는 노계. 임진왜란 때 공을 세웠으며, 많은 가사와 시조를 남겼다. 주요 작품으로는 '노계가'·'태평사'·'누항사' 등이 있다.

박자(拍子)[박짜] 음악에서 센 소리와 여린 소리가 일정한 간격을 두고 규칙적으로 되풀이되는 것. 예이 노래는 박자가 느리다. 준박.

박자표(拍子標)[박짜표] 곡의 박자를 나타내는 기호. 음자리표·조표 뒤에 보통 분수로 나타낸다.

〈박자표〉

박장대소(拍掌大笑)[박짱대소] 손뼉을 치면서 크게 웃음. 박장대소하다.

박정양(朴定陽, 1841~1904) 조선 고종 때의 대신. 1882년에 신사 유람단의 일원으로 일본에 건너가 문물을 돌아보고 돌아왔다.

박제(剝製)[박쩨] 동물의 가죽을 벗기고 썩지 않도록 처리한 뒤 그 안에 솜이나 심을 넣어 살아 있을 때와 같은 모양으로 만듦. 또는 그렇게 만든 물건. 박제되다. 박제하다.

박제가(朴齊家, 1750~1805) 조선 후기의 실학자. 이덕무·유득공 등과 함께 북학파의 한 사람으로, '북학의'를 지어 상공업을 일으켜야 한다고 주장하였다.

박중빈(朴重彬, 1891~1943) 원불교의 교조. 도를 닦아 크게 깨달은 후에, '일원'을 최고의 가르침으로 하는 원불교를 일으켰다.

박¹쥐 [박쮜] 박쥣과의 동물. 몸과 머리는 쥐처럼 생겼고 앞다리의 발가락 사이 막이 날개 구실을 한다. 낮에는 어두운 곳에 숨어 있다가 밤에만 날아다닌 〈박쥐〉 다. 새처럼 날아다니는 유일한 포유 동물이다.

박지원(朴趾源, 1737~1805) 조선 정조 때의 실학자. 호는 연암. 북학파의 실학자인 동시에, 여러 편의 한문 소설을 써서 당시 양반 계층의 타락을 꼬집기도 하였다. 작품으로는 청나라 기행문인 '열하일기'와 '허생전'·'양반전' 등의 한문 소설, 문집 '연암집' 등이 있다.

박진감(迫眞感) [박찐감] 실제에 가까워 생생한 느낌. 예영화의 추격 장면이 박진감 넘친다.

박차(拍車) 말을 탈 때 신는 신발의 뒤축에 댄 톱니 모양의 쇠붙이. 말의 배를 차서 빨리 달리게 한다.

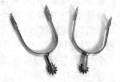 〈박차〉

박차를 가하다관용 일이 더 빨리 진행되도록 힘을 더하거나 재촉하다.

박차다 ①발길로 냅다 걷어차다. 예화가 난 아저씨는 대문을 박차고 나갔다. ②어려움이나 장애를 힘차게 물리치다.

박치기 앞머리로 사람이나 물건을 세게 들이받는 짓. 박치기하다.

박탈(剝奪) 남의 지위나 권리·재산·자격 등을 빼앗음. 예후보 자격 박탈. 박탈되다. 박탈하다.

박테리아(bacteria) 세균.

박하(薄荷) [바카] 꿀풀과의 여러해살이풀. 길둥근 잎이 마주나고, 여름에 연한 자줏빛 꽃이 핀다. 잎에서 식료품의 향료로 쓰이는 액체를 뽑는다.

박하다(薄一) [바카다] ①너그럽지 못하고 쌀쌀하다. 예인심이 박하다./점수가 박하다. ②이익이나 소득이 보잘것없이 적다. 예월급이 박한 직장. 한후하다.

박학다식(博學多識) [바칵따식] 배워서 아는 것이 많음. 박학다식하다. 예삼촌은 책을 많이 읽어 박학다식하다.

박해(迫害) [바캐] 힘이나 권력을 이용해 약한 사람을 괴롭히거나 해를 입힘. 박해하다. 예이민족을 박해하다.

박혁거세(朴赫居世, 기원전 69~서기 4) 신라의 시조(재위 기원전 57~서기 3). 알에서 태어나 고조선 유민이 형성한 여섯 마을의 왕이 되어 나라 이름을 '서라벌', 수도를 금성(지금의 경주)이라 하고 나라의 기틀을 닦았다.

박히다 [바키다] ①어떤 물건이 다른 물건 속으로 들어가 꽂히다. 예손에 가시가 박혔다. ②글씨나 그림·무늬 등이 새겨지다. 예책 표지에 작가의 이름이 박혀 있다. ③어떤 모습이나 생각이 머릿속에 깊이 자리 잡다. 예친구의 말이 머리에 박혀 떠나질 않는다.

밖 [박] ①담이나 벽 등으로 둘러서 가린 장소를 벗어난 곳. 예교실 밖에서 기다릴게. 반바깥. ②겉으로 드러나 보이는 부분. 예우리 몸은 더울 때 땀을 몸 밖으로 내보내 체온을 조절한다. ③일정하게 한정되어 있는 곳을 벗어난 곳. 예공이 선 밖으로 나갔다. ④집이 아닌 다른 곳. 예저녁 식사를 밖에서 했다. ⑤어떤 범위나 한계를 넘어선 부분. 예상상 밖의 일. 반안. |발음| 밖이 [바끼]·밖도 [박또]·밖만 [방만]

밖에 [바께] 오직 그것뿐임을 뜻하는 말. 예하나밖에 없는 아들.

반:1(半) ①둘로 똑같이 나눈 것 가운데 한 부분. 예언니랑 빵을 똑같이 반씩 나눠 먹었다. ②중간이 되는 부분. 예이제 반쯤 왔다.

반2(班) ①하나의 단체를 몇으로 나눈 작은 집단. 예같은 반 친구들. ②우리 나라의 가장 작은 지방 행정 단위. '통'의 아래이다. 예1통 3반.

반가워하다 반가운 느낌을 가지다.

반:감1(反感) 상대를 싫어하거나 반대 하는 감정.

반:감2(半減) 절반으로 줆, 또는 절반 으로 줄임. 반감되다. 예효과가 반감 되다. 반감하다.

반갑다 [반갑따] 그리던 사람을 만나거나 좋은 일이 일어나서 마음이 즐겁고 기쁘다. 예여러분, 반가운 소식이 있습니다. |활용| 반가우니·반가워. 반가이.

반:값(半一) [반갑] 정해진 값의 절반이 되는 가격.

반:격(反擊) 쳐들어오는 적의 공격을 맞받아 공격함. 반격하다.

반:공(反共) 공산주의를 반대하는 일.

반:구(半球) ①구를 반으로 나눈 것의 한쪽 부분. ②지구를 반으로 나눈 것의 한쪽 부분.

반:구형(半球形) 구를 반으로 가른 모양.

반:군(叛軍) ➡반란군.

반:기1(反旗) ①반란을 일으킨 무리가 드는 기. ②반대의 뜻을 나타내는 행동이나 표시. 예회원들이 회장의 결정에 반기를 들었다.

반:기2(半旗) 조의를 표하기 위하여 깃대 끝에서 기폭만큼 내려다는 국기. 예조기.

반기다 반갑게 대하다. 예할머니가 우리를 반겨 주셨다.

반:나절(半一) 한나절의 반쯤 되는 동안.

반:납(返納) 꾸거나 빌린 것을 도로 돌려줌. 반납되다. 반납하다. 예도서 관에서 빌린 책을 오늘 반납했다.

반:년(半年) 한 해의 절반, 곧 여섯 달.

반:닫이(半一) [반다지] 앞부분의 위쪽 절반이 문짝으로 되어 있어서 아래로 젖혀 여닫는 전통 가구.

반:달(半一) ①한 달의 절반. ②반쯤 이지러진 달.

반:달가슴곰(半一) 곰과 의 동물. 몸빛이 검고 앞 가슴에 반달 모양의 흰무늬가 있다. 천연기념물 제329호. 예반달곰.

〈반달②〉

반:달곰(半一) ➡반달가슴곰.

반:달연(半一鳶) [반달련] 꼭지에 반달 모양의 색종이를 붙인 연.

반:대(反對) ①사물의 위치·방향·순서 등이 정상이 아니고 거꾸로인 것. 예반대 방향. ②어떤 의견이나 제안 등을 그대로 따르지 않고 맞섬. 예반대를 하는 이유를 대라. ②예찬성. 반대되다. 반대하다.

반대기 가루로 반죽한 것이나 삶은 푸성귀 등을 얄팍하고 둥글넓적하게 만든 조각.

반:대말(反對一) 서로 반대의 뜻을 나타내는 말. 예반대어·반의어.

반:대색(反對色) 서로 아주 대조가 되는 빛깔. 빨강에 대한 녹색 같은 것을 이른다. 예보색.

반:대 신:문(反對訊問) 증인 신문에서, 증인 신청을 한 당사자가 먼저 신문한 다음에 그 상대편 당사자가 하는 신문.

반:대어(反對語) ➡반대말.

반:대쪽(反對一) 반대되는 방향.

반:대파(反對派) 어떤 일이나 의견 등에 반대하는 무리.

반:대편(反對便) ①반대되는 방향. 반대되는 쪽. 몐화장실은 이쪽이 아니라 반대편에 있어요. ②어떤 의견에 반대하는 무리.

반:도(半島) 대륙에서 바다 쪽으로 길게 뻗어 나와 3면이 바다인 큰 육지.

반:도체(半導體) 전기를 전하는 성질이 도체와 부도체의 중간 정도 되는 물질. 컴퓨터·전자 제품 등의 부품으로 쓰인다.

반:동(反動) ①어떤 힘에 대하여 그 반대 방향으로 작용하는 힘. 몐차가 갑자기 멈추는 바람에 그 반동으로 사람들이 쓰러졌다. ②어떤 움직임이나 힘에 반대하여 일어나는 움직임이나 힘. 몐억압에 대한 반동.

반드시 무슨 일이 있어도 꼭. 몐10시까지는 반드시 일을 끝내야 한다./넌 반드시 성공할 것이다.

::::'반드시'와 '반듯이'의 구별::::

반드시 : 틀림없이 꼭. 몐약속은 반드시 지켜야 한다.
반듯이 : 물체의 모양이나 사람의 생각·행동 등이 바르게(반듯하게). 몐물건을 반듯이 놓다./몸가짐을 반듯이 해라.
※혼동되는 경우에는, '반듯하게'로 바꾸어서 자연스러우면 '반듯이'로 적고, 부자연스러우면 '반드시'로 적으면 된다.

반들반들 매끄럽고 윤기가 흐르는 모양. 몐반들반들 윤이 나는 마룻바닥. 큰번들번들.

반듯하다 [반드타다] ①기울거나 굽거나 찌그러져 있지 않고 바르다. ②생김새가 반반하고 말끔하다. 큰번듯하다. 반듯이.

반디 〈반딧불이〉의 준말.

반딧불 [반디뿔/반딛뿔] 밤에 반딧불이의 꽁무니에서 반짝이는 불빛.

반딧불이 [반디뿌리/반딛뿌리] 반딧불잇과의 곤충. 배의 끝에서 빛이 나, 여름밤에 반짝이며 날아다닌다. 준반디. 비개똥벌레.

〈반딧불이〉

반:란(叛亂) [발란] 정부나 지배자에게 반항하여 일으키는 저항 활동.

반:란군(叛亂軍) [발란군] 반란을 일으킨 군대. 비반군.

반:려자(伴侶者) [발려자] 짝이 되어 함께 살아가는 사람. 비배우자.

반:론(反論) [발론] 남의 의견에 대하여 반대 의견을 말함. 또는 그 의론. 몐반론을 제기하다. 반론하다.

반:만년(半萬年) 만 년의 절반, 곧 오천 년. 몐반만년의 역사.

반:말(半一) 친한 사람이나 아랫사람에게 쓰는 말투. 반말하다. 몐제가 어리니까 그냥 반말하세요.

반:면(反面) 앞에 말한 것과는 달리. 몐이 천은 열에 강한 반면, 습기에는 약합니다.

반:문(反問) 남의 물음에 답하지 않고 도리어 되받아 물음. 반문하다.

반:바지(半一) 가랑이가 무릎을 덮지 않는 짧은 바지.

반:박(反駁) 남의 의견이나 주장에 대하여 반대하여 말함. 반박하다. 몐그는 내 주장을 반박하고 나섰다.

반:반(半半) 절반으로 가르거나 갈라진 각각. 몐찬성과 반대가 반반이다.

반반하다 ①바닥이 고르고 반듯하다. 몐반반한 널빤지. ②생김새가 얌전하고 예쁘장하다. 몐반반한 얼굴. 반반히.

반:발(反撥) ①되받아 퉁겨짐. ②상대에 대하여 언짢게 여겨 그에 거스르는 태도를 나타냄. 몐그렇게 무리하

게 밀어붙이면 사람들이 반발을 할 것이다. 반발하다.

반:복(反復) 같은 일을 되풀이함. 반복되다. 반복하다. 예같은 실수를 반복해서야 되겠니?

반:비례(反比例) 어떤 양이 많아지면 다른 쪽의 양이 같은 비율로 줄어드는 관계. 뗸정비례. 반비례하다.

반:사(反射) ①빛이나 전파 등이 어떤 물체의 표면에 부딪쳐 되돌아오는 현상. ②자극에 대하여 기계적으로 일어나는 신체의 반응. 반사되다. 반사하다.

반:사경(反射鏡) 빛을 반사하는 거울.

반상회(班常會) [반상회/반상훼] 같은 반에 사는 주민들이 매달 한 번씩 가지는 모임.

반:성(反省) 말이나 행동에 잘못이 없는지 스스로를 돌이켜 살핌. 반성하다. 예내 잘못을 반성하고 형에게 사과했다.

반:성문(反省文) 자기의 잘못을 돌이켜 보면서 적는 글.

반:세기(半世紀) 한 세기의 절반, 곧 50년.

반:소매(半一) 팔꿈치 정도까지만 내려오는 짧은 소매. 뗸반팔.

반:수(半數) 전체의 반이 되는 수. 예우리 반 학생의 반수 이상이 찬성했다.

반:숙(半熟) 반쯤만 익힘, 또는 그렇게 익힌 것. 예달걀 반숙. 뗄완숙. 반숙하다.

반:신반:의(半信半疑) [반신바니/반신바니] 반은 믿고 반은 의심함. 반신반의하다. 예영희는 내 말에 반신반의하는 것 같았다.

반:신불수(半身不隨) [반신불쑤] 병이나 사고로 몸의 절반을 쓸 수 없게 되는 일, 또는 그런 사람.

반:액(半額) [바낵] 정해진 금액의 절반 값. 예반액 세일.

반:어(反語) [바너] 표현의 효과를 높이려고 일부러 실제와 반대되는 뜻의 말을 하는 것. 뗴아이러니.

반:역(反逆) [바녁] 나라·민족·왕 등을 배반하여 돌아섬. 예반역을 꾀하다. 반역하다.

반:영(反映) [바녕] ①빛이 반사하여 비침. ②어떤 영향이 다른 것에 미쳐 나타남. 반영되다. 반영하다. 예국민들의 의견을 반영한 정책.

반:올림(半一) [바놀림] 셈할 때, 끝수가 4 이하일 때는 버리고 5 이상일 때는 10으로 올려서 계산하는 셈법. 12.4는 12로, 12.5는 13으로 하는 것.

반:원(半圓) [바뉜] 원을 똑같이 반으로 나눈 한 부분.

반:월성(半月城) [바뉠썽] 경상북도 경주와 충청남도 부여에 있는, 반달 모양으로 된 옛 성.

반:음(半音) [바늠] 온음의 절반이 되는 음정. 뗸온음.

반:응(反應) [바능] ①자극을 받아 일으키는 변화나 움직임. 예내가 아무리 놀려도 동생은 아무런 반응도 보이지 않았다. ②화학에서, 물질과 물질이 서로 작용하여 화학 변화를 일으키는 일. 반응하다.

반:일(反日) [바닐] 일본에 반대하거나 일본을 싫어하는 것. 예반일 감정.

반입(搬入) [바닙] 어떤 곳에 물건을 날라 들여옴. 뗄반출. 반입되다. 반입하다.

반:작용(反作用) [반자굥] ①어떤 물체가 다른 물체에 힘을 미쳤을 때, 동시에 되미치어 오는 그와 똑같은 크기의 힘. 뗄작용. ②어떤 움직임에 대해 그것을 거스르는 반대의 움직임이 생겨나는 일.

반장(班長) '반'이라는 이름을 붙인 집단의 대표 또는 책임자.

반:전¹(反戰) 전쟁에 반대함.

반:전²(反轉) ①위치나 방향 등이 반대로 됨. 예좌우 반전. ②일이나 사건의 형편이 완전히 뒤바뀜. 예이 영화의 결말에는 허를 찌르는 반전이 있다. 비역전. 반전되다. 반전하다.

반:절(半切) 하나를 반으로 나누었을 때, 그중의 하나. 비절반.

반:점¹(半點) 문장 부호의 한 가지로 ','의 이름. 비쉼표.

반점²(斑點) 얼룩얼룩한 점.

반:정부(反政府) 정부에 반대하는 일.

반:주(伴奏) 노래나 악기 연주를 보조하려고 옆에서 다른 악기를 연주함. 예피아노 반주. 반주하다.

반죽 가루에 물을 부어 이기는 일, 또는 그렇게 이긴 것. 예밀가루 반죽. 반죽하다.

반:증(反證) 어떤 주장에 대하여 그것을 부정할 증거를 드는 일, 또는 그 증거. 반증하다.

반지(半指) 멋으로 손가락에 끼는 동그란 고리. 참가락지.

반:지름(半一) 원이나 구의 중심에서 그 둘레나 면의 한 점에 이르는 선분의 길이. 비반경.

반짇고리 [반짇꼬리] 바늘·실·골무 같은 바느질 도구를 담아 두는 통.

반질반질 겉면이 윤기가 흐르고 매끄러운 모양. 큰번질번질. 센빤질빤질.

반짝¹ 빛이 잠깐 나타났다가 없어지는 모양. 예멀리서 불빛이 반짝 빛났다. 큰번쩍. 센빤짝. 반짝반짝.

반짝² ①무엇을 아주 가볍고 빠르게 들어 올리는 모양. ②수그렸던 얼굴 등을 갑자기 쳐드는 모양. ③감았던 눈을 갑자기 뜨는 모양. ④갑자기 정신이 들거나 어떤 생각이 머리에 떠오르는 모양. 예반짝 정신이 들다. 큰번쩍. 반짝반짝.

반짝거리다 [반짝꺼리다] 빛이 자꾸 잠깐 나타났다 없어지다, 또는 그리되게 하다. 비반짝대다. 큰번쩍거리다. 센빤짝거리다.

반짝대다 [반짝때다] ⇒반짝거리다.

반짝이다 [반짜기다] 빛이 잠깐 나타났다 없어지다, 또는 그리되게 하다. 예별이 반짝이는 깊은 밤. 큰번쩍이다. 센빤짝이다.

반:쪽(半一) 한 개를 두 쪽으로 쪼갠 것 가운데 하나. 예사과 반쪽도 서로 나눠 먹어야지.

반찬(飯饌) 밥에 곁들여 먹는 음식. 준찬. 비부식.

반찬감(飯饌一)[반찬깜] ⇒반찬거리.

반찬거리(飯饌一) [반찬꺼리] 반찬을 만드는 데 쓰이는 여러 가지 재료. 비반찬감. 준찬거리.

반창고(絆瘡膏) 상처를 보호하거나 붕대 등을 고정시키는 데에 쓰는 헝겊이나 테이프.

반출(搬出) 물건을 운반하여 밖으로 나가게 함. 반반입. 반출되다. 반출하다.

반:칙(反則) 규칙을 어김. 예반칙을 한 선수가 퇴장당했다. 비파울. 반칙하다.

반:투명(半透明) 어떤 것을 통해 봤을 때 건너편에 있는 물체가 흐릿하게 보이는 상태. 반투명하다.

반:팔(半一) ⇒반소매.

반:평생(半平生) 평생의 절반쯤 되는 동안. 비반생.

반포(頒布) 모든 사람이 알도록 세상에 널리 폄. 반포되다. 반포하다. 예세종 대왕이 1446년에 훈민정음을 반포하였다.

반:품(返品) 사들인 물품을 되돌려 보냄, 또는 그 물품. 반품되다. 반품하다.

반:하다¹ 어떤 상대에 홀린 듯이 마음이 끌리다. 예나는 그녀의 아름다움에 반했다.

반ː하다²(反一) ①앞의 내용과 반대가 되다. 예큰애는 얌전한 데 반해 작은애는 활발하다. ②다른 사람의 뜻을 거스르다. 예형은 한 번도 부모님 뜻에 반하는 행동을 한 적이 없다.

반ː항(反抗) 부모나 손윗사람, 권력 등에 순순히 따르지 않고 맞서거나 대듦. 뗀복종. 반항하다. 예사춘기에 접어든 형이 부모님께 사사건건 반항한다.

반ː향(反響) ①소리가 어떤 물체에 부딪쳐 같은 소리로 다시 들려오는 현상. ②어떤 일이 사람들에게 영향을 미쳐 일어나는 반응. 예이번 사건이 사회에 큰 반향을 일으켰다.

반ː환(返還) ①받거나 빌린 것을 도로 돌려줌. ②왔던 길을 되돌아감. 예반환 지점. 반환되다. 반환하다. 예영토를 반환하다.

반ː환점(返還點) [반환쩜] 경보·마라톤 같은 경기에서, 왔던 길을 되돌아오는 지점. 예선수들이 방금 반환점을 돌았다.

받는소리 [반는소리] 민요를 부를 때, 한 사람이 먼저 부르면 여럿이 뒤따라 함께 받아 부르는 소리. 뗀뒷소리. 뗀메기는소리.

받다¹ [받따] ①주는 것을 가지다. 예상을 받다. ②내는 서류나 무는 돈 등을 거두어들이다. 예입학 원서를 받다. ③자기에게로 오거나 떨어지는 것을 손으로 잡다. 예공을 받다. ④쏟아지거나 흐르는 액체를 그릇 등에 담다. 예목욕물을 받다. ⑤자기에게 베풀어지는 일이나 행동·평가 등을 당하다. 예칭찬을 받다. ⑥작용이나 영향 등을 입다. 예감동을 받다. ⑦노래나 소리에서 다른 사람의 뒤를 이어 부르다. ⑧구체적인 행동이나 대답을 요구당하다. 예질문을 받다. ⑨걸려 오는 전화에 응답하다.

받아 놓은 밥상관용 '일이 이미 확실하게 정해져서 틀림이 없음'을 이르는 말.

받다² [받따] 머리나 뿔 등으로 세게 부딪다. 예술에 취해 비틀거리던 남자가 전봇대를 받았다.

받들다 [받뜰다] ①공경하여 높이 모시다. 예노부모를 잘 받들어 모시다. ②가르침이나 뜻을 소중히 여기며 따르다. 예국민의 뜻을 받드는 충직한 정치인이 되겠습니다. ③물건을 밑에서 받아 잘 올려 들다. |활용| 받드니·받들어.

받아넘기다 [바다넘기다] ①자기한테 온 것을 받아서 다른 쪽으로 보내다. ②남의 말을 척척 받아서 대답을 잘하다.

받아들이다 [바다드리다] ①다른 사람이 주는 것을 받아서 자기의 것으로 하다. ②남의 좋은 점을 자기의 것에 끌어들여 이용하다. 예서구 문물을 받아들이다. ③남의 말이나 요구 등을 들어주다. 예친구의 충고를 기꺼이 받아들이다. ④떠맡아 맞이하다. 예난민을 받아들이다. ⑤현실이나 사실로 인정하다.

받아먹다 [바다먹따] 남이 주는 음식을 받아서 먹다. 예동생이 입을 크게 벌리고 감기약을 받아먹었다.

받아쓰기 [바다쓰기] 맞춤법 등을 익히려고 남이 부르는 것을 듣고 그대로 쓰는 일.

받아쓰다 [바다쓰다] 남이 부르는 대로 쓰다. |활용| 받아쓰니·받아써.

받치다¹ 어떤 감정이 갑자기 강하게 일어나다. 예설움이 받치다.

받치다² ①우산 등을 펴서 들다. ②밑에서 다른 물건으로 괴다. 예찻잔은 반드시 쟁반에 받쳐서 드려라. ③어떤 물건의 안이나 속에 다른 물건을 껴 대다. 예할아버지는 저고리 안에 적삼을 받쳐 입으셨다.

받침¹ 물건의 밑을 받쳐 괴는 물건.

받침² 한글에서, 한 글자의 끝소리가 되는 자음. '책'의 'ㄱ'이나 '강'의 'ㅇ' 같은 것. 🔵받침소리·끝소리·종성.

받침대(一臺)[받침때] 무거운 물건 등을 받쳐 놓는 데 쓰는 물건.

받침소리 ➡끝소리.

받침점(一點)[받침쩜] 지레를 괸 고정 된 점.

받히다[바치다] 몸이 무엇에 세게 부딪히다. 🔵농부는 소에게 받혀서 크게 다쳤다.

발¹ ①다리에서 발목뼈 아래의 부분. 🔵발에 꼭 맞는 신. ②가구 등의 밑을 받쳐 균형을 잡고 있는, 짧게 도드라진 부분. 🔵장롱의 발. ③걸음. 발걸음. 🔵발이 빠른 선수/한 발만 뒤로 가라.

발 벗고 나서다관용 적극적으로 나서다.

발 뻗고 자다관용 걱정되던 일이 마무리되어 마음을 놓다.

발에 채이다관용 여기저기에 흔하게 널려 있다.

발을 동동 구르다관용 몹시 안타까워 애를 태우다.

발(이) 넓다관용 사귀어 아는 사람이 많다.

발이 손이 되도록관용 《손만으로는 모자라서 발로도 빈다는 뜻으로》 '열심히 비는 모습'을 이르는 말.

발² 가늘게 쪼갠 대나 갈대 같은 것으로 엮어 무엇을 가리는 데 쓰는 물건.

발³(發) 탄알의 수를 세는 말. 🔵경찰은 도둑에게 총을 한 발 쏘았다.

발가락[발까락] 발의 앞쪽 끝에 따로 갈라져 있는 부분.

발가벗다[발가벋따] 알몸이 되도록 입은 옷을 모두 벗다. 🔵벌거벗다.

발각(發覺) 숨겼던 일이 드러나 알려짐. 발각되다. 🔵우리가 거짓말한 것이 발각되었다.

발간(發刊) 책이나 신문 등을 박아 펴냄. 발간되다. 발간하다.

발갛다[발가타] 조금 연하고 산뜻하게 붉다. 🔵벌겋다. 🔵빨갛다. |활용| 발가니·발개.

발개지다 발갛게 되다. 🔵벌게지다. 🔵빨개지다.

발걸음[발꺼름] 발을 옮겨서 걷는 걸음.

발걸이[발거리] ①책상의 다리 사이에 발을 걸쳐 놓을 수 있게 가로지른 나무. ②자전거를 탈 때 발을 걸쳐 저어가게 되어 있는 부분. 🔵페달.

발견(發見) 남이 미처 찾아내지 못하였거나 세상에 널리 알려지지 않은 것을 먼저 찾아냄. 🔵신대륙의 발견. 발견되다. 발견하다.

발광¹(發光) 빛을 냄. 발광하다.

발광²(發狂) ①미친 증세가 나타남. ②미친 듯이 날뜀. 발광하다.

발굴(發掘) ①땅속에 묻혀 있는 것을 파냄. 🔵지하자원 발굴. ②아직 알려지지 않은 뛰어난 인재나 희귀한 물건을 찾아냄. 🔵인재 발굴. 발굴되다. 발굴하다.

발굽[발꿉] 말·소·낙타 같은 동물의 발끝에 있는 두껍고 단단한 발톱. 🔵굽.

발그레하다 조금 곱게 발그스름하다. 🔵발그레한 아가의 뺨. 🔵벌그레하다.

발그스레하다 ➡발그스름하다.

발그스름하다 조금 발갛다. 🔵발그스레하다. 🔵벌그스름하다. 발그스름히.

발급(發給) 증명서 같은 서류를 만들어서 내어 줌. 🔵여권을 발급받다. 발급되다. 발급하다.

발길[발낄] ①앞으로 움직여 걸어 나가는 발. 🔵발길을 돌리다. ②사람들이 오고 가고 하는 발걸음. 🔵발길이

뜸하다. ③앞으로 세차게 뻗는 발. 예발길로 걷어차다.

발길질 [발낄질] 발길로 걷어차는 짓. 발길질하다.

발꿈치 ➡발뒤꿈치.

발끈 참을성이 없이 갑자기 성을 내는 모양. 예언니가 대수롭지 않은 일에 발끈 성을 냈다. 흰불끈. 발끈발끈.

발끝 [발끝] 발의 앞쪽 끝.

발단(發端) [발딴] 어떤 일이 벌어지는 실마리. 예사건의 발단. 발단되다. 발단하다.

발달(發達) [발딸] 어떤 것이 점점 더 좋아지거나 커져 감. 예도시의 발달. 발달되다. 발달하다. 예저기압이 발달하다.

발돋움 [발도둠] 키를 돋우느라고 발밑을 괴고 서거나 발끝만 디디고 섬. 발돋움하다.

발동(發動) [발똥] ①어떤 생각이나 마음이 생겨나기 시작함. ②어떤 법적 권한을 행사함. 예사법권 발동. ③동력을 일으킴. 발동되다. 발동하다. 예나는 호기심이 발동해서 친구의 뒤를 밟았다.

발동기(發動機) [발똥기] 기계를 작동시키는 동력을 일으키는 장치. 흰모터.

발뒤꿈치 [발뛰꿈치] 발의 뒤쪽 끝 불룩한 부분. 준뒤꿈치. 흰발꿈치·발뒤축.

발등 [발뜽] 발의 윗부분.

발등에 불이 떨어지다 관용 급한 일이 갑자기 눈앞에 닥치다.

발라당 발이나 팔을 활짝 벌린 채 뒤로 맥없이 넘어지거나 눕는 모양. 준발랑. 흰벌러덩.

발랄하다(潑剌—) 표정이나 행동이 밝고 활기차다. 예수미는 무척 발랄한 학생이다.

발레(ballet) 이야기를 음악에 맞추어 춤으로 전달하는 서양 무용.

발령(發令) ①어떤 직책에 임명하거나 그만두게 하는 명령을 발표함. ②법령이나 경보를 국민에게 두루 알림. 발령되다. 발령하다. 예회사에서 그 사람을 부사장으로 발령했다.

발로(發露) 마음속에 품거나 간직한 것이 겉으로 드러남. 예애국심의 발로. 발로되다. 발로하다.

발름거리다 탄력 있는 물체가 자꾸 크게 바라졌다 오므라졌다 하다. 흰름대다. 흰벌름거리다.

발름대다 ➡발름거리다.

발름발름 자꾸 발름거리는 모양. 흰벌름벌름.

발림 판소리에서, 소리를 하면서 하는 가벼운 몸짓이나 팔짓. 흰너름새.

발맞추다 [발맏추다] 말이나 행동을 같은 목표나 방향으로 맞추다. 예우리 회사도 세계 시장의 변화에 발맞추어 나가야 합니다.

발명(發明) 지금까지 없던 기술이나 물건 등을 새로 생각해 내거나 만들어 냄. 발명되다. 발명하다. 예특효약을 발명하다.

―――― '발명'과 '발견'의 구별 ――――

발명 : 그때까지 세상에 없던 쓸모 있는 물건을 머리를 쓰거나 연구하여 처음으로 만들어 내는 것을 이른다. 예다이너마이트를 발명한 노벨.

발견 : 남이 미처 찾아내지 못하였거나, 세상에 알려지지 않은 사물·장소·법칙 등을 맨 먼저 찾아내는 것을 이른다. 예신대륙을 발견한 콜럼버스/신석기 시대의 토기가 발견되었다.

발명가(發明家) 발명을 전문적으로 하는 사람.

발명왕(發明王) 에디슨과 같이 특별히 많은 발명을 한 사람을 이르는 말.

발명품(發明品) 발명한 물품.

발모(發毛) 몸에 털이 남. 예발모 촉진제.

발목 다리와 발이 이어지는 잘록한 부분.

발바닥 [발빠닥] 발의 아래쪽 평평한 부분.

발바리 ①개의 한 품종. 몸집이 작고 다리가 짧으며 털이 길다. ② '경망스럽게 이리저리 잘 돌아다니는 사람'을 비유하여 이르는 말.

〈발바리〉

발바리차(一車) '소형 자동차'의 북한말.

발발[1] ①춥거나 겁이 나거나 하여 오들오들 떠는 모양. 예나는 겁에 질려 발발 떨었다. ②하찮은 것을 가지고 몹시 아까워하는 모양. 예저 사람은 푼돈을 쓰면서도 발발 떤다. ③몸을 바닥에 대고 작은 동작으로 기는 모양. 큰벌벌.

발발[2](勃發) 어떤 큰일이 갑자기 일어남. 발발되다. 발발하다. 예전쟁이 발발하다.

발버둥 ①앉거나 누워서 다리를 번갈아 버둥거리며 몸부림하는 일. ②'무엇을 이루려고 몹시 애쓰는 일'을 비유하여 이르는 말. 예나는 어떻게든 시합에서 이기려고 발버둥을 쳤다. 본발버둥이.

발병[1](一病) [발뼝] 발에 생긴 병. 예십 리도 못 가서 발병 난다.

발병[2](發病) 병이 생김. 발병되다. 발병하다.

발본색원(拔本塞源) [발본새권] 좋지 않은 일의 근본 원인을 찾아서 완전히 없앰. 발본색원하다. 예범죄 조직을 발본색원하다.

발부리 [발뿌리] 발끝의 뾰족한 부분.

발붙이다 [발부치다] ①어떤 곳에 겨우 발을 대고 서다. ②무엇에 의지하거나 어떤 곳을 살아갈 터전으로 삼다. 예정직하지 못한 정치인은 더 이상 이 나라에 발붙일 수 없다.

발뺌 책임을 지지 않으려고 슬슬 피하는 짓, 또는 그러한 변명. 예그는 조금 불리해지니까 슬쩍 발뺌을 했다.

발사(發射) [발싸] 총이나 대포·로켓 등을 쏨. 발사되다. 발사하다.

발산(發散) [발싼] ①속에 들어 있는 열이나 냄새 등이 밖으로 퍼져서 흩어지게 함. ②감정이나 기운 등을 행동으로 나타내어 밖으로 풀어 없앰. 발산되다. 발산하다. 예열을 발산하다./무용수는 자신의 감정을 춤으로 한껏 발산했다.

발상(發想) [발쌍] 궁리하여 새로운 생각을 내놓는 일, 또는 그 새로운 생각. 예기발한 발상.

발상지(發祥地) [발쌍지] 역사적인 일이나 현상 등이 처음으로 일어난 곳. 예인류 문명의 발상지.

발생(發生) [발쌩] 일이나 사물이 일어나거나 생겨남. 발생되다. 발생하다. 예어젯밤 한 식당에서 화재가 발생했다.

발설(發說) [발썰] 숨겨야 할 사실을 남이 알도록 말함. 발설되다. 발설하다. 예이 사실은 절대로 발설해서는 안 된다.

발성(發聲) [발썽] 목소리를 내는 일, 또는 그 목소리. 예발성 연습. 발성하다.

발성 영화(發聲映畫) 영상과 함께 소리가 들리도록 제작한 영화. 반무성 영화.

발소리 [발쏘리] 걸을 때 발이 땅에 닿아서 나는 소리.

발신(發信) [발씬] 우편·전파·전보 등

을 보냄. [반]수신·착신. 발신되다. 발신하다.

발신기(發信機)[발씬기] 신호를 보내는 기계 장치. [반]수신기.

발아(發芽)[바라] 풀·나무·씨에서 싹이 틈. 발아하다.

발악(發惡)[바락] 사리를 가리지 않고 온갖 짓을 다 하며 버둥거리거나 악을 씀. 발악하다.

발암(發癌)[바람] 암이 생김. 또는 암이 생기게 함. [예]발암 물질.

발야구(—野球)[발랴구] 발로 공을 차서 야구와 비슷하게 하는 운동 경기.

발언(發言)[바런] 의견을 말함, 또는 그 말. 발언하다.

발언권(發言權)[바런꿘] 회의 등에서 발언할 수 있는 권리.

발열(發熱)[바렬] ①열을 냄. ②체온이 보통 상태보다 높아지는 일. 발열하다.

발원(發源)[바뤈] ①강물이 처음 생겨나 흐르기 시작함, 또는 그 근원. ②어떤 사상이나 현상 등이 맨 처음 생겨남, 또는 그 근원. 발원하다.

발육(發育)[바륙] 생물이 차차 크게 자라남. [비]성장. 발육하다.

발음(發音)[바름] 혀·이·입술 등을 이용하여 말을 이루는 소리를 내는 일, 또는 그 소리. [예]발음이 또렷하다. 발음되다. 발음하다.

발자국[발짜국] ①발로 밟은 곳에 나 있는 발의 자국. ②한 발씩 떼어 놓은 걸음을 세는 말. [예]서너 발자국 물러서다. ②[비]발짝. |잘못| 발자욱.

발자욱 '발자국'의 잘못.

발자취[발짜취] ①발로 밟고 지나간 흔적. ②지난날의 업적이나 경력. [예]선생께서는 독립운동사에 큰 발자취를 남기셨다.

발작(發作)[발짝] 어떤 증상이 갑자기 심하게 일어남. 발작하다.

발전¹(發展)[발쩐] ①보다 좋은 상태로 되어 감. [예]경제 발전. ②일이 더 커지거나 복잡해지는 방향으로 흘러감. [예]작은 다툼이 민족 분쟁으로 발전을 했다. 발전되다. 발전하다. [예]하루가 다르게 발전해 가는 도시.

> **'발전¹'과 '발달'의 구별**
>
> **발전**: 능력이나 수준이 낮은 상태에서 높은 상태로, 사물 현상이 낡고 단순한 상태에서 새롭고 확대된 상태로 나아가는 것. [예]나의 발전(×발달)이 나라의 발전(×발달)의 근본임을 깨달아….
>
> **발달**: 문명이나 기술이 낮은 단계에서 높은 단계로, 규모 등이 작고 약한 상태에서 크고 센 상태로, 신체나 지능이 불완전한 상태에서 좀 더 완전한 상태로 나아가는 것. [예]교통이 발달(×발전)하다./두뇌 발달(×발전)이 남보다 빠르다.

발전²(發電)[발쩐] 전기를 일으킴. [예]수력 발전. 발전하다.

발전기(發電機)[발쩐기] 수력이나 화력·원자력 등을 이용해 전기를 일으키는 기계.

발전량(發電量)[발쩐냥] 발전한 전기의 총량.

발전상(發展相)[발쩐상] 보다 좋은 상태로 발전한 모습.

발전소(發電所)[발쩐소] 수력이나 화력·원자력 등으로 발전기를 움직여서 전기를 일으키는 곳.

발진(發疹)[발찐] 열이 나서 피부에 좁쌀만 한 종기가 넓게 돋는 일, 또는 그 종기.

발짓[발찓] 발을 움직이는 동작. [예]외국인에게 손짓 발짓으로 길을 알려 주었다. 발짓하다.

발짝 한 발씩 떼어 놓는 걸음을 세는

말. [예]아기가 혼자서 두어 발짝을 옮겼다. [비]발자국.

발차(發車) 자동차·기차·전철 등이 출발함. 발차하다.

발차기 수영할 때, 다리로 물을 차는 동작.

발췌(拔萃) 글 가운데서 필요하거나 중요한 대목만을 가려 뽑음. 발췌되다. 발췌하다.

발치 누웠을 때 발이 있는 쪽.

발칵 ①갑자기 화를 내는 모양. [예]내가 어깨를 두드리자 친구가 발칵 화를 냈다. ②뜻밖의 일로 갑자기 소란스러워진 모양. [예]동생이 없어져서 온 집안이 발칵 뒤집혔다. [큰]벌컥.

발코니(balcony) 이 층 이상의 서양식 집의 벽에 밖으로 쑥 내밀게 만들어 난간을 세운 곳.

발탁(拔擢) 여러 사람 중에서 필요한 사람을 뽑음. 발탁되다. [예]동호가 우리 반 달리기 주자로 발탁되었다. 발탁하다.

발톱 발가락 끝을 덮어 보호하는 뿔같이 단단한 부분.

발판(一板) ①어떤 곳을 오르내리거나 건너다니기 위하여 걸쳐 놓은 것. ②키를 돋우려고 발밑에 괴는 물건. ③멀리뛰기·높이뛰기 등의 운동 경기에서 뛰는 힘을 돕는 데 쓰이는 도구. ④'어떤 목적을 이루기 위하여 한동안 이용하는 것'을 비유하여 이르는 말.

발포(發砲) 총이나 대포 등을 쏨. 발포하다.

발표(發表) 어떤 사실·결과·작품·생각 등을 널리 드러내어 알림. [예]합격자 발표. 발표되다. 발표하다. [예]이 문제에 대해 각자 의견을 발표해 봅시다.

발표문(發表文) 발표할 내용을 쓴 글.

발표회(發表會) [발표회/발표훼] 학문의 연구 결과나 예술 작품 등을 여러 사람 앞에서 발표하는 모임.

발하다(發一) 빛·열·기운·감정 등을 내보내다.

발해(渤海) 고구려의 장수 대조영이 세운 나라. 요동을 제외한 고구려의 옛 영토를 거의 회복하여 한때 세력을 크게 떨쳤으나 중국의 요나라에 망하였다. [698~926]

발행(發行) ①책이나 신문 등을 인쇄하여 세상에 펴냄. ②관공서·학교·회사 등이 증명서 등을 만들어 그것을 요구하는 사람에게 내어 줌. ③정부가 화폐를 만들어 사회에 내놓음. 발행되다. 발행하다.

발행인(發行人) ①출판물을 발행하는 사람. ②어음이나 수표 등을 발행한 사람.

발행일(發行日) 책·신문 등을 발행한 날짜.

발현(發現) 숨겨져 있던 것이 드러남, 또는 그렇게 드러나게 함. 발현되다. 발현하다.

발화점(發火點) [발화쩜] ①화재가 났을 때, 불이 맨 처음 일어난 자리. ②어떤 물질이 공기 속이나 산소 속에서 가열되어 저절로 타기 시작하는 최저 온도.

발효1(發效) 법률이나 규칙 등이 효력을 나타내게 됨. 발효되다. 발효하다.

발효2(醱酵) 효모·세균·곰팡이 등의 작용으로 유기물이 분해되어 알코올이나 탄산가스 등이 생기는 현상. [예]김치·치즈·요구르트 등은 대표적인 발효 식품이다. 발효되다. 발효하다.

발휘(發揮) 지니고 있는 재능이나 힘 등을 충분히 부리어 드러냄. 발휘되다. 발휘하다. [예]이번 기회에 평소 실력을 발휘해 보렴.

밝기 [발끼] 밝은 정도.

ㅂ

밝다¹ [박따] ①날이 새어 환해지다. 예벌써 날이 훤히 밝았다. ②새해가 되다. 예희망찬 새해가 밝았다. |발음| 밝아[발가] · 밝고[발꼬] · 밝는[방는]

밝다² [박따] ①빛이 잘 들어 환하다. ②어떤 물체가 내는 빛이 환하다. 예가로등이 밝다. ③어떤 빛깔에서 받는 느낌이 깨끗하고 산뜻하다. 예밝은 녹색. ④즐겁고 명랑하다. 예밝은 분위기/밝은 표정. ⑤시력이나 청력이 좋다. 예귀가 밝다. ⑥잘 알아 막히는 데가 없다. 예사리에 밝다. ⑦앞으로의 일이 잘될 것 같고 좋다. 예전망이 밝은 사업. 반어둡다. |발음| 밝아[발가] · 밝고[발꼬]

밝히다 [발키다] ①어두운 곳을 환히 밝게 하다. ②빛을 내는 전등·조명 등을 켜다. 예등불을 밝히다. ③일의 옳고 그름이나 알려지지 않은 사실을 드러내 알리다. 예진실을 밝히다. ④무엇을 지나치게 좋아하다. 예공짜를 밝히다.

밟다 [밥따] ①발로 디디거나 누르다. 예나는 실수로 옆 사람의 발등을 밟았다. ②어떤 곳에 가다. 예고향 땅을 밟다. ③남의 뒤를 몰래 좇아가다. 예형사들이 범인의 뒤를 밟았다. ④어떤 순서나 절차를 거치다. 예입학 절차를 밟다. |발음| 밟아[발바] · 밟고[밥꼬] · 밟는[밤는]

밟히다 [발피다] 남의 발밑에 눌리다. 예복잡한 버스 안에서 발을 밟혔다.

밤¹ 해가 진 뒤부터 날이 새기 전까지의 동안. 예밤이 되니 졸음이 쏟아졌다. 반낮.

밤² 밤나무의 열매. 갈색 겉껍데기 안에 얇고 떫은 속껍질이 있고 안은 희다.

밤길 [밤낄] 밤에 걷는 길.

밤나무 참나뭇과의 낙엽 지는 큰키나무. 초여름에 흰 꽃이 피고, 열매인 '밤'은 가시 송이에 싸여 자라는데, 익으면 송이가 벌어진다. 나무는 단단하여 토목·건축용으로 쓰인다.

밤낮 [밤낟] ①밤과 낮. 예밤낮의 길이. ②밤이나 낮이나. 예언니는 밤낮 공부만 한다. 비늘.

  밤낮을 가리지 않다[관용] 밤이고 낮이고 쉬지 않고 계속하다. 예선생님은 밤낮을 가리지 않고 연구에만 힘쓰셨다.

밤낮없이 [밤나덥씨] 밤이나 낮이나 상관없이 늘. 예자식을 위하여 밤낮없이 애쓰시는 부모님.

밤눈 어두운 밤에 사물을 볼 수 있는 눈의 능력. 예밤눈이 어둡다.

밤늦다 [밤늗따] 밤이 깊다. 예어제는 밤늦도록 글을 읽었다.

밤사이 [밤싸이] 밤이 지나는 동안. 예밤사이 안녕하셨습니까? 준밤새.

밤새 [밤쌔] 〈밤사이〉의 준말. 예밤새 뭘 했기에 아침부터 졸고 있니?

밤새다 밤이 지나고 날이 밝다. 예어젯밤에는 밤새도록 비가 왔다.

밤새우다 잠을 자지 않고 밤을 보내다. 예어제 시험공부를 하느라 밤새웠어.

밤색(—色) 익은 밤의 껍질과 같은 빛깔. 비갈색.

밤송이 밤을 싸고 있는, 가시가 돋친 겉껍데기.

밤잠 [밤짬] 밤에 자는 잠. 예밤잠을 설치다. 반낮잠.

밤중(—中) [밤쭝] 밤이 깊은 때. 밤의 한가운데.

〈밤송이〉

밤차(—車) 밤에 다니는 자동차나 기차.

밤참 저녁을 먹은 뒤에 밤중에 또 먹는 음식. 예출출한데 밤참으로 라면이나 끓여 먹을까? 비야식.

밤:톨 밤의 낱알.

밤하늘 밤의 하늘. 예밤하늘에 반짝이는 별들.

밥 ①쌀·보리 등에 물을 넣고 끓여 익힌 음식. ②끼니로 먹는 음식. ③동물의 먹이.

　밥 먹듯 하다[관용] 흔히 있는 일처럼 예사로 하다. 예너는 거짓말을 밥 먹듯 하는구나.

> ### '밥'의 비슷한 말
>
> '밥'은 쓰임에 따라 여러 가지로 표현한다. 아랫사람이나 가까운 사이에는 그냥 '밥'이라고 하지만, 어른께는 '진지', 하인에게는 '입시', 제사 때에는 '젯메'라고 한다. 임금의 상에 오를 때에는 '수라', 심마니들끼리는 '무리니', 말을 배우는 유아들은 '맘마'라고 하며, 동물에게는 '먹이'라고 한다.

밥그릇 [밥끄릇] 밥을 담아 먹는 그릇.

밥맛 [밤맏] ①밥의 맛. ②음식을 먹고 싶은 마음.

　밥맛이 떨어지다[관용] 아니꼽고 언짢아 하는 짓에 정이 떨어지다.

밥물 [밤물] ①밥을 지을 때 솥에 붓는 물. ②밥이 끓을 때 넘쳐 흐르는 물.

밥보 [밥뽀] '밥을 많이 먹는 사람'을 놀려서 이르는 말. 비먹보.

밥상(一床) [밥쌍] 밥과 반찬을 차려 놓는 상.

밥숟가락 [밥쑫까락] 밥 먹는 데 쓰는 숟가락. 비밥술.

밥술 [밥쑬] ➡밥숟가락.

　밥술이나 먹다[관용] 먹고사는 걱정이 없을 만큼 넉넉하게 산다.

밥알 [바밸] 밥의 낱낱의 알. 비밥풀.

밥통(一桶) ①밥을 담는 통. 예보온밥통. ②'위'를 낮추어 이르는 말. ③'먹는 것만 축내고, 다른 일에는 제구실

을 하지 못하는 사람'을 놀려서 이르는 말.

밥풀 ①풀 대신에 무엇을 붙이는 데 쓰려고 밥알을 이긴 것. ②밥알.

밧데리 '배터리'의 잘못.

밧줄 [바쭐/받쭐] 볏짚이나 삼을 꼬아서 만든 줄. 비로프.

방¹(房) 사람이 살기 위하여 집 안에 만들어 놓은 칸.

방:²(放) ①총이나 대포를 쏘는 횟수를 세는 말. 예도망치는 범인에게 형사가 총을 한 방 쏘았다. ②주먹이나 방망이로 치는 횟수를 세는 말. 예그 선수는 챔피언의 한 방에 나가떨어졌다. ③사진을 찍는 횟수를 세는 말. 예여기서 사진 한 방만 찍고 가자.

방:³(榜) 지난날, 여러 사람에게 널리 알리기 위하여 길거리나 사람이 많이 모이는 곳에 써 붙이던 글. 본방문.

방공(防共) 공산주의 세력이 들어오거나 커지는 것을 막음.

방공호(防空壕) 적의 공중 공격을 피하기 위해 땅속에 파 놓은 굴이나 구덩이 등의 시설.

방:과 후(放課後) 학교에서 그날의 수업을 마친 뒤.

방관(傍觀) 그 일에 상관하지 않고 곁에서 보기만 함. 방관하다.

방광(膀胱) 콩팥에서 흘러나오는 오줌을 한동안 모아 두었다가 내보내는 주머니 모양의 기관. 비오줌통.

방구석(房一) [방꾸석] ①방의 구석. ②'방'이나 '방 안'을 낮추어 이르는 말. 예형은 며칠째 방구석에만 틀어박혀 있다.

방:귀 장에서 생겨 항문으로 나오는 구린내가 나는 기체. |잘못| 방구.

방글거리다 자꾸 입을 예쁘게 벌리며 소리 없이 부드럽게 웃다. 비방글대다. 큰벙글거리다.

방글대다 ➡방글거리다.

방글방글 자꾸 방글거리는 모양. [큰]벙글벙글.

방금(方今) 바로 지금. [예]방금 소개받은 홍길동입니다. [비]금방.

방긋[방귿] 입을 예쁘게 벌리며 소리 없이 부드럽게 한 번 웃는 모양. [큰]벙긋. **방긋방긋.**

방긋하다[방그타다] 입이나 문 등이 조금 벌어져 있다. **방긋이.**

방년(芳年) 스무 살 전후의 한창 젊은 나이.

방ː대하다(厖大―) 양이 아주 많거나 규모가 꽤 크다. [예]방대한 계획. **방대히.**

방도(方道) 어떤 일을 해 나갈 길이나 방법. [예]좋은 방도가 없을까?

방독면(防毒面)[방동면] 독가스나 연기 등을 들이마시는 것을 막고 얼굴을 보호하기 위하여 얼굴에 쓰는 기구.

〈방독면〉

방ː랑(放浪)[방낭] 정처 없이 이곳저곳 떠돌아다님. **방랑하다.**

방ː류(放流)[방뉴] ①가두어 놓은 물을 터서 흘려 보냄. ②어린 물고기를 물에 놓아줌. **방류되다. 방류하다.** [예]댐의 물을 방류하다.

방망이 무엇을 두드리거나 치는 데 쓰는 길고 둥그스름한 도구.

방면(方面) ①어떤 장소나 지역이 있는 방향. [예]서울 방면. ②어떤 분야. [예]과학 방면.

방ː목(放牧) 소나 말·양 등의 가축을 가두지 않고 풀밭에 놓아기름. **방목하다.**

방문[1](房門) 방을 드나드는 문.

방ː문[2](訪問) 어떤 사람이나 장소를 찾아감. [예]가정 방문. **방문하다.**

방ː문[3](榜文) 〈방[3]〉의 본말.

방바닥(房―)[방빠닥] 방의 바닥.

방방곡곡(坊坊曲曲)[방방곡꼭] 한 군데도 빼놓지 않은 모든 곳. [예]만세 소리가 삼천리 방방곡곡에 울려 퍼졌다.

방범(防犯) 범죄가 일어나지 않도록 막음. [예]방범 순찰.

방법(方法) 어떤 목적을 이루기 위하여 취하는 수단. [예]이 무거운 바위를 옮길 방법이 없을까?

방부제(防腐劑) 미생물이 자라는 것을 막아 물건이 썩지 않게 하는 약.

방비(防備) 적의 침입이나 재해 등을 막을 준비를 함. **방비하다.**

방ː사능(放射能) 라듐·우라늄 같은 물질의 원자가 스스로 붕괴하면서 방사선을 내보내는 성질, 또는 그 현상.

방ː사선(放射線) 방사능을 가진 원소가 붕괴하면서 내보내는 알파선·베타선·감마선을 통틀어 이르는 말.

방ː생(放生) 불교에서, 사람에게 잡혀 죽게 된 동물을 놓아주는 일. **방생하다.**

방석(方席) 앉을 때에 깔고 앉는 작은 깔개.

방ː송(放送) 뉴스나 음악·드라마·스포츠 등을 라디오나 텔레비전의 전파에 실어서 내보냄. [예]음악 방송/녹화 방송. **방송되다. 방송하다.** [예]텔레비전에서 옛날 영화를 방송하고 있다.

방ː송국(放送局) 일정한 시설을 갖추어 방송을 하는 기관.

방ː송극(放送劇) 라디오나 텔레비전을 통해서 방송하는 극.

방ː송망(放送網) 라디오·텔레비전의 각 방송국을 연결시켜 동시에 같은 프로그램을 방송하는 체제. [비]네트워크.

방ː송실(放送室) 방송에 필요한 시설을 갖추고 방송을 하는 방.

방수(防水) 물이 새거나 스며들거나 넘쳐 흐르는 것을 막음. **방수하다.**

ㅂ

방식(方式) 어떤 일을 해 나가는 일정한 형식이나 방법. 예생활 방식.

방실 입을 약간 벌리고 소리 없이 정겹게 웃는 모양. 흰벙실. 방실방실.

방실거리다 입을 약간 벌리고 소리 없이 정겹게 자꾸 웃다. 비방실대다. 흰벙실거리다.

방실대다 → 방실거리다.

방ː심(放心) 긴장하거나 조심하지 않고 마음을 놓아 버림. 방심하다. 예경기가 끝날 때까지 방심하지 마라.

방아 곡식을 찧거나 빻는 기구. 디딜방아·물레방아 등.

방아깨비 메뚜깃과의 곤충. 여름철 풀밭에서 많이 볼 수 있으며, 뒷다리가 매우 크고 길어서 다 <방아깨비>

리 끝을 잡아 쥐면 방아를 찧듯 몸을 끄덕거린다.

방아쇠 [방아쇠/방아쉐] 총에서 총알이 나가게 하는 장치.

방아 타ː령 경기 민요의 한 가지. 4분의 3박자로 되어 있다.

방안(方案) 일을 처리할 방법이나 계획. 예좋은 해결 방안을 찾아보자.

방앗간(一間) [방아깐/방앋깐] 방아를 놓고 곡식을 찧거나 빻는 곳. 비정미소.

방어(防禦) 적이 쳐들어오는 것을 막음. 반공격. 방어하다. 예병사들은 적의 공격에 맞서 수도를 방어했다.

방언(方言) 표준어와는 달리 어떤 지역이나 지방에서만 쓰이는 언어. 비사투리. 반표준어.

방역(防疫) 전염병이 생기거나 퍼져 나가는 것을 막음. 방역하다.

방ː영(放映) 텔레비전으로 방송함. 방영되다. 예내일 저녁에 방영될 특집 드라마를 많이 시청해 주십시오. 방영하다.

방울[1] 구슬처럼 둥글게 맺힌 액체의 덩이, 또는 그것을 세는 말. 예이슬 방울/물 한 방울.

방울[2] 얇은 쇠붙이로 만든 공 안에 단단한 물건을 넣어 흔들면 소리가 나는 물건.

방울새 [방울쌔] 되샛과의 새. 흔한 텃새로, 울음소리가 매우 고우며 다른 새의 울음소리를 흉내 내기도 한다.

방울토마토(一tomato) 일반 토마토보다 훨씬 작으며, 동그란 방울처럼 생긴 토마토.

방위[1](方位) 동서남북을 기준으로 하여 정한 방향.

방위[2](防衛) 적이 쳐들어오는 것을 막아서 지킴. 방위하다.

방위각(方位角) 어떤 방향과 천정을 포함한 평면이 기준 방향과 이루는 각.

방위판(方位板) 방위를 표시해 놓은 둥근 판.

방위표(方位表) 방위를 나타내는 표.

방음(防音) 소리가 밖으로 새어 나가거나 안으로 들어오지 못하게 막음. 방음하다.

방음벽(防音壁) 시끄러운 소리를 막기 위하여 설치한 벽.

방ː임(放任) 돌보거나 참견하지 않고 제멋대로 하게 내버려 둠. 방임하다.

방자(房子) 조선 시대에, 지방 관아에서 부리던 남자 하인.

방ː자하다(放恣一) 꺼리거나 삼가는 태도가 보이지 않고 건방지다.

방적(紡績) 동식물의 섬유를 가공하여 실을 뽑는 일. 참길쌈. 방적하다.

방ː전(放電) 전기를 띠고 있는 물체가 전기를 잃는 현상. 반충전. 방전되다.

방정맞다 [방정맏따] 말이나 하는 짓이 몹시 가볍고 주책없다.

방정식(方程式) 식 가운데의 미지수에

특정한 값을 주었을 때만 성립되는 등식.

방정하다(方正—) 말이나 행동이 바르고 점잖다. [예]품행이 방정한 학생. 방정히.

방정환(方定煥, 1899~1931) 아동 문학가. 호는 소파. 우리나라 최초의 아동 문화 운동 단체인 '색동회'를 만들었으며, 아동 잡지인 '어린이'를 창간하고 어린이날을 제정하는 등, 아동 문학의 보급과 아동 보호 운동에 힘썼다.

방조(幇助) 범죄와 같은 좋지 못한 일을 도와줌. 방조하다.

방조제(防潮堤) 높은 파도나 해일 등을 막기 위하여 바닷가에 쌓은 둑.

방ː종(放縱) 아무 거리낌 없이 마구 행동함. 방종하다.

방죽 물을 막기 위해 쌓은 둑. [참고] 방죽은 '방축(防築)'에서 온 말.

방지(防止) 어떤 일이 일어나지 않도록 막음. 방지되다. 방지하다. [예]사고를 방지하다.

방직(紡織) 실을 뽑아서 천을 짬. 방직하다.

방직 공업(紡織工業) 원료에서 실을 만드는 방적 공업과, 그 실을 뽑아서 천을 짜는 직조 공업을 아울러 이르는 말.

방진(防塵) 먼지가 들어오는 것을 막음. [예]방진 마스크.

방책(方策) 문제를 해결할 방법과 꾀.

방청(傍聽) 회의나 토론·재판 등을 곁에서 들음. 방청하다.

방추충(紡錘蟲) 고생대에 번성하였던, 단세포로 된 원시 동물. 크기는 0.5~1.5cm. 몸은 원기둥이나 둥근 모양 또는 방추형이 많고, 석회질의 껍데기를 가지고 있다.

방ː출(放出) 한꺼번에 밖으로 내보내거나 내놓음. 방출되다. 방출하다.

방충망(防蟲網) 파리나 모기 등 벌레들이 날아 들어오지 못하게 창문 같은 곳에 치는 그물.

방ː치(放置) 그대로 내버려 둠. 방치되다. 방치하다. [예]음식 쓰레기를 며칠째 방치해 두었더니 고약한 냄새가 난다.

방침(方針) 무슨 일을 처리해 나가는 계획과 방향. [예]교육 방침/회사의 운영 방침.

방콕(Bangkok) 타이의 수도. 항구 도시로 궁전과 불교 사원이 많으며, 쌀·티크 재목 등을 수출한다.

방탄(防彈) 날아오는 탄알을 막음. [예]방탄조끼/방탄 자동차.

방ː탕(放蕩) 술·노름 등에 빠져 돈을 낭비하고 행실이 바르지 못함. 방탕하다. [예]방탕한 생활.

방파제(防波堤) 먼바다로부터 밀려오는 거친 파도를 막아 항구 안의 수면을 잔잔하게 유지하기 위하여 바다에 쌓은 둑.

방패(防牌) 칼이나 창·화살 등을 막는 데 쓰던 무기.

방패연(防牌鳶) 네모반듯한 모양에, 가운데에 둥근 구멍이 있는 연.

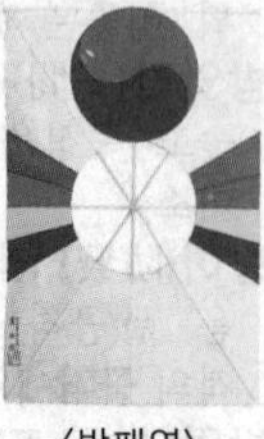
〈방패연〉

방편(方便) 그때그때의 형편에 따라 일을 쉽게 처리할 수 있는 수단과 방법. [예]일시적인 방편.

방학(放學) 학교에서 학기나 학년이 끝난 뒤 일정 기간 수업을 쉬는 일. [반]개학. 방학하다.

방한(防寒) 추위를 막아 줌. [예]방한 용품.

방한복(防寒服) 추위를 막으려고 입는 두꺼운 겉옷.

방해(妨害) 남의 일에 훼방을 놓아 못하게 함. 방해되다. 방해하다. [예]누나 공부하는 데 방해하지 말고 밖에 나가서 놀아.

방향(方向) ①향하거나 나아가는 쪽. 예서쪽 방향. ②뜻이 향하여 나아가는 쪽. 예앞으로의 방향.

방향키(方向—) 비행기의 방향을 조정하는 장치. 꼬리 날개 뒤쪽에 수직으로 붙어 있다.

방호(防護) 위험이나 공격을 막아 안전하게 보호함. 예방호 시설. 방호하다.

방화[1](邦畫) 자기 나라에서 제작된 영화. 만외화.

방화[2](防火) 불이 나지 않도록 미리 막음. 예방화 훈련.

방ː화[3](放火) 일부러 불을 지름. 예주택가에 연이어 방화 사건이 발생했다. 방화하다.

방황(彷徨) ①정처 없이 헤매며 돌아다님. ②마음을 다잡지 못하고 갈팡질팡함. 예형은 시험에 떨어진 후 한동안 방황을 했다. 방황하다.

밭 [받] 물을 대지 않고 농작물을 심어 가꾸는 땅. 참논. |발음| 밭이 [바치]·밭도 [받또]·밭만 [반만]

밭고랑 [받꼬랑] 밭의 이랑과 이랑 사이의 홈이 진 곳.

밭곡식(—穀食)[받꼭씩] 밭에서 나는 곡식. 보리·밀·콩·팥 등.

밭농사(—農事)[반농사] 밭에서 짓는 농사. 참논농사.

밭다[1][받따] 건더기가 섞인 액체를 체 등으로 걸러 국물만 받아 내다. 예콩국을 체에 밭다. |발음| 밭아 [바타]·밭고 [받꼬]·밭는 [반는]

밭다[2][받따] ①시간이 너무 여유가 없다. 예밭은 일정. ②길이가 매우 짧다. 예목이 밭다. ③숨결이 가쁘고 급하다. 예밭은 숨을 몰아쉬다. |발음| 밭아 [바타]·밭고 [받꼬]

밭다리 걸ː기 씨름에서, 상대의 오른

쪽 다리가 앞으로 나와 있거나 몸무게 중심이 오른쪽에 있을 때, 상대의 왼쪽 다리를 걸고 오른쪽 가슴으로 밀어 넘어뜨리는 기술. 참안다리 걸기.

밭두둑 [받뚜둑] ➡밭둑.

밭두렁 [받뚜렁] 밭의 가장자리에 흙을 쌓아 두른 둑.

밭둑 [받뚝] 밭과 밭 사이의 경계를 이루고 있는 둑. 비밭두둑.

밭머리 [반머리] 밭이랑의 양쪽 끝이 되는 부분.

밭이랑 [반니랑] 밭의 고랑 사이에 흙으로 두둑하게 만든 곳.

밭일 [반닐] 밭에서 하는 농사일. 참논일. 밭일하다.

밭치다 [받치다] '밭다'의 힘줌말.

배[1] ①사람이나 동물의 몸에서 위·창자 같은 내장이 들어 있는 부분. 예배가 아프다. ②길쭉한 물건의 가운데 부분. 예배가 불룩한 항아리.
　배가 아프다관용 남이 잘되는 것에 심술이 나다.

배[2] 물 위로 떠다니며 사람이나 짐을 실어 나르게 만든 탈것. 비선박.

배[3] 배나무의 열매. 껍질이 누렇고 속은 희며, 즙이 많고 맛이 달다.

〈배3〉

배ː[4](倍) ①어떤 수나 양을 두 번 더한 만큼의 분량. 예벌금을 배로 올리다. 비갑절. ②같은 수나 양을 여러 번 더한 만큼의 분량. 예다섯 배. 비곱절.

배격(排擊) 남의 사상·의견 등을 싫어하여 물리침. 배격하다.

배ː경(背景) ①뒤쪽의 경치. 예우리는 단풍이 물든 산을 배경으로 사진을 찍었다. ②무대의 안쪽 벽에 그린 그림 또는 무대 장치. ③작품의 시대적·역사적인 환경. 예조선 시대를 배경으로 한 소설.

배ː경 음악(背景音樂) 영화나 연극·방송극 등에서, 그 장면의 분위기를 돋우려고 연주하는 음악.

배고프다 배 속이 비어서 음식을 먹고 싶은 느낌이 있다. 예배고픈데 집에 먹을 게 없다. 반배부르다. |활용| 배고프니·배고파.

배고픔 배가 고픈 느낌. 예장 발장은 배고픔을 참지 못하고 빵을 훔쳤다.

배ː관(配管) 가스나 물 등을 원하는 곳으로 보내기 위해 관을 설치함. 또는 그 관. 예수도 배관. 배관하다.

배구(排球) 두 팀이 네트를 사이에 둔 직사각형의 코트 안에서 손으로 공을 쳐 넘기는 경기. 공을 상대 코트에 떨어지게 하거나 실수·반칙 등을 하게 만들어서 점수를 얻는다.

배구공(排球—) 배구에 쓰이는 공.

배ː급(配給) 먹을거리나 생활용품 등을 여러 사람에게 나누어 줌. 예식량 배급. 배급되다. 배급하다.

배기(排氣) 안에 든 공기를 밖으로 뽑아냄. 배기하다.

배기가스(排氣gas) 자동차 같은 것이 움직일 때 나오는 가스.

배기구(排氣口) 연기나 공기 등이 밖으로 나갈 수 있도록 만든 구멍.

배기다¹ 단단한 것이 몸 아래에 닿아 아픈 느낌이 들다.

배기다² 어려운 일을 잘 참고 견디다. 예빵이 맛있어 보여서 안 먹고는 배길 수가 없었다.

배꼽 배 한가운데에 있는, 탯줄을 끊은 자리.

배꼽(을) 빼다[관용] 배꼽이 빠질 정도로 몹시 웃다. 예영화가 얼마나 웃기는지 배꼽을 뺐다.

배꼽시계(—時計)[배꼽씨계/배꼽씨게] 끼니때가 되면 배가 고파져서 시간을 짐작할 수 있는 것을 시계에 비유하여 이르는 말.

배나무 장미과의 낙엽 지는 큰키나무. 봄에 흰 꽃이 피고 가을에 열매인 '배'를 맺는데, 맛이 달고 즙이 많다.

배ː낭(背囊) 물건을 넣어 등에 질 수 있도록 천이나 가죽으로 만든 가방.

배ː다¹ ①물기나 냄새가 스며들다. 예옷에 기름이 배다. ②버릇이 되어 익숙해지다. 예일이 손에 배다. ③어떤 자취가 남아서 마음에 느껴지다. 예시장에는 서민들의 삶의 모습이 배어 있다.

배ː다² 배 속에 아이나 새끼 또는 알을 가지다. 예우리 집 개가 새끼를 뱄다.

배다³ 여럿의 간격이 서로 매우 가깝다. 예싹이 배게 돋아나 있다. 반성기다.

배ː달(配達) 상품이나 우편물 등을 가져다가 전해 줌. 예신문 배달. 배달되다. 배달하다.

배달겨레 '우리 겨레'를 이르는 말. 비배달민족.

배달민족(—民族) ➡배달겨레.

배ː당(配當) 일정한 기준에 따라 몫을 나누어 줌. 예이윤 배당. 배당되다. 배당하다.

배드민턴(badminton) 경기장 가운데에 친 네트를 사이에 두고, 라켓으로 셔틀콕이 바닥에 떨어지지 않도록 서로 쳐 넘겨 득점을 겨루는 경기.

배란(排卵) 성숙한 여자나 동물 암컷의 난소에서 난자가 나오는 일. 배란되다.

배럴(barrel) 부피의 단위. 주로 액체의 양을 잴 때 쓴다.

배ː려(配慮) 자상하게 마음을 씀. 배려하다.

배목걸쇠[배목껄쐬/배목껄쒜] 문을 잠글 때에 문고리에 꿰는 'ㄱ'자 모양의 쇠.

배ː반(背反) 믿음을 저버리고 돌아섬. 비배신. 배반하다.

배배 여러 번 꼬이거나 뒤틀린 모양. 예실을 배배 꼬다. 흰비비.

배부르다 ①음식을 많이 먹어 배 속이 꽉 차다. 예배불러서 더 이상 못 먹겠다. 만배고프다. ②넉넉하여 아쉬운 것이 없다. 예배부른 소리. |활용| 배부르니 · 배불러.

배:분(配分) 여러 사람에게 몫몫이 나누어 줌. 비분배. 배분되다. 배분하다.

배불뚝이 [배불뚜기] 배가 불뚝하게 나온 사람.

배불리 음식을 많이 먹어 배 속이 꽉 차게. 예배불리 먹다.

배상(賠償) 남에게 입힌 손해를 물어 줌. 비변상 · 보상. 배상하다.

> **'배상'과 '보상'의 구별**
>
> **배상** : 남에게 입힌 손해를 메꾸어 줄 때, 손해 이전의 상태와 똑같이 만들어 주는 일.
> **보상** : 남에게 끼친 재산상의 손해를 돈으로 갚아 주는 일.

배:색(配色) ①두 가지 이상의 색을 섞음, 또는 그 색. ②두 가지 이상의 색이 잘 어울리도록 배치함. 배색하다.

배:선(配線) 전기가 통할 수 있게 전선을 설치하는 일. 예배선 공사. 배선되다. 배선하다.

배설(排泄) ①안에서 밖으로 새어 나가게 함. ②몸 안에 생긴 불필요한 찌꺼기를 몸 밖으로 내보내는 일. 배설되다. 배설하다.

배설 기관(排泄器官) 배설 작용을 하는 기관. 신장 등.

배설물(排泄物) 배설된 물질. 대변 · 소변 · 땀 등.

배:송(配送) 물건을 보내 주거나 가져다줌. 예택배 배송. 배송하다.

배:수[1](配水) 상수도 등의 물을 여러 군데로 보냄. 배수하다.

배:수[2](倍數) ①갑절이 되는 수. ②어떤 수를 다른 수로 나누어 나머지 없이 떨어질 때의 앞의 수를 이르는 말. 6과 9는 3의 배수이다. ②만약수.

배:수[3](排水) 불필요한 물을 다른 곳으로 흘려 보냄. 예홍수에 대비해 배수 시설을 손보았다. 배수되다. 배수하다.

배수구(排水口) 물이 빠져나가는 곳. 예배수구가 막히다. 비배수로.

배수로(排水路) 물을 흘려 보내기 위하여 만든 물길. 비배수구.

배:수진(背水陣) 강이나 바다를 등지고 치는 진. 더 이상 뒤로 물러설 수 없으므로 죽음을 각오하고 적과 싸우고자 하는 전술이다.

배:신(背信) 믿음과 의리를 저버림. 비배반. 배신하다. 예믿었던 동료가 우리를 배신했다.

배앓이 [배아리] 배가 아픈 병. 예동생이 아이스크림을 먹고 나서 배앓이를 했다.

배:양(培養) ①식물을 가꾸어 기름. ②인재 · 실력 · 자질 등을 키움. 예인력 배양. ③세포 · 균 · 미생물 등을 인공적으로 길러 수를 늘림. 예대장균 배양. 배양되다. 배양하다.

배:역(配役) 영화나 연극 등에서 배우에게 어떤 역을 맡김, 또는 그 역. 예배역을 맡다.

배:열(配列) 일정한 차례나 간격으로 죽 벌여 놓음. 배열되다. 배열하다. 예이름순으로 배열하다.

배:영(背泳) 수영의 한 가지. 위를 향해 반듯이 누워서 치는 헤엄.

배우(俳優) 영화나 연극 등에서 연기를 하는 사람. 비연기자.

배우다 ①지식이나 기술을 익히다. 예외국어를 배우다. ②남이 하는 일을 본받아 그대로 하다. 예자식은 부모를 보고 배우게 마련이다. ③경험 등을 쌓아서 알게 되다. 예인생을 배우다.

배:우자(配偶者) ((부부로서 짝이 되는 상대자라는 뜻으로)) 남편이 아내를, 아내가 남편을 이르는 말. 반려자.

배움터 지식이나 기술 등을 배우는 곳.

배웅 떠나는 사람을 일정한 곳까지 따라 나가 작별하여 보냄. 반마중. 배웅하다.

배:율(倍率) 확대하거나 축소할 때의 비율.

배:은망덕(背恩忘德) 은혜를 저버리고 배신하는 태도가 있음. 배은망덕하다. 예내가 널 얼마나 아꼈는데 이렇게 배은망덕할 수가 있느냐?

배자(排字) 글씨를 쓰거나 판을 짜거나 할 때, 글자를 알맞게 벌여 놓음. 배자하다.

배재 학당(培材學堂) 1885년에 미국 선교사인 아펜젤러가 서울에 세운 우리나라 최초의 근대식 사립 학교. 지금의 배재 중·고등학교로 이어져 오고 있다.

배:정(配定) 나누어서 몫을 정함. 배정되다. 배정하다. 예수업 시간을 배정하다.

배젖(胚―) [배젇] 싹을 틔우기 위해 씨앗 속에 영양분을 저장하고 있는 부분.

배제(排除) 받아들이지 않고 빼서 제쳐 놓음. 배제되다. 배제하다. 예이번 일이 실패할 가능성을 배제해서는 안 된다.

배지(badge) 신분 등을 나타내거나 어떤 것을 기념하기 위하여 옷이나 모자 등에 다는 물건. |잘못| 뱃지·뺏지.

배지기 씨름에서, 상대편을 배 위로 들어 올린 뒤 옆으로 돌려 넘어뜨리는 공격 기술.

배짱 조금도 굽히지 않고 버티려는 성품이나 태도. 예두둑한 배짱.

배척(排斥) 싫어하여 따돌리거나 밀어 냄. 배척되다. 배척하다. 예외래 종교를 배척하다.

배:추 십자화과의 두해살이풀. 채소의 한 가지로 길둥근 잎은 뿌리에서부터 포개져 자라는데, 잎·줄기·뿌리를 다 먹을 수 있다. 특히 잎은 김치를 담그는 데 쓴다.

배:추김치 배추로 담근 김치.

배:추꽃 [배추꼳] 배추의 꽃.

배:추밭 [배추받] 배추를 심은 밭.

배:추벌레 ①배추의 해충을 통틀어 이르는 말. ②배추흰나비의 애벌레.

배:추흰나비 [배추힌나비] 흰나빗과의 곤충. 흔히 볼 수 있는 나비로, 몸빛은 희고 앞날개의 끝은 검다. 애벌레는 '배추벌레'라고 하는데, 배추·무·양배추 등의 해충이다.

〈배추흰나비〉

배출[1](排出) 불필요한 물질을 밀어서 밖으로 내보냄. 배출되다. 배출하다.

배:출[2](輩出) 인재가 잇달아 나옴. 배출되다. 예뛰어난 과학자가 많이 배출된 학교. 배출하다.

배:춧국 [배추꾹/배춛꾹] 배추를 넣고 끓인 국.

배:춧잎 [배춘닙] 배추의 잎.

배:치(配置) 사람이나 물건을 알맞은 자리에 나누어 둠. 배치되다. 배치하다. 예출입구에 경호원을 배치했다.

배타적(排他的) 싫어하여 따돌리거나 밀어내는 성질이 있는 것.

배탈(―頉) 복통·설사 등의 배 속 병을 통틀어 이르는 말. 예배탈이 나다.

배터리(battery) 전기 에너지를 화학 에너지로 바꾸어서 모아 두고, 필요할 때 전기 에너지로 쓰는 장치. [잘못] 밧데리.

배턴(baton) 릴레이 경주에서, 주자가 가지고 뛰다가 다음 주자에게 넘겨주는 짤막한 막대기. [비]바통.

배트(bat) 야구나 소프트볼 같은 운동 경기에서 타자가 공을 칠 때 쓰는 방망이.

배ː포1(配布) 신문·책·인쇄물 등을 널리 나누어 줌. [예]광고 전단지 배포. 배포되다. 배포하다.

배포2(排布) 마음속에 품고 있는 생각. [예]배포가 크다.

배ː필(配匹) 부부로서의 짝.

배ː합(配合) 이것저것을 일정한 비율로 알맞게 섞어 합침. [예]색깔 배합. 배합되다. 배합하다.

배ː합토(配合土) 식물이 잘 자라도록 비료나 영양제 등을 섞어 만든 흙.

배회(徘徊) [배회/배훼] 목적 없이 이리저리 거닒. 배회하다. [예]거리를 배회하다.

배ː후(背後) ①등 뒤. 뒤쪽. ②사건이나 일에서 겉으로 드러나지 않는 부분. [예]배후 인물.

백1(白) ①〈백색〉의 준말. ②〈백군〉의 준말.

백2(百) 열의 열 곱절, 곧 아흔아홉에 하나를 더한 수.

백3(bag) 가방.

백결 선생(百結先生, ?~?) 신라 자비왕 때의 거문고의 명인. 몹시 가난하여 100번도 더 기운 옷을 입고 다녀서 이런 이름이 붙었다고 한다.

백골(白骨) [백꼴] 죽은 사람의 살이 다 썩은 뒤에 남은 흰 뼈.

백곰(白—) [백꼼] '흰곰'을 흔히 이르는 말.

백과1(百果) [백꽈] 온갖 과일. [예]오곡과 백과가 무르익다.

백과2(百科) [백꽈] ①여러 가지 학과. 모든 과목. ②〈백과사전〉의 준말.

백과사전(百科事典) [백꽈사전] 학문·예술을 비롯한 모든 분야에 걸친 사항을 사전 형식으로 분류·배열하여 해설해 놓은 책. [준]백과.

백관(百官) [백꽌] 모든 벼슬아치.

백군(白軍) [백꾼] 경기에서 양편을 청과 백으로 가를 때, 흰색을 사용하는 편. [준]백. [반]청군.

백금(白金) [백끔] 금속 원소의 한 가지. 은백색의 단단한 귀금속으로, 장식품·기계·전극 등에 쓰인다.

백기(白旗) [백끼] ①흰 빛깔의 기. ②항복의 뜻을 나타내는 흰 기.

백기를 들다[관용] 졌다는 것을 인정하고 항복하다.

백김치(白—) [백낌치] 고춧가루를 쓰지 않거나 조금만 써서 허옇게 담근 김치.

백날(百—) [뱅날] 아무리 오랫동안 해 보아도. 아무리 애써도. [예]혼자 여기서 백날 떠들어 봐야 아무도 알아주지 않는다.

백도라지(白—) [백또라지] 흰 꽃이 피는 도라지.

백독백습(百讀百習) [백똑빽씁] 백 번 읽고 백 번 써서 익힘. [예]세종 대왕은 백독백습으로 책을 읽었다고 한다.

백두산(白頭山) [백뚜산] 함경도와 중국에 걸쳐 있는 우리나라 제일의 산. 높이 2,744m. 휴화산으로 꼭대기에는 칼데라 호인 천지가 있다.

백로1(白露) [뱅노] 이십사절기의 하나. 처서와 추분 사이로, 9월 8일경. 이 무렵에 흰 이슬이 내리며 가을 기운이 스며들기 시작한다고 한다.

백로2(白鷺) [뱅노] 왜가릿과의 새. 온몸이 희고 부리와 다리는 검다. 부리·목·다리는 길며, 목은 'S' 자 모양으로 굽어진다. 민물과 바닷가에 살면서 개구리·물고기·곤충 등을 잡아먹는다.

백록담(白鹿潭) [뱅녹땀] 제주도 한라산의 꼭대기에 있는 호수. 화산 작용으로 생긴 분화구에 물이 고여 형성되었다.

백마(白馬) [뱅마] 온몸의 털빛이 흰 말. 예백마 탄 왕자.

백마강(白馬江) [뱅마강] 충청남도 부여군 북부를 흐르는 강. 금강의 본류이다.

백만(百萬) [뱅만] 만의 백 배가 되는 수. 예백만 원/백만 부.

백만장자(百萬長者) [뱅만장자] 재산이 매우 많은 사람.

백모(伯母) [뱅모] ➡큰어머니.

백묵(白墨) [뱅묵] ➡분필.

백미¹(白米) [뱅미] 속꺼풀을 벗겨 하얗게 된 멥쌀. 비흰쌀. 참현미.

백미²(白眉) [뱅미] 《흰 눈썹이라는 뜻으로》 '여럿 가운데서 가장 뛰어난 사람이나 물건'을 비유하여 이르는 말. 예춘향전은 한국 고전 문학의 백미이다.

백반¹(白飯) [백빤] ①흰밥. ②음식점에서, 밥에 국과 몇 가지 반찬을 끼워 한 상에 차려 내는 음식.

백반²(白礬) [백빤] 단단하고 색깔이 없고 투명하며 떫은맛이 나는 물질. 약으로 쓰거나, 봉숭아 물을 들일 때 가루를 내어 쓴다.

백발(白髮) [백빨] 하얗게 센 머리털.

백발백중(百發百中) [백빨백쭝] ①쏘기만 하면 어김없이 맞음. ②계획이나 예상 등이 꼭꼭 들어맞음.

백배사죄(百拜謝罪) [백빼사죄/백빼사췌] 여러 번 절을 하며 거듭해서 용서를 빎. 예그는 자식의 잘못에 대해 백배사죄를 드렸다. 백배사죄하다.

백부(伯父) [백뿌] ➡큰아버지.

백분율(百分率) [백뿐뉼] 전체의 수나 양의 100분의 1을 단위로 하여 나타내는 비율. 참퍼센트.

> **'률'인가 '율'인가**
>
> 한자 '律/率(률/율)'은 낱말의 첫머리에 올 때에는 '율'로 적고, 다른 말에 붙어 쓰일 때에는 '률'로 적는다.
> 다만, 다른 말에 붙어 쓰이더라도 앞말의 받침이 'ㄴ'이거나 모음으로 끝날 때에는 '율'로 적는다.
> 예율동/확률/비율/백분율.

백사장(白沙場) [백싸장] 강가나 바닷가의 흰 모래가 깔려 있는 곳.

백색(白色) [백쌕] 하얀 빛깔. 준백. 비하양·흰색. 반흑색.

백설 공주(白雪公主) 독일의 '그림 동화집'에 실린 옛이야기, 또는 그 이야기의 주인공. 아름다운 공주가 계모가 준 독이 든 사과를 먹고 죽었다가 왕자의 힘으로 살아난다는 내용이다.

백설기(白一) [백썰기] 시루떡의 한 가지. 물 내린 멥쌀가루를 고물 없이 시루에 찐 떡.

백성(百姓) [백썽] '국민'의 예스러운 말. 예임금이 백성을 돌보다.

백신(vaccine) ①전염병에 걸리지 않게 하려고 병원균을 이용하여 만든 약품. ②컴퓨터 바이러스를 찾아내고 손상된 컴퓨터를 고치는 프로그램.

백악관(白堊館) [배각꽌] 미국 워싱턴에 있는 대통령의 집무실 겸 집. 바깥벽이 흰색인 데서 붙은 이름이다.

백악기(白堊紀) [배각끼] 중생대를 셋으로 나눈 것 중의 마지막 지질 시대.

백야(白夜) [배갸] 밤에 어두워지지 않는 현상, 또는 그런 밤. 북극이나 남극 가까운 지방에서 여름철에 생긴다.

백열등(白熱燈) [배결뚱] 흰빛을 내는 가스등이나 전등.

백열전구(白熱電球) [배결전구] 진공 또는 특별한 기체를 넣은 유리공 안에 텅스텐선 등을 넣어 흰빛을 내게 만든 전구.

백엽상(百葉箱) [배겹쌍] 온도·습도·기압 등을 재기 위해 만든 상자.

백옥(白玉) [배곡] 흰 구슬.

백운대(白雲臺) [배군대] 북한산의 최고봉. 높이 836.5m. 화강암의 험한 암벽으로 되어 있다.

백의민족(白衣民族) [배긔민족/배기민족] 《흰옷을 입은 민족이라는 뜻으로》 '한민족'을 이르는 말.

백의종군(白衣從軍) [배긔종군/배기종군] 벼슬이 없이 군대를 따라 싸움터로 나아감. **백의종군하다**.

백인(白人) [배긴] 백인종인 사람.

백인종(白人種) [배긴종] 피부색으로 나눈 인종의 한 가지. 피부가 흰 것이 가장 큰 특색이며, 유럽 민족의 대부분이 이에 속한다. [참]황인종·흑인종.

백일(百日) [배길] 아이가 태어난 뒤 백 번째 되는 날. [예]백일 사진.

백일몽(白日夢) [배길몽] 《한낮에 꾸는 꿈이란 뜻으로》 '실현될 가망이 없는 헛된 생각'을 비유하여 이르는 말.

백일장(白日場) [배길짱] 시나 글짓기를 겨루는 대회.

백일청천(白日青天) [배길청천] 해가 비치고 맑게 갠 푸른 하늘.

백일해(百日咳) [배길해] 기침을 심하게 하면서 백 일 가까이 앓는 어린이의 전염병.

백일홍(百日紅) [배길홍] 국화과의 한해살이풀. 여름에서 가을에 걸쳐 붉은색·노란색 등의 꽃이 핀다. 꽃이 피는 기간이 길어 붙여진 이름이다.

〈백일홍〉

백자(白瓷) [백짜] 흰 자기.

백작(伯爵) [백짝] 서양에서 귀족을 다섯 등급으로 나눈 것 가운데 셋째 계급. [참]공작2·남작·자작·후작.

백전백승(百戰百勝) [백쩐백씅] 싸울 때마다 번번이 다 이김. **백전백승하다**.

백정(白丁) [백쩡] 지난날, 소나 돼지 등을 잡는 일을 직업으로 하던 사람.

백제(百濟) [백쩨] 우리나라 삼국 시대의 한 나라. 고구려 왕족인 온조왕이 한반도의 남서쪽에 자리 잡아 세운 나라로, 의자왕 때 나당 연합군에게 져서 망했다. 〔기원전 18~서기 660〕

백조(白鳥) [백쪼] ➡고니.

백조자리(白鳥—) [백쪼자리] 여름철에 북쪽 하늘에 보이는 별자리. 백조가 날아가는 모양과 비슷하다 하여 붙여진 이름이다.

백지(白紙) [백찌] ①흰 빛깔의 종이. ②아무것도 쓰지 않은 종이.

백지장(白紙張) [백찌짱] ①흰 종이의 낱장. ②'새하얀 것'을 비유하여 이르는 말. [예]얼굴이 마치 백지장 같다. [잘못] 백짓장.

백치(白癡) 뇌의 장애나 질병 때문에, 나이에 비해 지능이 낮은 사람. [비]천치.

백팔 번뇌(百八煩惱) 불교에서 이르는 108가지의 번뇌.

백합(百合) [배캅] 백합과의 여러해살이풀. 늦봄에 줄기 끝에 나팔 모양의 흰 꽃이 피는데, 꽃이 크고 향기가 짙다. [비]나리.

백합꽃(百合—) [배캅꼳] 백합의 꽃. [비]나리꽃.

백혈구(白血球) [배결구] 혈구의 한 가지. 핵이 있으나 모양이 일정하지 않은 세포로, 몸에 침투하는 세균을 잡아먹는다. [참]적혈구.

백혈병(白血病) [배결병] 핏속의 백혈

ㅂ

구가 지나치게 많아지는 병.

백호(白虎) [배코] ①털빛이 흰 호랑이. ②민속에서, 서쪽 방위를 맡은 신을 상징하는 호랑이 모습의 짐승. ③풍수설에서, 주가 되는 산에서 오른쪽으로 갈려 나간 산줄기.

백호도(白虎圖) [배코도] 흰빛의 호랑이를 그린 민화의 한 종류.

백화점(百貨店) [배콰점] 온갖 상품을 각 부문별로 나누어 파는 규모가 큰 상점.

밴드¹(band) 악단.

밴드²(band) 끈. 띠. 예고무 밴드.

밸런타인데이(Valentine Day) 성 발렌티누스 사제가 순교한 날인 2월 14일을 이르는 말. 사랑하는 사람끼리 선물을 주고받는 풍습이 있다. |잘못| 발렌타인데이.

밸브(valve) 기체나 액체가 드나드는 것을 조절하는 장치. 예가스 밸브.

뱀: 뱀과의 동물. 몸이 가늘고 길며 온통 비늘로 덮여 있다. 다리·눈꺼풀·귓구멍이 없고, 혀가 길며 둘로 갈라져 있다.

뱀:장어(一長魚) 뱀장어과의 민물고기. 몸은 가늘고 길쭉하여 뱀과 비슷하다. 5~12년간 민물에서 살다가 바다 깊은 곳으로 내려가 알을 낳는다. 준장어.

뱁:새 [뱁쌔] 오목눈잇과의 새. 날개 길이 5 cm, 꽁지 6 cm가량. 매우 민첩하고, 여름과 가을에 떼를 지어 다니며 벌레를 잡아먹는다. 비붉은머리오목눈이.

뱁:새눈 [뱁쌔눈] 작고 가늘게 옆으로 째진 눈.

뱃가죽 [배까죽/뱃까죽] '뱃살'을 속되게 이르는 말.

뱃고동 [배꼬동/뱃꼬동] 배에서 '붕' 소리를 내어 신호를 하는 장치. 예뱃고동을 울리다.

뱃길 [배낄/뱃낄] 배가 다니는 길. 비물길·수로.

뱃노래 [밴노래] 뱃사공이 노를 저을 때 부르는 노래.

뱃놀이 [밴노리] 배를 타고 즐기는 놀이. 뱃놀이하다.

뱃머리 [밴머리] 배의 앞 끝. 비이물.

뱃멀미 [밴멀미] 배를 탔을 때 일어나는 어지럽고 메스꺼운 증세. 뱃멀미하다.

뱃사공(一沙工) [배싸공/뱃싸공] 노를 젓는 작은 배를 부리는 사람. 준사공.

뱃사람 [배싸람/뱃싸람] 배를 부리거나 배에서 일을 하는 사람. 비바닷사람·선원.

뱃살 [배쌀/뱃쌀] 배의 살이나 가죽. 예누나는 뱃살을 빼려고 운동을 시작했다.

뱃속 [배쏙/뱃쏙] 마음속. 예갑자기 친절하게 구는 그의 뱃속이 훤히 들여다보인다.

뱃전 [배쩐/뱃쩐] 배의 양쪽 가장자리 부분.

뱅글뱅글 작은 원을 그리면서 자꾸 도는 모양. 예팽이가 뱅글뱅글 돈다. 큰빙글빙글. 세뺑글뺑글.

뱅뱅 작은 원을 그리며 자꾸 도는 모양. 예강아지가 제 꼬리를 잡으려고 뱅뱅 돈다. 큰빙빙. 세뺑뺑.

뱅:어 뱅엇과의 민물고기. 몸길이 10 cm가량. 몸은 가늘고 길며

〈뱅어〉

몸빛은 희고 반투명하다. 봄에 하천을 거슬러 올라가 알을 낳는다.

뱉:다 [밷따] ①입 안에 든 것을 입 밖으로 내보내다. 예침을 뱉다. ②말을 함부로 하다. 예욕을 마구 뱉다. |발음| 뱉어 [배터] · 뱉고 [밷꼬] · 뱉는 [밴는]

버겁다 [버겁따] 힘에 겨워 다루거나 치러 내기에 벅차다. 예짐이 커서 나르기에 버겁다. |활용| 버거우니·버거워.

버금 으뜸 또는 첫째의 다음.

버금가다 첫째의 다음이 되다. 예서울에 버금가는 도시.

버금딸림화음(-和音) 버금딸림음 위에 구성된 삼화음. 장조에서는 '파'·'라'·'도', 단조에서는 '레'·'파'·'라'의 화음을 이른다. 참딸림화음·으뜸화음.

버너(burner) 기체나 액체 연료를 태워 불이나 열을 일으키는 장치.

버둥거리다 ①팔과 다리를 심하게 내저으며 몸을 자꾸 움직이다. 예그물에 걸린 곰이 버둥거렸다. ②어떤 처지에서 벗어나려고 크게 애를 쓰다. 비버둥대다. 잘바둥거리다.

버둥대다 ⇒버둥거리다.

버둥버둥 자꾸 버둥거리는 모양. 잘바둥바둥.

버드나무 버드나뭇과의 낙엽 지는 큰 키나무. 높이는 20m가량. 잎은 끝이 뾰족하고, 줄기는 가늘고 길어 축축 늘어진다. 아무 곳에서나 잘 자란다. 비버들.

버드렁니 끝이 바깥쪽으로 벌어져 나온 이. 비벋니. 반옥니.

버들 ⇒버드나무.

버들가지 버드나무의 가지.

버들강아지 버드나무의 꽃. 솜 비슷하며, 바람에 날려 흩어진다. 비버들개지.

버들붕어 버들붕엇과의 민물고기. 몸은 나뭇잎 모양이고 몸빛은 짙은 녹색이다. 더러운 물에서도 잘 살며, 다른 물고기를 공격하는 성질이 있다.

버들피리 ①버드나무의 가지로 만든 피리. ②버드나무의 잎을 접어 물고 피리 소리를 내는 일.

버러지 벌레.

버럭 갑자기 화를 몹시 내거나 소리를 냅다 지르는 모양. 예급한 마음에 나는 동생에게 소리부터 버럭 질렀다. 잘바락. 버럭버럭.

버려두다 ①잘 간수하지 않고 아무렇게나 놓아두다. 예가방을 이런 데다 버려두면 어떡하니? ②혼자 있게 남겨 놓다. 예어린아이를 혼자 버려두면 안 된다.

버르장머리 '버릇'을 얕잡아 이르는 말. 예에이, 버르장머리 없는 녀석 같으니라고.

버릇 [버른] ①여러 번 거듭하는 사이에 몸에 배어 굳어 버린 성질이나 행동. 예세 살 버릇 여든까지 간다. 비습관. ②어른에 대하여 차려야 할 예의. |발음| 버릇이 [버르시]·버릇도 [버른또]·버릇만 [버른만]

버릇없다 [버르덥따] 어른에게 마땅히 갖춰야 할 예의가 없다. 버릇없이. 예선생님께 버릇없이 굴면 안 돼.

버릇하다 [버르타다] 어떤 동작을 자주 되풀이하다. 예싫은 음식도 자꾸 먹어 버릇해야 한다.

버리다¹ ①필요 없는 것을 없애거나 내던지거나 하다. 예연못에 쓰레기를 버리지 맙시다. ②어떤 성격이나 버릇 등을 떼어 없애다. 예늦잠 자는 버릇은 버려야 한다. ③품었던 생각을 떨쳐 없애다. 예허튼 생각을 버리다. ④관계가 있는 사람이나 장소를 떠나거나 관계를 끊다. 예아저씨는 가족을 버리고 홀로 떠났다. ⑤주의하거나 돌보지 않고 망치거나 못 쓰게 만들다. 예기름이 튀어서 새 옷을 버렸다.

버리다² 어떤 동작을 끝내어 치우다. 예훌쩍 나가 버리다.

버림 어림수를 만드는 방법의 한 가지. 구하고자 하는 자리까지의 숫자는 그대로 두고 그 아랫자리의 숫자를 모두 0으로 하는 일. 땐올림.

버림받다 [버림받따] 다른 사람 등에게서 일방적으로 버림을 당하다. 예주인에게서 버림받은 강아지.

버무리다 어떤 것에 다른 것을 골고루 뒤섞다. 예데친 나물에 파·마늘·간장·참기름을 넣고 잘 버무리세요.

버선 한복을 입을 때 발에 꿰어 신는 물건.

버섯 [버섣] 산이나 들의 그 늘진 땅이나 썩은 나무 등에 돋아나는 식물의 한 가지. 대부분이 우산 모양인데, 먹을 수 있는 것과 독을 지닌 것이 있다. |발음| 버섯이 [버서시] · 버섯도 [버섣또] · 버섯만 [버선만]

〈버선〉

〈버섯〉

버스(bus) 많은 사람을 동시에 실어 나를 수 있는 커다란 자동차.

버스 전용 차로(bus專用車路) 버스만 다니도록 마련한 길.

버저(buzzer) 전자석을 이용하여 쇠붙이를 진동시켜 소리를 내는 장치.

버젓하다 [버저타다] 흠 잡히거나 굽힐 것이 없이 떳떳하고 의젓하다. 버젓이. 예교통경찰이 눈앞에 있는데 버젓이 무단 횡단을 하다니!

버짐 살갗이 말라서 벗어지거나 진물이 나는 피부병. 주로 얼굴에 생긴다.

버찌 벚나무의 열매. 앵두만 하며, 맛이 새콤하고 달다. 쥰벚.

버터(butter) 우유 속의 지방을 분리하여 굳힌 식품.

버튼(button) 손가락으로 눌러서 전기 장치에 전류를 끊거나 이어 주는 장치. 비누름단추.

버티다¹ ①어려움을 참고 견디다. 예우리는 산속에서 구조대를 기다리며 사흘째 버티고 있다. ②고집이나 뜻을 굽히지 않고 맞서다. 예나는 남을 속이는 일만은 못 하겠다고 끝까지 버텼다.

버티다² ①쓰러지지 않도록 괴거나 가누다. ②힘이나 무게 등을 견디어 배기다.

버팀목(─木) 물건을 쓰러지지 않게 버티어 세우는 나무.

벅차다 ①힘에 겹다. 예이것은 하루에 끝내기에는 조금 벅찬 일이다. ②생각이나 느낌이 넘칠 듯이 가득하다. 예가슴 벅찬 감격.

번(番) 일의 차례나 횟수를 셀 때 쓰이는 말. 예1번/여러 번.

번갈아(番─)[번가라] 하나씩 하나씩 차례로 바꾸어. 예어머니와 누나가 번갈아 가며 절구질을 했다.

번개 ①구름 사이나 공중에 전기가 흐르면서 몹시 빠르게 번쩍이는 빛. ②'동작이 아주 빠르고 날랜 사람이나 사물'을 비유하여 이르는 말. 예저 녀석, 놀러 나가는 건 아주 번개 같구나.

번개탄(一炭) 연탄에 불을 붙이는 데 쓰는, 얇은 연탄 모양의 물건. 톱밥이나 왕겨 등을 태워서 굳힌 것이다.

번갯불 [번개뿔/번갣뿔] 번개의 불빛.

번거롭다 [번거롭따] ①일의 갈피가 복잡하고 어수선하다. 예입학 절차가 꽤 번거롭다. ②성가시고 귀찮다. 예번거롭게 해 드려서 죄송합니다. |활용| 번거로우니 · 번거로워.

번뇌(煩惱) [번뇌/번눼] 마음이 시달려서 괴로움.

번데기 변태를 하는 곤충에서, 애벌레와 어른벌레 사이에 한동안 껍질 속에 들어가 활동을 멈추고 있는 시기.

번득이다 [번드기다] ①빛이 반사하여 빛나다 말다 하다. ②눈빛이 생기 있게 빛나다. 웹번뜩이다.

번듯하다 [번드타다] ①기울거나 굽거나 찌그러지지 않고 바르다. ②생김새가 아담하고 말끔하다. ③떳떳이 내세울 만큼 당당하다. 예번듯한 직장. 왜반듯하다. 번듯이.

번뜩이다 [번뜨기다] ①빛이 반사하여 빛나다 말다 하다. ②눈빛이 생기 있게 빛나다. 예그는 맹수처럼 눈빛을 번뜩였다. 예번득이다.

번민(煩悶) 마음이 번거롭고 답답하여 괴로워함. 예고민. 번민하다.

번번이(番番一) [번버니] 여러 번 다. 예번번이 실패하다. / 번번이 미안합니다. 예매번 · 매양.

번성(繁盛) 한창 잘되어 성함. 예사업의 번성. 예번창. 번성하다.

번식(繁殖) 생물의 수가 늘어서 많이 퍼짐. 번식되다. 번식하다. 예식물이 번식하다.

번역(飜譯) [버녁] 한 나라의 말로 된 글의 내용을 다른 나라 말로 바꿔 옮김. 번역되다. 번역하다. 예선생님이 영어로 된 문장을 우리말로 번역해 주셨다.

번영(繁榮) [버녕] 일이 성하게 잘됨. 번영하다.

번잡하다(煩雜一) [번자파다] 여럿이 복잡하게 뒤섞여 어수선하다. 예나들이를 가는 차들로 도로가 번잡하다.

번지(番地) 토지를 조각조각 나누어서 매겨 놓은 번호.

번ː지다 ①액체가 묻은 자리가 차차 넓게 퍼지다. 예먹물이 번지다. ②넓은 범위로 차차 옮아가다. 예불이 번지다. ③널리 옮겨 퍼지다. 예소문이 번지다.

번지르르 ①기름기나 물기 같은 것이 묻어서 몹시 미끄럽고 윤이 나는 모양. 예땀이 번지르르 번진 얼굴. ②실속은 없이 겉으로만 그럴듯한 모양. 예말만 번지르르 떠들지 말고 행동을 보여라. 왜반지르르. 예삔지르르.

번쩍[1] 빛이 잠깐 나타났다 없어지는 모양. 예번갯불이 번쩍 빛나다. 왜반짝. 예삔쩍. 번쩍번쩍.

번쩍[2] ①무엇을 아주 가볍고 쉽게 들어 올리는 모양. 예사내는 쌀가마를 번쩍 들어 올렸다. ②수그렸던 얼굴 등을 갑자기 쳐드는 모양. ③감았던 눈을 갑자기 크게 뜨는 모양. ④불쑥 어떤 생각이 떠오르거나 갑자기 정신이 드는 모양. 예귀에 번쩍 뜨이는 말. 왜반짝. 번쩍번쩍.

번쩍거리다 [번쩍꺼리다] 빛이 자꾸 나타났다 없어지다, 또는 그리되게 하다. 예댄스 가수가 번쩍거리는 옷을 입고 춤을 춘다. 예번쩍대다. 왜반짝거리다. 예삔쩍거리다.

번쩍대다 [번쩍때다] ➡번쩍거리다.

번쩍이다 [번쩌기다] 빛이 잠깐 나타났다 없어지다, 또는 그리되게 하다. 왜반짝이다. 예삔쩍이다.

번창(繁昌) 한창 잘되어 성함. 예번성. 번창하다. 예사업이 날로 번창하고 있다.

번철(燔鐵) 전을 부치거나 음식을 볶는 데에 쓰이는 둥글넓적한 무쇠 그릇.

번트(bunt) 야구에서, 투수가 던진 공이 가까운 곳에 떨어지도록, 타자가 배트를 공에 가볍게 대는 것. 예보내기 번트.

번호(番號) 차례를 나타내거나 무엇을 알아보기 위해 붙인 숫자. 예휴대 전화 번호.

번화가(繁華街) 도시에서 가게 등이 많고 사람이 몰려 복잡한 거리.

번화하다(繁華―) 번성하고 화려하다.

벋다 [벋따] 나뭇가지·덩굴·뿌리 등이 길게 자라나다. 쎈뻗다.

벌¹ 매우 넓고 평평한 땅.

벌² ①옷이나 그릇 등이 짝을 이루거나 여러 가지가 한데 모여서 갖추어진 한 덩이. ②옷이나 그릇 등을 셀 때 쓰이는 말. 예새 옷을 한 벌 샀다.

벌ː³ 벌목의 곤충 가운데 개미류를 제외한 것을 통틀어 이르는 말. 몸은 머리·가슴·배의 세 부분으로 되어 있으며, 암컷에는 꼬리 끝에 독침이 있다.

벌⁴(罰) 죄를 짓거나 잘못을 저지른 사람에게 그 대가로 자유를 제한하거나 괴로움을 주는 일. 예나는 오늘 지각한 벌로 화장실 청소를 했다. 벌하다.

벌개미취 국화과의 여러해살이풀. 습한 곳에서 자라는데, 잎은 어긋나며, 꽃은 6~10월에 자줏빛으로 핀다. 어린순은 나물로 먹는다.

벌거벗다 [벌거벋따] ①알몸이 되도록 옷을 죄다 벗다. 예벌거벗은 아이들이 냇물에서 놀고 있다. ②산에 나무나 풀이 없어 흙이 드러나다. 예벌거벗은 산. 酇발가벗다.

벌거숭이 ①옷을 입지 않은 알몸. ②'돈이나 재산을 다 쓰고 빈털터리

가 된 사람'을 비유하여 이르는 말. 酇발가숭이.

벌ː겋다 [벌거타] 어둡고 연하게 붉다. 예벌겋게 달궈진 쇠. 酇발갛다. 쎈뻘겋다. |활용| 벌거니·벌게.

벌금(罰金) 법이나 규칙 등을 어긴 벌로 내게 하는 돈.

벌ː꿀 ⇒꿀.

벌ː다 ①일을 하여 돈을 얻다. 예생활비를 벌다. ②벌을 받거나 욕먹을 일을 스스로 하다. 예매를 벌다. ③시간이나 돈을 안 쓰게 되어 남기다. 예차가 하나도 안 막혀서 30분을 벌었다. |활용| 버니·벌어.

벌떡 누웠거나 앉았다가 갑자기 급하게 일어나는 모양. 예수미가 벌떡 일어나 선생님께 질문을 하였다. 酇발딱. 벌떡벌떡.

벌렁거리다 매우 재빠르고도 가볍게 움직이다. 예숨이 차서 가슴이 벌렁거린다. 비벌렁대다. 酇발랑거리다.

벌렁대다 ⇒벌렁거리다.

벌렁벌렁 자꾸 벌렁거리는 모양. 酇발랑발랑.

벌레 ①곤충이나 기생충, 기어 다니는 작은 동물을 통틀어 이르는 말. 비버러지. ②'어떤 일에 열중하는 사람'을 비유하여 이르는 말. 예공붓벌레.

벌레잡이 식물(―植物) 잎으로 벌레를 잡아 소화시켜서 양분을 흡수하는 식물. 끈끈이귀개·통발 등.

벌레잡이풀 [벌레자비풀] 벌레잡이풀과의 덩굴풀. 덩굴손 끝에 있는 주머니 모양의 통 입구에 꿀샘이 있어 벌레들을 끌어들여 잡는다. 비네펜테스.

벌름거리다 탄력 있는 물체가 자꾸 부드럽게 벌어졌다 우므러졌다 하다, 또는 그리되게 하다. 예내 동생은 코를 벌름거리는 버릇이 있다. 비벌름대다. 酇발름거리다.

벌름대다 ➡벌름거리다.

벌름벌름 자꾸 벌름거리는 모양. ⓐ발름발름.

벌ː리다 ①둘 사이를 떼어서 넓히다. 예간격을 벌리다. ②우므러진 것을 펴서 열다. 예입을 벌리다. ③열어서 속의 것을 드러내다. 예조개껍데기를 벌리다.

┌ : : : '벌리다'와 '벌이다'의 구별 : : : ┐
'벌리다'는 사이를 넓히거나 사이가 생기게 하는 것을 뜻하고, '벌이다'는 물건을 늘어놓는 것, 또는 일을 계획하여 시작하는 것을 뜻한다. 예가랑이를 벌리다./입을 벌리다./진열대에 상품을 벌여 놓다./사업을 벌이다.
└──────────────────────────┘

벌목(伐木) 나무를 벰. ⱨ식목. 벌목하다.

벌목꾼(伐木—) 나무 베는 일을 하는 사람.

벌벌 ①춥거나 두려워서 몸을 크게 떠는 모양. ②하찮은 것을 가지고 몹시 아까워하는 모양. 예구두쇠 삼촌은 푼돈을 내면서도 벌벌 떤다. ③몸을 구부려 좀 큰 동작으로 기는 모양. ⓐ발발.

벌써 ①이미 오래전에. 예기차는 벌써 떠났다. ②예상보다 빠르게 어느새. 예벌써 가려고? ⱨ아직.

벌ː어지다¹[버러지다] ①갈라져 틈이 생기다. ②친한 사람과의 사이가 서먹서먹하게 되다. 예둘 사이가 요즘 많이 벌어진 모양이다. ③가슴이나 어깨가 넓게 퍼지다. 예가슴이 딱 벌어진 청년. ⓐ바라지다.

벌ː어지다²[버러지다] 어떤 일이 일어나다. 예싸움이 벌어지다.

벌ː이[버리] 먹고살려고 일을 하여 돈을 버는 일.

벌ː이다[버리다] ①일을 베풀어 놓다.

예잔치를 벌이다. ②여러 개의 물건을 죽 늘어놓다. ③장사할 목적으로 시설을 차리다. 예가게를 벌이다.

벌ː이줄[버리줄] 연에서 균형을 잡을 수 있도록 위아래를 매는 줄.

벌점(罰點)[벌쩜] 얻은 점수에서 벌로 빼내는 점수.

벌ː집[벌찜] 벌이 알을 낳고 꿀을 저장하며 사는 집.

벌집을 건드리다[관용] 건드리면 안 될 것을 섣불리 건드려 큰 탈을 만나다.

벌채(伐採) 산의 나무를 베어 냄. 벌채하다.

벌칙(罰則) 법규를 어겼을 때의 처벌을 정해 놓은 규칙.

벌컥 ①갑작스러운 일로 온통 소란스러워진 모양. 예동생이 없어져서 집 안이 벌컥 뒤집혔다. ②문 등을 갑자기 세게 여는 모양. 예형이 방문을 벌컥 열고 들어왔다. ③갑자기 화를 내는 모양. 예내가 머리를 치자 동생이 벌컥 화를 냈다. ⓐ발칵. 벌컥벌컥.

벌판 넓은 들판.

범ː 고양잇과의 동물. 몸빛은 갈색 바탕에 검은 줄 무늬가 있다. 깊은 산속에 사는데, 성질이 매우 사납고 다른 짐승을 잡아먹는다. ⱨ호랑이.

〈범〉

범ː람(汎濫)[범남] ①물이 차서 넘쳐 흐름. ②바람직하지 못한 것들이 많이 나돎. 예불량 식품의 범람. 범람하다. 예홍수로 강이 범람하다.

범벅 ①곡식 가루에 호박 같은 것을 섞어서 된풀처럼 쑨 음식. 예호박범벅. ②'한데 뒤섞여서 갈피를 잡을 수 없게 된 사물'을 비유하여 이르는 말. 예온몸이 땀으로 범벅이 되었다.

범ː법(犯法) [범뻡] 법을 어김. [예]범법 행위.
범ː부채 붓꽃과의 여러해살이풀. 칼 모양의 잎이 넓게 퍼져 부채 비슷하며, 여름에 붉은빛의 여섯잎꽃이 핀다.
범ː상하다(凡常―) 대수롭지 않고 평범하다. **범상히**.
범ː선(帆船) 돛단배.
범ː실(凡失) 운동 경기 등에서, 대수롭지 않은 상황에서 저지르는 하찮은 실수.
범ː위(範圍) [버뮈] ①제한된 구역의 언저리. [예]중간고사 범위. ②어떤 힘이 미치는 한계. [예]네가 할 수 있는 범위 내에서 최선을 다하면 돼.
범ː인(犯人) [버민] 죄를 저지른 사람. [비]범죄자.
범ː죄(犯罪) [범죄/범줴] 법을 어기고 죄를 지음, 또는 지은 죄. [예]범죄를 예방하다.
범ː죄자(犯罪者) [범죄자/범줴자] 죄를 저지른 사람. [비]범인.
범퍼카(bumper car) 타면서 서로 부딪치며 놀 수 있게 만든 작은 전기 자동차. 놀이공원 같은 데서 일정한 공간에서 운전하도록 만들어 놓은 차를 이른다.
범ː하다(犯―) ①법률·규칙 등을 어기다. ②그릇된 일을 저지르다. [예]실수를 범하다. ③남의 권리·재산 등을 무시하거나 빼앗거나 짓밟다. ④넘어서는 안 될 경계를 함부로 또는 모르고 들어가다.
범ː행(犯行) 법을 어기는 짓. [예]범행을 저지르다. **범행하다**.
법(法) ①나라에서 국민 모두가 지키도록 정한 온갖 규범. ②마땅히 따라야 할 예의나 도리. [예]세상에, 그런 법이 어디 있니? ③어떤 일을 하는 방법이나 방식. [예]요리하는 법. ④'으레 그렇게 됨'을 나타내는 말. [예]노력하는 사람에게는 못 당하는 법이다. ⑤그것이 당연하거나 이미 버릇이 된 사실임을 나타내는 말. [예]그 사람은 아무리 급해도 서두르는 법이 없다.
법고(法鼓) [법꼬] 불교 의식에 쓰이는 큰북.
법관(法官) [법꽌] 법원에 소속되어 재판을 맡아보는 공무원.
법궁(法宮) [법꿍] 나라의 공식적인 궁궐.
법규(法規) [법뀨] 법으로 정해 놓고 국민에게 따르도록 한 규칙. [예]교통 법규.
법당(法堂) [법땅] 불상을 모시고 승려들에게 불교의 이치를 가르치는, 절의 큰 방.
법도(法度) [법또] 지켜야 할 예절과 제도. [예]법도 있는 집안.
법랑(琺瑯) [범낭] 도자기나 냄비 등의 표면에 발라 윤이 나게 하는 잿물.
법령(法令) [범녕] 법률과 명령을 통틀어 이르는 말.
법률(法律) [범뉼] 나라에서 정하여 국민이 지켜야 하는 규율.
법률안(法律案) [범뉴란] 법률로 만들고자 하는 내용을 정리하여 국회에 제출하는 문서. [준]법안.
법명(法名) [범명] 승려가 되는 사람에게 새로 지어 주는 이름.
법무부(法務部) [범무부] 중앙 행정 기관의 하나. 법률에 관한 일을 맡아 본다.
법석 [법썩] 소란스럽게 떠드는 모양. [예]아침부터 왜 이리 법석이냐?
법원(法院) [버붠] 재판하는 권한을 가진 국가 기관. [비]재판소.
법정1(法廷) [법쩡] 법관이 재판을 행하는 장소. [비]재판정.
법정2(法定) [법쩡] 법률로 규정함. [예]법정 기간.

법정 전염병(法定傳染病) 환자를 따로 옮겨 치료하는 것을 법률로 규정한 전염병. 콜레라·장티푸스·천연두 등.

법제처(法制處) [법쩨처] 중앙 행정 기관의 하나. 국무 회의에 내놓을 법령안과 총리령안 및 부령안을 심사하고 그 밖에도 법률과 제도에 관한 일을 맡아본다.

법주사(法住寺) [법쭈사] 충청북도 보은군 속리산에 있는 절. 신라 진흥왕 때에 의신 화상이 지었다고 한다. 절 안에는 쌍사자 석등·팔상전 등의 국보가 있다.

법치(法治) 법률에 따라 다스림, 또는 그 정치.

법치 국가(法治國家) 국민의 뜻에 따라 만들어진 법률로 다스려지는 나라. [준]법치국.

법칙(法則) ①지켜야 할 규칙. ②일정한 조건 아래서 반드시 성립되는 원칙. [예]관성의 법칙.

법하다(法—) [버파다] '그러한 듯싶다'·'그러할 듯싶다'는 뜻을 나타내는 말. [예]구름을 보니 비가 올 법하구나.

법학(法學) [버팍] 법률에 관한 학문.

법화경(法華經) [버퐈경] 불교 경전의 한 가지. 석가가 영원한 부처임을 말한 것으로, 모든 경전 중에서 가장 귀하게 여겨진다. [본]묘법연화경.

벗¹ [벋] 서로 가까이 사귀는 사람. [비]친구. [발음] 벗이 [버시]·벗도 [벋또]·벗만 [번만]

'벗'과 '친구'의 구별

벗 : 나이나 처지가 비슷하여 서로 가까이 사귀는 사람. 일상적인 대화보다는 글에 많이 쓰인다.
친구 : 친하게 오래 사귄 사람.

벗겨지다 [벋껴지다] ①입거나 덮거나 씌운 것이 떼어져 나가다. [예]뛰다가 신발이 벗겨졌다. ②억울한 죄나 누명·오해에서 헤어나게 되다.

벗기다 [벋끼다] ①옷이나 모자·신 등을 벗게 하다. [예]흙 묻은 옷을 벗기고 목욕시켜라. ②껍질이나 거죽을 떼어 내다. [예]귤껍질을 벗기다. ③씌웠거나 덮었거나 한 것을 걷거나 떼어 내다. [예]장독 뚜껑을 벗기다. ④거죽을 긁어내다. [예]때를 벗기다. ⑤문고리·빗장 등을 빼거나 끌러 열리게 하다.

벗다 [벋따] ①모자·옷·신 등을 몸에서 떼어 내다. [예]겉옷을 벗다. [반]입다. ②지거나 메거나 걸었던 것을 몸에서 떼어 내다. [예]가방을 벗다. ③동물이 껍질이나 허물 등을 갈기 위해 몸에서 떼어 놓다. [예]누에가 허물을 벗다. ④의무나 책임에서 물러나 자유로워지다. [예]책임을 벗다. ⑤억울한 죄나 누명·오해에서 헤어나다. [예]누명을 벗다. [발음] 벗어 [버서]·벗고 [벋꼬]·벗는 [번는]

벗어나다 [버서나다] ①어떤 범위 밖으로 나가다. [예]국경을 벗어나다. ②어려운 일에서 헤어나다. [예]우리는 가난에서 벗어나기 위해 애썼다. ③어떤 기준이나 도리에 어긋나다. [예]학생 신분에 벗어나는 행동. ④남의 눈에 들지 못하다. [예]선생님의 눈에서 벗어나다.

벗어지다 [버서지다] ①옷·모자·신·안경 등이 몸에서 흘러내리거나 떨어져 나가다. [예]안경이 벗어지다. ②살갗이 무엇에 스쳐 깎이다. [예]넘어져서 무릎이 벗어졌다. ③머리털이 빠져 대머리가 되다. [예]벗어진 이마. ④기미나 티가 없어지다. [예]촌티가 벗어지다. ⑤죄나 누명이 없어지다. [예]누명이 벗어져 다행이다.

ㅂ

벗:하다 [버타다] 벗으로 삼아 가까이 지내다. 예시골에 내려가 자연과 벗하며 살고 싶구나.

벙거지 지난날, 병졸이 머리에 쓰던 모자. 털로 검고 두껍게 갓처럼 만들었다.

벙글거리다 자꾸 소리 없이 입을 벌리고 부드럽게 웃다. 町벙글대다. 倒방글거리다.

벙글대다 ➡ 벙글거리다.

벙글벙글 자꾸 벙글거리는 모양. 倒방글방글.

벙긋거리다 [벙귿꺼리다] ①입을 조금 크게 벌리고 소리 없이 가볍게 자꾸 웃다. ②소리는 내지 않고 입만 벌려 말하는 흉내를 내다. 예기주가 입을 벙긋거리면서 옆 사람이 듣지 못하게 나에게 신호를 보냈다. 町벙긋대다. 倒방긋거리다.

벙긋대다 [벙귿때다] ➡ 벙긋거리다.

벙벙하다 ①정신이 얼떨떨하다. 예나는 영문을 몰라 벙벙하게 서 있었다. ②물이 빠지지 못하고 가득 차 있다. 벙벙히.

벙어리 말을 못 하는 사람을 얕잡아 이르는 말.

벙어리장갑 (一掌匣) 엄지손가락 외의 네 손가락이 한데 들어가도록 만든 장갑.

벙커시유 (bunker C油) 배나 보일러의 연료로 쓰이는 기름의 한 가지.

벚꽃 [벋꼳] 벚나무의 꽃.

벚나무 [번나무] 장미과의 낙엽 지는 큰키나무. 잎은 길둥글며, 봄에 분홍빛이나 흰빛의 꽃이 잎보다 먼저 핀다. 열매인 '버찌'는 앵두만 하며 초여름에 검게 익는데 먹을 수 있다. |잘못| 벗나무.

베 ①삼실이나 무명실·명주실 등으로 짠 천. ②〈삼베〉의 준말.

베개 누울 때 머리를 괴는 물건. 예나는 피곤해서 베개를 베고 누웠다.

베갯모 [베갠모] 베개의 양 끝에 대는 장식.

베갯잇 [베갠닏] 베개에 씌우는 헝겊.

베끼다 글이나 그림 등을 그대로 옮겨 적거나 그리다. 예나는 친구의 답을 보고 베끼다가 선생님께 들켰다.

베네룩스 (Benelux) 벨기에·네덜란드·룩셈부르크 세 나라 이름의 머리 글자를 따서 이르는 말. 세 나라는 지리적·경제적으로 밀접한 관계에 있다.

베네치아 (Venezia) 이탈리아 북부 아드리아 해 북쪽 해안에 있는 항구 도시. 영어로는 '베니스'라고 한다. 118개의 작은 섬들로 이루어져 있는데, 섬과 섬 사이의 수로가 중요한 교통로이다.

베니스의 상인 (Venice—商人) 영국의 셰익스피어가 지은 5막의 희극. 사악한 유대 인 고리대금업자 샤일록에게 시달림을 받는 베니스의 상인 안토니오를 친구의 약혼자인 포샤가 구해 낸다는 이야기이다.

베니어판 (veneer板) 얇은 널빤지를 여러 장 겹쳐서 붙인 판자.

베:다 [1] 누워서 베개 등으로 머리를 받치다. 예베개를 베다.

베:다 [2] ①날이 있는 연장으로 자르거나 끊다. 예벼를 베다. ②날이 있는 물건으로 상처를 내다. 예사과를 깎다가 손을 벴다.

베란다 (veranda) 서양식 집에서, 건물의 앞쪽으로 툇마루처럼 튀어나온 부분.

베를린 (Berlin) 독일의 수도. 제2차 세계 대전 이후 동서로 나뉘어 동부는 동독의 수도, 서부는 서독의 영토였다가 1990년 독일이 통일되면서 다시 통일 독일의 수도가 되었다.

베를린 올림픽 (Berlin Olympic) 1936년에 독일의 베를린에서 열렸던 제11회 올림픽. 이 대회에서 우리나라 손기정 선수가 마라톤에서 1위를 하였다.

베스트셀러(best seller) 가장 많이 팔린 물건.

베옷 [베옫] 베로 지은 옷.

베이다 날이 있는 물건에 상처를 입다. 예칼에 손가락이 베였다.

베이스¹(base) 야구에서, 내야의 네 귀퉁이가 되는 자리, 또는 거기에 놓은 흰 방석 모양의 물건. 비누.

베이스²(bass) 음악에서, 남자의 목소리로서 가장 낮은 소리, 또는 그 음넓이의 가수. 참테너·바리톤.

베이징(Beijing) 허베이 성 중앙부에 있는 중국의 수도. 자금성·만리장성·천안문 등 수많은 명승고적이 있다. 비북경.

베일(veil) ①여자가 얼굴을 가리거나 꾸미기 위해 두르는 얇고 성긴 천. ②'비밀스럽게 숨기는 것'을 비유하여 이르는 말. 예베일에 싸인 인물.

베짱이 여칫과의 곤충. 몸빛은 연한 녹색이다. 더듬이는 몸보다 갑절이나 길며, 수컷의 앞 날갯죽지 부분에 소리를 내는 기관이 있다.

〈베짱이〉

베테랑(vétéran) 어떤 일을 오랫동안 하여 기술이나 기능이 뛰어난 사람. 예베테랑 요리사.

베텔게우스(Betelgeuse) 오리온자리의 가장 밝은 별. 붉은빛으로 보이며, 지구로부터 약 640광년 떨어져 있다.

베토벤(Beethoven, 1770~1827) 독일의 작곡가. 귓병으로 청각 장애인이 되었지만, 이를 극복하고 '영웅'·'운명'·'전원'·'합창' 등 9개의 교향곡과 피아노 소나타 '월광'·'비창' 등 많은 작품을 남겼다.

베트남(Vietnam) 동남아시아 인도차이나 반도의 동부에 있는 나라. 제2차 세계 대전이 끝나면서 프랑스로부터 독립하였으나, 곧 국토는 분단되고 미국과 전쟁을 벌이기도 하였다. 수도는 하노이. 비월남.

베틀 명주·무명·삼베 등 천을 짜는 틀.

베풀다 ①어떤 일을 차리어 벌이다. 예잔치를 베풀다. ②남에게 은혜·사랑·도움 등을 주다. 예베풀어 주신 은혜에 감사드립니다. |활용| 베푸니·베풀어.

벤치(bench) 몇 사람이 같이 앉을 수 있게 만든 긴 나무 의자.

벨¹(bell) 사람을 부르거나 신호를 하기 위해 소리를 내는 전기 장치. 예벨을 누르다.

벨²(Bell, 1847~1922) 미국의 발명가. 농아 교육에 힘쓰는 한편, 전화를 발명하여 1876년에 자석식 전화기의 특허를 받았다.

벨기에(België) 유럽의 북서부에 있는 나라. 석탄이 많이 나며, 공업이 매우 발달했다. 수도는 브뤼셀.

벨테브레이(Weltevree) '박연²'의 본래 이름.

벨트(belt) ①허리띠. ②두 개의 기계 바퀴에 걸어 동력을 전달하는 띠 모양의 물건.

벼 볏과의 한해살이풀. 높이는 1 m가량. 잎은 가늘고 길며, 가을에 줄기 끝에 이삭이 나와 꽃이 핀 다음 열매를 맺는다. 그 열매를 찧은 것이 쌀이다.

벼농사(一農事) 벼를 심고 가꾸어 거두는 일.

벼락 ①전기를 가진 구름과 구름 사이, 또는 구름과 땅 사이에서 전기가 흐르는 현상. 참번개. ②'호된 꾸지람'을 비유하여 이르는 말. 예할아버지로부터 벼락이 떨어졌다. ③'갑작스럽게 이루어지는 것'을 비유하여 이르는 말. 예벼락출세.

벼락공부(一工夫) [벼락꽁부] 시험 날

짜가 가까이 닥쳐서야 갑자기 서둘러 하는 공부.

벼락부자(一富者)[벼락뿌자] '갑자기 큰돈을 벌어 부자가 된 사람'을 비유하여 이르는 말. 예그 사람은 복권에 당첨되어 벼락부자가 되었다. 비졸부.

벼랑 바위나 땅이 아주 가파르고 깊은 곳. 예그는 발을 헛디뎌 벼랑으로 떨어졌다. 비낭떠러지·절벽.

벼루 돌이나 자기 등으로 만들어 먹을 가는 데 쓰는 문방구.

벼룩 벼룩과의 곤충. 몸길이는 1~3 mm. 몸빛은 붉은 갈색이며, 뒷다리가 특히 발달하여 잘 뛴다. 사람과 가축의 피를 빨아 먹으며 병균을 옮기기도 한다.

〈벼룩〉

벼룩시장(一市場) [벼룩씨장] 중고품을 팔고 사는 시장.

벼르다 어떤 일을 하려고 미리부터 스스로 마음먹다. 예날 골탕 먹인 형에게 복수하려고 잔뜩 벼르고 있다. |활용| 벼르니·별러.

벼리다 날이나 끝이 무디어진 연장을 불에 달구고 두드리고 하여 날카롭게 만들다. 예낫을 벼리다.

벼슬 지난날, 관청에 나아가 나랏일을 맡아보던 자리, 곧 '관직'을 이르던 말.

벼슬길 [벼슬낄] 벼슬아치가 되는 일. 예벼슬길에 오르다.

벼슬아치 [벼스라치] 벼슬에 있으면서 나랏일을 맡아보는 사람.

벼슬하다 벼슬아치가 되다.

벽(壁) ①집의 둘레나 방을 둘러막은 부분. 예이쪽 벽에다 가족사진을 걸자. ②'어떤 일을 하지 못하게 가로막는 장애물'을 비유하여 이르는 말. 예여행 계획이 벽에 부딪혔다.

벽걸이(壁一)[벽꺼리] 벽이나 기둥에 장식으로 걸어 두는 것을 통틀어 이르는 말.

벽난로(壁暖爐) [병날로] 방 안의 벽면에다 아궁이를 내고 벽 속으로 굴뚝을 통하게 한 난로.

벽돌(甓一) [벽똘] 진흙에 모래나 석회 등을 차지게 반죽하여 틀에 박아 네모나게 찍어서 구워 낸 돌. 건축 재료로 쓰인다.

벽두(劈頭) [벽뚜] 어떤 일이나 때의 맨 처음. 예새해 벽두부터 나라에 큰일이 생겼다.

벽란도(碧瀾渡) [병난도] 고려 시대에 황해도 예성강 하류에 있던 나루. 국제 무역이 활발하게 이루어졌던 곳이다.

벽면(壁面) [병면] 벽의 거죽.

벽보(壁報) [벽뽀] 여러 사람에게 알리려고 종이에 써서 벽이나 게시판 등에 붙이는 글.

벽시계(壁時計) [벽씨계/벽씨게] 벽에 걸어 놓고 보는 시계. 비괘종시계.

벽장(壁欌) [벽짱] 벽을 뚫어 문을 내고, 그 안을 장처럼 꾸며 물건을 넣게 만든 곳.

벽지(壁紙) [벽찌] 건물의 벽에 바르는 종이.

벽창호(碧昌一) '미련하고 고집이 센 사람'을 비유하여 이르는 말.

벽화(壁畫) [벼콰] 벽에 장식으로 그린 그림.

변¹(便) 대변과 소변. 주로 대변을 이른다.

변²(邊) ①물건의 가장자리. ②다각형을 이루는 하나하나의 직선. ③방정식이나 부등식 등 관계식에서 부호 양쪽에 있는 수나 식.

변ː³(變) 갑자기 일어난 나쁜 일이나 이상한 일.

변ː경(變更) 다르게 바꾸어 고침. 변경되다. 변경하다. 예적들이 우리 계획을 눈치챘으니 계획을 변경해야겠다.

변:고(變故) 갑자기 일어난 나쁜 일이나 이상한 일. 예일주일째 연락이 없다니, 그 애에게 무슨 변고가 생긴 게 틀림없다.

변기(便器) 똥오줌을 받아 내는 기구.

변:덕(變德) 이랬다저랬다 하여 변하기를 잘하는 태도나 성질. 예언니는 변덕이 심하다.

변덕이 죽 끓듯 하다[관용] 걷잡을 수 없을 만큼 자주 변덕을 부리다.

변:덕스럽다(變德—)[변덕쓰럽따] 보기에 변덕을 부리는 성질이나 태도가 있다. 예비가 왔다 해가 났다 변덕스러운 봄 날씨. |활용| 변덕스러우니·변덕스러워. 변덕스레.

변:동(變動) 상태가 변하여 달라짐. 예물가 변동. 변동되다. 변동하다.

변두리(邊—) 어떤 지역의 가장자리가 되는 곳.

변:론(辯論)[별론] ①사리를 밝혀 옳고 그름을 말함. ②소송 당사자나 변호인이 법정에서 하는 진술. 변론하다.

변:명(辨明) 자신의 잘못이나 실수에 대하여 이유를 설명함. 예자꾸 변명을 하지 말고 그냥 사과해. 변명하다.

변:모(變貌) 모습이 달라짐, 또는 그 모습. 변모되다. 예10년 만에 찾은 고향은 많이 변모된 모습이었다. 변모하다.

변발(辮髮) 지난날, 만주족의 풍습으로, 남자의 머리를 둘레는 밀어 깎고 가운데 머리만을 땋아서 뒤로 길게 늘이던 머리.

변변찮다[변변찬타] 제대로 갖추지 못하여 부족한 점이 있다. 예차린 음식이 변변찮다.

변변하다 ①됨됨이나

〈변발〉

생김새가 별다른 흠이 없이 그런대로 괜찮다. ②잘 갖추어져 훌륭하거나 쓸 만하다. 예옷장에 변변한 옷 한 벌이 없구나. 변변히.

변:별(辨別) 서로 다른 점을 구별함. 변별되다. 변별하다.

변비(便祕) 대변이 잘 누이지 않는 증세.

변:사[1](辯士) 무성 영화 시대에, 영화에 맞춰 그 줄거리나 대화 내용을 설명하던 사람.

변:사[2](變死) 뜻밖의 사고로 죽음. 비횡사. 변사하다.

변:상(辨償) 남에게 입힌 손해를 돈이나 물건 등으로 물어 줌. 비배상. 변상하다. 예주인은 나에게 깨진 꽃병 값을 변상해 달라고 했다.

변:색(變色) 빛깔이 달라짐. 예벽지가 누렇게 변색이 되었다. 변색되다. 변색하다.

변:성기(變聲期) 사춘기를 맞아 목소리가 굵게 변하는 시기.

변:성암(變成岩) 암석이 깊은 땅속에서 높은 열이나 압력을 받아 성질이 변하여 생긴 새로운 암석.

변소(便所) 대소변을 볼 수 있게 만들어 놓은 곳. 비뒷간·측간.

변:수(變數) 어떤 상황 등을 변화시킬 수 있는 요인. 예강대국의 참가 여부가 변수로 작용할 것이다.

변:신(變身) 몸이나 모습을 다르게 바꿈, 또는 그 바뀐 모습. 변신하다.

변:심(變心) 마음이 변함. 예애인의 변심. 변심하다.

변:압기(變壓器)[벼납끼] 전압을 바꾸는 장치. 비트랜스.

변:온 동:물(變溫動物) 스스로 체온을 조절할 수 없어 주변의 온도에 따라 체온이 변하는 동물. 무척추동물·어류·양서류·파충류 등. 비냉혈 동물·찬피 동물. 환항온 동물.

변:인(變因) [벼닌] 성질이나 모습이 변하는 원인.

변:장(變裝) 얼굴·옷차림·머리 모양 등을 고쳐서 다르게 꾸밈, 또는 그렇게 꾸민 모습. 예형사들은 변장을 한 범인을 알아보지 못했다. 변장하다.

변:절(變節) 절개나 신의를 저버림. 변절하다.

변죽(邊—) 그릇 등의 가장자리.

변죽을 울리다관용 바로 집어 말하지 않고, 상대가 알아챌 수 있을 정도로 둘러서 말하다.

변:질(變質) 물질이나 사물의 성질이 바뀜. 변질되다. 예식품이 변질되다. 변질하다.

변:천(變遷) 세월이 흐르는 동안에 변하여 달라짐. 예삼국 시대 탑의 종류와 변천 과정에 대해 알아보자. 비변이. 변천되다. 변천하다.

변:칙(變則) 규칙을 어김. 규칙에 어긋남.

변:태(變態) ①식물의 줄기·잎·뿌리 등이 보통과는 아주 다른 형태로 변하는 일. ②동물이 알에서 깨어 다 자라기까지 여러 가지 형태로 변하는 일. 비탈바꿈. ③성에 관련된 행동이나 심리가 정상이 아닌 상태, 또는 그런 사람.

변:하다(變—) 전과 달라지거나 딴것으로 되다. 예마술이 풀리자 개구리가 왕자로 변했다.

변:한(弁韓) 삼한의 하나. 지금의 경상남도 일대에 10여 개의 부족 국가로 이루어져 있던 나라. 뒤에 가야로 발전하였다.

변:함없다(變—) [변하멉따] 달라짐이 없다. 예변함없는 우리의 우정. 변함없이.

변:형(變形) 모양이 달라지거나 달라지게 함, 또는 그 달라진 모양. 변형되다. 변형하다.

변:호(辯護) ①그 사람에게 유리하도록 주장하여 도와줌. ②법정에서, 검사의 공격으로부터 피고인의 이익을 옹호함. 변호하다.

변:호사(辯護士) 법률에 규정된 자격을 가지고 소송 사무나 기타 일반 법률 사무를 행하는 사람.

변:호인(辯護人) 피고인의 변호를 맡은 변호사.

변:화(變化) 사물의 모양·성질·상태 등이 달라짐. 예날씨의 변화. 변화되다. 변화하다.

변:화무쌍하다(變化無雙—) 변화가 더할 수 없이 많거나 심하다. 예그 배우는 지금껏 많은 영화에서 변화무쌍한 연기를 보여 주었다.

변:환(變換) 어떤 사물이 전혀 다른 사물로 변하여 바뀜. 변환되다. 변환하다.

별:[1] ①밤하늘에 반짝이는 것 중 달을 제외한 것. ②별 모양의 그림이나 물건. ③군대에서, 장군의 계급장.

별[2] (別) 보통과 다른. 예별 사이도 아닌 두 사람이 연인이라고 소문이 났다.

별개(別個) 어떤 것에 함께 포함시킬 수 없는 것. 예별개의 문제.

별거(別居) 주로 부부가 따로 떨어져 삶. 반동거. 별거하다.

별걱정(別—) [별걱쩡] 쓸데없는 걱정. 예별걱정을 다 하시는군요.

별것(別—) [별껀] ①중요하거나 특별한 것. 예소문만 요란했지 실지로 가 보니 별것 아니더라. ②여러 가지 것.

별고(別故) 별다른 사고나 탈. 예선생님, 그동안 별고 없으셨습니까?

별관(別館) 본관 외에 따로 지은 건물.

별궁(別宮) 왕이나 왕세자의 혼례 때 왕비나 세자비를 맞아들이던 궁전.

별기군(別技軍) 조선 후기에 두었던 신식 군대. 별기군과 구식 군대와의 차별 대우로 임오군란이 일어났다.

별꼴(別―) 별나게 눈에 거슬려 보이거나 아니꼬운 꼴. 예별꼴을 다 보겠네.

별꽃 [별꼳] 석죽과의 두해살이풀. 산이나 길가에 저절로 나는데, 줄기 아래에 많은 가지를 쳐서 마치 덩굴처럼 보인다. 늦봄에 하얀 다섯잎꽃이 줄기 끝에 핀다.

별나다(別―)[별라다] 보통과 매우 다르다. 예너도 참 성격이 별나다.

별:나라 [별라라] 어느 한 별 또는 별들이 모여 있는 세계를 지구와 같은 인간 세계로 여겨 이르는 말.

별:님 별을 사람에 비유하여 정답게 이르는 말. 쉽달님·해님.

별다르다(別―) 유난히 다르다. 예우리는 별다른 준비도 없이 무작정 길을 떠났다. |활용| 별다르니·별달라.

별당(別堂)[별땅] 한 집 안에서, 본채의 옆이나 뒤에 따로 지은 집.

별도(別途)[별또] 따로이 마련된 것. 예별도로 준비된 선물.

별도리(別道理) 별다른 방법.

별:똥별 ⇒유성[2].

별로(別―)(('않다'·'없다'·'못하다' 등의 말과 함께 쓰여)) '그다지'·'특별하게'의 뜻을 나타내는 말. 예요즘은 별로 덥지 않다.

별말(別―) 별다른 말. 뜻밖의 말. 예얘 좀 봐, 별말을 다 하네. 쉽별소리. 쉽별말씀.

별말씀(別―) 〈별말〉의 높임말.

별명(別名) 본이름 외에 그 사람의 성격·용모·태도 등의 특징을 따서 남이 지어 부르는 딴 이름. 쉽별칭. 쉽본명.

별무반(別武班) 고려 숙종 때 조직된 군대의 이름. 윤관이 여진을 치기 위하여 기병을 중심으로 만들었다.

별미(別味) 특별히 좋은 맛, 또는 그런 음식.

별별(別別) 가지가지로 별다른. 예어제 화영이에게 별별 이야기를 다 들었다. 쉽별의별.

별:빛 [별삗] 별의 반짝이는 빛.

별생각(別―) ①별다른 생각. 예그냥 별생각 없이 한 말이니 신경 쓰지 마라. ②별의별 생각. 갖가지 생각. 예윤희가 내 편지에 아무 답이 없으니 별생각이 다 들었다.

별세(別世)[별쎄] '죽음'을 높여 이르는 말. 별세하다.

별세계(別世界)[별세계/별세게] 인간이 살고 있는 세계와는 다른 세계. 쉽별천지.

별소리(別―) 별다른 말. 뜻밖의 말. 예듣자 듣자 하니, 나중엔 별소리를 다 하는구나. 쉽별말.

별수(別―) ①별다른 방법. 예친구와 의논했지만 별수가 없었다. ②여러 가지 방법. 예구멍에 빠진 동전을 꺼내려고 별수를 다 써 보았다.

별스럽다(別―)[별스럽따] 여느 때와 다르게 이상하다. |활용| 별스러우니·별스러워. 별스레.

별식(別食)[별씩] 늘 먹는 음식이 아닌, 색다른 음식.

별신굿(別神―)[별씬굳] 우리나라 해안 지방에서 어민들이 하는 마을굿. 쉽별신제.

별신제(別神祭)[별씬제] ⇒별신굿.

별실(別室)[별씰] 따로 마련된 방.

별안간(瞥眼間)[벼란간](('눈 깜박하는 동안'이란 뜻으로)) 갑자기. 예별안간 일어난 일이라 영문을 모르겠다. |잘못| 벼란간.

별의별(別―別)[벼릐별/벼레별] 가지가지로 별다른. 쉽별별.

별일(別―)[별릴] ①별다른 일. 예어르신, 별일 없으시지요? ②드물고 이상한 일. 예살다 보니 별일을 다 겪는구나.

별:자리 별을 신화나 전설에 나오는 신·영웅·동물 등의 모양으로 상상하여 구분한 것. 현재 큰곰자리·오리온자리 등 88개의 별자리가 있다. 비성좌.

별장(別莊)[별짱] 본래 집 외에 경치가 좋은 곳에 따로 마련한 집.

별종(別種)[별쫑] ①다른 종자. ②다른 종류. ③별스러운 짓을 하거나 별스럽게 생긴 사람.

별주부전(鼈主簿傳)[별쭈부전] ➡토끼전.

별책(別冊) 따로 엮어 만든 책. 예별책 부록.

별천지(別天地) 늘 보던 것과는 매우 다른 좋은 세상. 비별세계.

별첨(別添) 서류 등을 따로 덧붙임. 별첨하다.

별:표(一標) 별 모양의 표.

볍씨 벼의 씨.

볏[벋] 닭·꿩 등의 머리 위에 세로로 붙은, 톱니 모양의 붉은 살 조각. |발음| 볏이 [벼시]·볏도 [벋또]·볏만 [변만]

볏가리 [벼까리/볃까리] 차곡차곡 쌓은 볏단 더미. 꺙낟가리.

볏과(一科)[벼꽈/볃꽈] 외떡잎식물 벼목의 한 과. 벼·밀·보리·귀리 등이 이에 속한다.

볏단 [벼딴/볃딴] 벼를 베어 묶은 단.

볏짚 [벼찝/볃찝] 벼의 이삭을 떨어낸 줄기. 준짚.

병:1(病) ①생물체의 몸에 이상이 생겨 고통을 느끼거나 정상적인 활동을 하지 못하는 현상. 예병에 걸리다. 꺙병환. ②좋지 못한 버릇이나 흠. 예남을 못 믿는 것도 병이다.

병2(瓶) 유리나 사기로 만들어 액체 등을 담는 목이 좁은 그릇.

병:균(病菌) 병의 원인이 되는 균. 준균. 비병원균.

병기(兵器) 전투에 쓰이는 여러 가지 기구를 통틀어 이르는 말. 비무기.

병:들다(病一) ①몸에 병이 생기다. 예늙고 병든 몸. ②정신 상태가 건전하지 않게 되다. 예사회가 병들다. |활용| 병드니·병들어.

병따개(瓶一) 병의 마개를 여는 데 쓰이는 도구.

병뚜껑(瓶一) 병의 입구를 열고 닫는 뚜껑. 예병뚜껑을 열다.

병력(兵力)[병녁] 군대의 힘.

병:렬(並列)[병녈] ①여럿이 나란히 벌여 섬. 또는 여럿을 나란히 벌여 세움. ②➡병렬연결. 병렬하다.

병:렬연결(並列連結)[병녈련결] 두 개 이상의 전지 등을 같은 극끼리 연결하는 일. 비병렬. 꺙직렬연결.

병:립(並立)[병닙] 나란히 섬. 동시에 존재함. 병립하다.

병:마(病魔) 병을 악마에 비유하여 이르는 말. 예소녀는 병마와 싸우면서도 끝까지 용기를 잃지 않았다.

병마개(瓶一) 병의 아가리를 막는 마개.

병:명(病名) 병의 이름.

병목(瓶一) 병 입구 바로 아래의 잘록한 부분.

병목 현:상(瓶一現象) 도로의 폭이 병목처럼 갑자기 좁아져서 차가 잘 나아가지 못하는 현상.

병무청(兵務廳) 중앙 행정 기관의 하나. 징집·소집 등 병무 행정에 관한 일을 맡아본다.

병:문안(病問安)[병무난] 병으로 앓고 있는 사람을 찾아가서 위로하는 일. 예교통사고로 다리를 다쳐 병원에 입원해 있는 친구의 병문안을 다녀왔다. 비문병. 병문안하다.

병법(兵法)[병뻡] 전투에서 이기기 위해 작전을 짜고 군사를 지휘하는 방법.

병사[1](兵士) ①지난날, 군인이나 군대를 이르던 말. ②계급이 낮은 군인. 🖩군사.

병:사[2](病死) 병으로 죽음. 병사하다.

병:살(併殺) ➡중살.

병:상(病牀) 병에 걸린 사람이 누워 있는 자리. 예병상에 누워 있는 언니를 보니 가슴이 몹시 아팠다. 🖩병석.

병:석(病席) 병자가 앓아 누워 있는 자리. 🖩병상.

병:세(病勢) 병의 상태나 증세. 예병세가 악화되다.

병:신(病身) ①몸의 어느 부분이 온전하지 못한 몸, 또는 그런 사람. ②정신적·지능적으로 모자라는 사람. ③남을 얕잡아 욕하는 말.

병:실(病室) 병원에서 환자가 있는 방.

병아리 닭의 새끼.

병:약하다(病弱一)[병야카다] 병에 시달려 몸이 약하다. 몸이 약하여 병에 걸리기 쉽다.

병역(兵役) 국민의 의무로서 일정한 기간 동안 군대에 들어가거나 군 관련 업무를 보는 일.

병:원(病院) 필요한 시설을 갖추고 의사가 아픈 사람을 진찰하고 치료하는 곳.

병:원체(病原體) 생물의 몸속에 들어가 병을 일으키는 생물. 세균·바이러스 등.

병:원충(病原蟲) 생물체에 기생하여 병을 일으키는 단세포 동물.

병:인양요(丙寅洋擾)[병인냥요] 조선 고종 3(1866. 병인)년에, 흥선 대원군의 천주교 탄압으로 프랑스 함대가 강화도를 침범한 사건.

병:자(病者) 병을 앓는 사람. 🖩환자.

병:자호란(丙子胡亂) 조선 인조 14(1636. 병자)년에 청나라가 침입해 온 난리. 이듬해 정월에 청나라와 굴욕적인 평화 조약을 맺었다.

병:적(病的)[병쩍] 육체나 정신이 정상이 아닌 것. 예병적인 집착/그는 병적으로 말라서 건강을 잃을 지경이다.

병정(兵丁) 병역을 치르고 있는 장정.

병정개미(兵丁一) 적과 싸우는 일을 맡은 일개미. 몸이 크고 머리와 턱이 발달하였다.

병정놀이(兵丁一)[병정노리] 아이들 놀이의 한 가지. 군사 훈련이나 전투 같은 것을 본떠서 노는 놀이. 🖩전쟁놀이.

병조(兵曹) 고려와 조선 시대의 육조의 하나. 군사에 관한 일을 맡아보았다.

병조 판서(兵曹判書) 병조의 정이품 으뜸 벼슬.

병졸(兵卒) 지난날, 군대에서 장교의 지휘를 받는 일반 군인을 이르던 말. 🖩군졸.

병:창(竝唱) 가야금이나 거문고 등을 연주하면서 노래하는 일. 예가야금 병창.

병:충해(病蟲害) 식물이나 농작물 등이 병균이나 해충으로 말미암아 입는 해.

병:폐(病弊)[병폐/병페] 오랜 세월을 지나는 동안에 사회에 생긴 나쁜 관습.

병풍(屛風) 장식을 하거나 무엇을 가리거나 바람을 막거나 하기 위하여 둘러치는 물건.

병:합(倂合) 둘 이상의 사물이나 조직을 하나로 합침. 🖩합병. 병합되다. 병합하다.

병:행(竝行) 둘 이상의 일을 아울러서 한꺼번에 함. 예공부와 운동을 병행을 하니 힘들겠구나. 병행되다. 병행하다.

병:환(病患) 〈병[1]〉의 높임말. 예할머니께서 병환 중이시다.

볕 [볃] 〈햇볕〉의 준말. 예볕을 쬐다.
|발음| 볕이 [벼치]·볕도 [볃또]·볕만
[변만]

> :::: **'볕'과 '빛'의 구별** ::::
>
> **볕** : 해가 내리쬐는 뜨거운 기운. '높
> 은 온도'를 가지고 있어서 그와 관
> 련된 말(해, 뜨겁다, 따뜻하다 등)과
> 잘 어울린다. 예볕이 따뜻하다(×환
> 하다).
>
> **빛** : 물체를 볼 수 있게 하는 자극.
> 해, 달, 전등, 고온의 물질 등에서
> 나온다. '밝음'을 가지고 있어서 그
> 와 관련된 말(해, 달, 불, 밝다, 환
> 하다 등)과 잘 어울린다. 예빛이 밝
> 다(×따뜻하다).

보¹(步) 걸을 때, 걸음의 수를 세는 말.
예백 보 떨어진 곳.
보²(洑) 논에 물을 대기 위하여 둑을
쌓고 흐르는 냇물을 가두어 두는 곳.
보³(褓) ①물건을 싸거나 덮기 위하여
네모지게 만든 천. 비보자기. ②가위
바위보에서, 손바닥을 펴서 내민 것.
'바위'에는 이기고 '가위'에는 진다.
町가위¹·바위.
보:강(補強) 보태고 채워서 튼튼하게
함. 보강하다. 예체력을 보강하다
보:건(保健) 건강을 지켜 나가는 일.
예보건 체조.
보:건 복지부(保健福祉部) 중앙 행정
기관의 하나. 보건·방역·위생·사
회 복지 및 사회 보장 등의 일을 맡
아본다.
보:건소(保健所) 시·군·구에 설치한
보건 행정 기관. 병의 예방과 치료 또
는 공중 보건 향상에 관한 일을 맡아
본다.
보:건실(保健室) 학교에서, 학생들의
건강이나 위생에 관한 일을 맡아보는
곳. '양호실'의 바뀐 이름.

보:고¹(報告) 주어진 임무에 대하여 그
결과나 내용을 말이나 글로 알림. 보
고되다. 보고하다. 예지금까지 조사
한 결과를 보고하겠습니다.
보:고²(寶庫) 보물처럼 귀중한 것이 간
직되어 있는 곳. 예경주는 불교 문화
의 보고이다.
보:고문(報告文) 어떤 일에 대하여 연
구했거나 조사한 내용을 남에게 보고
하기 위하여 쓴 글.
보고부르기 악보를 보며 노래를 부르
는 일. 반듣고부르기.
보:고서(報告書) 보고하는 내용을 적
은 문서.
보:관(保管) 물건 등을 맡아서 잘 간직
함. 보관되다. 보관하다. 예시계를
보관하고 있으니 주인은 찾아가세요.
보:균자(保菌者) 전염병의 병원체를
몸에 지니고 있으면서 아무런 증상이
나타나지 않는 사람.
보글보글 적은 양의 액체가 자꾸 끓거
나 작은 거품이 자꾸 일어나는 소리,
또는 그 모양. 예찌개가 보글보글 끓
는다. 큰부글부글. 센뽀글뽀글.
보금자리 ①새의 둥지. ② '살기에 편
안하고 아늑한 곳'을 비유하여 이르
는 말.
보:급¹(普及) 널리 펴서 알리거나 사용
하게 함. 보급되다. 예이제는 일반
가정에도 컴퓨터가 널리 보급되었다.
보급하다.
보:급²(補給) 필요한 물건이나 먹을 것
등을 계속해서 대어 줌. 예식량 보급.
보급되다. 보급하다.
보:급로(補給路) [보금노] 보급하는 물
품을 나르는 데 이용되는 길.
보기 ①무엇을 알기 쉽게 설명하기 위
하여 곁들여 보이는 것. 비예. ②시험
문제에서 묻는 말과 관련하여 곁들이
는 것. 예다음 보기의 빈칸에 들어갈
알맞은 말을 고르세요.

보내다 ①사람이나 물건을 한 곳에서 다른 곳으로 가게 하다. [예]편지를 보내다. ②다른 곳으로 가서 제가 할 일을 하게 하다. [예]유학을 보내다. ③어떤 인연을 맺게 해 주다. [예]시집을 보내다. ④표정·동작·말 등으로 어떤 뜻을 전하다. [예]응원을 보내다. ⑤시간이나 세월을 지나가게 하다. [예]우리는 얼마 전 시골에 내려와 한가로운 나날을 보내고 있다. ⑥떠나거나 죽거나 하여 이별하다. [예]정든 임을 눈물로 보내야 한다.

보낸 이 편지나 전자 우편을 보낸 사람.

보너스(bonus) ➡상여금.

보다1 ①눈으로 사물의 모양을 알다. [예]저 무지개 좀 봐! ②눈으로 읽거나 감상하다. [예]영화를 보다. ③대상의 내용이나 상태 등을 알려고 살피다. [예]맛을 보다. ④일 등을 맡아서 하다. [예]결혼식 사회를 좀 봐 주세요. ⑤맡아서 관리하거나 지키다. [예]집을 보다. ⑥치르거나 겪다. [예]시험은 잘 보았니? ⑦어떤 관계의 사람을 얻거나 맞다. [예]아버님께서 첫 손자를 보아 기쁘신 모양이다. ⑧어떤 일을 맞이하거나 당하다. [예]이번 일로 큰 손해를 보았다. ⑨무엇을 이루거나 마무리를 짓다. [예]드디어 결말을 보게 되는구나. ⑩그렇게 여기다. [예]그가 나를 좋지 않게 보는 것 같다. ⑪똥이나 오줌을 몸 밖으로 내보내다. [예]소변을 보다. ⑫물건을 사거나 팔러 가다. [예]어머니께서는 시장을 보러 나가셨어요. ⑬음식상 등을 차리다. [예]상을 보다. ⑭볼일이 있어 만나다. [예]너를 보러 왔지.

보다2 ①시험 삼아 함을 나타내는 말. [예]돌다리도 두드려 보고 건너라. ②어떤 일이나 행동을 계속한 결과임을 나타내는 말. [예]책을 읽다 보니 새벽이 된 줄도 몰랐다.

보다3 ①짐작이나 막연한 자기 생각을 나타내는 말. [예]오늘 영철이가 기분이 좋은가 보다. ②그렇게 될 것 같아 걱정임을 나타내는 말. [예]아버지께 혼날까 봐 거짓말을 했다.

보다4 한층 더. [예]보다 밝은 내일을 위해 노력합시다.

보다 못해 더 참을 수가 없어서. [예]보다 못해 한마디 해 주었다.

보ː답(報答) 남에게서 입은 은혜를 갚음. 보답하다. [예]훌륭한 사람이 되어 선생님의 은혜에 보답하겠습니다.

보ː도1(步道) 사람이 다니도록 만든 길. [비]인도.

보ː도2(報道) 신문이나 방송으로 새 소식을 널리 알림, 또는 그 소식. [예]신속 정확한 보도가 신문의 생명이다. 보도되다. 보도하다.

보도블록(步道block) 사람이 걸어 다니는 길에 까는 납작한 벽돌.

보드랍다 [보드랍따] ①거칠거나 딱딱하지 않고 무르고 매끈매끈하다. [예]보드라운 아기의 살결. ②가루나 모래 등이 곱고 잘다. ③사람됨이나 마음씨가 곱고 순하다. [예]마음씨가 보드라운 이모. [큰]부드럽다. [활용] 보드라우니·보드라워.

보들보들하다 살갗에 닿는 느낌이 매우 보드랍다. [예]아기 살결이 보들보들하다.

보듬다 [보듬따] 가슴에 대어 품듯이 안다. [예]어머니가 갓난아이를 보듬고 젖을 먹인다.

보따리(褓—) 물건을 보자기에 싸서 꾸린 뭉치. [예]옷 보따리.

보라 빨강과 파랑을 혼합한 중간색. [비]보라색.

보라매 난 지 일 년이 안 된 새끼를 길들여서 사냥에 쓰는 매.

보라색(—色) ➡보라.

보람 한 일에 대한 좋은 결과. [예]이렇게 성적이 오르다니 열심히 공부한 보람이 있구나. 보람되다.

보람차다 매우 보람이 있다. [예]오늘은 무척 보람찬 하루를 보냈다.

보ː류(保留) 어떤 일을 당장 처리하지 않고 뒤로 미루어 둠. 보류되다. 보류하다. [예]발표를 보류하다.

보름 ①열닷새 동안. ②〈보름날〉의 준말. [예]정월 보름.

보름날 음력으로 그 달의 열다섯째 되는 날. [준]보름.

보름달 [보름딸] 음력 보름날 밤에 뜨는 둥근 달. [비]만월.

〈보름달〉

보리 볏과의 두해살이풀. 가을에 씨를 뿌려 초여름에 거두는데, 열매는 주요 잡곡의 한 가지이다.

보리밥 쌀에 보리쌀을 섞거나 보리쌀만으로 지은 밥.

보리밭 [보리받] 보리를 심어 놓은 밭.

보리수 불교에서, 석가가 그 아래에 앉아서 도를 깨쳤다는 나무.

보리쌀 보리 열매를 찧어서 껍질을 벗긴 곡식.

보릿고개 [보리꼬개/보릳꼬개] 지난날, 묵은 곡식은 떨어지고 보리는 아직 여물지 않아 농촌에서 먹을 것이 가장 부족하게 되는 음력 4~5월경을 이르던 말. [비]춘궁기.

보릿단 [보리딴/보릳딴] 보리를 베어 묶은 단.

보ː모(保姆) 보육원이나 탁아소 등에서 어린이를 돌보아 주며 가르치는 여자.

보ː물(寶物) 썩 드물고 귀한 물건. [비]보화.

보ː물섬(寶物—) [보물썸] 보물이 숨겨져 있다는 섬.

보ː물찾기(寶物—) [보물찯끼] 주로 야외에서 상품의 이름을 적은 쪽지를 여기저기 감추어 놓고, 그것을 찾은 사람에게 적혀 있는 상품을 주는 놀이.

보ː배 ①귀하고 소중한 물건. ②'매우 귀중한 사람'을 비유하여 이르는 말. [예]넌 우리 집안의 보배이다.

보ː배롭다 [보배롭따] 보배로 삼을 만큼 귀하고 가치가 있다. [예]보배로운 어린이. [활용] 보배로우니·보배로워.

보ː병(步兵) 소총이나 기관총 등을 가지고 싸우는 육군 부대, 또는 그에 딸린 군인.

보ː복(報復) 자기가 해를 입은 만큼 상대에게 해를 끼쳐 갚아 줌. [예]보복이 두려워 강도를 신고하지 못했다. [비]앙갚음. 보복하다.

보ː부상(褓負商) 지난날, 물건을 보자기에 싸거나 등짐으로 지고 여기저기 다니며 팔던 사람.

보살(菩薩) ①부처에 버금가는 성인. ②'덕이 높은 승려'를 높여 이르는 말. ③불교에서 '나이 많은 여자 신도'를 대접하여 이르는 말.

보살피다 다른 사람을 정성껏 돌보아 주다. [예]동생들을 잘 보살피는 소녀 가장.

보ː상(補償) 남에게 끼친 손해를 돈으로 갚음. [예]피해 보상. [비]배상. 보상하다.

보ː상금[1](報償金) 특별한 공을 세웠거나 물건을 찾아 준 사람에게 주는 돈. [예]강아지를 찾아 주시는 분에게 보상금을 드리겠습니다.

보ː상금[2](補償金) 남에게 끼친 손해를 보상하려고 주는 돈.

보ː색(補色) 같은 양을 섞었을 때 하양이나 검정이 되는 두 색. 빨강과 녹색, 주황과 파랑 같은 관계를 이른다. [비]반대색.

보ː석(寶石) 빛깔이 곱고 반짝거리며 단단하여 목걸이·반지 같은 장신구로 쓰이는 값비싼 광물. 다이아몬드·사파이어·루비 등.

보ː세(保稅) 관세를 매기는 것을 미루는 일. [예]보세 공장.

보송보송 ①잘 말라서 물기가 없이 보드라운 모양. [예]빨래가 보송보송 잘 말랐다. ②얼굴이나 살결이 곱고 보드라운 모양.

보ː수1(保守) 오랜 습관·제도·방법 등을 소중히 여겨 그대로 지킴. [반]진보·혁신.

보ː수2(報酬) 일한 대가로 받는 돈이나 물품. [예]민수는 아무 보수도 받지 않고 장애인들을 위해 봉사하고 있다.

'보수2'의 쓰임

계약 등에 의해 고정적으로 일을 해 주고서 받는 금품일 경우에는 잘 쓰이지 않고, 필요할 때마다 잠깐 해 주거나 일을 도맡아 해 주고서 받는 금품을 이를 때에 주로 쓰인다. [예]하루 품팔이치고는 보수가 괜찮다. [참]삯·임금.

보ː수3(補修) 상했거나 부서진 부분을 손질하여 고침. [예]보수 공사. **보수하다**.

보ː수적(保守的) 오랜 습관·제도·방법 등을 그대로 지키려는 경향이 있는 것. [반]진보적·혁신적.

보ː수주의(保守主義) [보수주의/보수주이] 현재의 상태나 질서를 지키기를 좋아하고, 전통과 관습을 중히 여겨서 급격한 변화는 원하지 않는 주의 주장. [반]진보주의·혁신주의.

보ː수파(保守派) 보수주의를 주장하거나 지지하는 파.

보스(boss) 실권을 쥐고 있는 우두머리.

보스니아(Bosnia) 보스니아 헤르체고비나의 북부에 있는 지방. 1918년 헤르체고비나와 공화국을 이루어 유고슬라비아에 속했다가 1992년에 독립하였다. 종교와 역사적 배경의 차이로 민족 간의 내분이 계속되고 있다.

보슬보슬 눈이나 비가 아주 가늘고 성기게 조용히 내리는 모양. [큰]부슬부슬.

보슬비 보슬보슬 내리는 가랑비.

보시기 김치나 깍두기 등을 담는 작은 사발.

보ː신(補身) 보약이나 영양가 있는 음식을 먹어서 몸의 영양을 더함. [예]여름철 보신에는 삼계탕이 제격이다. **보신하다**.

〈보시기〉

보ː신각(普信閣) 서울특별시 종로에 있는 종각. 조선 태조 4(1395)년에 처음 세워졌다.

보쌈김치(褓—) 알맞은 길이로 썬 무와 배추에 갖은양념을 한 뒤 넓은 배춧잎에 싸서 담근 김치.

보아(boa) 보아과의 뱀. 남아메리카에 분포하는 독이 없는 뱀으로, 길이는 약 5m에 이른다.

보아주다 잘못 등을 탓하지 않고 덮어 주다. [예]다시는 안 그럴 테니 이번 한 번만 보아주세요. [준]봐주다.

보ː안(保安) ①무엇이 안전하도록 잘 지키는 일. [예]회사의 기밀 사항이므로 보안에 신경 쓰시오. ②사회의 안녕과 질서를 지키는 일. **보안하다**.

보ː안경(保眼鏡) 눈을 보호하려고 쓰는 안경.

보ː약(補藥) 몸의 영양과 기운을 보충해 주는 약.

보ː온(保溫) 따뜻한 기운을 잘 유지함. [예]보온밥통/보온 도시락. **보온하다**.

보ː온병(保溫瓶) 안에 뜨거운 물이나 음식을 담아 그 온도를 일정하게 유지하도록 만든 병.

보ː완(補完) 모자라는 것을 더하여 완전하게 함. 보완되다. 보완하다. 예부족한 자료를 보완해서 다시 제출해라.

보ː우하다(保佑—) 보호하고 돕다. 예하느님이 보우하사 우리나라 만세.

보ː위(保衛) 보전하여 지킴. 예국가 보위. 보위하다.

보ː유(保有) 가지고 있음. 보유하다. 예우리 팀에서는 우수한 선수를 많이 보유하고 있다.

보ː유자(保有者) 어떤 기능·자격·기록 등을 가지고 있는 사람. 예무형 문화재 기능 보유자.

보ː육(保育) 어린이를 보살펴 기름. 보육하다.

보ː육원(保育院)[보유권] 고아나 버려진 아이들을 받아들여 일정한 나이까지 돌보는 시설. 비고아원.

보ː은(報恩) 은혜를 갚음. 반배은. 보은하다.

보이다1 ①눈에 뜨이다. 예바다가 보이는 방. ②보게 하다. 예경희는 내게 자기가 그린 그림을 보여 주었다. ③어떠하다고 여겨지다. 예곧 비가 올 것처럼 보이는구나. ④생각이나 태도 등을 드러내다. 예관심을 보이다.

보이다2 짐작의 뜻을 나타내는 말. 예아기가 아주 건강해 보인다.

보이 스카우트(Boy Scouts) 1907년 영국에서 만들어져 세계 여러 나라에 보급되어 있는 국제적인 소년 단체. 비소년단. 반걸 스카우트. |잘못| 보이 스카웃.

보일러(boiler) 난방 시설이나 목욕탕 등에 더운물을 보내기 위하여 물을 끓이는 시설.

보자기(褓—) 물건을 싸는 데 쓰이는 네모진 천. 비보.

보잘것없다[보잘꺼덥따] 볼만한 값어치가 없다. 예보잘것없는 제 작품을 칭찬해 주셔서 감사합니다. 보잘것없이.

보ː장(保障) 잘못되는 일이 없도록 책임지고 약속함. 예안전 보장. 보장되다. 보장하다.

보ː전(保全) 온전하게 잘 지키거나 지님. 보전되다. 보전하다. 예영토를 보전하다.

: : : : '보전'과 '보존'의 구별 : : : :

보전 : 형체가 없는 추상적인 것에 주로 쓰인다. 예대한 사람 대한으로 길이 보전하세./목숨을 보전하다.

보존 : 형체가 있는 구체적인 것에 주로 쓰인다. 예원형 그대로 보존되어 있는 문화재/산림을 보존하다.

보ː조1(步調) ①여럿이 줄지어 걸을 때의 걸음걸이 또는 걸음의 속도. 예보조를 맞춰 걷다. ②여럿이 함께 일할 때의 속도나 통일성.

보ː조2(補助) ①모자라거나 넉넉지 못한 것을 보태어 도움. ②일손을 도움. 또는 그 사람. 보조하다. 예형은 학교에서 졸업 앨범 만드는 일을 보조했다.

보조개 웃을 때에 볼에 오목하게 들어가는 자리. 비볼우물.

보ː조금(補助金) 모자라는 것을 채우려고 보태는 돈.

보ː존(保存) 잘 지니어 상하거나 없어지거나 하지 않도록 함. 예자연 보존. 보존되다. 보존하다.

보ː좌(補佐) 윗사람의 곁에서 그가 하는 일을 도움. 보좌하다. 예상관을 잘 보좌하다.

보증(保證) ①틀림이 없음을 증명하거나 책임을 짐. 예품질 보증. ②빚을 진 사람이 빚을 갚지 않을 경우에 본인을 대신해서 빚을 갚겠다고 약속하는 일. 보증되다. 보증하다.

보채다 심하게 조르며 성가시게 굴다. [예]아기가 젖을 달라고 자꾸 보챈다.

보:청기(補聽器) 소리가 잘 들리도록 귀에 꽂는 장치. [예]할아버지는 보청기를 하신 뒤로 말소리가 잘 들린다며 좋아하셨다.

보:초(步哨) 군대에서, 경비를 하거나 망을 보는 임무, 또는 그런 임무를 띤 병사.

보:충(補充) 모자라게 된 것을 채움. [예]영양 보충. 보충되다. 보충하다. [예]연료를 보충하다.

보태기 더하기.

보태다 ①모자라는 것을 채우다. [예]학비를 보태다. ②이미 있는 것에 무엇을 더하다. [예]말을 보태다.

보:통(普通) ①특별하거나 드물거나 하지 않고 예사로움. [예]진희 너, 글재주가 보통이 아니구나. [반]특별. ②일반적인 경우에. 대체로. [예]나는 보통 일곱 시에는 일어난다.

보:통 선:거(普通選擧) 성별·재산·학력 등에 제한을 두지 않고 모든 성인에게 선거권과 피선거권을 주는 제도. [반]제한 선거.

보:통학교(普通學校) [보통학꾜] 일제 강점기에 '초등학교'를 이르던 말.

보퉁이(褓―) 물건을 보자기에 싸서 꾸려 놓은 것.

보트(boat) 노를 젓거나 모터의 힘으로 움직이는 서양식의 작은 배.

보트피플(boat people) 작은 배를 타고 충분한 식량 없이 탈출한 난민. 주로, 월남 피난민을 가리킨다.

보:편(普遍) ①모든 것에 두루 미침. ②모든 사물에 공통되는 성질. ②[비]일반.

보:편성(普遍性) [보편썽] 모든 것에 두루 통하는 성질.

보:편적(普遍的) 널리 퍼져 있거나 두루 들어맞는 것. [예]자식은 부모님께 효도를 해야 한다는 것이 한국인의 보편적인 생각이다.

보:편화(普遍化) 특수한 것으로부터 보편적인 것이 되거나 되게 함. 보편화되다. 보편화하다.

보:폭(步幅) 한 걸음의 너비.

보:표(譜表) 악보를 그리기 위하여 가로로 그은 다섯 줄. [비]오선.

보풀 종이나 헝겊 등의 거죽에 일어나는 잔털.

보:필(輔弼) 임금이나 윗사람의 일을 도움. 보필하다.

보:행(步行) 걸어서 다님. [예]다리를 다쳐서 보행이 불편하다. 보행하다.

보:행기(步行器) 아기에게 걸음을 익히게 하려고 태우는, 바퀴 달린 기구.

보:행자(步行者) 걸어 다니는 사람.

보:험(保險) 사망·화재·사고 등 뜻하지 않은 일에 대비하여 미리 일정한 돈을 내게 하고, 사고가 일어났을 때 약속한 금액을 주어 그 손해를 보상하는 제도.

보헤미아(Bohemia) 체코의 서부 지역. 프라하를 비롯하여 많은 공업 도시가 발달해 있어, 체코의 정치·경제·산업의 중심부를 이루고 있다.

보:호(保護) 사람이나 사물을 잘 돌보아 지킴. [예]자연 보호/어린이 보호 구역. 보호되다. 보호하다. [예]멸종 위기 동물을 보호합시다.

보:호국(保護國) 보호 조약에 따라 다른 나라로부터 외교나 군사 등에 관하여 안전 보장을 받는 나라.

보:호대(保護帶) 몸을 보호하기 위해 두르거나 차는 기구. [예]무릎 보호대.

보:호색(保護色) 적으로부터 몸을 보호하기 위하여 주변의 빛깔과 비슷한 빛깔로 되어 있는 동물의 몸빛.

보:호석(保護席) 버스나 지하철 등에

서 노약자·임산부·장애인 등을 위해 따로 지정해 놓은 자리.

보ː호자(保護者) ①어떤 사람을 보호할 책임이 있는 사람. ②미성년자를 법적으로 보호할 권리와 의무가 있는 사람.

보ː호 조약(保護條約) 국제법상 보호 관계를 맺는 조약.

보ː화(寶貨) 썩 드물고 귀한 물건. [비]보물.

복[1] 참복과의 바닷물고기를 통틀어 이르는 말. 몸이 똥똥하고 비늘이 거의 없다. 공격을 받으면 공기를 들이마셔 배를 불룩하게 하는 버릇이 있다. 맛은 좋으나 내장에 강한 독이 있다. [비]복어.

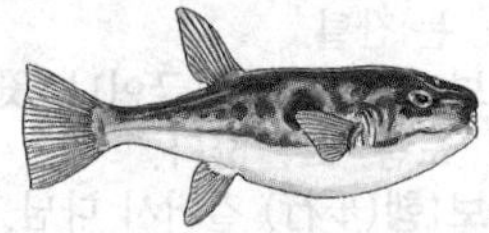
〈복[1]〉

복[2](福) ①편안하고 만족한 상태와 그에 따른 기쁨. [예]착한 일을 하면 복을 받는다. ②좋은 운수로 얻게 되는 기회나 몫. [예]다섯이나 되는 자식들이 모두 잘 자랐으니 할아버지는 자식 복이 많으십니다.

복고(復古) [복꼬] 옛날 모양·제도·풍습 등으로 돌아감.

복구(復舊) [복꾸] 파괴된 것을 다시 본디의 상태대로 고침. [예]수해 지역의 복구 작업. **복구되다. 복구하다.**

복권(福券) [복꿘] 제비를 뽑아 당첨되면 정해진 상금을 타게 되는 표.

복귀(復歸) [복뀌] 본디의 자리나 상태로 되돌아감. **복귀되다. 복귀하다.**

복근(腹筋) [복끈] 배에 있는 근육. [예]복근 운동.

복날(伏—) [봉날] 초복·중복·말복이 되는 날.

복덕방(福德房) [복떡빵] 집이나 땅을 팔고 사거나 빌리는 일을 중간에서 소개하는 곳.

복도(複道) [복또] 건물 안의 방과 방을 잇는 좁고 긴 통로.

복리(福利) [봉니] 생활면에서 만족감을 느낄 만한 이로운 일. [예]국민의 복리를 꾀하는 정책.

복면(覆面) [봉면] 얼굴의 일부나 전부를 헝겊 등으로 가림, 또는 가리는 데 쓰이는 물건. [예]복면을 쓴 강도. **복면하다.**

복무(服務) [봉무] 직무를 맡아 일함. **복무하다.** [예]군에 복무하다.

복받치다 [복빧치다] 어떤 감정이 치밀어 오르다. [예]나는 슬픔이 복받쳐 말을 잇지 못했다. [큰]북받치다.

복병(伏兵) [복뼝] ①적이 쳐들어오기를 숨어 기다렸다가 습격하는 군사. ②'뜻밖의 장애가 되어 나타난 경쟁 상대'를 뜻하는 말. [예]우승만을 바라고 달려왔는데 준결승에서 의외의 복병을 만났다.

복부(腹部) [복뿌] 사람이나 동물의 배 부분.

복사[1](複寫) [복싸] ①사진·문서 등을 기계로 찍거나 복사기를 이용하여 본디 것과 똑같이 만드는 일. [비]카피. ②원래의 데이터를 그대로 남겨 둔 채 똑같은 내용을 별도의 기억 장소로 옮기는 일. **복사되다. 복사하다.**

복사[2](輻射) [복싸] 열이나 빛을 한 점으로부터 사방으로 내쏘는 현상. **복사하다.**

복사기(複寫機) [복싸기] 사진·문서 등을 복사하는 데 쓰이는 기계.

복사뼈 [복싸뼈] 발목에 양쪽으로 둥글게 나온 뼈. [비]복숭아뼈.

복선(伏線) [복썬] ①만일의 경우에 대비하여 몰래 미리 꾸며 놓은 일. ②소설이나 희곡에서, 앞으로 일어날 사건에 대하여 미리 넌지시 비쳐 보이는 일. [예]복선을 깔다.

복수¹(復讐)[복쑤] 원수를 갚음. 복수하다. 예날 이렇게 만든 너에게 꼭 복수하고 말 테다!

복수²(複數)[복쑤] 둘 이상의 수. 반단수.

복수심(復讐心)[복쑤심] 앙갚음하려는 마음.

복숭아[복쑹아] 복숭아나무의 열매.

복숭아꽃[복쑹아꼳] 복숭아나무의 꽃. 준복사꽃.

복숭아나무[복쑹아나무] 장미과의 낙엽 지는 작은큰키나무. 늦봄에 잎보다 먼저 꽃이 피고 열매인 '복숭아'는 여름에 붉은빛을 띠며 익는데, 맛은 달고도 시다.

복숭아뼈[복쑹아뼈] ➡복사뼈.

복스럽다(福一)[복쓰럽따] 얼굴의 생김새 등이 복이 있어 보이다. 예달덩이처럼 복스럽게 생긴 얼굴. |활용|복스러우니·복스러워. 복스레.

복슬복슬[복쓸복쓸] 짐승이 살이 통통하고 털이 탐스럽게 많이 난 모양. 큰북슬북슬. |잘못|복실복실.

복습(復習)[복씁] 배운 것을 되풀이하여 익힘. 반예습. 복습하다. 예어제 배운 것을 복습해 보자.

복식¹(服飾)[복씩] ①옷의 꾸밈새. ②옷과 그 장식품을 아울러 이르는 말.

복식²(複式)[복씩] 〈복식 경기〉의 준말. 반단식.

복식 경기(複式競技) 테니스·배드민턴·탁구 등에서 두 사람씩 한 조를 이루어 겨루는 경기 방식. 준복식. 반단식 경기.

복싱(boxing) 권투.

복어(一魚)[보거] ➡복¹.

복역(服役)[보격] 죄를 지은 사람이 법원에서 정한 기간 동안 교도소에 갇혀 지내는 일. 복역하다.

복용(服用)[보굥] 약을 먹음. 복용하다. 예하루에 한 알씩 복용하세요.

복원(復元)[보권] 원래의 상태나 위치로 돌아가게 함. 예옛 성곽의 복원 공사. 복원되다. 복원하다.

복음(福音)[보금] 기독교에서, 그리스도에 의해서 인류가 구원을 받게 된다는 기쁜 소식, 또는 그것을 전하는 가르침.

복잡하다(複雜一)[복짜파다] ①여러 가지 사물이나 사정 등이 겹치고 뒤섞여 어수선하다. 예복잡한 구조. ②마음이 어지럽거나 뒤숭숭하다. 예요즘 진학 문제로 생각이 복잡하다. 반단순하다.

복장(服裝)[복짱] 옷차림, 또는 그 옷. 예단정한 복장.

복제(複製)[복쩨] 본디의 것과 똑같이 만듦, 또는 그렇게 만든 것. 복제되다. 복제하다.

복조리(福笊籬)[복쪼리] 복을 얻으려고 정월 초하룻날 새벽에 사서 부엌이나 마루의 벽에 걸어 놓는 조리.

복종(服從)[복쫑] 남의 명령·요구·의지 등에 그대로 따름. 반반항. 복종하다. 예병사들은 모두 장군의 명령에 복종했다.

복주머니(福一)[복쭈머니] 복을 비는 뜻으로 정초에 어린이에게 달아 주던 작은 주머니. 안에 쌀·깨·조·팥 같은 곡식을 넣어 옷고름에 매어 준다.

복지(福祉)[복찌] 만족할 만한 생활 환경.

복지 국가(福祉國家) 국가의 기본 목표를 국민 생활의 향상과 국민의 행복에 두는 국가.

복지부동(伏地不動)[복찌부동] 《땅에 엎드려 움직이지 않는다는 뜻으로》 '마땅히 해야 할 일을 하지 않고 몸을 사림'을 비유하여 이르는 말. 복지부동하다.

복지 사회(福祉社會) 사회 보장 제도가 잘 운영되어 모든 사회 구성원이 행복하게 사는 사회.

복지 시'설(福祉施設) 사회의 모든 구성원의 생활 향상과 행복을 목표로 하는 온갖 시설. 보육원·양로원·아동 상담소 등.

복직(復職) [복찍] 그만두었던 직장에 다시 돌아감. 복직되다. 복직하다. 예이모는 어학연수를 마치고 돌아와 회사에 복직하였다.

복통(腹痛) 배가 아픈 증세.

복판 넓은 장소나 물건의 한가운데. 刵중심.

복학(復學) [보칵] 정학이나 휴학으로 학교를 떠나 있던 학생이 다시 그 학교에 다니게 됨. 복학하다.

복합(複合) [보캅] 두 가지 이상의 것이 합하여 하나가 됨. 복합되다. 예여러 요인이 복합되어 빚어진 사고. 복합하다.

복합어(複合語) [보카버] '첫사랑', '강산'처럼 낱말들이 붙어서 한 낱말이 된 것. 합성어와 파생어로 나뉜다. 刵단일어.

볶다 [복따] ①음식이나 음식의 재료를 냄비 등에 담아 불에 올려놓고 저으면서 익히다. 예고기는 살짝 볶으세요. ②못 견디도록 재촉하거나 성가시게 하다. 예그는 나를 볼 때마다 돈을 빨리 갚으라고 들들 볶는다. |발음| 볶아 [보까]·볶고 [복꼬]·볶는 [봉는]

볶음 [보끔] 채소·고기·해산물 등에 양념을 하여 기름에 볶는 일, 또는 그런 음식. 예멸치 볶음.

본¹(本) ①모범이 될 만한 일. ②〈본보기〉의 준말. ③옷 등을 만들 때 견본으로 삼기 위해 오려 만든 종이. ④〈본관¹〉의 준말.

본²(本) 지금 말하고 있는, '이'의 뜻을 나타내는 말. 예본 사건의 해결은 시간 문제입니다.

본거지(本據地) 활동의 터전으로 삼는 곳. 刵근거지.

본격(本格) [본껵] 근본이 되는 격식이나 형식, 또는 그것을 갖추고 있는 것.

본격적(本格的) [본껵쩍] 일의 진행 상태가 제 궤도에 올라 매우 활발한 것. 예본격적인 여름이 다가왔다.

본고장(本一) 어떤 물건이 본디부터 생산되는 곳이나 많이 생산되는 곳. 예제주도는 귤의 본고장이다. 刵본바닥.

본관¹(本貫) 한 집안의 첫 조상이 태어난 곳. 성이 시작된 곳. 준본. 刵관향.

본관²(本館) 별관에 대하여, 주가 되는 건물.

본교(本校) ①분교에 대하여, 중심이 되는 학교. 刵분교. ②자기가 다니고 있는 이 학교. ②刵타교.

본국(本國) ①자기가 태어난 나라. 刵고국·모국·조국. ②식민지에 대하여 그 보호국을 이르는 말. ②刵본토.

본능(本能) 동물이 태어나면서부터 갖추고 있는 성질이나 능력.

본데 보아서 배운 예의범절이나 지식. 예네가 어른 공경할 줄을 모르니 본데가 없다는 말을 듣는 것이다.

본드(bond) 나무·가죽·고무 등의 물건을 붙이는 데 쓰는 물질. 刵접착제.

본디(本一) ①어떤 사물의 처음. 예이 벽돌은 본디는 매우 붉은빛이었다. ②처음부터. 예그는 본디 착한 사람이다. 刵본래·본시·원래.

본딧말(本一) [본딘말] ➡본말.

본때(本一) 이렇다 하고 보일 만한 본보기.

  본때(를) 보이다[관용] 다시는 되풀이되지 않게 엄하게 다스리다. 예다시는 우리를 무시하지 못하게 본때를 보여 주마.

본뜨다(本一) ①무엇을 본보기로 하여 그대로 좇아 하다. ②어떤 일이나 물건을 본으로 하여 그대로 꾸미거나 만들다. 예이 그림은 유명 화가의 그림을 본떠 그린 것이다. |활용| 본뜨니·본떠.

본뜻(本一)[본뜯] ①본디부터 품어 온 생각. 예본뜻은 그게 아니었는데 오해가 있었나 봅니다. 비본심. ②근본이 되는 뜻.

본래(本來)[볼래] ①어떤 사물의 처음. ②처음부터. 예본래 타고난 소질. 비본디·본시·원래.

본론(本論)[볼론] 논문이나 논설 등의 중심이 되는 부분. 반서론·결론.

본루(本壘)[볼루] 야구에서, 포수가 있는 자리. 타자가 1루·2루·3루를 돌아 이곳으로 돌아오면 득점이 된다. 비홈.

본말(本一) 줄어들지 않고 글자 수가 그대로인 말. 예'아니하다'는 '않다'의 본말이다. 비본딧말. 반준말.

본명(本名) 본디의 이름. 비본이름·실명. 반가명·별명.

본문(本文) 머리말·부록 등에 대하여, 그 책의 주요 내용을 이룬 부분의 글.

본바탕(本一) 사물의 근본이 되는 바탕. 또는 타고난 바탕.

본받다(本一)[본받따] 어떤 일이나 행동 등을 본보기로 하여 그대로 따라 하다. 예본받고 싶은 위인.

본보기(本一) ①본을 받을 만한 것. 또는 본으로 보여 줄 만한 것. 예모든 청소년의 본보기가 되는 행동. 비귀감. ②무엇을 잘 설명하거나 증명하는 대표적인 것. 준본. ③일이 어떻게 처리되는가를 알리기 위하여 실제로 보여 주는 것. 예본보기로 벌을 주다.

본부(本部) 어떤 조직의 중심이 되는 기관, 또는 그것이 있는 곳.

본사(本社) ①그 회사의 중심이 되는 사업체. 반지사. ②자기가 일하고 있는 이 회사.

본색(本色) ①본디의 빛깔. ②본디의 성질. 예궁지에 몰리니 너의 본색이 드러나는구나.

본선(本選) 우승자를 결정하는 마지막 선발. 반예선.

본성(本性) 사람의 본디 타고난 성질. 예찬규가 말투는 딱딱해도 본성은 여리다. 비천성.

본시(本是) 처음부터. 비본디·본래·원래.

본심(本心) 본디 품은 마음. 예그 사람의 본심이 무엇인지 모르겠다. 비본뜻·본마음.

본업(本業)[보넙] 겸하고 있는 직업에 대하여, 주가 되는 직업. 반부업.

본연(本然)[보년] 본디 그대로의 상태. 예양념을 하지 않고 재료 본연의 맛을 살려 요리했습니다.

본인(本人)[보닌] ①그 사람 자신. 비당사자. ②말하는 사람이 '자기'를 이르는 말.

본잎(本一)[본닙] 떡잎 뒤에 나오는 보통의 잎.

본적(本籍) 법적으로 가족 관계와 출생에 관한 기록, 특히 그 주소.

본전(本錢) ①밑천으로 들인 돈. ②꾸어 준 돈에서 이자를 붙이지 않은 본디의 돈. 비원금.
　본전도 못 찾다|관용| 일한 보람은 고사하고 도리어 하지 않은 것만도 못하다. 예괜히 말을 꺼냈다가 혼나기만 하고 본전도 못 찾았다.

본점(本店) 영업의 중심이 되는 점포. 예은행 본점. 반분점·지점.

본존(本尊) ①절의 중앙에 모셔져 신앙의 중심이 되는 부처. ②➡본존불.

본존불(本尊佛) 《으뜸가는 부처라는 뜻으로》 '석가모니불'을 이르는 말. 비본존.

본질(本質) 가장 중요한 근본적인 성질이나 요소.

본질적(本質的) [본질쩍] 사물이나 현상의 본질에 관계되는 것.

본처(本妻) 정식으로 결혼하여 맞은 아내를 첩에 상대하여 이르는 말. [비]정실. [반]첩.

본체(本體) ①사물의 실제의 모습. [예]우주의 본체. ②기계 등에서, 부속물 이외의 중심되는 부분. [예]컴퓨터의 본체.

본체만체 보고도 보지 않은 척하는 모양. [비]본척만척. **본체만체하다**. [예]세호가 날 본체만체하기에 나도 모르는 척해 버렸다.

본토(本土) ①딸린 섬 등에 대하여, '그 나라의 주된 국토'를 가리키는 말. ②식민지에 대하여, 그 보호국을 가리키는 말. [비]본국. ③바로 그 지방.

본토박이(本土—) [본토바기] 대대로 그 고장에서 살아 내려오는 사람. [준]토박이.

본회의(本會議) [본회의/본훼이] ①구성원 전체가 참여하는 정식 회의. ②국회에서, 전체 의원으로 구성되는 회의. ③지금 열리고 있는, 이 회의.

볼¹ 뺨의 가운데 부분.

> **'볼¹'의 쓰임**
>
> '뺨'이 얼굴 양옆의 살이 도도록한 부분의 바깥쪽만을 이르는 데 비해 '볼'은 그 안쪽 부분까지를 이른다. [예]볼을 붉히다./밥을 먹다가 볼을 깨물었다(×뺨을 깨물었다).

볼² ①좁고 기름한 물건의 너비. [예]볼이 넓은 발. ②해진 버선의 앞뒤 바닥에 덧대어 깁는 헝겊 조각.

볼³(ball) 야구에서, 투수가 타자에게 던진 공이 스트라이크가 아닌 경우. [반]스트라이크.

볼거리 [볼꺼리] 구경할 만한 물건이나 일. [예]이번 축제에는 연극·전시회 등 볼거리가 많다.

볼ː기 궁둥이의 살이 볼록한 부분. [예]볼기를 맞다.

볼ː기짝 '볼기'를 속되게 이르는 말.

볼때기 '볼¹'을 속되게 이르는 말.

볼록 물체의 거죽이 쏙 도드라진 모양. [반]오목. [큰]불룩. **볼록볼록**.

볼록 거울 비치는 면이 볼록한 거울. 사물이 실제보다 작게 보여 넓은 범위가 비친다. [반]오목 거울.

볼록 렌즈(—lens) 가운데가 볼록하게 도드라진 렌즈. 통과하는 평행 광선을 한 점으로 모은다. [반]오목 렌즈.

볼록하다 [볼로카다] 겉으로 조금 도드라지거나 내밀어져 있다. [예]아기의 배가 볼록하다. [반]오목하다. **볼록이**.

볼링(bowling) 실내 경기의 한 가지. 길이 20m 정도의 평평한 마루 위에서 공을 굴려 앞쪽에 세워 놓은 10개의 나무 핀을 넘어뜨려 그 개수로 점수를 계산한다.

볼멘소리 불만스럽거나 성이 나서 퉁명스럽게 하는 말소리. [예]동생이 뭐가 불만인지 볼멘소리로 투덜거린다.

볼모 어떤 약속을 보증하는 뜻으로 자기편 사람을 상대편에게 넘겨주어 거기 머물러 있게 하는 일, 또는 넘겨진 그 사람. [비]인질.

볼썽사납다 [볼썽사납따] 어떤 모습이나 행동이 보기에 흉하다. [예]옷차림이 볼썽사납다. [활용] 볼썽사나우니·볼썽사나워.

볼우물 [보루물] 《볼에 팬 우물이라는 뜻으로》 '보조개'를 이르는 말.

볼ː일 [볼릴] 해야 할 일. [예]급한 볼일이 있어 먼저 가겠습니다. [비]용건·용무.

볼트[1](bolt) 둥근 쇠막대의 한쪽 끝에 대가리가 있고, 몸통은 나사로 되어 있는 것. 너트와 함께 기계의 부품 등을 죄는 데 쓰인다. [참]너트.

〈볼트[1]〉

볼트[2](volt) 전압의 단위. 기호는 'V'.
볼펜(ball pen) 펜 끝에 끼운 조그만 강철 알이 종이에 닿는 대로 굴러서 펜대 안의 잉크를 새어 나오게 만든 펜.
볼품 겉으로 드러나 보이는 모양새.
볼품없다 [볼푸멉따] 겉으로 보기에 초라하다. [예]화려한 새 구두들에 비해 내 낡은 구두는 볼품없게 보였다. **볼품없이**.
봄 한 해의 네 철 가운데 첫째 철. 겨울과 여름 사이의 계절로, 입춘에서 입하 전까지를 이른다.
 봄(을) 타다[관용] 봄철이 되면 입맛을 잃고 잘 먹지 못하여 몸이 약해지다.
봄꽃 [봄꼳] 봄에 피는 꽃.
봄나들이 [봄나드리] 봄을 맞아 산이나 들로 나가는 나들이. **봄나들이하다**.
봄나물 봄에 나는 나물.
봄날 봄철의 날. 봄철의 날씨.
봄노래 봄을 주제로 한 노래.
봄눈 봄에 내리는 눈.
 봄눈 녹듯[관용] 봄에 눈이 녹아 없어지듯이 '무엇이 오래가지 않고 이내 없어지는 모양'을 비유하여 이르는 말.
봄맞이 [봄마지] 봄을 맞이하는 일. **봄맞이하다**.
봄바람 [봄빠람] 봄철에 동쪽이나 남쪽에서 불어오는 바람. [비]춘풍.
봄볕 [봄뼏] 봄에 내리쬐는 따사로운 볕.
봄비 [봄삐] 봄에 내리는 비.
봄소식(−消息) 봄이 돌아왔음을 느끼게 하는 자연의 여러 가지 현상.
봄철 봄인 철. [비]춘계.
봇물(洑−) [본물] 보에 괸 물. 또는 보에서 나오는 물.
봇짐(褓−) [보찜/볻찜] 등에 지기 위하여 보자기에 싼 짐.
봇짐장수(褓−) [보찜장수/볻찜장수] 물건을 보자기에 싸서 지고 다니며 파는 사람.
봉건적(封建的) 신분이나 지위 등 상하 관계의 질서만을 중요하게 여겨 개인의 자유나 권리를 존중하지 않는 것. [예]봉건적 사고방식.
봉ː급(俸給) 직장에서 일한 대가로 정기적으로 받는 돈. [비]월급.
봉ː급날(俸給−) [봉금날] 봉급을 받는 날.
봉다리 '봉지'의 방언.
봉래산(蓬萊山) [봉내산] 여름철의 '금강산'을 이르는 이름. [참]개골산·풍악산.
봉변(逢變) 뜻밖의 변이나 망신스러운 일을 당함.
봉분(封墳) 흙을 둥글게 쌓아 무덤을 만듦, 또는 그 흙 무더기.
봉ː사[1] 눈이 멀어 앞을 보지 못하는 사람. [참고] '시각 장애인'이라고 해야 한다. [비]맹인·소경·장님.

'봉사[1]'의 어원

지난날, 나라의 제사를 지내는 일을 맡아 하던 관아의 종팔품 벼슬인 '봉사' 직책에 장님을 많이 뽑아 썼던 데서 비롯된 말.

봉ː사[2](奉仕) 나라나 사회 또는 남을 위하여 자신의 이해를 돌보지 않고 몸과 마음을 다하여 일함. [예]봉사 활동. **봉사하다**.
봉ː사자(奉仕者) 봉사하는 사람.

봉ː산 탈ː춤(鳳山—) 황해도 봉산 지방에 전해 내려오는 탈춤.

봉ː선화(鳳仙花) 봉선화과의 한해살이풀. 잎은 양 끝이 좁고 가장자리에 톱니가 있으며, 여름에 분홍·빨강·하양 등의 꽃이 핀다. [비]봉숭아.

봉ː송(奉送) 소중한 것을 받들어 나름. [예]올림픽 성화 봉송. 봉송되다. 봉송하다.

봉쇄(封鎖) 사람이나 물건이 드나들지 못하도록 막음. 봉쇄되다. 봉쇄하다. [예]입구를 봉쇄하다.

봉수군(烽燧軍) 지난날, 봉화 올리는 일을 맡아보던 군사.

봉수대(烽燧臺) 봉화를 올릴 수 있게 되어 있는 곳. [비]봉화대.

〈봉수대〉

봉ː숭아 ➡봉선화.

봉ː양(奉養) 부모나 조부모를 받들어 모심. 봉양하다. [예]시어머니를 봉양하다.

봉ː오동 전ː투(鳳梧洞戰鬪) 1920년에 홍범도 장군이 이끄는 독립군이 만주 봉오동에서 일본군을 크게 무찌른 전투.

봉오리 〈꽃봉오리〉의 준말.

봉우리 〈산봉우리〉의 준말.

봉제품(縫製品) 재봉틀이나 손으로 바느질하여 만든 물건. 옷·장난감·인형 등.

봉지(封紙) 종이나 비닐 등으로 만든 주머니. [예]쓰레기 봉지/봉지에 귤을 좀 담아 다오.

봉착하다(逢着—) [봉차카다] 어렵고 곤란한 상황에 부딪치다. [예]위기에 봉착하다.

봉투(封套) 편지나 서류 등을 넣는 봉지. [예]서류 봉투/편지 봉투.

봉하다(封—) ①문이나 봉투·그릇 등을 열지 못하게 단단히 붙이다. [예]투표함을 봉하다. ②입을 다물어 말하지 않다. [예]수다쟁이 막내가 웬일인지 입을 봉하고 앉아 있다.

봉화(烽火) 나라에 위급한 일이나 큰 일이 난 것을 알리기 위하여 산 위에서 피워 올리던 불. [비]봉수.

봉화대(烽火臺) 봉화를 올릴 수 있게 만들어 놓은 곳. [비]봉수대.

봉ː황(鳳凰) 고대 중국의 상상의 새. 머리는 뱀, 턱은 제비, 등은 거북, 꼬리는 물고기 모양이며, 깃에는 오색의 무늬가 있다고 한다. [비]봉황새.

봉ː황새(鳳凰—) ➡봉황.

봐ː주다 〈보아주다〉의 준말. [예]물건을 훔친 건 괘씸하지만 사정이 딱하니 봐주겠다.

뵈ː다 [뵈다/붸다] 웃어른을 만나다. [예]선생님을 뵐 면목이 없습니다.

뵙ː다 [뵙따/붸따] '뵈다'를 공손하게 이르는 말. [예]평소에 존경하던 분을 직접 뵙게 되어 기쁩니다.

부1(部) ①전체를 어떤 기준으로 나눈 하나하나임을 나타내는 말. [예]제1부. ②책·잡지·신문 등을 셀 때 쓰이는 말. [예]신문 500부.

부ː2(富) 많은 재물.

부ː가(附加) 이미 있는 것에 덧붙임. [비]첨가. 부가되다. 부가하다. [예]기능을 부가하다.

부각(浮刻) 사물의 특징을 두드러지게 드러냄. 부각되다. [예]한양의 중요성은 삼국 시대부터 부각되어 왔다. 부각하다.

부ː강하다(富強—) 나라의 재정이 넉넉하고 군사력이 튼튼하다.

부ː검(剖檢) 죽게 된 원인을 밝히기 위해 시체를 해부하여 검사하는 일. [예]부검 결과 사망 원인은 심장 마비인 것으로 밝혀졌다. 부검하다.

부ː결(否決) 회의에서, 의논하는 안건에 대해 받아들이지 않기로 결정함. [반]가결. **부결되다**. [예]법률안이 부결되었다. **부결하다**.

부ː고(訃告) 사람의 죽음을 알림, 또는 그런 글. [비]부음.

부ː과(賦課) 세금이나 물릴 돈을 매겨서 부담하게 함. **부과되다**. **부과하다**. [예]세금을 부과하다.

부군(夫君) 상대편을 높여 그의 '남편'을 이르는 말.

부ː귀(富貴) 재산이 많고 사회적 지위가 높음. [반]빈천.

부ː귀영화(富貴榮華) 재산이 많고 지위가 높으며 영화로움. [예]부귀영화를 누리다.

부ː근(附近) 가까운 언저리. [예]학교 부근에는 문방구가 많다. [비]근방·근처.

부글거리다 ①액체가 자꾸 끓다. ②거품 등이 자꾸 일어나다. ③마음이 언짢거나 복잡하여 속이 끓는 듯하다. [비]부글대다. [작]보글거리다.

부글대다 ➡부글거리다.

부글부글 자꾸 부글거리는 모양. [예]어찌나 화가 나던지 속이 부글부글 끓었다. [작]보글보글.

부기(浮氣) 몸의 이상으로 부은 상태. [예]부기를 빼다./부기가 빠지다./얼굴에 부기가 있다.

부끄러움 부끄러워하는 마음. [예]대놓고 새치기를 하다니, 정말 부끄러움을 모르는구나. [준]부끄럼.

부끄러워하다 부끄러운 태도를 나타내다. [예]수미는 남 앞에 나서는 것을 굉장히 부끄러워한다.

부끄럼 〈부끄러움〉의 준말.

부끄럽다 [부끄럽따] ①양심에 거리낌이 있어 남을 대하기가 떳떳하지 못하다. [예]거짓말한 것이 들켜서 나는 몹시 부끄러웠다. ②남 앞에 나서기가 어렵고 수줍다. [예]사람들 앞에서는 부끄러워 고개도 들지 못하는 성격이다. [활용] 부끄러우니·부끄러워.

부녀(父女) 아버지와 딸.

부녀자(婦女子) 《'부인과 여자'라는 뜻으로》 '여성'을 뜻하는 말.

부녀회(婦女會) [부녀회/부녀훼] 부녀자들의 모임.

부닥치다 ①세게 부딪치다. [예]급히 뛰어가다가 탁자에 부닥쳤다. ②어려운 문제나 반대 등을 만나다. [예]쓰레기 소각장 건설 문제가 주민들의 거센 반대에 부닥쳤다.

부단하다(不斷—) 끊임이 없이 꾸준하다. **부단히**. [예]성적이 오른 것은 부단히 노력한 결과이다.

부ː담(負擔) 어떤 일이나 의무·책임 등을 떠맡음. **부담되다**. **부담하다**. [예]물건을 보내는 쪽에서 모든 비용을 부담하기로 합시다.

부ː담스럽다(負擔—) [부담스럽따] 부담이 되는 듯한 느낌이 있다. [예]이렇게 큰 직책을 맡기는 부담스럽습니다. [활용] 부담스러우니·부담스러워. **부담스레**.

부당(不當) 도리에 벗어나서 정당하지 않음. **부당하다**. [예]더 이상 부당한 대우를 참지 않겠다. **부당히**.

> **한자 '不(불)'의 읽기와 쓰기**
>
> '不'의 본디 음은 '불'이다. 그러나 다음과 같이 'ㄷ'이나 'ㅈ' 앞에서는 '부'로 읽고 쓴다.
> - ㄷ 앞에서: 不斷(부단), 不當(부당), 不德(부덕), 不動(부동), 不得已(부득이)
> - ㅈ 앞에서: 不適(부적), 不正(부정), 不條理(부조리), 不足(부족), 不注意(부주의)

부ː대1(負袋) 종이·천·가죽 등으로 만든 큰 자루. [비]포대.

부대²(部隊) ①일정한 규모로 조직된 군인 집단. ②같은 목적 아래 행동을 같이하는 집단. 예응원 부대.

부대끼다 ①사람이나 일에 시달려 괴로움을 당하다. 예지하철에서 사람들에게 부대꼈더니 피곤하구나. ②배 속이 탈이 나서 쓰리거나 울렁울렁하다. 예우유를 먹고 났더니 속이 부대낀다.

부도¹(不渡) 수표나 어음에 적힌 돈을 약속된 날짜가 되어도 받지 못하는 일. 예부도가 나다.

부ː도²(附圖) 어떤 책에 딸린 그림이나 지도·도표 등. 예사회과 부도.

부도덕하다(不道德-) [부도더카다] 마땅히 지켜야 할 도덕에 어긋난 데가 있다. 예뇌물을 주고받은 부도덕한 사람을 국회 의원으로 뽑아서는 안 된다.

부도체(不導體) 열이나 전기가 거의 통하지 않는 물체. 유리나 자기 등. 비절연체. 반도체·양도체.

부동산(不動産) 토지나 건물과 같이 움직여서 옮길 수 없는 재산. 반동산.

부두(埠頭) 항구에서, 배를 대어 사람들이 타고 내리거나 짐을 싣고 부리는 곳. 비선창.

부둣가(埠頭-) [부두까/부둗까] 부두가 있는 근처.

부둥켜안다 [부둥켜안따] 두 팔로 힘껏 끌어안다. 예두 사람은 반가움에 서로를 부둥켜안았다.

부드럽다 [부드럽따] ①거칠거나 딱딱하지 않고 무르고 매끈매끈하다. 예살결이 희고 부드럽다. ②사람 됨됨이나 마음씨가 곱고 순하며 붙임성이 있다. 예부드러운 마음씨. 반보드랍다. |활용| 부드러우니·부드러워. 부드러이.

부득부득 [부득뿌득] 억지스럽게 자꾸 우기거나 조르는 모양. 예동생이 자기도 가겠다고 부득부득 고집을 부렸

다. 콴바득바득. 셴뿌득뿌득.

부득이(不得已) [부드기] 하는 수 없이. 부득이하다. 예부득이한 사정으로 약속을 못 지켰습니다.

부들거리다 춥거나 분하거나 무서워서 자꾸 몸을 크게 떨다. 비부들대다. 콴바들거리다.

부들대다 → 부들거리다.

부들부들 자꾸 부들거리는 모양. 예나는 공포에 질려 부들부들 떨었다. 콴바들바들.

부등식(不等式) 수학에서, 두 수 또는 두 식의 관계를 부등호로 나타낸 것. 15>8, 10+3<10×3 등. 반등식.

부등호(不等號) 두 수 또는 두 식의 크고 작음을 나타내거나 같지 않음을 나타내는 기호. '<'·'>'로 나타낸다. 반등호.

부ː디 '꼭'·'아무쪼록'의 뜻으로, 부탁이나 소원을 말할 때 쓰는 말. 예부디 건강하세요.

부딪다 [부딛따] 물체와 물체가 세게 마주 닿다.

::'**부딪다**', '**부딪치다**', '**부딪히다**'의 구별::

부딪다 : 움직이는 두 물체가 또는 움직이는 물체와 고정된 물체가 힘 있게 마주 닿는 상태가 된다는 뜻으로, 그 대상이 아주 구체적일 경우에 쓰인다.

부딪치다 : '부딪다'를 강조하는 의미보다는 두 물체가 '순간적으로' 마주 닿는 상태를 나타내는 뜻이 더 강하다. 함께 쓰이는 말도 매우 포괄적이다.

부딪히다 : 한쪽이 다른 한쪽의 접근에 의해 마주 닿게 되는 경우를 이를 때에 쓰인다.

부딪치다 [부딛치다] ①물체와 물체가 아주 세게 마주 닿다. 예길에서 다른

사람과 부딪쳐 다쳤다. ②의견이나 생각의 차이로 맞서게 되다. [예]앙숙인 그와 나는 사사건건 부딪친다.

부딪히다 [부디치다] ①어떤 물체에 세게 닿게 되다. [예]정신없이 달려가다가 자전거에 부딪혔다. ②어려운 문제나 반대 등을 만나게 되다. [예]난관에 부딪히다.

부뚜막 부엌에서 아궁이 위에 걸어 놓은 솥 언저리의 평평한 자리.

〈부뚜막〉

부라리다 위협하느라고 눈을 부릅뜨고 눈알을 사납게 굴리다.

부락(部落) 시골 마을. [비]촌락.

부랑아(浮浪兒) 보살핌을 받지 못하고 사는 곳 없이 이리저리 떠돌아다니는 아이.

부랑자(浮浪者) 일정하게 사는 곳이나 하는 일이 없이 떠돌아다니는 사람.

부랴부랴 매우 급히 서두르는 모양. [예]그 사람들은 아침부터 부랴부랴 짐을 꾸려 떠났어요.

부러뜨리다 부러지게 하다. [예]놀부는 일부러 새끼 제비의 다리를 부러뜨렸습니다. [비]부러트리다·분지르다.

부러워하다 부럽게 생각하다. [예]동생이 내 새 자전거를 부러워한다.

부러지다 꺾여서 동강이 나다. [예]넘어져서 다리가 부러졌다.

부러트리다 ➡부러뜨리다.

부ː럼 일 년 내내 부스럼을 앓지 않게 된다 하여, 정월 보름날에 까서 먹는 밤·잣·호두·땅콩 등을 이르는 말.

부럽다 [부럽따] 자기보다 낫거나 좋거나 잘되는 것을 보고 자기도 그와 같이 되고 싶은 마음이 많다. [예]운동을 잘하는 네가 부럽구나. |활용| 부러우니·부러워.

부레 ①물고기의 배 속에 있는 공기주머니. ②〈부레풀〉의 준말.

부레뜸 연줄을 빳빳하고 억세게 하기 위하여 부레를 끓인 물을 먹이는 일.

부레옥잠(一玉簪) [부레옥짬] 물옥잠과의 여러해살이풀. 연못에서 떠다니며 자란다. 꽃은 8~9월에 연한 자줏빛으로 피는데, 윗부분은 깔때기처럼 벌어진다.

부레풀 말린 민어의 부레를 끓여서 만든 풀. [준]부레.

부ː록(附錄) ①책의 끄트머리 등에 참고 자료로 덧붙이는 부분. ②책이나 잡지와는 별도로, 덤으로 붙여 따로 내는 책이나 물건. [예]별책 부록.

부류(部類) 어떤 공통적인 성질 등에 따라 나눈 갈래. [예]사람의 성격을 혈액형에 따라 네 부류로 나누어 보았다.

부르다¹ ①말이나 글로 남을 오라고 하다. [예]손님을 부르다. ②노래를 하다. ③소리를 내어 외치거나 또박또박 읽다. [예]다 같이 만세를 부릅시다. ④사람이나 사물을 무엇이라고 이름을 붙이다. [예]에디슨을 발명왕이라고 부릅니다. [비]일컫다. ⑤어떤 결과를 가져오다. [예]화를 부르다. |활용| 부르니·불러.

부르다² ①배 속이 차서 가득하다. [예]밥을 두 공기나 먹었더니 배가 부르구나. ②불룩하게 부풀거나 내밀어져 있다. |활용| 부르니·불러.

부르르 춥거나 무섭거나 하여 몸을 움츠리면서 가볍게 떠는 모양. [예]철민이는 몸을 한 번 부르르 떨고는 외투를 입었다. [작]바르르. [거]푸르르.

부르릉 자동차나 오토바이 등이 시동이 걸릴 때 나는 소리. [예]오토바이가 시끄럽게 부르릉 소리를 내며 출발했다. [비]부릉. 부르릉부르릉.

부르짖다 [부르짇따] ①큰 소리로 외치거나 말하다. ②어떤 의견이나 주

장을 열렬히 말하다.

부르트다 ①살가죽이 들뜨고 속에 물이 괴다. 예아버지는 손발이 부르트도록 일하셨다. ②모기 등에 물려 살이 도톨도톨하게 부어오르다. |활용| 부르트니·부르터.

부릅뜨다 보기 사납도록 눈을 크게 뜨다. 예형이 눈을 부릅뜨고 나를 노려보았다. |활용| 부릅뜨니·부릅떠.

부리 새나 짐승의 주둥이.

부리나케 몹시 급하게. 예경미는 전화를 끊자마자 부리나케 뛰어나갔다.

부리다¹ ①마소나 사람을 시켜 일을 하게 하다. 예일꾼을 부리다. ②기계나 기구 등을 조종하다. ③재주나 꾀를 피우다. 예요술을 부리다. ④어떤 행동을 나타내다. 예짜증을 부리다.

부리다² 마소·수레·자동차·배 등에 실려 있는 짐을 내려놓다.

부리부리하다 눈망울이 시원시원하게 크다.

부메랑(boomerang) 무엇을 맞히려고 던지면 빙글빙글 돌면서 날아가고, 목표물에 맞지 않을 경우 되돌아오는 막대기. 오스트레일리아 원주민이 사용하던 무기로, 활등과 비슷하게 생겼다.

부모(父母) 아버지와 어머니. 비어버이·양친. 존부모님.

부모님(父母—) 〈부모〉의 높임말.

부문(部門) 전체를 여러 가지로 갈라

분류한 하나하나의 부분.

부:반장(副班長) 반장을 도와 학급 일을 하는 사람.

부벽루(浮碧樓) [부병누] 평안남도 평양시 모란대 밑 청류벽 위에 있는, 고려 초기의 누각. 대동강에 면하여 있어 마치 강물 위에 뜬 것같이 보인다.

부부(夫婦) 남편과 아내. 비내외.

부부유별(夫婦有別) 오륜의 하나. 부부 사이에는 엄격히 구별해야 할 도리가 있다는 말.

부분(部分) 전체를 몇으로 나눈 것 중의 하나. 예이 글은 서론·본론·결론세 부분으로 나눌 수 있다. 반전체.

부분 집합(部分集合) 어떤 집합이 다른 집합에 속하거나 같거나 할 때, 그 다른 집합에 대하여 어떤 집합을 이르는 말.

부:사(副使) 지난날, 정사를 돕던 사신.

부:사관(副士官) 군대의 계급인 '하사·중사·상사·원사'를 통틀어 이르는 말.

부산¹ 몹시 서두르거나 떠들어서 어수선함. 예부산을 떨다. 부산하다. 예잔치 준비로 온 집안이 부산하다.

부산²(釜山) 경상남도 남동쪽 끝에 있는 광역시. 우리나라 제2의 도시이자 제1의 무역항으로, 남동 임해 공업지대의 중심 도시이다. 명승지로 해운대·오륙도·태종대 등이 있다.

부산스럽다 [부산스럽따] ①어수선하고 바쁘다. ②(사람들이 많이 모여) 시끄럽고 떠들썩하다.

부삽 아궁이의 재를 치거나 불을 담아 옮기는 데 쓰는 작은 삽.

부:상¹(負傷) 몸에 상처를 입음. 예많은 병사들이 이번 전투에서 부상을 당하였다. 부상하다.

부상²(浮上) ①물 위로 떠오름. ②어떤 현상이나 사람이 관심의 대상이나 특별한 지위로 떠오름. 부상하다. 예최근 이 배우가 아시아의 스타로 새롭게 부상하고 있다.

부:상³(副賞) 정식의 상 외에 따로 덧붙여서 주는 상금이나 상품.

부:상자(負傷者) 다쳐서 상처를 입은 사람.

부서(部署) 회사 같은 큰 조직에서 일의 성격에 따라 여럿으로 나누어진 작은 조직.

부서지다 ①단단한 물건이 깨어져 조각이 나다. 예꽃병이 부서지다. 動바서지다. ②짜임새 있는 물건이 망가지다. 예책상이 부서지다. ③희망이나 기대 등이 어그러지다. 예우승의 꿈이 산산이 부서졌다.

부석사(浮石寺) [부석싸] 경상북도 영주시 부석면 봉황산 중턱에 있는 절. 신라 문무왕 때 의상 대사가 왕명을 받들어 세웠다고 한다. 우리나라에서 가장 오래된 목조 건물인 무량수전이 있다.

부:설¹(附設) 주가 되는 것에 딸려 설치함. 부설되다. 부설하다. 예공장에 기숙사를 부설하다.

부:설²(敷設) 철도·해저 전선 등을 설치함. 부설되다. 부설하다.

부소산(扶蘇山) 충청남도 부여군에 있는 산. 높이 106m. 부소산성 터·낙화암·고란사 등의 백제 유적이 있다.

부:속(附屬) 주된 것에 딸려 있음. 예부속 건물/부속 초등학교. 부속되다. 부속하다.

부:속 병:원(附屬病院) 의학 연구와 학생들의 실습을 목적으로 의과 대학에 딸린 병원.

부:속품(附屬品) 어떤 기계나 기구의 본체에 딸린 물건.

부수¹(部首) 한자 자전에서 글자를 찾을 때 길잡이로 삼는, 글자의 한 부분. 예글귀 '구(句)'의 부수는 '입 구(口)'이다.

부수²(部數) [부쑤] 책·신문·잡지 등의 수효. 예발행 부수.

부수다 조각이 나게 두드려 깨뜨리다. 예낡은 담장을 부수다. 動바수다.

부:수적(附隨的) 주되거나 기본이 되는 것에 붙어 따르는 것. 예운동을 하면 건강해지는 것은 기본이고 우울한 기분을 떨치는 부수적인 효과가 있다.

부스러기 잘게 부스러진 물건. 예과자 부스러기. 動바스라기.

부스러지다 어떤 물체가 깨어져 잘게 조각이 나다. 예마른 낙엽을 밟으니 부스러져 버렸다.

부스럭거리다 [부스럭꺼리다] 마른 검불이나 종이 등을 밟거나 뒤적거리다. 凹부스럭대다. 動보스락거리다.

부스럭대다 [부스럭때다] ➡부스럭거리다.

부스럭부스럭 [부스럭뿌스럭] 자꾸 부스럭거리는 소리. 動보스락.

부스럼 피부에 나는 여러 가지 종기를 통틀어 이르는 말.

부스스 머리털 같은 것이 몹시 헝클어져 꺼벙한 모양. |잘못|부시시.

부슬부슬 눈이나 비가 조용히 가늘게 내리는 모양. 예봄비가 부슬부슬 내린다. 動보슬보슬.

부시 부싯돌을 쳐서 불똥이 일어나게 하는 쇳조각. 凹부싯돌.

부시다¹ 그릇 등을 깨끗이 씻다.

부시다² 빛살이나 빛깔이 강렬하여 마주 보기가 어렵도록 눈이 어리어리하다. 예눈이 부시도록 파란 가을 하늘.

부:식¹(副食) ➡부식물.

부:식²(腐蝕) ①썩어 문드러짐. 또는 썩어 문드러지게 함. ②금속 등의 표면을 약품의 작용으로 변화시키는 일. 부식되다. 부식하다.

부:식물(副食物) [부싱물] 주식에 곁들여 먹는 음식. 밥에 곁들여 먹는 반찬 등. 凹부식.

부실(不實) ①내용이 충실하지 못함. 예부실 경영. ②몸이 튼튼하지 못함. 부실하다. 예몸이 부실하다.

부싯돌 [부시똘/부싣똘] 부시로 쳐서 불을 일으키는 데 쓰는 단단한 돌. 쵤부시.

부아 몹시 화가 나거나 분한 마음. 예부아가 치밀다.

부안(扶安) 전라북도 서부에 있는 군. 바다와 접해 있고, 농업과 수산업이 고루 발달하였다. 명승지로 변산 해수욕장·내소사·채석강 등이 있다.

부양(扶養) 생활 능력이 없는 사람의 생활을 돌봄. 예부양 가족. 부양하다.

부어오르다 피부가 부풀어 오르다. 예벌에 쏘인 곳이 금세 부어올랐다. |활용| 부어오르니·부어올라.

부ː업(副業) 본업 외에 따로 가지는 직업. 비아르바이트. 맨본업.

부엉부엉 부엉이가 자꾸 우는 소리.

부엉새 ➡부엉이.

부엉이 올빼밋과의 새. 올빼미와 비슷한데, 눈은 크고 머리 꼭대기에 귀 모양의 깃털이 있다. 낮에는 숲에서 살고, 밤이면 마을로 내려와 닭·토끼·쥐 등을 잡아먹는다. 비부엉새.

부엌 [부억] 가정집에서 음식을 만드는 곳. 예어머니가 부엌에서 밥을 하고 계신다. 비주방. |발음| 부엌이 [부어키]·부엌도[부억또]·부엌만[부엉만]

┌─── '부엌'과 '주방'의 구별 ───┐

부엌 : 주로 단독 주택이나 아파트 같은 일반 가정에서 시설을 해 놓고 음식을 만드는 곳을 이른다.

주방 : 주로 식당이나 호텔 같은 곳에서 영업을 하기 위해 음식을 만드는 곳을 이른다.

예거실에 비해 부엌이 너무 좁다./ 음식점 주방(×부엌)이 깨끗하다.

└──────────────────────────┘

부엌칼 [부억칼] 부엌에서 음식을 만들 때에 쓰는 칼. 비식칼.

부여¹(夫餘) 부여족이 중국 동북 지방의 송화강 유역에 세운 나라. 후에 고구려에 합쳐졌다. 〔?~494〕

부여²(扶餘) 충청남도 남서부에 있는 군. 백제의 마지막 수도가 있었다. 정림사지·부소산성·고란사·낙화암 등 많은 유물과 유적이 있다.

부ː여³(附與) 권리·임무·의미 등을 지니게 줌. 부여되다. 부여하다. 예권리를 부여하다.

부여안다 [부여안따] 두 팔로 힘껏 끌어안다. 예어머니는 다친 아들을 부여안고 울었다.

부여잡다 [부여잡따] 두 손으로 힘껏 붙들어 잡다. 예도둑은 돈 가방을 부여잡고 놓지 않았다.

부ː역(附逆) 국가에 반역하는 일에 가담함. 부역하다.

부ː엽토(腐葉土) 낙엽 등이 썩어서 된 흙. 원예 비료로 쓰인다.

부위(部位) 어느 부분이 전체에 대하여 차지하는 위치. 예신체 부위.

부ː유하다(富裕一) 재물이 많아서 생활이 넉넉하다. 예그 아이는 부유한 집안에서 자라서 어려움을 모른다.

부ː음(訃音) 사람이 죽었다는 것을 알리는 말이나 글. 비부고.

부ː응(副應) 어떤 기대나 요구에 좇아서 따름. 부응하다. 예형은 어머니의 기대에 부응하기 위해 열심히 공부한다.

부인¹(夫人) 남의 '아내'를 높여 이르는 말.

부ː인²(否認) 그렇다고 인정하지 않음. 맨시인. 부인하다. 예범행을 부인하다.

부인³(婦人) 결혼한 여자.

부ː임(赴任) 임명이나 발령을 받아 근무할 곳으로 감. 부임하다. 예학교에 새 선생님이 부임해 오셨다.

부자[1](父子) 아버지와 아들. 예부자가 꼭 닮았다.

부:자[2](富者) 재산이 많은 사람. 비부호. 반빈자.

부자유친(父子有親) 오륜의 하나. 아버지와 아들 사이에는 친밀한 사랑이 있어야 한다는 말.

부:작용(副作用) [부자공] ①어떤 약의 병을 낫게 하는 작용에 곁들여 나타나는 해로운 다른 작용. ②어떤 일에 곁들여 일어나는 바람직하지 못한 일.

부:잣집(富者—) [부자찝/부잗찝] 재산이 많고 살림이 넉넉한 집.

부장(部長) 관청이나 회사 등에서 한 부(部)를 책임지는 사람. 참과장·계장.

부:장품(副葬品) 죽은 사람을 묻을 때 곁에 함께 묻는 물건.

부재(不在) 그곳에 있지 않음. 예사장님은 부재중이십니다.

부:적(符籍) 못된 귀신을 쫓기 위하여 붉은색으로 글자나 모양을 그린 종이. 벽 등에 붙이거나 몸에 지니고 다니거나 한다.

부적절하다(不適切—) [부적쩔하다] 어떠한 일이나 행동을 하기에 알맞지 않다. 반적절하다.

부전자전(父傳子傳) 대대로 아버지가 아들에게 전함. 예부전자전이라더니, 네가 아버지를 닮아 손재주가 좋구나.

부정[1](不正) 바르지 않음. 예입시 부정. 부정하다.

부정[2](父情) 자식에 대한 아버지로서의 정.

부정[3](不淨) 민속 신앙에서, 좋은 일을 그르치게 하는, 꺼리거나 피해야 할 무서운 기운. 부정하다.

　부정(을) 타다관용 부정한 일로 해를 입다.

부:정[4](否定) 그렇지 않다고 함. 반긍정. 부정되다. 부정하다. 예부정할

수 없는 진실.

부:정적(否定的) ①그렇지 않다고 부정하는 내용을 갖는 것. 예부정적인 태도. ②바람직하지 못한 것. 예부정적인 영향. 반긍정적.

부조[1](扶助) ①남을 도와줌. ②잔칫집이나 초상집 등에 물건이나 돈을 보냄, 또는 그 물건이나 돈. |잘못| 부주. 부조하다.

부조[2](浮彫) ➡돋을새김.

부조리(不條理) 이치나 도리에 맞지 않음. 예사회의 부조리. 부조리하다.

부조화(不調和) 서로 잘 어울리지 않는 것.

부족[1](不足) 넉넉하지 않음. 예연습 부족. 부족하다. 예이 돈으로 로봇 장난감을 사기에는 부족하다.

부족[2](部族) 조상이 같고, 공통의 언어와 종교 등을 가지는 지역적 공동체.

부족 국가(部族國家) 원시 사회에서 부족을 중심으로 이루어진 국가.

부주의(不注意) [부주의/부주이] 주의하지 않음. 예부주의로 불을 냈다. 반주의. 부주의하다.

부지깽이 아궁이에 불을 땔 때 쓰는 나무 막대기.

부지런하다 수고를 아끼지 않고 일에 꾸준하다. 예부지런한 개미는 여름 내내 열심히 일했다. 반게으르다. 좌바지런하다. 부지런히.

부진(不振) 세력이나 성적 또는 활동 등이 움츠러들거나 떨어져 활발하지 못함. 예식욕 부진. 부진하다.

부질없다 [부지럽따] 공연하고 쓸데없다. 예부질없는 일로 시간을 낭비하지 마라. 부질없이.

부쩍 갑자기 늘거나 주는 모양. 예방송에 나간 뒤로 우리 마을을 찾는 관광객이 부쩍 늘었다.

부:착(附着) 들러붙어서 떨어지지 않음. 부착되다. 부착하다.

부채¹ 손으로 부쳐서 바람을 일으키는 간단한 기구.

부:채²(負債) 남에게 빚을 짐, 또는 그 빚.

〈부채1〉

부채꼴 ①부채처럼 생긴 모양. ②원의 두 반지름과 호로 둘러싸인 부분.

부채질 ①부채를 흔들어 바람을 일으키는 일. ②'좋지 않은 감정이나 상황 등을 더욱 부추기는 일'을 비유하여 이르는 말. 부채질하다. 예싸움을 부채질하다.

부챗살 [부채쌀/부챋쌀] 부채의 뼈대가 되는 여러 개의 가는 대오리.

부처¹ ①불교를 일으킨 석가모니. ②도를 깨우친 불교의 성자. 비불타. 높부처님.

부처²(部處) 정부 기관으로서의 '부'와 '처'를 아울러 이르는 말.

부처님 〈부처1〉의 높임말.

부처님 오신 날 석가모니가 태어난 날을 기념하는 날. 음력 4월 8일.

부:천(富川) 경기도 서부에 있는 시. 경공업·화학 공업 등의 공업과 근교 농업이 발달하였다.

부:추 백합과의 여러해살이풀. 봄에 땅속의 비늘줄기에서 가늘고 긴 잎이 뭉쳐난다. 잎은 독특한 맛과 향이 있어 여러 가지 음식을 만들어 먹고, 씨는 약재로 쓴다.

부:추기다 남을 들쑤셔 어떤 일을 하게 만들다. 예가만히 있는 사람을 자꾸 부추기지 마라.

부:축 겨드랑이를 붙들어 걸음을 돕는 일. 부축하다. 예어지러워 비틀거리는 나를 친구들이 부축해 주었다.

부치다¹ 힘이 모자라거나 미치지 못하다. 예힘에 부치는 일.

부치다² ①편지나 물건 등을 보내다. 예소포를 부치다. ②어떤 문제를 회의·재판 등에서 다루기로 하다. 예사건을 재판에 부치다. ③어떤 처리를 하기로 하다. 예이번 일은 비밀에 부치기로 했다.

부치다³ 논밭을 다루어서 농사를 짓다. 예논 열 마지기를 부치다.

부치다⁴ 프라이팬에 기름을 두르고 밀가루 반죽 등을 넓적하게 펴 가며 지져 만들다. 예오늘 저녁에는 빈대떡을 부쳐 먹자.

부치다⁵ 부채 같은 것으로 흔들어서 바람을 일으키다. 예부채를 부치다.

부친(父親) '아버지'를 정중하게 이르는 말. 반모친.

부침개 기름에 부치는 음식을 통틀어 이르는 말. 비지짐이.

부:탁(付託) 어떤 일을 하여 달라고 당부하여 맡김. 예부탁 말씀/부탁을 들어주다. 부탁하다. 예삼촌께 취직을 부탁했다.

부탄(butane) 냄새와 색깔이 없고 액화하기 쉬우며, 불이 잘 붙는 기체.

부탄가스(butane gas) 천연가스 등에 들어 있는 색깔이 없는 기체. 연료나 화학 공업의 원료가 된다.

부:패(腐敗) ①물질이 썩음. 미생물의 작용으로 단백질이 악취를 내면서 분해되는 현상. ②정신적으로 타락함. 부패되다. 부패하다. 예부패한 정권.

부페(buffet) '뷔페'의 잘못.

부표(浮標) 위치 등을 표시하기 위해 물 위에 띄워 두는 물건.

부풀다 ①물체의 부피가 커지다. 예빵이 제대로 부풀었다. ②살가죽이 붓거나 커지다. 예피부가 부풀다. ③희망이나 기대에 마음이 벅차다. 예청년은 부푼 가슴을 안고 길을 떠났다. |활용| 부푸니·부풀어.

부풀리다 부풀게 하다. 예풍선을 불어 크게 부풀렸다.

부품(部品) 기계 등의 일부를 이루는 물건. 예컴퓨터 부품.

부품도(部品圖) 부품의 자세한 내용을 표시한 도면.

부피 입체가 공간 속에서 차지하는 크기. 비체적.

부하(部下) 어떤 사람 아래 딸리어 그 지시에 따라야 하는 사람. 반상관.

부형(父兄) ①아버지와 형. ②학교에서, '학생의 보호자'를 두루 이르는 말.

부ː호¹(符號) ①어떤 뜻을 나타내는 기호. 예문장 부호. ②수학에서, 양수·음수를 나타내는 기호. 곧, 양의 부호인 '+'와 음의 부호인 '−'.

부ː호²(富豪) 재산이 많고 세력이 있는 사람. 비부자.

부화(孵化) 동물의 알이 깸, 또는 알을 깸. 예인공 부화. 비알까기. 부화되다. 부화하다.

부ː화뇌동(附和雷同) [부화뇌동/부화뉘동] 자기 생각이나 주장이 없이 남의 의견에 덩달아 따름. 부화뇌동하다. 예무조건 목소리 큰 사람을 따라 부화뇌동해서는 안 된다.

부ː활(復活) ①죽었다가 다시 살아남. ②없어졌던 것이 다시 생김. 예10년 만에 부활을 한 제도. 부활되다. 부활하다.

부ː활절(復活節) [부활쩔] 기독교에서 예수의 부활을 기념하는 날.

부ː흥(復興) 쇠하였던 것이 다시 일어남. 또는 쇠하였던 것을 다시 일어나게 함. 예문예 부흥. 부흥되다. 부흥하다.

북¹ ①베틀에서, 가로로 왔다 갔다 하면서 실을 푸는 도구. ②재봉틀에서, 밑실을 감은 실톳을 넣는 쇠로 만든 통.

〈북①〉

북² 타악기의 한 가지. 나무나 쇠붙이 등으로 둥글게 통을 만들고 양쪽에 가죽을 팽팽하게 씌워서 두드려 소리를 낸다.

북³(北) 북쪽. 반남.

〈북²〉

북간도(北間島) [북깐도] 간도 지방의 동부. 일제 강점기에 많은 한국인들이 이곳으로 이주하였다. 주민의 대부분이 농업과 목축업에 종사하며, 임업이 활발하다.

북경(北京) [북꼉] ➡베이징.

북구(北歐) [북꾸] ➡북유럽.

북극(北極) [북끅] ①지구의 북쪽 끝 지방. ②북쪽을 가리키는 자석의 끝. 비엔 극. 반남극.

북극곰(北極—) [북끅꼼] 곰과의 동물. 온몸에 흰 털이 나 있고, 코·입술·발톱은 검다. 헤엄을 잘 치며, 북극 지방에 산다. 비흰곰.

북극권(北極圈) [북끅꿘] 북극을 중심으로 한, 북위 66° 33′ 이북의 지역. 반남극권.

북극성(北極星) [북끅썽] 북극에 가장 가까운 별. 위치가 거의 변하지 않기 때문에 북쪽 방향을 아는 데 이용된다.

북녘(北—) [붕녁] 북쪽. 예북녘 하늘. 비북방. 반남녘.

북단(北端) [북딴] 북쪽 끝. 반남단.

북대서양 조약 기구(北大西洋條約機構) 북대서양에 닿아 있는 서유럽 국가들과 미국·캐나다가 1949년에 만든 집단 안전 보장 기구. 본부는 벨기에의 브뤼셀에 있다. 비나토.

북돋우다 [북또두다] 용기나 의욕 등이 강하게 일어나도록 자극을 주다. 예용기를 북돋워 주는 글.

북동(北東) [북똥] 북쪽과 동쪽 사이의 방향 또는 방위. 비동북.

북동쪽(北東—)[북똥쪽] 북쪽과 동쪽 사이의 방향. 🔵동북쪽.

북두칠성(北斗七星)[북뚜칠썽] 큰곰 자리에서 가장 뚜렷하게 보이는, 국자 모양으로 된 일곱 개의 별.

〈북두칠성〉

북로 군정서(北路軍政署) 1919년 중국 지린 성에서 조직된 무장 독립운동 단체. 1920년 청산리 전투에서 일본군을 크게 무찔렀다.

북망산(北邙山)[붕망산] 《중국의 베이망 산에 무덤이 많았다는 데서》 '무덤이 많은 곳이나 사람이 죽어서 묻히는 곳'을 이르는 말.

북반구(北半球)[북빤구] 지구의 적도에서 북쪽 부분. 🔵남반구.

북받치다[북빧치다] 어떤 감정이 치밀어 오르다. 예나는 그동안 참았던 울분이 북받쳤다. 🔵복받치다.

북방(北方)[북빵] ①북쪽. 🔵북녘. ②북쪽 지방. 🔵남방.

북부(北部)[북뿌] 어떤 지역의 북쪽 부분. 🔵남부.

북북[북뿍] ①부드러운 물건의 거죽을 자꾸 세게 긁는 소리, 또는 그 모양. 예동생이 자면서 배를 북북 긁는다. ②종이나 천 등을 자꾸 세게 찢는 소리, 또는 그 모양. 예미진이는 편지를 읽자마자 북북 찢어 버렸다.

북새통[북쌔통] 여러 사람이 한곳에서 부산하게 법석거리는 상황. 예아이들 북새통에 정신을 차릴 수가 없다.

북서(北西)[북써] 북쪽과 서쪽 사이의 방향 또는 방위. 🔵서북.

북서쪽(北西—)[북써쪽] 북쪽과 서쪽 사이의 방향. 🔵서북쪽.

북슬북슬[북쓸북쓸] 짐승이 살이 통통하고 털이 탐스럽게 많이 난 모양. 🔵복슬복슬.

북아메리카(北America) 육대주의 하나. 파나마 지협에 의하여 남아메리카와 구분되는 대륙으로, 멕시코·미국·캐나다 등의 나라가 있다. 🔵북미.

북아프리카(北Africa) 아프리카 대륙의 사하라 사막 북쪽 지역. 이집트·수단·리비아·튀니지·알제리·모로코·모리타니 등의 나라가 있다.

북악산(北岳山)[부각싼] 서울특별시 경복궁 북쪽에 솟아 있는 산. 높이 342m. 옛 서울의 성곽은 이 산을 기점으로 지어졌다.

북어(北魚)[부거] 바싹 말린 명태.

북위(北緯)[부귀] 적도로부터 북극에 이르기까지의 위도. 적도가 0도이고, 북극이 90도이다. 🔵남위.

〈북어〉

북유럽(北Europe) 유럽의 북부 지역. 덴마크·노르웨이·스웨덴·핀란드·아이슬란드 등의 나라가 있다.

북장단[북짱단] 북을 쳐서 내는 장단. 예탈을 쓴 사람들이 북장단에 맞추어 흥겹게 춤을 춘다.

북적거리다[북쩍꺼리다] 많은 사람이 좁은 곳에 모여 수선스럽게 들끓다. 예아이들로 북적거리는 놀이공원. 🔵북적대다. 🔵복작거리다.

북적대다[북쩍때다] ➡북적거리다.

북적북적[북쩍뿍쩍] 자꾸 북적거리는 모양. 🔵복작복작.

북진(北進)[북찐] 북쪽으로 나아감. 북진하다.

북쪽(北—) 북극을 가리키는 쪽. 🔵북·북녘·북방. 🔵남쪽.

북채 북을 치는 방망이.

북청 사자놀음(北靑獅子—) 함경남도 북청에 전해 내려오는 민속놀이. 정월 대보름에 못된 귀신을 물리친다

하여 사자 모양을 꾸며 집집마다 다니며 춤을 춘다. 무형 문화재 제15호.

북촌(北村) ①북쪽에 있는 마을. 凹남촌. ②조선 시대에, 경복궁과 창덕궁 사이에 있던 여러 마을. 지금의 종로구 가회동·재동·삼청동 일대로 한옥이 많이 남아 있다.

북편(─便) 장구를 칠 때, 손으로 치는 면. 凹채편.

북풍(北風) 북쪽에서 불어오는 바람. 凹삭풍. 凹남풍.

북한(北韓)[부칸] 남북으로 나누어진 후의 한국의 북쪽 지역. 凹남한.

북한강(北漢江)[부칸강] 한강의 한 줄기. 길이 371km. 강원도 회양군(북한)에서 시작하여 춘천·가평 등을 거쳐 한강으로 흘러든다.

북한산(北漢山)[부칸산] 서울특별시의 북부와 경기도 고양시 사이에 있는 산. 높이 837m. 최고봉은 백운대이다.

북한산성(北漢山城)[부칸산성] 북한산에 있는 산성. 백제의 도읍지인 위례성을 지키는 북방의 성으로 지어졌다. 사적 제162호.

분¹ ①사람을 가리킬 때, 그를 높이는 뜻으로 쓰는 말. 예제가 존경하는 분은 한용운 선생님입니다. ②사람의 수를 셀 때 높이는 뜻을 나타내는 말. 예손님 두 분.

분!²(分) 〈분수〉의 준말. 예분에 넘치는 사치.

분³(分) ①시간 단위의 한 가지. 1분은 한 시간의 60분의 1이다. 예3시 30분. 참시²·초³. ②각도·경도·위도 등의 단위. 1분은 1도의 60분의 1이다. 예북위 38도 2분.

분⁴(粉) 여자들이 화장할 때 바르는 밝은 살색이나 흰색 가루.

분!⁵(憤) 원통하고 억울한 마음이나 생각. 예분을 삭이다.

분가루(粉─)[분까루] ①화장할 때 얼굴에 바르는 분의 가루. ②분처럼 하얀 가루.

분간(分揀) 서로 같지 않음을 가려서 앎. 분간되다. 분간하다. 예너무 어두워서 누가 누군지를 분간할 수 없었다.

분!개(憤慨) 몹시 분하게 여겨 화를 냄. 분개하다. 예부당한 조치에 모두들 분개했다.

분교(分校) 본교에서 멀리 떨어진 다른 지역에 따로 세운 같은 계통의 학교. 凹본교.

분규(紛糾) 의견이나 주장이 어긋나 일어나는 말썽이나 다툼.

분기점(分岐點)[분기쩜] 여러 갈래로 갈라지는 지점 또는 시점. 예고속 도로 분기점.

분꽃(粉─)[분꼳] 분꽃과의 한해살이풀. 여름부터 가을에 걸쳐 다양한 빛깔의 꽃이 깔때기 모양으로 핀다. 열매는 까맣게 익는데, 속에 흰 가루가 들어 있다.

분!노(憤怒) 분하여 몹시 성을 냄. 예나를 배신한 친구에게 분노가 일었다. 분노하다.

분단¹(分團) ①한 단체의 구성 단위로서의 작은 집단. ②한 학급을 몇으로 나누어 만든 무리.

분단²(分斷) 끊어서 동강을 냄. 분단되다. 예남북으로 분단된 조국. 분단하다.

분단선(分斷線) 끊어 갈랐음을 나타내는 선. 예남북 분단선.

분담(分擔) 일이나 부담 등을 나누어서 맡음. 凹전담. 분담되다. 분담하다. 예비용을 분담하다.

분대(分隊) 군대 단위의 한 가지. 소대의 아래로 가장 작은 부대. 참소대.

분동(分銅) 천칭으로 물건의 무게를 달 때, 무게의 표준으로서 한쪽 저울판 위에 올려놓는 쇠붙이로 된 추.

분란(紛亂)[불란] 소란이나 다툼이 일어나 어수선함. 예분란을 일으키다.

분ː량(分量)[불량] 무게·부피·수량 등의 많고 적음과 크고 작은 정도. 준양.

분류(分類)[불류] 사물을 공통되는 성질에 따라 종류별로 가름. 분류되다. 분류하다. 예동물을 먹이의 종류에 따라 분류해 보세요.

분리(分離)[불리] 따로 나뉘어 떨어짐. 또는 따로 떼어 냄. 예쓰레기 분리 수거. 분리되다. 분리하다. 예물과 기름을 분리하다.

분만(分娩) 아이를 낳음. 비출산·해산. 분만하다.

분말(粉末) 가루.

분명하다(分明－) ①흐리지 않고 또렷하다. 예말소리가 분명하다. ②흐릿한 점이 없이 확실하다. 예좋은지 싫은지 분명하게 말해라. 비불분명하다. 분명히.

분모(分母) 분수에서, 가로줄의 아래에 적는 수 또는 식. 비분자.

분ː무기(噴霧器) 물이나 약품을 안개처럼 내뿜는 기구. 비스프레이.

분ː발(奮發) 좀 더 힘을 내어 노력함. 분발하다. 예금메달을 목표로 분발하자.

분배(分配) 기준에 따라 몫을 나눔. 비배분. 분배되다. 분배하다. 예이익을 분배하다.

분별(分別) ①사물을 종류에 따라 나누어 가름. ②무슨 일을 사리에 맞게 판단함. 분별하다.

분별력(分別力) 무슨 일을 사리에 맞게 판단할 수 있는 능력.

분ː부(分付) 윗사람의 '당부'나 '명령'을 높여 이르는 말. 분부하다. 예할아버지께서 분부하신 일.

분분하다(紛紛－) 여러 사람의 의견이 각각 달라 갈피를 잡을 수 없다. 예의견이 분분하다.

분비(分泌) 세포가 생명을 유지하는 데 필요한 물질을 만들어 그것을 세포 밖으로 내보내는 현상. 분비되다. 분비하다. 예호르몬을 분비하다.

분비물(分泌物) 몸속 기관에서 분비되어 나온 물질. 침·위액·땀·젖 등.

분비샘(分泌－) 분비물을 내보내는 기관.

분산(分散) 갈라져 흩어짐, 또는 흩어지게 함. 예자금의 분산 투자. 반집중. 분산되다. 분산하다. 예병력을 셋으로 분산하여 배치하시오.

분석(分析) 얽혀 있거나 복잡한 것을 그 요소나 성질에 따라서 가르는 일. 반종합. 분석되다. 분석하다. 예사고의 원인을 분석하다.

분속(分速) 1분간을 단위로 하여 재는 속도. 참시속·초속.

분쇄(粉碎) 가루가 되도록 부스러뜨림. 분쇄되다. 분쇄하다.

분ː수¹(分數) ①자기의 처지에 마땅한 한도. 예분수에 맞는 생활. 준분. ②사물을 분별하는 슬기. 예분수가 없는 사람.

분수²(分數)[분쑤] 어떤 수를 다른 수로 나누는 것을 분자와 분모로 나타낸 것.

분ː수³(噴水) 물을 뿜어내게 되어 있는 설비, 또는 뿜어내는 그 물.

분ː수대(噴水臺) 공원 등에서 물을 뿜어 올리기 위하여 마련해 놓은 시설.

분식(粉食) 밀가루 같은 곡식의 가루로 만든 음식.

분식집(粉食－)[분식찝] 국수·만두 등 주로 밀가루로 만든 음식을 파는 가게. 비분식점.

분신¹(分身) 본체에서 갈라져 나간 것.

분신²(焚身) 스스로 몸을 불사름. 예분신 자살. 분신하다.

분실(紛失) 물건을 자기도 모르는 사이에 잃어버림. 예분실 신고. 비유실. 반습득. 분실되다. 분실하다. 예복잡한 지하철에서 지갑을 분실했다.

분실물(紛失物) 잃어버린 물건. 예분실물 보관소.

분야(分野) [부냐] 사물을 어떤 기준에 따라 구분한 각각의 영역 또는 범위. 예이 분야의 전문가를 모셔 보겠습니다.

분양(分讓) [부냥] 많은 것이나 큰 덩이를 갈라서 여럿에게 넘겨줌. 예아파트 분양. 분양되다. 분양하다.

분업(分業) [부넙] ①손을 나누어서 일함. ②한 제품의 생산 과정을 몇 단계로 나누어, 여러 사람이 분담하여 생산하는 일. 예분업에 의한 대량 생산. 분업하다.

분열(分裂) [부녈] 하나가 여럿으로 갈라짐. 예세포 분열. 반통일. 분열되다. 예통일 신라는 후삼국으로 분열되었다. 분열하다.

분위기(雰圍氣) [부뉘기] (('지구를 싸고 있는 공기'라는 뜻에서)) 어떤 환경이나 자리 등에서 저절로 만들어져서 감도는 느낌. 예대청소를 하고 나니 교실 분위기가 한결 밝아졌다.

분유(粉乳) [부뉴] 물기를 없애 가루로 만든 우유.

분자(分子) ①물리학에서, 물질의 화학적 성질을 가진 가장 작은 알갱이를 이르는 말. ②분수의 가로줄 위에 있는 수. ②반분모.

분자 운·동(分子運動) 물질을 이루고 있는 분자 또는 원자의 끊임없는 운동.

분장(扮裝) 배우가 작품 속 인물의 모습으로 옷차림이나 얼굴을 꾸밈. 예그 배우는 70세의 노인으로 분장하고 연기했다. 분장하다.

분재(盆栽) 화분에 심어서 줄기나 가지를 보기 좋게 다듬거나 변형시켜 가꿈, 또는 그렇게 가꾼 나무.

분쟁(紛爭) 어떤 말썽 때문에 서로 시끄럽게 다툼. 예종교 분쟁. 분쟁하다.

분절(分節) 하나로 이어진 것을 몇 개의 도막으로 가르는 일. 분절되다. 분절하다.

분점(分店) 본점에서 갈라져 나와 따로 낸 가게. 반본점.

분주하다(奔走一) 몹시 바쁘다. 예사람들이 분주하게 오가는 서울 한복판의 큰길. 분주히.

분지(盆地) 산이나 높은 땅으로 둘러싸인 평평한 땅.

분지르다 부러지게 하다. 예분필을 분지르다. 비부러뜨리다·부러트리다. |활용| 분지르니·분질러.

분청사기(粉靑沙器) 청자에 흰 흙으로 분을 바른 다음 다시 구워 낸 조선 시대의 자기.

분ː출(噴出) 좁은 곳에서 액체나 기체가 세차게 뿜어 나옴, 또는 그렇게 내뿜음. 예용암의 분출. 분출되다. 분출하다.

분ː출물(噴出物) 내뿜은 물질.

분칠(粉漆) ①종이나 널빤지 등에 분을 바름. ②'얼굴에 분을 바르는 일'을 낮추어 이르는 말. 분칠하다.

분침(分針) 시계의 분을 가리키는 바늘. 참시침·초침.

분ː통(憤痛) 몹시 분하여 쓰라린 마음. 예분통이 터지다.

분ː투(奮鬪) 있는 힘을 다하여 싸우거나 노력함. 분투하다.

분포(分布) ①여기저기 흩어져 널리 퍼져 있음. 예수도권의 인구 분포. ②동식물이, 그 종류에 따라 서로 다른 구역에 나서 자라는 일. 예한라산의 식물 분포. 분포되다. 분포하다.

분:풀이(憤一)[분푸리] 분한 마음을 앙갚음을 하거나 다른 대상에게 터뜨려 풀어 버림. 예언니가 시험을 망쳐 기분이 나쁜지 공연히 나한테 분풀이를 한다. 분풀이하다.

분필(粉筆) 구운 석고의 가루를 반죽하여 막대 모양으로 굳혀 만든 것. 칠판에 글씨를 쓰는 데 사용한다. 비백묵.

분:하다(憤一) ①억울하고 원통하다. ②서운하고 아깝다. 예다 이긴 시합을 져서 너무 분하다.

분할(分割) 둘 또는 그 이상으로 나눔. 분할되다. 분할하다.

분해(分解) ①합쳐져 있는 것이 따로따로 갈라짐. ②화합물이 보다 간단한 둘 이상의 서로 다른 물질로 나뉨. 또는 그렇게 나눔. 분해되다. 분해하다. 예기계를 분해하다.

분향(焚香) 부처나 죽은 사람을 위해 향을 피움. 분향하다.

분:홍(粉紅) 흰빛이 섞인 붉은빛. 비분홍빛·분홍색.

분:홍빛(粉紅一)[분홍삗] ➡분홍.

분:홍색(粉紅色) ➡분홍.

분:화구(噴火口) 화산이 터질 때 용암·화산재·화산 가스 등을 내뿜는 구멍. 비화구.

분황사(芬皇寺) 경상북도 경주시 구황동에 있는 절. 신라 때 지어져 원효 대사가 불도를 닦은 절로, 국보로 지정된 분황사 석탑이 있다.

붇:다[붇따] ①물에 젖어서 부피가 커지다. 예라면이 붇었다. ②부피가 늘거나 수효가 많아지다. 예어제 내린 비로 강물이 많이 붇었다. |활용| 불으니·불어.

불 ①강한 빛과 뜨거운 열을 내면서 타오르는 것. 예우리는 추위를 쫓으려고 장작에 불을 붙였다. ②어둠을 밝히는 빛. 예방이 어두우니 불을 켜야

겠다. ③집이나 건물 등이 타서 재가 되는 일. 예공장에 불이 나서 소방관들이 끄고 있다.

불가(不可) ①옳지 않음. ②할 수 없음. 예주차 불가. 빤가. 불가하다. 예네가 하고자 하는 계획은 불가하다.

불가능(不可能) 할 수 없음. 또는 될 수 없음. 예내 사전에 불가능이란 말은 없다. 비불능. 빤가능. 불가능하다. 예저 산을 하루 만에 옮기는 건 불가능하다.

불가분(不可分) 나누려고 해도 나눌 수 없음. 예불가분의 관계.

불가사리 바다에 사는 동물의 한 가지. 몸은 다섯 또는 그 이상의 팔로 되어 있어 마치 별 모양과 같으며, 입은 배에, 항문은 등에 붙어 있다. 팔에 붙은 많은 발로 운동한다.

〈불가사리〉

불가사의(不可思議)[불가사의/불가사이] 상식으로는 생각할 수 없는 이상한 일. 불가사의하다. 예세상에는 불가사의한 일도 있는 법이다.

불가피하다(不可避一) 피할 수가 없다. 예불가피한 사정으로 회의에 참석하지 못했습니다.

불가항력(不可抗力)[불가항녁] 인간의 힘으로는 어찌할 수 없는 힘이나 사태.

불거지다 ①속에 든 물건이 겉으로 둥글게 비어져 나오다. 예개구리의 불거진 두 눈. ②어떤 일이나 현상이 갑자기 드러나거나 생겨나다. 예부정한 거래가 있었다는 의혹이 불거졌다.

불결하다(不潔一) 깨끗하지 않다. 빤청결하다.

불경(佛經) 불교의 가르침을 적은 경전.

불경기(不景氣) 물건의 거래가 활발하지 않고, 상업이나 생산 활동에 활기가 없는 상태. 🔵불황. 🔵호경기.

불고기 쇠고기 등의 살코기를 얇게 저미며 양념을 하여 재었다가 불에 구워 먹는 음식.

불곰 곰과의 동물. 몸길이 2~2.8m. 곰 중에서 가장 크며, 온몸이 붉은 갈색이다. 헤엄을 잘 치고 나무에도 잘 오른다. 우리나라 북부, 시베리아 등지에 산다.

〈불곰〉

불공(佛供) 부처 앞에서 절하고 기도하는 일.

불공평하다(不公平一) 고르지 못하고 한쪽에만 이롭다. 공평하지 않다. 🔵공평하다.

불과(不過) 그 정도에 지나지 못함을 나타내는 말. 🔘불과 1년 전만 해도 이곳은 논이었다. 불과하다. 🔘그것은 일시적인 현상에 불과하다.

불교(佛敎) 세계 3대 종교의 하나. 기원전 5세기 초에 인도의 석가모니가 창시하였다. 이 세상에서의 온갖 번뇌를 버리고, 수행을 통하여 깨달음으로써 부처가 됨을 목적으로 한다.

불구(不具) 몸의 어떤 부분이 온전하지 못함.

불구자(不具者) 몸의 어느 부분이 온전하지 못한 사람.

불구하다(不拘一) 《주로 '불구하고'의 꼴로 쓰여》 거리끼지 않다. 🔘전쟁의 위험에도 불구하고 그는 고향을 떠나지 않았다.

불국사(佛國寺)[불국싸] 경상북도 경주시 토함산 기슭에 있는 절. 절 안에는 다보탑·석가탑·연화교·백운교 등의 많은 문화재가 있다.

불굴(不屈) 어려움에 부닥쳐도 굽히지 않고 끝까지 해냄. 🔘불굴의 정신으로 완성한 작품.

불규칙(不規則) 규칙에서 벗어나거나 정해진 규칙이 없음. 🔵규칙. 불규칙하다.

불규칙적(不規則的)[불규칙쩍] 규칙에서 벗어나거나 규칙이 없는 것. 🔘삼촌은 때로 밤을 새우기도 하면서 불규칙적인 생활을 하고 있다. 🔵규칙적.

불균형(不均衡) 균형이 잡혀 있지 않음. 🔵균형. 불균형하다.

불그레하다 조금 곱게 불그스름하다. 🔵볼그레하다.

불그스레하다 ➡ 불그스름하다.

불그스름하다 빛깔이 조금 붉다. 🔘불그스름한 노을빛. 🔵불그름하다. 🔵불그스레하다. 🔵볼그스름하다. 불그스름히.

불긋불긋[불귿뿔귿] 군데군데 붉은 모양. 🔘단풍이 불긋불긋 물든 가을 산. 🔵볼긋볼긋.

불기둥[불끼둥] 기둥 모양으로 높이 솟아오르는 불길.

불기소(不起訴) 형사 사건에서, 유죄가 될 가망이 없거나 증거가 불충분하거나 하여 검사가 법원에 재판을 요청하지 않는 일. 🔵기소. 불기소하다.

불길[불낄] ①활활 타오르는 불꽃. 🔘불길에 휩싸이다. ②'세차게 타오르는 감정이나 정열'을 비유하여 이르는 말. 🔘분노의 불길.

불길하다(不吉一) 운수가 좋지 않을 것 같다. 🔘왠지 불길한 예감이 든다.

불꽃[불꼳] ①붉게 타오르는 불. 🔵화염. ②쇠붙이나 돌 등이 서로 부딪칠 때 일어나는 불빛.

불꽃(이) 튀다[관용] 다툼이나 경쟁이 치열하다. 🔘두 선수가 불꽃 튀는 접전을 벌이고 있습니다.

불꽃놀이 [불꼰노리] 밤하늘에 화약을 쏘아 올려 공중에서 여러 가지 빛깔이나 무늬의 불꽃이 퍼지게 하는 놀이.

불끈 ①두드러지게 치밀거나 솟아오르는 모양. 예태양이 불끈 떠올랐다. ②성을 벌컥 내는 모양. 예형이 내게 불끈 화를 냈다. ③주먹을 갑자기 단단히 쥐는 모양. 예우리는 두 주먹을 불끈 쥐고 승리를 다짐했다. ㉤볼끈. 불끈불끈.

불끈거리다 ①두드러지게 자꾸 치밀거나 솟아오르다. ②자꾸 성을 벌컥 내다. ③주먹을 갑자기 자꾸 단단히 쥐다. ㉥불끈대다. ㉤볼끈거리다.

불끈대다 ➡불끈거리다.

불나다 [불라다] 화재가 일어나다. 예사람들이 불난 곳으로 불을 끄러 모여들었다.

불놀이 [불로리] 쥐불을 놓거나, 불꽃놀이 등을 하며 노는 일.

불능(不能) [불릉] 할 수 없음. 예구제 불능. ㉥불가능.

불:다¹ 바람이 일어나다. 예태풍이 불다./바람이 세게 불어서 빨래가 날아갔다. |활용| 부니·불어.

불:다² ①입술을 오므리거나 하여 입김을 내어보내다. 예나는 시린 손을 호호 불었다. ②관악기를 입에 대어 입김으로 소리를 내다. 예피리를 불다./나팔을 불다. ③감추었던 비밀이나 죄를 사실대로 말하다. |활용| 부니·불어.

불당(佛堂) [불땅] 부처를 모신 집.

불덩어리 [불떵어리] 불이 붙어 타고 있는 덩어리. ㉥불덩이.

불덩이 [불떵이] ①불이 붙어 타고 있는 덩이. ㉥불덩어리. ②'열이 심한 몸이나 뜨겁게 단 물체'를 비유하여 이르는 말. 예동생이 열이 나서 몸이 불덩이가 되었다.

불도(佛道) [불또] ①부처의 가르침. ㉥불법. ②수행을 쌓아 부처의 깨달음을 얻는 길.

불도그(bulldog) 개의 한 품종. 영국 원산으로, 머리가 크고 넓적하며 볼이 처져서 사나워 보이나 성질은 온순하다. 코는 납작하고 네 다리는 휘었다. |잘못| 불독.

〈불도그〉

불도저(bulldozer) 흙이나 바위 등을 밀어 내어 땅을 고르는 데 쓰는 차.

불똥 타는 물체에서 튀어 흩어지는 작은 불덩이.

불똥(이) 튀다 [관용] 사건이나 말썽의 꼬투리가 엉뚱한 사람에게 번지다. 예형의 성적이 떨어져서 나한테까지 불똥이 튀었다.

불뚝 불룩하게 솟아나와 불거진 모양. 예배가 불뚝 나오다.

불량(不良) ①품질이나 상태 등이 좋지 않음. 예불량 식품. ㉥우량. ②품행이 좋지 않음. 예불량 청소년. 불량하다.

불량배(不良輩) 품행이 좋지 못한 무리.

불러들이다 [불러드리다] 불러서 들어오게 하다. 예집에 엄마가 없을 때는 친구들을 집으로 불러들이지 마라.

불러오다 불러서 오게 하다. 예네 오빠 좀 불러오렴.

불러일으키다 [불러이르키다] 어떤 행동·상황·감정 등을 일어나게 하다. 예감동을 불러일으키는 영화.

불로초(不老草) 먹으면 늙지 않는다는 약초.

불룩 겉으로 쑥 내민 모양. 예개구리의 배가 불룩 나왔다. ㉤볼록. 불룩불룩.

불룩하다 [불루카다] 겉으로 쑥 내밀어져 있다. 예주머니가 불룩한 걸 보니 뭐가 들어 있나 보다. ㉔볼록하다. 불룩이.

불륜(不倫) 윤리에서 벗어남. 예불륜의 관계.

불리다¹ ①남에게 부름을 받다. 예교무실로 선생님에게 불려 갔다. ②노래가 불리어지다. ③이름이 붙여져 일컬어지다. 예나이팅게일은 사랑의 천사라고 불린다. |잘못| 불리우다.

불리다² 바람을 받아서 날리어지다.

불리다³ ①물건을 물에 축여서 붇게 하다. 예볍씨를 물에 불리다. ②부피가 늘거나 수효가 많아지게 하다. 예재산을 불리다.

불리하다(不利—) 이롭지 않다. 예조건이 매우 불리하다. ㉘유리하다.

불만(不滿) 마음에 차지 않는 느낌, 또는 그런 마음의 표시. 예불만을 품다. ㉘만족.

불만스럽다(不滿—) [불만스럽따] 마음에 차지 않는 느낌이 있다. 예불만스러운 표정을 짓다. ㉘만족스럽다. |활용| 불만스러우니·불만스러워. 불만스레.

불만족(不滿足) 마음에 들지 않음. 예불만족을 표시하다. ㉘만족. 불만족하다.

불매(不買) 상품을 사지 않음. 예불매운동.

불면증(不眠症) [불면쯩] 잠을 잘 수없는 상태가 오래도록 이어지는 증세. 예불면증에 걸리다.

불멸(不滅) 영원히 없어지지 않음. 예불멸의 업적. 불멸하다.

불명예(不名譽) 명예롭지 못함. 예김 선수는 국제 대회에서 퇴장을 당하는 불명예를 안았다. ㉘명예.

불모(不毛) 땅이 메말라 농작물이 자라지 않음. 예불모의 땅.

불모지(不毛地) ①식물이 자라지 않는 거칠고 메마른 땅. ②'무엇이 개발되거나 발달되지 않은 곳'을 비유하여 이르는 말. 예그 사람은 철강 산업의 불모지였던 이곳에 제철소를 세우고 철강 산업을 일으켰다.

불문(不問) ①묻거나 따지지 않음. 예이 문제는 불문에 부치기로 하자. ②가리지 않음. 불문하다. 예맛있는 음식을 먹으면 기분이 좋아지는 건 남녀노소를 불문하고 똑같다.

불미스럽다(不美—) [불미스럽따] 옳지 못하거나 떳떳하지 못하다. 예불미스러운 일을 저질렀다. |활용| 불미스러우니·불미스러워.

불바다 사나운 기세로 넓은 지역에 걸쳐서 타오르는 불.

불발(不發) ①총이나 폭탄이 발사되지 않거나 터지지 않음. ②계획했던 일을 못하게 됨. 예계획했던 일이 불발로 끝났다. 불발하다.

불밤송이 익기 전에 말라 떨어진 밤송이.

불법¹(不法) 법에 어긋나 있음. 예불법 주차/불법 시위. ㉑위법. ㉘적법·합법.

불법²(佛法) 부처의 가르침. ㉑불도.

불벼락 몹시 심한 꾸지람. 예할아버지께서 이 사실을 아시면 불벼락이 떨어질 것이다. ㉑불호령.

불변(不變) 변하지 않음. 예불변의 진리. ㉘가변. 불변하다.

불복(不服) 복종하지 않음. 불복하다. 예상관의 명령에 불복하다.

불분명하다(不分明—) 분명하지 않다. 예좋다는 건지 싫다는 건지 그 사람 태도가 불분명하다. ㉘분명하다.

불붙다 [불붇따] ①물체에 불이 당겨 타기 시작하다. ②어떤 일이나 감정 등이 치열하게 되다. 예두 사람 사이에 경쟁심이 불붙었다.

불빛 [불삗] ①타는 불의 빛. ②등불·전등 등에서 비치는 빛. 예가로등 불빛.

불사르다 ①불에 태워 없애다. 예낙엽을 불사르다. ②기운이나 마음을 어떤 일에 남김없이 쏟아붓다. 예청춘을 불사르다. 비사르다. |활용| 불사르니·불살라.

불사신(不死身) [불싸신] 죽지 않는 몸. 예장군은 수많은 전쟁에서 죽을 고비를 넘겼지만 불사신처럼 살아났다.

불사조(不死鳥) [불싸조] 불에 타 죽어도 그 재 속에서 다시 태어난다는, 이집트 신화에 나오는 새.

불상(佛像) [불쌍] 부처의 모습을 조각이나 그림으로 나타낸 것.

불상사(不祥事) [불쌍사] 죽음이나 큰 사고 같은 좋지 않은 일. 예불상사가 일어나다.

불성실(不誠實) [불썽실] 성실하지 못함. 빤성실. 불성실하다. 예불성실한 근무 자세.

불손(不遜) [불쏜] 공손하지 않음. 불손하다. 예태도가 불손하다. 불손히.

불순(不純) [불쑨] 순수하지 못함. 예불순 세력. 불순하다. 예불순한 생각. 불순히.

불순물(不純物) [불쑨물] 순수한 물질 속에 섞여 있는 순수하지 못한 물질.

불시(不時) [불씨] 《주로 '불시에'·'불시의'의 꼴로 쓰여》 뜻하지 않은 때. 예우리 군사들은 잠을 자다가 불시에 습격당했다.

불신(不信) [불씬] 믿지 않음. 불신하다. 예남을 불신하면 남도 너를 불신한다.

불신감(不信感) [불씬감] 믿지 못하는 마음. 예서로에 대한 적대감이나 불신감을 버리자.

불쌍하다 가엾고 애처롭다. 예강아지가 빗속에서 혼자 떨고 있는 모습이 불쌍해 보였다. 불쌍히.

불쑥 ①갑자기 쑥 내밀거나 툭 비어져 나오는 모양. 예경미가 내게 불쑥 손을 내밀었다. ②앞뒤를 헤아리지 않고 함부로 말을 하는 모양. 예그 사람이 불쑥 말을 꺼내서 당황했다. 쪤볼쏙. 불쑥불쑥.

불씨 ①불을 일으키는 데 쓰려고 재 속에 묻어 두는 작은 불덩이. ②'소동이나 사건 등을 불러일으키는 실마리'를 비유하여 이르는 말. 예전쟁의 불씨가 된 사건.

불안(不安) [부란] 걱정이 되어 마음이 편하지 않음, 또는 그런 마음. 예불안을 느끼다. 불안하다. 예나는 불안한 마음에 잠을 이루지 못하였다. 불안히.

불안감(不安感) [부란감] 불안한 느낌.

불안전(不安全) [부란전] 안전하지 못함. 불안전하다.

불안정(不安定) [부란정] 안정성이 없거나 안정되지 못함. 빤안정. 불안정하다. 예생활이 불안정하다.

불알 [부랄] 포유동물 수컷의 생식 기관의 일부. 비고환.

불어나다 [부러나다] 본디보다 커지거나 많아지다. 예장마로 강물이 불어났다.

불어넣다 [부러너타] 어떤 정신이나 생각을 갖도록 자극이나 영향을 주다. 예이 동화는 어린이들에게 기쁨과 용기를 불어넣어 준다.

불어오다 [부러오다] 바람이 이쪽 방향으로 오다. 예산들바람이 불어온다.

불여우 [불려우] '꾀가 많고 간사스러워 남을 홀리는 여자'를 비유하여 이르는 말.

불연속(不連續) [부련속] 연속되지 않고 중간에 끊어져 있음. 빤연속.

불완전(不完全) [부뢴전] 완전하지 않음. [반]완전. **불완전하다**. [예]이 제품은 현재 개발 중으로 아직 불완전하다.

불우(不遇) [부루] ①형편이 어려움. [예]불우 이웃을 도웁시다. ②재능이나 포부는 있어도 좋은 때를 만나지 못해 불쌍하고 딱함. **불우하다**.

불운(不運) [부룬] 운수가 좋지 않음, 또는 그런 운수. [비]불행. [반]행운. **불운하다**.

불응하다(不應—) [부릉하다] 요구나 요청에 응하지 않다. [예]범인이 경찰의 검문에 불응하여 달아나다 붙잡혔다. [반]응하다.

불의[1](不意) [부릐/부리] 미처 생각하거나 예상하지 못함. [예]아버지께서 불의의 사고를 당하셨다. [비]뜻밖·의외.

불의[2](不義) [부릐/부리] 옳지 않은 일. [예]형주는 불의를 보면 참지 못하는 성격이다. [반]정의.

불이익(不利益) [불리익] 이익이 되지 않고 손해가 되는 데가 있음. [예]불이익을 당하다.

불일치(不一致) [부릴치] 서로 일치하지 않음. [예]의견 불일치. [반]일치. **불일치하다**.

불자동차(—自動車) 불이 났을 때 불을 끄고 사람을 구하는 일에 쓰이는 자동차. [비]소방차.

불장난 ①불을 가지고 노는 일. [예]불장난을 하면 밤에 오줌 싼단다. ②'위험한 일'을 비유하여 이르는 말. **불장난하다**.

불조심(—操心) 불이 나지 않도록 마음을 씀. [예]자나 깨나 불조심. **불조심하다**.

불찰(不察) 잘 살피지 않은 탓으로 생긴 잘못. [예]모두가 내 불찰인데 누구를 탓하랴.

불참(不參) 참가하거나 참석하지 않음. [예]불참을 선언하다. [반]참가·참석. **불참하다**.

불청객(不請客) 초대하지 않았는데 찾아와 달갑지 않은 손님.

불치병(不治病) [불치뼝] 나을 수 없는 병.

불친절(不親切) 친절하지 않음. [반]친절. **불친절하다**. [예]이 가게는 손님 접대가 불친절하구나.

불쾌감(不快感) 불쾌한 느낌이나 감정.

불쾌지수(不快指數) 무더위 때문에 생기는 불쾌감의 정도를 나타내는 수치. [예]불쾌지수가 높은 날에는 사람들이 쉽게 짜증을 낸다.

불쾌하다(不快—) 어떤 일로 기분이 상하여 마음이 상쾌하지 않다. [예]네가 나를 무시하는 것 같아 불쾌하다. [반]유쾌하다. **불쾌히**.

불타(佛陀) 바른 진리를 깨달은 사람, 곧 부처.

불타다 ①불이 붙어서 타다. [예]나무가 불타다. ②정열이나 감정이 북받치다. [예]의욕에 불타다.

불태우다 ①불을 붙여 타게 하다. [예]나는 오래된 편지를 다 모아 불태워 버렸다. ②어떤 감정이나 열정을 모두 쏟다. [예]사랑을 불태우다.

불통(不通) 교통이나 통신 등이 막혀 연락이 되지 않음. [예]전화가 갑자기 불통이 되었다. **불통되다**. **불통하다**.

불투명(不透明) ①투명하지 않고 흐릿함. ②말이나 태도가 분명하지 않음. ③앞으로의 전망이 확실하지 않음. [반]투명. **불투명하다**. [예]미래가 불투명하다.

불티 타는 불에서 튀는 아주 작은 불똥.

불티나다 물건이 금방 다 팔리거나 없어지다. [예]물건을 시장에 내놓자마자 불티나게 팔렸다.

불편(不便) ①몸이나 마음이 편하지 않음. 거북스러움. ②이용하기에 편리하지 않음. ②[반]편리. **불편하다.** [예]다리가 불편하다./이 지역은 교통이 불편하다.

불평(不平) 마음에 들지 않아 못마땅하게 여김, 또는 그것을 말이나 행동으로 나타냄. [예]동생은 용돈이 적다고 불평을 했다. **불평하다.** [예]아주머니는 밥이 적다고 불평하는 사람에게 밥을 더 주셨다.

'불평'과 '불만'의 구별

불평 : 어떤 일이나 사람에 대해 마음에 들지 않는 사항을 말로 드러내어 나타내는 것.
불만 : 어떤 일이나 사람이 못마땅하여 마음에 들지 않는 것.
[예]불평(×불만)을 늘어놓다./불만(×불평)에 가득 차다.

불평등(不平等) 한쪽으로 치우쳐 있거나 차별이 있어 고르지 않음. [반]평등. **불평등하다.** [예]불평등한 조건.

불필요(不必要) [불피료] 필요하지 않음. [반]필요. **불필요하다.** [예]불필요한 물건은 사지 마라.

불한당(不汗黨) 떼 지어 돌아다니는 강도. [비]화적.

불합격(不合格) [불합껵] 시험 등에 합격하지 못함. [비]낙방. [반]합격. **불합격되다. 불합격하다.** [예]대학 입시에 불합격하다.

불합리(不合理) [불함니] 이치에 맞지 않음. [반]합리. **불합리하다.**

불행(不幸) ①행복하지 않음. [예]불행을 느끼다. ②운수가 나쁨. [예]불행을 겪다. ②[비]불운. [반]행복. **불행하다. 불행히.**

불행 중 다행[관용] 불행한 가운데에도 그나마 뜻밖의 행운으로 잘된 일. [예]불행 중 다행으로 목숨은 건졌다.

불허(不許) 허락하거나 허용하지 않음. **불허하다.** [예]예측을 불허하다.

불현듯 [불현듣] 〈불현듯이〉의 준말. [예]불현듯 사고 당시의 기억이 떠올랐다.

불현듯이 [불현드시] 갑자기 생각이 치밀어 걷잡을 수 없게. [준]불현듯.

불호령(-號令) 몹시 심한 꾸지람. [예]불호령을 내리다. [비]불벼락.

불화(不和) 서로 화합하지 못함, 곧 사이가 좋지 못함. [예]가족 간의 불화. **불화하다.**

불확실하다(不確實-) [불확씰하다] 확실하지 않다. [예]범인이 누구인지는 아직 불확실하다.

불황(不況) ➡불경기.

불효(不孝) 부모를 잘 섬기지 않음. [반]효. **불효하다.**

불효자(不孝子) 효성스럽지 못한 자식.

불후(不朽) 썩지 않음, 곧 영원히 없어지지 않음. [예]불후의 명작.

붉다 [북따] 빛깔이 핏빛이나 익은 고추의 빛과 같다. [예]단풍이 붉게 물든 가을 산. [발음] 붉어 [불거] · 붉고 [불꼬]

붉어지다 [불거지다] 점점 붉게 되어 가다. [예]연숙이는 농담 한마디에 얼굴이 붉어졌다.

붉으락푸르락 [불그락푸르락] 몹시 화가 나거나 흥분하거나 해서 얼굴빛이 자꾸 붉거나 푸르게 변하는 모양. [잘못] 푸르락붉으락. **붉으락푸르락하다.** [예]아버지는 내 성적표를 보시더니 얼굴이 붉으락푸르락하셨다.

붉은빛 [불근빋] ➡붉은색.

붉은색(-色) [불근색] 핏빛이나 익은 고추의 빛 같은 색깔. [비]붉은빛.

붉히다 [불키다] 부끄럽거나 성이 나거나 하여 얼굴빛을 붉게 하다. [예]서로 얼굴 붉히는 일이 없도록 합시다.

붐비다 많은 사람이나 자동차가 들끓어서 복잡하다. 예가을 단풍철이면 내장산은 관광객들로 붐빈다. 비북적거리다.

붓 [붇] 가는 대 끝에 털 뭉치를 꽂고, 먹이나 그림물감을 찍어 글씨를 쓰거나 그림을 그리는 데 쓰는 물건. |발음|붓이 [부시]·붓도 [붇또]·붓만 [분만]

붓글씨 [붇끌씨] 붓으로 쓴 글씨.

붓끝 [붇끋] 붓의 놀림새. 문자나 문장에서 느껴지는 힘.

붓ː다¹ [붇따] ①살가죽이 부풀어 오르다. 예잠을 많이 잤더니 얼굴이 부었다. ②'화가 나다'를 속되게 이르는 말. 예동생이 아까부터 잔뜩 부어 있다. |활용|부으니·부어.

붓ː다² [붇따] ①액체나 가루 등을 그릇에 담으려고 쏟다. 예나는 목이 말라서 컵에 물을 부어 마셨다. ②돈을 정기적으로 치르다. 예나는 매달 5만 원씩 적금을 붓는다. |활용|부으니·부어.

붓대 [붇때] 붓의 자루.

붓두껍 [붇뚜껍] 붓의 촉을 끼워 두는 물건. 붓의 뚜껑.

붓털 [붇털] 붓의 끝에 달려 있는, 털로 된 부분. 여기에 먹이나 물감을 찍어서 쓴다.

붕¹ ①갇혀 있던 공기 등이 좁은 곳으로 빠져나오면서 나는 소리. 쎈뿡. ②벌 등이 날 때 나는 소리. 붕붕.

붕² 공중에 갑자기 떠오르거나 가슴이 뿌듯하게 흥분하는 모양. 예어찌나 좋았던지 공중에 붕 뜨는 기분이었다.

붕괴(崩壞) [붕괴/붕궤] 허물어져 무너짐. 붕괴되다. 예지진으로 건물이 많이 붕괴되었다. 붕괴하다.

붕대(繃帶) 다친 데에 감는, 소독한 형겊 띠.

붕산(硼酸) 붕사에 황산을 넣어 얻는, 비늘 모양의 결정이나 가루. 소독·세척·연고제 등으로 쓰인다.

붕ː어 잉엇과의 민물고기. 편평한 몸에 입이 작고 수염이 없다. 개울이나 못에 산다.

〈붕어〉

붕ː어빵 ①붕어 모양의 틀에 밀가루 반죽과 팥소를 넣어 만든 빵. ②'서로 얼굴이 매우 닮은 사람'을 비유하여 이르는 말.

붕우유신(朋友有信) 오륜의 하나. 벗사이에는 믿음이 있어야 한다는 말.

붙다 [붇따] ①서로 닿아서 떨어지지 않게 되다. 예자석에 못이 딱 붙어 있다. ②서로 바짝 가까이하다. 예조금씩 더 붙어 앉으세요. ③좇아 따르다. 예박쥐처럼 여기 붙었다 저기 붙었다 하지 마라. ④새로이 생기거나 더해지다. 예원금에 이자가 붙었다. ⑤불이 옮아 타기 시작하다. 예나무에 불이 붙었다. ⑥시험에 뽑히다. 예입학 시험에 꼭 붙고 싶어요. ⑦관심·실력·속도 등이 생기거나 더 늘다. 예그동안 연주 실력이 많이 붙었구나. |발음|붙어 [부터]·붙고 [붇꼬]·붙는 [분는]

붙들다 [붇뜰다] ①손으로 꽉 쥐다. 예아버지가 손목을 붙들어 나는 움직일 수 없었다. ②달아나는 것을 잡다. 예달아나는 소매치기를 한 청년이 쫓아가서 붙들었다. ③가지 못하게 말리다. |활용|붙드니·붙들어.

붙들리다 [붇뜰리다] 다른 사람에게 붙듦을 당하다. 예도둑이 경찰에게 붙들렸다.

붙박이 [붇빠기] 한곳에 꼭 들어박혀 움직이지 않거나 움직일 수 없는 것. 예붙박이로 된 옷장.

붙박이장(一欌) [붇빠기장] 움직일 수 없게 벽에 붙여 만든 장.

붙이다 [부치다] ①꽉 달라붙어 떨어지지 않게 하다. 圓나는 편지 봉투에 주소를 쓰고 우표를 붙였다. ②가까이 닿게 하다. 圓책상을 벽 쪽으로 붙여 놓아라. ③딸리게 하다. 圓경호원을 붙이다. ④불이 붙게 하다. 圓담뱃불을 붙이다. ⑤관심·실력·습관 등을 생기거나 늘게 하다. 圓윤아는 요즘 줄넘기에 재미를 붙였다. ⑥이름을 달다. 圓글에 알맞은 제목을 붙이시오. ⑦누구에게 말을 걸다. 圓혼자 서 있지 말고 가서 아이들한테 말 좀 붙여 봐. ⑧싸움이나 경쟁을 하게 하다. 圓싸움을 붙이다.

붙임 [부침] 글에 보충하거나 참고할 내용을 뒤에 덧붙여 적은 것.

붙임 딱지 [부침딱찌] 앞면에는 글·그림을 인쇄하고 뒷면에는 접착제를 발라 놓아 쉽게 붙일 수 있는 종잇조각. 비스티커.

붙임성 (一性)[부침썽] 남과 잘 사귀는 성질. 또는 그런 말씨나 행동. 圓붙임성이 있다.

붙임줄 [부침쭐] 악보에서, 같은 높이의 두 음을 잇는 줄. 두 음을 이어 한 음처럼 연주하라는 뜻을 나타낸다. 기호는 '⌒'.

붙잡다 [붇짭따] ①붙들어 쥐다. 圓차가 많이 흔들리니 손잡이를 꼭 붙잡아라. ②달아나지 못하게 잡다. 圓나는 얼른 쫓아가서 도망가는 놈을 붙잡았다. ③가지 못하게 말리다. 圓영주는 저녁이나 먹고 가라고 친구를 붙잡았다.

붙잡히다 [붇짜피다] 다른 사람에게 붙잡음을 당하다. 圓범인이 형사에게 붙잡혔다.

뷔페 (buffet) 여러 가지 음식을 차려 놓고, 먹을 사람이 스스로 덜어 먹을 수 있게 한 식당. 또는 음식. |잘못| 부페.

브라보 (bravo) '잘한다'·'신난다'·'멋있다' 등과 같은 뜻으로, 몹시 기뻐하거나 칭찬하거나 할 때 지르는 소리.

브라운관 (Braun管) 진공관의 한 가지. 텔레비전에 이용되는데, 전류의 강약을 빛의 강약으로 바꾸는 일을 한다.

브라질 (Brazil) 남아메리카의 동부에 있는 나라. 남아메리카에서 가장 넓은 나라로, 19세기 초에 포르투갈로부터 독립하였다. 사탕수수·커피 등의 생산량이 많다. 수도는 브라질리아.

브람스 (Brahms, 1833~1897) 독일의 작곡가. 낭만주의 시대에 고전파 음악의 전통을 지켰다. 주요 작품으로는 '헝가리 춤곡'·'대학 축전 서곡' 등이 있다.

브래지어 (brassiere) 속옷의 한 가지. 여자의 가슴을 감싸거나 가슴 모양을 아름답게 하기 위하여 입는다. |잘못| 브라자.

〈브래지어〉

브레멘 (Bremen) 독일 북부에 있는 항구 도시. 조선·기계·자동차 공업 등이 발달하였다.

브레이크 (brake) 기차·자동차·자전거 등의 바퀴의 회전을 멈추게 하거나 늦추게 하는 장치.

브레인스토밍 (brainstorming) 자유로운 토론을 통하여 독창적인 아이디어를 이끌어 내는 일.

브로마이드 (bromide) 연예인·운동선수 등의 얼굴을 찍은 사진.

브로치 (brooch) 여자의 외투 깃이나 앞가슴에 핀으로 꽂는 장신구.

브이티아르 (VTR) ➡ 비디오테이프리코더.

블라디보스토크 (Vladivostok) 러시아 연해주 지방에 있는 도시. 극동 최대의 항구 도시이면서 군항이기도 하다.

블라우스(blouse) 품이 넉넉하고 단추가 달린 여성용 윗옷.
블랙홀(black hole) 밀도와 중력이 매우 커서 주변의 빛이나 물체를 모두 빨아들이는 우주 공간의 구멍.
블로그(blog) 개인이 자신의 글과 사진 등을 자유롭게 올려 꾸미는 웹 사이트.
블록(block) ①쌓아 올리도록 만든 장난감. ②벽을 쌓거나 길에 까는, 벽돌 모양의 콘크리트 덩이. ③도시의 큰 길거리를 일정한 경계에 따라 갈라 정한 것.
비1 공기 중의 수증기가 식어서 물방울이 되어 땅 위로 떨어지는 것. [예]비를 맞다./비가 내리다.
비가 오나 눈이 오나[관용] 어떤 어려움이 있어도 항상. [예]할머니는 비가 오나 눈이 오나 새벽같이 일어나 새벽 기도를 가신다.

여러 가지 '비1'

- **억수** : 물을 퍼붓듯이 세차게 내리는 비.
- **장대비** : 굵은 빗줄기가 쉴 새 없이 거세게 내리는 비.
- **소나기** : 갑자기 세차게 내리다가 이내 그치는 비.
- **가랑비** : 빗줄기가 눈에 보일 정도로 가늘게 내리는 비.
- **보슬비** : 바람 없이 조용히 내리는 가랑비.
- **이슬비** : 는개보다는 굵고 가랑비보다는 가늘게 내리는 비.
- **는개** : 안개비보다는 굵고 이슬비보다는 가늘게 내리는 비.
- **안개비** : 안개처럼 눈에 보이지 않을 정도로 잘게 내리는 비.

비2 먼지나 쓰레기 등을 쓸어 내는 데 쓰는 청소 도구. [비]빗자루.
비:3(比) 어떤 양이 다른 양의 몇 배에 해당하는가를 보이는 관계. [본]비율.
비:겁하다(卑怯—) [비거파다] 겁이 많고 하는 짓이 떳떳하지 못하다. [예]비겁하게 뒤에서 욕하지 말고 할 말 있으면 내 앞에서 해. [비]비열하다. [반]용감하다.
비:결(祕訣) 남이 알지 못하는 가장 효과적인 방법. [예]제 성공의 비결은 꾸준한 노력입니다. [비]노하우.
비계 [비계/비게] 돼지 등의 가죽 안쪽에 두껍게 붙은 기름의 켜.
비:고(備考) 어떤 내용에 참고가 될 만한 사항을 덧붙여 적음, 또는 덧붙인 그 사항.
비:공개(非公開) 공개하지 않음. [예]비공개 회담. [반]공개.
비:공식(非公式) 공식이 아닌 사사로운 방식. [예]비공식 경기.
비:관(悲觀) ①일이 뜻대로 되지 않아 슬퍼하거나 실망함. ②앞일이 잘되지 않을 거라는 생각. [반]낙관. **비관하다**. [예]자신의 처지를 비관하다.
비:교(比較) 둘 이상의 사물을 서로 견주어 봄. [예]나는 나일 뿐, 다른 사람과 비교는 하지 마세요. **비교되다**. **비교하다**.

'비교'와 '대조'의 구별

비교 : 어떤 사물들 사이의 비슷한 점(형태·성질·기능 등의 닮은 점)을 찾아내는 일.
대조 : 어떤 사물들 사이의 차이점(종류·특성·정도 등의 다른 점)을 찾아내는 일.

비:교적(比較的) 일반적인 기준에 견주어 보아서. [예]민속 무용은 비교적 동작이 쉽다.
비:구(比丘) 남자 승려. [반]비구니.
비:구니(比丘尼) 여자 승려. [반]비구.
비구름 비를 머금은 구름.

비ː굴하다(卑屈一) 용기가 없고 남에게 굽실거리는 태도가 있다. 예나는 어떻게든 돈을 빌리려고 비굴하게 부탁했다. 비굴히.

비ː극(悲劇) ①인생의 불행이나 슬픔을 소재로 하여 슬픈 결말로 끝맺는 극. 예비극 영화. 빤희극. ②매우 비참한 사건. 예남북 분단의 비극.

비ː금속(非金屬) 금속의 성질을 가지지 않은 물질.

비기다 ①견주어 보다. 비교하다. 예비길 데 없이 착한 사람. ②빗대어 말하다. ③서로 비슷하여 승부를 내지 못하다. 예전반전에는 두 팀 모두 득점 없이 비겼다.

비ː꼬다 ①끈 등을 비틀어서 꼬다. ②남의 결점 같은 것을 바로 들어 말하지 않고 돌려서 빈정거리다. 예그렇게 비꼬지만 말고 네 불만이 뭔지 얘기해 봐. 壺꼬다.

비끼다 ①비스듬히 놓이거나 늘어지다. ②비스듬히 비치다. 예저녁놀이 비낀 하늘.

비ː난(非難) 남의 잘못이나 흠 등을 책잡아 나쁘게 말함. 예비난을 받아도 마땅한 행동. 비난하다. 예잘 알지도 못하면서 함부로 비난하지 마라.

비너스(Venus) 로마 신화에 나오는 미와 사랑의 여신. 그리스 신화의 아프로디테에 해당한다.

비녀 쪽 찐 머리가 풀어지지 않도록 꽂는 여자의 장신구.

비누 물을 묻혀 거품을 내서 때를 씻어 내는 데 쓰는 물건.

〈비녀〉

비누질 때를 씻기 위하여 비누를 문지르거나 골고루 칠하는 일. 빤비누칠. 비누질하다.

비눗갑(一匣)[비누깝/비눋깝] 비누를 담아 두는 갑.

비눗기[비누끼/비눋끼] 비눗물의 기운. 예빨래에 비눗기가 남아 있다.

비눗물[비눈물] 비누를 푼 물.

비눗방울[비누빵울/비눋빵울] 동글동글하게 방울이 진 비누 거품.

비늘 물고기나 뱀 같은 것의 거죽을 겹쳐서 덮고 있는 얇고 단단한 딱지.

비닐(vinyl) 봉지·포장지·비옷·가방 등을 만드는 데 쓰이는 얇고 질긴 물질.

비닐봉지(vinyl封紙) 비닐로 만들어 물건을 담는 주머니. 예가게 아주머니는 검은 비닐봉지에 과자를 담아 주셨다.

비닐하우스(vinyl house) 채소를 빨리 재배하거나 열대 식물을 가꾸기 위하여 비닐로 만든 온실.

비ː다 ①속에 든 것이 없는 상태가 되다. 예주머니가 비었다. ②가진 것이 없는 상태가 되다. 예빈 몸으로 돌아오다. ③사람이 없는 상태가 되다. 예텅 빈 집. ④할 일이 없거나 끝나서 시간이 남다. 예학원에 갈 때까지 시간이 비어서 낮잠을 조금 잤다. ⑤일정한 액수나 수량에서 얼마가 모자라다. 예분명 5만 원이 있어야 하는데 2천 원이 빈다.

비단¹(非但) 《'아니다' 같은 부정하는 말 앞에 쓰여》 '다만'·'오직'의 뜻을 나타내는 말. 예이 음료는 비단 건강에 좋을 뿐만 아니라 맛도 좋습니다.

비ː단²(緋緞) 명주실로 두껍고 광택이 나게 짠 천을 통틀어 이르는 말. 빠견직물.

비ː단결(緋緞一)[비단껼] ①비단의 올의 짜임새. ②'매우 곱고 부드러운 상태'를 비유하여 이르는 말. 예비단결 같은 마음씨.

비ː단길(緋緞一)[비단낄] ➡실크로드.

비ː단옷(緋緞一)[비다논] 비단으로 지은 옷.

비ː대하다(肥大—) 살이 쪄서 크고 뚱뚱하다. [예]비대한 몸집.

비둘기 비둘기목에 딸린 새를 통틀어 이르는 말. 머리가 작고 둥글며 부리가 짧다. 성질이 순해 길들이기 쉽고, 날개 힘이 강해 멀리 날 수 있다. 예로부터 평화를 상징하는 새로 여긴다.

〈비둘기〉

비듬 머리의 살갗에서 생기는 허연 잔 비늘.

비디오(video) ①〈비디오테이프〉의 준말. ②〈비디오테이프리코더〉의 준말.

비디오테이프(video tape) 텔레비전의 영상 신호와 음성 신호를 기록하기 위한 자기 테이프. [준]비디오.

비디오테이프리코더(video tape recorder) 텔레비전의 영상과 소리를 비디오테이프에 기록하거나 재생하는 장치. [준]비디오. [비]브이티아르.

비뚜로 똑바르지 않고 한쪽으로 기울어지거나 쏠리게. [예]벽에 액자가 비뚜로 걸려 있다.

비뚝거리다 [비뚝꺼리다] ①물체가 한쪽으로 기울어지며 흔들거리다. ②한쪽 다리가 짧거나 바닥이 고르지 못하여 비틀거리며 걷다. [비]비뚝대다. [작]배뚝거리다.

비뚝대다 [비뚝때다] ➡비뚝거리다.

비뚝비뚝 [비뚝삐뚝] 자꾸 비뚝거리는 모양. [작]배뚝배뚝.

비뚤다 똑바르지 않고 한쪽으로 기울어지거나 쏠려 있다. [예]앞니가 비뚤게 났다. [센]삐뚤다. |활용| 비뚜니·비뚤어.

비뚤비뚤 물체가 곧지 못하고 이리저리 구부러진 모양. [예]줄이 비뚤비뚤 비뚤어졌다. [작]배뚤배뚤. [센]삐뚤삐뚤.

비뚤어지다 [비뚜러지다] ①반듯하지 않고 한쪽으로 기울거나 쏠리다. [예]책상 줄이 좀 비뚤어진 것 같다. ②마음이나 성격 등이 바르지 못하고 비꼬이다. [예]비뚤어진 성격. [작]배뚤어지다. [센]삐뚤어지다.

비렁뱅이 '거지'를 낮추어 이르는 말. |잘못| 거렁뱅이.

비ː례(比例) ①어떤 수나 양이 두 곱, 세 곱 등으로 변화함에 따라 다른 수나 양도 그렇게 되는 일. ②두 수나 양의 비율이 다른 두 수나 양의 비율과 같은 일. ②[준]비. **비례하다**. [예]이 책의 가로세로의 길이는 신문의 가로세로의 길이에 비례한다.

비ː례 배ː분(比例配分) 주어진 수나 양을 주어진 비율에 따라 나누는 계산법.

비ː례 상수(比例常數) 변화하는 두 양이 비례할 때의 그 비의 값, 또는 반비례할 때의 그 곱의 값.

비ː례식(比例式) 두 비의 값이 같음을 나타내는 식.

비로봉(毘盧峯) 강원도에 있는 금강산의 최고봉. 높이 1,638m.

비로소 어떤 일이 있고 난 뒤에서야 처음으로. [예]이야기를 다 듣고 나서야 비로소 오해가 풀렸다. |잘못| 비로서.

비로자나불(毘盧遮那佛) 평등한 지혜의 빛으로 온 세상을 두루 비춘다는 부처.

비록 《'…라 하더라도', '…이지만' 등의 말을 뒤따르게 하여》 어떤 조건 등을 가정으로 내세울 때 쓰는 말. [예]희철이는 비록 나이는 어리지만 생각이 아주 깊다.

비롯되다 [비롣뙤다/비롣뛔다] 그때부터 어떤 일이 시작되다. [예]이 춤은 추수를 감사하는 제사에서 비롯되었다.

비롯하다 [비로타다] ①어디에서 어떤 일이 처음 시작하다. 예이게 다 너를 걱정하는 마음에서 비롯한 일이다. ②여럿을 벌여 이를 때, 그 가운데의 어떤 것으로 처음을 삼다. 예할아버지를 비롯하여 가족이 모두 모였다.

비:료(肥料) 식물이 잘 자라고 꽃이나 열매가 잘 맺도록 땅에 뿌리는 영양 물질. 卽거름.

비:리(非理) 도리에 어긋나는 일. 예사회의 비리를 파헤치다.

비리다 물고기 또는 동물의 피나 날콩을 씹을 때에 나는 냄새나 맛과 같다. 예생선의 비린 맛.

비린내 비린 냄새. 예고등어에서 비린내가 난다.

비:만(肥滿) 살이 쪄서 몸이 뚱뚱함. 비만하다.

비명(悲鳴) 몹시 놀라거나 괴롭거나 다급하거나 할 때에 지르는 외마디 소리.

비:명횡사(非命橫死) [비명횡사/비명 횡사] 뜻밖의 재난이나 사고 등으로 죽음. 비명횡사하다.

비:몽사몽(非夢似夢) 꿈 같기도 하고 깨어 있는 것 같기도 한 어렴풋한 상태.

비:무장 지대(非武裝地帶) 조약에 따라서 무장이 금지되어 있는 지역.

비문(碑文) 비석에 새긴 글.

비:밀(祕密) 남에게 보이거나 알려서는 안 되는 일의 내용. 예이 얘기는 비밀이니까 누구에게도 말하면 안 돼.

비:밀 결사(祕密結社) 존재나 조직·목적 등을 비밀로 하고 있는 단체.

비:밀 선:거(祕密選擧) 투표 내용을 비밀로 하는 선거. 卽공개 선거.

비바람 비를 몰아오면서 부는 바람. 예비바람이 휘몰아치는 벌판.

비방(誹謗) 남을 헐뜯고 트집을 잡아 말함. 비방하다. 예나는 상대 후보를 비방하는 후보는 뽑지 않겠다.

비:범하다(非凡一) 평범하지 않다. 특히 뛰어나다. 예진희는 비범한 기억력을 지녔다. 卽평범하다.

비:법(祕法) [비뻡] 자기만이 알고 있는 비밀한 방법.

비:변사(備邊司) 조선 시대에, 국방에 관한 일을 맡아보던 관청.

비:보(悲報) 슬픈 소식. 예비보가 날아들다./뜻밖의 비보를 접하다. 卽낭보.

비비 비비듯이 여러 번 꼬이거나 뒤틀린 모양. 예몸을 비비 틀다. 卽배배.

비비다 ①두 물체를 맞대어서 서로 문지르다. 예동생이 내게 두 손을 싹싹 비비며 빌었다. ②어떤 음식물에 다른 음식물 등을 넣고 한데 뒤섞어서 버무리다. 예엄마와 나는 고추장에 밥을 비벼 먹었다.

비비추 백합과의 여러해살이풀. 잎은 뿌리에서 무더기로 나며, 7~8월에 연한 자줏빛 꽃이 핀다. 어린잎은 먹을 수 있다.

비빔밥 [비빔빱] 볶은 고기나 나물 등에 양념을 넣고서 비빈 밥.

비사치기 아이들 놀이의 한 가지. 손바닥만 한 납작하고 네모진 돌을 비석처럼 세워 놓고, 얼마쯤 떨어진 곳에서 돌을 던져 맞히거나 발로 돌을 차서 맞혀 넘어뜨리는 놀이. 卽비석치기.

비:상(非常) 예사로운 일이 아닌 긴급한 사태. 예비상이 걸리다.

비:상구(非常口) 건물에서, 보통 때는 닫아 두고 사고가 일어났을 경우에만 사용하는 출입구.

비:상금(非常金) 비상시에 쓰기 위하여 마련해 둔 돈.

비:상시(非常時) 긴급한 사태가 일어난 때. 卽평상시.

비:상임 이:사국(非常任理事國) 국제 연합 안전 보장 이사회를 구성하는 15개 이사국 가운데서 5개 상임 이사

국 이외의 이사국. 총회에서 뽑히며, 임기는 2년이다.

비:상하다(非常—) ①보통과 다르다. 예이 책이 요즘 비상한 관심을 모으고 있다. ②아주 뛰어나다. 예재주가 비상하다.

비:서(祕書) 중요한 직책에 있는 사람에 딸려 그 사람의 사무나 일정 등을 챙기는 일을 맡은 직위, 또는 그 사람.

비:서실(祕書室) 비서가 사무를 보는 방, 또는 그 기관. 예대통령 비서실.

비석(碑石) 어떤 인물이나 공적을 기념하기 위하여 돌에 글자를 새겨서 세워 놓은 물건. 町비.

비석거리(碑石—) [비석꺼리] 비석을 세워 놓은 큰 길거리.

비석치기(碑石—) ➡비사치기.

비:수(匕首) 날이 썩 날카롭고 짧은 칼. 예비수를 던지다./가슴에 비수를 품다.

비:수기(非需期) 어떤 물품의 쓰임이 많지 않은 때. 町성수기.

비스듬하다 한쪽으로 조금 기운 듯하다. 전배스듬하다. 비스듬히. 예한쪽 벽에 기타가 비스듬히 세워져 있다.

비스킷(biscuit) 밀가루에 버터·우유·설탕 등을 섞어서 반죽하여 일정한 모양으로 구워 낸 서양 과자. |잘못|비스켓.

비슷하다 [비스타다] 거의 같다. 닮은 점이 많다. 예두 사람은 마치 형제처럼 얼굴이 비슷하다.

비슷한말 [비스탄말] 거의 같은 뜻으로 쓰이는 말. 町유의어.

비시시 입을 조금 벌리고 소리 없이 웃는 모양. 전배시시.

비실거리다 흐느적흐느적 힘없이 비틀거리다. 町비실대다.

비실대다 ➡비실거리다.

비실비실 자꾸 비실거리는 모양. 예강아지가 비실비실 걸어가다가 넘어졌다.

비싸다 물건값이 정도에 지나치게 높다. 예굴비가 너무 비싸구나. 町싸다.

비아냥거리다 얄밉게 빈정거리다. 町비아냥대다.

비아냥대다 ➡비아냥거리다.

비악비악 [비악삐악] 병아리가 자꾸 우는 소리. 센삐악삐악.

비:애(悲哀) 슬픔과 설움.

비약(飛躍) ①높이 뛰어오름. ②빠른 속도로 발전하거나 향상됨. ③말이나 생각 등이 밟아야 할 단계나 순서를 거치지 않고 앞으로 나아감. 예논리의 비약. 비약하다.

비:열하다(卑劣—) 성품이나 하는 짓이 떳떳하지 못하고 상스럽다. 예비열하게 남의 뒤통수를 치다니! 町비겁하다.

비:영리 단체(非營利團體) 재산상의 이익을 추구하지 않고 공공의 이익을 목적으로 하는 단체.

비:옥하다(肥沃—) [비오카다] 땅이 영양분이 많고 기름지다. 예논밭이 비옥하다.

비올라(viola) 현악기의 한 가지. 줄이 네 개이며 활로 문질러서 소리를 낸다. 차분한 음색을 지녔으며 합주에 많이 쓰인다.

비옷 [비욷] 비에 젖지 않도록 옷 위에 덧입는 옷. 町우의.

비:용(費用) 무엇을 사거나 어떤 일을 하는 데 드는 돈. 예이번 여행에 비용이 얼마나 들지 계산해 보자.

비우다 ①안에 든 것을 없애어 그 자리를 비게 하다. 예그릇을 비우다. ②있던 사람이 나가고 그 자리만 남게 하다. 예다음 달까지 방을 비워 주세요. ③일하던 자리에서 떠나 한동안 그 자리에 있지 않다. 예사장님은 잠시 자리를 비우셨습니다. ④어떤 일을 할 시간을 따로 남겨 두다. 예오늘 저녁에 같이 저녁 먹게 시간 좀 비위 둬. ⑤마음에 찬 욕심을 버리다. 예마음을 비우다.

비:운(悲運) 불행한 운명. 예비운의 왕자.

비:웃다 [비운따] 빈정거리거나 업신여기는 뜻으로 웃다. 예사람들이 모두 나의 꿈을 비웃었다. |발음| 비웃어 [비우서]·비웃고 [비운꼬]·비웃는 [비운는]

비:웃음 [비우슴] 비웃는 일, 또는 그 웃음. 예남의 비웃음을 살 만한 행동. 비조소.

비:원(祕苑) 서울 창덕궁 북쪽에 있는 정원. 울창한 숲 속에 운치 있는 정자와 연못이 있다.

비:위(脾胃) ①비장과 위. ②음식 맛이나 어떤 사물에 대하여 좋고 언짢음을 느끼는 기분. 예생선이 비위에 맞지 않는구나. ③아니꼽거나 언짢은 일을 잘 견디어 내는 힘. 예비위가 좋다.

비위(가) 상하다〔관용〕①음식이 입에 맞지 않아 역겨운 느낌이 들다. ②마음에 언짢아 기분이 상하다.

비위(를) 맞추다〔관용〕남의 마음에 들도록 해 주다.

비:위생적(非衛生的) 더러워서 위생에 좋지 않은 것. 예비위생적인 환경에서 살면 병에 걸리기 쉽다. 비위생적.

비:유(比喩) 어떤 사물의 모양이나 상태 등을 보다 효과적으로 표현하기 위하여 그것과 비슷한 다른 사물에 빗대어 표현함, 또는 그 표현 방법. 비유되다. 비유하다. 예이 시에서는 연인을 향한 마음을 호수에 비유했다.

비:율(比率) 둘 이상의 수를 비교하여 나타낼 때, 그중 한 개의 수를 기준으로 하여 나타낸 다른 수의 비교값. 예시도별 인구 이동 비율. 비비·율.

비읍 한글 닿소리 'ㅂ'의 이름.

비:인간적(非人間的) 사람답지 못하거나 사람으로서는 차마 할 수 없는 것. 예비인간적인 범죄. 비인간적.

비:자금(祕資金) 비밀스럽게 숨겨 놓은 큰돈.

비:장¹(祕藏) 남이 모르게 숨겨 두거나 소중히 간직한 것. 예비장의 무기.

비:장²(脾臟) 위의 왼쪽 뒤에 있는 내장의 한 가지. 백혈구를 만들고 오래된 적혈구를 없애는 구실을 한다. 비지라.

비:장하다(悲壯一) 슬프고도 장하다. 예비장한 각오.

비:전해질(非電解質) 물에 녹아도 전류를 통하지 않는 물질. 설탕·알코올 등. 비전해질.

비:정기적(非定期的) 기한이나 기간이 일정하게 정해져 있지 않은 것. 예마을 회의는 특별한 일이 있을 때마다 비정기적으로 하고 있다. 비정기적.

비:정상(非正常) 정상이 아닌 것. 비정상.

비:정하다(非情一) 인정이 없이 몹시 쌀쌀하다. 예자식을 버린 비정한 부모.

비제(Bizet, 1838~1875) 프랑스의 작곡가. 뛰어난 오페라 작품을 많이 남겼는데, '카르멘'은 특히 유명하다.

비:좁다 [비좁따] 자리가 몹시 좁다. 예이렇게 비좁은 골목에 주차를 하다니.

비:주류(非主流) 어떤 조직이나 단체에서 중심 세력이 아닌 소수의 세력. 비주류.

비:준(批准) 조약을 맺을 때, 나라에서 최종적으로 확인하고 동의함, 또는 그 절차. 비준되다. 비준하다.

비:중(比重) ①어떤 물질의 질량과 그것과 부피가 같은 표준 물질의 질량과의 비. ②다른 사물과 비교했을 때의 중요성의 정도. 예오늘 뉴스에서 이 사건을 비중 있게 다루었다.

비지 두부를 만들고 남은 찌꺼기.

비지땀 무척 힘든 일을 할 때 몹시 쏟아져 나오는 땀.

> **'비지땀'의 어원**
>
> 비지를 만들기 위해 콩을 갈아 헝겊에 싸서 짤 때에 줄줄 흘러내리는 콩물처럼 많이 나는 땀이라는 데서 비롯된 말.

비질 비로 쓰는 일. 예나는 매일 아침 마당을 비질을 한다. 비질하다.

비：집다 [비집따] ①맞붙은 데를 벌려서 틈을 내다. ②좁은 틈을 헤쳐서 넓히다. 예훈규는 사람들 사이를 비집고 안으로 들어갔다.

비쭉거리다 [비쭉꺼리다] 기분이 나쁘거나 울려고 할 때 입을 내밀고 실룩거리다. 예나는 동생만 편드는 엄마를 보며 입을 비쭉거렸다. 🐵비쭉대다. 🔵삐쭉거리다. 🔴비죽거리다.

비쭉대다 [비쭉때다] ➡ 비쭉거리다.

비：참하다(悲慘一) 차마 눈뜨고 볼 수 없을 만큼 슬프고 끔찍하다. 예비참한 광경.

비：천하다(卑賤一) 신분이 낮고 천하다. 예출신이 비천하다. 🔴고귀하다·존귀하다.

비추다 ①빛을 보내어 밝게 하다. 예달빛이 들판을 비추고 있었다. ②거울이나 물 등에 모습이 나타나게 하다. 예나는 거울에 얼굴을 비추어 보았다. ③견주어 보다. 예우리 집은 소득에 비추어 볼 때 씀씀이가 큰 편이다.

비：축(備蓄) 만일의 경우에 대비하여 미리 모아 둠. 비축되다. 비축하다. 예비상식량을 비축하여 두다.

비：취(翡翠) 보석의 한 가지. 반투명이고 짙은 녹색을 띠며 유리와 같은 광택이 있다.

비：치(備置) 갖추어 둠. 예비치 도서. 비치되다. 비치하다. 예구급약을 비치해 두다.

비치다 ①빛이 나서 환하게 되다. 예등불이 비치다. ②물체의 그림자가 나타나 보이다. 예사람의 그림자가 창문에 언뜻 비쳤다. ③빛이 반사하여 거울이나 물에 모양이 나타나 보이다. 예거울에 비친 내 모습. ④속의 것이 드러나 보이다. 예속이 비치는 옷. ⑤눈을 통하여 어떤 인상이 느껴지다. 예외국인의 눈에 비친 서울의 모습. ⑥넌지시 조금 말하다. 예친구한테 찾아갔지만 돈 좀 꾸어 달라는 얘기는 비치지도 못했다.

비커(beaker) 액체를 따르는 주둥이가 달린 원통 모양의 실험용 유리그릇.

비키니(bikini) 위아래가 따로 되어 있어 각각 가슴과 엉덩이의 앞뒤를 가리도록 만든 여성용 수영복.

비：키다 ①무엇을 피하여 조금 자리를 옮기다. 예차가 오니 옆으로 비키세요. ②방해가 되지 않게 조금 옮겨 놓다. 예화분을 비켜 놓아라. ③무엇을 피하여 방향을 조금 바꾸다.

비타민(vitamin) 영양소의 한 가지. 동물이 자라는 데 꼭 필요한 화합물로, 몸속에서는 만들어지지 않는다. 비타민 에이·비·시 등 여러 가지가 있다.

비타민 디(vitamin D) 비타민의 한 가지. 혈액 속의 칼슘을 조절하며, 모자라면 구루병이 생긴다. 달걀노른자 등에 들어 있다.

비타민 비 원(vitamin B one) 비타민의 한 가지. 모자라면 식욕이 떨어지고 각기병 등이 생긴다. 쌀겨·효모 등에 들어 있다.

비타민 시(vitamin C) 비타민의 한 가지. 모자라면 괴혈병이 생긴다. 과일·채소 등에 들어 있다.

비타민 에이(vitamin A) 비타민의 한 가지. 모자라면 세균에 대한 저항력이 떨어지고 야맹증 등이 일어난다. 버터·채소 등에 들어 있다.

비:탄(悲歎) 슬퍼하고 탄식함. 예비탄에 잠겨 있다.

비탈 산이나 언덕의 비스듬히 기울어진 부분. 비경사.

비탈길 [비탈낄] 산이나 언덕의 비탈진 길.

비탈지다 땅이 가파르게 기울어져 있다. 예비탈진 언덕. 비가파르다·경사지다.

비:통하다(悲痛—) 몹시 슬프고 가슴이 아프다. 예비통한 심정. 비통히.

비트[1](beat) 음악의 박자. 특히, 대중음악에서 강한 악센트의 리듬을 이른다.

비트[2](bit) 컴퓨터에서, 정보 처리 장치가 저장할 수 있는 정보의 양을 세는 말.

비틀거리다 힘이 없거나 어지러워 금방 쓰러질 듯 걷다. 비비틀대다. ㉠배틀거리다.

비:틀다 힘있게 꼬면서 틀다. 예팔을 비틀다. ㉠배틀다. |활용| 비트니·비틀어.

비틀대다 ➡비틀거리다.

비틀비틀 자꾸 비틀거리는 모양. ㉠배틀배틀.

비파(琵琶) 동양 현악기의 한 가지. 몸통은 둥글고 긴 타원형이며, 자루는 곧고 짧다. 네 줄의 당비파와 다섯 줄의 향비파가 있다.

비:판(批判) 좋고 나쁨, 옳고 그름을 따져 말함. 비판되다. 비판하다. 예언론에서는 정부가 물가를 인정시키지 못했다고 비판했다.

비:판적(批判的) 비판하는 태도나 입장을 취하는 것. 예최 선생님은 현재의 입시 제도에 대해 비판적이다.

비:평(批評) 사물의 좋고 나쁨, 옳고 그름 등을 평가함. 비평하다. 예작품에 대해 비평하다.

비:포장도로(非鋪裝道路) 돌·콘크리트·아스팔트 등을 깔지 않아 울퉁불퉁한 길. 빤포장도로.

비:폭력(非暴力) [비퐁녁] 폭력을 쓰지 않는 것. 예비폭력 시위.

비:품(備品) 늘 갖추어 두고 쓰는 물건. 예학급 비품. 빤소모품.

비:하다(比—) 다른 것에 견주다. 예한글은 한자에 비하여 배우기가 쉽다.

비:합리적(非合理的) [비함니적] 이치나 논리에 맞지 않는 것. 빤합리적.

비:합법(非合法) [비합뻡] 법률의 규정에 어긋나는 일. 예비합법 활동.

비:행[1](非行) 도리나 도덕 또는 법규에 어긋나는 행위. 예비행 청소년.

비행[2](飛行) 비행기 등이 하늘을 날아다님. 비행하다.

비행기(飛行機) 프로펠러를 돌리거나 가스를 내뿜어서 하늘을 나는 기계.

　비행기(를) 태우다[관용] 남을 정도 이상으로 칭찬하다. 예친구들이 내가 잘생겼다면서 비행기를 태웠다.

비행선(飛行船) 공기보다 가벼운 기체를 채워서 공중에 띄우고, 프로펠러로 나는 비행기.

〈비행선〉

비행장(飛行場) 비행기가 뜨고 내리는 데 필요한 시설을 갖춘 넓은 장소. 빤공항.

비행접시(飛行—) [비행접씨] 접시처럼 생겼으며 하늘을 날아다닌다는 정체 불명의 물체. 빤유에프오.

비:호(庇護) 편들어서 감싸고 보호함. 예권력의 비호를 받다. 비호하다.

비:효율적(非效率的) [비효율쩍] 들인 노력에 비하여 얻는 결과가 적은 것. 예기계가 고장 나서 일일이 손으로 하려니 업무가 비효율적이다. 빤효율적.

빈곤(貧困) ①가난하여 살림살이가 어려움. [예]빈곤 타파. [비]가난·곤궁. [반]풍요. ②필요한 것이 없거나 모자람. [예]상상력의 빈곤/소재의 빈곤. **빈곤하다. 빈곤히.**

빈대 빈댓과의 곤충. 몸길이 5mm가량. 몸은 둥글면서 몹시 납작하고, 몸빛은 갈색이다. 고약한 냄새를 풍기며, 사람의 피를 빨아 먹는다.

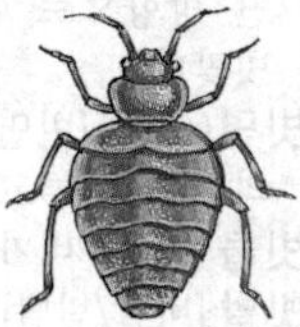

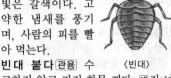

〈빈대〉

빈대 붙다[관용] 수고하지 않고 거저 한몫 끼다. [예]저 녀석은 꼭 먹을 때만 나타나서 빈대 붙는다.

빈대떡 녹두를 갈아 나물·고기 등을 섞어서 둥글넓적하게 부쳐 만든 음식.

빈도(頻度) 어떤 일이 되풀이되어 일어나는 정도. [예]최근 도난 사고의 발생 빈도가 높아졌다.

빈둥거리다 하는 일 없이 뻔뻔스럽고 얄밉게 게으름만 부리다. [비]빈둥대다.

빈둥대다 ➡빈둥거리다.

빈둥빈둥 자꾸 빈둥거리는 모양. [예]방학이라고 집에서 빈둥빈둥 놀기만 하는구나.

빈ː말 진심이 없이 그냥 하는 말. [예]빈말이라도 예쁘다고 해 주니 기분이 좋다. **빈말하다.**

빈민(貧民) 가난한 사람들.

빈민가(貧民街) 가난한 사람들이 모여 사는 거리.

빈민굴(貧民窟) 몹시 가난한 사람들이 모여 사는 지역.

빈번하다(頻繁—) 일이 매우 잦다. [예]이 지역은 차량의 왕래가 빈번하다. **빈번히.**

빈부(貧富) 가난함과 넉넉함. [예]빈부의 격차.

빈소(殯所) 상을 당하여 상여가 나갈 때까지 관을 놓아두는 방. [예]우리는 선생님의 빈소에 향을 피우고 절을 했다.

빈ː손 ①아무것도 가진 것이 없는 손. ②돈이나 물건 등을 아무것도 가지지 않은 상태. [예]남의 집에 빈손으로 갈 수는 없지. [비]맨손.

빈약하다(貧弱—) [비냐카다] ①가난하고 약하다. ②내용이나 형태가 보잘것없다. [예]이 글은 내용이 빈약하다.

빈ː자리 ①아무도 앉지 않아 비어 있는 자리. [예]나는 강의실에 들어가 빈자리를 찾아 앉았다. ②원래 있던 사람이 그만두거나 하여 비어 있는 직위.

빈정거리다 자꾸 남을 비웃으며 놀리다. [비]빈정대다.

빈정대다 ➡빈정거리다.

빈천(貧賤) 가난하고 천함. [반]부귀. **빈천하다.**

빈ː칸 비어 있는 칸. [예]빈칸에 알맞은 답을 써 넣으시오.

빈ː터 건물 등이 들어서 있지 않은 빈 땅. [비]공터.

빈ː털터리 재산을 다 없애고 아무것도 없게 된 사람. [준]털터리.

빈ː틈없다 [빈트멉따] ①비어 있는 사이가 없다. ②허술한 데가 없이 야무지고 철저하다. [예]철중이는 아주 빈틈없는 성격이다. **빈틈없이.** [예]강당에 사람들이 빈틈없이 들어서 있다.

빈혈(貧血) 핏속에 적혈구나 헤모글로빈이 줄어든 상태. 두통·귀울림·어지럼증 등의 증상을 보인다.

빌ː다¹ ①신에게 소원이 이루어지도록 바라며 청하다. [예]어머니의 병이 빨리 낫기를 부처님께 빌었다. ②잘못을 용서해 달라고 간곡히 청하다. [예]용서를 빌다. [활용] 비니·빌어.

빌ː다² 남의 것을 거저 달라고 사정하여 얻다. [예]쌀이 떨어져 이웃집에서 빌어다 먹었다. [활용] 비니·빌어.

빌딩(building) 여러 층으로 지은 높은 건물.

빌라(villa) 다세대 주택이나 연립 주택을 흔히 이르는 말.

빌리다 ①나중에 돌려주기로 하고 남의 물건을 얻어다가 쓰다. 예친구에게 책을 빌렸다. ②남의 도움을 입다. 예부모의 힘을 빌리지 않고 혼자서 해낸 일이라 더욱 자랑스럽다.

빌미 좋지 않은 일의 원인. 예작은 다툼이 빌미가 되어 폭행 사건으로 번졌다.

빌:붙다 [빌붙따] 남에게 잘 보이려고 들러붙어서 알랑거리다. 예일제에 빌붙어 같은 민족을 괴롭힌 친일파.

빌어먹다 [비러먹따] 먹고살 길이 없어 남에게 거저 얻어먹다. 예그렇게 놀다가는 밥 빌어먹기 딱 좋다.

빌헬름 텔(Wilhelm Tell, ?~?) 14세기 스위스의 전설적인 영웅. 활의 명수로, 악독한 관리 게슬러의 명령으로 아들의 머리 위에 놓인 사과를 활로 쏘아 떨어뜨렸다는 이야기는 유명하다. 비윌리엄 텔.

빔: 명절이나 잔치 때에 새 옷으로 차려입는 일, 또는 그 옷.

빗 [빋] 머리털을 빗는 데 쓰는 도구. |발음| 빗이 [비시] · 빗도 [빋또] · 빗만 [빈만]

빗금 [빋끔] 비스듬하게 그은 줄. 예빗금을 긋다. 비사선.

빗기다 [빋끼다] 남의 머리털을 빗어 주다. 예언니가 내 머리를 빗겨 주었다.

빗나가다 [빈나가다] ①비뚜로 나가다. 예총알이 옆으로 빗나갔다. ②바라거나 예상한 것과 다르게 되다. 예예상이 빗나가다.

빗다 [빋따] 머리털을 빗으로 가지런히 고르다. |발음| 빗어 [비서] · 빗고 [빋꼬] · 빗는 [빈는]

빗대다 [빋때다] 바로 말하지 않고 넌지시 돌려서 말하다. 예봄을 아기에 빗대어 노래한 시.

빗맞다 [빈맏따] ①목표에 맞지 않고 어긋나서 딴 자리에 맞다. 예화살이 빗맞다. ②일이 뜻한 대로 되지 않고 딴 방향으로 이루어지다. 예예상이 빗맞다.

빗면(一面) [빈면] 수평면과 90° 이내의 각을 이루고 있는 평면.

빗물 [빈물] 비가 와서 괸 물.

빗발 [비빨/빋빨] 줄이 진 것처럼 죽죽 떨어지는 빗방울. 예빗발이 점점 굵어진다.

빗발치다 [비빨치다/빋빨치다] ①빗줄기가 세차게 쏟아지다. ②'총알 등이 빗발처럼 세차게 날아옴'을 비유하여 이르는 말. ③'독촉이나 비난 등이 몹시 심함'을 비유하여 이르는 말. 예이번 사건으로 경찰서에 항의 전화가 빗발치고 있다.

빗방울 [비빵울/빋빵울] 비가 되어 떨어지는 물방울.

빗변(一邊) [빈뼌] 직각 삼각형에서 직각에 마주 대한 변.

빗살 [빋쌀] 빗의 가늘게 갈라진 낱낱의 살.

빗살무늬 토기(一土器) 빗살로 그은 것 같은 무늬가 새겨져 있는, 신석기 시대의 토기.

〈빗살무늬 토기〉

빗속 [비쏙/빋쏙] 비가 내리는 가운데. 예우산을 쓰고 빗속을 걷는 사람들.

빗자루 [비짜루/빋짜루] 짚 · 싸리 · 털 등으로 만들어 먼지나 쓰레기를 쓸어내는 데 쓰는 도구. 예빗자루로 마당을 좀 쓸어라. 비비.

빗장 [빋짱] 문을 잠글 적에 가로지르

는 나무나 쇠막대. 예빗장을 지르다. 본문빗장.

빗줄기 [비쭐기/빋쭐기] 줄이 진 것처럼 굵고 세차게 내리치는 빗방울. 예쏟아지는 빗줄기 때문에 앞이 잘 보이지 않는다.

빙 ①주위를 한 바퀴 도는 모양. 예우리는 운동장을 한 바퀴 빙 돌았다. ②둘레를 둘러싸는 모양. 예주위에 빙 둘러서다. ③정신이 아찔해지는 모양. 예갑자기 머리가 빙 돈다. 셍뱅. 셍뼁.

빙고(bingo) 여러 칸으로 나누어진 카드에 적힌 것을 하나하나 지워 나가 누가 제일 먼저 가로·세로·대각선으로 연결하는지 겨루는 놀이.

빙그레 입만 약간 벌리고 소리 없이 부드럽게 웃는 모양. 예빙그레 웃는 모습이 정겹다. 셍뱅그레.

빙글빙글 큰 원을 그리면서 자꾸 도는 모양. 예빙글빙글 도는 물레방아. 셍뱅글뱅글. 셍뼁글뼁글.

빙긋 [빙귿] 입을 조금 벌리면서 소리 없이 한 번 웃는 모양. 셍뱅긋. 빙긋빙긋.

빙긋거리다 [빙귿꺼리다] 입을 조금 벌리면서 소리 없이 자꾸 웃다. 비빙긋대다. 셍뱅긋거리다.

빙긋대다 [빙귿때다] ➡빙긋거리다.

빙벽(氷壁) 눈이나 얼음으로 덮인 낭떠러지.

빙빙 ①큰 원을 그리며 자꾸 도는 모양. 예풍차가 빙빙 돌다. ②정신이 자꾸 아찔해지는 모양. 예멀미를 하는지 눈앞이 빙빙 돈다. ③사람이 하는 일 없이 이리저리 슬슬 돌아다니는 모양. 셍뱅뱅. 셍뼁뼁.

빙산(氷山) 남극이나 북극의 바다에 떠 있는 거대한 얼음덩이. 바다로 밀려 내려온 빙하가 갈라져 생긴 것이다.

빙상 경기(氷上競技) 스케이팅·아이스하키처럼 얼음판 위에서 하는 운동 경기.

빙수(氷水) 얼음덩이를 눈처럼 간 다음, 그 속에 삶은 팥이나 설탕 등을 넣어서 만든 음식.

〈빙수〉

빙어 바다빙엇과의 바닷물고기. 몸은 가늘고 길며 머리는 뾰족하다. 몸빛은 연한 회색 바탕에 은백색의 세로줄이 하나 있다.

빙자하다(憑藉-) 무엇을 좋지 않은 일에 핑계로 내세우다. 예그는 병을 빙자하여 회의에 빠졌다.

빙점(氷點) [빙쩜] 물이 얼기 시작하거나 얼음이 녹기 시작하는 온도, 곧 0℃. 비어는점.

빙판(氷板) 얼음판. 또는 얼어붙은 땅바닥. 예빙판으로 변한 강/빙판에 미끄러지다.

빙하(氷河) 극지방이나 높은 산 위에 오랫동안 쌓인 눈이 얼음덩이가 되어 낮은 곳으로 천천히 흐르는 것, 또는 그 얼음덩이.

빙하 시대(氷河時代) 지질 시대 중 기후가 차고 빙하가 발달하였던 시대.

빚 [빋] 남에게 갚아야 할 돈. 비부채. |발음| 빚이 [비지] · 빚도 [빋또] · 빚만 [빈만]

빚내다 [빈내다] 남에게서 돈을 빌려 오다. 예아버지는 빚낸 돈으로 장사를 시작하셨다.

빚다 [빋따] ①흙 등을 이겨서 어떤 형태를 만들다. 예도자기를 빚다. ②가루를 반죽하여 송편·만두 등을 만들다. 예추석 전날에는 식구들이 모여 송편을 빚는다. ③지에밥과 누룩을 버무려 술을 담그다. 예술을 빚다. ④어떤 결과를 만들어 내다. 예물의

를 빚다. |발음| 빚어[비저]·빚고[빋
꼬]·빚는[빈는]

빚쟁이 [빋쨍이] 빚을 준 사람을 얕잡
아 이르는 말. 예빚쟁이에게 시달리
다. |잘못| 빚장이.

빚지다 [빋찌다] ①남에게 빚을 내어
쓰다. 예빚진 돈을 갚다. ②남에게 신
세를 지다.

빛 [빋] ①태양·별·등불 등에서 나와
주위를 밝고 환하게 하는 것. 예태양
의 밝은 빛. ②물체가 나타내는 빛깔.
예불그스름한 빛. ③번쩍이는 광택.
예나는 번쩍번쩍 빛이 나도록 피아노
를 닦았다. ④표정이나 행동에서 느
껴지는 기색이나 태도. 예시험에 떨
어진 형은 실망하는 빛을 감추지 못
했다. ⑤'희망' 또는 '영광' 등을 비유
하여 이르는 말. 예고아들의 빛이셨
던 선생님. |발음| 빛이[비치]·빛도
[빋또]·빛만[빈만]

　빛(을) 보다[관용] 세상에 알려져 제
가치를 인정받다. 예작가가 죽고 나
서야 빛을 보게 된 작품.

빛깔 [빋깔] 물체의 거죽에 나타나는
빛의 성질. 예빨간 빛깔 운동화. 비색
깔·색채.

빛나다 [빈나다] ①빛이 환하게 비치다.
예눈부시게 빛나는 아침 햇살. ②윤
이 나다. 예대리석 바닥이 번쩍번쩍
빛난다. ③영광스럽고 자랑스러우며
아주 훌륭하게 보이다. 예빛나는 우
리 문화유산.

빛내다 [빈내다] ①빛나게 하다. ②사
람들이 우러러보거나 칭찬하도록 세
상에 드러내어 보이다. 예나라의 이
름을 빛낸 자랑스런 얼굴들.

빛살 [빋쌀] 비치어 나가는 빛의 가닥.
비광선.

ㅃ 쌍비읍. 'ㅂ'의 된소리.

빠개다 작고 단단한 물건을 두 쪽으로
가르다.

빠개다 : 작고 단단한 물건을 두 쪽
으로 가르다. 주로 둘로 가를 때 쓰
이며, 셋 이상으로 가르는 경우에는
부자연스럽다. 예호두를 빠개다./
×귤을 빠개다./×장작을 세 쪽으
로 빠개다.

짜개다 : 단단한 물건을 연장으로 베
거나 찍어서 갈라지게 하다. 주로
연장으로 가를 때 쓰이며, 연장을
쓰지 않는 경우에는 부자연스럽다.
예장작을 짜개다./수박을 칼로 짜
개다./×수박을 손으로 짜개다.

빠꼼히 '빠끔히'의 잘못.

빠끔하다 작은 틈이나 구멍이 깊고 또
렷하게 나 있다. 큰뻐끔하다. 빠끔
히. 예나는 창문만 빠끔히 열고 밖을
내다보았다.

빠듯하다 [빠드타다] 여유가 없이 어
떤 한도나 정도에 겨우 미칠 만하다.
예벌써 다섯 시인데 여섯 시까지 가
려면 시간이 빠듯하다. 빠듯이.

빠:뜨리다 ①물속이나 깊은 곳에 빠지
게 하다. 예열쇠를 연못에 빠뜨렸다.
②어려운 지경에 빠지게 하다. 예함
정에 빠뜨리다. ③갖추어야 할 것을
잘못하여 빼놓다. 예명단에서 네 이
름을 빠뜨렸구나. ④지녔던 것을 잃
어버리다. 예서두르다가 수첩을 빠뜨
리고 나왔다. 비빠트리다.

빠르기 빠르고 느린 정도. 예빛의 빠
르기. 비속도·속력.

빠르기표(一標) 악곡의 빠르기를 나타
내는 기호.

빠르다 ①어떤 동작을 하는 데 걸리는
시간이 짧다. 예걸음이 빠르다. ②어
떤 변화나 결과가 나타나는 데 걸리
는 시간이 짧다. 예일의 진행이 빠르
다. ③어떤 일을 하는 데 시간적으로

아직 이르다. 예학교에 가기에는 아직 빠르다. ④어떤 일을 알아차리는 데 날래다. 예눈치가 빠르다. 빤느리다. |활용| 빠르니·빨라.

빠:져들다 [빠저들다] ①잠·꿈·생각 등에 깊이 들다. 예단잠에 빠져든 아이. ②어려운 처지에 점점 더 깊이 들어가다. ③뿌리치거나 헤어나지 못할 정도로 점점 더 마음을 빼앗기다. 예너도 곧 나의 매력에 빠져들 것이다. |활용| 빠져드니·빠져들어.

빠:지다¹ ①박혔거나 끼었거나 막혔던 것이 그 자리에서 나오다. 예이가 빠지다. ②들어 있던 것이 밖으로 나가거나 없어지거나 하다. 예공기가 다 빠진 풍선. ③기운이나 살 등이 줄거나 없어지다. 예온몸에서 힘이 쭉 빠졌다. ④들어 있어야 할 것이 들어 있지 않다. 예명단에서 내 이름만 빠졌다. ⑤있던 데서 딴 데로 가다. 예옆길로 빠지다. ⑥남이나 다른 것에 비하여 좀 못 미치거나 뒤떨어지다. 예내가 체력은 남에게 빠지지 않는다. ⑦모임·수업 등에 끼거나 나가지 않다. 예수업에 빠지고 놀러 갈 수는 없다. ⑧그릇의 밑바닥이 떨어져 나가다. 예밑 빠진 독에 물 붓기. ⑨묻어 있는 얼룩 등이 없어지다. 예때가 빠지다.

빠:지다² ①물속이나 깊은 곳에 잠기거나 떨어지다. 예구덩이에 빠지다./물에 빠져 허우적대다. ②어려운 처지에 놓이다. 예위험에 빠지다. ③무슨 일에 마음을 빼앗겨 헤어나지 못하다. 예도박에 빠져 재산을 다 날렸다. ④꾐에 속아 넘어가다. 예꾐에 빠지다.

빠:짐없이 [빠지멉씨] 하나도 빠뜨리지 않고 모두. 예준비물은 빠짐없이 챙겼니?

빠:트리다 ➡빠뜨리다.

빡빡 ①무엇을 아주 세게 긁거나 문지르는 소리, 또는 그 모양. 예강아지가

앞발로 문을 빡빡 긁는다. ②머리나 수염을 아주 짧게 깎은 모양. ③자꾸 기를 쓰고 우기는 모양. 예동생이 죽어도 자기는 잘못이 없다고 빡빡 우긴다. 큰뻑뻑. 여박박.

빡빡하다 [빡빠카다] ①물기가 적어 보드라운 느낌이 없다. 예반죽이 빡빡하다. ②시간 등이 여유가 없이 빠듯하다. 예일정이 빡빡하다. ③헐렁하지 않고 꼭 끼거나 맞다. 예손잡이가 빡빡해서 잘 안 돌아간다. ④융통성이 없이 곧이곧대로 구는 데가 있다. 예겨우 3분 늦은 것 가지고 너무 빡빡하게 굴지 마라. 큰뻑뻑하다.

빤질빤질 ①매우 윤기가 흐르고 매끄러운 모양. 예구두를 빤질빤질 윤이 나게 닦았다. ②맡은 일을 열심히 하지 않고 몹시 게으름을 피우는 모양. 여반질반질.

빤짝빤짝 빛이 잠깐 나타났다 없어지는 모양. 예불빛이 빤짝빤짝 빛난다. 큰뻔쩍뻔쩍. 여반짝반짝.

빤:하다 ①무슨 일의 결과가 뚜렷하다. 예굳이 끝까지 보지 않아도 이야기의 결과는 빤하다. ②어두운 가운데 밝은 빛이 비쳐서 조금 환하다. ③바라보는 태도가 거리낌이 없다. 큰뻔하다. 빤히. 예나는 선생님 얼굴을 한참 동안 빤히 쳐다보았다.

빨간색(一色) 빨간 색깔. 예빨간색 사과. 비빨강.

빨강 삼원색의 하나. 잘 익은 고추와 같은 빛깔, 또는 그런 빛깔의 물감. 비빨간색. 큰뻘겅.

빨:갛다 [빨가타] 잘 익은 앵두나 고추처럼 진하고도 곱게 붉다. 예빨간 사과. 큰뻘겋다. 여발갛다. |활용| 빨가니·빨개.

빨:개지다 빨갛게 되다. 예소녀는 얼굴이 빨개져서 고개를 들지 못했다. 큰뻘게지다. 여발개지다.

빨다[1] ①무엇에 입을 대어 액체를 입 속으로 당겨 들이다. 예아기가 젖을 빨다. ②무엇을 입 속에 넣어 혓바닥 으로 핥거나 녹이거나 먹거나 하다. 예막내는 아직도 손가락을 빠는 버릇 이 있다. |활용| 빠니·빨아.

빨다[2] 옷·천 등을 물에 씻어 깨끗하게 하다. 예걸레를 빨다. |활용| 빠니·빨아.

빨대 [빨때] 물이나 음료수 등을 빨아 먹는 데 쓰는 가는 대롱.

빨랑 '빨리'의 잘못.

빨래 ①때 묻은 옷이나 천을 물에 빠는 일. 예어머니는 매일 빨래를 하고 청 소를 하신다. 비세탁. ②빨래를 할 것 이나 이미 해 놓은 것. 예빨래를 개 다. 빨래하다.

빨래터 냇가나 샘터 같은 곳에 있는 빨래하는 자리.

빨래판(一板) 빨래를 할 때 빨래를 올 려놓고 빠는, 가로로 골이 진 판.

빨랫감 [빨래깜/빨랟깜] 빨래할 거리.

빨랫비누 [빨래삐누/빨랟삐누] 빨래할 때 쓰는 비누. 비세탁비누.

빨랫줄 [빨래쭐/빨랟쭐] 빨래를 널어 말리는 줄.

빨리 걸리는 시간이 짧게. 빠르게. 예빨 리 일을 끝내고 집에 가자. 빨리빨리.

빨빨 땀을 많이 흘리는 모양. 예형은 땀을 빨빨 흘리며 짐을 날랐다. 흰뻘뻘.

빨빨거리다 작은 몸집으로 이리저리 쏘다니다. 예밤낮 어디를 그렇게 빨 빨거리고 다니니? 비빨빨대다. 흰뻘 뻘거리다.

빨빨대다 → 빨빨거리다.

빨아들이다 [빠라드리다] 빨아서 속으 로 들어오게 하다. 예스펀지는 물기 를 잘 빨아들인다.

빨판 낙지·오징어 등의 발이나 거머리 의 입과 같이 다른 물체에 달라붙기 위한 기관.

빳빳하다 [빧빠타다] ①물건이 단단하 고 꼿꼿하다. 예이 종이는 너무 빳빳 하다. ②풀기가 세거나 주름이 없이 팽팽하다. 예빳빳하게 풀을 먹인 옷. ③태도나 성질이 고분고분하지 않다. 예너무 빳빳하게 굴지 마라. 흰뻣뻣 하다. 빳빳이.

빵[1] 곡식 가루를 반죽하여 익힌 음식. 예빵을 굽다.

빵[2] ①갑자기 무엇이 요란하게 터지는 소리. 예풍선이 빵 터졌다. ②공을 세 차게 차는 소리, 또는 그 모양. ③구 멍이 또렷이 뚫어진 모양. 예구멍이 빵 뚫린 바지. 흰뻥. 빵빵.

빵꾸 '펑크'의 잘못.

빵집 [빵찝] 빵을 만들거나 파는 집.

빻다 [빠타] 찧어서 가루를 만들다. 예어머니가 방앗간에서 떡쌀을 빻아 오셨다. |발음| 빻아 [빠아]·빻고 [빠 코]·빻는 [빤는]

빼곡하다 [빼고카다] 사람이나 물건이 어떤 공간에 작은 틈도 없이 꽉 차 있 다. 예졸업식장에 사람들이 빼곡하게 들어서 있다. 빼곡히.

빼기 뺄셈을 하는 일. 반더하기.

빼내다 ①꽂히거나 박힌 것을 뽑아내 다. 예목구멍에 걸린 가시를 겨우 빼내었다. ②남의 것을 슬쩍 빼돌려 내 다. 예중요한 서류를 몰래 빼내었다. ③여럿 가운데서 필요한 것을 골라내 다. 예네가 알짜만 빼내 가는구나.

빼놓다 [빼노타] ①한데 끼일 것을 못 끼게 하다. 예나만 빼놓고 가기냐? ②여럿 가운데서 어떤 것을 골라 놓 다. 예쓸 만한 것은 따로 빼놓아라.

빼다 ①속에 들어 있는 것을 밖으로 나오게 하다. 예풍선의 바람을 빼다. ②꽂히거나 박힌 것을 뽑다. 예벽에 박힌 못을 빼다. ③많은 것 가운데서 일부를 덜어 내다. 예열에서 여섯을 빼면 넷이다. 반더하다. ④무리에 끼 워 주지 않거나 제외하다. 예미정이는 빼고 우리끼리 가자. ⑤힘·기운·살 등을 줄이거나 없애다. 예뱃살 좀 빼라. ⑥길게 뽑아 늘이다. 예나는 고개를 빼고 사방을 두리번거렸다. ⑦행동이나 태도를 짐짓 꾸며서 하다. 예점잔을 빼다. ⑧꼭 그대로 닮다. 예영신이가 아버지 얼굴을 쏙 뺐구나.

빼:돌리다 슬쩍 빼내어 다른 곳으로 보내거나 남이 모르는 곳에 감추다.

빼:먹다 [빼먹따] ①말이나 글의 구절 같은 것을 빠뜨리다. 예이 시는 한 자도 빼먹지 않고 외울 수 있다. ②꼭 해야 할 일을 일부러 하지 않다. 예수업을 빼먹다.

빼빼 몸에 살이 하나도 없이 몹시 마른 모양. 예빼빼 마른 여자.

빼앗기다 [빼앋끼다] ①자기 것을 남이 강제로 가져가 잃다. 예형에게 내 장난감을 빼앗겼다. ②시간이나 일 등을 남이 가로채거나 차지하여 잃다. ③생각이나 마음이 어디에 쏠리다. 예아름다운 여인에게 마음을 빼앗겼다. 준뺏기다.

빼앗다 [빼앋따] ①남의 것을 강제로 자기 것으로 만들다. 예강도가 돈을 빼앗아 갔다. ②남의 일이나 시간 등을 억지로 가로채거나 차지하다. 예시간을 빼앗아서 죄송합니다. ③남의 생각이나 마음을 쏠리게 하여 사로잡다. 준뺏다.

빼어나다 여럿 가운데서 특히 뛰어나다. 예인물이 빼어난 청년.

빽 갑자기 높고 날카롭게 지르는 소리. 예나는 화가 나서 소리를 빽 질렀다. 큰삑. 빽빽.

빽빽거리다 [빽빽꺼리다] 갑자기 빽빽 소리를 지르다. 비빽빽대다. 큰삑삑거리다.

빽빽대다 [빽빽때다] ➡빽빽거리다.

빽빽하다 [빽빼카다] 사이가 비좁게 촘촘하다. 예길을 빽빽하게 메운 사

람들. 빽빽이. 예나무가 빽빽이 들어선 산.

뺄:셈 [뺄쎔] 어떤 수에서 다른 수를 빼는 셈. 반덧셈.

뺄:셈식 (一式) [뺄쎔식] 뺄셈을 나타내는 식. 반덧셈식.

뺏:기다 [뺃끼다] 〈빼앗기다〉의 준말. 예강도한테 지갑을 뺏겼다.

뺏:다 [뺃따] 〈빼앗다〉의 준말. |발음| 뺏어 [빼서]·뺏고 [뺃꼬]·뺏는 [뺀는]

뺏지 (badge) '배지'의 잘못.

뺑 둥글게 원을 그리며 한 바퀴 도는 모양. 예자전거를 타고 운동장을 한 바퀴 뺑 돌았다. 큰삥. 여뱅. 뺑뺑. 예연 하나가 공중에서 뺑뺑 돌더니 곧 곤두박질쳤다.

뺑소니 잘못을 저지르고 급히 달아나는 짓. 예뺑소니를 치다.

뺨 얼굴의 양옆에 살이 볼록한 부분. 비볼.

뺨따귀 '뺨'을 속되게 이르는 말. 준따귀.

뻐근하다 근육이 당기고 아프다. 예어깨가 뻐근하다.

뻐기다 으스대며 잘난 체하다. 예공부 좀 잘한다고 너무 뻐기지 마라. 비뽐내다.

뻐꾸기 두견과의 새. 생김새는 두견새와 비슷하나 훨씬 크다. 곤충류를 잡아먹고 사는 여름새로, 다른 새의 둥지

〈뻐꾸기〉

에 알을 낳아 새끼를 기른다. 비뻐꾹새.

뻐꾹뻐꾹 뻐꾸기가 잇따라 우는 소리.

뻐꾹새 [뻐꾹쌔] ➡뻐꾸기.

뻐끔뻐끔 ①담배를 자꾸 세게 빨면서 피우는 모양. 예담배를 뻐끔뻐끔 피우다. ②물고기가 둥근 입을 자꾸 벌렸

다 다물었다 하는 모양. [작]빠끔빠끔.

뻐드렁니 바깥쪽으로 뒤어나온 앞니.

빽빽하다 [빽빼카다] ①물기가 적어 부드러운 느낌이 없다. [예]물이 없이 감자만 먹자니 좀 빽빽하다. ②헐렁하지 않고 꼭 끼거나 맞다. [예]서랍이 빽빽해서 잘 안 열린다. [작]빡빡하다.

뻔뻔스럽다 [뻔뻔스럽따] 보기에 아주 뻔뻔한 태도가 있다. [작]빤빤스럽다. [활용] 뻔뻔스러우니 · 뻔뻔스러워. 뻔뻔스레.

뻔뻔하다 잘못한 일이 있어도 부끄러운 줄 모르고 태연하다. [예]그는 새치기를 해 놓고 뻔뻔하게 웃고 있다. [작]빤빤하다.

뻔질나다 [뻔질라다] 매우 잦다. [예]재민이는 요즘 우리 집에 뻔질나게 드나든다.

뻔질뻔질 윤기가 흐르고 매끄러운 모양. [예]마룻바닥이 뻔질뻔질 윤이 난다.

뻔하다¹ '까딱하면 그렇게 될 형편이었으나 결국 그렇게 되지 않았음'을 뜻하는 말. [예]조금만 더 늦었어도 큰 일 날 뻔했다.

뻔ː하다² 무슨 일의 결과가 뚜렷하다. [예]뒷얘기는 듣지 않아도 뻔하다. [작]빤하다. 뻔히. [예]언니는 내 마음을 뻔히 알면서 되묻는다.

뻗다 [뻗따] ①나뭇가지나 덩굴 등이 길게 자라나다. ②길 · 강 · 산맥 등이 길게 놓여 있다. ③힘이 미치다. [예]전 세계로 뻗은 우리의 과학 기술. ④꼬부렸던 것을 쭉 펴다. [예]두 팔을 앞으로 쭉 뻗어 보세요. [여]벋다.

뻗대다 [뻗때다] 고분고분 따르지 않고 고집스럽게 버티다. [예]뻗대지 말고 내 말을 들어라.

뻗치다 ①'뻗다'의 힘줌말. [예]그들이 여기까지 세력을 뻗치고 있다. ②머리털이 빳빳하게 서다. ③어떤 감정이 세차게 일어나다. [예]화가 머리끝까지 뻗친다.

뻘 '갯가의 흙'의 방언.

뻘뻘 땀을 몹시 흘리는 모양. [예]나는 땀을 뻘뻘 흘리며 청소를 했다. [작]빨빨.

뻣뻣하다 [뻗뻐타다] ①물건이 아주 단단하고 꼿꼿하다. [예]명태가 아주 뻣뻣하다. ②풀기가 세거나 주름이 없이 아주 팽팽하다. ③태도나 성질이 고분고분하지 않다. [예]친구한테 너무 뻣뻣하게 구는 거 아니니? [작]빳빳하다. 뻣뻣이.

뻥¹ '허풍'이나 '거짓말'을 속되게 이르는 말.

뻥² ①갑자기 무엇이 요란하게 터지는 소리. [예]갑자기 풍선이 뻥 터져 깜짝 놀랐다. ②공을 세차게 차는 소리, 또는 그 모양. ③구멍이 뚜렷이 뚫어진 모양. [예]산 밑에 터널이 뻥 뚫렸다. [작]빵. 뻥뻥.

뻥튀기 쌀 · 옥수수 등을 쇠붙이 틀 속에 넣고 가열하여 튀긴 것.

뼈 ①척추동물의 살 속에 있어, 몸을 받치고 있는 단단한 물질. ②말이나 글에 숨은 뜻. [예]뼈 있는 말.

뼈도 못 추리다[관용] 《죽은 뒤에 추릴 뼈도 없다는 뜻으로》 남아나는 것이 없을 만큼 상대에게 호되게 당하다.

뼈에 사무치다[관용] 원한이나 고통 등이 깊고 강하다.

뼈다귀 ①뼈의 낱개. ②'뼈'를 속되게 이르는 말.

뼈대 ①몸을 이루고 있는 뼈의 크고 작은 생김새. [비]골격. ②사물의 중심을 이루는 짜임새. [예]뼈대가 튼튼한 건물.

뼈마디 ①뼈와 뼈가 이어진 부분. [비]관절. ②뼈의 낱낱의 도막.

뼈아프다 어떤 감정이나 깨달음 등이 뼈가 아플 만큼 깊고 심하다. [예]뼈아픈 후회. [비]뼈저리다. [활용] 뼈아프니 · 뼈아파.

뼈저리다 실망·후회·슬픔 등이 마음에 깊이 사무치다. 예형의 말을 듣지 않은 것이 이제야 뼈저리게 후회된다. 비뼈아프다.

뼘: 엄지손가락과 다른 손가락을 완전히 벌렸을 때의 거리.

뼛속 [뼈쏙/뼏쏙] 뼈의 속, 곧 골수.

뽀글뽀글 적은 양의 액체가 자꾸 끓거나 작은 거품이 자꾸 일어나는 소리, 또는 그 모양. 예보글보글.

뽀드득 ①단단하고 빤질빤질한 물건을 세게 문지를 때 나는 소리. ②쌓인 눈을 밟을 때 나는 소리. 흰뿌드득.

뽀뽀 볼이나 입술 등에 입을 맞추는 일. 주로 어린아이에게 쓰는 말이다.

뽀:얗다 [뽀야타] 투명하지 않고 희끄무레하다. 예안개가 뽀얗게 끼었다. 흰뿌옇다. |활용| 뽀야니·뽀얘.

뽐내다 ①잘난 체하다. 비뻐기다. ②보란 듯이 자랑하다. 예오늘 여러분의 솜씨를 마음껏 뽐내 보세요.

뽑다 [뽑따] ①박혀 있거나 꽂혀 있는 물건을 잡아당겨 나오게 하다. 예못을 뽑다. ②속에 들어 있는 것을 밖으로 나오게 하다. 예주사기로 피를 뽑다. ③여럿 가운데서 가려내다. 예반장을 뽑다./제비를 뽑다. ④길게 생긴 물건을 만들다. 예실을 뽑다.

뽑히다 [뽀피다] ①박혀 있거나 꽂혀 있는 물건이 잡아당겨져 밖으로 나오다. 예나무의 뿌리가 뽑히다. ②여럿 가운데서 골라지다. 예학급 회장으로 뽑히다.

뽕 갇혀 있던 공기나 가스가 좁은 구멍으로 갑자기 빠져나올 때 나는 소리. 예방귀 소리가 '뽕' 하고 났다. 흰풍.

뽕나무 뽕나뭇과의 낙엽 지는 큰키나무. 6월쯤에 엷은 노란 꽃이 이삭 모양으로 피며, 열매인 '오디'가 검은 자줏빛으로 익는다. 잎은 누에의 먹이가 된다. 준뽕.

뽕잎 [뽕닙] 뽕나무 잎.

뽀로통하다 얼굴에 못마땅한 기분이 나타나 있다. 예뽀로통한 표정. 흰뿌루퉁하다.

뽀루지 뾰족하게 부어오른 작은 부스럼.

뾰족하다 [뾰조카다] 물체의 끝이 날카롭다. 예잎이 뾰족한 나무를 침엽수라고 한다. 흰뿌죽하다. 뾰족이.

뿌다구니 물건의 삐죽하게 내민 부분. 예나무 뿌다구니.

뿌듯하다 [뿌드타다] 마음에 기쁘고 흐뭇한 느낌이 가득하다. 예가슴 뿌듯한 일. 뿌듯이.

뿌리 ①식물의 한 부분으로서, 땅속으로 뻗어 줄기를 떠받치고, 물이나 영양분을 빨아올리는 기관. ②깊이 박힌 물건의 밑동. 예기둥의 뿌리. ③무엇이 처음 시작된 근본. 예민족의 역사와 뿌리.

뿌리(가) 깊다 관용 사물이 비롯된 지 오래다. 예두 집안 사이의 뿌리 깊은 원한.

뿌리(를) 뽑다 관용 나쁜 것을 완전히 없애다. 예이번 기회에 부정부패를 뿌리 뽑자!

뿌리다 ①눈이나 빗방울이 날려 떨어지다. 예가랑비가 뿌리고 있다. ②물이나 물건을 널리 흩어지게 던지거나 흘리다. 예씨를 뿌리다.

뿌리박다 [뿌리박따] 터를 잡아 정착하다.

뿌리줄기 식물의 줄기가 변하여 땅속을 뿌리처럼 뻗어 나가게 된 것. 연꽃·둥굴레·대나무 등에서 볼 수 있다.

뿌리채소(一菜蔬) 뿌리나 땅속줄기를 먹는 채소. 무·마늘·당근 등.

뿌리치다 ①붙잡은 것을 힘껏 빼내 놓치게 하거나 붙잡지 못하게 하다. 예수애는 그의 손을 뿌리쳤다. ②거절하거나 외면하여 물리치다. 예유혹을 뿌리치다.

뿌리털 식물의 뿌리 끝에 실처럼 가늘게 난 털.

뿌리혹박테리아(―bacteria) 콩과 식물의 뿌리에 붙어 살면서 혹이 생기게 하는 세균. 뿌리에 영양을 주는 이로운 세균이다.

뿌ː옇다 [뿌여타] 투명하지 않고 희끄무레하다. ㉑뽀얗다. |활용| 뿌여니·뿌예.

뿐 '다만 어떠하거나 어찌할 따름'이란 뜻을 나타내는 말. ㉺네가 거기로 가라기에 갔을 뿐이다.

뿔 소·사슴 같은 동물의 머리에 난 단단하고 뾰족한 것.

뿔나다 [뿔라다] '성나다'를 속되게 이르는 말.

뿔나비 [뿔라비] 뿔나빗과의 나비. 몸빛은 짙은 갈색으로 각 날개에 붉은 무늬가 있다. 아랫입술의 수염이 서로 붙어서 긴 뿔처럼 뻗어 나온 것이 특징이다.

뿔뿔이 [뿔뿌리] 저마다 따로따로 흩어지는 모양. ㉺전쟁 때 가족이 뿔뿔이 헤어졌다. |잘못| 뿔뿔히.

뿜ː다 [뿜따] 속에 있는 기체나 액체 등을 세차게 밖으로 내보내다. ㉺빨래에 물을 뿜어 다리다.

삐걱 크고 단단한 물건이 서로 닿아 갈려서 나는 소리. ㉑빼각. 삐걱삐걱.

삐걱거리다 [삐걱꺼리다] 자꾸 삐걱삐걱 소리가 나다. ㉰삐걱대다. ㉑빼각거리다.

삐걱대다 [삐걱때다] ➡ 삐걱거리다.

삐끗하다 [삐끄타다] ①손목이나 발목 같은 곳이 비틀려서 뼈마디가 어긋나다. ㉺계단을 내려오다 발목을 삐끗했다. ②잘못하여 일이 어긋나다.

삐ː다 뼈마디가 어떤 물체와 마주쳐서 어긋나다. ㉺발목을 삐어서 걸을 수가 없다.

삐딱하다 [삐따카다] ①물체가 한쪽으로 비스듬히 기울어져 있다. ㉺액자

가 좀 삐딱하다. ②생각·행동·말투 등이 뒤틀려 있다. ㉺동생이 뭐가 못마땅한지 자꾸 삐딱하게 나온다.

삐뚜름하다 조금 삐뚠 느낌이 있다. ㉺줄을 삐뚜름하게 그었다.

삐뚤다 ①물체가 반듯하지 못하고 한쪽으로 기울어지거나 쏠려 있다. ㉺줄이 삐뚤다. ②마음이 바르지 못하고 비꼬여 있다. ㉺삐뚤어진 성격. ㉑빼뚤다. ㉰비뚤다. |활용| 삐뚜니·삐뚤어.

삐뚤삐뚤 ①물체가 자꾸 이리저리 기우뚱거리는 모양. ②물체가 곧지 못하고 이리저리 구부러진 모양. ㉺동생이 삐뚤삐뚤 서툰 글씨로 편지를 썼다. ㉑빼뚤빼뚤. ㉰비뚤비뚤.

삐라 '전단'의 잘못.

삐악삐악 병아리가 잇따라 우는 소리. ㉰비악비악.

삐죽 ①물체의 한 부분이 바깥으로 내밀어져 있는 모양. ②못마땅하거나 남을 비웃거나 할 때, 입을 쑥 내미는 모양. ㉑빼죽. 삐죽삐죽.

삐죽거리다 [삐죽꺼리다] 남을 비웃거나 못마땅한 일이 있을 때, 입을 쑥 내밀고 실룩거리다. ㉺동생이 내 새 옷을 보고 샘이 나서 입을 삐죽거린다. ㉰삐죽대다. ㉑빼죽거리다.

삐죽대다 [삐죽때다] ➡ 삐죽거리다.

삐죽이다 [삐주기다] 남을 비웃거나 못마땅한 일이 있을 때 입을 쑥 내밀고 실룩이다.

삐지다 ➡ 삐치다.

삐쩍 볼품없이 몹시 마른 모양. ㉺삐쩍 마른 아이가 보기 안쓰럽다.

삐ː치다 성이 나서 토라지다. ㉰삐지다. 토라지다.

삥 ①주위를 한 바퀴 도는 모양. ②둘레를 둘러싸는 모양. ㉺커다란 모닥불 주위로 사람들이 삥 둘러앉았다. ㉑뺑. ㉰빙.

ㅅ 시옷. 한글 닿소리의 일곱째.

사¹ 서양 음계에서 '솔'을 가리키는 우리말 음이름. ⓒ다·라·마·바·가·나.

사:²(四) 넷.

사:³(死) 죽음. 예생과 사의 갈림길. 빤생.

사⁴(私) 개인에 관한 것. 예공과 사를 잘 구분해라. 빤공.

사:각(四角) ①네 개의 각. ②각이 네 개 있는 모양. 빤네모.

사각거리다 [사각꺼리다] ①싱싱한 사과나 배 등을 씹을 때와 같은 소리가 자꾸 나다. ②얇고 빳빳한 물체가 스치는 소리가 자꾸 나다. 빤사각대다. 큰서걱거리다.

사:각기둥(四角一) [사각끼둥] 옆면과 밑면이 사각형으로 된 각기둥. 빤네모기둥.

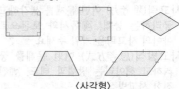

사각대다 [사각때다] ➡사각거리다.

〈사각기둥〉

사:각뿔(四角一) 밑면이 사각형인 각뿔. 빤네모뿔.

사각사각 [사각싸각] 자꾸 사각거리는 소리. 예그 신 사과를 사각사각 잘도 베어 먹는구나. 큰서걱서걱.

〈사각뿔〉

사:각형(四角形) [사가켱] 네 개의 직선으로 둘러싸인 평면 도형. 빤네모꼴·사변형.

〈사각형〉

사:각형 그래프(四角形graph) 한 사각형의 가로세로를 10등분하여 100개의 작은 사각형을 만들고 그 작은 사각형의 수로 전체에 대한 부분의 비율을 나타낸 그래프.

사간원(司諫院) [사가뤈] 조선 태종 때 설치된 관청. 임금에게 옳지 못한 일을 고치도록 아뢰는 일을 맡아보았다.

사:거리(四—) 길이 네 방향으로 갈라져 나가는 곳. 예광화문 사거리. 비네거리.

사:건(事件)[사껀] 문제가 되거나 관심을 끌 만한 일. 예역사적 사건.

사격(射擊) 대포나 총 등을 쏨. 예무차별 사격. 사격하다.

사견(私見) 개인의 사사로운 의견.

사:경¹(死境) 거의 죽을 지경. 예사경을 헤매는 병자.

사경²(沙耕) 모래에 농작물이 자라는 데 필요한 양분을 주어 작물을 재배하는 일.

사:계(四季)[사계/사게] ⇒사계절.

사:계절(四季節)[사계절/사게절] 봄·여름·가을·겨울의 네 계절. 비사계·사시·사철.

사:고¹(史庫) 조선 시대에, 역사에 관한 기록이나 중요한 서적을 보관하던 나라의 창고. 강화 마니산, 무주 적상산, 봉화 태백산, 강릉 오대산에 있었다.

사:고²(事故) ①뜻밖에 일어난 사건이나 탈. 예자동차 사고/대형 사고가 났다. 비변고. ②문제나 말썽을 일으키는 일. 예사고를 치다.

사고³(思考) 생각하고 궁리함. 비생각. 사고하다.

사고력(思考力) 어떤 문제를 생각하고 궁리하는 능력. 예독서와 토론으로 아이의 사고력을 키워 주세요.

사고방식(思考方式) 어떤 문제를 궁리하고 헤아리는 방법과 태도. 예건전한 사고방식.

사공(沙工) 〈뱃사공〉의 준말.

사과¹(沙果) 사과나무의 열매. 대개 빛깔이 붉고, 신맛·단맛이 난다.

사:과²(謝過) 잘못에 대하여 용서를 빎. 예어서 네 잘못을 사과를 해라. 사과하다.

사과나무(沙果—) 장미과의 낙엽 지는

큰키나무. 과실나무의 한 가지로, 봄에 흰색 또는 연분홍 꽃이 핀다. 열매인 사과는 8~9월에 익는다.

사:관¹(士官) 장교를 통틀어 이르는 말. 예사관 후보생.

사:관²(史官) 지난날, 역사를 기록하던 관원.

사:관³(史觀) 역사적 사실을 해석하는 체계 있는 견해. 본역사관.

사:관 학교(士官學校) 육군·해군·공군의 정규 장교를 양성하는 4년제 군사 학교.

사교¹(邪敎) 그릇된 교리로 사회에 해를 끼치는 종교.

사교²(社交) 사회의 여러 사람과 사귀는 일. 예사교에 능한 사람.

사교육(私敎育) 학교가 아닌 기관이나 개인이 행하는 교육. 반공교육.

사교적(社交的) 여러 사람과 잘 사귀는 것.

사:군이충(事君以忠)[사구니충] 세속오계의 하나. 충성으로써 임금을 섬겨야 한다는 말.

사:군자(四君子) 《고결함이 군자와 같다는 뜻으로》 동양화에서 '매화·난초·국화·대나무'를 이르는 말, 또는 그것을 그린 그림.

사귀다 서로 얼굴을 익혀 가깝게 지내다. 예전학 온 지 얼마 안 되어 친구를 많이 사귀지 못했다.

사그라들다 삭아서 없어져 가다.

사그라뜨리다 사그라지게 하다. 예불을 사그라뜨리다. 비사그라트리다.

사그라지다 ①불이 꺼지다. 예모닥불이 사그라지다. ②거센 감정이 가라앉다. 예그 말을 듣자, 분한 마음이 금세 사그라졌다.

사그라트리다 ⇒사그라뜨리다.

사:극(史劇) 역사상의 인물이나 사건을 소재로 하여 꾸민 연극이나 드라마. 본역사극.

사근사근하다 ①성질이 붙임성이 있고 친절하며 상냥하다. ②배나 사과처럼 씹히는 맛이 연하다. 🗨서근서근하다. 사근사근히.

사글세(一貰)[사글쎄] 집이나 방을 빌려 쓰고 다달이 내는 세. 🗨월세. |잘못| 삭월세.

사금(沙金) 강바닥이나 해안의 모래에 섞여 있는 금.

사금파리 사기그릇의 깨어진 조각.

사:기[1](士氣) 어떤 일을 해내거나 싸움에서 이기려고 하는 씩씩한 기운. 📝사기가 높다./사기가 저하되다./사기를 떨어뜨리다.

사기[2](沙器) ➡사기그릇.

사기[3](詐欺) 못된 꾀로 남을 속임. 📝친구에게 사기를 치기야 하겠어?

사기그릇(沙器一)[사기그륻] 빛깔이 희고 부드러운 흙으로 빚어 구워 만든 매끄럽고 단단한 그릇. 🗨사기.

사기꾼(詐欺一) 사기를 잘 치거나 일삼는 사람. 📝사기꾼에게 걸려 돈을 날렸다.

사나이 한창때의 젊은 남자. 🗨사내.

사나흘 사흘이나 나흘. 🗨사날.

사:납다[사납따] ①성격이나 행동이 억세고 거칠다. 📝사나운 짐승. ②비바람 등이 몹시 세차다. 📝비바람이 사납게 몰아치던 밤. |활용| 사나우니·사나워.

사내[1] 〈사나이〉의 준말.

사내[2](社內) 회사의 안. 📝사내 방송.

사내답다[사내답따] 남자로서의 성품과 기질을 가지고 있다. 📝사내답게 한번 싸워 보자. |활용| 사내다우니·사내다워.

사내대장부(一大丈夫) '대장부'를 힘주어 이르는 말.

사내아이 어린 남자아이. 🗨사내애. 🗨남아. 🗨계집아이.

사내애 〈사내아이〉의 준말.

사냥 산이나 들의 짐승을 잡는 일. 🗨수렵. 사냥하다. 📝사자가 먹이를 사냥하다./사냥꾼이 여우를 사냥하다.

사냥감[사냥깜] 사냥하여 잡으려고 하는 대상.

사냥개[사냥깨] 사냥할 때 부리기 위하여 길들인 개.

사냥꾼 사냥하는 사람. 또는 사냥을 직업으로 하는 사람.

사냥매 훈련을 시켜 꿩 등을 사냥할 때 쓰는 매.

사냥터 사냥을 하는 곳.

사:농공상(士農工商) 지난날, 선비·농부·장인·상인의 네 가지 신분을 아울러 이르던 말.

사늘하다 ①물체의 온도나 기온이 약간 차가운 느낌이 있다. 📝사늘한 새벽 공기. ②성격이나 태도 등이 차가운 느낌이 있다. 📝사늘한 표정. 🗨서늘하다. 🗨싸늘하다. 사늘히.

사다 ①값을 주고 물건이나 어떤 권리를 자기의 것으로 하다. 📝문방구에서 공책을 샀다. 🗨팔다. ②쌀·보리 같은 양식을 팔아 돈으로 바꾸다. ③다른 사람에게 어떤 감정을 일어나게 하다. 📝남들에게 의심을 살 행동은 하지 마라. ④값어치를 인정하다. 📝선생님은 그의 재능을 높이 샀다.

'사다'와 '팔다'의 특별한 쓰임

값을 쳐주고서 남의 것을 자기 것으로 만드는 일을 '사다'라고 한다. 그런데 쌀·보리 같은 양식의 경우는 이와 달라서 '돈을 주고 사는 것'을 '팔다'라고 하고, '돈을 받고 파는 것'을 '사다'라고 한다. 📝시장에 쌀 팔러(=사러) 가다.

사다리 〈사닥다리〉의 준말.

사다리꼴 한 쌍의 마주 보는 변이 평행한 사각형.

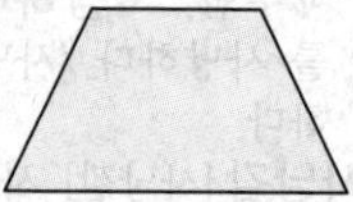
〈사다리꼴〉

사다함(斯多含, ?~?) 신라 때의 화랑. 진흥왕 23(562)년에 가야국 정벌에 큰 공을 세웠다.

사닥다리 [사닥따리] 높은 곳에 오르내릴 때 디딜 수 있게 나무나 쇠로 만든 기구. [준]사다리.

사단(師團) 군대 편성 단위의 하나. 육군에서는 군단의 아래, 연대의 위이다.

사단장(師團長) 사단의 최고 지휘관.

사담(私談) 사사로이 하는 이야기. 사담하다.

사ː당1 지난날, 무리를 지어 떠돌아다니면서 노래와 춤을 팔던 여자. [참]남사당.

사당2(祠堂) 죽은 조상의 이름을 적은 나무패를 모셔 놓고 제사를 지내던 곳.

사ː대당(事大黨) ①세력이 강한 쪽에 붙어 실리를 구하는 무리. ②조선 말기에, 독립당에 대하여 청나라 세력에 의존하려고 한 보수 세력. 민씨 일파의 노년층이 중심인물이 되었다.

사ː대문(四大門) 조선 시대에, 서울 도성의 동서남북에 세운 네 성문. 곧, 동쪽의 흥인지문, 서쪽의 돈의문, 남쪽의 숭례문, 북쪽의 숙정문.

사ː대부(士大夫) 지난날, 벼슬이나 신분이 높은 집안의 사람을 이르던 말.

사ː대주의(事大主義) [사대주의/사대주이] 주체성이 없이 세력이 강한 나라나 사람에 붙어 자기의 안전을 유지하려는 태도.

사ː도(使徒) ①기독교에서, 예수가 복음을 널리 전하기 위하여 특별히 뽑은 열두 제자. ②'보람 있고 훌륭한 일을 위해 자기를 돌보지 않고 힘쓰는 사람'을 비유하여 이르는 말. [예]평화의 사도.

사도 세자(思悼世子, 1735~1762) 조선 영조의 둘째 아들. 아버지인 영조의 노여움을 사서 뒤주 속에 갇혀 죽었다.

사돈(査頓) 결혼한 사람의 양쪽 부모들끼리 또는 그 두 집안의 항렬이 같은 사람끼리 서로 부르는 말. |잘못| 사둔.

사들이다 [사드리다] 사서 들여오다. [예]가구를 사들이다.

사ː또 지난날, 한 고을을 다스리는 관리를 백성이 높여 부르던 말. |참고| 사또는 '사도(使道)'에서 온 말. [비]원님.

사라센(Saracen) 옛날 유럽 인이 시리아 부근의 아랍 인을 부르던 이름. 중세 이후에는 이슬람교도를 통틀어 이르던 이름이다.

사라지다 ①모양이나 자취가 없어지다. [예]총총했던 별들이 하나둘 사라졌다. ②어떤 생각이나 감정 등이 없어지다. [예]슬픔이 사라졌다. [큰]스러지다. ③'죽다'를 달리 이르는 말. [예]형장의 이슬로 사라지다.

사ː람 생각과 말을 할 줄 아는 동물. 서서 걸으며, 도구를 만들어 쓰고, 사회생활을 한다. [비]인간.

사람(을) 잡다[관용] 몹시 곤란한 지경으로 몰아넣다. [예]내가 언제 그랬느냐? 괜히 사람 잡는 소리를 하지 마라.

사ː람답다 [사람답따] 사람으로서 마땅히 지켜야 할 도리에 어긋남이 없다. |활용| 사람다우니·사람다워.

사ː람됨 [사람됨/사람뒘] 사람의 됨됨이나 인격. [예]외모보다는 사람됨이 중요하다.

사랑1 ①어머니가 자식에게 하는 것처럼 한없이 아끼고 위하여 잘되기를 바라는 마음. [예]나는 부모님의 사랑을 받고 자랐다. ②남자와 여자가 서로 끌려 좋아하고 그리워하는 마음.

예나는 그녀를 보고 첫눈에 사랑에 빠졌다. ③남을 돕거나 따뜻이 대해 주려는 마음. 예소녀 가장을 위한 사랑의 손길. ④어떤 것을 좋아하여 몹시 즐기거나 귀중히 여겨 아끼는 일. 예선생님의 한글 사랑은 익히 알려져 있다. 사랑하다.

사랑²(舍廊) 한옥에서, 남자 주인이 지내면서 손님을 맞는 곳.

사랑니 보통의 어금니가 다 난 뒤, 입 속 맨 구석에 새로 나는 작은 어금니.

사랑방(舍廊房) 사랑채에 있는 방. 또는 사랑으로 쓰는 방.

사랑스럽다 [사랑스럽따] 사랑하고 싶을 만큼 귀엽다. 예사랑스러운 아이. |활용| 사랑스러우니·사랑스러워. 사랑스레.

사랑채(舍廊一) 사랑으로 쓰이는 집채.

사래 '이랑'의 옛말. 예재 너머 사래 긴 밭을 언제 갈려 하나니.

사:레 잘못 삼킨 음식이 숨구멍으로 조금 들어갔을 때 숨이 기침하듯이 터져 나오는 일. 예사레가 들리다.

사려(思慮) 여러 가지로 신중하게 생각함, 또는 그 생각. 예사려가 깊은 사람.

사:력(死力) 죽기를 마다하지 않고 내는 힘. 예병사들은 사력을 다해 싸웠다. 비죽을힘.

사력 댐(沙礫dam) 중심부에 찰흙을 넣고 양쪽을 자갈과 모래로 다지고 돌을 쌓아서 만든 댐.

사:령(使令) 지난날, 관아에서 심부름을 하던 사람.

사령관(司令官) 사령부의 지휘를 맡아 보는 우두머리.

사령부(司令部) 군대에서 사단 이상의 부대를 지휘하는 본부.

사:례¹(事例) 보기로 들 만한 실제 일. 예성공 사례. 비실례.

사:례²(謝禮) 말이나 선물 등으로 입은 은혜에 대하여 고마운 뜻을 나타냄. 예그 사람을 찾아 주면 후히 사례를 하겠습니다. 사례하다.

사로잡다 [사로잡따] ①산 채로 붙잡다. 예적군 네 명을 사로잡았다. ②마음이 끌리게 만들다. 예어떻게 하면 그 아이 마음을 사로잡을 수 있을까?

사로잡히다 [사로자피다] ①산 채로 붙잡히다. 예적군에게 사로잡혔다. ②마음이 끌려 얽매이다. 예편견에 사로잡힌 사람들.

사:료¹(史料) 역사 연구에 필요한 문헌이나 유물 등의 자료.

사료²(飼料) 가축에게 주려고 만든 먹이.

사:륜마차(四輪馬車) 바퀴가 넷인 마차.

사르르 ①얽히거나 뭉친 것이 저절로 힘없이 풀어지는 모양. 예옷고름이 사르르 풀렸다. ②얼음이나 눈 등이 저절로 녹는 모양. 예사탕이 입 안에서 사르르 녹았다. ③졸린 눈이 힘없이 저절로 감기는 모양. 예피곤해서 눈이 사르르 감긴다. ④살며시 움직이는 모양. 예나룻배가 미끄러지듯 사르르 움직였다. ⑤배가 아픈 느낌이 조금씩 느껴지는 모양. 큰스르르.

사리¹ ①국수나 새끼 또는 실 등을 사리어 감은 뭉치를 세는 말. 예국수 한 사리. ②윷놀이에서, 모나 윷을 세는 단위. 예모 두 사리.

사리² 음력 매달 보름과 그믐날에 밀물이 가장 높이 들어오는 때. 본한사리. 반조금.

사리³(私利) 사사로운 이익. 반공리·공익.

사:리⁴(事理) 세상 일의 올바른 이치. 예사리에 닿는 말.

사리⁵(舍利) 부처나 성자의 유골. 오늘날에는 화장한 뒤에 나오는 작은 구슬 모양의 것만을 가리킨다.

사리다 ①빙빙 둘러서 포개어 감다.

옌국수를 사리다. 캔서리다. ②뱀 등
이 몸을 둥글게 말다. ③일에 힘을 다
쓰지 않고 몸을 아끼다. 옌그렇게 몸
을 사리다가는 오히려 다치기 쉽다.
④정신을 바짝 가다듬다. 옌마음을
사려 먹다.

사리물다 이를 악물다. |활용|사리무
니·사리물어.

사리사욕(私利私慾) 개인의 사사로운
이익과 욕심. 옌사리사욕을 채우다.

사리원(沙里院) 황해도 봉산군의 북서
부에 있는 도시. 재령평야를 끼고 있
어 농산물 거래가 많다.

사립[1] 〈사립문〉의 준말.

사립[2](私立) 개인이나 민간단체가 설
립하여 유지함. 옌사립 대학. 캔공
립·국립.

사립문(一門)[사립문] 나뭇가지로 엮
어 만들어 단 문. 준사립.

사립 학교(私立學校) 개인이나 민간단
체가 설립하여 경영하는 학교. 캔공립
학교.

사ː마귀[1] 사마귓과의 곤충. 몸은 가늘
고 길며, 머리는 삼
각형이다. 앞다리
가 길고 크며, 그
끝에 낫처럼 생긴
돌기가 있어 벌레를
잡아먹기에 편리하
다. 여름에 풀밭에
서 산다.

〈사마귀[1]〉

사ː마귀[2] 살갗에 도도록하고 납작하게
돋은 작은 군살.

사막(沙漠) 비가 아주 적게 오고 식물
이 거의 자라
지 않으며,
자갈과 모래
로 뒤덮인
넓은 땅.

〈사막〉

사막화(沙漠
化)[사마콰]

어떤 지역이 사막이 되거나 사막처럼
메마른 땅이 되는 것. 사막화되다.
사막화하다.

사ː망(死亡) 사람이 죽음. 캔출생. 사
망하다.

사ː망률(死亡率)[사망뉼] 일 년 동안
의 사망자 수가 그해의 전체 인구에
서 차지하는 비율. 캔출생률.

사ː망자(死亡者) 죽은 사람.

사ː면[1](四面) ①동·서·남·북의 모든
방향. ②네 쪽의 면.

사ː면[2](赦免) 죄를 용서하여 형벌을 줄
이거나 없애 줌. 사면되다. 사면하다.

사ː면초가(四面楚歌) 사방이 모두 적
에게 둘러싸이거나 누구의 도움도 받
을 수 없어 고립된 상태를 이르는 말.
|참고| 초나라의 항우가 사면을 포위
한 한나라 군사 쪽에서 들려오는 초
나라의 노랫소리를 듣고, 초나라 군
사가 이미 항복한 줄 알고 놀랐다는
이야기에서 비롯된 말.

사ː면팔방(四面八方) ➡사방팔방.

사ː명(使命) 맡겨진 임무.

사ː명당(四溟堂, 1544~1610) 조선 중
기의 승려. 법명은 유정. 사명당은
호. 임진왜란 때 승려들로 조직된 군
대를 이끌고 왜군과 싸워 큰 공을 세
웠다. 1604년 일본에 건너가 우리 포
로 3,000여 명을 데리고 돌아왔다.

사ː명 대ː사(四溟大師) '사명당'을 높
여 이르는 말.

사ː모[1](思慕) ①마음에 두고 몹시 그리
워함. ②우러러 받들며 마음으로 따
름. 사모하다. 옌그는 사모하는 여인
에게 편지를 보내기로 했다.

사ː모[2](紗帽) 지난날, 관복을 입을 때
쓰던, 검은 비단
으로 만든 모자.
오늘날에는 전통
혼례 때 신랑이
쓴다.

〈사모[2]〉

사:모관대(紗帽冠帶) ①지난날, 벼슬 아치들이 관복으로 갖춰 입던 옷차림. 오늘날에는 전통 혼례 때 신랑이 입는다.

사모님(師母一) ①'스승의 부인'을 높여 이르는 말. ②'윗사람의 부인'을 높여 이르는 말.

사:무(事務) 관청이나 회사 등에서 서류를 다루는 일. 예행정 사무.

사:무국(事務局) 조직이나 단체에서 운영과 관련한 사무를 맡아보는 부서.

사:무소(事務所) 사무를 보는 곳. 예법률 사무소.

사:무실(事務室) 사무를 보는 방.

사:무원(事務員) 관청이나 회사 등에서 사무를 맡아보는 직원.

사:무 자동화(事務自動化) 사무실에서 처리하는 일을 컴퓨터 등의 기계를 이용하여 자동화하는 것.

사:무직(事務職) 관청이나 회사 등에서 사무를 처리하는 직책. 비기술직.

사무치다 어떤 감정이 마음속 깊이 미치어 닿다. 예그리움이 사무친다.

사:물(事物) 일이나 물건. 예나는 눈이 나빠서 안경이 없으면 사물을 잘 알아보지 못한다.

사:물놀이(四物一)[사물로리] 민속 타악기인 꽹과리·징·북·장구의 네 가지 악기로 하는 농악 놀이.

〈사물놀이〉

사물함(私物函) 군대·학교 등에서 개인의 물건을 따로 넣어 두도록 마련한 곳. 예무거운 사전은 교실 사물함에 넣어 두고 다닌다.

사뭇[사묻] ①사무칠 정도로 매우. 예사뭇 놀랐다. ②계속하여 줄곧. 예비가 사뭇 퍼붓는다. ③아주 딴판으로. 예예상과는 사뭇 다르다.

사미승(沙彌僧) 나이 어린 남자 승려. 비사미.

사바(娑婆) 불교에서, 갖가지 고통을 참고 견뎌야 하는 이 세상. 비사바세계.

사박거리다[사박꺼리다] ①연한 배나 사과 등을 씹을 때 나는 것과 같은 소리가 자꾸 나다. ②모래밭을 걸을 때 나는 것과 같은 소리가 자꾸 나다. 비사박대다. 큰서벅거리다.

사박대다[사박때다] → 사박거리다.

사박사박[사박싸박] 자꾸 사박거리는 소리. 큰서벅서벅.

사발(沙鉢) 사기로 만든 밥그릇이나 국그릇. 아래는 좁고 위는 넓은 모양이다.

사:방¹(四方) ①동·서·남·북의 네 방향. ②둘레의 모든 방향. 예이 마을은 사방으로 높은 산이 둘러 있다.

사방²(沙防) 산·강가·바닷가 등에 흙이나 모래가 비바람에 무너져 내리는 것을 막기 위해 나무를 심거나 돌을 쌓거나 하는 일.

사:방치기(四方一) 어린이 놀이의 한 가지. 땅바닥에 네모나 동그라미 등을 그려 놓고, 그 안에서 납작한 돌을 한 발로 차서 차례로 옮겨 가다가 마지막에 돌을 공중으로 띄워 받아서 돌아오는 놀이이다.

사:방팔방(四方八方) 모든 방향이나 방면. 예사방팔방에서 모여든 사람들. 비사면팔방.

사범(師範) ①본받을 만한 모범. ②학술·무술·기예 등을 가르치는 사람. 예태권도 사범.

사범 대:학(師範大學) 중학교 및 고등학교의 교사를 길러 내는 교육을 하는 대학.

사법(司法) 법률에 따라 재판하는 일. 참입법·행정.

사법권(司法權)[사법꿘] 삼권의 하나. 법원이 가지는 재판에 관한 권리.

사법부(司法府)[사법뿌] 삼권 분립에 따라 재판을 맡아보는 국가 기관. 대법원과 그 아래의 모든 기관. ❺입법부·행정부.

사:변(事變) 전쟁에 비길 만한, 나라의 큰 사건.

사:변형(四邊形) ➡ 사각형.

사:별(死別) 주로 부부 가운데 한쪽이 먼저 죽어 헤어지게 됨. 예그 사람은 젊은 나이에 아내와 사별을 하였다. ❺생이별. 사별하다.

사:병¹(士兵) 장교가 아닌 모든 군인. ❺장교.

사병²(私兵) 개인이 사사로이 조직하여 부리는 병사.

사복(私服) 교복이나 군복이 아닌 보통 옷.

사본(寫本) 원래의 것을 그대로 베끼거나 복사한 문서나 책. ❺원본.

사부(師父) ①스승과 아버지. ②'스승'을 높여 이르는 말.

사부자기 ①힘들이지 않고 살짝. 예계단 위에서 사부자기 뛰어내렸다. ②남 몰래 가만히. 예누나가 방문을 사부자기 열고 들어섰다. 흰시부저기.

사부작사부작 [사부작싸부작] 잇달아 사부자기 행동하는 모양. 흰시부적시부적.

사분사분하다 마음씨나 태도가 부드럽고 상냥하다. 예사분사분한 태도.

사:분오열(四分五裂)[사부노열] 여러 갈래로 찢어지거나 흩어짐. 예여론이 사분오열로 갈라졌다. 사분오열하다.

사비(私費) 개인이 부담하는 비용. 예경비가 모자라서 사비로 보충했다. ❺공비.

사:비성(泗泚城) 백제 성왕 16(538)년에 국호를 남부여로 고치면서 웅진에서 옮긴 백제의 수도.

사뿐 소리가 나지 않도록 가볍고 조심스럽게 발을 내디디는 모양. 사뿐사뿐. 예복도에서는 뛰지 말고 사뿐사뿐 걸어 다니세요.

사뿐하다 ①소리가 나지 않을 정도로 걸음걸이가 가볍다. ②움직이는 것이 가볍다. 사뿐히. 예나비가 꽃 위에 사뿐히 내려앉았다.

사사(師事) 스승으로 섬김. 또는 스승으로 섬기며 가르침을 받음. 사사하다.

사:사건건(事事件件)[사사껀껀] 모든 일마다. 예언니는 내 일에 사사건건 간섭이다. ❺사사건건이.

사사롭다(私私一)[사사롭따] 공적이 아니고 개인적인 성격을 띠고 있다. 예사사로운 일로 회사 일에 피해를 주지 마시오. |활용| 사사로우니·사사로워. 사사로이.

사살(射殺) 총이나 활 등으로 쏘아 죽임. 사살되다. 사살하다.

사:상¹(史上) 역사에 나타나 있는 바. 예사상 최대의 작전. 흰역사상.

사:상²(思想) ①품고 있는 생각이나 견해. ②사회나 정치에 대한 일정한 의견. 예자유주의 사상.

사:상가(思想家) 어떤 사상을 깊이 이해하고 이를 주장하는 사람.

사:상자(死傷者) 죽은 사람과 다친 사람. 예교통사고로 많은 사상자가 생겼다.

사:색¹(死色) 죽은 사람처럼 하얗게 질린 얼굴빛. 예사색이 된 얼굴.

사색²(思索) 어떤 것에 대하여 이치를 따져 깊이 생각함. 예사색에 잠기다. 사색하다.

사:색당파(四色黨派)[사색땅파] 조선 시대에, 정치적 대립을 일삼던 네 당파. 즉, 남인·북인·노론·소론을 말한다.

사생(寫生) 자연의 경치나 실제의 물건 등을 보고 그대로 그림. 예사생 대회.

사:생결단(死生決斷)[사생결딴] 죽고 사는 것을 생각하지 않고 끝장을 내려고 덤빔. 사생결단하다. 예장군은 사생결단하고 적진에 뛰어들었다.

사생화(寫生畫) 자연의 경치나 실제의 물건 등을 보고 그대로 그린 그림.

사생활(私生活) 개인의 사사로운 생활. 예남의 사생활에 간섭하지 마라.

사:서¹(史書) 역사를 적어 놓은 책.

사서²(司書) 도서관에서 책을 관리하는 사람.

사:서³(四書) 유교의 경전인 논어·맹자·중용·대학의 네 가지 책을 이르는 말.

사:서삼경(四書三經) 유교의 경전인 사서(논어·맹자·중용·대학)와 삼경(시경·서경·주역)을 아울러 이르는 말.

사:서오경(四書五經) 유교의 경전인 사서(논어·맹자·중용·대학)와 오경(시경·서경·주역·예기·춘추)을 아울러 이르는 말.

사서함(私書函) 우체국에 설치해 두고 가입자가 자기 우편물을 받는 통. 본우편 사서함.

사:선¹(死線) 죽을 고비. 예사선을 넘다.

사선²(斜線) ①비스듬하게 그은 줄. 비빗금. ②하나의 직선이나 평면에 수직이 아닌 선.

사설¹(私設) 어떤 시설을 개인이 세움. 예사설 도서관. 반공설.

사설²(社說) 신문이나 잡지 등에서, 그 회사의 주장으로서 싣는 글.

사설시조(辭說時調) 시조 형식의 한 가지. 초장·중장·종장 가운데 두 구 이상이 길어진 시조이다. 비장시조. 참평시조·엇시조.

사:성(四聖) 공자·석가·예수·소크라테스의 네 성인.

사:세(事勢) 일의 되어 가는 형편. 예사세가 불리하다.

사소하다(些少—) 매우 작거나 적다. 예사소한 일로 이웃끼리 다퉜다.

사:수¹(死守) 목숨을 걸고 지킴. 사수하다. 예백마고지를 사수하라.

사수²(射手) 총포나 활 등을 쏘는 사람. 비사격수.

사숙(私淑) 존경하는 사람에게 직접 가르침을 받을 수는 없으나 그 사람의 인격이나 학문을 본으로 삼고 배움. 사숙하다. 예율곡의 학문을 사숙하다.

사슬 〈쇠사슬〉의 준말.

사슬돈 《끈에 꿰지 않은 흩어진 쇠붙이 돈이란 뜻으로》'잔돈'을 이르는 말.

사슴 사슴과의 동물. 몸이 홀쭉하고, 다리는 가늘고 길며, 꼬리는 짧다. 수컷의 머리에는 나뭇가지 모양의 뿔이 있다. 숲 속이나 초원에 산다.

사슴벌레 사슴벌렛과의 곤충. 몸은 딱딱하고 검은 갈색이며, 수컷은 사슴뿔처럼 생긴 큰턱이 있다. 봄과 여름에 나무나 등불에 모여든다.

사:시¹(四時) 한 해의 네 계절. 곧, 봄·여름·가을·겨울. 비사계절·사철.

사시²(斜視) 양쪽 눈이 같은 쪽을 보지 못하고 서로 다른 쪽으로 향하는 상태. 비사팔뜨기.

사시나무 버드나뭇과의 낙엽 지는 큰 키나무. 잎은 달걀 모양이고 약한 바람결에도 잘 파들거린다. 나무는 상자나 성냥개비 등의 재료로 쓰이며, 산에서 자란다.

사시나무 떨듯관용 와들와들 몹시 떠는 모양을 비유하여 이르는 말.

사:시사:철(四時四—) 봄·여름·가을·겨울 네 계절이 지나는 내내의 시간 동안. 예사시사철 잎이 푸른 나무를 상록수라고 한다.

사:신(使臣) 지난날, 임금의 명령으로 외국에 심부름을 가던 신하.

사:실(事實) ①실제로 있는 일이나 있었던 일. 예사실과 전혀 다르게 소문이 났다. ②있는 그대로 말하자면. 실제로. 예사실 나는 아무 잘못도 없다.

사:실무근(事實無根) 근거가 없음. 전혀 사실과 다름. 예그 소문은 전혀 사실무근이다.

사실적(寫實的)[사실쩍] 실제의 상태 그대로인 것. 예사물을 사실적으로 묘사한 그림.

사심(私心) 제 욕심을 채우려는 마음. 예사심을 버리다.

사:십(四十) 마흔.

사악하다(邪惡—)[사아카다] 간사하고 악독하다. 예사악한 행동을 서슴지 않는 악당.

사암(沙岩) 모래가 굳어서 된 바위.

〈사암〉

사:약(賜藥) 지난날, 임금이 죄를 지은 신하에게 먹고 죽을 약을 내림, 또는 그 약.

사양(辭讓) 겸손하여 받지 않거나 응하지 않음. 사양하다. 예그 사람은 우리가 주는 수고비를 사양했다.

사:업(事業) ①이익을 얻기 위해 벌이는 지속적인 경제 활동. 예삼촌은 중국에서 사업을 하고 계신다. ②사회적으로 의의가 있는 큰일. 예도로 건설 사업.

사:업가(事業家)[사업까] 사업을 하는 사람. 또는 사업에 능한 사람.

사:연¹(事緣) 일의 앞뒤 사정과 까닭. 예어찌 된 일인지 사연을 나에게 말해 보아라.

사연²(辭緣) 편지나 말의 하고자 하는 내용. 예사연이 긴 편지.

사열(査閱) ①조사하기 위하여 하나하나 살펴봄. ②군인들을 세워 놓고 장비와 사기 등을 검사함. 사열하다.

사열식(査閱式) 사열을 하는 의식.

사:오(四五) 사나 오. 예친구와 헤어진 지 사오 개월쯤 된 것 같다.

사옥(社屋) 회사의 건물.

사욕(私慾) 자기의 이익만을 채우려고 하는 욕심. 예사욕에 눈이 먼 사람.

사:용(使用) 어떤 것을 필요한 데에 씀. 예에너지 사용을 줄이자. 사용되다. 사용하다.

> ∷∷∷ **'사용'과 '이용'의 구별** ∷∷∷
>
> **사용** : 어떤 도구나 물건을 그 본디의 용도에 맞게 쓰는 일. 예화장실을 깨끗이 사용합시다.
>
> **이용** : 어떤 일을 하기 위한 방편으로 사람이나 사물·현상을 부리고 쓰는 일. 예바람을 이용해 연을 날리다./친구에게 이용을 당하다.

사:용료(使用料)[사용뇨] 물건이나 시설 등을 사용한 값으로 내는 돈. 예사용료를 내고 운동장을 쓰기로 했다.

사:용법(使用法)[사용뻡] 기계나 도구 등을 사용하는 방법. 예세탁기의 사용법을 익히다.

사:용자(使用者) ①물건이나 시설을 쓰는 사람. ②고용 계약에 따라 일을 시키고 보수를 주는 사람.

사우디아라비아(Saudi Arabia) 아시아 서부 아라비아 반도의 대부분을 차지하고 있는 나라. 세계 최대의 석유 생산 국가이며, 이슬람교의 성지인 메카와 메디나가 있다. 수도는 리야드.

사원¹(寺院) ①절이나 암자. ②예배 등을 위하여 신자들이 모이는 집. 예이슬람교 사원.

사원²(社員) 회사에 다니며 일하는 사람. 비회사원.

사:월(四月) 한 해의 넷째 달.

사:월 파:일(四月—) 부처님이 태어난 날. 곧, 음력 4월 8일. |참고|파일은 '팔일(八日)'에서 온 말. 비초파일.

사위 딸의 남편.

사위다 불이 다 타서 재가 되다. 예모 닥불이 사위었다.

사윗감 [사위깜/사윋깜] 사위가 될 사 람. 또는 사위가 될 만한 사람.

사유¹(私有) 개인이 소유함. 또는 그 물건. 예사유 재산. 凹공유·국유. 사 유하다.

사ː유²(事由) 일의 까닭. 예오늘 회의 에 참석하지 못한 사유가 무엇입니 까? 凹이유·연유.

사유림(私有林) 개인이 가지고 있는 산이나 숲. 凹공유림·국유림.

사유 재산(私有財産) 개인이 가지고 있는 재산. 凹국유 재산.

사유지(私有地) 개인이 가지고 있는 땅. 凹공유지·국유지.

사육(飼育) 짐승 등을 먹여 기름. 사육 되다. 사육하다. 예양이랑 염소를 사 육하다.

사육 동ː물(飼育動物) 집에서 먹여 기 르는 동물. 凹야생 동물.

사육사(飼育師) [사육싸] 가축이나 짐 승을 기르며 돌보는 사람. 예동물원 의 코끼리 사육사.

사ː육신(死六臣) [사육씬] 조선 세조 때, 단종을 다시 임금의 자리에 앉히 려다 죽은 여섯 충신. 곧, 성삼문·박 팽년·유응부·유성원·하위지·이개. 啻생육신.

사ː육제(謝肉祭) [사육쩨] 가톨릭을 믿 는 나라에서, 사순절(부활 주일 전 40 일 동안) 직전의 3~7일 동안에 즐기 는 축제. 사순절에는 육식이 금지되 기 때문에 미리 술과 고기를 먹으며 즐긴다. 凹카니발.

사ː은(謝恩) 입은 은혜에 대하여 감사 함. 예고객 사은 행사를 벌이다. 사 은하다.

사ː은품(謝恩品) 은혜에 감사하는 뜻 으로 주는 물건. 예행사 기간 동안 백 화점 고객에게 사은품을 준다고 한다.

사ː은회(謝恩會) [사은회/사은훼] 졸업 생이 스승의 은혜에 감사하는 뜻으로 스승을 모시고 여는 모임.

사ː의(謝意) [사의/사이] ①감사하게 여기는 마음. 예사의를 표하다. ②잘 못을 비는 마음.

사이 ①한곳에서 다른 곳까지의 거리. 예서울과 부산 사이. ②어떤 때로부 터 다른 때까지의 동안. 예어제는 미 안해하더니 하루 사이에 말이 달라졌 다. ③어떤 일을 할 만한 겨를이나 짬. 예피할 사이도 없이 차에 부딪혔 다. ④사람과 사람과의 관계. 예친구 랑 다투고 난 뒤 사이가 멀어졌다. 줌새.

사이(가) 뜨다〔관용〕 ①사이가 멀다. ②서로 친하던 관계가 서먹하게 되다.

사이다(cider) 《본디는 '사과술'의 뜻으 로》 탄산수에 당분과 향료를 섞어 만 든 시원한 음료.

사이드라인(sideline) 축구·농구·배 구 등에서, 경기장의 경계를 나타내 는 세로줄.

사이렌(siren) 어떤 신호나 경고를 하 기 위해 큰 소리로 길게 울리는 장치. |잘못| 싸이렌.

사이버(cyber) 어떤 일이 컴퓨터 통 신이나 인터넷에서 이루어지는 것. 예사이버 상담소.

사이보그(cyborg) 특수한 환경에 적응 할 수 있도록 기계 장치 등으로 몸의 일부를 개조한 인간.

사ː이비(似而非) 겉으로는 그것과 같 아 보이나 실제로는 전혀 다른 것을 이르는 말. 예사이비 종교.

사이사이 ①사이와 사이. 여러 사이. 예나는 꽃잎을 책갈피 사이사이에 끼 워 놓았다. ②틈이 나는 때. 예공부하 는 사이사이에 간식을 먹었다.

사이시옷 [사이시온] 합성어에서 뒷말의 첫소리를 된소리나 'ㄴ' 소리가 나게 앞말에 받치어 적는 'ㅅ' 받침.

'사이시옷'을 받치어 적는 경우

1. 고유어끼리 결합한 합성어 또는 고유어와 한자어가 결합한 합성어 중, 다음과 같은 경우에 받치어 적는다.
   ① 뒷말의 첫소리 'ㄱ, ㄷ, ㅂ, ㅅ, ㅈ' 등이 된소리로 나는 것. 예 냇가, 부싯돌, 셋돈, 귓병, 조갯살, 쇳조각, 찻잔, 횃김.
   ② 뒷말의 첫소리 'ㄴ, ㅁ' 앞에서 'ㄴ' 소리가 덧나는 것. 예 곗날, 아랫니, 제삿날, 텃마당, 뱃놀이, 콧날, 빗물, 잇몸, 팻말.
   ③ 뒷말의 첫소리 모음 앞에서 'ㄴㄴ' 소리가 덧나는 것. 예 깻잎, 나뭇잎, 뒷윷, 허드렛일, 가욋일, 예삿일, 사삿일.
2. 한자어에는 사이시옷을 붙이지 않는 것을 원칙으로 하나 예외적으로 다음의 6개 낱말에는 사이시옷을 받치어 적는다. 예 곳간(庫間)/셋방(貰房)/숫자(數字)/찻간(車間)/툇간(退間)/횟수(回數)

사이좋다 [사이조타] 서로 정답거나 친하다. 예 사이좋은 친구들./나는 친구들과 사이좋게 지내려고 노력한다.

사이즈(size) 옷이나 신발 등의 크기. 예 사이즈가 작다.

사이짓기 [사이짇끼] 농사에서, 주가 되는 작물 사이에 다른 작물을 심어 가꾸는 일.

사이클(cycle) 사물이 일정한 주기로 순환하는 일.

사이트(site) 인터넷에서 정보를 모아 놓고 사람들이 찾아볼 수 있게 만든 곳. 예 웹 사이트/교육 사이트.

사이펀(siphon) 공기의 압력 차이를 이용하여, 높은 곳에 있는 액체를 용기를 기울이지 않고 낮은 곳으로 옮기는 데 쓰는 구부러진 관.

〈사이펀〉 대기압

사ː인¹(死因) 죽게 된 원인. 예 사인을 밝히다.

사인²(sign) ① 서류 등에 자기만의 방식으로 자신의 이름을 적음, 또는 그렇게 적은 이름. 예 계약서에 사인을 하다. ② 운동 경기에서 자기편끼리 주고받는 비밀 신호. 예 사인을 보내다. |잘못| 싸인. 사인하다.

사인펜 필기도구의 한 가지. 볼펜과 비슷하게 생겼으며, 잉크에 따라 수성과 유성이 있다. |참고| 사인펜은 'sign'과 'pen'이 합쳐서 된 말.

사ː일구 혁명(四一九革命) 1960년 4월, 이승만 정권의 독재 정치와 부정선거에 항의하여 학생과 시민이 들고 일어난 일. 4월 19일 절정에 달하였다.

사임(辭任) 맡고 있던 일자리를 스스로 내놓고 물러남. 사임하다. 예 대표직을 사임하다.

사잇길 [사이낄/사읻낄] 〈샛길〉의 본말.

사ː자¹(使者) 명령을 받고 심부름을 하는 사람.

사자²(獅子) 고양잇과의 짐승. 몸길이 2m가량. 몸빛은 연한 갈색이고, 수컷은 갈기가 있다. 모든 짐승의 왕으로 불리며, 주로 밤에 얼룩말·기린·영양 등을 잡아먹는다. 아프리카 초원 등지에 산다.

〈사자²〉

사자성어(四字成語) 한자 네 자로 이루어진 말.

사자자리(獅子—) 봄철에 남쪽 하늘에 보이는 별자리. 앞발을 쳐들고 선 사자에 빗대어 붙인 이름이다.

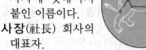
〈사자자리〉

사장(社長) 회사의 대표자.

사재기 물건이 귀해지거나 값이 오르기를 기대하고 한꺼번에 많이 사 두는 일. 卽매점·매점매석. 사재기하다.

사적¹(史跡) 역사상의 중대한 사건이나 시설의 자취. 卽유적.

사적²(私的) [사쩍] 개인에 관계되는 것. 剛사적인 이야기. 卽공적.

사전¹(事典) 여러 가지 사항을 모아 일정한 차례로 배열하여 하나하나에 해설을 붙인 책.

사전²(事前) 일이 일어나거나 일을 시작하기 전. 剛사고가 난 뒤 후회하지 말고 사전에 조심합시다. 卽사후.

사전³(辭典) 낱말을 모아 일정한 차례로 배열하여 하나하나에 발음·뜻·용법 등을 풀이한 책. 剛단어 뜻을 몰라서 사전을 찾아보았다.

사절¹(使節) 어떤 사명을 띠고 국가나 정부를 대표하여 외국에 나가는 사람.

사절²(謝絕) 요구나 제의를 받아들이지 않고 물리침. 剛면회 사절. 사절하다.

사절단(使節團) [사절딴] 한 나라를 대표하여 일정한 임무를 띠고 외국에 나가는 사람들로 조직된 단체. 剛문화 사절단.

사정(事情) ①일의 형편이나 그렇게 된 까닭. 剛어찌 된 일인지 사정을 들어 보자. ②남에게 어떤 일의 형편이나 까닭을 말하고 간절히 부탁함. 剛친구가 내게 돈을 빌려 달라고 사정을 했다. 사정하다.

사정거리(射程距離) 탄알이나 미사일 등이 발사되어 나가는 최대 거리. 剛사정거리 안에 들다./사정거리를 벗어나다. 卽사거리.

사정없다(事情—) [사정업따] 남의 형편이나 처지 등을 헤아려 주지 않고 모질다. 사정없이. 剛형이 나를 사정없이 몰아세웠다.

사제¹(司祭) 가톨릭에서, 주교와 신부를 통틀어 이르는 말.

사제²(私製) 개인이 만듦. 또는 그런 물건. 剛사제 폭탄.

사제³(師弟) 스승과 제자.

사족¹(四足) ①짐승의 네 발. ②'사지'를 낮추어 이르는 말.

사족(을) 못 쓰다[관용] 《사지를 제대로 움직이지 못한다는 뜻으로》 무엇에 반하여 꼼짝을 못하다. 剛동생은 오락이라면 사족을 못 쓴다.

사족²(蛇足) 《뱀의 발이라는 뜻으로》 말이나 글에 쓸데없이 덧붙이는 부분. |참고| 뱀을 다 그리고 나서 있지도 않은 발을 그려 넣는다는 뜻의 '화사첨족(畫蛇添足)'을 줄인 말이다. 剛사족을 붙이다.

사죄(謝罪) [사죄/사줴] 지은 죄에 대해 용서를 빎. 사죄하다. 剛어서 잘못을 사죄해라.

사주¹(四柱) 사람이 태어난 연·월·일·시의 네 간지, 또는 그것으로 미리 점쳐 보는 앞날의 운수. 剛사주를 보다.

사주²(使嗾) 좋지 않은 일을 하도록 남을 부추김. 사주하다. 剛폭행을 사주하다.

사주단자(四柱單子) [사주딴자] 결혼하기로 정한 뒤 신랑 집에서 신랑의 사주(태어난 해와 달과 날과 시간)를 적어 신부 집으로 보내는 종이.

사:중주(四重奏) 서로 다른 네 가지 악기로 하는 합주. |참고| 피아노·바이올린·비올라·첼로에 의한 피아노 사중주, 바이올린 둘과 비올라·첼로에 의한 현악 사중주 등이 있다.

사:중창(四重唱) 네 사람이 각기 다른 높이의 목소리로 함께 노래하는 것.

사:지1(四肢) 두 팔과 두 다리. 예무서워서 사지가 벌벌 떨렸다.

사:지2(死地) ①죽을 곳. ②살아날 길이 없는 매우 위험한 곳. 예사지로 몰아넣다.

사직1(社稷) 지난날, 나라 또는 조정을 이르던 말. 예종묘와 사직이 위태롭다.

사직2(辭職) 맡은 직무를 내놓고 물러남. 사직하다.

사직단(社稷壇) [사직딴] 임금이 백성을 위하여 땅을 맡은 신과 곡식을 맡은 신에게 제사 지내던 제단.

사직서(辭職書) [사직써] 맡은 직무를 내놓고 물러나겠다는 뜻을 밝히기 위해 쓰는 서류.

사진(寫眞) 사진기로 사람이나 물체의 모습을 그대로 찍어 낸 것.

사진기(寫眞機) 렌즈를 사용하여 사람이나 물체를 찍는 기계.

사진엽서(寫眞葉書) [사진녑써] 한쪽 면에 사진이 실린 엽서. 예친구에게서 여행지의 풍경이 담긴 사진엽서를 받았다.

사진첩(寫眞帖) 사진을 붙이거나 끼워 두는 책. 비앨범.

사진틀(寫眞一) 사진을 끼워서 벽에 걸거나 책상 등에 세워 두는 틀.

사:차원(四次元) 가로·세로·높이의 3차원을 지닌 입체적 공간에 시간의 1차원을 포함시킨 개념.

사찰1(寺刹) ➡절1.

사찰2(査察) 조사하여 살핌. 예세무 사찰. 사찰하다.

사채(私債) 개인이 사사로이 진 빚. 금융 기관이 아닌 곳에서 주로 비싼 이자로 빌린 돈.

사:천(泗川) 경상남도 남서부에 있는 시. 쥐치 가공업이 유명하며, 한려 해상 국립 공원에 딸린 섬들은 경치가 뛰어나다.

사:철(四一) 봄·여름·가을·겨울의 네 철. 비사계·사시·사계절.

사:철나무(四一) [사철라무] 노박덩굴과의 늘푸른떨기나무. 잎은 길둥글고 두꺼우며, 둥근 열매는 가을에 붉게 익는다. 정원에 많이 심는다.

사:체(死體) 사람이나 동물의 죽은 몸. 참시체.

사:초(史草) 지난날, 사관이 기록하여 역사책의 바탕으로 삼던 글.

사:촌(四寸) 아버지의 친형제의 아들이나 딸과의 촌수.

사춘기(思春期) 신체의 성장에 따라 몸의 생식 기능이 거의 완성되는 시기. 보통 12~16세의 시기를 말하며, 이성에 관심을 가지게 된다.

사치(奢侈) 분수에 넘치게 돈을 많이 쓰면서 호화롭게 생활함. 예사치를 부리다. 반검소. 사치하다.

사치스럽다(奢侈一) [사치스럽따] 사치한 데가 있다. 예번쩍거리는 장신구며 옷차림이 사치스럽다. |활용| 사치스러우니·사치스러워. 사치스레.

사치품(奢侈品) 사치스러운 물건.

사:칙(四則) 더하기·빼기·곱하기·나누기의 네 가지 계산 방법.

사:칙 연산(四則演算) 더하기·빼기·곱하기·나누기를 이용하여 하는 셈.

사:친이효(事親以孝) [사치니효] 세속 오계의 하나. 어버이를 효도로써 섬겨야 한다는 말.

사타구니 '샅'을 속되게 이르는 말.

사탕 엿이나 설탕을 끓인 뒤 식혀서 굳힌 달고 단단한 과자. |참고| 사탕은 '사당(沙糖)'의 변한말.

사탕발림 달콤한 말로 비위를 맞추어 살살 달램, 또는 그런 말이나 짓. 예그런 사탕발림에 내가 넘어갈 것 같아?

사탕수수 볏과의 여러해살이풀. 잎과 줄기는 옥수수와 비슷하며, 줄기에서 짠 즙으로 설탕을 만든다. 열대 지방에서 많이 재배한다.

사:태(事態) 일의 되어 가는 형편. 예긴급 사태.

사택(舍宅) 기업체나 학교 등에서 직원을 위하여 지은 살림집. 예교장 사택. 훼관사.

사퇴(辭退) [사퇴/사퉤] 어떤 지위에서 물러남. 사퇴하다. 예의원직을 사퇴하다.

사:투(死鬪) 죽을힘을 다하여 싸움. 예사냥꾼은 산에서 마주친 맹수와 사투를 벌였다.

사:투리 표준어가 아닌 어느 지역에서만 쓰이는 말. 훼방언. 빤표준어.

사파이어(sapphire) 광물의 한 가지. 푸르고 투명하며, 질이 좋은 것은 보석으로 쓴다. 빤청옥.

사:팔뜨기 '눈동자가 비뚤어져 모로 보는 눈을 가진 사람'을 얕잡아 이르는 말. 빤사시.

사포(沙布) 금강석 가루나 유리 가루 등을 발라 붙인 천이나 종이. 금속이나 나무 제품 등을 매끄럽게 문지르는 데 쓰인다.

사포닌(saponin) 인삼·도라지·알로에 등에 들어 있는 물질. 심장을 잘 뛰게 하고 오줌이 잘 나오게 하여 한방에서 약으로 쓴다.

사표[1](師表) 학식과 덕망이 높아 남의 모범이 될 만한 사람. 예후세의 사표가 되는 인물이 되어라.

사표[2](辭表) 일자리를 물러날 뜻으로 적어서 내는 문서. 예회사에 사표를 내다. 빤사직서.

사:필귀정(事必歸正) 모든 일은 처음에 잘못된 방향으로 나가더라도 반드시 바른길로 돌아온다는 말.

사하라 사막(Sahara沙漠) 아프리카 북부에 있는 세계 최대의 사막. 넓이 약 906만 5,000km². 기온과 날씨의 차이가 심하며, 북부에서는 석유가 나온다.

사:학[1](史學) 역사를 연구하는 학문. 빤역사학.

사학[2](私學) 개인이 세운 교육 기관. 빤관학.

사할린(Sakhalin) 러시아 동부 지방의 섬. 섬의 남쪽은 한때 일본의 영토였으며, 일제 강점기에 끌려갔던 우리 동포들이 많이 살고 있다.

사:항(事項) 어떤 일을 구성하는 낱낱의 부분. 예주의 사항/실천 사항.

사:해(死海) 아라비아 반도의 북쪽에 있는 큰 호수. 넓이 약 1,020km². |참고| 바닷물의 다섯 배 정도나 되는 소금이 녹아 있어 수영할 줄 모르는 사람이라도 몸이 쉽게 떠오르며, 생물이 거의 살지 않기 때문에 '죽음의 바다'라는 이름이 붙었다.

사행심(射倖心) 노력 없이 운에 따른 이익을 얻고자 하는 마음.

사헌부(司憲府) 고려·조선 시대에, 나라의 정치를 논의하고 풍속을 바로잡으며, 관리의 잘못을 조사하여 그 책임을 묻는 일을 맡아보던 관청.

사:형(死刑) 죄지은 사람의 목숨을 끊는 형벌. 예사형에 처하다. 사형되다. 사형하다.

사:화(士禍) 조선 시대에, 신하나 선비들이 반대파에게 몰려 큰 화를 입은 사건.

사:화산(死火山) 화산의 활동이 완전히 끝난 화산. 훼휴화산·활화산.

사:환(使喚) 관청이나 가게 같은 데 고용되어 잔심부름을 맡아 하는 사람.

사：활(死活) 《(죽기와 살기라는 뜻으로)》 '죽음과 삶의 갈림이 될 만한 중대한 문제'를 비유하여 이르는 말. 예이 일에 우리 회사의 사활이 걸려 있다.

사회¹(司會)[사회/사훼] ①회의나 예식 등의 진행을 맡아봄. ②〈사회자〉의 준말.

사회²(社會)[사회/사훼] ①공동생활을 하는 인간의 집단. 예저는 이 사회에 보탬이 되는 일을 하고 싶습니다. ②생활 정도나 직업이 같은 부류의 집단. 예상류 사회/문인 사회.

사회과 부：도(社會科附圖) 사회 교과서의 내용을 보충하는 지도·도표·그림을 넣은 책.

사회 보：장 제：도(社會保障制度) 질병이나 실업 등으로 생기는 생활의 어려움을 덜 수 있도록 국가가 도와주는 제도.

사회 복지(社會福祉) 모든 국민이 편안하게 살 수 있도록 돕는 사회의 시설과 정책.

사회사업(社會事業)[사회사업/사훼사업] 사회에서 보살펴 주어야 할 사람을 전문적으로 돕는 사업.

사회생활(社會生活)[사회생활/사훼생활] 사람들이 집단으로 모여 질서를 지키며 살아가는 생활.

사회성(社會性)[사회썽/사훼썽] ①사회를 이루어 살고자 하는 성질. ②남과의 관계를 잘해 나가는 소질이나 능력. 예사회성이 좋다.

사회인(社會人)[사회인/사훼인] 사회의 일원으로 생활을 해 나가는 개인.

사회자(司會者)[사회자/사훼자] 회의나 예식 등의 진행을 맡아보는 사람. 준사회.

사회적(社會的)[사회적/사훼적] 사회에 관계되거나 사회에 영향을 미치는 것. 예사회적 관심사.

사회 제：도(社會制度) 한 사회를 운영해 나가는 정치나 경제 제도. 넓은 뜻으로는, 법률·도덕·종교·관습 등을 뜻한다.

사회주의(社會主義)[사회주의/사훼주이] 자본주의에 반대하여, 생산 수단을 공동으로 갖는 사회 제도나 그런 사상.

사：후¹(死後) 죽은 뒤. 빤생전.

사：후²(事後) 일이 끝난 뒤. 예사후 보고. 빤사전.

사흗날[사흔날] 그달의 셋째 날. 본초사흗날. 준사흘.

사흘 ①세 날. 예사흘 동안 아무것도 먹지 못했다. 빤삼일. ②〈사흗날〉의 준말.

삭감(削減)[삭깜] 예산·비용 등을 깎아서 줄임. 예예산 삭감. 삭감되다. 삭감하다.

삭다[삭따] ①먹은 음식이 소화되다. 예먹은 밥이 아직 삭지 않았다. ②오래되어 썩은 것처럼 되다. 예천이 삭았다. ③흥분이나 긴장이 가라앉다. 예화가 삭지 않는다. ④음식물이 발효하여 맛이 들다. 예젓갈이 잘 삭았다.

삭막하다(索莫—)[상마카다] 황폐하여 쓸쓸하다. 예초겨울의 삭막한 들판.

삭발(削髮)[삭빨] 머리털을 박박 깎음, 또는 그런 머리. 삭발하다.

삭신[삭씬] 몸의 근육과 뼈마디. 예비가 오니 삭신이 쑤시는구나.

삭은니[사근니] 벌레 먹은 이. 빤충치.

삭이다[사기다] ①먹은 음식을 소화시키다. 예할아버지는 위가 나빠 밥조차 삭이지 못하신다. ②흥분된 마음을 가라앉히다. 예남몰래 울분을 삭였다.

삭정이[삭쩡이] 산 나무에 붙은 채 말라 죽은 작은 가지.

삭제(削除)[삭쩨] 어떤 글이나 내용 등을 지워서 없앰. 예참가자 명단에서 그의 이름이 삭제가 되었다. 땐첨가. 삭제되다. 삭제하다.

삭풍(朔風) 겨울철에 북쪽에서 불어오는 찬바람. 예삭풍은 나무 끝에 불고 명월은 눈 속에 찬데….

삭히다[사키다] 음식물을 발효시켜 맛이 들게 하다. 예단술 항아리를 아랫목에 묻고 삭혔다.

삯[삭] 일을 한 값으로 받는 돈이나 물건. |발음| 삯이[삭씨]·삯도[삭또]·삯만[상만]

'삯'의 쓰임

붙박이로 일을 해 주고서 받는 것일 경우에는 잘 쓰이지 않고, 그때 그때 필요한 경우에 일을 해 주고서 받는 것을 이를 경우에 주로 쓰인다. 예한복 한 벌 짓는 삯이 너무 비싸다. 참보수·임금.

삯바느질[삭빠느질] 삯을 받고 하는 바느질. 삯바느질하다.

산[1](山) 육지의 표면이 주위의 땅보다 훨씬 높이 솟은 부분. 예높은 산/산에 오르다.

산[2](酸) 신맛이 나는 수소 화합물을 통틀어 이르는 말. 푸른 리트머스 종이를 붉은빛으로 변하게 하는 성질이 있다. 땐염기.

-산(産) '물건이 나거나 생산되는 곳'을 나타내는 말. 예강원도산/대구산 사과.

산:가지 놀이(算一) 수를 셈할 때 쓰던 막대기를 가지고 여러 가지 문제를 내고 푸는 놀이. 놀이 방법에 따라 산가지 떼어내기, 산가지 따기, 형태 바꾸기, 산가지 들기, 삼각형 없애기, 쌍 만들기 등이 있다.

산간(山間) 산과 산 사이. 곧, 산골짜기가 많은 곳.

산간벽지(山間僻地)[산간벽찌] 산속에 있는 외진 곳.

산:개(散開) 여럿으로 흩어져 벌림. 산개하다.

산:고(産苦) 아이를 낳을 때의 고통. 예산고를 겪다. 땐산통·진통.

산골(山一)[산꼴] 외지고 으슥한 깊은 산속. 예산골 마을.

산골짜기(山一)[산꼴짜기] 산과 산 사이의 깊숙이 패어 들어간 곳. 준산골짝.

산골짝(山一)[산꼴짝] 〈산골짜기〉의 준말.

산그늘(山一)[산끄늘] 산이 빛을 가려서 생긴 그늘.

산기슭(山一)[산끼슥] 산의 비탈이 끝나는 아랫부분. 예산기슭에 자리 잡은 작은 마을. 땐산록·산자락.

산길(山一)[산낄] 산에 나 있는 길. 예산길을 오르느라 숨이 차다.

산꼭대기(山一)[산꼭때기] 산의 맨 위. 예산꼭대기에 흰 구름이 걸려 있다. 땐산정.

산나물(山一) 산에서 나는 나물, 또는 그것을 무친 반찬. 땐산채.

산누에(山一) 산누에나방과의 나방의 애벌레. 누에와 비슷하나 훨씬 크고 몸빛은 검은 갈색이다. 뽕이나 떡갈나무·참나무 등의 잎을 먹는다.

산대놀이(山臺一)[산대노리] 고려 시대에 비롯되어 조선 시대를 거쳐 오늘날까지 전해 오는 우리나라 고유의 탈놀이. 양반에 대한 조롱, 서민 생활의 어려움 등을 다루었으며, 양주 별산대·봉산 탈춤 등이 전한다. 땐산대극·산대놀음·산디놀음.

산더미(山一)[산떠미] '물건이나 일이 매우 많음'을 비유하여 이르는 말. 예방학 숙제가 산더미같이 쌓였다.

산도깨비(山一)[산또깨비] 산속에 있는 도깨비.

산돼지(山一)[산뙈지] ⇒ 멧돼지.

산둥 반ː도(Shandong牛島) 중국 산둥성 동부에 솟아 나와 있는 반도. 연안에서 물고기가 많이 난다.

산들거리다 시원한 바람이 잇달아 가볍게 불다. 예산들거리는 봄바람. 비산들대다. 큰선들거리다.

산들대다 ⇒ 산들거리다.

산들바람 시원한 기운을 띠고 가볍게 부는 바람. 큰선들바람.

산들산들 자꾸 산들거리는 모양. 예밤바람이 산들산들 분다. 큰선들선들.

산등성이(山一)[산뚱성이] 길게 뻗어 나간 산줄기의 높은 부분들이 이어진 것. 준등성이 · 산등성.

산딸기(山一) 산딸기나무의 열매.

산딸기나무(山一) 장미과의 낙엽 지는 떨기나무. 온몸에 가시가 있으며, 6월에 흰 꽃이 핀다. 둥근 열매가 7월에 붉게 익는데, 향기가 있고 달아 날것으로 먹는다.

산뜻하다[산뜨타다] 깨끗하고 시원하다. 예산뜻한 옷차림/산에 오르는 기분이 여간 산뜻하지 않아요. 산뜻이.

산ː란(産卵)[살란] 알을 낳음. 예산란 시기. 산란하다.

산ː란하다(散亂一)[살란하다] 어지럽고 어수선하다. 예정신이 산란하다.

산록(山麓)[살록] 산기슭.

산림(山林)[살림] 산과 숲. 또는 산에 있는 숲.

산림녹화(山林綠化)[살림노콰] 나무를 심거나 보호하여 산을 푸르게 가꾸는 일.

산림욕(山林浴)[살림녁] 건강이나 휴식을 위해 숲을 거닐며 숲의 기운을 쐬는 일. 비삼림욕.

산림처사(山林處士)[살림처사] 세상에 나오지 않고 산속이나 시골에 묻혀 글이나 읽고 지내는 선비.

산림청(山林廳)[살림청] 중앙 행정 기관의 하나. 산림의 보호 · 육성 등에 관한 일을 맡아본다.

산마루(山一) 산등성이의 가장 높은 곳. 본산등성마루.

산ː만하다(散漫一) ①정신이 흩어져 어수선하다. 예주의가 산만하다. ②질서가 없어 어수선하다. 예글이 산만해서 주제를 알기가 어렵다. 산만히.

산맥(山脈) 많은 산들이 길게 이어져 줄기 모양을 하고 있는 것. 비산줄기.

산ː모(産母) 아이를 낳은 지 얼마 되지 않은 여자.

산모퉁이(山一) 산기슭의 쑥 내민 귀퉁이. 예산모퉁이를 돌아가는 기차.

산ː문(散文) 글자 수나 운율 등의 형식에 얽매이지 않고 자유롭게 쓴 보통의 문장. 반운문.

산ː물(産物) ①그 지방에서 나는 물건. 예이 고장의 대표적 산물은 감이다. ②'어떤 일의 결과로서 생겨나거나 얻게 된 것'을 비유하여 이르는 말. 예현대 문명의 산물.

산바람(山一)[산빠람] ①산에서 부는 바람. ②주로 밤에, 산마루에서 산기슭 쪽으로 부는 바람.

산ː발(散髮) 머리를 풀어 헤침, 또는 그 머리. 예산발을 한 여인. 산발하다.

산ː발적(散發的)[산발쩍] 일이 한꺼번에 일어나지 않고 여기저기서 이따금 일어나는 것. 예산발적인 전투.

산밭(山一)[산받] 산에 일구어 놓은 밭. 비산전.

산ː보(散步)[산뽀] 바람을 쐬거나 가볍게 운동하려고 천천히 걷는 일. 비산책. 산보하다.

산본(山本) 경기도 군포시에 있는 신시가지. 대규모 아파트 단지가 들어서 있다.

산봉우리(山—)[산뽕우리] 산의 가장 높이 솟은 부분. ㉜봉우리.

산ː부인과(産婦人科)[산부인꽈] 의학의 한 분과. 아기를 배고 낳는 일과 부인병을 맡아본다.

산불(山—)[산뿔] 산에 난 불. 예건조한 봄철에는 산불이 나지 않도록 주의해야 한다.

산비탈(山—)[산삐탈] 산기슭이나 산허리의 비탈진 곳.

산사(山寺) 산속에 있는 절.

산사태(山沙汰) 큰비나 지진 등으로 산 중턱에 있는 바위나 흙 등이 갑자기 무너져 내리는 현상.

산ː산이(散散—)[산사니] 여지없이 흩어지거나 깨어지거나 하는 모양. 예산산이 깨어진 접시.

산ː산조각(散散—) 여러 조각으로 아주 잘게 부서지거나 깨어진 조각. 예병이 땅에 떨어져 산산조각이 났다.

산삼(山蔘) 깊은 산속에 저절로 나서 자란 삼. 약효가 뛰어나 매우 귀중히 여긴다.

산새(山—)[산쌔] 산에서 사는 새를 통틀어 이르는 말. ㉫멧새. ㉩물새.

산성[1](山城) 적을 막기 위해 산에 쌓은 성.

산성[2](酸性) 물질이 가지고 있는 산의 성질. 물에 녹으면 신맛을 내고, 푸른 리트머스 종이를 붉은빛으로 변화시킨다. ㉫알칼리성·염기성.

산성비(酸性—) 공기 속에 들어 있는 여러 가지 오염 물질이 섞여서 산성을 띤 비.

산성화(酸性化) 산성으로 변함. 예토양의 산성화를 막다. 산성화되다. 산성화하다.

산세(山勢) 산의 모양새. 예산세가 험하다.

산소[1](山所) '무덤'을 높여 이르는 말. 예할머니 산소에 성묘를 갔다. ㉫묘소.

산소[2](酸素) 냄새·맛·빛깔이 없는 기체 원소. 생물이 숨쉬는 데 없어서는 안 될 기체로, 물질을 태우는 성질이 있다.

산소마스크(酸素mask) 산소통에 연결되어 산소를 공급해 주는 마스크.

산수[1](山水) 《산과 물이라는 뜻으로》 자연의 경치. 예산수가 아름답다.

산ː수[2](算數) ①일상생활에서 실제로 쓰는 간단한 계산. ㉫산술. ②지난날, 초등학교 교과인 '수학'을 이르던 말.

산수유나무(山茱萸—) 층층나뭇과의 낙엽 지는 큰키나무. 봄에 노란 꽃이 잎보다 먼저 피고, 길둥근 열매는 가을에 붉게 익는다. 열매는 '산수유'라 하여 약재로 쓴다.

산수화(山水畵) 동양화에서, 자연의 풍경을 그린 그림. ㉫산수도.

산ː술(算術) 수와 양의 셈을 다루는 기초적인 수학. ㉫산수.

산신(山神) ➡ 산신령.

산신령(山神靈)[산실령] 산을 맡아 지켜 보호한다는 신령. ㉫산신.

산신제(山神祭) 산신령에게 지내는 제사. ㉜산제.

산ː실(産室) ①아이를 낳는 방. ②어떤 일을 꾸미거나 이루어 내는 곳. 예독립운동의 산실.

산악(山岳)[사낙] 높고 험한 산들. 예산악 지대.

산악인(山岳人)[사나긴] 산에 오르는 것을 남달리 잘하거나 즐기는 사람.

산악회(山岳會)[사나쾨/사나퀘] 여러 사람이 함께 모여 산에 오르기 위해 만든 모임.

산야(山野)[사냐] 산과 들. 예붉은 진달래가 산야를 뒤덮었다.

산양(山羊)[사냥] 솟과의 동물. 몸길이 100~120cm. 암수 모두 끝이 뾰족한 뿔이 있으며, 털빛은 주로 회색 또는 검은 갈색이다. 산악 지대에 산다. 천연기념물 제217호.

산ː업(産業) [사넙] 생활에 필요한 여러 물건을 만들어 내는 사업. 농업·공업·수산업·임업·광업 등. 넓게는 금융업·서비스업 등도 포함시킨다.

산ː업 박람회(産業博覽會) 산업 진흥을 위하여, 여러 가지 생산품을 한자리에 모아 사람들에게 구경시키고 팔기도 하는 행사.

산ː업별(産業別) [사넙뻘] 산업을 종류에 따라서 나눈 구별. 예산업별 인구 변화.

산ː업적(産業的) [사넙쩍] 산업에 관한 것. 예산업적으로 이용하다.

산ː업체(産業體) [사넙체] 어떤 물건을 생산하는 업체. 예방위 산업체.

산업 통상 자원부(産業通商資源部) 중앙 행정 기관의 하나. 산업 정책을 통합 조정하고, 자원·에너지 정책 등에 관한 일을 맡아본다.

산ː업 혁명(産業革命) 기계로 물건을 만들면서 많은 상품을 값싸게 생산하게 된 큰 사회 변화. 18세기 영국에서 시작되어 유럽 여러 나라로 퍼졌다.

산ː업화(産業化) [사너콰] 산업의 형태가 됨. 또는 산업이 사회의 바탕이 됨. 예산업화가 급속히 진행되다. 산업화되다. 산업화하다.

산울림(山一) [사눌림] ①땅속의 변화로 말미암아 산이 울리는 일, 또는 그 소리. ②소리가 산이나 절벽 같은 데에 부딪쳐 울리며 되돌아오는 소리. 비메아리.

산ː울타리 [사눌타리] 살아 있는 나무를 심어서 만든 울타리.

산ː유국(産油國) [사뉴국] 원유를 생산하는 나라.

산자락(山一) 산 아래 밋밋하게 비탈진 부분. 비산기슭·산록.

산장(山莊) ①산에 있는 별장. ②산에 온 사람이 쉬거나 자고 갈 수 있게 산에 세운 집.

산ː재(散在) 이곳저곳에 흩어져 있음. 산재되다. 산재하다. 예크고 작은 섬들이 산재한 다도해.

산적(山賊) 산속에 숨어 살면서 남의 재물을 빼앗는 도둑. 참해적.

산적하다(山積一) [산저카다] 일이나 물건 등이 산더미처럼 많이 쌓여 있다. 예앞으로 우리가 풀어 나가야 할 문제들이 산적해 있다.

산전수전(山戰水戰)《산에서의 싸움과 물에서의 싸움이라는 뜻으로》'온갖 고난을 겪은 경험'을 비유하여 이르는 말.

산정¹(山頂) 산의 맨 위. 예우리는 백두산 산정에 올랐다. 비산꼭대기.

산ː정²(算定) 셈하여 정함. 산정되다. 산정하다. 예판매 가격을 산정하다.

산ː조(散調) 전통 음악에서, 가야금·거문고·대금 등을 장구 반주로 연주하는 기악 독주곡. 느린 가락부터 차츰 빠른 가락으로 연주한다.

산줄기(山一) [산쭐기] 큰 산에서 길게 뻗어 나간 산의 줄기. 비산맥.

산중(山中) 산의 안. 예이렇게 깊은 산중에서 날이 저물면 큰일이다. 비산속.

산중호걸(山中豪傑)《산속의 호걸이라는 뜻으로》'호랑이'를 이르는 말.

산지¹(山地) 산이 많고 들이 적은 지대. 예낮은 산지를 이용하여 스키장을 만들었다.

산ː지²(産地) 물건이 생산되어 나오는 곳. 예사과의 산지. 반산출지.

산지기(山一) 남의 산이나 무덤을 맡아 지키는 사람.

산지니(山一) 여러 해 동안 산속에서 자란 매나 새매. 참수지니.

산ː지식(一知識) 실제 생활에 활용할 수 있는 유용한 지식.

산짐승(山一) [산찜승] 산에서 사는 짐승. 참들짐승.

산채(山菜) 산나물.

산ː책(散策) 바람도 쐬고 구경도 하며 이리저리 거니는 일. [예]날씨도 좋은데 잠깐 산책이나 하러 갈까? [비]산보. **산책하다**.

산ː책로(散策路) [산챙노] 사람들이 산책할 수 있게 만들어 놓은 길. [예]공원에 산책로가 잘 꾸며져 있다.

산천(山川) 산과 내. 곧, '자연'을 이르는 말. [예]그리운 고향 산천. [비]산하.

산천초목(山川草木) 산과 내와 풀과 나무. 곧, '자연'을 이르는 말.

산촌(山村) 산속에 있는 마을.

산ː출[1](產出) 물건을 생산해 냄. **산출되다**. [예]이곳에서 산출된 쌀. **산출하다**.

산ː출[2](算出) 계산해 냄. [예]두 곳 사이의 거리 산출을 하다. **산출되다**. **산출하다**.

산타클로스(Santa Claus) 흰 수염에 붉은 옷을 입고 크리스마스 전날 밤에 몰래 굴뚝으로 들어와 잠자는 어린이의 양말이나 구두 속에 선물을 넣고 간다는 할아버지. [준]산타.

산토끼(山—) 토낏과의 동물. 집토끼에 비하여 앞다리가 훨씬 길며, 몸의 위쪽은 어두운 갈색이지만 겨울에는 온몸이 하얗게 변한다. 유럽과 아시아 각지의 산지에 산다.

산ː통[1](產痛) 아이를 낳을 때가 되어 주기적으로 되풀이되는 배의 통증. [비]산고·진통.

산ː통[2](算筒) 소경이 점칠 때 쓰는 작은 막대기를 넣는 통.

산통(을) 깨다[관용] 잘되어 가던 일을 방해하여 망치다.

산ː파(產婆) 지난날, '조산사'를 이르던 말.

산ː파역(產婆役) 어떤 일을 곁에서 잘 주선하여 이루어지게 하는 구실, 또는 그런 일을 하는 사람. [예]학교 설립의 산파역을 맡았다.

산하(山河) 산과 강. 곧 '자연'을 이르는 말. [비]산천.

산해진미(山海珍味) 산과 바다에서 나는 온갖 귀한 먹을거리로 차린 음식.

산행(山行) 산에 감. [예]산행에 나서기 전 옷과 장비를 점검했다. **산행하다**.

산허리(山—) ①산 둘레의 중턱. [예]산허리에 걸려 있는 구름. ②산등성이의 잘록한 곳. [예]산허리에 난 길.

산호(珊瑚) 산호충강의 동물을 통틀어 이르는 말. 여럿이 한데 엉겨 나뭇가지 모양을 이루는데, 개체가 죽으면 그 뼈만 남고, 이 뼈를 가공하여 장식품을 만든다.

〈산호〉

산호초(珊瑚礁) 산호충의 뼈와 분비물이 오랫동안 쌓여서 바위처럼 굳은 것.

산호충(珊瑚蟲) 바다 밑에 사는 원시 동물. 산호를 이루는 작은 벌레이다.

산화(酸化) 어떤 물질이 산소와 결합하거나 수소를 잃는 일. [예]쇠붙이가 산화를 하여 녹이 슬었다. [반]환원. **산화되다**. **산화하다**.

살[1] ①동물의 뼈를 싸고 있는 부드러운 물질. [예]살이 찌다./고기에 살이 많다. ②과실의 껍질과 씨 사이에 있는 연한 물질.

살을 깎다[관용] 몹시 애쓰며 노력하거나 고생하다. [예]살을 깎는 노력.

살을 에다[관용] 추위나 슬픔이 아주 심하다. [예]살을 에는 듯한 추위.

살[2] 창문·부채·연 등의 뼈대가 되는 가늘고 긴 나무. [예]살이 부러진 우산.

살[3] 나이를 세는 말. [예]일곱 살. [참]세.

살갑다 [살갑따] 마음씨나 태도가 부드럽고 다정하다. [예]민정이는 처음 만나는 나를 살갑게 대해 주었다. **|활용|** 살가우니·살가워.

ㅅ

살강 그릇 등을 얹어 놓기 위하여 부엌 벽에 만든 선반.

살갗 [살깓] 살가죽의 겉면. [예]살갗이 꺼칠꺼칠하다./싸늘한 기운이 살갗에 느껴졌다. [비]피부. [발음] 살갗이[살까치]·살갗도[살깓또]·살갗만[살깐만]

살결 [살껼] 살갗의 결. [예]고운 살결/살결이 거칠다.

살구 살구나무의 열매. 익으면 누르스름하게 되며, 맛이 시큼하다.

살구꽃 [살구꼳] 살구나무의 꽃.

〈살구꽃〉

살구나무 장미과의 낙엽 지는 큰키나무. 봄에 연분홍 꽃이 잎보다 먼저 피고, 여름에 열매인 '살구'가 노랗게 익는다. 열매는 먹고 씨는 약재로 쓰인다. 과실나무로 널리 심는다.

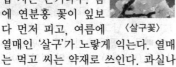

살균(殺菌) 약품이나 열 등으로 세균을 죽임. [비]멸균. **살균하다**. [예]아기 젖병을 살균하다.

살균력(殺菌力) [살균녁] 세균을 죽이는 힘. [예]살균력이 강한 약품.

살균제(殺菌劑) 살균하는 데 쓰이는 약. 크레졸·알코올·포르말린 등.

살그머니 남몰래 넌지시. [예]친구가 살그머니 다가와 내 옆자리에 앉았다. [큰]슬그머니.

살금살금 눈치를 살펴 가며 몰래 가만히 하는 모양. [예]아기가 깰까 봐 살금살금 걸었다. [큰]슬금슬금.

살기(殺氣) 해치기라도 할 것 같은 무서운 기색이나 분위기. [예]살기가 등등한 얼굴.

살ː길 [살낄] 살아가기 위한 방법. [예]살길이 막막하다.

살ː다 ①목숨을 이어 나가다. [예]사느냐 죽느냐 이것이 문제로다. [반]죽다. ②어느 곳에 머물러 지내다. [예]누나는 지금 부산에서 살고 있다. ③어떤 일을 하거나 어떤 형편으로 지내다. [예]검소하게 살다. ④어떤 성질이나 분위기 등이 그대로 남아 있거나 뚜렷이 드러나다. [예]이 고장에는 아직도 전통이 살아 있다. ⑤그림이나 글씨 등이 생동감 있게 표현되다. [예]그림은 마치 살아 움직이는 것 같았다. [활용] 사니·살아.

살대 [살때] 기둥이나 벽 등이 넘어가는 것을 막기 위하여 버티는 나무.

살뜰하다 ①살림하는 것이 매우 꼼꼼하고 검소하다. ②사랑하고 보살피는 것이 정성스럽다. [예]민영이는 동생을 살뜰하게 챙긴다.

살랑 바람이 가볍게 부는 모양. [큰]설렁.

살랑거리다 ①사늘한 바람이 잇달아 가볍게 불다. [예]바람이 살랑거릴 때마다 태극기가 펄럭였다. ②팔이나 꼬리 등을 자꾸 가볍게 흔들다. [예]바둑이가 나를 보고 꼬리를 살랑거린다. [비]살랑대다. [큰]설렁거리다.

살랑대다 ➡살랑거리다.

살랑바람 살랑살랑 부는 바람. [예]살랑바람이 시원하게 분다.

살랑살랑 자꾸 살랑거리는 모양. [큰]설렁설렁.

살랑이다 ①사늘한 바람이 가볍게 불다. ②팔이나 꼬리 등을 가볍게 흔들다. [큰]설렁이다.

살랑하다 사늘한 바람이 불어 조금 추운 듯하다. [큰]설렁하다.

살래살래 몸의 한 부분을 작은 동작으로 가볍게 가로 흔드는 모양. [예]강아지가 꼬리를 살래살래 흔들었다. [큰]설레설레.

살리다 ①죽어 가거나 죽을 처지에 놓인 것을 살게 하다. [예]사람 살려! [반]죽이다. ②어떤 부분을 없애지 않고 있는 그대로 남겨 두거나 좀 보태거나 하다. [예]글에서 이 부분은 살리는

게 좋겠다. ③그것이 지닌 기능이나
능력을 잘 이용하다. 예경험을 살려
일을 해라.

살림 ①한 집안을 이루어 살아 나가는
일. 예두 사람은 결혼하여 성북동에
살림을 차렸다. ②살아가는 상태나
형편. 예우리 집은 살림이 그리 넉넉
하지 않다. 살림하다.

살림꾼 살림을 알뜰하게 잘 꾸려 가는
사람.

살림살이 [살림사리] ①살림을 차려서
사는 일. 예살림살이에 지친 얼굴. ②
살림에 쓰이는 물건. 예결혼 3년 만
에 살림살이가 꽤 늘었다. ②비세간.

살'맛 [살맏] 세상을 살아 나가는 재미.
예살맛이 나다./살맛을 잃다.

살며시 가볍게 또는 드러나지 않게 넌
지시. 예나는 살며시 문을 열고 나왔
다. 흰슬며시.

살모사(殺母蛇) ➡살무사.

살무사 살무삿과의 뱀. 몸길이 70 cm
가량. 대가리는 삼
각형이며 목이 가
늘고 독니가 있다.
몸은 비늘로 싸여
있고, 갈색 바탕에
둥글고 검은 무늬 〈살무사〉

가 많다. 산골짜기나 돌무덤 등에
살며 쥐나 개구리 등을 잡아먹는다.
비살모사.

살벌하다(殺伐—) 행동이나 분위기 등
이 거칠고 무시무시하다. 예살벌한
분위기.

살붙이 [살부치] 혈연으로 맺어진 가까
운 사람. 보통 부모와 자식의 관계에
서 쓴다. 예아저씨는 살붙이가 하나 없
는 외로운 사람이다. 비피붙이.

살살¹ ①남이 모르게 살그머니 움직이
는 모양. 예살살 뒤를 밟다. ②심하지
않게 가만히 말하거나 움직이는 모
양. 예아픈 다리를 살살 문질러 주었

다. ③그럴듯한 말이나 행동으로 남
을 달래거나 꾀는 모양. 예울고 있는
아이를 살살 달랬다. ④바람이 보드
랍게 부는 모양. 예살살 부는 봄바람.
⑤잘 녹는 물질이 모르는 사이에 녹
는 모양. 예사탕이 입 안에서 살살 녹
는다. ⑥가볍게 눈웃음을 치는 모양.
예눈웃음을 살살 치다. 흰슬슬.

살살² 배가 조금씩 쓰리면서 아픈 모
양. 예배가 살살 아프다.

살상(殺傷) [살쌍] 죽이거나 다치게
함. 살상하다.

살색(—色) [살쌕] 살갗의 빛깔. 비살빛.

살생(殺生) [살쌩] 사람이나 짐승 같은
산 것을 죽임. 예살생을 큰 죄로 여기
는 스님들은 고기를 먹지 않는다. 살
생하다.

살생유택(殺生有擇) [살쌩유택] 세속
오계의 하나. 살아 있는 것을 죽일 때
는 함부로 하지 말고 가려서 해야 한
다는 말.

살수(薩水) [살쑤] '청천강'의 옛 이름.

살수 대'첩(薩水大捷) 고구려 영양왕
23(612)년에 을지문덕 장군이 중국
수나라의 양제가 이끌고 쳐들어온 대
군을 살수(지금의 청천강)에서 크게
물리쳐 이긴 싸움.

살신성인(殺身成仁) [살씬성인] 옳은
일을 위하여 자기 몸을 희생함. 살신
성인하다.

살아가다 [사라가다] ①목숨을 이어
나가다. 예앞으로 살아갈 날이 많이
남은 젊은이. ②생활해 나가다. 예네
식구가 오순도순 살아갑니다.

살아나다 [사라나다] ①죽었거나 거의
죽게 된 것이 다시 살게 되다. 예말라
가던 나무가 다시 살아났다. ②잊었
던 기억이 다시 떠오르다. 예사진을
보니 옛 추억이 살아나는구나. ③꺼
지게 된 불이 다시 피어오르다. 예모
닥불이 살아났다.

ㅅ

살아남다 [사라남따] ①죽을 뻔한 일을 겪고서 목숨을 건지다. 예사고 현장에서 살아남은 사람이 있는지 찾고 있다. ②남한테 지거나 밀려나지 않고 버티다. 예치열한 경쟁에서 살아남다.

살아생전(一生前) [사라생전] 이 세상에 살아 있는 동안. 예부모님 살아생전에 효도하여라.

살아오다 [사라오다] ①생활하며 지내오다. 예지금까지 살아오면서 가장 기억에 남는 일은 무엇인가? ②죽지 않고 돌아오다. 예전쟁터에서 구사일생으로 살아오다.

살얼음 [사러름] 얇게 살짝 언 얼음.

살얼음판 [사러름판] ①얇게 살짝 언 얼음판. ②'몹시 위태롭고 아슬아슬한 지경'을 비유하여 이르는 말.

살육 [사륙] 사람을 마구 죽임. |참고| 살육은 '살륙(殺戮)'에서 온 말. 살육하다.

-살이 [사리] '어떤 방식으로 살아가는 생활'을 뜻하는 말. 예셋방살이/감옥살이/머슴살이/시집살이.

살인(殺人) [사린] 사람을 죽임. 예살인을 저지르다. 비살해. 살인하다.

살인범(殺人犯) [사린범] 사람을 죽인 범죄를 저지른 사람.

살인자(殺人者) [사린자] 사람을 죽인 사람.

살인적(殺人的) [사린적] 사람의 목숨을 뺏을 정도로 몹시 지독한 것. 예살인적인 무더위.

살점(一點) [살쩜] 큰 덩어리에서 베어 낸 살의 조각.

살지다 ①몸에 살이 많다. 예살진 송아지. ②땅이 기름지다. 예살진 논밭.

살짝 ①남이 모르는 새 재빠르게. 예다른 사람들이 기도할 때 땅콩을 살짝 집어 먹었다. ②힘들이지 않고 가볍게. 예돌을 주워 돌탑 위에 살짝 올려 놓았다. ③심하지 않고 약간. 예배가 살짝 고프다. 흰슬쩍. 살짝살짝.

살찌다 몸에 살이 많아지다. 예운동을 게을리했더니 살찐 것 같다.

살찌우다 몸에 살이 많아지게 하다. 예돼지를 통통하게 살찌우다.

살충제(殺蟲劑) 해로운 벌레를 죽이거나 없애기 위하여 쓰는 약품.

살코기 기름·힘줄·뼈 등을 가려낸 살로만 된 고기. |잘못| 살고기.

살쾡이 고양잇과의 짐승. 고양이와 비슷한데 몸집이 좀 크며, 몸빛은 갈색이고, 등에 흑갈색 줄무늬와 얼룩무늬가 있다. 성질이 몹시 사나우며, 밤에 꿩이나 다람쥐 등을 잡아먹는다. 비삵. |잘못| 삵쾡이.

〈살쾡이〉

살판나다 좋은 일이나 돈이 생겨 기를 펴고 살 수 있게 되다. 예방학이 되자 아이들이 살판났다.

살펴보다 ①하나하나 자세히 보다. 예반지를 찾으려고 주위를 샅샅이 살펴보았다. ②꼼꼼하게 따지거나 헤아려 보다. 예이번 사건의 원인을 살펴보자.

살포(撒布) 흩어 뿌림. 살포하다. 예비행기로 농약을 살포했다.

살포시 매우 보드랍고 가볍게. 예가지 위로 하얀 눈이 살포시 내려앉았다.

살풀이(煞一) [살푸리] 좋지 않은 일을 피하려고 하는 굿. 살풀이하다.

살풍경(殺風景) ①아주 보잘것없거나 몹시 쓸쓸한 풍경. ②살기를 띤 광경.

살피다 ①조심하여 자세히 보다. 예거울로 뒤를 살폈다. ②꼼꼼하게 따지거나 헤아리다. 예여론을 살피다.

살해(殺害) 사람을 해치어 죽임. 예살해 사건. 비살인. 살해되다. 살해하다.

삵 [삭] ➡살쾡이.

삶:[삼] 사는 일. 또는 살아 있는 상태. 예삶을 위한 몸부림/인간다운 삶을 누리다. 비생. 만죽음. |발음| 삶이 [살미]·삶도[삼도]·삶만[삼만]

삶:다[삼따] 물건이나 음식을 물에 넣고 끓이다. 예감자를 삶다. |발음| 삶아[살마]·삶고[삼꼬]

삼¹ 뽕나뭇과의 한해살이풀. 줄기는 모가 지고 잔털이 많으며, 여름에 연한 녹색의 꽃이 핀다. 줄기 껍질은 섬유의 원료로 쓰며, 씨는 기름을 짠다. 비마.

삼²(三) 셋.

삼³(蔘) '인삼'과 '산삼'을 두루 이르는 말.

삼가 조심하는 마음으로 정중히. 예삼가 고인의 명복을 빕니다.

삼가다 꺼리거나 조심하여 하지 않다. 예외출을 삼가다./큰 소리로 떠드는 것은 삼가 주세요. |잘못| 삼가하다.

삼각(三角) ①세 개의 각. ②각이 세 개 있는 모양. 비세모.

삼각기둥(三角—)[삼각끼둥] 밑면이 삼각형인 각기둥. 비세모기둥.

삼각대(三脚臺)[삼각때] 사진기·기관총·실험 기구 등을 얹어 놓는 데 쓰는 세 발 달린 받침대.
〈삼각기둥〉

삼각뿔(三角—) 밑면이 삼각형인 각뿔. 비세모뿔.

삼각산(三角山)[삼각싼] '북한산'의 딴 이름. |참고| '삼각산'은 북한산이 백운대·만경대·인수봉의 세 봉우리로 이루어진 데서 비롯된 말.

〈삼각뿔〉

삼각자(三角—)[삼각짜] 삼각형으로 된 자.

삼각주(三角洲)[삼각쭈] 강물에 떠내려온 흙과 모래가 강어귀에 쌓여 이루어진 평평한 땅. 대개 삼각형으로, 큰 강 어귀에 발달하며 토지가 비옥하다. 비델타.

삼각 플라스크(三角flask) 밑면이 평평하고 목이 좁은 원뿔 모양의 실험 기구.

삼각형(三角形)[삼가켱] 세 개의 직선으로 둘러싸인 평면 도형. 비세모꼴.

〈삼각형〉

삼강(三綱) 유교 도덕의 기본이 되는 세 가지 도리. 임금과 신하, 아버지와 자식, 남편과 아내 사이에 지켜야 할 도리로, 군위신강·부위자강·부위부강을 이른다.

삼강오륜(三綱五倫) 유교에서 사람의 기본 도리로 가르치는 삼강과 오륜.

삼강행실도(三綱行實圖)[삼강행실또] 조선 세종 때, 설순 등이 왕의 명을 받아 삼강의 모범이 될 충신·효자·열녀 등에 관한 전기를 모아 엮은 책.

삼거리(三—) 길이 세 방향으로 갈라진 곳. 비세거리.

삼겹살(三—)[삼겹쌀] 돼지의 갈비에 붙어 있는 살로, 비계와 살이 세 겹으로 되어 있는 것처럼 보이는 고기.

삼경(三經) 유교의 경전인 시경·서경·주역의 세 가지 책을 이르는 말.

삼계탕(蔘鷄湯)[삼계탕/삼게탕] 어린 닭의 내장을 빼고 인삼·대추·찹쌀 등을 넣은 뒤 물을 붓고 푹 끓인 음식.

삼국(三國) ①고구려·백제·신라의 세 나라. ②중국 후한 말에 일어난 위·촉·오의 세 나라.

삼국사기(三國史記)[삼국싸기] 고려 인종 23(1145)년에 김부식 등이 왕의 명을 받아 지은 책. 고구려·신라·백제

세 나라가 생겨나 멸망하기까지의 역사를 기록하였다. 지금까지 남아 있는 우리나라의 가장 오래된 역사책이다.

삼국 시대(三國時代) 우리나라에서, 신라·백제·고구려의 세 나라로 갈라져 있던 시대.

삼국유사(三國遺事) [삼궁뉴사] 고려 충렬왕 11(1285)년에 승려 일연이 지은 역사책. 고구려·백제·신라의 역사 외에 단군 신화와 전설·설화·향가 등이 풍부히 실려 있다.

삼국지(三國志) [삼국찌] 중국 원나라의 나관중이 지었다는 소설. 위·촉·오 삼국이 하나로 통일될 때까지의 과정을 그렸다. 원제목은 '삼국지연의'이다.

삼군(三軍) ①육군·해군·공군을 통틀어 이르는 말. ②지난날, 군 전체를 이르던 말.

삼권(三權) [삼꿘] 입법권·사법권·행정권을 통틀어 이르는 말.

삼권 분립(三權分立) 국가의 권력을 입법·사법·행정의 삼권으로 나누어 권력이 집중되지 않고 균형을 이루게 함으로써 국민의 권리와 자유를 보장하는 정치 제도.

삼남(三南) 전라도·경상도·충청도를 통틀어 이르는 말.

삼년상(三年喪) 부모의 상을 당하여 삼 년 동안 기리는 일.

삼:다[1] [삼따] 짚신이나 미투리 등을 만들다. 예밤에 짚신 세 켤레를 삼았다.

삼:다[2] [삼따] ①남과 인연을 맺어 관계 있는 사람이 되게 하다. 예금와왕은 유화라는 여인을 부인으로 삼았다. ②어떤 것을 무엇으로 되게 하거나 무엇으로 여기다. 예하늘을 지붕 삼아 누웠다.

삼다[3] (三多) 중국 송나라의 구양수가 말한 좋은 글을 짓는 데 필요한 세 가지. 곧, 많이 읽고, 많이 짓고, 많이

생각하는 일.

삼다도(三多島) 《바람·돌·여자의 세 가지가 많은 섬이라는 뜻으로》 '제주도'를 달리 이르는 말.

삼대(三代) 아버지·아들·손자의 세 세대.

삼도 수군통제사(三道水軍統制使) 임진왜란 때, 경상·전라·충청 세 도의 수군을 통솔하는 일을 맡아보던 벼슬. ⓐ통제사.

삼두마차(三頭馬車) ①세 마리의 말이 끄는 마차. ②'어떤 일을 이끌어 나가는 세 사람이나 사물'을 비유하여 이르는 말.

삼등분(三等分) 셋으로 똑같이 나눔. 예빵을 삼등분을 해서 셋이 나누어 먹었다. 삼등분되다. 삼등분하다.

삼라만상(森羅萬象) [삼나만상] 우주에 있는 온갖 사물과 모든 현상.

삼랑성(三郎城) [삼낭성] 인천광역시 강화군 정족산에 있는 삼국 시대의 산성. 병인양요 때 프랑스 군을 물리친 승전비가 있으며, 전설에 의하면 단군이 세 아들에게 명하여 쌓게 하였다 한다.

삼류(三流) [삼뉴] 사물을 세 부류로 나눌 때, 일류나 이류에 들지 못하는 가장 낮은 등급. 예삼류 소설.

삼림(森林) [삼님] 나무가 많이 우거진 곳.

':::: '삼림'과 '산림'의 구별 ::::'

나무로 이루어진 숲이라는 점에서는 같지만, '**삼림**'은 산 또는 평지에 이루어진 것을, '**산림**'은 산에 이루어진 것만을 가리킨다. 또한, '**삼림**'은 울창한 것만을 가리키나, '**산림**'은 울창하지 않은 것을 가리킬 수 있다. 예공원에 삼림을 조성하다./산불로 산림이 훼손된다.

삼림욕(森林浴)[삼님뇩] 맑은 공기를 쐬고 정신적인 안정을 얻기 위하여 숲 속에 들어가 숲 기운을 쐬는 일. 🕮산림욕.

삼매(三昧) 한 가지에만 마음을 집중시켜 마음이 흔들리지 않는 경지. 🕮독서 삼매. 🕮삼매경.

삼면(三面) 세 방면. 🕮삼면이 바다로 둘러싸인 우리나라.

삼무도(三無島) 《도둑·거지·대문의 세 가지가 없는 섬이라는 뜻으로》 '제주도'를 달리 이르는 말.

삼발이(三─)[삼바리] ①쇠로 된 둥근 테두리에 발이 셋 달린 기구. 알코올 램프로 가열할 때 플라스크나 증발 접시 등을 받쳐 놓는 데 쓴다. ②망원경·사진기 등을 올려놓는 데 쓰는, 발이 셋 달린 받침대.

삼백예순날(三百─)[삼뱅녜순날] 일 년 내내. 변함없이 언제나. 🕮삼백예순날 마음 편할 날이 하루도 없구나.

삼베 삼의 실로 짠 천. 🔾베.

삼별초(三別抄) 고려 시대의 특수 군대. 13세기 초, 최우가 조직한 야별초가 좌·우별초로 나뉘고, 뒷날 몽고의 침입 때 생긴 신의군과 함께 삼별초가 되었다.

삼복(三伏) ①초복·중복·말복을 통틀어 이르는 말. ②여름철의 가장 더운 기간.

삼복더위(三伏─)[삼복떠위] 삼복 무렵의 몹시 심한 더위. 🔾복더위.

삼부(三府) 입법부·행정부·사법부를 통틀어 이르는 말. 🕮삼부 요인.

삼부 합창(三部合唱) 세 성부로 이루어지는 합창. 소프라노·메조소프라노·알토의 삼부 합창이 대표적이다.

삼사[1](三司) 조선 시대에, 사헌부·사간원·홍문관을 통틀어 이르던 말.

삼사[2](三四) 삼이나 사. 🕮삼사 명/삼사 개월.

삼삼오오(三三五五)[삼사모오] 서넛 또는 대여섯 사람씩 여기저기 무리 지어 다니거나 무슨 일을 하는 모양. 🕮삼삼오오 짝을 지어 등교하는 아이들.

삼삼하다 ①음식이 조금 싱거운 듯하면서 맛이 있다. 🕮삼삼한 국물. 🔾심심하다. ②잊혀지지 않아 눈앞에 보이는 듯하다. 🕮부모님 얼굴이 눈에 삼삼하다. 삼삼히.

삼생(三生) 불교에서, 전생·현생·후생을 통틀어 이르는 말.

삼성혈(三姓穴) 제주시 동문 밖의 땅에 있는 세 개의 구멍. 전설에 의하면 탐라국의 시조 고·부·양의 삼신이 나왔다는 곳이다.

삼세판(三─) 더도 덜도 말고 꼭 세 판. 🕮가위바위보 삼세판에 두 번 이기는 사람이 승자다.

삼수(三修) 주로 대학 입학시험에 두 번 떨어지고 세 번째 시험을 준비하는 일. 🔾재수. 삼수하다.

삼수갑산(三水甲山)[삼수갑싼] '몹시 어려운 지경'을 비유하여 이르는 말. 🕮나중에야 삼수갑산을 갈망정 우선 놀고 보자. |잘못| 산수갑산.

'삼수갑산'의 유래

　압록강 상류의 개마고원 지역에 있는 삼수와 갑산은 교통이 아주 불편하여 가기 힘든 곳이라는 데서 비롯된 말.

삼시(三時) 하루에 세 번 먹는 끼니. 🕮요즘은 너무 바빠서 삼시를 다 챙겨 먹기가 힘들다.

삼신(三神) 민속 신앙에서 아기를 점지한다는 신령. 🔾삼신할머니.

삼신할머니(三神─) '삼신'이 할머니 모습을 하고 있다 하여 흔히 이르는 말.

삼심 제ː도(三審制度) 국민의 권리 보호를 위하여, 같은 사건에 대하여 세 번의 재판을 받을 수 있도록 한 제도.

삼십(三十) 서른.

삼십육계(三十六計) [삼심뉵꼐/삼심뉵께] 일이 불리하거나 곤란할 때에 달아나는 것을 이르는 말. [참고] '자치통감'에 나오는 말로, "서른여섯 가지의 계책 가운데 달아나는 것이 최고의 계책이다."에서 비롯된 말.

삼십육계 줄행랑을 치다[관용] 매우 급하게 도망을 치다.

삼엄하다(森嚴一) [사멈하다] 분위기나 태도 등이 무서우리만큼 빈틈없고 엄숙하다. [예]삼엄한 경계. **삼엄히**.

삼엽충(三葉蟲) [사몁충] 고생대에 바다에 살았으나 지금은 화석으로만 남은 동물. 몸은 납작하고 둥그스름하며 발이 여럿 달렸다.

삼원색(三原色) [사뭔색] 모든 빛깔의 바탕이 되는 세 가지 빛깔. [참고] 그림물감에서는 빨강·노랑·파랑이며, 빛에서는 빨강·녹색·파랑이다.

삼월(三月) [사뭘] 한 해의 셋째 달.

삼위일체(三位一體) [사뮈일체] ①세 가지 것이 하나로 통일되는 일. [예]학생·학부모·교사가 삼위일체가 되다. ②기독교에서, 성부·성자·성령이 하나의 존재를 이루는 것.

삼일 운ː동(三一運動) 1919년 3월 1일, 일본의 강제적인 식민지 정책으로부터 독립할 목적으로 손병희 등 33인이 중심이 되어 독립 선언서를 낭독한 우리 민족의 독립운동. [비]기미독립운동.

삼일장(三日葬) [사밀장] 죽은 지 사흘 만에 지내는 장사.

삼일절(三一節) [사밀쩔] 삼일 운동을 기념하는 국경일. 매년 3월 1일.

삼자(三者) ①세 사람. [예]삼자 회담. ②어떤 일에 직접적인 관계가 없는 사람. [예]삼자가 왜 끼어드느냐? ②[본]제삼자.

삼정승(三政丞) 조선 시대에, 영의정·좌의정·우의정을 통틀어 이르던 말.

삼족(三族) ①부모와 형제와 처자. ②아버지 집안과 어머니 집안과 아내의 집안. [참고] 지난날에는, 반역을 꾀한 자의 삼족을 멸하는 형벌이 있었다.

삼중(三重) 세 가지가 겹치는 일. [예]삼중 충돌.

삼중주(三重奏) 서로 다른 세 가지 악기로 하는 합주. [참고] 피아노·바이올린·첼로에 의한 피아노 삼중주, 바이올린·비올라·첼로에 의한 현악 삼중주 등이 있다.

삼중창(三重唱) 세 사람이 각기 다른 높이의 목소리로 함께 노래하는 것.

삼진(三振) 야구에서, 타자가 스트라이크를 세 번 당하여 아웃이 되는 일.

삼짇날(三一) [삼진날] 음력 삼월 초사흗날. 제비가 돌아오는 날이라 하여 제비집을 손질하고 꽃잎을 따서 전을 부쳐 먹으며 춤추고 노는 풍습이 있다. [준]삼질. [비]삼월 삼질.

삼차원(三次元) 가로·세로·높이의 세 차원으로 이루어진 입체 공간.

삼창(三唱) 세 번 되풀이해서 외침. [예]만세 삼창. **삼창하다**.

삼채(三彩) 세 가지 빛깔의 유약을 발라 구워 낸 도자기.

삼척(三陟) 강원도 남동부에 있는 시. 광업·수산업이 주요 산업이며, 무연탄과 해산물의 집산지이다. 명승지로는 죽서루·초당 동굴·두타산 등이 있다.

삼척동자(三尺童子) [삼척똥자] 《키가 석 자밖에 되지 않는 아이라는 뜻으로》 '철부지 어린아이'를 이르는 말. [예]그런 건 삼척동자라도 다 아는 일이다.

ㅅ

삼천리(三千里)[삼철리] 함경북도 북쪽 끝에서 제주도의 남쪽 끝까지 3천 리가량 된다고 하여, 우리나라의 땅을 이르는 말. 예삼천리 방방곡곡.

삼천만(三千萬) 《지난날, 우리나라 인구가 약 삼천만이었던 데서》 우리 국민 전체를 가리키던 말. 예삼천만 동포.

삼천지교(三遷之敎) 맹자의 어머니가 아들의 교육을 위하여 집을 세 번이나 옮긴 일. 어린아이의 교육에는 환경이 매우 중요하다는 뜻으로 쓰인다. 몬맹모삼천지교. 비맹모삼천.

삼첨판(三尖瓣) 심방에서 심실로 들어간 피가 거꾸로 흐르는 것을 막는 막. 포유동물의 우심방과 우심실 사이에 있다.

삼촌(三寸) 아버지의 형제를 이르거나 부르는 말. 특히 결혼하지 않은 남자 형제에게 쓰는 말이다. 예막냇삼촌은 나와 아홉 살밖에 차이가 나지 않는다. |잘못| 삼춘.

삼총사(三銃士) ①프랑스의 소설가 뒤마가 쓴 소설. 프랑스 루이 십삼세 때를 배경으로 세 명의 군인이 왕비를 구하는 이야기이다. ②'특별히 친하게 지내는 세 사람'을 비유하여 이르는 말.

삼층밥(三層—)[삼층빱] 밥을 서툴게 지어서, 솥의 밥이 맨 위는 설고, 중간은 제대로 되고, 맨 아래는 탄 것을 이르는 말.

삼치 고등엇과의 바닷물고기. 몸길이 1m가량. 몸이 가늘고 길며 작은 비늘로 덮여 있다. 청색에 푸른 갈색의 얼룩무늬가 있고 배는 흰색이다. 옆구리에 7~8개의 회색 얼룩점이 있으며 고기 맛이 좋다.

삼칠일(三七日)[삼치릴] 아이가 태어난 뒤 스무하루 동안, 또는 스무하루가 되는 날. 이날이 될 때까지는 사람들이 함부로 드나드는 것을 금하는 풍습이 있다. 비세이레.

삼키다 ①입에 든 것을 목구멍으로 넘기다. 예나는 조마조마하여 침을 꿀꺽 삼켰다. ②큰 것이 작은 것을 휩싸서 흔적도 없게 하다. 예사나운 파도가 고깃배를 삼켰다. ③나오려는 눈물이나 웃음 등을 억지로 참다. 예나를 붙잡는 아이를 두고 눈물을 삼키며 돌아섰다.

삼태기 대나 짚 또는 싸리로 엮어, 거름·흙·쓰레기 등을 담아 나르는 그릇.
〈삼태기〉

삼태성(三台星) 큰곰자리에 있는 세 쌍의 밝은 별. 곧, 상태성·중태성·하태성.

삼투(滲透) 안으로 스며 들어감. 삼투되다. 삼투하다.

삼파전(三巴戰) 셋이 서로 얽혀 다투거나 겨룸.

삼판양승(三一兩勝)[삼판냥승] 승부를 결정할 때 세 판에서 두 판을 먼저 이기는 편이 승리하는 일. 예삼판양승으로 승부를 내다.

삼팔선(三八線)[삼팔썬] 우리나라 중부를 가로지르는 북위 38도선. 1945년 8·15 광복 후부터 1953년 7월 휴전 성립 전까지 남과 북의 정치적 경계선을 이루었다. 몬삼십팔도선.

삼한(三韓) 삼국 시대 이전에 우리나라 남쪽에 있던 세 나라. 곧, 마한·진한·변한.

삼한 사:온(三寒四溫) 겨울철에 우리나라와 중국 동북부 등지에서, 대개 삼 일 동안 춥다가 그다음 사 일 동안은 포근한 날씨가 되풀이되는 기후 현상.

삼한통보(三韓通寶) 고려 숙종 때 쓰던 엽전 이름.

삼행시(三行詩) 세 글자로 된 낱말의 각 글자를 머리글자로 하여 만든 짧은 글.

삼화음(三和音) 어느 음 위에 3도 음정의 음과 5도 음정의 음을 겹쳐서 만든 화음.

삽 땅을 파고 흙을 뜨는 데 쓰는 연장.

〈삽〉

삽사리 [삽싸리] ➡삽살개.

삽살개 [삽쌀개] 개의 한 품종. 털이 북슬북슬하게 많이 난 우리나라 토종개이다. 천연기념물 제368호. [비]삽사리.

〈삽살개〉

삽시간(霎時間) [삽씨간] 아주 짧은 동안. [예]교실 분위기가 삽시간에 험악해졌다. [준]삽시.

삽입(插入) [사빕] ①틈이나 구멍에 끼워 넣음. ②글 등에 어떤 내용을 덧붙여 넣음. [예]계약서에 추가 조항의 삽입. **삽입되다**. **삽입하다**.

삽질 [삽찔] 삽으로 땅을 파거나 흙을 떠내는 일. **삽질하다**.

삽화(插畫) [사퐈] 책·신문·잡지 등에 그려 넣어 내용의 이해를 돕는 그림.

삿갓 [삳깓] 햇볕이나 눈·비를 막으려고 대나 갈대로 엮어 만든 갓.

삿ː대 [삳때] 배에 타고 물 밑의 땅바닥을 밀어서 배를 움직이게 하는 긴 막대기. [본]상앗대.

삿ː대질 [삳때질] ①삿대로 배를 움직이게 하는 일. ②말다툼을 할 때, 손가락이나 주먹을 상대의 얼굴 쪽으로 내지르는 짓. [예]어른 앞에서 어딜 함부로 삿대질이냐? **삿대질하다**.

상ː[1](上) 차례나 등급을 상·하 또는 상·중·하로 갈라 매길 때의 맨 위. [예]이 사과는 품질이 상에 속한다. [반]하.

상[2](床) 음식을 차려 놓거나 책을 올려놓고 보는 데 쓰는 가구. [예]상에 음식을 차리다.

상[3](喪) 가족 중의 어른이 죽는 일. [예]상을 당하다.

상[4](像) ①빛이 거울이나 렌즈에 비쳐서 나타내는 물체의 모습. ②사람이나 물건의 모습을 본떠서 만들거나 그린 것. [예]성모 마리아의 상.

상[5](賞) 잘한 일을 칭찬하려고 주는 물건이나 돈. [예]글짓기 대회에서 상을 받았다.

-상[1](上) '그것에 관한'·'그것이 있어서'의 뜻을 나타내는 말. [예]이론상/역사상/법률상.

-상[2](商) '장사(장수)'의 뜻을 나타내는 말. [예]고물상/도매상/잡화상.

상가[1](商街) 상점이 죽 늘어서 있는 거리. [예]컴퓨터 상가.

상가[2](喪家) 사람이 죽어서 장례를 치르고 있는 집. [비]초상집.

상ː감[1](上監) 〈임금[1]〉의 높임말.

상감[2](象嵌) 금속·도자기·목재 등의 표면에 무늬를 파고 그 속에 금이나 은, 자개 등을 넣어 채우는 기술, 또는 그렇게 만든 작품.

상ː감마마(上監媽媽) '상감'을 더욱 높여 부르는 말.

상감 청자(象嵌靑瓷) 상감 기법으로 무늬를 넣은 푸른 자기.

상거래(商去來) 상업상의 거래. [예]상거래 질서를 확립합시다.

상ː거지(上—) 말할 수 없을 만큼 불쌍한 거지. [예]거지 중의 상거지.

상ː경(上京) 지방에서 서울로 올라옴. **상경하다**. [예]삼촌이 서울에 있는 대학에 합격하여 상경했다.

상ː고[1](上古) 아주 오랜 옛날.

상ː고[2](上告) 첫 소송 이후 다시 낸 소송에서 판결을 따르지 않고 대법원에 재심사를 요구하는 일. **상고하다**.

상고머리 앞머리는 가지런히 두고, 뒷머리와 옆머리는 치올려 깎으며, 정수리를 평평하게 깎아 다듬은 머리.

상ː고 시대(上古時代) 기록으로 알 수 있는 한에서 가장 오랜 시대. 국사에서는 대개 삼한 때까지를 이른다.

상ː공(上空) ①높은 하늘. [예]상공을 나는 매. ②어떤 지역 위의 공중. [예]서울 상공에 유에프오가 나타났다.

상공업(商工業) 상업과 공업을 아울러 이르는 말.

상ː관1(上官) 자기보다 직책이 높은 사람. [반]부하.

상관2(相關) ①서로 관련을 가짐. [예]그 일은 나와 상관이 없다. ②남의 일에 간섭함. [예]네가 뭔데 상관이야! **상관되다. 상관하다.**

상관없다(相關—) [상과넙따] ①서로 관련되는 바가 없다. [예]그것은 나와 상관없는 일이다. ②걱정할 것 없다. [예]그 일은 하루 이틀 늦어도 상관없다. [비]관계없다. **상관없이.**

상ː권1(上卷) 상·중·하 세 권, 또는 상·하 두 권으로 책을 갈랐을 때의 첫째 권.

상권2(商圈) [상꿘] 어떤 지역을 중심으로 상업 활동이 이루어지고 그 지역의 영향력이 미치는 범위. [예]역 주변으로 상권이 형성되어 있다.

상권3(商權) [상꿘] ①상업에 있어서의 권리. ②상업에 있어서의 주도권. [예]상권 다툼.

상극(相剋) 둘 사이가 서로 화합하지 못하고 늘 충돌함을 이르는 말. [예]저 두 사람은 서로 상극이다.

상금(賞金) 상으로 주는 돈.

상ː급(上級) 위의 등급이나 계급. [예]상급 학교. [반]하급.

상ː급생(上級生) [상급쌩] 학년이 높은 학생. [반]하급생.

상기1 '아직'의 옛말. [예]소 치는 아이는 상기 아니 일었느냐.

상ː기2(上氣) 부끄럽거나 흥분하여 얼굴이 붉어짐. **상기되다.** [예]붉게 상기된 얼굴. **상기하다.**

상ː기3(想起) 전에 있었던 일을 다시 생각해 냄. **상기하다.** [예]옛 기억을 상기하다.

상냥하다 성질이 싹싹하고 부드럽다. [예]상냥한 말씨. **상냥히.**

상ː념(想念) 머릿속에 떠오르는 여러 가지 생각. [예]상념에 잠기다.

상놈(常—) ①지난날, 신분이 낮은 사람을 낮추어 이르던 말. ②보고 배운 것 없이 막된 남자를 욕으로 이르는 말.

상담(相談) 고민이 되는 문제를 다른 사람과 의논함. [예]진학 상담. [비]상의. **상담하다.**

상담소(相談所) 어떤 일에 관하여 묻고 의논할 수 있도록 설치한 사회 시설. [예]직업 상담소/법률 상담소.

상당(相當) 어떤 정도에 가까움. [예]5만 원 상당의 반지.

상당수(相當數) 어지간히 많은 수. [예]상당수의 학생이 친구 문제로 고민한다.

상당하다(相當—) ①정도가 대단하다. [예]은채의 바둑 실력이 상당하구나. ②어떤 정도에 가깝다. [예]능력에 상당한 대우를 바랍니다. **상당히.**

상대(相對) ①서로 마주 대함, 또는 그 대상. [예]말을 할 때는 상대의 눈을 보고 해라. ②서로 겨룸, 또는 그런 대상. [예]만만찮은 상대를 만났다. **상대하다.**

상대방(相對方) 말이나 어떤 일을 할 때 상대가 되는 사람. [예]상대방의 말도 들어 보자. [비]상대편.

상대성(相對性) [상대썽] 사물이 그 자체로는 독립적으로 존재하지 않고, 다른 사물과 의존적인 관계를 지니는 성질.

ㅅ

상대자(相對者) 말이나 어떤 일을 할 때 상대가 되는 사람. [예]경쟁 상대자가 나타나다.

상대적(相對的) 다른 것과 맞서거나 견주는 관계에 있는 것. [예]이 가게가 다른 가게에 비해 상대적으로 물건 값이 싸다. [반]절대적.

상대편(相對便) 말이나 어떤 일을 할 때에 상대가 되는 편. [예]상대편의 의사를 존중할 줄 알아야 한다. [비]상대방.

상도덕(商道德) 상업 활동을 하는 데 있어 지켜야 할 도덕.

상ː동(上同) 위에 적힌 사실과 똑같음.

상례1(常例) [상녜] 흔히 있는 일.

상례2(喪禮) [상녜] 부모나 집안 어른의 상을 치를 때 행하는 모든 예절.

상록수(常綠樹) [상녹쑤] ➡늘푸른나무.

상ː류(上流) [상뉴] ①흐르는 강물 등의 위쪽, 또는 그 지역. [예]한강 상류. ②사회적 지위나 생활 수준 등이 높은 부류. [예]상류 사회. [반]하류.

상ː류층(上流層) [상뉴층] 사회적 지위나 생활 수준 등이 높은 계층.

상ː륙(上陸) [상뉵] 배에서 내려 육지에 오름. [예]아군은 밤에 상륙을 시도했다. **상륙하다**.

상륜(相輪) [상뉸] 불탑 꼭대기에 있는, 기둥 모양의 장식 부분.

상면(相面) 서로 만나서 얼굴을 마주 봄. [예]오랜만에 상면을 한 친구. **상면하다**.

상모(象毛) 풍물놀이를 할 때 쓰는 모자 꼭대기에 흰 새 털이나 긴 종이로 달아 빙글빙글 돌리게 만든 것.

〈상모〉

상민(常民) 지난날, 양반이 아닌 일반 백성을 이르던 말. [비]상사람·평민. [반]양반.

상ː반기(上半期) 어느 기간을 둘로 나누었을 때, 그 앞의 절반 동안. [반]하반기.

상반되다(相反—) [상반되다/상반뒈다] 서로 반대되거나 어긋나다. [예]상반된 의견.

상ː반신(上半身) 사람 몸의 허리부터 위의 부분. [비]윗도리·윗몸·상체. [반]하반신.

상벌(賞罰) ①상과 벌. ②잘한 것에는 상을 주고, 잘못한 것에는 벌을 주는 일. [예]상벌을 엄격히 하다.

상법(商法) [상뻡] 기업의 경영과 상거래에 관한 법률.

상ː병(上兵) 군대 계급의 하나. 병장의 아래, 일등병의 위. [본]상등병. [참]이등병·일병.

상보(床褓) [상뽀] 음식상을 덮는 보자기.

상복(喪服) 부모나 집안 어른의 상을 치를 때 입는 예복. 성긴 베로 지으며 바느질을 곱게 하지 않는다. [참]소복.

상ː봉1(上峯) 가장 높은 산봉우리. [예]백두산 상봉.

상봉2(相逢) 서로 만남. [예]이산 가족이 50년 만에 상봉을 했다. [반]작별·이별. **상봉하다**.

상ː부(上部) ①위쪽 부분. ②보다 높은 지위나 기관. [예]상부의 지시를 따르다. [반]하부.

상부상조(相扶相助) 서로서로 도움. [예]우리 조상들은 농사일을 할 때도 상부상조를 하였다. **상부상조하다**.

상비약(常備藥) 언제든지 쓸 수 있도록 늘 갖추어 두는 약.

상ː사1(上士) 군대 계급의 하나. 중사의 위, 원사의 아래.

상ː사2(上司) 자기보다 계급이나 직위가 높은 사람.

상ː상(想像) 실제로는 없거나 겪어 보지 않은 것을 마음속으로 그려서 생각함. 예용은 상상의 동물이다. 상상되다. 상상하다.

상ː상도(想像圖) 실제로 보지 않은 것을 상상하여 그린 그림. 비상상화.

상ː상력(想像力)[상상녁] 상상하는 능력. 예상상력이 돋보이는 작품.

상ː상봉(上上峯) 여러 봉우리 가운데 가장 높은 봉우리.

상ː상화(想像畫) 실물을 보지 않고 상상하여 그린 그림. 비상상도.

상서롭다(祥瑞一)[상서롭따] 신비로운 힘이나 운으로 인해 좋은 일이 일어날 듯하다. 예연못에서 상서로운 기운이 느껴지더니 신령이 나타났다. |활용| 상서로우니·상서로워. 상서로이.

상ː석¹(上席) 모임 등에서 지위가 높은 사람이 앉는 위의 자리. 비윗자리.

상석²(床石) 제사에 쓸 음식을 차려 놓기 위하여 무덤 앞에 마련하여 놓은 돌상.

상석³(象石) 임금이나 왕후 등의 무덤에 사람이나 짐승의 모양으로 만들어 세우는 돌.

상선(商船) 장사를 하러 다니는 배. 무역선·화물선 등.

상설(常設) 항상 마련하여 둠. 예상설 시장. 상설되다. 상설하다.

상세하다(詳細一) 속속들이 자세하다. 예약도를 상세하게 그려라. 상세히.

상ː소¹(上疏) 임금에게 글을 올림, 또는 그 글. 예상소를 올리다. 상소하다.

상ː소²(上訴) 판결에 대한 불만이 있을 때, 상급 법원에 재심사를 요구하는 일. 참상고²·항소. 상소하다.

상소리(常一)[상쏘리] 상스러운 말이나 소리. 쎈쌍소리.

상ː소문(上疏文) 임금에게 올리는 글.

상속(相續) 재산·권리·의무 등을 물려받음. 상속되다. 예돌아가신 아버지의 재산은 우리 형제들에게 상속될 것이다. 상속하다.

상쇄(相殺) 셈을 서로 비김. 예수입과 지출을 상쇄를 하고 나니 남는 것이 없다. 상쇄되다. 상쇄하다.

상ː쇠(上一)[상쇠/상쉐] 농악에서, 무리의 맨 앞에서 전체를 지휘하며 꽹과리를 치는 사람.

상수(常數) 늘 일정하여 변하지 않는 값을 가진 수나 양.

상ː수도(上水道) 먹는 물이나 공업에 쓰는 물을 관을 통하여 보내 주는 설비. 준수도. 반하수도.

상ː수리 상수리나무의 열매.

〈상수리〉

상ː수리나무 참나뭇과의 낙엽 지는 큰키나무. 잎은 길둥글고 가장자리에 톱니가 있다. 열매인 '상수리'는 묵을 만드는 데 쓰며, 재목은 단단하여 가구의 재료로 쓰고 참숯의 원료가 된다. 비참나무.

상ː수원(上水源) 상수도로 보낼 물을 끌어 오는 강이나 호수.

상ː순(上旬) 초하루부터 초열흘까지의 동안. 예다음 달 상순. 비초순. 참중순·하순.

상ː술¹(上述) 말·글의 윗부분이나 앞부분에서 말하거나 적음. 상술하다. 예우리나라 수출입 현황은 상술한 바와 같다.

상술²(商術) 장사하는 솜씨. 예상술이 좋다.

상스럽다(常一)[상쓰럽따] 말씨나 행동이 천한 데가 있다. 예상스러운 말버릇. 쎈쌍스럽다. |활용| 상스러우니·상스러워. 상스레.

상습(常習) 못된 버릇을 몇 차례고 되풀이하는 일. 예상습 절도.

상습적(常習的)[상습쩍] 좋지 않은 일을 버릇처럼 하는 것. 예거짓말을 상습적으로 하다.

상ː승(上昇) 위로 올라감. 예물가 상승. 빤하강. 상승되다. 상승하다. 예신인 가수의 인기가 날로 상승했다.

상식(常識) 누구나 가지고 있을 만한 보통의 지식이나 판단력. 예시사 상식.

상실(喪失) 주로 눈에 보이지 않는 어떤 것을 잃어버림. 예기억 상실. 상실되다. 상실하다. 예의욕을 상실하다.

상실감(喪失感) 무언가를 잃어버린 뒤에 느끼는 안타깝고 허전한 감정. 예친구를 잃고 난 뒤의 상실감.

상심(傷心) 슬픔이나 걱정 등으로 마음을 상함. 상심하다. 예그는 아들이 대학에 떨어져 몹시 상심했다.

상아(象牙) 코끼리의 위턱에 길게 뻗은 두 개의 앞니. 여러 가지 기구나 장식품을 만드는 데 쓰인다.

상아탑(象牙塔) ①세상을 떠나 오로지 학문 연구에 몰두하는 경지. ②'대학'을 비유하여 이르는 말.

상어 악상어목의 바닷물고기. 몸은 양 끝이 뾰족한 원기둥 모양이고, 날카로운 이빨이 있으며, 민첩하고 성질이 몹시 사납다.

〈상어〉

상업(商業) 상품을 사고팔아 이익을 얻는 사업.

상업용(商業用) [상엄뇽] 상업에 쓰임. 예상업용 통신 위성.

상여(喪輿) 시체를 묘지까지 나르는 기구.

상여금(賞輿金) 관청이나 회사 같은 데서 직원들에게 수고의 대가로 급료 이

〈상여〉

외에 특별히 주는 돈. 빠보너스.

상ː연(上演) 연극 등을 무대에서 펼쳐보임. 예극단에서 춘향전을 장기간 상연 중이다. 상연되다. 상연하다.

상ː영(上映) 극장 같은 데서 영화를 보여 줌. 상영되다. 상영하다. 예만화 영화를 상영하다.

상ː오(上午) 밤 열두 시부터 낮 열두 시까지의 동안. 빠오전. 빤하오.

상용(常用) 일상적으로 늘 씀. 예상용 한자. 상용되다. 상용하다.

상ː원사(上院寺) 강원도 평창군 오대산에 있는 월정사에 딸린 절. 신라 때의 유물로 종이 남아 있다.

상ː원사 동종(上院寺銅鐘) 강원도 평창군 상원사에 있는, 통일 신라 시대의 종. 성덕왕 24(725)년에 만들어진 것으로, 우리나라에서 가장 오래된 범종이다. 소리가 웅장하고도 아름답다. 국보 제36호.

상ː위(上位) 높은 위치나 지위. 예상위 30퍼센트. 빤하위.

상ː위권(上位圈) [상위꿘] 비교적 높은 등급이나 수준에 드는 범위. 예순위가 상위권에 들다. 빤하위권.

상응하다(相應—) 서로 알맞거나 어울리다. 예잘못에 상응하는 대가를 치르다.

상ː의¹(上衣) [상의/상이] 윗옷. 빠윗도리. 빤하의.

상ː의²(相議) [상의/상이] 어떤 일을 서로 의논함. 예고민을 부모님과 상의를 해 보아라. 빠상담. 상의하다.

상이용사(傷痍勇士) 전쟁에서 몸을 다친 사람.

상인(商人) 장사를 하는 사람. 빠장수.

상임(常任) 일정한 직무를 늘 계속하여 맡음. 예상임 지휘자. 상임하다.

상임 위원회(常任委員會) ①항상 일정한 임무를 담당하는 위원회. ②국회에서, 의원을 각 전문 부문별로 나누어 조직한 위원회.

상자(箱子) 나무나 두꺼운 종이 등으로 만들어 물건을 넣게 된 네모난 통. 예사과 상자.

상장(賞狀) [상짱] 학업·행실·업적 등을 칭찬하는 뜻을 적어서 상으로 주는 문서.

상ː전(上典) 지난날, 종에 대하여 그 '주인'을 이르던 말.

상점(商店) 일정한 시설을 갖추고 물건을 파는 집. 예건물 1층에 새로 상점이 들어섰다. 비가게·점포.

상ː정(上程) 토의할 안건을 회의에 내어놓음. 상정되다. 상정하다.

상정고금예문(詳定古今禮文) [상정고금녜문] 고려 의종 때, 최윤의가 예법에 관한 글을 모아 편찬한 책. 오늘날에는 전하지 않으나 우리나라 최초의 활자본으로 짐작된다. 비고금상정예문.

상ː제[1](上帝) 하느님.

상제[2](喪制) 부모나 조부모가 죽어서 상중에 있는 사람.

상제나비(喪制―) 흰나빗과의 곤충. 몸이 둔해서 잘 날지 못하며, 7월경에 나타나는데, 애벌레는 사과나무나 벚나무 등의 잎을 해친다.

상조(相助) 서로 도움.

상종(相從) 서로 따르며 의좋게 지냄. 예너처럼 한 입으로 두말하는 사람과는 상종을 하지 않겠다. 상종하다.

상ː좌(上座) ①가장 높은 사람이 앉는 자리. 비윗자리. 반하좌. ②절의 주지·강사·선사·원로들이 앉는 자리.

상주[1](尙州) 경상북도 서북부에 있는 시. 예로부터 삼백(쌀·누에고치·곶감)의 고장으로 유명하다.

상주[2](常住) 한곳에서 늘 살고 있음. 상주하다.

상주[3](喪主) 장례를 책임지고 치르는 사람. 대개 맏아들이 된다. 비맏상제.

상주인구(常住人口) 한 지역에 주소를 두고 늘 살고 있는 인구. 일시적으로 머무는 사람은 제외되고, 잠깐 다른 곳에 다니러 간 사람은 포함된다.

상징(象徵) 실지로 눈에 보이지 않는 내용을, 그것을 연상시키는 구체적인 사물이나 감각적인 말로 바꾸어 나타내는 일. |참고| '비둘기는 평화의 상징'이라 할 때의 '비둘기', '흰색은 순결의 상징'이라 할 때의 '흰색' 등. 상징하다.

상징적(象徵的) 상징의 성질을 띠는 것. 예상징적 의미.

상ː책(上策) 제일 좋은 꾀. 예위험할 때는 도망치는 것이 상책이다.

상처(傷處) ①몸의 다친 자리. 예상처를 크게 입은 사슴. ②피해를 입은 흔적. 예전쟁의 상처.

상ː체(上體) 몸의 윗부분. 예상체를 기울이다. 비상반신. 반하체.

상추 국화과의 한해살이풀. 잎은 크고 길둥글며 초여름에 노란 꽃이 핀다. 잎은 쌈을 싸서 먹는다. |잘못| 상치.

상ː층(上層) ①이 층 이상으로 된 건물이나 물건의 위쪽에 있는 층. 반위층. ②신분이나 지위가 높은 계층. 반하층.

상치[1] '상추'의 잘못.

상치[2](相馳) 일이나 뜻이 서로 어긋남. 상치되다. 예소풍 장소에 대한 의견이 상치되었다. 상치하다.

상ː쾌하다(爽快―) 기분이나 느낌이 아주 시원하고 산뜻하다. 예상쾌한 아침. 상쾌히.

상큼하다 냄새나 맛 등이 향기롭고 시원하다. 예숲 속에선 상큼한 풀 냄새가 났다.

상태(狀態) 사물이 처해 있는 현재의 모양이나 형편. 예환자의 상태가 어떠한가요?

상통하다(相通—) ①서로 마음이나 뜻이 통하다. ②서로 비슷한 데가 있다. [예]'귀엽다'는 것은 '예쁘다'는 표현과 상통하는 말이다.

상투 지난날, 장가든 남자가 머리털을 끌어 올려 틀어서 감아 맨 것.

〈상투〉

상투적(常套的) 항상 하는 버릇처럼 된 것. [예]상투적인 수법/상투적인 표현.

상패(賞牌) 상으로 주는 패.

상ː편(上篇) 상·중·하의 셋, 또는 상·하의 둘로 책을 나누었을 때의 첫째 편. [참]중편·하편.

상평통보(常平通寶) 조선 시대에 쓰던 엽전 이름. 인조 11(1633)년부터 조선 말기 신식 화폐가 나올 때까지 200년 이상 널리 쓰였다.

〈상평통보〉

상표(商標) 자기 상품을 남의 상품과 구별하기 위하여 붙이는 고유의 표지. [예]나는 물건을 살 때 상표를 보고 고른다.

상표권(商標權) [상표꿘] 특허청에 상표를 등록하여 그 상표를 혼자만 사용할 수 있는 권리.

상품¹(商品) 사고파는 물건. [예]매장에 진열된 상품.

상품²(賞品) 상으로 주는 물건.

상품권(商品券) [상품꿘] 정해진 상점에 가서 적혀 있는 액수만큼 상품을 살 수 있는 증서. [예]백화점 상품권.

상품성(商品性) [상품썽] 상품으로 팔 만한 가치가 있는 것. [예]크고 예쁜 과일은 상품성이 높다.

상품화(商品化) 팔 수 있는 물건이 되게 함. 상품화되다. 상품화하다.

상품 화ː폐(商品貨幣) 화폐가 생기기 전 물물 교환을 하던 시대에 화폐 구실을 하던 물품.

상ː하(上下) ①위와 아래. [예]깃발을 상하로 흔들다. ②윗사람과 아랫사람. [예]상하가 합심해서 회사 살리기에 나섰다. [비]아래위·위아래.

상ː하노소(上下老少) 윗사람·아랫사람·늙은이·젊은이 모두. 곧, 모든 사람.

상하다(傷—) ①몸이 다치거나 여위거나 하다. [예]한동안 앓고 났더니 얼굴이 많이 상했다. ②물건이 부서지거나 헐거나 하다. [예]땅바닥에 끌리는 지 바짓부리가 상했다. ③음식이 맛이 변하거나 썩거나 하다. [예]우유가 상했다. ④좋지 않은 일로 마음이 언짢게 되다. [예]속이 상해서 눈물이 날 것 같았다.

상ː하수도(上下水道) 상수도와 하수도를 아울러 이르는 말.

상하이(Shanghai) 중국의 양쯔 강 어귀에 있는 도시. 중국 최대의 무역항이며 공업 도시이다. [비]상해.

상ː한선(上限線) 더 이상 올라갈 수 없는 한계선. [반]하한선.

상ː해¹(上海) ➡상하이.

상해²(傷害) 남의 몸에 상처를 내어 해를 입힘. [예]상해를 입다.

상ː해 임시 정부(上海臨時政府) ➡대한민국 임시 정부.

상ː행(上行) ①위쪽으로 올라감. ②지방에서 서울로 올라감. [예]상행 열차. [반]하행.

상ː향(上向) ①위쪽으로 향함. ②수준이나 한도 등을 더 높임. [예]신용 등급을 상향 조정하다./금리를 상향 조정하다. [반]하향.

상ː현달(上弦—) [상현딸] 아래쪽이 둥글게 나타나는 반달. 매달 음력 7~8일경에 뜬다. [반]하현달.

상형 문자(象形文字) 물체의 모양을 본떠 만든 글자. 그림 글자에서 조금 발전한 것으로 한자의 일부와 고대 이집트 문자 같은 것.

〈상형 문자〉

상호1(相互) 이편과 저편이 서로. [예]상호 이익을 도모하자.

상호2(商號) 상점이나 회사의 이름. [예]상호를 바꾸다.

상환1(相換) 서로 바꿈. [예]물품 상환. **상환되다. 상환하다.**

상환2(償還) 빚을 갚음. [예]상환을 해야 할 은행 빚이 모두 얼마인가요? **상환되다. 상환하다.**

상황(狀況) 일이 되어 가는 형편이나 모양. [예]피해 상황을 자세히 알아보시오.

상황판(狀況板) 어떤 일의 상황을 판단할 수 있는 자료를 붙여 놓은 판.

상회(商會) [상회/상훼] 몇 사람이 모여 영업을 하는 상점이나 회사 등의 이름에 덧붙여 쓰는 말. [예]아리랑 상회.

샅 [삳] 아랫배와 두 허벅다리가 이어진 자리. [발음] 샅이 [사치] · 샅도 [삳또] · 샅만 [산만]

샅바 [삳빠] 씨름할 때 넓적다리와 허리에 매어 상대편의 손잡이로 쓰는, 천으로 만든 줄.

샅샅이 [삳싸치] 빈틈없이 모조리. [예]집 안을 샅샅이 뒤져라.

새:1 〈사이〉의 준말. [예]눈 깜짝할 새. **새(가) 뜨다**[관용] 사람 사이의 관계가 멀어지다.

새:2 몸에 깃털이 있고 다리가 둘이며, 날개로 하늘을 나는 동물. [예]하늘 높이 나는 새.

새3 산과 들에서 자라는 띠나 억새 등을 통틀어 이르는 말.

새4 ①처음 생기거나, 생긴 지 얼마 안 된. [예]새 친구/새 운동화. ②이제 막 시작한. [예]새 학년. [반]헌.

새- '빛깔이 매우 선명하게 짙음'을 뜻하는 말. [예]새파랗다/새빨갛다/새하얗다/새까맣다. [큰]시-.

'새, 시, 샛, 싯'의 구별

빛깔의 옅고 진함을 나타내는 '새, 시, 샛, 싯'은 다음과 같이 구별하여 적는다.

- '새, 시' : 첫소리가 된소리나 거센소리이고, 첫 글자의 모음이 양성 모음('ㅏ, ㅗ' 등)이면 '새', 음성 모음('ㅓ, ㅜ' 등)이면 '시'를 쓴다. [예]새까맣다, 시꺼멓다/새빨갛다, 시뻘겋다/새파랗다, 시퍼렇다/새하얗다, 시허옇다.
- '샛, 싯' : 첫소리가 울림소리('ㄴ')이고, 첫 글자의 모음이 양성 모음이면 '샛', 음성 모음이면 '싯'을 쓴다. [예]샛노랗다, 싯누렇다.

-새 '됨됨이' · '상태' · '모양'을 뜻하는 말. [예]생김새/꾸밈새/쓰임새/짜임새/모양새.

새겨듣다 [새겨듣따] 말하는 뜻을 잊지 않도록 주의 깊게 듣다. [예]선생님 말씀을 잘 새겨들어라. [활용] 새겨들으니 · 새겨들어.

새경 지난날, 농가에서 일 년 동안 일해 준 대가로 머슴에게 주는 돈이나 물건.

새근거리다 ①가쁜 숨소리가 조금 거칠게 자꾸 나다. ②어린아이가 곤히 잠들어서 조용히 숨을 쉬다. [예]아이가 새근거리며 잔다. [비]새근대다. [큰]시근거리다. [센]쌔근거리다.

새근대다 ➡새근거리다.

새근새근 자꾸 새근거리는 모양. [큰]시근시근. [센]쌔근쌔근.

새기다¹ ①글씨나 그림 등을 나무나 돌 같은 데에 파서 나타내다. 예비석에 새긴 글자. ②마음에 깊이 기억하다. 예나는 아버지의 말씀을 깊이 새겼다.

새기다² 말이나 글의 뜻을 알기 쉽게 풀이하다.

새김질 소나 염소 등의 동물이 한번 삼킨 먹이를 다시 입으로 되올려 씹는 일. 비되새김·반추. 새김질하다.

새까맣다 [새까마타] ①빛깔이 아주 까맣다. 예새까만 눈동자. 콘시꺼멓다. ②시간이나 거리 등이 까마득하게 멀다. 예새까만 후배. ③'아주 잊고 있어 기억에 없음'을 비유하여 이르는 말. 예약속을 새까맣게 잊고 있었다. |활용| 새까마니·새까매.

새까매지다 새까맣게 되다. 예햇볕에 타서 새까매진 얼굴. 콘시꺼메지다.

새끼¹ 짚으로 꼰 줄.

새끼² ①태어난 지 얼마 안 된 어린 짐승. 예돼지 새끼. ②'자식'을 속되게 이르는 말. 예제 새끼 예쁘지 않은 사람이 있을까?

새끼발가락 [새끼발까락] 다섯 발가락 가운데 맨 끝에 있는 가장 작은 발가락.

새끼손가락 [새끼손까락] 다섯 손가락 가운데 맨 끝에 있는 가장 작은 손가락.

새끼줄 새끼로 되어 있는 줄.

새날 ①새로 밝아 오는 날. ②새로운 시대. 또는 닥쳐올 앞날. 예언젠가는 새날이 오겠지.

새내기 학교나 회사 등에 새로 들어온 사람.

새다¹ ①틈이나 구멍으로 빠져나오거나 흘러나오다. 예불빛이 새다./가마니에서 쌀이 샜다. ②비밀이 다른 사람에게 알려지다. 예말이 새어 나갔다. ③있던 곳에서 슬그머니 빠지거

나 가야 할 곳이 아닌 딴 데로 가다. 예아까까지 있던 아이들이 어디로 샜는지 보이지 않는다.

새ː다² 날이 밝아 오다. 예날이 훤히 샜다.

새다³ '새우다'의 잘못. |참고| '밤을 새다'는 '밤을 새우다'로 써야 옳다.

새달 이달 다음에 오는 달. 비내달.

새댁(—宅) 〈색시〉의 높임말.

새뜻하다 [새뜨타다] 새롭고 산뜻하다. 예새뜻한 옷차림. 새뜻이.

새로 ①새롭게 다시. 예새로 한 일이 이 모양이냐? ②없던 것이 처음으로. 예이 모든 것이 새로 밝혀진 사실들이다.

새록새록 [새록쌔록] 어떤 생각이나 느낌이 자꾸 새롭게 생기는 모양. 예어릴 적 사진을 보니 추억이 새록새록 떠오른다.

새롭다 [새롭따] ①전과는 달리 더 생생하게 느껴지는 맛이 있다. 예감회가 새롭다. ②지금까지 있은 적이 없다. 예새로운 기술. |활용| 새로우니·새로워. 새로이.

새마을 운ː동(—運動) 마을 사람들이 힘을 합하여 부지런히 일함으로써 보다 살기 좋은 마을을 이룩하자는 운동. 근면·자조·협동 정신을 바탕으로 1970년에 시작되었다.

새벽 밤이 거의 새고 날이 밝을 무렵.

새벽같이 [새벽까치] 아침에 아주 일찍이. 예형은 언제나 새벽같이 일어나 신문을 돌렸다.

새벽녘 [새병녁] 새벽이 될 무렵. 예나는 밤새 뒤척이다 새벽녘에야 잠이 들었다.

새벽달 [새벽딸] 음력 하순의 새벽에 보이는 달.

새벽별 '샛별'의 잘못.

새봄 겨울을 보내고 새로 맞는 이른 봄. 비신춘.

새빨갛다 [새빨가타] 빛깔이 아주 빨갛다. [예]새빨갛게 익은 사과. [큰]시뻘겋다. |활용| 새빨가니·새빨개.

새빨간 거짓말[관용] 전혀 터무니없는 거짓말. [예]그런 새빨간 거짓말을 누가 믿겠니?

새빨개지다 새빨갛게 되다. [예]나는 창피를 당하자 얼굴이 새빨개졌다. [큰]시뻘게지다.

새뽀얗다 [새뽀야타] 아주 뽀얗다. [예]새뽀얀 안개. [큰]시뿌옇다. |활용| 새뽀야니·새뽀얘.

새살 부스럼이나 상처가 아물고 새로 돋아나는 살. [예]상처에 새살이 돋다. [비]생살.

새살림 새로 꾸리는 살림.

새삼 이미 알고 있는 일인데도 새로운 일인 것처럼 생생하게. [예]국토의 소중함을 새삼 깨닫게 되었다.

새삼스럽다 [새삼스럽따] ①이미 알고 있는 일인데도 새로운 일인 것처럼 생생한 느낌이 있다. [예]그의 마음이 새삼스럽게 고마웠다. ②지난 일을 이제 와서 공연히 들추어내는 느낌이 있다. [예]새삼스럽게 그 일을 문제 삼는 이유를 모르겠다. |활용| 새삼스러우니·새삼스러워. **새삼스레**.

새색시 [새색씨] 갓 결혼한 젊은 여자. [준]색시. [비]신부. [반]새신랑. [높]새댁.

새순(一筍) 새로 나온 순. [예]감나무에 파릇파릇 새순이 돋아났다.

새시(sash) 알루미늄 같은 금속으로 된 창틀. |잘못| 샷시.

새신랑(一新郞) [새실랑] 갓 결혼한 남자. [비]신랑. [반]새색시.

새싹 새로 돋은 싹.

새ː알 새가 낳은 알.

새앙 ➡생강.

새어머니 아버지가 새로 결혼하여 맞이한 아내. [예]어머니가 돌아가시고 십 년이 지나 새어머니가 생겼다.

새옹지마(塞翁之馬) 인생의 길흉화복은 항상 바뀌어 미리 헤아릴 수가 없다는 말. [예]인간 만사 새옹지마.

'새옹지마'의 유래

옛날, 중국의 변방에 사는 한 늙은이가 기르던 말이 달아나 잃어버린 줄 알았는데 얼마 뒤에 그 말이 다른 좋은 말을 한 마리 데리고 돌아왔다. 그 일이 있은 후, 그의 아들이 그 말을 타다가 떨어져 절름발이가 되는 불행을 당했으나, 나중에 그로 인하여 전쟁에 나가지 않게 되어 목숨을 구했다는 고사에서 비롯된 말.

새우 몸이 단단한 껍데기로 덮여 있고 긴 수염과 여러 개의 다리가 있는 작은 동물. 민물이나 바다에서 산다.

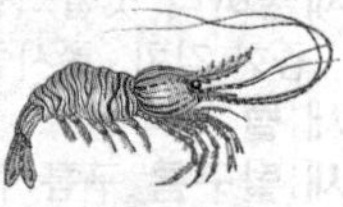
〈새우〉

새우다 온밤을 자지 않고 뜬눈으로 밝히다. [예]공부하느라 밤을 새웠다. |잘못| 새다.

새우등 새우처럼 구부러진 등.

새우잠 옆으로 누워 새우처럼 몸을 꼬부리고 자는 잠.

새우젓 [새우젇] 새우로 담근 젓.

새ː장(一欌) 새를 가두어 기르는 장. [비]조롱.

새집1 ①새로 지은 집. ②새로 장만하여 이사한 집. [예]내일이면 좀 더 넓은 새집으로 이사를 간다.

새ː집2 새가 깃들이는 집.

새ː참 일하다가 잠시 쉬는 동안, 또는 그때에 먹는 간단한 음식. [본]사이참.

새ː총(一銃) ①새를 잡는 데 쓰는 공기총. ②'Y' 자 모양의 나뭇가지에 고무줄을 매고 자잘한 돌을 끼워 튀기는 장난감.

ㅅ

새:치 젊은 사람의 머리에 섞여 난 흰 머리카락.

새:치기 차례를 어기고 앞자리에 슬며시 끼어드는 짓. 예나는 새치기를 하려다 선생님께 혼났다. 새치기하다.

새침데기 [새침떼기] 새침하게 구는 사람. 예새침데기 아가씨.

새침하다 쌀쌀하게 대하는 태도가 있다. 예세미는 남자아이들에게 새침하게 군다.

새카맣다 [새카마타] 빛깔이 아주 까맣다. 예새카맣게 탄 고구마. 큰시커멓다. |활용| 새카마니·새카매.

새콤달콤하다 조금 시면서 맛깔스럽게 달다. 예사과가 새콤달콤하다.

새콤하다 조금 신 맛이 있다. 예새콤한 귤. 여새곰하다.

새큼하다 맛깔스럽게 조금 시다. 예새큼한 김치. 큰시큼하다.

새:털 새의 털.

새:털구름 구름의 한 가지. 푸른 하늘에 하얀 줄무늬 모양으로 높이 뜬 구름. 날씨가 맑다가 흐려지기 시작할 무렵에 흔히 나타난다.

새파랗다 [새파라타] ①빛깔이 아주 파랗다. 예새파란 가을 하늘. ②몹시 놀라거나 춥거나 하여 얼굴에 핏기가 없다. 예겁을 먹고 얼굴이 새파랗게 질렸다. ③썩 젊다. 예새파랗게 젊은 사람. ①②큰시퍼렇다. |활용| 새파라니·새파래.

새파래지다 새파랗게 되다. 예놀라서 얼굴이 새파래졌다. 큰시퍼레지다.

새하얗다 [새하야타] 빛깔이 아주 하얗다. 예새하얀 눈. 큰시허옇다. |활용| 새하야니·새하얘.

새해 새로 시작되는 해. 예새해에도 건강하세요. 비신년. 반묵은해.

새해맞이 [새해마지] 새로운 해를 맞는 일.

색(色) 물체의 빛깔. 예어두운 색.

색갈(色─) '색깔'의 북한말.

색깔(色─) 물체의 거죽에 나타나는 빛의 성질. 예색깔이 푸르다. 비빛깔·색채.

색다르다(色─) [색따르다] 보통과는 달리 특이하다. 예음식 맛이 색다르다. |활용| 색다르니·색달라.

색도화지(色圖畫紙) [색또화지] 색깔이 있는 도화지.

색동(色─) [색똥] 여러 빛깔의 형겊을 차례로 잇대거나 천을 여러 색으로 물들인 것.

색동옷(色─) [색똥옫] 색동을 대서 만든 옷.

색동저고리(色─) [색똥저고리] 색동으로 소매를 대어 만든 저고리.

색동회(色─會) [색똥회/색똥훼] 아동 문학과 아동 운동을 위하여 1922년 일본 도쿄에서 방정환·마해송·윤극영 등이 만든 단체. '어린이'라는 잡지를 통해 많은 동요·동화 등을 발표하였다.

색맹(色盲) [생맹] 빛깔을 가려내지 못하는 상태. 또는 그런 증상이 있는 사람. 비색소경. 참색약.

색상(色相) [색쌍] 어떤 빛깔이 갖는 고유의 특성. 예밝은 색상의 옷.

색상 대:비(色相對比) 색상이 다른 두 색을 같이 볼 때 서로의 영향으로 색상의 차이가 두드러지게 나는 현상.

색상환(色相環) [색쌍환] 색을 색상이 비슷한 차례로 둥그렇게 늘어놓은 것. 비색환.

색색¹ [색쌕] 숨을 가느다랗게 쉬는 소리. 큰식식. 센쌕쌕.

색색²(色色) [색쌕] 여러 가지의 빛깔. 예색색으로 꾸민 게시판. 색색이.

색색거리다 [색쌕꺼리다] 자꾸 색색 소리를 내다. 예아기가 색색거리며 잘도 잔다. 비색색대다. 큰식식거리다. 센쌕쌕거리다.

색색대다 [색쌕때다] ➡색색거리다.

색소(色素) [색쏘] 물체가 빛깔을 띠도록 해 주는 성분. 예천연 색소.

색소폰(saxophone) 목관 악기의 한 가지. 세로로 잡고 불면서 손가락으로 음의 높낮이를 조절하며, 부드럽고 감미로운 음을 낸다. 주로 경음악 연주에 쓰인다.

색시 [색씨] ①아직 결혼하지 않은 젊은 여자. 예얌전하고 참한 색시가 있으면 좀 소개해 주세요. ②〈새색시〉의 준말.

색실(色─) [색씰] 물을 들인 실, 특히 여러 가지 고운 빛깔로 물들인 실. 비색사.

색안경(色眼鏡) [새간경] 렌즈에 색을 넣은 안경. 예햇빛이 따가워 색안경을 끼었다. 비선글라스.

색안경을 쓰고 보다[관용] 미리 어떤 치우친 생각을 가지고 좋지 않게 보다. 예피부색이 다르다고 해서 색안경을 쓰고 보아서는 안 된다.

색약(色弱) [새갹] 색맹만큼 심하지는 않으나 빛깔을 잘 구별하지 못하는 상태, 또는 그런 사람. 참색맹.

색연필(色鉛筆) [생년필] 연필의 심에 물감을 섞어서 빛깔이 나게 만든 연필.

색유리(色琉璃) [생뉴리] 색깔이 들어 있는 유리.

색이름(色─) [새기름] 색깔의 이름.

색인(索引) [새긴] 책 속의 내용이나 낱말을 쉽게 찾아볼 수 있도록 일정한 순서로 배열해 놓은 목록. 비찾아보기.

색조(色調) [색쪼] 빛깔의 강하고 약함, 짙고 옅음 등의 정도. 예부드러운 색조의 잠옷.

색종이(色─) [색쫑이] 색깔이 있는 종이. 비색지.

색지(色紙) [색찌] ➡색종이.

색채(色彩) ➡빛깔.

색출(索出) 사람이나 물건을 뒤져서 찾아냄. 예범인 색출. 색출되다. 색출하다.

색칠(色漆) 빛깔이 나게 칠함, 또는 그 칠. 예예쁘게 색칠을 한 지붕. 색칠하다.

색환(色環) [새콴] ➡색상환.

샌님 얌전하거나 융통성이 없는 사람을 놀려서 이르는 말.

샌드백(sandbag) 모래를 담은 자루. 특히, 권투 연습을 할 때 주먹의 힘을 기르기 위하여 걸어 놓고 치는 것.

샌드위치(sandwich) ①얇게 썬 두 쪽의 빵 사이에 고기나 달걀·야채 등을 끼워 넣은 음식. ②'둘 사이에 끼어 있는 상태'를 비유하여 이르는 말. 예나는 두 사람 사이에서 샌드위치가 되어 이러지도 저러지도 못했다.

〈샌드위치①〉

샌들(sandal) 발등 부분이 거의 드러나고 끈이나 밴드로 여미게 되어 있는 신발. |잘못| 샌달.

〈샌들〉

샌프란시스코(San Francisco) 미국 캘리포니아 주 중앙에 있는 항구 도시. 미국 태평양 해안의 최대 무역항이다.

샐러드(salad) 서양 요리의 한 가지. 익히지 않은 채소나 과일에 소스를 친 음식. |잘못| 사라다.

샐러리맨 봉급을 받아 생계를 이어 가는 사람. |참고| 샐러리맨은 'salaried man'에서 온 말.

샐비어(salvia) 꿀풀과의 여러해살이풀. 여름부터 가을까지 자잘한 종 모양의 꽃이 조롱조롱 달려 핀다. 브라질 원산으로, 빽빽이 심어 관상용으로 많이 가꾼다.

샘:¹ 남의 것을 탐내거나, 자기보다 나은 처지에 있는 사람을 미워함, 또는 그런 마음. 예동생이 내 새 옷을 보고 샘을 냈다. 비시기·질투.

샘:² ①물이 땅에서 솟아 나오는 곳. 예바위틈에서 샘이 솟았다. ②〈샘터〉의 준말.

샘:물 샘에서 나오는 물.

샘:바리 샘이 많은 사람.

샘:솟다 [샘솓따] ①샘물이 솟아나다. ②힘이나 용기 등이 줄기차게 일어나다. 예희망이 샘솟아 오른다.

샘:터 샘물이 솟아나는 곳, 또는 그 언저리. 준샘.

샘플(sample) ➡견본.

샛- [샏] '빛깔이 매우 산뜻하게 짙음'을 뜻하는 말. 예샛노랗다. 큰싯-. 여새-.

샛:강(一江) [새깡/샏깡] 큰 강의 한가운데 섬과 육지 사이를 흐르는 작은 강.

샛:길 [새낄/샏낄] 큰길로 통하는 작은 길. 본사잇길.

샛노랗다 [샌노라타] 더할 수 없이 노랗다. 예샛노란 은행잎. 큰싯누렇다. |활용| 샛노라니·샛노래.

샛:눈 [샏눈] 감은 듯하면서 살짝 뜨고 보는 눈. 예나는 자는 척하면서 샛눈을 뜨고 있었다.

샛:문(一門) [샏문] ①정문 가까이 따로 만든 작은 문. ②방과 방 사이에 있는 작은 문.

샛바람 [샏빠람] 어촌에서 '동풍'을 이르는 말.

샛:별 [새뼐/샏뼐] ①새벽에 동쪽 하늘에서 빛나는 '금성'을 이르는 말. 비계명성. |잘못| 새벽별. ②'어떤 분야에서 앞으로 크게 발전할 만한 사람'을 비유하여 이르는 말. 예한국 음악계의 떠오르는 샛별.

생(生) 사람이 살아가는 일. 예생과 사를 가르는 사건. 비삶. 반사·죽음.

생-(生) ①'익지 않았거나 마르지 않았음'을 뜻하는 말. 예생가지/생나무. ②'억지스럽거나 공연함'을 뜻하는 말. 예생고집/생트집. ③'죽지 않고 살아 있는 상태'를 뜻하는 말. 예생별/생과부.

생가(生家) 어떤 사람이 태어난 집. 예다산 정약용의 생가.

생가슴(生一) 공연한 근심 걱정 때문에 상하는 마음.

생가지(生一) ①살아 있는 나무의 가지. ②베어서 마르지 않은 나뭇가지.

생각 ①머리를 써서 이리저리 궁리하고 판단함. 예도대체 어떻게 된 일인지 생각을 좀 해 보자. ②지난 기억이나 잊고 있던 것이 머리에 떠오름. 예옛날 생각에 젖다./아, 이제야 생각이 난다. ③무엇을 바라거나 이루려고 마음먹음. 예나는 이다음에 의사가 되어 아픈 사람들을 다 고쳐 줄 생각이다. ④앞으로 일어날 일에 대하여 미리 짐작하거나 상상함. 예네가 올 줄은 생각도 못 했다. ⑤어떤 사물에 대해 가지는 의견이나 느끼는 마음. 예내 생각은 이렇다./그런 케케묵은 생각은 버려라./왠지 부끄러운 생각이 든다. ⑥늘 그리워하거나 걱정하는 마음. 예자식 생각에 밤잠을 설치신 어머니. 생각되다. 생각하다.

생각다 못해|관용| 아무리 생각해도 신통한 수가 없어서.

생각이 꿀떡 같다|관용| 무엇을 할 생각이 매우 간절하다.

생각나다 [생강나다] ①지난 기억이나 잊고 있던 것이 머리에 떠오르다. 예지갑을 어디에 두고 왔는지 생각났다. ②무엇이 그리워지거나 하고 싶은 마음이 생기다. 예시원한 얼음물 한 잔이 생각난다.

생강(生薑) 생강과의 여러해살이풀. 뿌리는 맵고 향기가 좋아서 차·양념으로 쓰이고, 한방에서 약재로도 쓰인다. 열대 아시아가 원산이다. 비새앙.

생걱정(生一)[생걱쩡] 대수롭지 않은 일 때문에 하는 공연한 걱정. 생걱정하다.

생것(生一)[생건] 익히지 않은 것. 또는 살아 있는 것. 예삼촌은 구운 마늘보다 생것을 더 좋아한다. 비날것.

생겨나다 없던 것이 생겨 나오다. 예머리에 혹이 생겨났다.

생계(生計)[생계/생게] 먹고살 방법이나 형편. 예아버지께서 직장을 잃어 생계가 막연하다.

생계비(生計費)[생계비/생게비] 생계에 드는 비용.

생고기(生一)[생꼬기] 익히거나 말리거나 얼리지 않은 고기. 비날고기.

생고생(生苦生) 하지 않아도 되는데 공연히 하는 고생. 예생고생을 사서 하다. 생고생하다.

생글거리다 즐거운 표정으로 잇달아 소리 없이 부드럽게 웃다. 비생글대다. 큰싱글거리다.

생글대다 ➡생글거리다.

생글생글 자꾸 생글거리는 모양. 예진수는 피곤한 기색도 없이 생글생글 웃어 보였다. 큰싱글싱글.

생긋[생귿] 상냥하게 눈으로 한 번 웃어 보이는 모양. 예영미가 나에게 생긋 웃어 보였다. 비생긋이. 큰싱긋. 쎈쌩긋. 생긋생긋.

생긋이[생그시] ➡생긋.

생기(生氣) 싱싱하고 힘찬 기운. 예생기 있는 목소리. 비활기.

생기다 ①없던 것이 있게 되다. 예작은 무지개가 생겼다. ②제 손에 들어오다. 예동화책이 한 권 생겼다. ③어떤 일이 일어나다. 예집안에 문제가 생겼다. ④됨됨이가 어떠하게 되어 있다. 예그 꼬마 참 예쁘게 생겼지?

생기발랄하다(生氣潑剌一) 밝고 싱싱하며 활기가 있다. 예생기발랄한 여학생들.

생김새 생긴 모양새. 예우락부락한 생김새.

생김치(生一) 막 담가서 익지 않은 김치. 비날김치.

생나무(生一) ①베어서 마르지 않은 나무. ②살아 있는 나무.

생년월일(生年月日)[생녀뭐릴] 태어난 해와 달과 날.

생도(生徒) 사관 학교를 비롯한 군사 교육 기관의 학생.

생동감(生動感) 그림이나 글씨 등의 예술품이 살아 움직이는 듯한 느낌. 예생동감이 넘치는 그림.

생동하다(生動一) 살아서 생기 있게 움직이다. 예생동하는 젊음.

생떼(生一) 당치 않은 일을 억지로 하려는 고집. 예아이가 한밤중에 놀이터에 가자고 생떼를 썼다.

생략(省略)[생냑] 말이나 글, 어떤 일 등의 한 부분을 덜어서 줄임. 생략되다. 생략하다. 예필요 없는 내용은 생략해라.

생로병사(生老病死)[생노병사] 불교에서 이르는, 인간이 반드시 겪어야 하는 네 가지 고통. 태어나고, 늙고, 병들고, 죽는 일.

생률(生栗)[생뉼] 익히거나 말리지 않은 밤. 비날밤.

생리(生理)[생니] ①생물체의 생명 활동과 관련되는 현상, 또는 그 원리. ②생활하는 방식이나 습성. 예구경만 하는 것은 내 생리에 맞지 않는다. ③➡월경.

생리대(生理帶)[생니대] 월경을 할 때 나오는 피를 흡수하는 천이나 종이.

생리 작용(生理作用) 생물이 생명을 이어 나가기 위해 몸에서 일어나는 작용. 곧, 혈액 순환·호흡·소화·배설·생식 등의 모든 작용을 통틀어 이르는 말.

생리적(生理的) [생니적] 신체의 기능이나 조직에 관련되는 것. [예]방귀는 생리적인 현상이다.

생매장(生埋葬) ①산 채로 묻음. ②잘못이 없는 사람에게 허물을 씌워 어떤 지위에서 몰아내거나 명예를 잃게 함. **생매장되다. 생매장하다.**

생머리(生—) 파마를 하지 않은 그대로의 머리.

생면부지(生面不知) 전에 만나 본 적이 없어 전혀 모르는 사람, 또는 그런 관계.

생명(生命) ①생물이 살아서 숨 쉬고 활동할 수 있게 하는 기운. [예]생명이 위태롭다. [비]목숨. ②사물의 가장 중요한 점. [예]책의 생명은 내용이다.

'생명'과 '목숨'의 구별

생명 : 사람·동물·식물이 살아 있게 하는 힘. 사람을 비롯한 모든 생물(동물·식물·미생물)의 것을 포함한다.

목숨 : 사람·동물이 숨을 쉬며 살아 있는 힘. 특히 사람의 것을 가리키며, 식물을 포함하지 않는다.

생명 공학(生命工學) 생물체의 여러 기능을 사람의 힘으로 바꾸거나 조작하는 방법을 연구하는 학문.

생명력(生命力) [생명녁] 목숨을 이어 가려는 힘. [예]단단하게 박힌 나무뿌리에서 강한 생명력을 느꼈다.

생명 보험(生命保險) 보험의 한 가지. 보험에 든 사람이 죽거나 다치거나 또는 기한이 찼을 때 정해진 금액의 돈을 받을 수 있다.

생명체(生命體) 동물·식물 등 살아 있는 물체.

생모(生母) 자기를 낳은 어머니. [비]친어머니.

생목숨(生—) [생목쑴] 살아 있는 목숨. [예]생목숨을 끊다.

생물(生物) 스스로 영양을 섭취하며, 성장·번식·운동을 하는 물체를 통틀어 이르는 말. 동물·식물·미생물로 나뉜다. [반]무생물.

생물학(生物學) 생물의 구조와 기능, 발달 등을 연구하는 학문.

생방송(生放送) 미리 녹음·녹화를 하지 않고, 방송할 시간에 스튜디오나 현장에서 직접 하는 방송. **생방송하다.**

생부(生父) 자기를 낳은 아버지. [비]친아버지.

생사¹(生死) 삶과 죽음. [예]헤어진 동생의 생사를 알 수가 없다.

생사²(生絲) 삶지 않은 명주실.

생사람(生—) 아무 잘못이나 관계가 없는 사람.

생사람(을) 잡다[관용] 아무 잘못도 관계도 없는 사람에게 누명을 씌워 고생시키다. [예]괜한 의심으로 생사람 잡지 마라.

생산(生産) 인간 생활에 필요한 물건을 만듦. [예]상품 생산. [반]소비. **생산되다. 생산하다.**

생산량(生産量) [생산냥] 일정 기간에 만들어 낸 물건의 수량. [반]소비량.

생산물(生産物) 생산된 물건. [예]우리 고장의 다양한 생산물을 한자리에서 구경하고 살 수 있는 장터가 열렸다.

생산성(生産性) [생산썽] 무엇을 생산하는 데에 들인 비용과 노동력에 견주어 생산량이 얼마나 나오는지를 나타내는 비율. [예]생산성이 높다.

생산자(生産者) ①생활에 필요한 물건을 만드는 사람. ②생태계에서, 녹색 식물처럼 무기물을 가지고 광합성을 하여 유기물을 만들어 내는 생물. 다른 생물에게 영양이 된다. [반]소비자.
생산재(生產財) 무엇을 생산하는 데에 쓰이는 물품. [반]소비재.
생산적(生產的) ①생산과 관계있거나 생산성이 높은 것. [예]좀 더 생산적으로 일할 방법이 없을까? ②새로운 것이 생겨나게 하는 것. [예]생산적인 생각. [반]비생산적.
생산지(生產地) 어떤 물건이 만들어지거나 생겨나 자란 곳. [반]소비지.
생살(生—) ①상처가 난 곳에 새로 돋아나는 살. [비]새살. ②다치거나 헐거나 하지 않은 멀쩡한 살. [예]수술을 위해 생살을 쨌다.
생상스(Saint-Saëns, 1835~1921) 프랑스의 작곡가. 1871년 '국민 음악 협회'를 결성하고 교향악 운동을 강력히 추진하였다. 주요 작품으로는 오페라 '삼손과 델릴라', 관현악곡 '동물의 사육제' 등이 있다.
생색(生色) 남에게 베푼 것에 대하여 지나치게 자랑하는 태도. [예]먹던 과자 조금 나누어 주고 뭘 그리 생색이야?
생색내다(生色—) [생생내다] 남에게 베푼 것에 대하여 지나치게 드러내거나 자랑하다. [예]아저씨는 큰 성금을 내고도 생색내지 않았다.
생생하다 ①시들거나 상하지 않고 성하다. [큰]싱싱하다. ②눈에 보이는 듯 또렷하다. [예]지금도 그때의 기억이 생생하다. **생생히**.
생선(生鮮) 말리거나 소금에 절이지 않은, 잡은 그대로의 물고기. [예]생선 가게에서 고등어를 한 마리 샀다.
생선회(生鮮膾) [생선회/생선훼] 싱싱한 생선의 살을 얇게 썰어 간장이나 초고추장에 찍어 먹는 음식.
생성(生成) 사물이 생겨남. [예]우주의 생성 과정. [반]소멸. **생성되다**. **생성하다**.
생소하다(生疏—) 처음 보거나 듣거나 겪는 것이어서 낯설고 어색하다. [예]생소한 풍경.
생손 손가락 끝에 나는 종기. [예]생손을 앓다. [본]생인손.
생수(生水) 끓이거나 소독하거나 하지 않은 맑은 샘물.
생시(生時) ①잠자지 않는 동안. [예]이게 꿈이냐, 생시냐. ②살아 있는 동안. [예]부모님 생시에 잘해 드려라.
생식[1](生食) 음식을 익히지 않고 날로 먹는 일. **생식하다**.
생식[2](生殖) 생물이 자기와 같은 종류의 생물을 새로이 만들어 내는 일. **생식하다**.
생식 기관(生殖器官) 생물이 자기와 같은 개체를 새로 낳기 위하여 갖춘 기관을 통틀어 이르는 말. [비]생식기.
생신(生辰) 〈생일〉의 높임말. [예]외할머니 생신.
생쌀(生—) 익히지 않은 쌀.
생애(生涯) 살아온 한평생 동안. [예]그 화가는 병으로 짧은 생애를 마쳤다.
생야단(生惹端) [생냐단] ①공연히 떠들고 법석거리는 일. [예]다음 주에 소풍 간다니까 아이들이 생야단이다. ②공연히 심하게 꾸짖는 일. [예]생야단을 맞아 속이 상했다.
생약(生藥) 동물이나 식물 또는 광물을 그대로 쓰거나, 말리거나 썰거나 하여 쓰는 약재.
생업(生業) 생활비를 벌기 위하여 가지는 직업.
생원(生員) ①조선 시대에, 소과인 생원과의 과거에 합격한 사람. ②나이 많은 선비를 대접하여 그 성 뒤에 붙여 부르던 말. [예]김 생원.
생육신(生六臣) [생육씬] 조선 시대에, 세조가 단종을 내쫓고 임금의 자리에 오르자 이를 옳지 못하게 여겨 끝까지 벼슬을 하지 않고 절개를 지키며

살아간 여섯 충신을 이르는 말. 이맹
전·조여·원호·김시습·성담수·남
효온. ⟨참⟩사육신.

생으로(生一) ①익히거나 말리지 아니
한 채로. ⟨예⟩꼴뚜기를 생으로 먹었다.
⟨비⟩날로. ②자연스럽게 되지 않고 무
리하게. ⟨예⟩봐라, 딱지를 생으로 떼어
내니까 피가 나지.

생이별(生離別)[생니별] 부부나 부모
자식, 형제끼리 어쩔 수 없는 사정
으로 헤어지는 것. ⟨참⟩사별. 생이별
하다.

생일(生日) 해마다 한 번씩 돌아오는,
태어난 날. ⟨높⟩생신.

생일상(生日床)[생일쌍] 생일을 축하
하기 위해 특별한 음식을 차린 상. ⟨예⟩
어머니가 미역국을 끓여 내 생일상을
차려 주셨다.

생일잔치(生日一) 생일을 축하하는 잔
치. ⟨예⟩친구의 생일잔치에 초대를 받
았다. 생일잔치하다.

생장(生長) 나서 자라거나 큼. ⟨예⟩그늘
에 사는 식물은 생장이 느리다. 생장
하다.

생전(生前) 살아 있는 동안. ⟨예⟩이것은
할아버지께서 생전에 쓰시던 붓이다.
⟨반⟩사후.

생존(生存) 살아 있거나 살아남음.
⟨예⟩거친 사막에서 생존을 위해 싸우는
동물들. 생존하다.

생존 경!쟁(生存競爭) ①살아남기 위
하여 먹이나 사는 곳 등을 서로 차지
하려는 생물 사이의 경쟁. ②생활이
나 지위 등을 둘러싸고 인간 사회에
서 일어나는 경쟁.

생존권(生存權)[생존꿘] 사회의 각 사
람이 사람답게 살기 위해 필요한 것
을 국가에 요구할 수 있는 권리.

생중계(生中繼)[생중계/생중게] 지금
벌어지고 있는 일이나 경기·행사 등
을 직접 연결하여 방송하는 일. ⟨예⟩텔

레비전에서 올림픽 경기를 생중계로
보여 주고 있다. 생중계하다.

생!쥐 쥣과의 동물. 쥐 종류 가운데서
가장 작으며, 등
은 검은빛을 띤
갈색이고 배는
흰색이다. 사람
이 사는 곳 가까
이에 살면서 곡물이나 채소 등을 해
친다. |잘못| 새앙쥐.

〈생쥐〉

생즙(生汁) 과일이나 채소 등의 식물
을 익히지 않고 짓찧거나 갈아서 짜
낸 즙.

생지옥(生地獄) 살아 있으면서 마치
지옥에 떨어진 것 같은 심한 고통을
겪는 상태, 또는 그러한 곳.

생질(甥姪) 누이의 아들.

생질녀(甥姪女)[생질려] 누이의 딸.

생짜(生一) 익히거나 말리거나 삶지
않은 날것 그대로의 것.

생채(生菜) 익히지 않고 무친 나물.

생채기 가늘고 날카로운 것에 긁히거
나 할퀴어 생긴 작은 상처. ⟨예⟩무릎에
생채기가 났다.

생체(生體) 생물의 몸. 또는 살아 있는
몸. ⟨예⟩생체 실험.

생크림(生cream) 우유에서 뽑아낸 희
고 부드러운 기름. 서양 요리나 양과
자·커피 등에 쓰인다.

생태[1](生太) 말리거나 얼리지 않은, 잡
은 그대로의 명태.

생태[2](生態) 생물이 자연 속에서 살아
가는 모습. ⟨예⟩개미의 생태.

생태계(生態系)[생태계/생태게] 어
느 지역 안에 살고 있는 생물의 무
리와 이들의 생활에 깊은 관계를 가
진 환경 요소가 조화를 이룬 자연
체계.

생트집(生一) 아무 까닭 없이 공연히
부리는 트집. ⟨예⟩친구가 심술이 났는
지 자꾸 생트집을 부린다.

생판(生一) 전혀 모르거나 처음 보는 듯이 아주 생소하게. 예생판 낯선 사람.

생포(生捕) 산 채로 잡음. 생포되다. 생포하다. 예적장을 생포하다.

생필품(生必品) 〈생활필수품〉의 준말.

생화(生花) 살아 있는 나무나 풀에서 꺾은 진짜 꽃. 예결혼식장을 생화로 장식했다. 땐조화.

생활(生活) ①일정한 환경에서 살아서 활동함. 예호랑이의 생활 형태. ②생계를 꾸려 살아 나감. 예월급이 줄어 생활이 어려워졌다. ③어떤 모임이나 단체의 한 사람으로 활동함. 예회사 생활. ④어떤 특별한 일을 하며 살아감. 예취미 생활. 생활하다.

생활 계:획표(生活計劃表) 어떤 행동이나 활동을 규칙적으로 하며 살아가기 위해 계획을 적은 표.

생활고(生活苦) 가난 때문에 겪는 생활의 어려움.

생활권(生活圈) [생활꿘] 학교에 가거나 회사에 다니는 등 일상생활을 하면서 오가는 지역의 범위. 예전국이 일일생활권으로 변모했다.

생활력(生活力) 사회생활을 해 나가는 능력. 특히, 경제적 능력. 예생활력이 강한 사람.

생활문(生活文) 일상생활 속에서 글감을 찾아 형식에 얽매이지 않고 자유롭게 쓴 글.

생활 방식(生活方式) 생활을 해 나가는 방법이나 형식.

생활비(生活費) 생활하는 데 필요한 모든 비용. 예생활비를 아끼기 위해 가계부를 쓰기로 했다.

생활상(生活相) [생활쌍] 생활해 나가는 모양. 예도시 서민의 생활상.

생활 수준(生活水準) 돈을 얼마나 벌고 얼마나 쓰는지에 따라 결정되는 생활 형편의 정도.

생활신조(生活信條) 생활하는 데 있어 굳게 믿어 지키고 있는 생각. 예피할 수 없다면 즐기자는 것이 내 생활신조이다.

생활 양식(生活樣式) 한 사회의 사람들이 공통으로 갖고 있는 생활에 대한 생각이나 생활하는 방식.

생활용품(生活用品) [생활룡품] 일상생활에 쓰이거나 필요한 여러 가지 물품.

생활 정보(生活情報) 일상생활에 직접 관련된 소식이나 자료.

생활 통지표(生活通知表) 학교에서 학생의 생활 태도, 건강 상태, 학업 성적, 출석 사항 등을 적어서 가정에 보내거나 참고로 삼는 표. 준통지표.

생활필수품(生活必需品) [생활필쑤품] 일상생활에 꼭 있어야 하는 물품. 준생필품.

생활화(生活化) 일상생활에 옮겨지거나 생활 습관이 되는 것. 생활화되다. 생활화하다. 예아침 운동을 생활화하자.

생황(笙簧) 관악기의 한 가지. 둥근 나무통 위에 17개의 가는 대를 둘러 세우고, 나무통에 붙은 부리로 불게 되어 있다.

생후(生後) 태어난 뒤. 예생후 2개월 된 아기.

샤쓰 → 셔츠.

샤워(shower) 소나기처럼 물을 뿌리는 장치를 이용하여 몸을 씻는 일. 샤워하다.

샤프(sharp) ①연필 모양의 통 안에 가는 심을 넣고 한쪽 끝을 눌러 조금씩 심을 밀어 내면서 쓰는 필기도구. ②→올림표.

샬레(Schale) 둥글고 납작하며 뚜껑이 있는, 과학 실험용 유리 그릇. 세균을 기르거나 하는 데 쓰인다. 비페트리 접시.

샴페인(champagne) 이산화탄소가 들어 있어 마시면 톡 쏘는 느낌이 나는 투명한 포도주.

샴푸(shampoo) 머리를 감는 데 쓰는 액체 비누.

샹들리에(chandelier) 화려하게 장식하여 천장에 매단 전등 또는 촛대.

샹송(chanson) 프랑스의 대중가요.

서ː¹ 《'돈·말·발·푼' 등의 세는 말 앞에서》 '셋'을 뜻하는 말. 예서 돈/서 말/서 발/서 푼/서 홉. 참석.

서²(西) 서쪽. 해가 지는 방향. 반동.

서가(書架) 책을 꽂아 둘 수 있게 여러 단으로 만든 선반. 예나는 서가에 책을 꽂았다. 비책장.

서간(書簡) 편지.

서ː거(逝去) '죽어서 세상을 떠남'을 높여 이르는 말. 서거하다.

서걱거리다 [서걱꺼리다] ①싱싱한 사과나 배 등을 씹을 때와 같은 소리가 자꾸 나다. ②갈대 같은 것이 서로 스치는 소리가 자꾸 나다. 비서걱대다. 흰사각거리다.

서걱대다 [서걱때다] ➡서걱거리다.

서걱서걱 [서걱써걱] 자꾸 서걱거리는 소리. 예나는 사과를 서걱서걱 씹어 먹었다. 흰사각사각.

서경¹(西京) 고려 시대의 사경의 하나. 지금의 평양.

서경²(西經) 영국의 그리니치 천문대 자리를 0도로 하여 서쪽으로 180도까지 사이의 경도. 반동경.

서경³(書經) 삼경의 하나. 중국의 요순 시절부터 주나라에 이르기까지의 정치에 관한 문서를 모아 엮은 책.

서경덕(徐敬德, 1489~1546) 조선 중종 때의 학자. 호는 화담. 박연 폭포·황진이와 함께 송도삼절로 불린다. 저서에 '화담집'이 있다.

서ː경시(敍景詩) 자연의 경치를 읊은 시. 흰서정시·서사시.

서고(書庫) 책을 넣어 두는 집이나 방. 비문고.

서ː곡(序曲) ①오페라나 성극 등의 막을 열기 전이나 주요한 부분을 시작하기 전에 연주하는 기악곡. 예카르멘 서곡. ②'무슨 일의 시작'을 비유하여 이르는 말. 예사회 개혁의 서곡을 이룬 큰 사건.

서ː광(曙光) ①동이 틀 때 비치는 빛. ②일의 앞길에 보이는 희망적인 징조. 예남북 통일의 서광이 비치는 듯하다.

서광범(徐光範, 1859~1897?) 조선 말기의 정치가. 갑신정변을 일으켰으나 실패하자 일본으로 망명하였다. 갑오개혁 후 법무 대신을 지냈다.

서구(西歐) ①'서유럽'을 한자로 나타낸 말인 '서구라파'의 준말. 반동구. ②서양을 이루는 유럽과 북아메리카를 통틀어 이르는 말. 예서구 문명.

서귀포(西歸浦) 제주특별자치도 남부에 있는 시. 항구 도시이며, 정방 폭포·천지연 폭포 등의 관광지가 있다.

서글서글하다 생김새나 성질이 너그럽고 상냥하다. 예형은 성격이 서글서글해서 친구들 사이에 인기가 좋다. 흰사글사글하다.

서글프다 마음이 슬프고 허전하다. 예손자를 보내는 할머니의 표정은 못내 서글퍼 보였다. |활용| 서글프니·서글퍼.

서기¹(西紀) 연대를 헤아리는 기준의 한 가지. 예수가 탄생한 해를 원년으로 삼는다. 예서기 2010년. 본서력기원. 참단기.

서기²(書記) ①회의 내용을 기록하는 일을 하는 사람. ②관공서 등에서 문서를 관리하거나 기록을 맡아보는 사람.

서기³(書記) 백제의 학자 고흥이 지은 역사책. 지금은 전하지 않는다.

서까래 도리에서 처마 끝까지 건너지른 나무.

서남(西南) 서쪽과 남쪽 사이의 방향 또는 방위. 凹남서.

〈서까래〉

서 남 쪽(西南一) 서쪽과 남쪽 사이의 방향. 凹남서쪽.

서남아시아(西南Asia) 아시아 남서부 지역을 두루 이르는 말. 이란·이라크·이스라엘·터키 및 아라비아 반도 등이 이 지역에 딸린다.

서낭 ①민간에서 이르는, 서낭신이 붙어 있다는 나무. ②〈서낭신〉의 준말. |참고| 서낭은 '성황(城隍)'에서 온 말.

서낭당(一堂) 서낭신을 모신 집.

서낭신(一神) 민간에서 이르는, 토지와 마을을 지켜 준다는 신. 준서낭.

서너 셋이나 넷가량의. 예서너 명/서너 살.

서너째 셋째나 넷째.

서넛 [서넏] 셋이나 넷. 예좁은 방에 서넛이 둘러앉아 이야기꽃을 피웠다. 凹삼사. |발음| 서넛이 [서너시] · 서넛도 [서넏또] · 서넛만 [서넌만]

서녘(西一) [서녁] 서쪽 방면. 凹서쪽. 凹동녘.

서늘하다 ①조금 추운 느낌이 있다. 예서늘하게 부는 바람. ②놀라거나 하여 가슴속에 찬 기운이 도는 듯하다. 예가슴이 서늘한 공포 영화. 좌사늘하다. 서늘히.

서다 ①발을 바닥에 대고 곧은 자세로 있다. 예버스에 자리가 없어서 서 있었다. 凹앉다. ②높은 것이 솟아 있다. 예우뚝 서 있는 탑. ③움직이던 것이 멈추다. 예열차가 역마다 섰다. ④집이 지어지거나 어떤 기관이 만들어지다. 예고층 건물이 새로 섰다. ⑤계획이나 결심 등이 분명하게 생기

다. 예휴가 계획이 섰다. ⑥연장 등의 날이 날카롭게 되다. 예시퍼렇게 날이 선 칼. ⑦어떤 일을 맡아보거나 책임을 지다. 예두 시간 동안 보초를 섰다. ⑧무지개·핏발 등이 줄이 이루어져 길게 나타나다. 예눈에 핏발이 섰다. ⑨위치에 놓이다. 예행렬의 선두에 섰다.

서당(書堂) 지난날, 동네 아이들에게 한문을 가르치던 곳. 凹글방.

서대문(西大門) ⇒돈의문.

서도[1](西道) 황해도와 평안도를 아울러 이르는 말.

서도[2](書道) 붓글씨를 쓰는 방법이나 마음가짐.

서독(西獨) 제2차 세계 대전 후, 독일의 서부 지역에 있었던 나라. 수도는 본. 1990년에 동독과 통합되어 독일이 되었다.

서동(薯童) 백제 무왕의 어릴 때 이름. 신라의 선화 공주를 사모하여 서동요를 지었다고 한다. 참무왕.

서:두[1](序頭) 어떤 일이나 차례 등의 첫머리. 예서두가 너무 길다.

서두[2](書頭) 글의 첫머리.

서두르다 일을 빨리 끝내려고 바쁘게 움직이다. 예조급히 서두르면 더 늦어진다. 준서둘다. |활용| 서두르니·서둘러.

서둘다 〈서두르다〉의 준말. |활용| 서두니·서둘러.

서라벌(徐羅伐) ①'신라'의 옛 이름. ②'경주'의 옛 이름.

서랍 책상이나 장롱 등에 달린, 빼었다 끼웠다 하는 뚜껑 없는 상자. 예나는 일기장을 책상 서랍에 넣어 두었다.

서랍장(一欌) [서랍짱] 서랍만으로 이루어진 장.

서:러움 서러운 마음. 예잘못도 하지 않았는데 혼나고 나니 서러움이 밀려왔다. 凹설움.

서ː럽다 [서럽따] 원통하고 슬프다. [예]나의 진실을 몰라주니 서럽다. |활용| 서러우니·서러워.

서력(西曆) 예수가 태어난 해를 1년으로 삼아 해를 계산하는 방법.

서로 양쪽 다. [예]그 두 사람은 서로 사랑하는 사이이다.

서로서로 '서로'의 힘줌말. [예]서로서로 돕고 사이좋게 지내라.

서ː론(序論) 글의 본론에 들어가기 전에 글을 쓰는 이유와 내용 소개 등을 담은 부분. [참]본론·결론.

서류(書類) 글자로 쓴 문서.

서류철(書類綴) 여러 가지 서류를 매어 둘 수 있게 만든 도구, 또는 그렇게 매어 둔 묶음. [비]파일.

서른 열의 세 곱절. [예]서른 살/서른 마리. [비]삼십. |잘못| 설흔.

서리[1] 여럿이 남의 작물이나 가축 등을 훔쳐다 먹는 장난. [예]닭 서리/수박 서리. **서리하다**.

서리[2] 기온이 내려가 공기 중의 수증기가 물체 표면에 닿아 얼어붙은 흰 가루 모양의 얼음.

서리(를) 맞다[관용] 큰 충격이나 피해를 입다.

서리꾼 서리를 하는 장난꾼.

서리다[1] ①수증기가 찬 기운을 받아 물방울이 되어 엉기다. [예]유리창에 김이 서렸다. ②어떤 생각이 마음속 깊이 자리 잡다. [예]가슴에 서린 원한.

서리다[2] 길고 잘 감기는 물건을 동그랗게 포개어 감다. [작]사리다.

서릿발 [서리빨/서릳빨] 겨울에 땅속의 수분이 얼어 땅 위로 솟아오른 것. [예]서릿발이 서다.

서릿발 같다[관용] 매섭고 엄격하다. [예]서릿발 같은 호령.

서ː막(序幕) ①연극의 시작이 되는 첫 막. ②무슨 일의 시작. [예]대회의 서막이 올랐다.

서머 타임(summer time) 여름철에, 긴 낮 시간을 효과적으로 이용하기 위하여 표준 시간보다 시각을 한 시간쯤 앞당기는 제도.

서먹서먹하다 [서먹써머카다] 매우 서먹하다. [예]싸우고 난 뒤라 그 애랑 서먹서먹하다.

서먹하다 [서머카다] 낯익지 않거나 친하지 않아 어색하다. [예]처음 대하는 얼굴이라 좀 서먹했다.

서면(書面) 어떤 내용을 적은 문서. [예]회의 결과를 내일까지 서면으로 보고하세요.

서ː명(署名) 자기의 이름을 문서에 적음, 또는 그 이름. [예]계약서에 서명을 했다. **서명하다**.

서ː명 운ː동(署名運動) 어떤 주장이나 의견에 대한 찬성의 서명을 얻기 위한 운동.

서ː무(庶務) 특별한 목적이나 분야가 정해지지 않은 일반적인 사무, 또는 그런 일을 맡은 사람.

서ː문(序文) ➡머리말.

서ː민(庶民) 특별히 높은 지위에 있거나 재산을 많이 모으거나 하지 않은 보통 사람. [예]나라에서 서민을 위한 정책을 많이 만들어 주면 좋겠다.

서방[1](西方) ①서쪽. [반]동방. ②서쪽 지방. ③공산 국가에 대하여, 자본주의와 자유 민주주의를 따르는 미국과 서유럽 국가들을 이르는 말. [본]서방 국가.

서방[2](書房) ①'남편'을 낮추어 이르는 말. ②지난날, 벼슬이 없는 사람의 성 다음에 붙여 이름 대신 부르던 말. ③사위나 아래 동서 등의 성 뒤에 붙여 부르는 말. [예]김 서방.

서방님(書房―) ①'남편'을 높여 이르는 말. ②결혼한 시동생을 이르는 말. ③지난날, 평민이 벼슬 없는 선비를 이르던 말.

서부(西部) 어떤 지역의 서쪽 부분. [반]동부.

서부 영화(西部映畫) 개척기 미국 서부 지방에서 카우보이들이 활약한 내용을 다룬 영화.

서북(西北) 서쪽과 북쪽 사이의 방향 또는 방위. [비]북서.

서북쪽(西北—) 서쪽과 북쪽 사이의 방향. [비]북서쪽.

서브(serve) 테니스·탁구·배구 등의 경기에서, 공격 쪽에서 먼저 공을 상대편 코트에 쳐 넣는 일, 또는 그 공. [비]서비스. **서브하다**.

서비스(service) ①남을 돕거나 시중을 듦. [예]서비스가 좋은 식당. ②생활에 도움이 되는 일을 돈을 받고 해 주는 것. [예]세탁·택배·미용 등과 같은 서비스 업종. ③물건을 팔 때 값을 깎아 주거나 덤으로 주는 것. [예]하나 사면 서비스로 하나를 더 드립니다. ④➡ 서브.

서비스업(service業) 물건을 만드는 것이 아니라 생활에 도움이 되는 일을 돈을 받고 해 주는 산업. 수리업·미용업·숙박업·광고업 등.

서비스직(service職) 남에게 편의를 제공하는 일을 하는 직업. 미용사·요리사 등.

서빙고(西氷庫) 조선 초기에 설치한 얼음 창고의 한 가지. 지금의 서울 용산 부근 한강변에 있었다.

서ː사(敍事) 사실이나 사건 등을 있는 그대로 적는 일.

서ː사시(敍事詩) 신화나 전설 또는 영웅의 일생 등을 거의 있는 그대로 읊은 시. [참]서경시·서정시.

서산¹(西山) 서쪽에 있는 산.

서ː산²(瑞山) 충청남도 서북부에 있는 시. 쌀·콩 등의 농산물과 조기·도미 등의 수산물이 난다. 서산 마애 삼존 불상·개심사 등의 명승지가 있다.

서산 대ː사(西山大師) '휴정²'을 높여 이르는 말.

서ː산 마애 삼존 불상(瑞山磨崖三尊佛像) 충청남도 서산시에 있는, 바위 면에 조각된 세 불상. 백제 말기의 것으로 짐작된다. 국보 제84호.

서ː서히(徐徐—) 급하지 않고 느리게. [예]날씨가 따뜻해지면서 산꼭대기의 눈도 서서히 녹았다.

서성거리다 한곳에 서 있지 못하고 왔다 갔다 하다. [예]아저씨는 선뜻 들어오지 못하고 밖에서 서성거렸다. [비]서성대다.

서성대다 ➡서성거리다.

서성서성 자꾸 서성거리는 모양.

서ː수(序數) 차례를 나타내는 수. 첫째·둘째·셋째 등. [참]기수².

서ː술(敍述) 어떤 사실을 차례를 좇아 말하거나 적음. **서술되다**. **서술하다**. [예]요점만 간단히 서술하시오.

서ː술문(敍述文) 사실이나 자기의 생각을 그대로 나타내는 글. 보통 '이다'로 끝맺는다. [참고] '눈이 올 것이다.'·'나영이는 4학년이다.' 같은 문장. [비]평서문.

서ː술어(敍述語) [서수러] ➡풀이말.

서슬 ①칼날 등의 날카로운 끝 부분. ②말이나 행동의 날카로운 기세. [예]할아버지가 호통치는 서슬에 놀라 도망쳐 버렸다.

서슬이 시퍼렇다[관용] '서슬이 푸르다'의 힘줌말.

서슬(이) 푸르다[관용] 기세가 등등하다. [예]서슬 푸르게 호령하는 사또.

서슴거리다 말이나 행동을 선뜻 하지 못하고 자꾸 망설이다. [비]서슴대다.

서슴다 [서슴따] 《주로, '서슴지'의 꼴로 쓰여》 말이나 행동을 머뭇거리며 망설이다. [예]서슴지 말고 어서 그 돈을 받아라.

서슴대다 ➡서슴거리다.

서슴없다 [서스멉따] 말이나 행동에 거침이 없다. **서슴없이**. [예]아무라도 좋으니 서슴없이 말해 보아라.

서식[1](書式) 서류를 작성하는 양식.

서:식[2](棲息) 동물이 어떤 곳에 깃들여 삶. **서식하다**. [예]은어는 맑은 하천에서 서식한다.

서:식지(棲息地) [서식찌] 동물이 깃들여 사는 곳. [예]황새 서식지.

서신(書信) 편지. [예]남북한의 서신 왕래.

서:약(誓約) 맹세하고 약속함. [예]우리는 교칙에 따르겠다고 서약을 했다. **서약하다**.

서:약서(誓約書) [서약써] 서약하는 글, 또는 그런 문서.

서양(西洋) 동양에서, 유럽과 아메리카의 여러 나라를 이르는 말. [비]구미. [반]동양.

서양식(西洋式) 서양에서 들어온 양식. [예]서양식 건물.

서양 음악(西洋音樂) 서양에서 생겨나 발달한 음악. 오페라·교향악·실내악 등이 있다. [준]양악.

서양인(西洋人) 서양 여러 나라의 사람. [준]양인. [반]동양인.

서양화(西洋畫) 서양에서 발달한 그림. 수채화·유화·파스텔화 등. [준]양화. [반]동양화.

서역(西域) 지난날, 중국 서쪽에 있던 나라들을 통틀어 이르던 말.

서:열(序列) 나이나 지위 등의 일정한 순서에 따라 늘어서는 일, 또는 그 순서. [예]서열에 따라 자리를 정했다.

서예(書藝) 붓글씨를 맵시 있게 쓰는 예술.

서예가(書藝家) 붓글씨 쓰는 일을 직업으로 하는 예술가.

서오릉(西五陵) 경기도 고양시에 있는, 조선 시대의 다섯 능. 곧, 경릉·창릉·명릉·익릉·홍릉.

서운관(書雲觀) 고려·조선 시대에, 천문·기상 등의 일을 맡아보던 관청. 세종 때 관상감으로 바뀌었다.

서운하다 마음에 다 차지 않아 섭섭한 느낌이 있다. [예]네가 벌써 떠난다니 서운하다. **서운히**.

서울 ①한 나라의 중앙 정부가 있는 도시. [비]도읍·수도. ②우리나라의 수도인 특별시. 한강 하류에 위치하며, 북한산·인왕산 등에 둘러싸여 있다.

서울깍쟁이 [서울깍쨍이] 시골 사람이 서울 사람을 까다롭고 인색하게 여겨 이르는 말.

서울내기 [서울래기] 서울에서 태어나고 자란 사람. [반]시골내기.

서울말 서울 토박이들이 쓰는 말. 우리말 표준어의 기초가 된다.

서울역(—驛) [서울력] 서울특별시 용산구 동자동에 있는 기차역. 경부선·전라선·호남선 등의 주요 열차가 출발하고 닿는 역이다.

서울 올림픽 대:회(—Olympic大會) 1988년 서울에서 열린 제24회 올림픽 대회. 160개국이 참가한 가운데 열렸다. 한국은 금메달 12개, 은메달 10개, 동메달 11개로 세계 4위를 차지하였다.

서원(書院) 선비들이 학문을 연구하고 훌륭한 사람들을 제사 지내던 곳. 조선 중기부터 각 지방에 세워졌다.

서유견문(西遊見聞) 조선 고종 32(1895)년에 유길준이 미국 여행에서 보고 들은 것을 쓴 책. 한글과 한문을 섞어서 쓴 최초의 기행문이다.

서유구(徐有榘, 1764~1845) 조선 시대의 정치가·실학자. 일본으로부터 고구마 종자를 사들여 재배를 장려하고, '종저보'를 지어 그 재배법을 널리 알렸다.

서유기(西遊記) 중국 명나라 때 오승은이 지은 소설. [참고] 당나라의 삼장 법사가 손오공·저팔계·사오정과 함께 온갖 어려움을 극복하고 무사히 불경을 구해 온다는 이야기이다.

서유럽(西Europe) 유럽 서부의 지역. 곧, 영국·프랑스·독일·스위스 등의 지역을 가리킨다. [비]서구. [반]동유럽.

서인도 제도(西印度諸島) 중앙아메리카의 동쪽 바다에 있는 여러 섬. 콜럼버스가 인도의 서부로 잘못 생각한 데서 비롯된 이름이다.

서ː자(庶子) 첩에게서 태어난 아들. [반]적자.

서ː장(署長) 경찰서·소방서 등 '서' 자로 끝나는 기관의 우두머리.

서재(書齋) 책을 갖추어 두고, 책을 읽거나 글을 쓰는 방. [예]선생님의 서재에는 도서관 못지않게 책이 많다.

서재필(徐載弼, 1864~1951) 독립운동가. 호는 송재. 김옥균 등과 함께 갑신정변을 일으켰으며, 독립 협회를 조직하고 '독립신문'을 발간하는 등 많은 활약을 하였다.

서적(書籍) 책. [예]과학 서적/중고서적.

서ː전(緖戰) 전쟁이나 운동 경기에서 첫 번째 싸움. [예]서전을 승리로 장식했다.

서점(書店) 책을 파는 가게. [예]서점에서 동화책을 두 권 샀다. [비]책방·서림·책가게.

서ː정시(抒情詩) 기쁨과 슬픔 등 자기의 감정을 읊은 시. [참]서경시·서사시.

서진(書鎭) 책장이나 종이쪽이 바람에 날리지 않도록 누르는 물건. [비]문진.

서쪽(西—) 해가 지는 쪽. [비]서·서녘·서방. [반]동쪽.

서찰(書札) 편지. [예]이 서찰을 김 대감에게 전해 드려라.

서책(書冊) 책. [예]서책을 읽고 있는 선비.

서체(書體) ①문자의 모양. 명조·고딕 등. ②붓글씨에서 글씨를 쓰는 여러 가지 방법. [비]글씨체.

서커스(circus) 줄타기·마술 등 보통 사람이 할 수 없는 여러 가지 재주를 보여 주는 구경거리. [비]곡예.

서클(circle) 같은 취미나 직업 등에 따라 결합된 사람들, 또는 그 단체. [예]독서 서클. [비]동아리.

서ː투르다 익숙하거나 능숙하지 못하다. [예]삼촌은 운전이 영 서투르다. [준]서툴다. [활용] 서투르니·서툴러.

서ː툴다 〈서투르다〉의 준말. [활용] 서투니·서툴러.

서편(西便) 서쪽 편. [반]동편.

서평(書評) 책의 내용을 평한 글. [예]책을 살 때 신문에 난 서평을 참고했다.

서ː푼 《한 푼짜리 엽전 세 개라는 뜻으로》 '아주 보잘것없는 돈이나 값어치'를 비유하여 이르는 말. [예]서푼어치도 안 되는 물건.

서풍(西風) 서쪽에서 불어오는 바람. [비]하늬바람. [반]동풍.

서학(西學) ①지난날, 서양의 학문을 이르던 말. ②조선 시대에, 천주교를 이르던 말.

서한(書翰) 편지. [예]선생님의 소식을 전하는 서한을 보냈다.

서한만(西韓灣) 평안북도와 황해도 사이에 있는 바다. 청천강·대동강이 흘러 들어가며, 곳곳에 염전이 많다.

서해(西海) ①서쪽에 있는 바다. ②우리나라 서쪽에 있는 바다. [비]황해.

서해안(西海岸) ①서쪽 바다와 맞닿은 해안. ②우리나라 서쪽 바다와 맞닿은 해안.

서ː행(徐行) 자동차나 기차 등이 천천히 나아감. **서행하다**.

서향(西向) 서쪽을 향함. [예]이 방은 서향으로 창이 나서 해가 지는 것을 볼 수 있다. [반]동향.

서화(書畫) 글씨와 그림.

서화가(書畫家) 글씨와 그림에 능한 사람, 또는 그런 일을 전문으로 하는 사람.

서화전(書畫展) 글씨나 그림 등의 전람회.

서희(徐熙, 942~998) 고려 초기의 외교가·문신. 993년 거란이 침입하였을 때, 적장 소손녕과 담판을 벌여 물러가게 하였으며, 많은 성을 쌓아 압록강 이남의 땅을 다시 차지하는 데 공을 세웠다.

석!1 (('냥·달·섬·장' 등의 세는 말 앞에서)) '셋'을 뜻하는 말. 예석 냥/석 달/석 섬/그림 석 장. 참서.

석2(石) 곡식이나 액체의 부피를 나타내는 말. 1석은 10말이다. 예올해 쌀 생산은 작년보다 약 300만 석이 늘어났다. 비섬.

석가(釋迦) [석까] 〈석가모니〉의 준말.

석가모니(釋迦牟尼, 기원전 624?~기원전 544?) 불교를 처음 일으킨 사람. 성은 고타마, 이름은 싯다르타. 스물아홉 살에 집을 나와 서른다섯 살에 깨우침을 얻어 부처가 되었다. 사람은 누구나 진리를 깨달을 수 있으며, 그로 인하여 부처가 될 수 있다고 가르쳤다. 준석가.

석가여래(釋迦如來) [석까여래] '석가모니'를 높여 이르는 말. 본석가모니여래.

석가 탄신일(釋迦誕辰日) 석가모니가 태어난 날. 음력 4월 8일이다. 비부처님 오신 날·사월 파일·초파일.

석가탑(釋迦塔) [석까탑] 경주 불국사 대웅전 앞뜰에 다보탑과 서로 마주보고 있는 삼층 석탑. 통일 신라 시대에 세워졌는데, '무영탑'이라고도 한다. 국보 제21호.

석간(夕刊) [석깐] 〈석간신문〉의 준말. 반조간.

석간신문(夕刊新聞) [석깐신문] 매일 저녁때 발행하는 신문. 준석간. 반조간신문.

석고(石膏) [석꼬] 석회 가루에 물을 섞은 흰 반죽. 분필·깁스·조각상·시멘트 등의 재료로 쓰인다.

석고 붕대(石膏繃帶) 석고 가루를 굳혀서 만든 붕대. 몸의 다친 부위를 고정시키는 데 쓰인다. 비깁스.

석고상(石膏像) [석꼬상] 석고로 만든 조각상.

석공(石工) [석꽁] 돌을 다듬어 물건을 만드는 사람. 비돌장이·석수.

석굴(石窟) [석꿀] 바위에 뚫린 굴. 예석굴 사원. 비암굴. 참토굴.

석굴암(石窟庵) [석꾸람] 경상북도 경주시 토함산에 있는, 우리나라의 대표적인 석굴 사원. 신라 경덕왕 때 김대성이 세웠다. 정면 중앙에 석가여래상을 앉히고, 둘레 벽에는 관세음보

〈석굴암〉

살상 등 여러 불상을 조각하였다. 1995년에 불국사와 함께 유네스코 세계 문화유산으로 지정되었다. 국보 제24호.

석권(席卷) [석꿘] ((돗자리를 만다는 뜻으로)) 빠른 기세로 넓은 자리나 영역을 차지함. 석권하다. 예우리 회사가 신제품으로 석 달 만에 국내 시장을 석권하였다.

석기(石器) [석끼] 돌로 만든 도구. 특히, 석기 시대의 유물을 이른다.

석기 시대(石器時代) 아주 먼 옛날 인류가 돌로 도구를 만들어 쓰던 시대. 구석기 시대와 신석기 시대로 나뉜다.

석둑 [석뚝] 좀 큰 물건을 단번에 베거나 자르는 소리, 또는 그 모양. 예나무를 석둑 베어 버렸다. ㉮삭둑. 석둑석둑.

석둑거리다 [석뚝꺼리다] 좀 큰 물건을 베거나 자르는 소리를 자꾸 내다. ㉤석둑대다. ㉮삭둑거리다.

석둑대다 [석뚝때다] ➡석둑거리다.

석등(石燈) [석뜽] 돌로 만든 등.

석류(石榴) [성뉴] 석류나무의 열매. 익으면 두꺼운 껍질이 갈라지고 연분홍 빛깔의 투명한 씨가 나온다. 씨는 먹는데 시고 단맛이 있다.

〈석류〉

석류나무(石榴一) [성뉴나무] 석류나뭇과의 낙엽 지는 큰키나무. 초여름에 짙은 주홍색 꽃이 피고 가을에 열매인 '석류'가 익는다. 열매와 나무껍질·뿌리는 말려서 약재로 쓴다.

석면(石綿) [성면] 질기고 불에 타지 않는 섬유질의 광물. ㉤돌솜.

석방(釋放) [석빵] 잡혀 있는 사람을 풀어 자유롭게 함. 예포로 석방. ㉤방면. 석방되다. 석방하다.

석별(惜別) [석뼐] 헤어지는 것을 섭섭하게 여김. 예석별의 눈물을 흘리다. 석별하다.

석불(石佛) [석뿔] 돌로 만든 불상. ㉤돌부처.

석빙고(石氷庫) [석삥고] 예전에 얼음을 보관하려고 돌을 쌓아 만든 창고. 현재 경주에 남아 있는 석빙고는 조선 영조 14(1738)년에 지은 것이다.

석사(碩士) [석싸] 대학을 졸업하고 대학원에서 정해진 과정을 마친 사람에게 주는 학위, 또는 그 학위를 받은 사람. ㉯박사·학사.

석:삼년(一三年) [석쌈년] 《세 번 거듭된 삼 년, 곧 아홉 해라는 뜻으로》 '오랜 시일'을 이르는 말. 예그런 걸음으로는 석삼년이 걸려도 집에 못 가겠다.

석상[1](石像) [석쌍] 돌을 조각하여 사람이나 동물 모양으로 만든 것.

석상[2](席上) [석쌍] 여러 사람이 모인 자리. 예회의 석상.

석석 [석썩] 무엇을 가볍게 비비거나 쓸거나 하는 소리, 또는 그 모양. 예마룻바닥을 석석 문질렀다. ㉮삭삭. ㉳썩썩.

석성(石城) [석썽] 돌로 쌓아 올린 성.

석쇠 [석쐬/석쒜] 고기나 생선 등을 굽는 기구. 굵은 쇠테에 가는 철사로 그물처럼 엮어 만든다. 예석쇠에 구운 생선.

석수[1](石手) [석쑤] 돌을 다루어 물건을 만드는 사람. ㉤돌장이·석공.

석수[2](石獸) [석쑤] 무덤 앞에 세우는, 돌로 만든 짐승.

석수장이(石手一) [석쑤장이] '석수'를 낮추어 이르는 말.

석순(石筍) [석쑨] 종유굴의 천장에 매달려 있는 죽순 모양의 돌. 물에 녹은 석회암이 천장에서 떨어지면서 오랫동안 굳어서 된 것이다.

석양(夕陽) [서걍] 저녁때의 햇빛. 또는 저녁때의 저무는 해. 예석양에 붉게 물든 하늘. ㉤낙조.

석연하다(釋然一) [서견하다] 미심쩍거나 꺼림칙한 일들이 완전히 풀려 마음이 개운하다. 예그의 말에는 아무래도 석연하지 못한 데가 있다. 석연히.

석영(石英) [서경] 이산화규소로 이루어진 광물. 유리처럼 투명하며, 순수한 것은 수정이라고 한다. 도자기나 유리의 원료로 쓰인다. ㉤차돌.

석유(石油) [서규] 땅속에서 천연으로 나는, 물보다 가벼운 액체. 빛깔이 검고 특이한 냄새가 나며 불에 잘 탄다.

이를 걸러 휘발유·등유·경유·중유 등을 만든다.

석유 화ː학 공업(石油化學工業) 석유나 천연가스를 원료로 하여 연료·윤활유 이외의 화학 제품을 만들어 내는 공업.

석장승(石一) [석짱승] 돌로 만들어 세운 장승.

석재(石材) [석째] 건축이나 여러 가지 물건을 만드는 재료로 쓰이는 돌. [비]돌.

석전놀이(石戰一) [석쩐노리] 음력 정월 대보름날에 노는 민속놀이의 한 가지. 두 마을의 남자들이 서로 상대편에게 돌팔매질을 하여 먼저 달아나는 편이 진다.

석전제(釋奠祭) [석쩐제] 음력 2월과 8월에 공자를 모신 사당에서 제사를 지내는 의식.

석조(石造) [석쪼] 돌로 물건을 만드는 일, 또는 그 물건. [예]석조 건물.

석조전(石造殿) [석쪼전] 덕수궁 안에 있는, 돌로 지은 서양식 건물. 1900년에 짓기 시작하여 10년 뒤 완성했다.

석주(石柱) [석쭈] 돌로 만든 기둥. [비]돌기둥.

석주명(石宙明, 1908~1950) 생물학자. 교사 생활을 하며 나비 연구에 몰두, 1940년 '접류 목록'을 출간하였다.

석차(席次) 성적의 차례. [예]이번 시험에서 전교 석차가 올랐다. [비]등수.

석청(石淸) 벌이 산속의 나무나 돌 틈에 모아 둔 꿀.

석탄(石炭) 땅속에 묻힌 식물이 오랜 세월을 거치면서 숯처럼 되어 굳어진 것. 땔감으로 널리 쓰인다. [준]탄.

석탈해(昔脫解, ?~80) 신라의 제4대 왕(재위 57~80). 국호를 계림이라 하였다. 일본과는 친하였으며, 백제나 가야와는 자주 싸웠다. [비]탈해왕.

석탑(石塔) 돌로 쌓은 탑. [예]삼층 석탑. [비]돌탑.

〈석탑〉

석판(石版) 그림이나 글씨를 새기기 위해 돌로 만든 판.

석판화(石版畫) 석판에 그림을 새기고 물감을 묻혀서 종이에 찍어 내는 판화.

석학(碩學) [서칵] 학문을 깊이 연구한 사람.

석호(潟湖) [서코] 바다의 일부분이 땅으로 막혀 생긴 호수.

석회(石灰) [서쾨/서퀘] 석회암을 구워서 얻는 생석회와 이것을 물에 풀어 얻는 소석회를 통틀어 이르는 말.

석회석(石灰石) [서쾨석/서퀘석] ➡석회암.

석회수(石灰水) [서쾨수/서퀘수] 수산화칼슘을 물에 녹인, 색깔이 없고 투명한 액체. 이산화탄소를 통과시키면 부옇게 흐려진다.

석회암(石灰岩) [서쾨암/서퀘암] 탄산칼슘 성분이 바다 밑에 쌓여서 굳은 암석. 흰색 또는 회색이며, 시멘트나 비료의 원료로 많이 쓰인다. [비]석회석.

섞다 [석따] ①다른 것을 넣어 서로 합치다. [예]콩을 섞어 밥을 지었다. ②말이나 행동을 하면서 다른 말이나 행동을 곁들이다. [예]나는 거짓말을 섞어 가면서 이야기했다.

섞어짓기 [서꺼짇끼] 한곳에 두 가지 이상의 농작물을 같이 심어 기르는 일.

섞이다 [서끼다] ①둘 이상의 것이 한데 합쳐지다. [예]물과 기름은 섞이지 않는다. ②말이나 행동에 다른 말이나 행동이 곁들여지다. [예]전화기 너머로 시끄러운 소리가 섞여 들린다.

선:¹ 결혼할 상대를 찾으려고 남녀가 다른 사람의 소개로 만나는 일. 예이 모는 오늘 선을 보기로 했다.

선²(先) 바둑이나 장기 등을 시작할 때 상대보다 먼저 함, 또는 그 사람. 예네가 선이니 흑을 가지고 두어라.

선:³(善) 착하고 올발라 도덕적 기준에 맞는 것. 반악.

선⁴(線) ①그어 놓은 줄이나 금. 예나 는 책상 한가운데에 선을 그어 놓았 다. ②철사나 전선 같은 길고 얇은 물 건. 예선을 연결하다. ③물체의 테두 리를 이루는 부분. 예선이 고운 한복. ④어떤 수량이나 정도를 기준으로 하 는 한계. 예친구 사이에도 지켜야 할 선이 있다.

선⁵(禪) 불교에서, 마음을 한곳에 모아 고요히 생각하는 일.

선각자(先覺者) [선각짜] 남보다 앞서 서 깨달은 사람.

선:거(選擧) 일정한 조직이나 집단에 서 그 대표자나 임원을 투표 등의 방법으로 뽑음. 예반장 선거. 선거 하다.

선:거 관리 위원회(選擧管理委員會) 선거에 관한 여러 가지 사무를 맡아 보는 기관. 준선관위.

선:거권(選擧權) [선거꿘] 선거에 참 여하여 투표할 수 있는 권리. 참피선 거권.

선거 운:동(選擧運動) 선거에서 당선 되기 위해, 또는 선거에서 특정한 후 보자를 당선시키기 위해 벌이는 여러 가지 활동.

선걸음 [선거름] 이왕 내디딘 걸음. 예 선걸음에 시장에도 다녀오너라.

선견지명(先見之明) 닥쳐올 일을 미 리 아는 슬기로움. 예선생님의 선견 지명으로 위기를 피했다.

선결(先決) 다른 일보다 먼저 해결함. 예선결 과제. 선결되다. 선결하다.

선고(宣告) ①중대한 사실을 선언하여 알림. 예병원에서 암 선고를 받았다. ②재판관이 법정에서 재판의 결과를 당사자에게 알림. 예사형 선고. 선고 되다. 선고하다.

선공(先攻) 운동 경기 등에서, 먼저 공 격함. 예우리 팀이 선공으로 먼저 점 수를 따냈다. 선공하다.

선교(宣敎) 종교를 전하여 널리 펼침. 비포교. 선교하다.

선교사(宣敎師) 종교의 가르침을 널리 전하는 사람. 특히, 외국에 나가 기독 교를 전하는 일을 하는 사람.

선교회(宣敎會) [선교회/선교훼] 외국 에 종교를 전하기 위하여 만든 단체.

선구자(先驅者) 어떤 사상이나 일에 있어 남보다 일찍 깨닫고 실행한 사 람. 준선구. 비선도자.

선글라스(sunglass) 강렬한 햇빛으로 부터 눈을 보호하기 위하여 쓰는 색 안경.

선금(先金) 물건값이나 품삯 등의 일 부 또는 전부를 미리 치르는 돈. 예방 을 예약하려고 선금을 냈다.

선:남선:녀(善男善女) 《성품이 착한 남자와 여자라는 뜻으로》 ①착하고 어진 사람들. ②곱게 차려입은 남자 와 여자.

선녀(仙女) 하늘나라에 산다는 아름다 운 여자 신선.

선농단(先農壇) 조선 시대에, 왕이 몸 소 나와 풍년 들기를 기원하던 제단. 서울 동대문 밖에 있었다.

선단(船團) 여러 척의 배로 이루어진 집단.

선달(先達) 조선 시대에, 과거에 급제 는 하였으나 벼슬길에 오르지 못한 사람을 이르던 말. 예봉이 김 선달. 높선다님.

선대(先代) 조상의 대, 또는 그 시대. 예선대에 이루어 놓은 업적. 반후대.

선대칭(線對稱) 한 직선을 사이에 두고, 똑같은 두 도형이 같은 거리에서 서로 맞서 있는 경우.

선대칭 도형(線對稱圖形) 어떤 직선을 기준으로 접어서 완전히 겹쳐지는 도형. 참점대칭 도형.

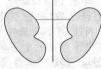
〈선대칭 도형〉

선덕 여왕(善德女王, ?~647) 신라 제27대 왕(재위 632~647). 당나라에 원군을 요청하여 백제를 공격하고, 어진 정치를 베풀어 백성의 생활 수준을 향상시켰다.

선도¹(先導) 앞장서서 이끎. 선도하다. 예지식 산업을 선도하는 종합 출판사.

선ː도²(善導) 올바른 길로 인도함. 예청소년 선도. 선도하다.

선돌 선사 시대에 무엇을 기념하기 위해 세워 놓은 돌기둥.

선동(煽動) 남을 부추겨 일을 일으키게 함. 예누군가 뒤에서 선동을 한 게 분명하다. 선동되다. 선동하다.

선두(先頭) 대열·행렬·활동 등에서 맨 앞. 예우리 편이 선두를 달린다.

선득 무엇에 닿거나 하여 살갗이나 몸에 갑자기 서늘한 느낌이 드는 모양. 예선득 찬 기운을 느끼다. 잘산득. 선득선득.

선득거리다 [선득꺼리다] 무엇에 닿거나 하여 살갗이나 몸에 갑자기 서늘한 느낌이 자꾸 들다. 비선득대다. 잘산득거리다.

선득대다 [선득때다] → 선득거리다.

선들바람 시원하고 가볍게 부는 바람. 잘산들바람.

선들선들 바람이 시원하고 가볍게 자꾸 부는 모양. 예선들선들 부는 가을 바람.

선뜻 [선뜯] 동작이 시원스럽고 망설임 없는 모양. 예선뜻 응하다./친구가 놀러 가자고 해서 선뜻 따라나섰다. 잘산뜻.

선ː량하다(善良—) [설량하다] 착하고 어질다. 예선량한 시민.

선례(先例) [설례] 본보기나 참고가 될 만한 예전의 일. 예선례를 따르다. 비전례.

선로(線路) [설로] 전차나 기차의 바퀴가 굴러가는 길. 비레일.

선ː망(羨望) 남을 부러워하여 자기도 그렇게 되기를 바람. 예선망의 대상. 선망하다.

선ː머슴 심하게 장난을 치면서 덜렁거리는 사내아이. 예선머슴처럼 장난기 많은 여동생.

선명하다(鮮明—) ①산뜻하고 밝다. 예선명한 원색 사진. ②견해나 태도가 뚜렷하다. 예네 입장을 선명하게 밝혀라. 선명히.

선ː무당 굿을 하거나 점치는 일에 서투른 무당.

선ː물(膳物) 남에게 고맙거나 축하하는 뜻으로 주는 물건. 예졸업 선물. 선물하다. 예네 생일에 무얼 선물할까?

선박(船舶) 여러 사람이나 많은 물건을 실어 나르는 큰 배. 예화물을 실은 선박이 항구로 들어오고 있다.

> ::::: **'선박'과 '배'의 구별** :::::
> '배'가 노를 젓거나 돛을 이용하거나 기관의 힘으로 움직이는 크고 작은 탈것을 두루 이르는 데 비해, '선박'은 주로 규모가 크거나 기계 동력을 이용하여 움직이는 배를 이른다.

선반¹ 벽에 달아서 물건을 얹어 두는 긴 널빤지. 예선반에 그릇을 올려놓았다. 잘시렁.

선반2(旋盤) 쇠붙이를 회전시키며 자르거나 깎는 기계.

선발1(先發) ①남보다 미리 나서거나 떠남. [반]후발. ②야구에서, 1회전부터 출전하는 일. [예]선발 투수. **선발하다.**

선ː발2(選拔) 많은 가운데서 추려 뽑음. [예]국가 대표 선수 선발 대회. **선발되다. 선발하다.**

선발대(先發隊)[선발때] 다른 이들보다 먼저 출발하는 부대나 무리. [예]선발대는 본대보다 하루 먼저 출발했다. [반]후발대.

선배(先輩) ①같은 분야에 자기보다 먼저 들어와서 활동한 사람. [예]직장 선배. ②같은 학교에 자기보다 먼저 들어온 사람. [예]고등학교 선배. [반]후배.

선ː별(選別) 가려서 골라내거나 추려 냄. [예]불량품 선별 작업. **선별되다. 선별하다.**

선ː보다 결혼할 상대를 찾으려고 다른 사람의 소개로 이성을 만나다. [예]삼촌은 말끔하게 차려입고 선보러 나갔다.

선ː보이다 여러 사람 앞에 처음으로 공개하다. [예]학예 발표회를 열어 솜씨를 선보였다. [준]선뵈다.

선봉(先鋒) 맨 앞장. [예]선봉에 서다./선봉을 맡다.

선봉장(先鋒將) 앞장선 군대를 지휘하는 장수. [비]선봉대장.

선분(線分) 수학에서, 직선 위의 두 점을 잇는 선.

선불(先拂) 사려는 물건이나 서비스 등을 받기 전에 미리 돈을 치름. [예]이 식당은 밥값을 선불로 내야 한다. [반]후불. **선불하다.**

선비 ①지난날, 학식은 있으나 벼슬하지 않은 사람. ②'학문을 닦은 사람'을 예스럽게 이르는 말.

선ː사(膳賜) 고마운 일에 대한 보답이나 정으로 남에게 물건을 줌. **선사하다.** [예]꽃다발을 선사하다.

선사 시대(先史時代) 역사 시대 이전의 시대. 문헌이나 기록이 없어 유적이나 유물로만 생활 모습을 알 수 있는 석기 시대·청동기 시대를 말한다.

선산(先山) ①조상의 무덤. ②조상의 무덤이 있는 산.

선상(船上) 배의 위. [예]배를 타고 강한복판으로 가 선상에서 낚시를 했다.

선생(先生) ①남에게 공부를 가르치는 사람. [예]국어 선생. [비]교사·교원. ②성명이나 직업 등의 뒤에 쓰여, 그를 높여 이르는 말. [예]김구 선생/의사 선생. [높]선생님.

선생님(先生—) 〈선생〉의 높임말. [예]선생님께서 교무실로 오라셔.

선서(宣誓) 여러 사람 앞에서 공개하여 맹세하는 일. [예]대통령 취임 선서. **선서하다.**

선서문(宣誓文) 선서하는 내용을 적은 글. [예]학생 대표가 선서문을 읽었다.

선선하다1 시원한 느낌이 들 만큼 서늘하다. [예]새벽 공기가 제법 선선하다. [작]산산하다.

선선하다2 성미가 시원스럽고 쾌활하다. **선선히.** [예]재철이가 내 부탁을 선선히 들어주었다.

선ː소리 이치에 닿지 않는 덜된 말. [예]익은 밥 먹고 선소리를 한다. **선소리하다.**

선수1(先手) ①남이 하기 전에 앞서 하는 일. ②장기나 바둑에서, 먼저 두거나 상대편이 수를 쓰기 전에 먼저 수를 쓰는 일. [반]후수.

선수(를) 치다[관용] 남이 어떤 일을 하기 전에 먼저 하다. [예]상대편에서 선수 치기 전에 서두르자.

선:수²(選手) 경기에 나가기 위하여 여럿 중에서 대표로 뽑힌 사람. 예국가 대표 선수.

선:수권(選手權) [선수꿘] 경기에서 우승한 선수나 단체에 주는 자격.

선:수단(選手團) 어떤 경기의 선수들로 조직된 단체.

선:수촌(選手村) 올림픽 경기 등에서, 선수들이 단체로 먹고 자면서 훈련할 수 있는 시설을 갖추어 놓은 곳. 예태릉 선수촌.

선실(船室) 배 안에서 승객들이 쓰도록 만든 방.

선:심¹(善心) 남을 돕고자 하여 베푸는 후한 마음. 예선심을 쓰다.

선심²(線審) 선을 긋고 그 안에서 하는 경기에서, 경기장의 선과 관련된 규칙을 맡아보는 보조 심판. 본선심판.

선:악(善惡) [서낙] 착함과 악함. 예선악을 구별하다.

선암사(仙岩寺) [서남사] 전라남도 순천시 조계산 동쪽에 있는 절. 신라 진흥왕 3(542)년에 아도 화상이 세웠으며, 삼층 석탑과 대웅전 등 중요 문화재가 있다.

선약(先約) [서냑] 먼저 약속함. 또는 그 약속. 예선약이 있어서 오늘 모임에는 참석하기 어렵겠다. 선약하다.

선양(宣揚) [서냥] 명성이나 권위를 드러내어 널리 떨침. 예국위 선양. 선양하다.

선언(宣言) [서넌] 자신의 생각이나 주장을 널리 알려 말함. 선언되다. 선언하다. 예심판은 반칙을 선언하였다.

선언문(宣言文) [서넌문] 선언하는 내용을 적은 글. 예아동 인권 선언문. 비선언서.

선언서(宣言書) [서넌서] 선언하는 내용을 적은 글이나 문서. 비선언문.

선:열(先烈) [서녈] 나라와 민족을 위하여 싸우다 목숨을 바친 열사. 예순국 선열.

'렬'인가 '열'인가

한자 '列/烈/裂/劣(렬/열)'은 단어의 첫머리에 올 때에는 '열'로 적고, 다른 말에 붙어 쓰일 때에는 '렬'로 적는다.

다만, 다른 말에 붙어 쓰이더라도 앞말의 받침이 'ㄴ'이거나 홀소리로 끝날 때에는 '열'로 적는다. 예나열(羅列)/선열(先烈)/분열(分裂)/비열(卑劣).

선왕(先王) [서놩] 지금 임금 바로 이전의 임금. 또는 이전의 여러 임금.

선:용(善用) [서뇽] 알맞게 잘 이용하여 씀. 예여가 선용. 반악용. 선용하다.

선:웃음 [서누슴] 우습지도 않은데 꾸며서 웃는 거짓 웃음.

선원(船員) [서눤] 배를 부리거나 배 안에서 일을 하는 사람. 비뱃사람.

선율(旋律) [서뉼] 높낮이와 박자, 강약 등을 지닌 음의 흐름. 비가락·멜로디.

선:의(善意) [서늬/서니] ①착한 마음. 예선의의 경쟁. ②좋게 보거나 좋은 면을 보려고 하는 마음. 예나는 친구의 비판을 선의로 받아들였다. 비호의. 반악의. ③법률적으로, 어떤 사실을 모르고 하는 일. 예선의의 피해자.

선인¹(先人) [서닌] 앞 시대의 사람. 옛날 사람. 비앞사람. 반후인.

선:인²(善人) [서닌] 착한 사람. 선량한 사람. 반악인.

선인장(仙人掌) [서닌장] 선인장과의 여러해살이풀. 마디가 분명하고 대부분 가시가 있다. 사막에서 많이 자란다.

선입견(先入見) [서닙껸] ➡선입관.

선입관(先入觀) [서닙꽌] 어떤 대상에 대하여, 이전부터 가지고 있는 고정된 생각. 예그 애가 콧대가 높을 거라는 건 네 선입관일 뿐이다. 비선입견.

선:잠 깊이 들지 못한 잠. 예차가 급히 서는 바람에 선잠을 깼다.

선장(船長) 배에 탄 승무원의 우두머리로서, 항해를 지휘하고 선원을 감독하는 사람.

선적(船積) 배에 짐을 실음. 예선적을 마친 배. 선적되다. 선적하다.

선전[1](宣傳) 어떤 일이나 주장 등을 많은 사람에게 퍼뜨려 알림. 예텔레비전을 통한 신제품 선전. 선전되다. 선전하다.

선:전[2](善戰) 경기에서 최선을 다하여 잘 싸움. 예선수들의 선전을 기대합니다. 선전하다.

선전탑(宣傳塔) 선전이나 계몽을 위하여 일정 기간 동안 세우는 건축물.

선전 포:고(宣戰布告) 전쟁을 시작한다는 뜻을 나라 안팎에 널리 알림.

선점(先占) 남보다 앞서 차지함. 예시장 선점. 선점하다.

선:정[1](善政) 어질고 바르게 잘 다스리는 정치. 반악정.

선:정[2](選定) 가려 뽑아서 정함. 예당선작 선정. 선정되다. 선정하다.

선제공격(先制攻擊) 상대편을 꺾기 위하여 먼저 공격하는 일. 선제공격하다.

선조[1](先祖) ①한집안의 조상. ②먼 옛날에 살았던 조상. 예선조들의 슬기가 담긴 문화유산.

선조[2](宣祖, 1552~1608) 조선 제14대 왕(재위 1567~1608). 이황·이이 등의 인재를 등용하여 좋은 정치를 폈으나, 임진왜란 등의 큰 난리를 겪었다.

선주(船主) 배의 임자.

선:죽교(善竹橋) [선죽꾜] 경기도 개성에 있는 돌다리. 고려 말기의 충신 정몽주가 이성계 무리에게 죽임을 당한 곳이다.

선지 소나 돼지의 피를 받아서 굳힌 덩어리. 국이나 찌개의 재료로 쓰인다. 비선지피.

선진(先進) 발전의 정도나 수준 등이 다른 것보다 앞섬. 예선진 문명. 반후진.

선진국(先進國) 다른 나라의 발전에 도움을 줄 수 있을 만큼 경제나 문화 등이 크게 앞선 나라. 반후진국.

선:집(選集) 어떤 기준을 두고 골라 뽑은 작품을 한데 모은 책. 예현대 소설 선집.

선착순(先着順) [선착쑨] 먼저 와 닿는 차례. 예공연장에는 선착순으로 입장합니다.

선착장(船着場) [선착짱] 배가 닿고 떠나고 하는 곳. 비나루.

선창[1](先唱) 노래나 구호 등을 맨 먼저 부르거나 외침. 예교장 선생님의 선창으로 만세를 불렀다. 선창하다.

선창[2](船艙) 물가에 다리처럼 만들어 배를 댈 수 있게 한 곳. 비부두.

선:처(善處) 어떤 문제를 형편에 따라 잘 처리함. 예도둑의 딱한 사정을 듣고 경찰에게 선처를 부탁했다. 선처하다.

선천성(先天性) [선천썽] 태어날 때부터 가지고 있는 성질. 예선천성 심장병. 반후천성.

선천적(先天的) 태어날 때부터 가지고 있는 것. 예형은 운동에 선천적으로 소질이 있다. 반후천적.

선체(船體) 배의 몸체.

선:출(選出) 여럿 가운데서 고르거나 뽑아냄. 예반장 선출. 선출되다. 선출하다.

선취(先取) 남보다 먼저 얻음. 선취하다.

선친(先親) 남에게 돌아가신 자기 아버지를 이르는 말. 예선친께서는 그림을 즐겨 그리셨습니다.

선:택(選擇) 마음에 드는 것을 골라 뽑음. 예공과 모자 중에서 하나만 선택을 해라. 선택되다. 선택하다.

선:택권(選擇權)[선택꿘] 선택할 수 있는 권리.

선포(宣布) 세상에 널리 알림. 선포되다. 선포하다. 예새로이 제정한 헌법을 선포했다.

선풍기(扇風機) 작은 전동기에 날개를 달아 회전시킴으로써 바람을 일으키게 하는 장치.

선풍적(旋風的) 회오리바람처럼 갑자기 발생하여 사회에 큰 영향을 끼치거나 큰 관심을 받는 것. 예요즘 이 노래가 선풍적인 인기를 얻고 있다.

선:하다[1] 잊혀지지 않고 눈앞에 똑똑히 보이는 듯하다. 예어머니 모습이 눈에 선하다. 선히.

선:하다[2] (善—) 행동이나 마음씨가 곱고 어질다. 비착하다. 반악하다.

선행[1] (先行) ①앞서 감. 예선행 열차. ②딴 일보다 앞서 이루어짐. 선행되다. 예사업을 시작하기 전 철저한 조사가 선행되어야 한다. 선행하다.

선:행[2] (善行) 착하고 어진 행실. 예선행을 베풀다. 반악행.

선:행상(善行賞) 착한 일을 많이 한 사람에게 주는 상.

선현(先賢) 어질고 사리에 밝았던 옛사람.

선:호(選好) 여러 가지 중에서 특별히 가려서 좋아함. 선호하다. 예젊은 사람들이 선호하는 노래.

선:호도(選好度) 여러 가지 중에서 특별히 가려서 좋아하는 정도. 예이 제품은 젊은 여성들의 선호도가 높다.

선홍색(鮮紅色) 산뜻하고 짙은 붉은색.

선회(旋回)[선회/선훼] ①원을 그리며 돎. ②비행기가 곡선을 그리듯 그 가는 방향을 바꿈. 선회하다.

선후(先後) 먼저와 나중. 예일의 선후가 바뀌었다.

선후배(先後輩) 선배와 후배.

섣:달[섣딸] 음력으로 한 해의 마지막 달.

섣:달그믐[섣딸그믐] 음력으로 한 해의 마지막 날.

섣:부르다[섣뿌르다] 신중하지 못하고 어설프다. 예다들 널 지켜보고 있으니 섣부른 행동은 하지 마라. |활용| 섣부르니·섣불러.

섣:불리[섣뿔리] 신중하지 못하고 어설프게. 예남의 일에 섣불리 나섰다가 곤란해졌다.

설:[1] 새해의 첫날. 비설날.
　설을 쇠다관용 설을 지내다.

설[2] (說) 견해·주장·학설 등을 이르는 말. 예이 단어의 어원에 대해서는 두 가지 설이 있다.

설거지 음식을 먹고 난 그릇 등을 씻어 치우는 일. 설거지하다. |잘못| 설겆이.

설경(雪景) 눈이 내리는 경치. 또는 눈이 쌓인 경치.

설계(設計)[설계/설게] ①건물이나 기계의 구조 등을 도면 같은 데에 분명하게 나타내 보임. 예설계에 따라 집을 짓다. ②앞으로 이루어야 할 일에 대해 계획을 세움. 예미래 설계. 설계되다. 설계하다.

설계도(設計圖)[설계도/설게도] 설계한 것을 그림으로 나타낸 도면. 비마련그림.

설교(說敎) ①종교상의 가르침을 널리 설명함. 또는 그 설명. ②여러 말로 타일러 가르침. 예아버지가 나에게 설교를 늘어놓으셨다. 설교하다.

설:날[설랄] 새해가 시작되는 정월 초하룻날. 예로부터 조상에게 차례를 지내고 웃어른께 세배를 드리는 날이다. 비설.

설ː다[1] 음식이 제대로 익지 않다. [예]밥이 설었다. [활용] 서니·설어.

설ː다[2] 익숙하지 못하다. [예]눈에 선 풍경. [활용] 서니·설어.

설득(說得) [설뜩] 잘 설명하거나 타이르거나 해서 자기 뜻에 따르게 함. [비]설복. 설득되다. 설득하다. [예]형이 우리를 돕도록 잘 설득해 봐.

설득력(說得力) [설뜽녁] 남을 설득하는 힘. [예]설득력 있는 말.

설렁탕(一湯) 소의 머리·뼈다귀·내장 등을 푹 삶아서 만든 국.

설렁하다 서늘한 바람이 불거나 하여 좀 추운 듯하다. [작]살랑하다. [센]썰렁하다.

설레다 마음이 들떠서 가라앉지 않다. [예]소풍 갈 생각에 이른 아침부터 마음이 설레었다. [잘못] 설레이다.

설레설레 머리나 꼬리 등을 가볍게 좌우로 흔드는 모양. [예]동생이 고개를 설레설레 저었다. [작]살래살래.

설레이다 '설레다'의 잘못.

설렘 들뜨고 두근거리는 마음. [예]첫사랑의 설렘. [잘못] 설레임.

설령(設令) 가정하여 말하여. [예]설령 내가 거기 있었다 하더라도 어쩔 수 없었을 것이다. [비]설사·설혹.

설립(設立) 단체나 기관을 새로 세움. 설립되다. 설립하다. [예]지역 주민들이 설립한 학교.

설마 아무리 그래도. [예]설마 그 애가 거짓말을 했겠어?

설명(說明) 내용이나 이유 등을 알기 쉽게 풀어서 밝힘. [예]네 설명을 들으니 쉽게 이해가 되는구나. 설명되다. 설명하다. [예]계획을 자세히 설명해 보아라.

설명문(說明文) 어떤 일의 이치를 읽는 이가 쉽게 알 수 있도록 자세히 알려 주는 글.

설명서(說明書) 어떤 일의 내용이나 이유, 제품의 사용 방법 등을 설명하는 글. [예]세탁기 사용 설명서.

설문(設問) 무엇을 조사하려고 여러 사람에게 그에 대한 문제를 내어 물음, 또는 그 문제. [예]설문 조사. 설문하다.

설문지(設問紙) 설문하는 문제를 적은 종이. [예]반 친구들의 의견을 듣기 위해 설문지를 돌렸다.

설법(說法) [설뻡] 불교의 이치를 설명하여 가르침. 설법하다.

설복(說伏) 알아듣도록 말하거나 달래어 그렇게 여기게 함. [비]설득. 설복되다. 설복하다.

설비(設備) 어떤 일을 하는 데 필요한 건물이나 기계 등을 갖추는 일, 또는 그 갖춘 물건. [예]설비가 뛰어난 자동차 정비 공장. 설비되다. 설비하다.

설ː빔 설에 새로 차려입는 옷.

설사[1](泄瀉) [설싸] 배탈이 나거나 하여 누는 묽은 똥, 또는 그런 똥을 눔. 설사하다.

설사[2](設使) [설싸] 가정하여 말해서. [예]설사 네가 잘못했더라도 용서하겠다. [비]설령·설혹.

설사약(泄瀉藥) [설싸약] 설사를 멎게 하는 약.

설삶다 [설삼따] 덜 익게 삶다. [예]고구마를 설삶았다.

설상가상(雪上加霜) [설쌍가상] 《눈 위에 서리가 덮인다는 뜻으로》 '어려운 일이 연거푸 일어남'을 비유하여 이르는 말. [예]길을 잃고 헤매는데 설상가상으로 비까지 왔다.

설상차(雪上車) [설쌍차] 눈이나 얼음 위를 달릴 수 있도록, 특수한 바퀴를 갖춘 자동차.

설설[1] ①물이 천천히 고루 끓는 모양. [예]주전자의 물이 설설 끓기 시작했다. ②온돌방의 바닥 전체가 고루 뜨끈뜨끈한 모양. [예]방이 설설 끓는다.

설설² ①설레설레 흔드는 모양. 예내 말에 언니가 고개를 설설 흔들었다. ②좀 큰 벌레가 천천히 기는 모양. 예송충이들이 설설 기어 다닌다.

설설 기다 관용 두려워하여 기를 펴지 못하다. 예호랑이 선생님 앞에서 아이들이 설설 기며 눈치를 본다.

설악산(雪嶽山) [서락싼] 강원도 양양군과 인제군 사이에 있는 산. 높이 1,708m. 가장 높은 봉우리는 대청봉이며, 가을 단풍이 뛰어나다. 1970년 3월에 국립 공원으로 지정되었다.

설왕설래(說往說來) [서랑설래] 무슨 일의 옳고 그름을 따지느라고 말로 옥신각신함. 설왕설래하다.

설욕(雪辱) [서룍] 전에 패배했던 부끄러움을 씻어 내고 명예를 되찾음. 설욕하다. 예이번 경기에서는 기필코 설욕하겠다.

설ː움 [서룸] 서럽게 느껴지는 마음. 예설움이 복받치다. 비서러움.

설익다 [서릭따] 충분히 익지 못하다. 예설익은 감자. 반농익다.

설전(舌戰) [설쩐] 말로 다투는 일. 예설전을 벌이다. 비말다툼·언쟁·입씨름. 설전하다.

설정(設定) [설쩡] 새로 마련하여 정함. 예비용 설정. 설정되다. 설정하다. 예목표를 좀 더 높이 설정해라.

설주(一柱) [설쭈] 〈문설주〉의 준말.

설총(薛聰, 655~?) 신라 경덕왕 때의 학자. 원효 대사의 아들이며, 이두를 정리하여 완성하였다.

설치(設置) ①시설이나 단체 등을 만듦. 예탁아소 설치. ②기구나 장치 등을 제자리에 달거나 놓아 둠. 예컴퓨터 설치. 설치되다. 설치하다.

설치다¹ 몹시 서두르거나 날뛰다. 예불량배들이 설치니 조심해라.

설치다² 잠을 충분히 자지 못하다. 예더워서 잠을 설쳤다.

설컹거리다 설익은 밤이나 콩 등이 씹히는 소리가 자꾸 나다. 비설컹대다. 센살캉거리다.

설컹대다 → 설컹거리다.

설컹설컹 자꾸 설컹거리는 모양. 센살캉살캉.

설탕 사탕수수나 사탕무 등을 원료로 하여 만드는 단맛이 강한 식품. 색깔이 없으며, 물에 잘 녹는다. |참고| ‘설탕’은 ‘설당(雪糖)’에서 온 말.

설탕물 설탕을 넣어 녹인 물.

설파(說破) 듣는 사람이 잘 이해하고 수긍할 수 있도록 분명하게 밝혀 말함. 설파되다. 설파하다.

설피(雪皮) 눈 위를 다닐 때 눈에 잘 빠지지 않도록 신바닥에 대는 넓적한 물건. 칡·노끈·새끼 등을 엮어 만든다.

〈설피〉

설형 문자(楔形 文字) 옛날 서아시아와 이집트에서 쓰이던 쐐기 모양의 글자.

설혹(設或) 가정하여 말해서. 예설혹 누가 이 일에 대해 묻더라도 절대 말하면 안 된다. 비설령·설사.

〈설형 문자〉

설화(說話) 신화·전설·민담 등 한 민족 사이에 전해 내려오는 이야기를 통틀어 이르는 말.

섧ː다 [설따] 억울하고 슬프다. 예섧게 울다/설워 말고 힘내라. 비서럽다. |활용| 설우니·설워.

섬¹ ①곡식 등을 담으려고 짚으로 엮어 만든 그릇. ②곡식이나 액체의 부피를 나타내는 말. 1섬은 10말이다. 예벼 열 섬. 비석.

섬:² 바닷물·강물 등으로 완전히 둘러싸여서 육지와 떨어져 있는 땅. 예제주도는 우리나라에서 가장 큰 섬이다.

섬광(閃光) 순간적으로 번쩍 빛나는 빛.

섬기다 윗사람이나 어른을 잘 모시어 받들다. 예부모를 정성껏 섬겨라.

섬:**나라** 섬으로 이루어진 나라. 일본이나 필리핀 등.

섬돌 [섬똘] 집채의 앞뒤에 오르내리기 위하여 만든 돌층계. 비댓돌.

섬뜩하다 [섬뜨카다] 갑자기 소름이 끼치도록 끔찍하고 무섭다. 예범인의 얼굴을 보니 섬뜩하다.

섬:**마을** 섬에 있는 마을.

섬멸(殲滅) 남김없이 무찔러 없앰. 섬멸되다. 섬멸하다. 예수천의 적군을 섬멸했다.

섬벅 크고 연한 물건이 쉽게 베어지는 모양. 흰삼박. 섬벅섬벅.

섬세하다(纖細—) ①곱고 가늘다. 예연필로 섬세하게 그린 그림. ②감정 또는 행동이 몹시 찬찬하고 세밀하다. 예시에서 시인의 섬세한 감정을 느낄 수 있다.

섬유(纖維) [서뮤] ①천이나 종이의 원료가 되는 가는 실 모양의 물질. ②생물체의 몸을 이루는 가는 실 모양의 물질. 예신경 섬유.

섬유 공업(纖維工業) 섬유를 가공하여 실이나 천을 만드는 공업.

섬유소(纖維素) [서뮤소] 식물성 섬유의 주된 성분을 이루는 흰 탄수화물. 비셀룰로오스.

섬유질(纖維質) [서뮤질] 섬유로 이루어진 물질.

섬진강(蟾津江) 전라북도 임실군에서 시작하여 전라남도를 거쳐 경상남도 하동을 지나 남해로 흘러 들어가는 강. 길이 223.86km.

섭렵(涉獵) [섬녑] 책을 이것저것 널리 읽거나 여러 일을 두루 해 봄. 섭렵하다. 예동서양의 고전을 두루 섭렵하다.

섭리(攝理) [섬니] 자연이나 세상이 잘 유지되도록 하는 원리와 법칙.

섭생(攝生) [섭쌩] 먹는 것을 조심하면서 몸을 건강하게 돌봄. 비양생. 섭생하다.

섭섭하다 [섭써파다] ①잃거나 헤어지게 되어 아깝고 서운하다. 예네가 전학을 간다니 참 섭섭하구나. ②남의 태도나 대접이 흡족하지 않다. 예제가 섭섭하게 해 드린 게 있나요? 섭섭히.

섭씨(攝氏) 섭씨온도계의 눈금의 이름. ℃를 기호로 한다. 흰화씨.

섭씨온도계(攝氏溫度計) [섭씨온도계/섭씨온도게] 물의 어는점을 0도, 끓는점을 100도로 한 온도계. 흰화씨온도계.

섭외(涉外) [서뵈/서붸] 외부와 연락하거나 교섭하는 일. 예방송 출연자 섭외. 섭외하다.

섭정(攝政) [섭쩡] 임금이 직접 나라를 다스릴 수 없을 때에 임금을 대신하여 통치함. 또는 그런 사람. 예어린 왕을 대신한 대비의 섭정. 섭정하다.

섭취(攝取) 양분을 빨아들임. 예음식을 골고루 섭취를 해야 한다. 섭취되다. 섭취하다.

성:¹ 노여워하거나 언짢게 여겨 왈칵 치미는 감정. 예큰형이 내 말에 발끈 성을 냈다. 비골·화. 흰역정.

성이 머리끝까지 나다[관용] 더할 수 없는 정도로 성이 나다.

성ː2(姓) 조상이 같은 친족임을 나타내기 위하여 이름 앞에 붙이는 호칭. 곧, 김·이·박·최·정 등. [높]성씨.

성을 갈겠다[관용] 다시는 하지 않겠다고 다짐을 할 때 이르는 말. [예]내 말이 사실이 아니면 내 성을 갈겠다.

성ː3(性) ①생물의 암수나 사람의 남녀의 구별. ②생식에 관한 본능이나 기능. [예]성에 관한 올바른 지식.

성4(城) 적의 공격을 막기 위해 높이 쌓아 올린 담.

성ː가(聖歌) 기독교에서 부르는 종교적인 노래.

성ː가대(聖歌隊) 기독교에서, 예배나 미사 때 성가를 부르기 위하여 조직한 합창단.

성가시다 자꾸 들볶거나 번거롭게 굴어 귀찮거나 괴롭다. [예]성가시게 굴지 마라.

성ː게 극피동물 성게류의 동물. 몸이 둥글고 가시가 빽빽하게 나 있다. 실험에 많이 쓰고 알로 젓을 담그기도 한다.

〈성게〉

성ː격(性格) [성껵] 말이나 행동을 통하여 나타나는 그 사람의 특별한 성질. [예]성격이 활발하다.

성ː경(聖經) 기독교의 원리와 가르침을 담은 책. 구약과 신약으로 되어 있다. [비]성서.

성ː골(聖骨) 신라의 신분 제도에서, 부모가 모두 왕족인 사람. [참]진골.

성공(成功) 하고자 하던 목적이나 뜻을 이룸. [예]실패는 성공의 어머니. [반]실패. **성공하다**.

성공적(成功的) 성공했다고 할 만한 것. [예]올림픽을 성공적으로 개최했다.

성과(成果) [성꽈] 이루어 내거나 이루어진 결과. [예]이번 대회에서 우리 팀이 좋은 성과를 거두었다.

성곽(城郭) 성 둘레의 벽.

성ː관계(性關係) [성관계/성관게] 다큰 남자와 여자가 성기를 통하여 육체적으로 맺음, 또는 그 관계. [비]성교. **성관계하다**.

성ː교(性交) ➡성관계.

성ː교육(性教育) 청소년에게 성에 관한 올바른 지식을 가르치는 교육.

성ː군(聖君) 덕으로 나라를 다스린 어질고 훌륭한 임금.

성균관(成均館) 조선 시대에, 유교의 교육을 맡아보던 최고의 국립 교육 기관.

성글다 간격이나 사이가 뜨다. [예]대나무 발의 짜임이 성글다. [비]성기다. |활용| 성그니·성글어.

성글어지다 [성그러지다] 간격이나 사이가 뜨게 되다. [예]눈발은 서서히 성글어졌다.

성금(誠金) 어려운 사람을 돕거나 뜻있는 일에 보태려고 내는 돈. [예]이웃 돕기 성금.

성ː급하다(性急—) [성그파다] 성질이 매우 급하다. [예]성급하게 굴면 실수하기 쉽다. **성급히**.

성ː기(性器) 사람의 몸에서 겉으로 드러난 생식 기관.

성기다 간격이나 사이가 뜨다. [예]얇고 성긴 옷. [비]성글다. [반]배다.

성ː깔(性—) 못된 성질을 부리는 태도나 버릇, 또는 그런 성질. [예]성깔을 부리다.

성ː나다 ①노엽거나 언짢은 감정이 일다. [예]선생님의 성난 얼굴. ②거칠고 격한 기운이 일다. [예]성난 파도.

성남(城南) 경기도 중앙부에 있는 시. 중소기업이 많으며, 5일 정기 시장인 모란장으로 유명하다.

성ː내다 노엽거나 언짢은 감정을 나타내다. [예]무턱대고 성내지 말고 내 말을 들어 봐.
성냥 얇은 나뭇개비 끝에 문지르면 불이 일어나는 물질을 바른 것.
성냥갑(一匣)[성냥깝] 성냥개비를 담은 작은 상자.
성냥개비[성냥깨비] 성냥의 낱개.
성냥불[성냥뿔] 성냥을 그어 켜는 불.
성냥팔이 소ː녀(一少女) 안데르센이 지은 동화. 눈 내리는 밤에 추위에 얼어서 목숨을 잃는 성냥팔이 소녀의 이야기를 그렸다.
성년(成年) 사람으로서 지능이나 신체가 완전히 성숙한 나이. 대개 만 20세가 차는 나이를 이른다. [반]미성년.
성년식(成年式) 성인으로서의 자부심과 책임감을 일깨워 주기 위해, 아이가 어른이 될 때 베푸는 의식.
성ː능(性能) 기계·기구 등이 지닌 성질과 일을 해내는 능력. [예]성능이 좋은 자동차.
성ː당(聖堂) 가톨릭교의 종교 의식을 하는 건물.
성대(聲帶) 목구멍에 있는, 소리를 내는 기관. [비]목청.
성ː대하다(盛大一) 규모가 아주 크고 화려하다. [예]성대한 결혼식. **성대히**.
성ː덕(聖德) 성인이나 임금의 덕.
성ː덕 대ː왕 신종(聖德大王神鍾) 신라 경덕왕 때 만들기 시작하여 혜공왕 7(771)년에 완성된 종. 경주 박물관에 보관되어 있다. 국보 제29호. |참고| 여러 번 제작에 실패한 끝에 어느 승려의 권고로 아이를 가마 속 쇳물에 넣어 만들었다는 전설이 있다. [비]봉덕사종·에밀레종.

〈성덕 대왕 신종〉

성ː덕왕(聖德王, ?~737) 신라 제33대 왕(재위 702~737). 당나라 문화를 수입하는 데 힘썼다.
성량(聲量)[성냥] 사람이 낼 수 있는 소리의 크기나 강한 정도. [예]성량이 풍부한 가수.
성루(城樓)[성누] 성곽의 곳곳에 벽이 없이 세운 집.
성ː리학(性理學)[성니학] 중국 송나라 때 일어난 유학의 한 갈래. 물질적인 것보다 이성적인 것에서 인간의 참다운 모습을 찾으려 하였다. 우리나라에는 고려 말기에 들어와 조선 시대에 특히 번성하였다. [비]주자학.
성립(成立)[성닙] 일이나 물건이 이루어짐. **성립되다**. [예]계약이 성립되었다. **성립하다**.
성ː명1(姓名) 성과 이름. [높]성함.
성명2(聲明) 어떤 일에 대한 의견이나 입장을 여러 사람에게 공개하여 발표하는 일. [예]환경 단체에서 핵 반대 성명을 발표했다.
성ː모(聖母) 기독교에서, 예수의 어머니 '마리아'를 이르는 말.
성묘(省墓) 조상의 산소에 가서 인사를 드리고 산소를 살피는 일. 주로 설날·한식·추석에 한다. [예]할아버지 산소에 성묘를 하러 갔다. **성묘하다**.
성문(城門) 성을 드나드는 문.
성ː물(聖物) 종교 의식에 쓰이는 여러 가지 성스러운 물건.
성ː미(性味) 성격·비위·마음씨 등을 이르는 말. [예]성미가 까다로운 아이.
성벽(城壁) 성곽의 벽.
성ː별(性別) 남녀 또는 암수의 구별. [예]태아의 성별을 아직 모른다.
성부(聲部) 음악에서 목소리의 높낮이에 따라 구분한 각 소리의 부분. 소프라노·알토·테너·베이스 등.

성분(成分) 무엇을 이룬 바탕이 되는 것. [예]칼슘과 인은 뼈의 주요 성분이다.

성불사(成佛寺) [성불싸] 황해도 황주군 정방산에 있는 절.

성사(成事) 일이 뜻대로 이루어짐. 또는 일을 뜻대로 이룸. [예]계약이 성사가 되다. **성사되다**. **성사하다**.

성산포(城山浦) 제주특별자치도 서귀포시 성산읍에 있는 항구. 원래는 섬이었으나 지금은 육지와 이어져 있다. 농산물과 수산물의 집산지이다.

성삼문(成三問, 1418~1456) 조선 세종 때의 문신. 호는 매죽헌. 사육신의 한 사람이다. 집현전 학사로 정인지 등과 함께 세종을 도와 훈민정음을 만들었다.

성ː서(聖書) 한 종교, 특히 기독교의 가르침을 적은 책. [비]성경.

성ː선설(性善說) 사람은 본디 착하며, 악해지는 것은 나쁜 환경 때문이라고 주장한 맹자의 학설. [반]성악설.

성성하다(星星—) 머리털이 세어 희끗희끗하다. [예]백발이 성성하신 할머니.

성ː쇠(盛衰) [성쇠/성쉐] 잘되고 못됨. [예]나라의 흥망과 성쇠.

성ː수기(盛需期) 어떤 물품이 한창 쓰이는 때. [예]에어컨은 여름철이 성수기이다. [반]비수기.

성숙(成熟) ①곡식이나 과일 등이 무르익음. ②몸이나 마음이 완전히 자람. **성숙되다**. **성숙하다**. [예]나이에 비해 성숙해 보이는 외모.

성ː스럽다(聖—) [성스럽따] 함부로 가까이하기 어려운 거룩한 느낌이 있다. [예]성스럽게 들려오는 교회의 종소리. [활용] 성스러우니·성스러워. 성스레.

성실(誠實) 말과 행동이 정성스럽고 참됨. [반]불성실. **성실하다**. [예]맡은 일에 성실해야 한다. **성실히**.

성심(誠心) 정성스럽고 성실한 마음. [예]간호사는 성심을 다해 환자를 간호했다. [비]성의.

성심껏(誠心—) [성심껃] 정성을 다하여. [예]나이 드신 부모님을 성심껏 모셔라. [비]성의껏·정성껏.

성싶다 [성십따] '것 같다'의 뜻을 나타내는 말. [예]비가 올 성싶다./그가 허락할 성싶지 않다.

성ː씨(姓氏) 〈성2〉의 높임말.

성악(聲樂) 사람의 목소리로 하는 음악. [반]기악.

성악가(聲樂家) [성악까] 가곡이나 오페라 등을 주로 노래하는 음악가.

성ː악설(性惡說) [성악썰] 사람은 본디 악하며, 착해지는 것은 교육이나 수양 때문이라고 주장한 순자의 학설. [반]성선설.

성에 추운 겨울에 유리나 벽 등에 김이 서려서 서리처럼 허옇게 얼어붙은 것. [예]창문에 성에가 끼었다.

성ː역1(聖域) ①신성한 지역. 특히 종교상 성스럽게 여기는 지역. ②함부로 침범할 수 없는 영역. [예]범죄 수사에 성역은 있을 수 없다.

성역2(聲域) 사람이 낼 수 있는 가장 높은 음에서 가장 낮은 음까지의 범위.

성왕(聖王, ?~554) 백제 제26대 왕(재위 523~554). 서울을 웅진(지금의 공주)에서 사비성(지금의 부여)으로 옮겼다. 554년에 진흥왕에게 한강 유역을 빼앗기자 신라를 공격하다가 전사하였다.

성우(聲優) 라디오 방송극이나 텔레비전 녹음 등에서 목소리만으로 연기하는 배우.

성운(星雲) 구름이나 안개같이 흐려 보이는 별의 무리.

성ː웅(聖雄) 거룩하리만큼 뛰어난 영웅. [예]성웅 이순신 장군.

성원¹(成員) 어떤 단체나 조직을 구성하고 있는 사람. [예]사회 성원. [비]구성원.

성원²(聲援) 남이 어떤 일을 잘할 수 있게 응원하거나 격려함. [예]도전자에게 아낌없는 성원을 보냈다. 성원하다.

성ː은(聖恩) 임금의 은혜. [예]성은이 망극하나이다.

성의(誠意) [성의/성이] 참되고 정성스러운 마음. [예]성의 있는 선물. [비]성심. [반]무성의.

성의껏(誠意—) [성의껃/성이껃] 있는 정성을 다하여. [예]손님에게 성의껏 대접했다. [비]성심껏·정성껏.

성인¹(成人) 이미 성년이 된 사람. 보통 만 20세 이상의 남녀를 이른다. [예]성인이라면 자기 행동에 책임을 져야 한다. [비]어른.

성ː인²(聖人) 슬기와 덕이 뛰어나 길이길이 모든 사람의 모범이 될 만한 사람. [참고] 흔히, 예수·석가·공자·소크라테스를 세계 4대 성인이라 이른다. [비]성자.

성인병(成人病) [성인뼝] 고혈압·당뇨병·동맥 경화 등 마흔 살이 넘은 사람에게 주로 나타나는 병을 통틀어 이르는 말.

성ː인봉(聖人峰) 경상북도 울릉군 울릉도에 있는 가장 높은 산봉우리. 높이 984 m.

성ː자(聖者) ➡ 성인².

성장(成長) ①사람이나 동식물이 자라서 점점 커짐. [예]성장이 빠른 아이. [비]발육. ②규모나 세력이 점점 커짐. [예]눈부신 경제 성장. 성장되다. 성장하다.

성장기(成長期) 몸집이나 규모 등이 성장하는 시기.

성장통(成長痛) 어린이나 청소년이 몸이 갑자기 빨리 자라면서 느끼는 통증. 주로 다리나 팔에 생긴다.

성장판(成長板) 뼈가 자라는 부분. 손목·발목·무릎 등 관절과 연결되어 있는 긴 뼈의 끝 부분에 있다.

성적(成績) ①어떤 일을 한 뒤에 나타난 결과. [예]작업 성적이 좋지 않다. ②학생들이 배운 지식·기능·태도 등이 평가된 결과. [예]이번 학기에는 성적이 많이 올랐다.

성적표(成績表) 학생의 성적을 적은 표.

성ː전(聖殿) 거룩하고 성스러운 곳. 성당이나 교회 같은 곳.

성조기(星條旗) 미국의 국기.

성종¹(成宗, 960~997) 고려 제6대 왕(재위 981~997). 유교를 국가의 지도 원리로 삼았으며, 교육·정치 제도를 정비하였다.

성종²(成宗, 1457~1494) 조선 제9대 왕(재위 1469~1494). '경국대전'을 펴냈으며, 조선 초기의 국가 제도를 정비하였다. 학문을 즐겼으며, 글씨와 그림에 뛰어났다.

성좌(星座) 별이 늘어서 있는 모양을 동물이나 물체에 비유해서 이름을 붙인 것. [비]별자리.

성주¹ 집을 지키고 보호한다는 신령. [비]성주신.

성주²(星州) 경상북도의 남서쪽에 있는 군. 참외와 수박이 많이 나며, 통일 신라 시대 초기의 작품으로 짐작되는 성주 마애 삼존불이 있다.

성주³(城主) 성의 우두머리.

성ː지(聖地) 종교와 깊은 관계가 있어 거룩하게 여겨지는 땅. [예]성지 예루살렘.

성ː직자(聖職者) [성직짜] 종교적 직분을 맡은 사람. 목사·신부·승려 등.

성ː질(性質) ①날 때부터 가지고 있는 마음의 바탕. [예]성질이 급하다. ②사물이나 현상이 본디부터 가지고 있는 특징. [예]설탕은 물에 잘 녹는 성질이 있다.

성:징(性徵) 남녀나 암수를 구별하는 신체상의 특징.

성:차별(性差別) 성별에 따라 대우를 달리하는 일.

성:찬(盛饌) 푸짐하게 잘 차린 음식.

성찰(省察) 자기의 마음가짐이나 행동을 돌이켜보고 깊이 생각함. 예작가의 진지한 성찰이 느껴지는 글. 성찰하다.

성채(城砦) 성과 요새.

성:추행(性醜行) 강제로 다른 사람의 몸을 만지거나 자기 몸과 접촉하여 불쾌한 감정을 일으키는 짓. 성추행하다.

성충(成蟲) 다 자라서 생식 능력을 지니게 된 곤충. 비어른벌레. 반유충.

성취(成就) 일을 바라던 대로 이룸. 예소원 성취. 성취되다. 성취하다.

성취감(成就感) 스스로 목표를 이루어 냈을 때 느끼는 좋은 기분. 예수학 점수를 바라던 만큼 높여 성취감을 느꼈다.

성큼 ①다리를 높이 들어 크게 떼어 놓는 모양. 예민규가 마루로 성큼 올라섰다. ②어떤 때가 갑자기 가까워진 모양. 예통일이 눈앞에 성큼 다가왔다. 성큼성큼.

성:탄(聖誕) ①성인이나 임금이 태어남. ②〈성탄절〉의 준말.

성:탄절(聖誕節) 기독교에서, 예수가 태어난 날을 명절로 이르는 말. 매년 12월 25일. 준성탄. 비크리스마스.

성터(城一) 성이 있던 자리. 예백제의 옛 성터.

성패(成敗) 일의 성공과 실패. 예작은 아이디어가 사업의 성패를 갈랐다.

성:폭력(性暴力)[성풍녁] 다른 사람에게 강제로 성적인 행동이나 성적으로 불쾌한 말을 하는 짓.

성:품(性品) 사람의 성질과 됨됨이. 예차분한 성품.

성하다[1] ①본디대로 온전하다. 예성한 그릇. ②병이나 상처가 없다. 예성한 사람. 성히.

성:하다[2](盛一) 기운이나 세력이 한창 왕성하다. 예농업이 성한 나라. 성히.

성:함(姓銜) 〈성명[1]〉의 높임말.

성:행(盛行) 매우 왕성하게 행하여짐. 성행되다. 성행하다. 예고려 시대에 이미 그네뛰기가 성행하였다.

성:향(性向) 한쪽으로 치우치는 성질이나 버릇. 예만화를 좋아하는 아이들의 성향.

성:현(聖賢) 덕이 높고 지혜가 많아 사람들이 우러러보는 옛사람. 예성현이 남긴 말씀.

성형(成形) ①일정한 모양을 이룸. ②의학 기술로 신체 일부의 모양을 바로잡거나 보기 좋게 고침. 예성형 수술. 성형하다.

성형외과(成形外科)[성형외꽈/성형웨꽈] 몸의 흉터를 없애거나 모양을 바로잡거나 보기 좋게 고치는 일을 전문으로 하는 외과의 한 갈래.

성호사설(星湖僿說) 조선 중기의 실학자 이익이 지은 책. 천지·만물·인사·시문 등으로 나뉜다.

성화[1](成火) ①마음대로 되지 않아 몹시 애가 탐. 예숙제를 못해서 성화가 났다. ②몹시 성가시게 구는 일. 예아이가 장난감을 사 달라고 성화를 부렸다. 성화하다.

성:화[2](聖火) ①신에게 바치는 신성한 불. ②올림픽 같은 큰 체육 대회장에 켜 놓는 횃불.

〈성화[2]②〉

성화같다(星火一)[성화갇따] 독촉 등이 몹시 심하고 다급하다. 성화같이. 예옆에서 성화같이 재촉하는 통에 한눈팔 틈도 없었다.

성ː황(盛況) 모임이나 행사 등에 사람이 많이 모여 활기에 찬 모양. 예전시회가 성황을 이루었다.

성황당(城隍堂) 〈서낭당〉의 원말.

성ː황리(盛況裡) [성황니] 성황을 이룬 가운데. 예연주회가 성황리에 끝났다.

섶[1](섭) 덩굴이나 가는 줄기가 의지하여 자라도록 옆에 꽂아 두는 막대기. 예섶을 타고 지붕까지 뻗은 오이 줄기. |발음| 섶이 [서피] · 섶도 [섭또] · 섶만 [섬만]

섶[2](섭) 두루마기나 저고리 등의 깃 아래에 달린 긴 헝겊. 예섶이 날렵해야 제멋이 살아나는 한복. |발음| 섶이 [서피] · 섶도 [섭또] · 섶만 [섬만]

섶[3](섭) 땔감으로 쓰는 나뭇가지나 풀. |발음| 섶이 [서피] · 섶도 [섭또] · 섶만 [섬만]

세ː[1]《세는 말 앞에서》'셋'을 뜻하는 말. 예세 개/세 마리/손님 세 분.

'세[1]'의 여러 가지 표기

수를 나타내는 '세'는 뒤에 오는 말에 따라 여러 가지 형태로 표기한다.
- **세** : 다발, 마리, 모금, 밤, 번, 벌, 사람, 살, 시간, 알, 치, 켤레, 필, 해….
- **서** : 돈, 말, 발, 푼, 홉….
- **석** : 냥, 단, 달, 동, 되, 섬, 자, 자루, 잔, 장, 접, 짐….

세ː[2](稅) 〈조세〉의 준말.

세ː[3](貰) 남의 집이나 물건을 빌려 쓰고 그 대가로 내는 돈. 예다달이 세를 내고 쓰는 방.

세ː[4](歲)《숫자나 한자어 수 뒤에 쓰여》나이를 나타내는 말. 예만 20세 / 십오 세.

세ː간 집안 살림에 쓰는 온갖 물건. 예세간이 늘다. 비살림살이 · 세간살이.

세ː간살이 [세간사리] ➡세간.

세ː검정(洗劍亭) 서울특별시 종로구 경복궁 뒤 창의문 밖에 있는 정자. |참고| 조선 시대에, 뜻 있는 사람들이 광해군을 몰아낼 것을 의논하고 칼을 씻은 데서 생긴 이름이다.

세ː계(世界) [세계/세게] ①지구 위의 모든 지역. 예세계 일주. ②같은 종류끼리의 모임. 예곤충의 세계. ③어떤 것에 관련된 전체 범위. 예시인의 작품 세계.

세ː계관(世界觀) [세계관/세게관] 세계와 인간을 바라보는 견해.

세ː계 기상 기구(世界氣象機構) 기상 관측에 관한 국제적 협력을 목적으로 하는 국제 연합의 전문 기구. 본부는 스위스 제네바에 있다.

세ː계 대ː전(世界大戰) 세계적인 규모로 벌어지는 큰 전쟁. 흔히, 20세기 전반기에 있었던 제1차 세계 대전(1914~1918)과 제2차 세계 대전(1939~1945)을 이른다.

세ː계만방(世界萬邦) [세계만방/세게만방] 세계의 모든 나라. 예국력을 세계만방에 떨쳤다.

세ː계 무ː역 기구(世界貿易機構) 세계적 규모의 경제 기구. 국가들 사이의 무역 문제를 조정하는 권한을 가지고 있다. 본부는 스위스 제네바에 있다. 비더블유티오(WTO).

세ː계 보ː건 기구(世界保健機構) 보건 위생 향상을 위한 국제 협력을 목적으로 하는 국제 연합의 전문 기구. 본부는 스위스 제네바에 있다. 비더블유에이치오(WHO).

세ː계사(世界史) [세계사/세게사] 세계 전체를 통일적으로 연관시킨 인류의 역사.

세ː계인(世界人) [세계인/세게인] 세계의 모든 사람. 예세계인의 관심을 집중시킨 사건.

세ː계 인권 선언(世界人權宣言) 1948년 12월 10일, 국제 연합 총회에서 채택된 인권에 관한 세계적인 선언. 모든 국가가 따라야 할 인권 존중의 기준을 밝혔다.

세ː계적(世界的) [세계적/세게적] ①범위나 규모가 세계 전체에 미치는 것. 圓세계적인 추세. ②세계에서 가장 뛰어난 수준에 이른 것. 圓세계적인 화가.

세ː계주의(世界主義) [세계주의/세게주이] 국가나 민족을 초월하여 온 인류를 한 동포로 보고 인류 사회의 통일을 꾀하려는 주의.

세ː계 지도(世界地圖) 세계를 나타낸 지도.

세ː계화(世界化) [세계화/세게화] 세계적으로 되거나 되게 함. 圓기술의 세계화, 품질의 세계화. 세계화하다.

세ː공(細工) 손으로 세밀하게 만듦, 또는 그런 공예. 圓보석 세공. 세공하다.

세ː관(稅關) 공항·항구·국경에서 수출입품에 세금을 물리고 선박이나 화물의 단속 등을 맡아보는 관청.

세ː균(細菌) 한 개의 세포로 된 생물. 너무 작아서 현미경으로만 볼 수 있으며 병을 일으키는 것도 있다. 圖균. 圓박테리아.

세ː금(稅金) 나라에서 쓰는 비용을 마련하기 위하여 국민에게서 거두어들이는 돈. 圓조세.

세ː기(世紀) ①시대 또는 연대. ②100년을 한 묶음으로 하여 세는 시대 구분. |참고| 21세기는 2001년부터 2100년까지를 가리킨다.

세네카(Seneca, 기원전 4?~서기 65) 고대 로마의 철학자. 황제 네로의 스승이 되었지만 반역의 의심을 받자 스스로 목숨을 끊었다. 작품으로는 '메디아'·'아가멤논' 등이 있다.

세ː뇌(洗腦) [세뇌/세눼] 사람이 어떤 생각이나 사상을 갖도록 머릿속에 억지로 불어넣음. 圓세뇌를 당하다. 세뇌되다. 세뇌하다.

세ː다¹ 머리털이 희어지다. 圓머리가 하얗게 센 노인.

세ː다² 수효를 헤아리다. 圓남은 돈을 세어 보아라.

세ː다³ ①힘이 많다. 圓기운이 엄청나게 세다. ②밀고 나가는 기세가 강하다. 圓고집이 세다. ③바람·물살·불길 등이 거세다. 圓물살이 세어 건너기가 힘들었다. ④수준이나 정도가 높거나 심하다. 圓경쟁률이 세다.

세ː대¹(世代) ①약 30년을 한 구분으로 하는 연령층, 또는 그 사람들. ②같은 시대에 살면서 나이도 비슷하고 생각도 비슷한 사람들. 圓요즘 젊은 세대.

세ː대²(世帶) 한집에서 같이 사는 사람들을 하나로 묶어 이르는 말. 圓이 연립 주택에 총 다섯 세대가 살고 있다. 圓가구.

세ː도가(勢道家) 권세를 휘두르는 사람. 또는 권세를 휘두르는 집안.

세ː도막 형식(―形式) 하나의 곡이 세 개의 큰악절로 이루어진 형식.

세ː도 정치(勢道政治) 왕의 신임을 받는 사람이 마음대로 하던 정치. 흔히, 조선 순조 이후 3대에 걸쳐 왕의 외척들이 60년 가까이 자기 마음대로 휘두르던 정치를 말한다.

세라믹(ceramics) 도자기·유리·시멘트 등과 같이 높은 온도에서 구워 만든 비금속의 무기질 고체.

세레나데(serenade) ①밤에 애인의 집 창 밑에서 남자가 부르거나 연주하던 사랑의 노래. 圓소야곡. ②18세기에 시작된 기악 합주곡. 교향곡보다 규모가 작다.

세ː력(勢力) 남을 누르고 자기 마음대로 행동할 수 있는 힘. 圓적들의 세력이 약해진 틈을 타 쳐들어갔다.

세ː력가(勢力家)[세력까] 세력을 가진 사람.

세ː력권(勢力圈)[세력꿘] 세력이 미치는 범위.

세ː련되다(洗練—)[세련되다/세련뙈다] 서투르거나 어색한 데가 없이 품위가 있다. 예세련된 문장/세련된 옷차림.

세ː례(洗禮)[세례/세레] ①기독교에서, 죄악을 씻고 새 사람이 된다는 뜻으로 신자가 될 때에 하는 의식. ②'한꺼번에 몰아치는 비난이나 공격'을 비유하여 이르는 말. 예성난 사람들이 살인범에게 달걀 세례를 퍼부었다.

세ː로 아래위의 방향, 또는 그 길이. 예세로 20cm/세로로 내리그은 선. 빤가로.

세ː로선(—線) 세로로 그은 선. 비세로줄. 빤가로선.

세ː로쓰기 글씨를 위에서 아래로 써 내려가는 방식. 빤가로쓰기.

세ː로 좌표(—座標) 좌표에서, 세로 방향의 위치를 나타내는 좌표. 비와이 좌표. 빤가로 좌표.

세ː로줄 ①세로로 그은 줄. 빤가로줄. ②악보에서, 마디를 구분하기 위하여 세로로 그은 줄.

세ː로축(—軸) 좌표에서 세로 방향으로 놓인 축. 비와이축. 빤가로축.

세ː로획(—畫)[세로획/세로휙] 글자의 세로로 내리긋는 획. 빤가로획.

세르반테스(Cervantes, 1547~1616) 에스파냐의 소설가. 폭넓은 공상과 유머를 바탕으로 한 소설 '돈키호테'를 발표하여 이름이 널리 알려졌다.

세르비아(Serbia) 유럽의 동남부 발칸 반도 중앙에 있는 나라. 농업과 목축업이 발달해 있다. 수도는 베오그라드.

세ː마치장단 국악에서, 4분의 6박자나 8분의 9박자의 빠른 장단.

세ː면(洗面) 얼굴을 씻음. 예세면도구. 비세수·세안. 세면하다.

세ː면대(洗面臺) 얼굴을 씻을 수 있도록 시설을 갖추어 놓은 대.

세ː모¹ 삼각형의 세 개의 모. 비삼각.

세ː모²(歲暮) ➡세밑.

세ː모꼴 ➡삼각형.

세ː무(稅務) 세금을 매기고 거두어들이는 일. 예세무 관리.

세ː무서(稅務署) 국세청에 딸려 지방 세무를 맡아보는 관청.

세미나(seminar) 전문 학자나 학생들이 모여 한 주제에 관해 연구한 것을 발표하고 토론을 벌이는 일.

세ː밀하다(細密—) 자세하고 빈틈없다. 예세밀하게 그린 지도. 세밀히.

세ː밑(歲—)[세민] 한 해의 마지막 때. 비설밑·세모.

세ː발자전거(—自轉車) 어린아이들이 타는, 바퀴가 세 개 달린 자전거.

세ː배(歲拜) 섣달그믐이나 새해에 웃어른에게 드리는 인사. 예설날 아침 할머니께 세배를 드렸다. 세배하다.

세ː뱃돈(歲拜—)[세배똔/세밷똔] 설날에 세배를 받은 어른이 세배한 사람에게 주는 돈. 예할아버지께 세배를 드리고 세뱃돈을 받았다.

세ː부(細部) 자세한 부분. 예서명을 하기 전에 계약서의 세부 내용까지 꼼꼼히 읽었다.

세ː분(細分) 여럿으로 잘게 나눔. 세분되다. 세분하다. 예청소 구역을 세분했다.

세ː상(世上) ①모든 사람이 살고 있는 사회를 이르는 말. 예세상을 떠들썩하게 한 사건. ②마음대로 할 수 있는 판. 예제 세상을 만난 듯 날뛰다.

세상(을) 떠나다[관용] 죽다. 예그 화가는 젊은 나이에 세상을 떴다.

세:**상만사**(世上萬事) 세상에서 일어나는 온갖 일.

세:**상살이**(世上一)[세상사리] 세상에서 살아가는 일.

세:**상에**(世上一) 너무나 뜻밖의 일에 크게 놀랐을 때 하는 말. 예세상에, 사람으로서 그럴 수가 있나.

세:**상천지에**(世上天地一) '세상에'의 힘줌말. 예세상천지에 이런 법도 있나.

세:**세하다**(細細一) ①아주 자세하다. 예세세한 설명. ②작고 소소하며 보잘것없다. 예세세한 일에는 신경을 쓰지 마라. 세세히.

세:**속**(世俗) ①평범한 사람들이 사는 일반 세상. 예세속을 떠나다. 비속세. ②세상에 흔히 있는 풍속. 예세속을 따르다.

세:**속 오:계**(世俗五戒) 신라 진평왕 때 원광 법사가 정하여 화랑들에게 꼭 지키도록 했던 다섯 가지 가르침. 나라에 충성하고(사군이충), 부모에게 효도하며(사친이효), 믿음으로 친구를 사귀고(교우이신), 싸움에 나가서는 물러서지 않으며(임전무퇴), 산 것을 함부로 죽이지 않는다(살생유택).

세:**수**(洗手) 손이나 얼굴을 씻음. 비세면·세안. 세수하다.

세:**숫대야**(洗手一)[세수때야/세숟때야] 물을 담아 세수하는 그릇.

세:**숫비누**(洗手一)[세수삐누/세숟삐누] 세수할 때 쓰는 비누.

세:**습**(世襲) 신분이나 재산 등을 대를 이어 물려주거나 받는 일. 예세습 왕조. 세습되다. 세습하다.

세:**시**(歲時) 일 년 중의 계절이나 달에 따른 때. 예세시 풍속.

세:**심하다**(細心一) 작은 일에도 신경을 쓰며 꼼꼼하다. 예손님에 대한 세심한 배려가 아쉽다. 세심히.

세:**안**(洗顔) 얼굴을 씻음. 예세안 후에 이 크림을 바르세요. 비세면·세수. 세안하다.

세:**액**(稅額) 세금의 금액.

세**우다** ①세로로 서게 하다. 예앉아 있는 아이를 세웠다. ②움직이는 것을 멈추게 하다. 예차를 세우다. ③날 같은 것을 갈아서 날카롭게 하다. 예칼날을 세우다. ④집을 짓거나 어떤 기관을 새로 만들다. 예건물을 세우다./회사를 세우다. ⑤계획이나 목표 등을 정하다. 예계획을 먼저 세우고, 실시하는 것이 좋다. ⑥어떤 자리에 있게 하다. 예그를 선두에 세웠다. ⑦굳게 주장하다. 예그렇게 고집을 세울 일이 아니다. ⑧공을 쌓거나 기록을 만들다. 예싸움에 나가 큰 공을 세웠다.

세:**월**(歲月) 흘러가는 시간. 예세월이 흘러 소녀는 할머니가 되었다.

세:**율**(稅率) 세금을 매기는 비율. 본과세율.

세**이프**(safe) ①야구에서, 주자가 공보다 먼저 누에 들어가는 일. ②테니스 등에서, 공이 규정선 안에 떨어지는 일. 반아웃.

세:**인**(世人) 세상 사람.

세**일**(sale) 물건을 본래 가격보다 싸게 파는 일. 예백화점 세일. 세일하다.

세**일즈맨**(salesman) 고객을 직접 찾아가 상품을 파는 사람. 비외판원.

세:**자**(世子) 임금의 자리를 이어받을 아들. 예세자로 책봉되다. 비동궁·왕세자.

세:**제**(洗劑) 빨래·청소·설거지 등을 할 때 더러움을 씻어 내려고 쓰는 물질. 예세탁 세제.

세:**제곱** 같은 수를 세 번 곱함, 또는 그렇게 하여 얻어진 수. 세제곱하다.

세**제곱미터**(一meter) 부피를 잴 때 쓰는 말. 1세제곱미터는 한 변의 길이가 1m인 정육면체의 부피이다. 기호는 'm³'.

세제곱센티미터(一centimeter) 부피를 잴 때 쓰는 말. 1세제곱센티미터는 한 변의 길이가 1cm인 정육면체의 부피이다. 기호는 'cm³'.

세조(世祖, 1417~1468) 조선 제7대 왕(재위 1455~1468). 임금이 되기 전의 칭호는 수양 대군. 단종을 몰아내고 왕위에 오른 후 왕권 확립과 문화 발전에 힘썼다.

세종(世宗, 1397~1450) 조선 제4대 왕(재위 1418~1450). 집현전을 두어 학문을 장려하였고, 훈민정음을 창제하였으며, 측우기와 해시계 등의 과학 기구를 만들게 하였다. 밖으로는 국토를 정비하고, 안으로는 민족 문화를 크게 일으키는 등 여러 방면에 큰 업적을 남겼다.

세ː종 문화 회ː관(世宗文化會館) 서울특별시 종로구 세종로에 있는 문화 예술 공간.

세째 '셋째'의 잘못.

세ː차(洗車) 자동차에 묻은 흙이나 먼지 등을 씻어 내는 일. 세차하다.

세ː차다 힘 있고 억세다. 예장대비가 세차게 쏟아졌다.

세ː차장(洗車場) 돈을 받고 자동차를 씻어 주는 곳.

세ː척(洗滌) 깨끗이 씻음. 예세척이 잘 되는 세제. 세척되다. 세척하다.

세ː탁(洗濯) 더러운 옷이나 천 등을 깨끗하게 빠는 일. 예옷감에 따라 세탁 방법을 달리해야 한다. 비빨래. 세탁되다. 세탁하다.

세ː탁기(洗濯機)[세탁끼] 빨래하는 데 쓰는 기계.

세ː탁소(洗濯所)[세탁쏘] 돈을 받고 남의 빨래나 다림질을 해 주는 곳.

세ː태(世態) 세상의 형편이나 상태. 예외모를 중시하는 세태.

세트(set) ①그릇·도구·가구 등이 여럿이 모여 한 덩어리를 이루는 것. 예선물 세트/커피 잔 세트. ②촬영장 안의 영화 촬영용 장치. 또는 연극의 무대 장치. ③배구·탁구·테니스 등의 경기에서 한 판의 승부, 또는 그 판. 예첫 세트를 가볍게 이기다.

세ː파(世波) 파도처럼 거센 세상살이의 어려움. 예모진 세파에 시달렸다.

세팍타크로(sepaktakraw) 운동 경기의 한 가지. 공을 땅에 떨어뜨리지 않고 상대편의 코트에 발로 차 넘김으로써 승부를 겨룬다.

세ː포(細胞) 생물체를 이루고 있는 기본적인 단위.

세ː피리(細一) 국악기의 한 가지. 향피리와 비슷하나 조금 가늘고 작은데, 가곡·가사·시조 등의 반주용으로 쓰인다.

센 강(Seine江) 프랑스의 북부를 흐르는 강. 길이 776km. |잘못|세느 강.

센ː내기 첫 박자가 세게 시작하여 박자의 셈·여림이 일정하게 되풀이되는 곡. 반여린내기.

센ː말 뜻은 같지만 된소리를 써서 말의 느낌이 센 말. '굼틀'에 대한 '꿈틀' 등의 말. 참거센말·여린말.

센ː물 칼슘·마그네슘 등의 광물질이 비교적 많이 들어 있는 물. 빨래가 잘 되지 않으며, 마시기에도 적합하지 않다. 반단물.

센ː박(一拍) 곡의 한 마디 안에서 세게 연주하는 박자. 반여린박.

센스(sense) 일에 대한 감각이나 판단력.

센터(center) ①어떤 분야의 전문적·종합적 기능이나 설비가 집중되어 있는 곳. 예전자 제품 수리 센터. ②축구·농구 등에서, 경기장 중앙을 맡아 공격하거나 수비하는 선수, 또는 그 자리.

센트(cent) 미국의 화폐 단위. 1센트는 100분의 1달러이다. 기호는 '¢'.

센티 〈센티미터〉의 준말. |참고| 센티는 'centimeter'에서 온 말.

센티미터(centimeter) 길이를 잴 때 쓰이는 말. 1센티미터는 100분의 1미터이다. 기호는 'cm'. ㉰센티.

셀로판(cellophane) 얇고 투명하며 반짝이는 종이 모양의 물질. ㈙셀로판지.

셀로판지(cellophane紙) ➡ 셀로판.

셀로판테이프(cellophane tape) 셀로판의 한쪽 면에 풀을 발라 만든 테이프.

셀룰로이드(celluloid) 플라스틱의 한 가지. 장난감·학용품·필름 등을 만드는 데 쓰인다.

셈: ①수를 세는 일. 예암산으로 셈을 하였다. ㈙계산. ②주고받을 액수를 서로 따져 밝히는 일. 예셈이 분명하다. ③사실의 형편이나 결과. 예이게 어찌된 셈이냐? ④앞으로 어찌하겠다는 생각이나 속셈. 예대체 어쩔 셈이냐? ⑤(('치다'와 함께 쓰여)) 미루어 가정함. 예돈은 받은 셈 치자. 셈하다.

셈:여림표(一標) [셈녀림표] 악보에서, 그 곡을 강하게 또는 약하게 하라는 뜻을 나타내는 부호. ㈙강약 부호.

셋: [섿] '둘'에 하나를 더한 수. ㈙삼. ㉵세. |발음| 셋이 [세시]·셋도 [섿또]·셋만 [센만]

셋:방(貰房) [세빵/센빵] 세를 내고 빌려 쓰는 방.

셋:방살이(貰房一) [세빵사리/센빵사리] 남의 집 방을 빌려서 사는 살림살이. 셋방살이하다.

셋:째 [섿째] 둘째의 다음. |잘못| 세째.

셔츠 양복저고리 안에 입거나 겉옷으로 입는 서양식 윗옷. |참고| 셔츠는 'shirt'에서 온 말. ㈙샤쓰.

〈셔츠〉

셔터(shutter) ①발처럼 위로 감아 올리거나 내리게 된 철제 덧문. ②사진기에서, 빛이 들어가는 구멍을 순간적으로 여닫는 장치.

셔틀콕(shuttlecock) 배드민턴 경기에 쓰이는 깃털 달린 공.

셰르파(Sherpa) 히말라야 등반대의 길 안내나 짐의 운반을 위해 고용되는 티베트계 네팔 인들을 이르는 말.

셰익스피어(Shakespeare, 1564~1616) 영국의 극작가·시인. 세계적으로 유명한 희곡을 많이 남겼다. 작품으로는 '햄릿'·'오셀로'·'맥베스'·'리어 왕'의 4대 비극과 '로미오와 줄리엣'·'베니스의 상인' 등이 있다.

셰일(shale) 작은 진흙층이 굳어서 된 암석. ㈙이판암.

셰퍼드(shepherd) 개의 한 품종. 독일 원산으로, 몸은 늑대와 비슷하고 매우 영리하며 용맹스럽다.

〈셰퍼드〉

소¹ 떡이나 만두 또는 통김치 등의 속에 맛을 내기 위하여 넣는 여러 가지 재료.

소² 솟과의 동물. 몸집이 크고 다리가 짧으며 암수 모두 뿔이 있다. 성질이 온순하고 참을성이 강하여 가축으로 사용되어 왔으며, 젖과 고기는 먹는다.

소³(沼) 땅바닥이 우묵하게 빠지고 물이 깊게 된 곳.

소:가족(小家族) 부부 중심으로 이루어진 적은 수의 가족. ㈙핵가족. ㉵대가족.

소각(燒却) 불에 태워 없앰. 예쓰레기 소각 시설. 소각되다. 소각하다.

소각장(燒却場) [소각짱] 쓰레기 등을 불에 태워 없애는 곳.

소:갈머리 '마음'이나 '생각'을 속되게 이르는 말.

소:감(所感) 어떤 일에 대해 느낀 점. 예당선 소감.

소:감문(所感文) 무엇을 보거나 읽거나 겪고 난 소감을 쓴 글.

소개(紹介) ①모르는 사이를 알도록 관계를 맺어 줌. 예외삼촌의 소개로 네 아버지를 만났단다. ②남이 모르는 것이나 잘 알려지지 않은 것을 알게 해 줌. 예작가 소개. 소개되다. 소개하다.

소개서(紹介書) 사람이나 사물을 소개하는 내용을 쓴 편지나 문서. 예직원을 뽑는 회사에 지원하기 위해 자기소개서를 썼다. 비소개장.

소:견(所見) 어떤 사물을 보고 살피어 가지는 의견이나 생각. 예각자의 소견을 말해 보세요.

소:경 눈이 멀어 앞을 못 보는 사람. 비맹인·봉사·장님.

소:계(小計)[소계/소게] 한 부분만의 합계. 빤총계.

소:고(小鼓) 국악기의 한 가지. 자루가 달린 작은 북. 주로 풍물놀이에 쓰인다.

소고기 ➡ 쇠고기.

소곤거리다 작은 소리로 잇달아 말하다. 예윤희가 옆 사람 귀에다 대고 무어라고 소곤거렸다. 비소곤대다. 큰수군거리다. |잘못| 소근거리다.

소곤대다 ➡ 소곤거리다.

소곤소곤 자꾸 소곤거리는 소리, 또는 그 모양. 예소곤소곤 말하다./소곤소곤 속삭이다./지수와 민지는 소곤소곤 귓속말을 하였다. 큰수군수군. |잘못| 소근소근.

소:공녀(小公女) 미국의 여류 작가 버넷이 지은 소설. 일찍이 어머니를 여읜 소녀가 용기를 잃지 않고 슬픔을 이겨 나가는 이야기이다.

소:공자(小公子) 미국의 여류 작가 버넷이 지은 소설. 아버지를 잃고 영국 백작인 할아버지에게 떠맡겨진 소년이 고집스러운 할아버지를 감동시킨다는 이야기이다.

소:관¹(所管) 맡아 관리함, 또는 그 범위. 예그 일은 우리 부서 소관이다.

소:관²(所關) 관계되는 바. 예팔자 소관.

소:국(小國) 작은 나라. 빤대국.

소굴(巢窟) 나쁜 짓을 하는 무리들이 활동의 근거로 삼고 있는 곳. 예산적의 소굴.

소:규모(小規模) 일의 범위가 좁고 작은 규모. 예소규모 전시회. 빤대규모.

소극적(消極的)[소극쩍] 앞장서 나가려 하지 않고 미지근한 태도를 보이는 것. 예소극적인 성격. 빤적극적.

소금¹ 짠맛이 나는 흰 물질. 주로 바닷물을 증발시켜서 얻는다. 음식의 양념으로 쓰이며, 채소나 생선 등을 절이는 데에도 쓰인다. 옐염화나트륨.

소:금²(小笒) 국악에서 사용하는 목관 악기의 한 가지.

소:금강(小金剛) 오대산 국립 공원 동부에 자리 잡은 계곡. 경치가 빼어나 '작은 금강산'이라는 뜻의 이름이 붙었다.

소금구이 생선이나 고기에 소금을 쳐서 굽는 일. 소금구이하다.

소금기(一氣)[소금끼] 어떤 물질이나 음식에 포함되어 있는 소금 성분. 비염분.

소금물 소금을 넣어 녹인 물. 또는 소금기가 있는 물.

소금쟁이 소금쟁잇과의 곤충. 등이 검고 배는 은백색이며, 다리가 길어 물위를 저어 가거나 뛰어다닌다.

〈소금쟁이〉

소급(遡及) 지난날로 거슬러 올라가서 효력을 미침. 예규칙의 소급 적용. 소급하다.

소기(所期) 마음속으로 그렇게 되기를 바라고 기다리는 일. 기대하는 바. 예소기의 목적을 달성했다.

소꿉놀이 [소꿉노리] 아이들이 장난감을 가지고 살림살이 흉내를 내며 노는 놀이. 비소꿉질. 소꿉놀이하다.

소꿉동무 [소꿉똥무] 소꿉놀이를 함께 하며 놀던 어린 시절의 동무.

소꿉장난 [소꿉짱난] 소꿉놀이를 하며 노는 장난. 소꿉장난하다.

소나기 갑자기 세차게 내리다가 곧 그치는 비. 예한여름의 더위를 식혀 주는 소나기. 비소낙비.

소나무 소나뭇과의 늘푸른큰키나무. 껍질은 검붉고 비늘 모양이며, 바늘 모양의 잎은 두 개씩 모여 난다. 꽃은 5월에 피고, 다음 해 가을에 열매인 '솔방울'을 맺는다. 본솔나무. 비솔.

소나타(sonata) 3개 또는 4개의 악장으로 이루어진 기악곡. 기악의 독주나 이중주를 위한 곡이다.

소낙비 [소낙삐] ➡소나기.

소녀(少女) 아주 어리지도 않고 완전히 자라지도 않은 여자아이. 예열세 살쯤 되어 보이는 소녀가 나에게 길을 물었다. 반소년.

소녀단(少女團) ➡걸 스카우트.

소년(少年) 아주 어리지도 않고 완전히 자라지도 않은 남자아이. 예한 소년이 할머니께 자리를 양보했다. 반소녀.

소년단(少年團) ➡보이 스카우트.

소뇌(小腦) [소뇌/소눼] 뇌의 일부. 대뇌의 아래에 있으며 달걀 모양이다. 몸의 평형 및 운동을 맡아본다. 비작은골.

소다(soda) 탄산소다, 곧 탄산나트륨을 흔히 이르는 말. 하얀 가루로 물에 녹으며, 밀가루 반죽에 넣어 부풀게 하거나 빨래를 하얗게 만드는 데 쓰인다.

소다수(soda水) 물에 탄산가스를 넣어 톡 쏘는 맛을 낸 음료.

소달구지 소가 끄는 수레.

소담스럽다 [소담스럽따] 보기에 먹음직스럽거나 탐스럽다. 예포도송이가 소담스럽게 열렸다. |활용| 소담스러우니·소담스러워. 소담스레.

소담하다 ①먹음직하고 풍성하다. 예소담하게 차린 상. ②생김새가 탐스럽다. 예소담하게 피어 있는 함박꽃. 소담히.

소대(小隊) 군대 단위의 한 가지. 중대의 아래, 분대의 위.

소대장(小隊長) 소대를 지휘하는 장교. 보통 소위나 중위가 맡는다.

소도구(小道具) 연극 무대나 영화 촬영 등에서, 무대 장치나 분장에 쓰이는 자잘한 물건. 비소품.

소도시(小都市) 작은 도시. 예삼촌은 지방 소도시에서 살고 있다. 반대도시.

소독(消毒) 약품·열·빛 등으로 병균을 죽이는 일. 예식기 소독. 소독되다. 소독하다.

소독약(消毒藥) [소동냑] 소독에 쓰이는 약. 알코올·포르말린·크레솔 등. 비소독제.

소독저(消毒—) [소독쩌] 소독한 나무젓가락.

소동(騷動) 시끄럽게 떠들며 어지럽게 구는 일. 예모두 놀라서 한바탕 소동이 벌어졌다.

소득(所得) ①어떤 일의 결과로 얻는 것. 예이번 광고는 별 소득이 없었다. ②일정한 기간 동안 벌어들인 돈. 예월평균 소득.

소득세(所得稅) [소득쎄] 개인의 1년간 소득을 기준으로 하여 매기는 세금.

소등(消燈) 전깃불을 끔. 반점등. 소등되다. 소등하다.

소:라 소랏과의 동물. 살은 먹고, 두꺼고 단단한 껍데기는 자개·바둑돌·단추 등을 만든다.

소:라게 변미류의 바닷게. 몸은 새우와 게의 중간 모양으로, 꽁무니를 조개껍데기 속에 박고 산다.

〈소라〉

소란(騷亂) 시끄럽고 어수선함. 예소란을 피우다. 소란하다.

소란스럽다(騷亂—) [소란스럽따] 시끄럽고 어수선한 데가 있다. 예오늘따라 남자아이들이 유난히 소란스럽다. |활용| 소란스러우니·소란스러워. 소란스레.

소:량(少量) 적은 분량. 예이 독약은 소량만 먹어도 위험하다. 빤다량·대량.

소련(蘇聯) 유라시아 대륙 북부에 있었던 세계 최초의 사회주의 국가. 15개의 나라로 이루어졌으나 1991년 연방의 해체로 붕괴되었다. 정식 명칭은 '소비에트 사회주의 공화국 연방'이다.

소:령(少領) 국군 계급의 하나. 대위의 위, 중령의 아래. 魯대령·중령.

소:로(小路) 좁은 길. 빤대로.

소록소록 [소록쏘록] 아기가 곱게 자는 모양. 예우리 아기 착한 아기 소록소록 잠들라.

소:론(少論) 조선 시대에, 사색당파의 하나. 숙종 때 서인이 두 파로 갈리면서 조지겸·윤증 등의 소장파가 노론에 맞서 세운 당파이다.

소르르 ①뭉치거나 얽힌 것이 쉽게 풀리는 모양. 예옷고름이 소르르 풀렸다. ②부드러운 바람이 천천히 불어오는 모양. 예소르르 불어오는 실바람. ③졸음이 오는 모양. 큰수르르.

소:름 춥거나 무섭거나 징그러울 때, 살갗에 좁쌀같이 도톨도톨하게 돋아나는 것. 예너무 무서워서 소름이 끼쳤다.

소리 ①물체가 움직임에 따라 진동이 퍼져 귀에 들리는 울림. 예파도 소리/소리를 줄이다./밖에서 바스락거리는 소리가 났다. ②사람의 목소리 또는 말. 예소리를 지르다./그런 소리 하지 마라. ③판소리·민요 등 우리나라 전통의 노래.

소리굽쇠 [소리굽쐬/소리굽쒜] 소리의 성질을 연구하는 데 쓰이는 'U' 자 모양의 기구. 망치로 가볍게 치면 맑은 소리를 내며, 악기의 조율 등에 쓴다.

〈소리굽쇠〉

소리글자(—字) [소리글짜] 글자 하나하나에 뜻이 없이 소리만 나타내는 글자. 한글·로마자·일본의 가나 등. 빤표음 문자. 빤뜻글자.

소리꾼 판소리나 민요 등을 잘 부르는 사람.

소리 나다 소리가 생겨 나타나다.

소리 내:다 소리를 생기게 하여 나타내다. 예장면을 생각하며 책을 소리 내어 읽어라.

소리마디 닿소리와 홀소리가 어울려 소리를 내는 단위. |참고| '밤'은 1개의 소리마디이며, '잠자리'는 3개의 소리마디이다. 빤음절.

소리 지르다 소리를 마구 크게 내다. 예일을 하지 않는다고 소리 질렀다.

소리치다 큰 소리로 외치다. 예뒤처진 친구에게 빨리 오라고 소리쳤다.

소:만(小滿) 이십사절기의 하나. 입하와 망종 사이로, 5월 21일경. 이 무렵에 밀과 보리가 여물기 시작한다고 한다.

소말리아(Somalia) 아프리카 동쪽 끝에 인도양과 닿아 있는 나라. 주요 산업은 목축과 농경이다. 수도는 모가디슈.

소:망(所望) 어떤 일을 바람, 또는 그 바라는 것. 예꿈에서도 잊지 못할 간절한 소망. 비소원. 소망하다.

소매[1] 윗옷의 좌우에 있는 두 팔을 꿰는 부분. 비옷소매.

소매를 걷어붙이다관용 본격적으로 어떤 일을 하려고 나서다. 예홍수 피해를 입은 사람들을 도우려고 주민들이 소매를 걷어붙였다.

소:매[2](小賣) 생산 공장이나 도매상에서 물건을 사다가 소비자에게 파는 일. 반도매. 소매되다. 소매하다.

소:매상(小賣商) 물건을 소매로 파는 장사, 또는 그 가게나 장수. 반도매상.

소매치기 남의 몸에 지닌 것을 몰래 훔쳐 내는 일, 또는 그런 짓을 하는 사람. 예복잡한 지하철 안에서 소매치기를 당했다. 소매치기하다.

'**소매치기**'의 어원

지난날에는 두루마기나 저고리의 양쪽 옷소매가 품이 크고 넓어 그 속에다 돈이나 물건을 넣어 가지고 다녔는데, 그것들을 훔쳐 낸다는 데서 비롯된 말.

소맷부리 [소매뿌리/소맨뿌리] 옷소매에서 손이 나오도록 뚫려 있는 끝 부분. 예닳아서 너덜너덜해진 소맷부리.

소맷자락 [소매짜락/소맨짜락] 옷소매에서 아래로 늘어진 부분. 예꼬마가 내 소맷자락을 붙잡았다.

소멸(消滅) 사라져 없어짐. 반생성. 소멸되다. 예태풍이 소멸되었다. 소멸하다.

소모(消耗) 써서 없앰. 예체력 소모가 큰 운동. 소모되다. 소모하다.

소모품(消耗品) 쓰는 대로 닳아서 점점 못 쓰게 되거나 또는 아주 없어지는 물품. 연필·종이 같은 것. 반비품.

소몰이 [소모리] 소를 몰고 다니는 일, 또는 그런 사람. 소몰이하다.

소:묘(素描) 연필·목탄·펜 등으로 사물의 모양을 그린 그림. 비데생.

소:문(所聞) 여러 사람의 입에 오르내리면서 전하여 오는 말. 예온 동네에 그 일에 대한 소문이 퍼졌다.

소:문나다(所聞─) 소문이 퍼지다. 예구두쇠로 소문난 사람.

소:문자(小文字) [소문짜] 서양 글자에서, 작은 체로 된 글자. a, b, c 등. 반대문자.

소박하다(素朴─) [소바카다] 꾸밈이나 거짓이 없이 있는 그대로이다. 예화려한 장식이 없이 소박한 옷차림.

소:반(小盤) 음식을 놓고 먹는, 짧은 발이 달린 작은 상.

소방(消防) 불이 나지 않도록 미리 막고, 불이 났을 때 불을 끄는 일. 예소방 기구.

〈소반〉

소방관(消防官) 불이 나지 않도록 미리 막고, 불이 났을 때 불을 끄는 일을 맡은 공무원.

소방대(消防隊) 불이 나지 않도록 미리 막고, 불이 났을 때 불을 끄는 일을 맡아보는 단체.

소방대원(消防隊員) 소방대에 소속된 사람. 예소방대원들이 화재 현장에 출동하여 불을 끄고 있다. 비소방수.

소방복(消防服) 소방관이 불을 끌 때 입는 옷.

소방서(消防署) 불이 나지 않도록 미리 막고, 불이 났을 때 불을 끄는 일을 맡은 기관.

소방수(消防手) ⇒ 소방대원.

소방차(消防車) 불을 끄는 데 쓰이는 자동차. 🔵불자동차.

〈소방차〉

소ː백산맥(小白山脈) [소백싼맥] 태백산맥에서 갈라져 나와, 영남 지방과 호남 지방의 경계를 이루는 산맥. 소백산·속리산·덕유산 등이 솟아 있다.

소ː변(小便) 사람의 오줌. 🟠소변을 누다. 🔴대변.

소ː변 검ː사(小便檢査) 오줌의 성분을 검사함으로써 몸의 상태를 알아내는 진단법.

소ː변기(小便器) 오줌을 눌 수 있도록 만든 기구.

소ː복(素服) 하얗게 차려입은 옷. 흔히, 상중에 입는다.

소복소복 [소복쏘복] 여럿이 모두 소복한 모양. 🟠지붕 위에 흰 눈이 소복소복 쌓였다. 🟢수북수북.

소복하다 [소보카다] ①물건이 도드라지게 많이 담겨 있거나 쌓여 있다. 🟠소복하게 쌓인 모래. ②한자리에 촘촘하게 많다. 🟠토끼풀이 한곳에 소복하게 돋아나 있다. 🟢수북하다. 소복이. 🟠밤새 내린 눈이 장독대에 소복이 쌓였다.

소비(消費) 돈이나 물건·시간·노력 등을 써 없앰. 🟠전력 소비/소득 수준에 맞는 소비를 해야 한다. 🔴생산. 소비되다. 소비하다.

소비량(消費量) 일정한 기간에 써 없앤 분량. 🟠에너지 소비량. 🔴생산량.

소비자(消費者) ①돈을 내고 물건을 사서 쓰는 사람. ②생태계에서, 스스로 양분을 만들지 못하고 다른 생물로부터 양분을 얻어 살아가는 생물. 🔴생산자.

소비자 가격(消費者價格) 상품을 소비자에게 파는 가격.

소비재(消費財) 사람들이 일상생활에서 직접 소비하는 물건. 음식·옷·가전 제품 등. 🔴생산재.

소비조합(消費組合) 소비자들이 생산자나 도매상으로부터 직접 물건을 구입하여 공급하는 조직.

소상하다(昭詳—) 분명하고 상세하다. 소상히. 🟠대체 어찌 된 일인지 소상히 말해 보아라.

소ː생1(小生) 지난날, 웃어른 앞에서 스스로 자기를 낮추어 이르던 말.

소생2(蘇生) 죽어 가던 것이 다시 살아남. 🔵회생. 소생하다. 🟠만물이 소생하는 봄.

소ː서(小暑) 이십사절기의 하나. 하지와 대서 사이로, 7월 7일이나 8일경. 이 무렵에 여름 더위가 시작된다고 한다.

소석회(消石灰) [소서쾨/소서퀘] 생석회를 물에 풀어 얻는 흰 가루. 🔵수산화칼슘.

소ː설1(小雪) 이십사절기의 하나. 입동과 대설 사이로, 11월 22일이나 23일경. 이 무렵부터 눈이 내리기 시작한다고 한다.

소ː설2(小說) 작가가 이야기를 지어내어 쓴 글. 분량에 따라 단편·중편·장편으로, 내용에 따라 역사 소설·추리 소설 등으로 나뉜다.

소ː설가(小說家) 소설 쓰는 일을 전문으로 하는 사람.

소ː설책(小說冊) 소설로 엮은 책.

소세지(sausage) '소시지'의 잘못.

소ː소하다(小小—) 자질구레하고 대수롭지 않다. 🟠대장은 소소한 일에는 신경을 쓰지 않았다.

소ː속(所屬) 어떤 기관이나 단체에 딸림. 🟠문예부 소속. 소속되다. 소속하다.

소손녕(蕭遜寧, ?~?) 거란의 장수. 고려 성종 때 80만 대군을 이끌고 침범하였으나, 서희와의 담판에서 굴복하여 강동 6주를 고려에 넘겨주고 물러났다.

소송(訴訟) 법원에 재판을 요구함, 또는 그 절차. [예]소송을 걸다. 소송하다.

소ː수1(小數) 수학에서, 0.1이나 0.99처럼 0보다 크고 1보다 작은 수.

소ː수2(少數) 적은 수효. [예]소수의 의견일지라도 존중해야 한다. [반]다수.

소수3(素數) [소쑤] 1보다 크며, 1과 그 수 자체 이외의 정수로는 똑 떨어지게 나눌 수 없는 정수. 2·3·5·7 등.

소ː수 민족(少數民族) 한 나라를 이룬 여러 민족 가운데 인구가 적고 언어와 풍습 등이 다른 민족.

소수 서원(紹修書院) 조선 중종 때 주세붕이 경상북도 영주시의 백운동에 세운, 우리나라 최초의 서원. [참고] 원래 이름은 '백운동 서원'이었으나 이황의 건의를 들은 명종이 '소수 서원'이라 이름을 붙였다.

소ː수자(少數者) 어떤 기준으로 무리를 갈랐을 때 수가 적은 사람. [예]소수자의 의견도 무시해서는 안 된다. [반]다수자.

소ː수점(小數點) [소수쩜] 소수를 지닌 수를 나타낼 때, 소수 부분과 정수 부분을 구별하기 위하여 찍는 점. 가령, '2.7'에서 '2'와 '7' 사이에 있는 점.

소ː수파(少數派) 딸린 인원 수가 적은 파.

소스(sauce) 서양 요리에서, 맛이나 빛깔을 돋우기 위하여 음식에 넣는 걸쭉한 액체.

소스라치다 깜짝 놀라 몸을 떠는 듯이 움직이다. [예]천둥 소리에 소스라치게 놀랐다.

소슬바람(蕭瑟—) 으스스하고 쓸쓸하게 부는 바람.

소ː승(小僧) 승려가 남 앞에서 자기를 낮추어 이르는 말.

소시지(sausage) 소나 돼지 등의 창자에, 다져서 양념한 고기를 채워 삶은 서양식 음식. [잘못] 소세지.

소ː식1(小食) 음식을 적게 먹음. [예]의사는 속병이 난 나에게 소식을 권했다. [반]대식. 소식하다.

소식2(消息) 멀리 떨어져 있는 사람의 안부나 형편을 알 수 있는 편지나 말. [예]전학 간 친구에게서 1년 만에 소식이 왔다.

소식란(消息欄) [소싱난] 신문·잡지 등에서 어떤 소식을 알리는 기사를 싣는 자리.

소식지(消息紙) [소식찌] 새로운 소식을 알리는 책이나 인쇄물. [예]학원 소식지.

소식통(消息通) ①새 소식이 전해지는 경로. ②새 소식에 밝은 사람. [예]박 씨는 우리 회사의 소식통이다.

소ː신1(小臣) 지난날, 신하가 임금 앞에서 자기를 낮추어 이르던 말.

소ː신2(所信) 자기가 믿고 생각하는 것. [예]눈치 보지 말고 소신대로 일해라.

소실1(消失) 사라져 없어짐. [예]권리의 소실. 소실되다. 소실하다.

소실2(燒失) 불에 타서 없어짐. 소실되다. [예]화재로 귀중한 문화재가 소실되었다. 소실하다.

소ː심하다(小心—) 대범하지 못하고 작은 일에도 지나치게 조심스럽거나 걱정이 많다. [예]소심한 성격.

소ː싯적(少時—) [소시쩍/소싣쩍] 젊었을 적. [예]소싯적에 겪은 일.

소ː아(小兒) 어린아이. [예]소아 환자를 돌보는 소아과 병동.

소ː아과(小兒科) [소아꽈] ➡소아 청소년과.

소ː아마비(小兒痲痹) 어린이들이 잘

걸리는 질병. 높은 열이 며칠 동안 계속되다가 갑자기 열이 내리면서 손발이 마비되는 증상이 나타난다.

소:아 청소년과(小兒靑少年科) 의학의 한 분과. 어린아이와 청소년의 병을 전문으로 치료한다.

소:액(少額) 적은 금액. 예소액 저축. 빤거액.

소:액환(小額換) [소애콴] 우편환의 한 가지. 어느 우체국에서나 현금과 바꿀 수 있는 증서이다.

소양(素養) 평소에 닦아 쌓은 교양이나 기술. 예큰누나는 문학에 소양이 깊다.

소양강(昭陽江) 강원도 중부 지역을 남서로 흘러 춘천시 북쪽에서 북한강과 합류하는 강. 길이 156.8km.

소양강 댐(昭陽江dam) 소양강의 물길을 막아 만든 다목적 댐. 농업용·공업용 물을 공급하고 수력 발전을 한다.

소외(疏外) [소외/소웨] 주위에서 꺼리며 따돌림. 예작은 오해로 한때 친구들에게 소외를 당한 적이 있다. 소외되다. 소외하다.

소외감(疏外感) [소외감/소웨감] 주위에서 따돌림을 받는 것 같은 느낌. 예친구들이 나만 모르는 이야기를 해서 소외감을 느꼈다.

소:요¹(所要) 요구되거나 필요한 것. 예소요 시간. 소요되다. 소요하다.

소요²(騷擾) 여럿이 소란스럽게 구는 일. 또는 소란을 피우며 사회 질서를 어지럽히는 일. 예대규모의 소요 사건.

소:용(所用) 무엇에 쓰이는 것. 예좋은 약도 써 보았지만 소용이 없었다. 소용되다.

소용돌이 [소용도리] 물이 빙빙 돌며 세차게 흐르는 현상, 또는 그런 곳. 예강 한가운데 커다란 소용돌이가 생겼다.

소용돌이치다 [소용도리치다] ①물이 빙빙 돌며 세차게 흐르다. 예강물이 소용돌이치는 곳으로 배가 빨려 들고 있다. ②어떤 힘이나 감정 등이 세차고 어지럽게 일어나다.

소:용없다(所用—) [소용업따] 아무런 쓸모나 보람이 없다. 예화가 단단히 나신 아버지에게 아무리 빌어도 소용없었다. 소용없이.

소:우주(小宇宙) 우주의 일부이면서도 그 자체가 하나의 독립된 우주처럼 여겨지는 것.

소:원(所願) 무슨 일이 이루어지기를 바람. 예우리의 소원은 통일. 빤소망. 소원하다.

소:위¹(少尉) 국군 계급의 하나. 장교 중에서 맨 아래 계급으로, 준위의 위, 중위의 아래. 참대위·중위.

소:위²(所謂) 세상 사람들이 흔히 말하는 대로. 예소위 지식인이란 사람이 어찌 그럴 수 있느냐? 빤이른바.

소:유(所有) 자기 것으로 가짐. 또는 그 물건. 예개인 소유의 도서관. 소유되다. 소유하다.

소:유권(所有權) [소유꿘] 어떤 물건이 누구의 것이라고 법으로 인정하는 권리. 예내가 이 책을 돈을 주고 샀으니 내게 소유권이 있다.

소:유물(所有物) 자기 것으로 가지고 있는 물건.

소음(騷音) 시끄러운 소리. 예자동차 소음. 비잡음.

소:인[1](小人) ①나이 어린 아이. 반대인. ②키나 몸집이 작은 사람. 반거인. ③속이 좁고 말이나 행동이 떳떳하지 못한 사람. ④지난날, 윗사람이나 신분이 높은 사람 앞에서 자기를 낮추어 이르던 말.

소인[2](消印) 우체국에서 우표 등에 찍는, 날짜가 나오는 도장. 예소인이 찍힌 엽서.

소:인국(小人國) 난쟁이들이 살고 있다는 상상의 나라.

소일(消日) 별로 하는 일 없이 세월을 보냄. 소일하다. 예시험을 치르고서 독서로 소일하였다.

소일거리(消日一)[소일꺼리] 그저 시간을 보내기 위하여 심심풀이로 하는 일. 예할머니는 소일거리 삼아 텃밭을 가꾸셨다.

소:임(所任) 맡겨진 임무나 직책. 예네 소임을 다해라.

소:자(小子) 지난날, 아들이 부모 앞에서 자기를 낮추어 이르던 말. 예소자는 무사히 지내고 있습니다.

소:작(小作) 일정한 값을 치르고 남의 논밭을 빌려 농사를 지음. 소작하다.

소:작농(小作農)[소장농] 일정한 값을 치르고 남의 논밭을 빌려 짓는 농사, 또는 그런 농민. 반자작농.

소:장[1](小腸) ➡작은창자.

소:장[2](少將) 국군 계급의 하나. 준장의 위, 중장의 아래. 참대장·중장.

소:장[3](所長) '소' 자가 붙은 기관이나 직장의 일을 돌보는 책임자. 예연구소 소장.

소:장[4](所藏) 값나가는 물건 등을 자기 것으로 간직함, 또는 그 물건. 예개인 소장 미술품. 소장되다. 소장하다. 예국보급 문화재를 많이 소장하고 있는 국립 중앙 박물관.

소:장파(少壯派) 어떤 조직이나 단체 안에서, 주로 젊은 층이 모여서 하나의 세력을 이루고 있는 파.

소:재[1](所在) 사람이나 사물 등이 있는 곳. 예책임의 소재/범인의 소재를 파악하다.

소재[2](素材) ①어떤 것을 만드는 데 바탕이 되는 재료. 예불에 타지 않는 소재로 만든 장난감. ②예술 작품의 재료가 되는 모든 대상. 예아프리카를 소재로 한 영화.

소:재지(所在地) 어떤 건물이나 기관 등이 있는 곳.

소:저(小姐) 지난날, '아가씨'를 높여 이르던 말.

소:절(小節) 악보에서, 세로줄과 세로줄로 구분된 마디.

소:정(所定) 미리 정한 것. 예채택된 분께는 소정의 상금을 드립니다.

소:제(掃除) 먼지나 더러운 것을 털고 쓸고 닦아서 깨끗하게 함. 비청소. 소제되다. 소제하다.

소:조(塑造) 진흙이나 석고 등으로 조각품을 만드는 것. 부조와 환조로 나뉨. 소조하다.

소주(燒酒) 곡식을 발효시켜 증류하거나, 알코올에 물을 섞어서 만든 술.

소:중하다(所重一) 매우 귀중하다. 예환자에게는 건강이 가장 소중하다. 소중히.

소:지[1](所持) 무엇을 가지고 있음. 소지하다. 예국어사전을 소지한 사람은 손들어 보세요.

소지[2](素地) 어떤 일을 일으킬 가능성. 예네 말은 오해의 소지가 있다.

소:지품(所持品) 가지고 있는 물건.

소질(素質) 날 때부터 지니고 있는 성격이나 능력. 예준수는 운동에 소질이 있다.

소집(召集) 불러서 모음. 예회의 소집. 소집되다. 소집하다.

소쩍새 [소쩍쌔] 올빼밋과의 새. 깃털이 짧으며 눈빛이 노랗고, 부엉이와 비슷하게 생겼다. 침엽수 숲에 살며 주로 밤에 '소쩍소쩍' 하고 운다.

〈소쩍새〉

소쩍소쩍 [소쩍쏘쩍] 소쩍새가 우는 소리.

소ː책자(小冊子) [소책짜] 자그마하게 만든 책.

소철(蘇鐵) 소철과의 늘푸른떨기나무. 열대산 식물로 가늘고 긴 잎이 줄기 끝에서 돌려난다.

소ː청(所請) 남에게 청하거나 바라는 일. 예네 소청이 무어냐?

소ː총(小銃) 혼자서 가지고 다니면서 사용할 수 있는 소형의 전투용 총.

〈소총〉

소ː출(所出) 논밭에서 생산되는 곡식의 양.

소ː치(所致) 어떤 까닭으로 빚어진 일. 예이번 일은 제 무지의 소치입니다.

소켓(socket) 전구 등을 끼우게 되어 있는 전기 기구.

소쿠리 대나 싸리로 엮어 테가 있게 만든 그릇.

소크라테스(Socrates, 기원전 470?~기원전 399) 고대 그리스의 철학자. 참된 자기 자신의 모습과 인간 정신의 중요함을 대화를 통해 가르쳤다. "너 자신을 알라." · "악법도 법이다."라는 유명한 말을 남겼다.

소탈하다(疏脫─) 예절이나 형식에 얽매이지 않고 수수하고 털털하다. 예소탈한 성격.

소ː탐대실(小貪大失) 작은 것을 탐내다가 큰 것을 잃음. 소탐대실하다.

소탕(掃蕩) 나쁜 무리를 휩쓸어 모조리 없애 버림. 소탕되다. 소탕하다. 예장보고는 해적들을 소탕하였다.

소통(疏通) ①막히지 않고 잘 통함. 예차량 소통이 원활하다. 빤정체. ②말이나 뜻이 서로 통함. 예의견 소통이 잘 이루어지다. 소통되다. 소통하다.

소파(sofa) 등을 기댈 수 있고 양쪽 가에는 팔걸이가 있는 긴 안락의자. |잘못| 쇼파.

소ː포(小包) 물건을 조그맣게 포장해서 보내는 우편, 또는 그 우편물. 예제주도에 있는 친구에게 소포를 보냈다. 본소포 우편.

소ː폭(小幅) 폭이 좁게. 예소폭 상승. 빤대폭.

소ː품(小品) ①조그만 물건. 예인테리어 소품. ②규모가 작은 예술 작품. ③무대 등에서 쓰이는 자잘한 물건. 예연극 소품으로 쓸 지팡이. ③빤소도구.

소풍(消風) 가까운 산이나 들, 공원 같은 데에 가서 경치나 놀이를 즐기는 일. 예내일은 김밥을 싸서 공원으로 소풍을 가자.

소프라노(soprano) 음악에서, 여자의 목소리로서 가장 높은 소리, 또는 그 음넓이의 가수. 참메조소프라노 · 알토.

소프트볼(softball) 야구공보다 크고 무른 공으로 9~15명이 한 팀을 이루어 하는 야구 비슷한 경기.

소프트웨어(software) 컴퓨터에서, 기계 부분인 하드웨어를 움직이는 기술. 곧, 컴퓨터용 프로그램을 통틀어 이르는 말. 빤하드웨어.

소ː학(小學) 중국 송나라 때 유자징이 주희의 가르침을 받아 편찬한 책. 학문을 처음 배우기 시작한 사람을 위한 책으로, 양반집 어린이들은 8세가 되면 이 책으로 유학의 기초를 배웠다.

소:학교(小學校) [소학꾜] 일제 강점기에, ‘초등학교’를 이르던 말.

소:학언해(小學諺解) [소하건해] ‘소학’을 한글로 풀어 쓴 책.

소:한(小寒) 이십사절기의 하나. 동지와 대한 사이로, 1월 6일이나 7일경. 이 무렵부터 겨울 추위가 시작된다고 한다.

소:행(所行) 해 놓은 일이나 짓. 예대체 이게 누구의 소행이냐?

소:행성(小行星) 화성과 목성의 궤도 사이에서 태양의 둘레를 도는 작은 행성.

소현 세:자(昭顯世子, 1612~1645) 조선 인조의 맏아들. 병자호란 때 청나라에 볼모로 잡혀 갔다가 돌아온 지 얼마 되지 않아 병으로 죽었다.

소:형(小型) 같은 종류의 물건 중에서 크기가 작은 것. 예소형 자동차. 逊대형.

소혜 왕후(昭惠王后, 1437~1504) 조선 덕종의 비. 불경에 조예가 깊었으며, 부녀자의 예의범절을 위한 ‘여훈’을 남겼다.

소홀하다(疏忽—) 꼼꼼하지 못하거나 관심을 두지 않아 허술하다. 예학예회 준비가 소홀했다. 소홀히. 예학용품을 소홀히 다루다.

소화¹(消化) ①먹은 음식물을 흡수될 수 있는 상태로 변화시키는 작용. 예영양가가 높고 소화에 좋은 음식. ②‘주어진 일 등을 해내거나 감당함’을 비유하여 이르는 말. 소화되다. 소화하다. 예그녀는 이번 영화에서 어려운 역할을 잘 소화해 냈다.

소화²(消火) 불을 끔. 예소화 장비. 소화되다. 소화하다.

소화기(消火器) 불을 끄는 데 쓰는 기구.

소화 기관(消化器官) 먹은 음식물을 소화하고 흡수하는 기관을 통틀어 이르는 말.

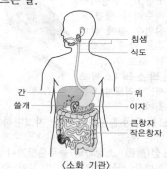

〈소화 기관〉

소화 불량(消化不良) 먹은 음식물의 소화·흡수가 제대로 이루어지지 못하는 증상.

소화액(消化液) 음식의 소화를 돕기 위해 입·위·쓸개 등에서 소화 기관으로 내보내는 액체. 침·위액·이자액·쓸개즙 등.

소화전(消火栓) 소화 호스를 장치하기 위하여 상수도에 특별히 마련해 놓은 시설.

소화제(消化劑) 음식의 소화를 돕는 약.

속: ①둘러싸인 것의 안. 예주머니 속. 逊겉. ②배의 안. 예속이 매스껍다. ③마음을 쓰는 태도. 예내 속이 너무 좁았던 것 같아. ④마음에 품고 있는 생각. 예남의 속도 모르고 웃기만 하는구나. ⑤어떤 상태가 죽 이어지는 가운데. 예어머니는 어려움 속에서도 용기를 잃지 않으셨다.

속(을) 끓이다관용 화가 나거나 걱정이 되거나 하여 속을 태우다. 예혼자서 속 끓이지 말고 말을 해 보아라.

속(을) 썩이다관용 몹시 걱정하게 하다. 예부모님 속 썩이지 마라.

속(을) 태우다관용 걱정으로 마음을 졸이다. 예돈을 잃어버린 줄 알고 속을 태웠다.

속(이) 뒤집히다〈관용〉 ①비위가 상하여 구역이 날 것같이 되다. ②몹시 아니꼽게 느껴지다.

속개(續開) [속깨] 일단 멈추었던 회의 등을 다시 계속하여 엶. 속개되다. 속개하다. 예휴정했다가 한 시간 뒤에 재판을 속개합니다.

속공(速攻) [속꽁] 상대에게 대비할 시간을 주지 않고 재빨리 공격함. 앤지공. 속공하다.

속구(速球) [속꾸] 야구에서, 투수가 던지는 빠른 공.

속국(屬國) [속꾹] 다른 나라의 지배 아래 있는 나라. 비식민지.

속기(速記) [속끼] 남의 말을 기호를 이용하여 빠르게 받아 적는 일, 또는 그 기술. 속기되다. 속기하다.

속껍질 [속껍찔] 겉껍질 속에 있는 껍질. 비내피. 앤겉껍질.

속눈썹 [송눈썹] 눈꺼풀 가장자리에 난 털. 예영실이는 속눈썹이 길다.

속다 [속따] 남의 거짓이나 꾀에 넘어가다. 예거짓말에 감쪽같이 속았다.

속닥거리다 [속딱꺼리다] 남에게 들리지 않도록 자기들끼리 계속하여 가만가만 이야기하다. 예두 사람은 이마를 맞대고 한참이나 속닥거렸다. 비속닥대다. 큰숙덕거리다.

속닥대다 [속딱때다] ➡속닥거리다.

속닥속닥 [속딱쏙딱] 자꾸 속닥거리는 소리, 또는 그 모양. 큰숙덕숙덕.

속닥이다 [속따기다] 남에게 들리지 않도록 자기들끼리 가만가만 이야기하다. 큰숙덕이다.

속단(速斷) [속딴] 성급하게 판단함, 또는 그런 판단. 속단하다. 예아직 승부를 속단할 수는 없다.

속달(速達) [속딸] 〈속달 우편〉의 준말.

속달 우편(速達郵便) 보통 우편보다 빨리 배달하는 우편. 준속달.

속담(俗談) [속땀] 예로부터 사람들 사이에 널리 전해 내려온, 어떤 가르침을 주는 짧막한 말. |참고| '까마귀 날자 배 떨어진다.'·'소 잃고 외양간 고친다.' 등의 말.

속도(速度) [속또] 물체가 나아가거나 일이 진행되는 빠르기. 예속도가 빠른 차. 비속력.

속독(速讀) [속똑] 글을 빨리 읽음. 속독하다.

속돌 [속똘] 화산의 용암이 갑자기 식어서 된 가벼운 돌.

속되다(俗－) [속뙤다/속뛔다] 품위가 없고 고상하지 못하다. 예속된 말씨.

속뜻 [속뜯] ①마음속으로 품고 있는 깊은 뜻. 예임금님의 속뜻을 알고는 모두들 고개를 끄덕였다. ②말이나 글의 속에 담긴 뜻. 예글의 속뜻을 생각하며 읽어라.

속력(速力) [송녁] 물체의 빠르기. 예력을 올리다(낮추다). 비속도.

┈┈ **'속력'과 '속도'의 구별** ┈┈

속력 : 주로 자동차·배·비행기 같은 탈것의 빠르기를 나타낼 때 쓰인다. 예기차는 서서히 속력을 낮추었다.

속도 : 탈것뿐만 아니라 물체가 나아가거나 일이 진행되는 빠르기를 나타낼 때도 쓰인다. 예기차의 속도/두 사람은 느린 속도로 걸었다./일하는 속도가 더디다.

속리산(俗離山) [송니산] 충청북도 보은군과 경상북도 상주시 사이에 있는 산. 높이 1,058m. 경치가 뛰어나 국립 공원으로 지정되었으며, 법주사가 유명하다.

속마음 [송마음] 겉으로 드러나지 않은 참마음. 예저 아이는 좀처럼 속마음을 드러내지 않는다. 준속맘. 비내심.

속:말 [송말] 속마음에서 우러나는 참된 말.

속물(俗物) [송물] 돈·출세·권력 같은 것만을 좇는 사람.

속박(束縛) [속빡] 얽어매어 자유를 빼앗음. 예속박에서 벗어나다. 속박되다. 속박하다. 예남의 자유를 속박하지 마라.

속보¹(速步) [속뽀] 빠른 걸음.

속보²(速報) [속뽀] 주로 신문이나 방송 등에서 급히 알리는 소식. 예방송에서 사고 소식을 속보로 전하고 있다.

속:불꽃 [속뿔꼳] 불꽃의 안쪽에 있는 가장 밝게 빛나는 부분. 벤겉불꽃.

속:사정(一事情) [속싸정] 겉으로 드러나지 않은 일의 형편이나 까닭. 예그런 속사정이 있는 줄도 모르고 너를 오해해서 미안하다.

속삭이다 [속싸기다] 나지막한 목소리로 정답게 이야기하다. 예둘이서 무얼 그렇게 속삭이고 있니?

속삭임 [속싸김] 나지막한 목소리로 가만가만히 하는 말.

속:살 [속쌀] ①옷에 가려져 겉으로 드러나지 않는 부분의 살. 예아이의 속살이 하얗다. ②식물의 껍질 안에 있는 부분.

속살거리다 [속쌀거리다] 수다스럽게 속닥거리다. 예동생이 나직한 목소리로 속살거렸다. 벤속살대다. 큰숙설거리다.

속살대다 [속쌀대다] ➡속살거리다.

속살속살 [속쌀속쌀] 자꾸 속살거리는 소리, 또는 그 모양. 큰숙설숙설.

속:상하다(一傷一) [속쌍하다] 마음이 불편하고 괴롭다. 예성적이 떨어져 속상하다.

속성¹(速成) [속썽] 짧은 기간에 이루어짐. 예속성 사진. 속성되다. 속성하다.

속성²(屬性) [속썽] 사물의 본질을 이루는 고유한 특징이나 성질. 예자석은 같은 극끼리 밀어내는 속성이 있다.

속세(俗世) [속쎄] 평범한 사람들이 사는 일반 사회. 큰속세간. 벤세속.

속:셈 [속쎔] ①연필이나 수판을 쓰지 않고 마음속으로 하는 계산. 준셈. 벤암산. ②마음속으로 하는 궁리. 예엉큼한 속셈. 속셈하다.

속:속들이 [속쏙뜨리] 깊은 데까지 모조리 다. 예소꿉친구인 경미는 우리 집안 사정을 속속들이 알고 있다.

속수무책(束手無策) [속쑤무책] 손이 묶인 듯이 어찌할 도리가 없음. 예그의 병은 의사도 속수무책이었다.

속:씨식물(一植物) [속씨싱물] 꽃식물 가운데 밑씨가 씨방 안에 들어 있고, 씨방이 자라서 열매가 되는 식물. 감나무·벚나무·진달래·벼 등 대부분의 종자식물이 이에 속한다.

속어(俗語) [소거] 고상하지 못하고 천한 말.

속:옷 [소곧] 겉옷의 속에 받쳐 입는 옷. 벤내복·내의. 벤겉옷.

속이다 [소기다] 거짓을 참으로 곧이듣게 하다. 예세상에, 물엿을 꿀이라 속이다니….

속임수(一數) [소김쑤] 남을 꾀어서 속이는 짓, 또는 그런 꾀. 예하마터면 사기꾼의 속임수에 넘어갈 뻔했다.

속장경(續藏經) [속짱경] 고려 대장경을 한데 모을 때 빠진 것을 대각 국사 의천이 모아 엮은 불경. 몽골 침입 때 불에 타서 없어지고 그 목록만 전하고 있다.

속:저고리 [속쩌고리] 속에 입는 저고리. 벤겉저고리.

속절없다 [속쩌럽따] 단념할 수밖에 딴 도리가 없다. 속절없이. 예친구와 연락이 되지 않아 속절없이 애만 태웠다.

속죄(贖罪)[속쬐/속�줴] 죄를 뉘우치거나 다른 좋은 일을 하여 지은 죄를 덜거나 없앰. 예사회 봉사를 하며 속죄의 시간을 갖겠습니다. 속죄되다. 속죄하다.

속초(束草) 강원도 동해안에 있는 시. 명태·오징어 등이 많이 나며, 설악산과 비행장이 있다.

속출(續出) 잇달아 나옴. 속출되다. 속출하다. 예이번 대회에서 신기록이 속출했다.

속:치마 치마 속에 입는 얇은 치마.

속칭(俗稱) 세상에서 흔히 쓰는 이름. 속칭하다.

속편(續篇) 이미 나온 책이나 영화의 내용을 이어서 만든 책이나 영화. 예이 영화의 속편이 내년에 나온다고 한다.

속:표지(一表紙) 책의 겉표지 다음에 제목·지은이 등을 적어 붙이는 얇은 표지. 참겉표지.

속하다(屬—)[소카다] 무엇에 관계되어 딸리거나 매이다. 예늑대는 갯과에 속한다.

속히(速—)[소키] 아주 빠르게. 서둘러서. 예속히 오라는 연락을 받았다.

솎다[속따] 배게 나 있는 것을 군데군데 골라 뽑아내다. 예무를 솎아 담근 김치.

솎아베기[소까베기] 주된 나무가 잘 자라도록, 불필요한 나무를 잘라 내어 알맞은 간격을 두는 일.

솎음질[소끔질] 배게 난 푸성귀 등을 솎아 내는 일.

손¹ ①사람의 팔목 끝의 부분. 손바닥·손등·손가락으로 이루어진 부분. 예사과를 손에 꼭 쥐었다. ②어떤 일을 하는 데 드는 사람의 힘이나 노력, 기술. 예나는 할머니 손에서 자랐다./죽고 사는 것이 의사의 손에 달렸다. ③일손이나 노동력. 예많은 손이 필요한 공사. ④어떤 사람의 영향력이나 권한이 미치는 범위. 예골동품이 그의 손에 들어갔다.

손에 땀을 쥐다[관용] 위험하거나 승패가 아슬아슬하여 몹시 애태우다. 예손에 땀을 쥐게 하는 아슬아슬한 경기.

손(을) 떼다[관용] 하던 일을 중도에서 그만두다. 예나는 이제 이 일에서 손을 떼겠다.

손(이) 크다[관용] 씀씀이가 크다. 예큰누나는 손이 커서 막내에게 용돈도 듬뿍듬뿍 준다.

손² 남의 집에 찾아온 사람. 高손님.

손:³(孫) 〈자손〉의 준말. 예손이 귀한 집안.

손가락[손까락] 손끝의 다섯 개로 갈라진 가락. 예손가락에 낀 반지.

'손가락'의 이름

- **첫째 손가락** : 엄지손가락, 무지
- **둘째 손가락** : 집게손가락, 검지, 인지
- **셋째 손가락** : 가운뎃손가락, 중지, 장지
- **넷째 손가락** : 약손가락, 무명지
- **다섯째 손가락** : 새끼손가락, 소지

손가락질[손까락찔] ①손가락으로 가리키는 짓. ②남을 깔보거나 흉보는 짓. 예뒤에서 손가락질을 하지 마라. 손가락질하다.

손가마[손까마] 두 사람이 손을 '井' 자 모양으로 잡고 사람을 태우는 놀이.

손가방[손까방] 가볍게 들고 다닐 수 있는 조그마한 가방.

손거울[손꺼울] 손바닥에 올려놓고 보는 작은 거울.

손금[손끔] 손바닥 거죽에 줄무늬를 이룬 금.

손기정(孫基禎, 1919~2002) 육상 선수. 일제 강점기인 1936년 제11회 베를린 올림픽 마라톤에서 우리나라 최초로 금메달을 땄다.

손기척 '노크'의 북한말.

손길 [손낄] ①손바닥을 펴고 내미는 손. 예내 등을 토닥여 주는 아버지의 따뜻한 손길. ②도움을 주려는 마음으로 내미는 손. 예사랑의 손길.

손깍지 [손깍찌] 두 손의 손가락을 서로 엇갈리게 바짝 끼우는 것. 예준이는 손깍지를 낀 채 생각에 잠겨 있다.

손꼽다 [손꼽따] 손가락을 하나하나 안으로 굽혀 수를 세다. 예나는 설날이 오기를 손꼽아 기다렸다.

손꼽히다 [손꼬피다] 손가락을 꼽아 셀 때 그 안에 포함될 정도로 썩 뛰어나다. 예이곳은 단풍이 아름답기로 손꼽히는 여행지이다.

손끝 [손끋] ①손가락의 끝. ②손을 놀려서 하는 일 솜씨. 예손끝이 여물다.
  손끝 하나 까딱 안 하다[관용] '아무 일도 안 하고 뻔뻔하게 놀고 있음'을 이르는 말.

손날 손가락을 붙이고 손을 펼 때, 새끼손가락 끝에서 손목까지의 부분. 예손날로 벽돌을 깨뜨리다.

손녀(孫女) 자식의 딸.

손놀림 손을 이리저리 움직이는 일. 예요리사의 익숙한 손놀림.

손님 ①〈손²〉의 높임말. ②물건을 사거나 시설을 이용하려고 온 사람. 예가게에 손님이 많다.

손님맞이 [손님마지] 찾아온 손님을 맞아들이는 일. 손님맞이하다.

손대다 ①어떤 사물에 손이 닿게 하다. 예작품에 손대지 말고 보세요. ②일을 시작하다. 예할 일이 많아 어디서부터 손대야 할지 모르겠다. ③남의 재물을 함부로 쓰거나 제 것으로 만들다. 예회사 돈에 손댄 직원.

손도장(一圖章) [손또장] 도장 대신 찍는 엄지손가락의 무늬. 🐽지장.

손독(一毒) [손똑] 헌데나 가려운 곳에 손을 대어 덧난 독.

손들다 ①손을 위로 들어 올리다. 예오늘 숙제 안 해 온 사람은 손들어 보세요. ②도중에 그만두거나 항복하다. 예모두들 그의 고집을 꺾지 못하고 손들었다. |활용| 손드니·손들어.

손등 [손뜽] 손의 바깥쪽, 곧 손바닥의 뒤. 예손등으로 이마를 닦았다. 🐽손바닥.

손때 오랫동안 길들이고 만져서 묻은 때.
  손때(가) 묻다[관용] 가구나 그릇 등을 오래 써서 길이 들다. 예아버지의 손때가 묻은 책상.

손마디 손가락의 마디.

손맛 [손맏] ①손으로 만져 보아 느끼는 느낌. ②요리할 때 손으로 만드는 솜씨에서 우러나오는 맛. 예어머니 손맛을 느낄 수 있는 된장찌개. ③낚시를 할 때, 고기가 낚싯대를 물고 당기는 힘이 손에 전해 오는 느낌.

손목 손과 팔이 잇닿은 부분. 예손목이 가늘다. 🐽팔목.

손목시계(一時計) [손목씨계/손목씨게] 손목에 차는 작은 시계.

손바닥 [손빠닥] 손의 안쪽. 예무당벌레를 잡아 손바닥 위에 올려놓았다. 🐽손등.
  손바닥(을) 뒤집듯 하다[관용] 순식간에 변하거나 대놓고 태도를 바꾸다.

손발 손과 발. 🐽수족.
  손발(이) 따로 놀다[관용] 함께 일하는 사람들의 행동이나 의견이 제각각이다. 예손발이 따로 노니까 되는 일이 없다.
  손발(이) 맞다[관용] 함께 일하는 사람끼리 잘 맞다. 예우리 팀은 서로 손발이 맞아서 분위기가 좋다.

손버릇 [손뻐륻] 남의 것을 훔치거나 남을 때리는 등 좋지 않은 버릇. 예손버릇이 나쁘다.

손병희(孫秉熙, 1861~1922) 독립운동가·종교가. 호는 의암. 3·1 운동 때 민족 대표 33인의 한 사람이었다. 동학의 제3대 교조로, 동학의 이름을 천도교로 바꾸었다.

손보다 시설이나 연장 등을 수리하거나 손질을 하다. 예고장 난 자전거를 좀 손보아야겠다.

손부끄럽다 [손부끄럽따] 무엇을 주거나 받으려고 손을 내밀었다가 허탕이 되어 남 보기에 부끄럽다. |활용| 손부끄러우니·손부끄러워.

손빨래 세탁기를 쓰지 않고, 손으로 비벼 빠는 빨래.

손뼉 마주 쳐서 소리 낼 때의 '손바닥'을 이르는 말. 예다 같이 손뼉을 치며 노래를 불렀다.

　손뼉(을) 치다관용 어떤 일에 찬성하거나 좋아하다.

손사래 [손싸래] 아니라고 부인하거나 거절할 때 손을 펴서 내젓는 일. 예함께 식사하자는 말에 그는 배가 안 고프다며 손사래를 쳤다.

손:상(損傷) ①물체가 깨지거나 망가지거나 흠이 생김. 예새 물건에 손상을 입히다. ②명예·체면·가치 등이 떨어짐. 예명예 손상. 손상되다. 손상하다.

손:색(遜色) 서로 견주어 보아서 못한 점. 예어느 제품과 비교해도 전혀 손색이 없다.

손수 남의 힘을 빌리지 않고 제 손으로. 예아버지께서 손수 운전을 하셨다. 비몸소·친히.

손수건(－手巾) [손쑤건] 몸에 지니고 다니는 작은 수건.

손수레 손으로 밀거나 끌고 다니는 수레.

손쉽다 [손쉽따] 처리하기가 매우 쉽다. 예상대가 기권하여 손쉽게 결승에 올랐다. |활용| 손쉬우니·손쉬워.

손:실(損失) 모자람이 생기거나 잃어버려 손해를 봄. 또는 그 손해. 예병충해 때문에 과수원이 큰 손실을 입었다. 반이득·이익. 손실되다. 손실하다.

손쓰다 때를 놓치기 전에 필요한 일을 하다. 예손쓸 사이도 없이 배가 떠내려갔다. |활용| 손쓰니·손써.

손아귀 [소나귀] ①엄지손가락과 다른 네 손가락과의 사이. ②세력이 미치는 범위. 예독재자의 손아귀에서 벗어나다. 비수중.

　손아귀에 넣다관용 자기 것으로 만들다.

손아래 [소나래] 나이·항렬·지위 등이 자기보다 아래인 관계, 또는 그런 사람. 예손아래 누이. 반손위.

손아랫사람 [소나래싸람/소나랟싸람] 자기보다 나이나 지위가 아래인 사람. 비아랫사람. 반손윗사람.

손오공(孫悟空) [소노공] 중국의 소설인 '서유기'에 주인공으로 나오는 원숭이의 이름. 엉뚱한 짓을 잘하고 여의봉이라는 신통한 몽둥이를 쓴다.

손위 [소뉘] 나이·항렬·지위 등이 자기보다 위인 관계, 또는 그런 사람. 예손위 동서. 반손아래.

손윗사람 [소뉘싸람/소뉟싸람] 자기보다 나이나 지위가 위인 사람. 비윗사람. 반손아랫사람.

손:익(損益) [소닉] 손실과 이익. 예손익을 따지다.

손자(孫子) 자식의 아들.

손자국 [손짜국] 손으로 만지거나 때려서 남은 흔적.

손잡다 [손잡따] ①서로 손을 잡다. 예다정하게 손잡은 부부. ②서로 힘을 합쳐 같이 일하다. 예우리가 손잡고 함께 맞서면 적을 물리칠 수 있다.

손잡이 [손자비] 어떤 물건에 덧붙여서 손으로 잡게 된 부분. 예냄비 손잡이.

손장난 [손짱난] 쓸데없이 손을 놀려서 하는 장난. 예손장난을 치다.

손재간(一才幹) [손째간] 손으로 무엇을 잘 만들거나 다루는 솜씨. 예손재간이 좋다. 비손재주.

손재주 [손째주] 손으로 무엇을 만들거나 다루는 재주. 예손재주가 좋은 선미는 인형 옷도 직접 만든다. 비손재간.

손전등(一電燈) [손쩐등] 가지고 다닐 수 있게 만든 작은 전등. 비플래시.

손주(孫一) 손자와 손녀를 아울러 이르는 말.

손질 손으로 잘 매만져 다듬는 일. 예낡은 옷이라도 손질을 잘하면 새 옷 같다. 손질하다.

손짓 [손찓] 손을 놀려 어떤 뜻을 나타내는 일. 예나는 동생에게 빨리 오라고 손짓을 했다. 손짓하다.

손찌검 손으로 남을 때리는 일. 손찌검하다.

손톱 손가락 끝을 덮어 그 부분을 보호하는 딱딱한 물질.

　손톱만큼도[관용] 아주 조금도. 예내 잘못은 손톱만큼도 없다.

손톱깎이 [손톱까끼] 손톱을 깎는 기구.

손풍금(一風琴) 악기의 한 가지. 주름 상자를 늘였다 줄였다 하면서 건반을 눌러 연주한다. 비아코디언.

손ː해(損害) 본디보다 밑지거나 해가 됨. 예장사에 서둘러 오히려 손해를 보았다. 만이익. 손해되다.

손ː해 배상(損害賠償) 남에게 끼친 손해를 법에 따라 물어 주는 일, 또는 그런 돈이나 물건.

솔[1] 가는 털을 한데 묶어서 먼지를 떨거나 물감 등을 칠하거나 할 때 쓰는 도구.

솔[2] ➡소나무.

솔[3](sol) 장음계의 다섯째 음, 또는 단음계의 일곱째 음의 계이름.

솔가지 [솔까지] 소나무의 가지.

솔개 수릿과의 새. 몸빛은 검은 갈색이며 가슴에 검은 세로무늬가 있다. 공중에서 날개를 편 채로 맴돌며 먹이를 노린다. 우리 나라에서는 겨울에 흔한 나그네새이다.

〈솔개〉

솔거(率居, ?~?) 신라 진흥왕 때의 화가. 대표작으로 황룡사의 벽화 '노송도'가 있으나 지금은 전하지 않는다.

솔기 옷 등을 지을 때 두 폭을 맞대고 꿰맨 줄.

솔깃하다 [솔기타다] 그럴듯하여 마음이 쏠리는 데가 있다. 예과자를 사 준다는 말에 귀가 솔깃했다. 솔깃이.

솔ː다 너비나 넓이가 좁다. 예버선이 솔아서 발이 아프다. 만너르다. |활용| 소니 · 솔아.

솔로(solo) 혼자 노래하거나 연주하는 일.

솔로몬(Solomon, ?~?) 이스라엘 왕국의 제3대 왕. 다윗의 아들. 웅장한 신전을 건축하는 등 왕국의 전성기를 이룩하였다. '지혜의 왕'으로 알려져 있다.

솔바람 솔숲을 스치고 부는 바람.

솔방울 [솔빵울] 소나무 열매의 둥근 송이.

솔밭 [솔받] 소나무가 많이 들어서 있는 땅.

〈솔방울〉

솔선(率先) [솔썬] 남보다 앞장서서 함. 솔선하다.

솔선수범(率先垂範) [솔썬수범] 앞장

서서 모범을 보임. 예윗사람이 솔선 수범을 해야 아랫사람이 따른다. 솔 선수범하다.

솔솔 ①물이나 가루 등이 잇달아 새어 나오는 모양. ②바람이 보드랍게 부 는 모양. 예솔솔 부는 봄바람. ③냄새 나 연기 등이 가볍게 풍기거나 피어 오르는 모양. 예참기름 냄새가 솔솔 난다. 흰술술.

솔송나무 [솔쏭나무] 소나뭇과의 늘푸 른큰키나무. 잎은 소나무와 비슷한데 좀 납작하다. 재목은 종이를 만드는 데 쓴다.

솔숲 [솔숩] 소나무의 숲. 비송림.

솔이끼 [솔리끼] 솔이낏과의 식물. 짙 은 녹색의 줄기는 가지 없이 곧게 자 란다. 그늘진 습지에서 흔히 볼 수 있다.

솔잎 [솔립] 소나무의 잎.

솔직하다(率直-) [솔찌카다] 거짓이 나 숨김이 없이 바르고 곧다. 예친구 가 잘못을 솔직하게 털어놓았다. 솔 직히.

솔'**질** 솔로 먼지 등을 털거나 문지르는 짓. 솔질하다.

솜'목화씨를 싸고 있는 부드럽고 가벼 운 물질. 이불에 넣거나 실을 만들어 옷감을 짜기도 한다. 예솜을 얇게 두 어 누빈 이불.

솜'**방망이**[1] 막대기나 꼬챙이의 끝에 솜뭉치를 묶어 만든 방망이. 흔히 기 름을 묻혀 횃불로 쓴다.

솜'**방망이**[2] 국화과의 여러해살이풀. 산과 들의 습한 곳에서 자라며 5~6 월에 노란 꽃이 핀다. 어린잎은 나물 로 먹는다.

솜'**사탕** 설탕을 기계로 돌려 솜처럼 부풀려서 만든 과자.

솜씨 ①손으로 무엇을 만드는 재주. 예바느질 솜씨. ②일을 해내는 수단 이나 수완.

솜'**옷** [소몯] 안에 솜을 넣어 만든 옷. 예두툼한 솜옷.

솜'**이불** [솜니불] 안에 솜을 넣어 만 든 이불.

솜'**털** 보드랍고 고운 털.

솟구치다 [솓꾸치다] 빠르고 세게 솟 다. 예산에서 불길이 솟구쳤다./눈물 이 울컥 솟구쳤다.

솟다 [솓따] ①아래에서 위로, 또는 속 에서 겉으로 세차게 나오다. 예해가 불끈 솟았다./바위틈에서 물이 솟았 다. ②아래에서 위로 높이 서다. 예구 름 위로 우뚝 솟은 산봉우리. ③감정 이나 힘 등이 생겨나다. 예친구의 격 려에 기운이 다시 솟았다. |발음| 솟 아[소사]·솟고[솓꼬]

솟'**대** [솓때] 꼭대기에 나무로 만든 새 를 달아 마을 입구에 세우는 장대. 마 을의 경계를 나타내거나 마을을 지키 는 수호신의 의미가 있다.

솟아나다 [소사나다] ①속에서 겉으로 세차게 나오다. 예눈물이 솟아난다. ②감정이나 힘 등이 세게 일어나다. 예응원 소리를 들으니 다시 기운이 솟아난다.

솟아오르다 [소사오르다] ①솟아서 위 로 오르다. 예분수의 물줄기가 하늘 높이 솟아올랐다. ②감정이나 힘 등 이 아주 세차게 일어나다. 예주체할 수 없는 기쁨이 솟아올랐다. |활용| 솟아오르니·솟아올라.

솟을대문(-大門)[소슬때문] 대문 양 쪽에 있는 행랑채보다 높이 솟은 대문.

송'**가**(頌歌) 업적이나 덕을 기리는 노래.

송골매(松鶻-) 맷과의 새. 성질이 사 납고 몸집이 크며, 날고 있는 먹이를 노리는 것이 특징이다. 대표적인 꿩 사냥매이다. 천연기념물 제323-7호. 비매.

송골송골 땀이나 소름 등이 잘게 많이 돋거나 맺힌 모양. [예]이마에 땀방울이 송골송골 맺혔다. [잘못] 송글송글.

송ː곳 [송곧] 종이나 나무·쇠붙이 등에 구멍을 뚫는 끝이 뾰족한 연장. [발음] 송곳이 [송고시]·송곳도 [송곧또]·송곳만 [송곤만]

송ː곳니 [송곤니] 앞니와 어금니 사이에 있는 뾰족한 이.

송ː곳치기 [송곧치기] 송곳이나 큰 못으로 흙바닥에 꽂기를 하는 장난.

송ː구(送球) 야구 등의 경기에서, 공을 던져 보냄. **송구하다**. [예]공을 잡아 재빨리 일루로 송구했다.

송ː구스럽다(悚懼—) [송구스럽따] 미안하고 부끄러운 느낌이 있다. [예]책임을 다하지 못해 송구스럽습니다. [활용] 송구스러우니·송구스러워. 송구스레.

송ː구영신(送舊迎新) 묵은해를 보내고 새해를 맞이함.

송ː구하다(悚懼—) 미안하고 부끄럽다. [예]보잘것없는 솜씨를 칭찬해 주시니 송구합니다. **송구히**.

송글송글 '송골송골'의 잘못.

송ː금(送金) 은행을 통해 돈을 부침, 또는 그 돈. **송금하다**.

송ː나라(宋—) 중국 옛 왕조의 하나. 목판 인쇄술과 도자기 제작 기술 등이 매우 발달하였다. 1127년 금나라의 침입으로 수도를 임안으로 옮겼으며, 이 시기를 기준으로 북송과 남송으로 가른다. 〔960~1270〕

송ː년(送年) 한 해를 보냄.

송ː년회(送年會) [송년회/송년훼] 연말에 한 해를 보내며 가지는 모임. [비]망년회.

송ː달(送達) 편지나 서류 또는 물건 등을 보내어 줌. [예]우편물 송달. **송달되다**. **송달하다**.

송도(松都) '개성'의 옛 이름.

송도삼절(松都三絕) 조선 시대에, 서화담·황진이·박연 폭포를 개성의 뛰어난 세 가지로 이르던 말.

송두리째 있는 대로 모두. [예]재산을 송두리째 빼앗겼다. [비]몽땅.

송림(松林) [송님] 소나무가 많이 자라 이룬 숲. [비]솔숲.

송ː별(送別) 멀리 떠나는 이를 이별하여 보냄. **송별하다**.

송ː별회(送別會) [송별회/송별훼] 떠나는 사람을 보내며 서운함을 달래고 잘되기를 비는 모임. [예]전학 가는 친구를 위해 송별회를 열었다.

송ː사(送辭) 졸업식·송별회 같은 모임에서 떠나는 사람에게 하는 인사말. [예]학생회장이 재학생을 대표하여 송사를 읽었다. [반]답사.

송ː사리 송사릿과의 민물고기. 몸은 가늘고 눈이 크며, 몸빛은 잿빛을 띤 연한 갈색이다. 냇물이나 연못 같은 곳에 떼 지어 헤엄쳐 다닌다.

〈송사리〉

송송 ①물건을 잘게 빨리 써는 모양. [예]된장찌개에 파를 송송 썰어 넣었다. ②작은 구멍이 많이 뚫린 모양. [예]그물에 구멍이 송송 뚫렸다. ③잔 땀방울이 맺혔거나 소름 등이 많이 돋은 모양. [예]이마에 땀방울이 송송 맺혔다. [큰]숭숭.

송ː수관(送水管) 상수도의 물을 보내는 관.

송ː수화기(送受話器) ①송화기와 수화기. ②양쪽 끝에 말하는 부분과 듣는 부분이 달린, 전화기의 한 부분. 흔히 '수화기'라고 한다.

송ː신(送信) 다른 곳에 통신을 보냄. [예]전파 송신. [반]수신. **송신되다**. **송신하다**.

송ː신기(送信機) 통신을 보내는 장치. [반]수신기.
송ː신소(送信所) 전파를 내보내는 일을 맡아보는 곳. [반]수신소.
송아지 소의 새끼.
송악(松嶽) '개성'의 옛 이름.
송악산(松嶽山) [송악싼] 북한의 개성시 북쪽에 있는 산. 높이 488m.
송알송알 물방울이 잘게 많이 맺힌 모양. [예]창문에 빗방울이 송알송알 맺혔다. [큰]숭얼숭얼.
송어(松魚) 연어과의 바닷물고기. 등은 짙은 남색이고, 배는 흰색이다. 알을 낳을 때에는 강이나 개울로 거슬러 올라간다.

〈송어〉

송ː영(送迎) 떠나는 사람을 보내고 오는 사람을 맞이함. **송영하다**.
송ː유관(送油管) 석유나 원유 등을 딴 곳으로 보내기 위하여 시설한 관. [비]파이프라인.
송이¹ 꽃이나 열매, 눈 같은 것이 따로 된 한 덩이. [예]돌 틈에 피어 있는 들국화 한 송이.
송이²(松耳) 송이과의 버섯. 삿갓 모양의 윗부분과 자루로 되어 있다. 추석 무렵 솔밭에 나는데, 향기가 좋고 맛이 있어 식용 버섯의 대표로 꼽힌다. [비]송이버섯.

〈송이²〉

송이버섯(松耳—) [송이버섣] ➡송이².
송이송이 ①송이마다. ②송이들이 여럿 잇달아 있는 모양. [예]송이송이 눈꽃 송이 하얀 꽃송이.
송ː장 죽은 사람의 몸. [비]시체·주검.
송ː전(送電) 발전소에서 만들어진 전기를 필요한 곳에 보냄. **송전되다**. **송전하다**.
송진(松津) 소나무나 잣나무에서 나오는 끈끈한 액체.
송ː출(送出) ①사람을 해외로 보냄. [예]인력 송출. ②가스나 액체 또는 전파 등을 일정한 곳으로 보냄. [예]방송 송출/물품 송출. **송출되다**. **송출하다**.
송충이(松蟲—) 솔나방의 애벌레. 누에와 비슷하나 온몸에 긴 털이 나 있어 쏘이면 아프다. 소나무의 잎을 갉아먹는 해충이다.
송파구(松坡區) 서울특별시의 남동쪽에 있는 구. 서쪽으로 강남구, 북동쪽으로 강동구와 이웃한다. 뚝섬으로 건너가던 한강 나루가 있었다.
송파 산대놀이(松坡山臺—) 서울특별시 송파 지역에 전해 내려오는 가면극. 약 200년 전에 시작되었다. 무형 문화재 제49호.
송판(松板) 소나무 널빤지.
송편(松—) 멥쌀가루를 반죽하여 소를 넣고 반달 모양으로 빚어서 솔잎을 깔아 찐 떡. 흔히 추석 때 먹는다.

〈송편〉

송ː화기(送話器) 전화기 등에서, 음성 신호를 전기 신호로 바꾸어 말소리를 보내는 장치. [반]수화기.
송ː환(送還) 포로나 몰래 입국한 사람을 제 나라로 돌려보냄. [예]포로 송환. **송환되다**. **송환하다**.
송홧가루(松花—) [송화까루/송홧까루] 소나무의 꽃가루.
솥 [솓] 쇠붙이 등으로 만들어, 밥을 짓거나 음식을 끓이는 데 쓰는 그릇. |발음| 솥이 [소치] · 솥도 [솓또] · 솥만 [손만]
솥뚜껑 [솓뚜껑] 솥을 덮는 뚜껑. [예]솥뚜껑을 여니 갓 지어진 밥에서 모락모락 김이 났다.

솨 ①나무나 물건을 스치며 지나는 바람 소리. ②비바람 소리. ③물이 세차게 흐르거나 쏟아지는 소리. [센]쏴. 솨솨.

쇄ː골(鎖骨) 가슴 위쪽 좌우에 있는 한 쌍의 뼈. 안쪽은 가슴뼈에 이어지고 바깥쪽은 어깨뼈에 이어져 있다. [비]빗장뼈.

쇄ː국(鎖國) 다른 나라와의 교통이나 무역을 막음. [반]개국. **쇄국하다**.

쇄ː국 정책(鎖國政策) 다른 나라와의 교통이나 무역을 막는 정책. [반]개방 정책.

쇄ː도(殺到) 세차게 몰려듦. **쇄도하다**. [예]주문이 갑자기 쇄도했다.

쇄ː신(刷新) 나쁜 것이나 묵은 것을 없애고 새롭고 좋게 함. [예]이미지 쇄신. **쇄신되다**. **쇄신하다**.

쇠 [쇠/쉐] ①'철'을 흔히 이르는 말. [예]쇠가 녹이 슬었다. ②쇠붙이를 통틀어 이르는 말.

쇠ː- [쇠/쉐] ((소에 관한 말 앞에 붙어)) '소의'의 뜻을 나타냄. [예]쇠고기/쇠꼬리/쇠기름/쇠머리.

쇠ː가죽 [쇠가죽/쉐가죽] 소의 가죽. [비]소가죽.

쇠ː고기 [쇠고기/쉐고기] 소의 고기. [비]소고기.

쇠고랑 [쇠고랑/쉐고랑] '수갑'을 속되게 이르는 말.

쇠고리 [쇠고리/쉐고리] 쇠로 만든 고리.

쇠ː귀 [쇠귀/쉐귀] 소의 귀.

쇠ː기름 [쇠기름/쉐기름] 소의 지방에서 얻은 기름. 식용유·비누 등의 원료가 된다. [비]소기름.

쇠다¹ [쇠다/쉐다] 채소 등이 너무 자라 억세다. [예]상추가 푹 쇠었다.

쇠ː다² [쇠다/쉐다] 명절 등을 지내다. [예]고향에서 설을 쇠었다.

쇠ː똥 [쇠똥/쉐똥] 소의 똥. [비]소똥.

쇠ː똥구리 [쇠똥구리/쉐똥구리] 쇠똥구릿과의 곤충. 껍데기가 단단한 벌레로, 짐승의 똥을 뭉쳐 그 속에 알을 낳는다. [비]말똥구리.

〈쇠똥구리〉

쇠뜨기 [쇠뜨기/쉐뜨기] 속샛과의 여러해살이풀. 풀밭에 나는데, 땅속줄기는 길게 뻗는다. 땅위줄기는 속이 비고 딱딱하며 마디에 비늘 같은 잎이 돌려난다.

쇠막대 [쇠막때/쉐막때] 쇠로 만든 막대.

쇠망치 [쇠망치/쉐망치] 쇠로 된 망치.

쇠못 [쇠몯/쉐몯] 쇠로 만든 못.

쇠붙이 [쇠부치/쉐부치] 철·구리·금·알루미늄 등과 같이 열이나 전기가 잘 통하고 단단하며 광택이 있는 물질. [비]금속.

쇠ː뿔 [쇠뿔/쉐뿔] 소의 뿔. [비]소뿔.

쇠사슬 [쇠사슬/쉐사슬] 쇠고리를 여러 개 걸어 이은 줄. [준]사슬.

쇠스랑 [쇠스랑/쉐스랑] 땅을 파 일구거나 고르는 데 쓰는 갈퀴 모양의 농기구.

쇠약하다(衰弱—) [쇠야카다/쉐야카다] 힘이 줄어들어서 약하다. [예]병으로 몸이 쇠약하다.

쇠ː죽(—粥) [쇠죽/쉐죽] 짚과 콩깍지 등을 섞어서 끓인 소의 먹이.

쇠진(衰盡) [쇠진/쉐진] 기운이나 세력이 약해져 없어짐. **쇠진되다**. **쇠진하다**. [예]기운이 쇠진하여 꼼짝도 할 수 없다.

쇠창살(—窓—) [쇠창쌀/쉐창쌀] 쇠로 만든 창살.

쇠칼 [쇠칼/쉐칼] 쇠로 만든 칼.

쇠톱 [쇠톱/쉐톱] 쇠를 자르는 톱.

쇠퇴(衰退) [쇠퇴/쉐퉤] 약해져 전보다 못하여짐. [예]기억력 쇠퇴. **쇠퇴되다**. **쇠퇴하다**.

쇠하다(衰—) [쇠하다/쉐하다] 힘이나

세력 등이 차차 줄어서 약해지다. 예기력이 쇠하다.

쇤:네 [쇤네/쉔네] 지난날, 하인 등이 주인에게 자기를 낮추어 이르던 말.

쇳가루 [쇠까루/쉗까루] 쇠가 부스러진 가루. 예막대자석 주위에 쇳가루를 뿌려 보았다.

쇳물 [쇤물/쉗물] ①쇠의 녹이 우러난 검붉은 물. ②높은 열에 녹아 물같이 된 쇠.

쇳빛 [쇠삗/쉗삗] 쇠의 빛깔과 같은 검푸른빛.

쇳소리 [쇠쏘리/쉗쏘리] ①쇠가 부딪쳐서 나는 소리. ②'쨍쨍 울리는 날카로운 목소리'를 비유하여 이르는 말.

쇼(show) 춤과 노래를 주로 한 가벼운 오락 연극.

쇼크(shock) 갑자기 예상하지 못한 큰 일을 당해 받는 마음의 충격.

쇼파(sofa) '소파'의 잘못.

쇼팽(Chopin, 1810~1849) 폴란드의 작곡가·피아니스트. 수많은 피아노 곡을 지어 '피아노의 시인'이라고 불린다. 작품에는 '강아지 왈츠'·'즉흥 환상곡' 등이 있다.

쇼핑(shopping) 물건을 사러 백화점이나 상점에 감. 쇼핑하다.

쇼핑백(shopping bag) 산 물건을 담아 들고 다니는 종이나 비닐 가방.

숄(shawl) 여자들이 몸을 따뜻하게 하거나 치장으로 어깨에 걸치는 넓고 긴 천.

수¹ 생물에서 새끼를 배지 않거나 열매를 맺지 않는 성질을 지닌 것. 빤암.

수² ①일을 해내는 도리나 방법. 예좋은 수가 있다. ②일을 해낼 능력이나 가능성. 예밀린 숙제를 다 할 수 있겠니?

수³(手) 바둑이나 장기 등에서의 두는 기술. 예철수는 나보다 한 수 아래다.

수⁴(水) 〈수요일〉의 준말.

수⁵(首) 시나 노래를 셀 때 쓰이는 말. 예시조 두 수.

수:⁶(數) ①세거나 헤아린 양. 예학생의 수가 많다. ②자연수·정수·분수 등을 통틀어 이르는 말. 좁은 뜻으로는 자연수를 가리킨다. 예괄호 안에 알맞은 수를 넣어라.

> **'수⁶(數)'의 띄어쓰기**
>
> 전에는 십진법에 따라 띄어 쓰던 것을 한글 맞춤법에 따라 '만(萬)·억(億)·조(兆)' 및 '경(京)' 단위로 띄어 쓴다. 예십이조 사천삼백칠십육억 오천구백이십일만 육천삼백오십구(12조 4376억 5921만 6359).
>
> ※ 단, 금액을 아라비아 숫자로 표기할 때에는 전처럼 세 자리 단위마다 쉼표를 치고, 한글로 표기할 때에는 다른 액수로 고치는 것을 막기 위하여 모두 붙여 쓰는 것이 관례이다. 예12,437,659,216,359원/칠십사만오천팔백구십원정/일백구십육만오천원정.

수:⁷(繡) 헝겊에다 여러 가지 빛깔의 실로 그림이나 글자를 바늘로 떠 놓는 일. 예곱게 수를 놓은 방석.

수- '수컷' 또는 '수컷 같은 사물'을 뜻하는 말. 예수소/수나사/수단추. 빤암-.

> **'수-'의 표기**
>
> '수'로 통일하여 적는 것이 원칙이며, 이 말 뒤에 거센소리나 사이시옷은 인정하지 않는다. 다만, 다음의 낱말에서는 예외를 인정한다.
>
> ① '수-' 다음에 나는 거센소리를 인정하는 경우. 예수캉아지, 수캐, 수컷, 수키와, 수탉, 수탕나귀, 수톨쩌귀, 수퇘지, 수평아리.
> ※ '암-'의 경우도 이에 준한다.
>
> ② '숫-'으로 적는 경우. 예숫양, 숫염소, 숫쥐.

수감(收監) 사람을 교도소나 구치소에 가둠. 수감되다. 수감하다. 예죄인을 교도소에 수감하였다.

수갑(手匣) 죄인의 손목에 채우는 쇠로 만든 기구.

수강(受講) 강습을 받거나 강의를 들음. 예수강 신청. 수강하다. 예경제학을 수강하다.

수개미 개미의 수컷.

수거(收去) 거두어 감. 예쓰레기 분리 수거. 수거하다.

수ː건(手巾) 얼굴이나 몸 등을 닦기 위해 만든 헝겊. 예젖은 머리를 수건으로 닦았다. 삐타월.

수경(水鏡) 물속에서 눈을 뜨고 주위를 볼 수 있도록 쓰는 안경. 삐물안경.

수ː고 일을 하는 데 애를 쓰고 힘을 들임. 수고하다. 예먼 길 오시느라 수고하셨습니다.

수공(手工) ①손으로 하는 공예. ②손으로 하는 일의 품, 또는 그 품삯. 예수공이 많이 든 돗자리.

수공업(手工業) 손이나 간단한 도구를 써서 물건을 만들어 내는 작은 규모의 공업. 삐기계 공업.

수공예(手工藝) 기계를 쓰지 않고 맨손이나 간단한 도구만으로 하는 공예.

수교(修交) 나라와 나라 사이에 외교 관계를 맺음. 예한미 수교. 수교하다.

수구¹(水球) 운동 경기의 한 가지. 일곱 사람으로 이루어진 두 편이 물속에서 헤엄치면서 공을 상대편 골에 넣어 얻는 점수를 겨루는 경기.

수구²(守舊) 묵은 관습이나 제도를 그대로 지키고 따름. 수구하다.

수구파(守舊派) 사회의 변화를 받아들이지 않고 묵은 관습이나 제도를 그대로 지키고 따르려는 무리.

수국(水菊) 범의귓과의 낙엽 지는 떨기나무. 톱니가 있는 타원형의 잎은 두껍고 광택이 나며, 가을에 보라색 또는 흰색 꽃이 핀다.

수군(水軍) 지난날, 배를 타고 바다에서 싸우던 군대. 지금의 해군에 해당한다.

수군거리다 남이 알아듣지 못하게 나직한 소리로 잇달아 이야기하다. 예그는 옆 사람 귀에 대고 무엇인가 수군거렸다. 삐수군대다. 좡소곤거리다. 쎈쑤군거리다.

수군대다 ➡ 수군거리다.

수군수군 자꾸 수군거리는 소리, 또는 그 모양. 좡소곤소곤. 쎈쑤군쑤군.

수군통제사(水軍統制使) 조선 시대에, 수군을 지휘하던 정이품 무관 벼슬.

수궁(水宮) 물속에 있다는 상상의 궁궐. 삐용궁.

수궁가(水宮歌) 판소리 열두 마당의 하나. '토끼전'을 판소리로 엮은 것이다. 삐토끼 타령.

수그러들다 ①안쪽으로 굽거나 기울어져 들어가다. 예부끄러워 고개가 수그러들었다. ②기세가 점점 약해지다. 예내일부터는 더위가 수그러들겠습니다. |활용| 수그러드니·수그러들어.

수그러지다 ①안쪽이나 아래로 굽거나 기울어지다. 예벼가 익어 수그러졌다. ②기세가 점점 약해지다.

수그리다 몸이나 고개를 앞으로 숙이다. 예나는 사람들에게 들키지 않게 몸을 수그려 바위 뒤에 숨었다.

수금(收金) 받을 돈을 거두어들임. 예신문 대금 수금. 수금되다. 수금하다.

수긍(首肯) 옳다고 인정함. 예네 말에 수긍이 간다. 수긍되다. 수긍하다.

수기¹(手記) 자기의 체험을 자신이 적은 글.

수기²(手旗) 신호할 때 쓰는 작은 기.

수꽃 [수꼳] 암술은 없고 수술만 있는 꽃. 반암꽃.

수꿩 꿩의 수컷. 비장끼. 반암꿩.

수나라(隋一) 중국 옛 왕조의 하나. 2대 양제 때 고구려를 침략하였으나 크게 패하고, 각지에서 일어난 반란의 혼란 중에 당나라에 망했다. [581~618]

수나사(一螺絲) 암나사의 구멍에 끼우게 되어 있는 나사. 반암나사.

수난(受難) 어렵고 힘든 일을 당함. 예그는 억울한 누명을 쓴 채 온갖 수난을 당했다.

수납¹(收納) 관공서 같은 곳에서 돈이나 물건을 받아 거두어들임. 예등록금 수납. 수납하다.

수납²(受納) 장이나 서랍 같은 곳에 물건을 넣어 둠. 예잡다한 물건들의 수납을 위해 벽장을 만들었다. 수납하다.

수녀(修女) 가톨릭에서, 결혼을 하지 않고 수도하는 여자.

수녀원(修女院) 가톨릭에서, 수녀들이 일정한 규율 아래 공동생활을 하며 수행을 하는 곳.

수ː년(數年) 여러 해. 주로 2~6년 사이 정도를 이를 때 쓰인다. 예수년 전만 해도 이곳은 아무것도 없는 공터였다.

수놈 동물의 ‘수컷’을 이르는 말. 반암놈. |잘못| 숫놈.

수ː놓다(繡一) [수노타] ①헝겊 등에 색실로 온갖 그림이나 무늬를 떠서 놓다. 예수놓은 검은 모자. ②‘색실로 수를 놓은 것처럼 아름다움’을 비유하여 이르는 말. 예밤하늘을 수놓은 별들.

수뇌(首腦) [수뇌/수눼] 어떤 집단 등에서 가장 중요한 자리에 있는 인물. 예수뇌 회의.

수ː다 쓸데없이 말이 많음. 예수다를 떨다./수다를 늘어놓다.

수ː다스럽다 [수다스럽따] 말이 많고 수선스럽다. |활용| 수다스러우니·수다스러워. 수다스레.

수ː다쟁이 몹시 수다스러운 사람을 낮추어 이르는 말.

수단(手段) ①어떤 목적을 이루기 위한 방법. 예이동 수단/어떤 수단을 써서라도 꼭 이겨야 한다. ②어떤 일을 처리하는 솜씨나 꾀. 예수단이 뛰어난 사람.

수달(水獺) 족제빗과의 동물. 강기슭 또는 늪가에 굴을 파고 사는데, 발가락 사이에 물갈퀴가 있어 물속 생활에 적합하다. 물고기나 개구리·

〈수달〉

게 등을 잡아먹는다. 천연기념물 제330호.

수달피(水獺皮) 수달의 가죽.

수당(手當) 정한 급료 이외에 주는 보수. 예야근 수당.

수더분하다 성질이 순하고 소박하다. 예그는 성격이 수더분해서 호감이 간다.

수도¹(水道) ①〈상수도〉의 준말. ②상수도와 하수도를 두루 이르는 말.

수도²(首都) 한 나라의 중앙 정부가 있는 도시. 비서울.

수도³(修道) 종교적 깨달음을 얻기 위해 세상과 떨어져 지내며 몸과 마음을 갈고닦음. 수도하다.

수도관(水道管) 수돗물이 지나는 관.

수도권(首都圈) [수도꿘] 수도를 중심으로 밀접한 관계를 맺고 있는 일정한 지역. 서울특별시와 인천광역시 및 경기도 일원이 이에 해당된다.

수도꼭지(水道—) [수도꼭찌] 손으로 돌려서 수돗물을 나오게 하거나 멎게 하는 장치.
수도사(修道士) 가톨릭에서, 수도원에 들어가 수도 생활을 하는 남자. [비]수사.
수도원(修道院) 가톨릭에서, 수사나 수녀가 일정한 규율 아래 공동생활을 하며 수행을 하는 곳.
수돗가(水道—) [수도까/수돋까] 수도가 있는 곳이나 그 근처. [예]체육 시간이 끝난 뒤 수돗가에서 세수를 했다.
수돗물(水道—) [수돈물] 상수도에서 나오는 물.
수동(手動) 기계 등을 동력을 쓰지 않고 손으로 움직임. [예]수동 재봉틀. [반]자동.
수동적(受動的) 남의 힘을 받아 움직이는 것. [예]수동적인 행동. [반]능동적.
수두(水痘) 어린이에게 많이 나타나는 전염성 피부병. 살갗에 돋은 붉은 종기가 얼마 뒤에 작은 물집으로 변한다. [비]작은마마.
수두룩하다 [수두루카다] 매우 흔하고 많다. [예]세상에는 착한 사람이 수두룩하다. [작]소도록하다. 수두룩이.
수라 '임금에게 올리는 밥'을 높여 이르던 말. |참고| 수라는 '수랄(水剌)'에서 온 말.
수라상(—床) [수라쌍] '임금에게 올리는 밥상'을 높여 이르던 말.
수라장(修羅場) 《아수라가 제석천을 상대로 싸운 곳이라는 뜻으로》 ①모진 싸움으로 처참하게 된 곳. ②뒤범벅이 되어 야단이 난 곳. [비]아수라장.
수락(受諾) 요구를 받아들여 들어줌. |참고| 수락은 '수낙(受諾)'의 변한말. [반]거부. 수락하다.
수란(水卵) 달걀을 깨어 국자에 담아 끓는 물 속에 넣어서 반쯤 익힌 것.
수량(數量) 수효와 분량. [예]창고에 남아 있는 제품의 수량을 점검해 보세요.
수런거리다 여러 사람이 한데 모여 시끄럽게 지껄이다. [예]무슨 일이 났는지 사람들이 모여 수런거리고 있다. [비]수런대다.
수런대다 ➡수런거리다.
수런수런 자꾸 수런거리는 모양.
수렁 ①진흙이나 개흙이 물과 엉겨 매우 질척질척하게 된 곳. [비]진창. ②'헤어나기 힘든 처지'를 비유하여 이르는 말. [예]연이은 패배로 수렁에 빠진 팀.
수레 바퀴를 달아서 굴러가게 만든 물건.
수레바퀴 수레가 굴러가도록 밑에 댄 바퀴.
수려하다(秀麗—) 경치나 용모가 빼어나게 아름답다. [예]이목구비가 수려한 젊은이.
수력(水力) 물의 힘.
수력 발전소(水力發電所) 높은 곳에서 흘러 떨어지는 물의 힘으로 발전기를 돌려서 전기를 일으키는 시설. [참]화력 발전소.
수련1(修鍊) 정신이나 학문·기술 등을 닦아서 단련함. [예]수련을 쌓다. 수련하다.
수련2(睡蓮) 수련과의 여러해살이풀. 못이나 늪에 자라며, 잎은 말굽 모양으로 물 위에 뜬다. 초여름에 흰 꽃이 핀다.
수렴(收斂) ①생각이나 주장 등을 한군데로 모음. [예]의견 수렴. ②돈이나 물건 등을 거두어들임. 수렴되다. 수렴하다.
수렵(狩獵) 총이나 그물 등으로 야생의 짐승을 잡는 일. [비]사냥. 수렵하다.
수렵도(狩獵圖) [수렵또] 사냥하는 모습을 그린 그림.

수령¹(守令) 조선 시대에, 각 고을을 맡아 다스리던 지방 관리. 관찰사·부사·군수·현감·현령 등. 町원.

수령²(受領) 돈이나 물건 등을 받아들임. 町당첨금 수령. 町영수. 수령하다.

수령³(首領) 무리의 우두머리. 町두령.

수령⁴(樹齡) 나무의 나이. 町수령이 육백 년이나 된 나무.

수로(水路) ①물이 흐르거나 물을 보내는 통로. 町물길. ②배가 다니는 길. ②町뱃길. ②町육로.

수로왕(首露王, ?~199) 가야의 시조. 알에서 태어났다고 한다. 町김수로.

수록(收錄) 책 등에 기록하여 넣거나 모아서 실음. 수록되다. 町10만 단어가 수록된 사전. 수록하다.

수뢰(受賂)[수뢰/수뤠] 뇌물을 받음. 町수뢰 혐의로 조사를 받다. 수뢰하다.

수료(修了) 일정한 학업이나 과정을 다 마침. 町붓글씨 중급반 수료. 수료하다.

수루(戍樓) 지난날, 성 밖에 있는 적군을 살피려고 성 위에 지었던 누각.

수류탄(手榴彈) 적 가까이에서 손으로 던지는 조그만 폭탄.

수륙(水陸) ①물과 뭍. 곧, 바다와 육지. ②수로와 육로.

수리¹ 수릿과의 새. 몸집이 크고 사납다. 부리와 발톱이 크고 날카로워 들쥐나 토끼 등을 잡아먹는다. 산이나 평야에 산다.

수리²(水利) 물을 식수나 공업용 등으로 이용하는 일. 町수리 시설.

수리³(受理) 받아서 처리함. 수리되다. 수리하다. 町사표를 수리하다.

수리⁴(修理) 고장이 나거나 허름한 데를 손보아 고침. 町서비스 센터에 컴퓨터의 수리를 맡겼다. 수리되다. 수리하다. 町녹음기를 수리하다.

수:리⁵(數理) 수학의 이론이나 이치.

수립(樹立) 국가나 정부, 제도나 계획 등을 이룩하여 세움. 수립되다. 수립하다. 町1948년 8월 15일에 대한민국 정부를 수립하였다.

수릿날 [수린날] ➡단오.

수마(水魔) '수해'를 악마에 비유하여 이르는 말. 町수마가 할퀸 자국.

수:만(數萬) 만의 두서너 배. 町수만 개/수만의 군사.

수:많다(數一)[수만타] 《주로 '수많은'의 꼴로 쓰여》 수효가 아주 많다. 町밤하늘의 수많은 별. 수많이.

수매(收買) 거두어 사들임. 町농산물 수매. 수매되다. 수매하다.

수맥(水脈) 지하수의 물줄기.

수면¹(水面) 물의 표면. 町잔잔한 수면.

수면²(睡眠) 잠자는 일. 町충분히 수면을 취해라. 수면하다.

수면제(睡眠劑) 잠이 들게 하는 약.

수명(壽命) ①살아 있는 시간의 길이. 町목숨. ②물건 등이 제 기능이 다하도록 쓰이는 기간. 町건전지의 수명.

수모(受侮) 모욕을 당함. 町갖은 수모를 겪었다.

수 모형(數模型) 덧셈과 뺄셈을 쉽게 할 수 있게 만든, 하나가 일·십·백 등의 값을 가지는 모형.

수목(樹木) 살아 있는 나무.

'수목'의 쓰임

이미 베었거나 죽은 나무 등에는 쓰이지 않는다. 또한, 여러 그루가 모여 있는 경우만 이를 뿐, 나무 한 그루 한 그루에 대해서는 수목이라고 하지 않는다. 町수목이 울창한 계곡.

수목원(樹木園)[수모권] 연구를 하거나 여러 사람에게 보이기 위하여 갖가지 나무와 풀을 모아 기르는 곳.

수목장(樹木葬)[수목짱] 죽은 사람의 몸을 불에 태워 나온 뼛가루를 나무 밑에 묻어서 장사 지내는 일.

수몰(水沒) 물속에 잠김. 예댐의 건설로 수몰 위기에 놓인 마을. 수몰되다. 수몰하다.

수묵(水墨) 빛이 엷은 먹물.

수묵 담채화(水墨淡彩畫) 동양화에서, 먹물로 그림을 그리고 여러 가지 색을 더 칠한 그림.

수묵화(水墨畫)[수무콰] 먹물로 짙고 연하게 효과를 내어 그린 그림. ⓑ먹그림·묵화.

〈수묵화〉

수문(水門) 저수지나 수로에 설치하여 물의 양을 조절하는 문.

수문장(守門將) 지난날, 대궐문이나 성문을 지키던 장수. 참문지기.

수미산(須彌山) 불교에서 이르는, 세계의 중심에 높이 솟아 있다는 산.

수ː박 박과의 한해살이 덩굴풀. 크고 둥근 열매는 맛이 달고 물이 많다.

수반[1](水盤) 물을 담아 꽃을 꽂거나 수석 등을 올려놓는 데 쓰이는, 바닥이 얕고 평평한 그릇.

수반[2](首班) 행정부의 우두머리.

수반[3](隨伴) 어떤 일과 함께 일어나거나 나타남. 수반되다. 예모험에는 위험이 수반되기 마련이다. 수반하다.

수발 시중들며 보살피는 일. 예환자의 수발을 들다. 수발하다.

수배(手配) 경찰이나 검찰이 범인을 잡으려고 찾아다님. 예납치범 공개 수배. 수배되다. 수배하다.

수ː백(數百) 백의 두서너 배. 예수백 가지의 책.

수ː백만(數百萬)[수뱅만] 백만의 두서너 배. 예수백만 군중.

수법(手法)[수뻡] ①어떤 작품을 만들어 내는 솜씨. ⓑ기법. ②일을 꾸며 내는 방법이나 수단. 예사기꾼이 교묘한 수법으로 사람들을 속였다.

수병(水兵) 바다를 지키는 병사.

수복(收復) 잃었던 땅을 도로 찾음. 예국토 수복. 수복되다. 수복하다.

수북하다[수부카다] ①물건이 두둑하게 놓여 있거나 쌓여 있다. 예빈 그릇이 수북하게 쌓여 있다. ②한 자리에 배게 많다. 예버려진 땅에 잡초만 수북하게 나 있다. 홴소복하다. 수북이. 예밤새 수북이 내린 눈.

수분[1](水分) 축축한 물의 기운. 예수분이 많은 과일. ⓑ물기.

수분[2](受粉) ⇒꽃가루받이.

수비(守備) 싸움이나 운동 경기 등에서 상대의 공격을 막고 자기편을 지킴. 예축구에서 수비를 맡은 선수. ⓑ공격. 수비하다. 예국경을 수비하다.

수비군(守備軍) 적의 공격을 막아 자기편을 지키는 일을 주임무로 하는 군대. ⓑ공격군.

수비대(守備隊) 어떤 곳을 지키기 위하여 두는 군대. 예독도 수비대. ⓑ공격대.

수비수(守備手) 여럿이 편을 나누어 하는 운동 경기에서, 상대편의 공격을 막는 일을 맡은 선수. ⓑ공격수.

수사(搜査) 범인을 찾아서 잡거나 범죄에 관한 증거를 모으는 일. 예검찰이 사건 수사에 나섰다. 수사하다.

수산물(水産物) 민물이나 바다에서 나는 산물. 물고기나 조개 또는 바닷말 등.

수산업(水産業)[수사넙] 수산물을 잡거나 기르거나 가공하는 산업.

수산업 협동조합(水産業協同組合) 수산업자의 공동 이익을 목적으로 세워진 조합. 준수협.

수산 자ː원(水產資源) 바다에서 얻어지는 어류·조개류·소금 등의 자원을 통틀어 이르는 말.
수산화나트륨(水酸化Natrium) 소금물을 전기 분해할 때 생기는 빛깔이 없고 투명한 고체. 물과 알코올에 잘 녹으며, 공업용으로 많이 쓰인다.
수산화칼슘(水酸化calcium) 산화칼슘에 물을 부을 때 생기는 흰빛의 가루. 의약품이나 표백제의 원료로 쓰인다. [비]소석회.
수삼(水蔘) 말리지 않은 인삼. [비]생삼. [반]건삼.
수상1(水上) 물의 위. [예]수상 가옥.
수상2(受賞) 상을 받음. [예]이 선수는 각종 대회에서 수상을 한 경력이 있다. **수상하다**. [예]최우수상을 수상하다.
수상3(首相) 내각의 우두머리.
수상기(受像機) 보내온 전파를 받아서 영상을 만드는 장치. [예]텔레비전 수상기.
수상선(水上船) 주로 강물에서 다니는, 가장자리가 낮고 바닥이 평평한 배. [비]물윗배.
수상스럽다(殊常—) [수상스럽따] 수상한 태도나 기미가 있다. [예]수상스러운 행동을 하는 사람이 있어 눈여겨보았다. [활용] 수상스러우니·수상스러워. **수상스레**.
수상 스키(水上ski) 모터보트에 달린 밧줄을 잡고 보트에 끌려 가면서 스키로 수면을 미끄러져 달리는 스포츠.
수상자(受賞者) 상을 받는 사람. [예]수상자에게 상금과 상패를 전달했다.
수상쩍다(殊常—) [수상쩍따] 수상한 데가 있다. [예]저 사람 하는 짓이 수상쩍다.
수상하다(殊常—) 말이나 행동이 보통과 달리 매우 이상하다. [예]수상한 사람을 보면 경찰에 신고해야 한다. **수상히**.
수색(搜索) 구석구석 뒤지며 사람이나 물건을 찾음. [예]간첩 수색 작전. **수색하다**.
수색대(搜索隊) [수색때] 적의 위치나 병력 등을 알아내기 위하여 수색하는 부대.
수생 동ː물(水生動物) 물속에서 사는 동물을 통틀어 이르는 말.
수생 식물(水生植物) 물속에서 자라는 식물을 통틀어 이르는 말. [비]수중식물.
수석1(首席) ①등급이나 지위가 가장 높은 자리. [예]수석 연구원. ②시험 등에서 가장 높은 성적, 또는 그 사람. [예]누나는 대학에 수석으로 합격했다.
수석2(壽石) 생긴 모양이나 빛깔 또는 무늬 등이 묘하고 아름다운 돌.
수선1 정신이 어지럽게 부산을 떠는 말이나 짓. [예]너무 수선 피우지 마라.
수선2(垂線) ➡수직선.
수선3(修繕) 낡거나 허름한 것을 손보아 고침. [예]구두 수선. **수선되다**. **수선하다**.
수선공(修繕工) 수선하는 일을 전문으로 하는 사람.
수선스럽다 [수선스럽따] 수선을 부리는 태도가 있다. [예]아이들이 수선스럽게 떠드는 바람에 벨 소리를 못 들었다. [활용] 수선스러우니·수선스러워. **수선스레**.
수선화(水仙花) 수선화과의 여러해살이풀. 따뜻한 지방에서 자라는 알뿌리 식물로 이른 봄에 노란색 또는 흰색 꽃이 핀다.
수성1(水性) ①물의 성질. ②물에 녹는 성질. [예]수성 페인트.
수성2(水星) 태양계에서 가장 작고 태양에 가장 가까이 있는 행성.
수성암(水成岩) 물에 떠내려간 모래나

자갈 등이 바다 밑에 쌓인 다음 큰 압력을 받아 이루어진 바위. [비]퇴적암.

수세(守勢) 적을 맞아 지키는 태세. 또는 힘이 부쳐서 밀리는 형세. [예]수세에 몰리다. [반]공세.

수세미 설거지할 때 그릇을 씻는 물건. [참고] 전에는 수세미외의 열매 속이나 짚으로 만들었지만, 지금은 주로 화학 섬유로 만든다.

수세식(水洗式) 물을 내려 대소변이 물에 씻겨 내려가도록 처리하는 방식. [예]수세식 화장실.

수소1 소의 수컷. [반]암소. [잘못] 숫소.

수소2(水素) 빛깔과 냄새가 없고, 타는 성질을 가진 기체. 모든 물질 가운데 가장 가볍다.

수소문(搜所聞) 세상에 떠도는 소문을 더듬어 찾음. [예]수소문 끝에 잃었던 아들을 찾았다. 수소문하다.

수속(手續) 어떤 일을 수행하거나 처리할 때 거쳐야 하는 차례와 방법. [예]입학 수속을 마쳤다. [비]절차. 수속하다.

수송(輸送) 기차·배·자동차 등으로 짐이나 사람을 실어 보냄. [예]보급품 수송. [비]운송. 수송되다. 수송하다.

수수1 볏과의 한해살이풀. 잎은 옥수수 잎과 비슷하며 여름에 줄기 끝에 이삭이 달린다. 열매는 식용으로, 잎과 줄기는 사료로 쓰인다.

〈수수1〉

수수2(授受) 주고받음. [예]금품 수수. 수수하다.

수수경단(—瓊團) 찰수수 가루를 반죽하여 둥글게 빚어 녹말을 묻힌 다음, 삶아서 찬물에 헹구고 고물을 묻힌 떡.

수수깡 ➡수숫대.

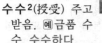

수수께끼 ①사물을 빗대어 말하여 무엇인지를 알아맞히는 놀이. ②속사정이나 답을 알 수 없는 복잡하고 이상한 일. [예]수수께끼의 사나이/외계인의 존재는 아직도 풀리지 않는 수수께끼이다.

수수꽃다리 [수수꼳따리] 물푸레나뭇과의 낙엽 지는 떨기나무. 넓은 달걀 모양의 잎이 마주나고, 4~5월에 연한 자주색 꽃이 피며, 열매는 9월에 익는다. 우리나라에만 자라는 나무이다. 꽃이 수수를 닮았다 하여 붙여진 이름이다.

수수료(手數料) 어떤 일을 맡아 처리해 주는 값으로 받는 돈.

수수방관(袖手傍觀) 《팔짱을 끼고 바라만 본다는 뜻으로》 '응당 해야 할 일에 아무런 관여도 하지 않고 그대로 버려 둠'을 이르는 말. [예]더 이상 수수방관을 할 수 없는 환경 문제. 수수방관하다.

수수밭 [수수받] 수수를 심은 밭.

수수하다 옷차림이나 성격·태도 등이 화려하거나 별난 데 없이 평범하다. [예]수수한 옷차림.

수술1 수술대와 꽃가루주머니로 되어 있으며, 주로 암술 둘레에 둘러서 있는 꽃의 생식 기관. [비]수꽃술. [반]암술.

수술2(手術) 몸의 일부를 째거나 도려내거나 하여 병을 낫게 하는 치료 방법. [예]아버지께서 심장 수술을 받으셨다. 수술하다.

수술대1 [수술때] 수술의 꽃밥이 달려 있는 가느다란 줄기. [반]암술대.

수술대2(手術臺) 환자를 눕혀 두고 수술을 하기 위하여 설비한 대.

수술실(手術室) 수술을 하기 위하여 수술 기구 등을 갖추어 놓은 방. [예]응급 환자가 곧바로 수술실로 들어갔다.

수숫단 [수수딴/수숟딴] 수수를 단으로 묶어 놓은 것.

수숫대 [수수때/수숟때] 수수의 줄기. [비]수수깡.

수습¹(收拾) 어수선한 상태를 거두어 바로잡음. [예]사장이 직접 사태 수습에 나섰다. 수습되다. 수습하다.

수습²(修習) 정식으로 일을 맡기 전에 배워 익힘. [예]수습 사원.

수시로(隨時—) 아무 때나 늘. [예]수시로 온도를 점검해라.

수식¹(修飾) ①겉모양을 꾸밈. ②뒤에 오는 말을 꾸미거나 뜻을 더함. ③문장의 표현을 화려하거나 아름답게 꾸밈. 수식하다.

수ː식²(數式) 수나 양을 나타내는 숫자나 문자를 계산 기호로 연결한 식. [준]식.

수식어(修飾語) [수시거] ①뒤에 오는 말을 꾸미거나 뜻을 더하는 말. 가령, '푸른 하늘'에서 '하늘'을 꾸미는 '푸른' 같은 말. ②표현을 아름답게 하거나 효과적으로 하기 위하여 꾸미는 말. [예]세상의 온갖 수식어를 갖다 붙여도 미처 표현할 수 없는 아름다움.

수신¹(受信) 전화·우편물·전보 등의 통신을 받음. [예]수신 메일. [반]송신·발신. 수신되다. 수신하다.

수신²(修身) 마음과 행실을 바르게 닦아 수양함. 수신하다.

수신기(受信機) 다른 곳에서 보내 오는 통신을 받는 기계 장치. [반]발신기·송신기.

수신사(修信使) 조선 고종 때, 일본에 보내는 사신을 이르던 말. '통신사'의 고친 이름이다.

수신자(受信者) 전화·우편물·전보 등을 받는 사람. [예]수신자가 요금을 부담하는 전화도 있다. [반]발신자.

수심¹(水深) 물의 깊이. [예]강 한복판은 수심이 무척 깊다.

수심²(愁心) 근심하는 마음. [예]수심이 가득한 얼굴.

수심가(愁心歌) 평안도 민요의 한 가지. 인생의 허무함을 한탄하는 내용으로 매우 구슬프다.

수ː십(數十) 열의 두서너 배. [예]수십 명/수십 마리의 양.

수ː십만(數十萬) [수심만] 십만의 두서너 배. [예]수십만이 운집한 광장/수십만 평의 땅.

수ː십억(數十億) [수시벅] 십억의 두서너 배. [예]수십억원.

수압(水壓) 물의 누르는 힘. [예]깊은 바다로 내려갈수록 수압이 높아진다.

수액(樹液) 땅속에서 나무의 뿌리로 빨아들여 줄기를 통해 잎으로 올라가는 액체.

수양(修養) 몸과 마음을 갈고닦아 지혜와 도덕·품성 등을 기름. [예]오랫동안 수양을 쌓은 스님. 수양하다.

수양딸(收養—) 남의 자식을 자기 자식으로 삼아 기르는 딸. [비]양녀.

수양버들(垂楊—) 버드나뭇과의 낙엽 지는 큰키나무. 가지는 가늘고 길게 늘어지며, 잎도 가늘고 길다. 중국 원산으로 가로수로 많이 심는다. [비]실버들.

수양아들(收養—) 남의 자식을 자기 자식으로 삼아 기르는 아들. [비]양자.

수ː억(數億) 억의 두서너 배. [예]수억 인구/수억의 재산.

수업¹(受業) 학업이나 기술의 가르침을 받음. 수업하다.

수업²(授業) 학업이나 기술을 가르쳐 줌. [예]학생들이 선생님의 수업을 열심히 듣고 있다. 수업하다.

수업료(授業料) [수엄뇨] 학생이 학교에서 수업을 받는 대가로 내는 돈.

수ː없이(數—) [수업씨] 수를 헤아릴 수 없을 만큼 많이. [예]수없이 많은 밤하늘의 별.

수에즈 운:하(Suez運河) 이집트의 북동부에 있는, 지중해와 홍해를 연결하는 운하. 길이 163 km. 세계 최대의 운하로, 아시아와 유럽을 연결하는 최단 항로이다.

수여(授與) 상장·상품·훈장 등을 줌. 예개근상 수여. 수여되다. 수여하다.

수염(鬚髯) 다 자란 남자의 턱이나 뺨에 나는 털. 예아버지가 거울 앞에서 수염을 깎고 계신다.

수염뿌리(鬚髯—) 뿌리줄기의 밑동에서 수염처럼 많이 뻗어 나온 뿌리. 벼나 보리 등의 뿌리.

수영(水泳) 물 위에 몸이 떠다닐 수 있도록 팔다리를 움직이는 일. 비헤엄. 수영하다.

:::: **'수영'과 '헤엄'의 구별** ::::

수영 : 사람이 물속에서 나아가기 위하여 팔다리를 움직이는 일. 사람이 하는 것만을 가리키며, 주로 스포츠나 놀이로서 하는 것을 이른다.

헤엄 : 사람이나 물고기 등이 물속에서 나아가기 위하여 팔다리나 지느러미를 움직이는 일. 사람을 포함하여 동물이 하는 것을 가리키며, 스포츠로서 하는 것은 '헤엄'이라고 하지 않는다.

수영복(水泳服) 수영할 때 입는 옷.

수영장(水泳場) 헤엄을 치면서 놀거나 수영 경기를 할 수 있도록 만들어 놓은 시설. 비풀장.

수예(手藝) 뜨개질·자수 등과 같이 실과 헝겊을 가지고 손으로 물건을 만들거나 꾸미는 일.

수온(水溫) 물의 온도. 예수온 상승.

수완(手腕) 일을 꾸미거나 치러 나가

〈수예〉

는 솜씨. 예장사 수완이 뛰어난 사람.

수요(需要) 어떤 물건을 필요로 하여 사려고 하는 것. 예여름철에는 차가운 음료의 수요가 많다. 반공급.

수요일(水曜日) 칠요일의 하나. 일요일로부터 넷째 날. 준수.

수요자(需要者) 무엇이 필요해서 얻고자 하는 사람. 반공급자.

수용[1](收容) 사람이나 물품 등을 거두어 일정한 곳에 넣어 둠. 예수용 능력. 수용되다. 수용하다.

수용[2](受容) 남의 생각이나 주장·문화 등을 받아들임. 수용되다. 수용하다. 예상대편의 의견을 수용하다.

수용성(水溶性)[수용썽] 어떤 물질이 물에 녹는 성질. 예수용성 물감. 반지용성.

수용소(收容所) 많은 사람을 한곳에 모아 맡기거나 가두어 두는 곳. 예포로 수용소.

수용액(水溶液) 어떤 물질을 물에 넣어 녹인 액체. 설탕물·소금물 등.

수원[1](水原) 경기도의 중남부에 있는 시. 대규모 공장이 들어서면서 농업 도시에서 공업 도시로 발전하고 있다. 경기도의 도청 소재지이다.

수원[2](水源) 물이 흘러나오는 근원.

수원성(水原城) 경기도 수원시에 있는 조선 후기의 성. 약 200년 전에 만든 성으로, 당시의 과학과 기술의 발달을 잘 나타내는 유적이다. 1997년에 유네스코 세계 문화유산으로 지정되었다. 비화성.

수원지[1](水源地) 강물이나 냇물이 흐르기 시작하는 곳.

수원지[2](水源池) 상수도에 보낼 물을 모아 처리하는 곳.

수월찮다[수월찬타] ①힘들어서 하기가 쉽지 않다. 예수월찮은 일. ②꽤 많다. 수월찮이. 예집을 수리하는 데 돈이 수월찮이 들었다.

수월하다 힘들지 않아 하기가 쉽다. 예기계가 들어와 일하기가 훨씬 수월하다. 수월히.

수위¹(水位) 바다·강·호수·저수지 등의 수면의 높이. 예비가 와서 강의 수위가 높아졌다.

수위²(守衛) 회사나 학교 등에서 경비를 맡아보는 사람.

수위³(首位) 등급이나 지위 등에서, 첫째가는 자리. 예수위를 차지하다.

수유(授乳) 아기에게 젖을 먹임. 예모유 수유. 수유하다.

수육(一肉) 삶아 익힌 쇠고기.

수은(水銀) 금속 원소의 한 가지. 빛깔은 은백색이며, 보통 온도에서 액체 상태로 있다. 온도계·기압계·수은등·의약품 등에 널리 쓰인다.

수은주(水銀柱) 수은 온도계나 기압계의 유리 대롱에 수은으로 채워진 부분. 그 높이로 온도를 잰다. 예수은주가 올라가다(내려가다).

수의¹(囚衣) [수의/수이] 죄수가 입는 옷.

수의²(壽衣) [수의/수이] 죽은 사람의 몸을 씻긴 뒤에 입히는 옷.

수의사(獸醫師) [수의사/수이사] 짐승, 특히 가축의 질병을 치료하는 의사.

수익(收益) 일이나 사업 등을 하여 거두게 되는 이익. 예수익이 높은 사업.

수익금(收益金) [수익끔] 이익으로 얻은 돈.

수인성 전염병(水因性傳染病) 물이나 음식물에 들어 있는 세균에 의해 전염되는 병. 장티푸스·콜레라 등.

수:일(數日) 이삼일 또는 사오일. 예수일 후에 다시 만나자.

수임(受任) 임무를 받음. 수임하다.

수입¹(收入) 돈이나 물건 등을 벌어들임, 또는 그 돈이나 물건. 예지난달보다 수입이 늘었다. 만지출.

수입²(輸入) 다른 나라로부터 물건 등을 사들임. 예석유 수입. 만수출. 수입되다. 수입하다.

수입품(輸入品) 외국에서 사들인 물품. 만수출품.

수자원(水資源) 농업·공업·발전용 등의 자원이 되는 물.

수작¹(秀作) 뛰어난 작품.

수작²(酬酌) 《술잔을 서로 주고받는다는 뜻에서》 ①말을 서로 주고받음. 예지나가는 사람에게 엉뚱한 수작을 걸었다. ②'엉큼한 속셈이나 속보이는 짓'을 얕잡아 이르는 말. 예허튼 수작 부리지 마. 수작하다.

수장¹(水葬) 죽은 사람을 물속에 넣어 장사 지냄. 수장되다. 수장하다.

수장²(首長) 기관이나 단체의 우두머리.

수재¹(水災) 장마나 홍수로 인해 일어나는 재해. 예갑작스러운 폭우로 많은 사람들이 수재를 당했다. 비수해.

수재²(秀才) 머리가 좋고 재주가 뛰어난 사람. 비영재. 만둔재.

수재민(水災民) 수재로 해를 입은 사람.

수저 ①숟가락과 젓가락. ②〈숟가락〉의 높임말. 예할아버지께 수저를 갖다 드려라.

수저집 숟가락과 젓가락을 넣어 두는 주머니.

수저통(一筒) 수저를 담거나 꽂아 두는 통.

수:적(數的) [수쩍] 수를 기준으로 한 것. 예우리가 수적으로 불리하다.

수전노(守錢奴) 돈을 모을 줄만 알고 쓰려고는 하지 않는 '인색한 사람을 낮추어 이르는 말.

수절(守節) 남편이 죽은 여자가 다시 결혼하지 않고 평생 홀로 지냄. 수절하다.

수정¹(水晶) 빛깔이 없고 투명한 육각 기둥 모양의 광물. 불순물이 섞인 것은 보라·노랑·검정 등의 빛깔을 띤다. 도장이나 장식품 등에 쓰인다.

수정²(受精) 암수의 생식 세포가 새로운 개체를 이루기 위해 하나로 합쳐지는 일. 수정되다. 수정하다.

수정³(修正) 바로잡아 고침. 예이 보고서는 수정이 필요하다. 수정되다. 수정하다.

수정과(水正果) 생강을 달인 물에 설탕이나 꿀을 탄 다음, 곶감·계피를 담그고 잣을 띄운 음료.

수제비 밀가루를 반죽하여 끓는 국물에 조금씩 떼어 넣어 익힌 음식.

수제자(首弟子) 여러 제자 중에서 학문이나 기술 등의 배움이 가장 뛰어난 제자.

수제천(壽齊天) 신라 때에 만들어진 궁중 음악의 한 가지. 대금·향피리·장구·박 등의 악기로 연주되는 관악 합주곡이다.

수조(水槽) 물을 담아 두는 큰 통.

수족(手足) ①손과 발. 예할아버지는 중풍으로 수족을 못 쓰신다. 비손발. ②'손발처럼 마음대로 부리는 사람'을 비유하여 이르는 말.

수족관(水族館) [수족꽌] 물속에 사는 여러 가지 동물을 길러, 그 생활을 연구하거나 구경시키도록 한 시설.

수주(受注) 주문을 받음. 수주하다. 예컴퓨터 열 대를 수주했다.

수준(水準) 사물의 가치나 등급을 정할 때 기준이 되는 정도. 예문화 수준이 높은 국가.

수준급(水準級) [수준끕] 수준이 꽤 높은 정도에 있는 것. 예농구를 좋아하는 삼촌은 농구 실력도 수준급이다.

수줍다 [수줍따] 다른 사람 앞에 있는 것을 부끄러워하는 태도가 있다. 예나는 아무 말도 못 하고 수줍게 웃기만 했다.

수줍어하다 [수주버하다] 수줍은 기색

이나 태도를 보이다. 예선생님 앞에서 수줍어하는 여학생.

수줍음 [수주븜] 수줍어하는 성질이나 태도.

수중¹(手中) ①손의 안. 예수중에 가진 돈이 없다. ②자신의 힘이 미칠 수 있는 범위. 예우리 기지가 적의 수중에 들어갔다. ②비손아귀.

수중²(水中) 물속. 예수중 탐사/수중 도시.

수증기(水蒸氣) 물이 증발하여 생긴 기체. 또는 기체 상태의 물. 준증기.

수지¹(收支) ①수입과 지출. ②거래에서 얻는 이익. 예수지가 맞는 장사.

수지²(樹脂) 나무에서 나오는 끈끈한 액체. 비나뭇진.

수지니(手一) 사람의 손으로 길들인 매나 새매. 참산지니.

수지맞다(收支一) [수지맏따] ①장사나 사업에서 이익이 남다. ②뜻하지 않게 좋은 일이 생기다. 예공짜 밥을 먹게 생겼으니 오늘 수지맞았구나.

수지 타:산(收支打算) 수입과 지출의 셈을 맞추어 봄. 예수지 타산이 맞지 않는 장사.

수직(垂直) ①똑바로 드리운 모양. 예막대를 수직으로 세워라. ②선과 선, 선과 면, 면과 면이 서로 만나 직각을 이룬 상태. 비수평.

수직면(垂直面) [수징면] 어떤 직선이나 평면과 직각으로 만나는 면.

수직선(垂直線) [수직썬] 어떤 직선이나 평면과 직각을 이루는 직선. 비수선.

수직 이:등분선(垂直二等分線) 평면상에서 어떤 선분을 수직으로 이등분하는 직선.

수질(水質) 물의 성분이나 성질. 예상수도 수질 검사.

수집¹(收集) 여러 가지 것을 거두어 모음. 예폐품 수집. 수집되다. 수집하다.

수집²(蒐集) 취미나 연구를 위해 어떤 물건이나 자료들을 찾아서 모음. 예우표 수집/골동품 수집. 수집되다. 수집하다.

수집다 [수집따] '수줍다'의 북한말.

수차¹(水車) 낮은 데의 물을 길어 올리는 기구의 한 가지. 조선 세종 때부터 만들어 이용하였다.

수ː차²(數次) 여러 차례. 예수차 들렀지만 한 번도 그를 못 만났다. 비누차 · 수차례.

수채 집 안에서 버린 허드렛물이나 빗물 등이 흘러 나가도록 만든 시설.

수채화(水彩畵) 서양화의 한 가지. 그림물감을 물에 풀어서 그린 그림.

수척하다(瘦瘠—) [수처카다] 몸이 마르고 얼굴이 몹시 안되어 보이다. 예앓고 나더니 수척해 보이는구나.

수ː천(數千) 천의 두서너 배. 예수천 년/수천의 군사.

수ː천만(數千萬) 천만의 두서너 배. 예수천만 명.

수첩(手帖) 간단한 기록을 하기 위하여 지니고 다니는 조그만 공책. 예형사는 내 말을 듣고는 무언가 수첩에 적었다.

수초(水草) 물속이나 물가에서 자라는 풀. 비물풀.

수축(收縮) 물체의 부피가 줄거나 오그라듦. 예근육의 수축. 반팽창. 수축되다. 수축하다.

수출(輸出) 국내의 상품이나 기술 등을 외국으로 팔아 내보냄. 예올해 우리나라의 수출이 늘었다. 반수입. 수출되다. 수출하다.

수출입(輸出入) [수추립] 수출과 수입을 아울러 이르는 말.

수출품(輸出品) 외국에 팔려 나가는 물품. 반수입품.

수취인(受取人) 서류나 물건을 받는 사람. 예수취인 불명.

수치¹(羞恥) 떳떳하지 못하고 부끄러움. 예수치를 당하다./수치를 느끼다./수치로 여기다.

수ː치²(數値) 계산하거나 재어서 얻은 수의 값. 예통계 수치.

수치스럽다(羞恥—) [수치스럽따] 떳떳하지 못하고 부끄러운 느낌이 있다. 예친구를 배신했던 과거가 수치스럽다. |활용| 수치스러우니 · 수치스러워. 수치스레.

수치심(羞恥心) 떳떳하지 못하고 부끄러운 마음. 예친구들이 보는 앞에서 꾸중을 들어 수치심을 느꼈다.

수칙(守則) 지키도록 정해진 규칙. 예안전 수칙.

수캉아지 강아지의 수컷. 반암캉아지. |잘못| 수강아지.

수캐 개의 수컷. 반암캐. |잘못| 수개.

수컷 [수컫] 동물의 암수 가운데 새끼나 알을 낳지 못하는 쪽. 반암컷. 참수. |잘못| 수컷.

수탈(收奪) 재물 등을 빼앗음. 수탈되다. 수탈하다. 예일제가 수탈해 간 문화재.

수탉 [수탁] 닭의 수컷. 반암탉. |잘못| 수닭.

수탕나귀 당나귀의 수컷. 반암탕나귀. |잘못| 수당나귀.

수톨쩌귀 암톨쩌귀에 끼게 된, 촉이 달린 돌쩌귀. 반암톨쩌귀. |잘못| 수돌쩌귀.

수통(水桶) 물을 넣는 통.

수태지 돼지의 수컷. 반암퇘지. |잘못| 수돼지.

수ː판(數板) 셈을 하는 데 쓰는 간편한 기구. 우리나라 · 일본 · 중국 등에서 쓴다. 비주판.

수ː판셈(數板—) 수판을 써서 하는 셈. 비주산. 수판셈하다.

수평(水平) 기울지 않고 평평한 상태. 반수직.

수평면(水平面) 중력의 방향과 직각을 이루는 평면.

수평선(水平線) 하늘과 바다가 맞닿아 보이는 선. 魯지평선.

수평아리 병아리의 수컷. 凹암평아리. |잘못| 수병아리.

수포¹(水泡) ①물 위에 떠 있는 거품. ②'공들인 일이 헛되이 되는 일'을 비유하여 이르는 말. 囫모든 계획이 수포로 돌아갔다. 凹물거품.

수포²(水疱) 살갗이 부풀어올라 속에 물이 잡힌 것. 凹물집.

수표(手票) 돈을 대신하여 쓸 수 있도록 한 증서. 囫자기앞 수표.

수풀 ①나무가 꽉 들어찬 곳. 囫수풀이 우거지다. 쥰숲. ②풀이나 덩굴 또는 작은 나무 등이 한데 엉킨 곳. 囫수풀 사이에 숨어 있는 산토끼.

수프(soup) 서양 요리에서, 고기나 채소 등을 삶아서 맛을 낸 국물.

수필(隨筆) 보고 듣고 경험한 일 등을 생각나는 대로 자유롭게 적은 글. 凹에세이.

수하물(手荷物) 손으로 들고 다닐 수 있는 간단한 짐. 凹손짐.

수학¹(修學) 학업을 닦음. 수학하다.

수ː학²(數學) 수·도형·공간의 성질에 관하여 연구하는 학문.

수학여행(修學旅行) [수항녀행] 실지로 보고 들어서 지식을 넓히기 위하여 교사가 학생들을 데리고 하는 여행.

수학 익힘책(數學—冊) 초등학교에서, 수학 교과서로 배운 것을 연습할 수 있도록 문제를 많이 풀게 만든 교재.

수해(水害) 장마나 홍수로 말미암아 입는 해. 囫수해를 입다. 凹수재.

수행¹(修行) 도나 덕을 닦음. 囫수행을 쌓다. 수행하다.

수행²(遂行) 일을 계획한 대로 해냄. 수행되다. 수행하다. 囫맡은 바 임무를 충실히 수행했다.

수행³(隨行) 높은 지위에 있는 사람을 돕거나 보호하기 위해 따라감. 수행하다. 囫대통령을 수행하다.

수행원(隨行員) 높은 지위에 있는 사람을 따라다니며 그를 돕거나 보호하는 사람.

수험(受驗) 시험을 치름. 囫수험 준비.

수험생(受驗生) 시험을 치르는 사람.

수혈(輸血) 피가 모자라는 환자의 혈관에 건강한 사람의 피를 넣음. 囫수술 중인 환자에게 수혈을 했다. 魯채혈. 수혈되다. 수혈하다.

수협(水協) '수산업 협동조합'을 줄여 이르는 말.

수형도(樹型圖) 점과 점 사이를 선으로 연결하여 나무에서 가지가 나누어지는 것과 같은 모양으로 나타낸 그림. 수학에서 경우의 수를 구할 때나 국어에서 문장의 짜임새를 나타낼 때 쓴다.

수호(守護) 지키고 보호함. 囫조국 수호. 수호되다. 수호하다.

수호신(守護神) 개인·가정·지역·국가 등을 지켜 보호하는 신.

수화(手話) 소리를 듣지 못하거나 말을 하지 못하는 사람들이 손짓으로 주고받는 말.

수화기(受話器) 전기 신호를 소리로 바꾸어 귀로 듣게 만든 장치. 주로 전화기에서 귀에 대고 듣는 쪽의 장치를 말한다. 凹송화기.

수확(收穫) ①농작물을 거두어들임, 또는 그 거둔 곡식. 囫감자의 수확이 작년보다 늘었다. ②어떤 일에서 얻은 좋은 성과. 囫장래가 유망한 어린 선수들을 발굴한 것이 이번 대회의 가장 큰 수확이다. 수확되다. 수확하다.

수확량(收穫量) [수황냥] 농작물을 거두어들인 양.

수회(數回) [수회/수훼] 여러 번. [예]수회에 걸쳐 방문을 요청했다.
수효(數爻) 사물의 낱낱의 수. [예]수효가 적다.
수훈(殊勳) 뛰어난 공훈.
숙고(熟考) [숙꼬] 깊이 생각함. [예]숙고 끝에 내린 결단. 숙고하다.
숙녀(淑女) [숭녀] ①교양과 예의를 갖춘 여자. ②다 자란 여자를 아름답게 이르는 말. [예]예비 숙녀. [반]신사.
숙녀복(淑女服) [숭녀복] 숙녀가 입는 옷. [반]신사복.
숙다 [숙따] ①앞으로 굽어 기울어지다. [예]벼 이삭이 숙었다. ②기운이 줄다. [예]점차 기세가 숙어 들었다.
숙달(熟達) [숙딸] 무엇에 익숙하고 통달함. 숙달되다. [예]숙달된 솜씨. 숙달하다.
숙덕거리다 [숙떡꺼리다] 남이 알아듣지 못하게 나직한 소리로 잇달아 이야기하다. [예]숙덕거리지만 말고, 떳떳이 나서서 말해라. [비]숙덕대다. [작]속닥거리다.
숙덕대다 [숙떡때다] ➡숙덕거리다.
숙덕숙덕 [숙떡쑥떡] 자꾸 숙덕거리는 모양. [작]속닥속닥.
숙독(熟讀) [숙똑] 글의 뜻을 생각하면서 자세히 읽음. 숙독하다.
숙련(熟鍊) [숭년] 어떤 일에 익어서 아주 능숙하게 됨. 숙련되다. [예]숙련된 기술자. 숙련하다.
숙맥(菽麥) [숭맥] 세상 물정을 잘 모르고 어수룩한 사람. [예]그걸 모르다니 숙맥이로군. [참고] 콩과 보리조차 구별하지 못한다는 뜻을 가진 '숙맥불변(菽麥不辨)'에서 비롯된 말.
숙면(熟眠) [숭면] 잠이 깊이 듦, 또는 그 잠. [예]숙면을 취하다. 숙면하다.
숙명(宿命) [숭명] 날 때부터 타고난 운명. [예]숙명의 대결.
숙모(叔母) [숭모] ➡작은어머니.
숙박(宿泊) [숙빡] 자기 집을 떠난 사람이 여관이나 호텔 같은 곳에서 자고 머무름. [예]우리는 여행을 떠나기 전에 숙박 시설을 알아보았다. 숙박하다.
숙부(叔父) [숙뿌] ➡작은아버지.
숙성(熟成) [숙썽] 발효가 잘되어 충분히 익음. [예]항아리에 넣고 숙성을 시킨 김치. 숙성되다. 숙성하다.
숙성하다(夙成—) [숙썽하다] 나이에 비해 키가 크거나 철이 일찍 들다. [예]말하는 걸 보니 여간 숙성한 게 아니더라. [비]조숙하다.
숙소(宿所) [숙쏘] 자기 집을 떠난 사람이 임시로 머물러 묵는 곳. [예]우리는 밤이 늦어서야 숙소에 도착했다.
숙식(宿食) [숙씩] 남의 집이나 숙박 시설 등에서 잠을 자고 끼니를 먹음. [예]부산에 있는 동안 친구 집에서 숙식을 해결했다. [비]침식. 숙식하다.
숙어(熟語) [수거] 둘 이상의 낱말이 합쳐져 새로운 뜻을 만들고 하나의 낱말처럼 쓰이는 말. [비]관용어.
숙어지다 [수거지다] ①앞으로 기울어지다. [예]졸음 때문에 고개가 저절로 숙어졌다. ②기운이 줄어들다. [예]환자의 병세가 한결 숙어졌다.
숙연하다(肅然—) [수견하다] 고요하고 엄숙하다. 숙연히. [예]숙연히 머리 숙여 고인의 명복을 빌었다.
숙원(宿願) [수권] 오래전부터 바라던 소원.
숙이다 [수기다] 고개나 몸을 앞으로 굽히다. [예]머리 숙여 용서를 빌었다.
숙정문(肅靖門) [숙쩡문] 조선 태조 4(1395)년에 세운, 서울의 북쪽 정문.
숙제(宿題) [숙쩨] ①학생들에게 집에서 해 오라고 내 주는 공부할 거리. [예]수학 숙제/숙제가 많아서 다 못 했다. ②해결해야 할 문제. [예]공해 문제가 큰 숙제로 남아 있다. [비]과제.

숙종(肅宗, 1661~1720) 조선 제19대 왕(재위 1674~1720). 세금을 쌀로 내게 하는 대동법을 실시하였으며, 백두산에 정계비를 세워 국경선을 확정하였다.

숙주나물 [숙쭈나물] 녹두를 물에 불려 싹이 나게 한 것, 또는 그것을 양념하여 만든 반찬.

숙직(宿直) [숙찍] 직장에서 밤에 잠을 자며 건물이나 시설 등을 지키는 일. 숙직하다.

숙질(叔姪) [숙찔] 아저씨와 조카.

숙청(肅淸) 반대파를 모두 제거하는 일. 숙청되다. 숙청하다.

순[1] '아주'·'몹시'의 뜻으로 쓰는 말. 예알고 봤더니, 순 거짓말쟁이더라.

순[2](純) 다른 것이 섞이지 않은. 예순한글 신문.

순[3](筍) 나뭇가지나 풀의 줄기가 될, 길게 돋은 싹. 예나무의 어린순.

순간(瞬間) ①눈 깜짝할 사이. 예순간의 실수로 사고가 났다. ②어떤 일이 일어나는 바로 그때. 예자리에서 일어나는 순간 비명이 들렸다. 비찰나.

순간적(瞬間的) 눈 깜짝할 사이에 있는 것. 예공이 날아들자 순간적으로 몸을 숙였다.

순결(純潔) 잡된 것이 없이 순수하고 깨끗함. 순결하다. 예순결한 사랑.

순경(巡警) 경찰 공무원 계급의 하나. 경장의 아래로 경찰관의 가장 낮은 계급.

순교(殉敎) 자기가 믿는 종교를 위하여 목숨을 바침. 순교하다.

순국(殉國) 나라를 위해 목숨을 바침. 순국하다.

순국선열(殉國先烈) [순국써녈] 나라를 위해 목숨을 바친 사람. 비애국선열.

순금(純金) 다른 것을 섞지 않은 순수한 황금. 예순금 반지.

순대 돼지의 창자 속에 쌀·두부·파·숙주나물·표고버섯 등을 양념하여 이겨서 넣고 끝을 동여 삶아 익힌 음식.

순도[1](純度) 물질의 순수한 정도. 예순도 99%의 금.

순도[2](順道, ?~?) 고구려 소수림왕 때 중국 전진에서 귀화한 승려. 소수림왕 2(372)년에 불상과 경문을 가지고 고구려에 들어와, 처음으로 불교를 전파하였다.

순두부(一豆腐) 눌러서 굳히지 않은 두부.

순례(巡禮) [술레] 뜻깊은 여러 곳을 차례로 찾아다님. 예성지 순례/국토 순례. 순례하다.

순록(馴鹿) [술록] 사슴과의 동물. 사슴과 비슷하나 더 크고 억세다. 암수 모두 뿔이 있고 코와 목 밑이 긴 털로 덮였다. 북극 지방에 분포한다.

〈순록〉

순:리(順理) [술리] 마땅한 도리나 이치. 예순리대로 살아라.

순모(純毛) 다른 것이 섞이지 않은 순수한 모직물이나 털실.

순박하다(淳朴一) [순바카다] 마음이 순하고 진실하며 꾸밈이 없다. 예순박한 시골 처녀.

순발력(瞬發力) ①순간적으로 몸을 빨리 움직일 수 있는 능력. ②순간적으로 잘 판단하여 말하거나 행동하는 능력. 예나는 갑작스러운 질문에 순발력 있게 대답했다.

순방(巡訪) 여러 나라나 도시를 차례로 찾아다님. 순방하다. 예동남아 4개국을 순방하다.

순백색(純白色) [순백쌕] 새하얀 빛. [준]순백.

순ː번(順番) 차례로 돌아오는 순서. [예]청소 순번.

순사(巡査) 일제 강점기, 경찰관의 가장 낮은 계급. 지금의 순경에 해당한다.

순ː산(順産) 아무 탈 없이 아이를 낳음. [예]식구들은 모두 숙모의 순산을 바라고 있다. **순산하다**.

순ː서(順序) 정해져 있는 차례. [예]키 순서대로 앉아라. [비]차례.

순ː서도(順序圖) 컴퓨터에서, 수행하는 일의 내용과 처리 순서를 알기 쉽게 나타낸 그림.

순ː서쌍(順序雙) 수학에서, 두 집합의 원소에 순서를 주어서 서로 짝을 지은 것. (가, 나)와 같이 나타낸다.

순수(純粹) 다른 것이 조금도 섞임이 없음. **순수하다**. [예]어린아이의 순수한 마음.

순ː순하다(順順—) 태도가 고분고분하고 온순하다. **순순히**. [예]나는 묻는 말에 순순히 대답했다.

순시(巡視) 돌아다니며 살펴봄, 또는 그런 사람. **순시하다**.

순식간(瞬息間) [순식깐] 극히 짧은 동안. [예]순식간에 일어난 일.

순우리말(純—) [수누리말] 한자어나 외래어가 섞이지 않은 우리나라 고유의 말. [예]'나무, 바람, 하늘'은 모두 순우리말이다. [비]고유어.

순ː위(順位) [수뉘] 어떤 기준에 따라 정해진 위치나 지위. [예]경기가 끝난 뒤 선수들의 순위가 발표되었다.

순ː응(順應) [수능] 어떤 것에 잘 적응하거나 순순히 따름. [예]현실에 순응을 하다. **순응하다**.

순전하다(純全—) 순수하고 완전하다. **순전히**. [예]우리가 만난 건 순전히 우연이다.

순정(純情) 꾸밈이나 거짓이 없는 마음.

순조(純祖, 1790~1834) 조선 제23대 왕(재위 1800~1834). 안동 김씨의 세도 정치로 인해 왕권을 제대로 행사하지 못하였다.

순ː조롭다(順調—) [순조롭따] 예정대로 잘되어 가 아무 탈이 없다. [예]일이 순조롭게 진행되고 있다. |활용| 순조로우니·순조로워. **순조로이**.

순종[1](純宗, 1874~1926) 조선 제27대 마지막 왕(재위 1907~1910). 융희 1(1907)년에 즉위하였으나, 1910년에 나라를 빼앗겼다.

순종[2](純種) 딴 계통과 섞이지 않은 순수한 종. [반]잡종.

순ː종[3](順從) 순순히 복종함. **순종하다**. [예]선생님 말씀에 순종하다.

순ː종적(順從的) 남의 뜻에 순순히 따르는 것. [예]부모에게 순종적인 아이.

순지르기(筍—) 나무나 풀을 잘 가꾸려고 쓸데없는 순을 잘라 내는 일.

순직(殉職) 직무를 다하다가 목숨을 잃음. **순직하다**. [예]아이를 구하려다 순직한 소방관.

순진하다(純眞—) 마음이 꾸밈이 없고 참되다. [예]순진한 어린이.

순ː차적(順次的) 순서대로 차례차례 하는 것. [예]순차적으로 문제를 풀어라.

순찰(巡察) 주로 경찰이 범죄나 사고를 막으려고 여러 곳으로 돌아다니며 사정을 살핌. [예]경찰관이 순찰을 돌고 있다. **순찰하다**.

순찰사(巡察使) [순찰싸] 조선 시대에, 병란이 있을 때 지방의 군대를 순찰하던 임시 벼슬.

순ː천(順天) 전라남도 남동부에 있는 시. 교통의 요지이자 농수산물의 집산지이다. 명승지로는 송광사·선암사·장성포 등이 있다.

순:탄하다(順坦—) ①길이 험하지 않고 평탄하다. 예순탄한 길. ②아무 탈이 없이 순조롭다. 예나는 평생을 순탄하게 살아왔다. 순탄히.

순:풍(順風) ①순하게 부는 바람. ②배가 가는 쪽으로 부는 바람. 예순풍에 부푼 돛. ②빤역풍.

순풍에 돛을 단 듯[관용] 무슨 일을 하는 데 어려움이나 시련 같은 것이 따르지 않고 순조롭게 잘되어 나가는 경우를 이르는 말.

순:하다(順—) 성질이 부드럽다. 예순한 사람.

순항¹(巡航) 배를 타고 여러 곳을 돌아다님. 순항하다.

순:항²(順航) ①배나 비행기 등이 탈 없이 순조롭게 다님. ②일이 순조롭게 진행됨. 순항하다.

순화(純化) 잡스러운 것을 순수하게 함. 예명상을 통한 정신 순화. 순화되다. 순화하다.

순환(循環) 한 차례 돌아서 다시 먼저의 자리로 돌아옴. 예혈액 순환. 순환되다. 순환하다.

순환계(循環系)[순환계/순환게] 온몸에 피를 돌게 하여 산소와 영양을 공급하고 필요 없는 물질을 몸 밖으로 내보내는 기관들의 체계.

순환기(循環器) 온몸에 피를 돌게 하여 산소와 영양을 공급하고 필요 없는 물질을 몸 밖으로 내보내는 일을 하는 기관. 심장·혈관·림프관 등.

순환 도:로(循環道路) 일정한 지역을 순환할 수 있게 되어 있는 도로. 예외곽 순환 도로.

순회(巡廻)[순회/순훼] 여러 곳을 차례로 돌아다님. 예전국 순회 강연. 순회하다.

숟가락[숟까락] 밥이나 국 등을 떠먹는 기구. 준숟갈. 높수저. 참젓가락.

숟갈[숟깔] 〈숟가락〉의 준말.

술¹ 알코올 성분이 있고 마시면 취하게 되는 음료를 통틀어 이르는 말.

술:² 천이나 옷에 장식으로 다는 여러 가닥의 실.

술³ 한 숟가락의 분량. 예밥을 한 술도 뜨지 않았다.

술고래 '술을 아주 많이 마시는 사람'을 비유하여 이르는 말.

술기운[술끼운] 술에 취한 기운. 예술기운이 오르다. 비취기.

술김[술낌] 술에 취한 것을 기회나 핑계로 삼음. 예술김에 용기를 내어 마음속 이야기를 했다.

술래 술래잡기에서 숨은 아이들을 찾아내는 아이.

술래잡기[술래잡끼] 여럿 가운데 한 아이가 술래가 되어 숨은 아이들을 찾아내는 놀이. 술래잡기하다.

술렁거리다 자꾸 어수선하게 소란이 일다. 예사고 소식에 사람들이 술렁거렸다. 비술렁대다.

술렁대다 ⇒술렁거리다.

술렁술렁 자꾸 술렁거리는 모양.

술렁이다 어수선하게 소란이 일다.

술병(一瓶)[술뼝] 술을 담는 병을 통틀어 이르는 말.

술상(一床)[술쌍] 술과 안주를 차려 놓은 상. 비주안상.

술수(術數)[술쑤] 나쁜 일을 꾸미는 꾀. 예술수를 부리다. 비술책.

술술 ①물이나 가루 등이 잇달아 새어 나오는 모양. ②말이나 글이 거침없이 잘 나오는 모양. 예어떻게 그렇게 거짓말이 술술 나오니? ③얽혔던 문제나 실 등이 수월하게 풀리는 모양. 예일이 술술 풀리는구나. 왜솔솔.

술잔(一盞)[술짠] 술을 따라 마시는 잔. 예술잔에 술을 가득 따르다.

술장수 술을 파는 사람.

술주정(一酒酊) 술을 마시고 정신 없이 하는 말이나 행동.

술집 [술찝] 술을 파는 가게. 비주점.

술책(術策) 남을 속이기 위한 꾀나 방법. 예간사한 술책을 꾸몄다. 비술수.

술:패랭이꽃 [술패랭이꼳] 석죽과의 여러해살이풀. 산골짜기의 냇가에서 자란다. 7~8월에 가지 끝에 연한 붉은색 꽃이 하나씩 달린다.

술회(述懷) [술회/술훼] 마음속에 품은 여러 가지 생각을 말함, 또는 그 말. 술회하다.

숨: ①사람이나 동물이 코나 입으로 공기를 들이마시고 내쉬는 일, 또는 그 기운. 예숨이 차서 힘껏 뛰지 못했다. ②채소 등의 생생하고 빳빳한 기운. 예배추의 숨을 죽이다.

숨 쉴 사이 없다[관용] 조금 쉴 만한 여유도 없다.

숨(을) 거두다[관용] 죽다. 예할아버지께서는 가족들이 지켜보는 가운데 조용히 숨을 거두셨다.

숨(을) 돌리다[관용] ①가쁜 숨을 가라앉히다. ②바쁜 중에 잠시 쉬다. 예숨 돌릴 짬조차 없다.

숨(이) 가쁘다[관용] ①힘에 겨워 숨을 쉬기가 어렵고 괴롭다. ②어떤 일이 매우 급박한 상태에 있다.

숨(이) 막히다[관용] 숨이 막힐 정도로 몹시 긴장되다. 예숨 막히는 대결.

숨이 턱에 닿다[관용] 몹시 숨이 차다.

숨:결 [숨껼] ①숨 쉬는 속도나 높낮이 등의 상태. 예거친 숨결. ②'어떤 기운이나 느낌'을 '생명체'에 비유하여 이르는 말. 예자연의 숨결.

숨:골 [숨꼴] 작은골 아래에 있으며, 호흡 운동을 비롯하여 몸속의 각 기관이 정상적으로 운동을 하도록 하는 곳. 비숨뇌·연수.

숨:구멍 [숨꾸멍] ①생물이 숨을 쉬는 몸의 구멍. ②아직 머리가 굳지 않은 갓난아이의 정수리에서 숨을 쉴 때마다 팔딱팔딱 뛰는 곳.

숨기다 드러나지 않게 하다. 예쫓기는 사람을 숨겨 주다./숨기지 말고 사실대로 말해라.

숨김없이 [숨기멉씨] 감추지 않고 있는 그대로. 예사실을 숨김없이 털어놓아라.

숨:다 [숨따] ①보이지 않게 몸을 감추다. 예꼭꼭 숨어라 머리카락 보일라. ②((주로 '숨은'의 꼴로 쓰여)) 겉으로 드러나지 않다. 예숨은 공로.

숨바꼭질 [숨바꼭찔] ①한 아이가 술래가 되어 숨은 아이들을 찾아내는 놀이. ②'무엇이 숨었다 나타났다 하는 것'을 비유하여 이르는 말. 숨바꼭질하다. 예구름 사이에서 숨바꼭질하는 달.

숨:소리 [숨쏘리] 숨을 쉴 때 나는 소리.

숨:쉬기 ①코나 입으로 숨을 들이마시고 내쉬는 일. 비호흡. ②맨손 체조에서, 숨을 깊이 들이마시고 내쉬는 운동.

숨:죽이다 [숨주기다] ①숨을 잠시 멈추다. ②숨소리가 들리지 않게 조용히 하다. 예잠시 숨죽이고 집 밖에서 나는 소리를 들었다.

숨:지다 숨이 끊어져 죽다.

숨:차다 숨이 가빠서 숨 쉬기가 어렵다. 예숨차서 더 이상 뛸 수가 없다.

숨:통(一筒) 숨 쉴 때 공기가 드나드는 관. 척추동물의 목에서 폐로 이어지는 부분. 비기관.

숨통이 트이다[관용] 답답한 일이 조금 풀리다. 예너무 힘들었는데 네 덕분에 조금 숨통이 트였다.

숨:표(一標) 악보에서, 숨 쉬는 곳을 나타내는 기호. ','나 'Ｖ'로 표시한다.

숫기(一氣) [숟끼] 수줍어하지 않는 활발한 기운. 예형은 숫기가 없어서 남들 앞에 나서지 못한다.

숫놈 '수놈'의 잘못.

숫돌 [숟똘] 칼이나 낫 등을 갈아서 날을 세우는 데 쓰는 돌. 예숫돌에 낫을 갈다.

숫되다 [숟뙤다/숟뛔다] 순진하고 어수룩하다. 예숫된 시골 총각.

숫소 '수소'의 잘못.

숫양 [순냥] 양의 수컷. |잘못| 수양.

숫염소 [순념소] 염소의 수컷. |잘못| 수염소.

숫:자(數字) [수짜/숟짜] '1·2·3'처럼 수를 나타내는 글자.

숫제 [숟쩨] 처음부터 아예. 예그렇게 건성으로 할 거면 숫제 하지 마라. 비차라리.

숫쥐 [숟쮜] 쥐의 수컷. |잘못| 수쥐.

숭고하다(崇高一) 뜻이 높고 훌륭하다. 예숭고한 희생정신.

숭늉 밥을 푸고 난 솥에 데운 물. 흔히 식사 후에 마신다.

숭덩숭덩 ①물건을 큼직하고 거칠게 써는 모양. 예된장찌개에 호박을 숭덩숭덩 썰어 넣었다. ②듬성듬성 거칠게 꿰매는 모양. 예옷을 숭덩숭덩 꿰매어 입었다. 용송당송당.

숭례문(崇禮門) [숭녜문] 서울특별시 중구 남대문로 4가에 있는 조선 시대의 남쪽 성문. 국보 제1호. 비남대문.

숭배(崇拜) 마음속으로부터 우러러 공경함. 숭배되다. 숭배하다.

숭상(崇尙) 높여 소중하게 여김. 숭상하다. 예고려는 불교를 숭상하였고 조선은 유교를 숭상하였다.

숭숭 ①물건을 듬성듬성 빨리 써는 모양. 예국에 파를 숭숭 썰어 넣었다. ②조금 큰 구멍이 많이 뚫린 모양. 예총알 자국이 숭숭 뚫린 담벽. ③큰 땀방울이 맺혔거나 털 등이 많이 돋은 모양. 예이마에 구슬땀이 숭숭 맺혔다. 용송송.

숭:어 숭엇과의 바닷물고기. 몸은 길고 납작하며 온몸에 빳빳한 비늘이 있다. 어릴 때는 민물에서 살다가 크면 바다로 내려간다.

〈숭어〉

숯 [숟] 나무를 숯가마에 넣어서 구워 만든 검은 덩어리. 비목탄. |발음| 숯이 [수치]·숯도 [숟또]·숯만 [순만]

숯검정 [숟껌정] 숯의 그을음. 예얼굴에 숯검정이 묻었다.

숯불 [숟뿔] 숯을 피운 불. 예숯불을 피워 고기를 구웠다.

숱 [숟] 머리털 같은 것의 분량. 예숱이 많은 머리. |발음| 숱이 [수치]·숱도 [숟또]·숱만 [순만]

숱하다 [수타다] 수량이 아주 많거나 흔하다. 예그런 이야기는 지금껏 숱하게 들었다.

숲 [숩] 나무가 무성하게 들어찬 곳. 예소나무 숲. 图수풀. |발음| 숲이 [수피]·숲도 [숩또]·숲만 [숨만]

숲길 [숩낄] 숲 속에 있는 길.

쉬:[1] 오줌이나 오줌 누는 일을 이르는 어린이 말. 쉬하다.

쉬:[2] 〈쉬이〉의 준말. 예동생은 무슨 일에나 쉬 싫증을 낸다.

쉬:[3] 떠들지 말라는 뜻으로 하는 소리. 예쉬, 조용히 해라. 비쉿.

쉬:다[1] ①음식이 상하여 맛이 시큼하게 변하다. 예나물이 쉬었다. ②목청에 탈이 나서 목소리가 거칠고 흐리게 나다. 예목이 쉬어 제 목소리가 나오지 않는다.

쉬:다[2] ①피로를 풀려고 몸을 편하게 하다. 예푹 쉬고 나니 몸이 한결 가뿐해졌다. ②하던 일을 잠시 멈추다. 예쉬는 시간에 옆 반 친구에게 놀러 갔다. ③결석이나 결근을 하다. 예독감 때문에 학교를 며칠 쉬었다.

쉬ː다³ 숨을 들이마셨다 내보냈다 하다. [예]숨을 깊게 쉬어 보세요.

쉬리 잉엇과의 민물고기. 몸은 가늘고 길며 머리가 뾰족하다. 등은 검고 배는 희다. 우리나라에만 사는 물고기이다.

〈쉬리〉

쉬ː쉬하다 말이 안 나게 숨기다. [예]이건 쉬쉬하며 숨길 일이 아니다.

쉬엄쉬엄 쉬어 가며 천천히 하는 모양. [예]바쁘지 않으니 쉬엄쉬엄 해도 된다.

쉬이 ①어렵거나 힘들지 않게. 쉽게. [예]쉬이 해결될 일이 아니다. ②오래지 않아. [예]쉬이 돌아오너라. [준]쉬.

쉭쉭거리다 [쉭쒹꺼리다] 공기나 김이 좁은 구멍으로 새어 나오는 소리가 자꾸 나다. [비]쉭쉭대다.

쉭쉭대다 [쉭쒹때다] ➡쉭쉭거리다.

쉰ː 열의 다섯 곱절. [비]오십.

쉰ː내 음식 등이 쉬어서 나는 시금한 냄새.

쉴 새 없이 끊임없이. [예]쉴 새 없이 밀려오는 파도.

쉼ː터 쉬는 곳. 또는 쉴 수 있게 마련한 곳.

쉼ː표(—標) ①문장 부호의 한 가지. ','의 이름. 반점(,)·가운뎃점(·)·쌍점(:)·빗금(/) 등을 통틀어 이르는 말이지만, 흔히 문장 안에서의 짧은 쉼을 나타내는 반점만을 가리킨다. ②악보에서, 소리를 내지 말고 쉬라는 뜻을 나타내는 기호.

쉽ː다 [쉽따] ①힘들거나 어렵지 않다. [예]좀 쉽게 설명해 주세요. ②가능성이 많다. [예]틀리기 쉬운 문제. [반]어렵다. [활용] 쉬우니·쉬워.

쉽ː사리 [쉽싸리] 아주 쉽게. [예]일이 쉽사리 풀리지 않는다.

쉿 [쉳] 남에게 떠들지 말고 조용히 하라는 뜻으로 하는 소리. [예]쉿, 여기서 떠들면 안 돼. [비]쉬.

슈바이처(Schweitzer, 1875~1965) 독일의 신학자·철학자·의사. 아프리카 가봉에서 원주민의 의료와 전도에 헌신하였으며, 1952년 노벨 평화상을 수상하였다. 저서로는 '물과 원시림 사이에서' 등이 있다.

슈베르트(Schubert, 1797~1828) 오스트리아의 작곡가. 600곡 이상의 독일 가곡을 지어 '가곡의 왕'이라고 불린다. 작품에는 '아름다운 물레방앗간의 아가씨'·'겨울 나그네'·'숭어'·'자장가' 등이 있다.

슈팅(shooting) 축구·농구 등에서, 골을 향하여 공을 차거나 바스켓을 향하여 공을 던지는 일. [비]슛. **슈팅하다**.

슈퍼 〈슈퍼마켓〉의 준말. [참고] 슈퍼는 'supermarket'에서 온 말.

슈퍼마켓(supermarket) 온갖 물건을 갖춰 두고 손님이 직접 살 것을 골라 계산대에서 물건값을 치르게 하는 가게. [준]슈퍼.

슈퍼맨(superman) 초능력을 가진 사람.

슛(shoot) ➡슈팅.

스낵(snack) 가벼운 식사나 간식.

스냅(snap) 볼록 나온 위짝과 쏙 들어간 밑짝이 한 벌로 된 단추. 채우거나 뺄 때에 똑딱 소리가 난다 하여 '똑딱단추'라고도 한다.

스노모빌(snowmobile) 앞바퀴 대신 썰매를 달아, 눈 위를 잘 달릴 수 있게 만든 자동차.

스님 〈승려〉의 높임말.

스라소니 고양잇과의 동물. 살쾡이 비슷한데 좀 더 크며, 잿빛을 띤 갈색에 짙은 얼룩점이 있다. 성질이 사납고 헤엄을 잘 친다.

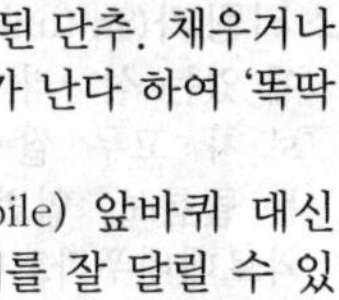
〈스라소니〉

스러지다 모양이나 자취가 없어지다. 예별이 하나둘 스러졌다. 働사라지다.

-스럽다 [스럽따] 《어떤 말 뒤에 붙어》 '그러한 느낌이 있다'는 뜻을 나타내는 말. 예복스럽다/탐스럽다/다정스럽다/사랑스럽다. |활용| -스러우니·-스러워.

-스레하다 ➡ -스름하다.

스로인(throw-in) 축구나 농구 등에서, 선 밖으로 나간 공을 두 손으로 들어 안으로 던져 넣는 일.

스르르 ①얽히거나 뭉친 것이 힘없이 풀리는 모양. 예밧줄이 스르르 풀렸다. ②얼음이나 눈 등이 녹는 모양. 예눈이 스르르 녹아 버렸다. ③졸린 눈이 힘없이 감기는 모양. 예너무 피곤해서 눈이 스르르 감겼다. ④가만가만 슬며시 움직이는 모양. 예기차가 스르르 움직였다. ⑤기운이나 감정이 저절로 풀리는 모양. 예딸아이의 재롱에 노여움이 스르르 풀렸다. 働사르르.

-스름하다 《빛깔이나 어떤 모양을 나타내는 말에 붙어》 '빛이 아주 옅거나 또는 그 모양과 비슷하다'는 뜻을 나타내는 말. 예푸르스름하다/둥그스름하다. 働-스레하다.

스리랑카(Sri Lanka) 인도 반도 남동쪽에 있는 섬나라. 주요 산업은 농업으로 차·고무·쌀 등을 생산한다. 수도는 콜롬보, 입법상 수도는 스리자야와르데네푸라코테.

스마트하다(smart—) 맵시 있고 단정하며 경쾌하다. 예스마트한 옷차림.

스멀거리다 살갗 위를 작은 벌레 등이 기는 것같이 근질근질하다. 働스멀대다. 働사물거리다.

스멀대다 ➡ 스멀거리다.

스멀스멀 자꾸 스멀거리는 모양. 働사물사물.

스며들다 액체나 기체가 틈으로 들어오다. 예추위가 뼛속까지 스며들었다. |활용| 스며드니·스며들어.

스모그(smog) 자동차나 공장에서 나온 오염 물질이 공기 중에 안개처럼 뿌옇게 퍼져 있는 것.

스무 《'개·마리·명·살' 등의 세는 말 앞에서》 '스물'을 뜻하는 말. 예스무 개/스무 마리/스무 살.

> **∷∷∷ '스무'와 '스물'의 구별 ∷∷∷**
>
> 열의 갑절인 20을 나타내는 것은 서로 같으나, 그 실제 쓰임은 다음과 같이 구별되어 쓰인다.
> **스무** : 주로 단위를 나타내는 말 앞에 쓰인다. 예새해에는 이모도 스무 살이 된다./사과 스무 개.
> **스물** : 주로 사물의 수량을 나타내거나 숫자를 우리말로 적을 때에 쓰인다. 예언니 나이도 벌써 스물이다./스물일곱.

스무고개 질문을 스무 번 하는 동안 답을 알아맞히는 놀이.

스물 열의 두 배가 되는 수. 예삼촌은 올해 나이 스물이 되었다. 働이십.

스미다 물·기름이나 바람 등이 틈으로 조금씩 들어오다. 예창틈으로 빗물이 스몄다.

스산하다 거칠고 쓸쓸하다. 예스산한 가을바람. 스산히.

스스럼없다 [스스럼업따] 조심하거나 어려워하는 태도가 없다. 예서로 스스럼없는 사이. 스스럼없이.

스스로 ①자신의 의지나 결심으로. 예누가 시키기 전에 스스로 해라. ②자기 힘으로. 예자기 일은 스스로 해야 한다.

스승 자기를 가르쳐 주는 사람. 働제자. 働사부.

스승의 날 선생님의 은혜를 기리는 날. 매년 5월 15일.

스와니 강(Suwannee江) 미국 조지아 주에서 플로리다 주를 지나 멕시코 만으로 흘러드는 강. 길이 400km.

스웨덴(Sweden) 북유럽, 스칸디나비아 반도의 동부에 있는 나라. 종이·펄프·금속 등의 공업이 발달하였다. 사회 보장 제도가 잘되어 있는 나라로 꼽힌다. 수도는 스톡홀름.

스웨터(sweater) 털실로 짠 윗도리.

스위스(Suisse) 중부 유럽에 있는 나라. 영세 중립국이며, 알프스 산맥이 나라 안에 뻗어 있어 경치가 빼어나다. 정밀 기계 공업이 성하고, 많은 국제 기관의 본부가 있다. 수도는 베른.

스위치(switch) 전기의 흐름을 이었다 끊었다 하는 장치. 예스위치를 올려 전등을 켰다.

스윙(swing) ①권투에서, 팔을 길게 펴서 옆으로 휘둘러 치는 기술. ②야구에서, 야구 방망이를 휘두르는 일.

스치다 ①서로 살짝 닿으면서 지나가다. 예옷깃을 스치다. ②어떤 느낌·생각·표정 등이 퍼뜩 떠올랐다가 사라지다. 예문득 불길한 예감이 스치고 지나갔다.

스카우트(scout) ①보이 스카우트와 걸 스카우트를 아울러 이르는 말. ②우수한 운동 선수나 인재 등을 골라 뽑는 일. 스카우트하다.

스카이다이빙(skydiving) 날고 있는 비행기에서 뛰어내린 뒤 낙하산을 펴고 정해진 곳에 정확히 떨어지는 것을 겨루는 경기.

스카프(scarf) 주로 여자가 목에 감거나 머리에 두르는 얇은 천.

스칸디나비아 반도(Scandinavia半島) 유럽 북부에 있는 큰 반도. 스웨덴과 노르웨이, 핀란드의 영토를 이룬다.

스캐너(scanner) 그림·사진·글자 등을 그대로 읽어서 컴퓨터에서도 똑같이 볼 수 있도록 저장하는 장치.

스캔들(scandal) 세상에 떠도는 놀랍거나 좋지 못한 소문.

스커트(skirt) 허리에서 다리 부분까지 덮는 서양식 치마.

스컹크(skunk) 족제빗과의 동물. 땅속의 구멍에 살며, 밤에 나와 곤충 등을 잡아먹는다. 항문에서 독한 냄새를 풍겨 적을 물리친다.

〈스컹크〉

스케이트(skate) 얼음을 지칠 때 신는, 구두 바닥에 쇠로 된 날을 붙인 운동 기구.

스케이트보드(skateboard) 두 발을 올려놓고 언덕 등을 미끄러져 내리며 타는, 바퀴가 달린 널빤지.

스케이트장(skate場) 스케이트를 탈 수 있는 시설을 갖춘 곳.

스케이팅(skating) 스케이트를 신고 얼음을 지치는 일. 스케이팅하다.

스케줄(schedule) 시간에 따라 세워 놓은 계획, 또는 그런 계획표. 예약속을 잡기 전에 스케줄을 확인해 보았다.

스케치(sketch) 사물을 보고 겉모양을 대강 그리는 일, 또는 그 그림. 스케치하다.

스케치북(sketchbook) 스케치를 할 수 있도록 여러 장의 도화지를 묶은 책.

스코어(score) 경기할 때에 얻는 점수. 비득점.

스코틀랜드(Scotland) 영국의 그레이트브리튼 섬 북부에 있는 지방. 목축이 성하고 제철·조선 등의 공업도 활발하다.

스쿠버 다이빙(scuba diving) 호흡 장치를 몸에 지니고 물속에 들어가 헤엄치는 운동.

스크랩(scrap) 신문·잡지 등에서 필요한 부분을 오려 내는 일, 또는 그 오려 낸 글이나 사진 조각. 스크랩하다.

스크랩북(scrapbook) 신문·잡지 등에서 필요한 부분을 오린 것을 모아 책처럼 만든 것.

스크린(screen) 영화의 화면을 비치는 흰 막. 圓영사막.

스크린도어(screen door) (승객의 안전을 위해) 역에서 선로와 승강장 사이를 차단하는 문.

스키(ski) 눈 위를 지치는 데 쓰는, 가늘고 긴 나무로 만든 기구, 또는 그 기구를 써서 하는 운동.

〈스키〉

스키장(ski場) 스키를 탈 수 있는 시설을 갖춘 곳.

스타(star) 《빛나는 별이라는 뜻으로》 인기 있는 연예인이나 운동 선수를 이르는 말.

스타디움(stadium) 관람석을 갖춘 운동 경기장. 圓올림픽 스타디움.

스타일(style) 일정한 형태나 양식. 圓화가 특유의 스타일이 돋보이는 작품.

스타킹(stocking) 잘 늘어나며 얇고 목이 긴 양말.

스타트(start) 출발, 특히 경주의 시작. 스타트하다.

스탠드(stand) ①계단식으로 된 운동장의 관람석. 圓스탠드를 꽉 메운 관중. ②물건을 올려놓는 대. ③책상 위나 방 한구석에 놓고 그 부분을 밝게 해 주는 조명 장치. ③圓전기스탠드.

스탬프(stamp) 고무에 새긴 도장.

스턴트맨(stunt man) 영화나 드라마에서 위험한 장면을 주연 배우 대신에 연기하는 사람.

스테레오(stereo) 방송이나 음반 등의 소리를 실제처럼 입체적으로 느끼게 하는 장치.

스테이크(steak) 두꺼운 고기 조각을 구운 서양 요리의 한 가지.

스테이플러(stapler) 손잡이를 누르면 'ㄷ' 자 모양의 철사가 튀어나와 종이를 한데 묶는 기구. 圓호치키스.

스테인리스(stainless) '스테인리스강'을 흔히 이르는 말.

스테인리스강(stainless鋼) 니켈·크롬 등을 많이 넣어 녹슬지 않도록 한 강철.

스텝(step) 댄스에서, 발과 몸의 한 동작.

스톡홀름(Stokholm) 스웨덴의 수도. 발트 해 북부에 있는 항구 도시이다. 상업·교통의 중심지이며, 노벨상 수상식이 열리는 곳이다.

스톱(stop) 움직임을 멈추는 것. 또는 멈추라는 뜻으로 외치는 말. 圓스톱! 차를 좀 세우란 말이야. 스톱하다.

스튜디오(studio) ①미술가·사진 작가·음악가 등의 작업실. ②라디오·텔레비전 등의 방송이나 촬영을 하는 방.

스튜어디스(stewardess) 비행기 안에서 승객을 돌보는 여성 승무원.

스트라이크(strike) ①야구에서 투수가 던진 공이, 타자의 겨드랑이와 무릎 사이 공간을 통과하는 일. 圓볼. ②볼링에서, 공을 한 번 굴려 핀을 전부 넘어뜨리는 일.

스트레스(stress) 마음이 힘들고 지치게 만드는 온갖 것, 또는 그런 마음 상태. 圓스트레스를 받다.

스트레칭(stretching) 몸과 팔다리를 쭉 펴서 몸을 부드럽게 푸는 일.

스트렙토마이신(streptomycin) 1943년 미국의 왁스먼에 의해 발견된, 땅속 박테리아에서 얻은 항생 물질. 특히 폐결핵의 치료약으로 쓰인다. 圓마이신.

스티로폼(styrofoam) 열이나 습기 등을 막거나 포장 재료로 쓰는 합성수지의 한 가지. |잘못| 스티로폴.

스티커(sticker) 앞면에 글이나 그림이 있고 뒷면에 풀칠이 되어 있는 작은 종잇조각.

스팀(steam) 뜨거운 증기를 통하여 열을 내는 난방 장치.

스파게티(spaghetti) 이탈리아식 국수, 또는 그 국수로 만든 음식.

스파르타(Sparta) 고대 그리스에 있었던 도시 국가. 엄격한 교육과 군사 훈련으로 유명하다.

스파링(sparring) 권투에서, 실제의 시합과 같은 형식으로 하는 연습 시합.

스파이(spy) 몰래 숨어 들어가 상대의 비밀을 알아내는 사람. 비간첩·밀정.

스패너(spanner) 볼트·너트 등을 죄거나 푸는 공구.

스팸(spam) 인터넷 메일이나 휴대 전화의 문자 메시지로 여러 사람에게 허가받지 않은 광고나 불필요한 글을 보내는 것, 또는 그 메일이나 메시지.

스펀지(sponge) 고무나 합성수지 등으로 만든, 탄력이 있고 물기를 잘 빨아들이는 물건. |잘못| 스폰지.

스페인(Spain) ➡ 에스파냐.

스펙트럼(spectrum) 빛을 프리즘 등에 통과시켰을 때 생기는 무지개와 같은 빛깔의 띠.

스포이트(spuit) 유리관 한쪽에 고무 주머니가 달려 있어 액체를 빨아올려 다른 곳으로 옮기는 데 쓰는 실험 기구.

스포츠(sports) 체력 단련이나 경쟁 또는 여가 활동 등을 위하여 하는 신체 운동을 통틀어 이르는 말. 야구·축구·등산·사냥 등.

스폰지(sponge) '스펀지'의 잘못.

스푼(spoon) 양식에서, 수프 등을 떠먹는 데 쓰는 숟가락.

스프 즉석식품인 라면에 들어 있는 조미료. |참고| 스프는 'soup'에서 온 말.

스프레이(spray) 물이나 약품을 안개처럼 내뿜는 기구, 또는 그것으로 액체를 뿜어내는 일. 비분무기.

스프링(spring) ➡ 용수철.

스프링클러(sprinkler) 자동으로 물을 뿌려 불을 끄거나 식물에 물을 주는 장치. 비살수기.

스피드(speed) 빠르기. 속도. 예자동차의 스피드를 올리다.

스피로헤타(spirochaeta) 미생물의 한가지. 실 같은 모양으로, 고등 동물에 기생하며 질병을 일으키기도 한다.

스피커(speaker) 소리를 크게 하여 멀리 들리게 하는 장치. 비확성기.

스핑크스(Sphinx) 그리스 신화에 나오는, 사람의 머리와 사자의 몸을 가진 괴물. 이집트 등에서 신전이나 피라미드 등의 입구에 돌로 만들어 세웠다.

〈스핑크스〉

슥 ①빨리 지나가는 모양. 예고양이 한 마리가 내 옆을 슥 지나갔다. ②슬쩍 문지르는 모양. 예손을 바지에 슥 닦았다. 셈쓱.

슬그머니 남이 모르게 넌지시. 예삼촌은 식구들이 잠든 틈에 슬그머니 빠져나갔다. 작살그머니.

슬근슬근 물체와 물체가 서로 맞닿아서 가볍게 비벼지는 모양. 예슬근슬근 톱질하세. 작살근살근.

슬금슬금 남이 모르게 눈치를 살펴 가며 슬그머니 움직이는 모양. 예엄마에게 혼날까 봐 슬금슬금 도망쳤다. 작살금살금.

슬기 일을 사리에 맞게 판단하고 잘 처리해 내는 능력이나 재주. 예조상의 슬기를 엿볼 수 있는 문화재. 🕮지혜.

슬기로운 생활(一生活) 초등학교 1, 2학년에서 자연과 이웃 등에 대해 바르게 생각하는 힘을 기르게 하는 과목.

슬기롭다 [슬기롭따] 슬기가 있다. 예위기를 슬기롭게 극복합시다. 🕮지혜롭다. |활용| 슬기로우니·슬기로워. 슬기로이.

슬다¹ ①쇠붙이에 녹이 생기다. 예칼에 녹이 슬었다. ②음식물 등에 곰팡이가 생기다. 예곰팡이가 슨 식빵. |활용| 스니·슬어.

슬다² 물고기나 벌레가 알을 낳아 놓다. 예물고기가 알을 슬었다. |활용| 스니·슬어.

슬라이드(slide) 환등기에 넣어 비출 수 있도록 테두리를 씌워 만든 필름.

슬라이드 글라스(slide glass) 현미경의 대물렌즈 아래에 두어, 관찰할 물체를 놓는 유리판. 🕮칼유리.

슬라이딩(sliding) 야구에서 주자가 누에 빨리 닿기 위해 미끄러지듯 몸을 던지는 동작.

슬래브(slab) 철근 콘크리트로 만든, 바닥이나 지붕 등의 판판한 구조물.

슬럼프(slump) 일시적으로 몸이 좋지 않거나 하는 일이 잘되지 않는 상태. 예슬럼프에 빠진 선수.

슬레이트(slate) 지붕을 덮는 데 쓰는 얇은 판. 시멘트에 석면을 섞고 물을 부은 후, 압력을 가하여 만든다.

슬로건(slogan) 어떤 단체의 주장 등을 짧은 말로 나타낸 것. 🕮표어.

슬로 모션(slow motion) 고속으로 촬영한 것을 보통 속도로 재생하여 물체의 움직임이 실제 속도보다 느리게 보이도록 비추는 일.

슬로바키아(Slovakia) 동유럽에 있는 나라. 1993년에 체코슬로바키아에서 독립하였다. 농업을 주로 하며 철·구리 등이 난다. 수도는 브라티슬라바.

슬리퍼(slipper) 발끝만 꿰게 되어 있고 뒤축이 없는 신발.

슬며시 ①드러나지 않게 넌지시. 예영미가 내 곁으로 슬며시 다가왔다. 🔾살며시. ②속으로 은근히. 예그 애 말에 슬며시 화가 났다.

슬슬 ①드러나지 않게 슬그머니. 예동생이 내 눈치를 슬슬 살폈다. ②가만히 문지르거나 긁는 모양. 예아기의 등을 슬슬 긁어 주었다. ③서두르지 않고 천천히. 예시간이 넉넉하니 슬슬 걸어서 가자. ④그럴듯한 말이나 행동으로 남을 구슬리는 모양. 예달콤한 말로 슬슬 꾀었다. ⑤눈이나 설탕 등이 모르는 사이에 녹는 모양. 예사탕이 입 안에서 슬슬 녹는다. 🔾살살.

슬쩍 ①남에게 들키지 않게 얼른. 예민아가 내게 쪽지를 슬쩍 주었다. ②힘들이지 않고 능숙하게. 예손으로 슬쩍 밀었더니 문이 스르르 열렸다. 🔾살짝. 슬쩍슬쩍.

슬퍼하다 슬프게 여기다. 예우리 모두 그 애와의 이별을 슬퍼했다. 🕀기뻐하다.

슬프다 울고 싶어지도록 마음이 아프다. 예슬픈 이야기. 🕀기쁘다. |활용| 슬프니·슬퍼.

슬픔 슬픈 마음이나 느낌. 예바둑이가 죽어 가족들이 슬픔에 잠겼다. 🕀기쁨.

슬피 슬프게. 예무슨 일로 그리 슬피 우십니까?

슬하(膝下) 《무릎 아래라는 뜻으로》 어버이의 곁. 예부모의 슬하를 떠나다.

습격(襲擊) [습꼉] 갑자기 적을 덮치어 공격함. 예이른 새벽 적의 습격을 받았다. 🕮급습·기습. 습격하다.

습곡(褶曲)[습꼭] 지층이 옆으로 받는 힘에 의해 물결 모양으로 휘는 현상.

습관(習慣)[습꽌] 오랫동안 계속해서 되풀이하여 몸에 밴 행동. 예일찍 자고 일찍 일어나는 습관을 기릅시다. 비버릇. 한관습.

습관적(習慣的)[습꽌적] 습관이 되어 있는 것. 예문을 잠그고 나면 확실히 잠겼는지 습관적으로 확인한다.

습구 온도계(濕球溫度計) 건습구 습도계에 쓰는 한 쌍의 온도계 중에서 수은이 든 둥근 부분을 젖은 헝겊으로 싼 온도계. 한건구 온도계.

습기(濕氣)[습끼] 축축한 기운. 예우리 집 지하실은 습기가 많고 눅눅하다.

-습니다 《설명하는 말 다음에 붙어》 끝맺음을 하는 말. 예날씨가 참 좋습니다./예쁜 꽃이 피었습니다.

습도(濕度)[습또] 공기의 습한 정도. 곧, 공기 속에 포함되어 있는 수증기의 비율. 예비 오는 날은 습도가 높다.

습도계(濕度計)[습또계/습또게] 공기의 습도를 측정하는 기구. 건습구 습도계·적외선 습도계 등이 있다.

습득¹(拾得)[습뜩] 남이 잃어버린 물건을 주움. 반분실. 습득하다. 예가방을 습득하다.

습득²(習得)[습뜩] 학문이나 기술 등을 배워서 익힘. 예언어 습득이 빠른 아이. 습득되다. 습득하다.

습성(習性)[습썽] ①오랜 습관에 의하여 굳어진 성질. ②동물의 한 종류에 공통되는 특유한 성질. 예어두운 곳을 좋아하는 습성.

습윤(濕潤)[스뮨] 습기가 많음. 습윤하다.

습자(習字)[습짜] 글씨 쓰기를 익힘. 습자하다.

습자지(習字紙)[습짜지] 습자에 사용되는 종이.

습작(習作)[습짝] 연습으로 작품을 만듦, 또는 그 작품. 예습작을 많이 해야 실력이 는다. 습작하다.

습지(濕地)[습찌] 습기가 많은 땅.

습진(濕疹)[습찐] 피부의 표면에 생기는 염증. 가렵고 물집이나 고름 등이 생긴다.

습하다(濕一)[스파다] 축축한 기운이 있다. 예공기가 습하여 빨래가 잘 마르지 않는다.

승강구(乘降口) 기차나 자동차를 타고 내리는 출입구.

승강기(昇降機) 고층 건물 등에서, 동력에 의하여 사람이나 짐을 아래위로 오르내리는 기계. 예15층까지 승강기를 타고 올라갔다. 비엘리베이터.

승강이(昇降一) 서로 자기의 주장이 옳다고 고집하며 옥신각신하는 일. 예좋은 자리를 차지하려고 승강이를 벌였다. 비실랑이. 승강이하다.

:::: '승강이'와 '실랑이'의 구별 ::::

승강이 : 서로 자기의 주장을 고집하며 옥신각신하는 일. 양편이 주장을 굽히지 않고 팽팽히 맞서는 경우에만 쓰인다. 예두 사람은 자기가 먼저 왔다며 승강이를 벌였다.

실랑이 : 어떤 일에 대해 자기의 주장이나 생각이 이러니저러니, 옳으니 그르니 하며 남을 못살게 굴거나 괴롭히는 일. 어느 한편이 상대편을 못살게 굴거나 괴롭히는 경우에도 쓰인다. 예그는 술만 마시면 아무나 붙잡고 실랑이를 벌였다.

승강장(乘降場) 정거장에서 차를 타고 내리는 곳.

승객(乘客) 차·배·비행기 등을 타는 손님. 예버스가 승객들을 태우고 출발했다.

승격(昇格)[승격] 어떤 표준으로 자격

이 오름. 예이 지역은 곧 군에서 시로 승격이 됩니다. 승격되다. 승격하다.

승계(承繼) [승계/승게] 남의 권리나 의무를 이어받음. 예왕위 승계. 비계승. 승계하다.

승낙(承諾) 청하는 바를 들어줌. 예윗사람의 승낙을 받다. 비허락. 반거절. 승낙되다. 승낙하다.

승냥이 갯과의 짐승. 이리와 비슷하나 더 작고, 성질이 사납다. 온몸에 황갈색의 긴 털이 나 있으며, 바위산이나 떨기나무 숲에 무리를 지어 산다.

〈승냥이〉

승려(僧侶) [승녀] 절에 살면서 불법을 닦고 실천하며 포교에 힘쓰는 사람. 비중. 높스님.

승률(勝率) [승뉼] 운동 경기 등에서, 이긴 비율.

승리(勝利) [승니] 겨루거나 싸워서 이김. 예싸워서 승리를 거두자. 반패배. 승리하다.

승리감(勝利感) [승니감] 승리한 데서 오는 우월한 느낌이나 기쁨.

승마(乘馬) ①말을 탐. ②말을 타고 장애물을 넘으면서 재주를 겨루는 경기. 승마하다.

〈승마②〉

승무(僧舞) 민속춤의 한 가지. 흰 고깔을 쓰고 추는 불교적 색채가 짙은 춤이다.

승무원(乘務員) 기차·배·비행기 등에서 운행과 승객에 관한 일을 맡아보는 사람.

승병(僧兵) 승려들로 이루어진 군사.

승복¹(承服) 남의 생각이나 어떤 상황 등을 받아들여 따름. 예심판의 판정에 승복을 해라. 승복하다.

승복²(僧服) 승려가 입는 옷.

승부(勝負) 이김과 짐. 예승부를 겨루다. 비승패.

승산(勝算) 이길 가망. 예승산이 없는 전쟁.

승상(丞相) 중국의 옛 벼슬 이름. 우리나라의 '정승'에 해당된다.

승선(乘船) 배를 탐. 반하선. 승선하다.

승소(勝訴) 재판에서 이김. 예원고 승소 판결. 반패소. 승소하다.

승승장구(乘勝長驅) 싸움에 이긴 기세를 타고 계속 몰아침. 승승장구하다.

승용차(乘用車) 너덧 사람이 타는 소형의 자동차.

승인(承認) 무엇이 옳거나 그렇게 해도 좋다고 인정함. 예관련 부서의 승인을 받다. 반거부. 승인되다. 승인하다.

승자(勝者) 운동 경기나 싸움에서 이긴 사람. 예승자도 패자도 없는 싸움. 반패자.

승자총통(勝字銃筒) [승짜총통] 임진왜란 때 사용했던 휴대용 대포의 이름. 화약을 써서 탄알을 쏘았다.

승전(勝戰) 싸움에 이김. 비승리. 반패전. 승전하다.

승전고(勝戰鼓) 지난날, 싸움에 이겼을 때 치던 북.

승점(勝點) [승쩜] 경기나 내기 등에서, 이겨서 얻은 점수. 예승점이 높은 두 팀이 결승에 진출하게 된다.

승정원(承政院) 조선 시대에, 왕이 내린 명령을 관리하던 왕의 비서 기관.

승지(承旨) 승정원의 도승지·좌승지·우승지·좌부승지·우부승지·동부승지를 통틀어 이르던 말.

승진(昇進) 직위가 오름. 예승진을 위한 시험. 승진되다. 승진하다.

승차(乘車) 차를 탐. 예버스에 승차를 하는 승객들. 반하차. 승차하다.

승차권(乘車券)[승차꿘] 고속버스·기차 등 탈것을 타기 위하여 돈을 주고 사는 표. 예강원도로 가는 열차를 타려고 승차권을 샀다. 비차표·티켓.

승천(昇天) 하늘에 오름. 반강림. 승천하다.

승패(勝敗) 이기고 짐. 예당장 승패를 겨루자. 비승부.

승하(昇遐) 임금의 죽음을 높여 이르는 말. 승하하다.

승합차(乘合車) 주로, 일곱 명 이상을 태울 수 있게 만들어진 자동차.

〈승합차〉

승화(昇華) ① 고체가 액체 상태를 거치지 않고 기체로 변하는 일. 참기화·액화. ②무엇이 보다 더 높은 수준으로 발전함. 예작가의 슬픔이 아름다운 작품으로 승화가 되었다. 승화되다. 승화하다.

시:¹(市) 우리나라의 지방 행정 구역의 한 가지. 도시로서의 일정한 조건을 갖춘 지방 자치 단체이다.

시²(時) 시간 단위의 한 가지. 하루를 스물넷으로 나누었을 때 그 하나를 이른다. 예오후 네 시 반.

시³(詩) 문학의 한 갈래. 글 쓰는 이의 생각이나 느낌을 운율을 지닌 간결한 언어로 나타낸 문학 형태이다. 비시가.

시⁴(si) 장음계의 일곱째 음, 또는 단음계의 둘째 음의 계이름.

시- '빛깔이 매우 짙음'을 뜻하는 말. 예시퍼렇다/시뻘겋다/시커멓다. 좌새-.

시:**가**¹(市街) 도시의 큰 거리. 또는 번화한 거리.

시가²(時價) [시까] 현재의 물건값. 예이 목걸이는 시가가 백만 원이다. 비시세.

시가³(詩歌) ①⇒시³. ②시와 노래를 통틀어 이르는 말.

시:**가전**(市街戰) 도시의 큰 거리에서 벌어지는 전투.

시:**가지**(市街地) 도시에서 주택이나 가게가 많이 늘어서 있는 지역.

시각¹(時刻) ①시간의 흐름 속의 어느 순간. 예비행기 도착 시각/약속한 시각이 지났다. ②짧은 동안.

　시각을 다투다 관용 몹시 급한 처리나 대책이 필요하다. 예시각을 다투는 환자.

시:**각**²(視角) ①보고 있는 물체의 양끝에서 눈에 이르는 두 직선이 이루는 각. ②사물이나 현상 등을 생각하고 판단하는 태도. 예부정적인 시각.

시:**각**³(視覺) 물체의 모습이나 빛깔 등을 분간하는 눈의 감각. 예시각 장애.

시:**각적**(視覺的)[시각쩍] 눈으로 보는 것. 예이 그림은 음악을 듣고 느낀 것을 시각적으로 표현한 것이다.

시각표(時刻表) 비행기나 기차·버스 등의 출발과 도착 시각을 나타낸 표.

시간(時間) ①어떤 시각에서 다른 시각까지의 동안. 예시간이 많이 걸리는 일. ②어떤 일을 하기로 정해진 사이. 예수업 시간. ③하루의 24분의 1이 되는 동안을 세는 단위. 예집에서 학교까지는 한 시간이 걸린다.

　시간 가는 줄 모르다 관용 시간이 얼마나 지났는지 모를 만큼 바삐 움직이거나 어떤 일에 깊이 빠지다. 예조개 캐는 재미에 시간 가는 줄 몰랐다.

　시간을 벌다 관용 시간적인 여유를 더 얻다. 예기차 대신 비행기를 타고 왔으니 그만큼 시간을 번 셈이다.

시간문제(時間問題) 결과가 뻔하여 곧 해결될 문제. 예확실한 증거가 나왔으니 범인이 잡히는 건 시간문제다.

시간적(時間的) 시간에 관한 것. 예미처 손을 쓸 시간적 여유가 없었다. 맨공간적.

시간표(時間表) 계획대로 하기 위해 시간을 나누어 할 일을 정해 놓은 표. 예수업 시간표.

시건방지다 비위에 거슬리게 건방지다. 예말투가 시건방지다.

시ː경¹(市警) 시의 경찰 업무를 맡아보는 정부 행정 기관. 본시 경찰청.

시경²(詩經) 삼경의 하나. 춘추 시대의 민요를 중심으로 하여 모은, 중국에서 가장 오래된 시집이다. 공자가 편찬했다고 한다. 참삼경.

시계¹(時計)[시계/시게] 시각을 나타내거나 시간을 재는 기계. 예시계를 보니 벌써 열두 시가 다 되었다.

시ː계²(視界)[시계/시게] 일정한 자리에서 바라볼 수 있는 범위. 예나뭇가지가 시계를 가렸다. 비시야.

시계추(時計錘)[시계추/시게추] 괘종시계에 달려 있는 추. 좌우로 흔들림에 따라 일정한 속도로 태엽이 풀리면서 바늘이 움직인다.

시계탑(時計塔)[시계탑/시게탑] 시계를 장치하여 멀리서도 볼 수 있게 만든 탑.

시곗바늘(時計—)[시계빠늘/시겐빠늘] 시계에서 시간·분·초를 가리키는 바늘. 예시곗바늘이 두 시를 가리키고 있다.

시골 도시에서 떨어져 있는, 인구수가 적고 인공적인 개발이 덜 된 지역. 예부모님은 시골에서 농사를 짓고 계신다. 비촌. 맨도시·도회지.

시골뜨기 '시골 사람'을 낮추어 이르는 말. 비촌뜨기.

시ː공¹(施工) 공사를 실시함. 예시공 일자. 시공하다.

시공²(時空) 시간과 공간.

시공간(時空間) 시간과 공간.

시ː구¹(始球) 야구에서, 경기를 시작하기 직전에 유명 인사가 첫 공을 포수에게 던지는 일. 시구하다.

시구²(詩句)[시꾸] 시의 구절. 시의 한 토막. |잘못| 시귀·싯구.

시국(時局) 그 당시의 세상 형편. 예어수선한 시국.

시굼하다 조금 신 맛이 있다. 좽새곰하다.

시궁창 더러운 물이 잘 빠지지 않고 썩어서 질척질척한 도랑의 바닥, 또는 그 속.

시ː금석(試金石) ①귀금속을 문질러 그 품질을 알아보는 데 쓰이는 검은 빛깔의 단단한 돌. ②'어떤 것의 가치를 평가하는 데 기준이 될 만한 사물'을 비유하여 이르는 말.

시금치 명아줏과의 한해살이풀 또는 두해살이풀. 뿌리는 굵고 붉으며, 잎은 세모진 달걀 모양이다. 잎에 비타민이나 철분이 많아 데쳐서 무쳐 먹거나 국으로 끓여 먹는다.

시금털털하다 맛이 시금하고도 상당히 떫다. 예시금털털한 개살구.

시금하다 맛이 조금 시다. 좽새금하다. ㉑시큼하다.

시급하다(時急—)[시그파다] 시간적으로 매우 급하다. 예학교 앞에 횡단보도 설치가 시급하다. 시급히.

시기¹(時期) 시대나 기간·기한 등으로 정해진 때. 예단풍이 드는 시기.

시기²(時機) 어떤 일을 하는 데 매우 알맞은 때. 예씨 뿌리기 좋은 시기를 놓쳤다.

시기³(猜忌) 샘하여 미워함. 비샘·질투. 시기하다. 예그의 재능을 시기하는 사람이 많다.

시기상조(時機尙早) 때가 아직 이름. 囫네가 자립하기에는 시기상조이다.

시기심(猜忌心) 남을 샘하는 마음.

시꺼멓다 [시꺼머타] ①빛깔이 아주 꺼멓다. 囫밥이 시꺼멓게 탔다. 왠새까맣다. ②마음이 아주 엉큼하고 음흉하다. 囫그 사람은 시꺼먼 속내를 숨기고 있다. |활용| 시꺼머니·시꺼메.

시끄럽다 [시끄럽따] 듣기 싫도록 소리가 크거나 떠들썩하다. 囫밖이 시끄러워 잘 수가 없다. |활용| 시끄러우니·시끄러워.

시끌벅적하다 [시끌벅쩌카다] 몹시 어수선하게 시끄럽고 벅적거리다. 囫시장 안은 물건을 사고파는 사람들 소리로 시끌벅적했다.

시끌시끌하다 주위가 조용하지 못하고 매우 시끄럽다. 囫쉬는 시간에는 교실 안이 늘 시끌시끌하다.

시나리오(scenario) 영화의 각본. 배우가 해야 할 말·동작 등이 적혀 있다.

시나브로 모르는 사이에 조금씩. 囫산 꼭대기에 쌓였던 눈이 시나브로 녹아 없어졌다.

시나위 민속 의식에 쓰이던 음악의 한가지. 피리·장구·징·해금 등으로 편성되어 각 악기가 즉흥적인 가락을 최대한의 기교를 발휘하여 연주한다. 묘한 안어울림음을 이루는 것이 특색이다.

시ː내[1] 골짜기나 들에 흐르는 자그마한 내. 왠개울.

시ː내[2](市內) 시의 구역 안. 囫서울 시내. 땐시외.

시내버스(市內bus) 시내에서 일정한 구간을 운행하는 버스. 땐시외버스.

시ː냇가 [시내까/시낻까] 물이 흐르는 시내의 가. 囫시냇가에서 돌을 던져 물수제비를 뜨는 아이들.

시ː냇물 [시낸물] 시내의 흐르는 물. 囫졸졸 흐르는 시냇물.

시너(thinner) 페인트를 묽게 하는 데 쓰이는 액체. |잘못| 신나.

시네라리아(cineraria) 국화과의 한해살이풀 또는 두해살이풀. 온몸이 흰 솜털로 덮여 있고, 초여름에서 초가을에 걸쳐 분홍·자주·남색·흰색 등 여러 빛깔의 꽃이 핀다.

시ː녀(侍女) 지난날, 높은 사람의 가까이에 있으면서 시중을 들던 여자.

시누이(媤—) 남편의 누이.

시늉 어떤 모양이나 동작·소리 등을 흉내 내는 일. 囫일을 좀 하랬더니 시늉만 내는구나. 시늉하다.

시다 ①식초와 같이 새콤한 맛이 있다. 囫귤이 시다. ②뼈마디를 삐거나 하여 시큰시큰 아프다. 囫무릎이 시고 아프다. ③눈이 강한 빛을 받아 제대로 뜰 수 없거나 아프다.

시ː달(示達) 상급 기관에서 지시 사항이나 주의 사항 등을 전달함. 시달되다. 시달하다.

시달리다 계속하여 괴롭거나 성가신 일을 당하다. 囫만원 버스에 시달리다.

시대(時代) 일정한 기준에 의하여 구분된 기간. 囫고려 시대와 조선 시대.

시대상(時代相) 그 시대의 모습. 囫시대상을 반영한 작품.

시대적(時代的) 그 시대의 특징이 나타나는 것. 囫이것은 거스를 수 없는 시대적 흐름이다.

시댁(媤宅) 〈시집[1]〉의 높임말.

시ː도[1](市道) 대단위 행정 구역인 시와 도. 囫시도 지방 의회.

시ː도[2](試圖) 무엇을 이루려고 계획하거나 행동함. 囫시도조차 안 해 보고 포기할 셈이냐? 시도되다. 시도하다.

시ː동(始動) 전동기나 기계 등이 움직이기 시작함. 囫차의 시동을 걸었다. 시동하다.

시동생(媤—) 남편의 남동생.

시드니(Sydney) 오스트레일리아 남동부에 있는 항구 도시. 이 나라 최대의 도시로 경제·문화·교육의 중심지이다. 시드니 항은 세계 3대 미항의 하나로 꼽힌다.

시들다 ①꽃이나 풀·나무 등이 물기가 말라 힘없게 되다. [예]꽃병의 꽃이 시들었다. ②기력이나 기세 등이 줄어들다. [예]하늘을 찌를 듯하던 사기가 시들었다. [활용] 시드니·시들어.

시들시들 어지간히 시들어 힘이 없는 모양. [예]시들시들 말라 버린 잎사귀. [작]새들새들.

시들하다 마음에 차지 않아 열의나 관심이 적다. [예]언니는 아까부터 시들한 표정으로 딴전만 부린다. **시들히**.

시디(CD) 지름 12cm의 금속 음반. 레이저 광선의 특성을 이용하여 원음에 가까운 음을 재생할 수 있다. [비]콤팩트디스크.

시디롬(CD-ROM) 시디에 여러 가지 정보를 기록한 것. 많은 양의 정보를 기록할 수 있어 전자화된 백과사전이나 전화번호부 등이 만들어지고 있다.

시디시다 맛이 몹시 시다. [예]시디신 김치.

시래기 무의 잎이나 배추 잎을 말린 것. [예]시래기죽. [잘못] 씨래기.

시래깃국 [시래기꾹/시래긷꾹] 시래기를 넣고 된장을 풀어 끓인 국.

시럽(syrup) 녹인 설탕에 여러 가지 과즙이나 향료 등을 넣은 걸쭉한 액체. 청량음료나 아이스크림 등을 만드는 데 쓰인다.

시렁 물건을 얹어 두기 위하여 방이나 마루의 벽에 건너질러 달아 놓은 긴 나무. [참]선반.

시ː력(視力) 눈으로 볼 수 있는 능력. [예]시력이 좋다.

시ː련(試鍊) 견디기 어려운 일. [예]커다란 시련이 닥쳐왔다.

시론(時論) ①그때그때 일어나는 세상일에 대한 평론. ②그 시대의 여론.

시ː료(試料) 시험이나 검사·분석 등을 하기 위한 재료.

시루 떡이나 쌀 등을 찌는 데 쓰는 둥근 질그릇. 바닥에 구멍이 몇 개 뚫려 있다.

시루떡 떡가루를 시루에 안쳐 찐 떡.

〈시루떡〉

시류(時流) 그 시대의 흐름. [예]시류를 거스르다.

시름 늘 마음에 걸리는 근심이나 걱정. [예]가뭄 때문에 깊은 시름에 잠긴 농부들. **시름하다**.

시름시름 병의 상태가 더하지도 않고 낫지도 않으면서 오래 끄는 모양. [예]시름시름 앓은 지 벌써 몇 달이 지났다.

시름없다 [시르멉따] ①근심이나 걱정으로 맥이 없다. [예]어머니의 병환으로 시름없는 나날을 보냈다. ②아무 생각이 없다. **시름없이**. [예]그는 누워서 시름없이 천장만 바라보고 있었다.

시리다 몸의 한 부분에 찬 기운을 느끼다. [예]이가 시려서 씹을 수가 없다.

시리얼(cereal) 옥수수·보리·밀 등의 곡식을 조리하여 얇은 조각으로 만들어서 우유에 타 먹는 음식.

시리우스(Sirius) 큰개자리에서 가장 밝은 별. 하늘에서 볼 수 있는 가장 밝은 별이다.

시리즈(series) ①책이나 영화, 방송 프로그램 등을 여러 편 이어서 만든 것. ②특히 야구에서, 차례를 따라 일정한 기간에 계속하는 운동 경기.

시ː립(市立) 시에서 설립하여 관리하는 시설. [예]시립 도서관.

시멘트(cement) 토목이나 건축 재료로 쓰는 가루. 찰흙이 섞인 석회석을 구워서 빻은 것으로, 모래 등을 섞고 물로 개어서 쓴다.

시무룩하다 [시무루카다] 마음에 못마땅하여 말없이 부루퉁해 있다. 예동생이 아버지께 꾸중을 듣고 시무룩하게 앉아 있다. 逊새무룩하다. 시무룩이.

시문(詩文) 시가와 산문.

시:민(市民) ①시에 살고 있는 사람. 예서울 시민. ②나라의 정치에 참여할 수 있는 권리를 가진 사람. 예시민 의식.

시:민권(市民權) [시민꿘] 시민으로서의 사상·재산·직업·신앙 등의 자유가 보장되며, 나라의 정치에 참여할 수 있는 권리.

시바(Siva) 힌두교의 3대 신의 하나. 과거·현재·미래를 보는 세 개의 눈이 있고, 목에 뱀과 송장의 뼈를 감은 모습을 하고 있다.

시:발(始發) 자동차나 기차 등이 맨 처음 출발함. 시발하다.

시방(時方) 바로 지금. 예그 사람은 시방 떠났다. 비금방·방금.

시:범(示範) 본보기로 해 보임. 예시범 경기.

시베리아(Siberia) 러시아의 우랄 산맥에서 태평양 연안에 이르는 북아시아 지역. 석유·천연가스·철 등의 지하 자원이 풍부하다.

시보(時報) 라디오나 텔레비전에서 표준 시각을 알리는 일.

시부렁거리다 쓸데없는 말을 함부로 자꾸 지껄이다. 예그 아이는 입도 안 아픈지 종일 시부렁거렸다. 비시부렁대다. 逊사부랑거리다.

시부렁대다 ➡ 시부렁거리다.

시부렁시부렁 자꾸 시부렁거리는 모양. 逊사부랑사부랑.

시부모(媤父母) 남편의 부모.

시부저기 별로 힘들이지 않고 살짝. 逊사부자기.

시:비¹(是非) ①옳고 그름. 예시비를 분명히 가리자. 비잘잘못. ②옳고 그름을 따짐. 예서로 좋은 자리를 차지하려다 시비가 벌어졌다. 시비하다.

시비²(詩碑) 시를 새긴 비석.

시:비조(是非調) [시비쪼] 시비를 거는 듯한 말투. 예실수로 부딪친 걸 가지고 상대가 시비조로 나와서 기분이 나빴다.

시뻘겋다 [시뻘거타] 더할 수 없이 짙게 붉다. 예시뻘건 피. 逊새빨갛다. |활용| 시뻘거니·시뻘게.

시쁘다 마음에 차지 않다. 예달라는 걸 주었는데도 시쁜 표정이다. |활용| 시쁘니·시뻐.

시:사¹(示唆) 미리 암시하여 알려 줌. 시사하다.

시사²(時事) 그 당시에 일어난 여러 가지 세상일.

시:사회(試寫會) [시사회/시사훼] 영화를 개봉하기 전에 신문 기자나 평론가 등 특정인에게 상영해 보이는 모임.

시:상¹(施賞) 상장이나 상품 또는 상금을 줌. 예다음은 장려상 시상이 있겠습니다. 시상하다.

시상²(詩想) 시를 짓기 위한 시인의 생각이나 구상.

시:상식(施賞式) 상을 주는 의식이나 행사. 예영화제 시상식.

시샘 저보다 나은 사람을 시기하는 마음. 본시새움. 시샘하다. 예친구가 상을 탄 것을 시샘하지 마라.

시:선¹(視線) ①눈이 가는 방향. 예서로 시선이 마주쳤다. ②사람들의 바라보는 눈이나 관심. 예전학 온 아이에게 시선이 집중되었다. 비눈길.

시선²(詩選) 시를 뽑아 모은 책.

시:설(施設) 도구나 장치 등을 베풀어서 차림. 또는 그 도구나 장치. 예오락 시설. 시설하다.

시:설물(施設物) 시설해 놓은 장치나 구조물. 예태풍 피해를 입지 않도록 시설물 관리에 유의해 주십시오.

시세(時勢) ①그 당시 세상의 형편. ②그때의 물건값. ②비시가.

시소(seesaw) 긴 널판의 한가운데를 괴어 그 양쪽 끝에 사람이 타고 번갈아 오르락내리락하는 놀이. 또는 그 놀이 기구.

시속(時速) 한 시간을 단위로 하여 잰 속도. 예시속 60km.

시스템(system) 어떤 목적을 위한 질서 있는 조직 체계.

시시(cc) 가로·세로·높이가 각각 1cm인 부피. 곧, 세제곱센티미터.

시시각각(時時刻刻) [시시각깍] 시간의 흐름에 따라. 예시시각각 변하는 세상.

시시껄렁하다 시시하고 보잘것없다. 예이런 시시껄렁한 이야기나 하려고 널 보자고 한 게 아니다.

시시덕거리다 [시시덕꺼리다] 실없이 잘 웃으며 조금 큰 소리로 자꾸 이야기하다. 예저희들끼리 시시덕거리며 좋아하더라. 비시시덕대다. 준시시거리다.

시시덕대다 [시시덕때다] ➡시시덕거리다.

시시때때로(時時一) '때때로'의 힘줌말.

시:시비비(是是非非) 옳은 것은 옳고 그른 것은 그르다고 하는 일. 예시시비비를 따지다.

시시콜콜 시시하고 자질구레한 것까지 낱낱이 따지고 캐는 모양. 예언니는 내가 하는 일마다 시시콜콜 간섭했다.

시시콜콜하다 시시하고 자질구레한 것까지 낱낱이 따지고 캐는 데가 있다. 예시시콜콜한 이야기로 시간을 허비했다. 시시콜콜히.

시시 티브이(CCTV) 감시나 관찰이 필요한 곳에 카메라를 달고 이를 감독하는 사람에게 화면을 보내는 텔레비전.

시시하다 신통한 데가 없고 하찮다. 예그런 시시한 얘기를 하려고 나를 불렀니?

시:식(試食) 맛을 보기 위해 시험 삼아 먹어 봄. 예만두를 사기 전에 시식을 해 보자. 시식하다.

시:신(屍身) 죽은 사람의 몸. 비시체.

시아버지(媤一) 남편의 아버지. 반시어머니.

시아주버니(媤一) 남편의 형.

시:안(試案) 시험적으로 미리 세운 계획.

시:야(視野) ①눈으로 볼 수 있는 범위. 예검은 새 한 마리가 시야에 들어왔다. 비시계. ②지식이나 생각이 미치는 범위. 예시야가 넓은 사람.

시:약(試藥) 화학 분석에서, 물질의 성질을 조사할 때 쓰는 약품.

시어(詩語) 시에 쓰는 말.

시어머니(媤一) 남편의 어머니. 반시아버지.

시옷 [시온] 한글 닿소리 'ㅅ'의 이름. |발음| 시옷이 [시오시] ·시옷도 [시온또] ·시옷만 [시온만]

시:외(市外) [시외/시웨] 도시 밖의 부근으로서 시에 이웃한 지역. 반시내.

시외버스(市外bus) 시내에서 시외까지 다니는 버스. 반시내버스.

시운(時運) 그때의 운수.

시:원(始原) 사물이나 현상 등이 시작되는 처음. 예우주의 시원.

시원섭섭하다 [시원섭써파다] 한편으로는 시원하면서도 다른 한편으로는 섭섭하다. 예오랫동안 매달렸던 일이 끝나니 시원섭섭하구나.

시원스럽다 [시원스럽따] 시원한 태도나 느낌이 있다. [예]매미 소리가 상수리나무 사이로 시원스럽게 퍼졌다. [활용] 시원스러우니·시원스러워. 시원스레.

시원시원하다 행동이나 성격 또는 생김새가 아주 시원하다. [예]시원시원한 성격. **시원시원히**.

시원찮다 [시원찬타] 마음에 흡족하지 않다. [예]대답이 영 시원찮다. [준]선찮다.

시원하다 ①더울 때 선선한 바람을 쐬는 느낌처럼 서늘하다. [예]시원한 나무 그늘. ②마음이 후련하고 가뿐하다. [예]돈을 갚고 나니 속이 시원하다. ③말이나 행동 등이 거침새가 없고 서글서글하다. [예]시원한 성격. ④앞이 막힌 데 없이 틔어 있어 답답하지 않다. [예]시원하게 뚫린 도로. ⑤국물 등의 맛이 텁텁하지 않고 산뜻하다. [예]국물이 시원하구나. **시원히**.

시월 한 해의 열째 달. [참고] 시월은 '십월(十月)'에서 온 말.

시월상달(一上一) [시월상딸] 《민속에서, 햇곡식을 신에게 드리기에 가장 좋은 달이라는 뜻으로》 '시월'을 예스럽게 이르는 말. [준]상달.

시위¹ 활에 화살을 걸어서 잡아당기는 줄. [예]시위를 떠난 화살. [본]활시위.

시:위²(示威) ①힘이나 기세를 드러내어 보임. ②많은 사람들이 어떤 요구나 주장을 드러내기 위해 모여서 집회나 행진을 하는 일. [비]데모. **시위하다**.

시:음(試飮) 술이나 음료수 등을 맛보기 위하여 시험 삼아 마셔 봄. **시음하다**.

시 의회(市議會) 지방 자치 단체인 '시'의 문제를 의논하고 법률과 정책을 결정하는 기관.

시:인¹(是認) 옳다고 인정함. [반]부인. **시인하다**. [예]어서 잘못을 시인해라.

시인²(詩人) 시를 짓는 일을 직업으로 삼는 사람.

시일(時日) ①때와 날. ②정해진 날짜나 기한. [예]시일 내에 일을 마쳐야 한다.

시:작(始作) ①어떤 일을 처음으로 하거나 쉬었다가 다시 함. [예]수업 시작을 알리는 종. ②어떤 행동이나 현상의 처음. [예]시작이 좋으면 끝도 좋은 법이다. **시작되다**. **시작하다**.

시:장¹(市長) 시의 행정을 맡아보는 우두머리.

시:장²(市場) 매일 또는 정기적으로 사람이 모여 상품을 사고파는 장소. [예]수산 시장. [비]장.

시장기(一氣) [시장끼] 배가 고픈 느낌.

시장하다 배가 고프다. [예]손님이 시장하실 테니 음식 준비부터 하는 게 옳지요.

시적(詩的)[시쩍] 시와 같은 느낌을 주는 것. [예]시적인 노래 가사.

시절(時節) ①한 해를 네 시기로 나눈 중의 어느 한 시기. [예]개나리꽃 피는 시절. [비]철·계절. ②사람의 한평생을 여럿으로 구분할 때의 어느 한 동안. [예]어린 시절.

시점(時點) [시쩜] 시간의 흐름 위의 어느 한 순간.

시:접 속으로 접혀 들어간 옷솔기의 한 부분.

시:정(是正) 잘못된 것을 바로잡음. [예]이 정책은 시정이 필요하다. **시정되다**. **시정하다**.

시:조¹(始祖) ①한 겨레의 가장 처음이 되는 조상. [예]우리 민족의 시조는 단군이다. ②어떤 학문이나 기술 등을 맨 처음 연 사람. [예]성리학의 시조.

시조²(時調) 고려 말부터 발달하여 온 우리나라 고유의 시. 보통, 초장·중장·종장의 3장으로 이루어지며, 글자 수는 합하여 45자 안팎이다.

시:조새(始祖―) 새의 가장 오래된 조상으로 알려진 동물. 중생대 쥐라기에 살았으며, 부리에 날카로운 이빨이 있고, 날개 끝에는 발톱이 달린 발가락이 세 개 있다.

시:종¹(侍從) 임금을 가까이 모시고 따라다니는 신하.

시:종²(始終) 처음과 끝. 또는 처음부터 끝까지. 몐영수는 시종 말없이 듣기만 했다.

시:종일관(始終一貫) 처음부터 끝까지 똑같은 태도로 나감. 몐그는 아무리 힘들어도 시종일관 웃음을 잃지 않았다. 시종일관하다.

시:주(施主) 불교에서, 승려나 절에 물건을 바침. 또는 그런 일을 하는 사람. 시주하다.

시중¹ 옆에서 보살피거나 여러 가지 심부름을 하는 일. 몐아버지 시중을 드느라 밤을 새웠다. 시중하다.

시:중²(市中) 사람들이 물건을 사고팔거나 생활하는 공개된 공간. 몐이런 물건은 시중에서 구하기 어렵다.

시중들다 윗사람이나 환자의 곁에서 보살피거나 심부름을 하다. 몐다리를 다쳐서 못 움직이니 시중들 사람이 필요하다. |활용| 시중드니·시중들어.

시즌(season) 어떤 활동이 가장 활발히 이루어지는 시기. 어떤 활동을 하기에 알맞은 시기. 몐졸업 시즌/프로 야구 시즌.

시집¹(媤―) 시부모가 있는 집. 몝친정. 높시댁.

시집²(詩集) 여러 편의 시를 모아 엮은 책.

시집가다(媤―)[시집까다] 여자가 결혼하여 남편을 맞이하다.

시집살이(媤―)[시집싸리] 여자가 결혼하여 시집에서 살면서 살림을 하는 일. 시집살이하다.

시차(時差) ①어떤 일을 하는 시간에 차이를 두는 일. 몐두 팀이 시차를 두어 출발했다. ②지구 상의 어느 두 지역 간의 시간 차이. 몐미국과 우리나라는 시차가 크다.

시:찰(視察) 돌아다니며 실제의 사정을 살펴봄. 몐산업 시찰. 시찰하다.

시:책(施策) 국가나 행정 기관 등이 어떤 계획을 실행에 옮김. 또는 그 계획. 몐국어 교육에 대한 시책.

시:청¹(市廳) 시의 행정 사무를 맡아보는 곳.

시:청²(視聽) 눈으로 보고 귀로 들음. 시청하다. 몐온 가족이 올림픽 중계방송을 시청했다.

시:청각(視聽覺) '시각'과 '청각'을 아울러 이르는 말.

시:청각 교:육(視聽覺教育) 학습 능률을 올리기 위하여 보고 들을 수 있는 매체를 활용하는 교육. 주로, 영화·라디오·텔레비전·실물·표본·슬라이드 등을 이용한다.

시:청료(視聽料)[시청뇨] 텔레비전 방송을 보고 듣는 값으로 내는 돈.

시:청률(視聽率)[시청뉼] 텔레비전의 어떤 프로그램을 시청하고 있는 사람들의 비율.

시:청자(視聽者) 텔레비전 방송을 보고 듣는 사람. 몐드라마의 슬픈 결말이 시청자들을 울렸다.

시:체(屍體) 죽은 사람의 몸. 몝송장·시신·주검. 참사체.

시쳇말(時體―)[시첸말] 그 시대에 널리 유행하는 말. 몝요샛말.

시ː초(始初) 맨 처음. 예싸움의 시초.

시ː추(試錐) 지하자원이 있는지 알아보거나 지층의 상태를 조사하려고 기계로 땅속 깊이 구멍을 뚫는 일. 시추하다.

시ː추선(試錐船) 지질 조사 등을 위해 바닷속 깊이 구멍을 뚫을 수 있는 장비를 갖춘 배.

시ː축(始蹴) 축구에서, 경기를 시작하기 직전에 유명 인사가 경기장의 한가운데 놓인 공을 차는 일. 시축하다.

시치다 바느질을 할 때, 천을 맞대어서 듬성듬성 꿰매다. 예치맛단을 시치다.

시치미 ①매의 주인을 밝히기 위해 주소를 적어 매 꽁지 위의 털 속에 매어 두는 네모진 뿔. ②짐짓 알고도 모르는 체하거나, 하고도 안 한 체하는 태도. 준시침.

시치미(를) 떼다[관용] 짐짓 알고도 모르는 체하거나, 하고도 안 한 체하다. 예동생이 내 빵을 먹고는 모르는 척 시치미를 뗐다.

시칠리아(Sicilia) 이탈리아 서남쪽에 있는 섬. 지중해에 있는 섬 가운데 가장 크다.

시침(時針) 시계에서, 시간을 가리키는 짧은 바늘. 참분침·초침.

시침질 바느질을 할 때, 천을 맞대어서 듬성듬성 꿰매는 일. 시침질하다.

시커멓다[시커머타] ①빛깔이 매우 꺼멓다. 예시커먼 연기. 작새카맣다. ②마음이 몹시 엉큼하고 음흉하다. 예마음이 시커먼 사람. |활용| 시커머니·시커메.

시커메지다 시커멓게 되다. 예숯을 만졌더니 손이 시커메졌다. 작새카매지다.

시큰거리다 뼈마디 같은 데가 계속하여 매우 저리고 시리다. 예손목이 시큰거리다. 비시큰대다. 작새큰거리다.

시큰대다 ➡ 시큰거리다.

시큰둥하다 마음에 내키지 않아, 말이나 하는 짓에 성의가 없다. 예심부름 좀 하라니까 아이가 시큰둥하게 대답했다.

시큰시큰 자꾸 시큰거리는 모양. 작새큰새큰.

시큰하다 뼈마디 같은 데가 매우 저리고 시리다. 예무릎이 시큰하다. 작새큰하다.

시큼하다 맛이 매우 시다. 예시큼한 사과. 작새큼하다. 여시금하다.

시키다 ①어떤 일이나 행동을 하게 하다. 예누가 시킨 일이냐? ②음식을 주문하다. 예점심은 짜장면을 시켜 먹자.

시트(sheet) 침대·좌석 등에 까는 흰 천.

시트콤(sitcom) 무대와 등장인물은 같지만 매회 다른 이야기를 다루는 방송 코미디.

시ː판(市販) 시장이나 상점에서 일반인에게 판매함. 본시중 판매. 시판되다. 시판하다. 예시판한 지 한 달 만에 새 차가 다 팔렸다.

시퍼렇다[시퍼러타] 더할 수 없을 만큼 아주 퍼렇다. 예시퍼런 바닷물. 작새파랗다. |활용| 시퍼러니·시퍼레.

시퍼레지다 시퍼렇게 되다. 예넘어져 멍든 자리가 시퍼레졌다. 작새파래지다.

시프트 키(shift key) 컴퓨터 자판에서, 다른 글자판의 기능이나 내용을 바꾸기 위해 사용하는 글자판.

시한(時限) 어떤 일을 끝내기로 정한 날짜나 시각. 예마감 시한이 다 되었다. 비기한.

시한부(時限附) 일정한 시간의 한계를 둠. 예시한부 인생.

시한폭탄(時限爆彈) 미리 정하여 둔 시간이 지나면 터지게 되어 있는 폭탄.

시합(試合) 서로 재주를 겨루어 이기고 짐을 다투는 일. 예권투 시합. 비경기. 시합하다.

시ː해(弑害) 왕이나 대통령 같은 중요한 사람을 죽임. 시해되다. 시해하다.

시ː행(施行) 실제로 행함. 비실시. 시행되다. 시행하다. 예분부대로 시행하겠습니다.

시ː행착오(試行錯誤)[시행차고] 시행과 실패를 거듭하는 가운데 점차 목표에 도달하는 일.

시허옇다[시허여타] 더할 수 없이 아주 허옇다. 좐새하얗다. |활용| 시허여니·시허예.

시험(試驗) ①문제를 내어 재능이나 실력 등을 알아보는 일. 예입학 시험. ②어떤 사물의 성질이나 기능 등을 실지로 알아보는 일. 예자동차의 성능 시험. 시험하다.

시험관¹(試驗官) 시험 보는 일을 맡아보고 감독하는 사람.

시험관²(試驗管) 화학 실험에 사용하는, 둥근 통 모양의 유리관. 길쭉하며 한쪽이 막혀 있다.

시험대(試驗臺) ①물건을 올려놓고 시험하는 대. ②가치나 기량 등을 시험하는 자리. 예시험대에 오른 입시 제도.

시험지(試驗紙) ①시험 문제가 적힌 종이나 시험 답안을 쓰는 종이. ②화학 실험에 쓰이는, 시약을 바른 특수한 종이. 리트머스 시험지 등.

시ː혜(施惠)[시혜/시혜] 은혜를 베풂. 시혜하다.

시ː호(諡號) 정승이나 뛰어난 선비가 죽은 뒤에, 그들의 공덕을 기리어 임금이 내려 주던 이름. 예충무는 이순신 장군의 시호이다.

시화(詩畫) ①시와 그림. ②시를 곁들인 그림.

시화전(詩畫展) 시와 그림, 또는 시를 곁들인 그림을 전시하는 행사.

시화집(詩畫集) 시와 그림이 잘 어울리도록 하여 실은 책.

시효(時效) 어떤 효력이 지속되는 일정한 기간.

식¹ 좁은 틈으로 김이나 바람이 세차게 새어 나오는 소리.

식²(式) ①일정한 방식이나 투. 예공부를 계속 이런 식으로 할 테냐? ②격식을 갖추어 베푸는 행사. 예예정보다 식이 늦게 시작되었다. 준의식. ③〈수식²〉의 준말. 예덧셈과 뺄셈이 섞여 있는 식.

식견(識見)[식껸] 학식과 의견. 곧, 사물을 올바르게 판단할 수 있는 능력. 예식견이 높다.

식곤증(食困症)[식꼰쯩] 음식을 먹은 뒤 몸이 나른하고 졸음이 오는 증세.

식구(食口)[식꾸] 한집에서 같이 살며 끼니를 함께하는 사람. 예우리 집은 부모님과 동생까지 식구가 넷이다.

식권(食券)[식꿘] 식당에서 음식과 바꾸어 먹도록 되어 있는 표.

식기(食器)[식끼] 음식을 담아 먹는 그릇.

식다[식따] ①더운 기운이 없어지다. 예국이 다 식었다. ②의욕이나 열정 등이 누그러지거나 가라앉다. 예경기장의 열기가 식었다.

식단(食單)[식딴] 어떤 기간 동안에 먹을 음식의 종류와 순서를 계획하여 짠 표.

식당(食堂)[식땅] ①음식을 먹도록 마련한 방. [예]회사 내에 직원 식당이 있다. ②음식을 만들어 파는 가게. ②[비]음식점.

식당차(食堂車)[식땅차] 열차 안에 식당의 설비를 갖추고 있는 찻간.

식대(食代)[식때] 음식을 먹는 데 드는 돈. [비]밥값.

식도(食道)[식또] 목구멍에서 위에 이르는 가느다란 관. 음식물이 위로 들어가는 통로이다. [비]밥줄.

식도락(食道樂)[식또락] 여러 가지 음식을 먹어 보는 것을 즐거움으로 삼는 일.

식량(食糧)[싱냥] 살아가는 데 필요한 먹을거리. [예]식량을 구하다. [비]양식.

식료품(食料品)[싱뇨품] 음식의 재료가 되는 물품.

식모(食母)[싱모] 남의 집에 고용되어 주로 부엌일을 맡아 하는 여자. [비]가정부.

식목(植木)[싱목] 나무를 심음. [비]식수. [반]벌목. **식목하다**.

식목일(植木日)[싱모길] 산을 푸르게 가꾸기 위하여, 나무를 심도록 국가에서 정한 날. 매년 4월 5일.

식물(植物)[싱물] 동물과 함께 생물을 이루는 한 무리. 엽록소를 가지고 있어 광합성을 통해 양분을 만들 수 있으나, 몸 전체를 이동시키는 운동은 할 수 없다. [반]동물.

식물도감(植物圖鑑)[싱물도감] 여러 종류의 식물을 그림이나 사진으로 나타내고, 이에 설명을 곁들인 책.

식물성(植物性)[싱물썽] ①식물에서만 볼 수 있는 고유한 성질. ②식물체로부터 얻어지는 것. [예]식물성 섬유. [참]광물성·동물성.

식물원(植物園)[싱무뤈] 여러 사람에게 보이거나 연구를 하기 위하여 여러 가지 식물을 모아 가꾸는 곳. [반]동물원.

식물인간(植物人間)[싱무린간] 살아서 숨은 쉬지만 뇌를 다쳐서 의식이 없고 움직이지 못하는 사람.

식물 채:집(植物採集) 식물의 표본을 만들거나 연구하기 위하여 필요로 하는 여러 가지 식물을 찾아 모으는 일.

식물체(植物體)[싱물체] 식물, 또는 식물의 몸체.

식물학(植物學)[싱물학] 식물을 연구하는 학문.

식민지(植民地)[싱민지] 정치적·경제적으로 다른 힘센 나라의 지배를 받는 나라. [비]속국.

식별(識別)[식뼐] 사물의 성질이나 종류 등을 구별함. [예]눈으로는 위조 수표를 식별을 하기가 어렵다. **식별되다**. **식별하다**.

식비(食費)[식삐] 음식을 먹는 데에 드는 비용. [예]우리 가족의 한 달 식비가 얼마나 되는지 계산해 보자.

식빵(食—) 상자 모양의 틀을 사용해서 구운, 주로 끼니로 먹는 빵.

식사¹(式辭)[식싸] 시상식·졸업식 등 식을 거행하는 자리에서 인사로 하는 말.

식사²(食事)[식싸] 사람이 끼니로 음식을 먹는 일, 또는 그 음식. [예]저녁 식사가 준비되었으니 식당으로 오세요. **식사하다**.

식생활(食生活)[식쌩활] 생활 가운데서 먹는 것에 관한 분야. [참]의생활·주생활.

식성(食性)[식썽] 음식에 대하여 좋아하거나 싫어하는 성미. [예]식성이 까다롭다.

식수¹(食水)[식쑤] 먹는 물. [예]지하수를 끌어다 식수로 사용하고 있다.

식수²(植樹) [식쑤] 나무를 심음. [예]기념 식수. [비]식목. **식수하다**.
식수난(食水難) [식쑤난] 먹을 물이 모자라서 겪는 어려움. [예]가뭄이 계속되어 식수난을 겪었다.
식순(式順) [식쑨] 의식의 진행 순서.
식습관(食習慣) [식씁꽌] 음식을 먹을 때의 태도나 음식을 가려 먹는 버릇. [예]편식을 하지 말고 간을 싱겁게 먹는 등 올바른 식습관을 기르는 게 좋다.
식식 [식씩] 숨을 매우 가쁘고 거칠게 쉬는 소리, 또는 그 모양. [작]색색. [센]씩씩.
식식거리다 [식씩꺼리다] 자꾸 식식 소리를 내며 가쁘고 거칠게 숨 쉬다. [예]거짓말쟁이라는 말에 동생은 눈을 부릅뜨며 식식거렸다. [비]식식대다. [작]색색거리다. [센]씩씩거리다.
식식대다 [식씩때다] ➡식식거리다.
식언(食言) [시건] 약속한 말을 지키지 않음. [예]식언을 밥 먹듯이 하는 사람. **식언하다**.
식염(食鹽) [시겸] 먹는 소금.
식염수(食鹽水) [시겸수] ①소금을 넣어 녹인 물. [비]소금물. ②사람의 체액과 같은 농도로 만든 소금물. 환자에게 주사하거나 콘택트렌즈를 씻을 때에 주로 쓴다.
식욕(食慾) [시굑] 음식을 먹고 싶은 마음. [예]쌉싸름한 봄나물이 식욕을 돋운다.
식용(食用) [시굥] 먹을 것으로 씀. [예]식용 버섯. **식용되다**. **식용하다**.
식용 색소(食用色素) 음식물에 빛깔을 들이는 데 쓰이는 색소. 몸에는 해롭지 않다.
식용유(食用油) [시굥뉴] 식용으로 하는 기름. 참기름이나 콩기름 등.
식용 작물(食用作物) 먹을 것으로 쓰기 위해 가꾸는 농작물. 곡물이나 채소 등.
식은땀 [시근땀] ①몸이 약하여, 덥지도 않은데 나는 땀. ②정신이 몹시 긴장되어 나는 땀.
식음(食飮) [시금] 먹고 마심, 또는 그 일. [예]그는 식음을 전폐하고 자리에 누웠다. **식음하다**.
식이 요법(食餌療法) 음식물을 조절하여 병을 치료하거나 예방하는 방법.
식인종(食人種) [시긴종] 사람을 잡아먹는 풍습이 있는 미개 인종.
식자우환(識字憂患) [식짜우환] 많이 알고 있는 것이 도리어 근심을 사게 된다는 말.
식장(式場) [식짱] 식을 올리는 장소. [예]졸업생들이 식장에 줄을 지어 들어왔다.
식전(食前) [식쩐] ①밥을 먹기 전. [반]식후. ②아침밥을 먹기 전. 곧, 아침 일찍.
식중독(食中毒) [식쭝독] 상하거나 오염된 음식을 먹어서 생기는 병. 구토·설사·복통 등을 일으킨다.
식지(食指) [식찌] ➡집게손가락.
식체(食滯) 먹은 음식물이 잘 소화되지 않는 증상.
식초(食醋) 음식에 신맛을 내는 데 쓰는 액체 조미료. [비]초.
식충이(食蟲—) 밥을 많이 먹는 사람을 놀려서 이르는 말. [비]식충·밥벌레.
식칼(食—) 부엌에서 음식을 만들 때에 쓰는 칼. [비]부엌칼.
식탁(食卓) 음식을 차려 놓는 큰 탁자.
식탁보(食卓褓) [식탁뽀] 식탁에 까는 보자기.
식판(食板) 밥, 국, 두세 가지 반찬을 모두 담을 수 있도록 칸을 나누어 놓은 넓은 그릇.
식품(食品) 사람이 먹는 음식물. [예]수입 식품.

식품 첨가물(食品添加物) 식품을 만들 때에 섞는 물건. 인공 감미료·표백제 등.

식혜(食醯) [시켸/시케] 쌀밥에 엿기름 가루를 우린 물을 부어 삭힌 것에 설탕을 넣고 끓여 식힌 다음, 건져 둔 밥알을 띄운 음료.

〈식혜〉

식후(食後) [시쿠] 밥을 먹은 뒤. 예식후에 이 약을 드십시오. 반식전.

식히다 [시키다] ①더운 기운을 없어지게 하다. 예뜨거운 감자를 식혀 가며 먹었다. ②의욕이나 정열 등을 누그러지게 하거나 가라앉히다. 예머리도 식힐 겸 여행이나 가야겠다.

신¹ 발에 신고 걷는 데에 쓰이는 물건을 통틀어 이르는 말. 구두·운동화·고무신 등. 비신발.

신² 좋은 일이 있거나 어떤 일에 흥미가 생겨 매우 좋아진 기분. 예우리 편이 이겨서 더욱 신이 났다.

신³(臣) 지난날, 신하가 임금에게 자기를 가리키던 말.

신⁴(神) 무한한 힘을 가지고 우주를 다스린다고 믿어지는 존재. 예비와 바람과 구름을 다스리는 신.

신-(新) '새로운'의 뜻을 나타냄. 예신기록/신제품. 반구-.

신간(新刊) 책을 새로 펴냄. 예신간 서적.

신간회(新幹會) [신간회/신간훼] 1927년에 조직된 항일 단체. 한때 회원이 3만 9천 명에 이르렀으나, 1931년에 해산되었다.

신경(神經) ①몸의 각 부분에서 느낀 자극을 뇌에 전하거나, 뇌의 명령을 몸의 각 부분에 전하는 실 모양의 기관. 예신경을 마비시킨 후 이를 뽑았다. ②사물을 느끼거나 생각하는 힘. 예전에 비해 신경이 무척 예민해졌다.

신경(을) 쓰다 [관용] 사소한 일에까지 세심하게 생각하거나 살피다. 예누나는 오늘따라 옷차림에 몹시 신경을 썼다.

신경전(神經戰) 싸우거나 경쟁하는 상대의 신경이 예민해지도록 자극하고 괴롭히는 일. 예두 선수가 경기 전부터 신경전을 벌이고 있다.

신경질(神經質) 신경이 몹시 날카로워 대수롭지 않은 일에도 쉽게 흥분하는 성질. 예신경질을 내다.

신경통(神經痛) 신경이 자극을 받아 일어나는 통증.

신고(申告) 국민이 관청에 어떤 사실을 알리는 일. 예출생 신고/혼인 신고. 신고되다. 신고하다.

신곡(新曲) 새로 지은 노래.

신교(新敎) 16세기 종교 개혁으로 로마 가톨릭교에서 떨어져 나와 생긴 종교. 비개신교·프로테스탄트. 반구교.

신교육(新敎育) 옛날의 한학 중심의 교육에 대하여, 현대의 학교 교육을 이르는 말.

신구(新舊) 새것과 헌것.

신규(新規) ①새로운 규모나 규정. ②'새롭게 어떤 일을 함'을 이르는 말. 예학생증을 신규로 발급했다.

신극(新劇) 1894년 갑오개혁 이후, 서유럽 근대극의 영향을 받아 일어난 새로운 연극.

신기(神技) 신만이 할 수 있을 듯한 매우 뛰어난 기량. 예신기에 가까운 재주.

신기다 신발이나 양말을 신게 하다. 예아주머니는 꼬마에게 구두를 신겼다.

신기록(新記錄) 지금까지의 기록보다 뛰어난 새로운 기록. 예세계 신기록.

신기롭다¹(神氣—)[신기롭따] 이상하고 묘한 느낌이 있다. 예신기로운 이야기. |활용| 신기로우니·신기로워. 신기로이.

신기롭다²(新奇—)[신기롭따] 새롭고 기이한 느낌이 있다. |활용| 신기로우니·신기로워. 신기로이.

신:기루(蜃氣樓) 사막이나 바다에서, 빛의 굴절로 인해 오아시스나 도시 등이 마치 실제로 있는 것처럼 보이는 현상.

신기술(新技術) 이전의 기술보다 발전한 새로운 기술.

신기원(新紀元) 획기적인 사실로 인하여 나타나는 새로운 시대. 예에너지 혁명의 신기원을 열었다.

신기전(神機箭) 지난날, 화약이나 불을 달아 쏘던 화살.

신기하다¹(神氣—) 이상하고 묘하다. 예신기하게도 네 말이 딱 들어맞았다.

신기하다²(新奇—) 새롭고 기이하다. 예전에 보지 못하던 신기한 물건.

신나다 흥이 일어나 기분이 좋아지다. 예썰매를 신나게 탔다./야, 신나는 방학이다!

신년(新年) 새로 시작되는 해. 예신년 인사. 때새해.

신:념(信念) 굳게 믿어 의심하지 않는 마음. 예그는 끝까지 자신의 신념을 지켰다.

신다[신따] 신·양말 등을 발에 꿰다. 예날씨가 추워 두꺼운 양말을 신었다.

신단수(神壇樹) 단군 신화에서, 환웅이 처음 하늘에서 그 밑에 내려왔다는 신령한 나무.

신대륙(新大陸) 남북 아메리카 및 오스트레일리아를 이르는 말. 때구대륙.

신데렐라(Cinderella) ①유럽 동화 속 여주인공의 이름. 계모에게 학대받다가 요술 할머니의 도움으로 왕자와 결혼하게 된다. ②'하루아침에 신분이 높아지거나 유명하게 된 여자'를 비유하여 이르는 말.

신:도(信徒) 종교를 믿는 사람. 예기독교 신도. 때교도·신자.

신도시(新都市) 대도시 주변 지역에 계획적으로 개발한 도시. 인구 문제나 주택 문제 등을 해결하기 위한 것이다.

신돌석(申乭石, 1878~1908) 조선 말기의 의병장. 1905년에 을사조약이 체결되자 경상북도 울진군 평해면에서 의병을 일으켜 많은 일본군을 무찔렀다.

신동(神童) 재주와 지혜가 남달리 뛰어난 아이. 예김시습은 어린 나이에 시를 지어 신동으로 불렸다.

신들리다(神—) 사람에게 귀신이나 신령이 들러붙다. 예신들린 무당.

신라(新羅)[실라] 우리나라 삼국 시대의 한 나라. 박혁거세가 한반도의 동남쪽에 세운 나라로, 태종 무열왕 때 백제를, 문무왕 때 고구려를 멸망시켜 삼국을 통일하였으나, 경순왕 때 고려의 태조 왕건에게 망하였다. 〔기원전 57~935〕

신라방(新羅坊)[실라방] 통일 신라 시대 당나라 산둥 반도에 있던, 신라인들이 모여 살던 마을.

신랄하다(辛辣—)[실랄하다] 《맛이 몹시 쓰고 맵다는 뜻으로》 어떤 사실에 대한 분석이나 지적 등이 몹시 날카롭다. 예신랄한 비평. 신랄히.

신랑(新郎)[실랑] 곧 결혼할 남자나 갓 결혼한 남자. 때신부.

신랑감(新郎—)[실랑깜] 신랑이 될 사람이나, 신랑이 될 만한 사람. 때신붓감.

신령(神靈)[실령] 민간 신앙에서, 신통하고 이상한 힘을 가지고 있다는 온갖 신.

신령하다(神靈一) [실령하다] 신기하고 이상하다.

신록(新綠) [실록] 늦봄이나 초여름에 새로 나온 잎들이 띤 연한 초록빛. 예신록의 계절 5월.

신:뢰(信賴) [실뢰/실뤠] 믿고 의지함. 예상대에게 신뢰를 주는 행동. 신뢰하다. 예서로가 서로를 신뢰하다.

신립(申砬, 1546~1592) 조선 선조 때의 장군. 벼슬은 한성부 판윤에 이르렀으며, 임진왜란 때 왜군을 막다가 충주 탄금대에서 전사하였다.

신맛 [신맏] 식초의 맛과 같은 새콤한 맛.

신:망(信望) 사람들이 믿고 존경함. 예신망을 얻다.

신명¹ 흥겨운 신과 멋. 예신명 나게 놀아 보자.

신명²(身命) 몸과 목숨. 예조국의 경제 발전을 위해 신명을 바쳐 일했다.

신명³(神明) 하늘과 땅의 신령. 예비나이다, 비나이다, 천지 신명께 비나이다.

신묘하다(神妙一) 신기하고 묘하다. 예신묘한 계책.

신:문¹(訊問) ①알고자 하는 것을 캐어물음. ②법원이나 수사 기관 같은 데서, 증인이나 피고인 등을 불러다 놓고 이것저것 캐어물어 조사하는 일. 신문하다. 예용의자를 신문하다.

신문²(新聞) ①독자들에게 새로운 사실이나 사건을 알려 주기 위해 정기적으로 박아 내는 인쇄물. ②〈신문지〉의 준말.

신문고(申聞鼓) 조선 시대에, 대궐 문위 다락집에 달아 백성들이 억울한 일을 왕에게 직접 하소연하고자 할 때 치게 한 북.

신문 기자(新聞記者) 신문에 실을 기사를 취재하거나 편집하는 사람.

신문사(新聞社) 신문을 펴내는 회사.

신문왕(神文王, ?~692) 신라 제31대 왕(재위 681~692). 국학을 만들어 학문을 장려하고, 각종 제도를 정비하는 등 신라의 전성 시대를 이룩하였다.

신문지(新聞紙) 신문 기사를 찍은 종이. 준신문.

신물 ①음식에 체했거나 트림할 때 목구멍으로 넘어오는 시큼한 물. ②지긋지긋하고 진저리 나는 일. 예이제 화장실 청소라면 생각만 해도 신물이 난다.

신 미 양 요(辛未洋擾) 조선 고종 8 (1871)년에 미국 군함 네 척이 강화도에 침입하여 소동을 일으킨 사건.

신민(臣民) 왕이 다스리는 나라의 벼슬아치와 백성.

신민회(新民會) [신민회/신민훼] 1907년에 국권 회복을 목표로 조직된 비밀 단체. 안창호·양기탁·신채호 등이 참여하였으며, 평양에 대성 학교를 세우는 등 꾸준한 활동을 벌였으나 1910년에 해체되었다.

신바람 [신빠람] 흥겹고 신이 나서 우쭐해지는 기분. 예성적이 올라 신바람이 난다.

신발 발에 신고 걷는 데에 쓰이는 물건. 예신발이 커서 뛰다가 벗겨졌다. 비신.

신발장(一欌) [신발짱] 신을 넣어 두는 장. 비신장.

신발주머니 [신발쭈머니] ➡신주머니.

신방(新房) 신랑과 신부가 첫날밤을 보내도록 새로 꾸민 방.

신변(身邊) 몸과 몸의 주변. 예신변이 위태롭다.

신병(新兵) 군대에 갓 들어온 병사. 예신병 훈련소.

신:봉(信奉) 옳다고 믿고 받듦. 신봉하다. 예민주주의를 신봉하다.

신부¹(神父) 가톨릭에서, 주교 다음가는 성직자. 미사를 맡아서 집행한다.

신부2(新婦) 곧 결혼할 여자나 갓 결혼한 여자. [비]새색시. [반]신랑.

신ː부전(腎不全) 콩팥의 기능 장애로 생기는 병. 고혈압이나 빈혈 등의 증세가 나타난다.

신분(身分) 개인의 사회적 지위. [예]신분을 감추다./신분에 맞는 행동을 하다.

신분증(身分證) [신분쯩] 관청이나 회사 등에서 그곳의 직원이나 사원임을 증명하는 문서. [예]신분증이 있어야 회사에 들어갈 수 있다.

신붓감(新婦—)[신부깜/신붇깜] 신부가 될 사람이나, 신부가 될 만한 사람. [반]신랑감.

신비(神秘) 사람의 생각으로는 도저히 이해할 수 없는 신기하고 묘한 일. [예]우주의 신비. **신비하다**.

신비롭다(神秘—) [신비롭따] 신비한 느낌이 있다. [예]북극의 오로라는 무척 신비롭다. [활용] 신비로우니·신비로워. **신비로이**.

신비스럽다(神秘—) [신비스럽따] 신비한 데가 있다. [활용] 신비스러우니·신비스러워. **신비스레**.

신사1(神社) 일본에서, 황실의 조상이나 국가에 공로가 큰 사람을 신으로 모신 사당.

신ː사2(紳士) ①점잖고 예의바르며 교양 있는 남자. [예]한 신사가 노인에게 자리를 양보했다. ②일반 남자를 대접하여 이르는 말. [예]신사 숙녀 여러분! [반]숙녀.

신ː사복(紳士服) 남자 어른이 입는 양복. [반]숙녀복.

신ː사 유람단(紳士遊覽團) 조선 고종 18(1881)년, 새로운 문물을 알아보기 위해 일본으로 파견한 단체.

신사임당(申師任堂, 1504~1551) 조선 시대의 학자 율곡 이이의 어머니. 사임당은 호. 학문과 예술에 뛰어났으며, 효성이 지극하고 어진 어머니로 이름이 높았다.

신ː사적(紳士的) 신사다운 것. [예]신사적인 태도.

신상(身上) 개인의 몸 또는 그 주변에 관한 사정이나 형편. [예]형사는 범인의 신상을 파악했다.

신생(新生) 새로 생기거나 태어남. [예]신생 독립 국가.

신생대(新生代) 중생대 다음에 오는 가장 최근의 지질 시대. 곧, 약 6500만 년 전부터 현재까지의 시대.

신생아(新生兒) 낳은 지 얼마 안 되는 아이. [비]갓난아이.

신석기(新石器)[신석끼] 신석기 시대에 사람들이 돌을 갈아서 만들어 쓰던 기구. 돌살촉·돌도끼 등.

신석기 시대(新石器時代) 구석기 시대와 청동기 시대 사이의 시대. 돌을 갈아서 돌살촉·돌도끼 등을 만들어 쓰고 농사와 목축을 하였다. 석기 시대 중 뒷부분에 해당한다. [참]구석기 시대.

신선(神仙) 도를 닦아 신통력을 얻은 사람. 산속에 살며, 늙지 않고 고통도 없이 산다고 한다.

신선놀음(神仙—) [신선노름] 《신선처럼 아무 근심이나 걱정 없이 지낸다는 뜻으로》 해야 할 일을 잊고 어떤 놀이에 빠져 열중하는 일.

신선도1(神仙圖) 신선의 세계를 그린 그림.

신선도2(新鮮度) 신선한 정도. [예]과일은 신선도가 생명이다.

신선로(神仙爐)[신설로] 가운데 통에 숯불을 담고 가장자리에 고기와 해물, 채소 등의 음식을 돌려 담아 육수를 붓고 끓이는 그릇, 또는 그 그릇에 끓인 음식.

신선하다(新鮮—) ①새롭고 산뜻하다. [예]신선한 새벽 공기. ②채소나 생선 등이 싱싱하다. [예]신선한 야채.

신설(新設) 시설 등을 새로 마련함. 예신설 영화관/신설 고등학교. 신설되다. 신설하다.

신성시하다(神聖視ー) 신성한 것으로 여기다. 예힌두교에서는 소를 신성시하여 쇠고기를 먹지 않는다.

신성하다(神聖ー) 매우 거룩하고 성스럽다. 예신성한 장소에서는 모자를 벗어야 한다.

신세(身世) ①사람의 처지나 형편. 예집을 잃고 떠도는 처량한 신세. ②남에게 도움을 받거나 괴로움을 끼치는 일. 예신세를 지다./언제 이 신세를 다 갚을까?

신세계(新世界)[신세계/신세게] ①새로 발견된 세계. ②새롭게 생활하거나 활동하는 장소.

신세대(新世代) 새로운 세대. 맨구세대. 참기성세대.

신세타령(身世ー) 불행한 신세를 한탄하며 늘어놓는 이야기. 신세타령하다.

신소설(新小說) 우리나라에서 갑오개혁 이후부터 현대 소설이 나오기 전까지 이루어진 소설. 이인직의 '혈의 누' 등이 여기에 속한다.

신ː속하다(迅速ー)[신소카다] 매우 빠르다. 예신속한 일 처리. 신속히. 예신속히 대피해라.

신수¹(身手) 사람의 겉으로 드러나 보이는 모습. 예신수가 훤하다.

신수²(身數) 사람의 운수. 예신수가 사납다.

신숙주(申叔舟, 1417~1475) 조선 전기의 문신. 호는 보한재. 집현전 학사로서 훈민정음을 만들 때 큰 공을 세웠다.

신시가지(新市街地) 새롭게 형성된 시가지. 맨구시가지.

신식(新式) 새로운 방식이나 양식. 예신식 결혼. 맨구식.

신신당부(申申當付) 여러 번 되풀이하여 간곡히 하는 부탁. 예낯선 사람을 따라가면 안 된다고 어머니가 신신당부를 하셨다. 신신당부하다.

신안(新安)[시난] 전라남도 남서부에 있는 군. 830개의 섬으로 이루어져 있으며, 천연물 보호 지역으로 지정된 홍도가 유명하다. 지도면 앞바다에서는 많은 해저 유물이 발굴되었다.

신ː앙(信仰)[시낭] 신을 굳게 믿어 그 가르침을 지키고 따르는 일. 비믿음.

신ː앙심(信仰心)[시낭심] 종교를 믿고, 그 가르침을 따르는 마음. 예신앙심이 깊다. 비신심.

신약(新約)[시냑] 〈신약 성서〉의 준말.

신약 성서(新約聖書) 기독교 성서의 한 가지. 예수의 생애와 그 제자들의 전도 기록 등을 모은 경전이다. 모두 27권이다. 준신약. 반구약 성서.

신열(身熱)[시녈] 병 때문에 오르는 몸의 열.

신예(新銳)[시녜] 그 분야에 새로 나타나서 만만찮은 실력이나 기세를 보이는 일. 또는 그런 사람이나 사물. 예신예 전투기/가요계의 신예.

신ː용(信用)[시뇽] 말과 행동이나 약속이 틀림이 없을 것으로 믿음. 예작은 신용을 지켜 주면 큰 믿음이 되어 돌아온다. 신용하다.

신ː용 카드(信用card) 물건을 사거나 돈을 빌린 후, 일정 기간이 지난 뒤에 그 금액을 치를 수 있게 해 주는 카드. 비크레디트 카드.

신원(身元)[시원] 그 사람의 신분이나 평소 행실에 관한 일. 예신원을 밝히기를 꺼리다./경찰이 사고 피해자의 신원을 알아보고 있다.

신윤복(申潤福, 1758~?) 조선 후기의 화가. 호는 혜원. 기생이나 무당 등에 관한 풍속화를 많이 그렸다. 작품에는 '미인도' 등이 있다.

신음(呻吟)[시늠] ①몸이 아파서 끙끙거림, 또는 그 소리. 예환자의 신음 소리. ②괴로움이나 고통으로 고생하여 허덕임. 신음하다. 예독재에 신음하는 국민들.

신ː의(信義)[시늬/시니] 믿음과 의리를 아울러 이르는 말.

신의주(新義州)[시늬주/시니주] 평안북도 서북부에 있는 시. 방적 공업이 발달되었으며, 평양 다음가는 공업 도시이다. 평안북도의 도청 소재지이다.

신인(新人)[시닌] 어떤 분야에 새로 나서서 활동을 시작한 사람. 예신인 가수.

신ː임¹(信任)[시님] 믿고 일을 맡김. 예임금의 신임을 받는 신하. 신임하다.

신임²(新任)[시님] 새로 임명됨, 또는 그 사람. 예신임 장관. 신임하다.

신ː임장(信任狀)[시님짱] 어떤 나라에 파견되는 외교 사절이 정당한 자격을 가졌음을 적은 문서.

신입(新入)[시닙] 단체·회사·모임 등에 새로 들어옴. 예신입 사원.

신입생(新入生)[시닙쌩] 새로 입학한 학생. 예대학 신입생.

신ː자(信者) 어떤 종교를 믿는 사람. 예불교 신자이신 할머니. 町교도·신도.

신작로(新作路)[신장노] 지난날, ‘차가 다닐 수 있을 정도로 새로이 넓게 닦은 길’을 이르던 말.

신장¹(—欌)[신짱] 신을 넣어 두는 장. 町신발장.

신장²(伸張) 세력이나 권리 등을 늘이고 넓게 폄. 예국력 신장. 신장되다. 신장하다.

신장³(身長) 사람의 키.

신장⁴(新裝) 설비나 겉모양 등을 새롭게 꾸밈. 예신장개업. 신장되다. 신장하다.

신ː장⁵(腎臟) ➡ 콩팥.

신전(神殿) 신을 모셔 놓은 커다란 집.

〈신전〉

신정(新正) 《음력에 따른 전통적인 설이 아니라 양력을 따른 새로운 설이라는 뜻으로》 양력 1월 1일. 町구정.

신제품(新製品) 새로 만들어 내놓은 물건. 예회사에서 고객들에게 신제품을 소개하는 자리를 마련했다.

신ː조(信條) 굳게 믿어 지키고 있는 생각. 예생활의 신조/신조로 삼다.

신조어(新造語) 최근에 새로 만들어져 사람들이 쓰는 말. 예‘누리꾼’이란 말은 예전에는 없던 신조어이다. 町신어.

신종(新種) 새로운 종류.

신주(神主) 죽은 이의 이름을 적은 나무패. 대개 밤나무로 만든다.

　신주 모시듯〔관용〕‘몹시 정성스럽게 다루는 모양’을 비유하여 이르는 말.

신주머니 [신쭈머니] 신을 넣어 들고 다니는 주머니. 町신발주머니.

신ː중(愼重) 매우 조심성이 있음. 예신중을 기하다. 신중하다. 예신중한 태도. 신중히.

신진(新進) 어떤 분야에 새로 나타남, 또는 그런 사람. 예올해는 신진 작가들의 활약이 두드러진다.

신진대사(新陳代謝) ➡ 물질대사.

신참(新參) 단체·기관·부서 등에 새로 들어옴, 또는 그런 사람. 예부서에 신참이 들어와서 환영회를 열기로 했다. 町고참.

신채호(申采浩, 1880~1936) 사학자·독립운동가. 호는 단재. 상하이 등지에서 독립운동을 하였고, 국사 연구에 힘썼다. 저서로는 ‘조선 상고사’·‘조선사 연구초’ 등이 있다.

신천지(新天地) 새로운 세상.

신청(申請) 어떤 일을 청함. 예도서 대출 신청. 신청되다. 신청하다.

신체(身體) 사람의 몸. 예건강한 신체에 건강한 정신이 깃든다. 비육체.

신체검사(身體檢查) 건강 상태를 알기 위해 몸의 각 부분을 검사함. 신체검사하다.

신축(新築) 집 등을 새로 지음. 예낡은 집을 헐고 양옥으로 신축을 했다. 신축되다. 신축하다.

신축성(伸縮性)[신축썽] 늘어나고 줄어드는 성질. 예신축성이 좋은 스타킹.

신출(新出) 세상에 새로 나옴. 예신출어휘. 신출하다.

신출귀몰(神出鬼沒) 귀신처럼 여기저기 자유자재로 나타났다 사라졌다 함. 신출귀몰하다. 예홍길동은 동에 번쩍 서에 번쩍 신출귀몰하였다.

신출내기(新出一)[신출래기] 어떤 방면에 처음으로 나서서 아직 익숙하지 못한 사람.

신ː탁(信託) 신용이 있는 사람에게 돈이나 그 밖의 재산을 넘겨 그것에 대한 관리나 처분을 맡기는 일. 신탁하다.

신ː탁 통ː치(信託統治) 국제 연합으로부터 위탁을 받은 나라가 국제 연합의 감독 아래 어떤 지역을 다스리는 일.

신ː탁 통ː치 이ː사회(信託統治理事會) 국제 연합의 주요 기관의 하나. 신탁 통치 지역에 대한 여러 가지 문제를 맡아서 처리한다.

신통력(神通力)[신통녁] 보통의 사람이 할 수 없는 일을 마음대로 해내는 신묘한 능력.

신통하다(神通一) ①점이나 약효 등이 놀라울 만큼 대단하다. 예네 말이 신통하게도 들어맞았다. ②대견하고 훌륭하다. 예그 어려운 일을 해내다니, 참으로 신통하다.

신판(新版) 전에 출판했던 책의 내용이나 체재를 새롭게 하여 출판한 책. 반구판.

신필(神筆) 아주 뛰어난 글씨.

신하(臣下) 임금을 섬기어 벼슬하는 사람.

신학(神學) 기독교의 교리나 신앙에 대하여 연구하는 학문.

신학교(神學校)[신학꾜] 신학을 가르치는 학교.

신학기(新學期)[신학끼] 새로 시작되는 학기. 예여름 방학이 지나고 신학기가 시작되었다.

신학문(新學問)[신항문] 오래전부터 있던 한학에 대하여, 개화기에 서양에서 들어온 새로운 학문을 이르던 말.

신행(新行) 혼인 때, 신랑이 신부 집으로 가거나 신부가 신랑 집으로 가는 일. 신행하다.

신형(新型) 기계나 무기 등의 새로운 유형이나 형태. 예신형 카메라/신형 전투기. 반구형.

신ː호(信號) 일정한 부호나 손짓을 써서 서로 뜻을 통하는 일, 또는 그 부호. 예교통 신호. 신호하다.

신ː호등(信號燈) 건널목이나 횡단보도에 설치하여 녹색·빨간색·노란색 등의 불빛으로 오갈 수 있는 신호를 보내는 장치.

신ː호탄(信號彈) 야간 전투에서 자기편끼리 서로 연락하기 위하여 쏘는 신호용 탄알. 터지면 색깔 있는 강렬한 빛이나 연기를 낸다.

신혼(新婚) 갓 결혼함. 예신혼부부/신혼여행.

신혼살림(新婚一) 갓 결혼하여 처음으로 꾸리는 살림.

신화(神話) ①우주나 국가가 처음 생긴 과정, 신이나 영웅의 활약 등에 관해 오래전부터 전해 내려오는 신성한 이야기. 예단군 신화. ②'획기적인 업적'을 비유하여 이르는 말. 예20세기의 신화로 등장한 컴퓨터.

신흥(新興) 새로 일어남. 예신흥 도시/신흥 종교.

싣:다 [싣따] ①물건을 운반하기 위해 차·배·수레 등에 얹다. 예이삿짐을 싣다. ②신문이나 잡지 등에 글이나 그림 등을 내다. 예특집 기사를 싣다. |활용| 실으니·실어.

:::: '싣다'와 '태우다'의 구별 ::::

싣다 : 물건을 운반하기 위해 차·배·수레 같은 탈것에 올리다. 주로 물건을 대상으로 하는 경우에 쓰이지만, 사람을 대상으로 하는 경우에는 사람이 어떤 곳으로 가기 위하여 스스로 탈것에 오른다는 의미로 쓰인다. 예트럭에 짐을 싣다(×태우다)./나는 버스에 몸을 싣고(×태우고) 경주로 향했다.

태우다 : 사람을 차·배·수레 같은 탈것에 타게 하다. 대상이 물건인 경우에는 잘 쓰이지 않는다. 예승객을 차에 태우다.

실: 고치·솜·삼 등을 가늘고 길게 자아내어 꼰 것. 옷감을 짜거나 바느질을 하는 데 쓴다.

실각(失脚) 실패하여 지위나 설 자리를 잃음. 실각되다. 실각하다.

실감(實感) 어떤 일을 실제로 겪는 듯한 느낌. 예실감 나는 연기. 실감하다.

실:개울 골짜기나 들에 흐르는 폭이 아주 좁은 물줄기.

실:개천(―川) 폭이 아주 좁고 작은 개천.

실격(失格) [실격] 자격을 잃음. 예한 선수가 경기 중에 반칙으로 실격당했다. 실격되다. 실격하다.

실:고추 실처럼 가늘게 썬 고추.

실과(實科) [실꽈] 초등학교 교과목의 한 가지. 바느질·요리·목공 등 일상생활에 필요한 기초 지식과 기능을 가르친다.

실권¹(失權) [실꿘] 권리나 권세를 잃음. 실권하다.

실권²(實權) [실꿘] 실제로 행사할 수 있는 권리나 권세. 예그 회사의 실권은 사장이 아니라 부사장에게 있다.

실그러지다 한쪽으로 비뚤어지거나 기울어지다. 예약간 실그러진 초가집. ㉵샐그러지다.

실기(實技) 실제의 기능이나 기술. 예실기 시험.

실:꾸리 둥그렇게 감아 놓은 실뭉치.

실:낱 [실랃] 실의 올. 가는 실오리.

실:낱같다 [실랃깓따] ①아주 작고 가늘다. 예실낱같은 구름. ②목숨이나 희망 등이 자칫하면 끊어지거나 사라질 것 같다. 예실낱같은 목숨.

실내(室內) [실래] 건물이나 방의 안. 예실내에서는 금연입니다. ㉵실외.

실내악(室內樂) [실래악] 방 안이나 작은 공간 안에서 적은 인원으로 연주하기에 알맞은 기악 합주곡.

실내 장식(室內裝飾) 건축물의 내부를 그 쓰임에 따라 아름답게 꾸미는 일.

실내화(室內靴) [실래화] 실내에서 신는 신발. 예교실에서는 실내화를 신어야 한다.

실:눈 [실룬] 가늘게 뜬 눈. 예실눈을 뜨고 바라보다.

실:뜨기 실의 양끝을 마주 매어 두 손에 건 다음, 양쪽 손가락에 얼기설기 얽어 가지고 두 사람이 주고받고 하면서 여러 가지 모양을 만드는 놀이.

실랑이 ①남을 못살게 굴거나 괴롭히는 일. ②서로 옥신각신하는 일. 실랑이하다.

실랑이질 ①남을 못살게 굴거나 괴롭히는 짓. ②서로 옥신각신하는 짓. [예]바가지요금 때문에 주인과 한참 실랑이질을 하였다. **실랑이질하다**.

실력(實力) 실제로 일을 해낼 수 있는 능력. [예]네 컴퓨터 실력이 상당하구나.

실례1(失禮) 예의에 벗어남. [예]저, 실례지만 길 좀 묻겠습니다. [비]결례. **실례되다. 실례하다**.

실례2(實例) 구체적인 실제의 예. [예]실례를 들어 설명해 보아라. [비]사례.

실로(實-) 정말로 아주. [예]이 많은 일을 혼자서 해내다니, 실로 놀라운 일이다.

실로폰(xylophone) 타악기의 한 가지. 음높이의 순서대로 늘어놓은 조각을 두 개의 채로 쳐서 소리를 낸다. [비]목금.

실록(實錄) ①어떤 사실을 있는 그대로 적은 기록. [예]제1차 세계 대전 실록. ②한 임금이 왕위에 있던 동안의 일을 순서대로 기록한 것. [예]세종실록.

실룩거리다 [실룩꺼리다] 근육의 한 부분이 자꾸 한쪽으로 비뚤게 움직이다. [비]실룩대다. [작]샐룩거리다. [센]씰룩거리다.

실룩대다[실룩때다] ➡실룩거리다.

실룩실룩[실룩씰룩] 자꾸 실룩거리는 모양. [작]샐룩샐룩. [센]씰룩씰룩.

실리(實利) 실제로 얻은 이익. [예]명분보다는 실리를 좇다.

실리다 ①들것이나 탈것 위에 놓이다. [예]트럭에 실린 이삿짐. ②글·그림 등이 책이나 신문 등에 인쇄되어 나오다. [예]사고 소식이 신문에 실렸다.

실리카 겔(silica gel) 모양이 일정하지 않은 규산. 주로 습기를 방지하는 데 쓴다.

실린더(cylinder) 자동차나 증기 기관 등에서, 피스톤이 왕복 운동을 하면서 기체나 액체를 압축시키는 원기둥 모양의 통. [비]기통.

실ː마리 ①실의 첫머리. ②일이나 사건의 첫머리. [예]문제 해결의 실마리를 찾았다.

실망(失望) 희망을 잃음. 또는 바라던 대로 되지 않아 마음이 몹시 상함. [예]시험에 떨어졌다고 너무 실망을 하지 마라. **실망하다**.

실망스럽다(失望-)[실망스럽따] 바라던 대로 되지 않아 마음이 상하는 데가 있다. [예]열심히 노력한 데에 비해 결과가 실망스럽다. [활용] 실망스러우니·실망스러워.

실명1(失明) 시력을 잃음. **실명되다. 실명하다**.

실명2(實名) 실제의 이름. [비]본명. [반]가명.

실무(實務) 실제의 업무. [예]실무에 밝은 사람.

실물(實物) 실제의 물건이나 사람. [예]실물 크기의 과일 모형.

실ː바람 솔솔 부는 바람.

실ː밥 [실빱] ①꿰맨 실의 드러난 부분. ②옷솔기 같은 데서 뜯어낸 실의 부스러기.

실백(實柏) 껍데기를 벗겨 낸 알맹이 잣. [예]실백을 띄운 수정과. [비]실백잣.

실ː버들 《가늘고 길게 늘어진 버들이라는 뜻으로》 '수양버들'을 달리 이르는 말.

실버산업(silver產業) 노인들을 위한 상품을 팔거나 의료·복지 시설을 세우는 산업.

실비(實費) 실제로 드는 비용.

실상1(實狀) [실쌍] 실제의 상태나 상황. [예]형은 자신만만한 표정을 지었지만 실상은 겁먹고 있었다.

실상2(實相) [실쌍] 실제의 모양이나 내용. [예]전쟁의 실상.

실생활(實生活)[실쌩활] 이론이나 공상이 아닌 실제의 생활.

실선(實線)[실썬] 점선에 대하여, 끊어진 곳 없이 이어진 선.

실성(失性)[실썽] 정신에 이상이 생김. 예아저씨는 실성을 한 사람처럼 히죽히죽 웃었다. 실성하다.

실세(實勢)[실쎄] 실제의 세력이나 기운, 또는 그것을 가진 사람.

실소(失笑)[실쏘] 어처구니가 없어 자기도 모르게 나오는 웃음. 예황당무계한 이야기에 실소가 나왔다. 실소하다.

실속(實─)[실쏙] ①실제의 속 내용. 예포장만 화려했지 실속은 없구나. ②겉으로 드러나지 않는 알찬 이익. 예실속을 차리다.

실수(失手)[실쑤] 조심하지 못해 잘못을 저지름, 또는 그 잘못. 예작은 실수가 큰 사고로 이어졌다. 실수하다.

실습(實習)[실씁] 배운 기술 등을 실지로 해 보고 익힘. 예가사 실습. 실습하다.

실습지(實習地)[실씁찌] 실습을 위하여 마련된 땅.

실시(實施)[실씨] 계획이나 행사 등을 실제로 행함. 逊실행. 실시되다. 예시험은 오전 9시부터 실시되었다. 실시하다.

실신(失神)[실씬] 병이나 충격 등으로 의식을 잃음. 실신하다.

실실 실없이 웃는 모양. 예동생이 대답은 하지 않고 실실 웃기만 한다. 逊샐샐.

실언(失言)[시런] 실수로 말을 잘못함. 逊말실수. 실언하다.

실업¹(失業)[시럽] 일자리를 잃거나 일자리를 얻지 못함. 예실업 인구. 逊실직.

실업²(實業)[시럽] 농업·공업·상업·수산업 등 생산 경제에 관한 사업.

실업률(失業率)[시럼뉼] 일을 할 능력과 의지가 있는 인구 가운데 실업자의 비율.

실업자(失業者)[시럽짜] 일자리가 없는 사람.

실없다(實─)[시럽따] 말이나 하는 짓이 참되지 않다. 예실없는 말. 실없이. 예실없이 굴지 마라.

실연(失戀)[시련] 사랑하는 사람에게 거절당하거나 사귀던 사람과 이별함. 예큰오빠는 실연을 당하여 우울해하고 있다. 실연하다.

실오라기[시로라기] 한 가닥의 실.

실온(室溫)[시론] 실내 온도.

실외(室外)[시뢰/시뭬] 건물이나 방의 밖. 예실외 운동. 逊실내.

실용(實用)[시룡] 실제로 이용하여 씀. 예치레보다는 실용을 생각해서 물건을 사라. 실용되다. 실용하다.

실용성(實用性)[시룡썽] 실제로 쓸모가 있는 성질. 예이 발명품은 실용성이 없다.

실용신안 특허(實用新案特許) 이미 나와 있는 물건의 모양이나 구조 등을 전보다 더 좋게 고친 것에 대한 권리의 특허.

실용적(實用的)[시룡적] 실제로 쓸모가 있는 것. 예실용적인 도구. 逊비실용적.

실용주의(實用主義)[시룡주의/시룡주이] 실생활에 유용한 지식과 이론만이 가치가 있다고 하는 생각.

실용화(實用化)[시룡화] 실제로 널리 쓰이게 됨. 예위성 통신이 실용화 단계에 접어들었다. 실용화되다. 실용화하다.

실은(實─)[시른] 사실대로 말하자면. 예실은 말하지 못한 게 있다.

실의(失意)[시릐/시리] 기대가 어긋나 뜻이나 의욕을 잃어버리는 일. 예성적이 떨어져 실의에 빠졌다.

실재(實在)[실째] 실제로 있음. 예실재의 인물. 실재하다.

실적(實績)[실쩍] 어떤 일에서 이룬 실제의 공적이나 업적. 예수출 실적.

실전(實戰)[실쩐] 실제의 싸움. 예연습 경기였지만 실전처럼 임했다.

실점(失點)[실쩜] 경기 등에서 점수를 잃음, 또는 그 점수. 예실점을 만회하다. 반득점. 실점하다.

실정(實情)[실쩡] 실제의 사정. 예외국 제도를 들여와 우리 실정에 맞게 고쳤다. 비실태.

실젖[실젇] 거미의 배에서 거미줄이 나오는 뾰족한 부분.

실제(實際)[실쩨] 있는 그대로의 상태나 형편. 예훈련이 아니라 실제 상황이다.

실제로(實際―)[실쩨로] 거짓이나 상상이 아니고 현실적으로. 예실제로 해 보니 보기보다는 힘이 들었다. 비실지로.

실제적(實際的)[실쩨적] 실제의 것. 예실제적인 방법.

실족(失足)[실쪽] 발을 잘못 디딤. 실족하다.

실존(實存)[실쫀] 실제로 존재함. 예실존 인물. 실존하다.

실종(失踪)[실쫑] 사라져 버려서 어디 있는지, 죽었는지 살았는지 알 수 없음. 예등산 중에 한 명이 실종이 되었다. 실종되다. 실종하다.

실증(實證)[실쯩] ①확실한 증거. ②실험·관찰·경험 등에 의하여 실제로 증명함. 실증되다. 실증하다. 예그는 자신의 이론을 실험을 통해 실증하였다.

실지(實地)[실찌] 실제의 처지나 경우.

실ː지렁이 실지렁잇과의 동물. 실 모양이며 몸에 마디가 많다. 하수도나 더러운 개천에서 무리 지어 살며, 금붕어의 먹이로 쓴다.

실지로(實地―)[실찌로] 거짓이나 상상이 아니고 현실적으로. 예말로만 떠들지 말고 실지로 해 보아라. 비실제로.

실직(失職)[실찍] 일자리를 잃음. 비실업. 반취직. 실직되다. 실직하다.

실질(實質)[실찔] 실제의 내용이나 성질.

실질적(實質的)[실찔쩍] 실제의 내용이나 성질을 갖춘 것. 예사장은 따로 있지만 부사장이 실질적인 권력을 가지고 있다. 반형식적.

실쭉 입이나 눈을 한쪽으로 조금 기울어지게 움직이는 모양. 예입을 실쭉 움직이다. 흰샐쭉. 실쭉실쭉.

실쭉거리다[실쭉꺼리다] 입이나 눈을 자꾸 한쪽으로 조금 기울어지게 움직이다. 비실쭉대다. 흰샐쭉거리다.

실쭉대다[실쭉때다] ⇒실쭉거리다.

실책(失策) 잘못된 방법이나 일 처리.

실천(實踐) 실제로 행함. 예계획을 실천에 옮기다. 비실행. 반이론. 실천되다. 실천하다.

실체(實體) 실제의 모습이나 상황. 예사건의 실체가 드러나다.

실추(失墜) 명예나 권위 등을 떨어뜨림. 실추되다. 예권위가 실추되다. 실추하다.

실컷[실컫] 원하는 대로 한껏. 예잠을 실컷 자고 싶다.

실크(silk) 명주. 또는 명주실.

실크 로드(Silk Road) 중국에서 중동 지역과 지중해 지방까지 아시아 대륙을 가로지르며 이어지던 고대의 무역로. |참고| 주로 중국의 비단을 수출하던 데서 비롯된 말. 비비단길.

실ː타래 실을 풀어 쓰기 좋도록 한데 감아 놓은 것.

실탄(實彈) 쏘았을 때 실제로 효과를 낼 수 있는 탄알. 예권총에 실탄 두 발을 넣었다.

실태(實態) 있는 그대로의 상태. 또는 실제의 모양. 예실태 조사/문화 유적 훼손 실태. 비실정.

실토(實吐) 숨기고 있던 일을 사실대로 말함. 실토하다. 예범인이 죄를 실토했다.

실:톱 실같이 가는 톱. 널빤지를 여러 모양으로 도려내는 데 쓴다.

실:파 아주 가느다란 파.

실팍하다 [실파카다] 사람이나 물건이 보기에 옹골차고 다부지다.

실:패¹ 실을 감아 두는 물건.

실패²(失敗) 일을 잘못하여 그르침. 예실패는 성공의 어머니. 반성공. 실패하다.

실:핏줄 [실피쭐/실핃쭐] ➡ 모세 혈관.

실하다(實一) ①옹골차고 튼튼하다. 예실하게 만든 가방. ②재물이 넉넉하다. 예살림이 아주 실한 집안. 실히.

실학(實學) 조선 시대 영·정조 때에 일어난 학문. 학문은 실생활에 이용할 수 있는 것이어야 한다는 사상이다.

실학자(實學者) [실학짜] 조선 중기에 일어난 실학을 주장한 사람.

실행(實行) 실지로 행함. 예계획을 실행에 옮기다. 비실천. 실행하다.

실향민(失鄕民) 고향을 잃고 다른 지역에서 사는 사람.

실험(實驗) 어떤 이론이 옳은지 알아보기 위해 실제로 해 봄. 예화학 실험. 실험하다.

실험대(實驗臺) 실험을 할 때 물건이나 도구를 올려놓는 대.

실험실(實驗室) 실험을 목적으로 특별히 마련한 방.

실현(實現) 꿈이나 소망 등을 실제로 이룸. 실현되다. 실현하다. 예교수가 되겠다는 꿈을 실현했다.

실형(實刑) 실제로 받는 형벌.

실화(實話) 실지로 있었던 사실의 이야기.

실황(實況) 실제의 상황. 예개막식 실황을 중계방송하고 있다.

싫다 [실타] ①마음에 들지 않다. 예싫은 사람. 비밉다. ②하고 싶지 않다. 예너를 두고 떠나기 싫다.

싫어하다 [시러하다] 싫게 여기다. 예내 동생은 닭고기를 싫어한다. 반좋아하다.

싫증(一症) [실쯩] 싫은 생각. 예같은 일을 되풀이하니 싫증이 나는구나. 비염증.

심(心) ①나무의 고갱이. ②연필의 나무 속에 박혀 있어 글씨를 쓸 수 있게 된 부분. ③양복저고리의 어깨나 깃에 빳빳하라고 넣는 헝겊.

심:각성(深刻性) [심각썽] 어떤 일이나 상황 등이 심각한 성질을 띤 것. 예사람들이 환경 오염의 심각성을 잘 모르는 것 같다.

심:각하다(深刻一) 매우 중대하고 절실하다. 예심각한 고민이 있다./환자의 상태가 심각하다. 심각히.

심경(心境) 마음의 상태. 예심경의 변화.

심금(心琴) 자극에 따라 미묘하게 움직이는 마음을 거문고에 비유하여 이르는 말.

심금을 울리다 관용 감동하게 하다. 예애절한 노래가 심금을 울린다.

심기(心氣) 마음으로 느끼는 기분. 예할아버지가 심기가 불편해 보이신다.

심기일전(心機一轉) [심기일쩐] 지금까지 품었던 생각과 마음의 자세를 완전히 바꿈. 심기일전하다. 예새해를 맞아 심기일전하여 자기 일에 충실하자.

심:다 [심따] ①나무의 뿌리나 씨앗 등을 땅속에 묻다. 예뒷산에 밤나무를 심었다. 반뽑다·캐다. ②마음에 뿌리

박게 하다. 圓아픈 사람들에게 희망을 심어 주는 이야기.

심드렁하다 마음에 들지 않거나 관심이 없다.

심란하다(心亂一)[심난하다] 마음이 뒤숭숭하다. 圓하도 심란하여 도무지 일이 손에 잡히지 않았다.

심려(心慮)[심녀] 마음속으로 걱정함. 圓심려를 끼쳐 드려 죄송합니다. 심려하다.

┌─────────────────────────────┐
│ ::::: '심려'와 '염려'의 구별 ::::: │
│   │
│ **심려** : 마음속으로 걱정하는 것. 주로 │
│ 과거에 일어난 일이나 현재 일어나 │
│ 고 있는 일에 대한 걱정일 때 쓰인 │
│ 다. 圓이번 일로 심려를 끼쳐 죄송 │
│ 합니다.   │
│ **염려** : 앞일에 대하여 여러 가지로 │
│ 마음을 써서 걱정하는 것. 앞으로 │
│ 닥쳐올 일에 대한 걱정일 때 많이 │
│ 쓰인다. 圓기회를 놓칠까 염려를 │
│ 하다.   │
└─────────────────────────────┘

심령(心靈)[심녕] ①마음의 작용을 일으킨다고 여겨지는 근원적 존재. ②과학으로는 설명할 수 없는 신비하고 불가사의한 존재.

심리¹(心理)[심니] 마음의 움직임이나 상태. 圓아동 심리/고약한 심리를 가진 사람.

심리²(審理)[심니] 소송 사건에 관하여 법관이 판결에 필요한 모든 일을 심사함. 심리하다. 圓지금부터 사건을 심리하겠습니다.

심리적(心理的)[심니적] 마음의 움직임이나 상태에 관한 것. 圓시험을 앞두고 심리적인 부담이 크다.

심마니 산삼 캐는 일을 직업으로 하는 사람.

심문(審問) 자세히 따져서 물음. 圓검사의 심문을 받다. 심문하다.

심방¹(心房) 심장에 있는 네 개의 방 가운데 위쪽에 있는 두 개의 방. 좌심방과 우심방.

심방²(尋訪) 방문하여 찾아봄. 심방하다.

심벌즈(cymbals) 타악기의 한 가지. 둥글고 얇은 두 개의 놋쇠 판을 마주 쳐서 소리를 낸다.

심보(心一)[심뽀] 마음을 쓰는 태도나 방법. 圓놀부 심보/친구의 약점을 놀리다니 심보가 고약하구나. 凰마음보.

심복(心腹) 마음 놓고 믿을 수 있는 부하.

심:부름 남의 부탁을 받아 대신 해 주는 일. 圓엄마가 두부를 사 오라고 심부름을 시키셨다. 심부름하다.

심:부름꾼 심부름을 하는 사람.

심사¹(心思) 고약스럽거나 심술궂다고 할 때의 마음. 圓심사가 사납다.

심사²(審査) 자세히 조사하여 가려내거나 정함. 圓심사 위원. 심사되다. 심사하다.

심:사숙고(深思熟考)[심사숙꼬] 깊이 잘 생각함, 또는 그 생각. 圓심사숙고 끝에 당선자를 결정했다. 심사숙고하다.

심산(心算) 마음속으로 하는 궁리. 圓상대를 안심하게 하고 뒤통수를 칠 심산이다. 凰속셈.

심상(心象) 머릿속에 떠오르는 사물의 모습. 凰이미지.

심상찮다(尋常一)[심상찬타] 예사롭지 않다. 圓심상찮은 분위기.

심상하다(尋常一) 대수롭지 않고 예사롭다. 圓할머니의 병세가 심상치 않다. 凰범상하다. 심상히.

심성(心性) 본디부터 타고난 마음씨. 圓심성이 고운 아이.

심술(心術) ①마땅한 이유 없이 고집을 부리는 마음. 圓공연한 심술로 남을 힘들게 하지 마라. ②짓궂게 남을 괴롭히거나 남이 잘되는 것을 시기하거나 하는 못된 마음. 예언니가 칭찬을 받으니 옆에서 동생이 심술을 부렸다. 비심통.

심술궂다(心術一)[심술굳따] 심술이 몹시 많다. 예심술궂은 장난.

심술꾸러기(心術一) 심술이 많은 사람. 비심술쟁이.

심술쟁이(心術一) 심술이 많은 사람. 비심술꾸러기.

심신(心身) 마음과 몸. 예심신을 단련하다.

심ː심산천(深深山川) 깊고 깊은 산과 내. 예심심산천의 백도라지.

심심찮다[심심찬타] 심심하지 않을 정도로 잦다. 예가게에 사람들이 심심찮게 드나든다.

심심풀이[심심푸리] 할 일이 없어 시간을 보내기 위하여 무엇을 함. 예심심풀이로 친구와 바둑을 두었다.

심심하다¹ 할 일이나 재미 붙일 데가 없어 시간을 보내기가 지루하다. 예심심해서 친구에게 놀러 갔다.

심심하다² 맛이 조금 싱겁다. 예국이 심심하다. 짝삼삼하다.

심ː심하다³(深甚一) 마음씀이 매우 깊다. 예심심한 위로를 보냅니다.

심ː야(深夜)[시먀] 깊은 밤. 예심야 방송.

심ː오하다(深奧一)[시모하다] 뜻이 매우 깊다. 예짧은 글이지만 심오한 뜻이 담겨 있다.

심의(審議)[시믜/시미] 제출된 안건을 상세히 검토하고 논의함. 예법률 심의. 심의하다.

심장(心臟) ①내장의 하나로, 온몸에 피를 돌게 하는 복숭아 모양의 기관. 내부는 두 개의 심방과 두 개의 심실로 되어 있다. 비염통. ②'사물의 중심이 되는 곳'을 비유하여 이르는 말.

예한국의 심장 서울. ③'마음'을 비유하여 이르는 말. 예뜨거운 심장을 지닌 청년.

　심장을 찌르다[관용] 가장 중요한 요점이나 핵심을 꿰뚫다. 예심장을 찌르는 말.

심장 마비(心臟痲痹) 심장의 기능이 갑자기 멈추는 일.

심장병(心臟病)[심장뼝] 심장에 발생한 병을 통틀어 이르는 말.

심적(心的)[심쩍] 마음에 관한 것. 예심적인 고통. 반물적.

심정(心情) 마음에 품은 생각과 감정. 예울고 싶은 심정이다.

심증(心證) 구체적인 증거는 없지만 거의 범인이라고 생각되는 것. 예심증은 가는데 증명할 방법이 없다. 반물증.

심지¹(心一) 양초나 등잔 또는 석유난로 등에 실이나 헝겊을 꼬아서 꽂고 불을 붙이게 된 물건. 예심지에 불을 붙여라.

심지²(心地) 마음의 바탕. 예심지가 곱다.

심지³(心志) 무엇을 하려고 하는 의지. 예심지가 굳다.

심ː지어(甚至於) 심하다 못해 나중에는. 예그 아이가 내게 화를 내더니 심지어 보던 책까지 빼앗아 갔다.

심ː청전(沈淸傳) 지은이와 연대는 알 수 없는 조선 시대의 소설. 효녀 심청이 아버지의 눈을 뜨게 하려고 뱃사람에게 자기 몸을 팔아 인당수에 몸을 던졌으나, 용왕의 도움으로 살아나 왕후가 되어 부녀가 다시 만나고 아버지의 눈도 뜨게 된다는 이야기이다.

심취(心醉) 어떤 사물에 깊이 빠져 마음을 빼앗김. 심취되다. 예주연 배우의 뛰어난 연기에 심취되었다. 심취하다.

심:층(深層) ①속의 깊은 층. ②겉으로 드러나지 않은 깊숙한 부분. 예심층 취재.

심통(心一) 못마땅해서 투정을 부리는 마음. 예엄마가 언니만 옷을 사 주셔서 심통이 났다. 卬심술.

심:판(審判) ①어떤 사건에 대한 옳고 그름을 판결함. ②경기에서, 반칙 등을 판단하고 승패를 가림, 또는 그 일을 하는 사람. 심판하다.

심포니 오케스트라(symphony orchestra) ➡교향악단.

심:하다(甚一) 정도가 지나치다. 예심한 가뭄/형의 간섭이 심하다. 심히. 예심히 유감스럽다.

심:해(深海) 깊은 바다. 보통 수심이 200m 이상 되는 바다를 이른다. 예심해 생물.

심혈(心血) 온갖 힘. 예심혈을 기울여 만든 작품.

심:호흡(深呼吸) 깊숙이 공기를 들이마셨다 내쉬었다 하며 크게 숨을 쉬는 일. 심호흡하다.

심:화(深化) 사물의 정도가 깊어지거나 심각해짐. 예갈등의 심화. 심화되다. 심화하다.

심:훈(沈熏, 1901~1936) 소설가. 본명은 대섭. 주로 대중적이며 계몽적인 소설을 많이 썼다. 작품으로는 '상록수'·'영원의 미소' 등이 있다.

십(十) 열.

십년감수(十年減壽)[심년감수] 《목숨이 10년이나 줄었다는 뜻으로》 몹시 놀랐거나 매우 위험한 고비를 겪었을 때 이르는 말. 십년감수하다. 예아이고, 얼마나 무서웠던지 십년감수했다.

십년공부(十年工夫)[심년공부] 오랜 세월을 두고 쌓은 공.

십 대(十代) 10세에서 19세까지의 나이, 또는 그 나이의 사람들.

십만(十萬)[심만] 만의 열 곱절. 예십만에 이르는 청중.

십부제(十部制)[십뿌제] 자동차 번호판의 끝수와 날짜의 끝수가 같은 날에 그 자동차를 운행하지 않는 제도.

십분(十分)[십뿐] 충분히. 아주 넉넉하게. 예요리사는 솜씨를 십분 발휘했다.

십상¹[십쌍] 아주 알맞게. |참고| 십상은 '십성(十成)'에서 온 말. 예의자로 쓰기에 십상 좋다.

십상²(十常)[십쌍] 《열 가운데 여덟이나 아홉이 그러하다는 뜻으로》 거의 예외 없이 그러할 것이라는 추측을 나타내는 말. 예그런 뻔한 거짓말을 해 봤자 들키기 십상이다. 본십상팔구.

십시일반(十匙一飯)[십씨일반] 《열 사람이 밥을 한 술씩만 보태어도 한 사람이 먹을 밥은 된다는 뜻으로》 여러 사람이 힘을 합하면 한 사람쯤을 돕기는 쉽다는 말.

십이월(十二月)[시비월] 한 해의 마지막 달. 卬섣달.

십이지장(十二指腸)[시비지장] 작은 창자의 한 부분. 소화액을 쓸개와 이자로부터 받아 음식물에 섞어 내려보낸다.

십이지장충(十二指腸蟲)[시비지장충] 기생충의 한 가지. 몸은 우윳빛이며 주로 사람의 십이지장에 기생한다.

십일월(十一月)[시비뤌] 한 해의 열한째 달. 卬동짓달.

십자(十字)[십짜] ①한자 '十' 자 모양을 한 것. ②〈십자가〉의 준말.

십자가(十字架)[십짜가] ①고대 유럽에서 쓰던 '十' 자 모양의 형틀. ②기독교의 상징으로 쓰는 '十' 자 모양의 표지. 卬십자.

십자가를 지다〔관용〕고난이나 어려운 일 등을 떠맡다.

십자군(十字軍)〔십짜군〕① 중세 유럽의 기독교도가 이슬람교도를 정벌하고자 일으킨 군사. ② 어떤 이상이나 신념을 이루기 위해 나선 투쟁적 집단을 스스로 거룩하게 이르는 말.

십자로(十字路)〔십짜로〕길이 '十' 자 모양으로 갈라져 나간 곳. 🔁네거리·사거리.

십자말풀이(十字一)〔십짜말푸리〕문제를 읽고 답이 되는 낱말을 바둑판처럼 가로세로로 난 빈칸에 가로나 세로로 써넣는 놀이.

십자매(十姊妹)〔십짜매〕납부리샛과의 새. 한 번에 5~7개의 알을 낳으며, 쉽게 번식하고 잘 자라므로 가정에서 많이 기른다.

〈십자매〉

십장생(十長生)〔십짱생〕오래 살아 죽지 않는다는 '해·산·물·돌·구름·소나무·불로초·거북·학·사슴'의 열 가지. |참고| 흔히, 오래 살기를 기원하는 뜻으로, 이 십장생을 수놓거나 그림으로 그린다.

십중팔구(十中八九)〔십쭝팔구〕《열 가운데 여덟이나 아홉이 그러하다는 뜻으로》 거의 예외 없이 그러할 것이라는 추측을 나타내는 말. 🅴이건 십중팔구 그 녀석 짓이다.

십진법(十進法)〔십찐뻡〕숫자를 이용하여 수를 적는 방법의 한 가지. 수를 셀 때, 0·1·2·3·4·5·6·7·8·9 다음은 한 자리 올려 10으로 적고, 10이 열 곱절이 되면 100으로 적듯이, 10씩 모일 때마다 한 자리씩 올려 세는 방법이다. 🅿오진법.

십진수(十進數)〔십찐수〕수를 셀 때 어떠한 단위가 10이 모이면 한 자리씩 올라가는 수.

'십진수'의 단위

- **모**(毛) : 리의 10분의 1
- **리**(厘) : 푼의 10분의 1
- **푼** : 할의 10분의 1
- **할**(割) : 일의 10분의 1
- **일**(一) : 하나
- **십**(十) : 하나의 열 곱절
- **백**(百) : 열의 열 곱절
- **천**(千) : 백의 열 곱절
- **만**(萬) : 천의 열 곱절
- **억**(億) : 만의 만 곱절
- **조**(兆) : 억의 만 곱절
- **경**(京) : 조의 만 곱절
- **해**(垓) : 경의 만 곱절

싯-〔신〕빛깔을 뜻하는 말 앞에 붙어, 그 빛깔이 선명하고 짙음을 나타냄. 🅴싯누렇다. 🄳샛-. 🄷새-.

싯누렇다〔신누러타〕매우 누렇다. 🅴벼가 싯누렇게 익은 들녘. 🄳샛노랗다. |활용| 싯누러니·싯누레.

싯다르타(Siddhārtha) 석가모니가 출가하기 전, 태자 때의 이름.

싱가포르(Singapore) 말레이 반도의 남쪽 끝에 있는 나라. 국민의 대부분은 중국인이며, 중계 무역과 전기·조선 공업이 발달해 있다. 수도는 싱가포르.

싱겁다〔싱겁따〕① 짠맛이 약하다. 🅴간을 보니 국이 너무 싱겁다. 🄱짜다. ② 술·담배·한약 등의 맛이 약하다. 🅴싱거운 막걸리. ③ 말이나 하는 짓이 멋쩍고 멋없다. 🅴키가 큰 사람치고 싱겁지 않은 이가 없더라. |활용| 싱거우니·싱거워.

싱그럽다〔싱그럽따〕싱싱하고 향기롭다. 🅴싱그러운 풀 냄새. |활용| 싱그러우니·싱그러워.

싱글거리다 좋아하는 눈빛으로 잇달아 소리 없이 부드럽게 웃다. 🔵싱글대다. 🔴생글거리다.

싱글대다 ➡싱글거리다.

싱글벙글 매우 만족한 듯이 눈과 입을 크게 움직이면서 소리 없이 자꾸 부드럽게 웃는 모양. 🔷은태가 싱글벙글 웃으며 방으로 들어왔다. 🔴생글방글.

싱글싱글 자꾸 싱글거리는 모양. 🔷민영이가 반가운 듯이 싱글싱글 웃어 보였다. 🔴생글생글.

싱긋 [싱귿] 좀 다정하게 얼핏 눈으로 한 번 웃어 보이는 모양. 🔷도진이는 나와 눈길이 마주치자 말없이 싱긋 웃었다. 🔵싱긋이. 🔴생긋. 🔶씽긋. 싱긋싱긋.

싱긋거리다 [싱귿꺼리다] 자꾸 싱긋싱긋 웃다. 🔵싱긋대다. 🔴생긋거리다. 🔶씽긋거리다.

싱긋대다 [싱귿때다] ➡싱긋거리다.

싱긋이 [싱그시] ➡싱긋.

싱숭생숭 마음이 들떠서 갈팡질팡하는 모양. 🔷봄바람이 살랑대니 공연히 마음이 싱숭생숭 들뜬다.

싱싱하다 ①시들거나 상하지 않고 생기가 있다. 🔷싱싱한 생선. ②힘이나 기운이 왕성하다. 🔷여러 번 옮겨 심었는데도 나무는 싱싱하게 자랐다. 🔴생생하다.

싱크대(sink臺) 물을 흘려 보내며 음식 재료나 그릇 등을 씻을 수 있도록 만든 부엌 시설.

싶다 [십따] 희망이나 짐작의 뜻을 나타내는 말. 🔷떡이 먹고 싶다./어서 집에 갔으면 싶다./오늘 아버지가 늦게 오시지 않을까 싶다.

ㅆ 쌍시옷. 'ㅅ'의 된소리. |발음| ㅆ이 [쌍시오시] · ㅆ도 [쌍시온또] · ㅆ만 [쌍시온만]

싸가지 '싹수'의 방언.

싸각싸각 ①싱싱한 사과나 배 등을 자꾸 세게 씹는 소리. ②갈대 같은 것이 자꾸 세게 부딪치는 소리. 🔶사각사각.

싸고돌다 ①어떤 것을 중심으로 하여 그 둘레를 에워싸며 돌다. ②어떤 사람을 지나치게 두둔하거나 감싸 주다. 🔷무조건 자식을 싸고돌면 오히려 자식을 망칠 수 있다. |활용| 싸고도니 · 싸고돌아.

싸개 물건을 싸는 종이나 헝겊. 🔷책싸개.

싸구려 품질이 좋지 않은 값싼 물건. 🔷싸구려 장난감이 금방 망가졌다.

싸늘하다 물체의 온도나 기온이 몹시 차다. 🔷싸늘한 초겨울 바람. 🔵써늘하다. 🔶사늘하다. 싸늘히.

싸다[1] ①물건을 보이지 않게 속에 넣어 천이나 종이 등으로 말거나 덮다. 🔷보자기에 책을 쌌다. ②둘레를 가리거나 막다. 🔷경호원들이 대통령을 겹겹이 싸고 있다. ③다른 곳으로 가져가려고 짐이나 음식 등을 담아서 꾸리다. 🔷어머니께서 정성스레 싸 주신 도시락.

싸다[2] 똥이나 오줌 등을 참아 내지 못하고 함부로 누다. 🔷이불에 오줌을 쌌다.

싸다[3] 비밀을 잘 지키지 못하고 가볍게 말하는 버릇이 있다. 🔷너는 입이 싸서 큰일이야.

싸다[4] ①물건값이 보통보다 적다. 🔷시장에서 야채를 싸게 샀다. 🔵비싸다. ②저지른 짓으로 보아 그런 일을 당하는 것이 마땅하다. 🔷그런 장난을 쳤으니 벌을 받아도 싸다.

싸다니다 여기저기 바삐 돌아다니다. 🔷온종일 어디를 싸다니다 이제야 오느냐? 🔴싸대다.

싸라기 부스러진 쌀알.

싸라기눈 빗방울이 내리다가 갑자기

찬 공기에 얼어서 떨어지는 싸라기 같은 눈. [준]싸락눈.

싸락눈 [싸랑눈] 〈싸라기눈〉의 준말.

싸리 콩과의 낙엽 지는 떨기나무. 가는 가지를 많이 치며, 잎은 세 잎씩 나온다. 여름에 자줏빛 꽃이 피며, 산과 들에 흔히 자란다. [비]싸리나무.

싸리나무 ➡싸리.

싸리비 싸리나무의 가지를 묶어 만든 비. [예]싸리비로 마당을 쓸었다.

싸매다 보자기나 헝겊 등으로 물건을 싸서 풀어지지 않도록 꼭 매다. [예]흥부가 제비의 부러진 다리를 싸맸다.

싸우다 ①이기려고 다투다. [예]하찮은 일로 친구와 싸웠다. ②우열을 가리려고 겨루다. [예]이번 경기에서 작년에 우승한 팀과 싸우게 되었다. ③어려운 일을 견뎌 내려고 애쓰다. [예]암이라는 병마와 싸우는 환자들.

싸움 싸우는 일. [준]쌈. **싸움하다**.

싸움질 싸우는 짓. [예]저 두 사람은 만났다 하면 싸움질이다. **싸움질하다**.

싸움터 전쟁이나 싸움이 벌어진 곳. [비]전장.

싸이다 ①속에 넣어져 천이나 종이 등에 말리거나 덮이다. [예]선물 상자가 보자기에 싸여 있다. ②무엇에 둘려져 가려지거나 막히다. [예]안개에 싸인 숲. ③어떤 감정이나 분위기 등에 뒤덮이다. [예]슬픔에 싸인 얼굴.

싸전(一廛) 쌀과 그 밖의 곡식 등을 파는 가게. [비]쌀가게.

싸ː하다 혀나 목구멍 또는 코에 자극을 받아 알알한 느낌이 있다. [예]겨자가 매워서 코가 싸하다.

싹1 ①식물의 씨에서 처음으로 돋아난 어린잎이나 줄기. [예]콩을 심은 화분에 싹이 났다. ②〈싹수〉의 준말.

싹이 노랗다[관용] 맨 처음부터 잘될 가능성이나 장래성이 전혀 보이지 않다. [비]싹수가 노랗다.

싹2 ①단번에 베어 버리거나 쓸어 버리는 모양. [예]가지를 싹 잘랐다. ②남김없이 죄다. [예]그 많던 빵을 누가 싹 먹어 버렸을까? [큰]썩. **싹싹**. [예]낙엽을 싹싹 쓸었다.

싹둑 [싹뚝] 연한 물건을 단번에 베거나 자르는 소리, 또는 그 모양. [예]무를 싹둑 잘랐다. [큰]썩둑. **싹둑싹둑**.

싹수 [싹쑤] 앞으로 잘될 만한 낌새나 징조. [준]싹.

싹수가 노랗다[관용] ➡싹이 노랗다.

싹싹 무엇을 맞대서 비비는 소리, 또는 그 모양. [예]손발이 닳도록 싹싹 빌었다. [큰]썩썩. [여]삭삭.

싹싹하다 [싹싸카다] 상냥하고 고분고분하다. [예]성격이 싹싹하다.

싹트다 어떤 일이나 감정 등이 처음 생겨나기 시작하다. [예]둘 사이에 사랑이 싹텄다. [활용] 싹트니·싹터.

싼값 [싼갑] 보통보다 적은 값. [예]싼값에 구입한 가구. [비]헐값.

쌀 벼의 껍질을 벗긴 알맹이. [예]쌀로 밥을 지었다. [비]미곡.

쌀가게 [쌀까게] 쌀을 파는 가게. [비]싸전·쌀집.

쌀가루 [쌀까루] 쌀을 빻아 만든 가루.

쌀가마니 [쌀까마니] 쌀을 담은 가마니. [준]쌀가마.

쌀겨 [쌀껴] 쌀을 찧어 깨끗하게 할 때 나오는 고운 속껍질.

쌀과자(一菓子) 쌀을 재료로 하여 만든 과자.

쌀농사(一農事)[쌀롱사] 쌀을 얻기 위해 벼를 심고 가꾸는 농사. [비]벼농사·미작.

쌀독 [쌀똑] 쌀을 담아 두는 독.

쌀되 [쌀뙤/쌀뛔] ①쌀의 양을 재는 그릇. ②한 되가량의 쌀. [예]쌀되나 주어 보내라.

쌀뜨물 쌀을 씻고 난 뿌연 물.

쌀밥 쌀로만 지은 밥.

쌀보리 볏과의 한해살이풀. 보리의 한 품종으로서 까끄라기가 짧고 껍질과 알이 딱 붙지 않아 쉽게 벗겨진다. [반]겉보리.

쌀쌀맞다[쌀쌀맏따] 성격이나 태도가 정다운 데가 없이 차갑다. [예]나에게 화가 났는지 친구가 쌀쌀맞게 굴었다.

쌀쌀하다 ①날씨가 싸늘히 느껴질 정도로 차다. [예]쌀쌀한 가을 날씨. ②정다운 맛이 없고 냉정하다. [예]그 아이가 나에게 쌀쌀하게 구는 이유를 모르겠다.

쌀알[싸랄] 쌀의 낟알.

쌀통(—桶) 쌀을 넣어 두는 통.

쌈1 상추나 배추 등으로 밥과 반찬을 싸서 먹는 일, 또는 그 음식.

〈쌈1〉

쌈:2 〈싸움〉의 준말. **쌈하다**.

쌈3 바늘 24개를 한 묶음으로 하여 세는 단위.

쌈장(—醬) 쌈을 먹을 때 넣어 먹는, 양념을 한 된장이나 고추장.

쌈지 종이나 천·가죽 등으로 만들어 담배나 동전 같은 것을 담는 작은 주머니.

쌉쌀하다 조금 쓴 맛이 있다. [큰]씁쓸하다.

쌍(雙) 둘씩 짝을 이룬 것, 또는 그것을 세는 말. [예]쌍을 지어서 선 무지개/제비 한 쌍.

쌍검(雙劍) 양손에 한 자루씩 쥐는 칼. [비]쌍칼.

쌍권총(雙拳銃) 양손에 각각 하나씩 쥔 두 개의 권총.

쌍기역(雙—) 한글 겹닿소리 'ㄲ'의 이름.

쌍꺼풀(雙—) 겹으로 된 눈꺼풀, 또는 그렇게 생긴 눈. [예]쌍꺼풀이 진 눈.

쌍동밤(雙童—) 한 톨 안에 두 쪽이 들어 있는 밤.

쌍둥이(雙—) 한 어머니에게서 한꺼번에 태어난 두 아이. [비]쌍생아. |잘못| 쌍동이.

쌍디귿(雙—) 한글 겹닿소리 'ㄸ'의 이름.

쌍떡잎식물(雙—植物)[쌍떵닙씽물] 싹이 틀 때 떡잎이 두 장 나오는 식물. 식물 중에서 가장 발달한 종류이다. 감·밤·완두 등. [반]외떡잎식물.

쌍무지개(雙—) 쌍을 지어서 선 무지개.

쌍방(雙方) 상대되는 두 쪽. [예]쌍방에게 모두 잘못이 있다. [비]양방.

쌍벽(雙璧) 《두 개의 구슬이라는 뜻으로》 '여럿 가운데에서 우열을 가릴 수 없이 뛰어난 둘'을 비유하여 이르는 말. [예]김홍도와 신윤복은 조선 시대 풍속화의 쌍벽을 이루는 화가이다.

쌍비읍(雙—) 한글 겹닿소리 'ㅃ'의 이름.

쌍수(雙手) 오른손과 왼손의 두 손.
 쌍수(를) 들다[관용] 기꺼이 환영하거나 지지하다.

쌍소리[쌍쏘리] 쌍스러운 말이나 소리. [여]상소리.

쌍스럽다[쌍쓰럽따] 말씨나 하는 짓이 천하다. [예]쌍스러운 욕. [여]상스럽다. |활용| 쌍스러우니·쌍스러워. 쌍스레.

쌍시옷(雙—)[쌍시옫] 한글 겹닿소리 'ㅆ'의 이름.

쌍심지(雙心—) 한 등잔에 있는 두 개의 심지.
 쌍심지(를) 켜다[관용] 몹시 화가 나서 눈을 부릅뜨며 핏발을 세우다. [예]내 말에 화가 난 그 사람이 눈에 쌍심지를 켜고 덤벼들었다.

쌍쌍이(雙雙—) 둘씩 둘씩 짝을 이룬 모양. [예]비둘기가 쌍쌍이 날아들었다.

쌍안경(雙眼鏡) 두 개의 망원경을 나란히 붙여, 두 눈으로 동시에 멀리까지 볼 수 있게 만든 기계.

쌍여닫이(雙一)[쌍녀다지] 두 짝의 문짝을 달아 좌우로 밀거나 당겨서 여닫을 수 있게 된 문이나 창을 두루 이르는 말.

쌍영총(雙楹塚) 평안북도 용강군 진지동에 있는 고구려 때의 고분. 무덤 안두 개의 방을 연결하는 통로 양옆에 팔각형의 돌기둥이 한 쌍 세워져 있다.

쌍지읒(雙一)[쌍지읃] 한글 겹닿소리 'ㅉ'의 이름.

쌓기나무 [싸키나무] 아이들의 장난감으로, 쌓아 올릴 수 있게 일정한 모양으로 만든 나무토막.

쌓다 [싸타] ①겹겹이 포개어 얹어 놓다. 예벽돌을 쌓다. ②기술이나 경험 또는 업적 등을 많이 닦거나 이루다. 예실력을 쌓기 위해 열심히 노력했다.

쌓이다 [싸이다] ①물건이 겹겹이 포개어져 놓이다. 예빈 그릇이 수북이 쌓였다. ②기술이나 경험 또는 업적 등이 많이 이루어지다. 예경험이 쌓이다.

쌔근거리다 ①가쁜 숨소리가 조금 거칠게 자꾸 나다. ②어린아이가 곤히 잠들어서 조용히 숨을 쉬다. 비쌔근대다. 큰씨근거리다. 예새근거리다.

쌔근대다 ➡쌔근거리다.

쌔근쌔근 자꾸 쌔근거리는 모양. 예쌔근쌔근 잠자는 아기. 큰씨근씨근. 예새근새근.

쌔:다 《주로 '쌘'·'쌨다'의 꼴로 쓰여》 '흔하게 있다'의 뜻을 나타내는 말. 예떡도 쌨고 감도 쌨다.

쌕쌕 숨을 가쁘고 불규칙하게 내는 소리. 예아이가 쌕쌕 잠이 들었습니다. 큰씩씩. 예색색.

쌕쌕거리다 [쌕쌕꺼리다] 자꾸 숨을 가쁘고 불규칙하게 쉬다. 비쌕쌕대다. 큰씩씩거리다. 예색색거리다.

쌕쌕대다[쌕쌕때다] ➡쌕쌕거리다.

쌩 세찬 바람이나 속도가 빠른 물체가 휙 지나갈 때 나는 소리. 큰씽. 쌩쌩. 예바람이 쌩쌩 분다.

써넣다 [써너타] 글씨를 적어 넣다. 예빈칸에 이름을 써넣으시오.

써늘하다 몹시 찬 느낌이 있다. 예써늘한 바람. 잔싸늘하다. 예서늘하다.

써:레 소나 말이 끌게 하여, 갈아 놓은 논밭의 바닥을 고르는 데 쓰는 농기구.

써:레질 갈아 놓은 논밭의 바닥을 써레로 고르는 일. 써레질하다.

〈써레〉

썩 ①보통의 정도보다 훨씬 잘하거나 나은 모양. 예썩 잘 그린 그림. ②거침없이 나서거나 물러서거나 하는 모양. 예앞으로 썩 나섰다.

썩다 [썩따] ①음식이나 나무·풀 등이 변하여 고약한 냄새가 나고 모양이 뭉그러지는 상태가 되다. 예썩은 생선. ②좋은 재주나 물건 등이 제대로 쓰이지 못하고 묵혀 있다. 예그는 공사장에서 썩기에는 아까운 사람이다. ③걱정이나 근심 등으로 마음이 몹시 상하다. 예성적 때문에 속이 썩었다.

썩둑[썩뚝] 좀 큰 물건을 단번에 힘 있게 베거나 자르는 소리, 또는 그 모양. 예부엌칼로 무를 썩둑 잘랐다. 잔싹둑. 예석둑. 썩둑썩둑.

썩썩 거침없이 쓸거나 비비거나 하는 소리, 또는 그 모양. 예마룻바닥을 썩썩 문질렀다. 잔싹싹. 예석석.

썩이다 [써기다] 걱정이나 근심을 끼쳐 다른 이의 마음을 몹시 상하게 하다.

예부모 속을 썩이는 자식. |잘못| 썩히다.

> : : : : '썩이다'와 '썩히다'의 구별 : : : :
>
> **썩이다** : 심리적·정신적으로 몹시 괴롭게 하는 것을 이른다. 예부모의 속을 썩이다.
> **썩히다** : 물질을 썩게 하거나, 물건·인재·재능 등을 제대로 쓰지 못하는 것을 이른다. 예아까운 감자를 모두 썩히다./글재주를 썩히다.

썩히다[써키다] ①음식 등을 썩게 하다. ②좋은 재주나 물건 등을 제대로 쓰지 않고 묵혀 두다. 예그런 아까운 재주를 왜 썩히고 있니?
썰다 칼로 물건을 토막 내다. 예국거리로 쓸 무를 썰었다. |활용| 써니·썰어.
썰렁하다 ①써늘한 바람이 불거나 하여 추운 듯하다. 예썰렁한 바닷바람. ②분위기가 어색하고 서먹하다. ㉔쌀랑하다. ㉑설렁하다.
썰매 ①눈 위나 얼음판에서, 사람이나 짐을 싣고 끄는 기구. ②얼음판에서 아이들이 올라앉아 미끄럼을 타는 기구. 예썰매를 지치다. |참고| 썰매는 '설마(雪馬)'에서 온 말.

〈썰매〉

썰물 바닷물이 밀려 나가서 바다의 표면이 낮아지는 현상, 또는 그 바닷물. ㉮밀물.
쏘가리 꺽짓과의 민물고기. 몸은 길고 납작하며 입이 크다. 온 몸에 잿빛을 띤 보라색의 무늬가

〈쏘가리〉

많다. 우리나라 하천의 중류·상류에 많이 산다.

쏘곤쏘곤 남이 듣지 못하도록 작은 소리로 잇달아 말하는 소리, 또는 그 모양. 예아까부터 둘이서 쏘곤쏘곤 이야기하더니 슬그머니 나갔다. ㉔쑤군쑤군. ㉑소곤소곤.
쏘다 ①화살이나 총알을 날아가게 하다. 예적군을 향해 대포를 쏘았다. ②벌레 등이 침으로 찌르다. 예벌이 손등을 쏘았다. ③듣는 이가 따끔하게 느끼도록 말하다. 예버릇 없는 동생에게 한마디 톡 쏘아 주었다. ④매운맛이 찌르는 듯이 혀를 아리게 하다. 예겨자가 혀를 톡 쏘았다.
쏘다니다 분주하게 여기저기 마구 돌아다니다. 예온종일 쏘다녔더니 몹시 피곤하다. ㉔쏘대다.
쏘아보다 꿰뚫을 듯이 따갑게 노려보다. 예나는 상대의 얼굴을 쏘아보았다.
쏘아붙이다[쏘아부치다] 상대편의 마음이 상할 정도로 날카롭게 말을 내뱉다. 예언니가 발끈해서 톡 쏘아붙이고는 밖으로 휙 나가 버렸다.
쏘이다[1] ➡ 쐬다[1].
쏘이다[2] 벌레의 침에 찔리다. 예꿀을 따 먹으려다가 벌에게 코를 쏘였습니다. ㉔쐬다.
쏙 ①몹시 내밀거나 폭 들어간 모양. 예쏙 들어간 눈. ②깊이 밀어 넣거나 쉽게 빠지는 모양. 예벽에 박힌 못이 쏙 빠져나왔다. ㉔쑥. 쏙쏙.
쏙닥이다[쏙따기다] 남에게 들리지 않도록 자기들끼리만 가만가만 이야기하다. ㉔쑥덕이다. ㉑속닥이다.
쏜살 《'쏜 화살'이라는 뜻으로》 '매우 빠른 것'을 비유하여 이르는 말. ㉡출발 신호가 나자 선수들이 쏜살처럼 뛰어나갔다.
쏜살같다[쏜살갇따] 날아가는 화살같이 몹시 빠르다. 쏜살같이. 예차들이 거리를 쏜살같이 달린다.

쏟다 [쏟따] ①그릇 등을 기울여서 담긴 것을 한꺼번에 나오게 하다. 몌대야에 담긴 물을 쏟았다. ②피나 눈물 등을 흘리다. 몌슬픈 영화를 보고 눈물을 펑펑 쏟았다. ③마음을 기울여 열중하다. 몌부모님은 우리들의 교육에 온 힘을 쏟으신다.

쏟아붓다 [쏟아붇따] ①비나 눈 등이 한꺼번에 많이 내리다. ②담겨 있는 것을 쏟으면서 붓다. 몌간장을 항아리에 쏟아부었다. ③좋지 못한 말이나 질문 등을 한꺼번에 많이 하다. 몌기자들이 그에게 질문을 쏟아부었다. ④정성·열의·돈·물자 등을 아낌없이 보내거나 바치다. 몌이 사업에 엄청난 돈을 쏟아부었지만 큰 손해를 보았다. |활용| 쏟아부으니·쏟아부어.

쏟아지다 [쏟아지다] ①그릇 등에 담긴 것이 한꺼번에 나오다. 몌컵이 넘어져 물이 쏟아졌다. ②피·눈물·땀 등이 한꺼번에 많이 흐르다. 몌땀이 비 오듯 쏟아지다. ③비·눈 등이 많이 내리다. 몌쏟아지는 빗줄기를 뚫고 달렸다. ④어떤 일이나 현상 등이 많이 생기거나 몰리다. 몌나에게 쏟아지는 관심.

쏠다 [쏠따] 쥐나 좀 등이 물건을 갉아서 구멍을 내거나 흠을 만들다. 몌쥐가 찬장을 쏠았다. |활용| 쏠니·쏠아.

쏠리다 ①한쪽으로 기울어지거나 몰리다. 몌몸이 앞으로 쏠려 넘어질 뻔했다. ②마음이나 눈길 등이 향하다. 몌관심이 쏠리다.

쏠쏠하다 수준이나 정도가 제법 괜찮다. 몌오늘은 수입이 제법 쏠쏠하다. 큰쑬쑬하다. 쏠쏠히.

쏴 ①나무나 물건을 스치며 지나는 바람 소리. ②비바람 소리. 몌소낙비가 갑자기 쏴 쏟아진다. ③액체가 세차게 흐르거나 쏟아지는 소리. 큰쉬.

쐐기[1] 물건과 물건의 틈 사이에 박아 그 틈을 메우거나 벌리는 물건.

쐐기(를) 박다 |관용| 뒤탈이 없도록 다짐을 해 두다.

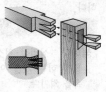
〈쐐기[1]〉

쐐기[2] 쐐기나방의 애벌레. 마디마다 가시가 있어 닿으면 아프고 부어오른다. 과실나무의 해충이다.

쐐기나방 쐐기나방과의 곤충을 통틀어 이르는 말. 여름철에 등불에 모여들며, 애벌레는 '쐐기'라고 한다.

쐐기표(-標) 띄어 읽어야 하는 자리에 표시하는 부호인 'V'의 이름.

쐬다[1] [쐬다/쐐다] 연기나 바람 등을 몸이나 얼굴에 받다. 몌나는 글을 읽다가 바람을 쐬러 뒤뜰에 갔다. 비쏘이다.

쐬다[2] [쐬다/쐐다] 〈쏘이다[2]〉의 준말.

쑤군거리다 남이 알아듣지 못하게 잇달아 이야기하다. 비쑤군대다. 작쏘곤거리다. 여수군거리다.

쑤군대다 ➡ 쑤군거리다.

쑤군쑤군 자꾸 쑤군거리는 소리, 또는 그 모양. 작쏘곤쏘곤. 여수군수군.

쑤다 풀이나 죽 등을 끓여 익히다. 몌쌀로 죽을 쑤어 끼니를 때웠다.

쑤시다[1] 바늘로 찌르는 것같이 아프다. 몌몸살이 났는지 몸이 쑤신다.

쑤시다[2] 구멍 같은 데를 꼬챙이나 막대 등으로 찌르다. 몌이쑤시개로 이를 쑤셨다.

쑥[1] 국화과의 여러해살이풀. 잎은 뒷면에 젖빛 솜털이 있고 향기가 난다. 어린잎은 먹으며, 다 자란 잎은 약으로 쓴다. 들에 절로 난다.

쑥[2] ①몹시 내밀거나 푹 들어간 모양. 몌혀를 쑥 내밀다./쑥 들어간 눈. ②깊이 밀어 넣거나 쉽게 빠지는 모양. [예]구멍에 손을 쑥 집어넣었다. [작]쏙. **쑥쑥**. [예]나무들이 쑥쑥 자란다.

쑥갓 [쑥깓] 국화과의 한해살이풀 또는 두해살이풀. 채소의 한 가지로, 냄새가 향긋해 쌈이나 나물로 먹는다.

쑥대머리 [쑥때머리] 어지럽게 흐트러진 머리.

쑥대밭 [쑥때받] ①쑥이 우거진 거친 땅. ②'크게 파괴되어 어지럽고 형편없게 된 것'을 비유하여 이르는 말. [예]온 마을이 쑥대밭이 되었다. [준]쑥밭.

쑥덕거리다[쑥떡꺼리다] 남이 알아듣지 못하게 나직한 소리로 잇달아 이야기하다. [비]쑥덕대다. [작]쏙닥거리다. [여]숙덕거리다.

쑥덕대다[쑥떡때다] ➡쑥덕거리다.

쑥스럽다 [쑥쓰럽따] 하는 짓이나 모양이 어울리지 않아 어색하고 멋적다. [예]좋아하는 아이 앞에서 쑥스러워 말 한마디 못했다. [활용] 쑥스러우니·쑥스러워. **쑥스레**.

쑬쑬하다 수준이나 정도가 제법 괜찮다. [작]쏠쏠하다. **쑬쑬히**.

쓰개 머리에 쓰는 물건을 통틀어 이르는 말.

쓰개치마 지난날, 여자들이 나들이할 때, 머리에 써서 머리와 윗몸을 가리던 치마.

〈쓰개치마〉

쓰기 ①자기의 생각이나 느낌 등을 글로 나타내는 일. ②초등학교에서, 글로 표현하는 법을 배우는 과목. [참]듣기·말하기·읽기.

쓰나미(tsunami) 지진 때문에 일어나는 해일. [비]지진 해일.

쓰다¹ ①붓이나 연필 등으로 획을 그어 글자를 이루다. [예]동생은 아직 제 이름도 쓸 줄 모른다. ②글을 짓다. [예]소설을 쓰는 사람. [활용] 쓰니·써.

> **'쓰라'와 '써라'의 구별**
>
> **쓰라** : 듣는 사람과 관계없이 글이나 방송 등을 통해서 하는 명령어. [예][출제자가 시험지를 통해서 수험생에게] 다음 글을 읽고 맞는 답을 쓰라.
>
> **써라** : 말하는 사람이 듣는 사람을 마주 대하고 하는 명령어. [예][선생이 학생을 앞에 두고] 글씨를 또박또박 써라.

쓰다² ①머리에 얹어 덮거나 얼굴을 가리다. [예]모자를 쓴 꼬마/얼굴에 가면을 쓰다. ②머리 위에 펴 들거나 귀에 걸다. [예]우산도 쓰지 않고 빗속을 쏘다녔다./인제 보니 안경을 썼구나. ③억울한 죄를 입다. [예]도둑의 누명을 썼다. [활용] 쓰니·써.

쓰다³ ①어떤 일을 하는 데에 재료나 도구 등으로 이용하다. [예]네 지우개 좀 쓸게. ②사람을 두어 일을 시키다. [예]일꾼을 다섯이나 썼다. ③돈이나 물건을 들이거나 없애다. [예]용돈을 벌써 다 썼다. ④마음을 기울이거나 힘을 들이다. [예]머리를 써서 위기를 모면했다. ⑤몸의 일부를 놀리다. [예]다쳐서 왼팔을 쓰지 못한다. [활용] 쓰니·써.

쓰다⁴ ①맛이 한약이나 씀바귀의 맛과 같다. [예]가루약은 써서 먹기 힘들다. ②입맛이 없다. [예]입이 써 아침을 먹는 둥 마는 둥 했다. [반]달다. [활용] 쓰니·써.

쓰다듬다 [쓰다듬따] 귀엽거나 탐스러워 손으로 가볍게 쓸어 어루만지다. [예]아이의 머리를 쓰다듬었다.

쓰디쓰다 ①매우 쓰다. [예]쓰디쓴 한약. ②몹시 괴롭다. [예]쓰디쓴 패배. [활용] 쓰디쓰니·쓰디써.

쓰라리다 ①쓰리고 아리다. 예무릎이 까져 쓰라리다. ②몹시 괴롭다. 예쓰라린 심정.

쓰러뜨리다 쓰러지게 하다. 예김 선수가 먼저 상대 선수의 발을 걸어 쓰러뜨렸다. 비쓰러트리다.

쓰러지다 ①한쪽으로 쏠려 넘어지다. 예폭풍에 전신주가 쓰러졌다. ②병이 들거나 하여 몸져눕다. 예내가 쓰러지는 한이 있더라도 꼭 해내고야 말겠다.

쓰러트리다 ➡쓰러뜨리다.

쓰레기 비로 쓸어 낸 먼지나 티끌, 또는 못 쓰게 되어 내버릴 물건을 통틀어 이르는 말. 예쓰레기 분리 수거.

쓰레기봉투(一封套) 쓰레기를 담아서 버리는 데 쓰는 봉투.

쓰레기장(一場) 여러 곳의 쓰레기를 버리도록 마련한 곳.

쓰레기 종량제(一從量制) 쓰레기를 버리는 양에 따라 일정한 값을 치르는 제도.

쓰레기통(一桶) 쓰레기를 담거나 모아 두는 통.

쓰레받기[쓰레받끼] 쓰레기 등을 비로 쓸어 받아 내는 기구.

쓰레질 비로 쓸어 청소하는 일. 쓰레질하다.

쓰르라미 매밋과의 곤충. 여름부터 가을에 걸쳐 볼 수 있으며, 수컷만 '쓰르람쓰르람' 하고 운다.

쓰리다 ①쑤시는 듯이 아프다. 예불에 덴 데가 쓰리다. ②배 속이 거북하고 아프다. 예두 끼를 굶었더니 속이 쓰리다. ③마음이 아프고 괴롭다. 예아픈 동생을 보니 내 가슴도 쓰리다.

쓰시마 섬(Tsushima—) 일본 규슈와 한반도 사이에 있는, 나가사키 현에 딸린 섬. 예로부터 우리나라와 일본의 교역에 중요한 역할을 해 왔다. 비대마도.

쓰이다[1] 글씨가 써지다. 예이 펜은 글씨가 잘 쓰인다. 준씌다.

쓰이다[2] ①어떤 일을 하는 데에 재료나 도구 등으로 이용되다. 예이 풀은 한약 재료로 쓰인다. ②마음·관심 등이 쏠리다. 예그 애에게 자꾸 신경이 쓰인다.

쓰임새 쓰임의 수량이나 정도. 예쓰임새가 많은 기구. 비용도.

쓱 ①빨리 지나가는 모양. 예자전거 한 대가 내 옆을 쓱 지나갔다. ②슬쩍 문지르는 모양. 예할아버지는 긴 수염을 한 손으로 쓱 쓰다듬으셨다.

쓱싹 톱질이나 줄질을 할 때 나는 소리. 쓱싹쓱싹.

쓱싹거리다[쓱싹꺼리다] 톱질이나 줄질을 하는 소리가 자꾸 나다. 비쓱싹대다.

쓱싹대다[쓱싹때다] ➡쓱싹거리다.

쓱쓱 ①자꾸 문지르거나 비비는 모양. 예옷에다 사과를 쓱쓱 문질렀다. ②일을 손쉽게 거침없이 해치우는 모양. 예그는 어려운 일도 군소리 없이 쓱쓱 해치운다.

쓴맛[쓴맏] ①한약이나 씀바귀의 맛과 같은 맛. 예도라지에서 쓴맛이 난다. ②무엇에 실패하거나 좋지 못한 일을 겪어 괴로운 마음. 예친구에게 배신당하고 인생의 쓴맛을 느꼈다.

쓴웃음[쓰누슴] 기가 막히거나 마지못해 웃는 웃음.

쓸개 얇은 막의 주머니로 된 내장. 간에서 만들어진 쓸개즙을 저장해 두었다가 십이지장으로 내보낸다. 비담·담낭.

쓸개즙(一汁) 소화액의 한 가지. 간에서 만들어져 쓸개에 저장되었다가 음식물이 지날 때에 십이지장으로 나와서 지방의 소화를 돕는다.

쓸다[1] ①비로 쓰레기 등을 밀거나 한데 모아서 버리다. 예아버지는 아침

마다 마당을 깨끗이 쓸어 놓으셨다. ②손으로 어루만져 문지르다. 예어머니가 아픈 배를 쓸어 주셨다. |활용| 쓰니·쓸어.

쓸다² 줄 등으로 문질러 닳게 하다. 예줄로 쇠창살을 쓸었다. |활용| 쓰니·쓸어.

쓸데없다 [쓸떼업따] 아무런 가치가 없다. 예이제 와서 발버둥 쳐 봐야 쓸데없는 일이다. 쓸데없이. 예쓸데없이 아무 일에나 참견하지 마라.

쓸리다 살이 문질려 살갗이 벗겨지다. 예시멘트 바닥에 넘어져 무릎이 쓸렸다.

쓸모 쓸 만한 가치. 예아무 데도 쓸모가 없는 물건.

쓸모없다 [쓸모업따] 쓸 만한 가치나 쓸 데가 없다. 예망가져서 쓸모없는 물건. 쓸모없이.

쓸쓸하다 ①날씨가 으스스하고 썰렁하다. ②외롭고 적적하다. 예멀리 이사 오니 친구가 없어 쓸쓸하다. 쓸쓸히.

슳다 [쓸타] 곡식의 껍질을 벗겨 깨끗이 하다. 예곱게 슳은 쌀.

씀바귀 국화과의 여러해살이풀. 잎은 가늘고 길며 가장자리에 톱니가 있다. 초여름에 노란 꽃이 핀다. 뿌리는 맛이 쓰나 봄에 나물로 먹으며, 산이나 들에 절로 난다.

씀씀이 [씀쓰미] 돈이나 물건 등을 쓰는 규모나 정도. 예씀씀이가 헤픈 사람.

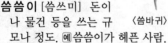
〈씀바귀〉

씁쓰레하다 맛이 제법 씁쓸한 듯하다. 倕씁쓰름하다. 옙쌉싸래하다.

씁쓰름하다 ➡씁쓰레하다.

씁쓸하다 제법 쓴 맛이 있다. 예고들빼기는 씁쓸한 맛에 먹는다. 옙쌉쌀하다.

씌다¹ [씨다] 귀신이 들리다. 예저 사람, 귀신에 씌어도 아주 단단히 씐 것 같다.

씌ː다² [씨다] 〈쓰이다¹〉의 준말. 예칠판에 내 이름이 씌어 있다.

씌우다 [씨우다] ①모자나 가면 등을 쓰게 하다. 예모자를 씌우다. ②억울한 죄나 누명을 입게 하다. 예친구에게 누명을 씌웠다.

씨¹ ①동물이나 식물이 생겨나는 근본이 되는 것. ②어떤 일의 근원. 예하찮은 일이 분쟁의 씨가 되었다.

씨²(氏) (남의 이름 다음에 쓰여) 높임을 나타내는 말. 예상용 씨/김경미 씨.

┊┊┊┊ '씨'와 '-씨'의 구별 ┊┊┊┊

씨(氏) : 그 사람을 부르거나 이르는 뜻을 나타낼 때에는 '홍길동 씨', '길동 씨', '김 씨는 말수가 적다.'와 같이 띄어 쓴다.

-씨(氏) : 성씨 자체를 나타낼 때에는 '김씨', '이씨', '박씨', '내 짝의 성은 최씨다.'와 같이 붙여 쓴다.

씨눈 식물의 씨 속에서 자라 싹눈이 되는 부분.

씨름 ①민속 경기의 한 가지. 두 사람이 서로 샅바나 띠를 잡고 맞붙어 먼저 상대편을 넘어뜨리는 경기이다. ②어떤 일을 이루려고 온 힘을 쏟음. 씨름하다. 예방학 내내 책과 씨름했다.

씨름판 씨름을 하는 판.

씨방(一房) 속씨식물에서, 암술의 아랫부분에 볼록한 주머니 모양으로 되어 있는 곳. 안에 밑씨가 들어 있다.

씨실 천을 짤 때 가로 방향으로 놓인 실. 뼌날실.

씨아 목화씨를 빼는 기구.

씨알 ①새끼를 까기 위한 알. ②곡식 등의 종자로서의 낱알.

씨암탉 [씨암탁] 씨를 받으려고 기르는 암탉.

씨앗 [씨앋] 곡식이나 채소 등의 씨. [비]종자. [발음] 씨앗이 [씨아시] · 씨앗도 [씨앋또] · 씨앗만 [씨안만]

씨엉씨엉 걸음걸이나 행동 등이 기운차고 활기 있는 모양.

씨족(氏族) 원시 사회에서, 같은 조상에서 나온 무리.

씨줄 ①천을 짤 때의 가로 실. ②➡위선[2].

씩 소리 없이 싱겁게 한 번 씽긋 웃는 모양. [예]중식이가 알았다는 듯이 씩 웃어 보였다.

-씩 각각 같은 수량으로 나눔을 나타내는 말. [예]둘씩/감을 여섯 개씩 놓아라.

씩씩 숨을 매우 가쁘고 거칠게 내는 소리, 또는 그 모양. [작]쌕쌕. [여]식식.

씩씩거리다 [씩씩꺼리다] 자꾸 씩씩 소리를 내며 가쁘게 숨 쉬다. [예]화가 난 동생이 씩씩거리며 나를 노려보았다. [비]씩씩대다. [작]쌕쌕거리다. [여]식식거리다.

씩씩대다[씩씩때다] ➡씩씩거리다.

씩씩하다 [씩씨카다] 행동이나 태도가 굳세고 의젓하다. [예]개구쟁이라도 좋으니 씩씩하게만 자라다오.

씰룩거리다[씰룩꺼리다] 근육의 한 부분이 자꾸 한쪽으로 비뚤게 움직이다. [예]동만이가 무슨 말을 하려는 듯 입술을 씰룩거렸다. [비]씰룩대다. [여]실룩거리다.

씰룩대다[씰룩때다] ➡씰룩거리다.

씹다 [씹따] 무엇을 입에 넣고 윗니와 아랫니로 자꾸 깨물다. [예]음식을 꼭꼭 씹어라.

씹히다 [씨피다] 무엇이 입에서 자꾸 깨물리다. [예]밥을 먹는데 돌이 씹혔다.

씻기다 [씯끼다] ①물로 더러운 것이 씻어져 없어지다. [예]흙이 많이 씻겨 내려간 곳. ②남의 몸을 씻어 주다. [예]엄마가 아기의 얼굴을 씻겼다.

씻다 [씯따] ①물로 더러운 것을 없애다. [예]집에 들어오면 우선 손발을 깨끗이 씻어라. ②누명 등을 벗다. [예]범인이 잡혀 누명을 씻게 되었다.

씻은 듯이[관용] 아주 깨끗하게. [예]병이 씻은 듯이 나았다.

씽 바람 또는 속도가 빠른 물체가 매우 세차게 지나갈 때 나는 소리. [예]자동차가 씽 달아났다. [작]쌩. **씽씽**.

씽긋 [씽귿] 다정하게 얼핏 눈으로 한 번 웃어 보이는 모양. [작]쌩긋. [여]싱긋. **씽긋씽긋**.

씽긋거리다 [씽귿꺼리다] 자꾸 씽긋씽긋 웃다. [비]씽긋대다. [작]쌩긋거리다. [여]싱긋거리다.

씽긋대다[씽귿때다] ➡씽긋거리다.

씽씽하다 생기가 썩 왕성하다. [여]싱싱하다.

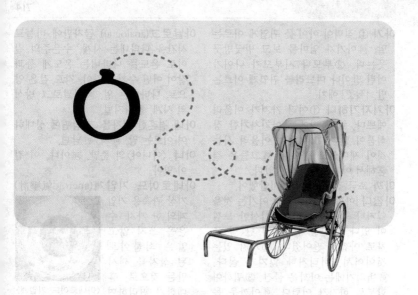

ㅇ 이응. 한글 닿소리의 여덟째.

아[1] ①놀라거나 당황하거나 초조할 때, 갑자기 내는 소리. 예아, 저게 뭘까?/아, 약속을 깜빡 잊었구나. ②기쁘거나 슬프거나 뉘우치거나 감탄하거나 할 때 내는 소리. 예아, 재미있다./아, 따분해. 큰어.

아[2] 아랫사람이나 친구, 동물 또는 어떤 사물을 부를 때 쓰이는 말. 예길동아./달아 달아 밝은 달아. 참야.

아가 ①'아기'를 귀여워하여 부르는 말. 예아가, 이리 온. ②시부모가 젊은 며느리를 친근하게 부르는 말. 예아가, 물 좀 다오.

아가리 ①'입'을 속되게 이르는 말. ②그릇이나 병·자루 등에서 물건을 넣거나 낼 수 있게 된 부분. 예이 병은 아가리가 좁다.

아가미 물에서 사는 동물의 숨 쉬는 기관. 이곳을 통하여 물속의 산소를 받아들인다.

〈아가미〉

아가씨 ①아직 결혼하지 않은 여자나 젊은 여자. ②남편의 여동생을 이르는 말.

아관 파천(俄館播遷) 을미사변 후인 1896년 2월부터 약 1년간 고종과 태자가 러시아 공사관으로 옮겨 가서 머물던 사건.

아교(阿膠) 짐승의 가죽이나 뼈 등을 진하게 고아 굳힌 풀.

아:군(我軍) 우리 편의 군대. 예아군이 승리할 것이다. 비우군. 반적군.

아궁이 방이나 솥·가마 등에 불을 땔 기 위하여 만든 구멍. 예아궁이에 장작을 넣고 불을 지폈다.

아귀 아귓과의 바닷물고기. 대가리는 넓적하고 크며

〈아궁이〉

몸통과 꼬리는 짧다. 암초가 있거나 해초가 무성한 곳에 산다.

아귀다툼 자기 욕심을 채우려고 서로 악을 쓰며 헐뜯고 다투는 짓. 아귀다툼하다.

아기 ① '젖먹이 아이'를 귀엽게 이르는 말. 예아기가 엄마를 보고 방긋방긋 웃는다. ②부모나 시부모가 나이가 어린 딸이나 며느리를 귀엽게 이르는 말. |잘못| 애기.

아기자기하다 ①여러 가지가 어울려 예쁘다. 예내 방에는 아기자기한 장식품이 많다. ②여럿이 어울려 사는 것이 재미있고 즐겁다. 예그들은 결혼해서 아기자기하게 살았다.

아까 조금 전에. 예아까 미안했어.

아깝다 [아깝따] ①소중히 여기는 것을 잃거나 놓치거나 하여, 섭섭한 느낌이 있다. 예반장 선거에서 단 몇 표차로 아깝게 떨어졌다. ②가치 있는 것이어서, 버리거나 잃기가 싫다. 예버리기에는 아까운 물건. ③귀하여 함부로 하기가 어렵다. 예아까운 목숨/시간이 아깝다. |활용| 아까우니·아까워.

아끼다 ①돈이나 시간 등을 귀하게 여겨, 함부로 내어놓거나 쓰지 않다. 예용돈을 아껴 쓰는 습관을 길러라. ②소중히 여겨, 보살피거나 해가 되지 않게 하려고 애쓰다. 예우리 선생님은 학생들을 자식처럼 아끼신다.

아낌없다 [아끼멉따] 아까워하는 마음이 없다. 예사람들은 그의 근면한 생활 태도에 아낌없는 찬사를 보냈다. 아낌없이.

아낌없이 주는 나무 미국의 셸 실버스타인이 지은 동화. 자신을 송두리째 다 주면서도 행복해하는 나무와 그저 받기만 하는 한 소년의 이야기이다.

아나운서(announcer) 라디오나 텔레비전 방송국에서 뉴스 보도나 중계 방송 등의 일을 맡아 하는 사람.

아낙 〈아낙네〉의 준말.

아낙네 [아낭네] 남의 집 어른인 여자를 흔히 이르는 말. 準아낙. 樹남정네.

아날로그(analogue) 글자판에 바늘로 시간을 나타내는 시계, 수은주의 길이로 온도를 나타내는 온도계 등과 같이 어떤 수치를 길이·각도 같은 양으로 나타내는 일. 예아날로그 방식의 시계. 樹디지털.

아내 결혼한 여자를 그 남편에 상대하여 이르는 말. 比처. 反남편.

아냐 〈아니야〉의 준말. 예아냐, 이 길이 맞아.

아네로이드 기압계(aneroid氣壓計)

기상 관측용 기압계의 한 가지. 수은을 쓰지 않고 얇은 쇠붙이로 된 상자를 써서 만든 것으로, 휴대하기 편리하여 널리 쓰인다. 比아네로이드 청우계.

〈아네로이드 기압계〉

아네모네(anemone) 미나리아재빗과의 여러해살이풀. 관상용 식물로, 꽃에는 꽃부리가 없고 꽃받침이 꽃부리같이 보인다. 4~5월에 꽃줄기 끝에 빨강·하양·노랑 등의 꽃이 핀다.

아녀자(兒女子) ①어린아이와 여자. 예위급한 상황에는 아녀자를 먼저 구한다. ②여자를 낮추어 이르는 말.

아늑하다 [아느카다] ①넓지 않은 둘레가 폭 싸여 조용한 느낌이 있다. 예우리 동네는 산기슭에 있어 아늑한 느낌이 있다. ②바람기가 없고 포근하다. 예따뜻한 햇살이 비치는 아늑한 오후. 아늑히.

아니[1] 부정의 뜻을 나타내는 말. 예가다가 중단하면 아니 감만 못하다. 準안.

아니[2] ①아랫사람이나 친구가 묻는 말에 부정하여 대답할 때 쓰는 말. 예"밥 먹었니?" "아니." ②놀라움·의아스러움·감동 등을 나타내는 말. 예아니, 세상에 이럴 수가.

아니꼽다 [아니꼽따] ①비위에 거슬려 메스껍고 토할 듯하다. ②하는 짓이나 말이 마음에 거슬리고 밉살맞다. 예형의 잘난 체하는 꼴이 아니꼽다. |활용| 아니꼬우니·아니꼬워.

아니다 어떤 사실을 부정할 때에 '그렇지 않다'의 뜻으로 쓰는 말. 예박쥐는 새가 아니다.

아닌 게 아니라 |관용| 보고 들은 바가 과연 그렇다는 뜻으로 쓰이는 말. 예아닌 게 아니라 네 말이 옳구나.

아닌 밤중에 |관용| 생각지도 않은 때에. 느닷없이. 예아닌 밤중에 무슨 소리야?

아니리 판소리에서, 창을 하는 사이사이에 가락을 붙이지 않고 이야기하듯이 극적인 줄거리를 엮어 나가는 사설.

아니야 아랫사람이나 친구가 묻는 말에 부정하여 대답할 때 쓰는 말. 예아니야, 난 그만 먹을래. 준아냐.

아니오 '아니요'의 잘못.

아니요 윗사람이 묻는 말에 부정하여 대답할 때 쓰는 말. 예"숙제 다 했니?" "아니요, 지금 하고 있어요." 밴예. |잘못| 아니오.

> :::: '아니요'와 '아니오'의 구별 ::::
>
> **아니요** : "다음 물음에 '예', '아니요'로 답하시오."와 같이 '예'에 상대되는 말로 쓰인다.
>
> **아니오** : '이것은 과일이 아니오.', '나는 홍길동이 아니오.'와 같이 한 문장의 풀이말로만 쓰인다.

아니하다 〈않다〉의 본말. 예아무것도 먹지 아니하다.

아:담하다(雅淡—) 마음에 들게 알맞거나, 보기 좋게 맵시 있고 산뜻하다. 예아담한 우리 집 정원/아담한 체구. 아담히.

아동(兒童) ①어린아이. 예아동 문학/아동 보호. ②초등학교에 다니는 어린이.

아동기(兒童期) 유년기와 청년기의 사이인 6~13세의 시기.

아동복(兒童服) 어린이가 입도록 만든 옷.

아동유원(兒童遊園) '놀이터'의 북한말.

아둔하다 슬기롭지 못하여 하는 짓이 미련하다. 예그 애는 좀 아둔한 데가 있어.

아둥바둥 '아등바등'의 잘못.

아드님 남을 높여 그의 '아들'을 이르는 말. 예아드님이 많이 컸군요. 밴따님.

아득바득 [아득빠득] 몹시 고집스럽게 우기거나 조르는 모양. 예형은 자기 말이 옳다고 아득바득 우겼다.

아득하다 [아드카다] ①가물가물하거나 들릴 듯 말 듯 할 정도로 매우 멀다. 예파도 소리가 아득하게 들린다. ②까마득하게 오래다. 예아득한 옛날. 아득히.

아들 남자인 자식. 밴딸.

아등바등 무엇을 하려고 애쓰는 모양. 예우리 가족은 아버지를 잃고 아등바등 살아왔다. |잘못| 아둥바둥.

아뜩하다 [아뜨카다] 갑자기 머리가 핑 돌아 정신을 잃고 쓰러질 듯하다. 예그는 갑작스런 충격에 정신이 아뜩했다. 밴아찔하다. 큰어뜩하다.

아라비아(Arabia) 아시아의 남서부 페르시아 만·인도양·홍해에 둘러싸여 있는 지역.

아라비아 반도(Arabia半島) 아시아 대륙 남서쪽에 있는 큰 반도.

아라비아 숫:자(Arabia數字) 0·1·2·3·4·5·6·7·8·9의 10개의 숫자. 이 10개의 숫자를 십진법으로 맞추면 어떤 수라도 나타낼 수 있다. 참로마 숫자.

아라비안나이트(Arabian Nights) 아라비아 지방에서 전해 내려오는 이야기를 중심으로 페르시아·인도·이란·이집트 등지의 설화까지 포함되어 이루어진, 약 250가지의 이야기를 모은 책. 아라비아의 왕이 왕비에게 배반당한 뒤 3년간 매일 새로운 왕비를 선택하여 죽였는데, 셰에라자드라는 여자가 왕의 마음을 풀어 주기 위해 천 하루 동안 한 이야기라고 해서 '천일 야화'라고도 한다.

아람 밤이나 도토리 등이 나무에 달린 채 잘 익어 저절로 떨어질 정도가 된 상태, 또는 그 열매.

아랍 국가(Arab國家) 이슬람교를 믿고 아랍 어를 쓰는 나라를 통틀어 이르는 말. 서아시아로부터 북아프리카까지 포함된다.

아랍 어(Arab語) 아라비아 반도, 북아프리카, 중동 일부 지역에서 쓰는 언어. [비]아라비아 어.

아랍 에미리트(Arab Emirates) 페르시아 만 남쪽 기슭에 있는 연방 국가. 7개의 작은 나라로 이루어졌으며, 대부분의 지역이 사막 평원이고 석유가 많이 난다. 수도는 아부다비.

아랑 소주를 곤 뒤에 남은 찌꺼기.

아랑곳없다 [아랑고덥따] 다른 일에 관계하거나 간섭하거나 마음에 두고 생각할 필요가 없다. **아랑곳없이**. [예]그는 사람들의 만류에도 아랑곳없이 제 마음대로 행동했다.

아랑곳하다 [아랑고타다] 《주로 부정하는 말과 함께 쓰여》 어떤 일에 나서서 알려고 들거나 간섭하거나 마음에 두고 생각하다. [예]내 동생은 남이 무어라 하든지, 아랑곳하지 않는다.

아래 ①자리가 낮은 곳. 낮은 쪽. [예]우리는 산 아래로 내려갔다. ②사물의 정도나 지위·품질 등이 어떤 것에 비하여 낮은 쪽, 또는 그러한 사람이나 물건. [예]계급이 아래인 사람. ③수량이 어떤 것에 비하여 적은 편. [예]나이가 두 살 아래인 사람. ④높고 긴 물건의 밑부분. [예]나무 그늘 아래에서 잠시 쉬었다 가자. [비]밑. [반]위.

아래뜸 아래쪽에 있는 마을. [예]우리 마을 아이들은 아래뜸 아이들과 눈싸움을 했다. [반]위뜸.

아래알 수판의 가름대 아래에 있는 네 개 또는 다섯 개의 알. 알 하나가 1을 나타낸다. [반]윗알.

아래옷 [아래옫] 사람 몸의 허리 아래에 입는 옷. [비]하의. [반]윗옷.

아래위 ①아래와 위. [예]아래위로 훑어보다. ②아랫사람과 윗사람. [예]넌 아래위도 몰라보냐? [비]상하·위아래.

아래쪽 아래의 방향. 또는 아래의 자리나 곳. [반]위쪽.

아래층(—層) 이 층 이상으로 된 건물이나 물건의 아래쪽에 있는 층. [비]밑층·하층. [반]위층.

아랫니 [아랜니] 아랫잇몸에 난 이. [예]막냇동생은 이제 아랫니가 나기 시작한다. [반]윗니.

아랫단 [아래딴/아랫딴] 옷의 아랫부분에 대는 단. [예]치마 아랫단이 터져서 바늘로 꿰맸다. [반]윗단.

아랫도리 [아래또리/아랫또리] ①사람 몸의 허리 아래의 부분. [비]하반신. ②사람 몸의 허리 아랫부분에 입는 옷. ②[본]아랫도리옷. [반]윗도리.

아랫마구리 [아랜마구리] 길쭉한 물건의 아래쪽 면. [반]윗마구리.

아랫마을 [아랜마을] 아래쪽에 있는 마을. [예]할머니는 아랫마을 친구분 댁에 가셨어요. [비]아랫동네. [반]윗마을.

아랫목 [아랜목] 온돌방에서 아궁이에 가까운 쪽의 방바닥. [예]따뜻한 아랫목에 누워 있다가 잠이 들었다. [반]윗목.

아랫방(一房)[아래빵/아랟빵] 이어 있는 두 방 중에서 아래쪽에 있는 방. 빤윗방.

아랫배[아래빼/아랟빼] 배꼽 아랫부분의 배. 예아랫배가 살살 아파 온다. 빤윗배.

아랫변(一邊)[아래뼌/아랟뼌] 사다리꼴에서 아래의 변. 빤윗변.

아랫부분(一部分)[아래뿌분/아랟뿌분] 아래쪽의 부분. 빤윗부분.

아랫사람[아래싸람/아랟싸람] ①➡손아랫사람. ②지위·계급 등이 자기보다 낮은 사람. 예훌륭한 지도자는 아랫사람의 잘못을 감싸 주는 법이다. ②빤부하. 빤윗사람.

아랫입술[아랜닙쑬] 아래쪽의 입술. 빤윗입술.

아랫집[아래찝/아랟찝] 바로 아래쪽에 이웃하여 있는 집. 빤윗집.

아량(雅量) 너그럽고 깊은 마음씨. 예아량이 넓다. 비도량.

아련하다 생각이나 기억 등이 또렷하지 않고 희미하다. 예아련하게 떠오르는 어릴 적 추억. 비어렴풋하다. 아련히.

아령(啞鈴) 운동 기구의 한 가지. 쇠나 나무 막대기의 양쪽 끝에 작은 공 모양으로 생긴 쇠뭉치가 달려 있고, 중간은 손으로 잡게 되어 있다.

〈아령〉

아로새기다 ①무늬나 글자 등을 또렷하고 솜씨 좋게 새기다. 예꽃무늬를 아로새긴 조각. ②마음속에 또렷이 기억해 두다. 예선생님의 말씀을 마음속 깊이 아로새기다.

아롱거리다 또렷하지 않고 흐리게 아른거리다. 예아지랑이가 아롱거리는 따뜻한 봄날. 비아롱대다.

아롱다롱 서로 빛깔이 다른 점이나 줄이 여기저기 고르지 않게 촘촘히 무늬져 있는 모양. 예비가 그치고 아롱다롱 아름다운 무지개가 생겼다. 흰어룽더룽.

아롱대다 ➡아롱거리다.

아롱아롱하다 여러 가지 빛깔의 작은 점이나 줄이 고르고 촘촘하게 무늬져 있다. 예아롱아롱한 색동저고리.

아롱지다 아롱아롱한 무늬가 생기다. 예일곱 가지 색으로 곱게 아롱진 무지개. 흰어룽지다.

아뢰다[아뢰다/아뤠다] 윗사람에게, 말씀드려 알리다. 예잠시 아뢸 말씀이 있습니다.

아류(亞流) 학문이나 예술에서 독창성 없이 모방하는 것, 또는 그런 사람. 예이 그림은 고흐의 아류에 불과하다.

아르(are) 한 변의 길이가 10m인 정사각형의 넓이의 단위. 1아르는 100㎡이다. 기호는 'a'.

아르메니아(Armenia) 소아시아와 카스피 해 사이에 있는 나라. 소비에트 연방을 이루던 국가의 하나였다. 관개 농업이 발달하여 면화와 포도를 재배한다. 수도는 예레반.

아르바이트(Arbeit) (('노동'·'일'이란 뜻으로)) 학생이나 직업이 있는 사람이, 돈을 벌기 위하여 학업이나 본업 외에 부업으로 하는 일. 비부업. 아르바이트하다.

아르키메데스(Archimedes, 기원전 287?~기원전 212) 고대 그리스의 수학자·물리학자. 지렛대·무게 중심의 원리 등을 연구하였고, 우연히 목욕탕에서 물속에 있는 물체는 그 물체가 밀어낸 액체의 무게만큼 가벼워진다는 원리를 발견하였다.

아르헨티나(Argentina) 남아메리카의 남동쪽에 있는 나라. 주요 산업은 농업과 목축업이다. 수도는 부에노스아이레스.

아른거리다 무엇이 눈에 희미하게 보이다 안 보이다 하다. 예아버지 얼굴이 눈앞에 아른거린다. 비아른대다. 큰어른거리다.

아른대다 ➡ 아른거리다.

아른아른 [아르나른] 자꾸 아른거리는 모양. 큰어른어른.

아름 두 팔을 벌려 껴안은 둘레의 길이나 물건의 양. 예한 아름이나 되는 기둥.

아름답다 [아름답따] ①빛깔이나 소리·모양 등이 예쁘고 곱다. 예아름다운 장미꽃/아름다운 얼굴. ②훌륭하고 갸륵하다. 예아름다운 마음씨. |활용| 아름다우니·아름다워.

> ∷∷ '아름답다'와 '예쁘다'의 구별 ∷∷
>
> **아름답다** : 시각적·청각적 대상이 좋은 느낌을 주는 것을 뜻한다. 자연이나 예술적인 대상, 또는 감동스러운 장면에 대해서도 쓰인다. 예경치가 아름답다./음악이 아름답다./미술관에서 본 그림은 정말 아름다웠다.
>
> **예쁘다** : 시각적 대상이 좋은 느낌을 주는 것을 뜻한다. 청각적인 대상에는 쓰이지 않는다. 예술적인 대상에 대해서는 잘 쓰이지 않으며, 주로 몸의 부분이나 그 움직임 및 물건 등이 작고 귀엽고 잘생긴 것을 나타낼 때 쓰인다. 예예쁜 인형/×새소리가 예쁘다./×예쁜 산.

아름드리 둘레가 한 아름이 넘는 큰 나무나 물건. 예마을 어귀에 아름드리 은행나무 한 그루가 서 있다.

아리다 ①맛이 혀끝을 톡톡 쏘는 것 같은 쓰린 느낌이 있다. 예매운 고추를 먹었더니 혀가 아리다. ②상처가 찌르는 것같이 아프다. 예베인 상처에 물이 닿으니 몹시 아리다. ③몹시

괴로워 마음의 심한 고통을 느끼다. 예안타까운 이야기를 듣고 나니 가슴이 아려 왔다.

아리땁다 [아리땁따] 마음씨나 태도 등이 사랑스럽고 썩 아름답다. 예아리따운 모습. |활용| 아리따우니·아리따워.

아리랑 우리나라에서 널리 부르는 민요의 한 가지. 본아리랑 타령.

아리송하다 이것인지 저것인지 또렷하게 분간하기 어렵다. 예이 글이 무슨 뜻인지 아리송하다. 큰어리숭하다.

아리아(aria) 오페라에 나오는 아름다운 선율의 독창곡. 비영창.

아릿하다 [아리타다] 맛이나 냄새가 조금 아린 느낌이 있다. 예매운 냄새에 코끝이 아릿하다.

아마 '대개'·'짐작하건대'의 뜻. 확실히 단정하기는 어렵지만 어느 정도 그럴 것이라고 생각하는 경우에 쓰이는 말. 예아마 이번에는 합격할 수 있을 거야.

아마존 강(Amazon江) 브라질에 있는, 세계에서 두 번째로 긴 강. 길이 6,299 km. 남아메리카의 안데스 산맥에서 시작된 물이 브라질 북부를 거쳐 대서양으로 흐른다.

아마추어(amateur) 무슨 일을 직업적·전문적으로 하지 않고, 취미 삼아 하는 사람. 예아마추어 권투 선수. 준아마. 반프로.

아메리카(America) 북아메리카와 남아메리카를 통틀어 이르는 말. 대서양과 태평양으로 둘러싸인 대륙으로, 파나마 지협에 의하여 남북으로 갈라진다.

아메바(amoeba) 원생동물의 한 가지. 크기는 0.02~0.5 mm. 몸이 하나의 세포로 된 작은 생물로, 모양이 일정하지 않다.

아몬드(almond) 장미과의 낙엽 지는 큰키나무. 열매는 복숭아와 비슷한데, 붉은 갈색 속껍질이 있는 씨를 먹는다.

아ː무 ①누구라고 꼭 지정하지 않은 어떤 사람을 가리킬 때 쓰이는 말. [예]운동장에는 아무도 없었다. ②무엇이라고 꼭 지정하지 않은 사물을 가리킬 때 쓰이는 말. [예]아무 책이나 한 권 줘 봐. ③'아무런'·'조금도'의 뜻. [예]아무 걱정 하지 마라.

아ː무개 어떤 사람을 이름 대신 이르는 말. [예]이 마을에서 김 아무개 하면 모르는 사람이 없지.

아ː무것[아무걷] 무엇이라고 꼭 지정하지 않고 이를 때 쓰이는 말. [예]내 동생은 아무것이나 잘 먹는다.

아ː무래도 ①아무리 생각해 보아도. [예]아무래도 길을 잃은 것 같다. ②'아무러하여도'가 줄어든 말. [예]늦은 이유는 아무래도 상관없다.

아ː무러하다 아무 모양, 아무 형편, 아무 정도, 또는 아무 조건으로 되어 있다. [예]아무러하든 상관없다. [준]아무렇다.

아ː무런 《주로 부정하는 말과 함께 쓰여》 '전혀 어떠한'의 뜻을 나타내는 말. [예]왜 아무런 말이 없어?

아ː무렇다[아무러타] 〈아무러하다〉의 준말. [예]남의 물건을 아무렇지도 않게 가져오면 어떡하니? [활용] 아무러니·아무레.

아ː무려면 〈아무렴〉의 본말. [예]아무려면, 우리 딸 부탁은 꼭 들어줘야지.

아ː무렴 상대방의 말에 강하게 긍정할 때 하는 말. [예]아무렴, 네 말이 맞고 말고. [본]아무려면. [준]암.

아ː무리 어떻게 하여도. 암만 하여도. [예]아무리 불러도 대답이 없다./아무리 바빠도 밥은 꼬박꼬박 챙겨 먹어라.

아ː무짝 어디라고 꼭 지정하지 않은 데. [예]아무짝에도 쓸모없는 물건.

아ː무쪼록 될 수 있는 대로. [예]아무쪼록 몸 건강히 지내길 바란다. [비]모쪼록.

아ː무튼 '아무러하든'이 줄어든 말. [예]아무튼 넌 가만히 있어. [비]어쨌든·하여튼. [잘못] 아뭏든.

아문센(Amundsen, 1872~1928) 노르웨이의 탐험가. 1911년에 처음으로 남극에 도달하였으며, 1926년에는 비행선으로 북극을 통과하였다.

아물거리다 ①작거나 희미한 것이 보일 듯 말 듯 하면서 자꾸 움직이다. [예]아지랑이가 아물거리는 봄날. ②말이나 태도 등을 시원스럽게 하지 못하고 꼬물거리다. [예]아물거리다가 기차를 놓칠 뻔했다. ③정신이 희미하여 잘 떠오르지 않다. [예]기억이 아물거려 생각이 잘 안 난다. [비]아물대다.

아물다 부스럼이나 상처가 다 나아서 맞붙다. [예]다친 상처가 다 아물었다. [활용] 아무니·아물어.

아물대다 ➡아물거리다.

아물리다 이리저리 벌어진 일이 잘되도록 어우르거나 맞추다. [예]일을 채 아물리지 못하고 직장을 옮기게 되었다.

아물아물[아무라물] 자꾸 아물거리는 모양.

아뭏든 '아무튼'의 잘못.

아미산(峨嵋山) 경복궁 안에 있는 인공 동산. 조선 태종 때 경회루를 세우고 연못에서 파낸 흙으로 만들었다. 태종이 궁궐에 들어오면 궐 밖으로 나가기 어려웠던 왕비를 위해 꾸몄다고 전해진다.

아바마마(一媽媽) 임금이나 임금의 아들딸이 자기 '아버지'를 이르던 말.

아방궁(阿房宮) ①중국 진시황이 지은 매우 호화로운 궁전. ②'아주 크고 화려한 집'을 비유하여 이르는 말.

아버님 〈아버지〉의 높임말. 凰어머님.

아버지 ①자기를 낳은 어머니의 남편. 凰부친. 凰어머니. 凰아버님. 凰아비. ②처음으로 어떤 일을 개척하거나 이루거나 완성한 사람. 凰음악의 아버지 바흐.

> **: :'아버지'와 '어머니'를 이르는 말: :**
>
> 1. 자기 아버지와 어머니
>   ① 일반적인 쓰임:아버지·어머니.
>   ② 살아 계신 부모를 남에게 이를 때
>   • 부모보다 항렬이 높은 어른에게:아비·어미.
>   • 그 외에:아버님·어머님, 부친·모친, 가친·가자, 엄친·자친, 엄부·자모.
>   ② 돌아가신 부모
>   • 선친(아버지) • 선자(어머니).
> 2. 남의 '아버지와 어머니'의 높임
>   엄친·자당, 춘부장(춘장·춘부대인·춘당)·훤당.
> 3. 그 외의 이름
>   ① 유아어:아빠·엄마.
>   ② '아버지·어머니'를 함께 이르는 말:어버이, 부모, 양친, 쌍친.

아범 '아비'를 조금 대접하여 이르는 말. 凰아범은 언제 온다니? 凰어멈.

아베 마리아(Ave Maria) 가톨릭에서, 성모 마리아를 축복·찬양하여 '마리아에게 영광이 있기를' 하고 기도하는 말.

아부(阿附) 남의 환심을 사기 위하여 비위를 맞추며 알랑거림. 凰그는 나한테 아부의 웃음을 띠며 말했다. 凰아첨. 아부하다.

아비 ①〈아버지〉의 낮춤말. ②자식을 낳은 후, 며느리가 시부모 앞에서 자기 남편을 이르는 말. 凰아범. 凰어미. |잘못| 애비.

아비규환(阿鼻叫喚) '몹시 참혹한 광경이나 상태'를 비유하여 이르는 말. 凰화재 현장은 차마 눈 뜨고 볼 수 없는 아비규환이었다.

아빠 '아버지'의 어린이 말.

아뿔싸 미처 생각하지 못했던 것을 깨닫고 뉘우칠 때 내는 소리. 凰아뿔싸, 길을 잘못 들었구나. 凰어뿔싸. 凰하뿔싸.

아사(餓死) 굶어 죽음. 아사하다. 凰옛날에는 흉년이 들면 아사하는 사람이 많았다.

아사녀(阿斯女) 경주 불국사 석가탑에 얽힌 이야기 속의 백제 여인. 남편 아사달을 그리워하다가 연못 속에 비친 탑 그림자를 보고 연못에 뛰어들었다고 전해진다.

아사달(阿斯達) 단군이 고조선을 세울 때의 도읍. 황해도 구월산이라고도 하고, 평양 부근의 백악산이라고도 한다.

아삭아삭 [아사가삭] 싱싱한 과일이나 채소를 자꾸 베어 무는 소리. 凰경민이는 사과를 아삭아삭 깨물어 먹었다.

아산(牙山) 충청남도의 서북쪽에 있는 시. 명승지로는 온양 온천·현충사·아산만 방조제 등이 있다.

아산만(牙山灣) 경기도 서남쪽 끝과 충청남도 서북쪽 끝 사이에 있는 좁고 긴 만. 부근 해안에서는 굴과 조개 등의 양식업이 성하다.

아성(牙城) ①성곽의 중심부. ②큰 조직이나 단체 등의 '중심이 되는 곳'을 비유하여 이르는 말. 凰오늘 경기에서 지난해 우승 팀의 아성을 무너뜨렸다.

아세테이트(acetate) 합성 섬유의 한 가지. 물에 잘 젖지 않고 부드러우며 보온성이 좋으나, 열에 약한 결점이 있다.

아세톤(acetone) 독특한 냄새가 나고 휘발성이 있으며, 색깔이 없고 투명한 액체. 지방·염료 등을 녹이는 데 쓰인다.

아소카 왕(Asoka王, ?~?) 인도 마가다국 마우리아 왕조의 제3대 왕. 왕조의 시조인 찬드라굽타의 손자로, 영토 확장에 힘쓰고 불교를 장려하였다.

아수라장(阿修羅場) ①모진 싸움으로 처참하게 된 곳. ②법석을 떨어 야단이 난 곳. 예선생님이 나가시자 교실은 금세 아수라장이 되었다. 비수라장.

아쉬움 아쉬운 느낌이나 마음. 예그는 친구들의 아쉬움을 뒤로 한 채 떠났다.

아쉽다 [아쉽따] ①무엇이 없거나 모자라서 어렵고 답답하다. 예요즘 장사가 잘 안 되어 돈이 아쉽다. ②뜻대로 안 되어 불만스럽다. 예그는 부유한 가정에서 태어나 아쉬운 것 없이 자랐다. ③미련이 남아 서운하다. 예친구들과 헤어지기가 아쉬워서 눈물이 났다. |활용| 아쉬우니·아쉬워.

아스라하다 ①아슬아슬하게 높거나 까마득하게 멀다. 예아스라한 수평선. ②기억 등이 희미하고 어렴풋하다. 예어린 시절의 고향 풍경이 아스라하게 기억난다. 아스라이. 예할아버지는 먼 하늘을 아스라이 바라보았다.

아스카(Asuka) 일본 나라 현 중서쪽에 있는 마을. 스이코 천황 이후 100여 년 동안 도읍하던 곳으로, 다카마쓰 고분 등 유적이 많다.

아스키코드(ASCII code) 미국 표준화 협회에서 정한 표준 정보 교환 코드. 많은 종류의 알파벳과 숫자·기호 등을 나타낼 수 있어, 컴퓨터에 널리 사용된다.

아스파라거스(asparagus) 백합과의 여러해살이풀. 잎은 퇴화하여 비늘 모양이 되고, 가는 가지가 퍼져 마치 잎처럼 보인다. 관상용 품종과 채소로 먹는 품종이 있다.

아스팔트(asphalt) 석유 속에 들어 있는 검고 끈끈한 물질. 도로 포장·건축 재료 등으로 쓰인다.

아스피린(aspirin) 열이 나거나 통증이 있을 때 먹는 약.

아슬아슬하다 [아스라슬하다] ①몹시 위태로워서 몸에 소름이 끼치도록 두려운 느낌이 있다. 예아슬아슬한 묘기. ②감기나 몸살 등으로, 몸에 소름이 끼칠 듯이 추운 느낌이 있다. 예몸이 아슬아슬한 게 감기에 걸린 것 같다. ②콘으슬으슬하다.

아슴푸레하다 ①기억에 또렷이 떠오르지 않고 몹시 희미하다. 예어릴 적 일이 아슴푸레하게 떠오른다. ②또렷하게 보이거나 들리지 않고 희미하고 흐리다. 예멀리 불빛이 아슴푸레하게 보인다. 콘어슴푸레하다.

아시아(Asia) 육대주의 하나. 우리나라·중국·인도·시베리아 등이 포함된 세계에서 가장 큰 대륙이다.

아시아 경:기 대:회(Asia競技大會) 아시아 여러 나라의 친선과 평화를 목적으로 열리는 운동 경기 대회. 1951년 제1회가 열린 이후로 4년에 한 번씩 열린다. 제10회 대회는 1986년에 우리나라 서울에서 개최하였다. 비아시안 게임.

아시안 게임(Asian game) ➡아시아 경기 대회.

아:씨 지난날, 하인이나 신분이 낮은 사람이 양반의 젊은 부인을 높여 부르던 말.

아:악(雅樂) 지난날, 궁중에서 연주되던 전통 음악. 조선 세종이 박연을 시켜 정리하였다.

아야 갑자기 아플 때 내는 소리. 예아야, 왜 때리고 그래?

아양 귀여움을 받으려고 일부러 하는 애교 있는 말이나 몸짓. 예동생은 용돈을 올려 달라며 엄마한테 아양을 떨었다.

아역 배:우(兒役俳優) 영화나 연극에서, 어린이 역을 맡은 배우.

아연(亞鉛) 푸른빛을 띤 흰색의 금속. 함석판·놋쇠·양은 등의 합금 재료로 쓰인다.

아연실색하다(啞然失色—)[아연실쌔카다] 얼굴빛이 변할 정도로 몹시 놀라다. 예아들의 사고 소식을 들은 어머니는 아연실색했다.

아:열대(亞熱帶)[아열때] 열대와 온대의 중간 기후의 지대. 예아열대 기후/아열대 식물. 비난대.

아예 처음부터. 애초부터. 예네가 도와줄 거라고는 아예 기대하지도 않았다. 비숫제.

아오지(阿吾地) 함경북도 경흥 북부에 있는 읍. 두만강 연변, 만주에 접해 있으며, 우리나라 제일의 무연탄광 지대이다.

아옹다옹 사소한 일로 서로 자꾸 다투는 모양. 예형제는 아옹다옹 싸우다가 엄마한테 혼났다. 큰아웅다웅.

아우 남자끼리 또는 여자끼리의 형제 사이에서, 나이가 적은 사람. 비동생. 반언니·형.

아우르다 둘 또는 여럿을 한 덩어리나 한 판이 되게 하다. 예여러 사람의 돈을 아울러서 불우 이웃을 도왔다. 큰어우르다. |활용| 아우르니·아울러.

아우성(—聲) 여러 사람이 떠들썩하게 외치거나 악을 쓰며 부르짖는 소리. 예아우성을 치다./점심시간이 되자 아이들은 밥을 달라고 아우성이었다.

아우트라인(outline) 사물의 테두리나 대강의 모습. 비윤곽.

아욱 아욱과의 한해살이풀. 잎은 손바닥 모양이고, 여름에 연한 분홍색의 꽃이 핀다. 연한 줄기와 잎은 국거리로 쓰인다.

〈아욱〉

아울러 ①그와 함께. 그에 덧붙여. 예자연 보호와 아울러 산림녹화에도 힘씁니다. ②둘 또는 여럿을 한데 합하여. 예국어 시간에는 읽기와 쓰기를 아울러 공부한다.

아웃(out) ①테니스·축구·탁구·배구 등의 구기에서, 공이 일정한 선 밖으로 나가는 일. 반인. ②야구에서, 타자나 주자가 공격할 자격을 잃는 일. 반세이프.

아웃풋(output) 컴퓨터로부터 정보를 끌어내는 일. 비출력. 반인풋.

아웅다웅 사소한 일로 서로 자꾸 다투는 모양. 예이웃끼리 아웅다웅 싸우지 말고 사이좋게 지냅시다. 좌아옹다옹.

아유 ①뜻밖에 일어난 일에 놀람을 나타내는 소리. 예아유, 깜짝이야. ②고달프거나 힘겨울 때 하는 말. 예아유, 속상해. 큰어유.

아이¹ ①나이가 어린 사람. 예지금 들어온 아이는 누구지? ②자기 자식을 낮추어 이르는 말. 예우리 아이는 이번에 초등학교에 들어가요. 준애.

아이² ①남에게 무엇을 재촉하거나, 무엇이 마음에 차지 않을 때 내는 소리. 예아이, 얼른 가자. ②〈아이고〉의 준말. 예아이, 졸려.

아이고 몹시 아프거나, 힘들거나, 놀라거나, 원통하거나, 기가 막히거나 할 때 내는 소리. 예아이고, 큰일났다. 준아이. 큰어이구. 게아이코. |잘못| 아이구.

아이구 '아이고'의 잘못.

아이디(ID) 인터넷에서, 이용자를 구분할 수 있는 고유한 이름이나 기호. 예인터넷 사이트에 가입하려면 먼저 아이디를 만들어야 한다.

아이디어(idea) 어떤 일이나 계획 등에 대하여 떠오르는 좋은 생각.

아이러니(irony) ①일부러 실제 뜻과 반대되는 말을 하는 것. 비반어. ②예상 밖의 결과가 빚은, 서로 어울리지 않거나 모순되는 일.

아이보리(ivory) 코끼리 엄니의 빛깔처럼 하얀빛을 띤 연한 노란색.

아이스 링크(ice rink) 스케이팅, 아이스하키 등을 할 수 있게 얼음판 등의 시설을 갖춘 경기장. 비빙상 경기장.

아이스박스(icebox) 얼음을 넣어서 냉장고처럼 쓰는 상자 모양의 물건.

아이스 쇼(ice show) 얼음판에서 스케이트를 타면서 곡예나 춤 등을 보이는 구경거리.

아이스 캔디 과일즙이나 설탕물 등을 얼려서 만든 얼음과자. |참고| 아이스 캔디는 'ice'와 'candy'가 합쳐서 된 말.

아이스크림(ice cream) 우유·달걀·설탕·향료 등을 섞어서 크림 모양으로 얼린 것.

아이스하키(ice hockey) 여섯 사람씩으로 이루어진 두 편이, 얼음판에서 스케이트를 타면서 하는 경기. 끝이 구부러진 막대로 고무공을 몰아 상대편의 골에 넣어 그 득점을 겨룬다. 비하키.

아이엠에프(IMF) ➡국제 통화 기금.

아이오시(IOC) ➡국제 올림픽 위원회.

아이참 실망하거나, 초조하거나, 기가 막히거나, 짜증이 나거나 할 때 내는 소리. 예아이참, 어떻게 하지.

아이코 갑자기 몹시 부딪치거나 결리거나 놀랐을 때 내는 소리. 예아이코, 허리야./아이코, 깜짝이야. 큰어이쿠. 여아이고. |잘못| 아이쿠.

아이콘(icon) 컴퓨터에서 실행하는 명령을 그림으로 나타낸 것. 마우스로 그림을 선택하여 명령을 실행한다.

아이큐(IQ) 지능 검사에 나타난 지능의 발달 정도를 수치로 나타내는 것. 비지능 지수.

아이템(item) ①한 단위로 다루어지는 데이터의 집합. ②어떤 기준에 따라 나눈 일의 종류. 예괜찮은 사업 아이템 없을까? ③게임에서, 적을 치거나 높은 수준으로 올라가기 위한 무기. 예온라인 게임에서 좋은 아이템을 얻었다.

아이티(Haïti) 카리브 해 히스파니올라 섬의 서부에 있는 나라. 커피·목화·설탕 등이 많이 난다. 수도는 포르토프랭스.

아인슈타인(Einstein, 1879~1955) 미국의 이론 물리학자. '상대성 이론' 등을 발표하였으며, 광전 효과 연구와 이론 물리학에 기여한 공로로 1921년에 노벨 물리학상을 받았다.

아일랜드(Ireland) 아일랜드 섬의 대부분을 차지하는 나라. 1921년 영국으로부터 독립하였다. 주요 산업은 농업과 목축업으로, 주로 소나 양을 기른다. 산업 구조의 변화로 점차 공업의 비중이 높아지고 있다. 수도는 더블린.

아작아작[아자가작] 조금 단단한 과일이나 채소를 자꾸 씹는 소리. 예나는 오이를 아작아작 베어 먹었다.

아장거리다 어린아이나 키가 작은 사람이 천천히 자꾸 걷다. 비아장대다. 큰어정거리다.

아장대다 ➡아장거리다.

아장아장 어린아이나 키가 작은 사람이 천천히 걷는 모양. 예아기가 아장아장 걸음마를 시작했다. 큰어정어정.

아쟁(牙箏) 우리나라 고유의 현악기의 한 가지. 일곱 가닥의 줄로 되어 있는데, 개나리 가지로 만든 활로 줄을 앞뒤로 문질러 연주한다.

〈아쟁〉

아저씨 ①아버지나 어머니와 같은 항렬의 남자. 예저분은 나한테 아저씨뻘 되는 어른이시다. ②친척이 아닌 남자 어른을 예사롭게 이르는 말. 예국군 아저씨. 빤아주머니. 붠아재.

아전(衙前) 조선 시대에, 고을의 관청에 딸렸던 하급 관리.

아:전인수(我田引水) [아저닌수] 《자기 논에 물 대기라는 뜻으로》 어떤 일이나 말을 자기에게만 이롭게 생각하는 것을 이르는 말. 예내가 무슨 말을 하든지 넌 아전인수 격으로 듣는구나.

아좌 태자(阿佐太子, ?~?) 백제 위덕왕의 아들. 597년에 일본에 건너가 쇼토쿠 태자의 스승이 되었으며, 그가 그린 태자의 초상화가 호류 사에 남아 일본의 국보로 전하다가 1949년에 불에 타 없어졌다.

아주 ①보통 정도보다 훨씬 더. 예아주 귀한 선물. 빤매우. ②완전히. 영원히. 예그는 아주 가 버렸다.

아주까리 대극과의 한해살이풀. 잎은 손바닥 모양으로 갈라지며, 8~9월에 엷은 붉은색의 꽃이 핀다. 씨앗에서 기름을 짜 설사약이나 윤활유 등으로 쓴다. 빤피마자.

아주머니 ①부모와 같은 항렬의 여자. ②친척이 아닌 여자 어른을 예사롭게 이르는 말. 빤아저씨. 붠아주머님.

아주버니 남편의 형.

아주심기 [아주심끼] 모판에서 기른 식물을 밭의 제자리에 옮겨 심는 일.

아줌마 '아주머니'를 정답게 또는 낮추어 이르는 말. 예아줌마, 이거 얼마예요?

아지랑이 맑고 따뜻한 봄날에, 공기가 공중에 아른아른 피어오르는 현상. |잘못| 아지랭이.

아직 ①때가 되지 않았거나 미처 이르지 못한 상태임을 뜻하는 말. 예출발 시간까지는 아직 30분이 남았다. ②지금도 이전과 같은 상태대로임을 뜻하는 말. 예거실에 아직까지 불이 환하게 켜져 있다.

아직기(阿直岐, ?~?) 백제의 학자. 근초고왕 때 일본에 건너가 일본 태자의 스승이 되었다.

아:집(我執) 다른 사람의 의견이나 입장을 생각하지 않고 자기 생각만 내세우는 것. 예언니는 아집에 빠져 다른 사람 말을 듣지 않는다.

아:쭈 남의 말이나 행동을 비웃는 뜻으로 하는 말. 예아쭈, 이제 다 컸다는 거지. 큰어쭈.

아찔하다 갑자기 쓰러질 것 같이 어지럽다. 예낭떠러지 근처의 길을 지나가려니 정신이 아찔했다. 빤아뜩하다. 큰어찔하다.

아차 잘못된 것을 문득 깨달았을 때에 내는 소리. 예아차! 약속을 깜빡 잊었구나.

아차산성(阿且山城) 서울 광장동의 한강 북쪽 기슭에 있는 산성. 백제가 고구려를 막기 위하여 쌓은 성으로, 개로왕이 이 산성 아래에서 고구려군에게 살해되었다고 한다.

아첨(阿諂) 남에게 잘 보이기 위하여 알랑거리며 비위를 맞춤. 예그는 상사에게 마음에도 없는 아첨을 늘어놓았다. 빤아부. 아첨하다.

아치(arch) ①창이나 문·다리 등 건축물의 윗부분이 둥근 모양으로 된 구조. ②축하나 환영의 뜻으로 만들어 놓은 무지개 모양의 구조물.

아치형(arch形) 윗부분이 활처럼 둥근 모양이나 형식. 예아치형 다리.

아침 ①날이 밝을 때부터 아침밥을 먹을 때까지의 동안. 예민수는 아침 일찍 일어나 산책을 다녀왔다. ②〈아침밥〉의 준말. 예오늘은 늦잠을 자서 아침을 못 먹었어. 만저녁.

아침나절 아침밥을 먹은 뒤부터 점심밥을 먹기 전까지의 동안. 예선아는 아침나절에 집을 나섰다. 참저녁나절.

아침노을 아침에 해가 뜰 때 하늘이 붉게 보이는 현상. 참저녁노을.

아침밥 [아침빱] 아침에 끼니로 먹는 밥. 준아침. 비조반·조식.

아침상(-床) [아침쌍] 아침밥을 차려 놓은 밥상.

아침저녁 아침과 저녁. 예이 약은 아침저녁으로 꾸준히 발라야 해요.

아카시아(acacia) 콩과의 낙엽 지는 큰 키나무. 잎은 깃 모양의 겹잎이며, 가지에 가시가 있다. 초여름에 향기가 좋은 나비 모양의 흰 꽃이 핀다. 비아까시나무.

〈아카시아〉

아카시아꽃(acacia-) 아카시아 나무에 피는 꽃.

아코디언(accordion) 주름상자를 접었다 폈다 하면서 건반을 눌러 연주하는 악기. 비손풍금.

아크릴 ①합성수지의 한 가지. 전기의 절연 재료·안전유리·합성 고무 등에 이용된다. 图아크릴산 수지. ②합성 섬유의 한 가지. 보온성이 있고 가벼우며, 주름이 잘 잡히지 않는다. 图아크릴 섬유. |참고| 아크릴은 'acrylic'에서 온 말.

아킬레스건(Achilles腱) ①발목 뒤쪽, 발꿈치 바로 위에 있는 힘줄. ②'치명적인 약점'을 비유하여 이르는 말. 예저 선수의 아킬레스건은 어디일까?

아테네(Athenae) 그리스의 수도. 고대 그리스 문명의 중심지로, 파르테논 신전을 비롯하여 많은 유적과 고대 건축물이 있는 유명한 관광 도시이다.

아토피 피부염(atopy皮膚炎) 어린아이의 살갗이 두꺼워지면서 까칠까칠해지고 몹시 가려운 증상이 나타나는 피부병. 비아토피.

아틀라스(Atlas) 그리스 신화에 나오는 거인 신. 하늘나라를 혼란하게 한 죄로 제우스의 노염을 사서 어깨로 하늘을 떠받치는 벌을 받았다.

아틀리에(atelier) ①화가나 조각가가 일을 하는 방. 비화실. ②사진관의 촬영실. 비스튜디오.

아파트 5층 이상의 건물로서, 한 채의 집 안에 여러 가구가 따로따로 살게 된 공동 주택. |참고| 아파트는 'apartment'에서 온 말.

아파트 단지(-團地) 아파트가 집단적·계획적으로 몰려 있는 지역.

아파하다 아픔을 느끼다. 예어머니는 몹시 아파하는 아이를 업고 병원으로 달려갔다.

아편(阿片) 양귀비 열매의 진을 모아 말린 갈색의 물질. 진통제·마취제 등으로 쓰이나, 계속 사용하면 중독을 일으키므로 약 이외의 사용을 법으로 금지하고 있다.

아폴로 십일호(Apollo十一號) 사람을 싣고 처음으로 달에 착륙한 미국의 우주선.

아폴론(Apollon) 고대 그리스 신화에 나오는 태양·예언·궁술·의료·음악·시의 신. 비아폴로.

아프가니스탄(Afghanistan) 아시아 남

서부에 있는 나라. 주요 농산물은 밀이며, 목화·과일 등은 매우 중요한 수출품이다. 수도는 카불.

아프다 ①얻어맞거나 다치거나 몸에 이상이 생겨서 괴로운 느낌이 있다. 예어제는 하루 종일 열이 나고 머리가 아팠다. ②마음이 쓰리고 괴롭다. 예라디오에서 슬픈 사연을 듣고 너무 가슴이 아팠어. |활용| 아프니·아파.

아프리카(Africa) 육대주의 하나. 유럽의 남쪽에 있는 세계에서 두 번째로 큰 대륙이다.

아픔 아픈 느낌이나 상태. 예그는 아픔을 이겨 내고 훌륭하게 자랐다.

아하 미처 생각하지 못한 일을 깨달아 느낄 때에 내는 소리. 예아하, 그렇지. 콘어허.

아ː한대(亞寒帶) 한대와 온대의 중간 기후의 지대. 비냉대.

아ː호(雅號) 문인이나 학자·화가 등이, 본이름 외에 따로 지어 부르는 이름. 준호.

아홉 여덟에 하나를 더한 수. 비구(九).

아홉째 여덟째의 다음 차례.

아흐레 ①그달의 아홉째 날, 곧 9일. 예할아버지 제사는 삼월 아흐레다. 본초아흐렛날. ②아홉 날. 예감기에 걸려 아흐레 동안 누워 있었다.

아흔 열의 아홉 곱절. 비구십.

악¹ 있는 힘을 다하여 모질게 마구 쓰는 기운. 예악을 쓰며 대들다.

악²(惡) 도덕적 기준에 어긋나 올바르지 않음. 착하지 않음. 예선과 악/악의 무리를 무찌르다. 반선.

악곡(樂曲)[악꼭] 음악의 곡조.

악공(樂工)[악꽁] 음악을 연주하는 사람.

악기(樂器)[악끼] 음악을 연주하는 데 쓰이는 기구. 현악기·관악기·타악기 등이 있다.

악기점(樂器店)[악끼점] 여러 가지 악기를 파는 가게.

악녀(惡女)[앙녀] 성질이 모질고 나쁜 여자.

악단(樂團)[악딴] 음악을 연주하기 위하여 조직된 단체.

악담(惡談)[악땀] 남을 헐뜯거나 저주하는 나쁜 말. 예그는 사람들에게 악담을 퍼붓고 마을을 떠났다. 반덕담. 악담하다.

악당(惡黨)[악땅] ①흉악한 무리. ②강도나 폭행 같은, 악독한 짓을 하는 사람. 비악한.

악대(樂隊)[악때] 여러 가지 악기로 함께 연주하는 단체.

악독하다(惡毒一)[악또카다] 마음이 모질고 독하다. 예그는 악독한 짓을 많이 해서 인심을 잃었다. 악독히.

악동(惡童)[악똥] ①행실이 나쁜 아이. ②장난꾸러기.

악랄하다(惡辣一)[앙날하다] 하는 짓이 매우 사납고 잔인하다. 예악랄한 범죄자. 악랄히.

악마(惡魔)[앙마] ①사람에게 재앙을 내리거나, 나쁜 길로 유혹하는 악한 귀신. 비마귀. ②'아주 흉악한 사람'을 비유하여 이르는 말. 반천사.

악명(惡名)[앙명] 악하기로 이름난 평판. 예악명 높은 범죄자가 경찰에 잡혔다.

악몽(惡夢)[앙몽] 좋지 못한 꿈. 무서운 꿈.

악물다[앙물다] 매우 성이 나거나 아프거나 또는 무엇을 단단히 결심하거나 할 때, 아래위의 이를 힘주어 물다. 예주사를 맞을 때 이를 악물고 꾹 참았다. 콘으물다. |활용| 악무니·악물어.

악법(惡法)[악뻡] 사회에 해를 끼치는 나쁜 법률. 예악법을 없애다.

악보(樂譜)[악뽀] 음악의 곡조를 일정한 기호로 나타낸 것.

악사(樂士)[악싸] 악기로 음악을 연주하는 사람.

악상(樂想)[악쌍] ①악곡에 대한 구상. 예악상이 떠오르다. ②악곡에 담겨 있는 사상. 또는 악곡의 주제.

악성¹(惡性)[악썽] ①모질고 독한 성질. 예악성 루머. ②병의 질이 나쁨. 예악성 빈혈/악성 종양.

악성²(樂聖)[악썽] 역사상의 위대한 음악가를 높여 이르는 말. 예악성 베토벤.

악세사리(accessory) '액세서리'의 잘못.

악센트(accent) ①단어의 발음에서, 어떤 음절을 특히 높이거나 힘주어 발음하는 일. ②어떤 것 중에서 특히 강조하는 점. 예옷깃에 악센트를 둔 옷. |잘못| 액센트.

악수(握手)[악쑤] 인사·감사·환영·화해 등의 뜻으로 서로 손을 마주 잡음. 예오랜만에 만난 친구와 악수를 나누었다. 악수하다.

악습(惡習)[악씁] 좋지 않은 습관이나 풍속. 못된 버릇. 예악습에 물들다./악습을 타파하다.

악쓰다 악을 내어 소리 지르거나, 악에 받쳐 행동하다. 예악쓰는 소리. |활용| 악쓰니·악써.

악어(鰐魚)[아거] 악어과에 딸린 파충류를 통틀어 이르는 말. 생김새는 도마뱀과 비슷하나 몸은 훨씬 커서 10m에 이르는 것도 있다. 열대 지방의 강이나 호수에 산다.

〈악어〉

악역(惡役)[악껵] ①연극이나 영화 등에서, 나쁜 사람으로 나오는 배역. 예악역 전문 배우. ②'나쁜 일을 맡아 하는 역할'을 비유하여 이르는 말. 예누군가는 이 일에서 악역을 맡아야 한다.

악연(惡緣)[아견] 좋지 않은 인연. 예그는 나와 무슨 악연이 있기에 사이가 안 좋을까?

악영향(惡影響)[아경향] 나쁜 영향. 예폭력 영화는 어린이에게 악영향을 끼칠 수 있다.

악용(惡用)[아굥] 나쁘게 이용함. 또는 나쁜 일에 씀. 예정보의 악용을 막다. 땐선용. 악용되다. 악용하다.

악의(惡意)[아기/아기] 남을 해치려는 나쁜 마음. 예악의를 품다. 땐선의·호의.

악인(惡人)[아긴] 악한 사람. 예태어날 때부터 악인인 사람은 없어.

악장(樂章)[악짱] 소나타·교향곡 등과 같이 몇 개로 구분되는 악곡들이 모여 하나의 큰 악곡이 되는 경우 그 하나하나의 작은 악곡.

악전고투(惡戰苦鬪)[악쩐고투] 불리한 상황에서, 죽을 힘을 다하여 고생하며 싸움. 예우리는 악전고투 끝에 승리를 거두었다. 악전고투하다.

악절(樂節)[악쩔] 악곡에서, 하나의 갖추어진 악상을 나타내는 단위. 보통 네 개의 마디로 된 작은악절과 두 개의 작은악절로 된 큰악절로 나뉜다.

악조건(惡條件)[악쪼껀] 나쁜 조건. 예악조건을 무릅쓰다.

악질(惡質)[악찔] 모질고 독한 성질. 또는 그러한 사람.

악착같다(齷齪—)[악착깐따] 성질이 아주 모질고 끈질기다. 悤억척같다. 악착같이. 예언니는 악착같이 공부하더니 기어코 대학에 합격했다.

악착스럽다(齷齪—)[악착쓰럽따] 작은 일에 힘을 다하여 쉬지 않고 애를 쓰는 태도가 있다. 예아주머니는 악착스럽게 노력하여 가게를 마련했다.

[큰]억척스럽다. |활용| 악착스러우니·악착스러워. **악착스레**.

악처(惡妻) 남편이나 가정에 도움이 되지 않는, 나쁜 아내. [반]양처.

악천후(惡天候) 몹시 나쁜 날씨. [예]악천후로 소풍이 취소되었다.

악취(惡臭) 고약한 냄새. 또는 불쾌한 냄새. [예]쓰레기 더미에서 나는 악취가 코를 찌른다.

악취미(惡趣味) ①좋지 못한 취미. ②남이 싫어하는 짓이나 도덕에 어긋나는 짓을 예사로 하는 일.

악평(惡評) 남을 나쁘게 평가함, 또는 그런 평판이나 평가. [예]그의 이번 작품은 평론가들의 악평을 받았다. [반]호평. **악평하다**.

악플(惡—) 인터넷에서 다른 사람이 올린 글에 대하여 헐뜯거나 험담하는 내용을 적은 댓글. [예]바람직한 인터넷 문화를 위해 악플을 삼갑시다.

악하다(惡—) [아카다] ①성질이 모질고 독하다. [예]악한 사람. ②양심에 어긋나고 도덕에 벗어나다. [예]악한 일. [반]선하다.

악한(惡漢) [아칸] 악독한 짓을 하는 남자. [비]악당.

악형(惡刑) [아켱] 잔인한 형벌. [비]참형.

악화(惡化) [아콰] 어떤 상태나 관계 등이 나쁘게 변하여 감. [반]호전. **악화되다**. [예]할아버지의 병이 악화되었다. **악화하다**.

안¹ ①어떤 곳이나 물건의 둘레에서 가운데로 향한 쪽, 또는 그 부분. [예]집 안으로 들어와라. [반]바깥·밖. ②시간이나 공간·수량의, 어떤 범위를 벗어나지 않는 것. [예]이 일은 일주일 안에 끝내야 한다.

안² 〈아니¹〉의 준말. [예]왜 밥을 안 먹니?

안ː³(案) ①➡안건. [예]다른 안이 없으면 이만 회의를 마치겠습니다. ②생각이나 계획. [예]좋은 안이 있으면 손을 들고 말씀해 주세요.

안간힘 [안깐힘] 힘든 일을 하거나 고통을 참으려고 몹시 애쓰는 힘. [예]안간힘을 쓰다./안간힘을 다해 이삿짐을 날랐다.

안감 [안깜] ①옷 안에 받치는 감. [예]치마에 안감을 받치다. ②물건의 안에 대는 재료. [반]겉감.

안갖춘꽃 [안갇춘꼳] 튤립이나 갈대처럼 암술·수술·꽃받침·꽃잎 중 하나라도 없는 꽃. [반]갖춘꽃.

안ː갚음 [안가픔] ①까마귀 새끼가 자라서 어미에게 먹이를 물어다 줌으로써 길러 준 은혜를 갚는 일. ②자식이 어버이의 은혜를 갚음. **안갚음하다**.

안ː개 땅바닥에 가까운 공기 중의 수증기가 차가워져 작은 물방울들로 되면서 연기처럼 부옇게 보이는 현상. [예]안개가 끼다./안개가 걷히다.

'안개'의 종류

골안개 : 골짜기에 끼는 안개. 주로 새벽에 낀다.
물안개 : 강·호수·바다 등에서 피어오르는 안개.
비안개 : 비가 내리듯이 자욱하게 낀 안개.
실안개 : 엷게 낀 안개.

안ː개꽃 [안개꼳] 석죽과의 한해살이풀. 관상용 식물로, 가늘고 긴 잎이 마주나고 가지를 많이 친다. 여름에서 가을에 걸쳐 가는 가지 끝에 흰 꽃이 많이 핀다.

안ː개비 안개처럼 뿌옇게 내리는 몹시 가는 비. [비]가랑비.

안ː건(案件) [안껀] 토의하거나 조사해야 할 사항. [예]토의할 안건이 많다. [비]안.

안견(安堅, ?~?) 조선 초기의 화가. 산수화를 잘 그렸다. 대표작에 '몽유도원도'·'청산백운도'·'적벽도' 등이 있다.

안ː경(眼鏡) 시력이 나쁜 눈을 잘 보이게 하거나 강한 빛이나 먼지 등으로부터 눈을 보호하기 위하여 눈에 쓰는 기구.

안ː경알(眼鏡─) 안경테에 끼우는, 유리 같은 것으로 만든 렌즈.

안ː경점(眼鏡店) 안경을 만들어서 팔거나 고쳐 주는 가게.

안ː경테(眼鏡─) 안경알을 끼우는 테.

안골포 해ː전(安骨浦海戰) 임진왜란 때 이순신 장군이 안골포에서 일본 수군을 크게 무찌른 싸움. |참고| '안골포'는 경상남도 진해만에 있는 포구이다.

안ː과(眼科) [안꽈] 눈병의 예방이나 치료를 다루는 의학의 한 분과.

안기다 남의 품속에 들다. 예아이는 울면서 엄마 품에 안겼다.

안ː내(案內) ①어떤 곳에 데려다 줌. 예우리는 직원의 안내를 받아 사무실로 갔다. 비인도. ②어떤 내용이나 사정 등을 알림. 예안내 방송. 안내되다. 안내하다.

안ː내도(案內圖) 어떤 곳을 쉽게 찾아가도록 알려 주는 그림. 예공원 안내도.

안ː내문(案內文) 어떤 내용이나 사정 등을 알리는 글이나 문서.

안ː내서(案內書) 어떤 내용을 소개하여 알려 주는 책. 예자세한 내용은 안내서를 참고하세요.

안ː내소(案內所) 어떤 일에 대한 안내를 맡아보는 곳.

안ː내원(案內員) 안내하는 임무를 맡아보는 사람.

안ː내인(案內人) 안내하는 사람. 비안내자.

안ː내자(案內者) ➡안내인.

안ː내장(案內狀) [안내짱] 알려야 할 내용을 적은 편지.

안ː내판(案內版) 안내하는 내용을 써 놓은 게시판. 비알림판.

안녕[1](安寧) ①아무 일 없이 편안함. 예선생님의 건강과 안녕을 빕니다. ②사회가 평화롭고 질서가 흐트러지지 않음. 예사회의 안녕과 질서. 안녕하다. 안녕히. 예할아버지, 안녕히 주무세요.

안녕[2](安寧) 만나거나 헤어질 때 하는 인사말. 예안녕, 내일 만나자.

안ː다 [안따] ①두 팔로 끼어서 가슴에 붙이다. 예엄마는 아기를 품에 안았다. ②바람이나 비·눈·빛 같은 것을 몸으로 바로 받다. 예바람을 안고 달리다. ③남의 일을 책임지거나 맡다. 예빚을 안다. ④생각이나 감정 등을 마음속에 가지다. 예누구나 비밀을 안고 살아간다.

안다리 걸ː기 씨름에서, 자기의 오른쪽 다리로 상대의 왼쪽 다리를 걸어 샅바를 당기며 상대의 윗몸을 자기 가슴과 어깨로 밀어 넘어뜨리는 기술. 환밭다리 걸기.

안ː다미로 담은 것이 그릇에 넘치도록 많이. 예엄마가 잡채를 안다미로 담아 주셨다.

안단테(andante) 악보에서, 빠르기를 지시하는 말. '천천히, 느리게'의 뜻.

안단티노(andantino) 악보에서, 빠르기를 지시하는 말. '조금 느리게'의 뜻.

안달 조급하게 걱정하면서 속을 태우는 짓. 예나는 장난을 치고 싶어 안달이 났다. 안달하다.

안ː대(眼帶) 눈병이 났을 때, 눈을 가리는 거즈 등의 천 조각. 비눈가리개.

안데르센(Andersen, 1805~1875) 덴마크의 동화 작가. 아름다운 마음씨를 지닌 약하고 가난한 사람들을 그린 동화를 많이 썼다. 작품에는 '인어 공주'·'미운 오리 새끼'·'성냥팔이 소녀' 등이 있다.

안데스 산맥(Andes山脈) 남아메리카의 태평양 연안을 따라 남북으로 뻗어 있는 큰 산맥. 세계에서 가장 긴 산맥으로, 높은 산이 많고 구리·은 등의 광산물이 많이 난다.

안도(安堵) 불안이 없어져서 마음을 놓음. 예그는 집에 도착해서야 안도의 숨을 내쉬었다. 비안심. 안도하다.

안동(安東) 경상북도 북동쪽에 있는 시. 특산물은 안동포와 소주이며, 명승지로 도산 서원·안동 댐·하회 마을 등이 있다.

안동포(安東布) 경상북도 안동에서 나는, 올이 가늘고 고운 삼베.

안되다 [안되다/안뒈다] 섭섭하거나 가엾고 애석한 느낌이 있다. 예또 실패하다니, 그것참 안됐구나.

안드로메다자리(Andromeda—) 북쪽 하늘에 보이는 큰 별자리.

안락(安樂) [알락] 근심 걱정이 없이 편안하고 즐거움. 안락하다. 예안락한 생활.

안락사(安樂死) [알락싸] 본인이나 가족의 동의에 따라 살아날 가망이 없는 환자를 고통이 적은 방법으로 죽게 하는 일.

안락의자(安樂椅子) [알라긔자/알라기자] 팔걸이가 있고 푹신하여 기대어 앉을 수 있는 의자.

안:마(按摩) 손으로 몸을 두드리거나 주물러서 피의 순환을 좋게 하고 피로가 풀리게 하는 일. 비마사지. 안마하다.

안마당 집 안에 있는 마당. 만바깥마당.

안면(顔面) ①얼굴. 비낯. ②서로 얼굴을 아는 친분. 예안면이 있는 사람.

안면도(安眠島) 충청남도 태안군 안면읍에 속하는 섬. 경치가 좋고, 김·새우·갈치 등이 많이 난다.

안:목(眼目) 사물을 보고 분별하는 힘. 또는 사물의 가치를 판별하는 능력. 예우리 엄마는 물건 고르시는 안목이 뛰어나시다.

안:무(按舞) 음악에 맞는 춤 동작, 또는 그런 동작을 만드는 일. 예우리 이모가 이 뮤지컬의 안무를 담당했다. 안무하다.

안방(—房) [안빵] ①집 안채의 부엌에 붙은 방. ②안주인이 거처하는 방.

안방극장(—房劇場) [안빵극짱] 《안방이 극장 구실을 한다는 뜻으로》 '텔레비전을 보는 각 가정의 방'을 극장에 비유하여 이르는 말. 예여역 배우의 슬픈 연기가 안방극장을 눈물바다로 만들었다.

안벽(—壁) [안뼉] 건물의 안쪽에 있는 벽. 비내벽. 만바깥벽.

안보(安保) 외국으로부터의 침략에 대하여 국가의 안전을 지키는 일. 예국가 안보. 본안전 보장.

안부(安否) 편안히 잘 있는지를 묻거나 편히 잘 있음을 전함. 또는 그러한 인사나 소식. 예안부 전화/친구에게 편지를 보내 안부를 물었다. 안부하다.

안사람 [안싸람] '아내'를 달리 이르는 말. 예이쪽이 제 안사람입니다. 참집사람.

안산(安山) 경기도 남서쪽에 있는 시. 계획적이고 인공적으로 개발된 신도시로, 공업 단지가 조성되어 있다.

안색(顔色) 얼굴에 나타나는 빛깔이나 표정. 예요즘 네 안색이 좋지 않구나. 비얼굴빛.

안석주(安碩柱, 1901~1950) 삽화가·영화인. 1920년 동아일보에 연재된 나도향의 소설 '환희'의 삽화를 그려 삽화계의 선구자가 되었다.

안성(安城) 경기도 남쪽에 있는 시. 수리 시설이 잘되어 있는 곡창 지대로, 질 좋은 쌀이 나며 목축업이 성하다.

공산품으로는 예로부터 유명한 유기 공예품이 생산된다.

안성맞춤(安城—)[안성맏춤] 맞추어서 한 것처럼 어떤 일에 딱 들어맞게 된 것을 이르는 말. |참고| 지난날, 경기도 안성에다 주문하여 만든 유기그릇이 신통하게도 요구한 대로 만들어져 제일 좋다는 뜻에서 온 말. 예날씨가 화창하여 공을 차기에 안성맞춤이다. |잘못| 안성마춤.

안시성(安市城) 삼국 시대에 고구려와 당나라의 경계에 있던 성. 고구려와 당나라의 싸움이 있었던 곳으로 유명하다.

안시성 싸움(安市城—) 고구려 보장왕 4(645)년에 고구려와 당나라 군대가 안시성에서 벌인 싸움. 당나라 태종의 군대를 성주 양만춘이 크게 물리쳤다.

안식(安息) 몸과 마음을 편히 쉼. 예안식을 얻다./안식을 취하다. 안식하다.

안식처(安息處) 편안하게 쉴 수 있는 곳. 예이 시골집은 우리 가족의 안식처이다.

안심¹ 소나 돼지의 갈비 안쪽에 붙어 있는 부드러운 살.

안심²(安心) 근심 걱정이 없이 마음을 편안히 가짐. 예아이 혼자 시장에 보내기에는 안심이 안 된다. 반안도. 안심하다.

안쓰럽다 [안쓰럽따] ①힘없는 사람이나 손아랫사람에게 폐를 끼쳐 미안하고 딱하다. ②힘없는 사람이나 손아랫사람의 딱한 사정이 가엾고 언짢다. 예고생하는 딸이 안쓰럽다. |활용| 안쓰러우니·안쓰러워. |잘못| 안스럽다.

안:압지(雁鴨池)[아납찌] 경상북도 경주시 북동쪽에 있는 연못. 신라 문무왕 때, 신라의 지도 모양을 본떠 만들었다.

안:약(眼藥)[아냑] 눈병을 고치는 데쓰는 약. 비눈약.

안양(安養)[아냥] 경기도 중남부에 있는 시. 서울의 위성 도시로, 근교 농업과 제조업이 발달하였다.

안온하다(安穩—)[아논하다] 아무 탈없이 편안하고 조용하다. 예그는 은퇴 후 시골에 내려가서 안온한 생활을 했다. 안온히.

안용복(安龍福, ?~?) 조선 숙종 때의 어민. 일본 어민들이 울릉도를 자주 침범하자 그들을 몰아내고 일본에까지 가서 사과를 받으며 울릉도가 조선의 영토임을 널리 알렸다.

안이하다(安易—)[아니하다] 너무 쉽게 여기는 태도가 있다. 예그렇게 안이하게 생각하다가는 나중에 낭패를 볼 수 있어.

안익태(安益泰, 1906~1965) 작곡가·지휘자. 우리나라의 '애국가'를 작곡하였고, 유럽 각국을 돌아다니며 교향악단을 지휘하였다. 작품으로는 '한국 환상곡'·'애국선열 추도곡' 등이 있다.

안일(安逸)[아닐] 쉽게 생각하여 신경을 적게 쓰거나 편안함만을 누리려는 태도. 안일하다. 예시민들은 당국의 안일한 대처에 불만을 드러냈다. 안일히.

안:장(鞍裝) 사람이 타기 편하도록 말의 등에 얹는, 가죽으로 만든 물건.

〈안장〉

안전(安全) 사고나 사건이 생길 위험이 없음, 또는 그러한 상태. 예물놀이를 할 때는 안전에 유의해야 한다. 반위험. 안전하다. 안전히.

안전띠(安全—) 자동차나 비행기 등에

서, 어떤 충격으로부터 사람의 몸을 보호하기 위하여 몸을 좌석에 고정시키는 띠. [비]안전벨트.

안전모(安全帽) 공장이나 공사장 등에서 머리를 보호하기 위하여 쓰는, 쇠나 플라스틱으로 만든 모자.

〈안전모〉

안전벨트(安全belt) ➡안전띠.

안전 보ː장 이ː사회(安全保障理事會) 〈국제 연합 안전 보장 이사회〉의 준말.

안전사ː고(安全事故) 공장이나 광산·공사장 같은 데서, 안전 규칙을 지키지 않아 일어나는 사고.

안전선(安全線) 기차나 지하철을 타고 내리는 곳에 승객의 안전을 위해 그어 놓은 선.

안전성(安全性) [안전썽] 안전한 성질이나 상태. [예]새 차의 안전성에 심각한 결함이 있음이 밝혀졌다.

안전 수칙(安全守則) 공장이나 광산·공사장 등에서, 일하는 사람의 안전과 사고의 방지를 위하여 정해 놓은 규칙.

안전장치(安全裝置) 기계나 기구 또는 총이나 대포 등에 사고가 나지 않게 해 놓은 장치.

안전지대(安全地帶) ①사람이 안전하게 피해 있을 수 있도록 지정하여 표지판 등으로 나타낸 도로 위의 한 부분. ②피해를 당할 위험이 없는 장소.

안전핀(安全pin) ①타원형으로 구부러져 끝을 안전하게 가릴 수 있게 만든 핀. ②수류탄이나 포탄 등이 함부로 터지지 않도록 신관에 꽂는 핀.

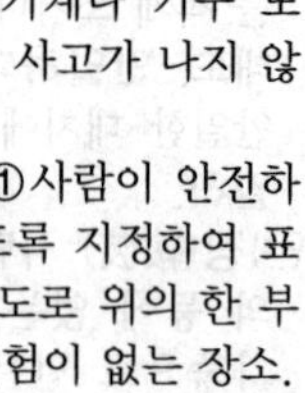
〈안전핀①〉

안절부절못하다 [안절부절모타다] 몹시 초조하고 불안하여 어쩔 줄 몰라 하다. [예]그는 거짓말을 한 것이 들킬까 봐 안절부절못했다.

안정¹(安定) 흔들리지 않고 일정한 상태를 유지함. [예]물가 안정/사회의 안정을 되찾다. [반]불안정. **안정되다. 안정하다.**

안정²(安靜) 몸과 마음이 편안하고 고요함. [예]마음의 안정을 얻다./환자는 당분간 안정을 유지해야 합니다. **안정하다.**

안정감(安定感) 안전하고 편안한 느낌. [예]안정감을 주다.

안정복(安鼎福, 1712~1791) 조선 정조 때의 학자. 호는 순암. 이익의 학문을 계승하여 발전시켰으며 특히 역사학에 밝았다. 저서로는 우리나라의 역사·지리에 대해 연구한 '동사강목' 등이 있다.

안정적(安定的) 흔들리지 않고 일정한 상태를 유지하는 것. [예]에너지를 안정적으로 공급할 수 있는 방법을 찾아야 한다.

안주¹(安住) ①한곳에 자리 잡고 편안하게 삶. ②현재의 상태에 만족함. **안주하다.** [예]현실에 안주하지 말고 미래를 내다봐라.

안주²(按酒) 술을 마실 때에 곁들여 먹는 음식.

안주인(一主人) [안쭈인] 집안의 여자 주인. [반]바깥주인.

안ː중(眼中) 관심을 가지는 범위 안. [예]넌 공부는 안중에도 없는 것 같구나.

안중근(安重根, 1879~1910) 독립운동가. 일본의 침략에 항거하여 의병 투쟁을 벌이다가, 1909년 만주의 하얼빈 역에서 침략자의 우두머리였던 이토 히로부미를 총으로 쏘아 죽이고 체포되어, 이듬해 순국하였다.

안ː질(眼疾) 눈에 생긴 병. [비]눈병.

안짱다리 두 발끝이 안쪽으로 휜 다리.

안쪽 안에 있는 부분. 또는 안으로 향한 방향. 예출입문 안쪽. 비내측. 반바깥쪽.

안착(安着) 어떤 곳에 무사히 도착함. 안착되다. 안착하다. 예비행기가 활주로에 안착하였다.

안창남(安昌男, 1901~1930) 우리나라 최초의 비행사. 일본으로 건너가 비행 학교를 졸업한 후 1921년에 비행사가 되었으며, 다음 해 고국 방문 비행을 하여 대환영을 받았다.

안창호(安昌浩, 1878~1938) 독립운동가. 호는 도산. 신민회·청년 학우회·흥사단을 조직하여 독립운동을 폈으며, 3·1 운동 직후 상하이로 가서 임시 정부의 내무 총장 등을 지내며 민족 자주독립을 위해 일생을 바쳤다.

안채 한 집 안에 두 채 이상의 집이 있을 때, 안쪽에 있는 집. 반바깥채.

안치(安置) 불상이나 위패·시신 등을 잘 모셔 둠. 안치되다. 안치하다. 예스님은 불상을 법당에 안치했다.

안치다 어떤 물건을 삶거나 찌거나 끓이기 위하여 솥이나 시루에 넣다. 예엄마는 쌀을 씻어서 밥을 안치셨다.

안타(安打) 야구에서, 타자가 베이스에 나아갈 수 있도록 공을 치는 일. 비히트.

안타까워하다 ①남의 고통이나 딱한 처지에 대하여 답답해하며 애를 태우다. 예세종 대왕은 우리 글자가 없다는 사실을 안타까워했다. ②뜻대로 되지 않아 조바심을 내며 답답해하다. 예그는 하고 싶은 말을 다 하지 못하여 안타까워했다.

안타깝다 [안타깝따] ①남이 애를 쓰고 괴로워하는 것을 보고 매우 딱한 생각이 나다. 예어린아이가 고생하는 것을 보니 안타깝다. ②뜻대로 되지 않아 조바심이 나고 답답하다. 예내

진심을 몰라주니 정말 안타깝다. |활용| 안타까우니·안타까워. 안타까이.

안테나(antenna) 무선 전신·라디오·텔레비전 등의 전파를 보내거나 받기 위하여 공중에 세우는 장치.

〈안테나〉

예실내 안테나.

안팎 [안팍] ①안과 밖. 예집 안팎. ②수량·시간이 대강 그 정도임을 뜻하는 말. 예20세 안팎의 청년. 비내외. |발음| 안팎이 [안파끼]·안팎도 [안팍또]·안팎만 [안팡만]

안하무인(眼下無人) 《눈 아래에 사람이 없다는 뜻으로》 자기가 가장 잘난 듯이 다른 사람을 업신여김을 이르는 말. 예오빠는 공부 좀 잘한다고 안하무인이야.

안향(安珦, 1243~1306) 고려 충렬왕 때의 학자. '섬학전'이라는 장학 기금을 설치하여 인재를 길렀다. 우리나라 최초로 주자학을 연구하였다.

앉다 [안따] ①엉덩이를 바닥에 붙이고 몸을 세우다. 예의자에 앉다. 반서다. ②어떤 지위를 차지하다. 예사장 자리에 앉다. |발음| 앉아 [안자]·앉고 [안꼬]

앉은뱅이 [안즌뱅이] 일어나 앉기는 해도 서지 못하는 장애인을 얕잡아 이르는 말.

앉은키 [안즌키] 의자에 앉아서 허리를 똑바로 폈을 때, 의자의 바닥으로부터 머리 끝까지의 높이. 반선키.

앉히다 [안치다] ①누구를 어떤 곳에 앉게 하다. 예어린아이를 의자에 앉히다. ②어떤 지위를 차지하게 하다. 예사장은 그를 과장에 앉혔다.

않다 [안타] ①어떤 행동을 안 하다. 예동생은 세수를 않고 밥을 먹으려고 한다. ②'-지' 뒤에 쓰여, 부정을 나타내는 말. 예책을 보지 않다./물이 맑지 않다. 图아니하다. |발음|않아[아나]·않고[안코]

알 ①새·물고기·벌레 등의 새끼가 될 물질이 껍질에 싸여 있는 것. 예공룡의 알. ②둥근 열매나 곡식의 낱개. 예사과 알이 굵다.

알갱이 물질을 이루는 아주 작은 조각.

알거지 가진 것이 아무것도 없어 거지 꼴이 된 사람.

알곡(一穀) 쭉정이나 잡것이 섞이지 않은 곡식.

알까기 새·물고기·벌레 등의, 알을 까는 일. 町부화.

알'다 ①모르던 것을 깨닫다. 예낱말의 뜻을 알다. ②어떤 것에 대한 지식이나 기능을 가지다. 예아는 것이 힘이다./자전거를 탈 줄 안다. ③사귐이 있거나 서로 만나거나 본 적이 있다. 예민우는 아는 사람이 많다. ④어떤 일을 스스로 정하거나 판단하다. 예네 일은 네가 알아서 해라. 町모르다. |활용|아니·알아.

알뜰살뜰 생활비를 아끼며 규모 있고 정성스레 살림을 하는 모양. 예어머니는 살림을 알뜰살뜰 꾸려 나가신다.

알뜰하다 살림을 아끼며 정성스럽고 규모 있게 꾸려 빈틈이 없다. 예알뜰한 주부. 알뜰히.

알라(Allah) 이슬람교도가 믿는 절대·전지전능의 신.

알랑거리다 남의 비위를 맞추려고 간사스럽게 아첨하는 짓을 자꾸 하다. 예알랑거리는 속셈이 뭐냐? 町알랑대다. 昆얼렁거리다.

알랑대다 ➡ 알랑거리다.

알랑방귀 '알랑거리며 아첨을 떠는 짓'을 속되게 이르는 말. 예형이 엄마한테 용돈 타려고 알랑방귀를 뀌고 있다.

알랑알랑 자꾸 알랑거리는 모양. 昆얼렁얼렁.

알래스카(Alaska) 북아메리카의 북서쪽 끝에 있는 미국의 주. 금이 많이 나며, 수산업과 임업이 발달하였다. 1959년에 49번째로 미국의 주가 되었다.

알량하다 시시하고 보잘것없다. 예그 알량한 솜씨로 무얼 하겠다는 거냐?

알레그로(allegro) 악보에서, 빠르기를 지시하는 말. '빠르고 경쾌하게'의 뜻.

알레르기(Allergie) 음식·약 등을 먹었거나 꽃가루 등이 몸에 닿았을 때 체질상 보통 사람과 다르게 지나치게 예민한 반응을 일으키는 일. 두드러기·콧물 등의 증상을 보인다.

알렉산더 대'왕(Alexander大王, 기원전 356~기원전 323) 고대 마케도니아의 왕. 그리스를 평정한 후, 페르시아·시리아·이집트 등을 정복하여 대제국을 건설하였다. 이로 인하여 그리스 문화가 동쪽으로 널리 퍼져 헬레니즘 문화가 형성되었다.

알'려지다 어떤 사실이나 내용이 알 수 있게 밝혀지거나 전해지다. 예세상에 널리 알려진 화가.

알력(軋轢) 《수레바퀴가 삐걱거린다는 뜻으로》 서로 의견이 맞지 않아 다투는 일. 예두 정치 세력 간에 알력이 심하다.

알록달록 [알록딸록] 여러 가지 빛깔의 작은 점이나 줄 등이 고르지 않게 무늬져 있는 모양. 예알록달록 꽃무늬가 있는 옷. 昆얼룩덜룩.

알루미늄(aluminium) 금속 원소의 한 가지. 은백색의 가볍고 연한 금속으로, 그릇·전기 기구·건축 재료·합금 등을 만드는 데 쓰인다.

알루미늄박(aluminium箔) 알루미늄을 종이와 같이 아주 얇게 늘인 것.

알리다 어떤 사실을 알게 하다. 통지하다. 예합격 소식을 알리다. 높아뢰다.

알리바이(alibi) 범죄 사건이 일어난 시간에 그 장소에 있지 않았다는 증명, 또는 그 증명을 뒷받침하는 사실.

알림장(一帳) [알림짱] 학교나 유치원에서, 숙제나 준비물 등 학부모에게 알리는 내용을 적도록 만든 공책.

알림판(一板) 여러 사람에게 알리는 내용을 적거나 적은 것을 붙이는 판. 비안내판.

알:맞다 [알맏따] 일정한 정도에 지나치거나 모자라지 않다. 예알맞은 가격/등산을 하기에 알맞은 날씨. 비적당하다.

알맹이 ①물건의 껍질을 벗기고 남은 속. 예땅콩 알맹이. 반껍데기. ②사물의 중심이 되는 중요한 부분. 예알맹이가 없는 이야기. 비핵심.

알몸 ①아무것도 입지 않은 벌거벗은 몸. 예알몸으로 돌아다니지 마. 비나체·맨몸. ②'가진 재산이라고는 아무것도 없는 사람'을 비유하여 이르는 말. 예그는 알몸으로 고향을 떠났다.

알밤 ①익은 밤송이에서 빼내거나 떨어진 밤톨. ②주먹으로 머리를 쥐어박는 일. 예동생한테 알밤을 한 대 먹였다.

알부자(一富者) 겉으로 드러나지는 않지만 꽤 실속이 있는 부자. 예저 집이 보기보단 알부자래.

알뿌리 양파나 마늘·감자 등과 같이, 땅속에 있는 식물의 뿌리나 줄기가 둥근 덩어리 모양으로 된 것. 비구근.

알사탕 알처럼 둥글둥글하게 생긴 사탕.

알선(斡旋) [알썬] 남의 일이 잘되도록 이리저리 소개하거나 마련해 줌. 예일자리 알선. 알선하다.

알쏭달쏭 생각이 자꾸 헷갈려 얼른 분간이 안 되는 모양. 예알쏭달쏭 헷갈리는 문제. 작얼쏭덜쏭.

알씬거리다 작은 것이 눈앞에 자꾸 나타났다가 사라지다. 예눈앞에서 알씬거리지 마라. 비알씬대다. 큰얼씬거리다.

알씬대다 ➡알씬거리다.

알씬알씬 [알씬날씬] 자꾸 알씬거리는 모양. 큰얼씬얼씬.

알아내다 [아라내다] 어떤 방법을 써서 모르던 것을 알 수 있게 되다. 예내 연필을 가져간 사람이 누군지 알아냈어.

알아듣다 [아라듣따] 남의 말을 듣고 그 뜻을 알다. 예아직도 내 말을 못 알아듣겠니? |활용| 알아들으니·알아들어.

알아맞히다 [아라마치다] ①어떤 문제에 대하여, 맞는 답을 말하다. 예정답을 알아맞혀 보세요. ②사실과 꼭 같게 추측이나 예측을 하다. 예내일 경기 결과를 알아맞혀 볼까?

알아보다 [아라보다] ①눈으로 보고 분간하다. 예이모는 10년 만인데도 나를 금방 알아보았다. 반몰라보다. ②모르는 것을 알기 위하여 조사하거나 살펴보다. 예도서관에 가서 새의 종류를 알아보았다.

알아주다 [아라주다] ①남의 좋은 점을 인정하거나 좋게 평가하다. 예내 짝의 축구 실력은 누구나 알아준다. ②남의 사정이나 형편을 이해하다. 예엄마가 내 마음을 알아주지 않아 섭섭하다. 반몰라주다.

알아차리다 [아라차리다] ①상황을 잘 판단하고 미리 주의하거나 마음을 정하다. 예엄마가 내 기분을 알아차렸나 봐요. ②➡알아채다.

알아채다 [아라채다] 일의 낌새를 미리 알다. 예오늘 경기에서 상대편의 작전을 알아챘다. 🔵알아차리다.

알알이 [아라리] 한 알 한 알마다. 🔷알알이 여문 벼 이삭.

알알하다 [아랄하다] 맵거나 독하여, 혀끝이 매우 아리고 쏘는 느낌이 있다. 🔷매운 고추를 먹었더니 입 안이 알알하다. 🔶얼얼하다.

알약(一藥) [알략] 작고 둥글게 만든 약. 🔵정제. 🔶가루약·물약.

알은척 [아른척] ➡알은체.

알은체 [아른체] ①어떤 일에 관심이 있는 듯한 태도를 보임. 🔷왜 어른들 일에 알은체를 하니? ②사람을 알아 보고 인사하는 표정을 지음. 🔷길에 서 친구를 보고 알은체를 했다. 🔵알은척. 알은체하다.

알음알음 [아르마름] 여러 사람을 통하여 알게 된 관계. 🔷이곳은 관광객들을 통해 알음알음으로 이름이 알려졌다.

알자스(Alsace) 프랑스 북동쪽에 있는 작은 도시.

알제리(Algérie) 아프리카의 북쪽에 있는 나라. 국토의 대부분이 사하라 사막이며, 석유를 수출한다. 주요 농산물은 밀과 포도이다. 수도는 알제.

알주머니 [알쭈머니] 생선의 알을 싸고 있는 얇고 질긴 껍질.

알집 [알찝] ➡난소.

알짜 가장 중요하거나 좋은 것. 🔷내 장난감 중에서 알짜만 남기고 모두 동생에게 주었다.

알짱거리다 하는 일 없이 자꾸 주위를 돌아다니다. 🔷부엌에 알짱거리지 말고 얌전히 앉아 있어. 🔵알짱대다. 🔶얼쩡거리다.

알짱대다 ➡알짱거리다.

알차다 ①열매 등의 속이 꽉 차다. 🔷알차게 여문 열매. ②실속이 있거나 내용이 충실하다. 🔷이 책은 내용이 알차다.

알칼리(alkali) 물에 녹는 염기성 물질을 통틀어 이르는 말. 붉은 리트머스 종이를 푸른색으로 변화시키는 성질이 있다. 🔵염기.

알칼리성(alkali性) 물에 잘 녹고 산을 중화시키는 성질. 붉은 리트머스 종이를 푸른색으로 변하게 한다. 🔵염기성. 🔶산성.

알코올(alcohol) 쌀이나 감자 등에 들어 있는 녹말로 만드는, 색깔이 없고 투명한 액체. 술에 들어 있는 주요 성분으로, 연료·의약품·분석용 시약 등으로 널리 쓰인다. |잘못| 알콜.

알코올램프(alcohol lamp) 알코올을 태워 열을 내는 장치. 그을음이 없고 화력이 세어 화학 실험에 많이 쓰인다.

알콩달콩 아기자기하고 사이좋게 지내는 모양. 🔷우리 언니는 시집가서 알콩달콩 살고 있다.

알토(alto) 음악에서, 여자의 목소리로서 가장 낮은 소리, 또는 그 음넓이의 가수. 🔶소프라노·메조소프라노.

알통 사람의 몸에서, 힘을 쓸 때 불룩 솟는 근육. 🔷운동을 열심히 했더니 팔에 알통이 잡힌다.

알파(alpha) ①그리스 글자의 첫자인 'A(α)'의 이름. ②'그 이상의 얼마쯤'의 뜻을 나타내는 말. ③'처음'·'첫째'의 뜻을 나타내는 말. ③🔵오메가.

알파벳(alphabet) 일정한 차례로 늘어놓은 로마자의 하나하나의 글자. A, B, C… 등 26자로 이루어져 있다.

알펜호른(Alpenhorn) 나무나 가죽으로 만든 나팔 모양의 긴 악기. 알프스 지방의 전통 악기로, 주로 양 떼를 모을 때에 쓰인다. 길이는 40 cm에서 4 m에 이르는 것까지 있다.

알퐁스 도데(Alphonse Daudet, 1840 ~1897) 프랑스의 소설가. 주로, 가난하고 불행한 사람들에 대한 동정과 고향 프로방스 지방의 삶을 주제로 한 작품을 썼다. 주요 작품으로는 '마지막 수업'·'별' 등이 있다.

알프스(Alps) ➡ 알프스 산맥.

알프스 산(Alps山) 알프스 산맥에 있는 산.

알프스 산맥(Alps山脈) 유럽 대륙의 중남부에 있는 큰 산맥. 스위스·프랑스·이탈리아·오스트리아 등에 걸쳐 있으며, 눈으로 덮인 아름다운 산봉우리와 호수가 있다. 최고봉인 몽블랑 산의 높이는 4,807m이다. [비]알프스.

알프스의 소ː녀(Alps—少女) 스위스의 소설가 요한나 슈피리가 지은 소설. 알프스 산에서 할아버지와 함께 사는 '하이디'라는 마음씨 고운 소녀의 이야기이다.

알현(謁見) 신분이나 지위가 높은 사람을 찾아뵘. **알현하다**. [예]영의정은 임금을 알현하러 대궐에 들어갔다.

앎ː [암] 아는 것. [예]진정한 앎에는 실천이 따르는 법이다. [발음] 앎이 [알미]·앎도 [암도]·앎만 [암만]

앓다 [알타] ①병에 걸려 고통을 당하다. [예]몸살을 심하게 앓다. ②마음속으로 괴로워하다. [예]아무한테도 말 못하고 혼자서 끙끙 앓다. [발음] 앓아 [아라]·앓고 [알코]

앓아눕다 [아라눕따] 병으로 앓아서 자리에 눕다. [예]할머니가 독감으로 앓아누워 계신다. [활용] 앓아누우니·앓아누워.

암ː1 생물에서 새끼를 배거나 열매를 맺는 성질을 지닌 것. [반]수.

암ː2 〈아무렴〉의 준말. [예]암, 그렇고 말고.

암ː3(癌) 비정상적인 세포가 병적으로 불어나 아무 쓸모 없는 덩어리를 이루는 병. 세포가 주위의 건강한 조직이나 기관을 파괴하며 차차 다른 곳으로 번져 가는 병으로 사망률이 매우 높다.

암- 일부 생물의 이름 앞에 붙어, 그것이 암컷, 또는 암컷의 성질을 지닌 것임을 나타냄. [예]암탉/암사자. [반]수-.

'암-'과 어울려 된 말의 표기

'암-'은 암컷 또는 그런 성질을 지닌 사물이라는 뜻을 나타내는데, 다음 9가지 말들은 첫소리 'ㄱ, ㄷ, ㅂ'을 각각 'ㅋ, ㅌ, ㅍ'으로 적는다.

[예] 암+개 : 암캐　　암+것:암컷
암+기와 : 암키와　　암+닭:암탉
암+강아지 : 암캉아지
암+당나귀 : 암탕나귀
암+돌쩌귀 : 암톨쩌귀
암+돼지 : 암퇘지
암+병아리:암평아리

암굴(岩窟) 바위에 뚫린 굴. [비]석굴.

암ː기(暗記) 머릿속에 외워 잊지 아니함. **암기하다**. [예]영어 단어를 암기하다.

암꽃 [암꼳] 암술만 가진 꽃. 버드나무·밤나무·호박 등의 꽃. [반]수꽃.

암나사(—螺絲) 수나사를 끼울 수 있도록 나선형으로 고랑을 판 나사. [비]너트. [반]수나사.

암ː내 겨드랑이에서 나는 고약한 냄새.

암놈 동물의 '암컷'을 이르는 말. [반]수놈.

암ː담하다(暗澹—) 희망이 없고 막연하다. [예]먹고살 길이 막막하여 암담한 심정이다.

암만 아무리. [예]암만 물어도 대답을 하지 않는다.

암만해도 아무리 힘써 보아도. 도저히. [예]암만해도 우승하기는 어렵겠다.

암ː매장(暗埋葬) 시체를 몰래 파묻음. **암매장하다**.

암모나이트(ammonite) 중생대 지층에서 화석으로 발견되는, 달팽이 모양의 껍데기가 있는 연체동물.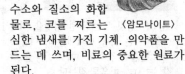

〈암모나이트〉

암모니아(ammonia) 수소와 질소의 화합물로, 코를 찌르는 심한 냄새를 가진 기체. 의약품을 만드는 데 쓰며, 비료의 중요한 원료가 된다.

암모니아수(ammonia水) 암모니아를 물에 녹인 용액. 색깔이 없는 액체로, 시약이나 의약품 등으로 널리 쓰인다.

암반(岩盤) 다른 바위 속으로 뚫고 들어가서 이루어진 고르지 않은 큰 바위. 예암반 천연수.

암벽(岩壁) 벽 모양으로 깎은 듯이 높이 솟은 바위. 예암벽 등반.

암벽타기(岩壁ー) 산의 암벽을 오르는 일.

암사동(岩寺洞) 서울 강동구에 있는 동의 하나. 이곳에서 빗살무늬 토기·돌도끼 등 구석기 시대와 신석기 시대의 유물이 많이 발견되었다.

암ː산(暗算) 계산기나 필기도구를 쓰지 않고, 머릿속으로 계산함. 예수학 문제를 암산으로 풀었다. 비속셈. 암산하다.

암ː살(暗殺) 사람을 몰래 죽임. 대개, 중요한 사람이 대상이 될 경우를 이른다. 예대통령 암살 음모. 암살되다. 암살하다.

암석(岩石) 바위. 바윗돌. 예암석으로 덮인 산.

암소 소의 암컷. 반수소.

암ː송(暗誦) 글을 보지 않고 입으로 욈. 암송하다. 예시를 암송하다.

암수 암컷과 수컷. 예암수 한 쌍.

암수딴그루 은행나무처럼 암꽃과 수꽃이 각각 다른 그루에 피는 식물. 반암수한그루.

암수한그루 소나무처럼 암꽃과 수꽃이 한 그루에 피는 식물. 반암수딴그루.

암술 수술로부터 꽃가루를 받는 꽃의 생식 기관. 암술머리·암술대·씨방의 세 부분으로 되어 있다. 비암꽃술. 반수술.

〈암술〉

암술대 [암술때] 꽃에서 암술머리와 씨방을 연결하며, 꽃가루가 씨방으로 들어가는 길이 되는 부분. 반수술대.

암술머리 꽃에서 암술의 꼭대기에 있어 꽃가루를 받는 부분.

암스테르담(Amsterdam) 네덜란드의 수도. 네덜란드 제일의 무역항이며, 크고 작은 운하가 사방으로 뻗어 70여 개의 섬을 500개의 다리로 연결하고 있다.

암ː시(暗示) 무엇이라고 꼭 집어 밝히지 않고 넌지시 알려 줌. 또는 그 알린 내용. 예암시를 받다./암시를 주다. 암시되다. 암시하다.

암ː시장(暗市場) 법적으로 매매가 금지된 물품을 사거나 파는 행위가 이루어지는 시장.

암ː시적(暗示的) 무엇이라고 꼭 집어 밝히지 않고 넌지시 알려 주는 것. 예암시적인 말.

암ː실(暗室) 사진의 현상이나 실험을 위하여, 햇빛이 들어오지 못하도록 어둡게 꾸민 방.

암ː울하다(暗鬱ー)[아물하다] 답답하고 절망적이다. 예암울한 심정.

암자(庵子) 큰 절에 딸린 작은 절. 또는 승려가 임시로 거처하며 도를 닦는 작은 집.

암장¹(岩漿) ⇒마그마.

암ː장²(暗葬) 남몰래 장사지냄. 비암매장. 암장하다.

암:초(暗礁) 물속에 잠겨서 보이지 않는 바위. 예배가 암초에 걸려 난파하였다.

암캐 개의 암컷. 반수캐.

암컷 [암컫] 암수의 구별이 있는 동물에서, 새끼를 배는 쪽. 반수컷. |발음| 암컷이 [암커시] · 암컷도 [암컫또] · 암컷만 [암컨만]

암탉 [암탁] 닭의 암컷. 반수탉. |발음| 암탉이 [암탈기] · 암탉도 [암탁또] · 암탉만 [암탕만]

암톨쩌귀 문짝에서 수톨쩌귀의 뾰족한 부분을 끼우는, 구멍이 뚫린 돌쩌귀. 반수톨쩌귀.

암태지 돼지의 암컷. 반수태지.

암:투(暗闘) 겉으로 드러나지 않게 서로 싸우는 것. 예조직의 우두머리 자리를 두고 암투가 벌어졌다.

암:표(暗票) 불법으로 몰래 사고파는 입장권 등의 표. 예암표를 팔다.

암:행(暗行) 자신의 신분을 숨기고 남모르게 다님. 예왕은 백성들의 생활을 살피기 위해 암행을 나섰다. 암행하다.

암:행어사(暗行御史) 조선 시대에, 지방 정치를 감시하고 백성의 사정을 살피기 위하여 왕이 비밀히 파견하던 임시 벼슬. 준어사.

암:호(暗號) 남이 모르게 어떤 사실을 전달하기 위하여 쓰는 기호나 부호. 예암호를 풀다.

암:호문(暗號文) 남이 모르게 암호로 적은 글.

암:회색(暗灰色) [암회색/암훼색] 어두운 회색.

암:흑(暗黑) 어둡고 캄캄함. 또는 캄캄한 어둠. 반광명.

암:흑시대(暗黑時代) [암흑씨대] 도덕이나 질서 등이 어지럽고 문화가 쇠퇴한 시대.

압도(壓倒) [압또] 더 뛰어난 힘이나 재주로 남을 눌러 꼼짝 못하게 함. 예우리는 상대편의 힘찬 기세에 압도를 당했다. 압도되다. 압도하다.

압도적(壓倒的) [압또적] 더 뛰어난 힘이나 재주로 남을 눌러 꼼짝 못하게 하는 것. 예야구 경기에서 우리 편이 압도적으로 이겼다.

압력(壓力) [암녁] ①어떤 물체가 다른 물체를 누르거나 미는 힘. 예압력이 높다(낮다). ②어떤 요구나 주장에 따르도록, 권세 등으로 압박을 가하는 힘. 예외부의 압력을 받다.

압력솥(壓力—) [암녁쏟] 뚜껑을 꼭 닫아 그릇 안의 압력을 높여서 높은 온도가 유지되도록 만든 솥.

압록강(鴨綠江) [암녹깡] 우리나라와 중국 동북 지방 사이를 흐르는 강. 길이 790 km. 우리나라에서 제일 길며, 백두산에서 시작된 물이 황해로 흘러든다.

압박(壓迫) [압빡] ①강한 힘으로 내리누름. 예압박 붕대. ②기운을 펴지 못하게 억누름. 예외세의 압박을 받다. 압박하다.

압사(壓死) [압싸] 무거운 것에 눌려 죽음. 압사되다. 압사하다.

압송(押送) [압쏭] 범인·죄인 등을 어떤 곳에서 다른 곳으로 감시하면서 데려감. 비호송. 압송되다. 압송하다. 예범인을 서울로 압송했다.

압수(押收) [압쑤] 법원·수사 기관 등이 증거물이나 몰수할 물건을 가져감. 압수되다. 압수하다. 예경찰이 불법 무기를 압수했다.

압정(押釘) [압쩡] 손가락으로 눌러 박는, 대가리가 둥글납작하며 촉이 가늘고 짧은 쇠못. 비압핀.

압제(壓制) [압쩨] 권력이나 폭력으로 남의 말과 행동을 억누르고 강제함. 예폭력과 압제에서 벗어나다. 압제하다.

압축(壓縮) ①눌러서 부피를 작게 함. [예]압축 공기. ②문장 등을 줄여 짧게 함. **압축되다. 압축하다.**

압핀(押pin) ➡ 압정.

앗 [앋] 위급할 때나 깜짝 놀랄 때에 내는 소리. [예]앗, 위험해!

앗ː다 [앋따] 빼앗다. [예]목숨을 앗아 가는 무서운 병.

앙 어린아이가 우는 소리, 또는 그 모양. [예]넘어진 아이가 앙 울기 시작했다.

앙가슴 두 젖 사이의 가운데. [예]앙가슴을 치다.

앙감질 한 발을 들고 한 발로만 뛰어 가는 짓. **앙감질하다.**

앙갚음 [앙가픔] 자기에게 해를 끼친 사람에게 그만한 해를 입힘. [비]보복. **앙갚음하다.**

앙고라토끼(Angora—) 토끼의 한 품종. 털을 이용하기 위해 기르는데, 털빛은 대개 희며 한 해에 3~4회 깎는다. 원산지는 터키의 '앙카라'이다.

〈앙고라토끼〉

앙금 ①액체의 바닥에 가라앉은 가루 모양의 물질. [예]앙금이 생기다./앙금이 가라앉다. [비]침전물. ②'마음속에 남은 개운하지 않은 감정'을 비유하여 이르는 말. [예]친구와 싸우고 마음에 앙금이 남았다.

앙ː부일구(仰釜日晷) 해시계의 한 가지. 모양이 솥뚜껑을 뒤집어 놓은 것과 비슷한데, 안쪽에 24절기를 나타내는 눈금을 새겨 놓아 바늘의 그림자가 가리키는 눈금에 따라 시간을 알리게 되어 있다. [비]앙부일영.

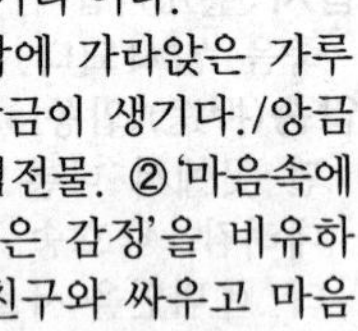
〈앙부일구〉

앙상하다 ①나무가 잎이 지고 가지만 남아서 초라하다. [예]앙상한 나뭇가지. ②뼈만 남은 것처럼 바짝 마르다. [예]할머니 손은 뼈가 앙상하다. [큰]엉성하다. **앙상히.**

앙숙(怏宿) 앙심을 품고 서로 미워하는 사이.

앙심(怏心) 원한을 품고 앙갚음하기를 벼르는 마음. [예]앙심을 품다.

앙양(昂揚) 기세나 의욕·열의 등을 높이고 북돋움. **앙양되다. 앙양하다.** [예]선수들의 사기를 앙양하다.

앙증맞다 [앙증맏따] 규모나 크기가 작은 것이 귀엽고 깜찍하다. [예]아기가 앙증맞게 걷는다.

앙칼지다 성질이 사납고 악을 쓰며 덤비는 태도가 있다. [예]나는 핀잔을 주는 오빠에게 앙칼지게 대들었다.

앙케트(enquête) 여러 사람에게 같은 질문을 하여 답을 구하는 일, 또는 그런 조사 방법.

앙코르(encore) 《'다시 한 번'의 뜻으로》 음악회 등에서, 연주를 마친 출연자에 대하여 박수를 하거나 소리를 지르거나 하여 다시 연주를 청하는 일, 또는 그 연주.

앙큼하다 엉뚱한 욕심을 품고 제 분수에 넘치는 짓을 하려는 태도가 있다. [예]앙큼한 계집아이. [큰]엉큼하다.

앙탈 생떼를 쓰거나 고집을 부리며 불평을 늘어놓음. [예]동생은 가게에 가기만 하면 과자를 사 달라고 앙탈을 부린다. **앙탈하다.**

앙페르(Ampère, 1775~1836) 프랑스의 물리학자. 전류가 모든 자기의 근본이라는 사실을 발표하였으며, 특히 자기 현상과 전기 역학 연구에 크게 공헌하였다. 전류의 단위 '암페어'는 그의 이름에서 딴 것이다.

앞 [압] ①바른 자세로 있을 때, 얼굴이 향한 쪽. [예]앞으로 나아가다. ②차례

에서 먼저 있는 편. ⑩앞에 앉은 사람. ③물건이 향하고 있는 쪽. ⑩집 앞에 있는 감나무. ④다가올 장래. ⑩앞을 내다보는 통찰력. ⑤(('앞으로'의 꼴로만 쓰여)) '이제부터 뒤에'의 뜻. ⑩앞으로는 절대로 거짓말을 하지 않겠습니다. ①~④쨉뒤. |발음| 앞이 [아피] · 앞도 [압또] · 앞만 [암만]

앞 구르기 매트에서 몸을 앞으로 구르는 동작. 쨍뒤 구르기.

앞길 [압낄] 앞으로 나아갈 길. 또는 살아갈 길. ⑩앞길이 창창한 젊은이.

앞날 [암날] ①앞으로 올 날. ⑩앞날을 기약하다./앞날을 내다보다. ②어떤 날을 기준으로, 전날.

┌─────────────────────────────┐
:::: '앞날, 뒷날, 전날, 훗날'의 구별 ::::

앞날 : 과거도 나타내고 미래도 나타낸다. 곧, 딱 정해진 날을 기준으로 했을 때의 앞날은 과거를 나타내고, 그렇지 않을 때에는 막연한 미래를 나타낸다. ⑩앞날이 걱정이다./그 일이 있던 앞날부터 집에 있었다.

뒷날 : 과거를 나타내는 뜻은 없고 미래의 뜻으로만 쓰인다. ⑩뒷날 다시 만나자.

전날 : 미래를 나타내는 뜻은 없고 과거의 뜻으로만 쓰인다. ⑩전날 뵌적이 있는 분.

훗날 : 뒷날과 같은 뜻이나 경우에 따라서는 앞날의 뜻도 나타낸다. ⑩훗날(=앞날)을 기약한다.
└─────────────────────────────┘

앞날개 [암날개] 곤충의 두 쌍의 날개 중에서 머리 쪽 가까이에 달린 날개. 쨉뒷날개.

앞내 [암내] 마을이나 집의 앞을 흐르는 내.

앞니 [암니] 앞쪽 위아래에 있는, 각각 네 개씩의 이.

앞다리 [압따리] ①짐승의 몸 앞쪽에 붙은 다리. ②두 다리를 앞뒤로 벌렸을 때 앞에 놓인 다리. 쨉뒷다리.

앞다투다 [압따투다] ((주로 '앞다투어'의 꼴로 쓰여)) 남보다 먼저 하거나 잘하려고 애쓰다. ⑩선생님이 질문을 하자 아이들은 앞다투어 손을 들었다.

앞당기다 [압땅기다] ①정해진 날짜나 시간을 당겨서 미리 하다. ⑩학교에서 개학 날짜를 앞당기기로 했다. ②힘써서 일의 기간을 줄이다. ⑩통일을 앞당기는 데 힘씁시다.

앞동산 [압똥산] 집이나 마을의 앞에 있는 동산. 쨉뒷동산.

앞두다 [압뚜다] 닥쳐올 곳·때·일 등을 가까이 두다. ⑩방학을 열흘 앞두고 있다.

앞뒤 [압뛰] 앞과 뒤. 또는 먼저와 나중. 쨉전후.

앞뒤가 막히다 판용 사람이 융통성이 없고 답답하다.

앞뜰 [압뜰] 집 앞에 있는 뜰. 쨉뒤뜰.

앞마당 [암마당] 집 앞에 있는 마당. 쨉뒷마당.

앞마을 [암마을] 앞쪽에 있는 마을. 쨉뒷마을.

앞머리 [암머리] ①앞쪽 부분의 머리. ②머리 앞쪽에 난 머리카락. ⑩나도 앞머리를 잘라 볼까?

앞면(—面) [암면] 앞쪽을 향해 있는 면. 쨉전면. 쨉뒷면.

앞모습 [암모습] 앞에서 본 모습. ⑩미선이가 뛰어가는 바람에 앞모습을 제대로 못 봤어. 쨉뒷모습.

앞문(—門) [암문] 집이나 방의 앞쪽에 있는 문. ⑩지각한 사람은 앞문으로 들어와. 쨉뒷문.

앞바다 [압빠다] ①육지에서 보아 그 앞쪽에 있는 바다. ⑩인천 앞바다. ②기상 예보에서, 한반도를 중심으로 하여 육지에서 20~40 km 이내의 가까운 바다를 이르는 말. ②쨉먼바다.

앞발 [압빨] ①네발짐승의 앞에 달린 두 발. ②두 발을 앞뒤로 벌렸을 때, 앞에 놓인 발. [반]뒷발.

앞부분(一部分) [압뿌분] ①물건의 앞쪽의 부분. ②내용이나 형식 등에서 앞을 이루는 부분. [반]뒷부분.

앞사람 [압싸람] 앞에 있는 사람. 또는 앞에 가는 사람. [예]앞사람을 잘 따라오세요. [반]뒷사람.

앞산(一山) [압싼] 집이나 마을의 앞쪽에 있는 산. [반]뒷산.

앞서다 [압써다] ①남보다 앞에 서거나 먼저 나아가다. 앞장을 서다. [예]형은 나보다 몇 걸음 앞서서 걸었다. [반]뒤서다. ②능력이나 기술 수준 등이 남보다 높거나 훌륭하다. [예]과학 기술이 앞선 나라. [반]뒤지다.

앞세우다 [압쎄우다] 앞서게 하다. [예]나는 동생을 앞세우고 집으로 갔다.

앞소리 [압쏘리] ➡메기는소리.

앞소리꾼 [압쏘리꾼] 다른 사람이 받아 부르게 앞소리를 먼저 부르는 사람.

앞열(一列) [암녈] 앞쪽의 열. [반]뒷열.

앞이마 [암니마] ①'이마'의 힘줌말. ②이마의 가운뎃부분.

앞일 [암닐] 앞으로 닥쳐올 일. [예]앞일을 예측하다.

앞자리 [압짜리] 앞쪽에 있는 자리. [예]우리는 무대 앞자리에 앉을게. [반]뒷자리.

앞잡이 [압짜비] ①앞에서 이끌어 주는 사람. ②남의 시킴을 받고 지시대로 움직이는 사람. [예]일제의 앞잡이. [잘못] 앞잽이.

앞장 [압짱] 여럿이 나아가거나 어떤 일을 할 때 맨 앞에 서는 사람, 또는 그 위치. [예]그는 환경 보호 운동에 앞장을 섰다.

앞장서다 [압짱서다] ①맨 앞에 서서 나아가다. [예]선생님이 앞장서고 학생들이 그 뒤를 따랐다. ②어떤 일에서 중심이 되어 활동하다. [예]할아버지는 독립운동에 앞장서셨다.

앞줄 [압쭐] 앞쪽의 줄. [예]나는 키가 작아 앞줄에 섰다. [반]뒷줄.

앞지르다 [압찌르다] ①앞서 가는 사람이나 차를 따라가서 앞으로 나아가다. [예]택시가 버스를 앞질러 갔다. ②남보다 힘이나 능력이 앞서게 되다. [예]우리나라 과학 기술이 선진국을 앞질렀다. [활용] 앞지르니·앞질러.

앞집 [압찝] 앞쪽에 있는 집. [예]앞집 아주머니가 떡을 갖고 오셨다. [반]뒷집.

앞쪽 [압쪽] 앞의 방향. [예]키가 작은 학생들은 앞쪽에 앉아라. [반]뒤쪽.

앞 차기 태권도의 발기술의 한 가지. 무릎을 구부려 앞가슴에 닿을 정도로 높이 올리고 발이 놓인 위치와 목표가 직선이 되도록 하여 다리를 펴면서 발끝으로 상대편을 찬다.

앞치마 [압치마] 부엌일 등을 할 때, 몸 앞을 가리는 작은 치마. [비]행주치마.

앞판(一板) [압판] 물건의 앞쪽에 있는 판. [반]뒤판.

앞표지(一表紙) [압표지] 책의 앞쪽 표지. [반]뒤표지.

애ː[1] ①마음과 몸의 수고로움. [예]아무리 애를 써 보아도 헛수고였다. ②걱정에 싸인 초조한 마음속.

애가 타다[관용] 몹시 초조하고 걱정이 되어서 속이 타는 듯하다.

애를 쓰다[관용] 무엇을 이루려고 힘을 기울이다. [예]아이들은 서로 자기 편 바구니에 모래주머니를 던져 넣으려고 애를 썼다.

애ː[2] 〈아이[1]〉의 준말.

애ː간장(一肝腸) 초조한 마음속.

애간장(을) 태우다[관용] 몹시 초조하고 걱정이 되어서 속을 많이 태우다. [예]넌 대체 어디 갔다가 이제 와서 엄마 애간장을 태우니?

애간장(이) 타다 관용 몹시 초조하고 걱정이 되어서 속 타는 듯하다.

애개 대단치 않다고 느끼거나 실망했을 때 내는 소리.

애걸(哀乞) 소원을 들어 달라고 애처롭게 사정하여 빎. 예나는 엄마에게 용서해 달라고 애걸을 했다. 애걸하다.

애:교(愛嬌) 남에게 귀엽게 보이는 말씨나 행동. 예진아는 막내라서 그런지 애교가 많다.

애:국(愛國) 자기 나라를 사랑함. 애국하다.

애:국가(愛國歌) [애국까] ①나라 사랑을 일깨우고 다짐하기 위하여 온 국민이 부르는 그 나라의 노래. ②우리나라 국가(國歌)의 이름.

애:국심(愛國心) [애국씸] 자기 나라를 사랑하고 아끼는 마음.

애:국자(愛國者) [애국짜] 자기 나라를 사랑하는 마음이 강한 사람.

애:국지사(愛國志士) [애국찌사] 나라를 위하여 자기의 몸과 마음을 다 바쳐 이바지하는 사람.

애기 '아기'의 잘못.

애꾸 〈애꾸눈〉·〈애꾸눈이〉의 준말.

애꾸눈 한쪽 눈이 먼 눈, 또는 그런 사람. 준애꾸.

애꾸눈이 [애꾸누니] 한쪽 눈이 먼 사람. 준애꾸.

애꽂다 [애꼳따] ①아무런 잘못 없이 어떤 일을 당하여 억울하다. 예선생님께 애꽃게 꾸중을 들었다. ②그 일과는 아무런 상관이 없다. 예잘못은 동생이 했는데 엄마는 애꽃은 나만 나무라신다. |잘못| 애꿋다.

애:끓다 [애끌타] 어떤 일이 몹시 답답하거나 안타까워 속이 끓는 듯하다. 예자식 걱정에 애끓는 부모 속을 네가 알겠니?

애:늙은이 [애늘그니] 생김새가 나이 들어 보이거나 나이 든 사람같이 행동하는 아이. 예너는 말투가 꼭 애늙은이 같아.

애니메이션(animation) 만화나 인형을 이용하여 그것이 마치 살아 있는 것처럼 촬영한 영화, 또는 그 영화를 만드는 기술.

애:달다 마음이 쓰여 속이 달아오르는 듯하다. 예아이가 늦게까지 돌아오지 않아 엄마는 애달아서 어쩔 줄 몰랐다. |활용| 애다니·애달아.

애달프다 ①속이 타는 것처럼 마음이 아프다. 예애달픈 사랑. ②쓸쓸하고 애처롭다. 예구슬프고 애달픈 가락. |활용| 애달프니·애달파.

애달피 애달프게.

애당초(一當初) 일의 맨 처음. 예하기 싫었으면 애당초에 말을 했어야지.

애도(哀悼) 사람의 죽음을 슬퍼함. 예애도의 뜻을 표하다. 비추도. 애도하다.

애:독(愛讀) 어떤 책이나 신문·잡지 등을 즐겨 읽음. 애독하다.

애:독자(愛讀者) [애독짜] 어떤 책이나 신문·잡지 등을 즐겨 읽는 사람.

애드벌룬(ad balloon) 광고하는 그림·글 등을 매달아 공중에 띄우는 풍선.

애로(隘路) 어떤 일을 하는 데 장애가 되는 것. 예애로 사항.

애:마(愛馬) 사랑하고 아끼는 말.

애:매모호하다(曖昧模糊一) 분명하지 않고 희미하다. 예애매모호한 질문.

애:매하다¹ 아무 잘못이 없이 누명을 쓰거나 꾸지람을 듣게 되어 억울하다. 예잘못한 일도 없이 애매하게 꾸중을 들어 억울하다. 애매히.

애:매하다²(曖昧一) 이것인지 저것인지 분명하지 못하다. 예나는 선생님의 질문에 애매하게 대답했다. 애매히.

애:무(愛撫) 이성을 성적으로 만족시키기 위해 어루만짐. 애무하다.

애벌 같은 일을 여러 차례 되풀이해야 할 때의, 첫 번째 차례. 예애벌빨래. 비초벌.

애벌갈이 [애벌가리] 논이나 밭을 첫 번째 가는 일. 애벌갈이하다.

애ː벌레 알에서 깨어나 번데기로 되기까지의 벌레. 비유충. 世어른벌레.

애비 '아비'의 잘못.

애석하다 (哀惜—) [애서카다] 슬프고 아깝다. 예이번에는 애석하게 졌지만 다음에는 꼭 이길 거야. 애석히.

애송이 어려 보이거나 어떤 일에 서투른 사람. 예애송이라고 깔보다가는 큰코다칠걸.

애ː쓰다 마음과 힘을 다하여 어떤 일을 이루도록 힘쓰다. 예기를 제 밤낮으로 애쓰는 마음. |활용| 애쓰니·애써.

애ː완 (愛玩) 작은 동물 등을 가까이 두고 보거나 만지며 즐김. 애완하다.

애ː완견 (愛玩犬) 주로 집 안에서 귀여워하며 기르는 개.

애ː완동물 (愛玩動物) 개·고양이·금붕어와 같이 주로 집 안에서 귀여워하며 기르는 동물. 예나도 귀여운 애완동물을 기르고 싶어.

애ː용 (愛用) 어떤 물건을 사랑하고 즐겨 씀. 애용되다. 애용하다. 예국산품을 애용하자.

애원 (哀願) 요구나 소원을 들어 달라고, 애타게 사정하며 간절히 바람. 예그는 판사에게 선처해 달라고 애원을 했다. 애원하다.

애ː인 (愛人) 이성 간에 서로 사랑하는 사람. 비연인.

애절하다 (哀切—) 몹시 애처롭고 슬프다. 예이별을 하게 된 애절한 사연. 애절히.

애ː정 (愛情) ①따뜻한 정이나 각별한 관심을 가지고 사랑하거나 소중히 여기는 마음. 예자식에게 애정을 쏟다./우리 말에 대한 애정. ②이성을 그리

워하여 끌리는 마음. 예애정을 고백하다.

애조 (哀調) 슬픈 가락.

애ː족 (愛族) 겨레를 사랑함. 예애국 애족. 애족하다.

애ː주가 (愛酒家) 술을 매우 좋아하고 즐겨 마시는 사람.

애ː지중지 (愛之重之) 매우 사랑하고 소중히 여김. 예그들은 하나밖에 없는 자식을 애지중지 키웠다. 애지중지하다.

애ː착 (愛着) 무엇을 몹시 귀중히 여기고 사랑하여 그것과 떨어질 수 없음, 또는 그런 마음. 예유달리 애착이 가는 옷.

애ː창 (愛唱) 노래·시조 등을 사랑하여 즐겨 부름. 예애창 가요. 애창하다.

애ː창곡 (愛唱曲) 즐겨 부르는 노래.

애ː처 (愛妻) 아내를 사랑함. 또는 사랑하는 아내. 예애처가.

애처롭다 [애처롭따] 슬픈 느낌이 들도록 불쌍하다. 예길 잃은 아이가 애처롭게 울고 있었다. |활용| 애처로우니·애처로워. 애처로이.

애초 (—初) 맨 처음. 예이 일은 애초 계획대로 합시다. 비당초.

애ː칭 (愛稱) 본이름 외에, 친한 사이에 귀엽게 부르는 이름.

애ː타다 너무 걱정이 되어 속이 타는 듯하다. 예어머니는 전쟁터에 나간 아들을 애타게 기다렸다.

애ː태우다 애타게 하다. 예우리 팀은 애태운 보람도 없이 그만 지고 말았다.

애통 (哀痛) 몹시 슬퍼하고 가슴 아파함. 애통하다. 예어머니는 아들의 죽음에 애통하여 눈물만 흘렸다.

애틋하다 [애트타다] ①안타까워 애가 타는 듯하다. 예애틋한 사연이 담긴 편지. ②마음을 끄는 정겨운 느낌이 있다. 예애틋한 정을 나누다. ③매우

아깝고 섭섭하다. 예오누이의 애틋한 작별. 애틋이.

애프터서비스(after service) 상품을 판 뒤에도, 일정한 기간 동안 그 상품에 대하여 수리·점검 등의 봉사를 하는 일. 回에이에스(AS).

애:향단(愛鄕團) 자기 고장을 사랑하고 발전시키기 위하여 조직된 단체.

애:호(愛護) 아끼고 소중히 다루며 보호함. 예문화재 애호. 애호하다.

애:호가(愛好家) 어떤 사물을 몹시 좋아하는 사람. 예음악 애호가.

애호박 덜 큰 어린 호박.

애화(哀話) 슬픈 이야기. 回비화.

애환(哀歡) 일상생활에서 겪는 기쁨과 슬픔. 예삶의 애환이 깃든 노래.

액땜(厄—) 앞으로 닥쳐올 나쁜 일을 작은 사고로 미리 겪음으로써 무사히 넘김. 예이번 사고는 액땜으로 치고 앞으로 더 조심하자. 액땜하다.

액면(額面) [앵면] '말이나 글의 표현된 그대로의 것'을 비유하여 이르는 말. 예그의 말은 하도 허풍이 심해서 액면 그대로 믿기 어렵다.

액세서리(accessory) ①옷의 조화를 돕기 위한 부속품. ②몸을 맵시 있게 꾸미는 데 쓰는 기구. 넥타이·핸드백·장갑·브로치 등. |잘못| 악세사리.

액센트(accent) '악센트'의 잘못.

액션(action) 거칠고 폭력적인 배우의 연기. 예액션 영화.

액수(額數) [액쑤] 돈의 분량을 나타내는 수의 크기. 예용돈 액수. 回금액.

액운(厄運) [애균] 뜻밖의 불행한 일을 당할 운수.

액자(額子) [액짜] 그림이나 사진·글 등을 넣어 벽에 걸기 위한 틀.

액정(液晶) [액쩡] 시계·전자계산기·텔레비전 화면 등에 이용하는, 액체와 고체의 중간 상태에 있는 물질. 예액정 화면.

액체(液體) 물이나 알코올·기름 등과 같이, 부피는 일정하나 모양은 넣는 그릇에 따라 변하는 물질. 열을 가하면 기체가 되고, 차게 하면 고체가 된다. 魯고체·기체.

액화(液化) [애콰] 기체가 냉각·압축되어 액체로 변함, 또는 그렇게 만드는 일. 예액화 천연가스. 魯기화·승화. 액화되다. 액화하다.

앨범(album) 사진첩. 예졸업 앨범.

앰뷸런스(ambulance) 구급차. |잘못| 앰블란스.

앰블란스(ambulance) '앰뷸런스'의 잘못.

앳(at) 인터넷에서, 아이디와 도메인의 구분. 기호는 '@'.

앳되다 [앧뙤다/앧뛔다] 나이에 비해 아주 어려 보이다. 예앳된 얼굴. |잘못| 애띠다.

앵 모기나 벌 등이 날 때 나는 소리. 앵앵.

앵두 앵두나무의 열매. 본앵도.

앵두나무 장미과의 낙엽 지는 떨기나무. 어린 가지는 털이 빽빽이 나 있다. 4월에 흰색 또는 연분홍색 꽃이 잎보다 먼저 핀다. 열매인 '앵두'는 둥글며 6월에 익는다.

〈앵두나무〉

앵무새(鸚鵡—) 앵무과의 새. 몸빛은 다채로우며, 부리는 굵고 꼬부라져 있다. 과일의 열매나 곡식 등을 먹고 살며, 사람이나 동물의 소리를 잘 흉내 낸다.

앵앵거리다 모기나 벌 등이 날면서 앵앵

〈앵무새〉

소리를 내다. [예]쓰레기장 주변에는 늘 파리가 앵앵거린다. [비]앵앵대다.

앵앵대다 ➡앵앵거리다.

앵커(anchor) 방송에서, 해설을 곁들여 뉴스를 진행하는 사람. [비]앵커맨.

야:[1] ①반갑거나 놀랍거나 감탄하거나 할 때 내는 소리. [예]야, 정말 신기하다./야, 눈이다! ②어른이 아이를 또는 친구끼리 상대를 부르는 소리. [예]야, 거기 서.

야[2] 아랫사람이나 친구, 동물 또는 어떤 사물을 부를 때 쓰이는 말. [예]영희야./새야 새야 파랑새야. [참]아[2].

야:간(夜間) 밤사이. 밤 동안. [예]야간 근무. [반]주간.

야:경(夜景) 밤의 경치.

야:광(夜光) 밤 또는 어두운 곳에서 빛을 냄, 또는 그 빛. [예]야광 시계.

야:광주(夜光珠) 고대 중국에 있었다는, 밤에도 빛나는 구슬. [비]야명주.

야:구(野球) 각각 9명으로 이루어진 두 팀이 아홉 차례씩 공격과 방어를 거듭하여 득점을 겨루는 경기. 공격은 상대편의 투수가 던진 공을 배트로 치고 1·2·3루를 거쳐 홈 베이스에 돌아오면 한 점을 얻게 된다.

야:구공(野球—) 야구 경기에 쓰이는 공. [예]야구공을 던지다.

야:구장(野球場) 야구 경기를 하는 운동장.

야:구팀(野球team) 한 팀을 이루는 야구 선수의 단체. [비]야구단.

야:근(夜勤) 밤에 일함. [예]아버지는 야근을 하시고 밤늦게 들어오셨다. **야근하다**.

야금거리다 ①무엇을 입 안에 넣고 조금씩 씹다. ②조금씩 자꾸 탐내어 가지거나 소비하다. [비]야금대다.

야금대다 ➡야금거리다.

야금야금 [야금냐금/야그먀금] 자꾸 야금거리는 모양. [예]토끼가 풀을 야금야금 먹는다./용돈을 야금야금 다 써 버렸다.

야:단(惹端) ①큰 소리로 마구 꾸짖음. [예]어머니께 야단을 맞았다. ②떠들썩하게 일을 벌임. [예]동생이 소풍 준비를 한다고 야단이다. **야단하다**.

야:단나다(惹端—) ①떠들썩한 일이 벌어지다. ②몹시 곤란하거나 어려운 일이 생기다. [예]약속 시간에 늦어서 야단났다.

야:단맞다(惹端—) [야단맏따] 크게 꾸지람을 듣다. [예]늦게 들어가면 아버지께 야단맞는다.

야:단법석(惹端—) [야단법썩] 많은 사람이 한곳에 모여 서로 다투며 떠드는 시끄러운 판. [예]서로 먼저 가려고 야단법석이다.

야:단스럽다(惹端—) [야단스럽따] 시끄럽고 떠들썩하다. [활용] 야단스러우니·야단스러워. **야단스레**.

야:단치다(惹端—) 큰 소리로 몹시 꾸짖다. [예]아무리 야단쳐도 말을 안 들으니 어쩌면 좋아.

야:당(野黨) 정당 정치에서, 현재 정권을 잡고 있지 못한 정당. [준]야. [반]여당.

야드(yard) 영국, 미국 등에서 길이를 잴 때 쓰는 말. 1야드는 91.44cm이다. 기호는 'yd'.

야들야들 [야들랴들/야드랴들] 윤이 나고 연하며 부드러운 모양. [예]야들야들 보드라운 상추 잎사귀. [큰]이들이들.

야릇하다 [야르타다] 무엇이라 표현할 수 없게 묘하고 이상하다. [예]야릇한 웃음/느낌이 야릇하다.

야:만(野蠻) ①문화의 정도가 낮고 뒤떨어진 상태, 또는 그 지역이나 주민. [비]미개. [반]문명. ②교양이 없고 예의를 모르고 사나움, 또는 그런 사람.

야:만스럽다(野蠻—) [야만스럽따] ①문화의 정도가 낮고 뒤떨어진 데가

있다. 예야만스러운 풍습. ②교양이 없고 예의를 모르며 사나운 데가 있다. |활용| 야만스러우니·야만스러워. 야만스레.

야:만인(野蠻人)[야마닌] 야만스러운 사람. 삐미개인. 뺀문명인·문화인.

야:만적(野蠻的) 야만스러운 것. 예야만적인 행동.

야:망(野望) 크게 무엇을 이루어 보겠다는 희망이나 욕망. 예청년들이여, 야망을 가져라!

야:맹증(夜盲症)[야맹쯩] 밤에는 눈이 잘 보이지 않게 되는 병. 비타민 에이(A)의 부족으로 일어난다.

야멸차다 태도가 차갑고 남을 생각하는 마음이 거의 없다. 예남의 부탁을 그렇게 야멸차게 거절하다니. 삐야멸치다.

야무지다 허술한 데가 없이 다부지고 똑똑하다. 예영희는 나이는 어리지만 여간 야무지지 않다. 흰여무지다.

야물다 ①생김새나 말·행동 등이 단단하고 깜찍하다. 예아주 야물게 생긴 소년. ②일이 빈틈없이 되어 뒤탈이 없다. 예일을 아주 야물게 하다. 흰여물다. |활용| 야무니·야물어.

야:박하다(野薄—)[야바카다] 태도가 차고 쌀쌀하다. 또는 인정이 없다. 예야박한 인심. 야박히.

야:밤(夜—) 아주 늦은 밤. 예야밤에 어딜 가려고?

야:별초(夜別抄) 고려 시대에, 최우가 도적을 막기 위해 조직한 특수 군대. 뒤에 좌별초와 우별초로 나누어진다.

야:비하다(野卑—) 성질이나 말·행동이 비열하고 더럽다. 예야비한 태도/야비하게 반칙을 하다니.

야:산(野山) 들 근처에 있는 나지막한 산.

야:상곡(夜想曲) 조용한 밤의 분위기를 나타낸 서정적인 피아노곡. 삐녹턴.

야:생(野生) 동식물이 산이나 들에 저절로 나서 자람, 또는 그런 동식물. 야생하다.

야:생 동:물(野生動物) 사람이 기른 것이 아니라, 산이나 들에서 저절로 나서 자라는 동물. 뺀사육 동물.

야:생마(野生馬) 산이나 들에서 자라 길들여지지 않은 말.

야:생 식물(野生植物) 사람이 가꾼 것이 아니라, 산이나 들에서 저절로 나서 자라는 식물. 뺀재배 식물.

야:생초(野生草) 산이나 들에서 저절로 나고 자라는 풀. 삐들풀.

야:생화(野生花) 산이나 들에서 저절로 나고 자라는 식물의 꽃. 삐들꽃.

야:속스럽다(野俗—)[야쏙쓰럽따] 야속한 데가 있다. |활용| 야속스러우니·야속스러워. 야속스레.

야:속하다(野俗—)[야소카다] ①인정머리 없고 쌀쌀하다. 예야속한 세상. ②언짢고 섭섭하다. 예내 말을 너무 야속하게 생각하지 마라. 야속히.

야:수(野獸) ①산이나 들에서 자라 길들여지지 않은 사나운 짐승. 삐맹수. ②'몹시 거칠고 사나운 사람'을 비유하여 이르는 말. 예그는 평소에는 얌전한데 술만 마시면 야수로 돌변한다.

야:습(夜襲) 밤에 갑자기 쳐들어감. 야습하다.

야:시장(夜市場) 밤에 벌이는 시장.

야:식(夜食) 밤에 음식을 먹음, 또는 그 음식. 예출출한데 야식이나 시켜 먹을까? 삐밤참. 야식하다.

야:심(野心) ①큰일을 이루어 보려는 마음. 예야심이 큰 사업가. ②남을 해치려는 나쁜 계획. 또는 야비한 마음. 예세계를 정복하려는 음흉한 야심.

야:영(野營) ①훈련이나 등산·휴양 등의 목적으로 들에 천막을 치고 잠, 또는 그런 생활. 삐캠핑. ②군대가, 들

에 임시로 군대 생활에 필요한 여러 가지 시설을 마련하여 밤을 지냄, 또는 그런 생활. 야영하다.

야:영장(野營場) 천막을 치고 훈련이나 휴양을 할 수 있게 만들어 놓은 산이나 들의 장소.

야:영지(野營地) 산·들·물가 등에 천막을 치고 훈련이나 휴양을 하는 곳. 예야영지에 도착하자마자 텐트를 치고 저녁 준비를 했다.

야옹 고양이가 우는 소리. 야옹야옹.

야:외(野外) [야외/야웨] ①도시나 마을에서 좀 떨어져 있는 들. 예주말에 가족끼리 야외로 소풍을 갔다. 비교외. ②집 밖. 예야외 연주회.

야:욕(野慾) 자기 이익만 채우려는 나쁜 욕심. 예침략의 야욕.

야위다 몸의 살이 빠지다. 예동생은 병으로 몸이 야위었다. 큰여위다.

야:유(揶揄) 다른 사람을 비웃고 놀림, 또는 그런 말이나 행동. 예심판이 아웃을 선언하자 관중석에서 야유가 터져 나왔다. 야유하다.

야:유회(野遊會) [야유회/야유훼] 들에 나가서 노는 모임. 비들놀이.

야:자(椰子) ①➡야자나무. ②야자나무의 열매.

야:자나무(椰子—) 야자과의 늘푸른 큰키나무. 열대 지방에서 자라는데, 높이는 10~30 m이고 잎은 깃 모양이다. 열매는 먹을 수 있고, 비누나 인조버터의 원료로 쓰인다. 비야자·야자수.

〈야자나무〉

야:자수(椰子樹) ➡야자나무.

야:적(野積) 물건을 임시로 건물 밖에 쌓아 둠. 비노적. 야적되다. 야적하

다. 예목재를 뒤뜰에 야적했다.

야:적장(野積場) [야적짱] 물건을 임시로 건물 밖에 쌓아 두는 곳.

야:전¹(夜戰) 밤에 하는 전투.

야:전²(野戰) 산이나 들판에서 하는 전투. 예야전군.

야:전 병:원(野戰病院) 다치거나 병에 걸린 군인들을 치료하기 위하여 싸움터와 가까운 곳에 임시로 마련한 병원.

야:전 침:대(野戰寢臺) 야외에서 사용하기 간편하도록, 접어서 지니고 다닐 수 있게 만든 침대.

야:채(野菜) 밭에 가꾸어 먹는 농작물, 곧 '무·배추·오이·가지·파 등'을 통틀어 이르는 말. 비채소.

야트막하다 [야트마카다] 약간 얕은 듯하다. 예야트막한 담.

야:하다(冶—) 꾸민 것이 점잖지 못하고 천하게 느껴질 만큼 화려하다. 예저 여자는 옷차림이 너무 야하다.

야:학(夜學) 밤에 모여서 글을 가르치거나 배우는 과정, 또는 그 교육 기관.

야:행성(夜行性) [야행썽] 동물이 주로 밤에 활동하는 습성. 예고양이는 야행성 동물이다.

야호 ①등산하는 사람이 서로 위치를 알리거나 상쾌감을 나타내어 지르는 고함 소리. |참고| 야호는 '요호(yo-ho)'에서 온 말. ②신이 나서 지르는 소리. 예야호, 바다다!

약¹ 기분이 몹시 나쁘고 화가 나는 감정.

약(을) 올리다[관용] 기분이 나빠지게 하거나 은근히 화가 나게 하다. 예동생이 자꾸 약을 올려서 꿀밤을 주었다.

약(이) 오르다[관용] 기분이 나빠져서 은근히 화가 나다. 예친구가 내 별명을 부르며 놀려서 약이 올랐다.

약²(約) 《수량을 나타내는 말 앞에 쓰여》 '대강'·'대략'의 뜻을 나타내는 말. 예이 자리에 모인 청중이 약 오백 명쯤 된다.

약³(藥) 병이나 상처를 고쳐 낫게 하거나 미리 막기 위하여, 먹거나 바르거나 주사하는 물질. 감기약·위장약 등.

약간(若干) [약깐] 얼마 되지 않음. 또는 얼마 안 되게. 예약간의 돈/찌개에 소금을 약간 넣었다. 回다소·조금.

약골(弱骨) [약꼴] 몸이 약한 사람. 또는 약한 몸. 예동생은 어려서부터 약골이라 부모님이 걱정을 많이 하셨다.

약과(藥果) [약꽈] ①우리나라 고유의 과자의 한 가지. 밀가루를 꿀·기름 등으로 반죽하여 여러 가지 모양으로 썬 다음 기름에 지져서 만든다. ②'그 정도 당하는 일은 아무것도 아님'의 뜻을 이르는 말. 예그 정도는 약과다.

약국(藥局) [약꾹] 약사가 약을 조제하거나 파는 곳.

약다 [약따] 자기에게만 이롭게 부리는 꾀가 많다. 예내 동생은 세 살짜리 치고는 꽤 약다.

약도(略圖) [약또] 간략하게 줄여서 대충 그린 그림. 예우리 동네 약도.

약동(躍動) [약똥] 생기 있고 활발하게 움직임. 약동하다. 예약동하는 젊음.

약력(略歷) [양녁] 한 사람이 지금까지 거쳐 온 학력·직업 등을 중요한 것만 간단하게 적은 기록. 예저자 약력.

약령시(藥令市) [양녕시] 지난날, 해마다 봄과 가을에 약을 짓는 재료를 사고팔던 시장. 대구·대전·전주 등지에 섰으며, 조선 효종 때부터 시작되었다고 한다.

약물(藥物) [양물] 약이 되는 물질. 예약물 남용/약물 중독.

약밥(藥—) [약빱] 물에 불린 찹쌀에 꿀이나 흑설탕·참기름·진간장·대추·밤 등을 넣고 찐 밥. 回약식.

약방(藥房) [약빵] 제약 회사가 만든 의약품을 파는 가게를 흔히 이르는 말.

약분(約分) [약뿐] 분수의 분모와 분자를 그들의 공약수로 나누어 간단하게 함. 回맞줄임. 약분되다. 약분하다.

약사(藥師) [약싸] 면허를 받아서 의사의 처방에 따라 약을 짓거나 파는 사람.

약사발(藥沙鉢) [약싸발] ①약을 담는 사발. ②지난날, 임금이 죄인에게 스스로 죽도록 하기 위하여 독약을 내릴 때, 그 독약을 담던 그릇.

약삭빠르다 [약싹빠르다] 꾀가 있고 눈치가 빠르다. 예민수는 약삭빠르게 자리를 피했다. |활용| 약삭빠르니·약삭빨라.

약세(弱勢) [약쎄] 약한 힘이나 기세. 예상대 팀은 우리에 비해 전력이 약세인 것으로 드러났다. 回강세.

약소(弱小) [약쏘] 약하고 작음. 回강대. 약소하다.

약소국(弱小國) [약쏘국] 경제나 군사적 힘 등이 약하고 작은 나라. 回약소국가. 回강대국.

약소국가(弱小國家) [약쏘국까] ⇒약소국.

약소민족(弱小民族) [약쏘민족] 경제나 군사적 힘이 약하고 작은 민족.

약소하다(略少—) [약쏘하다] 적고 변변하지 못하다. 예약소한 선물입니다만 받아 주십시오.

약속(約束) [약쏙] 앞으로 할 일에 대하여 어떻게 하기로 상대편과 미리 정하여 둠. 예약속 장소/약속을 지키지 못하다. 약속되다. 약속하다.

약손(藥—) [약쏜] ①⇒약손가락. ②아픈 곳을 만지면 낫는다고 하여 어루만져 주는 손. 예엄마 손은 약손.

약손가락(藥-) [약쏜까락] 가운뎃손가락과 새끼손가락 사이에 있는 손가락. 町무명지·약손·약지.

약솜(藥-) [약쏨] 치료에 쓰는, 소독한 솜. 町탈지면.

약수¹(約數) [약쑤] 어떤 수나 식을 나누어, 나머지가 없이 떨어지는 수나 식. 12의 약수는 1, 2, 3, 4, 6, 12의 6개이다. 町배수.

약수²(藥水) [약쑤] 땅속에서 저절로 나오는, 약의 효력이 있다고 하는 샘물. 町약물.

약수저(藥-) [약쑤저] ➡ 약숟가락.

약수터(藥水-) [약쑤터] 약수가 나는 곳. 예할아버지는 아침마다 약수터에 다녀오신다. 町약물터.

약숟가락(藥-) [약쑫까락] 약을 떠먹는 숟가락. 町약수저.

약시(弱視) [약씨] 안경을 써도 교정할 수 없을 만큼 약한 시력, 또는 그런 시력을 가진 사람. 예우리 형은 심한 약시이다.

약식¹(略式) [약씩] 정식 절차를 줄인 간단한 방식. 예이번 행사는 약식으로 치르기로 했다. 町정식.

약식²(藥食) [약씩] ➡ 약밥.

약용(藥用) [야공] 약으로 씀. 예약용 식물.

약육강식(弱肉強食) [야국깡식] 약한 것이 강한 것에게 먹힘. 예약육강식의 동물 세계.

약자(弱者) [약짜] 권력이나 힘·세력 등이 약한 사람. 町강자.

약장수(藥-) [약짱수] 거리나 장터에서 사람들을 끌어모아 약을 파는 사람.

약재(藥材) [약째] 약을 짓는 데 쓰는 재료.

약점(弱點) [약쩜] ①모자라서 남에게 뒤떨어지는 점. 예약점을 보완하다. 町결점·단점. 町강점. ②떳떳하지 못한 점. 예약점을 잡다.

약제(藥劑) [약쩨] 여러 가지 약의 재료를 가공하여 조제한 약.

약조(約條) [약쪼] 조건을 붙여서 약속함, 또는 그 약속. 약조하다.

약주(藥酒) [약쭈] ①약을 만들 때 쓰는 재료를 넣어 빚은 술. 町약술. ②'술'을 점잖게 이르는 말.

약지(藥指) [약찌] ➡ 약손가락.

약진(躍進) [약찐] 《힘차게 나아간다는 뜻으로》 매우 빠르게 발전함. 약진하다. 예약진하는 자동차 산업.

약체(弱體) ①약한 몸. ②실력이 약한 단체나 조직. 예우리를 약체라고 얕잡아 본 상대에게 본때를 보여 주자.

약초(藥草) 약으로 쓰이는 풀. 예약초를 캐다.

약탈(掠奪) 폭력을 써서 강제로 남의 것을 빼앗음. 약탈하다. 예해적들이 바닷가 마을에 나타나 재물을 약탈해 갔다.

약포지(藥包紙) 약을 싸는 종이.

약품(藥品) 만들어 놓은 약.

약하다(弱-) [야카다] ①힘이 세지 않다. 세력이 강하지 않다. 예왜 약한 사람을 괴롭혀? ②튼튼하지 못하다. 예언니는 몸이 약하다. ③견디는 힘이 작다. 예이 옷감은 열에 매우 약하다. ④능력·지식 등이 모자라다. 예나는 수학이 좀 약한 편이다. 町강하다.

약해지다(弱-) [야캐지다] 약하게 되다. 예몸이 많이 약해졌구나.

약혼(約婚) [야콘] 결혼하기로 서로 약속함, 또는 그 약속. 町정혼·혼약. 町파혼. 약혼하다.

약화(弱化) [야콰] 힘이나 실력 등이 약해짐, 또는 약하게 함. 町강화. 화되다. 예오랜 전쟁으로 국력이 약화되었다. 약화하다.

약효(藥效) [야쿄] 약의 효과나 효험. 예이 약은 꾸준히 먹어야 약효가 있다.

얄궂다 [얄굳따] ①이상야릇하고 짓궂다. 예얄궂은 질문/날씨가 얄궂다. ②성질이 괴상하다. 예얄궂은 사람.

얄따랗다 [얄따라타] 꽤 얇다. 예얄따란 이불. |활용| 얄따라니·얄따래.

얄'밉다 [얄밉따] 말이나 하는 짓이 매우 밉다. 예형은 항상 잘난 체하며 얄밉게 군다. |활용| 얄미우니·얄미워.

얄타 회'담(Yalta會談) 1945년 2월 러시아의 얄타에서 미국·영국·소련의 국가 원수들이 가진 회담. 독일의 항복 이후의 여러 문제, 국제 연합의 창설 등에 관한 중요한 협정이 체결되었다.

얄팍하다 [얄파카다] ①두께가 좀 얇다. 예무를 얄팍하게 썰다. ②하는 짓이, 속이 빤히 들여다보이다. 예얄팍한 수작.

얇다 [얄따] 두께가 두껍지 않다. 예얇은 책. 맨두껍다. 훈엷다. |발음| 얇아 [얄바]·얇고 [얄꼬]

얌전하다 성질이 온순하고 말과 행동이 차분하며 단정하다. 예얌전한 학생. 얌전히.

얌체 '부끄러움을 아는 마음이 없는 사람'을 얕잡아 이르는 말. 예언니는 얌체같이 자기 것만 챙긴다.

양¹(羊) 솟과의 가축. 초식 동물로 성질이 온순하고 무리를 지어 산다. 털과 고기·젖을 이용하려고 기르는데, 온몸에 가늘

〈양¹〉

고 곱슬곱슬한 털이 빽빽하게 나 있다. 맨면양.

양²(陽) 수학에서, 어떤 수가 0보다 큰 것. 예양의 정수. 맨음.

양³(量) 〈분량〉의 준말. 예많은 양의 책/양보다 질.

양에 차다 [관용] ①배가 부르다. ②부족함이 없이 만족하다.

양⁴(孃) 결혼하지 않은 여자를 조금 높여 부를 때, 성이나 이름 다음에 쓰는 말. 예김진희 양, 들어오세요. 참군.

양'가(兩家) 어떤 일을 함께 하는 양쪽 집. 예결혼식 후에 양가 부모님을 모시고 집들이를 했다.

양각(陽刻) 글자나 그림 등을 도드라지게 새기는 일, 또는 그 조각. 맨돋을새김. 맨음각. 양각되다. 양각하다.

양감(量感) 그림이나 조각 등에 나타나 있는, 실제의 것과 같은 부피나 무게의 느낌. 참질감.

양'계(養鷄) [양계/양게] 닭을 먹여 기름, 또는 그 닭. 양계하다.

양'계장(養鷄場) [양계장/양게장] 설비를 갖추어 놓고 많은 닭을 기르는 곳.

양곡(糧穀) 양식으로 쓰이는 곡식. 쌀·보리·밀 등.

양'국(兩國) 서로 관련이 있는, 두 나라. 예회의장에 양국 국기가 나란히 걸렸다.

양궁(洋弓) 서양식의 활, 또는 그 활을 쏘아 일정한 거리에 있는 표적을 맞추어 득점을 겨루는 경기. 참국궁.

양귀비(楊貴妃) 양귀비과의 한해살이풀. 5~6월에 붉은색·흰색 등의 꽃이 피고 열매는 둥글다. 덜 익은 열매에 상처를 내어 받은 즙액으로 아편을 만든다.

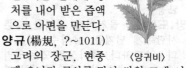
〈양귀비〉

양규(楊規, ?~1011) 고려의 장군. 현종 때 요나라 군사를 맞아 싸워 크게 이겼다.

양'극¹(兩極) ①남극과 북극. ②양극(+)과 음극(-).

양극²(陽極) 두 전극 사이에 전류가 흐르고 있을 때, 전압이 높은 쪽의 극. 곧, 플러스(+)의 극. 기호는 +. [반]음극.

양금(洋琴) 국악에서 쓰는 현악기의 한 가지. 네모 모양의 나무 판에 14 개의 쇠줄을 매고, 채로 쳐서 소리를 낸다.

〈양금〉

양기(陽氣) 만물을 만들어 내고 살아 움직이게 하는 기운. [반]음기.

양껏(量—) [양껃] 할 수 있는 데까지 많이. [예]오랜만에 고기를 양껏 먹었다.

양ː날톱(兩—) 양쪽에 날이 있는 톱. 보통, 한쪽은 켜는 톱니, 다른 한쪽은 자르는 톱니로 되어 있다.

양ː녀(養女) ➡수양딸.

양념 음식의 맛이나 향을 돋우기 위하여 쓰는 재료. 간장·된장·마늘·파 등.

양ː다리(兩—) 양쪽 다리.

양다리를 걸치다[관용] 양쪽에서 이익을 보려고 두 편에 모두 관계를 가지다.

양단(洋緞) 여러 가지 무늬를 놓아 두껍게 짠 고급 비단의 한 가지.

양ː단간(兩端間) 《주로 '양단간에'의 꼴로 쓰이어》 이렇게 되든 저렇게 되든. 어찌하든지. [예]갈지 말지 양단간에 결정을 내리자.

양달(陽—) 볕이 잘 드는 곳. [비]양지. [반]응달.

양ː도(讓渡) 물건이나 권리를 다른 사람에게 넘겨줌. [반]양수. 양도되다. 양도하다. [예]사장은 모든 권리를 후계자에게 양도하고 회사를 떠났다.

양ː돈(養豚) 돼지를 먹여 기름. [예]양돈 농가. 양돈하다.

양동이(洋—) 함석 등으로 만들어 물을 담아 들고 다니게 만든 원통 모양의 그릇.

〈양동이〉

양떼구름(羊—) 작은 구름 덩어리가 양 떼 모양으로 크고 둥글둥글하게 뭉쳐 있는 구름. [비]높쌘구름·고적운.

양란(洋蘭) [양난] 꽃을 보고 즐기기 위하여 온실에서 기르는, 열대나 아열대 지방이 원산지인 난을 이르는 말. [본]서양란.

양력(陽曆) [양녁] 지구가 태양의 둘레를 한 바퀴 도는 시간(약 365일)을 기준으로 삼아 만든 달력. [예]우리 가족은 양력으로 생일을 쇤다. [본]태양력. [반]음력.

양ː로(養老) [양노] 노인을 편안히 지낼 수 있도록 소중히 보살피는 일.

양ː로원(養老院) [양노원] 의지할 곳 없는 노인을 모아서 돌보아 주는 사회 복지 시설.

양만춘(楊萬春, ?~?) 고구려 보장왕 때의 장군. 645년에 중국 당나라의 태종이 30만 대군을 이끌고 고구려에 쳐들어왔을 때, 안시성을 결사적으로 지켜 전쟁을 승리로 이끌었다.

양말(洋襪) 맨발에 신도록 실로 떠서 만든 물건.

양ː면(兩面) 앞면과 뒷면. 양쪽 면. [예]양면 인쇄.

양ː면테이프(兩面tape) 접착테이프의 한 가지. 양쪽 면에 접착제가 칠해져 있어, 두 물건 사이를 붙일 수 있게 되어 있다.

양모(羊毛) 양의 털. [비]양털.

양ː미(兩眉) 양쪽 눈썹.

양ː미간(兩眉間) 두 눈썹 사이. [예]양미간을 찌푸리다. [준]미간.

양민(良民) 선량한 국민. 또는 어질고 착한 백성.

양ː반(兩班) ①조선 시대에, 벼슬아치나 신분이 높은 사람을 이르던 말. [예]양반 집안/양반 행세. [반]상민. ②점잖고 예의 바른 사람. [예]그분은 행실이 참 양반이다. ③남자를 대접하여, 또는 낮추어 이르는 말. [예]기사 양반, 빨리 좀 갑시다.

양배추(洋—) 십자화과의 두해살이풀. 잎은 넓고 두꺼우며, 여러 겹으로 되어 큰 공 모양을 이룬다. 5~6월에 꽃이 피며, 중요한 채소의 한 가지로 널리 이용되고 있다.

〈양배추〉

양ː변(兩邊) 좌변과 우변을 통틀어 이르는 말.

양ː병(養兵) 군사를 양성함. [예]십만 대군 양병. **양병하다**.

양ː보(讓步) ①남에게 길을 비켜 주거나 자리를 내줌. [예]자리 양보. ②자기의 의견이나 주장을 굽혀 남의 의견을 따름. [예]양측이 서로 조금씩 양보를 하기로 했다. **양보하다**.

양ː보심(讓步心) 양보하는 마음.

양복(洋服) 서양식으로 만든 옷. 흔히, 남자의 옷을 가리킨다. [반]한복.

양ː봉(養蜂) 꿀을 얻기 위하여, 꿀벌을 기름. **양봉하다**.

양ː부모(養父母) 양자로 들어간 집의 아버지와 어머니. [반]친부모.

양ː분1(兩分) 둘로 가르거나 나눔. **양분되다**. [예]전쟁으로 국토가 양분되었다. **양분하다**.

양ː분2(養分) 생물이 살아가거나 몸을 성장시키기 위하여 필요한 성분. [예]양분을 섭취하다./양분이 풍부하다. [비]영양분·자양분.

양비둘기(洋—) 비둘깃과의 새. 날개 길이 20cm가량. 집비둘기와 비슷하며, 벼랑의 바위 구멍 같은 곳에 둥지를 틀고 산다.

양사언(楊士彦, 1517~1584) 조선 시대의 문인·서예가. 호는 봉래. 강릉 부사·평창 군수 등 여러 지역의 지방관을 지냈다. 글과 글씨에 능했는데, 특히 초서와 큰 글자를 잘 써서 안평대군·김구·한호와 함께 조선 전기의 4대 서예가로 일컬어진다.

양산1(梁山) 경상남도 동쪽에 있는 시. 주요 산업은 농업·축산업·공업으로, 양산 공업 단지가 조성된 후 공업이 크게 발달하였다. 명승지로는 통도사·내원사 계곡 등이 있다.

양산2(陽傘) 햇빛을 가리기 위하여 쓰는, 우산같이 만든 물건.

양산3(量産) 많이 만들어 냄. **양산되다**. [예]불경기로 실업자가 양산되고 있다. **양산하다**. [예]인터넷 이용자들이 외계어를 양산한다.

양상(樣相) 사물의 생김새나 어떤 일의 상태. [예]전쟁이 새로운 양상을 띠게 되었다.

양상추(洋—) 국화과의 한해살이풀 또는 두해살이풀. 둥글고 넓은 잎이 양배추처럼 여러 겹으로 싸여 있다.

양서(良書) 내용이 좋은 책. 유익한 책. [반]악서.

양ː서류(兩棲類) 척추동물의 한 무리. 어류와 파충류의 중간 형태로, 새끼 때는 물속에서 아가미로 숨을 쉬고 자라면 폐가 생겨 뭍에서도 살 수 있다. 껍데기가 없는 알에서 태어나며, 바깥 온도에 따라 체온이 변한다. 개구리·도롱뇽 등.

양성1(陽性) 병이 있는지 확인하기 위한 검사를 했을 때, 특정한 반응이 나타나는 성질. [예]검사 결과 양성인 것으로 나타났습니다. [반]음성.

양ː성2(養成) 가르쳐서 길러 냄. [예]인

재 양성에 힘쓰다. ㉯육성. 양성되
다. 양성하다.

양속(良俗) 아름다운 풍속.

양!손(兩一) 양쪽 손. 두 손.

양송이(洋松栮) 서양종의 송이버섯.
흔히, 인공적으로 재배하는 식용 버
섯을 이르며, 여러 품종이 있다.

양수(陽數) 0보다 큰 수. ㉰음수.

양수기(揚水機) 물을 높은 곳으로 퍼
올리는 기계.

양 순 하 다(良
順一) 착하
고 순하다.
㉲민지는 심
성이 곱고 양
순하다.

〈양수기〉

양식¹(良識) 건전한 판단력이나 사고
방식. ㉲양식 있는 행동.

양식²(洋食) 서양식의 음식이나 식사.
㉰한식.

양식³(樣式) 자연히 그렇게 정해진 공
통의 형식이나 방식. ㉲전통적인 생
활 양식.

양!식⁴(養殖) 물고기나 김·굴 등을 인
공적으로 기르고 번식시키는 일.
㉲굴 양식/양식 진주. 양식하다.

양식⁵(糧食) ①살아가는 데 필요한 먹
을거리. ㉯식량. ②'정신적인 활동에
양분과 같은 구실을 하는 것'을 비유
하여 이르는 말. ㉲책은 마음의 양식
이다.

양식거리(糧食一) [양식꺼리] 살아가
는 데 필요한 식량으로 할 거리.

양!식 어업(養殖漁業) ➡양식업.

양!식업(養殖業) [양시겁] 물고기·
김·굴 등을 인공적으로 기르고 번
식시키는 일을 전문으로 하는 사업.
㉯양식 어업.

양!식장(養殖場) [양식짱] 물고기나
김·굴 등을 인공적으로 기르고 번식
시키는 곳.

양심(良心) 자기의 행위에 대하여 옳
고 그름을 판단하고, 바른 말과 행동
을 하려는 마음. ㉲양심의 가책을 느
끼다.

양!아들(養一) 아들이 없는 집에서 대
를 잇기 위하여 같은 성의 친척 중에
서 데려다가 삼은 아들. ㉯양자.

양약(洋藥) 서양 의술로 만든 약. ㉰
한약.

양양(襄陽) 강원도 중앙 동부의 속초
와 강릉 사이에 있는 군. 해수욕장과
낙산사 등의 문화재가 많아 관광지로
인기가 높다.

양!어장(養魚場) 물고기를 인공적으로
길러 번식시키는 곳.

양!옆(兩一) [양녑] 좌우 양쪽의 옆. ㉲도
로 양옆으로 가로수가 늘어서 있다.

양옥(洋屋) 서양식으로 지은 집. ㉯양
옥집. ㉰한옥.

양옥집(洋屋一) [양옥찝] ➡양옥.

양요(洋擾) 서양 사람에 의하여 일어
난 난리. 조선 고종 3(1866)년에 프랑
스 군함이 강화도에 침입한 병인양요
와, 고종 8(1871)년에 미국 군함이 강
화도에 침입한 신미양요가 있다.

양!원(兩院) 이원제 국회의 두 의원. 곧
민의원과 참의원, 또는 상원과 하원.

양!위(讓位) 임금의 자리를 물려줌. 양
위하다. ㉲왕은 세자에게 왕위를 양
위했다.

양!육(養育) 아이를 돌보아 길러 자라
게 함. ㉲자녀 양육. 양육되다. 양육
하다. ㉲그는 고아를 데려다가 정성
껏 양육하였다.

양은(洋銀) 구리·아연·니켈로 된 은
백색의 합금. 단단하고 녹이 슬지 않
으며 가공이 쉬워, 그릇이나 장식품
등을 만드는 데 쓰인다.

양!자(養子) ①➡양아들. ②친척이 아
닌 남을 데려다가 삼은 아들. ㉲양자
를 입양하다.

양:자택일(兩者擇一) [양자태길] 두 사람 또는 두 사물 중에서 하나를 선택함. 예사탕이랑 초콜릿 중에서 양자택일을 해라. 양자택일하다.

양:잠(養蠶) 누에를 기르는 일. 비누에치기. 양잠하다.

양:잠업(養蠶業) [양자법] 누에를 기르는 사업. 준잠업.

양장(洋裝) 여자의 옷을 서양식으로 차려입음, 또는 그 옷차림. 예양장 차림. 양장하다.

양재기(洋一) 양은이나 알루미늄 등으로 만든 움푹한 그릇.

양잿물(洋一) [양잰물] 《서양에서 받아들인 잿물이라는 뜻으로》 빨래를 할 때에 쓰이는 '수산화나트륨'을 이르는 말. 준잿물.

양적(量的) [양쩍] 분량에 관한 것. 양으로 본 것. 예양적 성장/양적으로 유리하다. 빤질적.

양전기(陽電氣) 유리 막대를 헝겊에 문지를 때, 유리 막대에 생기는 전기. '+' 부호로 나타낸다. 빤음전기.

양:조(釀造) 술이나 간장·식초 등을 담가서 만드는 일. 예양조간장. 양조하다.

양:족(兩足) 양쪽 발. 두 발.

양주[1](洋酒) 서양에서 들여온 술. 또는 서양식으로 빚어 만든 술. 위스키·브랜디·진 등.

양주[2](楊州) 경기도 동북쪽에 있는 시. 밤이 많이 나며, 소요산·회암사·운계 폭포·송추 유원지 등의 명승지가 있다.

양주동(梁柱東, 1903~1977) 국어학자·시인. 시 동인지 '금성'을 처음으로 펴내며 시인으로 활동하였고, '문예 공론'을 창간하였다. 신라 향가 등의 우리나라 고전을 연구하여 국어학계에 큰 업적을 남겼다. 주요 저서에 '조선 고가 연구'·'여요전주' 등이 있

고, 시집으로 '조선의 맥박' 등이 있다.

양주 별산대놀이(楊州別山臺一) 경기도 양주 지방에 전해 내려오는 가면극. 무형 문화재 제2호.

양지(陽地) 볕이 바로 드는 곳. 빤양달. 빤음지.

양지바르다(陽地一) 볕이 잘 들게 되어 있다. 예양지바른 언덕. |활용| 양지바르니·양지발라.

양지 식물(陽地植物) 햇빛이 쬐는 곳에서 잘 자라는 식물. 빤음지 식물.

양질(良質) 좋은 품질. 좋은 바탕. 예양질의 종이.

양:쪽(兩一) ①두 쪽. 두 개의 것. 예양쪽 손. ②두 방향. 두 방면. 예양쪽 길. 비양측·양편.

양쯔 강(Yangzi江) 중국의 중앙부를 흐르는, 아시아에서 가장 긴 강. 길이 6,300 km. 티베트 고원 북동부에서 시작된 물이 동쪽으로 흘러 바다로 들어간다.

양처(良妻) 어질고 착한 아내. 비현처. 빤악처.

양철(洋鐵) 안팎에 주석을 입힌 얇은 철판. 통조림통·기름통 등을 만드는 데 쓰인다. 비생철.

양초(洋一) 무명실로 심을 넣고 파라핀·밀랍 등을 원기둥 모양으로 만들어 불을 켤 수 있게 한 것.

양총(洋銃) 서양식 총.

양:측(兩側) ①두 편. 예양측 대표. 비양쪽·양편. ②양쪽 가장자리. 예도로의 양측.

양:치 〈양치질〉의 준말. |참고| 양치는 '양지(養枝)'에서 온 말. 양치하다.

양치기(羊一) 양을 기르는 사람. 또는 놓아 기르는 양을 돌보는 사람.

양치식물(羊齒植物) [양치싱물] 고사리처럼 꽃이 피지 않고 홀씨로 번식하는 식물의 종류. 비양치류.

양:치질 이를 닦는 일. 또는 물·소금물 등으로 입 안을 가셔 내는 일. ㉰양치. 양치질하다.

양:친(兩親) 아버지와 어머니. ㉮양친이 모두 살아 계신다. ㉯부모·어버이.

양탄자(洋-) 짐승의 털을 굵은 실에 박아 짠 천. 겉면에 털이 일어 폭신하고 아름다우며, 주로 방이나 마룻바닥에 깐다. ㉯융단·카펫.

양털(羊-) 양의 털. ㉯양모.

양파(洋-) 백합과의 두해살이풀. 잎은 가늘고 길며 속이 빈 파 모양이다. 땅속의 둥근 비늘줄기는 맛이 맵고 향기가 독특하여 널리 식용한다.

양:팔(兩-) 두 팔. 양쪽 팔.

양:팔 저울(兩-) 가로 막대의 중심을 받치고 양쪽에 똑같은 접시가 달린 저울.

양:편(兩便) 양쪽 편. ㉯양쪽·양측.

양평(楊平) 경기도 동쪽 끝에 있는 군. 남한강과 북한강이 만나는 양수리와 용문산·사나사 등의 명승지가 있다.

양푼 음식을 담거나 데우는 데 쓰는 놋그릇.

양품(洋品) 서양식으로 만든 물건. 특히, 옷이나 그 부속품 또는 장신구 등의 잡다한 상품.

양품점(洋品店) 서양식의 옷이나 그 부속품 또는 장신구를 파는 가게.

양해(諒解) 남의 사정을 헤아려 너그러이 받아들이거나 잘 이해함. ㉮친구에게 늦는다고 이야기하고 양해를 구했다. ㉯이해. 양해되다. 양해하다.

양호(良好) 매우 좋음. 양호하다. ㉮성적이 양호한 학생.

양:호실(養護室) 학교에서, 학생들의 건강이나 위생에 관한 일을 맡아보는 곳. '보건실'의 이전 말이다.

양화(洋畫) 〈서양화〉의 준말.

양화 나루(楊花-) 서울특별시 마포구 한강가에 있던 나루. 강화 쪽으로 가는 교통의 요지로, 한강을 통하여 지방에서 배에 싣고 온 물자를 저장하던 곳이다. ㉯양화진.

양화점(洋靴店) 구두를 만들어 파는 가게. ㉯구둣방.

얕다(얃따) ①표면에서 밑까지의 길이가 짧다. ㉮얕은 물. ②학문이나 지식이 적다. ㉮지식 수준이 얕다. ③정이 두텁지 못하다. ㉮형제간의 우애가 얕다. ㉰깊다. ㉯깊다. |발음| 얕아[야타]·얕고[얃꼬]

얕보다(얃뽀다) 남을 업신여겨 깔보다. 또는 낮추어서 하찮게 보다. ㉮상대를 얕본 것이 패배의 원인이다. ㉯깔보다.

얕잡다(얃짭따) 남을 낮추어 보아서 하찮게 여기다. ㉮어린애라고 얕잡아 보다가 창피를 당했다.

얘 '이 아이'가 줄어든 말. 아랫사람이나 나이가 비슷한 벗을 가리키거나 부르는 말. ㉮얘랑 놀아라./얘, 웬일로 이리 소란스러우냐? ㉵개·쟤.

얘:기 〈이야기〉의 준말.

어 ①놀라거나 당황하거나 초조하거나 급할 때, 갑자기 내는 소리. ㉮어, 이게 뭐지?/어, 위험해. ②기쁘거나 슬프거나 뉘우치거나 감탄하거나 할 때 내는 소리. ㉮어, 너 오랜만이다. ㉳아.

어:감(語感) 말이나 말소리에서 느껴지는 독특한 느낌.

어거지 '억지'의 잘못.

어:구(語句) 말의 구절.

어귀 드나드는 통로의 시작 부분. ㉮마을 어귀에 우뚝 서 있는 느티나무. ㉯입구.

어:근(語根) 한 낱말에서, 실질적인 뜻을 나타내는 부분. '사람답다'·'넉넉하다' 등에서 '사람·넉넉' 등.

어금니 송곳니 안쪽으로 난 큰 이. 가운데가 오목하며, 음식을 씹는 일을 한다.

어긋나기잎 [어근나기입] 줄기의 마디마다 하나씩 어긋나는 잎. ❽돌려나기잎·마주나기잎

어긋나다 [어근나다] ①말이나 행동 등이 사실·도리에 맞지 않고 틀리다. 例규칙에 어긋나다./예절에 어긋나는 행동. ②서로 꼭 맞지 않다. 例대문이 어긋나 잘 닫히지 않는다. ③오고 가는 길이 달라서, 서로 만나지 못하게 되다. 例길이 어긋나다.

어기다 약속·시간·명령 등을 지키지 않다. 例약속한 날짜를 어기다./법을 어기다.

어기적어기적 [어기저거기적] 팔다리를 크고 어색하게 움직이며 천천히 걷는 모양. 例발목을 삐어서 어기적어기적 걸어갔다.

어김없다 [어기멉따] 어기는 일이 없다. 틀림이 없다. 어김없이. 例그는 약속을 어김없이 지키는 사람이다.

어깃장 [어기짱/어긷짱] 순순히 따르지 않고 일부러 뻗대는 행동. 例언니는 걸핏하면 내 말에 어깃장을 놓는다.

어깨 ①팔이 몸에 붙은 곳으로부터 목까지 사이의 부분. ②옷의 소매 위쪽과 깃 사이의 부분.
어깨가 가볍다[관용] 무거운 책임에서 벗어나 마음이 홀가분하다.
어깨가 무겁다[관용] 맡겨진 임무나 기대가 커서 책임이 무겁다.
어깨가 으쓱거리다[관용] 뽐내고 싶은 기분이 들다.
어깨가 처지다[관용] 힘이 빠지다. 낙심하여 있다.
어깨를 겨루다[관용] 서로 비슷한 지위나 힘을 가지고 있다. ❶어깨를 나란히 하다.

어깨를 나란히 하다[관용] ➡어깨를 겨루다.

어깨동무 서로 팔을 어깨에 얹고 나란히 섬. 또는 그렇게 하고 노는 일. 例친구와 어깨동무를 하고 교문을 나섰다. 어깨동무하다.

어깨춤 신이 나서 어깨를 으쓱거리는 몸짓. 또는 그렇게 추는 춤.

어깻죽지 [어깨쭉찌/어깯쭉찌] 어깨에서 팔이 붙은 부분. 例무거운 짐을 날랐더니 어깻죽지가 아프다.

어깻짓 [어깨찓/어깯찓] 어깨를 흔들거나 으쓱거리는 짓. 어깻짓하다.

어:눌하다(語訥―) 말을 더듬고 분명하지 않게 하는 데가 있다. 例동생은 말투가 어눌해서 놀림을 받기도 한다.

어느 ①여럿 중에서 무엇인지 물을 때 쓰는 말. 例어느 것으로 살래? ②잘 모르거나 꼭 집어서 말할 수 없는 사물이나 사람·때·곳 등을 가리키는 말. 例옛날 어느 나라에 공주님이 살고 있었습니다.

어느덧 [어느덛] 어느 사이인지 모르는 동안에. 例어느덧 언덕에는 코스모스 꽃이 하나둘 피기 시작하였다.

어느새 어느 틈에 벌써. 例어느새 겨울 방학이 다 지나갔다.

어:는점(―點) 물이 얼기 시작하거나 얼음이 녹기 시작할 때의 온도. 1기압 아래에서 섭씨 0도를 이른다. ❶빙점.

어두워지다 어둡게 되다.

어두침침하다 ➡어둠침침하다.

어두컴컴하다 어둡고 컴컴하다. 例어두컴컴한 새벽길.

어둑어둑하다 [어두거두카다] 주위를 똑똑히 분간할 수 없을 만큼 어둡다. 例해가 지고 어느덧 어둑어둑한 저녁이 되었다.

어둑해지다 [어두캐지다] 조금 어둡게 되다.

어둠 밝지 않고 어두운 상태. 樫어두움.

어둠상자(一箱子)[어둠쌍자] ①빛의 성질을 알아보는 데 쓰기 위해 안을 검게 칠한 상자. ②카메라에서, 렌즈로만 빛이 들어오게 하는 상자 모양의 장치.

어둠침침하다 어둡고 흐리다. 예불을 켜지 않아 방 안이 어둠침침하다. 妃어두침침하다.

어둡다[어둡따] ①빛이 없어 밝지 않다. 예어두운 밤. ②빛깔이 짙거나 거무스름하다. 예나는 어두운 색 옷이 많다. ③분위기나 표정 등이 침울하다. 예오늘따라 표정이 어두워 보이는구나. ④눈이 잘 보이지 않거나 귀가 잘 들리지 않다. 예눈이 어두워서 신문을 보려면 안경을 써야 한다. ⑤어떤 일에 대하여 잘 모르다. 예세상일에 어둡다. |활용| 어두우니 · 어두워. 豐밝다.

어디 정하지 않은 '어느 곳'을 가리키는 말. 예어디를 가나 사람들이 친절하다.

어때 '어떠해'가 줄어든 말. 예요즈음 건강은 어때?

어떠하다 〈어떻다〉의 본말. 예그곳 날씨는 어떠합니까?

어떡하다[어떠카다] '어떠하게 하다'가 줄어든 말. 예엄마, 우리 이제 어떡해요?

어떤 ①사람이나 사물의 성질 · 상태 등이 무엇인지 물을 때 쓰는 말. 예이 책은 어떤 내용이야? ②여러 사물 가운데 대상으로 삼는 것이 무엇인지 물을 때 쓰는 말. 예이 중에서 어떤 것으로 할래?

어떻다[어떠타] 사물의 성질 · 상태 등이 어찌 되어 있다. 예요즘 어떻게 지내세요? 樫어떠하다. |활용| 어떠니 · 어때.

어려움 하기에 힘들거나 괴로운 것. 예그는 어려움을 이겨 내고 성공했다.

어려워지다 어렵게 되다.

어련하다 잘 알아서 하여 '틀림이 없다' · '잘못할 리가 없다'는 뜻으로 쓰이는 말. 예네가 하는 일인데 어련하겠니? 어련히.

어렴풋하다[어렴푸타다] ①보기에 잘 분간할 수 없이 희미하다. 예바다 저 멀리 어렴풋하게 보이는 섬. ②소리가 뚜렷하지 못하고 겨우 들리게 가늘고 약하다. 예어렴풋하게 들려오는 파도 소리. ③의식이나 기억에 잘 떠오르지 않고 흐릿하다. 예어릴 적 추억이 어렴풋하게 떠오른다. 樫아렴풋하다. 어렴풋이.

어렵다[어렵따] ①하기에 힘들거나 괴롭다. 예어려운 공사. ②말이나 글의 뜻을 이해하기가 까다롭다. 예시험 문제가 몹시 어렵다. ③생활이 가난하다. 예어려운 살림. ④마음 놓고 행동하기가 조심스럽고 거북하다. 예어른들이 계신 어려운 자리라 밥을 제대로 못 먹었다. ①②豐쉽다. |활용| 어려우니 · 어려워.

어렵사리[어렵싸리] 아주 어렵게. 예우리 부모님은 어렵사리 집을 마련하셨다.

어로(漁撈) 물고기 · 조개 · 바닷말 등을 잡거나 줍거나 따거나 하여 거두어들이는 일.

어뢰(魚雷)[어뢰/어뤠] 자동 장치에 의해 물속을 전진하여 군함 등의 목표물을 폭파하는 폭탄.

어루만지다 ①가볍게 쓰다듬으며 만지다. 예아빠는 내 머리를 어루만져 주셨다. ②말이나 행동으로 마음을 달래다. 예유가족의 슬픔을 어루만지다.

어류(魚類) 척추동물의 한 가지. 물속에 살며 온몸이 비늘로 덮여 있고 아가미로 호흡하는 동물, 곧 물고기를 통틀어 이르는 말. [비]어족.

어ː르다 어린아이를 달래거나 즐겁게 하려고, 몸을 잘 움직여 주거나 또는 좋은 것을 보여 주거나 들려주다. [예]엄마는 우는 아이를 업고 얼러 주셨다. [활용] 어르니·얼러.

어ː르신 〈어르신네〉의 준말.

어ː르신네 남의 아버지나 나이 많은 사람을 높여 이르는 말. [준]어르신.

어ː른 ①다 자란 사람. [비]성인. ②지위·나이 등이 자기보다 높은 사람.

어른거리다 ①분간하기 어렵게 조금 보이다 말다 하다. [예]먼 산에 아지랑이가 어른거린다. ②그림자가 희미하게 자꾸 움직이다. [예]나무 그림자가 창에 어른거린다. ③물이나 거울에 비친 그림자가 자꾸 흔들리다. [예]호수에 어른거리는 산 그림자. [비]어른대다. [작]아른거리다.

어른대다 ➡어른거리다.

어ː른벌레 곤충의 형태를 완전히 갖추고 알을 낳을 수 있을 만큼 자란 곤충. [비]성충. [반]애벌레.

어ː른스럽다 [어른스럽따] 어린아이의 말이나 행동이 의젓하고 어른 같은 데가 있다. [예]준호는 나이에 비해 아주 어른스럽다. [활용] 어른스러우니·어른스러워. 어른스레.

어른어른 [어르너른] 자꾸 어른거리는 모양. [작]아른아른.

어ː름 ①두 물건이 서로 맞닿은 그 사이. ②물건과 물건의 한가운데.

어름치 잉엇과의 민물고기. 몸길이 25 cm 가량. 몸은 옆으로 납작하고 몸빛은 은색인데, 옆구리에 검은 점으로 된 세로줄이 7~8개 있다. 우리나라의 특산종이다. 천연기념물 제259호.

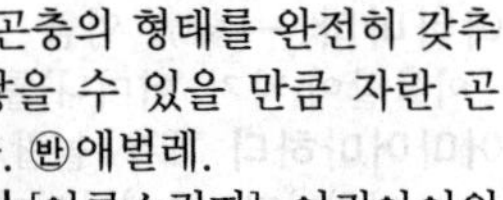
〈어름치〉

어리광 어른에게 어리고 예쁜 태도를 보이며 버릇없이 구는 짓. [예]동생이 장난감을 사 달라고 어리광을 부린다.

어리다[1] ①눈에 눈물이 조금 괴다. [예]눈물이 어린 눈. ②빛이나 그림자·모습 같은 것이 희미하게 비치다. [예]맑은 물속에 하늘이 어려 있다. ③어떤 현상이나 기운이 나타나다. [예]애정 어린 눈빛.

어리다[2] ①나이가 적다. [예]어린 소녀/어린 시절. ②동물·식물이 생겨난 지 오래되지 않아 약하고 작다. [예]어린 나무. ③경험이 적거나 수준이 낮다. [예]동생은 생각하는 게 아직 어리다.

어리둥절하다 어떻게 된 일인지 잘 몰라서 정신이 얼떨떨하다. [예]갑작스러운 소식에 모두들 어리둥절하였다.

어리벙벙하다 어떻게 된 일인지 잘 몰라서 정신을 차릴 수가 없다. [예]갑자기 이사를 간다는 말에 어리벙벙하여 아무 말도 못했다.

어리석다 [어리석따] 똑똑하지 못하고 둔하다. [예]어리석은 생각.

어리숙하다 [어리수카다] 똑똑하지 못하고 좀 어리석은 것 같다. [예]저 배우는 어리숙한 바보 연기를 꽤 잘한다. [비]어수룩하다.

어린싹 씨에서 처음 돋아나 자라서 줄기나 잎이 되는 부분. [비]어린눈.

어린아이 [어리나이] 나이가 어린 아이. [준]어린애.

어린애 [어리내] 〈어린아이〉의 준말.

어린양(一羊) [어린냥] 기독교에서, 인류의 죄를 대신해 자기 자신을 제물로 삼은 예수 그리스도를 이르는 말.

어린 왕자(一王子) 프랑스의 생텍쥐페리가 지은 소설.

어린이 [어리니] '어린아이'를 대접하여 이르는 말. 대개 4, 5세부터 초등학생까지의 아이를 이른다. [예]어린이 보호 구역.

어린이날 [어리니날] 어린이의 인격을 소중히 여겨 보호하고, 어린이의 행복을 위해 노력한다는 뜻에서 정한 날. 방정환을 비롯한 일본 유학생 모임인 색동회가 중심이 되어 정하였다. 5월 5일.

어린이 대:공원(―大公園) 서울특별시 광진구 능동에 있는 큰 규모의 어린이 공원. 놀이동산·식물원·동물원·야외 음악당 등의 교육 학습장과 각종 오락 시설이 있다.

어린이 신문(―新聞) ①어린이를 대상으로 펴내는 신문. ②주로, 초등학교에서 어린이들이 스스로 만들어 펴내는 신문.

어린이용(―用) [어리니용] 어린이가 사용하게 되어 있는 상태, 또는 그런 목적의 물건. 예어린이용 신발.

어린이집 [어리니집] 6세 미만의 어린이를 맡아 돌봐 주는 시설. 참놀이방·유치원.

어린이 헌:장(―憲章) 어린이의 인격을 존중하고 그들의 권리와 행복을 보장하기로 어른들이 다짐한 헌장. 1957년 5월 5일에 선포하였다.

어린이회(―會) [어리니회/어리니훼] 어린이들이 학교생활에서 스스로 할 일들을 의논하기 위하여 만든 모임. 초등학교의 자치회 등.

어린이 회:관(―會館) 어린이를 위한 문화·오락 등의 여러 가지 시설을 갖추어 놓은 집. 서울 어린이 대공원 안에 있다.

어림 대강 짐작으로 헤아림. 예어림으로 계산하다. 어림하다.

어림셈 대강 짐작으로 셈을 함, 또는 그런 셈. 어림셈하다.

어림수(―數) [어림쑤] 어떤 수치를 반올림 등의 방법으로, 대강 짐작하여 잡은 수.

어림없다 [어리멉따] 도저히 될 가망이 없거나 당할 수 없다. 예네가 나를 이긴다니 어림없는 소리다. 어림없이.

어림잡다 [어림잡따] 대강 짐작으로 헤아려 보다. 예오늘 모인 관객이 어림잡아 천 명은 되겠다.

어림짐작(―斟酌) 겉으로만 보고 대강 짐작함. 예저 남자의 나이는 어림짐작도 못하겠다. 어림짐작하다.

어릿거리다 [어릳꺼리다] 어렴풋하고 어지럽게 자꾸 눈에 어리거나 움직이다. 예창문에 어릿거리는 나무 그림자. 비어릿대다. 짝아릿거리다.

어릿광대 [어릳꽝대] 광대가 나오기 전에 먼저 나와서 우습고 재미있는 말과 행동으로 관객을 웃기는 사람. 비피에로.

어릿대다 [어릳때다] ➡어릿거리다.

어릿어릿 [어리더릳] 자꾸 어릿거리는 모양. 짝아릿아릿.

어마마마(―媽媽) 임금 또는 임금의 아들딸이 자기 '어머니'를 이르던 말.

어마어마하다 매우 놀랍게 굉장하거나 엄청나다. 예어마어마하게 큰 공장. 준어마하다.

어망(漁網) 물고기를 잡는 데 쓰는 그물. 예어망에 걸린 물고기.

어머 〈어머나〉의 준말. 예어머! 난 또 누구라고?

어머나 주로 여자가 깜짝 놀라거나 끔찍한 느낌이 들었을 때 내는 소리. 예어머나, 이 일을 어쩌면 좋지? 준어머. 짝아머나.

어머니 ①자기를 낳은 여자. 예우리 어머니는 시골에 계십니다. 비모친. 반아버지. 높어머님. 낮어미. 예엄마. ②'자식을 가진 여자'를 두루 이르는 말. ③'사물을 생겨나게 한 근본'을 비유하여 이르는 말. 예노력은 성공의 어머니.

어머님 〈어머니〉의 높임말. 반아버님.

어멈 '어미'를 조금 대접하여 이르는 말. 예어멈, 잠깐 이리 와 보렴. 반아범.

어:명(御命) 임금의 명령.

어묵(魚-) 물고기의 살을 으깨어 소금·설탕·녹말가루 등을 섞어서 여러 가지 모양으로 찌거나 구워 만든 음식.

어물(魚物) ①물고기·조개 등의 해산물. ②가공하여 말린 해산물.

어물거리다 말이나 행동을 분명하게 하지 않고 꾸물거리다. 비어물대다.

어물대다 ➡어물거리다.

어물어물 [어무러물] 자꾸 어물거리는 모양. 예나는 얼른 대답을 못하고 어물어물 말꼬리를 흐렸다.

어물전(魚物廛) 물고기나 미역 같은 해산물을 파는 가게.

어미 ①〈어머니〉의 낮춤말. 반아비. |잘못| 에미. ②새끼를 낳은 동물의 암컷. 예어미 오리.

어미자 고정되어 있는 자를 아들자에 상대하여 이르는 말. 큰 치수를 재는 데 쓴다.

어미소 송아지를 낳아 기르는 암소.

어민(漁民) 고기잡이를 직업으로 하는 사람. 비어부.

어방치기 '어림짐작'의 방언.

어버이 아버지와 어머니를 아울러 이르는 말. 비부모·양친.

어버이날 어머니와 아버지를 존중하고, 그 은혜를 생각하도록 하기 위하여 정한 날. 5월 8일.

어:법(語法) [어뻡] 말을 할 때 사용하는 일정한 규칙. 참문법.

어부(漁夫) 고기잡이를 직업으로 하는 사람. 비어민.

어부바 어린아이에게 등에 업히라는 뜻으로 하는 말. 어부바하다.

어분(魚粉) 물고기를 말려 빻은 가루. 비료나 사료로 쓰인다.

어:사(御史) 〈암행어사〉의 준말.

어:사화(御賜花) 지난날, 임금이 과거에 급제한 사람에게 내리던, 종이로 만든 꽃.

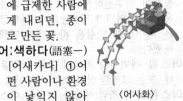

〈어사화〉

어:색하다(語塞-) [어새카다] ①어떤 사람이나 환경이 낯익지 않아 서먹서먹하다. 예어색한 자리. ②멋쩍고 쑥스럽다. 예어색한 웃음. ③격식이나 관습에 맞지 않아 자연스럽지 않다. 예어색한 옷차림/어색한 젓가락질.

어서 '빨리'·'곧'의 뜻으로 행동을 재촉하는 말. 예그만 자고 어서 일어나라. 비속히·얼른.

어서어서 '어서'의 힘줌말.

어석거리다 [어석꺼리다] 싱싱하고 연한 과일이나 채소 등을 자꾸 힘있게 깨물거나 써는 소리가 나다, 또는 그런 소리를 자꾸 내다. 비어석대다. 참아삭거리다.

어석대다 [어석때다] ➡어석거리다.

어석어석 [어서거석] 자꾸 어석거리는 소리. 예사과를 어석어석 씹어 먹었다. 참아삭아삭.

어선(漁船) 고기잡이를 하는 데 쓰는 배. 비고깃배·고기잡이배.

어:설프다 야무지지 못하고 서투르다. 예어설픈 솜씨. |활용| 어설프니·어설퍼.

어:설피 어설프게.

어셈블러(assembler) 기호 언어로 이루어진 프로그램이나 명령어를 기계어로 바꾸는 번역 프로그램.

어:소(御所) 임금이 계시는 곳.

어수룩하다 [어수루카다] 똑똑하지 못하고 좀 어리석은 것 같다. 예우리 형은 겉은 어수룩해 보여도 속은 알차다. 비어리숙하다. 참아수룩하다.

어수선하다 ①물건이 어지럽게 흩어

지거나 뒤섞여 있다. [예]방 안에 책과 공책이 어수선하게 널려 있다. ②마음이나 분위기가 뒤숭숭하다. [예]임금은 어수선한 민심을 바로잡기 위해 애썼다.

어스름 새벽이나 저녁의 조금 어두운 때, 또는 그러한 상태. [예]어스름 달밤.

어스름하다 조금 어둡다. [예]형은 어스름한 저녁 무렵에야 집에 돌아왔다.

어슬렁거리다 몸집이 큰 사람이나 큰 짐승이 서두르지 않고 천천히 걸어 다니다. [비]어슬렁대다. [작]아슬랑거리다.

어슬렁대다 ➡어슬렁거리다.

어슬렁어슬렁 자꾸 어슬렁거리는 모양. [예]호랑이가 어슬렁어슬렁 토끼에게 다가왔다. [작]아슬랑아슬랑.

어슴푸레하다 ①기억에 뚜렷하게 떠오르지 않고 희미하다. [예]할머니 댁에서 지내던 어린 시절이 어슴푸레하게 기억난다. ②뚜렷이 보이거나 들리지 않고 희미하다. [예]저 멀리 불빛이 어슴푸레하게 보인다. [작]아슴푸레하다.

어슷비슷하다 [어슫삐스타다] 큰 차이가 없이 서로 비슷비슷하다. [예]형과 나는 키가 어슷비슷하다.

어시스트(assist) 축구나 농구 등에서, 득점할 수 있는 위치에 있는 선수에게 공을 보내는 일.

어시장(魚市場) 생선을 사고파는 시장.

어:안 어이없어 말을 못하고 있는 혀 안.

어안이 벙벙하다[관용] 뜻밖에 놀랍거나 기막힌 일이 생겨 어리둥절하다. [예]나는 갑자기 물벼락을 맞고 어안이 벙벙했다.

어어 뜻밖의 일을 당했을 때 내는 소리. [예]어어, 여기 두었던 모자가 어디 갔지? [작]아아.

어언(於焉) 〈어언간〉의 준말. [예]초등학교를 졸업한 지도 어언 5년이 지났다.

어언간(於焉間) 알지 못하는 사이에 어느덧. [준]어언.

어업(漁業) 바다에서 나는 동식물을 잡거나, 기르고 번식시키거나 하여 수입을 얻는 사업.

어여머리 지난날, 부인이 예의를 갖추어 치장할 때 머리에 얹던 커다란 머리.

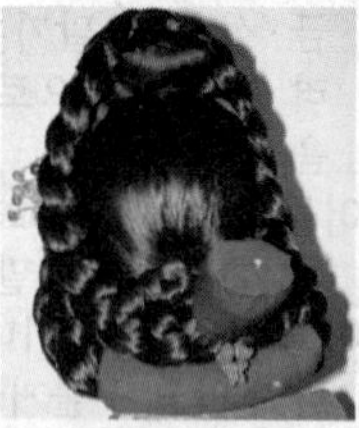
〈어여머리〉

어여쁘다 '예쁘다'를 예스럽게 이르는 말. [예]마음이 어여쁘다. |활용| 어여쁘니·어여뻐.

어여삐 어여쁘게.

어엿하다 [어여타다] 행동이 당당하고 떳떳하다. [예]어엿한 대한의 딸. 어엿이.

어영부영 별 생각 없이 되어 가는 대로 행동하는 모양. [예]어쩌다 보니 어영부영 방학이 지나가 버렸다.

어우러지다 여럿이 모여 조화된 한 덩어리나 한 판을 이루다. [예]동네 사람들이 한데 어우러져 춤을 추었다.

어우렁더우렁 서로 잘 어울려 지내는 모양을 나타낸다.

어우르다 여럿을 모아서 한 덩어리나 한 판이 되게 하다. [예]여러 재료를 한데 어우르다. |활용| 어우르니·어울러.

어울리다 ①여럿이 함께 사귀어 잘 지내다. [예]친구들과 어울려 밤늦게까지 놀았다. ②서로 조화가 잘 이루어져 자연스럽게 되다. [예]수진이는 긴 머리가 잘 어울린다. [작]아울리다.

어울림 여럿이 서로 잘 조화를 이룸.

어:원(語源) 어떤 말이 오늘날의 형태나 뜻으로 되기 전의 원래 형태나 뜻.

어유 ①뜻밖에 일어난 일에 대한 놀라움을 나타내는 소리. [예]어유, 큰일났네. ②고달프거나 몹시 귀찮거나 싫거나 못마땅할 때 하는 말. [예]어유, 또 먹기 싫은 반찬을 먹어야 되다니! [작]아유.

어육(魚肉) ①생선의 살. ②물고기와 짐승의 고기.

어윤중(魚允中, 1848~1896) 조선 말기의 문신. 신사 유람단의 한 사람으로 일본을 살펴보고 돌아와 개화사상을 널리 알렸으며, 뒤에 승지·참판 등을 거쳐 김홍집 내각의 탁지부 대신이 되었다. 아관 파천 때 고향인 보은으로 피신하던 중 용인에서 친러파에게 살해되었다.

어음 일정한 금액을 일정한 날짜와 장소에서 치를 것을 약속하는 신용 증권.

어:의(御醫) [어의/어이] 궁중에서, 임금이나 왕족의 건강을 돌보던 의원.

어이¹ 어처구니. 예진수는 어이가 없다는 듯한 표정을 지었다.

어이² '어찌'·'어떻게'의 예스러운 말. 예이 일을 어이 하나.

어이구 몹시 아프거나, 힘들거나, 놀라거나, 원통하거나, 기가 막히거나 할 때 내는 소리. 예어이구, 다리야./어이구, 깜짝이야. 준에구. 좌아이고. ㉧어이쿠.

어이없다 [어이업따] 일이 너무 엄청나거나 뜻밖이어서 기가 막히다. 예하도 어이없어서 말이 안 나온다. ㉖어처구니없다. 어이없이.

어장(漁場) 수산 자원이 풍부하고, 어업을 할 수 있는 바다. 예북태평양 어장.

어저께 어제.

어:전(御前) 임금의 앞. 예신하들은 어전에 엎드렸다.

어:전 회:의(御前會議) 나라의 중요한 일을 다루기 위하여 임금 앞에서 중신들이 하던 회의.

어:절(語節) 문장을 이루고 있는 각각의 마디. 띄어쓰기의 단위가 된다.

어정쩡하다 행동이 분명하지 않고 흐릿하다. 예어정쩡한 태도.

어제 오늘의 하루 전날. 예어제 어디 갔었니? ㉧어저께·작일. 반내일.

어제오늘 《어제와 오늘이라는 뜻으로》 아주 최근이나 요 며칠 사이. 예걔가 늦는 게 어제오늘 일도 아니지.

어제저녁 어제의 저녁. 예어제저녁에 책을 읽다가 잠이 들었다. 준엊저녁.

어젯밤 [어제빰/어젣빰] 어제의 밤.

어:조(語調) 말의 가락. 말하는 투. 예부드러운 어조.

어:족¹(魚族) 물고기의 종족. 비어류.

어:족²(語族) 말의 구조나 계통 등의 같고 다름을 비교해 볼 때, 같은 언어로부터 나왔다고 생각되는 언어의 한 무리. 예우랄·알타이 어족.

어중간하다(於中間─) 이것에도 저것에도 알맞지 않고 중간쯤 되는 듯하다. 예점심을 먹기에는 시간이 어중간하다. 어중간히.

어중이떠중이 여기저기서 모인 변변찮은 여러 종류의 사람들을 얕잡아 이르는 말. 예어중이떠중이만 모아 놓은 군대라 훈련이 잘 이루어지지 않는다.

어즈버 '아아 슬프다'라는 느낌을 나타내는 옛말.

어지간하다 ①정도가 어떤 표준에 거의 가깝다. 예그는 내 부탁이라면 어지간한 일은 들어준다. ②꽤 무던하다. 예그런 모욕을 당하고도 참다니 너도 참 어지간하다. ③그저 그만하다. 웬만하다. 예어지간한 실력으로는 풀기 어려운 문제다. 어지간히.

어지러워지다 어지럽게 되다.

어지럽다 [어지럽따] ①몸을 제대로 가눌 수 없을 만큼 정신이 흐리다. 예차를 오래 탔더니 머리가 어지럽다. ②질서 없이 마구 뒤섞여 있어 지저분하거나 혼란스럽다. 예책들이 어지럽게 널려 있다./나라가 매우 어지럽다. |활용| 어지러우니·어지러워.

어지러이.

어지르다 물건 등을 질서 없이 마구 늘어놓아 지저분하게 만들다. 예아기 가 방 안을 어질렀다. |활용| 어지르 니·어질러. |잘못| 어질다.

어:진(御眞) 임금의 모습을 그린 그림.

어질다¹ 마음이 너그럽고 인정이 두 텁다. 예어진 임금. |활용| 어지니·어 질어.

어질다² '어지르다'의 잘못.

어째서 '어찌하여서'가 줄어든 말.

어쨌든 [어쩯뜬] '어찌하였든'·'어찌 되었든'이 줄어든 말. 예어쨌든 지금 은 내 말을 들어라. 비여하튼.

어쩌다 ①이따금. 가끔가다가. 예언니 가 늦잠을 자는 것은 어쩌다 있는 일 이다. ②뜻밖에 우연히. 예엄마가 어 쩌다 그 일을 알게 되었다. 본어쩌 다가.

어쩌면 ①'어찌하면'이 줄어든 말. 예어쩌면 좋을지 나도 모르겠다. ②확 실하지 않지만 짐작하건대. 예어쩌면 오늘 못 만날지도 모른다. ③도대체 어떻게 해서. 예아! 어쩌면 이렇게 예 쁠까? 준어쩜.

어쩐지 어찌 된 까닭인지. 예어쩐지 좀 이상하더라니./이 나무는 어쩐지 무서운 느낌이 든다. 비왠지.

어쩜 〈어쩌면〉의 준말. 예어머, 어쩜 이렇게 예쁘니?

어:쭈 남의 잘난 체하는 말이나 행동을 비웃을 때 하는 말. 예어쭈, 네가 그 걸 들 수 있다고? 황아쭈.

어찌 ①어떻게. 예경기 결과가 어찌 되 었을까? ②어떤 방법으로. ③어떻게 몹시. 예어찌 기쁜지 눈물이 난다.

어찌나 '어찌'의 힘줌말. 예엄마 얼굴 을 보자 어찌나 반가운지 눈물이 나 왔다.

어찌하다 어떻게 하다. 예나는 어찌할 바를 모르고 허둥댔다. 비어떡하다.

어차피(於此彼) 어찌 되었든지. 또는 이렇게 하든지 저렇게 하든지. 예어 차피 할 일이라면 미리미리 해라. 본어 차어피에.

어처구니없다 [어처구니업따] 일이 너 무 뜻밖이어서 기가 막히다. 예그렇 게 당하고도 또 속다니 정말 어처구 니없다. 비어이없다.

어촌(漁村) 어업을 주로 하는 사람들이 모여 사는, 바닷가에 있는 마을. 비갯 마을.

-어치 《금액을 나타내는 말 뒤에 붙 어》'그 값에 해당하는 분량'의 뜻을 나타내는 말. 예콩나물 천 원어치 주 세요.

어:투(語套) ⇒말투.

어패류(魚貝類) 생선과 조개 종류를 통 틀어 이르는 말.

어:학(語學) ①언어를 연구하는 학문. 비언어학. ②외국어를 배워서 익히는 학문. 예어학 공부.

어:학자(語學者) [어학짜] 언어의 본질 이나 기능·상태·변화 등을 과학적으 로 연구하는 학자. 비언어학자.

어항¹(魚缸) ①금붕어 등의 물고기를 기르는 데 쓰는, 유리로 만든 그릇. ②통 모양으로 만든, 물고기를 잡는 데 쓰는 유리 항아리.

어항²(漁港) 고깃배가 닻을 내리고 머 무르거나 어획물을 저장·수송·가공 할 수 있는 시설 등을 갖춘 항구.

어허 미처 생각하지 못했던 일을 깨달 았을 때 내는 소리. 예어허, 이거 큰 일인데. 황아하.

어험 일부러 의젓한 태도를 나타내거 나 인기척을 나타내려는 헛기침 소 리. 예어험, 밖에 누가 왔는가?

어:혈(瘀血) 한방에서, 맞거나 부딪히 거나 하여 한곳에 퍼렇게 피가 맺혀 있는 증세. 또는 그 피. 예어혈이 들 다./어혈이 생기다.

어:화[1] 노래 같은 데서, 흥겹게 누구를 부를 때 앞세우는 소리. [예]어화, 우리네 농부들.

어화[2](漁火) 고기잡이배에 켜 놓은 등불.

어획(漁獲) [어획/어훽] 물고기나 조개 등을 잡거나 바닷말을 땀, 또는 그런 수산물. **어획하다**.

어획량(漁獲量) [어횡냥/어휑냥] 잡거나 딴 수산물의 양.

어:휘(語彙) 한 언어에서 또는 일정한 범위 안에서 쓰이는 낱말 전체. [예]어휘가 풍부한 국어사전.

어흥 ①호랑이가 사납게 달려들거나 부르짖을 때 내는 소리. ②어린아이에게 겁을 주기 위하여 호랑이의 소리를 흉내 내는 소리.

억[1] 갑자기 몹시 놀라거나 쓰러질 때 내는 소리.

억[2](億) 만(萬)의 만 곱절. 조(兆)의 만분의 일.

억누르다 [엉누르다] ①자유롭게 행동하지 못하게 강제로 내리누르다. [예]총칼로 자유를 억누를 수 없다. ②마음속에서 우러나오는 일을 억지로 참다. [예]놀고 싶은 마음을 억누르고 시험 공부를 했다. |활용| 억누르니·억눌러.

억눌리다 [엉눌리다] 남에게 억누름을 당하다. [예]침략자에게 억눌려 지낸 세월.

억류(抑留) [엉뉴] 자유롭게 행동하지 못하도록 강제로 붙잡아 둠. [예]억류 생활. **억류되다**. **억류하다**.

억만(億萬) [엉만] '썩 많은 수효'를 나타내는 말. [예]억만 금을 준대도 그 일은 하지 않겠다.

억만년(億萬年) [엉만년] 끝없이 긴 세월. [예]억만년 길이 빛날 우리 조국.

억만장자(億萬長者) [엉만장자] 헤아리기 어려울 정도로 재산이 많은 부자.

억불(抑佛) [억뿔] 불교를 억제함. [예]억불 정책. **억불하다**.

억:새 [억쌔] 볏과의 여러해살이풀. 산과 들에 저절로 나는데, 잎은 가늘고 길며 딱딱한 톱니가 있다. 7~9월에 누런 갈색 꽃이 핀다. 줄기와 잎은 지붕을 이는 데 쓰인다.

〈억새〉

억설(臆說) [억썰] 근거도 없이 제멋대로 추측하거나 억지를 부려 하는 말.

억세다 [억쎄다] ①몸이 튼튼하고 힘이 세다. [예]억센 팔. ②품은 뜻이나 성질이 굳고 세차다. [예]억센 의지. ③식물의 잎이나 줄기가 뻣뻣하고 세다. [예]나물이 좀 억세다. [작]악세다.

억수 [억쑤] 물을 퍼붓듯이 세차게 내리는 비. [예]하늘에 구멍이라도 뚫린 듯 억수 같은 비가 쏟아졌다. [작]악수.

억압(抑壓) [어갑] 행동이나 자유 등을 억지로 누름. **억압되다**. **억압하다**.

억양(抑揚) [어걍] 말이나 글의 뜻에 따라 높게 소리 내기도 하고 낮게 소리 내기도 하는 일.

억울하다(抑鬱―) [어굴하다] 아무 잘못 없이 불공평한 일을 당하여 속상하고 분하다. [예]그는 억울한 누명을 쓰고 감옥에 갇혔다. **억울히**.

억제(抑制) [억쩨] 감정·욕구·현상 등을 억눌러서 일어나지 못하게 함. **억제되다**. **억제하다**. [예]감정을 억제하다./물가 인상을 억제하다.

억지 [억찌] 자기의 생각이나 행동을 무리하게 내세우려는 고집. [예]억지를 쓰다./이미 다 결정된 일에 왜 억지를 부리니? [비]떼. |잘못| 어거지.

억지로 [억찌로] 강제로. 무리하게. [예]더 놀겠다고 버티는 동생을 억지로 끌고 집에 왔다.

억척스럽다 [억척쓰럽따] 어렵고 힘든 일에도 굽히지 않고 끈질기고 굳세게 해내는 태도가 있다. 예그는 밤낮으로 억척스럽게 일했다. ⊛악착스럽다. |활용| 억척스러우니·억척스러워. 억척스레.

억측(臆測) 근거 없이 짐작함, 또는 그런 짐작. 예그 사건에 대한 억측이 난무했다. 억측하다.

언급(言及) 어떤 문제에 대해서 말함. 언급되다. 언급하다. 예선생님이 학급 회의 결과에 대해 언급하셨다.

언니 ①자매 사이에서, 자기보다 먼저 태어난 여자 형제를 가리키거나 부르는 말. ⊕동생·아우. 魘누나·오빠·형¹. ②여자들 사이에서 자기보다 나이가 위인 사람을 정답게 부르는 말.

언덕 ①땅이 평지보다 조금 높고 비탈진 곳. 예언덕을 오르다. ⊕구릉. ②'보살펴 주고 이끌어 주는 대상'을 비유하여 이르는 말. 예그는 기댈 언덕 없이 혼자 힘으로 살아가야 했다.

언덕길 [언덕낄] 언덕으로 난 비탈진 길.

언덕배기 [언덕빼기] 언덕의 꼭대기. 또는 몹시 비탈지게 언덕진 곳. |잘못| 언덕빼기.

언도(言渡) 재판장이 판결을 알림. ⊕선고. 언도되다. 언도하다. 예판사는 범인에게 사형을 언도했다.

언동(言動) 말과 행동. 예매사에 언동을 삼가다. ⊕언행.

언뜻 [언뜯] ①매우 짧은 동안 잠깐. 예어두운 골목에서 불빛이 언뜻 보였다가 사라졌다. ②생각이나 느낌 등이 문득. 예기발한 생각이 언뜻 떠올랐다. ⊕얼핏.

언뜻언뜻 [언뜯떤뜯] 잠깐씩 잇달아 나타나거나 문득문득 생각나는 모양. 예옛 친구들의 모습이 언뜻언뜻 떠올랐다.

언론(言論) [얼론] 말이나 글로써 자기의 생각을 발표하는 일, 또는 그 말이나 글. 예언론 기관.

언론사(言論社) [얼론사] 언론을 담당하는 회사. 신문사·방송국 등. 예언론사들의 취재 열기가 뜨겁다.

언론의 자유(言論─自由) 헌법에 보장되어 있는 기본적인 인권의 한 가지. 개인이 그의 사상이나 의견을 말이나 글로써 발표할 수 있는 자유.

언:문(諺文) 지난날, '한글'을 낮추어 이르던 말. 한문을 진서라고 한 데 대하여 한글을 상놈의 글이란 뜻으로 천대하여 부른 이름이다.

언변(言辯) 말솜씨. 말재주. 예언변이 좋은 사람.

언사(言辭) 말이나 말씨. 예이번에는 네 언사가 지나쳤어.

언성(言聲) 말하는 소리.

언약(言約) [어냑] 말로 약속함, 또는 그 약속. 언약하다. 예결혼을 언약한 사이/다시 만날 것을 굳게 언약하다.

언어(言語) [어너] 생각이나 느낌을 나타내는 음성이나 기호의 체계. ⊕말.

언어 공:동체(言語共同體) 같은 말과 글을 사용하는 집단.

언어생활(言語生活) [어너생활] 말하거나 듣거나 쓰거나 읽거나 하는 언어와 관련된 생활. 예올바른 언어생활.

언어 장애(言語障礙) 말을 바르게 발음하지 못하거나 정확하게 이해하지 못하는 상태. 분명하지 못한 발음, 말을 더듬는 일, 실어증 등이 있다.

언어학(言語學) [어너학] 언어의 기능과 본질, 역사 등을 연구하는 학문.

언쟁(言爭) 말다툼. 언쟁하다.

언저리 ①둘레의 근방. 또는 주위의 부근. 예눈 언저리. ②어떤 나이나 시간의 앞뒤. 예회의는 한 시 언저리에 끝날 예정이다.

언:제 어느 때. 예일기는 언제 쓰니?

언:제나 어느 때에나. 아무 때고. 예이곳에 오면 언제나 나를 만날 수 있다. 비늘. 항상.

언:젠가 ①미래의 어느 때에. 예언젠가 유럽에 가 볼 거야. ②이전의 어느 때에. 예이 책은 언젠가 본 적이 있어.

언질(言質) 앞으로 어찌할 것이라는 말. 또는 나중에 증거가 될 말. 예아무 언질도 없이 가 버리면 어떡해?

언짢다 [언짠타] 마음에 들지 않거나 기분이 좋지 않다. 예언짢은 표정/내 말을 언짢게 생각하지 마라. |발음| 언짢아 [언짜나] · 언짢고 [언짠코]

언청이 태어날 때부터 윗입술이 갈라져 있는 사람을 얕잡아 이르는 말.

언:해(諺解) 한문을 우리말로 풀이함. 또는 그 책. 언해하다.

언:해본(諺解本) 한문을 우리말로 풀이한 책. 예훈민정음 언해본.

언행(言行) 말과 행동. 예언행이 일치하다. 본언어 행동. 비언동.

얹다 [언따] 물건을 다른 물건 위에 올려놓다. 예난로에 주전자를 얹어 놓았다. |발음| 얹어 [언저] · 얹고 [언꼬]

얹혀살다 [언처살다] 자기의 힘으로 살아가지 못하고 남에게 의지해 살다. 예형은 어릴 때 삼촌에게 얹혀살았다. |활용| 얹혀사니 · 얹혀살아.

얹히다 [언치다] 먹은 음식이 체하다. 예밥을 급히 먹었더니 얹혔나 봐.

얻:다 [얻따] ①남이 주는 것을 받아 가지다. 예친구에게 얻은 책. ②보거나 듣거나 하여, 깨달아 알거나 자기의 것으로 만들다. 예독서로 얻은 지식. ③허가나 승인 등을 받다. 예친구 집에서 자려면 어머니께 허락을 얻어야 해. ④이자나 세를 주고 빌려 쓰다. 예빚을 얻어 장사를 시작했다. ⑤며느리·사위·아내·남편 등을 맞다. 예옆집 할머니는 봄에 둘째 사위를 얻었다.

얻:어듣다 [어더듣따] 남에게서 우연히 들어서 알다. 예얻어들은 지식. |활용| 얻어들으니 · 얻어들어.

얻:어맞다 [어더맏따] 남에게 매를 맞다. 예얼굴을 얻어맞아 퍼렇게 멍이 들었다.

얻:어먹다 [어더먹따] ①남이 거저 주는 것을 받아먹다. 예얻어먹는 처지에 웬 불평이 그리 많으냐? ②욕설을 듣게 되다. 예사람들에게 욕을 얻어먹다.

얼: 정신. 넋. 혼(魂). 예조상들의 얼이 깃든 전통 공예.

얼간이 [얼가니] 됨됨이가 똑똑하지 못하고 모자라는 사람을 낮추어 이르는 말.

얼개 기계나 조직체의 전체적인 짜임새. 예소설의 얼개/모형 비행기의 얼개 그림. 비구조.

얼결 [얼껼] 얼떨결. 예나는 너무 놀라서 얼결에 친구의 손을 잡았다.

얼굴 ①눈이나 눈썹·입·코가 있는 머리의 앞부분. 비낯. ②그 사람의 명예나 지위. 또는 남을 대하기가 떳떳한 처지. 예네 얼굴을 봐서 이번 일은 용서해 준다. 비체면.

얼굴에 똥칠(먹칠)을 하다[관용] 창피를 당하다. 체면이 여지없이 깎이다.

얼굴에 철판을 깔다[관용] 뱃심이 좋고 유들유들하여 전혀 부끄럼을 모르다.

얼굴(이) 두껍다[관용] 뻔뻔스럽다.

얼굴빛 [얼굴삗] 얼굴에 나타난 표정이나 빛깔. 예창백한 얼굴빛. 비안색 · 얼굴색.

얼굴색(一色) [얼굴쌕] ➡얼굴빛. 예생일 선물을 받고 동생은 금세 얼굴색이 밝아졌다.

얼기설기 이리저리 뒤얽혀 있는 모양. 예얼기설기 얽힌 칡넝쿨. 쫀알기살기.

얼:다 ①온도가 낮아져서 액체가 고체로 바뀌다. 특히, 물이 굳어져서 얼음이 되다. 예강물이 꽁꽁 얼었다. ②추위로 몸의 어떤 부분이 차가워지고 감각이 없어지다. 예손발이 얼다.

ⓑ녹다. |활용|어니·어러.

얼떨결 [얼떨결] 갑자기 뜻밖의 일을 당하거나 일이 너무 복잡하여 정신을 차리지 못하는 판. 예얼떨결에 비밀을 말해 버렸다. ⓑ얼결.

얼떨떨하다 뜻밖의 일로 당황하거나 복잡한 일로 정신이 멍하다. 예민수는 내 말에 얼떨떨한 표정을 지었다.

얼럭밥 '잡곡밥'의 북한말.

얼렁뚱땅 능청스러운 말이나 수단으로 남을 교묘히 속여 넘기는 모양. 예이번에는 얼렁뚱땅 넘어갔지만 다음번에는 안 봐줄 거야. ⓐ알랑뚱땅.

얼레 실이나 연줄·낚싯줄 등을 감는 데 쓰는 기구. 가운데에 박은 자루를 돌리면서 감는다.

〈얼레〉

얼레빗 [얼레빗] 빗살이 굵고 성긴 큰 빗. ⓐ참빗.

얼루기 ①몸이나 털에 얼룩얼룩한 무늬나 점이 있는 짐승. ②얼룩얼룩한 무늬나 점, 또는 그런 무늬나 점이 있는 물건.

얼룩 ①본바탕의 빛깔과 다른 빛깔이 여기저기 섞여 있는 것. ②액체 등이 묻거나 스며서 생긴 자국. 예옷에 묻은 얼룩이 지워지지 않는다.

얼룩덜룩 [얼룩떨룩] 여러 가지 어두운 빛깔의 점이나 줄 등이 고르지 않게 무늬져 있는 모양. ⓐ알록달록.

얼룩말 [얼룽말] 말과의 짐승. 말과 비슷한데 조금 작고, 몸에 비해 머리가 크며 꼬리 끝에만 털송이가 있다. 흰색 또는 엷은 누런색 바탕에 검은색 줄무늬가 있다. 초원에서 떼를 지어 산다.

〈얼룩말〉

얼룩무늬 [얼룽무늬] 얼룩처럼 된 무늬. 또는 얼룩얼룩한 무늬. 예얼룩무늬 옷.

얼룩빼기 털빛이 얼룩진 동물이나 겉이 얼룩진 물건.

얼룩소 [얼룩쏘] 털빛이 얼룩얼룩한 소.

얼룩얼룩 [얼루걸룩] 어떤 바탕에 여러 가지 빛깔의 얼룩이나 무늬 등이 고르게 나 있는 모양. ⓐ알록알록.

얼룩지다 [얼룩찌다] 얼룩얼룩하게 얼룩이 생기다. 예흙과 땀으로 얼룩진 옷.

얼른 시간을 끌지 말고 곧 또는 빨리. 예얼른 일어나라. ⓑ어서.

얼!리다¹ 서로 얽히게 되다. 예내 연이 친구의 연과 얼렸다.

얼리다² 얼게 하다. 예얼린 생선/물을 냉장고에 넣어 얼렸다.

얼마 잘 모르거나 밝혀 말할 필요가 없는 수량·값·정도 등을 나타내는 말. 예이 책은 얼마입니까?/분량이 얼마 안 된다.

얼마간(一間) ①그리 많지 않은 수량이나 정도. 예아직 용돈이 얼마간 남았다. ②그리 길지 않은 동안. 예얼마간 더 가면 휴게소가 나올 거야.

얼마나 ①얼마쯤이나. 얼마만큼이나. 예공원까지 얼마나 더 가면 됩니까? ②느낌이나 감탄의 정도가 아주 크다는 말. 예아들이 상을 탔으니 얼마나 기쁠까?

얼마쯤 얼마 정도. 예비용이 얼마쯤 들겠느냐?

얼버무리다 말꼬리를 흐리어 분명하지 않게 말하다. 예얼버무리지 말고 어서 대답을 해라.

얼!빠지다 정신이 나가다. 예얼빠진 소리 그만해라.

얼싸안다 [얼싸안따] 두 팔을 벌려 껴안다. 예우승이 확정되자 선수들은 서로 얼싸안고 좋아했다.

얼씨구 흥겹게 떠들며 놀 때 장단에 맞추어 내는 소리. 예얼씨구, 좋다.

얼씬거리다 큰 것이 눈앞에 자꾸 나타났다가 사라지다. 예앞으로 내 앞에는 얼씬거리지도 마라. 비얼씬대다. 왜알씬거리다.

얼씬대다 → 얼씬거리다.

얼씬얼씬 [얼씬녈씬] 자꾸 얼씬거리는 모양. 왜알씬알씬.

얼어붙다 [어러붇따] 얼어서 꽉 들러붙다. 예얼어붙은 땅/강물이 꽁꽁 얼어붙다.

얼얼하다 [어럴하다] 맛이 맵거나 독하여, 혀끝이 몹시 아리고 쏘는 느낌이 있다. 예풋고추를 먹었더니 입 안이 얼얼하다. 왜알알하다.

얼음 [어름] 물이 얼어서 굳어진 것.

얼음과자(一菓子) [어름과자] 설탕물에 우유·과일즙·향료 등을 섞어 얼려서 만든 것. 비빙과.

얼음덩어리 [어름떵어리] 덩어리로 되어 있는 얼음.

얼음덩이 [어름떵이] 덩이로 되어 있는 얼음.

얼음물 [어름물] 얼음을 넣어 차게 한 물.

얼음보숭이 '아이스크림'의 북한말.

얼음장 [어름짱] ①얼음의 넓은 조각. ②'손발이나 방바닥 등이 몹시 찬 것'을 비유하여 이르는 말. 예손이 꽁꽁 얼어서 얼음장 같구나.

얼음주머니 [어름쭈머니] 얼음을 넣은 주머니. 주로, 열이 높은 환자의 머리나 상처에 대어 열을 내리는 데 쓰인다.

얼음지치기 [어름지치기] 얼음 위를 미끄러져 달리는 운동이나 놀이.

얼음찜질 [어름찜질] 열이 나는 곳에 얼음을 대어서 식히는 일. 예삔 다리에 얼음찜질을 했다. 얼음찜질하다.

얼음판 [어름판] 얼음이 마당처럼 넓게 언 곳.

얼쩡거리다 하는 일 없이 자꾸 이리저리 돌아다니다. 비얼쩡대다. 왜알짱거리다.

얼쩡대다 → 얼쩡거리다.

얼추 ①상당한 정도로 대충. 예그림과 얼추 비슷하게 만들었다. ②어떤 기준에 거의 가깝게. 예할머니 댁에 얼추 다 왔다.

얼큰하다 매워서 입 안이 얼얼하다. 예얼큰한 김치찌개.

얼토당토않다 [얼토당토안타] 어떤 말이나 행동이 도무지 사리에 맞지 않다. 예얼토당토않은 주장. 본얼토당토아니하다.

얼핏 [얼핃] → 언뜻.

얽다[억따] ①얼굴에 오목오목한 마마의 자국이 생기다. 예살짝 얽은 얼굴. ②물건의 거죽에 오목오목한 흠이 많이 생기다. 왜앍다. |발음| 얽어[얼거]·얽고[얼꼬]

얽다[억따] 노끈·새끼 같은 것으로 어떤 물건을 이리저리 걸어서 묶다. 예짐을 노끈으로 단단히 얽었다. |발음| 얽어[얼거]·얽고[얼꼬]

얽매다 [엉매다] ①얽어서 매다. 예강아지가 달아나지 못하게 목줄을 얽맸다. ②마음대로 행동할 수 없도록 자유를 주지 않다. 예침략자들은 주민들을 얽매고 재산을 빼앗았다. 비얽어매다.

얽매이다 [엉매이다] ①얽어서 매이다. 예밧줄에 얽매인 소. ②자유를 속박당하다. 예엄격한 규율에 얽매이다.

얽어매다 [얼거매다] → 얽매다. 예짐을 노끈으로 단단히 얽어맸다.

얽히다 [얼키다] ①줄 같은 것이 이리저리 엇걸리다. 예실이 얽히다. ②사건 등에 애매하게 걸리다. 예남의 싸움에 얽혀 들다. ③서로 관련이 되다. 예무영탑에 얽힌 전설.

엄격하다(嚴格―)[엄껵카다] 조그만 잘못도 용서하지 않을 정도로, 규율이나 말·태도 등이 엄하고 철저하다. 예엄격한 규칙. 엄격히.

엄금(嚴禁) 엄하게 금지함. 절대로 못하게 함. 예화기 엄금. 엄금되다. 엄금하다.

엄:니 호랑이·사자·멧돼지·코끼리와 같은 짐승의 아래위 턱에 난 크고 날카로운 송곳니.

엄동설한(嚴冬雪寒) 눈 내리는 겨울의 심한 추위.

엄두 감히 무엇을 하려는 마음. 주로, 부정적인 말을 뒤따르게 하여 쓰인다. 예대항할 엄두를 못 내다.

엄마 '어머니'의 어린이 말.

엄밀하다(嚴密―) 세밀한 부분까지 빈틈이 없다. 예엄밀한 조사를 벌이다. 엄밀히.

엄벌(嚴罰) 엄하게 벌을 줌. 또는 그 벌. 예죄인을 엄벌에 처하다. 엄벌하다.

엄살 거짓으로 아프거나 괴롭거나 어렵다고 꾸미고 부풀려 나타내는 태도. 예엄살 부리지 말고 얼른 일어나라.

엄수(嚴守) 약속·명령 등을 어기지 않고 꼭 지킴. 예시간 엄수. 엄수되다. 엄수하다.

엄숙하다(嚴肅―)[엄수카다] ①장엄하고 정숙하다. 예엄숙한 분위기. ②정중하고 위엄이 있다. 예엄숙한 표정을 짓다. 엄숙히.

엄:습(掩襲) 생각·느낌·감각 등이 갑자기 들이닥침. 엄습하다. 예날이 풀리는 듯하다가 갑자기 추위가 엄습했다.

엄:연하다(儼然―)[어면하다] 사실·현상이 누구도 부인할 수 없게 매우 뚜렷하다. 예엄연한 현실. 엄연히.

엄정(嚴正) 엄격하고 공정함. 엄정하다. 예엄정한 재판. 엄정히.

엄중(嚴重) 몹시 엄함. 엄중하다. 예감시가 엄중하다. 엄중히.

엄지 손가락이나 발가락 중의 가장 굵은 가락. 본엄지가락.

엄지발가락 [엄지발까락] 발가락 중에서, 가장 굵은 첫째 발가락.

엄지발톱 엄지발가락의 발톱.

엄지손가락 [엄지손까락] 손가락 중에서, 가장 굵은 첫째 손가락. 비무지.

엄지손톱 엄지손가락의 손톱.

엄청 양이나 정도가 아주 많거나 대단하게. 예날씨가 엄청 더워졌다.

엄청나다 짐작이나 생각보다 아주 대단하다. 예엄청나게 큰 건물.

엄:포 괜히 큰소리로 남을 호령하거나 위협하는 것. 예선생님은 떠든 아이들에게 엄포를 놓으셨다.

엄하다(嚴―) ①규율·도덕 등을 지키게 하는 것이, 매우 강하고 철저하다. 예엄한 규율. ②잘못되지 않도록 단속이 심하다. 예가정 교육이 엄하다. 엄히.

업계(業界)[업꼐/업께] 같은 산업이나 상업에 종사하는 사람들의 사회나 세계. 예출판 업계.

업다 [업따] ①사람을 등에 지다. 예아기를 업어 주다. ②어떤 세력을 배경으로 삼다. 예외세를 등에 업다.

업무(業務)[엄무] 직장 등에서 맡아서 하는 일.

업보(業報)[업뽀] 불교에서, 전생에 한 나쁜 짓 때문에 지금 세상에서 겪는 불행. 예그는 자기의 불행을 전생의 업보라고 생각했다.

업소(業所)[업쏘] 사업이나 장사를 하는 곳. 예경찰은 불법 업소를 단속하기로 했다.

업:신여기다 [업씬녀기다] 잘난 체하는 마음에서, 남을 얕잡아 보거나 하찮게 여기다. 예키가 작다고 업신여기지 마라.

업적(業績) [업쩍] 사업·연구 등에서, 이룩해 놓은 공적. [예]영화 발전에 업적이 큰 배우.

업체(業體) 사업을 하는 조직. [예]청소 전문 업체.

없ː다 [업따] ①있지 않거나 존재하지 않다. [예]방에는 아무도 없다. ②가지거나 갖추고 있지 않다. [예]돈이 한푼도 없다. ③생기거나 일어나거나 하지 않다. [예]뭐 별일 없겠지. ④가난하다. [예]없는 살림을 꾸려 가다. ⑤살아 있지 않다. [예]부모가 없는 고아. [반]있다. [발음] 없어 [업써]·없고 [업꼬] **없이**.

없ː애다 [업쌔다] 없어지게 하다. [예]흔적을 없애다.

없ː어지다 [업써지다] 있던 것이 없게 되다. [예]아까까지 마당에서 놀던 강아지가 없어졌다. [비]사라지다.

엇갈리다 [얻깔리다] ①서로 빗나가서 만나지 못하다. [예]길이 엇갈리다. ②생각이나 의견이 일치하지 않다. [예]의견이 엇갈리다.

엇걸다 [얻껄다] 서로 어긋나게 마주 걸다. [예]줄을 엇걸어 가며 단단히 얽어맸다. [활용] 엇거니·엇걸어.

엇나가다 [언나가다] ①금이나 줄 등이 기준을 벗어나 잘못 나가다. [예]줄을 긋다가 엇나가 버렸다. ②말이나 행동이 이치에 어긋나게 잘못 나가다. [예]사춘기 아이들은 엇나가기 쉽다.

엇바꾸다 [얻빠꾸다] 서로 마주 바꾸다. 또는 어긋나게 바꾸다. [예]짐을 서로 엇바꾸어 들다.

엇비슷하다 [얻삐스타다] 거의 비슷하다. [예]형과 동생의 키가 서로 엇비슷하다. **엇비슷이**.

엇시조(旕時調) [얻씨조] 초장이나 중장의 어느 한 구절의 글자 수가 평시조의 글자 수보다 많아진 시조. [참]평시조·사설시조.

엉거주춤 ①앉지도 서지도 않고 몸을 반쯤 굽히고 있는 모양. [예]찬우는 의자에 앉지 않고 엉거주춤 서 있었다. ②이러지도 못하고 저러지도 못하고 망설이는 모양. **엉거주춤하다**.

엉겁결 [엉겁껼] ((주로 '엉겁결에'의 꼴로 쓰여)) 미처 생각하지 못하거나 뜻하지 아니한 순간. [예]엉겁결에 남의 발을 밟았다.

엉겅퀴 국화과의 여러해살이풀. 높이는 50~100cm. 잎은 뻣뻣하며 센 가시가 있고, 6~8월에 자주색 꽃이 핀다. 어린 순은 나물로 먹고, 뿌리는 약재로 쓴다.

〈엉겅퀴〉

엉금엉금 [엉그멍금] 큰 걸음으로 느리게 기는 모양. [예]거북이가 엉금엉금 기어간다. [작]앙금앙금.

엉기다 액체나 가루 등이 한 덩어리로 굳어지다. [예]기름이 엉겨 붙다.

엉ː덩방아 털썩 주저앉는 바람에 엉덩이를 땅에 부딪치는 일.

엉덩방아(를) 찧다[관용] 엉덩이를 땅에 부딪치며 털썩 주저앉다. [예]얼음판에서 미끄러져 엉덩방아를 찧었다.

엉ː덩이 볼기의 윗부분. [비]둔부.

엉덩이가 근질근질하다[관용] 자꾸 돌아다니고 싶어, 한군데 가만히 앉아 있기가 몹시 갑갑하다.

엉덩이가 무겁다[관용] 한번 자리를 잡고 앉으면 일어나려 하지 않는다.

엉ː덩이뼈 척추의 아래 끝 부분에 있는 이등변 삼각형 모양의 뼈. [비]엉덩뼈.

엉뚱하다 ①말이나 행동이 분수에 맞지 않게 지나치다. [예]엉뚱한 욕심. [작]앙똥하다. ②생각하거나 짐작하였던 것과 전혀 다르다. [예]엉뚱한 대답을 하다. **엉뚱히**.

엉망 일이나 물건이 뒤죽박죽이 되어 결딴이 나거나 어수선한 상태. 예도둑이 들었는지 집안 꼴이 엉망이다.

엉망진창 일이나 물건이 뒤죽박죽이 되어 몹시 어지러운 상태. 예며칠 청소를 못 해서 집 안이 엉망진창이다.

엉성하다 꼭 짜이거나 어울리는 맛이 없이 허전한 데가 있고 어설프다. 예엉성하게 만든 책상/행사 진행이 엉성하다. 逊앙상하다. 엉성히.

엉엉 목놓아 크게 우는 소리, 또는 그 모양. 예아이는 엄마를 부르며 엉엉 울었다. 逊앙앙.

엉엉거리다 목을 놓아 자꾸 크게 울다. 비엉엉대다. 逊앙앙거리다.

엉엉대다 ➡ 엉엉거리다.

엉클어지다 [엉크러지다] ①실이나 줄·새끼 등이 서로 얽혀 풀기 어렵게 되다. 예엉클어진 머리/털실이 엉클어지다. ②일이 갈피를 잡기 어렵게 뒤죽박죽으로 되다. 예엉클어진 일을 수습하다. 비엉키다. 칸형클어지다.

엉클 톰스 캐빈(Uncle Tom's Cabin) 1852년 미국의 스토 부인이 지은 소설. 미국의 흑인 노예의 비참한 생활을 표현하여 노예 제도 폐지에 커다란 영향을 주었다. 우리말로는 '톰 아저씨의 오두막'이라는 뜻이다.

엉큼하다 엉뚱한 욕심을 품고 분수 밖의 짓을 하려는 태도가 있다. 예엉큼한 생각을 품다. 逊앙큼하다.

엉키다 실·줄·머리털 등이 풀기 어려울 정도로 얽히다. 예실이 엉키다. 비엉클어지다.

엉터리 ①터무니없는 말이나 행동, 또는 그런 말이나 행동을 하는 사람. 예그 사람 말은 엉터리야. ②겉으로 보기보다 실속이 없거나 실제와 어긋나는 것. 예물건이 보기에만 그럴듯하고 순 엉터리다.

엊그저께 [얻끄저께] '어제 그저께'가 줄어든 말. 이삼일 전. 바로 며칠 전. 逊엊그제.

엊그제 [얻끄제] 〈엊그저께〉의 준말.

엊저녁 [얻쩌녁] 〈어제저녁〉의 준말.

엎다 [업따] ①아래위가 반대가 되도록 뒤집어 놓다. 예젖은 신발을 엎어 놓았다. ②그릇 등에 담긴 것을 쏟다. 예동생이 국그릇을 엎었다. 비엎지르다. |발음| 엎어 [어퍼] · 엎고 [업꼬]

엎드리다 [업뜨리다] 몸의 앞부분을 바닥에 가깝게 숙이거나 붙이다. 예언니는 방바닥에 엎드려 편지를 쓰고 있다. 逊엎디다.

엎어지다 [어퍼지다] ①앞으로 넘어지다. 예창수는 뛰어가다가 엎어져서 코가 깨졌다. ②위와 아래가 뒤집히다. 예엎어진 약사발.

엎지르다 [업찌르다] 그릇에 담긴 액체를 쏟아지게 하다. 예물을 엎지르다. 비엎다. |활용| 엎지르니 · 엎질러.

엎치다 [업치다] '엎다'의 힘줌말.

엎친 데 덮치다관용 어려운 일이나 불행한 일이 겹쳐서 일어나다.

엎치락뒤치락 [업치락뒤치락] ①자꾸 엎쳤다가 뒤쳤다가 하는 모양. 예밤새 엎치락뒤치락 잠을 이루지 못했다. ②이쪽이 우세했다 저쪽이 우세했다 하여 우열을 가릴 수 없게 겨루어 나가는 모양. 예엎치락뒤치락 역전을 거듭하는 농구 경기. 엎치락뒤치락하다.

에 말을 하다가 뒷말이 곧 나오지 않을 때에 내는 소리. 예그래서 나는, 에, 이런 제의를 하려고 합니다.

에게 해(Aege海) 그리스와 소아시아 반도 및 크레타 섬에 둘러싸인 지중해 동부의 바다. 크고 작은 400여 개의 섬이 흩어져 있으며, 에게 문명의 발상지이다.

에계 [에계/에게] 어떤 것이 작거나 하찮아 업신여길 때 내는 소리.

에계계 [에계계/에게게] '에계'를 잇따라 내는 소리. 예에계계, 겨우 요거야.

에구 〈어이구〉의 준말. 예에구, 깜짝 놀랐잖아.

에구머니 몹시 놀라거나 기막힐 때 내는 소리. 예에구머니, 이게 뭐야?

에ː끼 어떤 일이 마음에 들지 않을 때 내는 소리. 예에끼, 이 고얀 녀석.

에나멜(enamel) 금속이나 도자기 등의 표면에 발라 윤이 나게 하는, 광물을 원료로 하여 만든 유약.

에나멜선(enamel線) 구리선 또는 알루미늄선에 에나멜로 된 껍질을 입혀 높은 온도로 가열하여 만든 전선.

에너지(energy) ①물체가 가지고 있는, 일을 할 수 있는 능력의 양. 위치 에너지·운동 에너지·전기 에너지·열에너지 등. ②사람의 활동에 필요한 힘. 예쓸데없는 일에 에너지 낭비하고 싶지 않아.

에너지원(energy源) 석탄·석유·태양력·수력 등, 에너지가 생겨나는 본바탕이 되는 것.

에너지 자원(energy資源) 생산 활동에 필요한 에너지를 생산하는 자원. 석탄·석유·지열·태양열·풍력·수력 등.

에누리 ①받을 값보다 더 많이 부르는 일. ②값을 깎는 일. 예저 가게는 에누리가 전혀 없다. 에누리하다.

에ː다 ①날카로운 칼 같은 것으로 도려내다. 예살을 에는 듯한 추위. ②칼로 도려내듯이 마음을 아프게 하다. 예가슴을 에는 듯한 슬픔.

에델바이스(Edelweiss) 국화과의 여러해살이풀. 전체가 하얀 솜털로 덮여 있으며, 여름에 하얀 꽃이 핀다. 주로 높은 산의 바위에서 자라며, '알프스의 영원한 꽃'으로 유명하다.

에도(Edo) 일본 '도쿄'의 옛 이름.

에ː돌다 곧바로 가지 않고 멀리 피하여 돌다. 예길에 웅덩이가 있어 에돌아서 갔다. |활용| 에도니·에돌아.

에디슨(Edison, 1847~1931) 미국의 발명가. 1,300가지가 넘는 특허를 얻어 '발명왕'이라고 불리며, 특히 축음기·백열전구·영사기 등의 발명으로 유명하다.

에라 실망하여 단념하는 뜻을 나타내는 소리. 예에라, 나는 모르겠다.

에러(error) (('과실'·'잘못'의 뜻으로)) ①야구에서, 잡을 수 있는 타구나 송구를 잡지 못해 주자를 살게 하는 일. 엔실책. ②컴퓨터에서, 어떤 원인에 의하여 잘못된 결과가 나오는 것. 엔오류.

에미 '어미'의 잘못.

에밀레종(一鐘) '성덕 대왕 신종'을 흔히 이르는 말. 신라 혜공왕 때 만들어졌으며, 지름이 2.27m, 높이가 3.33m로 우리나라에서 가장 크다. '봉덕사종'이라고도 불리며, 종을 치면 '에밀레'라는 소리가 난다고 하여 붙여진 이름이다.

에베레스트 산(Everest山) 네팔과 티베트의 국경, 히말라야 산맥에 있는 세계에서 가장 높은 산. 높이 8,848m.

에세이(essay) ➡수필.

에스 극(S極) 자침이 가리키는 남쪽 끝. 엔남극. 앤엔 극.

에스오에스(SOS) 배나 비행기 등이 위험에 처했을 때, 구조를 요청하려고 무선 전신으로 보내는 신호.

에스컬레이터(escalator) 사람이 걷지 않고도 자동적으로 계단을 오르내릴 수 있게 만든 계단 모양의 장치.

에스키모(Eskimo) 북아메리카의 북극해 연안과 그린란드 등지에 살고 있는 인종. 살갗은 황색, 머리칼은 검은색이며 고기잡이와 사냥으로 생활한다.

에스파냐(España) 남유럽 이베리아 반도의 대부분을 차지하고 있는 나라. 광물 자원이 풍부하며, 관광 산업의 발달로 많은 수입을 올리고 있다. 수도는 마드리드. ㉟스페인.

에스파냐 어(España語) 에스파냐와 중남미 여러 나라에서 쓰이는, 인도·유럽 어족에 속하는 언어. ㉟스페인 어.

에스페란토(Esperanto) 폴란드의 안과 의사 자멘호프가 1887년에 고안한 국제어. 28개의 자모와 1,900개의 기본 단어로 이루어지며, 문법이 매우 간단하다.

에어로빅(aerobic) 경쾌한 음악에 맞춰 여러 가지 동작을 하는 운동.

에어백(air bag) 자동차가 충돌하면 공기 주머니가 부풀어 나와 사람이 받는 충격을 줄여 주도록 만든 장치.

에어컨 실내의 온도와 습도를 자동적으로 조절하는 장치. |참고| 에어컨은 'air conditioner'를 줄인 말.

에우다 사방을 삥 둘러싸다.

에워싸다 사방을 둘러서 싸다. ㉙어느새 아이들이 몰려들어 선생님을 에워쌌다. ㉟둘러싸다.

에이 속이 상하거나 무슨 일을 단념하거나 할 때에 내는 소리. ㉙에이, 귀찮아.

에이스(ace) ①운동 경기에서, 실력이 가장 뛰어난 선수. ㉙진수는 우리 학교 축구부의 에이스다. ②트럼프나 주사위 등의 한 곳.

에이즈(AIDS) 바이러스에 의해 면역 세포가 파괴되어 몸의 면역 능력이 떨어져서 죽음에 이르는 병. ㉟후천면역 결핍증.

에이치비(HB) 연필심의 단단한 정도를 나타내는 기호의 한 가지. 단단하지도 무르지도 않은 중간 정도이다. ㉖4에이치비 연필.

에이크만(Eijkman, 1858~1930) 네델란드의 의사. 겨를 담근 물에서 순수한 각기병 예방 물질을 찾아내어, 비타민 비 원을 발견하는 실마리를 열었다. 이것으로 1929년 노벨 생리·의학상을 받았다.

에잇 [에잉] 불쾌한 느낌을 나타내는 소리. ㉙에잇, 속상해.

에취 재채기할 때 나는 소리.

에콰도르(Ecuador) 남아메리카의 북서쪽 태평양 연안에 있는 나라. 주요 산업은 농업인데, 1972년부터 석유가 생산되면서 경제 구조가 변하고 있다. 수도는 키토.

에탄올(ethanol) 빛깔이 없고 투명하며 특유한 냄새와 맛이 있는 휘발성 액체. 음료·연료·의약품 등으로 쓴다. ㉟에틸알코올.

에테르(ether) 에탄올에 진한 황산을 더하여 가열해서 만든 빛깔이 없는 액체. 특유의 냄새가 나며 잘 탄다. 분석용 시약이나 유기 용제·마취제 등으로 쓰인다. ㉟에틸에테르.

에티오피아(Ethiopia) 아프리카 동부에 있는 나라. 3,000년에 이르는 긴 역사를 가진 나라로, 1936년부터 이탈리아의 지배를 받기도 하였으나 1942년에 독립하였다. 커피와 소·양의 가죽이 많이 생산된다. 수도는 아디스아바바.

에티켓(étiquette) 다른 사람들과 어울려 살면서 지켜야 할 행동이나 태도. ㉟예의·예절.

에펠 탑(Eiffel塔) 프랑스 파리에 있는 높이 324m의 철탑. 관광 명소로 이름이 높다.

에피소드(episode) ①이야기·사건 등의 줄거리 사이에 끼워 넣는, 본 줄거리와는 직접 관계 없는 짧은 이야기. ㉟삽화. ②아직 세상에 널리 알려지지 않은 재미있는 이야기. ㉚㉟일화.

에헴 점잔을 빼거나 인기척을 내려고 일부러 하는 헛기침 소리. 예에헴, 안에 누구 있는가?

엑스(*x*) 수학에서, 모르는 수(미지수)의 기호로 쓰는 *x*의 이름. 예3+*x*=5.

엑스 광선(X光線) ➡ 엑스선.

엑스레이(X-ray) ➡ 엑스선.

엑스선(X線) 눈에는 보이지 않으나, 빛이 통과하지 못하는 물체도 잘 뚫고 지나가는 전자파. 사람의 몸 안을 비쳐 질병을 진단·치료하거나 공업 제품의 흠집을 찾아내거나 하는 데 널리 쓰인다. 비엑스 광선·엑스레이.

엑스선 검ː사(X線檢査) 엑스선을 사람의 몸 안에 비추어, 사진을 찍거나 형광판을 통하여 들여다보며 병의 변화를 진단하는 검사.

엑스 좌표(x座標) ➡ 가로 좌표.

엑스축(x軸) 좌표축에서 가로로 놓인 축. 비가로축. 반와이축.

엑스포(EXPO) 세계 각국이 자기 나라의 산업 기술이나 상품 등을 전시·공개하는 국제적인 박람회. 비만국 박람회.

엔(en) 일본의 화폐 단위. 기호는 ¥.

엔 극(N極) 자침이 가리키는 북쪽 끝. 비북극. 반에스 극.

엔도르핀(endorphin) 사람의 뇌에서 나오며, 기분을 좋게 하는 효과가 있는 물질.

엔실리지(ensilage) 겨울철에 집짐승에게 먹이로 주기 위하여, 옥수수 잎·풀 등을 짧게 썰어 저장탑이나 구덩이에 넣은 다음 젖산 발효를 시킨 사료.

엔지(NG) 영화에서, 촬영이 잘되지 않는 일, 또는 그런 필름. 예배우가 웃음을 참지 못해 엔지가 났다.

엔지니어(engineer) 기계·토목·전기·건축 등의 기술자. 비기사·기술자.

엔지오(NGO) ➡ 국제 비정부 기구.

엔진(engine) 화력이나 수력·전력 등의 에너지를 기계를 움직이는 힘으로 바꾸는 기계 장치. 가솔린 엔진·디젤 엔진·제트 엔진 등. 비기관.

엔터(enter) 컴퓨터 자판에서, 줄 바꾸기를 하는 글쇠.

엘리베이터(elevator) 주로 높은 건물에 장치하여, 사람이나 짐을 아래위로 이동시키는 기계. 비승강기.

엘리트(élite) 우수한 능력이 있다고 인정되거나 사회적으로 지도적인 위치에 있는 소수의 사람. 예엘리트 사원.

엠보싱(embossing) 종이·천·가죽·금속 등의 표면에 강하게 압력을 주어 올록볼록한 무늬를 만드는 일. 예엠보싱 화장지.

엠시(MC) 공연·쇼 등의 연예 프로그램을 진행하는 사회자.

여(女) 여자. 반남.

한자 '女'의 읽기와 쓰기

한자 '女'(계집녀/여)의 본음은 '녀'이다. 낱말의 첫머리에 올 때에는 '여'로, 다른 말에 붙어 쓰일 때는 '녀'로 읽고 쓴다. 다만, '女' 앞에 덧붙는 말이 오거나 두 단어 이상이 어울려 한 말이 될 경우에는 소리가 '녀'로 나더라도 '여'로 적는다. 예여성/여왕/남녀/손녀/장녀/신여성/한국여자대학.

-여(餘) 수량을 나타내는 말 뒤에 붙어, '그 이상'임을 뜻하는 말. 예백여 명.

'-여'의 쓰임

수량을 나타내는 말 가운데 한자어로 된 말에 붙어 쓰이는데, 일(一)에서 구(九)까지의 수에는 붙지 않고 십(十), 백(百), 천(千), 만(萬) 등에 붙어 쓰인다. 예십여 명/이백여 집/삼천여만 원/오만여 낱말.

여가(餘暇) 일이나 공부를 하는 가운데 남는 시간. 예여가 생활.

여간(如干) 《주로 부정하는 말과 함께 쓰여》 보통으로. 어지간하게. 예사람이 많아 옷을 고르기가 여간 힘들지 않았다.

여간내기(如干—)·《주로 '아니다'와 함께 쓰여》 평범한 사람. 예말하는 걸 보니 여간내기가 아니구나. 囘보통내기.

여간하다(如干—) 《주로 부정하는 말을 뒤따르게 하여 '여간한'·'여간해서'·'여간하지'의 꼴로 쓰여》 어지간하다. 예창수는 한번 마음먹은 일은 여간해서 바꾸지 않는다.

여객(旅客) 여행을 하고 있는 사람. 囘나그네.

여객기(旅客機) [여객끼] 여행하는 사람을 태워 나르는 비행기.

여객선(旅客船) [여객썬] 여행하는 사람을 태워 나르는 배.

여건(與件) [여껀] 주어진 조건. 예사업을 시작하기에는 여건이 좋지 않다.

여겨지다 마음속으로 그렇게 생각되다. 예매우 오래된 것으로 여겨지는 그림.

여경(女警) 여자 경찰관.

여고(女高) '여자 고등학교'를 줄여 이르는 말.

여과(濾過) 거름종이 등을 써서 액체나 기체에 섞여 있는 불순물을 걸러 내는 일. 예정수기의 여과 필터. 여과되다. 여과하다.

여과기(濾過器) 액체나 기체에 섞여 있는 불순물을 걸러 내는 데 쓰는 기구. 囘필터.

여관(旅館) 여행하는 사람을 묵게 하는 일을 업으로 하는 집.

여군(女軍) 여자 군인. 또는 여자로 조직된 군대.

여권[1](女權) [여꿘] 여자의 사회적·정치적·법률적인 권리. 예여권 신장 운동.

여권[2](旅券) [여꿘] 국가가 외국에 여행하는 사람의 신분·국적을 증명하고, 그 나라의 보호를 의뢰하는 문서. 예여권을 발급하다.

여기 말하는 이와 가깝거나 자기가 있는 곳. 예내일 여기에서 다시 만나자. 斑요기.

여기다 마음속으로 그렇게 생각하다. 예우리 문화재를 소중히 여깁시다.

여기저기 여러 곳. 예꽃이 여기저기에 피어 있다.

여뀌 마디풀과의 한해살이풀. 습기 있는 곳에 저절로 나는데, 잎은 가늘고 길며, 6~9월에 흰색 또는 연분홍색 꽃이 이삭 모양으로 핀다. 잎은 매운 맛이 있어 조미료로 쓰인다.

여남은 [여나믄] 열이 조금 넘는 수. 예놀이터에서 아이들 여남은 명이 놀고 있다. |잘못| 여나믄.

여념(餘念) 다른 생각. 예공부에 여념이 없다.

여느 보통의. 예사로운. 그 밖의 다른. 예오늘은 여느 때보다 일찍 일어났다.

여닫다 [여닫따] 문 등을 열고 닫고 하다. 예문을 여닫는 소리.

여닫이 [여다지] ①문 등을 열고 닫는 일. ②밀거나 당겨서 여는 문.

여닫이문(—門) [여다지문] 밀거나 당겨서 열고 닫는 문. 斑미닫이문.

여담(餘談) 이야기하는 중간에 본 줄거리와 관계없이 하는 다른 이야기. 예그는 토론을 하다 말고 여담을 늘어놓기 시작했다.

여당(與黨) 정권을 잡고 있는 정당. 또는 정권을 지지하는 정당. 斑야당.

여덟 [여덜] 일곱에 하나를 더한 수. 囘팔(八). |발음| 여덟이 [여덜비]·여덟도 [여덜또]·여덟만 [여덜만]

여덟째 [여덜째] 일곱째의 다음 차례.

여동생(女—) 여자 동생. [비]누이동생. [반]남동생.

여드레 ①그달의 여덟째 날, 곧 8일. [본]초여드렛날. ②여덟 날.

여드름 주로 사춘기에 이른 남녀의 얼굴 등에 오톨도톨하게 나는 작은 종기의 한 가지. 털구멍에 지방이 차서 굳어지거나 곪거나 하여 생긴다.

여든 열의 여덟 곱절. [비]팔십.

여래상(如來像) 석가모니의 불상.

여러 많은 수효의. [예]여러 사람/여러 나라.

여러모로 여러 방면으로. [예]여러모로 도와주셔서 고맙습니다. [비]다각도로.

여러분 '여러 사람'을 높여 이르는 말. [예]학생 여러분.

여러해살이 [여러해사리] ①식물의 줄기와 잎이 시들어 버린 뒤에도 뿌리나 땅속줄기가 살아 있어서 해마다 다시 줄기와 잎이 돋아나며 여러 해 동안 자라는 것. [비]다년생. ②〈여러해살이풀〉의 준말.

여러해살이풀 [여러해사리풀] 잎과 줄기는 말라 죽지만 뿌리 부분은 살아 있어서 해마다 다시 잎과 줄기가 돋아나는 풀 종류의 식물. 대개, 3년 이상 자라는 것을 가리킨다. [준]여러해살이. [비]다년생 식물. [참]한해살이풀·두해살이풀.

여럿 [여럳] ①많은 사람. [예]여학생 여럿이 걸어간다. ②많은 수. [예]이 산의 정상에 오르는 길은 여럿이다. [발음] 여럿이 [여러시]·여럿도 [여럳또]·여럿만 [여런만]

여력(餘力) 어떤 일을 다 하고 아직 남아 있는 힘. [예]나도 여력이 없어서 널 도와줄 수가 없어.

여ː론(輿論) 어떤 일이나 사회적 문제에 대한 여러 사람의 공통된 생각이나 의견. [예]여론을 존중하는 정치.

여ː론 조사(輿論調査) 국가나 사회의 여러 가지 문제에 대한 대중의 공통된 생각이나 의견을 조사하는 일, 또는 그 통계 조사.

여류(女流) 어떤 일을 전문적으로 하는 여자임을 나타내는 말. [예]여류 시인/여류 화가.

여름 한 해의 네 철 가운데 둘째 철. 봄과 가을 사이의 더운 계절로, 절기로는 입하부터 입추 전까지를 이른다.

여름날 여름철의 날. 또는 여름철의 날씨. [예]무더운 여름날.

여름 방학(—放學) 학교에서, 여름철의 한창 더울 때에 하는 방학. [예]여름 방학에 뭐 할 거니? [비]하기 방학.

여름새 봄이나 초여름에 남쪽에서 날아와 살다가 가을에 다시 남쪽으로 날아가는 철새. 제비·뻐꾸기·두견이 등. [반]겨울새.

여름철 여름인 철. [예]우리나라는 여름철에 비가 많이 온다. [비]하계·하기.

여리다 ①질기거나 단단하지 않고 연하고 약하다. [예]찔레나무의 여린 순. ②의지·감정 등이 야물거나 모질지 못하고 무르다. [예]마음이 여린 사람. [작]야리다.

여린내기 여린박으로 시작하는 곡. 여린내기의 악곡일 때에는, 제일 첫마디와 맨 마지막 마디의 박자가 제대로 갖추어져 있지 않아 못갖춘마디가 된다. [반]센내기.

여린말 뜻은 같으면서 말의 느낌이 약한 말. '꿈틀'에 대한 '굼틀' 등. [참]거센말·센말.

여린박(—拍) 음악의 박자에서 약한 박자의 부분. 2박자에서의 둘째 박자 등. [반]센박.

여린입천장(—天障) [여린닙천장] 입천장 뒤쪽의 부드러운 부분. 그 뒤끝 중앙에 목젖이 있다. [비]연구개. [반]센입천장.

여막(廬幕) 죽은 사람의 혼백을 모셔 둔 곳이나 무덤 가까이에 지어 놓고 상제가 머무는, 풀이나 짚으로 지붕을 이은 작은 집.

여막살이(廬幕-) [여막싸리] 여막에서 하는 살림살이.

여명(黎明) 날이 밝아 올 무렵의 희미한 빛. 예새벽 여명이 밝아 온다.

여물 마른 짚이나 풀을 잘게 썬, 말과 소의 먹이. 예소에게 여물을 주다.

여물다 ①낟알이나 열매 등이 알이 들어 충분히 익다. 예곡식이 잘 여물다. 비영글다. ②생김새·성질·마음·의지 등이 단단하고 굳세다. 예아주 여물게 생긴 남자아이. ③일이 잘되어 뒤탈이 없다. 예일처리를 아주 여물게 하다. 🅜야물다. |활용| 여무니·여물어.

여물통(-桶) 여물을 담는 통.

여미다 벌어진 옷깃 등을 바로잡아 단정하게 하다. 예옷깃을 여미다.

여배우(女俳優) 여자 배우. 🅜여우.

여백(餘白) 글씨·그림 등이 있는 종이의 겉면에서, 아무것도 없이 비어 있는 부분. 예공책 여백에 친구 전화번호를 적어 두었다. 비공백.

여벌(餘-) 입고 있는 옷 외에 여유가 있는 남는 옷. 예옷 한 벌을 여벌로 준비하다.

여보 ①자기 아내나 남편을 부르는 말. ②〈여보시오〉의 낮춤말. 예여보, 이리 좀 오시오.

여보게 아랫사람이나 친구를 조금 대접하여 부를 때, '여보시오'의 뜻으로 쓰는 말.

여보세요 ①전화를 하거나 받을 때 상대편을 부르는 말. 예여보세요, 민수네 집이죠? ②남을 보통으로 높여 다정하게 부르는 말.

여보시오 남을 보통으로 높여 부르는 말. 🅜여보십시오. 🅛여보.

여봐라 (('여기 보아라'의 뜻으로)) 손아랫사람을 부르거나 주의를 불러일으키는 소리. 예여봐라, 안에 아무도 없느냐?

여:부(與否) ①그러함과 그렇지 아니함. 예합격 여부를 알아보다. ②(('있다'·'없다'와 함께 물음의 형태로 쓰여)) 틀리거나 의심할 여지. 예그 책을 나에게 빌려 줄 수 있느냐? 여부가 있겠습니까?

여분(餘分) 필요한 양을 넘어 남는 분량. 예여분의 식량/나도 여분이 없어. 비나머지.

여비(旅費) 여행하는 데에 드는 돈. 비노자.

여사(女史) ①'학자나 예술가·정치가 등 사회적으로 이름난 여자'를 높여 이르는 말. 예고 육영수 여사. ②'결혼한 여자'를 높여 이르는 말.

여생(餘生) 앞으로 남은 삶. 예여생을 편안히 보내다.

여섯 [여섣] 다섯보다 하나 더 많은 수. 비육(六). |발음| 여섯이 [여서시]·여섯도 [여섣또]·여섯만 [여선만]

여섯째 [여섣째] 다섯째의 다음 차례.

여성(女性) 여자, 특히 성인 여자를 이르는 말. 반남성.

여세(餘勢) 어떤 일을 다 한 뒤에 다른 일도 할 수 있는 기세. 예오늘 경기의 여세를 몰아 우승을 차지하자.

여수(麗水) 전라남도 남동쪽에 있는 시. 여수반도 끝에 있는 항구 도시로, 정유 공장과 임해 공업 단지가 있다. 명승지로는 충무공 대첩비·한려 수도·오동도 등이 있다.

여수로(餘水路) 저수지 등에 필요 이상으로 괸 물을 빼내기 위해 설치한 물길.

여수반도(麗水半島) 전라남도 남동쪽에 남해로 쑥 나온 반도. 해안 여러 곳에 해수욕장이 있으며, 동부 해안

일대는 '한려 해상 국립 공원'으로 지정되어 관광 항로가 열려 있다.

여승(女僧) 여자 승려. [반]남승.

여신(女神) 여성의 신. [예]행운의 여신.

여실히(如實一) 사실과 똑같이. [예]그동안 숨겨 왔던 비밀이 여실히 드러났다.

여아(女兒) 여자아이. [반]남아.

여염집(閭閻一) [여염찝] 보통 백성의 살림집. [예]여염집 아낙.

여왕(女王) ①여자 임금. ②어떤 부문이나 모임 같은 데서, 뛰어나게 우수하거나 가장 인기가 있거나 하는 여성을 이르는 말. [예]탁구의 여왕.

여왕개미(女王一) 개미의 무리에서, 알을 낳을 수 있는 암개미. 개미 사회의 우두머리로, 보통 일개미보다 몸이 크다.

여왕벌(女王一) 벌의 무리에서, 알을 낳을 수 있는 암벌. 벌 사회의 우두머리로, 보통 일벌보다 몸이 크다. [비]여왕봉.

여왕봉(女王蜂) ➡ 여왕벌.

여우[1] ①갯과의 짐승. 개와 비슷하나 몸이 더 홀쭉하고 다리가 짧다. 털빛은 대개 누런 갈색 또는 붉은 갈색인데, 털가죽은 깔개나 목도리로 많이 쓰인다. ②'매우 교활하고 간사한 사람'을 비유하여 이르는 말. [예]저 애는 순진하게 생겼는데 하는 짓은 영락없이 여우다.

〈여우1①〉

여우[2](女優) 〈여배우〉의 준말. [예]여우 주연상. [반]남우.

여우별 [여우뼐] 비 오는 날에 잠깐 비치는 별.

여우비 맑은 날 잠깐 오다가 그치는 비.

여운(餘韻) ①소리가 그친 다음에도 귀에 남아 있는 어렴풋한 울림. [예]기적 소리가 긴 여운을 남기며 멀리 퍼져 나갔다. [비]여음. ②일이 끝난 다음에도 가시지 않고 남아 있는 느낌. [예]영화는 관객들에게 감동의 여운을 남겼다.

여울 강이나 바다의 바닥이 얕거나 좁거나 하여 물살이 세게 흐르는 곳.

여울목 물이 여울을 이루어 흘러가는 위치.

여위다 몸의 살이 빠져서 윤기가 없고 앙상하게 되다. [예]병으로 몸이 바짝 여위다. [작]야위다. [잘못] 여의다.

여유(餘裕) ①물질·공간·시간 등이 넉넉하여 남음이 있음. [예]약속 시간까지는 아직 여유가 있다. [비]겨를·짬. ②성급하지 않고 침착하게 생각하거나 행동하는 마음. [예]여유 있는 태도.

여유당전서(與猶堂全書) 조선 말기의 실학자인 정약용의 저서를 한데 모은 문집. '목민심서'·'흠흠신서'를 비롯한 여러 가지 저술이 수록되어 있다. 154권 76책.

여유롭다(餘裕一) [여유롭따] 태도나 행동이 성급하지 않고 느긋한 데가 있다. [예]집에서 여유로운 휴일을 보냈다. [활용] 여유로우니·여유로워.

여유분(餘裕分) 넉넉하여 남음이 있는 몫이나 분량.

여의다 [여의다/여이다] ①죽어서 이별하다. [예]어려서 부모를 여의다. ②딸을 시집보내다. [예]딸을 여윈 어머니의 서운한 마음. [잘못] 여위다.

여의도(汝矣島) [여의도/여이도] 서울특별시 영등포구에 속한, 한강 가운데에 있는 섬. 국회 의사당·한국 방송 공사·63 빌딩 등이 있다.

여의봉(如意棒) [여의봉/여이봉] 소설 '서유기'에서 손오공이 가지고 다녔

다는 몽둥이. 자기 뜻대로 늘였다 줄였
다 하며 마음대로 쓸 수 있다고 한다.

여의주(如意珠) [여의주/여이주] 용의
턱 아래에 있다는 신기한 구슬. 사람
이 이 구슬을 얻으면 온갖 조화를 부
릴 수 있다고 한다.

여인(女人) 어른인 여자.

여인숙(旅人宿) 여행하는 사람을 묵게
하는 일을 업으로 하는 집. 여관보다
규모가 작다.

여자(女子) 여성인 사람. 예여자 옷/여
자 친구. 빤남자.

여장[1](女裝) 남성이 여성의 옷차림을
함. 빤남장. 여장하다.

여장[2](旅裝) 여행을 하기 위하여 갖추
는 차림.

여장부(女丈夫) 남자처럼 씩씩하고 꿋
꿋한 여자. 예저 회사 사장님은 당찬
여장부다. 빤여걸.

여전하다(如前一) 변하거나 다름이
없이, 전과 같다. 예네 노래 솜씨는
여전하구나. 여전히.

여정(旅程) 여행하는 길·시간·차례
등을 통틀어 이르는 말. 예여정이 빡
빡하다./일주일의 여정을 마치고 집
에 돌아왔다.

여주(驪州) 경기도 남동쪽 끝에 있는
군. 벼농사를 많이 짓고 도자기 제조
공업이 활발하다. 남한강 중류 분지
의 중심이며, 영동 고속 도로에 잇닿
은 교통의 요지이다. 명승지로 영
릉·신륵사 등이 있다.

여지(餘地) ①들어서거나 이용할 수
있는 땅 또는 공간. 예경기장에는 입
추의 여지도 없이 관중들이 꽉 찼다.
②무엇을 하거나 생각하거나 하는 여
유. 예그 일은 변명의 여지가 없다.

여지없다(餘地一) [여지업따] 더 어찌
할 나위가 없을 만큼 사정없다. 또는
달리 어찌할 방법이 없다. 여지없이.
예기대가 여지없이 무너지다.

여진[1](女眞) 10세기 이후 중국의 동북
지방과 시베리아의 연해주에 걸쳐서
살던 퉁구스계 민족. 가끔 우리나라
의 북쪽 국경 지방을 침입하였으며,
후에 청나라를 세웠다. 빤여진족.

여진[2](餘震) 큰 지진이 일어난 다음
에 얼마 동안 잇따라 일어나는 작은
지진.

여진족(女眞族) ➡여진[1].

여집합(餘集合) [여지팝] 수학에서, 전
체 집합에 속한 특정한 부분 집합에
대하여 이에 속하지 않는 나머지 모
든 요소로 이루어지는 집합. 곧, 전체
집합 ㅈ={0,1,2,3,4,5,6,7,8,9}이고,
집합 ㄱ={0, 2, 4, 6, 8}, 집합 ㄴ=
{1,3,5,7,9}일 때, 집합 ㄱ의 여집합
은 집합 ㄴ, 집합 ㄴ의 여집합은 집합
ㄱ이다.

여ː쭈다 웃어른께 말씀을 드리거나 올
리다. 예모르는 게 있으면 선생님께
여쭈어 보아라. 옮여쭙다.

여ː쭙다 [여쭙따] 〈여쭈다〉의 높임말.
|활용| 여쭈우니·여쭈워.

여차하다(如此一) 일이 뜻대로 되지
않다. 예여차하면 먼저 도망쳐라./여
차하는 날에는 무슨 일이 생길지 알
수 없다.

여천(麗川) ①전라남도 남동쪽 여수
반도에 있던 시. ②전라남도 남동쪽
에 있던 군.

여천 공업 기지(麗川工業基地) 전라
남도 여수시에 있는 종합 석유 화학
공업 기지.

여ː치 여칫과의 곤충. 몸길이 3 cm가
량. 메뚜기와 비슷
하나 실 모양의
촉각이 있으며,
날개는 녹색이고
배는 누런색이다. 〈여치〉

한여름에 들에 많이 살며, 수컷은 큰
소리로 운다. 빤씨르래기.

여타(餘他) 그 밖의 다른 것. 예이곳 겨울은 여타 지역보다 춥다.

여태 지금에 이르기까지. 예너는 여태 동물원도 못 가 봤니?/여태까지 자고 있으면 어떡해?

여태껏 [여태껃] '여태'를 강조하여 이르는 말. 예나는 여태껏 한 번도 거짓말을 한 적이 없다. 町이제껏·지금껏

여투다 돈이나 물건 등을 아껴 쓰고 나머지를 남겨 두다. 예한 번에 다 쓰지 말고 여투어 두었다가 나중에 또 쓰자.

여파(餘波) 어떤 일이 끝난 뒤에 그로 인해 미치는 영향. 예방사능 유출의 여파로 주위 바다가 오염되었다.

여편네(女便一) ①'결혼한 여자'를 속되게 이르는 말. ②'자기 아내'를 낮추어 이르는 말.

여하간(如何間) 어쨌든지 상관없이. 예여하간 만나서 얘기하자. 町하여간.

여하튼(如何一) 어떻게 되었는지 상관없이. 예여하튼 내일 만나서 얘기하자. 町아무튼·어쨌든.

여학교(女學校) [여학꾜] 여자만을 가르치는 학교. 빤남학교.

여학생(女學生) [여학쌩] 여학교의 학생. 또는 여자 학생. 빤남학생.

여한(餘恨) 풀지 못하고 남은 원한. 예막내까지 장가를 갔으니 이제 죽어도 여한이 없다.

여행(旅行) 사는 곳을 떠나 다른 고장이나 다른 나라에 가는 일. 흔히, 뚜렷한 볼일이 없이 즐기거나 구경하거나 하기 위해 다니는 것을 가리킨다. 예기차 여행/혼자서 제주도 여행을 떠나다. 여행하다.

여행기(旅行記) 여행 중에 보고 들은 일이나 느낌 등을 적은 글.

여행길(旅行一) [여행낄] 여행하느라고 오고 가는 길이나 경로.

여행사(旅行社) 여행하는 사람의 편의를 돌보아 주는 일을 주요 업무로 하는 회사.

여행자(旅行者) 여행하는 사람.

여행지(旅行地) 여행하는 곳.

여흥(餘興) 모임이 끝난 뒤에 흥을 돋우려고 하는 오락. 예식사가 끝나자마자 여흥이 시작되었다.

역¹(役) 연극이나 영화에서, 배우가 맡아서 하는 역할. 예나는 연극에서 할머니 역을 맡았다.

역²(驛) ①기차가 멎고 떠나는 곳. 예역 대합실. 町정거장. ②지난날, 나랏일로 다니는 관리나 벼슬아치들이 말을 갈아타기도 하고 쉬기도 할 수 있도록 여러 가지 편의를 제공하던 곳.

역겹다(逆一) [역겹따] 몹시 언짢거나 속이 거북하게 싫다. 예역겨운 냄새. |활용| 역겨우니·역겨워. |잘못| 역스럽다.

역경(逆境) [역꼉] 일이 뜻대로 되지 않아 매우 어렵게 된 처지나 환경. 예고난과 역경을 딛고 꿋꿋이 일어서다.

역관(曆官) [역꽌] 지난날, 달력에 관한 일을 맡아보던 관리.

역군(役軍) [역꾼] 어떤 분야에서 중요한 역할을 하는 일꾼. 예수출의 역군.

역귀(疫鬼) [역뀌] 전염병을 일으킨다는 귀신.

역기(力器) [역끼] 쇠막대 양쪽에 무거운 원반을 끼워 들어 올리는 운동 기구. 町바벨.

역단층(逆斷層) [역딴층] 암반의 일부가 단층면을 따라 밀려 올라간 단층. 빤정단층.

〈역단층〉

역대(歷代) [역때] 이어 내려 온 모든 대. 예역대 대통령.

역도(力道)[역또] 역기를 들어 올려 그 기록을 겨루는 경기. 인상과 용상 두 종목이 있다.

역동적(力動的)[역똥적] 힘차고 활발하게 움직이는 것. 예역동적인 몸짓.

역량(力量)[영냥] 어떤 일을 해낼 수 있는 능력, 또는 그 능력의 정도. 예역량이 부족하다./역량 있는 사업가.

역력하다(歷歷一)[영녀카다] 자취·모습·기억 등이 분명히 알 수 있게 또렷하다. 예그녀의 얼굴에는 슬픈 기색이 역력했다. 역력히.

역류(逆流)[영뉴] 거꾸로 거슬러 흐름. 역류하다. 예하수구가 막혔는지 물이 역류한다.

역마(驛馬)[영마] 지난날, 나랏일로 여행하는 관리나 벼슬아치에게 역에서 내주던 말.

역모(逆謀)[영모] 반역을 계획함. 예역모를 꾀하던 무리가 발각되었다. 역모하다.

역무원(驛務員)[영무원] 역에서 근무하는 사람.

역법(曆法)[역뻡] 천체의 주기적 현상을 기준으로 계절을 구분하고 날짜의 순서를 정하는 방법.

역병(疫病)[역뼝] 집단적으로 생기는 급성 전염병. 예역병이 돌아 마을 사람이 반 이상 죽었다.

역부족(力不足)[역뿌족] 힘이나 능력이 모자람. 예우리 팀은 최선을 다했지만 지난해 우승 팀에게는 역부족이었다.

역사(歷史)[역싸] ①인류 사회가 거쳐 온 변천의 모습, 또는 그 기록. 예우리 민족의 역사. ②어떤 사물이나 인물·조직 등이 오늘에 이르기까지 변하여 온 자취. 예도자기의 역사.

역사적(歷史的)[역싸적] 역사에 관계되는 것. 또는 역사에 남을 만큼 값어치 있는 것. 예역사적인 발견.

역사책(歷史冊)[역싸책] 역사에 대한 것을 기록한 책.

역사학(歷史學)[역싸학] 특히 역사적인 자료를 기본으로 하여 과거의 인간 생활의 모습을 연구하는 학문.

역설(力說)[역썰] 어떤 의견이나 뜻을 힘주어 말하거나 주장함. 역설되다. 역설하다. 예저축의 중요성을 역설하다.

역성[역썽] 옳고 그름을 따지지 않고 무조건 한쪽만 편들어 주는 일. 예동생이 잘못한 일인데도 엄마는 동생만 역성을 드셨다.

역수(逆數)[역쑤] 1을 어떤 수로 나누어 얻은 몫을 그 나눈 수에 대하여 이르는 말. 예를 들면, 3의 역수는 3분의 1, 5분의 2의 역수는 2분의 5이다.

역순(逆順)[역쑨] 거꾸로 된 순서. 예역순으로 늘어놓다.

역스럽다(逆一) '역겹다'의 잘못.

역습(逆襲)[역씁] 공격을 받고 있던 쪽에서 거꾸로 상대를 공격함. 예적군은 아군의 역습을 받아 혼란에 빠졌다. 역습하다.

역시(亦是)[역씨] ①또한. 예나 역시 매우 기쁘다. ②예상한 대로. 예역시 네놈의 짓이었구나.

역암(礫岩)[여감] 퇴적암의 한 가지. 자갈이 진흙이나 모래에 섞여 굳어진 암석.

역연하다(歷然一)[여견하다] 분명히 알 수 있게 또렷하다. 예다들 피곤한 기색이 얼굴에 역연하다. 뷔뚜렷하다·역력하다.

역작(力作)[역짝] 온 힘을 기울여 쓰거나 만든 작품.

역장(驛長)[역짱] 철도역의 사무를 책임지는 사람.

역적(逆賊)[역쩍] 자기 나라나 임금에게 반역한 사람.

역전¹(逆轉)[역쩐] ①거꾸로 돎. ②형세나 순위 등이 반대로 바뀜. 예역전에 역전을 거듭하는 흥미진진한 경기. 凾반전. 역전되다. 역전하다.

역전²(驛前)[역쩐] 정거장의 앞.

역전 경ː주(驛傳競走) 먼 거리를 몇 개의 구간으로 나누고, 몇 사람이 한 편이 되어 그 구간을 이어 달려서, 달린 시간으로 이기고 짐을 겨루는 경기. 凾역전 마라톤.

역전승(逆轉勝)[역쩐승] 경기에서, 처음에는 지다가 형세가 뒤바뀌어 나중에는 이김. 예만루 홈런을 쳐서 역전승을 거두었다. 凾역전패.

역점(力點)[역쩜] 힘을 가장 많이 기울이는 부분. 예우리 회사는 수출에 역점을 두고 있다.

역정(逆情)[역쩡] 〈성¹〉의 높임말. 예할아버지께서 역정을 내셨다.

역졸(驛卒)[역쫄] 고려·조선 시대에, 역에 딸려 심부름을 하던 사람. 凾역부.

역지사지(易地思之)[역찌사지] 다른 사람과 처지를 바꾸어 생각해 보는 것. 예역지사지를 마음에 새기고 다른 사람 입장을 생각해 주어야 한다.

역풍(逆風) ①나아가는 방향과 반대쪽으로 부는 바람. 예역풍이 불어 배가 나아가지 않는다. 凾순풍. ②'일이 뜻대로 진행되지 않아 어려움을 겪는 것'을 비유하여 이르는 말. 예정부의 세금 인상안은 여론의 역풍을 맞았다.

역하다(逆一)[여카다] ①구역질이 날 듯 속이 메스껍다. 예음식물 쓰레기에서 역한 냄새가 난다. ②마음에 거슬려 못마땅하다. 예잘난 체하는 꼴을 보니 역한 감정이 올라온다.

역할(役割)[여칼] 마땅히 해야 할 일. 또는 맡아서 해야 할 일. 예역할에 충실하다./맡은 바 역할을 다하다. 凾구실. |잘못| 역활.

역할극(役割劇)[여칼극] 극적인 효과보다, 사회에 적응하지 못하거나 인격에 장애가 있는 사람의 훈련이나 치료 등을 목적으로 행하는 극. 일상생활에서 사람의 역할을 본떠 실제로 해 보이게 하고 이를 평가하여 고친다.

역행(逆行)[여캥] 정상적인 방향이나 순서에 반대되게 나아감. 凾순행. 역행되다. 역행하다. 예자연에 역행하다./시대의 흐름을 역행하는 생각.

역활(役一) '역할'의 잘못.

역효과(逆效果)[여쾨과] 바라던 것과는 반대가 되는 결과. 예운동도 너무 무리하게 하면 오히려 역효과가 난다.

엮다[역따] ①노끈이나 새끼·대오리 등으로 이리저리 묶거나 매어 나가다. 예대나무로 엮은 바구니. ②여러 가지 소재를 모아 이야기를 짜 맞추거나 책을 만들다. 예시집을 엮다. |발음| 엮어[여꺼]·엮고[역꼬]

엮음[여끔] 여럿을 모아 하나로 엮는 일. 또는 그렇게 엮은 것.

연¹(年) 한 해. 예연 10퍼센트의 이율. 魯년².

연²(鳶) 대오리로 뼈대를 만들어 종이를 바르고, 실을 매어서 하늘에 날리는 장난감.

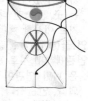
〈연²〉

연³(蓮) 수련과의 여러해살이풀. 연못에 나는데, 심어 가꾸기도 한다. 뿌리줄기는 굵고 마디가 있다. 잎은 둥근 방패 모양이며 물 위에 뜨고, 여름에 희거나 붉은 꽃이 핀다. 뿌리는 먹고, 열매는 한방에서 약재로 쓰인다.

연⁴(輦) 임금이 타는 가마의 한 가지.

연⁵(聯) 시를 몇 개의 단락으로 나누었을 때, 그 하나하나의 단락을 이르는 말. 예두 연으로 된 시.

연간(年間) 한 해 동안. ⟪예⟫연간 기온/ 연간 자동차 생산 대수.

연감(年鑑) 한 해 동안 어떤 분야에서 일어난 사건·통계 등을 적어 일 년에 한 번씩 펴내는 정기 간행물.

연개소문(淵蓋蘇文, ?~665) 고구려의 장군. 당나라의 침략에 대비하여 성 을 쌓고 국방을 튼튼히 하였으며, 보 장왕 3(644)년에 당 태종의 17만 대군 을 크게 무찔렀다.

연거푸(連─) 계속하여 여러 번. ⟪예⟫목 이 말라서 물을 연거푸 마셨다. ⟪비⟫거 푸. |잘못| 연거퍼.

연결(連結) 서로 이어서 맺음. ⟪반⟫단절. 연결되다. 연결하다. ⟪예⟫끊어진 빨랫 줄을 연결하다.

연ː경(燕京) 중국 '베이징'의 옛 이름.

연고¹(軟膏) 지방·바셀린·글리세린 등에 약품을 개어서 만든, 피부에 바 르는 약.

연고²(緣故) ①일이 벌어진 까닭. ⟪예⟫무 슨 연고로 이리 늦었느냐? ⟪비⟫사유. ②혈통·정분 등으로 맺어진 관계. ⟪예⟫그 사람과는 아무런 연고도 없다.

연고지(緣故地) 태어나거나 자라거나 가족이 있거나 하여 특별히 관련 있 는 곳. ⟪예⟫오랜 타향살이에 지쳐 연고 지로 이사할 계획이다.

연ː골(軟骨) ➡물렁뼈.

연관(聯關) 서로 관계를 맺음. ⟪예⟫그 일 은 나랑 연관이 없어. ⟪비⟫관련. 연관 되다. 연관하다.

연관성(聯關性) [연관썽] 서로 연관되 어 있는 특성이나 성질. ⟪예⟫두 사건은 서로 연관성이 있다. ⟪비⟫관련성.

연ː구(研究) 사물을 깊이 생각하거나 조사하여 어떤 이치나 사실을 밝혀 냄, 또는 그 내용. 연구되다. 연구하 다. ⟪예⟫우리나라의 역사를 연구하다.

연ː구가(研究家) 무엇을 전문으로 연 구하는 사람.

연ː구소(研究所) 무엇을 연구하기 위 하여 여러 가지 시설을 갖추어 놓 은 곳.

연ː구실(研究室) 무엇을 연구하기 위 하여 특별히 꾸민 방.

연ː구심(研究心) 연구하고자 하는 마음.

연ː구원(研究院) 특정한 분야를 연구 하기 위하여 세운 기관.

연ː극(演劇) 배우가 무대에서 극본에 따라, 말과 몸짓을 통하여 표현하는 예술. ⟪준⟫극.

연ː극제(演劇祭) [연극쩨] 연극을 널리 알리거나 발전시킬 목적으로 여러 단 체가 참가하여 공연을 벌이는 행사.

연근(蓮根) 연꽃의 뿌리. 구멍이 많이 나 있으며, 먹을 수 있다. ⟪비⟫연뿌리.

연금(年金) 국가 또는 공공 단체가 매 년 정기적으로 주는 돈. ⟪예⟫공무원 연금.

연금 제ː도(年金制度) 어떤 사람이 병 이 들거나 나이가 들어 경제 능력이 없거나 죽었을 때, 그 사람 또는 가족 의 생활을 위하여 매년 일정한 돈을 주는 제도.

연기¹(延期) 정해 놓은 때를 뒤로 물 림. 연기되다. ⟪예⟫회의가 연기되다. 연기하다. ⟪예⟫약속을 연기하다.

연기²(煙氣) 물건이 탈 때에 생기는 검 거나 희뿌연 기체. ⟪예⟫담배 연기.

연ː기³(演技) 관객 앞에서 연극·노 래·춤·곡예 등의 재주를 나타내 보 임, 또는 그 재주.

연기 대ː사(緣起大師, ?~?) 신라 진흥 왕 때의 승려. 544년에 전라남도 구 례군에 있는 화엄사를 창건하였다.

연ː기자(演技者) 영화나 연극 등에서 연기를 하는 사람. ⟪비⟫배우.

연길(延吉) 중국 길림성 동부에 있는 도시. 간도 지방의 중심으로, 우리 민 족이 많이 산다.

연꽃(蓮—)[연꼳] 못이나 늪·논 등에서 자라는 식물인 연의 꽃. 여름에 피는데 빛깔은 연분홍 또는 흰색이다. 비부용·연화.

〈연꽃〉

연꽃무늬(蓮—)[연꼰무니] 연꽃 모양의 무늬.

연날리기(鳶—) 바람을 이용하여 연을 공중에 띄우는 놀이.

'**연날리기**'의 유래

신라 성덕왕 때 내란이 일어났다. 하늘에서 별이 떨어져, 왕이 패할 것이라는 소문이 퍼졌다. 그때, 한 신하가 허수아비를 만들어 연에 매달아 불을 붙여 태우니 마치 별이 다시 하늘로 올라가는 것 같아 보였다. 이것을 보고 군사들의 사기가 높아져 싸움에서 이길 수 있었다고 한다. 연날리기는 오늘날에도 많이 즐기는 놀이이다.

연년생(年年生) 한 부모에게서 한 살 터울로 아이가 태어남, 또는 그렇게 태어난 아이. 예형과 나는 연년생이다.

연:노랑(軟—) 연한 노란색. 예연노랑 원피스를 입은 아이.

연:녹색(軟綠色)[연녹쌕] 연한 초록색. 예나무에 연녹색 이파리가 돋아났다.

연놀이(鳶—)[연노리] 연날리기를 하고 노는 놀이.

연:단(演壇) 연설이나 강연을 하는 사람이 올라서게 만들어 놓은 단.

연달다(連—)(('연달아'의 꼴로만 쓰여)) 잇따르다. 예사진기를 대고 연달아 셔터를 눌렀다.

연대[1](年代) 지나온 햇수나 시대. 예공룡이 생존했던 연대.

연대[2](聯隊) 군대 편성의 한 단위. 사단의 아래, 대대의 위로 보통 3개 대대로 편성된다.

연대감(連帶感) 한 덩어리로 뭉쳐져 있음을 느끼는 마음.

연대별(年代別) 연대에 따른 구별. 예연대별로 정리하다.

연대표(年代表) ➡ 연표.

연도[1](年度) 사무 처리를 위하여 편의에 따라 구분한, 한 해 동안의 기간. 예회계 연도.

⋮⋮⋮ '**연도**[1]'와 '**년도**'의 구별 ⋮⋮⋮

연도(年度): '회계 연도', '졸업 연도'와 같이 단독으로 쓰이는 경우에는 '연도'로 적는다.

년도(年度): '1970년도', '2000년도'와 같이 수로 나타내는 말 뒤에 쓰이는 경우에는 '년도'로 적는다.

연도[2](沿道) 길게 이어져 있는 도로의 양쪽 주변. 예연도에 늘어선 환영 인파.

연두[1](年頭) 해의 첫머리. 예연두 기자 회견.

연:두[2](軟豆) 노랑과 녹색의 중간색. 비연두색·연둣빛.

연두 교:서(年頭敎書) 미국 대통령이 새해를 맞아 의회에 보내는 그 해의 중요 정책에 관한 의견서.

연:두색(軟豆色) ➡ 연두[2].

연:둣빛(軟豆—)[연두삗/연둗삗] ➡ 연두[2].

연등(燃燈) ①연등회 때 켜 놓는 등불. 예연등 행렬. ②〈연등절〉의 준말. ③〈연등회〉의 준말.

연등절(燃燈節)((등을 달고 불을 켜는 명절이라는 뜻으로)) '초

〈연등①〉

파일'을 달리 이르는 말. [준]연등.

연등회(燃燈會)[연등회/연등훼] 고려 시대부터 내려온 국가적인 불교 행사. 온 나라가 집집마다 등을 달고 부처에게 나라와 개인의 행복을 빌었다. 처음에는 정월 보름날에 하다가 후에 사월 초파일로 바뀌었다. [준]연등.

연락(連絡)[열락] ①정보 등을 알림, 또는 그 정보. [예]전화 연락. ②서로 관계를 가짐, 또는 그 관계. [예]고향 친구와는 연락을 하고 지낸다. 연락되다. 연락하다.

연락망(連絡網)[열랑망] 정보나 소식을 빨리 전하려고 짜 놓은 조직 체계. [예]비상 연락망.

연락처(連絡處)[열락처] 연락을 주고받을 수 있는 곳. [예]종이에 연락처를 적어 주세요.

연령(年齡)[열령] ➡나이.

연령층(年齡層)[열령층] 나이가 같거나 비슷한 사람들의 무리. [예]우리 가게의 손님들은 연령층이 다양하다.

연로하다(年老—)[열로하다] 어른의 나이가 많다. [예]연로하신 부모님. [반]연소하다.

연료(燃料)[열료] 열·빛·동력 등을 얻기 위하여 태우는 재료. 숯·석탄·석유·나무 등. [비]땔감.

연료비(燃料費)[열료비] 연료를 구입하는 데 드는 돈.

연루(連累)[열루] 남이 저지른 범죄에 관련되어 벌을 받거나 피해를 입게 됨. 연루되다. [예]그는 공직자 비리에 연루되어 조사를 받았다.

연륙교(連陸橋)[열륙꾜] 육지와 섬을 이은 다리. 남해 대교·거제 대교·완도 대교 등.

연륜(年輪)[열륜] 여러 해 동안 쌓은 경험에서 나오는 숙련의 정도. [예]저는 아직 연륜이 부족합니다.

연립(聯立)[열립] ①여럿이 어울려 하나를 만듦. [예]연립 정부. ②〈연립 주택〉의 준말. 연립되다. 연립하다.

연립 주택(聯立住宅) 한 건물 안에서 여러 가구가 각각 생활할 수 있도록 지은 공동 주택. 아파트보다 규모가 작으며, 4층 이하의 건물이다. [준]연립.

연ː마(硏磨) 학문이나 기술 등을 힘써서 배워 익힘. [예]기술 연마에 힘쓰다. 연마되다. 연마하다. [예]학문을 연마하다.

연막(煙幕) ①적으로부터 아군의 근거지나 행동을 감추기 위하여 피워 놓는 짙은 연기. [예]연막이 터지다. ②'어떤 사실을 숨기기 위해 쓰는 교묘한 말이나 방법'을 비유하여 이르는 말.

연막(을) 치다[관용] 교묘한 방법을 써서 사실이나 진심을 숨기다. [예]그는 속마음을 들키지 않으려고 연막을 쳤다.

연말(年末) 한 해의 마지막 때. [예]연말에는 각종 모임이 많아서 정신이 없다. [비]세밑. [반]연초.

연말연시(年末年始)[연말련시] 한 해의 마지막과 새해의 시작 무렵. [예]연말연시에는 불우한 이웃을 생각합시다.

연맹(聯盟) 둘 이상의 단체·국가 등이, 같은 목적을 위해 동일한 행동을 취할 것을 약속함, 또는 그 단체. [예]보이 스카우트 연맹/국제 축구 연맹. 연맹하다.

연명(延命) 목숨을 겨우 이어 살아감. 연명하다. [예]그들은 풀뿌리를 캐 먹으며 근근이 연명해 나갔다.

연모 물건을 만들거나 무슨 일을 하는 데 쓰는 기구. [비]연장.

연못(蓮—)[연몯] ①연을 심은 못. ②➡못[3].

연못가(蓮—)[연몯까] 연못의 변두리.

연민(憐憫) 불쌍하고 가련함. 예연민의 정을 느끼다.

연발(連發) ①무슨 일이 잇달아 일어남. 예실수 연발. ②총이나 대포 등을 잇달아 쏨. 예연발 사격. 연발되다. 연발하다.

연밥(蓮一)[연빱] 연꽃의 열매. 먹거나 약으로 쓴다.

연방¹(連方) 잇달아 자꾸, 또는 잇달아 계속. 예고개를 연방 끄덕이다.

연방²(聯邦) 각각 독립된 주권을 가진 두 개 이상의 주나 나라가 결합하여 구성하는 국가. 미국·독일·캐나다·스위스 등. 閉연합 국가.

연배(年輩) 비슷한 나이. 또는 비슷한 나이의 사람. 예우리는 연배가 같아서 그런지 말이 잘 통한다.

연변¹(延邊) 중국 길림성 동부에 있는 조선족 자치주.

연변²(沿邊) 큰길이나 강 또는 국경을 따라 이어져 있는 양쪽 지역. 예고속도로 연변의 풍경.

연ː병장(練兵場) 군대를 훈련시키기 위한, 운동장 같은 넓은 곳.

연보¹(年報) 어떤 사실·사업에 대하여 해마다 한 번씩 내는 보고서.

연보²(年譜) 개인이 평생 동안 겪은 일을 차례대로 간략하게 쓴 기록.

연ː보라(軟一) 연한 보라색. 閉연보라색.

연ː보라색(軟一色) ⇒연보라.

연봉(年俸) 한 해 동안 받는 봉급.

연분(緣分) ①서로 만나게 되는 인연. 예연분이 닿다. ②부부가 되는 인연. 예이 두 사람은 오늘 연분을 맺게 되었습니다.

연분구등법(年分九等法)[연분구등뻡] 조선 세종 26(1444)년에 실시한 세금 제도의 한 가지. 그해 농사의 잘되고 못됨에 따라 9등급으로 나누어 세금을 거두는 기준을 달리하였다.

연ː분홍(軟粉紅) 연한 분홍색. 예연분홍 치마.

연ː붉다(軟一)[연북따] 연하게 붉다. 예연붉은 입술 연지.

연비(連比) 수학에서, 셋 이상의 수나 양의 비. 30:60:80 등.

연뿌리(蓮一) ⇒연근.

연ː사(演士) 연설하는 사람.

연산¹(年産) 한 해 동안에 산출하는 총량. 예연산 15만 톤.

연ː산²(演算) 식이 나타내는 규칙에 따라 계산하여 답을 구함. 연산하다.

연산군(燕山君, 1476~1506) 조선 제10대 왕(재위 1494~1506). 무오사화·갑자사화를 일으켜 많은 학자와 대신을 죽였다. 그 뒤 폭군으로 지탄받아 중종반정으로 왕의 자리에서 쫓겨났다.

연ː산 기호(演算記號) 연산에서 쓰는 여러 가지 기호. '+·-·×·÷' 등.

연상¹(年上) 서로 비교하여 볼 때 나이가 많음, 또는 그런 사람. 예5년 연상의 누나. 閉연하.

연ː상²(硯床) 붓·벼루·먹 등의 문방구를 놓아 두고 쓰는 작은 책상.

연상³(聯想) 어떤 사물을 보거나 듣거나 생각하거나 할 때, 그와 관련 있는 다른 사물이 머리에 떠오르는 일. 예연상 퀴즈. 연상되다. 연상하다.

연ː설(演說) 여러 사람 앞에서 자기의 생각·주장 등을 말함. 예선거 연설/지루한 연설. 연설하다.

연ː설문(演說文) 연설할 내용을 적은 글.

연세(年歲) 〈나이〉의 높임말. 예연세가 많은 노인. 閉춘추.

연소(燃燒) 물체가 빛과 열을 내면서 탐, 또는 그러한 현상. 연소되다. 연소하다.

연소자(年少者) 나이가 젊거나 어린 사람. 예연소자 입장 불가.

연소하다(年少—) 나이가 젊거나 어리다. 빤연로하다.

연속(連續) 끊이지 않고 죽 잇거나 이어짐. 예두 편의 영화를 연속 상영하다. 빤불연속. 연속되다. 연속하다.

연속극(連續劇)[연속끅] 라디오·텔레비전 등에서 한 편의 방송극을 정기적으로 일부분씩 이어서 방송하는 극. 예주말 연속극.

연속적(連續的)[연속쩍] 연달아 이어지는 것.

연쇄(連鎖) ①서로 이어져 있는 사슬. ②어떤 사물이나 현상이 사슬처럼 서로 이어져 있음. 예연쇄 충돌 사고.

연쇄점(連鎖店) 상품의 구입·광고 등을 공동으로 하는 소매점의 집단. 하나의 회사가 많은 소매점을 거느리는 형태와, 독립된 여러 소매점이 협동하는 형태가 있다. 빤체인점.

연수[1](延髓) 뇌의 아래쪽 끝에 있으며 척수의 위쪽 끝으로 이어지는 부분. 생명과 직접 관계되는 폐·심장·혈관 등의 운동을 조절한다. 빤숨골.

연ː수[2](研修) 어떤 분야에 필요한 학문이나 기술 등을 특별히 더 배우거나 공부하는 일. 예해외 연수. 연수하다.

연ː수생(研修生) 어떤 분야에 필요한 학문이나 기술 등을 특별히 더 배우거나 공부하는 학생. 예기술 연수생.

연ː습(練習) 학문·기예 등을 익숙하도록 되풀이하여 익힘. 예발성 연습/연습 문제. 연습하다.

연ː습량(練習量)[연습냥] 연습하는 양. 예감독은 내일부터 선수들의 연습량을 늘리기로 했다.

연ː습장(練習帳)[연습짱] 연습할 때 쓰는 공책.

연승(連勝) 전쟁이나 경기 등에서, 연달아 이김. 예예선에서 3연승을 거두었다. 빤연패. 연승하다.

연ː시(軟枾) 말랑말랑하게 잘 익은 감. 예나는 연시보다 단감이 더 좋아. 빤홍시.

연시조(連時調) 시조의 한 형식. 두 수 이상의 평시조가 한 편을 이룬다.

연신 잇따라 자꾸. 예수정이는 연신 고개를 갸웃거렸다. 빤연방.

연실(鳶—)[연씰] 연줄로 쓰는 실.

연싸움(鳶—) 연을 날리면서 서로 연줄을 엇걸어 상대편의 연줄을 끊는 놀이. 연싸움하다.

연안(沿岸)[여난] ①바다나 강·호수와 맞닿아 있는 육지. 예한강 연안에 발달한 도시. ②바다나 강·호수에서 육지에 가까운 부분. 예연안 어업.

연ː애(戀愛)[여내] 남녀 사이에 사랑을 느껴 서로 애틋하게 그리워하는 일. 연애하다.

연ː약하다(軟弱—)[여냐카다] ①사물이 단단하지 못하고 연하거나 약하다. 예연약한 나뭇가지. ②몸이 허약하다. 예연약한 체질. ③성질이 부드럽고 마음이나 의지가 굳지 못하다. 예연약하게 굴지 말고 마음을 단단히 먹어라.

연어(鰱魚)[여너] 연어과의 바닷물고기. 몸길이 70cm가량. 몸은 원통 모양이며, 몸빛은 등

〈연어(수컷)〉

이 파란색을 띤 회색이고 배는 은색이다. 가을에 강으로 거슬러 올라와 상류의 모랫바닥에 알을 낳고 죽는다.

연ː연하다(戀戀—)[여년하다] 어떤 일을 잊거나 포기하지 못해 마음을 쓰다. 예과거에 연연하다.

연ː예(演藝)[여녜] 여러 사람 앞에서 연극·노래·춤 등을 공연하여 보임. 또는 그 재주. 예연예 활동/연예 프로그램.

연:예인(演藝人)[여녜인] 연예에 종사하는 배우·가수 등을 통틀어 이르는 말.

연월일(年月日)[여눠릴] 해와 달과 날. 몐출생 연월일.

연유(緣由)[여뉴] 어떤 일이 생기게 된 까닭. 몐무슨 연유로 늦었느냐? 몐사유.

연이율(年利率)[연니율] 일 년을 단위로 하여 정한 이율. 몐연리.

연:인(戀人)[여닌] 연애의 상대자. 몐애인.

연일(連日)[여닐] 여러 날을 계속하여. 몐연일 비가 내렸다. 몐날마다·매일.

연임(連任)[여님] 정해진 임기를 마친 다음에 다시 그 직책을 맡음. 몐우리나라 대통령은 연임이 불가능하다. 연임되다. 연임하다.

연잇다(連一)[여닏따] 끊어지지 않고 잇다. 몐연이어 일어나는 안전사고. |활용| 연이으니·연이어.

연잎(蓮一)[연닙] 연꽃의 잎.

연:자매(硏子一) 둥글게 만든 돌을 말이나 소가 끌어 돌려서 곡식을 찧거나 빻는 큰 맷돌. 몐연자방아.

연:자방아(硏子一) ➡ 연자매.

연:자주(軟紫朱) 연한 자주색.

연장[1] 일을 하거나 물건을 만드는 데 쓰는 기구. 몐연장 가방. 몐도구·연모.

연장[2](年長) 서로 비교하여 볼 때 나이가 많음, 또는 그런 사람.

연장[3](延長) 본래보다, 길이 또는 시간을 늘림. 몐근무 시간 연장. 몐단축. 연장되다. 연장하다. 몐점심 시간을 십 분 더 연장하다.

연장자(年長者) 자기보다 나이가 더 많은 사람.

연장전(延長戰) 운동 경기에서, 규정된 시간·횟수 안에 승부가 나지 않을 때, 시간이나 횟수를 늘려 계속하는 경기.

연재(連載) 신문·잡지 등에, 소설이나 논문·만화·기사 등을 여러 차례로 나누어서 계속 싣는 일. 몐연재 만화. 연재되다. 연재하다.

연:적(硯滴) 벼룻물을 담는 조그만 그릇.

〈연적〉

연:주(演奏) 여러 사람 앞에서 악기로 음악을 들려줌. 몐바이올린 연주. 연주되다. 연주하다.

연:주가(演奏家) 악기를 연주하는 일을 직업으로 하는 사람.

연:주법(演奏法)[연주뻡] 악기를 연주하는 방법. 몐주법.

연:주실(演奏室) 악기를 연주하는 방. 또는 악기를 연주할 수 있도록 특별히 꾸며 놓은 방.

연:주자(演奏者) 악기를 연주하는 사람. 몐바이올린 연주자.

연:주회(演奏會)[연주회/연주훼] 청중을 모아 놓고 음악을 연주하여 들려주는 모임. 몐음악회.

연줄(鳶一)[연쭐] 연을 매어서 날리는 데 쓰는 실.

연중(年中) 한 해 동안. 또는 한 해 동안 내내. 몐연중 최저치/이 지역은 연중 비가 온다.

연중행사(年中行事) 해마다 일정한 시기에 정기적으로 하는 행사.

연지(臙脂) 잇꽃의 꽃잎에서 뽑아낸 붉은 물감. 여자들이 화장할 때에 입술과 볼에 바르거나 찍었다. 몐연지 곤지.

연착(延着) 예정된 날짜나 시간보다 늦게 도착함. 연착되다. 연착하다. 몐기차가 한 시간이나 연착하였다.

연체(延滯) 정해진 기간 안에 내야 할 돈을 내지 않음. 몐전기 요금 연체. 연체되다. 연체하다.

연초(年初) 새해의 첫머리. [반]연말.
연ː출(演出) 연극·영화·방송극 등에서, 대본에 따라 배우의 연기나 무대 장치·조명·음악 등을 지도하고, 전체를 종합하여 하나의 작품이 되게 하는 일. **연출되다. 연출하다.**
연ː출가(演出家) 연극·영화·방송 등에서 연출을 전문으로 하는 사람.
연ː탄(煉炭) 무연탄 가루에 석회·진흙 등을 섞어서 굳혀 만든 연료. 특히, 잘 타게 하려고 여러 개의 구멍을 뚫은 원통 모양의 것을 말한다. [준]탄.
연ː탄가스(煉炭gas) 연탄이 탈 때 발생하는, 일산화탄소가 주성분인 가스.
연ː탄재(煉炭—) [연탄째] 연탄이 다 타고 남은 재. [예]아버지는 눈길에 연탄재를 뿌려 놓으셨다.
연통(煙筒) 양철 등으로 둥글게 만든 굴뚝. [예]난로의 연통.
연통제(聯通制) 1919년에 상하이에 있던 '대한민국 임시 정부'가 국내외의 독립운동을 지휘·감독하고 연락 사항을 효과적으로 전달하기 위하여 설치하였던 비밀 행정 조직.
연패1(連敗) 전쟁이나 경기 등에서, 연달아 짐. [예]연전연패. [반]연승. **연패하다.**
연패2(連覇) 운동 경기 등에서, 잇달아 우승함. [예]3연패의 영광을 차지하다. **연패하다.**
연평균(年平均) 일 년 동안의 평균. [예]연평균 기온/연평균 소득.
연평도(延坪島) 인천광역시 옹진군에 있는 섬. 서해의 어업 중심지이며, 특히 이 일대의 바다는 우리나라의 대표적인 조기 어장이다.
연표(年表) 역사적인 사실들을 일어난 연대의 차례로 적어 만든 표. [예]조선 왕조의 연표. [비]연대표.
연필(鉛筆) 필기도구의 한 가지. 흑연 가루와 점토를 섞어서 높은 열로 구워 만든 심을 나뭇대에 박은 것.
연필깍지(鉛筆—) [연필깍찌] 뾰족하게 깎은 연필심을 보호하거나 짧은 연필을 쓰기 쉽도록 연필에 끼우는 깍지.
연필깎이(鉛筆—) [연필까끼] 연필을 깎는 기구. 통 속의 칼날과 연결된 구멍에 연필을 넣어 돌리면 연필이 저절로 깎인다.
연필꽂이(鉛筆—) [연필꼬지] 연필·볼펜 등의 필기도구를 꽂아 두는 기구.
연필심(鉛筆心) 연필 속에 들어 있는 가늘고 긴 심.
연하(年下) 서로 비교하여 볼 때 나이가 적음, 또는 그런 사람. [예]3년 연하의 동생. [반]연상.
연ː하다1(軟—) ①질감이 무르고 부드럽다. [예]연한 살코기. ②빛이 엷고 산뜻하다. [예]연한 노란색.
연하다2(連—) 잇닿아 있다. 또는 계속 이어지다. [예]여러 집이 연하여 있다./기침 소리가 연하여 들렸다.
연하장(年賀狀) [연하짱] 새해를 축하하는 뜻으로 보내는 간단한 내용의 편지.
연합(聯合) 둘 이상의 단체나 나라가 하나로 뭉침. 또는 둘 이상의 나라나 단체를 합쳐 하나의 조직을 만듦. [예]국제 연합. **연합하다.**
연합국(聯合國) [연합꾹] 같은 목적을 위하여 함께 행동하기로 약속한 둘 이상의 나라들.
연합군(聯合軍) [연합꾼] 두 나라 이상의 군대가 합쳐서 이룬 군대.
연해(沿海) 육지에 가까운 바다. [예]연해 어업.
연해주(沿海州) 러시아의 동남쪽 끝에 있는 지방. 지하자원이 매우 풍부하며, 서쪽은 중국 영토에, 남동쪽은 동해에, 남서쪽은 우리나라와 접하여 있다.

연행(連行) 경찰이나 사법 기관이 피의자를 체포하여 강제로 데리고 감. 연행되다. 예살인 사건 용의자가 경찰에 연행되었다. 연행하다.

연혁(沿革) 어떤 사물이 처음 생겨나서 지금까지 바뀌어 온 내력. 예우리 학교의 연혁.

연호(年號) 지난날, 임금이 즉위한 해에 붙이던 이름. 예'광무'는 대한 제국의 연호이다.

연:회(宴會)[연회/연훼] 축하·환영 등을 위하여, 여러 사람이 모여 술을 마시거나 음식을 먹으면서 즐기는 모임.

연:회색(軟灰色)[연회색/연훼색] 연한 회색.

연:회장(宴會場)[연회장/연훼장] 연회를 벌이는 곳.

연후(然後) 어떤 일이 끝난 뒤. 예손을 씻은 연후에 밥을 먹어라.

연휴(連休) 휴일이 계속되는 일, 또는 그 휴일.

열¹ 아홉에 하나를 더한 수. 비십.

열²(列) 사람·물건 등이 죽 늘어선 줄. 예기러기 떼가 열을 지어 날아간다.

열³(熱) ①물건을 데우거나 태우거나 하는 힘. 예태양의 열. ②병 때문에 몸에 생기는, 정상적인 체온을 넘어선 더운 기운. 예머리에 열이 있다. 본신열. ③무슨 일에 정신을 집중시키는 일. 예환경 보호 운동에 열을 올리다. ④격분하거나 흥분한 상태. 예관중들은 몹시 열을 올리며 소리를 질렀다.

열강(列強) 세력이 강한 여러 나라.

열거(列擧) 여러 가지를 하나씩 들어 말함. 열거되다. 열거하다. 예증거를 열거하다.

열광(熱狂) 어떤 일에 몹시 흥분하여 미친 듯이 날뜀. 열광하다. 예열광하는 관중.

열광적(熱狂的) 몹시 흥분하여 미친 듯이 행동하는 것. 예열광적인 응원/열광적인 환영을 받다.

열기(熱氣) ①뜨거운 기운. 예열기를 내뿜는 용광로. ②흥분한 분위기. 예올림픽에 대한 열기가 높아지다. ③높아진 체온, 곧 병 때문에 오르는 몸의 열. 예몸에 열기가 있다.

열기구(熱氣球) 큰 풍선 속의 공기를 가열하여 팽창시켜, 공중에 떠오르게 만든 기구. 예언젠가 열기구를 타고 하늘을 날고 싶다.

열나다(熱一)[열라다] ①몸에서 열이 나다. 예엄마는 열나는 아이에게 해열제를 먹였다. ②((주로 '열나게'의 꼴로 쓰여)) 아주 열성적으로. 예이제부터 열나게 공부할 거야. ③화가 나다. 예너 때문에 열나 죽겠다.

열나흘 열 네 날.

열녀(烈女)[열려] 남편이 죽은 뒤에도 절개를 지켜 다시 결혼하지 않은 여자. 비열부.

열녀문(烈女門)[열려문] 열녀를 칭찬하고 기리기 위하여 세운 붉은 문.

열:다¹ 열매가 맺히다. 예감이 많이 열었다. |활용| 여니·열어.

열:다² ①닫힌 창이나 문 등을 밀거나 당기거나 하여 터놓다. 예대문을 활짝 열어 놓았다. ②상점 등을 운영하여 시작하다. 예가게를 연 지 3일밖에 안 되었다. ③모임·회의 등을 시작하거나 진행하다. 예다음 주에 제2차 정기 총회를 열겠습니다. ④서로 관계를 가지거나 맺다. 예국교를 열다. ①②반닫다. |활용| 여니·열어.

열대(熱帶)[열때] 적도를 중심으로 남회귀선과 북회귀선 사이의 지대. 또는 연평균 기온이 섭씨 20도 이상인 지대.

열대 과일(熱帶一) 열대 지방에서 나는 과일.

열대 기후(熱帶氣候) 열대에서 볼 수 있는 기후. 일 년 내내 덥고 비가 많이 내린다.

열대림(熱帶林) [열때림] 열대 지방에 있는 나무가 우거진 숲.

열대 식물(熱帶植物) 열대 지방에서 자라는 식물. 대체로 늘푸른나무이며, 잎이 크고 넓은 것이 많다. 선인장·야자·파인애플 등.

열대야(熱帶夜) [열때야] 기온이 섭씨 25도 이하로 내려가지 않는 매우 더운 밤. 예열대야 현상.

열대어(熱帶魚) [열때어] 열대나 아열대 지방에 사는 물고기. 생김새와 빛깔이 곱고 화려해서 관상용으로 기른다. 에인젤피시·거피·네온테트라 등.

열대 지방(熱帶地方) 열대 기후에 속하는, 연평균 기온이 섭씨 20도 이상인 더운 지방.

열도(列島) [열또] 줄을 지은 모양으로 죽 늘어서 있는 여러 개의 섬. 예일본 열도.

열등(劣等) [열뜽] 보통 수준보다 뒤떨어져 있음. 땐우등. 열등하다.

열등감(劣等感) [열뜽감] 용모·능력 등에서, 자기가 다른 사람보다 뒤떨어져 있다는 느낌, 또는 그럴 때의 불쾌한 감정. 비콤플렉스. 땐우월감.

열등생(劣等生) [열뜽생] 성적이 보통 수준보다 낮은 학생. 땐우등생.

열등의식(劣等意識) [열뜽의식/열뜽이식] 자기가 다른 사람보다 뒤떨어져 있다고 믿는 마음. 예그는 열등의식에 빠져 괴로워했다.

열띠다(熱—) 열렬한 기운이 있다. 열성을 띠다. 예우리는 선수들에게 열띤 응원을 보냈다.

열람(閱覽) 책·문서 등을 죽 훑어보거나 조사하여 봄. 열람하다. 예도서관에서 여러 가지 잡지를 열람했다.

열람실(閱覽室) 도서관 등에서, 책이나 신문·문서 등을 훑어보거나 읽을 수 있도록 마련한 방.

열량(熱量) 열을 에너지의 양으로 나타낸 것. 단위는 보통 '칼로리'를 사용한다.

열렬하다(熱烈—) 흥분하거나 열중하거나 하여, 마음·태도·행동 등이 몹시 세차다. 예열렬한 환영을 받다. 열렬히.

열리다[1] 열매가 맺혀 달리다. 예사과가 주렁주렁 열려 있다.

열리다[2] ①닫히거나 덮인 것이 틔다. 예대문이 열리는 소리/뚜껑이 열리다. ②상점 등의 운영이 시작되다. ③모임·회의 등이 시작되거나 진행되다. 예며칠 후면 가을 운동회가 열린다. ④서로 관계가 맺어지다. 예국교가 열리다. ⑤사람들의 지혜가 깨고 문화가 발전되다. 예새로운 시대가 열리다. ①②땐닫히다.

열망(熱望) 열심히 바람. 또는 간절히 바람. 예그들의 마음은 통일에 대한 열망으로 가득 차 있다. 열망하다.

열매 ①식물의 꽃이 핀 뒤에 그 씨방이 커져서 맺힌 것. 비과실. ②'이루어 놓은 결과'를 비유하여 이르는 말. 예노력의 열매.

열무 주로 잎과 줄기를 먹기 위해 기르는, 뿌리가 작은 무.

열무김치 열무로 담근 김치.

열반(涅槃) ①불교에서, 진리를 깨달아 모든 걱정과 괴로움에서 벗어나는 일. ②덕이 높은 승려의 죽음을 이르는 말. 예열반에 들다. ②비입적. 열반하다.

열변(熱辯) 열렬하게 주장하는 말이나 연설. 예찬우는 큰 소리로 유창하게 열변을 토했다.

열병(熱病) 몸에 높은 열이 나고 심하게 앓는 병. 말라리아·폐렴 등.

열 병합 발전소(熱倂合發電所) 전기를 일으키는 일과 열을 공급하는 일을 동시에 진행하여 에너지의 이용률을 높이는 방식의 발전소. 화력 발전소에서 증기 터빈으로 발전기를 움직이게 하고, 터빈에서 나오는 증기나 가스를 각 가정에 보내어 방 안을 뜨듯하게 하는 등.

열복사(熱輻射)[열복싸] 열이 중간에 있는 물체에 의하지 않고, 직접 다른 곳으로 옮겨 가는 현상.

열불(熱−) '몹시 흥분하거나 화가 난 감정'을 비유하여 이르는 말. 예시험 기간인데도 놀기만 하는 너를 보니 열불이 난다.

열사¹(烈士)[열싸] 나라를 구하기 위하여 맨몸으로 저항하다가 목숨을 바친 사람. 비의사.

:::: '열사¹'와 '의사'의 구별 ::::

어떤 목적을 위하여, 특히 나라와 겨레를 위하여 목숨을 바쳤다는 점에서는 같으나,
열사 : 주로 맨몸으로 싸우다 죽은 사람을 이른다.
의사 : 주로 무력으로 싸우다 죽은 사람을 가리킬 때 쓰며, 군인에게는 쓰지 않는다.
예이준 열사/안중근 의사.

열사²(熱沙)[열싸] 뜨거운 사막. 예열사의 땅.

열사병(熱射病)[열싸뼝] 기온과 습도가 높은 곳에서 몸의 열을 내보내지 못하여 어지러움과 피로를 느끼다가 의식을 잃고 쓰러지는 병.

열성(熱誠)[열썽] 어떤 일에 쏟는 열렬한 정성. 예그는 열성을 다해 일했다.

열성적(熱誠的)[열썽적] 열렬한 정성을 기울이는 것. 예민수는 학급 일에 열성적으로 참여했다.

열세(劣勢)[열쎄] 힘이나 세력이 상대보다 약함. 예수적 열세를 만회하다. 반우세. 열세하다.

열:쇠[열쐬/열쒜] ①자물쇠를 잠그거나 여는 데 쓰는 쇠. ②문제·사건 등을 해결하는 데 가장 중요한 실마리나 수단. 예사건의 열쇠를 쥐고 있는 목격자. 비키.

열:쇠고리[열쐬고리/열쒜고리] 열쇠를 끼워 가지고 다니거나 보관하는 데 쓰는 고리.

열심(熱心)[열씸] 어떤 일에 마음을 기울여 힘쓰거나 정신을 집중하는 일. 예동생은 요즘 영어 공부에 열심이다. 비열중.

열심히(熱心−)[열씸히] 마음을 기울여 힘쓰거나 정신을 집중하여. 예교실 청소를 열심히 하다.

열악하다(劣惡−)[여라카다] 품질·능력·시설 등이 몹시 떨어지고 나쁘다. 예그는 열악한 환경 속에서도 열심히 공부했다.

열어젖히다[여러저치다] 문·창 등을 갑자기 벌컥 열다. 예창문을 활짝 열어젖히고 대청소를 했다. |잘못| 열어제치다.

열어제치다 '열어젖히다'의 잘못.

열:없다[여럽따] 성질이 다부지지 못하고 겁이 많다. 열없이.

열에너지(熱energy) 물체의 온도 변화를 일으키는 열을 에너지의 한 형태로 보아 이르는 말.

열연¹(熱延)[여련] 쇠붙이에 열을 가하여 눌러 늘이거나 펴서 판자·막대기 등의 모양으로 가공하는 일. 예열연 코일.

열연²(熱演)[여련] 연기를 열심히 또는 정열적으로 함. 예배우들의 열연에 박수를 보냈다. 열연하다.

열외(列外)[여뢰/여뤠] ①늘어선 줄의 바깥. 예운동화를 신지 않은 사람은

열외로 나가라. ②어떤 부류에 들지 못함. 예어제 숙제를 낸 사람은 열외로 친다.

열의(熱意)[여릐/여리] 무슨 일을 이루려고 열성을 다하는 마음. 예민수는 연극에 대한 열의가 대단하다.

열장지(-障-) 좌우로 열어젖히게 된 장지(문).

열전(熱戰)[열쩐] ①무력에 의한 맹렬한 전쟁. 빤냉전. ②'열기에 찬 격렬한 경기'를 비유하여 이르는 말. 예두 학교가 우승을 놓고 열전을 벌였다.

열전도(熱傳導) 열이 물질 안의 온도가 높은 부분에서 온도가 낮은 부분으로 흐르는 현상.

열정(熱情)[열쩡] ①열렬한 애정. ②어떤 일에 열중하는 마음. 예그는 역사 연구에 열정을 쏟았다.

열정적(熱情的)[열쩡적] 어떤 일에 열렬한 애정을 가지고 몹시 열중하는 것. 예열정적인 태도.

열중(熱中)[열쭝] 한 가지 일에 정신을 쏟음. 예그림 그리기에 열중을 하다. 빤골몰·열심·몰두. 열중하다.

열중쉬어(列中-)[열쭝쉬어/열쭝쉬여] '차려' 자세에서 왼발을 30 cm 간격으로 벌리고 두 손을 등의 허리 부분에 댄 자세로 쉬라는 구령.

열째 아홉째의 다음 차례.

열차(列車) 기관차에 여러 대의 객차·화차 등을 연결한 차량. 예귀성객 수송 열차. 빤기차.

열차표(列車票) 열차를 타기 위해 사는 표.

열풍(熱風) 열기를 띤 뜨거운 바람.

열하(熱河) 중국 하북성 동북쪽 끝에 있는 도시.

열하루 ①그달의 열한째 날, 곧 11일. ②열한 날.

열하일기(熱河日記) 조선 정조 4 (1780)년에, 박지원이 청나라에 가는 사신을 따라 열하(지금의 청더)까지 가면서 겪은 일을 적은 기행문.

열화(熱火) ①((주로 '같다'와 함께 쓰여)) '아주 격렬한 열정'을 비유하여 이르는 말. 예열화와 같은 성원에 감사드립니다. ②몹시 급하게 치밀어 오르는 화. 예열화가 나다./열화가 치밀다.

열흘 ①그달의 열째 날, 곧 10일. 본초열흘날. ②열 날. 예방학도 이제 열흘밖에 안 남았다.

엷:다[열따] ①두께가 두껍지 않다. 예엷은 판자. 작얇다. ②농도·빛깔이 진하지 않고 연하다. 예엷은 노랑. ③잠·웃음·지식 등이 깊지 못하거나 가볍다. 예엷은 잠/입가에 엷은 미소를 짓다. |발음| 엷어[열버]·엷고[열꼬]

엷:어지다[열버지다] 엷은 상태로 되다.

염가(廉價)[염까] 제값보다 싼 값. 예물건을 염가로 팔다. 빤저가.

염기(鹽基) 붉은 리트머스 종이를 푸른색으로 변하게 하는 성질을 가진 화합물. 물에 녹는 것은 '알칼리'라고 한다. 빤산.

염기성(鹽基性)[염기썽] 염기가 가지는 성질. 빤알칼리성. 빤산성.

염기성 용액(鹽基性溶液) 붉은 리트머스 종이를 푸른색으로 변하게 하는 용액. 빤알칼리성 용액.

염낭(-囊) 허리에 차는 주머니의 한 가지. 아가리에 잔주름을 잡고 끈 두 개를 양쪽에 꿰어서 여닫게 되어 있어, 끈을 졸라매면 전체가 거의 둥글게 된다. 빤두루주머니.

염:두(念頭) 생각. 마음. 예선생님의 가르침을 늘 염두에 두고 있다.

염라대왕(閻羅大王)[염나대왕] 불교에서, 죽은 사람의 영혼을 다스리고, 살았을 때의 행동을 심판하여 상벌을 준다는 저승의 임금.

염:려(念慮) [염녀] 앞일에 대하여 마음을 써서 걱정함. 예아무 염려 마십시오. 염려되다. 염려하다.

염:료(染料) [염뇨] 물건에 빛깔을 물들이는 물질. 비물감.

염류(鹽類) [염뉴] ①소금 성분이 들어 있는 여러 가지 물질의 종류. ②산의 수소 이온이 금속 이온 또는 금속성 이온으로 바뀐 화합물을 통틀어 이르는 말.

염:병(染病) '장티푸스'를 속되게 이르는 말.

염분(鹽分) 바닷물 등에 포함되어 있는 소금기. 예이곳의 바닷물은 염분이 낮다.

염:불(念佛) 불교에서, 부처를 생각하면서 나무아미타불이나 불경을 외는 일. 염불하다.

염산(鹽酸) 물에 염화수소를 녹여 만든 액체. 색깔이 없고 강한 산성을 띠며, 약품·물감 등을 만드는 데 쓰인다.

염:색(染色) 물감을 써서 천 등에 물을 들임. 반탈색. 염색되다. 염색하다.

염:색체(染色體) 세포가 분열할 때 나타나는 실 모양의 물질. 유전자를 포함하며, 유전이나 성별의 결정에 중요한 역할을 한다.

염소¹ 솟과의 동물. 양과 비슷한데, 뒤로 굽은 뿔이 있고 목과 꼬리가 짧으며, 수컷은 턱 밑에 긴 수염이 있다. 몸빛은 갈색·흰색·검은색 등 여러 가지가 있다.

염소²(鹽素) 기체 원소의 한 가지. 자극적인 냄새가 나는 황록색의 기체로, 냉각하면 액체가 된다. 산화제·표백제·소독제 등으로 쓰인다.

염:원(念願) [여뭔] 늘 마음에 생각하고 간절히 바람. 예남북통일은 우리 겨레의 염원이다. 염원하다.

염장(鹽藏) 식품 등을 소금에 절여 저장함. 예염장 고등어/염장 미역.

염전(鹽田) 바닷물을 증발시켜서 소금을 만드는 곳.

염:주(念珠) 보리수 등의 열매를 실에 꿰어 둥글게 만든 기구. 염불할 때에, 손가락으로 돌려 개수를 세거나 손목 또는 목에 건다.

〈염주〉

염증¹(炎症) [염쯩] 몸의 어떤 부분이 빨갛게 붓고 진물이 나며, 열이나 통증 등을 일으키는 일.

염:증²(厭症) [염쯩] 싫증.

염초(焰硝) 색깔이 없고 유리 광택이 있는 투명 또는 반투명의 결정체. 화약·성냥·유리·비료 등의 원료로 쓰인다.

염치(廉恥) 예절을 생각하여 미안함과 부끄러움을 아는 마음. 예사람이면 염치가 있어야지.

염치없다(廉恥—) [염치업따] 체면도 부끄러움도 없다. 예염치없는 부탁이지만, 한 번 더 도와주세요. 염치없이.

염탐(廉探) 남의 사정을 몰래 살펴 조사함. 염탐하다. 예적군의 동정을 염탐하다.

염통 → 심장.

염화나트륨(鹽化Natrium) 염소와 나트륨의 화합물로, '소금'을 화학적으로 이르는 말.

염화칼륨(鹽化Kalium) 염소와 칼륨의 화합물. 쓰고 짠맛이 있는 흰색의 결정으로, 비료 등으로 쓰인다.

염화칼슘(鹽化calcium) 염소와 칼슘의 화합물. 흰색의 결정으로, 건조제 등으로 쓰인다.

엽록소(葉綠素) [염녹쏘] 식물의 세포인 엽록체 속에 들어 있는 녹색의 색소. 광합성에 필요한 에너지를 태양으로부터 얻는 구실을 한다. 펜잎파랑이.

엽록체(葉綠體)[염녹체] 녹색 식물의 잎이나 줄기의 껍질 속에 있는 녹색의 알갱이. 엽록소를 가지고 있으며, 광합성 작용을 해 나가는 중요한 부분이다.

엽서(葉書)[엽써] 봉투 없이 보낼 수 있게 한 쪽으로 만든 편지 용지. 펜우편엽서.

엽전(葉錢)[엽쩐] 놋쇠로 만든 옛날 돈. 둥글고 납작하며 가운데에 네모진 구멍이 있다.

엽차(葉茶) 차나무의 어린잎을 따서 말린 찻감, 또는 그것을 달인 물.

〈엽전〉

엿 [엳] 쌀이나 고구마·옥수수 등의 녹말과 엿기름으로 만드는, 달고 끈끈한 전통적인 식품. |발음| 엿이 [여시]·엿도 [엳또]·엿만 [엳만]

엿:- [엳] '몰래'·'가만히' 등의 뜻을 나타내는 말. 예엿듣다/엿보다.

엿가락 [엳까락] 가늘고 길게 뽑은 엿의 낱개.

엿기름 [엳끼름] 보리에 물을 부어 싹을 내어서 말린 것. 녹말을 단맛이 나는 성분으로 바꾸는 효소가 많이 들어 있다.

엿:듣다 [엳뜯따] 남이 하는 말을 몰래 듣다. 예문틈에 귀를 대고 방 안의 이야기를 엿들었다. |활용| 엿들으니·엿들어.

엿:보다 [엳뽀다] ①남이 하는 행동을 몰래 보거나 살피다. 예문틈으로 방 안을 엿보다. ②알맞은 기회나 때를 노리며 기다리다. 예도망갈 기회를 엿보다. ③짐작으로 살펴 알다. 예조상들의 건축 기술을 엿볼 수 있는 고궁.

엿새 [엳쌔] ①그달의 여섯째 날, 곧 6일. 본초엿샛날. ②여섯 날.

엿장수 [엳짱수] 엿을 파는 사람.

엿장수 마음대로[관용] 어떤 일을 자기 마음대로 이랬다저랬다 하는 것.

엿치기 [엳치기] 엿가락을 부러뜨려서 구멍의 크고 작음을 비교하여 승부를 겨루는 내기. 엿치기하다.

영:¹ 도무지. 전혀. 예영화가 영 재미가 없다.

영:²(永) 〈영영〉의 준말. 예수진이는 전학 간 이후에 영 소식이 없다.

영³(零) ①음수와 양수의 경계가 되는 수. ②수량이 전혀 없음을 이르는 말.

영⁴(靈) 〈영혼〉의 준말.

영:감¹(令監) ①남자 노인을 대접하여 이르는 말. ②나이가 좀 많은 부부 사이에서, 아내가 남편을 부르거나 가리키는 말. ③지난날, 종이품과 정삼품의 벼슬아치를 높여 부르던 말. 놓영감님.

영감²(靈感) 신의 계시를 받은 것같이 머릿속에 갑자기 떠오르는 신기하고 묘한 생각. 예영감이 떠오르다.

영:감님(令監一) 〈영감¹〉의 높임말.

영계(一鷄)[영계/영게] 병아리보다 조금 큰 닭.

영고(迎鼓) 부족 국가 시대에, 부여국에서 하던 제천 의식의 한 가지. 추수가 끝난 섣달에 추수를 감사하여 하늘에 제사지내고, 노래와 춤을 추며 놀았다.

영공(領空) 한 나라의 영토와 영해의 윗부분의 공간. 곧, 그 나라의 주권이 미치는 하늘. 참영해.

영광¹(榮光) 빛나는 영예. 예우리 학교 축구부가 전국 대회 우승의 영광을 차지했다. 펜영예·광영.

영광²(靈光) 전라남도 북서쪽에 있는 군. 축산업·수산업이 활발하고, 주요 수산물로는 굴비가 유명하다. 명승지로는 불갑사·해불암·전일암·불영대·영광 팔경·영광 팔괴가 있다.

영광스럽다(榮光―)[영광스럽따] 영광이 있다. 또는 영광이 넘치다. |활용| 영광스러우니·영광스러워. 영광스레.

영광차다(榮光―) '영광스럽다'의 북한말.

영ː구¹(永久) 길고 오램. 오래 계속되어 끊임이 없음. 예영구 불멸/영구 보존. 비영원. 영구하다. 영구히.

영구²(靈柩) 시체를 넣은 관.

영ː구적(永久的) 시간적으로 끝없이 오래갈 수 있는 것.

영구차(靈柩車) 시체를 넣은 관을 실어 나르는 차.

영ː구치(永久齒) 젖니가 빠진 뒤에 나는 이. 어금니는 처음부터 영구치이며, 한 번 빠지면 평생 다시 나지 않는다. 魯간니·젖니.

영국(英國) 유럽 대륙 서쪽에 있는 섬나라. 18세기에 세계 각지에 식민지를 만들었고, 19세기 초기까지는 '대영 제국'이라 하여 세계 최강을 자랑하였다. 의회 제도가 잘 발달한 나라로 유명하다. 수도는 런던.

영글다 ➡ 여물다①.

영기(令旗) 지난날, 군대에서 군대의 명령을 전하러 가던 사람이 들고 가던 기. 푸른 비단 바탕에 붉게 '令' 자를 오려 붙였다. 〈영기〉

영남(嶺南) 경상남도와 경상북도를 두루 이르는 말.

영농(營農) 농사를 짓거나 농업을 경영함. 예영농 기술. 영농하다.

영농 자ː금(營農資金) 농사를 짓는 데 쓰이는 돈.

영단(英斷) ①지혜롭고 용기 있게 내리는 결단. ②과감한 결단.

영덕(盈德) ①경상북도 동부 해안에 있는 군. 양식업과 수산 가공업이 발달하였고, 주요 어종은 노가리·명태·게 등이다. 1979년 동해 고속 도로가 뚫려 관광 산업이 활발하다. ②경상북도 영덕군에 있는 읍. 군청 소재지이다.

영도(領導) 거느려 이끎. 앞장서서 지도함. 예영도 능력을 갖춘 지도자. 영도되다. 영도하다.

영동(嶺東) 강원도의 태백산맥 동쪽 지방. 비관동. 반영서.

영동 고속 도ː로(嶺東高速道路) 인천시 남동구와 강원도 강릉 사이를 잇는 고속 도로. 길이 234.39km.

영동선(嶺東線) 경상북도 영주와 강원도 강릉 경포대 사이를 잇는 철도. 길이 193.6km.

영등포(永登浦) 서울특별시 남서쪽에 있는 구. 북쪽으로 한강을 사이에 두고 마포구에 잇닿아 있다.

영락없다(零落―)[영나겁따] 조금도 틀리지 않고 꼭 들어맞다. 영락없이. 예일기 예보가 영락없이 들어맞았다.

영령(英靈)[영녕] 죽은 사람, 특히 전쟁에서 죽은 사람의 영혼을 높여 이르는 말. 예호국 영령.

영롱하다(玲瓏―)[영농하다] ①구슬에 반사되는 빛처럼 눈부시게 맑고 아름답다. 예영롱한 아침 이슬. ②옥을 굴리는 것처럼 소리가 맑고 아름답다. 예영롱한 목소리. 영롱히.

영릉(英陵)[영능] 조선 제4대 왕인 세종 대왕과 그의 비인 소헌 왕후의 능. 경기도 여주군 능서면에 있다.

영리(營利)[영니] 돈을 벌어 이익을 얻으려고 활동하는 일. 예영리 단체.

영ː리하다(怜悧―)[영니하다] 똑똑하고 눈치가 빠르다. 예영리한 소년.

영문¹ 까닭이나 형편. 예나는 도무지 영문도 모르는 일이다.

영문²(英文) 영어로 된 글. 예영문 편지.

영물(靈物) 신비한 힘을 지닌 물건이나 짐승.

영민하다(英敏―) 매우 똑똑하고 재빠르다. 예영민한 아이.

영부인(令夫人) 지위가 높은 사람의 '아내'를 높여 이르는 말. 비귀부인. 영실.

영사¹(映寫) 영화 필름·슬라이드 등을 영사막에 비추어 보임.

영사²(領事) 외교 관계가 있는 나라에 머물면서 자기 나라의 국민을 보호하고, 무역과 문화 교류 등의 일을 맡아 보는 공무원. 참공사³·대사².

영사관(領事館) 영사가 머물며 사무를 보는 곳. 참대사관.

영사기(映寫機) 영화 필름을 영사막에 확대해서 비추어 보이는 기계.

영사막(映寫幕) 필름·슬라이드 등을 비추는 흰 막.

영사실(映寫室) 〈영사기〉 영사를 하기 위하여, 영사기 등의 시설을 마련해 놓은 방.

영산강(榮山江) 전라남도 남서부를 흐르는 강. 길이 136.66km. 담양군 용추봉에서 시작된 물이 광주·나주·영암 등지를 지나 황해로 들어간다.

영산홍(映山紅) 진달랫과의 늘푸른떨기나무. 높이는 1m가량. 5~7월에 붉은빛을 띤 자주색 꽃이 가지 끝에 핀다. 관상용으로 기른다.

영상¹(映像) ①빛의 굴절 또는 반사에 의하여 나타나는 물체의 모양. ②머릿속에 떠오르는 사람이나 물체의 모습. 비이미지. ③영화나 텔레비전의 화면에 나타나는 모습. 예영상 매체.

영상²(零上) 기온이 섭씨 0도 이상인 상태. 반영하.

영상³(領相) '영의정'을 달리 이르는 말. 예영상 대감.

영상물(映像物) 영화·비디오·텔레비전 등의 영상 매체로 전달되는 작품. 예수업 시간에 지구 온난화에 관한 영상물을 보았다.

영생(永生) 죽지 않고 영원히 삶. 또는 영원한 생명. 영생하다.

영서(嶺西) 강원도의 태백산맥 서쪽 지방. 반영동.

영선사(領選使) 조선 고종 18(1881)년에 청나라에 파견하였던 사절. 청나라의 신식 무기의 제조와 사용법을 익히고자 김윤식을 대표로 하여 69명의 유학생을 파견하였다.

영세¹(永世) 영원한 세월.

영세²(零細) 규모가 작거나 수입이 낮음. 예영세 상인. 영세하다.

영세³(領洗) 가톨릭에서, 세례를 받는 일. 또는 그 세례. 영세를 받음으로써 신자가 된다.

영세민(零細民) 벌이가 적어서 가난한 사람. 예정부는 도시 영세민 생활 안정 대책을 내놓았다.

영수증(領收證) 돈이나 물건을 확실히 받았다는 표시로 내주는 증서.

영아(嬰兒) ⇒젖먹이.

영악스럽다(獰惡―) [영악쓰럽따] 보기에 영악한 데가 있다. |활용| 영악스러우니·영악스러워. 영악스레.

영악하다(獰惡―) [영아카다] 자기의 이익에 관한 일에 얄미울 만큼 재빠르고 똑똑하다. 예영악한 아이.

영안실(靈安室) 병원 등에서 시체를 두는 방. 예시신을 영안실에 안치하다.

영암(靈岩) 전라남도 남서쪽에 있는 군. 농업용 저수지가 많아 농경지가 발달하였으며, 참빗은 예로부터 널리 알려진 이 지방의 특산품이다. 명승지로 월출산·도갑사 등이 있다.

영양(營養) 생물이 생명을 유지하고 활동하기 위하여 필요한 성분을 섭취하는 작용, 또는 그 성분.

영양가(營養價)[영양까] 식품에 들어 있는 영양의 가치. 탄수화물·단백질·비타민 등 영양소의 함유량에 의하여 결정된다. 예영양가가 높은 음식.

영양분(營養分) 식품에 들어 있는, 영양이 되는 성분. 예영양분을 골고루 섭취하다. 비양분.

영양사(營養士) 학교·병원·회사 등의 단체 급식을 하는 곳에서 식생활의 영양에 관한 지도를 하는 사람. 예우리 학교에 영양사 선생님이 새로 오셨다.

영양소(營養素) 생물의 영양이 되는 물질. 사람에게 필요한 영양소는 탄수화물·단백질·지방·무기질·물·비타민 등이 있다.

영양식(營養食) 영양가가 높은 음식.

영양실조(營養失調)[영양실쪼] 몸에 필요한 영양분을 제대로 먹지 못하거나 흡수가 잘되지 않아 일어나는 현상. 빈혈·설사 등의 증상이 나타난다.

영양왕(嬰陽王, ?~618) 고구려 제26대 왕(재위 590~618). 수나라 문제의 30만 대군을 물리쳤고, 이를 설욕하고자 수나라 양제가 우중문 장군을 앞세워 113만 대군을 이끌고 다시 쳐들어오자, 을지문덕을 시켜 살수에서 크게 무찔렀다.

영양제(營養劑) 모자란 영양을 보충하는 약.

영양 주ː사(營養注射) 몸 안에 영양을 직접 공급하기 위하여 혈관에 놓는 주사.

영어(英語) 영국을 비롯한 미국·캐나다·오스트레일리아 등의 나라에서 쓰는 말. 오늘날 세계에서 가장 널리 쓰인다.

영업(營業) 이익을 얻기 위하여 사업을 경영함, 또는 그런 사업. 예영업 사원. 영업하다.

영업용(營業用)[영엄뇽] 영업하는 데 사용함, 또는 그런 물건. 예영업용 자동차.

영역(領域) 관계되거나 세력이 미치는 범위나 분야. 예활동 영역.

영연방(英聯邦)[영년방] 영국을 중심으로 지난날 영국의 식민지였던 여러 나라들로 구성된 연합체. 본영국 연방.

영ː영(永永) 언제까지나. 영원히. 예너를 영영 잊지 못할 거야. 준영.

영예(榮譽) 빛나는 명예. 예수민이는 콩쿠르에서 영예의 대상을 차지했다. 비영광.

영예롭다(榮譽—)[영예롭따] 세상에 이름을 널리 알려 영광스럽다. 예영예로운 자리. |활용| 영예로우니·영예로워. 영예로이.

영웅(英雄) 재주와 지혜와 용맹 등이 특별히 뛰어난 인물. 또는 보통 사람은 하기 힘든 위대한 일을 이룩하여 칭송받는 사람. 예이순신 장군은 우리나라의 영웅이다.

영웅심(英雄心) 영웅이 되려고 하는 마음. 또는 영웅이 된 듯하여 뽐내고 싶어 하는 마음.

영웅전(英雄傳) 영웅의 일생과 업적을 적은 전기.

영웅호걸(英雄豪傑) 영웅과 호걸을 아울러 이르는 말. 예나는 영웅호걸에 관한 옛날이야기를 좋아한다.

영ː원(永遠) 세월이 끝없이 길고 오램. 또는 오래도록 계속하여 변함이 없음. 비영구. 영원하다. 영원히.

영월(寧越) 강원도 남쪽에 있는 군. 무연탄·석회석 등 지하자원이 풍부하며, 명승지로 고씨굴·장릉 등이 있다.

영월대(迎月臺)[영월때] 충청남도 부여의 부소산에 있는 고적. 백제 때 임금이 달맞이하던 곳이라고 한다.

영위¹(營爲) 생활이나 사업 등을 꾸려 나감. 영위하다.

영위²(靈位) 혼백·신주·지방 등의 신위를 통틀어 이르는 말.

영유권(領有權)[영유꿘] 일정한 영토에 대한 나라의 권리. 예독도 영유권/영유권 분쟁.

영은문(迎恩門) 조선 시대에, 중국에서 오는 사신을 맞아들이던 문. 대한 제국 초기에 그 자리에 독립문을 세웠다.

영의정(領議政)[영의정/영이정] 조선 시대의 최고 관청인 의정부의 으뜸 벼슬. 지금의 국무총리와 비슷한 벼슬이다. 참우의정·좌의정.

영:인본(影印本) 원본을 사진으로 찍어서 펴낸 책.

영일만(迎日灣) 경상북도 동해안 중앙에 있는 만. 포항시를 안고 있으며, 연안에 송도 유원지와 포항 제철 공업 단지가 있다.

영자(英字)[영짜] 영어 글자. 예영자 신문. 비영문자.

영장¹(令狀)[영짱] ①군대를 소집하는 명령의 뜻을 적은 문서. 예삼촌은 영장을 받고 입대했다. ②법원에서 사람이나 물건을 조사하도록 허락하는 문서. 예수색 영장.

영장²(靈長) 가장 지혜롭고 뛰어난 존재라는 뜻으로, 사람을 가리키는 말. 예인간은 만물의 영장이다.

영재(英才) 뛰어난 재주, 또는 그런 재주를 가진 사람. 예영재 교육. 비수재.

영적(靈的)[영쩍] 정신이나 영혼과 관계있는 것.

영전¹(榮轉) 본래 있던 자리나 지위보다 좋은 자리나 지위로 옮김. 반좌천. 영전되다. 영전하다.

영전²(靈前) 신이나 죽은 사람의 영혼을 모셔 놓은 자리의 앞. 예고인의 영전에 꽃을 바쳤다.

영점(零點)[영쩜] 득점이나 점수가 전혀 없는 것.

영접(迎接) 손님을 맞아 대접함. 영접하다. 예우리는 다 함께 손님을 영접할 준비를 했다.

영:정(影幀) 사람의 모습을 그린 족자. 예충무공의 영정.

영조(英祖, 1694~1776) 조선 제21대 왕(재위 1724~1776). 탕평책을 써서 인재를 고루 등용하였으며, 균역법을 실시하였고, 규장각을 설치하여 많은 책을 펴냈다.

영:종도(永宗島) 인천광역시 중구에 있는 섬. 섬의 중앙에 백운산이 솟아 있고 그 둘레에 순환 도로가 나 있다. 인천 국제공항이 있다.

영좌(靈座) 영위를 모셔 놓은 작은 의자와 그것을 받치는 상.

영:주¹(永住) 한곳에 오랫동안 삶. 또는 죽을 때까지 삶. 영주하다.

영주²(榮州) 경상북도의 북쪽 끝에 있는 시. 중앙선·경북선·영동선 철도가 통과하는 교통의 요지이다. 주요 산업은 농업과 임업으로, 특히 사과는 맛과 질이 좋기로 유명하다. 명승지로 부석사·소수 서원·희방사 등이 있다.

영주³(領主) 봉건 제도에서, 왕이 내린 영토를 지배하는 주인.

영지¹(領地) ➡영토.

영지²(靈芝) 불로초과의 버섯. 높이는 10cm가량. 온몸이 단단하고 붉은 갈색을 띠며 윤이 난다. 말려서 약으로 쓴다. 비영지버섯.

영지버섯(靈芝—)[영지버섣] ➡영지².

영:차 여러 사람이 힘을 모아서 물건을 움직일 때 기운을 돋우려고 함께 지르는 소리. 본이영차.

영창[1](映窓) 방을 밝게 하기 위하여, 방과 마루 사이에 내는 두 쪽의 미닫이창.

영창[2](營倉) 군대에서, 규율을 어긴 군인을 가두어 두는 부대 안의 건물.

영ː천(永川) 경상북도 남동쪽에 있는 시. 경부선 철도와 경부 고속 도로가 통과하여 교통이 편리하다. 주요 산업은 농업으로, 사과와 양파가 많이 난다. 최근에는 공업이 발달하고 있다.

영토(領土) 한 나라의 통치권이 미치는 지역. [비]국토·영지.

영특하다(英特—) [영트카다] 남달리 재주나 지혜가 뛰어나다. [예]영특한 아이. **영특히**.

영하(零下) 기온이 섭씨 0도 이하인 상태. [예]영하 5도의 날씨/기온이 영하로 뚝 떨어졌다. [반]영상.

영합(迎合) 자기의 이익을 위하여 남의 비위를 맞춤. **영합되다**. **영합하다**. [예]시류에 영합하다./권력에 영합한 예술가.

영해(領海) 한 나라의 영토에 접하여 그 나라의 통치권이 미치는 바다. [참]공해·영공.

영ː향(影響) 다른 것에 어떤 작용을 미쳐 반응이나 변화를 주는 일. [예]태풍의 영향으로 비가 많이 내렸다.

영ː향력(影響力) [영향녁] 어떤 사람이나 사물이 다른 것에 영향을 끼치는 힘. [예]우리나라는 국제 사회에서 영향력이 크다.

영험(靈驗) 사람의 바람대로 되는 신기한 기운이 있음. '영검'의 원말이다. **영험하다**. [예]옛날에는 마을마다 영험하게 여겨지는 나무나 바위가 있었다.

영혼(靈魂) ①죽은 사람의 넋. [비]혼령. ②사람의 몸에 깃들어 생각하고 움직이게 하며, 죽어서도 몸을 떠나 존재한다고 믿어지는 존재. [준]영. [반]육체.

영화[1](映畫) 움직이는 사물을 연속적으로 찍은 필름을 영사기로 막에 비추어 나타내는 예술.

영화[2](榮華) 귀하게 되어 몸이 세상에 드러나고 이름이 빛나는 일. [예]부귀와 영화를 누리다.

영화관(映畫館) 영화를 볼 수 있게 시설을 갖추어 놓은 곳. [예]지난 주말에 친구와 영화관에 갔다. [비]극장.

'영화관'과 '극장'의 구별

영화관 : 영화만을 상영하는 곳.
극장 : 영화를 상영하거나 연극·무용·음악 등을 공연하는 곳.

영화롭다(榮華—) [영화롭따] 이름이 빛나고 귀하게 되어 행복스럽다. [활용] 영화로우니·영화로워. **영화로이**.

영화배우(映畫俳優) 영화에서 어떤 역할을 맡아 연기하는 사람.

옅다 [엳따] ①깊지 않다. [예]옅은 물. ②빛깔이 묽다. [반]짙다. ③생각이나 정의가 두텁지 못하다. ④학문이나 지식이 적다. ①③④[작]얕다.

옆 [엽] 왼쪽이나 오른쪽의 곁. [예]학교 옆에 있는 저수지. [발음] 옆이[여피]·옆도[엽또]·옆만[염만]

옆구리 [엽꾸리] 가슴과 등 사이의 양쪽 옆 부분.

옆길 [엽낄] ①큰길 옆으로 따로 난 작은 길. ②'본래 하려던 일이나 이야기가 아닌, 다른 일이나 이야기를 하는 경우'를 비유하여 이르는 말. [예]이야기가 옆길로 샜다.

옆넓이 [염널비] 물체의 옆면의 넓이.

옆마을 [염마을] 어떤 마을의 바로 옆에 있는 마을.

옆면(—面) [염면] 아래위나 앞뒤가 아닌 양쪽 옆의 면. [비]측면.

옆모습 [염모습] 옆에서 본 모습.

옆방(一房)[엽빵] 옆에 있는 방.

옆부분(一部分)[엽뿌분] 옆쪽의 부분.

옆자리[엽짜리] 어떤 자리의 바로 옆에 있는 자리.

옆집[엽찝] 어떤 집의 바로 옆에 있는 집.

옆쪽[엽쪽] 옆이 되는 곳. 또는 옆의 방향. 예우리는 나무 옆쪽에 자리를 잡았다.

옆 차기 태권도의 발기술의 한 가지. 옆쪽에 있는 상대를 공격하는 기술로, 몸은 정면을 향하고 윗몸을 옆으로 굽히면서 발길로 차는 동작.

예:¹ 오래전. 옛적. 예예로부터 전해 내려오는 풍습.

예:² 윗사람이 부르거나 묻는 말에 그렇다고 대답하는 말. 예"밥 먹었니?" "예." ⊞네. ⊞아니요.

예:³(例) 무엇을 설명하는 데 증거가 되는 사물. 예예를 들어 설명하다. ⊞본보기·보기.

예⁴(禮) 사람이 마땅히 지켜야 할 도리나 격식. 예할아버지께 깍듯이 예를 갖추어 절을 했다.

예:각(銳角) 직각보다 작은 각. ⊞둔각.

예:각 삼각형(銳角三角形) 세 각이 모두 예각으로 된 삼각형.

예:감(豫感) 무슨 일이 일어날 것 같다는 것을 미리 느끼는 일, 또는 그런 느낌. 예불길한 예감/예감이 좋다. 예감되다. 예감하다.

〈예각 삼각형〉

예:견(豫見) 앞으로 있을 일을 미리 알거나 짐작함. 예견되다. 예견하다. 예예견하지 못했던 사고.

예:고(豫告) 미리 알림. 예내 짝은 아무 예고도 없이 결석을 했다. 예고되다. 예고하다.

예:금(預金) 은행·우체국 등에 돈을 맡김, 또는 그 돈. 예예금을 찾다. ⊞저금. 예금되다. 예금하다.

예:금액(預金額)[예그맥] 예금한 액수.

예:금 통장(預金通帳) 은행·우체국 등에서, 예금자에게 예금하거나 지급한 내용을 적어 주는 통장. ⊞저금통장.

예:기(豫期) 앞으로 닥쳐올 일에 대해 미리 기대하거나 예상함. 예기되다. 예기하다. 예예기하지 못했던 행운에 몹시 기뻤다.

예:끼 때릴 듯이 또는 심하게 혼내려 할 때에 내는 소리. 예예끼, 고얀 놈!

예:년(例年) ①보통의 해. 또는 다른 해. 예올해는 예년에 비해 비가 많이 왔다. ②⇒평년.

예:능(藝能) 음악·무용·연극·영화 등을 통틀어 이르는 말.

예닐곱 여섯이나 일곱.

예닐곱째 여섯째와 일곱째.

예단(禮緞) 결혼할 때 신부가 신랑 집에 선물로 보내는 물건이나 돈.

예당평야(禮唐平野) 충청남도의 서부 일대에 펼쳐진 평야. 삽교천 유역에 형성된 충적 평야로, 주로 쌀농사가 이루어진다. 예산군과 당진군의 이름을 따서 예당평야라 하였다.

예루살렘(Jerusalem) 이스라엘의 수도. 유대교·크리스트교·이슬람교에서 모두 성지로 받들고 있는 지역이다.

예:리하다(銳利—) ①칼날 등이 날카롭다. 예예리한 칼. ②관찰력·판단력 등이 날카롭고 정확하다. 예예리한 관찰.

예:매(豫買) 일정한 시기가 되기 전에 미리 삼. 예기차표 예매. 예매되다. 예매하다.

예맥족(濊貊族)[예맥쪽] 우리 민족의 조상이 되는 민족.

예ː명(藝名) 가수·배우 등의 연예인이 본명 이외에 따로 지어 쓰는 이름. [비]가명. [반]본명.

예ː문(例文) 쉽게 풀이하려고 보기로 드는 글. [예]예문이 많은 사전.

예물(禮物) ①고마운 뜻에서 주는 물품. ②결혼식을 할 때 신랑·신부가 서로 주고받는 기념품. [예]예물 반지.

예ː민하다(銳敏－) 신경·감각 등이, 반응이 매우 빠르며 날카롭다. [예]민수는 청각이 예민하여 작은 소리도 잘 듣는다.

예ː방[1](豫防) 질병·사고 등이 생기지 않도록 미리 막음. [예]화재 예방. **예방되다. 예방하다.**

예방[2](禮訪) 인사차 방문함. **예방하다.** [예]외국 대사가 대통령을 예방하였다.

예ː방 접종(豫防接種) 전염병에 걸리는 것을 막기 위하여 미리 주사를 맞거나 약을 먹는 일.

예ː방 주ː사(豫防注射) 전염병에 걸리지 않도록 미리 맞는 주사.

예배(禮拜) ①기독교에서, 기도와 찬송으로 하느님을 공경하는 일. [예]주일 예배. ②신이나 부처에게 공손한 마음으로 절하는 일. **예배하다.**

예배당(禮拜堂) 기독교에서, 신자들이 모여 예배하는 집. [비]교회.

예법(禮法) [예뻡] 예의로 지켜야 할 규범이나 법칙. [예]예법에 따라 행동하다. [준]예.

예ː보(豫報) 앞으로의 일을 예상해서 미리 알림, 또는 그 보도. [예]기상 예보.

예복(禮服) 예식 때나 예의를 갖출 때에 입는 옷. [예]결혼 예복.

예부(禮部) 고려 시대에 나라를 다스리던 관청의 하나. 의례·제사·조회·학교·과거·외교에 대한 일을 맡아보았다.

예불(禮佛) 부처에게 공손한 마음으로 절함. **예불하다.**

예ː비(豫備) 미리 준비함, 또는 그 준비. [예]예비 식량. **예비하다.**

예ː비군(豫備軍) 〈향토 예비군〉의 준말.

예ː비역(豫備役) 현역에서 제대한 사람이 평시에는 일상생활을 하다가 비상시나 훈련 때 동원되어 복무하는 병역. [예]예비역 장교. [반]현역.

예ː쁘다 생긴 모양이나 하는 짓이 아름답고 귀엽다. [예]예쁜 여학생/장미가 예쁘게 피었다. [반]밉다. |활용| 예쁘니·예뻐. |잘못| 이쁘다.

예ː쁘장하다 제법 예쁘다. [예]예쁘장하게 생긴 꼬마.

예ː사(例事) 보통으로 흔히 있는 일. [예]운동을 하다가 다치는 것은 예사다. [본]예상사. [비]보통·예삿일.

예ː사로(例事－) 보통으로. 아무렇지도 않게. [예]언니는 지각을 예사로 한다.

예ː사롭다(例事－) 보통 있는 일이다. 별다를 것이 없다. |활용| 예사로우니·예사로워. **예사로이.** [예]학교 폭력은 결코 예사로이 생각할 일이 아니다.

예ː사말(例事－) ①보통으로 예사롭게 하는 말. ②높임이나 공손의 뜻이 없는 보통의 말. '말씀'에 대한 '말' 등. |잘못| 예삿말.

예ː사소리(例事－) 닿소리의 한 갈래. 별다른 힘을 들이지 않고 내는 보통 소리. 'ㄱ·ㄷ·ㅂ·ㅅ·ㅈ'이 이에 딸린다. [비]평음. [참]거센소리·된소리.

예ː산(豫算) ①미리 필요한 돈을 계산함, 또는 그 비용. [예]예산에 맞추어 여행 계획을 짰다. ②국가 또는 공공 단체가 한 해의 수입과 지출을 계산하여 정한 계획.

예ː산안(豫算案) [예사난] 정부에서 국회에 제출하여, 아직 의결을 거치지 않은 예산 편성표.

예ː삿일(例事一)[예산닐] 보통으로 흔히 있는 일. [비]예사.

예ː상(豫想) 앞으로 있을 일을 미리 대강 짐작으로 생각함, 또는 그 생각. [예]예상을 뒤엎고 우리 팀이 우승을 차지하였다. [비]예측. **예상되다. 예상하다.**

예서 '여기서'가 줄어든 말. [예]예서 기다리고 있어라.

예ː선(豫選) 본선이나 결선에 나갈 사람이나 팀을 뽑는 시합. [예]예선 탈락. [반]본선·결선.

예성강(禮成江) 우리나라 북서부를 흐르는 강. 길이 174km. 황해도 내륙 지방에서 시작된 물이 언진천·지석천과 한데 합하여 한강 하구로 흘러든다.

예ː속(隷屬) 남의 지배 아래 매임. 남의 뜻대로 지배되어 따름. **예속되다.** [예]강대국에 예속된 나라. **예속하다.**

예수(기원전 4?~서기 30?) 기독교를 처음으로 일으킨 사람. [참고] 예수는 'Jesus'에서 온 말. [비]그리스도.

예수교(一敎) ①➡기독교. ②종교 개혁으로 가톨릭에서 갈려 나온 개신교를 우리나라에서 이르는 말.

예순 열의 여섯 곱절. [비]육십.

예ː술(藝術) 아름다움을 창조하고 표현하는 인간의 활동, 또는 그 산물. 미술·음악·문학·연극 등.

예ː술가(藝術家) 예술 작품을 만들어 내거나 표현하는 사람. 음악가·소설가·시인 등. [비]예술인.

예ː술단(藝術團)[예술딴] 예술 활동을 목적으로 예술인들로 조직된 단체.

예ː술성(藝術性)[예술썽] 예술로 여길 만한 가치나 특성. [예]이 영화는 예술성이 높다.

예ː술인(藝術人)[예수린] ➡예술가.

예ː술적(藝術的)[예술쩍] 예술로서의 성격을 갖추고 있는 것.

예ː술품(藝術品) 예술가가 독자적인 양식과 기법으로 제작한 예술적인 작품.

예ː술 학교(藝術學校) 그림·조각·문학·음악·연극·영화 등을 연구하고 가르치는 학교.

예ː습(豫習) 아직 배우지 않은 것을 미리 학습하거나 연습함. [예]좋은 성적을 얻으려면 예습과 복습을 철저히 해야 한다. [반]복습. **예습하다.**

예ː시(例示) 예를 들어서 보임. 실례로서 보임. **예시되다. 예시하다.**

예식(禮式) 일정한 예법에 따라서 하는 의식.

예식장(禮式場)[예식짱] 예식을 하도록 여러 가지 시설을 갖춘 곳. 주로, '결혼식장'을 이른다.

예ː심(豫審) 본심사를 하기 전에 미리 하는 심사. [예]민아는 전국 어린이 노래 대회 예심을 통과했다.

예ː약(豫約) 어떤 것을 확보하기 위하여 미리 약속함, 또는 그 약속. [예]예약 좌석. [비]선약. **예약되다. 예약하다.**

예ː약금(豫約金)[예약끔] 예약할 때 거는 돈.

예ː언(豫言) 미래에 일어날 일을 미리 알거나 짐작하여 말함, 또는 그 말. **예언되다. 예언하다.**

예ː언담(豫言談) 예언에 관한 이야기.

예ː언자(豫言者) 미래에 일어날 일을 미리 알거나 짐작하여 말하는 사람.

예ː외(例外)[예외/예웨] 일반적인 규칙이나 보통 있는 일에서 벗어남. [예]예외 사항.

예의(禮儀)[예의/예이] 사회생활과 사람과의 관계에서, 공손하고 바른 행동이나 몸가짐. [예]예의가 바른 학생. [비]예절.

예의범절(禮儀凡節)[예의범절/예이범절] 사회생활과 사람과의 관계에서, 모든 예의와 법도에 맞는 절차.

예:전 꽤 오래된 지난날. 예예전에 살던 집. 비옛날·옛적.

예절(禮節) 예의에 관한 범절. 예전화 예절/예절 바른 어린이.

예:정(豫定) 앞으로 할 일 등을 미리 정함. 예출발 예정 시각. 예정되다. 예정하다.

예:정일(豫定日) 어떤 일을 하기로 미리 정하거나 예상한 날짜. 예출산 예정일이 언제인가요?

예조(禮曹) 고려·조선 시대의 육조의 하나. 예법·외교·학교·과거 등의 일을 맡아보았다.

예조 판서(禮曹判書) 조선 시대에 둔 예조의 으뜸 벼슬.

예찬(禮讚) 매우 좋게 여겨 찬양함. 예찬하다. 예장군의 업적을 예찬하다.

예:체능(藝體能) 예능과 체육을 아울러 이르는 말. 예예체능 과목.

예:측(豫測) 앞으로의 일을 미리 짐작함. 예미래에 대한 예측. 비예상. 예측되다. 예측하다.

예:컨대(例—) 이를테면. 가령 말하자면. 예를 들건대.

예포(禮砲) 의식에서, 환영·존경·축하 등의 뜻을 나타내기 위하여 쏘는 공포. 대포를 탄알 없이 쏜다.

예:행(豫行) 행사·의식 등을 정식으로 하기 전에 미리 해 봄. 예행하다.

예:행연습(豫行演習)[예행년습] 어떤 행사를 하기 전에 그것과 똑같이 미리 해 보는 연습. 예학예회 예행연습.

예:화(例話) 예로 들어 하는 이야기.

옛:[엔] 지나간 때의. 옛날의. 예옛 모습/옛 친구.

옛:날[옌날] 오래된 지난날. 옛 시대. 예옛날에 살던 집. 비예전·옛적.
　옛날 옛적에[관용] 아주 오래 전에.

옛:날이야기[옌날리야기] 옛날부터 전해 내려오는 이야기. 준옛날얘기. 비옛이야기.

옛:말[옌말] ①요즘에는 쓰지 않는 옛날 말. 예아름다운 옛말을 살려 씁시다. 비고어. ②옛날부터 전해지는 말. 예옛말에 발 없는 말이 천 리 간다고 했다.

옛:사람[옌싸람] 옛날에 살았던 사람. 예옛사람은 전등 대신 등잔불을 켜고 살았다.

옛:시조(—時調)[옏씨조] ➡고시조.

옛:이야기[옌니야기] ➡옛날이야기.

옛:일[옌닐] 예전에 있었던 일. 예할아버지는 어린 시절 사진을 보며 옛일을 떠올리셨다.

옛:적[옏쩍] 오랜 옛 시대. 비예전·옛날.

오:¹ 몹시 감탄할 때 내는 소리. 예오, 정말 예쁘구나.

오:²(五) 다섯.

오가다 오고 가고 하다. 예거리를 오가는 사람들/이웃 간에 오가는 정.

오:각기둥(五角—)[오각끼둥] 밑면이 오각형인 각기둥.

오:각뿔(五角—) 밑면이 오각형으로 된 각뿔.

〈오각기둥〉

오:각형(五角形)[오가켱] 다섯 개의 직선으로 둘러싸인 평면 도형.

오:감(五感) 보고, 듣고, 냄새 맡고, 맛보고, 만져 보는 다섯 가지 감각.
〈오각뿔〉

오:경(五經) 유교의 가르침을 적은 다섯 가지 책. 곧, 시경·서경·주역·예기·춘추.

오:곡(五穀) ①쌀·보리·조·콩·기장의 다섯 가지 곡식. ②'곡식'을 통틀어 이르는 말. 예오곡이 영그는 가을 들판.

오:곡밥(五穀—)[오곡빱] 오곡으로 지은 밥. 흔히 대보름날에 먹는다.

오:곡백과(五穀百果)[오곡빼꽈] 온갖 곡식과 과일. 예가을이 되어 들판에는 오곡백과가 무르익었다.

오골계(烏骨鷄)[오골계/오골게] 살·가죽·뼈가 모두 어두운 자주색인 닭 품종의 한 가지.

오:광대 동래·부산·통영 등지에서 전해 내려오는 가면극. 음력 정월 보름에 다섯 광대가 탈을 쓰고 춤추는 놀이로, 대개 다섯 마당으로 구성되어 있다. 비오광대놀이.

오:군영(五軍營)[오구녕] 임진왜란 이후 서울을 방비할 목적으로 조직된 훈련도감·총융청·수어청·어영청·금위영의 다섯 군영.

오그라들다 물체의 가장자리가 오그라져서 작아지거나 오목하게 되다. 예나뭇잎이 말라서 오그라들었다. 큰우그러들다. |활용| 오그라드니·오그라들어.

오그라지다 물건의 가장자리가 안쪽으로 조금 고부라져 들어가다. 예오그라진 놋그릇.

오그리다 ①물건의 가장자리를 말아 안쪽으로 고부라져 들어가게 하다. 예깡통을 오그리다. 큰우그리다. ②몸을 움츠려 작게 하다. 예추워서 몸을 잔뜩 오그리고 앉았다.

오글거리다 사람이나 작은 짐승·벌레 등이 한곳에 많이 모여 자꾸 움직이다. 예과자 부스러기라도 떨어졌는지 개미들이 오글거린다. 비오글대다. 큰우글거리다.

오글대다 ➡ 오글거리다.

오글오글 [오그로글] 사람이나 작은 짐승·벌레 등이 한곳에 많이 모여 자꾸 움직이는 모양. 큰우글우글.

오금 ①팔의 구부리는 안쪽. 본팔오금. ②무릎이 구부러지는 다리의 뒤쪽 부분.

오금아 날 살려라[관용] 도망칠 때, 다리가 빨리 움직여지기를 비는 마음에서 하는 소리.

오금을 못 쓰다[관용] 몹시 마음이 끌려 어쩔 줄을 몰라 하거나 두려워 꼼짝 못하다. 예저 애는 축구라면 오금을 못 쓴다.

오금이 굳다[관용] 꼼짝 못하게 되다. 예토끼는 호랑이 앞에서 오금이 굳어 버렸다.

오금이 쑤시다[관용] 무슨 일을 하고 싶어 가만히 있을 수가 없다.

오:기¹(傲氣) 힘이나 능력이 부족하면서도 남에게 지기 싫어하는 태도나 마음.

오:기²(誤記) 글이나 글자를 잘못 적음, 또는 그런 글이나 글자. 오기하다.

오:냐 ①아랫사람의 물음·요구에 승낙이나 동의를 나타내는 말. 예오냐, 그렇게 해라. ②혼잣말로 벼르거나 다짐하는 말. 예오냐, 어디 두고 보자.

오누이 오라비와 누이. 예다정한 오누이 사이. 준오뉘. 비남매.

오:뉴월 ①'오월'과 '유월'을 아울러 이르는 말. ②《음력 오월과 유월의 때로》 해가 길고 날씨가 가장 더운 여름철을 이르는 말. |참고| 오뉴월은 '오류월(五六月)'에서 온 말.

오늘 ①지금 지내고 있는 이날. 예오늘은 어제보다 덥다. 비금일. ②〈오늘날〉의 준말.

'오늘'의 전날과 다음 날

'오늘'을 기준으로
- 하루 앞 : 어제
- 하루 뒤 : 내일
- 이틀 앞 : 그저께
- 이틀 뒤 : 모레
- 사흘 앞 : 그끄저께
- 사흘 뒤 : 글피
- 나흘 뒤 : 그글피

오늘날 [오늘랄] 지금의 시대. [예]오늘날의 세계 정세. [준]오늘.
오다 ①다른 데서 이쪽으로 움직이다. [예]학교에서 언제 오니? [반]가다. ②비·눈·서리·이슬 등이 내리다. [예]간밤에 눈이 많이 왔다. ③병·졸음·잠 등이 몸에 닥치다. [예]졸음이 오다. ④어떤 일을 하는 데 차례나 순서가 되다. [예]드디어 내 차례가 왔다. ⑤편지·소식·전보·전갈 등이 전해지거나 알려지다. [예]전화가 오다./전학 간 친구에게서 편지가 왔다. ⑥때·기회·계절·사태 등이 이르거나 닥치다. [예]겨울이 가고 봄이 왔다. |활용| 오너라.
왔다 갔다 하다[관용] 정신이 맑았다 흐렸다 하다.
오다가다 지나가는 길에 우연히. 어쩌다 가끔. [예]오다가다 만나다.
오ː답(誤答) 틀린 답. [예]시험 문제가 어려워 오답이 많다. [반]정답.
오ː대산(五臺山) 강원도 강릉시·평창군·홍천군에 걸쳐 있는 산. 높이 1,539m. 가장 높은 봉우리는 비로봉으로 태백산맥에 속하는 봉우리이다. 월정사·상원사 등 유서 깊은 절이 많다. 1975년에 국립 공원으로 지정되었다.
오ː대양(五大洋) 지구에 있는 다섯 개의 큰 바다. 곧, 태평양·대서양·인도양·남빙양·북빙양.
오ː대주(五大洲) 지구에 있는 다섯 대륙. 곧, 아시아 주·유럽 주·아프리카 주·아메리카 주·오세아니아 주.
오ː대호(五大湖) 미국과 캐나다의 경계에 있는 다섯 개의 큰 호수. 곧, 슈피리어 호·미시간 호·휴런 호·이리 호·온타리오 호. 강과 운하에 의해 대서양으로 통하며, 호수 주변에는 공업 지대가 발달해 있다.
오뎅(oden) '어묵'의 일본 말.
오도독 ①작고 단단한 물건을 깨무는 소리. [예]알밤을 오도독 깨물어 먹었다. ②작고 단단한 물체가 부러지는 소리. [예]발밑에서 나뭇가지가 오도독 부러졌다. [큰]우두둑.
오동나무(梧桐—) 현삼과의 낙엽 지는 큰키나무. 넓은 잎이 마주나며, 봄에 보랏빛 꽃이 핀다. 나무는 가볍고 질이 좋아 악기·가구 등을 만드는 데 쓰인다.

〈오동나무〉

오동도(梧桐島) 전라남도 여수 앞바다에 있는 섬. 섬 전체가 동백꽃과 대나무 등으로 숲을 이루고, 해안은 기암절벽으로 되어 있어 경치가 매우 아름답다. 해상 국립 공원에 속한다.
오동잎(梧桐—) [오동닙] 오동나무의 잎.
오동통하다 몸집이 작고 통통하다. [예]오동통하게 젖살이 오른 아기.
오두막(—幕) 〈오두막집〉의 준말.
오두막집(—幕—) [오두막찝] 사람이 겨우 들어가 살 정도로 작게 지은 집. [준]오두막. [비]오막살이.
오ː두방정 몹시 경망스럽게 까부는 행동. [예]식당에서 오두방정 떨지 말랬지. |잘못| 오도방정.
오들오들 [오드로들] 몸집이 작은 사람이 춥거나 무서워서 몸을 몹시 떠는 상태. [예]나는 비에 흠뻑 젖어 오들오들 떨었다. [큰]우들우들.
오디 뽕나무의 열매.
오디오(audio) 소리를 듣기 위한 장치. [참]비디오.
오디오북(audio book) (다른 사람들에게 널리 들려주기 위해) 사람이 책을 직접 낭독한 것을 녹음한 것.
오똑 '오뚝'의 잘못.
오뚝 ①조금 높게 볼록 솟아 있는 모양. [예]오뚝 솟은 코. ②움직이던 것이 딱 멈추어 서는 모양. [큰]우뚝. |잘못| 오똑.

오뚝이 [오뚜기] 아무렇게나 굴려도 오
뚝오뚝 일어나게 만든 장난감. |잘못|
오뚜기.

오뚝하다 [오뚜카다] 조금 높게 볼록
솟아 있다. 예선영이는 콧날이 오뚝
하다. 흰우뚝하다. 오뚝이.

오ː라 지난날, 도둑이나 죄인을 묶던
붉고 굵은 줄. 비오랏줄·포승.

오라버니 '오빠'의 예스런 말. 부르는 말
과 가리키는 말로 쓰인다. 흰오라비.

오라비 〈오라버니〉의 낮춤말. 부르는
말로는 쓰지 않고 가리키는 말로만
쓰인다. 예네 오라비 좀 불러오너라.

오ː락(娛樂) ①피로나 긴장을 풀기 위
하여, 노래를 부르거나 춤을 추거나
놀이를 하면서 즐겁게 노는 일. 예오
락 시간. ②컴퓨터 게임. 오락하다.

오락가락하다 [오락까라카다] ①잇달
아 왔다 갔다 하다. ②눈·비 등이 내
리다 말다 하다. 예온종일 비가 오락
가락한다. ③정신이 혼미해졌다 맑아
졌다 하다.

오ː락기(娛樂器) [오락끼] 오락을 즐기
기 위한 기구.

오ː락성(娛樂性) [오락썽] 오락으로서
즐길 수 있는 특성.

오ː락 시ː설(娛樂施設) 오락을 위하여
만들어 놓은 시설.

오ː락실(娛樂室) [오락씰] 오락을 하면
서 즐겁게 놀 수 있도록 여러 가지 시
설을 마련해 놓은 방.

오랑우탄(orangutan) 성성잇과의 동
물. 몸이 땅딸막하며
팔이 매우 길고 다리
는 짧다.

오ː랑캐 ①《야만스런
종족이라는 뜻으로》
'침략자'를 업신여겨
이르던 말. ②지난날,
두만강 일대에 살던
여진족을 이르던 말.

〈오랑우탄〉

오랑캐꽃 [오랑캐꼳] ➡ 제비꽃.

오래 시간이 길게. 예우리는 이 동네에
서 오래 살았다.

오래가다 상태나 현상이 긴 동안 이어
지다. 예상처가 오래가다.

오래간만 오래 지난 뒤. 예오래간만에
고향 친구를 만났다. 준오랜만.

오래다 지나간 동안이 길다. 예회의가
끝난 지 벌써 오래다.

오래달리기 비교적 먼 거리를 달리는
육상 경기.

오래도록 시간이 많이 지나도록. 예오
래도록 변치 않은 우정.

오래되다 지나거나 묵힌 기간이 오래
다. 예우리나라에는 오래된 문화재가
많다.

오래오래 아주 오래도록. 예할머니,
오래오래 사세요.

오래전(一前) 꽤 오랜 시간 전. 예오래
전에 이곳에 와 본 적이 있다.

오랜 동안이 오래된. 예오랜 세월.

오랜만 〈오래간만〉의 준말. |잘못|
오랫만.

오랫동안 [오래똥안/오랟똥안] 오랜
시간 동안. 예그는 오랫동안 외국에
서 살았다.

오렌지(orange) 감귤류 열매의 한 가
지. 둥글며 맛은 시고 쓰며 향기롭다.

오렌지색(orange色) 오렌지 껍질처럼
붉은빛을 띤 누런색. 비귤색.

오렌지 주스(orange juice) 오렌지에서
짜낸 액체, 또는 그것으로 만든 음료.

오로라(aurora) 지구의 남극이나 북극
지방 하늘에 빨강·파랑·노랑 등 색
색의 빛이 휘장을 펼친 것처럼 나타
나는 일. 비극광.

오ː로지 다른 것 없이 하나뿐인. 예오
로지 너만 믿는다.

오롯이 [오로시] 고요하고 쓸쓸하게.
호젓하게. 예길가에 오롯이 피어 있
는 풀꽃.

오롱조롱 생김새나 크기가 다른 작은 물건들이 한데 모여 있는 모양. 예나무에 크리스마스 장식이 오롱조롱 달려 있다.

오ː류(誤謬) ①이치에 맞지 않는 잘못. 예오류를 범하다. ②⇒에러.

오ː륙(五六) 다섯이나 여섯. 비대여섯.

오ː륜¹(五倫) 유교에서 이르는, 사람으로서 지켜야 할 다섯 가지의 도리. 곧, 아버지와 아들 사이의 친애, 임금과 신하 사이의 의리, 남편과 아내 사이의 분별, 어른과 아이 사이의 차례, 친구 사이의 믿음과 신의를 이른다. 참삼강오륜.

오ː륜²(五輪) 오륜기에 그려진 다섯 개의 동그라미 모양의 그림.

오ː륜기(五輪旗) 올림픽을 상징하는 기. 흰 바탕에 오대륙을 상징하는, 파랑·노랑·검정·초록·빨강의 다섯 개의 동그라미가 그려져 있다.

오ː륜행실도(五倫行實圖) [오륜행실또] 조선 정조 때, 이병모 등이 엮은 책. 오륜에 모범이 될 만한 150여 명의 행적을 한글로 적고, 그 옆에 그림을 덧붙였다.

오르간(organ) 건반 악기의 한 가지. 발판을 밟으면서 건반을 누르면, 공기의 작용으로 탄력성 있는 얇은 조각이 진동하여 소리를 낸다. 비풍금.

〈오르간〉

오르내리다 ①올라갔다 내려갔다 하다. 예섭씨 30도를 오르내리는 기온/계단을 오르내리다. ②사람들 사이의 이야깃거리가 되다. 예헛소문이 사람들 입에 오르내리고 있다.

오르다 ①낮은 데서 높은 데로, 아래에서 위로 움직여 가다. 예산에 오르다./김이 모락모락 오르다. ②차·비행기·배·말 등의 탈것에 타다. 반내리다. ③물가나 수량·가치 등이 비싸지거나 높아지거나 많아지다. 예버스 요금이 오르다. ④지위나 성적·정도·기세 등이 보다 높아지다. 예국어 성적이 올랐다./사기가 부쩍 오르다. ⑤높은 지위에 앉다. 예왕위에 오르다. |활용| 오르니·올라.

오르락내리락하다 [오르랑내리라카다] 계속하여 올라갔다 내려갔다 하다.

오르르 ①아이나 작은 동물이 한꺼번에 바쁘게 움직이는 모양. ②작은 물건들이 한꺼번에 무너져 내리거나 쏟아지는 소리, 또는 그 모양. 큰우르르.

오르막 위로 올라가게 되어 있는 비탈. 예가파른 오르막을 오르느라 완전히 지쳤다. 반내리막.

오르막길 [오르막낄] 오르막으로 된 길. 반내리막길.

오른발 오른쪽 발. 비바른발. 반왼발.

오른손 오른쪽 손. 비바른손. 반왼손.

오른씨름 샅바를 왼쪽 다리에 걸고 고개와 어깨를 오른쪽으로 돌려 서로 왼쪽 어깨를 맞대고 하는 씨름. 반왼씨름.

오른쪽 동쪽을 향하였을 때, 남쪽에 해당하는 방향. 비바른쪽·오른편·우측. 반왼쪽.

오른팔 오른쪽 팔. 반왼팔.

오른편(一便) ⇒오른쪽.

오름세(一勢) 물가 등이 오르는 형세. 예물가 오름세가 지속될 전망이다. 비상승세. 반내림세.

오ː리 오릿과의 새를 통틀어 이르는 말. 부리는 길고 넓적하며, 발가락 사이에 물갈퀴가 있다. 낮에는 주로 물에 떠서 산다. 집오리·물오리·비오리·황오리 등.

오리나무 자작나뭇과의 낙엽 지는 큰 키나무. 산과 들에 저절로 나는데, 초봄에 잎보다 먼저 꽃이 피고 가을에 솔방울 모양의 열매를 맺는다.

오:리너구리 오리너구릿과의 포유동물. 주둥이는 오리 부리처럼 생겼고 발가락에는 물갈퀴가 있다. 포유동물로는 특이하게 알을 낳으며, 새끼는 젖을 먹여 기른다. 오스트레일리아 등지에 산다.

〈오리너구리〉

오리다 종이·천 등을 칼이나 가위로 일정한 모양으로 베다. 예종이를 둥글게 오리다.

오:리무중(五里霧中) 《오 리나 되는 짙은 안개 속에 있다는 뜻으로》 어떤 일의 방향이나 갈피를 잡을 수 없음을 이르는 말. 예수사가 오리무중에 빠졌다.

오:리발 ①사람이 물속에서 헤엄칠 때 발에 끼는 물갈퀴 모양의 물건. ②어떤 일을 모르거나 하지 않았다고 딴청을 부리는 태도. 예오리발을 내밀다./다 같이 가기로 약속하고서는 이제 와서 오리발이냐?

오리엔테이션(orientation) 어떤 단체에 새로 들어온 사람에게 단체 생활을 잘할 수 있게 안내하는 교육.

오리온(Orion) ①그리스 신화에 나오는 거인 사냥꾼의 이름. ②〈오리온자리〉의 준말.

오리온자리(Orion—) 하늘의 적도 양편에 걸쳐 있는 별자리의 한 가지. 가운데에 있는 세 개의 별은 겨울에 가장 잘 보인다. 준오리온.

오막살이(—幕—)[오막싸리] ①사람이 겨우 들어가 살 만큼 작고 허술한 집. 비오막살이집·오두막집. ②오두막집에서 사는 살림살이.

오막살이집(—幕—)[오막싸리집] ➡오막살이.

오:만¹(五萬) 종류가 매우 많은. 예오만 가지 생각/오만 정이 떨어지다.

오:만²(傲慢) 태도나 행동이 건방지거나 거만함. 예네 생각만 옳다고 주장하며 다른 의견을 무시하는 것은 오만이다. 비거만. 오만하다.

오:만불손(傲慢不遜)[오만불쏜] 태도나 행동이 몹시 건방지고 공손하지 못함. 오만불손하다. 예그 아이는 어머니에게 오만불손하게 대들었다.

오:만상(五萬相) 얼굴을 잔뜩 찌푸린 모습. 예오만상을 찌푸리다./그는 기분이 나쁜지 오만상을 하고 있었다.

오매불망(寤寐不忘) 자나 깨나 잊지 못함. 예오매불망 그리운 고향. 오매불망하다.

오:명(汚名) 좋지 않은 일로 더러워진 이름이나 명예. 예그는 친일파의 자손이라는 오명을 씻기 위해 노력했다.

오:목(五目) 바둑알로 하는 놀이의 한 가지. 두 사람이 바둑판에 흰 돌과 검은 돌을 번갈아 놓다가, 먼저 다섯 개를 잇따라 놓는 사람이 이긴다.

오목 다각형(—多角形) 한 변 또는 여러 변을 연장할 때, 그 연장한 선이 그 도형 안을 통과하는 다각형.

오목 렌즈(—lens) 가운데로 갈수록 얇고 가장자리가 두꺼운 렌즈. 빛을 중심으로부터 바깥쪽으로 꺾어서 나아가게 하는 성질이 있으며, 근시의 교정에 쓰인다. 반볼록 렌즈.

오목오목 [오모고목] 여러 곳이 동그스름하게 쏙 들어간 모양. 예오목오목 파인 흉터.

오목판(—版) 판의 오목한 부분에 물감을 넣어서 찍어 내는 판화. 반볼록판.

오목하다 [오모카다] 동그스름하게 쏙

들어가다. [예]가운데가 오목한 그릇. [큰]우묵하다.

오ː묘하다(奧妙―) 아주 놀랍고 신기하다. [예]자연의 오묘한 이치.

오ː물(汚物) 지저분하고 더러운 물건. [예]오물 처리장.

오물거리다 ①입 안에 음식물을 넣고 시원스럽지 않게 조금씩 자꾸 씹다. [예]자꾸 오물거리지 말고 얼른 삼켜라. ②말을 시원스럽게 하지 못하고 자꾸 입 안에서 중얼거리다. [비]오물대다. [큰]우물거리다.

오물대다 ➡오물거리다.

오ː물세(汚物稅) [오물쎄] 쓰레기·분뇨 등의 오물을 쳐 가는 데 내는 돈.

오물오물 [오무로물] 자꾸 오물거리는 모양. [예]오물오물 껌을 씹다. [큰]우물우물.

오므라들다 점점 오므라져 들어가다. [예]꽃이 시들어서 오므라들다. [큰]우므러들다. [활용] 오므라드니·오므라들어.

오므라이스 밥·고기·채소 등을 함께 볶고 그 위에 달걀을 얇게 부쳐서 씌운 요리. [참고] 오므라이스는 'omelet rice'에서 온 말.

오므라지다 ①속이 비어 있는 물체의 가장가리가 한군데로 향하여 모이다. [예]저녁이 되어 나팔꽃이 오므라졌다. ②물건의 거죽이 안으로 옴폭하게 패어 들어가다. [큰]우므러지다.

오므리다 가장자리의 끝이 한군데로 모이게 하다. [예]다리를 가지런히 오므리고 앉아라. [큰]우므리다.

오ː미자(五味子) 오미자나무의 열매. 폐를 돕는 효능이 있어, 기침·갈증 등의 약재로 쓰인다.

오밀조밀(奧密稠密) 작은 물건들이 아기자기하게 모여 있는 모양.

오ː발(誤發) 총이나 대포 등을 실수로 잘못 쏨. [예]오발탄/오발 사고. **오발하다**.

오ː밤중(午―中) [오밤쭝] 한밤중.

오ː방색(五方色) 다섯 방위를 상징하는 우리나라의 전통 색상. 동쪽은 파란색, 서쪽은 흰색, 남쪽은 붉은색, 북쪽은 검은색, 가운데는 노란색이다.

오버타임(overtime) 배구·농구 등의 운동 경기에서, 규정된 횟수나 시간을 넘기는 반칙.

오ː보(誤報) 어떤 사건이나 소식을 사실과 다르게 잘못 알려 줌, 또는 그 사건이나 소식. [예]그 기사는 오보로 밝혀졌다. **오보되다**. **오보하다**.

오보에(oboe) 목관 악기의 한 가지. 약간 가라앉은 듯한 음색

〈오보에〉

이 특징이며, 관현악에서는 높은 음을 맡는다.

오ː복(五福) 유교에서 이르는 다섯 가지 복. 곧 오래 살고, 재산이 넉넉하고, 몸이 건강하고, 덕을 닦고, 탈없이 죽는 것을 이름.

오붓하다 [오부타다] 실속이 있고 차분하며 훈훈한 정이 있다. [예]주말을 가족과 함께 오붓하게 지냈다.

오븐(oven) 속에 재료를 넣고 밀폐하여, 사방에서 열을 보내어 재료를 굽는 조리 기구.

오비(OB) 재학생에 상대하여 그 학교의 졸업생 또는 선배.

오비이락(烏飛梨落) 《까마귀 날자 배 떨어진다는 뜻으로》 아무 관계 없는 일이 우연히 동시에 일어나서 억울하게 의심을 받게 됨을 이르는 말.

오빠 여자가, 자기보다 나이가 많은 남자 형제를 이르는 말.

오사카(Oosaka) 일본 오사카 만에 접해 있는 시. 예로부터 수륙 교통의 중심지로, 상업과 공업이 활발하며 근교에 국제공항이 있다.

오산[1](烏山) 경기도 남서쪽에 있는 시. 최근에 공업이 크게 발전하고 있다.

오ː산[2](誤算) ①잘못 계산함, 또는 그 계산. ②앞일을 잘못 예상함, 또는 그런 예상. [예]내가 너를 도와줄 것이라고 생각했다면 오산이다. **오산하다**.

오ː산 학교(五山學校) 1907년에 이승훈이 평안북도 정주에 세운 학교. 민족정신을 북돋우고 인재를 키우기 위하여 세웠으며, 광복 후에 서울의 오산 중·고등학교가 되었다.

오ː색(五色) ①빨강·노랑·파랑·하양·검정의 다섯 가지 빛깔. [예]오색 무늬. ②여러 가지 빛깔. [예]오색으로 물든 가을산.

오ː색실(五色—) [오색씰] ①빨강·노랑·파랑·하양·검정의 다섯 가지 빛깔의 실. ②여러 가지 빛깔이 어울려서 알록달록한 실.

오ː색영롱하다(五色玲瓏—) [오생녕농하다] 여러 가지 빛깔이 어울려 눈부시게 찬란하다. [예]비가 그치고 오색영롱한 무지개가 떴다.

오ː색찬란하다(五色燦爛—) [오색찰란하다] 여러 빛깔이 한데 어울려 매우 화려하고 아름답다. [예]오색찬란한 불빛.

오ː선지(五線紙) 악보를 적을 수 있도록, 가로로 다섯 줄의 평행선이 그어진 종이.

오성(鰲城) 이항복의 호.

오세아니아(Oceania) 육대주의 하나. 오스트레일리아·뉴질랜드·멜라네시아·폴리네시아·미크로네시아를 포함하는 대부분의 태평양 지역의 섬을 아울러 이름. [비]대양주.

오소리 족제빗과의 동물. 몸길이는 70~90cm. 너구리와 비슷하나, 앞발에 큰 발톱이 있어서 땅굴을 파기에 알맞다. 몸빛은 회색 또는 갈색이다.

〈오소리〉

오손도손 여럿이 사이좋게 이야기를 나누거나 정답게 지내는 모양. [큰]오순도순.

오솔길 [오솔낄] 길이 좁고 다니는 사람이 적어 조용한 길. [예]오솔길을 거닐다.

오수의 개 이야기(獒樹—) 전라북도 오수 지방의 전설. 불이 나서 잠자는 주인이 위태롭게 되자, 개가 제 몸에 물을 묻혀다가 불을 꺼서 주인을 구하고는 지쳐서 죽었다는 이야기이다.

오순도순 서로 정답고 의좋게 이야기를 나누거나 지내는 모양. [예]온 가족이 한자리에 모여 오순도순 이야기를 나누었다. [작]오손도손.

오스트레일리아(Australia) 오스트레일리아 대륙의 대부분을 차지하는, 영연방에 속하는 나라. 지하자원이 풍부하며, 양털은 세계에서 가장 많이 난다. 수도는 캔버라. [비]호주.

오스트리아(Austria) 중부 유럽에 있는 나라. 산림 지대가 많으며 임업이 발달하였다. 수도는 빈.

오슬오슬 [오스로슬] 감기·몸살 등으로, 몸이 좀 떨리며 추위가 느껴지는 상태. [예]감기가 오려는지 오슬오슬 춥네. [큰]으슬으슬.

오ː십(五十) 쉰.

오ː십보백보(五十步百步) [오십뽀백뽀] 약간의 차이는 있으나 본질적으로는 같다는 뜻. [참고] 싸움에서, 오십 보를 달아난 사람이 백 보를 달아난 사람을 보고 비웃지만 결국 달아난 점에서는 마찬가지라고 한 맹자의 말에서 온 말.

오싹 몸이 움츠러들도록 갑자기 추워지거나 소름이 끼치는 모양. **오싹오싹**. [예]무서운 영화를 보니 오싹오싹 소름이 끼친다.

오싹하다 [오싸카다] 추워지거나 소름이 끼쳐서 갑자기 몸이 움츠러들다. 예등골이 오싹하다./등 뒤에서 이상한 소리가 들려오자 오싹한 기분이 들었다.

오아시스(oasis) 사막 가운데에 샘이 솟고 풀과 나무가 자라는 곳.

오:염(汚染) 공기·물 등이 더러워짐. 예강물이 심하게 오염이 되었다. 오염되다.

오:염도(汚染度) 더러워진 정도.

오:염원(汚染源) [오여뭔] 환경 오염의 원인이 되는 것. 자동차 배기가스, 공장 폐수 등.

오:용(誤用) 잘못 사용함. 오용되다. 오용하다. 예약을 오용하다.

오:월(五月) 한 해의 다섯째 달.

오이 박과의 한해살이 덩굴풀. 재배 식물로, 초여름에 꽃이 핀다. 열매는 녹색에서 누런 갈색으로 익는데, 길쭉하고 물기가 많다. 준외.

〈오이〉

오이밭 [오이받] 오이를 심어 가꾸는 밭.

오이소박이 [오이소바기] 토막 낸 오이를 한쪽 끝이 붙어 있게 +자 모양으로 쪼갠 다음, 그 속에 양념 등을 넣고 담근 김치. 본오이소박이김치.

오이시디(OECD) 경제 성장과 세계 무역 촉진을 위하여 만든 국제기구. 우리나라는 1996년에 회원국으로 가입하였다. 비경제 협력 개발 기구.

오이지 오이에 끓여서 식힌 소금물을 부은 다음 익힌 반찬.

오:인(誤認) 잘못 보거나 잘못 생각함. 오인되다. 오인하다. 예적군을 아군으로 오인하다.

오일(oil) ①연료로 쓰이는 기름. ②몸에 바르는 기름.

오:일륙 군사 정변(五一六軍事政變) 1961년 5월 16일, 박정희 육군 소장을 중심으로 청년 장교들이 제2공화국을 무너뜨리고 정권을 장악한 군사 정변.

오:일장(五日場) [오일짱] 닷새 만에 한 번씩 서는 시골의 장.

오일펜스(oil fence) 바다 위로 흘러나온 기름이 퍼지는 것을 막기 위하여 기름 주위에 둘러치는 물체.

오:자(誤字) [오짜] 잘못 쓴 글자나 틀린 글자.

오작(烏鵲) 까마귀와 까치를 아울러 이르는 말. 비까막까치.

오작교(烏鵲橋) [오작꾜] ①칠월 칠석날에 견우와 직녀가 만날 수 있도록 까마귀와 까치가 몸을 죽 잇대어서 은하에 놓는다는 전설상의 다리. ②전라북도 남원 광한루에 있는 돌다리. '춘향전'으로 더욱 유명해진 다리이다.

오:장(五臟) 한방에서 이르는, 다섯 가지 내장. 곧, 폐장·심장·비장·간장·신장.

오장이 뒤집히다관용 분통이 터져 견딜 수가 없다.

오:장육부(五臟六腑) [오장육뿌] 《오장과 육부라는 뜻으로》 한방에서, 몸속의 모든 '내장'을 이르는 말.

오:전(午前) 밤 12시로부터 낮 12시까지의 사이. 비상오. 반오후.

오:점(汚點) [오쩜] 부끄러운 흠이나 결점. 예어린 시절 집을 나갔던 일은 그의 일생에 오점으로 남아 있다.

오:정(午正) 낮 12시. 비정오.

오존(ozone) 세 개의 산소 원자로 이루어진, 특유한 냄새가 나는 푸른빛의 기체. 음료수의 살균이나 목욕탕 물의 소독 등에 쓰인다.

오존층(ozone層) 오존을 많이 포함하고 있는 공기층. 지상에서 20~25km

범위의 상공을 가리킨다. 태양의 자외선을 잘 흡수하는 성질이 있어, 사람이나 동식물에게 해로운 자외선을 걸러 준다.

오죽 얼마나. [예]정말 그렇게만 된다면 오죽 좋겠니? [비]여북·작히나.

오죽하다 [오주카다] 《주로 물음을 나타내는 말 앞에서, '오죽하면'·'오죽해서'의 꼴로 쓰여》 정도가 매우 심하다. [예]진수가 오죽하면 그랬겠니? **오죽이.**

오죽헌(烏竹軒) [오주컨] 강원도 강릉시 죽헌동에 있는, 이율곡이 태어난 집. 조선 초기에 지은 목조 건물로, 유물·필적 등이 보존되어 있다. 보물 제165호.

오줌 몸 안에 생긴 찌꺼기가 방광에 모여 있다가, 요도를 통해 몸 밖으로 나오는 액체. [비]소변.

오줌싸개 '오줌을 가리지 못하거나 실수로 싼 아이'를 놀리어 이르는 말.

오줌통(一桶) ➡방광.

오ː지(奧地) 바닷가나 도시에서 멀리 떨어진 대륙 깊숙한 곳. [예]오지 탐험/산간 오지 마을.

오지그릇 [오지그름] 붉은 질흙으로 빚어서 볕에 말리거나 낮은 온도로 구운 다음, 잿물을 입혀 다시 구운 그릇. [준]오지. [비]도기.

〈오지그릇〉

오지랖 [오지랍] 웃옷이나 윗도리의 앞자락. [예]오지랖을 여미다. **|잘못|** 오지랍.

오지랖이 넓다[관용] 남의 일에 쓸데없이 참견하는 데가 있다.

오직 《하나뿐이라는 뜻으로》 다만. 단지. 오로지. [예]오직 너만 믿는다./목표는 오직 우승에 있다.

오ː진(誤診) 병의 진찰을 잘못함. 또는 잘못된 진단. **오진하다.**

오ː진법(五進法) [오진뻡] 0, 1, 2, 3, 4의 다섯 가지 숫자로만 나타내는 기수법의 한 가지. 다섯씩 모일 때마다 한 자리씩 올려 적는 방법이다. 23을 5를 단위로 하여 4×5+3×1로 나타낼 수 있으므로 $43_{(5)}$로 쓰는 등. [비]오진 기수법. [참]십진법.

오징어 오징엇과의 동물. 몸길이 30~40 cm. 몸은 원통 모양이고 10개의 발이 입 둘레에 있다. 몸속에 먹물 주머니가 있어 적을 만나면 먹을 뿜고 달아난다.

오징어잡이 [오징어자비] 오징어를 잡는 일.

오징어포(一脯) 말린 오징어.

오ː차(誤差) ①관측하거나 계산한 값과 그 정확한 값과의 차이. [예]오차가 나다./오차가 크다. ②계획과 실제 결과의 차이. [예]이번 일은 오차가 없어야 해. ③수학에서, 참값과 근삿값의 차이.

오ː찬(午餐) 보통 때보다 잘 차려 먹는 점심. [예]사장은 임원들과 오찬 모임을 했다.

오ː체(五體) 사람의 온몸.

오ː촌(五寸) 아버지의 사촌, 또는 사촌의 아들이나 딸과의 촌수.

오케스트라(orchestra) ➡관현악단.

오케이(OK) '좋다·알았다'의 뜻으로 하는 말.

오토바이 엔진의 힘으로 바퀴를 회전시켜 달리게 된 탈것. **|참고|** 오토바이는 'auto bicycle'에서 온 말.

오ː판(誤判) 잘못 판단함. 또는 잘못된 판단. [예]그의 오판으로 무고한 사람이 벌을 받게 되었다. **오판하다.**

오페라(opera) 가수가 대사를 노래로 부르면서 하는 연극. [비]가극.

오프라인(off-line) 컴퓨터가 인터넷에

연결되어 있지 않는 일. 🔵온라인.

오픈 게임 프로 권투 등에서, 본경기에 앞서서 하는 경기. |참고| 오픈 게임은 'open'과 'game'이 합쳐서 된 말.

오픈카(open car) 지붕이 없거나 지붕을 접었다 폈다 할 수 있는 자동차.

오피스텔 먹고 잘 수 있는 시설을 갖춘 사무실. |참고| 오피스텔은 'office'와 'hotel'이 합쳐서 된 말.

오하이오 주(Ohio州) 미국 동북부에 있는 주. 석탄·석유 등 지하자원이 풍부하며, 농업과 중화학 공업이 성하다.

오한(惡寒) 갑자기 몸에 열이 나면서 오슬오슬 추워지는 증세. 예감기에 걸렸는지 오한이 난다.

오합지졸(烏合之卒) [오합찌졸] 《까마귀가 모인 것처럼 질서가 없이 모인 병졸이라는 뜻으로》 갑자기 임시로 모여 규율이 없고 무질서한 병졸이나 군중을 이르는 말.

오ː해(誤解) 잘못 이해하거나 잘못 해석함, 또는 그런 이해나 해석. 예내 말을 듣고 오해를 풀었으면 좋겠어. 🔵곡해. 오해되다. 오해하다.

오ː행(五行) 우주 만물을 이루는 다섯 가지 원소인 금(金)·수(水)·목(木)·화(火)·토(土)를 이르는 말.

오ː후(午後) 낮 12시부터 밤 12시까지의 사이. 🔵하오. 🔴오전.

오히려 예측·예상과는 반대되거나 다르게. 예동생이 형보다 오히려 의젓하다. 🔵외려. 🔴도리어.

옥¹(玉) 보석의 한 가지. 연한 녹색이나 회색을 띠며, 빛이 곱고 모양이 아름답다. 예옥으로 만든 비녀.

옥²(獄) 〈감옥〉의 준말.

옥개(屋蓋) [옥깨] 지붕.

옥개석(屋蓋石) [옥깨석] 석탑이나 석등 등의 위를 덮는 돌.

옥고(獄苦) [옥꼬] 감옥살이를 하는 고생. 예옥고를 치르다.

옥관자(玉貫子) [옥꽌자] 조선 시대에, 왕과 왕족 또는 당상관인 벼슬아치가 머리에 두르던 망건에 단, 옥으로 만든 고리.

옥구(沃溝) [옥꾸] 전라북도 북서쪽에 있던 군. 1995년 1월에 군산시로 통합되었다.

옥내(屋內) [옹내] 집이나 건물의 안. 예옥내 집회. 🔴옥외.

옥동자(玉童子) [옥똥자] 《옥같이 예쁜 사내아이라는 뜻으로》 남의 어린 아들을 귀엽게 이르는 말. 예어제 이모가 옥동자를 낳았다.

옥바라지(獄—) [옥빠라지] 감옥에 갇힌 사람에게 음식·옷 등을 대어 주면서 뒷바라지하는 일. 옥바라지하다.

옥사¹(獄死) [옥싸] 감옥살이를 하다가 감옥에서 죽음. 옥사하다.

옥사²(獄舍) [옥싸] 죄인을 가두어 두는 건물.

옥살이(獄—) [옥싸리] 〈감옥살이〉의 준말. 옥살이하다.

옥상(屋上) [옥쌍] 지붕 위. 특히, 현대식 건물에서 지붕을 평평하게 만들어 놓은 곳.

옥새(玉璽) [옥쌔] 임금의 도장. 🔵국새.

옥색(玉色) [옥쌕] 옥의 빛깔과 같은 연한 초록색. 예옥색 저고리.

〈옥새〉

옥수수 [옥쑤수] 볏과의 한해살이풀. 줄기는 곧으며, 잎은 크고 길다. 열매는 둥글고 길쭉하며 낱알이 여러 줄로 박혀 있는데, 쪄 먹거나 튀겨 먹으며 사료로도 쓰인다. 🔵강냉이.

옥수수밭 [옥쑤수받] 옥수수를 심어 가꾸는 밭.

옥수숫대 [옥쑤수때/옥쑤순때] 옥수수의 줄기.

옥신각신 [옥씬각씬] 서로 옳으니 그르니 하며 자꾸 다투는 모양. 예사소한 일로 옥신각신 다투다가 큰 싸움이 벌어졌다. 옥신각신하다.

옥양목(玉洋木) [오걍목] 보통 무명보다 발이 고운 무명. 빛이 썩 희고 얇다.

옥외(屋外) [오괴/오궤] 집이나 건물의 바깥. 빤옥내.

옥잠화(玉簪花) [옥짬화] 백합과의 여러해살이풀. 잎은 자루가 길고 넓은 타원형이다. 한여름에 흰 꽃이 피는데, 꽃봉오리의 모양이 옥비녀와 비슷하다.

옥저(沃沮) [옥쩌] 함경도 일대에 있던 고조선의 한 부족, 또는 그 부족 국가.

옥좌(玉座) [옥쫘] 임금이 앉는 자리. 빤왕좌.

옥중(獄中) [옥쭝] 감옥의 안. 또는 감옥에 갇혀 있는 동안. 예옥중에서 쓴 편지.

옥타브(octave) 어떤 음(도)에서 시작하여 위나 아래로 다음 여덟째 음(도)까지의 음, 또는 그 간격.

옥토(沃土) 농작물이 잘 자라는 기름진 땅. 빤황무지.

옥토끼(沃一) ①달 속에 산다는 전설상의 토끼. ②털빛이 흰 토끼.

옥편(玉篇) 한자를 모아서 부수와 획수에 따라 배열하고, 글자 하나하나의 음·뜻 등을 적은 책. 빠자전.

옥황상제(玉皇上帝) [오쾅상제] 도가에서, 하느님을 이르는 말. 빤천황.

온: 전부의. 모두의. 예온 국민/온 세상. 빤모든.

온:**갖** [온갇] 모든 종류의. 여러 가지의. 예온갖 상품/온갖 노력을 다하다. 빤갖은.

온:**건**(穩健) 생각이나 행동이 건전하고 착실함. 빤과격. 온건하다. 온건히.

온기(溫氣) 따뜻한 기운. 예방에 온기가 돌다. 빤냉기.

온난(溫暖) 날씨가 따뜻함. 예온난 기후. 온난하다.

온난 전선(溫暖前線) 따뜻한 공기가 찬 공기를 밀어내면서 나아갈 때 생기는 전선. 이 전선이 가까워지면 비가 계속 내리고, 지나간 다음에는 기온이 오르면서 날씨가 좋아진다. 빤한랭 전선.

온난화(溫暖化) 지구의 기온이 높아짐, 또는 그런 현상. 공기의 오염이 주요 원인이다. 온난화되다. 온난화하다.

온달(溫達, ?~590) 고구려 평원왕 때의 장수. 집이 가난하여 구걸하며 다녔고 얼굴이 우습게 생겨 '바보 온달'이라고 불리었는데, 평강 공주와 결혼한 뒤에는 무술을 익혀 장수가 되었다.

온대(溫帶) 남북 회귀선과 극권 사이의 지대. 또는 한 해의 평균 기온이 섭씨 10~20도 사이인 지대.

온대 기후(溫帶氣候) 온대에서 볼 수 있는 기후. 봄·여름·가을·겨울의 구별이 뚜렷하고, 춥고 더움의 차이가 심하다.

온대 다우 기후(溫帶多雨氣候) 온대 기후형의 한 가지. 일 년 내내 습기가 많으며, 뚜렷하게 건조한 시기는 없다. 대륙의 동쪽과 서쪽 사이에 기온의 차이가 나타난다.

온데간데없다 [온데간데업따] 이제까지 있던 것이, 감쪽같이 없어져 찾을 수가 없다. 예방금 전까지 책상 위에 있던 필통이 온데간데없다. 온데간데없이.

온도(溫度) 덥고 찬 정도. 또는 온도계가 나타내는 도수.

온도계(溫度計)[온도계/온도게] 온도를 재는 기구. 예실내 온도계.

온돌(溫突) 아궁이에 불을 때어 그 불기운이 방바닥 밑으로 난 고랑을 통해 퍼지게 하여 방을 덥게 하는 난방 장치. 비구들.

온돌방(溫突房)[온돌빵] 아궁이에 불을 때어 방을 덥히는 구조로 만든 방.

온라인(on-line) ①컴퓨터의 입력과 출력 장치가 중앙 처리 장치와 연결되어 작동되는 상태에 있는 일. ②컴퓨터가 인터넷에 연결되어 있는 일. ②반오프라인.

온:몸 몸의 전체. 비전신.

온상(溫床) ①보온 설비를 갖추고 인공적으로 흙의 온도를 높여서 식물을 기르는 시설. 비냉상. ②'어떤 일·생각·세력 등이 자라는 바탕'을 비유하여 이르는 말. 예범죄의 온상.

온:새미 《주로 '온새미로'의 꼴로 쓰여》 가르거나 쪼개지 않은 본래 상태. 예땅을 온새미로 넘겨주다.

온수(溫水) 따뜻한 물. 비더운물. 반냉수.

온수기(溫水器) 따뜻한 물이 나오는 기구. 반냉수기.

온순하다(溫順—) 성질이나 마음씨가 온화하고 순하다. 예온순한 성격. 비유순하다. 온순히.

온스(ounce) 주로 영국과 미국에서 무게를 잴 때 쓰는 말. 1온스는 1파운드의 16분의 1로 약 28.35g이다.

온실(溫室) 식물을 재배하거나 추위에 약한 동물을 기르기 위하여, 알맞은 온도와 습도를 유지할 수 있게 만든 건물.

온실 효:과(溫室效果) 대기 중의 수증기나 이산화탄소가 볕은 받아들이고 열은 내보내지 않는 온실과 같은 작용을 함으로써 지표면 부근의 기온이 높아지는 현상. 예온실 효과 때문에

지구가 점점 더워지고 있다고 한다.

온유하다(溫柔—)[오뉴하다] 마음이나 성미가 온화하고 부드럽다. 예온유한 성품.

온:음(—音)[오늠] 반음 두 개에 해당하는 음정. 장음계에서 '미·파'·'시·도' 이외의 음정이다. 반반음.

온장고(溫藏庫) 조리한 음식 등을 따뜻한 상태로 저장하는 상자 모양의 장치.

온:전하다(穩全—) ①상한 데가 없이 본디 그대로 고스란하다. 예강아지 때문에 집안 살림이 온전하게 남아나는 것이 없다. ②잘못된 것이 없이 제대로이다. 예온전한 사람이라면 그런 일을 할 리가 없지. 온전히.

온:점(—點) 글쓰기에서 문장을 끝내는 표시로 쓰는 부호. 비마침표.

온정(溫情) 따뜻한 사랑이나 인정. 예불우 이웃에게 온정을 베풀다.

온:종일(—終日) 아침부터 저녁 무렵까지. 예온종일 걸었더니 다리가 아프다. 비진종일.

온천(溫泉) 땅속에서 더운물이 자연적으로 솟아나는 샘. 비냉천.

온탕(溫湯) 목욕탕 안에 따뜻한 물을 채워 놓은 곳. 예온탕에 들어가서 때를 불리고 있어라. 반냉탕.

온:통 통째로 전부. 있는 것 모두. 예마을이 온통 축제 분위기다.

온풍(溫風) 따뜻한 바람.

온풍기(溫風器) 공기를 덥혀, 방 안으로 보내는 난방 기구.

온혈 동:물(溫血動物) ➡항온 동물.

온화하다(溫和—) ①날씨가 따뜻하고 바람결이 부드럽다. 예온화한 날씨가 연일 계속되다. ②성질이나 태도·행동 등이 부드럽고 순하다. 예온화한 성품.

올:1 실이나 줄의 가닥. 예올이 가는 베/머리카락 한 올.

올² 〈올해〉의 준말.
올- 보통 품종보다 일찍 자라거나 일찍 익음을 나타냄. [예]올벼/올콩.
올가미 ①새끼·철사 등으로 고리를 만들어 짐승을 잡는 데 쓰는 물건. ②남이 걸려들게 꾸민 꾀.
올가미를 씌우다[관용] 남을 자기의 계략에 걸려들게 하다.
올갱이 〈다슬기〉의 방언.
올:고구마 보통 고구마 품종보다 일찍 익는 고구마.
올곧다 [올곧따] 마음이나 정신 상태가 바르고 곧다. [예]그분은 평생 올곧게 살아오셨다.
올드미스 노처녀. [참고] 올드미스는 'old'와 'miss'가 합쳐서 된 말.
올라가다 ①낮은 데서 높은 데로, 아래에서 위로 움직여 가다. [예]뒷동산에 올라가다. ②지방에서 서울로 가다. [예]언니는 시험을 보러 서울로 올라갔다. ③물가나 가치·수량 등이 비싸지거나 높아지거나 많아지다. [예]채소값이 올라가다. ④기세·열기 등이 한결 더해지다. [예]선수들의 사기가 올라가다. ⑤지위·단계·정도 등이 보다 높게 옮아가다. [예]한 학년이 올라가다. [반]내려가다.
올라서다 ①높은 데로 옮아가 서다. [예]언덕 위에 올라서다. [반]내려서다. ②지위·순위·수준 등이 높아지다. [예]부장으로 올라서다. ③무엇을 디디고 그 위에 서다. [예]의자 위에 올라서다.
올라앉다 [올라안따] 위에 올라가서 앉다. [예]잠자리가 장대 위에 올라앉았다.
올라오다 ①낮은 데서 높은 데로, 또는 아래에서 위로 움직여 오다. [예]산꼭대기에 올라오니 우리 동네가 한눈에 보인다. ②지방에서 서울로 오다. [예]우리 가족은 작년에 서울로 올라왔다. ③지위·단계·등급 등이 높게 옮아오다. [예]중학교에 올라와서 새 친구를 사귀었다. ④먹은 것이 목구멍을 통하여 나오다. [예]저녁 먹은 것이 체해서 신물이 올라온다. ⑤어떤 기운이나 감정이 밖으로 솟다. [예]약 기운이 올라오는지 잠이 쏟아졌다. [반]내려오다.
올라타다 짐승의 몸이나 탈것에 몸을 올려놓다. [예]소 등에 올라타다./얼른 버스에 올라타라.
올려놓다 [올려노타] ①어떤 물건을 다른 것 위에 놓다. [예]연필을 책상 위에 올려놓았다. [반]내려놓다. ②명단에 이름을 적어 넣다. [예]대기자 명단에 내 이름을 올려놓았다.
올려다보다 ①아래에서 위쪽을 보다. [예]지붕 위를 올려다보다. ②존경하는 마음으로 높이 받들거나 우러러보다. [반]내려다보다.
올려본각(-角) 나무의 높이나 건물의 높이를 잴 때, 올려다보는 방향이 수평면과 이루는 각. [반]내려본각.
올록볼록 [올록뽈록] 물체의 표면이 고르지 않게 높고 낮은 모양. [예]주머니에 뭐가 들었기에 올록볼록 튀어나왔지? [큰]울룩불룩.
올리다 ①오르게 하다. [예]물건값을 올리다. ②음식을 상 위에 차리다. [예]저녁상에 갈비찜을 올렸다. ③이름·글·자료 등을 명단·문서 등에 적어 넣다. [예]후보자 명단에 이름을 올리다. ④윗사람에게 드리거나 바치다. [예]큰절을 올리다. ⑤예식·행사 등을 지내거나 거행하다. [예]결혼식을 올리다./기념식을 올리다. ⑥따귀 등을 때리다. [예]보기 좋게 따귀를 한 대 올렸다.
올리브(olive) 물푸레나뭇과의 늘푸른 큰키나무. 잎은 마주나고, 여름·가을에 누런 흰색의 꽃이 핀다. 열매는 타원형이며, 그 살로는 올리브유를 짠다.

올리브유(olive油) 올리브의 열매로 짠 기름. 약용이나 식용 또는 비누의 재료로도 쓰인다.

올림 어림수를 만드는 방법의 한 가지. 구하고자 하는 자리 미만의 끝수를 버리고 구하고자 하는 자리에 1을 더 하는 일. [반]버림. [참]반올림.

올림말 사전에서, 말뜻을 풀이하여 실은 하나하나의 낱말. [비]표제어.

올림포스 산(Olympos山) 그리스에서 제일 높은 산. 높이 2,918 m. 그리스 신화에 나오는 12신이 살았다고 한다.

올림표(一標) 음악에서 반음 올리라는 기호 '#'의 이름. [비]샤프. [반]내림표·플랫.

올림피아(Olympia) 그리스의 남서쪽에 있는 고대 도시의 유적. 제우스 신전이 있던 곳으로, 이곳에서 고대 올림픽 경기가 처음으로 열렸다.

올림피아드(Olympiad) 국제적인 시합이나 대회. [예]수학 올림피아드.

올림픽(Olympic) ①고대 그리스에서 제우스 신에게 제사를 지낼 때, 올림피아에서 4년마다 열던 경기 대회. ②1896년부터 4년마다 세계 각국이 참가하여 벌이는 국제적인 종합 경기 대회. [비]올림픽 경기.

올림픽 경ː기(Olympic競技) ➡올림픽.

올림픽 공원(Olympic公園) 1988년에 열린 제24회 서울 올림픽을 기념하여 서울 송파구 방이동에 만든 공원.

올망졸망 작고 고만고만한 것들이 고르지 않게 많이 벌여 있는 모양. [예]아이들이 올망졸망 모여 있다. [큰]울멍줄멍.

올무 짐승을 잡는 데 쓰는 올가미.

올바로 옳고 바르게. [예]정신이 올바로 박히다.

올바르다 옳고 바르다. [예]올바른 몸가짐. [활용] 올바르니·올발라. [잘못] 옳바르다.

올ː벼 보통 품종보다 일찍 익는 벼. [반]늦벼.

올빼미 올빼밋과의 새. 몸길이 38 cm 가량. 부엉이와 비슷하나, 귀 모양의 깃털이 없다. 몸빛은 누런 갈색이고 머리와 눈이 크다. 낮에는 숲에서 쉬고 밤에 활동하여 새·쥐·벌레 등을 잡아먹는다.

〈올빼미〉

올ː차다 ①빈틈이 없이 야무지고 기운차다. [예]민수는 나이에 비해 태도가 올차고 당당하다. ②곡식의 알이 일찍 여물다.

올챙이 개구리의 새끼. 물속에서 아가미로 숨을 쉬며, 꼬리가 달렸고 다리가 아직 자라지 않았다.

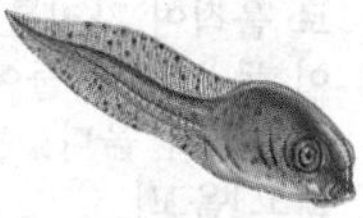
〈올챙이〉

올칵 먹은 것을 갑자기 조금 토하는 소리, 또는 그 모양. [큰]울컥. 올칵올칵.

올칵거리다 [올칵꺼리다] 먹은 것을 갑자기 조금 토하는 소리가 자꾸 나다. [비]올칵대다. [큰]울컥거리다.

올칵대다 [올칵때다] ➡올칵거리다.

올케 여자가 오빠나 남동생의 아내를 이르는 말.

올통볼통 물건의 거죽이나 바닥이 고르지 않게 나오고 들어간 모양. [큰]울퉁불퉁.

올해 이번 해. 금년. [준]올.

옭아매다 [올가매다] ①잘 풀리지 않도록 단단히 매다. ②행동이 자유롭지 못하게 얽매다. [예]아이들을 무조건 옮아매는 것은 좋지 않다. ③없는 죄를 이리저리 꾸며 씌우다. 예죄 없는 사람을 옮아매어 감옥에 가두었다.

옮겨심기 [옴겨심끼] 심어 놓은 농작물이나 나무를 다른 자리로 옮겨 심는 일.

옮기다 [옴기다] ①물건을 이미 있던 자리에서 다른 자리로 가져가다. 예책상을 창가로 옮기다. ②자리·소속·일자리 등을 한곳에서 다른 곳으로 바꾸어 정하다. 예학교를 옮기다. ③발걸음을 한 걸음 한 걸음 떼어 놓다. 예집 쪽으로 발걸음을 옮기다. ④들은 말을 그대로 전하다. 예말을 함부로 옮기지 마라. ⑤병균 등을 남에게 전염시키다. 예뇌염을 옮기는 모기. ⑥어떤 말이나 글을 다른 나라의 말이나 글로 바꾸다.

옮다 [옴따] ①어떤 곳에서 다른 곳으로 움직여 자리를 바꾸다. ②병균 등이 몸 안으로 들어오다. ⣫전염되다. 예눈병이 옮다. |발음| 옮아 [올마]·옮고 [올꼬]

옳다 [올타] 틀리지 않다. 사리에 맞다. 예옳은 답/서로 자기가 옳다고 우기다. |발음| 옳아 [오라]·옳고 [올코] 옳이.

옳아 [오라] '과연 그렇구나'·'과연 옳구나'의 뜻을 나타내는 말. 예옳아, 그래서 화가 났구나./옳아, 네 말이 맞았어.

옳지 [올치] ①다른 사람의 말이나 행동이 마음에 든다는 뜻으로 하는 말. 예옳지, 잘했다. ②갑자기 좋은 생각이 났을 때 하는 말. 예옳지, 그렇게 하면 되겠구나.

옴: 옴벌레가 붙어서 생기는 전염성 피부병의 한 가지. 손가락이나 발가락 사이, 오금이나 겨드랑이 등에서 시작하여 온몸으로 퍼지며 몹시 가렵다.

옴짝달싹 [옴짝딸싹] 《주로 '못하다'·'없다'와 함께 쓰여》 '몸을 겨우 움직이려 하는 상태'를 뜻하는 말. 예버스 안에 사람이 너무 많아서 옴짝달싹도 할 수가 없다. ⣫꼼짝달싹.

옴츠러지다 춥거나 무서워서 몸이 작아지다. 예너무 추워서 몸이 저절로 옴츠러진다. ⣘움츠러지다.

옴츠리다 몸을 오그려 작게 하다. 예어깨를 옴츠리다. ⣘움츠리다.

옴폭 가운데가 오목하게 폭 들어간 모양. 예땅이 옴폭 패다. ⣘움푹. 옴폭옴폭.

옷 [옫] 몸을 가리거나 꾸미기 위하여 천 등으로 만들어 입는 물건. ⣫의복. |발음| 옷이 [오시]·옷도 [옫또]·옷만 [온만]

옷(을) 벗다 [관용] 직업·직책 등을 잃거나 그만두다. 예장관은 사고의 책임을 지고 옷을 벗었다.

> ░░░░░ **'옷'의 한자어** ░░░░░
>
> **복장** : 흔히, 제복의 차림새, 행사나 단체 행동의 옷차림을 이른다. 예복장 검사/복장이 단정한 학생.
>
> **의복** : 주로, 나들이옷을 이를 때 쓰인다. 예남루한 의복/입고 나갈 의복이 마땅치 않다.
>
> **피복** : 공장의 생산품이나 시장에서 상품으로서의 옷을 가리킬 때 쓰인다. 군복을 이르는 경우도 있다. 예피복 공장/피복과 개인 장비를 지급하다.

옷가지 [옫까지] 몇 가지의 옷.

옷감 [옫깜] 옷을 짓는 데 쓰이는 천.

옷걸이 [옫꺼리] 옷을 걸어 두게 만든 물건.

옷고름 [옫꼬름] 저고리나 두루마기의 옷깃을 여미어 매기 위하여 옷깃 끝과 그 맞은편에 단 헝겊 끈. ⣘고름.

옷깃[온낃] 저고리나 두루마기의 목에 둘러대어 앞으로 여미게 된 부분. 🔵깃.

옷깃을 여미다[관용] 경건한 마음으로 자세를 바로잡다.

옷단[온딴] 옷자락·소매·가랑이 등의 가장자리를 안으로 접어 붙이거나 감친 부분. 📍단.

옷매무새[온매무새] 옷을 입은 모양새. 📍진아는 교무실 앞에서 옷매무새를 가다듬었다.

옷맵시[온맵씨] 옷을 차려입은 모양새. 또는 옷을 곱게 매만진 모양새.

옷소매[온쏘매] 윗옷의 팔을 꿰는 부분. 🔵소매.

옷자락[온짜락] 두루마기·저고리·치마 등의 아래로 처져 늘어진 부분. 📍옷자락이 너무 길어서 자꾸 밟힌다.

옷장(一欌)[온짱] 옷을 넣어 두는 장. 📍자개 옷장.

옷차림[온차림] 옷을 입은 차림새.

옷치장(一治粧)[온치장] 옷을 매만져서 잘 꾸미거나 모양을 내는 일.

옷핀(一pin) 옷을 여미거나 옷에 물건을 달 때 꽂는 핀.

옹·고집(壅固執) 억지가 매우 심한 고집. 📍옹고집을 부리다.

옹골차다 ①속이 꽉 차 있다. 📍벼 이삭이 옹골차게 여물었다. ②몹시 야무지고 실속 있다. 📍준호는 선생님의 질문에 옹골차게 대답했다.

옹·기(甕器) '질그릇'과 '오지그릇'을 아울러 이르는 말. 📍옹기그릇.

옹·기그릇(甕器一)[옹기그른] ➡옹기.

옹·기전(甕器廛) 옹기를 파는 가게.

옹기종기 크기가 고르지 않은 작은 사람들이나 물체들이 모여 있는 모양. 📍초가집들이 옹기종기 모여 있는 마을. 🔵옹기중기.

옹달샘 작고 오목한 샘.

옹·립(擁立)[옹닙] 임금으로 모시어 세움. 📍세자 옹립. 옹립하다.

옹·색하다(壅塞一)[옹새카다] ①생활이 매우 어렵다. 📍옹색한 살림. ②자리가 매우 비좁다. 📍방이 너무 옹색하다. ③활달하지 못하여 답답하고 옹졸하다. 📍마음이 옹색한 사람.

옹·성(甕城) 큰 성문을 지키기 위하여 성문 밖에 쌓은 작은 성.

옹·솥(甕一)[옹솓] 옹기로 만든 솥.

옹알거리다 ①작은 소리로 분명하지 않게 자꾸 입 속으로 중얼거리다. 📍옹알거리지 말고 똑바로 말해 봐. 🔵옹얼거리다. ②아직 말을 못하는 아기가 분명하지 않게 자꾸 중얼거리다. 📍옹알대다.

옹알대다 ➡옹알거리다.

옹알이[옹아리] 아직 말을 못하는 아기가 분명하지 않게 중얼거리듯이 소리를 내는 짓. 📍아기가 자꾸 나를 보고 옹알이를 한다. 옹알이하다.

옹이 나무에 박힌 가지의 그루터기. 곧, 나무가 자라는 과정에 곁가지들이 나오면서 생기는 흠집.

옹·졸하다(壅拙一) 성질이 너그럽지 못하고 생각이 좁다. 📍옹졸한 생각.

옹·호(擁護) 지지하여 보호함. 또는 편들어 지킴. 옹호되다. 옹호하다. 📍인권을 옹호하다.

옻[온] 옻나무에서 나는 진, 또는 그 진으로 말미암아 생기는 피부병. 살에 닿으면 부르터 오르면서 몹시 가렵고 주위가 부어오른다. |발음| 옻이[오치]·옻도[온또]·옻만[온만]

옻나무[온나무] 옻나뭇과의 낙엽 지는 큰키나무. 잎은 깃 모양의 겹잎이며, 6월경에 연두색의 꽃이 핀다. 껍질에서 뽑은 진을 '옻'이라 하며, 칠감 등으로 쓰인다.

〈옻나무〉

옻칠(一漆)[온칠] ①옻나무의 진을 바르는 일. ②옻나무의 진. 끈끈하며 처음에는 회색이나, 물건에 바르면 검붉은 빛을 띠고 윤이 난다. 옻칠하다.

와 여럿이 한꺼번에 움직이는 모양. 또는 많은 사람이 떠들거나 외치는 소리. 예야구장에서 '와' 하는 함성이 들려왔다.

와글거리다 사람이나 짐승·벌레 같은 것이 한곳에 복잡하게 모여 자꾸 떠들거나 움직이다. 비와글대다. 큰워글거리다.

와글대다 ➡와글거리다.

와글와글 [와그롸글] 와글거리는 소리, 또는 그 모양. 큰워글워글.

와락 급하게 대들거나 잡아당기거나 끌어안는 모양. 예방문을 와락 열어젖히다. 큰워럭.

와르르 쌓인 물건이 한꺼번에 야단스럽게 무너지는 소리, 또는 그 모양. 예담이 와르르 무너졌다. 큰워르르.

와이셔츠 양복 저고리 속에 입고 넥타이를 맬 수 있게 만든 소매가 긴 셔츠. |참고| 와이셔츠는 'white'와 'shirts'가 합쳐서 된 말.

와이엠시에이(Y.M.C.A) ➡기독교 청년회.

와이 좌표(y座標) ➡세로 좌표.

와이축(y軸) 좌표축에서 세로로 놓인 축. 비세로축. 반엑스축.

와인(wine) ➡포도주.

와작와작 [와자과작] 단단하고 질긴 것을 자꾸 마구 깨물어 씹는 소리, 또는 그 모양. 큰우적우적.

와장창 갑자기 한꺼번에 무너지거나 깨지는 소리, 또는 그 모양. 예유리창이 와장창 박살 났다.

와전(訛傳) 말을 사실과 다르게 바꾸어 전함. 예내가 한 말이 와전이 되어 친구들의 오해를 샀다. 와전되다. 와전하다.

와중(渦中)《주로 '와중에'의 꼴로 쓰여》어떤 일이나 사건이 복잡하게 벌어지는 가운데. 예할아버지는 전쟁의 와중에 가족들과 헤어지셨다고 한다.

와지끈 단단한 물건이 부러지거나 부서지는 소리, 또는 그 모양. 큰우지끈.

와지끈거리다 단단한 물건이 부러지거나 부서지는 소리가 자꾸 나다. 비와지끈대다. 큰우지끈거리다.

와지끈대다 ➡와지끈거리다.

와트[1](Watt, 1736~1819) 영국의 기계 기술자. 증기 기관을 발명하여 산업 혁명에 공헌하였다.

와트[2](watt) 전력의 세기를 재는 단위. 기호는 'W'. |참고| 영국의 기계 기술자 와트의 이름에서 비롯된 말이다.

와해(瓦解) 조직이나 계획 등이 산산이 흩어지고 무너짐. 와해되다. 예경찰의 소탕 작전으로 범죄 조직이 와해되었다. 와해하다.

왁스(wax) 열에 잘 녹고 물과 공기를 차단하는 물질. 광택제·화장품·방수제 등의 원료로 쓰인다.

왁자그르르 [왁짜그르르] 여럿이 한데 모여 시끄럽게 웃고 떠드는 소리, 또는 그 모양. 큰웍저그르르.

왁자지껄 [왁짜지껄] 여럿이 한데 모여 정신이 어지럽도록 떠드는 소리, 또는 그 모양. 예교실 안에서 아이들이 왁자지껄 떠드는 소리가 들려왔다.

왁자하다 [왁짜하다] 몹시 떠들썩하다.

완강하다(頑強一) 태도나 성질이 굳고 의지가 굳세다. 완강히. 예청을 완강히 거절하다.

완결(完結) 완전하게 끝맺음. 완결되다. 완결하다.

완고하다(頑固一) 생각이 새롭지 못하고 고집이 세다. 예우리 할아버지는 무척 완고하시다. 완고히.

완:곡하다(婉曲―)[완고카다] 듣는 사람의 마음이 상하지 않도록 부드럽게 말하는 태도가 있다. 예그는 내 부탁을 완곡하게 거절했다. 완곡히.

완공(完工) 공사를 완성함. 예축구 경기장의 완공을 눈앞에 두고 있다. 비준공. 반기공·착공. 완공되다. 완공하다.

완:구(玩具) ➡장난감.

완납(完納) 남김이 없이 완전히 납부함. 반미납. 완납되다. 완납하다.

완도(莞島) ①전라남도 완도군에 속하는 섬. 김·미역·굴 양식업이 활발하며, 장보고의 청해진이 있던 곳으로 유명하다. ②전라남도의 남쪽 끝에 있는 군.

완두(豌豆) 콩과의 두해살이 덩굴풀. 잎은 겹잎이며 덩굴손으로 다른 물건을 감아 올라가며 자란다. 봄에 흰빛 또는 보랏빛 꽃이 피고, 열매는 2~10개의 연두색 콩이 들어 있는 꼬투리로 맺는다.

완두콩(豌豆―) 완두의 열매.

완:력(腕力)[왈력] ①팔심이나 주먹심. 예완력이 센 사람. ②육체적으로 상대편을 억누르는 힘. 예완력을 사용하다. ②비폭력.

완료(完了)[왈료] 완전히 끝마침. 완료되다. 완료하다. 예도로 공사를 완료하다.

완:만하다(緩慢―) ①가파르지 않다. 예경사가 완만한 언덕길. ②행동이 빠르지 못하고 느릿느릿하다. 예완만한 동작. 완만히.

완벽(完璧) 모자라거나 흠잡을 데가 조금도 없이 완전함. 예월드컵 준비에 완벽을 기하다. 완벽하다.

완비(完備) 필요한 것을 빠짐없이 갖춤. 예참고 자료 완비. 반미비. 완비되다. 완비하다.

완성(完成) 완전히 다 이룸. 반미완성. 완성되다. 완성하다. 예소설을 완성하다.

완성품(完成品) 완성된 물품.

완수(完遂) 목적이나 책임을 모두 이루거나 다함. 예임무 완수. 완수되다. 완수하다.

완숙(完熟) ①열매 등이 완전히 익음. ②음식 등을 완전히 삶음. 예달걀을 완숙으로 익혔다. 참반숙. ③재주·기술 등이 완전히 능숙해짐. 완숙하다. 예완숙한 솜씨.

완승(完勝) 완전한 승리. 예3대 0으로 완승을 거두다. 반완패. 완승하다.

완:연하다(宛然―)[와년하다] 아주 뚜렷하다. 예이제 봄빛이 완연하구나. 완연히.

완:자 잘게 다진 고기에 두부·달걀·채소 등을 섞어 둥글게 빚은 다음 기름에 지진 음식.

완:장(腕章) 자격·지위 등을 나타내기 위하여, 천·비닐 등으로 만들어 팔소매에 두르는 물건. 예주번 완장.

완전(完全) 필요한 것이 모두 갖추어져 부족함이나 흠이 없음. 반불완전. 완전하다. 완전히. 예공사를 완전히 끝내다.

완전무결(完全無缺) 완전하여 아무런 결점이 없음. 완전무결하다.

완전식품(完全食品) 우유와 같이, 사람의 몸에 필요한 영양소를 두루 갖추고 있는 식품.

완제품(完製品) 일정한 조건에 맞추어, 완전하게 만든 물품.

완주(完走) 정해진 거리를 끝까지 다 달림. 예마라톤 코스 완주. 완주하다.

완:충 지대(緩衝地帶) 국가 간의 무력 충돌을 피하기 위하여, 그 중간 지역에 설치하는 중립 지대.

완치(完治) 병을 완전히 고침. 예그 병은 완치가 어렵다고 한다. 완치되다. 완치하다.

완쾌(完快) 병이 완전히 나음. 예몸이 완쾌가 되어 퇴원을 하다. 완쾌되다. 완쾌하다.

완패(完敗) 여지없이 패함. 빤완승. 완패하다.

완행(緩行) ①느리게 감. ②〈완행열차〉의 준말. 빤급행. 완행하다.

완행 열차(緩行列車)[완행녈차] 각 역마다 정거하는, 빠르지 않은 열차. 준완행. 빤급행열차.

완화(緩和) ①몹시 급하거나 긴장된 상태를 풀어서 느슨하게 함. 예규제 완화. ②병의 증상을 누그러뜨림. 예통증 완화. 완화되다. 완화하다.

알가닥 남자처럼 씩씩하고 드센 여자. 예우리 누나는 못 말리는 알가닥이다.

알가알부(曰可曰否) 어떤 일에 대하여 옳거니 그르거니 하고 말함. 알가알부하다. 예그 문제에 대해서는 더 이상 알가알부하지 말자.

알랑절랑 '달랑달랑'의 북한말.

알츠(waltz) 4분의 3박자의 경쾌한 춤 곡, 또는 그에 맞추어 남자와 여자가 둥글게 원을 그리며 추는 춤.

알칵 ①먹은 것을 갑자기 다 게워 내는 모양. 예알칵 토하다. ②갑자기 밀치거나 잡아당기는 모양. 예알칵 끌어안다./방문을 알칵 열어젖히다. ③격한 감정이 갑자기 치밀어 오르는 모양. 예알칵 화를 내다. 흰월칵.

왕(王) ①임금. ②'여럿 중의 으뜸'을 나타내는 말. 예동물의 왕.

왕거미(王一) 왕거밋과의 곤충. 몸길이는 암컷이 3cm, 수컷이 1.5cm가량. 몸빛은 누런 갈색이며, 몸은 삼각형 또는 길둥글고 등에 검은 줄무늬가 있다.

왕건(王建, 877~?) 고려의 제1대 왕 (재위 918~943). 태봉의 왕인 궁예의 신하였으나 궁예가 민심을 잃자, 918

년에 부하들의 추대를 받아 왕위에 올라 고려를 세우고 송도에 도읍하였다.

왕겨(王一) 벼를 찧을 때 처음 생기는 굵은 겨.

왕골 사초과의 한해살이풀. 논밭이나 습지에 자라든가 심는데, 줄기는 길게 자라며 줄기 끝에 잔꽃이 핀다. 줄기와 그 껍질은 방석·돗자리·모자 등을 만드는 데 쓰인다.

왕관(王冠) 임금이 머리에 쓰는 관.

왕국(王國) 임금이 국민을 다스리는 나라. 빤군주국.

왕궁(王宮) 임금이 사는 궁전.

왕궁터(王宮一) 왕궁이 있던 자리.

왕권(王權)[왕꿘] 임금의 권리나 권력. 예왕권 강화.

왕년(往年) 지나간 해. 예저 아저씨는 왕년에 인기 배우였대.

왕대(王一) 볏과의 여러해살이풀. 줄기는 대나무 가운데서 가장 굵고, 초여름에 뿌리줄기에서 자줏빛 순이 돋는다. 죽순은 먹고, 줄기는 공예 재료 등으로 쓰인다.

왕따(王一) 어떤 사람을 따돌리는 일. 또는 따돌림을 당하는 사람. 예우리 학교에는 왕따가 없다.

왕래(往來)[왕내] 가고 오고 함. 예사람의 왕래가 빈번한 거리. 빤내왕. 왕래하다.

왕릉(王陵)[왕능] 임금의 무덤.

왕림(枉臨)[왕님] 남을 높여, 그가 자기를 찾아옴을 이르는 말. 예여기까지 친히 왕림을 해 주셔서 고맙습니다. 왕림하다.

왕립(王立)[왕닙] 왕이나 왕족이 세움. 예왕립 박물관.

왕명(王命) 임금의 명령.

왕모래(王一) 아주 굵은 모래.

왕방울(王一) 큰 방울. 예왕방울만 한 눈.

왕ː복(往復) 갔다가 돌아옴. [예]왕복 차표/왕복 두 시간이 걸리는 거리. **왕복하다**.
왕비(王妃) 임금의 아내. [비]왕후.
왕산악(王山岳, ?~?) 고구려 때의 음악가. 중국 진나라에서 들여온 칠현금을 개조하여 거문고를 만들고, 100여 악곡을 지었다.
왕ː성하다(旺盛―) 매우 기운차거나 한창 성하다. [예]왕성한 식욕. **왕성히**.
왕실(王室) 임금의 집안. [비]왕가.
왕ː오천축국전(往五天竺國傳) [왕오천축꾹쩐] 신라 때의 승려 혜초가 10년 동안 인도와 그 이웃 나라들을 순례하고 당나라에 돌아와서 완성한 여행기.
왕ː왕(往往) 이따금. 때때로. [예]그런 실수는 왕왕 있는 일이다.
왕위(王位) 임금의 자리.
왕인(王仁, ?~?) 백제 때의 학자. 397년에 일본의 초청을 받고 '천자문'과 '논어' 등을 가지고 가 '오진 천황'의 태자를 가르쳐, 일본에 한문학을 일으키게 하였다.
왕자(王子) 임금의 아들. [반]공주.
왕자병(王子病) [왕자뼝] 남자가 마치 자기가 왕자처럼 멋지고 귀하다고 착각하는 일. [반]공주병.
왕잠자리(王―) 왕잠자릿과의 곤충. 몸길이는 8cm가량. 머리는 녹황색이고 가슴은 녹색이다. 6~10월에 연못가나 물가를 날아다닌다.
왕정(王政) 임금이 나라를 다스리는 정치.
왕조(王朝) ①임금이 직접 다스리는 나라. ②같은 왕가에 딸린 통치자의 계열이나 혈통. [예]조선 왕조 500년.
왕족(王族) 임금의 일가.
왕좌(王座) ①임금이 앉는 자리. [비]옥좌. ②어느 분야의 으뜸가는 자리. [예]헤비급의 왕좌를 차지하다.
왕ː진(往診) 의사가 환자의 집에 가서 진찰함. **왕진하다**.
왕창 '엄청나게 많이' 또는 '큰 규모로'를 속되게 이르는 말. [예]친구와 딱지치기를 해서 왕창 땄다.
왕초(王―) 거지·넝마주이 등의 우두머리.
왕후(王后) ➡왕비.
왕희지(王羲之, 307~365) 중국 진나라 때의 서예가. 해서·행서·초서를 힘차고 아름다운 글씨체로 완성하여 서예의 성인으로 불린다.
왜ː[1] '무슨 까닭으로'·'어째서'의 뜻으로 물음을 나타내는 말. [예]왜 우느냐?
왜[2](倭) 〈왜국〉·〈왜인〉의 준말.
왜ː가리 왜가릿과의 새. 몸길이 90~100cm. 목과 배는 희고 날개는 회색이며, 다리가 길다. 물가에 살며, 개구리나 뱀·물고기·물벌레 등을 잡아먹는다.

〈왜가리〉

왜간장(倭―醬) 집에서 담그는 재래식 간장이 아닌, 공장 같은 데서 만든 일본식 개량 간장을 이르는 말.
왜곡(歪曲) 사실과 틀리게 그릇 해석함. [예]왜곡 보도/역사 왜곡. **왜곡되다**. **왜곡하다**.
왜구(倭寇) 지난날, 우리나라와 중국 해안을 돌아다니며 노략질을 하던 일본 해적.
왜국(倭國) '일본'을 얕잡아 이르는 말. [준]왜.
왜군(倭軍) '일본 군대'를 얕잡아 이르는 말. [비]왜병.
왜냐면 '왜냐하면'이 줄어든 말.
왜냐하면 '왜 그런가 하면'의 뜻으로, 문장과 문장을 이어 주는 구실을 하는 말. [예]난 가기 싫어. 왜냐하면 너무 졸려서 그래.

왜놈(倭—) '일본 사람' 또는 '일본 남자'를 욕하여 이르는 말.

왜란(倭亂) ①왜인들이 일으킨 난리. ②〈임진왜란〉의 준말.

왜병(倭兵) '일본 병사'를 얕잡아 이르는 말. [비]왜군.

왜선(倭船) '일본 배'를 얕잡아 이르는 말.

왜소하다(矮小—) 키와 몸집이 작다. [예]그는 몸은 왜소하지만 힘은 꽤 세다.

왜인(倭人) '일본 사람'을 얕잡아 이르는 말. [준]왜.

왜장(倭將) 지난날, '일본 장수'를 얕잡아 이르던 말.

왜적(倭敵) 지난날, '일본'을 적국으로서 이르던 말.

왠지 왜 그런지 모르게. 또는 뚜렷한 이유도 없이. [예]낙엽을 보니 왠지 서글퍼지는구나. [잘못] 웬지.

> **'왠'과 '웬'의 구별**
>
> 흔히 "오늘은 웬지 기분이 안 좋다."와 같이 잘못 쓰는 일이 많은데, '웬지'는 **'왠지'**로 써야 한다. '왠지'는 '왜인지'가 줄어든 말이므로 '왜'를 밝혀 적는다. '왜'라는 의미가 없을 때에는 '웬일', '웬 사람'과 같이 '웬'으로 적는다.

외ː(外) [외/웨] 어떤 범위나 한계를 벗어나는 것. [예]필기도구 외에는 책상 위에서 치우세요. [비]밖. [반]내.

외- [외/웨] '외가 쪽 친척임'을 나타냄. [예]외삼촌/외할머니.

외ː가(外家) [외가/웨가] 어머니의 친정. 곧, 어머니가 태어나서 자란 집. [비]외갓집. [높]외가댁.

외ː갓집(外家—) [외가찝/웨갇찝] ➡ 외가.

외ː계인(外界人) [외계인/웨게인] 지구 밖의 다른 천체에서 온 사람. [비]우주인.

외고집(—固執) [외고집/웨고집] 조금도 융통성이 없이 부리는 고집, 또는 그런 사람.

외골수(—骨髓) [외골쑤/웨골쑤] 한 가지 일에만 파고들어 매달리는 사람.

외곬 [외골/웨골] 단 하나의 방법이나 방향. 또는 한 가지 일에만 고집스럽게 매달리는 것. [예]외곬으로 생각하다.

외ː과(外科) [외꽈/웨꽈] 의학의 한 분과. 몸의 외부에 난 상처나 내장 기관의 병을 약·수술에 의하여 치료한다. [반]내과.

외ː곽(外郭) [외곽/웨곽] 바깥 테두리. [예]도시의 외곽 지대.

외ː관(外觀) [외관/웨관] 겉으로 본 모양. [예]외관은 근사한데 속은 볼품없다. [비]외견.

외ː교(外交) [외교/웨교] ①외국과의 교제나 교섭. [예]외교 정책. ②일로 만난 사람과의 사교나 교제.

외ː교관(外交官) [외교관/웨교관] 외교 통상부 장관의 감독 아래, 다른 나라에 머물면서 외교 활동을 하는 공무원.

외ː교권(外交權) [외교꿘/웨교꿘] 한 나라가 제삼국의 간섭을 받지 않고 다른 나라와 외교를 할 수 있는 권리.

외ː교부(外交部) [외교부/웨교부] 중앙 행정 기관의 하나. 외교 정책이나 외국과의 경제 협력·조약·협정 등에 관한 일을 맡아본다.

외ː교 사ː절(外交使節) 외국과 교섭을 하고, 자기 나라 국민을 보호하며, 그 나라의 정세를 살펴 보고하기 위하여 파견되는 사람.

외ː교 정책(外交政策) 한 나라가 자기 나라의 정치적 목적이나 이익을 위해 다른 나라에 대하여 취하는 정책.

외ː국(外國) [외국/웨국] 다른 나라. [비]이국·타국. [반]내국.
외ː국 공관(外國公館) 외국에서 파견되어 온 사절·대사·특사 등이 머무는 집.
외ː국산(外國產) [외국싼/웨국싼] 외국에서 생산된 물건. [반]국산.
외ː국어(外國語) [외구거/웨구거] 다른 나라의 말. [반]모국어. [참]외래어.
외ː국인(外國人) [외구긴/웨구긴] 다른 나라의 사람. [비]타국인. [반]내국인.
외ː금강(外金剛) [외금강/웨금강] 금강산의 일부분. 이곳에 옥류동·만물상·구룡연 등이 있다.
외길 [외길/웨길] 한군데로만 난 길. [예]정상에 오르는 외길.
외나무다리 [외나무다리/웨나무다리] 좁은 시내나 도랑 같은 데에 통나무 한 개를 걸쳐 놓은 작은 다리.
외ː다 [외다/웨다] 〈외우다〉의 준말.
외대 가꾸기 나무나 풀을 가꿀 때 단 한 대만 기르는 일.
외돌토리 [외돌토리/웨돌토리] ➡ 외톨이.
외동딸 [외동딸/웨동딸] 하나뿐인 딸을 귀엽게 이르는 말. [비]무남독녀. [반]외아들.
외따로 [외따로/웨따로] 오직 홀로. 혼자 따로. [예]산 밑에 외따로 있는 집.
외딴 [외딴/웨딴] 따로 떨어져 있는. [예]외딴 곳으로 여행을 떠났다.
외딴길 [외딴길/웨딴길] 따로 떨어져 있어 사람이 많이 다니지 않는 작은 길.
외딴섬 [외딴섬/웨딴섬] 외따로 떨어져 있는 섬.
외딴집 [외딴집/웨딴집] 외따로 떨어져 있는 집.
외떡잎식물(一植物) [외떵닙씽물/웨떵닙씽물] 떡잎이 한 개인 식물. 벼·보리·백합 등. [반]쌍떡잎식물.
외ː람되다(猥濫一) [외람되다/웨람뒈다] 하는 생각이나 행동이, 도리나 분수에 넘치는 데가 있다. [예]외람된 행동.
외ː래(外來) [외래/웨래] 외국에서 들어오거나 전하여 옴. [예]외래 풍조.
외ː래문화(外來文化) [외래문화/웨래문화] 외국에서 전하여 온 문화. [참]고유문화.
외ː래어(外來語) [외래어/웨래어] 한자어 이외의 말로, 외국어에서 빌려 마치 국어처럼 쓰는 말. 라디오·아파트 등. [참]고유어.

'외래어'의 갈래

귀화어(歸化語) : 외국에서 온 말이지만 어원을 따지기 어려워 이제는 우리말처럼 된 말. [예]냄비[일본어 나베(なべ)]/붓(筆)/부처[범어 붓다(Buddha)] 등.
차용어(借用語) : 흔히 쓰이는 말이지만 외국어에서 온 말임을 금방 알 수 있는 말. [예]뉴스(영어 news)/우동(일본어 うどん)/파라솔(프랑스어 parasol) 등.

외ː래품(外來品) [외래품/웨래품] 외국에서 들여온 물품. [반]국산품.
외로움 [외로움/웨로움] 홀로 되거나 의지할 곳이 없어, 쓸쓸하거나 고독한 느낌. [예]독서로 외로움을 달래다. [비]고독.
외롭다 [외롭따/웨롭따] 홀로 되거나 의지할 곳이 없어서 쓸쓸하다. [예]외로운 나그네. [활용] 외로우니·외로워. 외로이.
외르스테드(Oersted, 1777~1851) 덴마크의 물리학자. 전류가 나침반에 영향을 준다는 사실을 발견하여, 전자기학을 이루는 길을 열었다.

외마디 [외마디/웨마디] 짧게 한 번 지르는 소리나 말. 예갑자기 외마디 비명이 들렸다.

외:면(外面) [외면/웨면] ①마주 보지 않으려고 얼굴을 다른 쪽으로 돌림. 예친구를 보고도 외면을 하다. ②받아들이지 않고 꺼리거나 멀리함. 예사람들은 공산주의를 외면을 했다. 외면하다.

외:모(外貌) [외모/웨모] 겉에 나타난 모습이나 용모. 예외모가 단정한 학생. 비겉모습.

외:박(外泊) [외박/웨박] 자기 집이나 정해진 데가 아닌 곳에 나가서 잠. 외박하다.

외:부(外部) [외부/웨부] ①물체의 바깥 부분. 예건물의 외부. ②어떤 조직이나 단체의 밖. 예외부 사람의 출입을 막다. 반내부.

외뿔소자리 [외뿔소자리/웨뿔소자리] 별자리의 한 가지. 봄철에 남쪽 하늘에 보이는 별자리로, 오리온자리의 동쪽 은하 중에 있다.

외:사촌(外四寸) [외사촌/웨사촌] 외삼촌의 아들이나 딸. 비외종사촌.

외:삼촌(外三寸) [외삼촌/웨삼촌] 어머니의 남자 형제. 비외숙부.

외:상¹ [외상/웨상] 값은 나중에 치르기로 하고 물건을 사고파는 일. 예외상 거래.

외:상²(外傷) [외상/웨상] 몸의 겉에 생긴 상처.

외:성(外城) [외성/웨성] 성 밖에 겹으로 에워 쌓은 성. 비나성. 반내성.

외:세(外勢) [외세/웨세] 외부나 외국의 세력. 예외세의 침입을 받다.

외손¹ [외손/웨손] 한쪽 손.

외:손²(外孫) [외손/웨손] 딸이 낳은 아들딸.

외:손자(外孫子) [외손자/웨손자] 딸이 낳은 아들.

외:숙(外叔) [외숙/웨숙] 〈외숙부〉의 준말.

외:숙모(外叔母) [외숭모/웨숭모] 외삼촌의 아내.

외:숙부(外叔父) [외숙뿌/웨숙뿌] 어머니의 남자 형제. 준외숙. 비외삼촌.

외:식(外食) [외식/웨식] 끼니 음식을 음식점 등에 가서 사서 먹음, 또는 그런 식사. 외식하다.

외:신(外信) [외신/웨신] 외국에서 보내 오는 뉴스와 관련된 통신(소식). 예외신 보도. 반내신.

외아들 [외아들/웨아들] 형제가 없이 단 하나뿐인 아들. 비독자. 반외동딸.

외:야(外野) [외야/웨야] 야구장에서, 내야 뒤쪽의 파울 라인 안의 지역. 반내야.

외:야수(外野手) [외야수/웨야수] 야구에서, 외야를 수비하는 선수. 곧, 우익수·좌익수·중견수. 반내야수.

외양간(一間) [외양깐/웨양깐] 말이나 소를 기르는 곳. 참마구간.

외우다 [외우다/웨우다] 말이나 글을 기억하여 틀리지 않게 그대로 말하다. 예시 한 편을 줄줄 외우다. 준외다.

외:인(外人) [외인/웨인] ①가족 이외의 사람. ②어떤 일에 관계가 없는 사람. 예외인 출입 금지.

외:자(外資) [외자/웨자] 외국에서 들어오는 자금. 예외자 도입. 본외국 자본.

외:적¹(外的) [외쩍/웨쩍] 사물의 외부에 관한 것. 예외적 조건. 반내적.

외:적²(外敵) [외적/웨적] 외국으로부터 쳐들어오는 적. 예외적의 침입을 막다. 비외구.

외:제(外製) [외제/웨제] 외국에서 만듦, 또는 그 물건. 예외제 자동차/외제 장난감. 비외국제.

외:족(外族) [외족/웨족] 어머니 편의 일가.

외:종사촌(外從四寸) [외종사촌/웨종사촌] ➡외사촌.

외줄 [외줄/웨줄] 한 가닥의 줄. 예외줄 타기 곡예.

외지다 [외지다/웨지다] 외따로 떨어져 있거나 구석지다. 예깊숙한 산골에 있는 외진 마을.

외짝 [외짝/웨짝] 짝을 이루지 못하고 하나만 있는 것. 예외짝 양말.

외:채(外債) [외채/웨채] 한 나라가 다른 나라에 진 빚.

외:척(外戚) [외척/웨척] 어머니 쪽의 친척.

외:출(外出) [외출/웨출] 집·직장 등에서 볼일을 보러 나감. 비나들이. 외출하다.

: : : : '외출'과 '나들이'의 구별 : : : :

외출 : 볼일이 있어서 집·직장 등에서 벗어나 밖으로 나가는 것을 가리킨다.

나들이 : 볼일이 있어서 집에서 벗어나 밖으로 나가는 것을 가리킨다. '직장'에서 볼일을 보러 나가는 것을 '나들이'라고 하지는 않는다.

외:출복(外出服) [외출복/웨출복] 외출할 때 입는 옷. 비나들이옷.

외:치다 [외치다/웨치다] 큰 소리를 질러서 알리다. 예독립 만세를 외치다.

외:침(外侵) [외침/웨침] 다른 나라나 외부에서 쳐들어오는 것. 예우리나라는 역사적으로 수없이 많은 외침을 당했다.

외톨이 [외토리/웨토리] 의지할 데 없고 매인 데도 없는 혼자 몸. 비외돌토리. |잘못| 외토리.

외:투(外套) [외투/웨투] 겨울철에 추위를 막기 위해 양복 위에 입는 겉옷. 비코트.

외:판원(外販員) [외파눤/웨파눤] 직접 고객을 찾아가 상품을 파는 일을 하는 사원. 비세일즈맨.

외:풍(外風) [외풍/웨풍] 밖에서 방 안으로 새어 들어오는 바람. 예외풍이 센 방.

외:할머니(外一) [외할머니/웨할머니] 어머니의 어머니. 비외조모.

외:할아버지(外一) [외하라버지/웨하라버지] 어머니의 아버지. 비외조부.

외:항(外港) [외항/웨항] 배가 항구에 들어오기 전에 임시로 머무르는 바다. 반내항.

외:항선(外航船) [외항선/웨항선] 국제 항로에 취항하여 외국을 드나드는 배.

외:향적(外向的) [외향적/웨향적] 감정이나 생각을 겉으로 드러내는 것. 예외향적인 성격. 반내성적·내향적.

외:형(外形) [외형/웨형] 겉으로 드러난 모양. 비겉모양.

외:화[1](外貨) [외화/웨화] 외국의 돈.

외:화[2](外畫) [외화/웨화] 외국 영화. 반방화.

외:환(外換) [외환/웨환] 한 나라 안에 있는 다른 나라의 돈. 예우리나라는 오래전에 외환 위기를 이겨 냈다.

왼:발 [왼발/웬발] 왼쪽 발. 반오른발.

왼:새끼 [왼새끼/웬새끼] 왼쪽으로 꼰 새끼. 부정을 막는다 하여, 아기가 태어났을 때 대문에 매어 놓는 금줄로 쓰인다. 반오른새끼.

왼:손 [왼손/웬손] 왼쪽 손. 반오른손.

왼:손잡이 [왼손자비/웬손자비] 왼손을 오른손보다 더 잘 쓰는 사람. 반오른손잡이.

왼:씨름 [왼씨름/웬씨름] 샅바를 오른쪽 다리에 걸고 머리와 어깨는 왼쪽으로 돌려 서로 오른쪽 어깨를 대고 하는 씨름. 반오른씨름.

왼:쪽 [왼쪽/웬쪽] 동쪽을 향했을 때, 북쪽에 해당하는 방향. 비왼편·좌측. 반오른쪽.

왼ː팔 [왼팔/웬팔] 왼쪽 팔. [반]오른팔.
왼ː편(—便) [왼편/웬편] ➡왼쪽.
요¹ 사람이 누울 때 바닥에 까는 이부자리. [참]이불.
요² 자기로부터 아주 가까운 곳에 있는 것을 가리킬 때 쓰는 말. [예]요 앞에 잠깐 다녀올게. [큰]이.
요가(yoga) 인도 고유의 심신 단련법의 한 가지. 자세와 호흡을 가다듬어 정신을 통일시키고 초자연적인 힘을 얻으려는 수행법으로, 최근에는 미용 체조·건강 증진 등을 목적으로 많이 한다.
요강 방에 두고 오줌을 누는 그릇.
요거 〈요것〉의 준말. [큰]이거.
요건(要件) [요껀] 반드시 갖추어야 할 조건. [예]장학금 신청 자격 요건.
요것 [요걷] ①'아주 가까이에 있는 사물'을 가리키는 말. [예]요것은 얼마입니까? ②'요 사람'을 얕잡아 이르는 말. [예]요것이 감히 누구한테 대들어? ③'요 아이'를 귀엽게 이르는 말. [예]요것이 벌써 말을 하네. [준]요거. [큰]이것.
요게 '요것이'가 줄어든 말. [큰]이게.
요괴(妖怪) [요괴/요궤] 사람을 해치는 나쁜 귀신.
요구(要求) ①필요하여 달라고 함. ②어떤 행위를 하도록 청하거나 구함. [예]요구 사항. [비]요청. **요구되다. 요구하다.**
요구르트(yogurt) 우유·양젖 등에 젖산균을 넣어 발효시켜 만든 영양 식품.
요구서(要求書) 요구하는 내용을 적은 문서. [예]출두 요구서.
요ː금(料金) 무엇을 사용하거나 관람하거나 한 대가로 지급하는 돈. 이발료·관람료 등. [예]전기 요금.
요ː금소(料金所) 통행료나 이용료를 받는 곳. [예]고속 도로 요금소.

요기¹ 말하는 이와 가까운 곳. [예]요기에서 잠깐 기다려라. [큰]여기.
요기²(療飢) 시장기를 면할 정도로 조금 먹음. [예]우선 빵으로 요기를 하자. **요기되다. 요기하다.**
요긴하다(要緊—) 매우 중요하거나 꼭 필요하다. [예]요긴한 물건/얼마 안 되는 용돈이지만 요긴하게 써라. [비]긴요하다. **요긴히.**
요까짓 [요까짇] 겨우 요만한 정도의. [예]요까짓 짐은 나 혼자서 거뜬하게 들 수 있어. [준]요깟. [큰]이까짓.
요나라(遼—) 거란족이 세운 나라. 몽골·만주·화북 일대를 지배하였다. 고려를 세 차례에 걸쳐 침입하였으나, 서희의 외교와 강감찬의 반격으로 물러났다. 금나라와 송나라의 협공을 받아 망하였다. 〔916~1125〕
요놈 ①바로 앞에 있는 남자를 욕되게 이르는 말. ②바로 앞에 있는 '남자아이'를 귀엽게 이르는 말. [큰]이놈.
요다음 바로 뒤에 이어 오는 때나 자리. [예]우리 요다음에 다시 만나자. [준]요담. [큰]이다음.
요도(尿道) 오줌을 방광으로부터 몸 밖으로 내보내는 관.
요동(搖動) 물체가 흔들리면서 움직임. [예]큰 파도가 밀려오자 배가 요동을 쳤다. **요동하다.**
요동벌(遼東—) [요동뻘] 중국 동북 지구의 남부에 있는 큰 벌판.
요란하다(搖亂—) 시끄럽고 어지럽다. [예]공연이 끝나자 요란한 박수 소리가 울려 퍼졌다. **요란히.**
요람(搖籃) ①젖먹이 어린아이를 눕히거나 앉히고 흔들어서 즐겁게 하거나 잠재우는 데 쓰는 물건. ②'사물이 처음 생겨나거나 사람을 길러 낸 곳'을 비유하여 이르는 말. [예]이곳은 유럽 문명의 요람이다.
요람에서 무덤까지 [관용] 나서 죽을

때까지. 곧, 평생.

요량(料量) 앞일에 대하여 잘 헤아려 생각함, 또는 그 생각. 예네 요량으로 처리하여라. 요량하다.

요렇다 [요러타] 상태·모양·성질 등이 이와 같다. 예색종이를 요렇게 오려라. 본요러하다. 큰이렇다. |활용| 요러니·요래.

요령(要領) ①경험에서 얻은 묘한 이치나 방법. 예자주 해 보면 요령이 생긴다. ②적당히 꾀를 부려 하는 짓. 예일은 하지 않고 요령만 피운다.

요르단(Jordan) 서남아시아 아라비아 반도 북서쪽에 있는 왕국. 국토의 대부분이 사막 지대이며, 주요 산업은 농업과 광업이다. 수도는 암만.

요르단 강(Jordan江) 서아시아 요르단 서쪽을 흐르는 강. 길이 320 km. 시리아에서 시작된 물이 사해 북쪽으로 흘러 들어간다. |참고| 성서에서는 '요단 강'이라 하며, 예수가 세례를 받은 강이라고 한다.

요리¹ 요 곳으로. 또는 요쪽으로. 큰이리.

요리²(料理) ①음식을 만드는 일, 또는 그 음식. 예생선 요리. 비조리. ②어떤 일을 잘 알아서 적당하게 처리함. 요리되다. 요리하다. 예투수는 타자들을 잇달아 삼진으로 요리했다.

요리사(料理師) 요리 만드는 일을 전문으로 하는 사람.

요리조리 일정한 방향이 없이 요쪽 조쪽으로. 예주위를 요리조리 살피다. 큰이리저리.

요리책(料理冊) 여러 가지 음식의 요리 방법을 적어 놓은 책.

요만큼 요만한 정도로. 예요만큼만 가져가거라. 비요만치. 큰이만큼.

요만하다 상태·모양·성질 등이 요 정도만 하다. 예요만한 일로 엄살떨지 마. 큰이만하다.

요맘때 요만큼 된 때. 예매년 요맘때면 가족끼리 벚꽃 구경을 갔다. 큰이맘때.

요망¹(妖妄) 사람을 홀리게 간사하거나 방정맞음. 요망하다. 예요망한 짓.

요망²(要望) 어떻게 해 주기를 간절히 바람. 요망하다.

요모조모 사물의 요런 면 조런 면. 요쪽 조쪽의 여러 방면. 예물건을 요모조모로 잘 살펴보았다. 큰이모저모.

요물(妖物) 사람을 홀려 해를 끼치는 것.

요법(療法) [요뻡] 병을 고치는 방법. 예식이 요법.

요사(妖邪) 사람을 홀리게 간사함. 예요사를 부리다. 요사하다.

요사이 이제까지의 가까운 며칠 사이. 예요사이 날씨가 무척 따뜻해졌다. 준요새. 비근래·요즈음. 큰이사이.

요새¹ 〈요사이〉의 준말. 큰이새.

요새²(要塞) 적의 침입을 막기 위하여, 군사적으로 중요한 지점에 튼튼하게 만들어 놓은 방어 시설.

요소¹(要所) 중요한 장소나 지점. 비요처.

요소²(要素) 어떤 일을 이루는 데 꼭 필요한 성분 또는 근본적인 조건. 예연극의 3요소/비료의 3요소.

요소요소(要所要所) 어떤 위치상의 중요한 장소나 지점들. 예요소요소에 도로 안내 표지가 있다.

요술(妖術) 재빠른 손놀림이나 여러 가지 도구를 써서, 사람의 눈을 속여 이상한 일을 나타내 보이는 술법. 비마법·마술.

요술쟁이(妖術—) 요술하는 재주를 가진 사람. 비마법사·마술사. |잘못| 요술장이.

요약(要約) 말이나 글에서 중요한 것만을 추려 냄. 예다음 글을 한 문장으로 요약을 해 보자. 요약되다. 요약하다.

요양(療養) 편안하게 쉬면서 몸을 보살피거나 병을 치료함. 예요양 생활. 요양하다.

요양소(療養所) ➡요양원.

요양원(療養院) 요양에 필요한 시설이 갖추어져 있는 곳. 비요양소.

요업(窯業) 흙을 구워서 기와·벽돌·사기·질그릇 등을 만드는 산업.

요염하다(妖艶一) 사람을 홀릴 만큼 얼굴이 아리땁다. 예요염하게 웃다.

요오드(Jod) 광택이 있는, 검붉은 색의 비늘 모양의 결정. 여러 가지 물감이나 소독약 등으로 쓰인다.

요오드 용액(Jod溶液) 요오드를 알코올에 녹인 것. 피부 살균이나 소독제 등으로 쓰인다.

요요(yoyo) 둥근 물체에 실을 묶어 감았다 풀었다 하면서 오르내리게 하는 장난감.

요원(要員) ①어떤 일에 필요한 인원. 예사무 요원. ②중요한 직위에 있는 사람. 예간부 요원.

요원하다(遙遠一) 시간이 아득하게 멀다. 예통일의 길은 아직도 요원한가?

요인¹(要人) 중요한 자리에 있는 사람. 예정부 요인.

요인²(要因) 중요한 원인. 예실패 요인을 면밀히 분석해 보았다.

요일(曜日) 일·월·화·수·목·금·토에 붙어 일주일의 각 날을 나타내는 말.

요전(一前) 요 며칠 전. 예요전에 길에서 친구를 만났다.

요절(夭折) 젊은 나이에 죽음. 요절하다.

요점(要點) [요쩜] 가장 중요한 점. 예요점 정리.

요정(妖精) 서양의 전설이나 이야기에 많이 나오는, 사람의 모습을 한, 산·나무·꽃·동굴 등의 혼령. 마력을 지녔으며, 주로 젊고 아름다운 여자의 모습으로 나타난다.

요즈음 오늘을 중심으로 한 며칠 사이. 예요즈음은 날씨가 아주 화창하다. 준요즘. 비요사이. 린이즈음.

요즘 〈요즈음〉의 준말. 예요즘에 새로 나온 책. 린이즘.

요지¹(要地) 정치·군사·문화·교통 등의 중요한 역할을 하는 곳. 또는 핵심이 되는 곳. 예교통의 요지.

요지²(要旨) 말이나 글에서, 핵심이 되는 중요한 뜻.

요지경(瑤池鏡) ①상자 앞면에 확대경을 달고, 그 안에 여러 가지 재미있는 그림을 넣어 돌리면서 들여다보게 만든 장난감. ②'알쏭달쏭하고 묘한 세상일'을 비유하여 이르는 말. 예세상은 요지경 속이다.

요지부동(搖之不動) 흔들어도 움직이지 않음. 예아무리 말려도 그의 결심은 요지부동이었다. 요지부동하다.

요청(要請) 필요한 일을 해 달라고 청함. 예식량 지원 요청. 비요구. 요청하다.

요충지(要衝地) 군사적으로 아주 중요한 구실을 하는 곳. 예이곳은 아군의 전략적 요충지이니 끝까지 사수해야 한다.

요컨대(要一) 중요한 점을 말하자면. 결국은.

요크셔종(Yorkshire種) 돼지의 한 품종. 영국 요크셔 지방 원산으로, 자라는 속도가 빠르며 튼튼하고 새끼를 많이 낳는다.

요통(腰痛) 허리가 아픈 증상.

요트(yacht) 주로 스포츠나 유람용으로 쓰이는 가볍고 작은 돛단배.

요하다(要一) 어떤 것을 필요로 하다. 예주의를 요하는 일.

〈요트〉

요한 슈트라우스(Johann Strauss, 1825~1899) 오스트리아의 작곡가. '왈츠의 왕'으로 불린다. 작품에는 '아름답고 푸른 도나우 강'·'봄의 소리 왈츠'·'빈 숲 속의 이야기' 등이 있다.

요행(僥倖) 뜻밖에 얻은 행운. 예요행만 바라지 말고 노력을 해라. 요행하다. 요행히.

욕(辱) ①〈욕설〉의 준말. 예친구한테 욕을 하면 안 돼. ②〈치욕〉의 준말. 예욕을 당하다. 욕하다.

욕구(欲求)[욕꾸] 무엇을 얻거나 무슨 일을 하고자 바라고 원함, 또는 그 욕망. 예모든 사람의 욕구를 충족시킬 수는 없다.

욕되다(辱一)[욕뙤다/욕뛔다] 부끄럽고 창피하여 떳떳하지 못하다. 예부모님을 욕되게 하는 일은 하지 않겠다.

욕망(欲望)[용망] 무엇을 하거나 가지고 싶어 간절히 바라고 원하는 마음. 예출세에 대한 욕망.

욕먹다(辱一)[욕먹따] 남에게서 욕설·악평·비난을 듣다. 예너는 욕먹을 짓만 골라서 하는구나.

욕보이다(辱一)[욕뽀이다] 남에게 부끄러운 일을 당하게 하다.

욕설(辱說)[욕썰] 남을 미워하거나 저주하는 말. 또는 남의 인격을 무시하는 모욕적인 말. 예욕설을 퍼붓다. ㈜욕.

욕실(浴室)[욕씰] 목욕하는 시설을 갖춘 곳. ㈜목욕실.

욕심(欲心)[욕씸] 무엇을 지나치게 하고 싶어 하거나 가지고 싶어 하는 마음. 예저 남자는 재물에 대한 욕심이 많다. ㈜욕망.

욕심꾸러기(欲心一)[욕씸꾸러기] '욕심이 많은 사람'을 얕잡아 이르는 말. ㈜욕심쟁이.

욕심쟁이(欲心一)[욕씸쟁이] ➡ 욕심꾸러기.

욕조(浴槽)[욕쪼] 목욕물을 담는 통.

욕지기[욕찌기] 토할 것처럼 메스꺼운 느낌. 욕지기하다.

욕탕(浴湯)〈목욕탕〉의 준말.

용(龍) 상상의 동물. 몸은 큰 뱀과 비슷하며 비늘로 덮여 있고 발톱·뿔·귀가 있는데, 상서로운 것으로 믿으며 천자나 왕에 비유한다.

용:감하다(勇敢一) 씩씩하고 겁이 없으며 기운차다. 예용감한 군인. ㈘비겁하다. 용감히.

용:건(用件)[용껀] 해야 할 일. 예우선 용건부터 말해라. ㈘볼일·용무.

용광로(鎔鑛爐)[용광노] 철광석을 높은 열로 녹여서 철을 뽑아내는 장치.

용:구(用具) 무엇을 하거나 만드는 데 쓰이는 도구. 예제도 용구.

용궁(龍宮) 전설에서, 바닷속에 있다는 용왕의 궁전. ㈘수궁.

용:기[1](勇氣) 씩씩하고 굳센 기운. 예용기 있는 행동.

용기[2](容器) 물건을 담는 그릇.

용납(容納) 남의 말이나 행동을 너그러운 마음으로 용서하거나 받아들임. 예용납을 할 수 없는 못된 행동. ㈘용인. 용납되다. 용납하다.

용:단(勇斷) 용감하게 결단을 내림. 또는 그 결단. 예장군은 단호하게 용단을 내렸다. 용단하다.

용:달차(用達車) 물건이나 짐 등을 배달하는 일을 전문으로 하는 화물 자동차.

용담(龍膽) 용담과의 여러해살이풀. 뿌리는 수염 모양이고 잎은 마주나며, 8~10월에 자줏빛 꽃이 핀다. 뿌리를 말린 것은 한약재로 쓰인다.

〈용담〉

용:**도**(用途) 쓰이는 곳이나 방법. 예돈의 용도. 비쓰임새.

용:**돈**(用-) [용똔] 개인의 자질구레한 일에 쓰이는 돈. 예용돈을 고스란히 저축했다.

용**두레** 지난날, 낮은 곳의 물을 높은 곳의 논밭으로 퍼 올리는 데 쓰던 농기구.

〈용두레〉

용**두사미**(龍頭蛇尾)《용의 머리와 뱀의 꼬리라는 뜻으로》시작은 대단하지만 끝이 흐지부지되는 것을 이르는 말. 예나의 거창한 방학 계획은 용두사미가 되고 말았다.

용**두암**(龍頭岩) 제주도 해안에 있는 용머리 모양의 바위. 높이는 10m 정도로, 관광객들이 즐겨 찾는다.

용:**량**[1](用量) [용냥] 약제에서, 하루 또는 한 번에 사용하거나 먹는 일정한 분량.

용**량**[2](容量) [용냥] ①용기 안에 들어갈 수 있는 물건의 분량. 예용량이 큰 그릇. ②컴퓨터에서, 저장할 수 있는 정보의 양.

용:**례**(用例) [용녜] 쓰임을 보여 주는 예. 또는 전부터 써 오는 전례나 실례. 예용례가 풍부한 사전/하나하나 용례를 들어 설명하다.

용**마루**(龍-) 지붕의 한가운데에 길게 솟은 곧고 평평한 부분.

용**매**(溶媒) 물질을 녹여 용액으로 만들 때, 그 물질을 녹이는 액체. 참용질.

용:**맹**(勇猛) 용감하고 사나움. 용맹하다. 예용맹한 전사.

용:**맹성**(勇猛性) [용맹썽] 용감하고 씩씩한 성질이나 특성.

용:**맹스럽다**(勇猛-) [용맹스럽따] 용감하고 씩씩한 데가 있다. 예용맹스러운 장수. |활용| 용맹스러우니·용맹스러워. 용맹스레.

용**모**(容貌) 사람의 얼굴 모양. 예용모가 단정하다.

용:**무**(用務) 하고자 하는 일. 비볼일·용건.

용:**법**(用法) [용뻡] 무엇을 사용하는 방법.

용:**변**(用便) 똥이나 오줌을 눔. 예용변을 보다.

용**병**(傭兵) ①돈을 주고 데려온 군인. ②외국에서 데려온 운동선수.

용**비어천가**(龍飛御天歌) 조선 세종 27(1445)년에 권제·정인지·안지 등이 세종의 명을 받아 지은 악장. 조선의 건국을 찬양한 노래로, 한글로 쓰인 최초의 작품이다. 전 10권 5책 125장.

용:**사**(勇士) 용기가 있는 사람. 또는 용맹스러운 병사. 예씩씩한 국군 용사.

용**산**(龍山) 서울특별시 남쪽에 있는 구. 남산 서남쪽 기슭에서 한강 강변까지의 지역으로, 서쪽으로 마포구와 접하고 있다.

용**상**(龍床) 임금이 정치에 관한 사무를 볼 때에 앉는 평상. 존용평상.

용**서**(容恕) 죄나 잘못에 대하여 꾸짖거나 벌을 주지 않고 끝냄. 예동생이 울면서 용서를 빌었다. 용서되다. 용서하다.

용**소**(龍沼) 폭포가 떨어지는 바로 밑에 있는 웅덩이. 비용추.

용**솟음치다**(涌-) [용소슴치다] ①물 같은 액체가 매우 세차게 끓어 오르거나 솟아오르다. ②힘이나 기세가 매우 세차게 솟아나다. 예음악에 대한 정열이 용솟음쳤다.

용:**수**(用水) 공업·농업·음료·세탁 등에 쓰이는 물.

용수철(龍鬚鐵) 강한 철사를 나사 모양으로 감아 만든, 늘어나고 줄어드는 탄력이 강한 물건. [비]스프링.
용수철저울(龍鬚鐵—) 용수철이 늘어난 길이를 보고 물체의 무게를 재는 저울.
용ː쓰다 힘을 한꺼번에 몰아서 쓰다. [예]아무리 용써도 저 많은 일을 다 할 수는 없어. [활용] 용쓰니·용써.
용안(龍顔) '임금의 얼굴'을 높여 이르는 말.
용암(鎔岩) 화산이 폭발할 때 분화구에서 흘러나온 마그마, 또는 그것이 식어 굳어진 바위.
용액(溶液) 물질이 녹아 있는 액체. 설탕물·소금물 등.
용ː어(用語) 사용하는 말, 특히 어떤 분야에서 주로 많이 사용하는 말. [예]문학 용어.
용ː역(用役) 주로 생산과 소비를 하는 데에 필요한, 사람의 노동력을 제공하는 일. [예]용역 회사.
용왕(龍王) 바닷속에 있다고 상상하는 용궁의 임금.
용용[용뇽] 어린아이들이 양쪽 엄지손가락을 자기의 양 볼에 대고 나머지 손가락을 펴서 움직이며 남을 약 올릴 때 내는 소리. [예]용용 죽겠지, 나 잡아 봐라.
용ː의(用意)[용의/용이] 어떤 일을 할 마음이나 뜻. [예]네 부탁이라면 들어줄 용의가 있지.
용의자(容疑者)[용의자/용이자] 범죄를 저질렀으리라는 의심을 받고 있는 사람. [비]피의자.
용이하다(容易—) 어렵지 않고 아주 쉽다. [예]용이한 문제.
용인(容認) 어떤 일을 해도 좋다고 인정함. **용인되다**. **용인하다**. [예]너의 무례한 행동은 절대 용인할 수 없다.
용ː장(勇將) 용맹한 장수.
용적(容積) 물건을 담을 수 있는 부피.
용접(鎔接) 두 쇠붙이의 연결할 부분을 높은 열로 녹여 붙이거나 이음. **용접하다**.
용접기(鎔接器)[용접끼] 용접하는 데 쓰는 기구. 산소 용접기·전기 용접기 등이 있다.
용주사(龍珠寺) 경기도 화성시에 있는 절. 조선 시대에 정조가 아버지인 사도 세자의 명복을 빌기 위해 지었다.
용ː지(用紙) 어떤 일에 쓰이는 종이. [예]투표용지.
용질(溶質) 용액 속에 녹아 있는 물질. [참]용매.
용트림(龍—) 거드름을 부리느라고 일부러 힘을 들여 하는 트림. **용트림하다**.
용ː품(用品) 어떤 부분에 쓰이거나 필요한 여러 가지 물품. [예]사무용품/유아용품.
용ː하다 ①재주가 뛰어나다. [예]용하기로 소문난 의사. ②기특하고 장하다. [예]용하게 해냈구나. **용히**.
용해(溶解) 소금을 물에 넣었을 때와 같이, 물질이 액체 속에서 녹아 용액이 되는 현상. **용해되다**. **용해하다**.
우거지 배추나 무 등을 다듬을 때 뜯어내어 말린 잎.
우거지다 나무나 풀이 자라 빽빽하게 들어차고 가지나 잎이 많이 퍼지다. [예]오랫동안 정원을 돌보지 않아 잡초가 우거졌다. [비]무성하다.
우거지상(—相) '잔뜩 찌푸린 얼굴 모양'을 속되게 이르는 말. [예]너는 왜 아침부터 우거지상을 하고 있니?
우격다짐[우격따짐] 억지로 우기거나 힘으로 밀어붙여 남을 굴복시킴. [예]저 사람은 걸핏하면 우격다짐을 벌인다. **우격다짐하다**.
우ː군(友軍) 자기와 같은 편인 군대. [비]아군.

우그러지다 ①물건의 가장자리가 안쪽으로 구부러져 들어가다. ②물건의 거죽이 쭈그러지다. ㉰오그라지다.

우그리다 ①물건의 가장자리를 말아 안쪽으로 구부러져 들어가게 하다. ②물건의 거죽이 쭈그러지게 하다. ㉰오그리다.

우글거리다 사람·짐승·벌레 등이 한곳에 많이 모여 자꾸 움직이다. 예파리가 우글거리는 쓰레기장. ㉯우글대다. ㉰오글거리다.

우글대다 ➡ 우글거리다.

우글우글 [우글루글] 자꾸 우글거리는 모양. ㉰오글오글.

우글쭈글 여러 군데가 우그러지고 쭈그러져 있는 모양. 예우글쭈글 구겨진 옷. ㉰오글쪼글.

우금치 전:투(牛禁峙戰鬪) 1894년 11월에 동학 농민군이 관군과 일본군의 연합군을 상대로, 공주에서 부여 방면으로 넘어가는 고개인 우금치에서 벌인 전투. 동학 농민군이 크게 패하여, 동학 농민 운동이 실패하는 계기가 되었다.

우:기(雨期) 일 년 중에서 비가 계속해서 많이 내리는 시기. ㉯건기.

우기다 자기의 주장·의견을 고집스럽게 내세우다. 예서로 자기가 옳다고 부득부득 우기고 있다.

우대(優待) 특별히 잘 대우함, 또는 그런 대우. 예경력자 우대. ㉯후대. ㉰천대. 우대되다. 우대하다.

우덕순(禹德淳, 1880~?) 독립운동가. 안중근 의사와 함께 이토 히로부미를 죽이러 하얼빈으로 갔다가, 안 의사가 이토 히로부미를 죽인 후 같이 잡혀서 3년간 감옥살이를 하였다.

우데기 바람이나 눈·비를 막기 위해 지붕의 처마 끝에서부터 땅에 닿는 부분까지 둘러치는 벽. 주로 울릉도의 투막집에서 볼 수 있다.

우동(udon) ➡ 가락국수.

우두(牛痘) 천연두를 예방하는 약으로 쓰이는 물질. 소의 몸에서 뽑아낸다. ㉮종두.

우두둑 ①단단한 물건을 깨물 때 나는 소리. 예호두를 우두둑 깨물다. ②단단한 물건을 부러뜨릴 때 나는 소리. 예나뭇가지가 우두둑 소리를 내며 부러졌다. ③굵은 빗방울 등이 세차게 떨어지는 소리. ①②㉰오도독.

우두머리 집단이나 조직의 가장 윗사람. ㉯두목. ㉰졸개.

우두커니 넋이 나간 듯이 가만히 서 있거나 앉아 있는 모양. 예우두커니 먼 산만 바라본다. ㉯멀거니·멍하니. ㉰오도카니.

우둔하다(愚鈍一) 어리석고 둔하다. 예우둔한 생각.

우등(優等) 학업 성적이나 능력 등이 남보다 특별히 뛰어난 상태. 예형은 학교를 우등으로 졸업했다. ㉯열등. 우등하다.

우등상(優等賞) 우등생 또는 우등한 사람에게 주는 상.

우등생(優等生) 학업 성적이 남보다 특별히 뛰어나며 품행이 바른 학생. ㉯열등생.

우뚝 높게 불룩 솟아 있는 모양. 예바다 위에 우뚝 솟은 한라산. ㉰오뚝. 우뚝우뚝.

우뚝하다 [우뚜카다] 조금 높게 불룩 솟아 있다. 예우뚝한 콧날. ㉰오뚝하다. 우뚝이.

우라늄(uranium) 방사성 원소의 한 가지. 은백색의 금속 원소로, 원자 폭탄·원자로 등 원자력의 이용에 필요한 중요한 원료이다.

우락부락하다 [우락뿌라카다] 생김새가 험상궂고 행동이 거칠다. 예그는 우락부락한 얼굴로 상대 선수를 노려보았다.

우랄 산맥(Ural山脈) 아시아와 유럽의 경계를 이루는, 러시아 서부에 있는 산맥. 길이 약 2,600km. 금·백금 등의 광물 자원이 풍부하다.

우람하다 모양이 매우 크거나 웅장하여 위엄이 있다. 예우람한 체격.

우:량¹(雨量) 일정 기간 동안 일정한 곳에 비가 온 분량. 비강우량.

우량²(優良) 품질이나 상태 등이 뛰어나게 좋음. 예우량 상품. 반불량. 우량하다.

우:량계(雨量計) [우량계/우량게] 비가 내린 양을 재는 기구.

우러나다 ①액체 속에 든 물질에서 빛깔이나 맛이 빠져나오다. 예국물 맛이 아직 우러나지 않았다. ②감정 같은 것이 생겨나다. 예굶주린 아이들을 보니 동정심이 우러났다.

〈우량계〉

우러나오다 어떤 생각이 마음속에서 저절로 생겨나다. 예진심에서 우러나오는 감사.

우러러보다 ①높은 곳을 쳐다보다. 예눈물을 감추려고 하늘을 우러러보았다. ②존경하는 마음으로 대하거나 받들다. 예스승을 우러러보다.

우러르다 ①높은 곳을 바라볼 수 있게 고개를 높이 쳐들다. 예푸른 하늘을 우러르다. ②위대하고 훌륭함을 존경하여, 공경하는 마음을 지니다. 예스승을 우러러 모시다. |활용| 우러르니·우러러.

우렁쉥이 ➡멍게.

우렁이 우렁잇과의 고둥. 소라와 비슷하나 크기는 소라보다 작으며 껍데기가 곱고 불룩하다. 논이나 웅덩이에 살며, 살은 먹는다.

우렁차다 소리가 매우 크고 힘차다.

예아이들은 우렁찬 목소리로 대답했다.

우레 벼락이나 번개가 칠 때에 하늘이 요란하게 울리는 소리. 비천둥. |잘못| 우뢰.

우려(憂慮) 근심하거나 걱정함. 예폭력적인 장면은 어린이의 정서를 해칠 우려가 있다. 우려되다. 우려하다.

우뢰 '우레'의 잘못.

우루과이(Uruguay) 남아메리카 남동쪽에 있는 나라. 주요 산업은 농업과 목축업이다. 수도는 몬테비데오.

우르르 ①사람이나 동물이 무리 지어 바쁘게 몰려다니거나 움직이는 모양. 예아이들이 우르르 몰려왔다. ②물건이 한꺼번에 무너지거나 쏟아지는 소리, 또는 그 모양. 예바구니에서 사과가 우르르 쏟아졌다. 잘오르르.

우르릉 천둥 등이 크게 울리는 소리, 또는 그 모양. 예번개가 번쩍하더니 뒤이어 천둥소리가 우르릉 울렸다.

우륵(于勒, ?~?) 신라 진흥왕 때의 음악가. 본래는 가야국 사람으로, 가야금을 만들고 악곡 12곡을 지었다. 551년에 신라로 가서 많은 악곡을 짓고 연주하였다.

우리¹ 짐승을 가두어 기르는 곳. 예우리에 갇힌 호랑이.

우리² ①말하는 사람이 자기와 자기 동아리를 함께 가리킬 때 쓰이는 말. 예우리의 소원은 통일. ②'나의'의 뜻으로 쓰이는 말. 예우리 엄마. ②준울.

우리글 우리 민족이 쓰는 고유의 글. 곧, 한글.

우리나라 우리 한민족이 세운 나라. 곧, 한국.

우리다 물건을 물에 담가서 맛이나 빛깔을 빼내다. 예떫은 감도 우리면 달다.

우리말 우리 민족이 쓰는 고유의 말. 곧, 한국어. 예우리말을 아끼고 사랑하자. 비국어.

우마차(牛馬車) 소나 말이 끄는 수레.

우매하다(愚昧—) 어리석고 사리에 어둡다. [예]우매한 사람.
우묵하다 [우무카다] 가운데가 둥그스름하게 깊숙하다. [예]우묵하게 팬 구덩이. [작]오목하다.
우문현답(愚問賢答) 어리석은 질문에 현명하게 대답함, 또는 그런 대답.
우물 물을 얻기 위하여 땅을 파서 지하수를 괴게 한 곳.

'우물'과 '샘'의 구별

우물 : 일부러 땅을 파서 지하수가 괴게 한 곳.
샘 : 천연적으로 지하수가 솟아나는 곳.

우물가 [우물까] 우물의 가까운 둘레.
우물거리다 ①입을 다문 채 입 안에 든 음식 같은 것을 이리저리 천천히 자꾸 씹다. [예]껌을 우물거리며 씹다. ②말이나 행동을 시원스럽게 하지 못하고 자꾸 꾸물거리다. [예]우물거리지 말고 똑똑히 말해 봐. [비]우물대다. [작]오물거리다.
우물대다 ➡우물거리다.
우물우물 [우무루물] 자꾸 우물거리는 모양. [예]고기를 입에 넣고 우물우물 씹다./대답을 못하고 우물우물 입 속으로 중얼거린다. [작]오물오물.
우물쭈물 말이나 행동을 분명하게 하지 않고 우물거리며 흐리멍덩하게 하는 모양. [예]우물쭈물 망설이지 말고 시원하게 털어놓아라.
우뭇가사리 [우묻까사리] 우뭇가사릿과의 바닷말. 검붉은 깃 모양의 가지가 많이 나며, 바닷속의 모래나 암석에 붙어 산다. 우무의 원료로 쓰인다. [비]석화채.

〈우뭇가사리〉

우ː박(雨雹) 공기 중에 있는 큰 물방울이 갑자기 찬 기운을 만나 얼어서 떨어지는 것.
우ː발적(偶發的) [우발쩍] 어떤 일이 뜻밖에 우연히 일어나는 것. [예]그 일은 네 잘못이 아니라 우발적 사고였어.
우ː방(友邦) 서로 친밀한 관계를 맺고 있는 나라. [예]우방 국가.
우ː변(右邊) 등식이나 부등식에서, 등호(=)나 부등호의 오른쪽에 적는 수나 식. [반]좌변.
우ː비(雨備) 비를 맞지 않게 가리는 데 쓰는 여러 가지 기구. 우산·비옷·삿갓·도롱이 등.
우ː산(雨傘) 비가 올 때에 펴서 손에 들고 머리 위에 받쳐 쓰는 물건.
우산국(于山國) '울릉도'의 옛 이름.
우산도(于山島) '독도'의 옛 이름.
우ː산이끼(雨傘—) [우사니끼] 우산이낏과의 이끼. 길이 20 cm가량. 전체가 녹색이며, 줄기 끝은 찢어진 우산 모양을 이룬다. 습지나 돌담 등에 많이 난다.

〈우산이끼〉

우ː상(偶像) ①나무·돌·쇠붙이 등으로 만든 사람이나 신의 형상. ②신앙의 대상으로 삼는 잡신의 상. [예]우상 숭배. ③맹목적인 인기나 추종·존경의 대상. [예]청소년들의 우상.
우ː상화(偶像化) 우상이 됨. 또는 우상이 되게 함. 우상화되다. 우상화하다.
우선[1](于先) 무엇을 하기에 앞서서. [예]우선 점심부터 먹자. [비]먼저.
우선[2](優先) 다른 것보다 앞섬, 또는 그 일. [예]우리 집은 무엇보다 건강을 우선으로 한다. 우선되다. 우선하다.
우선권(優先權) [우선꿘] 남보다 먼저 가지거나 할 수 있는 권리.

우세(優勢) 세력·형세 등이 다른 것보다 나음. 逊열세. 우세하다. 예우리 팀이 훨씬 우세하다.

우:수¹(雨水) 이십사절기의 하나. 입춘과 경칩 사이로, 2월 19일경. 이 무렵에 생물을 소생시키는 봄비가 내리기 시작한다고 한다.

우:수²(偶數) 짝수. 逊기수.

우수³(憂愁) 근심과 걱정. 예우수에 찬 눈빛.

우수⁴(優秀) 여럿 가운데서 특별히 뛰어남. 우수하다. 예우수한 성적.

우수리 물건값을 제하고 거슬러 받는 잔돈. 逊거스름돈.

우:수사(右水使) 조선 시대에, 우수영의 으뜸 벼슬.

우수성(優秀性)[우수썽] 여럿 가운데서 특별히 뛰어난 성질.

우수수 ①물건이 한꺼번에 많이 쏟아지는 모양. ②나뭇잎이 떨어져 흩어지는 소리, 또는 그 모양. 예낙엽이 우수수 떨어지다.

우:수영(右水營) 조선 시대에, 전라도와 경상도에 두었던 수군절도사의 군영.

우스개 남을 웃기려고 하는 말이나 짓.

우스갯소리 [우스개쏘리/우스갣쏘리] 남을 웃기려고 하는 말.

우스꽝스럽다 [우스꽝스럽따] 매우 우스운 데가 있다. 예우스꽝스럽게 꾸민 광대. |활용| 우스꽝스러우니·우스꽝스러워. 우스꽝스레.

우:습다 [우습따] ①웃음이 나올 만하다. 예우스운 이야기. ②하찮다. 대수롭지 않다. 예잘난 체하는 꼴이 우습다. |활용| 우스우니·우스워.

우승(優勝) 경기·경주 등에서, 최고의 성적으로 이김. 예우리 학교 축구팀이 전국 대회에서 우승을 하였다. 우승하다.

우승자(優勝者) 우승한 사람. 逊챔피언.

우:심방(右心房) 심장 안의 오른쪽 윗부분. 온몸의 정맥에서 오는 피를 받아 우심실로 보내는 일을 한다. 逊좌심방.

우:심실(右心室) 심장 안의 오른쪽 아랫부분. 우심방에서 오는 피를 깨끗이 하여 폐동맥으로 보내는 일을 한다. 逊좌심실.

우아하다(優雅一) 품위가 있고 아름답다. 예우아한 조선백자.

우악스럽다(愚惡一)[우악쓰럽따] 생김새나 태도가 거칠고 사납다. 예삼촌은 생김새는 우악스럽지만 마음은 여리다. |활용| 우악스러우니·우악스러워.

우:애(友愛) 형제간이나 친구 사이의 두터운 정과 사랑. 예우애가 깊은 남매. 逊우의.

우:애롭다(友愛一)[우애롭따] 우애가 있어 보이다. 예형제간에 우애롭게 지내라. |활용| 우애로우니·우애로워. 우애로이.

우엉 국화과의 두해살이풀. 재배 식물로 뿌리는 길고 살이 많으며, 잎은 크고 넓다. 7월경에 검은 자줏빛 꽃이 핀다. 뿌리와 어린잎은 먹고, 씨는 약으로 쓰인다.

우여곡절(迂餘曲折)[우여곡쩔] 여러 가지로 뒤얽힌 복잡한 사정이나 과정. 예숱한 우여곡절 끝에 타협이 이루어졌다.

우연(偶然) 뜻하지 않던 일이 저절로 이루어짐, 또는 그 일. 예그 일은 순전히 우연이었어. 逊필연. 우연하다. 우연히. 예백화점에서 우연히 친구를 만났다.

우열(優劣) 나음과 못함. 예우열을 가리다.

우:왕좌왕(右往左往) ①이리저리 왔다 갔다 함. ②어떤 일을 결정짓지 못하고 망설임. 우왕좌왕하다.

우울증(憂鬱症)[우울쯩] 근심·걱정으로 마음이 늘 우울한 병.

우울하다(憂鬱—) 기분이나 분위기 등이 답답하고 밝지 못하다. 예우울한 기분을 달래러 놀이공원에 갔다.

우월감(優越感) 자기가 다른 사람보다 뛰어나다고 생각하는 느낌. 빤열등감.

우월성(優越性)[우월썽] 다른 것에 비하여 뛰어난 성질이나 특성.

우월하다(優越—) 다른 것보다 뛰어나다. 예선희는 나보다 노래 실력이 우월하다.

우위(優位) 남보다 낫거나 좋은 위치. 예우리 팀의 전력은 상대 팀보다 우위에 있다. 빤열위.

우유(牛乳) 암소의 젖. 지방·단백질·비타민 등이 많이 들어 있어 영양가가 높다. 아이스크림·치즈·버터 등의 원료로 쓰인다.

우유부단(優柔不斷) 얼른 결정하지 못하고 우물쭈물함. 우유부단하다. 예우리 형은 우유부단한 성격이라 답답하게 보일 때가 많다.

우ː의(友誼)[우의/우이] 친구 사이의 두터운 정. 예친선과 우의를 다지는 모임. 빤우애·우정.

우ː의²(雨衣)[우의/우이] 비옷.

우ː의³(寓意)[우의/우이] 어떤 의미를 직접 말하지 않고 다른 사물에 빗대어 넌지시 나타냄. 우의하다.

우ː의정(右議政)[우의정/우이정] 조선 시대에, 의정부의 정일품 벼슬. 참영의정·좌의정.

우장춘(禹長春, 1898~1959) 농학자. 육종학의 권위자로, 주로 농작물을 연구하여 육종학을 크게 발전시켰다. 씨 없는 수박의 개발로 유명하다.

우적우적 [우저구적] 단단하고 질긴 것을 마구 깨물어 씹는 소리. 또는 그 모양. 예준호는 날고구마를 한 입 베어 물고 우적우적 씹었다. 참와작와작.

우ː정¹(友情) 친구 사이에 오가는 정. 예두터운 우정. 빤우의.

우정²(郵政) 우편에 관한 사무.

우정국(郵政局) 조선 말기에, 우편에 관한 일을 맡아보던 관청.

우ː주(宇宙) 지구·태양·별 등을 포함하고 있는 끝없이 넓은 공간.

우ː주 공간(宇宙空間) 항성 또는 행성 사이의 공간. 보통의 항공기가 날 수 있는 공간보다 먼 공간을 이른다.

우ː주복(宇宙服) 우주를 여행할 때에 입도록 특수하게 만든 옷. 우주 공간의 여러 조건에서 몸을 보호하도록 되어 있다.

〈우주복〉

우ː주 비행사(宇宙飛行士) 우주선을 조종하는 사람. 또는 우주선의 승무원. 빤우주인.

우ː주선(宇宙船) 우주 공간을 비행할 수 있도록 만든 비행 물체. 로켓 등.

우ː주 여행(宇宙旅行) 사람이 우주선을 타고 달이나 별과 같은 다른 천체로 비행하는 일.

우ː주 왕ː복선(宇宙往復船) 지구와 우주 공간을 반복하여 왕복할 수 있는 유인 우주선.

우ː주인(宇宙人) ①우주선을 타고 우주를 비행하는 사람. 빤우주 비행사. ②➡외계인.

우ː주 정거장(宇宙停車場) 우주 비행사나 연구자가 머물 수 있도록 시설을 갖추고 지구 주위의 궤도를 도는 인공위성.

우ː주 정류장(宇宙停留場) 우주 여행의 중간 기지로서, 지구 둘레의 궤도에 마련되는 커다란 인공위성.

〈우주 정류장〉

우ː주 탐사선(宇宙探查船) 달·행

성·위성 등을 탐사하기 위한 우주선.

우중충하다 ①날씨나 분위기 등이 어둡고 침침하다. 예날씨가 우중충한 것이 금방이라도 비가 쏟아질 것 같다. ②오래되거나 바래서 색깔이 선명하지 못하다. 예우중충한 빛깔.

우즈베키스탄(Uzbekistan) 중앙아시아 중부에 있는 나라. 소비에트 연방을 이루던 국가의 하나였다. 관개 농업이 발달하여 대규모의 면화 지대가 있다. 수도는 타슈켄트.

우지끈 크고 단단한 물건이 갑자기 부러지거나 부서지는 소리. 예나뭇가지가 우지끈 부러지다. ㉞오지끈. 우지끈우지끈.

우지끈거리다 크고 단단한 물건이 갑자기 부러지거나 부서지는 소리가 자꾸 나다. ㉤우지끈대다. ㉞오지끈거리다.

우지끈대다 ➡우지끈거리다.

우지지다 '우짖다'의 옛말. 예동창이 밝았느냐 노고지리 우지진다.

우지직 ①좀 굵은 나뭇가지 등을 단번에 부러뜨릴 때 나는 소리. ②잘 마르지 않은 짚이나 나뭇가지 등이 불에 타는 소리. ㉞오지직. 우지직우지직.

우지직거리다 [우지직꺼리다] 자꾸 우지직 소리가 나다. ㉤우지직대다. ㉞오지직거리다.

우지직대다 [우지직때다] ➡우지직거리다.

우직하다(愚直ー) [우지카다] 어리석어 보일 만큼 융통성이 없다. 예그는 우직하게 제 할 일만 했다.

우짖다 [우짇따] 새가 울며 지저귀다. 예숲 속에서 산새들이 우짖는 소리가 들려왔다.

우쭐거리다 아주 자랑스럽게 행동하며 자꾸 뽐내다. ㉤우쭐대다. ㉞오쫄거리다.

우쭐대다 ➡우쭐거리다.

우쭐렁거리다 '우쭐거리다'의 북한말.

우쭐우쭐 [우쭈루쭐] 자꾸 우쭐거리는 모양. ㉞오쫄오쫄.

우쭐하다 자기가 잘난 듯이 여겨서, 자랑스럽게 뽐내고 싶은 느낌이 들다. 예상을 타니까 괜히 우쭐한 기분이 든다.

우체국(郵遞局) 우편 업무와 전신·전보·우편환 등의 일을 맡아보는 공공 기관.

우체부(郵遞夫) 지난날, '우편집배원'을 이르던 말.

우체통(郵遞筒) 편지 등의 우편물을 넣는 통.

우ː측(右側) 오른쪽. 예우측 차선/우측 자리. ㉠좌측.

우ː측통행(右側通行) 길을 갈 때에 오른쪽으로 감. 예계단을 오르내릴 때에는 우측통행을 합시다. ㉠좌측통행. 우측통행하다.

우크라이나(Ukraina) 유럽 동쪽에 있는 나라. 소비에트 연방을 이루던 국가의 하나였다. 밀이 많이 나며 중공업이 발달하였다. 수도는 키예프.

우툴두툴 물건의 거죽이 고르지 못하여 이리저리 굵게 부풀어 오른 모양. 예페인트를 칠한 벽이 우툴두툴 일어났다. ㉤우둘투둘. ㉞오톨도톨.

우편(郵便) 국민의 부탁을 받아, 편지나 소포 등을 전국 또는 전 세계에 보내 주는 제도.

우편물(郵便物) 우편에 의하여 전달되는 편지·소포 등의 물품.

우편 번호(郵便番號) 우편물의 분류를 쉽게 하기 위하여, 각 지역마다 정해 놓은 번호.

우편엽서(郵便葉書) [우편녑써] 가격에 우편 요금이 포함되어 있어 우표를 붙일 필요가 없는 일정 규격의 엽서.

우편집배원(郵便集配員) [우편집빼

원] 우체통에서 편지·소포 등을 모으고, 그것을 받을 사람에게 배달하는 일을 맡아 하는 우체국 직원. [준]집배원.

우표(郵票) 우편 요금을 낸 표시로 우편물에 붙이는 조그마한 종이 딱지. [예]우표 수집.

우표첩(郵票帖) 수집한 우표를 붙이거나 모아 두기 위하여 만든 책.

우ː호(友好) 개인끼리 또는 나라끼리 서로 사이가 좋음. [예]우호 관계를 맺은 나라. [반]적대.

우ː화(寓話) 교훈의 내용을 동식물 등에 빗대어 나타낸 이야기. [예]이솝 우화.

우환(憂患) 집안에 좋지 않은 일이나 환자가 생겨서 나는 걱정. [예]할머니는 정화수를 떠 놓고 집안에 우환이 없도록 기원했다.

우황(牛黃) 소의 쓸개에 병이 생겨 뭉쳐진 것. 약재로 쓰인다.

우회(迂廻) [우회/우훼] 곧바로 가지 않고 멀리 돌아서 감. [예]우회 도로. 우회하다. [예]길이 막혀서 조금 우회하여 가기로 했다.

우ː회전(右回轉) [우회전/우훼전] 자동차 등이 오른쪽으로 돎. [예]우회전 신호. [반]좌회전. 우회전하다.

우ː후죽순(雨後竹筍) [우후죽쑨] '어떤 일이 한때에 많이 일어남'을 비유하여 이르는 말. [참고] 비가 온 뒤 여기저기에서 쑥쑥 돋아나는 죽순의 성질에서 비롯된 말. [예]학교 주변에 서점이 우후죽순처럼 늘어났다.

욱신거리다 [욱씬거리다] 몸이나 상처 등이 자꾸 쑤시는 듯이 아파 오다. [예]칼에 베인 상처가 욱신거린다. [비]욱신대다.

욱신대다 [욱씬대다] ➡욱신거리다.

욱신욱신 [욱씨눅씬] 자꾸 욱신거리는 모양.

욱하다 [우카다] 앞뒤를 헤아리지 않고 말이나 행동을 함부로 하다. [예]욱하는 성미 좀 고치는 게 어때.

운ː[1](運) 〈운수〉의 준말. [예]운이 좋다.

운ː[2](韻) 한시에서, 소리와 음조가 비슷한 시행의 끝 글자. [본]운자.

운을 떼다 [관용] 이야기의 첫머리를 말하기 시작하다.

운ː동(運動) ①몸의 단련이나 건강을 위하여 몸을 움직이는 일. [예]아침 운동. ②물체가 시간의 경과에 따라 위치를 바꾸는 일. [예]지구의 공전 운동. ③어떤 목적을 이루기 위하여 힘씀, 또는 그 활동. [예]독립운동/새마을 운동. 운동하다.

운ː동 경ː기(運動競技) 일정한 규칙에 따라 속력·지구력·기능 등의 낫고 못함을 겨루는 운동.

운ː동복(運動服) 운동을 할 때 입는 옷. [비]체육복.

운ː동선수(運動選手) 어떤 운동 경기에 뛰어난 재주가 있는 사람.

운ː동 에너지(運動energy) 움직이는 물체가 가지고 있는 에너지. [참]위치 에너지.

운ː동장(運動場) 체육·운동 경기 등을 할 수 있도록 마련한 큰 마당.

운ː동화(運動靴) 운동할 때 신는 신.

운ː동회(運動會) [운동회/운동훼] 여러 사람이 모여 운동 경기나 놀이 등을 하는 행사.

운두 그릇이나 신 등의 둘레의 높이. [예]운두가 높은 그릇.

운ː명[1](運命) ①인간의 삶을 지배한다는 초인간적인 힘, 또는 그 힘으로 말미암아 생기는 좋은 일과 나쁜 일. [예]운명의 여신. ②타고난 운수나 수명. [비]숙명.

운ː명[2](殞命) 사람의 목숨이 끊어짐, 곧 죽음. 운명하다. [예]선생님께서는 조금 전에 운명하셨습니다.

운모(雲母) 널빤지나 비늘 모양으로 얇게 갈라지는 성질이 있는 광물. 화강암·화성암에 많이 들어 있으며, 전기 절연체 등에 쓰인다.

운ː문(韻文) 산문에 상대하여, 운율을 가진 문자를 이르는 말. [반]산문.

운ː반(運搬) 물건을 옮겨 나르는 일. 운반되다. 운반하다.

운ː반 작용(運搬作用) 물이나 바람이 흙이나 돌 같은 것을 딴 곳으로 나르는 작용.

운ː석(隕石) 유성(별똥별)이 지구의 대기 중에서 다 타지 않고 땅 위에 떨어진 것. [참]유성.

운ː송(運送) 물건을 운반하여 보냄. [예]운송 수단. [비]수송. 운송되다. 운송하다.

운ː수[1](運數) 사람의 힘으로는 어찌할 수 없는 좋은 일과 나쁜 일. [예]운수가 좋다. [준]운. [비]재수.

운수가 사납다[관용] 운수가 몹시 나쁘다.

운ː수[2](運輸) 큰 규모로 사람이나 짐을 실어 나르는 일. [예]운수 회사.

운ː수업(運輸業) 사람이나 짐을 실어 나르는, 비교적 규모가 큰 영업.

운ː영(運營) [우녕] 조직이나 기업 등을 관리하거나 맡아서 경영함. [예]기업 운영. [비]경영. 운영되다. 운영하다. [예]민호 아버지는 건설 회사를 운영하신다.

운요호 사ː건(Unyo號事件) 1875년에 일본 군함 운요호와 우리나라 강화도 포대 사이에 일어난 포격 사건. 이로 인하여 강화도 조약이 체결되었다.

운ː용(運用) [우농] 돈·제도 등의 기능을 부리어 씀. [예]자금의 운용. 운용되다. 운용하다.

운ː율(韻律) [우뉼] 시에서 느껴지는 말의 가락.

운ː임(運賃) [우님] 사람이나 물건을 실어 나른 보수로, 치르거나 받는 돈. [예]철도 운임.

운ː전(運轉) 기계나 자동차 등을 움직여 굴림. [예]초보 운전. 운전하다.

운ː전대(運轉―) [운전때] 운전을 하는 손잡이.

운ː전면허(運轉免許) 자동차·선박·항공기 등을 운전할 수 있는 자격.

운ː전사(運轉士) 자동차·기차·선박·기계 등을 운전하는 사람. [비]운전자.

운ː전석(運轉席) 자동차에서, 운전하는 사람이 앉는 자리.

운ː전수(運轉手) '운전사'를 낮추어 이르는 말.

운ː전자(運轉者) 자동차를 운전하는 사람. [비]운전사.

운ː지법(運指法) [운지뻡] 악기를 연주할 때 손가락을 사용하는 방법.

운집(雲集) 《구름처럼 모인다는 뜻으로》 많은 사람이 모여듦을 이르는 말. 운집되다. 운집하다. [예]시청 앞 광장에 수만 명의 군중이 운집했다.

운ː치(韻致) 고상하고 우아한 품격을 갖춘 멋.

운ː하(運河) 육지를 파서 배가 다닐 수 있게 만든 물길.

〈운하〉

운ː항(運航) 항공기나 배가 항로를 따라 오고 감. [예]기상 악화로 항공기 운항이 중지되었다. 운항하다.

운ː행(運行) 자동차·항공기·배 등을 운전하여 다님. 운행되다. 운행하다.

운현궁(雲峴宮) 서울특별시 종로구 운니동에 있는 궁궐. 조선 고종의 아버지인 흥선 대원군이 쓰던 곳이다.

울[1] 〈울타리〉의 준말.

울2 〈우리2②〉의 준말. [예]울 아빠.
울3(wool) 양털로 짠 옷감.
울긋불긋 [울귿뿔귿] 여러 짙고 옅은 빛깔이 뒤섞여 있는 모양. [예]단풍이 울긋불긋 물든 산. [작]올긋볼긋.
울:다1 ①슬프거나 아프거나 기뻐서, 눈물을 흘리면서 소리를 내다. [예]언니는 우는 아이를 달래 주었다. ②새나 짐승·벌레 등이 소리를 내다. [예]닭이 '꼬끼오' 하고 울다. [활용] 우니·울어.
울:다2 바느질하거나 풀칠해 놓은 것이 우글쭈글하게 되다. [예]새로 도배한 벽지가 보기 싫게 울었다. [활용] 우니·울어.
울돌목 [울똘목] 전라남도 해남군 문내면 앞바다의 수로. '명량 해협'의 우리말 이름으로, 물살이 빠르기로 유명하다. 이곳에서 이순신 장군이 왜군을 크게 무찔렀다.
울렁거리다 ①놀라거나 설레거나 두려워서 가슴이 자꾸 두근거리다. [예]여자 친구와 만날 생각을 하니 가슴이 울렁거린다. ②먹은 것이 소화되지 않고 속이 메슥메슥하여 토할 것 같아지다. [예]차를 오래 탔더니 속이 울렁거린다. [비]울렁대다. [작]올랑거리다.
울렁대다 ➡울렁거리다.
울렁울렁 자꾸 울렁거리는 모양. [작]올랑올랑.
울릉군(鬱陵郡) 경상북도 동쪽 동해에 있는 군. 울릉도를 중심으로 독도·관음도·죽도 등으로 이루어져 있다.
울릉도(鬱陵島) 경상북도 울릉군에 속하는 섬. 화산 폭발로 이루어진 섬으로, 포항에서 동쪽으로 210km 떨어져 있다. 해안은 대부분 절벽이며, 겨울에 눈이 많이 내린다.
울리다 ①소리가 나거나 퍼지다. 또는 소리나게 하다. [예]나팔 소리가 울리다./기적 소리를 울리며 달리는 새벽 기차. ②울게 하다. [예]아이를 울리지 마라.
울림 소리가 무엇에 부딪쳐 되울려 오는 현상, 또는 그 소리.
울먹이다 [울머기다] 울상이 되어 금방이라도 울음을 터뜨릴 듯하다. [예]동생은 울먹이는 목소리로 말했다.
울멍줄멍 크고 그만그만한 것들이 고르지 않게 많이 벌여 있는 모양. [예]바위들이 울멍줄멍 줄지어 서 있다. [작]올망졸망.
울:며불며 야단스레 울기도 하고 부르짖기도 하며. [예]아이는 장난감을 사 달라고 울며불며 떼를 썼다.
울밑 [울믿] 울타리의 밑. [예]울밑에 선 봉선화야.
울:보 걸핏하면 잘 우는 아이.
울:부짖다 [울부짇따] 크게 소리를 내어 울며 부르짖다. [예]짐승의 울부짖는 소리.
울분(鬱憤) 가슴에 가득히 쌓인 분한 마음. [예]울분을 터뜨리다. 울분하다.
울산(蔚山) [울싼] 경상남도 북동쪽 해안에 있는 광역시. 석유 화학·조선·자동차 등의 중화학 공업이 발달한, 우리나라의 대표적인 공업 도시이다.
울산바위 [울싼바위] 강원도 설악산 북쪽에 있는 봉우리.
울:상(一相) [울쌍] 울려고 하는 얼굴 모양. [예]꾸중을 듣고 동생은 울상을 지었다.
울음 [우름] 우는 일, 또는 그런 소리. [예]나는 터져 나오는 울음을 꾹 참았다.
울음보 [우름뽀] 《주로 '터지다'·'터뜨리다'와 함께 쓰여》 '꾹 참고 있는 울음'을 이르는 말. [예]울음보를 터뜨리다.
울음소리 [우름쏘리] 우는 소리. [예]어린아이의 울음소리.

울적하다(鬱寂—) [울쩌카다] 마음이 답답하고 쓸쓸하다. 예나는 기분이 울적해서 산책을 나갔다.

울진(蔚珍) [울찐] 경상북도 북동쪽에 있는 군. 주요 산업은 임업·수산업·농업이며, 인접한 동해 앞바다에서 잡히는 '게'는 전국적으로 유명하다. 명승지로 성류굴·망양정·월송정·백암 온천 등이 있다.

울진 원자력 발전소(蔚珍原子力發電所) 경상북도 울진군에 있는 원자력 발전소. 1981년에 공사를 시작하여 1990년 2월에 완공되었다.

울창하다(鬱蒼—) 나무가 빽빽하게 들어서고 푸르다. 예침엽수가 울창한 숲. 본울울창창하다.

울컥 ①먹은 음식을 갑자기 세게 토하는 소리. 또는 그 모양. ②분한 생각이 갑자기 치미는 모양. 예친구 얼굴을 보니 울컥 화가 치밀었다.

울컥거리다 [울컥꺼리다] ①먹은 음식을 갑자기 세게 토하는 소리가 자꾸 나다. ②분한 생각이 자꾸 치밀다. 비울컥대다.

울컥대다 [울컥때다] ➡울컥거리다.

울타리 담 대신에 풀·나무 같은 것으로 얽어서 집 등을 둘러막은 것. 준울.

울퉁불퉁 물건의 거죽이나 바닥이 고르지 않게 몹시 나오고 들어간 모양. 예울퉁불퉁 시골길을 한참 달려 할머니 댁에 도착했다. 작올통볼통.

울화(鬱火) 분한 마음을 가라앉히지 못하여 일어나는 화. 예울화가 치밀다.

울화병(鬱火病) [울화뼝] 분한 마음을 가라앉히지 못하여 가슴이 답답해지고 잠을 잘 못 자게 되는 병. 비화병.

움¹ 풀이나 나무의 새로 돋아 나오는 싹. 예움이 트다./움이 돋다.

움² 땅을 파고 위를 거적 등으로 덮어서 비바람이나 추위를 막게 한 것. 주로, 겨울철에 채소나 화초를 넣어 둔다.

움막(—幕) 짚이나 풀 등으로 움처럼 지은 허술한 집. 움집보다 작다. 비움막집.

움막집(—幕—) [움막찝] ➡움막.

움직도르래 [움직또르래] 바퀴가 돌아감에 따라 축이 자유롭게 이동할 수 있게 만든 도르래. 무거운 것을 적은 힘으로 끌어올릴 수 있다. 참고정 도르래.

움직이다 [움지기다] ①한자리에 가만히 있지 않고 이동하거나 흔들리다. 예바람에 나뭇잎이 움직이다. ②기계나 공장 등이 돌아가다. 또는 돌아가게 하다. 예공장이 다시 움직이기 시작했다. ③마음이 끌리다. 또는 무엇을 할 마음이 생기다. 예친구의 충고에 마음이 움직였다.

움직임 [움지김] 자세나 자리가 바뀜. 또는 어떤 생각이나 현상이 바뀜. 예천문대에서 천체의 움직임을 관측했다.

움집 [움찝] 땅속에 큰 구덩이를 파고 그 위를 짚이나 나뭇잎 같은 것으로 지붕을 덮어 지은 집.

〈움집〉

움집터 [움찝터] 움집을 지었던 자리.

움찔 놀라거나 하여 갑자기 몸을 움츠리는 모양. 예동생이 나를 보자 움찔 놀라더니 무엇인가를 등 뒤에 숨겼다. 작옴찔. 움찔움찔.

움찔거리다 놀라거나 하여 갑자기 몸을 자꾸 움츠리다. 비움찔대다. 작옴찔거리다.

움찔대다 ➡움찔거리다.

움츠러들다 점점 작아지거나 줄어들다. 예날씨가 추워서 몸이 자꾸 움츠러든다. [작]옴츠러들다. [활용] 움츠러드니·움츠러들어.

움츠리다 몸을 오그려 작게 하거나, 내밀었던 몸을 오그려 들여보내다. [예]추워서 몸을 움츠리고 오들오들 떨었다./목을 움츠리다. [작]옴츠리다.

움켜잡다 [움켜잡따] 손가락을 구부려 꼭 잡다. [예]그들은 서로 두 손을 움켜잡고 반가워했다. [작]옴켜잡다.

움켜쥐다 손가락을 구부려 꼭 쥐다. [예]진수는 과자를 두 손에 잔뜩 움켜쥐었다. [작]옴켜쥐다.

움큼 물건을 한 손으로 움켜쥔 분량. [예]한 움큼의 땅콩. [작]옴큼.

움키다 손가락을 오므려 물건을 놓치지 않도록 힘있게 잡다. [작]옴키다.

움¦트다 ①풀이나 나무 등의 움이 돋아 나오기 시작하다. [예]새싹이 움트는 계절. ②사물이 생기거나 일어나기 시작하다. [예]봄기운이 조금씩 움트기 시작한다. [활용] 움트니·움터.

움푹 가운데가 우묵하게 푹 들어간 모양. [예]홍수로 움푹 팬 땅. [작]옴폭. 움푹움푹.

웃거름 [욷꺼름] 씨앗을 뿌린 뒤나 옮겨 심은 뒤에 주는 거름. [참]밑거름.

웃국 [욷꾹] 간장이나 술 등을 담가서 익은 뒤에 맨 처음 떠내는 진한 국.

웃기 [욷끼] 떡·포·과실 등을 괸 위에 모양을 내기 위하여 올려놓는 재료.

웃기다 [욷끼다] ①다른 사람을 웃게 하다. [예]수호는 재미있는 이야기로 친구들을 웃겼다. ②어떤 일이나 행동이 우스울 만큼 어이없고 한심하다. [예]웃기는 소리 하지 마.

웃¦다 [욷따] 기쁜 표정을 얼굴에 나타내거나, 입을 벌리고 소리 내어 기뻐하다. [예]활짝 웃는 얼굴/아이들이 깔깔 웃었다. [발음] 웃어 [우서]·웃고 [욷꼬]

웃도리 '윗도리'의 잘못.

웃돈 [욷똔] 본래의 값에 더 보태어 주는 돈. [예]물건이 귀해서 웃돈을 주고 샀다.

웃돌다 [욷똘다] 어떤 기준이나 정도를 넘다. [예]20도를 웃도는 날씨. [반]밑돌다. [활용] 웃도니·웃돌아.

웃어른 [우더른] 나이나 지위 등이 자기보다 위인 어른. [잘못] 윗어른.

웃옷 [우돋] 겉에 입는 옷. [비]겉옷.

'웃옷'과 '윗옷'의 구별

웃옷 : 겉에 입는 옷. '겉옷'을 가리킨다. 옷을 입는 위치가 속이냐 겉이냐에 초점이 있다. [예]날이 추워서 웃옷을 걸치고 나갔다.

윗옷 : 위에 입는 옷. '상의(上衣)'를 가리킨다. 옷을 입는 위치가 위냐 아래냐에 초점이 있다. [예]여행을 떠나기 전에 윗옷 세 벌과 아래옷 두 벌을 준비했다.

웃음 [우슴] 웃는 일, 또는 그런 소리. [예]환한 웃음/웃음이 나오다.

여러 가지 '웃음'

너털웃음 : 크게 소리를 내어 시원하고 당당하게 웃는 웃음.

눈웃음 : 소리 없이 눈으로만 가만히 웃는 웃음.

비웃음 : 빈정거리거나 업신여기는 뜻으로 웃는 웃음.

쓴웃음 : 어이가 없거나 마지못하여 짓는 웃음.

억지웃음 : 웃기 싫은 것을 억지로 웃는 웃음.

코웃음 : 콧소리를 내거나 코끝으로 가볍게 웃는 비난조의 웃음.

함박웃음 : 크고 환하게 웃는 웃음

헛웃음 : 마음에 없는 거짓 웃음.

웃음거리 [우슴꺼리] 남에게서 비웃음이나 놀림을 받을 만한 일이나 사람.

웃음꽃 [우슴꼳] '환하고 즐겁게 웃는 웃음이나 웃음판'을 비유하여 이르는 말. 예온 가족이 둘러앉아 웃음꽃을 활짝 피웠다.

웃음바다 [우슴빠다] '여러 사람이 한꺼번에 웃음을 터뜨리는 장면'을 비유하여 이르는 말.

웃음보 [우슴뽀] ((주로 '터지다'·'터뜨리다'와 함께 쓰여)) 잔뜩 참고 있는 웃음을 이르는 말. 예학생들은 마침내 웃음보를 터뜨렸다.

웃음소리 [우슴쏘리] 웃는 소리.

웃자라다 [욷짜라다] 지나친 비료 사용이나 이상 기온 등으로, 식물의 줄기나 잎이 쓸데없이 너무 길고 연약하게 자라다. 예비가 많이 와서 벼가 웃자랐다.

웃통 [욷통] ①➡윗옷. ②몸에서 허리 위의 부분.

웅녀(熊女) 전설상의 단군의 어머니. 처음에 곰이었으나 쑥과 마늘을 먹고 여자가 되어, 환웅과 혼인하여 단군을 낳았다고 한다.

웅담(熊膽) 곰의 쓸개를 말린 약.

웅대하다(雄大一) 으리으리하게 크다. 예웅대한 건축물. 비웅장하다.

웅덩이 땅이 움푹 패어 물이 괴어 있는 곳.

웅변(雄辯) 청중을 감동시킬 만큼 힘차고 막힘없이 잘하는 말, 또는 그 말솜씨. 웅변하다.

웅성거리다 여러 사람이 좀 소란스럽게 수군거리거나 떠들다. 예교실에서 웅성거리지 마라. 비웅성대다.

웅성대다 ➡웅성거리다.

웅성웅성 자꾸 웅성거리는 소리, 또는 그 모양.

웅얼거리다 작은 소리로 분명하지 않게 자꾸 입 속으로 중얼거리다. 예네가 뭐라고 웅얼거리는지 잘 모르겠다. 비웅얼대다. 왜옹알거리다.

웅얼대다 ➡웅얼거리다.

웅얼웅얼 [웅어룽얼] 자꾸 웅얼거리는 소리, 또는 그 모양.

웅장하다(雄壯一) 위엄이 있거나 규모가 굉장히 크고 으리으리하다. 예백두산의 웅장한 모습. 비웅대하다.

웅주(雄州) 함경북도 '길주군'의 옛 이름.

웅진(熊津) 충청남도 '공주'의 옛 이름.

웅크리다 춥거나 겁이 나서 몸을 잔뜩 움츠리다. 예춥다고 집 안에 웅크리고만 있을 거니? 왜옹크리다.

워낙 ①본디부터 원래. 예이곳은 워낙 추운 지방이다. 비원체. ②아주, 유별나게. 예진호는 힘이 워낙 세다.

워드 프로세서(word processor) 컴퓨터에 의한 문서 작성 기계. 글자의 입력·편집 및 프린터로 출력하는 기능 등을 갖추고 있다.

워싱턴(Washington) 미국의 수도. 포토맥 강 하류의 왼쪽에 있다. 정치·교육·문화의 중심지로, 백악관·연방 의사당 등이 있다.

워크숍(workshop) 연구 발표회. 참가자가 전문가의 조언을 받으면서, 문제 해결을 위하여 하는 협동 연구.

워터파크(water park) 수영장, 미끄럼틀과 같은 물놀이 시설을 갖춘 놀이 공원.

원[1] 우리나라 화폐의 단위. 기호는 'W'. 예천 원/만 원.

원[2] 놀랍거나 언짢거나 뜻밖의 일을 당할 때에 하는 말. 예원, 세상에 그럴 수가 있나!

원[3](員) 조선 시대에, 각 고을을 맡아 다스리던 관원을 이르던 말. 관찰사·군수·부사·현감·현령 등. 비수령. 높원님.

원[4](院) 고려·조선 시대에, 나라에서 교통의 요지나 역과 역 사이에 설치한 숙박 시설. 주로, 출장하는 관원들 이 이용하였다.

원⁵(圓) ①동그란 모양이나 형태. ②한 점에서 같은 거리에 있는 모든 점을 이은 곡선. [비]동그라미.

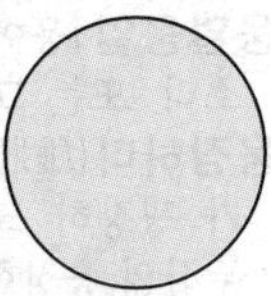
〈원5②〉

원ː⁶(願) 무슨 일이 이루어지기를 바라는 일. [예]합격만 된다면 원이 없겠다. [비]소원.

원가(原價) [원까] 물건을 만들고 관리하고 판매하는 데 쓰인 비용. [예]원가 계산/원가를 낮추다.

원각사¹(圓覺寺) [원각싸] 조선 세조 때, 지금의 서울특별시 종로구 탑골 공원 자리에 세웠던 절.

원각사²(圓覺社) [원각싸] 1908년 7월에 생긴, 우리나라 최초의 국립 극장. 1909년에 신극의 첫 공연이 여기에서 있었다.

원ː거리(遠距離) 먼 거리. [반]근거리.

원ː격(遠隔) 서로 멀리 떨어져 있는 상태. [예]원격으로 조종하는 자동차.

원ː격 제ː어(遠隔制御) 멀리 떨어진 곳에서 기구나 장치를 조종하는 일.

원고¹(原告) 소송을 제기하여 재판을 청구한 사람. [반]피고.

원고²(原稿) 발표하거나 인쇄하기 위하여 쓴 글 또는 그림. [예]소설의 원고.

원고지(原稿紙) 원고를 쓰기에 알맞게 가로·세로 줄을 쳐서 칸을 만들어 놓은 종이. [본]원고용지.

원광(圓光, 555~638) 신라 진평왕 때의 승려. 중국 수나라에서 불경을 연구하고 돌아와 불교 지식을 신라에 알렸으며, 세속 오계를 지어 화랑도의 기본 정신으로 삼게 하였다.

원구단(圜丘壇) 고려 시대에, 하늘과 땅에 제사를 지내기 위하여 만든 단. 지금도 서울의 조선 호텔 안에 있다. [비]환구단.

원ː군(援軍) 전쟁을 하고 있는 군대를 돕기 위해 온 군대. [예]병사들은 원군이 오기를 기다리며 성을 지켰다. [비]구원병·지원군.

원균(元均, 1540~1597) 조선 선조 때의 장수. 임진왜란 때 옥포 해전 등에서 공을 세웠으며, 이순신의 뒤를 이어 수군통제사가 되었으나 정유재란 때 전사하였다.

원그래프(圓graph) 원을 반지름으로 갈라서 조각의 크기로 비율을 나타내는 그래프.

원ː근(遠近) 멀고 가까움. 또는 먼 곳과 가까운 곳.

원ː근감(遠近感) 먼 데 있는 것은 멀어 보이고 가까운 데 있는 것은 가깝게 보이는 느낌.

원ː근법(遠近法) [원근뻡] 미술에서, 멀고 가까운 거리에 대한 느낌을 그림에 표현하는 방법.

원금(元金) ①꾸어 준 돈에서 이자를 붙이지 않은 원래의 돈. [예]원금에 이자가 붙다. [반]이자. ②밑천으로 들인 돈. [예]사업에 실패하여 원금까지 몽땅 잃었다. [비]본전.

원기(元氣) 본래 타고난 기운. 또는 몸과 마음의 활동력. [예]원기가 왕성하다.

원기둥(圓—) 위와 아래의 평면이 원인 기둥 모양의 입체 도형. [비]둥근기둥.

〈원기둥〉

원나라(元—) 중국의 옛 왕조의 하나. 13세기 중엽 몽고 제국의 쿠빌라이가 중국에 침입하여 지금의 베이징에 도읍하고 건국하였다. 홍건적의 난이 계기가 되어 망하였다. 〔1271~1368〕

원년(元年) ①어떤 일이 시작되는 첫해. [예]프로 야구 출범 원년. ②임금이 즉위한 해. [예]정조 원년.

원님(員-) 지난날, 한 고을을 맡아 다스리던 벼슬아치인 '원'을 높여 이르던 말. 圓사또.

원단(原緞) 아직 가공하지 않은, 짠 그대로의 옷감. 예고급 원단으로 만든 옷.

원:대하다(遠大-) 생각이나 계획이 크고 깊다. 예소년들이여, 원대한 꿈을 가져라.

원동력(原動力) [원동녁] 사물의 운동이나 활동을 일으키는 근본이 되는 힘. 예성공의 원동력.

원두막(園頭幕) 참외·수박 등을 심어 놓은 밭을 지키기 위하여 높직하게 지은 다락집.

원둘레(圓-) 원의 둘레. 圓원주.

원래(元來) [월래] ①본디. 예방을 원래대로 깨끗이 치워 놓아라. ②전부터. 처음부터. 예원래 악한 사람은 없다. 圓본래.

〈원두막〉

원로(元老) [월로] ①관직·나이·덕망 등이 높고 공로가 많은 사람. 예원로 대신. ②어떤 일에 오래 종사하여 경험이나 공로가 많은 사람. 예교육계의 원로.

원료(原料) [월료] 물건을 만드는 데 바탕이 되는 재료. 예나무는 종이의 원료이다. 圓재료.

원리¹(元利) [월리] 원금과 이자.

원리²(原理) [월리] 사물이 이루어지는 기본 이치나 법칙. 예과학 시간에 태양이 빛을 내는 원리를 공부했다.

원만하다(圓滿-) ①성격이나 행동이 모나지 않고 너그럽다. 예원만한 성격. ②서로 사이가 좋아 화목하다. 예원만한 사이. ③일의 진행이 순조롭다. 예일이 원만하게 해결되어 다행이다. 원만히.

원말(原-) 변하기 전의 본디의 말. 圓본말.

원:망(怨望) 남이 한 일 등에 대하여, 못마땅하게 여겨 탓하거나 분하게 여겨 미워함. 예원망의 눈초리. 원망하다. 예그 일은 네 잘못이니 나를 원망하지 마.

원:망스럽다(怨望-) [원망스럽따] 몹시 원망하는 마음이 있다. |활용| 원망스러우니·원망스러워. 원망스레.

원목(原木) 가공하지 않은, 베어 낸 그대로의 통나무.

원반(圓盤) ①접시처럼 둥글고 넓적하게 생긴 물건. ②원반던지기에서 쓰는 둥글넓적한 기구.

원반던지기(圓盤-) 육상 경기의 한 가지. 지름이 2.5m인 원 안에서 원반을 한 손으로 던져 그 거리를 겨루는 경기. 圓투원반.

원:병(援兵) 싸움을 도와주는 군사. 圓구원병·원군.

원본(原本) 베끼거나 고치거나 번역하지 않은 본래의 책이나 문서. 예이 책에는 원본과 다른 부분이 두 군데 있다. 圓사본.

원불교(圓佛敎) 1916년에 박중빈이 불교의 현대화·생활화를 주장하면서 세운 종교. 시주·동냥·불공 등을 폐지하고 각자 직업에 종사하면서 교화 사업을 펴는 것이 특징이다. '○'을 상징으로 나타낸다.

원뿌리(元-) 식물의 뿌리에서 중심이 되는 곧고 굵은 뿌리. 圓곁뿌리.

원뿔(圓-) 밑면이 원이고 옆면이 곡면인 뿔 모양의 입체 도형. 圓원추.

원산¹(元山) 함경남도 남쪽에 있는 항구 도시. 원래 원산진이라 이르던 곳으로, 교통이 편리하여 상공업

〈원뿔〉

이 쉽게 발달하였다. 앞바다에서는 명태·청어·대구 등이 많이 잡힌다. 명승지로는 송도원 해수욕장·명사십리 등이 있다.

원산2(原產) 어떤 고장에서 처음으로 생산되는 일, 또는 그 물건.

원산지(原産地) ①원료나 제품이 생산된 곳. (예)모든 제품에는 원산지가 표시되어 있습니다. ②동식물이 맨 처음 자라난 곳. (예)선인장의 원산지. (비)본산지.

원상(原狀) 원래 있던 그대로의 모습이나 상태. (예)원상회복.

원색(原色) 모든 빛깔의 바탕이 되는 빛깔, 곧 빨강·노랑·파랑을 이름.

원서1(原書) 베끼거나 번역한 것이 아닌 본디 책. (예)대학생인 삼촌은 영어 원서를 거뜬하게 읽는다.

원ː서2(願書) 지원하거나 청원하는 내용을 적은 서류. (예)입학 원서.

원석(原石) 다듬지 않은, 파낸 그대로의 보석. (예)다이아몬드 원석.

원ː성(怨聲) 원망하는 소리. (예)원성이 자자하다.

원성왕(元聖王, ?~798) 신라 제38대 왕(재위 785~798). 독서삼품과를 두어 인재를 고루 뽑았으며, 농사를 장려하였다.

원소(元素) ①집합을 이루는 낱낱의 요소. (예)1은 자연수 집합의 원소이다. ②한 종류의 원자로만 이루어져 그 이상 나눌 수 없는 물질. 산소·수소 등.

원수1(元帥) 군인의 가장 높은 계급. 대장의 위. 우리나라에는 아직 없다. (비)오성 장군.

원수2(元首) 한 나라를 대표하는 임금이나 대통령. (예)국가 원수.

원ː수3(怨讐) 자기 또는 자기 나라에 해를 끼쳐 원한이 맺힌 사람. 또는 원한의 대상이 되는 것. (예)은혜를 원수로 갚다니. (반)은인.

원ː숭이 원숭잇과의 동물. 생김새가 사람과 비슷하나 온몸에 긴 털이 나고, 얼굴과 엉덩이는 붉으며 꼬리가 있다. 영리하고 흉내를 잘 내며, 나무에 잘 오른다.

원시1(原始) 자연 그대로 있어 아직 발달하지 않은 것. (예)원시 생활.

원ː시2(遠視) 먼 곳은 잘 보이나 가까운 곳은 잘 보이지 않는 눈. (본)원시안. (반)근시.

원시림(原始林) 사람의 손길이 미치지 않은, 자연 상태 그대로 있는 숲. (비)자연림·처녀림.

원시 시대(原始時代) 농사를 짓지 못하고, 자연에서 먹을 것을 얻어 살아가던 미개한 시대.

원시인(原始人) 원시 시대의 사람. (비)미개인.

원시적(原始的) 원시 상태이거나 그와 같이 발전하지 못한 것. (예)원시적인 생활 방식.

원ː심력(遠心力)[원심녁] 물체가 원을 그리면서 돌 때, 중심에서 멀어지려는 방향으로 작용하는 힘. (반)구심력.

원ː쑤(怨—) '원수3'의 북한말.

원아(園兒)[워나] 유치원에 다니는 아이.

원안(原案)[워난] 토의·토론 등을 하기 위해, 회의에 내놓은 원래의 안.

원앙(鴛鴦)[워낭] 오릿과의 물새. 몸길이 43cm가량. 수컷의 몸빛은 여러 가지로 매우 아름다우나, 암컷은 갈색이다. 높은 나무 구멍에 집을 짓고 살며, 암수가 늘 함께 다닌다. (비)원앙새.

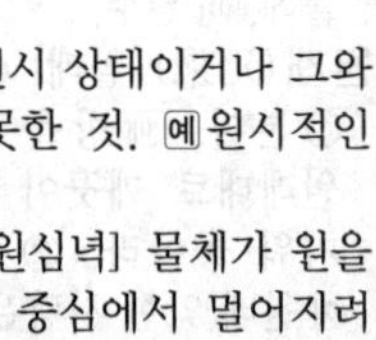
〈원앙(수컷)〉

원ː양(遠洋)[워냥] 육지에서 멀리 떨어진 바다. (비)원해. (반)근해.

원ː양 어선(遠洋漁船) 육지에서 멀리 떨어진 넓은 바다에서 고기잡이를 할 수 있도록 여러 가지 시설을 갖춘 배.
원예(園藝) [워녜] 채소·화초·과수 등을 심어 가꾸는 일, 또는 그 기술.
원예 작물(園藝作物) 원예로 심어 가꾸는 식물. 화초·채소·과수 등. [비]원예 식물.
원유(原油) [워뉴] 땅속에서 뽑아낸, 정제하지 않은 그대로의 석유.
원이름(原—) [원니름] 본디의 이름. [비]본명·원명.
원인1(原因) [워닌] 어떤 일이나 현상을 일으키게 한 까닭. [예]교통사고의 원인을 조사하다. [비]이유. [반]결과.
원인2(猿人) [워닌] 가장 원시적이고 오래된 화석 인류를 통틀어 이르는 말. [예]직립 원인.
원자(原子) 물질을 이루고 있는, 어떠한 화학적 방법으로도 더 나눌 수 없는 아주 작은 알갱이. 원자핵과 전자로 이루어진다.
원자력(原子力) 원자핵의 붕괴나 핵반응에 의하여 생기는 에너지. [비]원자 에너지.
원자력 발전소(原子力發電所) 핵분열 반응에 의해서 생기는 열로써 수증기를 만들고, 이것으로 터빈을 돌려 전기를 얻는 발전소.
원자로(原子爐) 우라늄 등의 방사성 물질을 천천히 핵분열시켜 그 에너지를 이용할 수 있도록 한 장치.
원자병(原子病) [원자뼝] 방사선을 지나치게 쬐었을 때 생기는 병. 백혈구가 비정상적으로 많아지는 것이 특징이다.
원자 에너지(原子energy) ➡원자력.
원자재(原資材) 공업 생산의 원료가 되는 물건이나 재료. [예]원자재 값이 오르다.
원자탄(原子彈) 〈원자 폭탄〉의 준말.
원자 폭탄(原子爆彈) 원자핵이 분열할 때 생기는 큰 파괴력을 이용한 폭탄. [준]원자탄.
원작(原作) 번역이나 각색을 하기 전의 본디 작품. [예]이 영화는 원작 소설과 결말이 다르다.
원장1(院長) 병원·학원 등 '원'자가 붙은 기관이나 시설의 대표자. [예]학원 원장.
원장2(園長) 유치원·유아원 등 '원' 자가 붙은 기관이나 시설의 대표자. [예]유치원 원장.
원점(原點) [원쩜] ①시작되는 출발점. [예]모든 일을 원점부터 다시 시작해라. [비]기점. ②수학에서, 점의 위치를 좌표로 나타낼 때 기준으로 삼는 점. 원점의 좌표는 (0, 0).
원ː정(遠征) ①먼 곳으로 싸우러 나감. ②먼 곳으로 운동 경기나 탐험·조사·답사 등을 하러 감. [예]원정 경기/히말라야 원정. **원정하다**.
원제(原題) 본디의 제목. [비]원제목.
원조1(元祖) ①맨 처음 조상. [예]우리 민족의 원조는 단군이다. [비]시조. ②어떤 일을 처음으로 시작한 사람이나 사물. [예]이 식당이 떡볶이의 원조이다.
원ː조2(援助) 도와줌. [예]식량 원조. [비]지원. **원조하다**.
원주1(原州) 강원도 남서쪽에 있는 시. 교통이 편리하며, 주요 산업은 농업과 목축업·임업이다. 명승지로는 치악산·천왕사 등이 있다.
원주2(圓周) 원의 둘레. [비]원둘레.
원주민(原住民) 그 지역에서 본디부터 살아온 사람. [반]이주민.
원주율(圓周率) 원둘레와 지름의 비율. 약 3.14이며 기호는 'π'이다. [비]원둘레율.
원지름(圓—) 원의 지름.
원천(源泉) 사물이 나거나 생기는 근

원. 예기술 개발은 산업 발전의 원천이다.

원체(元體) 본디부터 원래. ⓑ워낙.

원추리 백합과의 여러해살이풀. 잎은 뿌리에서 뭉쳐나고, 긴 꽃줄기 끝에 주홍색을 띤 노란 꽃이 핀다. 어린잎과 꽃은 먹고 뿌리는 약으로 쓴다.

원칙(原則) 여러 가지 경우에 적용되는 기본적인 규칙이나 법칙.

원ː컨대(願一) 바라건대. 예원컨대 제 마지막 소원을 들어주십시오.

원탁(圓卓) 둥근 탁자.

원탁회의(圓卓會議) [원타쾨의/원타퀘이] 원탁에 둘러앉아서 하는 회의. 주로, 참가자가 모두 평등한 위치일 때에 한다.

원통(圓筒) 둥근 통.

원통하다(冤痛一) 몹시 분하고 억울하다. 예나라를 잃어 원통한 심정을 달랠 수가 없다. 원통히.

원통형(圓筒形) 둥근 통의 모양.

원판(圓板) 둥근 널빤지.

원피스(one-piece) 위아래가 붙어 하나로 된 여성의 옷. ⓑ원피스 드레스.

원ː하다(願一) 무엇이 이루어지거나 얻기를 바라거나 청하다. 예네가 원하는 것을 솔직하게 말해 봐.

원ː한(怨恨) 원통하고 억울한 일을 당하여 가슴 깊이 맺힌 한스러운 생각. 예원한을 품다.

원ː해(遠海) 육지에서 멀리 떨어진 바다. ⓑ원양. ⓐ근해.

원형¹(原形) 변하기 이전의, 본래의 모양. 예오래된 탑을 원형대로 복원하는 작업이 한창이다.

원형²(圓形) 둥근 모양. 원 모양.

원형 극장(圓形劇場) 고대 로마 시대에, 관람석을 둥글게 계단식으로 만든 극장 또는 투기장.

원ː호(援護) 도와주며 보살핌. 예원호 대상자. 원호되다. 원호하다.

원활하다(圓滑一) 일이 막힘이 없이 잘되어 나가다. 원활히. 예회의가 원활히 진행되다.

원효(元曉, 617~686) 신라 때의 승려. 해동종의 시조로, 불교에 관한 많은 책을 썼으며, 불교를 널리 알리는 데 힘썼다.

월¹(月) ①한 달 동안. 예월 1회 학급 회의를 하겠습니다. ②열두 달 가운데 몇 번째 달임을 나타내는 말. 예10월에는 기념일이 많다.

월²(月) 〈월요일〉의 준말.

월간(月刊) 책·잡지 등을 한 달에 한 번씩 펴냄, 또는 그 펴낸 것. ⓐ주간.

월경(月經) 성숙한 여자의 자궁에서 보통 28일에 한 번씩 피가 나오는 현상. ⓑ달거리·멘스·생리.

월계관(月桂冠) [월계관/월게관] ①고대 그리스에서, 월계수의 가지와 잎으로 만들어 경기의 우승자에게 승리를 기리는 뜻으로 씌워 주던 것. ②'승리한 사람이 차지하는 명예'를 비유하여 이르는 말. 예승리의 월계관을 쓰다.

월계수(月桂樹) [월계수/월게수] 녹나뭇과의 늘푸른큰키나무. 지중해 연안 원산으로, 잎은 딱딱하며 향기가 있다. 봄에 연한 노란색의 작은 꽃이 피고, 가을에 열매가 익는다.

〈월계수〉

월광(月光) 달빛.

월광곡(月光曲) 독일의 베토벤이 작곡한 피아노 소나타 제14번의 이름.

월급(月給) 일한 삯으로, 다달이 받는 돈. ⓑ봉급.

월남¹(越南) [월람] 남쪽으로 넘어옴. 특히, 삼팔선 또는 휴전선 이남으로 넘어옴. 예월남 가족. ⓐ월북. 월남하다.

월남²(越南) [월람] ➡베트남.

월동(越冬)[월똥] 겨울을 넘김. 예월동 준비. 월동하다.

월동지(越冬地)[월똥지] 겨울 철새가 날아와 겨울을 나는 곳.

월드컵(World Cup) 스포츠 경기의 세계 선수권 대회. 축구·배구·스키·골프 등이 있는데, 특히 1930년부터 시작되어 4년마다 열리는 축구 대회가 유명하다.

월등하다(越等—)[월뜽하다] 실력·수준 등이, 다른 것보다 훨씬 뛰어나다. 예내 축구 실력은 너보다 월등하지. 월등히.

월례회(月例會)[월례회/월례훼] 매달 가지는 정기적인 모임.

월말(月末) 그달의 끝 무렵. 예월말 고사. 반월초.

월맹(越盟) 지금의 베트남이 통일되기 이전에 베트남 북쪽에 있던 나라.

월미도(月尾島) 인천광역시 중구에 있는 섬. 1965년에 육지와 연결되었으며, 각종 오락 시설이 갖추어져 관광지로 이용되고 있다.

월반(越班) 성적이 뛰어난 학생이 차례를 건너뛰어 위 학년으로 진급하는 일. 월반하다.

월별(月別) 달에 따라 나눈 구별. 예월별 전기 사용량.

월병(月餠) 중국 사람들이 추석에 만들어 먹는 둥근 모양의 밀가루 과자.

월부(月賦) 물건값이나 빚을 다달이 얼마씩 나누어 내는 것. 예냉장고를 월부로 사다.

월북(越北) 북쪽으로 넘어감. 특히, 삼팔선 또는 휴전선 이북으로 넘어감. 반월남. 월북하다.

월세(月貰)[월쎄] 집이나 방을 빌려 쓰고 다달이 내는 세. 비사글세. 참전세².

월식(月蝕)[월씩] 지구가 태양과 달 사이에 들어가서 달의 일부 또는 전체가 지구의 그림자에 가려져 어둡게 보이는 현상. 개기 월식과 부분 월식이 있다. 참일식.

〈월식〉

월요일(月曜日)[월료일] 칠요일의 하나. 일요일의 다음 날. 준월.

월인천강지곡(月印千江之曲)[워린천강지곡] 조선 세종 대왕이 1449년에 석가모니의 공덕을 찬양하여 지은 노래, 또는 그 노래를 실은 책.

월정사(月精寺)[월쩡사] 강원도 평창군의 오대산에 있는 절. 고려 시대의 '팔각 구층 석탑'과 '석조 보살 좌상' 등이 있다.

월정사 팔각 구층 석탑(月精寺八角九層石塔) 강원도 평창군 월정사에 있는 석탑. 고려 초기의 대표적인 석탑으로, 높이는 15.2m이다. 국보 제48호.

월척(越尺) 낚시하여 잡은 물고기 크기가 한 척(약 30cm)이 넘음, 또는 그 물고기.

월초(月初) 그달의 처음 무렵. 반월말.

월평균(月平均) 한 달 동안의 평균. 예월평균 기온.

웨딩드레스(wedding dress) 결혼식 때, 신부가 입는 서양식 혼례복.

웨이터(waiter) 호텔·음식점·술집 등에서 손님의 시중을 드는 남자 종업원.

웬 어찌 된. 어떠한. 예웬 사람들이 저렇게 많지?

웬 떡이냐[관용] 뜻밖의 행운을 만났을 때 하는 말. 예이게 웬 떡이냐!

웬:걸 ('웬 것을'이 줄어든 말로) 상대편의 말을 부정하거나 의심스러워 할 때, 또는 어떤 사실이 전혀 기대와 달랐을 때 하는 소리. 예사실을 알아보았더니 웬걸, 헛소문이었다.

웬:만큼 보통은 넘는 정도로. 예나는 수영은 웬만큼 한다.

웬:만하다 ①그저 그만하다. 예추위가 웬만하다. ②정도나 형편이 어지간하다. 예웬만하면 네가 참아라.

웬:일 [웬닐] 어떻게 된 일. 무슨 까닭. 예오늘은 웬일로 이렇게 일찍 왔어?

웬지 '왠지'의 잘못.

웹 사이트(web site) 인터넷을 통하여 정보를 찾아볼 수 있는 곳.

위¹ ①어떤 기준보다 자리가 높은 곳. 높은 쪽. 예벼랑 위에 서 있는 소나무. ②높고 긴 것의 꼭대기나 그쪽에 가까운 곳. 예나무 위로 오르다. ③물체의 겉면. 예책상 위에 놓인 책. ④지위·능력·나이·품질 등이 높거나 나은 쪽. 예상대편의 실력이 한 수 위다. 빤아래.

위²(胃) 식도와 장 사이에 있는 주머니 모양의 소화 기관. 먹은 음식물을 소화시키는 기능을 한다. 빤위장.

위급하다(危急一) [위그파다] 마음을 놓을 수 없게 매우 위험하고 급하다. 예위급한 상황.

위기(危機) 위험한 때나 고비. 예우리 편이 실점 위기를 맞았다.

위나라(魏一) ①중국 전국 시대의 한 나라. 위 씨(魏氏)가 진(晉)나라에서 독립, 안이(安邑)에 도읍하여 세웠다. 전국 시대 초기에는 가장 강하였으나, 점차 세력이 약해져 진(秦)나라에 망하였다. 〔기원전 403~기원전 225〕 ②중국 삼국 시대의 한 나라. 조조의 아들 조비가 뤄양에 도읍하여 세웠다. 삼국 중에서 가장 강하여 촉나라와 오나라를 제압하였으나, 신하인 사마염에게 왕위를 빼앗겨 망하였다. 〔220~265〕

위대하다(偉大一) 업적 등이 크게 뛰어나고 훌륭하다. 예한글 창제의 위대한 업적/위대한 인물.

위도(緯度) 지구 위의 위치를 나타내는, 가로로 된 좌표. 적도를 0°로 하여 남북으로 각각 90°로 나누며, 북으로 잰 것이 북위, 남으로 잰 것이 남위이다. 빤경도.

위독하다(危篤一) [위도카다] 병세가 매우 심하여 목숨이 위태롭다. 예생명이 위독한 환자.

위뜸 위쪽에 있는 마을. 빤아래뜸.

위력(威力) 강대한 힘이나 권력. 예태풍의 위력.

위령탑(慰靈塔) 죽은 사람의 혼령을 위로하고 추모하기 위해 세운 탑. 예전몰 장병 위령탑.

위례성(慰禮城) 백제 초기의 도읍지. 온조왕이 백제를 세우고 처음으로 도읍을 정한 곳으로, 475년까지의 도읍지이다.

위로(慰勞) 괴로움을 덜어 주거나 슬픔을 달래기 위하여 따뜻한 말이나 행동을 함. 위로되다. 위로하다. 예대통령은 집과 재산을 잃은 수재민을 위로하고 격려하였다.

위만(衛滿, ?~?) 위만 조선을 세운 사람. 중국 연나라에서, 천여 명의 무리를 이끌고 고조선에 망명하여 국경을 지키다가 힘이 커지자 준왕을 몰아내고 위만 조선을 세웠다.

위문(慰問) 불행한 사람이나 수고하는 사람들을 찾아가고 위로함. 예위문 공연. 위문하다.

위문편지(慰問便紙) 위로하는 뜻으로 보내는 편지. 예국군 장병에게 위문 편지를 보내다.

위문품(慰問品) 위문하기 위하여 보내는 여러 가지 물품.

위반(違反) 약속이나 명령 등을 어기거나 지키지 않음. 예주차 위반. 빤위배. 위반되다. 위반하다.

위배(違背) 약속이나 명령 같은 것을 어기거나 지키지 않음. 빤위반. 위배되다. 예규칙에 위배되는 행동을 한 사람은 벌을 받는다. 위배하다.

위법(違法) 법을 지키지 않음. 예위법 행위. 빈불법. 맨적법·합법.

위상(位相) 다른 것들과의 관계에서 차지하는 위치나 상태. 예우리나라의 국제적인 위상이 점점 높아지고 있다.

위생(衛生) 건강을 지키고, 병의 예방과 치료에 힘쓰는 일. 예위생 시설.

위생병(衛生兵) 군대에서, 병이나 상처를 치료하는 일을 맡아보는 병사.

위생적(衛生的) 위생에 알맞은 것. 예위생적인 주방 시설.

위선[1](僞善) 겉으로만 진실하고 착한 체함. 예그가 가난한 아이들을 돕고 싶다고 말한 것은 위선에 불과하다.

위선[2](緯線) 지도 위에 가로로 그어져 있는, 위도를 나타낸 선. 빈씨줄. 맨경선.

위선자(僞善者) 겉으로만 진실하고 착한 체하는 사람.

위성(衛星) ①지구의 둘레를 돌고 있는 달과 같이, 행성의 둘레를 도는 별. ②〈인공위성〉의 준말. 예통신 위성.

위성국(衛星國) 〈위성 국가〉의 준말.

위성 국가(衛星國家) 강대국의 주위에 있어, 그 나라의 지배나 영향을 받고 있는 국력이 약한 나라. 준위성국.

위성 도시(衛星都市) 대도시 주변에 있으면서, 그 도시와 사회·경제적으로 깊은 관계를 맺고 있는 중소 도시. 성남·과천·안양 등은 서울의 위성 도시이다.

위성 사진(衛星寫眞) 인공위성에서 지구나 그 밖의 천체를 찍은 사진.

위성 중계(衛星中繼) 어떤 방송국의 프로그램을 통신 위성이나 방송 위성이 중간에서 다른 방송국에 이어 주는 방법에 의한 방송.

위세(威勢) 위엄이 있는 기세. 예당당한 위세/상대 선수의 위세에 눌리다.

위시하다(爲始一) 《주로 '위시하여'·'위시한'의 꼴로 쓰여》 여럿을 차례로 말할 때, 어떤 대상을 시작이나 대표로 삼다. 예나를 위시하여 친구들 몇 명이 선생님께 문병을 갔다.

위신(威信) 다른 사람의 존경을 받을 만한 당당하고 훌륭한 모습. 예부모로서의 위신.

위아래 ①위와 아래. ②윗사람과 아랫사람. 빈상하·아래위.

위안(慰安) 마음을 즐겁고 편하게 하여 안심시킴. 예너의 편지는 큰 위안이 되었다. 위안되다. 위안하다.

위안스카이(Yuan Shikai, 1859~1916) 중국의 정치가. 청나라의 총리대신을 지냈으며, 신해혁명 때 정권을 장악하여 황제를 물러나게 하고 중화민국의 초대 대총통이 되었다.

위압(威壓) 힘·위력 등으로 강제로 억누름, 또는 그 압력. 위압하다.

위액(胃液) 위샘에서 위 속으로 분비되는 소화액. 강한 산성의 투명한 액체로, 음식물을 소화시키는 한편 살균 작용도 한다.

위엄(威嚴) 의젓하고 엄숙함, 또는 그런 느낌. 예위엄이 있는 목소리.

위업(偉業) 위대한 업적. 예우리 학교 야구부는 전국 대회 우승의 위업을 달성했다.

위원(委員) 관청·단체 등에서, 임명되거나 선출되어 어떤 일의 처리나 심의를 위임받은 사람. 예청소년 선도 위원.

위원단(委員團) 어떤 임무를 띤 위원들로 구성된 단체나 집단.

위원장(委員長) 위원회의 책임자.

위원회(委員會) [위원회/위원훼] 관청·단체 등에서, 어떤 일을 처리하거나 결정하기 위하여 구성된 합의 기관. 예국제 올림픽 위원회.

위인(偉人) 역사적으로 존경받을 만큼 훌륭한 일을 한 뛰어난 사람.

위인전(偉人傳) 훌륭한 일을 한 사람의 업적과 일화 등을 사실대로 적어 놓은 글이나 책.

위임(委任) ①일이나 처리를 남에게 맡김. 예국회의원은 국민의 위임을 받은 사람이다. ②법률에서, 당사자의 한편이 다른 편에게 사무 처리를 맡기는 계약. 위임되다. 위임하다.

위자료(慰藉料) 생명·재산·명예 등에 해를 끼쳤을 때, 그 정신적 고통이나 피해를 보상하는 돈.

위장¹(胃臟) ➡위².

위장²(僞裝) 사실과 다르게 거짓으로 꾸밈, 또는 그 꾸밈새. 예위장 간첩. 위장되다. 위장하다.

위장병(胃腸病)[위장뼝] 위나 장에 생기는 병.

위조(僞造) 남을 속이려고 물건이나 문서 등을 진짜처럼 만듦. 예위조 화폐/위조 문서. 위조되다. 위조하다.

위주(爲主) 기본이나 으뜸으로 삼음. 예농경 위주의 촌락 사회/교과서 위주로 공부하다.

위중하다(危重一) 병의 상태가 매우 심하고 위태롭다. 예병세가 위중한 환자.

위증(僞證) 거짓으로 증언함, 또는 거짓 증언. 위증하다.

위쪽 위의 방향. 또는 위의 자리나 곳. 뻔아래쪽.

위축(萎縮) 어떤 힘에 눌려서 기를 펴지 못함. 예상대편의 뛰어난 실력에 심리적으로 위축이 되었다. 위축되다. 위축하다.

위층(一層) 이 층 이상으로 된 건물이나 물건의 위쪽에 있는 층. 비상층. 뻔아래층.

위치(位置) ①일정한 곳에 자리를 잡음, 또는 그 자리. 예책상의 위치를 바꾸다. ②사회적인 관계에서 차지하는 역할이나 지위. 위치하다. 예우리 집은 공원 옆에 위치하고 있다.

위치 에너지(位置energy) 어떤 위치에 있는 물체가 표준 위치로 돌아갈 때까지 일을 할 수 있는 에너지.

위탁(委託) 어떤 일이나 물건을 남에게 부탁하여 맡김. 예위탁 판매. 위탁되다. 위탁하다.

위태로워지다(危殆一) 위태롭게 되다. 예왜구의 침입으로 나라의 운명이 위태로워졌다.

위태롭다(危殆一)[위태롭따] 마음을 놓을 수 없게 몹시 어렵거나 위험한 듯하다. 예벼랑을 위태롭게 기어오르다. |활용| 위태로우니·위태로워. 위태로이.

위태하다(危殆一) 마음을 놓을 수 없게 몹시 어렵거나 위험하다. 예벽에 금이 가서 위태하게 보인다.

위패(位牌) 절·단(壇) 등에 모시는, 죽은 사람의 이름을 적은 나무패.

위폐(僞幣)[위폐/위페] ①위조한 화폐. 분위조 화폐. ②위조한 지폐. 분위조지폐.

위풍당당하다(威風堂堂一) 겉모습이나 태도가 위엄 있고 떳떳하다. 예과거에 급제한 선비는 위풍당당하게 마을로 들어섰다.

위하다(爲一) ①사랑하거나 소중히 여기다. 예자식을 위하는 어머니의 마음. ②어떤 목적 등을 이루려고 하다. 예건강을 위하여 매일 아침 운동을 한다. ③이롭게 하거나 잘되게 하다. 예조국을 위하여 목숨을 바치다.

위험(危險) 실패하거나 목숨을 위태롭게 할 만함. 또는 안전하지 못함. 예위험을 무릅쓰다./화재의 위험이 있으니 주의하시오. 뻔안전. 위험하다.

위험성(危險性)[위험썽] 위험한 성질, 또는 위험해질 가능성.

위험 수위(危險水位) 바다나 강·댐 등의 물이 많이 불어나서 홍수가 일어날 위험이 있는 물의 높이.

위험천만하다(危險千萬-) 몹시 위험하다. 예이런 날씨에 바다에 들어가는 것은 위험천만한 일이다.

위협(威脅) 해칠 듯이 무서운 말이나 행동을 하거나 협박함. 예강도가 칼로 위협을 하다. 비협박. 위협하다.

위화감(違和感) 잘 어울리지 못하여 어색하고 불편한 느낌.

위화도 회군(威化島回軍) 고려 우왕 14(1388)년에 이성계가 요동을 치러 가다가 압록강의 위화도에서 군대를 돌이킨 사건. 개경으로 쳐들어와 왕을 내쫓고 최영을 유배시켰다.

윈도(window) 컴퓨터에서, 여러 프로그램을 쓸 수 있게 해 주는 기본 프로그램.

윌리엄 텔(William Tell) '빌헬름 텔'의 영어 이름.

윌슨(Wilson, 1856~1924) 미국 제28대 대통령(재임 1913~1921). 민족 자결주의·국제 연맹 창설을 주장하였으며, 1919년에 세계 평화에 기여한 공로로 노벨 평화상을 받았다.

윗니 [윈니] 윗잇몸에 난 이. 반아랫니.

윗단 [위딴/윋딴] 옷의 윗부분에 대는 단. 반아랫단.

윗도리 [위도리/윋또리] ①사람 몸의 허리 위의 부분. 비상반신. ②사람 몸의 허리 윗부분에 입는 옷. 본윗도리옷. 반아랫도리.

윗마구리 [윈마구리] 길쭉한 물건의 위쪽 면. 반아랫마구리.

윗마을 [윈마을] 위쪽에 있는 마을. 반아랫마을.

윗목 [윈목] 온돌방에서 아궁이로부터 먼 쪽의 방바닥. 반아랫목.

윗몸 [윈몸] 허리 윗부분의 몸. 예윗몸 일으키기. 비상반신·상체. 반아랫몸.

윗물 [윈물] 강·시내 등의 위쪽에서 흐르는 물. 반아랫물.

윗방(-房) [위빵/윋빵] 이어 있는 두 방 중에서 위쪽에 있는 방. 반아랫방.

윗배 [위빼/윋빼] 배꼽 윗부분의 배. 반아랫배.

윗변(-邊) [위뼌/윋뼌] 사다리꼴에서의 위의 변. 반아랫변.

윗부분(-部分) [위뿌분/윋뿌분] 위쪽의 부분. 반아랫부분.

윗사람 [위싸람/윋싸람] ①➡손윗사람. ②지위·계급 등이 자기보다 높은 사람. 예윗사람에게는 존댓말을 쓴다. 반아랫사람.

윗알 [위달] 수판의 가름대 위에 있는 알. 알 하나가 5를 나타낸다. 반아래알.

윗옷 [위돋] 사람 몸의 허리 윗부분에 입는 옷. 비상의·웃통. 반아래옷. 참웃옷.

윗입술 [윈닙쑬] 위쪽의 입술. 반아랫입술.

윗자리 [위짜리/윋짜리] ①윗사람이 앉는 자리. 비상석·상좌. ②높은 지위나 순위. 반아랫자리.

윗집 [위찝/윋찝] 바로 위쪽에 이웃하여 있는 집. 반아랫집.

윙윙 자꾸 윙윙거리는 소리. 작욍욍.

윙윙거리다 ①큰 날벌레나 물건이 매우 빨리 날아가는 소리가 자꾸 나다. 예꿀벌들이 윙윙거리며 꽃밭에 날아든다. ②기계의 바퀴가 세차게 돌아가거나, 바람이 가느다란 철사 등에 세게 부딪치는 소리가 자꾸 나다. 비윙윙대다. 작욍욍거리다.

윙윙대다 ➡윙윙거리다.

윙크(wink) 상대에게 무엇을 암시하거나 이성의 관심을 끌려고 한쪽 눈을 깜박거리며 하는 눈짓. 윙크하다.

유가족(遺家族) 죽은 사람의 살아 있는 가족. 비유족.

유감(遺憾) 마음에 남아 있는 섭섭한 느낌. 또는 불만스럽게 여기는 마음. 예함께 못 가서 유감이다./너한테는 유감이 없다.

유감스럽다(遺憾—)[유감스럽따] 섭섭하거나 언짢은 느낌이 있다. 예나와 함께 가지 않겠다니 유감스럽다. |활용| 유감스러우니·유감스러워.

유격(遊擊) 미리 공격 목표를 정하지 않고, 그때그때의 형편에 따라 자기 편 군대를 도와 적을 공격하는 일. 유격하다.

유격대(遊擊隊)[유격때] 유격의 임무를 띠고, 주로 적의 옆쪽이나 뒤쪽에서 기습 공격·파괴 활동 등을 하는 특수 부대나 비정규군. 비게릴라.

유격수(遊擊手)[유격쑤] 야구 경기에서, 이루와 삼루 사이를 지키는 내야수.

유격전(遊擊戰)[유격쩐] 유격대가 벌이는 전투. 비게릴라전.

유고슬라비아(Yugoslavia) 유럽의 발칸 반도 서쪽에 있던 나라. 2006년에 세르비아와 몬테네그로로 분리되었다.

유골(遺骨) 죽은 사람의 뼈. 특히, 시체를 화장하고 남은 뼈. 비유해.

유공(有功) 공로가 있음. 예유공 훈장.

유과(油菓) 〈유밀과〉의 준말.

유관순(柳寬順, 1902~1920) 여성 독립운동가. 18세 때, 이화 학당에 다니면서 3·1 운동에 참가하였으며, 뒤에 고향인 천안에 내려가 장터에서 사람들에게 태극기를 나누어 주며 만세를 부르다가 일본 헌병에게 붙잡혀 감옥에서 죽었다.

유괴(誘拐)[유괴/유궤] 나쁜 속셈으로 사람을 속여서 꾀어 데려감. 예어린이 유괴 사건/유괴를 당하다. 유괴되다. 유괴하다.

유괴범(誘拐犯)[유괴범/유궤범] 남을 유괴한 범인, 또는 그 범죄.

유교(儒敎) 인의(仁義)를 근본으로 하는 공자의 가르침을 받드는 교. 사서 삼경을 경전으로 한다. 비유학.

유ː구무언(有口無言) 《입은 있지만 말이 없다는 뜻으로》 변명할 말이 없음. 예그 일은 모두 내 잘못이니 유구무언일 뿐이다.

유구하다(悠久—) 까마득하게 길고 오래다. 예유구한 역사.

유ː권(有權)[유꿘] 권리가 있음. 예유권 해석.

유ː권자[유꿘자] 선거할 권리를 가진 사람. 예그는 유권자들에게 지지를 호소했다.

유기[1](遺棄) 돌보지 않고 내버려 두거나 내다 버림. 예직무 유기. 유기되다. 유기하다.

유기[2](鍮器) 놋쇠로 만든 그릇. 비놋그릇.

유ː기농(有機農) 화학 비료나 농약을 쓰지 않고 농사짓는 방식, 또는 그런 농업. 예유기농 채소.

유ː기물(有機物) ①생물의 몸을 이루고 그 기관을 조직하는 물질. ②탄소를 주성분으로 하는 화합물을 통틀어 이르는 말. ②본유기 화합물. 반무기물.

유ː기질(有機質) 생물의 몸을 이루거나 생물이 몸 안에서 만들어 내는 물질. 반무기질.

유길준(兪吉濬, 1856~1914) 조선 말기의 정치가·개화 운동가. 일본을 거쳐 미국·유럽에서 공부하고 돌아와 흥사단에 참여하여 활동하였고, 교육과 계몽 운동에 힘썼다. 저서에 '서유견문'·'대한문전' 등이 있다.

유ː난 보통과 다르게 유달리 특별함, 또는 그 상태나 행동. 예유난을 떨다. 유난하다. 유난히. 예유난히 눈이 큰 아이.

유네스코(UNESCO) ➡국제 연합 교육 과학 문화 기구.

유년(幼年) 어린 나이. 또는 어린아이. 예유년 시절.

유념(留念) 잊지 않고 마음에 새기고 생각함. [비]유의. **유념하다**.
유ː능(有能) 재주나 능력이 뛰어남. [반]무능. **유능하다**. [예]유능한 인재.
유니세프(UNICEF) ➡국제 연합 아동 기금.
유니콘(unicorn) 전설상의 동물. 모양과 크기는 말과 비슷하고, 머리에 뿔이 하나 있으며 하늘을 날 수 있다고 한다. [비]일각수.
유니폼(uniform) ①학교·관청·회사 등에서, 정해진 규정에 따라 입게 된 옷. [비]제복. ②단체 경기를 하는 선수들이 똑같이 입는 운동복.
유ː다르다(類—) 다른 것과 몹시 다르다. [예]이 아이는 어렸을 때부터 유다르게 똑똑했지. [비]특별하다. |활용| 유다르니·유달라.
유ː단자(有段者) 검도·유도·태권도·바둑 등에서, 초단 이상의 사람.
유ː달리(類—) 다른 것과 몹시 다르게. 유별나게. [예]올겨울은 유달리 춥다. [비]유난히.
유달산(儒達山) [유달싼] 전라남도 목포시 남서쪽에 있는 산. 높이 228m. 기묘하게 생긴 바위와 절벽이 많아 경치가 아름답다.
유대¹(紐帶) 기구·나라·단체 등이 서로 인연을 맺는 관계. [예]동맹국과 유대를 강화하다.
유대²(Judea) 기원전 10~6세기경, 지금의 팔레스타인 지방에 있었던 유대 민족의 왕국. [비]유태.
유대감(紐帶感) 서로의 관계가 끈끈하게 이어져 있다는 느낌.
유대교(Judea敎) 모세의 가르침을 기초로 기원전 4세기경부터 발달한 유대 사람의 민족 종교. [비]유태교.
유대 인(Judea人) 셈족의 한 갈래로 헤브라이 어를 쓰는 종족에 속하는 사람들. 유대 왕국이 망한 뒤 세계 각지에 흩어져 살다가, 1948년에 이스라엘을 세웠다. [비]유태인.
유도¹(柔道) 두 사람이 맨손으로 맞잡고 서서 상대편을 넘어뜨리거나 몸을 눌러 조르거나 하여 승부를 겨루는 운동.
유도²(誘導) 사람이나 물건을 어떤 장소나 상태로 이끎. **유도되다**. **유도하다**. [예]비상 착륙을 유도하다.
유ː독¹(有毒) 독이 있음. [예]유독 가스. [반]무독. **유독하다**.
유독²(唯獨) 여럿 가운데 홀로 다르게. [예]이 나무만 유독 꽃이 늦게 핀다.
유ː독성(有毒性) [유독썽] 독이 있는 성질. [예]유독성 화학 물질.
유동적(流動的) 이리저리 움직이거나 바뀌는 성질을 지닌 것. [예]상황이 유동적이라 결정을 내리기가 어렵다. [반]고정적.
유두(流頭) '음력 유월 보름날'을 명절로 이르는 말. 이날, 동쪽으로 흐르는 물에 머리를 감고 수단 등의 음식을 만들어 먹는다.
유라시아(Eurasia) '유럽'과 '아시아'를 한 대륙으로 묶어 이르는 말.
유람(遊覽) 여기저기 구경하며 돌아다님. [예]경치가 좋은 곳을 찾아 유람을 떠나다. **유람하다**.
유람선(遊覽船) 유람하는 사람을 태우고 다니는 배.
유랑(流浪) 정한 곳 없이 이리저리 떠돌아다님. [예]유랑 생활/유랑 극단. [반]정착. **유랑하다**.
유래(由來) 사물이 어디에서 비롯되어 옴. 또는 그 거쳐 내려온 내력. [예]올림픽의 유래. **유래되다**. **유래하다**.
유럽(Europe) 육대주의 하나. 아시아의 서북쪽에 있는 반도 모양의 대륙과 여러 섬으로 이루어져 있다.
유럽 공ː동체(Europe共同體) 유럽 경제 공동체·유럽 원자력 공동체·유럽 석탄 철강 공동체가 통합하여 설립된 기구. 회원국의 경제 제도의 통합 및 무역의 자유화 등을 목적으로 하였다. 회원국은 프랑스·독일·이탈리아 등 12개국이었으며, 1993년 11월에 유럽 연합으로 발전하였다. [비]이시(EC).

유럽 연합(Europe聯合) 유럽 공동체 12개국이 결성한 기구. 회원국의 경제적·정치적인 통합과 공동 방위를 목표로 한다. [비]이유(EU).

유럽 인(Europe人) 유럽 여러 나라의 사람.

유ː력하다(有力—) [유려카다] ①힘이나 세력이 있다. [예]유력한 집안. ②가능성이 많다. [예]유력한 우승 후보.

유령(幽靈) ①죽은 사람의 혼령. [비]망혼. ②실제로는 없는 것을 마치 있는 것처럼 꾸며 놓은 것. [예]유령 회사.

유ː례(類例) 같거나 비슷한 예. [예]역사적으로 그 유례를 찾아볼 수 없는 큰 사건.

유로(Euro) 유럽 연합의 화폐 단위.

유ː료(有料) 요금을 내게 되어 있음. [예]유료 관람/이 시설은 유료로 이용해야 한다. [반]무료.

유ː리[1](有利) 이익이 있음. [반]불리. **유리하다**. [예]비가 오는 게 우리 편한테 유리하다.

유리[2](琉璃) 규사와 소다회·석회 등을 섞어서 녹인 다음 급히 냉각시켜 만든, 투명하고 단단하며 잘 깨지는 물건. [예]유리 제품.

유리관(琉璃管) 유리로 만든 관. 흔히, 화학 실험에 쓰인다.

유리그릇(琉璃—) [유리그릇] 유리로 만든 그릇. 유리 접시·유리병·유리 컵 등.

유리 막대(琉璃—) 길고 가는 유리로 된 막대.

유리문(琉璃門) 유리를 끼운 문.

유리병(琉璃甁) 유리로 만든 병.

유ː리수(有理數) 정수와 분수의 형식으로 나타낼 수 있는 수. [반]무리수.

유리 접시(琉璃—) 유리로 만든 접시.

유리창(琉璃窓) 유리를 낀 창문.

유리컵(琉璃cup) 유리로 만든 컵.

유리판(琉璃板) 유리로 만든 편평한 판.

유린(蹂躪) 남의 권리나 인격 등을 함부로 짓밟음. [예]인권 유린. **유린되다**. **유린하다**.

유ː망(有望) 앞으로 잘되거나 발전할 희망이 있음. [예]유망 학과/유망 직종. **유망하다**. [예]앞길이 유망한 청년.

유ː망주(有望株) '어떤 분야에서 발전할 가능성이 많은 사람'을 비유하여 이르는 말. [예]김 선수는 한국 축구의 차세대 유망주이다.

유머(humor) 남을 웃기는, 익살스럽고 재치 있는 말이나 짓. [예]유머 감각이 뛰어나다.

유ː명(有名) 이름이 세상에 널리 알려져 있음. [예]유명 가수. [비]저명. [반]무명. **유명하다**.

유ː명세(有名稅) [유명쎄] 세상에 이름이 널리 알려져서 겪는 불편이나 괴로움. [예]유명세를 치르다.

유모(乳母) 남의 아이를, 그 어머니를 대신하여 젖을 먹여 길러 주는 여자. [비]젖어머니.

유모차(乳母車) 어린아이를 태워서 밀고 다니는 작은 수레.

유목(遊牧) 한곳에 머물러 살지 않고, 물과 풀을 따라 소·말·양 등의 가축을 몰고 다니며 기르는 일. **유목하다**.

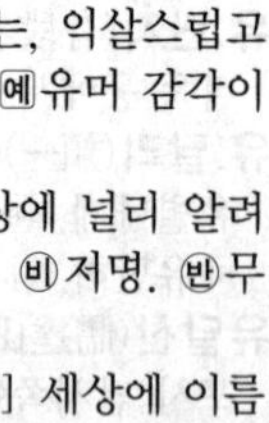
〈유모차〉

유목민(遊牧民) [유몽민] 유목을 하면서 이동 생활을 하는 사람들.

유:무(有無) 있음과 없음.

유물(遺物) ①옛 인류가 남긴 물건. 특히, 토기·석기 등 부피가 작고 옮길 수 있는 것을 이른다. 예조선 시대의 유물. 참유적. ②죽은 사람이 남긴 물건. 예이 시계는 어머니의 유물이다. 비유품.

유민¹(流民) 고향을 떠나 낯선 땅을 떠돌아다니는 백성. 비유랑민.

유민²(遺民) 망하여 없어진 나라의 백성. 예백제의 유민.

유밀과(油蜜菓) 쌀가루 반죽을 기름에 튀겨 꿀이나 조청을 바르고 튀밥·깨 등을 입힌 과자. 준유과.

유발(誘發) 어떤 일이 원인이 되어 다른 일이 일어남. 또는 다른 일을 일으킴. 유발되다. 유발하다. 예호기심을 유발하다.

유방(乳房) 사람이나 동물의 가슴 또는 배의 좌우에 달려 있으면서 젖을 만드는 기관. 비젖.

유배(流配) 지난날, 죄지은 사람을 먼 곳으로 보내어 살게 하던 형벌. 예왕은 반역을 꾀한 죄인들을 외딴섬으로 유배를 보냈다. 유배되다. 유배하다.

유:별(有別) 구별이 있음. 다름이 있음. 유별하다.

유:별나다(有別—)[유별라다] 보통의 것과 매우 다르다. 예형은 코가 유별나게 크다.

유복하다(裕福—)[유보카다] 살림이 넉넉하다. 예유복한 가정.

유부(油腐) 기름에 튀긴 두부. 예유부 우동.

유:사(類似) 서로 비슷함. 예유사 단체. 유사하다.

유:사시(有事時) 긴급한 일이 일어났을 때. 예유사시에 대비하여 비상식량을 마련해 두었다. 비평상시.

유:사품(類似品) 어떤 물건과 비슷하게 본떠 만든 가짜 물품. 예유사품에 주의하세요.

유산¹(乳酸) 젖당이나 포도당 등이 발효하여 생기는 산. 신맛이 나며, 청량음료·의약품 등을 만드는 데 쓰인다. 비젖산.

유산²(流産) 태아가 달이 차기 전에 죽어서 나옴. 비낙태. 유산되다. 유산하다.

유산³(遺産) ①죽은 사람이 남겨 놓은 재산. 예유산을 물려받다. ②지나간 시대의 사람들이 남긴 가치 있는 것. 예훈민정음은 우리 문화의 최대 유산이다.

유산균(乳酸菌) 포도당·사탕 같은 탄수화물을 분해하여 유산으로 만드는 세균. 비젖산균.

유생¹(幼生) 변태 동물의 어릴 때를 이르는 말.

유생²(儒生) 유교의 근본 뜻을 받들고 그 학문을 닦는 선비.

유:생물(有生物) 생명이 있는 것, 곧 동식물.

유서¹(由緖) 예로부터 전해 내려오는 까닭과 내력. 예유서 깊은 고장.

유서²(遺書) 유언을 적은 글.

유:선(有線) 방송·통신 등에서, 전깃줄을 사용한 것. 빤무선·무전.

유:선 방송(有線放送) 일정한 지역에서 케이블 같은 유선망을 통하여 내보내는 텔레비전 방송. 비케이블 방송.

유:선 전:화(有線電話) 전화선이 연결되어 통화하는 전화. 빤무선 전화.

유선형(流線型) 물·공기 등의 저항을 적게 받도록, 앞부분을 둥그렇게 만든 물체의 형태.

유성¹(油性) 기름과 같은 성질. 또는 기름의 성질. 예유성 물감. 참수성.

유성²(流星) 우주 공간을 떠돌던 물질이, 지구의 대기권 안으로 들어와 빛을 내며 다 타 없어지는 것. [비]별똥·별똥별.

'유성²'과 '운석'의 구별

유성 : 우주를 떠돌던 물질이, 지구의 대기권 안으로 들어와 빛을 내며 다 타 없어지는 것을 이른다. 밤하늘에 보이는 것으로 '별똥별'이라고도 한다.

운석 : 유성(별똥별)이 지구의 대기 중에서 다 타지 않고 땅 위에 떨어진 것을 이른다.

유성룡(柳成龍, 1542~1607) 조선 선조 때의 정치가. 호는 서애. 이황에게 학문을 배웠으며, 임진왜란 때는 이순신·권율 같은 명장을 등용하였고 영의정이 되어 임금을 호위하였다. 문장과 서예에 이름을 떨쳤으며 저서에 '서애집'·'징비록' 등이 있다.

유ː세¹(有勢) 자랑삼아 세도를 부림. [예]도대체 너는 누구를 믿고 유세냐? 유세하다.

유세²(遊說) 여러 곳을 돌아다니며 자기 또는 소속 정당의 의견이나 주장을 설명하고 선전함, 또는 그 일. [예]선거 유세. 유세하다.

유소년(幼少年) 유년과 소년을 아울러 이르는 말.

유ː수¹(有數) 어떤 분야에서 손꼽힐 만큼 두드러지거나 훌륭함. [예]세계 유수의 기업. 유수하다.

유수²(流水) 흐르는 물. [예]세월은 유수와 같이 흘러갔다.

유숙(留宿) 남의 집에서 묵음. [예]친척 집에서 며칠 유숙을 하기로 했다. 유숙하다.

유순하다(柔順—) 성질이 부드럽고 온순하다. [예]민수는 천성이 유순하여 남에게 싫은 소리를 못 한다. 유순히.

유ː식(有識) 지식을 배워 아는 것이 많음. [반]무식. 유식하다.

유실¹(流失) 물에 떠내려가서 없어짐. [예]홍수로 논밭이 유실이 되었다. 유실되다. 유실하다.

유실²(遺失) 갖고 있던 물건을 잃어버림. [예]유실물 보관소. [비]분실. 유실되다. 유실하다.

유ː실수(有實樹) [유실쑤] 과실이 열리는 나무. 밤나무·감나무 등.

유ː심하다(有心—) 마음을 두어 한곳으로 관심을 쏟고 있다. 주의가 깊다. 유심히. [예]곤충을 유심히 관찰하다.

유아¹(幼兒) 어린아이. 흔히, 만 6세 이전의 아이를 이른다. [예]유아 교육.

유아²(乳兒) 젖을 먹는 어린아이. [비]젖먹이.

유아기(幼兒期) 젖을 떼고 난 후부터 초등학교에 들어가기 전까지의 시기.

유아등(誘蛾燈) 곤충이 빛에 모여드는 성질을 이용하여, 밤에 산이나 들에 놓고 날아드는 해충을 잡는 등불.

유아원(幼兒園) 유치원에 들어가기 전의 어린아이를 돌보고 가르치는 시설.

유약(釉藥) 도자기를 만들어 구울 때, 그 겉면에 덧씌우는 약. 액체나 공기가 스며들지 못하게 하며 광택이 나게 한다. [비]잿물.

유약하다(幼弱—) [유야카다] 어리고 몸이 약하다. [예]유약한 어린아이.

유언¹(流言) 터무니없는 소문.

유언²(遺言) 사람이 죽기 전에 남기는 말.

유언비어(流言蜚語) 아무 근거 없이 널리 퍼진 소문. 터무니없이 떠도는 말. [비]뜬소문·루머·헛소문.

유언장(遺言狀) [유언짱] 유언하는 내용을 적은 글.

유에프오(UFO) 미확인 비행 물체. 곧 정체를 알 수 없는 비행 물체로, 비행접시 등을 말한다.

유엔(UN) ➡ 국제 연합.

유엔군(UN軍) ➡ 국제 연합군.

유엔 본부(UN本部) ➡ 국제 연합 본부.

유엔 사ː무총장(UN事務總長) ➡ 국제 연합 사무총장.

유엔 안전 보ː장 이ː사회(UN安全保障理事會) ➡ 국제 연합 안전 보장 이사회.

유엔 총회(UN總會) ➡ 국제 연합 총회.

유엔 평화 유지군(UN平和維持軍) 국제 연합이 평화 유지 활동을 위해 분쟁이 일어난 지역에 파견하는 군대.

유역(流域) 강물이 흐르는 둘레의 부근 지역. 예한강 유역.

유연성(柔軟性) [유연썽] 부드럽고 연한 성질, 또는 그 정도.

유연하다(柔軟―) 부드럽고 연하다. 예체조 선수들은 몸놀림이 매우 유연하다. 유연히.

유ː용(有用) 쓸모가 있음. 예유용 자원. 반무용. 유용하다.

유원지(遊園地) 사람들이 쉬면서 즐길 수 있도록 여러 가지 구경거리나 오락 시설을 갖추어 놓은 곳.

유월 한 해의 여섯째 달. 예유월호 잡지. |참고| 유월은 '육월(六月)'에서 온 말. |잘못| 육월.

유유자적(悠悠自適) 세상일에 얽매이지 않고, 조용하고 편안하게 삶. 유유자적하다. 예그는 은퇴 후 시골에 내려가서 유유자적한 전원생활을 즐기고 있다.

유유하다(悠悠―) ①움직임이 느릿느릿하고 한가하다. 예유유하게 흐르는 강물. ②태연하고 느긋하다. 유유히. 예황새 한 마리가 유유히 날아다닌다.

유의(留意) [유의/유이] 마음에 두어 주의하거나 관심을 가짐. 예유의 사항. 반유념. 유의하다.

유ː의어(類義語) [유의어/유이어] ➡ 비슷한말.

유의점(留意點) [유의쩜/유이쩜] 주의할 사항이나 일. 예가스 사용 시 유의점.

유ː익하다(有益―) [유이카다] 이롭거나 도움이 될 만하다. 예어린이에게 유익한 책. 반무익하다.

유인(誘引) 흥미나 주의를 끌어 꾀어 냄. 예적군을 깊숙한 골짜기로 유인을 하다. 유인되다. 유인하다.

유인석(柳麟錫, 1842~1915) 조선 말기의 의병장. 강화도 조약이 체결되자 제자를 이끌고 이를 반대하는 상소를 올렸다. 갑오개혁 후 친일 내각이 들어서자 의병을 일으켰으나 패하고, 만주로 가서 독립운동을 계속하였다.

유ː인원(類人猿) [유이눤] 침팬지·고릴라·오랑우탄 등과 같이 사람과 매우 비슷한 동물.

유일(唯一) 오직 하나밖에 없음. 유일하다. 예독서는 나의 유일한 취미이다.

유일무이(唯一無二) 오직 하나만 있음. 예유일무이의 기회를 놓칠 수는 없지. 유일무이하다.

유입(流入) ①액체·기체·열 등이 흘러 들어옴. 예지하수 유입. ②돈·물품·문화·사상 등이 들어옴. 예서양 문화의 유입. 유입되다. 유입하다.

유ː자(柚子) 유자나무의 열매.

〈유자〉

유ː자나무(柚子―) 운향과의 늘푸른떨기나무. 중국 원산의 재배 식물로, 초여름에 꽃이 피며 약간 편편하게 둥근 열매는 겨울에 노랗게 익는다. 신맛과 향기가 있어 차나 조미료로 쓰인다.

유ː자차(柚子茶) 끓는 물에 유자를 꿀에 재어 만든 즙을 타서 마시는 차.

유적(遺跡) 옛 인류가 남긴 역사적 사실의 자취. 특히, 패총·고분·집터 등 부피가 크고 옮길 수 없는 것을 이른다. 비고적·사적. 참유물.

유적지(遺跡地)[유적찌] ①패총·고분·집터 등의 유적이 있는 자리. ②역사적인 큰 사건 등이 벌어졌던 자리.

유전[1](油田) 석유가 땅속에 묻혀 있거나 생산되는 곳. 예해저 유전 탐사.

유전[2](遺傳) 부모의 생긴 모양이나 몸의 성질이 자식에게 전해지는 현상. 예유전병. 유전되다. 유전하다.

유전자(遺傳子) 생물체의 세포 안에 들어 있어, 자손에게 물려줄 유전 정보를 담고 있는 물질.

유전적(遺傳的) 유전되는 성질을 가지는 것.

유전학(遺傳學) 유전자의 이동 방식이나 성질·외계와의 관계 등을 연구하여, 생물의 유전적인 성질이 자손에게 나타나는 원인이나 과정 등을 밝히는 생물학의 한 분야.

유정[1](油井) 천연 석유를 찾아 뽑아 올리기 위하여 땅 밑으로 깊게 판 우물.

유정[2](惟政) ➡사명당.

유제품(乳製品) 우유를 가공하여 만든 식품. 버터·치즈·분유 등.

유조선(油槽船) 석유나 가솔린 등을 전문적으로 실어 나르는 배.

유족(遺族) 어떤 사람이 죽은 뒤에 남아 있는 가족. 예유가족.

유:종(有終) 끝맺음이 있음. 예유종의 미를 거두다.

유:죄(有罪)[유죄/유줴] 죄가 있음. 예유죄 판결을 받다. 반무죄.

유:지[1](有志) 어떤 지역에서 이름이 높고 영향력을 가진 사람. 예저 어른은 우리 마을의 유지이다.

유지[2](維持) 어떤 상태나 현상 등을 그대로 보존하거나 지탱하여 감. 예건강 유지를 위해 매일 아침 운동을 한다. 유지되다. 유지하다.

유창하다(流暢—) 말을 하거나 글을 읽는 것이 거침이 없다. 예유창한 말솜씨.

유채[1](油彩) ➡유화.

유채[2](油菜) 십자화과의 두해살이풀. 봄에 줄기 끝에 노란 꽃이 피고, 열매는 원통 모양인데 익으면 벌어져서 갈색 씨가 나온다. 꿀벌이 꿀을 얻는 주요 식물이며, 씨로는 기름을 짠다. 비평지.

유:채색(有彩色) 색상을 가진 빛깔. 빨강·노랑·파랑 등. 반무채색.

유채화[1](油彩畫) ➡유화.

유채화[2](油菜花) 유채의 꽃. 비평지꽃.

유:추(類推) 이미 알고 있는 일과 같거나 비슷한 점을 비교하여 모르는 일을 추측함. 유추되다. 유추하다. 예이 사람의 여러 가지 반응을 보고 앞으로 어떻게 행동할지 유추해 보자.

유:축 농업(有畜農業) 농사를 지어서 생기는 먹이로 가축을 기르고, 그 가축을 길러서 생기는 거름이나 가축의 힘을 농사를 짓는 데 이용하는 농업 경영 방법.

유출(流出) ①액체 등이 밖으로 흘러 나가거나 흘러 나옴. 예기름 유출 사고. ②비밀 등이 밖으로 새어 나감. 예회사 기밀 유출. 유출되다. 유출하다.

유충(幼蟲) ➡애벌레.

유치[1](乳齒) ➡젖니.

유치[2](誘致) 설비 등을 갖추어 두고 권하여 오게 하거나 행사 등을 벌이게 함. 예관광객 유치. 유치되다. 유치하다.

유치원(幼稚園) 초등학교에 들어가기 전의 어린이를 돌보고 가르치는 교육 기관.

유치장(留置場) 경찰서에서, 용의자나 가벼운 범죄를 지은 사람을 임시로 가두어 두는 곳.

유치하다(幼稚—) 하는 말이나 행동이, 수준이 낮거나 어리다. 예유치한 행동.

유쾌하다(愉快—) 마음이 즐겁고 기쁘다. 예유쾌한 기분. 반불쾌하다. 유쾌히.

유태(猶太) ➡유대².

유태교(猶太敎) ➡유대교.

유태인(猶太人) ➡유대 인.

유토피아(Utopia) 사람이 생각할 수 있는 가장 완전한 사회. 📏이상향.

유통(流通) ①공기나 액체가 흘러 움직임. ②상품이 생산자·상인·소비자 사이에 거래되는 일. ③화폐 등이 세상에 널리 쓰이는 일. 유통되다. 📏시장에 유통되고 있는 상품/오만 원권 화폐가 새로 유통되었다. 유통하다.

유통 기한(流通期限) 식품이나 약 같은 상품이 유통될 수 있는 기한.

유틀란트 반ː도(Jutland半島) 독일 북쪽에 있는 반도. 대부분이 덴마크 영토이며, 세계적인 낙농 지대이다.

유품(遺品) 죽은 사람이 살아 있을 때에 쓰다가 남긴 물건. 📏할아버지의 유품. 📏유물.

유프라테스 강(Euphrates江) 서부 아시아의 메소포타미아 평야를 흐르는 강. 길이 3,596km. 터키의 아르메니아 고원에서 시작된 물이 시리아·이라크를 지나 페르시아 만으로 흘러든다. 고대 문명의 발상지이다.

유하다¹(柔─) 성질·태도 등이 부드럽고 순하다. 📏성미가 유하다. 📏강하다.

유하다²(留─) 어떤 곳에 한동안 머물러서 묵다. 📏여행 중에 친척집에서 며칠 유할 생각이다.

유학¹(留學) 외국에 머물러 있으면서 공부함. 유학하다.

유학²(儒學) 유교의 학문. 공자의 사상을 근본으로 하고, 사서오경을 경전으로 삼아 정치와 도덕의 실천을 중심 과제로 한다. 📏유교.

유학생(留學生) [유학쌩] 외국에 머물러 있으면서 공부하는 학생.

유학자(儒學者) [유학짜] 유학을 연구하는 사람.

유ː한(有限) 시간·공간·수·양 등에 한도나 한계가 있음. 📏무한. 유한하다. 📏사람의 생명은 유한하다.

유ː해(有害) 해로움. 해가 있음. 📏유해 식품/유해 환경. 📏무해. 유해하다.

유해²(遺骸) '유골'을 정중하게 이르는 말. 📏국립묘지에 안치된 순국선열들의 유해.

유행(流行) ①옷·말투·생활 양식 등에 대한 새로운 현상이나 형식이 한동안 사회에 널리 퍼지는 것, 또는 그런 경향. ②전염병이 널리 퍼짐. 📏요즘 독감이 유행이다. 유행되다. 유행하다.

유행가(流行歌) 한때 많은 사람이 즐겨 듣거나 부르는 노래.

유행성(流行性) [유행썽] 유행하는 성질이나 특성.

유행성 결막염(流行性結膜炎) 바이러스의 감염으로 눈의 결막에 일어나는 전염성이 있는 염증.

유행성 독감(流行性毒感) 인플루엔자 바이러스에 의해 일어나는, 전염성이 있는 아주 독한 감기.

유행성 이ː하선염(流行性耳下腺炎) 바이러스의 감염으로 일어나는 법정 전염병의 한 가지. 주로, 어린아이들이 많이 앓는 병으로 귀밑샘에 염증이 일어나 볼 아래로 부어오른다.

유행어(流行語) 어느 한 시기에 여러 사람들 사이에 많이 쓰이는 말. 📏시쳇말.

유혈목이 [유혈모기] 뱀의 한 종류. 몸길이는 70~90cm. 논이나 강가에 사는, 독이 있는 뱀으로 짙은 녹색 바탕에 얼룩무늬가 있다.

유ː형¹(有形) 모양이나 형체가 있는 것. 📏유형의 자산. 📏무형.

유ː형²(類型) 비슷한 성질이나 특징이 있는 것끼리 묶은 갈래.

유ː형 문화재(有形文化財) 형체가 있어 눈으로 볼 수 있는 문화재. 건축물·회화·조각 등. [반]무형 문화재.

유형원(柳馨遠, 1622~1673) 조선 효종 때의 실학자. 호는 반계. 성리학·역사·지리·문학 등에 두루 뛰어났으며, 토지 제도의 개편과 과거 제도의 폐지 등을 주장하였다. 저서에 '반계수록' 등이 있다.

유혹(誘惑) 올바른 판단을 하지 못하거나 나쁜 행동을 하도록 꾐. [예]돈의 유혹을 뿌리치다./못된 친구의 유혹에 빠지다. **유혹되다. 유혹하다.**

유화(油畫) 기름에 녹인 물감으로 그리는 그림. [비]유채·유채화.

유황(硫黃) ➡황.

유ː효(有效) 효력이나 효과가 있음. 또는 쓸모가 있음. [예]유효 기간. [반]무효. **유효하다.**

유흥가(遊興街) 술집과 음식점 등이 많이 모여 있는 거리.

유희(遊戲) [유히] 즐겁게 노는 일. [예]유희를 즐기다. [비]놀이.

> **'유희'의 쓰임**
>
> 아이들이 하는 놀이를 가리킬 때에만 쓴다. 어른들이 하는 놀이에 대해서 쓸 경우에는 비꼬거나 놀리는 뜻이 된다.

육(六) 여섯.

육각기둥(六角—) [육깍끼둥] 밑면이 육각형인 각기둥.

육각뿔(六角—) [육깍뿔] 밑면이 육각형인 각뿔.

육각형(六角形) [육까켱] 여섯 개의 직선으로 둘러싸인 평면 도형.

육감(六感) [육깜] 시각·청각·후각·미각·촉각이 아닌, 느낌으로 알아차리는 감각. [예]나는 과자를 동생이 가져갔다는 사실을 육감으로 알아챘다.

육갑(六甲) [육깝] ①〈육십갑자〉의 준말. ②남의 말이나 행동을 얕잡아 이르는 말. [예]병신 같은 것이 육갑을 떨고 있네. **육갑하다.**

육개장(肉—醬) [육깨장] 소의 살코기를 푹 고아 찢어 고춧가루·파·마늘·간장·기름·후춧가루로 양념하여 국물에 넣고 실파를 갸름하게 썰어 많이 넣고 끓인 국.

육교(陸橋) [육꾜] 도로나 철도 위에 가로질러 놓은 다리.

육군(陸軍) [육꾼] 땅 위에서의 전투를 맡은 군대. [참]해군·공군.

육대주(六大洲) [육때주] 지구 위의 여섯 대륙. 곧, 아시아 주·아프리카 주·유럽 주·오세아니아 주·남아메리카 주·북아메리카 주.

육로(陸路) [융노] 육지의 길. [반]수로.

육류(肉類) [융뉴] 먹을 수 있는 짐승의 고기 종류.

육면체(六面體) [융면체] 여섯 개의 사각형으로 이루어진 입체.

육박전(肉薄戰) [육빡쩐] 땅 위에서 적과 맞붙어 싸우는 전투. [예]적군과 치열한 육박전이 벌어졌다.

육박하다(肉薄—) [육빠카다] 어떤 것에 아주 가까이 다가가다. [예]마감 시간에 육박하여 원서를 제출했다.

육방(六房) [육빵] 조선 시대에, 승정원과 지방 관청에 두었던 여섯 부서. 곧, 이방·호방·예방·병방·형방·공방.

육상(陸上) [육쌍] ①뭍 위. 육지의 위. [예]육상 식물. ②〈육상 경기〉의 준말.

육상 경ː기(陸上競技) 달리기·뜀뛰기·던지기의 세 가지 기본 동작을 중심으로하여 땅 위에서 하는 운동 경기를 통틀어 이르는 말. [준]육상.

육성[1](肉聲) [육썽] 사람의 입에서 직접 나오는 목소리. [예]어머니의 육성이 담긴 녹음테이프.

육성[2](育成) [육썽] ①시설·환경 등을 마련하여 훌륭한 성품이나 기술을 갖추도록 길러 냄. [예]과학 꿈나무 육성. ②단체·문화 등을 발전하게 함. [예]중소기업 육성. **육성되다. 육성하다.**

육송(陸松) [육쏭] 소나무.

육순(六旬) [육쑨] 예순 살. [예]할머니의 육순 잔치에 온 가족이 모였다. [참]환갑.

육식(肉食) [육씩] ①짐승의 고기를 먹음, 또는 그 음식. [반]채식. ②동물이 다른 동물의 고기를 먹이로 함. [반]초식. **육식하다.**

육식 동ː물(肉食動物) 사자·호랑이 등과 같이 다른 동물을 잡아먹고 사는 동물. [반]초식 동물.

육신(肉身) [육씬] 사람의 산 몸뚱이. [비]육체.

육십(六十) [육씹] 예순. [예]육십이 넘어 보이는 할아버지.

육십갑자(六十甲子) [육씹깝짜] 민속에서, 십간(十干)과 십이지(十二支)를 순차로 배합하여 육십 가지로 배열한 순서. '갑자'에서 시작하여 '계해'에서 끝난다. [준]육갑.

육십 만ː세 운ː동(六十萬歲運動) 1926년 6월 10일, 조선의 마지막 임금인 순종의 장례식날에 청년 학생들이 일제에 항거하여 일으킨 만세 운동.

육아(育兒) [유가] 어린아이를 기름. [예]육아 일기. **육아하다.**

육아원(育兒院) [유가원] 고아나 버려진 아이를 거두어 기르는 곳.

육안(肉眼) [유간] 안경·망원경 같은 것을 이용하지 않고, 직접 보는 눈이나 시력. [비]맨눈.

육영(育英) [유경] 어린아이를 기르고 가르침. [예]육영 사업. **육영하다.**

육영 공원(育英公院) 조선 고종 23(1886)년에 나라에서 세운 교육 기관. 우리나라 최초의 근대식 학교로, 미국인 교사를 초빙하여 수학·지리학·외국어 등을 가르쳤다. 1894년에 없어졌다.

육의전(六矣廛) [유긔전/유기전] 조선 시대에, 서울 종로에 있던 여섯 가지 종류의 가게. 주로, 궁궐에서 사용하는 물건을 팔았다. [비]육주비전.

육이오 전ː쟁(六二五戰爭) 1950년 6월 25일 새벽에, 북한 군대가 불법으로 남한을 침략함으로써 일어난 전쟁. 1953년 7월 27일에 휴전이 이루어졌다. [비]육이오 사변·한국 전쟁.

육자배기(六字—) [육짜배기] 주로 전라도 지방에서 부르는 민요의 한 가지. 곡조가 활발하며 진양조장단이다.

육조(六曹) [육쪼] 고려·조선 시대에, 나랏일을 맡아보던 이조·호조·예조·병조·형조·공조의 여섯 개의 중앙 관청. 지금의 행정부와 비슷하다.

육종(育種) [육쫑] 식물이나 동물의 좋은 품종을 만들어 내거나 이미 있는 품종을 더 쓸모 있게 개량하는 일. **육종하다.**

육주비전(六注比廛) [육쭈비전] ➡육의전.

육중하다(肉重—) [육쭝하다] 덩치·생김새 등이 크고 무겁거나 투박하다. [예]육중한 체구.

육지(陸地) [육찌] ①물에 잠기지 않은 지구 거죽의 땅. [예]육지와 바다. [반]바다. ②섬이 아닌 대륙이나 넓은 땅. [예]이 섬에는 육지에서 이사 온 사람이 많다. [비]뭍.

육체(肉體) 사람의 몸. [비]육신·신체. [반]영혼.

육체노동(肉體勞動) 몸을 써서 하는 노동. [반]정신노동.

육체적(肉體的) 육체에 관련되는 것. [예]육체적인 고통. [반]정신적.

육촌(六寸) 사촌의 자녀끼리의 촌수. [비]재종.

육친(六親) 부모·형제·처·자식처럼 직접 가족 관계에 있는 사람. [예]그는 어렸을 때 육친을 잃고 혼자 살아왔다.

육칠(六七) 육이나 칠. 囲예닐곱.

육포(肉脯) 얇게 저민 쇠고기를 양념 하여 말린 음식.

육풍(陸風) 밤에 육지에서 바다로 부 는 바람. 囲뭍바람. 凹해풍.

육하원칙(六何原則) [유카원칙] 기사 를 쓸 때에 꼭 필요한 여섯 가지 조 건. 곧, '누가·언제·어디서·무엇 을·어떻게·왜'를 이른다.

'육하원칙'의 보기

영어의 5W1H(Who, When, What, Where, Why, How)에서 비롯된 말 이다.
· **누가**(Who : 일에 관계된 사람) : 대 학생 2명이
· **언제**(When : 일이 일어난 때) : 21 일 오후 2시 반쯤에
· **어디서**(Where : 일이 일어난 곳) : 북한강 상류의 나루터 부근에서
· **무엇을**(What : 일의 내용) : 물놀이 를 하다가 급류에 휩쓸린 어린이 4 명을 구해낸 뒤
· **어떻게**(how : 일의 결과) : 자신들 은 급류를 빠져나오지 못해 목숨을 잃었다.
· **왜**(Why : 일의 원인) : 조사 결과, 사 고 원인은 어린이를 구하고 힘이 빠 져서 목숨을 잃은 것으로 밝혀졌다.

육해공군(陸海空軍) [유캐공군] 육 군·해군·공군을 아울러 이르는 말.

육회(肉膾) [유쾨/유퀘] 소의 살코기를 잘게 썰어 양념하여 날로 먹는 음식.

윤ː(潤) 기름을 바른 듯이 물체의 표 면이 매끄럽고 반들반들한 것. 예마 루를 윤이 나게 닦았다. 囲광·광택· 윤기.

윤곽(輪廓) ①일이나 사건의 대체적인 줄거리. 예사건의 윤곽이 드러나다.

②사물의 테두리 또는 얼핏 드러나는 대강의 모습. 예윤곽이 뚜렷한 얼굴/ 윤곽을 그리다.

윤곽선(輪廓線) [윤곽썬] 사물의 테두 리를 이어 대강의 모양을 나타내 는 선.

윤관(尹瓘, ?~1111) 고려 예종 때의 학자·장군. 1107년 함흥평야의 여 진족을 몰아내고, 아홉 개의 성을 쌓 았다.

윤극영(尹克榮, 1903~1988) 동요 작 가·작곡가. 방정환과 '색동회'를 조 직하였고, 어린이날 제정을 위해 힘 썼다. '반달'·'설날'·'고드름' 등 많은 동요를 작사·작곡하였다.

윤ː**기**(潤氣) [윤끼] 매끈하고 반들반들 하게 빛이 나는 기운. 예윤기가 자르 르 흐르는 햅쌀밥. 囲윤.

윤ː**년**(閏年) 윤달이나 윤일이 든 해. 양력에서는 4년마다 한 번씩 2월을 29일로 하고, 음력에서는 5년에 두 번씩 1년을 13개월로 한다. 凹평년.

윤ː**달**(閏一) 윤년에 드는 달. 양력에서 는 2월이 다른 해보다 하루가 많고, 음력에서는 다른 해보다 한 달이 더 해진다.

윤동주(尹東柱, 1917~1945) 시인. 독 립운동을 한 혐의로 체포되어 감옥에 서 죽었다. 해방 후 그의 작품을 모은 시집 '하늘과 바람과 별과 시'가 발간 되었다. 일제 시대의 민족적 슬픔과 광복에 대한 간절한 소망이 담긴 시 를 많이 썼다.

윤리(倫理) [율리] 사람이 살아가면서 마땅히 지켜야 할 도리와 규범.

윤봉길(尹奉吉, 1908~1932) 독립운동 가. 1932년 김구의 지시를 받고 홍커 우 공원에서 열린 일본 천황의 생일 을 기념하는 축하식장에 폭탄을 던 져, 시라카와 대장 등 주요 관리들을 죽이고 붙잡혀 순국하였다.

윤석중(尹石重, 1911~2003) 아동 문학가. '새싹회'를 창립하였고, 새로운 형태의 동요와 동시를 지어 아동 문학 발전에 공헌하였다. 작품에는 '낮에 나온 반달'·'외나무 다리' 등이 있다.

윤작(輪作) 같은 땅에 다른 작물을 해마다 바꾸어 심는 일. [비]돌려짓기. 윤작하다.

윤전기(輪轉機) 인쇄 기계의 한 가지. 원통 모양의 인쇄판과 회전하는 원통 사이에 둥글게 감은 종이를 끼워 짧은 시간에 많은 양을 인쇄할 수 있다.

윤치호(尹致昊, 1865~1945) 조선 말기의 정치가. 신사 유람단을 따라 일본에 다녀온 뒤 미국에 건너가 신학문을 배웠다. 서재필·이상재 등과 독립 협회를 조직하였고, 제2대 회장이 되어 만민 공동회를 개최하였다. 해방 후 일본에 협력한 것을 한탄하다가 스스로 목숨을 끊었다.

윤:택(潤澤) ①살림살이가 넉넉하고 여유가 있음. ②윤기 있는 광택. 윤택하다. [예]그는 윤택한 가정에서 자랐다.

윤:활유(潤滑油) [윤활류] 기계 부속품들이 맞닿는 부분의 마찰을 줄이기 위하여 쓰는 기름.

윤회(輪廻) [윤회/윤훼] ①차례로 돎. ②불교에서, 사람을 포함한 모든 생물은 육체는 죽더라도 영혼은 영원히 살아, 다시 태어나고 죽고 하기를 끝없이 되풀이함을 이르는 말. [예]윤회 사상. ②[본]윤회 생사.

율곡(栗谷) '이이'의 호.

율동(律動) [율똥] ①규칙에 따라 조화롭게 움직임. ②가락에 맞추어 추는 춤. [예]동생이 유치원에서 배운 율동을 보여 주었다.

율무 볏과의 한해살이풀. 잎은 가늘고 길며, 여름에 꽃이 핀다. 열매는 길둥글며 어두운 갈색인데, 안에 든 씨를 먹거나 차를 만들거나 약으로 쓴다.

율법(律法) [율뻡] 기독교에서, 하느님이 인간에게 지키도록 내린 규범.

융(絨) 목화 섬유로 잔털이 일어나게 짠, 부드러운 천.

융기(隆起) ①한 부분이 높이 솟아오름. ②땅이 솟아올라 기준보다 높아짐. ②[반]침강. 융기하다.

융단(絨緞) 염색한 털로 그림이나 무늬를 놓아 짠 두꺼운 천. 바닥에 깔거나, 벽에 걸기도 한다. [비]양탄자·카펫.

융성(隆盛) 매우 기운차고 성하게 일어남. 융성하다. [예]통일 신라 시대에는 불교 문화가 융성하였다.

융숭하다(隆崇—) 남을 대하는 태도가 아주 정성스럽다. [예]새신랑은 처가에 가서 융숭한 대접을 받고 왔다.

융자(融資) 은행 등에서 돈을 빌림, 또는 그 돈. [예]은행에서 융자를 받다. 융자되다. 융자하다.

융털(絨—) ①작은창자의 안쪽 벽에 촘촘하게 나 있는 돌기. 소화를 돕고 영양소의 흡수를 쉽게 한다. ②융단의 거죽에 난 부드러운 털.

융통(融通) ①돈이나 물건 등을 빌려 씀. [예]자금이 융통이 되지 않아 회사 운영이 어렵다. ②그때그때 형편에 알맞게 일을 처리함. 융통되다. 융통하다.

융통성(融通性) [융통썽] 일을 그때그때의 형편에 알맞게 처리할 수 있는 성질이나 재주. [예]저 사람은 융통성이 없이 고지식하다.

융합(融合) 여러 가지가 녹거나 섞여서 하나로 합해짐. [예]물은 산소와 수소가 융합을 하여 만들어진다. 융합되다. 융합하다.

융해(融解) 열을 받은 고체가 액체로 변하는 현상. [반]응고. 융해되다. 융해하다.

융화(融和) 서로 어울려 화목하게 됨. [예]융화 정책. 융화되다. 융화하다.

윷 [윧] ①작고 둥근 나무토막 두 개를 반으로 쪼개어 네 쪽으로 만든, 윷놀이에 쓰는 놀잇감. ②윷놀이에서, 던진 윷짝 네 개가 모두 잦혀진 경우를 이르는 말. [참]도·개·걸·모. [발음] 윷이 [유치] · 윷도 [윧또] · 윷만 [윤만]

윷을 놀다 [관용] 편을 가르고 윷을 던져 승부를 다투다.

윷가락 [윧까락] 윷의 한 개 한 개. [비]윷짝.

윷놀이 [윤노리] 편을 갈라 윷을 던져서 그 결과에 따라 윷판에 말을 놓아 빨리 돌아 나오는 것으로 이기고 짐을 겨루는 민속놀이. 윷이 잦혀지는 모양에 따라 도·개·걸·윷·모의 다섯 등급이 있다. 주로, 명절에 많이 하던 놀이이다.

윷말 [윤말] 윷판에 쓰이는 작은 나뭇조각이나 돌 등의 물건. 윷판에 놓아 놀고 있는 위치를 나타낸다.

윷판 [윧판] ①윷을 놀고 있는 자리. [예]윷판이 벌어지다. ②윷놀이에서, 말이 가는 길을 그린 판.

으깨다 덩이진 물건 등을 눌러서 부스러뜨리다. [예]삶은 계란을 으깨어 샌드위치를 만들었다.

으뜸 차례로 따질 때 첫째. 또는 가장 중요하고 기본이 되는 것. [예]꽃이라면 장미가 으뜸이다.

으뜸가다 많은 가운데에서 으뜸으로 꼽히다. 또는 가장 중요하다. [예]한글은 지구 상에서 으뜸가는 글자이다. [비]제일가다·첫째가다.

으뜸꼴 어떤 낱말이 여러 모양으로 바뀌기 이전의 기본 형태. [참고] '먹으니'·'먹어' 등으로 쓰이는 이 낱말의 으뜸꼴은 '먹다'이다. [비]기본형.

으뜸음(一音) [으뜨믐] 음계의 첫째 음. 장음계에서는 도(do), 단음계에서는 라(la)이다.

으뜸화음(一和音) 으뜸음 위에 구성된 삼화음. 장조에서는 '도'·'미'·'솔', 단조에서는 '라'·'도'·'미'의 화음을 이른다. [참]딸림화음·버금딸림화음.

으레 ①두말할 것 없이 당연히. [예]으레 우리가 해야 할 일이다. [비]마땅히. ②거의 틀림없이. [예]진아는 쉬는 시간이면 으레 책을 본다. [비]대개. [잘못] 으례.

으르다 상대편을 해칠 듯이, 말이나 행동으로써 위협하다. [활용] 으르니·올러.

으르렁 사나운 짐승이 화를 내며 크게 울부짖는 소리, 또는 그 모양.

으르렁거리다 ①사나운 짐승이 화를 내며 크게 울부짖는 소리를 자꾸 내다. [예]개들이 으르렁거리며 싸우다. ②사이가 좋지 못하여 서로 자꾸 다투다. [예]저 두 사람은 만나기만 하면 서로 으르렁거린다. [비]으르렁대다.

으르렁대다 ➡으르렁거리다.

으름장 [으름짱] 말이나 행동으로 남을 위협하는 짓. [예]형은 자기 말을 안 들으면 엄마에게 이르겠다고 으름장을 놓았다.

으리으리하다 건물의 모양이나 규모가 엄청나게 크고 화려하다. [예]으리으리한 궁전.

으스대다 잘난 체하며 뽐내다. [예]힘이 세다고 으스대지 마라. [잘못] 으시대다.

으스러지다 단단한 물체가 센 힘에 짓눌려서 부서지다.

으스스 춥거나 무서워서 몸이 떨리고 소름이 끼치는 듯한 상태. [예]비를 맞아 몸이 으스스 떨린다. [작]아스스.

으슥하다 [으스카다] 무서운 느낌이 들 만큼 구석지고 조용하다. [예]으슥한 골목길.

으슬으슬 [으스르슬] 감기나 몸살 등으로 몸에 소름이 끼칠 듯이 추위가 느껴지는 상태. [작]오슬오슬.

으시대다 '으스대다'의 잘못.
으쓱¹ ①어깨를 갑자기 한 번 들먹이는 모양. ②몹시 자랑스러워하는 모양. [예]나는 선생님께 칭찬을 받고 어깨가 으쓱 올라갔다. **으쓱으쓱**.
으쓱² 무섭거나 추울 때 몸이 갑자기 움츠러드는 모양. [작]아쓱.
으쓱거리다 [으쓱꺼리다] ①어깨를 자꾸 들먹이다. ②몹시 잘난 듯이 굴며 뻐기다. [예]철수는 달리기 대표로 뽑혔다고 으쓱거렸다. [비]으쓱대다.
으쓱대다 [으쓱때다] ➡으쓱거리다.
으쓱해지다 [으쓰캐지다] 잘난 듯이 느끼어 으쓱하게 되다. [예]지우는 선생님께 칭찬을 듣고 어깨가 으쓱해졌다.
으악 스스로 놀라거나, 또는 남을 놀라게 하려고 지르는 소리. [예]으악! 괴물이다.
으앙 어린아이의 울음소리. **으앙으앙**.
으응 친구나 아랫사람에게 대답하는 말, 또는 대답을 재촉하는 말. [예]으응, 그렇게 하자./왜 말을 못하니, 으응?
윽박다 [윽빡따] 억지로 짓누르다.
윽박지르다 [윽빡찌르다] 몹시 억눌러 기를 꺾다. [예]동생을 너무 윽박지르지 말고 잘 타일러라. [활용] 윽박지르니·윽박질러. [잘못] 욱박지르다.
은(銀) 금속 원소의 한 가지. 흰빛의 아름다운 광택을 가진 귀금속으로, 장식품·공예품 등을 만드는 데 널리 쓰인다.
은거(隱居) 세상 사람들을 피하여 숨어서 삶. [예]은거 생활. [비]은둔. **은거하다**.
은공(恩功) 남이 베풀어 준 은혜와 도움. [예]여러분이 베풀어 주신 은공은 잊지 않겠습니다. [비]은덕.
은구슬(銀—) 은으로 만든 구슬.
은근슬쩍(慇懃—) 겉으로 드러나지 않게 슬그머니. [예]그는 은근슬쩍 내 손을 잡았다.
은근하다(慇懃—) ①태도가 겸손하고 점잖다. [예]은근한 태도. ②마음속으로 생각하는 정이 깊다. [예]은근한 사이. ③드러나지 않다. [예]은근하게 일을 꾸미다. **은근히**. [예]은근히 여동생을 편들다.
은덕¹(恩德) 은혜와 덕. 또는 은혜로 입은 신세. [비]은공.
은덕²(隱德) 남이 알지 못하게 베푸는 덕행.
은도끼(銀—) 은으로 만든 도끼.
은돈(銀—) 은으로 만든 돈. [비]은전·은화.
은둔(隱遁) 세상을 피하여 숨음. [예]은둔 생활. [비]은거. **은둔하다**.
은막(銀幕) ①영상을 비추어 볼 수 있는 하얀 막. ②'영화계'를 비유하여 이르는 말. [예]은막의 여왕이라고 불리던 여배우.
은메달(銀medal) 각종 운동 경기나 기능 대회 같은 데서 2등을 한 사람에게 주는 은빛 메달. [참]금메달·동메달.
은밀하다(隱密—) 생각·행동 등을 숨겨서, 흔적이 겉으로 드러나지 않다. [예]은밀한 장소. **은밀히**.
은박(銀箔) ①비단이나 책 등에 은 또는 은과 같은 빛깔의 재료로 글자나 무늬를 박아 넣음, 또는 그렇게 박아 넣은 것. [예]은박 종이. ②➡은박지.
은박지(銀箔紙) [은박찌] 은을 늘여서 얇은 종이와 같이 만든 것. [비]은박.
은반(銀盤) ①은으로 만든 쟁반. ②'스케이팅을 하는 얼음판'을 비유하여 이르는 말. [예]피겨 여왕인 김 선수는 은반 위에서 멋진 연기를 펼쳤다.
은방울(銀—) 은으로 만든 방울.
은방울꽃(銀—) [은방울꼳] 백합과의 여러해살이풀. 산에 저절로 나는데, 5월경에 잎 사이에서 꽃줄기가 나와 방울 모양의 희고 작은 꽃이 핀다. 열매와 뿌리는 한방에서 약재로 쓰인다.

은빛(銀―)[은삗] 은과 같은 빛깔. 예은빛 물결. 비은색.

은사(恩師) 《은혜를 베풀어 준 스승이라는 뜻으로》 '스승'을 감사한 마음으로 이르는 말.

은사시나무(銀―) 버드나뭇과의 낙엽지는 큰키나무. 한국산 사시나무와 미국산 은백양 사시나무에서 생긴 자연 잡종으로, 잎에는 톱니가 있으며 뒷면은 털로 덮여 있다.

은상(銀賞) 상의 등급을 금·은·동으로 구분하였을 때의 2등상. 참금상·동상.

은색(銀色) 은과 같은 색깔. 비은빛.

은신(隱身) 남의 눈을 피하여 몸을 숨김. 은신하다. 예재상은 말년에 속세를 떠나 시골 암자에 은신했다.

은신처(隱身處) 남의 눈을 피하여 몸을 숨길 만한 곳. 예은신처를 마련하다.

은어(銀漁)[으너] 바다빙엇과의 물고기. 몸길이 20~30cm. 몸은 가늘고 길며 몸빛은 어두운

〈은어〉

녹색을 띤 회색이다. 자갈이 깔려 있는 맑은 강에 산다. 어린 물고기는 바다에서 지내고 자라면 강을 거슬러 올라와 알을 낳는다.

은연중(隱然中)[으년중] 남이 모르는 가운데. 예찬호와 나는 은연중에 친해졌다.

은유(隱喩)[으뉴] 〈은유법〉의 준말.

은유법(隱喩法)[으뉴뻡] 본뜻은 숨기고 비유하는 대상만 드러내어 표현하는 방법. '내 마음은 호수'라고 하는 등. 준은유.

은율 탈'춤놀이(殷栗―) 황해도 은율 지방에 전해 내려오는 가면극. 중요 무형 문화재 제61호.

은은하다(隱隱―)[으는하다] ①향기나 빛 같은 것이 연하고 그윽한 느낌이 있다. 예은은한 달빛이 비치고 있다. ②멀리서 들려오는 소리가 가늘고 그윽한 느낌이 있다. 예은은하게 들려오는 새벽 종소리. 은은히.

은인(恩人)[으닌] 은혜를 베풀어 준 사람. 예생명의 은인. 반원수.

은장도(銀粧刀) 지난날, 여자가 노리개로 차던, 칼자루와 칼집을 은으로 장식한 작은 칼.

은쟁반(銀錚盤) 은으로 만든 쟁반.

은종이(銀―) ①은가루나 은박을 입혀서 만든 종이. ②주석과 납의 합금을 종이처럼 얇게 펴서 만든 것.

은진 미륵(恩津彌勒) 충청남도 논산시 은진면 관촉사에 있는, 석조 미륵보살의 입상. 고려 시대에 세운 것으로, 동양에서 제일 큰 석불이다. 높이는 24.5m.

은총(恩寵) ①높은 사람으로부터 받는 특별한 사랑. ②기독교에서, 하느님이 인간에게 내리는 사랑을 이르는 말.

은퇴(隱退)[은퇴/은퉤] 나이가 들어 사회 활동을 그만두고 물러남. 예그는 오늘 경기를 마지막으로 선수 생활에서 은퇴를 하기로 했다. 은퇴하다.

은팔찌(銀―) 은으로 만든 팔찌.

은평구(恩平區) 서울특별시의 북서쪽에 있는 구.

은폐(隱蔽)[은폐/은페] 잘못이나 부끄러운 일을 덮어 감추고 숨김. 은폐되다. 은폐하다. 예사건을 은폐하다./죄를 은폐하다.

은하(銀河) 맑은 날 밤에 흰 강물 모양으로 남북으로 길게 보이는 별의 무리.

은하계(銀河系)[은하계/은하게] 태양계가 속해 있는, 수많은 별과 성운이 모여 이룬 집단.

은하수(銀河水) '은하'를 강물에 비유하여 이르는 말.

은행¹(銀行) 사람들의 예금을 맡아 관리하여 이자를 주고, 필요한 사람에게 돈을 빌려 주고 이자를 받는 등의 일을 하는 금융 기관.

은행²(銀杏) 은행나무의 열매.

은행나무(銀杏—) 은행나뭇과의 낙엽지는 큰키나무. 잎은 부채 모양이며 가을에 노랗게 단풍이 든다. 5월에 꽃이 피고 열매인 '은행'은 10월에 노랗게 익  〈은행나무〉
는데, 먹기도 하고 약으로 쓰기도 한다.

은행원(銀行員) 은행에서 업무를 맡아 보는 직원.

은행잎(銀杏—) [은행닙] 은행나무의 잎. 예노란 은행잎.

은혜(恩惠) [은혜/은헤] 고맙게 베풀어 주는 혜택. 예부모님의 은혜에 보답하자.

은화(銀貨) 은으로 만든 돈. 비은돈.

을미사변(乙未事變) 조선 고종 32 (1895. 을미)년에 일본 공사 미우라 등이 경복궁을 침입하여 명성 황후를 죽인 사건. 일본이, 러시아와 친한 명성 황후와 그 세력을 없애고 자기 세력을 키우기 위하여 일으켰다.

을밀대(乙密臺) [을밀때] 평안남도 평양 금수산에 있는 대(臺)와 그 위에 세워진 정자. 고려 시대에 건립하여 1714년에 고쳐 세운 것으로, 평양 시내를 내려다볼 수 있다.

을사오적(乙巳五賊) [을싸오적] 대한 제국 때, 을사조약을 맺는 데 관계한 다섯 사람의 역적. 곧, 박제순·이지용·이근택·이완용·권중현. 비오적.

을사조약(乙巳條約) [을싸조약] 1905(을사)년 11월에 일본이 우리나라의 외교권을 빼앗기 위하여 강제로 맺은 조약. 비을사늑약·을사오조약.

을씨년스럽다 [을씨년스럽따] 보기에 몹시 쓸쓸하다. 예비가 쏟아질 것처럼 날씨가 을씨년스럽다. |활용| 을씨년스러우니·을씨년스러워. 을씨년스레.

'을씨년스럽다'의 쓰임

주로, 어떤 대상을 눈으로 보고 난 느낌을 나타낼 때 쓰는 말이다. 따라서, 귀로 들은 것에 대해서는 잘 쓰지 않는다. 예을씨년스러운 날씨/×바람 소리가 을씨년스럽게 들린다.

을지문덕(乙支文德, ?~?) 고구려 영양왕 때의 장군. 612년 고구려에 쳐들어온 수나라의 30만 대군을 살수(지금의 청천강)에서 크게 무찔렀다. 시와 글에도 뛰어났다.

읊다 [읍따] ①가락이 있는 소리로 시를 읽거나 외다. 예엄마 앞에서 학교에서 배운 시를 읊었다. ②시를 짓다. 예나라를 빼앗긴 한을 읊은 시. |발음| 읊어 [을퍼] · 읊고 [읍꼬]

읊조리다 [읍쪼리다] 뜻을 생각하면서 낮은 목소리로 시를 읽거나 외다. 예지수는 수업 시간에 배운 시를 조용히 읊조렸다.

음¹ 무엇을 그렇다고 인정하는 뜻으로, 입을 다물고 입 속으로 내는 소리. 예음, 듣고 보니 네 말이 맞는 것 같아.

음²(音) 소리.

음³(陰) 수학에서, 어떤 수가 0보다 작은 것. 비양.

-음 움직임이나 모양·상태 등을 나타내는 말의 바뀌지 않는 부분에 붙어, 그 말을 사물의 이름을 나타내는 말처럼 쓰이게 하는 말. 예웃음/믿음.

음각(陰刻) 글자나 그림 등을 안으로 들어가게 새기는 일, 또는 그 조각. [비]오목새김. [반]양각.

음계(音階) [음계/음게] 음악에서, 음을 높이의 차례대로 일정하게 늘어놓은 것. 곧, 서양 음악의 도·레·미·파·솔·라·시, 동양 음악의 궁·상·각·치·우 등.

음공(陰功) ①뒤에서 돕는 공. ②세상이 모르는 숨은 공덕. [예]음공을 쌓다.

음극(陰極) 두 전극 사이에 전류가 흐르고 있을 때, 전압이 낮은 쪽의 극. 곧, 마이너스(−)의 극. 기호는 −. [반]양극.

음기(陰氣) 만물을 만들어 내는 기운 가운데 어둡고 침침하거나 쌀쌀한 기운. [반]양기.

음독(音讀) ①글을 소리 내어 읽음. ②한자를 음으로 읽음. ②[반]훈독. **음독하다**.

음란(淫亂) [음난] 어떤 내용이나 생각·행동 등이 성적으로 지저분하고 문란함. [예]음란 비디오. **음란하다**.

음력(陰曆) [음녁] 달이 찼다가 다시 기울기까지의 약 29.5일을 기초로 하여 만든 달력. 1년을 열두 달로 하고 작은달을 29일, 큰달을 30일로 한다. [본]태음력. [반]양력.

음력의 날과 달의 일컬음

〈날〉
- 1일:초하루/초하룻날
- 2일:초이틀/초이튿날
- 3일:초사흘/초사흗날
- 4일:초나흘/초나흗날
- 5일:초닷새/초닷샛날
- 6일:초엿새/초엿샛날
- 7일:초이레/초이렛날
- 8일:초여드레/초여드렛날
- 9일:초아흐레/초아흐렛날
- 10일:열흘/열흘날
- 11일:열하루/열하룻날
- 12일:열이틀/열이튿날
- 13일:열사흘/열사흗날
- 14일:열나흘/열나흗날
- 15일:열닷새/열닷샛날
- 16일:열엿새/열엿샛날
- 17일:열이레/열이렛날
- 18일:열여드레/열여드렛날
- 19일:열아흐레/열아흐렛날
- 20일:스무날
- 21일:스무하루/스무하룻날
- 22일:스무이틀/스무이튿날
- 23일:스무사흘/스무사흗날
- 24일:스무나흘/스무나흗날
- 25일:스무닷새/스무닷샛날
- 26일:스무엿새/스무엿샛날
- 27일:스무이레/스무이렛날
- 28일:스무여드레/스무여드렛날
- 29일:스무아흐레/스무아흐렛날
- 30일:그믐/그믐날

※ 그믐은 그달의 마지막 날. 따라서, 28일날이나 29일이 그믐이 될 수도 있다.

〈달〉
- 1월:정월
- 11월:동짓달
- 12월:섣달

※ 그 외의 달은 양력과 같다.

음력설(陰曆−) [음녁썰] 음력으로 쇠는 설.

음ː료(飮料) [음뇨] 사람이 마실 수 있도록 만든 액체. [예]과즙으로 만든 음료. [비]음료수.

음ː료수(飮料水) [음뇨수] ①사람이 마실 수 있는 물. [비]식수. ②사람이 갈증을 풀거나 맛을 즐기기 위하여 마시는 액체. [비]음료.

음률(音律)[음뉼] 음악이나 소리의 가락.

음매 송아지의 울음소리.

음모(陰謀) 남이 모르게 나쁜 일을 꾸밈, 또는 그 꾸민 일. 예반란 음모를 꾸미다. 음모하다.

음미(吟味) ①음식의 맛과 향을 즐기면서 천천히 맛보다. ②사물의 내용이나 속뜻을 깊이 새기어 맛봄. 음미하다. 예음식은 천천히 음미하면서 드세요./편지 내용을 찬찬히 음미하다.

음반(音盤) 음성이나 노래 등을 녹음한 소용돌이 모양의 원반. 비디스크·레코드·판.

음ː복(飮福) 제사를 지내고 나서 제사에 썼던 술과 음식을 나누어 먹음. 음복하다.

음산하다(陰散—) ①날씨가 흐리고 으스스하다. 예진눈깨비가 내리는 음산한 겨울 날씨. ②느낌이나 분위기가 을씨년스럽고 썰렁하다. 예음산한 초겨울 저녁. 음산히.

음색(音色) 목소리나 악기 등의, 그 음이 다른 음과 구별되는 특유의 성질이나 울림. 예전통 악기의 음색.

음성¹(音聲) 사람의 발음 기관에서 나오는 소리. 예낮은 음성. 비말소리.

음성²(陰性) 병이 있는지 확인하기 위한 검사를 했을 때, 반응이 없거나 기준 이하의 반응이 나타나는 성질. 반양성.

음속(音速) 소리의 속도. 15°C의 공기 중에서는 1초에 340 m이며, 단위는 마하이다.

음수(陰數) 0보다 작은 수. −1, −2, −3 등. 반양수.

음ː식(飮食) 사람이 먹고 마시는 것. 비음식물.

음ː식물(飮食物)[음싱물] 사람이 먹고 마시는 물질. 비음식.

음ː식상(飮食床)[음식쌍] 음식을 차려 놓은 상.

음ː식점(飮食店)[음식쩜] 조리한 음식을 파는 가게. 예주말에는 중국 음식점에 가자. 비식당.

음악(音樂)[으막] 인간의 사상이나 감정을 목소리·악기 등의 소리를 통하여 나타내는 예술. 크게 성악과 기악으로 나뉜다.

음악가(音樂家)[으막까] 음악을 전문으로 하는 사람. 지휘자·작곡가·성악가 등.

음악실(音樂室)[으막씰] 음악을 연주하거나 감상하거나 공부할 때 쓰는 방.

음악회(音樂會)[으마쾨/으마쿼] 음악을 연주하거나 감상하는 모임. 비연주회.

음양(陰陽)[으먕] 만물을 만들어 내며 서로 반대되는 기운인 음과 양을 아울러 이르는 말. 예음양의 조화.

음영(陰影)[으멍] 그늘 또는 그림자. 예커다란 나무 밑으로 음영이 졌다.

음영법(陰影法)[으명뻡] 미술에서, 밝고 어두움의 차이를 이용하여 입체감을 표현하는 기법.

음이름 [음니름] 절대적인 음의 높이를 나타내려고 붙인 이름. 우리나라에서는 '다·라·마·바·사·가·나', 서양에서는 'C·D·E·F·G·A·B'의 일곱 문자를 쓴다. 참계이름.

음전기(陰電氣) 수지를 모피에 문지를 때 생기는 전기. '−' 부호로 나타낸다. 반양전기.

음절(音節) 낱말 또는 낱말의 일부를 이루는 소리의 한 덩어리. 홀소리만으로 이루어지거나 홀소리와 닿소리, 닿소리와 홀소리, 닿소리와 홀소리와 닿소리가 어울려 이루어진다. 아·악·가·갈 등. 비소리마디.

음정(音程) 동시에 또는 잇달아 울리는 두 음 사이의 높낮이의 차.

음ː주(飮酒) 술을 마심. 예음주 운전. 음주하다.

음지(陰地) 볕이 잘 들지 않는 그늘진 곳. [비]응달. [반]양지.

음지 식물(陰地植物) 그늘진 곳에서 잘 자라는 식물. [반]양지 식물.

음치(音癡) 음악에 대한 감각이 둔하여 노래할 때 음의 높낮이나 박자를 제대로 맞추지 못하는 사람. [예]오빠는 음치라서 노래 부르는 것을 좋아하지 않는다.

음침하다(陰沈－) ①날씨가 흐리고 어두컴컴하다. [예]음침하던 날씨가 맑게 개었다. ②성질이 명랑하지 못하고 엉큼하다. [예]음침한 표정을 짓다.

음탕하다(淫蕩－) 성적인 말이나 행동이 몹시 지저분하다.

음파(音波) 소리가 울려 퍼져 나가면서 생기는 공기의 흔들림.

음표(音標) 음의 길고 짧음과 높낮이를 나타내는 기호.

음향(音響) 물체에서 나는 소리와 그 울림.

음향 효ː과(音響效果) 연극이나 영화·방송 등에서, 장면에 맞추어 실제와 비슷한 소리를 써서 극의 효과를 높이는 일.

음흉하다(陰凶－) 겉으로는 따뜻해 보이지만 속마음이 어둡고 흉하다. [예]음흉한 속셈.

읍(邑) ①지방 행정 구역의 하나. 군의 관할에 속한 인구 2만~5만의 작은 도시이다. ②〈읍내〉의 준말.

읍내(邑內) [음내] 읍의 안. [준]읍.

읍루(挹婁) [음누] 중국 한나라·위나라 때, 만주 북쪽에 살던 부족.

읍사무소(邑事務所) [읍싸무소] 읍의 행정 사무를 맡아보는 곳.

읍성(邑城) [읍썽] 한 읍 전체를 성벽으로 둘러싼 성. [예]낙안 읍성/고창 읍성.

읍장(邑長) [읍짱] 읍의 행정을 책임지는 사람.

응 친구나 아랫사람에게 대답하는 말. 또는 대답을 재촉하는 소리. [예]응, 그렇게 하자./왜 대답이 없니, 응?

응ː고(凝固) ①엉겨서 굳어짐. [예]혈액 응고. ②액체나 기체가 고체로 변하는 현상. ②[반]융해. 응고되다. 응고하다.

응ː급(應急) 급한 대로 우선 처리함. [예]응급 조치. 응급하다.

응ː급실(應急室) [응급씰] 병원 등에서, 환자를 응급 치료할 수 있는 시설을 갖추어 놓은 곳.

응ː급 처ː치(應急處置) ➡응급 치료.

응ː급 치료(應急治療) 다쳤거나 갑자기 병이 났을 때, 우선 위급한 고비를 넘기기 위하여 하는 간단한 치료. [비]응급 처치.

응ː낙(應諾) 부탁한 것을 들어줌. [비]승낙·허락. 응낙하다. [예]나는 친구의 부탁을 흔쾌히 응낙하였다.

응달 볕이 잘 들지 않아 그늘진 곳. [비]음지. [반]양달.

응ː답(應答) 물음이나 부름에 대답함. [반]질의. 응답하다. [예]나는 선생님의 질문에 응답했다.

응ː당(應當) 마땅히 또는 반드시. [예]응당 해야 할 일을 했을 뿐입니다.

응ː당하다(應當－) 지극히 마땅하거나 당연하다. [예]죄를 지은 사람은 응당한 벌을 받아야 한다. 응당히.

응ː대(應對) 부름이나 물음·요구 등에 대하여 대답하거나 알맞게 행동함. [예]고객 응대/전화 응대. 응대하다.

응ː모(應募) 모집에 응함. [예]퀴즈 응모. 응모하다.

응ː분(應分) 《주로 '응분의'의 꼴로 쓰여》 사람의 형편이나 한 일에 알맞음. [예]응분의 대가를 치르다. 응분하다.

응ː석 어린이가 어른에게 어리광을 부리며 버릇없는 말이나 행동을 하는 것. [예]민지는 할아버지에게 응석을 부렸다.

응:석꾸러기 응석을 잘 부리는 아이.

응:석받이 [응석빠지] 어른이 귀여워할 것으로 알고 버릇없이 굴며 자란 아이. 예하나밖에 없는 아들을 응석받이로 키우려고?

응:수(應酬) 상대방이 한 말이나 행동을 받아서 그에 알맞게 대답함. 응수하다. 예나는 핀잔하는 언니에게 신경질적으로 응수했다.

응:시¹(凝視) 눈길을 한곳으로 모아 가만히 바라봄. 비주시. 응시하다. 예그는 창밖을 응시한 채 회상에 잠겼다.

응:시²(應試) 시험을 치름. 예응시 자격. 응시하다. 예시험에 응시하다.

응애 갓난아이가 우는 소리. 응애 응애.

응어리 ①근육이 뭉쳐서 덩어리진 부분. 예장딴지의 매 맞은 자리에 응어리가 생겼다. ②마음속에 풀리지 않고 남아 맺혀 있는 감정. 예서로 응어리가 진 마음을 풀고 화해하자. ③사물의 속에 깊이 박힌 것.

응:용(應用) 원리나 지식·기술 등을 실제로 다른 일에 활용함. 예응용 문제. 응용되다. 응용하다.

응:원(應援) ①운동 경기 등에서, 박수나 노래 등으로 자기편 선수의 힘을 북돋우는 일. 예응원 소리/응원 연습. ②편들어 격려하거나 돕는 일. 응원하다.

응:원가(應援歌) 운동 경기 등에서, 자기편의 힘을 북돋워 주기 위하여 여럿이 부르는 노래.

응:원기(應援旗) 운동 경기 등에서, 자기편 선수를 응원할 때에 쓰는 깃발.

응:원단(應援團) 운동 경기 등에서, 자기편 선수에게 응원하는 단체.

응:원석(應援席) 응원하는 사람들이 앉는 자리.

응:접실(應接室) [응접씰] 손님을 맞이하여 접대하는 방.

응:집(凝集) 흩어져 있던 물질·힘·세력 등이 한데 모여 뭉침. 응집되다. 예온 국민의 응집된 힘. 응집하다.

응:징(膺懲) 잘못을 저지른 사람이 뉘우치도록 마땅한 벌을 줌. 예어린아이를 유괴한 범인은 마땅히 응징을 받아야 한다. 응징되다. 응징하다.

응:하다(應一) 부름이나 물음·요구 등에 대하여, 그것에 따르는 행동을 하거나 맞추어 대하다. 예도전에 응하다./초대에 응하다. 반불응하다.

의:¹(義) 사람으로서 지켜야 할 바른 도리. 예의를 위하여 목숨을 바치다.

의:²(誼) 오래 사귀어 친해진 정. 예의가 상하다./형제끼리 의가 좋다.

의:거(義擧) 옳은 일을 위하여 일으킨 큰일. 예윤봉길 의사의 의거.

의거하다(依據一) 판단이나 행동 등이 어떤 사실이나 원리에 바탕을 두다. 예법률에 의거하여 판단하다.

의:견(意見) 어떤 일에 대한 생각. 예상대편의 의견을 존중하다. 비의향·의사.

의:견서(意見書) 어떤 의견을 적은 글이나 문서.

의결(議決) 어떤 일을 여러 사람이 의논하여 결정함. 또는 그 결정. 예의결 기관. 의결되다. 의결하다.

의과 대:학(醫科大學) 의학을 연구하고 가르치는 단과 대학. 준의대.

의관(衣冠) (옷과 갓이라는 뜻으로) 지난날, 격식을 갖춘 남자의 옷차림을 이르던 말. 예의관을 갖춰 입다.

의구심(疑懼心) 의심하고 두려워하는 마음. 예그의 말에 의구심이 들었다.

의구하다(依舊一) 옛 모습 그대로 변함이 없다. 예산천은 의구하되 인걸은 간 데 없다.

의:금부(義禁府) 조선 시대에, 임금의 명령을 받들어 죄인을 심문하던 일을 맡아보던 관청.

의:**기**(意氣) 적극적으로 무엇을 하려는 마음.

의:**기소침하다**(意氣銷沈─) 기운이 없고 풀이 죽은 상태이다. 예그렇게 의기소침해 있지 말고 밖에 나가 놀자.

의:**기양양하다**(意氣揚揚─) 어떤 일이 바라는 대로 되어, 아주 자랑스럽게 행동하는 데가 있다.

의**논**(議論) 어떤 일에 대하여 서로 의견을 주고받음. 비논의·상의. 의논하다.

의**당**(宜當) 이치에 따라 마땅히. 예의당 할 일을 한 것뿐입니다.

의**대**(醫大) 〈의과 대학〉의 준말.

의:**도**(意圖) 어떤 일을 하려는 계획이나 속마음, 또는 그 계획이나 속마음대로 일을 꾀함. 예의도는 좋았으나 결과가 신통치 않다. 의도되다. 의도하다. 예일이 의도한 대로 되었다.

의**령**(宜寧) ①경상남도의 중앙에 있는 군. 대부분이 높고 낮은 산으로 되어 있으며, 특산물로 한지가 유명하다. ②경상남도 의령군 남쪽에 있는 읍. 군청 소재지이다.

의**례**(儀禮) 형식을 갖춘 예의.

의:**롭다**(義─) [의롭따] 도덕적으로 바르고 떳떳한 기개가 있다. 예의로운 사람. |활용| 의로우니·의로워. 의로이.

의**뢰**(依賴) [의뢰/의뤠] 남에게 부탁함. 의뢰되다. 의뢰하다.

의**료**(醫療) 의술로 병을 치료하는 일. 예의료 기구.

의**료 기관**(醫療機關) 의술로 사람들의 병을 치료하는 일 등을 하는 곳. 병원·의원·보건소 등.

의**료 보:험**(醫療保險) 병을 치료하는 데 드는 돈의 전부 또는 일부를 대신 내주는 보험.

의**료비**(醫療費) 병을 치료하는 데 드는 돈.

의**료 시:설**(醫療施設) 병원 등에서, 병을 치료하기 위하여 갖춘 설비.

의**류**(衣類) 여러 가지 '옷'을 통틀어 이르는 말. 비의복.

의:**리**(義理) 사람으로서 마땅히 지켜야 할 바른 도리. 또는 남과 사귈 때 지켜야 할 도리. 예친구 사이에 의리가 깊다.

의:**림지**(義林池) 충청북도 제천에 있는 저수지. 김제의 벽골제, 밀양의 수산제와 함께 삼한 시대 농사를 짓는 데 이용하던 삼대 수리 시설의 하나이다.

의:**무**(義務) ①마땅히 해야 할 일. 예반장의 의무. ②법률로서 강제로 하게 하거나 못하게 하는 일. 예국방의 의무. 반권리.

의:**무감**(義務感) 의무를 지켜야 한다고 느끼는 마음.

의:**무 교:육**(義務敎育) 국가가 정한 법률에 따라 일정한 나이에 이른 아동이 의무적으로 받아야 하는 학교 교육.

의**문**(疑問) 의심스러운 일. 예의문의 화재. 비의심·의혹.

의**문점**(疑問點) [의문쩜] 의문 나는 점.

의:**미**(意味) ①어떤 말이나 글이 나타내고 있는 뜻. 예낱말의 의미. ②어떤 표현이나 행동이 담고 있는 의도나 동기. 예의미 있는 일. 의미하다.

의:**미심장하다**(意味深長─) 뜻이 매우 깊다. 예의미심장한 표정/의미심장하게 말하다.

의:**병**(義兵) 나라가 위험에 처했을 때 나라를 구하기 위하여 국민들이 스스로 조직한 군대. 비의군.

의:**병장**(義兵將) 의병을 거느리는 장수.

의**복**(衣服) 옷. 비의류.

의:**분**(義憤) 옳지 못한 일에 대하여 정의감에서 일어나는 분노. 예일제의 만행에 민족적 의분을 느끼다.

의ː붓자식(―子息) [의붇짜식] 자기의 친자식이 아닌, 다시 결혼한 아내나 첩이 데리고 온 자식.
의ː사¹(意思) 무엇을 하려고 하는 생각이나 마음. [비]의견.
의ː사²(義士) 나라와 민족을 위해 의로운 행동으로 목숨을 바친 사람. [예]안중근 의사. [비]열사.
의사³(醫師) 국가가 인정하는 자격을 가지고 병원에서 환자를 진찰하고 치료하는 사람.
의사당(議事堂) 의원들이 모여 회의하는 건물. 주로, 국회 의사당을 이른다.
의ː사소통(意思疏通) 마음이나 뜻이 서로 통함. **의사소통하다**.
의상¹(衣裳) 차려입는 옷. 또는 무대 위에서 입는 옷. [예]민족 고유의 의상.
의상²(義湘, 625~702) 통일 신라 시대의 승려. 당나라에서 불교를 공부하고 돌아온 후, 임금의 명령에 따라 부석사를 짓고 화엄종을 가르쳐 우리나라 화엄종의 창시자가 되었다. 저서에 '화엄일승법계도' 등이 있다.
의상실(衣裳室) ①옷을 두거나 갈아입는 방. ②여자의 옷을 만들거나 파는 가게.
의생활(衣生活) 입는 일이나 입는 것에 관한 생활. [참]식생활·주생활.
의ː성(義城) ①경상북도 중앙에 있는 군. 공업은 섬유 공업이 주류를 이루며, 주요 농작물로는 쌀·고추·마늘 등이 난다. 특히 마늘은 질이 좋기로 유명하다. ②경상북도 의성군에 있는 읍. 군청 소재지이다.
의성어(擬聲語) 사물의 소리를 흉내 낸 말. 딸랑딸랑·찰싹찰싹 등. [참]의태어.
의술(醫術) 병을 고치거나 낫게 하는 기술.
의ː식¹(意識) ①똑똑한 정신과 기억력을 가지고 깨닫거나 판단하는 마음의 작용이나 상태. [예]의식을 잃다. [반]무의식. ②사회적·역사적인 영향에 따라 이루어지게 되는 감정·견해·사상·이론 등을 이르는 말. [예]엘리트 의식.
의식²(儀式) 일정한 방식에 따라 격식을 갖추어 치르는 행사. [예]성대한 의식을 치르다.
의식주(衣食住) [의식쭈] 사람이 살아가는 데 필요한 세 가지 요소인 옷·음식·집을 아울러 이르는 말.
의ː식하다(意識―) [의시카다] ①어떤 것을 두드러지게 느끼거나 특별히 마음에 두다. [예]남의 눈을 의식하다. ②어떤 일이나 현상을 깨닫거나 알아차리다. [예]일이 잘못되어 가고 있다는 것을 의식했다.
의심(疑心) 확실히 알지 못하거나 믿을 수 없어서 이상하게 생각함, 또는 그런 마음. [예]지수는 의심에 찬 얼굴로 나를 바라보았다. [비]의혹·의문. **의심하다**.
의심스럽다(疑心―) [의심스럽따] 믿을 만하지 않다. [예]의심스러운 눈빛으로 바라보다. |활용| 의심스러우니·의심스러워. **의심스레**.
의아하다(疑訝―) 뜻밖의 일이어서 이상하거나 의심스럽다. [예]의아한 표정. **의아히**.
의안(議案) 회의에서 토의할 사항.
의암호(衣岩湖) 강원도 춘천시 서쪽을 둘러싼 인공 호수. 북한강을 가로질러 만든 댐으로 인해 만들어졌다.
의약(醫藥) 병을 치료하는 데 쓰는 약.
의약품(醫藥品) 병을 치료하는 데 쓰이는 약품.
의ː역(意譯) 낱낱의 낱말이나 구절에 너무 얽매이지 않고 문장 전체의 뜻을 살려 번역함, 또는 그런 번역. [반]직역. **의역되다**. **의역하다**.
의연하다(毅然―) 태도나 마음이 굳세어 꿋꿋하다. [예]의연한 태도/사고에 의연하게 대처하다.

의:열단(義烈團)[의열딴] 항일 독립운동 단체의 한 가지. 1919년 11월에 만주 지린 성에서 조직되어 일정한 본거지가 없이 활동하였는데, 일본 관리의 암살 및 관청의 폭파를 목적으로 삼아 일본인들의 공포의 대상이 되었다.

의:외(意外)[의외/의웨] 뜻밖. 예의외의 결과.

의:외로(意外—)[의외로/의웨로] 뜻밖에. 예시험 문제가 의외로 쉬웠다.

의:욕(意欲) 어떤 일을 하고자 하는 적극적인 마음. 예의욕을 잃다./의욕이 생기다./민지는 매사에 의욕이 넘친다.

의원¹(醫院) 아프거나 다친 사람을 위하여 특별한 시설을 갖추어 놓은 곳. 병원보다는 규모가 작다.

의원²(議員) 국회나 지방 의회의 구성원으로 의결권을 가진 사람.

의:의(意義)[의의/의이] 일정한 사실이 지니고 있는, 중요성이나 가치. 예동학 농민 운동의 역사적 의의.

의인법(擬人法)[의인뻡] 비유법의 한 가지. 사람이 아닌 것을 사람인 것처럼 나타내는 표현 방법. '성난 물결'·'꽃이 웃는다' 등.

의자(椅子) 사람이 걸터앉을 수 있도록 만든 물건. 비걸상.

의자왕(義慈王, ?~?) 백제의 제31대 마지막 왕(재위 641~660). 신라를 공격하여 40여 성을 빼앗는 등 국위를 떨쳤으나, 후에 사치와 향락에 빠져 나랏일을 돌보지 않았다. 660년에 신라와 당나라의 연합군에 패하여 당나라에 끌려갔다가 그곳에서 병으로 죽었다.

의장(議長) ①회의를 맡아 진행하는 사람. ②의회를 통솔하고 대표하는 사람. 예국회 의장.

의:절(義絕) 가족이나 친구 사이의 관계를 끊음. 예형제는 유산 싸움 끝에 의절을 하고 말았다. 의절하다.

의:젓하다[의저타다] 말과 행동이 점잖고 무게가 있다. 예수진이는 어른처럼 의젓하구나. 의젓이.

의:젓해지다[의저태지다] 의젓하게 되다.

의정(議政) 국가의 최고 정책을 의회가 행하는 것을 기본으로 하는 정치. 예의정 활동.

의정부¹(議政府) 조선 시대에, 모든 관리들을 통솔하고 정치와 행정을 도맡아 하던 최고 행정 관청.

의정부²(議政府) 경기도 중앙에 있는 시. 수도권 전철과 경원선이 연계되어 있어 교통이 편리하다. 밤과 잣이 많이 나며, 망월사·희룡사 등의 명승지가 있다.

의제(議題) 회의에서, 의논할 문제.

의존(依存) 다른 것에 의지하여 있음. 의존되다. 의존하다. 예원료를 외국에 의존하다.

의:좋다(誼—)[의조타] 정이 두텁거나 사이가 좋다. 예의좋은 자매.

의:주(義州) 평안북도 북서쪽 끝 압록강 하류에 있는 군. 명승지로 이성계의 '위화도 회군' 사건으로 유명한 위화도가 있다.

의:중(意中) 마음에 품은 생각. 예의중을 떠보다./의중을 헤아리다./할아버지의 의중은 무엇일까?

의지¹(依支) ①다른 것에 몸을 기댐. ②다른 것에 마음을 붙여 그 도움을 받음. 의지하다. 예벽에 몸을 의지하고 섰다./의지할 데 없는 몸.

의:지²(意志) 어떤 일을 이루려는 적극적인 마음가짐. 예강철 같은 의지.

의:지력(意志力) 의지를 꿋꿋하게 가지는 힘.

의:창(義倉) 고려 시대에, 평상시에 곡식을 저장하여 두었다가, 흉년에 생활이 어려운 사람을 도와주던 제도, 또는 그 곡식을 넣어 두던 창고.

의천(義天, 1055~1101) 고려 시대의 승려. 시호는 대각 국사. 문종의 넷째 아들로, 11세에 승려가 되었다. 송나라에서 유학하고 돌아와 우리나라에 처음으로 천태종을 세웠으며, '속장경'을 간행하였다.

의총(疑塚) 지난날, 남이 파헤칠 우려가 있는 무덤을 보호하기 위하여 진짜 무덤과 똑같이 만들어 놓은 여러 개의 가짜 무덤.

의타심(依他心) 남에게 의지하는 마음. [반]자립심.

의탁(依託) 어려운 처지에 있는 사람이 다른 사람의 도움을 받거나 시설 등에 몸을 맡김. **의탁하다**.

의태어(擬態語) 사물의 모양이나 움직임을 흉내 낸 말. 반짝반짝·아장아장 등. [참]의성어.

의:표(意表) 생각 밖. 또는 예상 밖. [예]의표를 찌르는 질문.

의하다(依―) ①어떤 말에 따르거나 무엇을 근거로 하다. [예]선생님 말씀에 의하면 다음 주에 소풍을 간다고 한다. ②어떤 것의 성질이나 기능을 이용하다. [예]인터넷에 의한 업무.

의학(醫學) 병의 예방·치료 등에 관한 지식과 기술을 연구하는 학문.

의학계(醫學界) [의학꼐/의학께] 의학을 연구하는 학자들의 사회.

의학서(醫學書) [의학써] 의학에 관한 책. [비]의서.

의학자(醫學者) [의학짜] 의학을 전문으로 연구하는 학자.

의:향(意向) 무엇을 어떻게 할 것인가에 대한 생각. [예]나랑 같이 갈 의향이 있니? [비]의견·의사.

의:협심(義俠心) [의협씸] 자기를 희생하면서까지 남의 어려운 사정이나 딱한 형편을 도우려 하는 의로운 마음.

의:형제(義兄弟) 남남끼리 의리로써 맺은 형제. [본]결의형제.

의혹(疑惑) 의심하여 수상히 여김, 또는 그런 생각. [비]의문·의심. **의혹하다**.

의회(議會) [의회/의훼] ①국민이 선출한 의원들로 구성되어, 국민의 의사를 대표하여 예산의 심의·입법·의결 등을 하는 합의제 기관. ②'국회'를 달리 이르는 말.

이[1] 잇과의 곤충. 몸길이 1~4mm. 몸빛은 연한 노란색 또는 갈색이다. 사람의 몸에 붙어 살면서 피를 빨아 먹는 기생충으로, 사람에게 발진 티푸스·재귀열 같은 병을 옮긴다.

이[2] ①사람이나 척추동물의 입 안에 아래위로 나란히 돋아 있어, 음식물 등을 씹거나 으깨는 일을 하는 기관. ②톱·톱니바퀴 등의 뾰족뾰족 내민 부분. [예]톱의 이가 날카롭다.

이[3] '사람'·'사물'을 뜻하는 말. [예]저기 서 있는 이가 누구지?

이[4] ①말하는 사람에게 가까이 있는 사람이나 물건을 가리킬 때 쓰는 말. [예]이 꽃으로 주세요. [작]요. ②바로 앞에서 말한 것을 가리키는 말. [예]봄, 이 계절은 만물이 소생하는 때이다.

이[5] 〈이것〉의 준말. [예]이와 같은 책.

이:[6](二) 둘.

이[7](里) 지방 행정 구역의 하나. 몇 개의 촌락이 모여 이루어지며, 면에 딸려 있다.

-이 움직임을 나타내는 말을 사물의 이름을 나타내는 말로 바꾸는 구실을 함. [예]먹이/놀이.

이:간(離間) 두 사람 사이에서 서로를 헐뜯어 일러바쳐 관계가 나빠지게 함. **이간하다**.

이갈이[1] [이가리] 젖니가 빠지고 새로운 이가 나는 일. [예]내 동생은 이갈이를 하느라 앞니가 두 개나 빠졌다.

이갈이[2] [이가리] 자면서 이를 가는 일.

이거 〈이것〉의 준말. 예이거 한 개 주세요. 좬요거.

이것 [이걷] ①말하는 사람과 가까이 있는 물건을 가리키는 말. 예이것은 책이고 저것은 공책이다. 죤이·이거. 좬요것. ②바로 앞에서 말한 것이나 서로 알고 있는 것을 가리키는 말. 예이것으로 오늘 회의를 마치겠습니다. |발음| 이것이 [이거시] · 이것도 [이걷또] · 이것만 [이건만]

이것저것 [이걷쩌걷] ①이것과 저것. 예이것저것이 마구 섞여 있다. ②여러 가지. 예이것저것 가리지 말고 골고루 먹어라.

이게 '이것이'가 줄어든 말. 예아니, 이게 무슨 짓이냐? 좬요게.

이:견(異見) 남과 다른 의견. 예그 주장에 대해서는 이견이 있습니다. 비이론.

이:골 어떤 방면에 아주 익숙해짐. 예이골이 나다.

이곳 [이곧] ①말하는 사람이 있는 곳. 예내일부터 이곳에서 축제가 열릴 예정이다. ②바로 앞에서 이야기한 곳. 예내 고향은 제주도인데, 이곳은 관광지로 유명하다.

이곳저곳 [이곧쩌곧] 여러 곳. 예이곳저곳을 돌아다니다./숲의 이곳저곳에 예쁜 꽃들이 피어 있다.

이괘(離卦) 태극기에 그려져 있는 팔괘의 하나. '☲' 모양이며 '불'을 상징한다.

이:구동성(異口同聲) 《입은 다르나 목소리는 같다는 뜻으로》 여러 사람의 말이 똑같음을 이르는 말. 예이구동성으로 외치다./마을 사람들은 이구동성으로 그 청년을 칭찬했다.

이:국(異國) 다른 나라. 예이국의 풍물. 비외국 · 타국.

이:권(利權) [이꿘] 이익을 얻게 되는 권리.

이규보(李奎報, 1168~1241) 고려 고종 때의 문신 · 문인. 호는 백운거사. 최충헌에게 발탁되어 여러 벼슬을 지냈으며, 문장가로 이름을 날렸다. 저서에 '동국이상국집' · '백운소설' 등이 있다.

이글거리다 불꽃이 빨갛게 계속하여 타오르다. 비이글대다.

이글대다 ➡이글거리다.

이글루(igloo) 얼음과 눈덩이를 쌓아서 지붕을 둥글게 지은, 에스키모의 집.

〈이글루〉

이글이글 [이글리글/이그리글] 자꾸 이글거리는 모양. 예모닥불이 이글이글 타오르다.

이:기(利器) 실제 생활에서 쉽게 쓸 수 있는 편리한 기계나 기구. 예문명의 이기.

이기다¹ ①힘이나 재주 등을 겨루어 상대편을 앞지르거나 굴복시키다. 예반 대항 농구 시합에서 우리 반이 옆 반을 이겼다. 반지다. ②고통이나 슬픔 · 흥분 · 욕망 등을 참고 견디다. 예유혹을 이기다./그는 어머니를 잃은 슬픔을 이겨 내려고 열심히 일했다.

이기다² 가루나 흙 등에 물을 부어 골고루 섞다. 예밀가루를 물에 이기다.

이:기심(利己心) 자기의 이익만을 꾀하거나 생각하는 마음. 반공공심 · 이타심.

이:기적(利己的) 자기의 이익만을 꾀하거나 생각하는 것. 예이기적 성격. 비개인적. 반이타적.

이:기주의(利己主義) [이기주의/이기주이] 다른 사람이야 어떻든 자기의 이익만을 꾀하거나 생각하는 방식이나 태도. 비개인주의. 반이타주의.

이까짓 [이까짇] 겨우 이 정도밖에 안 되는. 예이까짓 것쯤은 문제없다. 죤이깟. 좬요까짓.

이끌다 ①남을 앞에서 잡아끌다. 예친구를 이끌고 가게 안으로 들어갔다. ②어떤 상태나 결과에 이르게 하다. 예주장의 작전이 팀을 승리로 이끌었다. ③아프거나 불편한 몸을 힘들여 움직이다. |활용|이끄니·이끌어.

이끌리다 이끎을 당하다. 예엄마에게 이끌려 병원에 갔다./나도 모르게 마음이 이끌렸다.

이끼 습기가 많은 땅이나 숲 속, 고목 껍질, 바위 밑 등에서 자라는 식물. 잎과 줄기의 구별이 분명하지 않다.

이ː남(以南) ①기준으로 삼는 곳에서부터 그 남쪽. 예한강 이남. ②우리나라에서, '남한'을 흔히 이르는 말. 판이북.

이내¹ 무엇을 시작하거나 한 때로부터, 얼마 되지 않아서 곧. 예검은 구름이 몰려오더니 이내 비가 쏟아졌다.

이ː내²(以內) 시간 또는 공간에서, 일정한 범위나 한도의 안. 예15분 이내/열 명 이내의 인원. 판이외.

이ː념(理念) 가장 옳다고 생각하는 이상적인 생각.

이놈 ①말하는 사람과 가까이 있는 남자를 욕되게 이르는 말. ②말하는 사람과 가까이 있는 아이나 동물·사물을 귀엽게 이르는 말. 환요놈.

이다¹ 물건을 옮기려고 머리 위에 얹다. 예물동이를 머리에 이다.

이ː다² 기와·볏짚·슬레이트 등으로 지붕을 덮다. 예기와로 지붕을 인 집.

이다³ 어떤 사물을 가리켜 그러함을 나타내는 말. 예이것은 연필이다.

이다음 뒤에 오는 때나 자리. 예우리 이다음에 다시 만나자. 준이담. 작요다음.

이다지 이렇게까지. 또는 이러한 정도로까지. 예이다지 슬픈 영화인 줄은 몰랐다. 환요다지.

이닦이약(一藥) '치약'의 북한말.

이ː단 평행봉(二段平行棒) 여자 체조 경기에 쓰이는, 높이가 다른 두 개의 봉으로 이루어진 평행봉. 높은 봉이 2.3m, 낮은 봉이 1.5m이다.

〈이단 평행봉〉

이대로 이와 같이. 또는 이 모양이나 상태로. 예그냥 이대로 가면 돼?

이덕형(李德馨, 1561~1613) 조선 중기의 문신. 호는 한음. 임진왜란이 일어나자 일본 사신과 화해를 의논하였으나 실패하였다. 그 후 명나라로 가서 원병을 요청하는 데 성공을 거두었다. 여러 벼슬을 두루 지냈으며 1608년에는 영의정이 되었다. 어렸을 때 이항복과 기발한 장난을 잘하여 많은 일화를 남겼다.

이동(移動) 옮기어 움직임. 또는 움직여 자리를 바꿈. 예인구 이동. 이동되다. 이동하다. 예철새가 북쪽으로 이동하다.

이ː두(吏讀) 신라 때부터, 한자의 음과 뜻을 빌려 우리말을 적던 방식, 또는 그 문자. 설총이 체계적으로 정리하였다고 한다.

이ː득(利得) 이익을 얻는 일, 또는 그 이익. 예이득이 많이 남는 장사. 비이익. 판손실.

이듬해 바로 다음의 해.

이ː등(二等) 둘째 등급. 예이등칸.

이ː등변 삼각형(二等邊三角形) 두 변의 길이가 같은 삼각형. 비등각 삼각형.

이ː등병(二等兵) 군대 계급의 하나. 일병의 아래로, 가장 낮은 계급이다. 참상병·일병.

〈이등변 삼각형〉

이디피에스(EDPS) 전

자 정보 처리 체계. 컴퓨터를 이용하여 사무나 경영·관리를 위한 정보를 처리하는 방식.

이따 〈이따가〉의 준말. 예이따 다시 올게.

이따가 조금 뒤에. 예이따가 다녀와서 말해 줄게. 준이따.

이따금 조금씩 있다가 가끔. 예이따금 내리는 비. 비때때로.

이따위 ①마음에 들지 않는 대상을 이르는 말. 예무슨 일을 이따위로 했어? ②이런 부류의. 예이따위 물건을 팔다니.

이때 바로 지금의 때. 또는 바로 앞에서 말한 때. 예내가 동물원에 간 것은 이때가 마지막이었다.

이라크(Iraq) 서남아시아의 남서쪽에 있는 나라. 국토의 중앙부를 흐르는 티그리스 강과 유프라테스 강 주변에 메소포타미아 평원이 있으며, 남서부는 사막 지대로 석유 자원이 풍부하다. 수도는 바그다드.

이란(Iran) 서남아시아에 있는 나라. 국토의 대부분이 고원·사막 지대로, 농경지는 적지만 농업과 목축업이 성하다. 세계적인 석유 생산국이며, 특산품으로 페르시아 융단이 있다. 수도는 테헤란.

이랑 갈아 놓은 논이나 밭의 한 두둑과 한 고랑을 아울러 이르는 말.

이:래(以來) 그때부터 지금까지. 예유사 이래/팀이 생긴 이래로 최고의 성적을 거두었다.

이래저래 이렇게 저렇게. 또는 이런저런 이유로. 예요즘 이래저래 고민이 많아.

이랴 소나 말을 몰 때 내는 소리.

이러다 〈이리하다〉의 준말. 예이러다 다치겠다.

이러다가 '이러하게 하다가'가 줄어든 말. 예이러다가 약속 시간에 늦겠다. 좌요러다가.

이러쿵저러쿵 이렇다는 둥 저렇다는 둥 여러 가지 말을 늘어놓는 모양. 예그 일을 두고 이러쿵저러쿵 말이 많다.

이러하다 〈이렇다〉의 본말. 좌요러하다.

이런[1] 이와 같은. 예이런 변이 있나. 좌요런.

이런[2] 가볍게 놀랐을 때 하는 말. 예이런, 몸이 불덩이 같구나! 좌요런.

이런저런 이러하고 저러한. 예친구와 밤새도록 이런저런 이야기를 나누었다.

이렇다[이러타] 상태·모양·성질 등이 이와 같다. 예이렇게 생긴 돌은 처음 본다. 본이러하다. 좌요렇다.
|활용| 이러니·이래.

이렇듯[이러튿] '이러하듯'이 줄어든 말. 예이렇듯 경치가 좋을 줄이야. 좌요렇듯.

이렇듯이[이러트시] '이러하듯이'가 줄어든 말. 예너는 왜 이렇듯이 장난이 심하니? 좌요렇듯이.

이레 ①그달의 일곱째 날, 곧 7일. 본이렛날·초이레·초이렛날. ②일곱 날. 예집을 떠난 지 이레나 되었다.

이:력(履歷) 지금까지 거쳐 온 학업·직업 등의 내용. 예이력을 적어 내다. 비경력.

　이력(이) 나다관용 어떤 일에 경험을 많이 쌓아 숙달되다.

이:력서(履歷書)[이력써] 지금까지 거쳐 온 학업·직업 등을 적은 문서.

이:례적(異例的) 보통에서 벗어나 흔하지 않고 특이한 것. 예4월에 눈이 오는 것은 이례적인 일이다.

이:론[1](理論) ①이치나 지식을 밝힌 체계. 예문법 이론. ②어떤 문제에 관한 특정한 학자의 견해나 학설. 예아인슈타인의 상대성 이론.

이:론²(異論) 다른 의견. 예이론을 제기하다. 예이견.

이:론적(理論的) 이론에 바탕을 둔 것. 예이론적인 근거.

이:롭다(利一)[이롭따] 이익이 있다. 예이로운 곤충/몸에 이로운 약은 입에 쓴 법이지. 예유리하다. 예해롭다. |활용| 이로우니·이로워.

이루 《주로 '없다'·'어렵다'와 함께 쓰여》 도저히. 아무리 하여도 다. 예그때의 고생은 이루 다 말할 수 없다.

이루다 ①여러 부분이 모여 어떤 모양을 갖추다. 예티끌이 모여 태산을 이룬다. ②어떤 상태나 결과를 만들다. 예다리가 아파 잠을 이룰 수가 없다. ③뜻한 것을 실제로 해내다. 예어린 시절의 꿈을 이루다.

::: '이루다'와 '이룩하다'의 구별 :::

이루다 : 사람의 노력이나 힘을 들여서 된 것은 물론 자연적으로 그렇게 된 것도 아울러서 나타낸다. 예평생소원을 이루다(×이룩하다)./냇물이 모여 강물을 이룬다(×이룩한다).

이룩하다 : 사람의 노력이나 힘을 들여 성과를 거두었다는 뜻으로만 쓰인다. 예석굴암은 신라인이 이룩한(=이룬) 건축 예술이다./전 선수가 합심해서 이룩한(=이룬) 종합 우승.

이루어지다 ①여러 부분이 모여 어떤 모양이 만들어지다. 예일본은 여러 개의 섬으로 이루어졌다. ②어떤 상태나 결과가 만들어지다. 예거래가 이루어지다. ③뜻한 대로 되다. 예네 기도가 이루어지기를 빈다.

이룩되다[이룩뙤다/이룩뛔다] 바라던 큰일이나 현상이 이루어지다. 예평화 통일이 이룩되다.

이룩하다[이루카다] ①바라던 큰일을 이루다. 예밝고 명랑한 사회를 이룩하자. ②나라·도읍·집 같은 것을 새로 세우다. 예원효 대사가 이룩한 절.

이:류(二流) 버금가는 정도, 또는 그런 정도의 부류. 예이류 극장.

이:륙(離陸) 비행기가 땅에서 공중으로 떠오름. 예착륙. 이륙되다. 이륙하다.

이:륜차(二輪車) 바퀴가 둘 달린 차. 자전거나 오토바이 등.

이르다¹ ①오거나 가거나 하여 어떤 곳에 닿다. 예약속한 장소에 이르다. ②시간이 흘러 어떤 때가 되다. 예새벽녘에 이르러 눈이 내리기 시작했다. ③어떤 정도나 범위에 미치다. 예어린이부터 노인에 이르기까지 다 모였다. |활용| 이르니·이르러.

이르다² ①무엇이라고 말하다. 예옛말에 이르기를 '수신제가 치국평천하'라고 했다. ②잘 말하여 타이르다. 예잘 알아듣도록 이르겠습니다. ③남의 잘못을 말하여 알게 하다. 예네가 거짓말한 것을 선생님께 이를 거야. |활용| 이르니·일러.

이르다³ 시간이 빠르거나 앞서 있다. 예이른 아침/등교 시간이 너무 이르다. 예늦다. |활용| 이르니·일러.

이른바 세상에서 말하는. 흔히 말하는. 예이것이 이른바 공룡 화석이라는 것이다. 예소위.

이를테면 예를 들어 말하자면. 또는 가정하여 말하면. 예진수는 이를테면 우리 반의 가수이다. 예이를터이면.

이름 ①사람의 성 아래에 붙여, 그 사람만을 가리켜 부르는 말. 예순우리말로 된 이름. ②'성과 이름'을 아울러 이르는 말. 예이름 석 자. ③다른 것과 구별하기 위하여 생물·물건·장소 등에 붙여 이르는 말. 예꽃의 이름. ④널리 알려진 명성이나 소문.

옛이름 높은 해수욕장.

'이름'의 높임말

- 방명(芳名). 성함(姓銜). 존함(尊銜). 함자(銜字). 휘자(諱字).
- 어른의 함자를 이르는 말
  - 아버지가 나에게 돌아가신 할아버지 함자를 일러 주셨을 때
    "네 할아버님 휘자는 '현(賢)' 자 '수(洙)' 자를 쓰셨다."
  - 내가 남에게 아버지 함자를 일러 드릴 때
    "저희 성은 정가이고, 아버님 함자는 '자루 병(柄)' 자, 넓을 호(浩)' 자를 쓰십니다."

이름나다 이름이 세상에 널리 알려지다. 또는 유명해지다. 옛이름난 회사의 제품/소설가로 이름나다.

이름표(一標) 이름·직위 등을 적어 옷 등에 다는 표. 비명찰.

이리[1] 갯과의 짐승. 생김새는 개와 비슷하나 몸집이 더 크다. 털빛은 변화가 많으나 대개 회색빛을 띤 갈색 바탕에 검은 털이 섞여 있다. 무리를 이루어 다니며, 성질이 사나워 때로 사람을 해치기도 한다.

이리[2] 이곳으로. 또는 이쪽으로. 옛아가야, 이리 와. 참요리.

이리[3] 이러하게. 이다지. 옛웬일로 이리 소란스러우냐?

이리저리 일정한 방향 없이 이쪽저쪽으로. 옛주위를 이리저리 살피다. 참요리조리.

이리하다 이렇게 하다. 옛이리하다가는 지각하겠어. 준이러다.

이마 얼굴의 눈썹 위로부터 머리털이 난 부분까지의 사이.

이만 이 정도까지만 하고. 옛오늘 회의는 이만 끝내자.

이만저만 이만하고 저만한 정도로. 대단히 많이. 옛문제가 어려워도 이만저만 어려운 게 아니야. 참요만조만.

이만큼 이만한 정도로. 옛그동안 이만큼 컸구나. 비이만치. 참요만큼.

이만하다 상태·모양·성질 등이 이 정도만 하다. 옛피해가 이만하길 다행이다. 참요만하다.

이맘때 이만큼 된 때. 옛작년 이맘때 민수를 처음 만났다. 참요맘때.

이맛살 [이마쌀/이맏쌀] 이마에 잡힌 주름살. 옛이맛살을 찌푸리다.

이메일(email) 인터넷을 통해 컴퓨터로 주고받는 글. 비메일·전자 메일·전자 우편.

이:면(裏面) ① 속. 안. 옛상자 이면에 그림이 그려져 있다. ② 겉으로 드러나지 않은 속사정. 옛그 아이는 늘 웃고 있지만 이면에는 슬픈 사정이 있다. 반표면.

이모(姨母) 어머니의 여자 형제.

이모부(姨母夫) 이모의 남편.

이:모작(二毛作) 한 해에 같은 땅에서 두 차례 다른 작물을 심어 거두는 일. 비그루갈이. 참일모작·다모작.

이모저모 사물의 이런 면 저런 면. 이쪽저쪽의 여러 방면. 옛물건을 살 때는 이모저모를 잘 살펴보고 사야지. 참요모조모.

이:목(耳目) ① 귀와 눈. 또는 귀와 눈을 중심으로 한 얼굴의 생김새. 옛이목이 번듯한 젊은이. ② 사람들의 주목이나 관심. 옛사람들의 이목을 끄는 화려한 옷차림.

이:목구비(耳目口鼻) [이목꾸비] 귀·눈·입·코를 아울러 이르는 말. 또는 귀·눈·입·코를 중심으로 한 얼굴의 생김새. 옛이목구비가 뚜렷한 남자.

이:무기 옛날이야기에 나오는 상상의 동물로, 용이 되지 못하고 물속에 사는 큰 구렁이.

이:문(利文) 이익이 남는 돈. 예이문이 많은 장사.

이물 배의 앞쪽. 비선수. 반고물.

이:물질(異物質) [이물찔] 들어가거나 섞이면 안 되는 다른 물질. 예눈에 이물질이 들어가서 몹시 아프다.

이:미 어떤 시간보다 이전에. 예이미 엎지른 물/역에 도착했을 때, 기차는 이미 떠나고 난 뒤였다.

이미지(image) ①어떤 사물을 생각할 때 마음속에 떠오르는 모습. 예청각적 이미지. ②어떤 대상으로부터 받는 느낌. 예웃는 얼굴은 좋은 이미지를 심어 준다.

이민(移民) 자기 나라를 떠나 다른 나라의 땅으로 옮겨 가서 사는 일, 또는 그 사람. 예준수는 작년에 미국으로 이민을 갔다. 이민하다.

이바지 큰일을 이루도록 도움. 예국가 발전에 이바지를 하다. 비공헌·기여. 이바지하다.

이:발(理髮) 남자의 머리털을 깎고 다듬음. 예이발을 한 지 오래되어 머리가 덥수룩하다. 이발하다.

이:발사(理髮師) [이발싸] 남의 머리털을 깎고 다듬어 주는 일을 직업으로 하는 사람.

이:발소(理髮所) [이발쏘] 남자의 머리털을 깎고 다듬어 주는 일을 영업으로 하는 집.

이:방(吏房) 조선 시대에, 승정원과 지방 관아에 딸린 육방의 하나. 인사와 비서 등의 일을 맡아보았다.

이방원(李芳遠) 조선의 제3대 왕인 '태종'의 이름.

이:방인(異邦人) 다른 나라에서 온 사람.

이번(一番) 이제 돌아온 바로 이 차례. 예이번 토요일에 친구들과 영화관에 가기로 했다. 비금번. 참요번.

이범석(李範奭, 1900~1972) 독립운동가·정치가. 1919년에 청산리 싸움에 중대장으로 참가하여, 전투를 승리로 이끄는 데 큰 공을 세웠다. 광복 후 귀국하여 초대 국무총리 등을 지냈다.

이:변(異變) 예상하지 못한 일. 또는 이상한 일. 예이번 대회에서는 이변이 속출했다.

이별(離別) 오랫동안 떨어져 있어야 할 일로 해서, 서로 헤어짐. 예정들자 이별이구나. 비작별. 반상봉. 이별하다.

이병기(李秉岐, 1891~1968) 국문학자·시조 시인. 호는 가람. 현대 시조를 개척하고 옛 문학 작품을 많이 풀이하였다. 저서에 '가람 시조집'·'국문학 개론' 등이 있다.

이봉창(李奉昌, 1900~1932) 독립운동가. 1932년 1월 8일에 일본 천황 히로히토에게 수류탄을 던졌으나 실패하고, 체포되어 순국하였다.

이부자리 이불과 요. 예이부자리를 깔다. 비침구.

이:부제(二部制) 학교의 수업을 오전과 오후 또는 주간과 야간의 두 부로 나누어 하는 제도. 예이부제 수업.

이:부 합창(二部合唱) 두 성부로 나누어 각각 다른 가락으로 노래하는 합창. 참이중창[1].

이:북(以北) ①기준으로 삼는 곳에서부터 그 북쪽. 예38선 이북. ②우리나라에서, '북한'을 흔히 이르는 말. 반이남.

이:북 오:도(以北五道) 1945년 8월 15일 현재, 행정 구역상으로 아직 수복되지 않은 도. 곧, 황해도·평안남도·평안북도·함경남도·함경북도를 이른다.

이분[1] '이 사람'의 높임말. 이 어른. 이 양반. 예이분이 우리 선생님이십니다.

이:분[2](二分) 둘로 나눔. 이분되다. 이분하다. 예모든 일을 선과 악으로 이분할 수는 없다.

이불 잘 때에 몸을 덮기 위하여 솜·비단 등으로 만든 것. 참요.

이ː비인후과(耳鼻咽喉科) [이비인후꽈] 귀·코·목구멍·기관 등의 병을 전문으로 치료하는 의학의 한 분과.

이빨 '이[2]'를 속되게 이르는 말.

이쁘다 '예쁘다'의 잘못.

이사(移徙) 살던 곳을 떠나 다른 곳으로 살림을 옮김. 예우리 가족은 서울로 이사를 갈 계획이다. 참이주. **이사하다**.

이삭 ①벼·보리 같은 곡식의 꽃이 피고 열매가 달리는 부분. ②농사지은 것을 거둔 뒤에 땅에 흘렸거나 빠뜨린 나머지.

이삭줍기 [이삭쭙끼] 농작물을 거둔 뒤에 땅에 흘렸거나 빠뜨린 이삭을 줍는 일.

이ː산(離散) 헤어져 흩어짐. **이산되다**. **이산하다**.

이ː산가족(離散家族) 헤어져 흩어진 가족. 특히, 6·25 전쟁 후 국토가 분단되어 남한과 북한으로 헤어져 살고 있는 가족을 가리킨다.

이ː산가족 찾기(離散家族—) 헤어져 흩어진 가족을 찾는 운동.

이산화망간(二酸化Mangan) 망간과 산소로 이루어진 물질. 짙은 갈색의 가루로, 물에는 녹지 않고 열을 가하면 분해하여 산소를 내놓는다. 성냥·물감·유리 등을 만드는 데 쓰인다. 비과산화망간.

이ː산화탄소(二酸化炭素) 탄소와 수소의 화합물. 물질이 탈 때에 생기는 기체로, 빛깔과 냄새가 없으며 공기보다 무겁다. 대기 중에도 들어 있으며, 식물의 탄소 동화 작용에 가장 중요한 물질이다. 청량음료·탄산소다 등을 만드는 데 쓰인다. 비탄산가스.

이ː산화황(二酸化黃) 황과 산소의 화합물. 황이 공기 중에서 탈 때 생기는 기체로, 빛깔이 없고 자극적인 냄새가 나며 독이 있다. 비아황산가스.

이ː삼(二三) 이나 삼. 예이삼 개월/이삼 명. 비두셋.

이삿짐(移徙—) [이사찜/이삳찜] 이사할 때 이사 갈 집으로 옮겨 가는 짐.

이ː상[1](以上) ①차례·수량·정도 같은 것이 '그것을 포함하여, 그것보다 많거나 위임'을 나타냄. 예20세 이상의 남자. 반이하. ②말이나 글 등에서, 이제까지 말한 내용. 예이상으로 발표를 마치겠습니다. ③글이나 이야기 등의 끝에 써서 '내용이 끝났음'을 나타냄.

이ː상[2](理想) 그렇게 되었으면 하고 마음에 그리며 추구하는 높고 훌륭한 목표. 예이상이 높다. 반현실.

이ː상[3](異常) ①정상적인 상태와 다름, 또는 그런 상태. 예정신 이상/기계에 이상이 생겼다. ②보통과는 다름. 예이상 기온.

이상설(李相卨, 1870~1917) 독립운동가. 헤이그에서 열린 만국 평화 회의에 이준·이위종과 함께 참석하여 일본의 침략 행위를 전 세계에 알리려 하였으나 실패하였다. 그 후에도 일본을 비난하는 성명서를 세계 여러 나라에 보내는 등 독립운동에 힘썼다.

이ː상야릇하다(異常—) [이상냐르타다] 무엇이라고 말할 수 없을 만큼 이상하고 묘하다. 예이상야릇한 분위기.

이상재(李商在, 1850~1927) 정치가·사회 운동가. 호는 월남. 서재필과 함께 독립 협회를 조직하여 독립과 민중의 계몽에 힘썼다.

이ː상적(理想的) 사물의 상태가 생각할 수 있는 범위 안에서 가장 좋거나 훌륭한 것. 예이상적인 가정.

이ː상하다(異常—) ①정상적인 상태와 다르다. 예천장에서 이상한 소리가 들린다. ②지금까지 겪어 오거나 아는 것과 다르다. 예이상하게 생긴 동물. ③알 수 없거나 의심스럽다. [예]집 앞에 이상한 사람이 서 있다.

이ː상향(理想鄕) 상상 속에 있는, 완전하고 평화로우며 살기 좋은 세계. [비]유토피아.

이ː색(異色) ①다른 빛깔. ②성질이나 상태 등이 색다르게 두드러진 것. [예]이색 지대/이색 결혼식.

이ː색적(異色的) [이색쩍] 성질이나 상태 등이 색다른 성질을 지닌 것. [예]이색적인 공연.

이ː성[1](理性) 감정에 휘둘리지 않고 사물의 이치를 조리 있게 생각하고 판단하는 마음의 작용. [예]이성을 잃은 행동.

이ː성[2](異性) 남성 쪽에서 본 여성, 또는 여성 쪽에서 본 남성을 이르는 말. [예]이성 교제. [반]동성.

이성계(李成桂, 1335~1408) 조선 제1대 왕(재위 1392~1398). 고려의 장군이었으나, 위화도 회군으로 공양왕을 몰아내고 1392년에 조선을 세워 왕이 되었다.

이ː성적(理性的) 이성에 따르거나 이성에 근거한 것. [예]이성적으로 판단하다. [반]비이성적·감정적.

이ː세(二世) ①다음 세대. [예]우리의 이세에게 아름다운 자연을 물려줍시다. ②세대를 이을 자녀. [예]너희 부부도 이세를 가질 때가 되지 않았니? ③이민 간 사람의 자녀로서 그 나라의 시민인 사람. [예]재미 교포 이세.

이ː세대 가정(二世代家庭) 부모 세대와 자녀 세대로 이루어진 가정. [참]일세대 가정.

이솔 '칫솔'의 북한말.

이솝(Aesop, 기원전 620?~기원전 560?) 고대 그리스의 우화 작가. '이솝 우화'를 지은 사람으로 알려져 있다.

이솝 우ː화(Aesop寓話) 고대 그리스 사람 이솝이 지었다는 우화, 또는 그 우화들을 글로 엮은 책. 교훈적인 내용을 동물에 빗대어 엮은 이야기들이다. [비]이솝 이야기.

이송(移送) ①다른 곳으로 옮겨 보냄. [예]환자 이송 차량. ②사건의 처리를 다른 관청으로 옮기는 일. 이송되다. 이송하다.

이수광(李睟光, 1563~1628) 조선 중기의 학자·문신. 호는 지봉. 천주교 지식과 서양 문물 등을 소개하여 실학 발전에 크게 기여하였다. 저서에 '지봉유설'·'채신잡록' 등이 있다.

이순신(李舜臣, 1545~1598) 조선 선조 때의 장군. 시호는 충무. 유성룡의 추천으로 전라 좌도 수군절도사가 되어 거북선을 만드는 등 군사 준비에 힘썼다. 임진왜란이 일어나자 거북선을 앞세워 옥포·한산도 등의 싸움에서 큰 승리를 거두었다. 정유재란 때, 노량 해전에서 전사하였다. 저서에 '난중일기'가 있다.

이스라엘(Israel) 서남아시아의 지중해 연안에 있는 나라. 1948년에 유대 인이 세운 나라인데, 영토 문제로 아랍 여러 나라와 분쟁이 끊이지 않고 있다. 농업 형태는 독특한 협동 조직인 모샤브와 키부츠로 이루어져 있으며, 주요 농산물은 감귤이다. 수도는 예루살렘.

이스트(yeast) 빵을 만들 때 반죽을 부풀리기 위하여 쓰는, 효모균을 넣어 가공한 제품.

이슥하다 [이스카다] 밤이 매우 깊다. [예]영수는 밤이 이슥하도록 공부했다.

이슬 ①공기 중의 수증기가 식어서 물체의 겉면에 물방울이 되어 엉겨 붙어 있는 것. [예]풀잎에 이슬이 맺히다. ②'덧없는 목숨'을 비유하여 이르는 말. [예]형장의 이슬로 사라지다. ③'눈물'을 비유하여 이르는 말. [예]눈가에 이슬이 맺히다.

이슬람교(Islam教) 세계 3대 종교의 하나. 7세기 초에 마호메트가 창시한 종교로, 코란을 경전으로 삼고 알라를 유일신으로 믿는다. [비]회교.

이슬비 아주 가늘게 내리는 비.

이승 지금 살고 있는 이 세상. [비]이생. [반]저승.

이승만(李承晩, 1875~1965) 독립운동가·정치가. 독립 협회에서 활동하였으며, 해외에서 독립운동에 힘썼다. 대한민국 초대·2대·3대 대통령을 지냈다. 1960년에 4·19 혁명으로 대통령 자리에서 물러났다.

이승훈¹(李承薰, 1756~1801) 우리나라 최초로 천주교 영세를 받은 사람. 청나라에서 천주교 교리를 공부하고 돌아와 교회를 세우고 교리를 알리다가, 신유박해 때 사형당하였다.

이승훈²(李昇薰, 1864~1930) 독립운동가·교육자. 3·1 운동 때 민족 대표 33인의 한 사람으로, 신민회 설립에 참여하였으며 오산 학교를 세워 인재 양성에 힘썼다.

이승휴(李承休, 1224~1300) 고려 말기의 학자·문인. 뛰어난 문장으로 이름을 떨쳤으며, 저서에 '제왕운기'·'내전록' 등이 있다.

이시영(李始榮, 1869~1953) 독립운동가·정치가. 1910년에 만주로 가서 신흥 무관 학교를 세우고 독립운동에 힘쓰다가, 1919년에 상하이 임시 정부가 수립되자 법무 총장 등을 지냈다. 광복 후 정부 수립과 함께 초대 부통령에 당선되었으나 이승만 대통령의 비민주적인 통치에 반대하여 물러났다.

이식(移植) ①농작물이나 나무를 다른 곳으로 옮겨 심는 일. ②살아 있는 조직이나 장기를 생물의 몸에서 떼어 그 몸의 다른 곳 또는 다른 생물의 몸에 옮겨 붙이는 일. [예]심장 이식 수술. **이식되다. 이식하다.**

이:실직고(以實直告) [이실직꼬] 숨기거나 거짓말하지 않고 사실 그대로 말함. **이실직고하다.** [예]네 잘못을 이실직고하면 용서해 주마.

이:심전심(以心傳心) 말이나 글을 통하지 않고 마음에서 마음으로 뜻을 전함. [예]이심전심으로 통하는 사이.

이:십(二十) 스물.

이:십사절기(二十四節氣) [이십싸절기] 태양의 황도 상의 위치에 따라 일 년을 스물넷으로 나누어 계절을 구분한 것. [준]이십사절.

이십사절기

계절	절기	음력	양력
봄	입춘(立春) 우수(雨水)	정월	2월 4일경 2월 19일경
	경칩(驚蟄) 춘분(春分)	이월	3월 5일경 3월 21일경
	청명(淸明) 곡우(穀雨)	삼월	4월 5일경 4월 20일경
여름	입하(立夏) 소만(小滿)	사월	5월 6일경 5월 21일경
	망종(芒種) 하지(夏至)	오월	6월 6일경 6월 21일경
	소서(小暑) 대서(大暑)	유월	7월 7일경 7월 23일경
가을	입추(立秋) 처서(處暑)	칠월	8월 8일경 8월 23일경
	백로(白露) 추분(秋分)	팔월	9월 8일경 9월 23일경
	한로(寒露) 상강(霜降)	구월	10월 8일경 10월 23일경
겨울	입동(立冬) 소설(小雪)	시월	11월 8일경 11월 22일경
	대설(大雪) 동지(冬至)	동짓달	12월 7일경 12월 22일경
	소한(小寒) 대한(大寒)	섣달	1월 6일경 1월 20일경

이쑤시개 이 사이에 낀 것을 빼내는 데 쓰는 가는 막대기.

이암(泥岩) 진흙이 굳어서 된 암석.

이앙기(移秧機) 논에 모를 심는 기계.

〈이앙기〉

이야기 ①일정한 내용과 줄거리가 있는 말이나 글. [예]토끼와 거북이 이야기. ②서로 주고받는 말. [예]나는 친구와 이런저런 이야기를 나누었다. [비]대화. ③소문이나 평판. [예]학교에 이상한 이야기가 나돌고 있다. [준]얘기. **이야기되다. 이야기하다.**

이야기꽃 [이야기꼳] '여럿이 한자리에 모여서 하는 즐거운 이야기나 이야기판'을 비유하여 이르는 말. [예]설날에 온 가족이 모여 밤새도록 이야기꽃을 피웠다.

이야기책(―冊) 이야기를 적어 놓은 책.

이야깃거리 [이야기꺼리/이야긷꺼리] 이야기가 될 만한 자료. [준]얘깃거리.

이양(移讓) 권리 등을 남에게 넘겨줌. [예]정권 이양/소유권 이양. **이양되다. 이양하다.**

이ː양선(異樣船) 《이상한 모양을 한 배라는 뜻으로》 대한 제국 때, '외국의 배'를 이르던 말.

이어달리기 트랙 경기의 한 가지. 네 사람이 한편을 이루고 각각 일정한 거리를 나누어 맡아 차례로 배턴 등을 이어받아 달려서 그 빠르기를 겨루는 경기. [비]릴레이 경주·계주.

이어받다 [이어받따] 재산이나 지위·신분 등을 물려받다. [예]첫째 왕자가 왕위를 이어받았다.

이어서 《'이어'와 '서'가 합쳐서 된 말》 계속해서. 잇달아서. [예]이어서 노래자랑이 있겠습니다.

이어지다 ①끊기지 않고 서로 잇대어지다. [예]이 섬은 육지와 이어져 있다. ②끝나지 않고 계속되다. [예]대대로 이어져 내려오는 풍속.

이어짓기 [이어짇끼] 한 땅에 같은 종류의 작물을 해마다 심는 일. [비]연작. **이어짓기하다.**

이어폰(earphone) 라디오·휴대 전화 등의 소리를 혼자서 들을 때 귀에 끼우는 장치.

이엉 초가집의 지붕이나 담을 덮기 위하여 짚·새 등으로 엮은 것.

이ː역만리(異域萬里) [이영말리] 자기 나라에서 멀리 떨어진 다른 나라의 땅.

이완(弛緩) ①근육·신경 등이 느슨해짐. ②주의·긴장 등이 풀려 느슨해짐. [반]긴장. **이완되다. 이완하다.**

이완용(李完用, 1858~1926) 조선 고종 때의 친일파. 일본이 우리나라의 외교권을 빼앗기 위한 을사조약의 체결을 찬성하고 솔선하여 서명함으로써 을사 5적의 한 사람으로 지탄받았으며, 1910년에 총리대신으로 한일 병합 조약을 체결하였다. 일본 정부에 의해 백작이 되었으며 조선 총독부 중추원 고문 등을 지냈다.

이ː왕(已往) 이미 그렇게 된 바에. [예]이왕 갈 바에는 빨리 가자. [본]이왕에. [비]기왕.

이ː왕이면(已往―) 이미 그리하게 된 바에는. [예]이왕이면 새것으로 주세요. [비]기왕이면.

이ː외(以外) [이외/이웨] 어떤 범위의 밖. [반]이내.

이ː용(利用) ①필요한 데에 이롭거나 쓸모 있게 씀. ②수단으로 하거나 남을 부리어 씀. [예]사람이 너무 착하면 남에게 이용을 당할 수 있다. **이용되다. 이용하다.** [예]폐품을 이용하여 만든 장식물.

이:용도(利用度) 이용하는 차례의 수효나 횟수.

이:용률(利用率)[이용뉼] 시설이나 물건 등을 이용하거나 이용되는 비율.

이용익(李容翊, 1854~1907) 조선 말기의 정치가. 1904년에 고려 대학교의 전신인 보성 학원을 설립하였으며, 친러파의 지도자로 일본 세력의 침투를 막기 위하여 힘썼다.

이웃 [이욷] ①가까이 사는 사람, 또는 그 집. ②가까이 있어 경계가 서로 맞닿아 있음. 예이웃 나라. |발음| 이웃이 [이우시]·이웃도[이욷또]·이웃만 [이운만] 이웃하다.

이웃사촌(一四寸)[이욷싸촌] 이웃에 사는 사람과는 자연히 가깝게 되므로, 사이가 좋은 이웃을 친척에 비유하여 이르는 말. 예이웃사촌이 먼 일가보다 낫다.

이웃집 [이욷찝] 이웃에 있는 집.

이원수(李元壽, 1911~1981) 아동 문학가. 열다섯 살 때 동시 '고향의 봄'을 발표하여 작품 활동을 시작하였고, 많은 동시·동요·동화 등을 써서 아동 문학 발전에 크게 이바지하였다. 대표작으로 '숲 속의 나라'·'빨간 열매'·'종달새' 등이 있다.

이:월¹(二月) 한 해의 둘째 달.

이:월²(移越) 다음으로 넘기거나 다른 데로 옮김. 이월되다. 이월하다. 예후임자에게 이월하다./업무를 다른 부서로 이월하다.

이:유(理由) 어떤 일이 일어난 원인. 예약속 시간에 늦은 이유가 뭐야? 비까닭·사유.

이:유식(離乳食) 젖을 뗄 무렵의 아기에게 먹이는 부드러운 음식.

이육사(李陸史, 1904~1944) 시인. 본명은 원록. 일제에 항거한 시인으로, 목가적이면서도 힘찬 필치로 민족의 의지를 노래하였다. 독립운동 단체인 의열단에 가입하여 활동하였으며, 민족 운동과 관련된 혐의로 체포되어 감옥에서 죽었다. 주요 작품에는 '청포도'·'교목'·'광야' 등이 있고, 유고집인 '육사 시집'이 있다.

이:윤(利潤) 장사하여 남은 돈. 예이윤이 많은 장사. 비이익.

이:율(利率) 빌려 쓴 돈에 붙는 이자의 비율.

이율곡(李栗谷) ➡이이.

이윽고 [이윽꼬] 얼마 동안의 시간이 지난 뒤에. 예이윽고 해가 솟아오르기 시작했다.

이은상(李殷相, 1903~1982) 시인. 호는 노산. 이화 여전 교수, 숙명 여대 이사장 등을 지냈다. 시로는 '가고파'·'성불사'·'고향 생각'·'봄처녀' 등이 있고, 주요 작품으로는 '노산 시조집'·'이충무공 일대기' 등이 있다.

이음매 두 물체를 이은 자리. 예이음매가 헐거워져 나사를 조였다.

이음줄 [이음쭐] 악보에서, 음높이가 다른 둘 이상의 음표의 위나 아래에 긋는 활 모양의 줄. 음을 끊지 말고 부드럽게 이어서 연주하라는 뜻을 나타낸다.

이응 한글 닿소리 'ㅇ'의 이름.

이:의(異議)[이의/이이] 다른 의견이나 주장. 예이의를 제기하다./제 말에 이의가 있으신 분은 손을 들어 주세요.

이이¹ 이 사람.

이이²(李珥, 1536~1584) 조선 중기의 학자·정치가. 호는 율곡. 신사임당의 아들로, 호조·병조·이조 판서 등을 지냈다. 십만양병설을 주장하였으며, 향약과 사창법을 실시하여 농민 생활의 안정과 지방 풍속을 바로잡는 데 힘썼다. 이황과 더불어 성리학을 크게 발전시켰다. 저서에 '성학집요'·'격몽요결' 등이 있다.

이:익¹(利益) ①이롭고 도움이 되는 일. 예화해하는 것이 서로에게 이익이다. ②전체 수입에서 그것에 들인 비용을 빼고 남은 돈. 예주식 투자로 이익을 많이 남겼다. 비이득. 반손해·손실.

이익²(李瀷, 1681~1763) 조선 영조 때의 학자. 호는 성호. 유형원의 학풍을 이어받아 실학을 크게 발전시켰으며, 특히 천문·지리·의학·역사 등에 많은 업적을 남겼다. 저서로는 '성호사설' 등이 있다.

이임(離任) 맡아보던 일을 내놓고 그 자리를 떠남. 반취임. 이임하다.

이자¹(一者) '이 사람'을 조금 낮추어 이르는 말. 예이자는 누구입니까? 참요자.

이:자²(利子) 돈을 은행 등에 맡기거나 남에게 빌려 준 대가로 받는, 일정한 비율의 돈. 예이자가 높은 예금. 비변리. 반원금.

이자³(胰子) 위의 뒤쪽에 가로로 길게 붙어 있는 내장 기관. 십이지장에 연결되어 있으며, 지방·단백질·탄수화물 등의 소화를 돕는 소화액을 분비한다. 비췌장.

이자겸의 난:(李資謙—亂) 고려 인종 때 이자겸이 일으킨 난. 이자겸은 자신의 두 딸을 인종의 아내로 삼게 하여 권세를 누리다가, 왕위를 빼앗으려고 난을 일으켰으나 실패하였다.

이자액(胰子液) 이자에서 나오는 소화액.

이:장¹(里長) 이(里)의 행정을 책임지는 사람.

이장²(移葬) 무덤을 다른 데로 옮김. 이장되다. 이장하다.

이재민(罹災民) 화재·홍수 등에 의하여 뜻밖의 불행한 피해를 입은 사람. 예이재민 구호 성금.

이:전¹(以前) ①기준이 되는 일정한 때를 포함하여 그 앞 시기. 예12시 이전에 오너라. ②이제보다 전. 또는 오래전. 예이전에 살던 마을. 반이후.

이전²(移轉) ①주소·장소 등을 다른 데로 옮김. 예공장 이전. ②권리 등을 넘겨주거나 넘겨받음. 예등기 이전. 이전되다. 이전하다.

이:점(利點) [이쩜] 이로운 점. 또는 이익이 되는 점. 예학교가 집에서 가까우면 여러 가지 이점이 많다.

이:정표(里程標) 도로나 선로의 길가에, 거리나 방향을 적어 세워 놓은 표지판.

이제 바로 이때. 지금부터. 예올 더위는 이제 시작이다./고향 인심은 예나 이제나 변함이 없다.

이제껏 [이제껃] 지금에 이르기까지. 예이제껏 잤단 말이야? 비여태껏.

이제나저제나 언제 일어날지 알 수 없는 일을 안타깝게 기다릴 때 쓰는 말. 예이제나저제나 네가 오기만을 기다리고 있어.

이제야 이제 겨우. 이제 비로소. 예이제야 안심이 되는구나.

이:조(吏曹) 고려·조선 시대의 육조의 하나. 문관의 임명이나 해임 또는 성적 평가 등에 관한 일을 맡아보았다.

이:조 판서(吏曹判書) 조선 시대에, 이조의 정이품 으뜸 벼슬. 준이판.

이종(姨從) 〈이종사촌〉의 준말.

이종사촌(姨從四寸) 이모의 아들과 딸. 준이종. 참고종사촌.

이주(移住) 다른 곳이나 다른 나라로 옮아가서 삶. 이주하다. 예온 가족이 시골로 이주하였다.

이주민(移住民) 다른 곳이나 다른 나라에 옮아가서 사는 사람. 반원주민.

이죽거리다 [이죽꺼리다] 자꾸 짓궂게 말하며 비웃는 태도로 놀리다. 예오빠한테 계속 이죽거리다가 혼나는 수가 있어. 비이죽대다.

이죽대다 [이죽때다] ➡이죽거리다.

이준(李儁, 1859~1907) 조선 고종 때의 열사. 1907년 고종의 특명으로, 헤이그에서 열린 만국 평화 회의에 이상설·이위종과 함께 참석하여 일본의 침략 행위를 전 세계에 알리려 하였으나, 일본의 방해로 뜻을 이루지 못하자 분함을 이기지 못하고 스스로 목숨을 끊었다.

이ː중(二重) 두 겹. 예이중으로 된 창문.

이ː중고(二重苦) 한꺼번에 겹치는 고생. 거듭되는 고생.

이ː중문(二重門) 두 겹으로 된 문.

이중섭(李仲燮, 1916~1956) 서양화가. 야수파의 영향을 받았으며, 향토적이고 개성적인 그림을 남겼다. 작품으로는 '소'·'흰 소'·'게' 등이 있다.

이ː중주(二重奏) 두 사람이 서로 다른 두 개의 악기로 함께 연주하는 일. 비듀엣.

이ː중창¹(二重唱) 두 사람이 서로 다른 가락으로 동시에 또는 교대로 노래를 부르는 일. 비듀엣. 참이부합창.

이ː중창²(二重窓) 추위나 시끄러운 소리 등을 막기 위하여 바깥창과 안창의 두 겹으로 만든 창.

이중환(李重煥, 1690~1752) 조선 영조 때의 실학자. 이익의 학풍을 이어받았으며, 전국을 돌아다니면서 지리·사회·경제를 연구하여 실학 사상에 큰 공적을 남겼다. 저서에 우리나라 전국의 지형과 풍습을 소개한 '택리지'가 있다.

이즈음 얼마 전부터 지금까지의 오래지 않은 무렵. 예이즈음은 날씨가 무척 좋다. 참요즈음.

이지러지다 ①물건의 한 부분이 떨어져 없어지다. 예이지러진 사기그릇. ②한쪽이 차지 않다. 예이지러진 조각달. |잘못| 이즈러지다.

이직(李稷, 1362~1431) 고려 말·조선 초의 문신. 조선의 개국 공신으로, 대제학·이조 판서를 거쳐 영의정에 올랐다. 시조 '까마귀 검다 하고'의 지은이로 유명하다.

이ː진수(二進數) 0과 1 두 가지 숫자를 써서 나타내는 수. 컴퓨터 등에 이용된다.

이ː질¹(姨姪) ①언니나 여동생의 아들딸. ②아내의 자매의 아들딸.

이ː질²(異質) 성질이 다름, 또는 그 다른 성질. 반동질.

이ː질³(痢疾) 똥이 자주 마렵고 똥에 피나 고름이 섞여 나오는 급성 전염병.

이ː질균(痢疾菌) 이질을 일으키는 균.

이ː질아메바(痢疾amoeba) 아메바성 이질을 일으키는 원생동물. 사람의 입을 통하여 감염되며, 대장 점막의 염증이 있는 곳에서 번식한다. 비적리아메바.

이ː질적(異質的) [이질쩍] 성질이 서로 다른 것. 예이질적인 문화. 반동질적.

이집트(Egypt) 아프리카의 북동부, 나일 강 하류 지역에 있는 나라. 문명 발상지의 하나로, 피라미드·스핑크스 등 유적이 많다. 주요 산업은 농업이며, 석유·목화·쌀 등이 많이 난다. 수도는 카이로.

이집트 문자(Egypt文字) 고대 이집트에서 사용된 상형 문자. 오늘날의 알파벳의 바탕이 되었다.

이쪽 ①말하는 사람에게 가까운 곳이나 방향을 가리키는 말. 예이쪽으로 와서 앉으세요. ②말하는 사람이 자기 또는 자기를 포함한 여러 사람을 가리키는 말. 예이번 행사는 이쪽에서 준비하겠습니다.

이쪽저쪽 [이쪽쩌쪽] 이쪽과 저쪽을 아울러 이르는 말. [비]이편저편.

이쯤 이만한 정도. [예]이쯤 담으면 충분하겠지. [작]요쯤.

이차돈(異次頓, 506~527) 우리나라 최초의 불교 순교자. 신라 법흥왕 때, 신하들이 불교를 반대하자 순교를 스스로 청하여, 부처가 있다면 자기가 죽은 뒤 기적이 있으리라고 예언한 대로, 잘린 목에서 흰 피가 나오고 꽃비가 내리는 기적이 일어나, 비로소 불교를 인정하게 되었다고 한다.

이:차 소비자(二次消費者) 먹이 연쇄에서, 토끼·노루 등의 일차 소비자를 잡아먹고 사는 동물. 사자·호랑이 등.

이:착륙(離着陸) [이창뉵] 비행기가 뜨고 내림. [예]기상 악화로 비행기의 이착륙이 금지되었습니다. **이착륙하다**.

이:채롭다(異彩—) [이채롭따] 보기에 특이하고 색다르다. [예]이채로운 장면. [활용] 이채로우니·이채로워. **이채로이**.

이천(李蕆, 1376~1451) 조선 세종 때의 무신·과학자. 경자자·갑인자 등을 만들어 인쇄술을 발전시켰고, 해시계·화포 등을 만들어 과학 발전에 크게 이바지하였다.

이:첨판(二尖瓣) 심장의 좌심방과 좌심실 사이에 있는 판막. 피가 거꾸로 흐르는 것을 막는다.

이체(移替) 은행 등의 금융 기관을 통하여 돈을 보냄. [예]계좌 이체/자동 이체. **이체되다**. **이체하다**.

이:층집(二層—) [이층찝] 이 층으로 지은 집.

이:치(理致) 그렇게 될 수밖에 없는 근본 원리. 또는 마땅히 따라야 할 도리. [예]이치에 어긋나는 말.

이크 '이키'의 잘못.

이키 뜻밖의 일을 보고 놀랐을 때에 지르는 소리. [예]이키, 뱀이다. [본]이키나. [잘못] 이크.

이타이이타이병(—病) 제2차 세계 대전 말기에서 전쟁이 끝난 후에 걸쳐, 일본 도야마 현의 진즈가와 유역에서 처음 발생한 질병. 손발·등뼈·관절이 아프며 뼈가 약해져서 잘 부러진다. 주로 공해로 인하여 카드뮴이 몸에 쌓여 발병하며, 환자가 '아프다 아프다'라는 뜻의 일본말인 '이타이 이타이'라고 고통을 호소한 데서 이 이름이 붙었다.

이:타주의(利他主義) [이타주의/이타주이] 자기의 이익보다는 다른 사람의 이익을 위하여 행동해야 한다고 믿는 생각, 또는 그런 행동. [반]이기주의.

이:탈(離脫) 떨어져 나가거나 떨어져 나옴. [예]무단 이탈. **이탈되다**. **이탈하다**. [예]행군 대열에서 이탈하다.

이탈리아(Italia) 유럽 중남부에 있는 나라. 로마 시대 이래로 문화·미술·음악 등이 발전하였다. 경치가 아름답고 유적이 많아 관광 산업이 발달하였다. 수도는 로마.

이태 두 해. [예]시집간 이모를 이태 만에 만났다.

이토록 이렇게까지. 또는 이런 정도로. [예]감기가 이토록 오래 갈지 몰랐어요. [참]그토록·저토록.

이토 히로부미(Itô Hirobumi, 1841~1909) 일본의 정치가. 을사조약을 강제로 맺게 하는 등 우리나라 침략에 주동적인 역할을 하였다. 중국 하얼빈에서 안중근 의사가 쏜 총탄을 맞고 죽었다.

이튿날 [이튼날] ①그달의 둘째 날, 곧 2일. [본]초이튿날. [준]이틀. ②그다음 날. [예]하룻밤을 자고 이튿날 새벽에 산에 올랐다.

이틀 ①두 날. 예꼬박 이틀을 굶었다. 비양일. ②〈이튿날〉의 준말.

이파리 살아 있는 나무나 풀의, 넓이가 있는 잎 하나하나. 비잎사귀.

'이파리'의 쓰임

- 침엽수의 잎에는 쓰지 않는다. 예감나무 이파리/ ×소나무 이파리.
- 떨어지거나 시들어 마른 잎에는 쓰지 않는다. 예싱싱한 이파리/×앙상한 이파리.
- 주로 낱낱의 잎만을 가리킨다. 예외로운 이파리 하나/×온 산을 붉게 물들인 나무 이파리.

이판사판 막다른 데 이르러 더 이상 어쩔 수 없게 된 지경. 예이제는 이판사판이니 죽을힘을 다해 경기에 임하자.

이판암(泥板岩)[이파남] 찰흙이 엉겨 붙어서 된 암석.

이:팔청춘(二八靑春) 열여섯 살 정도의 젊은 나이. 또는 나이가 열여섯 살 가량 된 젊은이.

이:하(以下) ①차례·수량·정도 같은 것이 '그것을 포함하여, 그것보다 적거나 아래임'을 나타냄. 예40세 이하의 여성. ②그것보다 정도가 덜하거나 아래임. 예수준 이하의 작품. 비이상.

'이하'의 쓰임

앞에 오는 수량을 포함하여 헤아리거나 셈할 때에 쓴다. 예를 들어 "20세 이하는 참가할 수 없다."라고 하면, 20세까지는 참가할 수 없고, 21세부터 참가할 수 있다는 뜻이다. 참미만.

이:학기(二學期)[이학끼] 한 학년을 둘로 나눈 뒤의 기간. 곧, 9월부터 다음해 2월까지의 학기.

이항(移項) 수학에서, 등식의 한 변에 있는 항을 부호를 바꾸어 다른 변으로 옮기는 일. 이항하다.

이항복(李恒福, 1556~1618) 조선 선조 때의 문인. 호는 백사. 임진왜란 때 선조를 모시고 의주로 피란을 갔으며, 그 뒤 병조 판서가 되어 난을 수습하는 데 큰 공을 세웠다. '오성과 한음'의 오성으로 유명하다. 작품으로는 '청구영언'에 시조 네 수가 전한다.

이:해[1](利害) 이익과 손해. 예이해를 분명하게 따지다. 비손익.

이:해[2](理解) ①이치나 중요성을 깨달아서 앎. 예음악에 대한 이해가 깊다. ②말이나 글의 뜻을 깨쳐서 앎. 예이 글은 이해가 잘 안 간다. ③남의 마음이나 사정을 잘 알아줌. 예네가 한 번만 이해를 하렴. ③비양해.

이:해관계(利害關係)[이해관계/이해관게] 서로의 사이에 이익이나 손해가 걸려 있는 관계.

이:해성(理解性)[이해썽] 사정이나 형편을 잘 이해하고 너그럽게 대하는 성질.

이:해심(理解心) 남의 사정이나 형편을 잘 이해하여 주는 마음. 예이해심이 많은 사람.

이:해타산(利害打算) 이익이 될지 손해가 될지 따져 봄. 예이해타산이 빠르다./이해타산이 밝은 사람.

이:행(履行) 약속이나 의무·책임 등을 실제로 행함. 비불이행. 이행되다. 이행하다. 예약속을 정확히 이행하다.

이혼(離婚) 부부가 법적으로 부부 관계를 끊고 헤어지는 일. 비결혼. 이혼하다.

이:화명충(二化螟蟲) 명나방과의 나

방. 몸길이 10~12mm. 몸빛은 회색을 띤 연한 갈색인데, 앞날개는 어둡거나 노란 갈색이고 뒷날개와 배는 희다. 일 년에 두 번 발생하는데, '마디충'이라 하는 유충은 벼 등의 줄기를 갉아먹는 해충이다. [비]벼명충나방·이화명나방.

이화 학당(梨花學堂) 1886년에 미국인 선교사 스크랜턴 여사가 세운 우리나라 최초의 여성 교육 기관. 현재의 '이화 여자 대학교'로 이어져 오고 있다.

이황(李滉, 1501~1570) 조선 시대의 유학자. 호는 퇴계. 예조 판서·대제학 등을 지냈다. 도산 서원을 세워 많은 인재를 길러 냈으며, 주자학 연구에 힘써 이이와 함께 성리학의 양대 학파를 이루었다.

이후(以後) ①기준이 되는 일정한 때를 포함하여 그 뒤 시기. [예]6·25 전쟁 이후. ②지금으로부터 뒤. [예]열심히 연습해서 이후에는 꼭 우승을 하자. [반]이전.

이흥렬(李興烈, 1909~1981) 작곡가. 일본 도쿄 음악 학교 피아노과를 졸업하고 서라벌 예술 대학 음악과장·숙명 여대 음악 대학장·예술원 회원을 지냈다. '바위 고개'·'어머니 마음' 등 많은 가곡을 남겼다.

익다1 [익따] ①열매·씨 등이 자라서 여물다. [예]벼가 누렇게 익어 간다. ②날것이 뜨거운 열을 받아서 그 성질과 맛이 달라지다. [예]감자가 아직 덜 익었어요. ③술·간장·김치 등이 맛이 들다. [예]김치가 너무 익어서 시다.

익다2 [익따] ①여러 번 보거나 겪어서 낯설지 않거나 잘 알게 되다. [예]낯이 익은 사람. ②여러 번 하여 서투르지 않게 되다. [예]이제야 일이 손에 익었다.

익룡(翼龍) [잉뇽] 중생대에 하늘을 날아다니던 공룡.

〈익룡〉

익명(匿名) [잉명] 이름이 드러나지 않게 숨기는 것. [예]그는 사고를 목격하고 경찰에 익명으로 제보하였다.

익모초(益母草) [잉모초] ①꿀풀과의 두해살이풀. 줄기는 네모지고 잎은 깃 모양이거나 손바닥 모양이다. 여름에 연한 자주색 꽃이 핀다. ②한방에서, '익모초의 잎과 줄기'를 약재로 이르는 말. 산모의 지혈이나 강장제·이뇨제 및 더위 먹은 데 등에 쓰인다.

〈익모초〉

익반죽 [익빤죽] 곡식 가루에 끓는 물을 끼얹어 가며 하는 반죽. **익반죽하다**.

익사(溺死) [익싸] 물에 빠져 죽음. [예]익사 사고. **익사하다**.

익산(益山) [익싼] 전라북도 북서쪽에 있는 시. 호남선·전라선·군산선의 철도와 호남 고속 도로가 통과하여 교통이 매우 편리하다. 주요 산업은 농업과 축산업이며, 점차 공업의 비중이 높아지고 있다. 백제 문화의 중심지로, 미륵사지 석탑·숭림사 등 유물과 유적이 많다.

익살 [익쌀] 남을 웃기려고 일부러 우습게 하는 말이나 짓. [예]익살을 부리다. [참]해학.

익살스럽다 [익쌀스럽따] 말이나 하는 짓이 우습고 재미난 데가 있다. [예]광대가 익살스러운 표정을 지었다. [활용] 익살스러우니·익살스러워. 익살스레.

익숙하다 [익쑤카다] ①손에 익어서 서투른 데가 없이 능숙하다. 예익숙한 일솜씨. 반서투르다. ②자주 보거나 들어서 낯설거나 불편하지 않다. 예이제 농촌 생활에 익숙하다. 익숙히.

익조(益鳥) [익쪼] 농사에 해로운 벌레를 잡아먹거나 고기와 알을 제공하는 등 사람들의 생활에 도움을 주는 새. 제비·딱따구리 등.

익충(益蟲) 농사에 해로운 벌레를 잡아먹거나 꽃가루를 전하는 등 사람들의 생활에 도움을 주는 벌레. 꿀벌·누에나방 등. 반해충.

익히 [이키] 어떤 일을 자주 해 보거나 어떤 대상을 접해서 익숙하게. 예익히 알고 지내는 사이/성함은 익히 들어 알고 있었습니다.

익히다 [이키다] ①날것을 뜨거운 기운으로 익게 하다. 예감자를 익히다. ②술·간장·김치 등이 맛이 들게 하다. 예잘 익힌 술. ③익숙해지도록 하다. 예무술을 익히다.

인[1](人) 사람의 수를 세는 말. 예4인 가족.

인[2](仁) 남을 대하는 마음이나 태도가 어질고 너그러운 것.

인[3](燐) 질소족 원소의 한 가지. 동물의 뼈에 많이 들어 있고 어두운 곳에서 푸르스름한 빛을 내며, 공기 중에서 불이 잘 붙는다. 성냥·살충제 등을 만드는 데 쓰인다.

인[4](in) 테니스·축구·탁구·배구 등에서, 공이 일정한 선 안으로 떨어지는 일. 반아웃.

인가[1](人家) 사람이 사는 집. 예인가가 없는 산속.

인가[2](認可) 인정하여 허락함. 예학교 설립 인가가 나다. 인가하다.

인간(人間) ①사람. 인류. 예인간은 사회적 동물이다. ②사람의 됨됨이. 예그는 인간이 됐어.

인간관계(人間關係) [인간관계/인간관게] 사람들 사이의 관계. 또는 사람과 집단과의 관계. 예인간관계가 좋다./인간관계가 원활하다.

인간답다(人間一) [인간답따] 인간으로서의 올바른 품성을 지니고 있다. |활용| 인간다우니·인간다워.

인간문화재(人間文化財) 전통 무용·음악·공예 등의 분야에서 뛰어난 기술을 가지고 있다고 나라에서 인정한 사람.

인간성(人間性) [인간썽] 사람으로서 본디부터 가지고 있는 성질. 예인간성이 좋다./인간성이 나쁘다.

인건비(人件費) [인껀비] 공공 기관이나 기업·단체 등에서, 사람을 쓰는 데 드는 비용.

인걸(人傑) 매우 뛰어난 인재.

인격(人格) [인껵] 말이나 행동 등에 나타나는 사람의 품격. 예훌륭한 인격을 갖춘 학자. 비인품·품성.

인격 수양(人格修養) 사람의 품격을 단련하여 품성·지혜·도덕을 닦음.

인격자(人格者) [인껵짜] 훌륭한 인격을 갖춘 사람.

인격적(人格的) [인껵쩍] 인격에 관계되는 것. 예인격적인 대우를 받다.

인계(引繼) [인계/인게] 일이나 물건을 다른 사람에게 넘겨주거나 다른 사람으로부터 넘겨받음. 예업무 인계. 인계되다. 인계하다.

인고(忍苦) 괴로움을 참음. 예인고의 생활. 인고하다.

인공(人工) 사람의 힘으로 자연물과 똑같은 것을 또는 전혀 새로운 것을 만들어 내는 일. 예인공 폭포. 비인위·인조. 반자연·천연.

인공 가루받이(人工一) 식물의 품종을 개량하거나 열매를 맺게 하기 위하여, 사람의 힘으로 수꽃의 꽃가루를 암술머리에 묻혀 주는 일. 비인공 수분.

인공미(人工美) 사람의 힘으로 이루어진 아름다움. [반]자연미.

인공 색소(人工色素) 음식물 등에 넣기 위하여, 화학 물질을 사용하여 만든 색소.

인공위성(人工衛星) 지구에서 쏘아 올려 지구의 둘레를 마치 위성과 같이 돌도록 인공적으로 만든 물체. 1957년에 소련이 최초로 쏘아 올렸다. 과학 위성·통신 위성·기상 위성 등이 있다. [준]위성.

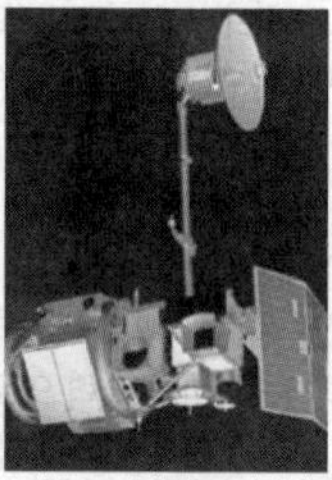
〈인공위성〉

인공적(人工的) 사람의 힘으로 된 것. [예]인공적으로 만든 폭포. [반]자연적·천연적.

인공 지능(人工知能) 사람처럼 학습·추리·적응·논증 등을 할 수 있도록 기능을 갖춘 컴퓨터 시스템.

인공호흡(人工呼吸) 호흡이 멈추거나 호흡 곤란에 빠진 사람의 폐에 인공적으로 공기를 불어 넣어 숨을 쉬게 하는 일. 입에다 공기나 산소를 불어 넣는 방법, 팔 또는 가슴을 움직여 허파에 주기적으로 공기를 보내어 숨을 쉬게 하는 방법 등.

인과(因果) ①원인과 결과. ②불교에서, 선과 악의 행위에는 반드시 그 갚음이 있다는 이치.

인과응보(因果應報) 불교에서, 전생에 한 착한 일과 나쁜 일에 따라 지금의 행복과 불행이 정해지는 일. [예]놀부가 벌을 받게 되는 것은 인과응보라고 할 수 있다.

인구(人口) 한 나라 또는 일정한 지역 안에 사는 사람의 수. [예]인구 조사/인구 증가.

인구 밀도(人口密度) 일정한 나라나 지역의 넓이에 대한 인구의 비율.

인구 집중(人口集中) 일정한 지역 안에 사람들이 많이 모여 사는 것.

인권(人權) [인꿘] 사람이라면 누구나 태어나면서부터 가지고 있는, 생명·자유·평등 등에 관한 기본적인 권리.

인근(隣近) 이웃한 곳. 또는 가까운 곳. [예]인근 마을. [비]근방·근처·부근.

인기(人氣) [인끼] 어떤 것이 많은 사람들의 관심을 끌고 좋은 평판을 받는 일, 또는 그런 관심이나 평판. [예]인기 가수/인기가 높다.

인기척(人—) [인끼척] 사람이 있음을 알 수 있게 하는 소리나 기색. [예]문밖에서 인기척이 났다.

인내(忍耐) 괴로움이나 어려움 등을 참고 견딤. [예]인내는 쓰나 그 열매는 달다. **인내하다**.

인내력(忍耐力) 참고 견디는 힘.

인내심(忍耐心) 참고 견디는 마음. [비]끈기·참을성.

인내천(人乃天) 천도교의 근본 가르침으로, 사람이 곧 하늘이라는 뜻.

인당수(印塘水) 고대 소설인 '심청전'에서, 심청이 공양미 삼백 석을 받고 제물이 되어 빠졌다는 깊은 물.

인대(靭帶) 척추동물의 뼈와 뼈를 잇는 끈 모양의 결합 조직. 관절의 운동을 일으키거나 억누르는 작용을 한다. [비]힘줄.

인더스 강(Indus江) 인도의 북서부 평야를 남서로 흐르는 강. 길이 2,896 km. 티베트 고원에서 시작된 물이, 카슈미르·파키스탄을 거쳐 아라비아해로 들어간다. 강 하류 지역은 기원전 3000년경 문화가 번성했던 고대 문명의 발상지이다.

인도[1](人道) ①사람이 다니는 길. [비]보도. [반]차도. ②사람으로서 마땅히 지켜야 할 도리. [예]인도를 벗어나는 행위.

인도²(引渡) 물건·권리 등을 다른 사람에게 넘겨줌. 예주운 물건을 주인에게 인도를 하다. 빤인수. 인도되다. 인도하다.

인도³(引導) ①길이나 장소를 안내함. 빤안내. ②가르쳐서 옳은 방향으로 이끎. 인도되다. 인도하다. 예손님을 사무실로 인도하다./청소년을 옳은 길로 인도하다.

인도⁴(印度) 인도 반도의 대부분을 차지하는 나라. 고대 문명과 불교의 발상지이다. 주요 산업은 농업으로 쌀이 많이 나며, 지하자원이 풍부하다. 수도는 뉴델리. 빤인디아.

인도네시아(Indonesia) 동남아시아의 적도 부근에 있는, 많은 섬으로 이루어진 나라. 천연고무·쌀·사탕수수가 많이 나며, 석유·주석 등의 지하자원이 풍부하다. 수도는 자카르타.

인도 반:도(印度半島) 아시아 대륙 남부에 있는 큰 반도. 인도·파키스탄·방글라데시·네팔·부탄·스리랑카 등의 나라가 있다.

인도양(印度洋) 5대양의 하나. 아시아·아프리카·오스트레일리아의 세 대륙에 둘러싸여 있는 바다이다.

인도자(引導者) 옳은 방향으로 이끌어 주는 사람.

인도적(人道的) 사람이 지켜야 할 도리에 관계되는 것. 예인도적 차원에서 해결하다.

인도주의(人道主義) [인도주의/인도주이] 사람들의 자유와 권리를 귀중히 여기며, 인종·계급의 차별 없이 모든 사람이 인간답고 행복하게 사는 것을 이상으로 하는 주의.

인도차이나 반:도(Indo-China半島) 아시아 남동쪽의 인도와 중국 사이에 있는 반도. 베트남·캄보디아·라오스·타이·미얀마 등의 나라가 있다.

인두 불에 달구어 천의 구김살을 펴는 데 쓰는 기구.

인디아(India) ➡ 인도⁴.

〈인두〉

인디언(Indian) 남북 아메리카에 살고 있는 원주민. 살갗은 구릿빛이고, 눈과 머리털은 검다. 빤아메리칸 인디언.

인라인스케이트(in-line skate) 바닥에 네 개 또는 다섯 개의 작은 바퀴가 한 줄로 달린, 스케이트 비슷한 운동 기구.

인력¹(人力) [일력] ①사람의 힘이나 능력. 예인력으로는 안 되는 일도 많다. ②일할 사람. 또는 사람의 노동력. 예철도 건설 공사에 많은 인력이 동원되었다.

인력²(引力) [일력] 떨어져 있는 두 물체가 서로 끌어당기는 힘. 예달의 인력.

인력거(人力車) [일력꺼] 사람을 태우고 사람이 끄는, 두 개의 큰 바퀴가 달린 수레.

인력 수출(人力輸出) 의사·간호사·기술자·노동자 등을 외국에 내보내어 일자리를 갖게 하는 일.

〈인력거〉

인류(人類) [일류] ①'사람'을 다른 동물과 구별하여 이르는 말. 예인류의 진화. 빤인간. ②세계의 모든 사람. 예인류의 행복에 이바지하다.

인류 공:영(人類共榮) 모든 사람이 함께 번영함.

인류애(人類愛) [일류애] 인류 전체에 대한 사랑. 또는 인류를 사랑하는 일.

인류 평화(人類平和) 온 세계의 모든 사람들이 전쟁이나 무력 충돌이 없이 평온하고 화목하게 지내는 상태.

인륜(人倫) [일륜] 사람으로서 마땅히 지켜야 할 도리. 예인륜에 어긋나는 행동.

인명[1](人名) 사람의 이름.

인명[2](人命) 사람의 목숨. 예인명 피해.

인명 구:조(人命救助) 사람의 목숨을 구하여 줌.

인명사전(人名事典) 잘 알려진 사람의 생애나 업적 등을 이름 순서로 실은 사전.

인문(人文) 인류의 학문·예술·사상·역사 등에 관한 문화.

인물(人物) ①사람의 생김새나 됨됨이. 예인물 사진/인물이 빼어나다. ②뛰어나거나 훌륭한 일을 한 사람. 예위대한 인물. 비인걸·인재. ③연극이나 이야기 등에서 어떤 역할을 하는 사람. 예이 소설에 나오는 인물의 성격을 파악해 봅시다.

인물화(人物畫) 사람을 주제로 하여 그린 그림.

인민(人民) 국가나 사회를 구성하는 사람. 주로 북한에서 쓰는 말이다.

인부(人夫) 품삯을 받고 일하는 사람. 비막벌이꾼.

인분(人糞) 사람의 똥.

인사[1](人士) 사회적 지위가 높거나 이름이 널리 알려진 사람. 예유명 인사/사회 지도층 인사.

인사[2](人事) ①만나거나 헤어질 때, 안부를 묻거나 공경의 뜻으로 예의를 나타내는 일. 예아침 인사. ②처음 만나는 사람끼리 서로 이름을 주고받으며 자기를 소개하는 일. 인사하다.

인사말(人事―) 안부를 묻거나 인사로 하는 말.

인사법(人事法) [인사뻡] 인사하는 방법.

인사불성(人事不省) [인사불썽] 자기한테 어떤 일이 벌어지는지 모를 만큼 정신을 잃은 상태. 예인사불성으로 취하다.

인산[1](人山) 산처럼 많은 사람이 모인 상태를 이르는 말.

인산[2](燐酸) 인이 주요 성분이고 냄새와 색깔이 없는 끈적끈적한 액체. 인산 비료로 쓰이거나 염색 공업·의약품·식품 가공 등으로 널리 쓰인다.

인산 비:료(燐酸肥料) 인산이 많이 들어 있는 비료.

인산인해(人山人海) [인사닌해] 《사람이 산을 이루고 바다를 이루었다는 뜻으로》 '많은 사람이 모인 상태'를 이르는 말. 예거리는 환영 인파로 인산인해를 이루었다.

인삼(人蔘) ①두릅나뭇과의 여러해살이풀. 예로부터 약용으로 많이 심어 가꾸는 식물로, 뿌리는 희고 살이 많다. 잎은 줄기 끝에 서너 개가 돌려나며, 봄에 연한 녹색 꽃이 피고 열매가 붉게 익는다. 한 번 심어서 4~6년 만에 수확하는데, 뿌리는 강장제로 널리 쓰인다. ②한방에서, '인삼의 뿌리'를 약재로 이르는 말. 비삼.

인삼차(人蔘茶) 인삼, 특히 인삼의 잔뿌리를 넣어 끓인 차.

인상[1](人相) 사람의 얼굴 생김새. 예날카로운 인상.

　인상(을) 쓰다관용 화가 나거나 언짢거나 하여 좋지 않은 표정을 짓다.

인상[2](引上) 물건값이나 요금·임금 등을 올림. 예요금 인상. 반인하. 인상되다. 인상하다.

인상[3](印象) 보았거나 들었거나 한 사물이 마음에 느껴지고 기억에 새겨지는 것. 예인상에 남다./깊은 인상을 받다.

인상적(印象的) 마음속에 깊이 남아서 잊혀지지 않는 것. 예매우 인상적인 장면.

인색(吝嗇) 도리와 체면을 돌아보지 않고 재물을 아낌. 인색하다. 예너무 인색하게 굴지 마라.

인생(人生) 사람이 세상에서 살아가는 일. 또는 세상을 사는 동안. 예인생의 목표가 무엇인지 말해 봅시다. [비]삶.

인생은 짧고 예술은 길다[관용] 사람의 일생은 짧으나 뛰어난 예술 작품은 작가가 죽은 뒤에도 오래 남는다.

인생관(人生觀) 어떻게 사는 것이 올바른지에 대한 기본적인 생각.

인솔(引率) 사람들을 이끌고 감. **인솔되다. 인솔하다.** [예]학생들을 인솔하다.

인쇄(印刷) 판면에 잉크를 묻혀, 글자나 그림·사진 같은 것을 종이나 헝겊 등에 찍어 내는 일. **인쇄되다. 인쇄하다.**

인쇄기(印刷機) 인쇄에 쓰이는 기계.

인쇄소(印刷所) 인쇄 설비를 갖추고 인쇄를 맡아 하는 곳.

인쇄술(印刷術) 인쇄에 대한 기술.

인수1(引受) 물건이나 권리를 넘겨받음. [예]물품 인수. [반]인도. **인수되다. 인수하다.**

인수2(因數) [인쑤] 어떤 수나 식을 몇 개의 수나 식의 곱으로 나타낼 때, 그 각각의 수나 식을 이르는 말. 12=1×12, 12=2×6, 12=3×4에서, 1, 2, 3, 4, 6, 12는 모두 12의 인수이다.

인수봉(仁壽峯) 서울특별시 도봉구에 있는 북한산의 한 봉우리. 높이 803 m. 예로부터 백운대·만경대와 함께 삼각산으로 불려 왔다.

인슐린(insulin) 이자에서 분비되는 호르몬. 핏속의 당분을 일정하게 조절하여 당뇨병 약으로 쓰인다.

인스턴트(instant) '즉각'·'즉석'의 뜻을 나타내는 말.

인스턴트식품(instant食品) 그 자리에서 손쉽게 조리해 먹고, 저장이나 휴대가 편리한 가공식품. [비]즉석식품.

인습(因習) 이전부터 전해 내려와 몸에 익은 관습. [예]인습을 타파하다.

인식(認識) 사물을 분별하고 깨달아 아는 일. **인식되다. 인식하다.** [예]상황을 올바로 인식하다.

인신(人身) ①사람의 몸. [예]인신매매. ②사람의 신분 또는 인격. [예]인신공격.

인심(人心) ①많은 사람의 마음. [예]인심을 잃다. ②다른 사람의 딱한 사정을 헤아려 주고 도와주는 마음. [예]인심이 좋은 마을. ②[비]인정.

인양(引揚) [이냥] 물속에 있는 것을 끌어올림. **인양되다. 인양하다.**

인어(人魚) [이너] 호수나 바다에 산다는 상상의 동물. 윗몸은 여자처럼 생기고, 아랫몸은 물고기처럼 생겼다고 한다.

인연(因緣) [이년] 사람들 사이에 서로 맺어지는 관계. [예]부부의 인연을 맺다./이렇게 만난 것도 인연이니 친하게 지내자.

인왕산(仁王山) [이놩산] 서울특별시 서쪽, 종로구와 서대문구 사이에 있는 산. 높이 338m. 전체가 화강암으로 되어 있으며, 옛 절터·기암괴석 등이 있어 경치가 아름답다.

인왕제색도(仁王霽色圖) [이놩제색또] 조선 후기의 화가 정선의 대표작. 영조 27(1751)년의 작품으로, 비에 젖은 인왕산 바위의 인상을 그린 것이다. 국보 제216호.

인용(引用) [이뇽] 남의 말이나 글 가운데서 필요한 부분만을 끌어다 씀. [예]인용 구절/인용 보도. **인용되다. 인용하다.**

인원(人員) [이눤] 사람의 수. 또는 단체를 이루고 있는 여러 사람. [예]참가 인원.

인원수(人員數) [이눤쑤] 사람의 수효.

인위(人爲) [이뉘] 사람의 힘으로 이루어지는 일. [비]인공.

인위적(人爲的) [이뉘적] 사람이 일부러 만든 모양이나 성질의 것. [반]자연적.

인의(仁義) [이늬/이니] 어짊과 의로움.

인자하다(仁慈—) 마음이 어질고 사랑이 많다. 예인자하신 선생님.

인재(人材) 학식과 능력이 뛰어난 사람. 예참신한 인재/인재를 기르다.

인적(人跡) 사람의 발자취. 또는 사람의 자취. 예인적이 드문 산길/인적이 끊긴 밤거리.

인절미 찹쌀을 쪄서 떡메로 친 다음 작게 썰어 고물을 묻힌 떡.

인접(隣接) 아주 가까이 있음. 또는 서로 맞닿아 있음. 예인접 국가. 인접되다. 인접하다.

인정[1](人情) 남을 생각하고 도와주는 따뜻한 마음씨. 예인정이 많은 사람. 비인심.

인정[2](認定) 확실하게 그렇다고 여김. 인정되다. 인정하다. 예잘못을 인정하다.

인정머리(人情—) 《주로 '없다'와 함께 쓰여》 '인정[1]'을 속되게 이르는 말.

인정받다(認定—) [인정받따] ①다른 사람으로부터 확실한 사람이라는 신임을 받다. ②예술계·학술계 등에서 충분한 자격이 있다고 믿게 되다.

인제[1] ①지금에 이르러. 예숙제를 인제 겨우 끝냈다. ②이제로부터 곧. 예나도 인제 집에 가야겠다.

인제[2](麟蹄) ①강원도 중동부에 있는 군. 버섯·밤·잣 등이 많이 나며, 특히 꿀은 우리나라에서 제일 많이 생산된다. 명승지로는 백담사·장수대·대승폭포·옥녀탕 등이 있다. ②강원도 인제군에 있는 읍. 군청 소재지이다.

인조(人造) 자연에 있는 것과 비슷하게 사람이 만듦. 또는 그 물건. 예인조 섬유. 비인공.

인조견(人造絹) 인조 견사로 짠 비단. 준인견.

인조 견사(人造絹絲) 목재 같은 자연의 섬유소를 화학적으로 합성하여 명주실과 비슷하게 만든 실. 준인견사.

인종(人種) 사람의 피부나 머리털의 빛깔·골격 등 신체적 특징에 따라 구분되는 인간의 종류. 백인종·황인종·흑인종 등. 예인종 차별.

인주(印朱) 도장을 찍을 때 묻혀 쓰는 붉은 빛깔의 재료. 비도장밥.

인중(人中) 코와 윗입술 사이에 우묵하게 파인 부분.

인지[1](印紙) 세금이나 수수료 등을 낸 것을 증명하기 위하여 서류에 붙이는 딱지. 예수입 인지.

인지[2](認知) 어떤 사실을 이성이나 감각을 통하여 분명하게 앎. 인지되다. 인지하다.

인지상정(人之常情) 사람이면 누구나 가지는 마음이나 생각. 예불쌍한 사람을 도와주려고 하는 것은 인지상정이다.

인지의(印地儀) [인지의/인지이] 조선 세조 때, 토지를 측량하기 위하여 만든 기계.

인질(人質) 자기의 요구를 들어 달라고 위협하기 위하여 강제로 붙잡아 둔 사람. 예인질로 삼다./경찰은 인질을 무사히 구출했다. 비볼모.

인척(姻戚) 결혼에 의하여 맺어진 친척.

인천(仁川) 경기도 중서부에 있는 광역시. 우리나라 제2의 항구 도시로 경인 공업 지대의 중심지이며, 기계·금속·전자·화학 등 중화학 공업이 발달하였다. 인천 국제공항이 있으며, 명승지로 송도 유원지·월미도·작약도 등이 유명하다.

인천 상:륙 작전(仁川上陸作戰) 1950년 9월 15일 유엔군이 맥아더 장군의 지휘 아래 인천에 상륙하여 6·25 전쟁의 전세를 뒤바꾼 군사 작전.

인체(人體) 사람의 몸. 예인체 구조/인체에 해로운 물질.

인출(引出) 은행 등의 금융 기관에 맡겨 둔 돈을 찾음. 예현금 인출. 인출되다. 인출하다.

인치(inch) 주로 영국과 미국에서 길이를 잴 때 쓰는 말. 1인치는 1피트의 12분의 1이며 약 2.54cm이다.

인터넷(Internet) 서로 다른 컴퓨터 또는 네트워크 사용자들과 연결하여 여러 가지 서비스를 제공받을 수 있는 컴퓨터 통신망.

인터뷰(interview) 조사·진단·시험·취재 등을 목적으로, 특정한 사람이나 집단을 만나 정보를 수집하는 일. 인터뷰하다.

인터체인지(interchange) 사고를 막고 교통이 막히지 않도록 도로가 교차하는 부분을 입체적으로 만든 곳. 주로, 고속 도로나 교통이 혼잡한 도로에 설치한다.

〈인터체인지〉

인터폰(interphone) 한 건물이나 선박·열차 등의 안에서 서로 통화할 때 쓰이는 간단한 유선 전화.

인턴(intern) 의과 대학을 졸업한 후 병원에서 실습 겸 조수로 근무하는 수련의. 그 기간은 1년이다.

인테리어(interior) 건물이나 집 안을 그 쓰임에 따라 아름답게 꾸미는 일. 비실내 장식.

인파(人波) 수많은 사람들이 모여 움직이는 모양을 파도에 비유하여 이르는 말. 예피서 인파.

인편(人便) 오고 가는 사람에게 부탁하여 물건이나 소식을 보내는 것, 또는 그런 일을 해 줄 사람. 예인편으로 급한 소식을 전하다.

인품(人品) 사람의 인격이나 품격. 예인품이 훌륭한 학자. 비인격·품성.

인풋(input) 컴퓨터에 정보를 넣는 일. 비입력. 반아웃풋.

인플레이션(inflation) 한 나라 안에서 쓰이는 돈이 너무 많아져서 돈의 가치가 떨어지고 물가가 계속 올라가는 현상. 준인플레. 비통화 팽창. 반디플레이션.

인하(引下) 물건값이나 요금·임금 등을 내림. 예전화 요금의 인하. 반인상. 인하되다. 인하하다.

인하다(因―) 원인이나 계기가 되다. 예병충해로 인하여 벼 수확이 크게 줄었다.

인해 전술(人海戰術) 많은 병력으로써 막대한 인명 피해를 무릅쓰고 적군을 누르려고 하는 전술.

인형(人形) 사람이나 동물 모양으로 만든 장난감.

인형극(人形劇) 인형을 움직여서 하는 연극. 인형을 손에 끼어 놀리거나, 실을 매어 조종한다.

인화[1](引火) 불이 옮아 붙음. 예인화 물질. 인화되다. 인화하다.

인화[2](印畫) 사진기로 찍은 필름을 종이 위에 올려놓고 사진이 나타나도록 하는 일. 예사진 인화. 인화되다. 인화하다.

인화지(印畫紙) 사진기로 찍은 필름이 그 위에 나타나도록 특수한 약품을 바른 종이.

일[1] ①무엇을 만들거나 이룩하기 위하여, 몸과 마음을 쓰는 일. 예오늘 할 일을 내일로 미루지 마라. 비작업. ②볼일. 용무. 예무슨 일로 왔니? ③직업으로 삼고 하는 노동. 예목수 일. ④사정이나 형편. 예일이 생겨서 약속을 지키지 못할 것 같다. ⑤사건이나 말썽. 예곤란한 일이 생기다. ⑥계획. 사업. 예나라를 세우는 일. ⑦실제로 보거나 겪은 경험. 예배를 타 본 일이 있니? ⑧체험하게 되는 사실이나 현상. 예유쾌한 일.

일²(一) 하나.

일³(日) 〈일요일〉의 준말.

일⁴(日) ①하루 동안. 예일 3회 복용. ②날짜를 셀 때 쓰는 말. 예방학이 앞으로 3일 남았다.

일가(一家) ①한집안. 예일가의 가장이 되다. ②혈연적으로 친척이 되는 사람. 예먼 일가 어른이 찾아오셨다.

일가족(一家族) 한집안의 가족. 예할아버지의 칠순 잔치에 일가족이 모두 모였다.

일가친척(一家親戚) 한집안의 모든 친척. 예일가친척이 한자리에 모두 모였다.

일간(日刊) ①신문 등을 날마다 인쇄하여 펴냄, 또는 그 펴낸 것. ②〈일간 신문〉의 준말.

일간 신문(日刊新聞) 날마다 인쇄하여 펴내는 신문. 준일간.

일:감 [일깜] 맡겨지거나 주어진 일. 예일감이 쌓이다./일감이 줄어들다. 비일거리.

일:개미 개미의 한 가지. 집을 짓고 먹이를 모으는 등의 일을 맡아 하며, 날개가 없고 알을 낳지 못한다.

일:거리 [일꺼리] 해야 할 일. 비일감.

일거수일투족(一擧一投足)《손 한 번 들고 발 한 번 옮긴다는 뜻으로》 모든 행동과 동작 하나하나를 이르는 말. 예일거수일투족을 지켜보다.

일거양득(一擧兩得) 한 가지의 일을 하여 두 가지의 이익을 얻음. 비일석이조.

일거일동(一擧一動) [일거일똥] 하나하나의 행동이나 움직임. 예학생들의 일거일동을 살피다.

일격(一擊) 한 번 세게 치는 일. 예챔피언은 도전자를 일격에 쓰러뜨렸다.

일고여덟 [일고여덜] 일곱이나 여덟. 준일여덟.

일곱 여섯에 하나를 더한 수. 비칠(七).

일곱째 여섯째의 다음 차례.

일과(日課) 날마다 정해 놓고 하는 일. 예하루의 일과를 마치다.

일과표(日課表) 그날그날의 해야 할 일을 적어 놓은 표.

일관(一貫) 태도나 방법 등을 처음부터 끝까지 한결같이 함. 일관되다. 일관하다. 예침묵으로 일관하다.

일관성(一貫性) [일관썽] 태도나 방법 등이 처음부터 끝까지 한결같은 성질.

일괄(一括) 여러 가지 것들을 몰아서 하나로 묶음. 일괄되다. 일괄하다. 예토론자들의 의견을 일괄해서 요약했다.

일광욕(日光浴) [일광뇩] 치료나 건강을 위해 맨몸을 햇빛에 드러내어 쬐는 일. 예해변에서 일광욕을 즐기다. 일광욕하다.

일교차(日較差) 하루 동안에 기온·습도·기압 등이 달라지는 차이. 예일교차가 큰 봄가을에는 감기를 조심해야 한다.

일구다 논이나 밭을 만들기 위하여 땅을 파서 흙을 뒤집다. 예채소밭을 일구다./황무지를 일구어 논밭을 만들었다.

일구이언(一口二言) 《한 입으로 두 말을 한다는 뜻으로》 말을 이랬다저랬다 함을 이르는 말. 예대장부가 일구이언을 하다니. 일구이언하다.

일그러지다 한쪽이 좀 틀어져 비뚤어지다. 예얼굴이 일그러지다.

일급(一級) ①여러 등급 가운데 가장 위의 등급. 예일급 호텔/일급 자격증. ②어떤 분야의 최고 수준. 예이 식당은 음식 맛이 일급이다.

일기[1](一期) 한평생 사는 동안. 예그는 78세를 일기로 세상을 떠났다.

일기[2](日氣) 그날그날의 기상 상태. 예일기가 나빠서 비행기 운항이 취소되었다. 빈날씨.

일기[3](日記) 그날그날 겪고, 보고, 듣고, 느끼고, 생각한 것을 적은 기록.

일기도(日氣圖) 어떤 지역의 기압·날씨·바람 등을 숫자나 기호 등으로 나타낸 그림. 빈천기도.

일기 예보(日氣豫報) 기상청에서 신문이나 방송을 통하여 날씨의 변화를 미리 알리는 일.

일기장(日記帳) [일기짱] 일기를 적는 책.

일깨우다 가르치거나 일러 주어 깨닫게 하다. 예민족정신을 일깨우다.

일껏 [일껃] 모처럼 힘들게. 애써서. 예일껏 해 놓은 일을 다 망쳐 버렸다. 빈기껏.

일꾼 ①일하는 사람. 또는 일을 할 사람. 예일꾼이 부족하다. ②일을 솜씨 있게 계획하거나 처리하는 사람. 예어린이는 나라의 일꾼이 될 새싹이다. |잘못| 일군.

일년생(一年生) [일련생] 〈일년생 식물〉의 준말.

일년생 식물(一年生植物) ➡한해살이풀.

일념(一念) [일렴] 한결같은 마음. 또는 오직 한 가지의 생각. 예조국 통일의 일념.

일다[1] ①어떤 현상이 생겨나다. 예파도가 일다./바람이 일기 시작하다. ②겉으로 부풀어 오르거나 솟아오르다. 예보풀이 일다./거품이 일다. |활용| 이니·일어.

일다[2] 곡식·광물 등을 그릇에 담아 물을 붓고 흔들어서, 가벼운 것은 위로, 무거운 것은 아래로 가게 하여 쓸 것과 못 쓸 것을 가려낸다. 예쌀을 일다. |활용| 이니·일어.

일단[1](一旦) [일딴] ①한번. 우선 먼저. 예일단 밥부터 먹자. ②잠깐. 예일단 정지.

일단[2](一段) [일딴] ①바둑·검도·유도 등의 첫째 단 또는 한 단. ②자동차 등의 기어 변속에서 그 첫 단계.

일단락(一段落) [일딸락] 하던 일을 어느 단계에서 일단 마무리함. 예이번 일은 이쯤에서 일단락을 짓기로 했다. 일단락되다. 일단락하다.

일당[1](一黨) [일땅] 주로 나쁜 목적으로 모여 행동을 같이하는 무리. 예폭력배 일당이 경찰에 체포되었다.

일당[2](日當) [일땅] 하루 동안 일하고 받는 수당이나 보수.

일대[1](一大) [일때] '하나의 큰'·'굉장한'의 뜻을 나타냄. 예정전으로 도시가 일대 혼란과 마비 상태에 빠졌다.

일대[2](一帶) [일때] 그 지역의 전부. 예남해안 일대의 섬. 빈일원.

일대기(一代記) [일때기] 한 사람이 일생 동안 살아온 일을 적은 기록. 예김구 선생의 일대기. 빈전기.

일대일 대응(一對一對應) 두 집합의 원소들 사이의 대응으로서, 어느 원소도 빠지거나 남지 않고 각각 짝을 이루는 것.

일동(一同) [일똥] 그곳에 있는 사람

또는 어떤 집단이나 단체에 든 모든 사람. 예일동 열중쉬어!/4학년 1반 일동.

일등(一等)[일뜽] 으뜸가는 등급. 예기차의 일등칸/일등 국민.

일등병(一等兵)[일뜽병] 〈일병〉의 본말.

일러두기 책의 첫머리에 그 책의 내용이나 사용 방법 등에 대하여 설명한 글.

일러바치다 다른 사람의 잘못을 윗사람에게 알리다. 예나는 형이 거울을 깨뜨렸다고 엄마에게 일러바쳤다.

일러스트 〈일러스트레이션〉의 준말. |참고| 일러스트는 'illustration'에서 온 말.

일러스트레이션(illustration) 어떤 내용을 쉽게 전달하려고 사용하는 그림·사진·표 등의 시각 자료. 줄일러스트.

일렁이다 물에 뜬 물건이 물결에 따라 이리저리 흔들려 움직이다.

일련(一連) 비슷한 것들이 하나로 이어지는 것. 예일련의 사건.

일렬(一列) 한 줄. 예일렬로 서라.

일렬종대(一列縱隊) 세로로, 한 줄로 늘어선 대형. 반일렬횡대.

일렬횡대(一列橫隊)[일렬횡대/일렬휭대] 가로로, 한 줄로 늘어선 대형. 반일렬종대.

일례(一例) 한 가지 보기. 예선생님은 일례를 들어 설명해 주셨다.

일류(一流) 어떤 분야에서, 첫째가는 지위나 부류. 예일류 가수/일류 극장.

일리(一理) 어떤 면에서 옳다고 여길 만한 이치. 예네 주장에도 일리가 있다.

일말(一抹) 약간. 아주 조금. 예일말의 가능성/일말의 희망도 없다.

일망타진(一網打盡)《한 번 그물을 쳐서 고기를 다 잡는다는 뜻으로》 어떤 무리를 한꺼번에 모조리 다 잡음. 일망타진하다.

일맥상통(一脈相通)[일맥쌍통] 성질·상태·처지·생각 등이 서로 통하거나 비슷해짐. 일맥상통하다. 예흥부와 놀부 이야기와 콩쥐와 팥쥐 이야기는 주제 면에서 일맥상통한다.

일면(一面) 물체의 한 면. 또는 사물의 한 측면. 예팔면체의 일면/사람의 일면만 보고 판단하지 마라.

일명(一名) 본래 이름이 아닌 따로 부르는 이름. 예성덕 대왕 신종은 일명 에밀레종이라고도 한다.

일모작(一毛作) 한 경작지에서, 한 해에 한 차례만 작물을 지어 거두는 일. 참이모작·다모작.

일목요연하다(一目瞭然—)[일모교연하다] 한눈에 바로 알 수 있을 만큼 분명하고 뚜렷하다. 예일목요연하게 정리된 자료.

일몰(日沒) 해가 지는 일. 또는 해가 질 때. 비해넘이. 반일출.

일미(一味) 아주 뛰어난 맛. 예이 마을의 김치 맛은 정말 일미인걸.

일박(一泊) 하룻밤을 묵음. 예일박 이일. 일박하다.

일반(一般) ①특별한 것이 없이 보통인 것, 또는 그런 사람. 예일반 대중. 반특별. ②특정한 일부가 아니라, 전체에 두루 해당되는 것. 예일반 상식. ③비보편.

일반 은행(一般銀行) 일반 사람들에게 예금을 받아 그것을 대출해 주는 일을 하는 은행. 비보통 은행·시중 은행. 반특수 은행.

일반인(一般人)[일바닌] 특별한 지위나 자격을 갖지 않는 보통의 사람. 예오늘 패션쇼에는 일반인 모델도 출연할 예정이다.

일반적(一般的) 어떤 특정한 분야에만

한정되지 않고 전체에 두루 해당되는 것. 예아이들은 일반적으로 만화를 좋아한다.

일방(一方) 어느 한쪽. 또는 어느 한 편. 예길이 일방으로 통하다.

일방적(一方的) ①어느 한편으로 치우치는 것. 예일방적인 승리를 거두다. ②상대편은 생각하지 않고 자신의 일만 생각해서 하는 것. 예일방적으로 선전 포고를 하다.

일방통행(一方通行) 도로에서 일정한 구간을 지정하여 자동차가 한 방향으로만 가도록 하는 일. 예일방통행 도로.

일:벌 꿀벌의 한 가지. 집을 짓고 애벌레를 기르며 꿀을 모으는 일을 맡아 한다.

일병(一兵) 군대 계급의 하나. 상병의 아래, 이등병의 위. 働일등병. 働상병·이등병.

일보¹(一步) 한 걸음. 예일보만 뒤로 물러서라.

일보²(日報) 매일 나오는 신문.

일본(日本) 아시아 동쪽 끝에 있는 나라. 4개의 큰 섬과 수백 개의 작은 섬들로 이루어졌으며, 화산과 온천이 많고 지진이 자주 일어난다. 농업·공업 및 기타 산업이 발달하여 경제 수준이 높다. 수도는 도쿄.

일본군(日本軍) 일본 군대. 또는 일본 군인.

일본 뇌염(日本腦炎) 바이러스의 감염으로 일어나는 유행성 뇌염의 한 가지. 늦여름에 퍼지며, 모기가 퍼뜨린다. 몸에 높은 열이 나고 혼수상태·두통 등의 증상이 나타난다.

일본어(日本語)[일보너] 일본 사람이 쓰는 말. 働일어.

일부(一部) 전체의 한 부분. 예아이들 중 일부는 먼저 집으로 돌아갔다. 働일부분. 働전부.

일:부러 ①특히 일삼아. 예일부러 올 것까지는 없다. ②알면서도. 예내가 일부러 그랬니? 働짐짓.

일부분(一部分) 전체 중의 한 부분. 예신체의 일부분. 働일부.

일부일처(一夫一妻) 한 남편에게 한 아내가 있음.

일사계(日射計)[일싸계/일싸게] 햇빛의 에너지의 세기를 재는 기계. 일정한 넓이에 햇빛을 받아서 그 빛의 에너지를 열에너지로 바꾸어 잰다.

일사병(日射病)[일싸뼝] 강한 햇빛을 오래 쬐었을 때, 두통과 현기증이 나고 숨이 가빠지며 정신을 잃는 병.

일사불란하다(一絲不亂一)[일싸불란하다] 질서가 바로잡혀 조금도 흐트러짐이 없다. 예학생들은 구령에 맞추어 일사불란하게 움직였다.

일사 후:퇴(一四後退) 6·25 전쟁 때 북쪽으로 공격해 나가던 유엔군과 국군이 중공군의 침입으로 1951년 1월 4일 다시 서울을 버리고 후퇴한 일.

일산화탄소(一酸化炭素)[일싼화탄소] 탄소 또는 탄소의 화합물이 산소가 부족한 상태에서 탈 때 생기는 독한 기체. 색깔과 냄새가 없으며, 공기 중에서 탈 때는 푸른 불꽃을 낸다. 働산화탄소.

일:삼다[일삼따] ①해야 할 일로 여겨서 하다. 예할머니는 일삼아 텃밭을 가꾸신다. ②옳지 않은 일을 계속하여 하다. 예거짓말을 일삼는 아이.

일상(日常)[일쌍] 날마다 벌어지는 비슷한 일. 예가끔 일상에서 벗어나 여행을 가고 싶다.

일상생활(日常生活)[일쌍생활] 늘 하는 날마다의 생활. 평소의 생활. 예일상생활에 꼭 필요한 제품.

일상적(日常的)[일쌍적] 특별한 것이 아닌, 늘 있는 예사로운 것. 예일상적인 일.

일색(一色)[일쌕] 한 가지 모양이나 종류로만 이루어진 것. 예거리는 온통 축제 분위기 일색이었다.

일생(一生)[일쌩] 살아 있는 동안. 예일생을 독립운동에 바친 애국지사. 비평생.

일석이조(一石二鳥)[일써기조] 《하나의 돌로 두 마리의 새를 잡는다는 뜻으로》 한 가지 일로써 두 가지 이익을 얻음을 나타내는 말. 비일거양득.

일선(一線)[일썬] ①적과 맞서고 있는 맨 앞의 전선. 예일선 장병에게 위문 편지를 보냈다. 비전선. ②어떤 일이나 활동을 활발하게 하고 있는 자리. 예일선에서 물러나다. 본제일선.

일성호가(一聲胡笳)[일썽호가] 한 가락의 피리 소리. 예어디서 일성호가는 남의 애를 끊나니.

일세대 가정(一世代家庭) 부부만 살거나 형제끼리만 사는 가정. 참이세대 가정.

일소(一掃)[일쏘] 좋지 않은 것을 남김없이 쓸어 없앰. 일소되다. 일소하다. 예부정부패를 일소하다.

일ː손[일쏜] ①일하는 손. 예잠시 일손을 멈추다. ②일하는 사람. 예농번기에는 일손이 모자란다.

일수(日數)[일쑤] 날의 수. 예출석 일수. 비날수.

일순간(一瞬間)[일쑨간] 눈 깜빡할 정도로 아주 짧은 시간. 예갑자기 질문 공세를 받아 일순간 머릿속이 하얘졌다. 비순식간.

일시¹(一時)[일씨] ①같은 때. 예일시에 일어난 일. ②짧은 한 시기 또는 한동안. 예일시 후퇴/일시 정신을 잃다.

일시²(日時)[일씨] 날과 때. 날짜와 시간.

일시불(一時拂)[일씨불] 돈을 한꺼번에 치르거나 갚는 일.

일식(日蝕)[일씩] 달이 태양과 지구 사이에 끼어 태양의 일부 또는 전부가 달에 가리는 현상. 개기 일식·부분 일식 등이 있다. 참월식.

〈일식〉

일심(一心)[일씸] 하나가 된 마음. 예일심으로 협력하다.

일심동체(一心同體)[일씸동체] 《한마음 한 몸이라는 뜻으로》 '서로 굳게 결합함'을 이르는 말. 예부부는 일심동체라고 한다.

일쑤 흔히 그러는 일. 또는 드물지 않게 흔히. 예우리 언니는 아침밥을 거르기 일쑤다.

일어(日語)[이러] 〈일본어〉의 준말.

일어나다[이러나다] ①눕거나 앉은 자리에서 몸을 일으켜 앉거나 서거나 하다. 예관객들은 자리에서 일어나 박수를 쳤다. ②잠에서 깨어 몸을 일으키다. 예일찍 자고 일찍 일어나라. ③어떤 일에 몸과 마음을 모아 나서다. 예일어나라, 청년 학도들이여! ④없던 현상이 생겨나다. 예지진이 일어나다. ⑤약하거나 희미하던 것이 한창 성하게 되다. 예집안이 일어나다./축구 열기가 다시 일어나다.

일어서다[이러서다] ①몸을 일으켜 서다. 예민수는 일어서서 노래를 불렀다. ②기운이 생겨 번창해지다. 예수나라가 망하고 당나라가 일어섰다. ③쇠하던 것이 다시 성하여지다. 예직원들이 함께 노력하여 회사가 다시 일어섰다.

일언(一言)[이런] ①한마디 말. 예남아 일언은 중천금이다. ②간단한 말.

일언반구(一言半句)[이런반구] 《한 마디의 말과 반 구절이라는 뜻으로》 아주 짧은 말. 예일언반구도 없다./ 민수는 내 말에 일언반구도 하지 않았다.

일:없다[이럽따] 소용이나 필요가 없다. 일없이.

일여덟[일려덜] 〈일고여덟〉의 준말.

일연(一然, 1206~1289) 고려 충렬왕 때의 승려. 학문이 깊고 학식이 높아 많은 저서를 남겼다. 특히 '삼국유사'는 유명하다.

일요일(日曜日)[이료일] 일주일 가운데 토요일의 다음 날. 준일·일요. 비공일.

일용(日用)[이룡] 날마다 씀. 또는 일상적으로 씀. 예일용 잡화.

일용품(日用品)[이룡품] 일상생활에 쓰이는 물품.

일원(一員)[이뤈] 어떤 단체나 사회를 이루는 사람들 가운데 하나.

일월(一月)[이뤌] 한 해의 첫째 달. 비정월.

일으키다[이르키다] ①몸을 일어나게 하다. 예넘어진 아이를 일으켜 주었다. 반넘어뜨리다. ②일을 벌이다. 예말썽을 일으키다./의병을 일으키다. ③병이 나게 하다. ④없던 것을 처음으로 세우다. 예기업을 일으키다. ⑤생겨나게 하다. 예뿌연 먼지를 일으키다. ⑥형편이 좋아지게 하다. 예집안을 일으키다.

일이(一二)[일리] 일이나 이. 예일이 개월. 비한두.

일인당 국민 소:득(一人當國民所得) 한 나라의 국민 한 사람마다 일정한 기간에 벌어들인 것을 돈으로 계산한 총액.

일인자(一人者)[이린자] 어떤 분야에서 가장 뛰어난 사람. 예저 선수는 피겨 스케이팅의 세계 일인자야.

일일(日日)[이릴] 날마다. 매일. 예일일 연속극.

일일생활권(一日生活圈)[이릴생활꿘] 하루 동안에 볼일을 끝내고 되돌아올 수 있는 거리 안에 있는 구역이나 범위.

일일이(一一一)[일리리] 하나씩 하나씩. 예선생님은 아이들이 낸 숙제를 일일이 검사했다. 비낱낱이·하나하나.

일임(一任)[이림] 모조리 맡김. 일임하다. 예최종 결정을 반장에게 일임하다.

일:자리[일짜리] 직업이나 직장 또는 일터.

일장(一場)[일짱] 어떤 일이 크게 벌어진 판. 예일장 연설.

일장검(一長劍)[일짱껌] 한 자루의 길고 큰 칼.

일장기(日章旗)[일짱기] 일본 국기.

일전(日前)[일쩐] 며칠 전. 예일전에 부탁하신 일은 잘 마무리했습니다.

일절(一切)[일쩔] '아주'·'도무지'·'결코'·'전혀'의 뜻으로, 주로 어떤 일을 부인하거나 금지할 때에 쓰는 말. 예면회를 일절 금한다. 참일체.

일정(日程)[일쩡] ①그날에 할 일, 또는 그 분량이나 차례. 예행사 일정. ②정해진 기간 동안 날마다 해야 할 일이나 거쳐 가는 과정. 예여행 일정.

일정표(日程表)[일쩡표] ①일정 기간 동안 해야 할 일을 날짜별로 적어 놓은 표. ②하루하루 해야 할 일을 적어 놓은 표.

일정하다(一定一)[일쩡하다] ①양·성질·상태 등이 바뀌거나 달라지지 않고 한결같다. 예약수가 일정하게 나오는 샘터. ②어떤 기준에 따라 크기·모양·방향 등이 정해져 있다. 예복장을 일정하게 통일하다.

일제[1](一齊)[일쩨] 여럿이 한꺼번에 함. 예일제 단속.

일제²(日帝)[일쩨] '일본 제국' 또는 '일본 제국주의'를 줄여 이르는 말.

일제³(日製)[일쩨] 일본에서 만든 물품. 예일제 자동차.

일제 강:점기(日帝强占期) 우리나라가 일본에게 강제로 국권을 빼앗긴 1910년부터 해방된 1945년까지의 시기. 비일제 시대.

일제 사격(一齊射擊) 여러 사람이 한꺼번에 총이나 대포 등을 쏘는 일.

일제 시대(日帝時代) ➡ 일제 강점기.

일제히(一齊一)[일쩨히] 여럿이 한꺼번에. 예관중들이 일제히 일어나서 박수를 쳤다.

일조량(日照量)[일쪼량] 어떤 물체의 표면이나 땅 위에 햇볕이 비치는 양.

일조하다(一助一)[일쪼하다] 얼마쯤 도움을 주다. 예저도 불우 이웃 돕기에 일조하고 싶어요.

일종(一種)[일쫑] ①한 종류. 한 가지. 예고래는 포유동물의 일종이다. ②어떤 종류. 예이것도 일종의 사업이다.

일주(一周)[일쭈] 한 바퀴를 돎. 또는 그 한 바퀴. 예세계 일주. 일주하다.

일주문(一柱門)[일쭈문] 절 같은 데서 기둥을 한 줄로 배치한 문.

일주 운:동(日週運動) 지구의 자전에 의하여 별·태양·달 등이 지구 둘레를 하루에 한 번씩 도는 것처럼 보이는 현상.

일주일(一週日)[일쭈일] 일요일부터 토요일까지의 이레 동안.

일지(日誌)[一찌] 하루하루 일어난 일을 적은 기록. 또는 그런 책. 예학급 일지를 쓴다.

일직선(一直線)[일찍썬] 한 방향으로 쭉 곧음. 또는 그런 선.

일진(日辰)[일찐] 그날의 운수. 예오늘은 일진이 꽤 좋은걸.

일찌감치 조금 이른 듯하게 얼른. 또는 될 수 있는 한 얼른. 예약속 시간이 조금 남았지만 일찌감치 집을 나섰다.

일찍 〈일찍이〉의 준말. 예아침 일찍 출발하는 것이 좋겠다.

일찍이[일찌기] ①이르게. 늦지 않게. 예나는 오늘 아침 일찍이 등교를 하였다. 준일찍. ②이전에. 이전까지. 예인류 역사상 일찍이 없었던 일이다. |잘못| 일찌기.

일차(一次) ①첫 번째. 예일차 목표. ②한 차례. 예조만간 일차 들르겠습니다.

일차 소비자(一次消費者) 먹이 연쇄에서, 주로 풀을 뜯어 먹고 사는 동물. 소·양·노루·얼룩말 등.

일체(一切) 온갖 것. 모든 것. 예학용품 일체. 참일절.

일출(日出) 해가 돋음. 예오늘 일출은 6시 7분이다. 비해돋이. 반일몰.

일치(一致) 서로 어긋나지 않고 꼭 맞음. 예의견의 일치. 비합치. 반불일치. 일치되다. 일치하다.

일치단결(一致團結) 여럿이 마음을 하나로 합쳐 한덩어리로 굳게 뭉침. 일치단결하다.

일컫다[일컫따] 무엇이라고 일러 부르다. 또는 이름지어 부르다. 예그를 일컬어 천재라고 한다. |활용| 일컬으니·일컬어.

일탈(逸脫) 어떤 영역·규범·사상·조직에서 벗어남. 예일탈 행위. 일탈되다. 일탈하다.

일:터 일을 하는 곳. 비직장.

일편단심(一片丹心) ((한 조각의 붉은 마음이라는 뜻으로)) '변치 않는 참된 마음'을 이르는 말. 예임 향한 일편단심이야 가실 줄이 있으랴.

일평생(一平生) 살아 있는 동안. 비한평생.

일품(一品) ①품질이나 솜씨 등이 뛰어나게 훌륭한 것, 또는 그런 물품.

[예]우리 엄마는 음식 솜씨가 일품이다. ②고려와 조선 시대에, 문관과 무관 벼슬의 첫째 등급. 정일품과 종일품의 구별이 있었다.

일:하다 일을 하다. [예]열심히 일하다.

일학기(一學期) [일학끼] 한 학년을 둘로 나눈 앞의 기간. 곧, 3월부터 8월까지의 학기.

일행(一行) 길을 함께 가는 사람. 또는 함께 가는 사람 전체. [예]올림픽 선수단 일행.

일화(逸話) 아직 세상에 널리 알려지지 않은 이야기. [비]에피소드.

일확천금(一攫千金) 힘들이지 않고 단번에 많은 재물을 얻음.

일환(一環) 밀접한 관계가 있는 것들 가운데 하나. [예]환경 보호의 일환으로 음식물 쓰레기를 줄이는 데 힘쓰자.

일회용(一回用) [일회용/일훼용] 한 번만 쓰고 버리는 것. [예]일회용 젓가락/일회용 주사기.

일흔 열의 일곱 곱절. [비]칠십.

읽기 [일끼] ①글을 바르게 읽고 이해하는 일. ②초등학교에서, 글을 읽고 이해하는 것을 공부하는 과목. [참]듣기·말하기·쓰기.

읽다 [익따] ①소리를 내거나 눈으로 살펴 글을 보다. [예]편지를 읽다./책을 눈으로 읽다. ②표정이나 태도를 보고 짐작하거나 또는 알아차리거나 깨닫다. [예]얼굴에서 그의 결심을 읽을 수 있었다. [발음] 읽어 [일거]·읽고 [일꼬]

읽을거리 [일글꺼리] 읽을 만한 책이나 잡지·신문 등, 또는 그 내용.

읽히다 [일키다] 읽게 하다. [예]어린이에게 동화책을 읽히다.

잃다 [일타] ①가지고 있던 것을 자기도 모르게 떨어뜨리거나 놓쳐서 없어지게 되다. [예]주머니에 넣었던 지갑을 잃었다. ②의식이나 정신 같은 것이 사라지거나 없어지다. [예]넋을 잃다./전쟁으로 많은 사람이 목숨을 잃었다. ③권리·자격·기회 등이 없어지거나 손해를 보다. [예]일자리를 잃다. ④죽어서 헤어지게 되다. [예]부모를 잃은 고아. ⑤가야 할 길이나 방향을 못 찾다. [예]산에서 길을 잃었다. [발음] 잃어 [이러]·잃고 [일코]

> **'잃다'와 '잊다'의 구별**
>
> **잃다** : 전부터 지니고 있던 것이 자기도 모르는 사이에 사라지거나 없어지게 되는 경우에 쓰인다. 남에게 무엇을 빼앗기다의 뜻도 나타낸다.
>
> **잊다** : 이전에 알고 있던 것이나 꼭 알아 두어야 할 것을 알지 못하게 되는 경우에 쓰인다. 남에게 무엇을 빼앗기다의 뜻은 없다.
>
> [예]길을 잃다(=잊다)./돈을 잃어버리다(×잊어버리다)./평생 잊지(×잃지) 못할 사람.

잃어버리다 [이러버리다] 아주 잃다. [예]나는 버스 안에서 지갑을 잃어버렸다.

임 마음에 두고 몹시 그리워하는 사람. [예]임을 여읜 설움.

임경업(林慶業, 1594~1646) 조선 인조 때의 명장. 이괄의 난을 평정하는 데 공을 세웠으며, 병자호란 이후 청나라를 치고자 했으나 뜻을 이루지 못하였다.

임:관(任官) ①관직에 임명됨. ②사관생도나 사관후보생이 장교로 임명됨. [예]삼촌은 사관 학교를 졸업하고 소위로 임관을 하였다. **임관되다. 임관하다.**

임:금[1] 군주 국가에서, 나라를 다스리는 최고 통치자. [비]왕. [높]상감·임금님.

임ː금²(賃金) 일을 한 대가로 받는 돈.

'임금²'의 쓰임

한때 또는 필요할 때마다 일을 해 주고 받는 돈일 경우에는 잘 쓰이지 않고, 계약 등에 의해 고정적으로 일을 해 주고 받는 돈을 이를 때에 주로 쓰인다. [예]임금 인상/임금이 오르다. [참]보수·삯.

임ː금님 〈임금¹〉의 높임말.

임ː기(任期) 일정한 임무를 맡아보는 기간. [예]우리나라의 대통령 임기는 5년이다.

임기응변(臨機應變) 그때그때의 사정과 형편에 따라 알맞게 그 자리에서 일을 처리함. [예]임기응변에 능하다.

임ː대(賃貸) 돈을 받고 자기 물건을 상대편에게 사용하게 하는 일. [예]임대 주택. [반]임차. 임대되다. 임대하다.

임ː명(任命) 일정한 직무를 맡김. [반]해임. 임명되다. [예]회장으로 임명되다. 임명하다.

임ː명식(任命式) 직무를 맡길 때 하는 의식.

임ː무(任務) 맡은 일. 맡겨진 일. [예]학생의 임무/임무를 완수하다.

임박(臨迫) 어떤 때가 가까이 닥쳐옴. 임박하다. [예]합격자 발표 시기가 임박하다.

임산물(林產物) 산림에서 산출되는 물건. 약초·버섯 등.

임ː산부(妊產婦) '임신 중의 부인'과 '출산 전후의 부인'을 아울러 이르는 말.

임산 자원(林產資源) 산림에서 생산되는 자원. 목재·연료·약초 등.

임시(臨時) 본래 정해져 있는 것이 아닌, 필요에 따라 그때그때 정한 것. [예]임시 주차장/임시 학급 회의.

임시 정부(臨時政府) ①국내적으로나 국제적으로 적법한 절차가 없어서 그 정당성을 인정받지 못한 사실상의 정부. ②〈대한민국 임시 정부〉의 준말. [준]임정.

임ː신(妊娠) 아이를 뱀. [비]잉태. 임신하다.

임야(林野)[이먀] 숲이 있거나 개간되지 않은 땅.

임업(林業)[이멉] 이득을 얻고자 나무를 가꾸고 베어 내는 일 등을 하며 산림을 경영하는 사업.

임ː오군란(壬午軍亂)[이모굴란] 고종 19(1882.임오)년에 신식 군대인 별기군과의 차별 대우와 군대 제도 개혁 등에 불만을 품고 구식 군대의 군인들이 일으킨 변란.

임ː용(任用)[이뭉] 공공 기관에서 사람을 뽑아 일을 맡김. [예]교사 임용 시험. 임용되다. 임용하다.

임ː원(任員)[이뭔] 어떤 단체나 모임 등에서 중요한 직책을 맡은 사람. [예]동창회 임원.

임ː의(任意)[이믜/이미] 자기 뜻대로 하는 일. [예]이 일은 네 임의대로 처리해도 좋다.

임ː자¹ 물건을 차지하고 있는 사람. [예]건물 임자/임자 없는 땅. [비]주인.

임ː자² ①친한 사람끼리 '자네'라는 뜻으로 서로를 조금 높여 가리키는 말. [예]이번 일은 임자 덕에 잘되었네. ②나이가 좀 많은 부부 사이에서 남편이 '아내'를 가리키거나 부르는 말. [예]음식을 장만하느라 임자가 고생이 많았소./임자, 내일은 아들네나 다녀옵시다.

임ː자말 문장 속에서 '무엇이, 무엇은'에 해당하는 말. '노력은 성공의 어머니이다.'에서, 임자말은 '노력은'이다. [비]주어. [참]풀이말.

임전무퇴(臨戰無退)[임전무퇴/임전무

퉤] 신라 때 화랑이 지켜야 할 세속오계의 하나로, 전쟁에 나아가서 물러서지 않고 싸움.

임종(臨終) ①사람이 숨을 거두는 마지막 때, 또는 그러한 때에 다다름. [예]임종이 가까워 오다. [비]최후. ②아버지나 어머니가 세상을 떠날 때에 그 옆에서 모시고 있음. [예]어머니의 임종을 지켜보다. 임종하다.

임ː직원(任職員) [임지권] 임원과 직원을 아울러 이르는 말. [예]임직원 여러분의 노고에 감사드립니다.

임ː진(壬辰) 육십갑자의 스물아홉째.

임진각(臨津閣) 경기도 파주시 문산읍 임진강변에 있는 누각. 남북 분단이라는 우리나라의 비극적인 현실을 상징하는 곳으로, 휴전선에서 남쪽으로 약 7km 떨어진 지점에 있다.

임진강(臨津江) 함경남도 마식령에서 시작된 물이 남서쪽으로 흘러 황해로 흘러 들어가는 강. 길이 254km.

임ː진왜란(壬辰倭亂) [임지놰란] 조선 선조 25(1592. 임진)년에 일본의 침입으로 비롯된 6년간의 전란. [준]왜란·임란.

임ː차(賃借) 돈을 내고 다른 사람의 땅·건물·물건 등을 빌려 씀. [반]임대. 임차되다. 임차하다. [예]사무실을 임차하다.

임하다(臨—) ①어떤 때나 일에 이르거나 당하다. [예]시험에 임하다./겸손한 자세로 임하다. ②어떤 대상을 향하여 가까이 있다. [예]바다에 임한 마을. ②[비]면하다.

임해(臨海) 바다에 가까이 있음.

임해 공업 도시(臨海工業都市) 바다에 가까이 있는, 공업이 발달한 도시.

입 ①입술에서 목구멍에 이르는 부분으로, 음식물을 받아들이고 소리를 내는 신체의 기관. ②음식을 먹는 사람의 수. [예]입이 많아서 음식이 부족하다. ③'사람이 하는 말'을 비유하여 이르는 말. [예]입에 오르내리다.

입에 거미줄 치다[관용] 가난하여 먹지 못하고 굶다.

입에 풀칠을 하다[관용] 겨우 밥이나 굶지 않을 정도로 가난한 생활을 하다.

입(을) 모으다[관용] 여러 사람이 같은 말을 하다.

입이 가볍다[관용] 말수가 많거나 들은 말을 경솔하게 옮기기 잘하는 버릇이 있다.

입이 무겁다[관용] 말수가 적거나 말을 함부로 하지 않고 몹시 신중하다.

> **'입, 아가리, 주둥이, 부리'의 구별**
>
> **입** : 사람이나 동물의 음식을 먹는 기관을 두루 이른다.
>
> **아가리** : 비교적 큰 길짐승의 입. 사람에게 쓰면 욕이 된다.
>
> **주둥이** : 큰 짐승이 아닌 대부분의 동물의 입. 역시 사람에게 쓰면 욕이 된다.
>
> **부리** : 특히 날짐승의 주둥이.

입가 [입까] 입의 가장자리. [예]입가에 뭐가 묻었네. [비]입언저리.

입가심 [입까심] 입 안이 텁텁할 때 무엇을 조금 먹어 입 안을 개운하게 함. [예]입가심으로 먹을 만한 게 없을까? 입가심하다.

입건(立件) [입껀] 범죄 사실이 인정되어 사건이 성립함. [예]형사 입건. 입건되다. 입건하다.

입교(入敎) [입꾜] 종교를 믿기 시작함. 입교하다.

입구(入口) [입꾸] 들어가는 문이나 어귀. [예]교실 입구. [반]출구.

입국(入國) [입꾹] 다른 나라에 들어가거나 자기 나라에 들어옴. [반]출국. 입국하다.

입궐(入闕)[입꿜] 대궐 안으로 들어감. ២퇴궐.

입금(入金)[입끔] ①돈이 들어옴, 또는 그 돈. ②예금을 하거나 빚을 갚기 위하여 은행 등에 돈을 들여놓음. ២출금. 입금되다. 입금하다.

입김[입낌] 입에서 나오는 더운 김. 에입김으로 언 손을 녹이다.

입다[입따] ①옷을 몸에 꿰거나 두르거나 하다. 에새로 산 옷을 입어 보았다. ២벗다. ②손해·피해·상처 등을 당하거나 누명 등을 뒤집어쓰다. 에홍수로 큰 피해를 입다. ③은혜나 도움 등을 받다.

입단(入團)[입딴] 어떤 단체나 모임에 가입함. 에여러분의 입단을 환영합니다. 입단하다.

입담[입땀] 말하는 솜씨나 말을 끌어가는 힘. 에입담이 좋다./저 사회자는 뛰어난 입담으로 인기가 많다.

입대(入隊)[입때] 군대에 들어가 군인이 됨. ២입영. ២제대. 입대하다.

입동(立冬)[입똥] 이십사절기의 하나. 상강과 소설 사이로, 11월 8일경. 이 무렵에 겨울이 시작된다고 한다.

입력(入力)[임녁] 컴퓨터에서, 문자나 숫자 등의 정보를 기억하게 하는 일. ២인풋. ២출력. 입력되다. 입력하다.

입맛[임맏] ①음식을 먹을 때 입에서 느끼는 맛. 에군것질을 했더니 입맛이 하나도 없다. ២구미. ②어떤 대상에 흥미를 느껴 하거나 가지고 싶어 하는 마음.

입맛대로 하다[관용] 저 좋을 대로 하다.

입맛(을) 다시다[관용] ①음식을 먹고 싶어 하다. ②무엇을 갖거나 하고 싶어 하다.

입맞춤[임맏춤] 서로 입을 맞추는 일. 또는 뺨이나 손등에 입을 맞추는 일. ២키스. 입맞춤하다.

입문(入門)[임문] 무엇을 배우려고 첫 과정에 들어섬, 또는 그 과정. 입문하다. 에정계에 입문하다./그는 바둑에 입문한 지 삼 년 만에 프로 기사가 되었다.

입바르다[입빠르다] 듣기 거슬릴 정도로 바른말을 하는 데 거침이 없다. 에형은 입바른 소리를 잘해서 친구가 많지 않다. |활용| 입바르니·입발라.

입방아[입빵아] 어떤 일을 두고 쓸데없이 말을 늘어놓는 일. 에그 일은 한동안 동네 사람들의 입방아에 오르내렸다.

입버릇[입뻐륻] 입에 굳어 버린 말버릇.

입법(立法)[입뻡] 법을 제정함, 또는 그 행위. ②사법·행정. 입법하다.

입법부(立法府)[입뻡뿌] 삼권 분립에 따라, 법률을 제정하는 '국회'를 이르는 말. ②사법부·행정부.

입법 기관(立法機關) 법률 제정에 참여하는 권한을 가진 국가 기관을 통틀어 이르는 말.

입사(入社)[입싸] 회사 등에 취직이 되어 들어감. 에입사 시험. ២퇴사. 입사하다.

입산(入山)[입싼] 산속에 들어감. 에산림 보호를 위하여 입산을 금지합니다. 입산하다.

입상(入賞)[입쌍] 상을 타게 되는 등수에 듦. 에입상 작품. 입상되다. 입상하다.

입선(入選)[입썬] 응모하거나 출품한 작품 등이 심사에 합격되어 뽑힘. ២낙선. 입선되다. 입선하다.

입성(入城)[입썽] '상당한 노력 끝에 어떤 지역이나 분야에 진출하는 일'을 비유하여 이르는 말. 에그 선수는 국내 최초로 유럽 축구 리그에 입성을 하였다. 입성하다.

입센(Ibsen, 1828~1906) 노르웨이의 극작가. 주로 여성 문제나 사회 문제를 다룬 작품을 많이 썼으며, '인형의 집'을 발표하여 온 세계의 화제를 모았다. 근대극의 창시자로 알려져 있다. 저서에는 '사랑의 희극'·'유령'·'민중의 적' 등이 있다.

입속말 [입쏭말] 남이 잘 알아듣지 못하게 입 속으로 중얼거리는 말. 예입속말로 투덜거리다. 입속말하다.

입수(入手) [입쑤] 필요한 물건이나 정보 등을 얻음. 예자료 입수. 입수되다. 입수하다. 예검찰은 비리에 관한 정보를 입수하고 조사에 착수했다.

입술 [입쑬] 사람 입의 위아래에 도톰하게 내민 얇고 불그스름한 살.

입시(入試) [입씨] 〈입학시험〉의 준말. 예대학 입시/입시 준비.

입신양명(立身揚名) [입씬냥명] 출세하여 세상에 이름을 널리 알림. 입신양명하다.

입씨름 ①어떤 일을 이루려고 말로 애를 쓰는 일. 예여러 차례의 입씨름 끝에 일이 잘 해결되었다. ②➡말다툼. 예사소한 일로 친구와 입씨름을 벌였다. 입씨름하다.

입양(入養) [이방] 양자로 들어가거나, 양자를 들임. 입양되다. 입양하다.

입원(入院) [이붠] 환자가 치료를 받기 위해 일정 기간 동안 병원에 들어가서 묵음. 빤퇴원. 입원하다.

입원비(入院費) [이붠비] 병원에 입원하여 치료를 받을 때 내는 돈.

입원실(入院室) [이붠실] 환자가 입원하여 치료를 받는 방.

입자(粒子) [입짜] 물질을 이루는 아주 작은 알갱이.

입장¹(入場) [입짱] 식장·경기장 등의 장내에 들어감. 빤퇴장. 입장하다.

입장²(立場) [입짱] 지금 놓여 있는 형편. 빤처지.

입장권(入場券) [입짱꿘] 극장·경기장·공연장 등에 입장하는 것을 허락하는 표. 빤입장표.

입장료(入場料) [입짱뇨] 극장·경기장·공연장 등에 입장하기 위하여 내는 돈.

입적(入寂) [입쩍] 높은 스님이 죽음. 빤열반. 입적하다.

입주(入住) [입쭈] 새로 마련한 집에 들어가 삶. 예우리 가족은 새 아파트에 입주를 할 예정이다. 입주하다.

입증(立證) [입쯩] 증거를 내세워 증명함. 입증되다. 입증하다. 예자신의 결백을 입증하다.

입질 [입찔] 낚시질할 때 물고기가 미끼를 건드리는 일. 입질하다.

입체(立體) 공간의 일부를 차지하고, 길이·넓이·두께를 지닌 것. 빤평면.

입체 도형(立體圖形) 한 평면 위에 있지 않고 공간적인 부피를 가지는 도형. 빤평면 도형.

〈입체 도형〉

입체적(立體的) ①입체와 같이 느껴지는 것. 예입체적인 그림. ②사물을 한 측면에서만이 아니라 여러 각도에서 파악하는 것. 예입체적으로 조명한 역사의 현장. 빤평면적.

입추¹(立秋) 이십사절기의 하나. 대서와 처서 사이로, 8월 8일경. 이 무렵에 가을이 시작된다고 한다.

입추²(立錐) 송곳을 세움.

　입추의 여지가 없다[관용]《송곳 끝도 세울 수 없을 정도라는 뜻으로》발 들여놓을 틈도 없을 정도로 사람들이 꽉 들어차 있다.

입춘(立春) 이십사절기의 하나. 대한과 우수 사이로, 2월 4일경. 이 무렵에 봄이 시작된다고 한다.

입춘대길(立春大吉) 입춘을 맞이하여 복을 기원하며 벽이나 문 등에 써 붙이는 글귀.

입하(立夏)[이파] 이십사절기의 하나. 곡우와 소만 사이로, 5월 6일경. 이 무렵에 여름이 시작된다고 한다.

입학(入學)[이팍] 학교에 들어가 학생이 됨. 예입학 선물. 뺀졸업. 입학하다.

입학금(入學金)[이팍끔] 입학할 때에 학교에 내는 돈.

입학시험(入學試驗)[이팍씨험] 학교에 들어가 학생이 되기 위하여 치르는 시험. ⓒ입시.

입학식(入學式)[이팍씩] 입학할 때에 하는 의식. 뺀졸업식.

입항(入港)[이팡] 배가 항구에 들어옴. 뺀출항. 입항하다.

입헌 정치(立憲政治) 헌법에 따라 다스리는 정치.

입회(立會)[이뢰/이풰] 어떤 현장에 참석하여 일이 어떻게 되어 가는지 지켜봄. 예반장 투표가 끝나고 나서 선생님 입회 아래 개표를 시작했다. 입회하다.

입후보(立候補)[이푸보] 선거에 후보자로 나서거나 내세움. 예입후보자. 입후보하다.

입히다[이피다] 입게 하다. 당하게 하다. 끼치다. 예아이에게 옷을 입히다./손해를 입히다.

잇:다[읻따] ①떨어져 있는 것을 매거나 맞대어 붙여서 하나로 만들다. 예끊어진 실을 잇다. ②어떤 일을 끊어지지 않게 계속하다. 예가난하여 끼니를 잇기가 어렵다./말을 잇다. ③떨어진 두 곳을 통하여 오갈 수 있게 하다. 예육지와 섬을 잇는 큰 다리. |활용| 이으니·이어.

잇:달다[읻딸다] 끊어지지 않고 계속 이어지다. 예멀리서 함성 소리가 잇달아 들려왔다. |활용| 잇다니·잇달아.

잇:닿다[읻따타] 서로 이어져 맞닿다. 예하늘과 잇닿은 수평선이 아득하게 보인다.

잇:대다[읻때다] 서로 떨어지지 않고 맞닿게 하다. 예아버지는 널빤지를 잇대어 울타리를 만드셨다.

잇:따르다[읻따르다] ①어떤 물체가 다른 물체의 뒤를 이어 따르다. 예차량이 잇따라 지나가다. ②어떤 일이 이어서 일어나다. 예잇따른 사고/비난이 잇따르다.

잇몸[인몸] 이의 뿌리를 싸고 있는 살.

잇새[이쌔/읻쌔] 이와 이의 사이. 예잇새가 넓다.

잇:속[이쏙/읻쏙] 자기에게 이로운 것. 또는 이익이 있는 실속. 예잇속을 차리다./잇속에 밝다.

있다[읻따] ①존재하다. 예지구에 있는 모든 생물. ②사람이나 사물이 일정한 곳에 자리를 차지하다. 예책상 위에 공책이 있다. ③머무르다. 체류하다. 예어디 가지 말고 여기 있어라. ④가지거나 지니거나 갖추거나 하다. 예용기 있는 행동. ⑤생기어 나타나거나 발생하다. 예볼일이 있어 외출하다. ⑥무슨 일이 벌어지거나 진행되다. 예12시에 회의가 있다. ⑦시간이 어느 정도 지나다. 예일주일만 있으면 방학이다. ⑧어떤 직장에 다니거나 근무하다. 예십 년째 시청에 있다. ⑨가능하다는 뜻을 나타내는 말. 예너 혼자서 할 수 있겠니? ⑩어떤 행동·상태·결과 등이 이어지는 것을 나타내는 말. 예동생이 의자에 앉아 있다. |발음| 있어[이써]·있고[읻꼬]

잉글리시 호른(English horn) 오보에 계통의 목관 악기. 음높이가 오보에보다 5도 낮고, 부드러운 음색을 낸다.

〈잉글리시 호른〉

잉꼬 앵무과의 새. 몸길이 21~26cm. 몸빛은 붉은색·녹색·노란색 등으로 매우 화려하고 아름다우며, 암수의 사이가 매우 좋다.

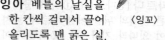

〈잉꼬〉

잉아 베틀의 날실을 한 칸씩 걸러서 끌어 올리도록 맨 굵은 실.

잉ː어 잉엇과의 민물고기. 몸길이는 일정하지 않으나 큰 것은 1m에 이른다. 몸빛은 등이 검푸르

〈잉어〉

고 배는 누르스름하며, 입가에 두 쌍의 수염이 있다. 강·연못 등에 살며 기르기도 한다.

잉ː여(剩餘) 쓰고 난 나머지. 예잉여 생산물.

잉카 문명(Inca文明) 남아메리카의 안데스 산맥을 중심으로 잉카 족이 이룩한 고대 문명. 청동기를 사용하였으며, 토목·직물 기술 등이 발달하였다.

잉카 제ː국(Inca帝國) 13세기에 남아메리카의 페루를 중심으로 잉카 족이 세운 나라. 15~16세기에 대제국을 건설하였고, 청동기·토기·직물 기술 등이 발달하였다. 에스파냐 인의 침략을 받아 멸망하였다. 〔?~1532〕

잉크(ink) 글씨를 쓰거나 인쇄하는 데 쓰는, 빛깔이 있는 액체.

잉ː태(孕胎) 아이를 뱀. 비임신. 잉태되다. 잉태하다.

잊다 [읻따] ①알았던 것을 기억하지 못하거나 깨닫지 못하다. 예약속 시간을 잊었다. ②마음에 새겨두지 않고 저버리다. 예은혜를 잊지 않겠습니다. ③해야 할 일을 깨닫지 못하다. 예숙제를 깜빡 잊었다. ④다른 것에 정신을 쏟아 어떤 것을 느끼거나 생각하지 못하다. 예아이들은 추위도 잊고 뛰어놀았다. |발음| 잊어 [이저]·잊고 [읻꼬]

잊어버리다 [이저버리다] 모두 잊다. 아주 잊다.

잊히다 [이치다] 생각이 나지 않게 되다. 모르게 되다. 예오래도록 잊히지 않는 말.

잎 [입] 식물의 영양 기관의 한 가지. 풀과 나무의 가지나 줄기의 마디에서 나며, 호흡 작용과 탄소 동화 작용을 한다. 완전한 것은 잎몸·잎자루·턱잎의 세 부분으로 이루어진다. |발음| 잎이 [이피]·잎도 [입또]·잎만 [임만]

잎눈 [임눈] 자라서 줄기나 잎이 될 식물의 싹. 꽃눈보다 작으며, 밤나무·버드나무 등에서 볼 수 있다. 비엽아. 참꽃눈.

잎담배 [입땀배] 썰지 않고 잎사귀 그대로 말린 담배. 비엽연초·엽초.

잎맥(一脈) [임맥] 잎에 평행선이나 그물 모양으로 뻗어 있는 관다발. 수분과 양분의 통로가 된다.

잎사귀 [입싸귀] 낱낱의 잎. 비이파리.

잎새 '잎사귀'의 방언.

잎자루 [입짜루] 잎줄기가 줄기나 가지에 붙어 있게 하는 부분.

잎줄기 [입쭐기] 잎의 줄기.

ㆁ 옛이응. 옛 닿소리의 하나. 지금의 'ㅇ' 받침 소리와 같다.

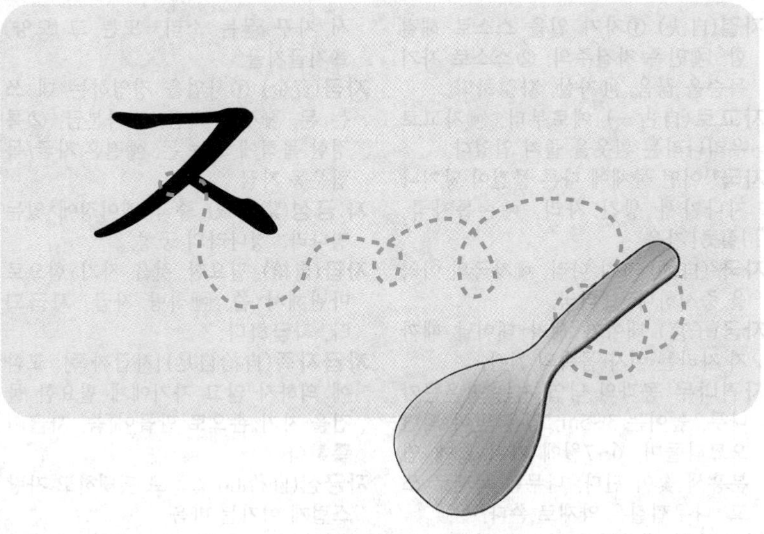

ㅈ 지읒. 한글 닿소리의 아홉째.

자¹ 나무·쇠·플라스틱 등으로 만든 막대에 눈금을 그려 길이를 재는 데 쓰는 도구.

자² 길이를 잴 때 쓰이는 말. 한 자는 약 30.3cm이다.

자³ 무엇을 권하거나 재촉할 때 쓰이는 말. [예]자, 우리 이제 공부하자.

자⁴(者) '사람'을 얕잡아 가리키는 말. [예]그런 자가 알면 얼마나 알겠니?

자가(自家) ①자기의 집. [비]자택. ②자기. [예]자가운전.

자가용(自家用) ①영업용이 아니라 개인이나 집에서 쓰는 자동차. 특히, 승용차를 말한다. ②영업용이 아니라 개인이 쓰는 것. [예]자가용 비행기.

자각(自覺) 자기 스스로 깨닫고 느낌. **자각되다. 자각하다.** [예]책임감을 자각하다.

자갈 강이나 바다에서 오래 갈려 반들반들해진 작은 돌. [예]자갈이 깔린 해변.

자갈치 등가시칫과의 바닷물고기. 몸은 길고 꼬리 쪽이 가늘며 몸빛은 연한 갈색이다. 배지느러미가 없다.

자개 금조개를 얇게 썰어 낸 조각. 빛깔이 아름다워 가구 등을 장식하는 데 쓰인다.

자:객(刺客) 지난날, 남이 시켜서 사람을 몰래 찔러 죽이는 일을 하던 사람.

자격(資格) ①일정한 신분·지위를 가지거나 어떤 행동을 하는 데 필요한 조건. [예]너는 그를 나무랄 자격이 없어. ②어떤 모임에 속한 사람으로서의 지위나 권리. [예]회원 자격.

자격루(自擊漏) [자경누] 조선 세종 때, 장영실·이천 등이 만든 물시계. 그릇에 물방울을 떨어뜨려서 그릇이 차면 소리를 내어 시간을 알리도록 되어 있다. 국보 제229호.

자격증(資格證) [자격쯩] 일정한 자격을 인정하여 주는 증서. [예]교사 자격증.

자격지심(自激之心) [자격찌심] 자기가 한 일에 대하여 스스로 부끄럽다거나 못마땅하게 여기는 마음.

자결(自決) ①자기 일을 스스로 해결함. 예민족 자결주의. ②스스로 자기 목숨을 끊음. 비자살. 자결하다.

자고로(自古一) 예로부터. 예자고로 우리나라는 흰옷을 즐겨 입었다.

자국¹ 어떤 물체에 다른 물건이 닿거나 지나가서 생긴 자리. 예손톱자국. |잘못| 자욱.

자국²(自國) 자기 나라. 예자국의 이익을 중시하다. 반타국.

자궁(子宮) 태아가 생겨 태어날 때까지 자라는 여자 몸속의 기관.

자귀나무 콩과의 낙엽 지는 작은큰키나무. 높이는 3~5m. 잎은 밤이 되면 오므라들며, 6~7월에 가지 끝에 연분홍색 꽃이 핀다. 나무는 목재로 쓰고, 나무껍질은 약재로 쓴다.

자그마치 생각했던 것보다 훨씬 많을 때 쓰는 말. 예그 좁은 곳에 자그마치 2만 명이나 모였대. |잘못| 자그만치.

자그마하다 ①보기에 좀 작다. 예키가 자그마한 아이. ②대수롭지 않다. 예자그마한 상처. 준자그맣다.

자그맣다 [자그마타] 〈자그마하다〉의 준말. 예몸집이 자그맣다. |활용| 자그마니·자그매.

자극¹(刺戟) ①흥분시키는 일. 예자극적인 만화. ②생체·감각 기관에 작용하여 어떤 반응을 일으키게 하는 일. 예위에 자극을 주는 음식. 자극하다.

자극²(磁極) 자석의 힘이 가장 센, 자석의 양쪽 끝 부분. 북쪽으로 끌리는 쪽을 엔(N) 극, 남쪽으로 끌리는 쪽을 에스(S) 극이라고 한다.

자근거리다 자꾸 가볍게 누르거나 씹다. 비자근대다. 큰지근거리다.

자근대다 ➡자근거리다.

자근자근 자꾸 자근거리는 모양. 예껌을 자근자근 씹다. 큰지근지근.

자글자글 적은 양의 액체가 졸아들면서 자꾸 끓는 소리, 또는 그 모양. 큰지글지글.

자금(資金) ①사업을 경영하는 데 쓰는 돈. 예사업 자금. 본자본금. ②특정한 목적에 쓰는 돈. 예결혼 자금/독립운동 자금.

자금성(紫禁城) 중국 베이징에 있는 명나라·청나라의 궁성.

자급(自給) 필요한 것을 자기 힘으로 마련해서 씀. 예식량 자급. 자급되다. 자급하다.

자급자족(自給自足) [자급짜족] 교환에 의하지 않고 자기에게 필요한 물건을 자기 손으로 만들어 씀. 자급자족하다.

자긍심(自矜心) 스스로 떳떳하고 자랑스럽게 여기는 마음.

자기¹(自己) ①그 사람 자신. 예자기보다 이웃을 먼저 생각한다. 비자신. 반남·타인. ②바로 앞에서 말한 사람. 예동생은 자기도 데려가 달라고 떼를 썼다.

자기²(瓷器) 도자기의 한 가지. 매끄럽고 단단하며, 두드리면 맑은 쇳소리가 난다.

자기³(磁氣) 자석이 철을 끌어당기는 작용.

자기력(磁氣力) 같은 극끼리는 서로 밀치고, 다른 극끼리는 서로 끌어당기는 자석의 힘. 준자력.

자기만족(自己滿足) 스스로 자기 자신이나 자신의 행위에 대하여 만족하는 일.

자기반성(自己反省) 자기가 한 일을 스스로 반성하는 일.

자기소개(自己紹介) 처음 만나는 사람에게 자기의 이름·나이·직업 등을 알리는 일.

자기앞 수표(自己一手票) 자기 자신이 해당 금액을 지급하기로 하고 발행하는 수표.

자기장(磁氣場) 자기력의 영향이 미치는 장소와 공간.

〈자기장〉

자기주장(自己主張) 생각이나 의견을 당당하고 자신 있게 주장하는 일.

자기중심적(自己中心的) 남의 일보다 자기의 일을 먼저 생각하는 것.

자기편(自己便) 자기와 같은 쪽, 또는 그쪽의 사람. 예관중들은 자기편 선수들을 열심히 응원했다.

자꾸 잇달아서 여러 번. 예너는 왜 자꾸 울기만 하니? 자꾸자꾸.

자꾸만 '자꾸'의 힘줌말. 예너 자꾸만 사람 못살게 굴래?

자끈거리다 작고 단단한 물건이 자꾸 부러지거나 깨지다. 비자끈대다. 흰지끈거리다.

자끈대다 ➡자끈거리다.

자끈자끈 자꾸 자끈거리는 소리, 또는 그 모양. 흰지끈지끈.

자네 친구나 손아랫사람을 가리켜 부르는 말. 예그 일은 자네가 맡아서 처리하게.

자녀(子女) 아들과 딸.

자다 ①잠이 든 상태가 되다. 예아이가 곤하게 잠을 잔다. ②바람이나 파도 등이 잠잠해지다. 예일렁이던 물결이 자다.

자나 깨나[관용] 잠을 잘 때나 깨어 있을 때나 늘. 언제나. 예자나 깨나 자식 걱정.

자동(自動) 기계 등이 저절로 움직임. 예자동카메라/자동 승강기. 빤수동.

자동문(自動門) 사람이 드나들 때 자동으로 열리고 닫히는 문.

자동식(自動式) 사람이 힘을 들이지 않아도 기계 장치 자체의 힘으로 움직이게 된 방식. 빤수동식.

자동 응ː답 전ː화(自動應答電話) 전화를 받을 수 없을 때 전화한 사람의 목소리를 녹음하여 두었다가 나중에 들을 수 있게 만든 전화.

자동차(自動車) 석유나 가스 등을 연료로 하는 엔진의 힘으로 땅 위를 달리게 만든 차. 보통, 바퀴가 넷인 차를 말한다.

자동판매기(自動販賣機) 돈을 넣고 단추를 누르면 자동으로 물건이 나오게 되어 있는 기계. 예커피 자동판매기. 춘자판기.

자동화(自動化) 자동적으로 되거나 되게 함. 예사무 자동화. 자동화되다. 자동화하다.

자두 자두나무의 열매. 복숭아와 비슷한데 작고 겉이 매끈하며, 달고 신맛이 있다.

자두나무 장미과의 낙엽 지는 큰 키나무. 4월경에 잎보다 먼저 흰 꽃이 피고, 열매인 '자두'가 7월경에 누른빛이나 자줏빛으로 익는다.

〈자두〉

자드락 산기슭의 비탈진 땅.

자디잘다 매우 잘다. 빤굵디굵다. |활용| 자디자니 · 자디잘아.

자라 자랏과의 동물. 몸길이 30cm가량. 생김새가 거북과 비슷하나 등딱지의 중앙 부분만 단단하고, 다른 부분은 부드러운 피부로 덮여 있다. 강 · 못 · 늪 등의 바닥에 숨어 있다가 물고기 · 개구리 · 게 등을 잡아먹는다.

자라나다 자라서 크게 되다. 예새싹이 자라나다.

자라다[1] ①생물의 몸이 점점 커지다. 예나무가 자라다. ②생물이 성숙한 상태로 되다. 예훌륭한 어른으로 자라다.

자라다² ①어떤 곳에 미치거나 닿다. 예맨 위의 선반은 동생의 손이 자라지 않는다. ②일정한 수준이나 정도에 이르다. 예제 힘이 자라는 데까지 돕겠습니다.

자락 옷이나 천 등의 아래로 드리운 부분. 예두루마기 자락.

자랑 자기 또는 자기와 관계되는 것을 드러내어 뽐냄, 또는 그렇게 뽐낼 수 있는 것. 자랑하다. 예실력을 자랑하다.

자랑거리 [자랑꺼리] 남에게 자랑할 만한 것.

자랑스럽다 [자랑스럽따] 자랑할 만하다. |활용| 자랑스러우니·자랑스러워. 자랑스레.

자력¹(自力) 자기 혼자의 힘. 예자력으로 학교를 졸업하다.

자력²(磁力) 〈자기력〉의 준말.

자료(資料) 무엇을 하기 위한 재료. 예자료 수집/연구 자료.

자루¹ 물건을 담을 수 있게 헝겊 등으로 크고 길게 만든 주머니. 예쌀자루.

자루² 손으로 다루는 기구나 연장의 손잡이. 예호미 자루.

자루³ 연필·칼·괭이 등을 셀 때 쓰이는 말. 예칼 두 자루.

자르다 ①칼 등으로 물체를 베어 도막을 내다. 예두부를 자르다. ②말이나 일이 이어지던 것을 끊다. 예말을 도중에 자르다. ③직장에서 내쫓다. ④남의 부탁이나 요구를 분명하게 거절하다. |활용| 자르니·잘라. |잘못| 짜르다.

자르르 물기·기름기·윤기 등이 고루 묻거나 배어서 반드르르한 모양. 예윤기가 자르르 흐르는 머릿결. 큰지르르.

자리¹ ①사람이나 물건이 차지하는 어떤 한정된 공간. 예자리가 좁다. ②사람이 앉을 수 있게 만든 물건이나 시설. 예자리에 앉다. ③어떤 일을 겪고 난 후에 흔적이 남은 부분. 예모기 물린 자리가 가렵다. ④직위나 지위. 예과장 자리. ⑤십진법에 따른 숫자의 위치. 예세 자리의 숫자.

자리(가) 잡히다[관용] 새로 시작한 일이 제대로 되어 가다.

자리(를) 잡다[관용] ①일정한 공간이나 지위를 차지하다. ②어떤 생각이 마음속에 계속 남아 있다. 예그는 존경받는 위인으로 자리 잡을 것이다.

자리² ①사람이 앉거나 눕기 위하여 바닥에 까는 물건. 돗자리 등. ②잠잘 때 깔고 덮는 이부자리. ③〈잠자리¹〉의 준말. 예자리에 들다.

자리다툼 좋은 자리나 위치를 차지하려고 다투는 일. 자리다툼하다.

자리하다 어떤 곳에 자리를 차지하다. 예우리 학교는 언덕 위에 자리하고 있다.

자린고비 '아니꼬울 정도로 인색한 사람'을 이르는 말.

자립(自立) 남의 힘에 의지하지 않고 자기의 힘으로 해 나감. 예자립 경제. 비독립. 자립하다.

자립정신(自立精神) [자립쩡신] 자기 힘으로 해 나가려는 정신.

자릿그물 [자리끄물/자릳끄물] 그물을 바다에 고정시켜 놓고 물고기가 그 안에 들어오게 하여 잡는 그물.

자릿수(一數) [자리쑤/자릳쑤] 어떤 수를 나타내는 숫자들의 개수. 예한 자릿수/두 자릿수.

자릿점(一點) [자리쩜/자릳쩜] 수판에서, 수의 자리를 나타내기 위하여 표시한 점.

자막(字幕) 영화·텔레비전 등에서, 제목·배역·해설 등을 글자로 나타낸 화면.

자만(自慢) 자기 일을 남 앞에서 자랑하며 오만하게 행동함. 비오만. 자만하다.

자매(姉妹) 여자끼리의 언니와 동생. 예자매가 다정하다.

자매결연(姉妹結緣) [자매겨련] 어떤 단체나 집단이 다른 단체나 집단과 서로 돕기 위하여 밀접한 관계를 맺는 일.

자맥질 [자맥찔] 물속에 들어가서 떴다 잠겼다 하며 팔다리를 놀리는 짓. 자맥질하다.

자멸(自滅) 스스로 자기를 멸망시킴. 자멸되다. 자멸하다. 예핵무기에 의해 자멸하다.

자명고(自鳴鼓) 낙랑에 있었다고 전해지는 북. 외적이 쳐들어오면 저절로 울렸다고 한다.

자명종(自鳴鐘) 미리 정해 놓은 시간이 되면 저절로 울려서 시간을 알려 주는 시계.

자명하다(自明一) 설명하거나 증명하지 않아도 될 만큼 분명하다. 예자명한 사실.

자모(字母) 하나의 글자를 홀소리와 닿소리로 갈라서 적을 수 있는 낱낱의 글자. ㄱ·ㄴ·ㅏ·ㅓ 등.

자못 [자몯] 생각보다 매우. 예너에게거는 기대가 자못 크다.

자:문(諮問) 어떤 일을 잘 처리하려고 그 방면의 전문가나 전문 기관에 의견을 물음. 예자문 위원/자문을 구하다. 자문하다.

자문자답(自問自答) 스스로 묻고 스스로 대답함. 자문자답하다.

자물쇠 [자물쐬/자물쒜] 여닫게 된 것에 채워서 잠그는 쇠.

자바라 놋쇠로 둥글넓적하고 배가 불룩하게 만든, 두 짝으로 된 타악기. |참고| 자바라는 '자발라(啫哱囉)'에서 온 말. 비바라·제금.

〈자바라〉

자박자박 [자박짜박] 가볍게 발소리를 내면서 자꾸 걷는 소리, 또는 그 모양. 흰저벅저벅.

자:반 물고기를 소금에 절인 반찬. |참고| 자반은 '좌반(佐飯)'에서 온 말. 예자반고등어.

자발적(自發的) [자발쩍] 자기 스스로 나서서 하는 것.

자배기 둥글넓적하고 아가리가 벌어진 질그릇.

자백(自白) 자기의 비밀·허물·죄를 스스로 말함. 자백하다.

자벌레 자벌레나방의 애벌레. 가슴에 세 쌍, 배에 한 쌍의 발이 있다. 기어갈 때는 꼬리를 머리 쪽에 붙이고 마치 뼘으로 자질하듯 기어간다.

자본(資本) 사업을 하는 데 필요한 돈.

자본주의(資本主義) [자본주의/자본주이] 자본을 가진 사람이 이익을 얻기 위해 일할 사람을 고용하여 상품을 생산하는 경제 구조.

자부(自負) 자기가 자기 능력·재주 등을 자랑으로 생각함. 예달리기는 내가 최고라고 자부를 하고 있어. 자부하다.

자부심(自負心) 자부하는 마음. 예자부심이 강한 사람.

자비[1](自費) 스스로 부담하는 비용. 예자비로 여행하다.

자비[2](慈悲) 어려움을 겪는 사람을 사랑하고 불쌍히 여기는 마음. 예자비를 베풀다. 자비하다.

자비롭다(慈悲一) [자비롭따] 남을 사랑하고 가엾게 여기는 마음이 있다. 예자비로운 미소. |활용| 자비로우니·자비로워.

자비심(慈悲心) 사람을 사랑하고 가엾게 여기는 마음.

자빠지다 뒤로 넘어지다. 예나는 너무 놀라 뒤로 자빠졌다.

자살(自殺) 스스로 자기의 목숨을 끊음. 비자결. 빤타살. 자살하다.

자상하다(仔詳—) 성질이 꼼꼼하고 찬찬하다. 예자상하신 아버지. 자상히.

자새 실·새끼·바 등을 꼬거나 감는 데 쓰는 작은 얼레.

자ː색(紫色) ⟶ 자주[3].

자생(自生) ①식물이 사람이 가꾸지 않아도 저절로 나서 자람. 예제주도 자생 식물. ②저절로 생겨남. 예자생 단체. 자생하다.

자서전(自敍傳) 자기가 쓴 자신의 전기.

자ː석(磁石) 철을 끌어당기는 성질을 가진 물체. 비지남철.

자선(慈善) 불행에 처한 사람을 도와주는 일. 특히, 가난한 사람을 물질적으로 돕는 일. 예자선 병원/자선 학교.

자선냄비(慈善—) 구세군이 연말에, 가난한 사람들을 돕기 위한 성금을 받는, 쇠로 만든 그릇.

자선 단체(慈善團體) 자선 사업을 하는 단체.

자선 사ː업(慈善事業) 가난하고 불쌍한 사람들을 도와주고 구제하는 일.

자ː성(磁性) 물체가 쇠붙이를 끌어당기는 성질.

자세(姿勢) ①몸을 움직이는 태도나 모양. 예자세가 바르다. ②무슨 일에 대한 마음가짐. 예적극적인 자세. 비태도.

자세하다(仔細—) 아주 작고 하찮은 부분까지 구체적이고 분명하다. 예자세하게 설명해 주다. 비상세하다. 자세히.

자손(子孫) ①자식과 손자. ②후손. 예단군의 자손. 준손. 반조상.

자수[1](自首) 죄를 지은 사람이 자기의 범죄를 경찰 등에게 신고하는 일. 예도망 다니지 말고 자수를 해라. 자수하다.

자ː수[2](刺繡) 옷감·헝겊 등에 여러 가지 색실로 그림이나 무늬 등을 수놓아 나타내는 일, 또는 그 수.

자수성가(自手成家) 물려받은 재산이 없이 자기 힘으로 재산을 모아서 집안을 일으킴. 자수성가하다.

자습(自習) 가르치는 사람 없이 혼자서 공부하여 익힘. 예자습 시간. 자습하다.

자습서(自習書)[자습써] 가르치는 사람 없이 스스로 배워 익힐 수 있도록 쉽고 자세하게 풀이해 놓은 책.

자ː시다 〈먹다〉의 높임말. 비잡수시다.

자식(子息) ①아들과 딸. 예자식이 많다. 비자녀. ②남자를 욕할 때 이르는 말. 예나쁜 자식.

자신[1](自身) 자기. 제 몸. 예너 자신을 알라. 반남·타인.

자신[2](自信) 자기의 능력이나 가치를 믿음, 또는 그런 마음. 예선영이가 먼저 자신 있게 나섰다. 비자부. 자신하다.

자신감(自信感) 자신이 있다고 여겨지는 느낌. 예자신감이 넘치다./자신감을 가지다.

자신만만하다(自信滿滿—) 아주 자신이 있다. 자신감이 넘쳐 있다.

자아(自我) 자기. 자기 자신. 예자아실현/자아비판. 반타아.

자아내다 ①물레 같은 것으로 실을 뽑아내다. 예누에고치에서 실을 자아내다. ②어떤 느낌이 우러나게 하다. 예슬픔을 자아내는 장면.

자애(慈愛) 자식에 대한 어버이의 사랑과 같은 깊은 사랑.

자애롭다(慈愛—)[자애롭따] 자애를 베푸는 마음이 있다. 예자애로운 얼굴. |활용| 자애로우니·자애로워. 자애로이.

자양분(滋養分) 몸의 영양을 도와 건강하게 하는 음식의 성분. 비양분·영양분.

자업자득(自業自得) [자업짜득] 자기가 저지른 일의 결과를 자기 자신이 받는 일.

자연(自然) ①사람의 힘에 의하지 않고 스스로 존재하거나 저절로 이루어지는 현상. [예]자연의 섭리. ②산·강·바다·동식물 등과 같이 사람의 힘이 더해지지 않고 저절로 생겨난 것, 또는 그것들이 이루는 환경. [예]자연과 더불어 사는 삶/자연을 보존하다. [비]천연. [반]인공.

자연계(自然界) [자연계/자연게] 인간을 포함한, 천지 만물이 존재하는 범위.

자연 과학(自然科學) 자연에 속하는 모든 대상을 다루어 그 법칙을 밝히는 학문.

자연림(自然林) [자연님] 자연적으로 이루어진 수풀. [비]원시림. [반]인공림.

자연미(自然美) 꾸미지 않은 자연 그대로의 아름다움. [반]인공미.

자연 보ː호(自然保護) 인류의 생활 환경인 자연을 훼손하지 않고 좋은 상태로 가꾸고 보살펴 본래의 모습으로 보존하는 일.

자연석(自然石) 인공을 가하지 않은 자연 그대로의 돌. [비]천연석.

자연수(自然數) 양의 정수를 통틀어 이르는 말. 곧, 1부터 시작하여 하나씩 더하여 얻은 수. 1, 2, 3, … 등.

자연스럽다(自然—) [자연스럽따] ①억지로 꾸미지 않아 어색하지 않다. [예]행동이 자연스럽다. ②당연하고 알맞다. [예]이성을 좋아하는 것은 자연스러운 일이다. ③일부러 애쓰지 않아도 저절로 되어 있다. [예]자연스럽게 몸에 밴 습관. [반]부자연스럽다. |활용| 자연스러우니·자연스러워. **자연스레**.

자연식(自然食) 가공을 하지 않은 자연 그대로의 식품.

자연재해(自然災害) 홍수·가뭄과 같이 자연 현상에서 오는 재난으로 입는 손해.

자연적(自然的) 인공을 가하지 않은 자연 그대로의 것. [예]자연적인 상태. [비]천연적. [반]인위적·인공적.

자연환경(自然環境) 산·강·바다 등의 자연이 이루는 환경.

자연히(自然—) 일부러 애쓰지 않아도 저절로. [예]상처가 자연히 아물었다.

자오선(子午線) 지구 상에서, 남극에서 북극을 지나는 가장 짧은 큰 원.

자ː외선(紫外線) [자외선/자웨선] 파장이 엑스선보다 길고, 가시광선보다 짧은 전자기파. 화학 작용이나 살균 작용을 한다. [참]적외선.

자욱 '자국'의 잘못.

자욱하다 [자우카다] 연기나 안개가 잔뜩 끼어 흐릿하다. [예]안개가 자욱하다. [작]자옥하다. **자욱이**.

자ː운영(紫雲英) 콩과의 두해살이풀. 잎은 어긋나고 봄에 자줏빛이나 흰색의 꽃이 핀다. 어린잎과 줄기는 먹거나 사료로 쓴다.

자웅(雌雄) ①암컷과 수컷. ②'승부·우열'을 비유하여 이르는 말. [예]자웅을 겨루다.

자원1(自願) 어떤 일을 스스로 하겠다고 바라거나 나섬. **자원하다**. [예]궂은 일을 자원하다.

자원2(資源) ①사람의 생활과 생산에 필요한 여러 가지 물질이나 재료. 지하의 광물이나 임산물·수산물 등. [예]식량 자원/자원이 부족하다. ②어떤 목적에 이용할 수 있는 노동력이나 기술.

자원봉사(自願奉仕) 대가를 받지 않고 어떤 일에 스스로 참여하여 돕는 일.

자원봉사자(自願奉仕者) 대가를 받지 않고 스스로 참여하여 돕는 사람.

ㅈ

자위¹ 눈알·새알·달걀 등에서, 빛깔에 따라 구분되는 부분.

자위²(自衛) 자기 몸이나 자기 나라를 스스로 지킴. 자위하다.

자유(自由) 남에게 얽매이거나 간섭을 받지 않고, 자기 마음대로 행동하는 일. 예자유를 누리다.

자유 공원(自由公園) 6·25 전쟁 때의 인천 상륙을 기념하기 위해 인천에 만든 공원.

자유 국가(自由國家) ①다른 나라의 지배를 받지 않는 독립 국가. ②자유롭게 살 수 있는, 국민의 자유가 보장된 나라.

자유권(自由權)[자유꿘] 남의 간섭이나 억눌림을 받지 않고 자유롭게 살 수 있는 권리.

자유롭다(自由一)[자유롭따] 아무런 구속을 받지 않고 마음대로 할 수 있는 상태에 있다. 예자유로운 세상. |활용| 자유로우니·자유로워. 자유로이.

자유분방(自由奔放) 무엇에도 얽매이지 않고 마음대로임. 자유분방하다.

자유세계(自由世界)[자유세계/자유세게] ①자유로운 사회. ②공산 국가에 대하여 미국·한국 같은 민주주의 국가를 이르는 말.

자유시(自由詩) 어떤 형식을 따르지 않고 자유롭게 쓰는 시. 앤정형시.

자유의 여신상(自由一女神像) 미국 뉴욕 시에 있는, 자유를 상징하는 여신상. 프랑스가 미국의 독립 100주년을 기념하여 기증한 것으로, 오른손에는 횃불을 들고 있고, 왼손에는 독립 선언서를 들고 있다.

자유의 집(自由一) 자유를 지키려고 싸운 국군과 유엔군을 기념하기 위하여 1965년 9월에 판문점에 지은 집.

자유인(自由人) 자유롭게 행동할 권리가 있는 국민.

자유자재(自由自在) 자기 뜻대로 모든 것이 자유롭고 거침이 없음. 예민수는 어떤 악기든지 자유자재로 다룬다.

자유형(自由型) ①수영에서, 헤엄치는 방법을 제한하지 않는 경기 종목. ②레슬링에서, 몸 전체를 이용하여 공격하거나 방어하는 경기 종목.

자유화(自由化) 자유롭게 하거나 되게 함. 예자유화의 물결. 자유화되다. 자유화하다.

자율(自律) 자기의 뜻에 따라 자기 행동을 조절함. 앤타율.

자율적(自律的)[자율쩍] 자기의 뜻에 따라 자기 행동을 조절하는 것.

자율 학습(自律學習) 다른 사람의 도움 없이 스스로 정하여 하는 공부.

자음(子音) ➡닿소리.

자음자(子音字)[자음짜] 자음을 나타내는 글자. 앤모음자.

자의(自意)[자의/자이] 자기 스스로의 생각이나 의견. 예거기에 간 것은 내 자의가 아니었어. 앤타의.

자의식(自意識)[자의식/자이식] 자기 자신에 대한 의식.

자의적(恣意的)[자의적/자이적] 규칙이나 질서를 무시하고 자기 마음대로 하는 것. 예자의적인 법률 해석.

자인(自認) 어떤 일을 스스로 인정함. 자인하다. 예패배를 자인하다.

자자손손(子子孫孫) 자손의 여러 대. 예자자손손 이어갈 우리의 땅. 비자손만대.

자ː자하다(藉藉一) 소문 등이 여러 사람의 입에 오르내려 떠들썩하다. 예민수가 태권도를 잘한다는 소문이 자자하다. 자자히.

자작¹(子爵) 서양에서 귀족을 다섯 등급으로 나눈 것 가운데 넷째 계급. 참공작·남작·백작·후작.

자작²(自作) 손수 만듦. 또는 그 물건. 예자작시. 자작하다.

자작나무 [자장나무] 자작나뭇과의 낙엽 지는 큰키나무. 높이는 20m가량. 나무껍질은 희며 얇게 벗겨진다. 재목은 가구재, 나무껍질은 약재로 쓰인다.

자작농(自作農) [자장농] 자기 땅을 자기가 직접 짓는 농사, 또는 그 농가. [반]소작농.

자잘하다 여럿이 모두 다 잘다. [예]감자의 알이 자잘하다.

자장(慈藏, 590?~658?) 신라 선덕 여왕 때의 승려. 당나라에 건너가 계율종을 공부하고, 우리나라에 계율종을 처음으로 전파하였다.

자장가(一歌) 어린아이를 재우려고 부르는 노래.

자장면 중국식 요리의 한 가지. 고기와 채소를 넣고 볶은 중국식 된장에 국수를 비벼 먹는 음식. [참고] 자장면은 '작장면(炸醬麵)'에서 온 말. [비]짜장면.

자장자장 아기를 재우며 조용히 노래처럼 부르는 소리.

자재(資材) 물자와 재료. [예]건축 자재.

자전1(字典) 한자를 모아 일정한 순서로 배열하고 글자마다 그 뜻을 풀이한 책. [비]옥편.

자전2(自轉) 지구·달·태양 등이 축을 중심으로 일정한 속도로 회전하는 일. [예]지구는 하루에 한 번 자전을 한다. [참]공전. **자전하다**.

자전거(自轉車) 사람이 올라타고 두 발로 발판을 밟아 바퀴를 돌리면서 앞으로 나아가게 만든 탈것.

자전축(自轉軸) 천체가 자전할 때 중심이 되는 축.

자정(子正) 밤 열두 시. [반]정오.

자제1(子弟) ①남을 높여 그의 아들을 이르는 말. ②남을 높여 그의 집안 젊은이를 이르는 말.

자제2(自制) 욕망·감정 등을 스스로 억누름. **자제하다**. [예]나는 감정을 자제하지 못해 화를 내고 말았다.

자조(自助) 스스로 자신을 도움. [예]자조 정신. **자조하다**.

자족(自足) ①스스로 만족하게 여김. ②남에게 빌리거나 의지하지 않을 만큼 넉넉함. **자족하다**.

자존1(自存) 남에게 기대지 않고 스스로의 힘으로 생존하는 일. [예]독립자존의 의지.

자존2(自尊) 자신의 인격을 존중하며, 긍지를 갖고 스스로 품위를 지킴. [예]민족자존.

자존심(自尊心) 남에게 굽히지 않고 자기 몸이나 품위를 스스로 높이 가지는 마음.

자주1 동안이 짧게 여러 번 되풀이하여. [예]자주 놀러 와. [반]이따금·가끔.

자주2(自主) 자신의 일을 스스로 처리함. [예]자주국방.

자ː주3(紫朱) 짙은 남색에 붉은빛을 띤 색깔. [비]자색·자주색·자줏빛.

자주권(自主權) [자주꿘] 독립 국가로서, 자기 나라 안팎의 문제를 스스로 결정하고 처리할 수 있는 권리.

자주독립(自主獨立) [자주동닙] 국가가 자주권을 행사할 수 있는 완전한 독립.

자ː주색(紫朱色) ➡자주3.

자주적(自主的) 자기 일을 남의 간섭 없이 스스로의 힘으로 해 나가는 것.

자ː줏빛(紫朱一) [자주삗/자줃삗] ➡자주3.

자중(自重) ①자기 몸을 소중하게 여김. ②자기 행실을 스스로 삼감. **자중하다**.

자지러지다 ①놀라서 몸이 움츠러지다. [예]민아는 바퀴벌레를 보고 자지러지게 놀랐다. ②웃음·울음·장단 등이 빨라서 잦아지다. [예]친구들은 내 얘기를 듣고 자지러지게 웃었다.

ㅈ

자진(自進) 남이 시키기 전에 스스로 나섬. 예자진 해산. 자진하다.

자진모리장단 판소리 및 산조 장단의 한 가지. 휘모리장단보다 좀 느리고 중중모리장단보다 좀 빠르며, 섬세하면서 명랑하다.

자질(資質) 타고난 성품과 바탕. 예성민이는 미술에 뛰어난 자질이 있다.

자질구레하다 어슷비슷하게 모두 다 잘고 하찮다. 예자질구레한 물건.

자책(自責) 스스로 자기를 꾸짖음. 예네 잘못이 아니니 너무 자책을 하지 마라. 자책하다.

자처하다(自處一) 자기를 어떤 사람으로 여겨 스스로 그렇게 행동하다. 예반 대항 장기 자랑에서 지수가 우리 반 대표 가수를 자처하고 나섰다.

자청(自請) 어떤 일을 하겠다고 스스로 청함. 자청하다. 예고생을 자청하다.

자체(自體) ①사람이나 사물의 그 본체. ②그 자신.

자초(自招) 어떤 결과를 자기 스스로 생기게 함. 자초하다. 예화를 자초하다.

자초지종(自初至終) 처음부터 끝까지의 동안이나 과정. 예나는 선생님께 자초지종을 털어놓았다.

자축(自祝) 자기에게 생긴 좋은 일을 스스로 축하함. 예자축 파티. 자축하다. 예축구부는 전국 대회 우승을 자축하는 행사를 열었다.

자취[1] 남아 있는 흔적. 예자취도 없이 사라지다.

자취[2](自炊) 가족과 떨어져 손수 밥을 지어 먹으면서 삶. 예언니는 학교 근처에 방을 얻어 자취를 하고 있다. 자취하다.

자치(自治) ①자기 일을 스스로 처리함. 예학생 자치 활동. ②지방 자치 단체 등이 지방 행정 사무를 자주적으로 처리함. 자치하다.

자치기 아이들 놀이의 한 가지. 짤막한 나무토막을 긴 막대기로 쳐서 멀리 날아가게 한 사람이 이기는 놀이.

자치 기관(自治機關) 지방 행정의 권한을 가진 공공 기관. 지방 자치 단체는 그 대표적 기관이다.

자치적(自治的) 자기 일을 스스로 결정하고 처리하는 것.

자치제(自治制) ➡자치 제도.

자치 제ː도(自治制度) 지역 주민의 의사를 기초로, 그 지방 공공 단체가 자주적으로 행정을 펴는 제도. 비자치제.

자칫 [자칟] 조금이라도 잘못하거나 어긋나면. 예자칫 잘못하면 큰 화를 입게 된다.

자칫하다 [자치타다] 어쩌다가 조금 어긋나거나 잘못되다. 예계단에서 자칫하면 발을 헛디딜 뻔했다.

자칭(自稱) 남에게 스스로 자기를 일컬음. 예민수는 자칭 걸어다니는 사전이었다.

자카르타(Jakarta) 인도네시아의 수도. 자바 섬 서북 해안에 있는 항구 도시로, 커피·차 등을 수출한다.

자켓(jacket) '재킷'의 잘못.

자타(自他) 자기와 남을 아울러 이르는 말. 예삼촌은 자타가 인정하는 컴퓨터 전문가이다.

자태(姿態) 보기 좋은 몸가짐이나 맵시. 예한복을 입은 자태.

자택(自宅) 자기의 집. 비자가.

자퇴(自退)[자퇴/자뒈] 다니던 학교를 스스로 그만둠. 자퇴하다.

자투리 쓰거나 팔다 남은 천의 조각. |잘못| 짜투리.

자판(字板) ➡키보드②.

자판기(自販機) 〈자동판매기〉의 준말.

자포자기(自暴自棄) 절망 상태에 빠져서, 자신을 버리고 돌보지 않음. 자포자기하다.

자폭(自爆) 자기가 지닌 폭발물을 스스로 폭발시켜 자기 목숨을 끊음. **자폭하다.**

자필(自筆) 글씨를 자기 손으로 직접 씀, 또는 그 글씨.

자ː하문(紫霞門) 서울 북서쪽에 있는 성문. [비]창의문.

자학(自虐) 자기 자신을 스스로 괴롭힘. **자학하다.**

자해(自害) 스스로 자기 몸을 다치게 함. **자해하다.**

자형(字形) 글자의 모양.

자혜롭다(慈惠—) [자혜롭따/자혜롭따] 인자하고 은혜롭다. [활용] 자혜로우니·자혜로워. **자혜로이.**

자화상(自畫像) 자기가 그린 자기의 초상화.

자화자찬(自畫自讚) 《자기가 그린 그림을 자기가 칭찬한다는 뜻으로》 자기가 한 일을 자기 스스로 자랑함. **자화자찬하다.**

자활(自活) 남의 도움 없이 자기 스스로의 힘으로 살아감. **자활하다.**

작[1] ①글자의 획이나 선 같은 것을 한 번 긋는 소리. ②종이나 헝겊 등을 단번에 찢는 소리. [큰]직. [센]짝. **작작.**

작[2](作) 《작가의 이름 뒤에 쓰여》 '지음'·'작품'의 뜻을 나타냄. [예]방정환 작.

작가(作家) [작까] 소설·시·사진·그림 등의 예술 작품을 창작하는 사람.

작고하다(作故—) [작꼬하다] 〈죽다〉의 높임말. [예]작고하신 선생님.

작곡(作曲) [작꼭] 악곡을 창작함, 또는 그 악곡. **작곡되다. 작곡하다.** [예]교가를 작곡하다.

작곡가(作曲家) [작꼭까] 작곡을 전문으로 하는 사람.

작년(昨年) [장년] 올해의 바로 전 해. [예]이모는 작년 가을에 결혼했다. [비]전년·지난해. [반]내년·명년.

작ː다 [작따] ①키·길이·넓이·부피 등이 보통의 정도에 못 미치다. [예]몸집이 작다. ②소리가 약하다. [예]아이들이 작은 목소리로 소곤소곤 이야기한다. ③옷·신발 등의 치수가 몸의 치수에 못 미치다. [예]구두가 작아 발이 아프다. ④규모·범위·정도 등이 크지 않다. [예]작은 회사/작은 문제가 생겼다. [반]크다.

'작다'와 '적다'의 구별

작다 : 물건의 길이·넓이·높이·부피 등이 생각하고 있던 정도나 보통의 정도에 미치지 못함을 나타낸다. 또한 크기가 일정한 정도에 미치지 못할 경우에도 쓰인다. [예]키가 작다(×적다)./목소리가 작다(×적다).

적다 : 물건의 수효나 분량 등이 생각하고 있던 정도나 보통의 정도에 이르지 못함을 이른다. [예]밥이 적다(×작다)./용돈이 적다(×작다).

＊사람이 작다/적다['작다'는 부피를, '적다'는 수효를 나타냄].

작다리 [작따리] '키가 작은 사람'을 놀려서 이르는 말. [반]키다리.

작달막하다 [작딸마카다] 키가 몸집에 비해 작다.

작당(作黨) [작땅] 떼를 지음. 동아리를 이룸. **작당하다.**

작대기 [작때기] 긴 막대기.

작동(作動) [작똥] 기계가 움직임. 또는 기계를 움직이게 함. [예]컴퓨터가 작동을 하지 않다. **작동되다. 작동하다.**

작두 [작뚜] 풀·짚·약재 등을 써는 연장.

작디작다 [작띠작따] 몹시 작다.

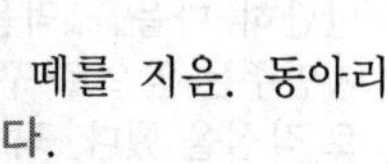
〈작두〉

작렬(炸裂) [장녈] 폭발물이 터져 산산이 퍼짐. **작렬하다.**

작문(作文) [장문] 글을 지음. 또는 그 글. 예작문 시간. 비글짓기. 작문하다.

작물(作物) [장물] 〈농작물〉의 준말.

작별(作別) [작뼐] 같이 있던 사람이 서로 헤어짐. 예친구와 작별 인사를 나누었다. 비이별. 반상봉. 작별하다.

작사(作詞) [작싸] 노랫말을 지음. 예이은상 작사. 작사하다.

작사자(作詞者) [작싸자] 노랫말을 지은 사람.

작살 [작쌀] 물고기 등을 찔러 잡는 연장. 작대기 끝에 뾰족한 쇠가 박혀 있다.

작살나다 [작쌀라다] ①산산조각으로 깨어지거나 부서지다. 예접시가 바닥에 떨어져 작살났다. ②완전히 망가지거나 망하다. 예아버지의 사업 실패로 온 집안이 작살났다.

〈작살〉

작성(作成) [작썽] 서류·원고·계획 등을 만듦. 작성되다. 작성하다. 예문서를 작성하다.

작시(作詩) [작씨] 시를 지음. 작시하다.

작심(作心) [작씸] 어떤 일을 하기로 단단히 마음을 먹음. 또는 그 마음. 예민주는 앞으로 꾸준히 운동을 하기로 작심을 했다. 작심하다.

작심삼일(作心三日) [작씸사밀] 《품은 마음이 3일을 못 간다는 뜻으로》 '결심이 굳지 못함'을 비유하여 이르는 말.

작약(芍藥) [자갹] 작약과의 여러해살이풀. 초여름에 흰색이나 붉은색의 큰 꽃이 핀다. 뿌리는 약재로 쓴다. 비함박꽃.

〈작약〉

작업(作業) [자겁] 일터에서 일을 함. 또는 그 일. 예작업 시간/작업을 끝내다. 작업하다.

작업대(作業臺) [자겁때] 작업하기에 편리하도록 만든 대.

작업모(作業帽) [자검모] 일을 할 때 쓰는 모자.

작업복(作業服) [자겁뽁] 일을 할 때 입는 옷. 비일옷.

작열(灼熱) [장녈] ①불에 새빨갛게 닮. ②태울 듯이 몹시 더움. 작열하다. 예작열하는 태양.

작용(作用) [자굥] 사물에 변화를 주거나 영향을 미침. 또는 어떤 현상이나 운동을 일으킴. 예풍화 작용/식물은 동화 작용을 한다. 작용되다. 작용하다.

작용점(作用點) [자굥쩜] 물체에 힘이 작용할 때 그 힘이 미치는 점.

작은개자리 [자근개자리] 북쪽 하늘 별자리의 한 가지. 쌍둥이자리의 남쪽에 있다.

작은골 [자근골] ➡소뇌.

작은곰자리 [자근곰자리] 북쪽 하늘 별자리의 한 가지. 북두칠성의 옆에 있으며, 북극성이 그 주된 별이다.

작은댁(一宅) [자근댁] 〈작은집〉의 높임말. 반큰댁.

작은따옴표(一標) [자근따옴표] 따옴표의 한 가지. 따온 말 가운데 다시 따온 말이 들어 있을 때나 마음속으로 한 말을 적을 때 쓰는 부호 ' '의 이름. 참큰따옴표.

작은딸 [자근딸] 맏딸이 아닌 딸.

작은말 [자근말] 어떤 말과 뜻은 같으면서도 작고 가볍고 밝은 느낌을 주는 말. '설렁설렁'의 작은말은 '살랑살랑' 등. 반큰말.

작은북 [자근북] 타악기의 한 가지. 목에 걸거나 대 위에 놓고 두 개의 가는 나무 막대기로 두드려 소리를 낸다. 참큰북.

작은아들 [자근아들] 맏아들이 아닌 아들.

작은아버지 [자그나버지] 아버지의 남동생. 비숙부.

작은악절(一樂節) [자그낙쩔] 음악에서, 네 마디로 이루어진 악절. 반큰악절.

작은어머니 [자그너머니] 작은아버지의 아내. 비숙모.

작은집 [자근집] 작은아버지와 그 식구가 사는 집. 반큰집. 높작은댁.

작은창자 [자근창자] 위와 큰창자 사이에 있는 소화 기관. 먹은 것을 소화하고 영양을 흡수한다. 비소장.

작자(作者) [작짜] ①작품을 지은 사람. 본저작자. 비지은이. ②남을 업신여겨 낮추어 이르는 말. 예저 작자가 왜 왔지?

작작¹ [작짝] 어지간하게. 너무 지나치지 않게. 예웃기는 소리 좀 작작 해라.

작작² [작짝] ①신발 등을 자꾸 끌며 걷는 소리, 또는 그 모양. ②글씨의 획을 마구 긋거나 종이를 함부로 찢는 소리. 큰직직.

작전(作戰) [작쩐] ①어떤 일을 이루기 위한 계획이나 방법. 예판매 작전을 세우다. ②군대에서, 전투·행군·보급 등에 관한 계획을 세우는 일. ③경기에서 상대를 이기기 위한 계획이나 방법. 예작전을 짜다.

작전 타임(作戰time) 농구·배구 등의 운동 경기에서, 감독이나 주장이 자기편 선수에게 작전을 지시하기 위하여 심판에게 요구하는 시간.

작정(作定) [작쩡] 어떤 일을 마음으로 결정함, 또는 그 결정. 작정되다. 작정하다.

작품(作品) ①정성을 들여 만든 물건. ②그림·조각·소설·시 등 예술 활동으로 만든 것. 예문학 작품/예술 작품을 감상하다.

작품란(作品欄) [작품난] 신문이나 잡지 등에서 시나 소설 같은 문학 작품을 싣는 난.

작품집(作品集) 여러 작품을 모아서 엮은 책.

작황(作況) [자쾅] 농사가 잘되고 못된 상태. 예올해는 비가 많이 와서 작황이 좋지 않다.

잔(盞) 물·차 등을 따라 마시는 작은 그릇. 또는, 그것에 물·차 등을 담아서 수를 셀 때 쓰이는 말. 예우유 한 잔.

잔- '자잘함'·'가늚'·'사소함'의 뜻을 나타냄. 예잔가지/잔심부름/잔소리.

잔가지 풀이나 나무의 작은 가지.

잔고(殘高) 돈·물품 등의 나머지 액수나 수량. 예은행 잔고.

잔금(殘金) ①쓰고 남은 돈. ②치르거나 갚아야 할 나머지 돈.

잔꾀 [잔꾀/잔꿰] 약고 얕은 꾀. 예잔꾀에 넘어가다.

잔누비 발이 잘게 누빈 누비.

잔돈¹ 단위가 작은 돈. 예잔돈이 없어 천 원짜리를 냈다.

잔돈²(殘一) 거스름돈. 예잔돈을 거슬러 주다.

잔등이 '등¹'을 속되게 이르는 말.

잔디 볏과의 여러해살이풀. 줄기가 땅바닥에 붙어 길게 벋고, 마디마다 뿌리가 내려 재생력이 강하다. 정원·광장·둑 같은 데에 심는다.

〈잔디〉

잔디밭 [잔디받] 잔디가 많이 난 곳.

잔뜩 더할 수가 없는 데까지. 꽉 차게. 예화가 잔뜩 나다./음식을 잔뜩 담다.

잔말 쓸데없이 자질구레하게 늘어놓는 말. 예잔말 말고 시키는 대로 해. 비잔소리. 잔말하다.

잔말쟁이 수다스럽게 잔말을 잘하는 버릇이 있는 사람.

잔물결 [잔물껼] 수면에 주름살처럼 생기는 작은 물결.

잔바느질 바늘로 자질구레한 것을 꿰매는 일. 잔바느질하다.

잔병(-病) 자주 앓는 자질구레한 병. 예잔병치레.

잔뼈 ①어려서 아직 다 자라지 못한 뼈. ②가늘고 작은 뼈. 예생선의 잔뼈를 발라내다.

잔뼈가 굵어지다[관용] 어릴 때부터 어떤 일이나 환경 속에서 자라나다.

잔뿌리 잘게 많이 난 뿌리.

잔상(殘像) 눈으로 본 대상이 사라진 뒤에도 그 모습이 잊히지 않고 머릿속에 계속 남아 있는 상.

잔설(殘雪) 녹다가 남은 눈. 이른 봄까지 녹지 않은 눈.

잔소리 ①듣기 싫게 늘어놓는 잔말. 예잔소리를 늘어놓다./아침부터 웬 잔소리지? ②꾸중으로 이러니저러니 하는 말. 예형에게 잔소리를 들었다. 잔소리하다.

잔소리꾼 잔소리를 많이 하는 사람.

잔손 자질구레하게 여러 번 가는 손질. 예한복을 짓는 데는 잔손이 많이 간다.

잔손질 자질구레한 손질. 잔손질하다.

잔솔 어린 소나무.

잔솔밭 [잔솔받] 잔솔이 많이 난 곳.

잔심부름 자질구레한 심부름.

잔악하다(殘惡-) [자나카다] 잔인하고 악독하다. 잔악히.

잔액(殘額) [자낵] 남아 있는 돈의 액수. 예예금의 잔액.

잔인하다(殘忍-) [자닌하다] 인정이 없고 모질다. 예외적들은 양민을 잔인하게 학살했다.

잔일 [잔닐] 잔손이 많이 가는 자질구레한 일거리. 뺀큰일.

잔잔하다 ①바람이나 물결 등이 가라앉아 조용하다. 예잔잔한 바다. ②병이 더하지 않고 가라앉다. 잔잔히.

잔재(殘滓) 과거의 낡은 사고방식이나 제도 등이 거의 없어지고 남은 찌꺼기. 예일본 제국주의의 잔재를 청산하다.

잔재미 아기자기하고 소소한 재미.

잔재주 ①짧은 생각으로 짜낸 얕은 재주. 예잔재주를 부리다. ②자질구레한 일을 해내는 재주.

잔주름 잘게 잡힌 주름. 예엄마의 눈가에도 잔주름이 생기기 시작했다.

잔챙이 자잘하고 보잘것없는 것. 예오늘 낚시에서는 잔챙이만 걸린다.

잔치 기쁜 일이 있을 때 음식을 차려 놓고 여러 사람을 초청하여 즐기는 일. 예생일잔치/환갑잔치. 잔치하다.

잔칫날 [잔친날] 잔치하는 날.

잔칫상(-床) [잔치쌍/잔칟쌍] 잔치 때 차리는 음식상.

잔칫집 [잔치찝/잔칟찝] 잔치를 하는 집.

잔털 매우 보드랍고 가늘고 짧은 털.

잔품(殘品) 팔거나 쓰다 남은 물건. 예가게 주인은 잔품을 헐값에 팔았다.

잔학하다(殘虐-) [잔하카다] 잔인하고 포악하다. 예잔학한 행위. 뺀잔혹하다.

잔해(殘骸) 부서지거나 못 쓰게 되어 남아 있는 물체. 예추락한 비행기의 잔해를 발견했다.

잔혹하다(殘酷-) [잔호카다] 잔인하고 혹독하다. 예잔혹한 장면이 나오는 영화. 뺀잔학하다. 잔혹히.

잘 ①익숙하게. 능란하게. 예민수는 글씨를 잘 쓴다. ②옳고 바르게. 예마음을 잘 써라. ③좋고 훌륭하게. 예저 집은 아들을 잘 두었다. ④분명하게. 똑똑히. 예소리가 잘 들린다. ⑤아무 탈 없이 편하게. 예잘 가시오. ⑥버릇처럼 자주. 예오빠는 청바지를 잘 입고 다닌다.

잘근거리다 질긴 것을 가볍게 자꾸 씹다. [비]잘근대다. [큰]질근거리다.

잘근대다 ➡잘근거리다.

잘근잘근 자꾸 잘근거리는 모양. [예]껌을 잘근잘근 씹다. [큰]질근질근.

잘나다 [잘라다] ①사람됨이 똑똑하고 뛰어난 데가 있다. [예]잘난 체한다. ②얼굴이 잘생기다. [예]잘난 얼굴. [반]못나다.

잘다 ①크기가 작다. [예]알이 잔 사과. ②가늘다. [예]대나무를 잘게 쪼개다. ③성질이 너그럽지 못하고 좀스럽다. [반]굵다. |활용| 자니·잘아.

잘되다 [잘되다/잘뒈다] 어떤 일이 바라던 대로 이루어지거나 좋은 상태로 되다. [예]올해는 농사가 잘되었다.

잘록하다 [잘로카다] 긴 물체의 한 부분이 홀쭉하게 가늘다. [예]잘록한 허리. [센]짤록하다.

잘리다 끊어지게 되다. [예]도마뱀의 꼬리가 잘리다.

잘못¹ [잘몯] 옳게 하지 못하거나 제대로 되지 못한 일. [예]모두 내 잘못이다./잘못을 뉘우치다. |발음| 잘못이[잘모시]·잘못도[잘몯또]·잘못만[잘몬만]

잘못² [잘몯] 그릇되게. 틀리게. [예]답안을 잘못 쓰다./네 말을 잘못 이해했다.

잘못되다 [잘몯뙤다/잘몯뛔다] ①어떤 일이 그릇되거나 나쁘게 되다. [예]일이 잘못될까 봐 걱정입니다. [반]잘되다. ②사람이 옳지 않은 길로 빠지다. [예]청소년은 한순간의 실수로 잘못될 수가 있다. ③사람이 사고나 병으로 불행하게 죽다. [예]큰 수술을 받다가 간혹 잘못되는 환자도 있다.

잘못하다 [잘모타다] ①어떤 일을 그릇되게 하다. [예]계산을 잘못해서 답이 틀렸다. ②옳지 않은 일을 하다. [예]엄마, 제가 잘못했어요.

잘빠지다 미끈하게 생기다. [예]몸매가 잘빠졌다.

잘살다 ①넉넉하게 살다. [예]사촌 언니는 시집가서 잘살고 있다. [반]못살다. ②탈 없이 살다. [예]그 사람도 어디선가 잘살고 있겠지. |활용| 잘사니·잘살아.

잘생기다 모양이 훌륭하게 생기다. [예]나는 얼굴이 잘생긴 사람을 좋아한다. [반]못생기다.

잘잘¹ ①물 등의 액체가 끓는 모양. ②뜨거운 열기로 몹시 달아 있는 모양. [예]아랫목이 잘잘 끓는다. [큰]절절·질질.

잘잘² 윤기가 반질반질하게 흐르는 모양. [예]윤기가 잘잘 흐르는 머리카락. [큰]질질.

잘잘못 [잘잘몯] 잘함과 잘못함. 옳음과 그름. [예]네 말만 듣고는 잘잘못을 가리기가 어렵다.

잘하다 ①익숙하게 하다. [예]진수는 노래를 잘한다. ②훌륭하게 하다. [예]형은 공부를 잘한다. ③버릇으로 자주 하다. [예]그는 잠꼬대를 잘한다. ④남에게 친절히 대하거나 잘 보살피다. [예]전학 온 친구에게 잘해 주세요. [반]못하다.

잘해야 고작해야. 크게 잡아야. [예]잘해야 서른이나 될까?

잠 동물이 마음과 몸의 활동을 쉬면서 의식이 없는 상태로 되는 일. [예]잠을 자다./잠이 들다.

잠간(暫間) '잠깐'의 북한말.

잠결 [잠껼] 잠이 든 사이. [예]잠결에 문 여는 소리를 들었다.

잠귀 [잠뀌] 잠결에 소리를 들을 수 있는 감각. [예]잠귀가 밝다./잠귀가 어둡다.

잠그다 ①여닫는 물건을 자물쇠 등으로 걸거나 채우다. [예]문을 잠그다. ②물·가스·전기 등이 통하지 않게

ㅈ

관에 달린 장치를 돌려서 막다. [예]가스 밸브는 잠갔니? ③옷에 달린 단추를 채우다. [예]추우니까 단추 잘 잠그고 나가라. [활용] 잠그니·잠가.

잠금장치(一裝置) 문을 열지 못하게 무엇을 걸거나 꽂거나 하는 장치.

잠기다¹ ①열지 못하게 잠가지다. [예]문이 잠기다. ②물·가스·전기 등이 통하지 않게 관에 달린 장치가 막히다. [예]수도꼭지가 꽉 잠겼다. ③옷에 달린 단추가 채워지다. [예]단추가 잘못 잠겼네.

잠기다² ①가라앉다. [예]배가 물속으로 잠기다. ②한 가지 일에만 정신이 쏠리다. [예]명상에 잠기다. ③목이 쉬어 소리가 제대로 나오지 않다. [예]목이 잠겨 노래를 부를 수 없다.

잠깐 얼마 되지 않는 매우 짧은 동안. [예]좋은 세월도 잠깐이다./잠깐 기다려! [비]잠시.

잠꼬대 ①잠을 자면서 무의식중에 하는 헛소리. ②엉뚱한 말. [예]얘, 무슨 잠꼬대 같은 소리니? 잠꼬대하다.

ㅈ

잠꾸러기 '잠이 썩 많은 사람'을 얕잡아 이르는 말. [비]잠보.

잠들다 ①자게 되다. [예]책상에서 잠들다. ②죽다. [예]무명 용사들이 국군 묘지에 잠들어 있다. [활용] 잠드니·잠들어.

잠망경(潛望鏡) 잠수함 등에서 물 위를 살펴보는 데 쓰는 망원경. 거울·프리즘·렌즈 등을 이용하여 만든다.

잠바(jumper) ➡ 점퍼.

잠방이 가랑이가 무릎까지 내려오게 만든, 짧은 남자 홑바지.

잠버릇 [잠뻐른] 잠잘 때에 자기도 모르게 하는 버릇. [예]잠버릇이 고약하다.

잠복(潛伏) 겉으로 드러나지 않게 숨어 있음. [예]잠복 근무 중인 경찰. 잠복하다.

잠복기(潛伏期) [잠복끼] 병균이나 바이러스가 몸속에 들어가서 병의 증상을 나타내기까지의 기간.

잠수(潛水) 온몸이 잠기도록 물속으로 들어감. [예]해녀는 잠수를 해서 소라와 전복을 따 왔다. 잠수하다.

잠수복(潛水服) 물속으로 들어갈 때 입는 특수한 옷.

잠수부(潛水夫) 잠수복을 입고 물속에 들어가 일하는 사람.

잠수함(潛水艦) 주로, 물속으로 다니며 적의 배를 공격하기도 하고, 적지의 포격·정찰 등을 하는 배. [준]잠함.

잠:시(暫時) 잠깐 동안. 오래지 않은 짧은 동안. [예]여기에서 잠시 기다려 주세요. [비]잠깐.

잠실(蠶室) 누에를 치는 방.

잠실 대:교(蠶室大橋) 한강에 건설된 다리 중의 하나. 서울 송파구와 광진구를 연결하고 있다.

잠옷 [자몯] 잠잘 때 입는 옷.

잠입(潛入) [자밉] 몰래 숨어들어 감. [예]적진 깊숙이 잠입을 하다. 잠입하다.

잠자다 ①자는 상태에 있다. [예]잠자고 있는 아기. ②사물이 활용되지 않는 상태로 있다. [예]잠자고 있는 자원.

잠자리¹ [잠짜리] ①이부자리. ②잠을 자는 곳. [예]잠자리가 불편해서 잠이 잘 안 온다. [준]자리.

잠자리를 보다[관용] 이부자리를 깔아 잘 수 있게 준비하다.

잠자리² 잠자릿목의 곤충. 몸이 가늘고 길며, 네 개의 날개로 하늘을 가볍게 날아다닌다.

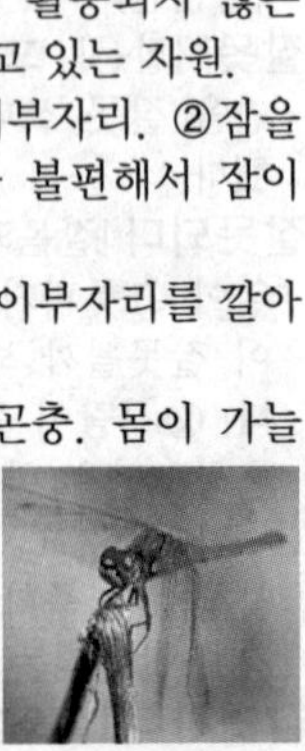
〈잠자리2〉

잠자리비행기(一飛行機) '헬리콥터'를 흔히 이르는 말.

잠자리채 잠자리 등의 곤충을 잡기 위하여, 긴 막대에 그물주머니를 단 채.

잠자코 아무 말 없이. [예]성아는 잠자코 앉아 있었다.

잠잠하다(潛潛—) ①아무 소리도 없이 조용하다. [예]한동안 잠잠하던 파도가 거세게 일었다. ②아무 말이 없이 가만히 있다. **잠잠히**. [예]나는 잠잠히 듣고만 있었다.

잠재(潛在) 겉으로 드러나지 않고 속에 잠겨 있거나 숨어 있음. [예]잠재 능력. **잠재되다**. **잠재하다**.

잠재력(潛在力) 겉으로 드러나지 않고 속에 숨어 있는 힘.

잠재우다 ①잠을 자게 하다. ②진압하여 조용하게 하거나 힘이 없게 만들다. [예]적의 화력을 잠재우다.

잠재의식(潛在意識) [잠재의식/잠재이식] 평소에는 깨닫지 못하고 있지만 필요할 때 드러나거나 행동에 영향을 미치는 의식.

잠적(潛跡) 남이 찾지 못하게 자취를 아주 감춤. **잠적하다**.

잠ː정(暫定) 우선 임시로 정함. [예]잠정 조처/잠정 협약.

잠투정 어린아이가 잠들기 전이나 잠깬 후에 짜증을 내거나 칭얼거리는 버릇. **잠투정하다**.

잡곡(雜穀) [잡꼭] 쌀 이외의 보리·콩·팥·밀·조·옥수수·기장 등의 여러 가지 곡식.

잡곡밥(雜穀—) [잡꼭빱] 쌀에 잡곡을 섞어 지은 밥.

잡귀(雜鬼) [잡뀌] 온갖 못된 귀신. [비]잡신.

잡균(雜菌) [잡뀬] 온갖 해로운 세균.

잡기(雜技) [잡끼] ①재미로 하는 여러 가지 놀이. ②자질구레한 여러 가지 재주.

잡기장(雜記帳) [잡끼장] 여러 가지를 적는 공책.

잡념(雜念) [잠념] 여러 가지 쓸데없는 생각. [예]잡념이 생기다./잡념을 버리다.

잡다 [잡따] ①손 같은 것으로 움켜쥐다. [예]나는 한 손으로 농구공을 잡을 수 있어. ②다른 데로 가지 못하게 붙들다. [예]도둑을 잡다. ③탈것을 타려고 세우다. [예]택시를 잡다. ④기회나 자리를 얻다. [예]득점 찬스를 잡다. ⑤새·물고기·짐승 등을 산 채로 붙들거나 죽이다. [예]물고기를 잡다./마을 잔치에 쓸 돼지를 잡았다. ⑥불을 끄다. [예]불길을 잡다. ⑦권리·이권 등을 차지하다. [예]정권을 잡다. ⑧옷 등에 주름을 내다.

잡다하다(雜多—) [잡따하다] 여러 가지가 뒤섞여 있다. [예]잡다한 물건/장난감이 잡다하게 널려 있다.

잡담(雜談) [잡땀] 쓸데없이 지껄이는 말. [예]수업 중에는 잡담을 삼가라. **잡담하다**.

잡도리 [잡또리] ①단단히 준비함, 또는 그 준비. [예]장마철이 오기 전에 잡도리를 해라. ②잘못되지 않도록 엄하게 단속함. [예]옆집 부모들은 아이를 엄하게 잡도리를 한다. **잡도리하다**.

잡동사니(雜—) [잡똥사니] 별로 소용이 없는 것들로 마구 뒤섞인 온갖 물건.

잡목(雜木) [잠목] 긴요하게 쓰이지 않는 온갖 나무.

잡비(雜費) [잡삐] 자질구레한 일에 쓰이는 여러 가지 비용.

잡상인(雜商人) [잡쌍인] 잡다한 물건을 가지고 다니면서 파는 상인.

잡수다 [잡쑤다] 〈먹다〉의 높임말. [높]잡수시다.

잡수시다 [잡쑤시다] 〈잡수다〉의 높임말. [예]할머니, 진지 잡수세요.

잡스럽다(雜—) [잡쓰럽따] 말이나 행동이 점잖지 못하고 상스럽다. [예]잡스러운 말. [활용] 잡스러우니·잡스러워.

잡식(雜食) [잡씩] 동물성 먹이와 식물성 먹이를 가리지 않고 다 먹음. 잡식하다.

잡식성(雜食性) [잡씩썽] 동물성 먹이와 식물성 먹이를 가리지 않고 다 먹는 성질.

잡아가다 [자바가다] 붙들어 데려가다. [예]경찰이 도둑을 잡아갔다.

잡아내다 [자바내다] ①결점이나 틀린 점을 찾아서 들추어 가려내다. [예]틀린 글자를 잡아내다. ②숨은 것을 찾아내다. [예]내 책을 가져간 사람을 꼭 잡아내겠어.

잡아넣다 [자바너타] 붙잡아 가두다. [예]범죄자를 감옥에 잡아넣다.

잡아당기다 [자바당기다] 잡아서 자기 쪽으로 끌다. [예]우리는 밧줄을 힘껏 잡아당겼다.

잡아들이다 [자바드리다] 잡아서 가두다. [예]경찰은 범죄자들을 잡아들였다.

잡아떼다 [자바떼다] ①붙은 것을 잡아당겨 떨어지게 하다. [예]벽보를 잡아떼다. ②한 일이나 아는 일을 모르거나 아니라고 우겨 말하다. [예]진수는 자기도 모르는 일이라고 딱 잡아뗐다.

잡아매다 [자바매다] ①떨어지거나 흩어지지 않게 매다. [예]나는 고무줄을 나무젓가락에 잡아맸다. ②달아나지 못하도록 한곳에 묶다. [예]송아지를 나무에 잡아매다.

잡아먹다 [자바먹따] 어떤 동물을 죽여서 그 고기를 먹다. [예]황새는 개구리나 물고기를 잡아먹는다.

잡아타다 [자바타다] 말이나 자동차 등 탈것을 세워서 타다. [예]그는 택시를 잡아타고 집으로 갔다.

잡음(雜音) [자븜] ①시끄러운 여러 가지 소리. [비]소음. ②전신·라디오 등의 청취를 방해하는 소리. [예]수화기에서 잡음이 들린다. ③'어떤 일에 대하여 비판하는 말이나 소문'을 비유하여 이르는 말. [예]대표 선수 선발을 둘러싸고 잡음이 많다.

잡일(雜一) [잠닐] 여러 가지 자질구레한 일. [예]잡일을 하느라 시간이 다 갔다.

잡종(雜種) [잡쫑] 품종이 다른 암수 사이에서 난, 순수하지 못한 생물. [반]순종.

잡지(雜誌) [잡찌] 여러 가지 내용의 글을 모아 정기적으로 발행하는 책.

잡지사(雜誌社) [잡찌사] 잡지를 만드는 출판사.

잡채(雜菜) 당면에 고기나 채소 등을 넣고 양념하여 볶은 음식.

잡초(雜草) 저절로 나서 자라는 여러 가지 쓸모없는 풀. [비]잡풀.

잡치다 ①일을 잘못하여 그르치다. [예]시험을 잡치다. ②물건 등을 못쓰게 만들다. ③기분·분위기 등을 나쁘게 하다. [예]기분을 잡치다.

잡티(雜一) 여러 가지 자질구레한 티나 흠. [예]나는 옷에 묻은 잡티를 떨어냈다.

잡풀(雜一) ➡잡초.

잡혀가다 [자펴가다] 남에게 붙들려 가다. [예]적군에게 포로로 잡혀가다.

잡화상(雜貨商) [자퐈상] 여러 가지 일용품을 파는 장사, 또는 그 장수나 상점.

잡히다1 [자피다] ①어떤 것이 손에 쥐어지다. [예]맨 위의 것은 손에 잡히지 않는다. ②달아날 수 없게 붙들리다. [예]범인이 경찰에게 잡혔다. ③계획·자리·방향 등이 정해지다. [예]소풍 날짜가 잡혔다. ④흠이 들춰지거나 실마리를 얻게 되다. [예]그가 범인이라는 증거가 잡혔다. ⑤택시 등이 탈 수 있게 세워지다. [예]오늘따라 택시가 안 잡힌다.

잡히다²[자피다] ①어떤 것을 손에 쥐게 하다. 예동생 손에 연필을 잡혔다. ②어떤 것을 담보로 맡기다. 예사장은 집을 잡히고 사업 자금을 마련했다.

잣:[잗] 잣나무의 열매. 껍질은 단단하며, 알맹이는 기름기가 많고 고소하다. |발음| 잣이[자시]·잣도[잗또]·잣만[잔만]

잣:나무[잔나무] 소나뭇과의 늘푸른큰키나무. 잎은 바늘 모양이며, 가을에 솔방울보다 큰 잣송이가 익는다. 씨는 '잣'이라 하여 먹는다.

잣:다[잗따] 물레 등으로 실을 뽑다. 예물레로 실을 잣다. |활용| 자으니·자아.

잣대[자때/잗때] ①자로 쓰는 막대기. ②'어떤 일이나 문제를 판단하는 기준'을 비유하여 이르는 말.

잣:송이[잗쏭이] 잣나무의 열매. 잣이 들어 있다.

장¹(長) 단체나 각 부의 우두머리.

장²(張) 종이 등을 셀 때 쓰이는 말. 예도화지 다섯 장.

장³(章) 긴 글을 내용에 따라 나눈 부분들의 한 가지, 또는 그것을 세는 말. 예첫째 장을 머리글로 삼다.

장⁴(場) 많은 사람이 모여서 물건을 사고파는 곳. 예장에 가다./장이 서다. 비시장.

장을 보다[관용] 장에 가서 물건을 사다.

장⁵(場) 연극에서, 단락을 세는 말. 무대 배경이 바뀌지 않은 채 달라지는 장면을 센다. 예3막 5장.

장⁶(腸) 소화 기관의 한 부분. 음식물의 소화·흡수·배설 작용을 담당한다. 비창자.

장:⁷(醬) ①〈간장〉의 준말. ②간장·된장·고추장을 통틀어 이르는 말.

장:⁸(欌) 침구·의류·책·그릇 등을 넣어 두는 가구. 옷장·책장·찬장 등이 있다.

장:가 남자가 아내를 맞아들이는 일. 예삼촌은 장가를 들 나이가 되었다.

장:가가다 남자가 결혼하다. 예지난달에 장가간 사촌 형이 우리 집에 인사차 들렀다. 비장가들다.

장:갑(掌甲) 추위를 막거나 모양을 내기 위하여 손에 끼는 물건.

장갑차(裝甲車) 총탄을 막을 수 있게 특수한 강철판을 둘러싸고, 총과 대포로 무장한 차.

장거리(長距離) ①멀고 긴 거리. ②〈장거리 달리기〉의 준말. 반단거리.

장거리 달리기(長距離—) 육상 경기의 한 가지. 5,000m·10,000m 달리기와 마라톤 경주를 두루 이르는 말. 준장거리. 비장거리 경주.

장검(長劍) 지난날, 무기로 쓰던 긴 칼. 반단검.

장:계(狀啓)[장계/장게] 지난날, 지방에 나간 관원이 임금이나 조정에 올리던 보고문.

장:관¹(壯觀) 굉장하여 볼만한 광경. 예온 산에 단풍이 물들어 장관을 이루었다.

장:관²(長官) 나랏일을 맡은 행정 각부의 우두머리. 예법무부 장관.

장:교(將校) 육·해·공군의 소위 이상의 군인. 반사병.

장구 국악의 타악기의 한 가지. 한가운데가 잘록하며, 양쪽 옆에 가죽을 붙여서 만든다. 춤·소리 등의 반주에 쓰인다.

〈장구〉

장구벌레 모기의 애벌레. 여름철 물속에서 깨어 번데기가 되었다가 모기가 된다.

장구애비 장구애빗과의 곤충. 몸빛은 검은 갈색이며 배 부분에 한 쌍의 긴 숨구멍이 있다. 논·늪·못 등에서 산다.

장구하다(長久一) 아주 길고 오래다. 예장구한 역사.

장군[1](將軍) ①군대를 이끄는 우두머리. 비장수. ②준장에서 대장까지를 흔히 이르는 말.

장군[2](將軍) 장기에서, 상대편의 왕을 잡기 위하여 놓는 수, 또는 그럴 때 하는 말. 逊멍군.

장군총(將軍塚) 만주에 있는 고구려 때의 무덤. 광개토 대왕의 비가 있으며, 크고 모양이 단정하다.

장기[1](長技)[장끼] 가장 잘하는 재주. 예장기 자랑/장기를 부리다. 비특기.

장기[2](長期) 오랜 기간. 예장기 계획. 반단기.

장기[3](將棋) 두 사람이 각각 16개씩 말을 가지고, 번갈아 두면서 겨루는 놀이.

장기[4](臟器) 내장의 여러 기관. 예장기 이식 수술.

장기간(長期間) 오랜 시간 동안. 긴 기간. 반단기간.

장기판(將棋板) 장기짝을 벌여 놓고 두는 나무판.

장기화(長期化) 어떤 일이 오래 끌게 되거나 오래 끌게 함. 장기화되다. 장기화하다.

장꾼(場一) 장에 모여 물건을 사고파는 사람들.

장끼 꿩의 수컷. 반까투리.

장끼전(一傳) 조선 후기의 소설. 장끼 남편을 잃은 암꿩인 까투리가 여러 새들의 청혼을 거절한다는 이야기이다. 당시의 사회 제도를 풍자한 작품이다.

장난 ①실없이 하는 짓. 예장난이 싸움이 되었다. ②아이들이 놀이로 하는 일. 장난하다.

장난감[장난깜] 아이들이 가지고 놀 수 있도록 만든 여러 가지 물건. 예장난감 기차. 비완구.

장난기(一氣)[장난끼] 장난하려는 마음. 또는 장난이 섞인 기운. 예친구가 장난기 어린 눈으로 나를 쳐다봤다.

장난꾸러기 장난이 심한 사람. 주로, 아이들을 두고 하는 말이다.

장난꾼 장난을 좋아하거나 잘하는 사람.

장난질 장난하는 짓. 장난질하다.

장난치다 몹시 장난을 하다.

장날(場一) 장이 서는 날. 보통, 5일마다 열린다.

장남(長男) 맏아들. 큰아들. 반장녀.

장내(場內) 어떤 장소의 안. 회의장·경기장의 안. 반장외.

장녀(長女) 맏딸. 큰딸. 반장남.

장년(壯年) 기운이 왕성하여 한창 활동할 나이, 또는 그 나이의 사람. 보통, 40대나 50대의 나이를 말한다. 예장년층/장년기.

장농(欌籠) '장롱'의 잘못.

장님 시각 장애인을 얕잡아 이르는 말. 비맹인.

장다리 배추·무 등의 꽃줄기.

장다리꽃[장다리꼳] 무·배추 등의 꽃줄기에서 피는 꽃.

장단[1] 노래·춤 등의 길고 짧은 박자. 예장단에 맞추어 춤을 추다.
  장단(을) 맞추다[관용] 남의 비위를 맞추다.

장단[2](長短) ①길고 짧음. ②좋은 점과 나쁜 점. 장점과 단점.

장단점(長短點)[장단쩜] 장점과 단점.

장닭[장딱] 다 자란 수탉.

장담(壯談) 확신을 가지고 자신 있게 말함, 또는 그런 말. 장담하다. 예감독은 팀의 승리를 장담했다.

장대(長一)[장때] 대나 나무로 만든 긴 막대기.

장대높이뛰기(長一)[장때노피뛰기] 육상 경기의 한 가지. 장대를 짚고 넘는 높이뛰기.

장대비(長—) [장때비] 장대처럼 굵고 세차게 내리는 비.

장ː대하다(壯大—) ①기운이 세고 씩씩하다. ②체격이 매우 크고 튼튼하다. **장대히**.

장ː도(壯途) 중대한 사명이나 장한 뜻을 품고 나서는 길. [예]선수들의 장도를 축복하다.

장ː도리 못을 박거나 빼는 데 쓰는 연장.

장ː독(醬—) [장똑] 간장이나 된장 등을 담아 두는 독.

장ː독간(醬—間) [장똑깐] 장독을 두는 곳. [참]장독대.

장ː독대(醬—臺) [장똑때] 장독을 놓을 수 있도록 땅바닥보다 좀 높게 만든 대.

장ː딴지 종아리 뒤쪽의 살이 볼록한 부분.

장래(將來) [장내] 앞으로 닥쳐올 날. [예]장래 희망. [비]미래.

'장래'와 '미래'의 구별

장래 : 이루려고 하는 일이 꼭 이루어질 것이라는 생각을 바탕에 둔 앞날. [예]장래가 보장된 청년/장래의 사윗감.

미래 : 어떤 일의 실현 가능성에 매이지 않는, 시간이 흐름으로써 다가오게 되는 앞날. [예]인류의 미래.

장ː려(奬勵) [장녀] 좋은 일에 힘쓰도록 권하여 북돋워 줌. [예]독서 장려/저축 장려. [비]권장. [반]금지. **장려되다**. **장려하다**.

장ː려금(奬勵金) [장녀금] 어떤 일을 장려하는 뜻으로 주는 돈.

장ː려상(奬勵賞) [장녀상] ①어떤 일을 장려할 목적으로 주는 상. ②최고는 아니지만 꽤 훌륭하다고 여겨서 주는 상.

장ː렬하다(壯烈—) [장녈하다] 의기가 씩씩하고 열렬하다. [예]그는 외적과 싸우다가 장렬하게 전사했다. **장렬히**.

장ː례(葬禮) [장녜] 죽은 사람을 땅에 묻거나 화장하는 일. [예]장례를 지내다./돌아가신 할머니의 장례를 치렀다. [비]장사.

장ː례식(葬禮式) [장녜식] 장사를 지내는 예식.

장ː로(長老) [장노] ①나이가 많고 덕이 높은 사람. ②기독교 장로교의 직분의 한 가지.

장ː로교(長老教) [장노교] 기독교의 한 교파. 목사와 장로가 교회 운영을 협의한다.

장ː롱(欌籠) [장농] ①장과 농을 아울러 이르는 말. 침구·옷 등을 넣어 둔다. ②자그마하게 만든, 옷을 넣는 장. ②[비]농. [잘못] 장농.

장마 여러 날 동안 비가 계속해서 오는 일. [예]장마가 들다./장마가 지다. [반]가뭄.

'장마'의 종류

가을장마 : 가을에 여러 날 동안 줄곧 내리는 장마.

건들장마 : 초가을에 비가 오다 말다 하는 장마.

늦장마 : 제철이 지난 뒤에 오는 장마.

마른장마 : 장마철에 비가 아주 적게 오거나 맑은 날이 계속되는 기상 현상.

억수장마 : 여러 날 동안 억수로 내리는 장마.

장마철 장마가 지는 계절.

장막(帳幕) ①사람이 들어가 볕이나 비를 피할 수 있도록 둘러치는 막.

예장막을 치다. ②'어떤 사실이나 현상을 보이지 않게 가리는 사물'을 비유하여 이르는 말. 예어둠의 장막/철의 장막.

장만 필요한 것을 마련하여 갖춤. 장만되다. 장만하다. 예살림을 장만하다./반찬을 장만하다.

장:맛(醬—)[장맏] 간장이나 된장 등의 맛. 예장맛이 좋다./옛날에는 집집마다 장맛이 다 달랐다.

장면(場面) ①어떤 일이 벌어진 광경. 예교통사고 장면을 목격했다. ②연극·영화 등의 한 광경. 예화장실에 가느라 영화의 중요한 장면을 놓쳤다.

장:모(丈母) 아내의 친정 어머니. 비빙모. 반장인.

장문(長文) 긴 글. 반단문.

장물(贓物) 훔치거나 빼앗아서 가지고 있는 물건.

장미(薔薇) 장미과의 낙엽 지는 떨기나무. 줄기에 가시가 많으며, 5~6월에 빨강·분홍·하양·노랑 등의 꽃이 핀다. 영국의 국화이다.

장미꽃(薔薇—)[장미꼳] 장미의 꽃.

장밋빛(薔薇—)[장미삗/장믿삗] 장미꽃과 같은 빛깔. 흔히, 붉은빛을 가리킨다.

장바구니(場—)[장빠구니] 주로 먹을거리를 사러 시장에 갈 때 들고 다니는 바구니. 비시장바구니.

장발(長髮) 길게 기른 남자의 머리털. 예장발족. 반단발.

장 발장(Jean Valjean) 빅토르 위고의 소설 '레 미제라블'의 주인공. 빵 한 조각을 훔친 죄로 19년 동안 감옥살이를 하고 나온 후, 가톨릭 신부의 도움으로 사랑을 깨닫게 되고 나중에 훌륭한 사람이 된다.

장방형(長方形) ➡ 직사각형.

장백산(長白山)[장백싼] '백두산'의 딴 이름.

장백산맥(長白山脈)[장백싼맥] 중국과 경계를 이루고 있는 산맥. 백두산이 있는 곳이다.

장벽(障壁) 가리어 막은 벽. 예베를린 장벽/장벽을 쌓다.

장:병(將兵) 군대의 장교와 사병을 아울러 이르는 말. 예국군 장병. 비장졸.

장보고(張保皐, ?~846) 통일 신라 시대의 장수. 당나라에서 장수로 활약하다가 돌아와, 지금의 완도에 청해진을 설치하고 대사가 되어 해적을 소탕하였다. 그리고 당나라와 일본으로 왕래하며 무역 활동을 활발히 하였다.

장본인(張本人)[장보닌] 어떤 일을 일으킨 바로 그 사람.

장:부[1](丈夫) 사내답고 씩씩한 남자. 다 자란 건강한 남자. 예장부의 기상. 본대장부.

장부[2](帳簿) 돈이나 물건이 들어오고 나감을 적는 책. 예외상 장부/장부에 적다.

장비(裝備) 장치·설비 등을 갖추어 차림, 또는 그 장치나 비품. 예등산 장비. 장비하다.

장사[1] 이익을 얻기 위하여 물건을 파는 일. 비상업. 장사하다.

> **∷∷ '장사'와 '장수'의 구별 ∷∷**
>
> **장사** : 물건을 파는 행위를 뜻한다. 예장사가 잘되다.
> **장수** : 물건을 파는 사람을 뜻한다. 예호떡 장수/소금 장수.

장:사[2](壯士) 힘이 세고 체격이 아주 굳센 사람.

장:사[3](葬事) 죽은 사람을 땅에 묻거나 화장하는 일. 비장례. 장사하다.

장사꾼 장사를 직업으로 하는 사람. 또는 장사 수단이 좋은 사람. 예저 사람은 타고난 장사꾼이야. 비장사치.

장사진(長蛇陣) 많은 사람이 줄을 지어 늘어선 모양. 예가게 앞은 물건을 사려는 사람들로 장사진을 이루고 있었다.

장사치 장사하는 사람을 낮추어 이르는 말. 비장사꾼.

장사판 장사를 하는 범위나 장소. 예장사판을 벌이다.

장살(長一) 세로로 세워서 지르는 문살.

장삼(長衫) 검은 베로 길이가 길고 품과 소매를 넓게 만든 승려의 옷.

장삼이사(張三李四) 《장씨의 셋째 아들과 이씨의 넷째 아들이라는 뜻으로》 신분이나 이름이 평범한 보통 사람들.

장삿길 [장사낄/장삳낄] 장사를 하려고 나선 길.

장삿속 [장사쏙/장삳쏙] 이익을 많이 얻으려고 하는 장사꾼의 속마음. 예장삿속이 밝다./장삿속을 차리다.

장생(長生) 오래도록 삶. 예거북이는 장생을 하는 동물이다. 장생하다.

장서(藏書) 도서관이나 서재에 간직하여 둔 책.

장석(長石) 화성암의 주성분. 유리와 같은 광택이 있다. 도자기·유리·성냥의 원료로 쓰인다.

장ː성¹(長成) 아이가 자라 어른이 됨. 장성하다. 예장성한 아들.

장성²(長城) 길게 둘러쌓은 성.

장성³(長城) 전라남도 북쪽에 있는 군. 농산물과 임산물이 성하고, 내장산·백양사 등의 명승지가 있다.

장소(場所) ①무엇이 있거나 무슨 일이 벌어지거나 하는 곳. 예학교가 있는 장소/장소가 좋지 않다. ②지금 차지하고 있는 자리. 예장소가 비좁다. 비처소.

장ː손(長孫) 맏손자.

장ː송곡(葬送曲) 장례 때 연주하는 곡.

장수¹ 장사하는 사람. 예옷감 장수. 비상인.

장수²(長壽) 목숨이 긺. 오래 삶. 예장수 마을. 장수하다.

장ː수³(將帥) 군사를 거느리고 지휘하는 우두머리. 비장군.

장수왕(長壽王, 394~491) 고구려 제 20대 왕(재위 412~491). 국내성에서 평양으로 도읍을 옮기고 남하 정책을 펴 영토를 넓히는 등 고구려의 전성기를 이루었다.

장ː수하늘소(將帥一) [장수하늘쏘] 하늘솟과의 곤충. 보통의 하늘소보다 두 배 이상 크며, 몸빛은 붉은 갈색이고 짧은 노란색 털로 덮여 있다. 산림을 해치는 해충이다. 천연기념물 제218호.

〈장수하늘소〉

장승 기다란 통나무나 돌 등에 사람의 얼굴 모양을 새겨 세운 것. 마을이나 절의 입구, 또는 길가에 수호신이나 이정표로 세웠다. |참고| 장승은 '장생(長栍)'에서 온 말.

〈장승〉

장승제(一祭) 마을의 수호신인 장승에게 지내는 제사. 나쁜 일을 막고 전염병을 물리치기 위해 드린다.

장시간(長時間) 긴 시간. 오랜 시간. 예장시간 걸어서 목적지에 도착했다. 반단시간.

장식(裝飾) 겉모양을 아름답게 꾸밈, 또는 그 꾸밈새나 장식물. 예실내 장식/레이스로 장식을 한 옷. 장식되다. 장식하다.

장식장(裝飾欌) [장식짱] 장식품을 놓는 장.

장식품(裝飾品) 장식에 쓰이는 물품. [비]장식물.

장신(長身) 큰 키. 또는 키가 큰 사람. [반]단신.

장신구(裝身具) 비녀·목걸이·반지·귀고리 등 몸치장에 쓰이는 미술 공예품. [비]액세서리.

장아찌 무·오이·마늘 등을 간장이나 소금물에 담가 놓거나 된장·고추장에 넣어 오래 두었다가 조금씩 꺼내 양념을 하여 묵혀 두고 먹는 반찬. [예]마늘장아찌.

장ː악(掌握) 《손 안에 잡아쥔다는 뜻으로》 판세나 권력 등을 휘어잡음. 장악되다. 장악하다. [예]그들은 왕을 몰아내고 권력을 장악했다.

장안(長安) ①《수도라는 뜻으로》 '서울'을 이르는 말. [예]장안의 화젯거리가 되다. ②중국 당나라 때의 서울.

장애(障礙) ①무슨 일을 하는 데 방해가 되는 일이나 물건. [예]통신 장애. [비]지장. ②몸의 어느 부분이 온전하지 못하거나 제구실을 하지 못하는 상태. [예]시각 장애.

장애물(障礙物) 거치적거려 방해가 되는 물건.

장애물 경ː주(障礙物競走) ➡장애물 달리기.

장애물 달리기(障礙物―) 육상 경기에서, 트랙에 설치된 장애물을 뛰어넘어 달리는 경기 종목. [비]장애물 경주.

장애인(障礙人) 신체에 장애가 있거나 정신적인 능력에 결함이 있어서 일상생활에 어려움을 겪는 사람.

장애인 올림픽 대ː회(障礙人Olympic大會) 4년마다 한 번씩 열리는, 장애인들의 국제 경기 대회. 1960년 로마에서 제1회 대회가 열렸다.

장어(長魚) 〈뱀장어〉의 준말.

장엄하다(莊嚴―) 규모가 크면서 엄숙하고 위엄이 있다. [예]장엄한 분위기. 장엄히.

장ː염(腸炎) [장념] 창자에 생기는 염증. 세균 감염이나 과식 등으로 인해, 복통·설사·구토 등의 증상이 일어난다.

장영실(蔣英實, ?~?) 조선 세종 때의 과학자. 세종의 명을 받들어 측우기·해시계·물시계 등을 만들었다.

장옷 [장옫] 지난날, 부녀자들이 나들이할 때 얼굴을 가리기 위하여 머리에서부터 길게 내리쓰던 옷.

장외(場外) [장외/장웨] 어떤 장소의 바깥. [예]장외 홈런. [반]장내.

장ː원¹(壯元) ①지난날, 과거에서 갑과에 일 등으로 급제하던 일, 또는 그 사람. ②백일장 등에서 가장 우수한 작품으로 뽑히는 일. [예]학교 백일장에서 경민이의 글이 장원으로 뽑혔다. 장원하다.

장원²(莊園) 중세 때, 귀족이나 사찰이 소유하던 토지.

장ː원 급제(壯元及第) 과거에 장원으로 합격함.

장ː유유서(長幼有序) 오륜의 하나. 윗사람과 아랫사람 사이에는 엄격한 차례와 복종해야 할 질서가 있다는 뜻.

장음(長音) 길게 나는 소리. 긴소리. [반]단음.

장음계(長音階) [장음계/장음게] 셋째와 넷째, 일곱째와 여덟째 음 사이는 반음, 그 밖의 음은 온음으로 이루어진 음계. [반]단음계.

장ː의(葬儀) [장의/장이] 장례를 치르는 일.

장ː의사(葬儀社) [장의사/장이사] 장례에 쓰는 물건을 팔거나 남의 장례를 맡아서 치러 주는 곳.

-장이 '손으로 물건을 만들거나 고치는 사람'의 뜻을 나타내는 말. 예옹기장이/대장장이.

> **: : : : '-장이'와 '-쟁이'의 구별 : : : :**
>
> **-장이** : 손으로 물건을 만들거나 고치는 일이 직업인 사람. 예미장이/유기장이/대장장이.
> **-쟁이** : 생긴 모양이나 성격·습관·행동 등이 유별난 사람. 예멋쟁이/고집쟁이/허풍쟁이.

장인¹(丈人) 아내의 친정 아버지. 비빙부. 반장모.

장인²(匠人) ①목공이나 도공 등과 같이 손으로 물건 만드는 일을 직업으로 하는 사람. ②'예술 작품을 만드는 사람'을 비유하여 이르는 말.

장자(長子) 맏아들.

장작(長斫) 통나무를 잘라 길게 쪼갠 땔나무.

장작더미(長斫—)[장작떠미] 장작을 쌓아 올린 무더기.

장장(長長) 거리·시간 등이 기나긴. 예그 공사는 장장 삼 년이나 걸렸다.

장점(長點)[장쩜] 가장 낫거나 좋은 점. 뛰어난 점. 반단점.

장정(壯丁) ①기운이 좋은 젊은 남자. ②군에 입대할 나이가 된 젊은 남자.

장조(長調)[장쪼] 장음계로 된 곡조. 반단조.

장조림(醬—) 간장에 쇠고기를 넣고 조린 반찬.

장졸(將卒) 장교와 사병을 함께 이르는 말. 비장병.

장중하다(莊重—) 장엄하고 무게가 있다. 예장중한 음악. 장중히.

장지¹(壯紙) 두껍고 질긴 한지의 한 가지. 기름을 먹여 장판지로 쓴다.

장지²(長指) 가운뎃손가락.

장지³(葬地) 장례 때 시체를 묻는 땅.

장지문(障—門) 한옥에서, 방과 방 사이 또는 방과 마루 사이에 있는 작은 미닫이문.

장지연(張志淵, 1864~1921) 조선 고종 때의 언론인·우국지사. '황성신문'을 창간하고, 민중 계몽과 자립정신을 고취하였다.

장차(將次) 앞으로. 앞날에 가서. 예저는 장차 훌륭한 과학자가 될 거예요.

장착(裝着) 기계나 장치 등을 붙이거나 닮. 장착되다. 장착하다. 예자동차에 에어백을 장착하다.

장치(裝置) 기계나 설비 등을 설치함. 또는 그 물건. 예안전장치/실험 장치를 갖추다. 장치되다. 장치하다.

장쾌하다(壯快—) 힘차고 가슴이 후련하다. 장쾌히.

장타(長打) 야구에서, 2루타 이상의 안타를 이름. 반단타.

장터(場—) 장이 서는 곳. 비시장.

장티푸스(腸typhus) 장티푸스균이 장에 들어감으로써 일어나는 급성 전염병. 고열·설사 등을 일으킨다. 비열병.

장판(壯版) 〈장판지〉의 준말.

장판지(壯版紙) 방바닥을 바르는 데 쓰는, 기름을 먹인 두꺼운 종이. 준장판.

장편(長篇) ①소설이나 영화 등의 길이가 긴 것. ②〈장편 소설〉의 준말. 반단편.

장편 소설(長篇小說) 구상이 크고 줄거리가 복잡하며 길이가 긴 소설. 준장편. 반단편 소설.

장하다(壯—) 매우 대단하고 훌륭하여 높이 평가할 만하다. 예이 일을 너 혼자 해냈다니, 장하구나. 장히.

장학(奬學) 학문을 장려함. 예장학 재단/장학 사업.

장학관(奬學官)[장학관] 교육의 기획·지도·조사·감독에 관한 일을 맡아보는 교육 공무원.

ㅈ

장ː학금(奬學金)[장학끔] 가정 형편이 어렵거나 공부를 잘하는 학생에게 주는 학비 보조금.

장ː학생(奬學生)[장학쌩] 장학금을 받는 학생.

장항(長項) 충청남도 서천군의 한 읍. 군산과 마주해 있으며 금강 하류의 북쪽 기슭에 자리 잡고 있다.

장항선(長項線) 충청남도 천안과 익산 사이를 잇는 철도. 길이 154.4km.

장해(障害) 무엇을 하는 데 거치적거려 방해가 됨, 또는 그런 것. 장해되다. 장해하다.

장화(長靴) 목이 발목 위나 무릎 가까이까지 올라오는 신발. 비가 올 때나 진 땅에서 일할 때 신는다.

장화홍련전(薔花紅蓮傳)[장화홍년전] 조선 시대의 한글 소설. 계모에 의해 고통스런 삶을 살다가 억울하게 죽은 장화·홍련 자매의 원한을 풀어 주었다는 내용이다.

장황하다(張皇—) 이야기가 어수선하고 쓸데없이 길다. 예설명을 장황하게 늘어놓다. 장황히.

장흥(長興) 전라남도 남쪽에 있는 군. 쌀·보리·목화 등의 농산물과 김·미역·조개·낙지 등의 수산물이 난다.

잦다[잗따] ①액체가 스며들거나 졸아들어 없어지다. ②조용해지다. |발음| 잦아[자자]·잦고[잗꼬]

잦다[잗따] 거듭되는 어떤 일이 짧은 동안에 자주 있다. 예사고가 잦은 지역. 반드물다. |발음| 잦아[자자]·잦고[잗꼬]

잦아들다[자자들다] ①액체가 점점 스며들거나 졸아들어 없어지다. 예찌개 국물이 잦아들었다. ②조용해져 가다. 예매미 소리가 점점 잦아드는 늦여름. |활용| 잦아드니·잦아들어.

잦아지다[자자지다] 차차 잦아들어 없어지게 되다. 예바람이 잦아지다.

잦아지다[자자지다] 어떤 일이 짧은 동안에 자주 있게 되다. 예동생은 요즘 병원에 가는 일이 잦아졌다.

잦혀지다[자처지다] ①물체가 뒤로 기울어지다. 예윷 네 개가 모두 잦혀졌다. ②안쪽이 겉으로 드러나게 열리다. 관젖혀지다.

잦히다[자치다] 밥이 끓은 뒤에 불을 잠깐 껐다가 다시 불을 조금 때어 밥물이 잦아지게 하다.

잦히다[자치다] ①물체를 뒤로 기울게 하다. 예윗몸을 잦히다. ②물건의 밑쪽이 위로 드러나게 하다. 관젖히다.

재[1] 물건이 타고 난 뒤에 남는 가루.

재[2] 길이 나 있는 높은 산의 고개. 예재를 넘다.

재-(再) '두 번째·다시'의 뜻을 나타냄. 예재확인/재심사.

재ː가(再嫁) 한 번 결혼한 여자가, 남편이 죽거나 이혼하여 다시 결혼함. 비개가. 재가하다.

재간(才幹) 일을 적절하게 잘 처리하는 능력. 예재간이 있는 사람/노력하는 사람은 당해 낼 재간이 없다. 비재능.

재갈 말을 마음대로 다루기 위하여 말의 입에 가로로 물리는 쇠토막. 예재갈을 물리다.

재ː개(再開) 끊었거나 쉬었던 회의 등을 다시 엶. 재개되다. 재개하다.

재ː개발(再開發) 이미 있는 것을 더 낫게 하려고 다시 개발함. 예주택 재개발 지역. 재개발되다. 재개발하다.

재ː건(再建) 없어졌거나 무너진 것을 다시 일으켜 세움. 재건되다. 재건하다. 예국가를 재건하다.

재ː건축(再建築) 낡은 건물을 허물고 다시 세우거나 만듦. 재건축되다. 재건축하다.

재ː고[1](再考) 한 번 정한 일을 다시 생각함. 재고하다. 예결정을 재고해 주십시오.

재:고²(在庫) ①창고에 쌓여 있음. ②〈재고품〉의 준말. 예재고 정리.

재:고품(在庫品) ①창고에 있는 물품. ②미처 상점에 내놓지 못했거나 팔다 남아서 창고에 쌓아 둔 상품. 준재고.

재:구성(再構成) 한 번 구성한 것을 다시 구성함. 예조직의 재구성. 재구성되다. 재구성하다.

재기(才氣) 재주가 있어 보이는 기질. 예재기 넘치는 말.

재깍 무슨 일을 빠르고 시원하게 해내는 모양. 예늦기 전에 재깍 다녀와. 큰제꺽. 센째깍. 재깍재깍.

재깍거리다 [재깍꺼리다] 시계 등의 톱니바퀴가 잇달아 돌아가다. 비재깍대다. 큰제꺽거리다.

재깍대다 [재깍때다] ➡ 재깍거리다.

재깍재깍 [재깍째깍] 자꾸 재깍거리는 소리. 큰제꺽제꺽.

재난(災難) 뜻밖에 일어난 불행한 일. 비재앙.

재능(才能) 재주와 능력. 예진아는 피아노 연주에 뛰어난 재능을 보였다. 비재간.

재:다¹ 잘난 척하며 뽐내다. 예공부 좀 잘한다고 재는 거냐?

재:다² 자나 저울로 물건의 길이·크기·무게 등을 헤아려 보다. 예키를 재다.

재:다³ 〈재우다¹〉의 준말. 예고기를 양념에 재다./인삼을 꿀에 재다.

재:다⁴ 총에 탄환이나 화약을 집어넣다.

재:다⁵ 움직임이 몹시 빠르다. 예막차 시간이 다 되어 재게 걸었다.

재단¹(財團) 일정한 목적을 위해 결합된 재산의 집합. 예장학 재단/사회 복지 재단.

재단²(裁斷) 옷감이나 나무 등을 치수에 맞추어 베고 자르다. 비마름질. 재단하다.

재담(才談) 익살을 부리며 재치 있게 하는 재미있는 이야기.

재두루미 두루밋과의 새. 편 날개 길이 180 cm가량. 목과 날개가 흰색이고, 몸은 옅은 회색이다. 천연기념물 제203 호.

재떨이 [재떠리] 담뱃재를 떨어 놓는 그릇.

재:래(在來) 예전부터 이어져 내려옴. 예재래의 방식.

재:래 공업(在來工業) 집 안이나 좁은 일터에서 간단한 연장이나 손으로 물건을 만들어 온 공업.

재:래시장(在來市場) 예전부터 이어져 내려오는 시장.

재:래식(在來式) 예전부터 이어져 내려오는 방식. 예재래식 부엌. 반개량식.

재:래종(在來種) 어느 지방에서 오랜 세월 동안 다른 품종과 교배되지 않고 재배되거나 길러 오는 품종. 예재래종 배추. 반개량종. 참토종.

재량(裁量) 자기의 생각과 판단에 따라 일을 결정하고 처리하는 것. 예이번 일은 너희 재량에 맡기겠다.

재력(財力) 재물의 힘이나 재산상의 능력. 예재력을 과시하다.

재롱(才弄) 어린아이의 슬기로운 말과 귀여운 짓.

재료(材料) 물건을 만드는 데 쓰는 감. 예건축 재료/요리 재료. 비원료.

> ::::: **'재료'와 '원료'의 구별** :::::
>
> **재료** : 사용하는 소재의 근본 성질이 변하지 않는 상태로 어떤 물건을 만들 때의 그 감. 예무명은 옷감의 재료로 쓰인다.
>
> **원료** : 사용하는 소재의 근본 성질이 바뀐 상태에서 어떤 물건을 만들 때의 그 감. 예사탕수수는 조미료의 원료로 쓰인다.

ㅈ

재목(材木) ①건축·토목·가구 등의 재료로 쓰는 나무. [비]목재. ②'큰일을 할 사람'을 비유하여 이르는 말. [예]나라의 큰 재목.

재무(財務) 재정에 관한 일.

재물(財物) 돈이나 그 밖의 값나가는 물건. [비]재화.

재물대(載物臺) [재물때] 현미경에서, 관찰 재료를 얹어 놓는 수평한 대.

재미 ①아기자기하게 즐거운 맛이나 기분. [예]요즘 공부에 재미가 붙었어요. ②안부를 물을 때의, 생활의 형편. [예]요즘 재미가 어떤가?

재미나다 아기자기한 맛이나 즐거운 기분이 일다. [예]수업이 끝난 뒤에 친구들과 재미나게 놀았다.

재미없다 [재미업따] ①아기자기한 맛이나 즐거운 느낌이 없다. ②좋지 않은 일이 있게 되다. [예]자꾸 그러면 재미없을 줄 알아. **재미없이**.

재미있다 [재미읻따] 아기자기한 맛이나 즐거움이 있다.

재ː발(再發) 한 번 일어났던 일이나 병 등이 다시 생겨남. **재발되다**. **재발하다**. [예]암이 재발하다.

재ː방송(再放送) 한 번 했던 방송을 다시 방송함. **재방송되다**. **재방송하다**.

재ː배1(再拜) 두 번 절함, 또는 그 절. **재배하다**.

재ː배2(栽培) 곡식·나무·풀·채소 등을 심어서 가꿈. [예]화초 재배. **재배되다**. **재배하다**.

재벌(財閥) 경제계에서 큰 세력을 가진 자본가·기업가의 무리. 또는 일가나 친척으로 이루어진 대자본가 집단.

재봉(裁縫) 옷감을 말라서 바느질함, 또는 그 일. **재봉하다**.

재봉틀(裁縫—) 바느질 또는 물건을 꿰매는 데 쓰는 기계. [비]미싱. [잘못] 자봉틀.

재ː분배(再分配) 이미 나누어 주었던 것을 다시 나누어 줌. [예]세금은 소득의 재분배 기능을 한다. **재분배되다**. **재분배하다**.

재빠르다 움직임이 재치 있고 빠르다. [예]재빠른 행동/동생은 엄마 뒤로 재빠르게 숨었다. [활용] 재빠르니·재빨라.

재빨리 재치 있고 빠르게. [예]그는 재빨리 자리를 피했다.

재산(財産) 개인이나 단체·국가가 가지고 있는 재물. [예]재산을 모으다.

'재산'과 '재물'의 구별

재산 : 돈이나 값나가는 물건뿐만 아니라 경제적 가치가 있는 것도 이른다. 개인뿐만 아니라 단체·국가가 가지고 있는 것에 대해서도 쓰인다. [예]재산을 모으다./문화유산은 우리의 소중한 재산이다.

재물 : 돈이나 그 밖의 값나가는 물건을 이른다. 개인이 가지고 있는 것에 대해서만 쓰인다. [예]그는 많은 재물을 모았다./×나라의 재물.

재산세(財産稅) [재산쎄] 재산의 소유나 옮긴 사실에 대하여 매기는 조세.

재ː삼재ː사(再三再四) 몇 번씩 되풀이하여. 거듭거듭.

재ː상(宰相) 지난날, 정2품 이상의 높은 벼슬아치를 통틀어 이르던 말.

재색(才色) 여자의 재주와 용모. [예]재색을 겸비한 규수.

재ː생(再生) ①죽게 되었다가 다시 살아남. ②죄를 지은 사람이 다시 올바른 생활을 시작함. [예]재생의 길을 걷다. ③버리게 된 물건을 다시 쓸 수 있게 만들어 냄. [예]재생고무/재생 화장지. ④녹음이나 녹화를 한 것을 다시 듣거나 봄. **재생되다**. **재생하다**.

재:생비누(再生—) 쓰고 버리는 식용유로 만든 비누.
재:생 섬유(再生纖維) 화학 섬유의 한 가지. 약품에 녹인 목재·펄프 등의 섬유소를 섬유 상태로 뽑아내어 약품으로 처리하여 만든 섬유.
재:선(再選) 한 번 당선된 사람이 다시 두 번째 당선됨. [예]재선 의원. **재선되다. 재선하다.**
재:수1(再修) 한 번 배웠던 학과 과정을 다시 배우는 일. [예]재수생. **재수하다.**
재수2(財數) ①재물에 관한 운수. ②좋은 일이 생길 운수. [예]재수가 좋은 날.
재신(財神) 사람의 재물을 맡아본다는 신.
재앙(災殃) 폭풍우·지진·홍수 등에 의한 몹시 불행한 사고. [비]재난.
재:야(在野) ①《초야에 파묻혀 있다는 뜻으로》 공직에 나아가지 않고 민간에서 활동함. [예]재야 학자. ②정치 세력이 정치권력을 갖지 못하고 활동함. [예]재야 단체.
재:연(再演) ①연극이나 영화 등을 다시 보여 줌. ②한 번 했던 일을 다시 되풀이함. **재연되다. 재연하다.** [예]범행을 재연하다.
재:외(在外) [재외/재웨] 외국에 있음. [예]재외 동포.
재우다1 고기 등의 먹을거리를 양념하여 한동안 놓아두다. [예]엄마는 잔치에 쓸 갈비를 재워 두셨다. [준]재다.
재우다2 잠이 들게 하다. [예]아기를 재우다. [반]깨우다.
재우치다 빨리 하라고 몰아치거나 재촉하다. [예]재우쳐 묻다.
재원(才媛) 재주가 뛰어난 젊은 여자.
재:위(在位) 임금의 자리에 있음, 또는 그동안. [예]재위 기간. **재위하다.**
재:일 동포(在日同胞) 일본에서 살고 있는 한국인.
재:임(在任) 어떤 직책을 맡고 있음, 또는 그동안. **재임하다.**
재:작년(再昨年) [재장년] 작년의 바로 전 해. [비]그러께·지지난해.
재잘거리다 ①여러 사람이 작은 소리로 자꾸 즐겁게 지껄이다. ②참새 등이 자꾸 지저귀다. [비]재잘대다. [큰]지절거리다.
재잘대다 ➡재잘거리다.
재잘재잘 자꾸 재잘거리는 소리, 또는 그 모양. [큰]지절지절.
재재거리다 자꾸 수다스럽게 지저귀거나 지껄이다. [예]새끼 제비들이 재재거린다. [비]재재대다.
재재대다 ➡재재거리다.
재:적(在籍) ①학적·병적 등에 이름이 올라 있음. [예]재적 인원. ②어떤 단체에 속한 사람으로 이름이 올라 있음. **재적하다.**
재정(財政) 국가 또는 지방 공공 단체가 일을 하는 데 필요한 재산을 마련하거나 사용하는 모든 일.
재:종간(再從間) 육촌 형제자매의 사이.
재주 ①무엇을 잘하는 소질과 타고난 슬기. [예]재주가 뛰어나다. ②묘한 솜씨나 기술. [예]다람쥐가 재주를 부린다. [비]재간·재능.
재주껏 [재주껃] 있는 재주를 다하여. [예]이번에는 네 재주껏 해 봐.
재주꾼 재주가 많거나 뛰어난 사람.
재주넘다 [재주넘따] 몸을 날려 머리와 다리를 거꾸로 하여 뛰어넘다.
재즈(jazz) 미국에서 나타난 대중음악. 흑인 민속 음악을 바탕으로 하여 발달한 춤곡으로, 경쾌하고 활기가 있다.
재:직(在職) 직장에 근무하고 있음. [예]재직 증명서. **재직하다.**
재질1(才質) 재주와 기질. [예]수정이는 그림에 뛰어난 재질이 있다.

재질²(材質) 재료의 성질. 예모양이 예쁜 것보다 재질이 좋은 물건을 사야 오래 쓸 수 있다.

재ː차(再次) 두 번째. 거듭. 예재차 물어보다.

재ː창(再唱) 다시 노래를 부름. 재창하다.

재ː창조(再創造) 이미 있는 것을 고쳐서 다시 새롭게 만들어 냄. 재창조되다. 재창조하다.

재채기 코 안의 신경이 자극을 받아 근질근질하다가 갑자기 입으로 숨을 터뜨려 내뿜으면서 큰 소리를 내는 일. 재채기하다.

재ː청(再請) ①같은 일을 두 번째 청함. ②회의에서 남의 동의에 찬성한다는 뜻으로 거듭 청함. 재청하다.

재촉 어떤 일을 빨리 하라고 끈질기게 조름. 비독촉. 재촉하다. 예빚을 갚으라고 재촉하다./걸음을 재촉하다.

재치(才致) 눈치 빠르고 재빠르게 판단하고 행동하는 능력. 예재치 있는 말.

재ː침(再侵) 다시 침범함. 재침하다. 예재침할 기회만 노리다.

재킷(jacket) 양복의 짧은 윗도리를 통틀어 이르는 말. |잘못| 자켓.

재ː탕(再湯) 달여서 먹은 약재를 두 번째 달임. 재탕하다. 예한약을 재탕하다.

재ː택근무(在宅勤務) [재택끈무] 회사에 나가지 않고 집에서 회사의 업무를 보는 일.

재ː판¹(再版) ①이미 나왔던 책을 다시 찍어 냄, 또는 그런 책. ②전에 일어난 일이 다시 일어남. 재판되다. 재판하다.

재판²(裁判) 분쟁 등을 재판관이 법률에 따라 판단을 내리는 일, 또는 그 판단. 재판하다.

재판관(裁判官) 재판을 맡은 법관.

재판소(裁判所) 분쟁에 대한 재판권을 가진 기관. 비법원.

재판장(裁判長) 여러 명의 판사가 참여하는 재판에서 으뜸인 판사.

재판정(裁判廷) 재판하는 곳. 비법정.

재ː평가(再評價) [재평까] 이미 평가한 것을 다시 평가함, 또는 그런 평가. 재평가되다. 재평가하다.

재ː학(在學) 학교에 다니고 있음. 예우리 언니는 고등학교에 재학 중이다. 재학하다.

재ː학생(在學生) [재학쌩] 현재 학교에 다니고 있는 학생.

재해(災害) 지진·태풍·홍수·가뭄·화재 등으로 뜻밖에 입은 큰 피해. 예재해 대책/재해 복구.

재해 보상(災害補償) 노동자·공무원이 업무 중에 입은 재해에 대하여 고용자가 하는 보상. 예재해 보상 보험.

재ː향 군인(在鄕軍人) 현역에서 물러나와 일반 사회에 돌아온 군인.

재ː현(再現) 전에 있던 것이 다시 나타남, 또는 다시 나타냄. 재현되다. 재현하다. 예고려자기의 청잣빛을 재현하다.

재ː혼(再婚) 이미 결혼했던 사람이 다시 결혼함, 또는 그런 결혼. 재혼하다.

재화(財貨) ➡재물.

재ː활(再活) ①다시 활동함. ②몸이나 정신의 장애를 이기고 생활이나 활동을 다시 시작함. 예재활 훈련. 재활하다.

재ː활용(再活用) [재화룡] 다 쓰거나 버리게 된 물건 등을 다시 활용함. 예재활용 쓰레기는 분리수거를 해야 한다. 재활용되다. 재활용하다.

재ː활용품(再活用品) [재화룡품] 재활용할 수 있는 물건, 또는 그것을 사용하여 만든 물건.

재ː활원(再活院) [재화뤈] 신체장애자가 장애를 이겨 내고 일상생활을 할 수 있도록 치료하고 교육하는 기관.

재:회(再會)[재회/재훼] ①두 번째 만남. ②헤어졌던 사람들이 다시 만남. 예남북 이산 가족이 판문점에서 재회를 했다. 재회하다.

잭(jack) 무거운 것을 밑에서 받쳐 들어 올리는 기중기.

잼(jam) 과실을 삶아 즙을 내어 설탕을 넣고 약한 불로 졸여서 만든 먹을거리.

잼버리(jamboree) 보이 스카우트의 야영 대회. 흔히, 캠핑·작업·경기 등을 한다.

잼잼 '죔죔'의 잘못.

잽(jab) 권투에서, 계속적으로 팔을 뻗어 상대편을 가볍게 치는 공격법.

잽싸다 동작이 매우 재고 빠르다. 예유리창을 깬 아이가 잽싸게 달아났다.

잿더미[재떠미/잰떠미] ①재를 모아 쌓은 무더기. ②불에 타서 재만 남은 자리.

잿물¹[잰물] 빨래에 쓰려고, 재에 물을 부어 우려낸 물.

잿물²[잰물] 도자기의 몸에 덧씌우는 약. 비유약.

잿빛[재삗/잳삗] 재와 같은 빛깔. 회색.

쟁기 마소에 끌려 논밭을 가는 데 쓰는 연장.

쟁기질 쟁기로 논밭을 가는 일. 쟁기질하다.

쟁반(錚盤) 얇고 둥글납작한 그릇. 주로, 음식 그릇을 받쳐 드는 데 쓰인다.

<쟁기>

-쟁이 《사람의 성격·습관·행동·모양 등을 나타내는 말 뒤에 붙어》'그러한 특성을 가진 사람'의 뜻을 나타내는 말. 예멋쟁이/고집쟁이/허풍쟁이.

쟁이다 여러 개를 차곡차곡 포개어 쌓다. 예땔감을 쟁이다.

쟁쟁거리다(錚錚-) 쇠붙이가 맞부딪쳐 맑게 울리는 소리가 자꾸 나다. 비쟁쟁대다.

쟁쟁대다(錚錚-) ➡쟁쟁거리다.

쟁쟁하다¹(琤琤-) 이전에 들은 소리가 잊히지 않고 남아 귀에 울리는 듯하다. 예선생님 말씀이 아직도 귀에 쟁쟁하다. 쟁쟁히.

쟁쟁하다²(錚錚-) 여럿 가운데서 매우 뛰어나다. 예올해 대회에는 쟁쟁한 사람들만 모였다. 쟁쟁히.

쟁취(爭取) 싸워서 빼앗아 가짐. 쟁취하다. 예자유를 쟁취하다.

쟁탈(爭奪) 서로 다투어 빼앗음. 쟁탈하다.

쟁탈전(爭奪戰) 서로 다투어 어떤 사물이나 권리 등을 빼앗는 싸움.

쟁투(爭鬪) 서로 다투어서 싸움. 비투쟁. 쟁투하다.

쟁패(爭霸) ①지배자가 되려고 다툼. 패권을 다툼. ②경기에서 우승을 다툼. 쟁패하다.

쟤 '저 아이'가 줄어든 말. 참걔·얘.

저¹ 젓가락.

저² 입에 가로로 대고 부는 피리를 통틀어 이르는 말.

저³ 〈나²〉의 낮춤말. 예저는 학생입니다.

저⁴ 말하는 사람과 듣는 사람에게서 조금 멀리 있는 사람이나 사물을 가리키는 말. 예저 사람은 누구지?

저:⁵ 금방 말을 할 수 없을 때 내는 군소리. 예저, 돈 좀 빌려 줄 수 있겠니?

저:가(低價)[저까] 싼 가격. 가격이 쌈. 비싼값. 반고가.

저거 〈저것〉의 준말.

저것[저걷] 말하는 사람과 듣는 사람에게서 떨어져 있는 사물을 가리키는 말. 예저것이 무엇이지? 盈저거.
|발음| 저것이 [저거시]·저것도 [저걷
또]·저것만 [저건만]

저:격(狙擊) 어떤 대상을 겨냥하여
쏨. 예괴한에게 저격을 당하다. 저격
하다.

저고리 윗도리에 입는 한복의 겉옷.
길·소매·섶·깃·동정 등으로 되어
있다. 반바지.

저곳 [저곧] 말하는 사람이나 듣는 사
람에게서 좀 떨어져 있는 곳. 예저곳
까지 누가 먼저 도착하는지 달리기
시합할까?

저:금(貯金) ①돈을 모아 둠, 또는 그
돈. 반저축. ②은행이나 우체국에 돈
을 저축함, 또는 그 돈. 반예금. 저금
하다.

저:금통(貯金筒) 돈을 집어넣어 모아
둘 수 있도록 만든 통.

저:금장(貯金通帳) '예금 통장'을 흔
히 이르는 말.

저기 말하는 사람과 듣는 사람에게서
조금 멀리 떨어진 곳을 가리키는 말.
예저기까지 뛰어갈까? 盈조기.

저:기압(低氣壓) ①주위에 비하여 낮
은 기압. 일반적으로 날씨가 나빠진
다. 반고기압. ②'기분이 좋지 못한
상태'를 비유하여 이르는 말. 예오늘
은 왜 저기압이니?

저녁 ①해가 지고 밤이 되기까지의 사
이. ②〈저녁밥〉의 준말. 예저녁은 먹
고 공부해라. 반아침.

저녁나절 [저녁나절] 저녁 무렵. 또는
저녁 동안. 예저녁나절에 일이 끝났
다. 반아침나절.

저녁노을 [저녁노을] 저녁 하늘에 끼
는 노을. 반아침노을.

저녁때 ①해가 질 무렵. 예내일 저녁
때 만나자. ②저녁 끼니때.

저녁밥 [저녁빱] 저녁때 끼니로 먹는
밥. 盈저녁.

저놈 ①말하는 사람과 듣는 사람에게
서 멀리 떨어져 있는 남자를 욕으로
이르는 말. ②말하는 사람과 듣는 사
람에게서 멀리 떨어져 있는 동물이나
물건을 낮추어 이르는 말. 엣조놈.

저:능아(低能兒) 뇌의 발육이 나빠 보
통 아이보다 지능이 낮은 아이. 반정
신 지체아.

저다지 저렇게까지. 저러하도록. 예소
풍을 간다고 저다지도 좋아할까.

저:당(抵當) 돈을 빌리는 대신에 물건
이나 집·땅 등을 담보로 맡김.

저따위 '저러한 종류'란 뜻으로 얕잡아
이르는 말. 예뭐 저따위가 다 있지?

저래 저 모양과 같이 하여. 예아무리
저래도 소용없는 일이야.

저러다 〈저러다가〉의 준말.

저러다가 '저러하게 하다가'가 줄어든
말. 예저러다가 사고라도 나면 어쩌
나. 盈저러다.

저러하다 〈저렇다〉의 본말.

저런¹ 저와 같은. 예저런 사람은 처음
봤다.

저런² 뜻밖의 일을 보거나 듣거나 하
여 놀랐을 때 하는 말. 예저런, 얼마
나 아팠을까.

저렇다 [저러타] 모양·상태·성질 등
이 저와 같다. 본저러하다. |활용| 저
러니·저래.

저:력(底力) 평소에는 잘 드러나지 않
다가, 어려울 때 발휘되는 강력한 힘.

저:렴하다(低廉—) 물건값 등이 싸다.
예저렴한 가격.

저리¹ 저쪽으로. 예아까 영희가 저리
가는 것을 보았다.

저리² 저러하게. 저다지. 예저리도 반
가울까.

저리다 ①근육이나 뼈마디가 너무 오
래 눌려 있어서 감각이 둔하고 아리
며 움직이기가 거북하다. 예오래 꿇
어앉아 있었더니 다리가 저리다.

저마다 각각의 사람마다. 예아이들이 저마다 솜씨를 뽐내고 있다.

저만치 ➡ 저만큼.

저만큼 ①저만한 정도로. 예저만큼은 나도 할 수 있다. ②저만한 거리를 두고 떨어져서. 예저만큼 은행나무 한 그루가 서 있다. 囲저만치.

저만하다 ①정도나 수준이 저 정도만 하다. 예저만한 일은 나도 할 수 있다. ②별로 대단하지 않다. 예상처가 저만하기에 다행이다.

저맘때 꼭 저만큼 되던 때. 예아이들이 저맘때에는 장난이 심한 법이지.

저ː명(著名) 세상에 이름이 널리 알려짐. 예저명 인사. 囲유명. 저명하다.

저물다 ①해가 져서 어두워지다. 예하루 해가 저문다. ②한 해가 거의 다 가게 되다. 예올해도 거의 저물었다. |활용| 저무니·저물어.

저미다 여러 개의 작은 조각으로 얇게 베다. 예생선을 저미다.

저버리다 ①마음에 새겨 두어야 할 것을 잊거나 지켜야 할 것을 어기다. 예친구와의 약속을 저버리다. ②남이나 조국을 떠나거나 배반하다. 예조국을 저버리다.

저벅 발을 묵직하고 크게 한 번 내디딜 때 나는 소리. 囹자박. 저벅저벅.

저벅거리다 [저벅꺼리다] 묵직하고 크게 발소리를 내며 자꾸 걷다. 囲저벅대다. 囹자박거리다.

저벅대다 [저벅때다] ➡ 저벅거리다.

저ː번(這番) 요전의 그때. 예저번에는 미안했어.

저ː변(底邊) ①어떤 일이나 현상에서 겉으로 드러나지 않는 부분. 예저변에 깔린 생각. ②어떤 분야의 밑바탕을 이루는 부분. 예독서 인구의 저변 확대.

저분 '저 사람'을 높여 이르는 말. 예저분에게 부탁하렴.

저ː서(著書) 책을 지음, 또는 그 책. 예선생님의 저서.

저ː소득(低所得) 소득이 적음. 囮고소득.

저ː소득층(低所得層) 소득이 적고 소비 수준이 낮은 계층.

저ː속(低速) 느린 속도. 예자동차를 저속으로 운전하다. 图저속도. 囮고속.

저ː속하다(低俗一) [저소카다] 품위가 낮고 속되다. 예저속한 말/저속한 노래. 囮고상하다.

저ː수(貯水) 산업용으로나 상수도용으로, 물을 가두어 모아 둠, 또는 그 물. 저수되다. 저수하다.

저ː수지(貯水池) 인공으로 둑을 쌓아 물을 모아 두는 못. 상수도·수력 발전·논밭의 물대기 등에 쓰인다.

저ː술(著述) 글이나 책 등을 씀, 또는 그 책. 囲저작. 저술되다. 저술하다.

저ː술가(著述家) 글이나 책 등을 쓰는 일을 직업으로 하는 사람.

저승 죽은 사람의 영혼이 가서 산다는 세계. 囲황천. 囮이승.

저승사자(一使者) 염라대왕의 명령을 받고 죽은 사람의 영혼을 저승으로 데려간다는 귀신.

저ː압(低壓) ①낮은 압력. ②낮은 전압. 囮고압.

저어새 저어샛과의 새. 부리는 긴 구둣주걱 모양이고 뒷머리에 연한 노란색의 장식깃이 있다. 천연기념물 제205-1호.

저ː온(低溫) 낮은 온도. 囮고온.

저울 물건의 무게를 다는 기구. 예저울의 눈금을 보다.

저울대 [저울때] 대저울의 몸이 되는 긴 막대. 눈금이 새겨져 있다.

저울질 ①저울로 물건의 무게를 다는 일. ②이익과 손해를 헤아려 어느 쪽이 나을지 따져 봄. 저울질하다. 예양쪽을 저울질하다.

저:음(低音) 낮은 소리. 빤고음.

저:의(底意)[저의/저이] 겉으로 드러
내지 않고 속에 품고 있는 뜻.

저이 저 사람.

저자¹ 지난날, '시장³'을 이르던 말.

저:자²(著者) 책을 지은 사람. 빤글쓴
이·지은이.

저:자세(低姿勢) 남에게 굽실거리는
낮은 자세. 예상대에게 지나치게 저
자세로 나가는 것도 좋지 않아.

저:작(著作) 학문이나 예술에 관한
책을 씀, 또는 그 책. 비저술. 저작
하다.

저:작권(著作權)[저작꿘] 저작자가 자
기 저작물의 복제·번역·방송·상연
등을 독점할 수 있는 권리.

저:작물(著作物)[저장물] 글·그림·음
악 등과 같이 사람이 지적인 노력으
로 만들어 낸 작품.

저:작자(著作者)[저작짜] 학문이나 예
술에 관한 책을 쓴 사람.

저:장(貯藏) 나중에 쓰려고 물건을 쌓
아서 간직하여 둠. 저장되다. 저장하
다. 예창고에 쌀을 저장하다.

저:장고(貯藏庫) 물건 등을 모아서 간
수해 두는 창고.

저:장뿌리(貯藏—) 양분을 저장하여
두는 뿌리. 고구마·무·당근 등.

저절로 다른 힘을 빌리지 않고 제 스
스로. 또는 인공을 가하지 않고 자
연적으로. 예저절로 피어난 들꽃.
준절로.

저:조하다(低調—) ①능률이나 성적
이 낮다. 예기록이 저조하다. ②활기
가 없거나 내용이 충실하지 않다. 예기
분이 저조하다.

저:주(詛呪) 남에게 재앙이나 불행이
일어나기를 빌고 바람. 저주하다.

저지(沮止) 막아서 못하게 함. 저지
되다. 저지하다. 예적의 침입을 저지
하다.

저지난 '지지난'의 잘못.

저:지대(低地帶) 평지보다 낮은 지대.
빤고지대.

저지르다 잘못이나 실수를 하다. 예실
수로 저지른 일이니 용서해 주세요.
|활용| 저지르니·저질러.

저:질(低質) 질이 낮음. 예저질 만화.

저쪽 ①말하는 사람과 듣는 사람에게
서 멀리 떨어진 곳이나 방향. 예저쪽
에 있는 나무. ②상대편 쪽. 예그는
저쪽 사람이다.

저처럼 저것과 같이. 예나도 저처럼
잘할 수 있을까?

저:체중(低體重) 정상보다 적은 몸
무게.

저:촉(抵觸) 법률·규칙 등에 거슬리거
나 위반됨. 저촉되다. 저촉하다.

저:축(貯蓄) 절약하여 모아 둠. 비저
금. 저축하다.

저:축 예:금(貯蓄預金) 은행 예금의
한 가지. 개인이 저축 및 이자를 늘리
는 것을 목적으로 한다.

저:출산(低出産)[저출싼] 아이를 적게
낳는 일.

저:택(邸宅) 규모가 아주 큰 집. 예차
가 으리으리한 저택으로 들어갔다.

저토록 저러하도록. 저렇게까지. 예저
토록 비는데 그만 용서해 주어야지.

저편(—便) ①저쪽. 빤이편. ②저쪽
의 사람들. 예말썽은 항상 저편에
서 난다.

저:하(低下) 사기·수준·정도·물가·
능률 등이 떨어져 낮아짐. 예실력
하. 빤향상. 저하되다. 저하하다.

저:학년(低學年)[저항년] 낮은 학년.
흔히, 초등학교 1·2·3학년을 이른
다. 빤고학년.

저:항(抵抗) 어떤 힘이나 권위 등에 맞
서서 버팀. 예저항 운동. 저항하다.

저:항력(抵抗力)[저항녁] 외부의 힘에
맞서서 버티는 힘.

저해(沮害) 어떤 일을 하지 못하게 막아서 해를 끼침. **저해하다**.

저:혈압(抵血壓) [저혀랍] 혈압이 정상보다 낮은 증세. 흔히, 최저 혈압이 90 mmHg 보다 낮은 경우를 이른다. [반]고혈압.

저희 [저히] 〈우리2〉의 낮춤말.

적1 ①때. 당시. [예]어릴 적의 추억을 회상하다. ②경험한 일. [예]그를 만난 적이 없다.

적2(炙) 고기·채소 등을 양념하여 대꼬챙이에 꿰어 구운 음식.

적3(敵) 서로 싸우거나 해치려 하는 상대. 특히, 전쟁의 상대. [예]적을 무찌르다.

적갈색(赤褐色) [적깔쌕] 붉은빛을 띤 갈색. [비]고동색.

적개심(敵愾心) [적깨심] 적에 대하여 분개하는 마음. [예]적개심을 품다.

적국(敵國) [적꾹] 맞서 전쟁을 치르고 있거나 적대 관계에 있는 나라.

적군(敵軍) [적꾼] 적의 군대. [예]적군을 섬멸하다. [반]아군.

적극(積極) [적끅] 어떤 일을 하는 데 능동적이거나 활발하게 나서는 성향이나 태도. [예]적극 지지하다. [반]소극.

적극적(積極的) [적끅쩍] 어떤 일을 하는 태도가 능동적이고 활발한 것. [반]소극적.

적금(積金) [적끔] ①돈을 모아 둠, 또는 그 돈. ②은행 예금의 한 가지. 일정 기간 동안 일정 금액을 넣은 다음 만기가 되면 찾기로 약속되어 있다. [예]적금을 타다. **적금하다**.

적기1(敵機) [적끼] 적의 비행기.

적기2(適期) [적끼] 적당한 시기. [예]적기에 씨를 뿌리다.

적나라하다(赤裸裸—) [정나라하다] 《몸에 아무것도 걸치지 않은 발가벗은 상태라는 뜻으로》 숨김이 없이 있는그대로 다 드러내다. [예]그의 잘못이 적나라하게 드러났다.

적다1 [적따] 어떤 내용을 글로 쓰다. [예]수첩에 친구의 주소를 적었다.

적:다2 [적따] 분량이나 수효가 일정한 기준에 이르지 못하다. [예]수입이 적다. [반]많다.

적당량(適當量) [적땅냥] 알맞은 분량. [예]소금은 적당량 섭취해야 한다.

적당하다(適當—) [적땅하다] 정도나 이치에 꼭 알맞고 마땅하다. [예]적당한 크기/모내기에 적당한 비. **적당히**.

적대(敵對) [적때] 적으로 대함. [예]적대 관계/적대 감정. [반]우호. **적대하다**.

적대시(敵對視) [적때시] 적으로 여김. **적대시되다**. **적대시하다**.

적도(赤道) [적또] 위도 0°로, 위도의 기준이 되는 선. 적도 지역은 태양의 직사광선을 받는 일이 많다.

적령(適齡) [정녕] 어떤 표준이나 규정에 알맞은 나이. [예]적령기/결혼 적령에 이르다.

적립(積立) [정닙] 돈이나 점수 등을 조금씩 모아서 쌓아 둠. **적립되다**. **적립하다**.

적막(寂寞) [정막] 고요하고 쓸쓸함. [예]갑자기 비명 소리가 적막을 깨뜨렸다. **적막하다**. **적막히**.

적반하장(賊反荷杖) [적빤하장] 《도둑이 되려 매를 든다는 뜻으로》 '잘못한 사람이 도리어 잘한 사람을 나무라는 경우'를 이르는 말.

적발(摘發) [적빨] 숨겨져 드러나지 않는 것을 들추어냄. **적발되다**. **적발하다**. [예]교통 신호 위반자를 적발하다.

적법(適法) [적뻡] 정해진 법에 맞음. [비]합법. [반]불법·위법. **적법하다**.

적병(敵兵) [적뼝] 맞서 싸우는 상대편 병사. [비]적군.

적삼 [적쌈] 윗도리에 입는 홑저고리.

적색(赤色) [적쌕] 붉은색. [비]빨강.

적선1(敵船) [적썬] 적군의 군함이나 선박. [비]적함.

ㅈ

적선²(積善)[적썬] ①착한 일을 많이 함. ②'동냥질에 응하는 행위'를 좋게 표현한 말. 예거지에게 적선을 하다. 적선하다.

적성(適性)[적썽] 어떤 일에 알맞은 성질이나 소질. 예적성에 맞는 일.

적수(敵手)[적쑤] 실력이 비슷하여 맞서 겨룰 만한 상대. 예너는 내 적수가 못 돼.

적시(適時)[적씨] 알맞은 때. 예적시에 도착하다.

적시다[적씨다] 물이나 액체에 젖게 하다. 예개울을 건너가다 바짓가랑이를 적셨다.

적신호(赤信號)[적씬호] ①붉은 등을 켜거나 붉은 기를 달아 정지를 표시하는 신호. ②'위험을 알려 주는 표시'를 비유하여 이르는 말. 예비만은 건강의 적신호이다.

적십자(赤十字)[적씹짜] 하얀 바탕에 붉은색 '+' 자를 그린 휘장. 국제 적십자사의 표시이다.

적십자사(赤十字社)[적씹싸] 전시에는 부상병을 구호하고, 평시에는 병들고 가난한 사람을 돕는 국제적 기구.

〈적십자〉

적십자 회ː담(赤十字會談) 남과 북의 적십자 대표들이 모여서 통일·경제·체육 교류 등의 문제를 의논하는 모임.

적ː어도[저거도] 줄잡아 어림하여도. 예오늘 행사에 적어도 백 명은 모일 거야.

적외선(赤外線)[저괴선/저궤선] 파장이 가시광선보다 길며 극초단파보다 짧은 전자파. 사진·치료 등에 이용된다. 魯자외선.

적용(適用)[저굥] 알맞게 이용하거나 맞추어 씀. 적용되다. 적용하다. 예이론을 실제에 적용하다.

적응(適應)[저긍] 어떤 상황이나 조건에 잘 어울림. 예민수는 학교생활에 금세 적응을 했다. 적응되다. 적응하다.

적응력(適應力)[저긍녁] 적응하는 능력.

적의(敵意)[저긔/저기] 적으로 여겨 미워하는 마음.

적ː이[저기] 약간. 다소. 예그 소식을 들으니 적이 안심된다. |잘못| 저으기.

적임자(適任者)[저김짜] 어떤 일을 맡기기에 적당한 사람. 예이 일은 네가 적임자야.

적자(赤字)[적짜] 수입보다 지출이 많은 상태. 예적자 운영/적자를 내다. 魯흑자.

적ː잖다[적짠타] (('적지 아니하다'가 줄어서 된 말로)) 적다고 할 수 없게 많다. 적잖이. 예사업에서 적잖이 손해를 보았다.

적장(敵將)[적짱] 적군의 장수.

적재(積載)[적째] 차나 배 등에 짐을 쌓아 실음. 예적재 중량. 적재되다. 적재하다.

적재적소(適材適所)[적째적쏘] 어떤 일에 알맞은 사람에게 알맞은 자리를 내어 줌, 또는 그런 자리. 예인재를 적재적소에 배치하다.

적적하다(寂寂—)[적쩌카다] 조용하고 쓸쓸하다. 예그는 은퇴 후 시골로 내려와 적적하게 지낸다. 魯한적하다. 적적히.

적절하다(適切—)[적쩔하다] 꼭 알맞다. 예적절한 표현. 魯부적절하다. 적절히.

적정¹(敵情)[적쩡] 적군의 형편이나 정세. 예적정을 살피다.

적정²(適正)[적쩡] 적당하고 바름. 알맞고 바른 정도. 예적정 요금/적정 온도/적정 수준.

적조(赤潮)[적쪼] 플랑크톤이 갑자기 많이 늘어나서 바닷물이 붉게 보이는 현상. 바닷물이 부패하기 때문에 물고기·조개류가 크게 손상을 입는다.

적중(的中)[적쭝] ①무엇이 목표에 정확히 들어맞음. 예총알이 과녁에 적중을 했다. ②예측이 들어맞음. 예내 예상이 적중을 했다. 적중되다. 적중하다.

적중률(的中率)[적쭝뉼] 목표에 들어맞는 비율.

적지(敵地)[적찌] 적이 차지하고 있는 땅.

적진(敵陣)[적찐] 적의 군대가 진을 치고 있는 곳.

적탄(敵彈) 적군이 쏜 탄알.

적합하다(適合—)[저카파다] 알맞게 들어맞다. 꼭 알맞다. 예생활하기에 적합한 장소. 만부적합하다.

적혈구(赤血球)[저켤구] 혈구의 한 가지. 산소를 운반하는 헤모글로빈이 들어 있고, 이것 때문에 붉게 보인다. 참백혈구.

적화(赤化)[저콰] 공산주의가 됨. 적화되다. 적화하다.

적확하다(的確—)[저콱카다] 어떤 것에 틀림없이 들어맞다. 예적확한 표현.

적히다[저키다] 글이 쓰이다. 예이름이 수첩에 적히다.

전[1](全) 전체. 전부. 예전 세계/전 마을이 축제 분위기이다.

전[2](前) ①막연한 이전. 과거. 예저 선생님은 전에 뵌 적이 있다. ②무엇을 하기에 앞서. 예식사 전에 손을 씻었다. 만후.

전![3](煎) 재료를 얇팍하게 썰어 밀가루에 묻힌 다음 기름에 지진 음식. 예전을 부치다.

-전(傳) '전기 또는 전기 형식의 이야기'의 뜻을 나타내는 말. 예이순신전/홍길동전.

전!가(轉嫁) 죄나 책임 등을 남에게 덮어씌움. 전가하다. 예상사는 부하 직원에게 책임을 전가했다.

전!각(篆刻) 나무·돌·옥 등에 인장을 새김, 또는 그 글자.

전갈[1](全蠍) 전갈과의 동물. 몸은 가재와 비슷하고, 꼬리 끝에 독침이 있다. 사막에 많이 산다.

전갈[2](傳喝) 사람을 시켜서 안부를 묻거나 말을 전함, 또는 그 안부나 말. 예할머니께서 위독하시다는 전갈을 받았다.

전갈자리(全蠍—) 별자리의 한 가지. 여름철에 남쪽 하늘에 전갈 모양으로 보인다.

전!개(展開) ①눈앞에 넓게 펼쳐짐. ②사건이나 이야기의 장면 등이 점차 크게 펼쳐짐. 예소설의 전개 과정. 전개되다. 예넓은 평야가 눈앞에 전개되었다. 전개하다.

전!개도(展開圖) 입체 도형을 평면 위에 펼쳐서 그린 그림.

전!개식(展開式) 수학에서, 둘 이상의 항을 전개한 식.

전!격(電擊) 어떤 일이 갑자기 빠르게 일어남. 예전격 발표.

전경(全景) 전체의 경치. 예산꼭대기에 올라가니 마을의 전경이 한눈에 들어온다.

전!골 쇠고기나 돼지고기를 잘게 썰어 양념을 하고, 조개·채소 등을 섞어서 국물을 조금 부어 끓인 음식.

전공[1](專攻) 어떤 부문에 대해 전문적으로 연구함. 예언니는 대학에서 미술을 전공을 하고 있다. 전공하다.

전!공[2](戰功) 전투에서 세운 공로. 예전공을 세우다.

전과[1](全科)[전꽈] ①학교에서 규정한 모든 교과 또는 학과. ②초등학교의 전 과목에 걸친 내용을 풀이한 학습 참고서.

전과²(前科)[전꽈] 전에 죄를 지어서 벌을 받은 사실.

전:과³(戰果)[전꽈] 전투에서 거둔 성과. 예혁혁한 전과.

전과자(前科者)[전꽈자] 전에 형벌을 받은 일이 있는 사람.

전:광(電光) 전력으로 일으킨 빛. 예전광 간판/전광 뉴스.

전:광게시판(電光揭示板) '전광판'의 본말.

전:광판(電光板) 여러 개의 전구를 늘어놓고 껐다 켰다 하며 그림이나 글자가 나타나도록 만든 판. 본전광게시판.

전교(全校) 한 학교의 전체.

전교생(全校生) 한 학교의 모든 학생.

전:구(電球) 공과 같이 생긴 둥근 전등. 예전구를 갈다. 비전등알.

〈전구〉

전국(全國) 한 나라의 전체. 온 나라. 예삼촌은 방학 때 전국 일주를 할 계획을 세웠다.

전국구(全國區)[전국꾸] 전국을 하나의 단위로 하는 선거구. 비지역구.

전국적(全國的)[전국쩍] 나라 전체에 관계되는 것. 예오늘은 전국적으로 비가 내렸다.

전국 체육 대:회(全國體育大會) 각 시·도의 대표 선수들이 자기 고장의 명예를 걸고 힘을 겨루는 체육 대회. 비체전.

전:극(電極) 전지나 발전기 등의 양극과 음극.

전:근(轉勤) 일하는 직장을 옮김. 예선생님은 지방 학교로 전근을 가셨다. 비전출. 전근되다. 전근하다.

전기¹(前期) 일정 기간을 몇 개로 나눈 첫 시기. 예프로 야구 전기 리그/조선 전기. 반후기.

전기²(傳記) 한 개인이 태어나서 죽을 때까지 한 일을, 이야기식으로 적은 글. 예위인전기.

전:기³(電氣) 전자의 이동으로 생기는 에너지의 한 형태. 빛과 열을 낸다. 예전기냉장고/전기가 나가다.

전:기 기구(電氣器具) 전력을 사용하는 각종 기구.

전:기난로(電氣煖爐)[전기날로] 전기의 열을 이용한 난로.

전:기 대:패(電氣—) 전동기로 회전날을 회전시켜 목재를 미는 목공 기계.

전:기료(電氣料) 전기를 사용한 데 대한 요금.

전기문(傳記文) 어느 개인의 한평생에 걸친 일이나 사건의 자취를 적은 기록.

전:기밥솥(電氣—)[전기밥쏟] 전기의 열을 이용하여 밥을 짓는 솥.

전:기 에너지(電氣energy) 전기로 일을 할 수 있는 능력의 양.

전:기장(電氣場) 전기를 띠고 있는 물체 주위에 전기적인 힘이 미치는 공간.

전:기톱(電氣—) 전동기로 회전하게 하는, 순환식 띠 모양의 톱.

전:기 회로(電氣回路) 전기 기구나 전선 등에서 전기가 일정한 방향으로 흐를 수 있도록 마련된 길.

전:깃불(電氣—)[전기뿔/전긴뿔] 전등에 켜지는 불. 비전등불.

전:깃줄(電氣—)[전기쭐/전긴쭐] ➡ 전선².

전:나무 소나뭇과의 늘푸른큰키나무. 높이 20~40 m. 잎은 바늘 모양이고, 가을에 원통형의 솔방울을 맺는다. 재목·펄프에 이용된다.

전날(前—) ①어떤 날의 바로 앞의 날. 예생일 전날에 식구들과 외식을 했다. ②지난날. 예전날의 미풍양속이 사라져 가고 있다.

전남(全南) 〈전라남도〉의 준말.

전년(前年) 지난해. 예수입이 전년에 비해 크게 늘었다. 비작년.

전년도(前年度) 바로 앞의 해. 예우리 학교는 전국 야구 대회 예선에서 전년도 우승 팀과 맞붙었다.

전념(專念) 오로지 한 가지 일에만 마음을 씀. 예당분간 공부에 전념을 하기로 했다. 전념하다.

전단(傳單) 선전을 하기 위해 뿌리는 종이. |잘못| 삐라.

전달(傳達) 무엇을 상대편에게 전하여 이르게 함. 예전달되다. 전달하다. 명령을 전달하다.

전담¹(全擔) 어떤 일이나 비용을 혼자서 전부 맡거나 부담함. 반분담. 전담하다.

전담²(專擔) 어떤 일을 전문으로 맡거나 혼자서 맡음. 예전담 과목/전담 기구. 전담되다. 전담하다.

전답(田畓) 밭과 논. 비논밭.

전:당¹(典當) 물품을 담보로 돈을 꾸어 주거나 꾸어 쓰는 일. 예시계를 전당을 잡히다.

전:당²(殿堂) ①커다랗고 화려한 집. ②어떤 분야의 중심이 되는 건물이나 시설. 예예술의 전당/명예의 전당.

전:당포(典當舖) 물건을 담보로 잡고 돈을 꾸어 주는 일을 업으로 하는 점포.

전대미문(前代未聞) 지금까지 들어본 적이 없음. 아주 놀랍거나 새로운 일을 이르는 말이다. 예전대미문의 기록/전대미문의 사태.

전도¹(全圖) 전체 모습을 그린 그림이나 지도. 예세계 전도.

전도²(前途) ①앞으로 나아갈 길. 비앞날. ②장래. 예전도가 촉망되는 청년.

전도³(傳道) 기독교에서, 기독교의 교리를 전함. 전도하다.

전도⁴(傳導) 열이나 전기가 물체의 한 부분에서 다른 부분으로 점차 옮아가는 현상. 전도되다. 전도하다.

전도사(傳道師) 기독교의 교리를 전하고 가르치는 사람.

전:동(電動) 전기로 움직임. 예전동 칫솔/전동 드라이버.

전:동기(電動機) 전류가 흐르면 빠른 속도로 회전 운동을 하여, 다른 기계들을 움직여 일을 할 수 있게 만든 기계.

전:동차(電動車) 전동기를 설치하여 전기의 힘으로 달릴 수 있게 만든 전철용 차량.

전:등(電燈) 전기를 이용하여 빛을 내는 기구. 본전기등.

전:등불(電燈-)[전등뿔] ➡ 전깃불.

전등사(傳燈寺) 인천광역시 강화도 남부의 삼랑성에 있는 절. 고구려 소수림왕 때 아도 화상이 세웠다고 한다.

전라남도(全羅南道)[절라남도] 우리나라 남서부에 있는 도. 산맥이 적고 평야가 많아 우리나라의 곡창 지대를 이룬다. 도청은 무안군에 있다. 준전남.

전라도(全羅道)[절라도] 전라남도와 전라북도를 함께 이르는 말. 준전라. |참고| 전라도는 '전주'와 '나주'에서 따온 말이다.

전라북도(全羅北道)[절라북또] 우리나라 남서부에 있는 도. 기름진 호남 평야와 관개 시설의 발달로 쌀·보리 등의 농산물이 많이 난다. 도청은 전주시에 있다. 준전북.

전라선(全羅線)[절라선] 익산과 여수 사이를 잇는 철도. 길이 185.2km.

전:락(轉落)[절락] 나쁜 상태나 처지에 빠짐. 전락되다. 전락하다. 예사기꾼으로 전락하다.

전:란(戰亂)[절란] 전쟁으로 말미암은 난리. 예할아버지는 6·25의 전란 중에 전사하였다.

전ː람(展覽) [절람] ①펼쳐서 보임. ②여러 물품을 한군데 진열해 놓고 보임. **전람하다**.

전ː람회(展覽會) [절람회/절람훼] 여러 가지 물품이나 작품을 진열해 놓고 여러 사람에게 보여 주는 모임. [비]전시회.

전래(傳來) [절래] ①옛날부터 전해 내려옴. ②물건이나 문화 등이 외국으로부터 전하여 들어옴. [예]한자의 전래. **전래되다**. **전래하다**.

전래 동ː요(傳來童謠) 옛날부터 전해 내려오는 어린이들의 노래.

전래 동ː화(傳來童話) 신화·전설에서 발전하여 전해 내려오는, 동심이 기초가 되는 이야기.

전ː략(戰略) [절략] 전투·전쟁·운동 경기 등을 잘하려고 마련하는 방법이나 꾀. [예]우승 전략/전략을 짜다.

전력¹(全力) [절력] 가지고 있는 모든 힘. 온 힘. [예]전력 질주/전력을 다해 싸우다.

전ː력²(電力) [절력] ①전기의 힘. ②전기가 단위 시간에 하는 일. 또는 단위 시간에 사용되는 전기 에너지의 양.

전ː력³(戰力) [절력] 전쟁·전투·경기 등을 할 수 있는 능력. [예]전력이 약하다./전력을 강화하다.

전ː류(電流) [절류] 전기의 흐름, 또는 그 현상. [예]고압 전류/전류가 통하다.

전ː립(氈笠) [절립] 지난날, 병졸이 머리에 쓰던 모자.

전ː말(顚末) 일의 처음부터 끝까지의 과정.

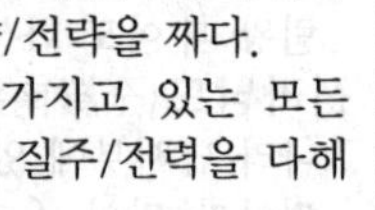
〈전립〉

전ː망(展望) ①멀리 바라봄. 또는 멀리 바라다보이는 경치. ②앞날을 미리 내다봄. [예]사업 전망이 밝다. **전망되다**. **전망하다**.

전ː망대(展望臺) 경치 등을 먼 곳까지 볼 수 있게 만들어 놓은 높은 대.

전매(專賣) 국가에서 어떤 물품의 생산·판매를 독차지하는 일. 담배나 인삼의 생산·판매 등. **전매되다**. **전매하다**.

전면¹(全面) ①모든 면. 또는 모든 부문. [예]계획을 전면 재검토했다. ②하나의 면 전체. [예]전면 광고.

전면²(前面) 앞쪽 면. [비]앞면. [반]후면.

전멸(全滅) 완전히 멸망함. 모두 다 죽음. [예]적군이 전멸을 당했다. **전멸되다**. **전멸하다**.

전모(全貌) 사물의 전체 모습. 또는 어떤 사건의 자세한 내용. [예]사건의 전모가 밝혀졌다.

전ː몰(戰歿) 전쟁터에서 적과 싸우다가 죽음. [예]전몰장병. [비]전사. **전몰되다**. **전몰하다**.

전무(專務) 사장을 도와 회사 업무를 책임지고 맡아서 하는 사람.

전무하다(全無—) 전혀 없다. [예]그 분야에 대해서는 지식이 전무하다.

전문¹(全文) 글의 전체. [예]조약의 전문을 공개했다.

전문²(前文) 앞에 쓴 글. [예]헌법 전문에 밝히다.

전문³(專門) 오직 한 가지 일을 함, 또는 그 분야. [예]냉면을 전문으로 하는 집.

전문가(專門家) 특정한 분야에 집중하여 그 분야에 대한 전문적인 지식이나 기술이 있는 사람.

전문대(專門大) 〈전문 대학〉의 준말.

전문 대ː학(專門大學) 전문적인 이론과 기술을 가르치는 고등 교육 기관. 수업 연한은 2~3년이다. [준]전문대.

전문의(專門醫) [전무늬/전무니] 의학의 특정 분과를 전문적으로 다루는 의사. [예]내과 전문의.

전문적(專門的) 전문으로 하거나 전문에 속한 것. [예]전문적인 기술/전문적인 분야.

ㅈ

전문점(專門店) 옷·모자·금·은 등의 일정한 종류의 물건만을 파는 상점.

전문 지식(專門知識) 특정한 학문이나 일에 대하여 깊이 알고 있는 지식.

전문직(專門職) 한 가지 일에 전문적인 지식이나 기술이 필요한 직업. 학자·과학 기술자·의사·변호사 등.

전문학교(專門學校)[전문학꾜] 전문적인 학술이나 기술 등을 가르치는 학교.

전문화(專門化) 전문적으로 됨. 또는 전문적이 되게 함. 예업무의 전문화. 전문화되다. 전문화하다.

전반¹(全般) 통틀어 모두. 예그 사건은 사회 전반에 영향을 끼쳤다.

전반²(前半) 전체를 둘로 나누었을 때 앞부분이 되는 절반. 예우리 팀은 경기 전반에 두 골을 넣었다. 반후반.

전반적(全般的) 어떤 일이나 분야에 관계되는 전체에 걸친 것. 예행사는 전반적으로 순조롭게 진행되었다.

전반전(前半戰) 경기에서, 앞의 절반의 경기. 반후반전.

전방(前方) ①앞쪽. 예전방에 커다란 나무가 보인다. ②전쟁터에서 적을 바로 마주하고 있는 곳. 반후방.

전번(前番)[전뻔] 지난번. 예전번보다 성적이 올랐네!

전:보(電報) 전신으로 급히 보내는 소식. 예전보를 띄우다./전보를 치다.

전복¹(全鰒) 전복과의 조개. 크기는 10~20 cm. 껍데기는 타원형이고 등에 구멍이 줄지어 있다. 살은 고급 식품으로, 껍데기는 한약재·자개의 재료로 쓰인다.

전:복²(戰服) 옛 군복의 한 가지. 소매가 없고 뒷솔기가 째져 있으며, 다른 옷 위에 덧받쳐 입었다.

전:복³(顚覆) 뒤집혀 엎어짐. 예열차 전복 사고가 일어나 많은 사람이 다쳤다. 전복되다. 전복하다.

전:봇대(電報─)[전보때/전봇때] 전선을 늘여 매기 위하여 세운 기둥. 비전주.

전봉준(全琫準, 1855~1895) 조선 말기 동학 농민 운동의 지도자. 백성을 구하려고 전라도 지방에서 동학 농민 운동을 일으켰으나, 관군과 일본군에게 패해 뜻을 이루지 못했다.

전부(全部) 모두 다. 하나도 빠짐없이. 예거기에 있는 책을 전부 가져오세요. 비모두·모조리·몽땅. 반일부.

전북(全北) 〈전라북도〉의 준말.

전:분(澱粉) ➡ 녹말.

전:사¹(戰士) 전쟁에서 싸우는 군사.

전:사²(戰死) 전쟁터에서 싸우다 죽음. 비전몰. 예전사 통지서. 전사하다.

전:산(電算) 컴퓨터나 전자계산기 등으로 정보를 처리하거나 계산을 하는 것. 예전산 처리 시스템.

전:산망(電算網) 업무가 전산으로 처리되도록 컴퓨터들을 서로 연결하여 만든 통신망.

전:산실(電算室) 컴퓨터로 일을 하는 방.

전생(前生) 불교에서 이르는 삼생의 하나. 이 세상에 태어나기 전에 살던 세상이나 삶. 예전생의 인연. 참내생.

전선¹(前線) ①적과 마주 대하고 있는 지역. 예군대가 전선으로 이동했다. 비일선. ②따뜻한 공기와 찬 공기의 경계면이 땅과 닿는 곳. ③직접 활동하는 분야. 예직업 전선에 뛰어들다.

전:선²(電線) 전원과 전기 기기를 이어서 전기가 흐르도록 하는 데 쓰이는 금속 줄. 예전선을 잇다. 비전깃줄.

전:선³(戰船) 전쟁에 사용하는 배. 비병선.

전:선⁴(戰線) 전쟁에서 직접 전투가 벌어지는 지역. 예전선에 나가다.

전설(傳說) 영웅적 인물의 이야기나 자연물의 유래와 같이 오래전부터 민간에 전하여 내려오는 이야기. 예이 나무에 얽힌 전설을 알고 있니?

전성(全盛) 한창 성함. 예전성 시대.

전성기(全盛期) 한창 왕성한 시기. 예고구려의 전성기.

전세¹(前世) 현세에 태어나기 이전에 살던 세상. 예전세에 맺은 인연. 쌀내세·현세.

전세²(傳貰) 일정 금액을 주인에게 맡기고, 그 이자로 정해진 기간 동안 집이나 방 등을 빌려 쓰는 일.

전ː세³(戰勢) 싸움·전쟁·경기 등이 되어 가는 형편. 예전세가 불리하다./전세를 뒤집다.

전세금(傳貰金) 전세를 얻을 사람이 전세를 놓을 사람에게 맡기는 돈.

전세방(傳貰房) [전세빵] 전세로 빌려 주거나 빌리는 방. |잘못| 전셋방.

전셋집(傳貰—) [전세찝/전섿찝] 전세로 빌려 주거나 빌리는 집.

전속(專屬) 오로지 어떤 단체에만 딸리어 있음. 예전속 무용단. 전속되다. 전속하다.

전속력(全速力) [전송녁] 힘껏 다 낸 속력. 예자동차가 전속력으로 달려갔다.

전ː송¹(傳送) 전하여 보냄. 전송되다. 전송하다.

전ː송²(電送) 사진이나 자료 등을 전류나 전파를 이용하여 먼 곳에 보냄. 예전송 기기/전송 사진. 전송되다. 전송하다.

전ː송³(餞送) 떠나는 사람을 대접하여 떠나보냄. 예그는 마을 사람들의 전송을 받으며 길을 떠났다. 쌀마중. 전송하다.

전수(傳受) 지식·기술 등을 전하여 받음. 전수되다. 전수하다. 예기술을 전수하다.

전ː술(戰術) 전투·경기 등에서, 싸우는 방법.

전승¹(全勝) 한 번도 지지 않고 모조리 이김. 예우리 팀은 전승으로 결선에 진출했다. 쌀전패. 전승하다.

전승²(傳承) 전통·문화 등을 전하여 받아 이어 감. 전승하다. 예탈춤을 전승하다.

전ː승³(戰勝) 싸워 이김. 예전승 기념비. 쌀승전. 전승하다.

전ː시¹(展示) 물건이나 작품 등을 한데 벌여 놓고 여러 사람에게 보여 줌. 예도서 전시/상품 전시. 전시하다.

전ː시²(戰時) 전쟁을 하고 있는 때.

전ː시장(展示場) 여러 물품을 한데 늘어놓고 여러 사람에게 보이는 곳.

전ː시회(展示會) [전시회/전시훼] 우수한 그림이나 글씨·상품 등을 진열해 놓고 많은 사람에게 보이는 모임. 예우수 상품 전시회.

전신¹(全身) 몸의 전체. 쌀온몸.

전신²(前身) 바뀌기 전의 본체나 신분. 쌀후신.

전ː신³(電信) 전류나 전파를 이용한 통신. 예전신 부호.

전ː신기(電信機) 전류나 전파를 이용하여 통신하는 기계.

전ː신 전ː화국(電信電話局) 전화·전보 등의 통신을 맡아 일을 처리하는 기관.

전ː신주(電信柱) 전선이나 통신선을 늘여 매기 위하여 세운 기둥. 쌀전주·전봇대.

전심¹(全心) 온 마음.

전심²(專心) 마음을 오로지 한곳에만 모아 씀. 전심하다. 예공부에 전심하다.

전심전력(全心全力) [전심절력] 온 마음과 온 힘. 예전심전력을 다하다.

전ː압(電壓) [저납] 전기장이나 도체 내에 있는 두 점 사이의 전위차. 예전압이 높다.

전액(全額) [저낵] 전체의 액수. 쌀총액.

전야(前夜)[저냐] 전날 밤. 예성탄절 전야.

전ː어(鱣魚)[저너] 청어과의 바닷물고기. 몸길이 20~30 cm. 몸은 옆으로 납작하며, 등지느러미 끝에 유난히 긴 가시가 있다.

〈전어〉

전역(全域)[저녁] 전체 지역. 예우리 문화는 세계 전역으로 퍼져 나갔다.

전연(全然)[저년] 도무지. 전혀. 예저 사람이 누군지 전연 모르겠다.

전ː열¹(電熱)[저녈] 전류에 의하여 생기는 열. 예전열 기구.

전ː열²(戰列)[저녈] 전쟁에 참가하는 부대의 대열. 예전열을 갖추다.

전ː열기(電熱器)[저녈기] 전류에 의해 생기는 열을 이용하는 기구. 전기난로·전기다리미 등.

전염(傳染)[저념] ①병균이 남에게 옮음. ②나쁜 성질이나 풍속이 전하여 물이 듦. 전염되다. 전염하다.

전염병(傳染病)[저념뼝] 병균이 공기나 음식 등을 통해 다른 사람에게 옮는 병. 콜레라·장티푸스 등.

전염성(傳染性)[저념썽] 병 등이 남에게 옮아가는 성질.

전용(專用)[저뇽] ①혼자서만 씀. 예버스 전용 차선. ②오직 그것만을 씀. 예한글 전용. 빤공용. 전용하다.

전ː우(戰友)[저누] 병영 생활과 전투를 함께하는 동료 군인. 예전우애.

전원¹(田園)[저눤] 도시에서 떨어진 시골이나 교외. 예전원생활.

전원²(全員)[저눤] 전체의 인원. 예입학시험에 전원 합격했다.

전ː원³(電源)[저눤] 전력을 공급하는 원천. 예전원 스위치.

전원주택(田園住宅)[저눤주택] 시골 생활을 느낄 수 있도록 논밭이 있는 도시 근처에 지은 집.

전ː율(戰慄)[저뉼] 심한 두려움이나 분노 등으로 몸을 부르르 떪. 전율하다.

전ː의(戰意)[저늬/저니] 싸우고자 하는 의욕.

전ː이(轉移)[저니] ①한곳에서 다른 곳으로 옮아감. 예암세포의 전이. ②시간이 지남에 따라 상태가 바뀜. 전이되다. 전이하다.

전인 교ː육(全人教育) 지식에만 치우친 교육이 아니고, 성격 교육·정서 교육 등도 중시하는 교육.

전임(前任)[저님] 전에 그 임무를 맡아 하던 사람, 또는 그 임무. 예전임 대통령. 빤후임.

전ː입(轉入)[저닙] ①다른 학교에서 전학하여 입학함. 예전입생. ②다른 거주지에서 옮겨 들어옴. 예전입 신고. 빤전출. 전입되다. 전입하다.

전자¹(前者) 둘을 들어 말한 가운데 앞의 것이나 사람. 예전자가 더 낫다. 빤후자.

전ː자²(電子) ①원자를 이루고 있는 입자의 한 가지. 질량은 양자보다 훨씬 크고, 음전기를 띠고 있다. ②전자를 이용한 제품이나 산업에 관계되는 것. 예전자 제품/전자 오르간.

전ː자 계산기(電子計算機)[전자계산기/전자게산기] ①컴퓨터. ㊤전산. ②덧셈·뺄셈 등의 간단한 계산을 자동으로 처리하는 소형 기기.

전자레인지(電子range) 고주파를 이용하여 식품을 가열하는 조리 기구.

전ː자석(電磁石) 철심에 코일을 여러 번 감은 것. 코일에 전류를 통하면 자석의 성질을 띠게 된다. ㊤전기 자석.

전ː자오락(電子娛樂) 소형 컴퓨터나 텔레비전 화면을 이용하여, 입력된 프로그램에 따라 정해진 규칙에 의해 하는 놀이. 예전자오락기.

전자 우편(電子郵便) ➡이메일.

전ː자저울(電子―) 전자 장치를 이용하여 저울판 위에 올려놓은 상품의 무게와 가격이 숫자로 표시되는 저울.

전ː자책(電子冊) 컴퓨터 화면에서 읽을 수 있게 만든 책.

전ː자 키트(電子kit) 어떤 전자 제품을 만드는 데 필요한 부품들을 함께 모아 둔 것.

전ː자파(電磁波) 전기장과 자기장이 주기적으로 변화하면서 퍼져 나가는 파동. [예]컴퓨터에서 흘러나오는 전자파는 인체에 나쁜 영향을 끼칠 수 있다. [비]전자기파.

전ː장(戰場) 전쟁이 일어난 곳. [예]전장에 나가다. [비]싸움터·전쟁터.

전ː쟁(戰爭) ①나라와 나라 사이의 싸움. [예]이웃 나라와 전쟁을 벌이다. [반]평화. ②'극심한 경쟁·혼란'을 비유하여 이르는 말. [예]교통 전쟁. **전쟁하다**.

전ː쟁고아(戰爭孤兒) 전쟁으로 부모를 잃은 아이.

전ː쟁놀이(戰爭―) [전쟁노리] 전쟁 흉내를 내며 하는 놀이. [비]병정놀이. **전쟁놀이하다**.

전ː쟁터(戰爭―) 전쟁이 벌어지고 있는 곳. [비]싸움터·전장.

전적1(全的) [전쩍] 하나도 남김 없이 모두 다. [예]그 일은 전적으로 내 책임이다.

전ː적2(戰績) 싸워서 올린 실적. [예]5승 3패의 전적.

전ː적지(戰跡地) [전적찌] 전쟁의 자취가 남아 있는 곳.

전ː전긍긍(戰戰兢兢) 매우 두려워하며 조심함. **전전긍긍하다**. [예]꽃병을 깬 동생은 엄마에게 혼날까 봐 전전긍긍했다.

전전날(前前―) 어떤 날의 이틀 전. 그저께.

전ː정가위(剪定―) 화초나 나무를 다듬을 때에 쓰는 가위.

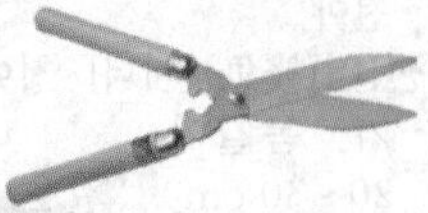
〈전정가위〉

전제(前提) 무슨 일을 이루기 위하여 먼저 내세우는 조건. [예]결혼을 전제로 한 만남. **전제되다**. **전제하다**.

전제주의(專制主義) [전제주의/전제주이] 한 사람이 국가 권력을 모두 차지하고 자기 마음대로 나라를 다스리는 주의. [반]민주주의.

전조등(前照燈) 자동차나 기관차의 앞에 단 등. [비]헤드라이트.

전주1(全州) 전라북도의 중앙부에 있는 시. 행정·교육·문화의 중심지이다. 창호지·장판지의 산지이며, 특히 제지업이 성하다. 전라북도의 도청 소재지이다.

전주2(前奏) 노래가 시작되기 전에 악기만으로 연주하는 앞의 짧은 부분.

전ː주3(電柱) ➡전신주.

전주곡(前奏曲) ①어떤 곡의 첫머리에 연주되는 곡. ②어떤 일이 벌어지기 전의 조짐이나 암시.

전지1(全紙) 자르지 않은 종이. 펼친 신문의 두 배 크기이다.

전ː지2(電池) 화학적인 반응에 의하여 전기를 일으키는 장치. [예]카메라 전지/태양 전지.

전ː지 끼우개(電池―) 전지를 끼워 고정시켜 놓고, 플러스극과 마이너스극에서 전선을 끌어낸 전기 기구.

전지전능(全知全能) 모든 것을 다 알고, 모든 것에 다 능함. **전지전능하다**. [예]전지전능하신 분.

전ː지훈련(轉地訓鍊) [전지훌련] 환경 조건이 다른 곳으로 가서 하는 훈련. [예]축구부는 동계 전지훈련을 떠났다.

전직(前職) 이전에 가졌던 직업. [예]전직 교사. [반]현직.

전진(前進) 앞으로 나아감. 예아이들이 발맞추어 전진을 한다. 반후진·후퇴. 전진하다.

전집(全集) 한 사람 또는 같은 시대나 같은 종류의 책을 한데 모아 출판한 책. 예아동 문학 전집/세계 문학 전집.

전:차¹(電車) 전기의 힘으로 철로 위를 달리는 차량.

전:차²(戰車) ➡ 탱크.

전천후(全天候) 어떤 기상 조건에서도 사용이나 활동이 가능한 것. 예전천후 농업.

전철¹(前轍) 《앞에 지나간 수레바퀴의 자국이라는 뜻으로》 '다른 사람이 과거에 잘못하거나 실패한 경험'을 이르는 말.
  전철을 밟다[관용] 앞사람의 잘못이나 실패를 되풀이하다.

전:철²(電鐵) 전기를 동력으로 이용하는 철도.

전:철역(電鐵驛) [전철력] 전철을 타고 내리는 역.

전체(全體) 어떤 대상을 이루는 것 모두. 속해 있는 모든 것. 반부분.

전체적(全體的) 전체에 관계되는 것. 반부분적.

전체주의(全體主義) [전체주의/전체주이] 개인보다 국가와 민족 같은 전체의 발전이 더 중요하다는 이념 아래 개인의 자유를 억압하는 사상. 반개인주의.

전체 집합(全體集合) 부분 집합에 대하여 한 집합의 원소 전체로 된 집합.

전초전(前哨戰) ①본격적인 전투를 앞두고 벌이는 작은 규모의 전투. ②'큰일이 본격적으로 일어나기 전에 나타나는 작은 일'을 비유하여 이르는 말.

전:축(電蓄) 레코드에서 받는 바늘의 진동을 진동 전류로 바꾸고, 이것을 증폭하여 확성기를 통해 본래 음을 재생하는 축음기.

전:출(轉出) ①살던 곳을 떠나 다른 곳으로 옮겨 감. 예전출 신고. ②다른 근무지로 옮겨 감. ②반전근. 반전입. 전출되다. 전출하다.

전통(傳統) 어떤 집단이나 공동체에서, 예로부터 이어 내려오는 습관·행동 등의 양식. 예전통 무예/전통 악기.

전통문화(傳統文化) 어떤 집단이나 공동체에서 예전부터 전해 내려온 문화.

전통 예:술품(傳統藝術品) 역사적으로 이어 온 예술미를 표현한 작품.

전통적(傳統的) 대대로 계통 있게 전해 온 것. 예전통적인 가옥/전통적인 무예.

전:투(戰鬪) 적과 직접 맞서서 무기로 싸움. 예전투 부대. 전투하다.

전:투기(戰鬪機) 적기를 쳐부수거나 아군의 폭격기를 엄호하는 비행기.

전:투함(戰鬪艦) 군함 가운데서 가장 뛰어난 공격력과 방어력을 가진 군함. 준전함.

전파¹(傳播) 문물·지식·기술·사상 등을 전하여 널리 퍼뜨리거나 퍼짐. 예대중문화의 전파. 전파되다. 전파하다.

전:파²(電波) 적외선 이상의 파장을 갖는 전자기파. 주로, 무선 통신 등에 쓰인다.

전:파 망:원경(電波望遠鏡) 천체로부터 오는 전파를 받아, 증폭하여 관측하는 장치.

전패(全敗) 싸움마다 다 짐. 반전승. 전패하다.

전편(前篇) 두세 편으로 나눈 책·영화 등에서 앞의 편. 반후편.

전폐(全廢) [전폐/전페] 아주 없애 버림. 전폐하다. 예그는 식음을 전폐하고 일에 매달렸다.

전폭적(全幅的) [전폭쩍] 전체에 걸쳐

완전한 것. 예전폭적으로 지지하다.

전표(傳票) 은행·상점 등에서 돈이 들어오고 나간 내용을 적은 문서. 예입금 전표.

전:하(殿下) 지난날, 왕이나 왕비 또는 황태자를 높여 부르던 말.

전하다(傳―) ①소식이나 생각 등을 알리다. 예안부를 전하다. ②물건을 이곳에서 저곳으로 옮기다. 예선물을 전하다. ③다음 세대에 물려주다. 예가업을 후손에게 전해 주다.

전:학(轉學) 다니던 학교에서 다른 학교로 옮겨 가서 배움. 예내 짝이 시골로 전학을 갔다. 전학하다.

전:함(戰艦) ①전쟁할 때 쓰이는 모든 배. ⨆군함. ②〈전투함〉의 준말.

전항(前項) ①앞에 적혀 있는 사항. ②수학에서, 둘 이상의 항 가운데 앞의 항을 이르는 말. ⨆후항.

전:향(轉向) 이제까지의 사상·신념·주의 등을 다른 것으로 바꿈. 예공산주의에서 민주주의로 전향을 하다. 전향되다. 전향하다.

전혀(全―) ((주로 부정하는 말과 함께 쓰여)) 도무지. 예그 얘기는 전혀 들은 바 없다.

전:형(銓衡) 인물의 됨됨이나 재능을 시험하여 뽑음. 예서류 전형을 거쳐 신입 사원을 뽑다. 전형하다.

전:화(電話) ①전화기를 이용하여 말을 주고받음. 예친구에게 전화를 걸었다. ②〈전화기〉의 준말. 전화하다.

전:화국(電話局) 전화를 놓아 주거나, 전화 가입자들의 전화 회선을 집중시켜 교환과 중계의 일을 맡아보는 곳.

전:화기(電話機) 말소리를 전파나 전류로 바꾸었다가 다시 말소리로 바꾸어 전하는 기계. ⨐전화.

전:화번호(電話番號) 전화 가입자의 전화기마다 매겨져 있는 일정한 번호.

전:화벨(電話bell) 전화가 걸려 올 때 소리가 나도록 전화기에 설치한 장치.

전:화위복(轉禍爲福) 좋지 않은 일이 바뀌어 오히려 일이 잘됨.

전:환(轉換) 다른 방향이나 상태로 바꾸거나 바뀜. 예기분 전환 삼아 산책이라도 갈까? 전환되다. 전환하다.

전:환점(轉換點) [전환쩜] 일의 방향이나 상태 등이 바뀌는 계기나 때. 예이 일을 전환점으로 삼아 더욱 분발합시다.

전:황(戰況) 전쟁의 실제 상황. 예불리한 전황.

전후(前後) ①앞과 뒤. 예전후를 살피다. ②시간이나 일의 먼저와 나중. 예전후 사정을 밝히다. ③'안팎'·'쯤'을 나타내는 말. 예동지를 전후하여 팥죽을 쑨다.

전후좌우(前後左右) 앞과 뒤, 왼쪽과 오른쪽. 곧, 사방. 예길을 건널 때는 전후좌우를 살펴야 한다.

절[1] 승려들이 불상을 모셔 놓고 불도를 닦는 집. ⨆사찰.

절[2] 남을 공경하는 뜻으로, 몸을 굽혀 하는 인사. 절하다.

절[3] '저를'이 줄어든 말. 예절 부르셨습니까?

절[4](節) ①글의 작은 도막을 셀 때 쓰이는 말. 예창세기 1장 1절. ②같은 곡조의 노래에 둘 이상의 가사를 붙일 때, 그 가사를 세는 말. 예애국가를 1절만 부르다.

절간(―間) [절깐] '절[1]'을 속되게 이르는 말.

절감[1](切感) 절실히 느낌. 절감하다. 예건강의 중요성을 절감하다.

절감[2](節減) 비용을 절약하여 줄임. 예경비 절감. 절감되다. 절감하다.

절개[1](切開) 째거나 갈라서 벌리거나 엶. 예수술 절개 부위가 다 아물었다. 절개하다.

절개²(節槪) 옳은 일을 지켜 뜻을 굽히지 않는 굳은 마음이나 태도. 예춘향의 절개/절개를 지키다. 비지조.

절경(絕景) 더할 나위 없이 아름다운 경치. 예눈 내리는 설악산의 절경.

절교(絕交) 사귀던 사람과 교제를 끊음. 절교하다.

절구 곡식을 찧거나 빻는 데 쓰는 기구. 통나무나 돌의 속을 우묵하게 파서 만든다.

절구통(一桶) 절구를 절굿공이에 대하여 이르는 말.

절굿공이 [절구꽁이/절굳꽁이] 절구통에 곡식을 넣고 찧거나 빻는 데 쓰는, 몽둥이 모양의 기구.

절규(絕叫) 힘을 다하여 부르짖음. 예피맺힌 절규. 절규하다.

절기(節氣) ①한 해를 스물넷으로 나누어 정한 계절의 구분. ②이십사절기 중 양력 상순에 드는 입춘·경칩·청명 등.

절:다¹ ①푸성귀·생선 등에 소금기가 배어들어 숨이 죽다. 예배추가 소금에 절다. ②땀·때 등이 흠뻑 배어들다. 예땀에 전 옷. |활용| 저니·절어.

절:다² 한쪽 다리가 짧거나 아파서 기우뚱거리며 걷다. 예다리를 절다. |활용| 저니·절어.

절단(切斷) [절딴] 끊거나 잘라 냄. 절단되다. 절단하다. 예나무를 톱으로 절단하다.

절대(絕對) [절때] ①상대하여 비교될 만한 것이 없음. 예절대 권력. ②〈절대로〉의 준말. 예그곳에는 절대 혼자 가지 마라.

절대다수(絕對多數) [절때다수] 전체 가운데 아주 많은 수. 예민호는 절대다수의 찬성으로 반장에 당선되었다.

절대로(絕對一) [절때로] 어떤 일이 있어도. 조금도. 예밖에 절대로 나가지 마라. 준절대.

절대자(絕對者) [절때자] 다른 것에 의존하거나 간섭받지 않으며 그 자체로서 완전한 존재.

절대적(絕對的) [절때적] 다른 것과 비교하거나 같은 것으로 다룰 수 없는 것. 예절대적인 존재. 반상대적.

절도¹(節度) [절또] 일이나 행동이 규칙과 질서가 있는 것. 예절도 있는 행동.

절도²(竊盜) [절또] 남의 물건을 몰래 훔침, 또는 그런 사람.

절두산 성:지(切頭山聖地) 서울특별시 마포구 한강변에 있는 가톨릭 순교 사적지.

절뚝거리다 [절뚝꺼리다] 한쪽 다리가 짧거나 탈이 나서 걸을 때마다 절다. 예민수는 다친 다리를 절뚝거리며 걸었다. 비절뚝대다.

절뚝대다 [절뚝때다] ⇒절뚝거리다.

절뚝절뚝 [절뚝쩔뚝] 자꾸 절뚝거리는 모양.

절레절레 고개를 자꾸 좌우로 흔드는 모양. 예아기가 약을 먹기 싫다고 머리를 절레절레 흔든다. ㉠잘래잘래.

절로 ①〈저절로〉의 준말. 예한숨이 절로 나온다. ②저리로. 예절로 가라.

절룩거리다 [절룩꺼리다] 한쪽 다리가 짧거나 탈이 나서 자꾸 절다. 비절룩대다.

절룩대다 [절룩때다] ⇒절룩거리다.

절룩절룩 [절룩쩔룩] 자꾸 절룩거리는 모양. ㉠잘록잘록.

절름발이 [절름바리] 다리가 성하지 못한 사람을 얕잡아 이르는 말.

절망(絕望) 모든 희망을 끊어 버림. 예절망에 빠지다. 반희망. 절망하다.

절망적(絕望的) 모든 희망을 끊어 버리는 것. 예절망적인 상황.

절묘하다(絕妙一) 매우 신기하다. 예절묘한 솜씨.

절박하다(切迫—)[절바카다] 일이나 사정이 다급하여 여유가 없다. 예절박한 사태.

절반(折半) 하나의 반. 비반절.

절벅거리다[절벅꺼리다] 얕은 물이나 진창을 밟거나 치는 소리가 자꾸 나다. 비절벅대다. 쟁잘박거리다.

절벅대다[절벅때다] ➡절벅거리다.

절벅절벅[절벅쩔벅] 자꾸 절벅거리는 소리. 쟁잘박잘박.

절벽(絶壁) 험한 낭떠러지. 비벼랑.

절색(絶色)[절쌕] 빼어난 미인.

절수(節水)[절쑤] 물을 아껴 씀. 절수하다.

절실하다(切實—)[절씰하다] ①아주 절박하거나 몹시 필요하다. 예절실한 요구. 비간절하다. ②실제에 꼭 들어 맞다. 예절실한 표현. 절실히.

절약(節約)[저략] 아껴 씀. 낭비하지 않고 필요한 데에만 씀. 비검약. 반낭 비. 절약되다. 절약하다.

절연(絶緣)[저련] 사람 사이의 관계를 완전히 끊음. 절연하다.

절연체(絶緣體)[저련체] 열이나 전기를 잘 전달하지 않는 물체.

절이다[저리다] 소금을 뿌려서 절게 하다. 예생선을 소금에 절이다.

절전(節電)[절쩐] 전기를 아껴 씀. 예절전을 생활화하다. 절전하다.

절정(絶頂)[절쩡] 어떤 일의 진행이나 상태가 최고조에 이른 때. 예인기 절정의 가수. 비정상.

절제(節制)[절쩨] 정도에 넘지 않도록 알맞게 조절하고 삼감. 예절제 있는 생활. 절제되다. 절제하다. 예감정을 절제하다.

절지동물(節肢動物)[절찌동물] 거미·지네 등과 같이 몸에 마디가 있는 작은 동물을 이르는 말.

절집[절찝] '절[1]'을 집으로 생각하여 이르는 말.

절차(節次) 일을 치르는 데 거쳐야 하는 순서나 방법. 예장례 절차/절차를 밟다.

절찬(絶讚) 더할 나위 없는 칭찬. 예비평가들의 절찬을 받은 작품.

절찬리(絶讚裡)[절찬니] 아주 큰 칭찬을 받는 가운데. 예연극이 절찬리에 막을 내렸다.

절충(折衷) 양쪽의 좋은 점을 받아들여 알맞게 조화시킴. 예양쪽의 의견을 절충을 하다. 절충되다. 절충하다.

절친하다(切親—) 아주 친근하다. 예절친한 사이/민희와 진아는 절친한 친구예요. 절친히.

절터 절이 있던 터.

절판(絶版) 출판된 책이 다 팔려 없음. 절판되다. 절판하다.

절편 무늬가 있는 둥글거나 네모난 판에 눌러 박아 만든 떡.

절호(絶好) 어떤 일을 하기에 더할 나위 없이 좋음. 예절호의 기회.

젊다[점따] 나이가 적고 혈기가 왕성하다. 예젊고 건강한 남자/마음만은 아직 젊다. |발음| 젊어[절머]·젊고 [점꼬]

젊은이[절므니] 젊은 사람. 예젊은이 다운 패기가 있어야지. 비청년. 반늙은이.

젊음[절믐] 젊은 상태. 예젊음을 불태우다./젊음을 유지하다.

점¹(占) 앞날의 운수를 미리 따져 보는 일. 예점을 치다.

점²(點) ①작고 둥글게 찍힌 표나 자리. 예이름 위에 점을 찍다. ②문장 부호로 쓰이는 표. 온점·반점·가운 뎃점 등. ③살갗에 거뭇하거나 불그 레하게 박힌 표난 부분. 예언니는 입 가에 검은 점이 있다. ④여러 속성 가운데 어느 부분이나 경우. 예배울 점/ 좋은 점. ⑤성적을 나타내는 단위.

예80점. ⑥물품의 수효나 살코기 등의 작은 조각을 셀 때 쓰이는 말. 예그림 두 점/쇠고기 한 점.

점거(占據) 일정한 곳을 차지하여 자리를 잡음. 점거되다. 점거하다. 예건물을 점거하고 농성하다.

점검(點檢) 낱낱이 검사함. 또는 그 검사. 예가스 안전 점검. 점검하다.

점괘(占卦)[점꽤] 점을 쳐서 나온 결과. 예점괘가 좋다. 준괘.

점대칭 도형(點對稱圖形) 두 도형 사이의 한 점을 중심으로 한 도형을 180도 회전하였을 때 다른 도형과 완전히 겹치는 도형. 참선대칭 도형.

점령(占領)[점녕] 일정한 땅이나 지역을 빼앗아 자기 것으로 차지함. 凹점거. 점령되다. 점령하다. 예고지를 점령하다.

점막(粘膜) 소화관·기도 등의 안쪽을 싸고 있는 끈끈하고 부드러운 막. 예코의 점막. 凹끈끈막.

점박이(點一)[점바기] 얼굴이나 몸에 큰 점이 있는 사람이나 짐승을 이르는 말.

점보(jumbo) 《거대하다는 뜻을 지닌 말로》 장거리 초대형 여객기인 보잉 747의 애칭.

점뿌림(點一) 씨앗을 한 곳에 한 개 또는 몇 개씩 일정한 사이를 두고 뿌리는 방법. 점뿌림하다.

점선(點線) 줄지어 찍은 점으로 이루어진 선.

점성술(占星術) 별의 모양·밝기·자리 등을 보아서 점을 치는 기술.

점수(點數)[점쑤] 성적을 나타내는 숫자. 예점수가 좋다./점수를 매기다.

점:심(點心) 낮에 끼니로 먹는 음식. 예점심시간/점심을 먹다. 凹중식.

점:심때(點心一) 점심 끼니때.

점:심밥(點心一)[점심빱] 점심때 끼니로 먹는 밥.

점액(粘液)[저맥] 생물의 몸에서 나오는 끈적끈적한 액체. 凹끈끈액.

점:원(店員)[저뭔] 상점에서 물건을 팔거나 심부름을 하는 사람.

점유(占有)[저뮤] 물건이나 집·땅 등을 차지하고 자기 것처럼 씀. 점유되다. 점유하다.

점음표(點音標)[저금표] 음표의 오른쪽에 찍어서 그 본디 길이의 반만큼의 길이를 더함을 표시하는 점.

점자(點字)[점짜] 두꺼운 종이 위에 도드라진 점들을 일정한 방식으로 늘어놓아 시각 장애인이 손가락으로 더듬어 읽을 수 있도록 만든 문자.

점자책(點字冊)[점짜책] 두꺼운 종이 위에 도드라진 점들을 일정한 방식으로 짜 모아, 시각 장애인들이 손가락으로 더듬어 읽을 수 있도록 만든 책.

점:잔 말이나 행동이 예절에 맞게 신중하고 의젓한 태도. 예점잔을 빼다./점잔을 피우다.

점:잖다(點一)[점잔타] 말이나 행동이 예절에 맞게 신중하고 의젓하다. 예좀 점잖게 굴어라. 점잖이.

점쟁이(占一) 점치는 일을 직업으로 하는 사람.

점:점(漸漸) 조금씩 덜하거나 더하여지는 모양. 예달이 점점 커진다. 凹점차·차차.

점찍다(點一)[점찍따] 여럿 가운데에서 어느 것을 마음속으로 정하다. 예친구에게 줄 생일 선물을 점찍어 두었다.

점:차(漸次) 점점. 차차. 예생활이 점차 나아지고 있다.

점치다(占一) ①앞날의 운이 좋을지 나쁠지 짐작하기 위해 점괘를 내어 보다. ②앞일을 헤아려 보다. 예이번 시합에서 어느 팀이 이길지 점쳐 보았다.

점토(粘土) 차지고 끈기가 있는 흙. 기와·도자기·벽돌 등의 원료로 쓰인다. 凹찰흙.

점판암(粘板岩)[점파남] 점토가 굳어 져서 된 돌. 돌비석·벼룻돌·슬레이 트 등을 만드는 데 쓰인다.

점퍼(jumper) 품이 넉넉하고 활동적인 웃옷. 비잠바.

점ː포(店舖) 가게를 벌인 집. 예점포를 차리다. 비가게·상점.

점프(jump) ①위로 뛰어오르는 것. ② 스키에서, 몸을 날려 위로 뛰어오르 는 경기. 점프하다.

점호(點呼) 일일이 이름을 불러서 모 두 있는지 확인함. 예점호 시간. 점호 하다.

점화(點火) 불을 붙이거나 켬. 예점화 장치. 점화되다. 점화하다.

점획(點畫)[점획/점훽] 글자를 이루는 점과 획.

접 채소나 과일 등을 백 개씩 묶어 세 는 단위. 예마늘 한 접.

접객(接客)[접깩] 손님을 대접함. 접 객하다.

접견(接見)[접껸] 신분이 높은 사람이 공식적으로 손님을 만나 봄. 접견하 다. 예외국 사절을 접견하다.

접골(接骨)[접꼴] 서로 어그러지거나 부러진 뼈를 이어 맞춤. 접골하다.

접근(接近)[접끈] 가까이 다가감. 바 싹 다가붙음. 예접근 금지. 비근접. 접근되다. 접근하다.

접눈(椄-)[점눈] 접붙이기 위하여 접 가지에서 도려낸 눈.

접다[접따] ①종이 등을 꺾어서 겹치 게 하다. 예종이를 접어서 비행기를 만들었다. ②펴진 것을 본디의 모양 이 되게 하다. 예우산을 접다./새가 날개를 접고 가지에 앉았다. 반펴다.

접대(接待)[접때] 손님을 맞이하여 시 중을 듦. 비대접. 접대하다.

접ː때 얼마 전. 또는 얼마 전에. 예접 때 진수에게 빌려 준 책을 돌려받 았다.

접목(椄木)[점목] ①⇒접붙이기. ②서 로 다른 것을 합쳐 새로운 것을 만듦. 예전통문화와 현대 예술의 접목. 접 목하다.

접붙이기(椄-)[접뿌치기] 식물의 가지 나 눈을 잘라, 그것을 다른 식물에 접 합시키는 방법. 품종 개량·번식을 위 해 사용한다. 비접목. 접붙이기하다.

접사(接辭)[접싸] 어떤 말의 앞이나 뒤에 붙어, 그 뜻을 더하여 주거나 새 로운 낱말을 만드는 말. '개살구'에서 '살구'라는 말 앞에 붙은 '개'나 '선생 님'에서 '선생'이라는 말 뒤에 붙은 '님' 등을 이른다.

접속(接續)[접쏙] ①서로 맞닿게 이 음. ②컴퓨터가 인터넷에 연결되는 일. 예인터넷 접속이 끊기다. 접속되 다. 접속하다.

접수(接受)[접쑤] 공문서나 서류 등을 받아들임. 예접수 창구/서류 접수 마 감. 접수되다. 접수하다.

접시[접씨] 반찬이나 과일 등을 담는, 운두가 낮고 납작한 그릇.

접시꽃[접씨꼳] 아욱과의 여러해살이 풀. 잎은 심장 모양이며, 6~8월에 접 시 모양의 빨간색·흰색의 큰 꽃이 핀다.

접안렌즈(接眼lens) 현미경·망원경 등에서, 눈에 가까이 닿는 쪽의 렌즈. 비대안렌즈. 반대물렌즈.

접어들다[저버들다] ①어느 시기나 나이에 가까워지다. 예4월에 접어들 어 날씨가 갑자기 더워졌다. ②어느 지점을 넘거나 들어서다. 예버스가 시골길로 접어들었다. |활용| 접어드 니·접어들어.

접영(蝶泳)[저병] 수영에서, 두 팔을 앞으로 크게 뻗어 물을 아래로 끌어 내리고 양다리를 모아 위아래로 움직 이며 발등으로 물을 치면서 나아가는 방법.

접장(接長)[접짱] 접의 우두머리. |참고| 접이란, 글방 학생이나 과거에 응시하는 유생들이 모여 이룬 동아리인데, 규모가 큰 곳에서는 나이가 많고 공부가 뛰어난 학생을 접의 우두머리로 세워 학생들을 지도하게도 하였다.

접전(接戰)[접쩐] 힘이 비슷하여 좀처럼 승부가 나지 않는 싸움. 예두 팀은 경기 초반부터 치열한 접전을 벌였다. 접전하다.

접종(接種)[접쫑] 병의 예방·치료를 위하여 독소나 병원균을 사람이나 동물의 몸 안에 넣는 일. 예예방 접종. 접종하다.

접지(接地)[접찌] 감전을 막기 위하여 전기 기기를 전선으로 이어 땅에 연결한 장치.

접착(接着) 착 달라붙음. 접착되다. 접착하다.

접착제(接着劑)[접착쩨] 두 물체를 붙이는 데 쓰이는 물질. 풀·아교·본드 등.

접책(摺冊) 종이를 앞뒤로 가지런하게 여러 겹 접어서 책처럼 만든 것. 접책하다.

접촉(接觸) 두 물체가 맞붙어서 닿음. 예접촉 사고/신체 접촉. 접촉되다. 접촉하다.

접하다(接―)[저파다] ①이웃하거나 잇닿다. 예바다에 접한 마을. ②사귀거나 대하다. 예방송국에서 근무하는 삼촌은 연예인을 자주 접한다. ③소식·명령 등을 듣거나 받다. 예유학 간 언니가 돌아온다는 소식을 접했다.

접합(接合)[저팝] 한데 이어 붙이거나 서로 닿아서 맞붙음. 예접합 재료. 접합하다.

접히다[저피다] ①종이 등이 꺾여서 겹쳐지다. 예책장이 접혀 있다. ②펴진 것이 본디 모양대로 되다. 예우산이 잘 안 접힌다.

젓[젇] 새우·멸치·조개나 생선의 알·창자 등을 소금에 짜게 절이거나 양념하여 삭힌 것. |발음| 젓이 [저시]·젓도 [젇또]·젓만 [전만]

젓가락[저까락/젇까락] 나무나 쇠붙이 등으로 가늘고 길게 만들어 음식이나 그 밖의 물건을 집는 데 쓰는 두 개의 막대기. 좐젓갈. 퇀숟가락.

젓가락질[저까락찔/젇까락찔] 젓가락으로 무엇을 집는 일. 젓가락질하다.

젓갈¹[젇깔] 젓으로 담근 음식.

젓갈²[저깔/젇깔] 〈젓가락〉의 준말.

젓국[젇꾹] 젓갈이 삭아서 우러난 국물.

젓다[젇따] ①배를 가게 하려고 노를 앞뒤로 움직이다. 예사공이 배를 저어 간다. ②액체나 가루 등이 고루 섞이도록 막대기 등으로 휘둘러 섞다. 예수저로 커피를 젓다. ③거절하거나 싫다는 뜻으로 손이나 머리를 좌우로 흔들다. 예수민이는 내 말에 고개를 저었다. |활용| 저으니·저어.

젓대[저때/젇때] 가로로 쥐고 부는 '저'를 달리 이르는 말.

정¹ 돌에 구멍을 뚫거나 쪼아서 다듬는 데 쓰는, 쇠로 만든 연장.

〈정¹〉

정² 참으로. 정말로. 예정 가겠다면 보내 주지./정 싫으면 하지 않아도 된다.

정³(情) ①느끼어 일어나는 마음의 움직임. ②사랑하는 마음. 예부부간의 정/정이 들다./정이 떨어지다.

정⁴(錠) 알약을 세는 말. 예이 약은 한 번에 세 정씩 복용하세요.

정가(定價)[정까] 일정하게 정해진 값. 예정가 판매.

정:각(正刻) 틀림없는 바로 그 시각. 예12시 정각.

'정각'의 쓰임

시간의 흐름 속의 어느 한 시점을 가리키는 말. 흔히, 시(時) 단위에 많이 쓰이나 분(分), 초(秒) 단위에도 쓸 수 있다. 예새벽 한 시 정각.

정:각뿔(正角—) 밑면이 정다각형이고, 옆면이 모두 합동인 이등변삼각형으로 이루어진 각뿔.

정갈하다 모양·옷·맛 등이 깨끗하고 단정하다. 예정갈한 음식/차림새가 정갈하다. 정갈히.

정감(情感) 사람의 감성에 정취를 불러일으키는 느낌. 예정감이 넘치는 말.

정강(政綱) 정부나 정당에서 내세우는 정책의 기본 줄거리.

정강이 무릎과 발목 사이에 뼈가 있는 부분. |잘못| 정갱이.

정거(停車) 가던 차가 멈춤. 비정차. 정거하다.

정거장(停車場) 열차가 멈추어서 여객이나 화물을 싣고 내릴 수 있도록 시설을 갖춘 곳. 예기차가 정거장에 멈췄다. 비역.

정:격(定格)[정껵] 전기 기구를 만들 때 정해 놓은 알맞은 규격. 예정격 전압.

정결하다¹(貞潔—) 정조가 굳고 행실이 깨끗하다. 예정결한 부인. 정결히.

정결하다²(淨潔—) 맑고 깨끗하다. 예정결한 몸. 정결히. 예주변을 정결히 하다.

정겹다(情—)[정겹따] 정이 넘치는 듯하다. 아주 다정하다. 예정겨운 모습/친구들과 정겹게 이야기를 나누었다. |활용| 정겨우니·정겨워.

정경(情景) 마음에 감동을 불러일으킬 만한 경치나 장면. 예봄비가 내리는 정경.

정계(政界)[정계/정게] 정치에 관계되는 분야. 예정계 인사.

정:곡(正鵠)①과녁의 한가운데. 예과녁의 정곡을 맞히다. ②가장 중요하고 중심이 되는 부분. 예정곡을 찌르다.

정:과(正果) 과일이나 인삼 등을 꿀이나 설탕물에 졸여 만든 음식.

정교하다(精巧—) 솜씨나 기술이 꼼꼼하고 자세하고 교묘하다. 예정교한 솜씨로 만들어진 조각품. 정교히.

정구(庭球) ①네트를 쳐 놓고 양쪽에서 라켓으로 물렁한 공을 주고받아 승부를 겨루는 경기. ②지난날, '테니스'를 이르던 말.

정권(政權)[정꿘] 나라의 통치 기관을 움직이는 권력. 예정권을 교체하다./독재 정권이 무너지다.

정:규(正規) 바른 규정. 정식 규정. 예정규 교육/정규 과정을 밟다.

정:규군(正規軍) 한 나라의 정부에 딸리어 조직된, 정식 훈련을 받은 군대.

정근(精勤) 쉬거나 게으름을 피우지 않고 일이나 학업에 힘씀. 예정근상.

정글(jungle) 열대의 밀림.

정글짐(jungle gym) 어린이용 운동 시설의 한 가지. 둥근 쇠파이프를 가로세로로 짜맞추어 만든다.

정:기¹(定期) 일정하게 정해진 때나 기간. 예정기 간행물/정기 휴일/정기 총회. 반부정기.

정기²(精氣) 만물에 갖추어져 있는 순수한 기운. 예백두산의 정기를 받다.

정:기 여객선(定期旅客船) 정기적으로 사람을 실어 나르는 배.

정:기 예:금(定期預金) 기간을 정하여 그 안에는 찾지 않기로 하고 맡기는 예금.

정기적(定期的) 어떤 일을 정해진 때나 기간에 맞추어 하는 것. 鱼부정기적·비정기적.

정기 적금(定期積金) 정해진 금액을 정해진 기간 동안 다달이 맡기는 예금.

정나미(情一) 사물에 대해 애착을 느끼는 마음. 예정나미가 떨어지다.

정년(停年) 연령 제한에 따라 공무원이나 회사 직원이 그 직에서 물러나도록 정해져 있는 나이. 예정년퇴직/할아버지는 정년까지 일하시다가 은퇴하셨다.

정녕(丁寧) 틀림없이. 꼭. 예정녕 봄은 오는가.

정녕코(丁寧一) '정녕'의 힘줌말.

정:다각형(正多角形) [정다가켱] 다각형 가운데에서 변의 길이와 각의 크기가 모두 같은 다각형.

정:단층(正斷層) 단층면을 따라서 암반의 일부가 밀려 내려간 단층. 鱼역단층.

정담(情談) 다정한 이야기. 예오랜만에 만난 친구와 정담을 나누었다.

정:답(正答) 옳은 답. 예이 문제의 정답이 무엇인지 알겠니? 鱼오답.

정답다(情一) [정답따] 다정하고 따뜻하다. 예정다운 미소. |활용| 정다우니·정다워.

정당(政黨) 나라를 다스리는 데 있어 생각이나 주장이 같은 사람들끼리 모인 단체. 준당.

정:당방위(正當防衛) 어떤 사람이 갑자기 부당한 피해를 당하려고 할 때, 그 피해를 막으려고 피해를 끼친 사람에게 어쩔 수 없이 하는 일.

정:당성(正當性) [정당썽] 이치에 맞아 옳고 정의로운 성질.

정:당하다(正當一) 바르고 옳다. 이치에 당연하다. 예네 주장은 정당하다고 할 수 없어. 鱼부당하다. 정당히.

정:대하다(正大一) 바르고 옳아서 사사로움이 없다. 예정대한 처사/법은 정대하게 적용해야 한다.

정:도¹(正道) 떳떳하고 올바른 도리. 예정도를 걷다./정도를 따르다.

정도²(程度) ①알맞은 한도. 예참는 것도 정도가 있다. ②분량이나 수준. 예학교에서 우리 집까지 20분 정도 걸린다.

정도전(鄭道傳, 1342~1398) 조선 초기의 문신·학자. 호는 삼봉. 조선 개국 일등 공신으로, 행정·군사 등 조선의 통치 제도 정비에 크게 공헌하였다. 저서에 '조선경국전'·'삼봉집' 등이 있다.

정독(精讀) 뜻을 생각하면서 자세히 읽음. 鱼다독. 정독하다. 예시집을 정독하다.

정:돈(整頓) 정리하여 가지런히 바로잡음. 예책상 정돈. 鱼정리. 정돈되다. 정돈하다.

> :::::: '정돈'과 '정리'의 구별 ::::::
>
> **정돈** : 지저분한 것을 치우고 남는 것을 가지런히 하는 일. 예집안 살림살이를 정돈하다.
> **정리** : 흐트러진 것을 질서 있게 하고 필요 없는 것을 없애는 일. 예책 정리/생각을 정리하다.

정들다(情一) 정이 생겨 친근해지다. 예정든 친구들과 헤어지려니 아쉽다. |활용| 정드니·정들어.

정력(精力) [정녁] 기운차게 활동할 수 있는 힘. 예정력을 쏟다.

정:렬(整列) [정녈] 가지런히 줄을 맞추어 늘어섬. 정렬되다. 정렬하다. 예두 줄로 정렬하다.

정류장(停留場) [정뉴장] 버스나 전철 등이 손님이 타고 내리도록 머무는 곳. 鱼정류소.

정ː리(整理) [정니] 흐트러진 것을 가지런히 바로잡음. [예]책 정리. [비]정돈. 정리되다. 정리하다.

정ː림사지 오ː층 석탑(定林寺址五層石塔) 충청남도 부여 정림사 터에 있는 백제의 대표적인 탑. 단조로우면서도 균형 잡힌 점이 특색이다.

정ː립(正立) [정닙] 바로 서는 일. 또는 바로 세우는 일. [예]올바른 사회 질서 정립. 정립되다. 정립하다.

정ː말(正—) ①거짓이 없는 바른 말. [예]그것이 정말이니? [비]참말. [반]거짓말. ②진실로. 참으로. [예]정말, 큰일났구나!

정맥(靜脈) 몸의 각 부분에서 피를 모아 심장으로 보내는 핏줄. 살갗 겉으로 퍼렇게 드러나 보인다. [반]동맥.

정ː면(正面) 바로 보이는 앞쪽 면. [예]정면 충돌.

정ː면도(正面圖) 사물의 앞에서 본 모양을 그린 그림.

정몽주(鄭夢周, 1337~1392) 고려 말의 충신·학자. 호는 포은. 끝까지 고려를 받들다가 이방원이 보낸 자객에게 선죽교에서 죽임을 당하였다. 저서에 '포은집'이 있고, 시조로 '단심가'가 전한다.

정묘호란(丁卯胡亂) 조선 인조 5(1627. 정묘)년, 후금이 침입해 온 난리. 왕은 강화도로 피난하였다가 평화 조약을 맺고 형제의 나라가 되었다.

정무 장ː관(政務長官) 원·부·처의 장관이 아닌 국무 위원. 대통령·국무총리가 지정하는 일을 한다.

정ː문(正門) 건물의 앞쪽 면에 있는 문. [반]후문.

정문부(鄭文孚, 1565~1624) 조선 선조 때의 의병장. 임진왜란 때 함경도 경성에서 의병을 일으켜 공을 세웠다.

정물(靜物) ①움직이지 않는 물건. ②〈정물화〉의 준말.

정물화(靜物畫) 꽃이나 과일·그릇 등 움직이지 않는 물체를 놓고 그린 그림. [준]정물.

정미소(精米所) 동력을 이용하여 곡식을 찧거나 빻는 곳. [비]방앗간.

정밀(精密) 세밀한 데에까지 빈틈이 없거나 정확함. [예]정밀 검사. 정밀하다.

정밀도(精密度) [정밀또] 정밀한 정도.

정박(碇泊) 배가 닻을 내리고 머무름. [예]어선 여러 척이 부두에 정박 중이다. 정박하다.

정박아(精薄兒) [정바가] 〈정신 박약아〉의 준말.

정ː반대(正反對) 완전히 반대되는 것. [예]정반대 의견/민수네 집은 우리 집과 정반대 방향이다. 정반대되다.

정벌(征伐) 멀리 있는 적이나 다른 나라를 군대로 공격함. [비]정복. 정벌되다. 정벌하다.

정변(政變) 반란·혁명·쿠데타처럼 갑자기 일어나는 정치상의 큰 변화.

정병(精兵) 추려 뽑은 날쌔고 용맹한 군사.

정보(情報) 어떤 일의 내용·형편에 관한 소식이나 자료. [예]생활 정보/정보가 누설되다./정보가 빠르다.

정보 산ː업(情報産業) 컴퓨터를 이용한 정보의 생산·수집·처리·전달 등에 관한 산업.

정보화(情報化) 컴퓨터 통신 기술을 이용하여 사람들이 많은 정보를 빠르고 정확하게 주고받을 수 있게 되는 것. [예]정보화 사회.

정복(征服) ①어려운 일을 힘들여 해냄. ②남의 나라나 다른 민족을 쳐서 복종시킴. [비]정벌. 정복되다. 정복하다. [예]나폴레옹은 유럽을 정복하였다./이번 방학에는 반드시 수학을 정복하겠어.

정부(政府) 나랏일을 맡아보는 가장 중심이 되는 관청.

정부미(政府米) 쌀값을 조절하거나 군수용·구호용으로 쓰기 위하여 정부가 사들여 보관하고 있는 쌀. 예정부미 방출.

정부 종합 청사(政府綜合廳舍) 정부의 행정을 맡아보는 중앙 관청.

정ː비(整備) ①뒤섞이거나 흩어진 것을 가다듬어 바로 갖춤. 예교육 제도 정비. ②기계나 시설 등을 매만져 수리함. 예자동차 정비. 정비되다. 정비하다.

정ː비 공장(整備工場) 자동차·비행기 등을 정비하여 고치기 위한 공장.

정ː비례(正比例) 두 양이 서로 같은 비율로 늘거나 줄거나 하는 일. 빤반비례. 정비례되다. 정비례하다.

정ː비소(整備所) 기계나 설비가 제대로 작동하도록 보살피고 손질하는 곳. 예자동차 정비소.

정ː사¹(正使) 사신의 우두머리.

정ː사²(政事) 정치에 관련된 일. 예정사를 돌보다.

정ː사각뿔(正四角一) 밑면이 정사각형인 각뿔.

정ː사각형(正四角形) [정사가켱] 네 각이 모두 직각이고 네 변의 길이가 같은 사각형.

정ː삼각뿔(正三角一) 밑면이 정삼각형인 각뿔.

〈정사각형〉

정ː삼각형(正三角形) [정삼가켱] 세 변의 길이와 세 각의 크기가 모두 같은 삼각형.

〈정삼각형〉

정ː상¹(正常) 이상한 데가 없는 보통의 상태. 예정상 상태/혈압이 정상이다. 빤비정상.

정상²(情狀) 어떤 사람이 처해 있는 그대로의 사정과 형편. 예정상을 참작하여 가벼운 처벌을 내렸다.

정상³(頂上) ①산 위의 맨 꼭대기. 예정상에 오르다. ②수준이나 상태가 가장 높은 것. 예인기 정상의 가수. ③한 나라의 우두머리. 예정상 회담.

정ː색(正色) 얼굴에 엄격한 빛을 나타냄, 또는 그 표정. 예준수가 갑자기 정색을 하며 말했다. 정색하다.

정서(情緒) 어떤 일을 경험하거나 생각할 때 일어나는 갖가지 감정. 예민요에는 우리 민족의 정서가 담겨 있다.

정ː석(定石) ①바둑에서, 최선의 것으로 인정되어 온 일정한 수. 예정석대로 바둑을 두다. ②어떤 일을 할 때 흔히 따르는 일정한 방식.

정선¹(旌善) 강원도 남동부에 있는 군. 고랭지 채소 농업과 광공업 등이 성하다. 명승지로 소금강 등이 있다.

정선²(鄭歚, 1676~1759) 조선 중기의 화가. 호는 겸재. 우리나라의 명승고적을 많이 그려 한국적 산수화풍을 세웠다. 작품으로 '여산초당도'·'금강산만폭동도' 등이 있다.

정선 아리랑(旌善一) 강원도 정선 지방의 민요. 가락을 촘촘히 엮어 나가는데, 강원도 아리랑을 먼저 부른 다음에 부른다.

정ː설(定說) 일반적으로 옳다고 여겨지는 학설이나 주장. 예태양이 지구 주위를 돈다는 이론이 정설로 받아들여지던 때가 있다.

정성(精誠) 온갖 성의를 다하려는 참되고 거짓이 없는 마음. 예지극한 정성. 빠지성.

정성껏(精誠一) [정성껃] 정성을 다하여. 예할머니를 정성껏 모시다. 빠성심껏.

정성스럽다(精誠一)[정성스럽따] 보기에 정성을 다하는 태도가 있다. 예나는 선물을 정성스럽게 포장했다. |활용|정성스러우니·정성스러워. 정성스레.

정세(情勢) 일이 되어 가는 사정과 형세. 예세계 정세.

정수¹(淨水) 물을 깨끗하고 맑게 함, 또는 그 물. 예정수 시설. 정수되다. 정수하다.

정ː수²(整數) …, -2, -1, 0, 1, 2, … 등과 같이, 0과 자연수·음의 정수를 통틀어 이르는 수.

정수기(淨水器) 더러운 물을 걸러서 맑고 깨끗하게 하는 기구.

정수리(頂一) 머리 위의 숫구멍이 있는 자리.

정숙하다¹(貞淑一)[정수카다] 여자로서 행실이 바르고 어질다. 예정숙한 여자. 정숙히.

정숙하다²(靜肅一)[정수카다] 떠들거나 잡담하지 않고 조용하다. 예실내에서는 정숙해야 한다. 정숙히.

정승(政丞) 조선 시대에, 의정부의 영의정·좌의정·우의정을 이르던 말. 비대신.

정ː시(定時) 정해진 시각. 예정시에 도착하다.

정ː식¹(正式) 규정대로의 바른 방식. 또는 격식을 갖추는 것. 예정식으로 사과해./정식 절차를 밟다. 반약식.

정ː식²(定食) 식당에서 일정한 값을 받고 미리 정해 놓은 요리를 한 상에 차려 내는 음식.

정신(精神) ①영혼이나 마음. 예정신 세계. 반물질. ②사물을 느끼고 생각하는 능력. 예정신을 차리다. ③사물의 근본이 되는 의의나 목적. 예화랑도 정신. ④마음의 자세나 태도. 예봉사 정신.

정신을 잃다관용 의식을 잃다.

정신(을) 차리다관용 ①잃었던 정신을 되찾다. ②분별력이 생기다.

정신(이) 나다관용 사리를 분간할 만큼 정신이 생기다.

정신(이) 들다관용 ①잃었던 정신이 되돌아오다. ②잘못을 깨달아 뉘우치며 정신을 다잡다.

정신 교ː육(精神教育) 정신을 훈련하는 교육. 특히, 의지를 단련시키거나 덕성을 기르고 닦는 일 등을 목적으로 하는 교육.

정신대(挺身隊) 태평양 전쟁 때, 일본군을 위안하기 위하여 강제로 끌려간 우리나라 여자들을 이르는 말.

정신력(精神力)[정신녁] 무엇을 이루려 하는 마음의 힘. 예강한 정신력.

정신 박약아(精神薄弱兒) 지능 발달이 지체된 아이. 보통, 지능 지수가 75 이하인 아이를 이른다. 준정박아.

정신병(精神病)[정신뼝] 정신에 이상이 생겨 정상적인 사회생활을 하지 못하는 병.

정신 병ː원(精神病院) 정신병을 앓는 사람을 치료하는 병원.

정신없다(精神一)[정시넙따] ①몹시 놀라거나 하여 앞뒤를 생각할 여유가 없다. ②몹시 바쁘거나 하여 어찌할 바를 모르다. 정신없이. 예늦잠을 자는 바람에 정신없이 학교로 달려갔다.

정신 이ː상(精神異常) 신경 계통의 장애로 정상적이 아닌 행동을 하는 병증.

정신적(精神的) 정신에 관한 것. 예정신적인 여유/정신적 고통이 심하다. 반물질적·육체적.

정신 지체아(精神遲滯兒) 정신 능력의 발달이 늦어진 아이. 비저능아.

정ː악(正樂) 속되지 않은 정식의 음악. 반속악.

정ː액(定額) 일정하게 정해진 액수. 예정액제.

정약용(丁若鏞, 1762~1836) 조선 정조 때의 학자. 호는 다산. 유형원·이익을 통해 내려온 실학을 모아 완성하였다. 저서로는 '목민심서'·'경세유표' 등이 있다.

정약전(丁若銓, 1758~1816) 조선 정조 때의 학자. 정약용의 형으로, 이승훈 등과 함께 천주교 전파에 힘쓰다가 신유박해 때 흑산도로 유배되었다. 저서로는 '자산어보'가 있다.

정어리 청어과의 바닷물고기. 등은 검푸르고 배는 희며, 가슴지느러미 아래에 7개의 점이 나란히 있다.

〈정어리〉

정ː연하다(整然—) 잘 정돈되어 가지런하다. 예질서 정연하게 줄을 서다. 정연히.

정열(情熱)[정녈] 불이 일듯 맹렬하게 일어나는 감정. 예선생님은 평생 아이들을 가르치는 일에 정열을 쏟았다. 囲열정.

정ː오(正午) 낮 열두 시. 예정오 뉴스. 囲오정. 凹자정.

정ː오각뿔(正五角—) 밑면이 정오각형인 각뿔.

정ː오각형(正五角形)[정오가켱] 다섯 각의 크기와 다섯 변의 길이가 같은 오각형.

정ː원[1](定員) 정해진 인원.

정원[2](庭園) 집 안에 나무·꽃 등을 가꾸어 놓은 마당. 예정원을 꾸미다.

〈정오각형〉

정원사(庭園師) 정원의 꽃이나 나무를 가꾸는 일을 직업으로 하는 사람.

정원수(庭園樹) 정원에 심은 나무.

정월(正月) 한 해의 첫째 달. 예정월 초하루. 囲일월.

정월 대ː보름(正月大—) 음력 정월 보름날. 음력 1월 15일.

정유(精油) 원유에서 휘발유·등유·경유 등을 만드는 일. 예정유 공장. 정유하다.

정유재란(丁酉再亂) 조선 선조 30(1597. 정유)년, 왜군이 우리나라를 다시 침략해 온 난리.

정육(精肉) 지방이나 뼈 등을 골라낸 살코기.

정ː육각뿔(正六角—)[정뉵깍뿔] 밑면이 정육각형인 각뿔.

정ː육각형(正六角形)[정 뉵까켱] 여섯 각의 크기와 여섯 변의 길이가 같은 육각형.

〈정육각형〉

정ː육면체(正六面體)[정늉면체] 여섯 면이 모두 정사각형인 육면체.

정육점(精肉店)[정육쩜] 쇠고기·돼지고기 등을 파는 가게. 囲푸주.

〈정육면체〉

정ː음(正音) 〈훈민정음〉의 준말.

정읍(井邑) 전라북도 남부 중앙에 있는 시. 서부 평야권과 동부 산악권을 잇는 교통의 요지이다. 명승지로 내장산이 있다.

정ː의[1](正義)[정의/정이] 사람으로서 지켜야 할 바른 도리. 예사회 정의/정의의 이름으로 용서하지 않겠다. 凹불의.

정ː의[2](定義)[정의/정이] 어떤 말이나 사물의 뜻을 명백히 밝혀 규정하는 일. 정의되다. 정의하다. 예'사랑'을 정의할 수 있을까?

정ː의감(正義感)[정의감/정이감] 올바른 도리를 지키려는 마음. 예투철한 정의감. 囲정의심.

정:의롭다(正義—)[정의롭따/정이롭따] 올바른 도리가 지켜지고 있다. 예정의로운 사회. |활용| 정의로우니·정의로워.

정이월(正二月) 정월과 이월.

정:이품송(正二品松) 충청북도 보은군의 속리산 법주사 입구에 있는 소나무. 천연기념물 제103호.

정인보(鄭寅普, 1892~?) 학자. 호는 위당. 민족 계몽 운동에 힘썼다. 저서에 '조선사 연구' 등이 있다.

정인지(鄭麟趾, 1396~1478) 조선 세종 때의 학자. 호는 학역재. 집현전 학사로 한글을 만드는 데 힘썼으며, 권제·안지·최항 등과 '용비어천가'를, 김종서와 '고려사'를 지었다.

정:자¹(正字) ①글자체를 바르게 또박또박 쓴 글자. ②한자의 약자가 아닌 본래 글자.

정자²(亭子) 산수가 좋은 곳에 놀거나 쉬기 위하여 아담하게 지은 집.

정자³(精子) 동물의 수컷의 생식 세포. 난자와 결합하여 새로운 생명체를 탄생시킨다. 뻰난자.

〈정자²〉

정자나무(亭子—) 집 근처나 길가에 있는 큰 나무.

정:작 막상. 정말로. 예정작 집을 떠나려니 눈물이 난다.

정:장(正裝) 격식을 차려 갖추어 입음, 또는 그런 옷. 정장하다.

정적(靜寂) 아무 소리 없이 고요함. 예무거운 정적이 흘러갔다. 뻰고요.

정:전¹(正殿) 임금이 나와서 조회를 하던 궁전.

정전²(停電) 전기가 한때 끊어짐. 정전되다.

정전³(停戰) 양편의 합의에 따라서 싸움을 멈춤. 예정전 회담. 뻰휴전. 정전되다. 정전하다.

정전기(靜電氣) 마찰하는 물체가 띠는 이동하지 않는 전기. 예날이 건조해서 그런지 옷에서 정전기가 인다.

정절(貞節) 여자의 곧은 절개. 예정절을 지킨 춘향. 뻰정조.

정점(頂點)[정쩜] ①맨 꼭대기. 예북한산은 백운대를 정점으로 남서쪽으로 길게 뻗어 있다. ②어떤 일의 진행이나 발전이 최고의 경지에 이른 상태. 예정점을 찍다./그는 배우 생활의 정점에서 돌연 은퇴를 선언했다.

정정(訂正) 잘못을 고쳐서 바로잡음. 예신문에 정정 기사가 났다. 정정되다. 정정하다.

정:정당당하다(正正堂堂—) 바르고 떳떳하다. 예정정당당하게 실력을 겨루자. 정정당당히.

정정하다(亭亭—) 나이 든 사람의 몸이 튼튼하고 건강하다. 예할아버지는 일흔이 넘으셨지만 아직 정정하시다.

정제(精製) 물질에 섞인 불순물을 없애어 그 물질을 더 순수하게 함. 정제되다. 정제하다.

정:조¹(正祖, 1752~1800) 조선 제22대 왕(재위 1776~1800). 사도 세자의 아들. 탕평책을 실시하였고, 규장각을 설치하여 학문의 연구와 서적의 편찬에도 힘썼다.

정조²(貞操) ①여자의 곧고 깨끗한 절개. 뻰정절. ②순결. 예정조를 지키다.

정:조식(正條植) 농작물을 옮겨 심을 때, 줄을 맞추어 간격을 일정하게 심는 것. 뻰줄모. 정조식하다.

정:족수(定足數)[정족쑤] 의사 결정에 필요한 구성원의 수. 예정족수가 미달되어 회의를 열지 못했다.

정:좌(正坐) 몸을 바르게 하고 앉음. 정좌하다.

정주간(鼎廚間)[정주깐] 부엌과 안방 사이에 벽이 없이 부뚜막과 방바닥이 한데 잇닿은 곳.

정ː중하다(鄭重―) 태도가 점잖고 무게가 있다. 예정중하게 인사하다. 정중히.

정지(停止) ①움직이던 것이 멈추거나 그침. 예정지 신호. ②일이나 사업 등을 그만둠. 예영업 정지. 정지되다. 정지하다.

정지선(停止線) 횡단보도 앞에서 자동차가 정지 신호에 따라 멈춰 서야 하는 위치를 나타내는 선.

정지용(鄭芝溶, 1902~1950) 시인. 섬세하고 독특한 언어를 써서 대상을 선명하게 묘사하여 한국 현대시의 새로운 경지를 열었다. 시집 '백록담'·'정지용 시집' 등이 있다.

정ː직(正直) 거짓이나 꾸밈이 없이 마음이 바르고 곧음. 예정직이 최선의 방책이다. 정직하다. 예정직한 사람.

정진하다(精進―) ①정성을 다하여 노력하다. 예자기가 맡은 일에 정진해라. ②몸을 깨끗이 하고 마음을 가다듬다.

정차(停車) 차가 멎음. 예정차 신호. 也정거. 정차하다.

정ː착(定着) ①일정한 곳에 자리 잡고 머물러 삶. 예정착 생활. 也유랑. ②새로운 제도·문화·사상 등이 사회에 널리 받아들여짐. 정착되다. 정착하다.

정ː찰[1](正札) 물건의 정해진 값을 적은 쪽지.

정찰[2](偵察) 몰래 적의 정세를 살핌. 예정찰 비행. 정찰하다. 예적진을 정찰하다.

정찰병(偵察兵) 몰래 적의 정세를 살펴서 알아내기 위해서 보내는 병사.

정ː찰제(正札制) 상품에 붙인 가격대로 파는 제도. 예정찰제 판매.

정책(政策) 나라를 다스리는 목표나 방법. 예경제 정책.

정ː처(定處) 정한 곳. 일정한 곳. 예정처 없이 떠나다.

정철(鄭澈, 1536~1593) 조선 선조 때의 정치가·시인. 호는 송강. 우리나라 가사의 으뜸가는 대가로 '관동별곡'·'사미인곡' 등을 남겼다.

정ː체[1](正體) 참된 모양. 본디의 모양. 예정체를 밝히다.

정체[2](停滯) 앞으로 나아가지 못하고 한자리에 머물러 있음. 예고속 도로 정체. 정체되다. 정체하다.

정ː체불명(正體不明) 정체가 무엇인지 분명하게 알 수 없는 것. 예집 앞에 정체불명의 자동차가 한 대 서 있다.

정ː체성(正體性)[정체썽] 변하지 않는 본래의 성질이나 참된 모습.

정초(正初) ①정월의 처음 며칠. ②그해의 맨 처음.

정취(情趣) 정감을 불러일으키는 흥취. 예고풍스러운 정취.

정치(政治) 나라를 다스리는 일. 예정치 활동. 정치하다.

정치가(政治家) 정치를 맡아서 하는 사람. 也정치인.

정치적(政治的) 정치와 관련된 것. 또는 정치의 특성을 지닌 것. 예정치적 수단/정치적인 사건.

정탐(偵探) 남의 동태를 몰래 살핌. 예정탐꾼. 정탐하다.

정ː통(正統) ①바른 계통. 예정통 중화요리. ②(('정통으로'의 꼴로 쓰여)) 빗나가지 않고 정확하게. 예가슴에 정통으로 화살을 맞다.

정ː통성(正統性)[정통썽] 정식으로 계승되어 오는 바른 계통의 자격.

정통하다(精通―) 무엇에 대해 정확하고 자세히 알다. 예정통한 소식통.

정ː팔면체(正八面體) 여덟 개의 각 면이 정삼각형으로 된 팔면체.

정ː평(定評) 모든 사람이 다같이 인정하는 평판. [예]우리 엄마는 음식 솜씨가 좋기로 정평이 나 있다.

정ː하다1(定一) ①어떻게 하기로 마음먹다. [예]마음을 정하다. ②여럿 가운데에서 고르다. [예]무엇을 살지 정했니?

정하다2(淨一) 맑고 깨끗하다. [예]몸과 마음을 정하게 하다. 정히.

정학(停學) 학교의 규칙을 어긴 학생에게 얼마 동안 학교에 오지 못하게 하는 일.

정ː해지다(定一) 결정지어지다. [예]목표가 정해지다.

정ː형(定型) 정해진 형식이나 틀.

정ː형시(定型詩) 글자 수·행·절 등이 일정한 형식으로 되어 있는 시. 동요·민요·시조 등. [반]자유시.

정ː혼(定婚) 혼인하기로 약속함. [비]약혼·혼약. 정혼하다. [예]정혼한 사이.

정화(淨化) 더러운 것을 없애고 깨끗하게 함. 정화되다. 정화하다. [예]오염된 물을 정화하다.

정화수(井華水) 이른 새벽에 길은 우물물. 정성을 들이거나 약을 달이는 데 쓴다.

정화 장치(淨化裝置) 더러워진 공기나 물 등을 깨끗이 하는 시설.

정화조(淨化槽) 똥오줌을 하수도로 내보내기 전에 가두어서 거르고 소독하는 시설. 수세식 변소가 있는 건물의 땅 밑에 묻는다.

정ː확(正確) 바르고 확실함. 틀림이 없음. [비]확실. 정확하다. [예]정확한 시간. 정확히.

젖 [젇] ①사람이나 포유동물의 어미에게서 나오는 뿌연 빛의 액체. 아기나 새끼의 먹이이다. [예]젖을 먹이다. ②➡ 유방. |발음| 젖이[저지]·젖도[젇또]·젖만[전만]

젖꼭지 [젇꼭찌] ①젖의 한가운데에 도드라진 부분. ②아기가 병에 든 우유를 빨아 먹을 수 있게 고무 등으로 만든 물건.

젖니 [전니] 젖먹이 때 나서 아직 갈지 않은 이. [비]유치·배냇니. [참]간니·영구치.

젖다 [젇따] ①물이 배어 축축하게 되다. [예]비를 맞아 옷이 흠뻑 젖었다. ②무슨 일에 버릇이 되다. [예]인습에 젖다. ③어떤 마음의 상태에 깊이 잠기다. [예]슬픔에 젖다. |발음| 젖어[저저]·젖고[젇꼬]

젖먹이 [전머기] 젖을 먹는 어린아이. [비]영아·유아.

젖병(一甁) [젇뼝] 우유나 물 등을 담아 아기에게 먹이도록 젖꼭지가 달린 병. [비]우유병.

젖빛 [젇삗] 젖과 같이 뿌연 빛깔. [예]젖빛 구름.

젖산(一酸) [젇싼] ➡ 유산1.

젖소 [젇쏘] 우유를 짜기 위하여 기르는 소.

젖줄 [젇쭐] ①젖이 나오는 줄기. ②'생명을 이어 가는 데 필요한 것을 대주는 중요한 통로'를 비유하여 이르는 말. [예]서울의 젖줄인 한강.

젖히다 [저치다] ①몸의 윗부분을 뒤로 기울게 하다. ②물건의 밑쪽이 위로 올라오게 뒤집다. [예]이불을 젖히다. [작]잦히다. |잘못| 제끼다.

제1 '나'의 낮춤말인 '저'의 다른 꼴. '가' 앞에서만 쓰인다. [예]제가 다녀오겠습니다.

제2 '나의'의 낮춤말인 '저의'가 줄어든 말. [예]제 생각을 말씀드리겠습니다.

제3 '적에'가 줄어든 말. [예]날이 밝을 제 오너라.

제ː-(第) 《숫자 앞에 쓰여》 차례의 몇째임을 나타내는 말. [예]제3회 대회.

제각각(一各各) [제각깍] 여럿이 다 따로따로. [예]아이들이 제각각 다른 색깔의 옷을 입고 있다. [비]각자·제각기.

제각기(一各其)[제각끼] 여럿이 다 저마다. 예하는 일이 제각기 다르다. 빈각자·제각각.

제값[제갑] 물건의 가치에 알맞은 가격. 예제값을 치르다./제값을 받고 팔다.

제:강(製鋼) 무쇠를 불려 만든 쇠붙이를, 다시 불려서 강철을 만듦, 또는 그런 강철. 예제강 공장. 제강하다.

제거(除去) 덜어서 없애 버림. 예불순물 제거. 제거되다. 제거하다. 예물기를 제거하다.

제격(一格) 자기 자신의 정도나 신분에 알맞은 격식. 예보리밥에는 풋고추 된장이 제격이다.

제곱 같은 수를 두 번 곱함, 또는 그렇게 하여 얻어진 수. 예2의 제곱은 4이다. 제곱하다.

제곱미터(一meter) 넓이를 잴 때 쓰는 말. 1제곱미터는 한 변의 길이가 1 m인 정사각형의 넓이이다. 기호는 'm²'.

제곱센티미터(一centimeter) 넓이를 잴 때 쓰는 말. 1제곱센티미터는 한 변의 길이가 1 cm인 정사각형의 넓이이다. 기호는 'cm²'.

제곱킬로미터(一kilometer) 넓이를 잴 때 쓰는 말. 1제곱킬로미터는 한 변의 길이가 1 km인 정사각형의 넓이이다. 기호는 'km²'.

제공(提供) 내놓거나 대 주어 도움이 되게 함. 예정보 제공. 제공되다. 제공하다.

제:과(製菓) 과자나 빵을 만듦.

제:과점(製菓店) 과자나 빵을 만들어 파는 가게.

제구실 자기가 마땅히 해야 할 일. 예제구실도 못하는 사람.

제:국(帝國) 황제가 다스리는 나라.

제:국주의(帝國主義)[제국쭈의/제국쭈이] 남의 나라나 후진 민족을 군사적·경제적으로 정복하여 큰 나라를 건설하려는, 침략적인 주의.

제군(諸君) '여러분'의 뜻으로 손아랫사람에게 쓰는 말.

제금(提金) ➡자바라.

제기¹ 엽전을 종이나 헝겊 등으로 싸서 발로 차는 아이들의 놀이, 또는 그 장난감.

제:기²(祭器) 제사를 지낼 때 쓰는 그릇.

제기³(提起) 의논에 붙이기 위하여 의견을 내놓음. 예문제 제기. 제기되다. 제기하다.

제기차기 제기를 발로 차는 놀이. 땅에 떨어뜨리지 않고 많이 차는 쪽이 이긴다.

제까짓[제까짇] 겨우 저따위 정도의. 예제까짓 게 힘이 세면 얼마나 세겠어.

제끼다 '젖히다'의 잘못.

제날짜 미리 정해 두었던 날. 또는 기한이 꽉 찬 날. 예제날짜에 돈을 보내 주었다.

제네바(Geneva) 스위스의 남서부 끝에 있는 도시. 관광을 비롯하여 시계 등의 정밀 공업이 성하다. 국제 연합 유럽 본부, 국제 적십자 본부, 국제 노동 기구 본부 등이 있다.

제:단(祭壇) 제사나 의식을 지내게 만들어 놓은 단.

제:당(製糖) 설탕을 만듦. 예제당 공장/제당 공업.

제대(除隊) 현역 군인이 기간이 차거나 하여 군대에서의 근무를 마침. 빈입대. 제대하다.

제대로 ①제 격식대로. 예제대로 만든 물건. ②마음먹은 대로. 예몸을 제대로 못 가누다. ③알맞은 정도로. 예잠을 제대로 못 자다.

제:도¹(制度) ①지키도록 마련한 법이나 조직. 예건강 보험 제도. ②국가나

사회 조직의 체계 및 형태. 예가족
제도.

제:도²(製圖) 공작물·건축물·기계 등
의 도면을 그려 만듦. 예제도 연필/제
도 용구. 제도하다.

제도³(諸島) 바다 위의 일정한 구역에
속하는 여러 섬. 예솔로몬 제도.

제:도기(製圖器) 제도하는 데 쓰이는
기구. 먹줄펜·컴퍼스 등.

제독(提督) 해군 함대의 사령관.

제:동(制動) 운동을 멈추게 함. 속력을
떨어뜨림. 예제동 장치/제동을 걸다.
제동하다.

제때 정해 놓은 그 시각. 예식사는 제
때 해야지.

제:련(製鍊) 광석을 용광로에 녹여서
함유 금속을 뽑아내어 정제함. 예제
련소. 제련되다. 제련하다.

제:례(祭禮) 제사의 절차나 예절. 예제
례를 지내다.

제:례악(祭禮樂) 지난날, 종묘·문묘
의 제향 등에 연주하던 음악.

제맛 [제맏] 음식이 가지고 있는 본래
의 맛. 예찐 감자는 소금을 찍어 먹어
야 제맛이지.

제멋 [제먿] 자기 나름으로 느끼고 생
각하는 멋. 예민수는 제멋에 겨워 큰
소리로 노래를 불렀다.

제멋대로 [제먿때로] 제 마음대로. 제
가 하고 싶은 대로. 예일을 제멋대로
처리하다.

제명¹(一命) 타고난 자기 목숨. 예제명
에 못 죽다.

제명²(除名) 어떤 단체에 속한 사람들
의 명단에서 이름을 빼어 자격을 빼
앗음. 예그 선수는 싸움에 휘말려 선
수 협회에서 제명을 당했다. 제명되
다. 제명하다.

제모(除毛) 털을 뽑거나 깎아서 없앰.
제모하다.

제목(題目) 글이나 책·그림·노래 등

에서 그것의 내용을 보이거나 대표하
는 이름.

제:문(祭文) 제사 때, 죽은 사람에 대
하여 슬픔의 뜻을 나타내며 읽는 글.

제:물(祭物) 제사에 쓰는 음식. 비제수.

제반(諸般) 여러 가지. 모든 것. 예제
반 문제.

제:발 간절히 바라건대. 예제발, 말 좀
들어라.

제방(堤防) 홍수를 막기 위해서 쌓은
둑. 예제방을 쌓다. 비강둑·둑.

제법 어지간한 정도로. 보통 수준에 가
깝게. 예날씨가 제법 춥다./그림 실력
이 제법이다.

제보(提報) 정보를 제공함. 예목격자
의 제보. 제보되다. 제보하다.

제:복(制服) 학교·관청·회사 등에서
규정에 따라 정한 옷. 비유니폼.

제:본(製本) 종이나 인쇄물 등을 한꺼
번에 묶고 겉장을 붙여 책을 만듦. 제
본되다. 제본하다.

제:부(弟夫) 여동생의 남편. 찰형부.

제:부도(濟扶島) 경기도 화성시에 있
는 섬. 김·굴 양식업이 성하고 새우
등이 많이 잡힌다. 썰물 때 동쪽 해안
이 육지와 이어지는 길이 생긴다.

제:분(製粉) 곡식 등을 가루로 만드는
일. 예제분소. 제분하다.

제비¹ 종잇조각 등에 글자나 기호를 적
고, 그 가운데 하나를 뽑아 차례나 승
패 등을 결정하는 방법. 또는 그 물
건. 비추첨.

제:비² 제빗과의 철새. 등은 검고 배는
희다. 날개와 꽁지가
길며, 시속 90 km 정
도로 날 수 있다. 봄
에 우리나라로 날아와
인가의 처마 끝에 집
을 짓고 살다가 가을
에 남쪽 지방으로 날
아간다.

〈제비²〉

제ː비꽃 [제비꼳] 제비꽃과의 여러해살이풀. 들에서 절로 자란다. 잎은 뿌리에서 무더기로 나며 잎자루가 길다. 봄에 자줏빛 다섯 잎꽃이 핀다. [비]오랑캐꽃.

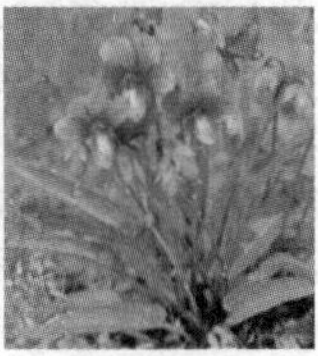
〈제비꽃〉

제비뽑기 [제비뽑끼] 제비를 만들어 뽑아서 차례나 승부를 정하는 일. [예]누가 심부름을 다녀올지 제비뽑기로 결정하자. **제비뽑기하다**.

제ː비초리 뒤통수나 이마의 한가운데에 아래로 뾰족하게 난 머리털.

제ː빙(製氷) 얼음을 만듦. **제빙하다**.

제ː사¹(祭祀) 신령이나 죽은 사람의 넋에게 음식을 차려 놓고 정성을 나타내는 의식. [예]제사를 지내다. [비]차례. **제사하다**.

제ː사²(製絲) 고치나 솜 등으로 실을 만듦. **제사하다**.

제ː사 공ː화국(第四共和國) 1972년 12월 유신 헌법이 마련된 이후부터 1981년 3월까지의 우리나라 정부.

제ː사상(祭祀床) [제사쌍] 제사를 지낼 때 음식을 차려 놓는 상. [준]제상.

제ː사장(祭司長) 유대교 교직의 한 가지. 예루살렘 성전의 일을 맡아보던 사람.

제ː사차 경제 개발 계ː획(第四次經濟開發計畫) 자립 구조의 확립, 사회 개발, 기술·능률의 향상 등을 이루기 위해 세운 계획. 기간은 1977년부터 1981년까지였다.

제ː삼 공ː화국(第三共和國) 1963년 12월부터 1972년 10월 유신 헌법이 만들어지기까지의 우리나라 정부.

제ː삼 세ː계(第三世界) 제2차 세계 대전 후, 경제 개발에 힘쓰고 있는 아시아·아프리카·라틴 아메리카의 개발 도상국을 이르는 말.

제ː삼자(第三者) 나와 너 이외의 다른 사람. 당사자가 아닌 사람. [예]제삼자는 끼어들지 마. [준]삼자. [반]당사자.

제ː삼차 경제 개발 계ː획(第三次經濟開發計畫) 농어촌의 개발, 수출 증대, 중화학 공업의 건설, 4대 강 유역 개발, 국민 복지와 생활 향상 등을 위해 세웠던 계획. 기간은 1972년부터 1976년까지였다.

제ː삼차 산ː업(第三次產業) 판매·운수·통신·금융·보험 등의 각종 서비스 산업.

제ː삿날(祭祀—) [제산날] 제사를 지내는 날. [비]기일.

제ː삿밥(祭祀—) [제사빱/제삳빱] 제사상에 올리는 밥.

제ː상(祭床) [제쌍] 〈제사상〉의 준말.

제설(除雪) 쌓인 눈을 치움. [예]제설차/제설 작업. **제설하다**.

제소(提訴) 소송을 일으킴. [예]제소를 취하하다. **제소하다**.

제ː수¹(弟嫂) 형이 동생의 아내를 이르는 말. [참]형수.

제수²(除數) [제쑤] 어떤 수를 다른 수로 나눌 때 그 나누는 수. 5÷2에서 '2'를 말한다. [반]피제수.

제ː수³(祭需) 제사를 지낼 때 쓰이는 여러 가지 음식이나 재료. [비]제물.

제스처(gesture) 어떤 뜻을 나타내기 위한 몸짓이나 손짓.

제시(提示) ①어떤 뜻을 글이나 말로 써 나타내어 보임. [예]의견 제시. ②어떤 목적을 위하여 물품을 내어 보이는 것. [예]증거물 제시. **제시되다**. **제시하다**.

제아무리 남의 능력이나 됨됨이 등을 얕잡아 이르는 말. [예]제아무리 설쳐도 그 일은 못할걸.

제안(提案) 어떤 생각이나 문제를 내놓음, 또는 그 안. **제안되다**. **제안하다**. [예]의제를 제안하다.

제ː압(制壓) 힘이나 실력으로 상대방을 억누름. 예제압을 당하다./우리 학교 축구부는 상대 팀을 3대 1로 제압을 하고 결승에 진출했다. 제압되다. 제압하다.

제야(除夜) 한 해의 마지막 날 밤. 예제야의 종소리.

제ː약¹(制約) 어떤 조건을 붙여 내용을 제한함. 제약되다. 제약하다. 예행동을 제약하다.

제ː약²(製藥) 약을 만듦, 또는 그 약. 예제약 회사. 제약하다.

제ː어(制御) ①남을 억눌러 자기 뜻에 따르게 함. ②기계·설비 등이 알맞게 움직이도록 조절함. 예자동 제어. 제어되다. 제어하다.

제ː오 공ː화국(第五共和國) 1981년 3월부터 1988년 2월까지의 우리나라 정부.

제ː왕(帝王) 황제와 국왕을 통틀어 이르는 말.

제외(除外)[제외/제웨] 어떤 범위의 밖에 둠. 예제외 대상. 제외되다. 제외하다. 예한 사람을 제외하고는 모두 참석하였다.

제우스(Zeus) 그리스 신화에 나오는 최고의 신.

제ː위(帝位) 제왕의 지위. 예제위에 오르다.

제육(-肉) 음식으로 먹는 돼지고기. 예오늘 저녁 반찬은 제육볶음이다. 비돈육.

제의(提議)[제의/제이] 의논이나 의안을 냄, 또는 그 의논. 제의되다. 제의하다. 예협상을 제의하다.

제ː이 공ː화국(第二共和國) 1960년 4·19 혁명 이후부터 5·16 군사 정변 이전까지의 우리나라 정부. 민주당 집권 시대.

제ː이차 경제 개발 계ː획(第二次經濟開發計畫) 산업 구조의 근대화와 자립 경제 확립을 위해 세웠던 계획. 기간은 1967년부터 1971년까지였는데, 연평균 경제 성장률 11.4%를 달성하였다.

제ː이차 산ː업(第二次産業) 건설업·광업·제조업 등 원자재를 가공·정제하는 산업.

제ː이 차 세ː계 대ː전(第二次世界大戰) 1939년에서 1945년에 걸친 세계적인 큰 전쟁. 미국·영국·프랑스·소련 등의 연합군이 독일·이탈리아·일본 등과 싸워 이겼다.

제ː일(第一) ①첫째가는 것. 으뜸인 것. 예뭐니 뭐니 해도 건강이 제일이지. ②가장. 예우리 학교가 제일 좋다.

제ː일 공ː화국(第一共和國) 1948년 8월 15일 정부 수립 후부터 1960년 4·19 혁명 이전까지의 우리나라 정부. 자유당 집권 시대.

제ː일차 경제 개발 계ː획(第一次經濟開發計畫) 자립 경제의 달성을 위한 기반 조성을 목표로 세웠던 계획. 기간은 1962년부터 1966년까지였다. 연평균 경제 성장률 8.3%를 달성하였다.

제ː일차 산ː업(第一次産業) 농업·임업·수산업 등과 같이, 직접 자연을 상대로 원재료를 생산·채취하는 산업.

제ː일 차 세ː계 대ː전(第一次世界大戰) 1914년에서 1918년에 걸친 세계적인 큰 전쟁. 영국·프랑스·러시아 등의 연합군이 독일·오스트리아·터키 등과 싸웠는데, 독일의 항복으로 끝났다.

제ː자(弟子) 스승의 가르침을 받는 사람. 뺀스승.

제자리 본디 있던 자리. 거기에 마땅히 있어야 할 자리. 예물건을 쓰고 나면 제자리에 갖다 둬야지.

제자리걸음 [제자리거름] ①앞으로 나가지 않고 제자리에서 한 발씩 올렸다 내렸다 하는 동작. ②일이 진전되지 않고 한 자리에 머무르는 일, 또는 그런 상태. 예경제가 제자리걸음이다. 제자리걸음하다.

제자리멀리뛰기 도움닫기 없이 발구름판 위에 두 발을 놓고 서서 멀리 뛰는 경기.

제자리표(一標) 악보에서, 임시표로 높이거나 낮춘 음을 본디의 음으로 되돌아가게 하는 기호. '♮'로 나타낸다.

제ː작(製作) 재료를 가지고 물건이나 예술 작품을 만듦. 예영화 제작. 제작되다. 제작하다.

제ː작법(製作法) [제작뻡] 물건을 만드는 방법.

제ː재¹(制裁) 잘못된 것에 대하여 나무라거나 처벌함. 예법적인 제재를 가하다. 제재하다.

제재²(題材) 예술 작품·학술 연구 등에서 주제의 재료가 되는 것.

제ː재소(製材所) 베어 낸 나무를 켜서 재목이나 판자를 만드는 곳.

제적(除籍) 학적·당적 등에서 이름을 지워 버림. 제적되다. 제적하다.

제ː전(祭典) ①제사를 지내는 의식. ②성대히 열리는 음악회·체육회 등을 뜻하는 말. 예민속 예술의 제전.

제ː정(制定) 제도·규정 등을 만들어서 정함. 제정되다. 제정하다. 예헌법을 제정하다.

제정신(一精神) 자기 본래의 똑바른 정신. 예한참 시간이 지난 뒤에야 제정신이 들었다.

제ː정일치(祭政一致) 제사와 정치가 일치한다는 사상, 또는 그런 정치 형태.

제ː조(製造) ①공장에서 큰 규모로 물건을 만듦. 예자동차 제조. ②원료를 가공하여 제품을 만듦. 제조되다. 제조하다.

제ː조업(製造業) 공장에서 물건을 대량으로 만드는 산업.

제ː조업체(製造業體) 공장에서 물건을 대량으로 만들어 파는 회사.

제ː조 일자(製造日字) 제품을 만든 연도와 날짜.

제ː주(祭主) 제사를 맡아서 이끄는 중심이 되는 사람.

제ː주도(濟州島) 제주특별자치도에 속한 섬. 우리나라에서 가장 큰 섬이며, 경치가 좋아 관광 산업이 발달하였다.

제ː주특별자치도(濟州特別自治道) [제주특뻘자치도] 우리나라의 가장 남쪽에 있는 도. 제주도와 그 주위의 섬으로 이루어졌으며, 2006년에 도에서 특별자치도로 승격하였다. 도청은 제주시에 있다.

제ː주 해협(濟州海峽) 제주도와 추자도 사이에 있는 좁은 바다.

제ː중원(濟衆院) 우리나라 최초의 근대 병원. 처음 이름은 광혜원이었으나, 1886년 고종이 백성의 치료에 공이 크다 하여 고친 이름이다.

제ː지¹(制止) 어떤 행동을 말려서 못하게 함. 예경찰의 제지를 받다. 제지하다. 예일반인의 출입을 제지하다.

제ː지²(製紙) 종이를 만듦. 예제지 공장. 제지하다.

제집 자기의 집.

제짝 한 쌍이나 한 벌을 이루는 짝. 예제짝이 맞는 양말이 하나도 없네.

제창¹(提唱) 어떤 일을 내세워 주장함. 비주창. 제창하다. 예코페르니쿠스는 지동설을 제창했다.

제창²(齊唱) 여러 사람이 다 같이 소리를 내어 부름. 예애국가 제창. 제창하다.

제천(堤川) 충청북도 북동쪽에 있는 시. 광업과 시멘트 공업이 성하고, 고추·잎담배·창호지의 생산도 활발하다.

제ː천 의ː식(祭天儀式) 하늘을 숭배하고 제사 지내는 원시 종교 의식. 고구려의 동맹, 부여의 영고 등이 있다.
제철1 마땅한 때. 알맞은 시기. [예]제철에 맞는 옷.
제ː철2(製鐵) 철광석을 녹여 무쇠를 뽑아내는 일. [예]제철 공업. **제철하다**.
제ː철소(製鐵所) [제철쏘] 철광석을 녹여 무쇠를 뽑아내는 일을 하는 공장.
제청(提請) 마땅한 사람을 추천하여 임명해 줄 것을 요청함. **제청하다**.
제쳐 놓다 ①거치적거리지 않게 치워 놓다. ②고려의 대상에서 빼다. [예]돈 문제는 제쳐 놓고 생각하자. ③어떤 일을 뒤에 하려고 미루어 놓다. [예]동생은 숙제를 제쳐 놓고 놀러 나갔다.
제초(除草) 잡초를 뽑아 없앰. [예]제초 작업. [비]김매기. **제초하다**.
제초기(除草器) 잡초를 뽑아 없애는 기계.
제출(提出) 의견이나 안건 등을 내놓음. **제출되다**. **제출하다**. [예]원서를 제출하다.
제치다 ①거치적거리지 않도록 한쪽으로 치우다. [예]필요 없는 물건을 옆으로 제쳐 놓아라. ②어떤 대상이나 범위에서 빼다. [예]진아는 제쳐 두고 우리끼리 가자. ③경쟁 상대를 이기거나 앞서 가다. [예]민수가 수비수를 제치고 공을 넣었다. ④할 일을 뒤로 미루다. [예]숙제를 제쳐 두고 놀았다.
제트기(jet機) 제트 엔진을 사용한, 속력이 빠른 비행기.
제ː패(制覇) 어떤 분야에서 으뜸가는 세력을 차지함. **제패하다**. [예]세계를 제패하다.
제풀에 [제푸레] 저절로 되는 바람에. [예]아이는 한참 울더니 제풀에 지쳐 잠이 들었다.
제ː품(製品) 원료를 써서 만든 물건. [예]전자 제품.
제하다(除―) 덜어 내거나 빼다. [예]월급에서 세금을 제하다.
제ː한(制限) 일정한 한도를 정하거나 그것을 넘지 못하게 막음, 또는 그 한도. [예]속도 제한. [비]한정. **제한되다**. **제한하다**.
제ː헌(制憲) 헌법을 제정함. [예]제헌 국회. **제헌하다**.
제ː헌절(制憲節) 헌법이 공포된 것을 기념하는 국경일. 곧, 7월 17일.
제호(題號) 책자 등의 제목.
제ː화(製靴) 구두를 만듦. [예]제화 공장. **제화하다**.
제후(諸侯) 봉건 시대에 일정한 영토를 가지고 그 영내의 백성을 다스리던 사람.
제휴(提携) 정치나 경제 등의 분야에서 서로 돕기 위하여 관계를 맺음. [예]우리 회사는 외국 기업과 전략적 제휴를 맺기로 했다. **제휴하다**.
제힘 자기의 힘. [예]민수는 제힘으로 용돈을 마련한다.
젤리(jelly) 과실즙에 설탕을 넣고 끓인 뒤 식혀 만든 과자.
젱그렁 얇은 쇠붙이 등이 맞부딪치거나 떨어질 때 울리어 나는 소리. [작]쟁그랑.
조1 볏과의 한해살이풀. 9월경에 이삭이 나오고, 작고 누런 열매가 이삭에 달린다. 오곡의 하나로 밥을 짓거나 떡·엿·술 등의 원료로 쓴다.
조2(兆) 억의 만 곱절.
조3(條) 항목. [예]헌법 제3조.
조4(組) 일정한 목적을 위하여 조직한 소규모의 집단. [예]조를 짜서 이어달리기 시합을 했다.
조가비 조개의 껍데기. [예]하얀 조가비를 줍다. [비]조개껍데기.
조각1 넓적한 부분에서 떼어 낸 작은 부분. 또는 물건에서 따로 떨어진 부분. [예]헝겊 조각/유리 조각.

조각²(彫刻) 나무·돌·쇠붙이 등을 깎고 다듬어 사람이나 동물 등의 모양을 만듦, 또는 그렇게 만든 것. [비]조소. **조각되다. 조각하다.**

조각가(彫刻家)[조각까] 조각을 전문으로 하는 사람.

조각나다[조강나다] 깨어지거나 갈라져 여러 조각이 되다. [예]유리컵이 떨어져서 조각나 버렸다.

조각배[조각빼] 작은 배.

조각보(一褓)[조각뽀] 여러 조각의 헝겊을 이어 붙여서 만든 보자기.

조각상(彫刻像)[조각쌍] 돌이나 나무 등의 재료를 깎고 다듬어서 만든 상.

조각조각[조각쪼각] 여러 조각으로 갈라지거나 깨진 모양.

조각칼(彫刻—) 조각을 할 때 쓰는 칼. 창칼·끌칼·둥근칼·세모칼 등이 있다.

조각품(彫刻品) 나무·돌·쇠붙이 등을 깎고 다듬어 사람이나 동물 등의 모양을 만든 작품.

조간(朝刊) 〈조간신문〉의 준말. [반]석간.

조간신문(朝刊新聞) 날마다 아침에 찍어 내는 신문. [준]조간. [반]석간신문.

조감도(鳥瞰圖) 위에서 내려다본 모양을 그린 그림.

조개 판새류의 연체동물. 민물과 바닷물에 살며 단단한 껍데기로 몸을 싸고 있다. 속살은 먹을 수 있다.

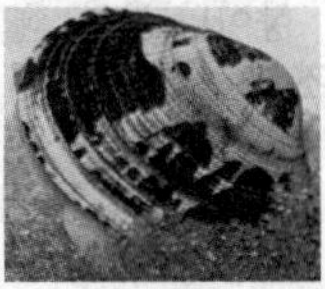
〈조개〉

조개껍데기[조개껍떼기] 조갯살을 겉에서 싸고 있는 단단한 물질. [비]조가비.

조개더미 고대 사람들이 살을 먹고 버린 조개껍데기가 쌓여 있는 유적. [비]패총.

조건(條件)[조껀] ①어떤 일을 자기 뜻대로 하기 위해서 내놓는 요구나 견해. [예]조건을 붙이다. ②어떤 일이 이루어지거나 생기는 데 필요한 상태나 요소. [예]기후 조건/근로 조건.

조건 반ː사(條件反射) 동물이 환경에 적응하기 위하여 후천적으로 얻게 되는 반사. 개에게 밥을 줄 때마다 종을 울리면, 나중에는 종만 울려도 침을 흘리게 되는 것과 같은 현상. [반]무조건 반사.

조ː경(造景) 경관을 아름답게 꾸미는 일. [예]조경이 잘된 정원. **조경하다.**

조계종(曹溪宗)[조계종/조게종] 불교의 한 종파. 고려 시대에 보조 국사 지눌이 처음 시작하였다.

조공(朝貢) 지난날, 지배받는 나라가 지배하는 나라에 때마다 예물을 바치던 일. [예]조공을 바치다.

조광조(趙光祖, 1482~1519) 조선 중종 때의 성리학자. 호는 정암. 유교적 도덕 국가 건설을 이상으로 삼고 많은 개혁을 실시하다가 기묘사화 때 죽임을 당하였다.

조ː교(助敎) ①대학에서, 교수의 연구와 사무를 돕는 직위, 또는 그 직위에 있는 사람. ②군대에서, 교관을 도와 시범을 하거나 훈련받는 군인들을 인솔하는 일 등을 맡아 하는 사병.

조국(祖國) 자기의 조상 때부터 살아온 나라. 자기가 태어난 나라. [예]조국애/조국을 그리다. [비]고국·모국·본국.

조그마하다 조금 작거나 적다. [예]조그마한 의자. [준]조그맣다.

조그맣다[조그마타] 〈조그마하다〉의 준말. [예]조그만 돌멩이/종이를 조그맣게 자르다. [반]커다랗다. |활용| 조그마니·조그매.

조금¹ ①정도나 분량이 적게. [예]물이 조금 모자라다. ②시간적으로 짧게. [예]동생은 조금 전에 나갔다. [준]좀. [센]쪼끔.

조금²(潮—) 음력 매달 7, 8일과 22, 23일에 밀물과 썰물의 차이가 가장 작을 때. [반]사리.

조금도 《주로 '없다'·'못하다' 등의 부정의 말과 함께 쓰여》 전혀. [예]내 말에 거짓은 조금도 없다.

조금씩 ①여럿에게 각각 조금. [예]아이들에게 과자를 조금씩 나누어 주었다. ②많지 않게 여러 번 계속하여. [예]병세가 조금씩 회복되다.

조ː급하다(躁急—) [조그파다] 참을성이 없이 매우 급하다. [예]마음이 조급하다./조급하게 굴지 마. [비]성급하다. **조급히**.

조기¹ 민어과의 바닷물고기. 몸길이 40 cm가량. 붕어와 비슷하며, 살이 연하다.

조ː기²(弔旗) 조의를 나타내기 위하여 깃봉에서 기의 한 폭만큼 내려 다는 기. [비]반기.

조ː기³(早起) 아침에 일찍 일어남. [예]조기 청소/조기 축구.

조ː기⁴(早期) 이른 시기. [예]조기 교육.

조깅(jogging) 주로 새벽에, 몸을 풀거나 건강을 위하여 천천히 달리는 일.

조끼 저고리 위에 입는, 소매가 없는 옷.

조난(遭難) 항해나 등산 등에서 사고를 당하거나 위험에 빠짐. **조난되다**. **조난하다**.

조놈 '저놈'을 귀엽게 또는 얕잡아 이르는 말.

조달(調達) 필요한 자금이나 물자 등을 갖추어서 대어 줌. [예]군수품 조달/식량 조달. **조달되다**. **조달하다**.

조달청(調達廳) 중앙 행정 기관의 하나. 정부 물자의 구매·공급·관리 등에 관한 일을 맡아본다.

조ː도(照度) 일정한 면적이 일정 시간에 받는 빛의 양. 단위는 럭스(lx). [예]조도를 높이다.

조동아리 '입'을 속되게 이르는 말. [준]조동이. [큰]주둥아리.

조랑말 몸집이 작은 종자의 말. [비]왜마.

조ː력(助力) 힘을 써서 도와줌, 또는 그 힘. [예]코치의 조력을 받다. **조력하다**.

조력 발전소(潮力發電所) 밀물과 썰물의 차를 이용하여 전기를 일으키는 발전소.

조련사(調鍊師) 동물을 길들여 재주를 부리도록 훈련시키는 사람.

조령(鳥嶺) 경상북도 문경시와 충청북도 괴산군 사이의 소백산맥에 있는 고개. 높이 1,026 m. [비]새재.

조례(朝禮) 학교에서 담임선생님이 수업하기 전에 학생들과 하는 아침 인사. [비]조회. [반]종례. **조례하다**.

조롱¹(鳥籠) ➡새장.

조롱²(嘲弄) 깔보거나 비웃으며 놀림. [비]희롱. **조롱하다**.

조롱박 ①➡호리병박. ②호리병박으로 만든 바가지.

조롱조롱 작은 열매나 물방울 같은 것이 많이 매달려 있는 모양. [큰]주렁주렁.

조류¹(鳥類) 척추동물의 한 무리. 날개가 있고 온몸이 깃털로 덮여 있으며 알을 낳는다. [예]조류 도감. [비]새무리.

조류²(潮流) ①밀물·썰물에 의하여 일어나는 바닷물의 흐름. ②시대의 경향이나 동향. [예]시대의 조류를 타다.

조르다 ①묶거나 감은 것을 꼭 죄다. [예]운동화 끈을 졸라서 매다. ②어떤 일을 해 달라고 끈질기게 보채다. [예]동생이 빨리 집에 가자고 엄마를 졸랐다. |활용| 조르니·졸라.

조르르 ①가는 물줄기가 빠르게 흘러내리는 소리, 또는 그 모양. [예]우유를 조르르 따르다. ②작은 발걸음을 빠르게 움직여 걷거나 따라다니는 모양. [예]현관을 나서려고 하는데 동생이 조르르 따라 나왔다. [큰]주르르. [센]쪼르르.

조ː리¹(笊籬) 쌀을 이는 데에 쓰는 도구.

〈조리¹〉

조리²(條理) 어떤 일이나 말·글 등에서 앞뒤가 들어맞고 체계가 서는 갈피. 예조리 있게 말하다.

조리³(調理) ①여러 가지 재료를 잘 맞추어 음식을 만듦. 예시장에서 조리에 필요한 재료를 샀다. 町요리. ②몸을 보살피고 병을 다스림. 예산후 조리. 조리되다. 조리하다.

조리개 사진기에서, 렌즈에 들어오는 빛의 양을 조절하는 장치.

조리다 양념을 한 고기나 생선, 채소 따위를 국물에 넣고 바짝 끓여서 양념이 배어들게 하다.

조리대(調理臺) 부엌에서 재료와 그릇 등을 올려놓고 음식을 만드는 조금 높은 대.

조리법(調理法)[조리뻡] 음식을 만드는 방법. 예인터넷에서 잡채 조리법을 찾아보았다. 町요리법.

조리사(調理士) 자격을 가지고 음식점이나 단체 급식소 등에서 음식을 만드는 일을 직업으로 하는 사람.

조림¹ 고기나 채소 등을 조려서 만든 음식. 예고등어조림/연근조림.

조ː림²(造林) 나무를 심거나 씨를 뿌리거나 하는 방법으로 숲을 만듦. 예조림 사업. 조림되다. 조림하다.

조립(組立) 여러 부품을 하나의 물건으로 짜 맞춤. 예자동차 조립 공장. 조립되다. 조립하다.

조립도(組立圖)[조립또] 제작물 또는 구조물 전체의 조립을 나타낸 도면.

조립식(組立式)[조립씩] 여러 부품을 짜 맞추어 하나의 물건을 만드는 방식. 예조립식 주택.

조마조마하다 불안하거나 초조한 느낌이 들다. 예조마조마해서 더는 못 보겠다.

조막 '주먹보다 크기가 작은 물건의 덩이'를 비유하여 이르는 말. 예조막만한 얼굴.

조ː만간(早晩間) 얼마 지나지 않아. 이르든지 늦든지 간에. 예조만간 놀러 갈게.

조만식(曹晩植, 1882~1950) 독립운동가·정치가. 호는 고당. 3·1 운동에 참가하였고 조선 물산 장려회를 만들어 국산품 장려 운동을 펼쳤다. 6·25 전쟁 때 북한 공산당에게 죽임을 당하였다.

조망(眺望) 멀리 바라봄. 또는 멀리 보이는 경치. 예산에서 내려다보는 푸른 동해의 조망에 가슴이 탁 트였다. 조망하다.

조ː명(照明) ①빛으로 비추어 밝게 함. 예실내 조명을 밝게 하다. ②무대 효과를 높이기 위하여 무대에 광선을 비추는 일. 또는 그 광선. 예조명 효과. 조명되다. 조명하다.

조ː명등(照明燈) 조명하는 데 쓰이는 밝은 등.

조ː명탄(照明彈) 공중에서 터지면서 강한 빛을 내는 탄환. 야간 전투에서 적군의 모습을 밝게 볼 수 있다.

조모(祖母) 할머니. 町조부.

조목(條目) 법률이나 규칙 등의 낱낱의 조항이나 항목. 町조항.

조목조목(條目條目)[조목쪼목] 조목마다. 한 조목 한 조목씩. 예조목조목 적다./조목조목 따져 묻다.

조무래기 ①자질구레한 물건. ②'어린아이'를 낮추어 부르는 말.

조ː문¹(弔問) 남의 죽음에 대해 슬퍼하는 뜻을 드러내며 상주를 위로함. 예조문을 가다. 町문상·조상. 조문하다.

조문²(條文) 규정이나 법률 등을 조목조목 벌여 적은 글. 예헌법의 조문.

조˙물주(造物主)[조물쭈] 우주 만물을 만들고 다스린다는 신.

조미료(調味料) 음식의 맛을 내는 데 쓰는 재료.

조밀하다(稠密—) 촘촘하고 빽빽하다. 예나무가 조밀하게 심어져 있다.

조바심 조마조마하여 마음을 졸임, 또는 그렇게 졸이는 마음. 예조바심이 나서 견딜 수가 없다. |참고| 귀가 질겨서 잘 떨어지지 않는 조를 두드려 떨 때에 잔 알갱이가 흩어지지 않도록 무척이나 애를 쓰며 가슴 졸인다는 데서 온 말. 조바심하다.

조바위 지난날, 추울 때에 여자가 머리에 쓰던 물건. 꼭대기는 터져 있으며 귀와 뺨을 덮게 되어 있다.

조반(朝飯) 아침밥.

조부(祖父) 할아버지. 働조모.

조부모(祖父母) 할아버지와 할머니.

조˙사¹(弔詞) 죽은 사람을 슬퍼하는 뜻을 나타낸 말이나 글.

조사²(調査) 어떤 사실에 대한 내용을 자세히 살펴 알아봄. 예인구 조사. 조사되다. 조사하다.

조사 기록문(調査記錄文) 조사하여 기록해 놓은 글.

조사단(調査團) 어떤 사건이나 사항 등을 조사하기 위하여 여러 사람으로 구성한 단체. 예조사단을 파견하다.

조˙산사(助産師) 아이를 낳을 때, 아이를 받고 산모를 돕는 일을 직업으로 하는 사람.

조˙상¹(弔喪) 남의 죽음에 대하여 슬픈 뜻을 표함. 働문상·조문. 조상하다.

조상²(祖上) 한 갈래의 핏줄을 받아 온, 할아버지 윗대의 어른. 예조상의 얼. 働선조. 働자손.

조상신(祖上神) 4대조 이상이 되는 조상의 신. 자손을 보호한다 하여 제사 지낸다.

조서(調書) 조사한 사실을 적은 문서.

예사건의 조서를 꾸몄다.

조석(朝夕) ①아침과 저녁. 예조석으로 많이 서늘해졌다. ②늘. 항상. 예어머니는 조석으로 아들을 위하여 기도하셨다.

조˙선¹(造船) 큰 배를 만듦. 예조선 공업. 조선하다.

조선²(朝鮮) 이성계가 고려를 멸망시키고 세운 왕조. 한양(지금의 서울)에 도읍하고, 유교를 국교로 하였다. 〔1392~1910〕

조선 상˙고사(朝鮮上古史) 신채호가 지은 역사책.

조˙선소(造船所) 큰 배를 만들거나 고치는 곳.

조˙선술(造船術) 큰 배를 설계하여 만드는 기술.

조선 시대(朝鮮時代) 고려와 대한 제국 사이에 있던 시대.

조선어 연˙구회(朝鮮語研究會) 1921년 국어의 연구·계몽·선전을 목적으로 조직된 단체. 후에 '조선어 학회'로 이름을 고쳤다.

조선어 학회(朝鮮語學會) '조선어 연구회'를 고친 이름.

조선 왕조(朝鮮王朝) 1392년에 태조 이성계가 세운 뒤에 1910년까지 한반도를 다스린 왕조. 27명의 임금이 계승하였다.

조선왕조실록(朝鮮王朝實錄) 조선 태조 때부터 철종 때까지 472년 동안의 역사적 사실을 각 왕별로 기록한 역사책. 국보 제151호.

조선족(朝鮮族) 조선 말기부터 중국의 연변 등지로 이주하여 살고 있는 한국인.

조선종이(朝鮮—) ➡한지.

조선 총˙독부(朝鮮總督府) 일본이 1910년부터 1945년까지 우리나라를 지배하기 위하여 서울에 두었던 최고 행정 관청.

조선 팔도(朝鮮八道) 조선 시대에 우리나라의 도를 여덟 개로 나누어 다스렸던 지방 행정 구역.

조ː성(造成) 무엇을 만들어서 이룸. [예]분위기 조성/공업 단지 조성. 조성되다. 조성하다.

조세(租稅) 국가 또는 지방 자치 단체가 필요한 경비를 마련하기 위하여 국민으로부터 거두어들이는 돈. [준]세. [비]세금.

조소¹(彫塑) 조형 미술의 한 가지. 사람 등의 형상을 흙·나무·돌·금속 등으로 빚거나 새기는 일. [비]조각. 조소하다.

조소²(嘲笑) 놀리고 비웃음. [예]조소를 당하다. 조소하다.

조ː속하다(早速—) [조소카다] 아주 이르거나 빠르다. [예]조속한 조치를 취하다. 조속히.

조손(祖孫) 할아버지와 손자를 아울러 이르는 말. [예]우리 마을에는 조손 가정이 많다.

조ː수¹(助手) 어떤 사람의 일을 돕는 사람. [예]운전 조수.

조수²(潮水) 일정한 시간을 두고 밀려 들어왔다가 나가는 바닷물. 밀물과 썰물.

조ː숙하다(早熟—) [조수카다] 나이에 비하여 몸과 마음의 발달이 빠르다. [예]민주는 친구들에 비하여 조숙한 편이다. [비]숙성하다. 조숙히.

조식¹(曺植, 1501~1572) 조선 명종 때의 학자. 호는 남명. 두류산의 산천재에서 성리학의 연구와 후진 양성에 전념하여 명망이 높았다. 저서에 '남명집'·'파한잡기' 등이 있다.

조식²(朝食) 아침밥.

조신하다(操身—) 몸가짐이 조심스럽고 얌전하다. [예]조신한 처녀/조신하게 굴다.

조ː실부모(早失父母) 어려서 부모를 여읨. 조실부모하다.

조ː심(操心) 잘못이나 실수가 없도록 마음을 씀. [예]감기 조심. 조심하다.

조ː심성(操心性) [조심썽] 잘못이나 실수가 없도록 조심하는 태도. [예]동생은 조심성이 없어서 잘 넘어진다.

조ː심스럽다(操心—) [조심스럽따] 조심하는 태도가 있다. [예]이 기계는 조심스럽게 다루어야 한다. [활용] 조심스러우니·조심스러워. 조심스레.

조ː심조심(操心操心) 썩 조심스럽게 행동하는 모양. [예]그는 위험한 낭떠러지를 조심조심 기어올랐다.

조아리다 황송하여 이마가 바닥에 닿을 정도로 머리를 자꾸 숙이다. [예]신하는 왕에게 머리를 조아리며 간청했다.

조약(條約) 문서에 의한 국가 간의 합의. [예]국제 조약/평화 조약/조약을 맺다.

조약돌 [조약똘] 냇가나 바닷가 등에 많은, 작고 동글동글한 돌.

조ː언(助言) 곁에서 도움이 되는 말을 하거나 일깨워 줌, 또는 그 말. [예]조언을 받다. [비]도움말. 조언하다.

조ː업(操業) 기계 등을 움직여 일을 함. [예]이 공장은 정상적으로 조업이 이루어지고 있다. 조업하다.

조ː연(助演) 연극·영화에서 주연을 도와 연기함, 또는 그 사람. [예]조연 배우. [반]주연. 조연하다.

조ː예(造詣) 학문이나 기술 등 어떤 분야에 대한 깊은 지식이나 이해. [예]아버지는 음악에 조예가 깊으시다.

조옮김(調—) [조옴김] 악곡 전체의 형태는 바꾸지 않고 그대로 다른 조로 바꾸는 일. 조옮김하다.

조왕신(竈王神) 민간에서, 부엌을 맡은 신을 이르는 말.

조용조용 말·행동·성격 등이 시끄럽지 않고 얌전한 모양. [예]식구들이 깰까 봐 조용조용 문을 열었다.

조용하다 ①아무 소리도 나지 않고 잠잠하다. 예쥐 죽은 듯이 조용하다. ②말·행동·성격 등이 차분하고 얌전하다. 예조용한 성품/조용한 목소리. 조용히.

조원(組員) 한 조를 이루는 사람.

조율(調律) ①악기의 음을 일정한 기준음에 맞춤. 예이 피아노는 조율을 해야겠다. ②'문제를 어떤 대상에 알맞거나 마땅하도록 조절함'을 비유하여 이르는 말. 예의견 조율이 필요하다. 조율하다.

조ː의(弔意)[조의/조이] 남의 죽음을 슬퍼하는 마음. 예삼가 조의를 표합니다.

조ː의금(弔意金)[조의금/조이금] 남의 죽음을 슬퍼하며 죽은 사람의 가족에게 위로하는 뜻으로 주는 돈. 비부의금.

조이다 〈죄다¹〉의 본말.

조인(調印) 조약·계약 등의 문서에 양쪽 대표가 동의하여 서명함. 조인되다. 조인하다.

조ː작¹(造作) 좋지 못한 목적으로 무슨 일을 지어내거나 없던 것을 꾸며 냄. 조작되다. 조작하다. 예사건을 조작하다.

조작²(操作) 기계나 장치 등을 다루어 움직이게 함. 예조작이 편리한 기계. 조작되다. 조작하다.

조잘거리다 ①낮은 목소리로 좀 수다스럽게 종알거리다. ②참새 등이 쉴 새 없이 자꾸 지저귀다. 비조잘대다. 큰주절거리다.

조잘대다 ➡조잘거리다.

조잘조잘 자꾸 조잘거리는 모양. 큰주절주절.

조잡하다(粗雜—)[조자파다] 말·행동·물건 등이 거칠고 보잘것없다. 예조잡한 장난감.

조ː장¹(助長) 좋지 않은 일을 더 심해지도록 부추김. 조장되다. 조장하다. 예과소비를 조장하는 광고.

조장²(組長) 한 조의 우두머리.

조절(調節) 사물의 상태를 알맞게 조정하거나 균형을 잡아 어울리도록 함. 예온도 조절/컨디션 조절. 비조정. 조절되다. 조절하다.

조절 나사(調節螺絲) 현미경에서 대상의 초점을 맞출 때 쓰는 나사.

조정¹(朝廷) 임금이 나랏일을 의논하거나 집행하던 곳.

조정²(調停) 다투는 중간에 서서 화해시킴. 예노사 분쟁의 조정. 비중재. 조정되다. 조정하다.

조정³(調整) 알맞게 조절하여 정상 상태가 되게 함. 비조절. 조정되다. 조정하다. 예텔레비전 화면을 조정하다.

조정력(調整力)[조정녁] 자기 몸을 마음대로 가눌 수 있는 능력.

조제(調劑) 여러 가지 약품을 섞어서 약을 만듦. 조제되다. 조제하다. 예감기약을 조제하다.

조ː조(早朝) 이른 아침.

조ː조 할인(早朝割引)[조조하린] 영화관에서, 오전의 첫 상영 시간에 입장하는 사람들에게 입장료를 조금 깎아 주는 일.

조종(操縱) ①기계 등을 마음대로 다루어 부림. 예비행기 조종. ②사람을 자기의 뜻대로 부림. 예배후 조종. 조종되다. 조종하다.

조종사(操縱士) 비행기를 조종하는 사람.

조ː준(照準) 탄알이 목표에 명중하도록 총이나 포 등을 겨냥함. 조준되다. 조준하다.

조직(組織) ①어떤 목적을 위하여 여러 사람이 모여 하나의 단체를 이룸, 또는 그 단체. 예사회 조직/조직 개편. ②생물에서, 모양·크기·기능이 비슷한 세포들이 모여서 이룬 것. 예근육 조직. 조직되다. 조직하다.

조직체(組織體) 조직적으로 구성된 체제나 단체.

조짐(兆朕) 어떤 일이 일어날 징조. 예전쟁이 일어날 조짐이 보인다. 비징조.

조차 '도·까지도·따라서'의 뜻으로, 앞의 말을 강조할 때 쓰는 말. 예너조차 나를 탓하느냐?

조찬(朝餐) 어떤 목적을 가진 모임 등에서의 아침 식사.

조처(措處) 어떤 문제를 해결하려고 필요한 대책을 세워 처리함, 또는 그런 대책. 예강제 출국 조처가 내려지다. 비조치. 조처하다.

조!청(造清) 묽게 곤 엿. 물엿.

조졸하다 ①아담하고 깨끗하다. 예조졸한 살림. ②성품이나 행동이 깔끔하고 얌전하다. 조졸히.

조총(鳥銃) '화승총'을 달리 이르는 말. 예조총 훈련.

조치(措置) 어떤 문제나 사태를 해결하기 위하여 필요한 대책을 강구함, 또는 그 대책. 예응급조치. 비조처. 조치하다.

조치원(鳥致院) 충청남도 연기군 동쪽에 있는 읍. 경부선·충북선이 나뉘는 곳으로 교통이 편리하다.

조카 형제자매의 아들과 딸.

조!퇴(早退)[조퇴/조퉤] 학교나 직장 같은 데서, 끝나는 시간이 되기 전에 일찍 돌아감. 조퇴하다.

조판(組版) 활판 인쇄에서, 원고대로 뽑은 활자를 원고의 지시대로 맞추어 판을 짜는 일. 조판되다. 조판하다.

조!폐 공사(造幣公社) 화폐·은행권·국채·증권 등을 만들어 내는 법인 기관.

조표(調標) 악곡의 조를 나타내는 기호. 음자리표 다음에 붙이는 '♯(올림표)'나 '♭(내림표)' 등.

조합(組合) ①여럿을 모아 한 덩어리가 되게 함. 예자음과 모음의 조합. ②어떤 공동 목적을 수행하기 위하여 일정한 자격을 가진 사람들이 조직한 단체. 조합하다.

조합원(組合員)[조하붠] 조합에 가입한 사람.

조항(條項) 법률이나 규정 등의 낱낱의 항목. 예금지 조항. 비조목.

조헌(趙憲, 1544~1592) 조선 선조 때의 의병장·학자. 임진왜란 때 의병을 일으켜 싸우다가 충청남도 금산 전투에서 700명의 의병과 함께 죽었다.

조!혈(造血) 몸 안에서 피를 만듦. 예조혈 작용. 조혈하다.

조!형(造形) 형체를 이루어서 만듦. 예조형 미술. 조형되다. 조형하다.

조!형물(造形物) 조각이나 건축 등 인공적으로 만든 물체.

조!혼(早婚) 적령기보다 일찍 결혼함, 또는 그 결혼.

조!화¹(弔花) 사람의 죽음을 슬퍼하는 뜻으로 바치는 꽃.

조!화²(造化) 야릇하고 신통한 일. 예날씨가 조화를 부린다.

조!화³(造花) 종이나 헝겊 등으로 만든 가짜 꽃. 비생화.

조화⁴(調和) 대립이나 어긋남이 없이 서로 잘 어울림. 예음양의 조화. 조화되다. 조화하다.

조화롭다(調和—)[조화롭따] 서로 잘 어울려 대립이나 어긋남이 없다. 예사람과 자연은 조화롭게 어울려 살아가야 한다. |활용| 조화로우니·조화로워. 조화로이.

조회¹(朝會)[조회/조훼] 학교·관청 등에서 아침 인사·지시 사항 등을 전하는 모임. 예조회 시간. 비조례. 조회하다.

조!회²(照會)[조회/조훼] 어떤 내용이 맞는지 관계 기관 등에 알아보는 일. 예신원 조회. 조회되다. 조회하다.

족구(足球)[족꾸] 두 팀이 발로 공을 차서 네트를 넘겨 승부를 겨루는 경기. 규칙은 배구와 비슷하다.

족두리[족뚜리] 지난날, 여자가 예복을 입을 때 머리에 쓰던 관의 한 가지. 보통 검은 비단으로 만들고 구슬로 꾸민다.

〈족두리〉

족발(足—)[족빨] 돼지의 발을 조린 음식.

족보(族譜)[족뽀] 한 집안 대대로 내려온 혈통과 계통을 적은 책.

족속(族屬)[족쏙] ①조상이 같고 언어와 풍습이 같은 사람들. ②같은 패거리에 속하는 사람들을 얕잡아 이르는 말. 예염치없는 족속들 같으니라고.

족쇄(足鎖)[족쐐] ①지난날, 죄인의 발목에 채우던 쇠사슬. ②'자유로운 활동을 방해하는 대상'을 비유하여 이르는 말.

〈족쇄〉

족자(簇子)[족짜] 글씨나 그림 등을 꾸며서 벽에 걸게 만든 물건.

족장(族長)[족짱] 한 부족의 우두머리.

족제비[족쩨비] 족제빗과의 동물. 몸은 길고, 털빛은 갈색이다. 쥐나 곤충을 잡아먹으며 토끼나 닭 등을 해치기도 한다.

〈족제비〉

족족[족쪽] 하는 때마다. 예동생은 용돈을 받는 족족 금방 써 버린다.

족집게[족찝께] ①잔털이나 가시를 뽑는 데 쓰는, 쇠로 만든 작은 집게. ②남의 속마음이나 비밀을 잘 알아맞히는 능력을 가진 사람. 예족집게 도사. |잘못| 쪽집게.

족치다 혼쭐이 나게 사정없이 치거나 두들겨 패다. 예몽둥이로 사정없이 족치다.

족하다(足—)[조카다] 수량이나 능력 등이 부족함이 없이 충분하다. 예나는 이것 하나면 족하다. 족히.

존경(尊敬) 남의 훌륭한 인격을 높여 공손히 받들어 모심. 예그분은 여러 사람들의 존경을 받는 어른이다. 빤멸시. 존경하다.

존경심(尊敬心) 남의 훌륭한 인격을 높여 공손히 받드는 마음. 빤공경심.

존귀하다(尊貴—) 신분이나 지위가 높고 귀하다. 예존귀하신 분. 빤비천하다.

존대(尊待) 받들어 대접하거나 대함. 예마을 사람들로부터 존대를 받다. 존대하다.

존댓말(尊待—)[존댄말] 윗사람이나 남을 높일 때 쓰는 말. 빤경어·공대말·높임말.

존립(存立)[졸립] 국가나 단체·제도 등이 망하거나 없어지지 않고 존재함. 예국가 존립의 위기. 존립하다.

존망(存亡) 존속과 멸망.

존속[1](存續) 계속 존재함. 그대로 있음. 예존속 기간. 존속되다. 존속하다.

존속[2](尊屬) 부모와 부모 이상의 항렬에 속하는 사람.

존엄(尊嚴)[조넘] 함부로 할 수 없게 높고 엄숙함. 존엄하다.

존엄성(尊嚴性)[조넘썽] 높고 엄숙한 성질. 예인간의 존엄성/법의 존엄성.

존재(存在) ①실제로 있음, 또는 있는 그것. 예내 동생은 귀신의 존재를 믿는다. 빤실존. ②일정한 범위 안에서 두드러지게 보이는 처지. 예없어서는 안 될 존재. 존재하다.

존중(尊重) 높이 받들고 중히 여김. 예의견 존중. 존중되다. 존중하다.

존칭(尊稱) 존경하여 높여 부름, 또는 그 일컬음. 맨비칭. 존칭하다.

존함(尊銜) 남을 높여 그의 이름을 이르는 말. 비성함·함자.

존호(尊號) 왕이나 왕비의 덕을 높이 기리는 뜻으로 올리던 칭호.

졸개(卒—) '부하'를 얕잡아 이르는 말. 맨우두머리.

졸:다¹ 잠을 자지는 않으나 자꾸 잠드는 상태로 들어가다. 예책을 읽다가 깜박 졸았다. |활용|조니·졸아.

졸:다² 오래 끓여 물기가 없어져서 양이 적어지다. 예찌개가 다 졸아서 너무 짜다. |활용|조니·졸아.

졸도(卒倒) [졸또] 심한 충격이나 과로·빈혈·일사병 등으로 갑자기 정신을 잃고 쓰러지는 일. 비기절·혼절. 졸도하다.

졸라매다 느슨하지 않도록 단단히 동여매다. 예달리기 시합 전에 운동화 끈을 졸라맸다.

졸렬하다(拙劣—) 말이나 행동이 천하고 속이 좁다.

졸:리다¹ 졸음이 오다. 자고 싶은 느낌이 들다. 예밤을 새웠더니 졸린다. |잘못|졸립다.

졸리다² 목이 숨을 쉬지 못할 만큼 꽉 눌리다. 예목이 졸리다.

졸망졸망 자잘한 것들이 사랑스럽게 많이 모여 있는 모양. 큰줄멍줄멍.

졸병(卒兵) 계급이 낮은 병사.

졸본(卒本) 고구려의 시조 주몽이 나라의 터를 처음 잡았다는 곳.

졸부(猝富) 갑자기 부자가 된 사람. 비벼락부자.

졸아들다 [조라들다] ①물기가 없어져서 양이 적어지다. 예주전자의 물이 거의 졸아들었다. ②놀라거나 무서워서 기가 죽다. 예무서운 영화를 보다

가 간이 졸아들었다. |활용|졸아드니·졸아들어.

졸업(卒業) [조럽] 학교 등에서 정해진 공부를 다 마침. 예초등학교 졸업. 맨입학. 졸업하다.

졸업생(卒業生) [조럽쌩] 졸업한 사람. 맨입학생.

졸업식(卒業式) [조럽씩] 일정한 과정을 마친 학생에게 졸업장을 주는 의식. 맨입학식.

졸업장(卒業狀) [조럽짱] 졸업을 증명하는 증서.

졸:음 [조름] 자고 싶은 느낌.

졸이다 [조리다] ①물기 등이 적어지게 하다. 예국물을 졸이다. ②몹시 조마조마하여 애를 태우다. 예마음을 졸이다.

졸작(拙作) [졸짝] ①솜씨가 서툴러 보잘것없는 작품. 맨걸작. ②자기의 작품을 낮추어 이르는 말.

졸장부(拙丈夫) [졸짱부] 마음이 좁고 겁이 많은 남자. 맨대장부.

졸졸 ①가는 물줄기가 끊임없이 흐르는 소리. 예졸졸 흐르는 시냇물. ②어린아이나 작은 동물이 줄곧 뒤를 따라다니는 모양. 예동생이 내 뒤를 졸졸 따라다닌다. 큰줄줄.

졸지에(猝地—) [졸찌에] 갑자기. 느닷없이. 뜻밖에. 예그는 졸지에 거지가 되었다.

졸필(拙筆) 잘 쓰지 못한 글씨.

좀¹ 좀과의 곤충. 몸길이 11~13 mm. 옷·책·나무 등을 쏠아 구멍을 낸다.

좀² ①〈조금〉의 준말. 예이게 좀 낫다. ②어떤 일에 대하여 요구나 동의를 구할 때 흔히 쓰는 말. 예그것 좀 줘. ③그 얼마나. 예아침도 못 먹었다니 배가 좀 고플까?

좀도둑 [좀또둑] 자질구레한 물건을 훔쳐 가는 도둑.

좀먹다 [좀먹따] ①좀이 물건을 물어뜯어 여기저기 구멍이 나다. ②겉으

로 크게 드러나지 않게 조금씩 해를 입다. 예사회를 좀먹는 행위.

좀벌레 '좀'의 방언.

좀스럽다 [좀스럽따] 마음 씀씀이가 좁고 성질이 너그럽지 못하다. |활용| 좀스러우니·좀스러워. 좀스레.

좀약(一藥) [좀냑] 좀이 생기지 않게 하기 위해 쓰는 약.

좀ː처럼 여간해서는. 쉽사리. 예좀처럼 잠이 오지 않는다. 비좀체.

좀ː체 ➡좀처럼. 예감기가 좀체 낫지 않네요.

좁다 [좁따] ①공간이나 면적이 넓지 않다. 예좁은 방. ②마음 씀씀이가 너그럽지 못하다. 예속이 좁다. 반넓다.

좁다랗다 [좁따라타] 넓이가 매우 좁다. 예좁다란 마당. 반널따랗다. |활용| 좁다라니·좁다래.

좁쌀 조의 열매를 찧은, 노랗고 알이 아주 작은 곡식.

좁히다 [조피다] ①간격을 좁게 만들다. 예거리를 좁히다. ②차이를 작게 하다. 예의견 차를 좁히다. 반넓히다.

종ː[1] 지난날, 남의 집에 얽매여서 대대로 천한 일을 하던 사람. 비노비. 반주인·상전.

종[2](鐘) 시간을 알리거나 신호를 보내기 위하여 치거나 흔들어 소리를 내는, 쇠붙이로 만든 물건.

종가(宗家) 한 문중에서 맏이로만 이어 온 큰집.

종각(鐘閣) 큰 종을 매달아 두는 집. 〈종[2]〉

종강(終講) 강의를 끝마침. 종강하다.

종결(終結) 일을 끝냄. 예수사 종결. 종결되다. 종결하다.

종교(宗敎) 신이나 절대자를 믿어 평안과 행복을 추구하는 일. 기독교·불교·이슬람교 등. 예종교를 믿다.

종국(終局) 끝판. 예바둑이 종국에 이르다./일이 잘되다가 종국에 가서 실패하고 말았다.

종군(從軍) ①전쟁터에 나감. ②군인이 아닌 사람이 군대를 따라 같이 다님. 예종군 기자/종군 의사. 종군하다.

종ː기(腫氣) 살갗의 한 부분이 곪아서 생기는 염증.

종내(終乃) 마침내. 끝끝내. 예포로는 종내 입을 열지 않았다.

종ː노릇 [종노른] 종살이.

종다리 종다릿과의 새. 몸은 참새보다 좀 크며, 몸빛은 붉은 갈색 바탕에 검은 갈색 무늬가 있다. 봄철에 하늘 높이 날아올라 고운 소리로 운다. 비종달새.

〈종다리〉

종단(縱斷) 긴 지역을 남북의 방향으로 끝에서 끝까지 가로지름. 예대륙 종단 열차. 비횡단. 종단하다.

종달새 [종달쌔] ➡종다리.

종대(縱隊) 세로로 줄을 지어서 늘어선 모양. 반횡대.

종두(種痘) 천연두의 면역을 위하여 사람의 몸에 우두를 접종하는 일.

종두법(種痘法) [종두뻡] 우두를 사람의 몸에 접종하여 천연두에 대한 감염을 예방하는 방법.

종래(從來) [종내] 지금까지 내려오는 동안. 예종래의 방법. 비종전.

종량제(從量制) [종냥제] 무엇을 사용하거나 버리는 양에 따라 일정한 값을 매기는 제도. 예쓰레기 종량제.

종려(棕櫚) [종녀] ➡종려나무.

종려나무(棕櫚一) [종녀나무] 야자과의 늘푸른큰키나무. 야자나무와 비슷하다. 잎은 줄기 끝에 뭉쳐나는데 매우 크고 부채 모양이다. 둥근 열매는 늦가을에 까맣게 익는다. 재목은 고급 악기의 재료로, 꽃은 중화요리의 재료로 쓴다. 匝종려.

종렬(縱列)[종녈] 세로로 줄지음, 또는 그 줄. 맨횡렬. 종렬하다.

종례(終禮)[종녜] 학교 공부를 마친 후, 담임선생님과 학생들이 교실에 모여서 하는 인사. 맨조례. 종례하다.

종로(鍾路)[종노] 서울의 종각이 있는 큰 거리.

종료(終了)[종뇨] 일을 마침. 예작업 종료/경기 종료 5분 전에 우리 팀 선수가 역전 골을 넣었다. 종료되다. 종료하다.

종루(鐘樓)[종누] 종을 달아 두는 누각.

종:류(種類)[종뉴] 사물의 상태나 성질에 따라 나눈 갈래. 예책을 종류별로 나누어 책꽂이에 꽂았다.

종말(終末) 계속된 일의 맨 끝. 예인류의 종말. 맨최후.

종말 처:리장(終末處理場) 도시에서, 하수를 최종적으로 모아 정화 처리하는 하수 처리 시설.

종:목(種目) 종류의 이름. 예경기 종목.

종묘(宗廟) 조선 시대의 역대 왕이나 왕비의 위패를 모시는 사당. 서울특별시 종로 3가에 있다.

종묘 제:례악(宗廟祭禮樂) 종묘 제향 때 연주하는 음악.

종반(終盤) 어떤 일이나 경기 등의 끝 무렵. 예우리 팀이 경기 종반에 점수를 냈다.

종사(從事) 어떤 일을 일삼아서 함. 종사하다. 예아버지는 교직에 종사하신다.

종:살이 [종사리] 지난날, 남의 집에서 종노릇을 하던 일.

종성(終聲) 받침. 끝소리.

종소리(鐘—)[종쏘리] 종을 칠 때 울리는 소리.

종속(從屬) 주되는 것에 딸려 붙음. 예종속국. 종속되다. 종속하다.

종손(宗孫) 종가의 대를 이을 맏아들이나 맏손자.

종시(終是) 나중까지 끝내. 예그의 속마음을 종시 알 수 없다.

종신(終身) ①한평생을 마침. ②살아 있는 동안. 예종신 징역. 종신하다.

종신형(終身刑) 죽을 때까지 감옥에서 옥살이를 하도록 하는 형벌.

종씨(宗氏) 촌수가 먼 일가 사이에 서로 상대를 부를 때 하는 말.

종:아리 무릎과 발목 사이의 뒤쪽. 예종아리를 맞다.

종알거리다 ①혼잣말로 자꾸 불평하다. ②여자나 어린아이가 자꾸 재깔이다. 맨종알대다. 콘중얼거리다. 셴쫑알거리다.

종알대다 ➡종알거리다.

종알종알 자꾸 종알거리는 소리, 또는 그 모양. 콘중얼중얼. 셴쫑알쫑알.

종:양(腫瘍) 몸속에서 세포가 비정상적으로 늘어나 만들어진, 해롭거나 쓸모없는 덩어리.

종업(終業) ①업무를 끝마침. 맨종무. ②학교에서 한 학기 또는 한 학년 동안의 학업을 마침. 예종업식. 맨시업. 종업하다.

종업원(從業員)[종어붠] 어떤 일에 종사하는 사람.

종요롭다 [종요롭따] 없어서는 안 될 만큼 요긴하다. |활용| 종요로우니·종요로워. 종요로이.

종용(慫慂) 어떤 일을 하도록 잘 달래어 부추김. 종용하다.

종유석(鐘乳石) 석회 동굴의 천장에 고드름 비슷하게 매달려 있는 돌.

종이 식물성 섬유로 얇고 판판하게 만든 물건. 글씨·그림·인쇄·포장 등에 쓰인다. 예종이를 접다./종이를 자르다.

종이 한 장의 차이(관용) 사물의 간격이나 틈이 아주 작음을 뜻하는 말.

종이배 종이를 접어서 만든 장난감 배. 예나는 종이배를 강물에 띄워 보냈다.

종이비행기(一飛行機) 종이를 접어서 만든 장난감 비행기.

종이접기[종이접끼] 종이를 접어서 여러 가지 모양을 만드는 일.

종이죽(一粥) 종이를 찢어 풀에 이긴 공작용 재료.

종이쪽지(一紙)[종이쪽찌] 짧은 글을 적은 종잇조각.

종이컵(一cup) 종이로 만든 일회용 컵.

종이 클립(一clip) 여러 장의 종이를 끼워 두는 기구.

종일(終日) 아침부터 저녁까지. 하루의 낮 동안. 예그는 종일 쉬지 않고 일을 한다.

종잇장(一張)[종이짱/종읻짱] 종이의 낱장.

종잇장 같다(관용) ①몹시 얇다. ②창백하다. 예얼굴빛이 종잇장 같다.

종자(種子) 채소나 곡식의 씨. 비씨앗.

종잡다[종잡따] 짐작으로 헤아리거나 알아차리다. 예종잡을 수 없는 말.

종장(終章) 3장으로 된 시조의 마지막 장. 참초장·중장.

종적(蹤跡) 어떤 일이 일어난 뒤에 드러난 모양이나 흔적. 예종적을 감추다. 비행방.

종전[1](從前) 이전. 그전. 이제까지. 예종전에는 없던 일. 비종래.

종전[2](終戰) 전쟁이 끝남. 또는 전쟁을 끝냄. 반개전. 종전되다. 종전하다.

종점(終點)[종쩜] 기차·전차·버스 등의 마지막 도착점. 예버스 종점. 반기점.

종조부(從祖父) 할아버지의 형이나 아우. 준종조.

종족(種族) ①조상이 같고 언어·풍속·습관 등도 같은 사회 집단. ②같은 종류의 생물 전체.

종종(種種) 가끔. 이따금. 예종종 놀러 와.

종종걸음[종종거름] 발을 짧게 자주 떼며 바삐 걷는 걸음. 비동동걸음. 카총총걸음.

종주국(宗主國) 종속된 나라에 대하여, 내정과 외교권을 가진 나라. 반종속국.

종주먹 《주로 '대다'·'들이대다'와 함께 쓰여》 내지르며 을러댈 때의 주먹을 이르는 말. 예종주먹을 들이대다.

종지 간장·고추장 등을 담아 상에 놓는 작은 그릇.

종지부(終止符) 마침표.

종지부를 찍다(관용) 어떤 일을 끝내다.

종지뼈 무릎을 덮고 있는 종지같이 생긴 뼈. 비슬개골.

〈종지〉

종착역(終着驛)[종창녁] 기차나 전차 등의 마지막 도착역. 비종점. 반시발역.

종친(宗親) ①임금의 친족. ②성과 본이 같은, 먼 일가붙이. 예종친회.

종탑(鐘塔) 교회에서, 꼭대기에 종을 매달아 두기 위하여 세운 탑.

종파(宗派) ①지파에 대하여, 종가의 계통. ②같은 종교를 믿으면서도 주장하는 교리가 다른 갈래.

종합(綜合) 관련되는 여러 가지 것을 모아 하나의 통일된 것이 되게 함. 반분석. 종합되다. 종합하다. 예의견을 종합하다.

종합 병원(綜合病院) 각종 질병을 고칠 수 있도록 여러 과목의 의사·간호사 등과 장비를 갖춘 병원.

종합 예술(綜合藝術) 음악·무용·문학·건축·미술 등, 분야가 다른 여러 예술의 요소가 한데 합쳐서 이루어지는 예술. 영화·연극·오페라 등.

종합 청사(綜合廳舍) 정부 여러 부처가 한곳에서 일할 수 있도록 큰 규모로 지은 관청 건물. 몓정부 종합 청사.

종횡무진(縱橫無盡)[종횡무진/종휑무진] 행동이 마음 내키는 대로 자유자재인 상태. 몓야생마처럼 종횡무진 날뛰다.

좇다[존따] ①남의 뒤를 따르다. 몓친구의 행방을 좇아 공원으로 갔다. ②남의 뜻이나 대세를 따르다. 몓여론을 좇다. |발음| 좇아[조차] · 좇고[존꼬]

좋다[조타] ①마음에 흐뭇하여 즐겁다. 몓기분이 좋다. ②아름답다. 몓경치가 좋다. ③훌륭하다. 몓가문이 좋다. ④슬기롭고 뛰어나다. 몓머리가 좋다. ⑤친하다. 몓사이가 좋다. ⑥알맞다. 적당하다. 몓기회가 좋다. ⑦다른 것보다 더 낫다. 몓이 책이 더 좋다. ⑧날씨가 맑다. 몓좋은 날씨. ⑨괜찮다. 몓아무래도 좋다. |발음| 좋아[조아] · 좋고[조코]

좋아지다[조아지다] ①차차 나아지다. 몓성적이 좋아지다. ②좋아하게 되다. 몓짝꿍이 좋아지다.

좋아하다[조아하다] ①좋은 느낌을 가지다. 몓형은 축구를 좋아한다. ②즐겨 하거나 즐겨 먹다. 몓동생은 신 김치를 좋아하다. ③사랑을 느끼다. 몓나는 순이를 좋아한다. 꽨싫어하다.

좌고(座鼓) 북의 한 가지. 나무로 된 나지막한 틀에 매달고, 앉아서 나무 채로 친다.

좌담(座談) 자리에 앉아서 형식에 얽매이지 않고 주고받는 이야기. 좌담하다.

좌담회(座談會)[좌담회/좌담훼] 몇 사람이 모여 앉아, 어떤 문제를 중심으로 하여 각자의 의견을 이야기하는 모임.

좌르르 ①물줄기가 세차게 쏟아지는 소리, 또는 그 모양. ②여러 개의 작은 물건이 한꺼번에 쏟아지는 소리, 또는 그 모양. 솅좌르르.

좌변(左邊) 등식이나 부등식에서, 등호(=)나 부등호의 왼쪽에 적는 수나 식. 꽨우변.

좌상(坐像) 앉아 있는 모습을 나타낸 그림이나 조각.

좌석(座席) ①앉는 자리. ②깔고 앉는 모든 종류의 자리.

좌수사(左水使) 조선 시대에, 바다를 지키던 좌수영의 우두머리.

좌수영(左水營) 조선 시대에, 수군의 군영의 한 가지.

좌심방(左心房) 심장 안의 왼쪽 윗부분. 폐정맥에서 오는 피를 좌심실로 보내는 일을 한다. 꽨우심방.

좌심실(左心室) 심장 안의 왼쪽 아랫부분. 좌심방에서 오는 피를 깨끗이 하여 대동맥으로 보내는 일을 한다. 꽨우심실.

좌우(左右) 왼쪽과 오른쪽. 몓고개를 좌우로 흔들다.

좌우간(左右間) 이렇든 저렇든 간에. 어쨌든 간에. 몓좌우간 먹고 보자.

좌우되다(左右-)[좌우되다/좌우뒈다] 어떤 힘이나 원인에 의해 무엇이 결정되다. 몓사람의 성격은 어린 시절의 경험에 좌우되기도 한다.

좌우명(座右銘) 늘 가까이에 적어 두고, 일상의 경계로 삼는 말이나 글.

좌우하다(左右-)[좌우하다] 어떤 일에 영향을 주어 결정하다. 몓오늘 시합의 결과가 결승 진출을 좌우한다.

좌의정(左議政)[좌의정/좌이정] 조선 시대에, 의정부의 정일품 벼슬. 쨉영의정 · 우의정.

좌익수(左翼手)[좌익쑤] 야구에서, 외야의 왼쪽 수비를 맡은 선수.

좌절(挫折) ①마음이나 기운 등이 꺾임. 몓좌절감. ②어떤 계획이나 일이 헛되이 끝남. 좌절되다. 좌절하다.

좌:중간(左中間) 야구에서, 좌익수와 중견수의 사이.

좌:지우지(左之右之) 어떤 일이나 대상을 제 마음대로 휘두르거나 다룸. 좌지우지되다. 좌지우지하다. 예영화계를 좌지우지하는 대배우.

좌:천(左遷) 높은 직위에서 낮은 직위로 옮김. 또는 중앙에서 지방으로 옮김. 逬영전. 좌천되다. 좌천하다.

좌:초(坐礁) ①배가 물속의 바위에 걸림. ②'어려움에 처하는 것'을 비유하여 이르는 말. 좌초되다. 좌초하다. 예배가 암초에 부딪혀 좌초하였다./정부의 개혁이 여론의 반대에 부딪쳐 좌초하였다.

좌:측(左側) 왼쪽. 逬우측.

좌:측통행(左側通行) 길을 갈 때에 왼쪽으로 다님. 逬우측통행.

좌:표(座標) 어떤 위치나 점의 자리를 나타내는 데 표준이 되는 표.

좌:표축(座標軸) 좌표의 기준이 되는 가로·세로의 선.

좌:표 평면(座標平面) 좌표축이 있는 평면.

좌:회전(左回轉) [좌회전/좌훼전] 자동차 등이 왼쪽으로 돎. 逬우회전. 좌회전하다.

좍 넓게 흩어져 퍼지는 모양. 예민수가 나를 좋아한다는 소문이 좍 퍼졌다. 쎈쫙.

좍좍 [좍쫙] ①굵은 빗방울이나 물줄기가 세차게 쏟아지는 모양. 예소나기가 좍좍 쏟아진다. ②거침없이 글을 읽거나 외우는 모양. 예책을 좍좍 읽어 내려가다. 쎈쫙쫙.

좔좔 많은 양의 액체가 세차게 흐르는 소리, 또는 그 모양. 쎈쫠쫠.

쟁:이 물고기를 잡는 그물의 한 가지. 원뿔 모양으로 생겼다. 逬투망.

죄:(罪) [죄/줴] 도덕·종교·법률 등에 어긋나는 행위. 예죄를 지었으면 벌을 받아야지.

죄:다[죄다/줴다] ①마음을 졸여 가며 바라고 기다리다. 예언니는 가슴을 죄며 합격자 발표를 기다렸다. ②사이를 좁히다. 예죄어 앉다. ③느슨하거나 헐거운 것을 팽팽하게 하거나 꼭 끼게 하다. 예나사를 죄다./멜빵을 죄다. 逬조이다.

죄:다[죄다/줴다] 조금도 남기지 않고 모두. 예범인은 범행을 죄다 자백했다.

죄:명(罪名) [죄명/줴명] 범죄 유형에 붙여지는 죄의 이름.

죄:목(罪目) [죄목/줴목] 범죄 행위의 종류.

죄:상(罪狀) [죄상/줴상] 저지른 죄의 구제척인 내용. 예너의 죄상을 낱낱이 밝혀 주겠다.

죄:송스럽다(罪悚—) [죄송스럽따/줴송스럽따] 죄스럽고 미안한 데가 있다. 逬송구스럽다. |활용| 죄송스러우니·죄송스러워. 죄송스레.

죄:송하다(罪悚—) [죄송하다/줴송하다] 죄스럽고 송구하다. 예늦어서 죄송합니다. 逬미안하다. 죄송히.

죄:수(罪囚) [죄수/줴수] 죄를 저지르고 감옥이나 교도소에 갇힌 사람.

죄:악(罪惡) [죄악/줴악] ①죄가 될 만한 나쁜 짓. ②도덕·종교 등의 가르침을 어기는 짓.

죄암죄암 [죄암죄암/줴암줴암] 젖먹이에게 죄암질을 시킬 때 하는 말. 준죔죔.

죄암질 [죄암질/줴암질] 젖먹이가 두 손을 쥐었다 폈다 하며 재롱을 부리는 일. 준쥐엄질. 죄암질하다.

죄어들다 [죄어들다/줴어들다] ①바싹 죄어서 안으로 오그라들다. 예양말목이 죄어들다. ②긴장 같은 것이 고조되다. 예가슴이 죄어들어 숨이 막혔다. |활용| 죄어드니·죄어들어.

죄ː의식(罪意識)[죄의식/줴이식] 자기가 한 일에 대하여 스스로 죄나 잘못이라고 느끼고 깨닫는 것. [예]죄의식을 느끼다.

죄ː인(罪人)[죄인/줴인] ①죄를 지은 사람. ②죄가 있다고 판결받은 사람. [예]죄인을 가두다.

죄ː짓다(罪—)[죄짇따/줴짇따] 죄가 될 만한 짓을 하다. [활용] 죄지으니·죄지어.

죄ː책감(罪責感)[죄책깜/줴책깜] 죄에 대한 책임감. [예]죄책감에 시달리다.

죔ː죔[죔죔/줨줨] 〈죄암죄암〉의 준말. [잘못] 잼잼.

죗값(罪—)[죄깝/줻깝] 죄의 대가. 지은 죄에 대하여 받는 벌. [예]죗값을 치르다.

주1(主) ①주요하거나 근본이 되는 것. [예]경찰의 주가 되는 임무. ②기독교에서, 만백성의 주인이라는 뜻으로 '예수'를 이르는 말.

주2(州) 미국이나 오스트레일리아 등 연방을 이룬 나라의 행정 구역. [예]워싱턴 주.

주3(洲) 지구 상의 대륙을 크게 가른 이름. [예]아시아 주.

주4(週) 일요일부터 토요일까지의 7일 동안을 이르는 말. [예]내일부터 3주 동안 여행을 간다.

주간1(晝間) 낮. 낮 동안. [예]주간 학교. [반]야간.

주간2(週刊) 한 주일마다 한 번씩 펴내는 일, 또는 그 간행물. [참]일간·월간.

주간3(週間) 한 주일 동안. [예]주간 일기 예보.

주간지(週刊誌) 한 주일에 한 번씩 펴내는 잡지.

주객(主客) ①주인과 손님. ②주되는 것과 그에 딸린 것.

주객일치(主客一致) 주체와 객체가 하나가 됨.

주객전도(主客顚倒)[주객쩐도] 《주인과 손님의 위치가 서로 바뀌었다는 뜻으로》 '중요한 것과 중요하지 않은 것, 앞선 것과 뒤선 것, 급한 것과 급하지 않은 것 등이 서로 바뀜'을 이르는 말.

주ː거(住居) 어떤 곳에 자리 잡고 삶, 또는 그 집. [예]주거 환경. [비]거주. **주거하다**.

주ː거지1(住居地) 사람이 살고 있거나 살았던 곳.

주ː거지2(住居址) 원시나 고대의 사람들이 집단으로 생활하던 주거의 자취.

주걱 ①나무·놋쇠·플라스틱 등으로 만든, 밥을 푸는 기구. [본]밥주걱. ②구두를 신을 때, 발이 잘 들어가도록 뒤축에 대는 도구. [본]구둣주걱.

주검 죽은 사람의 몸. [비]송장·시체.

주경기장(主競技場) 여러 경기장 중에서 중심이 되는, 가장 큰 경기장. [예]잠실 주경기장.

주경야독(晝耕夜讀)[주경냐독] 《낮에는 농사를 짓고 밤에는 글을 읽는다는 뜻으로》 '바쁜 틈을 타서 어렵게 공부함'을 이르는 말.

주고받다[주고받따] ①서로 주기도 하고 받기도 하다. [예]친구와 크리스마스 선물을 주고받았다. ②서로 번갈아 가며 하다. [예]인사를 주고받다./서로 이야기를 주고받다.

주관1(主管) 책임지고 맡아봄. [예]이 일은 네가 주관을 해라. **주관하다**.

주관2(主觀) 자기 나름의 생각이나 관점. [예]주관에 너무 치우치지 마라. [반]객관.

주관식(主觀式) 보기에서 답을 고르는 것이 아니라 자기 생각대로 답을 적는 시험 방식. [반]객관식.

주관적(主觀的) 자기의 생각이나 관점을 기초로 하는 것. [반]객관적.

주교(主敎) 가톨릭에서, 일정한 구역 (교구)을 관할하는 교직, 또는 그 직에 있는 사람.

주권(主權) [주꿘] 국가의 의사를 최종적으로 결정하는 최고의 권력. 예주권을 행사하다.

주근깨 얼굴 군데군데에 무리 지어 생기는 짙은 갈색의 작은 점.

주기(週期) ①한 바퀴 도는 시기. 예계절은 일 년을 주기로 돌아온다. ②어떤 현상이 일정한 시간마다 되풀이할 때, 그 일정한 시간을 이르는 말. 예지구의 공전 주기.

주기도문(主祈禱文) 예수가 제자들에게 직접 가르친 모범 기도문.

주기적(週期的) 일정한 시간을 두고 되풀이하여 나타나는 것. 예할머니는 주기적으로 병원에 가신다.

주꾸미 문어과의 동물. 생김새는 낙지와 비슷한데, 몸길이가 20~30cm로 짧으며 둥글다.

주낙 물고기를 잡는 기구의 한 가지. 낚싯줄에 여러 개의 낚시를 달아 물속에 넣어 두고 물살에 따라 얼레를 감았다 풀었다 하며 물고기를 잡는다.

주년(周年) 몇 회째의 해. 예개교 20주년.

주눅 무섭거나 부끄러워서 기를 펴지 못하고 움츠러드는 태도나 성질. 예동생은 엄마한테 야단을 맞고 주눅이 들었다.

주다 ①어떤 것을 남에게 건네다. 예일거리를 주다. 높드리다. ②이익이나 손해를 보게 하다. 예피해를 주다.

주도(主導) 어떤 일을 책임지고 이끌거나 지도함. 예언어 정책은 민간 주도로 이루어졌다. 주도하다.

주동(主動) 어떤 일에 중심이 되어 행동함. 예주동 인물. 주동하다. 예시위를 주동하다.

주동자(主動者) 어떤 일에 중심이 되어 행동하는 사람.

주되다(主一) [주되다/주뒈다] 기본이나 중심이 되다. 예주된 업무/주된 원인.

주ː둔(駐屯) 군대가 어떤 지역에 머물러 있음. 예주둔 병력을 철수시키다. 주둔하다.

주둥아리 '입'을 속되게 이르는 말. 준주둥이. 작조둥아리.

주둥이 〈주둥아리〉의 준말. 작조둥이.

'주둥이'의 쓰임

　　사람의 입을 가리킬 때는 욕이나 속된 뜻으로 쓰이지만, 동물의 입을 가리킬 때는 예사말이다. 병 등의 속에 든 것을 밖으로 내보내는 좁은 부분을 가리키기도 한다. 예주둥이 닥쳐!/돼지 주둥이/술병 주둥이가 깨졌다.

주렁주렁 열매 같은 것이 많이 매달려 있는 모양. 작조랑조랑.

주력[1](主力) 중심이 되는 세력. 예주력 상품/주력 산업.

주력[2](走力) 달리는 힘.

주ː력[3](注力) 모든 힘을 들임. 주력하다. 예공부에 주력하다.

주력 부대(主力部隊) 여러 부대 가운데 중심이 되는 부대.

주례(主禮) 예식을 맡아 진행함, 또는 그 사람. 예주례를 서다./주례를 맡다. 주례하다.

주로(主一) 주되게. 예여가에는 주로 바둑을 둔다.

주룩주룩 [주룩쭈룩] 비가 꽤 많이 내리는 소리, 또는 그 모양. 작조록조록. 센쭈룩쭈룩.

주류[1](主流) ①강의 원줄기가 되는 큰 흐름. ②어떤 조직이나 단체에서 영향력이 가장 큰 세력. 예주류 세력. 凹비주류.

주류²(酒類) 술의 종류.

주르르 ①눈물 등이 빠르게 흘러내리는 모양. ②잰걸음으로 따르는 모양. 예아이들이 선생님 뒤를 주르르 따라간다. 짠조르르. 센쭈르르.

주르륵 ①물줄기 등이 빠르게 잠깐 흐르다가 멎는 소리, 또는 그 모양. ②어떤 물건이 비탈진 데를 빠르게 미끄러지다가 멎는 모양. 짠조르륵. 센쭈르륵.

주름 ①살갗이 늙거나 늘어져서 생긴 잔금. ②종이·옷감 등의 구김살. ③치마폭 등을 줄여서 접은 금.

주름살[주름쌀] 주름이 잡힌 금. 예주름살이 잡히다./이마의 주름살 좀 펴라.

주름잡다[주름잡따] 어떤 조직을 마음대로 움직이다. 예천하를 주름잡는 영웅호걸.

주리 지난날, 죄인의 두 다리를 묶고 그 사이에 두 개의 막대기를 끼워 비틀던 형벌. 예주리를 틀다.

주ː리다 먹지 못하여 배를 곯다. 예주린 배를 움켜쥐다.

주막(酒幕) 시골의 길가에서 술과 밥 등을 팔고 나그네도 재우는 집. 凹주막집.

주말(週末) 한 주일의 끝. 주로, 토요일부터 일요일까지를 이른다. 凹주초.

주말농장(週末農場)[주말롱장] 주말에 가서 채소 등을 가꿀 수 있도록 도시 근처에 만든 농장.

주머니 옷에 달아 물건을 넣어 두게 헝겊으로 만든 것. 예양복 주머니.

주먹 다섯 손가락을 오그려 모아 쥔 손. 예주먹을 쥐다. 준줌.

주먹구구(一九九)[주먹꾸구] 대충 짐작으로 하는 셈.

주먹다짐[주먹따짐] 주먹으로 때리며 윽박지르는 짓. 주먹다짐하다.

주먹밥[주먹빱] 주먹처럼 뭉친 밥 덩이.

주먹질[주먹찔] 주먹을 휘둘러 때리는 짓. 주먹질하다.

주먹코 크고 뭉뚝하게 생긴 코, 또는 그런 코를 가진 사람.

주모¹(主謀) 모략이나 음모 등을 주장하여 꾸밈. 주모하다. 예반란을 주모하다.

주모²(酒母) 지난날, 술집에서 술을 팔던 여자.

주모자(主謀者) 중심이 되어 나쁜 짓을 꾸미는 사람.

주ː목(注目) ①어떤 대상이나 일에 특별히 관심을 가지고 자세히 봄. 예주목을 끌다. ②한곳에다 눈길을 모아 봄. 예선생님께 주목을 하다. 凹주시. 주목되다. 주목하다.

주몽(朱蒙) 고구려를 세운 임금인 '동명 성왕'의 이름.

주무(主務) 사무를 책임지고 맡아봄. 예주무 부서. 주무하다.

주무르다 ①손으로 자꾸 쥐었다 놓았다 하며 만지다. 예할머니의 어깨를 주물러 드렸다. ②남을 제 마음대로 다루다. 예경제계를 주무르는 큰손. |활용| 주무르니·주물러.

주무시다 〈자다〉의 높임말.

주ː문¹(呪文) 술법을 부릴 때 외는 글귀. 예주문을 외다.

주ː문²(注文) 남에게 상품을 맞추거나 보내 달라고 함. 주문하다. 예양복을 주문하다.

주ː물(鑄物) 쇠붙이를 녹여 틀에 부은 다음, 굳혀서 만든 물건.

주물럭거리다[주물럭꺼리다] 좀 큰 손놀림으로 물건을 자꾸 주무르다. 예밀가루 반죽을 주물럭거리다. 凹주물럭대다. 짠조몰락거리다.

주물럭대다 [주물럭때다] ⇒주물럭거
리다.

주물럭주물럭 [주물럭쭈물럭] 자꾸 주
물럭거리는 모양. ㉟조몰락조몰락.

주ː민(住民) 일정한 곳에 자리를 잡고
사는 사람. ㉝아파트 주민. ㊚거주민.

주ː민 등록증(住民登錄證) 일정한 지
역에 사는 사람임을 나타내는 증명
서. 그 지역에 살고 있다고 관청에 등
록을 한 사람 가운데 만 17세 이상인
사람에게 발급한다.

주발(周鉢) 놋쇠로 만든, 뚜껑이 있는
밥그릇.

주방(廚房) 음식을
만들거나 차리는
방. ㉝주방 기구.
㊚부엌.

〈주발〉

주방장(廚房長) 음
식점 등의 주방에서 우두머리가 되는
사람.

주번(週番) 한 주일마다 차례를 바꾸
어 하는 일, 또는 그 일을 하는 사람.
㉝이번 주 주번은 누구지?

주범(主犯) ①여러 범인 가운데 중심
이 되는 범인. ②좋지 않은 결과를 만
드는 주된 원인. ㉝자동차 배기가스
는 대기 오염의 주범이다.

주법¹(走法) [주뻡] 육상 경기의 경주나
도약 등에서 달리는 방법.

주ː법²(奏法) [주뻡] 〈연주법〉의 준말.
㉝기타의 주법.

주ː변¹ 일이 잘되도록 애쓰거나 상황
에 맞게 해결함, 또는 그런 재주. ㉝주
변이 없다.

주변²(周邊) 둘레의 가장자리. 부근.
㉝주변 경관/학교 주변을 깨끗이 청
소하다. ㊚주위.

주보(週報) 한 주일에 한 번씩 발행하
는 신문이나 잡지.

주봉(主峯) 어떤 산줄기에서 가장 높
은 봉우리. ㊚최고봉.

주부(主婦) 한 가정의 살림살이를 맡
아 꾸려 가는 여자. ㊚가정주부·안
주인.

주빈(主賓) 여러 손님 가운데 가장 중
요한 손님.

주ː사(注射) 약물을 주사기에 넣어 조
직이나 혈관 속에 넣는 일. ㉝감기에
걸려 병원에 가서 주사를 맞았다. 주
사하다.

주ː사기(注射器) 약물을 주사할 때 쓰
는 기구.

주ː사약(注射藥) 주사기를 써서 몸
안의 조직이나 혈관 속에 넣는 액체
약물.

주사위 단단한 나무나 짐승의 뼈로 만
든 장난감의
한 가지. 작
은 정육면체
로, 각 면에
하나에서 여
섯까지의 점
을 새겼다.

〈주사위〉

주산(珠算) 지난날, '수판셈'을 이르
던 말.

주산물(主産物) 어떤 고장의 생산물
중에서 주되는 산물.

주상 절리(柱狀節理) 마그마가 식어
굳으면서 생기는 다각형 기둥 모양
의 금.

주ː생활(住生活) 집에서 살아가는 생
활. ㊚식생활·의생활.

주석¹(主席) 중국·북한 등에서, 국가
나 정당의 최고 직위, 또는 그 직위에
있는 사람.

주석²(朱錫) 금속 원소의 한 가지. 은
백색의 광택이 나며, 녹슬지 않는다.
공기 중에 잘 변하지 않아 도금·합금
에 이용된다.

주석³(柱石) ①기둥과 주춧돌. ②'가장
중요한 역할을 하는 사람'을 비유하
여 이르는 말.

주석단(主席壇) '귀빈석'의 북한말.

주선(周旋) 일이 잘되도록 여러모로 두루 힘씀. 주선하다. 예아저씨가 삼촌의 일자리를 주선해 주셨다.

주섬주섬 여기저기 널린 물건을 하나씩 주워 거두는 모양. 예언니는 약속 시간이 다 돼서야 주섬주섬 옷을 입었다.

주성분(主成分) 어떤 물질을 이루고 있는 성분 가운데서 가장 주되는 것.

주ː소(住所) 사람이 자리를 잡아 살고 있는 곳. 예아직 이사 간 집 주소를 몰라요.

주ː술(呪術) 신이나 초자연적인 힘을 빌려 길흉을 점치고 복을 비는 일.

주ː술 동요(呪術童謠) 자기의 소망을 이루기 위하여 부르는 동요.

주스(juice) 과실이나 채소 등에서 짜낸 즙. 예딸기 주스.

주ː시(注視) 어떤 것을 주의 깊게 살펴봄. 예전방 주시. 주시하다.

주시경(周時經, 1876~1914) 국어학자. 호는 한힌샘. 한글을 과학적으로 연구하고 체계를 세워 국어학 발전의 기초를 닦았다. 저서에 '국어문법'·'말의 소리' 등이 있다.

주식[1](主食) 밥·빵 등과 같이 평소 끼니에서 주가 되는 음식. 빤부식.

주식[2](株式) 주식회사의 자본을 댄 사람에게 그 금액을 적어 증거로 주는 문서.

주식회사(株式會社) [주시쾨사/주시퀘사] 주식의 발행을 통해 자본을 마련하여 운영하는 회사.

주심(主審) 운동 경기에서, 여러 심판 가운데서 주장이 되어 경기를 진행시키고 심판하는 사람.

주ː악(奏樂) 음악을 연주함, 또는 그 음악. 주악하다.

주안상(酒案床) [주안쌍] 술과 안주를 차린 상. 빤술상.

주야(晝夜) 밤낮.

주어지다 무슨 일을 하는 데 필요한 요소나 조건 등이 갖추어지거나 제시되다. 예주어진 문장을 보기와 같이 고치시오.

주역[1](主役) ①주되는 역할, 또는 그 역할을 하는 사람. 예저 선수가 팀 승리의 주역이다. ②연극이나 영화 등의 주되는 역할, 또는 그 배우. 빤단역.

주역[2](周易) 유교 경서의 하나.

주연[1](主演) 연극·영화에서 주인공으로 출연함, 또는 그 사람. 예주연 배우. 빤조연. 주연하다.

주연[2](酒宴) 술잔치. 예주연을 베풀다.

주옥(珠玉) 구슬과 옥.

주옥같다(珠玉ー) [주옥깐따] 구슬과 옥처럼 매우 아름답거나 귀하다. 예주옥같은 작품.

주요(主要) 중심이 됨. 예주요 인물. 빤중요. 주요하다.

: : : : '주요'와 '중요'의 구별 : : : :

주요 : '중심이나 골격이 됨'의 뜻. 예주요 과목/주요 원인/주요 등장 인물/주요 장부.

중요 : '매우 소중하고 요긴함'의 뜻. 예중요한 일/중요 문제/중요 인물.

주요 내ː용(主要內容) 중심이 되는 내용.

주워듣다 [주워듣따] 귓결에 한 마디씩 얻어듣다. 예그 얘기는 어디서 주워들은 거야? |활용| 주워들으니·주워들어.

주위(周圍) 어떤 곳의 바깥 둘레. 예주위 환경/나는 집 주위에 꽃을 심었다. 빤주변.

주ː유소(注油所) 자동차가 다니는 길가에 특별한 장치를 설비하여 자동차 등에 기름을 넣어 주는 곳.

주의¹(主義) [주의/주이] 굳게 지켜 변하지 않는 일정한 생각이나 주장. [예]주의 주장이 강하다.

주ː의²(注意) [주의/주이] ①마음에 새겨 두어 조심함. [예]전기 제품을 다룰 때에는 감전에 주의를 해야 한다. [반]부주의. ②경고나 충고의 뜻으로 일깨워 줌, 또는 그런 말. [예]주의 표지/주의를 주다. 주의하다.

주ː의력(注意力) [주의력/주이력] 마음에 새겨 두어 조심하는 능력. [예]주의력이 산만한 아이.

주ː의보(注意報) [주의보/주이보] 기상으로 인해 피해가 예상될 때 주의를 주는 예보. [예]폭풍 주의보.

주인(主人) ①한 집안이나 단체를 꾸려 나가는 주되는 사람. ②물건의 임자. ③손님을 맞이하는 사람. ④가게나 상점 등을 경영하는 사람.

주인공(主人公) ①이야기·연극·영화 등에서 중심이 되는 사람. ②어떤 일에서 주도적인 역할을 하는 사람. [예]화제의 주인공.

주인집(主人—)[주인찝] 빌려 쓰고 있는 집의 주인이 살고 있는 집.

주일¹(主日) 기독교에서, '일요일'을 이르는 말.

주일²(週日) ①월요일부터 일요일까지에 이르는 동안의 날. ②어떤 날부터 7일 동안.

주임(主任) 어떤 일을 주로 담당하여 관리함, 또는 그 사람. [예]교무 주임/주임 교사.

주ː입(注入) ①액체를 물체 안에 흘려 넣음. [예]연료 주입. ②지식을 기계적으로 기억하게 가르침. [예]주입식 교육. 주입되다. 주입하다.

주자¹(朱子) 중국 송나라의 유학자인 '주희'를 높여 이르는 말.

주자²(走者) ①운동 경기에서 달리는 사람. [예]선두 주자. ②야구에서, 아웃되지 않고 누에 나가 있는 사람.

주ː자³(鑄字) 쇠붙이로 주조하여 만든 활자.

주ː자소(鑄字所) 조선 시대에, 활자를 만드는 일을 하던 곳.

주자학(朱子學) 중국 송나라 때 주자가 완성한 유학.

주장¹(主將) 운동 경기에서 팀을 대표하는 선수.

주장²(主張) 자기의 생각을 내세움. 주장되다. 주장하다.

주ː재(駐在) 직무상 파견된 곳에 머물러 있음. [예]파리 주재 특파원. 주재하다.

주재료(主材料) 어떤 것을 만드는 데에 주로 쓰는 재료. [예]이 음식은 달걀을 주재료로 하여 만든 것이다.

주저앉다 [주저안따] 섰던 자리에서 그냥 바닥에 앉다. [예]민수는 땅바닥에 털썩 주저앉았다.

주저주저(躊躇躊躇) 머뭇거리고 망설이는 모양.

주저하다(躊躇—) 머뭇거리거나 나아가지 못하고 망설이다. [예]필요한 것이 있으면 주저하지 말고 얘기해.

주전(主戰) 주력이 되어 싸우는 것. [예]주전 선수. [반]후보.

주전부리 때를 가리지 않고 맛이나 재미, 심심풀이로 음식을 먹음, 또는 그런 음식. [예]주전부리로 과자라도 먹을래? [비]군것질. 주전부리하다.

주전자(酒煎子) 물 등을 데우거나 담아서 잔에 따르는 그릇.

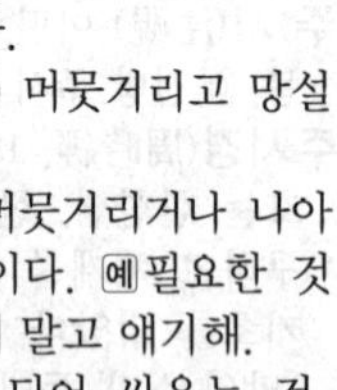
〈주전자〉

주절거리다 작고 낮은 목소리로 중얼거리다. [비]주절대다. [작]조잘거리다.

주절대다 ➡주절거리다.

주절주절 자꾸 주절거리는 모양. [작]조잘조잘.
주점(酒店) 술을 파는 가게. [비]술집.
주접스럽다 [주접쓰럽따] 주로 음식에 대하여, 더럽고 염치없게 욕심을 부리는 태도가 있다. [활용] 주접스러우니·주접스러워.
주:정(酒酊) 술에 취하여 정신없이 함부로 하는 말이나 짓. [예]주정을 부리다. **주정하다**.
주:정꾼(酒酊—) 술에 취하여 주정을 잘 부리는 사람.
주제1 변변하지 못한 처지나 형편. [예]네 주제에 그런 비싼 물건이 어울리겠니?
주제2(主題) ①주요한 제목. 주장이 되는 문제. [예]세미나의 주제. ②예술 작품에서 작가가 나타내려는 중심이 되는 생각. [예]소설의 주제.
주제가(主題歌) 영화·연극·드라마 등에서, 주제를 나타내는 노래.
주제곡(主題曲) 영화·연극·드라마 등에서, 주제를 나타내는 음악.
주제넘다 [주제넘따] 말이나 행동이 제 분수에 넘게 건방지다. [예]어른들 말씀하시는데 주제넘게 나서지 마라.
주제도(主題圖) 자연·인구·문화·산업 등 특정한 한 가지 주제를 강조하여 표현한 지도.
주조1(主調) 어떤 악곡에서 중심이 되는 가락.
주:조2(鑄造) 금속을 녹여서 거푸집에 부어 넣어 원하는 모양의 물건을 만듦. **주조되다**. **주조하다**.
주조정실(主調整室) 방송국에서, 부조정실을 거쳐 나온 방송을 고르게 조정하여 송신소로 보내는 곳.
주종(主從) ①주인과 하인. [예]주종 관계를 맺다. ②주되는 사물과 그에 딸린 사물.
주주(株主) 주식을 가진 사람.
주중(週中) 한 주의 가운데. [예]주중에는 할 일이 많아 바쁘다.
주:지1(住持) 한 절을 맡아 책임지는 승려. [예]주지 스님.
주지2(周知) 어떤 사실을 여럿이 두루 앎. [예]주지의 사실. **주지되다**. **주지하다**. [예]회의 결과는 주지하는 바와 같습니다.
주지사(州知事) 미국처럼 여러 주로 이루어진 나라에서 한 주의 행정을 맡아보는 우두머리.
주:차(駐車) 차를 세워 둠. [예]주차 금지 구역. **주차하다**.
주:차장(駐車場) 차를 세워 두도록 마련해 놓은 곳.
주창(主唱) 앞장서서 부르짖음. [비]제창. **주창하다**. [예]독립을 주창하다.
주책 ①한결같은 주장이나 판단력. ②이치에 맞지 않게 마음대로 하는 짓. [예]주책을 부리다./아이 앞에서 눈물을 보이다니, 나도 참 주책이다.
주책없다 [주채겁따] 일정한 주견이나 줏대가 없이 이랬다 저랬다 하다. [예]주책없는 소리. **주책없이**.
주체(主體) 사물의 상태·성질·작용의 주가 되는 것. [예]역사의 주체.
주체성(主體性) [주체썽] 자기의 의지나 판단에 따라서 행동하는 태도나 성질.
주초(週初) 한 주일의 첫머리. [반]주말.
주최(主催) [주최/주췌] 행사나 회의를 주장하여 엶. [예]신문사 주최 마라톤 대회. **주최되다**. **주최하다**. [예]월드컵을 주최하다.
주축(主軸) 어떤 활동의 중심이 되는 사람. [예]팀의 주축 선수.
주춤 약간 망설이거나 놀라서, 하던 동작을 갑자기 멈추거나 몸을 움츠리는 모양. [작]조촘. **주춤주춤**.
주춤거리다 망설이며 머뭇거리다. [비]주춤대다. [작]조촘거리다.

주춤대다 ➡ 주춤거리다.

주춤하다 망설이거나 놀라서 갑자기 움직임을 멈추거나 몸을 움츠리다. 예민수는 커다란 개를 보고 놀라서 발을 주춤했다.

주춧돌 [주추똘/주춛똘] 기둥 밑에 괴어 놓은 돌. 비초석.

주치의(主治醫) [주치의/주치이] 어떤 사람의 건강 상태나 병을 주로 맡아 상담하거나 치료해 주는 의사.

〈주춧돌〉

주택(住宅) ①사람이 들어가 살 수 있게 지은 집. ②단독 주택. 예노인들이 살기에는 아파트보다 주택이 좋다.

주택가(住宅街) [주택까] 주택이 들어서 있는 지역.

주택 단지(住宅團地) 계획적으로 건설된 큰 규모의 주택 지역.

주택지(住宅地) [주택찌] ①주택이 들어서 있는 지역. ②주택을 짓기에 알맞은 땅.

주파(走破) 정해진 거리를 끝까지 달림. 주파하다. 예전체 구간을 2시간에 주파하다.

주파수(周波數) 1초 동안에 되풀이되는 파동의 횟수.

주판(籌板) ➡ 수판.

주한(駐韓) 다른 나라의 관리·기관·군대 등이 한국에 머물러 있음. 예주한 미군/주한 러시아 대사관.

주행(走行) 자동차 등 바퀴가 달린 탈것이 달려감. 예주행 속도/주행 거리. 주행하다.

주홍(朱紅) 빨강과 노랑의 중간으로, 붉은 쪽에 가까운 색. 비주홍색·주홍빛.

주화(鑄貨) 쇠붙이를 녹여서 만든 돈. 예올림픽 기념주화.

주황(朱黃) 빨강과 노랑의 중간으로, 노란 쪽에 가까운 색. 비주황색·주황빛.

주효하다(奏效—) 어떤 일에 효과가 나타나다. 예오늘 경기에서 작전을 바꾼 것이 주효했다.

죽[1] 옷·그릇 등의 열 벌을 셀 때 쓰는 말. 예버선 한 죽/접시 세 죽.

죽[2] ①줄이나 선을 곧게 내리긋는 모양. 예책에 밑줄을 죽 긋다. ②한 줄로 잇달아 늘어선 모양. 예사람이 죽 늘어서다. ③단번에 거침없이 무엇을 하는 모양. 예편지를 죽 훑어보다. 작족. 센쭉. 죽죽.

죽[3](粥) 곡식을 물에 묽게 풀어 끓여 먹는 음식. 예묽은 죽.

죽다 [죽따] ①목숨이 끊어지다. 예강아지가 병으로 죽었다. ②기계나 움직이던 물체가 멈추다. 예시계가 죽다. ③불이 꺼지다. 예화롯불이 죽다. ④생기나 활기가 꺾이다. 예기가 죽다. 반살다. ⑤그 감정이 더할 수 없이 고조되고 있음을 나타내는 말. 예우스워 죽겠다.

죽고 못 살다 관용 몹시 좋아하거나 아끼다. 예진아는 딸기라면 죽고 못 산다.

죽기 살기로 관용 매우 열심히. 예삼촌은 죽기 살기로 공부해서 대학에 갔다.

죽었다 깨어도 관용 아무리 애를 써도 도저히. 예너는 죽었다 깨어도 나를 따라잡을 수 없어.

죽으나 사나 관용 다른 일은 생각지 않고 항상. 예어머니는 죽으나 사나 자식 걱정뿐이다.

죽을 둥 살 둥 관용 한 가지 일에만 마음을 빼앗겨 다른 일은 돌아보지 않고 마구 덤비는 모양. 예아저씨는 죽을 둥 살 둥 유적 발굴에만 매달렸다.

죽도(竹刀)[죽또] 검도에서, 넷으로 쪼갠 긴 대나무를 묶어 칼 대신 쓰는 도구.

죽령(竹嶺)[중녕] 경상북도 영주시와 충청북도 단양군 사이에 있는 고개. 높이 689 m.

죽마고우(竹馬故友)[중마고우] 《대말을 타고 함께 놀던 친구라는 뜻으로》 어릴 때부터 같이 놀며 자란 다정한 벗.

죽마놀이(竹馬—)[중마노리] 죽마를 타고 노는 아이들 놀이.

죽부인(竹夫人)[죽뿌인] 가늘게 쪼갠 대나무를 얽어서 원통 모양으로 만든 기구. 여름밤에 끼고 자면 서늘한 기운이 돈다.

〈죽부인〉

죽세공(竹細工)[죽쎄공] 대나무를 재료로 하여 물건을 만드는 일.

죽세공품(竹細工品)[죽쎄공품] 바구니·부채 등과 같이 대나무를 재료로 하여 만든 물건.

죽순(竹筍)[죽쑨] 대나무의 땅속줄기에서 돋아나는 어리고 연한 싹.

죽염(竹鹽)[죽염] 대나무 통 속에 소금을 넣고 황토로 봉한 다음, 높은 열에 아홉 번 구워 내어 얻은 가루.

〈죽순〉

죽을힘[주글힘] 죽기를 각오하고 내는 힘. 예죽을힘을 다하여 덤비다. 비사력.

죽음[주금] 죽는 일. 생물의 생명이 없어지는 현상. 비사. 반삶·생.

죽이다[주기다] ①목숨을 빼앗다. 예작은 생물이라도 함부로 죽이면 안 된다. ②기운이나 소리를 줄이거나 작아지게 하다. 예발소리를 죽이며 걷다.

죽장(竹杖)[죽짱] 대나무로 만든 지팡이. 비대지팡이.

죽지[죽찌] ①팔과 어깨가 이어진 관절 부분. ②새의 날개가 몸에 붙은 부분.

죽창(竹槍) 대나무로 만든 창.

죽치다 움직이지 않고 오랫동안 한곳에만 있다. 예집에만 죽치고 있지 말고 밖에 나가 놀아라.

죽통(竹筒) 대나무로 만든 통. 간장·술·기름 등을 담아 둔다.

준ː결승(準決勝)[준결쏭] 〈준결승전〉의 준말.

준ː결승전(準決勝戰)[준결쏭전] 운동 경기 등에서, 결승전에 나가기 전에 치르는 경기. 준준결승.

준ː공(竣工) 건축 등의 공사를 모두 마침. 예준공식. 반기공·착공. 준공되다. 준공하다.

준ː령(峻嶺)[줄령] 높고 험한 고개. 예준령을 넘다.

준ː마(駿馬) 썩 잘 달리는 좋은 말. 비명마.

준ː말 낱말의 한 부분이 줄어서 간단하게 된 말. '가지다'를 '갖다', '노을'을 '놀'로 하는 등. 참본말.

준ː법(遵法)[준뻡] 법을 지키고 따름. 준법하다.

준ː법정신(遵法精神)[준뻡쩡신] 법을 올바로 지켜 실천하는 정신. 예준법정신이 투철하다.

준ː비(準備) 필요한 것을 미리 마련하여 갖춤. 예소풍 갈 준비는 다 했니? 준비되다. 준비하다.

준ː비물(準備物) 필요한 것을 미리 마련하여 갖추어 놓는 물건. 예나는 학교에 가져갈 준비물을 가방에 넣었다.

준ː비 운ː동(準備運動) 운동을 하기 전에 가벼운 동작으로 온몸을 고르게 푸는 운동. 비준비 체조.

준ː비 위원(準備委員) 어떤 일을 하기 전에, 미리 그 일에 대한 여러 가지 준비를 하는 위원.

준ː비 체조(準備體操) ➡준비 운동.

준ː수(遵守) 규칙·명령 등을 그대로 좇아서 지킴. [예]교통 법규 준수. **준수하다**.

준ː수하다(俊秀—) 재주·슬기·용모가 남달리 뛰어나다. [예]용모가 준수한 아이.

준ː엄하다(峻嚴—) [주넘하다] 매우 엄격하다. [예]죄인은 준엄한 법의 심판을 받았다. **준엄히**.

준ː우승(準優勝) [주누승] 운동 경기에서 우승에 다음가는 성적.

준ː장(准將) 군대 계급의 하나. 소장의 아래, 대령의 위.

준ː치 준칫과의 바닷물고기. 몸길이 50 cm가량. 몸은 옆으로 납작하며, 몸빛은 등이 어두운 청색이고 배는 은백색이다.

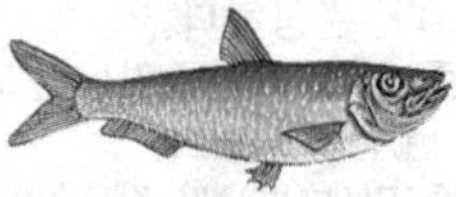
〈준치〉

준ː칙(準則) 기준이 되는 규칙이나 법칙.

준ː하다(準—) 어떤 본보기에 비추어 그대로 좇다. [예]회의는 회칙에 준하여 진행하겠습니다.

줄¹ ①무엇을 묶거나 동이는 데 쓰는 긴 물건. 노끈·새끼 등. ②가로나 세로로 그은 선. [예]연필로 줄을 긋다. ③벌여 선 행렬. [예]표를 사려고 줄을 맞춰 섰다.

줄ː² 쇠붙이 등을 쓸거나 깎는, 강철로 된 연장.

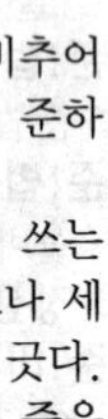
〈줄²〉

줄³ 어떤 방법·사실·속셈 등을 나타내는 말. [예]그런 줄 미처 몰랐다./네가 올 줄 알았지.

줄거리 ①자잘한 부분을 빼고 중심이 되는 내용. [예]소설의 줄거리. ②잎이 다 떨어진 나뭇가지.

줄곧 끊임없이 잇달아. [예]사흘째 줄곧 내리는 비. [비]내처.

줄기 ①식물의 뼈대가 되는 긴 부분. [예]해바라기 줄기. ②산이나 물 등의 길게 뻗어 나가는 갈래. [예]산맥의 줄기. ③소나기의 한 차례. [예]비가 한 줄기 퍼부었으면 좋겠다.

> **'줄기'와 '줄거리'의 구별**
>
> **줄기**: 식물의 뿌리에서 잎이나 가지로 뻗은 부분. 살아 있는 식물에 대해서만 쓰인다. [예]물오른 나무 줄기에 새순이 돋아났다.
>
> **줄거리**: 식물의 가지나 풀, 덩굴 같은 것에서 잎을 떼어 낸 부분. 죽은 식물에 대해서도 쓰인다. [예]고구마 줄거리를 무쳐 먹다.

줄기차다 억세고 힘찬 기세가 꾸준하다. [예]일주일째 장맛비가 줄기차게 퍼붓고 있다.

줄넘기 [줄럼끼] 줄을 돌리면서 뛰어넘는 운동. **줄넘기하다**.

줄ː다 ①넓이나 부피가 본디보다 작아지다. [예]옷이 줄다. ②수나 양이 본디보다 적어지다. [예]몸무게가 줄다. ③기운이나 실력이 나빠지거나 없어지다. [예]실력이 줄다. [반]늘다. [활용] 주니·줄어.

줄다리기 ①여럿이 편을 갈라 굵은 밧줄을 자기편 쪽으로 많이 잡아당긴 편이 이기는 놀이. ② '서로 지지 않으려고 맞서는 일'을 비유하여 이르는 말.

줄달음질 [줄다름질] 단숨에 내처 달리는 달음박질. [준]줄달음. **줄달음질하다**.

줄모 ➡정조식.

줄무늬 [줄무니] 줄로 된 무늬. [예]줄무늬 티셔츠.

줄뿌림 논밭에 골을 타서 씨앗을 줄이 지게 뿌리는 일. [비]골뿌림.

줄어들다 [주러들다] 크기나 수량이 점점 작아지거나 적어지다. [예]수입이 줄어들다. [반]늘어나다. |활용| 줄어드니·줄어들어.

줄어지다 [주러지다] 점점 줄게 되다.

줄이다 [주리다] 줄어들게 하다. [예]옷을 줄이다. [반]늘이다.

줄인자 [주린자] ➡축척.

줄임표(一標) [주림표] 문장에서 말을 줄일 때 쓰는 부호 '……'의 이름. [비]생략표·말없음표·말줄임표.

줄자 가늘고 얇은 천이나 쇠 등에 눈금을 새겨 띠처럼 만든 자. 돌돌 말아 두었다가 필요한 때 풀어 쓴다.

줄:잡다 [줄잡따] 실제의 표준보다 줄여 헤아려 보다. [예]여기 모인 사람들이 줄잡아도 천 명은 되겠다.

줄줄 ①굵은 물줄기가 계속해서 흐르는 소리. [예]땀이 줄줄 흐르다. ②막힘이 없이 무엇을 읽거나 외우는 모양. [예]시를 줄줄 외우다. [작]졸졸.

줄줄이 [줄주리] ①줄마다 모두. ②여러 줄로. [예]줄줄이 늘어서다.

줄짓다 [줄짇따] 줄을 이루다. [예]줄지어 서서 기다리다. |활용| 줄지으니·줄지어.

줄타기 공중에 친 줄 위를 걷거나 건너다니며 재주를 부림, 또는 그런 곡예.

줄행랑(一行廊) [줄행낭] '도망'을 속되게 이르는 말. [예]놀다가 유리창을 깬 아이들은 혼날까 봐 무서워서 줄행랑을 쳤다./줄행랑을 놓다.

줌: 한 주먹으로 쥘 만한 분량. [예]한 줌의 흙.

줍:다 [줍따] 바닥에 떨어지거나 흩어진 물건을 집어 들다. [예]할아버지 댁 뒷산에서 밤송이를 주워 왔다. |활용| 주우니·주워.

> **'줍다'와 '집다'의 구별**
>
> **줍다** : 손으로 바닥에 떨어진 물건을 잡는 것을 이른다. 물건이 바닥에 있어야 하고, 손으로 잡아야 한다. [예]쓰레기를 줍다.
>
> **집다** : 손가락·발가락·젓가락 등으로 물건을 잡는 것을 이른다. 반드시 물건이 바닥에 있어야 하는 것은 아니고, 손으로만 잡아야 하는 것도 아니다. [예]젓가락으로 반찬을 집다.

줏대(主一) [주때/줃때] 자기 생각을 꿋꿋이 지키고 내세우는 태도. [예]줏대가 없다.

중:[1] 절에 살면서 불법을 닦고 실천하며 포교에 힘쓰는 사람. [비]승려. [높]스님.

중[2](中) ①가운데 규모나 등급. ②가운데. 속. [예]내가 찾는 물건이 이 중에 있다. ③무엇을 하는 동안. [예]경기 중.

중간(中間) ①아직 끝나지 않은 때나 상황. [예]중간 발표. ②두 사물의 사이. [예]중간에 끼이다. ③한가운데. 중앙.

중간고사(中間考査) 학교에서 학기의 중간에 치르는 시험.

중간 상인(中間商人) 생산자에게서 물건을 사서 소비자에게 파는 상인.

중강진(中江鎭) 평안북도 자성군에 있는 국경 도시. 우리나라에서 제일 추운 지역이다. 콩·옥수수·꿀·산삼 등이 많이 난다.

중개(仲介) 제삼자의 처지에서 당사자 사이에 서서 어떤 일을 주선함. [예]부동산 중개/중개 무역. **중개되다. 중개하다.**

중개인(仲介人) 상품 매매를 중개하는 사람.

중거리(中距離) ①짧지도 길지도 않은 중간 정도의 거리. [예]중거리 슛/중거리 미사일. ②〈중거리 달리기〉의 준말.

중거리 달리기(中距離—) 육상 경기의 한 가지. 남자의 800m·1,500m 달리기와 여자의 400m·800m 달리기. [준]중거리.

중ː건(重建) 건물을 손질하여 다시 세움. **중건되다. 중건하다.** [예]흥선 대원군은 경복궁을 중건했다.

중견(中堅) 어떤 단체나 사회에서 중심이 되어 활동하거나 중요한 구실을 하는 사람. [예]중견 작가.

중견수(中堅手) 야구에서, 외야의 중간을 지키는 사람.

중ː경상(重輕傷) 중상과 경상. [예]교통사고로 승객 여러 명이 중경상을 입었다.

중계(中繼) [중계/중게] ①중간에서 받아 이어 줌. ②〈중계방송〉의 준말. [예]텔레비전 중계. **중계되다. 중계하다.**

중계방송(中繼放送) [중계방송/중게방송] 경기장·야외 등의 현장 모습을 방송국에서 중계하여 방송하는 일. [준]중계. **중계방송되다. 중계방송하다.**

중계소(中繼所) [중계소/중게소] 어떤 것을 중계하는 곳.

중고(中古) 〈중고품〉의 준말.

중고생(中高生) 중학생과 고등학생을 아울러 이르는 말.

중고차(中古車) 한동안 사용하여 조금 낡은 자동차.

중고품(中古品) 좀 낡은 물건. [준]중고.

중공군(中共軍) 중국 공산당의 지휘를 받던 군대.

중ː공업(重工業) 제철·금속·조선·기계 등과 같이, 부피에 비하여 무게가 큰 제품을 생산하는 공업. [반]경공업.

중괄호(中括弧) 여러 단위를 동등하게 묶어 보이는 괄호 { }의 이름.

중ː광단(重光團) 1911년 만주에서 조직된 독립운동 단체. 교포의 권익 보호와 교육에 힘썼다.

중ː구난방(衆口難防) 《여러 사람의 말은 막기가 어렵다는 뜻으로》 '여럿이 각각 서로 다른 의견을 내며 마구 떠듦'을 이르는 말. [예]사람들이 중구난방으로 떠들어 대는 바람에 회의가 중단되었다.

중국(中國) 아시아 동부에 있는 나라. 인구는 13억 3천 명(2010년 기준)이고, 면적이 세계에서 세 번째로 크다. 지하자원이 풍부하다. 수도는 베이징.

중국어(中國語) [중구거] 중국 사람들이 사용하는 말.

중군(中軍) 지난날, 전후 양 부대의 중간에 있는 군대.

중근동(中近東) 중동과 근동 지방을 아울러 이르는 말.

중ː금속(重金屬) 금·은·구리·납·수은·철 등과 같이, 비중이 큰 금속. [반]경금속.

중급(中級) 중간 등급. [예]중급 과정/중급 제품.

중기(中期) 일정한 기간의 중간인 시기. [예]조선 중기. [비]중엽.

중남미(中南美) ➡라틴 아메리카.

중년(中年) 청년과 노년 중간의 나이로, 마흔 살부터 쉰 살까지의 나이. [예]중년 남자.

중ː노동(重勞動) 육체적으로 몹시 힘이 드는 고된 노동.

중뇌(中腦) [중뇌/중눼] 뇌의 한 부분. 간뇌와 소뇌 사이에 있다. 시각 및 청각에 관한 작용과 몸의 자세를 바로 갖게 하는 작용을 맡아본다.

중단(中斷) 중도에서 그만둠. [예]공사 중단/중단 없는 전진. [비]중지. [반]계속. **중단되다. 중단하다.**

중대¹(中隊) 군대 단위의 한 가지. 4개의 소대가 모여서 이루어진다. ❷대대·소대.

중:대²(重大) 가볍게 여길 수 없을 만큼 매우 중요함. 예중대 발표. ❸중요. 중대하다. 중대히.

중대장(中隊長) 중대를 지휘하는 장교. 보통, 대위가 맡는다.

중도¹(中途) 일의 되어 가는 동안. 하던 일의 중간. 예일을 중도에서 포기하다.

중도²(中道) 어느 한쪽으로 치우치지 않은 중간의 입장. 예중도 노선/중도를 걷다.

중독(中毒) 음식물이나 약의 독성에 치여서 몸의 한 부분 또는 여러 곳에 기능 장애가 생기는 일. 예연탄가스 중독. 중독되다.

중독성(中毒性)[중독썽] 먹거나 닿으면 중독을 일으키는 성질. 예중독성이 강한 약물/담배는 중독성이 강하다.

중동(中東) 서남아시아와 북아프리카에 걸쳐 있는 지역.

중등(中等) 가운데 등급. 상등과 하등, 초등과 고등의 사이.

중등 교:육(中等教育) 초등 교육을 받은 사람에게 베푸는 중등 정도의 교육. 곧, 중학교와 고등학교에서 실시하는 교육.

중등학교(中等學校)[중등학교] 초등 교육을 받은 사람에게 중등 교육을 베푸는 학교. 곧, 중학교와 고등학교.

중략(中略)[중냑] 말이나 글의 중간을 줄임. 중략되다. 중략하다.

중:량(重量)[중냥] ①물체의 무게. 예중량을 달아 보다. ②무거운 무게. ②❸경량.

중:량급(重量級)[중냥끕] 체급에 따른 운동 경기에서의 무거운 체급. ❸경량급.

중:력(重力)[중녁] 지구가 그 표면에 있는 물체를 지구 중심 쪽으로 끌어당기는 힘.

중령(中領)[중녕] 국군 계급의 하나. 소령의 위, 대령의 아래. ❸대령·소령.

중:론(衆論)[중논] 여러 사람의 의논이나 의견. 예중론을 따르다.

중류(中流)[중뉴] ①강의 가운데 지역. ❸상류·하류. ②중간쯤 되는 수준이나 계층. 예중류 계급/중류 사회.

중류층(中流層)[중뉴층] 중류 생활을 하고 있는 사회 계층.

중립(中立)[중닙] ①어느 쪽에도 치우치지 않고 공정함. ②다른 나라 사이의 분쟁이나 전쟁에서, 어느 편에도 편들거나 맞서지 않음. 예중립 국가.

중립국(中立國)[중닙꾹] 대립하고 있는 어느 쪽에도 편들지 않는 것을 외교 방침으로 삼는 나라.

중매(仲媒) 결혼할 만한 남자와 여자를 서로 소개함. 또는 그 일이나 사람. 예중매결혼. ❺중신. 중매하다.

중매쟁이(仲媒一) 중매하는 사람을 낮추어 이르는 말.

중모리장단 판소리 및 산조 장단의 한 가지. 진양조장단보다 좀 빠르고 중중모리장단보다 좀 느리다.

중문(中門) 한옥에서, 대문 안에 하나 더 세운 문.

중문 관광 단지(中文觀光團地) 제주특별자치도 서귀포시 중문동에 있는 종합 관광 단지.

중반(中盤) ①바둑·게임·경기 등의 본격적인 대전으로 들어가는 국면. 예경기가 중반에 접어들었다. ②어떤 사물의 진행이 중간쯤 되는 단계. 예인생의 중반.

중:벌(重罰) 무거운 벌. 중한 형벌.

중:병(重病) 목숨이 위태로울 만큼 크게 앓는 병.

중복¹(中伏) 삼복의 두 번째 복날. 초복 다음 열흘이 지나 드는 복날로, 가장 더운 때이다. 예중복 더위. 웹초복·말복.

중ː복²(重複) 거듭하거나 겹침. 예일의 중복을 피하다. 중복되다. 중복하다.

중부(中部) 어떤 지역의 가운데 부분. 예중부 전선.

중부 고속 도ː로(中部高速道路) 서울특별시 강동구와 대전광역시 동구를 잇는 고속 도로. 길이 145.3km.

중부 지방(中部地方) ①어떤 지역의 중앙에 있는 지방. ②우리나라의 서울특별시·인천광역시·경기도·강원도·충청도를 포함한 지역.

중사(中士) 국군의 부사관 계급의 하나. 하사의 위, 상사의 아래.

중산층(中産層) 생활이나 재산 등이 중간 정도인 계층.

중ː살(重殺) 야구에서, 두 사람의 주자를 한꺼번에 아웃시키는 일. 圓더블플레이·병살.

중상¹(中傷) 터무니없는 말로 남을 헐뜯어 명예를 상하게 함. 중상하다.

중ː상²(重傷) 큰 상처를 입음, 또는 그 상처. 예교통사고로 중상을 입었다. 圓경상.

중상모략(中傷謀略) 남을 해치려고 속임수를 쓰거나 근거 없는 말로 헐뜯는 것.

중ː생(衆生) ①많은 사람. ②불교에서, 부처의 구제 대상이 되는 인간과 그 밖의 모든 생물. 예중생을 구하다.

중생대(中生代) 지질 시대의 한 구분. 고생대의 다음, 신생대의 앞 시대.

중ː석(重石) ➡텅스텐.

중성(中性) ①산성과 알칼리성의 중간에 있다고 생각되는 물질의 성질. ②남성와 여성의 중간 성질, 또는 그 사람.

중성 용액(中性溶液) 산성도 아니고 알칼리성도 아닌 용액. 물·설탕물·소금물 등.

중성자(中性子) 소립자의 한 가지. 전기를 띠지 않으며 물질을 잘 투과한다.

중세(中世) 시대 구분의 한 가지. 고대와 근세의 중간 시대. 우리나라 역사에서는 고려 시대가 여기에 해당한다. 圓중세기.

중소(中小) 규모 등이 중간 또는 그 아래의 것.

중소기업(中小企業) 자본금이나 종업원 수 등의 규모가 대기업에 비해 작은 기업. 웹대기업.

중소 기업청(中小企業廳) 중앙 행정기관의 하나. 중소기업을 육성·발전시키기 위한 지원에 관한 일을 맡아본다.

중순(中旬) 그달의 11일부터 20일까지의 열흘 동안. 웹상순·하순.

중ː시(重視) 중요하게 여김. 圓중요시. 웹경시. 중시되다. 중시하다. 예학력보다 인물을 중시하다.

중식(中食) 점심.

중심¹(中心) ①한가운데. 예시내의 중심을 흐르는 강. 圓복판·중앙. ②가장 중요한 역할을 하는 곳, 또는 그 위치에 있는 것. 예중심 내용.

중ː심²(重心) ➡무게 중심.

중심가(中心街) 도시의 중심에 있는 거리.

중심각(中心角) 원의 중심에서 두 반지름이 이루는 각.

중심 문장(中心文章) 글쓴이의 주장이나 생각이 담겨 있는 문장.

중심부(中心部) 한가운데가 되는 곳. 예시내 중심부에 자리 잡은 건물.

중심인물(中心人物)[중시민물] 소설·영화·사회·단체 등에서 중심이 되는 인물.

중심지(中心地) 중심이 되는 지점.

[예]김해는 가야의 중심지였다.

중ː압(重壓) ①무겁게 내리누름, 또는 그 힘. ②견디기 힘들게 부담을 주거나 강요하는 것.

중앙(中央) ①사방의 한가운데. [예]시내의 중앙에 있는 공원. ②중심이 되는 중요한 곳. [예]중앙 관청. ③지방에 대하여 수도를 이르는 말. ③[반]지방.

중앙선1(中央線) ①한가운데를 지나는 선. ②축구장 등의 경기장에서, 한가운데 건너 그은 선. ②[비]하프라인.

중앙선2(中央線) 서울 청량리와 경상북도 경주를 잇는 철도. 1942년 개통되었다. 길이 380.1km.

중앙아시아(中央Asia) 유라시아 중앙부의 광대한 건조 지대. 예로부터 유목과 실크 로드를 통한 무역이 행해졌다.

중앙은행(中央銀行) 화폐를 발행하고 한 나라의 금융과 통화 제도의 중심이 되는 은행.

중앙 정부(中央政府) 지방 자치제나 연방제가 시행되고 있는 나라에서, 전국의 행정을 맡아 다스리는 기관.

중앙청(中央廳) 중앙 행정 관청, 또는 그 청사.

중ː양절(重陽節) 옛 명절의 하나. 음력 9월 9일.

중ː언부언(重言復言) 이미 한 말을 자꾸 되풀이하여 말함, 또는 그런 말. **중언부언하다**. [예]중언부언하지 말고 똑바로 얘기해 봐.

중얼거리다 남이 잘 알아듣지 못하게 낮은 목소리로 자꾸 말하다. [비]중얼대다. [작]종알거리다. [센]쭝얼거리다.

중얼대다 ➡중얼거리다.

중얼중얼 자꾸 중얼거리는 소리, 또는 그 모양. [작]종알종알. [센]쭝얼쭝얼.

중ː역(重役) ①은행·회사 등의 중요한 임원. [예]중역 회의. ②책임이 무거운 역할.

중엽(中葉) 어떤 시대를 셋으로 나눌 때, 그 중간 무렵. [예]20세기 중엽. [비]중기. [참]초엽·말엽.

중ː요(重要) 소중하고 요긴함. [예]중요 사항/중요 인물. **중요하다**. **중요히**.

중ː요성(重要性) [중요썽] 일의 중요한 성질. [비]중대성.

중ː요시(重要視) 중요하게 여김. [비]중시. **중요시되다**. **중요시하다**. [예]외모보다는 성격을 중요시하다.

중용1(中庸) 어느 한쪽으로도 치우침이 없는 상태. [예]중용을 지키다.

중용2(中庸) 사서의 하나. 중용의 도를 최고로 삼는 책.

중ː용3(重用) 어떤 사람을 중요한 자리에 임명함. **중용되다**. **중용하다**. [예]인재를 중용하다.

중원(中原) ①넓은 들판의 한가운데. ②정권 등을 두고 여럿이 경쟁하는 곳.

중위(中尉) 국군 계급의 하나. 소위의 위, 대위의 아래. [참]대위·소위.

중ː유(重油) 석유의 원유에서 휘발유·등유·경유를 뽑아내고 난 뒤에 얻는 검은 빛깔의 찌꺼기 기름.

중ː의(衆意) [중의/중이] 뭇사람의 의견. [예]중의가 모이다./중의를 따르다.

중이염(中耳炎) 병원균에 의하여 귀청 속에 생기는 염증. 귀가 아프고 열이 난다.

중인(中人) 조선 시대에, 양반과 상민의 중간 계급을 이르던 말. 주로, 낮은 관리직이나 기술직을 맡았다.

중일 전ː쟁(中日戰爭) 1937년 일본이 중국을 침략하여 일어난 전쟁. 1945년 일본의 무조건 항복으로 끝이 났다.

중ː임(重任) ①먼저 근무하던 지위에 거듭 임용됨. ②중대한 임무. **중임되다**. **중임하다**.

중장1(中將) 국군 계급의 하나. 소장의 위, 대장의 아래. [참]대장·소장.

중장[2](中章) 3장으로 된 시조의 가운데 장. [참]초장·종장.

중ː장비(重裝備) 토목·건설 공사에 쓰이는 무겁고 큰 기계나 차를 통틀어 이르는 말.

중재(仲裁) 서로 다투는 사이에 끼어들어 화해를 시킴. [예]중재를 맡다. [비]조정. **중재하다**.

중전(中前) 야구에서, 중견수의 앞. [예]중전 안타.

중절모(中折帽) 〈중절모자〉의 준말.

중절모자(中折帽子) 꼭대기의 가운데가 접히고 챙이 둥글게 달린 모자. [준]중절모.

중점[1](中點) [중쩜] ①선분이나 곡선 등을 이등분하는 점. ②가운뎃점.

중ː점[2](重點) [중쩜] 가장 중요하게 여겨야 할 점. [예]중점 관리/수출 증대에 중점을 두다./인성 교육에 중점을 두다.

중ː죄(重罪)[중죄/중줴] 아주 큰 죄. [예]중죄를 짓다.

중ː주(重奏) 둘 이상의 성부를 한 사람이 하나씩 맡아 동시에 악기로 연주함, 또는 그 연주. [예]피아노 이중주. [참]독주·합주.

중중모리장단 판소리 및 산조 장단의 한 가지. 중모리장단보다 빠르고 자진모리장단보다 느리다.

중ː증(重症)[중쯩] 아주 위급한 병세. [예]중증 환자.

중지[1](中止) 일을 중도에서 그만둠. [비]중단. [반]계속. **중지되다**. **중지하다**. [예]장마로 인하여 공사를 일시 중지했다.

중지[2](中指) 가운뎃손가락.

중ː지[3](衆智) 뭇사람의 지혜. [예]중지를 모으다.

중진국(中進國) 경제나 문화의 발달 정도가 선진국과 후진국의 중간쯤인 나라.

중ː창(重唱) 둘 이상의 성부를 한 사람이 하나씩 맡아 동시에 노래함, 또는 그 노래. [예]중창단. [참]독창·합창. **중창하다**.

중ː책(重責) 중대한 책임. [예]중책을 맡다.

중천(中天) 하늘의 한복판. [예]해가 중천에 떴는데 아직도 안 일어났니?

중ː천금(重千金) 《무게가 천금과 같다는 뜻으로》 가치가 매우 귀함.

중추(中樞) 사물의 중심이 되는 중요한 부분이나 자리. [예]그는 회사에서 중추 역할을 한다.

중추 신경계(中樞神經系) 동물의 신경계에서 신경 섬유와 신경 세포가 모여 뚜렷한 중심부를 이루고 있는 부분.

중추절(仲秋節) '추석'을 달리 이르는 말.

중치(中─) 크기나 품질 등이 중간쯤 되는 물건.

중탄산나트륨(重炭酸Natrium) ➡탄산수소나트륨.

중ː탕(重湯) 끓는 물 속에 음식 담은 그릇을 넣어, 그 음식을 익히거나 데움. **중탕하다**.

중ː태(重態) 병이 위중한 상태.

중턱(中─) 산이나 고개의 허리쯤 되는 곳. [예]산 중턱에서 잠시 쉬었다 가자.

중퇴(中退) [중퇴/중퉤] 학업을 마치지 못하고 중도에 학교를 그만둠. [예]대학 중퇴. **중퇴하다**.

중편(中篇) ①셋으로 나눈 글이나 책의 가운데 편. [참]상편·하편. ②중편 소설.

중풍(中風) 몸의 전체나 일부가 마비되는 병.

중ː하다(重─) ①죄나 병세가 심하다. [예]중한 병. ②소중하다. [예]중한 물건. ③책임이 무겁다. **중히**.

중학교(中學校) [중학꾜] 초등학교를 마치고 가는 학교.

중학생(中學生) [중학쌩] 중학교에 다니는 학생.

중형¹(中型) 중간쯤 되는 크기. 예중형 자동차.

중ː형²(重刑) 크고 무거운 형벌. 예중형을 받다./살인을 저지른 사람은 중형에 처한다.

중화(中和) ①서로 다른 성질의 물질이 합하여 서로의 작용이나 특징을 잃음. ②산성과 염기성 용액이 섞여 중성 용액이 됨. 중화되다. 중화하다.

중화요리(中華料理) 중국의 전통 요리.

중ː화학 공업(重化學工業) 중공업과 화학 공업을 아울러 이르는 말.

중ː환자(重患者) 중병으로 병세가 위독한 환자.

중ː후하다(重厚一) 정중하고 견실하다. 예중후한 인품.

중흥(中興) 쇠퇴하던 나라나 집 등이 중간에 다시 일어남. 예민족 중흥. 중흥하다.

쥐¹ 쥣과의 동물. 털빛은 잿빛이며 꼬리는 가늘고 길다. 이빨이 계속 자라나서 주위의 나무나 딱딱한 물건을 갉아 댄다.

〈쥐¹〉

쥐 도 새 도 모르게[관용] 아무도 모르게 감쪽같이.

쥐 죽은 듯이[관용] 아무 소리 없이 조용한 상태를 이르는 말.

쥐² 몸의 어느 한 부분에 경련이 일어나서 한동안 아프고 움직일 수 없는 상태.

쥐구멍 ①쥐가 드나드는 작은 구멍. ②'몸을 숨길 만한 아주 좁은 장소'를 비유하여 이르는 말.

쥐구멍을 찾다[관용] 몹시 부끄럽거나 떳떳하지 못하여 몸을 숨기려고 애쓰다.

쥐꼬리 '매우 적은 것'을 비유하여 이르는 말. 예쥐꼬리만 한 월급을 받다.

쥐ː다 ①손가락을 오그려 모아 주먹을 짓다. 예주먹을 쥐다. ②손아귀에 넣다. 예정권을 쥐다. ③재물 등을 얻다. 예한밑천 쥐다.

쥐덫[쥐덛] 쥐를 잡는 데 쓰는 덫. 예쥐덫을 놓다.

쥐라기(Jura紀) 중생대의 두 번째 지질 시대. 공룡류가 번식했다.

쥐며느리 쥐며느릿과의 동물. 몸길이 1cm가량. 몸은 납작하고 타원형이며, 몸빛은 어두운 갈색이다. 건드리면 몸을 둥글게 움츠리고 죽은 시늉을 한다. 마루 밑이나 음침한 곳의 돌 밑 또는 썩은 나뭇잎 밑에 산다.

쥐불놀이[쥐불로리] 음력 정월에 쥐를 쫓는다는 뜻으로 논둑이나 밭둑의 마른 풀에 불을 놓는 민속놀이.

쥐뿔 '하찮고 보잘것없는 것'을 비유하여 이르는 말.

쥐뿔도 모르다[관용] 아무것도 모르다.

쥐뿔도 없다[관용] 가진 것이라고는 아무것도 없다.

쥐약(一藥) 쥐를 죽이는 데에 쓰는 독약.

쥐어뜯다[쥐어뜯따/쥐여뜯따] ①단단히 잡고 뜯어내다. 예풀잎을 쥐어뜯다. ②몹시 괴롭거나 답답하여 가슴을 뜯다시피 함부로 꼬집거나 잡아당기다.

쥐어박다[쥐어박따/쥐여박따] 주먹으로 지르듯이 때리다. 예형이 내 머리를 쥐어박았다.

쥐어짜다[쥐어짜다/쥐여짜다] ①손으로 꼭 쥐어 물기를 짜내다. 예빨래를 쥐어짜다. ②잘 생각나지 않는 것을 골똘히 생각하다. 예머리를 쥐어짜도 답을 모르겠네.

쥐치 쥐칫과의 바닷물고기. 몸은 마름모꼴이며 옆으로 납작하다. 눈 위에 한 개의 가시가 있고, 배지느러미는 없다. 〈쥐치〉

쥐통 ➡ 콜레라.

쥐포(一脯) 쥐치의 살을 얇게 저며 양념해서 말린 고기.

쥘ː부채 [쥘뿌채] 접었다 폈다 할 수 있는 부채. 비접부채·접선.

즈믄 '천²'의 옛말.

즈음 일이 어찌 될 때. 예그는 밤이 이슥할 즈음에야 집에 돌아왔다. 준즘.

즈음하다 어떤 때에 다다르거나 그런 때를 맞다. 예내 생일에 즈음해서 가족 여행을 가기로 했다.

즉(卽) 다름이 아니라 곧. 다시 말하여.

즉각(卽刻) [즉깍] 당장에 곧. 예이 업무는 즉각 처리해 주세요. 비즉시.

즉결(卽決) [즉껼] 그 자리에서 곧 의결하거나 결정함. 예즉결 심판. 즉결되다. 즉결하다.

즉사(卽死) [즉싸] 그 자리에서 곧 죽음. 즉사하다.

즉석(卽席) [즉썩] 바로 그 자리. 그 자리에서 곧. 예즉석 요리/즉석 연설/즉석에서 허락하다.

즉시(卽時) [즉씨] 바로 그때. 곧. 예민수는 전화를 끊고 즉시 집을 나섰다. 비즉각.

즉위(卽位) [즈귀] 임금의 자리에 오름. 비등극. 반퇴위. 즉위하다.

즉위식(卽位式) [즈귀식] 임금의 자리에 오르는 것을 널리 알리기 위하여 치르는 의식.

즉일(卽日) [즈길] 일이 생긴 바로 그날. 비당일.

즉효(卽效) [즈쿄] 약 등의 효험이 즉시 나타남. 예이 약을 먹고 즉효를 보았다.

즉흥(卽興) [즈킁] 즉석에서 일어나는 흥취. 예즉흥시.

즉흥적(卽興的) [즈킁적] 준비나 계획 없이 그때그때의 기분이나 생각에 따라 하는 것. 예즉흥적으로 떠오른 생각을 수첩에 적었다.

즐거움 무엇이 마음에 들어 기쁘고 좋은 느낌. 반괴로움.

즐거워하다 즐겁게 여기다. 예동생은 소풍을 간다고 즐거워했다. 반괴로워하다.

즐겁다 [즐겁따] 흐뭇하고 기쁘다. 예나는 친구들과 즐거운 시간을 보냈다. 반괴롭다. |활용| 즐거우니·즐거워. 즐거이.

즐기다 어떤 일을 즐거움을 느끼며 행하다. 즐겁게 누리다. 예아버지는 주말마다 등산을 즐기신다.

즐비하다(櫛比一) 빗살처럼 가지런하고 빽빽이 늘어서 있다. 예빌딩이 즐비하다.

즙(汁) 과일 등에서 짜낸 액체. 예레몬의 즙. 비액즙.

증가(增加) 수나 양이 많아짐. 또는 수나 양을 많아지게 함. 예인구 증가. 반감소. 증가되다. 증가하다.

증감(增減) 많아지거나 적어짐. 또는 늘리거나 줄임. 예인구의 증감을 조사하다. 증감되다. 증감하다.

증강(增強) 인원·설비·능력 등을 더 늘려 강화함. 증강되다. 증강하다. 예병력을 증강하다.

증거(證據) 어떤 사실을 증명할 수 있는 근거. 예결정적인 증거/확실한 증거가 있나요?

증권(證券) [증꿘] 정부의 국채나 회사의 주식과 같이, 거래소에서 사거나 팔기로 약정되어 있는 표. 돈과 같은 가치를 지니고 있으나 시세에 따라 오르내림이 있다.

증권 시ː장(證券市場) 돈의 가치를 지니고 있는 증권을 사고파는 시장. 준증시.

증권 회ː사(證券會社) 증권업을 하는 주식회사.

증기(蒸氣) ①액체가 증발하여 생긴 기체. ②〈수증기〉의 준말. 예증기 소독.

증기 기관(蒸氣機關) 증기의 힘으로 움직이는 기관. 예증기 기관차.

증대(增大) 수량이나 정도가 늘어서 커짐. 또는 늘려서 크게 함. 예소득 증대/수출 증대. 증대되다. 증대하다.

증량(增量) [증냥] 수량이나 무게가 늚. 또는 수량이나 무게를 늘림. 반감량. 증량되다. 증량하다. 예열차를 증량하다.

증류(蒸溜) [증뉴] 액체를 가열하여 생긴 증기를 냉각시켜 다시 액체로 만드는 일. 증류되다. 증류하다. 예물을 증류하다.

증류수(蒸溜水) [증뉴수] 천연수를 증류하여 잡된 물질을 없앤 깨끗한 물.

증명(證明) 어떤 사실이나 결론이 참인지 거짓인지 증거를 들어서 밝힘. 증명되다. 증명하다. 예무죄를 증명하다.

증명서(證明書) 어떤 사실을 증명하는 문서.

증발(蒸發) 액체가 그 표면에서 기체로 변하는 현상. 증발되다. 증발하다. 예물이 증발하다.

증발 접시(蒸發—) 용액 중의 수분을 증발시켜 결정을 얻고자 할 때 용액을 담고 가열하는 데 쓰는 기구.

증보(增補) 책이나 글의 내용을 더 보태고 다듬어서 채움. 예증보판. 증보되다. 증보하다.

증빙(證憑) 어떤 사실을 증명하는 근거로 삼음. 또는 그 근거. 예증빙 서류. 증빙되다. 증빙하다.

증산(增産) 계획이나 기준보다 더 많이 만들어 냄. 예식량 증산. 반감산. 증산되다. 증산하다.

증산 작용(蒸散作用) 식물체 안의 수분이 수증기가 되어 밖으로 나오는 현상.

증상(症狀) ➡증세.

증서(證書) 어떤 사실을 증명해 주는 문서. 예졸업 증서/헌혈 증서.

증설(增設) 시설이나 기관 등을 더 늘려 설치함. 증설되다. 증설하다. 예구내에 체육 시설을 증설할 예정입니다.

증세(症勢) 병이나 상처 때문에 나타나는 현상이나 상태. 예증세가 좋아지다. 비증상.

증손(曾孫) 손자의 아들. 비증손자.

증시(證市) 〈증권 시장〉의 준말.

증식(增殖) ①불어서 더 늚. 또는 불려서 더 늘림. 예재산 증식. ②생물 또는 그 조직이나 세포 등의 수가 늘어남. 증식되다. 증식하다.

증액(增額) 돈의 액수를 늘림. 또는 그 액수. 증액되다. 증액하다. 예세금을 증액하다.

증언(證言) 주로, 법정에서 어떤 사실을 밝혀 말함. 또는 그 말. 예거짓 증언. 증언하다.

증언대(證言臺) 법정에서 증인이 증언하는 자리.

증오(憎惡) 몹시 미워함. 예증오의 눈길. 증오하다.

증오심(憎惡心) 몹시 미워하는 마음.

증원(增員) 사람 수를 늘림. 반감원. 증원되다. 증원하다. 예공무원을 증원하다.

증인(證人) ①어떤 일을 증명하는 사람. ②법정에서 증언을 하는 사람. 예증인을 내세우다.

증정(贈呈) 남에게 선물이나 기념품 등을 드림. 증정되다. 증정하다. 예꽃다발을 증정하다.

증조모(曾祖母) 아버지의 할머니. 비증조할머니. 반증조부.

증조부(曾祖父) 아버지의 할아버지. 준증조. 비증조할아버지. 반증조모.

증진(增進) 점점 더하여 가거나 나아감. 예체력 증진. 반감퇴. 증진되다. 증진하다.

증차(增車) 운행하는 차량 대수를 더 늘림. 증차되다. 증차하다. 예버스를 증차하다.

증축(增築) 지금 있는 건물에 덧붙여 더 늘려서 지음. 증축되다. 증축하다. 예학교 건물을 증축하다.

증편(蒸一) 쌀가루를 막걸리로 묽게 반죽하여 더운 방에서 부풀린 다음, 밤·대추·잣 등의 고명을 얹어 시루에 찐 떡.

증폭(增幅) 빛·음향·전기 신호 등의 진폭을 늘림. 증폭되다. 증폭하다. 예소리를 증폭하다.

증표(證票) 증거가 될 만한 표. 예사랑의 증표.

증후군(症候群) 여러 가지 증상이 늘 함께 나타나지만 그 원인이 명확하지 않거나 하나가 아닐 때에 병명처럼 붙이는 이름. 예새집 증후군.

지 어떤 동작이나 일이 있었던 '그때로부터'의 뜻을 나타내는 말. 예만난 지 일 년이 된다./그가 죽은 지 오래다.

지각¹(地殼) 지구를 둘러싸고 있는 땅 껍데기.

지각²(知覺) ①눈·코·귀 등의 감각 기관으로 외부의 자극을 알아차림. ②사물의 이치를 깨달아 앎, 또는 그 능력. 지각하다.

지각³(遲刻) 정해진 시각보다 늦음. 지각하다.

지각생(遲刻生) [지각쌩] 지각한 학생.

지각없다(知覺一) [지가겁따] 하는 짓이 어리석고 철이 없거나 분별력이 없다. 예지각없는 행동.

지갑(紙匣) 가죽이나 헝겊 등으로 자그마하게 만든, 주머니와 같은 물건. 돈이나 카드 등을 넣는다.

지게 짐을 얹어 사람이 등에 지는 운반 기구.

지게꾼 지게로 짐을 져 나르는 일을 직업으로 하는 사람.

지게차(一車) 차의 앞 부분에 포크와 같이 두 개의 철판이 나와 있어 이것을 위아래로 움직여서 짐을 운반하거나 내리는 차.

〈지게〉

지겟작대기 [지게짝때기/지겓짝때기] 지게를 버티어 세우는 긴 막대기.

지겹다 [지겹따] 진저리가 날 정도로 지루하고 싫다. 예똑같은 이야기를 되풀이해서 들으니 지겨워. |활용| 지겨우니·지겨워.

지경(地境) ①땅과 땅의 경계. ②어떤 처지나 형편. 예기가 막혀 말도 못할 지경이다.

지고하다(至高一) 《더없이 높다는 뜻으로》 더없이 뛰어나거나 훌륭하다. 예지고한 사랑.

지구¹(地區) ①어떤 일정한 구역. 예동부 지구. ②일정한 목적과 기준에 따라 특별히 지정된 지역. 예개발 지구.

지구²(地球) 인류가 살고 있는 땅덩이. 태양계에 딸린 행성의 하나로, 달을 위성으로 가지고 있다.

지구력(持久力) 오래 버티거나 꾸준히 계속하는 힘. 예지구력을 기르다.

지구본(地球一) ➡ 지구의.

지구의(地球儀) [지구의/지구이] 지구를 본떠 공 모양으로 만들어 땅과 바다 등을 그려 넣은 모형. 비지구본.

지구촌(地球村) 교통·통신의 발달로 넓은 지구가 한 마을처럼 가까워졌다는 뜻으로 이르는 말.

지국(支局) 본사나 본국에서 갈라져 나와 어떤 지역의 사무를 맡아보는 조직. 예통신사 지국.

지그시 ①무엇을 누르거나 밀거나 할 때 은근히 힘을 주는 모양. 예손가락으로 지그시 누르다. ②눈을 슬며시 감는 모양. 예눈을 지그시 감다. ③참을성 있게 견디는 모양. 좌자그시.

지그재그(zigzag) 곧바르지 않고 왼쪽과 오른쪽으로 왔다 갔다 하는 모양. 예지그재그로 걷다.

지극하다(至極一)[지그카다] 더할 수 없이 마음과 힘을 다하다. 예효성이 지극하다. 비극진하다. 지극히.

지근지근 ①가볍게 자꾸 누르거나 밟거나 씹는 모양. 예보리쌀을 지근지근 밟았다. ②머리가 자꾸 쑤시듯이 아픈 모양. 예감기에 걸렸는지 머리가 지근지근 아프다. 센찌근찌근.

지글거리다 적은 물이나 기름이 자꾸 소리를 내며 끓다. 비지글대다. 좌자글거리다.

지글대다 ➡ 지글거리다.

지글지글 자꾸 지글거리는 소리, 또는 그 모양. 좌자글자글.

지금(只今) 바로 이때. 이제. 예지금 막 집에 도착했어.

지금껏(只今一)[지금껃] 바로 이때에 이르기까지. 예지금껏 어디에 있었니?

지급[1](支給) 돈이나 물품 등을 내어 줌. 지급되다. 지급하다. 예이자를 지급하다.

지급[2](至急) 매우 급함. 예지급 전보. 지급하다.

지긋지긋하다[지귿찌그타다] 진저리가 나도록 몹시 싫고 괴롭다. 예그 일이라면 이제 지긋지긋하다.

지긋하다[지그타다] 나이가 비교적 많다. 예나이가 지긋한 사람. 지긋이.

지기(知己) 자기의 속마음을 잘 알아주는 친구. 본지기지우.

지껄이다[지꺼리다] 큰 소리로 떠들썩하게 이야기하다. 좌재깔이다.

지끈거리다 머리가 쑤시듯이 아프다. 비지끈대다. 좌자끈거리다.

지끈대다 ➡ 지끈거리다.

지끈지끈 자꾸 지끈거리는 모양. 좌자끈자끈.

지나가다 ①어떤 곳을 거쳐서 가다. 예버스가 마을 앞을 지나간다. ②어떤 곳에 들르지 않고 바로 가다. 예집을 코앞에 두고 그냥 지나갔다. ③기한이 넘어가거나 끝나다. 예약속 시간이 지나갔다. ④시간이 흘러가다. 예수많은 세월이 지나갔다.

지나다 ①일정한 시간이 흘러 과거가 되다. 예겨울이 지나면 봄이 온다. ②어떤 일을 위한 때가 넘어가거나 끝나다. 예마감 날짜가 지났다. ③어디를 거쳐 가거나 오거나 하다. 예학교 앞을 지나서 집에 왔다.

지나다니다 지나서 가거나 오거나 하다. 예이 길은 내가 늘 지나다니는 길이다.

지나치다 ①어떤 기준이나 한도를 훨씬 넘어서다. 예내 욕심이 지나쳤어. ②어떤 일이나 사태를 그냥 넘겨 버리다. 예무심히 지나쳐 버린 일.

지난날 이미 지나간 날. 예지난날의 추억. 비과거.

지난달 이달의 바로 앞의 달.

지난밤 바로 어젯밤. 예지난밤에 한숨도 못 잤다.

지난번(一番) 요전의 그때. 예지난번에 있었던 일을 사과할게. 비먼젓번.

지난주(一週) 이 주의 바로 앞의 주. 예지난주 내내 비가 왔다.

지난해 이해의 바로 앞의 해. 비작년·전년.

지남철(指南鐵) 쇠붙이를 끌어당기는 성질이 있는 쇠. [비]자석.

지남침(指南針) 자석으로 된 바늘이 항상 남북을 가리키도록 만든 기구.

지ː내다 ①어떤 상태로 생활하거나 살아가다. [예]부족함이 없이 넉넉하게 지내다. ②서로 사귀며 살아오다. [예]친구끼리 정답게 지내야지. ③혼인이나 제사 등을 치르다. [예]장례를 지내다. ④어떤 일이나 직책을 맡아 일하다. [예]장관을 지내다.

지네 지넷과의 동물. 몸은 가늘고 길며, 여러 개의 마디로 된 몸통에는 각 마디마다 한 쌍의 다리가 있다. 독즙을 내어 벌레를 잡아먹는다.

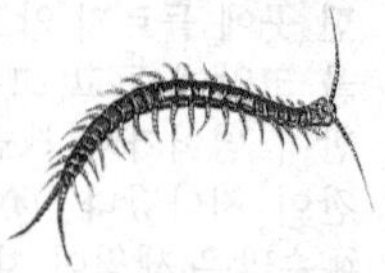
〈지네〉

지눌(知訥, 1158~1210) 고려 신종 때의 승려. 보조 국사. 조계종의 창시자이다.

지느러미 물고기의 가슴·배·등·꼬리 등에 있는 막 모양의 기관. 이것을 놀려서 움직이거나 몸의 균형을 유지한다.

지능(知能) 머리의 기능. 지식을 쌓거나 사물을 바르게 판단하는 지적인 능력. [예]지능 검사/지능이 높다.

지능 지수(知能指數) 지능 검사 결과로 얻은 정신 연령을 실제 연령으로 나눈 뒤 100을 곱한 수. 지능의 발달 정도를 나타낸다. [비]아이큐(IQ).

지니다 ①물건 등을 몸에 간직하여 가지다. [예]돈을 지니다. ②성품·능력 등을 갖추고 있다. [예]덕을 지니다.

지다[1] ①해나 달이 서쪽으로 넘어가다. [반]뜨다. ②꽃이나 잎이 시들어 떨어지다. [반]피다. ③때나 얼룩이 닦여 없어지다. [예]옷에 묻은 얼룩이 잘 지지 않는다.

지다[2] 경기·내기·싸움 등에서 상대를 이기지 못하다. [예]시합에 지고 말았다. [반]이기다.

지다[3] ①물건을 등에 얹다. [예]지게를 지다. ②빚을 얻거나 은혜를 입다. [예]신세를 지다. ③책임을 맡다. [예]책임을 지다.

지다[4] 일이나 물건이 어떻게 되어 감을 나타내는 말. [예]나누어지다./가늘어지다./미워지다.

-지다 '그렇게 되어 있는 상태임'의 뜻을 나타내는 말. [예]값지다./기름지다./멋지다./그늘지다.

지당하다(至當—) 이치에 꼭 맞다. 아주 적당하다. [예]지당하신 말씀입니다.

지대(地帶) 한정된 일정한 구역. [예]평야 지대/중립 지대.

지대하다(至大—) 더할 수 없이 크다. [예]장군은 전쟁에서 지대한 공로를 세웠다.

지도[1](地圖) 지구 표면의 일부나 전부를 축척에 의하여 평면 위에 나타낸 그림.

지도[2](指導) 남을 가르치거나 이끌어 인도함. [예]독서 지도. **지도하다**.

지도력(指導力) 남을 가르쳐 이끄는 능력.

지도원(指導員) '코치'의 북한말.

지도자(指導者) 남을 가르치고 이끄는 사람. [예]위대한 민족의 지도자.

지독하다(至毒—) [지도카다] 몹시 독하다. 매우 심하거나 모질다. [예]지독한 구두쇠/지독한 냄새. **지독히**.

지동설(地動說) 지구가 다른 별들과 같이 태양의 둘레를 돌고 있다고 하는 학설. [반]천동설.

지랄 '함부로 법석을 떨거나 분별없이 막 하는 짓'을 욕으로 이르는 말. [작]재랄. **지랄하다**.

지략(智略) 슬기로운 계략. 슬기로운 꾀. [비]지모.

지:렁이 빈모류의 동물. 몸은 가늘고 길다. 낚시 미끼와 한방의 약재로 많이 쓰인다.

지레[1] 〈지렛대〉의 준말.

지레[2] 어떤 시기나 기회가 이르기 전에 미리. 예싸우기도 전에 지레 겁을 먹고 도망가다니.

〈지렁이〉

지레짐작(一斟酌) 미리 넘겨짚어 어림으로 헤아림. 예지레짐작으로 남의 애기를 함부로 하지 마. 지레짐작하다.

지렛대 [지레때/지렏때] 무거운 물체를 쉽게 쳐들어 움직이게 하는 데 쓰는 막대. 예무거운 물체를 들 때에는 지렛대를 이용한다. 준지레. 비레버.

지렛목 [지렌목] 지레를 받치는 점.

지력(地力) 농작물을 자라게 하는 땅의 힘. 예지력을 회복하다./퇴비를 주어 지력을 높이다.

지령(指令) 윗사람이나 상부 조직이 아랫사람이나 하부 조직에 내리는 지시나 명령. 예지령을 내리다. 지령하다.

지로(giro) 돈을 보내는 사람이 받는 사람의 은행 예금 계좌에 입금시키는 결제 방법.

지뢰(地雷) [지뢰/지뤠] 땅속에 묻어, 적군이나 적의 탱크 등이 밟거나 그 위를 지나갈 때 터지도록 장치한 폭약. 예지뢰밭.

지루하다 같은 상태가 오래 계속되어 넌더리가 나고 따분하다. 예지루한 장마가 며칠째 계속되었다.

지류(支流) 강의 원줄기로 흘러 들어가거나 원줄기에서 갈려 나오는 물줄기. 반본류.

지르다[1] 멀리 돌아가지 않고 지름길로 가깝게 가다. 예이 길로 가면 학교에 질러 갈 수 있어. |활용| 지르니·질러.

지르다[2] ①팔다리나 막대기를 내뻗쳐 대상물을 치다. 예주먹으로 지르다. ②불이 일어나게 하다. 예불을 지르다. |활용| 지르니·질러.

지르다[3] 목청을 높여 소리를 크게 내다. 예동생이 갑자기 소리를 질러서 깜짝 놀랐다. |활용| 지르니·질러.

지르르 물기·윤기·기름기 등이 번드럽게 흐르는 모양. 좌자르르. 센찌르르.

지름 원이나 구의, 중심을 지나 그 둘레 위의 두 점을 직선으로 이은 선분. 비직경.

지름길 [지름낄] ①가깝게 질러서 가는 길. 예이 길이 우리 집으로 가는 지름길이야. ②어떤 일을 가장 빨리 하는 방법. 예발전의 지름길. 비첩경.

지리(地理) ①어떤 곳의 길이나 지형 등의 형편. 예지리에 밝다. ②바다·육지·산·하천·인구·산업·교통·기후 등의 상태. 예세계 지리.

지리다 똥이나 오줌을 참지 못하여 조금 싸다. 예공원에서 화장실을 찾다가 그만 바지에 오줌을 지리고 말았다.

지리산 경상남도·전라북도·전라남도에 걸쳐 있는 산. 높이 1,915m. 화엄사·쌍계사가 유명하다. 국립 공원 제1호. |참고| 지리산은 '지이산(智異山)'에서 온 말.

지리산팔랑나비 팔랑나빗과의 곤충. 날개는 검은 갈색이고 가운데에 흰 무늬가 세 줄 있다.

지리적(地理的) ①어떤 곳의 길이나 지형 등에 관한 것. 예지리적으로 가까운 나라. ②기후·자연·산업·교통·인구 등의 상태에 관한 것. 예지리적 여건/지리적 관계.

지린내 오줌 냄새와 같은 냄새. 예지린내가 나다.

지린 성(Jilin省) 중국 만주 지방의 한 성. 비길림성.

지망(志望) 뜻하여 바람. 또는 그 뜻. 예지망 학과. 지망하다.

지면[1](地面) 땅의 표면. 비땅바닥.

지면²(紙面) ①종이의 겉면. ②신문의 기사가 실린 면. 예신문 지면에 이름이 실리다.

지명¹(地名) 마을·지방·산·하천 등의 이름.

지명²(指名) 사람들 가운데 어떤 사람의 이름을 꼭 따서 가리킴. 예지명 수배. 지명되다. 지명하다.

지명도(知名度) 세상에 이름이 널리 알려진 정도. 예지명도가 높다.

지명 타:자(指名打者) 야구에서, 투수를 대신하여 공격을 전담하는 선수.

지모(智謀) 슬기로운 꾀. 예지모가 뛰어나다. 비지략.

지목(指目) 사람이나 사물이 어떠하다고 꼭 집어서 가리킴. 지목되다. 지목하다. 예범인으로 지목하다.

지문¹(地文) 희곡 등에서, 등장인물의 동작·표정·말투 등을 지시한 글. 비지시문.

지문²(指紋) 손가락 끝마디 안쪽에 이루어진 살갗의 무늬, 또는 그 흔적. 예지문을 채취하다.

지물(紙物) 온갖 종이를 통틀어 이르는 말.

〈지문²〉

지물포(紙物舖) 온갖 종이를 파는 가게.

지반(地盤) ①땅의 겉면. 예지반이 내려앉다. ②일을 이루는 근거지. 예지반을 다지다.

지방¹(地方) ①어느 한 방면의 땅. 예중부 지방/온대 지방. ②서울 이외의 시골. 예지방에 있는 학교. ②반중앙.

지방²(脂肪) 동물 및 식물에 들어 있는, 보통 온도에서 굳는 기름기. 우리 몸에서 열과 힘을 내는 데 쓰이는 중요한 영양소이다. 비굳기름.

지방관(地方官) 각 지방의 행정 사무를 맡아보는 고급 공무원.

지방 문화재(地方文化財) 나라에서 지정하는 문화재 이외에, 각 지방 자치 단체에서 정하여 관리하고 보호하는 문화재.

지방 법원(地方法院) 제1심 판결을 담당하는 하급 법원. 준지법. 참고등 법원·대법원.

지방색(地方色) 어떤 지방이 가지고 있는 자연·풍속·인정 등의 고유한 특색. 예유럽에는 지방색이 강한 축제가 많다. 비향토색.

지방 의회(地方議會) 지방 자치 단체의 의회. 예산·조례의 제정 등의 사항을 의결하는 기관. 시의회 등.

지방 자치(地方自治) 주민의 의사를 바탕으로 각 지방의 실정에 맞게 하는 정치.

지방 자치 단체(地方自治團體) 주민의 의사를 바탕으로 지방 자치 행정을 하는 시·도·군·구 등의 단체. 준지자체.

지방 자치 제도(地方自治制度) 지방의 행정이 주민의 의사를 바탕으로 하여 그 지방의 실정에 맞게 이루어지도록 하는 제도.

지배(支配) 다른 사람이나 집단 등을 자기의 의사대로 다스려 복종시키는 것. 예지배 세력. 지배되다. 지배하다.

지배인(支配人) 주인을 대신하여 영업에 관한 모든 권한을 가진 사람.

지배자(支配者) 다른 사람을 지배하는 위치에 있는 사람.

지배적(支配的) 다른 것보다 힘이 세거나 중심이 되어 이끄는 것. 예고려 사회에서는 불교가 지배적이었다.

지병(持病) 오랫동안 낫지 않는 병. 예지병을 앓다./할아버지는 지병으로 돌아가셨다.

지봉유설(芝峯類說) [지봉뉴설] 조선 선조 때의 학자 이수광이 편찬한 한국 최초의 백과사전이며 이수광이 세

차례에 걸친 중국 사신에서 얻은 견문을 토대로 조선의 일은 물론 중국·일본·안남(베트남)·유구(오키나와)·섬라(타이) 등과 유럽의 일까지도 소개하였다.

지분(持分) 여럿이 함께 소유한 물건이나 재산 등에서, 각자가 차지하는 몫이나 비율.

지불(支拂) ①물건값을 내어 줌. ②돈을 치러 줌. 지불되다. 지불하다.

지붕 비·햇빛·눈·바람·추위 등을 막기 위해 집 위에 씌우는 덮개. 예기와로 지붕을 덮었다.

지사[1](支社) 본사에서 갈라져 나가 정해진 지역의 일을 맡아보는 곳. 맨본사.

지사[2](志士) 나라와 민족을 위하여 자기 몸을 바쳐 일하려는 크고 높은 뜻을 가진 사람.

지상(地上) ①땅의 위. 예지상 10층 건물. 맨지하. ②이 세상. 예지상 최대의 쇼.

지상 낙원(地上樂園) ➡지상 천국.

지상 천국(地上天國) 이 세상에 이룩되는, 자유롭고 풍족하며 행복한 사회. 맨지상 낙원.

지새다 달이 지며 밤이 새다.

지새우다 잠을 자지 않고 고스란히 밤을 새우다. 예엄마는 아픈 동생을 간호하느라 뜬눈으로 밤을 지새우셨다.

지서(支署) 본서에서 갈라져 나가 그 지역의 일을 맡아보는 곳.

지석(誌石) 죽은 사람의 이름이나 행적 등을 적어 무덤 앞에 묻는 돌이나 판.

지석영(池錫永, 1855~1935) 의학자·국어학자. 일찍이 일본으로 건너가 종두약 제조법을 배워 와 종두법의 보급에 힘썼다. 국문 연구소를 세워 우리말 연구에도 힘썼다.

지성[1](至誠) 지극한 정성. 예그는 늙은

부모를 지성으로 모셨다. 맨정성.

지성[2](知性) 사물을 알고 생각하고 판단하는 능력. 지적 작용에 관한 능력. 예지성을 갖추다.

지성스럽다(至誠一)[지성스럽따] 지극히 정성스러운 데가 있다. |활용| 지성스러우니·지성스러워. 지성스레.

지성인(知性人) 지성을 갖춘 사람.

지세(地勢) 땅의 형세. 예이 산은 지세가 험하다.

지소(支所) 본소에서 갈라져 나가 그 지역의 일을 맡아보는 곳.

지속(持續) 이어서 오래 지켜 나감. 끊임없이 이어짐. 지속되다. 예이 약은 약효가 오래 지속된다. 지속하다.

지수(指數) 어떤 수의 오른쪽 위에 덧붙여 그 거듭제곱을 나타내는 숫자. 5^3(5의 세제곱)에서 3을 가리킨다.

지시(指示) ①가리켜 보임. ②어떤 일을 시킴. 예우리는 선생님의 지시를 받고 왔어요. 지시되다. 지시하다.

지시문(指示文) ➡지문[1].

지시약(指示藥) 용액의 성질을 조사할 때 사용하는 약.

지시 표지(指示標識) 교통 안전 표지의 한 가지. 횡단보도·주차장·공사 중 등을 나타내어 보이는 도로 표지.

지식(知識) 배우거나 연구하여 알고 있는 내용.

지식인(知識人)[지시긴] 꽤 높은 수준의 지식이나 학문·교양을 갖춘 사람. 또는 지적인 일을 하는 사람.

지식층(知識層) 지식인들로 이루어진 사회 계층.

지신(地神) 땅을 맡아 다스린다는 신령.

지신밟기(地神一)[지신밥끼] 민속놀이의 한 가지. 음력 정월 보름날 영남 지방에서 하던 놀이로, 지신을 위로하는 뜻으로 농악을 울리며 집집마다 돌아다녔다.

지아비 웃어른 앞에서 '자기의 남편'을 이르는 말.

지압(指壓) 아픈 곳을 손끝이나 손바닥으로 누르거나 문지르는 일. 예지압 요법. 지압하다.

지어내다[지어내다/지여내다] ①없는 사실을 만들거나 꾸며 내다. 예이야기를 지어내다./엄마한테 혼날까 봐 거짓말을 지어냈다. ②감정이나 표정을 거짓으로 꾸며서 나타내다. 예웃음을 지어내다.

지어미 웃어른 앞에서 '자기의 부인'을 이르는 말.

지엄하다(至嚴一) 매우 엄하다. 예지엄한 분부. 지엄히.

지역(地域) 일정한 땅의 구역이나 땅의 경계. 예남부 지역.

지역감정(地域感情)[지역깜정] 어떤 지역에 살고 있거나 그 지역 출신인 사람들에 대하여 가지는 좋지 않은 생각이나 편견.

지역구(地域區)[지역꾸] 시·군·구 등의 일정한 지역을 한 단위로 하여 정한 선거구. 逊전국구.

지역 사:회(地域社會) 일정한 지역 안에서 함께 살아가는 사람들의 사회.

지연¹(地緣) 살고 있는 지역에 따라 연결된 인연. 逊혈연.

지연²(遲延) 예정보다 늦추어짐. 지연되다. 예열차가 30분가량 지연될 예정입니다. 지연하다.

지열(地熱) 땅속에 본디부터 있던 열. 예지열 발전소.

지옥(地獄) ①이 세상에서 나쁜 짓을 한 사람이 죽어서 간다는, 무섭고 고통스러운 곳. ②'괴롭고 비참한 형편이나 환경'을 비유하여 이르는 말. 예교통지옥/입시 지옥. 逊천국·천당·극락.

지온(地溫) 땅 표면 또는 땅속의 온도.

지우개 ①연필로 쓴 것을 지우는 데 쓰는 고무로 만든 물건. ②칠판에 쓴 분필 글씨 등을 지우는 도구.

지우다¹ 있던 것을 없애다. 예글씨를 지우다.

지우다² 짐을 지게 하다. 예부자는 하인에게 쌀가마를 지워 보냈다.

지원¹(支援) 뒷받침하거나 편들어서 도움. 예지원 부대/자금 지원. 지원되다. 지원하다.

지원²(志願) 학교나 회사 등에 들어가려고 필요한 서류 등을 냄. 예지원 자격/수학과에 지원을 하다. 지원하다.

지위(地位) 사회적 신분에 따라 개인이 차지하는 자리나 계급. 예지위가 높은 사람.

지은이[지으니] 글이나 책을 지은 사람. 逊글쓴이·작자·저자.

지읒[지읃] 한글 닿소리 'ㅈ'의 이름. |발음| 지읒이 [지으시]·지읒도 [지은또]·지읒만 [지은만]

지자기(地磁氣) 지구가 띠고 있는 자기. 나침반 바늘이 지구의 남북을 가리키는 것은 이것이 있기 때문이다. 逊지구 자기.

지자기 관측소(地磁氣觀測所) 지구의 자력을 조사하여 기록하는 곳.

지자체(地自體) 〈지방 자치 단체〉의 준말.

지장¹(支障) 일하는 데 거치적거리는 장애. 예공사장 소음이 공부에 지장을 준다. 逊장애.

지장²(指章) 손도장.

지저귀다 ①새가 자꾸 소리 내어 울다. ②조리 없는 말로 자꾸 지껄이다.

지저분하다 ①때가 묻어 더럽다. 예진창을 걸어서 신발이 지저분하다. ②물건이 여기저기 널려 있어 어수선하다. 예방에 지저분하게 늘어놓은 옷들을 치웠다.

지적¹(知的)[지쩍] 지식이 있는 것. 또는 지식에 관한 것. 예지적 수준이 높다.

지적²(指摘) ①꼭 집어서 가리킴. ②허물 등을 들추어 가려냄. 예지적을 받다. 비지목. 지적되다. 지적하다.

지점¹(支店) 본점에서 갈라져 나와 본점의 지도를 받으면서 정해진 지역의 일을 맡아보는 가게. 비본점.

지점²(地點) 땅 위의 일정한 점. 어디라고 지정한 곳. 예결승 지점.

지점장(支店長) 지점을 맡아서 책임지는 사람. 예은행 지점장.

지점토(紙粘土) 종이를 잘게 찢어서 물에 적신 후 풀을 섞어 점토와 같이 만든 물질. 공작이나 공예에 이용한다.

지정(指定) ①무엇을 어떻게 하라고 가리켜 정함. ②여럿 가운데서 하나만을 가려내어 정함. 예지정 좌석. 지정되다. 지정하다.

지조(志操) 뜻을 굽히지 않고 끝까지 지켜 나가는 꿋꿋한 의지. 예지조 높은 선비.

지주¹(支柱) ①버팀대. ②의지할 대상. 예정신적 지주.

지주²(地主) ①땅의 임자. ②자기 땅을 남에게 빌려 주고 그 값을 받는 사람.

지중해(地中海) 유럽·아프리카·아시아의 세 대륙에 둘러싸인 바다.

지중해성 기후(地中海性氣候) 여름에는 비가 적어 건조하며, 겨울에는 비가 많은 기후.

지지¹ '더러운 것'을 이르는 어린이 말. 예그건 지지야. 만지지 마.

지지²(支持) 남의 생각을 옳다고 여겨 도와서 힘을 씀. 또는 그 도움. 예그 후보는 국민의 지지를 받았다. 지지하다.

지지난번(─番) 지난번의 바로 전번. 비전전번.

지지난해 재작년.

지지다 ①국물을 조금 붓고 끓여 익히다. 예엄마가 저녁 반찬으로 생선을 지져 주셨다. ②프라이팬에 기름을 두르고 익히다. 예빈대떡이나 지져 먹을까?

지지대(支持臺) 무거운 물건을 받치는 대. 또는 물체가 꺾이거나 넘어지지 않도록 받치는 대.

지지리 몹시 심하게. 예지지리 못생긴 얼굴/지지리 복도 없다.

지지배배 제비의 우는 소리.

지지부진(遲遲不進) 일이 몹시 더디어 잘 진행되지 않음. 예개발 사업이 수년째 지지부진이다. 지지부진하다.

지진(地震) 땅속의 어떤 힘에 의하여 땅이 크게 울리고 갈라지는 현상.

계급	명칭	지진의 정도
		지진의 세기
0	무감	사람은 못 느끼고 지진계에만 기록된다.
1	미진	지진에 민감한 사람에게만 느껴진다.
2	경진	많은 사람들이 느끼며 창문이 약간 흔들린다.
3	약진	집이 흔들리고 창문이 덜거덕거리며, 매달린 것이 흔들린다.
4	중진	집이 심하게 흔들리고 병이 넘어지며, 그릇 안의 물이 넘친다.
5	강진	벽이 갈라지고 돌담이 무너진다.
6	열진	집이 30% 정도 무너지고 산사태가 일어나며 땅이 갈라진다.
7	격진	집이 30% 이상 무너지고 산사태가 일어나며 단층이 생긴다.

지진계(地震計) [지진계/지진게] 지진이 났을 때 땅의 흔들림을 탐지하여 기록하는 장치.

지진대(地震帶) 지진이 자주 일어나거나 일어나기 쉬운, 가늘고 긴 띠 모양의 지역.

지진파(地震波) 지진이 일어날 때 지구 내부나 표면을 따라 퍼지는 파동.

지질(地質) 지각을 이루고 있는 암석이나 지층의 성질 및 상태. [예]지질 조사.

지짐이 [지지미] 부침개.

지짐질 기름을 두른 프라이팬에 지져서 익히는 일.

지참(持參) 무엇을 가지고 모임 등에 참석함. [예]필기도구 지참/준비물 지참. **지참하다**.

지척(咫尺) 썩 가까운 거리. [예]지척에 있는 학교.

지천(至賤) 하도 흔해서 귀할 것이 없음. [예]길가에 코스모스가 지천으로 피어 있다.

지체[1] 대대로 내려오는 사회적 신분이나 지위. [예]저 어른은 지체 높은 양반이시다.

지체[2](肢體) 팔다리와 몸. [예]지체 부자유자.

지체[3](遲滯) 시간이 늦어짐. 또는 기일에 뒤짐. [예]수업이 끝나면 지체 말고 집으로 와라. **지체되다**. **지체하다**.

지축(地軸) 지구 자전의 회전축, 곧 남극과 북극을 잇는 축. [예]지축을 뒤흔드는 소리.

지출(支出) 어떤 목적을 위해 돈이나 물건을 치르는 일. [예]이번 달에는 지출이 많았어. [반]수입. **지출되다**. **지출하다**.

지층(地層) 자갈·모래·진흙·생물체 등이 물 밑이나 지표에 쌓여 이룬 층.

지ː치다[1] 힘을 몹시 썼거나 병 등에 시달려 기운이 다 빠지다. [예]요즘에는 조금만 달려도 금방 지친다.

지ː치다[2] 빙판 위를 미끄러져 달리다. [예]얼음을 지치다.

지ː치다[3] 문을 잠그지 않고 닫아만 두다.

지침(指針) 생활이나 행동의 방법·방향 등을 가리키는 길잡이. [예]지침서/행동 지침.

지칭(指稱) 어떤 대상을 가리켜 부름, 또는 그런 이름. [예]이것은 무엇이라고 지칭을 하지? **지칭되다**. **지칭하다**.

지켜보다 관심이나 주의를 기울여 살펴보다. [예]약속대로 하는지 지켜보겠다.

지키다 ①약속 등을 어기지 않고 그대로 하다. [예]시간을 지키다. ②물건 등을 잃지 않도록 살피다. [예]집을 지키다. ③눈여겨 감시하다. [예]길목을 지키다. ④정조나 지조 등을 굳게 지니다.

지킴이 [지키미] 어떤 중요한 장소나 일을 지키는 사람. [예]환경 지킴이/문화재 지킴이.

지탄(指彈) 잘못을 꼬집어 나무람. [예]지탄받을 행위. **지탄하다**.

지탱(支撐) ①어떤 것을 쓰러지지 않게 떠받침. ②어떤 형편이나 상태를 억지로 이어 감. **지탱하다**.

지팡이 걸음을 도우려고 짚는 긴 막대기. [참]단장[2].

지퍼(zipper) 서로 이가 맞물리도록 플라스틱이나 금속 조각을 헝겊 테이프에 나란히 박아, 그 두 줄을 고리로 밀고 당겨 여닫을 수 있도록 만든 것. 바지·점퍼·가방 등에 쓰인다.

지평선(地平線) 끝없이 멀리 뻗어 있는, 땅과 하늘이 맞닿아 보이는 경계선. [참]수평선.

지폐(紙幣) [지폐/지페] 종이로 만든 돈.

지표1(地表) 지구의 표면. 땅의 겉면. [비]지표면.

지표2(指標) 방향이나 목표 등을 가리키는 표지.

지표면(地表面) 땅의 표면. [비]지표.

지표 생물(指標生物) 기후나 토양 같은 자연환경을 나타내기 위한 표지가 되는 생물 집단. 대개, 식물에 쓰며, 이때 쓰는 식물을 지표 식물이라 한다.

지푸라기 짚의 오라기나 부스러기. [예]물에 빠지면 지푸라기라도 잡는다.

지푸래기 '지푸라기'의 북한말.

지프(jeep) 사막이나 거친 땅, 높은 비탈길 등에서도 달릴 수 있는 소형 자동차. [참고] 본디는 미국에서 군용으로 개발한 차의 상품명이다. [잘못] 짚차.

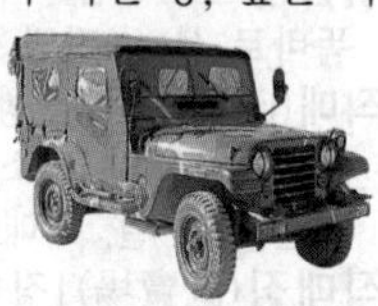

〈지프〉

지피다 아궁이·화덕 등에 땔나무나 연탄을 넣어서 불을 붙여 타게 하다. [예]군불을 지피다./아궁이에 불을 지피다.

지필(紙筆) 종이와 붓.

지하(地下) 땅의 속. [예]지하 상가. [반]지상.

지하도(地下道) 땅 밑으로 깊숙이 뚫어 사람이나 차들이 다니게 해 놓은 길.

지하수(地下水) 땅속에 스며들어 괴어 있거나 흐르는 물. [반]지표수.

지하실(地下室) 땅의 표면보다 낮게 만들어 놓은 방.

지하 여장군(地下女將軍) 통나무나 돌 등에 여자의 얼굴 모양을 익살스럽게 새긴 기둥. 절 입구나 마을·길가에 세워져 있으며, 우리나라 각지에 분포한다. [참]천하 대장군.

지하자원(地下資源) 땅속에서 얻어지는 자원. 석탄·석유·철광 등.

지하철(地下鐵) 땅 밑에 터널을 만들고 깔아 놓은 철도, 또는 그 위로 다니는 전동 열차. [본]지하 철도.

지향1(志向) 생각이나 마음이 어떤 목적을 향함. **지향하다**.

지향2(指向) 일정한 목표를 정하여 나아감. **지향하다**. [예]정상을 지향하다.

지혈(止血) 피가 나오다 그침. 또는 나오는 피를 멎게 함. [예]지혈제. **지혈되다**. **지혈하다**.

지형(地形) 땅의 생긴 모양. 지표의 형태.

지형도(地形圖) 땅의 모양, 토지의 이용, 마을 및 도로 등의 배치를 나타낸 지도.

지혜(智慧) [지혜/지헤] 사물의 도리나 선악 등을 잘 분별하는 마음의 작용. [비]슬기.

지혜롭다(智慧―) [지혜롭따/지헤롭따] 지혜가 많다. [예]문제를 지혜롭게 해결하다. [비]슬기롭다. [활용] 지혜로우니·지혜로워. **지혜로이**.

지화자 노래하거나 춤을 출 때 흥을 돋우기 위하여 곡조에 맞추어 곁들이는 말.

지휘(指揮) ①단체의 행동을 통솔하는 것. [예]병사들은 장군의 지휘 아래 적진으로 나아갔다. [비]통솔. ②합창·합주 등의 연주 효과를 높이기 위해 지시하는 몸짓이나 손짓. [예]그는 합창단의 지휘를 맡고 있다. **지휘하다**.

지휘관(指揮官) 군대에서, 중대나 포대 이상의 단위 부대를 지휘하는 장교.

지휘봉(指揮棒) 지휘관이나 지휘자가 쓰는 짧고 가는 막대기.

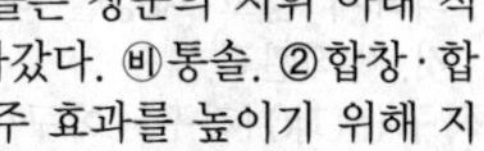

〈지휘봉〉

지휘자(指揮者) 합창이나 합주를 지휘하는 사람.

직 ①글자의 획이나 선 같은 것을 한 번 세게 긋는 소리. ②종이나 헝겊 등을 단번에 찢는 소리. [작]작. [센]찍.

직각(直角) [직깍] 직선과 직선이 만나서 90°를 이루는 각.

직각 삼각형(直角三角形) 한 각이 직각인 삼각형. [준]직삼각형.

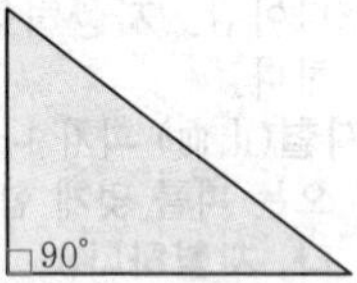

〈직각 삼각형〉

직감(直感) [직깜] 사물을 접하자마자 순간적으로 느껴 앎. **직감하다**.

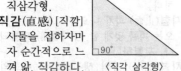

직거래(直去來)[직꺼래] 중간에 다른 사람을 거치지 않고 살 사람과 팔 사람이 직접 거래함. **직거래되다**. **직거래하다**.

직결(直結) [직껼] 바로 이어짐. 직접 관계됨. **직결되다**. [예]생활에 직결되는 문제. **직결하다**.

직경(直徑) [직꼉] ➡지름.

직계(直系) [직꼐/직께] 친족 사이의 핏줄이, 할아버지·아버지·아들·손자 등으로 곧게 이어지는 계통. [예]직계 가족/직계 자손.

직공(職工) [직꽁] 공장에서 일하는 사람. [비]공원.

직관(直觀) [직꽌] 판단·추리·경험에 의하지 않고 대상을 직접 파악하는 것. [예]직관력.

직구(直球) [직꾸] 야구에서, 투수가 공을 던질 때 변화를 주지 않고 똑바로 던지는 공.

직권(職權) [직꿘] 공무원 등이 그 임무를 수행하기 위하여 가지는 권한. [예]직권 남용.

직급(職級)[직끕] 일의 종류와 책임의 정도에 따라 구분한 등급. [예]직급이 높다./직급이 올라가다.

직기(織機) [직끼] 옷감을 짜는 기계.

직녀(織女)[징녀] 견우직녀 설화에 나오는 베 짜는 여자. 견우와 은하수를 사이에 두고 떨어져 있다가 칠월 칠석날 밤에 만난다고 한다.

직녀 별(織女—) ➡직녀성.

직녀성(織女星)[징녀성] 거문고자리에서 가장 밝은 별. [비]직녀 별.

직렬(直列) [징녈] 전기 회로에서, 전지나 저항기 등을 차례차례 한 줄로 연결하는 일. [예]전구를 직렬로 연결하다. [반]병렬.

직류(直流) [징뉴] 회로 안을 늘 일정한 방향으로, 또 일정한 크기로 흐르는 전류. [예]직류 발전기. [반]교류.

직립(直立) [징닙] 사람이나 물건 등이 똑바로 섬. [예]직립 보행. **직립하다**.

직매(直賣) [징매] 생산자가 중간 상인을 거치지 않고 소비자에게 직접 물건을 파는 일. **직매하다**.

직매장(直賣場) [징매장] 직매를 하는 곳.

직면(直面) [징면] 어떤 사태에 직접 부닥침. **직면하다**. [예]어려움에 직면하다.

직무(職務) [징무] 직업으로 맡아서 하는 일. [예]직무 대리.

직물(織物) [징물] 실로 짠 모든 천.

직박구리 [직빡꾸리] 직박구릿과의 새. 몸길이 20 cm가량. 몸빛은 갈색에 회갈색 반점이 있다. 우리나라 중부 이남 지역에 흔한 텃새이다.

직분(職分) [직뿐] 자기가 마땅히 할 일. 직무상의 본분. [예]직분에 맞게 행동하다.

직사(直射) [직싸] ①빛살이 곧게 바로 비침. ②바로 대고 내쏨. **직사하다**.

직사각형(直四角形) [직싸가켱] 네 각이 모두 직각인 사각형. [비]장방형.

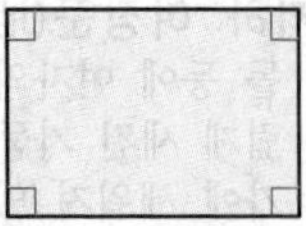
〈직사각형〉

직사광선(直射光線) [직싸광선] 곧게 비치는 빛. [예]직사광선이 내리쬐다./직사광선을 피하기 위하여 커튼을 쳤다.

직사포(直射砲)[직싸포] 목표물에 포탄을 직선으로 쏘는 대포.

직삼각형(直三角形)[직쌈가켱] 〈직각삼각형〉의 준말.

직선¹(直線)[직썬] ①꺾이거나 굽은 데가 없는 곧은 선. 예직선 도로. 반곡선. ②두 점 사이를 가장 짧은 거리로 연결한 선.

직선²(直選)[직썬] 〈직접 선거〉의 준말.

직선제(直選制)[직썬제] 직접 선거의 방식으로 뽑는 제도. 예대통령 직선제. 본직접 선거 제도. 반간선제.

직성(直星)[직썽] 사람의 나이에 따라 그의 운명을 맡아본다는 아홉 별을 이르는 말.

직성이 풀리다관용 하고 싶은 대로 하거나 뜻대로 이루어져 마음이 흐뭇해지다.

직속(直屬)[직쏙] 직접 속하여 있음, 또는 그런 소속. 예대통령 직속 기구. 직속되다. 직속하다.

직송(直送)[직쏭] 곧바로 보냄. 직송하다. 예농산물을 산지에서 직송하다.

직업(職業)[지겁] 생활을 꾸려 나가기 위하여 매일 하는 일. 본업.

직업 교육(職業敎育) 직업을 갖고 일하는 데 필요한 지식과 기능을 가르치는 교육.

직업병(職業病)[지겁뼝] 어떤 직업을 가지고 오랫동안 일할 때, 그 직업의 특수한 조건 때문에 생기는 병.

직업 훈련원(職業訓鍊院) 직업을 갖고 일하는 데 필요한 기능을 가르치고 훈련하는 곳.

직영(直營)[지겅] 직접 경영함. 예직영 매점. 직영하다.

직원(職員)[지권] 직장에서 일정한 일을 맡아보는 사람.

직위(職位)[지귀] 직무상의 지위.

직유(直喩)[지규] 〈직유법〉의 준말.

직유법(直喩法)[지규뻡] 성질이나 모양이 비슷한 두 사물을 '같이'·'처럼'·'듯이' 등으로 결합하여 직접 빗대어서 표현하는 방법. 예를 들면, '칠흑 같은 밤'·'피부가 눈처럼 희다' 등이 있다. 준직유.

직육면체(直六面體)[징늉면체] 여섯 개의 직사각형으로 둘러싸이고 마주 보는 세 쌍의 면이 나란한 육면체.

직인(職印)[지긴] 공무원이나 공공 기관의 직원이 직무에 쓰는 도장. 예직인을 찍다.

직장(職場)[직짱] 공장·회사·관청 등, 그 사람이 근무하며 맡은 일을 하는 일터.

직장인(職場人)[직짱인] 일정한 직장에 나가 일하는 사람.

직전(直前)[직쩐] 바로 앞. 예우리 선수가 경기 종료 직전에 역전 골을 넣었다. 반직후.

직접(直接)[직쩝] 중간에 다른 것을 끼우거나 거치지 않고 바로. 반간접.

직접 선거(直接選擧) 선거인이 직접 입후보자에게 투표하는 일. 준직선. 반간접 선거.

직조(織造)[직쪼] 기계로 천을 짜는 일. 예직조 공장. 직조하다.

직종(職種)[직쫑] 직업이나 직무의 종류.

직지심경(直指心經)[직찌심경] ➡직지심체요절.

직지심체요절(直指心體要節)[직찌심체요절] 고려 시대에 간행된 불경. 현재 남아 전하는 금속 활자본 중에서 가장 오래되었다. 2001년에 유네스코 세계 기록 유산으로 지정되었다. 비직지심경.

직직[직찍] ①신발 등을 끌며 걷는 소리, 또는 그 모양. 예슬리퍼를 직직 끌며 걷지 마라. ②글씨의 획을 마구

긋거나 종이를 함부로 찢는 소리. 왜작작.

직진(直進)[직찐] 곧게 나아감. 예직진 신호. 직진하다.

직책(職責) 직무상의 책임.

직통(直通) ①전화가 중간에 다른 것을 거치지 않고 바로 통함. 예사장실에 직통으로 연결되는 전화번호. ②열차·버스 등이 중간에 다른 곳을 들르지 않고 곧장 감. 예부산까지 직통으로 가는 버스. ③어떤 결과가 바로 나타남. 예이 약은 직통으로 효과가 나타난다. 직통하다.

직판(直販) 유통 기구를 거치지 않고 생산자가 소비자에게 직접 팖. 예농산물 직판장. 직판되다. 직판하다.

직하다[지카다] '할 것 같다'·'할 만하다'·'해도 좋다' 등의 뜻을 나타내는 말. 예새가 모이를 먹었음 직한데.

직할시(直轄市)[지칼시] 지난날, '광역시'를 이르던 말.

직함(職銜)[지캄] 직위·직책이나 직무 등의 이름. 예할아버지는 친목회 회장 직함을 가지고 계신다.

직행(直行)[지캥] 도중에 다른 곳에 머물지 않고 목적지에 바로 감. 예이 버스는 부산까지 직행으로 간다. 직행하다.

직행버스(直行bus) 중간에 다른 정류장에 서지 않고 목적지까지 곧바로 가는 버스.

직후(直後)[지쿠] 바로 뒤. 예언니는 졸업 직후에 취직을 했다. 맨직전.

진!¹(津) 풀이나 나무 등에서 분비되는 끈끈한 액체.

　진이 빠지다관용 기운이 빠져 무엇을 할 의욕이 없어지다.

진²(陣) 전투를 하거나 야영을 할 때, 군사가 떼를 지어 머무르는 곳. 예진을 치다.

진³(眞) 참. 진짜.

진가(眞價)[진까] 참된 값어치. 예미술의 진가를 보여 주다.

진!갑(進甲) 환갑의 다음 해, 또는 그 해의 생일. 예진갑을 바라보다./환갑 진갑 다 지나다.

진!격(進擊) 앞으로 나아가서 적을 침. 예진격 나팔이 울렸다. 맨퇴각. 진격하다.

진골(眞骨) 신라의 신분 제도에서, 부모의 어느 한쪽이 왕족 혈통이 아닌 자손. 왜성골.

진공(眞空) 공기 등의 기체가 전혀 없는 공간.

진공관(眞空管) 유리나 금속으로 만든 관 안을 진공으로 하여 전극을 넣고 막아 놓은 전기 기구.

진공청소기(眞空淸掃器) 전기의 힘으로 먼지 등을 빨아들이는 청소 기구.

진국(眞一) 거짓이 없이 진실한 것, 또는 그런 사람. 예저 청년은 사람이 참 진국이야.

진!군(進軍) 군대가 전진함. 맨퇴군. 진군하다.

진귀하다(珍貴一) 보배롭고 귀하다. 예진귀한 약재.

진!급(進級) 등급·계급·학년 등이 오름. 진급되다. 진급하다.

진기하다(珍奇一) 썩 드물고 기이하다. 예진기한 광경이 눈앞에 펼쳐졌다.

진!나라(秦一) 중국의 옛 왕조의 하나. 시황제 때 중국을 최초로 통일하다. 후에 한나라 고조에게 망하였다. 〔기원전 221~기원전 207〕

진!노(震怒) 높은 사람이 몹시 노함. 진노하다.

진눈깨비 비가 섞여 내리는 눈.

진!단(診斷) 의사가 환자의 병 상태를 진찰하여 판단함. 예의사의 진단을 받다. 진단하다.

진ː단서(診斷書) 의사가 병을 진찰한 결과를 적은 서류.

진달래 ①진달랫과의 낙엽 지는 떨기나무. 높이는 2~3m. 4~5월경에 잎보다 먼저 분홍색 꽃이 핀다. 산이나 들에 흔히 난다. ②진달래의 꽃.

〈진달래〉

진담(眞談) 장난으로 하는 말이 아닌 참된 말. 진실한 이야기. [반]농담.

진ː대법(賑貸法) [진대뻡] 고구려 때의 빈민 구제 제도. 가난한 사람들에게 봄에 곡식을 꾸어 주었다가 가을에 받아들이는 제도.

진도[1](珍島) 전라남도 남서쪽에 있는 군. 수산업·양식업·천일염전이 성하다.

진ː도[2](進度) 일이 되어 가는 속도나 정도. [예]수업 진도가 빨라서 따라가기 힘들다.

진ː도[3](震度) 지진이 일어났을 때 나타나는 진동의 세기. 영향의 정도에 따라 0도에서 7도까지 8등급으로 나눈다.

진도 아리랑(珍島―) 전라남도 진도 지방의 민요.

진돗개(珍島―) [진도깨/진돋깨] 개의 한 품종. 귀가 쫑긋하며 꼬리는 짧고 왼쪽으로 감긴다. 몸이 빠르고 꾀가 있고, 도둑도 잘 지킨다. 진도에서 나는 우리나라 특산종이다. 천연기념물 제53호.

〈진돗개〉

진ː동[1](振動) 같은 모양으로 반복하여 흔들려 움직임. **진동하다**. [예]시계추가 진동하다.

진ː동[2](震動) 큰 물체가 몹시 울려서 흔들림. **진동하다**. [예]건물이 진동하다.

진ː동판(振動板) 전화기 등에서 음성 전류를 소리로 바꾸어 주는 얇은 철판. [비]떨림판.

진드기 진드깃과의 곤충. 개·말·소 등의 피를 빨아 먹고 산다.

〈진드기〉

진득거리다 [진득꺼리다] 눅진하고 차지게 자꾸 달라붙다. [비]진득대다. [작]잔득거리다.

진득대다 [진득때다] ➡진득거리다.

진득진득 [진득찐득] 자꾸 진득거리는 모양. [작]잔득잔득.

진득하다 [진드카다] ①눅진하고 차지다. ②성질이 느긋하고 참을성이 있다. [예]내 차례가 될 때까지 진득하게 앉아서 기다렸다. [작]잔득하다. **진득이**.

진딧물 [진딘물] 진딧물과의 곤충. 몸길이 2~4mm. 농작물의 해충으로, 풀이나 나무의 줄기·새싹·잎에 붙어서 진을 빨아 먹는다.

〈진딧물〉

진땀(津―) 어려운 일을 당하여 몹시 애를 쓸 때 흘리는 땀. [예]진땀이 나다.

진ː력(盡力) [질력] 있는 힘을 다함. [예]진력을 다해 공부하다. **진력하다**.

진ː력나다(盡力―) [질령나다] 오랫동안 하거나 여러 번 되풀이하여 힘이 다 빠지고 싫증이 나다.

진ː로(進路) [질로] 앞으로 나아갈 길. [예]태풍의 진로. [반]퇴로.

진ː료(診療) [질료] 의사가 환자를 진찰하고 치료함. [예]진료를 받다. **진료하다**.

진ː료소(診療所)[질료소] 진료하는 시설을 갖춘 곳. 일반적으로 보건소를 이른다.

진ː루(進壘)[질루] 야구에서, 주자가 다음 누로 나아감. 진루하다.

진리(眞理)[질리] 참된 도리. 참된 이치. 예진리 탐구.

진ː맥(診脈) 손목의 맥을 짚어 보아 진찰함. 진맥하다.

진면목(眞面目) 본래 지니고 있는 그대로의 상태. 예진면목을 발휘하다./어려운 상황에서 그 사람의 진면목이 드러난다. 비진면모.

진ː멸(盡滅) 모조리 멸망함. 또는 모조리 멸망시킴. 진멸되다. 진멸하다.

진ː물(津—) 부스럼이나 상처 등에서 나는 물.

진미(珍味) 음식의 썩 좋은 맛. 또는 그런 음식물.

진배없다[진배업따] 다를 것이 없다. 못할 것이 없다. 예이 책은 새것이나 진배없다.

진범(眞犯) 어떤 범죄를 저지른 사람. 예도난 사건의 진범이 잡혔다.

진ː보(進步) ①점점 잘되어 나아감. 차차 발달함. 예과학의 진보. 반퇴보. ②사회의 변화나 발전을 추구함. 예진보 정당. 반보수. 진보되다. 진보하다.

진ː보적(進步的) 사회의 변화나 발전을 추구하는 것. 예진보적 인물/진보적인 이념. 반보수적.

진부령(陳富嶺) 강원도 인제군 북면과 고성군 간성읍 사이에 있는 고개. 높이 약 520m.

진부하다(陳腐—) 생각·행동·표현 등이 새롭지 않고 시대에 뒤떨어진 데가 있다. 예진부한 이론/그 이야기는 이제 진부하지 않아?

진분수(眞分數)[진분쑤] 분자가 분모보다 작은 분수. 반가분수.

진ː사(進士) 조선 시대에, 과거 제도의 하나인 소과와 진사과에 합격한 사람을 이르던 말.

진상¹(眞相) 사물의 참된 내용이나 모습. 예사건의 진상이 밝혀졌다.

진ː상²(進上) 지방에서 나는 귀한 물건을 높은 관리나 왕에게 바침. 예진상품. 진상하다.

진선미(眞善美) 참된 것·착한 것·아름다운 것을 아울러 이르는 말.

진솔하다(眞率—) 진실하고 솔직하다.

진수¹(眞髓) 사물이나 현상의 가장 중요한 부분. 예명창은 오늘 공연에서 판소리의 진수를 보여 주었다.

진ː수²(進水) 새로 만든 배를 처음으로 물에 띄움. 예진수식. 진수되다. 진수하다.

진수성찬(珍羞盛饌) 맛이 좋고 푸짐하게 차린 음식.

진ː술(陳述) 자세하게 말함. 또는 그말. 예진술서/피고의 진술을 듣다. 진술되다. 진술하다.

진실(眞實) 거짓이 없고 참되고 바름. 예진실만을 말할 것을 맹세합니다. 비참. 반거짓. 진실하다.

진실로(眞實—) 참으로. 정말로. 예삶이란 진실로 아름다운 것이다.

진실성(眞實性)[진실썽] 참된 성질이나 품성.

진심(眞心) 거짓이 없는 참된 마음. 예여러분의 입학을 진심으로 환영합니다.

진ː안(鎭安)[지난] 전라북도 동부에 있는 군. 인삼·고추·담배 등이 많이 나고, 마이산이 유명하다.

진ː압(鎭壓)[지납] 억눌러서 가라앉힘. 진압되다. 진압하다. 예폭동을 진압하다.

진ː열(陳列)[지녈] 물건을 죽 벌여 놓음. 예진열 상품. 진열되다. 진열하다.

진ː열대(陳列臺)[지녈때] 여러 사람이 볼 수 있게 상품 등을 죽 벌여 놓은 대.

진ː열장(陳列欌)[지녈짱] 상점에서 상품을 벌여 놓는 장.

진영(陣營)[지녕] ①군사가 주둔하고 있는 일정한 구역. [비]군영. ②서로 대립하는 각각의 세력. [예]자유 진영.

진원지(震源地)[지뉜지] 땅속에서 지진이 처음 일어난 곳.

진위(眞僞)[지뉘] 참과 거짓 또는 진짜와 가짜. [예]진위를 가리다./진위 여부를 알아내다.

진위대(鎭衛隊)[지뉘대] 고종 32(1895)년에 지방의 질서 유지와 국경 수비를 목적으로 설치된 근대적 지방 군대.

진의(眞意)[지늬/지니] 거짓이 없는 본마음. [예]그의 진의가 무엇인지 모르겠다.

진ː입(進入)[지닙] 어떤 장소나 상태를 향하여 들어감. **진입하다**. [예]선진국으로 진입하다.

진ː입로(進入路)[지님노] 어떤 곳으로 들어가는 길. [예]학교 진입로에 벚꽃이 활짝 피었다.

진ː자(振子) 줄 끝에 추를 매달아 옆으로 왔다 갔다 하게 만든 물체.

진자리 ①아이를 갓 낳은 자리. ②아이가 똥오줌을 싸서 축축하게 된 자리.

진ː작 좀 더 일찍이. [예]진작 가 볼걸./진작 가르쳐 주지.

진저리 몹시 귀찮거나 지긋지긋하여 으스스 몸을 떠는 짓. [예]진저리를 치다.

진ː전(進展) 일이 진행되어 나아감. [예]일이 더 이상 진전이 되지 않는다. [비]진척·진행. **진전되다**. **진전하다**.

진절머리 '진저리'를 속되게 이르는 말. [예]라면이라면 이제 진절머리가 난다.

진정¹(眞正) 거짓이 없이 참으로. [예]진정 너를 믿었는데.

진정²(眞情) 진실하고 애틋한 마음. [예]진정에서 우러나온 말.

진ː정³(鎭靜) 요란하던 것이 가라앉음. [예]사태가 진정이 되었다. **진정되다**. **진정하다**.

진ː정서(陳情書) 관청이나 윗사람에게 내기 위하여 사정을 밝혀 적은 편지나 문서.

진ː정제(鎭靜劑) 불안·흥분 등의 감정을 가라앉히는 약.

진정하다(眞正—) 거짓이 없이 참되고 올바르다. [예]진정한 친구.

진ː종일(盡終日) 하루 종일. [예]진종일 집에만 있을 거야? [비]온종일.

진ː주¹(晉州) 경상남도 남서부에 있는 시. 관광·교육 도시이며, 농산물 집산지이다. 명승지로 촉석루·진주성 등이 있다.

진주²(眞珠) 진주조개나 전복 등의 속에 생기는 구슬 모양의 분비물 덩어리. 은빛의 아름다운 광택이 난다.

진ː지¹ 어른을 높여 그의 '밥'을 이르는 말.

진지²(陣地) 전투 부대의 공격이나 방어를 위한 준비로 구축해 놓은 지역.

진지하다(眞摯—) 말이나 태도가 참되고 진실하다. [예]내 말을 진지하게 들어 봐.

진짜(眞—) 가짜가 아닌 참된 것. [반]가짜.

진짜로(眞—) 거짓이나 꾸밈이 없이 참으로. [예]오늘은 진짜로 올 거야? [비]정말로.

진ː찰(診察) 의사가 아픈 사람의 병의 증세 등을 살피는 일. **진찰하다**.

진ː찰실(診察室) 진찰하는 방.

진창 땅에 물기가 많아 질퍽질퍽한 곳. [예]진창에 빠져서 신발을 다 버렸다. [비]수렁. [잘못] 진탕.

진:척(進陟) 일이 진행되어 나아감. 예일이 별다른 진척이 없다. 비진전·진행. 진척되다.

진:출(進出) ①더 높은 단계로 나아감. 예결승 진출. ②활동 무대나 세력 등을 넓히려고 어떤 방면으로 나섬. 예해외 진출. 진출하다.

진:취(進取) 스스로 나아가서 새로운 일을 함. 적극적으로 나서서 일을 이룸. 예진취의 기상.

진:취적(進取的) 스스로 나아가서 새로운 일을 하는 것. 적극적으로 나서서 일을 이루는 것. 예진취적 기상/민수는 무슨 일이든지 진취적인 자세로 임한다.

진탕¹ '진창'의 잘못.

진탕²(一宕) 싫증이 날 만큼 넉넉하게. 실컷. 마음껏. 예술을 진탕 마시다.

진토(塵土) 티끌과 흙.

진통(陣痛) ①아기를 낳을 때 주기적으로 되풀이되는 배의 통증. 예진통이 오다. 비산고·산통. ②사물이 이루어질 무렵에 겪는 '어려움'을 비유하여 이르는 말. 진통하다.

진:통제(鎭痛劑) 중추 신경에 작용하여 아픔을 마취·진정시키는 약물.

진:퇴양난(進退兩難)[진퇴양난/진퉤양난] 《나아갈 수도 없고 물러설 수도 없다는 뜻으로》 이러지도 저러지도 못하는 곤란한 처지.

진:폭(振幅) 물체가 양옆 또는 위아래로 진동할 때 생기는 폭의 크기.

진품(眞品) 진짜 물건. 반모조품.

진풍경(珍風景) 구경거리라고 할 만한 보기 드문 광경. 예눈앞에서 진풍경이 펼쳐진다.

진하다(津一) 빛깔·냄새·액체 등이 짙다. 예진한 커피. 반연하다.

진:학(進學) 더 배우기 위해 상급 학교에 들어감. 진학하다. 예중학교에 진학하다.

진한(辰韓) 삼한의 하나. 3세기경까지 대구와 경주 지역을 중심으로 발전하였다.

진:해(鎭海) 경상남도의 남해안에 있던 시. 해군 기지·해군 사관 학교 등이 있고, 벚꽃과 군항제로 유명하다.

진:행(進行) ①앞으로 나아감. ②일을 처리하여 나아감. 예회의 진행/일의 진행이 순조롭다. 비진전·진척. 진행되다. 진행하다.

진형(陣形) 진지의 모양. 전투의 대형.

진:혼제(鎭魂祭) 죽은 사람의 혼령을 위로하기 위하여 지내는 제사. 비위령제.

진:화¹(進化) 생물이 오랫동안에 거쳐 조금씩 변화하여 더 복잡하고 우수한 종류의 것으로 되는 일. 반퇴화. 진화되다. 진화하다.

진:화²(鎭火) 불이 난 것을 끔. 예진화 작업. 진화되다. 진화하다.

진:화론(進化論) 1859년에 영국의 생물학자 다윈이 체계화한, 생물은 진화한다는 이론.

진흙[진흑] ①빛깔이 붉고 차진 흙. ②물기가 많은 흙.

진흙탕[진흑탕] 물이 많이 섞여 질퍽질퍽하게 된 흙, 또는 그런 곳.

진:흥(振興) 학술·산업 등이 떨쳐 일어남. 또는 떨쳐 일으킴. 예농촌 진흥 운동. 진흥하다.

진흥왕(眞興王, 534~576) 신라 제24대 왕. 신라의 영토를 넓혀 삼국 통일의 터전을 닦았다. 황룡사를 지어 신라 불교 진흥에 힘쓰고, 화랑 제도를 창시했다.

진흥왕 순수비(眞興王巡狩碑) 신라 진흥왕이 영토를 넓힌 기념으로 세운 비석. 현재 북한산비·황초령비·마운령비·창녕비의 넷이 남아 있다.

질¹(帙) 여러 권으로 된 책의 한 벌. 예동화집 한 질.

질²(質) ①물건이 지닌 근본 바탕. 예이 옷은 질이 아주 좋아. ②됨됨이의 바탕. 예질이 좋은 사람.

-질 ①되풀이되는 동작이나 행동임을 나타내는 말. 예걸레질/딸꾹질. ②일정한 직업이나 노릇을 속되게 이르는 말. 예선생질/목수질.

질감(質感) 재료의 질에 따라 느껴지는 독특한 느낌. 예이 책은 종이의 질감이 좋다. 町양감.

질겁 뜻밖의 일을 당하여 깜짝 놀람. 예언니는 벌레를 보고 질겁을 했다. 질겁하다.

질겅질겅 질긴 물건을 자꾸 함부로 씹는 모양. 예껌을 질겅질겅 씹다.

질경이 질경잇과의 여러해살이풀. 들이나 길가에 흔히 나는데, 여름에 흰 꽃이 핀다. 어린잎은 삶아서 먹는다.

질그릇 [질그른] 진흙으로 빚어서 잿물을 입히지 않고 구워 만든 그릇. 겉면이 거칠거칠하고 윤기가 없다.

〈질경이〉

질근거리다 질긴 것을 가볍게 자꾸 씹다. 町질근대다. 饌잘근거리다.

질근대다 ➡ 질근거리다.

질근질근 자꾸 질근거리는 모양. 예껌을 질근질근 씹다. 饌잘근잘근.

질기다 ①쉽게 닳거나 끊어지지 않고 견디는 힘이 많다. 예나일론 옷은 질기다. ②고집이 세고 끈덕지다. 예동생이 엄마를 질기게 졸랐다.

질끈 바싹 동이거나 단단히 졸라매는 모양. 예허리띠를 질끈 동여매다. 饌잘끈.

질녀(姪女) [질려] 형제자매의 딸. 町조카딸.

질다 ①밥이나 반죽 등이 물기가 많다. 예밥이 좀 질게 됐어요. 댄되다. ②땅이 질퍽질퍽하다. 예땅이 진 걸 보니 비가 온 모양이다. |활용| 지니·질어.

질량(質量) 물체가 갖는 물질의 양.

질러가다 지름길로 가다. 예풀밭을 질러가면 금방 도착할 거야.

질리다 ①몹시 놀라거나 무서워서 얼굴빛이 변하다. 예민지는 사자를 보고 겁에 질렸다. ②진력나서 귀찮은 느낌이 들다. 예라면은 질리도록 먹었어.

질문(質問) 모르거나 의심나는 것을 물음. 예질문이 있으면 하세요. 町물음·질의. 질문하다.

질병(疾病) 몸의 온갖 병. 예질병을 퇴치하다. 町질환.

질색(窒塞) [질쌕] 몹시 놀라거나 싫어서 기막힐 지경에 이름. 예추운 것은 딱 질색이야. 질색하다.

질서(秩序) [질써] 사회가 올바른 상태를 유지하기 위하여 지켜야 할 차례나 규칙. 예질서 의식/질서가 정연하다./질서를 바로잡다.

질소(窒素) [질쏘] 공기 속에 가장 많이 들어 있는 기체. 색깔·맛·냄새가 없으며, 동식물의 몸속에서 단백질을 구성한다.

질소 비료(窒素肥料) 질소 성분이 많이 들어 있는 비료. 농작물의 잎줄기를 자라게 한다.

질시(嫉視) [질씨] 남이 잘되는 것을 시기하여 봄. 예내 짝꿍은 얼굴도 예쁘고 공부도 잘해서 반 친구들에게 질시를 받았다. 질시하다.

질식(窒息) [질씩] 산소가 모자라 숨이 막힘. 질식되다. 질식하다.

질의(質疑) [지릐/지리] 모르는 것이나 의심나는 점을 물어서 밝힘. 예질의 사항 있습니까? 町질문. 댄응답. 질의하다.

질적(質的) [질쩍] ①사물이 지닌 속성이나 가치 등에 관련된 것. 예질적 성장. [반]양적. ②사람의 됨됨이를 이루는 바탕에 관련된 것. [예]저분은 보통 사람들과 질적으로 다른 사람이야.

질주(疾走)[질쭈] 빠르게 달림. **질주하다**.

질질1 ①땅에 축 늘어져서 끌리는 모양. [예]치맛자락이 질질 끌린다. ②기한을 자꾸 뒤로 미루는 모양. [예]더 이상 시간을 질질 끌 수는 없습니다.

질질2 액체 등이 그치지 않고 흐르는 모양. [예]맛있는 음식을 보니 침이 질질 흐른다. [작]잘잘.

질질3 윤기가 번드르르하게 흐르는 모양. [작]잘잘.

질책(叱責) 잘못을 따져 꾸짖음. [예]우리는 선생님께 호된 질책을 받았다. **질책하다**.

질척하다[질처카다] 진흙 등이 물기가 많아서 차지게 질다. [작]잘착하다.

질타(叱咤) 큰 소리로 잘못을 나무람. [예]주위 사람들의 질타를 받다. **질타하다**.

질탕하다(跌宕―) 놀음놀이 같은 것이 한껏 흐드러져 방탕에 가깝도록 흥겹다. [예]질탕하게 마시고 놀다.

질투(嫉妬) 자기보다 나은 사람을 시기하여 미워함. [예]민주는 질투가 날 만큼 예쁘다니까. [비]샘·시기. **질투하다**.

질투심(嫉妬心) 질투하는 마음.

질퍽하다[질퍼카다] 바닥이 물기가 매우 많아 무르고 질다. [작]잘팍하다.

질펀하다 ①하는 일 없이 늘어져 있다. [예]하루 종일 질펀하게 누워 있다. ②질거나 젖어 있다. [예]밤새 비가 왔는지 땅이 질펀하다. ③물건 등이 많이 널려 있다. [예]공터에 쓰레기들이 질펀하게 널려 있다.

질풍(疾風) 몹시 빠르고 세게 부는 바람.

질화로(―火爐) 진흙으로 구워 만든 화로.

질환(疾患) 몸의 온갖 병. [예]신경성 질환. [비]질병.

짊어지다[질머지다] ①짐 같은 것을 등에 메다. [예]나그네는 보따리를 짊어지고 길을 나섰다. ②책임이나 부담을 맡아 지다.

짐1 ①다른 곳으로 옮기려고 꾸려 놓은 물건. [예]짐을 싸다. [비]하물. ②맡겨진 부담이나 책임. [예]짐을 털다. ③수고롭고 귀찮은 일이나 물건. [예]너한테 짐이 되고 싶지 않아.

짐:2(朕) 임금이 '나'라는 뜻으로 '자기'를 이르던 말.

짐꾼 짐을 져 나르는 사람.

짐볼(gym ball) 크고 탄력이 강한, 공 모양의 도구. 환자의 재활 치료나 스트레칭 등을 할 때 쓴다.

짐수레 짐을 싣는 수레.

짐스럽다[짐스럽따] 짐처럼 귀찮고 부담스러운 데가 있다. [예]짐스러운 존재/짐스럽게 여기다. [활용] 짐스러우니·짐스러워. **짐스레**.

짐승 ①몸에 털이 난 네 발을 가진 동물. ②날짐승·길짐승을 모두 이르는 말. ③'잔인하고 야만적인 사람'을 비유하여 이르는 말.

짐작(斟酌) 까닭·형편 등을 어림으로 헤아림. [비]추측. **짐작되다**. **짐작하다**.

짐짓[짐짇] 마음은 그렇지 않으나 일부러 그렇게. 고의로. [예]나는 민수를 짐짓 못 본 체했다.

짐짝 묶어 놓은 짐의 덩이.

짐칸 주로 탈것에서, 짐을 싣는 칸. [예]가방은 짐칸에 둘게요. [비]화물칸.

집 ①사람이 살기 위하여 지은 건물. [예]내일 새집으로 이사 간다. ②동물이 깃들어 사는 곳. ③가정. ④칼·안경 등을 끼거나 담아 두는 물건. [예]안경집.

집게1 [집께] 물건을 집는 데 쓰는, 끝이 두 가닥으로 갈라진 도구.

집게2 [집께] 집겟과의 동물. 몸은 새우와 게의 중간 모양으로, 바다 밑의 모랫바닥에 산다.

집게발 [집께발] 게·가재 등의 집게 모양으로 된 큰 발.

집게벌레 [집께벌레] 집게벌렛과의 곤충. 몸길이 2cm가량. 몸은 가늘고 검은 갈색이며, 배 끝에 집게가 달려 있다.

집게손 [집께손] 태껸에서, 엄지손가락과 집게손가락은 가위 모양으로 펴고, 나머지 세 손가락은 말아 쥔 손.

집게손가락 [집께손까락] 엄지손가락과 가운뎃손가락 사이의 둘째 손가락. [비]검지·식지.

집결(集結) [집껼] 한곳으로 모임. 또는 한곳으로 모음. [예]집결 장소. **집결되다**. **집결하다**.

집계(集計) [집꼐/집께] 모아서 합계함, 또는 그 합계. **집계되다**. **집계하다**. [예]개표 결과를 집계하다.

집구석 [집꾸석] '집안'을 낮추어 이르는 말.

집권1(執權) [집꿘] 정권을 잡음. 권력을 가짐. [예]집권 여당/장기 집권. **집권하다**.

집권2(集權) [집꿘] 권력을 한군데로 모음. [예]중앙 집권 제도. [반]분권. **집권하다**.

집기병(集氣甁) [집끼병] 과학 실험에서 기체를 모으는 데 쓰는 입구가 넓은 병.

집념(執念) [짐념] 한 가지 일에만 끈덕지게 정신을 쏟음. [예]집념의 사나이/집념이 강하다.

집다 [집따] ①손가락으로 물건을 잡아서 들다. ②집게 등으로 무엇을 끼워서 들다. [예]수민이는 젓가락으로 김치를 집어 들었다. ③여럿 가운데 하나를 지적하여 가리키다. [예]네가 갖고 싶은 것을 집어 봐.

집단(集團) [집딴] 많은 사람이나 동물이 모여 무리를 이룬 상태. [예]집단 생활. [비]단체.

집단 농장(集團農場) 여러 사람이 협동하여 경영하는 큰 규모의 농장.

집단행동(集團行動) [집딴행동] 어떤 집단이 같은 목표와 의식을 가지고 하는 행동. [예]노조원들은 집단행동을 하기로 결정했다.

집대성(集大成) [집때성] 여럿을 모아 크게 하나로 완성하는 것. **집대성되다**. **집대성하다**.

집들이 [집뜨리] 이사한 뒤, 집 구경과 인사를 겸해서 이웃과 친구들을 초대하여 대접하는 일. **집들이하다**.

집무(執務) [짐무] 사무를 봄. [예]집무 시간. **집무하다**.

집문서(一文書) [짐문서] 집의 소유권을 증명하는 문서.

집배원(集配員) [집빼원] 우편물을 모아서 배달하는 일을 하는 사람. [본]우편집배원.

집사(執事) [집싸] 주인집에 고용되어 그 집안일을 맡아보는 사람.

집사람 [집싸람] 자기의 '아내'를 겸손하게 이르는 말. [참]안사람.

집산지(集散地) [집싼지] 생산품이 여러 곳에서 모여들고, 또 다른 지역으로 흩어져 나가는 곳. [예]사과의 집산지.

집세(一貰) [집쎄] 남의 집을 빌린 대가로 내는 돈. [예]집세를 내다./집세가 밀리다.

집시(Gypsy) 유럽·서아시아·아프리카·미국 등지에서 일정한 거주지 없이 떠돌아다니며 사는 민족. 음악에 뛰어난 재능이 있고, 점쟁이·가수·말 장수 등의 일로 생계를 유지한다.

집안[지반] ①한 가족이 이룬 가정. ②한 조상들의 자손들로 이루어진 집단.
집안일[지반닐] ①집 안에서 일어나는 일. ②가까운 일가 사이의 일.
집약(集約)[지뱍] 많은 것을 한데 모아 요약함. **집약되다. 집약하다.**
집어내다[지버내다] ①물건을 집어서 밖으로 내놓다. [예]화로에서 구운 고구마를 집어내다. ②지적하여 밝혀내다. [예]문제점을 집어내다.
집어넣다[지버너타] 어떤 공간·단체·범위 등에 들어가게 하다. [예]아이를 학교에 집어넣다./과일을 냉장고에 집어넣다.
집어던지다[지버던지다] 물건을 손으로 집어서 내던지다. [예]돌을 집어던지다.
집어삼키다[지버삼키다] 입 안에 집어넣고 삼키다.
집어치우다[지버치우다] 하던 일이나 하려던 일을 그만두다. [예]공부를 집어치우다.
집 없는 아이 프랑스의 소설가 말로가 지은 소설. 떠돌이 소년 레미가 온갖 어려움을 겪다가 마침내 어머니를 찾는다는 이야기이다.
집열판(集熱板)[지별판] 태양열 등의 열을 한곳으로 모아 주는 판.
집오리[지보리] 오릿과의 새. 물오리보다 몸집이 크나, 날개가 약하다. 고기나 알을 얻으려고 집에서 기른다.
집요(執拗)[지뵤] 고집이 세고 끈질김. **집요하다.** [예]지수는 궁금한 것이 있으면 집요하게 물어본다.
집적거리다[집쩍꺼리다] ①아무 데나 함부로 손대거나 아무 일에나 자꾸 참견하다. [예]제사에 쓸 음식을 집적거리면 안 돼. ②남에게 쓸데없는 말이나 행동을 하며 자꾸 귀찮게 하다. [비]집적대다.
집적대다[집쩍때다] ➡집적거리다.
집전(執典)[집쩐] 의식·전례 등을 맡아서 집행함. **집전하다.**
집주인(-主人)[집쭈인] 집의 주인. [비]집임자.
집중(集中)[집쭝] ①여럿을 한곳으로 모음. [예]시선 집중/집중 공격. ②어떤 일에 온 정신을 쏟음. [예]정신 집중. [반]분산. **집중되다. 집중하다.**
집중력(集中力)[집쭝녁] 어떤 일에 정신을 집중하는 힘. [예]집중력이 떨어지다.
집중 호우(集中豪雨) 어떤 곳에 짧은 시간 동안 집중적으로 내리는 비.
집짐승[집찜승] 집에서 기르는 짐승. [비]가축. [참]들짐승.
집집[집찝] 각각의 집. 또는 모든 집. [예]집집마다 태극기를 내걸었다.
집착(執着) 어떤 일에만 마음이 쏠려 떠나지 않음. **집착되다. 집착하다.** [예]돈에 집착하다.
집채 집의 한 채. 집의 덩이. [예]집채만 한 파도가 밀려왔다.
집치레 집을 손질하여 잘 꾸미는 일. [비]집치장. **집치레하다.**
집터 집이 있거나 있던 자리. 또는 집을 지을 자리. [비]택지.
집토끼 집에서 기르는 토끼.
집파리 집파릿과의 곤충. 몸길이 8mm가량. 몸빛은 광택이 나는 검은색이며, 전염병을 옮기는 해충이다.
집필(執筆) 《붓을 잡는다는 뜻으로》 글씨나 글을 씀. **집필하다.** [예]자서전을 집필하다.
집합(集合)[지팝] ①한군데로 모임. [예]집합 장소는 정해졌니? [반]해산. ②범위가 정해져 있는 것의 모임. [예]자연수의 집합. **집합하다.**
집행(執行)[지팽] 정해진 일을 실지로 시행함. **집행되다. 집행하다.** [예]법을 집행하다.

집현전(集賢殿)[지편전] 조선 초기에 궁중에 두었던 학문 연구 기관. 이곳에서 훈민정음 창제 등 많은 문화 사업이 이루어졌다.

집회(集會)[지푀/지풰] 어떤 목적으로 여러 사람이 모임. 예집회를 열다. 비회합. 집회하다.

짓:[진] 몸이나 몸의 일부를 움직이는 동작. 주로 좋지 못한 행위나 행동을 이른다. 예못된 짓만 골라서 한다. |발음| 짓이[지시]·짓도[진또]·짓만[진만]

짓:**거리**[진꺼리] '짓'을 속되게 이르는 말. 예이게 무슨 짓거리니?

짓:**궂다**[진굳따] 성미가 심술궂은 데가 있다. 예그는 짓궂은 장난을 잘 친다.

짓누르다[진누르다] ①무엇을 마구 누르다. ②정신적으로 억누르다. |활용| 짓누르니·짓눌러.

짓눌리다[진눌리다] 짓누름을 당하다. 예짓눌려 지내다.

짓:**다**[진따] ①재료를 들여서 만들다. 예집을 짓다. ②글을 만들어 내다. 예시를 짓다. ③표정을 드러내거나 눈물을 흘리다. 예웃음을 짓다. ④나쁜 짓을 저지르다. 예죄를 짓다. ⑤이름을 만들어 붙이다. 예이름을 짓다. |활용| 지으니·지어.

짓무르다[진무르다] ①피부가 헐어서 문드러지다. 예상처 난 데가 짓무르다. ②채소나 과일 등이 너무 익거나 썩어서 물렁물렁하게 되다. 예딸기가 오래되어 다 짓물렀다. |활용| 짓무르니·짓물러.

짓밟다[진빱따] ①짓이기다시피 마구 밟다. 예잔디를 짓밟다. ②남의 인격이나 권리를 억누르다. 예그는 내 자존심을 짓밟았다.

짓밟히다[진빨피다] 짓밟음을 당하다. 예발길에 짓밟히다./남에게 짓밟

히며 살아온 민족.

짓이기다[진니기다] 함부로 마구 이기다. 예흙을 짓이겨 벽에 발랐다.

징[1] 신발의 바닥이나 말굽·쇠굽 등에 박는, 대가리가 크고 길이가 짧은 쇠못.

징[2] 놋쇠로 대야같이 만든 악기. 채로 쳐서 소리를 낸다.

징검다리 개울 같은 데에 돌덩이나 흙더미를 드문드문 두어서 그것을 디디고 건너게 해 놓은 것.

〈징[2]〉

징계(懲戒)[징계/징게] 허물을 뉘우치도록 주의를 주고 나무람. 예징계 처분. 징계하다.

징그럽다[징그럽따] 소름이 끼칠 정도로 끔찍하고 흉하다. 예징그러운 뱀. |활용| 징그러우니·징그러워.

징발(徵發) 남의 물건을 강제적으로 거두어들임. 특히, 전쟁 때 필요한 물건·사람·차량 등을 모아 거둠. 징발되다. 징발하다.

징벌(懲罰) 나쁜 짓을 한 사람에게 벌을 줌, 또는 그 벌. 징벌하다.

징병(徵兵) 국가가 법에 따라 일정한 나이에 이른 국민을 불러 모아 일정 기간 병역에 복무시킴. 징병되다. 징병하다.

징수(徵收) 세금이나 수수료 등을 거두어들임. 예통행료 징수. 징수하다.

징역(懲役) 형벌의 한 가지. 죄인을 교도소에 가두어 두고 노동을 하게 하는 형.

징용(徵用) 전쟁을 할 때나 비상시에, 국가가 국민을 강제로 데려다가 일을 시킴. 징용되다. 징용하다.

징조(徵兆) 어떤 일이 일어날 기미가 미리 보이는 것. 예불길한 징조/좋은 징조가 나타나다. 비조짐.

징집(徵集) 국가가 병역 의무자에게 현역병으로서 강제로 불러 모음. 예징집영장. 징집되다. 징집하다.

징징거리다 마음에 들지 않아 자꾸 짜증을 부리며 울거나 보채다. 비징징대다. 셴찡찡거리다.

징징대다 ➡징징거리다.

징크스(jinx) 어떤 일이 있은 다음에 으레 그렇게 되리라고 믿고 있는 일. 예징크스를 깨다.

징표(徵表) 하나의 사물을 다른 사물과 구별하는 표가 되는 것. 예사랑의 징표.

징후(徵候) 어떤 일이 일어날 조짐. 예불길한 징후. 비낌새.

짖:다 [짇따] 개가 크게 소리를 내다. |발음| 짖어 [지저]·짖고 [짇꼬]

짙다 [짇따] ①빛깔·냄새 등이 진하다. 맨옅다. ②안개·연기 등이 자욱하다. ③농도가 높다. 맨묽다. ④가능성 등이 많다. 예그 일은 실패할 가능성이 짙다. |발음| 짙어 [지터]·짙고 [짇꼬]

짙푸르다 [짇푸르다] 짙게 푸르다. 예짙푸른 바다. |활용| 짙푸르니·짙푸르러.

짚 [집] ①벼·밀·조·메밀 등의 이삭을 떨어낸 줄기. ②〈볏짚〉의 준말. |발음| 짚이 [지피]·짚도 [집또]·짚만 [짐만]

짚가리 [집까리] 짚단 더미.

짚다 [집따] ①손이나 지팡이를 바닥에 대고 버티어 몸을 기대다. 예할아버지가 지팡이를 짚고 걸어가신다. ②손을 대고 가볍게 누르다. 예맥을 짚다. ③미루어 짐작하다. 예잘못 짚다. |발음| 짚어 [지퍼]·짚고 [집꼬]

짚단 [집딴] 볏짚의 묶음.

짚신 [집씬] 볏짚으로 만든 신.

짚이다 [지피다] 짐작이 가다. 예진아

〈짚신〉

가 어디에 있는지 짚이는 데가 있다.

ㅉ 쌍지읒. 'ㅈ'의 된소리.

짜개 콩·팥 등을 둘로 쪼갠 것의 한쪽.

짜개다 나무 같은 단단한 물건을 도끼나 칼 등으로 베거나 찍어서 갈라지게 하다. 예나무꾼은 장작으로 쓸 나무를 짜개었다.

짜깁기 [짜깁끼] ①직물의 찢어진 곳을, 그 감의 올로 본디대로 짜서 표가 나지 않게 깁는 일. ②기존의 글이나 영화 등을 편집하여 한 편의 완성품으로 만드는 일. 짜깁기하다.

짜깁다 [짜깁따] 천의 찢어진 곳을, 그 감의 올로 본디대로 짜서 표가 나지 않게 깁다. |활용| 짜기우니·짜기워.

짜내다 ①물건을 누르거나 비틀어서 안에 있는 것을 밖으로 나오게 하다. 예기름을 짜내다./치약을 짜내다. ②잘 생각나지 않거나 잘 나오지 않는 것을 억지로 나타나게 하다. 예지혜를 짜내다./젖 먹던 힘을 짜내다.

짜다¹ ①옷감을 만들다. 예베를 짜다. ②단체나 모임을 조직하다. 예조를 짜다. ③계획을 세우다. 예시간표를 짜다./생활 계획표를 짜다.

짜다² ①비틀거나 눌러 기름·물 등을 내다. 예기름을 짜다. ②없는 생각 등을 억지로 내다. 예지혜를 짜다.

짜다³ ①소금 맛이 진하다. 예국이 짜다. 맨싱겁다. ②후하지 않다. 인색하다. 예점수가 짜다.

-짜리 '얼마의 수나 값에 해당하는 물건임'을 나타내는 말. 예만 원짜리 지폐.

짜릿짜릿 [짜릳짜릳] 자꾸 짜릿한 모양. 큰쩌릿쩌릿. 예자릿자릿.

짜릿하다 [짜리타다] ①몸의 한 부분이 감전된 것처럼 갑자기 세게 저린 느낌이 있다. ②갑자기 흥분하여 떨리는 느낌이 있다. 예짜릿한 쾌감. 관쩌릿하다. 여자릿하다.

짜부라지다 물체가 눌리거나 부딪혀 찌그러지다. 예충돌한 두 차가 모두 짜부라졌다.

짜이다 ①구성이 만들어지다. 예잘 짜인 글. ②계획이 세워지다.

짜임 만들어져 있는 모양. 예글의 짜임. 비조직·구성.

짜임새 짜여 있는 모양새.

짜장면 ➡자장면.

짜증 기분이 언짢거나 못마땅하여 싫은 티를 내는 짓. 예짜증이 나다./짜증을 부리다.

짝¹ 한 벌이나 쌍을 이루는 사람이나 물건의 한쪽. 예양말 한 짝/짝을 이루다.

짝² '곳'·'꼴'의 뜻을 나타내는 말. 예이 물건은 아무 짝에도 못 쓰겠다.

짝³ 상자나 짐짝의 덩어리를 세는 말. 예사과 한 짝.

짝⁴ ①단단한 물체가 짜개지거나 틈이 벌어지는 소리, 또는 그 모양. 예사과를 짝 쪼개다. ②활짝 벌어진 모양. 예어깨가 짝 벌어지다. 관쩍.

짝그네 [짝끄네] 두 사람이 나란히 서서, 한 손으로는 짝의 허리를 끼고 또 한 손으로는 그넷줄을 쥐고 뛰는 그네.

짝꿍 단짝을 정답게 이르는 말.

짝사랑 [짝싸랑] 이성 사이에서, 어느 한쪽에서만 하는 사랑. 짝사랑하다.

짝수(-數) [짝쑤] 2로 나누어 나머지가 생기지 않는 수. 2·4·6·8 등. 비우수. 반홀수.

짝짓기 [짝찓끼] ①짝을 이루는 일. ②동물의 암수가 교미를 하기 위해 한 짝을 이루는 일. 짝짓기하다.

짝짜꿍 젖먹이 아이들이 손뼉을 치는 재롱.

짝짝 자꾸 손뼉을 치는 소리.

짝짝이 [짝짜기] 제짝이 아닌 다른 짝끼리 모여서 이루어진 것. 예신발이 짝짝이다.

짠맛 [짠맏] 소금과 같은 맛.

짠물 ①바닷물. 반민물. ②짠맛이 나는 물.

짠지 무나 오이 등을 소금에 짜게 절여 담근 김치.

짤까닥 쇠붙이가 부딪치거나 떨어지는 소리. 준짤깍. 관쩔꺼덕. 여잘가닥.

짤깍거리다 [짤깍꺼리다] 쇠붙이가 자꾸 부딪치는 소리가 나다. 비짤깍대다. 관쩔꺽거리다.

짤깍대다 [짤깍때다] ➡짤깍거리다.

짤깍짤깍 자꾸 짤깍거리는 소리. 관쩔꺽쩔꺽.

짤따랗다 [짤따라타] 생각보다 더 짧다. 예짧다란 끈. 반기다랗다. |활용| 짤따라니·짤따래.

짤랑거리다 작은 방울이 흔들리는 소리가 자꾸 나다. 비짤랑대다. 관쩔렁거리다.

짤랑대다 ➡짤랑거리다.

짤랑짤랑 자꾸 짤랑거리는 소리. 관쩔렁쩔렁.

짤록하다 [짤로카다] 긴 물건의 한 부분이 패어 들어가 오목하다. 여잘록하다.

짤막짤막 여러 개의 길이가 다 짧은 듯한 모양.

짤막하다 [짤마카다] 길이가 조금 짧다. 예짤막한 연필. 반길쭉하다.

짧다 [짤따] ①공간이나 물체의 양 끝 사이가 가깝다. 예짧은 거리. ②동안·시간이 길지 않다. 예쉬는 시간이 짧다. ③가리는 음식이 많다. 예입이 짧다. ①②반길다. |발음| 짧아 [짤바]·짧고 [짤꼬]

짧은바늘 [짤븐바늘] 시계에서 시간을 가리키는 바늘. 반긴바늘.

짧은소리 [짤븐소리] 짧게 내는 소리. [비]단음. [반]긴소리.

짬 ①두 물체가 맞붙은 틈. ②어떤 일의 겨를. [예]잠깐 짬을 내서 나왔어.

짬뽕 ①중국식 국수 요리의 하나. 각종 해물이나 야채를 볶은 것에 돼지 뼈나 소뼈·닭 뼈를 우린 국물을 부어 만든다. ②서로 다른 여러 가지를 뒤섞음. **짬뽕하다**.

짭짤하다 ①감칠맛 있게 조금 짜다. ②물건이 실속 있고 값지다. **짭짤히**.

짱구 이마나 뒤통수가 크게 튀어나온 머리통, 또는 그런 머리통을 가진 사람.

-째 ①'계속된 그대로'의 뜻을 나타내는 말. [예]일주일째/사흘째. ②'있는 그대로'의 뜻을 나타내는 말. [예]통째/병째. ③'차례'·'등급'의 뜻을 나타내는 말. [예]둘째/네 개째.

째깍째깍 시계 등의 톱니바퀴가 자꾸 돌아가는 소리.

째다 베어 가르거나 찢다. [예]살을 째는 아픔.

째:지다 ①살갗이나 천 등이 갈라지거나 찢어지다. ②소리가 몹시 날카롭게 들리다. ③눈이 옆으로 가늘고 길다. [본]째어지다.

째째하다 '쩨쩨하다'의 잘못.

짹짹 참새가 우는 소리. [큰]찍찍.

쨍 쇠붙이 등이 세게 맞부딪치거나 갈라져 터질 때에 되바라지게 울리는 소리.

쨍그랑 얇은 금속이 맞부딪치거나 떨어져서 울리는 소리. [큰]쩽그렁. [여]쟁그랑.

쨍쨍 햇볕이 매우 따갑게 내리쬐는 모양. [예]뙤약볕이 쨍쨍 내리쬐다.

쩌렁쩌렁 목소리가 자꾸 크고 높게 울리는 소리, 또는 그 모양. [예]아이들의 함성 소리가 운동장에 쩌렁쩌렁 울렸다.

쩌렁쩌렁하다 울리는 목소리가 매우 크고 우렁차다. [작]짜랑짜랑하다.

쩍 ①단단한 물체가 쪼개지거나 틈이 벌어지는 소리, 또는 그 모양. ②활짝 벌어진 모양. [작]짝.

쩔쩔매다 어려운 일에 부닥쳐 어쩔 줄을 모르고 갈팡질팡하다. [예]언니가 어려운 수학 문제를 푸느라 쩔쩔맨다.

쩝쩝 입맛을 다시는 소리. [예]입맛을 쩝쩝 다시다.

쩨쩨하다 잘고 인색하다. [예]쩨쩨한 사람/쩨쩨하게 굴다. [잘못] 째째하다.

쪼가리 작은 조각.

쪼개다 ①하나로 된 물건을 둘 이상으로 나누다. [예]사과를 쪼개어 친구와 나누어 먹었다. ②시간·돈 등을 아끼다.

쪼개지다 하나로 된 물건이 둘 이상으로 나뉘다.

쪼그라들다 ①부피나 크기가 작아지다. [예]바람이 빠져서 풍선이 쪼그라들었다. ②물체가 쭈그러져서 주름이 잡히다. [예]살이 빠져서 쪼그라든 얼굴. [활용] 쪼그라드니·쪼그라들어.

쪼그리다 팔다리를 오그려 몸을 작게 움츠리다. [예]구석에 쪼그리고 앉다. [큰]쭈그리다.

쪼글쪼글 쪼그라져서 잔주름이 고르지 않게 많이 잡힌 모양. [큰]쭈글쭈글.

쪼끔 ①정도나 분량이 적게. ②시간적으로 짧게. [여]조금. [잘못] 쬐끔.

쪼:다 뾰족한 끝으로 찍다. [예]닭이 부리로 모이를 쪼아 먹는다.

쪼들리다 무슨 일에 부대껴 몹시 어렵게 지내다. [예]가난에 쪼들린 생활.

쪼르르 날쌘 발걸음으로 앞을 향해 나가는 모양. [큰]쭈르르.

쪼르륵 배가 몹시 고플 때 배 속에서 나는 소리.

쪼이다 ➡쬐다.

쪽[1] 결혼한 여자가 뒤통수에 땋아서 틀어 올려 비녀를 꽂은 머리. 예쪽을 찌다.

쪽[2] ①책의 한 면. ②책의 면을 세는 말. 비페이지.

쪽[3] 물건의 쪼개진 한 부분. 예콩 한 쪽.

쪽[4] 마디풀과의 한해살이풀. 7~8월에 붉은 꽃이 핀다. 잎은 남빛을 물들이는 물감의 원료로 쓰인다.

쪽[5] ①방향. 예해가 지는 쪽. ②편. 예이긴 쪽.

쪽[6] ①액체를 입으로 힘차게 빠는 소리, 또는 그 모양. 예동생은 빨대로 주스를 쪽 빨아 마셨다. ②물기·살·기운 등이 한꺼번에 빠지는 모양. 예못 본 사이에 살이 쪽 빠졌구나. ③입맞춤하는 소리.

쪽[7] '얼굴'을 속되게 이르는 말.

　쪽을 못 쓰다[관용] 기가 눌려 꼼짝 못하다. 예쪽도 못 쓰고 시합에서 지다.

쪽가위[쪽까위] 실 등을 자르는 데 쓰는, 족집게 모양의 작은 가위.

쪽그림 '삽화'의 북한말.

쪽문(一門)[쫑문] 대문짝의 가운데나 한쪽에 작게 따로 낸 문.

쪽물[쫑물] 쪽에서 얻는 남색의 물감.

쪽박[쪽빡] 작은 바가지. 예쪽박 신세.

　쪽박을 차다[관용] 거지가 되다.

쪽배[쪽빼] 통나무를 쪼개어 속을 파서 만든 작은 배.

쪽빛[쪽삗] 푸른빛과 자줏빛의 중간 빛깔.

쪽수(一數)[쪽쑤] 책장 등의 쪽의 수. 비면수.

쪽지(一紙)[쪽찌] ①작은 종잇조각. ②작은 종잇조각에 쓴 글. 예친구에게 쪽지를 남겼다.

쫄깃쫄깃[쫄긷쫄긷] 씹히는 맛이 매우 끈기가 많고 질긴 듯한 느낌. 예살짝 익힌 라면이 쫄깃쫄깃 맛있다.

쫄깃하다[쫄기타다] 씹히는 맛이 매우 끈기가 많고 질긴 듯한 느낌이 있다. 예수제비 반죽이 쫄깃하게 잘되었구나.

쫄딱 남김없이 통틀어. 예갑자기 내린 비에 쫄딱 젖었다.

쫄래쫄래 몸집이 작은 사람이나 동물이 남의 뒤를 까불거리며 졸졸 따라다니는 모양. 예강아지가 내 뒤를 쫄래쫄래 따라온다. 여졸래졸래.

쫄쫄 끼니를 굶어 아무것도 먹지 못한 상태. 예온종일 쫄쫄 굶었다.

쫑긋[쫑귿] ①말을 하려고 입술을 뾰족이 내미는 모양. ②귀를 치켜세우는 모양. 큰쫑긋.

쫑알거리다 여자나 어린아이가 자꾸 재깔이다. 비쫑알대다. 큰쭝얼거리다. 여종알거리다.

쫑알대다 → 쫑알거리다.

쫑알쫑알 자꾸 쫑알거리는 소리, 또는 그 모양. 큰쭝얼쭝얼. 여종알종알.

쫓겨나다[쫃껴나다] 어떤 장소나 자리에서 내쫓김을 당하다.

쫓기다[쫃끼다] ①따라오는 것에 쫓음을 당하다. ②시간이나 일에 바쁘게 몰리다. 예시간에 쫓기다.

쫓다[쫃따] ①몰아내다. 예졸음을 쫓다. ②앞선 것을 뒤에서 급히 따라가다. 예도둑을 쫓다. |발음| 쫓아[쪼차]·쫓고[쫃꼬]

쫓아가다[쪼차가다] 앞선 것을 급히 따라가다.

쫓아내다[쪼차내다] 어떤 장소나 자리에서 몰아내다.

쫓아다니다[쪼차다니다] 뒤에 바짝 붙어 따라다니다. 예강아지가 내 뒤를 쫓아다닌다.

쫓아오다[쪼차오다] 뒤에서 바짝 붙어 따라오다.

쫙[1] 넓게 퍼지거나 벌리는 모양. 여좍.

쬐끔 '쪼끔'의 잘못.

쬐:다 [쬐다/쮀다] ①햇볕이 내리비치다. ②햇볕이나 불에 쐬거나 말리다. 예햇볕을 쬐다. 町쪼이다.

쭈그리다 팔다리를 우그려 몸을 작게 움츠리다. 郤조그리다.

쭈글쭈글 물체가 쭈그러져서 주름이 고르지 않게 많이 잡힌 모양. 郤조글조글.

쭈뼛 [쭈뼏] ①무섭거나 놀라서 머리카락이 꼿꼿하게 곤두서는 듯한 느낌. ②서툴거나 부끄러워서 머뭇거리거나 망설이는 모양. 쭈뼛쭈뼛.

쭈뼛거리다 [쭈뼏꺼리다] ①무섭거나 놀라서 머리카락이 꼿꼿하게 곤두서는 듯한 느낌이 자꾸 들다. 예어두운 골목길을 혼자 지나가려니 머리카락이 쭈뼛거린다. ②서툴거나 부끄러워서 자꾸 머뭇거리거나 망설이다. 예나는 제대로 말을 못하고 쭈뼛거리기만 했다. 町쭈뼛대다.

쭈뼛대다 [쭈뼏때다] ➡쭈뼛거리다.

쭉 ①줄이나 금을 곧게 긋는 모양. 예종이 위에 선을 쭉 긋다. ②여럿이 가지런하게 늘어서 있는 모양. 예빨랫줄에 빨래가 쭉 걸려 있다. ③끊어지지 않고 한 줄로 이어지는 모양. 예이 길을 따라 쭉 가면 공원이 나온다. ④종이나 천 등을 한 번에 찢거나 훑는 모양. 예치마가 못에 걸려 쭉 찢어졌다. ⑤동작을 거침없이 하는 모양. 예책을 쭉 읽어 나가다./팔을 양옆으로 쭉 벌리세요. ⑥같은 상태로 계속되는 모양. 예오늘은 쭉 집에 있을 거야. 쭉쭉.

쭉정이 [쭉쩡이] 껍질만 생겨 속에 알이 들지 않은 곡식 등의 열매.

쭝긋 [쭝귿] ①입술을 뾰죽이 내미는 모양. ②귀를 치켜세우는 모양. 郤종긋.

-쯤 '어떤 정도'의 뜻을 나타내는 말. 예어디쯤/오늘쯤.

쯧쯧 [쯛쯛] 못마땅하거나 가엾다는 뜻으로 혀를 차는 소리.

찌 물고기가 낚시를 물면 곧 알 수 있도록 낚싯줄에 단 물건. 예영민아, 찌가 움직이는지 잘 보고 있어라. 图낚시찌.

찌개 국물을 적게 잡아 고기·채소·두부 등을 넣고 양념과 간을 맞추어 끓인 반찬. 예찌개 국물/찌개를 끓이다. |잘못| 찌게.

찌그러지다 눌러서 모양이 고르지 않게 우그러지다.

찌꺼기 좋은 것을 골라내거나 떼어 낸 나머지.

찌다¹ 살이 올라서 뚱뚱해지다. 예살이 찐 돼지.

찌다² ①뜨거운 김으로 익히거나 데우다. 예떡을 찌다. ②뜨거운 김을 쐬는 것처럼 몹시 더워지다. 예찌는 날씨.

찌다³ 여자가 머리털을 뒤통수 아래에 틀어 올려 비녀를 꽂다. 예쪽을 찌다.

찌들다 ①물건이 오래되어 때가 끼고 더럽게 되다. 예땀에 찌든 옷. ②많은 어려운 일을 겪느라고 몹시 시달리다. 예생활에 찌든 모습. |활용| 찌드니·찌들어.

찌르다 ①뾰족한 것으로 세게 들이밀다. 예주삿바늘을 팔에 찌르다. ②냄새가 후각을 자극하다. 예코를 찌르는 냄새. ③남의 비밀 등을 일부러 알려 주다. |활용| 찌르니·찔러.

찌르레기 찌르레깃과의 새. 몸빛은 등이 잿빛 갈색이고 머리는 검으며, 부리와 발은 노랗다. 낮은 산이나 공원·정원에 살며, '찌르륵' 하고 운다.

〈찌르레기〉

찌르르 벌레의 울음소리. ㉮짜르르. ㉯지르르.

찌르륵 ①가는 대롱 등으로 액체를 빨아 올릴 때 나는 소리. ②찌르레기가 우는 소리.

찌뿌둥하다 ①몸이 무겁고 불편하다. ㉠어제 잠을 제대로 못 자서 몸이 찌뿌둥하다. ②비나 눈이 올 것같이 날씨가 잔뜩 흐리다. ㉠하늘이 찌뿌둥한 것이 곧 비가 올 모양이다.

찌푸리다 ①얼굴의 표정을 몹시 찡그리다. ㉠얼굴 찌푸리지 마세요. ②날씨가 몹시 흐리다. ㉠비가 올 듯이 하늘이 잔뜩 찌푸려 있다.

찍 ①줄이나 획을 세게 한 번 긋는 소리. ㉠볼펜으로 선을 찍 긋다. ②종이나 헝겊 등을 세게 찢는 소리. ㉠도화지 한 장을 찍 찢어 친구에게 주었다. ㉯직.

찍다 [찍따] ①날이 선 연장을 내리치다. ㉠도끼로 찍다. ②인쇄물이나 사진 등을 박다. ㉠영화를 찍다. ③가루나 액체 등을 묻히다. ㉠꿀을 찍어 먹다.

찍소리 [찍쏘리] '아무 소리'·'꼼짝'의 뜻으로 쓰이는 말. ㉠동생은 내 말에 찍소리도 못한다.

찍찍 새나 쥐 등이 우는 소리. ㉮쩍쩍.

찍히다 [찌키다] ①날이 있는 연장으로 내리침을 당하거나 끝이 뾰족한 것으로 찔리다. ②좋지 못한 사람으로 정해지다. ㉠문제아로 찍히다.

찐득거리다 [찐득꺼리다] ①검질기게 자꾸 들러붙다. ②검질겨서 끊어지지 않다. ㉯찐득대다. ㉮짠득거리다.

찐득대다 [찐득때다] ➡ 찐득거리다.

찐득찐득 자꾸 찐득거리는 모양. ㉮짠득짠득.

찐빵 밀가루 반죽에 팥을 넣어 쪄낸 음식.

찔끔 갑자기 놀라거나 겁이 나서 몸을 뒤로 물리듯이 움츠리는 모양.

찔레나무 장미과의 낙엽 지는 떨기나무. 가지에 가시가 있고, 봄에 흰 꽃이 피며, 가을에 둥근 열매가 붉게 익는다.

찔레꽃 [찔레꼳] 찔레나무의 꽃.

찔리다 ①찌름을 당하다. ㉠가시에 찔리다./칼에 찔리다. ②양심의 가책을 느끼다. ㉠엄마한테 거짓말을 하려니 양심에 찔린다.

찜 고기나 채소에 양념을 하여 푹 삶거나 쪄서 만든 음식. ㉠갈비찜.

찜질 ①약물이나 더운물, 또는 얼음덩이를 헝겊에 적시거나 싸서 아픈 자리에 대어 치료하는 일. ②뜨거운 물이나 모래에 몸을 담가 땀을 흘려 병을 고치는 일. ㉠모래찜질. 찜질하다.

찜찜하다 마음에 걸려 언짢은 느낌이 있다. ㉠모임이 끝나기 전에 먼저 나왔더니 기분이 찜찜하다.

찜통 뜨거운 김으로 음식을 찌는 조리 기구. ㉠엄마가 찜통에 만두를 쪄 주셨다.

찝찔하다 ①맛이 없으면서 조금 짜다. ㉠찝찔한 땀 냄새/찝찔한 바닷바람. ②일이 마음대로 되지 않아 기분이 좋지 않다.

찝찝하다 [찝찌파다] 개운하지 않고 마음에 걸리는 데가 있다. ㉠친구와 약속을 지키지 못해 기분이 조금 찝찝하다.

찡 얼음장이나 굳은 물건 등이 갑자기 갈라질 때 울리는 소리. [작]짱.

찡그리다 근심스럽거나 언짢을 때 이마나 눈살을 주름지게 하다. [예]얼굴을 찡그리다.

찡긋 [찡귿] 어떤 뜻을 알아보게 하기 위하여 눈을 약간 찡그리는 모양. [예]찡긋 윙크를 하다.

찡하다 마음에 강한 느낌이 있다. [예]어린 나이에 부모를 잃은 아이를 보니 가슴이 찡하다.

찢기다[찓끼다] 물체가 잡아당겨져 갈라지다. [예]도서관에서 빌린 책의 책장이 한 장 찢겨 있었다.

찢다 [찓따] 물건을 갈라지게 하다. 여러 조각으로 가르다. [예]종이를 찢다. [발음] 찢어 [찌저] · 찢고 [찓꼬]

찢어지다 [찌저지다] 찢겨서 갈라지다. [예]찢어진 우산.

찧다 [찌타] ①곡식 등을 빻으려고 절구에 담고 공이로 내리치다. [예]방아를 찧다. ②세게 부딪치다. [예]얼음판에 미끄러져서 엉덩방아를 찧었다./문설주에 이마를 찧다.

ㅊ

ㅊ 한글 닿소리의 열째.

차¹(次) ①《어떤 숫자 다음에 쓰여》 '차례'·'번'의 뜻을 나타내는 말. [예]제2차 세계 대전/삼차 산업. ②《어떤 일을 나타내는 말 다음에 쓰여》 그 일을 '하던 김에'의 뜻을 나타내는 말. [예]시장하던 차에 아주 잘 먹었다.

차²(車) 사람이나 짐을 싣고 바퀴를 굴려서 나아가게 만든 것. 특히, '자동차'를 이르는 말. 세는 단위는 '대(臺)'를 쓴다. [예]차를 타고 가다./차로 가도 한 시간은 걸린다.

차³(差) ①둘 이상의 사물을 비교할 때에 서로 구별되거나 다른 정도. [예]저 두 팀은 실력 차가 크다./빈부의 차가 심하다. ②어떤 수나 식에서 다른 수나 식을 덜어 낸 나머지.

차⁴(茶) ①차나무의 어린잎을 따서 만든 음료의 재료, 또는 그것을 달인 물. 녹차·홍차 등. ②잎이나 줄기·뿌리·열매 등을 달이거나 우려서 만든 음료. 보리차·생강차·인삼차 등.

-차(次) 《어떤 일을 나타내는 말 다음에 붙어》 그 일을 '하기 위하여'의 뜻을 나타내는 말. [예]인사차 들렀다.

차갑다 [차갑따] ①살갗에 닿는 느낌이 싸늘하게 차다. [예]차가운 바람/손이 차갑다. [반]뜨겁다. ②성격이나 태도가 쌀쌀하거나 날카로운 데가 있다. [예]차가운 눈초리/사람이 차가워 보인다. [활용] 차가우니·차가워.

차고(車庫) 차를 넣어 두는 곳.

차곡차곡 물건을 가지런히 쌓거나 포개는 모양. [예]이불을 차곡차곡 개다./편지를 차곡차곡 모아 두다.

차관¹(次官) 장관을 돕고 그의 직무를 대신할 수 있는 관직, 또는 그 관직에 있는 사람.

차ː관²(借款) 한 나라의 정부·기업·은행 등이 다른 나라의 정부나 공적 기관에서 돈을 빌려 오는 일, 또는 그 돈. [예]차관을 들여오다.

차ː광(遮光) 가리개 등으로 가려, 빛이 밖으로 새거나 밖에서 들어오는 것을 막는 일. [예]차광 유리.

차근차근 말이나 행동을 조리 있고 찬찬히 하는 모양. 예더듬지 말고 차근차근 말해 봐.

차기(次期) 다음 시기. 예차기 우승 후보/차기 대통령.

차나무(茶—) 차나뭇과의 늘푸른떨기나무. 잎은 길둥글고 두꺼우며 윤이 난다. 가을에 흰 꽃이 핀다. 어린잎은 녹차나 홍차를 만드는 데 쓰인다.

차남(次男) 둘째 아들. 반차녀.

차내(車內) 열차나 자동차 등의 안. 예차내 방송.

차녀(次女) 둘째 딸. 반차남.

차다¹ ①어떤 공간에 가득 들어 있거나 널리 퍼져 있다. 예사람들이 꽉 찬 경기장/저수지에 물이 반쯤 찼다. ②어떤 감정이나 기운 등이 넘쳐흐르듯 가득하게 되다. 예분노에 찬 얼굴/활기에 찬 나날을 보내다. ③미리 정한 때나 수효 또는 알맞은 시기에 이르다. 예모임의 정원이 다 찼다./혼기가 꽉 찬 처녀. ④달이 이지러진 데가 없이 아주 온전하게 되다. 예달이 찰 무렵에 돌아올 거야. ⑤보거나 느끼기에 모자람이 없어 흐뭇하다. 예눈에 차다./마음에 반도 안 찼다.

차다² ①발로 내지르거나 받아 올리거나 뒤로 밀쳐 내다. 예엉덩이를 차다./축구공을 힘껏 차다./제비가 물을 차고 날아올랐다. ②혀끝을 입천장에 대었다 뗐다 하여 소리를 내다. 예혀를 차다.

차다³ 몸의 어느 부분에 물건을 걸거나 매거나 끼우거나 하다. 예시계를 차다./쇠고랑을 차다.

차다⁴ ①몸에 느껴지는 온도가 낮다. 예찬 음식/날씨가 차다./방바닥이 몹시 차다. 반덥다. ②마음씨나 태도에 다정한 데가 없고 쌀쌀하다. 예사람이 차게 보여서 싫다. 반따뜻하다.

차:단(遮斷) 서로 오가거나 통하지 못하게 가로막거나 끊는 일. 예교통 차단/자외선 차단. 차단되다. 차단하다.

차:단기(遮斷器) 전기가 통하게 또는 통하지 못하게 전기 회로를 열거나 닫는 장치.

차:단기²(遮斷機) 철도 건널목 등에 설치하여, 기차가 지나갈 때 차나 사람이 건너지 못하게 막는 장치.

차:단제(遮斷劑) 해로운 물질이나 성분이 몸에 닿거나 스며드는 것을 막아 주는 약품.

차도¹(車道) 차가 다니는 길. 비찻길. 반인도.

차도²(差度) 병이 조금씩 나아감. 또는 병이 나아가는 정도. 예차도가 보이다./좋다는 약은 다 썼는 데도 차도가 없다.

차돌 ①매우 단단하고 흰빛이 나는 돌의 한 가지. 화강암 등으로 된 바위 속에 들어 있는데, 빛을 받으면 유리처럼 반짝거린다. 비석영. ②'아주 야무진 사람'을 비유하여 이르는 말. 예저 남자가 키는 작아도 몸은 차돌이다.

차등(差等) 차이가 나는 등급. 또는 등급의 차이. 예능력에 따라 차등을 두다. 반균등.

차디차다 몹시 차다. 예차디찬 손/차디찬 겨울바람.

차라리 '앞에서 말한 사실보다 뒤에서 말한 사실이 더 나음'을 뜻하는 말. 그럴 바에는 도리어. 예그 먼 곳까지 걸어서 갈 바엔 차라리 안 가는 게 낫겠다.

차량(車輛) ①기차의 한 칸. ②여러 가지 '차 종류'를 통틀어 이르는 말.

차려 정신을 바로 차려 움직이지 않고 몸을 반듯하게 한 자세를 하라는 구령.

차려입다[차려입따] 옷을 잘 갖추어 입다. 예한복을 예쁘게 차려입다.

차렷[차련] '차려'의 힘줌말. 예일동, 차렷! 차렷하다.

차령산맥(車嶺山脈) 태백산맥 중부의 오대산에서 시작하여 충청북도 북부를 지나 충청남도의 태안반도에 이르는 산맥. 길이는 약 200km. 백운산·계룡산·칠갑산 등이 있다.

차례¹(次例) ①둘 이상의 것을 일정하게 하나하나 벌여 나가는 순서, 또는 그 순서에 따라 차지하는 위치. 예차례대로 버스를 탑시다./어른과 아이는 차례가 있어야 한다. 비순서. ②《수를 나타내는 말 뒤에 쓰여》 '번'·'횟수'의 뜻을 나타내는 말. 예삼촌은 여러 차례 외국에 다녀왔다.

차례²(茶禮) 음력 매달 초하룻날과 보름날 또는 명절날이나 조상의 생일 등의 낮에 지내는 간단한 제사. 예차례를 지내다.

차례가기(次例一) '도·레·미·파' 또는 '솔·파·미·레'와 같이 음계의 차례로 나아가는 일. 부드럽고 자연스러우며 안전하게 나아가는 방법이다.

차례차례(次例次例) 차례를 따라서 순서대로 하나씩 하나씩. 예쉬운 문제부터 차례차례 풀어 보자.

차로(車路) ①⇒찻길. ②⇒차선².

차르르 물이나 작은 알갱이 등이 쏟아져 내리는 소리. 예동전들이 차르르 소리를 내며 방바닥에 쏟아졌다.

차리다 ①음식이나 음식상을 마련하여 갖추다. 예음식을 차리다./밥상을 차리다. ②기운이나 정신 등을 가다듬다. 예기운을 차리다. ③필요한 것을 갖추어 벌이다. 예병원을 차리다./살림을 차리다.

차림 옷을 입거나 몸치장을 꾸미는 일, 또는 그 모양. 예남루한 차림/등산복 차림의 아저씨.

차림새 차림을 한 모양새. 예간편한 차림새.

차림표(一表) 음식점에서 파는 음식의 이름과 값을 적은 표. 비메뉴.

차마 '마음을 억누를 수 없을 만큼 애틋하고 안타까워서 어찌'의 뜻을 나타내는 말. 예눈 뜨고는 차마 볼 수 없는 끔찍한 광경.

차멀미(車一) 차를 탔을 때 일어나는, 속이 메스껍고 머리가 어지러운 증세. 차멀미하다.

차별(差別) 차이가 있게 구별함. 예인종 차별/남녀 차별. 판평등. 차별되다. 차별하다.

차별 대우(差別待遇) 정당한 이유 없이 남보다 나쁜 대우를 함. 또는 차별을 두고 하는 대우. 예능력에 따라 차별 대우를 하다.

차분하다 마음이나 분위기 등이 가라앉아 조용하다. 예진수는 성격이 차분해서 믿음이 간다./교실 분위기가 차분하다. 차분히. 예흥분된 마음을 차분히 가라앉히다.

차비¹(車費) 차를 타는 값으로 내는 돈. 비찻삯.

차비²(差備) 〈채비〉의 본말.

차석(次席) 성적이나 지위 등에서, '수석'의 다음 자리, 또는 그 사람.

차선¹(次善) 가장 좋은 것의 다음. 예최선이 안 되면 차선이라도 선택해야 한다.

차선²(車線) 포장된 도로에서, 자동차 한 대가 달릴 수 있는 폭으로 그어 놓은 선. 비차로.

차세대(次世代) 지금 세대의 다음 세대. 예차세대 통신 기술/차세대 전투기.

차양(遮陽) 볕을 가리거나 비를 막기 위하여, 처마 끝에 덧붙이는 좁은 지붕.

차용(借用) 물건이나 돈을 빌려서 씀. 차용되다. 차용하다. 예친구에게서 돈을 차용했다.

차:용어(借用語) 외국어에서 빌려 마치 국어처럼 쓰는 말. 비외래어.

차원(次元) ①공간의 기본적 차이를 나타내는 기준. 직선은 1차원, 평면은 2차원, 공간은 3차원이다. ②어떤 생각을 하거나 행동을 할 때의 처지. 또는 생각이나 의견 등을 이루는 사상이나 학식의 수준. 예차원이 높다./인도적 차원에서 생각하다.

차이(差異) 서로 차가 짐. 또는 서로 같지 않고 다름. 예두 사람의 의견 차이가 크다.

차이나타운(Chinatown) 중국 사람들이 외국 도시의 한 지역에 많이 모여 사는 곳.

차이다 ①발길로 참을 당하다. ②가로챔을 당하다. 빼앗기다. 준채다.

차이점(差異點) [차이쩜] 차이가 나는 점. 예말과 글의 차이점. 반공통점.

차이콥스키(Tchaikovsky, 1840~1893) 러시아의 작곡가. 러시아 특유의 정열과 우울함 등을 아름다운 선율로 나타냈으며, 러시아 음악을 세계에 알리는 데 많은 공을 세웠다. 작품에는 '백조의 호수'·'호두까기 인형'·'비창' 등이 있다.

차일피일(此日彼日) 오늘 내일 하며 자꾸 기한을 늦추는 모양. 예약속을 차일피일 미루다. 차일피일하다.

차임(chime) 타악기의 한 가지. 반음계로 조율된 18개의 긴 금속관을 매달아 놓고 해머로 쳐서 연주한다.

〈차임〉

차:입(借入) 돈이나 물건을 꾸어 들임. 차입하다.

차장(車掌) 기차·버스 등에서, 차의 운행과 승객의 안내 등 차 안의 일을 맡아보는 사람.

차전놀이(車戰一) [차전노리] 음력 정월 대보름날에 하는 민속놀이의 한 가지. 동채에 탄 사람의 지휘를 받아 동채를 밀었다 잡아 당겼다 하다가

〈차전놀이〉

상대편 동채 머리를 땅에 닿게 하는 편이 이긴다. 영남과 영동·경기 지방에 전해 온 놀이로, 안동 차전놀이가 대표적이다. 주요 무형 문화재 제24호. 비동채싸움.

차점(次點) [차쩜] 채점이나 표결한 결과로 나타난, 최고점 다음가는 점수나 표수.

차종(車種) 자동차의 종류.

차지 그 사람이 가지는 몫. 예나머지는 모두 내 차지다.

차지다 ①반죽·밥·떡 등이 끈기가 많다. 예햅쌀로 지은 밥이 차지고 맛있다. ②성질이 야무지고 빈틈이 없다.

차지하다 ①자기 것으로 만들다. 예상금을 혼자 차지하려고? ②어떤 비율을 이루다. 예여학생이 반 이상을 차지한다. ③가지거나 얻다. 예우승을 차지하다./좋은 자리를 차지하다.

차질(蹉跌) 어떤 일이 계획에서 벗어나 어긋나는 일. 예차질을 빚다./갑자기 비가 와서 나들이를 가려던 계획에 차질이 생겼다.

차차(次次) 어떤 상태나 정도가 조금씩 진행하는 모양. 예날씨가 차차 추워진다./날이 차차 밝아 온다. 비점점·차츰.

차창(車窓) 기차나 버스 등의 차에 달린 창문. 예차창 밖으로 내다보이는 시골 풍경.

차체(車體) 차의 몸체로, 승객이나 화물을 싣는 부분.

차축(車軸) 차바퀴의 한가운데에 뚫린 구멍에 끼우는 쇠막대기.

차츰 어떤 상태나 정도가 조금씩 진행하는 모양. 예수학 성적이 차츰 나아지고 있다. 비점점·차차.

차츰차츰 갑작스럽지 않게 조금씩 조금씩 나아가는 모양. 예성적이 차츰차츰 올라간다.

차트(chart) ①지도 등의 도면. ②여러 가지 자료를 알기 쉽게 정리한 표.

차편(車便) 차가 오고 가고 하는 편, 또는 그 기회. 예차편을 마련하다.

차표(車票) 차를 타기 위하여 찻삯을 내고 사는 표. 예왕복 차표/내일 추석 차표를 예매해야 한다. 비승차권.

차후(此後) 지금부터 뒤에 오는 때. 예빌려 간 책은 차후에 돌려줄게. 비이다음.

착 물건이 단단히 잘 달라붙거나 달라붙어 있는 모양. 예몸에 착 달라붙는 셔츠. 훈척.

착각(錯覺)[착깍] 어떤 사실을 실제와 다르게 깨닫거나 생각함. 예착각에 빠지다. 착각되다. 착각하다.

착공(着工)[착꽁] 공사를 시작함. 비기공. 반준공. 착공되다. 착공하다.

착륙(着陸)[창뉵] 비행기가 하늘에서 땅 위에 내림. 예착륙 신호. 반이륙. 착륙되다. 착륙하다.

착상(着想)[착쌍] ①일이나 계획 등의 실마리가 될 만한 생각이 떠오르는 일, 또는 그 생각. 예기발한 착상. ②예술 작품을 창작할 때 내용을 머릿속에 그리는 일, 또는 그 구성. 착상되다. 착상하다.

착색(着色)[착쌕] 물을 들이거나 색을 칠하여 빛깔이 나게 함. 착색되다. 착색하다.

착석(着席)[착썩] 자리에 앉음. 착석하다.

착수(着手)[착쑤] 어떤 일에 손을 대

어 시작함. 착수되다. 착수하다. 예기초 공사에 착수하다.

착시(錯視)[착씨] 착각하여 잘못 보는 일. 예착시를 일으키다.

착실하다(着實―)[착씰하다] 차분하며 진실하고 미덥다. 예진수는 참 착실한 아이야. 착실히.

착안(着眼)[차간] 어떤 일을 풀기 위한 방도를 찾으면서 어느 점에 주의하여 눈을 돌림. 착안하다.

착오(錯誤)[차고] 착각을 하여 생긴 잘못. 예계산 착오. 착오하다.

착용(着用)[차공] ①옷을 입음. 예교복 착용. ②물건을 몸에 붙이거나 닮. 예완장 착용. 착용하다.

착잡하다(錯雜―)[착짜파다] 갈피를 잡기 어렵게 마구 뒤섞여 복잡하다. 예착잡한 심정/친구의 사고 소식에 마음이 착잡하다. 착잡히.

착지(着地)[착찌] 체조 경기 등에서, 선수가 연기를 마치고 바닥에 내려서는 일. 예착지 동작. 착지하다.

착착 ①행진을 할 때, 발걸음이 잘 맞는 모양. 예군인들이 발을 착착 맞추어 걸어간다. ②일이 조리 있게 또는 차례대로 잘 처리되어 나가는 모양. 예일을 빈틈없이 착착 해내다. 비척척.

착취(搾取) 자본가나 지주가 근로자에게 노동한 만큼의 임금을 지급하지 않고 나머지 이익을 가로채는 일. 착취되다. 착취하다.

착하다[차카다] 마음씨나 행동이 곱고 어질다. 예착한 일을 하면 복을 받는 대요. 비선하다. 착히.

찬ː(饌)〈반찬〉의 준말.

찬ː동(贊同) 찬성하여 뜻을 같이함. 비동의·찬성. 찬동하다.

찬ː란하다(燦爛―)[찰란하다] ①눈이 부실 만큼 아름답게 빛나다. 예찬란한 태양. ②훌륭하고 빛나다. 예찬란한 문화유산. 찬란히.

찬물 온도가 낮은 물. 또는 데우거나 끓이지 않은 맹물. 凹냉수. 凹더운물.

찬ː미(讚美) 무엇을 아름답고 훌륭한 것이라고 칭송함. 凹찬송. 찬미하다.

찬ː미가(讚美歌) ①어떤 대상을 찬미하여 부르는 노래. ②기독교에서, 하느님의 은혜를 찬미하여 부르는 노래. 凹찬송가.

찬바람 '차갑고 싸늘한 기운이나 느낌'을 비유하여 이르는 말. 졔친구와 싸운 뒤로 마주치면 찬바람이 쌩 분다.

찬ː반(贊反) 찬성과 반대. 졔찬반 투표/찬반 토론.

찬밥 ①지은 지 오래되어 식은 밥. 또는 먹고 남은 밥. 졔라면을 끓여서 찬밥을 말아 먹었다. ②'하찮은 사람이나 사물'을 비유하여 이르는 말. 졔찬밥 신세/찬밥 취급.

찬밥 더운밥 가리다관용 어려운 처지에 있으면서 아쉬울 것 없는 것처럼 행동하다.

찬ː사(讚辭) 업적 등을 기리어 칭찬하는 말이나 글. 졔근면한 생활 태도에 아낌없는 찬사를 보냈다.

찬ː성(贊成) 다른 사람의 의견·제안 등을 좋다고 인정하여 동의함. 凹찬동·동의. 凹반대. 찬성하다.

찬ː송(讚頌) 훌륭한 덕을 기리고 칭찬함. 凹찬미. 찬송하다.

찬ː송가(讚頌歌) 하느님의 사랑과 은총을 기리어 부르는 노래. 凹찬미가.

찬스(chance) 어떤 일을 하는 데에 좋은 때. 졔경기 후반에 득점 찬스를 잡았다. 凹기회.

찬ː양(讚揚)[차냥] 훌륭함을 드러내어 높이 칭찬함. 찬양하다. 졔공적을 찬양하다.

찬ː장(饌欌)[찬짱] 그릇이나 음식 등을 넣어 두는 장.

찬ː조(贊助) 뜻을 같이하여 도움. 졔찬조 출연. 찬조하다.

찬ː조금(贊助金) 찬조하는 뜻으로 내는 돈.

찬찬하다 ①성질이 꼼꼼하고 차분하다. ②몸놀림이 조용하고 느리다. 찬찬히. 졔얼굴을 찬찬히 살펴보다.

찬ː탄(讚歎) 깊이 감동하여 칭찬하거나 찬양함. 찬탄하다.

찬ː탈(簒奪) 왕위나 주권 등을 억지로 빼앗음. 졔왕위 찬탈. 찬탈하다.

찬피 동ː물(一動物) ➡변온 동물.

찬ː합(饌盒) 서너 개의 그릇을 한 벌로 하여 층층이 포갤 수 있게 만든 것. 주로 나들이할 때나 음식을 나를 때 쓴다.

찰거머리 '남에게 끈질기게 들러붙어서 귀찮게 구는 사람'을 비유하여 이르는 말. 졔동생은 나를 찰거머리처럼 따라다닌다.

찰과상(擦過傷) 무엇에 스치거나 긁혀서 피부가 벗어진 상처. 졔동생이 넘어져서 찰과상을 입었다.

찰그랑 작은 쇠붙이 등이 바닥에 떨어지거나 서로 부딪칠 때 나는 소리. 흰철그렁. 졕잘그랑.

찰그랑거리다 작은 쇠붙이 등이 바닥에 떨어지거나 서로 부딪치는 소리가 자꾸 나다. 凹찰그랑대다. 흰철그렁거리다.

찰그랑대다 ➡찰그랑거리다.

찰나(刹那)[찰라] 매우 짧은 동안. 凹순간. 凹겁.

찰떡 찹쌀 등의 차진 곡식으로 만든 떡. 凹메떡.

찰랑¹ ①그릇에 가득 담긴 액체가 흔들리는 소리. 또는 그 모양. ②어떤 물체가 물결치는 것처럼 부드럽게 흔들리는 모양. 흰철렁. 찰랑찰랑.

찰랑² 작은 쇠붙이가 서로 부딪칠 때 나는 소리. 흰철렁. 졕잘랑. 찰랑찰랑.

찰랑거리다 ①그릇에 가득 담긴 액체가 넘칠 듯이 자꾸 흔들리다. ②어떤 물체가 물결치는 것처럼 부드럽게 자꾸 흔들리다. 비찰랑대다. 큰철렁거리다.

찰랑대다 ➡ 찰랑거리다.

찰싹 ①잔물결이 넓적한 물체에 세게 부딪치는 소리. ②차진 물건을 물체에 던지거나 손바닥 등으로 때릴 때 나는 소리, 또는 그 모양. 큰철썩. 찰싹찰싹. 예찰싹찰싹 종아리 치는 소리가 방 안에 울려 퍼졌다.

찰싹거리다 [찰싹꺼리다] 찰싹 소리가 자꾸 나다. 비찰싹대다. 큰철썩거리다.

찰싹대다 [찰싹때다] ➡ 찰싹거리다.

찰찰 적은 양의 액체가 조금씩 넘쳐흐르는 모양. 예컵에 물이 찰찰 넘치도록 따랐다. 큰철철.

찰칵 작은 쇠붙이 등이 세차게 맞부딪칠 때 나는 소리. 큰철컥. 여잘각.

찰칵거리다 [찰칵꺼리다] 작은 쇠붙이 등이 세차게 맞부딪치는 소리가 자꾸 나다. 비찰칵대다. 큰철컥거리다.

찰칵대다 [찰칵때다] ➡ 찰칵거리다.

찰흙 [찰흑] 차진 기운이 있는 흙. 비점토.

참[1] ①거짓이 아님. 올바름. 비진실. 반거짓. ②바른 답.

:::: '참'과 '진실'의 구별 ::::

참 : 사람이나 사물이 본바탕에 지니고 있는 좋고 바른 성질을 기본적인 뜻으로 한다. 다른 말 앞에 쓰여 '훌륭함' 또는 '모범적임'의 뜻을 나타낸다.

진실 : 사람이 본마음 속에 가지고 있던 생각이나, 어떤 사물의 숨겨지거나 널리 알려지지 않은 사실이 기본적인 뜻이다. 따라서 꼭 좋은 것만을 나타내지는 않는다.

예네 말이 참(=진실)이냐?/진실한 사람/사건의 진실(×참)을 밝히다.

참[2] ①'정말'·'과연'·'참말로' 등의 뜻을 나타내는 말. 예병아리가 참 귀엽다. ②잊었던 일이 문득 생각나거나 비로소 깨닫게 되었을 때, '참말로'의 뜻으로 감탄하여 내는 소리. 예참, 이거 갖고 가거라. ③매우 딱하거나 어이없는 일을 당하였을 때, '참으로'의 뜻으로 내는 소리. 예나 원 참, 기가 막혀서.

참[3] ①일을 하다가 쉬는 시간, 또는 그때 먹는 음식. ②무엇을 하는 '기회'·'때'의 뜻을 나타내는 말. 예지금 막 가려던 참이다. ③무엇을 할 '생각'·'예정'의 뜻을 나타내는 말. 예내일 오후에 떠날 참이다.

참가(參加) 어떤 모임에 참여함. 예올림픽 참가 선수. 비참여. 반불참. 참가하다.

참값 [참깝] 일정한 측정에 의하여 알려고 하는, 실제의 값. 반근삿값.

참견(參見) 남의 일에 끼어들어 아는 체하거나 간섭함. 예왜 남의 일에 참견이니? 비간섭. 참견하다.

참고(參考) ①살펴서 생각함. ②살펴서 도움이 될 만한 자료로 삼음, 또는 그 자료. 예참고 작품. 비참조. 참고하다.

참고서(參考書) 참고로 삼는 책. 또는 참고가 될 만한 내용을 모아 엮은 책.

참관(參觀) 어떤 모임이나 행사에 참가하여 지켜봄. 예수업 참관/전시회 참관. 참관하다.

참관인(參觀人) [참과닌] 선거 때, 투표·개표 상황 등이 법대로 진행되는지를 지켜보는 사람.

참극(慘劇) 참혹하고 끔찍한 사건. 예6·25의 참극/참극을 빚다.

참기름 참깨로 짠 기름.

참깨 참깻과의 한해살이풀. 잎은 갸름하거나 긴 타원형이고, 5~6월에 흰색 또는 분홍색에 자주색 반점이 있는 꽃이 핀다. 씨는 양념으로 쓰거나 기름을 짠다.

참나무 참나뭇과에 딸린 나무를 통틀어 이르는 말. 상수리나무·떡갈나무 등.

참:다 [참따] ①웃음·울음·생리 현상 등을 억누르고 견디다. 옛웃음을 꾹참다./오줌을 참다. ②마음을 억누르고 어려운 고비를 잘 견디어 내다. 옛고통을 참아 내다. ③때나 기회를 기다리다. 옛한 시간만 더 참아 보자.

참담하다(慘澹—) ①참혹하고 암담하다. ②가슴이 아플 정도로 슬프고 괴롭다. 옛참담한 패배. 참담히.

참답다 [참답따] ①거짓이 없고 바르다. 옛참다운 사람. ②어떤 도리나 본성에 맞게 참되다. 옛참다운 행복. |활용| 참다우니·참다워.

참되다 [참뙤다/참뛔다] 거짓이 없고 진실하다. 옛참된 용기. 참되이. 옛참되이 살아라.

참뜻 [참뜯] 거짓이 없는 참된 뜻.

참마 맛과의 여러해살이 덩굴풀. 덩이뿌리는 2m 정도이며, 6~7월에 흰 꽃이 핀다. 덩이뿌리는 약으로 쓰거나 먹는다.

참말 사실과 조금도 틀림이 없는 올바른 말. 圓정말. 圖거짓말.

참매미 매밋과의 곤충. 날개 길이 6cm가량. 몸빛은 검고 머리와 가슴에 붉은 얼룩무늬가 있으며, 등 뒤쪽에 'X' 자 모양의 돌기가 있다.

참모(參謀) ①일을 계획하고 꾸미는 데에 참여하는 일, 또는 그 일을 맡은 사람. ②군대에서 작전·인사·정보 등에 관한 일을 맡아보는 장교.

참모습 거짓이나 꾸밈이 없는 진짜 모습. 옛전쟁의 참모습/참모습이 드러나다.

참모 총:장(參謀總長) 육군·해군·공군의 최고 지휘관.

참배¹ ①참배나무의 열매. ②먹을 수 있는 배를 먹지 못하는 돌배 등과 구별하여 이르는 말.

참배²(參拜) ①신이나 부처에게 소원을 빌며 절함. 옛부처님께 참배를 드리고 복을 빌었다. ②무덤이나 기념비 등의 앞에서 경의나 추모의 뜻으로 절함. 옛현충사 참배/우리 모두 호국 영령을 위해 참배를 드리자. 참배하다.

참배나무 장미과의 낙엽 지는 큰키나무. 어린 가지는 검은 갈색이고, 잎은 끝이 뾰족한 넓은 달걀 모양이며 예리한 톱니가 있다. 열매는 둥글고 노랗게 익는다.

참변(慘變) 아주 끔찍한 사고.

참봉(參奉) 조선 시대에, 여러 관아에 속해 있던 가장 낮은 벼슬.

참빗 [참빋] 빗살이 아주 가늘고 촘촘한, 대로 만든 빗. 꽌얼레빗.

참사(慘事) 비참하고 끔찍한 일. 옛건물에 불이 나서 수많은 사람들이 죽고 다친 참사가 일어났다.

참상(慘狀) 보기에 끔찍한 모양이나 상태. 옛굶주림에 시달리는 난민들의 참상.

참새 참샛과의 새. 몸길이는 14cm가량. 몸빛은 등이 짙은 갈색이고 배는 연한 잿빛이다. 마을에서 흔히 볼 수 있는 대표적인 텃새이다. 가을에는 곡식에 해를 끼치나, 여름에는 해충을 잡아먹는 이로운 새이다.

〈참새〉

참새목(—目) 몸이 작고 잘 날며 발가락은 네 개이고 물갈퀴가 없는 새의 종류. 참샛과·종다릿과·제빗과·여샛과·딱샛과·박샛과·동박샛과·까마귓과 등이 있다.

참석(參席) 어떤 자리나 모임에 나감. 예회의 참석 여부를 알려 주세요. 반불참. 참석하다.

참선(參禪) 고요히 앉아 도를 닦고 수행함. 참선하다.

참성단(塹城壇) 강화도 마니산에 있는 제단. 단군이 하늘에 제사를 지내던 곳으로 알려져 있다.

참ː수(斬首) 목을 벰. 참수하다.

참신하다(斬新一) 내용이나 방법·형식 같은 것이 매우 새롭다. 예참신한 글/참신한 생각.

참여(參與) [차며] 여러 사람이 함께 하는 일에 참가하여 관계함. 비참가. 참여하다. 예봉사 활동에 참여하다.

참외 [차뫼/차붸] 박과의 한해살이 재배 식물. 잎은 심장 모양이고 6~7월에 노란 꽃이 핀다. 줄기는 털이 있으며 땅 위로 뻗는다. 열매는 타원형으로 노랗게 익으

〈참외〉

며 독특한 향기가 나고 단맛이 있다.

참으로 [차므로] '진실로'·'정말로'의 뜻. 예민아는 참으로 착한 학생이다.

참을성(一性) [차믈썽] 잘 참고 견디는 성질. 비끈기·인내심.

참작(參酌) 이리저리 비추어 알맞게 헤아림. 참작되다. 참작하다. 예정상을 참작하다.

참전(參戰) 전쟁에 참가함. 예참전 용사. 참전하다.

참정권(參政權) [참정꿘] 국민의 기본권의 한 가지. 국민이 나라의 정치에 직접·간접으로 참여할 수 있는 권리이다. 선거권·피선거권 등.

참조(參照) 어떤 것을 참고로 하여 비교하고 대조하여 봄. 예참조 문헌/참조 자료/관련 기사 참조. 비참고. 참조하다.

참치 고등엇과의 바닷물고기. 몸길이는 3m가량.
몸은 양 끝이 뾰족한 원기둥 모양이며, 등

〈참치〉

은 검푸르고 배는 희며 살은 검붉다. 비다랑어·참다랑어.

참판(參判) 조선 시대에, 판서 다음가는 벼슬. 지금의 차관에 해당한다.

참패(慘敗) 비참하고 혹독하게 실패하거나 패배함. 참패하다.

참ː하다 ①생김새 등이 곱고 말쑥하다. 예참하게 생긴 여자아이. ②성질이 꼼꼼하고 얌전하다. 예참한 신붓감.

참호(塹壕) 몸을 숨기면서 적과 싸우기 위하여 좁고 길게 파 놓은 구덩이.

참혹하다(慘酷一) [참호카다] 비참하고 끔찍하다. 또는 잔인하고 무자비하다. 비처참하다. 참혹히.

참회(懺悔) [참회/참훼] 잘못을 깊이 뉘우쳐 마음을 고침. 예참회의 눈물을 흘리다. 비회개. 참회하다.

참흙 [참흑] 찰흙과 모래가 알맞게 섞여서 농사짓기에 좋은 흙.

찹쌀 찰벼를 찧은 쌀. 반멥쌀.

찹쌀가루 [찹쌀까루] 찹쌀을 빻은 가루.

찹쌀떡 찹쌀로 만든 떡.

찻간(車間) [차깐/찯깐] 기차나 버스 등에서 사람이 타는 칸.

찻길(車一) [차낄/찯낄] 차가 다니도록 만든 길. 비차도·차로.

찻삯(車一) [차싹/찯싹] 차를 타는 데 내는 돈. 비차비.

찻잎(茶一) [찬닙] 차나무의 잎.

찻잔(茶盞) [차짠/찯짠] 차를 담아 마시는 잔.

찻집(茶一) [차찝/찯찝] 사람들이 이야기를 하거나 쉴 수 있도록 꾸며 놓고 차나 음료 등을 파는 가게.

창¹ ①신발의 밑바닥 부분에 덧대어 붙이는 가죽이나 고무의 조각. ②신발의 안쪽 바닥에 까는 물건.

창²(唱) 국악에서, 판소리나 잡가 등을 가락에 맞추어 높은 소리로 노래를 부름, 또는 그 노랫소리.

창³(窓) 〈창문〉의 준말. 예창을 열다./창을 내다.

창⁴(槍) 옛날 무기의 한 가지. 긴 나무 자루 끝에 날이 선 뾰족한 쇠가 달려 있어 찌르거나 던지게 되어 있다.

창가(窓一)[창까] ①창문의 가장자리. ②창문에 가까운 곳.

〈창⁴〉

창·**간**(創刊) 신문·잡지 같은 정기 간행물을 처음으로 인쇄하여 펴냄. 반폐간. 창간되다. 창간하다.

창·**간호**(創刊號) 정기 간행물의 첫 호, 또는 그 간행물.

창·**건**(創建) 나라나 조직체 등을 처음으로 세우거나 만들어 이룩함. 창건되다. 창건하다.

창경궁(昌慶宮) 서울특별시 종로구 와룡동에 있는 궁궐. 조선 성종 14(1483)년에 '수강궁'을 고쳐 세운 것이다. 일제 강점기에는 '창경원'으로 불리다가 1983년에 원래 이름을 되찾았다. 궁궐 안에는 국보인 명정전과 보물인 홍화문·옥천교 등이 있다.

창경원(昌慶苑) 일제 강점기에, 창경궁 안에 동물원과 식물원을 만들면서 궁궐의 격을 낮추어 불렀던 이름. 1983년에 다시 '창경궁'으로 고쳤다.

창고(倉庫) 물건을 저장하거나 보관하는 건물. 비곳간.

창공(蒼空) 푸른 하늘.

창구(窓口) 손님과 돈이나 문서·물건 등을 주고받을 수 있도록 조그마하게 만든 창문, 또는 그런 일을 맡아 하는 곳. 예매표 창구/버스표를 파는 창구.

창구멍(窓一)[창꾸멍] 창문에 뚫린 구멍.

창궐(猖獗) 몹쓸 병이나 세력이 자꾸 일어나서 걷잡을 수 없이 퍼짐. 창궐하다. 예콜레라가 창궐하다.

창·**극**(唱劇) 판소리와 창을 중심으로 극적인 대화로 이루어지는 우리나라 전통 연극의 한 가지.

창난젓[창난젇] 명태의 창자를 소금에 절여 삭힌 음식.

창녕 순수비(昌寧巡守碑) 경상남도 창녕군 창녕읍 교상리에 있는, 신라 진흥왕의 순수비. 국보 제33호.

창·**달**(暢達) 막힘이 없이 통하거나 숙달함. 창달하다.

창덕궁(昌德宮)[창덕꿍] 서울특별시 종로구 와룡동에 있는 궁궐. 조선 태종 때 세운 것으로 임금들이 정치를 하고 늘 살던 곳이다. 1997년에 유네스코 세계 문화유산으로 지정되었다. 사적 122호. 비동궐.

창던지기(槍一) 창을 여섯 번 던져서 그중 가장 멀리 던진 거리로 승부를 겨루는 경기. 비투창.

창·**립**(創立)[창닙] 학교나 회사·기관 등을 처음으로 세움. 비창설. 창립되다. 창립하다.

창문(窓門) 공기나 빛이 들어올 수 있도록 벽 또는 지붕에 낸 작은 문. 준창.

창문틀(窓門一) 창문의 문틀.

창밖(窓一)[창박] 창문의 밖. 예밖에서 무슨 소리가 들리는 것 같아 창밖을 내다보았다.

창백하다(蒼白一)[창배카다] 얼굴빛 등이 핏기가 없고 해쓱하다. 예창백한 얼굴. 창백히.

창·**법**(唱法)[창뻡] 노래나 소리를 하는 방법.

창살(窓一)[창쌀] 창문짝에 가로세로로 댄 문짝.

창:설(創設) 학교·기관·제도 등을 처음으로 설치하거나 설립함. 예적십자 창설. 비창립. 창설되다. 창설하다.

창:설자(創設者)[창설짜] 학교·기관·제도 등을 처음으로 만들어 세운 사람. 비창립자.

창:세기(創世記) 구약 성경 가운데 첫 번째 책. 천지 창조, 죄의 기원 등이 기록되어 있다.

창:시(創始) 어떤 생각이나 이론 등을 처음으로 시작하거나 내세워 주장함. 창시되다. 창시하다.

창:시자(創始者) 어떤 생각이나 이론 등을 처음으로 시작하거나 내세워 주장한 사람.

창:안(創案) 전에 없었던 것을 처음으로 생각해 냄, 또는 그 고안. 창안되다. 창안하다.

창:업(創業) ①나라나 왕조 등을 처음으로 세움. 예창업 공신. ②사업 등을 처음으로 시작함. 예우리 회사의 창업 이념은 화합입니다. 창업하다.

창연하다(蒼然一) ①빛깔이 썩 파랗다. ②물건 등이 오래되어 예스러운 빛이 드러나 있다. 창연히.

창원(昌原) 경상남도 남쪽에 있는 시. 창원 기계 공업 단지 조성 후 공업 도시로 크게 발달하였다. 경상남도의 도청 소재지이다.

창:의(創意)[창의/창이] 궁리해 낸 새로운 생각이나 의견.

창:의력(創意力)[창의력/창이력] 새로운 것을 생각해 내는 능력.

창:의성(創意性)[창의썽/창이썽] 새로운 생각이나 의견을 내는 특성.

창:의적(創意的)[창의적/창이적] 창의성을 띠거나 가진 것.

창자 큰창자와 작은창자를 아울러 이르는 말. 비장.

창자샘 창자의 안벽 융털 사이에 많이 퍼져 있는, 창자액을 내는 샘.

창자액(一液) 창자샘에서 나오는 소화액. 다른 소화액이 소화시키지 못한 것을 모두 소화시킨다.

창:작(創作) 예술 작품을 독창적으로 만들거나 표현하는 일, 또는 그 작품. 예창작 동요. 비창조. 창작되다. 창작하다.

창:작물(創作物)[창장물] 독창적으로 만들어 낸 예술 작품.

창:제(創製) 전에 없던 것을 처음으로 만들거나 제정함. 창제되다. 창제하다. 예한글을 창제한 세종 대왕.

창:제자(創製者) 전에 없던 것을 처음으로 만들거나 제정한 사람.

창:조(創造) ①전에 없던 것을 처음으로 만들거나 이룩해 내놓음. 예문자의 창조. 비창작. 반모방. ②조물주가 우주 만물을 처음 만듦. 예천지 창조. 창조되다. 창조하다.

창:조적(創造的) 창조하는 특성이 있는 것.

창창하다(蒼蒼一) ①하늘·바다·호수 등이 매우 파랗다. 예창창한 가을 하늘. ②멀어서 아득하다. 예아직도 갈 길이 창창하다. 창창히.

창턱(窓一) 창문의 문지방에 있는 턱.

창틀(窓一) 창문을 달거나 여닫기 위하여 만들어 끼우는 네모난 틀.

창파(滄波) 푸른 물결.

창포(菖蒲) 천남성과의 여러해살이풀. 특이한 향기가 있으며, 적갈색의 잎은 긴 칼 모양이고 초여름에 누른빛을 띤 녹색의 꽃이 핀다. 연못이나 호숫가에서 자란다.

〈창포〉

창포물(菖蒲一) 창포의 잎과 뿌리를 우려

낸 물. 단옷날에 이 물에 머리를 감고 몸을 씻어 나쁜 귀신을 쫓는다고 한다.

창피(猖披) 체면이 깎일 일을 당함, 또는 그 일로 부끄러움. 예바지에 오줌을 싸다니 이게 무슨 창피냐? 창피하다.

창호(窓戸) 창과 문을 아울러 이르는 말.

창호지(窓戸紙) 한지의 한 가지로, 문을 바르는 데 쓰는 종이. 비문종이.

찾다 [찯따] ①숨었거나 어디 있는지 모르는 사람·물건을, 뒤지거나 살펴서 발견해 내다. 예범인을 찾다./사전에서 낱말을 찾다. ②빼앗기거나 맡기거나 빌려 준 것을 도로 얻어 내다. 예빼앗긴 나라를 다시 찾았다./은행에서 돈을 찾다. ③보거나 만나기 위하여 일부러 가다. 예가을이 되면서 산을 찾는 사람이 늘고 있다. ④필요한 것을 구하거나 얻으려고 애쓰다. 예산짐승이 먹이를 찾아 마을로 내려왔다. |발음| 찾아 [차자]·찾고 [찯꼬]·찾는 [찬는]

찾아가다 [차자가다] ①남을 만나러 가다. ②맡겼거나 빌려 준 것을 도로 가져가다.

찾아내다 [차자내다] 찾기 어려운 사람이나 사물을 찾아서 드러내다. 예동굴을 찾아내다./숨은 범인을 찾아내다.

찾아다니다 [차자다니다] ①누구를 만나거나 어떤 곳을 보러 옮겨 움직이다. 예그는 집집마다 찾아다니며 주민들을 설득했다. ②무엇을 얻기 위하여 여기저기로 옮겨 움직이다. 예그는 양식을 구하기 위해 아는 사람들을 찾아다녔다.

찾아보기 [차자보기] ➡색인.

찾아보다 [차자보다] 원하는 정보를 알아내기 위하여 대상을 검토하거나 조사하다. 예책을 보다가 모르는 낱말이 나와서 국어사전을 찾아보았다.

찾아오다 [차자오다] ①볼일을 보거나 어떤 사람을 만나기 위하여 그와 관련된 곳에 오다. 예할머니께 손님이 찾아왔다. ②잃거나 맡기거나 빌려 주었던 물건을 돌려받아 가지고 오다. 예친구에게 빌려 주었던 책을 찾아왔다. ③계절이나 때가 다시 돌아오다. 예올해는 여름이 일찍 찾아왔다.

채¹ ①〈채찍〉의 준말. 예채를 휘두르다. ②북·장구 등을 쳐서 소리를 내는 도구. 예장구채.

채² 무·오이 같은 것을 가늘고 잘게 썬 것, 또는 그것으로 만든 반찬.

채³ 집이나 가마·이불 등을 셀 때 쓰이는 말. 예집 한 채/이불 두 채.

채⁴ '어떤 상태가 계속된 대로 그냥'의 뜻을 나타내는 말. 예옷을 입은 채로 자다.

채⁵ 어떤 정도에 아직 이르지 못한 모양. 예채 익지 않은 감.

채광(採光) 창문 같은 것을 내어 빛을 받아들임. 채광하다.

채굴(採掘) 땅을 파서 속에 묻혀 있는 광물 등을 파냄. 채굴되다. 채굴하다. 예금을 채굴하다.

채굴권(採掘權) [채굴꿘] 일정한 구역 안에서, 광물을 캐내어 가질 수 있는 권리. 비광업권.

채권¹(債券) [채꿘] 국가·지방 자치 단체·은행·회사 등이 필요한 돈을 빌리기 위하여 발행하는 공채·사채 등의 유가 증권.

채권²(債權) [채꿘] 빚을 준 사람의 받을 권리. 만채무.

채근담(菜根譚) 중국 명나라 말기에 홍자성이 지은 책. 유교를 중심으로 하여 처세법을 가르친 짧은 문장으로 되어 있다.

채널(channel) ①텔레비전 방송 등에서, 각 방송국에 배당되어 있는 전파의 주파수. ②텔레비전 방송 선택을 위한 장치.

채:다¹ 〈차이다〉의 준말.

채다² ①갑자기 힘주어 잡아당기다. 예낚싯대를 힘껏 채다. ②날쌔게 빼앗다. 예솔개가 병아리를 채다.

채다³ 짐작으로 알거나 깨치다. 예김새를 채다./눈치를 채다.

채:도(彩度) 색의 맑고 탁한 정도.

채:도 대:비(彩度對比) 채도의 차이가 큰 색끼리 이웃해 놓았을 때 일어나는 효과.

채롱(一籠) 껍질을 벗긴 싸릿개비로 엮어, 함처럼 둘레가 높게 만든 그릇.

채륜(蔡倫, ?~121) 중국 후한 때 세계 최초로 종이를 발명한 사람.

채:마밭(菜麻—)[채마받] 채소를 심은 밭. 비채소밭.

채:무(債務) 남에게 빚을 갚아야 할 의무. 예채무자. 반채권.

채반(一盤) 싸리나 대나무 껍질 등으로 둥글넓적하게 엮어 만든 그릇.

〈채반〉

채비 준비를 갖추어 차림, 또는 그 준비. 예선비는 길 떠날 채비를 했다. |참고| 채비는 '차비(差備)'에서 온 말. 채비하다.

채:색(彩色) ①그림이나 장식 등에 색을 칠함. ②여러 가지 고운 빛깔. 채색되다. 채색하다.

채:석장(採石場)[채석짱] 건축·토목 등의 재료로 쓸 돌을 떠내거나 캐내는 곳.

채:소(菜蔬) 밭에 가꾸어 먹는 온갖 식물. 비남새·야채.

채:소밭(菜蔬—)[채소받] 채소를 심은 밭. 비채마밭.

채:송화(菜松花) 쇠비름과의 한해살이풀. 붉은 빛깔을 띤 줄기는 가지를 많이 치며, 솔잎 모양의 잎은 살이 많다. 여름부터 가을에 걸쳐 빨강·

〈채송화〉

분홍·노랑·하양 등 여러 가지 빛깔의 꽃이 핀다.

채:식(菜食) 고기를 먹지 않고, 채소나 과일 등 식물성 음식만을 먹음. 비초식. 반육식. 채식하다.

채:식주의(菜食主義)[채식쭈의/채식쭈이] 채소나 과일 등 식물성 음식을 기본으로 하는 식생활이 좋다고 생각하는 주의.

채:용(採用) ①사람을 뽑아 씀. 예신입 사원 채용. ②의견이나 방법 등을 가려 쓰거나 받아들임. 채용되다. 채용하다.

채우다¹ 단추나 자물쇠 등을 끼우거나 잠그다. 예소매 단추를 채우다./방문을 채우다.

채우다² 음식물 등을 식히거나 상하지 않게 하려고, 찬물이나 얼음에 담그다. 예수박을 얼음에 채우다.

채우다³ ①차게 하다. 예욕조에 물을 가득 채우다. ②어떤 수량이나 기간 등이 다 되게 하다. 예수업 일수를 채우다.

채우다⁴ ①물건을 몸의 한 부분에 달거나 끼워서 지니게 하다. ②수갑을 끼게 하다. 예수갑을 채우다.

채워지다 채우는 동작이나 상태가 이루어지다.

채:점(採點)[채쩜] 성적의 좋고 나쁨을 살펴 점수를 매김. 채점되다. 채점하다.

채:집(採集) 식물·동물 등의 표본을 캐거나 잡아서 모음. 예곤충 채집. 채

집되다. 채집하다.

채찍 말이나 소를 모는 데 쓰는 물건. 가느다란 막대 끝에 노끈·가죽 등을 매어 만든다. **준**채.

채찍질 [채찍찔] ①채찍으로 때리는 짓. ②몹시 재촉하거나 격려하는 일. 채찍질하다.

채:취(採取) ①풀·나무 등을 찾아서, 캐거나 뜯거나 따서 거두어들임. ②연구나 조사를 위하여 필요한 것을 찾거나 골라서 거두어 챙김. **예**지문 채취. 채취되다. 채취하다.

채:택(採擇) 골라서 가려내거나 뽑음. 채택되다. 채택하다. **예**의견을 채택하다.

채팅(chatting) 인터넷에 연결된 여러 사용자가 실시간으로 화면을 통하여 이야기하는 일.

채편(一便) 장구를 칠 때, 채로 치는 면. 곧, 오른쪽 면. **반**북편.

채:혈(採血) 병을 진단하거나 수혈을 하기 위하여 피를 뽑음. **참**수혈. 채혈하다.

책(冊) 어떤 생각이나 사실을 글이나 그림으로 표현한 종이를 겹쳐서 만든 물건을 통틀어 이르는 말. **비**도서·책자·서적.

책가방(冊一) [책까방] 책·공책 등을 넣어 가지고 다니는 가방.

책갈피(冊一) [책깔피] 책장과 책장의 사이. **예**책갈피에 단풍잎을 끼워 두었다.

책값(冊一) [책깝] 책의 값.

책거리(冊一) [책꺼리] **→** 책씻이.

책꽂이(冊一) [책꼬지] 책을 세워서 꽂아 두는 가구나 물건.

책략(策略) [챙냑] 어떤 일을 처리하는 꾀와 방법.

책력(冊曆) [챙녁] 천체를 관측하여 해와 달의 움직임과 절기를 적어 놓은 책. **비**역서. **참**달력.

책망(責望) [챙망] 잘못을 꾸짖거나 나무람. 책망하다.

책무(責務) [챙무] 맡은 일에 따른 책임. 또는 책임을 지고 해야 할 일. **예**막중한 책무.

책받침(冊一) [책빤침] 글씨를 쓸 때 종이 밑에 받치는 물건.

책방(冊房) [책빵] 책을 파는 가게. **비**서점.

책벌레(冊一) [책뻘레] '지나치게 책 읽는 것을 좋아하거나 공부에 열중하는 사람'을 비유하여 이르는 말.

책상(冊床) [책쌍] 책을 읽거나 글씨를 쓸 때, 받치고 쓰는 상.

책상다리(冊床一) [책쌍다리] 한쪽 다리를 다른 다리 위에 포개고 앉는 자세.

책씻이(冊一) [책씨시] 지난날, 서당에서 글을 배우는 아이가 책 한 권을 다 배우거나 베끼면 훈장과 공부를 같이 하던 아이들에게 한턱내던 일. **비**책거리. 책씻이하다.

책임(責任) [채김] 맡아서 해야 할 의무나 임무. **예**책임 완수. **비**임무.

책임감(責任感) [채김감] 책임을 중요하게 여기는 마음. **예**진수는 책임감이 무척 강하다.

책임자(責任者) [채김자] 어떤 일을 책임지고 도맡아 하는 사람.

책임지다(責任一) [채김지다] 어떤 일에 대한 책임을 맡다.

책자(冊子) [책짜] ①얇거나 작은 책. ②**→** 책.

책장¹(冊張) [책짱] 책의 낱낱의 장.

책장²(冊欌) [책짱] 책을 넣어 두는 장. **비**서가.

챔피언(champion) 선수권을 가진 사람. **예**라이트급 세계 챔피언. **비**우승자.

챙: 햇볕을 가리기 위하여 모자 끝에 댄 부분.

챙기다 ①어떤 일에 필요한 물건을 갖추어 한데 모으다. 예아버지는 낚시 도구를 챙기고 계셨다. ②빠뜨리거나 거르지 않도록 따져 보살피거나 간수하다. 예빠뜨린 것이 없는지 하나하나 챙겨 보자.

처(妻) 아내.

처가(妻家) 아내의 본집.

처남(妻男) 아내의 오빠나 남동생.

처ː녀(處女) ①아직 결혼하지 않은 어른 여자. 빤총각. ②'최초의'·'처음으로 하는'의 뜻을 나타내는 말. 예처녀 출전/처녀 작품/처녀비행.

> :::: **'처녀'와 '아가씨'의 구별** ::::
>
> **처녀** : 나이가 찼는데도 아직 시집가지 않은 여자. 나이가 많아도 미혼이면 '처녀'이다. 부르는 말로는 쓸 수 없고, 가리키는 말로만 쓴다.
>
> **아가씨** : 시집갈 나이가 된 여자. 미혼이라고 해서 나이 많은 여자를 '아가씨'라고는 하지 않는다. 부르는 말로나 가리키는 말로 쓸 수 있다. 예참한 아가씨가 있는데 만나 보려나./아가씨, 말 좀 물어봅시다.

처ː녀림(處女林) 사람이 손대지 않은 자연 그대로의 숲. 빤원시림.

처ː단(處斷) 결단을 내려 처치하거나 처분함, 또는 그런 처분이나 처치. 처단되다. 처단하다. 예법에 따라 처단하다.

처량하다(凄涼—) 기분이나 신세가 초라하고 구슬프다. 예오갈 데 없는 처량한 신세. 처량히.

처럼 '…과 같이'·'… 모양으로' 등의 뜻을 나타내는 말. 예그들은 개미처럼 열심히 일했다.

처ː리(處理) ①사무나 사건 등을, 절차에 따라 정리하여 치우거나 마무리를 지음. ②어떤 결과를 얻으려고 여러 가지 방법으로 다룸. 처리되다. 처리하다. 예일을 신속하게 처리하다.

처ː리장(處理場) 어떤 물건을 처리하는 곳. 예쓰레기 처리장.

처마 지붕이 벽이나 기둥 밖으로 내민 부분.

처ː매다 다친 곳 등을 붕대 같은 것으로 단단히 감아 매다.

〈처마〉

처먹다 [처먹따] '먹다'를 속되게 이르는 말.

처박다 [처박따] ①몹시 세게, 또는 함부로 박다. 예벽에 못을 처박다. ②마구 쑤셔 넣거나 밀어 넣다. 예방구석에 옷을 처박아 놓지 말랬지.

처박히다 [처바키다] 처박음을 당하다.

처ː방(處方) ①병의 증세에 따라 약을 짓는 방법. 예의사의 처방에 따라 약을 짓다. ②'잘못이나 결함을 고쳐서 바로잡기 위한 대책'을 비유하여 이르는 말. ③일을 처리하는 방법.

처ː벌(處罰) 지은 죄나 저지른 잘못에 대하여 벌을 줌. 예처벌 규정/처벌을 받다./처벌을 내리다. 처벌되다. 처벌하다.

처ː분(處分) 일을 처리하여 다룸. 예관대한 처분을 바랍니다. 처분되다. 처분하다.

처ː서(處暑) 이십사절기의 하나. 입추와 백로 사이로, 8월 23일경. 이때 여름 더위가 가시기 시작한다고 한다.

처ː세(處世) 사람들과 사귀면서 세상을 살아가는 일. 예처세에 능하다. 처세하다.

처ː세술(處世術) 사람들과 어울려 지내며 세상을 살아가는 방법. 예처세술에 뛰어나다.

처ː소(處所) 사람이 살고 있거나 임시로 머무는 곳. 예처소를 마련하다./손

大

님을 처소로 안내하다.

처:신(處身) 남 앞에서의 몸가짐이나 행동. 예처신 똑바로 해. 처신하다.

처:용무(處容舞) 조선 시대에, 궁중의 연회나 나라의 잔치 뒤에 추던 춤의 한 가지. 잡귀를 물리치는 뜻으로 처용의 탈을 쓰고 추며, 사이사이 처용가를 부른다.

〈처용무〉

처:우(處遇) 어떤 수준의 조건·지위·봉급 등을 주어 대우함. 예근로자의 처우를 개선하다. 처우하다.

처음 ①시간적으로나 차례로 맨 앞이나 먼저. 凹끝·마지막. ②전에 없던 것을 비로소. 예생전 처음 보는 동물. 圉첨.

처자(妻子) 아내와 자식. 비처자식.

처자식(妻子息) ⇒ 처자.

처:절하다(悽絶─) 더할 나위 없이 애처롭거나 처참하다. 예처절한 울부짖음. 처절히.

처제(妻弟) 아내의 여동생.

처:지(處地) ①놓여 있는 사정이나 형편. 예딱한 처지. 비입장. ②서로 사귀어 지내는 관계. 예그 사람과는 서로 말을 놓고 지내는 처지다.

처:지다 ①한 무리에서 뒤떨어지거나 다른 것보다 못하다. 예뒤로 처지다./나는 수학이 좀 처지는 편이다. ②위에서 아래로 축 늘어지다. 예땅에 닿을 듯이 처진 버들가지. ③맥없이 느른하게 되다. 예축 처진 목소리.

처:참하다(悽慘─) 슬프고 끔찍하다. 예교통사고가 빚은 처참한 광경. 비참혹하다. 처참히.

처:치(處置) ①일을 처리하거나, 물건

등을 다루어서 치우거나 없애 버림. 예처치 곤란. ②다치거나 아픈 사람을 치료함. 처치되다. 처치하다.

처칠(Churchill, 1874~1965) 영국의 정치가. 1940년에 수상이 되어 제2차 세계 대전을 승리로 이끄는 데 큰 공을 세웠다. 문장에도 뛰어나 '제2차 세계 대전 회고록'으로 1953년에 노벨 문학상을 받았다.

처:하다(處─) ①어떤 형편이나 처지에 놓이다. 예곤경에 처하다. ②어떤 형벌을 받게 하다. 예반역자를 엄벌에 처하다.

처형[1](妻兄) 아내의 언니.

처형[2](妻兄) 사형에 처함. 처형되다. 처형하다.

척[1] ⇒ 체[2]. 예진수는 형의 말을 들은 척도 하지 않았다.

척[2] ①물건이 빈틈없이 잘 달라붙거나 들러붙는 모양. 예점원은 광고지를 벽에 척 붙였다. ②서슴지 않고 선뜻 행하는 모양. 예민수는 손을 척 들고 질문을 했다. 圉착.

척[3] 물체가 휘어 있거나 늘어진 모양. 예빨랫줄이 척 늘어져 있다. 圉착.

척[4](隻) 배의 수효를 셀 때 쓰는 말. 예세 척의 어선/두 척의 군함.

척결(剔抉)[척결] 나쁜 부분이나 요소들을 깨끗이 없애 버림. 예비리 척결. 척결하다.

척도(尺度)[척또] ①자로 재는 길이의 표준. ②무엇을 측정하거나 평가할 때의 기준. 예가치의 척도.

척박하다(瘠薄─)[척빠카다] 땅이 몹시 메마르고 기름지지 않다. 예그들은 척박한 땅을 일구어 농사를 지었다.

척수(脊髓)[척쑤] 등뼈 속에 들어 있는 신경 중추. 뇌와 말초 신경 사이의 자극의 전달과 반사 기능을 맡고 있다. 비등골.

척주(脊柱)[척쭈] ⇒ 척추.

척척[1] 물체가 끈기가 있게 자꾸 들러붙는 모양. [작]착착.

척척[2] ①행진할 때, 발걸음이 잘 맞는 모양. [예]발을 척척 맞추어 씩씩하게 행진하는 군인들. ②일이 조리 있게, 또는 차례대로 잘 처리되어 나가는 모양. [예]수진이는 맡은 일을 척척 해낸다. [작]착착.

척척박사(—博士)[척척빡싸] 묻는 대로 무엇이든지 척척 대답해 내는 사람. [예]우리 엄마는 내 질문에 항상 대답해 주시는 척척박사이시다.

척추(脊椎) 등뼈로 죽 이어진 등마루. [비]척주.

척추동물(脊椎動物) 등뼈를 가진 동물을 통틀어 이르는 말. 물고기·개구리·뱀·새·원숭이 등. [비]등뼈동물. [반]무척추동물.

척하다 [처카다] ➡체하다[1]. [예]못 본 척하다./못 이기는 척하다.

척화비(斥和碑) [처콰비] 조선 고종 때 병인양요·신미양요를 치른 후, 흥선 대원군이 서양 세력을 배척하기 위하여 전국 각지에 세운 비석.

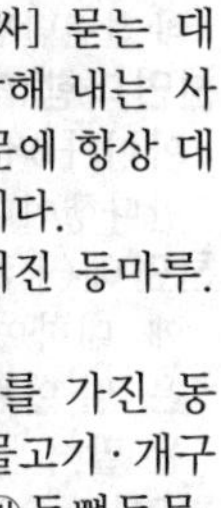

〈척화비〉

천ː[1] 옷·이불 등의 감이 되는, 실로 짠 물건.

천[2](千) 백의 열 곱절.

천ː거(薦擧) 재주가 뛰어난 사람을 어떤 자리에 쓰도록 추천함. [예]천거를 받다. 천거되다. 천거하다. [예]인재를 천거하다.

천고마비(天高馬肥) 《하늘은 높고 말이 살찐다는 뜻으로》 '가을'을 말할 때, 날씨가 맑고 모든 것이 풍성한 계절임을 나타내는 말.

천구(天球) 천체의 관측 위치를 정하기 위한, 지구 위의 관측자를 중심으로 하는 커다란 구면.

천국(天國) ①기독교에서, 하느님이 직접 다스린다는 나라. [비]천당·하늘나라. ②'고난이 없는 낙원'을 비유하여 이르는 말. [반]지옥.

천군만마(千軍萬馬) 《천 명의 군사와 만 마리의 말이라는 뜻으로》 '아주 많은 수의 군사와 말'을 이르는 말. [예]네가 도와준다고 하니, 천군만마를 얻은 듯하다.

천금(千金) ①'많은 돈이나 비싼 값'을 비유하여 이르는 말. [예]어머니의 유품은 천금을 주어도 바꿀 수 없다. ②'아주 귀중한 것'을 비유하여 이르는 말. [예]천금 같은 시간.

천년만년(千年萬年) ➡천만년. [예]부모님과 천년만년 같이 살 수는 없다.

천당(天堂) ①기독교에서, 착한 일을 한 사람이 죽은 뒤에 간다는 좋은 세상. [비]천국. ②하늘 위에 있다는 신의 전당. ③불교에서 이르는, 극락세계인 정토. [비]극락. [반]지옥.

천ː대(賤待) 업신여겨 푸대접함. [반]우대. **천대하다**.

천ː덕꾸러기(賤—) '천대만 받는 사람, 또는 그런 물건'을 속되게 이르는 말.

천ː도(遷都) 도읍을 옮김. **천도하다**.

천도교(天道敎) 최제우를 교조로 하는 동학을, 1905년에 손병희가 발전시켜 이름을 바꾼 종교.

천도복숭아(天桃—) [천도복쑹아] 장미과의 한 품종. 열매의 거죽에 털이 없고 윤이 난다.

천동설(天動說) 지구는 우주의 한가운데에 정지해 있고, 모든 천체가 지구 주위를 돈다는 학설. [반]지동설.

천둥 벼락이나 번개가 칠 때에 하늘이 요란하게 울리는 소리. [비]우레. [참고] 천둥은 '천동(天動)'에서 온 말.

천둥소리 천둥이 칠 때 나는 소리. [비]우렛소리.

천륜(天倫)[철륜] ①부모 형제 사이에서 마땅히 지켜야 할 도리. 예천륜을 어기다. ②부모와 자식 사이에 하늘의 인연으로 정해진 관계. 예천륜을 끊다.

천리경(千里鏡)[철리경] 지난날, '망원경'을 이르던 말.

천리마(千里馬)[철리마] 《하루에 천 리를 달릴 수 있는 말이라는 뜻으로》 먼 거리를 빨리 달릴 수 있는 아주 뛰어난 말.

천리마운동(千里馬運動)[철리마운동] 생산성을 높이기 위하여 북한 주민에게 강요한 운동.

천리안(千里眼)[철리안] 《천 리 밖을 볼 수 있는 눈이라는 뜻으로》 사물을 꿰뚫어 볼 수 있는 뛰어난 관찰력.

천 리 장 성(千里長城) 고려 덕종 2(1033)년에 유소가 쌓은 성. 압록강 어귀에서 동해에 이르는 천여 리의 긴 성으로, 거란족과 여진족의 침입을 막기 위하여 쌓았다.

천마(天馬) 하늘을 달린다는 하느님의 말.

천마도(天馬圖) 천마총에서 나온, 안장의 뒷면에 그려진 그림. 흰 천마 한 마리가 하늘로 날아 올라가는 그림이다. 국보 207호.

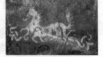
〈천마도〉

천마총(天馬塚) 경상북도 경주시에 있는, 신라 지증왕의 능으로 여겨지는 옛 무덤.

천막(天幕) 비바람이나 따가운 햇볕 등을 가리기 위하여 기둥을 세우고 지붕처럼 천을 씌워 만든 막, 또는 그 천. 비텐트.

천막집(天幕-)[천막찝] 천막을 쳐서 만든 집.

천만[1](千萬) ①만의 천 배인 수. ②아주 큰 수. 또는 아주 많은 수효.

천만[2](千萬) 전혀. 아주. 매우. 어떤 경우에도.

　천만의 말씀[관용] 남이 한 말에 대하여 '공연한 말'·'당치도 않은 말'이란 뜻으로, 힘주어 부정하거나 겸손해하는 말.

천만년(千萬年) 《천년과 만년의 뜻으로》 '아주 오랜 세월'을 이르는 말. 비천년만년.

천만다행(千萬多幸) 매우 다행함. 예아이가 더 크게 다치지 않은 것이 천만다행이다.

천만에(千萬-)[천마네] 남이 한 말에 대하여 '공연한 말'·'당치도 않은 말'이란 뜻으로, 힘주어 부정하는 말.

천명[1](天命) ①하늘로부터 받은 목숨. 예천명을 누리다. 비천수. ②하늘의 명령. 예천명을 받다.

천ː명[2](闡明) 사실이나 입장 등을 드러내어 밝힘. 천명되다. 천명하다. 예개혁 의지를 천명하다./확고한 결의를 천명하다.

천문(天文) 우주와 천체에 관한 온갖 현상과 법칙.

천문대(天文臺) 천체 현상을 관측하고 연구하는 시설.

천문학(天文學) 우주의 구조나 천체의 본바탕·운동·크기 등에 대하여 관찰·연구하는 학문.

〈천문대〉

천ː민(賤民) 사회적인 신분이 낮고 천한 사람.

천ː박스럽다(淺薄-)[천박쓰럽따] 보기에 천박한 데가 있다. 예천박스러운 말. |활용| 천박스러우니·천박스러워. 천박스레.

천ː박하다(淺薄-)[천바카다] 학문이나 생각이 얕다. 예천박한 지식.

천방지축(天方地軸) ① 너무 급하여 갈피를 잡지 못하고 허둥대는 일. 예도둑은 문이 열리는 소리에 놀라 천방지축으로 도망쳤다. ② 어리석은 사람이 어찌할 바를 모르고 덤벙이는 일. 예네 나이가 몇인데 아직도 천방지축이냐?

천벌(天罰) 하늘이 내리는 벌. 예저 사람은 천벌을 받아 마땅하다.

천부인(天符印) 단군 신화에서, 하느님인 환인이 아들 환웅을 땅으로 보내면서 제왕의 표시로 주었다는 세 개의 물건. 곧, 거울·칼·방울.

천부적(天賦的) 태어날 때부터 지니는 것. 예민수는 그림에 천부적인 재능이 있다.

천불동(千佛洞) 설악산에 있는 명승지의 한 가지. 기암절벽이 아름답게 어우러진 곳으로 유명하다.

천사(天使) ① 기독교에서, 하늘나라에서 인간 세계로 파견되어 신과 인간의 중간에서 중개 역할을 한다는 존재. ② '마음씨 곱고 착한 사람'을 비유하여 이르는 말. 반악마.

천생(天生) 하늘로부터 타고남. 또는 세상에 태어날 때부터 지닌 본바탕. 예정숙이는 천생 여자라니까.

천생연분(天生緣分)[천생년분] 하늘이 정하여 준 인연.

천석꾼(千石―) 천 석의 곡식을 거두어들일 만큼 논밭이 많은 부자.

천성(天性) 타고난 성질. 예이 사람은 무뚝뚝하지만 천성은 착해요. 반본성.

천수국(千壽菊) 국화과의 한해살이풀. 높이 45~60cm. 잎은 마주나거나 어긋나며, 여름에 노란 꽃이 핀다. 멕시코 원산의 관상용 식물이다.

천수답(天水畓) 물줄기가 없어서 비가 와야만 농사를 지을 수 있는 논.

천시(賤視) 업신여겨 낮게 보거나 천하게 여김. 천시되다. 천시하다.

천식(喘息) 기관지에 경련이 일어나, 숨이 가쁘고 기침이 나며 가래가 많이 생기는 병.

천신만고(千辛萬苦) 《천 가지 매운 것과 만 가지 쓴 것이라는 뜻으로》 온갖 어려움을 겪으며 심하게 고생함. 예그는 빈손으로 서울에 와서 천신만고 끝에 성공을 거두었다.

천안(天安)[처난] 충청남도 동북쪽에 있는 시. 교통의 중심지이며, 상업이 발달하였다. 명승지로는 광덕산·선화루·독립 기념관 등이 있으며, 호두 과자가 유명하다.

천안문(天安門)[처난문] 중국 베이징에 있는 옛 궁궐의 정문. 문 앞에 넓은 광장이 있는데, 이곳에서 국가적 행사나 대규모 집회가 열린다.

천안 삼거리(天安三―) 충청도 민요의 한 가지. 사설의 끝 구절마다 '흥' 소리를 넣기 때문에 '흥타령'이라고도 한다.

천연(天然)[처년] 사람이 손대거나 달리 만들지 않은, 처음 생긴 그대로의 상태. 비자연. 반인공.

천연가스(天然gas) 땅에서 솟아나는 자연적인 가스. 불이 붙는 성질이 있어 연료로 쓰인다. 메탄가스·에탄가스 등.

천연고무(天然―) 고무나무의 껍질에서 빼낸 액체를 초산으로 굳혀 판자 모양으로 만든 것. 비생고무.

천연기념물(天然紀念物)[처년기념물] 귀하거나 학술적인 가치가 높아서, 법으로 보호하고 보존하기로 정한 동식물·광물 등 천연물을 통틀어 이르는 말.

천연덕스럽다(天然―)[처년덕쓰럽따] 겉으로 모르는 체하거나 아무렇지 않은 체하는 태도가 있다. 예천연덕스럽게 그런 거짓말을 하다니. |활용| 천연덕스러우니·천연덕스러워. 천연덕스레.

ㅊ

천연두(天然痘) [처년두] 법정 전염병의 한 가지. 갑자기 열이 나고 머리가 아프며, 온몸에 좁쌀만 한 종기가 생겨서 자칫하면 얼굴이 얽게 된다. [비]마마.

천연색(天然色) [처년색] 물체가 가지고 있는 자연 그대로의 빛깔.

천연석(天然石) [처년석] ➡자연석.

천연자원(天然資源) [처년자원] 자연 그대로의 상태로 있는, 인간 생활에 쓸모 있는 자원. 물·광물·숲·관광 자원 등.

천왕(天王) [처놩] 하늘의 임금.

천왕성(天王星) [처놩성] 태양계의 일곱째 행성. 고리 모양의 테로 둘러싸여 있으며, 약 84년 걸려서 태양을 한 바퀴 돈다. 여러 개의 위성이 딸려 있다.

천우신조(天佑神助) [처누신조] 하늘과 신령의 도움. [예]천우신조로 목숨을 건졌구나.

천운(天運) [처눈] 하늘이 정한 운수.

천ː인(賤人) [처닌] 지난날, 사회의 가장 낮은 신분에 속하던 사람. [반]귀인.

천일 야ː화(千一夜話) ➡아라비안 나이트.

천일염(天日鹽) [처닐렴] 바닷물을 햇볕과 바람으로 증발시켜 얻은 소금.

천자(天子) 《천제의 아들이라는 뜻으로》 하늘의 뜻을 받아 천하를 다스리는 사람, 곧 중국에서 '황제'를 이르던 말.

천자문(千字文) 중국 양나라 때 주흥사가 쓴 책. 네 글자를 한 구절로 하여 모두 250구절 1,000자로 되어 있다. 한문을 처음 배우는 사람을 위하여 교과서로 쓰였다.

천장(天障) 지붕 안쪽의 겉면으로, 마루나 방의 위가 되는 곳. [잘못] 천정.

천재1(天才) 태어날 때부터 갖춘 뛰어난 재주, 또는 그런 재주를 가진 사람. [반]둔재.

천재2(天災) 지진·홍수 등 자연 현상으로 일어나는 재해.

천재지변(天災地變) 자연 현상으로 일어나는 재앙이나 괴변.

천적(天敵) 먹이 사슬 관계에서, 잡아먹히는 생물에 대하여 잡아먹는 생물을 이르는 말. 꿩에 대한 매, 쥐에 대한 고양이 등이다.

천정(天井) '천장'의 잘못.

천제1(天帝) 하느님.

천제2(天祭) 하늘의 신령에게 지내는 제사.

천제연 폭포(天帝淵瀑布) 제주특별자치도 서귀포시 서쪽에 있는 폭포. 3단 폭포로 이루어져 있는데, 제1 폭포는 높이 22m, 폭 6m로, 우리나라 제일의 폭포이다.

천주(天主) 가톨릭에서, 하느님을 이르는 말.

천주교(天主教) 기독교의 한 갈래. 교황을 세계 교회의 최고 지도자로 받들고 그 통솔 아래에 있다.

천지1(天地) ①하늘과 땅. [예]천지가 진동하다. ②온 세상. 우주. ③'무척 많음'을 뜻하는 말. [예]뒷산은 진달래 천지구나.

천지2(天池) 백두산 꼭대기에 있는 호수. 화산이 터진 구멍에 물이 괴어서 이루어졌다.

〈천지2〉

천지개벽(天地開闢) ①《원래 하나였던 하늘과 땅이 서로 나뉘면서 이 세상이 시작되었다는 중국 고대의 사상에서 나온 말로》 천지가 처음으로 열림을 이르는 말. ②'자연이나 사회에서 일어나는 큰 변혁'을 비유하여 이르는 말.

천지신명(天地神明) ①하늘과 땅에

ㅊ

있는 모든 신. ②우주의 조화를 맡은 신령.

천지연 폭포(天地淵瀑布) 제주특별자치도 서귀포시 서귀동에 있는 폭포. 높이 22m, 폭 12m.

천직(天職) ①타고난 직업이나 직분. ②마땅히 해야 할 직분. 예교직을 천직으로 알다.

천진난만하다(天眞爛漫ー) 말이나 행동에 조금도 꾸밈이 없이 아주 순진하고 참되다.

천진스럽다(天眞ー)[천진스럽따] 보기에 천진한 데가 있다. 예귀엽고 천진스러운 어린아이. |활용| 천진스러우니 · 천진스러워. **천진스레**.

천진암(天眞菴)[천지남] 우리나라 가톨릭 성지의 하나. 경기도 광주시 퇴촌면에 있는 절터로, 초기 가톨릭교 신자였던 이벽 · 권철신 등이 교리를 가르치던 곳이다.

천진하다(天眞ー) 자연 그대로 거짓이나 꾸밈이 없이 순진하고 참되다. 예천진한 어린이.

천차만별(千差萬別) 여러 가지 사물이 서로 차이와 구별이 많음. 예가격이 천차만별이다.

천천히 말이나 행동이 빠르지 않고 느리게. 예다리가 아프니 천천히 걷자.

천체(天體) 우주 공간에 있는 모든 물체. 곧, 해 · 달 · 지구 · 별 등을 통틀어 이르는 말.

천추(千秋) 긴 세월. 또는 먼 미래. 예부모님의 원수를 갚지 못한 것이 천추의 한이다.

천추만대(千秋萬代) 몇 천 년의 긴 세월을 두고 후손이 만대에 이르기까지의 오랜 기간.

천치(天癡) ➡백치.

천칭(天秤) 저울의 하나. 작은 물건의 무게를 달 때 쓰인다. 悤천평칭.

천태만상(千態萬象)《천 가지 모습과 만 가지 형상이라는 뜻으로》 '모든 사물이 제각기 다른 모습을 하고 있음'을 이르는 말.

천태종(天台宗) 대승 불교의 한 갈래. 우리나라에는 대각국사 의천이 처음 소개하였고, 고려 시대에 성하였다.

천하(天下) ①온 세상. 예천하를 통일하다. ②정권을 잡거나 기승을 부리는 일. 예삼일천하. ③'세상에 둘도 없는' · '세상에 드문'의 뜻을 나타내는 말. 예천하 영웅.

천하를 얻은 듯[관용] 매우 기쁘고 흡족함을 이르는 말.

천하다(賤ー) ①신분 · 지위 등이 매우 낮다. 예천한 직업은 없다. 悗귀하다. ②하는 짓이나 생김새가 고상하지 않고 상스럽다. 예저 남자는 행동거지가 천해 보인다. ③너무 많고 흔하여 귀중하지 않다. 예천한 물건. 천히.

천하 대장군(天下大將軍) 통나무나 돌 등에 남자의 얼굴 모양을 익살스럽게 새긴 기둥. 절 입구나 마을 · 길가에 세워져 있으며, 우리나라 각지에 분포한다. 悗지하 여장군.

천하무적(天下無敵) 세상에 맞서 겨룰 만한 상대가 없음. 예우리나라 축구 대표 팀은 천하무적이다.

천하장사(天下壯士) 세상에서 보기 드문 매우 힘이 센 사람.

천하태평(天下泰平) ①온 세상이 태평함. ②근심 걱정이 없거나 성질이 느긋하여 세상 근심을 모르고 편안함, 또는 그런 사람. 悗무사태평.

천행(天幸) 하늘이 준 은혜나 다행. 예조난자들이 천행으로 구조되었다.

천황(天皇) ①➡옥황상제. ②일본에서, 자기 나라 '임금'을 이르는 말.

철[1] 한 해를 봄 · 여름 · 가을 · 겨울로 나눈 가운데 한 시기. 예철이 지난 옷/철 따라 모습이 변하는 금강산. 悗계절.

철² 옳고 그름을 분별하여 판단할 줄 아는 힘. 예철이 들 나이/철이 없다./ 철이 나다.

철³(鐵) 금속 원소의 한 가지. 잘 펴지고 늘어나는 성질이 있어, 금속 가운데서 가장 쓰임이 많다. 비쇠.

철가루(鐵一)[철까루] 가루 모양의 철.

철갑(鐵甲) 쇠로 만든 갑옷.

철갑선(鐵甲船)[철갑썬] 쇠로 겉을 싸서 만든, 전쟁에 쓰는 배.

철강(鐵鋼) ①무쇠를 녹여 높은 압력을 가하고, 탄소의 양을 줄여 굳고 질기게 만든 쇠. 비강철. ②'무쇠와 강철'을 아울러 이르는 말.

철거(撤去) 건물·시설 등을 무너뜨려 없애거나 걷어치움. 예철거 작업. 철거되다. 철거하다. 예낡은 건물을 철거하다.

철골(鐵骨) 철재로 만든 건축물의 뼈대.

철공소(鐵工所) 쇠로 된 재료로 여러 가지 기구를 만드는, 작은 규모의 공장.

철광(鐵鑛) ①〈철광석〉의 준말. ②철광석을 파내는 광산.

철광석(鐵鑛石) 철이 들어 있는 광석. 적철광·자철광·갈철광 등. 준철광.

철교(鐵橋) ①쇠를 기본 재료로 하여 만든 다리. ②철도를 깔아 놓은 다리.

철근(鐵筋) 건물 등을 지을 때 콘크리트 속에 넣어 뼈대로 삼는, 가늘고 긴 쇠막대.

철기(鐵器) 쇠로 만든 그릇이나 기구. 예철기 문화.

철기 시대(鐵器時代) 쇠붙이를 이용하여 여러 가지 그릇이나 기구를 만들어 쓰던 시대. 청동기 시대보다 더 발전한 단계이다.

철길(鐵一)[철낄] 기차·전차 등이 다닐 수 있도록 땅 위에 레일을 깔아 만든 길. 비기찻길·철도·철로.

철도(鐵道)[철또] ①➡철길. ②열차의 운행을 위한 갖가지 시설과 교통수단을 통틀어 이르는 말. 예철도를 이용한 귀성객.

철도망(鐵道網)[철또망] 철도가 이리저리 그물처럼 퍼져 있는 교통 조직.

철도역(鐵道驛)[철또역] 열차가 출발하거나 도착하는 역.

철도청(鐵道廳)[철또청] 지난날, 철도에 관한 일을 맡아보던 중앙 행정 기관.

철두철미하다(徹頭徹尾一)[철뚜철미하다] 처음부터 끝까지 철저하다. 예매사에 철두철미한 사람.

철들다 옳고 그름을 분별하여 판단할 줄 아는 힘이 생기다. 예부모님 걱정을 하다니, 너도 철들었구나. |활용| 철드니·철들어.

철딱서니[철딱써니] '철²'을 속되게 이르는 말.

철떡철떡 젖었거나 차진 물건이 다른 것에 세게 자꾸 들러붙었다 떨어질 때 나는 소리. 또는 그 모양.

철렁 ①넓고 깊은 곳에 가득 찬 물이 물결을 이루며 흔들리는 소리. 또는 그 모양. 작찰랑. ②큰 충격을 받고 몹시 놀라서 마음이 흔들리는 모양. 예동생의 사고 소식에 가슴이 철렁 내려앉았다. 철렁철렁.

철렁거리다 넓고 깊은 곳에 가득 찬 물이 물결을 이루며 자꾸 흔들리다. 비철렁대다. 작찰랑거리다.

철렁대다 ➡철렁거리다.

철렁하다 ①넓고 깊은 곳에 가득 찬 물이 큰 물결을 이루며 흔들리는 소리가 나다. 예항아리에 가득 담긴 물이 넘칠 듯이 철렁한다. ②큰 충격을 받고 몹시 놀라서 마음이 흔들리다. 예친구가 전학을 간다는 말을 듣고 가슴이 철렁하였다.

철로(鐵路) ➡철길.

철마(鐵馬) 《쇠로 된 말이라는 뜻으로》 '기차'를 비유하여 이르는 말.

철망(鐵網) ①철사를 얽어서 만든 그물. ②〈철조망〉의 준말.

철면피(鐵面皮) 《쇠로 만든 두꺼운 얼굴 가죽이라는 뜻으로》 '뻔뻔스럽고 염치가 없는 사람'을 이르는 말.

철모(鐵帽) 군인이 전투할 때 쓰는, 강철로 만든 둥근 모자.

〈철모〉

철문(鐵門) 철로 만든 문. [비]쇠문.

철물점(鐵物店) 쇠붙이로 만든 여러 가지 물건을 파는 가게.

철벅철벅 얕은 물 또는 진창을 자꾸 거칠게 밟거나 치는 소리, 또는 그 모양. [예]아이들은 개울가에서 철벅철벅 물장구를 치며 놀았다. [본]철버덕철버덕.

철벽(鐵壁) 《쇠로 된 벽이라는 뜻으로》 쉽게 무너지거나 깨뜨려지지 않는 대상. 또는 적의 침입이나 피해에 대한 대비가 매우 튼튼함. [예]철벽 수비/철벽같은 방어.

철봉(鐵棒) ①쇠로 길게 만든 몽둥이. [비]쇠몽둥이. ②체조 기구의 한 가지. 두 개의 기둥에 쇠막대기를 걸쳐 고정시켰다.

철봉 운ː동(鐵棒運動) 체조 경기의 한 가지. 철봉에 매달려서 돌기·흔들기 등의 여러 가지 기술을 연기한다.

철부지(一不知) ①철이 없는 아이. ②철이 없는 어리석은 사람.

철분(鐵分) 어떤 물질 속에 섞여 있는 쇠의 성분.

철사(鐵絲) [철싸] 쇠붙이로 만든 가는 줄. [비]철선.

철새 [철쌔] 철을 따라 이리저리 자리를 옮겨 사는 새. [비]기후조. [반]텃새.

철석같다(鐵石一) [철썩깓따] 의지나 약속이 쇠나 돌같이 굳고 단단하다. [예]철석같은 약속.

철수(撤收) [철쑤] 머물러 있던 곳에서 장비 등을 거두고 물러남. [예]건설 장비를 철수시키다. **철수되다. 철수하다.**

철썩 ①물 같은 액체가 넓적한 물체에 세게 부딪치는 소리. ②차진 물건을 물체에 던지거나 손바닥 등으로 때릴 때 나는 소리, 또는 그 모양. [작]찰싹. **철썩철썩.** [예]궁둥이를 철썩철썩 때리다.

철썩거리다 [철썩꺼리다] 철썩 소리가 자꾸 나다. [비]철썩대다. [작]찰싹거리다.

철썩대다 [철썩때다] ➡철썩거리다.

철야(徹夜) [처랴] 잠을 자지 않고 어떤 일을 하며 밤을 꼬박 새움. [예]일이 밀려 며칠째 철야 작업을 하고 있다. **철야하다.**

철없다 [처럽따] 옳고 그름을 분별할 줄 아는 능력이 없다. [예]철없는 행동. **철없이.**

철원(鐵原) [처뤈] 강원도 북서부에 있는 군. 가운데에 한탄강이 흐른다. 양잠이 발달하였으며, 철원평야에서 쌀이 많이 생산된다. 명승지로는 도피안사·삼부연·궁예성지 등이 있다.

철원평야(鐵原平野) [처뤈평야] 강원도 철원과 평강을 중심으로 이천·김화·회양의 5개 군에 걸친 넓은 평야.

철의 삼각 지대(鐵一三角地帶) 6·25 전쟁 때의 격전지였던, 김화·철원·평강을 잇는 삼각형의 땅. 아군이 공격하기 어려운 지형적인 특성을 갖추고 있어 붙여진 이름이다.

철의 장막(鐵一帳幕) 《자유 세계와 공산 국가 사이의 장벽이라는 뜻으로》 '공산주의 나라의 정치적 비밀주의와 폐쇄성'을 비유하여 이르던 말.

ㅊ

|참고| 1946년에 영국의 수상 처칠이 미국 연설에서 처음으로 사용한 말이다.

철인(鐵人) [처린] 쇠처럼 몸이 튼튼하거나 힘이 센 사람.

철자(綴字)[철짜] 자음과 모음을 결합하여 글자를 만드는 일. 'ㄱ'과 'ㅏ'를 합하여 '가'를 만드는 것 등.

철재(鐵材) [철째] 공업이나 건축 등에 쓰이는, 쇠붙이로 된 재료.

철저하다(徹底—) [철쩌하다] 속속들이 꿰뚫어 미치어 모자람이나 빈틈이 없이 완전하다. 철저히. [예]진아는 여행 계획을 철저히 세웠다.

철제(鐵製) [철쩨] 쇠붙이를 재료로 하여 만듦, 또는 그 물건. [예]철제 책상/철제 가구.

철조망(鐵條網) [철쪼망] 가시철사를 늘이거나 얼기설기 엮어서 쳐 놓은 울타리. [준]철망.

철종(哲宗, 1831~1863) 조선 제25대 왕(재위 1849~1863). 강화에서 살다가 헌종이 죽은 후 궁중에 들어가 왕위에 올랐다. 재위 기간 동안 안동 김씨의 세도 정치로 백성들의 생활이 매우 어려웠다.

철쭉 진달랫과의 낙엽 지는 떨기나무. 정원에 관상용으로도 많이 심는데, 진달래와 비슷하나 꽃과 잎이 더 크다. 5월에 분홍 또는 연분홍 꽃이 핀다.

〈철쭉〉

철창(鐵窓) ①쇠로 창살을 만든 창문. ②'감옥'을 비유하여 이르는 말.

철책(鐵柵) 쇠살로 만든 우리나 울타리. [예]철책을 둘러치다.

철철 ①많은 양의 액체가 넘쳐흐르는 모양. [예]진아는 컵에 철철 넘치도록 물을 따랐다. [작]찰찰. ②생생한 기운이 가득한 모양. [예]애교가 철철 흘러 넘치는 말투.

철칙(鐵則) 고치거나 어길 수 없는 규칙.

철커덕 ①끈기 있는 물체가 세차게 들러붙는 소리, 또는 그 모양. ②쇠붙이 등이 세차게 맞부딪칠 때 나는 소리, 또는 그 모양. [준]철컥. [작]찰카닥.

철컥 〈철커덕〉의 준말. [예]대문이 철컥 소리를 내며 닫혔다. [작]찰칵. 철컥철컥.

철탑(鐵塔) 쇠로 탑처럼 높이 세운 것.

철통같다(鐵桶—)[철통간따] 준비가 튼튼하고 치밀하여 조금도 빈틈이 없다. [예]철통같은 감시/이곳은 방위가 철통같아서 적이 쳐들어올 수 없다.

〈철탑〉

철퇴(鐵槌)[철퇴/철퉤] 끝이 둥그렇고 울퉁불퉁한 쇠몽둥이.

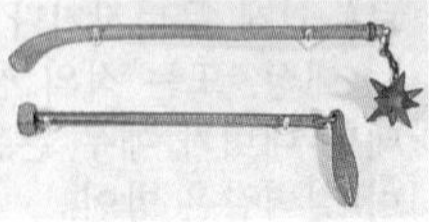
〈철퇴〉

철판(鐵板) 쇠를 얇고 넓게 늘여 만든 판.

철폐(撤廢) [철폐/철페] 어떤 제도나 규정 등을 없앰. 철폐되다. 철폐하다. [예]사형 제도를 철폐하다.

철하다(綴—) 여러 장의 문서나 신문 등을 한데 모아 꿰매다. [예]아버지는 신문을 보시고 나면 항상 철해 두신다.

철학(哲學) 자연이나 인생·지식에 관한 근본 원리를 연구하는 학문. [예]철학 수업.

철학자(哲學者) [철학짜] 자연이나 인생·지식의 근본이 되는 이치를 전문으로 연구하는 사람.

철회(撤回)[철회/철훼] 이미 낸 것이나 주장한 것을 되돌리거나 취소함. 철회되다. 철회하다. 예그들은 주장을 철회했다.

첨가(添加) 이미 있는 데에, 덧붙이거나 보탬. 예식품 첨가 물질. 비부가. 반삭제. 첨가되다. 첨가하다.

첨가물(添加物) 덧붙이거나 보탠 물건이나 물질.

첨단(尖端) ①물건의 뾰족한 끝. ②시대의 흐름이나 유행 등의 맨 앞장. 예첨단 과학 기술.

첨벙 물체가 갑자기 물속에 떨어져 잠길 때 나는 소리, 또는 그 모양. 예선우는 냇물에 첨벙 뛰어들었다.

첨벙거리다 물체가 물속에 떨어져 잠기는 소리가 자꾸 나다. 비첨벙대다.

첨벙대다 ➡첨벙거리다.

첨부(添附) 주로 물건이나 안건 등에, 더 보태거나 덧붙임. 첨부되다. 첨부하다. 예입사 원서에 자기 소개서를 첨부하시오.

첨삭(添削) 글의 내용 일부를 보태거나 삭제하여 고침. 첨삭되다. 첨삭하다.

첨성대(瞻星臺) 신라 선덕 여왕 때 만든 천문 관측대. 동양에서 가장 오래된 것으로, 경상북도 경주시에 있으며, 높이는 9.17m이다. 국보 제31호.

첨예하다(尖銳—)[처메하다] 생각·상황·사태 등이 매우 〈첨성대〉 날카롭게 맞서 있다. 예상반되는 두 주장이 첨예하게 대립하고 있다.

첨지(僉知) 지난날, '나이 많은 남자'를 낮추어 이르던 말. 예김 첨지.

첨탑(尖塔) 지붕의 꼭대기가 뾰족한 탑, 또는 그런 탑이 있는 높은 건물. 예성당의 첨탑.

첩[1](妾) 남자가 정식으로 결혼한 아내 외에 부부 관계를 맺고 사는 여자. 반본처.

첩[2](貼) 약의 봉지 수를 세는 말. 예보약 한 첩.

첩경(捷徑)[첩꼉] ➡지름길.

첩보(諜報)[첩뽀] 적의 정보나 형편을 몰래 알아내어 보고하는 일, 또는 그렇게 얻은 정보. 예첩보를 입수하다.

첩보원(諜報員)[첩뽀원] 적의 정보나 형편을 몰래 알아내어 보고하는 사람.

첩자(諜者)[첩짜] ➡간첩.

첩첩(疊疊) 겹겹이 포개진 모양. 비첩첩이.

첩첩산중(疊疊山中)[첩첩싼중] 산이 여러 겹으로 둘러싸인 깊은 산속.

첩첩이(疊疊—)[첩처비] ➡첩첩.

첫[천] '처음'을 뜻하는 말. 예첫 시간/첫 공연.

첫걸음[천꺼름] ①처음 내디디는 걸음. 예진수는 학교를 향하여 첫걸음을 떼었다. ②어떤 일의 시작. 예삼촌은 내일 사회생활의 첫걸음을 내딛는다. ③어떤 곳에 처음으로 감. 예이 동네는 첫걸음이라서 길을 잘 모르겠어.

첫날[천날] 어떤 일이 시작되는 첫째 날. 예경기 첫날에 수영에서 대회 신기록이 나왔다.

첫눈[1][천눈] 사람이나 사물을 처음 보았을 때의 느낌이나 인상. 예이모부는 이모에게 첫눈에 반했다고 한다.

첫눈[2][천눈] 그해 겨울에 처음으로 오는 눈.

첫마디[천마디] 맨 처음으로 하는 한 마디의 말.

첫머리[천머리] 처음 시작되는 머리나 맨 앞부분. 예행렬의 첫머리/글의 첫머리. 반끝머리.

첫발[천빨] ①처음으로 내디디는 발걸음. ②어떤 것을 시작하는 맨 처음.

첫발을 내디디다 관용 어떤 일이나 사업을 새로이 시작하다.

첫사랑 [첟싸랑] 처음으로 느끼거나 맺은 사랑.

첫새벽 [첟쌔벽] 새벽의 첫머리, 곧 이른 새벽. 비꼭두새벽.

첫서리 [첟써리] 그해 가을에 맨 처음으로 내린 서리.

첫소리 [첟쏘리] 한 음절의 맨 처음에 나는 닿소리. '책'에서 'ㅊ' 소리 등. 비초성.

첫여름 [천녀름] 여름이 시작되는 첫 무렵. 비초여름.

첫인사 (一人事) [처딘사] ①새로 만난 사람과 처음으로 하는 인사. ②어떤 자리에 끼여 처음 자기를 알리는 인사. 반끝인사.

첫인상 (一印象) [처딘상] 사람이나 사물을 처음으로 보고 느끼는 인상. 예첫인상이 좋다.

첫정 (一情) [첟쩡] 맨 처음으로 느끼거나 든 정, 또는 그 상대자.

첫째 [첟째] ①무엇보다도 앞서는 것. 예내 짝은 우리 반에서 첫째로 키가 크다. ②맨 처음의 차례. 예첫째 시간.

> :::: '첫째'와 '제일'의 구별 ::::
>
> **첫째** : 어떤 사물을 다른 사물과 비교했을 때에 더 낫거나 앞서 있음을 나타낸다.
>
> **제일** : 여러 사물 가운데서 어떤 특정 사물이 가장 낫거나 좋음을 나타낸다.
>
> 예첫째(×제일)도 건강, 둘째도 건강/우리 반에서 내가 제일(×첫째) 키가 크다.

첫째가다 [첟째가다] 차례나 솜씨·재주 등이 여럿 중에서 제일 앞서거나 낫다. 예우리 마을에서 첫째가는 부잣집. 비으뜸가다.

첫차 (一車) [첟차] 맨 처음 떠나거나 들어오는 차. 반막차.

첫해 [처태] ①어떤 일을 시작한 맨 처음의 해. ②어떤 일이 일어난 바로 그해.

청[1] (靑) ①〈청색〉의 준말. ②〈청군〉의 준말.

청[2] (請) 무슨 일을 해 달라고 남에게 부탁함. 예동생이 하도 사정을 해서 청을 들어주었다. 청하다.

청각 (聽覺) 귀로 소리를 듣는 감각.

청개구리 (靑一) 청개구릿과의 동물. 몸길이 2.5~4cm. 등은 녹색 또는 회색에 검은 무늬가 있고 배는 희며 다리에는 갈색 무늬가 있다. 풀이나 나무 위에 잘 달라붙어 있고, 비가 오려고 할 때 수컷이 심하게 운다.

〈청개구리〉

청결하다 (淸潔一) 지저분한 것이 없이 맑고 깨끗하다. 예청결한 화장실. 반불결하다. 청결히.

청계천 (淸溪川) [청계천/청게천] 서울의 종로구와 중구의 경계를 흐르는 하천. 길이 5.84km. 북한산·인왕산·남산 등으로 둘러싸인 지역의 물이 모이는 곳으로, 중랑천과 합쳐 한강으로 흐른다. 1958년에 도로를 만들기 위하여 위를 덮었다가 2003년에 복원 공사를 시작하여 2005년에 사람들에게 공개되었다.

청과물 (靑果物) 싱싱한 과일과 채소. 예청과물 시장.

청구[1] (靑丘) 지난날, 중국에서 '우리나라'를 달리 이르던 말.

청구[2] (請求) 무엇을 달라고 청하여 요구함. 청구되다. 청구하다.

청구권 (請求權) [청구꿘] 남에게 대하여 일정한 행위를 요구할 수 있는 권리. 채권·손해 배상권 등.

大

청구도(靑邱圖) 조선 순조 34(1834)년에 김정호가 만든 우리나라 지도. 당시로서는 가장 정밀한 전국 지도였으며, 후에 대동여지도로 이어진다. ❀청구선표도.

청구서(請求書) 청구하는 내용이 적힌 문서나 쪽지.

청구 학회(靑丘學會) 1930년에, 일본에 동조하는 학자들이 한국·만주 등의 문화를 연구하기 위하여 조직한 학술 연구 단체. 한국인 회원으로는 최남선·이능화·이병도 등이 있다.

청국(淸國) ➡ 청나라.

청국장(淸麴醬)[청국짱] 삶은 콩을 더운 방에 띄워서 소금과 고춧가루를 넣어 만든 장.

청군(靑軍) 경기에서 양편을 청과 백으로 가를 때, 푸른색을 사용하는 편. ㉜청. ㉝백군.

청나라(淸—) 중국의 마지막 왕조. 만주족인 누르하치가 17세기 초에 명나라를 멸망시키고 중국 동북 지방에 세웠다. 〔1616~1912〕 ㉝청국.

청년(靑年) 젊은 사람, 특히 20대 남자를 가리킴. ㉝젊은이.

청동(靑銅) 구리와 주석을 함께 녹여서 만든 쇠붙이.

청동기(靑銅器) 청동으로 만든 기구.

청동기 시대(靑銅器時代) 청동을 이용하여 여러 가지 그릇이나 기구를 만들어 쓰던 시대. 석기 시대와 철기 시대의 중간 단계이다.

청둥오리 오릿과의 새. 몸길이 58cm 가량. 수컷은 머리와 목이 광택 있는 녹색이고 부리는 갈색, 꽁지는 흰색으로 아름다우나, 암컷은 전체적으로 갈색을 띤다.

〈청둥오리〉

추운 지방에서 번식하고 가을에 우리나라에 와서 겨울을 나는 겨울새이다. ㉝물오리.

청량리(淸涼里)[청냥니] 서울특별시 동대문구 청량리동·전농동 일대와 청량리역을 중심으로 한 지역. 지하철과 철도 및 여러 버스 노선과 연결되는 위치에 있어 교통의 중심지로서의 역할이 크다.

청량음료(淸涼飮料)[청냥음뇨] 탄산가스가 들어 있어 맛이 산뜻하면서 시원한 음료수. 소다수·사이다·콜라 등.

청량하다(淸涼—)[청냥하다] 맑고 서늘하다. 예청량한 가을 바람.

청력(聽力)[청녁] 귀로 소리를 듣는 힘. 예청력을 잃다.

청력계(聽力計)[청녁계/청녁께] 사람의 청력을 측정하는 장치.

청렴결백(淸廉潔白)[청념결백] 욕심이 없고 마음이 깨끗함. ㉜청백. 청렴결백하다. 예청렴결백한 선비.

청렴하다(淸廉—)[청념하다] 성품이 높고 맑으며 재물 욕심이 없다.

청록(靑綠)[청녹] 녹색과 파랑의 중간색. ㉝갈매·청록색.

청록색(靑綠色)[청녹쌕] ➡ 청록.

청룡(靑龍)[청뇽] ①푸른빛을 띤 용. ②풍수설에서, 주산에서 뻗어 나간 왼쪽 산줄기를 이르는 말.

청룡도(靑龍刀)[청뇽도] 옛날 중국 무기의 한 가지. 초승달 모양으로 생긴 큰 칼로, 청룡이 그려져 있다. ❀청룡언월도.

청명(淸明) 이십사절기의 하나. 춘분과 곡우 사이로, 4월 5일경.

청명하다(淸明—) 날씨가 맑고 깨끗하다. 예청명한 가을 날씨.

청문회(聽聞會)[청문회/청문훼] 국회나 행정 기관 등이 중요한 일에 관련된 사람들에게 그 내용과 의견을 듣기 위하여 여는 모임.

大

청바지(靑一) 청색 천으로 만든 바지. 특히, 청색 진 바지를 이른다. 🔟블루진.

청백리(淸白吏)[청뱅니] 재물에 욕심이 없으며 마음이 곧고 깨끗한 관리.

청사(廳舍) '관청의 건물'을 두루 이르는 말. 📀정부 종합 청사.

청사진(靑寫眞) ①건물이나 기계의 설계도 등을 여러 장 만들 때 쓰이는 사진의 한 가지. 푸른 바탕에 도면의 선이나 글자가 희게 나타난다. 🔟청색 사진. ②어떤 일이나 사업의 '설계도·미래상' 또는 '계획·구상'을 비유하여 이르는 말. 📀21세기의 청사진.

청사초롱(靑紗一) 조선 시대에 높은 벼슬아치들이 밤에 다닐 때 쓰던 푸른 비단으로 꾸민 등. 🔟청사등롱.

청산[1](靑山) 풀과 나무가 우거진 푸른 산.

청산[2](淸算) 빚 등을 셈하여 깨끗이 정리함. 청산되다. 청산하다.

〈청사초롱〉

청산리 대:첩(靑山里大捷) 1920년에 김좌진 장군이 이끄는 독립군이 만주 청산리에서 일본군을 크게 무찌른 싸움. 🔟청산리 싸움.

청산리 싸움(靑山里一) ➡청산리 대첩.

청산유수(靑山流水)[청산뉴수] 《푸른 산에 흐르는 맑은 물이라는 뜻으로》 '말을 막힘 없이 썩 잘하는 모양, 또는 그런 말'을 비유하여 이르는 말. 📀말솜씨가 청산유수구나.

청색(靑色) 푸른빛. 🔝청.

청소(淸掃) 깨끗이 쓸고 닦음. 또는 더러운 것을 없애 깨끗이 함. 📀교실 청소. 청소하다. 📀동생과 함께 방을 깨끗이 청소했다.

청소기(淸掃機) 흡수력을 이용하여 먼지 등을 빨아들이게 만든 청소 기구.

청소년(靑少年) 청년과 소년. 📀청소년 회관.

청소 당번(淸掃當番) 순서에 따라 하기로 미리 정한, 청소를 맡아 할 차례가 된 사람.

청소 도:구(淸掃道具) 청소할 때 쓰이는 용구.

청소부(淸掃夫) 건물·도로 등을 청소하는 일을 직업으로 하는 남자.

청소차(淸掃車) 쓰레기나 분뇨 등을 거두어 버리는 차.

청소함(淸掃函) 비·걸레·양동이 등의 청소 도구를 넣어 두는 상자.

청순하다(淸純一) 깨끗하고 순박하거나 순수하다. 📀청순한 마음씨.

청승 궁상스럽고 처량한 듯한 태도. 📀아침부터 웬 청승이냐?

청승맞다[청승맏따] 궁상스럽고 처량하여 보기에 좋지 않다. 📀왜 아침부터 청승맞게 울고 있니?

청심환(淸心丸) 마음을 가라앉히는 데 쓰는 환약.

청아하다(淸雅一) 속된 티가 없이, 맑거나 기품이 있다. 📀목소리가 청아하다./청아한 조선백자.

청약(請約) 공개적으로 모집하는 아파트나 증권 등을 사겠다고 계약을 신청하는 일. 청약하다.

청어(靑魚) 청어과의 바닷물고기. 몸길이 35 cm 가량. 몸은 양 끝이 뾰족한 원기둥 모양이며, 등은 짙푸르고 배는 은빛을 띤 흰색이다. 가을에서 봄에 걸쳐 잡히며 고기 맛이 좋다.

〈청어〉

청와대(靑瓦臺) 서울 경복궁 뒤 북악산 기슭에 있는, 우리나라 대통령이 살면서 업무를 보는 곳.

청원(請願) ①바라는 일이 이루어지게 해 달라고 원하고 청함. ②관공서나 공공 단체에 대하여, 국민이 문서로 서 희망 사항을 진술함. 청원하다.

청원서(請願書) 청원하는 내용을 적은 문서.

청음(淸音) 맑고 깨끗한 음성. [반]탁음.

청일 전!쟁(淸日戰爭) 1894~1895년에 걸쳐 청나라와 일본 사이에 벌어진 전쟁. 이 전쟁에서 이긴 일본은 우리 땅에서 청나라의 세력을 몰아내고 우리 정부를 간섭하게 되었다.

청자(靑瓷) 청록색 유약을 입힌 푸른 빛깔의 자기. [비]청자기.

청자기(靑瓷器) ➡청자.

청자 상감(靑瓷象嵌) 고려 시대에 발달한 자기 양식의 한 가지. 청자에 여러 가지 도안과 무늬를 새겨 다른 빛깔을 내는 기법이다.

청정(淸淨) 맑고 깨끗함. [예]청정 해역. 청정하다.

청정기(淸淨器) 더러운 것을 맑고 깨끗하게 하는 기계.

청주[1](淸州) 충청북도의 중앙에 있는 시. 섬유·전자·화학 공업 등이 발달하였으며, 학교가 많아 교육 도시로 이름이 높다. 충청북도의 도청 소재지이다.

청주[2](淸酒) 다 익은 술을 가라앉혀 위에서 떠낸 맑은술.

청중(聽衆) 강연이나 설교·음악 등을 들으려고 모인 사람들. [예]관현악단의 연주가 끝나자 청중의 우렁찬 박수 소리가 울려 퍼졌다.

청진[1](淸津) 함경북도 북동쪽에 있는 항구 도시.

청진[2](聽診) 의사가 환자의 몸 안에서 나는 소리를 듣고 병을 진단함. 청진하다.

청진기(聽診器) 환자의 가슴과 배 속에서 나는 소리를 듣는 진찰 기구.

청천강(淸川江) 평안북도 남서부를 흐르는 강. 길이는 199km. 낭림산맥에서 시작하여 황해로 흘러든다. 옛 이름은 살수이다.

청천벽력(靑天霹靂)[청천병녁] 《맑게 갠 하늘에서 치는 벼락이라는 뜻으로》 '뜻밖에 일어난 큰 변'을 비유하여 이르는 말.

청첩장(請牒狀)[청첩짱] 경사스러운 일이 있을 때 남을 초청하는 편지. [준]청첩.

청초하다(淸楚—) 깨끗하고 곱다. [예]청초한 아침 이슬. 청초히.

청춘(靑春) 한창 젊은 나이, 또는 그 시절. [예]청춘 남녀.

청취(聽取) 방송이나 진술·보고 등을 들음. 청취하다. [예]수미는 저녁마다 라디오를 청취한다.

청탁(請託) 무엇을 해 달라고 청하여 부탁함, 또는 그 부탁. [예]잡지사로부터 원고를 써 달라는 청탁을 받았다. 청탁하다.

청태(靑笞) 녹조식물 갈파랫과의 식물. 물결이 잔잔한 바닷가에서 나는데, 김과 비슷하나 더 푸른빛을 띤다. [비]참갈파래.

청포(靑泡) 물에 불린 녹두를 갈아서 가라앉힌 앙금을 말린 가루로 쑨 묵. [비]녹말묵.

청포도(靑葡萄) 다 익어도 빛깔이 푸른 포도 종류를 통틀어 이르는 말.

청풍(淸風) 맑은 바람.

청하다(請—) ①남에게 무엇을 달라거나 어떤 일을 해 달라고 부탁하다. [예]친구에게 도움을 청할 일이 생겼다./손을 내밀고 악수를 청했다. ②잠이 들도록 애쓰다. [예]잠을 청하다. ③남을 불러 모시다. [예]잔치에 손님을 청하다.

청학동(靑鶴洞)[청학똥] 경상남도 하동군 청암면 묵계리에 있는 마을. 이곳의 집은 우리나라 전래의 초가집 형태를 띠고 있으며, 사람들은 전통적인 한복 차림으로 생활한다.

청해진(淸海鎭) 신라 때, 장보고가 전라남도 완도에 설치하였던 해군 군사 기지. 장보고는 이곳을 중심으로 중국의 해적을 없애는 한편, 중국과 일본 사이에서 무역을 하는 등 해상권을 잡게 되었다.

청혼(請婚) 결혼하기를 청함. 📵구혼. 청혼하다.

청홍 비:단(靑紅緋緞) 명주실로 광택이 나도록 곱게 짠, 청색과 홍색의 옷감.

청화 백자(靑華白瓷) 흰 바탕에 푸른 빛깔로 그림을 그린 자기. 📵청화 자기.

체¹ 가루를 곱게 치거나 액체를 거르는 데 쓰는 도구.

체² '거짓으로 그럴듯하게 꾸미는 태도'를 뜻하는 말. 📵잘난 체 마라. 📵척.

체³ 못마땅하거나 아니꼽거나 원통하여 탄식할 때 내는 소리. 📵체, 제가 뭔데 참견이야.

체감¹(遞減) 차례로 덜어 가거나 점점 줄어듦. 체감되다. 체감하다.

체감²(體感) 몸으로 어떤 감각을 직접 느낌. 📵체감 습도. 체감하다.

체감 온도(體感溫度) 기온이나 습도·풍속 등의 영향으로, 사람의 몸으로 느껴지는 추위·더위를 나타낸 온도.

체격(體格) 사람 몸의 뼈대나 생김새. 📵체격이 건강한 청년.

체격 검:사(體格檢査) 키나 몸무게 등 신체의 크기나 생김새를 재는 검사.

체결(締結) 《얽어서 단단히 맨다는 뜻으로》 계약이나 조약 등을 맺음. 체결되다. 체결하다. 📵평화 조약을 체결하다.

체계(體系) [체계/체게] 낱낱이 다른 것을 계통을 세워 통일한 전체. 📵연락 체계.

체구(體軀) 몸의 부피. 📵동생은 또래 아이들에 비하여 체구가 작다. 📵덩치·몸집.

체급(體級) 권투·레슬링·유도·역도 등에서, 몸무게에 따라 나눈 선수의 등급.

체내(體內) 몸의 안. 📵비타민은 체내에서 합성되지 않는다. 📵체외.

체념(諦念) 곤경 등에서 벗어날 길이 없어 희망을 완전히 버리기로 마음먹는 일. 📵단념. 체념하다.

체득(體得) 실지로 자기가 해 보거나 눈으로 보거나 하여 알게 됨. 체득되다. 체득하다. 📵컴퓨터 다루는 법을 체득하다.

체력(體力) 몸의 힘. 몸을 움직여 어떤 일을 할 수 있는 능력. 📵체력은 국력이다.

체력 검:사(體力檢査) 정상적인 활동에 필요한 신체의 기초적인 운동 능력과 기능적 장애를 확인하는 검사.

체류(滯留) 집을 떠나 다른 곳에 가서 머물러 있음. 📵누나는 미국에 체류 중이다. 체류하다.

체면(體面) 남을 대하기에 떳떳한 도리나 처지. 📵체면이 서다./체면이 깎이다. 📵면목.

체벌(體罰) 몸에 직접 고통을 주어 벌함, 또는 그런 벌. 📵체벌을 가하다. 체벌하다.

체스(chess) 장기와 비슷한 서양 놀이. 세로 8줄, 가로 8줄로 만든 판 위에 흰색과 검은색 말을 16개씩 움직여서 상대편의 왕을 잡는 편이 이긴다. 📵서양장기.

체액(體液) 사람이나 동물의 몸 안에서 흘러 움직이는 액체를 통틀어 이르는 말.

체온(體溫) 사람이나 동물의 몸의 온도. 사람은 보통 36~37°C이다. 예체온이 높다./체온을 재다.

체온계(體溫計) [체온계/체온게] 체온을 재는 데 쓰이는 온도계. 비체온기.

〈체온계〉

체위(體位) ①몸의 자세. ②몸이 튼튼하고 약한 정도.

체육(體育) ①몸을 튼튼히 하거나 운동 능력을 기르는 일, 또는 그것을 목적으로 하는 교육. ②학교 교육에서, 운동 경기의 이론이나 실기를 가르치며, 체력의 향상을 꾀하는 과목. 예체육 시간.

체육관(體育館) [체육꽌] 여러 사람이 모여서 운동 경기 등을 할 수 있도록 여러 가지 시설을 마련해 놓은 건물. 예잠실 체육관.

체육 대:회(體育大會) 여러 가지 운동 경기를 하는 대회.

체육복(體育服) [체육뽁] 운동을 할 때 입는 옷. 비운동복.

체육회(體育會) [체유쾨/체유퀘] 체육의 발전과 향상을 위하여 조직된 단체. 예대한 체육회.

체인(chain) ①쇠사슬. ②눈길에서 자동차가 미끄러지는 것을 막기 위하여 타이어에 감는 금속 사슬. ③한 회사에서 여러 가게를 두어 같은 상품이나 서비스를 판매하는 방식.

체인점(chain店) 한 회사에서 여러 가게를 두어 같은 상품이나 서비스를 판매하는 방식, 또는 그런 가게. 비연쇄점.

체적(體積) ⇒부피.

체전(體典) ⇒전국 체육 대회.

체제(體制) ①사물의 생기거나 이루어진 형식. 예책의 체제. ②사회적인 제도와 조직의 양식. 예민주주의 체제.

체조(體操) 몸을 튼튼히 하기 위하여 일정한 규칙에 따라 하는 운동. 맨손 체조·기계 체조 등이 있다. 체조하다.

체중(體重) 몸의 무게. 비몸무게.

체중계(體重計) [체중계/체중게] 몸의 무게를 재는 저울.

체증(滯症) ①먹은 음식이 잘 소화되지 않는 증세. 예소화제를 먹어도 체증이 가시지 않는다. ②교통의 흐름이 순조롭지 않고 길이 막히는 상태. 예교통 체증.

체지방(體脂肪) 몸속에 쌓여 있는 지방.

체질(體質) 몸의 성질이나 바탕. 예언니는 허약한 체질이다.

체질 검:사(體質檢査) 신체 검사의 한 가지. 진찰과 진단을 하기 위하여 몸의 각 부위의 건강 상태를 알아보는 검사이다.

체취(體臭) ①몸에서 나는 냄새. ②어떤 사람이나 작품 등에서 풍겨 나오는 독특한 느낌.

체코 유럽 중부에 있는 나라. 1993년에 체코슬로바키아에서 독립하였다. 온화한 대륙성 기후로 밀·포도가 많이 나고 중공업이 발달하였다. 수도는 프라하. |참고| 체코는 'Czech'에서 온 말.

체코슬로바키아(Czechoslovakia) 유럽 중부에 있던 사회주의 나라. 1993년에 '체코'와 '슬로바키아'로 분리되었다.

체크(check) ①바둑판 모양의 무늬, 또는 그 무늬가 있는 옷감. 예체크무늬 치마. ②검사하거나 대조함,

〈체크①〉

또는 그 표시로 찍는 'V' 자 모양의 표. 체크되다. 체크하다. 예비서는 참석자를 하나하나 체크했다.

체통(體統) 지위나 신분에 알맞은 '점잖은 체면'을 이르는 말. [예]사장님, 체통을 지키십시오.

체포(逮捕) 죄인이나 범죄 혐의가 있는 사람을 쫓아가서 잡음. **체포되다. 체포하다.** [예]경찰은 달아나는 범인을 체포했다.

체하다¹ ⟪'-은 체하다'·'-는 체하다'의 꼴로 쓰여⟫ 앞말이 뜻하는 행동이나 상태를 거짓으로 그럴듯하게 꾸미다. [예]내 말을 못 들은 체하지 마. [비]척하다.

체하다²(滯—) 먹은 음식이 잘 소화되지 않고 위 속에 답답하게 처져 있다. [예]아침 먹은 게 체했는지 가슴이 답답하다.

체험(體驗) 자기가 실지로 겪음, 또는 그 경험. [비]경험. **체험하다.**

'체험'과 '경험'의 구별

체험: 주로, 실지로 겪는 과정을 통해서 얻은 지식이나 기능. [예]돈을 주고도 못 살 귀중한 체험을 하다.

경험: 주로, 듣거나 보거나 느끼거나 하여 얻게 된 지식이나 기능. [예]실패의 쓰라린 경험.

체험담(體驗談) 자기가 실지로 겪은 이야기.

체형(體型) 체격에 나타나는 특징으로 나눈 부류. [예]진아는 키가 크고 마른 체형이다.

첼레스타(celesta) 피아노와 비슷하게 생긴 건반 악기. 피아노처럼 건반마다 해머를 연결하여 강철판을 치도록 되어 있는데, 맑고 가벼운 소리를 낸다.

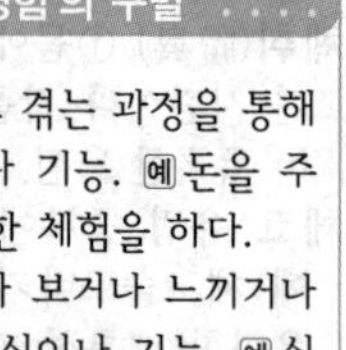
〈첼레스타〉

첼로(cello) 현악기의 한 가지. 바이올린과 비슷하나 더 크고, 줄이 4개이며 활로 문질러서 소리를 낸다. 낮은 음을 내는데, 독주·관현악 등에 널리 쓰인다.

〈첼로〉

쳇바퀴 [체빠퀴/첻빠퀴] 얇은 나무를 둥글게 휘어서 만든, 체의 몸이 되는 부분.

쳐내다 [처내다] 쓰레기 등을 쓸어 모아서 일정한 곳으로 옮기다. [예]오물을 쳐내다.

쳐:다보다 [처다보다] 얼굴을 들어 바로 보거나 위를 향하여 올려다보다. [예]수진이는 눈물을 감추려고 하늘을 쳐다보았다./우리는 서로 얼굴만 쳐다보고 있었다. [본]치어다보다.

쳐:들다 [처들다] 들어서 올리다. [예]민수가 갑자기 고개를 쳐들었다. |활용| 쳐드니·쳐들어.

쳐들어오다 [처드러오다] 침범하여 들어오다. [예]아군은 쳐들어온 적군을 모조리 무찔렀다.

쳐부수다 [처부수다] ①적을 공격하여 무찔러 부수다. ②물건 등을 세차게 쳐서 깨뜨리거나 못 쓰게 만들다.

쳐주다 [처주다] ①값을 맞추어 주다. ②가치가 있다고 여겨 주다.

초¹ 불을 밝히는 데 쓰는 물건.

초²(初) 어떤 기간의 '처음'이나 '초기'의 뜻을 나타내는 말. [예]학기 초. [반]말.

초³(秒) 시간 단위의 한 가지. 1초는 1분의 60분의 1이다.

초⁴(醋) 조미료의 한 가지. 시고 약간 단맛이 나는 액체이다. [예]냉면에 초를 치다. [비]식초.

초를 치다[관용] 미리 무슨 말을 하여 상대편의 기가 누그러지게 하다.

초가(草家) ➡초가집.

초가삼간(草家三間) 《세 칸밖에 안 되는 초가라는 뜻으로》 '아주 작은 집'을 이르는 말.

초가을(初—) 가을철이 시작되는 첫 무렵. [예]선선한 초가을 날씨. [반]늦가을.

초가지붕(草家—) 볏짚·밀짚 등을 엮어서 이은 지붕.

초가집(草家—) 볏짚·밀짚 등으로 이엉을 엮어 지붕을 인 집. [비]초가.

〈초가집〉

초간장(醋—醬) 식초를 친 간장.

초겨울(初—) 겨울철이 시작되는 첫 무렵. [반]늦겨울.

초고속(超高速) 더할 수 없을 정도로 매우 빠른 속도. [예]초고속 촬영. [본]초고속도.

초고추장(醋—醬) 식초를 넣어 섞은 고추장. [비]초장.

초과(超過) 일정한 수나 한도를 넘음. [예]정원 초과/수출 목표를 초과 달성하였다. [반]미달. 초과되다. 초과하다.

초급(初級) 가장 낮은 등급이나 맨 처음의 단계. [예]초급 과정/초급 영어. [참]중급·고급.

초기(初期) 처음이 되는 때나 기간. [예]초기 작품. [반]말기.

초년(初年) ①사람의 일생에서 초기, 곧 젊은 시절. [예]할아버지는 초년에 고생을 많이 하셨다고 한다. ②여러 해 걸리는 어떤 일의 첫해 또는 처음 시기. [예]입사 초년. [반]말년.

초능력(超能力) [초능녁] 오늘날의 과학적 지식으로는 설명하기 어려운 기묘한 현상을 나타내는 능력.

초단(初段) 태권도·유도·바둑 등에서, 단 등급 가운데 맨 아래. [예]저도 이제 태권도 초단을 땄어요.

초대¹(初代) 자리나 지위를 이어 나가는 차례에서, 첫 번째에 해당하는 차례, 또는 그 사람. [예]초대 회장/초대 대통령.

초대²(招待) 어떤 모임에 참가하도록 청함. 또는 사람을 불러서 대접함. [예]친구의 생일잔치에 초대를 받았다. [비]초청. 초대되다. 초대하다.

초대장(招待狀) [초대짱] 초대하고자 한다는 뜻을 적어 보내는 편지. [예]결혼 초대장/음악회 초대장.

초등 교ː육(初等教育) 가장 낮은 단계의 교육, 곧 초등학교의 교육.

초등학교(初等學校) [초등학꾜] 만 6세가 넘은 아이들에게 생활에 필요한 기초 지식을 가르치는 학교. 현재 의무 교육으로 규정되어 있으며 수업 연한은 6년이다.

초등학생(初等學生) [초등학쌩] 초등학교에 다니는 학생.

초라하다 옷차림이나 겉모양이 허술하여 보잘것없고 꾀죄죄하다. [예]그는 초라하고 낡은 건물 안으로 들어갔다.

초래(招來) 어떤 결과를 가져옴. 초래되다. 초래하다. [예]돌이킬 수 없는 불행을 초래하는 교통사고.

초록(草綠) 파랑과 노랑의 중간색. [비]초록빛·초록색.

초록빛(草綠—) [초록삗] ➡초록.

초록색(草綠色) [초록쌕] ➡초록.

초롱 불을 켠 초나 호롱을 넣어서 걸어 놓거나, 들고 다니며 어둠을 밝히던 기구. 대·쇠 등으로 된 테에 비단이나 종이를 씌워 만든다. [비]등롱.

초롱꽃 [초롱꼳] 초롱꽃과의 여러해살이풀. 뿌리에서 나온 잎은 잎자루가 길며, 줄기에 난 잎은 달걀 모양에 톱니가 있다. 여름에 종 모양의 흰색·분홍색 꽃이 아래를 향해 핀다.

초롱초롱하다 생기가 돌고 또렷하게

맑다. 예초롱초롱한 어린아이들의 눈동자.

초만원(超滿員)[초마눤] 정원을 훨씬 넘어 가득 찬 상태. 예지하철이 초만원이다.

초면(初面) 처음으로 대하는 얼굴이나 처지. 예초면에 실례가 많았습니다. 빤구면.

초목(草木) 풀과 나무.

초반(初盤) 어떤 일이나 때의 처음 단계. 예우리 팀은 경기 초반에 한 점 뒤지고 있다가 후반에 역전하여 승리를 거두었다. 참중반·종반.

초밥(醋一) 일본 음식의 하나. 식초와 소금으로 양념한 밥을 갸름하게 뭉친 다음 고추냉이와 생선 조각 등을 얹어 만든다.

초벌(初一) 한 물건에 같은 일을 여러 차례 거듭해야 할 때에, 맨 처음으로 하는 차례. 예초벌 빨래. 비애벌.

초벌구이(初一) 도자기를 만들 때, 처음으로 굽는 일. 유약을 바르지 않고 낮은 열로 슬쩍 구워서 굳힌다. 비애벌구이·설구이.

초보(初步) 학문이나 기술 등을 배우는 처음 단계. 예초보 운전.

초복(初伏) 삼복의 첫 번째 복날. 하지 뒤의 셋째 경일. 참말복·중복.

초본(抄本) 원본에서 일부 내용만을 뽑아서 베낀 문서. 예주민 등록 초본. 참등본.

초봄(初一) 봄철이 시작되는 첫 무렵. 빤늦봄.

초빙(招聘) 예를 갖추어 남을 모셔 들임. 예초빙 강사. 비초청. 초빙되다. 초빙하다.

초사흘(初一) 그달의 셋째 날, 곧 3일. 본초사흗날. 준사흘. 비초삼일·사흗날.

초상¹(初喪) 사람이 죽어서 장사를 지낼 때까지의 일. 예간소하게 초상을 치르다.

초상²(肖像) 사진·그림 등에 나타난, 어떤 사람의 얼굴이나 모습.

초상집(初喪一)[초상찝] 사람이 죽어 장례를 치르는 집.

초상화(肖像畫) 사람의 얼굴이나 모습을 그대로 본떠서 그린 그림.

초생달(初生一) '초승달'의 잘못.

초석(礎石) ①➡주춧돌. ②'사물의 기초'를 비유하여 이르는 말. 예어린이는 나라의 초석이다.

초성(初聲) ➡첫소리.

초소(哨所) 보초가 서 있는 곳. 예방범 초소.

초속(秒速) 1초 동안에 움직인 거리를 재서 나타낸 속도. 예초속 10m의 바람.

초순(初旬) 한 달 가운데 1일에서 10일까지의 동안. 예10월 초순. 비상순.

초승달[초승딸] 음력 초순에 며칠 동안 뜨는, 눈썹처럼 가늘게 생긴 달. 참그믐달. |잘못| 초생달.

초시(初試) 과거의 맨 처음 시험, 또는 그 시험에 합격한 사람.

〈초승달〉

초시계(秒時計)[초시계/초시게] 운동 경기나 연구·실험 등에서, 시간을 정확히 재는 데 쓰는 시계.

초식(草食) 푸성귀나 풀만 먹음. 또는 푸성귀뿐인 음식. 비채식. 빤육식. 초식하다.

초식 동물(草食動物) 풀만 먹고 사는 동물. 소·말·기린·사슴 등. 빤육식 동물.

초안(草案) 어떤 글을 짓기 위해 줄거리를 짠 글. 예원고의 초안을 잡다.

초야(草野) 《풀이 난 들이라는 뜻으로》 '외지고 쓸쓸한 시골'을 이르는 말. 예초야에 묻혀 사는 선비.

초여름(初一) 여름철이 시작되는 첫 무렵. 비첫여름. 빤늦여름.

초엽(初葉) 어떤 시대를 셋으로 나눌 때, 그 첫 무렵. 예20세기 초엽. 団초기. 찬중엽·말엽.

초원(草原) 풀이 난 넓은 들판. 예푸른 초원.

초월(超越) 어떤 한도나 표준을 넘거나 벗어남. 초월하다. 예국경을 초월한 사랑/상상을 초월하다.

초유(初乳) 아이를 낳은 후에 며칠 동안 나오는 묽은 젖. 단백질·칼슘 등이 풍부하다.

초음파(超音波) 진동이 너무 빨라서 사람의 귀에 들리지 않는 음파. 바다의 깊이를 재는 음파 탐지기나 어군 탐지기 등에 이용한다.

초인(超人) 보통 사람으로는 생각할 수 없을 만큼 뛰어난 능력을 가진 사람.

초인종(招人鐘) 사람을 부르는 신호로 쓰이는 작은 종. 또는 종을 때려 소리를 내게 하는 전기 장치.

초장[1](初章) 3장으로 된 시조의 첫째 장. 찬중장·종장.

초장[2](醋醬) 식초를 타고 양념을 한 간장이나 고추장.

초저녁(初一) 이른 저녁. 곧, 날이 어두워진 지 얼마 되지 않은 때.

초점(焦點) [초쩜] ①사람들의 시선이나 관심·흥미가 집중되는 사물의 중심이나 문제점. 예관심의 초점. ②렌즈나 반사경에 평행으로 들어와 꺾이거나 반사된 빛이 한 곳에 모이는 점. |잘못| 촛점.

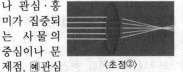

〈초점②〉

초정(椒井) 충청북도 청원군 내수읍에 있는 지방 이름. 세종 대왕이 눈병을 치료하였다는 약수터가 있다.

초조(焦燥) 불안하거나 애를 태우며 마음을 졸임. 예불안과 초조에 사로

잡히다. 초조하다. 예수술 결과를 초초하게 기다렸다. 초조히.

초지일관(初志一貫) 처음에 세운 뜻을 이루려고 끝까지 밀고 나감. 초지일관하다.

초지진(草芝鎭) 조선 시대에, 강화도 남쪽에서 한강 어귀 쪽으로 올라오는 수로에 설치했던, 해안선을 지키던 포대.

초창기(草創期) 어떤 일을 처음으로 시작한 시기. 예사업 초창기에는 어려움을 겪기도 한다.

초청(招請) 남을 청하여 부름. 예초청 공연. 団초대·초빙. 초청되다. 초청하다.

초청장(招請狀) [초청짱] 초청하는 내용을 적은 글이나 편지.

초췌하다(憔悴—) 병에 걸리거나 고생을 하여 몸이 여위고 얼굴빛이 좋지 않다. 예환자의 초췌한 얼굴.

초침(秒針) 시계에서, 초를 가리키는 바늘. 찬분침·시침.

초콜릿(chocolate) 코코아 가루에 설탕·향료·우유 등을 넣어서 굳혀 만든 서양식 과자의 한 가지. |잘못| 초코렛.

초크(chalk) 옷을 만들 때, 천에 자르는 선을 표시하는 데 쓰는 분필.

초파리(醋—) 초파릿과의 곤충. 몸길이 4mm가량. 몸빛은 누런색 또는 검은색으로 파리보다 작다. 식초·간장·술 등의 발효된 음식에 잘 모여든다.

초파일 석가모니가 태어난 것을 기념하는 날로, 음력 4월 8일. |참고| 초파일은 '초팔일(初八日)'에서 온 말.

초판(初版) 어떤 책이 인쇄되어 처음으로 나온 판. 예초판 발행. 찬재판.

초하루(初—) 〈초하룻날〉의 준말. 찬하루. 団그믐·말일.

초하룻날(初—) [초하룬날] 그달의 첫째 날. 곧, 1일. 찬초하루. 団그믐날.

ㅊ

초행(初行) 어떤 곳에 처음 감. 또는 그 길. 예부산은 초행이라 조금 낯설다.

초행길(初行─)[초행낄] 처음으로 가는 길.

촉각¹(觸角)[촉깍] ➡ 더듬이.
　촉각을 곤두세우다[관용] 무엇에 정신을 집중시켜 즉각 대응할 태세를 갖추다.

촉각²(觸覺)[촉깍] 살갗에 다른 물건이 닿을 때 온도나 아픔 등을 느끼는 감각.

촉감(觸感)[촉깜] 살갗에 어떤 물체가 닿았을 때의 느낌. 예보드라운 촉감/이 옷감은 촉감이 매우 좋다. 비감촉.

촉구(促求)[촉꾸] 어떤 일을 빨리 하라고 급하게 요구함. 촉구하다. 예학부모들은 정부 기관에 학교 폭력 문제에 대한 대책을 세우기를 촉구했다.

촉망(囑望)[총망] 잘되기를 바라고 기대함. 예촉망을 받는 인재. 촉망되다. 예장래가 촉망되다.

촉매(觸媒)[총매] ①자신은 바뀌지 않으면서 다른 물질의 화학 반응을 빠르게 하거나 늦추는 물질. ②'어떤 일을 이끌어 내거나 변화시키는 일 등'을 비유하여 이르는 말. 예정치 개혁의 촉매.

촉박하다(促迫─)[촉빠카다] 정해진 때가 바짝 다가와서 급하다. 예시간이 촉박하다.

촉석루(矗石樓)[촉썽누] 경상남도 진주시 본성동에 있는 누각. 남강 옆 벼랑 위에 세워진 건물로, 임진왜란 때 논개가 일본 장수를 껴안고 강물에 뛰어든 곳으로 유명하다.

촉수(觸手)[촉쑤] 말미잘·해파리 같은 하등 동물의 몸 앞부분이나 입 주위에 있는 기관. 촉각이나 미각 등의 감각을 맡고 먹이를 잡기도 한다.

촉진(促進)[촉찐] 재촉하여 빨리 나아

가게 함. 촉진되다. 촉진하다. 예경제 성장을 촉진하다.

촉촉하다[촉초카다] 조금 젖은 듯이 물기가 있다. 예촉촉하게 젖은 머리카락/채 마르지 않은 촉촉한 옷. 큰축축하다. 촉촉이.

촌¹(村) 도시에서 멀리 떨어진 시골의 마을. 비시골. 반도시·도회지.

> : : : : **'촌, 시골, 지방'의 구별** : : : :
>
> **촌**↔**도시** : 예도시에 산다고 으스댈 것 없고, 촌에 산다고 기죽을 것 없다.
>
> **시골**↔**서울** : 예시골 인심과 서울 인심은 뭐가 달라도 다르다.
>
> **지방**↔**중앙** : 예중앙 정부와 지방 자치 단체.

촌²(寸劇) ①길이가 아주 짧은 연극. ②'사람들의 관심을 끄는 갑작스럽고 우스꽝스러운 일'을 비유하여 이르는 말. 예촌극을 빚다./촌극이 벌어지다.

촌뜨기(村─) '촌사람'을 얕잡아 이르는 말. 비시골뜨기.

촌락(村落)[촐락] 시골의 작은 마을. 반도시.

촌수(寸數)[촌쑤] 친척 사이에서 멀고 가까운 관계를 나타내는 수. 예촌수가 멀다.

촌스럽다(村─)[촌쓰럽따] 태도나 취향이 시골 사람같이 세련되지 못하다. 예촌스러운 옷차림. |활용| 촌스러우니·촌스러워. 촌스레.

촌장(村長) 지난날, 마을 일을 두루 맡아보던 마을의 대표자.

촌지(寸志) 정성을 나타내기 위하여 주는 돈.

촌충(寸蟲) 척추동물의 작은창자에서 사는 기생충. 몸길이가 10m에 이르는 것도 있으며, 몸은 여러 마디로 되어 있다. '조충'의 이전 말이다.

촌ː티(村—) 시골 사람의 세련되지 못하고 어수룩한 태도나 취향. [예]그런 촌티 나는 옷은 어디서 났니?
촐랑거리다 채신없이 자꾸 까불며 방정맞게 행동하다. [비]촐랑대다.
촐랑대다 ➡촐랑거리다.
촐랑촐랑 자꾸 촐랑거리는 모양.
촘촘하다 간격이나 틈의 사이가 썩 좁거나 빈틈이 거의 없다. [예]촘촘하게 뜬 스웨터. **촘촘히**.
촛농(—膿)[촌농] 초가 녹아서 흘러내려 엉긴 것.
촛대(—臺)[초때/촌때] 초를 꽂아 세워 놓는 기구.
촛대바위(—臺—)[초때바위/촌때바위] 거제도의 해금강에 있는, 촛대처럼 생긴 바위.
촛불[초뿔/촌뿔] 초에 켜 놓은 불.
촛점(焦點) '초점'의 잘못.

〈촛대〉

총[1](銃) 화약의 힘으로 탄알을 발사하는 비교적 작은 무기. 주로, 사람이나 짐승을 죽이거나 다치게 하는 데 쓰인다. 권총·소총·엽총 등.
총ː[2](總) '모두'·'모두를 합하여'의 뜻을 나타내는 말. [예]연필은 총 20자루가 남아 있다.
총ː각(總角) 아직 결혼하지 않은 어른 남자. [반]처녀.
총ː각김치(總角—)[총각낌치] 총각무로 담근 김치.
총ː각무(總角—)[총강무] 뿌리가 잘고 밑동이 윗부분보다 굵은 무. 무청이 달린 채로 총각김치를 담근다.
총검(銃劍) ①총과 검. ②대검을 꽂은 소총.
총격(銃擊) 총으로 사격함. **총격하다**.
총격전(銃擊戰)[총격쩐] 서로 총을 쏘며 싸우는 전투.
총ː계(總計)[총계/총게] 전체를 한데 모아 계산함, 또는 그 계산. [비]합계. [반]소계.
총ː공격(總攻擊) 모두가 한꺼번에 힘을 합하여 적을 침, 또는 그런 공격. **총공격하다**.
총ː괄(總括) 서로 다른 여러 가지를 하나로 묶거나 종합함. **총괄되다**. **총괄하다**. [예]여러 사람의 의견을 총괄하다.
총구(銃口) ➡총부리.
총ː궐기(總蹶起) 어떤 목적을 위하여 뜻이 맞는 사람들이 힘을 합하여 한꺼번에 일어남. **총궐기하다**.
총기[1](銃器) 권총·기관총·소총 같은 무기.
총기[2](聰氣) 총명한 기운. [예]눈에 총기가 있는 소년.
총ː독(總督) 식민지 등에서, 정치·군사 등 모든 통치권을 가진 사람.
총ː독부(總督府)[총독뿌] 총독이 행정 사무를 보는 관청.
총ː량(總量)[총냥] 전체의 양이나 무게. [예]이 논에서 나는 쌀의 총량이 얼마나 됩니까?
총ː력(總力)[총녁] 전체의 힘, 또는 모든 힘. [예]내일 시합에서 우리 팀의 총력을 기울이자.
총ː력안보(總力安保)[총녀간보] 나라의 모든 힘을 국가의 안전 보장에 쏟음. 국민 모두가 나라를 지키는 일에 힘씀.
총ː력전(總力戰)[총녁쩐] 한 나라가 모든 국력을 기울여서 하는 전쟁, 또는 온 힘을 기울여 하는 경쟁.
총ː론(總論)[총논] 《전체를 총괄하는 이론이라는 뜻으로》 ①논문이나 저서의 첫머리에 그 중요한 부분만 간단하게 적은 글. ②어떤 분야에 대한 일반 이론을 총괄하여 서술한 해설이나 책.
총ː리(總理)[총니] 〈국무총리〉의 준말.

大

총명하다(聰明─) 보고 들은 것에 대한 기억력이 좋다. 또는 영리하고 재주가 있다. 예총명한 아이.

총:무(總務) 어떤 기관·단체에서, 전체적이며 일반적인 일을 맡은 사람.

총부리(銃─)[총뿌리] 총에서 총알이 발사될 때 통과하는, 원통 모양으로 된 부분의 앞쪽 끝. 곧, 총알이 나가는 구멍. 비총구.

총:사령관(總司令官) 군 전체를 지휘하는 가장 높은 군인. 예연합군 총사령관.

총살(銃殺) 총으로 쏘아 죽임. 총살되다. 총살하다.

총상(銃傷) 총알에 맞아 생긴 상처.

총:선(總選) 〈총선거〉의 준말.

총:선거(總選擧) 국회 의원 전체를 한꺼번에 뽑는 선거. 준총선.

총성(銃聲) ➡총소리.

총소리(銃─)[총쏘리] 총을 쏠 때에 화약이 터지면서 나는 소리. 비총성.

총알(銃─) 총에 재어 쏘아 내보내는 탄알. 비총탄·탄환.

총:애(寵愛) 남달리 귀여워하고 사랑함. 예왕의 총애를 받은 신하. 총애하다.

총:액(總額) 모두를 합한 액수. 예저금 총액. 비전액.

총:영사(總領事)[총녕사] 국교가 있는 나라에 머물면서 자기 나라 국민을 보호하고 감독하는 일을 맡아보는 가장 높은 영사.

총:영사관(總領事館)[총녕사관] 총영사가 머물면서 사무를 보는 집.

총:원(總員) 전체의 인원.

총:장(總長) ①어떤 조직체에서, 사무 전체를 관리하는 으뜸 관직, 또는 그 관직에 있는 사람. 예검찰 총장. ②종합 대학교의 최고 책임자.

총:재(總裁) 은행이나 정당 같은 큰 기관이나 단체의 최고 직위에 있는 사람. 예한국 은행 총재.

총:점(總點)[총쩜] 얻은 점수를 모두 합한 점수.

총채 먼지를 떠는 데 쓰는 도구. 말총이나 헝겊 등으로 만든다.

총:책임자(總責任者)[총채김자] 어떤 일에 대하여 전체적인 책임을 맡은 사람. 예김 부장은 새로운 사업의 총책임자로 임명되었다.

총총 촘촘히 뜬 별의 빛이 맑고 또렷한 모양. 예밤하늘에 별이 총총 떠 있다.

총총걸음[총총거름] 발을 자주 떼며 급히 걷는 걸음. 예민아는 총총걸음으로 엄마를 따라갔다. 비종종걸음.

총총히(恩恩─) 매우 급하고 바쁘게. 예소녀는 바구니를 머리에 얹고 총총히 사라졌다.

총:칭(總稱) 비슷한 것들을 한데 모아 두루 일컬음, 또는 그런 이름. 예'개구리'는 참개구리·청개구리 등 개구릿과 동물의 총칭이다. 비통칭. 총칭하다.

총칼(銃─) 총과 칼. 곧, 무력.

총탄(銃彈) ➡총알.

총통[1](銃筒) 조선 시대에, 화약의 힘으로 탄알을 쏘는 병기를 통틀어 이르던 말. 화전·화통·화포 등.

총:통[2](總統) 일부 나라에서, 정치와 행정의 최고 책임 직위, 또는 그 직위에 있는 사람.

총:화(總和) 전체의 화합. 예국민의 총화 단결.

총:회(總會)[총회/총훼] 어떤 기관이나 단체의 회원 전체가 모이는 모임. 예제2차 정기 총회.

촬영(撮影)[촤령] 어떤 형상을 사진이나 영화로 찍음. 예사진 촬영. 촬영되다. 촬영하다.

촬영기(撮影機)[촤령기] 영화나 사진 등을 찍는 기계.

최:강(最強)[최강/췌강] 가장 강함. 예우리나라 태권도는 세계 최강이다.

최:고¹(最古)[최고/췌고] 가장 오래됨. 예한국 최고의 절. 반최신.

최:고²(最高)[최고/췌고] ①가장 높음. 예최고 점수. 반최저. ②가장 나음. 예우리 엄마 최고다!

최:고급(最高級)[최고급/췌고급] 가장 높은 등급. 예최고급 승용차.

최:고 기록(最高記錄) 운동 경기 등에서, 전에는 없었던 가장 높은 기록.

최:고도(最高度)[최고도/췌고도] 가장 높은 도수나 정도. 예기술이 최고도로 발달하다.

최:고봉(最高峯)[최고봉/췌고봉] ①가장 높은 봉우리. 비주봉. ②어떤 분야에서 '가장 뛰어남'을 비유하여 이르는 말. 예반도체 기술도 우리나라가 최고봉이다.

최:근(最近)[최근/췌근] ①얼마 안 되는 지나간 날. 예최근에 읽은 책이 뭐니? 비요즘. ②현재를 기준으로 한, 앞뒤의 가까운 시기. 예최근의 국제 정세.

최남선(崔南善, 1890~1957) 역사학자·문학가. 호는 육당. 신문학 운동의 선구자로, 잡지 '소년' 등을 간행하였고 우리나라 최초의 신체시인 '해에게서 소년에게'를 지었다. 3·1 운동 때 독립 선언서의 초안을 썼으나, 후에 친일 활동을 하였다.

최:다(最多)[최다/췌다] 수나 양이 가장 많음. 예최다 득표/최다 득점 선수. 반최소.

최:단(最短)[최단/췌단] 가장 짧음. 예최단 거리. 반최장.

최:대(最大)[최대/췌대] 가장 큼. 예최대의 효과. 반최소.

최:대 공약수(最大公約數) 공약수 중 가장 큰 수. 참최소 공배수.

최:대치(最大値)[최대치/췌대치] 가장 큰 값. 예전력 수요가 올여름 들어 최대치를 기록했다. 비최댓값. 반최소치.

최:대한(最大限)[최대한/췌대한] 그 이상 더 늘일 수 없는 가장 큰 한도. 예에너지를 최대한 아껴 쓰자. 비최대한도. 반최소한.

최:대 한도(最大限度)[최대한도/췌대한도] ⇒최대한.

최:대화(最大化)[최대화/췌대화] 가장 크게 함. 반최소화. 최대화하다.

최루탄(催淚彈)[최루탄/췌루탄] 눈물샘을 자극하여 눈물이 나오게 하는, 최루 가스를 넣은 탄환.

최면(催眠)[최면/췌면] 사람의 정신에 암시를 주어 잠이 든 것과 같은 상태로 만드는 일. 또는 그런 상태. 예최면 요법/최면을 걸다.

최면술(催眠術)[최면술/췌면술] 암시나 명령으로 잠자는 것과 같은 상태에 빠지게 하는 술법. 주로, 병이나 나쁜 버릇을 치료할 때 쓰인다.

최무선(崔茂宣, 1325~1395) 고려 말기의 장군. 왜구를 토벌하는 데 큰 공을 세웠다. 특히, 화약을 이용하여 새로운 무기인 화포를 만들어서 왜구의 배 500척을 쳐부수었다.

최:상(最上)[최상/췌상] ①맨 위. 가장 위. ②가장 우수함. 예최상의 컨디션. 반최하.

최:선(最善)[최선/췌선] ①가장 좋거나 훌륭한 것. 예최선의 방법을 찾아보자. 반최악. ②온 힘과 정성. 예우리 선수들은 최선을 다해 싸웠다.

최:소¹(最小)[최소/췌소] 가장 작음. 예최소 단위. 반최대.

최:소²(最少)[최소/췌소] 수나 양이 가장 적음. 예최소 인원/최소의 노력으로 최대의 성과를 거두자. 반최다.

최:소 공배수(最小公倍數) 공배수 중 가장 작은 수. 참최대 공약수.

최:소치(最小値)[최소치/췌소치] 가장 작은 값. 예실업률이 2000년 이후 최소치로 떨어졌다. 비최솟값. 반최대치.

최:소한(最小限)[최소한/췌소한] 그 이상 더 줄일 수 없는 가장 작은 한도. 예여기서 우리 집까지 가는 데에는 최소한 한 시간은 걸린다. 비최소한도. 반최대한.

최:소한도(最小限度)[최소한도/췌소한도] ➡ 최소한.

최:소화(最小化)[최소화/췌소화] 가장 작게 함. 반최대화. 최소화하다. 예크기를 최소화한 사진기.

최승로(崔承老, 927~989) 고려 초기의 정치가. 왕의 명령으로, 나라를 다스리는 방법 28조를 올려 고려 왕조의 기초를 다지는 데 큰 역할을 하였다.

최시형(崔時亨, 1827~1898) 동학의 제2대 교주. 전봉준이 주도한 동학 농민 운동 이후, 동학의 조직 강화에 힘쓰다가 체포되어 죽임을 당하였다.

최:신(最新)[최신/췌신] 가장 새로움. 예최신 기술. 반최고.

최:신식(最新式)[최신식/췌신식] 가장 새로운 방식이나 형식. 예최신식 건물.

최:신형(最新型)[최신형/췌신형] 가장 새로운 모양. 예최신형 자동차.

최:악(最惡)[최악/췌악] 조건이나 상태 등이 가장 나쁨. 예최악의 경기 결과/최악의 성적을 거두다. 반최선.

최영(崔瑩, 1316~1388) 고려 말기의 장군. 요동 정벌을 계획하고, 병사를 이끌고 나갔으나 이성계의 위화도 회군으로 뜻을 이루지 못했다. 후에 이성계 일파에게 붙잡혀 귀양갔다가, 개경에서 죽임을 당하였다.

최:우선(最優先)[최우선/췌우선] 가장 먼저 해야 할 일이나 가장 중요하게 다루어야 할 문제로 삼음. 예정부는 민생 안정을 최우선 과제로 삼았다.

최:우수(最優秀)[최우수/췌우수] 여럿 가운데 가장 뛰어남. 예최우수 선수/민수는 글짓기 대회에서 최우수 작품상을 받았다.

최윤덕(崔潤德, 1376~1445) 조선 시대의 장수. 세종 때 수군을 이끌고 쓰시마 섬을 정벌하였고, 강순과 함께 여진족을 정벌하여 압록강을 경계로 4군을 개척하였다.

최익현(崔益鉉, 1833~1906) 조선 고종 때의 문신·학자. 항일 운동을 하다가, 을사조약을 반대하고 순창에서 의병을 일으켜 관군과 일본군에 맞서 싸웠으나 붙잡혀, 쓰시마 섬에 유배되었다가 그곳에서 스스로 굶어 죽었다.

최:장(最長)[최장/췌장] 가장 긺. 예최장 거리/국내 최장의 다리. 반최단.

최:저(最低)[최저/췌저] 가장 낮음. 예최저 온도. 반최고.

최:적(最適)[최적/췌적] 가장 알맞음. 예이 지역은 벼농사를 짓기에 최적의 조건을 갖추고 있다.

최:적지(最適地)[최적찌/췌적찌] 어떤 일을 하는 데 가장 알맞은 곳. 예야영을 하기에는 여기가 최적지다.

최:전방(最前方)[최전방/췌전방] 적과 가장 가깝게 맞서고 있는 지역. 예최전방 부대. 비최전선.

최:전선(最前線)[최전선/췌전선] 적과 맞서고 있는 맨 앞의 전선. 비제일선·최전방.

최제우(崔濟愚, 1824~1864) 동학의 창시자. 천도교 제1대 교주. 호는 수운. 37세 때 동학을 일으켰는데, 동학을 전도한 지 5년 만에 사람을 속이고 세상을 어지럽힌다는 죄목으로 붙잡혀 죽임을 당하였다.

최:종(最終)[최종/췌종] 맨 나중. 마지막. 예최종 결과/최종 선택. 비최후. 반최초.

최:종적(最終的)[최종적/췌종적] 맨 나중의 것. 예최종적인 결론.

최:첨단(最尖端)[최첨단/췌첨단] 유행이나 시대 사조·기술 수준 등의 가장 선두. 예최첨단 통신 시설.

최ː초(最初)[최초/췌초] 맨 처음. 예우리나라 최초의 영화. 반최종·최후.

최충(崔沖, 984~1068) 고려 문종 때의 학자. 문장과 글씨에 능하여 '해동공자'로 칭송받았으며, 9재 학당을 세워 많은 인재를 길러 냈다.

최충헌(崔忠獻, 1149~1219) 고려 시대의 무신. 무신의 싸움에서 최후의 승리자가 되어 정권을 잡고 독재 정치를 하였다.

최치원(崔致遠, 857~?) 신라 말기의 학자·문장가. 12세에 중국 당나라에 건너가 17세에 그곳 과거에 합격하였고, 황소의 난 때는 '토황소격문'의 초안을 써서 문장가로서 이름을 떨쳤다. 저서로 '계원필경'이 있다.

최ː하(最下)[최하/췌하] 맨 아래. 가장 아래. 예최하 점수. 반최상.

최항(崔恒, 1409~1474) 조선 세종 때의 학자·정치가. '훈민정음'을 만드는 데 참여하였으며, '경국대전'·'동국정운' 등의 편찬 작업에 참여하여 조선 초기의 문물 제도와 법률 제도를 정리하는 데 크게 공헌하였다.

최현배(崔鉉培, 1894~1970) 국어학자. 호는 외솔. 조선어 학회 창립, 한글 맞춤법 통일안 제정 등에 참여하여 우리말을 체계적으로 정리하는 데 공헌하였다. 저서에 '우리말본'·'한글갈' 등이 있다.

최ː후(最後)[최후/췌후] ①맨 마지막. 맨 끝. 예병사들은 최후의 순간까지 최선을 다해 싸웠다. 비종말·최종·마지막. 반최초. ②목숨이 다할 때. 비임종. 예이순신 장군은 전쟁터에서 장렬한 최후를 마쳤다.

최ː후의 만ː찬(最後一晩餐) 예수가 십자가에 못 박히기 전날 밤에 제자들과 같이 한 저녁 식사.

최ː후의 심ː판(最後一審判) 기독교에서, 세계의 종말에 인류가 신에 의하여 심판을 받는다는 일.

최ː후 진ː술(最後陳述) 형사 재판에서, 피고인이나 변호인이 판결을 받기 전에 마지막으로 하는 진술.

최ː후통첩(最後通牒)[최후통첩/췌후통첩] 상대에게 마지막으로 요구하는 것을 문서로 알림. 예장군은 적에게 최후통첩을 보냈다.

추(錘) 저울추처럼, '끈에 달려 아래로 늘어져서 흔들리게 된 물건'을 통틀어 이르는 말.

추가(追加) 나중에 더 넣거나 보탬. 예추가 모집. 추가되다. 추가하다.

추격(追擊) 도망하는 적이나 범인 등을 뒤쫓아 가면서 공격함. 추격되다. 추격하다. 예적기를 추격하다.

추곡(秋穀) 가을에 거두는 곡식. 예추곡 수매. 참하곡.

추구(追求) 원하는 것을 이루거나 얻으려고 끈기 있게 쫓아 구함. 추구하다. 예행복을 추구하다.

추궁(追窮) 잘못이나 책임 등을 끝까지 캐어 따짐. 추궁하다. 예책임을 추궁하다.

추근거리다 조금 성가실 정도로 은근히 자꾸 귀찮게 굴다. 비추근대다.

추근대다 ➡추근거리다.

추기경(樞機卿) 로마 가톨릭교회에서, 교황 다음으로 높은 성직자.

추녀¹ 한식 기와집에서, 처마 네 모퉁이의 기둥 위에 끝이 위로 들린 큰 서까래, 또는 그 부분의 처마.

추녀²(醜女) 얼굴이 못생긴 여자. 반미녀.

추다¹ 어떤 사람을 정도 이상으로 크게 칭찬하여 말하다.

추다² 춤 동작을 나타내다. 예아이들은 노래에 맞추어 춤을 추었다.

추대(推戴) 윗사람으로 떠받듦. 추대되다. 추대하다. 예회원들은 김 씨를 초대 회장으로 추대하였다.

추도(追悼) 죽은 사람을 생각하여 슬퍼함. ㊐애도·추모. **추도하다**.

추돌(追突) 자동차나 기차 등이 뒤에서 들이받음. 예추돌 사고가 일어나 여러 사람이 다쳤다. **추돌하다**.

추락(墜落) 높은 곳에서 떨어짐. 예비행기 추락 사고. **추락하다**.

추레하다 겉모양이나 차림새가 허술하고 깨끗하지 못하다. 예옷차림이 추레한 사람이 대문을 두드렸다.

추렴 모임·놀이·잔치 등의 비용으로 여러 사람이 돈을 얼마씩 나누어 냄. |참고| 추렴은 '출렴(出斂)'에서 온 말. ㊐갹출. **추렴하다**.

추리(推理) 이미 아는 사실을 근거로 하여, 아직 모르는 사실을 미루어 생각함. **추리하다**.

추리다 ①섞여 있는 많은 것 가운데에서, 여럿을 가려내거나 뽑아내다. 예사과들 가운데서 좋은 것을 추리다. ②내용에서 필요한 것을 따다. 예요점만 간단히 추리다.

추리 소:설(推理小說) 범죄 사건을 주된 내용으로 삼아 추리를 통하여 사건을 해결해 가는 과정을 쓴 소설. ㊐탐정 소설.

추모(追慕) 죽은 사람을 생각하고 그리워함. ㊐추도. **추모하다**. 예순국선열을 추모하다.

추물(醜物) 《더럽고 지저분한 물건이라는 뜻으로》 '행실이 좋지 않은 사람'을 얕잡아 이르는 말.

추방(追放) 해가 되는 것을 일정한 지역이나 조직 밖으로 쫓아냄. 예죄인은 마을에서 추방을 당했다. **추방되다**. **추방하다**.

추분(秋分) 이십사절기의 하나. 백로와 한로 사이로, 9월 23일경. 낮과 밤의 길이가 같다.

추사(秋史) 조선 말기의 서예가 김정희의 호.

추사체(秋史體) 조선 말기의 서예가 추사 김정희의 독특한 글씨체.

추산(推算) 짐작으로 미루어서 셈함, 또는 그 셈. **추산되다**. 예오늘 모인 관중은 약 2만 명으로 추산된다. **추산하다**.

추상(抽象) 낱낱의 사실이나 관념에서, 공통되는 요소나 성질을 뽑아 일반적인 개념으로 파악하는 일.

추상적(抽象的) ①여러 구체적인 대상에서 공통되는 속성을 뽑아내어 그 전체를 나타내는 것. ②말·생각 등이 현실과 동떨어져 있거나, 그 뜻이 분명하지 않은 것. 예추상적인 표현. ㊥구체적.

추상화(抽象畫) 사물의 실제 모양에 얽매이지 않고, 순수한 점이나 선·면·빛깔 등을 이용하여 자신의 생각이나 느낌대로 표현한 그림. ㊥구상화.

추서(追敍) 나라에 공을 세우거나 훌륭한 일을 하고 죽은 사람에게 공무원의 등급을 올려 주거나 훈장 등을 줌. **추서되다**. 예독립운동을 하시다 돌아가신 할아버지께 훈장이 추서되었다. **추서하다**.

추석(秋夕) 우리나라 명절의 하나인 음력 8월 15일. 햅쌀로 송편을 빚어 차례를 지내고 성묘를 한다. ㊐가위·중추절·한가위.

추석날(秋夕—) [추성날] 추석인 날. ㊐한가윗날.

추세(趨勢) 어떤 현상이 일정한 방향으로 움직여 나가는 흐름이나 경향. 예핵가족이 점점 늘어나는 추세이다.

추수(秋收) 가을에 익은 곡식을 거두어들임. ㊐가을걷이. **추수하다**.

추수 감:사절(秋收感謝節) 기독교 신도들이 한 해에 한 번씩 가을 곡식을 거둔 뒤에 하느님께 감사 예배를 올리는 날. |참고| 1620년에 영국의 청

교도들이 미국에 이주한 다음 해 가을, 처음으로 거둔 수확을 하느님에게 감사한 일에서 유래하였다. ⓒ감사절.

추수기(秋收期) 가을에 익은 곡식을 거두어들이는 시기. ⓗ추수철.

추스르다 ①물건을 위로 추켜올리다. ⓔ바지춤을 추스르다. ②몸을 가누어 움직이다. ⓔ할머니가 몸도 추스르지 못할 정도로 편찮으시다. ③일이나 감정을 잘 처리하여 수습하다. ⓔ생각을 추스르다. |활용| 추스르니 · 추슬러.

추시계(錘時計)[추시계/추시게] 추가 좌우로 일정하게 움직이는 원리를 이용한 시계.

추신(追伸) 주로 편지글에서, 사연을 다 쓰고 덧붙이는 말을 쓸 때, '추가하여 말한다'는 뜻으로 덧붙이는 글의 머리에 쓰는 말.

추악하다(醜惡—)[추아카다] 마음씨나 용모 · 행실 등이 보기 흉하고 추하다.

추앙(推仰) 높이 받들어 마음속으로 공경함. ⓔ그분은 마을 사람들의 추앙을 받고 있다. 추앙하다.

추어올리다 ①위로 끌어 올리다. ②실제 이상으로 칭찬하여 주다. ⓔ얼굴이 예쁘다고 추어올리다.

추어탕(鰍魚湯) 미꾸라지를 넣고 양념을 하여 끓인 국.

추억(追憶) 지나간 일을 돌이켜 생각함, 또는 그런 생각. ⓔ아름다운 추억/어린 시절의 추억에 잠기다. 추억하다.

추월(追越) 뒤따라가서 앞지름. ⓔ추월 금지 구간. 추월하다.

추위 추운 기운. ⓔ초겨울의 추위/추위를 이기다. ⓑ더위.

추이(推移) 시간의 흐름에 따라 일이나 정세가 변해 가는 일. ⓔ일단 사태의 추이를 지켜봅시다.

추임새 판소리에서, 창(唱)의 사이사이에 장단을 맞추는 고수가 흥을 돋우기 위하여 넣는 소리. '얼씨구' · '좋고' · '으이' 등.

추잡하다(醜雜—)[추자파다] 말과 행동이 지저분하고 더럽다. ⓔ추잡한 소문.

추장(酋長) 미개인의 부족이나 부락의 우두머리.

추적(追跡) 도망하는 사람의 뒤를 밟아서 쫓아감. 추적하다. ⓔ범인을 추적하다.

추정(推定) 확실하지 않은 일을 추측하여 판단함. 추정되다. 추정하다. ⓔ경찰은 교통사고 원인을 운전 미숙으로 추정하고 있다.

추종(追從) 권력을 가진 사람이나 자기가 믿는 사상 등을 별 판단 없이 따름. ⓔ추종 세력을 거느리다. 추종하다.

추진(推進) ①앞으로 밀고 나아감. ⓔ제트기의 추진 장치. ②어떤 일이 잘되도록 힘씀. ⓔ사업 추진 방향. 추진되다. 추진하다.

추천(推薦) ①좋거나 알맞다고 생각되는 물건을 남에게 권함. ⓔ초등학생 추천 도서. ②어떤 일에 알맞은 사람을 소개하여 올림. ⓔ추천 입학. 추천되다. 추천하다.

추천서(推薦書) 추천하는 내용을 적은 서류. ⓗ추천장.

추천인(推薦人)[추처닌] 남을 추천하는 사람.

추첨(抽籤) 제비를 뽑음. ⓔ추첨 번호. 추첨되다. 추첨하다.

추출(抽出) ①전체에서 어떤 물건 · 생각 · 요소 등을 뽑아냄. ②고체나 액체에서 어떤 물질을 뽑아냄. 추출되다. 추출하다.

추측(推測) 미루어 생각하거나 짐작함. ⓔ내 추측이 들어맞았다. 추측되다. 추측하다.

추켜들다 위로 올려 들다. [예]사람들은 태극기를 높이 추켜들고 만세를 불렀다. [활용] 추켜드니·추켜들어.

추켜세우다 ①위로 치올려 세우다. [예]눈썹을 추켜세우다. ②'치켜세우다'의 잘못.

추태(醜態) 더럽거나 지저분하거나 창피스러운 태도 또는 짓거리. [예]추태를 부리다.

추풍령(秋風嶺) [추풍녕] 경상북도 김천과 충청북도 황간 사이에 있는 고개. 높이 221 m. 소백산맥과 노령산맥이 갈라지는 지점으로, 예로부터 영남 지방과 중부 지방을 잇는 중요한 교통로였다.

추하다(醜—) ①지저분하고 더럽다. [예]옷차림이 추하다. ②얼굴이 못생겨서 보기에 흉하다. [예]추한 얼굴. ③하는 짓이나 말이 품위가 없이 천하거나 못되고 지저분하다. [예]형제들끼리 추한 싸움을 벌이다.

추호(秋毫) 《가을철에 가늘어진 짐승의 털이라는 뜻으로》 '조금'·'매우 적은 것'을 비유하여 이르는 말. [예]너를 탓할 생각은 추호도 없다.

추후(追後) 일이 지나간 얼마 뒤. 이다음. 나중. [예]결과는 추후에 알려 드리겠습니다. [비]후.

축1 일정한 특성이나 수준에 따라 구분한 '부류' 또는 '사람들의 무리나 또래'. [예]언니는 예쁜 축에 든다.

축2 물건이 길게 아래로 늘어지거나 처진 모양. [예]축 늘어진 빨랫줄. 축축.

축3(軸) ①바퀴의 한가운데에 뚫린 구멍에 끼우는 긴 쇠나 나무. [예]자동차 바퀴의 축. [비]굴대. ②물체 등이 활동하거나 회전할 때 그 중심. 또는 사물의 주요한 부분. [예]진수는 한쪽 발을 축으로 하여 빙 돌았다. ③수학에서, 대칭 도형이나 좌표의 기준이 되는 직선. [예]x축과 y축.

축가(祝歌) [축까] 축하하는 뜻을 담은 노래. [예]지수는 사촌 언니의 결혼식에서 축가를 불렀다.

축구(蹴球) [축꾸] 구기의 한 가지. 열한 사람씩으로 이루어진 두 편이 정해진 시간 안에 공을 발로 차거나 머리로 받아서 상대편 골에 넣어 승부를 겨루는 경기.

축구공(蹴球—) [축꾸공] 축구를 할 때 쓰는 공.

축구부(蹴球部) [축꾸부] 학교나 단체 등에서 축구를 하기 위하여 만든 모임. [예]중학교에 가면 축구부에 들어가고 싶어.

축구장(蹴球場) [축꾸장] 시설을 갖추고 축구 경기를 하는 운동장.

축구화(蹴球靴) [축꾸화] 축구를 할 때 신는 운동화. 미끄러지지 않도록 밑창에 징이 박혀 있다.

축나다(縮—) [충나다] ①전체의 수나 양에서 모자람이 생기다. [예]저금이 축나다. ②몸이 약해져서 살이 빠지다. [예]며칠 사이에 얼굴이 많이 축났구나.

축내다(縮—) [충내다] ①전체의 수나 양에서 모자람이 생기게 하다. [예]식량을 축내다. ②몸을 약해지게 하여 살이 빠지게 하다. [예]공부하느라고 몸을 축내지 말고 쉬엄쉬엄 해.

축농증(蓄膿症) [충농쯩] 코뼈의 빈 곳에 고름이 괴는 질병. 코가 막히고 두통이 나며, 건망증이 생기고 때로는 악취가 나는 분비물이 흐르기도 한다.

축대(築臺) [축때] 높게 쌓아 올린 대나 터.

축도(縮圖) [축또] 어떤 도형을 모양은 그대로 두고 크기만 일정한 비율로 줄여서 그린 도형.

축문(祝文) [충문] 제사 때, 조상이나 하늘과 땅의 신령에게 읽어 고하는 글. [예]축문을 쓰다.

축배(祝杯)[축빼] 축하하는 뜻으로 마시는 술, 또는 그 술잔.

축복(祝福)[축뽁] 앞날의 행복을 빎. 또는 기뻐하여 축하함. 예축복받은 결혼. 비축하. 축복되다. 축복하다.

축사¹(畜舍)[축싸] 소·돼지 같은 가축을 기르는 건물.

축사²(祝辭)[축싸] 축하하는 말이나 글. 예내빈 축사/축사를 낭독하다.

축산(畜産)[축싼] 가축을 길러 생활에 유용한 물질을 생산하는 일.

축산물(畜産物)[축싼물] 가축을 기르고 번식시켜서 얻은 생산물. 고기·우유·달걀 등.

축산업(畜産業)[축싸넙] 가축을 길러 생산물을 얻거나 그것을 가공하는 산업.

축산업 협동조합(畜産業協同組合) 축산업자들이 축산물의 공동 구입·판매 및 보관, 사료의 공급 등을 위하여 조직한 협동조합. 2000년에 농협 중앙회로 통합되었다. 준축협.

축성(築城)[축썽] ①성을 쌓음. ②군사상 방어 목적으로, 중요한 곳에 설치하는 요새·포대·참호 등의 구조물을 통틀어 이르는 말. 축성하다.

축소(縮小)[축쏘] 큰 것을 줄여서 작거나 작아지게 함. 예축소 복사/예산 축소. 비확대. 축소되다. 축소하다.

축원(祝願)[추권] 부처나 신에게 자기의 소원이 이루어지도록 빎. 축원하다.

축음기(蓄音機)[추금기] 음반을 회전시켜 녹음된 소리를 되풀이하여 내게 만든 장치. 비유성기.

축의금(祝儀金)
[추긔금/추기금]
잔치 등을 축하하는 뜻으로 내는 돈. 예결혼 축의금.

〈축음기〉

축이다[추기다] ①물을 뿌리거나 적셔서 축축하게 하다. ②물 등을 마셔 목마름을 없애다. 예목을 축이다.

축일(祝日)[추길] 경사를 축하하는 날.

축재(蓄財)[축째] 재물을 모음. 예부정 축재. 축재하다.

축적(蓄積)[축쩍] 많이 모아서 쌓음. 축적되다. 축적하다.

축전¹(祝典)[축쩐] 축하하는 뜻으로 진행하는, 다양한 내용으로 된 큰 행사.

축전²(祝電)[축쩐] 축하의 뜻을 나타낸 전보. 예생일을 맞은 친구에게 축전을 보냈다.

축제(祝祭)[축쩨] 축하하여 벌이는 큰 잔치나 행사. 예개교 기념 축제.

축조(築造)[축쪼] 돌이나 벽돌 등을 쌓아서 건축물을 만듦. 예이 성곽은 조선 시대에 축조를 한 것이라고 한다. 축조되다. 축조하다.

축지법(縮地法)[축찌뻡] 도술을 부려 먼 거리를 가깝게 만들어서 빨리 이동하는 술법.

축척(縮尺) 지도나 설계도 등을 실제의 것보다 줄여서 그릴 때, 그 줄인 비율. 예축척 5만분의 1 지도. 비줄인자.

축축하다[축추카다] 물기가 있어 조금 젖은 듯하다. 예채 마르지 않은 축축한 옷. 촉촉하다. 축축이.

축출(逐出) 쫓아내거나 몰아냄. 축출되다. 축출하다.

축포(祝砲) 축하하는 뜻으로, 큰 소리가 나도록 쏘는 총이나 대포.

축하(祝賀)[추카] 잘되라고 빌거나, 잘된 것을 기뻐함. 예축하 공연. 비축복. 축하하다.

축하객(祝賀客)[추카객] 축하하러 온 손님.

축협(畜協)[추켭] 〈축산업 협동조합〉의 준말.

춘곤증(春困症)[춘곤쯩] 봄철에 몸이 나른하고 쉽게 피곤해지는 증세.

춘궁기(春窮期) 지난날, 봄철에 식량이 부족하여 몹시 살기 어려운 때. 곧, 음력 4~5월경으로 묵은 곡식은 다 떨어지고 햇곡식은 아직 익지 않은 시기이다. 回보릿고개.

춘부장(椿府丈) 남의 '아버지'를 높여 이르는 말.

춘분(春分) 이십사절기의 하나. 경칩과 청명 사이로, 매년 3월 21일경. 낮과 밤의 길이가 꼭 같다.

춘삼월(春三月)[춘사뭘] 봄 경치가 한창 좋은 음력 3월.

춘절(春節) ①봄의 계절. 回봄철. ②중국의 최대 명절인 음력 1월 1일.

춘천(春川) 강원도 중서부에 있는 시. 경치가 좋은 관광지가 많으며, 특히 국내 유일의 호반 관광 도시로 유명하다. 강원도의 도청 소재지이다.

춘천호(春川湖) 강원도 춘천에 있는 호수. 춘천 댐에 의하여 만들어진 인공 호수이다.

춘추(春秋) ①봄과 가을. ②남을 높여 그 사람의 '나이'를 이르는 말. 예어르신은 올해 춘추가 어떻게 되십니까? ②回연세.

춘풍(春風) ⇒봄바람.

춘하추동(春夏秋冬) '봄·여름·가을·겨울'의 네 계절을 아울러 이르는 말.

춘향가(春香歌) 춘향전을 창극조로 엮어 부른 판소리.

춘향전(春香傳) 우리나라 고대 소설의 한 가지. 조선 영조·정조 무렵의 작품으로 짐작되며, 지은이는 알려져 있지 않다. 이몽룡과 성춘향의 사랑 이야기를 중심으로, 춘향의 정절을 기리고 계급 타파를 바라는 서민 의식을 담고 있다.

출가[1](出家) 《집을 나간다는 뜻으로》 집을 떠나 승려가 됨. 출가하다.

출가[2](出嫁) 처녀가 결혼을 함. 출가하다. 예출가한 딸.

출가외인(出嫁外人)[출가외인/출가웨인] 결혼한 딸은 친정 사람이 아니고 남이나 마찬가지라는 말.

출간(出刊) ⇒출판.

출격(出擊) 적을 공격하러 나감. 또는 나가서 적을 공격함. 예출격 명령/전투기가 적진을 향하여 출격을 하였다. 출격하다.

출구(出口) 나가는 곳. 예비상 출구. 回입구.

출국(出國) 다른 나라로 가기 위하여, 나라 밖으로 나감. 回입국. 출국하다.

출근(出勤) 일을 하러 일터로 나가거나 나옴. 예출근 시간. 回퇴근. 출근하다.

출근길(出勤―)[출근낄] 출근할 때 다니는 길. 또는 출근하는 도중.

출금(出金) 금고나 은행에 넣어 두었던 돈을 꺼냄. 回입금. 출금하다. 예동화책을 사려고 통장에서 만 원을 출금하였다.

출납(出納)[출랍] ①돈이나 물품 등을 내주거나 받아들임. 예출납 장부. ②수입과 지출. 출납하다.

출동(出動)[출똥] 군인·경찰·소방대원 등이 활동하기 위하여 목적지로 떠남. 예출동 명령. 출동하다. 예화재 현장으로 소방차가 출동했다.

출두(出頭)[출뚜] 관청 같은 곳에 직접 나아감. 출두하다. 예경찰서에 출두하다.

출렁거리다 깊고 큰 곳에 담긴 물이 자꾸 거세게 흔들리다. 回출렁대다.

출렁대다 ⇒출렁거리다.

출렁출렁 자꾸 출렁거리는 소리. 또는 그 모양.

출력(出力) ①엔진이나 전동기·발전기 등이 일을 할 수 있는 전기적 또는 기계적인 힘의 양. ②기기나 장치, 특히 컴퓨터에 입력된 것이 기계적으로 처리되어 화면에 정보로 나타나는 일, 또는 그 정보. ③컴퓨터 등에 저장된 정보가 종이에 인쇄되는 일. 빤입력. 출력되다. 출력하다.

출력 장치(出力裝置) 컴퓨터의 중앙 처리 장치에서 정보를 처리한 결과를 사람이 알아볼 수 있게 표시해 주는 장치. 모니터·프린터 등. 빤입력 장치.

출루(出壘) 야구에서, 타자가 누에 나감. 출루하다.

출마(出馬) 선거에 후보가 되어 나섬. 예민수는 전교 어린이 회장 선거에 출마를 하기로 했다. 출마하다.

출몰(出沒) 어떤 현상이나 대상이 갑자기 나타났다 사라졌다 함. 예산짐승 출몰 지역. 출몰하다.

출발(出發) ①길을 떠남. 예출발 신호/열차 출발 시각. 빤도착. ②어떤 일을 시작함. 또는 일의 시작. 예사회인으로서의 새로운 출발. 출발하다.

출발선(出發線)[출발썬] 경주할 때, 출발하는 지점으로 그어 놓은 선.

출발점(出發點)[출발쩜] ①출발하는 곳. ②어떤 일이 시작되는 기점. 빤도착점.

출범(出帆) ①돛을 달고 배가 떠나감. ②'단체가 새로 조직되어 일을 시작하는 것'을 비유하여 이르는 말. 출범하다.

출산(出産)[출싼] 아기를 낳음. 빠분만·해산. 출산하다.

출산율(出産率)[출싼뉼] 아기를 낳는 비율. 일정 기간 동안 태어난 아이가 전체 인구에서 차지하는 비율을 이른다.

출생(出生)[출쌩] 세상에 태어남. 예출생 신고. 빤사망. 출생하다.

출생률(出生率)[출쌩뉼] 일정한 기간에 태어난 사람의 수가 전체 인구에서 차지하는 비율. 빤사망률.

출석(出席)[출썩] 수업이나 모임 등에 나아가 참석함. 예출석률/출석 인원. 빤결석. 출석하다.

출세(出世)[출쎄] 높은 자리에 오르거나 훌륭하게 잘됨. 출세하다.

출소(出所)[출쏘] 교도소에서 형기를 마치고 풀려 나옴. 빠출옥. 빤입소. 출소되다. 출소하다.

출신(出身)[출씬] ①출생 당시의 가정이나 지역적 신분 관계. 예양반 출신. ②학교나 직업·학업 등으로부터 나온 신분 관계. 예변호사 출신.

출연(出演)[추련] 무대나 영화·방송 등에 나와 연기함. 예찬조 출연. 출연하다. 예액션 영화에 주인공으로 출연하다.

출연료(出演料)[추련뇨] 영화·방송 등에 출연한 대가로 지급되는 보수.

출옥(出獄)[추록] 형기를 마치고 감옥에서 풀려 나옴. 빠출소. 출옥되다. 출옥하다.

출입(出入)[추립] 나가고 들어가고 함. 예출입 금지 구역/극장 출입이 잦다. 출입하다.

출입구(出入口)[추립꾸] 나가고 들어가고 하는 곳. 예비상 출입구.

출입문(出入門)[추립문] 나가고 들어가고 하는 문.

출장(出張)[출짱] 용무로 어떤 곳에 가거나 임시로 파견됨. 예해외 출장.

출전(出戰)[출쩐] ①전쟁터로 싸우러 나감. ②운동 경기에 나감. 예세계 대회 출전 선수. 출전하다.

출정(出征)[출쩡] ①군대에 들어가 싸움터로 나감. ②정벌하러 나감. 또는 군대가 나가서 정벌함. 출정하다.

출제(出題)[출쩨] 시험 문제를 냄. 출제되다. 출제하다.

출중하다(出衆―)[출쭝하다] 여러 사람 가운데에서 특별히 뛰어나다. 예출중한 인물/외모가 출중하다.

출처(出處) 사물이나 말 등이 처음 생기거나 나온 곳. 예자금의 출처/소문의 출처를 밝히다.

출출하다 배가 조금 고픈 느낌이 있다. 예출출하던 차에 아주 잘 먹었다. 좽출출하다.

출토(出土) 땅속에 묻힌 유물 등이 저절로 나오거나 파서 나옴. 출토되다. 예고분에서 신라 시대 유물이 출토되었다. 출토하다.

출토물(出土物) 옛 무덤 등에서 발굴되어 나온 유물.

출퇴근(出退勤)[출퇴근/출퉤근] 출근과 퇴근을 아울러 이르는 말. 출퇴근하다.

출판(出版) 책·그림 등을 여러 사람에게 알리거나 팔 목적으로 인쇄하여 세상에 내놓음. 비출간·간행. 출판되다. 출판하다.

출판사(出版社) 출판 사업을 하는 회사.

출품(出品) 전람회·전시회 같은 곳에 물품이나 작품을 내놓음, 또는 그 물품이나 작품. 출품되다. 출품하다.

출하(出荷) ①짐을 실어 냄. ②상품을 시장으로 내보냄. 반입하. 출하되다. 출하하다.

출항(出港) 배가 항구를 떠남. 반입항. 출항하다.

출현(出現) 없던 것이나 숨겨져 있던 것이 나타나거나 나타나 보임. 출현하다. 예전방에 적기가 출현했다.

출혈(出血) ①피가 혈관 밖으로 나옴. 예환자는 심한 출혈로 혼수상태에 빠졌다. 반지혈. ②'희생이나 손실'을 비유하여 이르는 말. 예출혈이 크다./출혈을 감수하다. 출혈되다. 출혈하다.

춤 음악에 맞추거나 흥에 겨워서 몸이나 팔다리를 움직여 어떤 감정을 나타내는 동작. 비무용.

춤곡(一曲) 춤을 출 때 연주하도록 작곡된 음악을 통틀어 이르는 말.

춤사위 민속춤에서, 춤의 기본이 되는 낱낱의 일정한 몸짓.

춤추다 춤의 동작을 하다. 예춤추며 노래하는 예쁜 내 모습.

춥다[춥따] 기온이 낮거나 하여 느껴지는 기운이 차다. 예추운 겨울 날씨/방이 너무 춥다. 반덥다. |활용| 추우니·추워.

충격(衝擊) ①갑자기 세게 부딪쳤을 때 받는 힘. 예충돌로 인한 강한 충격. ②마음에 받는 심한 동요나 자극. 예그는 사업 실패로 큰 충격을 받았다. ②비쇼크.

충고(忠告) 남의 허물·결점 등을 고치도록 참된 마음으로 타이름, 또는 그 말. 충고하다.

충남(忠南) 〈충청남도〉의 준말.

충당(充當) 모자라는 것을 채워 메움. 충당되다. 충당하다.

충돌(衝突) ①서로 부딪침. 예택시와 버스의 충돌로 큰 사고가 났다. ②의견이나 이해 관계의 대립으로, 서로 맞서서 싸움. 예의견 충돌. 충돌되다. 충돌하다.

충동(衝動) ①어떤 일을 하도록 남을 부추기거나 마음을 흔들어 놓음. ②어떤 일을 하고자 하는 욕망을 순간적으로 세게 일으키는 마음의 작용. 예멀리 여행을 떠나고 싶은 충동을 느꼈다. 충동하다.

충렬사(忠烈祠)[충녈싸] 충신이나 나라를 위해 절개를 지켜 죽은 사람의 혼백을 모신 사당.

충렬왕(忠烈王, 1236~1308) 고려 제25대 왕(재위 1274~1308). 원나라에 굴복하여 정치적인 간섭을 받았으며, 원나라의 문물 제도를 받아들이기도 하였다.

충만하다(充滿一) 어떤 한정된 곳에 가득 차 있다. 예가정에 행복이 충만하기를 빕니다. 충만히.

충무(忠武) 경상남도 남부 바닷가에 있던 항구 도시. 1995년에 통영군과 통합되어 통영시로 개편되었다.

충무공(忠武公) 이순신 장군이 전사한 뒤 그 공을 기리는 뜻으로 임금이 내린 시호.

충복(忠僕) 주인을 정성껏 섬기는 남자 종.

충북(忠北) 〈충청북도〉의 준말.

충분하다(充分一) 분량이나 요구 조건이 모자람 없이 만족할 만큼 넉넉하다. 충분히. 예어제는 잠을 충분히 잤다.

충성(忠誠) 임금 또는 나라에 바치는 곧고 지극한 마음. 예국가에 충성을 맹세하다. 충성하다.

충성스럽다(忠誠一)[충성스럽따] 충성을 다하는 마음과 태도로 가득 차 있다. 예충성스러운 신하. |활용| 충성스러우니·충성스러워. 충성스레.

충성심(忠誠心) 충성을 다하는 마음.

충숙왕(忠肅王, 1294~1339) 고려 제27대 왕(재위 1313~1330, 1332~1339). 정치적 상황 때문에 아들 충혜왕에게 임금의 자리를 물려주었다가, 2년 만에 복위하였다.

충신(忠臣) 나라와 임금을 위하여 충성을 다하는 신하. 빤간신.

충실하다¹(充實一) ①내용이나 설비 등이 잘 갖추어지고 알차다. 예내용이 충실한 책. ②아이들의 몸이 굳세고 튼튼하다. 충실히.

충실하다²(忠實一) 충직하고 성실하다. 충실히.

충심¹(忠心) 충성스러운 마음. 빤단심.

충심²(衷心) 마음속에서 우러나는 참된 마음. 예선생님의 도움에 충심으로 감사드립니다.

충원(充員) 조직이나 단체에 모자라는 사람 수를 채움. 예회사에 인력 충원이 제대로 이루어지지 않아 어려움을 겪고 있다. 충원되다. 충원하다.

충의(忠義)[충의/충이] 임금과 나라에 대한 충성과 의리.

충전(充電) 전력이 없는 축전지 등에 전력을 채우는 일. 빤방전. 충전되다. 충전하다.

충절(忠節) 충성스러운 절개와 의리.

충정(衷情) 마음속에서 우러나오는 참된 정. 예충정 어린 충고.

충정왕(忠定王, 1337~1352) 고려 제30대 왕(재위 1349~1351). 12세에 왕위에 올랐으나 외척 윤시우·배전 등이 세도를 부려 정치가 문란해지고 밖으로는 왜구의 침입이 잦아 재위 3년 만에 왕위에서 쫓겨났다.

충족(充足) ①넉넉하게 차거나 채움. ②분량이 모자람이 없음. 충족되다. 충족하다.

충주(忠州) 충청북도 북부 중앙에 있는 시. 사과와 담배가 많이 난다. 명승지로 탄금대·충렬사·충주 고구려비·충주호 등이 있다.

충주 댐(忠州 dam) 충청북도 충주에 있는 다목적 댐. 길이 464 m, 높이 97.5 m.

충직하다(忠直一)[충지카다] 충성스럽고 정직하다. 예개는 주인에게 충직한 동물이다.

충천(衝天) ①높이 솟아 하늘을 찌를 듯함. ②기개·기세 등이 북받쳐 오름. 예사기충천. 충천하다.

충청남도(忠淸南道) 우리나라 중부의 남서쪽에 있는 도. 넓은 평야가 많아 농업이 차지하는 비중이 높았으나 당진과 천안을 중심으로 점차 공업이 발달하고 있다. 도청은 대전광역시에 있다. 쭌충남.

충청도(忠淸道) 충청남도와 충청북도를 아울러 이르는 말.

충청북도(忠淸北道)[충청북또] 우리나라 중앙에 있는 도. 해안선이 없는 유일한 도이다. 광물 자원이 풍부하여 광공업이 발달하였으며, 시멘트 공업이 유명하다. 도청은 청주에 있다. ㉠충북.

충치(蟲齒) 균이 생겨서 벌레가 파먹은 것처럼 상한 이. ㉑삭은니.

충해(蟲害) 해충으로 인하여 입은 농작물의 피해.

충혈(充血) 몸의 어느 한 부분의 핏줄로 많은 피가 몰려 흘러 그 부분의 살갗 또는 핏줄이 빨갛게 되는 현상. 충혈되다. ㉤빨갛게 충혈된 눈. 충혈하다.

충혜왕(忠惠王, 1315~1344) 고려 제28대 왕(재위 1330~1332, 1339~1344). 방탕한 생활을 일삼고 정사를 돌보지 않아 나라가 큰 혼란에 빠졌다. 원나라로 귀양 가다가 병으로 죽었다.

충혼탑(忠魂塔) 나라에 충성을 다하다 죽은 사람들의 넋을 기리기 위하여 세운 탑.

충효(忠孝) 나라를 위한 정성과 부모를 잘 섬기는 도리. 곧, 충성과 효도를 아울러 이르는 말.

췌ː장(膵臟) ➡이자³.

취 곰취·단풍취·참취 등 '취'가 붙는 산나물을 통틀어 이르는 말.

취ː급(取扱) ①물건을 다룸. ㉤취급 주의. ②사무나 사건 등을 다루어 처리함. ③사람을 좋지 않은 자격으로 대함. ㉤바보 취급. 취급되다. 취급하다.

취나물 삶은 참취에 쇠고기·파 등을 섞고 양념하여 볶은 나물.

취ː득(取得) 자기 것으로 만들어 가짐. ㉤자격증 취득/부동산 취득. 취득하다. ㉤운전 면허를 취득하다.

취ː락(聚落) 집들이 모여 있는 마을.

취ː미(趣味) ①직업이나 전문으로 하는 일이 아닌, 재미로 즐기거나 좋아하는 일. ㉤취미 생활/독서에 취미를 붙이다. ②아름다움이나 멋을 이해하고 감상하는 능력. ㉤취미가 고상하다.

취바리 산대놀이에서 노총각 역을 맡은 인물. 또는 그가 쓰는 탈.

〈취바리〉

취ː사(炊事) 끼니로 먹을 음식을 만드는 일. ㉤취사 준비/이 산에서는 취사가 금지되어 있다. 취사하다.

취ː사반(炊事班) 군대 등에서, 끼니로 먹을 음식을 만드는 일을 맡은 반.

취ː사선택(取捨選擇) 여럿 가운데 쓸 만한 것은 쓰고 버릴 만한 것은 버림. 취사선택하다.

취ː소(取消) 약속하거나 발표했던 것을 나중에 없었던 것으로 함. 취소되다. ㉤비로 야구 경기가 취소되었다. 취소하다.

취ː수탑(取水塔) 강이나 저수지에서 물을 끌어들이기 위한 관이나 수문의 설비가 되어 있는 탑 모양의 건축물.

취약(脆弱) 무르고 약함. 취약하다. ㉤국어 과목이 취약하다./영업 조직이 취약한 회사.

취ː업(就業) ➡취직.

취ː업률(就業率)[취엄뉼] 일자리를 얻은 사람의 비율.

취ː임(就任) 임무를 보기 위하여 맡은 자리에 처음으로 나아감. ㉤취임 인사. ㉣이임. 취임하다. ㉤회장으로 취임하다.

취ː임식(就任式) 취임할 때 행하는 의식. ㉣이임식.

취ː재(取材) 작품이나 기사의 재료나 제재를 찾아서 얻음. ㉤취재 활동. 취재하다.

취ː재진(取材陣) 방송이나 신문·잡지의 기사를 쓰려고 취재 활동을 하는 기자들의 무리.

취ː조(取調) 범죄 사실을 알아내기 위하여 자세히 조사함. **취조되다. 취조하다.**

취ː주악(吹奏樂) 피리나 나팔 등의 관악기를 중심으로 하고 타악기를 곁들여 연주하는 음악.

취ː중(醉中) 술에 취한 동안. [예]어제 취중에 실수한 일은 없었나요?

취ː지(趣旨) 어떤 일을 하려고 하는 목적이나 의도. [예]선생님은 야외 학습의 취지를 한참 동안 설명하셨다.

취ː직(就職) 직업을 얻음. [예]취직 시험. [비]취업. [반]실직·퇴직. **취직되다. 취직하다.**

취ː침(就寢) 잠자리에 듦. [예]취침 시간. [반]기상. **취침하다.**

취ː타(吹打) 지난날, 군대에서 나발·소라·대각 등을 불고, 징·북·바라를 치던 일, 또는 그 군악. 대취타와 소취타가 있다.

취ː하(取下) 신청한 일이나 제출한 서류 등을 거두어들임. **취하하다.** [예]고소를 취하하다.

취ː하다¹(取―) ①자기 것으로 만들거나 필요한 것을 골라 가지다. [예]여럿 중에서 새것을 취하다. ②어떤 행동을 하거나 태도를 지니다. [예]비겁한 태도를 취하다. ③어떤 대책이나 방법을 쓰다. [예]응급조치를 취하다.

취ː하다²(醉―) ①술이나 약 기운 등이 온몸에 돌아 몸을 가눌 수 없을 만큼 정신이 흐려지다. [예]아저씨는 술에 취해서 몸을 제대로 가누지 못했다. ②한 가지 일에 열중하여 정신을 빼앗기다. [예]아름다운 경치에 취하다.

취ː학(就學) 교육을 받기 위하여 학교에 학생으로 들어감. [예]초등학교 취학 연령. **취학하다.**

취ː향(趣向) 좋아하는 것에 흥미나 관심이 쏠리는 것, 또는 그 방향이나 경향. [예]취향에 맞는 옷.

측(側) 서로 다른 무리 가운데 어느 한 쪽. [예]학교 측/반대 측 입장도 들어 보자.

측간(廁間)[측깐] ➡변소.

측근(側近)[측끈] ①곁의 가까운 곳. ②어떤 사람을 곁에서 모시는 사람. 또는 어떤 사람과 가까운 관계에 있는 사람.

측량(測量)[층냥] ①기계를 써서 물건의 높이·크기·넓이·거리 등을 잼. [예]몸무게 측량. [비]측정. ②땅 위의 어떤 위치나 거리·방향 등을 재어 그림으로 나타냄, 또는 그 일. [예]토지 측량. **측량되다. 측량하다.**

측면(側面)[층면] ①옆면. [예]측면 공격. ②사물 현상의 한 부분이나 한쪽 면. [예]이번 행사는 여러 가지 측면에서 문제점이 많다.

측면도(側面圖)[층면도] 물체의 옆쪽을 그린 도면.

측백나무(側柏―)[측뺑나무] 측백나뭇과의 늘푸른큰키나무. 가지가 많으며, 잎은 작은 비늘 모양으로 다닥다닥 붙어 있다. 꽃은 4월경에 피고, 가을에 달걀 모양의 열매가 익는다. 잎과 열매는 한방에서 약재로 쓰인다.

측우기(測雨器)[츠구기] 조선 세종 24(1442)년에 세계 최초로 만들어진, 비가 내린 양을 재던 기구. 서양보다 200년이나 앞서 만들었다.

측은하다(惻隱―)[츠근하다] 불쌍하고 가엾다. [예]울고 있는 아이를 보니 측은하게 느껴진다. **측은히.**

측정(測定)[측쩡] 기계나 장치로 길이·무게·속도 등을 잼. [예]무게 측정/혈압 측정. [비]측량. **측정되다. 측정하다.**

측정기(測定器)[측쩡기] 길이나 무게·속도 등을 재는 데 쓰이는 기구나 기계.

측후소(測候所) [츠쿠소] 지난날, '기상대'를 이르던 말.

층(層) ①여러 겹으로 포개진 물체의 하나하나. [예]석탄의 층. ②위로 높이 포개어 지은 건물에서, 같은 높이를 이루고 있는 부분. [예]17층 건물. ③어떤 능력이나 수준 등이 비슷한 무리. [예]독자층/젊은 층.

층계(層階) [층계/층게] 높은 곳이나 낮은 곳으로 걸어서 오르내릴 수 있도록 여러 작은 층으로 만들어 놓은 설비. [비]계단.

층리(層理)[층니] 퇴적암에서 층을 이루는 입자의 크기·색·구조 등이 달라서 생기는 결.

층수(層數)[층쑤] 층의 수. [예]높은 층수/이 건물은 층수가 얼마나 되지?

층암절벽(層岩絕壁) 높고 험한 바위가 겹겹이 쌓인 낭떠러지.

층층이(層層-) ①층마다. [예]층층이 화분이 놓여 있다. ②여러 층으로 겹겹이. [예]벽돌을 층층이 쌓아 올리다.

층탑(層塔) 여러 겹으로 층을 이룬 탑.

치1 '몫'이나 '분량'의 뜻을 나타내는 말. [예]석 달 치 이자/이틀 치 식량.

치2 길이를 잴 때 쓰이는 말. 1치는 1자의 10분의 1로, 약 3cm에 해당한다. [예]두 자 세 치.

치3 못마땅하거나 화가 날 때 내는 소리. [예]치, 내 것은 안 사 온 거야?

치4(齒) 사람의 '이2'를 나타내는 말.

치가 떨리다[관용] 매우 분하거나 지긋지긋하여 이가 떨리다.

치를 떨다[관용] 몹시 분하거나 지긋지긋하여 이를 떨다.

치- '위로'의 뜻을 나타내는 말. [예]불길이 치솟다.

치과(齒科) [치꽈] 의학의 한 분과. 이를 전문적으로 치료한다.

치다1 ①눈보라·물결·바람 등이 세차게 뿌리거나 일어나다. [예]파도가 치다. ②번개·천둥·벼락 등이 일어나다. [예]천둥소리와 함께 번개가 쳤다.

치다2 ①손이나 물건 등으로 다른 것을 두드리거나 때리다. [예]주먹으로 얼굴을 치다./팽이를 치다. ②손이나 물건 등으로 때리거나 두드려서 소리를 내거나 연주하다. [예]손뼉을 치며 노래하다./종을 치다./피아노 치는 소리. ③망치 등으로 두드려서 못을 박다. [예]벽에 못을 치다. ④전신·전보를 보내다. [예]무전을 치다. ⑤적·상대편을 공격하다. [예]적군을 치다. ⑥손발이나 날개·꼬리를 세게 움직이다. 크게 몸짓을 하다. [예]물장구를 치다./몸부림을 치다. ⑦큰 소리를 내다. [예]고함을 치다./아우성을 치다. ⑧빨리 움직이거나 달아나거나 물러서는 행동을 하다. [예]도망을 치다./뒷걸음질을 치다. ⑨딱지·화투·투전 등으로 놀이를 하다. ⑩무엇을 자르거나 베어 내다. [예]낫으로 나뭇가지를 치다. ⑪시험을 보다. [예]중간고사를 치다./시험을 잘 쳤다. ⑫점괘로 앞날을 알아보다. [예]점을 치다.

치다3 ①점·도장을 찍거나, 선·그림을 그리다. [예]밑줄 친 낱말/화선지에 난을 치다. ②줄을 가로로 늘이거나 매다. [예]마당에 빨랫줄을 치다.

치다4 ①적은 분량의 액체나 가루를 뿌리거나 끼얹거나 붓다. [예]국에 간장을 치다. ②체에 담아 흔들어, 가루나 액체를 받아 내다. [예]체로 가루를 치다.

치다5 병풍이나 가리개·장막·밧줄 등으로 둘레를 둘러막다. [예]철조망을 치다./울타리를 치다.

치다6 ①동물이 새끼를 낳아 퍼뜨리다. [예]제비 한 쌍이 처마에 집을 짓고 새끼를 쳤다. ②가축을 기르다. [예]돼지를 치다. ③나무가 자라 가지를 벋다. [예]가지를 치다.

치다[7] 더럽거나 불필요한 것을 치워 깨끗이 하다. [예]외양간을 치다.

치다[8] 달리는 차나 자전거 등이 사람을 강한 힘으로 부딪다. [예]택시가 사람을 치고 달아났다.

치다[9] ①값을 매기다. [예]잃어버린 책은 얼마를 쳐 드릴까요? ②어떻게 평가하거나 여기다. [예]오징어는 울릉도 것을 최고로 친다. ③어떤 상황이라고 가정하다. [예]민수가 온다고 쳐도 사람이 부족해.

치다꺼리 ①일을 치러 냄, 또는 그 일. [예]손님 치다꺼리. ②남을 도와서 바라지하여 줌, 또는 그 일. [예]동생들의 치다꺼리만 맡아 하다. [비]뒤치다꺼리·뒷바라지. **치다꺼리하다**.

치닫다 [치닫따] ①위로 향해 달리거나 달려 올라가다. [예]토끼는 산 정상 쪽으로 치달았다. ②힘차게 빨리 나아가다. [활용] 치달으니·치달아.

치뜨다 눈을 위로 향하여 뜨다. [비]치켜뜨다. [반]내리뜨다. [활용] 치뜨니·치떠.

치렁치렁 길게 늘어진 물건이 자꾸 이리저리 부드럽게 흔들리는 모양. [예]치렁치렁 드리운 커튼.

치레 ①잘 손질하여 모양을 냄. [예]이모는 외출하기 전에 치레를 하느라 바쁘다. ②내용보다 겉을 더 좋게 꾸밈. [예]치레로 하는 인사.

치료(治療) 병이나 다친 데를 다스려서 낫게 함. **치료되다**. **치료하다**.

치료법(治療法) [치료뻡] 병이나 상처를 낫게 하는 방법.

치료비(治療費) 병을 낫게 하는 데에 드는 비용.

치료실(治療室) 병원 등에서 환자에게 치료를 하는 곳.

치료제(治療劑) 병이나 상처를 치료할 때 쓰이는 약.

치르다 ①주어야 할 돈이나 값을 내주다. [예]음식값을 치르다. ②큰일이나 중요한 일을 겪어 내거나 끝내다. [예]결혼식을 치르다./시험은 잘 치렀니? [활용] 치르니·치러. [잘못] 치루다.

치마 여자의 아랫도리에 입는 겉옷.

치마연(─鳶) 연의 한 가지. 윗부분은 희고, 아랫부분은 다른 색깔을 칠한 연으로, 빛깔에 따라 먹치마연·홍치마연·보라치마연 등이 있다.

치마폭(─幅) 천을 여러 개 이어서 만든 치마의 폭.

치맛자락 [치마짜락/치맏짜락] 치마폭의 늘어진 부분.

치매(癡呆) 주로 나이가 들어서, 대뇌 신경 세포가 손상되어 지능·기억 등이 점점 없어지는 병.

치ː명상(致命傷) 목숨이 위험할 만큼 큰 상처.

치ː명적(致命的) 목숨을 잃을 만큼 심한 것. [예]치명적인 타격을 입다.

치밀다 화나 욕심·분노·슬픔 등의 감정이 세게 일어나다. [예]나는 화가 머리끝까지 치밀었다. [활용] 치미니·치밀어.

치밀하다(緻密─) 성격이나 계획 등이 자세하고 꼼꼼하다. [예]가족 여행 계획을 치밀하게 세웠다. [비]면밀하다. **치밀히**.

치받치다 분노나 노여움 등이 속에서 세차게 북받쳐 오르다. [예]설움이 치받쳐 눈물이 났다.

치부[1](恥部) 남에게 숨기고 싶은 부끄러운 부분. [예]치부를 드러내다./상대방의 치부를 폭로하다.

치ː부[2](致富) 재물을 모아 부자가 됨. **치부하다**.

치ː부[3](置簿) 마음속으로 그렇게 보거나 여김. **치부되다**. **치부하다**. [예]마을 사람들은 그를 배신자로 치부하였다.

치ː사[1](致詞) 다른 사람을 칭찬함, 또

는 그런 말. 치사하다. 예장군은 병사들의 노고를 치사했다.

치ː사²(致謝) 고맙다고 사례하는 뜻을 나타냄. 치사하다.

치ː사랑 손아랫사람이 손윗사람을 사랑함. 또는 그런 사랑. 🕮내리사랑.

치ː사량(致死量) 약이 죽음에 이르게 할 정도로 많은 양.

치사하다(恥事―) 하는 짓이나 말이 얄밉도록 아니꼽거나 좀스럽거나 더럽다.

치ː성(致誠) 신이나 부처에게 정성을 다하여 빎. 예어머니는 새벽마다 절에 가서 치성을 올렸다. 치성하다.

치솟다 [치솓따] ①위로 힘차게 솟다. 예가스가 폭발하여 불기둥이 치솟았다. ②느낌·생각 등이 세차게 북받쳐 오르다. 예울분이 치솟다.

치수(―數) 길이를 잴 때의, 몇 자 몇 치의 수. 예바지의 치수/이것보다 한 치수 큰 것으로 주세요.

치아(齒牙) '이'를 점잖게 이르는 말.

치악산(雉岳山) [치악싼] 강원도 원주시 횡성군 및 영월군에 걸쳐 있는 산. 주봉은 비로봉으로, 높이 1,282m. 산세가 수려하고 이름난 절이 많다. 1984년에 국립 공원으로 지정되었다.

치안(治安) 나라와 사회의 안녕질서를 보전하고 지켜 감. 예치안 유지.

치약(齒藥) 이를 닦는 데 쓰는 약.

치열하다(熾烈―) 세력이나 기세가 불길같이 아주 세차고 맹렬하다. 예치열한 항일 투쟁/적군과 치열한 싸움을 벌이다. 치열히.

치욕(恥辱) 욕되고 부끄러운 것. 예나라를 빼앗기는 치욕을 당하다. 🕮욕.

치우다 ①물건을 한 자리에서 다른 자리로 옮기거나 버리다. 예이불을 치워라./밥상을 치우다가 그만 접시를 깨뜨렸다. ②청소하거나 정돈하다. 예민아는 방을 깨끗이 치웠다.

치우치다 균형을 잃고 한쪽으로 몰리거나 기울어지다. 예감정에 치우치지 말고 공정하게 처리하여라. 🕮쏠리다.

치유(治癒) 치료를 받고 병이 나음. 치유되다. 치유하다.

치읓 [치읃] 한글 닿소리 'ㅊ'의 이름. |발음| 치읓이[치으시]·치읓도[치읃또]·치읓만[치은만]

치이다 차나 무거운 물건에 눌리거나 깔리다. 예자동차에 치이다.

치ː자나무(梔子―) 꼭두서닛과의 늘푸른떨기나무. 여름에 향기 좋은 흰 꽃이 피고, 가을에 열매인 '치자'가 주황색으로 익는다. 열매는 약재나 노란색 물감으로 쓴다.

치장(治粧) 매만져서 더 보기 좋게 꾸미거나 모양을 냄. 치장되다. 치장하다. 예얼굴을 곱게 치장한 여자/거실을 화려하게 치장하다.

치졸하다(稚拙―) 생각·성질·행동 등이 유치하고 너그럽지 못하다. 예치졸하게 동생이랑 먹을 것을 두고 싸우니?

치ː중(置重) 어떤 것에 특히 중점을 둠. 치중되다. 치중하다. 예예절 교육에 치중하다.

치즈(cheese) 동물의 젖에 들어 있는 단백질을 굳혀 발효시킨 식품.

치질(痔疾) 항문 주위의 상처에 균이 들어가서 생기는 병.

치켜들다 위로 올려 들다. 예선수들은 깃발을 높이 치켜들고 경기장에 들어왔다. |활용| 치켜드니·치켜들어.

치켜뜨다 눈을 아래에서 위로 올려 뜨다. 🕮치뜨다. |활용| 치켜뜨니·치켜떠.

치켜세우다 ①위로 향하게 하다. ②정도 이상으로 칭찬하여 주다. 예그는 입에 침이 마르도록 친구를 치켜세웠다.

치키다 위로 끌어올리다. 예흘러내린 바지를 치켜 올렸다.

치킨(chicken) 기름에 튀긴 닭고기.

치타(cheetah) 고양잇과의 동물. 몸길이 1.5 m가량. 몸빛은 황색 또는 갈색 바탕에 검은 얼룩무늬가 빽빽하다. 짐승 중 가장 빠르게 달린다. 아프리카 및 인도의 사막 지대에 산다.

〈치타〉

치통(齒痛) 이가 몹시 아픈 증세.

치하[1](治下) 지배하거나 통치하는 아래. 예일제 치하.

치:하[2](致賀) 주로 윗사람이 아랫사람에게, 고마움이나 칭찬의 뜻을 나타냄. 예외적을 물리치고 돌아온 장군은 왕에게 치하를 받았다. 치하하다.

칙칙폭폭 증기 기관차가 연기를 뿜으며 달리는 소리.

칙칙하다[칙치카다] 빛깔이나 분위기가 산뜻하거나 맑지 않고 컴컴하고 어둡다. 예벽지 색깔이 칙칙해서 방이 어두워 보인다.

친가(親家) 아버지의 집안.

친교(親交) 친하게 사귐. 예친교를 맺다.

친구(親舊) 친하게 사귀는 사람. 예여자 친구/절친한 친구. 비동무·벗·친우.

친근하다(親近一) 사이가 아주 가깝고 정이 두텁다. 예동네 사람들과 친근하게 지내다. 비친밀하다. 친근히.

친러파(親一派) 러시아와 친하게 지내는 무리.

친목(親睦) 서로 친하여 뜻이 맞고 사이좋게 지냄. 예친목 단체/회원 간의 친목을 도모하다. 친목하다.

친밀감(親密感) 친밀한 느낌.

친밀하다(親密一) 지내는 사이가 친하고 가깝다. 예친밀한 관계. 비친근하다. 친밀히.

친부모(親父母) 자기를 낳아 준 부모. 반양부모.

친분(親分) 사람 사이에 아주 가깝고 친한 관계. 예친분이 있는 사이/그 사람과는 친분이 두텁다.

친선(親善) 나라나 단체들이 서로 친밀하고 사이가 좋음. 예친선 축구 경기.

친숙하다(親熟一)[친수카다] ①항상 보아 낯설지 않다. ②친하고 서로 허물이 없다.

친애하다(親愛一)[치내하다] 친근하게 사랑하다. 예친애하는 국민 여러분!

친우(親友)[치누] 가까운 친구. 친한 벗. 비벗·친구.

친일파(親日派)[치닐파] 일본과 친하게 지내는 무리.

친절(親切) 남을 대하는 태도가 매우 정답고 정성스러움, 또는 그런 태도. 반불친절. 친절하다. 예그는 외국인에게 길을 친절하게 가르쳐 주었다.

친정(親庭) 결혼한 여자의 친부모가 사는 집. 비친정집. 반시집.

친족(親族) 촌수가 가까운 겨레붙이. 비친척.

친지(親知) 서로 잘 알고 친하게 지내는 사람. 예이 도시에 어머니 친지 한 분이 살고 계신다.

친척(親戚) 같은 조상의 피를 받은 친족과 외가 쪽의 사람들. 예방학 때 친척 언니가 놀러 왔다. 비친족.

친친 ➡칭칭.

친칠라(chinchilla) 집토끼의 한 품종. 털빛은 남색 바탕에 끝으로 갈수록 자주색, 흰색이 되고 맨 끝은 검다. 모피를 이용하며 체질이 강건하고 번식력도 매우 좋다.

친필(親筆) 손수 쓴 글씨. 예친필 편지/친필 사인.

친하다(親一) 매우 가깝게 사귀어 정이 두텁다. 예친한 친구/이웃과 친하게 지내다.

친형제(親兄弟) 같은 부모에게서 난 형제.

친환경(親環境) 자연환경을 더럽히지 않고 자연과 잘 어울리는 일. 예친환경 제품/친환경 에너지.

친히(親一) 자기가 직접. 예어르신께서 이곳까지 친히 오셨습니까? 回몸소·손수.

칠1(七) 일곱.

칠2(漆) ①칠감이나 물감 등을 겉에 발라 빛깔이나 광택을 냄, 또는 그 일. ②칠감 이외의 물질을 묻히거나 바르는 일. 예얼굴에 비누칠을 하다. 칠하다.

칠감(漆一)[칠깜] 물건의 겉에 발라 보기 좋게 꾸미거나 썩지 않게 하는 데 쓰는 물질. 니스·페인트 등. 回도료.

칠게 달랑겟과의 게. 등딱지의 길이는 3.6cm가량으로 길쭉하고 털로 덮여 있다. 갯벌의 진흙 바닥에 구멍을 파고 산다.

칠기(漆器) 옻칠과 같이 검은 잿물을 입힌 도자기. 回칠그릇.

칠레(Chile) 남아메리카의 남서부, 태평양 쪽에 남북으로 길게 뻗어 있는 나라. 기후는 온난하고 산지가 많으며, 구리·칠레 초석이 많이 난다. 수도는 산티아고.

칠면조(七面鳥) 칠면조과의 새. 날개 길이 50cm가량. 북아메리카와 멕시코 원산으로 닭과 비슷하나 머리와 목에 털이 없고 살이 늘어졌는데, 이 부분이 빨강·파랑 등 여러 색으로 변하기 때문에 이 이름이 붙었다. 수컷은 꼬리를 벌리면 부채 모양으로 된다.

칠석(七夕)[칠썩] ①음력 칠월 초이렛날의 밤. 해마다 이때에, 은하의 서쪽에 있는 직녀와 동쪽에 있는 견우가 오작교에서 만난다는 전설이 있다. 回칠월 칠석. ②〈칠석날〉의 준말.

칠석날(七夕一)[칠썽날] 음력 칠월 초이렛날. ⓒ칠석.

칠순(七旬)[칠쑨] 일흔 살. 예칠순 잔치.

칠십(七十)[칠씹] 일흔.

칠엽수(七葉樹)[치렵쑤] 칠엽수과의 낙엽 지는 큰키나무. 높이 30m가량. 5~6월에 흰 바탕에 검붉은 점이 있는 꽃이 피고, 가을에 껍질이 두꺼운 열매가 열린다. 가로수·정원수로 심는다.

칠월(七月)[치뤌] 한 해의 일곱째 달.

칠월 칠석(七月七夕) ➡칠석.

칠전팔기(七顚八起)[칠쩐팔기] 《일곱 번 넘어지고 여덟 번 일어난다는 뜻으로》 '여러 번 실패해도 굽히지 않고 일어나서 꾸준히 노력함'을 이르는 말.

칠칠맞다[칠칠맏따] '칠칠하다'를 속되게 이르는 말.

칠칠하다 ①나무·풀·머리카락 등이 잘 자라서 알차고 길다. ②《주로 '못하다'·'않다'와 함께 쓰여》 겉모습이 깨끗하고 단정하다. 예칠칠하지 못한 옷차림. ③《주로 '못하다'·'않다'와 함께 쓰여》 성질이나 일 처리가 반듯하고 빈틈이 없다. 예동생은 매사에 칠칠하지 못해서 야단을 자주 맞는다.

칠판(漆板) 분필로 글씨를 쓰게 만든, 검은색이나 녹색의 판. 回흑판.

칠팔월(七八月)[칠파뤌] 칠월과 팔월. 또는 칠월이나 팔월.

칠현금(七絃琴) 현악기의 한 가지. 모양은 거문고와 비슷하나, 일곱 줄로 되어 있다.

칠흑(漆黑) 옻칠처럼 검고 광택이 있음, 또는 그런 빛깔. 예칠흑같이 어두운 밤.

칡 [칙] 콩과의 낙엽 지는 덩굴풀. 산이나 들에 흔히 나는데, 잎은 세 잎씩 붙어 나고 8월에 자줏빛 꽃이 핀다. 뿌리는 약재로 쓰이거나 먹으며, 껍질은 피륙의 재료로 쓰인다. [발음] 칡이[칠기]·칡도[칙또]·칡만[칭만]
칡넝쿨 [칭넝쿨] 칡의 줄기가 뻗은 덩굴. [비]칡덩굴.
칡덩굴 [칙떵굴] ➡칡넝쿨.
칡뿌리 [칙뿌리] 칡의 뿌리. 먹거나 약재로 쓰인다.
침1 입 안에 괴는 끈끈한 액체. 입 안의 침샘에서 나오는 소화액의 한 가지이다.
침(을) 삼키다[관용] 음식 등을 몹시 먹고 싶어 하거나 재물·이익 등을 탐내다. [비]침을 흘리다.
침(을) 튀기다[관용] 열을 올리며 지껄이다.
침(을) 흘리다[관용] ➡침을 삼키다.
침2(鍼) 한방에서, 병을 고치는 데 쓰는 바늘.
침강(沈降) 육지가 아래쪽으로 움직이거나 가라앉아 낮아짐. [반]융기. **침강하다**.
침:공(侵攻) 남의 나라를 침범하여 쳐들어감. **침공하다**.
침:구(寢具) 잠을 자는 데 쓰는 물건. 이부자리·베개 등.
침:낭(寢囊) 솜·깃털 등을 넣어 자루 모양으로 만든 야영용 침구.
침:노(侵擄) 남의 나라를 불법적으로 쳐들어감. **침노하다**.
침:대(寢臺) 사람이 누워 잘 수 있게 만든 가구. [비]침상.
침:략(侵略) [침냑] 남의 영토를 침범하여 빼앗음. [비]침범. **침략하다**.
침:략군(侵略軍) [침냑꾼] 남의 나라를 침략한 군대.
침:략기(侵略期) [침냑끼] 침략을 당한 동안. [예]일제 침략기.
침:략자(侵略者) [침냑짜] 남의 나라를 침략한 사람.
침:목(枕木) ①길고 큰 물건의 밑을 받치는 데 쓰는 나무토막. ②선로 아래에 까는, 나무나 콘크리트로 만든 토막.
침몰(沈沒) 물속에 가라앉음. **침몰되다**. **침몰하다**. [예]태풍으로 배가 침몰하였다.
침묵(沈默) 아무 말 없이 가만히 있음. **침묵하다**.
침:범(侵犯) 남의 영토·권리 등을 불법적으로 쳐들어가 빼앗거나 짓밟음. [비]침략. **침범하다**.
침:상(寢牀) 사람이 누워 잘 수 있게 만든 평상. [비]침대.
침샘 침을 만들어 입 안으로 내보내는 기관. 혀·귀·턱의 밑에 있다.
침:소봉대(針小棒大) ((바늘만 한 것을 몽둥이만 하다고 한다는 뜻으로)) '작은 일을 크게 부풀려 떠벌림'을 비유하여 이르는 말. **침소봉대하다**.
침:수(浸水) 물이 들거나 물에 잠김. **침수되다**. **침수하다**.
침술(鍼術) 침을 놓아 병을 치료하는 한방의 의술.
침:식1(浸蝕) 빗물이나 냇물·바람 등이 땅이나 암석 등을 깎아 내거나 무너뜨리거나 함. [예]침식 작용/침식 계곡. **침식되다**. **침식하다**.
침:식2(寢食) 잠을 자고 음식을 먹는 일. [예]그는 침식을 잊고 연구에 몰두했다. [비]숙식.
침:실(寢室) 잠을 자는 방.
침엽수(針葉樹) [치멉쑤] 잎이 바늘같이 생긴 나무를 통틀어 이르는 말. 잣나무·전나무·소나무 등. [반]활엽수.
침엽수림(針葉樹林) [치멉쑤림] 침엽수로 이루어진 숲.
침울하다(沈鬱ー) [치물하다] 마음이 근심 걱정으로 맑지 못하고 우울하다. [예]침울한 표정.

침:입(侵入)[치밉] 어떤 곳에 함부로 쳐들어오거나 쳐들어감. 예침입자. 침입하다.

침전(沈澱) 액체 속에 섞인 물질이 밑바닥에 가라앉음. 침전되다. 침전하다.

침전물(沈澱物) 액체 속에 섞여 있다가 가라앉은 물질. 비앙금.

침착하다(沈着一)[침차카다] 어떤 일에 당황하지 않고 마음이 가라앉아 있다. 예침착한 태도/급할수록 침착하게 행동하여라. 침착히.

침체(沈滯) 어떤 사물이나 현상이 발전하지 못하고 그 자리에 머무름. 예경기 침체. 침체되다. 침체하다.

침침하다(沈沈一) ①빛이 약하여 어둡거나 흐리다. 예을씨년스럽고 침침한 날씨. ②눈이 어두워서 물건이 똑똑히 보이지 않고 흐릿하다. 예텔레비전을 오래 보았더니 눈이 침침하다. 침침히.

침:탈(侵奪) 침범하여 빼앗음. 예국권 침탈. 침탈되다. 침탈하다.

침통하다(沈痛一) 슬픔이나 걱정으로 마음이 몹시 괴롭다. 예할아버지께서는 아무 말씀도 없이 침통한 표정으로 앉아 계셨다.

침:투(浸透) ①적의 지역에 몰래 숨어 들어감. ②세균·병균 등이 몸속에 들어옴. 침투되다. 침투하다. 예적진에 침투하다./병균이 몸속에 침투하다.

침팬지(chimpanzee) 유인원과의 동물. 키는 1.5m가량. 원숭이 종류 가운데서 가장 사람과 비슷한데, 온몸에 검은 갈색 털이 나 있다. 귀는 크고 코는 작으며 꼬리는 없다. 사람 다음으로 지능이 발달되어 있고 서서 걷는다. 열대 지방의 산림에서 나무 열매를 먹고 산다.

침:해(侵害) 침범하여 해를 끼침. 침해하다. 예다른 사람의 권리를 침해하면 안 된다.

칩(chip) 반도체의 작은 조각 표면에 복잡한 전자 회로를 아주 작게 줄여서 넣은 것. 예메모리 칩.

칫솔(齒一)[치쏠/칟쏠] 이를 닦는 데 쓰는 솔.

칫솔질(齒一)[치쏠질/칟쏠질] 칫솔로 이를 닦는 일. 칫솔질하다.

칭 기 즈 칸(Chingiz Khan, 1167?~1227) 몽골 제국의 제1대 왕(재위 1206~1227). 이름은 테무친. 몽골의 여러 부족을 통일하고 동서양에 걸친 대제국을 건설하였다.

칭송(稱頌) 훌륭한 점이나 잘한 일을 칭찬하여 높이 우러름. 예칭송이 자자하다. 칭송되다. 칭송하다.

칭얼거리다 어린애가 몸이 불편하거나 마음에 못마땅하여, 짜증을 내며 자꾸 보채다. 비칭얼대다. 좌창알거리다.

칭얼대다 → 칭얼거리다.

칭얼칭얼 자꾸 칭얼거리는 모양. 좌창알창알.

칭찬(稱讚) 잘한 일이나 좋은 점을 두고 훌륭하게 여기는 마음을 말로 나타냄. 예선생님께 칭찬을 받았다. 비꾸중·꾸지람. 칭찬하다.

칭칭 붕대나 끈 등을 자꾸 감거나 동여매는 모양. 예다친 팔에 붕대를 칭칭 감았다. 비친친.

칭하다(稱一) 무엇이라고 일컫다. 부르다.

칭호(稱號) 명예나 지위 등을 나타내는 사회적으로 일컫는 이름.

ㅋ 키읔. 한글 닿소리의 열한째.

카 맛이나 냄새가 맵거나 독할 때 내는 소리. [큰]커.

카나리아(canaria) 되샛과의 새. 몸은 종달새와 비슷하고, 몸빛은 대부분 노란 빛깔을 띠고 있다. 울음소리가 아름다워 집에서 많이 기른다.

〈카나리아〉

카네기(Carnegie, 1835~1919) 영국 태생의 미국 실업가. 미국의 철강업계를 주도하여 '강철왕'이라는 별명을 얻었다. 은퇴 후, 카네기 재단을 세워 문화 사업과 자선 사업에 힘썼다.

카네이션(carnation) 석죽과의 여러해살이풀. 여름에 빨강·분홍·하양의 겹꽃이 핀다. 어버이날이나 스승의 날에 부모님과 선생님의 가슴에 달아 드려 감사의 뜻을 전하기도 한다.

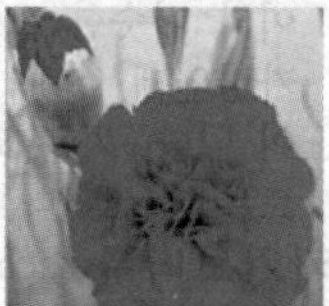
〈카네이션〉

카누(canoe) 통나무나 나무껍질·짐승의 가죽·갈대 등으로 만든, 좁고 길쭉한 배.

카드(card) ①어떤 정보를 적어 자료로 쓰거나 보관하는 종이. [예]도서 목록 카드. ②남에게 알리거나 보내기 위하여 일정한 크기로 잘라 글자나 그림을 박은 종이. [예]크리스마스카드. ③빳빳한 종이에 그림이나 글자가 박혀 있어 놀이에 쓰는 딱지. ④돈을 찾거나 기계 장치 등에 대어 물건값을 치르는 데 쓰는 얇은 플라스틱 판.

카드놀이(card—) 카드를 가지고 하는 서양식 놀이.

카디건(cardigan) 앞자락을 터서 단추를 채우게 된, 털실로 짠 스웨터.

카랑카랑하다 목소리가 쇳소리처럼 맑고 날카롭다.

카레 ①강황·생강·후추·마늘 등으로 만든, 노란 빛깔의 맵고 향기로운 요리 재료. ②〈카레라이스〉의 준말. [참고] 카레는 'curry'에서 온 말.

카레라이스 인도 요리의 한 가지. 잘게 썬 고기와 감자·양파 등을 볶고 물에 푼 카레 가루를 섞어서 되직하게 끓인 것을 쌀밥에 얹어 먹는다. [참고] 카레라이스는 'curried rice'에서 온 말. [준]카레.

카리스마(charisma) 많은 사람이 믿고 따르게 하는 능력이나 자질.

카메라(camera) ①사진을 찍는 기계. ②영화 등을 촬영하는 기계.

카메라맨(cameraman) ①영화나 텔레비전의 촬영 기사. ②신문사나 잡지사의 사진 기자.

카메오(cameo) (영화나 방송 드라마 등에서) 유명한 사람이 단역으로 잠시 등장하는 일, 또는 그런 역.

카멜레온(chameleon) 카멜레온과의 파충류. 도마뱀과 비슷하나 다리와 꼬리가 길다. 주변의 빛깔·온도 등에 따라 몸빛을 바꿀 수 있다.

카바 신전(Ka'bah神殿) 사우디아라비아의 메카에 있는 이슬람교 신전. 세계 각국의 이슬람교도들이 이곳을 향하여 예배를 드리며, 성지 순례를 하기 위하여 찾아오는 곳이다.

카세트(cassette) ①녹음 테이프가 든, 작고 납작한 갑. ②〈카세트테이프〉의 준말. ③카세트테이프에 녹음을 하거나 녹음된 것을 들을 수 있는 장치.

카세트테이프(cassette tape) 작고 납작한 플라스틱 갑에 들어 있는 녹음 테이프. [준]카세트.

카스텔라(castella) 거품을 낸 달걀에 밀가루·설탕 등을 섞은 다음 구워서 만든 빵.

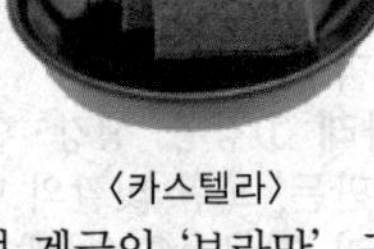
〈카스텔라〉

카스트(caste) 인도의 신분 계급 제도. 승려 계급인 '브라만', 귀족과 무사 계급인 '크샤트리아', 평민 계급인 '바이샤', 노예 계급인 '수드라'로 나뉜다.

카시오페이아자리(Cassiopeia—) 별자리의 한 가지. 북극성을 사이에 두고 북두칠성과 마주 보는 곳에 있는데, 늦가을 저녁에 다섯 개의 별이 'W' 자 모양으로 보인다.

카우보이(cowboy) 미국 서부나 캐나다·멕시코 등지의 목장에서 말을 타고 소몰이 등의 일을 하는 남자. [참]목동.

카운슬러(counselor) 상담을 전문으로 하는 사람. [비]상담원.

카운터(counter) 상점·음식점 등에서 값을 계산하여 치르는 곳.

카운트(count) ①운동 경기에서 득점을 계산하는 일. ②권투에서, 공격을 당한 선수가 바닥에 쓰러져 있는 동안 수를 세는 일. **카운트되다. 카운트하다.**

카이로 선언(Cairo宣言) 1943년 이집트의 수도 카이로에서, 루스벨트 미국 대통령, 처칠 영국 수상, 장제스 중국 총통이 회담하고 발표한 공동 선언. 여기서 우리나라의 독립이 약속되었다.

카이저 황제(Kaiser皇帝) 제1차 세계 대전을 일으킨 독일의 황제 빌헬름 2세의 다른 이름.

카자흐스탄(Kazakhstan) 중앙아시아의 북쪽에 있는 나라. 소비에트 연방을 이루던 국가의 하나였다. 석유·석탄·구리 등의 지하자원이 풍부하다. 수도는 아스타나.

카카오(cacao) 카카오나무의 열매. 오이와 비슷한 모양이며 길이는 10cm 가량인데, 속에 40~60개의 씨가 들어 있다. 씨는 코코아나 초콜릿을 만드는 데 쓰인다.

카카오나무(cacao—) 벽오동과의 늘푸른큰키나무. 코코아를 얻기 위하여 열대 지방에서 재배한다. 열매인 '카카오'는 살이 많으며, 누런색이나 진한 갈색으로 익는다.

카탈로그(catalog) 상품 목록. 흔히, 제품의 사진과 함께 그 특징·가격 등을 적은, 작은 책자로 되어 있다.

카톨릭(Catholic) '가톨릭'의 잘못.

카페(café) 커피·술 또는 가벼운 음식 등을 파는 가게.

카페인(caffeine) 커피의 열매나 잎, 카카오·차 등의 잎에 들어 있는, 쓴맛이 나는 물질. 흥분시키거나 오줌을 잘 나오게 하는 데에 쓰이며, 많이 사용하면 중독을 일으킨다.

카펫(carpet) 양탄자.

카피(copy) ①➡복사¹. ②광고의 문구.

칵 목구멍에 무엇이 걸렸을 때 뱉어 내려고 목구멍에 힘을 주어 내는 소리. 칵칵.

칵칵거리다 [칵칵꺼리다] 목구멍에 무엇이 걸렸을 때 뱉어 내려고 목구멍에 힘을 주는 소리를 자꾸 내다. 비칵칵대다.

칵칵대다 [칵칵때다] ➡칵칵거리다.

칵테일(cocktail) 몇 가지 종류의 술과 음료를 알맞게 섞어 만든 술. 탄산수 등을 섞기도 한다.

칸 ①일정한 크기나 모양으로 나누어 놓은 하나하나의 공간. ②일정하게 사이를 띄워 놓은 빈 자리. 예다음 칸에 알맞은 말을 넣으시오. ③집의 칸살을 셀 때 쓰이는 말. 예방 두 칸.

칸나(canna) 칸나과의 여러해살이풀. 높이 1~2m. 잎은 커다란 타원형으로 끝이 뾰족하며, 여름과 가을에 빨강·노랑 등의 꽃이 핀다. 줄기는 녹색으로 넓적하다. 비홍초.

칸막이 [칸마기] 방 등의 공간을 가로질러

〈칸나〉

사이를 막음. 또는 그렇게 막는 물건. |잘못| 간막이. 칸막이하다.

칸트(Kant, 1724~1804) 독일의 철학자. 매우 규칙적인 생활을 하여 그의 산책을 보고 동네 사람들이 시간을 맞추었다는 이야기가 있다. 저서에 '순수 이성 비판'·'실천 이성 비판'·'판단력 비판' 등이 있다.

칼¹ 물건을 베거나 깎거나 써는 데 쓰이는, 날이 선 연장.

칼² 지난날, 죄가 무거운 사람에게 씌우던 형틀의 한 가지. 두꺼운 널빤지의 한쪽 끝에 구멍을 내어 죄인의 목을 끼우게 되어 있다.

칼국수 [칼국쑤] 반죽한 밀가루를 방망이로 얇게 민 다음 칼로 가늘게 썰어 만든 국수.

칼끝 [칼끋] 칼날의 맨 끝.

칼날 [칼랄] 칼의 얇고 날카로운 부분으로, 물건을 베는 쪽. 예예리한 칼날. 반칼등.

칼데라(caldera) 《커다란 솥이라는 뜻으로》 화산의 중심부에 생긴, 분화구 모양으로 크게 움푹 팬 곳. 폭발·함몰·침식 등으로 생긴다.

칼등 [칼뜽] 칼날의 반대쪽인 두꺼운 부분. 반칼날.

칼라(collar) 양복의 저고리나 와이셔츠·블라우스의 깃, 또는 깃의 안쪽에 덧대는 깃.

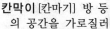
〈칼라〉

칼로리(calorie) ①열량을 잴 때 쓰이는 말. 1칼로리는 물 1g의 온도를 1기압하에서 1℃ 높이는 데 드는 열량. 기호는 'cal'. ②식품의 영양가를 열량으로 바꾸어 나타내는 말. 1칼로리는 1kcal에 해당한다. 기호는 'Cal'.

칼륨(Kalium) 은백색의 부드러운 금속 원소. 물속에 넣으면, 물과 작용하여 수소를 발생시키고 열을 발하여 폭발음을 낸다.

칼륨 비:료(Kalium 肥料) 비료의 한 가지. 농작물의 뿌리와 줄기를 튼튼하게 하며, 병과 벌레에 잘 견디게 한다.

칼리만탄(Kalimantan) 보르네오 섬의 대부분을 차지하는 인도네시아 영토. 일 년 내내 더위가 계속되며, 스콜이라고 불리는 소나기가 매일같이 내린다.

칼바람 아주 차갑고 매서운 바람.

칼부림 남을 해치려고 칼을 함부로 휘두르는 짓. 예폭력배들 사이에 칼부림이 났다. 칼부림하다.

칼슘(calcium) 산에 잘 녹는 은백색의 가벼운 금속 원소. 공기에 닿으면 수산화물과 탄산염으로 변한다. 동물의 뼈나 이의 주성분이다.

칼싸움 칼을 가지고 하는 싸움. 칼싸움하다.

칼자루 [칼짜루] 칼에 달린 손잡이.

칼질 칼로 물건을 깎거나 썰거나 베는 일. 칼질하다.

칼집 [칼찝] 칼날을 보호하기 위하여 칼을 꽂아 두는 물건.

칼춤 칼을 들고 추는 춤. 비검무.

칼칼하다 ①목이 말라서 시원한 물이나 음료수 등을 마시고 싶다. 예목이 칼칼해서 냉수를 마셨다. ②목소리가 높고 거칠다. ③음식의 맛이 매콤하면서 개운하다. 큰컬컬하다.

캄보디아(Cambodia) 동남아시아의 인도차이나 반도에 있는 나라. 농업이 주산업이며, 쌀·고무가 많이 난다. 불교 유적인 앙코르 와트가 있다. 수도는 프놈펜.

캄캄하다 ①앞이 보이지 않을 만큼 몹시 어둡다. 큰컴컴하다. ②앞일에 희망이 없어 막막하다. 예앞으로 어떻게 해야 할지 캄캄하다. ③아무것도

모르다. 예할머니는 컴퓨터에는 캄캄하다. ④어떤 일의 형편을 헤아릴 길이 없다. 예소식이 캄캄하다.

캉캉 몸집이 작은 개가 짖는 소리. 큰컹컹.

캐나다(Canada) 북아메리카의 북부에 있는, 영국 연방에 속하는 나라. 면적이 세계에서 두 번째로 크다. 세계적인 밀 생산지이며, 니켈·아연·금·구리 등의 광산 자원이 풍부하다. 수도는 오타와.

캐:내다 땅속에 묻힌 것을 파서 꺼내다. 예밭에서 고구마를 캐내다. 비파내다.

캐:다 ①땅에 묻힌 물건을 파서 꺼내다. 예나물을 캐다./광산에서 석탄을 캐다. ②감추어진 사실을 밝히려고 따지다. 예비밀을 캐다.

캐러멜(caramel) 설탕·우유·초콜릿 등을 섞어 고아서 만든 사탕. |잘못| 카라멜.

캐럴(carol) 크리스마스를 축하하는 민요풍의 가곡.

캐릭터(character) ①소설·연극·영화 등에 나오는 인물. ②소설·만화·영화 등에 나오는 인물이나 동물의 모습을 그림이나 인형 등으로 나타낸 것. 장난감이나 문구, 어린아이 옷 등에 많이 쓴다.

캐:묻다 [캐묻따] 어떤 일을 밝히려고, 자세히 파고들어 묻다. 예시시콜콜하게 캐묻지 마. |활용| 캐물으니·캐물어.

캐비닛(cabinet) 사무용 서류나 물품을 넣어 두는, 철판으로 만든 장.

캐슈(cashew) 옻나뭇과의 늘푸른큰키나무. 작고 흰 꽃이 진 다음 꽃줄기가 사과처럼 굵어지고 그 끝에 캐슈너트라는 열매가 열린다. 열매는 먹을 수 있고, 줄기에서 나오는 수지는 도료나 고무로 쓴다.

캐스터네츠(castanets) 타악기의 한 가지. 나무나 상아 또는 플라스틱으로 만든 두 짝의 조가비 모양의 악기이다. 손가락에 끼워 서로 마주 치면서 소리를 낸다.

〈캐스터네츠〉

캐어묻다 [캐어묻따] 〈캐묻다〉의 본말. [활용] 캐어물으니·캐어물어.

캐주얼(casual) 격식을 차리지 않고 가볍게 입는 방식, 또는 그렇게 입는 옷이나 신발.

캐처(catcher) 야구의 포수. [반]피처.

캑 목구멍에 걸린 것을 뱉어 내려고 목구멍에 힘을 주는 소리. 캑캑.

캑캑거리다 [캑캑꺼리다] 목구멍에 걸린 것을 뱉어 내려고 목구멍에 힘을 주는 소리를 자꾸 내다. [비]캑캑대다.

캑캑대다 [캑캑때다] ➡캑캑거리다.

캔(can) 양철 등으로 만들어 음식물을 넣고 꽉 막은 통. [예]친구가 음료수 캔을 몇 개 사 왔다.

캔디(candy) 설탕이나 엿을 끓여서 여러 가지 모양으로 굳혀 만든 것. [비]사탕.

캔버라(Canberra) 오스트레일리아의 수도. 산으로 둘러싸여 있는 평원이며, 기하학적인 도로망으로 유명한 계획도시이다.

캔버스(canvas) 유화를 그릴 때 쓰는 천. 면이나 삼베에 여러 가지 물질을 발라 만든다.

캘리포니아(California) 미국의 태평양 연안에 있는 주. 지중해성 기후로 농업이 성하며, 항공·우주 산업이 발달했다. 한국 교포가 많이 살고 있다.

캘린더(calendar) 달력. [잘못] 카렌다.

캘커타(Calcutta) 지난날, '콜카타'를 이르던 말.

캠페인(campaign) 사회적·정치적 목적을 위하여 조직적으로 펼치는 운동. [예]거리 질서 캠페인.

캠프(camp) 산이나 들에서 지내는 일, 또는 그곳에 임시로 지은 막사.

캠프파이어(campfire) 야영을 하면서 밤에 모닥불을 피워 놓고 둘러앉아 노는 일.

캠핑(camping) 산·들·바닷가 등에서 하는 천막 생활. [예]캠핑을 가다. [비]야영.

캡슐(capsule) ① 쓴 가루약을 넣어 쉽게 삼킬 수 있도록 하는 데 쓰는, 얇은 막으로 만든 작은 껍데기. ② 인공위성에서, 사람이 들어가 지내는 방이나 물건을 실은 칸을 둘러싼 겉 부분.

캥거루(kangaroo) 캥거루과의 동물. 앞다리는 짧고 뒷다리는 길어 잘 뛴다. 아랫배에 새끼를 넣어서 기르는 주머니가 있다.

〈캥거루〉

커 맛이나 냄새가 몹시 맵거나 독할 때 내는 소리. [작]카.

커녕 그것은 고사하고 도리어. [예]우승은커녕 3위 입상도 어렵겠다.

커닝(cunning) 시험 중에 몰래 책이나 남의 답안지를 보는 행위. [잘못] 컨닝. 커닝하다.

커ː다랗다 [커다라타] 매우 크다. [예]커다란 풍선. [반]조그맣다. [활용] 커다라니·커다래.

커버(cover) 무엇을 가리거나 덮거나 싸는 물건. [예]책의 커버.

커버 글라스(cover glass) 현미경으로 물체를 관찰할 때, 슬라이드 글라스 위에 놓은 재료를 덮는 얇고 작은 유리판.

커브(curve) ①길·궤도 등의 굽은 부분. ②야구에서, 투수가 던진 공이 타자 앞에서 굽어 날아오는 일.

ㅋ

커서(cursor) 컴퓨터 모니터에서, 입력하는 문자가 들어갈 위치를 나타내는 표시.

커지다 크게 되다. 예일이 커지다./공사 규모가 커지다.

커터(cutter) 물건을 자르거나 깎는 데 쓰이는 도구.

커튼(curtain) 햇빛을 가리거나 바깥에서 들여다보지 못하도록 창문 등에 치는 넓은 천. |잘못| 커텐.

커플(couple) 짝이 되는 한 쌍의 남녀.

커피(coffee) ①커피나무 열매의 씨를 볶아 갈아서 만든 가루. ②커피 가루를 뜨거운 물에 타서 만든 갈색의 차.

컨닝(cunning) '커닝'의 잘못.

컨디션(condition) 몸의 건강이나 정신 등의 상태.

컨베이어(conveyor) 제품 공장 등에서, 띠 모양의 받침이 계속 돌아가면서 재료나 제품 등을 운반하는 기계 장치.

컨테이너(container) 화물을 효과적으로 실어 나르기 위하여 금속으로 만든 커다란 상자. 예컨테이너 부두.

컬러(color) 색. 색깔. 빛깔. 예컬러가 선명하다. |잘못| 칼라.

컬러텔레비전(color television) 화면이 천연색으로 나타나는 텔레비전 수상기.

컬컬하다 ①목이 몹시 말라 시원한 물이나 음료수 등을 마시고 싶다. 예목이 컬컬하다. ②목소리가 낮고 거칠다. 웬칼칼하다.

컴컴하다 시커먼 느낌이 들도록 매우 어둡다. 예방 안이 굴속같이 컴컴하다. 웬캄캄하다.

컴퍼스(compass) 원을 그리는 데 쓰이는 제도 용구. |잘못| 콤파스.

컴퓨터(computer) 전자 회로를 이용하여 많은 정보를 빠르게 계산하거나 처리하는 기계. 웬전자계산기.

컴퓨터 언어(computer 言語) 프로그램 언어.

컴퓨터 통신(computer 通信) 개인용 컴퓨터를 다른 컴퓨터와 통신 회선으로 연결하여 정보를 주고받는 통신.

컴퓨터 프로그램(computer program) 어떤 작업을 컴퓨터에 실행시키기 위하여, 그 일의 순서를 컴퓨터가 이해할 수 있는 언어로 쓴 것.

컵(cup) ①물이나 음료수를 따라 마시는, 사기나 유리 등으로 만든 그릇. ②운동 경기에서 우승한 사람이나 단체에게 상으로 주는, 큰 잔 모양의 물건.

컵라면(cup—) 라면을 플라스틱 컵 등에 넣은 즉석식품. 뜨거운 물을 부어서 3분 정도 익혀 먹는다.

컹컹 몸집이 큰 개가 짖는 소리. 웬캉캉.

케냐(Kenya) 아프리카 동부에 있는 나라. 국토의 대부분이 높이 500m 이상의 고원이며, 커피·밀 등이 많이 난다. 야생 동물이 마음대로 뛰노는 자연공원이 유명하다. 수도는 나이로비.

케네디(Kennedy, 1917~1963) 미국의 제35대 대통령(재임 1961~1963). '뉴 프런티어 정신'을 제창하였다. 댈러스에서 자동차로 가두 행진을 벌이던 중 암살되었다.

케이블(cable) 여러 개의 전선을 합하여 전기가 통하지 않는 물질로 겉을 감싼 전화선이나 전력선.

케이블카(cable car) 공중을 건너지른 강철선에 운반차를 달고 사람이나 짐을 나르는 장치.

케이비에스(KBS) '한국 방송 공사'의 통상 명칭.

케이스(case) 물건을 넣는 상자.

케이에스(KS) 한국 산업 규격에 합격

〈케이블카〉

한 제품에 붙이는 표시.

케이오(KO) 권투에서, 상대 선수를 10초 안에 일어나지 못하도록 때려눕히는 일. 예케이오 승/케이오 패를 당하다. 비녹아웃.

케이크(cake) 우유·밀가루·달걀 등을 섞어서 구운 빵.

케 이 티 엑 스 (KTX) 우리 나라의 고속 철도. 2004 년 4월에 운행이 시작되었으며, 최고 시속은 300km이다.

〈케이크〉

케일(kale) 양배추의 한 가지. 잎은 긴 타원형으로 두껍고 오글쪼글하며 속이 차지 않는다. 비타민과 무기 염류가 많다.

케임브리지 대:학(Cambridge大學) 영국 케임브리지 시에 있는 대학. 옥스퍼드 대학과 함께 영국에서 가장 오랜 전통을 자랑하는 대학이다. 13세기 초에 설립되었다.

케첩(ketchup) 소스의 한 가지. 토마토를 갈아서 거르고, 향료·설탕·식초 등을 섞어 조려서 만든다. |잘못| 케찹.

케케묵다 [케케묵따] 일·물건·생각 등이 오래되어서 낡다. 예케케묵은 사고방식.

켄트지(Kent紙) 그림을 그리거나 제도를 하는 데 쓰이는 흰색의 종이.

켕기다 ①팽팽하게 되어 당기는 느낌이 들다. 예수술한 자리가 켕기다. ②잘못한 일이 있어 슬그머니 겁이 나거나 걱정되다.

켜 여러 겹으로 포개어진 물건의 하나하나의 층, 또는 그 층을 세는 단위. 예켜를 이루다./시루떡을 세 켜로 쌓았다.

켜다¹ ①등잔·양초·성냥 등에 불을 붙이다. 예호롱불을 켜다. ②전등·라디오 등의 스위치를 돌려 전기를 흐르게 하다. 예형광등을 켜다.

켜다² ①톱으로 나무를 베거나 자르다. ②활로 현악기의 줄을 문질러 소리를 내다. 예바이올린을 켜다.

켜다³ ①물이나 술 등을 단숨에 들이마시다. ②갈증이 나서 자꾸 물을 마시다. 예점심을 짜게 먹었는지 자꾸 물을 켠다.

켜다⁴ 기지개를 하다.

켤레 신이나 양말처럼 두 짝으로 된 것의 한 벌을 셀 때 쓰이는 말. 예양말 두 켤레.

코¹ ①얼굴 가운데에 우뚝 나와 있는 부분. 숨을 쉬고 냄새를 맡으며, 소리 내는 일을 돕는다. ②코에서 나오는 진득진득한 액체. 예여기서 코를 풀면 안 됩니다. ②비콧물.

코가 납작해지다[관용] 몹시 무안을 당하거나 기가 죽다.

코가 높다[관용] 잘난 체하고 몹시 뽐내는 기세가 있다. 예코가 높은 여자.

코² 그물이나 뜨개질한 물건을 이루는 하나하나의 매듭.

코끝 [코끋] 콧등의 끝. 예코끝이 찡한 감동.

코끼리 코끼릿과의 동물. 육지에서 사는 동물 가운데 가장 크다. 원통형의 기다란 코로 짐승을 쓰러뜨리거나 물이나 먹이를 입에 넣는다. '상아'라고 하는 엄니 두 개가 앞으로 길게 벋어 있다.

코나크리(Conakry) 기니의 수도. 톰보 섬에 있는 항구 도시로, 바나나·철광석 등을 수출한다.

코너(corner) ①어떤 공간의 구석이나 길의 모퉁이. 예코너를 돌면 학교가 보일 거야. ②백화점이나 여러 가게가 있는 상가에서 특정 상품을 진열하고 파는 곳. 예백화점 식품 코너.

코너킥(corner kick) 축구에서, 수비 측이 자기네 골라인 밖으로 공을 내보냈을 때, 공격 측이 코너에 공을 놓고 차는 일.

코대답(―對答) 마음에 만족스럽지 않거나 대수롭지 않게 여겨, 콧소리로 건성으로 하는 대답. 코대답하다.

코드(code) 전등이나 전기 기구에 연결하여 쓰는 전깃줄.

코딱지[코딱찌] ①콧구멍 안에 콧물과 먼지가 섞여 말라붙은 것. ②'아주 작고 보잘것없는 것'을 비유하여 이르는 말. 예코딱지만 한 방.

코뚜레 소의 코를 꿰뚫어 끼는 고리 모양의 나무. 다 자란 송아지 때부터 고삐를 매는 데 쓰인다.

코란(Koran) 이슬람교의 경전. 마호메트가 신의 계시를 받아 적었다는 글로, 이슬람교도의 신앙과 일상생활 규범 등이 기록되어 있다.

코르크(cork) 코르크나무의 겉껍질과 속껍질 사이의 두꺼운 껍질. 병마개·보온·방음 등에 쓰인다.

코리아(Korea) '대한민국'을 영어로 부르는 이름.

코리아 환상곡(Korea 幻想曲) ➡ 한국 환상곡.

코맹맹이 코가 막혀서 소리를 제대로 내지 못하는 사람.

코멘트(comment) 남의 말이나 글에 대한 자신의 의견을 밝히는 일.

코미디(comedy) 즐겁고 우스운 내용을 담은 연극·영화·방송극. 비희극. |잘못| 코메디.

코미디언(comedian) 코미디에 주로 출연하는 연기자. 비희극 배우.

코바늘 끝이 갈고리처럼 되어 있어 실을 걸 수 있도록 만든 바늘. 뜨개질을 할 때 쓰인다.

코발트(cobalt) 금속 원소의 한 가지. 쇠보다 무겁고 단단하다. 합금을 만

들거나 유리·도자기의 청색 염료 등으로 사용된다.

코브라(cobra) 코브라과의 뱀. 위협할 때 몸의 앞부분을 세워 목 부분을 국자 모양으로 만드는 뱀으로, 매우 센 독을 가지고 있다.

〈코브라〉

코빼기 '코¹'를 속되게 이르는 말.

코빼기도 내밀지 않다[관용] 도무지 모습을 드러내지 않다.

코빼기도 못 보다[관용] 도무지 나타나지 않아 전혀 볼 수 없다.

코뿔소[코뿔쏘] 코뿔솟과의 동물. 육지에 사는 동물 가운데 코끼리 다음으로 크다. 다리는 짧으며, 살갗이 두껍다. 코 위에 뿔이 한 개 또는 두 개 있다. 비무소.

〈코뿔소〉

코스(course) ①어떤 목적에 따라 정해진 길. 예여행 코스. ②경주 등에서 선수가 나아가는 길. 예달리기 코스.

코스모스(cosmos) 국화과의 한해살이풀. 키가 크고 잎이 깃 모양으로 갈라져 있다. 가을철에 줄기 끝에 하양·분홍·빨강 등의 꽃이 핀다.

코알라(koala) 코알라과의 동물. 머리는 곰과 비슷하며, 배에는 새끼를 넣어 기르는 주머니가 있다. 오스트레일리아 특산으로, 대체로 나무 위에서 지낸다.

〈코알라〉

코앞 [코압] 매우

가까운 곳이나 때. 예시험이 코앞에 닥쳤다.

코웃음 [코우슴] 대수롭지 않게 여겨 코끝으로 가볍게 웃는 비웃음. 예코 웃음을 치다.

코일(coil) 나사나 원통 모양으로 여러 번 감아 만든, 전류를 통하게 하는 선.

코치(coach) 운동 선수에게 운동 경기의 정신이나 기술을 지도하고 훈련 시키는 일. 또는 그 일을 하는 사람. 예축구 코치. 코치하다.

코코넛(coconut) 코코야자의 열매. 야자 기름을 짠다.

코코아(cocoa) ①카카오의 씨를 볶아 빻은 가루. 음료나 제과용으로 이용된다. ②코코아 가루를 끓는 물에 탄 음료.

코털 콧구멍 안에 난 털.

코트¹(coat) 외투.

코트²(court) 테니스·농구·배구 등의 경기장.

코팅(coating) 물체의 겉면을 수지 등의 얇은 막으로 씌우는 일. 코팅하다.

코펜하겐(Copenhagen) 덴마크의 수도. 북부 유럽에서 가장 큰 도시로 교통의 중심지이다. 조선·기계 공업이 성하다.

코펠 여행이나 등산 등을 할 때 가지고 다니면서 음식을 해 먹을 수 있는 그릇이나 냄비. |참고| 코펠은 'Kocher'에서 온 말.

코프라(copra) 야자나무 열매의 배젖을 말린 것. 지방을 많이 함유하고 있어 마가린·비누·야자유·양초 등의 원료가 된다.

코피 코 안에서 흘러나오는 피. 예코피를 흘리다.

코허리 콧등의 잘록한 부분.

코흘리개 ①'코를 잘 흘리는 아이'를 놀리는 말. ②철없는 어린아이. 예코흘리개 꼬마가 이렇게 컸구나.

콕¹ 날카롭고 단단한 물건으로 한 번 세게 찌르거나 찍거나 박는 모양. 예새가 나무를 부리로 콕 쪼았다./살 갗을 바늘로 콕 찌르다. 흰쿡. 콕콕. 예닭이 모이를 콕콕 쪼아 먹는다.

콕²(cock) 관 속을 흐르는 기체나 액체의 양을 조절하는 마개.

콘(cone) 아이스크림을 담는 데 쓰이는, 원뿔 모양의 속이 빈 과자.

콘덴서(condenser) 전기를 잠시 모아 두는 장치.

콘도(condo) 객실 단위로 분양하는 형식의 숙박 시설. 분양받은 사람이 이용하지 않는 동안 그 관리 회사에 관리·운영을 맡긴다. 흰콘도미니엄.

콘도미니엄(condominium) 〈콘도〉의 본말.

콘사이스(concise) 《'간결'·'간명'의 뜻으로》 휴대용 '소사전'을 흔히 이르는 말.

콘서트(concert) 음악회. 연주회.

콘센트 옥내 배선에서, 실내에 사용하는 코드를 연결하기 위해 쓰이는 기구. 여기에 플러그를 끼우게 되어 있다. |참고| 콘센트는 'concentric plug'에서 온 말.

콘크리트(concrete) 건축 재료의 한 가지. 시멘트에 모래·자갈 등을 섞어 물에 반죽하여 굳힌 것으로, 건물 등을 짓는 데 쓰인다.

콘택트렌즈(contact lens) 눈동자에 직접 붙여 안경의 구실을 하게 하는 렌즈. 투명한 수지로 만든다.

콘테스트(contest) 용모·작품·기능 등의 우열을 가리는 대회. 예사진 콘테스트.

콘텐츠(contents) 인터넷이나 방송 등을 통하여 제공되는 여러 가지 정보나 그 내용물.

ㅋ

콘트라베이스(contrabass) 바이올린 종류의 현악기 가운데 가장 크고, 가장 낮은 소리를 내는 악기. 보통 4~5줄이며 음색이 중후하다. [비]더블 베이스.

콜더(Calder, 1898~1976) 미국의 추상 조각가. 움직이는 조각인 모빌을 처음 만들었다.

콜드크림(cold cream) 얼굴을 마사지할 때에 사용하는, 기름기가 많은 크림.

콜라(cola) 독특한 맛과 향이 있는 청량음료의 한 가지.

콜라주(collage) 화면에 종이·인쇄물·사진 등을 오려 붙여 작품을 만드는 일, 또는 그렇게 만든 작품.

콜럼버스(Columbus, 1451~1506) 이탈리아의 탐험가. 아메리카 대륙을 발견하였다.

콜레라(cholera) 콜레라균이 창자에 침입해 일으키는 급성 전염병. 열이 몹시 나고 구토와 설사를 하며, 심하면 죽기도 한다. [비]쥐통.

콜레스테롤(cholesterol) 동물의 뇌나 피 등에 많이 들어 있는 물질. 핏속에서 이 양이 많아지면 동맥 경화증이 나타난다.

콜로라도(Colorado) 미국 서부에 있는 주. 로키 산맥에 딸린 산악과 고원 지대로, 광업과 목축업이 발달하였다.

콜로세움(Colosseum) 로마에 있는 원형 경기장.

콜록거리다 [콜록꺼리다] 오랜 기침병으로 쇠약해진 사람이 입을 오므리고 기침 소리를 자꾸 내다. [비]콜록대다. [큰]쿨룩거리다.

콜록대다 [콜록때다] ➡콜록거리다.

콜록콜록 자꾸 콜록거리는 소리. [큰]쿨룩쿨룩.

콜롬보(Colombo) 스리랑카의 수도. 세계적인 무역항으로, 인도 항로의 중심지이다. 고무·차·코프라 등을 수출한다.

콜롬비아(Colombia) 남아메리카의 북서부에 있는 나라. 세계 제2의 커피 산지이며, 옥수수·담배·석유 등이 많이 난다. 수도는 보고타.

콜카타(Kolkata) 인도 동쪽, 갠지스 강 부근에 있는 도시. 황마·쌀·차 등이 많이 난다. '캘커타'의 바뀐 이름.

콜콜 곤하게 자면서 숨을 쉬는 소리, 또는 그 모양. [큰]쿨쿨.

콜콜거리다 곤하게 자면서 숨을 쉬는 소리를 자꾸 내다. [비]콜콜대다. [큰]쿨쿨거리다.

콜콜대다 ➡콜콜거리다.

콜택시(call taxi) 전화하여 부르는 택시.

콜히친(colchicine) 백합과의 여러해살이풀인 콜키쿰의 씨에 많이 들어 있는 물질. 관절염의 특효약이며, 식물의 품종 개량 등에 쓰인다.

콤바인(combine) 벼·보리 등을 수확하면서 탈곡을 동시에 할 수 있는 농업용 기계.

〈콤바인〉

콤비 무슨 일을 하는 데 있어서의 단짝. [예]콤비를 이루다. [참고] 콤비는 'combination'에서 온 말.

콤비나트(kombinat) 생산력을 높이기 위하여, 서로 관련이 있는 공장을 한곳에 모은 공장의 집단.

콤파스(compass) '컴퍼스'의 잘못.

콤팩트디스크(compact disk) ➡시디.

콤플렉스(complex) 자기가 남보다 뒤떨어진다고 느끼는 마음. [비]열등감.

콧구멍 [코꾸멍/콛꾸멍] ①코의 구멍. ②'구멍이나 공간이 매우 좁음'을 비유하여 이르는 말. [예]콧구멍만 한 방.

콧김[코낌/콛낌] ①콧구멍으로 나오는 더운 김. ②'다른 사람에게 끼치는 영향력'을 비유하여 이르는 말. 예콧김이 세다.

콧날[콛날] 콧등의 날을 이룬 부분. 예콧날이 오뚝하다.

콧노래[콘노래] 입은 벌리지 않고, 코로 소리를 내어 가락만으로 부르는 노래.

콧대[코때/콛때] 콧등의 우뚝한 줄기.
콧대가 높다관용 잘난 체하는 기세가 있다.
콧대가 세다관용 남의 말을 잘 받아들이려 하지 않고 자기 생각대로만 하려는 고집이 있다.
콧대를 꺾다관용 잘난 체하는 상대편의 기를 죽이다.

콧등[코뜽/콛뜽] 코의 등성이. 예콧등이 시큰하다.

콧물[콘물] 콧구멍에서 흘러나오는 끈끈한 액체. 비코.

콧바람[코빠람/콛빠람] 코로 내보내는 바람 기운, 또는 그 소리. 예성적이 올라간 동생은 신이 나서 콧바람을 불어 댔다.

콧방귀[코빵귀/콛빵귀] 코로 나오는 숨을 막았다가 갑자기 터뜨리면서 내는 소리.
콧방귀(를) 뀌다관용 아니꼽거나 못마땅하여 남의 말을 들은 체 만 체 하다.

콧소리[코쏘리/콛쏘리] ①콧구멍으로 내는 소리. ②코가 막힌 상태로 내는 소리. ③코 안을 울리면서 내는 소리. 곧, ㄴ·ㅁ·ㅇ의 소리. ③비비음.

콧속[코쏙/콛쏙] 콧구멍의 속.

콧수염(-鬚髯)[코쑤염/콛쑤염] 코밑에 난 수염.

콧잔등[코짠등/콛짠등] 콧등의 잘록한 부분. 예콧잔등에 땀방울이 송송 맺히다.

콩¹ 콩과의 한해살이풀. 여름에 희거나 불그레한 나비 모양의 꽃이 피고, 꼬투리를 맺는다. 꼬투리 속의 씨는 된장·두부·기름 등의 재료로 쓰인다.

〈콩¹〉

콩² 단단한 바닥에 작고 가벼운 물건이 떨어지거나 부딪쳐 울리는 소리. 큰쿵. 콩콩.

콩가루[콩까루] 콩을 빻아서 만든 가루. 예콩가루를 묻힌 떡.

콩고(Congo) 중부 아프리카의 대서양 연안에 있는 나라. 땅콩·야자유·목재 등을 수출하고, 석유·다이아몬드·금 등이 많이 난다. 수도는 브라자빌.

콩고 강(Congo江) 아프리카 대륙의 중앙부에서 서쪽으로 흐르는 강. 잠비아 북동쪽에서 시작하여 콩고 분지를 지나 대서양으로 흘러든다. 길이 4,700 km.

콩기름 콩에서 짜낸 기름.

콩깍지[콩깍찌] 콩을 떨어낸 껍데기.

콩꼬투리 콩알이 들어 있는 꼬투리. |참고| '꼬투리'는 콩알을 싸고 있는 껍질이다.

콩나물 콩을 시루 등에 담아 그늘에 두고, 물을 주어 싹을 틔워 뿌리가 내리게 한 것, 또는 그것을 삶아 무친 나물.

콩나물시루 ①콩나물을 기르는 둥근 질그릇. ②'사람이 몹시 많아서 빽빽한 상태'를 비유하여 이르는 말. 예콩나물시루 같은 만원 버스에 간신히 올라탔다.

콩닥거리다[콩닥꺼리다] 조금 무거운 물건이나 방앗공이가 떨어져서 울리는 소리가 자꾸 나다. 비콩닥대다. 큰쿵덕거리다.

콩닥대다 [콩닥때다] ➡ 콩닥거리다.

콩닥콩닥 자꾸 콩닥거리는 소리. ㉰쿵덕쿵덕.

콩밥 ①쌀에 콩을 섞어 지은 밥. ②지난날, 죄수에게 콩으로 지은 밥을 먹인 데서, '죄수의 밥'을 속되게 이르는 말.

콩새 되샛과의 새. 참새만 한 크기에, 부리가 굵고 튼튼하다. 겨울새로 마을 근처의 숲이나 산기슭에 산다.

콩알 ①콩의 낱알. ②'매우 작음'을 비유하여 이르는 말. 예간이 콩알만 해지다./콩알만 한 녀석이 까분다.

콩엿 [콩녇] 볶은 콩을 섞어서 만든 엿.

콩자반 콩을 간장에 끓여서 설탕을 넣고 바짝 조린 반찬.

콩장(一醬) 볶은 콩에 간장과 참기름·깨소금·고춧가루 및 파 다진 것을 넣어 버무린 반찬.

콩 주머니 헝겊에 콩을 넣어서 작은 공 모양으로 만든 주머니. 이것을 던져 박을 터뜨리는 등의 여러 가지 놀이를 하기도 한다.

콩쥐 팥쥐 조선 시대의 소설. 착하고 예쁜 콩쥐가 계모와 이복동생 팥쥐에게 심한 구박을 당하지만, 선녀의 도움으로 감사와 결혼한다는 내용이다.

콩코드(Concorde) 영국과 프랑스가 공동 개발한 세계 최초의 초음속 여객기.

콩쿠르(concours) 음악·미술·무용·연극 등의 재주를 겨루는 모임. 예피아노 콩쿠르.

콩트(conte) 유머와 풍자가 넘치는 촌극.

콩팥 [콩팓] 오줌을 걸러 내는 기관. 핏속에서 남는 수분과 불순물을 걸러 내 오줌보로 보낸다. ㉰신장. |발음| 콩팥이 [콩파치]·콩팥도 [콩팓또]·콩팥만 [콩판만]

콱 ①세게 박거나 찌르거나 부딪치는 모양. 예이마를 기둥에 콱 부딪치다. ②무엇이 아주 심하게 막히는 모양. 예심한 더위로 숨이 콱 막히다. 콱콱.

콸콸 많은 양의 액체가 좁은 구멍으로 자꾸 쏟아져 흐르는 소리. 예물이 콸콸 쏟아진다. ㉰퀄퀄.

쾅 ①무겁고 단단한 물건이 단단한 바닥에 떨어지거나 부딪쳤을 때 크게 울리어 나는 소리. 예대문을 쾅 닫다. ②폭약 등이 터지면서 세차게 울리어 나는 소리. 예대포를 쾅 쏘다. ㉰쿵. 쾅쾅.

쾌감(快感) 상쾌하고 좋은 느낌.

쾌거(快擧) 몹시 기쁘고 칭찬할 만한 일. 예쾌거를 올리다./우리 선수들은 국제 대회 우승의 쾌거를 이루었다.

쾌락(快樂) 욕망을 만족시키는 즐거움. ㉤고통.

쾌속선(快速船) [쾌속썬] 속도가 매우 빠른 배.

쾌속정(快速艇) [쾌속쩽] 속도가 매우 빠른 소형의 배.

쾌유(快癒) 병이 개운하게 다 나음. ㉯쾌차. 쾌유되다. 쾌유하다.

쾌자(快子) 조선 시대에, 벼슬아치가 입던 군복의 한 가지. 소매가 없고 뒤의 솔기가 허리까지 트였으며 두루마기처럼 길다. 요즈음에는 복건과 함께 명절이나 돌날에 어린 아이에게 입힌다.

⟨쾌자⟩

쾌재(快哉) 통쾌한 일, 또는 '통쾌하다'고 하는 말. 예쾌재를 부르다.

쾌적하다(快適一) [쾌저카다] 몸과 마음에 알맞아 기분이 썩 좋다. 예쾌적한 환경.

쾌지나 칭칭 나네 경상도 민요의 한

가지. 한 사람이 사설로 메기면, 여럿이 '쾌지나 칭칭 나네'라는 후렴으로 받는, 재미있고 끝이 없는 노래이다.

쾌차(快差) 병이 다 나음. 예할머니의 쾌차를 기원합니다. 비쾌유. 쾌차하다.

쾌청하다(快晴—) 하늘이 활짝 개어 맑다.

쾌활하다(快活—) 성격이 명랑하고 활발하다. 예민아는 항상 표정이 밝고 쾌활하다. 비명랑하다. 쾌활히.

쾌히(快—) 시원스럽게. 유쾌하게. 예아빠는 내 부탁을 쾌히 들어주셨다.

쾨쾨하다 [쾨쾨하다/퀘퀘하다] 냄새가 비위에 거슬릴 정도로 고리다. 큰퀴퀴하다.

쿠데타(coup d'État) 무력을 써서 정권을 빼앗는 일.

쿠바(Cuba) 중앙아메리카 서인도 제도에서 가장 큰 섬과 그 주변 섬으로 이루어진 나라. 1959년의 혁명으로 사회주의 국가가 되었다. 사탕수수·바나나·담배 등이 많이 난다. 수도는 아바나.

쿠베르탱(Coubertin, 1863~1937) 프랑스의 교육가. 고대 올림픽의 부활을 제창하여 국제 올림픽 위원회를 조직하고, 1896년에 그리스 아테네에서 제1회 대회를 개최하였다.

쿠션(cushion) ①의자나 침대 등에 솜·스펀지·용수철 등을 넣어 탄력이 생기게 한 부분. ②몸을 편하게 기대거나 받칠 수 있게 만든 푹신푹신한 물건. 예나는 쿠션을 등에 받치고 기대앉았다.

쿠알라룸푸르(Kuala Lumpur) 말레이시아의 수도. 말레이 반도 서남쪽에 있으며, 고무 재배와 주석 공업의 중심지이다.

쿠웨이트(Kuwait) 아라비아 반도 북동부, 페르시아 만에 있는 나라. 목축·어업이 성하며, 풍부한 석유 자원으로 국민 소득이 높다. 수도는 쿠웨이트.

쿠키(cookie) 밀가루를 주재료로 하여 구운 서양식 과자.

쿠폰(coupon) ①한 장씩 떼어서 쓸 수 있게 되어 있는 표. ②상품에 첨부된 우대권이나 경품 교환권.

쿡 날카롭고 단단한 물건으로 한 번 세게 찌르거나 찍거나 박는 모양. 예옆구리를 쿡 찌르다. 작콕. 쿡쿡.

쿨룩거리다 [쿨룩꺼리다] 오랜 기침병으로 쇠약해진 사람이 가슴이 울릴 만큼 힘겹게 기침 소리를 자꾸 내다. 비쿨룩대다. 작콜록거리다.

쿨룩대다 [쿨룩때다] ➡쿨룩거리다.

쿨룩쿨룩 자꾸 쿨룩거리는 소리. 작콜록콜록.

쿨쿨 곤하게 자면서 숨을 크게 쉬는 소리, 또는 그 모양. 작콜콜.

쿨쿨거리다 곤하게 자면서 숨을 크게 쉬는 소리를 자꾸 내다. 비쿨쿨대다. 작콜콜거리다.

쿨쿨대다 ➡쿨쿨거리다.

쿵 ①단단한 바닥에 크고 무거운 물건이 떨어지거나 부딪쳐 울리는 소리. ②북이나 대포 등의 소리가 크게 울리는 소리. 작콩. 쿵쿵.

쿵더쿵 꽤 무거운 물건이 떨어져서 울리는 소리.

쿵덕거리다 [쿵덕꺼리다] 꽤 무거운 물건이나 방앗공이 등이 떨어져서 울리는 소리가 자꾸 나다. 비쿵덕대다. 작콩닥거리다.

쿵덕대다 [쿵덕때다] ➡쿵덕거리다.

쿵덕쿵덕 자꾸 쿵덕거리는 소리, 또는 그 모양. 작콩닥콩닥.

쿵쾅거리다 ①여럿이 마룻바닥 등을 요란하게 구르다. ②북소리나 폭발물 소리가 요란하게 울리다. 비쿵쾅대다.

쿵쾅대다 ➡쿵쾅거리다.

쿵광쿵광 자꾸 쿵광거리는 소리.
쿵쿵거리다 ①단단한 바닥에 크고 무거운 물건이 자꾸 떨어지거나 부딪치다. ②북·대포 등의 소리가 자꾸 크게 울리다. [비]쿵쿵대다. [작]공공거리다.
쿵쿵대다 ➡쿵쿵거리다.
쿵푸 '쿵후'의 잘못.
쿵후 무기 없이 유연한 동작으로 손과 발을 이용하여 공격하는 중국 무술. [참고] 쿵후는 'gongfu'에서 온 말. [잘못] 쿵푸.
퀭하다 눈이 움푹 들어가 크고 기운이 없이 흐릿하다. [예]퀭한 눈.
퀴리 부인(Curie 夫人, 1867~1934) 폴란드 태생의 프랑스 물리학자. 남편 퀴리와 함께 방사능 원소인 라듐과 폴로늄을 발견하여 1903년 함께 노벨 물리학상을 받았다. 1911년에는 노벨 화학상도 받았다.
퀴즈(quiz) 어떤 질문에 대한 답을 알아맞히는 놀이, 또는 그 물음.
퀴퀴하다 냄새가 비위에 거슬릴 정도로 구리다. [작]쾨쾨하다.
큐피드(Cupid) 로마 신화에 나오는 사랑의 신. 보통 날개가 있고 활과 화살을 가진 아이 모습이다. 그리스 신화의 에로스에 해당한다.
크기 부피·넓이·양 등이 큰 정도.
크나크다 매우 크다. [예]선생님께 크나큰 은혜를 입었습니다. [활용] 크나크니·크나커.
크낙새 [크낙쌔] 딱따구릿과의 새. 부리가 머리보다 길다. 우는 소리가 크고, 주둥이로 나무를 쪼는 소리가 요란하다. 우리나라의 특산종이다. 천연기념물 제197호.

〈크낙새〉

크다¹ 자라다. 커지다. [예]나는 커서 탐험가가 될 거야. [활용] 크니·커.
크다² ①부피·길이·넓이·키 등이 보통 정도를 넘다. [예]민수는 키가 크다. ②수나 양이 많다. ③소리 등이 세다. [예]수호는 목소리가 크다. ④책임이나 일이 무겁고 중요하다. [예]네 책임이 크다. ⑤죄·허물 등이 무겁고 심하다. [예]잘못이 크다. [반]작다. [활용] 크니·커.
크디크다 몹시 크다. [예]크디큰 여객선을 타다. [반]작디작다. [활용] 크디크니·크디커.
크래커(cracker) 밀가루를 이스트로 발효시켜 얇고 바삭바삭하게 구운 짭짤한 과자.
크레디트 카드(credit card) ➡신용카드.
크레용(crayon) 그림을 그리는 데 쓰이는 막대기 모양의 채색 재료.
크레인(crane) 무거운 물건을 들어 올리거나 옮기는 데 쓰이는 기계.
크레파스 크레용과 파스텔의 특색을 따서 만든 막대기 모양의 채색 재료. [참고] 크레파스는 'crayon'과 'pastel'이 합쳐서 된 말.
크로커스(crocus) 붓꽃과의 여러해살이풀. 잎은 가늘고 길며 흰색의 세로줄이 있다. 자주·하양·분홍·노랑 등의 큰 꽃이 핀다.
크리스마스(Christmas) 예수의 탄생을 기념하는 날. 12월 25일. [비]성탄절.
크리스마스실(Christmas seal) 결핵 퇴치 기금을 모으기 위하여 크리스마스 전후에 발행되는 우표 모양의 딱지.
크리스마스이브(Christmas Eve) 크리스마스 전날인 12월 24일 저녁.
크리스마스카드(Christmas card) 크리스마스를 축하하는 뜻을 적어 친한 사람끼리 주고받는 카드.

크리스마스 캐럴(Christmas carol) 크리스마스를 축하하는 노래.

크리스마스트리(Christmas tree) 크리스마스에 장식으로 세우는 나무. 보통, 소나무·전나무 등에 여러 가지 장식물이나 종·꼬마전등 등을 단다.

크리스천(Christian) 예수 그리스도를 믿고 따르는 사람. 기독교 신자.

크리스트교(Christ敎) ➡기독교.

크릴(krill) 남극 주변의 바다에 사는, 작은 새우와 비슷한 동물 플랑크톤.

크림(cream) ①우유의 지방으로 만든 식품. 과자나 요리의 재료로 쓰인다. ②여성이 얼굴에 바르는 기초 화장품.

크메르(Khmer) 지난날, '캄보디아'를 이르던 말.

큰개자리 별자리의 한 가지. 오리온자리의 동쪽에 있어 늦겨울 해 질 녘에 남쪽 하늘에 보인다.

큰골 ➡대뇌.

큰곰 곰과의 동물. 보통의 곰보다 크며 몸빛은 갈색 또는 흑갈색이다. 앞 발톱이 몹시 길고 목에 흰

〈큰곰〉

고리 무늬가 둘러져 있다. 성질이 사납고 헤엄을 잘 치며 나무에도 잘 오른다. 겨울에는 굴속에서 겨울잠을 잔다.

큰곰자리 북두칠성을 포함하는 별자리. 북두칠성은 이 별자리의 꼬리와 허리에 해당한다.

큰기침 인기척을 내거나 위세를 부리거나 마음을 가다듬느라고 소리를 크게 내어 하는 기침. 예아저씨가 문밖에서 큰기침으로 기척을 해도 아무도 나오지 않았다. 큰기침하다.

큰길 넓은 길.

큰누나 누나 가운데 맏이인 누나.

큰누이 맏이가 되는 누이.

큰눈 많이 내리는 눈.

큰달 한 달이 양력으로는 31일, 음력으로는 30일까지 있는 달. 빤작은달.

큰댁(一宅) 〈큰집〉의 높임말. 빤작은댁.

큰돈 액수가 많은 돈.

큰따옴표(一標) 따옴표의 한 가지. 글 가운데서 남의 말을 따오거나 대화 부분을 직접 표시할 때 쓰이는 부호 " "의 이름. 참작은따옴표.

큰딸 맏이인 딸. 비맏딸·장녀.

큰마음 힘들게 결심하거나 크고 넓게 쓰는 마음씨. 예그거 큰마음 먹고 주는 거야. 준큰맘.

큰말 어떤 말과 뜻은 같으면서도 크고 무겁고 어두운 느낌을 주는 말. '살랑살랑'의 큰말은 '설렁설렁' 등. 빤작은말.

큰물 비가 많이 와서 내나 강에 크게 불은 물. 비홍수.

큰방(一房) 집주인이나 집안 어른이 쓰는 방.

큰북 타악기의 한 가지. 나무나 쇠붙이로 된 커다란 원통의 양쪽에 가죽을 씌워 만든다. 땅에 놓거나 받쳐 놓고 친다. 참작은북.

큰불 크게 일어난 불. 규모가 큰 화재. 예공장에 큰불이 나서 여러 사람이 다쳤다.

큰비 여러 날을 계속하여 많이 내리는 비.

큰사람 위대하고 이름난 사람. 예큰사람이 되다.

큰상(一床) 잔치 때에 음식을 많이 차려서 주인공을 대접하는 상. 예큰상을 받다.

큰소리 ①야단치는 소리. ②일이 될지 안 될지 모르면서 자신 있게 하는 말. 예너는 그 일도 못 하면서 큰소리만 치니? 큰소리하다.

큰손 ①특별히 잘 대접해야 할 귀한 손님. ②'증권 시장이나 부동산 시장에서, 시세에 영향을 미칠 정도로 대규모의 거래를 하는 사람'을 비유하여 이르는 말.
큰스님 '덕이 높은 승려'를 높여 이르는 말.
큰아기 [크나기] 맏딸이나 맏며느리를 정답게 부르는 말.
큰아들 [크나들] 맏이인 아들.
큰아버지 [크나버지] 아버지의 맏형. [비]백부.
큰아이 [크나이] 맏아들이나 맏딸을 다정하게 이르는 말.
큰악절(一樂節) [크낙쩔] 음악에서, 두 개의 작은악절로 이루어진 악절. 보통, 여덟 마디나 열두 마디로 되어 있다. [반]작은악절.
큰어머니 [크너머니] 큰아버지의 아내. [비]백모.
큰일 [크닐] ①다루는 데 힘이 많이 들고 범위가 넓은 일. 또는 중대한 일. [반]잔일. ②잔치나 예식 등을 치르는 일.
큰일을 치르다[관용] 음식을 대접할 손님이 많은 예식이나 잔치를 치르다.
큰일 나다 감당하기 어려운 일이나 큰 탈이 생기다.
큰절 앉으면서 허리를 굽히고 머리 숙여 공손하게 하는 절. 명절·제사 등의 행사 때나 어른에게 인사를 올릴 때 한다. [예]큰절을 올리다. **큰절하다**.
큰조카 큰형의 맏아들.
큰집 아우나 그 자손이 '맏형이나 그 자손의 집'을 이르는 말. [반]작은집. [높]큰댁.
큰창자 내장의 일부로, 작은창자의 끝에서 항문에 이르는 소화 기관. 식물성 섬유의 소화와 수분의 흡수를 맡아본다. [비]대장.

큰코다치다 대수롭지 않게 여기다가 크게 낭패를 보다. 몹시 혼이 나다. [예]괜히 나섰다가 큰코다치는 수가 있어.
큰키나무 줄기가 굳고 굵으며 높이 자라고 비교적 위쪽에서 가지가 퍼지는 나무. 소나무·전나무·향나무 등. [비]교목.
큰할머니 큰할아버지의 아내.
큰할아버지 [큰하라버지] 할아버지의 맏형.
큰형(一兄) 작은형에 대하여 '맏형'을 이르는 말.
클라리넷(clarinet) 목관 악기의 한 가지. 세로로 잡고 부는데, 높은 음은 맑고 낮은 음은 깊이가 있다.

〈클라리넷〉

클라이맥스(climax) 흥분·긴장·정신 등이 최고점에 이른 상태, 또는 그 장면.
클래식(classic) 서양의 고전 음악.
클랙슨(klaxon) 자동차 등의 탈것에 달린, 주의나 경계를 하도록 소리를 울리는 장치.
클럽(club) 친목·취미·오락 등 같은 목적으로 모인 사람들의 단체.
클럽 활동(club活動) 특별 교육 활동의 한 가지. 같은 관심과 흥미를 가진 학생들이 모여서 갖는 학예·운동·취미 등의 활동.
클로버(clover) 토끼풀.
클릭(click) 마우스의 단추를 누름. **클릭하다**.
클린치(clinch) 권투에서, 상대방의 공격을 피하기 위해 상대방을 껴안는 일.
클립(clip) 여러 장의 종이나 서류 등을 흩어지지 않게 한데 집어 끼워 두는, 철사로 된 사무용품.

큼직큼직하다 [큼직큼지카다] 여럿이 다 큼직하다. 예글씨를 큼직큼직하게 썼다.

큼직하다 [큼지카다] 꽤 크다. 큼직이.

큼큼 ①냄새를 맡으려고 코로 자꾸 숨을 들이쉬는 소리를 나타낸다. ②가볍게 헛기침을 여러 번 하는 소리를 나타낸다.

킁킁 병이나 버릇으로 숨을 콧구멍으로 내쉬는 소리.

킁킁거리다 병이나 버릇으로 숨을 콧구멍으로 자꾸 내쉬다. 비킁킁대다.

킁킁대다 ➡킁킁거리다.

키¹ ①사람이나 다리가 있는 동물의 선 몸의 길이. 예완석이는 키가 크다. 비신장. ②물건이나 식물의 높이.

키² 곡식 등을 까불러서 검불이나 겨 등을 날려 버리는 기구.

키³ 배의 방향을 조절하는 장치.

키⁴(key) ①열쇠. ②문제를 해결할 수 있는 실마리.

키다리 '키가 큰 사람'을 놀려서 이르는 말. 예키다리 아저씨. 반난쟁이·작다리.

키득거리다 [키득꺼리다] 참지 못하여 웃음소리가 자꾸 새어 나오다. 비키득대다.

키득대다 [키득때다] ➡키득거리다.

키득키득 자꾸 키득거리는 소리, 또는 그 모양.

키르기스스탄(Kirgizstan) 중앙아시아 서남부에 있는 나라. 목축을 하고, 목화·석유·석탄 등이 많이 난다. 소비에트 연방을 이루던 국가의 하나였다. 수도는 비슈케크.

키보드(keyboard) ①건반. ②컴퓨터의 글자판. ②비자판.

키스(kiss) ①서로 입을 맞추는 일. 입맞춤. ②사랑하거나 존경한다는 뜻으로, 뺨이나 손등에 입을 맞추는 일. 키스하다.

키우다 크게 하다. 자라게 하다.

키위(kiwi) 달걀 모양에 잔털이 빽빽하게 나 있는 열대 과일. 단맛이 있으나 약간 시며 비타민 시(C)가 많다.

키읔 [키윽] 한글 닿소리 'ㅋ'의 이름. |발음| 키읔이 [키으기] · 키읔도 [키윽또] · 키읔만 [키응만]

키잡이 [키자비] 배의 키를 조종하는 사람. 비조타수.

키질 키로 곡식 등을 까부르는 일. 키질하다.

키퍼(keeper) 〈골키퍼〉의 준말.

킥(kick) 축구 등에서, 발로 공을 차는 일.

킥 보드(kick board) 길고 좁은 발판에 바퀴와 손잡이가 달려 있어 발로 땅을 차면 굴러가는 탈것.

킥킥 웃음을 참으려다가 참지 못하고 자꾸 웃는 소리, 또는 그 모양.

킥킥거리다 [킥킥꺼리다] 웃음을 참으려다가 참지 못하고 자꾸 웃다. 비킥킥대다.

킥킥대다 [킥킥때다] ➡킥킥거리다.

킬라우에아 산(Kilauea山) 미국 하와이 주의 하와이 섬 남동쪽에 있는 화산. 높이 1,247 m.

킬로(kilo) '킬로그램' · '킬로미터' 등을 줄여 이르는 말.

킬로그램(kilogram) 무게를 잴 때 쓰이는 말. 1킬로그램은 1,000 그램이다. 기호는 'kg'.

킬로리터(kiloliter) 부피를 잴 때 쓰이는 말. 1킬로리터는 1,000 리터이다. 기호는 'kL'.

킬로미터(kilometer) 길이를 잴 때 쓰이는 말. 1킬로미터는 1,000 미터이다. 기호는 'km'.

킬로와트(kilowatt) 전력의 세기를 잴 때 쓰이는 말. 1킬로와트는 1,000 와트이다. 기호는 'kW'.

킬리만자로 산(Kilimanjaro山) 아프리

ㅋ

카 대륙 중동부, 탄자니아 북쪽에 있는 화산. 높이 5,895 m. 아프리카 대륙에서 가장 높은 산이다.

킬킬 억지로 참으려다가 참지 못하고 웃는 소리.

킬킬거리다 억지로 참으려다가 참지 못하고 자꾸 웃다. [비]킬킬대다.

킬킬대다 ➡킬킬거리다.

킹스타운(Kingstown) 세인트빈센트 그레나딘의 수도. 세인트빈센트 섬에 있는 천연의 항구로, 바나나·코코넛 등을 수출한다.

킹조지 섬(King George—) 남극에 있는 섬. 비교적 기후 조건이 좋아 남극의 낙원이라 불린다. 연구·조사를 목적으로 우리나라의 세종 과학 기지가 세워져 있다.

킹킹 어린아이가 울음 섞인 소리로 자꾸 조르거나 보채는 소리. [예]아이가 젖을 물고도 자꾸 킹킹 보챈다.

킹킹거리다 어린아이가 울음 섞인 소리로 자꾸 조르거나 보채다. [비]킹킹대다.

킹킹대다 ➡킹킹거리다.

ㅋ

ㅌ

ㅌ 티읕. 한글 닿소리의 열두째.

타(他) 남. 다른 사람. 예타의 모범이 되다.

타:개(打開) 앞에 가로막고 있는 어려움을 헤쳐 나감. 타개되다. 타개하다. 예난국을 타개하다.

타:격(打擊) ①세게 때려 침. 예타격을 가하다. ②야구에서, 투수가 던지는 공을 배트로 치는 일. 예타격이 날카롭다. ③손해·손실을 봄. 예태풍으로 농작물에 큰 타격을 입었다. 타격하다.

타:결(安結) 의견이 다른 양쪽이 협의를 하여 서로 좋도록 일을 마무리함. 타결되다. 타결하다.

타계(他界) [타계/타게] 《사람이 다른 세계로 간다는 뜻으로》 사람의 죽음, 특히 '어른이나 높은 사람의 죽음'을 이르는 말. 타계하다.

타고나다 성격·복·재주 등을 본디부터 지니고 태어나다. 예타고난 재주.

타고르(Tagore, 1861~1941) 인도의 시인·사상가. 1913년 시집 '기탄잘리'로 동양 최초로 노벨 문학상을 받았다.

타:구(打球) 공을 침, 또는 친 공. 예외야수가 높게 뜬 타구를 잡았다.

타국(他國) 남의 나라. 또는 다른 나라. 예타국 영토. 빤외국. 빤자국.

타다¹ ①불이 붙어 벌겋게 되거나 불길이 오르다. 예장작이 타다. ②뜻대로 되지 않거나 걱정이 되어 조바심이 나다. 예속이 타다. ③살갗이 햇볕에 그을다. 예얼굴이 까맣게 타다. ④물기가 없어 바싹 마르다. 예목이 타다./입술이 타다.

타다² ①탈것이나 짐승의 등에 몸을 싣다. 예기차를 타다. ②썰매·스케이트 등으로 미끄러져 달리다. ③그네 등에 올라 놀다. ④높은 데를 오르내리거나 밟고 지나가다. 예산을 타다. ⑤어떤 기회나 조건을 알맞게 또는 이롭게 쓰다. 예어둠을 타서 이동하다.

타다³ 무엇을 물 등에 섞다. 예커피에 설탕을 타다.

타다⁴ 몫으로 주는 것을 받다. 예용돈을 타다./상을 타다./회사에서 월급을 타다.

타다⁵ ①골이나 줄을 내려고 양쪽으로 가르다. 예가르마를 타다. ②박 등을 가르다.

타다⁶ 현악기의 줄을 퉁겨 소리를 내다. 예가야금을 타다.

타다⁷ 어떤 기운이나 자극 같은 것을 잘 느끼다. 예부끄럼을 타다./추위를 타다.

타다닥 부딪치거나 튀거나 타는 소리. 예끓는 기름에 물이 떨어져 타다닥 소리를 내며 튀었다.

타:당성(妥當性)[타당썽] 알맞거나 마땅한 성질.

타:당하다(妥當─) 그렇게 되어야 맞거나 옳다. 예타당한 방법/네 의견이 타당하다고 생각해.

타:도(打倒) 어떤 세력이나 대상을 쳐서 거꾸러뜨림. 타도하다. 예침략자를 타도하다.

타:락(墮落) 마음과 행동이 올바르지 못하여 나쁜 길로 빠짐. 타락하다. 예타락한 생활.

타래 실이나 끈 등을 헝클어지지 않게 빙빙 둘러서 포개어 감은 뭉치, 또는 그것을 셀 때 쓰는 말. 예실 다섯 타래.

타래타래 실이나 끈 등이 여러 타래로 둥글게 뱅뱅 틀어진 모양. 흰트레트레.

타:력(打力) 야구에서, 타자가 투수의 공을 때리는 힘이나 능력. 예타력이 좋은 타자. 흰타격력.

타:령 ①판소리나 백성들이 지어 부르던 잡가. 좀 느릿하며 서글픈 느낌을 자아내는 서도 민요 등이 있다. ②어떤 사물이나 욕구에 대하여 자꾸 같은 말을 되풀이하는 일. 예옷 타령/반찬 타령. 타령하다.

타:박 남의 잘못이나 실수를 나무라고 핀잔함. 예타박을 주다./타박이 심하다. 타박하다.

타박거리다 [타박꺼리다] 지친 다리로 힘없이 자꾸 걸어가다. 흰타박대다. 흰터벅거리다.

타박대다 [타박때다] ➡타박거리다.

타:박상(打撲傷) [타박쌍] 맞거나 차이거나 부딪쳐서 생긴 상처.

타박타박 자꾸 타박거리는 모양. 흰터벅터벅.

타:산(打算) 이익과 손해를 따져 헤아려 봄, 또는 그 속셈. 예타산이 빠르다. 타산하다.

타산지석(他山之石) 《다른 산의 나쁜 돌이라도 자기의 옥돌을 가는 데에 쓸 수 있다는 뜻으로》 '남의 좋지 않은 말이나 행동도 자기의 지식과 인격을 닦는 데에 도움이 될 수 있음'을 비유하여 이르는 말.

타살(他殺) 남을 죽임. 또는 남에게 죽임을 당함. 흰자살. 타살되다. 타살하다.

타:석(打席) ①야구에서, 타자가 투수의 공을 치기 위하여 서는 장소. 예타자가 타석에 들어섰다. ②야구에서, 타자가 타석에 선 횟수. 흰타석수.

타:선(打線) 야구에서, 타자로 나서는 선수들의 짜임. 예타선이 좋다.

타:성(惰性) 오래되어 굳어진 버릇. 예타성에 젖다.

타:수(打數) 야구에서, 실제로 타석에 들어간 횟수에서 사구·희생타 등을 뺀 수. 흰타격수.

타:순(打順) 야구에서, 타격하는 타자의 순서. 흰타격순.

타아(他我) 스스로 자기를 깊이 생각하고 살필 때, 그 대상이 되는 나. 흰자아.

타:악기(打樂器) [타악끼] 손이나 채로 두드리거나 서로 부딪쳐서 소리를

내는 악기. 북·징·장구·탬버린 등. [참]관악기·현악기.

타오르다 불이 붙어 타기 시작하다. [예]타오르는 불길. |활용| 타오르니·타올라.

타우린(taurine) 동물의 쓸개즙에 들어 있는 물질. 피로 회복에 효과가 있다고 한다.

타워(tower) 탑처럼 높게 세운 건축물.

타ː원(楕圓) 달걀 모양처럼 길쭉하게 둥근 원. [예]타원형.

타월(towel) 수건.

타ː율(打率) 야구에서, 타자가 안타를 치는 비율. [본]타격률.

타율적(他律的)[타율쩍] 남의 명령이나 구속에 의해 행동하는 것. [예]타율적인 행동.

타의(他意)[타의/타이] 다른 사람의 뜻. [예]타의에 의해 물러나다. [반]자의.

타이¹ 인도차이나 반도 중앙부에 있는 나라. 쌀·목재·고무·주석 등이 많이 난다. 국민의 대부분이 불교를 믿는다. 수도는 방콕. |참고| 타이는 'Thailand'에서 온 말. [비]태국.

타이²(tie) ①운동 경기에서, '동점'을 이르는 말. [예]5 : 5로 타이를 이루다. ②〈넥타이〉의 준말.

타이르다 잘못을 깨닫도록 좋게 말하다. [예]선생님은 싸운 아이들을 불러 타일렀다. |활용| 타이르니·타일러.

타이밍(timing) 어떤 일을 하기에 가장 알맞은 시기. [예]타이밍을 맞추다.

타이어(tire) 차바퀴의 바깥 둘레에 끼우는, 고무로 만든 테. [예]자동차 타이어.

타이완(Taiwan) 중국 대륙 남동쪽에 있는 섬나라. 1949년 중국의 국민당 정부가 중국 본토를 떠나 이곳으로 옮겨 왔다. 쌀·사탕수수 등이 많이 난다. 수도는 타이베이. [비]대만.

타이즈(tights) '타이츠'의 잘못.

타이츠(tights) ①주로 발레나 체조 등을 할 때 입는, 몸에 달라붙는 아래옷. ②주로 어린이들이 신는, 허리까지 오는 긴 양말. |잘못| 타이즈.

타이태닉호(Titanic號) 1911년에 영국에서 만든 호화 여객선. 1912년 미국으로 가던 첫 항해 도중 빙산에 부딪혀 가라앉아 1,500여 명의 희생자를 냈다.

타이틀(title) ①책이나 작품 등의 제목. ②경기에서 우승한 선수에게 주는 자격. [예]타이틀 방어전.

타인(他人) 다른 사람. [비]남. [반]자신.

타일(tile) 벽이나 바닥 등에 붙이는, 점토를 구워 만든 작고 얇은 판.

타임(time) 《시간이라는 뜻에서》 ①운동 경기의 소요 시간. ②〈타임아웃〉의 준말. [예]감독이 심판에게 작전 타임을 요구했다.

타임머신(time machine) 과거와 미래로 여행을 하게 한다는 상상 속의 기계.

타임아웃(time-out) 농구·배구 경기 등에서, 선수의 교체·휴식·작전 지시 등을 위하여 경기를 잠시 멈추는 일. [준]타임.

타임캡슐(time capsule) 후세에 전하기 위하여 그 시대를 대표하는 기록이나 물건을 넣어 땅속에 묻는 용기.

타입(type) 어떤 부류에 속하는 형. [예]저 사람은 학자 타입이다.

타ː자(打者) 야구에서, 상대편 투수의 공을 배트로 치는 공격진의 선수. [예]강타자/타자가 친 공이 담장을 넘어갔다.

타ː자기(打字機) 손가락으로 키를 눌러서 글자를 찍는 기계. [예]한글 타자기.

타ː작(打作) 곡식의 이삭을 떨어내어 낟알을 거두는 일. [예]보리 타작. [비]마당질. **타작하다**.

타ː점(打點) [타쩜] 야구에서, 타자가 안타 등으로 자기편에 득점하게 한 점수.

타ː조(駝鳥) 타조과의 새. 키는 2m가량. 머리는 작고 눈이 크다. 새 중에서 가장 크며, 날지는 못하지만 시속 90 km로 달릴 수 있다.

〈타조〉

타ː진¹(打診) ①가슴이나 등을 두드려서 그 소리로 진찰함. ②남의 마음이나 사정을 알아보기 위하여 미리 떠봄. [예]가능성이 있는지 타진을 하다. **타진하다**.

타ː진²(打盡) 모조리 잡음. **타진되다**. **타진하다**. [예]범죄 조직을 모조리 타진하다.

타ː파(打破) 비합리적인 규율·관습 등을 깨뜨려 버림. **타파되다**. **타파하다**. [예]미신을 타파하다.

타향(他鄕) 자기 고향이 아닌 다른 고장. [비]객지. [반]고향.

타향살이(他鄕—) [타향사리] 자기 고향이 아닌 다른 고장에서 사는 일.

타ː협(妥協) 양쪽이 의논하여 좋도록 협의함, 또는 그 협의. [예]문제가 생기면 대화와 타협으로 풀어 나갑시다. **타협되다**. **타협하다**.

탁 ①갑자기 세게 두드리거나 치거나 부딪치는 소리, 또는 그 모양. [예]어깨를 탁 치다. ②무엇이 갑자기 끊어지거나 터지는 소리, 또는 그 모양. [예]풍선이 탁 터지다. ③앞이 시원스럽게 트인 모양. [예]탁 트인 벌판. ④갑자기 몹시 막히는 모양. [예]숨이 탁 막히다. [큰]턱.

탁구(卓球) [탁꾸] 네모난 상 가운데에 그물을 치고 마주 서서 작은 공을 채로 쳐서 넘기는 실내 운동. [비]핑퐁.

탁구공(卓球—) [탁꾸공] 탁구 경기에 쓰는 공.

탁류(濁流) [탕뉴] 흐린 물줄기.

탁발(托鉢) [탁빨] 승려가 불경을 외면서 집집마다 다니며 동냥하는 일. [예]탁발승.

탁본(拓本) [탁뽄] 비석이나 기와 등에 새겨진 글씨나 무늬를 종이에 그대로 떠냄, 또는 그렇게 떠낸 종이. [비]탑본. **탁본하다**.

탁상(卓上) [탁쌍] 책상이나 식탁 등 탁자의 위.

탁상공론(卓上空論) [탁쌍공논] 현실에서는 실제로 할 수 없는 헛된 생각이나 이론. **탁상공론하다**.

탁상시계(卓上時計) [탁쌍시계/탁쌍시게] 책상 위에 올려놓고 보는 시계.

탁색(濁色) [탁쌕] 순색에 회색을 섞은 색으로, 밝기와 선명도가 낮은 색.

탁아소(託兒所) [타가소] 부모들이 일터에 나가 일을 하는 동안, 아이들을 맡아서 보호해 주는 곳.

탁월하다(卓越—) [타궐하다] 남보다 훨씬 뛰어나다. [예]탁월한 솜씨.

탁자(卓子) [탁짜] 서랍이 없이 책상 모양으로 만든, 물건을 올려놓는 가구.

탁탁 ①일을 결단성 있게 잘 처리하는 모양. [예]업무를 탁탁 해치우다. ②숨이 자꾸 막히는 모양. ③자꾸 두드리거나 치거나 부딪치는 소리, 또는 그 모양. [예]돗자리를 탁탁 털다. [큰]턱턱.

탁하다(濁—) [타카다] ①액체나 공기 등이 맑지 않고 흐리다. [예]방 안 공기가 탁하다. ②목소리가 굵고 거칠다. [예]탁한 음성.

탄ː(炭) ①〈석탄〉의 준말. [예]탄을 캐다. ②〈연탄〉의 준말. [예]탄을 갈다.

탄ː광(炭鑛) 석탄을 캐내는 광산. [예]탄광촌.

탄ː력(彈力)[탈력] ①용수철처럼 튀기는 힘. 예탄력이 강한 스프링. ②'융통성이 있거나 힘이 넘침'을 비유하여 이르는 말. 예탄력 있게 대처하다.

탄ː로(綻露)[탈로] 비밀 등이 드러남. 예계획이 탄로 나다.

탄ː복(歎服) 깊이 감탄하여 마음으로 따름. 탄복되다. 탄복하다.

탄ː산(炭酸) 이산화탄소가 물에 녹아서 생기는 약한 산. 청량음료를 만드는 데 쓰인다.

탄산가스(炭酸gas) ➡이산화탄소.

탄산나트륨(炭酸Natrium) 색깔이 없고 물에 녹아 강한 염기성을 나타내는 물질. 유리·비누·종이를 만들거나 염색·세탁 등에 쓴다. 메탄산소다.

탄ː산수(炭酸水) 이산화탄소가 녹아 있는 물. 청량음료나 의약품 등에 쓰인다.

탄산수소나트륨(炭酸水素Natrium) 물에 잘 풀리지 않으나 저어서 녹인 다음 끓이면 이산화탄소를 발생시키는 물질. 청량음료·의약품·세척제 등에 쓰인다. 메중탄산나트륨.

탄ː산음료(炭酸飲料)[탄사늠뇨] 이산화탄소를 물에 녹여 만든, 톡 쏘는 맛이 나는 음료.

탄ː생(誕生) ①사람이 태어남. 특히, 귀한 사람이 태어남을 높여 이르는 말. 메석가 탄생. ②어떤 조직·사업체·단체 등이 생겨남. 예새 정부의 탄생을 축하하다. 탄생되다. 탄생하다.

탄ː성¹(彈性) 물체에 힘을 가하면 부피와 모양이 바뀌었다가, 그 힘을 없애면 본디의 모양으로 되돌아가려고 하는 성질.

탄ː성²(歎聲) ①탄식하는 소리. ②감탄하는 소리. 예탄성을 지르다.

탄ː소(炭素) 비금속 원소의 한 가지. 냄새·빛깔·맛이 없는 고체. 금강석·석탄·숯 등에 들어 있다.

탄ː소 동화 작용(炭素同化作用) 녹색 식물이 공기 중의 이산화탄소와 뿌리에서 빨아올린 물로 탄수화물을 만드는 작용.

탄ː수화물(炭水化物) 탄소·수소·산소의 화합물. 주로, 식물의 광합성에 의하여 만들어지며, 녹말·설탕 등이 이에 속한다. 단백질·지방과 더불어 3대 영양소로 불린다.

탄ː식(歎息) 원통한 일이 있거나 스스로 뉘우칠 때 한탄하며 한숨을 쉼. 탄식하다.

탄ː신(誕辰) 임금이나 성인이 태어난 날. 메탄생일.

탄ː압(彈壓)[타납] 무력이나 권력으로 남을 함부로 을러대고 억누름. 탄압하다.

탄ː약(彈藥)[타냑] 총알과 화약을 아울러 이르는 말.

탄ː원(歎願)[타뤈] 사정을 말하고 도와주기를 간절히 바람. 예탄원서. 탄원하다.

탄ː일종(誕日鐘)[타닐쫑] 성탄절에 교회에서 치는 종.

탄자니아(Tanzania) 아프리카 대륙 동부, 인도양에 접하여 있는 나라. 국민의 대부분이 농사를 짓고, 커피·목화·다이아몬드 등을 수출한다. 수도는 도도마.

탄ː저균(炭疽菌) 탄저병을 일으키는 균. 주로 초식을 하는 가축에 감염한다.

탄ː저병(炭疽病)[탄저뼝] 소·말·양 등 초식을 하는 가축에 많은 전염병의 한 가지. 탄저균에 의해 일어나며, 입이나 피부를 통하여 사람에게 감염되기도 한다.

탄ː탄대로(坦坦大路) ①험하거나 가파른 데 없이 평평하고 넓은 길. 예탄탄대로라고 해서 너무 속력을 내지는 마세요. ②'아무 어려움이 없이 순조롭고 성공적인 장래'를 비유하여 이르는 말. 예저 사람은 이제껏 탄탄대로의 출셋길을 걸어왔다.

탄탄하다 ①생김새나 만듦새가 단단하고 실하다. ②몸이 다부지고 건강하다. ㉻튼튼하다. 탄탄히.

탄:핵(彈劾) 정치 지도자의 잘못을 들추어 물러나라고 요구함. 탄핵하다.

탄:환(彈丸) 총이나 포에 넣어서 터뜨리면 폭발하여 그 힘으로 탄알을 쏘아 내보내는 쇳덩이. 총탄·포탄 등. ㉥탄알·총알.

탈:[1] ①나무·흙·종이 등으로 여러 가지 얼굴 모양을 본떠 만든 물건. ②속뜻을 감추고 겉으로 진실인 것처럼 꾸미는 태도나 행동. ㉥가면.

탈(을) 쓰다관용 거짓에 찬 행동을 하다. 예양의 탈을 쓴 늑대.

탈:[2](頉) ①뜻밖에 일어난 걱정할 만한 사고. ②몸에 생긴 병. 예몸에 탈이 생기다.

탈것[탈껃] 사람이 타고 다니는 모든 물건. 자동차·배·기차·비행기 등.

탈곡(脫穀) ①곡식의 이삭에서 낟알을 떨어냄. ㉥마당질. ②곡식의 낟알에서 겉겨를 벗겨 냄. 탈곡하다.

탈곡기(脫穀機)[탈곡끼] 탈곡하는 데 쓰는 농사 기구.

탈:놀이[탈로리] 꼭두각시놀이나 산대놀이와 같이, 탈을 쓰고 하는 연극. ㉥가면극·탈놀음.

탈락(脫落) 떨어져 나가거나 빠짐. 예예선 탈락. 탈락되다. 탈락하다.

탈모(脫毛) 털이 빠짐, 또는 그 털. 예탈모증. 탈모하다.

탈무드(Talmud) 《교훈·교의의 뜻으로》 유대 인의 생활 규범과 삶의 지혜를 모은 책.

탈:바가지 ①바가지로 만든 탈. 예탈바가지를 쓰다. ②〈탈[1]〉을 속되게 이르는 말.

탈:바꿈 모양이나 형태를 바꿈. 탈바꿈하다.

탈북(脫北) 북한에서 살다가 탈출함. 예탈북 주민/탈북을 시도하다. 탈북하다.

탈북자(脫北者)[탈북짜] 북한에서 살다가 탈출한 사람.

탈상(脫喪)[탈쌍] 어버이의 삼년상을 마침. 탈상하다.

탈색(脫色)[탈쌕] 섬유 등에 들어 있는 색깔을 뺌. ㉯염색. 탈색되다. 탈색하다.

탈선(脫線)[탈썬] ①기차·전동차 등이 선로를 벗어남. 예열차 탈선 사고. ②말이나 행실이 바른 도리에서 벗어남. 예탈선 행위. 탈선되다. 탈선하다.

탈세(脫稅)[탈쎄] 나쁜 방법을 써서 내야 할 세금을 내지 않음. 탈세하다. 예거액을 탈세하다.

탈수(脫水)[탈쑤] 물기를 없앰. 탈수되다. 탈수하다.

탈수기(脫水機)[탈쑤기] 빨래 등을 할 때, 물기를 없애는 데 쓰는 기계.

탈싹 작은 사람이나 물건이 갑자기 주저앉거나 내려앉는 소리, 또는 그 모양. ㉻털썩.

탈영(脫營)[타령] 군인이 자기가 속한 부대에서 빠져나와 도망함. 탈영하다.

탈영병(脫營兵)[타령병] 부대에서 도망한 병사.

탈옥(脫獄)[타록] 죄수가 교도소를 빠져나와 도망함. 탈옥하다.

탈의실(脫衣室)[타릐실/타리실] 옷을 벗거나 갈아입도록 마련한 방.

탈주(脫走)[탈쭈] 벗어나서 달아남. ㉥탈출. 탈주하다.

탈지면(脫脂綿)[탈찌면] 지방분과 불순물을 빼고 소독한 솜. ㉥약솜.

탈진(脫盡)[탈찐] 기운이 다 빠져 없

어짐. 탈진되다. 탈진하다.
탈출(脫出) 어떤 환경이나 구속에서 빠져나감. [비]탈주. 탈출하다.
탈ː춤 탈을 쓰고 추는 춤. [예]탈춤놀이/탈춤을 추다.
탈취[1](脫臭) 냄새를 빼어 없앰. [예]탈취제. 탈취하다.
탈취[2](奪取) 남의 것을 빼앗아 가짐. 탈취하다. [예]금품을 탈취하다.
탈탈 ①잇달아 가볍게 떨리듯이 울리는 탁한 소리. ②지쳐서 나른한 발걸음을 옮겨 놓는 모양. ③물건에 앉은 먼지 등을 터는 소리, 또는 그 모양. ④아무것도 남지 않도록 몽땅 털어 내는 모양. [예]주머니를 탈탈 털다. [큰]털털.
탈퇴(脫退)[탈퇴/탈퉤] 정당·단체 등에서 관계를 끊고 물러남. 탈퇴하다.
탈피(脫皮) ①곤충류·파충류 등이 자람에 따라 허물이나 껍질을 벗는 일. ②낡은 것을 벗어나 새로워짐. 탈피하다.
탈환(奪還) 빼앗겼던 것을 도로 빼앗음. 탈환되다. 탈환하다. [예]고지를 탈환하다.
탐(貪) 〈탐욕〉의 준말.
탐관오리(貪官汚吏)[탐과노리] 욕심이 많고 행실이 깨끗하지 못한 벼슬아치.
탐구(探究) 진리·법칙 등을 더듬어 깊이 연구함. 탐구되다. 탐구하다.
탐구심(探究心) 진리·법칙 등을 깊이 파고들어 연구하려는 마음. [예]탐구심이 강한 어린이.
탐나다(貪—) 마음에 들어서 가지고 싶은 욕심이 생기다. [예]볼수록 탐나는 축구화.
탐내다(貪—) 마음에 들어서 가지고 싶은 욕심을 내다. [예]남의 물건을 탐내다.
탐라(耽羅)[탐나] '제주도'의 옛 이름.
탐방(探訪) 어떤 일·소식 등을 알아보거나 자료를 얻기 위하여, 관련 있는 사람이나 장소를 찾아가는 일. 탐방하다.
탐방로(探訪路)[탐방노] 어떤 장소를 찾아가거나 주위의 자연 경관을 구경하기 위하여 만든 길.
탐사(探査) 더듬어 살펴 조사함. [예]석유 탐사. 탐사하다.
탐색(探索) 더듬어 샅샅이 찾음. 탐색하다. [예]적진을 탐색하다.
탐스럽다(貪—)[탐스럽따] 마음이 몹시 끌리도록 보기에 아주 좋다. [예]탐스럽게 핀 장미. [활용] 탐스러우니·탐스러워. 탐스레.
탐욕(貪慾)[타뫅] 지나치게 가지고 싶어 하는 욕심. [준]탐.
탐정(探偵) 남의 비밀한 일을 은밀히 알아내거나, 범죄 사실을 추적하여 알아내는 일을 하는 사람.
탐조대(探鳥臺) 새가 살아가는 모습과 사는 장소 등을 관찰할 수 있도록 만든 시설.
탐조등(探照燈) 밤에 무엇을 비추기 위하여 멀리까지 비치게 된 조명 장치.
탐지(探知) 드러나지 않은 물건이나 사실을 더듬어 찾아내거나 알아냄. [예]지뢰 탐지. 탐지되다. 탐지하다. [예]적진을 탐지하다.
탐탁하다[탐타카다] 마음에 들게 흐뭇하다. [예]탐탁치 않은 물건을 사다. 탐탁히.
탐하다(貪—) 지나치게 욕심을 부려 자기 것으로 만들고 싶어 하다. [예]재물을 탐하다.
탐험(探險) 위험과 어려움을 무릅쓰고 알지 못하는 곳을 두루 찾아다니며 조사함. [예]탐험대/우주 탐험.
탐험가(探險家) 전문적으로 탐험을 하러 다니는 사람.

탑(塔) ①사리나 부처의 유품 등을 안치하고 기념하기 위하여, 절 안에 좁고 높게 세운 건축물. ②여러 층으로 높고 뾰족하게 세운 건축물. 예파리의 에펠 탑.

탑골 공원(塔−公園) 서울특별시 종로에 있는 우리나라 최초의 공원. 1897년 영국인 브라운이 설계하고 건설하였다. 3·1 운동 때 독립 선언서를 낭독한 곳으로 유명하다. 비파고다 공원.

탑돌이(塔−)[탑또리] 불교 의식에서 유래된 일종의 민속놀이. 절 안에서 탑을 돌면서 부처의 공덕을 기리고 소원을 빈다.

탑본(搨本)[탑뽄] ➡탁본.

탑승(搭乘)[탑씅] 배나 비행기 등에 올라탐. 예탑승 수속을 밟다. 탑승하다.

탑승 객(搭乘客)[탑씅객] 배·비행기 등에 올라탄 손님.

탑신(塔身)[탑씬] 탑의 몸체.

탑재(搭載)[탑째] 배나 항공기 등에 물건을 실음. 탑재되다. 탑재하다.

탓 [탇] ①일이 그릇된 원인. 예내가 다친 것은 네 탓이 아니야. ②잘못된 것을 원망하거나, 핑계나 구실로 삼음. 예날씨 탓/안되면 조상 탓만 한다. |발음| 탓이 [타시]·탓도 [탇또]·탓만 [탄만].

탓하다[타타다] 잘못을 남의 책임으로 돌려 나무라거나 원망하다. 예다른 사람 탓하지 말고 너나 잘해.

탕¹ ①단단한 물건이 좀 세게 부딪칠 때 울려 나는 소리. 예방문을 탕 닫다. ②총을 쏠 때 나는 소리. 탕탕.

탕²(湯) 목욕탕·온천 등에서, 물을 채워 놓는 곳. 예탕에 들어가다.

탕수육(糖水肉) 중화요리의 하나. 녹말을 묻혀 튀긴 쇠고기나 돼지고기에 여러 가지 채소와 간장·설탕·식초 등을 넣고 끓인 녹말 소스를 부어 만든다.

탕자(蕩子) 방탕한 남자.

탕진(蕩盡) 재물 등을 다 써서 없앰. 탕진하다. 예재산을 탕진하다.

탕평책(蕩平策) 조선 영조 때, 당파 싸움을 없애기 위하여 인재를 노론과 소론에서 고르게 뽑아 쓰던 정책.

태¹ 질그릇·놋그릇의 깨진 금.

태²(胎) 어미의 몸 안에서 새 생명체인 태아를 둘러싸고 있는 태반·탯줄을 통틀어 이르는 말.

태고(太古) 아주 오랜 옛날. 예태고의 신비를 벗기다.

태국(泰國) ➡타이¹.

태권도(跆拳道)[태꿘도] 우리나라 고유의 무술. 품세나 겨루기·대련 등으로 기술을 닦으며, 손기술과 발기술 등으로 상대방과 겨룬다.

〈태권도〉

태권무(跆拳舞)[태꿘무] 태권도의 동작을 응용한 춤.

태그(tag) 야구에서, 수비수가 공을 잡아 누나 주자에게 대는 일. 예태그 아웃.

태극(太極) 만물의 근원을 그림으로 나타낸 상징. 우주를 뜻하는 하나의 원을 이등분하여, 양은 붉은빛으로, 음은 푸른빛으로 된 고리 모양의 무늬가 서로 엇물고 돌아가듯이 그린 것. 예태극 마크.

태극기(太極旗)[태극끼] 우리나라의 국기. 흰 바탕의 한가운데에는 태극이, 네 귀에는 태극을 향하여 검은색의 네 괘가 그려져 있다.

태극선(太極扇)[태극썬] 태극 모양을 그린 둥근 부채.

태기(胎氣) 아이를 밴 기미.

태껸 우리나라 고유의 무술. 맨손과 맨주먹으로 공격하고 방어를 한다. 중요 무형 문화재 제76호. [비]택견.

〈태껸〉

태ː도(態度) ①몸을 가지는 모양이나 맵시. [예]얌전한 태도/태도를 바르게 하다. ②어떤 사물에 대한 감정·생각 등이 겉으로 나타난 모습. [예]낙관적인 태도/진지한 태도로 수업을 듣다. [비]자세.

태동(胎動) ①어미 배 속에서 태아가 움직임. ②무슨 일이 생기려는 기운이 싹틈. [예]개혁 세력의 태동. 태동하다.

태만(怠慢) 게으르고 느림. [예]근무 태만. 태만하다.

태몽(胎夢) 어머니가 아기를 가질 징조로 꾸는 꿈.

태반(太半) 절반을 훨씬 넘는 것. [예]길이 막혀 태반이 지각을 했다.

태백산(太白山) [태백싼] 강원도 태백시 및 영월군과 경상북도 봉화군 사이에 있는 산. 높이 1,567m. 태백산맥의 주봉이다. 산꼭대기에는 하늘에 제사를 지내던 천제단이 있다.

태백산맥(太白山脈) [태백싼맥] 추가령에서 낙동강 어귀까지 남북으로 뻗어 있는 우리나라에서 가장 큰 산맥. 길이는 600km 가량.

태봉(泰封) 후삼국의 하나. 신라의 왕족 궁예가 송악에 세운 나라. 뒤에, 왕건에게 망하였다. 〔901~918〕

태부족(太不足) 아주 많이 모자람. [예]일손이 태부족이다. 태부족하다.

태산(泰山) ①높고 큰 산. [예]태산이 높다 하되 하늘 아래 뫼이로다. ②'크고 많음'을 비유하여 이르는 말. [예]걱정이 태산 같다.

태생(胎生) ①어미의 배 속에서 어느 정도 자란 다음 태어나는 일. [반]난생. ②사람이 어떤 곳에 태어남. [예]서울 태생.

태ː세(態勢) 어떤 일을 앞두고 갖추어진 모양이나 태도. [예]전투 태세를 갖추다.

태수(太守) 지난날, 주·부·군·현의 으뜸 벼슬아치. 감사·목사·부사·현감 등.

태아(胎兒) 어미의 배 속에서 자라고 있는 아기.

태안(泰安) 충청남도의 북서쪽에 있는 군. 세 면이 바다로 둘러싸여 있는 반도이며, 해안 국립 공원이 있다. 120개의 작은섬이 있고, 만리포·천리포 등 10여 개의 해수욕장이 있다.

태양(太陽) ①태양계의 중심을 이루는 항성. 크기는 지구의 약 130만 배, 내부 온도는 약 6,000℃이다. [비]해. ②길이 자랑스럽고 희망을 주는 존재. [예]민족의 태양.

태양계(太陽系) [태양계/태양게] 태양과 그 둘레를 돌고 있는 모든 별들.

태양광(太陽光) 태양의 빛. [예]태양광 발전.

태양력(太陽曆) [태양녁] 지구가 태양의 둘레를 한 바퀴 도는 동안을 1년으로 한 달력. [준]양력. [반]태음력.

태양 에너지(太陽energy) 태양의 열과 빛 속에 들어 있는 힘.

태양열(太陽熱) [태양녈] 지구가 태양으로부터 받는 열. [예]태양열 발전.

태양열 주ː택(太陽熱住宅) 태양열을 이용하여 난방과 온수를 공급하도록 되어 있는 주택.

태어나다 사람이나 동물이 어미의 배로부터 세상에 나오다. [예]한국에서 태어나다.

태연자약(泰然自若) 아주 놀랍거나 충격적인 일이 있어도 아무렇지 않은

ㅌ

체함. 태연자약하다. 예그런 큰 사고를 겪고도 태연자약하게 있다니.

태연하다(泰然−) 태도·기색이 아무렇지도 않고 예사롭다. 예태연한 표정. 태연히.

태엽(胎葉) 시계·장난감 등의 기계에서, 얇고 긴 강철을 돌돌 말아 넣은 부속품.

태우다¹ ①불을 붙여 타게 하다. 예장작을 태우다. ②몹시 애달거나 걱정이 되게 하다. 예애간장을 태우다.

태우다² 탈것에 몸을 싣게 하다. 예승객을 태우다.

태음력(太陰曆) [태음녁] 달이 지구를 한 바퀴 도는 시간을 기준으로 하여 만든 달력. ㉰음력. ㉝태양력.

태자(太子) 황제의 자리를 이을 황제의 아들. ㉦황태자.

태조¹(太祖) 한 왕조를 일으킨 첫 임금.

태조²(太祖) ①고려의 제1대 왕인 왕건. ②조선의 제1대 왕인 이성계.

태종¹(太宗) 공과 덕이 태조에 버금갈 만한 임금.

태종²(太宗, 1367~1422) 조선의 제3대 왕(재위 1400~1418). 태조 이성계의 아들로, 이름은 방원. 조선을 세우는 데 공로가 컸으며, 신문고 설치 등 많은 업적을 남겼다.

태종 무ː열왕(太宗武烈王, 602~661) 신라의 제29대 왕(재위 654~661). 성은 김, 이름은 춘추. 당나라와 연합하여 백제를 멸망시키고 삼국 통일의 기반을 닦았다. ㉝무열왕.

태종실록(太宗實錄) 조선 태종 재위 18년 동안의 역사를 기록한 책. 세종 13(1431)년에 왕명에 따라 황희·맹사성 등이 엮어서 펴냈다.

태초(太初) 천지가 처음 생긴 때.

태클(tackle) 축구 등에서, 상대편 선수의 공을 향해 미끄러지듯 몸을 날려 수비하는 일.

태평(太平) ①세상이 안정되고 풍년이 들어 아무 걱정이 없고 평안함. 예태평 시대. ②성격이 느긋하여 근심 걱정 없이 태연함. ③마음·몸·집안 등이 평안함. 태평하다.

태평성대(太平聖代) 어진 임금이 잘 다스려 아주 평화로운 세상이나 시대. 예태평성대를 이루다./태평성대를 누리다.

태평소(太平簫) 나팔 모양으로 된 국악기의 한 가지. 여덟 개의 구멍이 뚫린 나무관 끝에 깔때기 모양의 놋쇠를 달았다. ㉝날라리.

태평양(太平洋) [태평냥] 오대양의 하나. 아시아와 남·북아메리카 및 오스트레일리아 등의 대륙에 둘러싸인 세계에서 가장 큰 바다.

태평양 전ː쟁(太平洋戰爭) 1941~1945년에 일본과 연합국 사이에 벌어진 전쟁. 일본이 미국의 진주만을 기습하면서 시작되어 일본의 무조건 항복으로 끝났다.

태평한화골계전(太平閑話滑稽傳) 조선 성종 때, 서거정이 지은 설화집.

태풍(颱風) 북태평양 남서부에서 발생하여 동북아시아 내륙으로 불어닥치는 폭풍우.

'태풍'의 어원

북태평양 남서부에서 발생하여 동북아시아 쪽으로 불어닥치는 폭풍우를 '타이푼(typhoon)'이라 하는데, 이 말의 일본어인 '타이후(たいふう:台風)'를 우리식 한자어인 '태풍'으로 읽은 데서 비롯된 말.

태학(太學) ①고구려 때의 국립 교육 기관. 주로, 벼슬아치들의 자식에게 유학과 역사를 가르쳤다. ②조선 시대에, '성균관'을 달리 이르던 말.

태형(笞刑) 매로 볼기를 치는 형벌.

택견[택껸] ➡ 태견.

택배(宅配)[택빼] 우편물·짐·상품 등을 원하는 장소까지 직접 배달해 주는 일. 예주문한 상품은 택배로 받기로 하였다.

택시(taxi) 손님을 태워다 주고 시간과 거리에 따라 요금을 받는 영업용 승용차.

택일(擇一)[태길] 여럿 가운데서 하나를 고름. 택일하다.

택지(宅地)[택찌] 주택을 짓기 위한 땅. 🔁집터.

택하다(擇一)[태카다] 고르다. 예좋은 선물을 택하다.

탤런트(talent) 《재능, 특히 예술적인 재능의 뜻으로》 흔히 텔레비전 드라마에 출연하는 연기자를 이르는 말. |잘못| 탈렌트.

탬버린(tambourine) 타악기의 한 가지. 금속 또는 나무로 만든 둥근 테의 한쪽에 가죽을 입히고 둘레에는 작은 방울이나 쇳조각을 달았다.

탯줄(胎一)[태쭐/탠쭐] 어미의 몸에서 태아에게 연결되어 산소와 영양분을 공급하는 줄.

탱자 탱자나무의 열매. 노랗고 둥글며 향기가 좋다. 약으로 쓰인다.

탱자나무 운향과의 낙엽 지는 큰키나무. 높이는 3 m 가량. 5월에 잎보다 먼저 꽃이 피고, 가을에 열매인 '탱자'가 노랗게 익는다. 가시가 많아 울타리로 심는다.

〈탱자나무〉

탱크(tank) ①물·기름·가스 등을 넣어 두는 큰 통. ②겉에 철판을 대고 바퀴 둘레에 무한궤도를 걸어 만든 전투용 자동차. 예탱크 부대. ②🔁전차.

탱탱 속이 옹골차게 차서 매우 볼록한 모양. 🔁팅팅.

탱화 불교에서, 부처나 보살 등의 모습을 그린 그림. |참고| 탱화는 '정화(幀畫)'에서 온 말.

터¹ ①집이나 건물을 지었거나 지을 자리. ②일이 이루어지는 밑바탕.
 터를 닦다[관용] ①집 등을 지을 자리를 만든다. ②일의 기반을 잡다.

터² '예정'·'추측'의 뜻을 나타내는 말. 예집에 있을 터이니 시간 나면 전화해라.

터널(tunnel) 차나 사람이 다닐 수 있도록, 산허리나 땅 밑을 뚫어 만든 길. 🔁굴.

터놓다[터노타] ①막은 물건을 치워 통하게 하다. 예방의 칸막이를 터놓다. ②마음을 드러내고 가깝게 지내다.

터덜거리다 ①걸음을 힘없이 자꾸 걷다. ②빈 수레 등이 울퉁불퉁한 길 위를 요란하게 자꾸 지나가다. 🔁터덜대다. 🔁타달거리다.

터덜대다 ➡ 터덜거리다.

터덜터덜 자꾸 터덜거리는 소리, 또는 그 모양. 🔁타달타달.

터득(攄得) 연구하거나 생각하여, 사물의 이치를 깨달아 앎. 터득하다. 예요령을 터득하다.

터뜨리다 터지게 하다. 예참았던 웃음을 터뜨리다. 🔁터트리다.

터럭 몸에 난 길고 굵은 털.

터무니없다[터무니업따] 《근거가 없다는 뜻으로》 이치나 조리에 맞지 않다. 예터무니없는 소문. 터무니없이.

터미널(terminal) 기차·버스 등 많은 교통 노선이 집중되어 있는 출발점이나 종착점. 예고속버스 터미널.

터벅거리다[터벅꺼리다] 지친 다리로 힘없이 자꾸 걸어가다. 🔁터벅대다. 🔁타박거리다.

터벅대다[터벅때다] ➡ 터벅거리다.

터벅터벅 자꾸 터벅거리는 모양. 예터벅터벅 집으로 걸어가다. ㉰타박타박.

터울 한 어머니가 낳은 자녀의 나이 차이. 예언니와 나는 한 살 터울이다.

터전 ①자리를 잡고 앉은 곳. 예백제의 옛 터전. ②생활의 근거가 되는 곳.

터주(一主) 민속에서, 집터를 지킨다는 신, 또는 그 자리.

터줏대감(一主大監) [터주때감/터준때감] 한 동네나 지역 등에서 가장 오래 살아 그곳의 대표격이 된 사람.

터ː지다 ①전쟁이나 사건 등이 갑자기 벌어지다. ②무너지거나 찢어지다. 예둑이 터지다. ③코피 등이 갑자기 나오다. ④옷 등의 꿰맨 자리가 갈라지다. 예바짓가랑이가 터지다. ⑤화약이나 폭탄 등이 불붙어 튀다. 예수류탄이 터지다.

터치아웃 ①야구에서, 수비 측의 선수가 주자의 몸에 공을 대어 아웃시키는 일. ②배구에서, 공격한 공이 수비 측 선수의 몸에 맞고 경기장 밖으로 나가는 일. |참고| 터치아웃은 'touch'와 'out'이 합쳐서 된 말.

터키(Turkey) 아시아의 서쪽 끝과 유럽의 동쪽 끝에 있는 나라. 밀·담배·면화·보리 등의 농산물을 주로 생산한다. 이슬람교를 믿는다. 수도는 앙카라.

터ː트리다 ➡터뜨리다.

턱¹ ①사람·동물의 입 위아래에 있으면서 입을 벌리거나 씹는 일을 하는 부분. ②얼굴에서, 입의 아래에 뾰족하게 내민 부분. 예손으로 턱을 괴다.

턱² 좋은 일이 있을 때 남에게 베푸는 음식 대접. 예합격 턱을 내다.

턱³ 그렇게 되어야 할 까닭 또는 이치. 예진수가 그 일을 할 턱이 없지.

턱⁴ ①갑자기 맥없이 쓰러지는 모양. ②갑자기 꼭 붙잡거나 짚는 모양. 예손을 턱 짚다. ③의젓한 태도를 드

러내는 모양. 예문 앞에 턱 버티고 서 있다. ④갑자기 몹시 막히는 모양. 예뜨거운 바람이 불어와 숨이 턱 막혔다. ㉰탁.

턱걸이 [턱꺼리] 철봉 운동의 한 가지. 철봉을 잡고 몸을 올려 턱이 철봉 위까지 올라가게 하는 운동. 턱걸이하다.

턱받이 [턱빠지] 어린아이의 턱 아래에 대어 음식물이나 침 등이 옷에 묻지 않게 하는, 헝겊으로 만든 물건.

턱뼈 동물의 턱을 이루는 뼈.

턱수염(一鬚髥) [턱쑤염] 턱에 난 수염.

턱시도(tuxedo) 남자가 입는 서양식 예복.

턱없다 [터겁따] 이치나 분수에 맞지 않다. 턱없이. 예자리가 턱없이 부족하다.

털 사람이나 동물의 피부와 식물의 표면에 나는 실 모양의 것.

털가죽 털이 그대로 붙어 있는 짐승의 가죽. ㉫모피.

털갈이 [털가리] 짐승이나 새가 털이나 깃을 가는 일. 털갈이하다.

털끝 [털끋] ①털의 끝. ②《주로 '털끝만치'·'털끝만큼도'·'털끝만 한'의 꼴로 쓰여》 '아주 적거나 사소한 것'을 비유하여 이르는 말. 예너를 두고 갈 생각은 털끝만큼도 없다.

털ː다 ①치거나 흔들어 붙은 물건을 떨어뜨리다. 예먼지를 털다. ②재물 등을 있는 대로 모조리 내다. 예밑천을 털다. ③남의 재물을 모조리 가져가다. ④일·감정·병 등을 완전히 정리하거나 극복하다. |활용| 터니·털어.

털보 '수염이나 몸에 털이 유난히 많이 난 사람'을 별명으로 이르는 말.

털실 털로 만든 실. 예엄마가 털실로 목도리를 떠 주셨다.

털썩 사람이나 큰 물건이 갑자기 주저앉거나 내려앉는 모양. ㉰탈싹.

털어놓다 [터러노타] 숨김없이 모두 이야기하다. 예친구에게 고민을 털어놓았다.

털옷 [터론] 짐승의 털이나 털가죽으로 만든 옷.

털털 잇달아 떨리듯이 울리는 탁한 소리. 包탈탈.

털털하다 성격이나 행동 등이 까다롭지 않고 수수하다. 예진아는 성격이 털털한 편이다.

텀벙 묵직하고 큰 물건이 깊은 물속에 떨어질 때 나는 소리. 包탐방.

텀블링(tumbling) 두 손을 땅에 짚고 한 바퀴 넘는 재주. 包공중제비. 텀블링하다.

텁석 [텁썩] 갑자기 왈칵 쥐거나 잡는 모양. 包탑삭.

텁석부리 [텁썩뿌리] 귀밑에서 턱까지 수염이 많이 난 사람. 包탑삭부리.

텁수룩하다 [텁쑤루카다] 수염이나 머리카락이 촘촘하게 많이 자라 있다. 예수염이 텁수룩하게 난 할아버지.

텁텁하다 [텁터파다] ①입 안이 깔끔하거나 개운하지 못하다. 예입 안이 텁텁해서 양치질을 했다. ②음식 맛이 개운하지 않고 떫은맛이 있다. 예찌개가 조금 텁텁하다.

텃밭 [터빧/털빧] 집터에 딸리거나 집 가까이에 있는 밭.

텃새 [터쌔/털쌔] 철을 따라 옮겨 다니지 않고 한 지방에서만 사는 새. 참새·까마귀·꿩 등. 뵌철새.

텃세(一勢) [터쎄/털쎄] 먼저 자리를 잡은 사람이 뒤에 들어오는 사람을 업신여기는 것. 예텃세를 부리다.

텅 속이 비어서 아무것도 없는 모양. 예텅 빈 집. 텅텅. 예상자가 텅텅 비어 있다.

텅스텐(tungsten) 금속 원소의 한 가지. 흰색이나 회색을 띠고 광택이 있으며, 단단하고 녹이 슬지 않는다. 전구의 필라멘트 등에 쓰인다. 뵌중석.

테 ①그릇의 조각이 어그러지지 못하게 단단히 둘러맨 줄. ②표지나 장식으로 둘레를 두른 물건. ③〈테두리〉의 준말. 예금테 안경.

테너(tenor) 음악에서, 남자의 목소리로서 가장 높은 소리, 또는 그 음넓이의 가수. 绝바리톤·베이스.

테니스(tennis) 네트를 쳐 놓은 코트의 양쪽에 선수가 마주 서서, 라켓으로 공을 쳐서 상대편 코트에 넣는 경기.

테두리 ①물체의 둘레나 가장자리. 예연못 테두리. ②가장자리에 두른 줄. 예빨간 테두리를 친 사진. ③어떤 한계나 범위. 준테.

테러(terror) 온갖 폭력을 써서 남을 위협하거나 공포에 빠뜨리는 행위.

테레사 수녀(Theresa修女, 1910~1997) 유고슬로비아 태생의 수녀. 인도의 콜카타에 살며, 빈민·고아·나병 환자 등의 구호에 힘썼다. 1979년에 노벨 평화상을 받았다.

테마(Thema) 예술 작품이나 논의 등의 주된 내용이나 중심이 되는 주제. 예이 전시회의 테마는 어머니의 사랑이다.

테스트(test) 학력·지능·능력이나 제품의 성능 등을 알아보기 위하여 검사하거나 시험함, 또는 그런 검사나 시험. 예학력 테스트/제품의 품질 테스트. 테스트하다.

테이블(table) 서양식의 탁자나 식탁을 두루 이르는 말.

테이프(tape) ①가늘고 길게 만든 종이나 헝겊의 오라기. ②비닐이나 천의 한쪽 면에 끈적끈적한 것을 발라서 물건을 붙이는 데 쓰는 띠. ③소리나 영상을 기록하는 얇은 플라스틱 띠.

테크닉(technic) 악기 연주, 노래, 운동 등을 훌륭하게 해내는 전문적인 기술이나 능력.

E

테헤란(Teheran) 이란의 수도. 이란의 교통 중심지이며, 국제 항공로의 중계지로 중요하다. 석유 산업이 발달하였고, 문화 유적이 많다.

텐트(tent) 천막.

텔레비전(television) 방송국에서 전파로 보낸 실제 광경을 화면을 통해 볼 수 있게 만든 장치. |잘못| 텔레비.

텔레파시(telepathy) 어떤 사람의 마음이나 생각이, 말이나 표정·몸짓 등을 통하지 않고 먼 곳에 있는 다른 사람에게 전달되는 것. 예텔레파시가 통하다.

템포(tempo) 악곡을 연주하는 속도나 박자. 예느린 템포.

토¹ ①〈토씨〉의 준말. ②어떤 말 끝에 그 말에 대하여 덧붙이는 짤막한 말. 예말끝마다 토를 단다.

토²(土) 〈토요일〉의 준말.

토가(toga) 고대 로마인이 입었던 겉옷.

토감(土坎) ①흙구덩이. ②묏자리를 정할 때까지 시체를 임시로 묻어 둠. 토감하다.

토공(土工) 흙을 다루는 일, 또는 그 일을 하는 사람.

토굴(土窟) ①흙을 파낸 큰 구덩이. ②땅속으로 뚫린 큰 굴. 비땅굴.

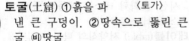
〈토가〉

토기(土器) ①질흙으로 빚어서 잿물을 입히지 않고 구워 만든 그릇. ②원시 시대에 쓰던 흙으로 만든 그릇.

〈토기〉

토기장이(土器—) 토기를 만드는 일을 직업으로 하는 사람.

토끼 토낏과의 동물. 귀가 길고 크며 꼬리는 짧다. 뒷다리가 앞다리보다 발달되어 잘 뛰어다닌다.

〈토끼〉

토끼뜀 양손으로 귀를 잡고 쭈그려 앉아서 토끼처럼 뛰어감, 또는 그런 동작.

토끼전(—傳) 우리나라 고대 소설. 용왕의 명을 받은 자라가 토끼의 간을 약으로 쓰기 위해 토끼를 속여 용궁으로 데려왔으나, 오히려 토끼에게 속아 넘어간다는 이야기. 비토생원전·별주부전.

토끼 타!령 '수궁가'의 다른 이름.

토끼풀 콩과의 여러해살이풀. 잎은 긴 자루 끝에 세 잎씩 나며 심장 모양이고, 여름에 흰 꽃이 핀다. 비클로버.

토너먼트(tournament) 여러 편이 겨루면서 경기를 할 때마다 진 편이 떨어져 나가고 마지막 남은 두 편이 우승을 겨루는 방식. 비리그전.

토닥거리다 [토닥꺼리다] 잘 울리지 않는 물건을 가볍게 자꾸 두드려 소리를 내다. 비토닥대다. 큰투덕거리다.

토닥대다 [토닥때다] ➡토닥거리다.

토닥이다 [토다기다] 잘 울리지 않는 물건을 가볍게 두드리는 소리를 내다. 예울고 있는 친구의 등을 토닥여 주었다.

토닥토닥 자꾸 토닥거리는 소리, 또는 그 모양. 예토닥토닥 등을 두드리다. 큰투덕투덕.

토담집(土—)[토담찝] 흙으로 담을 쌓아 그 위에 지붕을 덮어 지은 집.

토대(土臺) ①흙으로 쌓아 올린 높은 대. ②모든 건조물의 밑바탕. 예토대가 튼튼한 집. ③사물이나 사업의 바탕이 되는 기초나 밑천. 예생활의 토대. ③비기반.

토라지다 사이나 감정이 좋지 않게 되다. 예내 장난에 친구가 화를 내며 토라졌다. 비삐지다. 삐치다.

토란(土卵) 천남성과의 여러해살이풀. 잎자루가 길고, 잎은 두껍고 넓은 방패 모양이다. 땅속의 알줄기는 얇은 껍질을 벗겨 국을 끓여 먹고, 잎자루도 먹는다.

토:로(吐露) 속마음을 다 드러내어 말함. 토로하다. 예억울함을 토로하다.

토:론(討論) 어떤 문제를 두고, 여러 사람이 의견을 말하여 옳고 그름을 따져 논의함. 비토의. 토론되다. 토론하다.

토:론회(討論會)[토론회/토론훼] 어떤 문제를 논의하기 위한 모임.

토마토(tomato) 가짓과의 한해살이풀. 높이 1~1.5m. 여름에 노란 꽃이 피며, 열매는 둥글고 붉게 익는다.

토막 ①길이가 긴 물체를 큼직하게 잘라 낸 덩어리. 예생선 세 토막. ②말·글·노래 등의 짤막한 한 부분. 예노래 한 토막.

토막토막 여러 토막으로 잘린 모양.

토목 공사(土木工事) 땅에 길·철도 등을 놓고 굴을 파거나, 강과 내를 고치고 항구를 만드는 등의 공사.

토박이(土一)[토바기] 대대로 어느 한 고장에서 태어나 사는 사람. 준본토박이.

토박이말(土一)[토바기말] 토박이들이 쓰는 말. 비고유어.

토방(土房) 방으로 들어가는 문 앞에 조금 높고 편평하게 다진 흙바닥.

토벌(討伐) 무력으로 쳐서 없앰. 예공비 토벌. 토벌되다. 토벌하다.

토분(土墳) 임시로 흙을 모아 쌓아서 간단히 만든 무덤.

토산품(土産品) 그 고장에서만 특유하게 나는 물건.

토성[1](土星) 태양으로부터 여섯 번째로 가까운 행성. 둘레에 얼음이 모여서 된 고리 모양의 아름다운 테가 있다.

토성[2](土城) 흙으로 쌓은 성.

토속(土俗) 그 지방 특유의 습관이나 풍속. 예토속 신앙.

토스트(toast) 식빵을 얇게 잘라 살짝 구워서 버터·잼 등을 바른 것.

토시 ①추위를 막기 위하여 팔뚝에 끼는 물건. ②일할 때 소매가 해지거나 더러워지지 않도록 소매 위에 덧끼는 물건.

토실토실 살이 알맞게 찐 모양. 예토실토실 살이 오르다. 큰투실투실.

〈토시①〉

토씨 낱말에 붙어 다른 말과의 관계를 나타내는 말. 준토.

토:악질(吐一)[토악찔] 먹은 것을 입 밖으로 게워 냄. 예아기가 체했는지 토악질을 했다. 토악질하다.

토양(土壤) 흙. 예산성 토양.

토양 오:염(土壤汚染) 농작물이나 사람·동물에게 해가 되는 물질이 흙에 배어드는 일.

토역(土役) 집을 지을 때 흙을 바르는 일. 비흙일.

토요일(土曜日) 일주일의 마지막 날. 곧, 일요일로부터 일곱째 되는 날. 준토.

토월회(土月會)[토월회/토월훼] 1922년에 일본 도쿄 유학생들이 조직한 신극의 극단 이름.

토:의(討議)[토의/토이] 어떤 문제에 대하여 여러 사람이 의견을 내놓고 의논함. 비토론. 토의되다. 토의하다.

토인(土人) ①미개한 지역에 살며 원시적인 생활을 하고 있는 종족. ②'흑인'을 달리 이르는 말.

토장국(土醬一) [토장꾹] 된장국.

토종(土種) 본디 그 땅에서 나는 종자. 예토종닭/토종벌. 비본토종. 참재래종.

토지(土地) ①땅. ②논밭. 터.

토질(土質) 땅의 성질. 흙의 성질. 예토질이 메마르다.

토착(土着) 조상 대대로 그 땅에서 삶. 예토착민. 토착하다.

토착화(土着化) [토차콰] 어떤 제도나 풍습 등이 완전히 뿌리를 내려 그곳에 맞게 동화됨. 토착화되다. 토착화하다.

토치카(tochka) 중요한 부분을 방어하기 위하여 콘크리트 등으로 단단하게 쌓고 강력한 화기 등을 갖춘 진지.

토큰(token) 지난날, 버스 등에서 돈 대신에 쓰던 동전 모양의 물건.

토픽(topic) 화제가 될 수 있는 이야기. 예해외 토픽.

토핑(topping) 요리나 과자의 위에 맛이나 장식을 더하기 위하여 치즈·견과·초콜릿 등을 뿌리거나 바르는 일, 또는 그런 음식 재료.

토하다(吐一) ①게우다. ②느낌이나 생각을 힘 있게 말하다. 예열변을 토하다.

토함산(吐含山) 경상북도 경주시에 있는 산. 불국사와 석굴암이 있다. 높이 745m.

톡 ①작은 것이 가볍게 부러지거나 끊어지는 소리, 또는 그 모양. ②한 부분이 볼거져 나온 모양. 예두 눈이 톡 나온 짱구 인형. ③가볍게 치거나 튈거나 떨어지거나 튀는 소리, 또는 그 모양. 예고무공이 톡 튀어 오르다. ④작은 것이 가볍게 터지는 소리, 또는 그 모양. 큰툭. 톡톡.

톡톡하다 [톡토카다] ①살림살이나 재산이 실속 있고 푸짐하다. 예톡톡하게 이익을 보다. ②비판·꾸중·망신

등이 매우 심하다. 예망신을 톡톡하게 당하다. 톡톡히. 예이익을 톡톡히 보다.

톤[1](ton) 무게를 잴 때 쓰이는 말. 1톤은 1,000kg이다. 기호는 't'.

톤[2](tone) ①목소리의 분위기나 높낮이. 예높은 톤의 목소리. ②빛깔의 분위기나 느낌. 예밝은 톤의 벽지.

톨 밤·도토리 등의 개수를 셀 때 쓰이는 말. 예밤 한 톨.

톨게이트(tollgate) 고속 도로 등에서 통행료를 받는 곳.

톨스토이(Tolstoi, 1828~1910) 제정 러시아의 소설가·사상가. 인간의 내면 세계를 보여 주는 작품을 많이 썼고, 농민 운동·평화 운동 등에서 여러 나라 지식인들에게 영향을 주었다. 작품으로는 '안나 카레니나'·'전쟁과 평화'·'부활' 등이 있다.

톰 소여의 모험(Tom Sawyer—冒險) 미국의 소설가 마크 트웨인이 지은 소설. 장난꾸러기 소년 톰과 그의 친구들이 어떤 섬에 놀러 갔다가 여러 가지 모험을 겪은 끝에 도적들이 숨겨 두었던 보물을 찾아 돌아온다는 이야기이다.

톱[1] 나무나 쇠붙이 같은 것을 자르고 켜는 데 쓰는 연장. 강철로 되어 있으며

〈톱[1]〉

날카로운 이가 날에 줄지어 있다.

톱[2](top) ①순서의 맨 처음. 또는 정상이나 선두. 예시험에 톱으로 합격하다. ②신문·잡지에서, 가장 눈에 잘 띄는 자리. 예기사를 1면 톱으로 다루다.

톱니 [톰니] 톱의 날을 이룬 뾰족뾰족한 이.

톱니바퀴 [톰니바퀴] 둘레에 톱니를

낸 바퀴. 이가 서로 맞물려 돌아감으로써 동력을 전달한다.

톱밥 [톱빱] 톱질할 때 나무에서 쓸려 나오는 굵은 가루.

톱질 [톱찔] 톱으로 나무 등을 자르거나 켜는 일. 톱질하다.

톱톱하다 [톱토파다] 국물이 바특하여 묽지 않다. @튭튭하다.

톳 [톧] ①김 100장을 한 묶음으로 묶은 덩이. ②100장씩 묶은 김의 덩이를 셀 때 쓰이는 말. @김 두 톳. |발음| 톳이 [토시]·톳도 [톧또]·톳만 [톤만]

통¹ 배추·수박 등을 셀 때 쓰이는 말. @수박 세 통.

통² 소매·바짓가랑이 등의 속의 넓이. @통이 좁은 바지.

통³ 무슨 일로 정신을 차릴 수 없을 정도의 기세. @하도 떠드는 통에 한잠도 못 잤다.

통⁴ ①온통. ②전혀. 도무지. @그 사람은 속을 통 알 수가 없다.

통⁵ 속이 텅 빈 나무통이나 작은북 등을 칠 때 나는 소리. @통.

통⁶(桶) 나무·쇠붙이 등으로 만들어 물 같은 것을 담는 데 쓰는 그릇.

통⁷(通) 편지·서류 등을 셀 때 쓰이는 말. @편지 한 통.

통ː감(痛感) 마음에 사무치게 느낌. 절실하게 느낌. 통감하다. @책임을 통감하다.

통ː계(統計) [통계/통게] 어떤 자료나 정보를 분석·정리하여 횟수·빈도·비율 등의 값을 산출해 내는 일, 또는 그 수치. @통계 자료.

통ː계청(統計廳) [통계청/통게청] 중앙 행정 기관의 하나. 통계의 기준 설정과 인구 조사 및 각종 통계에 관한 일 등을 맡아본다.

통고(通告) 글이나 말로 소식을 전하여 알림. @통고를 받다. 통고하다.

통ː곡(痛哭) 소리를 높여 슬피 욺. @땅을 치며 통곡을 하다. 통곡하다.

통과(通過) ①지나감. @차량 통과. ②결정이 됨. @법안 통과. ③시험에 합격함. @예선 통과. 통과되다. 통과하다.

통과세(通過稅) [통과쎄] 지난날, 통과 화물에 대해 매기던 세금.

통근(通勤) 집에서 직장에 일하러 다님. @통근 버스. 통근하다.

통금(通禁) 〈통행금지〉의 준말. @통금 시간.

통꽃 [-꼳] 꽃잎의 일부나 전부가 서로 붙어 있는 꽃. 진달래꽃·도라지꽃 등. @통상화. @갈래꽃.

통나무 켜거나 짜개지 않은 통째의 나무. 껍질만 벗긴 둥근 재목. @원목.

통나무배 켜거나 짜개지 않은 생긴 그대로의 통나무 속을 파서 만든 배.

통념(通念) 모든 사람에게 공통된 생각. 일반적인 생각. @사회적인 통념을 깨다.

통달(通達) 어떤 일이나 지식에 막힘이 없이 환히 앎. 통달하다.

통닭 [통닥] 토막을 내지 않고 통째로 익힌 닭.

통독(通讀) 책이나 글을 처음부터 끝까지 죽 내리읽음. @정독. 통독하다.

통례(通例) [통녜] 일반적으로 두루 통하는 예. 보통의 예. @사회의 통례.

통로(通路) [통노] 통해서 다닐 수 있게 트인 길. @비좁은 통로.

통발(筒—) 고기잡이 도구의 한 가지. 가는 댓조각을 엮어서 통처럼 만든다.

통보(通報) 소식 등을 전하여 알림, 또는 그 보고. @기상 통보. 통보되다. 통보하다.

〈통발〉

통분(通分) 분모가 다른 둘 이상의 분수를, 값을 바꾸지 않고 분모가 같은 분수로 만드는 일. 통분되다. 통분하다.

통사정(通事情) 자기의 딱한 사정을 남에게 털어놓고 말함. 예도와 달라고 통사정을 하다. 통사정하다.

통상¹(通商) 외국과 물품을 거래함. 예이웃 나라와 통상을 시작하다. 비교역·무역. 통상하다.

통상²(通常) ①특별하지 않고 보통임. 예통상 우편. ②보통으로. 예사로. 예통상 겪는 일. 비보통.

통속적(通俗的)[통속쩍] 고상하지 않고 수준이 낮으며, 일반 대중에게 쉽게 통하는 것. 예통속적인 소설.

통:솔(統率) 집단을 온통 몰아서 거느림. 비지휘. 통솔하다. 예부하를 통솔하다.

통신(通信) 우편·전신·전화 등을 사용하여 서로 소식·정보를 교환하는 일. 예통신 시설. 통신하다.

통신망(通信網) 언론사 등에서, 국내·외에 통신원을 파견하여 쳐 놓은 연락 조직.

통신문(通信文) 통신 내용을 적은 글이나 문서. 예학교에서 가정 통신문을 보내왔다.

통신사¹(通信使) 조선 시대에, 일본에 보내던 사신. 참수신사.

통신사²(通信社) 여러 곳에서 뉴스를 모아 각 신문사나 방송국 등에 전해 주는 일을 하는 보도 기관.

통신 위성(通信衛星) 먼 거리 통신을 중계하는 인공위성.

〈통신 위성〉

통씨름 샅바 대신 허리띠를 잡고서 하는 씨름. 비띠씨름.

통역(通譯) 언어가 달라 서로 말이 통하지 않는 사람들 사이에서 한 나라 말을 다른 나라 말로 옮겨 뜻을 알아들을 수 있게 함, 또는 그 사람. 통역하다.

통:영(統營) 경상남도 남해안의 중앙에 있는 시. 한려 해상 국립 공원의 중심지이며, 원근해 어업 기지가 있다. 특산물로 나전 칠기와 갓이 유명하다.

통용(通用) 널리 두루 쓰임. 예통용 화폐. 통용되다. 통용하다.

통:일(統一) ①나누어진 것들을 하나의 완전한 것으로 만듦. 예신라의 삼국 통일. ②서로 다른 것들을 똑같이 되게 함. 예의견 통일. 비통합. 반분열. 통일되다. 통일하다.

통:일부(統一部) 중앙 행정 기관의 하나. 통일 및 남북 대화·교류·협력에 관한 정책 수립, 통일 교육 등에 관한 일을 맡아본다.

통:일 신라(統一新羅) 신라가 삼국을 통일하여 단일 민족 국가로 출발한 후, 후삼국으로 갈라지기까지의 나라.

통:일호(統一號) 1955년부터 2004년 3월까지 운행되었던 여객 열차. 개통 당시에는 초특급 열차였으나 새마을호가 등장하면서 완행열차로 바뀌었다.

통장¹(通帳) 은행 등에서, 예금한 사람에게 예금한 내용을 적어 주는 조그만 장부.

통:장²(統長) 통에 관한 사무를 맡아보는 책임자.

통:제(統制) 일정한 방침에 따라 행위를 제한하거나 제약함. 예교통 통제/출입 통제/통제를 풀다. 통제되다. 통제하다.

통:제사(統制使) 〈삼도 수군통제사〉의 준말.

통조림(桶―) 고기·과일 등을 가열·살균하여 양철통에 넣은 저장용 식품.

통조림통(桶―桶) 통조림한 식품을 담는 양철통.

통ː증(痛症)[통쯩] 아픈 증세.

통지(通知) 어떤 일을 정식으로 알림. 통지되다. 통지하다. 예성적을 통지하다.

통지서(通知書) 어떤 일을 알리는 문서. 예세금 통지서.

통지표(通知表)〈생활 통지표〉의 준말.

통짜 잇대거나 이어 붙이지 않은 하나의 덩어리. 예불국사 석교의 석재는 통짜다.

통째《주로 '통째로'의 꼴로 쓰여》나누지 않고 덩어리로 있는 그대로. 예사과 하나를 통째로 먹었다.

통ː찰(洞察) 환히 내다봄. 꿰뚫어 봄. 통찰하다.

통ː찰력(洞察力) 사물 등을 환히 꿰뚫어 보는 능력.

통첩(通牒) 문서로 통지함, 또는 그 문서. 통첩하다.

통치¹(通治) 한 가지 약이 여러 가지 병에 두루 효험이 있음.

통ː치²(統治) 원수나 지배자가 나라나 지역을 도맡아 다스림. 예통치 세력. 통치되다. 통치하다.

통ː치 기관(統治機關) 통치자가 나라를 다스리기 위하여 설치한 기관. 의회·행정부·법원 등.

통치마 폭을 가르지 않고 통으로 지은 치마.

통ː쾌하다(痛快―) 속이 시원하게 아주 유쾌하다. 예상대편을 통쾌하게 이겼다. 통쾌히.

통ː탄(痛歎) 몹시 탄식함, 또는 그 탄식. 통탄하다.

통통¹ 살이 볼록하게 붓거나 찐 모양. 예눈이 통통 부었다. 큰퉁퉁.

통통² ①작은 배 등의 발동기 소리. ②발로 탄탄한 곳을 자꾸 굴러 울리는 소리.

통통거리다 ①발동기 소리가 자꾸 나다. ②발로 탄탄한 곳을 굴러 울리는 소리가 자꾸 나다. 비통통대다.

통통대다 ⇒통통거리다.

통통배 발동기를 돌려 통통거리며 가는 작은 배.

통통하다 보기 좋게 살이 쪄 있다. 예민아는 얼굴이 통통한 편이다.

통틀어[통트러] 있는 대로 모두 합하여. 예이거 통틀어 얼마예요?

통풍(通風) 바람을 통하게 함. 예통풍이 잘 되는 방. 통풍되다. 통풍하다.

통풍기(通風機) 바람이 잘 통하도록 장치한 기계.

통하다(通―) ①막힘이 없이 트이다. 예길이 사방으로 통하다. ②서로의 뜻을 알다. 예마음이 잘 통하는 친구. ③기차·도로 등이 이어지거나 다니다. 예서울역으로 통하는 길. ④사람·조직·기구 등을 거치다. 예텔레비전을 통하여 사고 소식을 들었다.

통학(通學) 학교에 다님. 예통학생/기차 통학. 통학하다.

통ː합(統合) 모두 합쳐서 하나로 만듦. 예통합 기구. 비통일. 통합되다. 통합하다.

통행(通行) 일정한 공간을 지나서 다님. 예이 길은 차량 통행이 금지되었다. 비왕래. 통행하다.

통행금지(通行禁止) ①일정한 장소를 지나다니지 못하게 하는 일. 예이곳은 통행금지 구역입니다. ②지난날, 일정한 시간 동안 일반 사람들이 거리를 지나다니거나 집 밖으로 나가지 못하게 하던 일. 준통금.

통행료(通行料)[통행뇨] 자동차가 유료 도로를 지나갈 때 내는 돈. 예고속도로 통행료.

E

통화1(通貨) 한 나라 안에서 널리 쓰이고 있는 모든 화폐.
통화2(通話) 전화로 말을 서로 주고받음. 또는 전화를 거는 횟수를 세는 때 쓰이는 말. [예]통화는 간단히 하시오./전화 한 통화만 쓸게요. **통화되다. 통화하다.**
통:회(痛悔) [통회/통훼] 깊이 뉘우침. [예]통회의 눈물을 흘리다. **통회하다.**
퇴:각(退却) [퇴각/퉤각] 전투 등에 져서 뒤로 물러감. [반]진격. **퇴각하다.**
퇴:거(退去) [퇴거/퉤거] 거주를 옮김. **퇴거하다.**
퇴고(推敲) [퇴고/퉤고] 시나 글을 지을 때 여러 번 생각하여 고침. **퇴고하다.**
퇴:궐(退闕) [퇴궐/퉤궐] 대궐에서 물러나옴. [반]입궐. **퇴궐하다.**
퇴:근(退勤) [퇴근/퉤근] 직장에서 근무를 마치고 나옴. [예]퇴근 시간. [반]출근. **퇴근하다.**
퇴:로(退路) [퇴로/퉤로] 뒤로 물러날 길. [반]진로.
퇴:보(退步) [퇴보/퉤보] 재주·능력 등이 전보다 못하게 됨. [비]뒷걸음. [반]진보. **퇴보하다.**
퇴비(堆肥) [퇴비/퉤비] 짚이나 풀 등을 썩혀서 만든 거름. [비]두엄.
퇴:사(退社) [퇴사/퉤사] 회사를 그만두고 물러남. [반]입사. **퇴사하다.**
퇴:색(退色) [퇴색/퉤색] 빛이 바램. **퇴색되다. 퇴색하다.** [예]퇴색한 낡은 모자.
퇴:원(退院) [퇴원/퉤원] 입원했던 환자가 건강을 회복하여 병원에서 나옴. [반]입원. **퇴원하다.**
퇴:임(退任)[퇴임/퉤임] 공적인 직책이나 임무에서 물러남. [예]할아버지는 작년에 정년 퇴임을 하셨다. [비]퇴직. **퇴임하다.**
퇴:장(退場)[퇴장/퉤장] 회의장·경기장·극장·무대 등에서 물러남. [반]입장. **퇴장하다.**
퇴적(堆積)[퇴적/퉤적] 많이 덮쳐 쌓임. 또는 많이 덮쳐 쌓음. [예]퇴적 작용. **퇴적되다. 퇴적하다.**
퇴적암(堆積岩)[퇴저감/퉤저감] 부스러진 암석의 작은 덩이나 생물의 뼈 등이 쌓여서 이루어진 암석. [비]수성암.
퇴적층(堆積層)[퇴적층/퉤적층] 물·빙하·바람 등의 작용으로 운반된 흙이 일정한 곳에 오랫동안 쌓여서 생긴 지층.
퇴:직(退職)[퇴직/퉤직] 직장을 그만둠. [예]정년퇴직. [비]퇴임. [반]취직. **퇴직하다.**
퇴:직금(退職金)[퇴직끔/퉤직끔] 퇴직하는 사람에게 직장에서 한꺼번에 주는 돈.
퇴:진(退陣)[퇴진/퉤진] 하던 일을 그만두고 물러남. **퇴진하다.**
퇴:짜[퇴짜/퉤짜] 바치는 물품 등을 받지 않고 물리치는 일. [참고] 퇴짜는 '퇴자(退字)'에서 온 말. [예]퇴짜를 놓다./퇴짜를 맞다.
퇴:치(退治)[퇴치/퉤치] 물리쳐서 없애 버림. [예]문맹 퇴치 운동. **퇴치하다.**
퇴폐(頹廢)[퇴페/퉤페] 도덕이나 건전한 기풍 등이 문란해짐. [예]퇴폐 풍조. **퇴폐하다.**
퇴:학(退學)[퇴학/퉤학] 학생이 졸업 전에 다니던 학교를 그만두거나 학교에서 쫓겨남. [예]퇴학을 당하다. [비]퇴교. **퇴학하다.**
퇴:행(退行)[퇴행/퉤행] ①뒤로 물러감. ②발전하던 것이 그 이전의 상태로 되돌아감. [비]퇴화. **퇴행하다.**
퇴:화(退化)[퇴화/퉤화] ①발전하던 것이 그 이전의 상태로 되돌아감. [비]퇴행. ②생물체의 어떤 기관이 쓰이지 않아 쇠퇴해 감. [반]진화. **퇴화되다. 퇴화하다.**

툇마루 [퇸마루/뒏마루] 큰 마루의 바깥쪽이나 방의 앞에 좁게 만들어 단 마루.

투(套) 말하는 본새나 버릇처럼 굳어진 틀. 예말하는 투가 건방지다.

투견(鬪犬) ①개끼리 서로 싸우게 하는 일. ②싸움을 붙이기 위해 기르는 개.

투고(投稿) 신문·잡지 등에 실을 원고를 보냄. 예독자 투고란. 빤기고. 투고되다. 투고하다.

투과(透過) 빛 등이 물체를 꿰뚫고 지나감. 투과되다. 투과하다.

투구¹ 지난날, 군인이 싸울 때에 머리를 보호하기 위하여 쓰던 쇠로 만든 모자.

투구²(投球) 야구에서, 투수가 공을 던짐. 예투구 동작. 투구하다.

투기¹(投機) 확신도 없이 요행만 바라고 큰 이익을 얻으려 함. 예투기 성향/부동산 투기. 투기하다.

투기²(妬忌) 부부간이나 서로 사랑하는 이성 사이에서, 상대자가 자기 아닌 다른 이성을 사랑하는 데 대하여 샘을 내는 일. 비강샘. 투기하다.

투기³(鬪技) 곡예·운동 등의 재주를 서로 맞붙어 다툼. 투기하다.

투덜거리다 자꾸 불평하는 말을 중얼거리다. 비투덜대다.

투덜대다 ➡투덜거리다.

투덜투덜 자꾸 투덜거리는 모양. 예두덜두덜.

투막(一幕) ➡투막집.

투막집(一幕一) [투막찝] 울릉도의 통나무집. 집 둘레에 옥수숫대로 촘촘히 엮은 울타리를 처마 높이만큼 둘러서 눈이 들어오지 못하게 짓는다. 비투막.

투망(投網) ①물고기를 잡기 위하여 물속에 그물을 치는 일. ②물고기를 잡는 그물의 한 가지. 그물의 아래쪽에 추가 달려 있어, 물에 던지면 좍 퍼지면서 가라앉아 물고기를 가두어 잡도록 되어 있다. ②비쟁이.

투명(透明) ①조금도 흐리거나 탁한 데가 없이 환히 트여 맑음. ②빛이 잘 통하여 속까지 비쳐 보임. 예투명 유리. 빤불투명. 투명하다.

투명 인간(透明人間) 몸이 다른 사람의 눈에 보이지 않는다는 상상 속의 인간.

투박하다 [투바카다] ①생김새가 맵시가 없어 둔하다. 예투박한 질그릇. ②말투나 행동이 세련되지 못하고 거칠다.

투발루(Tuvalu) 남태평양 가운데 있는 섬나라. 아홉 개의 섬으로 이루어져 있으며, 수산물·코프라·코코넛이 많이 난다. 수도는 푸나푸티.

투베르쿨린 반:응(tuberculin反應) 결핵균을 길러 가열 살균한 주사로 결핵균 감염 여부를 알아보는 검사법.

투병(鬪病) 병을 고치려는 의지를 가지고 꾸준히 요양에 힘씀. 예투병 생활. 투병하다.

투사(鬪士) ①싸움터에 나가 싸우려는 사람. ②나라와 사회를 위해 투쟁하거나 활동하는 사람. 예항일 투사.

투사지(透寫紙) 비치는 종이로, 그림을 밑에 받쳐 놓고 그대로 옮길 때 쓰는 얇은 종이. 비트레이싱 페이퍼.

투서(投書) 어떤 사실의 내막이나 남의 잘못 등을 적어서 관계자나 관계 기관에 몰래 보냄, 또는 그 글. 투서하다.

투석(投石) 돌을 던짐, 또는 그 돌. 투석하다.

-투성이 ①어떤 것이 잔뜩 묻어 몹시 더러워진 상태를 나타내는 말. 예먼지투성이/흙투성이. ②어떤 것이 썩 많은 상태를 나타내는 말. 예실수투성이/상처투성이.

투수(投手) 야구에서, 내야의 중앙에서 포수에게 공을 던지는 사람. [비]피처. [반]포수.

투숙(投宿) 여관 등에 들어가 머무르며 잠을 잠. **투숙하다**.

투시(透視) 속의 것을 환하게 비추어 봄. [예]투시 환등기. **투시되다**. **투시하다**.

투시도(透視圖) 어떤 시점에서 본 물체의 모양을 평면 위에 나타낸 그림. [예]건축 투시도.

투신(投身) ①죽으려고 높은 곳에서 몸을 던짐. [예]투신 자살. ②어떤 일에 몸을 던짐. **투신하다**. [예]교육계에 투신하다.

투약(投藥) 병에 알맞은 약을 지어 주거나 사용함. **투약하다**. [예]항생제를 투약하다.

투여(投與) 남에게 줌. 특히, 의사가 환자에게 약을 줌. **투여하다**.

투옥(投獄) 감옥에 가둠. **투옥되다**. **투옥하다**. [예]죄수를 투옥하다.

투우(鬪牛) ①소끼리 싸움을 붙이는 경기, 또는 그 경기에 나오는 소. ②투우사가 사나운 소와 겨루는 경기. [참고] 고대 그리스와 로마에서 생긴 것으로, 지금은 에스파냐의 국기로 행해지고 있다.

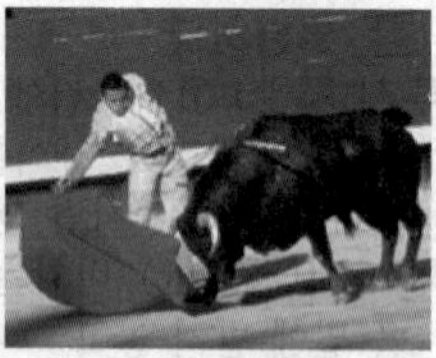
〈투우②〉

투우사(鬪牛士) 투우 경기에서 소와 싸우는 사람.

투입(投入) 사람이나 물자를 어떤 일에 쓰이도록 충당해 넣음. [예]병력 투입. **투입되다**. **투입하다**.

투자(投資) 이익을 목적으로 사업 등에 자금을 댐. [예]설비 투자. [비]출자. **투자되다**. **투자하다**.

투쟁(鬪爭) 다투어 싸움. [예]독립 투쟁. **투쟁하다**.

투정 무엇이 부족하거나 불만이 있을 때 떼를 쓰며 조르는 일. [예]반찬 투정/투정을 부리다. **투정하다**.

투지(鬪志) 싸우고자 하는 의지. [예]불굴의 투지/투지를 불태우다. [비]투쟁심·투혼.

투철하다(透徹―) 의지·각오·자세 등이 분명하고 철저하다. [예]투철한 군인 정신. **투철히**.

투표(投票) 선거나 어떤 일을 결정할 때, 각 사람의 뜻을 나타내기 위하여 투표용지에 이름·의견 등을 표시하여 일정한 곳에 내는 일. [예]투표함/투표용지. **투표하다**.

투표소(投票所) 투표를 할 수 있게 만든 일정한 장소. [비]투표장.

투표율(投票率) 투표할 권리를 가진 사람 중 투표한 사람의 비율.

투하(投下) ①무거운 물체를 공중에서 아래로 떨어뜨림. [예]원자 폭탄 투하. ②어떤 일에 물자·자금·노력 등을 들임. [예]자본 투하. **투하되다**. **투하하다**.

투항(投降) 적에게 항복함. [예]투항을 해 온 병사들. **투항하다**.

투호(投壺) 지난날, 화살을 병 속에 던져 승부를 겨루는 놀이. 청·홍의 화살을 병 속에 던져 넣은 후, 그 수효의 많고 적음으로 승부를 결정하였다.

툭 ①가볍게 부러지거나 끊어지는 소리, 또는 그 모양. [예]바람에 툭 부러지는 나뭇가지. ②어느 한 부분이 쑥 불거져 나온 모양. [예]이마가 툭 튀어나오다. ③가볍게 치거나 털거나 튀는 소리, 또는 그 모양. ④무엇이 터지는 소리, 또는 그 모양. [작]톡. ⑤말이나 속마음을 터놓는 모양. [예]무슨 일인지 툭 털어놔 봐. **툭툭**.

툭하면 [투카면] 무슨 일이 있기만 하면 버릇처럼 곧. 예우리 형은 툭하면 학교에 지각을 한다.

툰드라(tundra) 일 년 내내 눈과 얼음으로 뒤덮인 북극해 연안의 벌판. 여름 동안 일부 지역에 이끼류만 겨우 자란다.

툴툴거리다 마음에 못마땅하여 투덜거리다. 비툴툴대다.

툴툴대다 ➡ 툴툴거리다.

퉁 속이 텅 빈 나무통이나 큰북 등을 칠 때 나는 소리. 작퉁.

퉁기다 ①잘 짜인 물건이나 버티어 놓은 물건을 틀어지거나 쑥 빠지게 건드리다. ②다른 사람의 요구나 의견을 거절하다. ③뼈의 관절을 어긋나게 하다. ②비튕기다. 작통기다.

퉁명스럽다 [퉁명스럽따] 말씨나 행동 등이 친절하지 못하고 화가 난 것처럼 무뚝뚝하다. 예퉁명스럽게 대꾸하다. |활용| 퉁명스러우니·퉁명스러워. 퉁명스레.

퉁소 대로 만든 악기의 한 가지. 앞에 구멍이 다섯 개 있고 뒤에 하나가 있다. 세로로 분다.

〈퉁소〉

퉁퉁 몸의 한 부분이 심하게 붓거나 살이 찐 모양. 작통통.

퉤 침이나 입 안에 있는 것을 함부로 뱉는 소리, 또는 그 모양. 예형이 침을 퉤 뱉었다. 퉤퉤.

튀각 다시마 등을 잘라서 기름에 튀긴 반찬.

튀기다[1] ①힘을 모았다가 갑자기 탁 놓아 튀거나 내뻗치게 하다. 예고무줄을 탁 튀기다. ②공 등을 툭 쳐서 튀게 하다.

튀기다[2] ①끓는 기름에 넣어서 부풀어 오르게 하다. 예닭을 튀기다. ②마른 낟알 등을 열을 가하여 부풀어 터지게 하다. 예옥수수를 튀기다.

튀김 요리의 한 가지. 생선·고기 등에 물에 푼 밀가루를 입혀 끓는 기름에 튀긴 것. 예새우튀김.

튀다 ①갑자기 터져서 흩어져 퍼지다. 예불똥이 튀다. ②공 등이 부딪혀 세게 뛰다. ③물방울 등이 흩어져 퍼지다. 예흙탕물이 튀다. ④차림새나 행동이 특이하여 남의 눈에 잘 띄다. 예옷 색깔이 좀 튀지 않니?

튀밥 쌀을 튀긴 것.

튀어나오다 불거지다. 예튀어나온 광대뼈.

튕기다 ①무엇에 부딪쳐 튀어 오르거나 튀어 나오다. 예튕긴 공을 잡다. ②➡ 퉁기다.

튜바(tuba) 금관 악기의 한 가지. 3~5개의 밸브가 있는 큰 나팔. 낮고 장중한 음을 낸다.

〈튜바〉

튜브(tube) 수영이 서투른 사람이 쓰는, 자동차 바퀴 모양의 공기 주머니.

튤립(tulip) 백합과의 여러해살이풀. 잎은 넓고 길며 끝이 뾰족하다. 4~5월에 빨강·노랑·하양 등의 꽃이 종 모양으로 핀다. 관상용으로 기른다.

〈튤립〉

트다[1] ①싹이나 꽃봉오리가 벌어지다. 예싹이 트다. ②새벽에 동쪽이 환해지다. 예동이 트다. ③살갗이 갈라지다. 예손발이 트다. |활용| 트니·터.

트다[2] 막혔던 것을 통하게 하다. 예길을 트다. |활용| 트니·터.

트라이아스기(Trias紀) 지질 시대의 중생대 중 맨 앞의 시대. 파충류·암모나이트·겉씨식물이 번성하고 포유동물이 나타났다.

트라이앵글(triangle) 타악기의 한 가지. 정삼각형으로 구부린 강철 막대를 쇠로 된 막대로 두드려 소리를 낸다.

〈트라이앵글〉

트랙(track) 육상 경기장이나 경마장 등에서 선수나 말이 달리는 길.

트랙터(tractor) 작업용 자동차. 화물을 실은 트레일러를 끌며, 기계화 농업이나 토목 건설에도 사용된다.

〈트랙터〉

트랜스 ➡ 변압기. |참고| 트랜스는 'transformer'에서 온 말.

트랜지스터(transister) 반도체를 이용하여 전류를 세게 하거나 약하게 하는 장치, 또는 그것을 이용하여 만든 라디오.

트랩(trap) 비행기·배 등을 오르내리는 데 쓰는 사다리.

트럭(truck) 짐을 실어 나르는 자동차. 🗑짐차.

트럼펫(trumpet) 금관 악기의 한 가지. 작은 나팔로 소리가 높고 날카로우며 명쾌하다.

〈트럼펫〉

트럼프(trump) 53장의 그림 딱지로 된 서양식 놀이 도구.

트렁크(trunk) ①여행용의 큰 가방. ②자동차 뒷부분에 짐을 넣을 수 있게 만든 곳.

트레머리 가르마를 타지 않고 뒤통수의 한가운데에 틀어 붙인 여자의 머리 모양.

트레몰로(tremolo) 음악에서, 한 음이나 화음을 아주 빠르게 떨리는 듯이 되풀이하는 연주 방법.

트레일러(trailer) 견인차가 끄는 차량.

트로피(trophy) 운동 경기나 대회에서 우승한 사람이나 단체에게 주는 컵. 🖽우승 트로피. 🗑우승컵.

트롬본(trombone) 금관 악기의 한 가지. 두 개의 긴 'U'자 모양 관을 맞추어, 관을 늘였다 줄였다 하여 음의 높이를 변화시킨다. 음색은 날카로우면서도 무거운 느낌을 준다.

〈트롬본〉

-트리다 ➡ -뜨리다.

트리오(trio) ①삼중주. 🖽피아노 트리오. ②삼중창. 🖽여성 트리오. 🟤듀엣.

트림 음식이 잘 소화되지 않고 괴어서 생긴 기체가 입으로 나오는 일. 🖽트림이 나다.

트이다 ①막혔던 것이 통하다. 🖽길이 트이다. ②걷히어 환해지다. 🖽눈앞이 탁 트이다. ③잘 안 되는 일이 되어 가다. 🖽운이 트이다. 🟤틔다.

트집 괜히 남의 조그만 흠집을 들추어서 괴롭게 굶. 🖽괜한 일로 트집을 잡다.

특강(特講)[특깡] 정규 강의가 아닌 특별히 하는 강의. 🖽여름 방학 수영 특강. 특강하다.

특공(特攻)[특꽁] 전투나 싸움을 잘하도록 특별히 훈련을 받음. 🖽특공무술.

특공대(特攻隊)[특꽁대] 특수 임무나 기습 공격을 하기 위하여 특별히 훈련된 부대.

특권(特權)[특꿘] 어떤 사람에게 특별히 주어진 권리. 예특권 계급.

특급(特級)[특끕] 특별한 등급. 또는 가장 높은 등급. 예특급 시설/특급 호텔.

특급 열차(特急列車) 특별히 빠른 속력으로 달리며, 특정 정거장에만 서는 기차. 쭌특별 급행열차.

특기(特技)[특끼] 특별한 기능이나 기술. 凹장기.

특대(特大)[특때] 옷이나 물건 등이 특별하게 큼, 또는 그 물건.

특등(特等)[특뜽] 특별히 높은 등급. 또는 가장 높은 등급. 예특등실.

특명(特命)[틍명] 특별한 명령. 예왕의 특명을 받다.

특별(特別)[특뼐] 보통과 아주 다름. 보통보다 훨씬 뛰어남. 예특별 대우. 凹보통·일반. 특별하다. 특별히.

특별 법(特別法)[특뼐뻡] 특정한 지역·사람·사물·사항에만 특별히 적용하는 법. 예여당은 학교 폭력 대책 특별법을 발의했다. 凹특례법.

특별석(特別席)[특뼐석] ➡특석.

특별시(特別市)[특뼐시] 지방 자치 단체의 한 가지. 도와 똑같이 직접 중앙의 감독을 받는다. 현재, 우리나라는 서울특별시뿐이다.

특별 위원회(特別委員會) 국회 등에서, 특정 사항을 심의하기 위해 필요에 따라 설치하는 위원회.

특별 활동(特別活動) 초등학교·중학교·고등학교 교육 과정의 한 영역. 교과 활동 이외의 특별 학습 활동. 쭌특활.

특보(特報)[특뽀] 특별히 보도함, 또는 그런 보도. 예뉴스 특보. 특보하다.

특사(特使)[특싸] 특별한 임무를 띠고 파견하는 외교 사절. 예대통령 특사/특사를 파견하다.

특산물(特産物)[특싼물] 어떤 지방의 특별한 산물.

특색(特色)[특쌕] 보통의 것과는 다른 특별한 점. 凹특성·특징.

:::: '특색'과 '특징'의 구별 ::::
특색 : 비교하는 대상보다 특별히 다른 점이나 뛰어난 점. 예특색 있는 목소리. **특징** : 다른 것과 쉽게 구별되어 특별히 눈에 잘 띄는 점. 예 말의 특징은 서서 잠을 잔다는 것이다.

특석(特席)[특썩] 경기장·공연장 등에서 관람하기 좋은 위치에 특별히 마련한 좌석. 凹특별석.

특선(特選)[특썬] ①재료 등을 특별히 고름, 또는 그렇게 고른 물건. 예특선 요리/특선 영화. ②전람회 등에서 특히 우수하다고 뽑힌 작품.

특성(特性)[특썽] 어떤 사물에만 있는 특수한 성질. 凹특색·특징.

특수¹(特殊)[특쑤] 보통과 아주 다름. 예특수 교육/특수 잠수복. 凹특이. 특수하다.

특수²(特需)[특쑤] 어떤 물건이 특별한 상황에서 많이 팔리는 일. 예명절 특수로 과일 판매가 크게 늘었다.

특수성(特殊性)[특쑤썽] 사물의 특별히 다른 성질.

특수 은행(特殊銀行) 법률에 의하여 특별한 일을 맡아보는 은행. 한국은행·한국 산업 은행 등. 凹일반 은행.

특수차(特殊車)[특쑤차] 특별한 일을 하도록 만든 자동차.

특수 학교(特殊學校) ①신체나 지능에 장애가 있는 아동에게 특수 교육을 하는 학교. 맹아 학교 등. ②특수한 학과나 교과만을 가르치는 학교. 과학 고등학교·예술 고등학교 등.

특약(特約)[트갹] ①특별한 조건을 붙인 약속. ②특별한 편의나 이익이 있는 계약.

특용 작물(特用作物) 목화·차·담배·인삼 등과 같이 식용 이외의 특수 용도에 쓰이는 농작물.

특유(特有)[트규] 어떤 사물만이 특별히 가지고 있음. 특유하다.

특이(特異)[트기] 보통 것이나 보통 상태에 비하여 특별히 다름. 예특이 체질. 即특수. 특이하다.

특정(特定)[특쩡] 특별히 가리키어 정함. 예특정 인물/특정 상품. 即불특정. 특정하다.

특종(特種)[특쫑] ①특별한 종류. ②신문사나 잡지사에서, 특별히 취재하여 보도한 중대한 기사. ❀특종 기사.

특진(特進)[특찐] 뛰어난 공로로 특별히 진급함, 또는 그 진급. 예2계급 특진. 특진되다. 특진하다.

특질(特質)[특찔] 특별한 성질이나 기질. 예비단의 특질.

특집(特輯)[특찝] 신문·잡지 등에서, 특정 문제를 특별히 다루어 편집함, 또는 그 편집물. 예보도 특집.

특징(特徵)[특찡] 다른 것에 비해 특별히 눈에 띄게 다른 점. 即특색·특성.

특파(特派) 어떤 임무를 지워 특별히 보냄. 특파되다. 특파하다.

특파원(特派員) 외국에 가서 해외 뉴스 보도의 임무를 맡은 기자.

특허(特許)[트커] 공업 발명품에 대한 이용이나 권리를 그 사람이나 계승자만 독점할 수 있도록 하는 일. 예발명 특허.

특허청(特許廳)[트커청] 중앙 행정 기관의 하나. 특허·실용신안·의장 및 상표에 관한 일 등을 맡아본다.

특허품(特許品)[트커품] 특허를 얻은 상품이나 발명품.

특혜(特惠)[트케/트케] 특별히 베푸는 혜택. 예특혜 관세.

특화(特化)[트콰] 어떤 지역에서 한 가지 산업이나 상품을 특별히 발전시켜 큰 비중을 차지하게 함. 예특화 작물/특화 산업. 특화되다. 특화하다.

특활(特活)[트콸] 〈특별 활동〉의 준말.

특효약(特效藥)[트쿄약] 특정한 병에 대해 특별히 효험이 있는 약.

특히(特一)[트키] 보통과 다르게. 남달리. 유달리. 예환절기에는 특히 감기에 주의해야 한다.

튼튼하다 ①생김새나 만듦새가 단단하고 실하다. 예튼튼한 책상. ②몸이 건강하다. 예튼튼한 어깨. 튼튼히.

틀 ①판이나 골처럼 물건을 만드는 데 본이 되는 물건. 예진흙을 틀에 넣어 벽돌을 만들다. ②테두리만으로 된 물건. 예장지문 틀. ③낡고 융통성이 없는 상투적인 투. 예틀에 박힌 말.

틀니[틀리] 잇몸에 끼웠다 떼었다 할 수 있도록 인공적으로 해 박은 이.

틀다 ①방향이 꼬이게 돌리다. 예몸을 틀다. ②솜틀로 솜을 타다. ③머리털을 일정한 모양으로 뭉쳐 올려붙이다. 예상투를 틀다. ④나사나 열쇠 등을 돌리다. 예수도꼭지를 틀다. ⑤라디오·축음기 등의 기계를 작동하게 하다. 예전축을 틀다. ⑥새가 깃들일 자리를 만들다. 예둥지를 틀다. |활용| 트니·틀어.

틀리다 ①계산·일 등이 어긋나거나 맞지 않다. 예답이 틀리다. 即맞다. ②어떤 일이 순조롭게 되지 못하다. 예오늘까지 일을 끝내기는 틀렸어.

틀림없다[틀리멉따] 다름이 없다. 꼭 같다. 예이 일은 그 아이의 장난임에 틀림없다. 틀림없이.

틀어막다[트러막따] 구멍 등을 억지로 막아 통하지 못하게 하다. 예구멍을 틀어막다.

틀어박히다[트러바키다] 밖으로 나가지 않고 한곳에만 있다. 예밤낮 집에만 틀어박혀 있을 거야?

E

틀어쥐다 [트러쥐다] ①단단히 잡아 감아쥐다. [예]소의 고삐를 틀어쥐다. ②통틀어 손아귀에 쥐다.

틀어지다 [트러지다] ①꾀하는 일이 어긋나다. [예]계획이 틀어지다. ②사이가 벌어지게 되다. [예]친구와 자꾸 틀어지는 것 같다.

틈 ①벌어져 사이가 난 자리. [예]창문 틈. [비]간격. ②겨를. 사이. [예]책을 볼 틈이 없다. ③사람들 사이에 생기는 거리. [예]친구들 사이에 틈이 생겼다. ④어떤 행동을 할 만한 기회. [예]공격할 틈을 노리다.

틈나다 시간적인 여유가 생기다. [예]틈나는 대로 만나러 올게.

틈바구니 '틈'을 속되게 이르는 말. [준]틈바귀.

틈바귀 〈틈바구니〉의 준말.

틈새 ①벌어져서 난 틈의 사이. [예]스펀지로 창문의 틈새를 막았다. ②사람들 사이의 관계에서 벌어진 거리. [예]사소한 말다툼으로 친구와 틈새가 벌어졌다.

틈새시장(—市場) 비슷한 상품은 많지만 사람들이 원하는 바로 그 상품이 없어서 틈새처럼 비어 있는 시장. [예]틈새시장을 노리다.

틈타다 어떤 기회나 때를 이용하다. [예]밤을 틈타 기습하다.

틈틈이 [틈트미] 시간이 날 때마다. [예]틈틈이 전화해라.

틔ː다 [티다] 〈트이다〉의 준말.

틔우다¹ [티우다] 막혀 있던 길을 통하게 하다. [예]우리는 사람들이 지나갈 수 있게 길을 틔워 주었다.

틔우다² [티우다] 트이게 하다. [예]싹을 틔우다.

티¹ ①잔 부스러기나 찌꺼기. ②조그마한 흠집. [예]옥에도 티가 있다.

티² 어떤 기색이나 태도. [예]어른 티가 나다.

티격태격 서로 뜻이 맞지 않아 시비를 벌이는 모양.

티그리스 강(Tigris江) 이란의 중앙부를 가로질러 페르시아 만으로 흘러드는 강. 메소포타미아의 고대 문명 발상지로 유적이 많다. 길이 1,900 km.

티끌 ①공기 속에 섞여 날리거나 물체 위에 쌓이는 매우 잘고 가벼운 물질. 먼지 등. ②'아주 작거나 적음'을 비유하여 이르는 말. [예]내 생각은 티끌만큼도 안 하니?

티눈 손바닥이나 발바닥에 병적으로 생기는 굳은살.

티라노사우루스(tyrannosaurus) 백악기 후기의 육식 공룡. 몸의 길이는 15 m, 몸무게는 7톤가량이다. 두 다리로 걸었으며 공룡 가운데 가장 힘이 세다고 알려져 있다. 북아메리카에서 화석이 발견되었다.

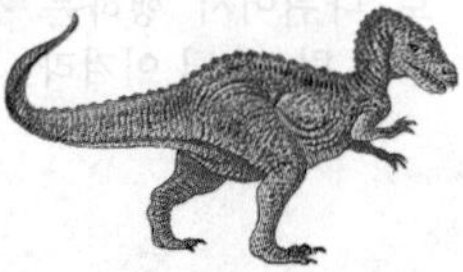
〈티라노사우루스〉

티베트(Tibet) 중국 남서부에 있는 고원 지대. 히말라야 산맥과 쿤룬 산맥에 둘러싸여 있으며, 황허 강·양쯔 강·인더스 강이 시작하는 곳이다. 1965년에 자치구가 되었으며 농업·목축업 등을 주로 한다.

티베트 고원(Tibet高原) 중국 남서부에 있는 고원. 평균 높이 4,500 m.

티볼(tee ball) 야구를 변형시킨 운동 경기. 허리 높이쯤 되는 공 받침인 '티' 위에 공을 올려놓고 방망이로 쳐서 1·2·3루를 돌아 홈으로 들어오면 점수를 얻는다.

티셔츠(T-shirts) 'T' 자 모양으로 생긴 셔츠. 목 부분이 둥글게 파이고 깃과 단추가 없다.

티스푼(teaspoon) 찻숟가락. 차를 저을 때 쓰인다.

티 없:이 어떤 흠도 없이 깨끗하게. 예티 없이 맑은 눈동자.

티을 [티은] 한글 닿소리 'ㅌ'의 이름. |발음| 티읕이 [티으시] · 티읕도 [티은 또] · 티읕만 [티은만]

티자(T一) 'T' 자 모양으로 생긴 자. 제도용으로 쓰인다.

티켓(ticket) ①차표 · 입장권 등의 표. 예왕복 티켓/티켓을 끊다. ②무엇을 할 수 있는 자격증. 예올림픽 출전 티켓을 따다.

티티새 ➡ 개똥지빠귀.

팀(team) ①같은 일을 하는 한동아리의 사람. ②운동 경기의 단체. 곧, 두 패로 나뉘어서 행하는 경기의 한 편. 예청 팀/백 팀 이겨라!

팀워크(teamwork) 여럿이 한 팀이 되어 서로 힘을 합치는 일, 또는 그들 상호 간의 연대.

팀파니(timpani) 타악기의 한 가지. 공의 한가운데를 자른 모양의 북으로, 둘레에 있는 나사로 소리를 조절한다.

〈팀파니〉

팁(tip) 손님이 시중든 사람에게 감사의 뜻으로 요금 이외에 따로 주는 돈.

팅팅 속에서 불어나 겉으로 보기에 매우 불룩한 모양. 예발이 팅팅 부었다. 짝탱탱.

ㅍ 피읖. 한글 닿소리의 열셋째.

파¹ 백합과의 여러해살이풀. 잎은 속이
빈 대롱 모양이
며, 독특한 냄
새와 맛이 있
어 음식의 맛
을 더하는 데
쓰인다.

〈파¹〉

파²(fa) 장음계의 넷째 음, 또는 단음계
의 여섯째 음의 계이름.

파:격적(破格的)[파격쩍] 관습이나 격
식에서 벗어나는 것. 예파격적인 대
우를 받다.

파견(派遣) 어떤 임무를 맡겨 어느 곳
으로 보냄. 파견되다. 파견하다. 예북
한에 평화 사절단을 파견하였다.

파:계승(破戒僧)[파계승/파게승] 계율
을 깨뜨린 승려.

파고(波高) 물결의 높이.

파고다 공원(Pagoda公園) ➡탑골 공원.

파고들다 ①안으로 헤집고 들어가다.
예이불 속으로 파고들다. ②깊이 속
으로 스며들다. 예새벽의 찬 공기가
옷 속으로 파고들었다. |활용| 파고드
니·파고들어.

파곳(fagott) ➡바순.

파:괴(破壞)[파괴/파궤] ①건물이나
물건 등을 부수거나 깨뜨려 헐어 버
림. 빤건설. ②조직·질서·관계 등을
무너뜨림. 예생태계의 파괴. 파괴되
다. 파괴하다. 예함부로 버린 쓰레기
는 자연을 파괴한다.

파:국(破局) 어떤 일이 잘못되어 결딴
나는 일, 또는 그런 형편. 예파국으로
치닫다.

파급(波及) 어떤 일의 영향이 다른 데
로 미침. 예파급 효과. 파급되다. 예무
궁화 심기 운동이 전국으로 파급되었
다. 파급하다.

파:기(破棄) ①깨뜨리거나 찢어서 없
애 버림. 예문서의 파기. ②계약이나
약속 등을 깨뜨려 없던 것으로 함.
예약혼 파기. 파기되다. 파기하다.

파김치 파로 담근 김치.

파김치(가) 되다|관용| '지쳐서 매우 고
단하게 된 상태'를 비유하여 이르는 말.

파나마 운ː하(Panama運河) 중앙 아메리카의 파나마에 있는 운하. 두 개의 인공 호수를 이용하여 태평양과 대서양을 잇는 구실을 한다.

파내다 박히거나 묻힌 것을 파서 꺼내다. 예귀지를 파내다./석탄을 파내다.

파다 ①구멍이나 구덩이를 만들다. 예우물을 파다. ②돌·쇠붙이 등에 그림이나 글씨를 새기다. 예도장을 파다.

파닥거리다 [파닥꺼리다] ①작은 새가 계속해서 날개를 가볍고 빠르게 쳐서 소리를 내다. ②작은 물고기가 계속해서 꼬리로 물을 쳐서 소리를 내다. ③깃발 등이 계속해서 센 바람에 날리다. 비파닥대다. 큰퍼덕거리다.

파닥대다 [파닥때다] ➡파닥거리다.

파닥이다 [파다기다] ①작은 새가 날개를 가볍고 빠르게 쳐서 소리를 내다. 예새가 날개를 파닥이며 날아올랐다. ②작은 물고기가 꼬리로 물을 쳐서 소리를 내다. 예물고기가 그물에 갇혀 파닥인다. ③깃발 등이 센 바람에 날리다. 큰퍼덕이다.

파닥파닥 자꾸 파닥거리는 소리. 큰퍼덕퍼덕.

파도(波濤) 큰 물결. 예높은 파도/파도가 밀려오다.

파도치다(波濤一) 큰 물결이 일어나다. 예파도치는 바닷가.

파도타기(波濤一) 타원형의 널빤지를 타고 몸의 균형을 잡아 가면서 밀려오는 파도를 타는 놀이. 비서핑.

파동(波動) ①공간적으로 전하여 퍼져 가는 진동. 물결·음파·전자파 등. ②사회적으로 새로운 변화를 가져올 만한 거센 움직임. 예석유 파동.

파들거리다 입술·종이 등이 작게 떨리다. 비파들대다. 큰푸들거리다.

파들대다 ➡파들거리다.

파들파들 자꾸 파들거리는 모양. 예추워서 입술이 파들파들 떨렸다. 큰푸들푸들.

파라다이스(paradise) 걱정이나 근심 없이 행복하게 살 수 있는 곳. 비낙원.

파라핀(paraffin) 석유 제조 과정에서 생기는, 흰색의 반투명한 물질. 양초·성냥 등을 만드는 데 쓰인다.

파란(波瀾) 살아가면서 겪는 여러 가지 어려움이나 시련. 예파란 많은 삶.

파란만장(波瀾萬丈) 《물결이 만 길 높이로 인다는 뜻으로》 '사람이 살아가는 데 여러 가지 어려움이 많고 변화가 심함'을 이르는 말. 파란만장하다. 예혁명가의 파란만장한 생애.

파란색(一色) 파란 색깔. 예파란색 볼펜. 비파랑.

파랑[1] 삼원색의 하나. 갠 날의 하늘 빛깔과 같은 색깔, 또는 그런 빛깔의 물감. 큰퍼렁.

파랑[2](波浪) 작은 물결과 큰 물결. 예파랑 주의보.

파랑새 파랑샛과의 새. 몸빛은 푸른빛을 띤 초록색이며 머리와 꽁지는 검은색을 띤다. 우리나라·중국·일본 등지에서 살고 겨울에는 남쪽에서 지낸다.

〈파랑새〉

파ː랗다 [파라타] 밝고 선명하게 푸르다. 예파란 가을 하늘. 큰퍼렇다.
|활용| 파라니·파래.

파래 파랫과의 바다풀. 민물이 섞여 드는 바다에 많이 난다. 빛깔은 푸른빛이며 향기가 좋고 맛이 독특하다.

파ː래지다 ①파랗게 되다. 예봄이 되자 들판이 파래졌다. ②창백하게 되다. 예동생은 겁을 먹고 얼굴이 파래졌다. 큰퍼레지다.

파력 발전(波力發電) 움직이는 파도의 힘으로 발전기를 돌려 전기를 얻는 일.

파ː렴치(破廉恥) 염치를 모르고 뻔뻔스러움. [비]몰염치. **파렴치하다**. [예]파렴치한 행동.

파ː루(罷漏) 조선 시대에, 새벽 4시에 종각의 종을 서른세 번 치던 일. 서울에서는 밤 10시 이후 통행을 금하였다가 종을 쳐서 해제하였다.

파르르 얇고 가벼운 것의 일부가 작고 탄력 있게 떠는 소리, 또는 그 모양. [예]고추잠자리가 날개를 파르르 떨었다. [큰]퍼르르. [여]바르르.

파르스레하다 ➡파르스름하다.

파르스름하다 약간 파랗다. [비]파르스레하다. [큰]푸르스름하다.

파릇파릇 [파른파른] 산뜻하게 군데군데 파르스름한 모양. [예]새싹이 파릇파릇 돋아나다. [큰]푸릇푸릇.

파릇하다[파르타다] 빛깔이 조금 파란 듯하다. [예]봄이 되자 새싹이 파릇하게 돋아난다.

파ː리¹ 구더기가 자란 곤충. 몸빛은 검은색이나 푸른빛을 띤 초록색이다. 더러운 곳에서 많이 생기며 전염병을 옮겨 해를 끼친다.

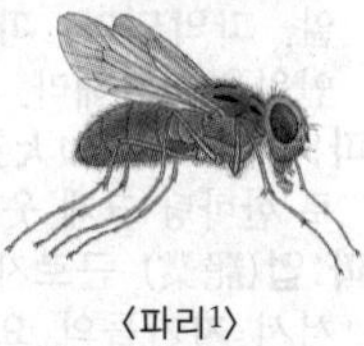
〈파리1〉

파리(를) 날리다[관용] 《한가로이 파리나 쫓고 있다는 뜻에서》 장사가 잘 되지 않다.

파리 목숨[관용] '하잘것없이 남에게 쉽사리 죽임을 당하는 목숨'을 비유하여 이르는 말.

파리²(Paris) 프랑스의 수도. 문화가 아주 발달하여 '예술의 도시'·'유행의 도시'라고 불리기도 한다. 에펠탑·개선문·루브르 박물관 등이 유명하다.

파리쿠틴 산(Paricutin山) 멕시코 중부에 있는 화산. 높이 2,775 m. 1943~1952년에 일어난 화산 폭발로 이루어졌다.

파리하다 몸이 쇠약하여 얼굴에 핏기가 없다. [예]얼굴빛이 파리한 소녀. [비]해쓱하다.

파마 머리를 약품으로 곱슬곱슬하게 만드는 일, 또는 그 머리. [참고] 파마는 'permanent'에서 온 말. **파마하다**.

파먹다 [파먹따] 겉에서부터 속으로 먹어 들어가다. [예]벌레가 과일을 파먹었다.

파ː면(罷免) 잘못이 있어 일자리에서 쫓아냄. **파면되다**. [예]그는 뇌물을 받아 파면되었다. **파면하다**.

파ː멸(破滅) 파괴되어 없어짐. [예]파멸의 길로 들어서다. **파멸되다**. [예]폭격으로 도시가 파멸되었다. **파멸하다**.

파문(波紋) ①수면에 생기는 잔물결. ②어떤 일의 영향. [예]세상에 큰 파문을 일으키다.

파묻다 [파묻따] ①땅을 파고 그 속에 묻다. [예]보물을 파묻다. ②남이 모르게 깊이 감추어 버리다. [예]그는 부정한 사실을 파묻어 버렸다. ③얼굴이나 몸을 어디에 깊숙이 대거나 기대다. [예]소파에 몸을 파묻다.

파묻히다[파무치다] ①파묻음을 당하다. [예]발이 눈 속에 파묻혀 걷기가 힘들다. ②무엇으로 온통 둘러싸이다. [예]안개 속에 파묻힌 산봉우리. ③어떤 일에 깊이 빠져 있다. [예]일에 파묻혀 살다.

파미르 고원(Pamir高原) 중앙아시아 동남쪽에 있는 고원. 평균 높이는 6,100 m 이상, 넓이는 8,400 km²이다. 중국·인도·아프가니스탄 등에 걸쳐 있으며, '세계의 지붕'이라고 불린다.

파발(擺撥) 조선 시대에, 공문서를 빠르게 전달하기 위하여 설치했던, 말을 갈아타던 곳.

파발마(擺撥馬) 조선 시대에, 나랏일로 급히 가는 사람이 타던 말.

파벌(派閥) 생각이나 목적이 같은 사람들끼리 어울려서 만든 집단.

파병(派兵) 군대를 파견함. 예월남 파병. 파병하다.

파브르(Fabre, 1823~1915) 프랑스의 곤충학자. 곤충에 대하여 일생 동안 많은 연구를 하였으며, 그것을 적은 책 '곤충기' 10권은 세계적으로 유명하다.

파블로프(Pavlov, 1849~1936) 러시아의 생리학자. 신경 지배에 관한 연구로 1904년 노벨상을 받았고, 침의 분비는 대뇌의 작용에 의한 것임을 밝혀냈다.

파뿌리《파의 뿌리가 희다는 데서》'하얗게 센 머리털'을 비유하여 이르는 말. 예검은 머리가 파뿌리 되도록 행복하게 살아라.

파!산(破産) 재산을 모두 잃고 망함. 비도산. 파산되다. 파산하다.

파!상풍(破傷風) 살갗에 생긴 상처에 균이 들어가서 일으키는 전염병. 입이 굳어져서 벌리기 어렵게 되고, 온몸이 심하게 떨린다.

파생(派生) 사물이 어떤 근원으로부터 갈려 나와 생김. 파생되다. 파생하다.

파생어(派生語) 바탕이 되는 말에, 덧붙는 말이 붙어 이루어진 낱말. |참고| '덧버선(덧+버선)'·'맨손(맨+손)'·'가난뱅이(가난+뱅이)' 등.

파!선(破船) 배가 거센 파도나 암초에 부딪쳐 부서짐, 또는 그 배. 파선되다. 파선하다.

파!손(破損) 깨어져 못 쓰게 됨. 예기물 파손. 파손되다. 파손하다.

파수(把守) 경계하여 지킴, 또는 그런 일을 하는 사람. 예파수를 서다.

파수꾼(把守一) 파수를 보는 사람.

파스 삐거나 벌레 물린 데에 붙이거나 바르는 약. |참고| 파스는 'Pasta'에서 온 말. 예뻰 자리에 파스를 붙이다./모기 물린 데에 파스를 바르다.

파스칼(Pascal, 1623~1662) 프랑스의 사상가·수학자·물리학자. '파스칼의 원리'를 발견하였다. 저서에 '팡세'가 있다.

파스텔(pastel) 그림 그리는 재료의 한 가지. 색깔이 있는 가루를 굳혀 막대 모양으로 만든 것이다.

파스퇴르(Pasteur, 1822~1895) 프랑스의 과학자. 썩거나 발효하는 것이 미생물의 작용임을 설명하였고, 유산균·효모균을 발견하였다. 또 광견병·탄저병 등의 백신을 처음으로 만들었다.

파시(波市) 고기가 많이 잡히는 철에, 바다 위에서 열리는 생선 시장.

파악(把握)《손에 쥔다는 뜻으로》어떤 일을 잘 이해하여 확실하게 바로 앎. 파악되다. 파악하다. 예정확한 인원을 파악해라.

파!안대소(破顔大笑) 즐거운 표정으로 한바탕 크게 웃음. 파안대소하다.

파!업(罷業) 근로자들이 기업주에 맞서서 자기들의 요구 조건을 이루기 위하여 집단적으로 하던 일을 중지하는 일. 본동맹 파업. 파업하다.

파!열(破裂) 깨어지거나 갈라져 터짐. 예수도관 파열. 파열되다. 파열하다.

파운드(pound) ①주로 영국과 미국에서 무게를 잴 때 쓰는 말. 1파운드는 약 453.592g이다. 기호는 'lb'. ②영국의 화폐 단위. 1파운드는 100펜스이다. 기호는 '£'.

파울(foul) ①경기의 규칙을 어기는 일. 비반칙. ②〈파울 볼〉의 준말.

파울 볼(foul ball) 야구에서, 타자가 친 공이 파울 라인 밖으로 나가는 일, 또는 그 공. [준]파울.

파이(pie) 밀가루와 버터를 섞어 반죽하여 과일·고기 등을 넣어서 구운 서양과자.

파이다 팜을 당하다. [예]폭우로 땅에 웅덩이가 파였다.

파이팅(fighting) 《'힘내라'·'힘내자' 등의 뜻으로》 경기하는 선수를 격려하는 외침. 또는 경기하는 선수들끼리 외치는 구호. [잘못] 화이팅.

파이프(pipe) ①액체나 기체 등을 보내는 데 쓰는 관. [예]수도 파이프. ②서양식 담뱃대.

파이프 오르간(pipe organ) 건반 악기의 한 가지. 음계에 따라 배열된 크고 작은 여러 개의 관에 바람을 보내어 소리를 내게 한 오르간.

파인애플(pineapple) 파인애플과의 여러해살이풀. 잎은 짧은 줄기 위에 뭉쳐나고, 엷은 자주색 꽃이 핀다. 길둥근 모양의 열매는 맛과 향이 좋다.

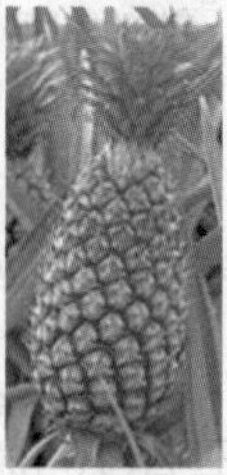
〈파인애플〉

파일(file) ①서류철. ②컴퓨터의 기억 장치에 분류하여 저장된 정보의 묶음.

파일럿(pilot) 비행기를 조종하는 사람. [비]비행사.

파자마(pajamas) 약간 헐렁하게 만든, 위아래가 따로 된 잠옷.

파장¹(波長) 파동의 꼭대기에서 다음 꼭대기 또는 밑에서 다음 밑 사이의 거리.

파ː장²(罷場) ①섰던 장이 끝남, 또는 그런 때. [예]파장이라 물건값이 싸다. ②여럿이 함께 하는 일이 거의 끝나가는 판이나 무렵. **파장되다. 파장하다.**

파ː적도(破寂圖) [파적또] 조선 후기의 화가 김득신이 그린 풍속화. 18세기 작품으로 어느 한적한 농가의 앞뜰에서 일어난 한순간의 정경을 담은 그림이다.

파전(一煎) 묽은 밀가루 반죽에 길쭉길쭉하게 썬 파를 넣어 부친 전. 파 이외에 조갯살·굴·오징어 등을 얹기도 한다.

파종(播種) 논밭에 곡식의 씨앗을 뿌림. **파종하다.** [예]볍씨를 파종하다.

파ː죽지세(破竹之勢)[파죽찌세] 《대나무를 쪼개는 기세라는 뜻으로》 적을 거침없이 물리치고 쳐들어가는 맹렬한 기세를 이르는 말. [예]아군은 파죽지세로 적진을 돌파했다.

파ː지(破紙) 못 쓰게 된 종이.

파ː직(罷職) 관직에서 물러나게 함. **파직되다. 파직하다.**

파초(芭蕉) 파초과의 여러해살이풀. 잎이 넓고 길며 노란 꽃이 핀다. 바나나 비슷한 열매를 맺으며, 잎·잎자루·뿌리 등은 약으로 쓴다.

파초일엽(芭蕉一葉) [파초이렵] 꼬리고사릿과의 여러해살이풀. 온실에서 가꾸기도 하고 꽃꽂이의 재료로 쓰기도 한다.

파출부(派出婦) 돈을 받고 출퇴근을 하며 남의 집안일을 해 주는 여자. [참]가정부.

파출소(派出所) [파출쏘] 경찰서 관할 안의 필요한 곳에 경찰관을 보내어 경찰 일을 보게 하는 곳.

파충류(爬蟲類) [파충뉴] 척추동물의 한 무리. 피부는 비늘로 덮여 있다. 폐로 호흡을 하며 대부분 알로 태어난다. 악어·뱀·거북이 등.

파카(parka) 솜이나 털을 넣어 두껍게 만든, 후드가 달린 윗옷.

파키스탄(Pakistan) 인도 서쪽에 있는 공화국. 주요 산업은 농업이며, 석유나 천연가스 등의 지하자원은 풍부하나, 공업 개발이 뒤져 있다. 수도는 이슬라마바드.

파ː탄(破綻) 《찢어져 터진다는 뜻으로》 일이 잘되지 못하고 그릇됨. 일이 돌이킬 수 없는 지경에 이름. 예가정 파탄/경제가 파탄에 이르렀다. 파탄되다. 파탄하다.

파트(part) ①전체를 이루는 한 부분. ②어떠한 일에서 맡은 역할.

파트너(partner) 경기나 놀이 등에서 둘이 짝이 되는 경우의 상대.

파티(party) 사교·친목 등을 목적으로 하는 모임. 예생일 파티/댄스 파티.

파ː편(破片) 깨어지거나 부서진 조각. 예유리 파편/포탄의 파편이 몸에 박혔다.

파프리카(paprika) 가짓과의 한해살이풀. 열매는 짧은 타원형으로 꼭대기가 납작하고 크며, 바닥은 오목하고 세로로 골이 진다. 달고 아삭아삭하며, 노랑·빨강·주황 등 여러 가지 색깔이 있다.

파피루스(papyrus) ①사초과의 여러해살이풀. 높이는 2m가량. 짙은 녹색에 마디가 없으며, 10세기경까지 종이처럼 쓰였다. ②고대 이집트에서 나일 강 주변에 자라던 파피루스 풀 줄기의 섬유로 만든 종이.

파ː하다(罷ー) 어떤 일을 마치거나 그만두다. 예학교가 파하면 곧장 집으로 오너라.

파헤치다 ①속에 묻혀 있는 것이 드러나도록 파서 젖히다. 예개미집을 파헤치다. ②남의 비밀이나 비행 등을 들추어 세상에 드러내다. 예사건을 낱낱이 파헤치다.

파ː혼(破婚) 결혼하기로 약속한 것을 깨뜨림. 빤약혼. 파혼되다. 파혼하다.

팍 ①야무지게 냅다 내지르는 소리, 또는 그 모양. ②힘없이 고꾸라지는 소리, 또는 그 모양. 예한 대 맞고 맥없이 팍 고꾸라졌다. 흰퍽. 팍팍.

팍팍하다 [팍파카다] 가루 등이 물기가 없이 몹시 메마르고 보슬보슬하다. 예시루떡이 너무 팍팍하다. 흰퍽퍽하다.

판¹ ①일이 벌어진 자리나 장면. 예잔치가 무르익는 판에 훼방꾼이 나타났다. ②승부를 겨루는 일의 수효를 셀 때 쓰이는 말. 예나와 바둑 한 판 둘래?

판²(板) ①널빤지. 또는 널빤지 모양으로 얇고 반반하게 만든 물건. 예강철로 만든 얇은 판. ②달걀 서른 개를 오목오목하게 파인 종이나 플라스틱에 세워 담은 것을 셀 때 쓰이는 말. 예달걀 한 판.

판³(版) 그림이나 글씨 등을 새겨 인쇄에 사용하는, 나뭇조각이나 쇳조각.
　판에 박은 듯하다〔관용〕여럿이 한결같이 똑같다. 예저 아이는 아버지를 판에 박은 듯이 닮았다.
　판에 박은 말〔관용〕똑같은 말.

판가름 옳고 그름이나 이기고 짐을 판단하여 가름. 예승패가 판가름 나는 긴박한 순간이다. 판가름하다.

판검사(判檢事) 판사와 검사.

판결(判決) ①일의 옳고 그름을 판단하여 결정함. ②법원이 어떤 소송 사건에 대하여 법에 따라 판단을 내림, 또는 그 판단. 예법원의 판결을 기다리고 있다. 판결되다. 판결하다.

판관(判官) ①조선 시대에, 종오품 벼슬을 이르던 말. ②심판관. 재판관.

판국(ー局) 벌어져 있는 사태의 형편. 예집안이 어찌 돌아가는 판국인지 모르겠다.

판굿 [판굳] 걸립패나 두레패들이 넓은 마당에서 갖가지 풍물을 갖추고 순서대로 재주를 부리며 노는 농악.

판다(panda) 판다과의 동물. 중국 특산으로 곰을 닮았다. 털빛은 눈 가장자리·귀·가슴 둘레·네 발이 검고, 그 밖의 부분은 흰 빛깔이다. 높은 산의 숲 속에 살면서 죽순과 댓잎 등을 먹고 산다. [잘못] 팬더.

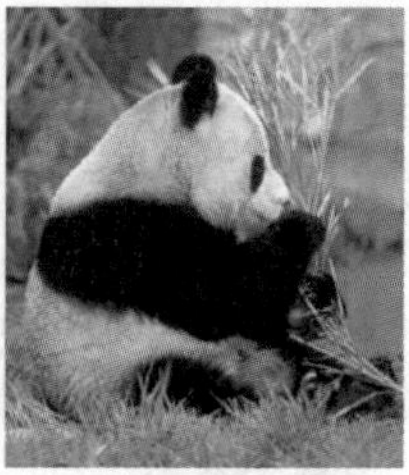
〈판다〉

판단(判斷) 앞뒤의 옳고 그름을 종합하여 어떤 일에 대한 자신의 생각을 마음속으로 정함. **판단되다**. **판단하다**.

판단력(判斷力) [판단녁] 사물을 정확히 판단하는 힘.

판도(版圖) ①한 나라의 영토. [예]요하까지 미친 고구려의 판도. ②어떤 세력이 미치는 영역이나 범위. [예]유행의 판도가 크게 달라졌다.

판로(販路) [팔로] 상품이 팔려 나가는 길. [예]판로가 막혀 수출에 어려움을 겪고 있다.

판막음 [판마금] 씨름 등에서, 그 판을 끝장내는 마지막 승리. [예]배지기로 판막음을 하다. [비]판막이. **판막음하다**.

판막이 [판마기] ➡판막음.

판매(販賣) 물건을 팖. [예]할인 판매. [반]구매·구입. **판매되다**. **판매하다**.

판매량(販賣量) 일정 기간 동안 판 상품의 양. [반]구매량.

판매소(販賣所) 상품을 파는 곳.

판매업(販賣業) 상품을 파는 직업.

판매원(販賣員) 상품을 파는 일을 하는 사람.

판매자(販賣者) 상품을 파는 사람 또는 업체. [반]구매자.

판면(版面) 인쇄판의 글자나 그림이 있는 면.

판명(判明) 사실이나 진실이 뚜렷이 밝혀짐. **판명되다**. [예]목격자의 증언으로 그 사람은 아무런 죄가 없음이 판명되었다. **판명하다**.

판목(版木) 책을 찍어 내기 위하여 글자나 그림을 새긴 나무 판.

판문점(板門店) 경기도 파주시 진서면에 있는 마을. 1953년 휴전 협정이 맺어진 곳이고, 지금은 유엔군과 북한군의 군사 정전 위원회 회의실이 있다.

판별(判別) 옳고 그름이나 좋고 나쁨 등을 명확히 판단하여 구별함. **판별되다**. **판별하다**.

판본(板本) 목판으로 인쇄한 책. [비]판각본.

판본체(板本體) 한글 최초의 서체. 훈민정음의 서체와 용비어천가 등의 판본을 기초로 만들어졌다. 고딕체처럼 획의 굵기가 일정하다.

판사(判事) 법원에서 재판을 맡아보는 법관.

판서¹(判書) 조선 시대에, 6조의 으뜸 벼슬.

판서²(板書) 학습 내용의 이해를 돕기 위해 칠판에 분필로 글을 씀, 또는 그 글. **판서하다**.

판소리 [판쏘리] 광대 한 사람이 고수의 북 장단에 맞추어, 긴 이야기를 노래·말·몸짓을 섞어 부르는 우리나라 고유의 민속 음악. 남도를 중심으로 발달하였다.

판수 ①점치는 일을 직업으로 삼는 맹인. ②'맹인'을 달리 이르는 말.

판옥선(板屋船)[파녹썬] 조선 시대에 해전에서 쓰던, 널빤지로 지붕을 덮은 배. 명종 때 만들어서 임진왜란 때 크게 활약하였다.

판이하다(判異—) [파니하다] 아주 다르다. [예]저 아이들은 친형제간이지만 성격이 판이하다.

ㅍ

판자(板子) 나무를 깎아서 얇고 판판하게 만든 널빤지.
판자촌(板子村) 판잣집이 모여 있는 동네.
판잣집(板子—)[판자찝/판잗찝] 판자로 허술하게 지은 집.
판재(板材) 널빤지로 된 재목.
판전(版殿) 불경을 새긴 판을 쌓아 두는 집. [비]판각.
판정(判定) 어떤 일을 명확히 구별하여 결정함, 또는 그 결정. **판정되다. 판정하다.**
판정승(判定勝) 권투·레슬링 등에서 심판의 판정으로 이김.
판정표(判定標) 권투에서, 각 회마다 선수의 성적을 적는 종이.
판지(板紙) 널빤지처럼 단단하고 두껍게 만든 종이. [비]마분지.
판치다 ①어떤 일을 그 판에서 제일 잘하다. [예]씨름판에서 판치다. ②자기 마음대로 세력을 부리다. [예]주먹이 판치는 세상. ③경향이나 풍조가 널리 퍼지다. [예]부정과 부패가 판치는 세상은 지났다.
판판하다 높고 낮은 데가 없이 고르고 넓다. [예]땅이 판판한 곳을 찾아 돗자리를 깔았다. [큰]펀펀하다. **판판히.**
판형(版型) 종이 인쇄물의 크기.
판화(版畫) 판에 그림을 새기고 먹물이나 물감·잉크 등을 묻혀 찍어 낸 그림.
팔1 사람의 손목과 어깨 사이의 부분.
팔을 걷고 나서다[관용] 어떤 일에 적극적으로 나서다.
팔2(八) 여덟.
팔각(八角) 여덟 개의 모. [예]팔각정. [비]팔모.
팔각기둥(八角—)[팔각끼둥] 밑면이 팔각형인 각기둥.
팔각형(八角形)[팔가켱] 여덟 개의 직선으로 둘러싸인 평면 도형.
팔걸이[팔거리] 의자에서 팔을 걸치게 된 부분. [예]팔걸이의자.
팔관회(八關會)[팔관회/팔관훼] 고려 시대에, 토속신에게 제사를 지내던 국가적인 의식. 중경(지금의 개성)에서는 음력 11월에, 서경(지금의 평양)에서는 10월에 열었다. 등불을 밝히고 술과 다과를 베풀며 왕실의 평안함을 빌었다.
팔 굽혀 펴기 엎드려뻗친 자세에서 팔을 굽혔다 폈다 하는 운동.
팔꿈치 팔을 굽힐 때에 밖으로 내미는 부분.
팔다 ①돈을 받고 물건이나 노력 또는 권리를 남에게 주다. [예]집을 팔다. [반]사다. ②정신이나 눈을 다른 곳으로 돌리다. [예]한눈을 팔고 길을 가다가 넘어졌다. ③돈을 주고 곡식을 사다. [예]쌀을 팔러 가다. ④자기의 이익을 위하여 남의 이름을 빌리다. [예]친구의 이름을 팔다. [활용] 파니·팔아.
팔다리 팔과 다리. [예]힘든 일을 했더니 팔다리가 쑤신다.
팔달문(八達門)[팔딸문] 경기도 수원시 팔달구 팔달로에 있는 화성의 남문. 정조 18(1794)년에 세워졌다. 보물 제402호.
팔달산(八達山)[팔딸싼] 경기도 수원시 중앙에 있는 산. [참고] 들 가운데 우뚝 솟아 있어서 길이 여러 군데로 막힘 없이 통할 수 있다고 하여 붙여진 이름이다.
팔당 댐(八堂dam) 1973년 경기도 남양주시 와부읍 팔당리에 세워진 수력 발전용 댐. 서울과 경기도 지역에 수돗물을 공급하는 상수원의 역할을 한다.
팔도(八道)[팔또] ①조선 시대에, 전국을 여덟 개의 도로 나눈 행정 구역. 곧, 경기도·충청도·경상도·전라도·강원도·황해도·평안도·함경도. ②우

ㅍ

리나라의 '전국'을 달리 이르는 말.

팔도강산(八道江山) [팔또강산] 우리 나라의 국토를 이르는 말.

팔등신(八等身) [팔뜽신] 키와 머리의 비가 8대 1이 되는 몸, 또는 그런 사람. 흔히, 아름다운 몸의 표준으로 삼는다. 예팔등신 미인.

팔딱 ①작은 것이 힘을 모아 가볍게 뛰는 모양. 예개구리가 팔딱 뛰었다. ②맥박이 작게 뛰는 모양. 흰펄떡. 팔딱팔딱.

팔딱거리다 [팔딱꺼리다] ①작은 것이 힘을 모아 가볍게 자꾸 뛰다. ②맥박이 작게 자꾸 뛰다. 비팔딱대다. 흰펄떡거리다.

팔딱대다 [팔딱때다] ➡ 팔딱거리다.

팔뚝 팔꿈치로부터 손목까지의 부분.

팔랑 바람에 날려 가볍고 부드럽게 나부끼는 모양. 흰펄렁. 팔랑팔랑.

팔랑개비 장난감의 한 가지. 종이 등으로 바람을 받아 빙빙 돌게 만든 장난감. 비바람개비.

팔랑거리다 바람에 날려 가볍고 부드럽게 자꾸 나부끼다. 비팔랑대다. 흰펄렁거리다.

팔랑대다 ➡ 팔랑거리다.

팔레트(palette) 그림을 그릴 때, 물감을 짜내어 섞기 위한 판.

팔리다 ①물건이나 권리 등을 다른 사람이 사 가게 되다. ②정신이 한쪽으로 쏠리다. 예아이들은 축구 경기를 구경하는 데 정신이 팔렸다.

팔만대장경(八萬大藏經) 고려 고종 23(1236)년부터 38(1251)년에 걸쳐 찍어 낸 불경. 불교를 부흥시키고 부처의 힘으로 몽고를 물리치기 위해 만들었는데, 판목이 총 8만 1,258장에 이른다. 현재 경상남도 합천 해인사에 보관되어 있다.

팔매 돌 등 작고 단단한 물건을 힘껏 던지는 일, 또는 그 물건.

팔매질 돌 등 작고 단단한 물건을 손에 쥐고 힘껏 멀리 던지는 일. 팔매질하다.

팔모 썰기(八一) 무나 당근 등을 여덟 개의 모가 나게 써는 일.

팔목 손이 잇닿은 팔의 끝 부분. 비손목.

팔방미인(八方美人) ①어느 모로 보나 아름다운 사람. ②여러 방면에 능통한 사람.

팔베개 팔을 베개 삼아서 벰, 또는 그렇게 벤 팔. 팔베개하다.

팔불출(八不出) 몹시 어리석은 사람을 이르는 말.

팔뼈 팔을 이루는 뼈.

팔삭둥이(八朔一) [팔싹뚱이] 어머니 배 속에서 제달을 다 채우지 못하고 여덟 달 만에 태어난 아이.

팔상전(捌相殿) [팔쌍전] 충청북도 보은군 법주사에 있는 석가의 여덟 가지 다른 모습을 모신 법당. 조선 시대의 건물로, 우리나라 유일의 목조 5층탑이다. 국보 제55호. 비법주사 팔상전.

팔순(八旬) [팔쑨] 여든 살.

팔심 [팔씸] 팔뚝의 힘.

팔십(八十) [팔씹] 여든.

팔씨름 두 사람이 손을 마주 잡고 팔심을 겨루는 내기. 팔씨름하다.

팔아먹다 [파라먹따] '팔다'를 속되게 이르는 말.

팔월(八月) [파뤌] 한 해의 여덟째 달.

팔일오 광복(八一五光復) 1945년 8월 15일에 우리나라가 일본으로부터 나라를 되찾은 일.

팔자(八字) [팔짜] 《태어난 해·달·날·시를 나타내는 여덟 글자라는 뜻으로》 사람의 평생 운수. 예팔자가 좋다.

팔자걸음(八字一) [팔짜거름] 발끝을 바깥쪽으로 벌려 걷는 걸음.

ㅍ

팔조 금ː법(八條禁法) 고조선 때에 사회의 질서를 바로잡기 위해 시행된 여덟 조항으로 된 법률. [비]팔조지교.

팔짝 갑자기 가볍게 뛰어오르거나 날아오르는 모양. [예]놀란 개구리가 팔짝 뛰어올랐다. [큰]펄쩍. **팔짝팔짝**.

팔짝 뛰다[관용] 뜻밖의 일이나 억울한 일을 당하였을 때, 깜짝 놀라거나 강하게 부인하다.

팔짝거리다 [팔짝꺼리다] 갑자기 가볍게 자꾸 뛰어오르거나 날아오르다. [비]팔짝대다. [큰]펄쩍거리다.

팔짝대다 [팔짝때다] ➡팔짝거리다.

팔짱 ①두 팔을 엇걸어 손을 겨드랑이 밑에 넣어 끼는 일. [예]팔짱을 끼고 서 있다. ②나란히 있는 두 사람이 서로 상대편의 팔에 자기의 팔을 엇걸어 끼는 일. [예]다정하게 팔짱을 끼다.

팔짱(을) 끼고 보다[관용] 마땅히 해야 할 일을 하지 않고 그대로 버려 두다.

팔찌 여자들의 팔목에 끼는, 고리 모양의 장식품. [비]팔가락지.

팔팔 ①적은 양의 물이 몹시 끓는 모양. [예]주전자의 물이 팔팔 끓었다. ②높은 열로 매우 뜨거운 모양. ③작은 것이 힘차게 날거나 뛰는 모양. [큰]펄펄.

팔팔 뛰다[관용] 부당하거나 억울한 일을 당하였을 때, 몹시 화를 내거나 아주 강하게 부인하다.

팔팔 올림픽 고속 도ː로(八八olympic 高速道路) 대구와 광주 사이를 잇는 고속 도로. 길이 223.2 km. 1988년 올림픽 대회의 서울 개최가 결정된 것을 기념하여 붙인 이름이다.

팔팔하다 날듯이 생기가 넘치고 활발하다. [예]팔팔한 20대 청년들. [큰]펄펄하다.

팜플렛(pamphlet) '팸플릿'의 잘못.

팝송(pop song) 미국이나 유럽에서 유행하는 대중가요.

팝콘(popcorn) 옥수수에 간을 하여 튀긴 식품.

팝업창(pop-up窓) 어떤 웹 사이트에 접속하면 갑자기 나타나는 작은 화면.

팡파르(fanfare) 집회의 개회나 축하 의식에 쓰이는, 트럼펫의 신호.

팥 [팓] 콩과의 한해살이풀. 여름에 노란 꽃이 피며, 가늘고 긴 원통형 꼬투리가 열려, 그 속에 짙은 자주색이나 검은색의 씨가 들어 있다. 씨는 밥에 넣거나 죽을 쑤거나 떡을 만들어 먹는다. [발음] 팥이 [파치] · 팥도 [팓또] · 팥만 [판만]

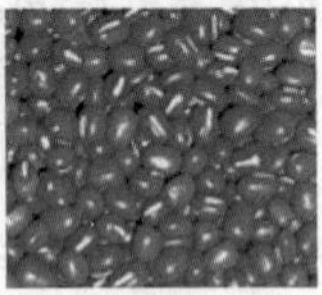
〈팥(씨)〉

팥밥 [팓빱] 팥을 넣어 지은 밥.

팥빙수(—氷水) [팓삥수] 얼음덩이를 눈처럼 간 다음, 그 속에 삶은 팥이나 우유·설탕 등을 섞은 음식.

팥죽(—粥) [팓쭉] 팥을 삶아 으깨어 거른 물에 쌀을 넣고 쑨 죽.

패ː¹(敗) 운동 경기에서, 진 횟수를 나타내는 말. [예]2승 1패.

패²(牌) ①어떤 사물의 특징·이름·신분 등을 알리기 위하여 만든 작은 종이나 나무의 조각. ②몇 사람이 어울린 동아리나 무리. [예]우리는 두 패로 갈라서 농구 시합을 하였다.

패ː가망신(敗家亡身) 집안의 재산을 다 써서 없애고 몸을 망침. [예]그는 도박으로 패가망신을 하였다. **패가망신하다**.

패거리(牌—) '패'를 낮추어 이르는 말. [예]질이 나쁜 패거리와 어울리지 마라.

패ː권(霸權) [패꿘] 우두머리나 으뜸의 자리를 차지한 사람이 가지는 권력.

패ː기(霸氣) 적극적으로 일을 해내려는 씩씩한 기운.

패다¹ 곡식의 이삭이 생겨 나오다.

패다² 사정없이 마구 때리다.

패ː다³ 도끼로 장작 등을 쪼개다.

패ː다⁴ 〈파이다〉의 준말. 예빗물에 땅이 깊이 패다. |잘못| 패이다.

패랭이 댓개비로 만든 갓의 한 가지. 지난날, 신분이 낮은 사람이나 상제가 썼다.

패랭이꽃 [패랭이꼳] 석죽과의 여러해살이풀. 잎은 가늘고 길며, 여름에 진한 분홍색 꽃이 핀다. 낮은 지대의 건조한 곳이나 냇가 모래땅에서 자란다.

〈패랭이꽃〉

패ː륜(悖倫) 사람으로서 마땅히 지켜야 할 도리에 어긋남.

패ː륜아(悖倫兒)[패류나] 사람으로서 마땅히 지켜야 할 도리에 어긋난 짓을 하는 사람.

패ː망(敗亡) 싸움에 져서 망함. 패망되다. 패망하다.

패ː물(佩物) 금·은·옥 등으로 만들어 사람의 몸에 차는 장식물. 반지·목걸이·귀걸이·팔찌 등.

패ː배(敗北) 싸움이나 겨루기에서 짐. 반승리. 패배하다.

패ː배감(敗北感) 싸움이나 겨루기에서 진 뒤에 느끼는 절망감이나 수치심. 예패배감을 맛보다.

패션(fashion) 특정한 시기에 널리 유행하는 옷이나 차림새 등의 양식. 예패션에 민감한 신세대.

패션쇼(fashion show) 디자이너가 새로 유행할 옷을 모델들에게 입혀 관객에게 선보이는 일.

패ː소(敗訴) 재판에서 짐. 반승소. 패소하다.

패스(pass) ①시험이나 검사에 합격함. 예고시 패스. ②탈것에 오를 수 있는 표. 예지하철 패스. ③어떤 데를 자유롭게 다닐 수 있도록 하는 허가증. 비통행권. ④축구·농구 등에서 같은 편끼리 공을 주고받는 일. 패스하다.

패싸움(牌—) 패를 지어 싸우는 일. 비편싸움. 패싸움하다.

패이다 '패다'의 잘못.

패ː인(敗因) 싸움이나 겨루기에 진 원인. 반승인.

패ː자¹(敗者) 싸움이나 겨루기에 진 사람. 예패자 부활전. 반승자.

패ː자²(覇者) ①제후들의 우두머리. ②어느 부문에서 제일인자가 된 사람.

패ː잔병(敗殘兵) 전쟁에서 지고 살아남은 병사.

패ː전(敗戰) 싸움이나 겨루기에서 짐. 반승전. 패전하다.

패ː철(佩鐵) 지난날, 집터나 묏자리를 잡던 사람이 몸에 지니던 지남철.

패ː총(貝塚) ⇒조개더미.

패턴(pattern) (('모범'·'견본'·'모형' 등의 뜻으로)) 생각·행동·글 등에 나타나는 일정한 방식. 예소비 패턴.

패ː하다(敗—) 싸움이나 겨루기에서 지다. 예결승전에서 상대편에게 3:1로 패했다.

팩¹ 몸집이 작은 것이 힘없이 쓰러지는 모양. 큰픽.

팩²(pack) ①달걀의 노른자나 밀가루·벌꿀 등에 여러 가지 약제나 영양제를 반죽해서 얼굴에 바르는 미용법. ②종이나 비닐로 만든 용기. 예우유 팩.

팩스(fax) 〈팩시밀리〉의 준말.

팩시밀리(facsimile) 사진·문자 등을 전기 신호로 바꾸어 전화선을 통하여 보내면, 수신 장치를 통해 본래의 상태로 나타내어 기록하는 통신 장치. 준팩스.

팬(fan) 어떤 연예인이나 운동선수 등을 열렬히 좋아하는 사람. 예야구 팬/팬 사인회.

팬더(panda) '판다'의 잘못.

팬지(pansy) 제비꽃과의 한해살이풀. 4~5월에 자주색·흰색·노란색의 꽃이 핀다. 유럽 원산으로, 추위에 잘 견디고 세계 각지에서 관상용으로 많이 기른다. ⓗ삼색제비꽃.

〈팬지〉

팬클럽(fan club) 어떤 연예인이나 운동선수 등을 열렬히 좋아하는 사람들이 만든 모임. 몥팬클럽 회원.

팬터마임(pantomime) ➡무언극.

팬티 속옷의 한 가지. 다리 부분은 거의 없고 엉덩이에 꼭 붙는 짧은 속바지. |참고| 팬티는 'panties'에서 온 말.

팬파이프(panpipe) 갈대나 금속으로 된 길고 짧은 관을 길이의 순서대로 늘어놓고 평평하게 묶어, 입으로 불어 연주하는 악기. 그리스 신화에 나오는 목신 판(Pan)이 사용하였다는 데서 비롯되었다.

팸플릿(pamphlet) 간단한 설명이나 광고·선전 등을 위하여 얇게 엮은 작은 책. 몥영화 팸플릿. |잘못| 팜플렛.

팻말(牌―)[팬말] 패를 붙였거나 그 자체에 글을 써 놓은 나뭇조각 또는 말뚝.

팽 ①갑자기 정신이 아찔해지는 모양. 몥머리가 팽 돌며 어지럽다. ⓔ핑. ②코를 세게 푸는 소리, 또는 그 모양. 팽팽.

팽개치다 ①물건을 내던지거나 내버리다. 몥형은 화를 내며 책을 방바닥에 팽개쳤다. ②싫증이 나거나 관심이 없어 내버려 두다. 몥친구가 부르는 소리에 나는 하던 숙제도 팽개치고 뛰어나갔다.

팽그르르 ①작은 것이 빠르고 매끄럽게 한 바퀴 도는 모양. 몥팽이가 팽그르르 돌다. ②갑자기 정신이 아찔해지는 모양. ③갑자기 눈물이 글썽해지는 모양. ⓔ핑그르르.

팽글팽글 작은 것이 빠르게 자꾸 도는 모양. ⓐ뱅글뱅글.

팽나무 느릅나뭇과의 낙엽 지는 큰키나무. 높이 20 m가량. 나무껍질은 회색이고 봄에 노란 꽃이 피며, 열매는 가을에 붉게 익는다. 나무는 단단하여 건축이나 기구 재료로 쓰인다. 산기슭이나 골짜기·개울가에서 자란다.

팽배(澎湃) 어떤 기운 등이 매우 거세게 일어남. 팽배하다. 몥이기주의가 팽배하다.

팽이 둥근 나무토막의 한쪽 끝을 뾰족하게 깎고 심을 박아 만든 아이들의 장난감. 채로 치거나 끈을 몸통에 감았다가 풀면서 돌린다.

〈팽이〉

팽이채 팽이를 쳐서 돌게 하는 채.

팽이치기 팽이를 채로 쳐서 돌리는 놀이. 팽이치기하다.

팽창(膨脹) ①질량이 일정하게 유지되면서 물체의 부피가 늘어남. ②규모가 커지거나 수량이 늘어남. 몥인구 팽창. ⓑ수축. 팽창되다. 팽창하다.

팽팽하다¹ ①잔뜩 잡아당겨 튕기는 힘이 있다. 몥빨랫줄을 팽팽하게 달아매었다. ②양쪽의 힘이 서로 비슷비슷하다. 몥두 팀의 실력이 팽팽하여 승부를 가리기 어렵다. ⓔ핑핑하다. 팽팽히.

팽팽하다²(膨膨―) 한껏 부풀어 땡땡하다. 몥주름살 하나 없이 팽팽한 얼굴. 팽팽히.

퍼내다 깊숙한 데에 담긴 것을 길어 내거나 떠내다. 몥독에서 물을 퍼냈다.

퍼덕거리다 [퍼덕꺼리다] ①큰 새가 날개를 자꾸 치다. ②큰 물고기가 계속해서 꼬리로 물을 쳐내다. 예그물에 걸린 잉어가 퍼덕거렸다. 回퍼덕대다. 戀파닥거리다.

퍼덕대다 [퍼덕때다] ➡ 퍼덕거리다.

퍼덕이다 [퍼더기다] ①큰 새가 날개를 치다. ②큰 물고기가 꼬리로 물을 쳐내다. 戀파닥이다.

퍼덕퍼덕 자꾸 퍼덕거리는 소리. 戀파닥파닥.

퍼ː뜨리다 널리 퍼지게 하다. 예헛소문을 퍼뜨린 사람이 누구냐? 回퍼트리다.

퍼뜩 얼른 곧. 예놓고 온 물건이 퍼뜩 생각났다. 戀파뜩. 퍼뜩퍼뜩.

퍼ː렇다 [퍼러타] 짙고 어둡게 푸르다. 예동생은 넘어져서 무릎이 까지고 퍼렇게 멍이 들었다. 戀파랗다. |활용| 퍼러니·퍼레.

퍼레이드 (parade) 축제나 행사 등으로 화려하게 무리를 지어 거리를 행진하는 일, 또는 그 행렬.

퍼먹다 [퍼먹따] 함부로 마구 먹다. 예그렇게 막 퍼먹으면 체한다.

퍼붓다 [퍼붇따] ①비·눈 등이 억세게 쏟아지다. 예소나기가 퍼붓다. ②질문이나 비난 등을 마구 해 대다. 예욕을 퍼붓다. |활용| 퍼부으니·퍼부어.

퍼센트 (percent) 100을 기준으로 하였을 때의 어떤 양의 비율. 기호는 '%'. 回프로. 戀백분율.

퍼즐 (puzzle) 머리를 써서 문제를 푸는, 낱말 맞히기나 숫자·도형 맞추기 등의 놀이.

퍼ː지다 ①끝이 넓적하게 또는 굵게 벌어지게 되다. 예부챗살처럼 퍼지는 햇살. ②널리 미치다. 예전염병이 온 동네에 퍼졌다. ③많이 생겨나서 번성하다. 예자손이 퍼지다. ④낱알 등이 물에 불어서 커지다. 예밥이 잘 퍼지다.

퍼ː트리다 ➡ 퍼뜨리다.

퍽¹ ①힘 있게 냅다 내지르는 소리, 또는 그 모양. ②힘없이 거꾸러지는 소리, 또는 그 모양. 戀팍. 퍽퍽.

퍽² 아주. 매우. 썩 많이. 예판다는 몸이 곰처럼 생겼지만 퍽 귀엽다.

펀치 (punch) ①권투에서, 상대편을 주먹으로 세게 치는 일, 또는 그 주먹. ②종이 등에 구멍을 뚫는 공구.

펄 〈개펄〉의 준말.

펄떡 ①힘을 모아 크고 탄력 있게 뛰는 모양. ②맥박이 크게 뛰는 모양. 戀팔딱. 펄떡펄떡.

펄떡거리다 [펄떡꺼리다] ①힘을 모아 크고 탄력 있게 자꾸 뛰다. ②맥박이 크게 자꾸 뛰다. 예맥박이 펄떡거린다. 回펄떡대다. 戀팔딱거리다.

펄떡대다 [펄떡때다] ➡ 펄떡거리다.

펄럭 큰 깃발 등이 바람에 힘차게 한 번 나부끼는 소리, 또는 그 모양. 戀팔락. 펄럭펄럭. 예빨래가 가을바람에 펄럭펄럭 날렸다.

펄럭거리다 [펄럭꺼리다] 바람에 날려 세차고 빠르게 자꾸 나부끼다. 回펄럭대다. 戀팔락거리다.

펄럭대다 [펄럭때다] ➡ 펄럭거리다.

펄럭이다 [펄러기다] 바람에 날려 세차고 빠르게 나부끼다. 예태극기가 바람에 펄럭입니다. 戀팔락이다.

펄렁 바람에 날려 크고 힘차게 나부끼는 모양. 戀팔랑. 펄렁펄렁.

펄렁거리다 바람에 날려 크고 힘차게 자꾸 나부끼다. 예치마가 바람에 펄렁거린다. 回펄렁대다. 戀팔랑거리다.

펄렁대다 ➡ 펄렁거리다.

펄썩 ①연기나 먼지 등이 뭉쳐 한 번 일어나는 모양. 예흙먼지가 펄썩 일다. ②맥없이 주저앉는 모양. 예맨바닥에 펄썩 주저앉다. 戀팔싹. 펄썩펄썩.

펄썩거리다 [펄썩꺼리다] ①연기나 먼지 등이 뭉쳐 자꾸 일어나다. ②여럿

ㅍ

이 다 맥없이 주저앉다. 🔟펄썩대다.
㈜팔싹거리다.

펄썩대다 [펄썩때다] ➡ 펄썩거리다.

펄쩍 갑자기 힘차게 뛰어오르거나 솟
아오르는 모양. ㈜팔짝. 펄쩍펄쩍.

펄쩍 뛰다[관용] 뜻밖의 일이나 억울
한 일을 당하였을 때 깜짝 놀라며 아
주 강하게 부인하다. 예형은 그럴 리
가 없다며 펄쩍 뛰었다.

펄쩍거리다 [펄쩍꺼리다] 갑자기 힘차
게 자꾸 뛰어오르거나 솟아오르다.
🔟펄쩍대다. ㈜팔짝거리다.

펄쩍대다 [펄쩍때다] ➡ 펄쩍거리다.

펄펄 ①많은 양의 물이 용솟음치듯 끓
는 모양. 예주전자의 물이 펄펄 끓었
다. ②높은 열로 매우 뜨거운 모양.
예이마가 펄펄 끓는다. ③눈이나 깃
발 등이 바람에 강하게 날리거나 나
부끼는 모양. 예함박눈이 펄펄 내린
다. ㈜팔팔.

펄펄 뛰다[관용] 부당하거나 억울한
일을 당하였을 때, 몹시 화를 내거나
아주 강하게 부인하다. 예동생은 자
기가 한 일이 아니라고 펄펄 뛰었다.

펄프(pulp) 나무에서 얻은 종이의 원료.

펌프(pump) 압력 작용에 의하여, 액
체나 기체를 관을 통하여 낮은 곳에
서 높은 곳으로 빨아올리거나 옮기는
기계.

펑 ①갑자기 무엇이 세게 터지거나 튀
는 소리. 예풍선이 펑 터졌다. ②큰
구멍이 훤히 뚫린 모양. ㈜팡. 펑펑.

펑크 ①고무 튜브나 공 등에 구멍이 나
는 일. 예자전거 바퀴에 펑크가 나다.
②옷이나 양말 등이 해져서 구멍이
뚫리는 일. 예실수로 펑크가 난 양말
을 신고 나왔다. ③계획한 일이나 약
속 등이 틀어져서 잘못되는 일. 예그
는 아무 연락도 없이 방송을 펑크 냈
다. |참고| 펑크는 'puncture'에서 온
말. |잘못| 빵꾸.

펑펑 ①많은 양의 액체가 세차게 솟거
나 쏟아져 나오는 소리. 또는 그 모
양. ②함박눈이 매우 많이 쏟아져 내
리는 모양. 예함박눈이 펑펑 쏟아지
는 겨울밤. ③돈이나 물건 등을 함부
로 마구 쓰는 모양. 예돈을 물 쓰듯
펑펑 쓰다. ㈜팡팡.

페가수스자리(Pegasus—) 가을철에
북쪽 하늘에서 보이는 큰 별자리. 안
드로메다자리의 남서쪽, 백조자리의
남동쪽에 있다.

페낭 섬(Penang—) 말레이시아, 말레
이 반도 북서 해안에 있는 섬. 자유항
으로서 무역이 활발하다. 이곳에 있
는 페낭 대교는 우리나라의 건설 회
사가 만들어 세웠다.

페널티 킥(penalty kick) 축구에서, 수
비수가 벌칙 구역 안에서 반칙을 했
을 때, 공격하는 쪽이 일정한 곳에 공
을 놓고 자유롭게 차는 일.

페놀프탈레인(phenolphthalein) 산과
알칼리를 구별하는 지시약. 하얀 가
루로, 산성 용액 속에서는 무색, 염기
성 용액에서는 붉은색이 된다.

페니실린(penicillin) 푸른곰팡이에서
얻은 항생 물질. 1928년에 영국의 플
레밍이 발견하였다. 세균에 의하여
곪는 병에 뛰어난 효력을 나타낸다.

페달(pedal) 발로 밟아 기계를 작동시
키는 장치. 자전거의 발걸이나 재봉
틀·풍금의 발판 등.

페루(Peru) 남아메리카 서북부 태평양
연안에 있는 나라. 옛 잉카 제국의 중
심지이며, 목화·사탕수수·커피 등을
수출한다. 수도는 리마.

페르세우스(Perseus) 그리스 신화에
나오는 영웅. 제우스와 다나에의 아
들로 괴물 메두사의 목을 베어 죽이
고, 바다의 괴물로부터 안드로메다를
구출하여 아내로 삼았다.

페르세우스자리(Perseus—) 별자리의

한 가지. 카시오페이아자리와 마차부자리 사이에 있는 별자리.

페르시아 만(Persia灣) 아라비아 반도와 이란 사이에 있는 만.

페르시아 제ː국(Persia帝國) 지금의 이란 땅에 있던 나라. 다리우스 1세 때 큰 제국을 건설했으나, 그리스와의 전쟁으로 세력이 약해져 기원전 330년에 망했다.

페스탈로치(Pestalozzi, 1746~1827) 스위스의 교육자. 처음으로 초등학교를 세웠으며, 고아와 아동 교육에 평생을 바쳤다. 사랑과 평등의 정신에 경험을 바탕으로 인간성을 기르는 데 힘썼으며, 근대 교육의 싹을 트게 하였다.

페스트(pest) 쥐가 옮기는 전염병. 열이 많이 나고 머리가 아프며, 어지럽고 피부가 검은색으로 변해 죽는다. [비]흑사병.

페이지(page) ①책의 한 면. [예]페이지를 넘기다. ②책의 면을 세는 말. [비]쪽.

페인트(paint) 칠감의 한 가지. 물체에 바르면 굳어져서 고운 빛깔을 내고 물체를 보호한다.

페인트공(paint工) 페인트를 칠하는 일을 직업으로 하는 사람.

페인트칠(paint漆) 페인트를 바르는 일. **페인트칠하다**.

페트리 접시(Petri—) ➡샬레.

페트병(PET甁) 가볍고 잘 깨지지 않아 음료를 담는 데 쓰는 병.

펜(pen) 잉크나 먹물을 찍어서 글씨를 쓰거나 그림을 그리는 도구.

펜싱(fencing) 철망으로 된 마스크를 쓰고 가늘고 긴 검으로 상대방을 찌르거나 베는 동작으로 점수를 얻어 승부를 겨루는 경기.

펜치 철사를 자르거나 구부리는 데 쓰는 집게 모양의 연장. [참고] 펜치는 'pinchers'에서 온 말.

펜팔(pen pal) 편지를 주고받으며 맺어진 친구, 또는 그런 관계. [예]형은 펜팔로 외국 친구와 사귄다.

펭귄(penguin) 펭귄과의 바다새. 등은 검은색, 배는 흰색이다. 날개는 짧고 지느러미 모양으로 변하여 날지 못하며, 다리는 짧고 똑바로 서서 걷는다. 남극 지방에서 떼 지어 산다.

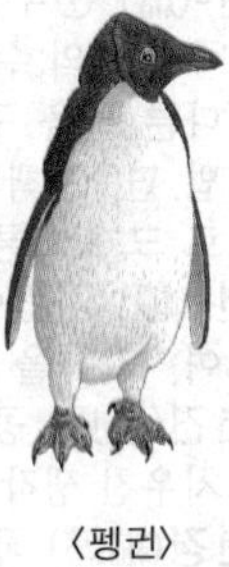
〈펭귄〉

펴내다 책 등을 만들어 세상에 내다. [비]발행하다.

펴낸이[펴내니] 책 등을 만들어 세상에 낸 사람. [비]발행인.

펴다 ①개킨 것을 젖히거나 벌려 놓다. [예]장에서 이불을 꺼내어 바닥에 폈다. ②굽은 것을 곧게 만들다. [예]구부러진 철사를 펴다. ③덮였거나 접힌 것을 벌리다. [예]책을 펴다./우산을 펴다. ④오므리거나 오므라든 것을 벌리다. [예]가슴을 펴고 당당하게 걸었다. ⑤구김살이나 주름살을 반반하게 하다. [예]빨래를 잘 펴서 널어라. ⑥꾸리거나 싼 것을 풀다. [예]선물 꾸러미를 펴 보다. ⑦마음이나 감정 등을 얽매임 없이 자유롭게 가지거나 드러내다. [예]기를 펴고 살다. ⑧세상에 널리 알리다. [예]세종 대왕이 훈민정음을 폈다. ⑨어떤 일이나 조직 등을 벌이거나 늘리다. [예]수사망을 펴다.

펴이다 ①구김살이나 주름살이 펴지게 되다. ②사는 형편이 나아지다.

펴지다 펴이게 되다. [예]구김살이 펴지다./살림이 펴지다.

편[1](便) ①상대하는 두 쪽 가운데 어느 한쪽을 가리키는 말. [예]우리 편이 이겼다. [본]편짝. ②여럿을 패로 갈랐을 때의 그 하나하나의 쪽. [예]편을 갈라서 시합을 하였다. ③사물을 여러 경

ㅍ

우로 나누어 생각할 때의 한쪽. 예그 일을 먼저 처리하는 편이 좋겠다. ④어디를 오고 가는 데 이용하는 수단. 예기차 편으로 가는 것이 좋겠다.

편²(篇) ①수효를 셀 때 쓰이는 말. 예한 편의 수필. ②형식이나 내용 등이 다른 글을 구별하여 이르는 말. 예문법 편. ③책의 내용을 일정한 단락으로 크게 가른 한 부분. 예제1편.

편³(編) 사람이나 단체 이름 뒤에 쓰여, 그 책을 '엮었음'을 나타내는 말.

편견(偏見) 공정하지 못하고 한편으로 치우친 생각. 예편견을 가지다.

편경(編磬) 국악기의 한 가지. 두 층으로 된 걸이에 각각 여덟 개씩의 두께가 다른 'ㄱ'자 모양의 돌이 매달려 있어 채로 쳐서 소리를 낸다.

편곡(編曲) 어떤 악곡을 다른 악기로 또는 달리 연주할 수 있도록 고침, 또는 그 곡. 편곡되다. 편곡하다.

편광(偏光) 진동 방향이 한쪽으로 기울어져 있는 빛.

편달(鞭撻) 《채찍으로 때린다는 뜻으로》 일깨워 주고 격려하여 줌. 예많은 지도와 편달을 바랍니다. 편달하다.

편대(編隊) 비행기 등이 짝을 지어 대형을 갖추는 일, 또는 그 대형.

편도(片道) 가고 오는 길 가운데 어느 한쪽, 또는 그 길. 예편도 요금. 반왕복.

편도선(扁桃腺) 사람의 입 안 양쪽 구석에 하나씩 있는, 타원형의 림프 조직.

편도선염(扁桃腺炎) [편도선념] 편도선에 생기는 염증. 편도선이 벌겋게 부어 음식을 넘기기 어렵게 된다.

편두통(偏頭痛) 갑자기 일어나는 두통. 한쪽 머리만 심하게 아프다.

편들다(便—) 한편이 되어 도와주다. 예나는 어느 쪽이든 편들지 않겠다. 비역성들다. |활용| 편드니·편들어.

편람(便覽) [펼람] 보기에 편리하도록 간추려 만든 책. 예학습 편람/통계 편람.

편리(便利) [펼리] 편하고 이용하기 쉬움. 반불편. 편리하다. 예전화는 우리 생활을 편리하게 해 준다.

편마암(片麻岩) 석영·장석·운모 등으로 이루어진 암석. 줄무늬가 있다.

편물(編物) 털실 등으로 옷 등을 뜨는 일, 또는 그 물건.

편법(便法) [편뻡] 원칙을 벗어난 방법. 예편법을 쓰다.

편성(編成) 흩어져 있는 것을 모아서 하나의 체계를 갖춘 것으로 만듦. 예학급 편성/프로그램 편성. 편성되다. 편성하다.

편성표(編成表) 어떤 단체의 구성이나 방송의 일정 등을 짜 놓은 표. 예교육 방송 프로그램 편성표.

편식(偏食) 입에 맞는 음식만을 가려서 먹음. 예편식은 몸에 해롭다. 편식하다.

편안하다(便安—) [펴난하다] ①몸이나 마음이 편하고 좋다. 예편안한 자세. ②아무 일 없다. 편안히. 예편안히 지내다.

편애(偏愛) [펴내] 어느 한 사람이나 한쪽만을 남달리 사랑함. 편애하다.

편의(便宜) [펴늬/펴니] 사용하거나 이용하는 데 편하고 좋음. 예편의 시설.

편의점(便宜店) [펴늬점/펴니점] 식료품이나 잡화 등을 사고자 하는 고객의 편의를 위하여 24시간 문을 여는 가게.

편익(便益) [펴닉] 편리하고 유익함. 예주민들의 편익을 도모하다.

편입(編入) [펴닙] ①이미 짜인 어떤 조직이나 단체에 끼어 들어감. ②첫 학년에 입학하지 않고 어떤 학년에 끼어 들어감. 예편입생. 편입되다. 편입하다.

편자 말굽에 대어 붙이는 쇳조각. [비]말편자.

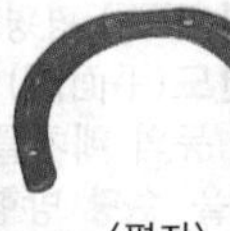

〈편자〉

편전(便殿) 임금이 평소에 거처하는 궁전.

편종(編鐘) 국악기의 한 가지. 두 층으로 된 걸이에 각각 여덟 개씩의 구리종이 달려 있어 망치로 쳐서 소리를 낸다.

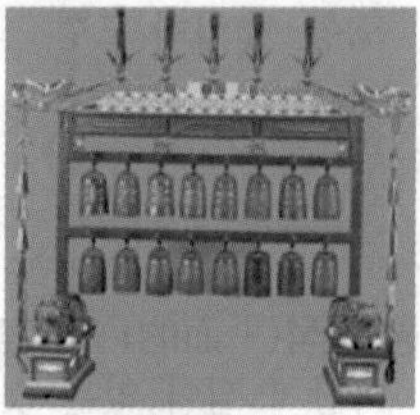

〈편종〉

편중(偏重) 어느 한쪽으로 치우침. **편중되다**. [예]인구 밀도가 대도시에 편중되어 있다. **편중하다**.

편ː지(便紙) 상대편에게 전하고 싶은 안부나 소식 등을 적어 보내는 글. [예]전학 간 친구에게 편지를 썼다. [비]서간·서신·서찰·서한.

편ː지글(便紙—) 편지의 형식으로 쓴 글.

편ː지꽂이(便紙—)[편지꼬지] 편지를 꽂아 두는 물건.

편ː지지(便紙紙) 편지를 쓰는 종이.

편집(編輯) 책이나 신문 또는 영화 필름 등을 만들기 위해 자료나 원고 등을 수집·정리하여 구성함. **편집되다**. **편집하다**. [예]학급 신문을 편집하다.

편집기(編輯機)[편집끼] 컴퓨터에서, 프로그램을 만들거나 문장을 편집하는 기능을 가진 프로그램.

편집인(編輯人)[편지빈] 편집을 하는 사람.

편찬(編纂) 여러 자료를 모으고 정리하여 책을 만듦. [예]사전 편찬. **편찬되다**. **편찬하다**.

편찮다(便—)[편찬타] ①'편하지 아니하다'가 줄어든 말. [예]잠자리가 편찮다. ②〈아프다〉의 높임말. [예]할머니께서 편찮으시다는 연락이 왔다.

편충(鞭蟲) 편충과의 기생충. 몸은 가늘고 긴 실 모양이며, 사람의 맹장에 기생하여 빈혈·설사 등을 일으킨다.

편파적(偏頗的) 공평하지 못하고 한쪽으로 치우친 것. [예]심판의 편파적인 판정.

편편이(片片—)[편펴니] 조각조각으로. [예]꽃잎이 바람에 날려 편편이 흩어졌다.

편편하다(便便—) 아무 일 없이 편안하다. [예]편편하게 지내다. **편편히**.

편평하다(扁平—) 넓고 평평하다. [예]나는 발바닥이 편평하다. **편평히**.

편하다(便—) ①마음이나 몸이 거북하거나 괴롭지 않다. [예]편하게 앉아서 쉬다. ②무슨 일을 하는 데 힘이 들거나 거추장스럽지 않고 쉽다. [예]이 기계는 사용하기 편하게 되어 있다. [반]불편하다. **편히**.

편협하다(偏狹—)[편혀파다] 생각이 좁고 너그럽지 못하다. [예]편협한 생각.

펼치다 ①넓게 펴다. 활짝 펴서 드러나게 하다. [예]책을 펼치다. ②일이나 행사 등을 벌이다. [예]육상 경기를 펼치다. ③생각·꿈·계획 등을 이루다. [예]네 꿈을 맘껏 펼쳐라.

평¹(坪) 땅 넓이의 단위. 1평은 약 3.3m^2.

평ː²(評) 옳고 그름, 좋고 나쁨, 잘되고 못됨 등을 평가함, 또는 그 평가. [예]그 연극은 관객들의 평이 좋았다. **평하다**.

평ː가(評價)[평까] 사물의 가치나 수준 등을 평함. [예]좋은 평가를 받다. **평가되다**. **평가하다**.

평강 공주(平岡公主, ?~?) 고구려 평원왕의 딸. 바보 온달과 결혼하여 그에게 학문과 무예를 가르쳐 훌륭한 장군이 되게 하였다.

ㅍ

평균(平均) ①수나 양의 크고 작음이나 많고 적음의 차이가 없이 고름. ②크고 작은 차이가 난 몇 개의 수의 중간값. 예평균 점수. 평균하다.

평균값(平均一)[평균깝] 평균하여 얻어지는 값.

평균 기온(平均氣溫) 일정 기간 동안의 기온의 평균값.

평균대(平均臺) 좁고 긴 나무를 다리처럼 놓아 그 위에서 체조 동작을 하는 기구, 또는 그 위에서 하는 여자 체조 경기의 한 종목. 비평형대.

〈평균대〉

평남(平南)〈평안남도〉의 준말.

평년(平年) ①1년이 365일인 보통의 해. 윤년이 아닌 해. 반윤년. ②농사가 보통으로 된 해. ③일기 예보에서, 지난 30년간의 기후의 평균적 상태를 이르는 말. 예기온이 평년과 비슷하다. ③비예년.

평년작(平年作) 풍작도 흉작도 아닌 보통 정도로 된 농사. 지난 5년간 수확량이 가장 많았던 해와 적었던 해를 뺀, 나머지 3년 동안의 평균 수확량이다. 비평작.

평등(平等) 권리·의무·자격 등이 치우침이 없이 고르고 똑같음. 예기회의 평등. 반차별·불평등. 평등하다.

평등권(平等權)[평등꿘] 모든 국민이 법 앞에서 평등하여 차별을 받지 않는 권리. 비동등권.

평등 선!거(平等選擧) 모든 사람이 똑같이 한 표씩의 투표권을 갖는 선거 제도. 반차등 선거·불평등 선거.

평!론(評論)[평논] 사물의 질이나 가치 등을 평하여 논함, 또는 그 글. 평론하다.

평면(平面) 평평한 면. 반곡면. 참입체.

평면도(平面圖) 건물 각 층의 방·출입구 등의 배치를 나타내기 위하여, 건물을 수평 방향으로 잘라 바로 위에서 내려다본 그림.

평면 도형(平面圖形) 평면 위에 그린 도형. 참입체 도형.

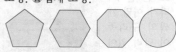
〈평면 도형〉

평면적(平面的) ①그림 등에서 볼록 돋아난 느낌이 없는 것. ②깊이 파고들지 않고 겉으로 드러난 것만을 나타내는 것. 예평면적인 묘사. 참입체적.

평민(平民) 벼슬이 없는 보통 사람. 비상민. 반귀족.

평범하다(平凡一) 뛰어나거나 색다른 점이 없이 보통이다. 예옷차림이 평범하다. 반비범하다. 평범히.

평복(平服) 보통 때에 입는 옷. 비평상복.

평북(平北)〈평안북도〉의 준말.

평사원(平社員) 특별한 직책을 맡지 않은 보통의 사원.

평상(平牀) 나무로 만든 침상의 한 가지.

평상복(平常服) 보통 때에 입는 옷. 비평복.

〈평상〉

평상시(平常時) 특별한 일이 없는 보통 때. 예떨지 말고 평상시처럼만 해라. 준상시·평시. 비평소·평일. 반비상시.

평생(平生) 사람의 한평생. 곧 살아 있는 동안. 예선생님께서는 평생 한 길을 걸어오셨다. 비일생.

평생 교!육(平生教育) 끊임없이 변화하는 사회에 적응하기 위하여 평생에 걸쳐 받는 교육.

평생토록(平生—) 살아서 목숨이 다할 때까지. 죽을 때까지. 예선생님의 가르침을 평생토록 가슴에 새겨 둘 겁니다.

평서문(平敍文) 말하는 사람이 어떤 사실을 평범하게 나타낸 문장.

평소(平素) 특별한 일이 없는 보통 때. 예오늘은 평소보다 일찍 일어났다. 비평상시.

평수(坪數)[평쑤] 평으로 따진 넓이. |참고|1평은 약 3.3m²이다. 예평수가 넓은 집.

평시(平時) 〈평상시〉의 준말.

평시조(平時調) 시조 형식의 하나. 3장 6구, 총 글자 수가 45자 내외로 된 가장 기본적인 형식의 시조. 참엇시조·사설시조.

평신도(平信徒) 아무런 직위를 갖지 않은 일반 신자.

평안(平安) 걱정이나 괴로움이 없이 편함. 평안하다. 예집안이 평안하다. 평안히.

평안남도(平安南道) 우리나라 북서부에 있는 도. 남서쪽에 북한의 정치 중심지인 평양이 있다. 준평남.

평안도(平安道) 평안남도와 평안북도를 아울러 이르는 말.

평안북도(平安北道)[평안북또] 우리나라 북서부에 있는 도. 압록강을 경계로 중국과 맞닿아 있다. 도청은 신의주시에 있다. 준평북.

평야(平野) 넓게 펼쳐진 들.

평양(平壤) 평안남도의 남서쪽 대동강 하류에 있는 도시. 우리나라에서 가장 오랜 역사를 지닌 도시로, 부벽루·을밀대·모란봉 등이 있다. 북한에서는 1946년에 특별시로 지정되었다.

평양성(平壤城) 평양의 주변을 둘러싼, 고구려 후기의 성. 임진왜란 때 조선·명나라의 연합군과 왜군과의 싸움이 치열했던 곳이다.

평양평야(平壤平野) 평양을 중심으로 하는 평안남도 남서부의 넓은 평야.

평영(平泳) 수영법의 한 가지. 엎드린 자세로 두 팔을 수평으로 원을 그리듯이 움직이고, 다리는 개구리처럼 오므렸다 폈다 하며 헤엄침. 비개구리헤엄.

평온¹(平溫) ①평상시의 온도. ②평균 온도.

평온²(平穩) 고요하고 편안함. 평온하다. 예아기가 평온한 얼굴로 잠들어 있다. 평온히.

평원(平原) 평평한 넓은 들판. 비평야.

평이하다(平易—) 까다롭지 않고 쉽다. 예시험 문제가 비교적 평이하다.

평일(平日) ①⇒평상시. ②휴일이나 기념일이 아닌 날.

평작(平作) ⇒평년작.

평절(平—) 웃어른께 문안드릴 때 하는 절. 남자는 허리를 굽혀서 방바닥에 두 손을 대고 머리를 숙여서 하며, 여자는 오른쪽 무릎을 세우고 손을 바닥에 짚은 뒤 머리를 숙여서 한다.

평정¹(平定) 난리를 평온하게 진정시킴. 평정되다. 평정하다.

평정²(平靜) 평안하고 고요함. 예마음의 평정을 되찾다. 평정하다.

평지¹ ⇒유채².

평지²(平地) 바닥이 평평한 땅. 예넓은 평지.

평지풍파(平地風波) 《고요한 땅에 바람과 물결을 일으킨다는 뜻으로》 '뜻밖에 다툼이 일어남'을 비유하여 이르는 말. 예잘 알지도 못하면서 괜한 소리로 평지풍파 일으키지 마라.

평창(平昌) 강원도 남부 가운데에 있는 군. 고랭지 채소의 재배가 잘되고, 소·돼지·닭의 사육이 활발하다. 명승지로는 월정사·상원사·오대산·대관령 등이 있으며, 2018년에 동계 올림픽이 열린다.

평촌(坪村) 경기도 안양시에 있는 신시가지. 대규모 아파트 단지가 들어서 있다.

평탄하다(平坦—) ①땅바닥이 평평하다. ②일이 되어 가는 것이 순조롭다.

평택(平澤) 경기도 남동쪽 끝에 있는 시. 경부선과 경부 고속 도로가 지나고, 지방 도로가 사방으로 뻗어 있어 교통이 편리하며, 액화 천연가스 저장 시설이 있다.

평:판(評判) 세상 사람들의 평가나 판단. 예효녀로 평판이 자자하다.

평평하다(平平—) 높낮이가 없이 널찍하고 판판하다. 예바위가 평평하다. 평평히.

평행(平行) 두 직선이나 평면이 나란히 있어 아무리 늘여도 만나지 않음. 평행하다.

평행봉(平行棒) 네 개의 기둥 위에 두 개의 평행 가로대를 어깨 너비만큼 벌려서 버티어 놓은 체조 기구, 또는 그 위에서 하는 남자 체조 경기의 한 종목.

평행 사:변형(平行四邊形) 마주 보는 두 쌍의 변이 서로 평행인 사각형. 비나란히꼴.

평행선(平行線) 같은 평면 위에 있는 둘 이상의 평행한 직선.

평행 이동(平行移動) 물체 또는 도형의 각 점을 같은 방향으로 같은 거리만큼 옮기는 일.

평형(平衡) ①물건을 달 때, 저울대가 수평을 이루는 상태. ②사물이 한쪽으로 기울지 않고 안정된 상태.

평화(平和) ①평온하고 화목한 상태. ②전쟁이 없이 세상이 평온한 상태. 비화평. 반전쟁.

평화롭다(平和—) [평화롭따] 평온하고 화목한 듯하다. 예평화로운 마을. |활용| 평화로우니·평화로워. 평화로이.

평화스럽다(平和—) [평화스럽따] 평온하고 화목한 듯하다. 예잠든 아기의 평화스러운 얼굴. |활용| 평화스러우니·평화스러워. 평화스레.

평화적(平和的) 전쟁이 없이 평화로운 것. 예평화적인 남북통일.

평화 통:일(平和統一) 전쟁에 의하지 않고 평화적인 방법으로 이루어지는 통일.

폐:1(肺) [폐/페] ➡ 허파.

폐:2(弊) [폐/페] ①〈폐단〉의 준말. ②남에게 끼치는 신세나 괴로움. 예폐를 끼쳐서 죄송합니다.

폐:가(廢家) [폐가/페가] 버려두어 못 쓰게 된 집.

폐:간(廢刊) [폐간/페간] 정기적으로 나오던 신문·잡지 등의 간행을 그만둠. 반창간. 폐간되다. 폐간하다.

폐:건전지(廢乾電池) [폐건전지/페건전지] 못 쓰게 되어 버리는 건전지.

폐:결핵(肺結核) [폐결핵/페결핵] 폐에 결핵균이 침입하여 일어나는 전염병. 기침·가래와 함께 피가 나오며 호흡 곤란 등의 증세가 일어난다.

폐:광(廢鑛) [폐광/페광] 광산에서 광물을 캐내는 일을 중지함, 또는 그 광산. 폐광되다. 폐광하다.

폐:교(廢校) [폐교/페교] 학교를 없앰, 또는 그 학교. 반개교. 폐교되다. 폐교하다.

폐:기(廢棄) [폐기/페기] 못 쓰게 된 것을 버림. 예오래된 서류를 폐기 처분했다. 폐기되다. 폐기하다.

폐:기물(廢棄物) [폐기물/페기물] 못 쓰게 되어 버리는 물건. 예산업 폐기물.

폐:단(弊端) [폐단/페단] 어떤 일이나 행동에서 나타나는 옳지 못하거나 해로운 현상. 준폐. 비폐해.

폐:동맥(肺動脈) [폐동맥/페동맥] 온몸에서 심장으로 돌아온 정맥피를 폐로 보내는 혈관. 비허파 동맥. 반폐정맥.

폐:렴 [폐렴/페렴] 폐에 생기는 염증. 가슴을 찌르는 듯한 아픔과 오한·고열·기침·호흡 곤란을 일으킨다. |참고| 폐렴은 '폐염(肺炎)'에서 온 말.

폐:렴균 [폐렴균/페렴균] 폐렴을 일으키는 병균을 통틀어 이르는 말.

폐:막(閉幕) [폐막/페막] ①연극을 마치고 막을 내림. ②행사가 끝남. 땐개막. 폐막되다. 폐막하다.

폐:막식(閉幕式) [폐막씩/페막씩] 행사를 마치면서 하는 의식. 예올림픽 폐막식. 땐개막식.

폐:문(閉門) [폐문/페문] 문을 닫음. 땐개문. 폐문되다. 폐문하다.

폐:물(廢物) [폐물/페물] 못 쓰게 된 물건. 비폐품.

폐:백(幣帛) [폐백/페백] 결혼할 때 신부가 시부모와 시댁 어른에게 큰절을 하고 올리는 물건, 또는 그런 일. 주로 대추나 포 등을 올린다.

폐:병(肺病) [폐뼝/페뼝] '폐결핵'을 흔히 이르는 말.

폐:사(斃死) [폐사/페사] 가축 등이 병들어 쓰러져 죽음. 폐사하다. 예전염병으로 닭들이 폐사했다.

폐:쇄(閉鎖) [폐쇄/페쇄] 드나들지 못하도록 입구를 막음. 땐개방. 폐쇄되다. 폐쇄하다. 예비상구를 폐쇄하면 안 된다.

폐:수(廢水) [폐수/페수] 사용하고 난 뒤에 내버린 물. 예공장 폐수/생활 폐수.

폐:습(弊習) [폐습/페습] 나쁜 풍습. 폐해가 되는 풍습. 비폐풍.

폐:암(肺癌) [폐암/페암] 폐에 생기는 암.

폐:업(廢業) [폐업/페업] 하던 영업이나 장사를 그만둠. 예폐업 신고/이 회사는 경영난으로 마침내 폐업을 하게 되었다. 땐개업. 폐업하다.

폐:인(廢人) [페인/페인] 병이나 못된 버릇 등으로 몸을 망친 사람.

폐:장(閉場) [폐장/페장] 극장·시장·해수욕장 등의 영업이 끝남. 또는 영업을 끝냄. 예폐장 시간. 땐개장. 폐장되다. 폐장하다.

폐:점(閉店) [폐점/페점] ①장사를 그만둠. ②장사를 마치고 가게 문을 닫음. 땐개점. 폐점되다. 폐점하다.

폐:정맥(肺靜脈) [폐정맥/페정맥] 폐에서 깨끗해진 동맥피를 심장으로 보내는 좌우 두 개의 혈관. 비허파 정맥. 땐폐동맥.

폐:지¹(廢止) [폐지/페지] 하던 일이나 풍습·제도 등을 그만두거나 없앰. 예노예 제도의 폐지. 폐지되다. 폐지하다.

폐:지²(廢紙) [폐지/페지] 못 쓰게 된 종이.

폐:차(廢車) [폐차/페차] 낡아서 못 쓰게 된 차를 없앰, 또는 그 차. 예폐차장/자동차가 너무 낡아서 폐차 직전이다. 폐차하다.

폐:품(廢品) [폐품/페품] 못 쓰게 되어 버린 물건. 비폐물. 예폐품을 재활용하자.

폐:하(陛下) [폐하/페하] 황제나 황후를 높여 부르던 말.

폐:하다(廢一) [폐하다/페하다] 있던 제도·기관·풍습 등을 버리거나 없애다. 예낡은 풍습을 폐하다.

폐:해(弊害) [폐해/페해] 폐단으로 생기는 손해. 예현대 물질문명의 폐해. 비병폐.

폐:허(廢墟) [폐허/페허] 건물·공장 또는 시가 등이 파괴되어 거칠고 못 쓰게 된 터. 예전쟁으로 폐허가 된 시가지.

폐:활량(肺活量) [폐활량/페활량] 숨을 한 번 들이쉬고 내쉼에 따라 폐에 드나드는 최대의 공기량.

폐:회(閉會) [폐회/페훼] 회의나 대회 등을 마침. 예폐회를 선언하다. 땐개회. 폐회되다. 폐회하다.

ㅍ

폐ː회식(閉會式)[폐회식/페훼식] 회의나 대회 등을 마칠 때 하는 의식. [반]개회식.

폐ː휴지(廢休紙)[폐휴지/페휴지] 못 쓰게 된 종이.

포1(包) 장기에서, '包(포)' 자를 새긴 장기짝. 한 편에 둘씩 넷이 있고, 다른 장기짝 하나를 넘어 다닌다.

포2(砲) 〈대포〉의 준말. [예]우리 수군이 사방에서 포를 쏘아 댔다.

포3(脯) ①얇게 저며 양념하여 말린 고기. ②생선이나 고기 등을 얇게 저며 잘라 놓은 것. [예]포를 떠서 부친 명태전. [본]포육.

포개다 놓인 위에다 겹쳐 놓다. [예]두 손을 포개어 잡다.

포격(砲擊) 대포를 쏨. **포격하다**.

포ː경선(捕鯨船) 고래를 잡기 위해 특별한 설비를 갖춘 배.

포ː고(布告) 정부에서 정한 법령이나 명령 등을 국민에게 널리 알림. [예]적국에 선전 포고를 하다. **포고되다**. **포고하다**.

포ː고령(布告令) 정부에서 국민에게 널리 알리는 명령이나 법령.

포ː괄(包括) 어떤 사물이나 현상 등을 온통 휩싸서 하나로 묶음. **포괄되다**. **포괄하다**.

포ː괄적(包括的)[포괄쩍] 어떤 사물이나 현상 등을 온통 휩싸서 하나로 묶는 것. [예]학생들의 의견을 포괄적으로 수용하였다.

포ː교(布敎) 종교를 널리 폄. [예]포교 활동. [비]선교. **포교하다**.

포구(浦口) 배가 드나드는 작은 항구.

포근하다 ①온도가 기분이 좋을 정도로 따뜻하다. [예]포근한 봄 날씨. ②옷이나 이불 등이 보드랍고 따뜻하다. [예]포근한 이부자리. ③분위기 등이 아늑하고 편안하다. [예]포근한 어머니의 품속. [큰]푸근하다. **포근히**.

포기1 뿌리를 단위로 한 풀이나 나무의 하나하나, 또는 그것을 셀 때 쓰이는 말. [예]시장에서 배추 20포기를 사 왔다.

포ː기2(抛棄) 하던 일을 도중에서 그만둠. **포기되다**. **포기하다**. [예]가정 사정으로 학업을 포기하다.

포대1(包袋) 종이·천·가죽 등으로 만든 자루, 또는 그것을 셀 때 쓰이는 말. [예]비료 포대/멸치 한 포대. [비]부대.

포대2(砲臺) 적의 포격을 막으면서 포를 쏠 수 있도록 튼튼하게 만든 진지.

포대기 어린아이를 업거나 덮어 줄 때 쓰는 작은 이불.

포도(葡萄) 포도나무의 열매. 푸른빛이나 자줏빛을 띠며, 맛은 달고 새큼하다.

포도나무(葡萄一) 포도과의 낙엽 지는 덩굴나무. 덩굴은 길게 벋고 덩굴손으로 다른 물건에 감긴다. 초여름에 옅은 녹색 꽃이 피고, 늦여름에 잘고 동글동글한 열매인 '포도'가 송이를 이루어 익는다.

포도당(葡萄糖) 과실이나 꿀 등에 들어 있는 당분의 한 가지.

포도상 구균(葡萄狀球菌) 세포가 불규칙하게 모여 포도송이처럼 된 세균. 살갗이 곪아 고름이 생기게 한다.

포도주(葡萄酒) 포도의 즙을 발효시켜 만든 술. [비]와인.

포도즙(葡萄汁) 포도를 짜서 만든 즙.

포ː도청(捕盜廳) 조선 시대에, 범죄자를 잡기 위하여 설치한 관청. [준]포청.

포동포동 살이 통통하게 찌고 보드라운 모양. [예]포동포동 살이 찐 아기. [큰]푸둥푸둥. [여]보동보동.

포동포동하다 살이 통통하게 찌고 보드랍다. [예]아기의 포동포동한 손.

포ː로(捕虜) 전쟁 중에 적군에게 사로잡힌 군인. [예]포로수용소.

포르르 ①얇고 가벼운 물체가 가볍게 떠는 모양. ②적은 양의 물이 좁은 그릇에서 가볍게 끓어오르는 소리, 또는 그 모양. ③작은 새가 갑자기 날아오르는 소리, 또는 그 모양. 예참새가 포르르 날아올랐다. 큰푸르르.

포르테(forte) 악보에서, 셈여림을 나타내는 말. '세게'의 뜻. 기호는 '*f*'. 참피아노².

포르투갈(Portugal) 남부 유럽의 이베리아 반도 서부에 있는 나라. 주산업은 농업으로 포도·올리브·코르크 등을 생산한다. 수도는 리스본.

포:만감(飽滿感) 음식을 충분히 먹어 배가 부른 느낌.

포말(泡沫) 물에 생기는 거품. 비물거품.

포목(布木) 베와 무명.

포목상(布木商)[포목쌍] 베나 무명 등의 옷감을 파는 장사, 또는 그 장수.

포목점(布木店)[포목쩜] 베나 무명 등의 옷감을 파는 가게.

포:물선(抛物線)[포물썬] 비스듬히 던진 물체가 올라갔다가 떨어지면서 공중에 그리는 곡선.

포:박(捕縛) 잡아서 묶음. 포박되다. 포박하다. 예죄인을 포박하라.

포병(砲兵) 여러 가지 대포를 다루는 육군 부대, 또는 그에 딸린 군인.

포복(匍匐) 배를 땅에 대고 김. 포복하다.

포:복절도(抱腹絶倒)[포복쩔또] 《배를 안고 넘어진다는 뜻으로》 '몹시 웃음'을 나타내는 말. 포복절도하다.

포볼(four ball) 야구에서, 투수가 타자에게 스트라이크가 아닌 볼을 네 번 던지는 일. 비볼넷·사구.

포:부(抱負) 마음속에 지닌, 앞날에 대한 생각이나 계획. 예원대한 포부를 품다.

포석정(鮑石亭)[포석쩡] 경상북도 경주에 있는, 통일 신라 시대의 유적지. 왕과 신하들이 구불구불하게 만든 길을 따라 흐르는 물에 술잔을 띄우고 시를 읊으며 놀이를 하던 곳이다.

포:섭(包攝) 상대를 감싸서 자기편으로 끌어들임. 포섭되다. 포섭하다. 예반대파를 포섭하다.

포성(砲聲) 대포를 쏠 때 나는 소리. 예포성이 점점 가까워지고 있다.

포세이돈(Poseidon) 그리스 신화에 나오는, 바다의 신. 제우스의 동생이며, 바다 밑의 궁전에 살면서 세 갈래로 된 창으로 바다와 육지를 들어 올려 지진을 일으킨다고 한다. 로마 신화에 나오는 넵투누스에 해당한다.

포:수¹(捕手) 야구에서, 본루를 지키며 투수가 던지는 공을 받는 선수. 비캐처. 반투수.

포:수²(砲手) 총으로 짐승을 잡는 사냥꾼.

포스터¹(poster) 광고나 선전을 하기 위하여 내붙이는 간단한 그림이나 도표. 예불조심 포스터.

〈포스터¹〉

포스터²(Foster, 1826~1864) 미국의 작곡가. 미국 민요의 아버지로 불리며, 그의 작품은 현재 전 세계에서 애창된다. 주요 작품으로는 '스와니 강'·'켄터키 옛집'·'금발의 제니'·'올드 블랙 조' 등이 있다.

포슬포슬 덩이진 가루 등이 메말라 잘 엉기지 않고 쉽게 바스러지는 모양. 예포슬포슬 부서지는 파운드케이크. 여보슬보슬.

포:승(捕繩) 죄인을 잡아 묶는 끈. 비오라·포승줄.

포:승줄(捕繩一)[포승쭐] ➡포승.

포:식(飽食) 배가 부르게 잔뜩 먹음. 예오래간만에 포식을 하였다. 포식하다.

포:악(暴惡) 성질이 사납고 악함. 포악하다. 예포악한 행동.

포:악스럽다(暴惡一)[포악쓰럽따] 성질이 사납고 악한 데가 있다. |활용| 포악스러우니·포악스러워. 포악스레.

포:옹(抱擁) 품에 껴안음. 예감격의 포옹. 포옹하다.

포:용(包容) 남을 너그럽게 감싸 받아들임. 포용하다.

포:용력(包容力)[포용녁] 남을 너그럽게 감싸 받아들이는 힘.

포:위(包圍) 둘레를 에워쌈. 포위되다. 포위하다. 예아군이 적군을 포위했다.

포:위망(包圍網) '치밀하고 조직적인 포위'를 비유하여 이르는 말. 예적군이 포위망을 뚫었다.

포:유류(哺乳類) 척추동물의 한 강. 가장 발달한 동물군으로 새끼를 낳아서 젖을 먹여 기른다. 비포유동물.

포인트(point) (('점'이라는 뜻에서)) ①중요한 사항. 요점. 예횡설수설하지 말고 포인트만 말해라. ②운동 경기 등에서, 얻은 점수. 예우리 팀이 두 포인트 앞섰다.

포일(foil) 알루미늄 등의 금속을 종이처럼 얇게 편 것. |잘못| 호일.

포자(胞子) 포자식물의 암수의 구별이 없는 생식 세포. 대개 하나의 세포로 되어 있으며, 홀로 싹을 틔워 새 개체가 된다. 비홀씨.

포자식물(胞子植物)[포자싱물] ⇒민꽃식물.

포장¹(包裝) 물건을 종이·판지 등으로 싸서 꾸림. 포장되다. 예예쁘게 포장된 선물 상자. 포장하다.

포장²(布帳) 천을 여러 폭으로 이어 무엇을 둘러치는 막.

포장³(鋪裝) 길 위에 아스팔트·돌·콘크리트 같은 것을 깔아 단단히 다져 꾸미는 일. 예새로 포장이 된 도로. 포장되다. 포장하다.

포장도로(鋪裝道路) 길 위에 아스팔트·돌·콘크리트 등을 깔아 단단히 다져서 꾸민 비교적 넓은 길. 예포장도로가 시원스레 뚫렸다. 비비포장도로.

포장마차(布帳馬車) ①햇빛을 가리거나 비바람을 막을 수 있게 천으로 된 덮개를 씌운 마차. ②손수레에 포장을 씌워 만든 이동식 가게. 주로, 밤에 길거리에서 술과 안주, 간단한 음식을 판다.

포장지(包裝紙) 물건을 싸거나 꾸리는 데 쓰는 종이.

포:졸(捕卒) 조선 시대에, 포도청의 군졸.

포즈(pose) 의식적으로 그럴듯하게 취하는 몸의 자세.

포:진(布陣) 전쟁이나 경기를 하기 위하여 진을 침. 포진하다.

포:착(捕捉) ①어떤 기회나 정세를 알아차림. 예증거 포착. ②요점이나 요령을 깨침. 포착되다. 포착하다.

포츠담 선언(Potsdam宣言) 제2차 세계 대전이 끝날 무렵인 1945년 7월, 독일의 포츠담에서 미국·영국·중국·소련 등 연합국의 회의 결과로 발표된 선언. 우리나라의 독립이 약속되었다.

포크(fork) 양식에서, 고기·생선·과일 등을 찍어 먹는 식탁 용구.

포크 댄스(folk dance) ①전통적인 민속춤. ②레크리에이션으로서 즐기는 경쾌한 춤.

포크 송(folk song) 미국에서 발생한 민요풍의 노래.

포탄(砲彈) 대포의 탄환.

포플러(poplar) ①버드나뭇과의 낙엽지는 큰키나무. 잎은 어긋나고 넓은 달걀 모양이며, 봄에 연둣빛 꽃이 핀다. 가로수로 많이 심는다. ②'미루나무'를 흔히 이르는 말.

포:학하다(暴虐—)[포하카다] 몹시 잔인하고 난폭하다. 예포학한 임금.

포함(包含) 속에 들어 있거나 함께 넣음. 포함되다. 포함하다. 예민우의 생일 파티에 초대받은 사람은 너를 포함해서 모두 다섯 명이다.

포항(浦項) 경상북도 동남쪽 동해안에 있는 시. 포항 종합 제철 공장이 세계적으로 유명하며, 수산업도 발달하였다. 명승지로 보경사, 입암 서원, 구룡포 해수욕장 등이 있다.

포항 제:철소(浦項製鐵所) ➡포항 종합 제철소.

포항 종합 제:철소(浦項綜合製鐵所) 경상북도 포항에 있는, 철강 제품을 생산하는 공장. 1968년에 설립하여 1973년에 완공된 국내 최대의 종합 제철 공장이다. 예포항 제철소.

포화¹(砲火) 총·대포를 쏠 때에 일어나는 불.

포:화²(飽和) 더 이상 들어갈 수 없을 만큼 가득 차 있는 상태. 예포화 상태.

포:화 용액(飽和溶液) 일정한 조건에서 물질이 더 이상 녹을 수 없을 정도의 양까지 가득 녹아 있는 상태의 액체.

포환(砲丸) ①대포의 탄알. ②포환던지기에 쓰는, 쇠로 만든 공.

포환던지기(砲丸—) 육상 경기의 한 가지. 지름이 2.135m인 원 안에서 쇠로 만든 공을 한 손으로 던져 그 거리를 겨루는 경기. 예투포환.

포:획(捕獲)[포획/포훽] 짐승이나 물고기를 잡음. 포획되다. 포획하다.

포효(咆哮) ①사나운 짐승이 크게 울부짖음. ②사람이 크게 외침. 포효하다.

폭¹ ①잠이 포근하게 깊이 든 모양. 예단잠이 폭 들었다. ②힘없이 단번에 주저앉거나 쓰러지는 모양. 예힘이 없어 폭 꼬꾸라졌다. ③충분히 익을 정도로 끓거나 삶는 모양. 예감자를 폭 쪘다. ④힘 있게 깊이 찌르는 모양. 예주사기로 엉덩이를 폭 찔렀다. ⑤깊고 또렷하게 팬 모양. 예보조개가 폭 패다. 큰푹. 폭폭.

폭²(幅) ①가로의 길이. 예이 도로는 폭이 넓다. 비나비·너비. ②하나로 이어 붙이기 위해 같은 길이로 잘라 놓은 천·종이 등의 조각. 예폭이 넓은 치마. ③어떤 범위. 예생각의 폭이 넓은 사람. ④종이 등의 조각이나 그림·족자를 셀 때 쓰이는 말. 예한 폭의 수채화.

폭 격(爆擊)[폭꼑] 비행기에서 폭탄을 떨어뜨려 적의 진지나 시설 또는 국토를 파괴하는 일. 폭격되다. 폭격하다.

폭격기(爆擊機)[폭껵끼] 적의 진지나 시설을 폭격하는 것을 임무로 하는 비행기.

폭군(暴君)[폭꾼] 사납고 악한 임금.

폭넓다(幅—)[퐁널따] 일의 범위가 넓다. 예폭넓은 지식/폭넓은 교제.

폭도(暴徒)[폭또] 난폭한 행동으로 사회를 어지럽히는 무리.

폭동(暴動)[폭똥] 어떤 집단이 난폭한 행동으로 사회의 질서를 어지럽히는 일.

폭등(暴騰)[폭뜽] 물건값이나 주식값이 갑자기 크게 오름. 비급등. 반폭락. 폭등하다.

폭락(暴落)[퐁낙] 물건값이나 주식값이 갑자기 크게 떨어짐. 예배추값이 폭락하다. 비급락. 반폭등. 폭락하다.

폭력(暴力)[퐁녁] 남을 해치거나 복종시키기 위해 쓰는 강제적이고 육체적인 힘.

ㅍ

폭력배(暴力輩)[퐁녁빼] 걸핏하면 폭력을 휘두르는 무리.

폭로(暴露)[퐁노] 나쁜 일이나 비밀 등을 들추어냄. **폭로되다. 폭로하다.** [예]정체를 폭로하다.

폭리(暴利)[퐁니] 옳지 않은 방법을 써서 지나치게 많이 남기는 이익. [예]폭리를 얻다. [반]박리.

폭발1(暴發)[폭빨] ①속에 쌓여 있던 감정이 갑자기 터짐. [예]그동안 쌓였던 불만이 폭발을 하였다. ②어떤 일이 별안간 벌어지거나 일어남. [예]인기 폭발. **폭발되다. 폭발하다.**

폭발2(爆發)[폭빨] 불이 일어나며 갑작스럽게 터짐. [예]화산 폭발. **폭발되다. 폭발하다.** [예]가스가 폭발하다.

'폭발'과 '폭파'의 구별

폭발 : 불이 일어나며 갑작스럽게 터짐. 실수나 자연적으로 터져 버리는 경우에 쓰인다. [예]주유소가 폭발하다./×다리를 폭발하다.

폭파 : 어떤 것을 폭발시켜서 부숨. 주로 처음부터 부수어 버릴 의도가 있는 경우에 쓰인다. [예]특공대는 계획대로 다리를 폭파하였다.

폭발력(爆發力)[폭빨력] 폭발하는 힘.

폭발물(爆發物)[폭빨물] 폭발하는 성질이 있는 물질을 통틀어 이르는 말.

폭발음(爆發音)[폭빠름] 폭발할 때 나는 큰 소리. [비]폭음.

폭발적(爆發的)[폭빨쩍] 무엇이 갑자기 굉장한 기세로 일어나거나 퍼지는 것. [예]청소년들의 폭발적인 인기를 얻다.

폭삭[폭싹] ①온통 곪아서 썩은 모양. [예]호박이 폭삭 썩었다. ②힘없이 주저앉는 모양. ③매우 엉성한 물건이 쉽게 부서지거나 가라앉는 모양. [예]초가지붕이 불에 타서 폭삭 내려앉았다. ④기력이 줄고 늙어 버린 모양. [예]몇 년 새에 얼굴이 폭삭 늙었다. [큰]폭석. **폭삭폭삭.**

폭설(暴雪)[폭썰] 갑자기 많이 내리는 눈.

폭소(爆笑)[폭쏘] 폭발하듯 갑자기 터져 나오는 웃음. **폭소하다.**

폭신폭신[폭씬폭씬] 매우 폭신한 모양. [예]폭신폭신한 방석. [큰]푹신푹신.

폭신하다[폭씬하다] 매우 보드랍고 탄력이 있다. [예]폭신한 솜이불. [큰]푹신하다.

폭약(爆藥)[포갹] 불을 일으키며 갑작스럽게 터지는 물질. [본]폭발약.

폭언(暴言)[포건] 거칠고 사납게 하는 말. **폭언하다.**

폭염(暴炎)[포겸] 매우 심한 더위. [비]무더위.

폭우(暴雨)[포구] 갑자기 많이 내리는 비.

폭음1(暴飮)[포금] 술을 한꺼번에 지나치게 많이 마심. **폭음하다.**

폭음2(爆音)[포금] 폭탄·화산 등이 폭발할 때 요란스럽게 나는 소리. [비]폭발음.

폭정(暴政)[폭쩡] 백성을 괴롭히는 포악한 정치. [예]폭정에 시달리는 백성. [비]학정.

폭주1(暴走)[폭쭈] 매우 빠르고 난폭하게 달림. [예]오토바이의 폭주. **폭주하다.**

폭주2(暴注)[폭쭈] 일이나 주문이 처리하기 힘들 정도로 한꺼번에 몰림. **폭주하다.** [예]주문량이 폭주하다.

폭죽(爆竹)[폭쭉] 종이나 가는 대로 만든 통에 화약을 다져 넣고 불을 붙여 터뜨려서 소리나 불꽃이 나게 하는 물건. [예]축하 폭죽.

폭탄(爆彈) 쇠로 된 용기 안에 폭약을 채워서 던지거나 비행기 등에서 떨어뜨려 사람을 해치거나 건물 등을 파괴하는 무기. [본]폭발탄.

ㅍ

폭파(爆破) 폭발시켜 부숨. 몡폭파 장치. 폭파되다. 몡공습으로 다리가 폭파되었다. 폭파하다.

폭포(瀑布) 낭떠러지에서 곧장 떨어져 내리는 물줄기. 뫈폭포수.

〈폭포〉

폭풍(暴風) 몹시 세차게 부는 바람.

폭풍 전의 고요관용 '어떤 사고나 재앙이 일어나기 전에 잠깐 동안 고요함'을 비유하여 이르는 말.

폭풍우(暴風雨) 사나운 비바람. 몡밤새 폭풍우가 휘몰아쳤다.

폭행(暴行)[포캥] ①거칠고 사나운 행동. ②남에게 폭력을 휘두르는 일. 몡불량배에게 폭행을 당했다. 폭행하다.

폴(pole) 장대높이뛰기·스키 등의 운동 경기에서 쓰는 장대.

폴더(folder) 컴퓨터에서, 서로 관련 있는 프로그램이나 파일들을 하나로 묶은 것.

폴딱 작은 것이 힘을 모아 가볍고 탄력 있게 뛰는 모양. 몡개구리가 폴딱 뛰어올랐다. 뫈풀떡. 폴딱폴딱.

폴딱거리다[폴딱꺼리다] 작은 것이 힘을 모아 가볍고 탄력 있게 자꾸 뛰다. 뫱폴딱대다. 뫈풀떡거리다.

폴딱대다[폴딱때다] ➡폴딱거리다.

폴란드(Poland) 동유럽 북부에 있는 나라. 국토의 대부분이 평야로 밀·사탕무·감자 등을 재배하고, 석탄과 철의 생산량이 많아 공업도 발달하였다. 수도는 바르샤바.

폴싹 먼지나 연기 등이 갑자기 한데 엉켜 일어나는 모양. 뫈풀썩. 폴싹폴싹.

폴싹거리다[폴싹꺼리다] 먼지와 연기 등이 갑자기 한데 엉켜 자꾸 일어나다. 뫱폴싹대다. 뫈풀썩거리다.

폴싹대다[폴싹때다] ➡폴싹거리다.

폴짝 작은 것이 가볍고 힘 있게 뛰는 모양. 뫈풀쩍. 폴짝폴짝.

폴짝거리다[폴짝꺼리다] 작은 것이 가볍고 힘 있게 자꾸 뛰다. 뫱폴짝대다. 뫈풀쩍거리다.

폴짝대다[폴짝때다] ➡폴짝거리다.

폴카(polka) 19세기 초에 보헤미아 지방에서 일어난, 4분의 2박자의 경쾌하고 빠른 춤, 또는 그 춤곡.

폴폴 ①적은 양의 물이 자꾸 끓어오르는 모양. ②눈이나 먼지 등이 흩날리는 모양. 몡흙먼지가 폴폴 날리다. 뫈풀풀.

폼(form) ①사람이 취하는 몸의 형태나 자태. 몡폼이 어색하다. ②겉으로 드러나는 멋. 몡옷을 폼 나게 차려입다.

폼(을) 잡다관용 무엇을 시작하려는 자세를 취하다.

폼(을) 재다관용 으스대는 티를 보이다. 몡저 사람은 요즘 돈이 좀 생겼다고 폼 재고 다닌다.

퐁당 작고 단단한 물건이 물에 빠질 때 나는 소리. 뫈풍덩. 퐁당퐁당. 몡퐁당퐁당 돌을 던지자.

퐁당거리다 작고 단단한 물건이 물에 빠질 때 나는 소리가 자꾸 나다. 뫱퐁당대다. 뫈풍덩거리다.

퐁당대다 ➡퐁당거리다.

표¹(表) ①어떤 내용을 일정한 형식과 순서에 따라 나타낸 것. ②〈표적¹〉의 준말.

표²(票) ①증거가 될 만한 쪽지. 차표·배표·입장권 등. 몡표를 내고 들어가다. ②선거 또는 의결에서 자기 의사를 표시한 쪽지. 몡표를 많이 모아야 당선될 수 있다.

표(를) 끊다관용 정해진 돈을 내고 차표·배표·입장권 등을 사다.

표³(標) ①증거가 될 만한 흔적. 몡읽던 곳에 표를 해 두었다. ②두드러지게 나타나 보이는 특징. 예그의 작품은 표가 난다.

표결(表決) 회의에서 안건에 대하여 찬성과 반대 의사를 표시하여 결정함. 표결되다. 표결하다.

표결권(表決權) [표결꿘] 회의에 참석하여 의사를 투표로 표시할 수 있는 권리.

표고 느타릿과의 버섯. 봄부터 가을까지 떡갈나무나 밤나무 등에 붙어 자라거나 심어 가꾼다. 표면은 진한 갈색이고 속은 흰색이다. 영양이 풍부하여 요리에 널리 쓰인다. 비표고버섯.

〈표고〉

표고버섯 [표고버섣] ➡표고.

표구(表具) 병풍·족자 등을 꾸며 만드는 일. 표구하다.

표기(表記) 문자나 기호를 써서 말을 표시함. 예한글 표기. 표기되다. 표기하다.

표기법(表記法) [표기뻡] 문자나 기호를 써서 말을 표기하는 규칙. 예외래어 표기법.

표독(慓毒) 성질이 사납고 독함. 표독하다.

표독스럽다(慓毒—) [표독쓰럽따] 성질이 사납고 독하다. 예표독스러운 표정으로 노려보다. |활용| 표독스러우니·표독스러워. 표독스레.

표류(漂流) 물에 떠서 흘러감. 예배가 고장으로 바다 한복판에서 표류를 하였다. 표류하다.

표류기(漂流記) 표류한 경험이나 감상을 적은 기록.

표리(表裏) 겉과 속. 안과 밖.

표리부동(表裏不同) 마음이 바르지 못하여 겉으로 드러나는 행동과 속마음이 다름. 표리부동하다.

표면(表面) 물체의 겉으로 드러난 부분. 예표면이 매끄럽다. 비겉·겉면. 반이면.

표면적(表面的) 겉으로 나타나거나 눈에 띄는 것. 예표면적 이유.

표명(表明) 의견이나 태도를 드러내어 명백히 함. 표명되다. 표명하다. 예반대 의사를 표명하다.

표방(標榜) 어떤 표면상의 이유나 구실을 붙여 자기 주장을 내세움. 예민주주의의 표방. 표방하다.

표백(漂白) 천이나 종이 등을 바래거나 약품을 써서 희게 하는 일. 표백되다. 표백하다.

표백제(漂白劑) [표백쩨] 천이나 식품 등의 빛깔을 희게 하는 약품이나 약제.

표범(豹—) 고양잇과의 동물. 털빛은 연한 황갈색 바탕에 검은 반점이 있다. 힘이 세고 민첩하여 영양·사슴 등을 잡아먹으며, 나무에 잘 오른다.

〈표범〉

표본(標本) ①본보기가 되거나 표준으로 삼을 만한 것. ②동물·식물·광물에 적당한 처리를 하여 보존할 수 있게 한 것. 주로, 연구용이나 교재용으로 쓰인다. 예식물 표본/곤충 표본.

표상(表象) 대표적인 상징. 예국기는 나라의 표상이다.

표시¹(表示) 겉으로 드러내어 보임. 예감사의 표시. 표시되다. 표시하다. 예자기 의사를 분명히 표시해라.

표시²(標示) 표를 하여 나타내 보임. 예나무 말뚝을 박아 표시를 했다. 표시되다. 표시하다.

표어(標語) 어떤 주의·주장·이상 등을 알리려고 간결하게 표현한 짧은 말귀. 비슬로건.

표연하다(飄然一) ①바람에 나부껴 팔랑거리는 모양이 가볍다. ②홀쩍 떠나는 모양이 홀가분하고 거침없다. 표연히. 예그는 바람처럼 표연히 사라졌다.

표적¹(表迹) 겉으로 나타난 자취. 예일을 한 표적이 없다. 준표.

표적²(標的) 목표가 되는 물건. 예화살을 표적에 맞혔다. 비과녁.

표절(剽竊) 남의 작품·글 등의 일부를 몰래 따다 씀. 예표절 가요. 표절하다.

표정(表情) 마음속의 생각이나 느낌이 얼굴에 나타난 모습. 예선생님은 흐뭇한 표정으로 말씀하셨다.

표제(標題) ①책의 겉에 쓰인 그 책의 이름. ②연설이나 강연 또는 예술 작품이나 신문 기사 등의 제목.

표제어(標題語) ①제목이나 주제가 되는 말. ②사전에서, 말뜻을 풀이하여 실은 하나하나의 낱말. 비올림말.

표주박(瓢一) 조롱박이나 둥근 박을 반으로 쪼개어 만든 작은 바가지. 흔히 물을 뜨는 데 사용한다.

표준(標準) ①사물의 정도를 정하는 기준이나 목표. ②일반적이거나 평균적인 것. 예한국 남성의 표준 키.

표준말(標準一) ➡표준어.

표준시(標準時) 각 나라나 지방에서 공통으로 사용하려고 정한 시각.

표준어(標準語) [표주너] 교육적·문화적인 통일을 위하여 한 나라의 표준으로 정한 말. 비표준말. 만방언·사투리.

'표준어' 규정

표준어는 교양 있는 사람들이 두루 쓰는 현대 서울말로 정함을 원칙으로 한다.
- 시대적 조건 : 현대
- 사회적 조건 : 교양인의 언어
- 지역적 조건 : 서울

표지¹(表紙) 책의 겉장.

표지²(標識) 다른 것과 구별하는 데 필요한 표시나 특징. 예지하철역 표지.

표지판(標識板) 어떤 사실을 알리기 위하여 일정한 표시를 해 놓은 판.

표착(漂着) 물에 떠서 흘러 다니다가 어떤 곳에 닿음. 표착하다. 예무인도에 표착했다.

표찰(標札) 무엇을 표시하기 위하여 써서 달거나 붙인 표.

표창(表彰) 남의 착한 일이나 업적을 칭찬하여 널리 세상에 알림. 표창되다. 표창하다.

표창장(表彰狀) [표창짱] 표창하는 내용을 적은 종이.

표출(表出) 겉으로 나타냄. 예불만의 표출. 표출되다. 표출하다.

표피(表皮) ①식물체의 표면을 덮은 세포층. ②동물체의 피부 표면을 이루는 조직.

표하다¹(表一) 감정·태도·의견 등을 나타내다. 예감사의 뜻을 표하다.

표하다²(標一) 다른 것과 구별하기 위해 표를 하다. 예읽던 곳을 표해 두었다.

표현(表現) 마음속의 생각이나 느낌을 말·글·몸짓·표정 등으로 드러내어 나타냄. 표현되다. 표현하다. 예자신의 생각을 글로 표현해 보자.

푯말(標一) [푠말] 어떤 사실을 표시하기 위하여 세우는 말뚝.

푸근하다 ①날씨가 꽤 따뜻하다. 예겨울 날씨치고는 푸근하다. ②옷이나 이불 등이 부드럽고 따뜻하다. 예푸근한 잠자리. ③감정이나 분위기 등이 아늑하고 편안하다. 환포근하다. 푸근히.

푸념 마음속에 품은 불만을 드러내어 말함. 예친구에게 한바탕 푸념을 늘어놓았더니 속이 시원해졌다. 비넋두리. 푸념하다.

푸다 물이나 곡식 등을 떠내다. [예]밥통에서 밥을 펐다. [활용] 푸니·퍼.

푸닥거리 [푸닥꺼리] 무당이 간단하게 음식을 차려 놓고 잡귀를 쫓기 위해 하는 굿. **푸닥거리하다**.

푸대 '부대[1]'의 방언.

푸대접(—待接) 성의 없이 아무렇게나 하는 대접. [예]반갑지 않은 손님이라고 푸대접을 받았다. [비]냉대·박대. [반]후대. **푸대접하다**.

푸덕거리다 [푸덕꺼리다] ①큰 새가 계속해서 날개를 크게 쳐서 소리를 내다. ②큰 물고기가 계속해서 꼬리로 물을 쳐서 소리를 내다. [비]푸덕대다. [작]파닥거리다.

푸덕대다 [푸덕때다] ➡푸덕거리다.

푸덕푸덕 자꾸 푸덕거리는 소리, 또는 그 모양. [작]파닥파닥.

푸둥푸둥 살이 통통하게 찌고 부드러운 모양. [작]포동포동. [여]부둥부둥.

푸드덕 큰 새가 날개를 힘차게 치는 소리, 또는 그 모양. [작]포드닥. **푸드덕푸드덕**.

푸드덕거리다 [푸드덕꺼리다] 큰 새가 날개를 힘차게 자꾸 치다. [비]푸드덕대다. [작]포드닥거리다.

푸드덕대다 [푸드덕때다] ➡푸드덕거리다.

푸들푸들 분하거나 춥거나 무서워서 몸을 크게 떠는 모양. [예]화가 나서 온몸이 푸들푸들 떨린다. [작]파들파들. [여]부들부들.

푸르다 맑은 하늘이나 싱싱한 풀의 빛깔과 같다. [예]오늘따라 유난히 하늘이 푸르다. [활용] 푸르니·푸르러.

푸르뎅뎅하다 산뜻하지 못하고 칙칙하게 푸르스름하다. [작]파르댕댕하다. [잘못] 푸르딩딩하다.

푸르딩딩하다 '푸르뎅뎅하다'의 잘못.

푸르스레하다 ➡푸르스름하다.

푸르스름하다 약간 푸르다. [예]푸르스름한 불빛. [비]푸르스레하다. [작]파르스름하다.

푸르죽죽하다 [푸르죽쭈카다] 빛깔이 고르지 못하고 칙칙하게 푸르다. [예]추워서 입술이 푸르죽죽하다.

푸른곰팡이 빵·떡 등에 생기는 푸른 빛깔의 곰팡이. 음식물을 썩히거나 독을 가진 해로운 것도 많으나, 페니실린 같은 유익한 것도 있다.

푸른빛 [푸른빋] 맑은 하늘이나 싱싱한 풀잎과 같은 빛깔.

푸른색(—色) 맑은 하늘이나 싱싱한 풀잎과 같은 색깔.

푸릇푸릇 [푸른푸른] 군데군데 푸르스름한 모양. [예]들녘에 벼들이 푸릇푸릇 자라다. [작]파릇파릇.

푸새[1] 옷 등에 풀을 먹이는 일. **푸새하다**.

푸새[2] 산과 들에서 저절로 나서 자라는 풀을 통틀어 이르는 말.

푸석푸석 ①살이 핏기 없이 좀 부은 듯하고 거친 모양. ②거칠고 부피만 커서 부스러지기 쉬운 모양. ②[작]포삭포삭.

푸석하다 [푸서카다] ①살이 핏기 없이 좀 부은 듯하고 거칠다. ②거칠고 부피만 커서 부스러지기 쉽다. ②[작]포삭하다.

푸성귀 가꾸어 기르거나 저절로 나는 온갖 채소와 나물을 통틀어 이르는 말.

푸슬푸슬 덩이진 가루가 물기가 적어서 잘 엉기지 않고 쉽게 부스러지는 모양. [작]포슬포슬. [여]부슬부슬.

푸줏간(—間) [푸주깐/푸줃깐] 지난날, 소나 돼지 등을 잡아서 그 고기를 팔던 가게. [비]고깃간·정육점.

푸짐하다 흐뭇할 정도로 매우 많고 넉넉하다. [예]잔칫상을 푸짐하게 차렸다. **푸짐히**.

푸푸 입김을 연달아 내뿜는 소리.

푹 ①잠이 푸근하게 깊이 든 모양. 예잠이 푹 들었다. ②힘없이 단번에 주저앉거나 쓰러지는 모양. 예푹 고꾸라지다. ③흠뻑 익을 정도로 끓이거나 삶는 모양. 예빨래를 푹 삶았다. ④힘 있게 깊이 찌르는 모양. 예삶은 고구마를 젓가락으로 푹 찔렀다. ⑤깊고 뚜렷하게 팬 모양. 예마당이 푹 패었다. 흰폭. 푹푹.

푹신푹신 [푹씬푹씬] 매우 푹신한 모양. 흰폭신폭신.

푹신하다 [푹씬하다] 아주 부드럽고 탄력이 있다. 예푹신한 쿠션. 흰폭신하다.

푹하다 [푸카다] 겨울 날씨가 춥지 않고 따뜻하다. 예겨울답지 않게 푹한 날씨.

푼: ①지난날, 돈의 단위의 한 가지. 1푼은 1돈의 10분의 1이다. 예한 냥서 푼. ②적은 액수의 돈. 예수중에 한 푼도 없다. ③비율을 나타내는 단위. 1푼은 전체 수량의 100분의 1로, 1할의 10분의 1이다. 예3할 5푼의 높은 타율. 참할·리.

푼:돈 [푼똔] 많지 않은 몇 푼의 돈. 예푼돈이 모여 목돈이 된다.

푼:수 '생각이 모자라고 어리석은 사람'을 놀림조로 이르는 말.

푼:푼이 [푼푸니] 한 푼씩 한 푼씩. 예푼푼이 모은 돈.

풀¹ 접착제의 한 가지. 끈끈한 성질이 있어서 무엇을 붙이거나, 옷감을 빳빳하게 만드는 데 쓰인다.

풀² 줄기가 연하고 물기가 많아 나무처럼 딱딱하지 않은 식물을 통틀어 이르는 말. 한해살이풀·두해살이풀·여러해살이풀로 나뉜다.

풀³ 사람의 씩씩하고 활발한 기운. 비풀기.

풀이 죽다[관용] 활기나 기세가 꺾여 맥이 없다.

풀게 바위겟과의 게. 뒤가 약간 좁은 사각형인데, 등딱지에는 'H' 자 모양의 홈이 뚜렷하고 보호색을 띤다. 바닷가 바위나 자갈밭에서 사는데, 우리나라 해변에서 흔히 볼 수 있다.

풀기(一氣)[풀끼] ①풀을 먹여 빳빳해진 기운. ②사람의 씩씩하고 활발한 기운. 비풀.

풀꽃 [풀꼳] 산이나 들에 저절로 나는 풀에 피는 꽃.

풀다 ①매이거나 얽히거나 묶인 것을 끌러 원래대로 하다. 예매듭을 풀다. 반묶다. ②무엇을 찾게 하려고 모여 있는 것을 헤쳐 흩어지게 하다. 예개를 풀어 도둑을 쫓았다. ③제한하거나 금지했던 것을 자유롭게 하다. 예통제를 풀다. ④마음에 품은 것을 삭이거나 이루어지게 하다. 예소원을 풀다. ⑤액체에 타서 고루 섞다. 예된장을 풀어서 만든 국. ⑥어떤 이치나 문제를 밝혀내거나 답을 얻다. 예수수께끼를 풀다. ⑦피로나 술기운 등을 없어지게 하다. 예피로를 풀다. ⑧콧물을 세게 밖으로 밀어내다. 예코를 풀다. |활용| 푸니·풀어.

풀뜸 연줄을 빳빳하고 세게 하려고 사기나 유리의 고운 가루를 풀에 개어 먹이는 일.

풀려나다 매어 있던 상태에서 벗어나 자유로운 상태가 되다. 예납치범에게 잡혔던 인질이 풀려났다.

풀리다 ①얽혔거나 매였거나 묶인 것이 풀어지다. 예신발끈이 풀렸다. ②얼었던 것이 녹다. 추위가 누그러지다. 예추운 날씨가 점차 풀리고 따뜻해졌다. ③어려운 이치나 문제가 밝혀지다. 예문제가 잘 풀린다. ④노여움이나 원망이 없어지다. 예아직도 화가 안 풀렸니? ⑤구속 상태에서 자유의 몸이 되다. ⑥금지 사항이 없어져 자유롭게 되다. 예통금이 풀리다.

ㅍ

풀무 불을 피울 때 바람을 일으키는 기구. [비]풍구·풍상.

〈풀무〉

풀무질 풀무로 바람을 일으키는 일. **풀무질하다.**

풀무치 메뚜깃과의 곤충. 몸빛은 누런 갈색 또는 녹색이며 앞날개에 불규칙한 검은 갈색 무늬가 있다. 풀잎이나 농작물을 갉아 먹는다.

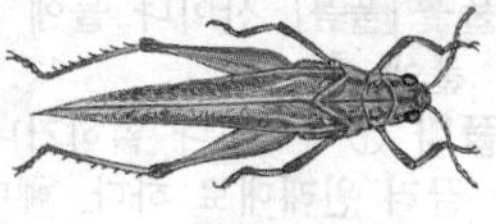
〈풀무치〉

풀물 풀에서 배어 나오는 퍼런 물. [예]풀밭에서 뒹굴었더니 옷에 풀물이 들었다.

풀밭 [풀받] 풀이 많이 나 있는 땅.

풀뱀 풀숲에서 발견되는 뱀.

풀벌레 풀숲에서 사는 벌레.

풀빛[풀삗] 풀의 빛깔. 곧, 녹색에 노란 빛이 연하게 섞인 빛깔. [비]풀색.

풀뿌리 풀의 뿌리.

풀색(—色)[풀쌕] ➡풀빛.

풀섶 '풀숲'의 방언.

풀숲 [풀숩] 풀이 우거진 수풀.

풀썩 ①먼지나 연기 등이 갑자기 한데 엉켜 일어나는 모양. ②맥없이 주저앉거나 내려앉는 모양. [작]폴싹. **풀썩풀썩.**

풀씨 풀의 씨.

풀어내다[푸러내다] ①얽힌 것을 끌러 내다. [예]매듭을 풀어내다. ②어떤 이치나 문제를 깊이 연구하여 밝혀내다. [예]어려운 수학 문제를 풀어내다. ③오해를 없애다.

풀어지다 [푸러지다] ①매였거나 묶였거나 얽힌 것이 풀리다. [예]허리띠가 풀어졌다. ②질기거나 단단한 것이 흐늘흐늘해지다. [예]국수를 오래 두었더니 다 풀어져 버렸다. ③오해나 의심 등이 없어지다. [예]섭섭했던 마음이 풀어졌다. ④액체에 다른 것을 넣었을 때 잘 섞이다. [예]물에 물감이 잘 풀어졌다. ⑤눈동자가 초점 없이 게슴츠레해지다. [예]동생이 졸린지 눈이 풀어졌다.

풀어헤치다 [푸러헤치다] 속마음을 거침없이 털어놓다.

풀이 [푸리] ①알기 쉽게 쉬운 말로 밝혀 말함. [예]낱말 풀이. ②어떤 문제가 요구하는 답을 얻어 냄, 또는 그 답. **풀이하다.** [예]다음 문제를 풀이하라.

풀이말 [푸리말] 문장 속에서 '어찌하다·어떠하다·무엇이다'에 해당하는 말. '노을이 물들다'에서 '물들다' 같은 말. [비]서술어. [참]임자말.

풀잎 [풀립] 풀의 잎.

풀장(pool場) ➡수영장.

풀쩍 큰 것이 가볍고 힘 있게 뛰는 모양. [예]평균대 위에서 풀쩍 뛰어내렸다. [작]폴짝. **풀쩍풀쩍.**

풀쩍거리다 [풀쩍꺼리다] 큰 것이 가볍고 힘 있게 자꾸 뛰다. [비]풀쩍대다. [작]폴짝거리다.

풀쩍대다 [풀쩍때다] ➡풀쩍거리다.

풀칠(—漆) ①풀을 바름. [예]우표에 풀칠을 하다. ②'겨우 먹고삶'을 비유하여 이르는 말. [예]입에 풀칠을 하기도 힘들다. **풀칠하다.**

풀풀 ①많은 양의 물이 자꾸 끓어오르는 모양. ②눈이나 먼지 등이 흩날리는 모양. [예]눈이 풀풀 날린다. ③기운차게 날거나 뛰는 모양. [예]힘찬 동작으로 풀풀 날았다. [작]폴폴.

풀피리 입술 사이에 대거나 물고 불어서 피리처럼 소리가 나게 하는 풀잎.

품[1] ①윗옷의 왼쪽 겨드랑이 밑에서 오른쪽 겨드랑이 밑까지의 넓이. [예]이 옷은 품이 맞다. ②두 팔을 벌려 안아 주는 가슴. [예]엄마 품에 안겨서 자는 아기. ③윗옷을 입었을 때, 가슴과 옷과의 틈. 예한 청년이 품 안에서 독립 선언서를 꺼내 낭독하였다.

품² 어떤 일에 드는 힘이나 수고. 예품이 많이 드는 일.

품³ '동작이나 됨됨이·꼴'이라는 뜻을 나타내는 말. 예진선이는 말하는 품이 어른 같다.

품:격(品格)[품껵] 사람이나 물건에서 느껴지는 품위. 예품격이 높은 작품.

품:계석(品階石)[품계석/품게석] 조선 시대에, 품계(관리의 등급)를 새겨서 대궐 안의 정전 앞뜰에 세운 돌.

품:귀(品貴) 물건이 귀함. 예여름철이 되자, 선풍기의 품귀 현상이 나타났다.

품:다[품따] ①품속에 넣거나, 가슴에 대어 안거나, 몸에 지니다. 예암탉이 알을 품다. ②어떤 성분을 포함하고 있다. 예물기를 많이 품고 있다. ③어떤 생각이나 감정을 마음속에 가지다. 예장차 대통령이 될 큰 뜻을 품고 있다.

품:명(品名) 물품의 이름.

품:목(品目) 물품의 종류, 또는 그 목록.

품:사(品詞) 낱말을 문법상의 뜻·역할·모양에 따라 나눈 갈래. 곧, 성질이 공통된 낱말끼리 모아 놓은 갈래.

품삯[품싹] 일을 해 주는 값으로 받는 돈. 예인부들에게 품삯을 지급했다. 回노임.

품새 ➡품세.

품:성(品性) 사람된 바탕과 성질. 예품성이 온화하다. 回인격·인품.

품세 태권도에서, 공격과 방어의 기본 기술을 연결한 연속 동작. 서기·막기·차기·지르기 등. 回품새.

품속[품쏙] 품의 속. 回회중.

품앗이[푸마시] 힘든 일을 서로 거들면서 품을 지고 갚고 하는 일. 예품앗이로 모내기를 했다. 품앗이하다.

품:위(品位)[푸뮈] 사람이 갖추어야 할 위엄이나 기품. 예품위가 있다./품위를 지키다.

품:절(品切) 물건이 다 팔려 없어짐. 예여름이 되기도 전에 에어컨이 품절이 되었다. 품절되다. 품절하다.

품:종(品種) 같은 종류에 속하는 농작물이나 가축 등을 그 특성으로 다시 나누는 갈래. 예품종 개량.

품:질(品質) 물건의 좋고 나쁜 성질과 바탕.

품팔이[품파리] 품삯을 받고 남의 일을 해 주는 것. 품팔이하다.

품팔이꾼[품파리꾼] 품팔이를 하여 살아가는 사람.

품:평회(品評會)[품평회/품평훼] 물건이나 작품을 늘어놓고 품질을 평가하는 모임.

품:행(品行) 사람의 됨됨이와 행동. 예품행이 단정하다. 回행실.

풋-[푿] '덜 익은 것' 또는 '미숙한 것'의 뜻을 나타내는 말. 예풋사과/풋사랑.

풋고추[푿꼬추] 아직 덜 익어 빛깔이 푸른 고추.

풋과일[푿꽈일] 아직 덜 익은 과일.

풋내기[푼내기] 경험이 없어 일에 서투른 사람.

풋밤[푿빰] 아직 덜 익은 밤.

풋콩[푿콩] 아직 덜 익은 콩.

풋풋하다[푿푸타다] 풋내와 같이 싱그럽다. 싱싱하고 상큼하다. 예풋풋한 국화 향기/풋풋한 마음.

풍(風) ①〈허풍〉의 준말. ②정신 작용이나 근육·감각에 이상이 생기는 병. 중풍 등.

-풍(風) 풍속이나 양식 등의 뜻을 나타내는 말. 예민요풍/복고풍.

풍경¹(風景) ①산과 물 등의 자연의 모습. 예바다 풍경이 참 아름다웠다. 回경치. ②〈풍경화〉의 준말.

풍경²(風磬) 절 등의 건물에서 처마 끝에 달아 바람에 흔들려 소리가 나게 하는 작은 종.

〈풍경²〉

풍경화(風景畫) 자연의 경치를 그린 그림. ㉰ 풍경.

풍금(風琴) ➡ 오르간.

풍기(風紀) 지켜야 할 풍속이나 풍습. 예풍기가 문란하다.

풍기다 ①냄새가 퍼지다. 또는 냄새를 퍼지게 하다. 예음식 냄새를 풍기다. ②어떤 분위기가 나다. 또는 분위기를 내다. 예야성미를 풍기는 남성.

풍납 토성(風納土城) 서울특별시 송파구 풍납동에 있는, 백제 초기의 토성.

풍년(豊年) 농사가 잘되어 많은 수확을 거둔 해. ㉱흉년.

풍년가(豊年歌) 풍년의 기쁨을 노래한 경기 민요.

풍년제(豊年祭) 농촌에서, 그 해의 농사가 순조롭고 풍년이 들기를 기원하며 하늘에 제사를 지내는 의식의 한 가지. 음력 정월 초순이나 대보름에 지낸다.

풍덩 크고 무거운 물건이 깊은 물에 떨어질 때 나는 소리. 예도끼가 연못에 풍덩 빠졌다. ㉲풍당. 풍덩풍덩.

풍덩거리다 크고 무거운 물건이 깊은 물에 떨어질 때 나는 소리가 자꾸 나다. ㉰풍덩대다. ㉲풍당거리다.

풍덩대다 ➡ 풍덩거리다.

풍뎅이 풍뎅잇과의 곤충. 몸은 둥글넓적하고 단단한 날개로 덮여 있다. 등은 광택이 나는 검은 녹색이고 배는 검은 갈색이다. 애벌레는 땅속에서 나무뿌리를 갉아 먹고, 어른벌레가 되면 나뭇잎을 먹는다.

〈풍뎅이〉

풍랑(風浪)[풍낭] 바람이 강하게 불어 일어나는 물결. 예거센 풍랑으로 배가 뒤집혔다.

풍력(風力)[풍녁] 바람의 세기.

풍력 계급표

계급	명칭	지표면의 특징 및 풍속(m/s)
0	고요	연기가 곧게 위로 올라감(0.0~0.2)
1	실바람	연기가 풀려서 오르고 해면은 물고기 비늘 모양의 잔물결이 일어남(0.3~1.5)
2	남실바람	바람이 얼굴에 느껴지고 나뭇잎이 흔들리며 풍향계가 움직임(1.6~3.3)
3	산들바람	나뭇잎과 잔가지가 일정하게 흔들리고 깃발이 가볍게 휘날림(3.4~5.4)
4	건들바람	먼지가 일고 종잇조각이 날리며 나무의 잔가지가 움직임(5.5~7.9)
5	흔들바람	작은 나무 전체가 흔들리며 호수에 작은 물결이 생김(8.0~10.7)
6	된바람	큰 나뭇가지가 흔들리고 우산 쓰기가 힘들며, 큰 물결이 일기 시작함(10.8~13.8)
7	센바람	나무 전체가 흔들리고 걷기가 힘들며 해상의 물마루가 부서짐(13.9~17.1)
8	큰바람	잔가지가 꺾이고 걷기 힘들며 해상의 풍랑이 높아지고 물보라가 잎(17.2~20.7)
9	큰센바람	건축물에 약간 피해가 있으며, 물보라가 소용돌이침(20.8~24.4)

10	노대 바람	나무가 뽑히고 건축물에 상당한 피해가 있음(24.5~28.4)
11	왕바람	건축물에 큰 피해가 있음(28.5~32.6)
12	싹쓸 바람	매우 큰 피해가 발생하며 배의 침몰이 염려됨(32.7 이상)

풍력 발전(風力發電) 바람의 힘으로 발전기를 돌려 전기를 얻는 일.

풍로(風爐) [풍노] 아래로 바람이 통하도록 구멍을 낸 화로의 한 가지. 흙이나 쇠붙이로 만든다.

풍류(風流) [풍뉴] 속되지 않고 운치가 있는 일. 또는 자연을 즐

〈풍로〉

겨 시나 노래를 읊으며 멋스럽게 노는 일.

풍류가(風流家) [풍뉴가] 풍류를 잘하거나 좋아하는 사람.

풍만하다(豊滿—) 몸에 살이 탐스럽게 많다. 예풍만한 몸매.

풍매화(風媒花) 바람에 의해 수술의 꽃가루가 암술에 묻어 열매를 맺는 꽃. 벼·옥수수 등.

풍문(風聞) 바람결에 떠도는 소문. 삐풍설.

풍물(風物) ①어떤 지방 특유의 구경거리나 산물. ②농악에 쓰는 꽹과리·소고·북·징·장구 등의 악기를 통틀어 이르는 말.

풍물놀이(風物—) [풍물로리] 남사당패의 여섯 가지 놀음 가운데 첫째 놀음으로 꽹과리·태평소·소고·북·징·장구 등을 불거나 치면서 노래하고 춤추며 노는 일. 삐농악.

풍물패(風物—) 농악에서, 꽹과리·태평소·소고·북·징·장구 등을 치고 불고 하는 사람들의 무리.

풍미(風味) ①음식의 좋은 맛. ②사람 됨됨이의 고상한 멋.

풍부하다(豊富—) 넉넉하고 많다. 예풍부한 에너지 자원/소질이 풍부하다. 삐풍족하다. 뺀부족하다. 풍부히. 예영양분을 풍부히 섭취하다.

풍비박산(風飛雹散) [풍비박싼] 《바람에 날려 우박이 흩어진다는 뜻으로》 '산산이 부서져 사방으로 날아 흩어짐'을 비유하며 이르는 말. |잘못|풍지박산. 풍비박산되다. 풍비박산하다.

풍산개(豊山—) 개의 한 품종. 함경남도 풍산에서 나는 몸집이 큰 개. 털은 희고 길며, 눈·코·발톱은 검은색이다. 영리하고 용맹하여 사냥용으로 기른다.

풍상(風霜) '세상의 모진 고통과 고난'을 비유하여 이르는 말. 예온갖 풍상을 겪다.

풍선(風船) 고무·비닐 등으로 만든 얇은 주머니 속에, 공기나 수소를 넣어 부풀려 공중으로 떠오르게 만든 물건.

풍설(風說) 떠돌아다니는 말. 예항간에 해괴한 풍설이 나돈다. 삐풍문.

풍성하다(豊盛—) 넉넉하고 많다. 예가을은 오곡백과가 풍성한 계절이다. 풍성히.

풍속¹(風俗) 옛날부터 그 사회에 전해오는, 생활에 관한 습관. 삐풍습.

풍속²(風速) 바람이 부는 속도. 1초 동안에 불어 가는 거리로 나타냄.

풍속계(風速計) [풍속계/풍속께] 바람의 속도를 재는 기계. 삐풍력계.

풍속도(風俗圖) [풍속또] ①⇒풍속화. ②'그 시대의 유행과 습관 등을 보여 주는 모습'을 비유하여 이르는 말. 예최근 결혼 풍속도가 많이 달라졌다.

풍속화(風俗畫) [풍소콰] 일정한 사회 계층을 대표하는 사람들의 풍속·취미·일상생활의 모습 등을 소재로 하여 그린 그림. [비]풍속도.

〈풍속화〉

풍수(風水) 음양오행설에 기초하여, 집·무덤 등의 방위와 지형의 좋고 나쁨으로 사람의 길흉화복을 판단하는 술법.

풍수설(風水說) ①풍수에 관한 학설. ②➡풍수지리.

풍수지리(風水地理) 땅의 형세나 방위를 사람의 길흉화복에 관련시켜 죽은 사람을 묻거나 집을 짓는 데 좋은 장소를 구하는 이론. [비]풍수설.

풍수해(風水害) 폭풍우와 홍수로 입은 피해.

풍습(風習) 풍속과 습관. [비]풍속.

풍악(風樂) 우리나라 고유의 음악. [예]풍악을 울려라.

풍악산(楓嶽山) [풍악싼] 가을철의 '금강산'을 이르는 말. [참]봉래산·개골산.

풍어제(豊漁祭) 어촌에서, 물고기가 많이 잡히기를 비는 제사.

풍요(豊饒) 매우 넉넉함. [예]가을은 풍요의 계절이다. [반]빈곤. **풍요하다**. **풍요히**.

풍요롭다(豊饒—)[풍요롭따] 매우 넉넉하다는 느낌이 있다. [예]풍요로운 생활. [활용] 풍요로우니·풍요로워.

풍우(風雨) ①바람과 비. ②바람과 함께 내리는 비.

풍운¹(風雲) ①바람과 구름. ②영웅호걸들이 힘을 발휘할 수 있는 좋은 기회. [예]그는 풍운을 타고났다. ③세상에 큰 변이 일어날 듯한 어지러운 형세나 기운. [예]풍운이 감돌다.

풍운²(風韻) 풍류와 운치.

풍운아(風雲兒) [풍우나] 좋은 기운을 타서 세상에 두각을 나타내는 사람.

풍자(諷刺) 사회나 인물, 또는 시대의 결함·잘못 등을 재치 있게 빗대어 비판함. **풍자하다**. [예]세태를 풍자한 만화.

풍작(豊作) 풍년이 들어 잘된 농사. [반]흉작.

풍장 '풍물놀이'를 달리 이르는 말.

풍전등화(風前燈火) 《'바람 앞의 등불'이라는 뜻으로》 '매우 위태로운 상태에 놓여 있음'을 비유하여 이르는 말.

풍조(風潮) 세상이 되어 가는 추세. [예]사치 풍조.

풍족하다(豊足—) [풍조카다] 매우 넉넉하여 모자람이 없다. [예]먹고 입을 것이 풍족하다. **풍족히**.

풍진(風疹) 좁쌀만 한 뾰루지가 온몸에 나는 전염병. 주로 어린아이가 잘 걸린다.

풍차(風車) 바람의 힘을 이용하여 동력을 얻는 기계 장치. 여러 개의 날개를 장치한 바퀴를 높은 곳에 달아서 바람의 힘으로 회전하도록 한다.

〈풍차〉

풍채(風采) 드러나 보이는 사람의 의젓한 겉모양. [예]풍채가 좋은 신사.

풍치(風致) 훌륭하고 멋스러운 경치. [예]풍치 좋은 공원.

풍크(Funk, 1884~1967) 미국의 생화학자. 폴란드 바르샤바에서 태어났다. 1911년에 쌀겨에서 동물의 성장

ㅍ

에 필요한 물질을 발견하여 '비타민'이라고 이름 지었다. 1955년 이후 미국으로 건너가 비타민 연구에 힘썼다.

풍토(風土) ①그 지방의 기후와 땅의 상태. ②어떤 일의 바탕이 되는 제도나 환경. 예교육 풍토.

풍토병(風土病) [풍토뼝] 어떤 지방의 독특한 기후와 토질 때문에 생기는 병. 열대 지방의 말라리아 등. 비토질병.

풍파(風波) ①세찬 바람과 거센 물결. 예풍파가 일다. ②살아가는 데서 생기는 어려움이나 고통. 예온갖 풍파에 시달리다.

풍향(風向) 바람이 불어오는 방향. 예풍향이 바뀌다.

풍향계(風向計) [풍향계/풍향게] 바람이 불어오는 방향을 재는 기계.

풍화(風化) 바위가 공기·물·햇빛·바람 등 자연의 변화로 차츰 부서지는 일. 풍화되다. 풍화하다.

퓨마(puma) 고양잇과의 동물. 표범과 비슷하나 몸빛이 갈색이고 얼룩무늬가 없다. 나무에 잘 오르고, 평원·사막·열대 우림 등에 살면서 사슴·토끼 등을 잡아먹는다.

퓨즈(fuse) 납과 주석을 섞어 만든 전선. 센 전류가 흐르면 녹아 떨어지면서 전류를 끊어 위험을 미리 막는다. |잘못| 휴즈.

퓰리처상(Pulitzer賞) 미국의 언론인 퓰리처의 유언에 따라 그의 유산으로 제정된 상. 언론과 문학 분야에서 업적이 우수한 사람을 뽑아 19개 부문에 걸쳐 매년 시상한다.

프라이(fry) 음식을 기름에 튀기거나 지지는 일, 또는 그렇게 만든 음식. 예달걀 프라이. |잘못| 후라이.

프라이버시(privacy) 개인의 사생활, 또는 그것을 남에게 간섭받지 않을 권리. 예프라이버시를 존중하다.

프라이팬(frypan) 음식을 튀기거나 지지는 데 쓰는, 긴 손잡이가 달리고 바닥이 넓적한 그릇. |잘못| 후라이팬.

〈프라이팬〉

프랑스(France) 유럽의 서부에 있는 나라. 서유럽 최대의 농업국이며, 기계·귀금속·섬유·건축·화학 공업이 발달하였다. 자유·평등·박애 정신이 강하여 프랑스 대혁명을 일으키는 등 민주주의 발달에 크게 이바지했다. 수도는 파리.

프랑스 어(France語) 프랑스 사람들이 쓰는 말. 프랑스 외에 벨기에·스위스·캐나다 등의 일부 지역과 북아프리카에서도 쓴다.

프랑크푸르트(Frankfurt) 독일의 헤센 주, 마인 강 하류에 있는 도시. 교통과 금융의 중심지로 상공업이 발달하였다.

프랭클린(Franklin, 1706~1790) 미국의 정치가·과학자. 피뢰침을 발명하는 등 과학 분야를 비롯하여 교육·문화 사업에 이바지하였다. 독립 전쟁 때 독립 선언서를 쓰는 데 참여하였다.

프레온(Freon) 색깔과 냄새가 없으며, 냉장고나 에어컨의 냉각제로 쓰이는 기체. 오존층을 파괴하는 원인이 되는 물질이다.

프레젠테이션(presentation) 연구나 사업 등을 계획하거나 진행하기 위하여, 주요한 내용을 시청각 자료를 이용하여 발표하는 일.

프레파라트(Präparat) 현미경으로 관찰할 수 있도록 해 놓은 생물 및 광물 표본.

프로¹ ➡퍼센트. |참고| 프로는 'procent'에서 온 말.

ㅍ

프로2 어떤 일을 전문으로 하는 사람. 또는 직업 선수. |참고| 프로는 'professional'에서 온 말. 예프로 야구 선수. 만아마추어.

프로3 〈프로그램〉의 준말. |참고| 프로는 'program'에서 온 말. 예텔레비전 프로.

프로그래머(programmer) 컴퓨터 프로그램을 만드는 사람.

프로그램(program) ①라디오·텔레비전 등의 방송 순서. 또는 음악회·운동회 등의 차례. ②어떤 일의 진행 계획이나 순서. 예행사의 프로그램을 짜다. 준프로. ③컴퓨터에 일의 처리를 지시하는 명령어의 집합.

프로듀서(producer) 연극·영화·방송 등을 기획하고 만드는 사람. 만연출자·피디.

프로 야구(一野球) 야구를 직업으로 하는 선수들로 구성된 각 팀이 펼치는 야구. 리그전 형식으로 시즌 동안 시합을 벌여 우승을 겨룬다.

프로젝트(project) 특정한 목적으로 실시되는 연구 과제나 사업.

프로코피예프(Prokofiev, 1891~1953) 러시아의 작곡가. 러시아 혁명을 계기로 1918년 미국에 망명하였다. 처음에는 격렬한 작품을 작곡하였으나, 점차 감미롭고 간소한 스타일을 취하였다. 작품으로는 '피아노 협주곡 제3번'·'3개의 오렌지에 대한 사랑'·'피터와 늑대' 등이 있다.

프로키온(Procyon) 작은개자리에서 가장 밝은 별. 3월경 초저녁에 남쪽 하늘에서 볼 수 있다.

프로타주(frottage) 나뭇잎이나 나뭇조각, 시멘트 바닥 등 우둘투둘한 물체에 종이를 대고 색연필·크레용·숯 등으로 문질렀을 때 나타나는 무늬를 이용하는 미술 방법.

프로판(propane) 석유나 천연가스에 들어 있는 색깔과 냄새가 없는 기체. 가정용이나 자동차 등의 연료로 쓰인다.

프로판가스(propane gas) 프로판을 주성분으로 하는 가스. 중독의 위험이 없어 가정용으로 널리 쓰이나, 공기보다 무거워 새어 나오면 폭발할 위험이 있다.

프로펠러(propeller) 비행기나 배에서, 엔진의 힘으로 여러 개의 회전 날개가 빠르게 돌면서 동력을 일으키는 장치.

프리즘(prism) 빛을 분산시키거나 굴절시킬 때 쓰는, 유리 또는 수정으로 된 삼각기둥 모양의 기구.

프린터(printer) 컴퓨터 출력 결과를 종이에 인쇄하는 장치.

프린트(print) 인쇄하는 일. 또는 그 인쇄물. 프린트하다.

프림 커피의 쓴맛을 부드럽게 하기 위하여 커피에 넣는 하얀 가루. |참고| 프림은 'Frima'에서 온 말.

플라나리아(planaria) 플라나리아과의 하나. 몸은 납작하고 길쭉하며 몸빛은 잿빛을 띤 흰색이다. 몸이 잘려도 다시 돋아나므로 여러 가지 실험에 쓰인다. 강이나 호수 바닥, 돌 또는 나무 밑에서 산다.

플라스크(flask) 목이 가늘고 길며 몸통은 둥근, 화학 실험용 유리병. 삼각 플라스크·둥근바닥 플라스크·넓적바닥 플라스크 등.

플라스틱(plastic) 열이나 압력을 가하여 여러 가지 모양으로 만들 수 있는 물질. 생활용품·기계 부품 등을 만드는 재료로 쓰인다.

플라타너스(platanus) 버즘나뭇과의 낙엽 지는 큰키나무. 잎은 손바닥 모양이고 나무껍질에 흰무늬가 있으며, 가을에 동그란 열매가 열린다. 가로수와 공원수로 널리 심는다.

플랑드르(Flandre) 벨기에 서부를 중심으로 하여 네덜란드 서부와 프랑스 북부에 걸쳐 있는 지방. 11세기 이래 모직 공업이 발달하였으며, 르네상스 시대에는 미술과 음악의 중심지였다. |참고| 플랑드르의 영어 이름은 '플랜더스(Flanders)'이다.

플랑크톤(plankton) 물속이나 물 위에 떠다니는 작은 생물을 통틀어 이르는 말. 물고기의 먹이로서 중요하다.

플래시(flash) ①손전등. ②사진 촬영 때 순간적으로 강한 빛을 내는 전구.

플래카드(placard) 광고나 표어 등을 써서 양쪽 끝을 장대에 맨 긴 천. 예플래카드를 들고 자연 보호 캠페인을 벌였다. 비현수막.

플랜더스(Flanders) '플랑드르'의 영어 이름.

플랜더스의 개:(Flanders―) 영국의 작가 위다가 쓴 동화. 벨기에 플랜더스 지방의 작은 마을에서 할아버지와 함께 사는 소년 네로와 늙은 개 파트라셰의 아름답고 감동적이며 슬픈 이야기이다.

플랫(flat) ➡내림표.

플랫폼(platform) 역에서 기차를 타고 내리는 곳. 비승강장.

플러그(plug) 전기 회로를 잇거나 끊을 수 있게 전깃줄 끝에 달린 장치. 콘센트에 꽂게 되어 있다.

〈플러그〉

플러스(plus) ①더하기. ②덧셈의 기호 '+'의 이름. ③전기의 양극. 예전기는 플러스에서 마이너스로 흐른다. 빈마이너스. 플러스하다.

플레밍(Fleming, 1881~1955) 영국의 세균학자. 푸른곰팡이에서 페니실린을 발견하였다. 1945년에 노벨 생리·의학상을 받았다.

플레이(play) 운동 경기에서, 선수들이 펼치는 기량. 예우리 선수들은 멋진 플레이를 보여 주었다.

플로피 디스크(floppy disk) 컴퓨터의 자료를 보관해 두거나 저장하여 들고 다닐 수 있게 만든 원판 모양의 장치. 비디스켓.

플루트(flute) 목관 악기의 한 가지. 피리를 닮아 가로로 쥐고 분다. 소리 폭이 넓으며, 아름답고 맑은 소리를 낸다. |잘못| 플룻.

〈플루트〉

플링고(flingo) 삼각형 모양의 천에 고리를 달아 한쪽을 목에 걸고, 다른 두 쪽은 손으로 잡아 팽팽하게 하여 공을 튕기면서 즐기는 운동.

피¹ 볏과의 한해살이풀. 논밭이나 습한 곳에 자라는 잡초. 높이는 1m가량으로 잎은 좁고 길다.

피² 동물의 몸 안을 돌며 영양을 날라 주는 역할을 하는 붉은빛의 액체. 예다친 손가락에서 피가 났다. 비혈액.
피도 눈물도 없다관용 조금도 인정이 없다.
피를 나누다관용 혈연 관계가 있다. 예피를 나눈 형제끼리 이 무슨 짓이냐?
피를 보다관용 ①크게 다치거나 죽게 되는 지경까지 이르도록 싸우다. ②큰 손해를 보다. 예이러쿵저러쿵해도 피를 보는 쪽은 내 쪽이다.

피³ 비웃는 태도로 입술을 비죽 내밀며 내는 소리.

피겨 스케이팅(figure skating) 빙상 경기의 한 가지. 스케이트를 타고 얼음판 위에서 여러 가지 동작을 하여 기술과 아름다움을 겨루는 경기.

피:격(被擊) 습격을 당하거나 총에 맞음. 예복면 괴한의 피격을 받았다. 피격되다.

ㅍ

피:고(被告) 민사 소송에서 고소를 당한 사람. 예피고의 진술. 반원고. 참피고인.

피고름 피가 섞인 고름.

피:고인(被告人) 형사 소송에서, 검사로부터 공소 제기를 받은 사람. 참피고.

피곤(疲困) 몸이나 마음이 지쳐서 고단함. 비피로. 피곤하다. 예피곤해서 일찍 잠자리에 들었다.

피골(皮骨) 살가죽과 뼈.

피골이 상접하다[관용] 살가죽과 뼈가 맞붙을 정도로 몹시 마르다. 예그 아이는 영양 부족으로 피골이 상접했다.

피:구(避球) 여러 사람이 두 편으로 나뉘어, 각각 일정한 구역 안에 들어가 한 개의 공을 서로 던지고 받고 하면서 상대편을 맞히는 놀이.

피그말리온(Pygmalion) 그리스 신화에 나오는 키프로스의 왕. 상아로 여인상을 조각하여 곁에 두고 사랑을 하자, 아프로디테 여신이 거기에 생명을 불어넣어 아내로 삼게 했다고 한다.

피나다 '피가 날 정도로 몹시 고생하거나 힘들임'을 비유하여 이르는 말. 예피나는 노력/피나게 번 돈.

피:난(避難) 전쟁 등의 뜻밖에 일어난 불행한 일을 피하여 있는 곳을 옮김. 예할머니는 6·25 전쟁 때 부산으로 피난을 가셨다고 한다. 비피란. 피난하다.

피:난민(避難民) 재난을 피하여 다른 곳으로 가는 사람. 예피난민 수용소. 비피란민.

피:난처(避難處) 재난을 피하여 옮긴 곳.

피날레(finale) ①음악에서, 한 악곡의 마지막에 붙인 악장. ②연극의 마지막 막. ③'행사의 마지막'을 비유하여 이르는 말. 예이번 행사의 피날레인

불꽃놀이가 시작되었다.

피노키오(Pinocchio) 이탈리아의 콜로디가 지은 동화, 또는 그 주인공 이름. 나무를 깎아 만든 인형 피노키오가 모험을 통하여 착한 사람이 되기까지의 과정을 그린 이야기이다.

피눈물 '몹시 슬프고 원통하여 나는 눈물'을 이르는 말.

피다¹ ①꽃봉오리나 잎이 벌어지다. 예꽃이 활짝 피었다. 반지다. ②불이 일어 붙다. 예난로에 불이 피다. ③곰팡·버짐·검버섯 등이 생겨서 나타나다. 예식빵에 곰팡이가 피었다.

피다² '피우다'의 잘못.

피둥피둥 보기 싫을 정도로 살이 쪄서 퉁퉁한 모양. 예환갑이 넘은 노인이지만 피둥피둥 살이 쪘다.

피땀 '온갖 힘을 다 들이는 노력과 수고'를 비유하여 이르는 말. 예피땀 어린 연구의 결과.

피라미 잉엇과의 민물고기. 몸길이 10~16 cm. 몸은 길고 납작하다. 몸빛은 등이 푸른 갈색이고, 배는 은빛 나는 흰색이며, 옆구리에 검푸른 가로띠가 있다. 강이나 시냇물에서 흔히 볼 수 있다. |잘못| 피래미.

〈피라미〉

피라미드(pyramid) 고대 이집트의 왕이나 왕족의 무덤. 큰 돌을 사각뿔 모양으로 쌓아 올렸다.

피:란(避亂) 난리를 피하여 다른 데로 옮김. 비피난. 피란하다.

피:란민(避亂民) 난리를 피하여 다른 곳으로 가는 사람. 비피난민.

피:랍(被拉) 납치를 당함. 피랍되다. 예어선이 피랍되었다.

피력(披瀝) 평소 마음속에 가지고 있던 생각을 숨김없이 말함. 피력되다. 피력하다. 예소감을 피력하다.

피로(疲勞) 지쳐서 몸이나 정신이 고단함, 또는 그런 상태. 예과로로 피로가 쌓였다. 비피곤. 피로하다.

피로연(披露宴) 결혼이나 환갑 등의 기쁜 일을 널리 알리는 뜻으로 베푸는 잔치. 예결혼 피로연.

피:뢰침(避雷針) [피뢰침/피뤠침] 벼락을 피하기 위하여 건물의 가장 높은 곳에 세우는, 끝이 뾰족한 쇠막대.

〈피뢰침〉

피륙 아직 끊지 않은 필로 된 베·무명·비단 등의 천을 통틀어 이르는 말.

피리 ①국악의 목관 악기의 한 가지. 구멍이 여덟 개 있으며 불어서 소리를 낸다. ②속이 빈 대에 구멍을 뚫고 불어서 소리를 내는 것을 통틀어서 이르는 말.

피망(piment) 가짓과의 한해살이풀. 높이 60cm가량. 열매는 꼭대기가 납작하고 세로로 골이 져 있으며, 별로 맵지 않다.

피맺히다[피매치다] 가슴에 피가 맺힐 정도로 슬픔이나 원한이 깊다. 예피맺힌 원한.

피멍 맞거나 부딪혀서 살가죽 아래 붉거나 퍼렇게 맺힌 피.

피:복1(被服) 옷. 의복. 예피복 공장.

피:복2(被覆) 거죽을 덮어 쌈, 또는 덮어 싼 물건. 피복되다. 피복하다.

피부(皮膚) 동물의 몸 표면을 싸고 있는 겉껍질. 예피부가 곱다. 비살갗.

피부과(皮膚科) [피부꽈] 의학의 한 분과. 피부에 생기는 병을 치료한다.

피부병(皮膚病) [피부뼝] 피부에 생기는 병을 통틀어 이르는 말.

피부색(皮膚色) 피부의 색깔. 비살색.

피붙이[피부치] 자신이 직접 낳은 자식이나 직계 자손. 비살붙이·혈육.

피비린내 ①피에서 풍기는 비린 냄새. ②사람을 죽이거나 다치게 함으로써 생기는 무시무시한 기운. 예피비린내 나는 전투.

피사리 벼에 섞여 자란 피를 뽑아내는 일. 피사리하다.

피:살(被殺) 죽임을 당함. 피살되다. 예그는 괴한에게 피살되었다.

피상적(皮相的) 겉으로 드러나 보이는 현상에만 관계하는 것.

피:서(避暑) 시원한 곳으로 옮겨 더위를 피함. 피서하다.

피:선거권(被選擧權) [피선거꿘] 선거에 나가 당선될 수 있는 권리. 逊선거권.

피스톤(piston) 왕복 운동을 하는 기계나 장치에서, 실린더 안에서 왔다 갔다 하는 동작을 하는 부분. 예주사기의 피스톤.

피:습(被襲) 습격을 당함. 피습되다. 피습하다.

피식 입술을 힘없이 얼른 터뜨리며 싱겁게 한 번 웃을 때 나는 소리, 또는 그 모양. 예나는 하도 어이가 없어 피식 웃었다.

피:신(避身) 위험으로부터 몸을 숨겨 피함. 예안전한 곳으로 피신을 했다. 피신하다.

피아노1(piano) 건반 악기의 한 가지. 건반을 손가락으로 눌러 소리를 낸다. 소리 폭이 넓고 표현력이 풍부하여 독주·합주·반주 등에 두루 쓰인다.

피아노2(piano) 악보에서, 셈여림을 나타내는 말. '여리게'의 뜻. 기호는 '*p*'. 逊포르테.

피아니스트(pianist) 피아노 연주하는 일을 직업으로 하는 사람.

피어나다[피어나다/피여나다] ①꽃이 피게 되다. 예장미꽃이 피어나다. ②꺼져 가던 불이나 연기가 일어나다.

[예]굴뚝에서 연기가 모락모락 피어나다. ③파리하던 얼굴이 좋아지다. [예]언니의 얼굴이 활짝 피어났다.

피어오르다[피어오르다/피여오르다] ①불길 등이 밑에서부터 솟아오르다. [예]모닥불이 피어오르다. ②김이나 연기 등이 계속 위로 올라가다. [예]아지랑이가 피어오르다. [활용] 피어오르니·피어올라.

피에로(pierrot) 연극이나 서커스에 나오는 어릿광대. 얼굴에 분칠을 하고 원뿔형의 모자를 쓰며 헐렁한 옷을 입는다.

피우다¹ 불이나 꽃봉오리 등을 피게 하다. [예]꽃을 피우다. [잘못] 피다.

피우다² ①담배를 물고 연기를 빨아들였다가 코나 입으로 내보내다. [예]담배를 피우면 몸에 해롭다. ②재주·게으름·소란 등을 행동으로 나타내다. [예]재롱을 피우다. ③먼지나 냄새 등을 일으키거나 퍼뜨리다. [예]먼지 피우지 마라. [잘못] 피다.

피읖[피읍] 한글 닿소리 'ㅍ'의 이름. [발음] 피읖이[피으비]·피읖도[피읍또]·피읖만[피음만]

피ː의자(被疑者)[피의자/피이자] 죄를 지었다고 의심을 받고 있지만 아직 재판을 받지 않은 사람. [비]용의자.

피자(pizza) 서양 음식의 한 가지. 둥글넓적한 밀가루 반죽 위에 치즈·고기·토마토·피망 등을 얹어 구운 파이.

피장파장 '서로 낫고 못함이 없어 상대편과 같은 경우나 처지'를 이르는 말.

피ː제수(被除數)[피제쑤] 어떤 수를 다른 수로 나눌 때, 그 나뉘는 수. 8÷2=4에서 '8'을 말한다. [반]제수.

피ː차(彼此) 이편과 저편의 양편. [예]손해는 피차 마찬가지이다.

피처(pitcher) 야구의 투수. [반]캐처.

피천득(皮千得, 1910~2007) 시인·수필가·영문학자. 호는 금아. 일상의 정감을 섬세한 필체로 곱고 아름답게 표현했다. 작품으로는 '인연'·'수필' 등의 수필과 시집 '서정시집'·'금아시문선'이 있다.

피츠버그(Pittsburgh) 미국 펜실베이니아 주에 있는 상공업 도시. 교통의 요지이며 제철 공업으로 유명했으나 지금은 전자·유리·정유 산업이 크게 발달하였다.

피카소(Picasso, 1881~1973) 에스파냐의 화가. 20세기의 대표적인 화가로, 브라크와 함께 입체파를 창시하였다. 작품으로 '아비뇽의 처녀들'·'전쟁과 평화'·'게르니카' 등이 있다.

피콜로(piccolo) 목관 악기의 한 가지. 음정이 플루트보다 한 옥타브 높으며, 소리가 맑고 날카롭다.

〈피콜로〉

피클(pickle) 오이 등의 채소와 과일을 소금물에 넣고 식초·설탕·향료를 섞어 절여서 만든 음식.

〈피클〉

피트(feet) 주로 미국에서 길이를 잴 때 쓰는 말. 1피트는 약 30.48cm이다. 기호는 'ft'.

피폐(疲弊)[피폐/피페] 지치고 쇠약해짐. **피폐하다**. [예]전쟁으로 국력이 피폐하다.

피ː하다(避—) ①다른 시간·장소·방법 등을 택하여, 어떤 사물이나 상태를 만나거나 일어나지 않도록 하다. [예]가까스로 충돌을 피했다. ②비·눈 등을 맞지 않을 곳으로 몸을 옮기다.

예원두막에서 소나기를 피했다.

피하 지방(皮下脂肪) 포유동물의 살 갗 밑에 있는 지방층. 영양을 축적하고 체온을 유지하게 한다.

피:해(被害) 재산·명예·신체 등의 손해를 입음, 또는 그 손해. 예가뭄으로 인해 농작물의 피해가 심하다. 반가해.

피:해자(被害者) 피해를 당한 사람. 반가해자.

픽 ①힘없이 쓰러지는 모양. 예갑자기 어지러워 그 자리에서 픽 쓰러졌다. 좌팩. ②싱겁게 한 번 웃는 모양, 또는 그 소리. 픽픽.

핀(pin) 쇠붙이 등으로 못이나 바늘처럼 가늘고 뾰족하게 만든 물건을 통틀어 이르는 말. 예핀을 꽂다.

핀란드(Finland) 북유럽 스칸디나비아 반도에 있는 나라. 사회 보장 제도가 잘되어 있는 복지 선진국이다. 국토의 70%가 삼림으로 뒤덮여 있어 목재·펄프·제지 공업과 금속·기계·화학 공업이 발달하였다. 수도는 헬싱키.

핀셋(pincette) 손으로 집기 어려운 작은 물건을 집는 데 쓰이는 집게.

핀잔 맞대어 놓고 꾸짖거나 비웃음, 또는 그 말. 예괜한 말을 해서 핀잔만 들었다. 핀잔하다.

〈핀셋〉

핀치 클램프(pinch clamp) 관에서 나오는 약이나 물의 양을 조절하기 위하여 고정시키는 장치.

필¹(匹) 소나 말의 수효를 셀 때 쓰이는 말. 예두 필의 말.

필²(疋) 일정한 길이로 말아 놓은 천을 셀 때 쓰이는 말. 예비단 세 필.

필경(畢竟) 끝에 가서는. 예범인은 필경 잡히고 말 것이다. 비결국.

필기(筆記) ①글씨를 씀. ②강의나 연설 등에서, 그 말을 받아씀. 필기하다.

필기도구(筆記道具) 글씨를 쓰는 데 사용하는 여러 종류의 물건. 종이·연필·볼펜·붓 등.

필담(筆談) [필땀] 말이 서로 통하지 않는 경우에 글로 써서 서로 묻고 대답함. 필담하다.

필답(筆答) [필땁] 글로 써서 대답함. 예필답 고사. 필답하다.

필드(field) ①육상 경기장의 트랙 안쪽에 만들어진 넓은 경기장. ②야구에서 내야와 외야를 통틀어 이르는 말.

필드하키(field hockey) 11명으로 이루어진 두 편이, 잔디 경기장에서 끝이 구부러진 막대기로 공을 쳐서 상대편의 골에 넣어 득점을 겨루는 경기. 비하키. 참아이스하키.

필라델피아(Philadelphia) 미국 펜실베이니아 주에 있는 항구 도시. 미국 독립 혁명과 산업 혁명의 중심지였고, 한때 미국의 수도였다. 금속·섬유·식품 가공·화학 등의 공업이 발달하였다.

필라멘트(filament) 백열전구나 진공관 속에서 전류를 통하게 하면 빛을 내는 가는 금속 선.

필로폰(Philopon) 마약의 한 가지. 냄새가 없으며 무색 또는 흰색의 가루이다. 거듭 사용하면 중독된다.

필름(film) 사진기나 촬영기에 넣어 사진을 찍는, 얇고 긴 플라스틱 띠, 또는 그것을 감아 놓은 것.

필리핀(Philippines) 동남아시아, 서태평양에 흩어져 있는 7,100여 개의 섬으로 이루어진 나라. 농업이 주요 산업으로 설탕·파인애플·마닐라삼·코프라 등이 수출된다. 수도는 마닐라.

필사적(必死的) [필싸적] 죽을 힘을 다하는 것. 예필사적으로 도망치다.

필산(筆算) [필싼] 숫자를 써서 계산함, 또는 그렇게 한 계산. 필산하다.

필생(畢生)[필쌩] 일생을 마칠 때까지의 기간. 한평생 동안. 예이 일을 필생의 사업으로 삼겠다. 비평생.

필수(必需)[필쑤] 반드시 있어야 하는 것. 꼭 필요한 것. 예생활 필수 용품.

필수 과목(必須科目) 꼭 배워야 할 과목. 반선택 과목.

필수품(必需品)[필쑤품] 일상생활에서 없어서는 안 되는 반드시 필요한 물건.

필순(筆順)[필쑨] 글씨를 쓸 때 붓을 놀리는 순서.

필승(必勝)[필씅] 반드시 이김. 필승하다.

필시(必是)[필씨] 아마도 틀림없이. 어김없이. 예필시 무슨 일이 생긴 것 같다.

필연(必然)[피련] 그렇게 될 수밖에 없음. 반우연.

필연적(必然的)[피련적] 그렇게 될 수밖에 없는 것. 예필연적인 만남.

필요(必要)[피료] 꼭 소용이 있음. 예필요 물품. 반불필요. 필요하다.

필요량(必要量)[피료량] 반드시 요구되는 양.

필요성(必要性)[피료썽] 반드시 요구되는 성질. 예그곳에 꼭 가야 할 필요성이 있는가?

필적(筆跡)[필쩍] 그 사람 특유의 글씨 모양. 예필적을 보니 오빠가 쓴 것이 분명하다.

필적하다(匹敵一)[필쩌카다] 재주나 힘 등이 엇비슷하여 서로 맞서다. 예그에 필적할 만한 사람이 없다.

필체(筆體) 글씨의 모양. 예필체를 감정하다. 비글씨체·서체.

필치(筆致) 글이나 글씨 쓰는 솜씨. 또는 글의 운치. 예간결하면서도 순박한 필치.

필터(filter) ①액체나 기체 속의 불순물을 걸러 내는 장치. 예정수기 필터.

비여과기. ②빛을 파장에 따라 선택하여 통과시키는 색유리. 예카메라 필터. ③담배 끝에 달린, 담배의 진을 거르는 부분.

필통(筆筒) ①필기도구를 넣어 가지고 다니는 통. ②붓 등을 꽂아 두는 통.

필히(必一) 꼭. 반드시. 예오후에 비가 온다고 하니 우산을 필히 챙겨라.

핍박(逼迫)[핍빡] 바싹 죄어서 괴롭게 함. 예그는 갖은 핍박에도 굴하지 않았다. 핍박하다.

핏기(一氣)[피끼/핃끼] 사람의 피부에 드러난 불그레한 피의 빛깔.

핏기(가) 가시다(관용) 얼굴이 창백해지다.

핏대[피때/핃때] 굵은 핏줄.

핏대(를) 세우다(관용) 목의 핏대에 피가 몰리도록 화를 내거나 흥분하다.

핏발[피빨/핃빨] 몸에 이상이 있어 어느 부분에 피가 몰려 붉게 된 결.

핏속[피쏙/핃쏙] 피의 속. 비혈중.

핏줄[피쭐/핃쭐] ①몸속의 피가 돌아다니는 관. 비혈관. ②한 조상의 피를 이은 겨레붙이의 계통. 예한 핏줄을 타고난 형제. ②비혈통.

핑 ①갑자기 정신이 아찔해지는 모양. 예머리가 핑 돈다. 작팽. ②갑자기 눈물이 괴는 모양. 예눈물이 핑 돈다. ③한 바퀴 빠르게 도는 모양. 여빙. 핑핑.

핑계[핑계/핑게] 어떤 일을 피하거나 사실을 드러내지 않기 위하여 다른 것의 탓으로 둘러대는 변명. 예괜히 미안하니까 핑계 대는 거지? 비구실. 핑계하다.

핑그르르 ①빠르고 미끄럽게 한 바퀴 도는 모양. ②갑자기 정신이 아찔해지는 모양. ③갑자기 눈물이 글썽해지는 모양. 작팽그르르.

핑크색(pink色) 분홍색. 분홍.

ㅎ 히읗. 한글 닿소리의 열넷째, 곧 마지막 글자. |발음| ㅎ이 [히으시]·ㅎ도 [히은또]·ㅎ만 [히은만]

하¹ ('너무'·'많이'·'매우'의 뜻으로) 그 정도가 심하거나 큼을 강조할 때에 쓰는 말. 예하 반가워 맨발로 달려 나갔다.

하² 기쁨·놀라움·노여움·안타까움 등의 느낌을 나타내는 말. 예하, 이럴 수가 있나. 囹허.

하:³(下) 차례나 등급을 둘(상·하) 또는 셋(상·중·하)으로 갈라 매길 때의 맨 아래. 囹상.

하:강(下降) 높은 데서 낮은 데로 내려옴. 囵강하. 囹상승. 하강하다. 예비행기가 곡예를 하듯 빠르게 하강했다.

하:객(賀客) 결혼이나 환갑잔치 등에 축하하러 온 손님. 예신랑이 입장할 때에 하객 여러분의 뜨거운 박수를 부탁드립니다.

하:계(夏季) [하계/하게] 여름철. 예하계 수련회. 囵하기. 囹동계.

하고많다 [하고만타] 《주로 '하고많은'의 꼴로 쓰여》 매우 많다. 예하고많은 사람 중에 왜 나만 짝이 없을까?

하:곡(夏穀) 여름철에 거두는 곡식. 보리나 밀 등. 囹추곡.

하:교(下校) 공부를 마치고 학교에서 집으로 돌아옴. 囹등교. 하교하다.

하:굣길(下校一) [하교낄/하굗낄] 공부를 마치고 학교에서 집으로 돌아오는 길. 예하굣길에 친구와 분식점에 들렀다. 囹등굣길.

하구(河口) 강물이 바다나 호수 또는 다른 강으로 흘러 들어가는 어귀. 예한강 하구. 囵강어귀.

하굿둑(河口一) [하구뚝/하굳뚝] 바닷물이 강을 거슬러 올라와 피해 주는 것을 막기 위하여 강어귀에 쌓은 둑.

하:급(下級) 등급이나 계급을 둘(상·하) 또는 셋(상·중·하)으로 갈라 매길 때의 아래의 급. 예하급 관청. 囹상급.

하:급생(下級生) [하급쌩] 학년이 낮은 학생. 囹상급생.

하:기(夏期) 여름철. 예하기 휴가(방학). 비하계. 반동기.

하기는 《'사실은'·'실제로는'의 뜻으로》 앞에 이야기한 내용을 긍정할 때에 쓰는 말. 예하기는 그래. 네 말이 맞아. 준하긴.

하기야 《'사실을 말하자면야'·'실제로야'의 뜻으로》 앞에 이야기한 내용을 긍정하면서 다음에 어떤 조건을 붙이려고 할 때에 쓰는 말. 예돈 몇 푼 쓰면서 벌벌 떨더라. 하기야 그랬으니 부자가 되었겠지만.

하긴 〈하기는〉의 준말.

하나 ①사물을 세는 수의 처음. 예하나에 둘을 더하면 셋이 된다. 비일. ②생각 등이 서로 같음. 예마음을 하나로 모으다. ③'오직 그것뿐'의 뜻을 나타내는 말. 예우리는 너 하나만 믿는다. ④《주로 '하나도'의 꼴로 쓰여》 '조금도'·'전혀'의 뜻을 나타내는 말. 예먹을 게 하나도 없다./하나도 안 춥다.

하나 가득[관용] 빈 데 없이 꽉 차게. 예사과를 바구니에 하나 가득 담았다.

하나부터 열까지[관용] 모두 다. 예그 애는 하나부터 열까지 일러 주어야만 안다.

하나같다 [하나갇따] 어느 것이나 다 같다. 하나같이. 예하나같이 모두 예쁘구나.

하나님 개신교에서 '하느님'을 이르는 말.

하나하나 ①차례대로 하나씩. 예영수는 정답을 하나하나 맞춰 나갔다. ②빠짐없이 모두. 예하나하나 보기를 들어 가며 설명하다. ②비일일이.

하남(河南) 경기도 중앙에 있는 시. 대규모 공업 단지가 들어서 있다.

하:녀(下女) 지난날, 남의 집에 얽매여서 잡다한 집안일이나 허드렛일을 맡아 하던 여자. 참하인.

하느님 ①우주를 창조하고 다스린다는, 절대적이고 거룩한 존재. 신앙의 대상으로, 종교에 따라 여러 가지 이름으로 이른다. 예하느님이 보우하사 우리나라 만세. ②기독교에서 믿고 받드는, 오직 하나뿐인 신. 전지전능한 우주의 창조자로서 완전한 사랑으로 인류와 만물을 다스린다고 한다.

하늘 ①땅과 바다 위로 끝없이 펼쳐져 있는 높고 너른 공간. 예높고 푸른 가을 하늘/하늘을 나는 새. ②'하느님'을 달리 이르는 말. 예네 이놈, 하늘이 무섭지도 않으냐! ③하느님과 착한 영혼들이 산다고 하는 세상. 예하늘에 먼저 가신 엄마도 너를 지켜보고 계실 거야. ③비하늘나라.

하늘과 땅[관용] '차이가 엄청남'을 비유하여 이르는 말. 예두 사람의 실력 차이가 하늘과 땅이다.

하늘 높은 줄 모르다[관용] ①분수를 모르고 몹시 잘난 체하다. 예그 녀석이 하늘 높은 줄 모르고 날뛰는구나. ②물가가 매우 높아지다. 예하늘 높은 줄 모르고 치솟는 물가.

하늘에 맡기다[관용] 운명에 따르다. 예노력은 할 만큼 했으니 결과는 하늘에 맡기는 수밖에 없다.

하늘을 찌르다[관용] ①하늘에 닿을 듯이 아주 높이 솟다. 예하늘을 찌를 듯한 산봉우리. ②사람의 기세가 매우 드높다. 예하늘을 찌를 듯한 함성.

하늘이 노랗다[관용] ①몹시 힘들어 지쳐 있다. 예사흘이나 굶었더니 하늘이 노랗다. ②너무 놀라거나 절망하여 정신이 아찔하다. 예불합격이라는 말을 듣는 순간, 정말 하늘이 노랗더라.

하늘가 [하늘까] 하늘의 끝. 예먼 고향 초동 친구 두고 온 하늘가.

하늘거리다 힘없이 늘어진 것이 가볍고 보드랍게 자꾸 흔들리다. 예바람에 커튼이 하늘거린다. [비]하늘대다. [큰]흐늘거리다.

하늘나라 [하늘라라] 이 세상에서 착한 일을 많이 한 사람이 죽은 뒤에 가서 산다고 하는, 행복하고 영원한 세계. [비]하늘·천국.

하늘다람쥐 다람쥣과의 동물. 앞발에서 뒷발까지 날개 같은 막이 있어 나무와 나무 사이를 날아다닌다. 천연기념물 제328호.

〈하늘다람쥐〉

하늘대다 ➡하늘거리다.

하늘색(—色) [하늘쌕] 맑은 하늘의 색깔. 곧, 엷게 푸른 빛깔. [예]하늘색 원피스.

하늘소 [하늘쏘] 하늘솟과의 곤충을 통틀어 이르는 말. 몸이 갸름하고 딱지날개가 단단하며 더듬이는 길다. 날카로운 턱과 이가 있어 나무를 잘 갉아 먹는다.

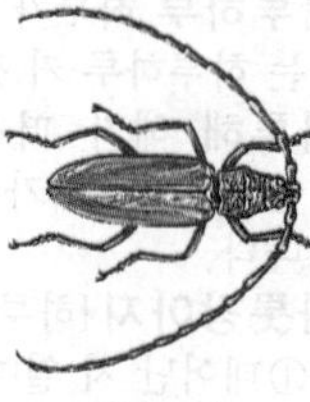
〈하늘소〉

하늘하늘 자꾸 하늘거리는 모양. [예]봄바람에 치맛자락이 하늘하늘 춤을 춘다. [큰]흐늘흐늘.

하늬바람 [하니바람] 어촌에서 '서풍'을 이르는 말. [준]하늬.

하다 ①어떤 일을 위해 몸을 움직이거나 마음을 쓰다. [예]건강을 위해 운동을 한다./난 커서 아름다운 사랑을 할 거야./공부를 열심히 한다. ②먹을 것, 입을 것, 쓸 것 등을 만들거나 마련하다. [예]밥을 하다./나무를 하다. ③어떤 일을 맡거나 시작하거나 오래 다루다. [예]3학년 때 반장을 했다./음악을 하다./사업을 하려고 자금을 모으는 중이다. ④무슨 일을 해내다. [예]이번 시험에서 1등을 했다./형 노릇을 톡톡히 하는구나. ⑤어떤 표정이나 태도를 겉으로 드러내다. [예]친구가 산뜻한 차림에 환한 얼굴을 하고 찾아왔다. ⑥무엇을 이용하여 소식이나 정보 등을 보내다. [예]전화를 하다./친구가 어서 오라고 손짓을 한다. ⑦미루어 짐작하거나 그러하리라고 여기다. [예]벌써 떠났나 했더니 아직 안 떠났구나. ⑧《값을 나타내는 말 뒤에 쓰여》 값이 '그 정도에 이르다'의 뜻을 나타내는 말. [예]이 운동화는 얼마 합니까? 구천 원 합니다. ⑨《인용하는 말 뒤에 쓰여》 '그렇게 말하다'의 뜻을 나타내는 말. [예]자기 동생이 아주 착하다고 했다./또 오겠다고 하며 떠났다. ⑩무엇이라고 일러 말하다. [예]모차르트를 음악의 신동이라고 한다.

-하다 어떤 말이나 어떤 말의 바탕이 되는 부분에 붙어, 그 말이 어떤 움직임이나 상태·성질 등을 나타내는 뜻을 가지게 하는 말. [예]일하다/착하다/환하다/구경하다/운동하다/행복하다/반짝하다/깊숙하다/말랑말랑하다/두리번두리번하다.

하다못해 [하다모태] 가장 나쁜 경우라 하더라도. [예]칼을 한번 뽑았으면 하다못해 무라도 잘라야지.

하ː단(下段) ①여러 단으로 된 것의 아래쪽 단. [예]탑의 하단에 무늬가 새겨져 있다. ②글의 아래쪽 부분. [예]32쪽 하단에 그림이 있다. [반]상단.

하ː달(下達) 윗사람의 뜻이나 명령 등이 아랫사람에게 미침. **하달되다**. **하달하다**. [예]장군은 병사들에게 공격 명령을 하달했다.

하ː대(下待) ①상대를 소홀히 대우함. [예]내가 이렇게 하대를 받을 이유가 없다. ②상대에게 낮춤말을 씀. [예]나보다 두 살 어리니 하대를 해도 되겠다. [반]공대. **하대하다**.

ㅎ

하ː대정맥(下大靜脈) 정맥의 한 가지. 몸의 아래쪽 피를 모아들이는 큰 핏줄.

하도 '하'의 힘줌말. 예꽃이 하도 예뻐서 몇 송이 따 왔다.

하드 디스크(hard disk) 컴퓨터에서 정보를 저장하는 데 쓰이는, 딱딱한 알루미늄 원판. 참플로피 디스크.

하드웨어(hardware) 컴퓨터를 구성하고 있는 기계 장치를 통틀어 이르는 말. 반소프트웨어.

하ː등¹(下等) ①등급을 둘(상·하) 또는 셋(상·중·하)으로 나눌 때 가장 낮은 등급. ②같은 무리 가운데서 정도나 등급이 낮은 것. ②반고등.

하등²(何等) 아무런. 조금도. 예그것은 나와는 하등의 관계도 없는 일이다.

하ː등 동ː물(下等動物) 진화 정도가 낮아 몸의 구조가 간단한 동물. 반고등 동물.

하ː락(下落) 값이나 등급 등이 떨어짐. 예농산물 가격 하락. 하락되다. 하락하다.

하루 ①자정부터 다음 날 자정까지의 24시간 동안. ②아침에 날이 새어서부터 저녁에 어두워질 때까지의 동안. 예책을 읽다 보니 어느새 오늘 하루도 다 갔다. 비종일. ③((주로 '하루는'의 꼴로 쓰여)) 과거의 어느 한 날. 예하루는 잠깐 집을 비운 사이에 도둑이 들었다. ④<초하루>의 준말.

하루가 다르다[관용] 변화가 눈에 띄게 두드러지다. 예현대 사회는 하루가 다르게 발전한다.

하루가 멀다 하고[관용] 자주. 거의 매일같이. 예하루가 멀다 하고 싸움질이냐?

하루갈이 [하루가리] 일소가 하루 낮 동안에 갈 수 있는 논밭의 넓이.

하루바삐 하루라도 바삐. 예하루바삐 떠나라. 비하루빨리·하루속히.

하루빨리 하루라도 빨리. 예하루빨리 통일이 되어야 할 텐데. 비하루바삐·하루속히.

하루살이 [하루사리] 하루살잇과의 곤충. 생김새는 잠자리와 비슷하나 날개와 몸이 매우 작다. 다 자란 벌레는 여름철 저녁에 떼 지어 날아다니며, 알을 낳은 지 몇 시간 만에 죽는다.

〈하루살이〉

하루속히(一速一) [하루소키] 하루라도 빨리. 예하루속히 집으로 돌아오너라. 비하루바삐·하루빨리.

하루아침 매우 짧은 동안. 예로마는 하루아침에 이루어지지 않았다.

하루하루 하루가 지날 때마다. 예아이는 하루하루 커 갔다.

하루해 해가 떠서 질 때까지의 동안. 예하루해가 길다./하루해가 지나다.

하룻강아지 [하루깡아지/하룯깡아지] ①태어난 지 얼마 안 되는 강아지. ②'경험이 적어 일에 서투른 사람'을 얕잡아 이르는 말.

하룻길 [하루낄/하룯낄] 하루에 걸어서 갈 수 있는 길의 거리.

하룻밤 [하루빰/하룯빰] ①한 밤. 예친구와 하룻밤을 함께 보냈다. ②어느 날 밤. 예하룻밤에는 친구가 집으로 찾아왔어.

하ː류(下流) ①강이나 내의 흘러내리는 아래쪽, 또는 그 지역. 예섬진강 하류. ②사회적 지위나 생활 수준 등이 낮은 계층. 예하류 계급. 반상류.

하르방 '할아버지'의 제주 방언.

하ː릴없다 [하리럽따] 어떻게 할 도리가 없다. 하릴없이. 예하릴없이 먼 산만 바라보았다.

하마(河馬) 하마과의 동물. 몸길이 4m 가량. 넓죽한 입이 매우 크고 몸통이 둥글며 다리가 짧다. 초식동물로, 아프리카의 호수나 강에 무리 지어 산다.

〈하마〉

하마터면 자칫 잘못하였더라면. |참고| 어떤 위험 등을 가까스로 피했을 때 하는 말이다. 예하마터면 지각할 뻔하였다. 비까딱하면.

하마하마 ①어떤 기회가 계속 닥쳐오는 모양. ②어떤 기회를 몹시 기다리는 모양.

하멜(Hamel, ?~1692) 네덜란드의 선원. 1653년 일본으로 항해하던 중 폭풍으로 배가 부서져 제주도에 닿아 14년 동안 머물러 있다가 귀국하였다. 귀국 후 '하멜 표류기'를 써 우리 나라의 사정을 처음으로 유럽에 소개하였다.

하멜 표류기(Hamel漂流記) 하멜이 제주도에 표류한 후 귀국할 때까지 14년 동안의 생활을 기록한 책. 원이름은 '난선 제주도 난파기'로, 우리나라가 유럽에 소개된 최초의 기록이다.

하ː명(下命) ①윗사람이 내리는 '명령'을 높여 이르는 말. 예장군께서 하명을 내리셨다. ②명령을 내림. 하명하다.

하모니(harmony) ①화음이 연결되는 현상. 비화성. ②여러 사람이나 사물 사이의 조화. 예국악과 양악의 하모니.

하모니카(harmonica) 악기의 한 가지. 입에 물고 불거나 숨을 빨아들여서 소리를 낸다.

〈하모니카〉

하물며 더군다나. 더 말할 것도 없이. 예짐승도 은혜를 아는데 하물며 사람이 은혜를 몰라서야 쓰나.

하ː반기(下半期) 한 해를 둘로 나누었을 때, 그 뒤의 절반 동안. 예올 하반기에는 수출이 더욱 증가할 것이다. 반상반기.

하ː반신(下半身) 몸의 허리부터 아래의 부분. 비하체·아랫도리. 반상반신.

하백[1](河伯) 물을 맡아 다스린다는 신.

하백[2](河伯) 고구려의 시조 동명왕의 외할아버지. 전설상의 인물이다.

하ː복(夏服) 여름철에 입는 옷. 예나는 하복을 입고 등교하였다. 반동복.

하ː부(下部) ①아래쪽 부분. ②보다 낮은 지위나 기관. 반상부.

하ː사[1](下士) 군인 계급의 하나. 병장의 위, 중사의 아래 계급이다.

하ː사[2](下賜) 왕이나 국가 원수 등이 아랫사람에게 돈이나 물건을 줌. 하사하다. 예왕은 공을 세운 신하에게 집 한 채를 하사했다.

하ː사관(下士官) 지난날, '부사관'을 이르던 말.

하ː산(下山) 산에서 내려옴. 반등산. 하산하다.

하ː선(下船) 선원이나 타고 있던 승객들이 배에서 내림. 반승선. 하선하다.

하소연 억울하고 딱한 사정을 털어놓고 말하거나 간곡히 호소함. 예그의 하소연을 듣고 있자니 마음이 짠했다. 하소연하다.

하ː수[1](下手) 재주·솜씨·기술 등이 남보다 못한 사람. 반고수.

하ː수[2](下水) 가정이나 공장 같은 데서 쓰고 버리는 더러운 물. 예생활 하수.

하ː수구(下水溝) 하수가 흘러 내려가도록 만든 도랑.

하ː수도(下水道) 빗물이나 쓰고 버린 더러운 물이 흘러가게 만든 도랑이나 시설. 반상수도.

하ː수 처ː리장(下水處理場) 하수를 모아 인공적으로 깨끗하게 만드는 시설.

하ː숙(下宿) 방값과 밥값을 내고 비교적 오랜 기간 남의 집에 머물면서 먹고 잠, 또는 그 집. 예삼촌은 학교 근처에서 일 년간 하숙을 했다. 하숙하다.

하ː숙집(下宿一) [하숙찝] 하숙을 하고 있는 집.

하ː순(下旬) 한 달 중 21일부터 마지막 날까지의 동안. 예지난달 하순께 있었던 일. 逊상순·중순.

하얀색(一色) 하얀 색깔.

하양 하얀 빛깔. 또는 하얀 물감. 逊검정.

하ː얗다 [하야타] 빛깔이 갓 쌓인 눈이나 우유와 같이 아주 희다. 예온 들판이 하얀 눈으로 뒤덮였다. 逊까맣다. 囹허옇다. |활용| 하야니·하얘.

하ː얘지다 하얗게 되다. 예그 아이는 갑자기 얼굴이 하얘지더니 쓰러지고 말았다. 逊까매지다.

하얼빈(Harbin) 중국 헤이룽장 성에 있는 도시. 1909년, 안중근 의사가 이곳 역전에서 이토 히로부미를 총으로 쏘아 죽였다.

하여가(何如歌) 고려 말기에, 이방원이 정몽주를 떠보기 위해 지었다는 시조. 逊단심가.

하여간(何如間) 어쨌든지. 어찌하든지 간에. 예만날지 못 만날지는 모르나 하여간 가 보기나 하자. 逊여하간·하여튼.

하여금 '시키어'의 뜻을 나타내는 말. 예삼촌으로 하여금 집을 보게 하여라./그로 하여금 숙직 근무를 대신하게 하였다.

하여튼(何如一) 어쨌든. 어찌 되었든 간에. 예하여튼 여러 소리 말고 조심해라. 逊아무튼·하여간.

하역(荷役) 배의 짐을 싣고 내리는 일. 예하역 작업. 하역하다.

하염없다 [하여멉따] ①이렇다 할 만한 아무 생각도 없이 그저 멍하다. 예소녀는 하염없는 시선으로 먼 산만 바라보았다. ②끝맺을 데가 없이 아득하다. 예하염없는 시름에 잠겼다. 하염없이. 예하염없이 흐르는 눈물.

하ː오(下午) 낮 열두 시부터 밤 열두 시까지의 사이. 예하오 2시. 逊오후. 逊상오.

하와이(Hawaii) 태평양 가운데에 있는 미국의 50번째 주. 여러 개의 화산섬과 그 부근의 섬들로 이루어져 있다. 따뜻하고 경치가 좋아 관광지로 유명하며, 사탕수수·파인애플 등이 많이 생산된다.

하ː위(下位) 낮은 위치나 지위. 예팀의 순위가 하위에 머물렀다. 逊고위·상위.

하ː의(下衣) [하의/하이] 몸의 아랫도리에 입는 옷. 바지나 치마 등. 逊상의.

하이든(Haydn, 1732~1809) 오스트리아의 음악가. '교향곡의 아버지'로 불리며 100곡 이상의 교향곡을 만들었다. 작품에는 '천지 창조'·'시계'·'군대' 등이 있다.

하이라이트(highlight) 가장 흥미 있는 부분이나 장면. 예오늘 경기의 하이라이트를 보여 드리겠습니다.

하이브리드(hybrid) 두 가지 이상의 기능이나 역할이 하나로 합쳐진 것. 예연료 엔진과 배터리 엔진을 모두 장치한 하이브리드 자동차.

하이에나(hyena) 하이에나과의 동물. 몸은 개와 비슷하고, 성질이 사나우며 썩은 고기를 즐겨 먹는다.

하이킹(hiking) 산이나 들 또는 바닷가 같은 곳을 걸어서 여행함. 하이킹하다.

ㅎ

하이힐 굽이 높은 여자 구두. [참고] 하이힐은 'high heeled shoes'에서 온 말.

하ː인(下人) ①지난날, 남의 집에 얽매여서 잡다한 집안일이나 허드렛일을 맡아 하던 남자. [비]사내종. [참]하녀. ②'남자 종'과 '여자 종'을 통틀어 이르는 말.

하자(瑕疵) 불완전하거나 잘못된 부분. [예]이 제품에는 아무런 하자도 없습니다.

하잘것없다 [하잘꺼덥따] 《하자고 할 것이 없다는 뜻에서》 대수롭지 않다. [예]하잘것없는 일에 신경 쓰지 마라. **하잘것없이**.

하ː절기(夏節期) 여름철의 시기. [반]동절기.

하ː지(夏至) 이십사절기의 하나. 망종과 소서 사이로, 6월 21일경. 북반구에서는 낮이 가장 길고 밤이 가장 짧은 날이다. [반]동지.

하지만 그렇기는 하나. [예]초대해 주어서 고마워. 하지만 오늘 저녁에는 외할머니 댁에 가야 해.

하ː직(下直) ①먼 길을 떠날 때에 웃어른에게 작별 인사를 함. [예]부모님께 하직 인사를 올렸다. ②'어떤 일이 마지막이 됨'을 이르는 말. **하직하다**. [예]세상을 하직하다.

하ː차(下車) ①승객이 기차나 자동차 등에서 내림. [반]승차. ②차에 실려 있는 짐을 내림. **하차하다**.

하찮다 [하찬타] 그다지 훌륭하거나 중요하지 않다. [예]하찮은 솜씨지만 정성을 다했습니다./친구와 하찮은 일로 싸웠다.

하천(河川) 강과 시내를 이르는 말.

하ː체(下體) 몸의 아랫부분. [비]하반신. [반]상체.

하ː층(下層) ①이 층 이상으로 된 건물이나 물건의 아래쪽에 있는 층. [비]아래층. ②재산이 적고 지위가 낮은 계층. [반]상층.

하치장(荷置場) ①쓰레기 등을 거두어 두는 곳. [예]쓰레기 하치장. ②실었던 짐 등을 내려놓는 곳.

하키(hockey) ①11명으로 이루어진 두 팀이 잔디가 깔린 경기장에서 긴 막대로 공을 쳐서 상대편 골문에 넣어 승부를 겨루는 경기. [비]필드하키. ②➡아이스하키.

하트(heart) 《'심장'의 뜻으로》 '사랑'을 상징하는 심장 모양의 도형. '♡'.

하ː편(下篇) 둘(상·하) 또는 셋(상·중·하)으로 된 책의 마지막 편. [참]상편·중편.

하품 졸리거나 싫증이 나거나 따분할 때에, 저절로 입이 크게 벌어지면서 쉬게 되는 깊은 호흡. [예]하기 싫은 걸 억지로 하려니까 하품만 나온다. **하품하다**.

하프(harp) 현악기의 한 가지. 위쪽이 굽은 삼각형의 틀에 47개의 줄을 세로로 걸었는데, 그것을 두 손으로 퉁기어 연주한다. [비]수금.

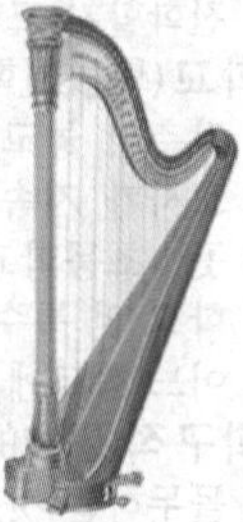
〈하프〉

하프 라인(half line) 축구장 등의 경기장에서, 한가운데 건너 그은 선. [비]중앙선.

하필(何必) 하고많은 중에 어찌하여. [예]하필 소풍 가는 날 비가 오다니.

하하[1] 기뻐서 입을 벌리고 웃는 소리. [예]친구의 농담에 하하 웃었다. [큰]허허.

하하[2] 언짢거나 놀라거나 기막힌 일을 당하였을 때 탄식하여 내는 소리. [예]하하, 이거 큰일이구나. [큰]허허.

하ː행(下行) ①아래쪽으로 내려감. ②서울에서 지방으로 내려감. [예]하행 열차. [반]상행. **하행하다**.

하:향(下向) ①아래쪽으로 향함. ②점수·수치 등이 낮아짐. 예하향 지원. 반상향. 하향하다.

하:현달(下弦―)[하현딸] 위쪽이 둥글게 나타나는 반달. 매달 음력 22~23일경에 뜬다. 반상현달.

하회 별신굿 탈놀이(河回別神―) 경상북도 안동시 하회 마을에 전승되어 오는 탈놀이. 계율을 어긴 승려와 양반에 대한 풍자가 주된 내용이다. 우리나라에서 가장 오래된 탈놀이이다. 중요 무형 문화재 제69호. 비하회 별신굿.

하회탈(河回―)[하회탈/하훼탈] 하회 별신굿 탈놀이에서 쓰는 탈. 우리나라에서 가장 오래된 탈놀이 가면이다. 국보 제121호.

학(鶴) ➡ 두루미.

학과(學科)[학꽈] 대학교에서 학문의 종류에 따라 나누어 놓은 교수와 학생의 집단. 예큰오빠는 어느 학과로 진학할지 고민 중이다.

학교(學校)[학교] 여러 가지 시설을 갖추어 놓고 일정한 교육 목적 아래 교사가 지속적으로 학생을 가르치는 곳. 초등학교·중학교·고등학교·대학교 및 특수 학교 등이 있다. 예너는 어느 학교에 다니니?

학구적(學究的)[학꾸적] 학문 연구에 몰두하는 것. 예학구적인 분위기.

학군(學群)[학꾼] 지역별로 나누어 놓은 중학교나 고등학교의 무리.

학급(學級)[학꿉] 같은 교실에서 같이 가르침을 받는 학생의 집단.

학급 문고(學級文庫) 학급에서 학생들이 돌려 가며 보려고 갖추어 둔 책, 또는 그 책을 넣어 두는 곳.

학급 신문(學級新聞) 학급 내에서 펴내는 신문. 학생들의 작품과 생각 및 교내의 갖가지 소식 등을 싣는다.

학급 회:의(學級會議) 학급 내의 문제에 대해 서로의 생각을 말하여 결정하는 회의.

학기(學期)[학끼] 한 학년의 수업 기간을 나눈 구분. 보통, 두 학기로 나눈다. 예새 학기/4학년 1학기.

학년(學年)[항년] 일 년 동안에 배우는 학과목의 정도에 따라 나눈 학교 교육의 단계. 예삼 학년.

학년생(學年生)[항년생] 주로 수를 나타내는 말 뒤에 쓰여, 그 학년 학생임을 나타내는 말. 예초등학교 육 학년생.

학당(學堂)[학땅] ①사사로이 한문을 가르치는 곳. 비글방. ②지난날, '학교'를 이르던 말. 예이화 학당.

학대(虐待)[학때] 심하게 괴롭힘. 예학대를 당하다. 학대하다.

학덕(學德)[학떡] 학문과 덕행. 예학덕이 높은 선비.

학도 의:용군(學徒義勇軍) 전쟁이나 사변 때, 학생이 스스로 참여하여 조직한 군대, 또는 그 군대의 병사.

학동(學童)[학똥] ①글방에서 글을 배우는 아이. ②초등학교에서 배우는 아동.

학력¹(學力)[항녁] 학습으로 쌓은 능력.

학력²(學歷)[항녁] 학교를 다닌 이력. 예최종 학력.

학문(學問)[항문] 지식을 배워서 익힘, 또는 그 지식. 예학문을 닦다. 학문하다.

학문적(學問的)[항문적] 학문에 바탕을 두는 것.

학번(學番)[학뻔] ①주로 대학교나 대학원에서, 입학한 해와 학과에 따라 학생에게 붙인 고유 번호. 예답안지에 학번을 적어 넣었다. ②대학교에 입학한 해를 고유 번호 삼아서 붙인 번호. 예90년대 학번/삼촌은 87학번이다.

학벌(學閥)[학뻘] 학교 교육을 받은 정도. 또는 졸업한 학교의 수준. 예학벌보다는 실력을 중시하는 사회.

학부모(學父母)[학뿌모] 학생의 아버지와 어머니.

학부형(學父兄)[학뿌형] 《학생의 아버지나 형이라는 뜻으로》 학생의 부모나 보호자. 예학부형을 위한 공개 수업이 있었다. 비부형.

학비(學費)[학삐] 공부를 하는 데 드는 돈. 비학자금.

학사(學士)[학싸] 대학을 졸업한 사람에게 주는 학위, 또는 그 학위를 가진 사람. 참박사·석사.

학살(虐殺)[학쌀] 사람을 잔인하게 마구 죽임. 예양민 학살. 학살되다. 학살하다.

학생(學生)[학쌩] 학교에 다니며 공부하는 사람.

학선(鶴扇)[학썬] 손잡이가 날개를 편 학의 모양으로 된 부채.

학설(學說)[학썰] 어떤 문제에 대하여 학자가 오랫동안 연구하여 얻은 학문상의 주장.

학수고대(鶴首苦待)[학쑤고대] 《학처럼 목을 빼고 기다린다는 뜻으로》 '몹시 기다림'을 뜻하는 말. 학수고대하다. 예친구에게서 편지가 오기를 학수고대했다.

학술(學術)[학쑬] 학문과 예술. 또는 학문과 기술.

학술적(學術的)[학쑬쩍] 학술에 관한 것. 예학술적 가치가 높은 문헌.

학습(學習)[학씁] 지식이나 기술 등을 배워서 익힘. 예가정 학습. 학습되다. 학습하다.

학습장¹(學習帳)[학씁짱] 공부하는 데 필요한 것을 적는 공책.

학습장²(學習場)[학씁짱] 학습을 위해 제공되는 장소. 예야외 학습장.

학습지(學習紙)[학씁찌] 학생이 꾸준히 공부할 수 있도록 정기적으로 집에 배달해 주는 문제지.

학습 활동(學習活動) 학습의 목표를 이루기 위한 활동.

학식(學識)[학씩] 배워서 얻은 지식.

학업(學業)[하겁] 학교에 다니며 학문을 닦는 일. 예학업 성적.

학예(學藝)[하계] 학문과 예술.

학예 발표회(學藝發表會) 주로 초등학교에서, 배운 재주를 여러 사람 앞에서 보이는 모임. 비학예회.

학예회(學藝會)[하계회/하계훼] ⇒학예 발표회.

학용품(學用品)[하굥품] 공부하는 데 필요한 물건. 연필이나 공책 등.

학우(學友)[하구] 학교에서 함께 공부하는 친구. 예학우들이 저를 회장으로 뽑아 주었으니 열심히 하겠습니다.

학원¹(學院)[하권] 학교의 명칭을 붙일 수 있는 조건을 갖추지 못한 사립 교육 기관. 예영어 회화 학원.

학원²(學園)[하권] 학교와 기타 교육 기관을 통틀어 이르는 말.

학위(學位)[하귀] 어떤 분야의 학문을 전문적으로 연구하여 일정한 기준에 이른 사람에게 주는 자격. 학사·석사·박사 등.

학익진(鶴翼陣)[하긱찐] 학이 양 날개를 펴듯이 치는 군사들의 진.

학자(學者)[학짜] 학문을 연구하는 사람. 또는 학문이 뛰어난 사람.

학자금(學資金)[학짜금] 학교에 다니며 공부하는 데 드는 돈. 예아버지께서 학자금을 마련해 주셨다. 비학비.

학점(學點)[학쩜] ①대학이나 대학원에서 학생이 듣는 수업을 계산하는 단위. ②대학이나 대학원에서 학생이 한 학기 수업에서 받는 성적. 예삼촌은 이번 학기에 학점이 좋아서 장학금을 받았다.

학정(虐政) [학쩡] 국민을 괴롭히는 정치. [비]폭정.

학창(學窓) 《'학교의 창문'이라는 뜻으로》 '학교'를 달리 이르는 말. [예]그리운 학창 시절.

학칙(學則) 학교를 운영하고 학생들을 지도하기 위해 학교에서 정해 놓은 규칙. [예]학칙에 따르다.

학풍(學風) ①학문상의 경향. [예]율곡의 학풍. ②학교의 기풍. [예]학풍을 세우다. ②[비]교풍.

학회(學會) [하쾨/하퀘] 같은 학문을 연구하는 사람들로 이루어진 단체. [예]한글 학회.

한1 ①'하나'의 뜻으로 쓰이는 말. [예]한 사람/두부 한 모만 주세요. ②'대략'의 뜻으로 쓰이는 말. [예]글쎄, 한 열흘 걸릴까? ③'어떤'·'어느'의 뜻으로 쓰이는 말. [예]한 남자가 집으로 찾아왔다.

한 귀로 흘리다[관용] 어떤 말을 듣고도 마음에 두지 않고 무시하다.

한 우물을 파다[관용] 한 가지 일에 집중하여 끝까지 하다.

한 치 앞을 못 보다[관용] ①시력이 나빠 가까이 있는 것도 보지 못하다. ②사물을 분별하는 능력이 없다.

한ː2(恨) 원망스럽거나 억울하게 생각되어 응어리가 진 마음. [예]억울한 누명을 쓰고도 말 한마디 못한 것이 지금도 한이다.

한ː3(限) ①정해진 정도의 범위나 끝. [예]한이 없이 넓은 바다. ②앞말이 나타내는 것을 조건으로 함을 나타내는 말. [예]힘이 닿는 한 도와야지. ③어떤 일을 위해 무릅써야 할 몹시 어려운 상황을 나타내는 말. [예]가다가 길에서 쓰러져 죽는 한이 있더라도 저는 가야겠어요.

한- '큰'·'같은'·'한창인' 등의 뜻을 나타내는 말. [예]한길/한밤중/한패.

한가득 어디에 꽉 차도록 가득. [예]할머니께서 밥그릇에 밥을 한가득 퍼 주셨다.

한가롭다(閑暇—) [한가롭따] 바쁘지 않아 여유가 있다. [예]지금 한가롭게 책이나 보고 있을 때가 아니다. [활용] 한가로우니·한가로워. **한가로이**. [예]한가로이 풀을 뜯는 염소들.

한가마밥 '한솥밥'의 북한말.

한가운데 가장 중심인 가운데. [예]운동장 한가운데. [비]한복판.

한가위 음력 팔월 보름날. '가위'를 큰 명절로 이르는 말이다. [비]중추절·추석·한가윗날.

한가윗날 [한가윈날] ➡한가위.

한가지 모양·성질·동작 등이 모두 같음. [예]내 마음도 네 마음과 한가지다.

한가하다(閑暇—) 하는 일이 적거나 바쁘지 않아 겨를이 많다. [예]모처럼 한가한 틈이 생겨 여행을 떠났다. **한가히**. [예]강 가운데에 한가히 떠 있는 낚싯배.

한갓 [한갇] 고작해야 겨우. [예]지금 네 말은 한갓 핑계에 불과하다.

한갓지다 [한갇찌다] 한가하고 조용하다. [예]한갓진 구석방.

한ː강(漢江) 우리나라 중부를 흐르는 강. 길이 494.44km. 강원도 태백산맥에서 시작된 물이, 경기도 남양주에서 남한강과 북한강이 합류하면서 서울을 거쳐 황해로 들어간다.

한겨레 《큰 겨레라는 뜻으로》 '우리 겨레'를 이르는 말.

한겨울 추위가 한창인 겨울. [예]한겨울에 웬 냉수 타령이냐. [비]엄동.

한결 보다 더. [예]해가 지자 한결 선선해졌다. [비]한층·훨씬.

한결같다 [한결갇따] 처음부터 끝까지 변함이 없다. [예]이순신 장군의 나라 사랑하는 마음은 한결같았다. **한결같이**. [예]어머니가 썬 떡은 한결같이 반듯하였다.

ㅎ

한:계(限界)[한계/한게] 사물이나 능력·힘 등이 미치는 범위. ▣한계에 부딪히다./인간의 능력에는 한계가 있다.

> :::: **'한계'와 '한도'의 구별** ::::
>
> **한계**: 정해진 어떤 범위 이상은 없다고 보는 경우에 주로 쓰인다.
>
> **한도**: 정해진 어떤 범위 이상은 넘어설 수 없다고 보는 경우에 주로 쓰인다.
>
> ▣인간의 능력에는 한계(×한도)가 있다./만 원 한도(×한계) 내에서 써라.

한계령(寒溪嶺)[한계령/한게령] 강원도 양양군 강현면과 인제군 북면 사이에 있는 고개. 높이 1,004m.

한고비 가장 중요하거나 한창인 때. ▣더위도 이제 한고비 지났다./중환자가 한고비를 넘겼다.

한곳[한곧] 일정한 곳. 또는 같은 곳. ▣한곳에 오래 머무르다./쓰레기를 한곳에 모아 두어라.

한:과(韓菓) 예로부터 전해 오는 우리나라의 전통 과자류를 통틀어 이르는 말. 유과·약과·강정 등.

한구석 ①한쪽으로 치우쳐 구석진 곳. ▣진수는 옷을 벗어 방 한구석에 던져 두었다. ②한쪽 부분이나 한쪽 면. ▣그 사람은 어느 한구석 마음에 드는 데가 없다.

한:국(韓國) 〈대한민국〉의 준말.

한:국말(韓國—)[한궁말] ➡한국어.

한:국 방:송 공사(韓國放送公社) 1973년에 설립된 공영 방송 기관. 국내외 방송의 효율적 실시, 방송의 전국적 보급, 방송 문화의 향상을 목적으로 한다. ⓑ케이비에스(KBS).

한:국 산:업 규격(韓國産業規格) 우리나라 공업 제품의 품질 개선이나 판매·사용 등에 관한 기술적인 사항을 통일하고 단순화하기 위해 정해진 규격.

한:국 소비자 보:호원(韓國消費者保護院) 소비자와 기업 사이의 다툼을 공정하게 조정·해결하는 일을 맡아보는 정부 기관. ⓑ소비자 보호원.

한:국어(韓國語)[한구거] 한국의 언어로, 예로부터 한민족이 써 온 언어. ⓑ한국말.

한:국은행(韓國銀行)[한구근행] 우리나라의 중앙은행. 화폐를 발행하고 일반 은행에 대한 예금·대출 업무, 국고 업무 등을 한다.

한:국인(韓國人)[한구긴] 대한민국 국적을 가진 사람.

한:국적(韓國的)[한국쩍] 우리나라 고유의 특징이 있는 것. ▣한국적 정서/한국적인 아름다움이 살아 있는 기와집.

한:국 전:쟁(韓國戰爭) ➡육이오 전쟁.

한:국 통:사(韓國痛史) 박은식이 지은 역사책. 한일 관계를 중심으로 한 한국의 태도와 일제의 한국 침략 과정을 기록하였다.

한:국학(韓國學)[한구칵] 한국에 관련된 여러 가지 분야를 연구하는 학문. 한국의 역사·지리·정치·경제·사회·문화 등을 다룬다.

한:국화(韓國畫)[한구콰] 우리나라의 전통적인 기법이나 재료로 그린 그림.

한:국 환:상곡(韓國幻想曲) 1936년 안익태가 작곡한, 합창과 관현악으로 이루어진 악곡. ⓑ코리아 환상곡.

한군데 일정한 곳. ▣사람들이 모두 한군데를 쳐다보았다.

한글 우리나라 글자의 이름. 조선 세종 28(1446)년에 '훈민정음'이란 이름으로 반포되어 28자가 쓰였으나, 지금은 닿소리 14자와 홀소리 10자만 쓰인다.

'한글' 명칭의 변천

- **훈민정음** : 세종 대왕이 지은 정식 이름.
- **정음** : '훈민정음'을 줄여 이르던 말.
- **언문** : 중국말을 표준이라 여기고 우리말을 낮추어 이르던 말.
- **반절** : 조선 중종 때, 최세진이 그의 책 '훈몽자회'에서 쓴 이름.
- **암글** : 부녀자들이나 쓰는 글이라는 뜻으로 불리던 이름.
- **국문** : 갑오개혁 이후, 우리말의 존엄성을 기리어 부르던 이름.
- **한글** : 주시경이 '한나라(우리나라)의 글'이며 '큰 글'이라는 뜻으로 지은 이름.

한글날[한글랄] 세종 대왕이 훈민정음을 지어 펴낸 날을 기리기 위하여 정한 날. 10월 9일.

한글 맞춤법(—法) 한글을 바르게 적는 법칙. 현재의 맞춤법은 1933년에 조선어 학회가 마련한 '한글 맞춤법 통일안'을 고쳐, 1988년 1월에 당시의 문교부가 확정·고시한 것이다.

한글 맞춤법 통:일안(—法統一案) 한글의 맞춤법 체계를 통일하여 작성한 안. 조선어 학회가 1933년에 완성한 것이다. [참]한글 맞춤법.

한기(寒氣) ①추운 기운. [예]옷이 젖어 한기가 느껴졌다. ②병적으로 몸에 느껴지는 으스스한 기운. [예]감기에 걸렸는지 한기가 든다.

한길 사람이 많이 다니는 큰길.

한꺼번에[한꺼버네] 여러 가지를 몰아서 한 번에. [예]한꺼번에 먹지 말고 조금 남겨 두어라.

한:껏(限—)[한껃] 할 수 있는 데까지. [예]한껏 꿈에 부풀다./한껏 멋을 부린 큰언니.

한끝[한끋] 한쪽의 끝. [예]평상 한끝에 잠자리가 내려앉았다.

한나절 하루 낮의 반. [예]낮잠을 한나절이나 잤다.

한낮[한낟] 낮의 한가운데. 곧, 낮 열두 시를 전후한 때. [준]낮. [반]한밤.

한낱[한낟] 하잘것없는. [예]아파서 못 왔다는 말은 한낱 구실에 지나지 않는다.

한눈 《주로 '한눈에'의 꼴로 쓰여》 ① 한 번 봄. 또는 잠깐 봄. [예]한눈에 그 치마가 맘에 들었다./보통 사람과는 사뭇 다른 것을 한눈에 알 수 있었다. ②한 번에 바라보이는 범위. [예]바다가 한눈에 들어왔다.

한:눈팔다 정작 보아야 할 데는 보지 않고 엉뚱한 데를 보다. [예]한눈팔다가 넘어졌다. [활용] 한눈파니·한눈팔아.

한달음[한다름] 《주로 '한달음에'·'한달음으로'의 꼴로 쓰여》 도중에 쉬지 않고 줄곧 달림. [예]집에서부터 학교까지 한달음에 왔다.

한대(寒帶) 적도에서 남북으로 각각 66° 33′에서 양 극점까지의 지대. 가장 따뜻한 달의 평균 기온이 섭씨 10도 이하인 지대이다.

한대 기후(寒帶氣候) 한대에서 볼 수 있는 기후. 일 년의 평균 기온이 섭씨 0도 이하이며 추운 계절이 길다.

한더위 한창 심한 더위.

한데1 한곳 또는 한군데. [예]쓰레기를 한데 모아 놓아라.

한:데2 하늘을 가리지 아니한 곳. [예]한데서 잠을 잤다. [비]노천.

한데3 '그런데'의 뜻을 나타내는 말. [예]인원이 다 모였다. 한데, 어디로 갈까? [잘못] 헌데.

ㅎ

한:도(限度) 일정하게 정한 정도. 예만 원 한도 내에서 써라./참는 것도 한도 가 있다.

한도막 형식(一形式) 하나의 곡이 두 개의 작은악절로 이루어지는 형식. 보통 여덟 마디로 이루어진다.

한동안 꽤 오랜 동안. 예두 사람은 한 동안 서로 말없이 바라보기만 했다. 町한참.

한두 《단위를 나타내는 말 앞에 쓰여》 수량이 하나나 둘임을 나타내는 말. 예한두 마리/처음에는 한두 명만 찬 성했다.

한둘 하나나 둘. 예당장 필요한 물건이 한둘이 아니다.

한들거리다 가볍게 자꾸 흔들리다. 예 한 줄기 바람이 일 때마다 꽃잎들이 한들거렸다. 町한들대다. 邑흔들거 리다.

한들대다 ➡ 한들거리다.

한들한들 자꾸 한들거리는 모양. 邑흔 들흔들.

한때 어느 한 시기. 예오후 한때 비가 내릴 전망입니다.

한뜻[한뜯] 같은 뜻. 예모두가 한마음 한뜻으로 우리 팀을 응원했다.

한:라산(一山) [할라산] 제주도 중앙에 있는 산. 높이 1,950 m. 산꼭대기에 분화구였던 백록담이 있다. |참고| 한 라는 '한나(漢拏)'에서 온 말.

한랭(寒冷) [할랭] 기온이 낮고 매우 추움. 한랭하다.

한랭 전선(寒冷前線) 찬 공기가 따뜻 한 공기를 밀고 갈 때에 생기는 전선. 소나기가 내리고, 바람이 갑자기 바 뀌며 기온도 급격히 내려가는 경우가 많다. 町온난 전선.

한량(閑良) [할량] '돈 잘 쓰고 잘 노는 사람'을 흔히 이르는 말.

한:량없다(限量一) [할량업따] 끝이 없다. 또는 한이 없다. 예너를 이렇

게 만나니 기쁘기 한량없구나. 한량 없이.

한려 수도(閑麗水道) 경상남도 거제 시 지심도 부근에서부터 통영·사천· 남해 등을 거쳐 전라남도 여수에 이 르는 물길.

한려 해:상 국립 공원(閑麗海上國立 公園) 한려 수도와 남해도·거제도 등의 남부 해안 일부를 합쳐 지정한 국립 공원. 물결이 잔잔하고 경치가 아름답기로 유명하다.

한로(寒露) [할로] 이십사절기의 하나. 추분과 상강 사이로, 10월 8일경. 이 무렵부터 찬 이슬이 내리기 시작한다 고 한다.

한류(寒流) [할류] 한대 지방에서 적도 쪽으로 흐르는 찬 바닷물의 흐름. 町난류.

한마디 간단한 말. 짧은 이야기나 의 견. 예한마디 말도 없이 떠나다.

한마음 하나로 합친 마음.

한마음 한뜻|관용| '모든 사람의 생각 이 꼭 같음' 또는 '마음을 하나로 합 침'의 뜻으로 쓰이는 말. 예한마음 한 뜻으로 이 위기를 헤쳐 나가자.

한:말(韓末) 대한 제국의 말기.

한목 '한꺼번에 몰아서 함'을 나타내 는 말. 예한목에 하다./돈을 한목에 갚다.

한목소리[한목쏘리] ① 여럿이 함께 내는 목소리. 예한목소리로 노래를 부르는 합창단. ② '여럿이 같은 의견 을 내는 것'을 비유하여 이르는 말. 예모두가 한목소리로 반대를 하고 나 섰다.

한몫[한목] 한 사람 앞에 돌아가는 분 량이나 역할. 예너도 한몫 거들어라. 한몫하다.

한몫 보다|관용| 큰 이득을 보다.

한몫 잡다|관용| 실속 있게 이득을 취 하다.

한ː문(漢文) 한자로 씌어진 글.

한물 과일이나 채소 또는 물고기 등이 한창 수확이 많이 되는 때. [예]이제 수박도 한물 지났다.

한물가다 한창인 때가 지나다. [예]한창 유행하던 옷이지만 이제는 한물갔다.

한ː미(韓美) 한국과 미국을 아울러 이르는 말.

한ː민족(韓民族) 예로부터 한반도에 살아온 민족. 우리나라의 중심이 되는 민족으로, 황색 인종에 속하며 한국어를 쓴다. [비]배달겨레·배달민족.

한바탕 한 번 일이 크게 벌어진 판. [예]한바탕의 소동이 가라앉았다./둘이서 한바탕 입씨름을 벌였다.

한ː반도(韓半島) 우리나라 국토를 이루는 반도.

한발 《한 번 내디디는 발걸음이라는 뜻에서》 '조금'의 뜻을 나타내는 말. [예]정거장으로 달려갔지만 한발 늦고 말았다.

한밤 밤의 한가운데. 곧, 밤 열두 시를 전후한 때. [반]한낮.

한밤중(一中) [한밤쭝] 밤 열두 시를 전후한 깊은 밤중. [예]한밤중에 어디를 가려고 하느냐? [비]오밤중.

한ː방(韓方) 예로부터 우리나라에서 발달한 의술, 또는 그 의술에 따른 처방.

한ː방약(韓方藥) [한방냑] ➡한약.

한배 같은 배.

한배를 타다[관용] 같은 처지에 놓이거나 운명을 같이하다. [예]우리는 한배를 탄 사이다.

한번(一番) ①《한 차례의 뜻으로》 기회가 있는 어떤 때. [예]방학 때 한번 놀러 오너라. ②과거의 어느 때. [예]한번은 길에서 큰돈을 주운 적이 있었다. ③'아주 참'·'대단히'의 뜻으로 쓰이는 말. [예]허, 참! 인심 한번 고약하네.

한ː복(韓服) 우리나라의 고유한 옷. 특히 조선 시대에 입던 형태의 옷을 이르며, 오늘날에는 명절이나 결혼식 등의 행사 때 주로 입는다. [반]양복.

〈한복〉

한복판 '복판'의 힘줌말. [예]운동장 한복판. [비]한가운데.

한사람 같은 사람. [예]옷차림이 달라지니 정말 한사람인가 싶을 만큼 달라 보였다.

한ː사코(限死一) 몹시 고집을 세워. [예]철이는 내 선물을 한사코 사양했다.

한산 대ː첩(閑山大捷) 임진왜란 때 이순신 장군이 한산도 앞바다에서 일본 해군을 쳐부수어 큰 승리를 거둔 싸움. [비]한산도 대첩.

한산도(閑山島) 경상남도 통영시 한산면에 속하는 섬. 임진왜란 때 이순신 장군의 수군 근거지였다.

한산하다(閑散一) 붐비지 않고 한가하여 조금은 쓸쓸하다. [예]늦은 밤이라 거리가 한산하다.

한살이 [한사리] 곤충 등이 알에서 애벌레·번데기·어른벌레로 바뀌면서 자라는 과정의 한 차례. [예]잠자리의 한살이.

한석봉(韓石峰) '한호'의 성과 호를 함께 부르는 이름.

한ː성(漢城) 조선 시대에, '서울'을 이르던 이름.

한ː성부(漢城府) 조선 시대에, 서울의 행정을 맡아보던 관아.

한ː성순보(漢城旬報) 1883년에 창간된 우리나라 최초의 신문. 한문으로 펴내었다.

한센병(Hansen病) '나병'을 나병균을 발견한 한센의 이름을 따서 이르는 말.

한솥밥 [한솓빱] 같은 솥에서 푼 밥. [예]한솥밥을 먹는 식구.

한순간(一瞬間) 아주 짧은 시간. [예]불어난 강물이 한순간에 논밭을 삼켜 버렸다.

한술 《숟가락으로 한 번 뜬 음식이라는 뜻으로》 '얼마 되지 않는 적은 음식'을 이르는 말. [예]밥 한술만 뜨고 나가렴.

한술 더 뜨다[관용] 엉뚱하게 더 심한 짓을 하다.

한숨1 ①숨을 한 번 쉴 동안. ②잠깐 동안의 휴식이나 잠. [예]한숨 자고 났더니 머리가 개운하다.

한숨2 걱정이나 서러움이 있을 때 길게 몰아서 내쉬는 숨. [예]언니가 땅이 꺼지게 한숨을 쉬었다.

한ː스럽다(恨―) [한스럽따] 한이 되는 느낌이 있다. |활용| 한스러우니·한스러워. 한스레.

한시1(一時) ①같은 시각. ②잠깐 동안. [예]이모는 한시도 눈을 떼지 않고 아픈 아이를 돌보았다.

한시가 급하다[관용] 매우 급하다.

한시가 바쁘다[관용] 시각을 다툴 만큼 몹시 바쁘다.

한ː시2(漢詩) 한문으로 지은 시.

한시름 큰 걱정.

한시름 놓다[관용] 큰 걱정을 덜어 일단 안심하다. [예]아이가 열이 내려 한시름 놓았다.

한시바삐(一時―) 조금이라도 빨리. [예]집에 큰일이 생겼으니 한시바삐 가 보아라.

한식1(寒食) 동지로부터 105일째 되는 날. 4월 5~6일쯤이며, 이날 조상의 산소를 돌보는 풍속이 있다.

한ː식2(韓式) 우리나라 고유의 방식이나 형식. [예]한식 가옥.

한ː식3(韓食) 우리나라 고유의 음식이나 식사. [반]양식.

한심하다(寒心―) 하는 짓이 기가 막히고 형편없다. [예]내일이 시험인데 아직도 놀고 있으니 참 한심하구나.

한 아름 두 팔을 벌려 가득 껴안을 정도의 크기. [예]아빠가 꽃을 한 아름 안고 들어오셨다.

한ː약(韓藥) [하냑] 한방에서 쓰는 약. 주로, 풀뿌리·열매·나무껍질 등을 재료로 쓴다. [예]한약을 달이다. [비]한방약. [반]양약.

한ː약재(韓藥材) [하냑째] 한약의 재료.

한ː양(漢陽) [하냥] 조선 시대에, '서울'을 이르던 이름.

한ː없다(限―) [하넙따] 끝이 없다. [예]한없는 어머니 사랑. 한없이. [예]한없이 깊은 바다.

한여름 [한녀름] 더위가 한창인 여름. [예]한여름에는 부채질을 해도 덥다.

한옆 [한녑] 한쪽 옆. [예]책상을 한옆으로 치워라.

한ː옥(韓屋) [하녹] 서양식 건물에 대하여, 우리나라 고유의 건축 양식으로 지은 집. [반]양옥.

한용운(韓龍雲, 1879~1944) 승려·시인·독립운동가. 호는 만해. 삼일 운동 때 민족 대표 33인 중의 한 사람으로 불교계를 대표하였다. 시집 '님의 침묵'이 있다.

한ː우(韓牛) [하누] 소의 한 품종. 우리나라에서 오래전부터 기르던 종으로 몸빛은 누런 갈색이다.

한울 [하눌] 천도교에서, '우주의 본체'를 이르는 말. |참고| '한'은 '큰', '울'은 '우리'의 준말로, '큰 나' 또는 '온 세상'이라는 뜻이다.

한울님 [하눌림] 천도교에서, '하느님'을 이르는 말.

한ː음(漢陰) [하늠] '이덕형'의 호.

한ː의사(韓醫師) [하늬사/하니사] 한의학을 익혀 한약이나 침 등으로 병을 치료하는 의사.

한:의원(韓醫院)[하늬원/하니원] 한약이나 침 등으로 병을 치료하는 병원.

한:의학(韓醫學)[하늬학/하니학] 옛날부터 발달해 온 우리나라 전통 의학.

한:인(韓人)[하닌] 주로 외국에서 살고 있는 한국 사람을 이르는 말.

한:일(韓日)[하닐] 한국과 일본을 아울러 이르는 말.

한입[한닙] 한 번 벌린 입. 또는 입에 한 번 가득 찰 만한 양. 예사과를 한 입 가득 베어 물었다./뱀이 개구리를 한입에 집어삼켰다.

한:자(漢字)[한짜] 중국에서 만들어진 문자. 고대 은나라 때에 이미 사용되었으며, 현재 우리나라·중국·일본 등지에서 쓰이고 있다.

한자리 같은 자리. 예오랜만에 온 가족이 한자리에 모였다.

한:자어(漢字語)[한짜어] 한자로 이루어진 낱말.

한잠 ①깊이 든 잠. 예한잠이 들었는지 세상 모르고 잔다. ②잠시 자는 잠. 예어젯밤에 한잠도 못 잤다.

한적하다(閑寂一)[한저카다] 한가하고 고요하다. 예한적한 산길/한적한 거리. 한적히.

한:정(限定) 수량이나 범위를 제한하여 정함. 예이 제품은 한정 수량만 판매합니다. 비제한. 한정되다. 한정하다.

한:족(漢族) 예로부터 중국에서 살아온 민족. 중국 인구의 90% 이상을 차지하는 황색 인종으로, 약 5,000년 전부터 황허 문명을 꽃피우고 독자적인 문화를 이룩하였다.

한:중(韓中) 한국과 중국을 아울러 이르는 말.

한:증(汗蒸) 뜨겁게 달군 방에 들어앉아 땀을 내어 몸을 풀거나 병을 낫게 하는 일.

한:증막(汗蒸幕) 한증을 하기 위하여 갖춘 시설. 흔히, 담을 둘러치고 굴처럼 만들어 밑에서 불을 땐다. 예한증막 같은 더위.

한:지(韓紙) 닥나무 등의 섬유를 써서 예로부터 전해 내려오는 방법으로 만든 종이. 창호지·화선지 등. 비조선종이.

한집 〈한집안〉의 준말. 예서로서로 도와 가며 한집처럼 지내자.

한집안[한지반] ①함께 사는 가족. ②서로 친척인 사람들. 준한집.

한쪽 어느 하나의 편이나 방향. 예한쪽 말만 듣고 판단할 수는 없다.

한참 시간이 꽤 지나는 동안. 예무지개가 예뻐서 한참이나 바라보았다. 비한동안.

한창 ①가장 성한 상태나 그러한 때. 예고향에는 지금 수박이 한창이다. ②가장 활기 있게. 예모내기 때라 한창 바쁘다.

한철 가장 성한 때. 예아이스크림 장사는 여름이 한철이다.

한층(一層) 한 단계 더. 예선생님은 한층 큰 목소리로 말씀하셨습니다. 비한결.

한:탄(恨歎) 뉘우치거나 원통하여 한숨을 지음. 한탄하다. 예신세를 한탄해 봐야 아무 소용도 없다.

한:탄강(漢灘江) 북한의 강원도 평강군에서 시작되어 철원군을 거쳐 임진강으로 흘러드는 강. 길이 141 km.

한턱 기쁜 일로 한바탕 남에게 음식을 대접하는 일. 예시험에 합격했으니 어서 한턱을 내라.

한턱내다[한텅내다] 좋은 일이 생기거나 하여 한바탕 남에게 음식을 대접하다. 예이번 일이 잘되면 내가 한턱낼게.

한테 '에게'의 뜻으로 쓰이는 말. |참고| 문장보다는 보통의 대화에서 자주 쓰는 말이다. 예이 책을 너한테

줄게./책임은 나한테 있어./괴물한테 잡아먹힐 뻔한 까치.

한통속 《주로 좋지 않은 뜻으로 쓰는 말로》 서로 마음이 맞아 같이 어울리는 무리. [예]너도 저 못된 녀석들과 한통속이구나.

한파(寒波) 겨울철에 기온이 갑자기 크게 떨어지는 현상. [예]한파가 몰아치다.

한판 한 번 벌이는 판. [예]싸움이 한판 벌어졌다.

한편(一便) ①행동이나 뜻을 같이하는 편. [예]1반과 3반, 2반과 4반이 한편이 되어 기마전을 했다. ②어떤 한 측면으로는. [예]그 소식을 듣고 한편 반갑기도 하고 한편 걱정스럽기도 하였다.

한평생(一平生) 살아 있는 동안. [예]선생님은 한평생을 학문에 힘쓰셨다. [비]일평생.

한푼 《동전 한 닢의 뜻으로》 적은 돈. [예]한푼이라도 아껴 써라.

한풀 기운·끈기·의지 등이 눈에 띄게 줄어드는 것을 이르는 말. [예]더위가 한풀 꺾이다./기세가 한풀 누그러지다.

한ː하다(限一) 사물을 어떤 범위로 제한하다. [예]성인에 한하여 입장할 수 있습니다.

한ː학(漢學) 한문을 연구하는 학문. [본]한문학.

한ː해1(旱害) 가뭄으로 인한 피해.

한해2(寒害) 추위로 인한 농작물의 피해.

한해살이풀[한해사리풀] 한 해 동안에 싹이 트고, 자라고, 꽃이 피고, 열매를 맺고, 말라 죽는 풀. [비]일년생 식물·일년초. [참]두해살이풀·여러해살이풀.

한호(韓濩, 1543~1605) 조선 선조 때의 선비. 호는 석봉. 가난한 집안에 태어났으나 어머니의 뜻을 잘 받들고 서예를 익혀 중국에까지 알려진 명필이 되었다.

할(割) 비율을 나타내는 단위. 1할은 전체 수량의 10분의 1로, 1푼의 10배이다. [예]3할 5푼의 높은 타율. [참]푼·리.

할당(割當)[할땅] 몫을 갈라 나눔, 또는 그 나눈 몫. **할당되다**. **할당하다**. [예]이익을 고루 할당하다.

할딱거리다[할딱꺼리다] 가쁘고 급하게 자꾸 숨을 쉬다. [비]할딱대다. [큰]헐떡거리다.

할딱대다[할딱때다] ➡할딱거리다.

할딱이다[할따기다] 가쁘고 급하게 숨을 쉬다.

할딱할딱[할따칼딱] 자꾸 할딱거리는 소리, 또는 그 모양. [큰]헐떡헐떡.

할렐루야(hallelujah) 기독교에서, 하나님을 찬양한다는 뜻으로 하는 말.

할매 '할머니'의 방언.

할머니 ①아버지의 어머니. 또는 어머니의 어머니. [비]조모. ②'나이 많은 여자'를 친근하게 이르는 말. [예]할머니 한 분이 내게 길을 물으셨다. [반]할아버지. [높]할머님.

할멈 ①'할머니'를 낮추어 이르는 말. ②늙은 부부 사이에서 남편이 아내를 이르는 말. [반]할아범.

할미 ①'할머니'를 낮추어 이르는 말. ②늙은 여자가 손자·손녀에게 자기를 이르는 말. [반]할아비.

할미꽃[할미꼳] 미나리아재빗과의 여러해살이풀. 줄기와 잎에 흰 털이 촘촘히 나고, 봄에 자줏빛 꽃이 아래를 향하여 핀다. 산과 들의 양지쪽에서 자란다.

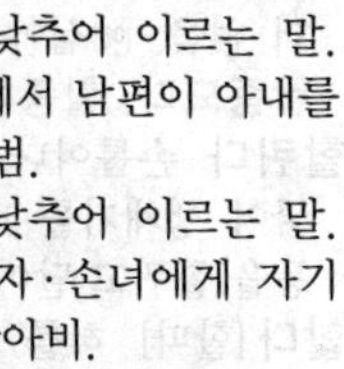
〈할미꽃〉

ㅎ

할부(割賦) 물건값을 여러 번에 나누어 내는 것. 예삼 개월 할부로 냉장고를 샀다. 할부하다.

할아버지 [하라버지] ①아버지의 아버지. 또는 어머니의 아버지. 예할아버지는 나를 무척 예뻐해 주신다. 비조부. ②'나이 많은 남자'를 친근하게 이르는 말. 반할머니. 높할아버님.

할아범 [하라범] ①'할아버지'를 낮추어 이르는 말. ②늙은 부부 사이에서 아내가 남편을 이르는 말. 반할멈.

할아비 [하라비] ①'할아버지'를 낮추어 이르는 말. ②늙은 남자가 손자·손녀에게 자기를 이르는 말. 반할미. |잘못| 할애비.

할애(割愛) [하래] 아깝게 여기는 것을 선뜻 내어놓음. 할애되다. 할애하다. 예바쁘신 중에도 이렇게 시간을 할애해 주셔서 대단히 고맙습니다.

할애비 '할아비'의 잘못.

할인(割引) [하린] 정해진 값에서 얼마를 싸게 함. 예할인 판매. 반할증. 할인되다. 할인하다.

할인점(割引店) [하린점] 할인된 상품을 전문적으로 파는 가게.

할증(割增) [할쯩] 정해진 값에 얼마를 더 얹음. 예심야 할증 요금. 반할인. 할증되다. 할증하다.

할퀴다 손톱이나 날카로운 물건으로 긁어 생채기를 내다. 예고양이가 손등을 할퀴고 달아났다.

핥다 [할따] 혀를 물건에 대고 스치게 하다. 예강아지가 혀로 내 손을 핥았다. |발음| 핥아 [할타] · 핥고 [할꼬]

함(函) 혼인을 앞두고 신랑 집에서 사주단자나 청혼 문서, 예물 등을 넣어 신부 집으로 보내는 상자.

함경남도(咸鏡南道) 우리나라 북동부에 있는 도. 장백산맥·백두산 등 산이 많아 우리나라의 광업 지대를 이루고, 흥남의 질소 비료 등이 유명하

다. 도청은 함흥시에 있다. 준함남.

함경도(咸鏡道) 함경남도와 함경북도를 아울러 이르는 말.

함경북도(咸鏡北道) [함경북또] 우리나라의 가장 북쪽에 있는 도. 두만강 너머 간도와 연해주에 접한 산악지대로 탄광이 많으며, 특히 아오지 탄광과 청진 근해의 명태·멸치 어업이 유명하다. 도청은 청진시에 있다. 준함북.

함구(緘口) 입을 다물고 말을 하지 않음. 함구하다. 예그 일에 대해서는 모두 함구하기로 했다.

함께 서로 더불어. 한꺼번에 같이. 예주말에 영희와 함께 도서관에 갔었어.

함께하다 같이하다. 또는 더불어 하다. 예생사를 함께하다.

함남(咸南) 〈함경남도〉의 준말.

함대(艦隊) 군함 두 척 이상으로 이루어진 해군 부대.

함락(陷落) [함낙] 성이나 진지 등을 공격하여 빼앗음. 함락되다. 예하루만에 요새가 함락되었다. 함락하다.

함량(含量) [함냥] 어떤 물질 속에 성분으로 포함되어 있는 분량. 예칼슘 함량이 높은 식품. 비함유량.

함몰(陷沒) 땅속이나 물속으로 몽땅 빠짐. 함몰되다. 함몰하다.

함박 〈함지박〉의 준말.

함박꽃 [함박꼳] 함박꽃나무의 꽃.

함박꽃나무 [함박꼰나무] 목련과의 낙엽 지는 작은큰키나무. 잎은 길둥글며 뒷면에 털이 있다. 초여름에 향기 있는 흰색의 큰 꽃이 아래를 향해 핀다. 깊은 산골짜기에 난다.

함박눈 [함방눈] 함박꽃 송이처럼 굵고 탐스럽게 오는 눈. 예함박눈이 펑펑 쏟아진다.

함박웃음 [함바구슴] 크고 환하게 웃는 웃음. 예선물을 받은 아이가 함박웃음을 지었다.

함부로 마음대로 마구. 예꽃을 함부로 꺾지 마라.

함북(咸北) 〈함경북도〉의 준말.

함빡 ①모자람이 없이 넉넉하게. 예맑은 공기를 함빡 들이마셨다. ②물 등에 푹 젖을 정도로. 예소나기에 옷이 함빡 젖었다. 큰흠뻑.

함석 아연을 입힌 얇은 철판.

함:선(艦船) 군함과 선박을 통틀어 이르는 말.

함:성(喊聲) 여러 사람이 함께 크게 지르는 소리. 예관중들이 운동장이 떠나갈 듯 함성을 질렀다.

함:수(函數)[함쑤] 두 개의 변수 x와 y 사이에서, x의 값이 정해짐에 따라 y의 값이 정해질 때, x에 대하여 y를 이르는 말.

함양(涵養)[하먱] 능력이나 품성을 기르고 닦는 것. 함양되다. 함양하다. 예민족정신을 함양하기 위해서는 교육이 필요하다.

함유(含有)[하뮤] 물질이 어떤 성분을 포함하고 있음. 함유되다. 예광물 성분이 함유된 물. 함유하다.

함유량(含有量)[하뮤량] 물질이 어떤 성분을 포함하고 있는 양. 예단백질 함유량이 높은 식품. 비함량.

함자(銜字)[함짜] 남을 높여 그의 '이름'을 이르는 말. 예함자가 어떻게 되십니까?

함:정¹(陷穽)[함쩡] ①짐승을 잡으려고 파 놓은 구덩이. 비허방다리. ②'남을 해치려고 꾸민 계략'을 비유하여 이르는 말. 예이것은 우리를 함정에 빠뜨리려는 수작이 분명하다.

함:정²(艦艇) 크고 작은 군함을 통틀어 이르는 말.

함지박 통나무를 파서 큰 바가지같이 만든 그릇. 준함박·함지.

함초롬하다 어떤 기운이 서려 있거나 물기를 머금고 있어 차분하고 곱다.

예아침 이슬에 함초롬하게 젖은 꽃잎. 함초롬히.

함축(含蓄) 말이나 글 등의 안에 풍부한 내용이나 깊은 뜻이 들어 있음. 함축되다. 함축하다. 예그의 말은 많은 것을 함축하고 있다.

함흥차사(咸興差使) 심부름을 가서 돌아오지 않거나 아무 소식이 없는 사람을 이르는 말.

'함흥차사'의 유래

조선 태조 이성계가 왕위를 물려주고 함흥에 있을 때, 태종이 차사(사신)를 보내도 그들을 죽이거나 잡아 가두고는 전혀 소식이 없었다는 고사에서 비롯된 말.

합(合) 여럿을 한데 모은 수. 예2와 3의 합은 5이다. 합하다.

합격(合格)[합껵] 시험이나 검사 등에 통과함. 예합격을 축하합니다. 반불합격. 합격되다. 합격하다. 예입학 시험에 합격하다.

합격자(合格者)[합껵짜] 시험이나 검사 등에 합격한 사람. 예합격자 발표는 열흘 뒤에 있을 예정입니다.

합계(合計)[합계/합게] 수나 양을 합하여 셈함, 또는 그 수나 양. 예오늘쓴 돈의 합계가 얼마니? 준계. 비합산·총계. 합계하다.

합금(合金)[합끔] 하나의 금속에 한 가지 이상의 물질을 섞어 만든 금속. 강철이나 놋쇠 등.

합기도(合氣道)[합끼도] 무술의 한 가지. 관절 지르기와 급소 지르기가 특기인 호신술로, 맨손으로도 하고 검·단검·몽둥이·창 등을 쓰기도 한다.

합당하다(合當一)[합땅하다] 꼭 알맞다. 예능력에 합당한 대우를 해 주어라.

합동(合同)[합똥] ①둘 이상이 모여 하나가 되어 함께함. 예합동 체육 시간. ②두 도형의 크기와 모양이 같아 서로 일치하는 것. 기호는 '≡'. 합동하다.

합류(合流)[함뉴] ①물이 한데 모여 흐름. 예두 강은 어디에서 합류를 하느냐? ②어떤 무리에 합하여 행동을 같이함. 예행진 대열에 합류를 하다. 합류되다. 합류하다.

합리(合理)[함니] 논리나 이치에 꼭 맞음, 또는 그런 상태. 빤불합리.

합리성(合理性)[함니썽] 논리나 이치에 꼭 맞는 성질. 빤불합리성.

합리적(合理的)[함니적] 논리나 이치에 맞는 것. 예합리적인 방안을 찾아보자. 빤비합리적.

합법(合法)[합뻡] 법이나 규정에 맞음. 예합법 집회. 삐적법. 빤위법·불법.

합법적(合法的)[합뻡쩍] 법이나 규정에 맞는 것. 예합법적으로 해결하다./합법적인 절차를 따르다.

합병(合倂)[합뼝] 둘 이상의 기관이나 조직을 하나로 합침. 삐병합. 합병되다. 합병하다. 예두 회사를 합병하다.

합병증(合倂症)[합뼝쯩] 어떤 병에 곁들여서 일어나는 다른 병.

합산(合算)[합싼] 합하여 셈함. 삐합계. 합산되다. 합산하다. 예한 달 교통비를 합산했다.

합석(合席)[합썩] 한자리에 같이 앉음. 합석하다.

합선(合線)[합썬] 양전기와 음전기의 두 전선이 한데 붙음. 예합선으로 인한 화재. 합선되다. 합선하다.

합성(合成)[합썽] 둘 이상이 합하여 하나를 이룸. 합성되다. 합성하다. 예두 사진을 합성하여 새로운 사진을 만들었다.

합성 섬유(合成纖維) 석유·석탄·천

연가스 등을 원료로 하여, 화학적으로 합성하여 만든 섬유. 나일론·비닐론 등. 준합섬.

합성 세:제(合成洗劑) 화학적으로 합성하여 만든 세제.

합성수지(合成樹脂)[합썽수지] 화학적으로 합성하여 건축 재료나 식기 등의 재료로 쓰이는 물질. 폴리염화비닐·폴리에틸렌 등.

합성어(合成語)[합썽어] 둘 이상의 낱말이 모여 이루어진 낱말. '돌'과 '다리'가 결합된 '돌다리'나 '밤'과 '나무'가 결합된 '밤나무' 같은 말.

합세(合勢)[합쎄] 세력을 한데 모음. 예여럿이 합세를 하여 친구 하나를 괴롭히다니…. 합세하다.

합숙(合宿)[합쑥] 여러 사람이 한곳에 묵음. 예합숙 훈련. 합숙하다.

합승(合乘)[합씅] 여럿이 함께 탐. 예택시 합승. 합승하다.

합심(合心)[합씸] 두 사람 이상이 마음을 합침. 합심하다. 예모두 합심해서 이 위기를 헤쳐 나가자.

합의¹(合意)[하븨/하비] 서로의 의견이 일치함. 예그들은 오랜 토론 끝에 합의에 도달했다. 합의되다. 합의하다.

합의²(合議)[하븨/하비] 두 사람 이상이 모여 의논함. 예이것은 두 사람이 합의를 해서 결정할 문제이다. 합의되다. 합의하다.

합작(合作)[합짝] 힘을 합하여 만듦. 예한중 합작 영화. 합작하다.

합장¹(合掌)[합짱] 불교에서, 두 손바닥을 마주 댐, 또는 그런 인사. 합장하다.

합장²(合葬)[합짱] 둘 이상의 시체를 한 무덤에 묻음. 합장하다.

합주(合奏)[합쭈] 두 가지 이상의 악기로 동시에 연주함, 또는 그 연주. 빤독주·중주. 합주하다.

합주곡(合奏曲)[합쭈곡] 두 가지 이상의 악기로 동시에 연주하도록 만든 곡.

합죽선(合竹扇)[합쭉썬] 얇게 깎은 겉대를 맞붙여 살을 만든, 접었다 폈다 할 수 있는 부채.

합중국(合衆國)[합쭝국] 둘 이상의 국가나 주가 결합하여 같은 주권 아래 단일 국가를 이룩한 나라. 예아메리카 합중국.

합집합(合集合)[합찌팝] 두 집합의 모든 원소로 이루어진 집합. 기호 ‘∪’로 나타낸다.

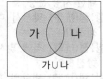

〈합집합〉

합창(合唱) 여러 사람이 화음을 맞추면서 노래를 부름, 또는 그 노래. 참독창·중창. 합창하다.

합창곡(合唱曲) 합창을 위해 만든 곡.

합창단(合唱團) 합창을 하기 위한 모임.

합천(陜川) 경상남도 북서쪽에 있는 군. 명승지로 가야산 국립 공원과 해인사가 있다.

합치(合致) 의견이나 주장 등이 꼭 들어맞음. 예모두의 의견이 합치가 될 때까지 계속해서 토론을 했다. 비일치. 합치되다. 합치하다.

합치다(合─) ‘합하다’의 힘줌말. 예여럿이 힘을 합쳐 구덩이를 팠다. 반나누다.

합판(合板) 얇은 나무 판을 여러 장 붙여서 만든 널빤지.

합하다(合─)[하파다] ①여럿이 하나가 되다. 예두 물줄기가 합하여 강을 이루었다. ②여럿을 모아 하나로 만들다. 예여기 적힌 수들을 모두 합해 보아라. ③여러 사람의 마음·힘·뜻 등을 한데 모으다. 예우리가 힘을 합하면 두려울 것이 없다.

핫-[한] ‘솜을 둔’의 뜻을 나타내는 말. 예핫옷/핫바지.

핫도그(hot dog) 길쭉한 빵에 겨자나 버터를 바르고 그 속에 뜨거운 소시지를 끼운 음식.

핫바지[한빠지] 솜을 둔 바지.

항(項) ①법률이나 문장 등에서, 내용을 구분하는 단위의 한 가지. 예한글 맞춤법 제57항. ②다항식에서의 낱낱의 단항식.

-항(港) ‘항구’의 뜻을 나타내는 말. 예부산항/수출 자유항.

항간(巷間) 보통 사람들 사이. 예항간에 떠도는 소문.

항:거(抗拒) 맞서서 버팀. 예불법적인 탄압에 항거를 했다. 항거하다.

항:공(航空) 비행기로 하늘을 날아다님. 예항공 산업.

항:공기(航空機) 사람이 타고 하늘을 날아다닐 수 있는 탈것을 통틀어 이르는 말. 비행기나 헬리콥터 등. |참고| 미사일이나 우주 로켓 등은 포함하지 않는다.

항:공로(航空路)[항공노] 비행기가 날아다니는 하늘의 길. 준항로.

항:공모함(航空母艦) 항공기를 뜨고 내리게 할 수 있는 넓은 갑판을 가진 큰 군함.

항:공 우편(航空郵便) 비행기로 우편물을 실어 나르는 우편, 또는 그 우편물.

항:구(港口) 바닷가에 배가 드나들 수 있도록 시설해 놓은 곳.

항:구 도시(港口都市) 항구를 끼고 발달한 도시. 준항도.

항구적(恒久的) 변함없이 오래가는 것. 예항구적인 대책을 세워야 한다.

항:균(抗菌) 세균을 막는 것. 예항균 작용.

항:라(亢羅)[항나] 명주·모시·무명실 등으로 짠 천의 한 가지. 구멍이 뚫려

서 여름 옷감으로 알맞다.

항렬(行列)[항녈] 친족 간의 세대 관계를 나타내는 말. 할아버지뻘, 아버지뻘, 형제뻘 등으로 갈라진다. 예항렬이 높다(낮다)./사촌 형제는 같은 항렬이다.

항:로(航路)[항노] ①바다에서 배가 다니는 길. 예항로를 변경하다. 비뱃길·해로. ②〈항공로〉의 준말.

항:만(港灣) 배가 머무르고, 승객이나 화물 등을 싣거나 부릴 수 있도록 시설을 한 곳.

항:목(項目) 하나의 내용을 기준에 따라 낱낱이 나누어 놓은 갈래. 예지출 항목.

항문(肛門) 소화 기관 끝에 있는, 똥을 몸 밖으로 내보내는 구멍. 비똥구멍.

항:법(航法)[항뻡] 배나 비행기가 정해진 길을 안전하게 다니는 방법, 또는 그런 기술.

항복(降伏) 적이나 상대편에게 져서 굴복함. 항복하다. 예장군은 끝까지 항복하지 않고 싸웠다.

항상(恒常) 어느 때에나. 예횡단보도를 건널 때에는 항상 주위를 살펴라. 비노상·늘.

항:생제(抗生劑) 세균이나 미생물의 발육과 번식을 억제하는 물질로 된 약제. 비마이신.

항성(恒星) 천구 위에서 서로의 위치를 거의 바꾸지 않고, 스스로 빛을 내는 별. 태양이나 북극성 등. 비붙박이별. 반행성.

항:소(抗訴) 재판에서 첫 재판의 판결에 따르지 않고 상급 법원에 다시 재판하여 줄 것을 요구하는 일. 항소하다.

항아리(缸—) 아래위가 좁고 배가 약간 부른 질그릇. 참독¹.

항:암(抗癌) 암세포가 늘어나지 않게 하거나 암세포를 죽임. 예항암 치료.

항온 동:물(恒溫動物) 바깥 온도와 상관없이 체온을 늘 일정하게 따뜻한 상태로 유지하는 동물. 비더운피 동물·온혈 동물. 반변온 동물.

항:의(抗議)[항의/항이] 못마땅한 일에 대하여 그렇지 않다고 주장함. 예선수들이 심판의 판정에 항의를 했다. 항의하다.

항:일(抗日) 일본 제국주의에 맞서서 싸움. 예항일 투쟁.

항:일 운:동(抗日運動) 일본의 침략에 대한 저항 운동.

항:쟁(抗爭) 맞서서 다툼. 비항전. 항쟁하다.

항:전(抗戰) 적에 맞서 싸움. 비항쟁. 항전하다.

항:체(抗體) 병균의 침입에 대항하여 혈청이나 조직 속에 생기는 물질. 병균을 죽이거나 몸에 면역성을 준다.

항:해(航海) ①배를 타고 바다를 다님. 예항해를 떠나는 배. ②'어떤 목표를 향해 나아가는 과정'을 비유하여 이르는 말. 항해하다.

항:해사(航海士) 배에서, 선장을 도와 배의 운항에 관한 일을 하는 사람.

항:해술(航海術) 항해 중에 배의 위치를 확인하고, 항로의 방향을 헤아리는 등의 기술.

항:행(航行) 배나 비행기가 항로를 따라 나아감. 항행하다.

해¹ ①태양계의 중심이 되는 붙박이별. 예해가 뜨다./해가 지다. 비태양. ②지구가 태양을 한 바퀴 도는 동안, 또는 그 시간을 세는 말. 예달이 가고 해가 바뀌었다./한 해, 두 해 지나고 어느덧 소년은 청년이 되었다. ③낮 동안. 예해가 많이 짧아졌다.

해가 서쪽에서 뜨다 관용 '있을 수 없는 일'을 비유하여 이르는 말. 예네가 이렇게 일찍 일어나다니 내일은 해가 서쪽에서 뜨겠다.

해² ①입을 힘없이 조금 벌린 모양. 예동생이 입을 해 벌리고 텔레비전을 보고 있다. ②입을 조금 벌리면서 경망스럽게 웃는 소리, 또는 그 모양. 흰헤.

해¦³ '하여'가 줄어든 말. 예그렇게 해도 되느냐?

해⁴(垓) 수 단위의 한 가지. 경의 1만 배.

해¦⁵(害) 사람이나 사물에 끼치는 나쁜 영향. 예다른 사람에게 해가 되는 일은 하지 말아야지.

해가림 무엇을 보호하기 위하여 햇볕을 가려 주는 일. 해가림하다.

해거름 해가 질 무렵. 예동생은 해거름이 되어서야 집에 들어왔다.

해¦결(解決) 얽힌 일을 풀어서 처리함. 예혼자 해결을 못 해서 친구에게 도움을 청하기로 했다. 해결되다. 해결하다.

해¦결사(解決士)[해결싸] 해결하기 어려운 사건이나 일을 척척 처리하는 사람.

해¦결책(解決策) 어떤 일이나 문제를 해결하기 위한 방법.

해¦고(解雇) 돈을 주고 일을 시키던 사람을 내보냄. 예그 사람은 잦은 지각과 결근으로 회사에서 해고를 당하였다. 해고되다. 해고하다.

해골(骸骨) 살이 썩고 남은 죽은 사람의 뼈, 또는 그 머리뼈.

해괴망측하다(駭怪罔測一)[해괴망츠카다/해궤망츠카다] 헤아릴 수 없이 몹시 해괴하다. 예그런 해괴망측한 이야기는 생전 처음 듣는다.

해괴하다(駭怪一)[해괴하다/해궤하다] 놀랄 만큼 괴상하다. 예학교에 해괴한 소문이 돌고 있다.

해¦구(海溝) 바다의 밑바닥에 좁고 길게 팬 곳. 제일 깊은 곳이 6,000m 이상인 데를 말한다.

해¦군(海軍) 바다를 지키는 군대. 쵐육군·공군.

해금(奚琴) 민속 악기의 한 가지. 둥근 나무통에 긴 나무를 박고 두 가닥의 명주실을 매어 활로 비벼서 켠다. 빈깡깡이.

해¦금강(海金剛) 강원도 고성군에 있는, 경치가 좋은 바닷가. 10km 남짓한 거리에 걸쳐 있다.

해꼬지(害一) '해코지'의 잘못.

해¦남(海南) 전라남도 남서부에 있는 군. 땅끝 마을, 고산 윤선도 고택 등의 명승지가 있다.

해¦내다 어려운 일 등을 마침내 처리하거나 이루다. 예현주는 마음먹은 일은 꼭 해내었다.

해넘이[해너미] 해가 지는 일. 또는 해가 질 때. 빈일몰. 쐔해돋이.

해¦녀(海女) 바닷속의 해삼·전복 등을 따는 일을 직업으로 하는 여자.

해님 '해'를 사람에 비유하여 정답게 이르는 말. 예해님이 방긋 웃었다. 쵐달님·별님. |잘못| 햇님.

해¦답(解答) 어려운 일이나 문제를 풀어서 밝히거나 답함, 또는 그 답. 예해답을 찾다. 죈답. 해답하다.

해당(該當) 어떤 일에 관계되는 바로 그것. 예해당 사항 없음. 해당되다. 해당하다.

해¦당화(海棠花) 장미과의 낙엽 지는 떨기나무. 5~7월에 향기가 있는 붉은 꽃이 핀다. 바닷가의 모래땅이나 산기슭에서 자란다.

해¦도(海圖) 바다의 모양과 배가 다니는 길, 해류 등을 그려 넣은 지도.

해¦독¹(害毒) 나쁜 영향을 끼치는 요소. 죈독.

해¦독²(解毒) 몸 안에 들어간 독성 물질의 기운을 없앰. 예해독 작용. 해독되다. 해독하다.

해¦독³(解讀) 해석하기 어려운 문구나

암호 등을 읽어서 뜻을 알아냄. 예암
호 해독. 해독되다. 해독하다.

해ː독제(解毒劑)[해독쩨] 몸 안에 들어
간 독성 물질의 기운을 없애는 약.

해돋이 [해도지] 해가 돋는 일. 또는
해가 돋는 때. 町일출. 圈해넘이.

해ː동(解凍) 얼었던 것이 녹아서 풀림.
해동되다. 해동하다.

해ː동성국(海東盛國) 《바다 동쪽에 있
는 문화가 번성한 나라라는 뜻으로》
전성기 때의 발해를 중국에서 이르
던 말.

해ː동통보(海東通寶) 고려 숙종 7
(1102)년에 만든 구리 돈. 우리나라
최초의 엽전이다.

해ː로(海路) 바다 위에서 배가 다니는
길. 町항로.

해ː롭다(害ㅡ)[해롭따] 해가 되는 점
이 있다. 예담배는 건강에 해롭다.
町이롭다. |활용| 해로우니·해로워.
해로이.

해롱거리다 술에 취하거나 하여 자꾸
실없는 행동을 하다. 예취해서 해롱
거리는 남자. 町해롱대다.

해롱대다 → 해롱거리다.

해롱해롱 자꾸 해롱거리는 모양.

해ː류(海流) 일정한 방향으로 흐르는
바닷물의 흐름. 난류와 한류가 있다.

해ː리(海里) 바다 위의 거리를 나타내
는 단위. 1해리는 1,852m이다.

해ː마(海馬) 실고깃과의 바닷물고기.
몸길이 8cm가량. 머리가
말의 머리와 비슷하며,
주둥이는 대롱 모양이다.
수컷의 배에 육아낭이 있
어 알을 부화시킨다. 한
방에서 소화제의 원료로
쓴다.

〈해마〉

해마다 한 해 한 해 항상.
예해마다 책값이 오른다. 町매년·
매해.

해맑다 [해막따] 매우 희고 맑다. 예해
맑은 아기 얼굴.

해머(hammer) 물건을 두드리기 위한
큰 쇠망치.

해ː면(海面) 바다의 표면. 町해수면.

해ː명(解明) 까닭이나 내용 등을 풀어
서 밝힘. 해명되다. 해명하다. 예사
고의 원인을 해명하다.

해모수(解慕漱, ?~?) 주몽 설화에 나
오는 북부여의 첫 임금. 천제의 아들
로 하백의 딸 유화와의 사이에서 고
구려의 시조 주몽을 낳았다고 한다.

해ː몽(解夢) 꿈의 내용을 풀어서 좋고
나쁨을 판단함. 예꿈보다 해몽이 좋
다. 해몽하다.

해묵다 [해묵따] 여러 해를 넘겨 오래
되다. 예해묵은 일기장.

해ː물(海物) 〈해산물〉의 준말.

해바라기 국화과의 한해살이풀. 키가
크고 여름에 노란빛의 큰 꽃이 해를
향해 핀다. 씨는 먹을 수 있고 기름을
짜기도 한다.

해박하다(該博ㅡ)[해바카다] 사물에
대해 아는 것이 많다. 예선생님의 해
박한 지식에 감탄했다.

해ː발(海拔) 바다 표면으로부터 계산
하여 잰 육지나 산의 높이. 예백두산
의 높이는 해발 2,744m이다.

해ː발 고도(海拔高度) 평균 해수면을
기준으로 하여 잰 육지나 산 등의
높이.

해ː방(解放) 얽매임이나 짓눌림 등을
풀어서 자유롭게 함. 예노예 해방. 해
방되다. 해방하다.

해ː변(海邊) 바닷가. 町해안.

해ː변가(海邊ㅡ)[해변까] 바닷가.

해ː병(海兵) 해병대에 소속된 군인.

해ː병대(海兵隊) 육지나 바다 어디에
서나 싸울 수 있도록 특별히 조직되
고 훈련된 부대.

해ː부(解剖) 생물의 일부 또는 전부를

갈라서 그 내부를 조사하는 일. 해부되다. 해부하다. 예개구리를 해부하다.

해:빙(解氷) ①얼음이 풀림. 땐결빙. ②'국제간의 긴장이 누그러짐'을 비유하여 이르는 말. 해빙되다. 해빙하다.

해사하다 얼굴이 희고 곱다. 예미영이가 해사한 얼굴로 웃어 보였다.

해:산¹(解産) 아이를 낳음. 町분만·출산. 해산하다.

해:산²(解散) ①모인 사람이 헤어짐, 또는 헤어지게 함. 땐집합. ②조직이나 단체 등이 흩어져 없어짐, 또는 없어지게 함. 해산되다. 해산하다. 예행사가 끝나고 모인 사람들이 해산하였다.

해:산물(海産物) 바다에서 나는 산물. 물고기·바닷말·조개 등. 준해물.

해:삼(海蔘) 해삼강의 동물을 통틀어 이르는 말. 몸은 부드럽고 오이 모양으로 등 쪽에 오톨도톨한 혹이 나 있으며, 갈색의 아롱진 무늬가 있다. 흔히 날로 먹으며, 내장은 젓을 담근다.

〈해삼〉

해:상(海上) 바다 위.

해:상권(海上權) [해상꿘] 바다를 지배하여 군사·무역·항해 등에 대해 가지는 권력. 町제해권.

해:서(海西) '황해도'의 다른 이름.

해:석(解釋) 문장이나 사물의 뜻을 풀어서 이해하거나 설명함. 해석되다. 해석하다. 예다음 문장을 읽고 해석하시오.

해:설(解說) 어떤 문제나 내용을 알기 쉽게 풀어서 설명함, 또는 그런 글이나 책. 예시사 해설. 해설되다. 해설하다.

해:설자(解說者) [해설짜] 해설하는 사람.

해:소(解消) 어려운 일이나 상황 등을 해결하여 없애 버림. 예갈등 해소. 해소되다. 해소하다.

해:송(海松) ①바닷가에 나는 소나무를 통틀어 이르는 말. ②소나뭇과의 늘푸른큰키나무. 껍질은 검은 회색이며 거북의 등처럼 갈라지고, 잎은 두 잎씩 붙어 난다. 방풍림으로 많이 심는다.

해:수(海水) 바닷물.

해:수면(海水面) 바닷물의 표면. 예지구 온난화로 빙하가 녹으면서 해수면이 높아지고 있다고 한다. 町해면.

해:수욕(海水浴) 바다에서 헤엄치거나 노는 일. 예바닷가에서 해수욕을 즐기는 사람들. 해수욕하다.

해:수욕장(海水浴場) [해수욕짱] 해수욕을 하기에 알맞은 자연환경과 설비가 갖추어져 있는 바닷가.

해시계(一時計) [해시계/해시게] 햇빛에 의한 그림자의 방향으로 시간을 재는 시계.

해쓱하다 [해쓰카다] 얼굴에 핏기가 없고 파리하다.

해:악(害惡) 해가 되는 나쁜 영향. 예해악을 끼치다.

해:안(海岸) 바다와 육지가 닿은 곳. 町해변.

해:안가(海岸一) [해안까] 바다와 육지가 맞닿은 곳이나 그 근처. 町바닷가.

해:안선(海岸線) 바다와 육지가 서로 맞닿아서 길게 뻗은 선.

해:약(解約) 약속이나 계약 등이 깨어짐. 또는 약속이나 계약 등을 깨뜨림. 해약되다. 해약하다.

해:양(海洋) 넓은 바다.

해:양성 기후(海洋性氣候) 바다의 영향을 크게 받는 기후. 계절에 따른 기온의 차가 심하지 않고, 흐린 날과 비 오는 날이 많다.

ㅎ

해어지다 [해어지다/해여지다] 옷이나 신 등이 닳아서 구멍이 나거나 찢어지다. 예낡고 해어진 운동화. 준해지다.

해:역(海域) 바다 위의 일정한 구역.

해:열(解熱) 몸의 열을 풀어 내림. 해열되다. 해열하다.

해:열제(解熱劑) [해열쩨] 병으로 높아진 몸의 열을 내리게 하는 약제.

해오라기 왜가릿과의 새. 몸은 뚱뚱하고 다리가 짧으며, 등은 검은색, 배는 흰색, 날개는 회색인 여름새이다. 주로 밤에 활동하며, 개구리·물고기 등을 잡아먹는다.

〈해오라기〉

해:왕성(海王星) 태양에서 여덟 번째로 가까운 행성. 태양으로부터 약 45억 km 떨어져 있다.

해:외(海外) [해외/해웨] 바다의 밖. 곧, 다른 나라. 예해외 동포. 반국내.

해:운대(海雲臺) 부산광역시 해운대구에 있는 바닷가. 온천과 해수욕장으로 유명하다. |참고| 신라 말기의 학자 최치원이 동백섬 동쪽 바위에 해운대라 새긴 데서 유래하였다.

해:운업(海運業) [해우넙] 돈을 받고 배를 부리어 사람이나 짐을 나르는 사업.

해:이하다(解弛一) 긴장이나 규율이 풀려 마음이 느슨하다. 예정신 상태가 해이하구나.

해:인사(海印寺) 경상남도 합천군 가야산에 있는 절. 팔만대장경이 보관되어 있다.

해:일(海溢) 지진이나 화산의 폭발 또는 폭풍우 때문에 큰 물결이 일어 갑자기 해안을 덮치는 일.

해:임(解任) 맡긴 직위나 임무를 내놓고 물러나게 함. 예장관의 해임을 요구하다. 반임명. 해임되다. 해임하다.

해:장 국물 등을 먹으며 전날 마신 술기운을 품. |참고| 해장은 '해정(解酲)'에서 온 말. 해장하다.

해:장국 [해장꾹] 전날 마신 술기운 때문에 거북한 속을 풀기 위하여 먹는 국.

해:저(海底) 바다의 밑바닥. 예해저 유물 탐사.

해:적(海賊) 배를 타고 다니면서 해변의 마을이나 다른 배를 습격하여 재물을 빼앗는 도둑. 참산적.

해:적선(海賊船) [해적썬] 해적이 타고 다니는 배.

해:전(海戰) 바다 위에서 치르는 전투.

해:제(解除) 법이나 명령 등으로 묶여 있던 것을 풀어서 그 이전 상태로 돌아가게 함. 예경계 경보 해제. 해제되다. 해제하다.

해:조(海藻) 바다에서 자라는, 꽃이 피지 않고 열매도 맺지 않는 식물. 김·미역·다시마 등. 비바닷말·해조류.

해:조류(海藻類) ➡ 해조.

해:주(海州) 황해도의 남서부에 있는 시. 교통의 중심지이며, 수산물이 많이 생산된다. 황해도의 도청 소재지이다.

해죽 만족한 듯이 귀엽게 웃는 모양. 큰히죽. 해죽해죽. 예엄마가 젖을 주었더니 아기가 금세 해죽해죽 웃는다.

해죽거리다 [해죽꺼리다] 만족한 듯이 귀엽게 자꾸 웃다. 비해죽대다. 큰히죽거리다.

해죽대다 [해죽때다] ➡ 해죽거리다.

해:지(解止) 계약 당사자 한쪽의 의사에 따라 계약으로 생긴 법률관계를 없앰. 해지되다. 해지하다.

해:지다 〈해어지다〉의 준말. 예낡고 해진 옷.

해:직(解職) 일하던 직장이나 직위에서 물러나게 함. 예그는 회사에서 해

직 통보를 받고 몹시 당황했다. 해직되다. 해직하다.

해 질 녘 해가 질 무렵.

해:체(解體) ①단체·조직·체제 등이 흩어지거나 무너짐, 또는 그렇게 되게 함. ②여러 부분으로 이루어진 기계나 구조물 등이 풀어지거나 무너짐, 또는 그렇게 되게 함. 해체되다. 해체하다.

해:초(海草) 바다에서 자라는, 꽃이 피고 열매를 맺는 식물.

해:충(害蟲) 사람이나 농작물에 해가 되는 벌레를 통틀어 이르는 말. 모기·파리·진딧물 등. 뺀익충.

해:치다(害─) ①무엇을 상하게 하거나 해롭게 하다. 예그렇게 무리하다 가는 건강을 해치기 쉽다. ②남을 다치게 하거나 죽이다. 예산에서 내려온 멧돼지가 사람을 해쳤다.

해:치우다 ①어떤 일을 빨리 끝내 버리다. 예이 많은 일을 세 시간 만에 해치웠다고? ②음식을 남김없이 먹어 버리다. 예떡볶이가 2인분쯤이야 혼자서도 해치울 수 있다. ③방해가 되는 상대를 없애 버리다. 예장군이 수십 명의 적들을 해치웠다.

해커(hacker) 인터넷 등을 통해 남의 컴퓨터에 몰래 침입해 프로그램을 망가뜨리거나 자료를 빼내는 사람.

해:코지(害─) 남을 해치려고 하는 짓. |잘못| 해꼬지. 해코지하다.

해킹(hacking) 인터넷 등을 통해 남의 컴퓨터에 몰래 침입해 프로그램을 망가뜨리거나 자료를 빼내는 일.

해:탈(解脫) 불교에서, 세상의 번뇌·욕망·괴로움에서 완전히 벗어남. 해탈하다.

해:태 사자와 비슷하나 머리에 뿔이 있으며, 시비와 선악을 판단하여 안다고 하는 상상의 동물. |참고| 해태는 '해치(獬豸)'에서 온 말.

해:파리 히드라충류와 해파리류의 자포동물을 통틀어 이르는 말. 몸은 우산 또는 종 모양이며 온몸이 흐물흐물하다. 물 위에 떠서 살며 몸의 아랫면에 여러 개의 촉수 가 있다. 대부분이 바다에서 산다.

〈해파리〉

해:풍(海風) 바다에서 육지로 불어오는 바람. 뺀바닷바람. 뺀육풍.

해프닝(happening) 우연히 일어난 작은 사건. 예그것은 교사가 학생으로 오해를 받아 벌어진 해프닝이었다.

해피엔드(happy end) 소설·연극·영화 등에서 모든 일이 잘되어 행복하게 끝맺는 일.

해학(諧謔) 재치 있게 비꼬면서 웃음을 자아내는 말이나 행동.

해해 남을 놀리듯이 까불며 경망스럽게 웃는 소리, 또는 그 모양. 콘히히.

해해거리다 남을 놀리듯이 까불며 경망스럽게 자꾸 웃다. 예희수는 뒤끝이 없어서 샐쭉했다가도 금방 해해거리며 웃는다. 뺀해해대다. 콘히히거리다.

해해대다 ➡ 해해거리다.

해:협(海峽) 육지와 육지 사이에 있는 좁고 긴 바다. 예대한 해협.

핵(核) ①사물이나 활동의 중심이 되는 것. ②세포의 중심에 있는 알갱이. ③물질을 이루는 원자의 중심이 되는 알갱이. ④〈핵무기〉의 준말.

핵가족(核家族) [핵까족] 한 쌍의 부부와 그들의 미혼 자녀로 이루어진 가족. 뺀소가족. 쌤대가족.

핵무기(核武器) [행무기] 원자핵이 분열하거나 합쳐질 때 생기는 힘을 이용한 무기. 원자 폭탄·수소 폭탄 등.

핵심(核心) [핵씸] 사물의 중심이 되는 가장 요긴한 부분. 예사건의 핵심 인물. 뺀알맹이.

핵폭탄(核爆彈) 핵반응으로 거대한 폭발을 일으키는 원자 폭탄과 수소 폭탄을 이르는 말.

핸드백(handbag) 여성이 지갑이나 화장품 등을 넣어 들고 다니는 작은 가방.

핸드볼(handball) 운동 경기의 한 가지. 7명(또는 11명)으로 이루어진 두 팀이 공을 손으로 패스하거나 드리블하여 상대편의 골에 던져 넣어 그 득점으로 승부를 겨루는 경기.

핸드폰 가지고 다니면서 쓰는 작은 무선 전화기. |참고| 핸드폰은 'hand'와 'phone'이 합쳐서 된 말. 예핸드폰으로 친구에게 전화를 걸었다. 비휴대폰·휴대 전화.

핸들(handle) 자전거나 자동차 등의 방향을 조종하는 손잡이.

핸디캡(handicap) 자기에게 특별히 불리하게 작용하는 조건.

핼쑥하다 [핼쑤카다] 얼굴이 핏기가 없고 파리하다. 예그는 며칠 앓고 난 뒤라 그런지 얼굴이 핼쑥해 보였다. |잘못| 핼쓱하다.

핼쓱하다 '핼쑥하다'의 잘못.

햄(ham) 소금에 절인 돼지고기를 연기에 그을려 만든 식품.

햄릿(Hamlet) 셰익스피어의 4대 비극의 하나. 덴마크의 왕자 햄릿이 아버지를 독살한 작은아버지와 어머니에 대한 복수를 맹세하나, 사색적이고 소극적인 성격 때문에 고민하다가 끝내 원수를 갚고 죽는다는 이야기이다.

햄버거(hamburger) 둥근 빵에 햄버그 스테이크와 야채·치즈 등을 끼운 음식.

〈햄버거〉

햄버그스테이크(hamburg steak) 잘게 다진 쇠고기나 돼지고기에 빵가루와 양파 등을 섞어 둥글넓적하게 뭉쳐 기름에 구운 음식.

햄스터(hamster) 쥐과의 동물. 꼬리와 다리가 짧고 귓바퀴가 둥글다. 시리아가 원산지로, 중동, 유럽 중부 등지에 분포한다. 애완동물이나 의학 실험용으로 기른다.

〈햄스터〉

햅쌀 그해에 새로 난 쌀. 비묵은쌀.

햇- [핻] '그해에 처음 난'의 뜻을 나타내는 말. 예햇감자/햇과일.

햇곡식(-穀食) [핻곡씩] 그해에 새로 나온 곡식. 준햇곡.

햇과일 [핻꽈일] 그해에 새로 나온 과일. 비햇과실.

햇귀 [해뀌/핻뀌] 해가 뜰 때 처음으로 비치는 빛.

햇님 '해님'의 잘못.

햇무리 [핻무리] 햇빛이 공기 속에 있는 수증기에 비쳐서 해의 둘레에 둥글게 나타나는 테두리. 예햇무리가 지다. 참달무리.

햇발 [해빨/핻빨] 사방으로 퍼진 햇살.

햇밤 [핻빰] 그해에 처음 딴 밤.

햇병아리 [핻뼝아리] '풋내기'를 비유하여 이르는 말. 예햇병아리 사원.

햇볕 [해뼏/핻뼏] 해에서 나오는 뜨거운 기운. 예햇빛은 밝고, 햇볕은 따뜻하다. 준볕.

햇보리 [핻뽀리] 그해에 처음 난 보리.

햇빛 [해삗/핻삗] 해의 빛.

햇살 [해쌀/핻쌀] 해에서 퍼져 나오는 빛의 줄기. 예찬란한 아침 햇살/햇살이 따갑다.

햇수(-數) [해쑤/핻쑤] 해의 수. 예이곳으로 이사를 온 지도 햇수로는 벌써 3년이다.

행(行) 가로나 세로의 글의 줄, 또는 그 줄을 세는 말. 예행을 바꾸다.

-**행**(行)((장소를 나타내는 말 뒤에 붙어)) '그곳으로 향함'의 뜻을 나타내는 말. 예부산행 열차.

행간(行間) ①글줄과 글줄 사이. 예행간이 넓다. ②'글에 직접 나타나 있지 않고 숨어 있는 뜻'을 비유하여 이르는 말. 예행간을 읽다.

행군(行軍) 군인 또는 많은 사람이 줄을 지어 걸어감. 행군하다.

행궁(行宮) 임금이 본래 사는 궁을 떠나 나들이할 때 머물던 궁.

행글라이더(hang-glider) 금속으로 된 틀에 천을 발라서 만든 기구. 비탈을 이용하여 사람이 매달린 채 공중으로 떠올라서 날게 된다.

행동(行動) 몸을 움직여서 동작하거나 어떤 일을 하는 것. 예행동이 빠르다(느리다). 행동하다.

행동거지(行動擧止) 몸을 움직여서 하는 모든 동작과 일. 예할아버지는 항상 행동거지를 바르게 해야 한다고 하셨다.

행랑(行廊)[행낭] 대문의 양쪽으로 있는 방. 町문간방.

행랑채(行廊一)[행낭채] 행랑으로 된 집채.

행렬(行列)[행녈] 여럿이 줄을 지어 감, 또는 그 줄. 예시위 행렬/연등 행렬.

행로(行路)[행노] ①다니는 길. ②살아가는 과정. 예인생 행로.

행방(行方) 어떤 사람이 간 곳이나 자취. 예경찰이 사라진 범인의 행방을 찾고 있다. 町종적.

행방불명(行方不明) 간 곳이 분명하지 않음. 행방불명되다.

행보(行步) ①걸음을 걸음, 또는 그 걸음. 예행보가 빠르다(느리다). ②어떤 목표를 가지고 행동함. 예그 정치인의 행보에 관심이 집중되고 있다.

행ː복(幸福) 부족함이나 불만이 없어 기쁘고 만족하여 흐뭇한 상태. 예가족들과 함께하는 일상에서 작은 행복을 느꼈다. 町불행. 행복하다.

행사¹(行事) 여럿이 모여 미리 계획한 일을 절차에 맞게 함, 또는 그 일. 예교내 백일장 행사. 행사하다.

행사²(行使) 부려서 씀. 특히, 권리나 권력·힘 등을 실지로 사용하는 일. 예국민의 권리 행사. 행사되다. 행사하다.

행사장(行事場) 행사가 벌어지는 곳. 예행사장이 커서 안내도를 잘 보고 다녀야 한다.

행상(行商) 이곳저곳 돌아다니며 물건을 팖. 예과일 행상. 행상하다.

행색(行色) 겉으로 보이는 차림새나 태도. 예행색이 초라하다.

행선지(行先地) 가는 곳. 예행선지를 밝히다.

행성(行星) 태양의 둘레를 도는 별. 즉, 수성·금성·지구·화성·목성·토성·천왕성·해왕성의 여덟 별. 町떠돌이별. 町항성.

행세¹(行世) 어떤 다른 사람인 척 행동함, 또는 그 태도. 예주인 행세를 하다. 행세하다.

행세²(行勢) 권세를 부림. 예행세깨나 하는 집안. 행세하다.

행실(行實) 평소에 하는 행동. 예행실이 나쁜 사람. 町품행.

행ː여(幸一) 혹시 어쩌다가라도. 예행여 임이 오시려나.

행ː여나(幸一) '행여'의 힘줌말. 예행여나 소식이 올까 날마다 기다렸다.

행ː운(幸運) 좋은 운수. 또는 행복한 운수. 예행운을 빕니다. 町불운.

행ː운아(幸運兒)[행우나] 좋은 운수를 만나 하는 일이 뜻대로 잘되어 가는 사람.

행위(行爲) 사람이 행하는 짓. 예부정행위를 하면 처벌을 받는다.

행인(行人) 길을 가는 사람.

행장(行裝) 여행할 때에 쓰이는 물건. 예그는 새벽에 행장을 꾸려 집을 나섰다.

행적(行跡) ①행동하여 움직인 자취. 예행적을 감추다./행적을 쫓다. ②살면서 해 온 일이나 업적. 예위대한 행적을 남긴 위인.

행정(行政) 정부가 법에 따라 나라를 다스리는 일. 참입법·사법.

행정 구역(行政區域) 행정 기관의 권한이 미치는 일정한 구역. 특별시·광역시·도·시·군·읍·면·동(리) 등.

행정부(行政府) 삼권 분립에 따라 행정을 맡아보는 국가 기관. 참입법부·사법부.

행주 그릇·밥상 등을 닦는 데 쓰는 헝겊.

행!주 대!첩(幸州大捷) 조선 선조 26 (1593)년에 권율이 행주산성에서 왜적을 크게 물리친 싸움.

행!주산성(幸州山城) 경기도 고양시 덕양구 행주내동에 있는 성. 임진왜란 때 권율 장군이 왜적을 크게 물리친 옛 싸움터이다.

행주치마 부엌일을 할 때 옷을 더럽히지 않기 위해 덧입는, 앞쪽만 가리는 짧은 치마. 비앞치마.

행진(行進) ①여럿이 줄을 지어 앞으로 나아감. 예군악대의 행진. ②'어떤 일이 계속하여 일어남'을 비유하여 이르는 말. 예안타 행진/연승 행진. 행진하다.

행진곡(行進曲) 행진할 때 연주하는 음악.

행차(行次) '웃어른이 길 가는 것'을 높여 이르는 말. 행차하다.

행태(行態) 행동과 태도. 주로 좋지 않은 것에 대해 쓰는 말이다. 예사람들이 일부 언론의 비양심적인 행태를 비난했다.

행패(行悖) 도리에 벗어나는 거친 짓을 함, 또는 그런 행동. 예행패를 부리다.

행하다(行一) 어떤 일을 실제로 하다. 예계획대로 행하다.

향(香) ①향기로운 냄새. 예향이 좋은 비누. ②제사 등에 피우는 향내가 나는 물건. 예방 안에 향을 피웠다.

향가(鄕歌) 신라 중기에서 고려 초기에 걸쳐 민간에 널리 퍼졌던 우리나라 고유의 노래. 이두와 향찰로 적혀 있다. |참고| '삼국유사'에 14수, '균여전'에 11수 등 모두 25수가 전한다.

향교(鄕校) 고려·조선 시대에 지방에 두었던 문묘와 거기에 딸린 학교.

향긋하다 [향그타다] 향기로운 느낌이 조금 있다. 예향긋한 꽃 냄새가 바람에 실려 왔다.

향기(香氣) 꽃이나 향 등에서 나는 기분 좋은 냄새. 예어디선가 좋은 향기가 났다.

향기롭다(香氣一) [향기롭따] 향기가 있다. 예향기로운 꽃 냄새/비누 냄새가 향기롭다. |활용| 향기로우니·향기로워. 향기로이.

향나무(香一) 측백나뭇과의 늘푸른큰키나무. 껍질은 붉은 갈색이며, 잎은 비늘 또는 바늘 모양이다. 나무는 향내가 나는데, 태우면 더욱 짙게 난다. 산기슭이나 평지에서 자라며, 조각재·향료 등으로 쓰인다.

향내(香一) 〈향냄새〉의 준말.

향냄새(香一) 향을 피울 때 나는 냄새. 준향내.

향!년(享年) 한평생 산 나이. 죽을 때의 나이를 말할 때 쓴다. 예김 선생님은 향년 80세를 일기로 돌아가셨다.

향!락(享樂) [향낙] 감각적인 즐거움을 마음껏 누림. 예사치와 향락에 빠진 사람들.

향로(香爐) [향노] 향을 피우는 자그마한 화로.

향료(香料) [향뇨] 식품이나 화장품 등에 넣어 향기를 내는 데 쓰이는 물질.

〈향로〉

향리(鄕吏) [향니] 지난날, 한 고을에 대를 이어 내려오던 아전.

향불(香―) [향뿔] 향을 태우는 불.

향ː상(向上) 기능이나 지위·수준 등이 나아짐. [예]기술 향상/성적 향상. [반]저하. 향상되다. 향상하다.

향수1(香水) 몸에 뿌려 향기로운 냄새가 나게 하는 액체 화장품.

향수2(鄕愁) 고향을 그리워하는 마음.

향수병(鄕愁病) [향수뼝] '고향 생각에 젖어 있는 것'을 병에 비유하여 이르는 말.

향신료(香辛料) [향신뇨] 음식물에 매운맛이나 향기를 더하는 조미료. 겨자·깨·고추·파·마늘·후추 등.

향악(鄕樂) 우리나라 고유의 민속 음악. 당악(唐樂)에 상대하여 이르는 말이다.

향약(鄕約) 조선 시대에, 서로 돕고 이끌어 주며 힘을 뭉치게 할 목적으로 시골 마을에서 스스로 정하여 지키던 규칙.

향약구급방(鄕藥救急方) [향약꾸급빵] 우리나라에서 가장 오래된 한의서. 고려 고종 때 간행된 책은 전하지 않으며, 조선 태종 17(1417)년에 간행된 것이 남아 있다.

향ː연(饗宴) 특별히 정성스럽게 손님을 대접하는 잔치.

향ː유(享有) 가지고 있는 것을 누림. 향유하다. [예]만인이 자유를 향유하는 사회.

향찰(鄕札) 신라 때, 한자의 음과 뜻을 빌려 우리말의 소리를 나타내던 글. 주로, 향가의 표기에 이용되었다.

향토(鄕土) 고향이나 자기가 살고 있는 지방. [예]향토 문화.

향토색(鄕土色) 그 지방만이 가지고 있는 자연·인정·풍속 등의 특색. [비]지방색.

향토애(鄕土愛) 향토에 대한 사랑.

향토 예ː비군(鄕土豫備軍) 군대에서 제대하고 자기 일을 하면서 자기 고장을 지키는 군인. [준]예비군.

향피리(鄕―) 국악기의 한 가지. 가느다란 피리로, 여덟 구멍 중 하나가 뒤에 나 있다.

향ː하다(向―) ①어느 쪽을 정면으로 대하다. [예]바다를 향해 나 있는 창. ②목표한 쪽으로 가다. [예]집을 나와 공원으로 향했다. ③마음을 기울이다. [예]임 향한 일편단심.

향ː학열(向學熱) [향항녈] 학문을 하려는 열의. 또는 무엇을 배우고자 하는 열의.

향ː후(向後) 지금 이후. [예]향후 5년간의 계획.

허1 기쁨·놀라움·노여움·안타까움 등의 느낌을 나타내는 말. [예]허, 이것 정말 야단났군./허, 참! 인심 한번 야박하구나. [작]하.

허2(虛) 대비가 되어 있지 않은 약점. [예]허를 찌르다.

허가(許可) 바라는 바를 들어줌. [예]이곳을 사용하려면 관청의 허가를 받아야 합니다. 허가되다. 허가하다.

허겁지겁 [허겁찌겁] 마음이 아주 급해서 어쩔 줄을 모르는 모양. [예]허겁지겁 점심을 먹고 약속 장소로 향했다. 허겁지겁하다.

허공(虛空) 텅 빈 공중. [예]허공을 가르는 비행기.

허구(虛構) 사실이 아닌 것을 사실처럼 얽어 만듦. [예]그 이야기는 허구로 밝혀졌다.

ㅎ

허구하다(許久―) 《'허구한'의 꼴로 쓰여》 날이나 세월 등이 매우 오래이다. 예허구한 날 놀기만 하면 공부는 언제 하려고 그러니?

허기(虛飢) 굶어서 배가 몹시 고픔. 예허기를 느끼다.

허기지다(虛飢―) 배가 몹시 고파 기운이 빠지다. 예우선 허기진 배부터 채우자.

허깨비 마음이 허하여 착각이 일어나, 어떤 물건이 다른 물건으로 또는 없는 것이 있는 것처럼 보이는 현상. 예기운이 없어 허깨비를 보았나 보다. 비헛것.

허다하다(許多―) 몹시 많다. 수두룩하다. 예요즘 물건을 두고 다니는 일이 허다하다. 허다히.

허덕거리다 [허덕꺼리다] 힘에 벅차 자꾸 몹시 괴로워하며 애쓰다. 예하루하루 허덕거리며 살아도 생활이 나아지지 않는다. 비허덕대다.

허덕대다[허덕때다] ➡ 허덕거리다.

허덕이다 [허더기다] 힘에 벅차 몹시 괴로워하며 애쓰다.

허덕허덕 [허더커덕] 자꾸 허덕거리는 모양.

허둥거리다 갈팡질팡하며 정신없이 서두르다. 예어찌할 바를 몰라 허둥거리고만 있다. 비허둥대다.

허둥대다 ➡ 허둥거리다.

허둥지둥 미처 정신을 차릴 겨를도 없이 몹시 다급하게 서두르는 모양. 예허둥지둥 달아나다.

허둥허둥 자꾸 허둥거리는 모양.

허드레 함부로 쓸 수 있는 허름한 것.

허드렛일[허드렌닐] 중요하지 않은 자질구레한 일. 예하인들은 주인의 시중을 들고 집 안의 허드렛일도 하였다. 허드렛일하다.

허들(hurdle) 육상 경기의 장애물 달리기에 쓰는, 나무나 금속으로 만든 물건, 또는 그 물건을 뛰어넘어 달리는 육상 경기.

허락 부탁한 것을 들어줌. |참고| 허락은 '허낙(許諾)'의 변한말. 예부모님께 허락을 받고 친구네 집에서 자기로 했다. 비승낙. 허락되다. 허락하다.

허례허식(虛禮虛飾) 겉으로만 꾸며 실속이나 정성이 없는 예절이나 의식.

허름하다 낡고 헌 듯하다. 예허름한 옷차림.

허리 ①사람이나 동물의 갈비뼈 아래에서 엉덩이까지의 잘록한 부분. ②위아래가 있는 물건의 가운데 부분.

허리가 휘다[관용] 어떤 일에 대한 부담이 감당하기 어려운 상태가 되다. 예유학 간 아들의 학비를 대느라 허리가 휠 지경이다.

허리띠 허리에 둘러매는 띠. 준띠. 비요대.

허리띠를 졸라매다[관용] ①검소한 생활을 하다. ②단단한 각오로 일을 시작하다. ③배고픔을 참다.

허리뼈 허리에 있는 뼈.

허리선(―線) 허리를 이루는 선. 예허리선을 강조하는 옷.

허리씨름 서로 상대방의 허리에 맨 띠를 잡고 하는 씨름. 허리씨름하다.

허리춤 허리가 있는 옷에서 허리의 안쪽 부분. 예그가 권총을 허리춤에 질러 넣었다.

허리케인(hurricane) 대서양 서부, 멕시코 만, 북태평양 동부에서 폭풍우와 함께 소용돌이를 그리며 발생하는 강한 열대성 저기압.

허망하다(虛妄―) ①거짓되어 미덥지 않다. 예허망한 소문. ②어이없고 헛되다. 예사기를 당해 전 재산을 허망하게 날려 버렸다.

허무(虛無) 아무런 의미나 가치가 없게 느껴져 쓸쓸하고 허전함. 예삶에 대한 허무를 느끼다. 허무하다.

허무맹랑하다(虛無孟浪一)[허무맹낭하다] 거짓되어 터무니없다. 예허무맹랑한 이야기.

허물[1] ①살갗의 꺼풀. ②매미나 뱀 등이 자라면서 벗는 껍질.

허물[2] ①잘못 저지른 실수. 예남의 허물을 덮어 주다. ②비난을 받을 만한 점. 예그 정도는 큰 허물이 되지 않아. ②비흠.

허물다 짜이거나 쌓인 물건을 헐어서 무너뜨리다. 예헌 집을 허물고 새 집을 지었다. |활용| 허무니·허물어.

허물어지다[허무러지다] 짜이거나 쌓인 물건이 흩어져 무너지다. 예폭우에 벽이 허물어졌다.

허물없다[허무럽따] 서로 친하여 체면을 차리거나 조심할 필요가 없다. 예허물없는 사이. 허물없이.

허밍(humming) 입을 다물고 코로 소리를 내어 노래를 부르는 일.

허방다리 짐승을 잡기 위하여 파 놓은 구덩이. 땅바닥에 구덩이를 파고, 그 위에 가는 막대기 등을 걸쳐 놓은 뒤 흙을 덮어 땅바닥처럼 만든다. 비함정.

허벅다리[허벅따리] 넓적다리의 위쪽 부분.

허벅지[허벅찌] 허벅다리 안쪽의 살이 많은 부분. 예아기의 허벅지에 살이 통통하게 올랐다.

허비(虛費) 헛되게 없앰, 또는 그 비용. 비낭비. 허비되다. 허비하다. 예차가 막혀 길에서 시간을 허비했다.

허사(虛事) 애썼지만 보람을 얻지 못한 일. 비헛일.

허상(虛像) 실제 없는 것이 있는 것처럼 보이거나 실제와 다르게 보이는 모습.

허생전(許生傳) 조선 정조 때 박지원이 지은 한문 소설. 허생이라는 선비가 가난에 못 이겨 하던 공부를 그만두고 장사를 하여 큰돈을 벌었다는 이야기로 '열하일기'에 실려 전한다.

허섭스레기[허섭쓰레기] 좋은 것을 다 빼고 난 뒤에 남은 허름하고 하찮은 물건. 예이삿짐 정리가 끝난 뒤 남은 허섭스레기는 내다 버렸다. 비허접쓰레기.

허세(虛勢) 실제로는 없으면서 있는 듯이 부리는 기세. 예나는 친구들 앞에서 기죽고 싶지 않아 괜히 허세를 부렸다.

허송세월(虛送歲月) 하는 일 없이 세월을 헛되이 보냄. 허송세월하다.

허수아비 ①새를 쫓기 위하여 막대기와 짚 등으로 사람 모양을 만들어 논밭에 세운 것. ②'제구실을 못 하거나 남이 시키는 대로만 하는 사람'을 비유하여 이르는 말.

허술하다 ①오래되거나 헐어서 낡다. 예허술한 초가집/허술한 옷차림. ②엉성하여 빈틈이 있다. 예이 동네는 경비가 허술해서 마음이 놓이지 않는다. 허술히.

허식(虛飾) 실속이 없이 겉만 보기 좋게 꾸밈. 허식하다.

허실(虛實) ①거짓과 참. 예허실을 가리다./허실이 드러나다. ②허함과 실함. 허약한 곳과 튼튼한 곳. 예경기에 이기려면 먼저 상대의 허실을 읽어야 한다.

허심탄회하다(虛心坦懷一)[허심탄회하다/허심탄훼하다] 마음에 거리낌이 없이 솔직하다. 예허심탄회하게 이야기를 해 보아라.

허약하다(虛弱一)[허야카다] 몸이나 세력 등이 약하다. 예몸이 허약한 아이.

허영(虛榮) 분수에 넘치는 겉치레. 예허영에 들뜬 여자.

허영심(虛榮心) 허영에 들뜬 마음.

허ː옇다 [허여타] 상당히 희다. [예]머리가 허옇게 센 노인. [반]꺼멓다. [작]하얗다. |활용| 허여니·허예.

허욕(虛慾) 헛된 욕심.

허용(許容) 허락하고 받아들임. [예]이것은 국내에서는 허용이 되지 않은 약품이다. 허용되다. 허용하다.

허우대 겉모양이 보기 좋은 몸집. [예]허우대는 멀쩡한 녀석이 사과 반 상자도 못 들다니.

허우적거리다 [허우적꺼리다] 위험한 지경에서 빠져나오려고 자꾸 손과 발을 내두르다. [예]아이가 강물에 빠져 허우적거렸다. [비]허우적대다.

허우적대다 [허우적때다] ➡ 허우적거리다.

허우적허우적 [허우저커우적] 자꾸 허우적거리는 모양.

허울 겉으로만 그럴듯한 모양. [예]허울은 멀쩡한데 머릿속은 텅 비었다.

허울 좋다[관용] 실속이 없이 겉으로 보기에만 번지르르하다.

허위(虛僞) 사실이 아닌 것을 사실인 것처럼 꾸민 것. [예]허위 보도/허위 진단서. [비]거짓.

허위허위 힘에 겨워 무거운 발걸음으로 걷는 모습.

허전하다 주위에 아무것도 없거나 무엇을 잃은 듯하여 서운하고 텅 빈 듯한 느낌이 있다. [예]친한 친구들이 모두 전학을 가서 몹시 허전하다.

허점(虛點)[허쩜] 남에게 책잡히거나 공격당하기 쉬운 허술한 부분. [예]우리가 수적으로 불리하니 적의 허점을 노려야 한다. |잘못| 헛점.

허접쓰레기 ➡ 허섭스레기.

허준(許浚, 1539~1615) 조선 선조 때의 명의. 16년의 연구 끝에 조선 한방 의학의 발전에 큰 영향을 미친 '동의보감'을 지었다.

허탈(虛脫) 멍하여 힘이 빠지고 일이 손에 안 잡힘, 또는 그런 상태. 허탈하다. [예]허탈한 심정.

허탕 아무 소득이 없는 일. [예]그곳에 갈 때마다 번번이 허탕을 쳤다.

허투루 대수롭지 않게. 아무렇게나. [예]이 도자기는 허투루 다룰 물건이 아니다.

허튼 쓸데없는. 되지못한. [예]허튼 약속/허튼 말.

허파 동물의 호흡을 맡아보는 기관. 사람의 경우에는 가슴 양쪽에 있다. [비]폐.

허파에 바람 들다[관용] '실없이 행동하거나 지나치게 웃어 대는 사람'을 두고 비유하여 이르는 말.

허파 꽈리 허파 속에서 산소와 이산화탄소가 교환되는, 포도송이 모양의 주머니.

허풍(虛風) 지나치게 과장하여 믿음성이 적은 말이나 행동. [예]허풍을 떨다./허풍인 줄로만 알았는데 알고 보니 사실이었다. [준]풍.

허풍선이(虛風扇—)[허풍서니] 허풍을 마구 치는 사람. [비]허풍선.

허하다(虛—) ①실속 있거나 튼튼하지 못하고 약하다. [예]그 아이는 몸이 허하여 잘 달리지 못했다. ②속이 비어 있다. [예]배 속이 허하다.

허허[1] 입을 둥글게 벌리고 크게 웃는 소리. [작]하하.

허허[2] 언짢거나 놀라거나 기막힌 일을 당하였을 때 탄식하여 하는 말. [예]허허, 이런 변이 있나. [작]하하.

허허거리다 자꾸 허허 웃다. [비]허허대다. [작]하하거리다.

허허대다 ➡ 허허거리다.

허허벌판 끝없이 넓은 벌판.

허황되다(虛荒—)[허황되다/허황뒈다] ➡ 허황하다.

허황하다(虛荒—) 헛되고 황당하여 미덥지 못하다. [예]허황한 꿈. [비]허황되다.

헉 몹시 놀라거나 숨이 차서 숨을 순간적으로 멈추는 소리, 또는 그 모양. 헉헉.

헉헉거리다 [허컥꺼리다] 몹시 놀라거나 숨이 차서 숨을 몰아쉬는 소리를 자꾸 내다. 刨헉헉대다.

헉헉대다[허컥때다] ➡ 헉헉거리다.

헌: 오래되거나 낡은. 예헌 옷/헌 가구. 刨새.

헌:것 [헌걷] 오래되어 성하지 않은 물건. 刨새것.

헌:금(獻金) 돈을 바침, 또는 그 돈. 헌금하다.

헌:납(獻納) 돈이나 물건을 바침. 헌납하다. 예그는 자신의 전 재산을 국가에 헌납했다.

헌:데 살갗이 헐어서 상한 자리.

헌:법(憲法) [헌뻡] 나라를 다스리는 데 바탕이 되는 법. 함부로 고칠 수 없는 한 나라의 가장 으뜸가는 법이다.

헌:법 재판소(憲法裁判所) 어떤 법률이나 일 등이 헌법에 어긋나지 않는지를 심판하는 특별 재판소.

헌:병(憲兵) 군대 안에서 경찰과 같은 구실을 하는 군인.

헌:병대(憲兵隊) 헌병들로 이루어진 군대.

헌:신(獻身) 자기의 이익을 생각하지 않고 몸과 마음을 다하여 힘씀. 헌신하다. 예어머니는 우리를 위해 평생을 헌신하셨다.

헌:신적(獻身的) 자기의 이익을 생각하지 않고 몸과 마음을 다하여 힘쓰는 것. 예헌신적인 노력/헌신적으로 돌보다.

헌:신짝 '값어치가 없어 버려도 아깝지 않은 것'을 비유하여 이르는 말.

헌신짝 버리듯[관용] 요긴하게 쓰고 나서는 조금도 거리낌없이 버린다는 말.

헌:장(憲章) 국가나 사회에서 어떤 행동의 기준으로 삼기 위해 정한 원칙. 예어린이 헌장.

헌:책(一冊) 누군가 사서 이미 읽거나 사용한 책. 예삼촌이 보지 않는 헌책 몇 권을 나에게 주었다.

헌칠하다 키와 몸집이 보기 좋게 크다. 예헌칠한 키에 잘생긴 청년.

헌:혈(獻血) 모자라는 피를 얻고자 하는 환자를 위하여, 건강한 사람이 피를 뽑아 주는 일. 헌혈하다.

헌:화(獻花) 신전이나 죽은 이의 영전에 꽃을 바침, 또는 그 꽃. 예국립묘지에 헌화를 하고 오는 길이다. 헌화하다.

헐값(歇一) [헐깝] 제값보다 훨씬 적은 값. 예헐값에 사들인 골동품. 刨싼값.

헐겁다 [헐겁따] 끼울 자리가 끼울 물건보다 크다. 예신발이 헐거워 자주 벗겨진다. 쟌할갑다. |활용| 헐거우니·헐거워. 헐거이.

헐:다¹ ①부스럼이나 상처 등이 덧나서 짓무르다. 예입 안이 많이 헐었다. ②오래되거나 많이 써서 낡아지다. 예가방이 많이 헐었다. |활용| 허니·헐어.

헐:다² ①집이나 쌓아 놓은 것을 무너뜨리다. 예담을 헐고 새로 쌓기로 하였다. ②돈이나 물건을 꺼내거나 쓰기 시작하다. 예오만 원짜리라 헐기가 아깝다. |활용| 허니·헐어.

헐떡거리다 [헐떡꺼리다] 계속해서 숨을 매우 가쁘게 쉬다. 刨헐떡대다. 쟌할딱거리다.

헐떡대다[헐떡때다] ➡ 헐떡거리다.

헐떡이다 [헐떠기다] 숨을 매우 가쁘게 쉬다.

헐떡헐떡 [헐떠컬떡] 자꾸 헐떡거리는 모양. 쟌할딱할딱.

헐:뜯다 [헐뜯따] 남의 흉을 잡아내어 말하다. 예자리에 없는 사람을 헐뜯지 마라.

헐렁거리다 헐거워 이리저리 자꾸 흔들리다. 田헐렁대다. 盎할랑거리다.

헐렁대다 ➡ 헐렁거리다.

헐렁하다 들어간 물건보다 자리가 넓어 너무 헐겁다. 盎할랑하다.

헐렁헐렁 자꾸 헐렁거리는 모양. 盎할랑할랑.

헐렁헐렁하다 들어간 물건보다 자리가 넓어 지나치게 헐겁다. 예바지가 커서 헐렁헐렁하다. 盎할랑할랑하다.

헐레벌떡 숨이 차고 가슴이 크게 벌떡거리는 모양. 예전화를 받자마자 헐레벌떡 달려왔다. 盎할래발딱.

헐리다 집이나 쌓아 놓은 것이 무너뜨림을 당하다. 예집이 헐리다.

헐:벗다 [헐벋따] ①가난하여 옷을 거의 못 입거나 해진 옷을 입고 있다. 예헐벗고 굶주린 사람들. ②산에 나무가 없어 맨바닥이 드러나 있다. 예헐벗은 산.

헐하다(歇─) 값이 시세보다 싸다. 예참외값이 헐해서 몇 개 더 샀다.

험:난하다(險難─) ①다니기에 위험하고 어렵다. 예험난한 산길. ②위태롭고 고생스럽다. 예험난한 세상살이.

험:담(險談) 남을 헐뜯어서 말함, 또는 그 말. 예뒤에서 친구의 험담을 하면 되겠니? 험담하다.

험:로(險路) [험노] 험한 길.

험:상궂다(險狀─) [험상굳따] 생김새가 보기 싫게 무섭다. 예험상궂은 얼굴.

험:악하다(險惡─) [허마카다] ①길이나 날씨 등이 험하고 나쁘다. 예험악한 날씨. ②생김새나 태도가 거칠고 무섭다. 예건달이 나에게 험악한 표정을 지어 보였다. ③상태나 형세 등이 몹시 사납고 나쁘다. 예험악한 세상.

험:준하다(險峻─) 험하고 높고 가파르다. 예험준한 고개/그들은 험준한 암벽을 올랐다.

험:하다(險─) ①땅이 거칠고 가팔라 걷기가 어렵다. 예험하고 가파른 산길. ②생김새나 태도가 험상궂고 거칠다. 예험한 말씨/험한 인상. ③상태나 형세 등이 사납고 위태롭다. 예험한 날씨/분위기가 험하다. ④일이 거칠고 어렵다. 예그 아이는 곱게 자라서 험한 일은 해 보지 않았다. 험히.

헙수룩하다 [헙쑤루카다] 옷이나 머리털 또는 수염 등의 모양이 깨끗하지 못하다. 헙수룩히.

헛- [헏] '소용이 없는'·'실속이 없는' 등의 뜻을 나타내는 말. 예헛걸음/헛소리.

헛간(─間) [헏깐] 물건을 넣어 두는, 문짝이 없는 광.

헛갈리다 [헏깔리다] 마구 뒤섞여 분간할 수가 없다. 예앞뒤 순서가 헛갈려 찾느라 고생했다. 田헷갈리다.

헛걸음 [헏꺼름] 헛수고만 하고 돌아가거나 돌아옴. 예바쁜데 헛걸음만 했다. 헛걸음하다.

헛것 [헏껀] ①애썼지만 아무런 보람이 없는 일. 예지금까지의 노력이 말짱 헛것이다. 田헛일. ②없는데 있는 것처럼 보이는 것. 예자꾸 헛것이 보인다. 田허깨비.

헛고생(─苦生) [헏꼬생] 아무 보람도 없는 고생. 헛고생하다.

헛구역질(─嘔逆─) [헏꾸역찔] 토해 내는 것이 없이 하는 구역질. 예먹은 것도 없는데 속이 좋지 않아 헛구역질을 하였다. 헛구역질하다.

헛기침 [헏끼침] 인기척을 내기 위하여 일부러 하는 기침. 헛기침하다.

헛농사(─農事) [헏농사] 거둔 것이나 이익이 거의 없게 농사를 지음, 또는 그 농사. 헛농사하다.

헛다리 [헏따리] 《주로 '짚다'와 함께 쓰여》 잘못 판단하여 일을 그르치거나 헛수고를 하는 일. 예그 녀석이 범

인인 줄 알았는데 우리가 헛다리를 짚었다.

헛돌다 [헏똘다] 보람 없이 헛되이 돌다. 예진흙탕에 빠진 바퀴가 헛돌았다. |활용| 헛도니 · 헛돌아.

헛되다 [헏뙤다/헏뛔다] ①보람이나 실속이 없다. 예헛되게 보낸 세월. ②허황하여 믿기가 어렵다. 예헛된 소문. 헛되이.

헛디디다 [헏띠디다] 발을 잘못 디디다. 예계단을 헛디뎌 넘어졌다.

헛물켜다 [헌물켜다] 되지도 않을 일에 헛되이 애를 쓰다.

헛발질 [헏빨질] 겨냥이 맞지 않아 빗나간 발길질. 헛발질하다.

헛방(一放)[헏빵] ①쏘아서 맞히지 못한 총질. ②목적을 이루지 못한 일. 또는 미덥지 않은 말.

헛배 [헏빼] 음식을 먹지 않았는데도 부른 배.

헛뿌리 [헏뿌리] 이끼나 곰팡이 등에서 자라는 뿌리 모양의 조직.

헛소리 [헏쏘리] ①앓는 사람이 정신을 잃고 중얼거리는 소리. ②미덥지 않은 말. 예헛소리를 늘어놓다. 헛소리하다.

헛소문(一所聞)[헏쏘문] 근거 없이 떠도는 소문. 빈뜬소문 · 루머 · 유언비어.

헛손질 [헏쏜질] 겨냥이 빗나가 제대로 맞지 않거나 잡지 못한 손질. 헛손질하다.

헛수고 [헏쑤고] 아무 보람이 없는 수고. 헛수고하다.

헛일 [헌닐] 애썼지만 아무런 보람이 없는 일. 빈허사 · 헛것. 헛일하다.

헛헛하다 [허터타다] 배가 조금 고파서 무엇을 먹고 싶다.

헝가리(Hungary) 동유럽 중부에 있는 나라. 밀 · 옥수수 등을 주로 생산한다. 수도는 부다페스트.

헝겊 [헝겁] 베 · 무명 · 비단 같은 천의 조각. |발음| 헝겊이 [헝거피] · 헝겊도 [헝겁또] · 헝겊만 [헝검만]

헝클다 ①실이나 줄을 서로 마구 얽어서 풀기 어렵게 하다. 예실을 헝클어 놓다. ②일을 마구 뒤얽히게 하여 풀기 어렵게 하다. 빈엉클다. |활용| 헝클니 · 헝클어.

헝클어지다 [헝크러지다] ①실이나 줄이 서로 마구 얽혀서 풀기 어렵게 되다. 예바람에 머리카락이 헝클어졌다. ②일이 마구 뒤얽혀 풀기 어렵게 되다. 빈엉클어지다.

헤 ①입을 힘없이 조금 벌린 모양. ②입을 조금 벌리면서 가볍고 방정맞게 웃는 소리. 또는 그 모양. 좬해.

헤:다 ①팔다리를 놀려 물을 헤치고 나아가다. ②어려운 상태에서 벗어나려고 애쓰다.

헤드라이트(headlight) 기차나 자동차 등의 앞에 단 등. 빈전조등.

헤드폰(headphone) 라디오나 녹음기, 기타 음향 기기 등을 들을 때 쓰는, 두 귀를 덮는 작은 스피커.

헤딩(heading) 축구에서, 공중으로 날아오는 공을 머리로 받는 일. 헤딩하다.

헤르츠(Hertz) 1초 동안 진동한 횟수를 나타내는 단위. 기호는 'Hz'.

헤매다 길을 잃었거나 무엇을 찾으려고 이리저리 돌아다니다. 예아이를 찾아 몇 날 며칠을 헤맸다.

헤벌어지다 [헤버러지다] 모양새 없이 넓게 벌어지다. 좬해바라지다.

헤벌쭉 입이나 구멍 등이 속이 들여다보일 정도로 넓게 벌어진 모양. 예동생이 찐빵을 보더니 헤벌쭉 웃었다.

헤:식다 [헤식따] ①바탕이 단단하지 못하여 헤지기 쉽다. 또는 차진 기운이 없이 푸슬푸슬하다. ②맺고 끊는 것이 분명하지 않고 싱겁다. ③흥이 깨어져 서먹서먹하다.

헤ː아리다 ①수량을 세다. 예헤아릴 수 없을 만큼 많은 별. ②미루어 짐작하다. 예네 심정은 헤아리고도 남는다.

헤어나다 어려운 상태를 헤쳐 벗어나다. 예그는 열심히 노력하여 겨우 가난에서 헤어났다.

헤어드라이어(hair drier) 바람으로 머리털에 묻은 물기를 말리거나 머리 모양을 다듬을 때 쓰는 기구. 🛑드라이어.

헤어스프레이(hair spray) 머리에 뿜어 머리 모양이 흐트러지지 않도록 하는 끈끈한 액체.

헤어지다 ①사람이나 사물이 흩어지다. 예우리는 모임을 마친 뒤 뿔뿔이 헤어졌다. ②사귀거나 맺고 있던 관계를 끊다. 예누나는 며칠 전에 남자 친구와 헤어졌다.

헤엄 물속에서 나아가기 위해 팔다리를 움직이는 일. 🛑수영. 헤엄하다.

헤엄치다 헤엄을 하다.

헤집다 [헤집따] 긁어 파서 뒤집어 흩다. 예닭이 땅을 헤집어 놓았다.

헤치다 ①속에 든 것을 드러나게 하려고 거죽을 파거나 잡아 젖히다. 예덥다고 함부로 옷을 풀어 헤치면 안 된다. ②흩어져 가게 하다. 예사람들을 헤쳐서 돌려보냈다. ③앞에 놓이거나 가로막은 것을 좌우로 물리치다. 예숲을 헤치고 나아가다./거친 물살을 헤치며 나아가는 배. ④어려움이나 방해를 물리치고 극복하다. 예우리는 온갖 고난을 헤치고 꿋꿋이 살아왔다.

헤ː프다 ①물건이 쉽게 닳거나 없어지다. 예큰 차는 기름이 헤프다. 🛑마디다. ②돈이나 물건을 함부로 써 버리는 버릇이 있다. 예씀씀이가 헤프다./쉽게 번 돈은 헤프게 쓰기 마련이다. |활용| 헤프니·헤퍼.

헤헤 입을 크게 벌려 가볍고 방정맞게 웃는 소리. ㉰해해.

헥타르(hectare) 땅 면적을 나타내는 단위. 한 변이 100 m인 정사각형의 넓이와 같으며, 1헥타르는 100아르이다. 기호는 'ha'.

헨델(Händel, 1685~1759) 독일 태생의 영국 작곡가. 후기 바로크 음악을 대표하는 사람으로, 그의 음악은 힘차고 웅장한 것이 특징이다. 작품으로는 '메시아'·'수상의 음악'·'왕궁의 불꽃놀이' 등이 있다.

헬기(一機) ➡헬리콥터.

헬렌 켈러(Helen Keller, 1880~1968) 미국의 여류 저술가·사회사업가. 듣지도 보지도 말하지도 못하는 신체적 장애를 극복하고, 장애인의 교육과 사회 복지 사업에 헌신하였다.

헬렐레 ①술이 몹시 취하여 몸을 가누지 못하는 모양. ②몸과 마음이 흐트러지고 풀어져 있는 모양.

헬리콥터(helicopter) 회전 날개가 돌아가는 힘으로 곧장 위로 뜨고 내릴 수 있는 비행기. 🛑헬기.

〈헬리콥터〉

헬멧(helmet) 충격으로부터 머리를 보호하기 위하여 쓰는 모자. 쇠나 플라스틱으로 만들며, 공사장에서 작업을 하거나, 오토바이를 탈 때 쓴다. 🛑안전모.

〈헬멧〉

헷갈리다 [헫깔리다] 여러 갈래로 뒤섞여 갈피를 잡지 못하다. 예신발이 다 비슷해서 어느 것이 내 신발인지 헷갈렸다.

헹가래 여러 사람이 한 사람의 몸을 번쩍 들어 위로 던져 올렸다 받았다 하는 일. 예헹가래를 치다.

헹구다 빨거나 씻은 물건을 다시 맑은 물에 넣어 흔들어 씻다. 예빨래를 헹구다.

혀 동물의 입 안 아래쪽에 붙어 있는 길둥근 살. 음식을 받아 넘기며 맛을 느끼는 일 외에도 목소리를 만드는 구실을 한다.

혀를 내두르다관용 매우 놀라거나 감탄하여 미처 말을 하지 못하다.

혀를 차다관용 못마땅하거나 유감스러워하다.

혀끝[혀끋] 혀의 끝 부분. 예혀끝으로 아이스크림을 핥았다.

혁대(革帶)[혁때] 가죽으로 만든 허리띠.

혁명(革命)[형명] ①국가의 정치 체제나 사회 조직을 힘으로 뒤엎고 완전히 새롭게 만드는 일. ②이전의 관습이나 제도·방식 등이 급격하게 바뀌어 완전히 달라지는 일. 예근대의 기술 혁명. 혁명하다.

혁명가(革命家)[형명가] 혁명을 이끌거나 혁명을 위해 활동하는 사람.

혁명적(革命的)[형명적] 혁명을 지향하는 것. 또는 혁명이라고 할 만한 것. 예조선 시대에 신분을 뛰어넘은 사랑은 가히 혁명적인 사건이었다.

혁신(革新)[혁씬] 제도나 방법, 조직이나 풍습 등을 고치거나 바꾸어 아주 새롭게 함. 예생활의 혁신. 반보수. 혁신되다. 혁신하다.

혁신적(革新的)[혁씬적] 혁신하는 성질이나 경향을 띤 것. 반보수적.

혁파(革罷) 기구나 법령·제도 등에서 낡아서 못 쓰게 된 것을 없앰. 혁파되다. 혁파하다.

혁혁하다(赫赫—)[혀커카다] 공로나 업적이 뚜렷하다. 예혁혁한 공을 세우다. 혁혁히.

현:¹(現) 현재의. 지금의. 예현 상태를 유지하는 것에 만족하자.

현²(絃) 현악기에 매어 소리를 내는 줄.

현:³(縣) 지난날, 지방에 두었던 행정 구역의 하나.

현:**감**(縣監) 조선 시대에, 작은 현을 다스리던 종 6품의 벼슬. 참현령.

현:**격하다**(懸隔—)[현껴카다] 차이가 크다. 또는 사이가 많이 벌어져 있다. 예현격한 견해 차이. 현격히.

현관(玄關) 서양식 집의 주된 출입구에 낸 문간.

현관문(玄關門) 집의 주된 출입구에 있는 문.

현:**금**(現金) 수표나 어음이 아니라, 실지로 늘 쓰는 지폐나 동전. 비현찰.

현:**기증**(眩氣症)[현기쯩] 눈이 아찔하고 머리가 어지러워지는 증세. 비어지럼증.

현:**대**(現代) 오늘날의 시대.

현:**대 미**:**술**(現代美術) 20세기 이후에 나타난 새로운 성격의 미술. 입체파·표현주의·초현실주의 등 다양한 유파가 있다. 비모던 아트.

현:**대사**(現代史) 제2차 세계 대전 이후의 역사.

현:**대식**(現代式) 지금의 시대에 새로 생기거나 유행하는 형식. 예현대식 건물.

현:**대인**(現代人) 현대에 살고 있는 사람.

현:**대적**(現代的) 현대에 어울리거나 걸맞은 것. 예현대적인 생활 양식.

현:**대화**(現代化) 현대에 알맞게 됨, 또는 그렇게 되게 함. 예장비의 현대화. 현대화되다. 현대화하다.

현:**란하다**(絢爛—)[혈란하다] 눈부시게 빛나고 아름답다. 예현란한 장식.

현량과(賢良科)[혈량꽈] 조선 중종 때, 유학에 밝고 덕행이 높은 사람을 뽑아 쓰기 위해 보이던 과거.

현:**령**(縣令)[혈령] 조선 시대에, 큰 현을 다스리던 종5품의 벼슬. 참현감.

ㅎ

현명하다(賢明一) 어질고 사리에 밝다. 예부디 현명한 판단을 내려 주세요. 현명히.

현모양처(賢母良妻) 자식에게는 어진 어머니이면서 또한 남편에게는 착한 아내.

현:몽(現夢) 죽은 사람이나 신령 등이 꿈에 나타남. 현몽하다.

현무암(玄武岩) 마그마가 땅 위로 흘러나와 갑자기 식어서 된 암석. 색이 검고 바탕이 단단하다.

현:물(現物) ①현재 있는 물건. ②현금에 대하여, '물품'을 이르는 말.

현미(玄米) 벼의 껍질만 벗기고 속껍질은 벗기지 않은 누르스름한 쌀. 참백미.

현:미경(顯微鏡) 맨눈으로는 볼 수 없는 아주 작은 물체를 확대하여 보는 장치.

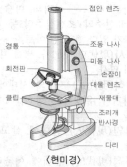

접안 렌즈
경통
조동 나사
미동 나사
회전판
손잡이
대물 렌즈
클립
재물대
조리개
반사경
다리

〈현미경〉

현:상¹(現狀) 현재의 상태. 예현상 유지.

현:상²(現象) 느끼어 알 수 있는 사물의 모양이나 상태. 예자연 현상/열대야 현상.

현:상³(現像) 촬영한 필름이나 인화지 등을 약품으로 처리하여 영상이 드러나게 하는 일. 예사진 현상. 현상되다. 현상하다.

현:상⁴(懸賞) 어떤 목적으로 조건을 붙여 상금이나 상품을 내거는 일. 예현상 퀴즈.

현:상금(懸賞金) 현상으로 내건 돈.

현:세(現世) 지금 이 세상. 참내세·전세.

현:수교(懸垂橋) 강이나 좁은 해협의 양쪽 언덕에 줄이나 쇠사슬을 건너지르고, 거기에 의지하여 매달아 놓은 다리. 비조교.

현:수막(懸垂幕) 선전문이나 광고문 등을 적어 드리운 천. 비플래카드.

현숙하다(賢淑一)[현수카다] 여자의 마음이나 몸가짐이 어질고 얌전하다.

현:실(現實) 바로 눈앞에 사실로서 나타나 있는 사물이나 상황. 예과거나 미래로 가는 것은 현실에서 불가능하다. 반이상.

현:실성(現實性)[현실썽] 현재 실제로 있거나 일어날 수 있는 성질. 예네 이야기는 현실성이 없어.

현악(絃樂)[혀낙] 현악기로 연주하는 음악. 참관악.

현악기(絃樂器)[혀낙끼] 현을 튕기거나 활로 켜서 소리를 내는 악기. 가야금·거문고·바이올린 등. 참관악기·타악기.

현악 영산회상(絃樂靈山會上) 거문고가 중심이 되어 가야금·피리·대금·해금·단소·양금·장구로 연주하는 음악. 모두 9개의 곡으로 되어 있다.

현:역(現役)[혀녁] ①현재 어떤 분야에서 활동하고 있는 일, 또는 그런 사람. ②현재 각 부대에서 근무하고 있는 군인.

현인(賢人)[혀닌] 어질고 총명하여 성인에 다음가는 사람. 비현자.

현자(賢者) ➡현인.

현:장(現場) 어떤 일이 실제로 진행되고 있거나 일어난 곳. 예사건 현장/공사 현장.

현:장 학습(現場學習) 학습에 필요한 자료가 있는 곳에 직접 찾아가서 배우는 일.

현:재(現在) 지금 이 시간. 예그곳의 현재 상황을 알려 주세요. 참과거·미래.

현:저하다(顯著─) 눈에 띄게 뚜렷하다. 예물고기가 현저하게 줄어들었다. 현저히.

현제명(玄濟明, 1902~1960) 테너 가수·작곡가. 작품으로 오페라 '춘향전'·'왕자 호동'과 가곡 '고향 생각'·'그 집 앞' 등이 있다.

현:존(現存) 현재 존재하고 있음. 예현존 인물. 현존하다.

현:주소(現住所) ①지금 살고 있는 곳의 주소. ②'현재의 상황·처지·실태' 등을 비유하여 이르는 말. 예우리 나라 교육의 현주소.

현:지(現地) 현재 어떤 일이 벌어지고 있는 곳.

현:직(現職) 현재의 직업 또는 임무. 예현직 공무원. 반전직.

현:찰(現札) 지폐나 동전처럼 실제 생활에서 쓰는 돈. 예현찰이 없어서 신용 카드로 물건값을 계산했다. 비현금.

현:충사(顯忠祠) 충청남도 아산에 있는 이순신 장군의 사당.

현:충일(顯忠日) 목숨을 바쳐 나라를 지킨 사람들의 충성을 기념하는 날. 6월 6일.

현:판(懸板) 글씨나 그림을 새기거나 써서 문 위의 벽 같은 곳에 다는 널 조각.

현:행(現行) 현재 행해지고 있음, 또는 행하고 있음. 예현행 입시 제도. 현행하다.

현:행범(現行犯) 범죄 현장에서 잡힌 범인.

현:혹(眩惑) 어떤 사물에 홀려 제정신을 못 차림. 현혹되다. 예무턱대고 광고에 현혹되어서는 안 된다. 현혹하다.

현:황(現況) 현재의 상황. 예학급 도서 이용 현황.

혈관(血管) 피가 통하여 흐르는 관. 동맥·정맥·모세 혈관으로 나뉜다. 비핏줄.

혈기(血氣) ①목숨을 유지하는 피와 기운. ②흥분하기 쉽거나 왕성한 기개. 예혈기 왕성한 청년.

혈색(血色) [혈쌕] 살갗에 나타난 핏기. 예혈색이 좋은 얼굴.

혈서(血書) [혈써] 제 몸의 피로 글씨를 쓰는 일, 또는 그 글자나 글.

혈세(血稅) [혈쎄] 《피와 같은 세금이라는 뜻으로》'귀중한 세금'을 비유하여 이르는 말. 예국민의 혈세를 낭비하다니.

혈안(血眼) [혀란] 《핏발이 서 붉게 된 눈이라는 뜻으로》'어떤 일에 기를 쓰고 달려드는 것'을 비유하여 이르는 말. 예그 사람은 요즘 돈벌이에 혈안이 되어 있다.

혈압(血壓) [혀랍] 피가 혈관 속을 흐를 때 생기는 압력. 예혈압이 높다.

혈액(血液) [혀랙] 동물의 몸 안을 돌며 영양분과 산소를 공급하고 찌꺼기를 거두어들이는 역할을 하는 붉은빛의 액체. 비피.

혈액 순환(血液循環) 피가 심장에서 출발하여 동맥을 거쳐 모세 혈관을 지나 다시 정맥을 거쳐 심장으로 되돌아오는 일. 비피돌기.

혈액형(血液型) [혀래켱] 사람의 피를 나눈 것. 일반적으로 O형·A형·B형·AB형으로 분류한다.

혈연(血緣) [혀련] 같은 핏줄로 이어진 인연. 예혈연관계. 참지연[1].

혈우병(血友病) [혀루뼝] 조그만 상처에도 쉽게 피가 나고, 잘 멎지 않는 병.

혈육(血肉) [혀륙] 《'피와 살'이라는 뜻에서》 부모와 자식 또는 형제자매 등의 가까운 겨레붙이.

혈전(血戰) [혈쩐] 죽고 사는 것을 헤아리지 않고 매우 격렬하게 싸움. [비]혈투. 혈전하다.

혈중(血中) [혈쭝] ➡ 핏속.

혈통(血統) 같은 조상 아래 태어난 겨레붙이의 계통. [비]핏줄.

혈투(血鬪) 죽음을 무릅쓰고 치열하게 벌이는 싸움. [예]두 수사자가 혈투를 벌였다. [비]혈전. 혈투하다.

혈혈단신(孑孑單身) 의지할 곳 없는 홀몸.

혐오(嫌惡) [혀모] 싫어하고 미워함. 혐오하다.

혐의(嫌疑) [혀믜/혀미] 범죄를 저질렀으리라는 의심. [예]절도 혐의를 받다.

협곡(峽谷) [협꼭] 좁고 험한 골짜기.

협공(挾攻) [협꽁] 사이에 끼워 놓고 양쪽에서 공격함. 협공하다.

협동(協同) [협똥] 여러 사람이 힘과 마음을 함께 합함. [예]대학과 기업이 협동으로 진행하는 연구. 협동하다.

협동심(協同心) [협똥심] 서로 마음을 같이하고 힘을 합치고자 하는 마음가짐.

협동조합(協同組合) [협똥조합] 농어민이나 소비자 또는 중소기업자 등이 각자의 생활이나 사업의 개선을 위하여 만든 협력 조직.

협력(協力) [혐녁] 서로 돕는 마음으로 힘을 모음. [예]국제적 협력. [비]협조. 협력하다.

협박(脅迫) [협빡] 남에게 어떤 일을 억지로 시키려고 겁을 줌. [예]강도에게 협박을 당하다. 협박하다.

협상(協商) [협쌍] 서로 의견이 다른 사람이나 단체가 같은 결론에 다다르기 위해 의논함. [예]노사의 임금 협상. [비]협의. 협상하다.

협소하다(狹小—) [협쏘하다] 좁고 작다. [예]교실이 협소해서 모두 들어갈 수 없다.

협심(協心) [협씸] 여러 사람의 마음을 한군데로 모음. [비]합심. 협심하다.

협약(協約) [혀뱍] 협의하여 맺는 약속. [참고] 특히, 단체와 개인, 또는 단체와 단체 사이의 일일 경우에 쓰이는 말이다. [예]노동 협약. 협약하다.

협업(協業) [혀법] 많은 사람이 일정한 계획 아래 역할을 분담하여 협동적·조직적으로 일함, 또는 그 일. 협업하다.

협연(協演) [혀변] 한 연주자가 다른 연주자나 악단과 함께 악곡을 연주함. 협연하다.

협의(協議) [혀븨/혀비] 여럿이 모여 의논함. [예]협의 사항. [비]협상. 협의되다. 협의하다.

협의회(協議會) [혀븨회/혀비훼] 여럿이 모여 의논하기 위하여 여는 모임.

협잡(挾雜) [협짭] 올바르지 못한 짓으로 남을 속임. 협잡하다.

협정(協定) [협쩡] 여럿이 의논하여 결정함. [예]협정 가격. 협정되다. 협정하다.

협조(協助) [협쪼] 힘을 모아 서로 도움. 협조하다. [예]쓰레기 분리수거에 협조하여 주십시오.

협주곡(協奏曲) [협쭈곡] 피아노나 바이올린 등의 독주 악기가 중심이 되어 관현악과 합주하는 형식의 악곡. [예]모차르트의 피아노 협주곡.

협찬(協贊) 어떤 일에 물건이나 돈을 대어 도움. [예]기업의 협찬을 받아 만든 방송 프로그램. 협찬하다.

협회(協會) [혀푀/혀풰] 어떤 사업을 하기 위하여 같은 뜻을 가진 사람끼리 만든 단체. [예]출판 협회.

혓바늘 [혀빠늘/혇빠늘] 혓바닥에 좁쌀 모양으로 붉은 것이 돋는 증상, 또는 그 돋은 것. [예]혓바늘이 돋았다.

혓바닥 [혀빠닥/혇빠닥] ① 혀의 윗면. ② '혀'를 속되게 이르는 말.

형¹(兄) ①형제간 또는 같은 항렬 사이에서 자기보다 나이가 많은 사람을 이르는 말. ②남자가 자기보다 나이가 많은 남자를 이르는 말. [반]동생·아우. [높]형님.
형²(刑) 〈형벌〉의 준말. [예]3년 형을 받다.
형³(型) 어떤 특징을 나타내고 있는 형태. [예]새로운 형의 자동차.
형광(螢光) 어떤 물질이 빛이나 방사선 등을 받았을 때 그 빛과는 다른 고유의 빛을 내는 현상.
형광등(螢光燈) 진공 유리관 속에 수은과 아르곤을 조금 넣고 안쪽 벽에 형광 물질을 칠한 조명 장치.
형국(形局) 어떤 일이 벌어진 때의 형편이나 국면. [예]지금은 우리가 불리한 형국이다.
형님(兄—) 〈형¹〉의 높임말.
형량(刑量)[형냥] 죄인에게 주는 형벌의 양. 보통 죄인이 감옥에서 지내야 할 기간을 말한다.
형리(刑吏)[형니] 지난날, 지방 관아의 형방에 딸렸던 하급 관리.
형무소(刑務所) 지난날, '교도소'를 이르던 말.
형벌(刑罰) 국가가 죄를 지은 사람에게 주는 벌. [준]형.
형법(刑法)[형뻡] 무엇이 범죄이고, 그것에 어떤 형벌을 줄 것인가를 정한 법률.
형부(兄夫) 언니의 남편. [참]제부.
형사(刑事) 제복을 입지 않고 범죄를 수사하고 범인을 체포하는 등의 일을 하는 경찰관.
형사 재판(刑事裁判) 형법의 적용을 받게 되는 사건에 관한 재판. [반]민사재판.
형상(形象) 물건이나 사람의 생긴 모양.
형상화(形象化) 눈에 보이지 않는 어떤 것을 뚜렷이 그려 볼 수 있도록 글이나 그림으로 나타냄. **형상화되다. 형상화하다.** [예]음악을 듣고 느낀 감정을 형상화한 그림.
형설지공(螢雪之功) 고생하면서도 꾸준히 공부하는 자세를 이르는 말. [참고] 중국 진나라의 차윤이 반딧불〔螢〕로 글을 읽고, 손강은 눈〔雪〕빛으로 글을 읽었다는 고사에서 나온 말이다.
형성(形成) 어떤 모양을 이룸. [예]산맥의 형성 과정/고대 국가의 형성. **형성되다. 형성하다.**
형세(形勢) 어떤 일의 형편이나 상태. [예]위급한 형세.
형수(兄嫂) 형의 아내. [참]제수.
형식(形式) ①바깥으로 나타나 보이는 모양이나 격식. [예]형식보다는 내용에 신경을 써라. [반]내용. ②어떤 일을 할 때 따라야 하는 절차나 방식. [예]형식에 얽매이지 말고 마음대로 만들어 보세요.
형식적(形式的)[형식쩍] 내용보다는 형식을 위주로 하는 것. [예]형식적인 인사. [반]실질적.
형언(形言) 사물이 어떻다는 것을 말함. **형언하다.** [예]이 기쁜 마음을 형언할 길이 없다.
형용(形容) 사물이 어떠함을 말이나 글 또는 몸짓 등으로 나타냄. **형용하다.** [예]형용할 수 없는 슬픔.
형장(刑場) 사형을 집행하는 곳. [비]사형장.
형장의 이슬로 사라지다 [관용] 사형을 당하여 죽다. [예]혁명에 가담한 사람들이 형장의 이슬로 사라졌다.
형제(兄弟) ①형과 아우를 아울러 이르는 말. ②같은 부모에게서 태어난 사람을 아울러 이르는 말. ②[비]동기.
형제자매(兄弟姉妹) 형제와 자매. 곧, 같은 부모에게서 태어난 사람을 이르는 말.

형조(刑曹) 고려·조선 시대에, 육조의 하나. 법에 관한 일을 맡아보았다.

형조 판서(刑曹判書) 조선 시대에, 형조의 으뜸 벼슬.

형체(形體) 사물의 생김새나 몸체. 예책이 불에 타서 형체를 알아볼 수 없게 되었다.

형태(形態) 사물의 생긴 모양. 예동물의 형태.

형통하다(亨通一) 모든 일이 뜻과 같이 잘되어 가다.

형편(形便) ①일이 되어 가는 상황이나 결과. 예형편에 따라 일정을 며칠 연기할 수도 있다. ②살림살이의 형세. 예형편이 어려운 친구.

형편없다(形便一)[형펴넙따] ①상황이나 결과·내용·수준 등이 매우 좋지 못하다. 예시험 성적이 형편없다. ②어떤 정도가 실망스러울 만큼 심하다. 형편없이. 예형편없이 부족한 용돈.

형평(衡平) 균형이 잡혀 있는 상태. 예형평에 어긋나는 일. 삐수평.

형형색색(形形色色)[형형색쌕] 모양·빛깔·종류 등이 다른 가지가지. 예형형색색의 깃발.

혜:성(彗星)[혜성/헤성] ①긴 꼬리를 그리며 태양의 둘레를 도는 별. 예핼리 혜성. ②'어떤 분야에서 갑자기 나타난 뛰어난 사람'을 비유하여 이르는 말. 예혜성같이 나타난 신인 가수.

〈혜성〉

혜자(惠慈, ?~?) 고구려 영양왕 때의 승려. 영양왕 6(595)년에 일본에 건너가 쇼토쿠 태자의 스승이 되었고, 백제의 승려 혜총과 함께 호코 사에서 포교 활동을 벌였다.

혜초(慧超, 704~787) 신라 경덕왕 때의 승려. 당나라에 가서 불도를 배웠으며, 바닷길로 인도에까지 가서 순례를 하고 당나라를 거쳐 돌아와 인도 기행문 '왕오천축국전'을 지었다.

혜총(惠聰, ?~?) 백제 위덕왕 때의 승려. 위덕왕 42(595)년에 일본에 건너가 고구려 승려 혜자와 함께 호코 사에서 포교 활동을 벌였다.

혜:택(惠澤)[혜택/헤택] 자연환경이나 사회 제도 등이 사람들에게 주는 도움과 이익. 예문명의 혜택.

호¹ 입을 오므리고 입김을 많이 불어 내는 소리. 곤후. 호호.

호:²(戶) 집의 수효를 나타내는 말. 예약 50호 되는 마을.

호³(弧) 원의 둘레나 곡선 위의 두 점 사이의 곡선 부분.

호:⁴(號) 문인·화가·학자 등이 본이름 외에 따로 지어 부르는 이름. 곤아호.

〈호³〉

호:⁵(號) 차례를 나타내는 말. 예삼월 호/3호 열차.

호:각(號角) 불어서 소리를 내어 신호용으로 쓰는 작은 물건. 삐호루라기.

호:감(好感) 좋게 여기는 감정. 예호감이 가는 사람. 곤호감정. 빤악감.

호강 호화롭고 편안한 삶을 누림. 호강하다. 예저 사람은 부모 덕에 호강하며 자랐다.

호걸(豪傑) 지혜와 용기가 뛰어나며 마음이 넓고 씩씩한 사람.

호:경기(好景氣) 경제 활동이 매우 활발하게 이루어지는 상태. 빤불경기.

호:구(戶口) 집의 수와 식구의 수. 예호구 조사.

호:국(護國) 외적으로부터 나라를 지킴. 예호국 정신. 호국하다.

호:기¹(好機) 무슨 일을 하는 데 좋은 기회.

호기²(豪氣) ①씩씩한 기상. ②우쭐대며 거들먹거리는 태도. 예형이 친구들 앞에서 괜한 호기를 부렸다.

호:기심(好奇心) 새롭거나 신기한 것에 끌리는 마음. 예호기심 많은 꼬마.

호남(湖南) 전라남도와 전라북도를 아울러 이르는 말. 예호남의 곡창 지대.

호남 고속 도:로(湖南高速道路) 충청남도 천안과 전라남도 순천 사이를 잇는 고속 도로. 길이 194.2km.

호남선(湖南線) 경부선의 대전과 전라남도 목포 사이를 잇는 철도. 길이 252.5km.

호남평야(湖南平野) 전라도 서부에 있는 넓은 평야. 우리나라 최대의 평야이다.

호:다 바느질할 때, 헝겊을 여러 겹 겹쳐 성기게 꿰매다.

호되다 [호되다/호뒈다] 매우 심하다. 예호된 시련/할아버지께 호된 꾸지람을 들었다.

호두 호두나무의 열매. 속살은 기름이 많고 고소하다.
|참고| 호두는 '호도(胡桃)'에서 온 말.

〈호두〉

호두나무 가래나뭇과의 낙엽지는 큰키나무. 높이는 20m가량. 가을에 열매인 '호두'가 익는다. 열매는 먹고, 나무는 가구재 등으로 쓰인다.

호드기 물오른 버들가지의 통껍질이나 밀짚 토막 등으로 만든 피리.

호들갑 방정맞게 야단을 피우는 짓. 예이모가 큰일이 났다며 호들갑을 떨었다.

호들갑스럽다 [호들갑쓰럽따] 방정맞고 야단스러운 데가 있다. 예친구가 나를 호들갑스럽게 반겨 주었다.

|활용| 호들갑스러우니·호들갑스러워. 호들갑스레.

호떡(胡一) 중국식 떡의 한 가지. 밀가루 반죽에 설탕을 넣고 둥글넓적하게 구워 만든다.

호락호락 [호라코락] 일이나 사람이 만만하여 다루기 쉬운 모양. 예내가 너에게 호락호락 당하지는 않을 것이다.

호란(胡亂) 북방의 이민족으로 말미암아 일어난 전쟁.

호:랑나비(虎狼一) 호랑나빗과의 곤충. 날개는 노란 바탕에 검은 줄무늬와 점이 있다. 비범나비.

호:랑이(虎狼一) ①고양잇과의 동물. 등은 누런 갈색 바탕에 검은 줄무늬가 있고 배는 희다. 깊은 산속에 사는데, 성질이 매우 사납고 다른 동물을 잡아먹는다. ②'몹시 사납고 무서운 사람'을 비유하여 이르는 말. 예호랑이 선생님.

호:령(號令) ①지휘하여 명령함. ②큰 소리로 꾸짖음. 예서릿발 같은 호령. 호령하다.

호롱 석유등의 석유를 담는 그릇.

호롱불 [호롱뿔] 호롱에 켠 불.

호루라기 불어서 소리를 내는 신호용 도구를 통틀어 이르는 말. 비호각·휘슬.

호류 사(Hôryû寺) 일본의 나라에 있는 절. 고구려의 승려 담징이 그린 '금당벽화'가 있는 곳으로 유명하다.

호르몬(hormone) 몸속의 기관에서 만들어져 나와 각 기관의 활동을 조절하는 물질.

호른(Horn) 금관 악기의 한 가지. 주둥이는 나팔꽃 같고 관이 말려 있으며, 음색이 부드럽다.

〈호른〉

호리병(一瓶) 호리병박 같이 생긴 병. 술이나 약 등을 넣어 가지고 다니는 데 쓰인다.

호리병박(一瓶一) 박과의 한해살이 덩굴풀. 열매는 길둥글고 가운데가 잘록하며, 껍질이 단단하여 말려서 그릇으로 쓴다. 〈호리병〉 비조롱박.

〈호리병〉

호리호리하다 몸이 가늘고 키가 커서 날씬하다. 예호리호리한 몸매. 큰후리후리하다.

호메로스(Homeros, ?~?) 고대 그리스의 시인. 유럽 문학에서 가장 오래된 서사시인 '일리아드'와 '오디세이'를 지었다.

호명(呼名) 이름을 부름. 예드디어 내 이름이 호명이 되었다. 호명되다. 호명하다.

호미 김을 매는 데 쓰는 농기구. 쇠 날이 세모꼴이고 꼬부라진 끝에 나무 자루를 끼웠다.

호:박¹ 박과의 한해살이 덩굴풀. 잎은 넓은 심장 모양이며, 여름에 노란 꽃이 피고 둥근 열매를 맺는다. 열매와 잎·순은 먹는다.

호:박²(琥珀) 나뭇진 등이 땅속에 묻혀서 굳어진 누런색 광물. 투명하거나 반투명하고 광택이 있으며, 장식품이나 절연재 등으로 쓰인다.

호:박꽃[호박꼳] 호박의 꽃. 노란빛을 띠며 수꽃과 암꽃이 있다.

호:박엿[호방녇] 호박을 고아서 만든 엿. 예울릉도 호박엿.

호반(湖畔) 호숫가.

호사(豪奢) 호화롭고 사치스럽게 지냄, 또는 그런 상태. 예호사를 누리다. 호사하다.

호:사가(好事家) 남의 일에 관심이 많고 말하기 좋아하는 사람. 예그 배우에 대한 소문이 호사가들의 입에 오르내리고 있다.

호:사다마(好事多魔) 좋은 일에는 이를 방해하는 나쁜 일이 많이 생김.

호사스럽다(豪奢一)[호사스럽따] 호화롭고 사치스러운 데가 있다. 예호사스러운 생활. |활용| 호사스러우니·호사스러워. 호사스레.

호서(湖西) 충청남도와 충청북도를 아울러 이르는 말.

호소(呼訴) 억울하거나 딱한 사정을 남에게 하소연함. 예환자는 간호사에게 아프다고 호소를 하였다. 호소하다.

호소력(呼訴力) 깊고 강한 느낌을 주어 마음을 사로잡는 힘. 예호소력 있는 목소리.

호:송(護送) ①보호하여 보냄. 예금괴 호송. ②죄인 등을 감시하면서 데려감. 예범인 호송 차량. ②비압송. 호송되다. 호송하다.

호수(湖水) 땅이 넓게 패어 물이 괸 곳. 못이나 늪보다 훨씬 크고 깊다.

호숫가(湖水一)[호수까/호숟까] 호수와 땅이 잇닿은 곳. 비호반.

호스(hose) 고무나 비닐 같은 것으로 만든 관.

호:시절(好時節) 좋은 시절.

호:시탐탐(虎視眈眈) 《범이 날카로운 눈초리로 먹이를 노린다는 뜻으로》 '남의 것을 빼앗으려고 틈만 나면 기회를 엿봄'을 비유하여 이르는 말. 예왕의 동생이 호시탐탐 왕위를 노리고 있다.

호:신술(護身術) 위험으로부터 자기의 몸을 보호하기 위하여 익히는 무술.

호언장담(豪言壯談) 큰소리치며 자신 있게 말함. 예형이 자기가 다 해결하겠다며 호언장담을 했다. 호언장담하다.

호:연지기(浩然之氣) ①하늘과 땅 사

이에 가득 찬 넓고 큰 정기. ②사람의 마음에 차 있는 너르고 크고 올바른 기운.

호ː외(號外) [호외/호웨] 중대한 사건이 있을 때 그것을 알리기 위하여 임시로 발행하는 신문 같은 인쇄물.

호우(豪雨) 짧은 시간에 줄기차게 내리 쏟아지는 비. [예]집중 호우.

호ː위(護衛) 따라다니며 지키고 보호함. [예]왕은 무사들의 호위를 받았다. **호위되다. 호위하다.**

호응(呼應) ①《부르고 답한다는 뜻에서》 어떤 요구나 호소 같은 것에 응하여 따름. [예]국민의 많은 호응을 받은 복지 정책. ②한 문장에서, 어떤 특정한 말 다음에는 반드시 거기에 응하는 특정한 말만이 오게 되는 쓰임. '결코'가 오면 서술어에 부정, '아마'가 오면 서술어에 추측을 나타내는 말이 오는 것 등. **호응하다.**

호ː의(好意) [호의/호이] 남에게 보이는 친절한 마음씨. [예]호의를 베풀다. [비]선의. [반]악의.

호ː의호ː식(好衣好食) [호의호식/호이호식] 잘 입고 잘 먹음, 또는 그런 생활. **호의호식하다.**

호ː인(好人) 마음씨가 좋은 사람.

호일(foil) '포일'의 잘못.

호ː적(戶籍) 한집안 식구의 이름·본적지·생년월일 등 신분에 관한 것을 적은 공문서. 2008년에 폐지되어 '가족관계 등록부'로 대체되었다.

호ː적수(好敵手) [호적쑤] 좋은 맞수. 알맞은 상대. [비]맞수.

호ː전(好轉) 상황이 좋아지거나 병의 증세가 나아짐. [반]악화. **호전되다.** [예]이모의 병세가 호전되어 곧 퇴원할 것 같다. **호전하다.**

호젓하다 [호저타다] 무서운 느낌이 들 만큼 고요하고 쓸쓸하다. [예]호젓한 산길. **호젓이.**

호ː조¹(戶曹) 고려·조선 시대에, 육조의 하나. 세금에 관한 일 등을 맡아보았다.

호ː조²(好調) 상태가 좋음. 또는 좋은 상태. [예]호조를 띠다./수출이 호조를 보이고 있다.

호ː조 판서(戶曹判書) 조선 시대에, 호조의 으뜸 벼슬.

호ː주¹(戶主) 한 집안의 중심이 되는 사람.

호주²(濠洲) ➡오스트레일리아.

호주머니(胡-) 옷에 단 주머니.

호주머니를 털다[관용] 가지고 있는 돈을 모두 내놓다.

호출(呼出) 연락하여 사람을 불러냄. [예]선생님의 호출을 받고 나왔다. **호출되다. 호출하다.**

호치키스(Hotchkiss) 손잡이를 누르면 'ㄷ' 자 모양의 꺾쇠가 튀어나와 종이를 묶는 기구. [비]스테이플러.

호칭(呼稱) 이름을 지어 부름. [예]먼 친척이라 호칭을 뭐라고 해야 할지 모르겠다. **호칭되다. 호칭하다.**

호탕하다(豪宕-) 기개가 당당하고 성미가 쾌활하다. [예]호탕한 기질.

호텔(hotel) 규모가 큰 서양식 여관.

호통 몹시 화가 나서 큰 소리를 지르거나 꾸짖음. [예]할아버지는 버릇없는 아이에게 호통을 치셨다.

호ː패(號牌) 조선 시대에, 열여섯 살 이상의 남자가 신분을 증명하기 위하여 차고 다니던 길쭉한 패. 한 면에 성명과 태어난 해를 쓰고 그 뒷면에 관청의 도장을 찍었다.

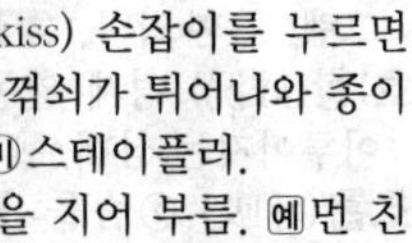

〈호패〉

호ː평(好評) 좋게 평함, 또는 그 평. [예]관객들로부터 호평을 받은 연극. [반]악평. **호평하다.**

호호백발(皜皜白髮)[호호백빨] 온통 하얗게 센 머리, 또는 그 머리를 한 노인.

호화(豪華) 사치스럽고 화려함. 예호화 여객선. 호화하다.

호화롭다(豪華—)[호화롭따] 사치스럽고 화려한 느낌이 있다. 예그 사람, 집을 아주 호화롭게 꾸몄더라. 비호화스럽다. |활용| 호화로우니 · 호화로워. 호화로이.

호화스럽다(豪華—)[호화스럽따] 사치스럽고 화려한 데가 있다. 비호화롭다. |활용| 호화스러우니 · 호화스러워. 호화스레.

호화판(豪華—) 아주 사치스럽고 화려한 방식. 예호화판 결혼식.

호:환(互換) 서로 교환함. 예호환 프로그램. 호환되다. 호환하다.

호:황(好況) 경제 활동이 활발하게 잘 이루어지는 상태. 빈불황.

호흡(呼吸) ①숨을 들이마시고 내쉬는 일. ②함께 일하는 사람끼리의 조화. 예호흡이 잘 맞는 두 사람. 호흡하다.

호흡기(呼吸器)[호흡끼] 생물의 호흡 작용을 하는 기관. 고등 동물의 허파, 어류의 아가미 등. 비호흡 기관.

혹[1] 살갗 거죽에 볼록하게 내민 군더더기 살덩이.

혹[2](或) 〈혹시〉의 준말. 예혹 안 갈지도 모른다.

혹독하다(酷毒—)[혹또카다] ①정도가 지나치게 심하다. 예혹독한 추위. ②마음씨나 하는 짓 등이 모질고 독하다. 예혹독한 고문. 혹독히.

혹부리[혹뿌리] '얼굴에 혹이 달린 사람'을 놀려서 이르는 말.

혹사(酷使)[혹싸] 심하게 일을 시킴. 예혹사를 당하다. 혹사되다. 혹사하다.

혹시(或是)[혹씨] ①그럴 리는 없지만 만일에. 예혹시 실패하더라도 실망하

지 마라. ②확실하지 않지만 행여. 예혹시 전에 여의도에 살지 않으셨나요? 준혹.

혹시나(或是—)[혹씨나] '혹시'를 강조하여 이르는 말. 예나는 혹시나 친구들 앞에서 실수를 할까 봐 긴장되었다.

혹은(或—)[호근] 그렇지 않으면. 그것이 아니라면. 예긴 여행 혹은 짧은 소풍이라도 다녀오자.

혹평(酷評) 아주 나쁘게 평함, 또는 그 비평. 혹평하다.

혹하다(惑—)[호카다] 제정신을 못 차릴 정도로 반하거나 빠지다.

혹한(酷寒)[호칸] 아주 심한 추위. 예며칠째 혹한이 이어져 한강이 꽁꽁 얼었다. 빈혹서.

혼(魂) 사람의 몸속에 있으면서 정신을 다스리고, 죽어도 영원히 남아 있다는 존재. 예형은 혼이 나간 사람처럼 멍하니 서 있었다. 비넋 · 혼백.

혼나다(魂—) ①몹시 놀라거나 힘들거나 무서워서 정신이 빠지다. 예배고파서 혼났다. ②호된 꾸지람을 듣다. 예동생은 접시를 깨뜨렸다고 어머니께 혼났다.

혼내다(魂—) 호되게 꾸짖다. 예엄마가 아이를 혼내다.

혼담(婚談) 혼인에 대하여 오가는 말.

혼:돈(混沌) 마구 뒤섞여 갈피를 잡을 수 없음, 또는 그런 상태. 예혼돈에 빠지다. 혼돈되다. 혼돈하다.

혼:동(混同) 서로 다른 것을 구별하지 못하고 헷갈림. 혼동되다. 혼동하다. 예양산과 우산을 혼동하였다.

혼:란(混亂)[홀란] 갈피를 잡을 수 없게 뒤죽박죽이 되어 어지러움. 혼란하다. 예정신이 혼란하다.

혼:란스럽다(混亂—)[홀란스럽따] 혼란한 데가 있다. |활용| 혼란스러우니 · 혼란스러워. 혼란스레.

혼령(魂靈)[홀령] 죽은 사람의 넋. 🖪 영혼.

혼례(婚禮)[홀례] 〈혼례식〉의 준말.

혼례식(婚禮式)[홀례식] 남녀가 부부 관계를 맺는 서약을 하는 의식. ⑥혼 례. 🖪결혼식.

혼미하다(昏迷—) 정신이 헷갈리고 흐 리멍덩하다. 예충격을 받아 정신이 혼미하다.

혼백(魂魄)⇒넋.

혼비백산(魂飛魄散)[혼비백싼]《〈혼백 이 날아 흩어진다는 뜻으로〉》'몹시 놀 라 어찌할 바를 모르는 지경'을 이르 는 말. 혼비백산하다. 예범인은 경찰 을 보고 혼비백산하여 달아났다.

혼사(婚事) 혼인에 관한 일. 예혼사를 치르다. 혼사하다.

혼ː선(混線) ①전신이나 전화 등에서 신호나 통화가 뒤섞여 엉클어짐. 예 전화가 혼선이 되었는지 다른 사람 목소리가 들린다. ②어떤 말이나 일 을 서로 다르게 이해하여 혼란이 생 김. 예증인들의 말이 엇갈려 수사에 혼선을 빚고 있다. 혼선되다.

혼ː성[1](混成) 섞여서 이루어짐. 예남녀 혼성 팀. 혼성되다. 혼성하다.

혼ː성[2](混聲) 남자와 여자의 목소리를 혼합하여 노래하는 일. 예혼성 4부 합창.

혼ː성 합창(混聲合唱) 남자와 여자가 각 성부로 나뉘어 부르는 합창.

혼수[1](昏睡) 의식이 없어짐.

혼수[2](婚需) 혼인에 드는 물품, 또는 비용.

혼수상태(昏睡狀態) 사람이 의식을 잃어 깊은 잠에 든 것처럼 꼼짝하지 않는 상태. 예환자가 혼수상태에 빠 졌다.

혼ː식(混食) ①여러 가지 음식을 섞어 서 먹음. ②쌀에 잡곡을 섞어서 먹음. 혼식하다.

혼ː신(渾身) 온몸. 예경기가 끝날 때까 지 혼신의 힘을 쏟았다.

혼ː연일체(渾然一體)[호녀닐체] 사상 이나 의지·행동 등이 조금의 어긋남 도 없이 하나가 되는 일.

혼ː용(混用)[호뇽] 섞어서 씀. 혼용되 다. 혼용하다. 예한글과 한자를 혼용 한 신문.

혼인(婚姻)[호닌] 장가들고 시집가는 일. 곧, 남자와 여자가 부부가 되는 일. 🖪결혼. 혼인하다.

혼인색(婚姻色)[호닌색] 일부 동물의 번식기에 나타나는 색이나 무늬. 주 로 어류·양서류·조류·파충류 등에 서 볼 수 있다.

혼인식(婚姻式)[호닌식] ⇒결혼식.

혼자 자기 한 몸. 예우리 누나는 혼자 놀기를 좋아한다. 🖪홀로.

혼자말 '혼잣말'의 잘못.

혼ː잡(混雜) 한데 섞여 복잡함. 예교통 혼잡. 혼잡하다.

혼ː잡스럽다(混雜—)[혼잡쓰럽따] 혼 잡한 데가 있다. |활용| 혼잡스러우 니·혼잡스러워. 혼잡스레.

혼잣말[혼잔말] 상대가 없이 혼자서 하는 말. 예언니가 혼자 방에서 중얼 중얼 혼잣말을 하고 있다. |잘못| 혼 자말. 혼잣말하다.

혼절(昏絶) 정신이 아찔하여 까무러 침. 🖪기절·졸도. 혼절하다.

혼쭐(魂—) '혼'을 강조하여 이르는 말.

혼쭐나다(魂—)[혼쭐라다] 몹시 혼나 다. 예한 번만 더 거짓말하면 혼쭐날 줄 알아라.

혼쭐내다(魂—)[혼쭐래다] 몹시 혼을 내거나 벌을 주다. 예선생님은 약한 아이를 괴롭히는 아이들을 단단히 혼쭐 내었다.

혼ː천의(渾天儀)[혼처늬/혼처니] 지난 날, 천체의 운행과 위치를 관측하던 기계.

혼:탁(混濁) ①맑지 않고 흐림. ②정치나 사회 현상 등이 어지럽고 흐림. 혼탁하다. 예공기가 혼탁하다.

혼:합(混合) 뒤섞어 한데 합함. 혼합되다. 예두 가지 재료가 혼합된 음식. 혼합하다.

혼:합물(混合物)[혼함물] 두 가지 이상의 물질이 각각의 성질을 지니면서 화학적 결합을 하지 않고 뒤섞인 물질. 환화합물.

혼:혈(混血) 서로 종족이 다른 두 부모의 혈통이 섞임, 또는 그 혈통.

혼:혈아(混血兒)[혼혀라] 서로 다른 종족 사이에서 태어난 아이.

홀(hall) 건물 안에 여럿이 모일 수 있는 넓은 방.

홀가분하다 짐스러운 것이 없어 가뿐하다. 예일이 다 끝나서 홀가분하다. 홀가분히.

홀딱 ①죄다 벗거나 벗어진 모양. 예아이들이 옷을 홀딱 벗고 물속으로 뛰어들었다. ②남김없이 없애거나 먹어 치우는 모양. 예돈을 홀딱 다 써 버렸다. ③몹시 반하거나 속는 모양. 예사기꾼의 꾐에 홀딱 넘어갔다. 흰홀떡. 홀딱홀딱.

홀랑 ①속의 것이 모두 드러나도록 완전히 벗어지거나 뒤집히는 모양. 예머리가 홀랑 벗어진 이마. ②조금 있던 것이 다 없어지는 모양. 예용돈을 홀랑 써 버렸다. 흰홀렁. 홀랑홀랑.

홀로 자기 혼자서. 예삼촌은 홀로 여행을 떠났다. 비혼자.

홀리다 유혹되거나 반하여 정신을 못 차리다. 예귀신에 홀린 사람.

홀몸 배우자나 형제 등이 없는 혼자의 몸. 비단신.

홀소리 [홀쏘리] 입술·코·목구멍 등에 막히지 않고 순하게 나오는 소리. 비모음. 반닿소리.

홀수(一數)[홀쑤] 2로 나누어 나머지가 생기는 자연수. 1·3·5·7·9 등. 비기수. 반짝수.

홀씨 민꽃식물이 불어날 때에 꽃식물의 씨와 같은 구실을 하는 것. 비포자.

홀아버지 [호라버지] 아내를 잃고 홀로 지내는 아버지. 비편부.

홀아비 [호라비] 아내 없이 혼자 사는 남자.

홀어머니 [호러머니] 남편을 잃고 홀로 지내는 어머니. 비편모.

홀어미 [호러미] 남편을 잃고 혼자 사는 여자. 비과부.

홀연(忽然)[호련] 뜻하지 않게. 갑자기. 예그는 온다 간다 말없이 홀연 자취를 감추었다. 비홀연히.

홀연히(忽然一)[호련히] ⇒홀연.

홀짝 ①홀수와 짝수를 아울러 이르는 말. ②손에 구슬이나 딱지 등을 쥐고 그 수가 홀수인지 짝수인지를 알아맞히는 놀이.

홀짝거리다[홀짝꺼리다] ①적은 양의 액체를 자꾸 들이마시다. ②콧물을 들이마시며 자꾸 흐느껴 울다. 비홀짝대다. 흰홀쩍거리다.

홀짝대다[홀짝때다] ⇒홀짝거리다.

홀짝홀짝[홀짜콜짝] ①적은 양의 액체를 잇따라 남김없이 들이마시는 소리, 또는 그 모양. 예아이가 물을 홀짝홀짝 마신다. ②잇따라 가볍게 뛰거나 날아오르는 모양.

홀쭉이 [홀쭈기] 몸이 호리호리하고 가냘픈 사람. 반뚱뚱이.

홀쭉하다 [홀쭈카다] ①몸이나 몸통이 가늘고 길다. ②앓거나 지쳐서 살이 빠지고 몸이 야위다. 예앓고 난 뒤라 그런지 얼굴이 홀쭉하구나. ③속이 비어 안으로 오므라져 있다. 예가방이 홀쭉하다. 흰홀쭉하다.

홀치다 풀리거나 벗어나지 못하도록 동여매다.

홀홀 ①작은 날짐승 등이 가볍게 나는 모양. ②불이 조금씩 타오르는 모양. ③물이나 묽은 죽 등을 조금씩 들이 마시는 모양. 🔁홀홀.

홈¹ 오목하고 길게 파인 자리.

홈²(home) ➡ 본루.

홈그라운드(home grounds) 운동 경기 에서, 선수나 팀의 본거지나 본국의 경기장.

홈런(home run) 야구에서, 타자가 친 공이 외야의 담장을 넘어가거나 타자 가 본루를 밟을 수 있는 안타.

홈뱅킹(home banking) 집에서 은행 일을 볼 수 있는 컴퓨터 통신 서비스.

홈 쇼핑(home shopping) 집에서 텔레 비전이나 인터넷, 상품 안내서 등을 보고 전화나 인터넷을 통해 물건을 사는 일.

홈인 야구에서, 주자가 본루에 살아서 들어오는 일. |참고| 홈인은 'home'과 'in'이 합쳐서 된 말. 홈인하다.

홈ː질 옷감 두 장을 포개어 바늘땀을 위아래로 고르게 드문드문 꿰매는 바 느질. 홈질하다.

홈통(一桶) 물이 타고 흐르도록 나무 나 쇠붙이 등에 골을 짓거나 구멍을 낸 물건.

홈페이지(homepage) 정보를 나누거 나 홍보 등을 하려고 인터넷의 월드 와이드 웹에서 볼 수 있게 만든 문서, 또는 그 첫 화면. 🔁누리집.

홉 곡식·가루·액체 등의 양을 잴 때 쓰이는 말. 1홉은 1되의 10분의 1 이다.

홍길동전(洪吉童傳)[홍길똥전] 조선 광해군 때, 허균이 지은 소설. 조선 시대의 가족 제도 및 사회 제도의 개 선을 주제로 하였으며, 한글로 쓴 최 초의 소설로 알려져 있다.

홍난파(洪蘭坡, 1898~1941) 작곡가. 서양 음악 보급에 큰 역할을 하였다.

작품으로 '봉선화'·'성불사의 밤'·'봄 처녀'·'낮에 나온 반달' 등이 있다.

홍당무(紅唐一) ①➡ 당근. ②'수줍거나 술에 취해 몹시 붉어진 얼굴'을 비유 하여 이르는 말.

홍대용(洪大容, 1731~1783) 조선 영 조 때의 학자. 호는 담헌. 청나라와 서양의 발달한 문물을 받아들여 상공 업을 일으키고 과학을 발달시켜야 한 다고 주장하였다. 저서로는 '담헌 집'·'주해수용' 등이 있다.

홍도(紅島) 전라남도 신안군 흑산면에 있는 섬. 바위산이 경관을 이루며 풍 란을 비롯한 희귀한 식물들이 많아 섬 전체가 천연기념물로 지정되었다.

홍두깨 옷감을 감아서 다듬이질하는 데 쓰는, 굵고 둥근 몽둥이.

홍릉(洪陵)[홍능] 경기도 남양주시 금 곡동에 있는, 조선 고종과 명성 황후 의 능.

홍문관(弘文館) 조선 시대에, 궁중의 문서를 관리하고 왕의 자문을 맡아보 던 관청.

홍범도(洪範圖, 1868~1943) 독립운동 가. 삼일 운동이 일어나자 만주에서 독립군을 이끌고 국내에 들어와 각지 에서 일본군을 공격하였고, 만포진 전투·봉오동 전투에서 크게 승리하 였다.

홍보(弘報) 일반에게 널리 알림. 예신 제품 홍보. 홍보되다. 홍보하다.

홍보물(弘報物) 어떤 사실이나 행사· 제품 등을 널리 알리기 위해 만든 물 건이나 인쇄물. 예신문지 사이에 백 화점 홍보물이 끼워져 있다.

홍보석(紅寶石) ➡ 루비.

홍삼(紅蔘) 수삼을 쪄서 말린 불그레 한 빛깔의 인삼.

홍색(紅色) 붉은 빛깔. 🔁홍.

홍수(洪水) ①비가 많이 와서 내나 강 에 크게 불은 물. 🔁큰물. ②'사람이나 물건이 엄청나게 쏟아져 나옴'을 비유하여 이르는 말. 예정보의 홍수/ 외제 상품의 홍수.

홍시(紅枾) 붉고 말랑말랑하게 무르익은 감. 비연시.

홍실(紅一) 붉은 실.

홍안(紅顔) 《붉은 얼굴이라는 뜻으로》 젊어서 혈색이 좋은 얼굴. 예홍안의 소년.

홍어(洪魚) 가오릿과의 바닷물고기. 몸길이 1.5m가량. 몸은 마름모꼴로 넓적하며 몸빛은 등이 갈색, 배는 흰색이다.

〈홍어〉

홍역(紅疫) 열이 오르고 온몸에 좁쌀 같은 것이 돋는 어린이 전염병.

홍역을 치르다[관용] 몹시 애를 먹거나 어려운 일을 겪다.

홍영식(洪英植, 1855~1884) 조선 후기의 문신. 호는 금석. 우정국 일을 맡아보다가 김옥균·박영효 등과 함께 갑신정변을 일으켰으나 실패로 돌아가 처형당하였다.

홍예문(虹霓門) 문의 윗부분이 무지개처럼 굽은 문.

홍의 장군(紅衣將軍) '곽재우'의 다른 이름. |참고| 붉은 옷을 자주 입어 붙은 이름이다.

홍익인간(弘益人間)[홍이긴간] 널리 인간을 이롭게 한다는 뜻. 단군이 고조선을 세울 때 이념으로 삼았다.

홍일점(紅一點)[홍일쩜] 《한 송이의 붉은 꽃이라는 뜻으로》 ①여럿 중에서 '오직 하나의 색다른 것'을 이르는 말. ②많은 남자 속에 '하나뿐인 여자'를 이르는 말.

홍차(紅茶) 차나무의 어린잎을 발효시켜서 만든 차. 끓는 물을 부어 불그레

하게 우러난 것을 마신다. 참녹차.

홍콩(Hong Kong) 중국 대륙의 남동부에 있는 특별 행정 구역. 영국의 식민지였다가 1997년에 중국 영토로 복귀하였다. 중계 가공 무역과 관광 산업이 발달하였다. 비홍콩차이나.

홍학(紅鶴) 홍학과의 새를 통틀어 이르는 말. 온몸이 연한 붉은색이며, 다리와 목이 매우 길고 날개는 크지만 꽁지는 짧다. 호수나 늪 주변에 무리를 지어 산다. 비플라밍고.

홍합(紅蛤) 홍합과의 바닷조개. 껍데기는 길둥근 삼각형이고 검은 갈색이다. 살은 붉은빛으로 맛이 좋으며, 물속의 바위에 붙어서 산다.

〈홍합〉

홑꽃[혿꼳] 꽃잎 한 장으로 이루어진 꽃. 반겹꽃.

홑눈[혼눈] 곤충이나 거미 등에서, 겹눈 앞쪽에 있는 간단한 구조의 작은 눈. 빛을 감지하는 구실을 한다. 반겹눈.

홑몸[혼몸] ①딸린 식구 등이 없는 혼자의 몸. 예외동딸인 나는 부모님이 돌아가신 후 홑몸이 되었다. ②아이를 배지 않은 몸.

홑이불[혼니불] 한 겹으로 된 이불. 반겹이불.

홑잎[혼닙] 잎사귀 한 장으로 된 잎.

홑청[혼청] 요나 이불 등의 겉에 씌우는 홑겹으로 된 천. |잘못| 호청.

화:¹(火) 몹시 노엽거나 언짢거나 못마땅하여 일어나는 좋지 않은 감정. 예그 애가 나를 무시하는 것 같아 화가 났다.

화가 머리 끝까지 나다[관용] 화가 몹시 나다.

화²(火) 〈화요일〉의 준말.

화:³(禍) 불행한 사고나 사나운 운수.
㉠화를 당하다./화를 입다./화를 부르다.

화:가(畫家) 그림 그리는 일을 전문으로 하는 사람. ㉫화공.

화강석(花崗石) ➡ 화강암.

화강암(花崗岩) 마그마가 땅속 깊은
곳에서 식어 굳어
진 암석. 석영과
운모·장석 등을
주성분으로 하
며, 단단하고 결
이 고와 건축 재
료로 많이 쓰인다. ㉫화강석.

〈화강암〉

화개 장터(花開場－) 경상남도 하동
군 화개면에 있는 재래시장. 예부터
지리산의 화개천과 섬진강이 하나로
합쳐지는 곳에서 열리던 오일장을 매
일 열리는 상설 시장으로 복원한 것
이다.

화:공(畫工) 그림 그리는 일을 직업으로 하는 사람. ㉫화가.

화관(花冠) 꽃으로 아름답게 장식한 관.

화교(華僑) 외국에 가서 사는 중국 사람.

화:구¹(火口) ①불을 때는 아궁이의
아가리. ②화산이 터진 구멍. ②㉫분화구.

화:구²(畫具) 그림을 그리는 데 쓰는 도구.

화:근(禍根) 재앙의 근원. ㉠지나친 욕심이 화근이 되었다.

화:급하다(火急－) [화그파다] 걷잡을
수 없이 타는 불과 같이 매우 급하다.
화급히.

화:기¹(火氣) 불에서 나오는 뜨거운 기
운. ㉠화기 주의. ㉫불기운.

화:기²(火器) '화약의 힘으로 탄알을
쏘는 병기'를 통틀어 이르는 말. 총이
나 대포 등.

화기애애하다(和氣靄靄－) 화목한
기운이 가득하다. ㉠화기애애한 분위
기로 회의를 시작하였다.

화끈 몸이나 쇠 등이 뜨거운 기운을 받
아서 갑자기 몹시 달아오르는 모양.
㉠부끄러워서 얼굴이 화끈 달아올랐
다. 화끈화끈.

화끈거리다 몸이나 쇠 등이 뜨거운 기
운을 받아서 자꾸 몹시 달아오르다.
㉫화끈대다. ㉪후끈거리다.

화끈대다 ➡ 화끈거리다.

화끈하다 ①몸이나 쇠 등이 뜨거운 기
운을 받아서 갑자기 달아오르는 느낌
이 있다. ㉠방 안이 너무 화끈해서 앉
아 있을 수가 없다. ㉪후끈하다. ②행
동이나 성격이 적극적이고 시원시원
하다. ㉠덕만이는 쩨쩨하지 않고 화
끈해서 좋다.

화:나다(火－) 몹시 언짢아서 노한 기
운이 생기다. ㉠화난 얼굴.

화:내다(火－) 몹시 언짢아서 못마땅
한 감정을 드러내다. ㉠내가 모형 비
행기를 망가뜨린 걸 알면 형이 화낼
텐데.

화단(花壇) 뜰 같은 곳의 한쪽에 흙을
한 층 높게 쌓아 꽃을 심어 놓은 곳.
㉫꽃밭·화원.

화답(和答) 시나 노래에 응하여 대답
함. 화답하다.

화:덕(火－) 솥을 걸 수 있도록 쇠나
흙으로 아궁이처럼 만든 물건.

화들짝 갑자기 호들갑스럽게 펄쩍 뛸
듯이 놀라는 모양. ㉠천둥소리에 화
들짝 놀랐다.

화락하다(和樂－) [화라카다] 화평하
고 즐겁다.

화랑¹(花郞) 신라 때, 청소년들의 수양
단체, 또는 그 단체의 중심 인물. 평
상시에는 명산을 찾아다니며 수련을
하였고, 전쟁이 나면 싸움터에 나아
가 용감히 싸웠다.

화ː랑2(畫廊) 그림 등의 미술품을 전시해 놓는 방.
화랑도(花郞徒) 화랑의 무리. [비]낭도.
화려하다(華麗—) ①빛나고 아름답다. [예]화려한 옷차림. ②일이나 생활 등이 사치스럽고 호화롭다. [예]유명 배우의 화려한 삶.
화ː력(火力) ①불이 탈 때 내는 열의 힘. [예]화력이 세다. ②총이나 대포 등의 위력. [예]막강한 화력으로 적을 물리쳤다.
화ː력 발전(火力發電) 석탄이나 기름 등을 때어서 만든 증기의 힘으로 발전기를 돌려 전기를 일으키는 방식.
화ː력 발전소(火力發電所) 화력 발전으로 전기를 일으키는 발전소.
화ː로(火爐) 숯불을 담아 놓는 그릇.

〈화로〉

화ː롯가(火爐—) [화로까/화롣까] 화로의 옆.
화ː롯불(火爐—) [화로뿔/화롣뿔] 화로에 담아 놓은 불.
화ː룡점정(畫龍點睛) 《용을 그릴 때 마지막에 눈동자를 그려 완성시킨다는 뜻으로》 '가장 중요한 부분을 완성시킴'을 이르는 말.
화ː면(畫面) ①그림의 표면. ②영사막이나 텔레비전, 컴퓨터 모니터 등에 나타나는 영상, 또는 그 영상이 나타나는 면. [예]텔레비전 화면이 잘 나오지 않는다.
화목(和睦) 서로 뜻이 맞고 정다움. 화목하다. [예]화목한 집안.
화문석(花紋席) 꽃무늬를 놓아 짠 돗자리. [비]꽃돗자리.
화ː물(貨物) 자동차·기차·배·비행기로 실어 나를 때의 '짐'을 이르는 말.
화ː물선(貨物船) [화물썬] 짐을 실어 나르는 배.
화ː물차(貨物車) 짐을 실어 나르는 자동차나 기차. [본]화물 자동차. [비]짐차.
화백1(和白) 신라 때, 나라의 일을 의논하던 회의 제도. 한 사람의 반대자도 없이 모두 찬성해야 결정하는 만장일치제였다.
화ː백2(畫伯) '화가'를 높여 이르는 말.
화ː병1(火病) [화뼝] 속이 답답하여 난 병. [본]울화병.
화병2(花甁) 꽃을 꽂는 병. [비]꽃병.
화ː보(畫報) 그림이나 사진을 위주로 하여 편집한 인쇄물, 또는 그 그림이나 사진.
화분(花盆) 화초를 심어 가꾸는 그릇.
화사하다(華奢—) 밝고 아름답다. [예]봄철 분위기에 맞게 방을 화사하게 꾸몄다.
화ː산(火山) 땅속의 마그마가 밖으로 터져 나와 쌓여 이루어진 산. [예]화산 폭발.
화ː산 가스(火山gas) 화산에서 뿜어져 나오는 가스. 수증기와 함께 이산화탄소·이산화황·질소 등이 섞여 있다.
화ː산대(火山帶) 화산이 띠 모양으로 길게 퍼져 있는 지역. 환태평양 화산대·지중해 화산대 등.
화ː산섬(火山—) 바다 밑의 화산이 폭발하여 생긴 섬. 울릉도·하와이섬 등.
화ː산재(火山—) 화산에서 분출된 용암의 부스러기가 재처럼 된 것.
화살 활시위에 걸어 당겼다가 놓으면 멀리 날아가는 물건.
화살을 돌리다[관용] 비난이나 공격 등을 다른 쪽으로 돌리다.
화살나무[화살라무] 노박덩굴과의 낙엽 지는 떨기나무. 가지에 화살의 깃처럼 생긴 것이 붙어 있다. 줄기로 지팡이나 화살을 만들며, 어린잎은 나물로 먹는다.

화살촉(一鏃) 화살 끝에 박은 쇠. [비]활촉.

화살표(一標) '→'나 '⇨'처럼 방향을 나타내는 화살 모양의 부호.

화ː상1(火傷) 불이나 뜨거운 열에 데어서 생긴 상처.

화ː상2(畫像) ①사람의 얼굴을 그린 그림. ②어떤 '사람'을 못마땅하게 여겨 이르는 말. [예]이런 몹쓸 화상을 보았나. ③텔레비전 수상기의 화면에 나타나는 상.

화색(和色) 얼굴에 드러나는 환한 빛. [예]얼굴에 화색이 돌다.

화ː석(化石) 동식물의 뼈나 흔적이 암석 속에 남아 있는 것.

화ː석 연료(化石燃料) 동식물의 뼈가 땅속에 파묻혀 만들어진 것으로, 연료로 사용할 수 있는 물질. 석유·석탄·천연가스 등.

화ː선지(畫宣紙) 주로 붓글씨나 동양화에 쓰이는 종이.

화ː성1(火星) 태양에서 네 번째로 가까운 행성. 공전 주기는 1.88년으로 두 개의 위성을 거느리고 있다.

화성2(和聲) 둘 이상의 음이 동시에 울려 어울리는 느낌을 주는 음, 곧 화음이 연결되는 현상. [비]하모니.

화성3(華城) 조선 정조 때 경기도 수원에 쌓은 성. 근대적 성곽 구조를 갖추고 거중기 등의 기계 장치를 활용하여 우리나라 성곽 건축에서 중요한 위치를 차지한다. 1997년에 유네스코 세계 문화유산으로 지정되었다. 사적 제3호. [비]수원성.

화ː성암(火成岩) 땅속의 마그마가 분출하여 식어서 굳은 바위.

화순(和順) 전라남도의 중앙에 있는 군. 농산물이 생산되고 광산·축산업도 성하다.

화술(話術) 자기의 감정이나 생각을 말로 명확하게 나타내는 기술. [비]말재주.

화ː승총(火繩銃) 노끈에 붙인 불로 화약을 터뜨려 쏘던 옛날 총. [비]조총.

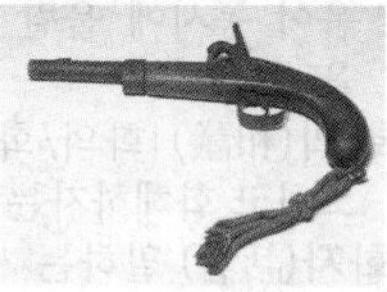
〈화승총〉

화ː실(畫室) 화가 또는 조각가가 작품을 만드는 방.

화씨(華氏) 화씨온도계의 눈금의 이름. 기호는 'F'. [비]화씨온도. [참]섭씨.

> **'화씨'의 어원**
>
> 독일 사람 파렌하이트(Fahrenheit)가 처음 생각해 냈는데, 파렌하이트를 중국어로 적으면 '화륜해'가 되는 데서 비롯된 말.

화씨온도계(華氏溫度計) [화씨온도계/화씨온도게] 물의 어는점을 32도, 끓는점을 212도로 한 온도계. [참]섭씨온도계.

화ː약(火藥) 충격이나 열 등을 가하면 터지는 물질. 다이너마이트 등.

화ː약고(火藥庫) [화약꼬] ①화약을 저장하는 창고. ②'전쟁이 일어날 위험이 있는 지역'을 비유하여 이르는 말.

화엄사(華嚴寺) 전라남도 구례군에 있는 절. 신라 때 연기 대사가 세웠다고 하며, 4사자 삼층 석탑·각황전 등 많은 문화재가 있다.

화엄종(華嚴宗) 불교 교종의 한 파. 화엄경을 근본 경전으로 하여 세운 종파인데, 우리나라에서는 신라 신문왕 때 의상 대사가 세웠다.

화ː염(火焰) 불꽃.

화요일(火曜日) 칠요일의 하나. 일요일로부터 셋째 날. [준]화.

화원(花園) ①꽃을 심은 동산. [비]꽃밭·화단. ②꽃을 파는 가게. [비]꽃가게·꽃집.

화음(和音) 높낮이가 다른 둘 이상의 음이 동시에 울릴 때 어울리는 느낌을 주는 음.

화의(和議)[화의/화이] 싸우던 것을 그치고 화해하자는 의논. 화의하다.

화자(話者) 말하는 사람. 주로 글 속에서 그 글의 이야기를 하는 사람. 예이 소설 속 화자는 어린 소녀이다.

화장¹(化粧) 얼굴에 화장품을 바르고 매만져 곱게 꾸밈. 예곱게 화장을 한 신부. 화장하다.

화:장²(火葬) 시체를 불에 태워 장사 지내는 일. 화장되다. 화장하다.

화장대(化粧臺) 화장품을 올려놓거나 넣어 두고 화장할 때 쓰는 가구.

화장실(化粧室) 대변과 소변을 볼 수 있게 만들어 놓은 곳. 비변소.

화장지(化粧紙) ①주로 화장할 때 쓰거나 화장실에서 쓰는 얇고 부드러운 종이. ②'휴지'를 달리 이르는 말.

화장품(化粧品) 화장에 쓰이는 물품. 분이나 크림 등.

화:재(火災) 불이 나서 건물이나 물건을 태우는 일. 예공장에 화재가 나서 소방차가 달려왔다.

화:적(火賊) 떼 지어 돌아다니는 강도. 비불한당.

화:전(火田) 산이나 들에 불을 지른 다음 파서 일구어 농사를 짓는 밭.

화전놀이(花煎─)[화전노리] 봄에 여자들이 꽃잎을 따서 전을 부쳐 먹으며 춤추고 노는 놀이.

화:전민(火田民) 화전을 일구어 농사를 짓는 사람.

화제(話題) 이야깃거리. 예화제의 인물/화제로 삼다./화제를 바꾸다./화제에 올리다.

화젯거리(話題─)[화제꺼리/화젣꺼리] 이야깃거리가 될 만한 내용.

화:주승(化主僧) 시주하는 물건을 얻어 절의 양식을 대는 승려.

화:증(火症)[화쯩] 화를 벌컥 내는 증세. 예화증이 나다.

화:질(畫質) 텔레비전이나 컴퓨터 모니터 등의 화면이 깨끗하고 선명하게 보이는 정도. 예화질이 좋은 텔레비전.

화:차¹(火車) 지난날, 전쟁에서 적을 불로 공격할 때 쓰던 수레.

화:차²(貨車) 짐을 실어 나르기 위한 철도 차량. 반객차.

화창하다(和暢─) 날씨 등이 온화하고 맑다. 예화창한 봄날.

〈화차1〉

화채(花菜) 꿀이나 설탕을 탄 물에 얇게 저민 과일을 넣고 잣을 띄운 음료.

화초(花草) 꽃이 피는 풀과 나무. 또는 보고 즐기기 위해 꽃밭이나 화분에 심는 풀과 나무. 비화훼.

화촉(華燭) ①물을 들인 밀초. ②((혼례 의식 때 촛불을 밝히는 데서)) '혼례'를 달리 이르는 말.

화촉을 밝히다[관용] 혼례식을 올리다.

화친(和親) 서로 의좋게 지냄. 예화친 조약. 화친하다.

화톳불[화토뿔/화톧뿔] 장작 등을 한 군데에 수북하게 모아 질러 놓은 불.

화:통(火筒) 기차나 기선 등의 굴뚝.

화:통도감(火煽都監) 고려 우왕 3 (1377)년에 설치하여 화약과 화통 만드는 일을 맡아보던 임시 관아.

화투(花鬪) 솔·매화·벚꽃·난초·모란·국화·오동 등 열두 가지 그림이 그려진 48장의 딱지로 하는 오락이나 노름.

화:판(畫板) 그림을 그릴 때 받치는 판.

화평(和平) ①마음이 평안함. ②나라 사이가 화목함. 비평화. 화평하다. 화평히.

화:폐(貨幣)[화폐/화폐] 물건을 사고 팔거나 값을 치를 때 쓰는 것. 동전이나 지폐 등. 비돈.

화:포(火砲)《화약으로 쏘는 포라는 뜻으로》 총이나 대포 등의 화기를 이르는 말.

화:폭(畫幅) 그림을 그리는 데 쓰는 천이나 종이. 예화폭에 담은 금강산.

화:풀이(火一)[화푸리] 엉뚱한 사람이나 딴 일에 화를 냄. 예선생님께 야단맞고 왜 나한테 화풀이를 하는 거야? 화풀이하다.

화:풍(畫風) 그림을 그리는 방식이나 양식.

화:하다 입 안의 느낌이 얼얼하면서도 시원하다. 예박하사탕을 입에 넣었더니 화하다.

화:학(化學) 물질의 구조·성질·변화·법칙 등을 연구하는 과학의 한 분야.

화:학 공업(化學工業) 화학적인 반응을 응용하여 여러 가지 제품을 만드는 공업. 예석유 화학 공업.

화:학 반:응(化學反應) 두 가지 이상의 물질 사이에 화학 변화가 일어나서 다른 물질로 변화하는 일.

화:학 비:료(化學肥料) 화학적으로 만든 인공 비료. 질소 비료나 인산 비료 등.

화:학 섬유(化學纖維) 석유·석탄·천연가스 등을 원료로 하여 화학적으로 만든 섬유. 나일론·폴리에스테르 등. 비합성 섬유.

화:학적(化學的)[화학쩍] 화학 현상의 특징을 띠거나 화학과 관련된 것.

화:합¹(化合) 두 가지 이상의 물질이 결합하여 새로운 물질이 되는 현상. 화합되다. 화합하다.

화합²(和合) 화목하게 어울림. 예직원들의 화합을 위한 야유회. 화합되다. 화합하다.

화:합물(化合物)[화함물] 두 가지 이상의 물질이 화학적으로 결합하여 만들어진 물질. 물이나 소금 등. 참혼합물.

화해(和解) 싸움을 그치고 다시 사이좋게 지냄. 화해하다. 예이제 그만 싸우고 화해하렴.

화:형(火刑) 지난날, 사람을 불태워 죽이던 형벌.

화환(花環) 꽃을 엮어 고리 모양으로 만든 것. 축하나 슬픔의 뜻을 나타내는 데에 쓴다.

화훼(花卉) ➡화초.

확 ①갑자기 세게 불거나 내뿜는 모양. 예바람이 확 불었다. ②날래고 힘차게 행하는 모양. 예방문을 확 잡아당겼다. ③매어 있거나 막혔던 것이 갑자기 풀리거나 열리는 모양. 예버스가 확 트인 도로 위를 신나게 달렸다. 확확.

확고부동(確固不動)[확꼬부동] 확고하여 흔들리지 않음. 확고부동하다.

확고하다(確固一)[확꼬하다] 의지나 태도 등이 흔들림 없이 굳다. 예확고한 결심. 확고히.

확답(確答)[확땁] 확실히 대답함. 예확답을 받다. 확답하다.

확대(擴大)[확때] 크기나 규모 등을 늘여서 크게 함. 예사진 확대. 비확장. 반축소. 확대되다. 확대하다.

확대 가족(擴大家族) 결혼한 자녀와 부모가 한집에 함께 사는 가족. 참대가족.

확대경(擴大鏡)[확때경] 물체를 확대하여 보는 도구. 보통은 한 개의 볼록 렌즈를 쓴다. 비돋보기.

확률(確率)[황뉼] 어떤 일이 일어날 수 있는 가능성을 나타내는 값. 예이 복권은 당첨될 확률이 낮다.

확립(確立)[황닙] 이론·체계·조직 등이 확고하게 섬, 또는 확고하게 세움.

확립되다. 확립하다. 예교통질서를 확립해야 한다.

확보(確保)[확뽀] 확실하게 보유함. 확보되다. 확보하다. 예일꾼을 충분히 확보하였다.

확산(擴散)[확싼] 흩어져 번짐. 확산되다. 예환경 운동이 전국적으로 확산되고 있다. 확산하다.

확성기(擴聲器)[확썽기] 소리를 크게 하여 멀리 들리게 하는 장치. 비스피커. 참메가폰.

확신(確信)[확씬] 굳게 믿음. 예승리에 대한 확신을 가져라. 확신하다.

확실하다(確實—)[확씰하다] 사실과 꼭 같거나 틀림이 없다. 예확실한 증거. 확실히.

확약(確約)[화갹] 확실하게 약속함. 또는 굳은 약속. 확약하다.

확언(確言)[화건] 확실하게 말함. 또는 확실한 말. 확언하다.

확인(確認)[화긴] 틀림이 없는지 알아봄. 또는 틀림이 없다고 인정함. 예잃어버린 내 가방이 맞는지 확인부터 했다. 확인되다. 확인하다.

확장(擴張)[확짱] 범위나 세력 등을 늘려서 넓힘. 예사업 확장. 비확대. 확장되다. 확장하다.

확정(確定)[확쩡] 변동이 없도록 확실하게 정함. 확정되다. 예시험 일자가 확정되었다. 확정하다.

확증(確證)[확쯩] 확실히 증명함. 또는 확실한 증거. 예부정 행위에 대한 확증을 잡았다. 확증되다. 확증하다.

확충(擴充) 넓혀서 충실하게 함. 예시설 확충. 확충되다. 확충하다.

환:각(幻覺) 실제로는 없는 것을 진짜로 있는 것처럼 보거나 듣거나 느끼는 현상.

환:각제(幻覺劑)[환각쩨] 먹으면 환각을 일으키는 약제.

환:갑(還甲) 사람의 나이 '예순한 살'을 이르는 말. 예할아버지께서 환갑을 맞으셨다. 비회갑.

환:갑날(還甲—)[환감날] 환갑이 되는 해의 생일.

환경(環境) 사람이나 생물을 둘러싸고 직접·간접으로 영향을 주는 자연. 또는 사회의 조건이나 형편. 예생활 환경.

환경 미:화(環境美化) 주위 환경이나 생활하는 공간을 깨끗하고 아름답게 꾸미는 일.

환경미화원(環境美化員) 거리나 공공시설을 청소하는 일을 직업으로 하는 사람.

환경부(環境部) 중앙 행정 기관의 하나. 자연환경 및 생활 환경의 보전과 함께 오염 방지 등에 관한 일을 맡아본다.

환경 오:염(環境汚染) 대기·토양·물 등 사람이나 동식물이 살아가는 환경에 해로운 물질이 섞여 더러워진 상태.

환경 호르몬(環境hormone) 사람의 몸에서 호르몬을 만들어 내보내는 과정에 문제를 일으킬 수 있는 물질을 통틀어 이르는 말.

환구단(圜丘壇) ➡원구단.

환궁(還宮) 대궐을 떠났던 임금이나 왕비·왕자 등이 대궐로 돌아옴. 환궁하다.

환:금(換金) 물건을 팔아서 돈으로 바꿈. 환금하다.

환급(還給) 돈이나 물건 등을 도로 돌려줌. 예초과 징수된 세금 환급. 환급되다. 환급하다.

환:기¹(喚起) 관심이나 기억 등을 불러일으킴. 예여론 환기. 환기되다. 환기하다.

환:기²(換氣) 탁한 공기를 내보내고 맑은 공기로 바꿈. 환기되다. 환기하다.

환ː기구(換氣口) 실내의 탁한 공기를 밖으로 내보내고 맑은 공기로 바꾸거나 온도를 조절하기 위하여 만든 구멍.

환ː난(患難) 근심과 재난.

환담(歡談) 정답고 즐겁게 이야기함, 또는 그 이야기. [예]환담을 나누다. **환담하다**.

환대(歡待) 기쁘게 맞아 정성껏 대접함. [예]극진한 환대를 받다. **환대하다**.

환도(還都) 전쟁 등으로 인하여 정부가 한때 수도를 버리고 다른 곳으로 옮겼다가 다시 본래의 수도로 돌아옴. **환도하다**.

환ː등기(幻燈機) 그림이나 사진 등에 강한 불빛을 비추어 스크린에 크게 비치도록 하는 기계.

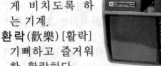

환락(歡樂) [활락] 기뻐하고 즐거워함. **환락하다**.

〈환등기〉

환ː멸(幻滅) 꿈이나 기대·환상 등이 깨어져 몹시 실망하고 괴로워하는 마음. [예]그는 세상살이에 환멸을 느꼈다.

환ː부(患部) 병이나 상처가 난 자리. [예]간호사가 환부에 붕대를 감아 주었다.

환불(還拂) 물건을 산 값이나 무엇의 요금으로 낸 돈을 되돌려 줌. [예]새 장난감이 불량품이라 환불을 받았다. **환불하다**.

환ː산(換算) 어떤 단위로 나타낸 수량을 다른 단위로 고쳐 계산함, 또는 그 계산. **환산되다**. **환산하다**.

환ː상[1](幻想) 현실로는 있을 수 없는 일을 있는 것처럼 상상하는 일. [예]소설 속 신비한 환상의 세계.

환ː상[2](幻像) 실제로는 눈앞에 없는 것이 있는 것처럼 보이는 것. [비]환영.

환ː상적(幻想的) 환상에 가까운 것. [예]환상적인 무대.

환생(幻生) 사람이 죽었다가 모습을 바꾸어 다시 태어남. [예]욕심쟁이 박 영감은 죽어서 소로 환생을 하였다. **환생하다**.

환성(歡聲) 기쁘고 반가워서 크게 지르는 소리.

환송(歡送) 떠나는 사람을 축복하고 기쁜 마음으로 보냄. [반]환영. **환송하다**.

환ː승(換乘) 타고 있던 버스나 지하철 등에서 내려 다른 것으로 갈아탐. [예]나는 2호선 환승을 위해 신도림역에서 내렸다. **환승하다**.

환심(歡心) 기쁘고 즐거워하는 마음.

환심(을) 사다[관용] 남의 비위를 맞추어 자기에게 호감을 가지게 하다.

환ː영[1](幻影) [화녕] 실제로는 눈앞에 없는 것이 있는 것처럼 보이는 것. [비]환상.

환영[2](歡迎) [화녕] 기쁜 마음으로 맞이함. [예]선수들은 국민의 큰 환영을 받았다. [반]환송. **환영하다**.

환웅(桓雄) [화눙] 단군 신화에 나오는 인물. 단군의 아버지. 하느님인 아버지 환인으로부터 천부인 세 개를 받아 태백산에 내려와 세상을 다스렸으며, 곰이 변해서 된 웅녀와 결혼하여 단군을 낳았다고 한다. [참]환인.

환원(還元) [화눤] ①본디의 상태로 돌아감, 또는 돌아가게 함. [예]그 정치가는 재산의 사회 환원을 약속했다. ②어떤 물질이 산소의 일부 또는 전부를 잃거나 수소와 화합하는 화학 변화. ②[반]산화. **환원되다**. **환원하다**.

환ː율(換率) [화뉼] 자기 나라 돈과 다른 나라 돈의 교환 비율.

환인(桓因) [화닌] 단군 신화에 나오는 하느님. 환웅의 아버지. 환웅을 태백산으로 내려보내 세상을 다스리게 했다.

환:**자**(患者) 병을 앓는 사람. 🗎병자. 예의사가 환자를 진료하고 있다.

환:**장**(換腸) ①몹시 괴롭거나 답답하거나 하여 제정신이 아닌 듯한 상태가 됨. 예억울한 누명을 썼으니 환장을 할 노릇이다. ②어떤 것을 지나치게 좋아하여 정신을 못 차릴 지경이 됨. 예내 동생은 떡이라면 환장을 한다. 환장하다.

환:**절기**(換節期) 계절이 바뀌는 시기.

환조(丸彫) 사방에서 볼 수 있게 입체적으로 만든 조각.

환:**풍기**(換風機) 실내의 탁한 공기를 밖으로 내보내면서 바깥의 맑은 공기를 안으로 들어오게 하는 전기 기구.

환:**하다** ①매우 밝다. 예거리가 대낮처럼 환하다. ②앞이 탁 틔어서 막힌 데가 없다. 예환하게 뚫린 도로. ③의심할 나위 없이 또렷하다. 예속이 환하게 들여다보인다. ④얼굴이 잘생겨 보기에 시원스럽다. 예인물이 환하다. 큰훤하다. 환히. 예아직도 교실에 불이 환히 켜져 있다.

환호(歡呼) 기뻐서 부르짖음. 환호하다. 예승리에 환호하는 사람들.

환호성(歡呼聲) 기뻐서 부르짖는 소리. 예관중들이 일제히 환호성을 질렀다.

환희(歡喜) [환히] 매우 즐겁고 기쁜 마음.

활 ①화살을 쏘는 무기. ②바이올린이나 첼로 등의 악기를 켜는 기구.

활강(滑降) 비탈진 곳을 미끄러져 내림. 활강하다.

활개 ①새의 두 날개. ②사람의 두 팔이나 다리.

　활개(를) 치다 관용 제 세상인 듯 거들먹거리며 함부로 행동하다.

　활개(를) 펴다 관용 ①두 팔을 옆으로 넓게 펴다. ②당당한 태도를 취하다.

활기(活氣) 활발한 기운이나 기개.

예사람들이 무척 활기 있어 보였다. 🗎생기.

활기차다(活氣一) 힘이 넘치고 생기가 가득하다. 예활기차게 하루를 시작합시다.

활달하다(豁達一) [활딸하다] 마음이 너그럽고 시원시원하다. 예성격이 활달한 인주는 반 친구들에게 인기가 좋다.

활동(活動) [활똥] ①어떤 일을 하려고 몸을 움직임. ②어떤 일을 이루기 위하여 힘씀. 예봉사 활동. 활동하다.

활동사진(活動寫眞) [활똥사진] 《움직이는 사진이라는 뜻으로》 지난날, '영화'를 이르던 말.

활동적(活動的) [활똥적] 활발하게 움직이는 것. 예그는 운동과 여행을 좋아하는 활동적인 사람이다.

활력(活力) 살아 움직이는 힘. 예활력을 불어넣다.

활력소(活力素) [활력쏘] 살아 움직이는 힘의 본바탕.

활로(活路) 어려움을 이겨 내고 살아 나갈 수 있는 길. 예활로를 찾다.

활발하다(活潑一) 생기 있고 힘차며 시원스럽다. 예쾌활하고 활발한 아이. 활발히.

활보(闊步) 큰 걸음으로 당당히 걷는 일, 또는 그 걸음. 활보하다. 예대로를 활보하다.

활성화(活性化) [활썽화] 사회·조직 등의 기능이 활발해짐, 또는 활발하게 함. 활성화되다. 활성화하다.

활시위 [활씨위] 활을 쏠 때 화살을 걸어서 함께 잡아당기는 줄. 준시위.

활쏘기 활을 쏘는 일, 또는 그런 기술.

활약(活躍) [화략] 활발하고 눈에 띄게 활동함. 예이번 경기에서 김 선수가 뛰어난 활약을 벌였다. 활약하다.

활약상(活躍相) [화략쌍] 활발하게 활동하는 모습.

활엽수(闊葉樹) [화렵쑤] 넓은 잎을 가진 나무. 떡갈나무나 감나무 등. [반]침엽수.

활용(活用) [화룡] 그것이 지닌 능력이나 기능을 잘 살려 씀. [예]이 빈터는 주로 야영지로 활용이 된다. 활용되다. 활용하다.

활자(活字) [활짜] 인쇄하는 데 쓰는, 글자나 기호를 새긴 쇠붙이. [예]금속 활자.

활자본(活字本) [활짜본] 활판으로 인쇄한 책.

활주로(滑走路) [활쭈로] 비행기가 뜨거나 내릴 때 미끄러져 달릴 수 있도록 만들어 놓은 길.

활짝 ①문 등을 시원스럽게 열거나 그렇게 열려 있는 모양. [예]창문을 활짝 열어 환기를 시켰다. ②날개 등을 시원스럽게 펼치는 모양. [예]새가 날개를 활짝 폈다. ③꽃이 한껏 핀 모양. [예]활짝 핀 목련꽃. ④날씨가 매우 맑게 갠 모양. [예]활짝 갠 하늘. ⑤환한 얼굴로 크게 웃는 모양. [예]활짝 웃고 있는 저 소녀는 누구지?

활판(活版) 활자로 짜 맞춘 인쇄용 판, 또는 그것으로 찍은 인쇄물. [예]활판 인쇄.

활화산(活火山) 현재 용암이나 가스 등이 나오고 있는 화산. [참]사화산·휴화산.

활활 불길이 세게 타오르는 모양. [예]활활 타오르는 모닥불. [큰]훨훨.

홧:김(火—) [화낌/환낌] 화가 치미는 기운이나 기회. [예]홧김에 동생에게 심한 말을 했다.

황(黃) 화약·성냥 등을 만드는 데 쓰이는 노란 물질. 공기 중에 가열하면 연한 청색 불꽃을 내며 탄다. [비]유황.

황갈색(黃褐色) [황갈쌕] 누런빛을 띤 갈색.

황공무지(惶恐無地) 황공하여 몸둘 바를 모름. [예]황공무지로소이다.

황공하다(惶恐—) 위엄이나 지위 등에 눌려 몹시 두렵다. [비]황송하다.

황금(黃金) ①《빛깔이 누런 데서》 '금'을 달리 이르는 말. ②'돈' 또는 '재물'의 뜻을 나타내는 말.

황금기(黃金期) 가장 좋은 시기. [예]인생의 황금기.

황금만능(黃金萬能) '돈만 있으면 모든 일을 뜻대로 할 수 있음'을 이르는 말. [예]황금만능 시대.

황금빛(黃金—) [황금삗] 황금처럼 누렇고 반짝이는 빛깔. [예]황금빛으로 빛나는 아침 햇살. [비]황금색.

황금색(黃金色) 황금처럼 번쩍거리는 누런색. [비]황금빛.

황급하다(遑急—) [황그파다] 허둥지둥할 만큼 몹시 급하다. [예]영식이는 전화를 받고 황급하게 뛰어나갔다. 황급히.

황당무계하다(荒唐無稽—) [황당무계하다/황당무게하다] 도무지 터무니없어 믿을 수 없다. [예]그런 황당무계한 이야기를 나더러 믿으라고?

황당하다(荒唐—) 어찌할 바를 모를 정도로 터무니없다. [예]너무 황당해서 아무 말도 못 했다.

황도(黃道) 지구에서 보아, 태양이 지구를 중심으로 운행하는 것처럼 보이는 길.

황량하다(荒涼—) [황냥하다] 황폐하여 쓸쓸하다. [예]황량한 겨울 숲.

황록색(黃綠色) [황녹쌕] 누런빛을 띤 녹색.

황룡(黃龍) [황뇽] 누런 빛깔의 용.

황룡사(皇龍寺) [황뇽사] 경상북도 경주에 있던 절. 지금은 그 터만 남아 있다. [참고] 신라 왕궁을 지을 때 이 터에서 황룡이 하늘로 오르는 모습을 보고, 왕이 제일 좋은 곳이라 하여 절을 만들게 하고 황룡사라는 이름을 내렸다고 한다.

황무지(荒蕪地) 손을 대지 않고 버려 두어서 거칠어진 땅. [반]옥토.

황사(黃砂) ①누런 빛깔의 모래. ②중국 북부나 몽골 등의 황토가 바람에 날려 온 하늘에 누렇게 끼는 현상.

황산(黃酸) 강한 산성을 띠고 있고 금속을 녹이며, 빛깔도 냄새도 없는 끈끈한 액체. 여러 가지 약품을 만드는 데 쓰인다.

황산구리(黃酸—) 구리를 묽은 황산과 함께 가열하여 얻는 푸른색 결정. 푸른 빛깔을 내는 데 쓰이거나 구충제·방부제 등에 쓰인다.

황산벌(黃山—) [황산뻘] 지금의 충청남도 연산 벌판. 백제 말기에 계백 장군이 김유신의 신라군을 맞아 싸운 곳으로 알려져 있으며, 후백제의 신검도 이 벌판에서 고려의 왕건에게 항복한 것으로 알려져 있다.

황산화물(黃酸化物) 석유나 석탄 등이 연소할 때 황과 산소가 결합하여 생기는 물질. 대기 오염이나 산성비의 원인이 된다.

황ː새 황샛과의 새. 백로와 비슷하나 더 크고, 온몸이 흰색이며 날개 끝의 깃털과 부리는 검다. 다리가 길고 물갈퀴가 있어 물속을 잘 걷는다. 천연기념물 제199호.

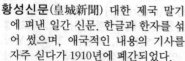

〈황새〉

황색(黃色) 누런 색깔. [준]황.

황성신문(皇城新聞) 대한 제국 말기에 펴낸 일간 신문. 한글과 한자를 섞어 썼으며, 애국적인 내용의 기사를 자주 싣다가 1910년에 폐간되었다.

황소(黃—) 큰 수소.

황소개구리 개구릿과의 하나. 몸길이는 17~20cm. 수컷의 등은 짙은 녹색에 검은 얼룩점이 있고, 암컷의 등은 갈색에 검은 얼룩무늬가 있다. 5월에 나와 소와 비슷한 굵은 소리로 운다. 외래종으로, 그 고기는 먹기도 한다.

황송하다(惶悚—) 베풀어 준 은혜가 분에 넘쳐 고맙고도 미안하다. [예]이렇게 도와주시니 황송할 따름입니다. [비]황공하다.

황실(皇室) 황제의 집안.

황야(荒野) 가꾸지 않고 버려 둔 거친 들판.

황인종(黃人種) 피부색으로 나눈 인종의 한 가지. 살빛이 누렇고, 머리털이 검고 곧은 것이 특징이다. 주로 아시아 대륙에 사는 한국인·중국인·일본인 등이 이에 딸린다. [본]황색 인종. [참]백인종·흑인종.

황제(皇帝) 왕이나 제후를 거느리고 제국을 다스리는 사람. [반]황후.

황조롱이(黃—) 맷과의 새. 붉은 갈색 바탕에 검은 무늬가 있다. 높은 절벽이나 나무 위에 둥지를 짓고, 작은 새나 들쥐 같은 동물을 잡아먹는다. 천연기념물 제323-8호.

〈황조롱이〉

황진이(黃眞伊, ?~?) 조선 시대의 기생. 자는 명월(明月). 한시와 시조에 뛰어났으며, 서경덕·박연 폭포와 더불어 송도삼절이라 불렸다.

황태(黃太) 명태를 얼리고 말리기를 되풀이하여 만든 북어. 빛깔이 누렇고 맛이 좋다.

황토(黃土) 누렇고 거무스름한 흙.

황토색(黃土色) 황토의 빛깔과 같이 누렇고 밝은 갈색.

황폐(荒廢) [황폐/황페] ①집이나 땅 등을 그냥 버려 두어 거칠고 못 쓰게 됨. ②정신이나 생활 등이 거칠어지고 메마름. **황폐하다**.

황폐화(荒廢化) [황페화/황폐화] 황폐하게 됨. 또는 황폐하게 만듦. **황폐화되다. 황폐화하다.**

황하(黃河) ➡황허 강.

황해(黃海) 우리나라 서쪽의 바다. [비]서해.

황해도(黃海道) 우리나라 중서부에 있는 도. 대표적인 밭농사 지대로, 밀·콩·조를 주로 생산한다.

황해안(黃海岸) 우리나라 서쪽 바다의 해안.

황허 강(Huanghe江) 중국 서부에서 북부로 흐르는 강. 길이 5,464km. 중국에서 양쯔 강 다음으로 긴 강이며, 이 강을 중심으로 중국의 고대 문명이 발달하였다. 누런 흙이 뒤섞여 물빛이 누렇고 흐리다. [비]황하.

황혼(黃昏) ①해가 지고 어둑어둑할 무렵. ②'한창때가 지나 막바지에 이르는 때'를 비유하여 이르는 말.

황홀하다(恍惚—) ①눈이 부실 만큼 찬란하고 화려하다. ②사물에 마음이 팔려 멍하다. [예]꿈에 그리던 이상형을 만나 황홀하다.

황후(皇后) 황제의 아내.

황희(黃喜, 1363~1452) 조선 초기의 유명한 정치가. 호는 방촌. 세종 때 영의정을 지내면서 농사의 개량, 예법의 개정 등 많은 업적을 남겼다.

홰[1] 새장이나 닭장 속에 새나 닭이 올라앉도록 가로지른 나무 막대.

홰[2] 싸리나 갈대 등을 묶어, 밤길을 밝히는 데 쓰는 물건.

홱 어떤 행동을 망설이지 않고 날쌔게 해내는 모양. [예]몸을 홱 돌리다.

횃대 [홰때/휃때] 옷을 걸 수 있도록 벽에다 만들어 둔 막대.

횃불 [홰뿔/휃뿔] 홰에 켠 불.

횅댕그렁하다 넓은 곳에 물건이 얼마 없어 빈 것 같다. [준]횅하다. [큰]휑뎅그렁하다.

횅하다 ①사물의 이치나 학문 등에 막힘이 없이 잘 알아 훤하다. ②구멍 등이 시원스럽게 뚫려 있다. ③〈횅댕그렁하다〉의 준말. [큰]휑하다.

회[1](回) [회/훼] 몇 번임을 세는 말. [예]일 회/제35회 졸업식.

회ː[2](會) [회/훼] 공동의 목적을 위하여 여럿이 모이는 일, 또는 그 모임.

회ː[3](膾) [회/훼] 고기나 물고기를 날로 잘게 썬 음식. [예]회를 치다.

회갈색(灰褐色) [회갈쌕/훼갈쌕] 회색빛을 띤 갈색.

회갑(回甲) [회갑/훼갑] ➡환갑.

회갑연(回甲宴) [회가변/훼가변] 예순한 살 생일에 베푸는 잔치.

회ː개(悔改) [회개/훼개] 이전의 잘못을 뉘우치고 고침. [비]참회. **회개하다.** [예]눈물로 회개하다.

회ː견(會見) [회견/훼견] 정해진 절차에 따라 서로 만나 의견을 밝힘. [예]기자 회견. **회견하다.**

회ː계(會計) [회계/훼게] 나가고 들어온 돈을 따져서 셈함, 또는 그런 일을 하는 사람. **회계하다.**

회고(回顧) [회고/훼고] 지난 일을 돌이켜 생각함. **회고되다. 회고하다.** [예]학창 시절을 회고하였다.

회고록(回顧錄) [회고록/훼고록] 지난 일을 돌이켜 생각하여 적은 기록.

회ː관(會館) [회관/훼관] 집회나 회의 등을 위해 많은 사람이 한꺼번에 들어갈 수 있게 지은 집. [예]마을 회관. [비]회당.

회교(回敎) [회교/훼교] ➡이슬람교.

회교도(回敎徒) [회교도/훼교도] 회교를 믿는 사람. [비]이슬람교도.

회군(回軍) [회군/훼군] 군사를 돌려 돌아가거나 돌아옴. [예]위화도 회군. **회군하다.**

회귀(回歸) [회귀/훼귀] 한 바퀴 돌아 다시 본디의 자리로 돌아옴. **회귀하다.**

회귀선(回歸線)[회귀선/훼귀선] 적도의 남북 위도 23°27′을 지나는 위선. 예남회귀선/북회귀선.

회ː기(會期)[회기/훼기] 집회나 회의 등이 열리는 시기.

회ː담(會談)[회담/훼담] 만나서 서로 의논함. 예남북 적십자 회담. 회담하다.

회답(回答)[회답/훼답] 물음이나 편지 등에 대답함. 회답하다.

회ː동(會同)[회동/훼동] 같은 목적으로 여럿이 모임. 회동하다. 예대통령 후보자들이 회동하였다.

회람(回覽)[회람/훼람] 여러 사람이 차례로 돌려 가며 봄. 또는 그 글. 회람하다. 예안내문을 회람하였다.

회로(回路)[회로/훼로] 전기가 어떤 점을 떠나, 도체를 돌아서 다시 그 자리까지 오는 길. 본전기 회로.

회로도(回路圖)[회로도/훼로도] 전류가 흐르는 길을 나타낸 그림.

회문(回文)[회문/훼문] 거꾸로 읽어도 바로 읽는 것과 똑같아지는 문장. 예“여보 안경 안 보여.”는 거꾸로 읽어도 “여보 안경 안 보여.가 되는 회문이다.

회ː보(會報)[회보/훼보] 모임의 일을 회원에게 알리는 간행물.

회복(回復)[회복/훼복] 이전의 좋은 상태로 되돌아오거나 되돌림. 회복되다. 회복하다. 예건강을 회복하다.

회복기(回復期)[회복끼/훼복끼] ①병이 회복되는 시기. ②경기 등이 다시 좋아지는 시기.

회복실(回復室)[회복씰/훼복씰] 수술을 받은 환자가 간호를 받거나 마취 상태에서 깨기 위해 한동안 안정을 취하는 병실.

회부(回附)[회부/훼부] 문제나 사건 등을 관계 기관에 넘겨줌. 예군법 회의에 회부를 하다. 회부되다. 회부하다.

회ː비(會費)[회비/훼비] 모임을 유지하기 위해 회원들에게 걷는 돈. 예일인당 천 원씩 회비를 걷었다.

회ː사(會社)[회사/훼사] 이익을 목적으로 두 사람 이상이 자본을 대어 만든 사업 단체. 예장난감 회사.

회ː사원(會社員)[회사원/훼사원] 회사에 근무하는 사람. 비사원.

회상(回想)[회상/훼상] 지난 일을 돌이켜 생각함. 회상하다. 예과거를 회상하다.

회색(灰色)[회색/훼색] 재의 빛깔과 같이 흰빛을 띤 검은색. 예회색 양복을 입은 남자. 비재색.

회생(回生)[회생/훼생] 다시 살아남. 비소생. 회생하다.

회수(回收)[회수/훼수] 도로 거두어들임. 예빈 병 회수. 회수되다. 회수하다.

회수권(回數券)[회수꿘/훼수꿘] 차를 탈 때마다 한 장씩 주고 탈 수 있게 만든 차표.

회ː식(會食)[회식/훼식] 여러 사람이 모여 함께 음식을 먹음. 또는 그 모임. 회식하다.

회신(回信)[회신/훼신] 편지나 전신 등의 회답. 회신하다.

회ː심(會心)[회심/훼심] 마음에 흐뭇하게 들어맞음. 또는 그런 마음. 예회심의 미소를 짓다.

회양목(一楊木)[회양목/훼양목] 회양목과의 늘푸른떨기나무. 잎은 두껍고 길둥글며 마주난다. 산지의 석회암 지대에서 자라며, 나무는 단단하여 조각·도장 등의 재료로 쓰인다.

회오리바람[회오리바람/훼오리바람] 갑자기 소용돌이 모양으로 도는 바람. 먼지나 모래알 등이 딸려 올라가 기둥 모양으로 원을 그리며 돈다. 비돌개바람.

회ː원(會員)[회원/훼원] 어떤 모임을 이루는 사람들.

회:원국(會員國) [회원국/훼원국] 국제적인 조직체에 가입되어 있는 나라. 예남북한이 나란히 유엔 회원국이 되었다.

회유(懷柔) [회유/훼유] 잘 달래어 시키는 대로 따르게 함. 예회유 정책. 회유되다. 회유하다.

회:의¹(會議) [회의/훼이] 여럿이 모여 어떤 일을 의논함, 또는 그 모임. 예학급 회의. 회의하다.

회의²(懷疑) [회의/훼이] 어떤 일에 대해 의심하는 마음이 듦. 예이 일이 정말 내가 원하는 일인지 회의가 든다. 회의하다.

회:의록(會議錄) [회의록/훼이록] 회의의 진행 과정이나 내용 등을 적은 기록.

회:의실(會議室) [회의실/훼이실] 여럿이 모여 어떤 일을 의논하는 데 쓰는 방.

회:장¹(會長) [회장/훼장] ①모임의 일을 책임지고 그 모임을 대표하는 사람. 예동창회 회장. ②주식회사 등에서 이사회의 장을 맡고 있는 사람.

회:장²(會場) [회장/훼장] 모임이나 회의가 열리는 곳.

회전(回轉) [회전/훼전] ①빙빙 돌거나 돌림. 예자동차 바퀴의 회전. ②가던 방향을 빙 돌며 바꿈. 예여기서 오른쪽으로 회전을 해서 가면 우리 집이 나온다. 회전되다. 회전하다.

회전목마(回轉木馬) [회전몽마/훼전몽마] 원형의 받침에 목마를 설치하여 회전하면서 아래위로 움직이게 만든 놀이 기구.

회전문(回轉門) [회전문/훼전문] 한 축을 중심으로 빙빙 돌려서 사람이 드나들 수 있게 만든 문.

회전수(回轉數) [회전쑤/훼전쑤] 회전하는 물체가 단위 시간 동안에 축의 둘레를 도는 횟수.

회전체(回轉體) [회전체/훼전체] 평면 도형이 한 직선을 축으로 한 번 회전하였을 때 생기는 입체 도형.

회전축(回轉軸) [회전축/훼전축] 회전 운동의 중심이 되는 직선.

회전판(回轉板) [회전판/훼전판] 어떤 것을 축으로 하여 빙빙 돌 수 있게 만든 판.

회중(懷中) [회중/훼중] ①품속. ②마음속.

회중시계(懷中時計) [회중시계/훼중시게] 호주머니에 넣고 다닐 수 있게 만든 작은 시계.

회진(回診) [회진/훼진] 의사가 병실 또는 환자 있는 곳을 돌아다니며 진찰함. 회진하다.

회초리 [회초리/훼초리] 사람을 때리거나 마소를 부릴 때에 쓰는 가는 나뭇가지.

회충(蛔蟲) [회충/훼충] 회충과의 기생충. 지렁이 비슷하게 생겼고, 채소나 먼지에 섞여 사람의 몸에 들어와 기생한다.

회:칙(會則) [회칙/훼칙] 모임의 규칙. 예회칙을 만들다.

회포(懷抱) [회포/훼포] 마음속에 품은 생각. 예오래간만에 친구를 만나 회포를 풀었다.

회피(回避) [회피/훼피] ①마주치거나 만나지 않으려고 몸을 피함. ②어떤 일을 하지 않으려고 꾀를 부려 피함. 예책임 회피. 회피하다. 예대답을 회피하다.

회:합(會合) [회합/훼합] 토론이나 상담을 하기 위하여 여럿이 모이는 일, 또는 그런 모임. 예오늘 회합 장소가 어디지? 회합하다.

회:화¹(會話) [회화/훼화] 외국어로 이야기함, 또는 그런 이야기. 예영어 회화. 회화하다.

회:화²(繪畫) [회화/훼화] 그림.

획[획/훽] ①동작이 매우 날쌔거나 갑자스러운 모양. 예그 애가 나를 보자마자 고개를 획 돌렸다. ②바람이 갑자기 세게 부는 모양. 흰획. 획획.

획²(劃)[획/훽] 글씨나 그림의 붓으로 그은 줄이나 점 같은 것을 통틀어 이르는 말.

획을 긋다[관용] 한 시대나 시기를 마감하거나 시작하다. 예한 시대의 획을 그은 사건.

획기적(劃期的)[획끼적/훽끼적] 어떤 일에서 새로운 시대가 열릴 만큼 뚜렷한 것. 예사람들의 생각을 바꾼 획기적인 사건.

획득(獲得)[획뜩/훽뜩] 손에 넣음. 예그 선수는 메달 획득에 실패했다. 획득되다. 획득하다.

획수(劃數)[획쑤/훽쑤] 글자의 획의 수.

획순(劃順)[획쑨/훽쑨] 글자의 획을 긋는 순서.

획일적(劃一的)[회길쩍/훽길쩍] 모두가 한결같은 것. 예획일적인 사고방식.

획책(劃策)[획책/훽책] 일을 꾸밈. 획책하다.

횟수(回數)[회쑤/훿쑤] 돌아오는 차례의 수효. |잘못| 회수.

횟집(膾—)[회찝/훿찝] 생선회를 전문으로 파는 가게.

횡격막(橫隔膜)[횡경막/휑경막] ➡가로막.

횡단(橫斷)[횡단/휑단] ①대륙이나 바다 등을 가로 지나감. 예대서양 횡단 비행. ②도로를 건너질러 감. 흰종단. 횡단하다.

횡단보도(橫斷步道)[횡단보도/휑단보도] 사람이 안전하게 도로를 건널 수 있게 특별한 표시를 해 둔 찻길의 한 부분.

횡대(橫隊)[횡대/휑대] 가로로 줄을 지어서 늘어선 모양. 흰종대.

횡렬(橫列)[횡녈/휑녈] 가로로 줄을 지음, 또는 그 줄. 예횡렬로 줄을 서다. 흰종렬. 횡렬하다.

횡령(橫領)[횡녕/휑녕] 남의 물건을 불법으로 가로채거나 빼앗음. 예공금 횡령. 횡령하다.

횡사(橫死)[횡사/휑사] 뜻밖의 재앙으로 죽음. 흰변사. 횡사하다.

횡설수설(橫說竪說)[횡설수설/휑설수설] 조리가 없는 말을 마구 지껄임. 예그 아이는 선생님께 횡설수설 변명을 늘어놓았다. 횡설수설하다.

횡재(橫財)[횡재/휑재] 뜻밖에 재물을 얻음. 예만 원짜리를 줍다니 횡재로구나. 횡재하다.

횡포(橫暴)[횡포/휑포] 제멋대로 굴며 몹시 사납게 구는 것. 예탐관오리의 횡포가 심하다. 횡포하다.

효:(孝) 어버이를 잘 섬기는 일. 흰불효.

효:과(效果) ①보람이 있는 결과. ②연극이나 영화 등에서, 소리나 영상 등으로 더욱 실감 있게 만드는 일. 예음향 효과.

효:과음(效果音) 연극이나 영화 등에서, 장면의 실감을 더하기 위하여 넣는 소리.

효:과적(效果的) 효과가 있는 것. 예효과적인 공격.

효:녀(孝女) 어버이를 잘 섬기는 딸.

효:능(效能) 효험을 나타내는 능력. 예효능이 뛰어난 약.

효:도(孝道) 어버이를 잘 섬김, 또는 그 도리. 효도하다.

효:력(效力) ①어떤 사물에 대하여 효과나 효험을 나타내는 힘. 예약의 효력. ②법률이나 규칙 등의 작용. 예효력을 상실한 법.

효령 대군(孝寧大君, 1396~1486) 조선 태종의 둘째 아들. 이름은 보. 불교를 깊이 믿어 법회를 열고 불경을 우리말로 번역하였다.

효:모(酵母) ➡효모균.

효:모균(酵母菌) 자낭균류에 속하는 균류. 음식을 만들 때 발효와 부풀리기에 이용하며, 주로 술이나 빵을 만드는 데 많이 쓴다. 鴞이스트·효모.

효:부(孝婦) 시부모를 잘 섬기는 며느리.

효:성(孝誠) 마음을 다하여 어버이를 섬기는 정성.

효:성스럽다(孝誠―)[효성스럽따] 어버이를 섬기는 태도가 정성스럽다. |활용| 효성스러우니·효성스러워. 효성스레.

효:소(酵素) 생물의 세포 안에서 합성되어 몸 안에서 이루어지는 화학 반응의 촉매 구실을 하는 화합물. 술이나 된장 등을 만드는 데 쓴다.

효시(嚆矢) '맨 처음'을 비유하여 이르는 말. 예현대 문학의 효시.

'효시'의 유래

'嚆矢(효시)'는 '우는 화살'이라는 뜻인데, 지난날 중국에서 전쟁을 시작하는 신호로 이 화살을 쏘았다는 데서 비롯된 말.

효:심(孝心) 어버이를 지성으로 모시는 마음.

효:용(效用) 어떤 물건의 쓸모.

효:율(效率) ①기계가 한 일의 양과 사용된 에너지와의 비율. ②들인 노력에 대하여 얻어진 결과의 정도. 예효율이 높은 방법.

효:율성(效率性)[효율썽] 들인 노력에 대하여 얻은 결과의 비율이 높은 특성.

효:율적(效率的)[효율쩍] 효율이 큰 것. 예에너지를 효율적으로 이용하자. 鴞비효율적.

효:자(孝子) 어버이를 잘 섬기는 아들.

효:종(孝宗, 1619~1659) 조선 제17대 왕(재위 1649~1659). 병자호란으로 청나라에 볼모로 잡혀갔다 돌아온 후, 왕위에 올라 청나라를 치려는 북벌 계획을 세웠으나 뜻을 이루지 못하였다.

효:행(孝行) 어버이를 잘 섬기는 행실.

효:행록(孝行錄)[효행녹] 효자 62명의 전기를 모아 엮은 책. 고려 시대에 엮은 것을, 조선 세종 10(1428)년에 설순 등이 다시 펴냈다.

효:험(效驗) 일의 좋은 보람. 예한약을 먹고 큰 효험을 보았다.

후¹ 입을 오므려 앞으로 내밀고 입김을 많이 불어 내뿜는 소리. 鴞호. 후후.

후:² ①힘들거나 걱정스러울 때 크고 길게 내쉬는 소리. 예후, 정말 어찌해야 좋을지 모르겠다. ②잔뜩 긴장하였다가 겨우 마음을 놓을 때 크고 길게 내쉬는 소리. 예후, 이제야 좀 안심이다. 鴞후유·휴.

후:³(後) 시간이 흐른 뒤. 다음이나 나중. 예삼촌이 집을 떠난 후 통 소식이 없다. 鴞전.

후각(嗅覺) 냄새를 느끼는 감각. 예개는 사람보다 후각이 예민하다.

후:계자(後繼者)[후계자/후게자] 뒤를 이을 사람.

후고구려(後高句麗) 후삼국 중의 하나. 신라 말기에 궁예가 송악(지금의 개성)에 세운 나라로, 부하 왕건에게 망하였다. 〔901~918〕 鴞태봉.

후:광(後光) ①부처나 예수 같은 성스러운 인물 뒤에서 빛나는 빛. ②'어떤 사람이나 사물을 더욱 빛나고 두드러지게 하는 배경'을 비유하여 이르는 말. 예그 사람은 저명한 학자인 아버지의 후광을 입고 있다.

후:궁(後宮) 왕의 첩.

후:금(後金) 중국 옛 왕조의 하나. 1616년에 여진의 족장 누르하치가 세

운 나라로, 1636년에 '청'으로 이름을 고쳤다.

후:기¹(後記) ①뒷날의 기록. ②본문 뒤에 덧붙여 쓴 글. 예편집 후기.

후:기²(後期) 한 기간을 둘 또는 셋으로 나누었을 때 맨 나중의 시기. 예조선 후기. 반전기.

후끈 갑자기 몹시 뜨거운 느낌이 일어나는 모양. 흰화끈. 후끈후끈.

후끈거리다 몸이나 쇠 등이 뜨거운 기운을 받아 자꾸 달아오르다. 예불에 덴 자리가 후끈거린다. 비후끈대다. 흰화끈거리다.

후끈대다 ➡후끈거리다.

후:년(後年) ①내년의 다음 해. 예후년이면 나도 중학생이 된다. ②몇 해가 지난 뒤. 예그 청년은 후년 성악가로 성공하였다.

후닥닥 ①갑자기 날쌔게 움직이거나 뛰어나가는 모양. 예나는 전화를 받고서 정신없이 후닥닥 달려나갔다. ②몹시 급하게 서두르는 모양. 예숙제를 후닥닥 끝냈다. 후닥닥후닥닥.

후닥닥거리다 [후닥딱꺼리다] ①갑자기 날쌔게 움직이거나 뛰어나가다. ②몹시 급하게 서두르다. 비후닥닥대다.

후닥닥대다 [후닥딱때다] ➡후닥닥거리다.

후:대¹(厚待) 후하게 대접함, 또는 그런 대접. 비우대. 반박대·푸대접. 후대하다.

후:대²(後代) 뒤의 세대. 반선대·전대.

후:덕(厚德) 말과 행동이 어질고 두터움, 또는 그런 덕행. 후덕하다.

후두(喉頭) 목구멍의 한 부분. 소리를 내고 이물질이 기도로 들어가는 것을 막는다.

후두두 빗방울 등이 갑자기 떨어지는 소리. 예우박이 후두두 떨어졌다.

후드득 ①깨나 콩 등을 볶을 때 크게 튀는 소리. ②굵은 빗방울이 한 차례 뿌리는 소리. 흰호드득. 후드득후드득.

후드득거리다 [후드득꺼리다] ①깨나 콩 등을 볶을 때 크게 튀는 소리가 자꾸 나다. ②굵은 빗방울이 뿌리는 소리가 자꾸 나다. 비후드득대다. 흰호드득거리다.

후드득대다 [후드득때다] ➡후드득거리다.

후들거리다 팔다리나 몸이 자꾸 크게 떨리다. 예다리가 후들거려서 더는 못 걷겠다. 비후들대다.

후들대다 ➡후들거리다.

후들후들 자꾸 후들거리는 모양.

후딱 ①매우 빠르게 행동하는 모양. 예후딱 먹고 나가자. ②시간이 매우 빨리 지나가는 모양. 예방학 한 달이 후딱 지나갔다.

후라이팬(frypan) '프라이팬'의 잘못.

후레자식(一子息) '배운 데 없이 막되게 자라 교양이나 버릇이 없는 사람'을 낮추어 이르는 말.

후려갈기다 손이나 채찍 등으로 힘껏 휘둘러 치거나 때리다.

후려치다 손이나 채찍 등으로 힘껏 때리다. 예그는 채찍으로 말 잔등을 후려쳤다.

후련하다 마음에 맺혔던 일이 풀려서 시원스럽다. 예잘못을 고백하고 나니 마음이 후련하다. 후련히.

후:렴(後斂) 노래 끝에 붙여 같은 가락으로 되풀이하여 부르는 짧은 가사.

후루룩 ①새 등이 갑자기 날개를 가볍게 치며 날아가는 소리, 또는 그 모양. 예비둘기 떼가 후루룩 날아올랐다. ②물이나 죽 등을 빨리 들이마시는 소리, 또는 그 모양. 예나는 국물을 단숨에 후루룩 들이마셨다. 준후룩. 흰호로록. 후루룩후루룩.

후루룩거리다 [후루룩꺼리다] ①새 등이 갑자기 날개를 가볍게 치며 날아가는 소리가 자꾸 나다. ②물이나 죽 등을 빨리 들이마시는 소리를 자꾸 내다. [비]후루룩대다. [작]호로록거리다.

후루룩대다[후루룩때다] ➡후루룩거리다.

후룩후룩[후루쿠룩] ①새 등이 날개를 잇따라 가볍게 치며 갑자기 날아가는 소리, 또는 그 모양. ②국수나 국물 같은 것을 야단스럽고 빠르게 먹는 소리, 또는 그 모양. [예]진구는 라면을 후룩후룩 맛있게 먹었다. [본]후루룩후루룩.

후리다 ①휘둘러서 때리거나 치다. ②갑자기 잡아채서 빼앗다. ③매력으로 남의 정신을 어지럽게 하여 꾀어내다. ③[작]호리다.

후리후리하다 키가 늘씬하게 크다. [작]호리호리하다.

후ː면(後面) 뒤쪽 면. [비]뒷면. [반]전면.

후ː문1(後門) 뒷문. [반]정문.

후ː문2(後聞) 어떤 일에 관한 뒷소문.

후ː미(後尾) 뒤쪽의 끝. 또는 대열의 맨 끝.

후미지다 ①산길이나 물길 등이 매우 깊이 굽어 들다. ②자리가 매우 구석지고 으슥하다. [예]인적 없는 후미진 산골짜기.

후ː반(後半) 전체를 둘로 나누었을 때 뒷부분이 되는 절반. [반]전반.

후ː반전(後半戰) 전반과 후반으로 나누어 하는 경기에서 뒤 절반의 경기. [예]후반전에 우리 팀이 동점 골을 넣었다. [반]전반전.

후ː발(後發) 남보다 나중에 떠남. [반]선발. 후발하다.

후ː발대(後發隊)[후발때] 다른 이들보다 나중에 출발하는 부대나 무리. [반]선발대.

후ː방(後方) ①향하고 있는 방향과 반대되는 방향. [비]뒤쪽. ②적과 직접 마주해 있는 지역의 뒤에 있는 모든 지역. [반]전방.

후ː배(後輩) ①같은 분야에서 자기보다 나중에 들어와서 활동하는 사람. [예]직장 후배. ②같은 학교에 자기보다 나중에 들어온 사람. [예]초등학교 후배. [반]선배.

후ː백제(後百濟) [후백쩨] 후삼국 중의 하나. 신라 말기에 견훤이 완산주(지금의 전주)에 세운 나라로, 건국 45년 만에 고려에 망하였다. 〔892~936〕

후보(候補) ①선거 등에 뽑히려고 나선 사람. [예]대통령 후보. ②어떤 지위에 오를 자격이나 가능성이 있는 사람. [예]강력한 우승 후보. ③빈 자리가 있을 때 그 자리를 채울 자격을 가진 사람. [예]국가 대표 선수 후보. ③[반]주전.

후보자(候補者) 후보가 되는 사람.

후ː불(後拂) 물건을 먼저 받거나 일을 모두 마친 뒤에 값을 치름. [예]후불 교통카드. [반]선불. 후불되다. 후불하다.

후ː불탱화(後佛幀畫) 절에서 불상 뒤에 걸어 두는, 부처·보살·성현들을 그린 그림.

후비다 구멍이나 틈의 속을 파내다. [예]귀이개로 귀를 후볐다.

후ː사1(後事) ①뒷일. ②죽은 뒤의 일.

후ː사2(後嗣) 대를 잇는 아들.

후ː사하다(厚謝—) 고마운 뜻으로 돈이나 물건을 후하게 주다. [예]개를 찾아 주시면 후사하겠습니다.

후ː삼국(後三國) 신라·후백제·후고구려(태봉)의 세 나라. 신라가 삼국을 통일하기 이전의 신라·고구려·백제에 대하여, 통일 신라 말기의 국토의 분열로 생긴 삼국을 말한다.

후ː생(厚生) 생활이 넉넉해지도록 돕는 일. [예]후생 시설.

후ː세(後世) 뒤에 있을 세상. 또는 다음 세대의 사람들. [예]후세에 이름을 남기다.

후:속(後續) 어떤 일 등의 뒤를 이음. 예오늘 끝난 드라마의 후속 드라마는 무엇일까? 후속되다. 후속하다.

후:손(後孫) 여러 대가 지난 뒤의 자손. 비후예.

후:송(後送) 전쟁터나 사고가 난 곳에서 사람을 안전한 곳으로 보냄. 예환자 후송. 후송되다. 후송하다.

후:식(後食) 식사 후에 먹는 과일이나 아이스크림 등의 간단한 음식. 비디저트.

후:실(後室) 〈후처〉의 높임말.

후:예(後裔) ⇒후손.

후:원¹(後援) 뒤에서 도와줌. 예기업체의 후원을 받아 연구를 진행하고 있다. 후원하다.

후:원²(後園) 집 뒤에 만들어 놓은 작은 동산이나 정원.

후:원금(後援金) 어떤 개인이나 단체를 도와주기 위하여 내는 돈.

후:원회(後援會)[후원회/후원훼] 개인·단체·사업 등을 뒤에서 도와주기 위하여 만든 모임.

후유 ①일이 몹시 고되고 힘에 부칠 때 내는 소리. ②어려운 일을 끝내고 한숨 돌릴 때 내는 소리. 비후·휴.

후:유증(後遺症)[후유쯩] ①병을 앓다가 회복한 뒤에도 남아 있는 증세. ②어떤 일을 치르고 난 뒤에 생긴 여러 가지 부작용.

후:의(厚意)[후의/후이] 남을 위해 베푸는 두터운 마음씨. 예후의에 감사드립니다.

후:일(後日) ⇒뒷날.

후:임(後任) 일이나 직책 등을 앞사람에게서 이어받아 맡음, 또는 그런 사람. 예김 대리는 후임에게 업무에 대해 꼼꼼히 설명해 주었다. 반전임.

후:자(後者) 둘을 들어 말한 가운데서 뒤의 것이나 사람. 예후자의 견해가 옳다. 반전자.

후작(侯爵) 서양에서 귀족을 다섯 등급으로 나눈 것 가운데 둘째 계급. 참공작·남작·백작·자작.

후줄그레하다 ⇒후줄근하다.

후줄근하다 옷이 축 늘어져서 볼품이 없다. 예그런 후줄근한 옷을 입고 어딜 가려고? 비후줄그레하다.

후지다 (속된 말로) 품질·기능 등이 다른 것에 비하여 훨씬 뒤떨어져 있다.

후지 산(Fuji山) 일본의 시즈오카 현 북동부와 야마나시 현 남부에 걸쳐 있는 산. 높이 3,776m. 일본에서 가장 높은 산이다.

후:진(後進) ①차 등이 뒤쪽으로 움직임. 반전진. ②문물의 발달이 뒤떨어짐. 반선진. 후진하다.

후:진국(後進國) 산업·경제·문화 등이 다른 나라에 비하여 뒤떨어진 나라. 반선진국.

후:처(後妻) 나중에 맞은 아내. 반전처. 높후실.

후:천 면:역 결핍증(後天免疫缺乏症) 바이러스에 의하여 면역 세포가 파괴됨으로써 인체의 면역 능력이 극도로 떨어지는 병. 증상이 나타나기까지 평균 10년 정도 걸리며 사망률이 매우 높다. 비에이즈.

후:천성(後天性)[후천썽] 태어난 뒤에 얻게 된 성질. 반선천성.

후:천적(後天的) 태어난 뒤에 얻게 된 것. 반선천적.

후추 후추나무의 열매. 맵고 향기로워 조미료로 쓰인다.

후추나무 후춧과의 늘푸른떨기나무. 높이는 5cm가량. 잎은 두껍고 넓은 달걀 모양이며, 봄

〈후추〉

에 흰 꽃이 핀다. 열매인 '후추'는 둥글고 붉게 익는데, 말려서 조미료·약재 등으로 쓰인다.

후춧가루[후추까루/후춘까루] 후추를 갈아서 만든 가루. 맵고 향기로워 양념으로 쓰인다.

후텁지근하다[후텁찌근하다] 기분 나쁠 정도로 심하게 습하고 덥다. [예]후텁지근한 한여름 날씨.

후ː퇴(後退)[후퇴/후퉤] ①뒤로 물러남. [예]작전상 후퇴. [반]전진. ②상황이나 수준이 전보다 못하게 됨. [예]경기 후퇴. **후퇴하다**.

후ː편(後篇) 두 편으로 나뉘어 있는 책이나 영화 등의 뒤쪽 편. [반]전편.

후프(hoop) 〈훌라후프〉의 준말.

후ː하다(厚—) 마음 씀씀이나 태도 등이 인색하지 않다. [예]손님을 후하게 대접했다. [반]박하다. **후히**.

후ː항(後項) ①뒤에 적힌 조항. ②둘 이상의 항 가운데서 뒤의 항. [반]전항.

후ː환(後患) 어떤 일로 말미암아 뒷날에 생기는 걱정이나 근심. [예]후환이 두렵다.

후ː회(後悔)[후회/후훼] 이전의 잘못을 뉘우침. [예]그 일에 최선을 다하지 못한 것이 후회가 된다. **후회되다**. **후회하다**.

훅 ①입을 오므리고 입김을 한 번 세게 내부는 소리. [예]촛불을 훅 불어 끄다. ②냄새·바람·열기 등이 갑자기 세게 밀려드는 모양. [예]문을 열자 비릿한 냄새가 훅 끼쳐 왔다. **훅훅**.

훈ː(訓) 한자의 뜻. [참고] '하늘 천(天)'에서의 '하늘'이나 '땅 지(地)'에서의 '땅' 등.

훈ː계(訓戒)[훈계/훈게] 잘못하지 않도록 가르치고 타이름. [예]교장 선생님의 훈계. **훈계하다**.

훈기(薰氣) 훈훈한 기운.

훈ː독(訓讀) 한자의 뜻을 새기어 읽음. [반]음독.

훈ː련(訓鍊)[훌련] 어떤 능력이나 기술 등을 실지로 활용할 수 있도록 되풀이하여 연습함. [예]무술 훈련. **훈련되다**. **훈련하다**.

훈ː련도감(訓鍊都監)[훌련도감] 조선 시대에, 임진왜란 뒤 서울의 수비를 맡아보던 군대. 창·칼·활 등을 전문적으로 다루는 특수 부대였다.

훈ː련병(訓鍊兵)[훌련병] 훈련 기관에서 훈련을 받는 병사. [준]훈병.

훈ː련소(訓鍊所)[훌련소] 훈련을 하기 위하여 마련한 곳, 또는 그 기관.

훈ː맹정음(訓盲正音) 1926년에 박두성이 만들어 발표한 한글 점자 체계.

훈ː몽자회(訓蒙字會)[훈몽자회/훈몽자훼] 조선 중종 때, 최세진이 지은 한자 학습서. 3,360자의 한자를 사물에 따라 갈라 한글로 음과 뜻을 달았다.

훈ː민정음(訓民正音) 조선 세종 25(1443)년에 세종 대왕이 집현전 학자들의 도움을 얻어 처음 만든 우리나라 글자. 홀소리 11자, 닿소리 17자로 되어 있다. [준]정음.

훈ː방(訓放) 죄가 가벼운 사람을 타이른 뒤 놓아줌. [본]훈계 방면. **훈방되다**. **훈방하다**.

훈ː수(訓手) 바둑이나 장기 등에서, 옆에서 수를 가르쳐 줌, 또는 그 일. **훈수하다**.

훈ː시(訓示) 윗사람이 아랫사람에게 주의 사항을 일러 줌. **훈시하다**.

훈ː육(訓育)[후뉵] 바른 마음가짐이나 도리·예절 등을 가르쳐 기름. **훈육하다**.

훈ː장1(訓長) 지난날, 서당에서 글을 가르치던 사람.

훈장2(勳章) 나라에 공을 세운 사람에게 주는, 옷이나 모자 등에 붙이는 표.

훈제(燻製) 소금에 절인 고기 등을 연기에 그슬려 말림, 또는 그런 식품. **훈제하다**.

훈풍(薰風) 초여름에 부는 훈훈한 바람. [예]훈풍이 귓불을 간지럽히며 뒤로 밀려갔다.

훈ː화(訓話) 가르치고 타이르는 말. 훈화하다.

훈훈하다(薰薰—) ①견디기에 알맞을 정도로 덥다. [예]방 안이 훈훈하다. ②마음을 포근히 감싸 주는 따뜻함이 있다. [예]훈훈한 정을 느끼다. 훈훈히.

훌떡 ①속의 것이 드러나게 모두 벗거나 벗어진 모양. [예]아저씨는 젊은 나이에 머리가 훌떡 벗어졌다. ②죄다 뒤집거나 뒤집히는 모양. [예]배가 훌떡 뒤집혔다. ③큰 동작으로 힘들이지 않고 뛰어넘는 모양. [예]장애물을 훌떡 뛰어넘다. [작]홀딱. 훌떡훌떡.

훌라후프(Hula-Hoop) 허리를 흔들어 둥근 테를 빙빙 돌리는 놀이, 또는 그 테. [준]후프.

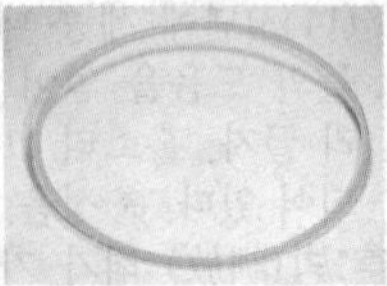
〈훌라후프〉

훌렁 ①속의 것을 모두 드러내거나 드러나 있는 모양. [예]옷을 훌렁 벗어 던지고 물속에 뛰어들었다. ②구멍이 넓어서 헐겁게 쑥 들어가거나 빠지는 모양. [예]신발이 커서 훌렁 벗겨졌다. [작]홀랑. 훌렁훌렁.

훌륭하다 아주 좋아서 나무랄 데가 없다. [예]그 영화는 무엇보다 배우들의 연기가 아주 훌륭했다. 훌륭히.

훌쩍 ①액체를 단숨에 들이마시는 모양. [예]냉수를 훌쩍 마시다. ②단번에 가볍게 뛰거나 날아오르는 모양. [예]장군은 말에 훌쩍 뛰어올랐다. ③콧물을 들이마시는 소리, 또는 그 모양. [작]홀짝. ④망설이지 않고 갑자기 떠나가는 모양. [예]큰형이 집을 훌쩍 떠났다. 훌쩍훌쩍. [예]아이가 훌쩍훌쩍 운다.

훌쩍거리다 [훌쩍꺼리다] ①액체를 자꾸 들이마시다. ②콧물을 들이마시며 자꾸 울다. [비]훌쩍대다. [작]홀짝거리다.

훌쩍대다 [훌쩍때다] ➡훌쩍거리다.

훌쩍이다 [훌쩌기다] ①액체를 단숨에 들이마시다. ②콧물을 들이마시며 울다. [예]꼬마는 코를 훌쩍이며 서럽게 울었다. [작]홀짝이다.

훌쭉하다 [훌쭈카다] ①몸이나 몸통이 가늘고 길다. ②앓거나 지쳐서 몸이 야위어 보이다. ③속이 비어 안으로 우므러져 있다. [예]허기져 배가 훌쭉했다. [작]홀쭉하다.

훌훌 ①날짐승 등이 가볍게 나는 모양. ②불이 세게 타오르는 모양. ③몸에 걸친 것을 거침없이 벗어 버리는 모양. [예]옷옷을 훌훌 벗다. ④물이나 묽은 죽 등을 시원스럽게 들이마시는 모양. ⑤입김으로 자꾸 부는 모양. [예]뜨거운 물을 훌훌 불어 가면서 마셨다. [작]홀홀.

훑다 [훌따] ①다른 것 틈에 끼워 잡아당기다. [예]우리는 아카시아 나뭇잎을 훑어서 물 위에 떨어뜨렸다. ②샅샅이 더듬거나 살펴보다. [예]과제물을 샅샅이 훑었다. [작]홅다. [발음] 훑으니 [훌트니]·훑고 [훌꼬]

훑어보다 [훌터보다] ①한쪽 끝에서 다른 쪽 끝까지 쭉 살펴보다. [예]시험 전에 책을 한 번 훑어보았다. ②위아래로 자세히 눈여겨보다. [예]아버지는 계약서를 찬찬히 훑어보셨다.

훔쳐보다 [훔처보다] 남몰래 슬쩍 보다. [예]동생의 일기를 훔쳐보았다.

훔치다1 물기 등을 말끔하게 닦아 내다. [예]마룻바닥을 걸레로 훔쳤다.

훔치다2 남의 것을 몰래 가지다. [예]물건을 훔치다 들킨 아이.

훗ː날(後—) [훈날] 이 뒤에 올 날. [비]후일·뒷날. [참]앞날.

훗:**일**(後—)[훈닐] 어떤 일 뒤에 일어나는 일. 비뒷일.

휘이휘이 닭이나 참새 등을 쫓을 때 잇따라 외치는 소리. 비후여후여.

훤칠하다 ①길이가 길고 미끈하다. 예인성이는 키도 훤칠하고 얼굴도 아주 잘생겼다. ②탁 트여서 깨끗하고도 시원하다. |잘못| 훤출하다. 훤칠히.

훤:하다 ①좀 흐릿하게 밝다. 예동이 훤하게 틀 무렵. ②앞이 탁 틔어서 막힌 데가 없다. 예훤하게 트인 벌판. ③일의 조리나 속내가 매우 분명하다. 예결과가 어떻게 나올지는 보지 않아도 훤하다. ④얼굴이 잘생겨 보기에 시원스럽다. 예얼굴이 훤하게 생겼다. 환하다. 훤히. 예방 안이 훤히 들여다보인다.

훨씬 정도 이상으로 차이가 심한 모양. 예배가 고파서 그런지 김밥이 다른 때보다 훨씬 맛있었다. 비한결.

훨훨 ①불길이 세차게 타오르는 모양. 예아궁이에서 장작불이 훨훨 타고 있었다. ②큰 새 등이 높이 떠서 시원스럽게 날아가는 모양. 예하늘을 훨훨 나는 새. ③옷을 거침없이 벗어젖히는 모양. 예영수는 겉옷을 훨훨 벗어 던졌다. 활활.

훼:방(毁謗) ①남을 헐뜯어서 나쁘게 말함. ②남의 일을 방해함. 예도와주지는 못할 망정 훼방을 놓지는 마라. 비방해. 훼방하다.

훼:손(毁損) ①체면이나 명예를 떨어뜨려 상하게 함. 예명예 훼손. ②헐거나 깨뜨려 못 쓰게 함. 예문화재 훼손. 훼손되다. 훼손하다.

휑뎅그렁하다 ①넓은 곳이 비어서 매우 허전하다. 예넓은 집에 식구가 없어 휑뎅그렁하다. 비휑하다. ②넓은 곳에 물건이 아주 조금밖에 없어 빈 것 같다. 작행댕그렁하다.

휑하다 ①구멍 등이 시원스럽게 뚫려 있다. 예휑하니 뚫린 구멍. 작휭하다. ②넓은 곳이 텅 비어 있다. 예이삿짐을 빼고 나니 집이 휑하다. ②비휑뎅 그렁하다.

휘¹ ①센 바람이 길고 가느다란 물건에 부딪혀 나는 소리. ②한꺼번에 세게 내쉬는 숨소리. ③한 번 대충 살피거나 둘러보는 모양. 휘휘.

휘²(諱) 죽은 어른의 '생전의 이름'을 이르는 말.

휘갈기다 ①몹시 세차게 때리다. ②글씨를 성의 없이 마구 흘려 쓰다. 예형이 휘갈겨 쓴 글씨는 도무지 알아볼 수가 없다.

휘감기다 친친 둘러 감기다. 예실이 휘감겼다.

휘감다[휘감따] 친친 둘러 감다. 예세찬 바람이 내 몸을 휘감았다.

휘갑치기 옷감의 가장자리가 풀리지 않도록 꿰매는 일. 실을 시접에 감아서 한 바늘씩 또는 두세 바늘을 떠 간다.

휘날리다 ①깃발 등이 바람에 나부끼다. 예빨래가 바람에 휘날렸다. ②마구 흩어져 펄펄 날다. 예눈보라가 휘날리는 겨울밤. ③이름 등을 널리 떨치다.

휘다 곧은 물체가 구부러지다. 예상다리가 휘도록 음식을 차렸다.

휘덮다[휘덥따] 휘몰아서 덮다. 예하늘을 휘덮은 구름.

휘돌다 ①어느 점을 중심으로 하여 마구 돌다. ②굽이를 따라 휘어 돌다. |활용| 휘도니·휘돌아.

휘돌리다 어느 점을 중심으로 마구 돌게 하다. 예곤봉을 휘돌리다.

휘두르다 ①무엇을 잡고 이리저리 마구 흔들다. 예칼을 휘두르는 강도. ②남의 의사를 무시하고 제 뜻대로만 하다. 예권세를 마구 휘두르다. |활용| 휘두르니·휘둘러.

휘둘리다 ①무엇이 둥글게 휘휘 돌려지다. ②줏대 없이 다른 사람의 뜻에 따라 이리저리 움직이다. 예그 애 말에 휘둘리지 말고 네 생각대로 해.

휘둥그렇다 [휘둥그러타] 매우 놀라거나 몹시 두려워서 눈이 크게 둥글다. |활용| 휘둥그러니·휘둥그레.

휘둥그레지다 눈이 휘둥그렇게 되다. 예수미는 놀라 눈이 휘둥그레졌다.

휘말다 마구 휘휘 감아 말다. |활용| 휘마니·휘말아.

휘말리다 ①물살 같은 것에 한데 쓸려가다. 예사람이 불어난 강물에 휘말려 떠내려가고 있다. ②어떤 일에 자기 뜻과 상관없이 끼이다. 예싸움을 말리려다가 폭력 사건에 휘말렸다.

휘모리장단 판소리나 산조 장단에서, 처음부터 급하게 휘몰아 부르는 가장 빠른 장단.

휘몰다 ①절차나 격식에 따르지 않고 급히 서둘러 하다. ②마구 휘어잡아 내몰다. |활용| 휘모니·휘몰아.

휘몰아치다 [휘모라치다] 비바람 등이 한곳으로 세차게 몰아쳐 불다. 예눈보라가 휘몰아치다.

휘묻이 [휘무지] 묘목을 만드는 방법의 한 가지. 나무의 가지를 휘어서 가운데 부분을 땅속에 묻은 다음, 그 부분에서 뿌리가 내리면 본디의 가지 쪽을 잘라 새 그루를 만든다.

휘발성(揮發性) [휘발썽] 보통 온도에서 액체가 기체로 되어 날아 흩어지는 성질.

휘발유(揮發油) [휘발류] 원유를 정유하여 얻은, 공중으로 날아 흩어지기 쉬운 기름. 불이 잘 붙으며, 자동차·비행기 등의 연료로 쓰인다. 비가솔린.

휘슬(whistle) 호루라기. 예휘슬을 불다.

휘어잡다 [휘어잡따/휘여잡따] ①어떤 물건을 구부려 거머잡다. ②다루기 힘든 사람을 손아귀에 넣고 마음대로 부리다.

휘어지다 [휘어지다/휘여지다] 곧은 물건이 어떤 힘을 받아 구부러지다. 예거센 바람에 나뭇가지가 휘어졌다./상다리가 휘어질 만큼 잘 차렸다.

휘영청 ①시원스럽게 솟아 있는 모양. ②매우 밝은 모양. 예휘영청 달 밝은 밤.

휘장¹(揮帳) 여러 폭의 천을 이어서 어떤 곳에 빙 둘러치는 막.

휘장²(徽章) 직무나 신분 또는 명예를 나타내기 위하여 옷이나 모자 등에 붙이는 표.

휘적휘적 [휘저퀴적] 걸을 때 팔을 크게 자꾸 휘젓는 모양. 예창식이가 이쪽으로 휘적휘적 걸어왔다.

휘젓다 [휘전따] ①골고루 섞이도록 마구 젓다. 예거품이 나도록 달걀을 휘저어 주세요. ②팔을 야단스럽게 휘둘러 젓다. ③제멋대로 굴면서 어지럽게 만들다. 예건달이 마을을 휘젓고 다니게 둘 수는 없다. |활용| 휘저으니·휘저어.

휘청거리다 ①가늘고 긴 것이 휘어지며 느리게 자꾸 흔들리다. ②다리에 힘이 없어 몸을 똑바로 가누지 못하고 좌우로 자꾸 빗나가다. 예술에 취해 휘청거리는 아저씨. 비휘청대다.

휘청대다 ➡ 휘청거리다.

휘청휘청 자꾸 휘청거리는 모양.

휘파람 입술을 좁고 동그랗게 오므리고 그 사이로 입김을 불어서 소리를 내는 일. 예민호는 휘파람을 잘 분다.

휘하(麾下) 장군의 지휘 아래. 또는 장군의 지휘 아래에 딸린 군사. 예장군의 휘하에 든 병사들.

휘호(揮毫) 붓을 휘둘러 글씨를 쓰거나 그림을 그림. 휘호하다.

휘황찬란하다(輝煌燦爛—)[휘황찰란하다] 눈부시게 빛나다. 예휘황찬란한 불빛. 준휘황하다.

휘황하다(輝煌—)〈휘황찬란하다〉의 준말. 휘황히. 예휘황히 빛나는 거리의 네온사인.

휘휘 ①여러 번 감기거나 감기는 모양. ②이리저리 휘두르는 모양. 예노인은 지팡이를 휘휘 내둘렀다. 흰회회.

획 ①갑자기 세게 돌거나 돌리는 모양. 예손잡이를 획 돌리다. ②동작이 매우 날쌔거나 갑작스러운 모양. 예공을 획 던지다. ③바람이 갑자기 세게 부는 모양. 예바람이 획 불어와 촛불이 꺼졌다. 흰획. 획획.

휠체어(wheelchair) 다리를 잘 쓰지 못하는 사람이 앉은 채로 이동할 수 있도록 바퀴를 단 의자.

휩싸다 ①휘휘 둘러 감아서 싸다. ②온통 뒤덮다. 예순식간에 불길이 집을 휩쌌다.

휩싸이다 ①휘휘 둘러 감기거나 싸이다. ②온통 뒤덮이다. 예배가 균형을 잃고 파도에 휩싸였다. ③어떤 감정이 마음에 가득하게 되다. 예공포에 휩싸이다.

휩쓸다 ①모조리 휘몰아 쓸다. 예태풍이 휩쓸고 지나간 자리. ②행동을 거침없이 함부로 하다. 예부랑배가 거리를 휩쓸고 다녔다. ③모조리 다 차지하다. 예우리나라가 올림픽에서 메달을 휩쓸었다. |활용| 휩쓰니·휩쓸어.

휩쓸리다 모조리 휘몰아 쓸리다. 예파도에 휩쓸린 돛단배.

휭 ①바람이 갑자기 세게 부는 소리. ②바람을 일으키며 빠르게 날아가거나 떠나가 버리는 소리, 또는 그 모양. 예영실이는 전화를 받자마자 방에서 휭 나가 버렸다.

휴: ①힘들거나 걱정스러울 때 크고 길게 내쉬는 소리. 예휴, 이제 어떡하

지? ②잔뜩 긴장하였다가 겨우 마음을 놓을 때 크고 길게 내쉬는 소리. 예휴, 살았다. 비후·후유.

휴가(休暇) 학교나 직장 등에 얼마 동안 나가지 않고 쉬는 일. 비말미.

휴가철(休暇—) 많은 사람이 휴가를 보내는 기간. 예한여름 휴가철에는 휴양지에 사람들이 몰린다.

휴간(休刊) 신문이나 잡지 등의 정기 간행물의 발행을 한동안 쉼. 휴간되다. 휴간하다.

휴게소(休憩所) 잠깐 동안 머물러 쉬도록 마련한 장소. 예고속 도로 휴게소.

휴게실(休憩室) 잠깐 머물러 쉬도록 마련한 방.

휴경지(休耕地) 농사를 짓지 않고 내버려 둔 땅. 비휴한지.

휴관(休館) 도서관이나 영화관 등이 문을 열지 않고 한동안 쉼. 휴관하다.

휴교(休校) 학교에서 수업을 한동안 쉼. 휴교하다.

휴대(携帶) 어떤 물건을 몸에 지님. 예휴대 전화기. 휴대하다.

휴대용(携帶用) 손에 들거나 몸에 지니고 다니기 좋게 만든 것. 예휴대용 녹음기.

휴대 전:화(携帶電話) 가지고 다니면서 쓰는 작은 무선 전화기. 비핸드폰·휴대폰.

휴대폰(携帶phone) ➡휴대 전화.

휴대품(携帶品) 손에 들거나 몸에 지니고 다니는 물건.

휴머니스트(humanist) 인간의 존엄성과 인간에 대한 사랑을 무엇보다 중요하게 여기는 사람. 비인도주의자.

휴면(休眠) ①쉬고 활동을 하지 않음. ②환경이나 조건이 생활에 적당하지 않을 때 동물이나 식물이 얼마 동안 활동을 멈추거나 성장하지 않는 일. 식물의 겨울눈, 동물의 겨울잠 등. 휴면하다.

휴무(休務) 늘 하던 일을 하루 또는 한 동안 쉼. 예일요일은 휴무입니다. 휴무하다.

휴식(休息) 일을 하다가 잠깐 쉼. 예잠시 휴식을 취하자. 휴식하다.

휴식처(休息處) 편안히 쉬는 곳. 빈쉼터.

휴양(休養) 편히 쉬면서 마음과 몸을 건강하게 함. 휴양하다.

휴양림(休養林)[휴양님] 편안히 쉬며 몸과 마음을 돌볼 수 있게 만든 숲.

휴양소(休養所) 편안히 쉬며 몸과 마음을 돌볼 수 있게 시설을 갖추어 놓은 곳.

휴양지(休養地) 휴양하기에 알맞은 곳. 또는 휴양 시설이 마련되어 있는 곳.

휴업(休業) 학업이나 영업을 얼마 동안 쉼. 휴업하다.

휴일(休日) 일을 쉬는 날.

휴전(休戰) 전쟁 중 한때 싸움을 멈춤. 예휴전 회담. 빈정전. 휴전하다.

휴전선(休戰線) 휴전 협정에 따라 이루어진, 남한과 북한 사이의 군사 경계선.

휴정¹(休廷) 법정에서, 재판 도중에 쉬는 일. 예잠시 휴정을 했다가 한 시간 뒤에 재판을 속개합니다. 휴정하다.

휴정²(休靜, 1520~1604) 조선 선조 때의 승려. 호는 청허. 임진왜란이 일어나자 승병을 일으켜 왜군을 무찌르고 나라에 큰 공을 세웠다. '서산 대사'라 불리기도 했다.

휴지(休紙) ①못 쓰게 된 종이. 예길에 휴지를 버리면 안 된다. ②허드레로 쓰는 종이. ②빈화장지.

휴지통(休紙桶) 못 쓰게 된 종이나 쓰레기 등을 담는 그릇.

휴직(休職) 봉급을 받는 사람이 병이나 사고 등으로 얼마 동안 회사에 나가지 않고 쉼. 휴직하다.

휴진(休診) 병원에서 진료를 쉼. 휴진하다. 예오늘 하루 휴진합니다.

휴학(休學) 학생이 사고나 병 등으로 학업을 얼마 동안 쉼. 예한 학기 휴학을 하다. 휴학하다.

휴항(休航) 배나 비행기가 다니는 것을 쉼. 휴항하다.

휴화산(休火山) 오랜 옛날에는 용암 등이 나왔으나 지금은 활동하지 않는 화산. 참사화산·활화산.

휴회(休會)[휴회/휴훼] 회의를 쉼. 휴회하다.

흉 ①상처가 아문 자리. ②비웃음을 살 만한 거리. 예잘 모르는 것은 흉이 아니니 언제든 물어보아라. ②빈허물.

흉가(凶家) 그 집에 사는 사람마다 궂은일을 당하는 불길한 집.

흉계(凶計)[흉계/흉게] 남몰래 꾸미는 좋지 못한 계략. 예그는 간사한 사기꾼의 흉계에 빠져 재산을 잃었다.

흉괘(凶卦) 좋지 않은 점괘. 예흉괘가 나오다. 빈길괘.

흉금(胸襟) 가슴속에 품은 생각. 예흉금을 털어놓을 수 있는 친구가 없다.

흉기(凶器) 사람을 해치는 데 쓰는 기구.

흉내 남이 하는 짓을 그대로 따라서 하는 짓. 예진수가 선생님 흉내를 냈다.

흉내 내다 남이 하는 대로 따라서 하다. 예앵무새는 사람의 말을 잘 흉내낸다.

흉내말 어떤 소리나 모양 또는 동작 등을 흉내 내는 말.

흉내쟁이 남의 흉내를 잘 내는 사람.

흉년(凶年) 농사가 잘되지 못한 해. 빈풍년.

흉몽(凶夢) 불길한 내용의 꿈. 예밤새 흉몽에 시달렸다. 빈길몽.

흉배(胸背) ①가슴과 등. ②지난날, 관복의 가슴과 등에 붙이던, 수놓은 형겊 조각.

흉보다 남의 잘못이나 단점을 들어 말하다. 예뒤에서 흉보지 말고 직접 말해라.

흉부(胸部) 가슴 부분.

흉상(胸像) 머리에서 가슴 부분까지를 나타낸 조각상이나 초상화.

흉악하다(凶惡-) [흉아카다] ①성질이 몹시 악하다. 예흉악한 범인. ②겉모양이 험상궂고 무섭다. 예흉악한 얼굴.

〈흉상〉

흉작(凶作) 농작물이 잘되지 않음. 반풍작.

흉잡다 [흉잡따] 남의 결점을 꼬집어 들추어내다.

흉잡히다 [흉자피다] 남에게 결점이 꼬집혀 드러나다. 예흉잡힐 짓은 하지 마라.

흉조(凶兆) 좋지 않은 조짐. 반길조.

흉측스럽다(凶測-) [흉측쓰럽따] 흉측한 데가 있다. |활용| 흉측스러우니·흉측스러워. 흉측스레.

흉측하다(凶測-) [흉츠카다] 몹시 흉악하다. 예흉측한 괴물. 본흉악망측하다.

흉터 상처가 아문 자리.

흉하다(凶-) ①운이 사납거나 불길하다. 반길하다. ②보기에 언짢거나 징그럽다. 예머리가 다 헝클어져서 보기 흉하다.

흉허물 흉이나 허물이 될 만한 일.

흉허물(이) 없다 관용 서로 흉허물을 가리지 않을 만큼 스스럼없이 친하다. 예흉허물 없는 사이.

흉흉하다(洶洶-) 인심이 몹시 어수선하다. 예흉년이 들어 인심이 흉흉하다.

흐느끼다 몹시 서러워 흑흑 느껴 울다. 예언니는 편지를 읽으며 흐느껴 울었다.

흐느적거리다 [흐느적꺼리다] 가늘고 긴 나뭇가지나 얇고 가벼운 물건이 자꾸 가볍게 흔들리다. 예수양버들이 봄바람에 흐느적거렸다. 비흐느적대다. 작하느작거리다.

흐느적대다 [흐느적때다] ➡흐느적거리다.

흐느적흐느적 [흐느저크느적] 자꾸 흐느적거리는 모양. 작하느작하느작.

흐늘흐늘하다 지나치게 무르거나 부드러워 뭉크러질 듯하다. 예흐늘흐늘한 묵. 작하늘하늘하다.

흐드러지다 썩 탐스럽다. 예모란꽃이 흐드러지게 피었다.

흐려지다 흐리게 되다. 예뿌옇게 흐려진 창.

흐르다 ①액체가 낮은 곳으로 내려가거나 넘쳐 떨어지다. 예흐르는 눈물/시냇물이 강으로 흘렀다. ②시간이나 세월이 지나가다. 예시간이 흘러 봄이 되었다. ③어느 방향으로 쏠리다. 예이야기가 이상한 방향으로 흘렀다. ④전기가 통하다. 예고압 전류가 흐르니 조심하시오. ⑤빛·소리·냄새 등이 부드럽게 퍼지다. 예방 안에 조용한 음악이 흐르고 있었다. |활용| 흐르니·흘러.

흐리다¹ ①맑지 않게 하다. 예미꾸라지 한 마리가 개울물을 흐린다. ②말이나 태도를 분명히 하지 않고 모호하게 하다. 예창선이가 애매하게 말끝을 흐렸다. ③걱정스럽거나 언짢거나 하여 얼굴에 어두운 빛을 나타내다. ④분위기나 이미지 등을 나쁘게 만들다.

흐리다² ①뚜렷하지 못하고 어렴풋하다. 예글씨가 흐려 읽기 힘들다. ②맑거나 깨끗하지 않다. 예냇물이 아주 흐리다. ③구름이나 안개 등이 끼어

햇빛이 밝지 않다. 예오늘은 날이 흐리구나. ②③빤맑다.

흐리멍덩하다 ①기억이 뚜렷하지 않다. ②일의 되어 가는 형편이나 결과가 분명하지 않다. 예일 처리가 흐리멍덩하다. ③정신이 몽롱하다. 예약 기운 때문에 의식이 흐리멍덩했다. 좬하리망당하다. 흐리멍덩히.

흐리터분하다 성격이나 행동이 분명하지 않고 매우 답답하다. 좬하리타분하다. 흐리터분히.

흐릿하다 [흐리타다] 조금 흐리다. 예칠판에 써 놓은 글씨가 흐릿하게 보인다.

흐무러지다 ①잘 익어서 무르녹다. 예흐무러진 홍시. ②엉길 힘이 없어 뭉그러지다. 예살코기가 흐무러지게 익었다. 준흐무지다.

흐물흐물 힘이 없어 뭉그러지거나 늘어지는 모양. 예닭의 껍질이 흐물흐물 벗겨졌다. 좬하물하물.

흐뭇하다 [흐무타다] 마음에 들어 기분이 좋다. 예어머니가 아이를 보고 흐뭇한 미소를 지었다. 흐뭇이.

흐지부지 끝을 분명히 맺지 못하고 흐리멍덩하게 넘겨 버리는 모양. 예연이가 말을 흐지부지 얼버무렸다.

흐트러뜨리다 몹시 흐트러지게 하다. 예바람이 머리카락을 흐트러뜨렸다. 빤흐트러트리다.

흐트러지다 ①여러 가닥으로 흩어져 이리저리 엉키다. 예실이 흐트러지다. ②옷차림이나 자세·태도 등이 단정하지 못하게 되다. 예자세가 흐트러지다.

흐트러트리다 ➡흐트러뜨리다.

흐흐 ①털털하게 웃는 소리, 또는 그 모양. ②흐뭇함을 참지 못하여 입을 조금 벌리고 은근히 웃는 소리, 또는 그 모양.

흑 한 번 흐느끼는 소리.

흑갈색(黑褐色) [흑깔쌕] 검은빛이 도는 짙은 갈색.

흑막(黑幕) [흥막] 《검은 장막이라는 뜻에서》'겉으로 드러나지 않은 음흉한 내막'을 비유하여 이르는 말. 예그 일의 흑막을 캐라.

흑백(黑白) [흑빽] ①검은빛과 흰빛. ②옳고 그름. 예흑백을 가리다.

흑백 사진(黑白寫眞) 사진에 찍힌 물체나 사람의 모양이 검은 빛깔의 짙고 엷음으로 나타난 사진.

흑사병(黑死病) [흑싸뼝] ➡페스트.

흑산도(黑山島) [흑싼도] 전라남도 신안군 흑산면에 딸린 섬. 조기·미역·김 등이 많이 생산된다.

흑색(黑色) [흑쌕] 검은 색깔. 빤검은색. 빤백색.

흑색선전(黑色宣傳) [흑쌕썬전] 사실이 아닌 이야기를 지어 내어, 상대편을 터무니없는 말로 헐뜯거나 그 내부를 어지럽히기 위한 술책.

흑설탕(黑—) [흑썰탕] 가공하지 않아 검은빛이 도는 설탕.

흑심(黑心) [흑씸] 음흉하고 욕심이 많은 마음. 예흑심을 품다.

흑연(黑鉛) [흐견] 연필의 심 등에 쓰이는 탄소로 된 광물.

흑인(黑人) [흐긴] 흑인종에 속하는 사람.

흑인종(黑人種) [흐긴종] 피부색으로 나눈 인종의 한 가지. 살빛이 검으며, 곱슬머리에 두꺼운 입술이 특징이다. 아프리카에 많이 산다. 본흑색 인종. 참백인종·황인종.

흑자(黑字) [흑짜] 《수입 초과액을 나타낼 때 검은 글자로 쓰는 데서》수입이 지출보다 많아 이익이 생긴 상태. 빤적자.

흑점(黑點) [흑쩜] 태양 표면에 보이는 검은 반점. 지구의 기온이나 기후에 영향을 준다. 비태양 흑점.

흑흑 [흐큭] 설움이 북받쳐 흐느껴 우는 소리.

흔들거리다 이리저리 자꾸 흔들리다. 또는 흔들리게 하다. 📑흔들대다. ㉮한들거리다.

흔들다 ①위아래나 옆으로 자꾸 움직이게 하다. 📑강아지가 나를 보고는 꼬리를 흔들었다. ②마음이 약해지거나 술렁이게 하다. 📑마음을 흔드는 이야기. |활용| 흔드니·흔들어.

흔들대다 ➡흔들거리다.

흔들리다 ①위아래나 옆으로 자꾸 움직이다. 📑기차가 심하게 흔들렸다. ②마음이 약해지거나 술렁이다. 📑친구의 말에 결심이 흔들렸다.

흔들의자(一椅子) [흔드릐자/흔드리자] 앉아서 앞뒤로 흔들면서 쉴 수 있도록 만든 의자.

흔들흔들 자꾸 흔들거리는 모양. ㉮한들한들.

흔적(痕跡) 남은 자취나 자국. 📑사람들이 흔적도 없이 사라졌다.

흔쾌하다(欣快一) 기쁘고도 상쾌하다. 흔쾌히. 📑윤희가 내 충고를 흔쾌히 받아들였다.

흔하다 아주 많이 있거나 자주 일어나서 쉽게 볼 수 있다. 📑요즘은 바나나가 흔하다. 📑귀하다·드물다. 흔히. 📑거리에서 흔히 볼 수 있는 옷차림.

흘겨보다 눈동자를 옆으로 굴려 못마땅하게 노려보다. 📑화가 난 언니가 나를 흘겨보았다.

흘기다 눈동자를 옆으로 굴려 노려보다. 📑두 사람은 기분 나쁜 표정으로 서로 눈을 흘겼다.

흘깃거리다 [흘긴꺼리다] 눈을 잇달아 흘기다. 📑흘깃대다. ㉮할깃거리다.

흘깃대다 [흘긴때다] ➡흘깃거리다.

흘깃흘깃 [흘기틀긷] 자꾸 흘깃거리는 모양. ㉮할깃할깃.

흘끔흘끔 남의 눈을 피하여 빨리 자꾸 곁눈질을 하는 모양. ㉮흘금흘금.

흘끗 [흘끝] 눈동자를 슬그머니 옆으로 돌려 한 번 보는 모양. 흘끗흘끗. 📑진아는 수업 도중 흘끗흘끗 친구를 쳐다보았다.

흘끗거리다 [흘끋꺼리다] 눈동자를 슬그머니 옆으로 돌려 자꾸 보다. 📑흘끗대다.

흘끗대다 [흘끋때다] ➡흘끗거리다.

흘낏흘낏 [흘끼틀낃] 자꾸 눈동자를 옆으로 굴려서 슬쩍슬쩍 보는 모양. 📑경애가 옆에서 나를 흘낏흘낏 쳐다보았다. ㉮흘깃흘깃.

흘러가다 ①액체가 낮은 곳으로 흐르면서 나아가다. 📑강가에 앉아 흘러가는 강물을 바라보았다. ②시간이나 세월이 지나가다. 📑무심히 흘러가는 세월. ③어느 방향으로 쏠려서 가다. 📑이야기가 왜 그렇게 흘러가니?

흘러나오다 흘러서 밖으로 나오다. 📑바위틈에서 흘러나오는 샘물.

흘러내리다 ①위에서 아래로 흐르면서 내려오다. 📑땀이 비 오듯 흘러내렸다. ②매었거나 걸어 놓은 것이 느슨해져서 밑으로 처지다. 📑바지가 흘러내리지 않게 해라.

흘러들다 액체가 흘러서 들어가거나 들어오다. 📑이 시냇물은 한강으로 흘러든다. |활용| 흘러드니·흘러들어.

흘리다 ①액체나 작은 알갱이 등을 떨어뜨리거나 흐르게 하다. 📑과자를 흘리면서 먹지 마라. ②몸에서 땀·눈물·콧물·피 등의 액체를 밖으로 내다. 📑땀을 흘리며 일하는 사람들. ③물건을 빠뜨리거나 떨어뜨리다. 📑어디서 수첩을 흘렸을까? ④말을 귀담아듣지 않다. 📑엄마의 잔소리를 한쪽 귀로 듣고 한쪽 귀로 흘렸다. ⑤글씨를 흘림으로 쓰다. 📑흘려 쓴 글씨.

흙 [흑] 바위나 돌이 부서져 가루처럼

된 것. [발음] 흙이[흘기]·흙도[흑또]·흙만[흥만]

흙냄새[흥냄새] 흙에서 나는 냄새. [비]흙내.

흙더미[흑떠미] 흙이 한데 모여 쌓인 더미.

흙덩이[흑떵이] 흙이 엉겨서 된 덩이.

흙먼지[흥먼지] 가는 흙가루가 날려 먼지처럼 일어나는 것.

흙바닥[흑빠닥] 흙으로 된 바닥.

흙빛[흑삗] 흙의 빛깔과 같이 누렇거나 거무스름한 빛깔. [예]비가 와서 흙빛으로 변한 강물.

흙손[흑쏜] 방바닥이나 벽 등에 흙 같은 것을 바르고 반반하게 하는 연장.

흙일[흥닐] 흙을 이기거나 바르는 등 흙을 다루는 일. 흙일하다.

흙집[흑찝] 흙으로 지은 집.

흙탕물(–湯–)[흑탕물] 흙이 풀려 몹시 흐려진 물. [준]흙탕.

흙투성이[흑투성이] 온통 흙이 묻은 것. [예]아이들은 흙투성이가 되어 집에 돌아왔다.

흠[!](欠) ①물건이나 살갗이 깨어지거나 찢긴 자리. [예]흠이 있는 그릇. ②완전하지 못하거나 모자라는 점. [예]그는 입이 가벼운 것이 흠이라면 흠이다.

흠모(欽慕) 기쁜 마음으로 사모함. 흠모하다. [예]갑순이는 옆집 총각을 흠모했다.

흠뻑 ①분량 등이 매우 넉넉한 모양. [예]신혼부부는 행복감에 흠뻑 젖어 있다. ②물 등이 푹 배도록 젖은 모양. [예]소나기에 온몸이 흠뻑 젖었다. [작]함빡.

흠씬 정도가 꽉 차고도 남을 만큼 아주 넉넉하게. [예]창문을 열고 새벽 공기를 흠씬 들이마셨다. [작]함씬.

흠[!]**집**(欠–)[흠찝] 흠이 있는 자리나 흔적. [예]책상에 흠집이 나지 않도록 조심해라.

흠칫[흠칟] 놀라거나 겁이 나서 목이나 몸을 움츠리는 모양. [예]나는 흠칫 놀라 뒤를 돌아보았다.

흠흠신서(欽欽新書) 조선 정조 때에 정약용이 지은 책. 형벌을 공평히 처리하는 방법을 다루고 있다.

흡사(恰似)[흡싸] 거의 같을 정도로 비슷한 모양. [예]둥그스름한 바위가 흡사 거북의 등 같다. [비]마치.

흡사하다(恰似–)[흡싸하다] 거의 같을 정도로 비슷하다. [예]이 바위는 사자가 머리를 들고 있는 모습과 흡사하다. 흡사히.

흡수(吸收)[흡쑤] ①밖에 있는 것을 안으로 빨아들임. [예]수분 흡수가 잘되는 천. ②한데 모아들임. [예]외래문화의 흡수. 흡수되다. 흡수하다.

흡수력(吸收力)[흡쑤력] 밖에 있는 것을 빨아들이는 힘. [예]흡수력이 좋은 천.

흡습성(吸濕性)[흡씁썽] 물질이 공기 속의 습기를 흡수하는 성질.

흡연(吸煙)[흐변] 담배를 피움. 흡연하다.

흡입(吸入)[흐빕] 기체나 액체 등을 빨아들임. 흡입되다. 흡입하다. [예]산소를 흡입하다.

흡입구(吸入口)[흐빕꾸] 기체나 액체 등을 빨아들이는 구멍.

흡족하다(洽足–)[흡쪼카다] 모자람이 없이 아주 넉넉하여 만족하다. 흡족히.

흡착(吸着) 어떤 물질이 다른 물질에 달라붙음. 흡착되다. 흡착하다.

흡혈(吸血)[흐펼] 피를 빨아들임. [예]흡혈 박쥐. 흡혈하다.

흡혈귀(吸血鬼)[흐펼귀] 사람의 피를 빨아 먹는다는 귀신.

흥[1] 코를 세게 풀거나 콧김을 부는 소리. [예]코를 흥 풀다.

흥[2] 업신여기거나 아니꼬울 때 코로 비웃는 소리.

흥ː³(興) 즐겁고 좋아서 일어나는 느낌. [예]아이가 흥에 겨워 춤을 추었다.
흥건하다 물 등이 많이 괴어 있다. [예]비가 많이 내려 밭고랑에 물이 흥건했다. **흥건히**.
흥ː겹다(興—) [흥겹따] 크게 흥이 나서 마음이 들뜨고 재미가 있다. [예]흥겨운 마당놀이. [활용] 흥겨우니·흥겨워. **흥겨이**.
흥망(興亡) 나라나 민족 등이 흥하는 일과 망하는 일.
흥망성쇠(興亡盛衰) [흥망성쇠/흥망성쉐] 나라나 민족 등이 생겨나고 망하고, 발전하고 약해지는 일.
흥ː미(興味) 어떤 일에 마음이 끌려서 느끼는 재미. [예]동생은 새 장난감에 흥미를 느꼈다.
흥ː미롭다(興味—) [흥미롭따] 흥미를 느낄 만하다. [예]영수의 이야기가 참 흥미로웠다. [활용] 흥미로우니·흥미로워. **흥미로이**.
흥ː미진진하다(興味津津—) 흥미가 넘칠 만큼 많다. [예]그 경기는 역전에 역전을 거듭해 매우 흥미진진하였다.
흥보가(興甫歌) '흥부가'의 잘못.
흥부가(興夫歌) 판소리 열두 마당의 하나. '흥부전'을 판소리로 엮은 것이다. [잘못] 흥보가.
흥부전(興夫傳) 조선 시대의 소설. 마음씨 착한 흥부가 형 놀부에게 쫓겨나지만 다리를 다친 제비를 도와주어 큰 부자가 된다는 이야기이다.
흥분(興奮) 자극을 받아서 감정이 북받쳐 일어남. [예]우리는 흥분을 감추지 못했다. **흥분되다**. **흥분하다**.
흥사단(興士團) 1913년에 안창호가 미국 샌프란시스코에서 조직한 민족 부흥 운동 단체.
흥선 대ː원군(興宣大院君, 1820~1898) 조선 말기의 정치가. 고종의 아버지. 본명은 이하응. 정치를 바로잡기 위하여 과감한 개혁 정치를 폈으나, 쇄국 정책을 고집하여 외래 문명의 흡수를 늦어지게 하였다.
흥얼거리다 흥에 겨워 자꾸 입 속으로 노래를 부르다. [예]민희가 기분이 좋은지 하루 종일 콧노래를 흥얼거린다. [비]흥얼대다.
흥얼대다 ➡흥얼거리다.
흥얼흥얼 자꾸 흥얼거리는 모양.
흥인지문(興仁之門) 서울특별시 종로구 종로 6가에 있는, 조선 시대의 동쪽 성문. 보물 제1호. [준]흥인문. [비]동대문.
흥정 물건을 사고팔기 위하여 값 등을 따지고 의논하는 일. **흥정하다**. [예]주인과 값을 흥정했다.
흥청거리다 ①흥에 겨워 마음껏 거드럭거리다. ②돈이나 물건 등을 아끼지 않고 함부로 쓰다. [비]흥청대다.
흥청대다 ➡흥청거리다.
흥청망청 돈이나 물건 등을 함부로 마구 써 버리는 모양. [예]석유를 흥청망청 써 버린다면 어떻게 될까?
흥청흥청 자꾸 흥청거리는 모양.
흥ː취(興趣) 마음이 끌릴 만큼 좋은 멋이나 취미.
흥하다(興—) 잘되어 일어나다. [예]말과 글을 잘 닦아 쓰는 민족만이 흥하게 된다. [반]망하다.
흥행(興行) ①돈을 받고 연극이나 영화 등을 대중에게 보여 줌. ②공연 상연 따위가 상업적으로 큰 수익을 거둠. [예]흥행에 성공한 영화. **흥행하다**.
흩날리다 [흔날리다] 흩어져서 날리다. [예]낙엽이 흩날리는 가을날 오후.
흩다 [흗따] 한곳에 모였던 것을 떨어지게 하다. [발음] 흩어 [흐터]·흩고 [흗꼬]
흩뜨리다 [흗뜨리다] 흩어지게 하다. [예]성냥개비를 흩뜨리다. [비]흩트리다.

흩뿌리다 [흗뿌리다] 마구 뿌리다. 예볍씨를 흩뿌리다.

흩어지다 [흐터지다] 모였던 것이 여기저기 떨어지거나 사방으로 퍼지다. 예세계 각국에 흩어져 살고 있는 동포. 반모이다.

흩이다 [흐치다] ①흩어지게 되다. 예지푸라기들이 바람에 날려 흩였다. ②흩어지게 하다. 예닭들이 마당에 널어 놓은 고추를 흩였다.

흩트리다 [흗트리다] ➡ 흩뜨리다.

희곡(戲曲) [히곡] 문학 형식의 한 가지. 무대에서 상연될 것을 전제로 하여 쓰여지며, 등장인물의 대화를 통해서 사건이 전개된다.

희귀종(稀貴種) [히귀종] 드물어서 매우 귀한 물건이나 품종.

희귀하다(稀貴—) [히귀하다] 드물어서 매우 귀하다. 예희귀한 골동품.

희극(喜劇) [히극] 익살이나 풍자로써 구경꾼을 웃기는 가운데서 인생의 참모습을 나타내는 연극. 반비극.

희끄무레하다 [히끄무레하다] ①빛깔이 선명하지 않고 조금 희다. ②어떤 모습이나 불빛 등이 분명하지 않고 흐릿하다. 예창밖에 희끄무레하게 사람 그림자가 비쳤다.

희끗희끗 [히끄티끋] 흰 빛깔이 여러 군데에 많이 나타나 있는 모양. 예할머니의 머리가 희끗희끗 세었다.

희다 [히다] 빛깔이 갓 쌓인 눈이나 우유와 같다. 반검다.

희대(稀代) [히대] 세상에 드묾. 예희대의 사기꾼.

희랍(希臘) [히랍] '그리스'의 한자음 표기.

희로애락(喜怒哀樂) [히로애락] 기쁨과 노여움과 슬픔과 즐거움. 사람의 온갖 감정을 나타내는 말.

희롱(戲弄) [히롱] 말이나 행동으로 실없이 놀림. 희롱하다.

희망(希望) [히망] 어떤 일을 이루려는 바람. 예포기하지 말고 희망을 가져 보자. 반절망. 희망하다.

희망봉(希望峰) [히망봉] 남아프리카 공화국의 남서쪽 끝에 있는 곳. 아프리카의 최남단이다.

희망차다(希望—) [히망차다] 희망으로 가득하다. 예우리에겐 희망찬 내일이 있다.

희미하다(稀微—) [히미하다] 또렷하지 못하고 어렴풋하다. 예희미한 불빛.

희박하다(稀薄—) [히바카다] ①기체나 액체가 묽거나 엷다. 예산소가 희박한 고지대. ②일의 가망이 적다. 예성공할 가능성이 희박하다.

희비(喜悲) [히비] 기쁨과 슬픔. 예희비가 엇갈리다.

희뿌옇다 [히뿌여타] 선명하지 않고 허옇고 흐릿하다.

희사(喜捨) [히사] 남을 위해 재물을 기꺼이 내놓음. 희사하다. 예그는 큰 돈을 장학금으로 학교에 희사했다.

희색(喜色) [히색] 기뻐하는 얼굴빛.

희생(犧牲) [히생] 다른 사람이나 어떤 목적을 위해 자기를 돌보지 않고 목숨이나 재물을 바침. 희생하다. 예그는 친구를 위하여 자신을 희생했다.

희생자(犧牲者) [히생자] 어떤 일이나 사고·재난 등으로 인해 죽거나 다치거나 상처를 입은 사람. 예시민들이 이번 사고 희생자들을 추모하기 위해 모였다.

희석(稀釋) [히석] 어떤 성분이 들어 있는 액체에 물을 부어 농도를 묽게 함. 희석되다. 희석하다.

희소 가치(稀少價値) [히소가치] 매우 드물어서 인정되는 가치. 예희소가치가 있는 물건.

희소식(喜消息) [히소식] 기쁜 소식.

희열(喜悅) [히열] 기쁨과 즐거움. 예승리의 희열을 느끼다.

희한하다(稀罕—) [히한하다] 아주 드물고 신기하다. 예희한한 재주.

희희낙락(喜喜樂樂) [히히낙락] 매우 기뻐하고 즐거워함. 희희낙락하다.

흰개미 [흰개미] 흰개밋과의 곤충. 몸은 희고 머리는 검은 갈색이다. 죽은 나무나 나무 그루터기 속에 떼를 지어 산다.

흰곰 [흰곰] ➡ 북극곰.

흰긴수염고래(—鬚鬣—) [흰긴수염고래] 긴 수염고랫과의 동물.

〈흰긴수염고래〉

몸길이 20~30m로 동물 중에서 가장 크다. 몸빛은 잿빛을 띤 흰색에 흰색 얼룩점이 있고, 가슴에는 주름이 많다.

흰둥이 [흰둥이] ①털빛이 흰 짐승. ②살빛이 흰 사람.

흰머리 [흰머리] 하얗게 된 머리카락. 예아버지 머리에 흰머리가 나기 시작했다.

흰밥 [흰밥] 쌀로만 지은 밥.

흰색(—色) [흰색] 갓 쌓인 눈이나 우유와 같은 색깔. 비백색. 맨검은색.

흰자 [흰자] 〈흰자위〉의 준말. 맨검은자.

흰자위 [흰자위] ①달걀이나 새알 등의 노른자위를 싸고 있는 흰 단백질 부분. 맨노른자위. ②눈알의 흰 부분. 준흰자. ②맨검은자위.

히 기분이 좋아 입을 옆으로 벌리며 싱겁게 웃는 소리, 또는 그 모양.

히로시마(Hiroshima) 일본 히로시마 현 서남쪽에 있는 시. 제2차 세계 대전 때, 미국이 최초로 원자 폭탄을 떨어뜨린 곳이다.

히말라야 산맥(Himalaya山脈) 인도와 중국 티베트 사이에 있는 산맥. 세계에서 가장 높은 에베레스트 산이 있다.

히브리 서남아시아에 있었던 고대 유대 인 왕국의 하나.

히스테리(Hysterie) 감정이 자주 변하고 흥분을 잘하는 마음의 상태.

히스토그램(histogram) ➡ 막대그래프.

히아신스(Hyacinth) 백합과의 여러해살이풀. 비늘줄기에서 가늘고 긴 잎이 무더기로 나며, 초여름에 푸른색·자주색·붉은색·흰색 등의 꽃이 핀다. 관상용으로 심어 가꾼다.

히읗 [히읃] 한글 닿소리 ‘ㅎ’의 이름. |발음| 히읗이 [히으시] · 히읗도 [히은또] · 히읗만 [히은만]

히죽 흡족한 듯이 잠깐 웃는 모양. 횐해죽. 히죽히죽.

히죽거리다 [히죽꺼리다] 흡족한 듯이 자꾸 웃다. 비히죽대다. 횐해죽거리다.

히죽대다 [히죽때다] ➡ 히죽거리다.

히터(heater) 주로 가스나 전기를 이용하여 방 안의 공기를 덥혀 따뜻하게 하는 난방 장치.

히트(hit) ‘대성공’이나 ‘큰 인기’를 이르는 말. 예신제품이 크게 히트를 쳤다. 히트하다.

히틀러(Hitler, 1889~1945) 독일의 정치가. 나치스의 수령으로 제2차 세계대전을 일으켜 초기에는 승리했으나, 후에 패전하여 자살하였다.

히포크라테스(Hippocrates, 기원전 460?~기원전377?) 고대 그리스의 의학자. 미신으로부터 벗어나 경험을 중시하는 과학적 의학의 기초를 확립하였다. 의사가 지켜야 할 도덕을 ‘히포크라테스 선서’로서 명확히 규정하였다.

히히 남을 놀리듯이 짓궂게 까불며 웃는 소리. 횐해해.

히히거리다 남을 놀리듯이 짓궂게 까불며 자꾸 웃다. 비히히대다. 횐해해거리다.

히히대다 ➡ 히히거리다.

히히덕거리다 ‘시시덕거리다’의 잘못.

힌두교(Hindu敎) 인도에서 많이 믿는 인도 고유의 종교.

힌트(hint) 문제를 풀거나 일을 해결하는 데 실마리가 되는 것.

힐끔 경망스럽게 슬쩍 곁눈질하여 쳐다보는 모양. ❷핼끔. 힐끔힐끔.

힐끔거리다 경망스럽게 슬쩍 곁눈질하여 자꾸 쳐다보다. ❶힐끔대다. ❷핼끔거리다.

힐끔대다 ➡ 힐끔거리다.

힐끗 [힐끋] 슬쩍 한 번 흘겨보는 모양. ㉠친구가 옆에서 나를 힐끗 쳐다보았다. ❷핼끗. 힐끗힐끗.

힐끗거리다 [힐끋꺼리다] 자꾸 슬쩍 흘겨보다. ❶힐끗대다. ❷핼끗거리다.

힐끗대다[힐끋때다] ➡ 힐끗거리다.

힐난(詰難) [힐란] 캐고 따져서 비난함. 힐난하다.

힐책(詰責) 잘못을 따져서 꾸짖음. 힐책하다.

힘 ①사람이나 동물이 스스로 움직이고 또 다른 것을 움직일 수 있는 근육의 작용. ㉠힘이 센 사람. ②기계나 기구 등이 스스로 움직이거나 다른 것을 움직이게 하는 작용. ㉠엔진의 힘. ③학식이나 재능, 세력이나 권력 등의 구체적인 능력. ㉠아는 것이 힘이다. ④도움이나 의지가 되는 것. ㉠백만 원의 후원금이 우리에게는 큰 힘이 되었다.

힘겨루기 힘이나 세력을 보여 주거나 늘리려고 서로 버티는 일.

힘겹다 [힘겹따] 힘에 벅차다. ㉠친구와 헤어지는 것은 나에게 힘겨운 일이다. |활용| 힘겨우니·힘겨워.

힘껏 [힘껃] 있는 힘을 다하여. ㉠공을 힘껏 던져라.

힘내다 어떤 일을 해내려고 힘이나 기운·용기 등을 일으키다. ㉠이번에 실패했어도 다음에 또 기회가 있으니 힘내라.

힘닿다[힘다타] 힘이나 영향력 등이 미치다. ㉠내가 힘닿는 데까지 너를 도울게.

힘들다 노력이 많이 들거나 하기가 어렵다. ㉠혼자 하기에 힘든 일. |활용| 힘드니·힘들어.

힘들이다[힘드리다] 어떤 일에 힘이나 마음을 기울이다. ㉠힘들여 키운 농작물이 홍수로 물에 잠겨 버렸다.

힘살 [힘쌀] 힘줄과 살. ㉠튼튼한 힘살로 이루어진 뒷다리. ❶근육.

힘세다 힘이 많다. ㉠힘센 사람.

힘쓰다 ①힘을 들여 일하다. ㉠선생님은 문화재 보존에 힘쓰고 계신다. ②남을 도와주다. ㉠내가 좀 힘써 주지. |활용| 힘쓰니·힘써.

힘없다 [히멉따] ①기력이 없다. ㉠힘없는 목소리. ②세력이나 권력 등이 없다. ㉠가난하고 힘없는 사람들. 힘없이.

힘입다[힘닙따] 어떤 일에 남의 도움을 받거나 용기를 얻다. ㉠친구들의 응원에 힘입어 경기에서 승리했다.

힘자랑 힘이 세다고 자랑함. 힘자랑하다.

힘주다 ①힘을 한곳에 몰아서 기울이다. ②어떤 일이나 말을 강조하다. ㉠형은 자기 탓이 아니라고 힘주어 말했다.

힘줄 [힘쭐] 근육을 뼈에 들러붙어 있게 하는, 희고 질긴 살의 줄.

힘줌말 뜻을 강조하는 말. '깨다'에 대한 '깨뜨리다' 등.

힘차다 힘에 차 있다. ㉠힘차게 달리는 선수들.

힝 코를 세게 푸는 소리. 힝힝.

부 록

속담 풀이

속담 풀이

가까운 남이 먼 일가보다 낫다 이웃끼리 서로 친하게 지내면, 먼 곳에 사는 친척보다 더 가깝게 된다는 말.

가난 구제는 나라도 못한다 많고 많은 가난한 사람을 다 돕는다는 것은 나라의 힘으로도 어려운 일인데, 하물며 개인의 힘으로 되겠느냐는 말.

가난한 집 제사 돌아오듯 힘든 일만 자꾸 닥친다는 말.

가는 날이 장날 어디에 갔다가 공교롭게 뜻하지 않은 일을 만났을 때 이르는 말.

가는(달리는) 말에 채찍질하기 부지런히 하고 있는 데도 자꾸 더 빨리 하라고 한다는 말.

가는 말이 고와야 오는 말이 곱다 자기가 먼저 남에게 잘 대해 주어야 남도 자기에게 잘 대해 준다는 말.

가는 토끼 잡으려다 잡은 토끼 놓친다 지나치게 욕심을 부리다가 도리어 이루어 놓은 일까지 실패로 돌아간다는 말.

가랑비에 옷 젖는 줄 모른다 아무리 사소한 것이라 할지라도 거듭되면 무시하지 못할 정도로 크게 된다는 말.

가랑잎에 불붙듯 성질이 급하고 마음이 좁은 사람이 걸핏하면 발끈 화를 내는 것을 이르는 말.

가랑잎이 솔잎더러 바스락거린다고 한다 자기의 허물이 더 많으면서 허물이 적은 사람을 나무라거나 흉보는 경우를 이르는 말.

가루는 칠수록 고와지고, 말은 할수록 거칠어진다 말이 많으면 해되는 일만 많으니, 말을 삼가라고 경계하는 말.

가물에 콩 나듯 무슨 일이나 물건이 어쩌다가 하나씩 드문드문 나타난다는 말.

가재는 게 편 됨됨이나 형편이 비슷한 사람끼리 어울리게 되어 서로 사정을 보아줌을 이르는 말.

가지 많은 나무에 바람 잘 날이 없다 자식을 많이 둔 어버이에게는 근심이 끊일 때가 없다는 말.

간에 붙었다 쓸개에 붙었다 한다 자기에게 이로운 쪽으로 이편이 되었다 저편이 되었다 한다는 말.

갈수록 태산 갈수록 더욱 어렵고 힘들어진다는 말.

감꼬치 빼 먹듯 있는 재산을 늘리기는커녕 하나씩 하나씩 축내며 살아가는 모양을 이르는 말.

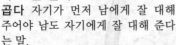

값도 모르고 싸다 한다 속사정도 잘 모르면서 이러니저러니 참견을 하려 든다는 말.

같은 값이면 다홍치마 값이 같으면 품질이 더 좋은 쪽을 선택하는 것이 낫다는 말.

개같이 벌어서 정승같이 산다 돈을 벌 때는 천한 일을 가리지 않고 벌고, 번 돈을 쓸 때는 떳떳하고 보람 있게 쓴다는 말.

개구리도 옴쳐야 뛴다 어떤 일을 이루려면, 반드시 그 일을 위하여 준비할 시간이 있어야 한다는 말.

개구리 올챙이 적 생각 못한다 형편이 나아진 사람이 지난날의 어려웠던 때를 생각지 않고 처음부터 잘난 듯이 뽐낸다는 말.

개 눈에는 똥만 보인다 ①늘 가까이 하고 좋아하던 것이 먼저 눈에 띄게 마련이라는 말. ②질이 낮은 사람에게는 질이 낮은 것밖에 보이지 않는다는 말.

개똥도 약에 쓰려면 없다 아주 흔하던 것도 막상 필요해서 찾으려니까 구하기가 어렵다는 말.

개똥밭에 굴러도 이승이 좋다 아무리 천하고 고생스럽게 살더라도 죽는 것보다는 사는 것이 낫다는 말.

개 발에 편자 옷차림이나 지닌 물건이 제격에 어울리지 않음을 이르는 말.

개밥에 도토리 개밥에 도토리가 섞인 것 같다는 뜻으로, 사람들 사이에 끼지 못하고 따돌림을 당하는 외로운 처지를 이르는 말.

개천에서 용 난다 보잘것없는 집안에서 훌륭한 사람이 나왔다는 말.

개 팔자가 상팔자라 놀고 있는 개가 부럽다는 뜻으로, 몹시 바쁘고 고생스러울 때 하는 말.

검은 머리 파뿌리 되도록 검은 머리가 파의 뿌리처럼 하얗게 될 때까지라는 뜻으로, 부부가 의좋게 오래 사는 것을 이르는 말.

게사니 부리가 있나《북한》 명백한 사실도 의심하는 사람을 놀리는 말.
 * 게사니 : '거위'의 북한말.

게으른 선비 책장 넘기기 // 게으른 놈(일꾼) 밭고랑 세듯 게으른 사람이 일은 하지 않고 그 일에서 빨리 벗어날 궁리만 한다는 말.

겨울바람이 봄바람보고 춥다고 한다 자기 허물은 생각지 않고 오히려 남의 작은 허물을 나무람을 이르는 말.

고기는 씹어야 맛을 안다 일은 겉으로만 보아서는 그 참뜻을 알지 못한다는 말.

고기는 씹어야 맛이고 말은 해야 맛이다 하고 싶은 말이나 해야 할 말은 시원히 해 버려야 좋다는 말.

고기도 저 놀던 물이 좋다 평소에 자기한테 익숙한 곳이 더 좋다는 말.

고래 싸움에 새우 등 터진다 강한 자들의 싸움에 아무 관계도 없는 약한 자가 끼어 피해를 입는다는 말.

고슴도치도 제 새끼는 함함하다고 한다 누구나 제 자식은 귀여워한다는 말.
 * 함함하다 : 털이 보드랍고 반지르르하다.

고양이 목에 방울 달기 실행하기 매우 어려운 일을 공연히 의논함을 이르는 말.

고양이보고 반찬 가게 지키라는 격 지켜 달라고 부탁했다가 도리어 도둑을 맞을 일이라는 말.

고양이 앞에 쥐(쥐걸음) 강자 앞에서 설설 기며 꿈쩍도 못하는 약자의 모습을 이르는 말.

고양이 죽는 데 쥐 눈물만큼 고양이가 죽었다고 쥐가 눈물을 흘릴 리 없다는 뜻으로, 아주 없거나 있어도 매우 적을 때를 이르는 말.

고양이 쥐 생각 속으로는 해칠 생각이면서도 겉으로는 생각해 주는 척함을 이르는 말.

고추는 작아도 맵다 몸집이 작거나 나이가 어려도,
힘이 세거나 하는 일이 야무진 사람을 이르는 말.

곰은 쓸개 때문에 죽고, 사람은 혀 때문에 죽는다 혀로 말을 잘못 하면 해를 입게 되니 조심하라는 말.

공것이라면 양잿물도 먹는다 공짜라면 무엇이든 가리지 않고 거두어들이는 것을 비꼬아 이르는 말.

공든 탑이 무너지랴 정성을 기울여 이루어 놓은 일은 그리 쉽게 무너지지 않는다는 말.

공자 앞에서 문자 쓴다 잘 알지도 못하면서 자기보다 훨씬 유식한 사람 앞에서 아는 체하는 경우를 이르는 말.

곶감 꼬치에서 곶감 빼 먹듯 애써 모아 둔 재산을 조금씩 쉽게 써 버림을 이르는 말.

과부 사정은 과부(홀아비)가 안다 남의 사정은 그와 비슷한 처지에 있는 사람이라야 안다는 말.

과일 망신은 모과가 시킨다 못난 사람일수록 동료들까지 망신시킨다는 말.

광(쌀독)에서 인심 난다 살림이 넉넉해야 인정도 베풀 수 있다는 말.

구관이 명관이다 ①경험이 많은 사람이 더 낫다는 말. ②다른 사람을 겪어 보아야 먼저 사람이 좋은 줄을 알게 된다는 말.

구더기 무서워 장 못 담글까 다소 어려운 일이 있더라도, 해야 할 일이나 하고 싶은 일은 하게 마련이라는 말.

구렁이 담 넘어가듯 일을 분명하고 깔끔하게 처리하지 않고 슬그머니 얼버무려 버림을 탓하여 이르는 말.

구슬이 서 말이라도 꿰어야 보배(라) 아무리 좋은 것이라도 쓸모 있게 만들어 놓아야 값어치가 있다는 말.

굳은 땅에 물이 괸다 헤프게 쓰지 않고 아끼는 사람이 재산을 모으게 된다는 말.

굴러 온 돌이 박힌 돌 뺀다 다른 곳에서 들어온 사람이 본디부터 있던 사람을 내쫓는다는 말.

굼벵이도 구르는(꾸부리는) 재주가 있다 아무리 미련하고 못난 사람이라도 쓸모 있는 한 가지 재주는 있다는 말.

굽은 나무가 선산을 지킨다 쓸모없어 보이는 것이 도리어 제구실을 한다는 말.

굿이나 보고 떡이나 먹지 남의 일에 쓸데없이 간섭하지 말고, 되어 가는 형편을 보고 있다가 이익이나 얻도록 하라는 말.

귀가 보배라 배운 것은 없으나 얻어들어서 아는 것이 많다는 말.

귀신 씻나락 까먹는 소리 이치에 맞지 않는 엉뚱하고 쓸데없는 말.

* 씻나락 : 볍씨.

귀신이 곡할 노릇(이다) 어찌 된 일인지 도무지 그 까닭을 알 수 없다는 말.

귀에 걸면 귀걸이, 코에 걸면 코걸이 둘러대기에 따라 이렇게도 되고 저렇게도 될 수 있다는 말.

귀한 자식 매 한 대 더 때리고, 미운 자식 떡 하나 더 준다 자식이 귀할수록 매로 때려서라도 버릇을 잘 가르쳐야 한다는 말.

긁어 부스럼 공연히 건드려서 만들어 낸 걱정거리를 이르는 말.

금강산도 식후경 아무리 재미있는 일이라도 배가 불러야 흥이 난다는 말.

금이야 옥이야 자식을 몹시 아끼고 귀여워하는 모양을 이르는 말.

급하기는 우물에 가 숭늉 달래겠다 성격이 매우 급하여 참고 기다리지 못한다는 말.

급하면 바늘허리에 실 매어 쓸까 // 아무리 바빠도 바늘허리 매어 쓰지는 못한다 아무리 급해도 순서는 반드시 밟아야 한다는 말.

급히 먹는 밥 목이 멘다 무슨 일이든 너무 서두르면 오히려 실패한다는 말.

기는 놈 위에 나는 놈이 있다 잘하는 사람이 있으면 그보다 더 잘하는 사람이 있다는 말.

기도(기지도) 못하면서 뛰려 한다 자신의 능력 이상의 일을 하려는 사람을 비웃는 말.

길고 짧은 것은 대어 보아야 안다 누가 나은가는 실제로 겨루어 보아야 알 수 있다는 말.

길이 아니거든 가지 말고, 말이 아니거든 듣지 말라 말과 행동을 함부로 하지 말고, 옳지 않은 일은 처음부터 하지 말라는 말.

김칫국부터 마신다 남의 속도 모르고 제 짐작으로 미리 그렇게 될 것을 믿고 행동한다는 말.

까마귀 검어도 살은 아니 검다 ①겉모양은 허술하고 지저분해도 속마음은 깨끗하고 훌륭하다는 말. ②사람을 평가할 때 겉모양만 보고 할 것이 아니라는 말.

까마귀 날자 배 떨어진다 별 뜻 없이 한 일이 다른 일과 공교롭게 때가 같아, 무슨 관계가 있는 것처럼 의심을 받게 되는 경우를 이르는 말.

꼬리가 길면 밟힌다 나쁜 짓을 오랫동안 계속하면 결국 들키고 만다는 말.

꽁지 빠진 새 같다 볼품이 없거나 우습게 생겼다는 말.

꾸어다 놓은 보릿자루 여럿이 모여 이야기하는 자리에서 말없이 한쪽에 앉아 있기만 하는 사람을 이르는 말.

꿀도 약이라면 쓰다 이로운 말이라도 충고하면 듣기 싫어한다는 말.

꿀 먹은 벙어리 마음속에 있는 생각을 말하지 못하는 사람을 이르는 말.

꿈보다 해몽이 좋다 사실은 그렇지 못하나 해석이 그럴싸하다는 말.

꿩 구워 먹은 소식 소식이 전혀 없을 때 이르는 말.

꿩 대신 닭 꼭 필요한 것이 없을 때, 그보다는 못하지만 그와 비슷한 것으로 대신하는 경우를 이르는 말.

꿩 먹고 알 먹는다(먹기) 한꺼번에 두 가지 이익을 볼 때 이르는 말.

꿩 잡는 것이 매다 꿩을 잡아야 매라고 할 수 있듯이, 이름에 어울리게 실제로 제구실을 해야 한다는 말.

나는 바담 풍(風) 해도 너는 바람 풍 해라 자기는 그르게 하면서 남에게는 바르게 하라고 요구한다는 말.

나는 새도 떨어뜨린다 무슨 일이든지 마음대로 할 수 있을 정도로 권세가 대단하다는 말.

나 먹자니 싫고, 개 주자니 아깝다 자기에게는 소용이 없으면서도 남 주기는 싫어한다는 말.

나중 난 뿔이 우뚝하다 후배가 선배보다 나을 때 이르는 말.

나중에야 삼수갑산을 갈지라도 결과가 최악에 이르는 한이 있더라도 우선 저질러 놓고 본다는 말.

낙숫물이 댓돌을 뚫는다 작은 힘이라도 끈기 있게 계속하면 성공할 수 있다는 말.

낚싯바늘에 걸린 고기 죽을 처지를 당해 어쩔 수 없이 된 경우를 이르는 말.

남의 눈에 눈물 내면, 제 눈에는 피눈물이 난다 남에게 나쁜 짓을 하면 자기는 그보다 더한 벌을 반드시 받게 된다는 말.

남의 다리 긁는다 애써 해 온 일이 남을 위한 일이 되고 말았을 때 이르는 말.

남의 떡이 커 보인다 자기 것보다 남의 것이 더 많아 보이거나 좋아 보인다는 말.

남의 잔치(제사)에 감 놓아라 배 놓아라 한다 남의 일에 쓸데없이 참견한다는 말.

남이 장 간다고 하니 거름 지고 나선다 멋도 모르고 남이 하는 대로 따라서 행동한다는 말.

낫 놓고 기역 자도 모른다 기역 자 모양으로 생긴 낫을 보면서도 기역 자를 모른다는 뜻으로, 아주 무식하다는 말.

낮말은 새가 듣고 밤말은 쥐가 듣는다 아무리 비밀히 한 말도 누군가가 듣는다는 뜻으로, 항상 말을 조심하라는 말.

내리사랑은 있어도 치사랑은 없다 윗사람이 아랫사람을 사랑하는 수는 있어도 아랫사람이 윗사람을 사랑하기는 어렵다는 말.

내 코가 석 자 자기 사정이 어려워 남의 고통이나 슬픔을 돌볼 여유가 없음을 이르는 말.

내 할 말을 사돈이 한다 자기가 하려던 말이나 해야 할 말을 상대방이 먼저 하는 경우를 이르는 말.

냉수 먹고 속 차려라 분별없이 행동하는 사람에게 정신을 차리라는 뜻으로 하는 말.

냉수 먹고 이 쑤시기 실제로는 아무것도 없으면서 겉으로는 있는 체하는 것을 이르는 말.

놓친 고기가 더 크다 현재 갖고 있는 것보다 먼저 것이 더 좋았다고 생각한다는 말.

누울 자리 봐 가며 발을 뻗어라 시간과 장소·가능성 등을 가려서 행동해야 한다는 말.

누워서 떡 먹기 힘들이지 않고 아주 쉽게 할 수 있다는 말.

누워서 침 뱉기 남을 해치려고 한 짓이 결국은 자기에게 해가 되어 돌아온다는 말.

누이 좋고 매부 좋다 양쪽에게 다 이롭고 좋다는 말.

눈 가리고 아웅 얕은 꾀로 남을 속이려 함을 이르는 말.

눈 감으면 코 베어 먹을 세상 세상인심이 흉악하다는 말.

눈 뜨고 도둑맞는다 뻔히 알면서도 속거나 손해를 본다는 말.

눈치가 빠르면 절에 가도 젓갈을 얻어먹는다 눈치가 빠르면 어디를 가도 큰 어려움을 겪지 않고 지낼 수 있다는 말.

늙으면 아이 된다 늙으면 아이처럼 토라지기도 잘하고 풀어지기도 잘한다는 말.

늦게 배운 도둑이 날 새는 줄 모른다 뒤늦게 시작한 일에 재미를 붙여 더 열심히 하게 된다는 말.

부록

다 된 죽에 코 빠졌다 제대로 잘되어 가는 일을 망쳐 버리는 주책없는 행동을 이르는 말.

다 된 죽에 코 풀기 잘되어 가는 남의 일을 심술궂게 방해하는 경우를 이르는 말.

다람쥐 쳇바퀴 돌듯 앞으로 나아가거나 발전하지 못하고 제자리걸음만 한다는 말.

단단한 땅에 물이 괸다 검소하고 절약하는 사람이라야 재산을 모을 수 있다는 말.

단맛 쓴맛 다 보았다 세상의 온갖 즐거움과 괴로움을 다 겪었다는 말.

달걀로 바위 치기 상대가 너무 강하여 도저히 이길 수 없음을 이르는 말.

달도 차면 기운다 세상의 온갖 것이 한번 왕성하면 다시 쇠하기 마련이라는 말.

달면 삼키고 쓰면 뱉는다 의리나 지조를 돌보지 않고 자기의 이익만을 꾀한다는 말.

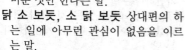

달밤에 삿갓 쓰고 나온다 가뜩이나 미운 사람이 더 미운 짓만 한다는 말.

닭 소 보듯, 소 닭 보듯 상대편의 하는 일에 아무런 관심이 없음을 이르는 말.

닭 잡아먹고 오리 발 내놓는다 자신이 저지른 잘못이 드러나게 되자, 엉뚱한 짓으로 남을 속이려 한다는 말.

닭 쫓던 개 지붕 쳐다보듯 애써 이루려던 일이 실패로 돌아가 어이없이 된 것을 이르는 말.

대감 죽은 데는 안 가도 대감 말 죽은 데는 간다 세상 사람들의 마음이 자기의 이익만을 좇아 움직인다는 말.

도끼로 제 발등 찍는다 남을 해치려고 한 짓이 결국은 자기를 해친 결과가 되었다는 말.

도둑놈 개에게 물린 셈 남에게 봉변을 당하여도 자기에게 잘못이 있어 아무 말도 하지 못함을 이르는 말.

도둑을 맞으려면 개도 안 짖는다 운수가 나쁘면 모든 것이 제대로 되지 않는다는 말.

도둑이 제 발 저리다 죄를 지은 사람이 두려움 때문에 스스로 약점을 드러낸다는 말.

도둑질을 해도 손발이 맞아야 한다 무슨 일이든지 서로 뜻이 잘 맞아야 성공할 수 있다는 말.

도둑질한 사람은 오그리고 자고, 도둑맞은 사람은 펴고 잔다 남에게 해를 입힌 사람은 마음이 불안하나, 해를 입은 사람은 오히려 마음이 편하다는 말.

도랑 치고 가재 잡는다 ①한 번의 노력으로 두 가지 이익을 본다는 말. ②일의 순서가 바뀌었다는 말.

도마에 오른 고기 어쩔 수 없는 운명을 이르는 말.

도마 위의 고기가 칼을 무서워하랴 죽음을 이미 각오한 사람이 무엇을 무서워하겠느냐는 말.

도토리 키 재기 정도가 비슷비슷한 사람끼리 서로 다투거나 경쟁함을 이르는 말.

돈이 돈을 번다 돈이 많아야 이익을 많이 남길 수 있다는 말.

돌다리도 두들겨 보고 건너라 잘 아는 일이라도 세심한 주의를 기울여 실수가 없도록 하라는 말.

돌부리를 차면 발부리만 아프다 쓸데없이 화를 내면 자기만 해롭다는 말.

동냥은 안 주고 쪽박만 깬다 도와주기는커녕 도리어 훼방만 놓는다는 말.

동무 따라 강남 간다 자기는 하고 싶지 않은데 남에게 이끌려 덩달아 하게 된다는 말.

동에 번쩍 서에 번쩍 금방 여기에 나타났다가 저기에 나타났다가 할 만큼 바쁘게 활동함을 이르는 말.

되 글을 가지고 말 글로 써먹는다 글을 배운 것은 적으나 가장 효과적으로 써먹는다는 말.

되로 주고 말로 받는다 조금 주고 많은 대가를 얻는다는 말.

될성부른 나무는 떡잎부터 알아본다 // **잘 자랄 나무는 떡잎부터 알아본다** 크게 될 사람은 어릴 때부터 남다른 데가 있다는 말.

두 손뼉이 맞아야 소리가 난다 무슨 일이든지 두 편에서 서로 뜻이 맞아야 이루어질 수 있다는 말.

둘러치나 메어치나 (매한가지) 이렇게 하나 저렇게 하나 결과는 마찬가지라는 말.

둘이 먹다 하나가 죽어도 모르겠다 맛이 매우 좋다는 말.

뒤로 호박씨 깐다 // **뒷구멍(밑구멍)으로 호박씨 깐다** 겉으로는 얌전한 체하면서 은밀히 온갖 짓을 다 한다는 말.

뒷간에 갈 적 마음 다르고 올 적 마음 다르다 자기에게 꼭 필요할 경우에는 다급하게 굴다가, 제 할 일을 다하고 나면 마음이 변하여 처음과 달라진다는 말.

듣기 좋은 꽃노래도 한두 번이지 아무리 좋은 것이라도 너무 자주 반복되면 싫증이 난다는 말.

등잔 밑이 어둡다 가까이서 생긴 일을 오히려 더 모를 수도 있다는 말.

따(떼어) 놓은 당상 높은 벼슬자리는 이미 따 놓은 것이나 다름없다는 뜻에서, 일이 확실하여 조금도 틀림이 없음을 이르는 말.

땅 짚고 헤엄치기 일이 매우 쉽다는 말.

때리는 시어머니보다 말리는 시누이가 더 밉다 겉으로는 위해 주는 척하면서 속으로는 괴롭히는 사람이 더 밉다는 말.

떡 본 김에 제사 지낸다 좋은 기회가 왔을 때 하려던 일을 해치운다는 말.

떡 줄 사람은 꿈도 안 꾸는데 김칫국부터 마신다 상대편은 줄 생각도 하지 않는데 받을 준비부터 먼저 한다는 말.

똥구멍이 찢어지게 가난하다 몹시 가난하다는 말.

똥 누고 밑 아니 씻은 것 같다 뒤처리를 깨끗이 하지 않아 꺼림칙하다는 말.

똥 누러 갈 적 마음 다르고 올 적 마음 다르다 자기 일이 아주 급한 때는 사정하며 매달리다가 그 일을 마치고 나면 모르는 체한다는 말.

똥 묻은 개가 겨 묻은 개 나무란다 제 흉은 더 크면서 도리어 남의 작은 흉을 본다는 말.

똥이 무서워 피하나 더러워 피하지 악한 사람을 피하는 것은 무서워서가 아니라 상대할 가치가 없기 때문이라는 말.

뚝배기보다 장맛이 좋다 겉모양보다 내용이 훨씬 낫다는 말.

뛰는 놈 위에 나는 놈 있다∥기는 놈 위에 나는 놈이 있다 잘난 사람이 있으면 그보다 더 잘난 사람이 있다는 말.

마른논에 물 대기 힘들여 해 놓아도 별다른 성과가 없음을 이르는 말.

마른하늘에 날벼락 뜻밖에 당하는 재앙을 이르는 말.

마음이 풀어지면 하는 일이 가볍다 마음에 근심과 걱정이 없으면 하는 일도 힘들지 않고 쉽게 된다는 말.

마치가 가벼우면 못이 솟는다 윗사람이 위엄이 없으면, 아랫사람이 순종하지 않는다는 말.

마파람에 게 눈 감추듯 음식을 빨리 먹어 버린다는 말.

말 갈 데 소 간다 ①가서는 안 될 곳을 간다는 말. ②남이 할 수 있는 일이면 나도 할 수 있다는 말.

말로 온 동네 다 겪는다 온 동네 사람을 음식으로 대접하는 대신 말로 때운다는 뜻으로, 실천은 하지 않고 모든 것을 말만으로 해결하려 든다는 말.

말 많은 집은 장맛도 쓰다 가정에 말이 많으면 살림이 잘 안된다는 말.

말 안 하면 귀신도 모른다 마음속으로만 애태울 것이 아니라 시원스럽게 말을 해야 한다는 말.

말에도 뼈가 있다 예사로운 말 같으나 그 속에 또 다른 뜻이 들어 있다는 말.

말은 타 봐야 알고, 사람은 사귀어 봐야 안다∥물은 건너 보아야 알고, 사람은 지내보아야 안다 사람은 겉모양만 보아서는 알 수 없고, 같이 지내며 겪어 보아야 바로 알 수 있다는 말.

말이 씨가 된다 늘 말하던 것이 사실대로 되었을 때 이르는 말.

말 타면 경마 잡히고 싶다 사람의 욕심은 끝이 없다는 말.

말 한마디에 천 냥 빚도 갚는다 말만 잘하면 어떤 어려움도 해결할 수 있다는 말.

맑은 물에 고기 안 논다 물이 너무 맑으면 먹을 것이 없어 고기도 모이지 않는다는 뜻으로, 사람이 너무 청렴결백하면 사람이나 재물이 따르지 않는다는 말.

맛있는 음식도 늘 먹으면 싫다 아무리 좋은 일이라도 되풀이하면 싫증이 난다는 말.

매 끝에 정든다 사랑의 매는, 때리는 사람이나 맞는 사람 사이를 더 가깝게 해 준다는 말.

매도 먼저 맞는 놈이 낫다 어차피 겪어야 할 일이라면 먼저 겪는 편이 낫다는 말.

먹는 개도 아니 때린다 음식을 먹고 있을 때는 꾸짖거나 때리지 말라는 말.

모난 돌이 정 맞는다 너무 뛰어나거나 성격이 원만하지 못하면 남의 미움을 받게 된다는 말.

모래밭에서 바늘 찾기 거의 불가능한 일을 이르는 말.

모래 위에 쌓은 성 기초가 튼튼하지 못하여 곧 허물어질 물건이나 일을 두고 하는 말.

모로 가도 서울만 가면 된다 수단과 방법이야

어떻든지 간에 목적만 이루면 된다는 말.

모르는 것이 약이다 ∥ 모르면 약이요 아는 게 병 아무것도 모르고 있는 것이 차라리 마음 편하여 좋다는 말.

목구멍이 포도청 먹고살기 위하여 차마 못할 짓까지 함을 이르는 말.

목마른 놈이 우물 판다 꼭 필요로 하는 사람이 먼저 일을 시작한다는 말.

못된 송아지 엉덩이에 뿔이 난다 사람답지 못한 사람이 교만한 짓을 한다는 말.

못된 풀이 빨리 자란다 ∥ 나쁜 풀은 빨리 자란다 세상에는 좋지 않은 것일수록 도리어 성하다는 말.

못 먹는 감 찔러나 본다 자기가 차지하지 못할 바에는 차라리 심술을 부려 못쓰게 만든다는 말.

못 먹는 떡에 침 뱉기 이왕 내 것이 안될 바에야 심술이나 부리겠다는 말.

무소식이 희소식 소식이 없는 것이 곧 잘 지내고 있다는 표시라는 말.

무쇠도 갈면 바늘 된다 꾸준히 노력하면 어떤 어려운 일도 이룰 수 있다는 말.

무자식 상팔자 ∥ 자식 없는 것이 상팔자 자식이 없는 것이 도리어 걱정이 없어 마음이 편하다는 말.

물 밖에 난 고기 죽고 사는 운명이 이미 결정되어 있거나, 목숨이 위태로울 만큼 곤경에 처한 경우를 이르는 말.

물 본 기러기, 꽃 본 나비 기러기는 맑은 물을 즐기며 나비는 꽃을 반기는 데서, 바라던 바를 이루어 우쭐거리며 뽐냄을 이르는 말.

물 본 기러기 산 넘어가랴 ∥ 꽃 본

나비 담 넘어가랴 그리운 사람을 본 사람이 그대로 지나가 버릴 리 없다는 말.

물에 물 탄 듯 술에 술 탄 듯 말이나 행동이 변화가 없이 싱거움을 이르는 말.

물에 빠지면 지푸라기라도 잡는다 사람이 위급한 때를 당하면 별로 도움이 되지 않는 것까지도 닥치는 대로 잡고 늘어진다는 말.

물에 빠진 놈 건져 놓으니까 내 봇짐 내라 한다 남의 은혜를 갚기는커녕 도리어 트집을 잡는다는 말.

미꾸라지 용 됐다 천하고 보잘것없던 사람이 훌륭하게 되었다는 말.

미꾸라지 한 마리가 온 웅덩이를 흐려 놓는다 나쁜 사람 하나가 많은 사람에게 좋지 않은 영향을 준다는 말.

미운 아이 떡 하나 더 준다 미운 사람일수록 잘 대해 주어야 후환이 없다는 말.

믿는 도끼에 발등 찍힌다 믿고 있던 사람으로부터 도리어 해를 입는다는 말.

밀가루 장사 하면 바람이 불고, 소금 장사 하면 비가 온다 운수가 사나우면 하는 일마다 장애가 생겨서 잘 안된다는 말.

밑 빠진 독에 물 붓기 밑이 빠지고 없는 독은 아무리 물을 부어도 채울 수 없다는 뜻으로, 아무리 애를 써도 보람이 없는 경우를 이르는 말.

바늘 가는 데 실 간다 으레 따르게 되어 있는 두 사람이나 사물의 밀접한 관계를 이르는 말.

바늘 끝이 몽둥이 같다고 한다 조그마한 일을 크게 과장하여 떠든다는 말.

바늘 도둑이 소도둑 된다 작은 나쁜 짓을 고치지 않으면 장차 큰 죄를 저지르게 된다는 말.

바늘로 찔러도 피 한 방울 안 난다 지독한 구두쇠를 이르는 말.

바다는 메워도 사람의 욕심은 못 채운다 사람의 욕심은 끝이 없다는 말.

바람 앞의 등불 생명이나 어떤 일이 매우 위태로운 상태에 있음을 이르는 말.

바람이 불지 않으면 나무는 흔들리지 않는다 화근이 없어야 평화가 온다는 말.

바위에 달걀 부딪치기 아무리 해도 이루어질 가망이 없는 일을 부질없이 한다는 말.

받아 놓은 밥상 일이 이미 확정되어 틀림이 없음을 이르는 말.

발 없는 말이 천 리 간다 말을 삼가야 한다는 말.

밥 먹을 때는 개도 안 때린다 음식을 먹고 있을 때는 꾸짖거나 때리지 말라는 말.

방귀 뀐 놈이 성낸다 자기가 잘못하고 도리어 남에게 성낸다는 말.

배가 남산만 하다 여자가 임신을 하여 배가 몹시 부르다는 말.

배보다 배꼽이 더 크다 ∥ 바늘보다 실이 굵다 딸린 것이 주되는 것보다 더 크거나 많다는 말.

백 번 듣는 것이 한 번 보는 것만 못하다 여러 번 말로만 듣는 것보다 실제로 한 번 보는 것이 더 낫다는 말.

백지장도 맞들면 낫다 아무리 쉬운 일이라도 혼자 하는 것보다 서로 힘을 합쳐서 하면 훨씬 쉽다는 말.

뱁새가 황새를 따라가면 다리가 찢어진다 남이

한다고 덩달아 제힘에 겨운 일을 하면 도리어 화를 당하게 된다는 말.

번갯불에 콩 볶아 먹겠다 번갯불이 번쩍하는 사이에 해치울 만큼 행동이 매우 재빠르다는 말.

범 없는 골에 토끼가 스승이라 잘난 사람이 없는 곳에서 못난 사람이 잘난 체한다는 말.

법은 멀고 주먹은 가깝다 일의 이치를 따지기 전에 주먹다짐부터 한다는 말.

벙어리 냉가슴 앓듯 답답한 사정이 있어도 남에게 말하지 못하고 혼자 애태우는 경우를 이르는 말.

벼룩(족제비)도 낯짝이 있다 작은 벼룩조차도 얼굴이 있는데 하물며 사람이 염치가 없어서야 되겠느냐는 뜻으로, 몹시 뻔뻔스러운 사람을 두고 이르는 말.

벼룩의 간을 내먹는다 어려운 처지에 있는 사람에게서 금품을 뜯어낸다는 말.

벼 이삭은 익을수록 고개를 숙인다 교양이 있고 수양을 많이 쌓은 사람일수록 겸손하다는 말.

병 주고 약 준다 해를 입혀 놓고서 돕는 체한다는 말.

보기 좋은 떡이 먹기도 좋다 겉모양이 좋으면 내용도 좋다는 말.

보채는 아이 밥 한 술 더 준다 무슨 일이든지 적극적으로 나서야 목적을 이룰 수 있다는 말.

부뚜막의 소금도 집어넣어야 짜다 손쉽게 할 수 있는 일이나 좋은 기회가 있어도 이용하지 않으면 소용이 없다는 말.

부부 싸움은 칼로 물 베기 칼로 물을 베어도 흔적이 없듯이, 부부끼리는 싸움을 해도 쉽게 화해한다는 말.

부자는 망해도 삼 년 먹을 것이 있다 본래 부자이던 사람은 망하더라도 얼마 동안은 그럭저럭 살아갈 수가 있다는 말.

부잣집 맏며느리 같다 여자의 얼굴이 복스럽고 후덕스럽게 생겼다는 말.

북은 칠수록 맛이 난다 무슨 일이든지 하면 할수록 신이 나고 잘된다는 말.

불난 집에 부채질한다 남의 어려움이나 불행을 점점 더 커지게 만들거나, 성난 사람을 더욱 성나게 한다는 말.

불면 꺼질까 쥐면 터질까 어린 자녀를 끔찍이 아끼며 소중히 기른다는 말.

비가 와도 양반걸음이다 바쁜 일이 있어도 결코 서두르지 않는다는 말.

비는 데는 무쇠도 녹는다 잘못을 뉘우치고 빌면 아무리 완고한 사람이라도 용서하지 않을 수 없다는 말.

비단옷 입고 밤길 가기 생색나지 않거나 보람 없는 일을 공연히 한다는 말.

비싼 밥 먹고 헐한 걱정 한다 쓸데없는 걱정은 하지 말라는 말.

비 온 뒤에 땅이 굳어진다 어려움을 겪고 난 뒤에 더 강해진다는 말.

빈 수레가 요란하다 실력이나 가진 것이 없는 사람이 겉으로 더 떠들어 댄다는 말.

빛 좋은 개살구 겉으로 보기에는 그럴듯하나 실속이 없는 것을 이르는 말.

빨리 걷는 걸음 돌부리에 차인다 무슨 일이나 급히 서두르면 탈이 생긴다는 말.

뽕도 따고 임도 보고 두 가지 일을 동시에 이룸을 이르는 말.

사공이 많으면 배가 산으로 간다 책임지고 맡아서 하는 사람이 없이 저마다 이러니저러니 하면 일이 제대로 되지 않는다는 말.

사돈 남 말 한다 자기 잘못은 생각지 않고 남의 잘못만 나무란다는 말.

사돈집과 뒷간은 멀수록 좋다 사돈집 사이에는 말이 많고, 뒷간은 고약한 냄새가 나므로 둘 다 멀리 있을수록 좋다는 말.

사돈집 잔치에 감 놓아라 배 놓아라 한다 저와는 상관없는 일에 간섭한다는 말.

사또 떠난 뒤에 나팔 분다 마땅히 해야 할 일을 제때가 지난 뒤에야 함을 조롱하여 이르는 말.

사람 위에 사람 없고, 사람 밑에 사람 없다 사람은 누구나 자유롭고 평등한 권리를 누릴 수 있다는 말.

사모에 갓끈 차림새가 제격에 어울리지 않음을 이르는 말.

사위는 백 년 손이라 사위는 영원한 손님이라는 뜻으로, 사위는 언제나 소홀히 대할 수 없는 존재라는 말.

사위 사랑은 장모, 며느리 사랑은 시아버지 흔히 장모는 사위를 아끼고, 시아버지는 며느리를 귀여워한다는 말.

사자 없는 산에 토끼가 왕(대장) 노릇 한다 뛰어난 사람이 없으면, 하찮은 사람이 세력을 부리며 뽐낸다는 말.

사촌이 땅을 사면 배가 아프다 남이 잘되는 것을 시기한다는 말.

사흘 굶어 도둑질 아니할 놈 없다 아무리 착한 사람이라도 사정이 몹시 딱하게 되면 옳지 못한 짓을 하게 된다는 말.

산 밖에 난 범이요, 물 밖에 난 고기라 ①의지할 곳을 잃어 꼼짝도 못하게 됨을 이르는 말. ②자기 능력을 발휘할 수 없는 처지에 빠짐을 이르는 말.

산 (사람) 입에 거미줄 치랴 // 사람이 굶어 죽으란 법은 없다 사람은 아무리 가난해도 그럭저럭 죽지 않고 먹고살 수 있다는 말.

산엘 가야 꿩을 잡고, 바다엘 가야 고기를 잡는다 목적을 이룰 수 있는 방법과 방향으로 행동해야 성공할 수 있다는 말.

산은 오를수록 높고, 물은 건널수록 깊다 어려운 고비를 당하여 갈수록 점점 더 어렵고 곤란한 일만 생긴다는 말.

삼십육계 줄행랑이 제일 형편이 불리할 때는 도망쳐 화를 피하는 것이 제일 좋다는 말.

상주보고 제삿날 다툰다 정확히 아는 사람 앞에서 자기의 틀린 의견을 고집한다는 말.

새 발의 피 새의 가느다란 발에서 나오는 피라는 뜻으로, 하찮은 일이나 아주 적은 양을 이르는 말.

새벽달 보자고 초저녁부터 기다린다 일을 너무 일찍 서두른다는 말.

서당 개 삼 년에 풍월(을) 한다(읊는다) 어떤 방면에 아는 것이 없는 사람도, 그 방면에 오래 있으면 저절로 어느 정도 익히게 된다는 말.

서울 가서 김 서방 찾기 주소도 이름도 모르면서 무턱대고 막연히 사람을 찾아감을 이르는 말.

서쪽에서 해가 뜨다 예상 밖의 일이나 절대로 있을 수 없는 희한한 일을 두고 이르는 말.

서투른 무당이 장구만 나무란다 능력이 부족한 사람이 자신의 능력은 모르고 도구만 나쁘다고 탓한다는 말.

석수장이 눈깜작이부터 배운다 어떤 일의 내용보다도 형식부터 배우려 한다는 말.

선무당이 사람 잡는다(죽인다) 잘하지 못하는 사람이 잘하는 체하다가 일을 그르친다는 말.

설마가 사람 죽인다 '설마 그럴 리야 없겠지.' 하고 마음을 놓다가 크게 탈이 난다는 말.

성균관 개구리 자나 깨나 글만 읽는 사람을 놀려 이르는 말.

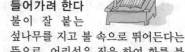

섶을 지고 불로 들어가려 한다 불이 잘 붙는 섶나무를 지고 불 속으로 뛰어든다는 뜻으로, 어리석은 짓을 하여 화를 불러들이려 한다는 말.

세 살 적 버릇이 여든까지 간다 어릴 때에 들인 버릇은 좀처럼 고치기 어렵다는 말.

세월이 약 아무리 괴로운 마음의 상처도 시간이 지나면 자연히 잊혀진다는 말.

소경 개천 나무란다 자기의 잘못은 생각지 않고 남의 탓만 한다는 말.

소금 먹은 놈이 물켠다 무슨 일이든지 거기에는 반드시 그렇게 된 까닭이 있다는 말.

소 닭 보듯 (닭 소 보듯) 서로 아무런 관심도 없이 본체만체함을 이르는 말.

소도 언덕이 있어야 비빈다 믿고 의지할 곳이 있어야 무슨 일이든 할 수 있다는 말.

소문난 잔치에 먹을 것 없다 좋다고 소문난 것이 실지로는 별것이 아닐 때에 하는 말.

소 잃고 외양간 고친다 ∥ 도둑맞고

사립 고친다 이미 일을 그르친 뒤에는 뉘우쳐도 아무 소용이 없다는 말.

속 빈 강정 겉만 그럴듯하고 실속이 없음을 이르는 말.

손 안 대고 코 풀기 일을 힘 안 들이고 매우 쉽게 해치운다는 말.

손이 발이 되도록 빌다 살려 달라고, 또는 용서해 달라고 매우 간절히 빈다는 말.

송곳 박을 땅도 없다 자기 땅이라고는 조금도 없다는 말.

송충이가 갈잎을 먹으면 죽는다(떨어진다) 분수에 맞지 않는 짓을 하다가는 낭패를 보게 된다는 말.

솥 속의 콩도 쪄야 익지 무엇이나 실지로 힘써 노력하지 않으면 이루어지지 않는다는 말.

솥에 넣은 팥이라도 익어야 먹지 일에 있어 절차를 무시하고 서두르면 안 된다는 말.

솥은 검어도 밥은 검지 않다 겉모양은 보기 흉해도 속은 훌륭하다는 말.

쇠귀에 경 읽기 둔한 사람은 아무리 가르치고 일러 주어도 알아듣지 못한다는 말.

쇠 꼬리보다 닭 대가리가 낫다 크고 훌륭한 사람의 뒤를 쫓아다니기보다는 작고 보잘것없는 데서 우두머리 노릇을 하는 것이 낫다는 말.

쇠뿔도 단김에 빼랬다 어떤 일을 하려고 결심하였으면 망설이지 말고 곧 행동으로 옮기라는 말.

수박 겉 핥기 사물의 내용은 모르고 겉만 건드림을 이르는 말.

수염이 대 자라도 먹어야 양반이다 ∥ 나룻이 석 자라도 먹어야 샌님 배가 불러야만 체면도 차릴 수 있다는 말.

숭어가 뛰니까 망

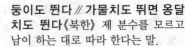

둥이도 뛴다 ∥ 가물치도 뛰면 옹달치도 뛴다《북한》 제 분수를 모르고 남이 하는 대로 따라 한다는 말.

＊옹달치 : '옹달샘에서 사는 물고기'의 북한말.

숯이 검정 나무란다 자기의 흉은 생각지 않고 남의 잘못을 탓함을 이르는 말.

시작이 반이다 무슨 일이든지 시작하기가 어렵지, 일단 시작하면 일을 끝마치는 것은 그리 어렵지 않다는 말.

시장이 반찬 배가 고프면 반찬이 없어도 밥이 맛있다는 말.

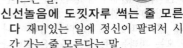

식은 죽 먹기 무슨 일을 아주 쉽게 해낼 수 있음을 이르는 말.

신선놀음에 도낏자루 썩는 줄 모른다 재미있는 일에 정신이 팔려서 시간 가는 줄 모른다는 말.

십년공부 도로 아미타불 오랫동안 공들여 온 일이 하루아침에 헛일이 되었다는 말.

십 년이면 강산도 변한다 세월이 흐르면 세상의 모든 것이 다 변한다는 말.

십 리도 못 가서 발병 난다 무슨 일이 얼마 가지 않아서 탈이 생긴다는 말.

싸움은 말리고 흥정은 붙이랬다 나쁜 일은 말리고 좋은 일은 권해야 한다는 말.

싸전에 가서 밥 달라고 한다 성미가 몹시 급하다는 말.

싼 것이 비지떡 값이 싼 물건은 품질도 그만큼 좋지 못하다는 말.

쏘아 놓은 살이요, 엎지른 물이라 한번 저지른 일은 어찌할 수 없다는 말.

아 내가 귀여우면 처갓집 말뚝 보고도 절한다 ①아내가 좋으면 아내 주위의 하찮은 것까지도 좋아 보인다는 말.  ②한 가지가 마음에 들면, 그것과 관계있는 다른 것까지도 좋아 보인다는 말.

아는 것이 병 ①정확하지 못하거나 분명하지 않은 지식은 도리어 걱정거리가 될 수 있음을 이르는 말. ②모르면 편할 것을 공연히 알아서 괴롭게 됨을 이르는 말.

아는 길도 물어 가랬다 쉬운 일도 소홀히 해서는 안 된다는 말.

아니 땐 굴뚝에 연기 날까 원인이 없으면 결과가 있을 수 없다는 말.

아닌 밤중에 홍두깨 뜻하지 않은 말을 불쑥 꺼내거나 별안간 엉뚱한 행동을 함을 이르는 말.

아랫돌 빼서 윗돌 괴고, 윗돌 빼서 아랫돌 괴기 우선 다급한 처지를 벗어나기 위하여 이리저리 둘러맞춤을 이르는 말.

아이 보는 데는 찬물도 못 먹는다 아이 앞에서는 행동을 조심해야 한다는 말.

아이 싸움이 어른 싸움 된다 작은 일이 차차 커져서 큰일이 된다는 말.

안되는 사람은 자빠져도(뒤로 넘어져도) 코가 깨진다 운수가 나쁜 사람은 보통 사람에게는 생기지도 않는 나쁜 일까지 생긴다는 말.

안되면 조상 탓 // 잘되면 제 탓, 못되면 조상 탓 자기의 잘못을 남의 탓으로 돌림을 이르는 말.

앉아 주고 서서 받는다 돈을 꾸어 주기는 쉬우나 그것을 다시 받기는 어렵다는 말.

앉은 자리에 풀도 안 나겠다 사람이 너무 깔끔하고 매서울 만큼 냉정하다는 말.

앓느니 죽지 남을 시켜서 만족스럽지 않게 일을 하느니 당장에 힘이 들더라도 자기가 직접 해치우는 것이 낫다는 말.

앓던 이 빠진 것 같다 걱정거리가 없어져서 후련하다는 말.

암탉이 울면 집안이 망한다 가정에서 아내의 주장이 지나치면, 집안일이 잘 되지 않는다는 말.

앞길이 구만 리 같다 나이가 젊으니까 앞으로 살아갈 세월이 길기에 어떤 일이라도 할 수 있다는 말.

약방에 감초 한약에 꼭 들어가는 재료인 감초처럼, 어떤 일에나 빠짐없이 끼어드는 사람이나 물건을 이르는 말.

약빠른 고양이 밤눈이 어둡다 영리하여 실수가 없을 것 같은 사람도 부족한 점이 있다는 말.

양반은 물에 빠져도 개헤엄은 안 한다 ①양반은 아무리 급한 경우라도 체면을 유지하려고 애쓴다는 말. ②지조와 기개가 있는 사람은 죽을지언정 비굴한 모습을 보이지 않는다는 말.

양반은 얼어 죽어도 겻불은 안 쬔다 양반은 아무리 궁하거나 다급한 경우라도 체면을 깎는 짓은 하지 않는다는 말.

얕은 내도 깊게 건너라 작은 일이라도 가벼이 생각해서는 안 된다는 말.

어느 장단에 춤추랴 시키는 일이 여러 갈래일 때, 누구 말을 들어야 할지 난처하다는 말.

어물전 망신은 꼴뚜기가 시킨다 못난 사람일수록 동료들까지 망신시킨다는 말.

언 발에 오줌 누기 일시적인 효과는 있으나 곧 해로운 결과를 가져온다는 말.

업은 아이 삼 년 찾는다 가까운 데 있는 것을 모르고 다른 곳에 가서 오래도록 찾는다는 말.

없는 놈이 찬밥 더운밥을 가리랴 급하고 아쉬울 때는 좋고 나쁜 것을 가리지 않고 무엇이나 고맙게 여긴다는 말.

엉덩이에 뿔이 났다 어린 사람이 옳은 가르침은 따르지 않고 비뚜로 나간다는 말.

엎드려 절 받기 상대편은 마음에 없는데 자기 스스로 요구하여 대접을 받음을 이르는 말.

엎어지면 코 닿을 데 거리가 아주 가까움을 이르는 말.

엎어진 김에 쉬어 간다 뜻하지 않던 기회를 이용하여 하려던 일을 이룬다는 말.

여름 불도 쬐다 나면 섭섭하다 쓸데없는 것이라도 없어지면 섭섭하다는 말.

여자 팔자 뒤웅박 팔자 뒤웅박에 끈이 달려 있는 것처럼, 여자는 남자에게 매인 팔자라는 말.

* 뒤웅박: 쪼개지 않고 꼭지 쪽에 구멍을 뚫어 속을 파낸 박으로, 끈이 달려 있음.

열(천) 길 물속은 알아도, 한 길 사람의 속은 모른다 사람의 속마음은 짐작하기 어렵다는 말.

열 번 찍어 아니 넘어가는 나무 없다 아무리 뜻이 굳은 사람이라도 여러 번 권하거나 유혹하면 마음이 변한다는 말.

열 손가락 깨물어 안 아픈 손가락이 없다 아무리 못난 자식이라도 부모에게는 한결같이 소중한 자식이라는 말.

염불에는 맘이 없고, 잿밥에만 맘이 있다 마땅히 해야 할 일은 건성으로 하고 잇속에만 마음을 둔다는 말.

오뉴월 감기는 개도 아니 걸린다(앓는다) 여름철에 감기를 앓는 사람을 변변치 못하다고 놀리는 말.

오뉴월 겻불도 쬐다 나면 서운하다 당장에는 대단치 않게 여겨지는 것이라도 없어지면 아쉽다는 말.

오는 말이 고와야 가는 말이 곱다 // 오는 떡이 두터워야 가는 떡이 두텁다 남이 나를 정당히 대접해 주어야 나도 상대편을 정당히 대접해 주게 마련이라는 말.

오는 정이 있어야 가는 정이 있다 남이 나에게 잘해 주면 나도 그만큼 상대편에게 잘해 주게 된다는 말.

오동 씨만 보아도 춤춘다 오동나무의 씨만 보고도 오동나무로 만든 거문고를 생각하여 춤을 춘다는 뜻으로, 성미가 너무 급하여 미리부터 서둔다는 말.

오르지 못할 나무는 쳐다보지도 마라 가능성이 없는 일은 처음부터 단념하고 바라지도 말라는 말.

오 리를 보고 십 리를 간다 ①사소한 일도 유익하다면 수고를 아끼지 않는다는 말. ②장사하는 사람은 적은 돈이라도 벌 수만 있다면 고생을 무릅쓴다는 말.

* 오 리(五厘): 일 전(一錢)의 절반인 얼마 안 되는 돈.

옥에도 티가 있다 아무리 훌륭한 사람이나 좋은 물건이라도 작은 흠은 있다는 말.

옷은 새 옷이 좋고, 사람은 옛 사람이 좋다 물건은 새것이 좋지만, 사람은 오래 사귀어 정이 든 사람이 좋다는 말.

옷이 날개라 못난 사람도 옷을 잘 입으면 잘나 보인다는 말.

외상이면 소도 잡아먹는다 뒷일은 생각지 않고 당장 좋은 일이면 무턱대고 하고 본다는 말.

우는 아이 젖 준다 무슨 일에 있어서나 보채고 졸라야 얻기가 쉽다는 말.

우물가에 애 보낸 것 같다 익숙하지 못한 사람에게 일을 시켜 놓고 몹시 불안하고 걱정이 된다는 말.

우물 안 개구리 보고 들은 것이 없어서 세상 형편을 잘 모르는 사람을 이르는 말.

우물에 가 숭늉 찾는다 성격이 너무 급하여 참고 기다리지 못한다는 말.

우물을 파도 한 우물을 파라 무슨 일이든 한 가지 일을 끝까지 꾸준히 해야 성공할 수 있다는 말.

우선 먹기는 곶감이 달다 앞일은 생각하지 않고 당장 하기 좋은 일만 한다는 말.

울며 겨자 먹기 하기 싫은 일을 마지못해 함을 이르는 말.

웃는 낯에 침 뱉으랴 좋게 대하는 사람에게는 나쁘게 대할 수 없다는 말.

원님 덕에 나팔 분다 남의 덕으로 분에 넘치는 대접을 받는다는 말.

원수는 외나무다리에서 만난다 남의 원한을 사면 피할 수 없는 곳에서 공교롭게 만나게 된다는 말.

원숭이도 나무에서 떨어진다 아무리 익숙하게 잘하는 사람이라도 때로는 실수할 때가 있다는 말.

윗물이 맑아야 아랫물이 맑다 윗사람의 행실이 깨끗해야 아랫사람도 본받아 깨끗해진다는 말.

음식은 갈수록 줄고, 말은 갈수록 는다 음식은 먹을수록 줄어들지만 말은 할수록 보태게 된다는 뜻으로, 말을 조심해야 한다는 말.

음지가 양지 되고, 양지가 음지 된다 어려운 처지에 있던 사람도 때가 되면 좋은 일을 만날 수 있다는 말.

이 없으면 잇몸으로 살지 꼭 있어야 할 것이 없더라도 그럭저럭 견디어 나갈 수 있다는 말.

익은 밥 먹고 선소리한다 이치에 맞지 않는 말을 한다는 말.

일 다하고 죽은 무덤 없다 일을 하려고 들면 끝이 없다는 말.

입은 비뚤어져도 말은 바로 해라 언제든지 말을 정직하게 해야 한다는 말.

입이 열 개라도 할 말이 없다∥입이 광주리만 해도 말 못한다 자기의 잘못이 분명히 드러나 변명의 여지가 없다는 말.

자는 범(호랑이) 코침 주기 공연히 건드려서 스스로 위험을 부른다는 말.

자다가 봉창 두드린다 갑자기 엉뚱한 소리를 불쑥 내놓을 때 이르는 말.

자라 보고 놀란 가슴 소댕(솥뚜껑) 보고 놀란다 무엇에 놀라면, 그와 비슷한 것만 보아도 겁이 난다는 말.

자빠져도 코가 깨진다 일이 안되려면 하는 일마다 잘못된다.

자식 둔 골은 호랑이도 돌아본다 짐

승도 자기 새끼를 사랑하는데, 하물며 사람이야 더 말할 나위도 없다는 말.

작은 고추가 더 맵다 작은 사람이 큰 사람보다 오히려 더 단단하고 야무지다는 말.

잔고기 가시 세다 몸은 작아도 속은 야무지고 단단하다는 말.

잔디밭에서 바늘 찾기 무엇을 고르거나 찾거나 얻어 내기가 매우 어렵거나 불가능한 경우를 이르는 말.

잣눈도 모르고 조복 마른다 기본적이거나 기초적인 것도 모르고 가장 어려운 일을 하고자 한다는 말.

장님 손 보듯 한다 도무지 친절한 맛이 없음을 이르는 말.

장님 코끼리 말하듯 ①일부분만 가지고 그것이 전체인 것처럼 말함을 이르는 말. ②어리석은 사람이 엄청나게 큰 일을 아는 체할 때 비웃는 투로 이르는 말.

장독보다 장맛이 좋다 겉모양은 보잘것없으나 내용은 매우 좋다는 말.

장사 나면 용마 나고, 문장 나면 명필 난다 무슨 일이든 잘되려면 좋은 기회가 저절로 생긴다는 말.

재는 넘을수록 험하고, 내는 건널수록 깊다 일이 갈수록 더 어려워진다는 말.

재주는 곰이 넘고, 돈은 되놈이 먹는다 정작 수고한 사람은 그 대가를 못 받고, 엉뚱한 사람이 가로챈다는 말.

저 먹자니 싫고 남 주자니 아깝다 자기에게는 소용이 없으면서도 남에게 주는 것은 아까워한다는 말.

저승길이 대문 밖이다 죽는 일이 나와는 아무 관계없이 먼 곳의 일 같지만 실제로는 아주 가깝다는 말.

적삼 벗고 은가락지 낀다 격에 맞지 않는 짓을 한다는 말.

절에 가면 중노릇하고 싶다 줏대나 지조가 없이 남이 하는 일을 보면 덮어놓고 따르려고 한다는 말.

절에 가서 젓국 달라 한다 ①어떤 것이 있을 수 없는 곳에 가서 찾는다는 말. ②엉뚱한 짓을 한다는 말.

절이 망하려니까 새우젓 장수가 들어온다 절에는 새우젓 장수가 올 필요가 없다는 데서, 운수가 나쁘려면 뜻밖의 괴상한 일이 생긴다는 말.

절하고 뺨 맞는 일 없다 남에게 겸손하게 대하면 욕을 먹는 일은 없다는 말.

점잖은 개가 부뚜막에 오른다 겉으로는 점잖은 체하는 사람이 옳지 못한 짓을 한다는 말.

젓가락으로 김칫국을 집어 먹을 놈 어리석어 어처구니없는 짓을 하는 사람을 이르는 말.

젖 먹던 힘이 다 든다 몹시 힘이 든다는 말.

제 꾀에 넘어간다 남을 속이려다 자기가 속는다는 말.

제 논에 물 대기 자기에게만 유리하도록 일함을 이르는 말.

제 똥 구린 줄 모른다 자기의 잘못이나 허물을 깨닫지 못한다는 말.

제 발등을 제가 찍는다 자기 일을 자기가 그르친다는 말.

제 버릇 개 줄까 나쁜 버릇은 고치기 어렵다는 말.

제비는 작아도 강남(을) 간다 ∥ 제비는 작아도 알만 낳는다 비록 몸은 작아도 제 할 일은 다 한다는 말.

제 얼굴에 침 뱉기 ∥ 제 발등에 오줌 누기 자기가 한 짓이 자기를 모욕하는 결과가 된다는 말.

존대하고 뺨 맞지 않는다 남에게 공손하면 욕을 먹는 일은 없다는 말.

종로에서 뺨 맞고, 한강에서 눈 흘긴다 화를 당한 곳에서는 아무 말도 못하고, 엉뚱한 곳에서 화풀이를 한다는 말.

좋은 일에는 남이요, 궂은일에는 일가다 좋은 일이 있을 때는 모르는 체하다가 궂은일을 당하면 친척을 찾아다닌다는 말.

죄는 지은 데로 가고, 덕은 닦은 데로 간다 죄지은 사람은 벌을 받고, 덕을 닦은 사람은 복을 받게 된다는 말.

주머닛돈이 쌈짓돈 // 쌈짓돈이 주머닛돈 굳이 네 것 내 것 가릴 것 없이 그 돈이 그 돈으로, 결국은 공동의 것이라는 말.

주인 모를(모르는) 공사 없다 무슨 일이든지 책임지는 사람이 알지 못하는 일은 제대로 이루어질 수 없다는 말.

죽 쑤어 개 좋은 일 하였다 애써 한 일이 남에게만 이로운 일을 한 결과가 되었다는 말.

죽은 나무에 꽃이 핀다 보잘것없던 집안에 영화로운 일이 생김을 이르는 말.

죽은 자식 나이 세기 이미 그릇된 일을 자꾸 생각해 보아야 아무 소용이 없음을 이르는 말.

죽은 정승이 산 개만 못하다 ①죽고 나면 권력도 돈도 아무 소용이 없다는 말. ②아무리 어렵게 살더라도 죽는 것보다는 낫다는 말.

죽이 끓는지 밥이 끓는지 모른다 일이 어떻게 되어 가는지 도무지 모른다는 말.

중이 고기 맛을 알면, 절에 빈대가 안 남는다 무슨 좋은 일에 한번 혹하면 정신을 못 차리고 마구 덤빈다는 말.

중이 제 머리를 못 깎는다 자신의 일이라도 스스로 처리하기 어려운 경우에는 남의 도움을 받아야 한다는 말.

쥐구멍에도 볕 들 날 있다 몹시 고생하는 사람도 언젠가는 좋은 때를 만날 날이 있다는 말.

지렁이도 밟으면 꿈틀한다 아무리 보잘것없고 약한 사람도 너무 업신여기면 반항한다는 말.

지키는 사람 열이 도둑 하나를 못 당한다 아무리 조심하여 감시해도 남몰래 벌어지는 일은 막기 어렵다는 말.

집에서 새는 바가지는 들에 가도 샌다 천성이 나쁜 사람은 어디를 가나 그 성품을 감출 수 없다는 말.

짚신도 제짝이 있다 보잘것없는 사람도 결혼 상대는 있다는 말.

쪽박을 쓰고 벼락을 피해 당황하여 어리석은 방법으로 눈앞에 닥친 위험을 피하려 한다는 말.

찬물도 위아래가 있다 ①하찮은 찬물을 마시는 데도 윗사람과 아랫사람의 순서가 있다는 뜻으로, 윗사람을 공경해야 한다는 말. ②무엇에나 순서가 있으니, 그 순서를 따라야 한다는 말.

참새가 방앗간을 그저 지나랴 ①욕심 많은 사람이 이익이 되는 것을 보고 가만있지 못한다는 말. ②자기가 좋아하는 것을 그냥 지나칠 수 없다는 말.

참새가 죽어도 짹 한다 아무리 약한 사람이라도 너무 괴롭히면 반항하게 된다는 말.

참을 인(忍)자 셋이면 살인도 피한다 어떤 어려운 일이 있어도 꾹 참는 것이 가장 좋은 방법이라는 말.

부록

천 냥 빚도 말로 갚는다 말재주가 좋으면 많은 빚도 갚을 수 있다는 뜻으로, 처세하는 데는 말이 중요하다는 말.

천 리 길도 한 걸음부터 무슨 일이나 그 시작이 중요하다는 말.

첫술에 배부르랴 무슨 일이든지 처음부터 단번에 만족할 수는 없다는 말.

초년고생은 사서라도 한다 젊어서 하는 고생은 인생의 중요한 경험이 되므로 달게 여겨야 한다는 말.

초록은 동색 풀빛과 녹색은 같은 색이라는 뜻으로, 처지가 같은 사람들끼리 함께 어울림을 이르는 말.

초상난 데 춤추기 때와 장소를 가리지 못하고 경망스럽게 행동함을 이르는 말.

초상집 개 같다 의지할 데가 없이 굶주리며 이리저리 헤매고 다님을 이르는 말.

치마폭이 스물네 폭이다 아무 상관도 없는 남의 일에 지나치게 참견함을 비꼬는 말.

친구는 옛 친구가 좋고, 옷은 새 옷이 좋다 친구는 오래 사귄 친구일수록 우정이 두텁다는 말.

친구 따라 강남 간다 자기는 하고 싶지 않은데 남에게 이끌려 덩달아 하게 된다는 말.

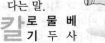

칼로 물 베기 두 사람이 곧잘 다투다가도 조금만 지나면 다시 풀려 사이가 좋아짐을 이르는 말.

칼에 찔린 상처는 쉽게 나아도, 말에 찔린 상처는 낫기 어렵다 함부로 하는 말은 남에게 상처를 주기 쉬우므로 항상 말을 조심해서 하라는 말.

콩 심은 데 콩 나고 팥 심은 데 팥 난다 모든 일은 원인에 따라 결과가 생긴다는 말.

콩으로 메주를 쑨다 하여도 곧이듣지 않는다 평소에 거짓말을 잘하여 아무리 사실대로 말해도 믿지 않는다는 말.

콩을 팥이라 해도 곧이듣는다 남의 말을 곧이곧대로 잘 믿는다는 말.

큰 고기는 깊은 물속에 있다 훌륭한 인물은 잘 드러나지 않는다는 말.

큰 둑(방죽)도 개미구멍으로 무너진다 사소한 일이라고 내버려 두면 그것이 점점 커져서 나중에는 큰 화를 입게 된다는 말.

큰북에서 큰 소리 난다 크고 훌륭한 데서라야 좋은 일이 생길 수 있다는 말.

키 크고 싱겁지 않은 사람 없다 키가 큰 사람은 대개 야무지지 못하고 싱겁다는 말.

털어서 먼지 안 나는 사람 없다 누구나 결점을 찾으려고 뜯어보면, 허물이 하나도 없는 사람은 없다는 말.

토끼 둘을 잡으려다가 하나도 못 잡는다 여러 가지를 욕심내다가는 한 가지도 이루지 못한다는 말.

토끼를 다 잡으면, 사냥개 잡는다 필요할 때는 잘 부려 먹다가도, 쓸모가 없게 되면 그동안 쌓은 공도 무시하고 내쳐 버린다는 말.

티끌 모아 태산 아무리 작은 것이라도 쌓이고 쌓이면 나중에 큰 덩어리가 된다는 말.

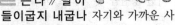

팔이 안으로 굽는다 ∥ 팔이 들이굽지 내굽나 자기와 가까운 사

람에게 정이 더 쏠리는 것은 당연하다는 말.

팥으로 메주를 쑨대도 곧이듣는다 지나치게 남의 말을 잘 믿는다는 말.

평안 감사도 저 싫으면 그만이다 아무리 좋은 일이라도 저 하기 싫으면 억지로 시킬 수 없다는 말.

푸성귀는 떡잎부터 알고, 사람은 어렸을 때부터 안다 크게 될 사람은 어려서부터 남다른 데가 있어 알아볼 수 있다는 말.

풀 끝에 앉은 새 몸이라 마음을 놓지 못하고 불안한 처지에 있음을 이르는 말.

풀 방구리에 쥐 드나들듯 자주 드나드는 모양을 이르는 말.

　*방구리 : 동이 비슷하나 좀 작은, 물을 긷는 질그릇.

품 안에 있어야 자식이라 자식이 어릴 때는 부모를 잘 따르나 자라나면서 차츰 부모로부터 멀어진다는 말.

핑계 없는 무덤이 없다 무슨 일이나 핑계를 댈 거리를 찾으면 다 있다는 말.

하 **나를 가르치면 열을 안다** 하나를 가르치면 열을 알 만큼 매우 총명하다는 말.

하나를 보고 열을 안다 ①한 부분만 보아도 전체를 미루어 알 수 있다는 말. ②매우 영리하다는 말.

하나만 알고 둘은 모른다 사물을 두루 보지 못하고, 융통성이 없이 어느 한 부분만 본다는 말.

하늘 보고 손가락질한다(주먹질한다) 제게 당치도 않은 행동을 한다는 말.

하늘을 보아야 별을 따지 ①무슨 일이 이루어질 기회나 조건이 전혀 없다는 말. ②어떤 성과를 거두려면 그에 적합한 노력과 준비가 있어야 한다는 말.

하늘의 별 따기 아무리 노력해도 무엇을 얻거나 이룰 가망이 거의 없는 일을 이르는 말.

하늘이 무너져도 솟아날 구멍이 있다 아무리 어려운 경우를 당하더라도 해결할 방법은 있게 마련이라는 말.

하루 물림이 열흘 간다 무슨 일이나 한 번 뒤로 미루기 시작하면 계속 미루게 된다는 말.

하룻강아지 범 무서운 줄 모른다 태어난 지 하루밖에 안 된 강아지가 호랑이 무서운 줄 모른다는 뜻으로, 강한

상대에게 겁 없이 덤빈다는 말.

하룻밤을 자도 만리장성을 쌓는다 짧은 동안의 사귐일지라도 그 인연이 매우 소중하다는 말.

한 가랑이에 두 다리 넣는다 몹시 서두르는 모양을 이르는 말.

한강에 돌 던지기 아무리 애를 써서 해도 별 효과가 없음을 이르는 말.

한 귀로 듣고 한 귀로 흘린다 남의 말을 귀담아듣지 않는다는 말.

한 다리가 천 리 조금이라도 핏줄이 가까운 사람에게 정이 더 간다는 말.

한 마리 고기가 온 강물을 흐린다 나쁜 사람 하나가 많은 사람에게 좋지 않은 영향을 준다는 말.

한 번 실수는 병가의 상사 한 번쯤의 실수는 누구에게나 다 있는 것이니 크게 탓할 것이 아니라는 말.

한번 엎지른 물은 주워 담지 못한다 일단 저지른 일은 다시 회복하기 어

려우므로 미리 조심해야 한다는 말.

한술 밥에 배부르랴 ①무슨 일이든지 처음 하는 일에 큰 효과를 얻을 수는 없다는 말. ②힘을 조금 들이고 많은 효과를 바랄 수는 없다는 말.

한 치 걸러 두 치 촌수나 친분은 조금만 멀어도 아주 큰 차이가 있다는 말.

행랑 빌리면 안방까지 든다 처음에는 조심하다가 차차 분수에 넘치는 짓도 하게 된다는 말.

형만 한 아우 없다 경험을 많이 쌓은 형이 아무래도 아우보다는 낫다는 말.

호떡집에 불난 것 같다 질서 없이 마구 떠들어 대는 모양을 이르는 말.

호랑이 굴에 가야 호랑이 새끼를 잡는다 큰 목적을 이루려면 그만한 위험과 수고는 겪어야 한다는 말.

호랑이는 죽어서 가죽을 남기고, 사람은 죽어서 이름을 남긴다 사람은 살아생전에 훌륭한 일을 하여 후세에 이름을 남겨야 한다는 말.

호랑이 담배 먹을 적 지금과는 형편이 다른 아주 까마득한 옛날이라는 말.

호랑이도 제 말 하면 온다 어떤 자리에서, 마침 이야기에 오른 바로 그 사람이 나타났을 때에 하는 말.

호랑이에게 물려 가도 정신만 차리면 산다 // 물에 빠져도 정신을 차려야 산다 아무리 위험한 경우라 하더라도, 정신만 똑바로 차리면 위기를 벗어날 수 있다는 말.

호미로 막을 것을 가래로 막는다 적은 힘으로 될 일을 기회를 놓쳐 큰 힘을 들이게 된다는 말.

호박씨 까서 한입에 털어 넣는다 애써 모은 것을 한꺼번에 없애 버린다는 말.

호박에 말뚝 박기 심술궂고 못된 짓을 이르는 말.

호박에 침 주기 ①아무 반응이 없음을 이르는 말. ②아주 하기 쉬운 일을 이르는 말.

호박이 넝쿨째로 굴러떨어졌다 뜻밖에 좋은 물건을 얻거나 좋은 일이 생겼다는 말.

혹 떼러 갔다 혹 붙여 온다 이익을 얻으려다가 도리어 손해를 보는 경우를 이르는 말.

황소 뒷걸음질 치다가 쥐 잡는다 // 소 발에 쥐 잡기 우연히 알아맞히거나 일을 이루었을 때 이르는 말.

동아 초등 새국어사전

2024년 5월 1일   제6판 14쇄 발행

엮은이/펴낸데   **동 아 출 판 (주)**
펴낸이   **이 욱 상**

서울시 영등포구 은행로 30 (우 07242)
등록 : 제18-6호(1951.9.19.)

ⓒ Dong-A publishing Corporation 2013
ISBN 978-89-00-46905-9 11710

정가 25,000원

....

http://www.bookdonga.com
내용 문의 : 1644-0600   FAX : 2229-7419
구입 문의 : 1644-0600   FAX : 2229-7378
교환 문의 : 1644-0600

＊파본은 교환해 드립니다.